SERMONES SELECTOS DE C. H. SPURGEON

SERMONES SELECTOS DE
C. H. SPURGEON

VOLUMEN - 2

editorial clie

**MÁS DE 100
SERMONES COMPLETOS**
Y SUS CORRESPONDIENTES BOSQUEJOS

EDITORIAL CLIE
C/ Ferrocarril, 8
08232 VILADECAVALLS
(Barcelona) ESPAÑA
E-mail: clie@clie.es
http://www.clie.es

«*Cualquier forma de reproducción, distribución, comunicación pública o transformación de esta obra solo puede ser realizada con la autorización de sus titulares, salvo excepción prevista por la ley. Diríjase a CEDRO (Centro Español de Derechos Reprográficos, www.cedro.org <http://www.cedro.org>) si necesita fotocopiar o escanear algún fragmento de esta obra*».

© 2021 Editorial CLIE

SERMONES SELECTOS DE C.H. SPURGEON, VOL.2
ISBN: 978-84-18810-69-5
Depósito legal: B 12589-2021
Sermones
Sermones completos
Referencia: 225185

Impreso en Estados Unidos / Printed in USA

Índice General

Prólogo 7

CAPÍTULO I. DOCTRINA DE DIOS
1. Dios Padre 15
2. Jesucristo 57
3. Espíritu Santo 159

CAPÍTULO II. DOCTRINA DEL HOMBRE
1. Estado pecador 171
2. Libertad 206

CAPÍTULO III. SAGRADA ESCRITURA
1. Estudio de la Biblia 237
2. Parábolas 263
3. Personajes 278
4. Tipos y figuras 331

CAPÍTULO IV. SOTERIOLOGÍA
1. Expiación 377
2. Justificación 410
3. Gracia 420
4. Arrepentimiento 454
5. Fe 498
6. Salvación 515
7. Regeneración 567

CAPÍTULO V. VIDA CRISTIANA
1. Seguimiento 595
2. Discipulado 626
3. Oración 652
4. Edificación 707
5. Pecados 764
6. Educación familiar 797
7. Avivamiento 805
8. Santidad 835

CAPÍTULO VI. ECLESIOLOGÍA
1. Ministerio 869
2. Dones 926
3. Predicación 934
4. Mayordomía 997
5. Evangelismo 1010

CAPÍTULO VII. ESCATOLOGÍA
1. Cielo 1087
2. Infierno 1093

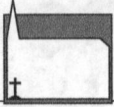 **SERMONES SELECTOS**

Índice Escritural 1105
Índice de Títulos 1107

Prólogo

El secreto de Charles H. Spurgeon

El día 7 de octubre de 1857 una enorme multitud de personas, 23.654 para ser exactos, se congregó en el Palacio de Cristal de Londres con el solo propósito de escuchar un sermón a Charles H. Spurgeon (1834-1892). Fue quizás el auditorio más grande al que se dirigió un predicador evangélico hasta esa fecha.

¿Dónde reside el secreto de Spurgeon para atraer tal cantidad de público, la clave de su éxito en una cuestión tan prosaica y, aparentemente, poco atractiva y nada espectacular como escuchar pura y llanamente un sermón religioso sin apoyo de recursos musicales ni visuales?

La verdad es que no creo que se trate de ningún tipo de secreto ni de ninguna clave cuyo desciframiento abra las puertas del éxito en la actualidad. Primero, porque cada época tiene sus modos y preferencias, y la época victoriana que le tocó en suerte a Spurgeon, se caracteriza por el gusto y la afición de la gente por los temas evangélicos. Los temas de predicación dominical se convertían en objeto de conversación en la peluquería o el mercado durante toda la semana, tal como hoy ocurre con los asuntos relacionados con el deporte o las estrellas del cine o la televisión. La nuestra es una época secularizada que no responde a la invitación evangélica sino después de muchos esfuerzos.

Dicho sea de paso, Spurgeon tuvo el privilegio de vivir la época dorada del cristianismo evangélico: la iglesias crecían numéricamente, los candidatos al pastorado abundaban, la misiones se extendían por todo el planeta y parecía cercano el día del triunfo universal del Evangelio. En contraste con nuestros días, cuando el islam parece un amenaza creciente, entonces permanecía como una religión sumida en el letargo y la decadencia: «Contemplad la religión de Mahoma –dice Spurgeon–. Durante más de cien años amenazó con subvertir los reinos y trastornar el mundo entero; mas, ¿dónde están las espadas que brillaron entonces?, ¿dónde están las manos que asolaron a sus enemigos? Su religión se ha convertido en algo viejo y gastado; nadie se preocupa de ella, y el turco, sentado en su diván con las piernas entrelazadas y fumando su pipa, es la mejor imagen de la religión de Mahoma: vieja, estéril y enferma. Pero la religión cristiana permanece tan lozana como cuando comenzara en su cuna de Jerusalén» (*Un pueblo voluntario y un guía inmutable*, II, 1).[1]

En segundo lugar, lo que se llama secreto o clave no es, en lo que se refiere a los temas cristianos, una cuestión oscura o inaccesible sólo disponible para algunos elegidos. Hay mucho de equívoco, y hasta de engaño, en la búsqueda del secreto de esto o de lo otro, que hace que algunos se encumbren con la fórmula que todo resuelve. La religión siempre está tentada por la magia, que es una forma sutil de idolatría. Hablando en términos espirituales, el secreto de la vida cristiana, de la paz, del gozo, del ministerio, es un secreto a voces. Consiste en algo tan sencillo como ser cristiano. Simplemente eso, dejar que Dios sea Dios y el Evangelio sea el Evangelio, no imponerle fórmulas ni cargarlo con misterios que

---

[1] Lo mismo constató, algunos años después, la intrépida viajera británica Freda M. Stark (1893-1993), en su libro *Los Valles de los Asesinos*. Ed. Península, Barcelona 2001, ed. org. 1936.

SERMONES SELECTOS

bajo la excusa de la *sana doctrina* impiden que el mensaje de Jesucristo se manifieste, desde la sencillez, en la pluriforme riqueza de su contenido que «hace nuevas todas las cosas» (2 Co. 5:17; Ap. 21:5), haciendo que cualquier manifestación del Espíritu pase por el tamiz de la tradición de los ancianos.

Ahora bien, es del todo cierto, que es una época de gigantes del púlpito evangélico, Spurgeon los rebasa a todos en el tiempo, conservando sus sermones la frescura y el poder espiritual de antaño. Alexander Maclaren (1800-1910); Henry Melville (1800-1971), Josehp Parker (1830-1902); F.W. Robertson (1816-1853); F.B. Meyer (1847-1929); Phillips Brooks (1835-1889); A.T. Pierson (1837-1911); y muchos otros destacan en las páginas de la historia de la predicación cristiana por el contenido de sus mensajes y su poder de atracción. A su manera todos fueron grandes. Pero lo fueron en su día, mientras que Spurgeon sigue gozando de la estima de miles de creyentes en todas las partes del globo como si de un contemporáneo se tratase. Y esto es así por una razón muy sencilla, sus mensajes exhalan lo mejor del mensaje evangélico de todos los tiempos.

Evangélico de evangélicos

En este punto reside no tanto el éxito como la perennidad del legado de Spurgeon. Encarna con nadie el espíritu evangélico heredero del avivamiento británico de Whitefield y Wesley, fuente y matriz del amplio y diversificado mundo evangélico moderno, que, pese a sus diferencias, y por encima de ellas, coincide en unos cuantos puntos básicos que identifican y distinguen el modo de ser evangélico de cualquier otra expresión del cristianismo habido y por haber.

En principio el cristianismo evangélico va más allá de las fórmulas doctrinales, no importa lo correcta y ortodoxas que sean, para indagar en el estado del corazón, regenerado o irregenerado. Profesante de una fe o un credo, o «nacido de nuevo», según la fraseología del Evangelio de Juan. Evangélico es, ante todo, quien en el umbral del cristianismo coloca el llamamiento a nacer de nuevo, *necesidad primera*, sin la cual todo lo demás resulta vano y, al final, condenatorio. Esta enseñanza se halla primeramente en la Biblia misma, luego en Lutero,[2] y después en George Whitefield, y así hasta nuestros días. De tal manera caló está *necesidad* en las iglesias de la Reforma, que desde entonces nada se considera más aborrecible que un ministro o pastor irregenerado, no importa lo instruido que esté en teología o la perfección con que efectúe los servicios sagrados.

En segundo lugar, y siguiendo esta línea de pensar y proceder, evangélico es quien busca la salvación de los demás por el mismo sistema que a él le ha hecho salvo: el nacimiento de nuevo. La doctrina en un paso segundo en relación al primer paso de la experiencia de la conversión.

Por ello, y en tercer lugar, el celo evangelístico es característico del evangélico, por el que busca que, tanto cristianos nominales como personas ajenas al cristianismo, lleguen a *experimentar* el nuevo nacimiento, consistente en comprender la gravedad del pecado en uno mismo, por un lado, y grandeza de la obra amorosa de Dios en la muerte de Cristo en favor del pecador, por otro.

De tal modo que, en cuarto lugar, las llamadas doctrinas de la salvación ocupan el lugar central del mensaje evangélico, en especial las que tienen que ver con el arrepentimiento y la fe, por parte del hombre; y la muerte substitutoria de Cristo en la cruz, por parte de Dios, el cual es justo pero justifica al impío solamente por la fe, no por las obras.

---

[2] Véase Martín Lutero, «Evangelio de Juan, cap. 3», en *Comentarios de Martín Lutero*, vol. VIII. CLIE, Terrassa 2002.

Prólogo

En quinto, y ultimo lugar, el estudio de la Biblia para refrendar su mensaje y como un medio para alimentar la nueva criatura nacida como resultado del encuentro personal con Cristo y la iluminación del Espíritu Santo, que incorpora a cada nuevo creyente en una comunidad centrada en la predicación de la Palabra, la comunión unos con otros, el partimiento del pan y el testimonio personal.

En Spurgeon, como en todo grand predicador evangélico, pero superándolos a todos en profundidad, extensión y convicción, laten, surgen, se manifiestan, cobran vida una y otra vez estos grandes temas o puntos que hemos mencionado. Hable de lo que hable, de Dios o del hombre, de la oración o de la teología, del estado de la Iglesia o del mundo, de la piedad o de las misiones, de los creyentes o los pastores, Spurgeon dirigirá siempre la atención de sus oyentes a los susodichos puntos que son como la carta de naturaleza del cristianismo evangélico y el mejor remedio de todos los males relativos a la hipocresía e inconsistencia de los cristianos. Pues solo cuando el corazón desconoce el «nacimiento de lo alto», u «olvida su primer amor«, asaltan los conflictos a las congregaciones, enemista a los pastores entre sí, produce tristeza y malestar, pues al Reino de Dios se entre y se vive por el nuevo nacimiento (Jn. 3:3).

El corazón del Evangelio, dice Spurgeon, es que Cristo ha muerto por los pecadores, pero esto no significa nada si el pecador no puede añadir su pronombre personal y decir «por mí» y al decirlo, *sentir* como de su espalda se desprende el fardo del pecado y reconoce al instante que Jesús, y sólo Él es el único y suficiente Salvador, a partir de cuyo momento vivo por Él y para Él (Gá. 2:20). Conoce por experiencia que la gracia, no sus obras, incapaces de alzarse con el mérito o el derecho de la salvación, le abre la puerta del cielo y le da la completa seguridad de que pertenece al número de los elegidos, que nada ni nadie puede separarle de las manos del Padre. Todo esto, y poco más, es lo esencial el modo de ser y de vivir del cristiano evangélico. Lo demás es como una añadidura. La teología, las misiones, la asistencia social, el estudio, la iglesia, la ética, etc., existen como manifestación de una experiencia de gracia que, de parte del hombre, se vive como *nuevo nacimiento*, el paso de la muerte a la vida, de la oscuridad a la luz, de la condenación a la salvación.

La moral evangélica es ética de respuesta y gratitud. Se ama porque se ha sido amado, sentido el amor inabarcable de Cristo Salvador; se perdona, porque se sabe perdona por Dios; se sirve a los demás porque ha sido servido por Dios mismo; se sacrifica porque alguien, el Hijo de Dios, se sacrificó primero. La doctrina cristiana, tal como es desarrollada en el mundo evangélico, crece y se desarrolla en torno a estos puntos, nunca alejándose demasiado de ellos.

El cristocentrismo de la gracia

Spurgeon no fue, no es grande por el poder de su oratoria, por sus dotes naturales de retórica y oportuna ilustración de sus puntos de vista; tampoco por la apariencia de su persona o la modulación de su voz. De hecho, su apariencia personal no era atractiva, hasta donde podemos colegir por los informes que nos han llegado, no tenía magnetismo personal que algunos oradores poseen. Su voz era clara y poderosa, y podía oírsele muy bien en salón grande, pero carecía de la graduación de expresión de la que se han servido con ventaja muchos oradores. Spurgeon predicaba de un modo natural, sin ninguna afectación, y así enseñaba a hacerlo. Véase su sermón al respecto: «El don de hablar espontáneamente». Lo que distinguía realmente es la capacidad de concentrarse en Cristo sin dejarse aparte por cuestiones secundarias, y desde ahí cubrir todas las necesidades del corazón creyente y del pecador preocupado por su pecado.

La gracia soberana era predicaba por muchos, en especial la versión hiper calvinista cuyas críticas hubo de enfrentar, particularmente en lo que se refiere a la oferta indiscriminada de la salvación.[3] «Algunos de nuestros hermanos –dice– que están muy ansiosos de llevar a cabo los decretos de Dios en vez de creer que Dios puede llevarlos a cabo por sí mismo, siempre están tratando de hacer distinciones en su predicación. ¡Predican un Evangelio a un conjunto de pecadores y otro a otra clase diferente! Son muy diferentes a los viejos sembradores que, cuando salían a sembrar, sembraban entre espinas y en los pedregales y junto al camino. Estos hermanos, con profunda sabiduría, se esfuerzan por encontrar cuál es la buena tierra. Insisten mucho en que no se debe tirar ni siquiera un simple puñado de invitaciones si no es en el terreno preparado. Son demasiado sabios para predicar el Evangelio a los huesos secos que están en el valle, como Ezequiel lo hizo mientras todavía estaban muertos» (*Grados de poder en el Evangelio*, I). En Spurgeon el anuncio de la gracia salvífica brota espontáneamente no de un sistema de decretos o pactos, sino del costado de Cristo, cuya sangre derramada testifica su amor por los pecadores. Estaba completamente seguro que la sangre de Cristo, es decir, su muerte sacrificial en la cruz, clamaba elocuente y suficientemente a favor de la conciencia pecadora. Ahora bien, en este punto, él se mantuvo fiel a los que creen que la sangre de Cristo sólo fue derramada por aquellos a quienes eligió para salvación.

«Ha sido siempre mi costumbre el dirigirme a vosotros con las verdades sencillas del Evangelio –dice en *La redención limitada*–, y raras veces he tratado de explorar en lo profundo de Dios», pero en aquello que Spurgeon considera suficientemente revelado en la Escritura, no duda en defenderlo y mantenerlo, aunque sea una cuestión impopular, todo ello en un espíritu pastoral, que busca el bien de sus oyentes: «La única pregunta que debe preocuparos es: ¿Murió Cristo por mí? Y la única respuesta que puedo daros: "Palabra fiel y digna de ser recibida de todos, que Cristo Jesús vino al mundo para salvar a los pecadores". ¿Podéis escribir vuestros nombres detrás de esta frase, entre los pecadores; no entre los pecadores de compromiso, sino entre los pecadores que se sienten como tales, entre los que lloran su culpa, entre los que la lamentan, entre los que buscan misericordia para la misma? ¿Eres pecador? Si así lo sientes, si así lo reconoces, si así lo confiesas, estás invitado a creer que Cristo murió por ti, porque tú eres pecador; y eres instado a caer sobre esta grande e inamovible roca, y a encontrar seguridad eterna en el Señor Jesucristo» (*La redención limitada*).

Un príncipe admirado, pero poco imitado

Como ha ocurrido con todos los grandes iniciadores de movimientos religiosos, Spurgeon cuenta con más admiradores que con verdaderos seguidores de su ejemplo, no es un sentido de mera repetición o mímica, sino de continuidad creativa de sus principios, juicios y creencias. Unos se han quedado con el modelo calvinista del Spurgeon cuyo Evangelio está representado por las enseñanzas de Calvino y los puritanos al respecto. No hay duda que mucho de esto hay en Spurgeon: «Creo que Calvino –dice– sabia más del Evangelio que casi todos los hombres que han vivido, a excepción de los escritores inspirados» (*La redención limitada*, V, 1). Pero Spurgeon es el hombre que a la teología calvinista ha sabido sumar la calidez evangélica del metodismo primitivo: «Si lográramos predicar la

---

[3] Véase Iain H. Murray, *Spurgeon v. Hyper-Calvinism. The Battlle for Gospel Preaching*. The Banner of Truth Trust, Edimburgo 1995.

Prólogo

doctrina de los puritanos con el celo de los metodistas, veríamos un gran futuro. El fuego de Wesley y el combustible de Whitefield producirán un incendio que inflamará los bosques de error, y calentarán el alma misma de esa tierra fría» (*Sermones, su importancia*, IV, e).

Para otros, Spurgeon es un modelo de improvisación y espontaneidad en la predicación, sin artificios de erudición o de teología. Cierto, pero sin olvidar que Spurgeon fue un apasionado de la lectura y un gran amante de los libros. Para él, la improvisación y espontaneidad no están reñidas con lo preparación y el estudio, antes al contrario, «solo un ministerio instructivo puede retener a una congregación; el mero hecho de emplear el tiempo en la oratoria, no bastará. En todas partes los hombres nos exigen que les demos alimentos, alimentos verdaderos. Los religiosos modernos cuyo culto público consiste en la palabrería de cualquier hermano que tenga a bien pararse y hablar, van ya disminuyendo, y acabarán por dejar de existir y esto, a pesar de los atractivos halagadores que presentan a los ignorantes y locuaces, porque aun los hombres más violentos y extravagantes en sus opiniones, y cuya idea de la intención del Espíritu es que cada miembro del cuerpo debe ser una boca, se fastidian muy pronto de oír los disparates de otros, por más que les guste mucho proferir los suyos. La mayoría de la gente buena se cansa pronto de una ignorancia tan insulsa, y vuelven a las iglesias de las cuales se separaron, o mejor dicho, volverían si pudieran hallar en ellas buena predicación» (*El don de hablar espontáneamente*, I). No hay excusas para la falta de preparación, por razones más altas que se invoquen: «El Espíritu Santo nunca ha prometido suministrar alimento espiritual a los santos por medio de ministros que improvisan. El nunca hará por nosotros lo que podemos hacer por nuestras propias fuerzas. Si podemos estudiar y no lo hacemos; si la iglesia puede tener ministros estudiosos y no los tiene, no nos asiste el derecho de esperar que un agente divino supla las faltas que dimanan de nuestra ociosidad o extravagancia» (*El don de hablar espontáneamente*, I).

Por esta razón, si el pastor no puede disponer de libros por carecer de recursos suficientes para comprar el mayor número, la Iglesia deben esforzarse en ayudarle. De hecho, Spurgeon emprendió una campaña para que se estableciesen bibliotecas para los ministros, como cosa de primera necesidad. «Si se pudiera asegurar a los ministros pobres una pequeña cantidad anual para ser empleada en libros, sería esto una bendición de Dios así para ellos como para sus respectivas congregaciones. Las personas de buen juicio no esperan que un jardín les produzca buenas plantas de año en año, a menos que abonen el terreno; no esperan que una locomotora funcione sin combustible, ni que un buey o un asno trabajen sin alimento; pues que tampoco esperen recibir sermones instructivos de parte de hombres privados de adquirir buenos conocimientos por su imposibilidad de comprar libros» (*Ministros con escasos recursos para trabajar*, I,1).

«Sed bien instruidos en teología –dice en otro lugar–, y no hagáis caso del desprecio de los que se burlan de ella porque la ignoran. Muchos predicadores no son teólogos, y de ello proceden los errores que cometen. En nada puede perjudicar al más dinámico evangelista el ser también un teólogo sano, y a menudo puede ser el medio que le salve de cometer enormes disparates. Actualmente oímos a los hombres arrancar de su contexto una frase aislada de la Biblia y clamar: "¡Eureka! ¡Eureka!" como si hubieran hallado una nueva verdad, y, sin embargo, no han descubierto un diamante, sino tan solo un pedazo de vidrio roto» (*¡Adelante!*, I, 2).

Esperemos que la publicación de estos sermones atraiga la atención de pastores y creyentes por igual, de tal manera que su lectura y meditación con-

 **SERMONES SELECTOS**

tribuya a reparar ese mal que consiste en dar culto de labios y no poner por obra lo que se alaba. Imitando la fe de los buenos discípulos de Cristo (1 Co. 4:16; 11:1; Ef. 5:1; Fil. 3:17; 1 Ts.1:6), estaremos mejor preparados para imitar el único modelo digno de toda imitación, a saber, Jesucristo, Salvador del mundo.

Alfonso Ropero

Capítulo I

DOCTRINA DE DIOS

Dios Padre, Jesucristo, Espíritu Santo

Dios Padre, Jesucristo, Espíritu Santo

1. Dios Padre

1. MISERICORDIA, OMNIPOTENCIA, Y JUSTICIA

«Jehová es tardo para la ira y grande en poder, y no tendrá por inocente al culpable» (Nahum 1:3).

INTRODUCCIÓN: Luces y sombras en el carácter del Altísimo.

I. TARDO PARA LA IRA
1. Nunca castiga sin advertencia.
   a) Muestra paciencia
   b) Instruye
   c) Amonesta
2. Lento en amenazas.
3. Lento en sentenciar.
   a) Le amonesta
   b) Le da tiempo a arrepentirse
   c) Retarda la condenación
4. El estado de nuestras ciudades.
5. Él es grandioso.

II. GRANDE EN PODER

III. JUSTICIERO
1. Nada quedará sin castigo.
   a) La escena del Calvario
2. Las maravillas de su venganza.
   a) El Edén arruinado
   b) El mundo ahogado
   c) Sodoma
   d) La tierra abriendose
   e) Las plagas de Egipto
4. Razones de su bondad

CONCLUSIÓN: No dormirse, sino clamar misericordia.

MISERICORDIA, OMNIPOTENCIA, Y JUSTICIA

INTRODUCCIÓN

Se requiere cierta educación para poder apreciar las obras de arte en sus exquisitos detalles. La persona que no ha sido aún instruida al respecto, no puede percibir de forma instantánea las variadas excelencias de la pintura de alguna mano maestra. Tampoco imaginamos que las maravillas de las armonías del mejor cantante, capturen de un modo mágico a los oyentes ignorantes de la música. Debe de haber algo en el hombre mismo, antes de que pueda entender las excelencias del arte o la naturaleza. Ciertamente es una cuestión de carácter. Por causa de las faltas y fracasos en nuestra personalidad y nuestra vida misma, no somos capaces de entender cada belleza en particular y la perfección unida del carácter de Cristo, o de Dios el Padre. Nosotros mismos éramos puros como los ángeles del cielo. Nuestra raza en el jardín del Edén era inmaculada y perfecta. Deberíamos hacernos una idea mucho más acabada y noble del carácter de Dios, la cual no poseemos, como consecuencia de nuestra naturaleza caída. Sin embargo, no podemos dejar de ver que los hombres, debido a la alienación de su naturaleza, están malinterpretando de continuo a Dios. Son completamente incapaces de apreciar su perfección. ¿Os habéis preguntado alguna vez si Dios detuvo su mano antes de ejercer la ira? Mirad, hay quienes dicen que Dios ha cesado de juzgar al mundo, y adoptan una actitud apática e indiferente. ¿Castigó en otro tiempo Dios a los hombres por su pecado? Algunos dicen que es severo y cruel. Los hombres lo malinterpretan porque son imperfectos en sí mismos, y no tienen la capacidad de admirar auténticamente el carácter de Dios.

Esto ocurre en lo que tiene que ver con ciertas luces y sombras en el carácter del Altísimo, que Él ha combinado sabiamente y a la perfección junto con su naturaleza. Aunque no podamos ver el punto de contacto donde se unen ambas características, somos impactados con la maravilla de la armonía sagrada. Al leer las Escrituras, y en particular la vida de Pablo, vemos que se destacó por su celo hacia la obra de Dios. Pedro será recordado por su valor y osadía. Juan es admirado por su capacidad de amar. ¿Habéis notado que cuando leemos la historia de nuestro Maestro, el Señor Jesucristo, no solemos decir que fue notable por alguna virtud en particular? ¿Por qué ocurre esto? ¿Es acaso porque la intrepidez y la osadía de Pedro crecieron de tal modo que echaron sombra sobre las virtudes de los demás? Cuando un hombre es notable en algunas áreas de su vida, casi siempre no lo es en otros campos. La absoluta y completa perfección de Jesucristo, hace que no podamos resaltar uno u otro de los rasgos de su carácter. No estamos acostumbrados a hablar de su celo, de su valor o de su amor. De Él decimos que tenía un carácter perfecto. Sin embargo, no somos capaces de percibir fácilmente donde se mezclaban las luces y las sombras de su personalidad. ¿En qué punto su mansedumbre se amalgamaba con su valor, y su amor se fundía con su resolución para denunciar el pecado? No podemos darnos cuenta de dónde convergían los distintos puntos de su carácter.

Lo mismo ocurre con Dios el Padre. Permitidme hacer las observaciones y comentarios que he hecho en mis apuntes, a causa de dos cláusulas que parecen describir atributos contrarios. Notaréis que en mi texto hay dos cosas distintas: Él es «tardo para la ira», pero «no tendrá por inocente al culpable». (Nah. 1:3). Nuestro carácter es tan imperfecto que no podemos ver la congruencia de los dos atributos. Tal vez nos preguntamos y decimos: ¿cómo es que es «tardo para la ira», pero «no tendrá por inocente al culpable»? Es porque su carácter es perfecto, pero nosotros no podemos ver estas dos características unidas la una con la otra. Su justicia es infalible, y la severidad que corresponde al dueño absoluto del universo, se combina con su amor y su encanto, su paciencia y sus tiernas misericordias. La ausencia de cualquiera de estos rasgos del carácter de Dios lo habría hecho imperfecto. La presencia de todo ellos, sella el carácter de Dios con una perfección nunca vista.

Ahora trataré de analizar y presentar estos dos atributos de Dios, y el vínculo que los conecta. El Señor es *tardo para la ira* y *grande en poder*. Tendré que demostraros como la expresión «grande en poder» se refiere a la cláusula anterior y a la que sigue, como un vínculo entre ambas. Pasaremos entonces, a considerar el próximo atributo: «No tendrá por inocente al culpable»; *un atributo de justicia*.

I. TARDO PARA LA IRA

Permitidme empezar con la primera característica de Dios. Él es *tardo para la ira*. Dejadme que os explique este atributo y luego llegaremos hasta su mismo origen. Dios es «tardo para la ira». Cuando Misericordia vino al mundo montaba en corceles alados y los ejes de su carruajes se encendían a medida que iba adquiriendo velocidad. Sin embargo, cuando llegó IRA, caminó con un paso lento y arrastrado; no tenía prisa para matar, ni era rápido para condenar. La vara de la misericordia de Dios, está siempre extendida en su mano. La espada de su justicia está guardada en su vaina. Puede sacarse con facilidad, pero hasta que llegue el momento, seguirá sujeta por su dueño, que tiene misericordia de los pecadores, y desea perdonar sus transgresiones. En el cielo Dios tiene muchos oradores, y algunos de ellos hablan con mucha rapidez. Cuando Gabriel descendió a la tierra para traer las buenas nuevas, habló rápidamente. Cuando las huestes angélicas descendieron de la gloria, volaron con alas de relámpago, mientras proclamaban: «¡Gloria a Dios en las alturas, y en la tierra paz, buena voluntad para con los hombres!» (Lc. 2:14). Pero el Ángel de la Ira es un orador lento, que habla haciendo muchas pausas. Cuando está a punto de languidecer, Piedad une sus lánguidas notas, y continúa expresándose. A la mitad de su discurso, a menudo esconde su rostro, dando lugar para que Perdón y Misericordia continúen. El Señor de la ira se dirige a los hombres con el propósito de que sean llevados al arrepentimiento y reciban la paz y el amor de Dios.

Hermanos, trataré ahora de enseñaros cómo Dios es «tardo para al ira».

1. En primer lugar, me propongo probar que Él realmente es «tardo para la ira»; porque nunca castiga sin antes advertir lo que está mal. Los hombres que son coléricos y rápidos para enojarse dan una palabra seguida de un resoplido. A veces viene primero el resoplido y luego la palabra. Los reyes, en algunas ocasiones en que sus siervos se rebelaban en contra de ellos, primero les castigaban y luego les hablaban. No hacían ninguna advertencia, ni daban

Dios Padre, Jesucristo, Espíritu Santo

tiempo para el arrepentimiento. Tampoco les permitían permanecer dentro de la alianza del reino. Eran echados fuera para siempre. No sucede así con Dios. Él no cortará al árbol enfermo hasta que cave la tierra a su alrededor, la abone y vuelva a recuperarlo. No borrará de la faz de la tierra a aquel hombre que tiene un carácter vil, hasta que no le haya enviado sus advertencias por medio de los profetas. No ejecutará sus juicios hasta ver que no obedecen la palabra llevada por sus enviados, y les instruirá línea sobre línea y precepto sobre precepto. Dios no destruyó ninguna ciudad sin antes advertirles seriamente a sus habitantes, sobre las consecuencias de su condición de pecado y desobediencia. Mientras Lot estuviera dentro de Sodoma, la ciudad no perecería. El mundo no fue inundado con el diluvio, hasta que ocho profetas estuvieron predicando y Noé, el octavo, profetizó sobre la venida del Señor. Dios no destruyó a Nínive antes de haber mandado a Jonás. No aplastó a Babilonia hasta que los profetas llevaron su mensaje por las calles. No destruye inmediatamente al hombre, sino que primero le hace muchas advertencias. Dios advierte por medio muchas vías; por su Palabra, por una enfermedad, por métodos providenciales y por medio de las consecuencias funestas del pecado. Él no hiere de golpe y de una forma contundente, primero reprende y amonesta. En la gracia de Dios no sucede como en la naturaleza, que primero brillan los relámpagos y después viene el trueno y el rayo. Dios manda primero el trueno de su ley, seguido por el relámpago de la ejecución. El ejecutor de la justicia divina, lleva su hacha atada a un manojo de leña, porque no cortará a los hombres de la faz de la tierra, sino hasta que los haya amonestado y éstos puedan arrepentirse. Dios es "tardo para airarse".

2. Además, nuestro Dios *es también muy tardo en advertir*. Si bien advierte antes de condenar, así y todo es lento en sus advertencias. Sus labios se mueven con ligereza cuando promete pero despacio cuando advierte o amenaza. El trueno retumba tardío, lento suenan los tambores del cielo cuando tocan la marcha fúnebre de los pecadores; pero la música que proclama la gracia, el amor y la misericordia, tiene notas dulces y ligeras. Dios es tardo para airarse. Él no envió a Jonás a Nínive hasta que la ciudad se había convertido en un antro de inmundicia. No dijo a Sodoma que sería pasada por fuego, hasta que llegó a ser un centro de corrupción, detestable para el cielo y la tierra. Dios no inundó el mundo con el diluvio, ni aún amenazó con hacerlo, hasta el momento en que los pecadores hicieron alianzas prohibidas, llenaron la tierra de pecado y violencia, y se apartaron de Él. El Señor ni siquiera amenaza al pecador por medio de su conciencia, hasta que no ha pecado reiteradamente. Le amonestará una y otra vez, apremiándole para que se arrepienta, pero no hará que le salte a la vista el infierno con su increíble terror. Esperará a que una multitud irrefrenable de pecados hagan manifestar su ira. Él es lento aun para advertir o amenazar al pecador.

3. Pero, lo que es mejor aún, cuando Dios hace una advertencia, *¡qué lento es en sentenciar al culpable!* Una vez que le ha amonestado, diciéndole que a menos que se arrepienta recibirá el castigo, ¡cuánto tiempo le da para que se vuelva a Él! «Porque no aflige ni entristece voluntariamente a los hijos de los hombres» (Lm. 3:33). ¿Habéis meditado alguna vez en la escena del Jardín del Edén cuando el hombre cayó? Dios ya le había advertido a Adán que si pecaba, moriría. Adán pecó. ¿Se precipitó Dios en cumplir la sentencia? Dice Génesis 3:8 que Jehová «*se paseaba* en el huerto, al aire del día». Tal vez la fruta fue tomada temprano en la mañana, o al atardecer; pero Dios no se dio prisa en condenar. Esperó casi hasta la puesta de sol, y llegó luego el fresco del día. Se presentó ante Adán, en aquellos gloriosos días en que Dios caminaba con el hombre. Le veo caminar entre los árboles muy lentamente, su pecho palpitante y con lágrimas en su rostro por tener que condenar al hombre. Por último oigo la doliente voz: «¿Dónde estás tú?» (Gn. 3:9). ¿Dónde has caído?, pobre Adán. Has caído de mi favor; te has arrojado a ti mismo a la desnudez y al temor, pues estabas escondiéndote. Adán, ¿dónde estabas tú? Me das mu-

cha pena. Te creíste ser Dios. Antes de condenarte te daré una palabra de piedad. Adán, ¿dónde estás tú? Sí, el Señor fue lento en enojarse y en ejecutar la sentencia, aún cuando el mandamiento había sido quebrantado y la amenaza tuvo que ser pronunciada por necesidad. Algo similar sucedió con el diluvio. Amonestó a la tierra, pero no selló la sentencia hasta darle tiempo para el arrepentimiento. Durante ciento veinte años, Noé debía predicar la Palabra y testificar a la generación rebelde e impía. Noé tenía que construir el arca. Ésta sería como un sermón perpetuo. Debía de ponerse en lo alto de un monte, esperando la inundación para poder flotar, de manera que fuera vista en lo alto y constituyera una advertencia bien clara para los impíos. ¡Oh cielos!, ¿por qué no abristeis al instante tus fuentes de agua? Dios había dicho: «He aquí yo traigo un diluvio de aguas sobre la tierra». ¿Por qué las aguas no subieron de inmediato? «Porque», les oigo decir con un sonido de gorgoteo, «aunque Dios había hecho una advertencia, fue lento en ejecutarla, esperando que la gente se arrepintiera y se volviera de sus pecados».

Lo mismo sucedió con Sodoma. Aún cuando la sentencia contra el pecador es firmada y sellada por el sello celestial de la condenación, Dios es lento en llevarla a cabo. La condena de Sodoma está sellada; Jehová ha declarado que será quemada con fuego. Pero Dios es lento en ejecutar el juicio. Se detiene. Los ángeles descienden a Sodoma, y ven la iniquidad que corre por las calles como un río. Sus habitantes, peores que las bestias, asechan detrás de las puertas. ¿Ha levantado ya Dios sus manos, diciendo: «infiernos, lloved desde lo alto?». No, la gente sigue con su alboroto toda la noche. Espera hasta el último momento, y entonces cuando el sol se está levantando, ordena que llueva fuego y azufre. Dios no se apresuró a ejecutar su condena. Una vez hecha la advertencia de que iba a desarraigar a los cananitas; declaró que las ciudades de los hijos de Amón serían juzgadas con fuego, y a Abraham le prometió que le daría la tierra a su simiente para siempre. Sin embargo, Él hizo permanecer a los hijos de Israel durante cuatrocientos años en Egipto, permitiendo a los cananitas vivir en los días de los patriarcas. Aún después, cuando guió a su pueblo fuera de Egipto, lo hizo peregrinar cuarenta años por el desierto, demorando aún más el juicio sobre los cananitas. Sin embargo, «Les daré un espacio», dijo Él. «Aunque he sellado su condenación, a pesar de que su sentencia de muerte ha venido directamente del trono del Rey y debe ser ejecutada, les daré un respiro, hasta que la misericordia haya alcanzado su límite». Él esperaría hasta que las cenizas de Jericó y la destrucción de Hai indicaran que la espada debía salir de su vaina. Entonces Dios despertaría como un hombre poderoso y fuerte, lleno de ira. Jehová es lento en ejecutar la sentencia, aún cuando ésta ya haya sido firmada.

4. ¡Ah, mis amigos!, un pensamiento funesto ha atravesado mi mente. Hay algunos hombres que todavía están vivos, y permanecen ahora bajo sentencia. Creo que la Escritura me lleva a una temible reflexión a la que quiero hacer alusión. Hay algunos hombres que están condenados antes de ser finalmente inculpados. Hay personas cuyos pecados van a juicio primero que ellos y son entregados a una conciencia cauterizada, preocupando a aquellos de quienes se dice que el arrepentimiento y la salvación son imposibles. Algunos pocos individuos en el mundo, son como aquel personaje en la novela de John Bunyan, que estaba dentro de una jaula de hierro y nunca pudo salir. Se asemejan a Esaú; no hallan lugar para el arrepentimiento, a pesar de que, contrariamente a él, no lo buscan porque, si lo hicieran, lo encontrarían. Existen muchos que han cometido el «pecado de muerte», por quienes no se puede orar, como vemos en 1 Juan 5:16b: «Hay pecado de muerte, por el cual yo no digo que se pida». Pero ¿por qué, por qué no están ya en las llamas del infierno? Si van a ser condenados, si la misericordia ha cerrado los ojos para siempre sobre ellos y nunca les extenderá su mano de ayuda, ¿por qué no son barridos y cortados de la tierra de una vez? Porque Dios ha establecido: «No tendré misericordia sobre ellos, pero les dejaré vivir un poco más

Dios Padre, Jesucristo, Espíritu Santo

de tiempo, pues soy reacio a ejecutar la sentencia y los eximiré hasta que se cumplan los años que un hombre debe vivir. Les permitiré tener una larga vida aquí, pues tendrán una eternidad llena de ira y maldición para siempre». Sí, dejadles tener un poco de placer aquí, pues su fin será terrible». Pero que tengan cuidado, porque aunque Dios es lento para enojarse, cuando llega el momento lo hará. Si el Señor no fuera lento para la ira, ¿no habría ya fulminado nuestras ciudades, rompiéndolas en mil pedazos y barriéndolas de la faz de la tierra? Las iniquidades de estas ciudades son tan grandes, que si Dios las desarraigara y las tirara al mar, se lo merecerían. Por la noche, nuestras calles presentan un espectáculo de vicio que es difícil de igualar. Creo que no habrá sobre la tierra una nación que tenga una capital tan corrompida e inmoral como es nuestra ciudad de Londres. Señoras y señores; permitís que os digan ciertas cosas al oído, de las cuales vuestra modestia debería de avergonzarse. Hay espectáculos públicos vergonzosos. Ya es lo suficientemente malo que en *La Traviata* se oigan cosas acerca del sexo y diversas obscenidades; pero que las mujeres de las esferas de más alto refinamiento y mejor gusto, lo toleren y aprueben ya es intolerable. Caballeros de Inglaterra, dejáis que los pecados de los teatros de ambientes bajos de nuestro país escapen sin vuestra censura. La más baja bestialidad infernal de una casa de juegos y los teatros de la ópera, están casi al mismo nivel. Pensaba que con las pretensiones de piedad que tiene esta ciudad y las críticas que ha tenido de la prensa, (una prensa muy poco religiosa), no serían tan indulgentes con sus bajas pasiones. Pero, por haber dorado la píldora, ya habéis sorbido el veneno. ¡Vuestra conducta está llena de concupiscencias, es engañosa y abominable! Lleváis a vuestros hijos a escuchar lo que ni vosotros mismos deberíais haber escuchado. Os sentáis en medio de una compañía grande y alegre, a escuchar cosas de las cuales vuestra decencia debería revolverse. Aunque la marea de la impiedad os tenga por el momento engañados y engullidos, aún albergo un rayo de esperanza. ¡Ah! sólo Dios sabe de la maldad secreta de esta gran ciudad. Se necesitaría una voz fuerte como una trompeta; un profeta que grite a gran voz: «Haced sonar la alarma, hacerla sonar en esta ciudad, porque el enemigo se ha agigantado sobre nosotros». El poder del maligno es enorme, y a menos que Dios ponga su mano y haga dar marcha atrás el torrente de perdición que baja por nuestras calles, vamos rápidamente camino de la perdición. Pero Dios es lento para airarse, y todavía no ha desenvainado su espada. La ira ha dicho ayer: «¡desenváinate, espada!», y la espada se ha sacudido en su vaina. Pero la misericordia puso su mano sobre la vaina y dijo: «Quédate quieta espada, ¡atrás! La ira ha dado un golpe con el pie contra el suelo, diciendo: ¡Despierta, despierta espada!». Cuando casi había sacado a relucir su filo, Misericordia volvió a decirle: «¡atrás, atrás!», y la aseguró en su envoltura. Allí duerme todavía, pues el Señor es «... Lento para la ira, y grande en misericordia» (Sal. 145:8).

5. Ahora voy a *explorar este atributo de Dios hasta su origen*, ¿por qué Él es lento para la ira? Lo es porque *Dios es infinitamente bueno*. Su nombre es bueno. Su naturaleza también lo es, porque Él es lento para la ira.

Repito, Dios es lento para la ira *porque Él es grandioso*. En general, los seres pequeños son rápidos para enojarse. El perrito malhumorado ladra a cada una de las personas que pasa frente a él. Pero el león y el búfalo están acostados, tranquilos en la hierba y son lentos para mostrar su fiereza. El Señor es lento para la ira, porque es grande en poder.

II. GRANDE EN PODER

Veamos ahora la relación del vínculo del que hablábamos anteriormente. Una poderosa razón por la cual Dios es lento para airarse es porque es *grande en poder*. Éste es un vínculo que conecta esta parte del tema y la última, por lo que ruego vuestra atención. Insisto: esta expresión, *grande en poder,* conecta la primera frase con la última, y lo hace de esta manera. El Señor es tardo para airarse, y lo es porque es grande en

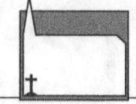

poder. «¿Cómo dice usted eso?», me diréis. Pues porque el que es grande en poder, tiene poder sobre sí mismo, y el que puede mantener su temperamento bajo control y someter a su propia persona, es más grande que el que gobierna una ciudad, o conquista una nación. Ya hemos visto cómo Dios despliega su poder en el trueno que nos alarma y en el relámpago, cuya luz nos sobrecoge. Él abre las puertas del cielo y vemos su brillo cegador; y luego las vuelve a cerrar en un momento sobre la tierra polvorienta. Lo que nos parece tan impresionante no es sino una muestra del enorme poder que Él tiene sobre sí mismo. Cuando el poder de Dios hace que se restrinja a sí mismo, es verdadero poder; porque es el poder que controla al mismo poder, el poder que ata a la omnipotencia. Es, sin duda, un poder excelente. Dios es grande en poder y por tanto, puede guardar el enojo. Un hombre con una mente fuerte puede soportar que lo insulten y cargar con varias ofensas, porque es fuerte. La mente débil salta y se enoja a la menor provocación. La mente fuerte lo sobrelleva todo como una roca; no se mueve aunque reciba mil golpes. Dios marca a sus enemigos y sin embargo no se mueve. Se queda quieto y deja que le maldigan sin montar en cólera. Si Dios fuera menos de lo que es y tuviera menos poder del que le conocemos, habría enviado todos sus rayos y truenos sobre la tierra hasta vaciar los depósitos de los cielos. Las potentes minas de energía y combustible que Él ha puesto dentro del subsuelo terrestre, harían explotar el planeta en miles de estallidos. Todos nosotros volaríamos por los aires; seríamos consumidos y al final destruidos. Bendecimos a Dios que la grandeza de su poder es justamente nuestra protección; él es tardo en airarse porque es grande en poder.

Ahora no tendré dificultad en demostraros cómo este vínculo se une a sí mismo con la próxima parte del texto. «Jehová es tardo para la ira y grande en poder, y no tendrá por inocente al culpable» (Nah. 1:3). Esto no necesita ser demostrado por medio de palabras, no tengo más que tocar los sentimientos, y lo veréis. La grandeza de su poder es una seguridad, y una seguridad de que Él no tendrá por inocente al culpable. ¿Quien de vosotros puede mirar una tormenta como la que tuvimos el viernes pasado sin que los pensamientos sobre vuestros pecados se revolvieran en vuestro seno? Cuando brilla el sol y el tiempo está bueno, los hombres no piensan en Dios como el sancionador, o en Jehová como el vengador. Sin embargo, en días de gran tempestad, ¿quién de nosotros no palidece de miedo? Sin embargo, ocurre que algunos creyentes muchas veces se regocijan en estas tormentas y dicen: «mi alma está en paz en medio de este espectáculo de la tierra y el cielo. Yo me regocijo en él. Es un gran día en la casa de mi Padre, un día en que hay gran fiesta en los cielos».

«El Dios que reina en las alturas,
y lanza los truenos cuando le place,
que cabalga sobre los cielos tormentosos,
y gobierna los mares,
Este terrible Dios es nuestro,
nuestro Padre y nuestro amor,
Él hará descender sus poderes celestiales,
para llevarnos a Él.»

Pero el hombre que no tiene una buena conciencia estará alarmado hasta cuando las maderas de su casa crujan. Los fundamentos de la tierra parecen gemir. ¡Ah!, ¿quién es el que no tiembla? Sus árboles están desgajados por el medio. Un rayo ha abierto sus troncos y allí yacen malditos para siempre, una muestra de lo que Dios puede hacer. ¿Quién estuvo allí y los vio? ¿Fue un blasfemo? ¿Blasfemó allí mismo? ¿Era alguien que quebrantó el día de reposo? ¿Era un arrogante? ¿Despreció a Dios? ¡Oh, cómo se sacudía entonces y temblaba! ¿No habéis visto sus pelos de punta? ¿No se palidecieron al instante sus mejillas? ¿No cerró sus ojos y caminó horrorizado hacia atrás al ver ese terrible espectáculo; temiendo que Dios hiciese lo mismo con él? Sí amigos, cuando se ve el poder de Dios en la tempestad, ya sea en la tierra o en el mar, en el terremoto y en el huracán, es una prueba de que Él no dejará escapar a los malvados. Yo no sé cómo explicar esta clase de sentimiento, pero sin embargo es la

Dios Padre, Jesucristo, Espíritu Santo

verdad. Los majestuosos despliegues de la omnipotencia, tienen un efecto convincente aún en la mente más dura. Dios, que es tan poderoso, «no tendrá por inocente al culpable». Amigos, así os he tratado de explicar y simplificar la función de este vínculo.

III. JUSTICIERO

El último atributo, y el más terrible, es que «*no tendrá por inocente al culpable*» (Nah. 1:3). En primer lugar, permitidme que desdoble estas palabras para daros una explicación más clara; y luego trataré ir a su origen como hice con el primer atributo.

Dios «no tendrá por inocente al culpable». ¿Cómo puedo probar ésto? Lo haré de la siguiente manera: El Señor nunca ha perdonado un pecado que quedara sin castigo. A través de todos los siglos de la historia, Dios nunca ha borrado un pecado sin que éste haya recibido primero su castigo. ¿Qué? preguntaréis vosotros, ¿las personas que están ya en el cielo no han sido perdonadas? ¿O no hay muchos transgresores perdonados, que han escapado sin castigo? Él ha dicho: «Yo deshice como una nube tus rebeliones, y como niebla tus pecados» (Is. 44:22).

1. Sí, es muy cierto, y mi aseveración también lo es; ni uno solo de esos pecados que han sido perdonados quedaron sin castigo. ¿Me preguntáis cómo y por qué algo así puede ser verdad? Os señalo a la atroz escena del Calvario. El castigo que no cayó sobre el pecado perdonado, cayó allí. La nube de justicia fue cargada con fiero granizo. El pecador lo merecía; descendió sobre él, pero, por todas estas cosas, cayó y consumió su furia; cayó allí, en la gran reserva de miseria; y cayó en el corazón del Salvador. Las plagas, los azotes, que deberían caer sobre nuestra ingratitud, no cayeron sobre nosotros, sino en algún otro lugar, y ¿quién fue el que las recibió? Dime Getsemaní; ¡Oh dime cumbre del Calvario!, ¿quién fue azotado?. La doliente respuesta llega; *"Eli, Eli, ¿lama sabactani?"* (Mat. 27:46). "Dios mío, Dios mío, por qué me has desamparado" Es Jesús, sufriendo todos los castigos del pecado. La transgresión es perdonada, Aunque el pecador es liberado.

2. Pero, diréis vosotros, esta no es una prueba muy definitiva de que "no tendrá por inocente al culpable". Yo sostengo que sí lo es, y de una forma muy clara. Pero, ¿queréis una prueba más convincente de que Dios no tendrá por inocente al culpable? Entonces, necesito guiaros a través de una larga lista de terribles maravillas que Dios ha escrito; las maravillas de su venganza. ¿Debo mostraros el Edén arruinado? ¿Queréis que os permita ver a un mundo ahogado y los monstruos marinos saltando en la inundación y metiéndose en los palacios de los reyes? ¿O tal vez deberíais escuchar el grito final del último hombre que se está ahogando en el diluvio, después de haber sido barrido por una enorme ola de un mar que no tiene orilla? ¿Queréis que os haga ver la muerte montando sobre la cresta de una ola, triunfando porque ha conseguido llevar a cabo su propósito. Todos los hombres han muerto, salvándose solamente aquellos que están en el arca? ¿Necesito mostraros a la ciudad de Sodoma, con sus habitantes aterrados, cuando el volcán de la poderosa ira derramó fuego y azufre sobre ella? ¿Queréis que os enseñe la tierra abriendo su boca y tragando a Coré, Datán y Abirán? ¿Necesito llevaros a las plagas de Egipto? ¿Debo de repetir el grito de muerte del Faraón, y cómo se ahogaban todas sus huestes? Seguramente, no necesitáis que os mencione las ciudades que están en ruinas o las naciones que han sido cortadas de la faz de la tierra en un día. Sabéis bien que Dios en su disgusto e ira, ha sacudido la tierra de un lado para el otro y ha derretido montañas. No, tenemos suficientes pruebas en la historia y en la Escritura, de que "Dios no tendrá por inocente al culpable". Sin embargo, si queréis la mejor de las pruebas, deberíais montar en las negras alas de una miserable imaginación, y volar más allá del mundo, al oscuro terreno del caos; lejos, muy lejos, donde las batallas de fuego están centelleando con una luz hórrida. Debéis ir con la seguridad del espíritu, volando hasta encontrar al gusano que nunca muere, el abismo que no tiene fin, para ver el fuego que nunca se apaga y los gritos y gemidos de los hombres que se han alejado de Dios

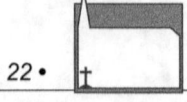

para siempre. Si os fuera posible oír los gruñidos, los chillidos y quejidos de las almas allí torturadas, y luego volver a este mundo, petrificados de horror, entonces diríais, ciertamente «Dios no tendrá por inocente al culpable». ¿Sabéis una cosa? El infierno es el argumento del texto. Que nunca tengáis necesidad de probar el texto sintiendo en vosotros mismos el desdoblamiento de estas palabras: "Dios no tendrá por inocente al culpable".

3. Ahora, *llevaremos este terrible atributo a su origen*. ¿Por qué lo hacemos? Repetimos; Dios no tendrá por inocente al culpable, *porque Él sea bueno*. ¿Qué? ¿Acaso la bondad de Dios demanda que los pecadores sean castigados? Así es. El Juez, porque ama a su nación, debe condenar al criminal. «No puedo dejarle ir libre y no debo hacerlo, porque si lo hiciera, usted saldría a matar a otras personas que pertenecen a este país. No puedo ni debo dejarle en libertad, he de condenarle desde la parte más sensible de mi naturaleza». La bondad de un rey demanda el castigo de aquellos que son culpables. En la legislatura no es malicioso hacer leyes severas contra los grandes pecadores, se hacen por amor hacia el resto de los hombres, pues el pecado debe ser refrenado. Las grandes compuertas, que contienen el torrente del pecado, están pintadas de negro, y parecen las horribles paredes de un calabozo. Me hacen estremecer en mi espíritu. Pero, ¿son acaso pruebas de que Dios no es bueno? No señores, si se pudieran abrir de par en par esas compuertas y dejar que el diluvio del pecado nos cubra, entonces los hombres gritarían: «¡Oh Dios, oh Dios!», cierra las puertas del castigo con sus goznes. ¡Cierra esas puertas para que este mundo no pueda ser nuevamente destruido por personas que se han convertido en seres peores que las bestias. Por causa de la bondad, es necesario que el pecado sea castigado. Misericordia, con sus ojos llorosos, (pues ella ha llorado por los pecadores), cuando ve que no se van a arrepentir, parece más severa que la Justicia en toda su majestad. Deja caer de su mano la bandera blanca y dice: «No, yo les llamé y rehusaron venir. Extendí mi mano, y nadie la consideró. Dejadles morir, dejadles morir». Y esa terrible palabra que pronuncia Misericordia es un trueno más potente que la misma maldición de Justicia. ¡Oh, sí! la bondad de Dios demanda que si pecan, los hombres deben morir eternamente.

Además, *la justicia de Dios lo demanda*. Dios es infinitamente justo, y su justicia demanda que los hombres sean castigados, a menos que se vuelvan a Él con todo el propósito de su corazón. ¿Necesito pasar por todos los atributos de Dios para probarlo? Creo que no será necesario. Todos nosotros debemos creer que el Dios que es tardo para la ira y grande en poder, está también seguro de que no considerará inocente al culpable. Y ahora un diálogo personal contigo, querido amigo. ¿Cuál es tu estado en esta mañana? Hombre o mujer que estás aquí; ¿cuál es tu estado? ¿Puedes mirar al cielo y decir: «Aunque he pecado en gran manera, sé que Cristo ha sido castigado en mi lugar»?.

«Mi fe mira atrás y ve
La carga que Él soportó
Cuando colgando de aquella cruz,
Mis pecados y mi culpa Él cargó».

¿Puedes tú, con una fe humilde, mirar a Jesús y decir: «mi sustituto, mi refugio, mi escudo; tú eres mi roca, mi confianza, en ti yo confío?». Entonces amado, no tengo nada que decirte, salvo esto: nunca tengas miedo al ver el poder de Dios, pues ahora estás perdonado y aceptado. Por medio de la fe has volado a Cristo como tu refugio. El poder de Dios no necesita aterrarte ya más, así como el escudo y la espada del guerrero no aterran a su mujer e hijo. «No, dice su mujer, ¿Es él fuerte? Lo es para mí. ¿En su brazo musculoso, y sus nervios rápidos y fuertes? Son rápidos y fuertes para mí. Mientras él viva, los extenderá sobre mi cabeza. Por cuanto su espada puede vencer a los enemigos, también puede vencer a los que están contra mi, y rescatarme». Estad gozosos y no tengáis miedo de su poder.

CONCLUSIÓN

Pero, ¿has acudido alguna vez a Cristo como refugio? ¿No crees en el Redentor? ¿Le has confiado alguna vez tu alma en sus

Dios Padre, Jesucristo, Espíritu Santo

manos? Entonces, amigos míos, oídme, en el nombre de Dios, oídme solo un momento. Amigo mío, no estaría en tu posición siquiera por una hora. ¿Por qué mantienes esa posición? Has pecado, y Dios no te tendrá por inocente; por el contrario, te castigará. Ahora te está dejando vivir, pero estás reservado para la condenación. ¡Pobre de aquel que está reservado sin tener el perdón! Tu reserva pronto se acabará; tu reloj de arena se está vaciando cada día. En algunos de vosotros la muerte ya ha puesto su fría mano, y ha emblanquecido vuestros cabellos. Necesitas de un apoyo, de tu bastón, él es ahora la única barrera entre tú y la tumba. Y todos vosotros, ancianos y jóvenes, estáis en un estrecho trozo de tierra, el istmo de la vida, estrechándose cada vez más; y tú, tú, y tú estáis sin perdonar. Hay una ciudad que será saqueada, y tú te hallas dentro de ella. Los soldados se encuentran a las puertas, se da la voz de mando para que cada hombre que está en la ciudad se salve de la muerte dando la contraseña. «Dormid, dormid, hoy no será el ataque». «Pero será mañana, señor». «¡Ay!, dormid, dormid; no será sino hasta mañana; retrasadlo, retrasadlo». «Puedo oír el tambor a las puertas de la ciudad. El ariete se está acercando. Las puertas se están sacudiendo.» «Dormid, dormid, los soldados no han llegado aún a las puertas; seguid durmiendo, todavía no pidáis misericordia.» «¡Ay!, pero oigo el sonido del clarín. ¡Qué horror! los gritos desesperados de los hombres y las mujeres! Los están matando; caen, caen al suelo». «Duerme, duerme, todavía no están a *tu* puerta; pero, ¡cielos!, están a las puertas, con pasos lentos pero fuertes, oigo a los soldados marchar escaleras arriba». «No, puedes seguir durmiendo, aún no han llegado a tu habitación». «¡Pero mirad, han abierto la puerta de pronto. Es la puerta que os separa de ellos, y allí están!» «No, duerme todavía, duerme; la espada no está aún en tu cuello, duerme, duerme». Ahora sí, está en *tu* garganta, y la miras horrorizado. Duerme, duerme. ¡Pero te has ido! «Demonio, ¿por qué me dijiste que me quedara quieto? Hubiera sido conveniente escapar de la ciudad cuando las puertas eran sacudidas por primera vez. ¿Por qué no pedí la palabra de contraseña antes de que entraran las tropas? ¿Y por qué no salí corriendo por las calles, y grité la contraseña cuando los soldados estaban allí? ¿Por qué me quedé hasta que la espada estuvo en mi garganta?» «Ay, demonio que eres, maldito seas; ¡pero yo estaré maldito junto contigo para siempre!». Sabéis la aplicación de este drama. Es una parábola que todos vosotros podéis exponer. No necesitáis que yo os diga que la muerte os sigue los pasos, que la justicia quiere devoraros, y que Cristo crucificado es la única contraseña que os puede salvar, pero que todavía no habéis aprendido. Para alguno de vosotros, la muerte se está acercando, acercando cada vez más, y está cerca de todos vosotros. No necesito exponeros y explicaros que Satanás es el demonio. ¡Cómo le maldeciréis a él y a vosotros mismos en el infierno por habernos retrasado! ¿Cómo, viendo que Dios era tardo para la ira, habéis sido vosotros tan tardos para el arrepentimiento? Dios es grande en poder, y Él no daba de inmediato salida a su ira. Por eso retrasasteis vuestros pasos y no le buscasteis; y ¡he aquí que estáis donde estáis!

Espíritu de Dios, ¡bendice estas palabras y hazlas llegar a las almas para que puedan ser salvas; que hoy mismo, algunos pecadores sean traídos a los pies del Salvador, y supliquen su misericordia! Te lo pedimos en el nombre de Jesús. Amén.

2. DIOS, QUIEN TODO LO VE

«El Seol y el Abadón están delante de Jehová; ¡cuanto más los corazones de los hombres!» (Proverbios 15:11).

INTRODUCCIÓN: La omnisciencia divina.

I. UN GRAN HECHO DECLARADO
1. Infierno o muerte.
   a) Dios sabe donde yacen sus hijos
   b) Dios conoce el destino de cada cual
2. Destrucción o infierno.

II. EL GRAN HECHO INFERIDO
1. ¿Por qué?

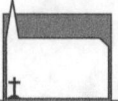

a) Los corazones están abiertos ante Él
2. ¿Cómo conoce Dios el corazón?
   a) Dios pruebe y examina
3. ¿Qué?
   a) Dios ve el corazón del hombre
4. ¿Cuándo?
   a) En todo momento y lugar

CONCLUSIÓN: Dios lo ve todo.

DIOS, QUIEN TODO LO VE

INTRODUCCIÓN

A menudo os habéis reído ante la ignorancia de los paganos que se inclinan delante de los dioses de madera y piedra. Tal vez citasteis las palabras de la Escritura: "Que tiene ojos y no ve, que tiene oídos y no oye" (Jer. 5:21). Por lo tanto, habéis testificado que no pueden ser dioses en absoluto, porque no ven ni oyen, ni hay en ellos una pizca de vida. No os imaginabais cómo esos hombres podían degradar su entendimiento haciendo de esas cosas objetos de adoración. ¿Puedo haceros solamente una pregunta? Vuestro Dios puede ver y oír, ¿sería vuestra conducta diferente en algún aspecto si tuvierais un Dios como los que adoran los paganos? Suponed por un minuto que Jehová, pudiera ser (aunque es casi blasfemo suponerlo) herido con ceguera, de modo que no viera las obras de los hombres ni conociera sus pensamientos. ¿No os volveríais más descuidados en vuestra conducta, de lo que sois ahora? En nueve de cada diez casos, y tal vez en una más grande y lamentable proporción, la doctrina de la Omnisciencia Divina, si bien es recibida y creída, no tiene efectos prácticos en nuestras vidas. La mayoría de la humanidad se olvida de Dios; hay naciones enteras que conocen su existencia y creen que Dios les ve, y sin embargo viven como si no lo tuvieran. Mercaderes, granjeros, dueños de tiendas, de campos, esposos con sus familias, esposas y amas de casa, viven como si Dios no existiera; como si no hubiera ningún ojo observándoles, ningún oído que oyera la voz de sus labios y ninguna mente eterna que atesorara la recolección de sus actos. ¡Ah, somos ateos prácticos, pero aquellos de nosotros que nacimos de nuevo y hemos pasado de muerte a vida, no deberíamos serlo. Multitudes de hombres no serán nunca afectados por este cambio, seguirían viviendo de la misma manera que ahora con sus vidas tan vacías de Dios en sus caminos, que su ausencia no les afectará en ningún aspecto. Permitidme entonces, en esta mañana, con la ayuda de Dios, despertar vuestros corazones y que Él me asegure que mis palabras puedan quitar algún ateísmo práctico de entre vosotros. Trataré de presentaros a Dios como el que todo lo ve, y grabar en vuestras mentes el tremendo hecho de que siempre estamos siendo observados por el Todopoderoso.

En nuestro texto tenemos, primero de todo, un gran hecho declarado "El Seol y el Abadón están delante de Jehová" (Pr. 15:11). En segundo lugar, tenemos un gran hecho inferido «¡Cuánto más los corazones de los hombres!»

I. UN GRAN HECHO DECLARADO

Comenzaremos con el gran hecho declarado un hecho que nos provee con las premisas de donde deducimos la conclusión práctica de la segunda frase «¡Cuánto más los corazones de los hombres!» La mejor interpretación que le podéis dar a esas dos palabras infierno y destrucción, creo que está comprendida en una frase como esta: «La muerte y el infierno están delante del Señor». El estado separado de los espíritus que han partido, y la destrucción, Abadón, como lo dice en hebreo, el lugar de tormento, son ambos solemnemente misteriosos para nosotros, pero suficientemente manifiestos para Dios.

1. Primero pues, la palabra que aquí se traduce como infierno puede ser también ser traducida como muerte, o el estado de los espíritus que han partido. Ahora bien, la muerte, con todas sus solemnes consecuencias, es visible ate el Señor. Entre nosotros y el más allá de los espíritus que han partido, hay una gran nube negra. Aquí y allá, el Espíritu Santo ha hecho como si fueran grietas en la pared de separación, por medio de la cual podemos ver por la fe, que

Dios Padre, Jesucristo, Espíritu Santo

Él nos ha revelado por medio del Espíritu, "cosas que ojo no vio, ni oído oyó, y que están fuera del alcance del intelecto humano". Sí, lo que sabemos es muy poco. Cuando los hombres mueren, su estado más allá del área de nuestro entendimiento; pero Dios entiende todos los secretos de la muerte. Vamos a dividir este tema en varios puntos y a numerarlos.

a) Dios sabe donde están enterrados los suyos. Él conoce también el lugar de reposo del hombre que es enterrado sin una tumba, como el que se levanta sobre él un enorme mausoleo. Él sabe del viajero que cayó muerto en el desierto, cuyo cuerpo es presa de los buitres, y cuyos huesos son blanqueados por el sol. También conoce al marinero que naufragó lejos en el mar, y sobre cuyo cuerpo no se entonado ningún cántico fúnebre, excepto el ulular de los vientos y el murmullo de las olas. Los miles que han muerto en batallas, los que han muerto solos en medio de espesos bosques, de mares helados y tormentas de nieve; todos éstos y los lugares de sus sepulcros son conocidos por Dios. Esa gruta silenciosa dentro del mar donde las perlas yacen en su lecho profundo, y donde duerme el casco del barco hundido, está marcado por Dios como el lugar de reposo de uno de sus redimidos. Aquel sitio al costado de la montaña, un desfiladero profundo, en el cual el escalador cayó y fue sepultado por una tormenta de nieve, está marcado en la mente de Dios como la tumba de un integrante de la raza humana. Ningún cuerpo, ya sea que haya sido enterrado o no, está fuera del conocimiento de Dios. Bendito sea su nombre, si muero y caigo donde duermen los rudos antepasados de la aldea, en algún rincón oculto del cementerio de la Iglesia, seré reconocido por mi glorioso Padre. Para Él es lo mismo que si fuera enterrado en la catedral, donde los bosques de pilares góticos están erectos, y donde las alabanzas saludan perpetuamente a los cielos. Dios conocerá mi lugar como si hubiera sido enterrado con música sacra y sobria solemnidad. Dios no se olvida de los lugares donde yacen enterrados sus hijos. Moisés descansa en un lugar que ningún ojo humano ha visto.

Dios despidió su alma y le enterró Él mismo donde Israel nunca pudiera encontrarle. Pero Él sabe donde duerme Moisés, y sabe también donde están escondidos todos sus hijos. Vosotros no me podéis decir dónde está la tumba de Adán, ni tampoco el lugar donde reposa el cuerpo de Abel. ¿Hay algún hombre capaz de descubrir dónde está la tumba de Matusalén y esos longevos moradores de antes del diluvio? ¿Quién puede decirnos dónde reposa el cuerpo de José? ¿Puede alguno de vosotros descubrir las tumbas de los reyes o marcar el lugar exacto donde descansan en su solitaria grandeza David y Salomón? No, esas cosas están más allá del conocimiento humano. No sabemos donde está enterrado el personaje más grande y poderoso del pasado; pero Dios sí lo sabe, pues la muerte y el hades están abiertos ante Él.

b) Más aún; no solo Él sabe dónde están sus hijos enterrados, sino que conoce el destino y la historia de ellos después de la muerte o la sepultura. A menudo los infieles hacen esta pregunta: «¿Cómo puede ser restaurado el cuerpo de un ser humano cuando quizás haya sido comido por un caníbal o devorado por las bestias salvajes?» Nuestra sencilla respuesta es que si Dios quiere, puede hacer volver cada átomo a su lugar. No pensamos que para que haya resurrección es necesario que se produzca tal cosa, pero si Él quisiera, podría traer los átomos correspondientes a cada cuerpo que ha muerto, aunque hayan pasado por la más complicada maquinaria de la naturaleza y hayan experimentado cualquier clase de transformación. Aún así, Dios tiene el nivel de conocimiento más que suficiente para saber dónde está cada átomo, y dentro del poder de su omnipotencia le corresponde llamar a cada uno de ellos dónde estén y restaurarlos a su propia esfera, reconstruyendo el cuerpo del cual formaban parte. Nosotros no podemos seguir la trayectoria de aquello que se ha desintegrado. Enterrado con sumo cuidado, preservado con la más escrupulosa reverencia, los años han pasado y el cuerpo del monarca, que ha dormido bien guardado y protegido, es alcanzado al fin por el deterioro del tiempo. El

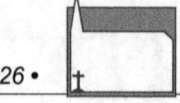

féretro se ha echado a perder y el metal se ha estropeado; sólo se descubrió un puñado de polvo, las últimas reliquias de alguien que fue gobernante de muchas naciones. El polvo fue tirado por las manos sacrílegas fuera de la Iglesia o en su cementerio, y barrido por los vientos en todas direcciones. Fue imposible preservarlo, pues el cuidado más esmerado no sirvió de nada. El monarca descendió a la tumba al mismo nivel junto con su esclavo, «igual para el ignorante que para el ignorado». Pero Dios sabe donde ha ido cada partícula del polvo. Él ha registrado en su libro el movimiento de cada uno de sus átomos. La muerte está tan abierta ante sus ojos, que puede traer los huesos y vestirlos con carne haciéndolos vivir otra vez. La muerte está abierta delante del Señor.

Como el cuerpo, también el alma cuando se separa de él está abierta ante el Señor. Miramos el rostro de nuestro amigo que se está muriendo, y un rápido y misterioso cambio se opera en su semblante. «Su alma ha volado», decimos. Pero, ¿tenemos idea de dónde está su alma? ¿Podemos hacernos aunque sea una conjetura de cuál será el vuelo de esa alma, y ante quién tendrá que comparecer una vez desatada de su morada terrenal? ¿Es posible para nosotros adivinar cuál es ese estado donde los espíritus sin cuerpo, perpetuamente bendecidos, se presentan ante Dios? ¿Podemos tener idea de la ubicación del cielo, donde los cuerpos y las almas reunidos, disfrutarán ante el trono de Dios de la mayor felicidad?

Creo que nuestras concepciones, mientras estamos en el cuerpo, son tan crasas que es casi –si no imposible– para cualquiera de nosotros, formarnos una idea sobre la posición de las almas sin cuerpo, en el tiempo que va entre la hora de la muerte y su resurrección.

«Esto es todo lo que sabemos,
son sumamente benditos,
han terminado con el pecado,
los cuidados y los pesares,
y descansan para siempre con su Salvador.»

El mejor de los santos no puede decirnos más que esto. Son benditos, y están reinando en el paraíso con su Señor. Hermanos, estas cosas son conocidas para Dios. El estado separado de los muertos, el cielo poblado de espíritus liberados de los cuerpos, todo está dentro de la mirada del Altísimo. Él conoce la condición de cada hombre muerto ya sea que haya ascendido a morar por siempre en la luz del semblante de su Maestro, o haya sido sumergido en el infierno, arrastrado hacia abajo por cadenas de hierro para esperar el resultado del terrible juicio donde se oirá la frase: «Apartaos de mí, malditos». Dios sabe la sentencia de cada espíritu humano previa al día del juicio ante el gran tribunal antes de que la última frase haya sido pronunciada, la muerte está abierta ante el Señor.

2. La próxima palabra, destrucción, significa infierno, o el lugar de los condenados, el cual también está abierto delante del Señor. Dónde está el infierno, y cuáles son sus miserias, no lo sabemos, pues estamos mirando como a través de un cristal oscuro. Nunca hemos visto las cosas invisibles del horror. Esa tierra de terror es para nosotros desconocida. Tenemos muchas razones para agradecerle a Dios que la haya puesto tan lejos de los lugares habitables por los mortales vivos; para que los dolores, los gemidos, los gritos y los lamentos no se oigan desde aquí. De otro modo, la misma tierra se convertiría en un infierno, el solemne preludio del sumo tormento. En algún lugar desconocido, Dios ha puesto un terrible lago, que arde con fuego y azufre, dentro del cual son arrojados los ángeles rebeldes que llevan un infierno en su seno, y son atados con cadenas. Estos están reservados en la oscuridad para siempre. Son los que no mantuvieron su primer estado, sino que levantaron su brazo de rebelión contra Dios. No nos atrevemos mirar en ese lugar. Quizás no sería posible para cualquier hombre tener la más remota idea de los tormentos de los perdidos, sin volverse loco. La razón se aturdiría ante tal visión de horror. Un solo momento de escuchar los agudos chillidos de los espíritus atormentados, puede llevarnos para siempre a las profundidades de la desesperación y nos volveríamos, sin duda, lunáticos y locos perdidos. Pero mientras Dios en su misericordia encubre

Dios Padre, Jesucristo, Espíritu Santo

estas cosas de nuestra vista, son todas conocidas por Él. Precisamente es su mirada lo que hace que el infierno sea lo que es. De sus ojos, llenos de furia, salen los rayos que fulminan a sus enemigos. Sus labios producen los truenos que ahora asustan a los malvados. ¡Oh, si pudieran escapar del ojo vigilante de Dios! Si pudieran eliminar la terrible visión del rostro de la incandescente Majestad de los cielos, entonces el infierno podría ser apagado, las ruedas de Ixion estarían quietas, y el condenado Tántalo apagaría su sed y comería hasta hartarse. Pero allí, mientras yacen aprisionados en sus cadenas, miran hacia arriba, y siempre ven la temible visión del Altísimo. Sus manos aprisionan los rayos, y sus labios hablan con truenos, los ojos avivan las llamas que queman sus almas. Los horrores son más profundos que la misma desesperación. Sí, el infierno, horrible como es, velado por muchas nubes, y cubierto por la oscuridad, está desnudo ante la mirada del Altísimo.

He aquí la declaración del hecho principal «El Seol y el Abadón están delante de Jehová». Después de estas palabras, la inferencia parece ser fácil ¡Cuánto más los corazones de los hombres!

II. EL GRAN HECHO INFERIDO

Al entrar brevemente aquí, trataremos el siguiente tema. En nuestro versículo notáis una reflexión «¡Cuánto más los corazones de los hombres!» Por lo tanto comenzaré por preguntar ¿por qué l o que sigue dice que los corazones de los hombres están abiertos a la vista de Dios? Por qué, cómo, qué, cuando. Serán cuatro preguntas entre las cuales dividiremos lo que tenemos ahora para decir.

1. ¿Por qué está tan claro que si «El Seol y el Abadón están delante de Jehová», los corazones de los hombres deben estar abiertos ante Él?

Respondemos a esto, diciendo que los corazones de los hombres no son tan extensos como los reinos de la muerte y el tormento. ¿Qué es lo que hay en el corazón del hombre? ¿Qué hay dentro del «yo» del hombre? ¿No le compara la Escritura con una langosta? Dios toma las islas en sus manos

islas completas llenas de hombres como una cosa muy pequeña, y las naciones delante de Él son como una gota de agua en un cubo. El ojo de Dios que todo lo ve, capta en una sola mirada las vastas regiones de la tierra. Dios puede ver a través de la muerte y del infierno, con todas sus profundidades abismales y todo su contenido de miserias. Por lo tanto, es también capaz de contemplar todas las acciones del corazón del hombre. Suponed que hay un hombre tan sabio como para saber todas las necesidades de una nación y recordar los sentimientos de miríadas de hombres. No será, por tanto, difícil para él conocer las acciones de su propia familia y entender las emociones de los de su casa. Si el hombre es capaz de extender su brazo sobre una gran área y decir: «Soy el monarca de todo esto», seguramente podrá controlar lo que es menos. Él, que en su sabiduría puede caminar a través de los siglos, no será ignorante de la historia de un año. Dios puede excavar dentro de las profundidades de la ciencia, y entender la historia de todo el mundo desde su creación. Él no se va a ver alarmado por algún enigma que sucede en su misma puerta. No, el Dios que ve a través de la muerte y el infierno, ve también nuestros corazones. La muerte es un monarca antiguo, es el único rey cuya dinastía permanece inamovible. Desde los días de Adán, nunca ha sido sucedida por otro, ni nunca ha tenido una interrupción en su Reino. Su cetro de ébano negro ha barrido generación tras generación. Su guadaña ha arrasado cien veces los campos de esta tierra, y tan afilada como para segarnos a nosotros también. Cuando nos suceda una próxima generación, estará listo para devorar las multitudes y barrer limpiamente la tierra otra vez. Las regiones de la muerte son dominios muy antiguos. La muerte ha hecho su presa sobre la tierra mucho antes de la aparición de Adán. Esas poderosas criaturas han revuelto la tierra con su pisoteo esos antiguos hijos de la naturaleza, que vivieron aquí mucho antes de que Adán caminara en el Edén. Como un poderoso cazador, la muerte hizo de ellos su presa, y ahora excavamos en la tumba de piedra y nos quedamos mirando asombrados. Él es nuestro anciano monarca, pero anciano como es, todo su reinado está en los registros de Dios, y hasta que la muerte en sí esté acabada y sorbida en victoria, estará abierta delante del Señor. ¡Qué antiguo que es también el infierno!; tan viejo como el primer pecado. El infierno fue hecho aquel día en que Satanás tentó a los ángeles, y arrastró a la tercera parte de las estrellas del cielo. Entonces el abismo sin fondo fue cavado, para que permanezca como un maravilloso registro de lo que la ira de Dios puede hacer. El fuego del infierno no es la leña de ayer; son llamas antiguas que están ardiendo mucho antes de que el Vesubio lanzara sus coloridas llamas. Antes de que las primeras cenizas chamuscadas cayeran sobre los valles, provenientes de los volcanes rojos de la tierra, las llamas del infierno ya estaban ardiendo, pues «Tophet está preparado desde la antigüedad, la pila es de madera y mucho humo; el aliento del Señor como un torrente de fuego y azufre». Si la muerte y el infierno han sido observados por Dios, y toda su historia es conocida por Él, ¡cuánto más la historia de esos seres efímeros a los que llamamos hombres! Hoy estáis aquí, y mañana habéis desaparecido; habéis nacido ayer y a la siguiente hora veréis preparada vuestra tumba. Al siguiente minuto oiréis, «las cenizas vuelven a las cenizas y el polvo al polvo», y la oscura nube cae sobre la tapa del ataúd. Somos las criaturas de un día, y no sabemos más. Pasamos brevemente por aquí, somos seres vivientes esperando la muerte. Apenas tenemos tiempo de narrar la historia, y ya llega a su fin. Seguramente, entonces, Dios puede entender fácilmente la historia de las monarquías de la muerte y el infierno.

Este es el porqué. No necesito daros más argumentos, si bien hay abundancia deducible de nuestro texto. «¡Cuánto más los corazones de los hombres!».

2. Pero ahora, ¿cómo conoce Dios el corazón? Quiero decir, ¿hasta qué grado y alcance Él entiende y conoce lo que está dentro del hombre? He aquí la respuesta. En diversos lugares, las Sagradas Escrituras nos dan una más precisa información. Dios conoce tan bien el corazón del hombre, que se dice que puede explorarlo. Todos entendemos la figura de una exploración. Se organiza una búsqueda contra algún hombre que se supone que encubre a un traidor en su casa. El oficial va a las habitaciones de más abajo, abre la puerta de cada armario, mira en cada ropero, penetra dentro de cada grieta, toma las llaves, desciende hasta el sótano, da vuelta los carbones y mueve la madera, para que no haya nadie escondido allí. Se dirige hacia arriba; allí hay un viejo cuarto que no ha sido abierto durante años y ahora se abre. Se ve un enorme escritorio; la cerradura está forzada y rota. Se ha inspeccionado la parte alta de la casa, para evitar que alguien se esconda bajo el techo de pizarra Por último, cuando la búsqueda ha sido completa, el oficial dice: «Es imposible que pueda haber alguien aquí, pues desde las tejas hasta los cimientos, he revisado toda la estructura de la casa; conozco hasta las mismas arañas, pues he visto la casa de principio a fin». Esta es la forma en que Dios conoce nuestros corazones. Él busca en cada rincón, escondrijo, grieta y lugar secreto, y su figura se proyecta aún más lejos. La luz del Señor ilumina los lugares más recónditos. Si lo que buscamos es alguna pequeña moneda que se nos perdió, encendemos una luz y barremos la casa hasta que la encontramos. Así también sucede con Dios. Busca y saca cada cosa a la luz del sol. No es una búsqueda parcial, como la de Labán, cuando fue a la tienda de Raquel a buscar los ídolos. Raquel los puso en la montura del camello y se sentó sobre ellos, pero Dios busca también en la montura del camello y en todo otro lugar. ¿Puede alguien esconderse del Señor, de modo que Él no le vea? Sus ojos buscan en el corazón, en cada parte de él.

a) Lo que el Señor hace es más que buscar, Él prueba y examina. Cuando el obrero que trabaja el metal toma en sus manos el oro, lo mira y lo examina cuidadosamente, pero antes de trabajar con él, tiene que probarlo. Entonces lo pone al fuego, donde se funde, hasta ver cuánto hay de escoria y cuánto de verdadero oro. Dios sabe los quilates de oro que hay en nosotros y también la escoria o desecho. Es imposi-

Dios Padre, Jesucristo, Espíritu Santo

ble engañar al Señor. Él ha puesto nuestros corazones en el horno de la omnisciencia. El horno de su conocimiento nos prueba como el metalúrgico que trabaja con el oro. Ve cuánto hay de hipocresía, cuánto de verdad, cuánto de falso y cuánto de verdadero, cuánto de ignorancia y cuánto de conocimiento, cuánto de cuidado y cuánto de descuido. Dios conoce los ingredientes del corazón, Él reduce el alma a sus metales prístinos, la divide en pedazos y analiza cada uno de ellos. Las Sagradas Escrituras nos dicen que Dios considera los corazones. La palabra latina que se usa para el verbo considerar, significa pesar. El Señor pesa nuestro corazón. Existe un antiguo cuadro en el que aparece una balanza, y en uno de sus platos hay un corazón. En el otro está la ley, la Biblia, para pesarlo. Esto es lo que hace Dios con los corazones de los hombres. A menudo son grandes, inflados, a punto de reventar, y la gente dice: «¡Qué gran corazón tiene este hombre!» Pero Dios no juzga por las apariencias el gran corazón de los hombres, Él los pesa. En un plato de la balanza pone el corazón y en el otro su Palabra. Él conoce su peso exacto; sabe si hay en él gracia, o simplemente apariencia. Él escudriña el corazón de toda manera posible, lo pone en el fuego y lo pesa en la balanza. ¡Que nunca pueda decir de nosotros que ha examinado nuestro corazón y lo ha encontrado lleno de vanidad! Dios puede concluir su veredicto diciendo: «Mene, mene, tekel Contó Dios tu Reino, y le ha puesto fin. Pesado has sido en la balanza, y fuiste hallado falto». Ésta es, pues la respuesta a la pregunta ¿cómo?

3. La siguiente pregunta es ¿qué? ¿Qué es lo que Dios ve en el corazón del hombre? Ciertamente ve mucho más de lo que podemos imaginar. Dios ve la concupiscencia, la blasfemia, el crimen, el adulterio, la malicia, la ira y la falta de caridad. El corazón nunca puede pintarse demasiado negro, a menos que imaginemos algo más negro que el diablo. Tú nunca has cometido un crimen, pero quizás sí ha sucedido en tu corazón. ¿Has imaginado alguna vez algo malo? ¿Nunca se ha regocijado tu alma en alguna cosa que no quisiste permitir, pero que por un momento lo dejaste entrar en tu mente con algo de complacencia y deleite? ¿No ha pintado la imaginación, aún al monje solitario en su celda, grandes vicios que los hombres en su vida pública nunca han soñado? Y algunos de nosotros, ¿no somos conscientes de que las blasfemias, crímenes, y concupiscencias de las más viles hallan sitio aun en un corazón que ha sido dedicado a Dios? ¡Oh, amados!, es una visión que ningún ojo humano podría soportar: la visión de un corazón desnudo ante la inspección de Dios. Él ve el corazón en toda su sensualidad bestial, en todos sus desvaríos y rebeliones, en todo su orgullo y su pecado. Dios nos ha examinado y lo sabe todo.

Dios ve todas las imaginaciones del corazón, y no queramos saber cuáles son. ¡Oh, hijos de Dios!, éstas os han hecho gemir y llorar muchas veces, y aunque el mundo no llora sobre ellas, vosotros sí lo habéis hecho.

a) Dios también ve los engaños del corazón. Tal vez tú, pecador, maldices a Dios. No es que lo hayas hecho, pero lo has intentado. Él conoce tus engaños puede leerlos. Tal vez no se te permitirá correr en el exceso de desenfreno en el cual te propusiste ir, pero tu propósito es ahora examinado por el Altísimo. Nunca un deseo se forja en los fuegos del corazón, sin antes ser golpeado en el yunque de la resolución. Nadie puede verlo ni conocerlo; sólo Jehová nuestro Dios.

Él conoce los propósitos del corazón. Él sabe, oh pecador, cuántas veces has decidido arrepentirte, pero has seguido siendo el mismo. Él también sabe que has estado enfermo, que has decidido buscar a Dios, pero una vez que la buena salud te ha puesto más allá del peligro temporal, has despreciado tu propia resolución. Tus propósitos han sido catalogados en el cielo, y junto con tus promesas rotas y tus votos anulados, serán traídos en su orden como veloces testigos para tu condenación. Todas estas cosas son conocidas por Dios. Incluso en el ministerio, hemos tenido pruebas muy claras de la sabiduría de Dios referente a lo que hay en el corazón del hombre. Hace algunos meses, mientras estaba aquí predi-

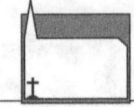

cando, deliberadamente señalé a un hombre en medio de la congregación, y dije esto: «Hay un hombre sentado allí que es zapatero. Tiene su tienda abierta el domingo. En ese día hizo un negocio por nueve peniques y le sobraron cuatro, o sea, que vendió su alma a Satanás por cuatro peniques. Un misionero urbano fue a cierta parte del pueblo y se encontró con un pobre hombre, a quien le hizo esta pregunta:

—¿Conoce usted al Sr. Spurgeon?

Le encontró leyendo un sermón.

—Si —le respondió—, tengo toda la razón para conocerle, pues le he oído y bajo la gracia de Dios me he convertido en hombre nuevo. Pero —prosiguió— le diré cómo ocurrió. Fui al Music Hall y me senté en la parte media del auditorio. El hombre me miró como si me conociera de antes, y deliberadamente dijo a la congregación que yo era un zapatero y que vendía zapatos el domingo, y era cierto. Señor, eso no me hubiera importado, pero es que dijo que el domingo anterior, había hecho una venta por nueve peniques y me sobraron cuatro. Yo no lo había dicho a nadie, así que no entiendo cómo pudo saberlo. Sentí una sacudida, como si Dios hubiera hablado a mi alma a través de él. Entonces el domingo pasado cerré mi tienda. Tuve miedo de abrirla, no fuera que él volviera a referirse a mí y acertara otra vez.

Podría contaros cerca de una docena de auténticas historias de casos que han pasado en el Music Hall, donde deliberadamente señalé a una persona sin conocerla y acerté en lo que dije. La descripción ha sido tan vívida, que las personas que lo presenciaron bien podían haber dicho: «Venid, y ved a un hombre que me dijo lo que yo había hecho. Más allá de toda duda, fue enviado a mi alma por Dios, o de otra manera no hubiera podido pintar mi caso tan claramente».

Además, hemos conocido casos en los cuales los pensamientos del hombre han sido revelados desde el púlpito. A veces he visto personas dándose un codazo al haber oído algo que les toca de cerca, y al salir les he escuchado cómo decían:

—Eso es lo que te estaba diciendo cuando entramos.

—Ah —le ha contestado su compañero—, y yo estaba pensando en lo que dijo; para mí fue una verdadera reprensión.

Ahora, si Dios prueba su omnisciencia ayudando a su pobre e ignorante siervo, podemos afirmar que Él conoce todo lo que está en secreto, porque vemos que lo dice a los hombres, y capacita a éstos para que se lo digan a otros. ¡Oh, podéis tratar con todo vuestro ingenio de ocultar a Dios vuestras faltas, pero Él os descubrirá! Hoy mismo Él puede descubriros. Su Palabra discierne los pensamientos e intentos del corazón, y penetra hasta las coyunturas y la médula. En el último día, cuando sea abierto el libro, y Él dicte su sentencia a cada hombre, entonces se verá cuán exacto y preciso es el conocimiento de Dios del corazón de cada uno de los hombres que Él ha hecho.

4. Llegamos ahora a la última pregunta: ¿Cuándo? ¿Cuándo nos ve Dios? La respuesta es, en todo momento y en todo lugar. ¡Oh, hombre tonto, que piensas que puedes esconderte del Altísimo! Es de noche, ningún ojo humano puede ver, la cortina está bajada, y tú estás escondido, pero sus ojos te están examinando a través de la oscuridad. Supón que estas lejos, en un país desconocido, donde nadie te conoce y no tienes amigos ni parientes. Allí tu Padre está cerca de ti, y te está viendo ahora mismo. Eres una figura solitaria. Nadie puede decir si has hecho algo malo o no. Pero hay una lengua en el cielo que te lo dirá. Aún las piedras del campo se levantarán para testificar en tu contra. ¿Puedes esconderte en algún lugar donde Dios no pueda encontrarte? El mundo para Él es como una colmena de cristal donde podemos ver a todas las abejas ¿Y acaso no puede ver Dios todos nuestros movimientos cuando pensamos que estamos ocultos?

¡Oh, nuestro escondite es de vidrio! Dios mira desde el cielo, y puede ver a través de paredes de piedra. Su ojo penetra la oscuridad, y en las más densas tinieblas Él observa nuestros movimientos.

a) Venid, pues, y hagamos una aplicación personal del tema, y me consideraré satisfecho. Si esto es verdad, ¡qué tonto eres! ¡Oh, hombre, si Dios puede leer en tu

Dios Padre, Jesucristo, Espíritu Santo

corazón, qué lamentable resulta tu intento de engaño! ¡Ah, qué cambios vendrán sobre algunos de vosotros! Este mundo es un carnaval, y muchos de vosotros usáis la máscara de la religión. Andáis todo el día ligeramente en vuestras frivolidades, y los hombres piensan que sois los santos de Dios. ¡Qué cambio experimentaréis cuando a las puertas de la eternidad tengáis que quitaros vuestros disfraces y todo el mundo pueda ver el teatro en el que habéis estado viviendo! Vuestras mejillas se enrojecerán cuando la pintura superficial desaparezca cuando estéis delante de Dios desnudos para vuestra propia vergüenza. Entonces se desvanecerán toda la hipocresía, suciedad y enfermedad cubierta con una simulada formalidad religiosa. Hay muchos hombres que tienen un cáncer espiritual, que sólo de verlo lo pone a uno enfermo. ¡Oh, cómo lucirán los hipócritas cuando sus corazones cancerosos sean desnudados! ¡Diácono!, ¡cómo temblarás cuando tu viejo corazón sea abierto y tus viles fingimientos queden al descubierto! ¡Ministro de Dios!, ¡qué negro parecerás cuando tu abrigo te sea quitada y tus grandes pretensiones sean echadas a los perros! ¡Cómo temblarás entonces! En aquel tiempo no podrás sermonear a nadie, sino que los sermones serán para ti y el texto clave: «Apartaos de mí, malditos, al fuego eterno preparado para el diablo y sus ángeles» (Mt. 25:41). ¡Oh hermanos, sobre todas las cosas huid de la hipocresía! Si aceptáis ser malditos, adaptad vuestra mente a ello; y sed malditos como hombres honestos, pero no pretendáis ir al cielo cuando durante todo el tiempo estáis caminando hacia el infierno. Si deseáis fijar vuestra residencia en los tormentos eternos, entonces servid al diablo no os avergoncéis de ello. Permanece firme y deja que el mundo sepa lo que eres, ¡pero nunca te pongas el disfraz de la religión! No agreguéis a vuestra miseria eterna, actuar como un lobo vestido de cordero. Muestra el pie peludo y no lo escondas. Si quieres ir al infierno, dilo. «Si Dios es Dios, sírvele. Si Baal es Dios, sírvele», pero no pretendas servir a Baal y simular que sirves a Dios.

CONCLUSIÓN

Una conclusión práctica para el final. Si Dios lo ve y lo sabe todo, ¡cómo debería esto hacernos temblar! ¡Tú que has vivido en pecado durante tantos años! He conocido a un hombre que no llevó a cabo el acto de pecado que estaba a punto de cometer, por haber un gato en la habitación en que se encontraba. No pudo soportar que los ojos de esa pobre criatura le miraran. ¡Oh!, ¿llevarás contigo la memoria de aquellos ojos que están siempre sobre ti? ¡Blasfemo, ladrón, borracho, prostituta!, ¿cómo podéis persistir en vuestros pecados cuando veis esos ojos sobre vosotros? ¡Oh, que ellos pudieran sobresaltarte y hacerte reaccionar antes de que puedas rebelarte ante Dios en contra de su ley. Hay una historia acerca de la Guerra de Secesión en América, que dice que uno de los prisioneros tomado por los americanos estaba sujeto a una tortura de carácter muy refinado. Así lo cuenta él:

—Fui puesto en un estrecho calabozo y se me proveyó de todo aquello que necesitaba, pero había un hueco redondo en la pared y tras él, día y noche, estaba un soldado mirándome. No podía descansar, no podía comer ni beber ni hacer nada, porque siempre tenía encima ese ojo que nunca se apartaba y nunca se cerraba; siempre siguiéndome por toda la pequeña celda. Nada ni nadie podía ocultarse de él.

Llevaos esa figura a casa. Recordad cuál es vuestra posición. Estáis encerrados entre las estrechas paredes del tiempo. Cuando coméis, o bebéis; cuando os levantáis y cuando os acostáis sobre vuestras camas; cuando camináis por las calles o cuando estáis sentados en vuestra casa, ese ojo está siempre fijo sobre vosotros. Si ahora os atrevéis, id a casa y pecad contra Dios, ¡quebrantad sus leyes en su mismo rostro, despreciadle y reducidle a cero! ¿Os daréis prisa en vuestra propia destrucción, arrojándoos contra su espada? No, antes «volveos, volveos de vuestros malos caminos, ¿por qué moriréis, oh casa de Israel?». Volveos, los que habéis seguido los caminos del pecado, volved a Cristo y viviréis, y entonces la misma omnisciencia que es ahora vuestro horror, será vuestro placer.

¡Pecador!, si ahora te pones a orar, Él te ve; y si te pones a llorar, también. "Y cuando aún estaba lejos, lo vio su padre, y fue movido a misericordia, y corrió, y se echó sobre su cuello, y le besó" (Lc. 15:20). Así sucederá contigo, si ahora te vuelves a Dios y crees en su Hijo Jesucristo.

3. LA PATERNIDAD DE DIOS

«Vosotros pues, oraréis así: Padre nuestro que estás en los cielos, santificado sea tu nombre» (Mateo 6:9).

INTRODUCCIÓN: Carácter de la paternidad de Dios y el modelo del Padrenuestro.

I. LA DOBLE RELACIÓN
1. Relación de hijo.
2. Relación creatural y adoptiva.
3. Relación de amor.
4. Amor en reciprocidad.
5. El gran amor del Padre.
6. Todos los hijos son iguales.
7. Innumerables privilegios.

III. LA HERMANDAD CREADA POR LA PATERNIDAD DIVINA
1. Espíritu de adopción.
2. Adopción por medio de Cristo.

III. UN DOBLE ARGUMENTO
1. Acceso confiado al Padre.
2. Seguridad de ser oído.

CONCLUSIÓN: Volver a la casa del Padre.

LA PATERNIDAD DE DIOS

INTRODUCCIÓN

Cuando pensamos si el Salvador quiso que la oración de la cual forma parte nuestro texto, fuera usada en la forma que lo es entre los que profesan ser cristianos, pienso que hay lugar para que se levanten unas cuantas dudas. La costumbre de muchas personas es repetir esta oración como su oración para empezar el día, y piensan que cuando han repetido estas palabras sagradas, ya han hecho lo suficiente. Personalmente, creo que esta oración no fue enseñada para que tuviese un uso universal. El Señor Jesucristo no la enseñó a todos los hombres, sino a sus discípulos, y es una oración adaptada solamente a aquellos que son poseedores de la gracia y que verdaderamente están convertidos. En los labios de un hombre impío está totalmente fuera de lugar. La Escritura dice: «Vosotros sois de vuestro padre el diablo, y los deseos de vuestro padre queréis hacer» (Jn. 8:44). ¿Por qué entonces, os burláis de Dios diciendo: «Padre nuestro que estás en los cielos»? Pues, ¿cómo puede Él ser vuestro Padre? ¿Es que acaso tenéis dos Padres? Y si Él fuera vuestro Padre, ¿dónde estarían su honor, y su amor? Vosotros no honráis ni amáis a Dios, y aún así presuntuosamente os acercáis a Él con blasfemias y decís «Padre nuestro», cuando vuestro corazón está aún adherido al pecado y vuestra vida opuesta a su ley. Así no hacéis más que probar que sois hijos de ira y no herederos de la gracia. ¡Oh, os ruego que dejéis de usar estas palabras de manera sacrílega hasta que podáis decir sinceramente, «Padre nuestro que estás en los cielos», y en vuestras vidas busquéis honrar su santo nombre. No ofrezcáis a Dios el lenguaje de los hipócritas, pues le es abominación.

También me pregunto si el Padrenuestro fue hecho para ser usado por los propios discípulos de Cristo como una forma constante de oración. Me parece que que el Señor Jesucristo la dio como un modelo, basados en el cual hemos de hacer todas nuestras oraciones. Creo que podemos usarla para la edificación, y con gran fervor y sinceridad, en ciertas épocas y ciertas ocasiones. Cierta vez vi a un arquitecto dar forma a un modelo de edificio en yeso, pero ese modelo no fue hecho para que alguien viviera dentro. También he visto a un artista dibujar en un papel de plano, un diseño que más adelante proyectaría de una forma más elegante, pero el diseño en sí no era el proyecto acabado. Esta oración de Cristo es como un mapa, pero no puedo cruzar el mar en un mapa. Además, el hombre no se convierte en un viajero porque ponga sus dedos sobre él. De igual manera, un hombre

Dios Padre, Jesucristo, Espíritu Santo

puede usar esta forma de oración, y ser un extraño en el gran diseño que Cristo está enseñando a sus discípulos. Siento que no puedo usar esta oración para la omisión de otras. Grandiosa como es, no expresa todo lo que yo deseo decirle a mi Padre que está en los cielos. Hay muchos pecados que debo confesar de forma separada, y las otras peticiones que contiene esta oración, requieren a mi juicio ser explayadas ante Dios en mi oración privada. Yo debo derramar mi corazón en el lenguaje que su Espíritu me da, y aún más, debo confiar en el Espíritu para que Él traduzca los impronunciables gemidos de mi espíritu, cuando mis labios no pueden expresar realmente todas las emociones de mi corazón. Que nadie menosprecie esta oración; es incomparable, y si hemos de tener distintas formas de oración, tengamos esta como la primera y principal, pero que nadie piense que Cristo ha querido atar a sus discípulos al uso único y constante del Padrenuestro. Mas bien acerquémonos al trono de la gracia celestial con arrojo y resolución, como hijos que vienen a su padre, y digámosle nuestras penas y nuestros deseos en el lenguaje que el Espíritu Santo nos enseñe.

I. LA DOBLE RELACIÓN IMPLICADA EN EL TEXTO

Ahora, viniendo al texto, hay varias cosas que iremos notando. En primer lugar, debo de quedarme algunos minutos hablando sobre la doble relación que aquí se menciona. «Padre nuestro que estás en los cielos». Aquí hay una relación de hijo «Padre», y si fuera el padre normal que tenemos todos nosotros, entonces seríamos hermanos, pues hay dos clases de relación, la de hijo y la de hermano. En segundo lugar, diré unas palabras sobre el espíritu que se necesita para ayudarnos antes de que seamos capaces de decir esto: «El Espíritu de adopción», por medio del cual podemos exclamar, «Padre nuestro que estás en los cielos». En tercer lugar, concluiré con el doble argumento del texto, pues es realmente un argumento sobre el cual está basado el resto de esta oración. Las palabras «Padre nuestro que estás en los cielos», son un fuerte argumento usado ante la súplica que aquí se presenta.

1. Tomemos la primera. *Aquí hay una relación de hijo*»Padre nuestro que estás en los cielos». ¿Cómo hemos de entender esto, y en qué sentido somos los hijos e hijas de Dios? Algunos dicen que la paternidad de Dios es universal, y que cada hombre, por haber sido creado por Dios, es necesariamente su hijo. Si fuera así, cada hombre tendría el derecho de presentarse ante el trono de Dios y decir: «Padre nuestro que estás en los cielos». Debo de objetar sobre este pensamiento. Creo que en esta oración hemos de acercarnos a Dios, mirándole a Él no como nuestro Padre por medio de la creación, sino como nuestro Padre por medio de la adopción y el nuevo nacimiento. Presentaré brevemente mis razones por las cuales sostengo esta posición.

2. Nunca he podido concebir que la creación implique necesariamente la paternidad de Dios. Él ha hecho muchas otras cosas que no son sus hijos. ¿Acaso no ha creado los cielos, la tierra, el mar y todo lo que en ellos hay? ¿Son todo ello sus hijos? Vosotros me diréis que éstos no son seres racionales e inteligentes; pero Él también hizo los ángeles, que están en una posición eminente y elevada, y sin embargo no son sus hijos. En Hebreos 1:5 leemos así: «Porque ¿a cuál de los ángeles dijo Dios jamás: mi Hijo eres tú». Yo no veo por ninguna parte que los ángeles sean llamados hijos de Dios, por lo tanto debo poner reparos a la idea de que la mera creación hace que Dios sea el Padre de todos. ¿No hace el alfarero vasos de arcilla? Pero, ¿acaso es el alfarero el padre de la vasija? No, amados míos, para constituir esta relación se necesita algo más que la creación, y esos que pueden decir «Padre nuestro que estás en los cielos» son algo más que criaturas de Dios: han sido adoptados en su familia. Él les ha sacado de la familia carnal en la que habían nacido, los ha lavado y limpiado, y les ha dado un nuevo nombre y un nuevo espíritu, haciéndoles «herederos de Dios y coherederos con Cristo» (Ro. 8:17), y todo esto de su propia gracia soberana, libre, inmerecida y distinguida.

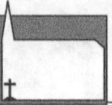

Habiéndoles adoptado para ser sus hijos, en segundo lugar Él los ha regenerado por medio del Espíritu del Dios viviente. Él, «según su grande misericordia nos hizo renacer para una esperanza viva, por la resurrección de Jesucristo de los muertos» (1 P. 1:3). Por lo tanto, ningún hombre tiene derecho a llamar a Dios «Padre», a menos que crea solemnemente por la fe en la elección de Dios, y esté seguro de que ha sido adoptado en su familia y que es regenerado o nacido de nuevo.

3. Esta relación también involucra el amor. Si Dios es mi Padre, Él me ama. Y, ¡oh, cómo me ama! Cuando Dios es Marido, es el mejor de los maridos, y de una u otra manera, siempre cuida y asiste a las viudas. Cuando Dios es Amigo, es el mejor de los amigos, y más cercano que un hermano; y cuando es Padre es el mejor de los padres. ¡Oh padres! Tal vez vosotros no sabéis bien si amáis a vuestros hijos. Cuando están enfermos os buscan y os encuentran, pues estáis cerca de sus camas. Bien, en el Salmo 103:13 leemos lo siguiente: «Como el padre se compadece de los hijos, se compadece Jehová de los que le temen». Sabéis que también amáis a vuestros hijos aún cuando os disgustan por sus pecados. Os enojáis y pensáis en castigarles, pero tan pronto como las lágrimas están en sus ojos, desearíais haberos castigado a vosotros mismos antes que a ellos. Y Dios nuestro Padre, según nos dice Lamentaciones 3:33, «no aflige ni entristece voluntariamente a los hijos de los hombres». A veces Dios está obligado a disciplinarnos, y si bien no lo desea, es solamente en su gran amor y su profunda sabiduría que aplica el castigo. Pero si queréis medir el amor que tenéis para con vuestros hijos, lo sabréis si ellos mueren. David sabía que amaba a su hijo Absalón, pero nunca supo cuánto le amaba, hasta que supo que había sido muerto, y enterrado por Joab. «Estimada es a los ojos de Jehová la muerte de sus santos» (Sal. 116:15). Él sabe cuán profundo y puro es ese amor que ni la muerte puede destruir. Pero padres, aunque améis mucho a vuestros hijos no podéis saber cuán profundo es el inmensurable abismo del amor de Dios para con vosotros. Salid afuera en la medianoche y considerad los cielos, la obra de las manos de Dios, la luna y las estrellas que él ha creado, y estoy seguro que diréis: «¿Qué es el hombre, para que te acuerdes de él?» (He. 2:6). Pero, más que todo, os maravillaréis de que mientras que Él es dueño de todos estos tesoros, ponga su corazón sobre una criatura tan insignificante como el hombre. La relación de hijos que Dios nos ha dado, implica todo el gran amor del corazón de nuestro Padre, el cual nos lo da en el momento en que nos declara sus hijos.

4. Ahora bien, si esta relación de hijos implica el amor de Dios hacia nosotros, comprende también nuestro deber de amar a Dios. ¡Oh, heredero del cielo, si eres hijo de Dios, ¿no amarás a tu Padre? ¿Qué hijo es aquel que no ama a su padre? Aquel que no ama a su padre que le engendró y a su madre que le trajo al mundo, merece ser borrado del libro de las memorias. Nosotros, los escogidos favoritos del cielo, adoptados y regenerados, ¿no le hemos de amar? Para Él son las palabras del Salmo 73:25: «¿A quién tengo yo en los cielos sino a ti? Y fuera de ti nada deseo en la tierra». Aún más, si decimos, «Padre nuestro que estás en los cielos», debemos recordar que el hecho de que seamos sus hijos involucra el deber de la obediencia a Dios. Cuando digo «mi Padre», se sobrentiende que no voy a levantarme en rebelión en contra de lo que Él quiere. Si Él es mi Padre, he de tener en cuenta sus mandamientos y obedecerle con amor. Si me dice, «haz esto», debo hacerlo, no porque le tema, sino porque le amo; y si me prohibe hacer cualquier cosa, debo evitarla a toda costa. En el mundo hay algunas personas que no tienen el espíritu de adopción, y no pueden hacer algo a menos que vean en ello una ventaja para sí. Sin embargo, el hijo de Dios puede asegurar que nunca ha hecho una cosa buena porque creyera que va a llevarle al cielo, ni nunca ha evitado algo malo por el temor a ser maldecido. Todo creyente sabe bien que no son sus buenas obras lo que lo hacen aceptable a los ojos de Dios, pues ya lo ha sido mucho antes de que pudiera hacer ninguna buena obra. Tampoco le afecta el miedo al

infierno, porque sabe que ha sido librado de él, y que no vendrá a condenación, pues ha pasado de muerte a vida. Él actúa desde su puro amor y gratitud, y mientras no lleguemos a ese estado de mente, no existe ninguna virtud, pues si un hombre ha hecho una acción virtuosa porque por medio de ella piensa alcanzar el cielo o librarse del infierno, ¿a quién ha servido? ¿No se ha servido a sí mismo? ¿No es esto puro egoísmo? Pero el hombre que no tiene un infierno que temer, ni un cielo para ganar, porque ya es suyo, puede decir

«Por el amor con que llevo su nombre,
cuento como pérdida lo que fue mi ganancia,
derramo desprecio sobre mi vergüenza,
y mi gloria clavo en su cruz».

Él me amó cuando yo no le amaba y vivió y murió por mí, por lo tanto ahora yo deseo amarle con todo mi corazón, toda mi alma y todas mis fuerzas.

5. Ahora permitidme atraer vuestra atención a un pensamiento alentador que puede ayudar al hijo de Dios decaído y tentado por Satanás. La relación de hijo es algo a lo que todas las enfermedades de nuestra carne, y todos nuestros pecados no pueden nunca violar o debilitar. Suponed que alguien tiene un hijo, y que por cierto accidente se convierte en un niño subnormal. ¡Qué pena para el padre!, pues su hijo existe meramente como un vegetal. Sin embargo, sigue siendo su hijo, y si nosotros tuviéramos hijos así, serían nuestros y toda su subnormalidad no podría nunca anular ese hecho. ¡Qué misericordia cuando transferimos este hecho a nuestra relación con Dios! ¡Qué tontos somos a veces, y aún más que tontos! Podemos decir como dijo David, «era como una bestia delante de ti» (Sal. 73:22). Dios trae ante nosotros las verdades de su Reino. No podemos ver su belleza, ni podemos apreciarla, es como si fuéramos dementes, ignorantes, inestables, e ineptos. Pero gracias a Dios, ¡aún somos sus hijos!, y si hay algo peor para un padre que tener un hijo incapacitado mental, es que cuando crezca ande en los caminos del mal. Bien se ha dicho:

«Los hijos son una bendición dudosa». Recuerdo que alguien se dirigió a una madre con un bebé tomando el pecho, diciéndole: «¡Mujer, usted puede estar alimentando a una víbora!». Esto hirió profundamente a esa madre, y no era necesario haberlo dicho, pero cuántas veces sucede que el niño a quien su madre está amamantando, cuando crece llega a ser el causante de sus penas y su vergüenza.

«Oh, más afilado que los colmillos de una víbora,
es tener un hijo desagradecido.»

Pero notad, hermanos, un hijo no puede perder su relación como tal, ni nosotros nuestra paternidad, sea lo que sea él o nosotros. Llevadle al otro extremo del mar y seguirá siendo vuestro hijo, echadle de la casa por si su mala influencia corrompe a los demás, pero aún será hijo vuestro. La relación no puede romperse ni por el tiempo ni por ninguna circunstancia. El hijo pródigo era el hijo de su padre cuando estaba entre las prostitutas y daba de comer a los cerdos, y los hijos de Dios son hijos de Dios de cualquier modo y en todo lugar, y lo serán hasta el fin. Nada puede nunca romper ese lazo sagrado ni quitarnos de su corazón.

6. Pero hay otro pensamiento que puede alegrar a los que tienen una fe endeble o una mente débil. La paternidad de Dios es común a todos sus hijos. ¡Ah, creyentes de poca fe!, a menudo habéis deseado desenvainar vuestra espada y luchar contra dragones y leones. En cambio, tropezáis con cada piedra y aún una sombra os asusta. Creyente de poca fe, escucha. Eres un hijo de Dios, y el creyente valiente y bravío no lo es más que tú. David era hijo de Dios, pero no más que tú o yo. Pedro y Pablo, los tan favorecidos apóstoles, pertenecían como tú a la familia del Altísimo. Vosotros tenéis hijos. Tal vez uno de ellos vaya a la universidad y otro, más pequeño, aún esté en los brazos de su madre. ¿Cuál es más hijo vuestro, el mayor o el más pequeño? «Ambos» —me contestaréis con razón—. Tanto el grande como el pequeño son vuestros hijos. Lo mismo sucede con el cristiano; el más pequeño es tan hijo de Dios como el más grande.

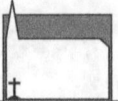

«Aunque se caigan los pilares de la tierra,
este pacto es seguro;
el fuerte, el débil y el flaco,
son uno en Cristo Jesús».

Todos son de la familia de Dios y ninguno está por delante del otro. Es posible que uno tenga más gracia que su hermano, pero Dios no ama a uno más que a otro. Uno puede hacer obras más poderosas y traer más gloria a su Padre, pero aquel cuyo nombre es el último en el Reino de los cielos, es tan hijo de Dios como el que figura entre los hombres poderosos del rey. Permitamos que esta verdad nos alegre y nos conforte, y que cuando nos acerquemos a Dios podamos decir con toda confianza, «Padre nuestro que estás en los cielos».

7. Haré un último énfasis antes de dejar este punto que el ser hijos de Dios nos acarrea innumerables privilegios. El tiempo me falta para enumerar los grandes privilegios del cristiano. Soy un hijo de Dios. Si es así, Él me vestirá, mi calzado será de hierro y bronce; Él me ha de ataviar con las vestiduras de justicia de mi Salvador, pues ha dicho: «Sacad el mejor vestido, y vestidle» (Lc. 15:22); y también me prometió poner una corona de oro puro sobre mi cabeza. En tanto sea un hijo del rey, tendré una corona real. ¿Soy un hijo suyo? Si es así, Él me alimentará; mi pan me será dado y mis aguas serán seguras. Aquel que alimenta a las aves nunca deja que sus hijos pasen hambre. Si un buen granjero alimenta a sus animales, ciertamente sus hijos no morirán de inanición. Si mi Padre celestial viste al lirio del campo, yo no andaré desnudo. Si alimenta a los cuervos que no plantan ni cosechan, yo no he de pasar ninguna necesidad. Mi Padre sabe de qué cosas tengo menester antes de que le pida, y me dará todo lo que necesite. Si soy su hijo, entonces tengo una parte en su corazón aquí, y tendré además una parte en su casa en los cielos, pues, «si hijos, también herederos; herederos de Dios y coherederos con Cristo, si es que padecemos juntamente con él, para que juntamente con él seamos glorificados» (Ro. 8:17). ¡Oh, hermanos, qué perspectivas nos abre este hecho! El ser herederos con Dios y coherederos con Cristo, prueba que todas las cosas son nuestras el don de Dios comprado con la sangre del Salvador.

«Este mundo es nuestro,
y los mundos futuros también,
la tierra es nuestra habitación,
y el cielo nuestro hogar».

¿Hay coronas? Si soy un heredero son mías. ¿Hay tronos? ¿Hay dominios? ¿Hay arpas, ramas de palma, y vestiduras blancas? ¿Hay glorias que el ojo humano nunca ha visto, y música celestial que ningún oído ha escuchado? Si soy un hijo de Dios, todas estas cosas son mías. En 1 Juan 3:2, leemos lo siguiente: «Amados, ahora somos hijos de Dios, y aún no se ha manifestado lo que hemos de ser; pero sabemos que cuando él se manifieste, seremos semejantes a él, porque le veremos tal como él es». Mirad a los príncipes, los reyes y los potentados. Su herencia es una pequeñez, un palmo de tierra que un pájaro en vuelo atraviesa en contados segundos. Sin embargo, los amplios acres que poseen los cristianos no pueden ser medidos por la eternidad. El hijo de Dios es rico sin límite; es bendecido sin que su dicha tenga ninguna clase de ataduras. Todo esto, y mucho más de lo que puedo enumerar, está involucrado en las santas palabras «Padre nuestro que estáis en los cielos».

II. LA HERMANDAD CREADA POR LA PATERNIDAD DIVINA

El segundo punto importante del texto es la hermandad. No dice *mi* Padre, sino *nuestro* Padre. Os expondré muy brevemente este punto.

«Padre nuestro». Cuando pronunciáis esta oración, recordad que tenéis muchos buenos hermanos y hermanas que aún no conocen a su Padre, por eso debéis incluirles a todos ellos. Todos los escogidos de Dios, aunque algunos todavía no hayan sido llamados, y no lo sepan, son sus hijos. En una de las hermosas parábolas de Krummacher leemos una historia como ésta: «Un día Abraham se sentó en la gruta de Mamre, sosteniendo con pesadumbre su cabeza entre sus manos. Su hijo Isaac se acercó a él y le dijo:

Dios Padre, Jesucristo, Espíritu Santo

—Padre mío, ¿de qué te lamentas? ¿Qué es lo que te pasa?

Abraham le respondió diciéndole:

—Mi alma se lamenta por la gente de Canaán, porque ellos no conocen al Señor sino que andan en sus propios caminos, en oscuridad e insensatez.

—¡Oh, padre mío —respondió el muchacho—, ¿es solamente por esto? No permitas que tu corazón esté triste, pues no son éstos sus propios caminos?

Entonces el patriarca se levantó de su asiento y le dijo que le siguiera. Seguidamente llevó a su hijo a una choza y le dijo: «contempla». Allí había un niño deficiente mental, y junto a él se sentaba su madre, llorando. Abraham le preguntó:

—¿Por qué lloras?

Y ella le contestó:

Pues este hijo mío come y bebe, y nosotros lo atendemos durante todo el día, pero él no conoce el rostro de su padre ni de su madre. Su vida está perdida, y la fuente de gozo está sellada para él».

¿No nos enseña esta parábola, a orar por las muchas ovejas que aún no pertenecen al rebaño, pero que tienen que ser traídas a él? Debemos de orar por ellas porque no conocen a su Padre. Cristo les ha comprado con su sangre y no le conocen. El Padre les ama desde antes de la fundación del mundo, pero no conocen su rostro. Cuando decís «Padre nuestro», pensad en los muchos hermanos y hermanas que andan por las calles de Londres en los antros oscuros y los tugurios de Satanás. Piensa en tu pobre hermano que está intoxicado con el espíritu del diablo, y que es llevado a la infamia, la concupiscencia, y tal vez al crimen, y en tu oración pide por los que no conocen al Señor.

«Padre nuestro». Esto incluye a esos hijos de Dios que difieren de nosotros en su doctrina. ¡Ah, hay algunos que están tan lejos de nosotros como los dos polos, pero aún así son hijos de Dios. Hay quienes dicen: «Por favor, yo no puedo incluir en mi congregación a fulano y zutano, porque creo que son herejes». Pues tendrá que incluirlos, porque Dios los ha puesto, y ellos tienen derecho a decir «Padre nuestro». Hace algún tiempo, en una reunión de oración, dije a dos hermanos en Cristo que oraran el uno después del otro. Uno era metodista y el otro calvinista, haciendo el metodista la oración más calvinista de los dos, y creo que al final, no podía decir cuál era uno y cuál era el otro. Les escuché con atención para ver si no podía discernir alguna peculiaridad aún en su fraseología, pero no había ninguna. Alguien dijo: «Los santos en oración parecen ser uno solo», pues cuando se disponen a orar se ven compelidos a decir: «Padre nuestro», y luego su lenguaje es del mismo estilo.

Cuando oréis a Dios, acordaos de los pobres, pues Dios es el Padre de muchos de los pobres ricos en la fe, y herederos del Reino. Querida hermana, si dobla usted sus rodillas sobre un vestido de satén y seda, recuerde también a todos los que llevan vestiduras pobres.

Querido hermano, recuerda a esos que no pueden usar lo que tú usas ni pueden comer lo que tú comes, pero comparados contigo son como Lázaro, mientras tú eres como el hombre rico. Ora por ellos, ponlos a todos en la misma oración, y di: «Padre nuestro».

No os olvidéis de orar por aquellos que se encuentran en tierras paganas, esparcidos como la preciosa sal en este mundo de putrefacción. Orad por todos los que mencionan el nombre de Jesús, y dejad que su oración sea muy amplia: «Padre nuestro que estás en los cielos». Después de haber pronunciado esas palabras, levántate y ponte en acción. No digas «Padre nuestro», y mires a tus hermanos con el ceño fruncido. Te ruego que vivas como un hermano y actúes también como tal. Ayuda a los necesitados, anima a los enfermos, conforta a los débiles de corazón, anda por doquier haciendo el bien, ministra al sufriente pueblo de Dios dondequiera que esté, y permite que el mundo les conozca y sepa que eres un hermano para toda la hermandad que hay en Cristo, un hermano nacido de la adversidad, como el mismo Maestro.

1. Habiendo expuesto así esta doble relación, me he dejado un poco de tiempo para una parte muy importante del tema, y esta es, *el espíritu de adopción*.

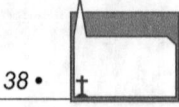

Estoy un poco perplejo de cómo explicar a los incrédulos cuál es el espíritu con el cual debemos ser llenos antes de poder pronunciar esta oración. Si tuviera aquí a un niño abandonado, creo que me vería en serias dificultades al tratar de hacerle entender cuáles son los sentimientos de un hijo hacia su padre. Pobre pequeño, siempre ha estado bajo los tutores; ha aprendido a respetarlos por su bondad, o a temerles por su austeridad, pero en el corazón de un niño nunca puede haber amor hacia sus tutores, por mejores que hayan sido, así como hacia sus verdaderos padres. Aquí hay un encanto especial; no podemos describirlo ni entenderlo. Es como un toque sagrado de la naturaleza, un latido que Dios ha puesto allí y que no puede ser quitado. La paternidad es reconocida por la relación que el hijo tiene con el padre. Y ¿cuál es el espíritu del niño ese espíritu dulce que le hace reconocer y amar a su padre? No os lo puedo decir a menos que vosotros mismos seáis niños, y entonces lo sabréis. Y ¿cuál es «el espíritu de adopción, por el cual clamamos: ¡Abba Padre!? No os lo puedo decir, pero si lo habéis sentido, sabréis de qué se trata. Es una dulce combinación de la fe que sabe que Dios es mi Padre, del amor que le ama como tal, del gozo que se regocija en Él y de la confianza que descansa sobre Él, porque por medio del testimonio del Espíritu, sé que Jehová, el Dios de los cielos y de la tierra, es mi Padre. ¡Oh!, ¿habéis sentido alguna vez el espíritu de adopción? No hay nada como él debajo del sol. A excepción del mismo cielo no hay nada más gozoso que disfrutar de ese espíritu de adopción. ¡Oh!, cuando sopla el viento de la tribulación, y se levantan las olas de la adversidad y el barco se va a estrellar contra las rocas, ¡cuán dulce es decir, «Padre mío», y creer que su mano poderosa está en el timón!

2. Cuando todos los huesos duelen, cuando nos sentimos abatidos por el dolor, y cuando la copa está llena de hiel, podemos decir: «Padre mío, si no puede pasar de mí esta copa sin que yo la beba, hágase tu voluntad» (Mt. 26:42). Bien dice Lutero en su exposición de los Gálatas: «hay más elocuencia en la expresión "¡Abba, Padre!" que en todas las oraciones de Demóstenes y Cicerón juntas». «¡Padre mío!» ¡Oh, cuando estas palabras se aplican a Dios, hay música, elocuencia, y la misma esencia de la dicha del cielo. Mis queridos oyentes, ¿tenéis en vosotros el espíritu de adopción? Si no es así, sois hombres y mujeres miserables. ¡Que Dios mismo pueda traeros al conocimiento de su Persona! ¡Que Él os enseñe cuánto le necesitáis! Que pueda guiaros a la cruz de Cristo, y ayudaros a mirar a vuestro hermano que está perdido. Que Él os lave en la sangre que fluye de sus heridas abiertas, y entonces, aceptos en el Amado, podáis regocijaros de tener el honor de ser uno más de esa familia.

III. UN DOBLE ARGUMENTO

1. Y ahora, en último lugar, os diré lo que hay en el título, *un doble argumento*. «Padre nuestro». O sea, «Señor, oye lo que te tengo que decir. Tú eres mi Padre. Si me presento delante de un juez, no tengo derecho a esperar que él me oiga en las cosas que tengo que decirle. Si he venido en busca de algún beneficio para mí mismo, en caso de que la ley estuviera de mi lado, entonces podría demandar de Él una audiencia. Pero cuando he quebrantado la ley, y solamente vengo para buscar misericordia o favores que no merezco, no tengo derecho a esperar ser oído». Sin embargo, aunque un hijo esté errado, siempre espera que su padre oiga lo que le tiene que decir. «Señor, si te llamo Rey me dirás, "vete, eres un súbdito rebelde". Si te llamo Juez, me contestarás: "cállate, o te condenaré por lo que salga de tu boca". Si te llamo Creador, me responderás: "me arrepiento de haber hecho al hombre sobre la tierra". Si te digo que eres mi Preservador, me contestarás. "Yo te he preservado, pero tú te has revelado en contra mía". Pero si te llamo Padre, toda la pecaminosidad no podrá invalidar mi clamor. Si eres mi Padre me amas; si yo soy tu hijo, entonces me guardarás, y aunque mi lenguaje sea pobre, tú no lo despreciarás». Si un hijo de Dios tuviera que hablar delante de cierto número de personas, ¡qué alarmado estaría a no ser que su lenguaje fuera el más apropiado! A veces cuando tengo que diri-

girme a mi auditorio, queriendo predicar como nunca lo he hecho antes, a menos que haya seleccionado palabras muy escogidas, he de soportar una cantidad de críticas muy agudas. Pero si tuviera aquí a mi padre, y si todos vosotros pudierais tener una relación paternal conmigo, el uso del lenguaje no sería mi principal preocupación. Cuando me dirijo a mi Padre no tengo miedo de que Él me malentienda. Aunque mis palabras estén algo fuera de lugar, de alguna manera Él comprende su significado. Cuando somos niños pequeños, apenas parloteamos un lenguaje inteligible, y a pesar de ello nuestro padre nos entiende. Cuando comienzan a hablar, nuestros hijos parecen más holandeses que ingleses, y muchos de nuestros amigos que los oyen nos dicen, «por favor, tradúceme lo que este niño quiere decirme». Pero nosotros sabemos de qué se trata, y aunque lo que dicen no es el sonido más inteligible que pueda entenderse, sabemos que tienen sus pequeños deseos y una forma especial de expresarlos, de manera que podamos entenderlos. De igual manera, cuando nos allegamos a Dios, nuestras oraciones parecen estar hechas de varios eslabones entrelazados los unos con los otros, pero aunque no podamos ponerlos juntos, nuestro Padre nos oirá. ¡Oh, qué comienzo constituyen las palabras «Padre nuestro» para una oración llena de faltas que tal vez esté pidiendo lo que no debe! ¡Padre, perdona mi lenguaje inadecuado! Como dijo un querido hermano hace días en la reunión de oración sintiendo que no podía incorporarse a la oración, terminó de golpe diciendo: «¡Señor, hoy no puedo orar como quisiera, así que por favor, capta el significado!, y se sentó. Esto es lo que dijo cierta vez David: «mi deseo está delante de ti» no mis palabras, sino mi deseo, y Dios podía leerlo. Nosotros deberíamos decir «Padre nuestro» porque ésta es una razón por la cual Dios oirá lo que tenemos que decir.

2. Pero hay otro aspecto del argumento: «Padre nuestro», «Señor, dame lo que quiero». Si vengo ante un extraño, no tengo derecho a esperar que me dé nada, pero si me presento ante mi padre, traeré una petición que Él tendrá en cuenta. Padre mío,

no tengo necesidad de usar argumentos para mover tu misericordia, no he de dirigirme a ti como el mendigo que grita en las calles. Porque eres mi Padre conoces mis deseos y estás deseando concedérmelos. Tu trabajo es precisamente el de concedérmelos, y yo puedo venir a ti con confianza, sabiendo que me darás lo que te pido. Si siendo pequeños le pedimos algo a nuestro Padre, eso nos crea una obligación, pero es una obligación que nunca sentiremos. Si estuvieras hambriento y tu padre quisiera darte de comer, ¿sentirías que es una obligación como la que deberías sentir si fueras a casa de un extraño? En casa de un extraño entras temblando, y si le dices que tienes hambre, ¿crees que te dará de comer? Tal vez diga que te dará algo; pero si vas a la mesa de tu padre, te podrás dar todo un festín sin casi tener que pedirle nada. Luego te levantas y te vas, y no sientes que estás en deuda con él. No hay un severo sentido de obligación, como lo habría si no fueras su hijo. Ahora bien, todos tenemos una profunda obligación para con Dios, pero es la obligación de un hijo que nos impulsa a la gratitud, pero que no nos constriñe a sentir que hemos sido humillados por ella. ¡Oh, si no estuviese aquí mi Padre, ¿cómo podría esperar que él complaciera mis deseos? Pero puesto que él es mi padre, oirá mis oraciones y responderá la voz de mi clamor, supliendo todas mis necesidades de acuerdo a sus riquezas en gloria en Cristo Jesús.

CONCLUSIÓN

¿Te ha tratado mal tu padre últimamente? Entonces tengo esta palabra para ti. Cuando te trata rudamente, tu padre te ama tanto como cuando te trata con toda amabilidad. A menudo hay más amor en el corazón enfadado de un padre que en aquel que es demasiado amable. Pondré un caso como ejemplo. Suponed que hay dos padres, y sus dos hijos van a algún lugar remoto de la tierra donde aún se practica la idolatría. Suponed que estos dos hijos son absorbidos por ella. Llegan las noticias a Inglaterra y el primer padre está muy enojado. Su propio hijo ha olvidado la religión de Cristo y se ha convertido en un idólatra. El

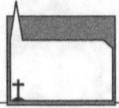

segundo padre dice: «bien, si esto hace que sea un hombre mejor, lo acepto». ¿Cuál amará más a su hijo, el padre enojado o el que trata el asunto con complacencia? Creo que el mejor padre es el que está enojado. Él ama a su hijo, por tanto no puede vender su alma por un valor material. Dadme un padre que esté enojado con mis pecados y que busque traerme de vuelta hacia él, aunque sólo sea mediante el castigo. Gracias a Dios que tenéis un padre que puede enojarse, pero que os ama tanto cuando está enojado como cuando os sonríe.

Id con este pensamiento en vuestras mentes y regocijaos. Pero si no amáis a Dios y tampoco le teméis, os ruego que vayáis a casa, confeséis vuestros pecados y busquéis misericordia por medio de la sangre de Cristo. Es mi deseo que este mensaje pueda ser útil para traeros a la familia de Cristo, aunque hayáis estado extraviados de él por un largo tiempo, y su amor os haya perseguido por tanto tiempo en vano. Que ahora os encuentre y os traiga otra vez a su casa con regocijo.

4. MANERAS QUE DIOS TIENE DE COMUNICARSE

«He hablado a los profetas, y aumenté la profecía y por medio de los profetas usé profecías» (Oseas 12:10).

INTRODUCCIÓN: Nos habla continuamente.

I. DIOS NOS HABLA DIARIAMENTE

II. A LO LARGO DE TODO EL AÑO
1. Por las cosechas.
2. Por las aves.
3. Por las estaciones del año.

III. EN CADA LUGAR
1. De viaje.
2. En el paisaje.

IV. EL MENSAJE DE LA VIDA COTIDIANA
1. El panadero.
2. El carnicero.
3. Los artesanos.
4. Los comerciantes.

5. Servicios.
6. Escritura.
7. El médico.
8. Los albañiles.
9. El joyero.

CONCLUSIÓN: ¿Eres sabio en vivir como lo estás haciendo sin pensar, de forma descuidada y sin Dios en tu vida?

MANERAS QUE DIOS TIENE DE COMUNICARSE

INTRODUCCIÓN

Cuando el Señor rescató a Israel de todas sus iniquidades, no dejó ni una piedra por dar vuelta, sino que les dio precepto sobre precepto, línea sobre línea, un poco aquí y un poco allí. A veces les enseñaba con la vara en su mano, como cuando les castigó con hambre, pestilencia e invasión. Otras veces, mediante gratificaciones, pues multiplicó su maíz, su vino y su aceite. Pero todas las enseñanzas de su providencia carecían de valor, y mientras su mano se extendía, ellos continuaban rebelándose contra el Altísimo. Entonces les llamó por medio de los profetas. Primero les envió uno, y entonces otro; Isaías, el profeta del lenguaje de oro, fue seguido por el quejumbroso Jeremías, y a sus talones, en rápida sucesión, les siguieron muchos visionarios con voz de trueno. Pero aunque un profeta le seguía al otro en una rápida sucesión, cada uno de ellos pronunciando las ardientes palabras del Altísimo, con todo no guardaron ninguna de sus reprimendas, sino que endurecieron sus corazones y aún continuaron en sus iniquidades. Entre el resto de los agentes enviados por Dios para llamar su atención y despertar su conciencia, estaba el uso de las similitudes. Los profetas no sólo estaban acostumbrados a predicar, sino a representar ellos mismos las señales y maravillas delante del pueblo. Por ejemplo, Isaías llamó s su hijo Maher shlal hash baz, para que supieran que el juicio de Dios se apresuraba sobre ellos. Dios había ordenado que el niño fuera una señal: «Porque antes que el niño sepa decir: Padre mío, y

Dios Padre, Jesucristo, Espíritu Santo

Madre mía, será quitada la riqueza de Damasco y los despojos de Samaria delante del rey de Asiria» (Is. 8:4). En otra ocasión, el Señor le dijo: «Vé y quita el cilicio de tus lomos, y descalza las sandalias de tus pies. Y lo hizo así, andando desnudo y descalzo» (Is. 20:2). Entonces el Señor dijo: «De la manera que anduvo mi siervo Isaías desnudo y descalzo tres años, por señal y pronóstico sobre Egipto y Etiopía, así llevará el rey de Asiria a los cautivos de Egipto y los deportados de Etiopía, a jóvenes y a ancianos, desnudos y descalzos, y descubiertas las nalgas para vergüenza de Egipto» (Is. 20:2). Oseas el profeta, tuvo que enseñar él mismo al pueblo por medio de una semejanza. En el primer capítulo notaréis una semejanza extraordinaria. «El principio de la palabra de Jehová por medio de Oseas. Dijo Jehová a Oseas: Vé, tómate una mujer fornicaría, e hijos de fornicación; porque la tierra fornica apartándose de Jehová» (Os. 1:2). Así lo hizo el profeta, y los hijos engendrados por medio de este matrimonio fueron hechos señales para su pueblo. En cuanto al primer hijo, debía ser llamado Jezreel, «porque de aquí a poco yo castigaré a la casa de Jehú por causa de la sangre de Jezreel, y haré cesar el reino de la casa de Israel» (Os. 1:4). Respecto a su hija, debía ser llamada Lo-ruhamah, «porque no me compadeceré más de la casa de Israel, sino que los quitaré del todo» (Os. 1:6). Así, por medio de señales significativas, Dios hizo pensar a su pueblo. Hizo que sus profetas hicieran cosas extrañas para que la gente hablara de lo que habían hecho. Entonces, el significado que Dios había querido que aprendieran, vendría con más fuerza a sus conciencias y sería mejor recordado.

Cada día Dios nos predica por medio de semejanzas. Cuando Cristo estuvo sobre la tierra predicó en parábolas, y aunque ahora está en el cielo, sigue predicando en parábolas. La providencia es uno de los mensajes de Dios. Las cosas que vemos acerca de nosotros son los pensamientos y las palabras de Dios para nosotros. Si en verdad fuéramos sabios, no tomaríamos un solo paso que no estuviese lleno de su poderosa instrucción. ¡Oh, hijos de los hombres! Dios os advierte cada día mediante su Palabra, Él os habla por medio de los labios de sus siervos los ministros; pero, además de esto, se dirige a vosotros a cada momento por medio de semejanzas. No deja ni una piedra sin remover para atraer hacia él a sus hijos errantes y para que las ovejas perdidas de la casa de Israel regresen al rebaño. Al dirigirme a vosotros en esta mañana, trataré de enseñaros cómo cada año, en cada estación, en todo lugar y en cada circunstancia de vuestra vida, Dios os está hablando por medio de semejanzas.

I. DIOS NOS HABLA DIARIAMENTE

Cada día Dios os habla por medio de semejanzas. Comencemos con la hora temprana de la mañana. Esta mañana os habéis despertado y visteis que estabais desnudos, de manera que os arreglasteis y os pusisteis vuestras ropas. ¿Si le hubierais escuchado, no os habría hablado Dios por medio de las semejanzas? ¿No es como si el Señor te dijera: «Pecador, qué será de ti cuando tus sueños vanos se hallan esfumado y despiertes en la eternidad para verte desnudo? ¿Con qué recursos te ataviarás? Durante tu vida en este mundo has rechazado las vestiduras nupciales e inmaculadas de la justicia de Cristo Jesús. ¿Qué vas a hacer cuando la trompeta del arcángel te despierte de la fría tumba, mientras los cielos brillan con mil relámpagos y los pilares de la tierra se sacuden con los terrores de los truenos de Dios? ¿Cómo podrás vestirte entonces?» ¿Podrás presentarte ante tu Hacedor sin una cobertura para tu desnudez? Adán no se atrevió a hacerlo, ¿te atreverás tú? ¿No estarás aterrado ante el panorama que se te presenta? ¿No te echará Él a manos de los atormentadores para que seas quemado con un fuego que nunca se apaga, por olvidarte de las vestiduras de tu alma mientras estabas de prueba en esta tierra?

Bien, entonces te has levantado, te has vestido y has venido a desayunar junto con tu familia. Tus niños se reúnen alrededor de la mesa. Si has sido inteligente, te darás cuenta de que Dios te ha estado hablando por medio de una semejanza; es como si te hubiera dicho: «Pecador, ¿a quién podrá

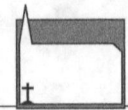

acudir un hijo sino a un padre? ¿Y cuál será su recurso cuando padezca hambre, sino la mesa de la casa de su padre?». Así como vosotros alimentáis a vuestros hijos, si tenéis oídos para oír, sabréis que el Señor te ha estado hablando y te ha dicho: «¡Con cuánto placer te daría de comer! ¡Cómo quisiera darte del pan del cielo y de la comida de los ángeles! Pero tú has gastado tu dinero en aquellas cosas que no son pan y has trabajado por lo que no te satisface. Búscame diligentemente y come aquello que es bueno, antes de permitir que tu alma se deleite con vana grosura». ¿No se ha comportado como el mejor de los padres al decirte «Ven, hijo mío, ven a mi mesa? La sangre preciosa de mi Hijo ha sido derramada para ser tu bebida, y también ha dado su cuerpo para que comas de él y te sacies del bien. ¿Por qué has de permanecer hambriento y sediento? ¡Ven a mi mesa, oh hijo mío, pues me gusta que mis hijos se regocijen en las misericordias que he provisto!»

Ahora sales de tu casa camino a tu negocio. Pasas las horas allí, y seguramente que durante todo el tiempo en que tus manos hayan estado ocupadas, Dios te ha hablado a tu corazón. Si los oídos de tu alma no han estado cerrados, habrás podido oír bien su voz. Cuando el sol estaba en su cenit a la hora del mediodía, podrías haber levantado tus ojos y recordado que si has encomendado tu alma a Dios, tu camino será como la luz fulgurante que brilla cada vez más hasta el día perfecto. ¿No te ha hablado Él diciéndote: «Yo traje el sol desde la oscuridad al este. Le he guiado para que ascendiera por el cielo hasta alcanzar su cenit, como un gigante que corre su carrera y ha alcanzado la meta. Lo mismo puedo hacer contigo. Encomiéndame tus caminos y haré que estés lleno de luz. Tu senda brillará y tu vida será como el mediodía; tu sol no se ocultará de día, sino que los días de tus lamentos se habrán acabado, pues Dios el Señor será tu luz y tu salvación».

Luego el sol comenzó a ocultarse, y empezaron a surgir las sombras de la noche. ¿No te hizo pensar el Señor en la muerte? Llega un momento en que el sol se oculta; así los hombres declinan y van a parar a la tumba. Cuando las sombras de la noche se extienden, ¿no te ha dicho acaso el Señor: «Oh hombre, presta atención al atardecer de tu vida, pues la luz del sol no durará para siempre? Doce horas tiene la jornada para trabajar mientras aún es de día, pero una vez pasadas, no hay en la noche ningún trabajo ni ningún plan que se encamine de cara a la tumba. Trabaja mientras dure la luz, pues pronto viene la noche en la que nadie puede obrar. Por lo tanto, lo que tu mano encuentre para hacer hazlo con toda tu fortaleza y tu poder». Mira al sol cuando se pone, observa el arco iris de gloria con el cual Dios pinta el cielo, y nota cómo junto al horizonte parece agrandar su orbe. ¡Oh hombre, arrodíllate y aprende esta oración: «Señor, permite que mi muerte sea como la puesta del sol; si las nubes de la oscuridad me rodean, ayúdame a iluminarme con tu esplendor. Rodéame, oh Dios mío, en esa hora, con una brillantez mayor que aquella que he tenido durante toda mi vida. Si mi lecho de muerte está en una choza miserable, y en la soledad, asegúrame que mi pobreza será inundada con la luz que me darás, de modo que pueda exhibir la grandeza de la partida de un cristiano en esa hora». ¡Oh hombre, Dios te está hablando por medio de semejanzas desde que el sol sale hasta que se oculta!

Ahora, has encendido tus velas y te has sentado con tus hijos a tu alrededor, y el Señor te envía a un pequeño predicador para darte un sermón, si es que lo quieres oír. Es una pequeña polilla, que revolotea alrededor de una vela, y se deleita en la luz y el calor, hasta que, aturdida e intoxicada, comienza un vuelo errático y sus alas se chamuscan un poco. Tú procuras apartarla, pero se dirige hacia la llama, y habiéndose quemado nuevamente, apenas puede sostener su vuelo en el aire. ¿No te habla el Señor diciéndote: «Pecador, tú estás haciendo lo mismo, pues amas la luz del pecado? ¡Oh, si fueras lo suficientemente sabio como para temblar ante el fuego del pecado! El que se deleita en sus chispas será finalmente consumido por el fuego. Así como quisiste apartar del fuego a ese insecto, el Todopoderoso trata de apartarte de tu

Dios Padre, Jesucristo, Espíritu Santo

propia destrucción, y te reprende y te castiga por medio de su providencia, como para decirte: «Pobre hombre tonto, estás corriendo hacia tu propia destrucción?» Y cuando mires tal vez con un poco de pena la muerte del tonto insecto, piensa en ti mismo, que después de haber revoloteado alrededor de los placeres de este mundo, puedas ser arrojado al fuego eterno, perdiendo tu alma para siempre por los mezquinos goces de unas horas. ¿Acaso Dios no usa los ejemplos de la vida diaria para predicarte?

Ha llegado la hora en que te retiras a descansar. Tu puerta está entornada y corres a cerrarla. ¿No te recuerda este gesto a las palabras de Lucas 13:25 cuando dice: «Después que el padre de familia se haya levantado y cerrado la puerta, y estando fuera empecéis a llamar a la puerta, diciendo: Señor, Señor, ábrenos, él respondiendo os dirá: No sé de dónde sois». En vano llamarás, pues los barrotes de la justicia inmutable se habrán cerrado sobre las puertas de la misericordia para la humanidad. Entonces la mano del Maestro Todopoderoso habrá encerrado a sus hijos dentro de las puertas del Paraíso y dejará a los ladrones en la fría oscuridad, en las tinieblas de afuera, donde estarán por siempre llorando, lamentándose y crujiendo sus dientes. ¿No te predica el Señor por medio de semejanzas? Aún cuando tu mano estaba apoyada sobre el picaporte de la puerta, ¿no has sentido que su dedo estaba sobre tu corazón?

De pronto, en medio de la noche algo te despierta. Es la voz del vigilante en las calles que te despierta con su grito en la noche a lo largo de su caminata nocturna. ¡Oh hombre, si tuvieras oídos para oír, en lugar del grito del vigilante podías haber oído las palabras de Mateo 25:6: «Y a la medianoche se oyó un clamor: ¡Aquí viene el esposo; salid a recibirle!». Cada sonido de la noche que te despertó de tu sueño e hizo que te sobresaltaras, parece haber sido un anticipo a ese estridente sonido de la trompeta del arcángel, que anunciará la venida del Hijo del hombre en el día en que Él juzgará a los vivos y a los muertos, conforme a su Evangelio. ¡Oh!, si fueras sabio y entendieras estas palabras, pues durante todo el día desde temprano en la mañana hasta la oscuridad de la noche, Dios siempre ha querido predicarle al hombre por medio de semejanzas.

II. A LO LARGO DE TODO EL AÑO

1. Ahora giremos la corriente de nuestros pensamientos y observemos que durante *todo el año* Dios predica al hombre por medio de semejanzas. Hace poco sembrábamos semillas en nuestro jardín y esparcíamos el maíz a lo largo de los surcos. Dios nos había enviado el tiempo para sembrar, para recordarnos que somos como la tierra, y que Él está desparramando cada día sus semillas en nuestros corazones. ¿Y no nos dice: «Hombre, presta atención y ten cuidado que no seas como la tierra del surco donde fue plantada la semilla, que las aves del cielo devoraron? Cuídate además de no ser como la tierra que tiene su base sobre la dura y árida roca, de manera que cuando la semilla nazca y el sol se levante, se seque porque no tiene mucha profundidad. Tampoco seas como el terreno donde la semilla nació, pero las espinas crecieron y la devoraron, sino que has de ser como la buena tierra donde cayó la semilla «y dio fruto, pues brotó y creció, y produjo a treinta, a sesenta, y a ciento por uno» (Mr. 4:8).

Cuando estamos sembrando la semilla pensamos que un día la veremos brotar. ¿No hay aquí una lección para nosotros? ¿No son nuestros hechos como las semillas? ¿No son nuestras palabras como granos de semilla de mostaza? ¿No es nuestra conversación diaria como un puñado del maíz que esparcimos sobre la tierra? ¿Y acaso no deberíamos recordar que nuestras palabras volverán a vivir y que nuestras acciones son tan inmortales como nosotros mismos que, tras estar un tiempo en el polvo para ser maduradas, volverán a levantarse? Las semillas negras del pecado tendrán una desastrosa cosecha de condenación, y las semillas de justicia que Dios en su gracia nos ha permitido plantar, darán por su misericordia y no por nuestros méritos, abundante cosecha en el día cuando los que sembraron con lágrimas segarán con regocijo. ¿No te habla el tiempo de la siembra, que-

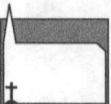

rido hermano, y te dice: «Ten cuidado de sembrar en tu tierra la buena semilla».

Después de que la semilla ha brotado y crecido, la estación del año ha cambiado, ¿dejó Dios de predicarte? ¡Ah, no! Primero una cosa y después la otra. Cuando por último llega el tiempo de cosechar, ¡con cuánta fuerza nos predica el Señor! Nos dice: «¡Oh Israel, yo he puesto delante de ti la cosecha». «Todo lo que el hombre sembrare, eso también segará. Porque el que siembra para su carne, de la carne segará corrupción; mas el que siembra para el Espíritu, del Espíritu segará vida eterna». (Gá. 6:7, 8). Si tenéis que viajar por el campo, y vuestro corazón está abierto a las lecciones del Señor, encontraréis una gran cantidad de maravillosa sabiduría escondida, por ejemplo, en un campo de maíz. Pensad, amados, en el gozo durante el tiempo de la cosecha. Allí se ocultan verdaderos tesoros dorados. ¡Cómo nos habla del gozo de los redimidos, que serán llevados al fin como el maíz maduro dentro del granero! Mirad la mazorca de maíz cuando ya está completamente madura, y ved cómo se inclina hacia abajo. Antes, cuando aún estaba verde, permanecía erecta, pero al madurar, ¡qué humilde se ha vuelto! ¡Cómo Dios le habla al pecador, y le dice que si ha de estar preparado para la gran cosecha, debe inclinar su cabeza y exclamar: «Señor, ten misericordia de mí, un pecador». Y cuando vemos las malas hierbas que salen entre el trigo, ¿no nos recuerda la parábola de nuestro Maestro al gran día de la división, cuando Él le dirá a los segadores: «Recoged primero la cizaña, y atadla en manojos para quemarla; pero recoged el trigo en mi granero»? (Mt. 13:30). ¡Oh campo amarillo de maíz, tú me has predicado maravillosamente, pues me has dicho a mí, al ministro de Dios: «Alzad vuestros ojos y mirad los campos, porque ya están blancos para la siega» (Jn. 4:35). También te predica a ti, hombre maduro, y te dice que la guadaña de la muerte es aguda, y que pronto has de caer, pero al mismo tiempo te alegra y conforta pues te enseña que el trigo será guardado seguramente y te da la esperanza de que serás llevado al granero de tu Maestro, para ser su gozo y su deleite para siempre. No os olvidéis, pues, del elocuente susurro de los campos dorados.

2. Mis amados, en muy poco tiempo veréis a los pájaros reuniéndose en los tejados de las casas en grandes multitudes, y después de haber revoloteado varias veces en círculos, como si estuvieran viendo a la vieja Inglaterra por última vez, emprenderán su gran viaje. Guiados por su líder, se lanzan al espacio a través del mar, rumbo a climas más cálidos y soleados, mientras que la fría mano del invierno desnudará en breve sus bosques nativos. Cuando estos pájaros realizan su primer vuelo, ¿no parece que Dios os predica a vosotros, pecadores? ¿No recordáis sus palabras en Jeremías 8:7: «Aun la cigüeña en el cielo conoce su tiempo, y la tórtola y la grulla y la golondrina guardan el tiempo de su venida; pero mi pueblo no conoce el juicio de Jehová?» ¿No nos dice el Señor que hay un tiempo de oscuro invierno viniendo sobre este mundo; un tiempo de tribulación, como nunca ha habido ni habrá otro igual; un tiempo cuando todos los goces del pecado serán cortados de raíz, y cuando a la humanidad, en medio del verano y el calor de sus vicios, le sobrevendrá el oscuro invierno de la desilusión? ¿Y no te dice a ti: «¡Pecador, huye huye fuera a la tierra de Dios, donde mora Jesús! ¡Vete fuera del yo y del pecado, fuera de la ciudad de la destrucción. Sal fuera del remolino de placeres, de la agitación y la tribulación. Apresúrate a huir, como un pájaro que vuela hacia su nido. Vuela a través del mar del arrepentimiento y de la fe, y construye tu nido en la tierra de la misericordia, para que cuando el gran día de la venganza haya pasado sobre este mundo, tú puedas estar salvo en los agujeros de la roca».

3. Recuerdo muy bien, cómo cierta vez Dios me predicó a mí a través de una semejanza en medio del invierno. La tierra era negra, y apenas había un poco de hierba verde o alguna flor. Al mirar a través del campo, no había nada sino negrura caminos desnudos y árboles sin hojas, y mirara a donde mirara, se divisaba únicamente una tierra muy negra. De pronto Dios me habló y desató los tesoros de la nieve, y blancos

Dios Padre, Jesucristo, Espíritu Santo

copos descendieron del cielo hasta que todo el paisaje negro se cubrió de un blanco inmaculado. Era justo en esos días que yo andaba buscando al Salvador, y fue precisamente allí cuando lo encontré. Recuerdo bien cuál fue el mensaje que vi ante mí: «Venid luego, dice Jehová, y estemos a cuenta: si vuestros pecados fueren como la grana, como la nieve serán emblanquecidos; si fueren rojos como el carmesí, vendrán a ser como blanca lana» (Is. 1:18). ¡Pecador!, tu corazón es como esa tierra negra; tu alma como el camino solitario y los árboles desnudos, sin hojas ni flores. La gracia de Dios es como la nieve blanca que caerá sobre ti, hasta que tu corazón dubitativo reflejará la blancura del perdón y tu pobre alma negra será cubierta con la pureza del Hijo de Dios. El Señor parece decirte: «Pecador, tú eres negro, pero yo estoy dispuesto a perdonarte; envolveré tu corazón con la justicia de mi Hijo, y con sus vestiduras serás declarado por mí como santo y justo».

También el viento que viene ululando a través de los árboles muchos de los cuales han sido derribados nos recuerda del Espíritu del Señor, que sopla como quiere y cuando le place. Nos dice además que busquemos afanosamente esa única influencia divina y misteriosa que nos acompaña en nuestro viaje hacia el cielo, la cual derribará los árboles de nuestro orgullo, romperá las raíces de los fuertes cedros de nuestra autoconfianza y sacudirá nuestros refugios de mentiras. Esa fuerza divina del Espíritu de Dios nos hará mirar a Cristo, que es la única cobertura de la tormenta, el único refugio cuando el ímpetu de los violentos sea como el turbión contra el muro.

¡Ay!, cuando el calor descienda, y podamos refugiarnos bajo la sombra de un árbol, un ángel estará allí y susurrará a nuestros oídos: «Mira hacia arriba, pecador, y escóndete de los quemantes rayos del sol bajo el árbol. Así hay Uno que es como el manzano entre los árboles silvestres, y te invita a venir y refugiarte a la sombra de sus ramas, pues te esconderán de la venganza eterna de Dios, y te serán como escudo cuando el fiero calor de su ira golpee sobre las cabezas de los hombres impíos».

III. EN CADA LUGAR

Nuevamente, *cada lugar* donde vayas, cada animal que veas, cada sitio que visites, tiene un sermón para ti. Vé a tu granja, y tu buey y tu asno te predicarán. «El buey conoce a su dueño, y el asno el pesebre de su señor; Israel no entiende, mi pueblo no tiene conocimiento» (Is. 1:3). Tu mismo perro puede reprenderte. Él sigue a su dueño, a un extraño no seguirá, pues no conoce su voz, pero tú sí abandonas a tu Dios y te apartas para andar en tus caminos torcidos. Mirad ese pollo junto al estanque, y permite que te reprenda por tu ingratitud. El ave bebe agua del estanque, y cada trago que toma, alza su cabeza dándole gracias al Dador de la lluvia, mientras que tú comes y bebes y nunca das gracias a Dios por la abundancia con que te provee. El mismo caballo es dominado por la brida, y el asno por el látigo, pero Dios te quiere sujetar por medio de sus mandamientos y tú te apartas, siguiendo de forma perversa los designios de tu corazón. ¿No es así? ¿No dicen estas cosas la verdad sobre ti? Si todavía estás sin Dios y sin Cristo, ¿no deberían estas verdades golpear tu conciencia? ¿No deberían hacerte temblar ante el Altísimo, y rogarle que te dé un nuevo corazón y un nuevo espíritu, y que nunca más seas como las bestias del campo, sino un hombre lleno del Espíritu Divino, viviendo en obediencia a tu Creador.

1. Al viajar, habrás notado cuán a menudo el camino está lleno de piedras y tú protestas porque te ha tocado transitar por allí. ¿No has pensado que esas piedras son una ayuda para hacer un mejor camino, y que aún el peor tramo, cuando está tapizado de piedras será con el tiempo más pulido y liso? ¿Y has pensado cuán a menudo Dios te ha arreglado y reparado, cuántas piedras de la aflicción y cargas de advertencia ha puesto sobre ti, y sin embargo no has mejorado? Cuando el Señor mira tu vida para ver si se ha suavizado o si la autopista de tu conducta moral se ha cubierto de justicia, deberá decir: «¡Oh, yo he reparado este camino, pero no ha sido para mejor, dejadlo

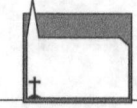

solo hasta que se convierta en un pantano y en una ciénaga, hasta que aquel que lo ha cuidado de tan mala forma perezca!»

Tú que has caminado al costado del mar, ¿no te ha hablado Dios a ti? Tú eres inconstante como el propio mar, aunque no eres ni la mitad de obediente. Dios mantiene al mar lleno de olas, cerrado por una amplia faja de arena para que no se desborde. Así está contenido por un decreto perpetuo y no pasará de los límites que el Creador le ha puesto. Así es. Deja que tu conciencia se empape de esta verdad. El mar obedece a Dios de orilla a orilla, en cambio tú no quieres que Él sea tu Dios, sino que protestas: «¿Quién es el Señor para que yo le tema? ¿Quién es Jehová para que yo conozca sus dominios?».

2. Oye las montañas y las colinas, pues constituyen toda una lección. Así es Dios. Él permanece para siempre; es imposible que Él cambie.

Y ahora, pecador, te pido que al ir hacia tu casa abras tus ojos, y si nada de lo que he dicho te toca, tal vez Dios pondrá en tu camino algo que te dé un texto, del cual puedas recoger un sermón que no olvides jamás. ¡Oh, si tuviese tiempo, pensamientos, y palabras adecuadas, traería las cosas que están arriba en los cielos, debajo de la tierra, y en las aguas de debajo de la tierra, y las presentaría a todas delante de ti, para que cada una de ellas te diese su advertencia particular. Sé muy bien cuál sería su voz: «Considera al Señor tu Creador, témele y sírvele, pues Él te ha hecho y no tú a ti mismo». Encontraremos que nuestra belleza de alma consiste en ser obedientes y nuestra gloria el conducirnos de acuerdo a su voluntad. Obedécele siempre que puedas, no sea que cuando esta vida se acabe, todas estas cosas se vuelvan en contra tuyo, y las piedras del camino clamen por tu condenación, las bestias del campo sean tus acusadores y las montañas y las colinas comiencen a maldecirte. ¡Oh hombre, la tierra ha sido hecha para tu advertencia. Dios desea que te salves. Él ha puesto carteles por todas partes en la naturaleza y en su providencia, señalándote el camino hacia la ciudad de refugio, y si eres sabio no tendrás por qué extraviarte. Sólo con una ignorancia consciente podrás apartarte y dejar de lado los avisos de que Dios te da, yendo a parar al camino del error. Dios ha hecho el camino derecho delante de ti, y te ha dado toda clase de estímulos para andar en él.

IV. EL MENSAJE DE LA VIDA COTIDIANA

Ahora, a menos que os haya aburrido, he de destacar que cada hombre en su *llamado* tiene un sermón que le ha sido predicado personalmente.

El granjero tiene cien sermones que ya he mencionado; dejad que abra bien sus ojos y podrá ver aún más. No necesitará caminar ni un paso sin oír las canciones de los ángeles y las voz del Espíritu, llamándole a la justicia divina. Siempre que tenga un oído dispuesto a oír, toda la naturaleza que le rodea tiene un ejemplo y una semejanza para enseñarle.

1. Sin embargo, otros están trabajando en negocios que los tienen alejados de la naturaleza, pero aún en ese lugar, Dios les ha provisto de algunas lecciones. Allí está el panadero, que nos provee de su pan. Pone su combustible dentro del horno y cuando está caliente pone el pan en su interior. Si es un hombre incrédulo, podrá temblar al estar frente a la puerta del horno, pues hay un texto que bien puede comprender mientras que permanezca en ese lugar: «Porque he aquí, viene el día ardiente como un horno, y todos los soberbios, y todos los que hacen maldad serán estopa; aquel día que vendrá los abrasará, ha dicho Jehová de los ejércitos, y no les dejará ni raíz ni rama» (Mal. 4:1). Desde la puerta del horno llega una ardiente advertencia, y si el panadero tan solo le echa una mirada, ya puede muy bien su corazón derretirse como la cera dentro de él.

2. Ahora mirad al carnicero. ¿Cómo le habla la bestia? Vé cómo el cordero y el becerro van inconscientemente hacia el matarife. ¿Cómo puede pensar que cada vez que golpea al inconsciente animal (que no sabe nada acerca de la muerte), es para su propia condenación. ¿No están todos los que viven sin Cristo siendo engordados para el matadero? ¿No son más tontos que un

Dios Padre, Jesucristo, Espíritu Santo

becerro? El hombre impío va hacia su ejecutor, y camina en pos del destructor en las mismas cámaras del infierno? Cuando vemos a un borracho que persiste en su vicio, o a un hombre que va en pos de sus concupiscencias, ¿no es acaso como un buey que se dirige hacia el matadero para recibir el golpe mortal? ¿No ha afilado Dios su cuchillo y preparado su hacha para que los impíos de este mundo sean eliminados? Entonces dirá a los cuervos y a las bestias del campo: «Mirad, he hecho un festín de venganza para vosotros, ¿y os daréis un banquete sobre la sangre de los muertos?» ¡Oh, amigo carnicero, hay una lección para ti en tu negocio, pues tu mismo oficio te reprochará tu condición!

3. Ahora me dirijo a todos aquellos cuya ocupación es estarse sentados todo el día, haciendo zapatos para nosotros; la base de hierro sobre la que golpeáis los zapatos puede reprocharos que tal vez vuestro corazón sea así de duro. ¿No habéis sido golpeados tan a menudo como esa base de hierro, y aún así vuestro corazón nunca ha sido roto, ni se ha fundido bajo el calor de la influencia del Espíritu? ¿Y qué os dirá el Señor cuando aún con vuestro corazón de piedra os condene y os eche fuera, por no haber oído ninguna de sus represiones ni atendido a la voz de su exhortación?

Dejad que el alfarero tiemble, a menos que quiera ser como una pieza de cerámica sobre el torno. Que el impresor preste atención a estas palabras, para que su vida sea escrita en una letra celestial y no en la letra negra y borrosa del pecado. ¡Ten mucho cuidado pintor! pues la pintura no basta, en nuestra vida hemos de tener realidades sin barniz.

4. Otros de vosotros tenéis trabajos donde estáis usando básculas y medidas continuamente. ¿No podríais poneros vosotros mismos en esas básculas? Imaginad al gran Juez con una báscula en su mano, teniendo en un platillo su Evangelio y en el otro a ti y pronunciando estas palabras: «Mene, mene, tekel» –has sido pesado y has sido hallado falto–. Algunos de vosotros utilizáis la tinta de medir, y una vez habéis medido algo, cortáis la parte que vuestro cliente desea llevarse. Pensad también en vuestra vida, que ha de tener un largo limitado, y que cada año esa medida se empequeñece, hasta que por último vienen las tijeras de la muerte que la cortarán, y entonces todo se habrá acabado. ¿Cómo podéis saber cuando habéis llegado al último centímetro? ¿Qué es la enfermedad, sino el primer pellizco de la tijera? ¿Y qué de ese temblor en vuestros huesos, la vista que se acorta, la memoria que se va y el vigor de la juventud que desaparece? ¿Qué son, sino síntomas de que vamos camino del fin? Los días pasan, están contados por Dios, y llegará el momento en que se irán del todo y se perderán para siempre.

5. Tal vez alguien me diga que su oficio es el de servir y que por lo tanto, sus ocupaciones son muy diversas. Entonces serán diversas las lecciones que Dios tiene preparadas para ti. Hay una semejanza para ser usada en tu enseñanza. Cuando tus días se hallan cumplido sobre este mundo, tendrás que partir de él. ¿Quién será entonces tu señor? ¿Estás sirviendo a Satanás y a las concupiscencias de la carne y cobrarás por último tu salario en el metal caliente de la destrucción? ¿O estás sirviendo a tu Príncipe, Emmanuel, y tu salario será las coronas de oro del cielo? ¡Oh, feliz de ti si estás sirviendo al buen Señor!, pues de acuerdo a tu señor será tu recompensa, y según tu trabajo será tu fin.

6. Es posible que seas alguien que tiene que escribir continuamente. ¡Ah, hombre, abre bien los ojos y ve que tu vida también es un escrito. Cuando tu mano no está sobre la pluma, todavía continúas siendo un escritor; siempre estás escribiendo sobre las páginas de la eternidad. Tus pecados quedarán escritos e igualmente aquellas cosas positivas que hagas para el Señor. ¿Feliz de ti, si tu nombre está escrito en el libro de la vida del Cordero, si esa escritura negra tuya ha sido borrada con la sangre de Cristo, y sobre ella puedes escribir el nombre de Jehová, para que permanezca allí, legible para siempre.

7. Tal vez eres un médico o un químico; que recetas o preparas fórmulas y medicamentos para el bienestar físico de los hom-

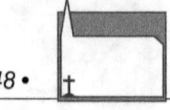

bres. Dios está a tu lado en tu despacho donde escribes las recetas y te dice: «Hombre, tú estás enfermo, y yo te voy a recetar la mejor medicina. La sangre y justicia de Cristo, aceptada por la fe, y aplicada por el Espíritu, puede curar tu alma. Puedo hacer una medicina que te quite todos tus males y te traiga al lugar donde sus habitantes no tendrán que decir nunca más, «estoy enfermo». ¿Tomarás mi medicina o la rechazarás? ¿Es para ti amarga y quieres apartarte de ella? Ven, bebe hijo mío, bebe, pues tu vida está en ella; pues de otro modo ¿cómo escaparás si rechazas una salvación tan grande?» ¿Trabajas con metales como el hierro, o el plomo, o en la fusión de metales duros en las minas? Ora para que el Señor pueda fundir tu corazón y echarte en el molde del Evangelio. ¿Eres sastre? ¡Oh, cuídate de proveerte de las vestiduras de justicia para siempre!

8. ¿Te ocupas de la construcción, trabajando todo el día edificando piedra sobre piedra y ladrillo sobre ladrillo? Entonces recuerda que también estás edificando para la eternidad. ¡Que tú mismo puedas ser edificado sobre un buen fundamento!; y seas construido no de madera, heno, paja o rastrojo, sino de oro, plata y piedras preciosas, materiales que pueden resistir la prueba de fuego. Ten cuidado hombre, no sea que aquí puedas ser usado para ser un andamio en la construcción de la iglesia, y cuando ésta esté construida, seas echado fuera y quemado con un fuego inextinguible. Cuídate de estar edificando sobre una roca, y no sobre la arena, y que el cemento rojo de la sangre preciosa de Cristo te una al fundamento del edificio y a cada piedra de él.

9. ¿Eres un joyero y cortas las gemas y pules cada día los diamantes? Cuanto más cortas las piedras, más brillan; sin embargo, cuando has sido cortado por las enfermedades hasta estar a las puertas de la muerte, no has brillado más porque no eres un diamante auténtico. Eres un pedrusco del camino, y cuando Dios haga sus joyas no te incluirá dentro de sus tesoros, pues no eres uno de los preciosos hijos de Sion, comparables al oro fino. Sea cual sea tu condición, recuerda que hay un mensaje continuo que es predicado a tu conciencia. Te aconsejo que de ahora en adelante abras tus ojos y oídos, y veas y oigas todas las cosas que Dios tiene para enseñarte.

CONCLUSIÓN

Y ahora, mientras el reloj avanza, y ya falta poco para terminar, pongamos el asunto de esta manera: Pecador, todavía estás sin Dios y sin Cristo; sé consciente de que existe la posibilidad de que la muerte te soprenda en cualquier momento. No puedes afirmar que no estarás en las llamas del infierno antes de que el reloj marque hoy la una de la tarde. Hoy ya estás condenado, porque no has creído en el Hijo de Dios. El Señor Jesús te dice hoy: «¡Oh, que puedas considerar cuál será tu fin!». Te exhorto a que consideres tus caminos. Si vale la pena que hagas tu cama en el infierno, hazla. Si los placeres de este mundo son merecedores de que seas condenado para toda la eternidad por el hecho de no querer separarte de ellos, si el cielo es para ti un engaño y el infierno una fantasía, entonces continúa con tus pecados. Pero lo cierto es que habrá un infierno para los pecadores y un cielo para los que se arrepienten, y tú debes permanecer por toda la eternidad en un lugar o en otro.

Ahora te hago una pregunta muy sencilla: ¿Te consideras sabio en vivir como lo estás haciendo sin pensar, de forma descuidada y sin Dios en tu vida? ¿No querrás conocer el camino de salvación? Es muy sencillo «Cree en el Señor Jesucristo, y serás salvo, tú y tu casa» (Hch. 16:31). El Señor Jesucristo murió y se levantó de entre los muertos. Él puede salvar hasta lo sumo a todos los que vienen a Él. Pero aún más, cree que esto es un hecho, y tu tienes que poner tu alma en este hecho y confiar en Él. Es una elección como la de nadar o ahogarse. ¡Espíritu de Dios! Ayúdanos a cada uno de nosotros a hacer esta decisión, y por medio de la semejanza, la providencia o tus profetas, tráenos a ti y sálvanos eternamente. A ti sea la gloria.

Dios Padre, Jesucristo, Espíritu Santo

5. SOLAMENTE DIOS ES LA SALVACIÓN DE SU PUEBLO[1]

«El solamente es mi roca, y mi salvación; Es mi refugio, no resbalaré mucho» (Salmos 62:2).

INTRODUCCIÓN: Dios es la roca inmutable de la salvación.

I. LA GRAN DOCTRINA
1. Salvación es liberación de la esclavitud.
2. Nuestra perseverancia es del Señor.
3. Dios es el sustento indispensable.
4. Nuestra perfección en el cielo será toda del Señor.

II. LA GRAN EXPERIENCIA
1. Recordando el pasado en mi vida.
2. ¿Cómo se llega a ser cristiano?
3. Mirando al futuro.

III. LA GRAN OBLIGACIÓN
1. La obligación de amarle solo a Él.
2. Dios es un Dios celoso.
3. No hay que perder la vista de Cristo.

CONCLUSIÓN: El Hijo nos da el gozo de la salvación, el Padre nos perdona por el milagro de la gracia.

SOLAMENTE DIOS ES LA SALVACIÓN DE SU PUEBLO

INTRODUCCIÓN

«Mi roca». Cuán majestuoso es este nombre; cuán sublime, sugestivo y subyugador. Es una figura tan divina, que solamente a Dios debiera aplicársele.

Mirad las lejanas montañas y maravillaos de su antigüedad; porque desde sus cimas miles de siglos nos contemplan. Ellas peinaban ya cabellos grises antes de que esta enorme ciudad fuese fundada; se dice que, cuando la humanidad todavía no respiraba, ellas estaban ya llenas de días; son las hijas de las edades pasadas. Con un gran respeto miramos estas vetustas rocas, porque ellas se cuentan entre los primogénitos de la naturaleza. Se descubren, incrustados en sus entrañas, vestigios de mundos desconocidos, de los que los sabios sacan sus conjeturas, pero que, sin embargo, son insuficientes para conocer todo el misterio que en ellos se encierra, a menos que el mismo Dios quiera descubrírselo. La roca es reverenciada, porque sabemos cuantas historias podría contarnos si pudiese hablar, o decirnos de cómo el agua y el fuego la torturaron hasta darle su forma actual. Así es nuestro Dios: antiguo más que todas las cosas. Sus cabellos son como la lana, tan blancos como la nieve; porque Él es el «Anciano de grande edad», y las Escrituras nos dicen que «no tiene principio de días». «Él era Dios mucho tiempo antes de que la creación fuese formada, desde el siglo y hasta el siglo.»

«¡Mi roca!» Cómo podría ella contaros de las tormentas que ha soportado, de las tempestades que a sus pies han alborotado el océano, y de los rayos que han rasgado los cielos sobre su cabeza; y bajo estas condiciones, siempre ha permanecido inmutable, impasible ante las tempestades e indemne ante el azote del temporal. Así es también nuestro Dios. ¡Cuán firme e inmutable se ha mantenido ante el ultraje de las naciones, y cuando los «reyes y príncipes de la tierra han consultado unidos!» Con solo estarse quieto ha diezmado las filas del enemigo, sin tan siquiera mover su mano. Con su imponente quietud ha desafiado las olas y dispersado los ejércitos adversarios, haciéndoles batirse en confusa retirada. Contemplad la roca una vez más: ¡Cuán fija e inmóvil está! No vaga de un sitio para otro, sino que permanece firme para siempre jamás. Muchas cosas han cambiado: Las islas han sido sumergidas bajo los mares, y los continentes han sido sacudidos; pero la roca continúa sólida y segura, como si fuese los mismísimos cimientos del mundo, que no se moverán hasta que la creación sea destruida, o las ligaduras de la naturaleza se aflojen. Así también es Dios: ¡Qué fiel en sus promesas!, ¡qué inmutable en sus decretos!, ¡qué constante!, ¡qué inalterable!

---

[1] Sermón predicado en 1856 en la Capilla de la Calle New Park, Southwark (Inglaterra).

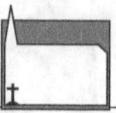

La roca ha sido, y será siempre, insensible a la erosión. Nada pues ha cambiado en ella. Aquella vieja cima de granito, unas veces ha reverberado al sol y otras ha lucido el blanco de la nieve; unas veces ha adorado a Dios con su desnuda cabeza descubierta, y otras, las nubes le han hecho y un blanco velo con sus alas, para que como un querubín preste adoración a su Hacedor. Pero, tanto unas veces como las otras, si la roca ha permanecido inalterable; ni el hielo del invierno ni el calor del verano han podido hacerle mella. Así también es Dios. He aquí, Él es mi roca; Él es el mismo, y su Reino no tendrá fin. «Los hijos de Jacob no serán consumidos»; porque Él es inalterable en su ser, seguro en su propia suficiencia e inmutable en su misma esencia. De la roca podemos sacar miles de enseñanzas de lo que Dios es. Ved aquella fortaleza, allá encima de la montaña; tan alta, que las nubes apenas pueden llegar a ella; desde allí los sitiados pueden reírse de los asaltantes; porque profundos precipicios la defienden. Esa fortaleza es nuestro Dios, segura protección. Y no seremos conmovidos, si Él ha «puesto nuestros pies sobre la peña, y enderezado nuestros pasos». Muchas veces una colosal montaña es motivo de admiración, porque desde su cumbre podemos contemplar el mundo extendido a nuestras plantas como si fuera un mapa pequeño. Vemos el río o el arroyo que corre libremente cual cinta de plata incrustada en esmeralda. Descubrimos las naciones bajo nosotros como «gotas de agua en un balde», y las islas como algo pequeñísimo allá en la distancia; y el mismo mar no parece sino un estanque sostenido por la mano de un poderoso gigante. El omnipotente Dios es lo mismo que esta montaña, y desde ella contemplamos el mundo como algo insignificante. Hemos subido a la parte más alta del Pisga, desde cuya cima, y a través de esta tierra tempestuosa y agitada, hemos podido mirar las sublimes regiones del espíritu, ese mundo desconocido para el ojo y el oído, pero que Dios nos ha revelado a nosotros por el Espíritu Santo. Esta poderosa roca es nuestro refugio y nuestra atalaya desde la cual vemos lo invisible, y tenemos la prueba de las cosas que aún no hemos gozado. No creo que sea necesario deciros que, si fuéramos a considerar todas las enseñanzas que de este símil se deducen, podríamos estar predicando durante varios días; pero lo que hemos dicho hasta aquí, es para que lo meditéis esta semana. Él es mi roca. ¡Cuán glorioso pensamiento! Sé, y en ello me regocijo, que cuando tenga que vadear la corriente del Jordán ¡Él será mi roca! No pisaré sobre piedras resbaladizas, sino que asentaré mi pie en Aquel que no puede traicionar mis pasos. Y así, cuando muera, con gozo cantaré: «Él, mi fortaleza, es recto, y en Él no hay injusticia».

Dejaremos este aspecto de la cuestión para pasar a considerar el tema del sermón, que es éste: Solamente Dios es la salvación de su pueblo. «Él solamente es mi roca y mi salvación».

I. LA GRAN DOCTRINA

Encontramos, en primer lugar, la gran doctrina de que solamente Dios es nuestra salvación; en segundo lugar, la gran experiencia de saber y aprender que Él solamente es mi roca mi salvación; y en tercer lugar, la gran obligación que tenemos de dar toda la gloria el honor, de descansar toda nuestra fe en quien solamente es nuestra roca y nuestra salvación.

Lo primero que vamos a considerar es que Dios «solamente es nuestra roca y nuestra salvación». Si alguien nos preguntara qué lema escogeríamos por divisa como predicadores del Evangelio, creo que responderíamos: «Dios solamente es nuestra salvación». El llorado Mr. Denham puso al pie de su retrato este admirable texto: «La salvación es del Señor»; ahora bien, esto es exactamente un extracto del calvinismo, su esencia y substancia; por lo tanto, si alguien os lo pregunta, podéis contestarle que un calvinista es «aquel que dice que la salvación es del Señor». En toda la Biblia no veo otra doctrina que no sea ésta, y en ella está compendiada toda la Escritura. «Él solamente es mi roca y mi salvación». Decid cuanto queráis que si se sale de estos límites seguro que es una herejía. De la misma manera, dadme una herejía y veréis cómo

Dios Padre, Jesucristo, Espíritu Santo

su verdadera raíz está aquí. Veréis cómo es algo que se ha apartado de esta grande, fundamental e inconmovible verdad: «Dios es mi roca y mi salvación». ¿Cuál es la herejía de roma, sino añadir a los méritos de Cristo las obras de la carne, para cooperar en nuestra justificación? Y, ¿cuál es la del arminianismo, sino agregar secretamente algo a la obra perfecta del Redentor? Pero todas ellas se descubren por sí solas cuando las acercamos a la piedra de toque; se alejan de esta verdad: «Él solamente es mi roca y mi salvación».

Trataremos de dejar esta doctrina suficientemente clara. Para mí la palabra «salvación» significa algo más que regeneración y conversión. No creo que sea algo que, después de regenerarme, me deja en tal posición que aún puedo caer del pacto y perderme; no puedo llamar puente a lo que sólo cruce hasta la mitad del río; como tampoco puedo llamar salvación a aquello que no me lleve hasta el mismo cielo completamente limpio, y me deje entre los glorificados que cantan sin cesar hosannas alrededor del trono. Así pues, si pudiera dividirla en partes, lo entendería del siguiente modo: Liberación, continua preservación durante esta vida, sustentación, y al final la unión de estas tres en la perfección de los santos en la persona de Jesucristo.

1. Por salvación yo entiendo la liberación de la casa de esclavitud donde por naturaleza he nacido, y el ser manumitido o liberado con la libertad con que Cristo nos hace libres, además de «poner mis pies sobre la peña y enderezar mis pasos». Y esto, yo creo que es completamente de Dios; y no creo equivocarme al pensar así, porque la Escritura nos dice que el hombre está muerto, y, ¿cómo podrá ayudar un cadáver en su propia resurrección? El hombre está completamente depravado, y aborrece toda transformación divina; ¿cómo podrá, pues, por sí mismo, efectuar ese cambio que odia? Es tal el desconocimiento que tiene de lo que es el nuevo nacimiento que, como Nicodemo, hace absurda pregunta: «¿Puede entrar otra vez en el vientre su madre, y nacer?». No concibo el que nadie pueda hacer lo que no entiende. Y si el hombre no comprende lo que es nacer de nuevo, es lógico que no pueda llevarlo a cabo por sí mismo; es totalmente incapaz de cooperar en la primera obra su salvación. No puede romper sus cadenas porque no son hierro, sino de su propia carne y sangre; antes podría destrozar su corazón, que los grilletes que le atan. Y, ¿cómo quebrará su propio corazón? ¿Con qué martillo quebrantaré alma, o con que fuego la fundiré? No, la liberación es sólo Dios. Esta doctrina es afirmada continuamente en las Escrituras; y el que no la crea, no recibe la verdad de Dios. Sólo Él da libertad. «La salvación es del Señor.»

2. Y si hemos sido liberados y vivificados en Cristo, entonces, nuestra preservación es del Señor solamente. Si soy piadoso, es de Dios; si virtuoso, Él me da la virtud; si llevo fruto, Dios me lo da; y si vivo una vida recta, Él es quien sostiene. Yo no hago nada en absoluto para mi propia preservación, a no ser lo que antes el mismo Dios hace en mí. Toda mi bondad es suya, y todo mi pecado es mío. ¿He rechazado a un enemigo? su fuerza dio vigor a mi brazo. ¿He derribado un adversario? su potencia afiló mi espada y me dio el valor para asestar el golpe. ¿Predico su Palabra? No yo, sino su gracia que esta en mí. ¿Vivo para Dios una vida santa? Es Cristo que vive en mí. ¿Soy santificado? No santifico yo, sino el Espíritu Santo de Dios?. ¿Pierdo el gusto por las cosas del mundo? Es su corrección la que me aparta. ¿Crezco en conocimiento? El gran Instructor me enseña. ¿Encuentro en Dios todo lo que necesito; porque en mí no hay nada?. «Él Solamente es mi roca y mi salvación».

3. Así mismo, la sustentación es absolutamente indispensable. Necesitamos el sustento de la providencia para nuestros cuerpos, tanto como para nuestras almas. Desciende de cielos la lluvia y la nieve, y harta la tierra, y la hace germinar y producir, y da simiente al que siembra, y pan al que come; pero, ¿de qué manos nace la lluvia, y de que dedos destila el rocío? Es cierto que el sol brilla y hace que las plantas crezcan, que les salgan sus brotes, que los árboles se vistan de flores, y que, por su

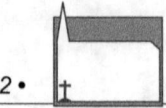

calor, las frutas maduren; pero, ¿quién le da su luz y esparce su mágico calor? Es verdad que trabajo y me afano, el sudor cubre mi frente, mis manos se cansan, y al final, puedo reposar en mi cama; pero mi vigor y mi fuerza no son míos, ni el guardarme ha dependido de mí. ¿Quién hace estos músculos fornidos, estos pulmones de hierro, y estos nervios de acero? «Dios solamente es mi roca y mi salvación». Él solo es la salvación de mi cuerpo y mi alma. ¿Me alimento de la Palabra? No me nutrirá, a menos que Dios haga que me sea de provecho. ¿Vivo del maná que desciende del cielo? ¿Qué es ese maná, sino el mismo Cristo encarnado, cuyo cuerpo y sangre como y bebo? ¿Recibo continuamente nuevo aumento de poder? ¿De dónde saco mi fuerza? Mi salvación es sólo Dios; sin Él nada puedo hacer. Como el pámpano no puede llevar fruto por sí mismo, si no permanece en la vid, así tampoco yo, si no permanezco en Él.

4. Ahora trataremos de unir los tres pensamientos anteriores en uno. La perfección que pronto tendremos, cuando estemos allá lejos, cerca del trono de Dios, será toda del Señor. La brillante corona que ceñirá nuestras frentes como constelación de lucientes estrellas, habrá sido labrada solo por nuestro Dios. Vamos a un país donde, pese a que el arado nunca removió el suelo, sus dehesas son más verdes que todas las de la tierra; sus cosechas las más ricas que nuestros ojos vieran. Viviremos en un edificio de más suntuosa arquitectura que el que jamás el hombre pueda construir; no es una casa terrestre, «no es hecha de manos eterna en los cielos». Todo cuanto conoceremos en el Edén celestial nos será mostrado por nuestro Señor. Y al final, cuando aparezcamos ante Él, diremos:

> «La gracia premiará todas las obras
> Con coronas de bienaventuranza;
> Ella es la luz, la piedra más preciosa,
> Digna de toda gloria y alabanza».

II. LA GRAN EXPERIENCIA

La más grande de todas mis experiencias es saber que «Él solamente es mi roca y mi salvación». Hasta ahora hemos insistido sobre una doctrina; pero de nada nos sirve la doctrina si no es probada por nuestra experiencia. La mayoría de las doctrinas de Dios se aprenden solamente con la práctica: exponiéndolas a que soporten el roce continuo de la vida. Si yo preguntara a cualquiera de vosotros, a cualquiera que fuese cristiano, si esta doctrina de que hablamos es cierta, seguro que me contestaría: «¡Naturalmente que sí! No hay en toda la Biblia una sola palabra que sea más verdad que ésta; porque, efectivamente, la salvación es solamente de Dios». «Él solamente es mi roca y mi salvación». Pero, amigos míos, es muy difícil tener tal conocimiento experimental de una doctrina que no nos apartemos jamás de ella. Es muy difícil creer que «la salvación es del Señor». Muchas veces descansamos nuestra confianza en algo más que en Dios, y pecamos cuando lo ponemos codo a codo con cualquier otra cosa, por muy digna que ésta sea. Permitidme entretenerme un poco en considerar la experiencia que nos llevara a saber que la salvación es solo de Dios.

1. El cristiano verdadero confesará, como un hecho, que la salvación es solo de Dios, es decir, que «Dios obra en él tanto el querer como el hacer por su buena voluntad». Recordando mi vida pasada puedo ver cómo desde sus mismos albores todo procedía de Dios y solamente de Dios. No trate de alumbrar al sol con una antorcha, sino que fue Él precisamente quien me alumbró a mí. No fui yo quien comenzó mi vida espiritual; en modo alguno, ya que, antes bien, daba coces contra el aguijón, y luchaba contra todo lo que viniera del Espíritu; había en mi alma tal aversión y odio por todo lo santo y bueno que, aún siendo arrastrado durante algún tiempo por el impulso celestial, no pude seguir tras él. Los impulsos del Espíritu no hicieron mella en mí; sus advertencias fueron esparcidas al viento, y sus amenazas despreciadas; y aún sus susurros de amor fueron rechazados, y tenidos como cosa inútil y vana. Pero seguro estoy, y puedo decirlo ahora hablando por mí mismo, y por todos aquellos que conocen al Señor, que «Él solamente es mi salvación» y también la vuestra. Él fue quien cambió vuestros corazones y os hizo doblar la rodilla. Podéis decir, pues, con toda verdad:

Dios Padre, Jesucristo, Espíritu Santo

«La gracia enseñó a mi alma a orar e hizo a mis ojos anegarse en llanto». Llegando aquí, podemos agregar: «Me ha guardado hasta hoy bajo su manto, Y ya nunca me dejará marchar».

2. Recuerdo que cuando me entregué al Señor creía estar haciéndolo yo todo; y aunque lo buscaba de veras, no tenía la menor idea de que ya Él andaba buscándome a mí. No creo e el recién convertido se dé cuenta de este detalle al principio de su conversión. Un día estaba yo en la casa de Dios oyendo un sermón sin preocuparme ni poco ni mucho de lo que decía el predicador, porque no lo creía. De pronto, me asaltó un pensamiento: «¿Cómo has llegado a ser cristiano?, He buscado al Señor. Pero, ¿por qué empezaste a buscarle». Esta idea cruzó mi mente como un rayo; yo no he podido buscarle menos que una influencia previa me haya impulsado a hacerlo. Estoy seguro de que no pasará mucho tiempo sin que digáis: «El cambio obrado en mi es completamente de Dios». desearía que éste fuera el lema de toda mi vida. Sé que hay algunos que predican un Evangelio por la mañana y otro diferente por la tarde: un Evangelio puro y sano cuando predican para los santos, y adulterado y falso cuando lo hacen a los pecadores. Pero no hay motivo que justifique el anunciar la verdad ahora y la mentira luego. «La ley de Jehová es perfecta, que vuelve el alma». No es necesario añadirle nada para traer los pecadores al Salvador. Así pues, hermanos, debéis confesar que «la salvación es del Señor». Cuando recordéis el pasado, debéis decir: «Señor mío, todo cuanto tengo Tú me lo has dado. ¿Las alas de mi fe? Hubo tiempo en que yo no las tenía. ¿Los ojos de mi fe? Hubo tiempo en que yo era ciego. Estaba muerto, y Tú me diste vida; sin ver, y Tú abriste mis ojos. Mi corazón era un repugnante muladar; pero Tú pusiste perlas en él, y si en él las hay, las perlas no se crían en los muladares. Tú me has dado todo lo que tengo». Y así, si miráis al presente, si vuestra experiencia es la de un hijo de Dios, lo atribuiréis todo a Él, no solamente lo que ha sido vuestro en el pasado, sino todo cuanto ahora tenéis. Estáis aquí, sentados en vuestros bancos, y os pido que recapacitéis sobre este hecho. ¿Creéis que estaríais donde estáis, si no fuera por la divina gracia? Recordad la tentación que os asaltó ayer, cuando «consultaban de arrojaros de vuestra grandeza». Quizá fuisteis tentados como yo lo soy a veces. Hay momentos en que parece que el diablo, usando sus encantamientos, me lleva al mismo borde del precipicio del pecado, haciéndome olvidar el peligro por la dulzura con que lo rodea. Y justo cuando va a arrojarme al vacío, veo el abismo abierto a mis pies y una poderosa mano que me sujeta, mientras una voz dice: «Lo guardaré de que caiga en lo profundo; porque Yo he pagado su rescate». ¿No creéis que antes de que el sol se ponga podríais ser condenados, si la gracia no os guardara? ¿Tenéis algo bueno en vuestros corazones que ella no os lo haya dado? Si supiera que la gracia que tengo no procede de Dios, la pisotearía bajo mis pies, por no ser de ningún valor. No sería más que una falsificación totalmente legítima, por no traer sello del cielo. Podría parecer muy buena; pero, de cierto, siempre sería mala a menos que viniera de Dios. ¿Puedes tú, cristiano, decir en todas las cosas pasadas y presentes «Él es mi roca y mi salvación?»

3. Y ahora, miremos hacia el futuro. Hombre, considera cuántos enemigos tienes, cuántos ríos que cruzar, cuántas montañas que subir, cuántos monstruos que vencer, cuántas bocas de león de las que escapar, cuántos fuegos que atravesar, cuántas corrientes que vadear. ¿Qué piensas, hombre? ¿Puede alguien salvarte, que no sea Dios? ¡Ah!, si yo no tuviera ese brazo eterno en que apoyarme, tendría que gritar: ¡Muerte!, arrójame a cualquier sitio fuera de este mundo. Si yo no tuviera esa esperanza, esa confianza exclamaría: ¡Enterradme bajo la creación, en las escondidas profundidades, donde para siempre pueda ser olvidado! ¡Oh!, echadme lejos, porque soy un miserable si no tengo a Dios que me ayude en mi peregrinar. ¿Sois lo bastante fuertes como para luchar con uno solo de estos enemigos sin vuestro Dios? No lo creo. Una simple criada pudo abatir a Pedro, y puede

también hacer lo mismo con vosotros si Dios no os preserva. Os suplico que lo recordéis siempre. Espero que lo hayáis experimentado en el pasado, pero tratad de tenerlo presente en el futuro dondequiera que vayáis: «La salvación es del Señor». «Él sólo es mi roca y mi salvación».

Desde el punto de vista de la eficacia, todo viene de Dios; y así es, también, en cuanto a los méritos. Hemos experimentado que la salvación es completamente de Él. ¿Qué méritos puedo tener yo? Si recogiera todo cuanto he podido tener y luego os pidiera lo que vosotros habéis reunido, no sacaría entre todo el valor de un cuarto de penique. Hemos oído contar el caso del católico que decía que había una balanza que se inclinaba a su favor por el peso de las buenas obras en contra de las malas, y que, por lo tanto, tenía que ir al cielo. Pero no hay tal cosa. He visto mucha gente, muchas clases de cristianos, incluso extravagantes, pero jamás he encontrado a uno que diga tener méritos propios, si se le ha obligado a ser sincero. Sabemos de hombres perfectos y de hombres perfectamente necios, y hemos visto que ambos son perfectamente iguales. ¿Poseemos méritos propios? Estoy seguro que no, si hemos sido enseñados de Dios. Hubo un tiempo en que creíamos tenerlos; pero, una noche vino a nuestra casa un ente llamado convicción, y se llevó todas nuestras glorias. ¡Ah!, pero no obstante esto, todavía somos malos. No se si Cowper dijo bien cuando escribió:

«Desde la hora bendita
que a tus pies me trajiste,
Cortando mis locuras por
sus raíces mismas
No he confiado en brazo que no
haya sido el tuyo,
Ni he esperado en justicia
que no sea la divina».

Creo que se equivocó, porque muchos cristianos continúan confiando en sí mismos; pero debemos reconocer que «la salvación es del Señor», si la consideramos desde el punto de vista de los méritos.

Queridos amigos, ¿habéis experimentado esto en vuestros corazones? ¿Podéis decir «amén», al oírlo? ¿Podéis decir: «Yo sé que el Señor es mi ayuda?» Me parece que muchos podéis; pero mejor lo diréis cuando Dios os lo enseñe. Lo creemos cuando comenzamos nuestra vida cristiana, y lo sabemos después. Y cuanto más larga es nuestra vida, más ocasiones tenemos de comprobar que es verdad. «Maldito el varón que confía en el hombre, y pone carne por su brazo»; pero, «bendito el varón que se fía en Jehová, y cuya confianza es Jehová». En verdad, el cenit de la experiencia cristiana se alcanza cuando dejamos de confiar en nosotros mismos, o en otros, y ponemos toda nuestra esperanza pura y simplemente en Jesucristo. La más elevada y noble experiencia no es el quejarse continuamente de la propia corrupción, ni el lamentarse de los extravíos, sino el decir:

«Con todo mi infortunio,
aflicción y pecado,
No me dejará irme su Espíritu
adorado».

«Creo, ayuda mi incredulidad». Me gusta lo que decía Lutero: «Correría a los brazos de Cristo, aunque blandiera una espada en sus manos». A esto se le llama una osada confianza; pero como dice un viejo teólogo, no hay tal osada confianza, no arriesgamos nada con Cristo, no hay el menor riesgo. Bendita y celestial esperanza, cuando en medio de la borrasca podemos acudir a Él y decir: «¡Oh, Jesús!, creo que me cubriste con tu sangre»; cuando, al ver nuestra inutilidad, podemos clamar: «Señor, creo que, por Cristo Jesús, aunque soy un miserable pecador, Tú me has perdonado». La fe del santo es pequeña, cuando cree como santo; pero la del pecador es verdadera fe cuando cree como pecador. Dios se goza no con la fe del puro y sin mancha, sino con la de la criatura llena de pecados. Así pues, hermanos, pedid que ésta pueda ser vuestra experiencia, para aprender cada día más que «Él solamente es mi roca y mi salvación».

III. LA GRAN OBLIGACIÓN.

Hemos tenido una gran experiencia; por lo tanto, tenemos también una gran obligación. Si solamente Dios es nuestra roca, y lo sabemos, ¿no estamos obligados a poner en Él toda nuestra confianza, a darle todo

Dios Padre, Jesucristo, Espíritu Santo

nuestro amor, a afirmar en Él toda nuestra esperanza, dedicarle toda nuestra vida y a consagrarle todo nuestro ser? Ésta es nuestra gran obligación. Si Dios es todo lo que tengo, seguro que todo lo que tengo es de Dios. Si Dios es mi única esperanza, seguro que toda mi esperanza la pondré en Dios. Si el amor de Dios es lo único que salva, seguro que Él tendrá mi amor. Hermano, permíteme un consejo: no tengas dos dioses, ni dos cristos, ni dos amigos, ni dos esposos, ni dos padres celestiales; no tengas dos fuentes, ni dos ríos, ni dos soles, ni dos cielos; ten solamente uno. Por lo tanto, si la salvación está solo en Dios, allegaos a Él con todo vuestro ser.

Nunca tratéis de añadir nada a Cristo. ¿Remendaríais el vestido que Él os ha dado con vuestros viejos y andrajosos harapos? ¿Pondríais vino nuevo en odres viejos? ¿Os colocaríais a su misma altura? Sería como uncir un elefante con una hormiga, jamás ararían juntos. ¿Aparejaríais un ángel y un gusano al mismo carro, esperando cruzar con él el firmamento? ¡Cuánta inconsecuencia! ¡Cuánta necedad! ¿Vosotros con Cristo? ¡Cristo se reiría!; digo mal, ¡lloraría al pensar tal cosa! ¿Cristo y el hombre uniendo esfuerzos? ¿CRISTO & CIA? Jamás ocurrirá esto; Él nunca lo permitirá; Él ha de ser el todo. Cuán absurdo y equivocado es tratar de añadirle algo; no lo podría soportar. A los que aman algo que es Él, les llama adúlteros y fornicarios. Quiere que confiéis en Él con todo tu corazón, que lo ames con toda tu alma que lo honres con toda tu vida. Cristo no entrará en tu casa mientras no pongas todas las llaves bajo su custodia, y no permitirá que te quedes con una sola. Y así, te hará cantar:

«Mas si algo retuviese
Sin que la conciencia me acusara,
Amo a mi Dios con celo tan extremo,
Que todo cuanto hubiese
le entregara».

2. Cristianos, es un pecado dejar de entregar algo a Dios, y Cristo será afligido si así lo hacéis. Y seguro que no deseáis apesadumbrar a quien derramó su sangre por vosotros. Esto es cierto que ningún hijo de Dios quiere vejar a su bendito hermano mayor. No hay ni una sola alma redimida por sangre que agrade en contemplar, anegados en llanto, los dulces y ternos ojos de su Amado. Sé que no queréis entristecer a vuestro Señor, ¿verdad? Pero os digo que acongojaréis su generoso Espíritu, si hay algo que comparta con Él vuestro amor. Porque os quiere tanto, que está celoso de vuestro amor. Se dice en las Escrituras que el Padre es «un Dios celoso»; y así ocurre, también, con Cristo; por tanto, no confiéis en carros en caballos, sino decid siempre solamente es mi roca y mi salvación».

Tened presente también que hay una razón por la que no debéis mirar a nadie más. Si vuestros ojos están distraídos en otras cosas, jamás podréis tener una plena visión de Cristo. «Podemos verle manifestado en sus misericordias», dices: «Sí es cierto; pero vuestra contemplación sería mucho más perfecta si mirarais directamente a su persona». Nadie puede mirar dos objetos a la vez, y verlos claramente. Puedes mirar un poco a Cristo y otro poco al mundo, pero no puedes poner tus ojos de modo total en Cristo y mirar aún al mundo. ¡Oh!, hermanos, os suplico que no tratéis de hacerlo. Si miráis al mundo, será una mota en vuestro ojo; si confiáis en algo más, como el que se sienta entre dos banquillos, caeréis a tierra de forma estrepitosa. Por lo tanto mirad solamente a Él. «Él solamente es mi roca y mi salvación».

No olvidéis tampoco, hermanos, mi ruego de que no pongáis ninguna otra cosa con Cristo; porque tantas veces como lo hagáis, seréis azotados por ello. Jamás ha habido un hijo de Dios que albergara en su corazón a ninguno de los traidores al Señor; porque habría sido acusado del mismo delito. El Supremo Juez ha extendido auto de registro contra cada uno de nosotros. Y, ¿sabéis qué es lo que buscan sus agentes? Les ha mandado que vengan por nuestros amantes, por todos nuestros tesoros y por nuestros ayudadores. A Dios le importan menos nuestros pecados como tales, que nuestros pecados (y aún nuestras virtudes) que usurpan su trono. En verdad os digo, que no hay nada en este mundo sobre lo que podáis poner vuestro corazón, que no haya de ser colgado en una horca más alta que la de Amán. Si Cristo no ocupa el primer lugar en vuestro corazón, Él lo convertirá en castigo. Si vuestra casa es más preciada que su persona, en prisión la convertirá; si vuestros hijos son más queridos que su amor, como víboras serán, que morderán vuestro seno; si vuestra comida es preferida a sus manjares, beberéis aguas amargas y el pan será como cascajo en vuestras bocas, hasta que todo vuestro alimento sea Dios. No hay nada que tengáis y que Él no pueda convertir en una vara, si está ocupando su lugar; y no dudéis que así lo hará, si permitís que haya algo que robe a Cristo.

Notad una vez más que si posáis vuestra mirada en algo que no sea Dios, pronto caeréis en el pecado. No ha habido hombre en el mundo que, apartando sus ojos de Cristo, haya andado el camino sin extraviarse. Así, el marino que navega guiado por la estrella Polar, siempre irá hacia el norte; pero su rumbo será incierto y perdido, si se rige o por la estrella Polar, o por otras constelaciones. E igualmente con vosotros; si no fijáis continuamente vuestros ojos en Cristo, pronto perderéis la ruta. Si alguna vez habéis abandonado el secreto de vuestro poder, es decir, vuestra confianza en el Señor; si alguna vez habéis perdido el tiempo en devaneos con la Dalila de este mundo, amándola más que a Él, los filisteos caerán sobre vosotros, raparán vuestra melena y os atarán con cadenas al molino hasta que vuestro Dios os libere, dejando una vez más crecer vuestros cabellos, y os lleve a depositar toda vuestra confianza en el Salvador. Fijad vuestros ojos en Jesús, porque tan pronto como los apartéis de Él, ¡duras serán las consecuencias! A vosotros os digo, hermanos; cuidado con vuestros dones, cuidado con vuestras virtudes, con vuestra experiencia, con vuestras oraciones, con vuestra esperanza, con vuestra humildad. No hay ninguna de estas gracias que no pudiera condenaros si no las cuidáis. El viejo Brooks decía: «Si una mujer tiene un marido y éste le regala una preciosa sortija, y ella ama la joya y le importa más que su esposo, ¡cuánto no se ofenderá él, y qué necia no será ella!». ¡Cuidad vuestros dones, hermanos!,

ya que podrían resultar más peligrosos que vuestros pecados. Estad advertidos contra todo lo de este mundo; porque todo tiene la misma tendencia, especialmente lo más elevado. Si gozamos de una posición acomodada, es probable que no miremos mucho a Dios; y si vosotros, cristianos, poseéis fortuna, ¡cuidado con el dinero!, ¡cuidado con el oro y la plata!; porque serán una maldición si se interponen entre vosotros y Dios. Fijad vuestros ojos en la nube y no en la lluvia, en el río y no en el barco que flota en su seno. Contemplad el sol pero no sus rayos; atribuid vuestros dones a Dios y decid perpetuamente «Él solamente es mi roca y mi salvación».

3. Finalmente, os ruego otra vez que no apartéis vuestra mirada de Dios para fijarla en vosotros; porque, ¡qué seríais ahora que seríais siempre, sino unos pobres condenados pecadores, si estuvierais fuera de Cristo! El otro día, cuando predicaba, durante la primera parte de mi sermón era el ministro quien hablaba; de repente, recordé que no era más que un pobre pecador, y ¡cuán distintas fueron entonces mis palabras! Los mejores sermones que jamás haya predicado han sido los que pronuncié no en mi capacidad de ministro, sino como pobre pecador hablando a los pecadores. Y creo que no hay nada como el que un ministro recuerde que no es más que un pobre pecador, después de todo. Se dice del pavo real que, aunque está vestido de finas plumas, se avergüenza de sus pies negros. Estoy seguro de que nosotros también debemos avergonzarnos de los nuestros. Aunque a veces nuestras plumas aparezcan vistosas y brillantes, deberíamos pensar en lo que seriamos si la gracia no nos hubiera auxiliado. ¡Cristiano!, fija tus ojos en Cristo porque fuera de Él no eres mejor que cualquiera de los que están infierno; no hay demonio en el averno que no pudiera hacerte ruborizar si tu estuvieses fuera de Cristo. ¡Oh, si fueras humilde! Recuerda cuán perverso es tu corazón, aunque la gracia haya entrado en él; Dios te amó y te dio su gracia, no olvides que aún tienes en ti un tumor canceroso. El sacó mucho de tu recado, pero la corrupción aún permanece. Sabe-

Dios Padre, Jesucristo, Espíritu Santo

mos que, aunque el viejo hombre esté algo reprimido, y el fuego un poco sofocado por el influjo de las aguas del Espíritu Santo, podría arder con más fuerza que antes si Dios no lo evitara. No nos gloriemos en nosotros mismos. El esclavo no tiene por qué enorgullecerse de su alcurnia, las marcas del hierro están en sus manos. ¡Fuera con el orgullo! Reposemos total y plenamente en Jesucristo.

CONCLUSIÓN

Antes de acabar, permitidme una palabra para el impío que no conoce a Cristo: Has oído todo cuanto hemos hablado de que la salvación es sólo de Él. ¿No es para ti esta buena doctrina? Porque tú no tienes nada, ¿no es cierto que eres un pobre, perdido y arruinado pecador. Oye esto, no tienes nada, y nada necesitas, porque Cristo lo tiene todo. «¡Pobre de mí! Soy un esclavo encadenado», dirás. «¡Pero Él tiene la redención! ¡No!, soy un sucio pecador». Pero podrá lavarte hasta dejarte blanco. Sí, eres un leproso, pero el Médico divino puede sanar tu lepra. Sí, estás condenado, pero Él tiene tu libertad firmada y sellada, si tú crees en Él. Cierto que estás muerto, pero Cristo tiene la vida y puede resucitarte. No necesitas nada de lo tuyo, solo confiar. Y si hubiera aquí ahora hombre, mujer o niño, que estuviera dispuesto a decir solemnemente conmigo, de corazón: «Entiendo que Cristo es mi Salvador sin que yo posea ninguna virtud o mérito en qué poder confiar. Conozco mis pecados pero sé que Él es más fuerte que ellos; reconozco mi culpa pero creo que Él es más poderoso que ella», repito, si alguno de vosotros puede decir esto, puede irse de este lugar gozoso y contento, porque es heredero del Reino de los cielos.

Tengo que contaros una singular historia, que fue referida en nuestra reunión de iglesia; porque quizás, por medio de ella, alguna pobre persona que me oiga pueda entender el camino de la salvación. «¿Podrías decirme (preguntaba uno a su amigo creyente) qué le dirías a un pobre pecador que acudiera a ti deseando saber el camino de la salvación?», «mira dijo él, creo que me resultaría muy difícil; pero eso mismo me ocurrió ayer. Una pobre mujer vino a mi tienda y se lo expliqué de una forma tan vulgar, que no me gustaría repetírtelo». «¡Oh!, sí, no te importa; me agradaría oírlo». «Bien; pues esa pobre mujer siempre está empeñando cosas, y de vez en cuando las recupera. No encontré modo mejor que el siguiente: Mire, le dije, su alma está empeñada con el demonio, Cristo ha pagado el precio, y usted, usando la fe como resguardo, puede ir y retirarla». Como veis, fue una forma muy simple, pero a la vez excelente, para presentarle el camino de salvación a aquella mujer. Es cierto que nuestras almas estaban empeñadas a la venganza del Todopoderoso, y que no teníamos dinero para pagar; pero vino Cristo y satisfizo el precio por completo, y la fe es el recibo que podemos usar para recuperarla del empeño. No necesitamos emplear ni un solo penique nuestro, sino solamente decir: «Heme aquí, Señor, yo creo en Jesucristo; no he traído ningún dinero para pagar por mi alma, porque tengo este resguardo, el precio fue pagado hace mucho tiempo. Está escrito en tu Palabra: La sangre de Jesucristo nos limpia de todo pecado». Y si vosotros tenéis ese recibo, podéis también rescatar vuestras almas del empeño, y decir: «He sido perdonado, he sido perdonado; soy un milagro de la gracia». Quiera Dios bendeciros, amigos míos, por Cristo Jesús.

2. Jesucristo

6. CRISTO, EL PODER Y LA SABIDURÍA DE DIOS

«Cristo, poder de Dios, y sabiduría de Dios» (1 Corintios 1:24).

INTRODUCCIÓN: La irracionalidad de la incredulidad.

I. CRISTO EN PERSONA
1 Poder y sabiduría de Dios.
   a) Desde toda la eternidad

II. EL EVANGELIO DE CRISTO
1. Tiene poder divino.

2. La perseverancia de la Iglesia.
   a) Las continuas persecuciones
   b) La infidelidad de sus maestros
   c) Vuestras propias vidas
3. Es el Evangelio de la sabiduría de Dios.
4. Ser creyente no deshonra el intelecto.

III. EL PODER Y LA SABIDURÍA DE DIOS
1. Cristo en un hombre.
2. Cristo es el poder de Dios.
3. La experiencia cristiana.

CONCLUSIÓN: Un llamamiento práctico:
1. Te ha liberado del pecado.
2. Él murió por ti.
3. Nunca te hechará fuera.

CRISTO, EL PODER Y LA SABIDURÍA DE DIOS

INTRODUCCIÓN

La incredulidad hacia el Evangelio de Cristo es algo completamente irracional, porque la razón que da el incrédulo para su actitud es cumplida por el carácter y la constitución del Evangelio de Cristo. En 1 Corintios 1:22 leemos: «Porque los judíos piden señales, y los griegos buscan sabiduría". Si hubiéramos conocido al judío que no creía en Cristo en los días de los apóstoles, nos habría dicho: «Yo no puedo creer, porque antes quiero una señal». Los griegos por su parte, habrían argumentado: «Yo no puedo creer, porque quiero un sistema filosófico que esté lleno de sabiduría». «Ahora», dice el apóstol, «ambas objeciones son insostenibles e irracionales. Si suponéis que el judío necesita una señal, ésta ya le ha sido dada; Cristo es el poder de Dios. Los milagros que Cristo hizo sobre la tierra fueron señales más que suficientes para el más exigente de los judíos; y si el pueblo judío hubiera querido, habrían encontrado abundantes señales y razones para creer en los hechos personales de Cristo y sus apóstoles». Los griegos por su parte dicen: «No puedo creer, porque necesitamos un sistema con sabiduría». ¡Oh griego!, Cristo es la sabiduría de Dios. «Si queréis investigar el tema, encontraréis una profundidad de sabiduría, donde el más grande de los intelectos puede ahogarse. No es un Evangelio hueco, sino insondable; con una profundidad que sobrepasa todo entendimiento. Vuestra objeción no tiene fundamento, pues Cristo es la sabiduría de Dios, y su Evangelio es la más elevada de las ciencias. Si queréis encontrar sabiduría, debéis buscarla en la revelación de la Palabra de Dios".

Ahora bien, en esta mañana trataremos de analizar estos dos pensamientos del Evangelio; y es posible que Dios bendiga lo que vamos a decir para quitar la objeción de los judíos y los griegos. Aquellos que buscan una señal, pueden ver en esta explicación el poder de Dios en Cristo; y los que buscan sabiduría la encontrarán en la *sabiduría* de Dios en Cristo. Estudiaremos nuestro texto así: Cristo, o sea, *Cristo personalmente,* es el «poder» y la «sabiduría» de Dios. *Cristo en el corazón, la verdadera religión,* es «poder de Dios, y sabiduría de Dios».

I. CRISTO EN PERSONA
   1. Primero, empezamos con *Cristo personalmente.* Cristo es considerado como Dios y hombre, el Hijo de Dios igual con su Padre, y empero un ser humano, nacido de la Virgen María. Cristo, en su compleja persona es «poder de Dios, y sabiduría de Dios». *Él es el poder de Dios desde toda la eternidad.* Por su palabra fueron hechos los cielos, y el ejército de ellos. «En el principio era el Verbo, y el Verbo era con Dios, y el Verbo era Dios». «Todas las cosas por él fueron hechas, y sin él nada de lo que ha sido hecho, fue hecho» (Jn. 1:1; 1:3). Los pilares de la tierra fueron ubicados en sus eternos cimientos por la omnipotente diestra de Cristo. Las cortinas de los cielos fueron colgadas en sus anillos de luz estrellada por el que era desde la eternidad, el glorioso Hijo de Dios.

Las órbitas que flotan en lo alto, esos planetas portentosos, y esas poderosas estrellas, fueron puestas en su posición, y ordenadas a girar en sus órbitas a través del espacio, por la fuerza eterna de aquel que es «el primero y el último», el Príncipe de los reinos de la tierra. Cristo es el poder de Dios, pues Él es el Creador de todas las cosas, y es por Él que todas las cosas subsisten.

Dios Padre, Jesucristo, Espíritu Santo

Cuando Jesús vino a la tierra, tomó la forma de un hombre. Nacido en un pesebre, tuvo pruebas suficientes para asegurar que era el Hijo de Dios. Como un pequeño bebé, lo inmortal se hizo mortal, y lo infinito se convirtió en un humilde ser humano. Cuando empezó su ministerio público, dio abundantes pruebas de su poder y Deidad. Los vientos se calmaban obedeciendo sus órdenes, las olas se aquietaban al sonido de su voz, de manera que bajo sus pies se convirtieron en una materia tan sólida como el marmol. La tempestad, dócil a su voz de comando, obedeció a su conquistador. Estas cosas, estos elementos de la tormenta; el viento, la tempestad y el agua, dieron pruebas suficientes de su abundante e inagotable poder. El hombre lisiado volvió a caminar y a saltar, el sordo a oir, el mudo a cantar, los muertos volvieron a la vida. Éstas fueron pruebas suficientes de que Él era el «poder de Dios». La voz de Jesús estremeció las sombras del Hades, y deshizo las ataduras de la muerte, al decir, «¡Lázaro, ven fuera!». La carcasa que empezaba a descomponerse en la tumba, se levantó, dando evidencias irrefutables del poder y la Deidad del Señor. Él dio más de mil pruebas sobre estas características de su persona; pero no necesito mencionarlas a vosotros que tenéis la Biblia en vuestras casas, y que la podéis leer cada día. Por último, Jesús dio su vida y fue puesto en la tumba. Sin embargo, no pasó mucho tiempo allí, pues al tercer día salió de aquella gruta oscura y fría, dando otra prueba de su poder divino. Los guardias se quedaron petrificados de miedo y asombro con la majestad de su grandeza. Las ataduras de la muerte no pudieron retenerle. Él tiró abajo los portales del infierno y los llevó sobre sus hombros lejos, muy lejos. Éste es el poder de Dios *ahora*, según lo afirma positivamente la Escritura; pues está escrito que Jesús se sentó a la diestra de Dios: «... Según la operación del poder de su fuerza, la cual operó en Cristo, resucitándole de los muertos y sentándole a su diestra en los lugares celestiales» (Ef. 1:19b-20). El tiene los reinos de la Providencia en sus manos; el transcurrir de los tiempos es gobernado por Él. Jesús es el Juez supremo de toda contienda, la Gran Cabeza Soberana de la iglesia, el Señor de los cielos, de la muerte y el Hades. Él vendrá otra vez, como Juez de toda la tierra.

«En densas nubes y sobre las alas del viento,
vendrá para juzgar a toda la humanidad.»

Entonces la muerte vencida, las deslumbrantes miríadas de seres celestiales y el firmamento dividido para dar paso a su Persona, proclamarán que Él es el poder de Dios, quien tiene potestad sobre toda carne, para salvar o condenar.

El Señor Jesús es también, la «sabiduría de Dios». Las grandes obras que hizo *ante todo el universo* eran pruebas importantísimas de su sabiduría. Él planeó el camino de salvación, y con su poder y habilidad puso los pilares de la luz donde se balancea el firmamento. Mirad en el mundo y aprended, a medida que veis las multitudinarias pruebas de la sabiduría de Dios, y allí tendréis la sabiduría de Cristo, pues Él fue su Creador. *Cuando se hizo hombre*, dio suficientes pruebas de su sabiduría. Aún en su niñez, cuando avergonzó a los doctores de la ley con las preguntas que les hacía, manifestó que era algo más que un mortal. Los fariseos, los saduceos y los herodianos fueron todos por fin derrotados, y sus argumentos deshechos. Jesús probó una vez más la sabiduría superlativa del Hijo de Dios. En el momento en que vinieron a prenderle, esos hombres quedaron asombrados por su elocuencia, y al oír su «Yo soy», cayeron a tierra. Ahora que intercede por nosotros a la diestra de Dios, y que es nuestro Abogado ante el trono del Padre, los bendecidos en Él tenemos una absoluta garantía y seguridad. Los reinos de la tierra están en sus manos, poseemos abundantes pruebas de que la sabiduría y el poder de Dios están en Cristo. ¡Inclinaos ante Él, cuantos le amáis y le deseéis! ¡Coronadle, coronadle! Él es digno de ello, por su eterno poder, de Él es la magnífica sabiduría de Dios. ¡Coronadle, coronadle! Él es digno de ello. Serafines, bendecid su nombre, aplaudiendo con las alas, exaltadle, entonad canciones de alabanza; vosotros querubines,

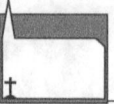

aclamad su gracia, los redimidos en Cristo, pues Él es el poder y la sabiduría de Dios.

II. EL EVANGELIO DE CRISTO

Pero ahora Cristo, o sea, el Evangelio de Cristo, es el poder y la sabiduría de Dios.

1. El Evangelio de Cristo es algo *que tiene poder divino*. ¿Queréis pruebas de ello? No tenemos que ir muy lejos. ¿Cómo podía haber sido establecido el Evangelio de Cristo en este mundo como lo fue, si no tuviera en sí mismo ese glorioso poder? ¿Por quién fue esparcido? ¿Por profetas, por califas, por guerreros, por importantes prelados, por inteligentes doctores, por feroces guerreros? No; por medio de pescadores, por gente inculta, analfabeta, por aquellos que no sabían hacer brillantes discursos, a los que el Espíritu de Dios salvaba y les daba el Evangelio en sus labios y en sus corazones. ¿Cómo lo esparcieron? ¿Por medio de bayonetas, por sus espadas, por el centelleante brillo de sus filos? ¿Llevaron el Evangelio a los hombres en la punta de sus lanzas? Decidme, ¿Fueron las miríadas de seres celestiales a la batalla, así como los que siguieron a Mahoma y convirtieron a los hombres por la fuerza, por la ley o por el poder? ¡Ah no!, por sus sencillas palabras, su elocuencia natural, su declamación, sus discursos ásperos y severos, por su oratoria improvisada y por medio de la bendición del Espíritu Santo, llevaron el Evangelio alrededor del mundo en el primer siglo después de la muerte de su fundador.

Pero, ¿qué había en este Evangelio que llegó tan lejos y alcanzó a tantas personas? ¿Era algo delicioso para la naturaleza humana? ¿Les ofrecía acaso a los seres humanos un paraíso de felicidad presente? ¿Brindaba deleite a la carne y los sentidos? ¿Daba prósperas promesas de enriquecimiento, o ideas licenciosas a los hombres? No, era un Evangelio de la más estricta moral, de delicias enteramente espirituales, que predicaba la renuncia de los deseos de la carne. El Evangelio de Cristo, de manera completamente opuesta al vulgar y basto engaño de Joe Smith, cortaba con todas las posibilidades de los hombres de deleitarse con las concupiscencias de la carne. Era un Evangelio santo, sin mancha, limpio como el aire puro del cielo, como las alas de los ángeles. No era como la doctrina en los días de Mahoma, un Evangelio de lujuria, de vicio y maldad. El Evangelio de Cristo no resultaba nada delicioso para la naturaleza carnal humana. Y sin embargo se esparció. ¿Por qué? Mis amigos, creo que la única respuesta que puedo daros es, porque tiene en sí el poder de Dios.

2. Pero, ¿queréis más pruebas?¿Cómo se ha mantenido a partir de entonces? El Evangelio no ha tenido un camino fácil. El clamor de la Iglesia tuvo que abrirse camino a través de torrentes de sangre, y aquellos que la formaron fueron salpicados con ella. Sí, tuvieron que manejarla y mantenerla en movimiento, dejando sus vidas en el martirio. Notad la terrible persecución de la iglesia de Cristo desde los tiempos de Nerón hasta los días de maría. Posteriormente, tuvo que sufrir en los días de Carlos Segundo, y todos aquellos reyes de memoria funesta, que todavía no habían aprendido a deletrear la palabra «tolerancia». Desde los dragones de Claverhouse, en línea recta hacia los espectáculos de los gladiadores romanos, ¡cuánta persecución ha tenido la Iglesia de Cristo! Pero, como los antiguos solían decir: «la sangre de los mártires fue la semilla de la Iglesia». Ha sido, como dicen los antiguos eruditos en hierbas, como la camomila. Esta hierba, cuanto más se corta más crece y más se extiende. De igual manera, cuanto más maltratada ha sido la Iglesia, más ha prosperado. En medio de las montañas en que los albigenses andaban con sus blancas vestiduras, ved a la mitad del camino, las estacas que todavía no han sido olvidadas. He aquí los campos en medio de las colinas donde los valientes se mantuvieron libres de la despótica tiranía. Mirad a los padres de los peregrinos, llevados por un gobierno de persecución. ¡Fijaos qué vitalidad tiene el Evangelio! Hundidlo bajo una ola, y se levantará, pasadlo por fuego, y saldrá de él, más brillante que antes. Cortadlo en pedazos, y cada uno de ellos dará origen a una nueva Iglesia. Decapitadla, y como la hidra de la antigüedad, tendrá cien cabezas por cada una de las que le hayáis cortado. El

Dios Padre, Jesucristo, Espíritu Santo

Evangelio no puede morir, tiene que vivir, pues en él está el poder de Dios.

¿Queréis otra prueba? Os daré una mejor que la última. No me preocupa tanto que la Iglesia haya padecido persecución, como que haya sobrevivido a la infidelidad de sus maestros profesantes. Nunca se abusó tanto de una Iglesia, como de la Iglesia de Cristo. A través de toda su historia, desde los días de Diótrefes, que buscaba la preeminencia, hasta sus últimos años, leemos sobre prelados orgullosos y arrogantes, así como de supersticiosos y altivos señores en la herencia de Dios. Hombres de toda clase se han introducido en su seno, y han hecho lo que han podido para aniquilarla. Con sus artimañas de hombres religiosos han tratado de apartarla de los verdaderos valores del Evangelio. ¿Y qué diremos de la gigantesca apostasía de Roma? Cuando parecía que su cabeza se había vuelto apóstata, sus obispos, discípulos del infierno, y parecía haberse alejado de la escena religiosa del momento, surgió de nuevo en los días de la gloriosa Reforma, y continuó viviendo. Aún ahora, ¡hay que ver la debilidad y el carácter indolente de mis hermanos en el ministerio, y su total ineficacia para la obra de Dios! Veo cómo pierden el tiempo, predicando sólo los domingos en lugar de ir por los caminos y predicar el Evangelio a los pobres. Hay una total falta de unción, abundan las peleas y desuniones, el mal genio y el orgullo, aún en las reuniones de los santos. Por tanto, saco en conclusión que la Iglesia de Cristo sobrevivió gracias a los miles y miles de milagros que ocurrieron; a pesar de la infidelidad de sus miembros, ministros y obispos. La Iglesia tiene el poder de Dios en ella. De otra manera ya habría sido destruida, pues tuvo sobre sus hombros suficiente oposición, hipocresía y frialdad para llevar a cabo su destrucción.

«Pero», dice alguien, «para mi forma de entender todavía no me habéis probado que es el poder de Dios». Señor, le daré una prueba más. Hay unos pocos de vosotros, no muchos, que ahora estáis presentes, y que si fuera necesario sé que estaríais listos a levantaros de vuestro asiento y testificar de que estoy hablando la verdad.

Hay algunos que no hace muchos meses, erais borrachos y estabais perdidos, infieles a todo voto de moral, honestidad e integridad. Si, lo repito; hay aquí una persona que se había sumido en una vida detestable de pecado. Algunos de vosotros me diréis que por treinta años no habéis oído un mensaje del Evangelio, y ni habéis entrado a la casa de Dios. Quebrantasteis el día de reposo, gastasteis vuestro dinero en placeres mundanos, os introdujisteis en una vida de pecado y vicio, y os maravilláis de que Dios no os haya cortado de raíz. Ahora estáis de vuelta aquí, tan diferentes como lo es la luz de las tinieblas. Conozco vuestros caracteres, y os he observado con amor de padre. Aunque soy joven, he sido el padre espiritual de muchos de los que estáis aquí, algunos de los cuales me cuadruplicáis la edad. Entre vosotros había ladrones que en el presente, viven una vida de honestidad. Otros, erais borrachos y ahora estáis siempre sobrios y vivís una vida recta. He visto los ojos felices de más de una esposa, que me ha dicho: «Bendigo a Dios, ahora soy una mujer feliz; mi esposo está muy cambiado y mi hogar es una bendición. Nuestros hijos están siendo criados en el temor del Señor». Muchas personas así, estáis hoy aquí presentes. Amigos, si éstas no fueran pruebas de que el Evangelio es el poder de Dios, yo digo que entonces no hay en este mundo prueba de nada, y que cada cosa debe ser una conjetura. Una de las personas que hoy están aquí, era un líder entre los descarriados, alguien que despreció a Dios y se fue muy lejos del buen camino. ¡Y ahora está otra vez entre nosotros! Hoy es para mí un honor tenerlo en nuestra reunión, y cuando acabe este sermón, le estrecharé la mano, pues ha sido muy valiente. Ha dado testimonio público y se ha vuelto a Dios con todo el propósito de su corazón. Si quisierais, yo podría daros pruebas más que suficientes, de que el Evangelio ha sido para los hombres el poder y la sabiduría de Dios. Hay una sucesión de miles de ellas. Veamos ahora los otros puntos.

3. El Evangelio de Cristo es la *sabiduría* de Dios. Mirad al Evangelio en sí mismo y notaréis su sabiduría. El hombre que se

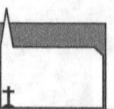

burla del Evangelio, lo hace porque no lo entiende. Tenemos dos de los mejores libros de teología existentes, que fueron escritos por profesantes infieles en sus días de incredulidad. Tal vez hayáis oído la historia de Lord Lyttleton y West. Estos hombres estaban determinados a refutar el cristianismo. Uno se dedicó a parodiar el tema de la conversión de Pablo, y el otro, el de la resurrección. Ambos se sentaron a escribir libros que ridiculizaran dichos eventos. Al hacerlo, se convirtieron al Evangelio, y escribieron unos libros que son ahora baluartes de la Iglesia a la que querían ridiculizar. Cada hombre que mire al Evangelio frente a frente, y lo estudie como se debe, descubrirá que no es un falso Evangelio, sino que está repleto de la sabiduría y el conocimiento de Cristo. Si hay un hombre que quiere cavilar sobre la Biblia, que lo haga. Hay hombres que no encuentran sabiduría en ninguna parte, solo en sus cabezas. Sin embargo los tales, no son los jueces de la sabiduría. No hemos de explicarle un fenómeno de astronomía a un ratón, ni a un hombre tonto lo que necesita para entender la sabiduría del Evangelio. Se precisa a alguien que por lo menos sea honesto, y tenga alguna clase de criterio; de otra manera no podremos disputar con él. Para el hombre que cree, el Evangelio de Cristo es la sabiduría de Dios

Ahora permitidme insinuar que ser creyente, no es deshonrar el intelecto humano. Si bien el Evangelio puede ser entendido por los más pobres y analfabetos, tiene profundidades abismales. El intelecto de Locke encontró un amplio espacio en el Evangelio; y siendo aún un niño, la mente de Newton se sometió a recibir la verdad de la inspiración, que no podía alcanzar por sí mismo. Por medio del estudio de las Escrituras, muchos pudieron entrar al reino de Dios, y los más eruditos dijeron que el Evangelio sobrepasa a todo pensamiento. Estudiando la Palabra, las personas más rudas y sin educación han sido transformadas. El otro día estaba pensando en la cantidad de literatura que se ha escrito sobre la Biblia. Ningún libro ha sido tan sugestivo como éste.,En nuestras bibliotecas tenemos grandes tomos que demandan toda nuestra fuerza para levantarlos; todos comentarios sobre las Escrituras. Hay además cantidades de pequeños volúmenes, de cada forma y color; y todos tratan sobre la Biblia. Pienso que la sobrenatural sugestividad de las Escrituras es en sí misma una prueba de su sabiduría divina. Ningún hombre fue jamás capaz de escribir un libro, que tuviera tantos comentaristas y tantos escritores sobre su texto, como la Palabra de Dios.

III. EL PODER Y LA SABIDURÍA DE DIOS

1. *Cristo en un hombre* El Evangelio *en el alma*. Es el poder y la sabiduría de Dios.

Haremos una representación del cristiano desde el principio al fin. Daremos un pequeño mapa de su historia. Comienza allí, en esa prisión con enormes barrotes de hierro, de donde no puede salir, en una celda oscura y húmeda, en la que la pestilencia y la muerte son el pan de cada día. En ese lugar de pobreza y desnudez, sin un poco de agua para apagar su sed, sin un trozo de pan para satisfacer su hambre, aquí es donde comienza su historia, en la cámara de la convicción. Miradle, ha estado tratando de abrir los barrotes día tras día, sin que cedieran un centímetro. Pero ahora, puede invocar el nombre de Cristo. Pone sus manos sobre los barrotes y uno de ellos se cae, luego otro y otro, y así sucesivamente hasta que todos desaparecen. Entonces grita: «¡soy libre, soy libre! Cristo ha sido para mí el poder de Dios que me sacó de mi gran aflicción». Sin embargo, tan pronto como es liberado, le asaltan una cantidad enorme de dudas. Una de ellas le dice; tú no eres un escogido; otra grita, «no eres de los llamados», otra dice, «no eres convertido». «¡Adelante», dice él, «adelante! Cristo murió por mí». Entonces invoca el nombre de Cristo y con él, el poder de Dios. Las dudas acaban por esfumarse. Pronto entra en el horno de la tribulación, y es empujado en el rincón de más adentro. Sus pies se colocan en un cepo. Dios ha puesto su mano sobre él. La prueba es muy dura. A medianoche empieza a cantar a Cristo y ¡oh!, las paredes comienzan a temblar, y los fundamentos de la prisión se sacuden. El cristiano sale libre, pues Cristo lo ha liberado de la

Dios Padre, Jesucristo, Espíritu Santo

tribulación. Seguidamente hay en su camino al cielo, una colina empinada que debe subir. Trabajosamente empieza a ascender por el sendero empinado y piensa que ha de morirse antes de alcanzar la cumbre. Alguien murmura el nombre de Jesús en su oído. El cristiano reacciona, da un salto y sigue adelante por su sendero con un valor renovado, hasta que por fin alcanza la cima. Entonces grita: «¡Jesucristo es la fortaleza de mi canción, y Él es mi Salvador!». Miradle otra vez. De pronto es acosado por miles de enemigos, ¿cómo los resistirá? Con la espada de la verdad, y el Señor Jesucristo crucificado. Con esta defensa mantiene al diablo alejado, lucha contra la tentación y la concupiscencia, contra los malignos en los lugares celestiales, y los resiste con éxito. Ahora ha llegado su última lucha. El río de la Muerte le deja perplejo por unos momentos. Sus aguas son de color negro y sus corrientes se agigantan delante de él. Al principio el cristiano se alarma, pero recuerda que Jesús murió por él, y con la espada en alto, se aventura a luchar contra la corriente. Ante sus pies el Jordán corre rápidamente. Como Israel en la antigüedad, pone su pie en la orilla y camina sin temor, sus vestidos secos, cantando en su camino al cielo:

«Cristo está conmigo,
Cristo está conmigo,
cruzando esta corriente
¡Victoria, victoria, victoria,
a Él que me sostiene!»

Para el cristiano en su propia experiencia, Cristo siempre es el poder de Dios. Con Él, puede enfrentarse a la tentación, salir al encuentro de la tribulación, y lograr la victoria. El poder de Cristo le revive. Juntamente con Pablo puede decir: «Todo lo puedo en Cristo que me fortalece» (Fil. 4:13). ¿Ha visto alguna vez a un verdadero cristiano en serias dificultades? He leído la historia de un hombre que se convirtió a Dios, viendo la conducta de su esposa en la hora de la tribulación. Este matrimonio tenía un niño precioso, y era su único hijo. Su padre y su madre le adoraban de corazón. El niño enfermó, y allí yacía sobre su cama. Se sentaban junto a él día y noche, haciendo turnos para cuidarle. Por último murió. El padre no tenía a Dios. En su desesperación, se tiró al suelo golpeándolo con los puños, maldiciendo su ser y desafiando a Dios en medio de su sufrimiento y agonía. Allí estaba sentada la esposa, tan llena de amor por su hijo como siempre. Aunque las lágrimas llenaban sus ojos, dijo: «Jehová dio, y Jehová quitó; sea el nombre de Jehová bendito» (Job 1:21).

—¿Qué? —dijo él poniéndose de pie— ¿tú amabas a ese niño? Creí que la muerte de nuestro hijo te partiría el corazón. Aquí estoy yo, un hombre resistente, y me estoy volviendo loco. Y mientras tanto, tú que eres una mujer débil, ahora pareces fuerte y tranquila. Dime, ¿qué es lo que te da esa fortaleza?

Ella le respondió en estos términos:

—Cristo es mi Señor, y yo confío en Él, y puedo entregar a este niño en manos de Aquel que se entregó a sí mismo y murió por mí.

Desde ese mismo momento el hombre se convirtió en un creyente.

—Debe haber —dijo él— alguna verdad y algún poder en el Evangelio, que te ha llevado a ti a creer de esta manera, aun bajo una prueba como la que estamos pasando.

¡Cristianos!, exhibid ese espíritu dondequiera que os encontréis, y probad al mundo que en vuestra experiencia Cristo es «poder de Dios y sabiduría de Dios».

3. Llegamos ahora al último punto. Es el de la *experiencia cristiana*. Cristo, además de poder de Dios, es sabiduría de Dios. Si deseáis ser hombres debidamente educados, el mejor lugar para comenzar a estudiar es la Biblia, cuyo tema central es la persona de Cristo. Se dice que aún los niños empiezan a leer mejor de la Biblia, que de cualquier otro libro. Personalmente creo, que nosotros que somos niños que hemos crecido, también aprenderemos más rápido y mejor, comenzando a estudiar la persona de Cristo. Cierta vez dije, y como no puedo decirlo mejor lo repetiré, que antes de conocer el Evangelio reuní una masa heterogénea de material de toda clase de conocimientos de aquí y allá. Eran libros y apuntes de química, física, un poco de botánica, otro poco de astronomía, y muchas cosas más.

Los puse todos juntos, formando un gran caos y confusión. Cuando aprendí el Evangelio, hice una especie de estantería en mi mente, donde poner todo lo referente al Señor. Me parecía que cuando hubiera descubierto a Cristo crucificado, todas las otras ciencias se situarían en orden a su alrededor. Como sabéis, desde la tierra, los planetas se mueven en forma muy irregular; progresivamente, retrógrados, estacionarios, etc., pero si pudiéramos pararnos sobre el sol, les veríamos marchando sobre su constante y uniforme movimiento circular. Así pasa con el conocimiento. Comenzad con cualquier otra ciencia que queráis, y en verdad os parecerá torcida. Empezad con la ciencia de Cristo crucificado, y estaréis mirando todo desde el sol; viendo las demás ciencias moviéndose alrededor en completa armonía. La mente más grande del mundo, se desarrollará empezando con el fin apropiado. Hay un viejo refrán que dice: «Ve de la naturaleza a la naturaleza de Dios», pero es muy difícil ir camino arriba. Lo mejor que podemos hacer es ir de la naturaleza de Dios, a la naturaleza que Él creó. Si alguna vez mis oyentes se apropian de todos los tesoros que hay en su naturaleza, amándole y creyendo en Él, se sorprenderán de cuán fácil es oír música en las olas del mar y canciones en el viento. También podemos ver a Dios en todas partes; en las montañas y en el mar; y oírle en el canto de los pájaros, el ruido del trueno y la furia de las tempestades. Recibid primero a Cristo, ponedlo en el lugar que le corresponde, y hallaréis que Él es la sabiduría de Dios en vuestra propia experiencia. Pero la sabiduría no es conocimiento, no debemos confundir ambas cosas. La sabiduría es el uso correcto del conocimiento, y el Evangelio de Cristo nos ayuda, enseñándonos a usarlo adecuadamente. El Señor nos dirige. Si algún cristiano se ha perdido en su camino y se encuentra en un bosque tenebroso, la Palabra de Dios será para él como una brújula y también como un candil. El creyente extraviado volverá a encontrar su senda por medio de Cristo. Supongamos que llega a una bifurcación en el camino. ¿Cuál senda es la correcta y cuál la equivocada? El viajero no puede decidir por sí mismo. Cristo es la señal, que le dirá por dónde debe ir. Cada día trae consigo diversas vacilaciones. A veces no sabemos lo que hacer, o cómo conducirnos. Cristo es el gran piloto que pone su mano en el timón, y nos da la inteligencia necesaria para seguir adelante, esquivando las trampas de la tentación y los asaltos del pecado. Estudia el Evangelio y serás hombre sabio. «El temor de Jehová es el principio de la sabiduría, y el conocimiento del Santísimo es la inteligencia» (Pr. 9:10). ¡Ah, cristiano!, has tenido muchas dudas, y todas ellas desordenadas formaban un caos. Cuando viniste a la cruz de Cristo, Él te iluminó para que vieras las respuestas. Has tenido muchas dificultades, pero te han sido explicadas a la luz del Calvario. Has visto inexplicables misterios, pero los has traído al Salvador y se han hecho claros y manifiestos.

Permitidme que haga un alto aquí. Hay personas que usan el Evangelio de Cristo para iluminar sus cabezas, no su corazón. Son como esos, que describió una vez el granjero Rowland Hill. Imaginad la escena; el granjero está sentado junto al fuego con sus hijos. El gato está ronrroneando en su almohadón, y todos se sienten muy felices. Un peón llega corriendo y grita:

—¡Ladrones, ladrones!

En un momento, el granjero se levanta y toma un candil. Lo pone a la altura de su cabeza, sale corriendo tras los ladrones y, dice Rowland Hill, «pone la luz en su cabeza y no a la altura de sus pies; tropieza con la rueda de un carro y se cae».

Hay muchos que se sirven de la religión para iluminar su intelecto, en lugar de mantenerla en el sitio debido para que ilumine su vida práctica. Entonces tropiezan y caen al pozo, perjudicando así su profesión cristiana. Haced que la sabiduría de Dios, por medio del Espíritu Santo, sea un instrumento que os sirva para interpretar la verdadera sabiduría, dirigiendo vuestras pisadas en sus estatutos y siguiendo sus caminos.

CONCLUSIÓN

Y ahora un llamamiento práctico, y acabo. Hombres, hermanos, padres, ¿cuántos de vosotros sentís que Cristo es el poder y

Dios Padre, Jesucristo, Espíritu Santo

la sabiduría de Dios? En lo que se refiere a la verdad del Evangelio, la evidencia interna es la más segura. Ni Paley ni Butler pueden probar la verdad del Evangelio tan bien como Mary, la joven criada, que tiene el Evangelio en su corazón y el poder de Dios manifestado en su vida. Dime, ¿ha roto Cristo alguna vez tus cadenas y te ha hecho libre? ¿Te ha librado de tu vida torcida y de tu pecado? ¿Te ha dado Él la esperanza por medio de la gracia, de manera que puedas decir: «en Él me apoyo, y con mi Amado estaré por siempre». Si es así ve y regocíjate, eres un santo, pues el Apóstol dijo: «Mas por él estáis vosotros en Cristo Jesús, el cual nos ha sido hecho por Dios sabiduría, justificación, santificación y redención» (1 Co. 1:30). Pero si no puedes afirmar ésto, permíteme que con afecto cristiano te haga una advertencia. Si no quieres ahora este poder y esta sabiduría de Cristo, la querrás en breve, cuando Dios venga a juzgar a los vivos y a los muertos. En ese momento, estarás de pie ante su trono, y las obras que hayas hecho, se leerán delante de todo el mundo que estará allí reunido. ¡Oh, que tengas la gracia para temblar ahora y para besar al Hijo, de modo que no se enoje y perezcas cuando su ira se encienda. Escucha cómo has de hacer para ser salvo, y estaré satisfecho con el resultado de este mensaje. ¿Sientes que eres un pecador? ¿Estás consciente de que te has rebelado contra Dios? ¿Estás deseando reconocer tus transgresiones, odiarlas y aborrecerlas, porque sabes que no puedes hacer nada para redimirlas? Entonces oye esto: Cristo murió por ti, y si tú le aceptas, no puedes perderte. Cristo no murió en vano para cada hombre por el que murió. Si eres un penitente y un creyente, Él murió por ti, y eres salvo. Sigue por tu camino y regocíjate con un gozo inefable y lleno de gloria; pues el que te enseñó la necesidad de un Salvador, te dará su sangre para que la apliques a tu conciencia. Serás así perdonado y redimido, y junto con la compañía de las huestes que ya han sido salvas, alaba a Dios y di: «¡Aleluya por siempre, amén». Solo admite que eres un pecador. Si no, no tengo más Evangelio que predicarte. Solamente quiero de-

jarte bien clara esta advertencia. Si sientes que estás perdido y vienes a Cristo, bienvenido seas, pues Él nunca te echará fuera.

7. UN PODEROSO SALVADOR

«Grande para salvar» (Isaías 63:1).

INTRODUCCIÓN: Dos observaciones primordiales.

I. ¿QUÉ ENTENDEMOS POR LA PALABRA «SALVAR»?
1. ¿Del infierno?
2. Dios hace la obra en los hombres.
3. Dios es grande para salvar.

II. ¿CÓMO PROBAMOS QUE CRISTO ES «GRANDE PARA SALVAR?»
1 En lo que Él ha hecho.
2. Cristo hace toda la labor.
3. John Newton.
4. La mejor prueba.

III. ¿POR QUÉ ES CRISTO «GRANDE PARA SALVAR»?
1. Por la gracia infinita de su sangre.
2. Poe la influencia infinita de su Espíritu.

IV. ¿QUÉ INFERENCIAS SE DERIVAN DEL HECHO DE QUE JESUCRISTO ES «GRANDE PARA SALVAR»?
1. La vocación del predicador.
2. Las oraciones de los creyentes.

CONCLUSIÓN: Él sí es «grande para salvar».

UN PODEROSO SALVADOR

INTRODUCCIÓN

Estas palabras, desde luego, se refieren a nuestro bendito Señor Jesucristo, de quien se dice: «¿Quién es éste que viene de Edom, de Bosra, con vestidos rojos?». Y cuando se le pregunta, responde: «Yo, el que hablo en justicia, grande para salvar». Será oportuno, entonces, que al comienzo de nuestro discurso hagamos un par de observaciones, considerando la persona misteriosamente compleja del hombre y Dios a quien llama-

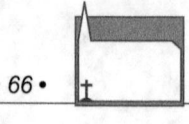

mos el Redentor, Jesucristo, nuestro Salvador. Es uno de los misterios de la religión cristiana. Se nos enseña a creer que Cristo es Dios y también hombre. De acuerdo a las Escrituras, sostenemos que Él es «*Dios*» igual y coeterno con el Padre, poseyendo, como su Padre, todos los atributos divinos en un grado infinito. Él participó con el Padre en todos los hechos de su divino poder; en el decreto de la elección, en la formación del pacto, en la creación de los ángeles, en la creación del mundo, cuando fue creado de la nada y ubicado en el espacio, y en la ordenación del marco de su naturaleza. Antes de que tuviera lugar cualquiera de estos hechos, el Redentor era el Hijo del Dios eterno. Desde la eternidad y hasta la eternidad Él es Dios. Cuando se hizo hombre no dejó de ser Dios. Era igualmente Dios sobre todas las cosas, y bendito por siempre. Cuando era «despreciado y desechado entre los hombres, varón de dolores, experimentado en quebranto»; al igual que antes de la encarnación (Is. 53:3). Tenemos abundantes pruebas de ello en las constantes afirmaciones de la Escritura, y en los milagros que hizo. La resurrección de los muertos, la calma hecha en el mar de Galilea, su dominio sobre los vientos y la tempestad, la multiplicación de los panes y peces, y todos los hechos maravillosos que aquí no tenemos tiempo de mencionar, fueron pruebas fuertes y potentes de que él verdaderamente era Dios, aún cuando condescendió para hacerse hombre. Ciertamente la Escritura nos enseña que él es Dios ahora, que comparte el trono con el Padre que se sienta «sobre todo principado y autoridad y poder y señorío, y sobre todo nombre que se nombra, no solo en este siglo, sino también en el venidero» … (Ef. 1:21). Él es el objeto auténtico y genuino de toda adoración, veneración y homenaje de todos los mundos. La Palabra de Dios también nos enseña que Él se hizo auténticamente *hombre*. La Escritura nos dice, que en un día determinado, Él descendió del cielo y se hizo hombre, tomando la naturaleza de un bebé nacido en el establo de Belén. Ese bebé se hizo niño y creció hasta alcanzar la estatura de un hombre, y se convirtió en «hueso de nuestros huesos y carne de nuestra carne» semejante a nosotros en todo, excepto en el pecado. Sus sufrimientos, sus padecimientos y, por encima de todo, su muerte y enterramiento, son pruebas contundentes de que Él era hombre y también el Dios verdadero. Isaías nos dice que «… un niño nos es nacido, hijo nos es dado», y es al mismo tiempo «se llamará su nombre Admirable, Consejero, Dios fuerte, Padre eterno, Príncipe de paz» (Is. 9:6). Cualquiera que tenga una clara y correcta visión de Jesús, no debe mezclar sus dos naturalezas. No podemos considerarle como Dios diluido en una humanidad deificada, ni de un mero hombre exaltado hasta alcanzar la deidad. Se trata de un ser con dos naturalezas distintas en una misma persona. No es un Dios que se ha diluido hasta formar un hombre, ni un hombre natural hecho Dios, sino hombre y Dios llevados juntos a una misma unión. Por lo tanto, confiamos en Él como el Mediador, el Hijo de Dios y el Hijo del hombre. Esta es la persona de nuestro Salvador. Es de este ser lleno de gloria, y de algo de misterio, de quien habla el texto cuando dice que es poderoso, y «grande para salvar».

No necesitamos informaros que es poderoso; pues como lectores de las Escrituras todos vosotros creéis en el poder y la majestad del Hijo de Dios encarnado. Creéis que Él es el Regente de la providencia, el Rey que tiene poder sobre la muerte, el Conquistador del infierno, el Señor de los ángeles, el Maestro de las tormentas y el Dios de las batallas. Por tanto, no necesitáis ninguna prueba de que Él es poderoso. Nuestro tema en esta mañana será sobre una parte de su poderío. El es «grande para salvar». Que Dios el Espíritu Santo nos ayude a entrar en este tema y hacer uso de él para la salvación de muchas almas.

En primer lugar, vamos a considerar qué significa la palabra salvar; segundo, cómo probar el hecho de que Él es «grande para salvar»; tercero, la razón por la cual es «grande para salvar»; y en cuarto lugar, las conclusiones que tienen que deducirse de la doctrina de que Jesucristo es «grande para salvar».

Dios Padre, Jesucristo, Espíritu Santo

I. ¿QUÉ ENTENDEMOS POR LA PALABRA «SALVAR»?

La mayoría de los hombres, al leer esta palabra, consideran que significa la salvación del infierno. Están parcialmente en lo correcto, pero su noción es altamente defectuosa. Es verdad que el Señor Jesucristo salva a los hombres de la pena del pecado, y lleva al cielo a aquellos que hubieran merecido la eterna ira y disgusto del Altísimo. Es cierto que Él borra nuestras iniquidades, transgresiones y pecados. Las iniquidades del remanente de su pueblo, son pasadas por alto en vista de la sangre de Cristo y su expiación. Pero éste no es todo el significado de la palabra «salvar». Esta explicación deficiente yace en la raíz de algunos errores cometidos por muchos teólogos, por medio de los cuales han rodeado su teoría de una divinidad velada. Estas personas han dicho que salvar significa sacar a los hombres como ramas ardientes de una fogata, y salvarlos de la destrucción si se arrepienten. Creo firmemente que el término es más vasto e implica mucho más que esto. «Salvar» significa algo más que librar a los penitentes de ir al infierno. Por «salvar», entendemos el total de la gran obra de salvación, desde el primer deseo santo, la primera convicción espiritual, hasta la completa santificación. Todo está hecho por Dios en Jesucristo. Cristo no solo es poderoso para salvar a quienes se arrepienten, sino que además Él es el que hace que ellos se arrepientan. Él no solo está comprometido para llevar al cielo a los que creen, sino que es poderoso, para dar a los hombres nuevos corazones y trabajar la fe en ellos.

El Señor Jesucristo es también grande, para darle el cielo a alguien que lo desee, y para hacer que el hombre que odia la santidad llegue a amarla. Él puede constreñir al que desprecia su nombre, haciéndole doblar rodilla ante Él, y determinar que el reprobado más rebelde se vuelva del error de su camino.

2. No entiendo lo que algunos hombres dicen que significa la palabra «salvar». Estas personas sostienen, según su concepto de la divinidad, que Cristo vino al mundo a poner a todos los hombres en un estado «salvable», esto es, hacer que la salvación de todos sea posible por sus propios esfuerzos. Yo creo que Cristo no vino para eso, que Él vino al mundo no para poner a los hombres en un estado *salvable*, sino en un estado *salvado*; no para ponerlos donde pudieran salvarse a sí mismos, sino para hacer la obra en ellos y por ellos, desde lo primero hasta lo último. Si yo creyera que Cristo vino solamente a poneros a vosotros, mis oyentes, y a mí mismo en un estado donde podamos salvarnos por nuestros propios medios, debería de renunciar a mi predicación para siempre. Conozco un poco de la maldad en el corazón del hombre, porque percibo la mía propia. Sabiendo cuántos hombres odian la religión de Cristo, debería desesperarme al predicar el único Evangelio que tengo para ofrecer. Si sus efectos dependen de la aceptación voluntaria del mismo, por hombres no renovados ni regenerados, nuestras esperanzas se alejan a pasos agigantados. En la palabra Jesús hay un poder que hace a los hombres creer. Los hace volver del error de su camino por una fuerza poderosa, rebosante y constreñida, a una influencia misteriosa y divina. Repito; Cristo no es solamente poderoso para poner a los hombres en una condición salvable, sino para salvarles de una manera potente, absoluta y total. Yo miro este hecho como una de las pruebas más grandes del carácter divino de la revelación bíblica. Como la mayoría de vosotros he pasado por dudas y temores. ¿Dónde podemos hallar el creyente tan fuerte que alguna vez no haya dudado? En ocasiones he dicho para mis adentros: ¿es ésta la religión verdadera, la cual día tras día estoy incesantemente predicando a la gente? ¿Es la correcta? ¿Es cierto que esta religión tiene influencia sobre la humanidad? Os diré cómo me he asegurado a mí mismo la respuesta. He mirado sobre los miles de personas que me rodean, que fueron una vez los más viles entre los viles borrachos, blasfemos, e individuos de peor calaña y ahora los veo como al pobre endemoniado gadareno, «vestidos y en su sano juicio», andando en santidad y en el temor del Señor. Ciertamente tengo que decir para mis adentros: «ésta debe ser la

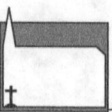

verdad, porque puedo ver sus maravillosos efectos». Es la auténtica verdad, porque es eficiente para ciertos propósitos que el error nunca hubiera podido alcanzar. Ejerce una notable influencia sobre el orden más bajo de los mortales, y sobre lo más abominable de nuestra raza. Es un poder, un agente irresistible del bien. ¿Quién, puede entonces, negar esta verdad?

3. Yo interpreto que la prueba más grande del poder de Cristo no es solo que ofrezca la salvación, y que el hombre la tome o no. El mérito está en que si hay alguien que la rechaza, la odia o la desprecia, Él tiene poder para hacer que cambie de pensamiento y se vuelva del error de sus caminos. Esto es lo que concibo que es el significado del texto «grande para salvar». Pero Él puede hacer más que eso; es poderoso para mantener al creyente en su temor y su amor, hasta llevar a cabo su existencia espiritual en el cielo. El poder de Cristo no radica en convertir a un hombre, y después dejarlo a su suerte, sino que aquel que comenzó la buena obra la llevará hacia adelante. El Señor Jesucristo es quien imparte el primer germen de vida, quien prolonga la existencia divina. Él da el poder que acaba con toda atadura del pecado, haciendo que sus hijos lleguen a la gloria en perfectas condiciones. Sostenemos, enseñamos y creemos, sobre la autoridad escritural, que todos los hombres a los que Cristo ha dado el arrepentimiento, los sostiene en sus caminos por su gracia. Creemos que Dios nunca comienza una buena obra en una persona sin terminarla; que nunca hace que un hombre viva espiritualmente, sin llevar a cabo su obra en esa alma hasta el fin. No creo que el poder de Cristo radique en traerme un día a la gracia, y luego decirme que me mantenga allí por mis propias fuerzas. Antes creo que Cristo me trae a la gracia y me mantiene en ese estado de gracia. Además, me da un poder y una vida interior tal que no puedo volverme atrás. Es como los planetas que Él creó, los mantiene en su órbita sin dejar que vaguen sin rumbo por el espacio infinito. Amados, creemos que este es el significado de las palabras «grande para salvar». A esta doctrina se le conoce comúnmente como «doctrina calvinista» y no es otra que la doctrina cristiana, la doctrina de la santa Biblia. Dicha doctrina se llama ahora calvinismo. No podía llamarse así en los días de Agustín, y en sus obras están las mismas ideas doctrinales. Repitiendo lo que decíamos antes: sostenemos y enseñamos que Jesucristo no solo es capaz de salvar a los hombres que desean ser salvos, sino que además es poderoso para hacer que esos hombres quieran cambiar de vida. Cristo puede hacer que el borracho renuncie al alcohol y a sus borracheras; que el que más desprecia las cosas espirituales, venga a Él y doble sus rodillas; y que los corazones de piedra se derritan ante su amor.

Ahora bien, demostrar que Él puede hacer todo ésto está en nuestras manos.

II. ¿CÓMO PROBAMOS QUE CRISTO ES «GRANDE PARA SALVAR»?

1. En primer lugar os daré el argumento más fuerte, y no necesitamos más que uno. El argumento consiste en lo que Él *ha* hecho. No necesitamos otro. Añadirlo sería inútil. Él *ha* salvado a los hombres en todo el sentido y el significado de la palabra que nos hemos comprometido a explicar. Para poder presentar esta verdad bien claramente, vamos a suponer el peor de los casos. Es muy fácil imaginar, según algunos, que cuando el Evangelio de Cristo se predica a gente que es amigable y amable, y que ha sido enseñada en el temor de Dios, lo recibirán con todo su amor. Muy bien, entonces no tomaremos este caso. Pero mirad a un salvaje de las islas de los Mares del Sur. Ha estado comiendo una comida diabólica de carne humana. Es un caníbal; su choza está adornada por las calaveras de sus enemigos, en cuya sangre se gloría. Si pones el pie en su isla te matará y te comerá a ti también, a menos que le digas lo que estás haciendo o buscando. Este hombre se inclina ante una pieza de madera tallada. Es una criatura pobre, ignorante, degradada. Ahora bien; ¿tiene el Evangelio de Cristo poder para amansar a ese hombre, para quitarle las calaveras que adornan su choza, para hacerle renunciar a sus prácticas sangrientas, a sus dioses paganos y convertirse en

Dios Padre, Jesucristo, Espíritu Santo

un hombre civilizado y cristiano? Me dirijo ahora a los que habláis del poder de la educación en Inglaterra. Es posible que lo tengamos. La educación puede hacer mucho por algunos de los que están aquí, no en un sentido espiritual, sino de forma natural. Pero, ¿qué podría hacer la educación con este salvaje? Sería cuestión de ir y probar. Enviad al mejor maestro de Inglaterra a hablar con él, y se lo comerá antes de que acabe el día. Éste será todo el bien que la educación pueda hacer. En cambio, si el predicador va con el Evangelio de Cristo, ¿qué pasará? En muchos casos el misionero ha sido el pionero en establecer una civilización y Dios en su providencia le ha salvado de una muerte cruel. El siervo de Cristo va con amor en sus manos y en sus ojos, y le habla al salvaje. Tened en cuenta que estamos hablando de hechos verídicos, y no de sueños. El aborigen deja caer su arma y dice: «es maravilloso, las cosas que me dice este hombre son maravillosas; me sentaré y le escucharé». Entonces se sienta y escucha, y las lágrimas ruedan por sus mejillas. Un sentido de humanidad que nunca antes prendió en su alma, está ahora ardiendo en él. De pronto dice: «yo creo en el Señor Jesucristo», y luego en un momento se lo ve «vestido, y en su cabal juicio» (Lc. 8:25), y se convierte en un hombre civilizado. Ahora bien, nosotros decimos que el Evangelio de Cristo no viene a las mentes que están preparadas para recibirlo, sino que Él prepara las mentes para su propia recepción.

2. Cristo no solo planta la semilla en la tierra que ha sido preparada de antemano, sino que además la labra y hace todo el trabajo. Él es poderoso y capaz de hacer toda la obra. Preguntad a nuestros misioneros que están en África, en medio de los más grandes bárbaros del mundo, preguntadle si el Evangelio de Cristo es poderoso para salvar. Entonces te señalarán las aldeas de los Hotentotes y las casas de los Kuraman, y te podrán decir: «¿qué ha marcado la diferencia en estos hombres sino la palabra del Evangelio de Cristo Jesús?». Sí, mis hermanos, tenemos pruebas suficientes en países paganos, pero también las tenemos aquí. Hay quienes predican un Evangelio que es muy adecuado para entrenar o educar al hombre en las buenas costumbres morales, pero completamente inservible para salvarle. Se trata de un Evangelio que hace que los hombres estén sobrios cuando ya lo están, pero no un Evangelio que les haga estar sobrios cuando se han convertido en borrachos. Podría referirles la historia de algunos que se han metido de cabeza en lo más negro del pecado; los cuales, si les permitiéramos hacer un recuento de su culpa, nos horrorizarían a vosotros y a mí. Podría contaros cómo han venido a la casa de Dios, rechinando los dientes contra mí; determinados a que, dijera lo que dijera, iban a burlarse de mi mensaje y tomarlo a broma. Por algunos minutos se quedaban atentos; alguna palabra les había llamado la atención y se disponían a escuchar. Era algún término sagaz que penetraba en sus almas. No sabían lo que les estaba sucediendo, pero algo les impulsaba a quedarse a escuchar un rato más. De modo inconsciente para ellos, sus lágrimas comenzaban a caer, y al marchar tenían un sentimiento extraño y misterioso. Se retiraban a sus habitaciones y allí caían de rodillas; contándole a Dios la triste historia de su vida. Él les daba paz mediante la sangre del Cordero, y al volver a la Iglesia muchos de ellos decían; «venid y oíd lo que Dios ha hecho por mi alma», y también,

«Di a los pecadores alrededor,
que he encontrado a un precioso Salvador».

3. Recordad el caso de John Newton, el gran predicador de St. Mary, Woolnoth, un ejemplo del poder de Dios para cambiar el corazón e inundarlo de paz. Queridos oyentes, a menudo pienso para mis adentros: «ésta es la prueba más grande del poder del Salvador». Si se predica cualquier otra doctrina, ¿tendrá el mismo efecto? Y si lo tiene, ¿porqué entonces cada hombre no reúne a una multitud a su alrededor y se lo predica? ¿Sería de alguna utilidad? Si lo fuera, ocurriría que la sangre de las almas de los hombres, sería sobre aquel que no lo proclamara. Si alguien cree que el Evangelio salva las almas, ¿cómo interpreta que está en su púlpito desde el primer día de enero

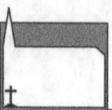

hasta el último de diciembre y nunca oye que una prostituta se haya regenerado o un borracho se haya enmendado? ¿Por qué? Porque tiene una mera dilución del cristianismo. Es algo parecido al Evangelio, pero no es el Evangelio de la Biblia en toda su fuerza. No es el Evangelio completo del bendito Dios, pues éste sí *tiene* poder para salvar. Ahora bien, esta gente cree que lo que predica es el Evangelio, dejémosle pues que salgan a predicarlo, y que luchen con todo su poder para salvar las almas del pecado, lo cual ya es bastante difícil. De nuevo decimos, que tenemos pruebas positivas de casos aquí, en nuestro país, de que Cristo es poderoso para salvar aún a los peores de entre los hombres, y sacarlos de las locuras en las que por tanto tiempo han estado esclavizados. Nosotros creemos que el mismo Evangelio predicado en cualquier parte producirá los mismos resultados.

4. Mis queridos oyentes, la mejor prueba que podéis tener de que Dios es poderoso para salvar, es que te ha salvado a *ti*. ¡Ah!, tal vez sería un milagro salvar a la persona que se sienta a tu lado; pero es un milagro mayor salvarte a ti. ¿Qué eres tú? ¡Responde! «Yo soy un infiel» –dice uno–, «odio y desprecio la religión de Cristo». Pero supón que en esa religión hay un poder tal que un día puede hacer de ti un creyente. ¿Qué dirías entonces? ¡Oh!, yo lo sé. Te enamorarías de ese Evangelio para siempre, sabiendo que entre todos los hombres fuiste el último en recibirlo. Cuando un hombre así es constreñido a creer, se convierte en el predicador más elocuente del mundo. «¡Ah!» –dirá otro–, «pero yo soy alguien que quebrantó el día de reposo, el Sabat. Odio ese día, así como cada cosa que tenga que ver con la religión». Bueno, yo no puedo probar a nadie que la religión es la verdad, a menos que eche mano de ella, y se convierta en un hombre nuevo. Entonces sabrá que tiene algo de verdad. «Lo que hemos visto y oído, esto os anunciamos» (1 Jn. 1:3). Cuando hemos sentido que ese cambio opera en nosotros mismos, entonces hablamos de hechos y no de fantasías. De nuevo lo decimos: Él es «grande para salvar».

III. ¿POR QUÉ ES CRISTO «GRANDE PARA SALVAR»?

Hay varias respuestas:

1. Primero, ¿qué entendemos por la palabra «salvar» según la aceptación popular de la misma? Este modelo de aceptación no es después de todo, el más completo, aunque sí el verdadero. Entonces, si entendemos que la salvación significa el perdón de los pecados y la ausencia del infierno, Cristo es poderoso para salvar, *por la eficacia infinita de su sangre expiatoria*. ¡Pecador! Aunque tu pecado sea negro; esta mañana Cristo puede hacerte más blanco que la nieve. Me preguntarás por qué. Te lo diré: Él puede perdonar, porque ha sido castigado por tu pecado. Si no sabes ni sientes que eres un pecador, si no tienes una esperanza o un refugio ante Dios en Cristo, entonces deberás saber que Cristo puede perdonar. Él fue una vez castigado por cada pecado que has cometido, por lo tanto, puede remitir libremente tu culpa, porque el castigo fue enteramente pagado por Él. Siempre que abordo este tema me siento tentado a contar una historia, y a pesar que ya la he contado bastantes veces a mis oyentes, hay algunos de entre vosotros que nunca la han oído. Es la manera más sencilla que conozco, de establecer la creencia que tengo personalmente en la expiación de Cristo. Cierta vez un pobre irlandés vino a verme a mi despacho. Se anunció más o menos de esta manera:

—Reverendo, me llamo Pat, y he venido para hacerle una pregunta.

—En primer lugar –le dije–, no soy un reverendo, ni tampoco reclamo el título; y en segundo lugar: ¿por qué no va y le hace esa pregunta a su pastor?

Él me respondió:

—Bueno reverendo, señor, quiero decir, ya he acudido a él pero no me respondió como yo quería. De manera que vine a preguntarle a usted, y si es capaz de contestarme ésto, dejará mi mente en paz, pues este asunto me tiene muy perturbado.

—¿Cuál es la pregunta? –pregunté.

—Bueno, usted dice, como hay otros que también lo dicen, que Dios es capaz de per-

Dios Padre, Jesucristo, Espíritu Santo

donar los pecados. Ahora bien, lo que yo no puedo ver es como Dios puede ser justo, y a la vez perdonar los pecados; porque –dijo el pobre hombre– yo he sido tan grandemente culpable, que si el Dios Todopoderoso no me ha castigado, *debería hacerlo*. Siento que Dios no podría ser justo si tolerara que me fuera sin castigo. ¿Cómo entonces es verdad que Él puede perdonar, y a la vez mantener su título de justo?

–Bueno –le respondí–, es a través de la sangre y los méritos de Jesucristo.

–¡Ah! –dijo él–, no entiendo lo que quiere decir con eso. Esa es la clase de respuesta que me dio mi pastor, pero yo quiero que usted me la explique más ampliamente. ¿Cómo es que la sangre de Cristo puede hacer justo a Dios? Usted dice que es así, pero yo quiero saber cómo.

–Bueno, entonces –argumenté– le diré en lo que yo creo que consiste todo el sistema de la expiación, el cual pienso que es la suma y sustancia, la raíz y médula de todo el Evangelio. Ésta es la manera en que Cristo puede perdonar. Suponga –continué– que usted ha matado a alguien. Usted es un asesino; tendría que ser condenado a muerte, y se lo merecería.

–Si –dijo él–, lo merecería.

–Bueno, su majestad desea salvar su vida, y al mismo tiempo la justicia universal demanda que alguien debe ser castigado por el crimen que se ha cometido.

–Ahora ¿cómo ha de manejar la reina este asunto?

El irlandés me respondió así:

–Ésta es la pregunta; no veo cómo ella puede ser inflexiblemente justa, y a la vez ayudarme a escapar de la muerte.

–Bueno –le dije–, suponga que yo voy a ver a la reina y le digo: Su majestad, he aquí este pobre irlandés, que merece la horca. No quiero discutir la sentencia, porque me parece justa; pero por favor, se trata de mi amigo, y yo le amo tanto, que si usted quisiera colgarme a mí en lugar suyo, yo podría aceptarlo. Pat, suponga que la reina está de acuerdo y me cuelga en su lugar, ¿entonces qué? ¿sería ella justa en dejarle ir a usted?

–¡Ay! –dijo él mirándome a la cara–, comprendo lo que quiere decir, pero ¿cómo es que, a pesar de que Cristo murió por todos los hombres, algunos hombres son castigados otra vez?, pues eso es injusto.

–¡Ah! –respondí–, yo nunca le he dicho eso. Lo que le dije es que el Señor Jesús ha muerto por todos los que creen en Él, y por los que se arrepienten. Puesto que Él ha sido castigado por sus pecados tan absoluta y realmente, éstos podrán ser perdonados.

–Eso –dijo el hombre golpeando sus manos; éste es el Evangelio; si no lo fuera, entonces no entiendo nada, pues ningún hombre puede haberlo creado; ¡es tan maravilloso!

–¡Ah! –dijo el irlandés mientras bajaba las escaleras–, Pat es ahora salvo, y ha de confiar en el Señor que murió por él.

Mi querido oyente, Cristo es grande para salvar, porque Dios no volvió atrás su espada, sino que la clavó en el propio corazón de su Hijo. Él no remitió la deuda, pues ésta fue pagada con gotas de sangre preciosa, y ahora el acta que nos era contraria fue clavada en la cruz, y nuestros pecados con ella, de manera que si creemos en Él, podemos irnos libres. Por esta razón Él es «grande para salvar», en el verdadero sentido de la palabra.

2. Entendiendo lo que significa que Él es «grande para salvar». ¿Cómo puede hacer Cristo que los hombres se arrepientan y crean, y vuelvan a Dios? Alguien puede contestar: «Bueno, por la elocuencia de los predicadores».

¡Quiera el Señor que nunca digamos eso! No es «por ejército ni por espada». Otros responden: «Es por la fuerza de la persuasión moral».

Dios nos libre de afirmar una cosa así, pues la persuasión moral ya ha sido suficientemente probada y ha resultado ser un fracaso. ¿Cómo lo hace? Le respondemos que por medio de algo que vosotros despreciáis, pero que sin embargo es un hecho. Él obra la salvación mediante la influencia omnipotente de su divino Espíritu. Mientras los hombres están escuchando la Palabra (esos a quienes Dios va a salvar), el Espíritu Santo va obrando el arrepentimiento. Él cambia el corazón y renueva el alma. Cierto, la predicación es el instrumento, pero el Espíritu Santo es el gran agente. La verdad es el medio por el cual se opera la salvación, pero quien salva es el Espíritu Santo, aplicando esa verdad. ¡Ah!, y con ese poder del Espíritu Santo podemos llegar hasta los hombres más viles y degradados, y nada hemos de temer, porque Dios puede salvarlos. Si Dios quisiera, el Espíritu Santo podría en este mismo momento hacer que cada uno de vosotros cayera sobre sus rodillas, confesando sus pecados y volviéndose a Dios. Él es un Espíritu Todopoderoso, capaz de obrar maravillas. En algunos de los mensajes de Whitefield, dos mil personas profesaban a la vez ser salvas y muchas de ellas lo eran realmente. Preguntamos: ¿qué es lo que sucedía? Otras veces, Whitefield predicaba también con todo el poder de Dios, y no se salvaba ni un alma. ¿Por qué? Porque en un caso, el Espíritu Santo actuaba mediante la Palabra, en cambio, en el otro no. Todo el resultado celestial de la predicación, se debe a la influencia del Espíritu Santo enviado desde el cielo. Nosotros los predicadores no somos nadie; es Dios quien lo hace todo. ¿Qué, pues, es Pablo, y qué es Apolos? «Servidores por medio de los cuales habéis creído; y eso según lo que a cada uno consiguió el Señor» (1 Co. 3:5). «No con ejército, ni con fuerza, sino con mi Espíritu, ha dicho Jehová de los ejércitos» (Zac. 4:6). ¡Sigue adelante, predicador! Con una dicción pulida y un refinamiento elegante no tienes poder en tu predicación. Marcha y predica como puedas. El Espíritu puede hacer que tus débiles palabras sean más poderosas que la más encantadora elocuencia. ¡Oh, la oratoria y la elocuencia! Ya han sido probadas lo suficiente. Tenemos una puntuación cuidada, y frases bien estudiadas, pero, ¿dónde está la gente salvada por quienes hacen gala de la oratoria y la elocuencia? Hemos usado un lenguaje llamativo, pero, ¿dónde están los corazones regenerados? «Pues ya que en la sabiduría de Dios, el mundo no conoció a Dios mediante la sabiduría, agradó a Dios salvar a los creyentes por la locura de la predicación» (1 Co. 1:21). ¡Que el Señor confirme nuevamente su Palabra en esta mañana!

IV. ¿QUÉ INFERENCIAS SE DERIVAN DEL HECHO DE QUE JESUCRISTO ES GRANDE PARA SALVAR?

1. Primeramente, los predicadores hemos de aprender algo muy importante, debemos tratar de predicar con fe. «¡Oh Dios!», decimos a veces cuando estamos sobre nuestras rodillas, «soy débil, les he predicado a mi congregación, y he llorado por ellos, me he esforzado por mi mensaje, pero ellos no se vuelven a ti. Sus corazones son tan duros como la roca; ni lloran por el pecado, ni manifiestan amor al Salvador». Entonces veo un ángel que se nos acerca y nos susurra: «Tú eres débil, pero Él es fuerte, tú nada puedes hacer, pero Él es "grande para salvar"». Piensa en esto unos momentos. Lo que vale no es el instrumento, sino la actuación de Dios.

La pluma con la que el autor escribe, no es la que habla de su sabiduría en hacer el volumen; sino que es el cerebro que piensa, y la mano que mueve la pluma. Así ocurre con la salvación. No es el ministro de Dios, ni el predicador, sino el Dios que primero ha provisto de la salvación y luego usa al predicador para llevarla a cabo. ¡Oh!, pobre predicador desconsolado que has tenido poco fruto en tu ministerio, recuerda que está escrito: «... así será la palabra que sale de mi boca; no volverá a mí vacía, sino que hará lo que yo quiero, y será prosperada en aquello para lo que la envié» (Is. 55:11). Sigue adelante, no te desanimes; Dios te ayudará, verás que muy pronto lo hará.

2. Deseo animar a aquellos hombres y mujeres de oración, que están orando por sus amigos y sus seres queridos. Madre, has estado orando durante muchos años por tu hijo: ahora ya es mayor y se fue de tu casa, pero tus oraciones no han sido oídas. Eso es lo que tú crees. Sigue siendo un chico divertido y alocado, que no te ha traído gozo a tu corazón. A veces piensas que te hará pasar tanta amargura que te llevará a la tumba. Ayer me dijiste, «me doy por vencida, ya no oro más por él». Espera, madre, espera. No digas eso nunca más. Vuelve a

Dios Padre, Jesucristo, Espíritu Santo

empezar. Has orado por él desde antes que naciera; le has cuidado en su cuna, le has enseñado cuando fue creciendo y le has aconsejado para su bien; pero piensas que no ha servido de nada. ¡Oh!, no dejes de orar, recuerda que Cristo es «grande para salvar». Es posible que Él espere para tener gracia, y durante un tiempo te mantenga aguardando, para que puedas apreciar más de su gracia cuando venga la respuesta. Sigue orando. He oído acerca de algunas madres que han orado por sus hijos durante veinte años, y de otras que han muerto sin tener la felicidad de ver a un hijo convertido. Hay mujeres que mediante su muerte han conseguido llevar a sus hijos a pensar sobre el tema. Sé de un padre muy anciano, que había sido un hombre piadoso durante muchos años. Se estaba muriendo, y reunió a sus hijos en torno a su cama y les dijo:

—Hijos míos, podría morir en paz si creyera que todos vosotros me seguiríais hasta el cielo. Lo peor no es morir, sino saber que os estoy dejando para no volver a veros nunca más.

Los hijos le miraron, pero no lloraron por él. Fueron saliendo en silencio de la habitación. De pronto, el padre fue invadido por gran oscuridad mental, y en lugar de morir en paz, murió en una verdadera miseria de alma, pero confiando aún en Dios. Antes de morir, sus últimas palabras fueron éstas:

—¡Oh, que pueda tener una muerte feliz, porque eso sería un buen testimonio para mis hijos. Pero ahora, ¡oh Dios!, estas nubes y esta oscuridad me han quitado el poder para testificar de la verdad de tu religión.

Por fin, el pobre hombre murió, y fue enterrado. Sus hijos vinieron al funeral. En el correr de los días uno de ellos le dijo a su hermano:

—Hermano, he estado pensando, papá fue siempre un hombre piadoso, y si su muerte fue triste, cuánto más no lo será la nuestra, sin Dios y sin Cristo.

—¡Ah! —respondió el otro—, esto también a mí me espanta.

Fueron a la Iglesia y escucharon la Palabra de Dios. Luego, marcharon a sus casas y sepusieron a orar. Vieron que el resto de la familia había hecho lo mismo, y que Dios, que nunca había contestado sus oraciones durante la vida de su padre, las contestó después de su muerte y también por medio de ella. ¡Ora, hermana, y también tú, hermano! Dios traerá a tus hijos e hijas a su amor y su temor, y si nunca lo has hecho en la tierra, te regocijarás para siempre en el cielo.

CONCLUSIÓN

Finalmente, mis queridos oyentes, en esta mañana hay aquí muchos de vosotros que no amáis a Dios, no amáis a Cristo, pero en vuestros corazones tenéis el deseo de hacerlo. En tu mente te estás preguntando: «¿Puede Él salvarme? ¿Hay salvación para un canalla como yo?» Allí entre la multitud también te haces preguntas: «¿estaré yo un día gozándome con los santos en el cielo? ¿Podré tener alguna vez todos mis pecados perdonados por la sangre divina?». Sí, pecador, Él es «grande para salvar». Esto conforta nuestros corazones. ¿Crees ser el peor de los hombres? ¿Te remuerde la conciencia y le dices a tu alma que contigo todo ha terminado; que te perderás, que tus oraciones no serán oídas, y que estás perdido a pesar de todos tus esfuerzos e intentos? Mi querido oyente, no pienses así. Él es «grande para salvar». Si no puedes orar, Él puede ayudarte a hacerlo; si no puedes arrepentirte, Él puede darte el arrepentimiento; si encuentras que es difícil creer, Él puede ayudarte a creer, pues ha sido exaltado en las alturas para darte el arrepentimiento y la remisión de tus pecados. ¡Oh, pobre pecador!, confía en Jesús y apóyate solamente en Él. Que Él pueda ayudarte hoy mismo a volcar tu alma sobre Jesús; y éste será uno de los mejores años de tu vida. «Vuélvete, oh rebelde Israel, dice Jehová: no haré caer mi ira sobre ti, porque misericordioso soy yo» (Jer. 3:12). ¡Volveos a Jesús, almas cansadas; venid a Él; pues te invita a venir! «Y el Espíritu y la esposa dicen: Ven. Y el que oye, diga: Ven. Y el que tiene sed, venga; y el que quiera, tome del agua de la vida gratuitamente» (Ap. 22:17).

Que el Dios de toda gracia obre en ti el deseo de salvarte, y salve tu alma por medio de Jesucristo nuestro Salvador. Amén.

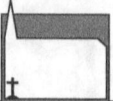

8. EL BUEN PASTOR

«Jehová es mi Pastor; nada me faltará» (Salmos 23:1).

INTRODUCCIÓN: Reconfortante seguridad y confianza sagrada.

I. UNA CONFESIÓN
1. Somos ovejas tontas.
2. Somos ovejas dependientes.
3. Somos ovejas errantes.
4. Somos ovejas obstinadas.

II. UNA SEGURIDAD
1. Cristo es nuestro guía y pastor.
2. La felicidad del creyente.
3. La certeza del cuidado del pastor.

III. UNA SANTA CONFIANZA
1. Siempre hay contestación.
2. El pastor calma la ansiedad.

CONCLUSIÓN: El pastor nos atrae hacia su prado.

EL BUEN PASTOR

INTRODUCCIÓN

¿No suenan estas palabras como una poesía o una canción? Si leéis detenidamente el Salmo entero, está escrito en una prosa tan sencilla, que aunque no se ha traducido en métrica y rima, como debería de haberse hecho, su lectura resulta dulce y agradable. «Jehová es mi pastor; nada me faltará. En lugares de delicados pastos me hará descansar; junto a aguas de reposo me pastoreará. Confortará mi alma; me guiará por sendas de justicia por amor de su nombre» (vv.1-3). Suena a música suave porque, entre otras razones, salió del corazón de David. Aquello que sale del corazón, siempre tiene en sí una dulce melodía. Cuando los hombres hablan de lo que conocen, se expresan con elocuencia; pues el significado de esta palabra es expresar abiertamente, expresar desde el alma. De manera que David hablaba de lo que conocía, de lo que había verificado a lo largo de toda su vida, y esto hacía que fuera verdaderamente elocuente. Como dice el refrán: «la verdad es más extraña que la ficción». La verdad que hablaba David, es más dulce que lo que nuestra imaginación pueda concebir, y tiene más belleza que el mejor sueño que alguien pueda describir. «Jehová es mi pastor; nada me faltará». Pronunciadas por David, que había sido pastor desde su juventud, ¡qué sencillas y preciosas suenan al oído estas palabras! David recuerda cómo había guiado a su rebaño por las aguas del Jordán al calor del verano, y cómo les hacía echarse en prados sombreados al costado del río. En los días sofocantes les llevaba arriba, en la montaña, para que pudieran sentir el aire fresco; y en el invierno a los valles, para que estuvieran escondidas del soplo de la tormenta. David evocaba el tierno cuidado con que había guiado y protegido a sus ovejas; y cómo había curado a la que estaba herida. Ahora, apropiándose a sí mismo de la figura familiar de una oveja, dice: «Jehová es mi pastor; nada me faltará». Trataré esta noche de predicar sobre este tema de modo experimental, y me pregunto: ¿cuántos de vosotros podrán seguir conmigo al salmista?

Primero de todo, *hay unas cosas preliminares* antes de que un hombre pueda afirmar estas palabras. Es absolutamente necesario que David se sintiese por naturaleza similar a una oveja, pues de otra manera, no podía saber que Dios era su pastor. Segundo, *hay una reconfortante seguridad* un hombre tiene algunos testimonios de la bondad y el cuidado divinos en el pasado, de otro modo no podría haberse apropiado de este versículo, «Jehová es mi pastor». Y en tercer lugar, *hay una confianza sagrada.* Me pregunto cuántos de vosotros seríais capaces de poner todo vuestro futuro en manos de Dios, y unir esta primera parte del versículo con la última frase: «Jehová es mi pastor; nada me faltará». Aunque todo el mundo lo negara, yo lo seguiré afirmando; «nada me faltará».

I. UNA CONFESIÓN

Primero, entonces, decimos que hay *cierta confesión necesaria* antes de que un hombre pueda sentir estas palabras en

Dios Padre, Jesucristo, Espíritu Santo

carne propia. Hemos de sentir que en nosotros hay algo que se asemeja a la oveja. Debemos reconocer que en alguna medida nos parecemos a ella, o de otro modo, Dios no podría ser nuestro pastor.

1. Bien, pienso que si el Señor nos ha traído bajo esta condición, el primer pensamiento que tendremos será ser conscientes de nuestros propios desatinos y sentir lo tontos somos. La oveja es una de las criaturas más tontas que hay. Irán a cualquier parte, menos en la dirección correcta. Este animalito es capaz de dejar una zona de pasto verde, e irse a un lugar desértico. Encuentra varios caminos, pero no la dirección correcta. Puede entrar en un bosque, e irse por los desfiladeros para meterse en la boca del lobo. Puede vagar cerca de su aprisco, pero no tendrá el instinto de salirse del lugar de donde corre peligro. Sabe cómo perderse, pero no cómo volver a su lugar. La oveja es tonta. Si la dejamos sola, no sabrá en qué pastura alimentarse en el verano, o dónde refugiarse en el invierno. ¿Nos hemos puesto a pensar alguna vez, que en lo que se refiere a la providencia y los temas de la gracia, somos verdadera y completamente tontos? Ningún hombre puede confiar en la providencia, hasta dejar de confiar en sí mismo, y nadie puede decir: «Jehová es mi pastor; nada me faltará», hasta que haya renunciado gobernar con su «yo» toda idea ociosa, o manejar las situaciones para sus propios intereses. Además, somos demasiado vanidosos para reconocer la sabiduría de Dios. En nuestra propia estima, suponemos que la razón puede regir nuestros propósitos, y nunca dudamos de nuestro propio poder para llevar a cabo nuestras intenciones. También nos gusta hacer algunas maniobras, para salir por nosotros mismos de las dificultades. Si pudiésemos dirigirnos en una dirección tal como habíamos planeado, esquivaríamos algunos tropiezos, pero estaríamos vagando de aquí para allá durante toda nuestra vida. Por otra parte, si queremos despejar nuestro camino, tocamos las cosas prohibidas demasiado pronto, bajo la noción vana de que el fin justifica los medios. ¡Oh, amado!, darnos cuenta de que somos unos tontos, seguramente requiere muy poca enseñanza en la escuela de la gracia. La verdadera sabiduría enfoca la locura humana bajo una fuerte luz. He oído acerca de un joven que fue a la universidad, y cuando había pasado un año, su padre le dijo:

–¿Sabes algo más que cuando empezaste a ir?

–¡Oh, claro que sí –respondió el joven.

Entonces, fue el segundo año, y su padre le hizo idéntica pregunta, a la que el hijo respondió:

–¡No!, sé mucho menos que al principio.

–Bueno –dijo el padre–, comienzas a ubicarte.

Entonces fue el tercer año; y el padre volvió a preguntarle:

–¿Qué es lo que sabes ahora?

¡Oh! –respondió su hijo–, no creo que sepa nada.

–Eso está bien –dijo el padre–; puesto que dices que no sabes nada, ahora sí le has sacado provecho al estudio.

Aquel que está convencido de que no sabe nada de sí mismo como debería saberlo, se da por vencido y renuncia a manejar el rumbo de su vida, entregando el timón en manos de Dios. Deja de lado su propia sabiduría, y clama: «¡Oh Dios, pongo mi escaso juicio a tus pies; te entrego a ti mi insignificante sabiduría. La rindo a ti tal como es; estoy preparado para renunciar a ella, porque me ha causado muchos males y mis propios engaños me han producido muchas lágrimas de arrepentimiento. De ahora en adelante, me deleitaré en tus estatutos. He aquí, como los ojos de los siervos miran a la mano de sus señores, y como los ojos de la sierva a la mano de su señora, así nuestros ojos miran a Jehová nuestro Dios» (Sal. 123:2). No confiaré en caballos ni en carros, sino que el nombre del Dios de Jacob será mi refugio. Durante demasiado tiempo he buscado mis propios placeres, y he trabajado para lograr mi propia gratificación. Ahora, ¡oh Señor, te pido tu ayuda!; que pueda buscar primero el Reino de Dios y su gloria, y te deje el resto a ti. Vosotros, amigos míos, ¿estáis persuadidos de que sois tontos? ¿Os ha convencido Dios para que reconozcáis la semejanza de tu naturaleza con las ovejas? ¿O acaso estáis engañando a vuestros corazones con el cuento de que sois sabios? Si es así, es que ciertamente sois tontos. Ahora bien, si os identificáis con Agur cuando dijo: «Ciertamente más rudo soy yo que ninguno, ni tengo entendimiento de hombre» (Pr. 30:2); entonces hasta el mismo Salomón os pronunciaría sabios. Si el Espíritu os hace confesar, «soy una oveja tonta», espero que entonces puedas también afirmar: «El Señor es mi pastor, no puedo ni quiero tener ningún otro; Él es suficiente para mí».

2. Lo repito una vez más, una oveja no es solo una criatura tonta, sino además, dependiente. La oveja, por lo menos en su estado domesticado como nosotros la conocemos, debe depender de un pastor. Si se tratara de un caballo, podríamos soltarlo solo en la pradera, y allí encontraría suficiente campo para derrochar energía. Si lo viéramos unos años después, seguro que no estaría peor que cuando lo soltamos. Aún el buey es capaz de encontrarse el sustento por sí mismo. Pero si soltáis a la oveja en el yermo, ¿cuál sería su suerte? Se dirigiría a lugares donde se moriría de hambre, o alguna bestia la atacaría, y, como no tiene ninguna defensa, sería su fin. Amados, ¿nos ha hecho entender el Señor que en nosotros no tenemos medios de subsistencia, ni poder para defendernos de nuestros enemigos? ¿Percibimos acaso la necesidad de nuestra dependencia de Dios? Si es así, es que hemos aprendido la otra parte de la importante lección; que el Señor es nuestro pastor. Alegremente proveemos para nosotros y queremos abrirnos camino en la vida; pero, como dijo aquel viejo puritano: «Ningún hijo de Dios se abre camino sin cortarse los dedos». Algunas veces pensamos que podemos hacer por lo menos algo. ¡Ay, ay!, tenemos que sacarnos muy pronto esa idea de la cabeza. Si de veras somos su pueblo, Dios hará que día a día, dependamos absolutamente de Él. El Señor nos llevará a orar de esta manera: «El pan nuestro de cada día, dánoslo hoy» (Lc. 11:3). Que seamos conscientes de que Él, es quien abre su mano y colma de bien a todo ser viviente. Dulce será la comida que recibamos de Él.

Con todo, hay quienes se rebelan contra esta dependencia, diciendo que es muy humillante. Los hombres quieren jactarse de ser independientes pues a su criterio, no hay nada más respetable. Pero es inútil que hablemos de ser independientes, nunca podremos serlo. Recuerdo a un creyente que en una reunión de oración a la que yo asistí, oraba de la siguiente manera. «¡Oh, Señor!, somos criaturas independientes de ti». Nunca he conocido una independencia que valga la pena. No podemos ser independientes, ni siquiera entre nosotros, y mucho menos para con Dios. Cuando tenemos salud y fortaleza hemos de ser dependientes de Él, para que estas bendiciones continúen. En caso de que no las tengamos, dependeremos de Él para que nos las restaure. En todas las circunstancias de nuestra vida, podemos apreciar sus dulces toques y su cuidado.

Si tengo algo de lo que puedo decir: «Dios no me ha dado esto», espero por la gracia divina, poder sacarlo fuera de mi existencia. La comida, la vestimenta, la salud, el aliento, la fortaleza, todo viene de Dios, por eso somos totalmente dependientes de Él. Como decía Huntingdon: «Mi Dios me da una cesta de lo que necesito cada día. No me da una cantidad grande de una sola vez, sino cesta a cesta, y mi boca come de su mano». Yo soy independiente del mundo, y dependiente de Dios. La oveja es un animal muy dependiente; constantemente necesita ayuda. Así ocurre con el cristiano. Nos damos cuenta de la bendición que esto encierra, cuando podemos decir: «Jehová es mi pastor».

3. Estos son los dos puntos principales sobre los cuales relacionamos la provisión de nuestras necesidades con respecto a la providencia. Pero además, creo que será muy útil que os enseñe otros puntos de comparación entre nosotros y las ovejas. ¡Oh amados!, aquí hay algunos de vosotros que os identificáis con una oveja por ser constantemente errantes. ¡Cuántas veces hemos hecho esta confesión!: «Hemos errado y nos hemos apartado de tus caminos como ovejas perdidas». Por ello, esta noche sentimos amargura en nuestros corazones.

Dios Padre, Jesucristo, Espíritu Santo

Aún cuando hayamos sido ovejas errantes, es bueno ser las ovejas de los prados de Dios. La oveja tiene un dueño, y no importa lo lejos que se vaya, siempre sigue perteneciéndole a él. Creo que Dios traerá al rebaño a cada una de sus ovejas perdidas, y éstas serán salvas. Sentirnos mal por ser errantes tiene sus ventajas. Si nos sabemos perdidos seremos salvos, y si hemos andado erráticos, seremos traídos de vuelta al redil de nuestro Dios.

4. Otra de las razones por la cual nos parecemos a las ovejas, es por razón de la obstinación de nuestra voluntad. La gente habla de los cristianos con una libre voluntad, y nos cuentan acerca de personas salvas que vienen a Dios por medio de ella. Es algo muy curioso. Aunque he oído muchos mensajes sobre este tema, nunca escuché oraciones de libre voluntad. He oído acerca del arminianismo en predicaciones y conversaciones, pero nunca escuché nada acerca de alguna devoción arminiana. De hecho, no creo que pueda haber ninguna oración de esa clase. Es un estilo que no es propio de la oración. La teoría, aunque algunos no estemos de acuerdo con ella, puede parecer muy bonita, y sonar muy bien en un discurso, pero para los propósitos prácticos es inútil. El lenguaje no encaja en la oración, y solamente esta razón sería suficiente para condenarla. Si los hombres no pueden orar con sus propias convicciones en el espíritu, es que existe un engaño de principio a fin, pues si fueran auténticos, podrían hablar en ese lenguaje como en cualquier otro. ¡Bendito sea Dios!, las doctrinas de la gracia son buenas, tanto para emplearlas en la oración como en la predicación. Cuando tenemos las mismas antiguas doctrinas fundamentales del Evangelio de la gracia, no nos encontramos fuera de lugar en ningún acto de adoración. La misma gente habla de los cristianos de libre voluntad, diciendo que están volviendo por sí mismos humillados a Jesús. Cuando hacen referencia a algún caso en particular, me hago el propósito de creerles. Han descubierto algunas ovejas que se salieron del rebaño, y vuelven «balando» a la puerta de su maestro para que las reciba nuevamente.

Si en realidad le preguntáis a uno de estos cristianos por qué ha vuelto, os dirá que únicamente la gracia de Dios lo ha hecho volver.

«La gracia nos enseñó a orar,
e hizo nuestra alma rebosar;
esta gracia nos sostiene hasta este día,
y no nos dejará marchar».

No nos detengamos más en la introducción, y procedamos a comentar el texto. Los dos puntos que he explicado antes, deben tenerse muy en cuenta antes de que podamos apreciar el meollo del asunto. Únicamente la gracia puede sacarnos de nuestra locura, y traernos de vuelta a depender de la providencia de Dios.

II. UNA SEGURIDAD

El próximo punto es *la seguridad*. ¿Cómo podemos saber con certeza que el Señor es nuestro pastor? Es muy fácil decir que el Señor es un pastor, pero ¿cómo apropiarnos de la bendición para nosotros? A esto respondo que en el pasado Él ha tratado de diversas maneras con nuestras almas, hecho que nos demuestra que efectivamente, Él es nuestro pastor. Si en esta asamblea, cada mujer y cada hombre se levantara y dijera: «El Señor es mi pastor», mucho me temo que habrá varias personas que creen que tienen algo que en realidad no tienen. Él es su guía, y en alguna medida esto es cierto, porque controla las circunstancias de los hijos de los hombres, pero no son las ovejas de su prado, ni tampoco están en sus manos. Si alguno de vosotros dice que lo es, es posible que vuestra propia consciencia os lo niegue.

¿Cómo, entonces, puede un hombre saber que el Señor es su pastor? Lo sabe, en primer lugar, porque Jesucristo le ha traído de vuelta de sus andanzas. Si aquí hay una persona a quien el Señor ha hecho dejar sus locuras, sus pecados y sus doctrinas erróneas, el tal sabrá por experiencia propia que el Señor es su pastor. Si alguna vez estoy vagando por la cima de la montaña, y Jesús me trae de vuelta poniéndome sobre sus hombros, no tengo la menor duda de que Él es mi pastor. Si en alguna ocasión hubiera pertenecido a otro dueño, Él no me habría buscado, pero al ser suyo me buscó y me rescató. Si yo pensara que algún hombre me ha convencido de pecado, o me ha convertido un poder humano, temería ser una oveja suya y que él fuera mi pastor. Si pudiera atribuir mi liberación a la mano de una criatura, pensaría que esa criatura es mi pastor. Sin embargo, como ha sido reclamado por Dios, debe confesar que sólo Él ha podido hacerlo mediante su gracia.

1. Indudablemente, esa persona debe estar completamente persuadida de que el Señor es su pastor. Él es quien lo trajo, quien lo liberó y lo rescató de las fauces del león. Esta es la primera muestra del cuidado del pastor que recibimos de la mano del Señor. Sabemos que como pastor, Él suple todas nuestras necesidades. Algunos de vosotros, amados, tenéis la seguridad de que Dios es vuestro proveedor. A veces has pasado por tales estrecheces económicas, que si no hubiera sido por la intervención oportuna del Señor, nunca hubieras podido conseguir la liberación. Te habías hundido tan profundamente en la pobreza, y todos los que podían ayudarte se habían ido tan lejos de ti, que solamente el brazo potente de Dios pudo haberte levantado. Quizás tu situación era tan mala que lo único que podías hacer era orar. Has persistido en oración frente al trono de Dios y has buscado una respuesta, pero ésta no ha venido. Has usado todas tus fuerzas para liberarte, pero tu camino siguió sumido en la oscuridad. Una y otra vez has intentado salir de esa maraña de problemas, hasta que tu esperanza se desvaneció y entonces, en tu agonía, añadiste a tu oración unos votos: «¡Oh Dios, si esta vez me liberas, nunca más volveré a dudar». Mira hacia atrás, a las sendas de tu peregrinaje. Algunos de vosotros podéis contar tantos Ebenezeres como mojones hay de aquí a York; Ebenezeres apilados con el aceite santo vertido sobre ellos, lugares donde has tenido que decir: «Hasta aquí nos ayudó Jehová» (1 S. 7:12). Mira a través de las páginas de tu diario, y verás que vez tras vez, tus peligros y necesidades eran de tal magnitud, que nadie en esta tierra podía haberte liberado. Sin embargo, en esas ocasiones has sentido has sentido que hay un Dios, una Providencia un Dios que acompasa tu camino, y que está identificado con todas tus circunstancias. Tal vez has recibido la liberación de una manera muy diferente a lo que pensabas, pero la misma ha sido perfecta, completa y maravillosa. Fue una liberación que vino de una mano invisible pero todopoderosa, y te has visto obligado a decir: «Jehová es mi pastor». Sí, lo es. Como todos sabemos, las ovejas se alimentan día tras día en los buenos pastos. Como ellas, a veces nos olvidamos de nuestro pastor y nos extraviamos, pero si nos vuelve al redil, acabaremos diciendo, verdaderamente, Él es mi pastor. Si se me hubiera provisto siempre de pan sin el pellizco de la ansiedad, podría haber dudado de que la provisión fuera de Dios. Tal vez la habría atribuido al curso normal de los acontecimientos. Sin embargo, me he identificado con lo que dice Filipenses 4:11, 12: «No lo digo porque tenga escasez, pues he aprendido a contentarme, cualquiera que sea mi situación. Sé vivir humildemente, y sé tener abundancia; en todo y por todo estoy enseñado, así para estar saciado como para tener hambre, así para tener abundancia como para padecer necesidad». Sé que Dios me provee de todo lo que necesito, y con gratitud lo escribo y lo aseguro: «Jehová es mi pastor».

2. Amado oyente, no estés afligido; aunque no hayas tenido estas pruebas y liberaciones tan dramáticas, hay otra manera de demostrar que el Señor es nuestro pastor. He oído decir que un hombre no puede ser un hijo de Dios a menos que haya pasado por ciertas pruebas y tribulaciones. Incluso recuerdo haber escuchado un mensaje de este texto: «Atravesando el valle de lágrimas lo cambian en fuente» (Sal. 84:6). Ciertamente el predicador no hizo de este mensaje una fuente, pues fue tan seco como un palo, y además no valía la pena oírle. En él no había nada de alegría ni de gozo, sino una declamación de principio a fin, en contra de los cristianos que tienen esperanzas. Hablaba contra los creyentes que buscan evidencias, en la reflexión de sus propios corazones. Estaba de acuerdo con esas personas

Dios Padre, Jesucristo, Espíritu Santo

que luchaban continuamente, para rivalizar en sus penurias con Job y Jeremías; además tomaban el libro de Lamentaciones como la expresión oportuna de sus propios labios. Perturbaban sus cerebros y sus corazones llorando y gimiendo, con el hábito constante de quejarse contra Dios, diciendo: «Mi desgracia es mucho peor que mis lamentos». Esta clase de personas se miden a sí mismas por medio de sus tribulaciones, pruebas y perplejidades. Nosotros creemos que a un hijo de Dios le sobrevienen contrariedades, y que todo cristiano es corregido y disciplinado de la medida debida. Seríamos los últimos en negar que el pueblo de Dios está compuesto por gente que sabe lo que son las angustias y el horno de la aflicción, pero creemos que la fe es algo bendito que nos llena de felicidad. Nos encanta cantar este himno:

«Los hijos de la gracia han
encontrado,
que el cielo comienza aquí abajo,
Frutos celestiales en suelo terrenal
que crecen de la esperanza y de
la fe».

3. Aunque algunos de mis oyentes aún no han tenido que nadar contra la corriente, ni sufrir en el horno de aflicción de la prueba, tienen suficientes penas que nadie, sino ellos mismos conocen. Estas penurias, les han entrado en el alma y en el mismo meollo de sus espíritus. Son personas que tienen miedo de murmurar y no pueden decir a nadie sus sufrimientos. Si lo hacen, piensan que están mostrando una falta de confianza en Dios. Siempre guardan sus pruebas para ellas. «Pero», me diréis algunos de vosotros, ¿cómo puede alguien asegurar que el Señor es su pastor, si no ha pasado por ninguna tribulación? Sabemos que lo es, porque nos ha alimentado día tras día en las buenas pasturas, y aunque no nos haya permitido sufrir tanto como los demás, podemos levantar nuestros ojos al cielo y decirle: «Señor, tú eres mi pastor porque me alimentas día a día y me haces volver al redil cuando ando vagando por lugares desconocidos. Sé que lo eres, tanto en épocas de bonanza como cuando permites que sufra pobreza y amargura. Soy tu oveja cuando me propor- cionas un torrente continuo de misericordia, y cuando éste se detiene para luego volver a comenzar». Hay personas que después de haber escapado de una desgracia, como por ejemplo un accidente, dicen: «¡gracias a la providencia!» ¿Por qué? La providencia es igual de valiosa cuando no has tenido ningún percance.

Hace algún tiempo, un buen hombre tenía que ir hasta un determinado lugar a encontrarse con su hijo. Ambos venían cabalgando desde lejos. Cuando el hijo llegó, exclamó:

—¡Oh padre, qué providencia más maravillosa he experimentado en el camino!

—¿Qué te ha sucedido?

—Mi caballo se tropezó seis veces, pero no me caí ni me maté».

¡Oh, cielos —exclamó el padre—, yo también he tenido a la providencia conmigo!

—¿Y qué fue lo que te pasó? —preguntó su hijo.

—¡Oh, que mi caballo nunca tropezó, y eso es tan providencial como si hubiera tropezado seis veces y no me hubiera caído!

Sabes que la providencia está contigo cuando has perdido tu casa y Dios sigue proveyendo diariamente para tu sustento; pero también está presente cuando no has perdido nada, y puedes vivir por encima de las profundidades de la pena y el dolor. Dios te da el abastecimiento para todas tus necesidades. Me dirijo a algunos de vosotros que Dios ha bendecido desde la más tierna juventud, suministrándoos todo lo que os hace falta. Vosotros también podéis afirmar, «Jehová es mi pastor». Es como un sello que veis estampado en las misericordias de Dios. No despreciéis a los más pequeños en la experiencia cristiana porque no tuvieron tantas pruebas como vosotros, ni los cortéis en pedacitos por el hecho de que no experimentaron una lucha tan tenaz. El pastor guía a sus ovejas donde le place, y puedes estar seguro de que las guía correctamente. Mientras puedan pronunciar la palabra «mi», no os preocupéis por saber dónde la habrán aprendido. Lo importante es que puedan decir de corazón: «Jehová es mi pastor; nada me faltará».

III. UNA SANTA CONFIANZA

Vamos a terminar con el tema de la *santa confianza* del salmista expresado en la frase «Nada me faltará». En efecto, estoy seguro de que «nada me faltará». El pobre incrédulo dice: «Me hace falta de todo; cosas espirituales y también temporales». Esto es fruto de la incredulidad, pero, escuchad nuevamente lo que dice David: «Jehová es mi pastor; nada me faltará». Después de todo, pienso que la fe de David es preferible a tu incredulidad. Aceptaré tu testimonio como proveniente de un hombre honesto, pero pienso que las palabras inspiradas por el Espíritu, son preferibles a las tuyas, llenas de aprensión. Cuando veo escrito «Jehová es mi pastor; nada me faltará», prefiero tomar una afirmación de David que cincuenta de tus negaciones. Por otra parte, creo que en esta noche habrá alguno que dirá: «Soportaría la ansiedad por cualquier cosa material si pudiera conseguir las bendiciones espirituales. Ansío tener más fe, más amor, más santidad y más comunión con mi Salvador». Bien, hermano, puesto que el Señor es tu pastor, tampoco tendrás necesidad de estas cosas. Si se las pides a Él, te las dará.

1. A menudo el Señor Jesús contesta a los suyos de una forma inesperada. Muchas de las respuestas a nuestras cartas, bajan del cielo en sobres negros, pero lo principal es que llegan. Si deseas paz, gozo, santificación y cosas excelsas, te serán dadas, pues Dios lo ha prometido. Jehová es tu pastor, nada te faltará. A menudo he pensado en esta gran promesa de la Biblia no sé donde puede haber una más grande: «No quitará el bien a los que andan en integridad» (Sal. 84:11). Esta promesa, basada en la misericordia de Dios, contiene la palabra clave «bien» que engloba la provisión a todas las necesidades de la vida. ¡No quitará ningún bien! En ocasiones pedimos cosas que quizás sin saberlo, son malas para nosotros. Dios no puede concedérnoslas. Pero en cambio, si somos íntegros, no nos quitará ningún bien. Las misericordias espirituales son cosas buenas, y no solo buenas, sino las mejores. Pide entonces, cristiano, pues Él es tu pastor, y nada te faltará. Él suplirá toda tu necesidad; pide teniendo fe, sin dudar, y Él te dará aquello que ansía tu corazón. Hay sin embargo algunas personas, que todavía siguen diciendo: «El texto se aplica únicamente a cosas temporales». Bien, lo acepto en este sentido Jehová es tu pastor; nada te faltará. «¡Ah!, dice un hermano, pero antes yo nadaba en la abundancia y ahora fui llevado hasta la pobreza. En un tiempo era rico y estaba entre los poderosos, pero ahora ando pobre y triste». Bueno, el texto no dice que como el Señor es nuestro pastor ganaremos 500 o 1.000£ al año.* Tampoco dice que te serán dados todos los lujos y caprichos que quieras. Todo lo que dice es esto: «Jehová es mi pastor; nada me faltará».

2. Hay modos diferentes de querer. Hay muchas personas que viven en una ansiedad continua y enfermiza, y nunca cesan de pedir. Si les das una casa para vivir y provisiones para cada día, seguirán pidiendo más y más cosas. Después de haber aliviado sus necesidades, continúan inquietos y ansiosos. Lo que quieren son antojos y fantasías, y la promesa no nos garantiza esas cosas. Hay otra clase de personas a las que no les falta nada, pero tienen miedo de que una gran pérdida les dañe considerablemente. Si tú que estás aquí en esta noche, eres uno de ellos, ve y escribe en tu libro de cuentas: «Jehová es mi pastor; nada me faltará». Úsalo para algo mejor que billetes, monedas, oro o plata. «¡Ah!, dice el hombre frío y calculador, su promesa no vale la pena». Si es mi promesa, seguro que no valdrá nada, pero afortunadamente, no lo es; es la promesa de Dios. Solo es mi promesa, si Dios me la ha dado, y así es. No tiene nada que ver contigo. Tú encuentras esta promesa como el vino de Chian, que lo mandó a hacer especialmente para su propio paladar. Por eso le sabía dulce. La promesa le sabrá dulce a aquel cuyo paladar es puro, pero al que tiene el sentido del gusto alterado, todo le sabrá mal.

---
* (Nota del traductor. En la Inglaterra de 1858, estas cantidades eran un muy buen sueldo).

Dios Padre, Jesucristo, Espíritu Santo

CONCLUSIÓN

Amados, antes de despedir a la congregación, debo dividirla en dos secciones; los que tienen esta promesa, y los que no la tienen. Quizás algunos de los que están aquí, sean profesores de religión, y querrán disfrutar de esta promesa. Pero no es vuestra. El Señor no es vuestro pastor. Vosotros no sois ovejas de su prado, ni pertenecéis a su rebaño. Tampoco sois de aquellos que se apartaron, porque no sois ovejas, sino cabras criaturas contaminadas con el pecado. No sois mansas e indefensas como las ovejas, sino todo lo contrario. ¡No sólo tenéis que lamentar las pérdidas y el mal por la eternidad, sino también ahora. Perder esta promesa aquí en la tierra, equivale a una especie de infierno temporal. Ser privado de un bienestar tal como el que ofrece esta promesa, es una pérdida terrible. ¡Oh!, es suficiente para que los hombres deseen tener una fe. Todos anhelan lograr esa dulce calma y placidez mental. Aunque no os unjáis la cabeza con ella, deseamos que esta unción celestial sea vertida sobre las aguas turbulentas de vuestras vidas mortales, y que podáis entrar en la gloria con el gozo del Señor en vuestro semblante. Amados, aquí hay algunos que yo sé y que vuestra conciencia os lo está diciendo que no sois ovejas del rebaño del Señor. Bien, en ese caso no tenéis la promesa de que nada os faltará. Para vosotros no hay ayuda ni providencia. Indudablemente, estas son para los creyentes. Tampoco puedes hacer tuyas estas palabras de Romanos 8:28: «A los que aman a Dios, todas las cosas les ayudan a bien». Por el contrario, maldito serás en tu casa, en el campo, en tu negocio, y en todo lo demás, pues Proverbios 3:33 nos dice que «La maldición de Jehová está en la casa del impío, pero bendecirá la morada de los justos». No se trata de que la maldición golpee a tu ventana, sino que ya está dentro de tu casa. La maldición te seguirá hasta el día de tu muerte, y sin tener a Jesús como pastor, querrás saber dónde está ese lobo hambriento que es el diablo, y que desea abalanzarse sobre tu alma para darle miseria y destrucción eternas. Con él te irás muy lejos de la presencia de Dios, hacia una eterna condenación. Que el Señor en su misericordia te libre de ella. Ahora escúchame bien: éste es el camino de salvación: «El que creyere y fuere bautizado, será salvo; mas el que no creyere, será condenado» (Mr. 16:16). «El que creyere y fuere bautizado» no queremos omitir nada de lo que Dios ha dicho. Pero fijaos bien; dice que primero hay que creer y entonces ser bautizado. No podemos poner al revés el orden de Dios. Aquel que cree en su corazón y es bautizado, confesándolo con su boca, será salvo. ¿Dejas de lado parte del versículo? El peligro es para ti. Esta promesa es clara y pone el creer y ser bautizado como dos hechos juntos, y lo que Dios unió no lo ha de separar el hombre. «El que creyere», esto es, aquel que confía en Jesús, el que descansa en el poder de su sangre, sus méritos y su justicia «y es bautizado, será salvo; mas el que no creyere, será condenado».

9. LOS LABIOS LLENOS DE GRACIA DE JESÚS

«Eres el más hermoso de los hijos de los hombres; la gracia se derramó en tus labios; por tanto, Dios te ha bendecido para siempre» (Salmos 45:2).

INTRODUCCIÓN: La gracia se derramó en los labios de Cristo.

I. «DERRAMÓ»

II. «LA PLENITUD DE SU GRACIA»

III. «DERRAMADA EN SUS LABIOS»
1. Dios hizo originalmente el pacto.
2. Jesús el mayor de todos los profetas.
3. Cristo el mas elocuente de todos los predicadores.
4. Jesús fiel cumplidor de promesas.
5. Jesús el conquistador de corazones.
6. Él es el gran consuelo de todo su pueblo.
7. Cristo el gran intercesor.
8. Jesús el gran juez en el día final.

CONCLUSIÓN: Nosotros podemos aplicar sus palabras.

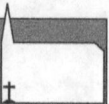

LOS LABIOS LLENOS DE GRACIA DE JESÚS

INTRODUCCIÓN

Es maravilloso comprobar que el tema de la persona de nuestro Señor y Salvador Jesucristo no tiene fin. Los poetas de la Escritura nunca citan su persona, pero su poesía se pone de acuerdo para combinarse en rapsodias celestiales. Nunca cantan de su nombre ni de sus glorias, pero simultáneamente parecen estar encantados con el espíritu de la poesía. Se elevan con éxtasis de gozo, y su amor pugna por encontrar un lenguaje para expresarse a sí mismo. Entre los personas sensibles, a veces el amor se ha sobrepuesto a la lengua, y hecho que sucede de manera palpable en las Escrituras. Leed, por ejemplo, el Cantar de Cantares. En este libro, el amor ha estirado el lenguaje al máximo, para dar cuerpo a su vehemente pasión. Algunos de nosotros que no estamos tan llenos de amor por nuestro Dios, podremos apreciar escasamente su brillante expresión. Tan pronto como nuestro salmista se pone a meditar en la persona del Mesías, con el arpa entre sus manos, exclama: «Rebosa mi corazón palabra buena; dirijo al rey mi canto; mi lengua es pluma de escribiente muy ligero. Eres el más hermoso de los hijos de los hombres; la gracia se derramó en tus labios» (Sal. 45:1, 2). Esta mañana no tenemos tiempo para el prefacio, sino que hemos de proceder de inmediato al desarrollo de este texto.

La gracia se derramó en los labios de Cristo. Consideremos en primer lugar, la plenitud de su gracia; segundo, la naturaleza de esta gracia; y tercero, os expondré en qué oficios el Señor Jesucristo probó que la gracia se derramó en sus labios.

I. «DERRAMÓ»

Empezaremos con la palabra *derramó* para sugerir *la plenitud de su «gracia»*. «La gracia se derramó en tus labios». Entre los hijos de los hombres hay otros que han tenido «gracia»; famosos poetas han escrito con palabras llenas de gracia, y los profetas de la antigüedad han pronunciado maravillosas frases que son inspiradas divinamente. Su doctrina «caía» como la lluvia y sus palabras, «destilaban como el rocío». Sin embargo esta escena imaginaria es demasiado diluida para describir a nuestro Señor Jesús. Él no hablaba solamente de una forma tan delicada y dulce como el caer del rocío, ni su voz sonaba como una suave lluvia: la gracia era *derramada* sobre sus labios. Siempre que hablaba, un copioso torrente de palabras llenas de gracia salía de sus labios, como una catarata de elocuencia. Jesucristo no tenía un poco de gracia, no era una pequeña cantidad del aceite de la unción la que había sido derramada sobre Él, sino sino un cuerno lleno de este aceite. Esta es la forma en que lo dice Calvino: «La gracia sale desbordaba de sus labios». Dios no le dio a su Hijo la gracia sólo en sus labios. Cuando el Hijo hablaba, ya sea dirigiéndose a la gente en doctrina o exhortación, o pidiéndole al Padre a favor de ellos, la gracia brotaba siempre de sus labios. Cuando leo este pasaje en la *Septuaginta*, veo que expresa la idea del agotamiento de la gracia, es como si ésta se derramara de los labios de Jesús, hasta que no quedara nada. A Él se le había dado toda la gracia. Jesucristo tenía la gracia en su máximo nivel. Como leemos en Colosenses 1:19 «Por cuanto agradó al Padre que en él habitase toda plenitud».

Toda la gracia fue derramada en su persona. Era como haber agotado lo inagotable. Por más que la imaginación se esfuerce hasta consumirse, no alcanza a concebir algo o alguien más lleno de gracia. La contemplación del más devoto de los cristianos, no puede encontrar palabras más grandiosas para su bondad, más tiernas para su simpatía, y más exquisitas en su dulzura, que las palabras llenas de gracia, procedentes de los labios del Señor Jesús. «La gracia se derramó en tus labios». ¡Ah, cristiano!, tu puedes tener algo de gracia en tus labios, pero no ha sido «derramada» en ellos. Es posible que tengas algo de gracia en tu corazón, que ha caído allí como una suave lluvia, pero Cristo tiene mucha más que tú. Si tienes muy poca gracia, sabes que con Él hay plenitud de gracia una plenitud que no conoce ninguna escasez, pues «la gracia se

Dios Padre, Jesucristo, Espíritu Santo

derramó en sus labios». No tengas miedo de acudir a Él en tiempos de necesidad, ni pienses que fallará en consolarte y darte lo que necesitas. Sus consolaciones no son como el agua derramada sobre la tierra, que no puede recogerse, sino como los manantiales perpetuos que fluyen sin parar. Él no tiene el aprovisionamiento restringido, ni un abastecimiento mísero para darte. Pide lo que quieras, puedes tener tanto como tu fe pueda desear, y tu corazón sea capaz de contener, pues la gracia se derramó en sus labios con la más rica plenitud.

II. «LA PLENITUD DE SU GRACIA»

No nos extenderemos más en este punto, sino que pasaremos al segundo pensamiento *la clase de gracia que tiene el Señor Jesucristo, es la que ha sido derramada en sus labios y la que sale de ellos*. Es importante destacar que la gracia que Jesucristo tiene, ninguno de los hijos de los hombres lo tuvo jamás su gracia inherente. Cuando Dios creó a Adán, éste tenía algo de gracia inherente que Dios le había dado, pero no la suficiente como para preservar la rectitud de su carácter. Era el primer hombre tenía la gracia de la pureza, como puede verse en la inocencia de su naturaleza. En la constitución del hombre, debe haber habido mucha gracia, puesto que originalmente fue creado a la semejanza de Dios, pero no podía existir en él una gracia perfecta, pues no fue capaz de mantener su estado original. Pero Jesucristo tenía toda la gracia de Adán, y toda la gracia que un hombre inocente podía tener en la perfección más sublime. Esa gracia nació con Él. Tú y yo no tenemos nada de ese privilegio, todo se ha ido. En cuanto a la gracia inherente, ¿dónde la hemos de descubrir? Oímos a gente decir que los niños no nacen en pecado, ni son formados en iniquidad, sino que tienen una gracia inherente. Sinceramente todavía no nos hemos encontrado con un hombre que tenga un hijo tan maravilloso. Lo cierto es que los niños van creciendo y manifestando el pecado que tienen en su corazón, y así hasta la madurez, donde no dan prueba alguna de poseer mucha gracia. No, amados, por naturaleza somos sin gracia una

simiente de semillas de maldad. Toda nuestra inherente gracia original, fue estropeada por Adán. Sin bien originalmente el vaso podía estar lleno, se ha vaciado después de la caída del hombre. Adán rompió el vaso original y derramó cada gota de su contenido, de forma que no quedó nada para nosotros. Jesús nació sin pecado. Fue engendrado del Espíritu Santo, y nacido de una virgen. En la concepción de ese ser santo, no había pecado hereditario. Su cuerpo era sin ninguna mancha de contaminación, y su alma, impecable. No era posible que pecara, pues en Él no moraba el pecado; poseía la gracia inherente en sí mismo.

En tercer lugar, Él tenía la gracia que derivaba de la constitución de su persona, siendo hombre y al mismo tiempo Dios. De la humanidad de Cristo, derivaba la gracia de la deidad de Cristo. Ambas naturalezas estaban acopladas en una unión maravillosa; lo que el hombre hacía Dios lo confirmaba, y lo que Dios quería, el hombre lo hacía. Nunca Jesucristo hombre actuó sin Jesucristo Dios. Tampoco nunca habló sin Dios el Dios dentro de Él el Dios hombre que es tan verdadero como lo es el hombre Dios. Nosotros hablamos como hombres, salvo cuando el Espíritu de Dios habla a través de nosotros. Los más grandes y poderosos profetas hablaron como hombres inspirados, pero Jesús habló como hombre y Dios a la vez. La «gracia», esta indecible, divina gracia, la propia gracia de la deidad, «se derramó en tus labios».

Pero hay más. Yo concibo que cuando el Señor Jesucristo hablaba y sus ministros hablaban, tenían la asistencia de Dios el Espíritu Santo. En efecto, la Escritura nos dice que Dios le dio a Cristo el Espíritu sin medida. Hemos de notar un hecho, y creo que ha sido puesto en la Escritura para que honremos al Espíritu Santo. Jesús, como predicador ajustándonos a lo que dice la Palabra de Dios no consiguió tantas conversiones como las que tuvieron algunos de sus seguidores. Ahora, si miramos la vida de Pablo, notaréis cuántos miles fueron traídos a creer en el Señor a través de su predicación. Si leemos el relato del sermón de Pedro, veremos que en un solo día se convirtieron tres mil personas. Nunca habréis leído de algo así en la vida de Cristo. Cuando Él murió, dejó trescientos o cuatrocientos discípulos detrás suyo. Su éxito no fue tan manifiesto como el de muchos de sus discípulos. El Señor Jesús nos dio a entender la siguiente razón: Yo honraré al Espíritu Santo, dejaré que el mundo sepa que no es por ejército ni por poder, sino por mi Espíritu. Y aunque he hablado como ningún hombre lo hizo jamás, y he tenido más elocuencia que cualquier mortal, con todo, en mi soberanía me restringiré en el ejercicio de ese Espíritu. Los ojos de la gente se apagarán, ellos mismos estarán inactivos y sus corazones se harán insensibles. Entonces, después de los años, hablaré más por medio de un humilde pescador que por mí mismo. Honraré más al débil instrumento, que a mi persona como predicador. ¡Ah!, es maravilloso ver cómo Dios magnifica el poder del Espíritu Santo. ¡Somos tan prontos a olvidarnos de sus oficios esenciales en el pacto! Es como si Dios dijera; he aquí a mi propio Hijo, y aunque predica, os enseñaré que el predicador debe descansar en el Espíritu Santo. Le daré una congregación que le llevará a lo alto de una colina, para luego precipitarlo directamente hacia abajo, mientras que a Pablo, que es tartamudo, le vestiré con tal majestad, que donde quiera que vaya, su testimonio será coronado con el poder del Espíritu Santo. Él acabará con los dioses de los paganos, y hará que sus ídolos muerdan el polvo. Jesucristo tenía el Espíritu sin medida, pues cada frase que hablaba estaba llena de la energía divina. En Juan 6:63 leemos: «Las palabras que yo os he hablado son espíritu y son vida». Como veis, sus palabras no son meramente del Espíritu, sino que son Espíritu en sí mismas. Yo creo que así como el que ha visto a Cristo ha visto al Padre, el que ha oído a Cristo ha oído al Espíritu Santo. Los frutos de su ministerio, como un homenaje hacia su persona, van más allá del breve término de su vida en la tierra. Él fue rechazado por su generación, pero después fue «declarado Hijo de Dios con poder, según el Espíritu de santidad, por la resurrección de entre los muertos» (Ro. 1:4). De igual modo sus palabras, aunque no parecían muy productivas en su tiempo, después en el transcurso de los años produjeron la conversión de millones de almas, una cantidad que nadie puede contar. Todas las conversiones bajo el ministerio de Pedro, Pablo y los otros apóstoles, fueron por medio de Cristo Jesús. Las palabras que Él habló en secreto, fueron publicadas por todo el mundo. Todas las conversiones que ocurren ahora, son en su nombre. El testimonio del Señor Jesús es el Espíritu de la profecía. Si un apóstol hablaba de sí mismo, sus palabras caían a tierra, pero lo que su Maestro les decía daba resultados óptimos. El Señor Jesucristo tenía el Espíritu sin medida, e igualmente otra clase diferente de gracia; «la gracia se derramó en tus labios».

III. «DERRAMADA EN SUS LABIOS»

Hemos pasado muy rápidamente por estas dos divisiones, para que podamos extendernos más en la tercera. Ahora vamos a considerar *los varios oficios de los cuales podemos discernir la «gracia» que fue vertida en los labios de Cristo, y derramada otra vez por sus mismos labios.*

1. En primer lugar, miremos a nuestro Salvador, como la Seguridad eterna del pacto, y veremos que la gracia fue derramada en sus labios. Cuando Dios el Padre hizo originalmente el pacto, su contenido sería más o menos así: Mi Hijo, tú deseas salvar a un gran número de personas que nadie podrá contar y que yo he escogido en ti de antemano. Para que estas almas puedan ser salvas, y yo mantener mi justicia y ser el que las justifica, es necesario que alguien actúe como representante, que sea responsable de su obediencia a mis leyes y el sustituto de los pecadores, para sufrir cualquiera de los pecados en que ellos puedan incurrir. Si tú, Hijo mío, deseas llevar su castigo, y soportas la pena de sus delitos, de mi parte yo haré que tú veas tu simiente, prolongaré tus días y la voluntad de Dios será prosperada en tus manos. Si hoy estás dispuesto a prometer que llevarás el castigo de toda la gente a la que has de salvar, de mi parte estoy preparado para jurar por mí mismo, pues otro más grande no hay, que todos aquellos por los que harás expiación,

Dios Padre, Jesucristo, Espíritu Santo

serán librados de la muerte y del infierno. Las almas por quienes llevaste el castigo, serán libres, y mi ira no se descargará sobre ellas, no importa lo grandes que puedan ser sus pecados. El Señor Jesús habló estas palabras: «He aquí que vengo, oh Dios, para hacer tu voluntad, como en el rollo del libro está escrito de mí» (He. 2:9). Ahora bien, estas palabras fueron dichas en la eternidad, tan lejos en el tiempo como las alas de la fe puedan remontarse. La gracia fue derramada en los labios de Cristo cuando Él hizo la sencilla declaración, que una multitud de santos entrarían al cielo, simplemente basándose en este solemne juramento. Mucho antes de que nuestro Salvador viniese a este mundo y pagase la pena por el pecado, Dios el Padre se basó en las palabras de Jesús: «Juró Jehová, y no se arrepentirá» (Sal. 110:4). Esa gracia fue verdaderamente derramada de los labios de Jesús, para que desde los días de Adán, cuando una transgresión envolvió a toda la raza humana en la ruina, hiciera reconciliación por la iniquidad, y que los santos entraran al cielo basándose únicamente en esta promesa. Todavía Jesús no había derramado ni una sola gota de sangre, ni sufrido una sola agonía. El contrato con el Padre todavía no había sido formalizado ni la estipulación cumplida, pero la Seguridad del juramento era suficiente; a los oídos del Padre no hacía falta otra confirmación. Su corazón estaba satisfecho. En esos mismos momentos, cuando Jesús habló estas palabras al Padre, todos los santos fueron justificados y redimidos en Él, su salvación ya estaba asegurada. Tan pronto como Cristo dijo que Él pagaría la pena y que a los que creyeran en Él les sería imputada su justicia, su aceptación fue un hecho eterno.

«En unión con el Cordero,
libre de condenación,
los santos fueron por siempre
y serán poseedores
de la eterna salvación».

¡Oh, verdaderamente la gracia fue derramada en esos labios! ¡Qué maravilla es que una sola promesa pudiera redimir a todo el pueblo de Dios, y llevar a miles al cielo, aún sin una sola acción, porque Dios el Padre podía confiar en la palabra de Cristo Jesús! Él nunca se volvería atrás de su acuerdo, ni nunca renunciaría a su pacto. Este es el primer aspecto en el cual contemplamos la gracia derramándose de los labios de Cristo.

2. Segundo, «la gracia se derramó en tus labios», como el mayor de todos los profetas y maestros. La ley había sido dada por Moisés, en cuyos labios había algo de gracia, pues aún cuando predicaba la ley, predicaba el Evangelio. Moisés fue uno de los privilegiados, que pudo mirar resueltamente hasta el fin aquello que fue abolido. Cuando enseñó la ofrenda del Cordero, del buey y de la tórtola, estaba el Evangelio encerrado en la misma ley, en la ley de las ceremonias levíticas. Pero Moisés había tenido sólo un poco de gracia. Los rayos que brillaron en el rostro de Moisés, eran los de la gloria de la justicia; no como los de Cristo, que eran consecuencia de la gloria de la gracia. Como dice Juan 1:14, estaba «lleno de gracia y de verdad». Cuando otros profetas se levantaron en diferentes períodos de la primera dispensación de la ley, cada uno de ellos tenía alguna medida de gracia. Ya sea que consideremos al heroico Elías o al quejumbroso Jeremías, o Isaías, el visionario que habló más de Cristo que todos los demás volvámonos a cualquiera de ellos y encontraremos que cada uno tenía algo de gracia en sus labios. La doctrina que predicaban era digna de ser recibida, era la doctrina de la gracia, pero, ¿quién enseñó doctrinas como las de Jesús? ¿Dónde, en los escritos de los profetas y los registros de la antigüedad, podemos encontrar palabras como las pronunciadas por nuestro Señor? ¿Quién instruyó a la gente para que amasen a todos los hombres, enseñándoles que fueron hechos de un solo linaje? ¿Quién antes de Él dijo que los pobres tendrían el Evangelio, mientras que Dios derribaría a los poderosos de sus pedestales, y exaltaría a los humildes? ¿Quién expuso unas doctrinas tan maravillosas como las que nosotros hoy podemos leer en sus discursos? ¿Quién pudo de una forma tan bendita, profetizar a su pueblo sino el mismo Cristo? Mi alma contempla a Jesús como el único maestro

de la Iglesia, viéndole a la vez como maestro y Señor. Leed las doctrinas y los artículos de fe que salieron de sus labios, estudiad su palabra, dejad que sea vuestra guía, e interpretad todo lo demás a la luz de ella! ¡Verdaderamente la gracia ha sido derramada en tus labios! Ningún otro libro nos da instrucciones como las suyas, ningún ministro de Dios se dirige a nosotros con tales palabras. Cuando lo hayáis hecho, diréis: «¡Oh profeta de mi salvación, tú, maestro de Israel, verdaderamente la gracia se derramó en tus labios. Ningún otro libro me da instrucciones como aquel que contiene lo dicho por mi Buen Pastor. Ninguna enseñanza abarca tanta sabiduría como la de Cristo. «Deseables son más que el oro, y más que mucho oro afinado». «La gracia se derramó en tus labios» como el más grande de los profetas.

3. Tercero, Cristo tenía la gracia derramada en sus labios como el más elocuente de los predicadores. Uno de los gozos en los cielos a los que yo me anticipo, es oír a Cristo hablar de su pueblo. Yo pienso que cuando Jesucristo cuando hablaba aquí durante tiempo de ministerio sobre esta la tierra, tenía una majestad tal que no era la de Demóstenes, Cicerón o Pericles. Ni todos los oradores del mundo antiguo o moderno se le acercan ni remotamente. Supongo que tendría una voz más dulce que la de las canciones que salen del arpa de los ángeles. Su mirada estaría llena de simpatía hacia aquellos a quienes se dirigía, y un corazón que animaba cada rasgo de su semblante. Él podía quebrar a un corazón de piedra, y era tan sublime que al escucharle, la mente carnal se elevaba a alturas desconocidas. Cada palabra que salía de sus labios era una perla, cada frase era de oro puro. Los alguaciles respondieron: «¡Jamás hombre alguno ha hablado como este hombre!» (Jn. 7:46). Ni en su rapto de máximo éxtasis podían los hombres haber tenido tales conceptos como los que el Salvador dio a sus oyentes; y cuando, condescendía a hablar en palabras simples a los que le rodeaban, allí en aquella sencillez limpia de sus discursos familiares, ningún otro hombre se le asemejó jamás. Jesucristo fue el más grande y el más sencillo de todos los predicadores. Podemos poner aparte cualquier otra comparación. Conocemos hombres que han tenido en vilo a una multitud. Algunos de nosotros hemos escuchado a predicadores poderosos que cautivaron nuestros oídos, y atrajeron nuestra atención mientras hablaban. Hemos oído mensajes de justicia, pecado, rectitud, y juicio; pero si habéis oído al Salvador, entonces oísteis las cosas más maravillosas que ningún hombre pudo jamás decir. Si los vientos salvajes hubieran podido oírle, habrían cesado su bramido; si las olas le hubieran escuchado, habrían silenciado su murmullo y el agitado océano estaría quieto y en calma.

Si las estrellas hubieran absorbido sus palabras, habrían frenado su presurosa marcha, y la luna y el sol, al oír una voz mucho más potente que la de Josué, se habrían detenido en el acto. Si la creación entera le hubiera escuchado, entonces encantada, habría parado sus movimientos sin fin. Las ruedas del universo se habrían quedado quietas para que todos los oídos pudieran escuchar, todos los corazones palpitar, y todas las almas ser elevadas. Hay una fábula de Hércules, que dice que tenía cadenas de oro en su boca, con las que encadenaba los oídos de los hombres. Es verdad que Jesús tenía cadenas de oro en su boca, con las cuales encadenaba los oídos y los corazones de la gente. No necesitaba pedir atención, pues la gracia había sido derramada en sus labios. ¡Día feliz!, cuando me sienta a los pies de Cristo para oírle predicar. ¡Oh, amado! ¡Lo que nos parecerá nuestra pobre predicación prefiero no decirlo! Es una gran misericordia que Cristo no predique aquí ahora, pues después de oírle, ninguno de nosotros volvería a predicar. Cuando algunas veces tratamos de predicar bien, después de oír a un ministro más capaz que nosotros, nos sentimos tan superados, que nuestro mensaje parece ser nada. En ese caso, es muy difícil que volvamos a intentarlo. Entre Cristo y nosotros hay un velo, y esto también lo considero una misericordia. Si le oyéramos predicar, todos los predicadores dejaríamos nuestros púlpitos. Pero en el cielo espero sentarme

Dios Padre, Jesucristo, Espíritu Santo

a sus pies, encantado de poder escucharle, y si predica durante un millón de años, después que termine le pediré que predique durante un millón de años más. Y si lo hace, con la gracia que fue derramada en sus labios, mi alma extasiada le amará y sonreirá en éxtasis de gozo oyéndole hablar. «La gracia se derramó en sus labios» como el más elocuente de los predicadores.

4. Cuarto, la gracia se derramó en los labios de Jesús como el fiel Prometedor. Yo miro a todas las promesas de la Palabra de Dios, como las promesas de Jesús, del Padre y del Espíritu Santo. Cada palabra que se dirige al cristiano está dicha por Jesucristo. Se nos dice que todas las promesas son sí y amén en Cristo Jesús para la gloria de Dios. Todas las promesas son hechas en Él, de manera que son dichas por Él. Ahora, ¿no estáis de acuerdo conmigo cuando digo que como fiel Prometedor, verdaderamente la gracia ha sido derramada en sus labios? Algunas veces hemos leído sus promesas, las hemos escuchado y ¡oh!, ¡cuánta gracia hay en ellas! Tomad, por ejemplo esta gran promesa: «Porque los montes se moverán, y los collados temblarán, pero no se apartará de ti mi misericordia, ni el pacto de mi paz se quebrantará, dijo Jehová, el que tiene misericordia de ti» (Is. 54:10). Veamos otra; «Cuando pases por las aguas, yo estaré contigo; y si por los ríos, no te anegarán. Cuando pases por el fuego, no te quemarás, ni la llama arderá en ti» (Is. 43:2). «No temas, gusano de Jacob, oh vosotros los pocos de Israel; yo soy tu socorro, dice Jehová; el santo de Israel es tu Redentor» (Is. 41:14). Escuchad palabras tan dulces como éstas: «Venid a mí todos los que estáis trabajados y cargados, y yo os haré descansar. Llevad mi yugo sobre vosotros, y aprended de mí, que soy manso y humilde de corazón; y hallaréis descanso para vuestras almas; porque mi yugo es fácil, y ligera mi carga» (Mt. 11:28-30). «Todo lo que el Padre me da, vendrá a mí; y al que a mí viene, no le echo fuera" (Jn. 6:37). «Por lo cual puede también salvar perpetuamente a los que por él se acercan a Dios, viviendo para siempre para interceder por ellos» (He. 7:25). «... Como había

amado a los suyos que estaban en el mundo, los amó hasta el fin» (Jn. 1:13). «¿Se olvidará la mujer de lo que dio a luz, para dejar de compadecerse del hijo de su vientre? Aunque olvide ella, yo nunca mi olvidaré de ti» (Is. 49:15). «No te desampararé, ni te dejaré» (He. 13:5). «Y hasta la vejez yo mismo, y hasta las canas os soportaré yo; yo hice, yo llevaré, yo soportaré y guardaré" (Is. 46:4). «En seis tribulaciones te librará, y en la séptima no te tocará el mal» (Job 5:19). «Él te librará del lazo del cazador, de la peste destructora". (Sal. 91:3). "No temerás el terror nocturno, si saeta que vuele de día, ni pestilencia que ande en oscuridad, ni mortandad que en medio del día destruya" (Sal. 91:5 y 6).

«Aquel que ha hecho de su refugio
a Dios,
Una habitación segura hallará,
andará todo el día bajo su sombra,
y de noche su cabeza reposará».

«Todos los consagrados a Él estaban en su mano» (Dt. 33:3). «Y yo les doy vida eterna; y no perecerán jamás, ni nadie las arrebatará de mi mano» (Jn. 10:28). «De cierto, de cierto os digo: el que oye mi palabra, y cree al que me envió, tiene vida eterna; y no vendrá a condenación, mas ha pasado de muerte a vida» (Jn. 5:24). ¿Acaso Jesucristo no está lleno de gracia como el Prometedor? Tú que has estado bebiendo de los pozos de la promesa, conocerás la fidelidad y la gracia que hay en ella. ¡Pobres almas! ¡Cuántas veces habéis venido enfermas y cansadas a este pozo, y habéis sido renovadas y llenas de gozo! Vuestros espíritus estaban deprimidos, y vuestras almas estaban sumidas en la melancolía; pero cuando vinisteis a Él, habéis probado el vino que alegra el corazón de los hombres. ¡Oh!, ¿es que alguna vez ha habido un hombre que hable como éste, cuando habla como el fiel Prometedor? «La gracia se derramó en tus labios».

5. Quinto, la gracia se derramó en sus labios, como el pretendiente y ganador de los corazones de su pueblo. ¡Oh, amados, Cristo trabajó mucho y muy durante para ganar el amor de su pueblo! Él mandó a sus mensajeros, pero ellos no pudieron compe-

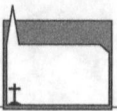

ler a la gente para que amara a Jesús. Él había preparado una fiesta, se mataron los novillos y la cena quedó preparada. Pero aquellos invitados no vendrán a menos que él enviara a sus mensajeros, diciéndoles: «Ve por los caminos y por los vallados, y fuérzalos a entrar, para que se llene mi casa» (Lc. 14:23). Pero, ¡qué difícil es hacer que las pobres almas que amen a Jesús! En vano los ministros de Dios se esfuerzan en mostrar sus encantos, e inútilmente tratan de pintar sus rasgos lo mejor que pueden. Somos unos pobres pintores aficionados que desfiguramos lo que intentamos presentar. Los pobres pecadores dicen: «¿Ése es Jesús? o ¿hay en Él belleza para que le deseemos?»; entonces dan vuelta sus rostros y se apartan de Él. Con lágrimas en nuestros ojos, procuramos encontrar palabras aceptables y usamos el mejor lenguaje que nuestro corazón puede dictarnos, sin embargo, no podemos ganar a las almas. A veces nos dirigimos a vosotros con palabras rudas que hemos tomado del anciano Boanerges; otras veces en palabras suaves como el mismo Crisóstomo aprobaría, pero tanto las unas como las otras, son en vano: el Señor no está allí. Pero ¡oh, cuando Jesús aboga por nuestra causa, cuán dulcemente lo hace! ¿Habéis observado alguna vez, cuando Cristo comienza a cautivar el corazón? Se acerca y susurra al oído; ¡pobre alma!, yo te amo y te diré cuál es tu situación. Has sido echada al campo abierto, estás allí tirada sobre tu sangre, muerta en pecados y transgresiones, y sin embargo, yo te amo. ¿Me amarás tú? «¡No!», dice el corazón, «no lo haré». Pero, dice Jesús, mi amor es profundo como el infierno, insaciable como la tumba; será tuyo, y tú serás mía. ¿Habéis notado cuán pronto el alma comienza a rendirse, y la roca dura de su corazón va cediendo paso al Salvador?

Entonces, unos breves instantes después, reflexiona: «Oh, Jesús, ¿amarte? Sí, te amo porque tú me amaste primero». ¿Por qué ocurre que algunos de los que están aquí no han entregado todavía sus corazones a Jesús? Porque tal vez Él no se les ha revelado en persona. ¡Pero cuando lo hace, no podéis negaros! Desafío a cualquier hombre a que se vuelva atrás cuando Jesús viene a buscarle. Él quita el velo de nuestros ojos, y permite que miremos su hermoso rostro. Nos enseña sus manos heridas y la abertura de la lanza en su costado. Entonces creo que no hay ningún corazón que no sea atraído hacia Él. ¡Oh!, cristiano, ¿te acuerdas todavía del momento en que Jesús te rogaba que le rindieras tu corazón? Él llamaba a tu puerta, y al principio no quisiste recibirle. Sin embargo, Él puso su mano sobre la puerta y tus entrañas fueron conmovidas. ¡Con cuánta dulzura te habló acerca de tu pecaminosidad, y de lo que la redención puede hacer por ti! Luego te advirtió sobre tu muerte, y de lo que pasaría si murieras con tus pecados sin perdonar. Con la siguiente palabra te dio la vida y te hizo saber que no tenías ningún poder en ti mismo para salvarte. Luego te fortaleció, y volvió a hablarte de tu incredulidad, y entonces con las palabras que siguieron te dio fe para creer. ¡Cuánta gracia tiene el Señor Jesús cuando gana los corazones y el afecto de los suyos!

6. Sexto, Jesucristo tenía sus labios llenos de gracia, como el gran consolador de Israel y el gran consuelo de todo su pueblo. No hay ningún consuelo sino aquel que viene de los labios del Señor Jesús. En ningún torrente podéis saciar la sed de vuestra alma sino en el inagotable manantial de gracia que fluye de Cristo. Hagamos un repaso de nuestra vida, y veamos los Ebenezers que hemos levantado por su gracia y misericordia soberana. Él se te apareció en la soledad de tu desierto y te dijo: «Con amor eterno te he amado; por tanto, te prolongué mi misericordia» (Jer. 31:3). ¿No te acuerdas, cuando, herido por las zarzas y las espinas de este mundo, estabas desesperado y quisiste morir? ¿Puedes rememorar cuando se acercó a ti, y tocándote te dijo, ¡Vive!; tú, mirando hacia arriba dijiste: «Puesto que Jesucristo es mío, nada temeré». ¡Oh, los que habéis probado que el Señor está lleno de gracia! Id a la casa del banquete; el Señor os confortará y alimentará. Os dará del agua y de los frutos del Reino. ¿No recordáis cuando en la mesa del Señor os dio algo mejor que la comida de los ánge-

Dios Padre, Jesucristo, Espíritu Santo

les? ¿O cómo se manifestó en vuestras circunstancias mientras esperabas en Él? ¿Y no podréis decir: «¡Oh, Señor Jesús, verdaderamente la gracia fue derramada en tus labios»? Alma que aún estás esperando, si Jesús te habla hoy día, ya no esperes más. Hay una potencia tal en la palabra «Jesús» que tendría que ser cantada en los hospitales para ahuyentar las enfermedades. Doquiera haya corazones enfermos y espíritus turbados, yo siempre voy y canto algún himno que contenga el nombre de «Jesús». No hay medicina capaz de de curar la melancolía y la depresión como el cuerpo y la sangre de Jesús. Cuando Él se acerca para consolar a los suyos, la medianoche se convierte en mediodía y las espesas tinieblas en un rayo de esplendor. Efectivamente, «la gracia se derramó en tus labios».

7. Séptimo, la gracia fue derramada en los labios de Cristo como el gran Intercesor de su pueblo ante el trono de Dios. Como dice Toplady, «Cristo se ha ido al cielo, y con autoridad aboga por nosotros ante el Padre». Sería maravilloso haber podido escuchar la oración de Jesús en el huerto de Getsemaní, y oír especialmente la frase que se refería a los suyos: «Padre santo, a los que me has dado, guárdalos en tu nombre, para que sean uno, así como nosotros» (Jn. 17:11). Pero como bien sabéis, después de su muerte el Señor resucitó y ascendió a la diestra del Padre. Ahora Él aboga por nosotros ante el trono de Dios, muestra sus manos y su costado heridos. Cuando nuestras oraciones se elevan al cielo, siempre deben ser introducidas por Jesús en ese majestuoso santuario. Son oraciones defectuosas, pero Jesús sabe como componerlas. En ellas hay cosas que no deberían haber Él las corrige, y presenta ante el Padre como una edición enmendada de ellas, y le dice: Padre mío, tengo otra petición que vengo a poner delante de ti. El Padre dice; ¿de quién viene? De una de mis ovejas, responde Jesús. Y si Dios vacilara un sólo momento, Cristo diría, Padre, yo lo haré esto debe ser hecho. ¡Mirad aquí; este es el precio, dice el Señor, mostrando la herida en su costado. Hijo mío, dice el Padre, ¡será concedido! En Juan 14:13,

leemos así: «Y todo lo que pidiereis al Padre en mi nombre, lo haré, para que el Padre sea glorificado en el Hijo». ¿Puedes ver la gracia de Dios, pobre alma? Pensemos en el caso de Pedro. Cerca de él está Satanás que desea destruir su alma. Tiene un tamiz, por donde desea hacer pasar a Pedro. ¿Podéis imaginaros a Satanás, presentándose delante de Dios y diciéndole: Señor, déjame a Pedro en mi tamiz para que pueda sacudirlo. Se presenta Jesús ante el trono diciéndole al Padre: «Padre mío», te pido que no dejes que este grano de trigo caiga al suelo. Ahora, Satanás toma a Pedro y lo empieza a zarandear de arriba a abajo. En la primera sacudida, Pedro se muestra un poco asustado. La segunda vez, afirma: «No sé lo que dices» (Mt. 26:70). La tercera vez, aún más empecinado responde: «No conozco a este hombre». Y entonces comienza a maldecir y a jurar. ¡Qué tamiz más terrible! Pero Cristo le mira, y Pedro sale fuera. La oración del Maestro valió, y su mirada prevaleció con él: «Entonces Pedro se acordó de las palabras de Jesús... Y saliendo fuera, lloró amargamente». Su alma había sido preservada. ¡Oh, el alto poder de la intercesión! Creo que si no fuera por Jesucristo, ¡ nuestras oraciones ni siquiera serían oídas en el cielo! El es nuestro gran Mediador por medio de quien nuestras oraciones deben ser presentadas.

8. Jesucristo tiene la gracia derramada en sus labios como el gran Juez de todo en el día final. Habéis visto cómo el abogado defensor tiene en su mano un papel con los alegatos allí escritos. Presenta el caso del prisionero, que ciertamente es uno muy malo. Se llama a los testigos. Seguidamente, otro abogado se levanta para interceder por la causa del prisionero, rebatiendo si le es posible, las palabras de la acusación. En último caso, expone las circunstancias que puedan mitigar la dureza del castigo. Cuando estemos en el tribunal de Cristo, Satanás, que es el acusador de los hermanos, se levantará y reunirá todas las evidencias de nuestra culpa, y las razones por las que debemos ser condenados. Me parece oírle decir que hemos nacido en pecado y formados en iniquidad, y que por lo tanto, mere-

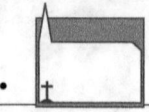

cemos estar perdidos; pues tenemos el pecado de Adán y una naturaleza corrupta. Entonces, con su mirada maliciosa, dirá que hemos transgredido en tal y tal ocasión, cuando éramos jóvenes, luego en nuestra edad mediana, y por fin cuando teníamos los cabellos blancos. Se armará de todos estos argumentos para acusarnos delante de Dios; dirá que aunque profesamos ser creyentes, dudamos de las promesas del Señor. Por lo tanto, no podemos ser hijos de Dios. Como transgresores, nos ponemos a temblar cuando alguien presenta en el juicio una evidencia negativa contra nosotros. Pero allí está presente el maravilloso Señor para actuar a nuestro favor. El tiene los alegatos en su mano y con ellos comienza a abogar a nuestro favor. ¡Escuchad sus palabras, y cómo inmediatamente hace cambiar las cosas! Yo confieso, dice el Señor, que lo que ha dicho el acusador es verdad, Mi cliente se declara culpable de todo cargo, pero yo tengo el completo perdón firmado por la propia mano de Dios, y comprado con mi propia sangre. Estas personas me fueron dadas por mi Padre antes de la fundación del mundo. Yo llevé sus pecados en mi propio cuerpo en la cruz. Mi Padre les ha justificado y les ha perdonado. Entonces, llega al clímax de la gracia y expresa estas palabras: ¿quién declarará algo contra los elegidos de Dios? ¿Puedes tú, oh Dios? No, tú les has justificado. Yo tampoco, pues he muerto por ellos. Entonces se sienta triunfante, y con una nota de victoria, dice: «A los que justificó, a estos también glorificó» (Ro. 8:30). «Por lo cual estoy seguro de que ni la muerte, ni la vida, ni ángeles, ni principados, ni potestades, ni lo presente, ni lo porvenir, ni lo alto, ni lo profundo, ni ninguna otra cosa creada nos podrá separar del amor de Dios» (Ro. 8:38, 39). Cada pecador redimido gritará de gozo. ¡Oh!, Abogado justo, «¡la gracia se derramó en tus labios!». Y por último, la gracia se derramó en los labios de Jesús como el gran Juez de todos los hombres. Ése será un juicio lleno de gracia, porque habrá misericordia y justicia a la vez. Pecadores, hombres y mujeres que estáis aquí esta noche, nunca habéis oído la voz de Jesús, ni nunca habéis sabido qué es confesar que la gracia fue derramada en sus labios. Pero dejadme deciros que en unos pocos años se os obligará a hacer esa confesión. Estaréis allí, y oiréis a Jesús decir a su propia gente: «Venid, benditos de mi Padre, heredad el Reino preparado para vosotros desde la fundación del mundo» (Mt. 25:34). Cuando lo oigáis, pensaréis dentro de vosotros: «Nunca una música tan bella, sonó a nuestros oídos. ¡Oh, qué preciosas palabras!».

CONCLUSIÓN

Pero ¡ay vosotros los que no tenéis al Señor como Salvador; no os podréis aplicar estas dulces palabras! Les pediréis a las rocas que caigan sobre vosotros y os escondan. Temblaréis cuando veáis a los fieles soldados de Jesucristo venir ante Él. Uno a uno les dirá: «Bien, buen siervo y fiel; sobre poco has sido fiel, sobre mucho te pondré; entra en el gozo de tu señor» (Mt. 25:21). «Has peleado la buena batalla, has guardado la fe. Recibid la corona reservada para vosotros desde antes de la fundación del mundo» (Mt. 25:21). Vosotros mismos le diréis: «La gracia se derramó en tus labios». ¡Con cuánta gracia habla! Pero los que no tenéis al Señor como Salvador, sentiréis y lamentaréis que no se esté dirigiendo a vosotros. Ahora os reís de los creyentes, pero llegado ese momento estaréis petrificados y ciertamente les envidiaréis. Ahora les despreciáis, pero en aquel instante tendréis que morder el polvo que pisan sus pies. No podréis pedir un trono para sentaros como ellos. Pero en un momento, en lugar de palabras llenas de gracia, serán palabras llenas de terror, y ante ese sonido horrendo, el cielo y la tierra huirán, y no se encontrará lugar para ellos. Escuchad a Mateo (25:41): «Apartaos de mí, malditos, al fuego eterno preparado para el diablo y sus ángeles». ¡Vosotros no estaréis deseando oír a esos labios llenos de gracia pronunciar estas palabras dirigidas a vosotros! Estoy seguro de que ninguno de vosotros estáis deseando hacer vuestro lecho en el infierno, y encontraros de pronto morando en la condenación. Muchos de los que estáis aquí en esta mañana, sabéis que os encontráis atra-

Dios Padre, Jesucristo, Espíritu Santo

pados en la amargura y las ataduras de la iniquidad. Si la muerte os sorprende sin Cristo, no podréis ir al cielo. Sois muchos los que ya hace tiempo que venís a esta Iglesia, y otros que habéis entrado hoy por primera vez. ¡Cristianos, orad y llorad por ellos! Sería una pena que dichas personas estuvieran enfermas, pero lo que es peor, están destinados a padecer la muerte segunda. Sería doloroso que estuvieran condenados a morir por la ley, pero es que ellos ya están condenados. Mis amados hermanos y hermanas, hay ahora algunos de vosotros que estáis sentados en los bancos al lado de los que están condenados. ¿Cómo os sentiríais si estuvierais al lado de un hombre que mañana debe ser ejecutado en la pena capital? Sin duda pensaríais: «que Dios bendiga la Palabra y la dirija al alma de esta pobre criatura». Aquí hay sentado un santo de Dios, y a su lado un hijo del infierno. ¿No lamentaríais y lloraríais por él? ¿Serán vuestros corazones como el acero? ¿Dejaréis que estas almas vayan a la condenación sin una oración? No, oraremos por ellos, para que Dios en su misericordia les de la gracia para salvarles de la maldición que ha de venir. ¡Pobres pecadores, esos que os sentís condenados bajo la acusación de vuestra conciencia! ¡Pecadores sin Cristo, os ruego que no despreciéis a mi bendito Maestro! ¡Oh! Si supierais cuánto te ama Jesús, le amaríais a Él en un instante.

Conozco a un hombre que dice que nunca recibió un impacto mayor en su vida hasta que oyó la frase «Jesús, tú amas mi alma».

–¡Oh! –dijo él–, no recuerdo ninguna de las palabras del mensaje, sino las del principio del himno: «Jesús, tú amas mi alma».

Entonces se dirigió a un amigo mío y le dijo:

–Jesús, tú amas mi alma.

–¿Pensáis que Jesucristo ama mi alma?

–Si lo creo, yo tendría que amarle a Él en un instante.

Su amigo le contestó:

–¡Ah, si te sientes de esa manera es que Cristo ama tu alma y además es tu amigo.

¡Oh, amados, si pudierais afirmar que Jesús es quien ama tu alma y también tu amigo! ¿Tienes algún interés en su amor? ¿Tienes deseos de amar a Jesús? Si es así, es que Él tiene mil veces más amor por ti. Te aseguro que a Cristo le complace más salvar a los pecadores, que a éstos ser salvos. El pastor desea más encontrar a la oveja perdida, de lo que la oveja desea que la encuentren. Solo permíteme decirte, que el Señor no quiere la muerte del que muere, pero sí tiene un placer profundo como el mar, alto como el cielo, y tan inescrutable como su propia divinidad, en salvar a los pecadores. Solamente creed en su nombre. A vosotros pecadores os predico, Jesucristo dice: «El que cree en el Hijo tiene vida eterna» (Jn. 3:36). ¿Crees tú esto? ¿Depositarás tu confianza en Él? ¿querrás tú

«Renunciar a tus sendas
y obras nefastas,
Y volar a este seguro alivio»?

¿Caerás en sus brazos, y dejarás que Él te lleve? ¿Te apoyarás en la Roca de los Siglos y dejarás que te sostenga? Si lo haces ahora, en un instante te convertirás en otro hombre. Ya no serás más un heredero de la ira de Dios, sino un hijo de la gracia. Tu salvación será segura, y estarás entre los justificados y glorificados.

10. LA INMUTABILIDAD DE CRISTO

«Jesucristo es el mismo ayer, y hoy, y por los siglos« (Hebreos 13:8).

INTRODUCCIÓN: Lo cambiante de la vida.

I. INMUTABILIDAD
1. Jesucristo es el mismo respecto al Padre
2. Jesucristo es el mismo respecto a los pecadores
3. El Evangelio de Jesucristo es siempre el mismo

II. LOS CAMBIOS SON INTRODUCIDOS POR EL HOMBRE
1. El ataque de la incredulidad.
2. Todavía quedan hombres fieles

CONCLUSIÓN: Trata de imitar a Jesucristo, hay gozo en ello.

LA INMUTABILIDAD DE CRISTO

INTRODUCCIÓN

Es bueno que haya una persona que no cambie; que exista una roca firme entre las olas mutantes del mar de la vida. ¡Cuántos y cuán negativos han sido los cambios de este año! ¿Cuántos habéis comenzado el año con abundancia, y sin embargo tenéis ahora vuestro patrimonio reducido por el pánico que ha sacudido a las naciones? ¿Cuántos de vosotros, que teníais una salud de hierro el año pasado, habéis llegado aquí tambaleándoos, sintiendo que verdaderamente el aliento del hombre está en su nariz? Muchos de vosotros habéis venido a este auditorio con una numerosa familia, apoyados en el brazo de algún amigo muy querido. Otros habéis enterrado a aquellos que más amabais. Algunos habéis llegado aquí sin hijos, viudos o huérfanos, todavía llorando por vuestra reciente aflicción. Han ocurrido algunos cambios que verdaderamente han roto vuestros corazones. Vuestras copas de dulzura os han sido quitadas y han sido sustituidas con una poción llena de amargura; vuestras cosechas doradas se han estropeado con la maleza salvaje, y ahora tendréis que arrancar las malas hierbas junto con el buen grano. Vuestro oro ha disminuido, y vuestra gloria se ha esfumado. Los dulces comienzos del año pasado, se han convertido en amargura al final de este año. Vuestros momentos de alegría y éxtasis son ahora depresiones y malos presagios. ¡Gloria a Dios, que nuestras aleluyas son para Aquel que no cambia!

Pero hay cosas más grandes que nosotros que han experimentado grandes cambios, pues algunos reinos han temblado. Hemos visto territorios empapados de sangre, guerras y destrucción en muchos lugares. Todo el mundo ha cambiado. La tierra ha cambiado su color verde por el sombrío abrigo del otoño, y pronto se cubrirá con el manto de la nieve. Todas las cosas han cambiado. No solo en apariencia, sino en realidad, el mundo se está volviendo viejo. El mismo sol con los años irá perdiendo su fuerza; el cambio de la tierra y los cielos ha comenzado. Ellos perecerán, se derretirán como cera, y vendrán a ser como una vieja vestidura. Por lo tanto, sea por siempre bendito Aquel que es el mismo, y cuyos años no tienen fin. El marino que después de muchos días de lucha con el mar, experimenta el alivio de pisar tierra firme, me recuerda al cristiano. En medio de los cambios de esta turbulenta vida, apoya el pie de su fe en un texto como éste: «Jesucristo es el mismo ayer, y hoy, y por los siglos». Cuando fijamos nuestra fe en una verdad tan gloriosa como ésta, sentimos la misma estabilidad que el barco que ha anclado en un fondo inamovible.

En primer lugar, en esta mañana trataré de abrir el texto mediante una pequeña explicación; luego, responderé a unas pocas objeciones, contra las cuales sin duda se enfrentará nuestra malvada incredulidad, y por último, extraeré unas pocas lecciones prácticas, útiles y consoladoras de la gran verdad de la inmutabilidad de Jesucristo.

I. INMUTABILIDAD

En primer lugar, entonces, abriremos el texto con una pequeña explicación. Jesucristo es el mismo ayer, hoy, y por los siglos. Él es el mismo en su persona. Nosotros siempre estamos cambiando. El florecer de la juventud da lugar a la fortaleza de la edad adulta, y ésta, a su vez a la debilidad de la vejez. «Desde el seno de la aurora tienes tú el rocío de tu juventud» (Sal. 110:3). Cristo Jesús, a quien adoramos, es siempre joven. Nosotros venimos a este mundo con la ignorancia de la infancia; crecemos, estudiamos y aprendemos con la diligencia de la juventud. En nuestra edad madura nos atenemos a algunos conocimientos, y en nuestra vejez volvemos nuevamente a las tonterías de la infancia. Pero, ¡oh, nuestro Señor! Él conoce perfectamente todas las cosas perecederas o eternas desde antes de la fundación del mundo, y tu omnisciencia será igual ayer, hoy, y por los siglos. Un día nos sentimos fuertes, y al día siguiente, débiles. Un día estamos firmes y estables, y al otro dudando una hora constantes y seguidamente versátiles como el vapor del agua. Por algún tiempo somos santos, mantenidos por el poder de Dios, y momentos después,

Dios Padre, Jesucristo, Espíritu Santo

estamos pecando llevados por nuestras propias concupiscencias. En cambio, nuestro Maestro es siempre el mismo, puro, sin mancha, firme y permanente eternamente omnipotente e inmutablemente omnisciente. Ninguno de sus atributos es pasajero; Él permanece firme y estable sin una sombra de variabilidad o de cambio. Salomón cantó así al Amado: «Mi amado es blanco y rubio. Señalado entre diez mil. Su cabeza como oro finísimo; sus cabellos crespos, negros como el cuervo. Sus ojos, como palomas junto a los arroyos de las aguas, que se lavan con leche, y a la perfección colocados. Sus mejillas, como una era de especias aromáticas, como fragantes flores: sus labios, como lirios que destilan mirra fragante. Sus manos, como anillos de oro engastados de jacintos; su cuerpo, como claro marfil cubierto de zafiros. Sus piernas, como columnas de mármol fundadas sobre basas de oro fino; su aspecto como el Líbano, escogido como los cedros» (Cnt. 5:10-15). Seguramente, de la experiencia que hemos tenido con Él, podemos acabar la descripción por nosotros mismos, y mientras damos nuestro apoyo a cada palabra del pasaje anteriormente citado, acabamos diciendo: «Su paladar, dulcísimo, y todo él codiciable. Tal es mi amado, tal es mi amigo, oh doncellas de Jerusalén» (Cnt. 5:16). Juan dijo acerca de Él: «Su cabeza y sus cabellos eran blancos, como blanca lana, como nieve; sus ojos como llama de fuego; y sus pies semejantes al bronce bruñido, refulgente como en un horno; y su voz como estruendo de muchas aguas. Tenía en su diestra siete estrellas; de su boca salía una espada aguda de dos filos; y su rostro era como el sol cuando resplandece en su fuerza» (Ap. 1:14 -16). Él sigue siendo el mismo, sobre su frente no hay ni una sola arruga, sus mechones son plateados pero no por la edad; sus pies están firmes como cuando se posaron sobre las montañas eternas, en las edades antes de que el mundo fuera hecho sus ojos penetrantes como cuando por primera vez contempló al mundo que había creado. La persona de Cristo no cambia nunca. Cuando Él venga nuevamente, será la misma persona; tan amante, generoso y amable, como cuando vino por primera vez. Ya no será más el «varón de dolores, experimentado en quebrantos» (Is. 53:3), pero seguirá siendo la misma persona, inmutable en todas sus glorias, triunfos y gozos. Bendecimos a Cristo que entre sus esplendores celestiales, es siempre la misma persona y su naturaleza no se ve afectada por nada. «Jesucristo es el mismo ayer, y hoy, y por los siglos».

1. Repito: Jesucristo es el mismo de siempre con respecto a su Padre. Él fue su Hijo bienamado antes de la fundación de todos los mundos; lo fue en el torrente del bautismo, también en la cruz, cuando llevó cautiva la cautividad, y ahora no es menos el objeto de su infinito amor, de lo que lo fue entonces. Ayer estaba en el seno de Jehová, siendo Dios, y teniendo todo el poder con su Padre luego, siendo hombre, estuvo en la tierra con nosotros, pero sigue siendo el mismo por siempre asciende a las alturas y por herencia sigue siendo el Hijo unigénito del Padre teniendo un nombre superior a los ángeles y estando sentado sobre todos los principados y potestades, y sobre todo nombre que se nombra. ¡Oh cristiano, dale a Él tu causa para que abogue por ella, el Padre le responderá hoy, así como lo ha hecho ayer. No dudéis de la gracia del Padre. Id a vuestro abogado. Él está tan cerca del corazón de Jehová como siempre y sigue prevaleciendo en su intercesión. Confiad en Él, y al hacerlo, podéis estar seguros del amor del Padre hacia vosotros.

Pero hay todavía un pensamiento más dulce: Jesucristo es el mismo de siempre con respecto a los suyos. Nos hemos deleitado en nuestros momentos más felices, en días que han pasado, pensando en Él que nos amó antes de que existiésemos.

«Jesús me buscó cuando era un extraño
cuando andaba errante en el rebaño de Dios,
mi alma de peligro quiso salvar,
y por su preciosa sangre, de Él he ido en pos.»

También hemos mirado atrás, a los tiempos de nuestras pruebas y tribulaciones; y podemos testificar que Él ha sido fiel en todas nuestras necesidades y nunca nos ha fallado. Venid, entonces, y confortémonos con este pensamiento que aunque hoy pueda entristecernos con un sentimiento de pecado, su corazón es para con nosotros el mismo de siempre. A veces Cristo puede usar máscaras que ante los suyos parecen negras, pero su rostro es siempre el mismo. Algunas veces, en vez del cetro de oro, puede tomar una vara en su mano, pero el nombre de sus santos queda tan impreso sobre la mano que sujeta la vara como en la que sostiene el cetro. Y ¡oh, qué dulce pensamiento viene a mi mente! Amados, ¿podéis concebir cuánto os amará Cristo cuando estéis en el cielo? ¿Habéis podido desentrañar el mar sin fondo del amor de Dios en el cual hemos de nadar, cuando nos sumerjamos en el descanso celestial? ¿Habéis pensado alguna vez en el amor que Cristo nos manifestará, cuando nos presente sin mancha ni arruga ni cosa semejante delante del trono del Padre? Bien, haz una pausa y recuerda que Él te ama en este momento tanto como te amará entonces, puesto que para siempre Él será el mismo que es hoy. Una cosa sé: si Jesús ha puesto su corazón en mí, Él no me amará ni un átomo menos, cuando esta cabeza use una corona o cuando esta mano toque las cuerdas de un arpa de oro, que ahora que estoy en medio del pecado y de mis enemigos. Yo creo en lo que está escrito: «Como el Padre me ha amado, así también yo os he amado» (Jn. 15:9). No podemos imaginar una medida más grande de amor. El Padre ama al hijo infinitamente, y aún hoy día el Hijo de Dios te ama a ti. Todo su corazón derrama amor por ti. Toda su vida es tuya, y toda su persona también. Él no puede amarte más, ni puede amarte menos, porque «Jesucristo es el mismo ayer, y hoy, y por los siglos».

2. Pero hagamos memoria de que Jesucristo es el mismo para los pecadores hoy día como lo fue ayer. Hace ahora ocho años desde que conocí por primera vez a Cristo. El seis de este mes, cumpliré ocho años en el Evangelio de la gracia de Jesús; soy todavía como un niño. Recuerdo aquella hora cuando escuché la exhortación: «Mirad a mí, y sed salvos, todos los términos de la tierra, porque yo soy Dios, y no hay más» (Is. 45:22). Y recuerdo, cómo temblando y con poca fe, me acerqué a los pies del Salvador. Pensé que tal vez me rechazaría. «Seguro», decía mi corazón, «que si te atreves a poner tu confianza en Él como Salvador, dicha presunción será más digna de condena que todos tus pecados juntos. No vayas a Él, porque te rechazará». Sin embargo, me puse la cuerda al cuello, sintiendo que si Dios me destruía para siempre, sería justo. Eché las cenizas sobre mi cabeza, y con un suspiro confesé mi pecado. Entonces, cuando me aventuré a acercarme a Él, mientras que esperaba que me echase fuera, me extendió su mano y me dijo: «Yo, yo soy el que borro tus rebeliones por amor de mí mismo, y no me acordaré de tus pecados» (Is. 43:25). Vine como el hijo pródigo, porque fui forzado a venir. Yo estaba en ese país extraño, donde vivía licenciosamente y había gastado todo lo que tenía. Veía la casa de mi Padre allá en la lejanía, pero no sabía que su corazón estaba latiendo de amor por mí. ¡Bendita hora, cuando Jesús me dijo que era suyo y mi alma pudo decir: «Jesucristo es mi salvación»! Ahora refrescaré mi propia memoria, recordando lo que mi Maestro fue para mí ayer. Hoy continúa siendo el mismo, y sé que si como un pecador acudí a Él y me recibió, me volverá a recibir ahora. Creyendo que esto es verdad, me dirijo hacia mis hermanos y les digo: «El que me recibió a mí, recibió a Manasés y al ladrón que estaba a su lado en la cruz. Él es hoy igual que ayer. ¡Oh venid y probadle! ¡Venid sin dudar, y probad a Dios! ¡Oh, tú que conoces tu necesidad de Él, ven a Él! Tú, que has vendido por nada tu herencia celestial, puedes volver a tenerla como un don del amor de Jesús. Tú que estás vacío, Cristo llenará tu vida. ¡Venid!, llenaos aquí. Para los que estéis sedientos, el torrente está fluyendo; los que estáis ennegrecidos por el pecado, la fuente de misericordia eterna aún puede limpiaros; los que estáis desnudos, seréis vestidos con las mejores vestiduras, como lo fue el hijo pródigo».

«Venid, almas culpables y volad,
a Cristo, para sanar vuestras heridas,
aún es el día del Evangelio de gracia,

Dios Padre, Jesucristo, Espíritu Santo

y ésta abunda hoy para salvar vuestras vidas».

3. No puedo entrar en la plenitud de mi texto como desearía, pero deseo exponer un pensamiento más. Jesucristo es el mismo hoy, como fue ayer, en la enseñanza de su Palabra. Pero en estos tiempos, nos dicen que los progresos de la época requieren mejoras en la teología. Incluso he oído decir que la forma en que Lutero predicaba no sería la adecuada para esta época. ¡Somos demasiado educados! Los que afirman esto, dicen que el estilo de predicación de John Bunyan no es el apropiado para nuestros días. En verdad, honran a los que afirman tales cosas. Son como los fariseos, construyen los sepulcros de los profetas que sus padres mataron confesando así que son los hijos de esos padres y, además, iguales a ellos. Los predicadores que se disponen a predicar como lo hicieron aquellos hombres de Dios, con lenguas honestas y sin usar frases corteses, son condenados como lo fueron ellos, porque, según dicen, el mundo está marchando hacia adelante y el Evangelio también debe experimentar este progreso. No, señores, el antiguo Evangelio es siempre el mismo. Ninguno de sus pilares debe quitarse, ni se debe aflojar ninguna de sus cuerdas. Retén la forma de las sanas palabras que de mí oíste, en la fe y amor que es en Cristo Jesús» (2 Ti. 1:13). La teología no tiene en sí nada nuevo, excepto lo que es falso. La predicación de Pablo debe ser la que usen los ministros hoy día. Aquí no hay ninguna clase de adelantos. Podemos avanzar en nuestro conocimiento de la teología, pero ésta seguirá siendo la misma por la sencilla razón de que es perfecta, y a la perfección no puede añadírsele nada. La antigua verdad que predicaban Calvino, Crisóstomo y Pablo, es la que debe predicarse hoy día, o de otro modo ser un mentiroso para nuestra conciencia y para con Dios. Yo no puedo darle forma a la verdad. No conozco tal cosa como limarle las asperezas a una doctrina. El Evangelio de John Knox es mi Evangelio. Aquello que estremeció a Escocia debe estremecer de nuevo hoy a Inglaterra. La gran mayoría de nuestros ministros son lo suficientemente sanos en la fe, pero no en la manera de predicarla. En muchos púlpitos no se menciona la elección ni siquiera una vez al año. Se retiene la doctrina de la perseverancia hasta el fin; se olvidan otros importantes aspectos de la ley de Dios, y los hombres se deleitan con una mezcla de Arminianismo y Calvinismo. Por lo tanto, el Señor se ha olvidado de muchos de sus tabernáculos y ha dejado la casa de su pacto; y la volverá a dejar hasta que la trompeta vuelva a sonar, pues donde no está el antiguo Evangelio, hallaremos la palabra Icabod escrita en las paredes de la iglesia (1 S. 4:21). La antigua verdad de los participantes del pacto, la de los puritanos y de los Apóstoles, es la única verdad que soporta la prueba del tiempo, y que nunca necesitará ser modificada para acomodarse a una generación malvada e impía. Cristo Jesús predica hoy día lo mismo que cuando predicaba sobre el Monte de los Olivos. Él no ha cambiado sus doctrinas. Los hombres pueden ridiculizarlas y reírse de ellas, pero siguen siendo las mismas. Nunca serán quitadas o alteradas.

Me dirijo ahora a todos los cristianos, para decirles que esto es igualmente valioso para las promesas de Dios. Son tan valiosas hoy, como lo fueron ayer, y lo serán por siempre. Que los pecadores estén conscientes de que dicha característica es verdadera también para con las amenazas. Recordemos que no se puede añadir ni quitar ni una sola letra a este Libro Sagrado, pues así como Jesucristo es mismo, así también lo es su Evangelio, ayer, hoy y por siempre.

Así he abierto brevemente el texto, no en su significado más amplio, pero lo suficiente para capacitar al creyente para ver dentro de esa profundidad sin fondo la inmutabilidad de Jesucristo el Señor.

II. LOS CAMBIOS SON INTRODUCIDOS POR EL HOMBRE

Ahora entra alguien encorvado y con un aspecto horroroso; uno que tiene tantas vidas como un gato y al que no se puede matar de ninguna manera, aunque muchos lo han intentado. Su nombre es la vieja señora Incredulidad y comienza su miserable oratoria diciendo: «¿Cómo puede ser verdad?

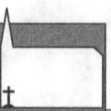

Jesucristo es el mismo ayer, y hoy, y por los siglos. ¿Por qué, ayer Cristo era para mí el sol que me alumbraba y hoy estoy en tinieblas?». Alto ahí, señora Incredulidad, le ruego que recuerde que Cristo no cambia. Usted ha cambiado, porque en su acusación dice que ayer se regocijaba, pero que hoy se siente arruinada. Todo eso puede suceder, y sin embargo Cristo no cambia de manera alguna. El sol es siempre el mismo, aunque por una hora pueda estar nublado, y a la próxima haber un brillo de luz dorada, no hay prueba de que el sol haya cambiado. Así sucede con Cristo.

«Si hoy decide bendecirnos
con un sentido de perdón,
mañana puede angustiarnos
haciéndonos sentir miserables en
nuestro interior.
Todo ello para que nos sintamos,
enfermos de nuestro yo.»
En Él no hay ningún cambio.
«Inmutable es su voluntad,
aunque oscuro mi ser esté,
todavía su amante corazón,
tan inmutable como Él es.
Mi alma experimenta muchos
cambios,
pero su amor no conoce variación.»

Vuestros cuerpos no son prueba de que Cristo cambia; son solamente pruebas de que vosotros cambiáis.

1. «Pero», dice nuevamente la señora Incredulidad: «Seguramente Dios ha cambiado; pareces uno de esos santos de la antigüedad. ¡Qué hombres felices eran! ¡Cuánto los favorecía Dios! ¡Qué bien les proveía para todas sus necesidades! Sin embargo ahora, cuando estoy hambriento, no viene ningún cuervo a traerme pan y carne por la mañana y por la noche. Cuando tengo sed, el agua no salta de la roca para saciarla. Se dice de los hijos de Israel que sus ropas no envejecieron, pero yo tengo un agujero en mi chaqueta, y no sé en dónde podré conseguir otra. Cuando Israel marchaba por el desierto, Dios no consintió que nadie les dañara, pero señor mío, yo estoy siendo a cada momento hostigado y perjudicado por mis enemigos. Como dice la Escritura: Y fue afligido Israel en gran manera (Jue. 10:9). Yo también lo soy. Veo morir a mis amigos, y hoy día no hay carruajes que lleven a los Elías de Dios al cielo. He perdido mi hijo, pero ningún profeta se echó sobre él y le devolvió la vida. El Señor Jesucristo no me salió al encuentro a las puertas de la ciudad, ni me devolvió a mi hijo de la tumba. No, señor, éstos son días malos, la luz de Cristo se ha empalidecido, y si todavía Él camina entre los candelabros de oro, no lo hace como solía hacerlo antes. Y lo que es peor, señor, he oído hablar a mi padre de los grandes hombres de antes. También acerca de grandes personajes como Romaine, Toplady y Scott; acerca de los Whitfields y los Bunyans, y hace unos pocos años de hombres como Joseph Irons solemnes y ardientes predicadores del Evangelio. Pero, ¿dónde están ahora esos hombres? Señor, hemos caído en una época de estupideces; los verdaderos hombres han muerto, y nos han quedado solo unos pocos enanos. Ya no hay nadie que ande en las pisadas de los poderosos gigantes espirituales, como Owen, Howe, Baxter y Charnock. Todos nosotros somos pequeños hombres. El Señor Jesucristo no trata con nosotros de la misma manera que lo hizo con nuestros antepasados.

Un momento, señora Incredulidad, ¡alto ahí! Permítame recordarle que el pueblo de Dios de la antigüedad también tenía sus dificultades. ¿No sabe usted lo que dijo el Apóstol Pablo? «Como está escrito: Por causa de ti somos muertos todo el tiempo; somos contados como ovejas de matadero» (Ro. 8:36). Ahora bien, si hubiera cualquier cambio, sería un cambio para bien, pues como la Escritura nos dice: «Aún no habéis resistido hasta la sangre, combatiendo contra el pecado» (He. 12:4).

Recordad que esto no afecta a Cristo, pues ni el hambre, ni la desnudez, ni la espada nos puede separar del amor de Dios, que es en Cristo Jesús nuestro Señor. Es verdad que no has visto los carros de fuego, pero cuando sea el momento, los ángeles te llevarán a donde está Jesús. Es también cierto que los cuervos no te traen la comida, pero también es cierto que no te falta de comer, y que de una u otra forma,

Dios Padre, Jesucristo, Espíritu Santo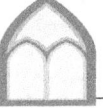

consigues lo que necesitas. También es verdad que no encuentras agua que salte de la roca, pero tampoco te ha faltado. Tu hijo no te ha sido devuelto de la tumba, pero, recuerda, David tenía un niño que murió y tampoco le fue resucitado. Tú tienes el mismo consuelo que tenía él, «yo voy a él, mas él no volverá mí» (2 S. 12:23). Dices que tienes más padecimientos que los santos de la antigüedad; pero eso se debe a tu ignorancia. Aquellos santos hijos de Dios decían como David, «¿Por qué te abates, oh alma mía, y te turbas dentro de mí?» (Sal. 42:5). Aun los profetas decían: «Me llenó de amarguras, me embriagó de ajenjos. Mis dientes quebró con cascajo, me cubrió de ceniza» (Lm. 3:15 -16). ¡Oh, te equivocas!, tus días no están más llenos de tribulaciones que los de Job, no estás más arruinado por los malos de lo que estuvo Lot, no tienes más tentaciones que te provoquen la ira como las que tuvo Moisés, y ciertamente tu camino no es ni la mitad de duro de lo que fue el camino del Señor. El hecho de que tengas tribulaciones es una prueba de su fidelidad, pues has heredado una mitad de su legado para recibir luego la otra mitad. Bien sabes que la última voluntad y testamento de Cristo, tiene en sí dos porciones. «En el mundo tendréis aflicción» –ya la has tenido– y las palabras que le siguen: «pero confiad, yo he vencido al mundo» (Jn. 16:33). Esta segunda parte también es tuya.

2. Luego dices que te ha tocado vivir en una mala época en lo que se refiere a los predicadores. Es posible, pero Dios promete que aunque te quitare el pan y el agua, no quitará de ti tus pastores. Aún en esta época, hay hombres de Dios que todavía son fieles, y que no abandonan la verdad. Aunque nuestros días sean oscuros, no son tan oscuros como antes, y además recuerda que en la actualidad estás diciendo lo mismo que dijeron tus antepasados. Hubieron hombres en los días de Toplady que miraban atrás a los días Whitfield; hombres que en los días de Whitfield, miraban atrás a los días de Bunyan, otros que en los días de Bunyan lloraban porque no eran los días de Wyclife, Calvino y Lutero; y había quienes añoraban los días de Agustín y Crisóstomo.

Sin duda, en esos días también existían hombres que pensaban en los días de los Apóstoles, y en los días de los Apóstoles algunos añoraban los días de Cristo. Seguramente en los días en que Cristo estuvo sobre la tierra, habían algunos que eran tan ciegos que deseaban regresar a los días de la profecía, y pensaban en los días de Elías más que en los gloriosos días de Cristo. Algunos hombres miran más al pasado que al presente. Pero una cosa hay segura, que Jesucristo es el mismo que fue ayer, y será el mismo para siempre.

¡Tú que te lamentas!, alégrate. He oído la historia de una niña pequeña, quien cuando murió su padre, vio a su madre llorar desconsoladamente. Día tras día, y semana tras semana, la madre rehusaba todo consuelo; hasta que un día la niña puso su manita entre las manos de su madre, la miró fijamente y le preguntó: «Mamá, ¿Dios está muerto?». Y lógicamente, la madre tuvo que responderle que no. La niñita, con su pregunta, parecía decirle: «Porque tu marido es tu Hacedor; Jehová de los ejércitos es su nombre» (Is. 54:5). Así que puedes enjugar tus lágrimas, yo tengo un padre en los cielos, y tú todavía tienes un esposo. ¡Oh, santos que habéis perdido vuestro oro y vuestra plata; tenéis un tesoro en los cielos donde ni la polilla ni el óxido corrompen, y los ladrones no pueden robar. Los que hoy estáis enfermos y habéis perdido la salud; recordad que se acerca el día en que os será devuelta, y hallaréis que la llama no os ha quemado, sino que ha consumido vuestra escoria y ha refinado vuestro oro. Recordad: «Jesucristo es el mismo ayer, y hoy, y por los siglos».

CONCLUSIÓN

Ahora seré breve para extraer un par de dulces conclusiones de esta parte del texto.

Primero, entonces, si hoy Él es el mismo que ayer, no pongas tus afectos en las cosas que cambian, sino en Él, que es inmutable. ¡Oh, mi corazón, no construyas tu casa sobre pilares de arena de un mundo que pronto pasará, sino edifica tus esperanzas sobre esta roca, la cual, cuando desciende la lluvia y vienen las inundaciones, permanecerá inamovible y segura. ¡Oh, alma mía, te encarezco, pon tu tesoro en este lugar seguro donde nunca podrás perderlo! Ponlo en Cristo, pon todos tus afectos en su persona, toda tu esperanza en su gloria, toda tu confianza en su sangre eficaz, todo tu gozo en su presencia. Entonces te habrás puesto a ti mismo y todo lo que tienes donde nunca podrás perder nada, porque está absolutamente seguro. ¡Recuerda, oh corazón mío, que viene el tiempo cuando todas las cosas pasarán, y tu también pasarás con ellas. La noche de la muerte pronto hará que el sol de tu vida se oculte. Pon entonces tu corazón en Él, quien nunca te abandonará, confía en Aquel que irá contigo a través de la negra corriente de la muerte y te llevará hacia las colinas del cielo, haciéndote sentar juntamente con Él en los lugares celestiales para siempre. Vé, dile tus secretos a aquel amigo que es más cercano que un hermano. Confía todas tus preocupaciones a Él, que nunca puede serte arrebatado, que jamás te abandonará y que no permitirá que tampoco tú le dejes, porque: «Jesucristo es el mismo ayer, y hoy, y por los siglos».

Pasemos ahora a la segunda conclusión. Si Jesucristo es siempre el mismo, entonces, alma mía, trata de imitarle. Sé tú también la misma. Recuerda: si tienes más fe, serás tan feliz en el horno de la aflicción, como en la montaña del gozo. Estarás tan dichoso si tienes hambre como si estás satisfecho. Te regocijarás en el Señor tanto si el olivo no da aceite, como si la cuba está rebosando. Si tienes más confianza en tu Dios, tendrás menos altibajos, y si estás más cerca de Cristo tendrás menos vacilaciones. Ayer podías orar con todo el poder de la oración; tal vez si vivieras continuamente cerca del Maestro, tendrías el mismo poder al ponerte de rodillas. Hubo un tiempo en que podías desafiar la ira de Satanás, y enfrentarte a un mundo malhumorado y negativo, pero quizás mañana salgas volando como un cuervo. En cambio, si recordaras a Aquel que sufrió tan gran contradicción de pecadores contra sí mismo, podrías tener tu mente siempre firme y constante. No seas como una de esas veletas que marcan la dirección del viento y siempre están cambiando de posición. Procura que la ley de Dios permanezca escrita en tu corazón, como si estuviera escrita sobre la piedra y no sobre la arena. Busca que su gracia pueda venir a ti como un río, y no como un arroyuelo que se seca. Mira que puedas mantener siempre santa tu conversación, que tu camino sea como una luz brillante que va en aumento, hasta la plenitud del día. Sé como Cristo siempre el mismo.

Repito: si Cristo es siempre el mismo, ¡regocíjate cristiano! Venga lo que venga, tú estás seguro.

«Deja que se traspasen las montañas,
a las profundidades de la mar,
y que el mundo sea sacudido por convulsiones,
nuestra fe nunca podrá fallar».

Si el mundo se viene abajo, el cristiano no debe temblar. Solo por un minuto, imaginad una escena como ésta. Suponed que en los próximos tres días el sol no saldrá, que la luna se convertirá en sangre y no brillará más sobre el mundo. Imaginad que el mundo entero temblará hasta que caiga cada torre, cada casa y choza; que el mar no conserve su lugar e invada la tierra, y que las montañas dejen de estar firmes y tiemblen desde su base. Concebid que después de todo esto, un cometa surque los cielos, que los truenos rujan incesantemente y que los relámpagos, sin una pausa, sigan uno detrás de otro. Imaginad luego que, después de haber contemplado todas estas cosas, veis unos espíritus diabólicos y lúgubres, y seguidamente suena una estridente trompeta. Suponed que oís los gritos de la gente que está muriendo, y que en medio de toda esta confusión, te encuentras tú. Amigo, «Jesucristo es el mismo ayer, y hoy, y por los siglos», y Él te guardará tan seguro en medio de todos estos horrores, como lo estamos nosotros ahora. ¡Oh, regocijaos! Os he pintado lo peor que puede suceder, pero venga lo que venga, si sois de Cristo, estaréis seguros.

Por último, si Jesucristo es el mismo ayer, y hoy, y por los siglos, los que salen mal parados son los impíos. ¡Ah, pecador, cuando Él estuvo en la tierra, dijo: «Donde el gusano de ellos no muere, y el fuego

Dios Padre, Jesucristo, Espíritu Santo

nunca se apaga» (Mr. 9:44). Y cuando habló sobre el monte, dijo estas palabras: «Y si tu ojo fuere ocasión de caer, sácalo; mejor te es entrar en el Reino de Dios con un ojo, que teniendo dos ojos ser echado al infierno» (Mr. 9:47). Dijo además que las cabras deberían estar a la izquierda, y que les diría: «Apartaos de mí, hacedores de maldad» (Mt. 7:23). Pecador, Él será tan bueno como su palabra. El Espíritu te dice: «El que en él cree, no es condenado» (Jn. 3:18). Si no crees Él te condenará; de ello depende tu destino eterno. El Señor nunca ha fallado a su palabra ni a quebrantado una promesa, ni tampoco anulará ninguna advertencia o amenaza. Esta misma verdad que dice que los justos irán a la vida eterna, y nos hace estar hoy confiados, también dice que los impíos irán a la condenación. Si hubiera quebrantado su promesa, podría también romper sus advertencias; pero ha mantenido íntegramente ambas cosas. No penséis que va a cambiar, porque no lo hará. No creáis que el fuego que el Señor dijo que sería inextinguible, se extinguirá. No, querido oyente, si no te arrepientes, dentro de unos pocos años encontrarás que cada jota y cada tilde de las advertencias de Jesús se cumplirán, y lo que es peor, se cumplirán en ti. Mentiroso, a ti te dice (Ap. 21:8): «... y todos los mentirosos tendrán su parte en el lago que arde con fuego y azufre, que es la muerte segunda». Él no te engañará. Bebedor, Él te dice a ti: «... ni los borrachos... heredarán el Reino de Dios» (1 Co. 6:10). Él no invalidará su palabra. Dice que las naciones que se olvidan de Dios serán echadas al infierno. Todos los que se olvidan de las verdades espirituales, por más morales que sean, el Señor cumplirá su palabra y les echará al infierno. ¡Oh!, escuchad lo que nos dice el Salmo 2:12: «Honrad al Hijo, para que no se enoje, y perezcáis en el camino; pues se inflama de pronto su ira. Bienaventurados todos los que en él confían». Ven, pecador, dobla tu rodilla; confiesa tu pecado y abandónalo. Entonces acércate a Él y pídele que tenga misericordia de ti. Él no olvidará su promesa «al que a mi viene, no le echo fuera» (Jn. 6:37). Ven y cree en el Señor Jesucristo y serás salvo. «El que creyere y fuere bautizado, será salvo; mas el que no creyere, será condenado» (Mr. 16:16). Que Dios te dé su gracia para creer, por medio del Señor Jesucristo. Amén.

11. TU REDENTOR

«No temas, gusano de Jacob, oh vosotros los pocos de Israel; Yo soy tu socorro, dice Jehová; el santo de Israel es tu Redentor» (Isaías 41:14).

INTRODUCCIÓN: No estamos solos.

I. LA AMPLIACIÓN DEL TEMA
1. El desarrollo del sermón.
2. La Trinidad nos da su ayuda.

II. PARA AÑADIR DULZURA
1. La dulzura del Redentor.

III PARA LA CONFIRMACIÓN
1. La Trinidad como testigo.
2. Una gran promesa.
3. «Yo te ayudo.»

CONCLUSIÓN: Con su amor recibimos auxilio.

TU REDENTOR

INTRODUCCIÓN

¿Por qué dice, «es tu Redentor?» ¿Por qué se usa esta palabra en medio de una exhortación que viene del versículo 13, diciendo «no temas, yo te ayudo», y en el versículo 14, «yo soy tu socorro»? Con la ayuda de Dios, nuestra tarea en esta tarde será indagar por qué hay una bendición especial en el hecho de que Dios diga: «El Santo de Israel es tu Redentor».

Notaréis que parece como si esta promesa fuera una repetición hecha por tres personas diferentes. Israel había sido vencido, y Jehová le dice a su pobre, probado y cansado siervo, «yo te ayudo». No creo que estaríamos estirando el texto, si supusiéramos que Dios el Espíritu Santo añade esta solemne declaración jurada y declara por pacto y juramento las palabras, «yo te ayudo». Como decía antes, ¿no parece esto una repetición? ¿No era suficiente que Jehová el Padre declarara que Él ayudaría a su gente? ¿Por qué las otras personas de la divina Trinidad se unen a esta solemne declaración? Si Dios nos ayuda, creo que podremos demostrar la gran utilidad de lo que estamos diciendo, pues la repetición de la palabra dicha por nuestro Señor Jesucristo, nuestro Redentor, añade una peculiar bendición a la exhortación «no temas, gusano de Jacob».

Primero, pienso que esto fue añadido para la ampliación del tema; segundo, para añadir dulzura; tercero, para confirmarlo.

I. LA AMPLIACIÓN DEL TEMA

1. Primero, cuando dice «el Santo de Israel es tu Redentor» fue escrito como una ampliación. Hay algunos predicadores de los que nunca aprenderéis nada; no porque no enseñen cosas instructivas, sino porque mencionan un pensamiento instructivo una sola vez, no expandiéndose nunca sobre el segundo pensamiento. Entonces de inmediato, pasan al tercero dejándolo caer sin más, como si fueran pensamientos desnudos, sin explicarlos a la congregación. Generalmente la gente se queja de estos predicadores, diciendo que sus mensajes son poco útiles y poco constructivos. El oyente dice: «no me ha hecho ninguna impresión; no es que haya sido malo, pero hubieron muchas cosas sobre el tema que no pude asimilar. No me he llevado nada conmigo». Por otra parte, otros predicadores siguen un método mejor. Habiendo dado una idea, tratan de ampliarla, y si sus oyentes no son capaces de recibirla en abstracto, por lo menos pueden asirse a algunos de sus puntos. Ahora bien, Dios, el gran Autor del gran libro, Dios, el predicador de la verdad por medio de sus profetas, cuando predica y cuando escribe, amplía un hecho de forma tan excelente, extiende tan hábilmente una verdad, y amplía una doctrina de manera tan clara, que se expresa así: «Porque yo Jehová soy tu Dios... no temas... yo te ayudo... yo soy tu socorro». Esto significa el Padre, el Hijo y el Espíritu Santo. «¡Ah, pero», dice Dios, a menos que amplíe el pensamiento, mi gente olvidará esto; de modo que lo desplegaré, y les haré recordar la doctrina de la Trinidad. Ellos pueden entender esa Unidad, les traeré a la memoria que son Tres personas en una, y añade: «El Santo de Israel es tu Redentor».

Jehová-Redentor-el Santo de Israel, tres personas, todas incluidas, ciertamente en la palabra Jehová, muy predispuestas a ser olvidadas a menos que sean enumeradas individualmente.

2. Ahora, hermanos, haced que vuestros pensamientos se extiendan por un momento sobre el hecho y la promesa contenida en este versículo: «No temas, yo te ayudo», es una promesa de las Tres Personas Divinas. He aquí a Jehová el Padre eterno, diciendo, mías son las edades. Antes de que comenzaran las edades, cuando no había mundos, ni nada había sido creado, desde la eternidad, Yo soy Dios. Soy el Dios de la elección, el Dios de los decretos, el Dios de los pactos. Por medio de mi fortaleza yo coloqué las montañas, con mi habilidad puse los pilares de la tierra, y las partículas del firmamento. Yo corrí los cielos como una cortina, como una carpa debajo de la cual pudiera vivir el hombre. Yo, el Señor, hice todas estas cosas. «No temas, yo te ayudo». Entonces interviene Jehová el Hijo. Y yo, también soy tu Redentor, yo soy el Eterno, mi nombre es sabiduría. Yo estaba con Dios antes de que Él cavara las cuencas de los ríos, yo estaba allí, siendo Uno con Él. Yo soy Jesús, el Dios de las edades, Yo soy Jesús, el «varón de dolores», «yo soy el primero y el último; y el que vivo, y estuve muerto; mas he aquí que vivo por los siglos de los siglos» (Ap. 1:18). Soy el sumo sacerdote de vuestra profesión, el Intercesor delante del trono; el Representante de mi pueblo. Yo tengo poder con Dios. «Yo te ayudo» (Is. 41:13). Pobre gusano, tu Redentor quiere ayudarte, por medio de sus manos heridas quiere darte ayuda. Entonces interviene el Espíritu Santo. Y Yo, dice el Espíritu, Yo también soy Dios, no una influencia, sino una Persona. Yo soy eterno y vivo por la eternidad; coexistente con el Padre y el Hijo. El Espíritu Santo se cernía sobre el caos, cuando aún el mundo no había sido formado. Yo sembré la

Dios Padre, Jesucristo, Espíritu Santo

tierra con las simientes de vida. Yo levanté de la muerte a vuestro Señor Jesucristo, el Pastor de los pastores. Yo soy el Espíritu Santo, por cuyo poder el Señor Jesús se levantó de su tumba. Yo soy el que despierta a las almas, y por medio de quien los escogidos son llamados de las tinieblas a la luz. Yo, que tengo el poder de sostener a mis hijos y preservarlos hasta el fin. «Yo te ayudo» (Is. 41:13). Ahora, alma, reúne a estas tres benditas Personas y piensa, ¿puedes necesitar más ayuda de la que la Trinidad puede darte? ¿Qué? ¿Necesitas más omnipotencia que la de la Trinidad unida? ¿Deseas más sabiduría que la que existe en el Padre, más amor que el demostrado por el Hijo, e influencias más poderosas que las del Espíritu? Trae tu recipiente vacío, seguramente Él lo llenará. ¡Date prisa! reúne tus deseos y tráelos aquí; tus manos vacías, tus tristezas, tus necesidades. Las riquezas de Dios sobreabundan y jamás se agotan. ¿Qué más puedes desear? Ponte de pie, cristiano, en Él radica tu poder. Jehová el Padre, Jehová Jesús, Jehová el Espíritu estas tres Personas están contigo para ayudarte. Este es el primer punto. Es, como decíamos al principio, una ampliación del tema.

II. PARA AÑADIR DULZURA

Ahora, en segundo lugar, respecto a la expresión «tu Redentor», puedo decir que es usada para hacer dulce la promesa. ¿Habéis notado alguna vez que una promesa es más dulce por tener en ella a Jesús? Todas las promesas son en Él sí y amén, pero cuando una promesa menciona el nombre del Redentor, imparte una bendición particular. Hermanos, es como si yo pudiera ser representado por una figura, el hermoso efecto de una decoración de cristales de colores. Hay algunas personas que tienen los ojos tan débiles que la luz parece dañarles, especialmente los rayos infrarrojos del sol. Se ha inventado un cristal, que rechaza los rayos perjudiciales y sólo deja pasar aquellos que son suavizados y modificados, de tal modo que no dañen la vista. Dios obra con nosotros de manera similar. La gracia del Dios de la Trinidad, brillando a través del hombre Cristo Jesús, se convierte en una luz dulce y suave, de manera que los mortales puedan sobrellevarla. Mi Dios, yo no podría beber de tu pozo, si tú no hubieses puesto en él a mi Salvador, pero ahora puedo beber de esa agua, porque Él es el agua de vida. ¡Oh cielo, eres demasiado brillante, no podría soportar tu deslumbrante luz, si no tuviera esta sombra con la cual puedo cubrirte. A través de ella, como por medio de una neblina, puedo contemplar el halo de tu gloria, sin disminuir su esplendor, pero sí su potencia, la cual sería mi destrucción. El Salvador amortigua su gloria, disminuyéndola hasta que sea adecuada a nuestro débil ser. Su nombre puesto en este elixir del cielo, no disminuye ni en un mínimo grado su fulgor y su exhilarante poder, sino que quita de él esa profunda fuerza que podría afectarnos. Él quita la profundidad del misterio, que haría que la fuerza del vino viejo del Reino, pudiera intoxicarnos en lugar de alegrarnos. Cristo Jesús, en el río de Dios, hace que el torrente sea más dulce. Cuando el creyente ve a Dios en la persona del Salvador, entonces ve al Dios a quien puede amar, y al que se puede acercar confiadamente. Amo a esta promesa, creo que más que a cualquier otra, porque pienso que en ella veo a mi Salvador, con su mano sangrante, estampándola sobre ella y diciendo: «el Santo de Israel es tu Redentor». La marca de su sangre queda estampada sobre la promesa. A mí me parece que cuando Dios pronunció esta promesa al pobre gusano de Jacob, el Señor Jesús no pudo quedarse en silencio. Él oyó a su Padre decir: «No temas, gusano de Jacob», y vio a ese pobre gusano con su cabeza sobre un lado, con sus ojos llenos de lágrimas, su corazón palpitando de terror, y sus brazos desplegados en actitud de desmayo. Cuando su Padre dijo: no temas, «gusano de Jacob, es Dios que está hablando», y entonces suaviza su voz y dice: «El Santo de Israel es tu Redentor». Él te dice:«no temas». Él que te ama, que conoce tu condición, que siente lo que tú sientes, que ha pasado por las desdichas que tú ahora estás soportando, Él que es tu Redentor y tu Hermano, también te dice: «No temas, gusano de Jacob». ¡Oh, es tan dulce y precioso mirar esa palabra, hablada por nuestro Redentor!

III. PARA LA CONFIRMACIÓN

Vayamos ahora a otro punto. Creo que éste se ha puesto como una vía de confirmación. «Por boca de dos o de tres testigos se decidirá todo asunto» (2 Co. 13:1).

«La incredulidad ciega, seguro errará.»

1. Se necesitan muchos testigos para hacer que las almas incrédulas como las nuestras, crean en las promesas. Pero Dios dice: "Yo te ayudo". ¿Serás incrédulo? ¿Dudarás de Jehová? ¿Podría acaso, el «Yo soy», mentir? ¿Puede la fidelidad y la verdad de Dios engañarte? ¡Oh, incredulidad, infame traidora!, ¿te atreves a dudar de Él? Sí, Cristo sabía que dudaríamos, de modo que Él viene y te dice, «el Santo de Israel es tu Redentor»; es un segundo testigo, mientras que el Espíritu Santo es el tercero. «Tu Redentor», quiere ser una segunda garantía, una positiva adición a la fidelidad de la promesa. Si rompiera su promesa, el Padre perdería su honor. Yo también doy como seguridad para el cumplimiento de esta promesa, mi palabra y mi honor. «Tu Redentor», se compromete a ayudarte, ¡oh, pobre gusano!

2. Y ahora, deseo que leáis la promesa, recordando que dice, «Tu Redentor», y entonces, al leerla, veréis como la palabra Redentor la confirma por completo. Comenzad; «Yo te ayudo». Deteneos unos momentos en estas palabras. Si las leéis, os daréis cuenta de que son una reprensión para la incredulidad. «Yo te ayudo», dice el Redentor. Es posible que otros no lo hagan, pero yo te he amado con amor eterno y te he atraído con mi amor hacia mí. «Yo te ayudo». Aunque la tierra te abandone, yo te amaré con mi amor eterno. Aunque tu padre y tu madre te abandonaran, yo te recogeré. ¿Podrás dudar de mí? Yo te he probado mi amor. Mirad la herida en mi costado. Ved mis manos horadadas, ¿podéis creerme? Lo dije sobre las aguas embravecidas, y lo digo ahora a mi pueblo: «¿Por qué teméis, hombres de poca fe?» (Mt. 7:26). A ti que ahora te encuentras en aguas turbulentas, el Señor te dice: «No temas... . yo te ayudo». Seguramente no temerás que algún día te abandone. «¿Se olvidará la mujer de lo que dio a luz, para dejar de compadecerse del hijo de su vientre? Aunque olvide ella, yo nunca me olvidaré de ti» (Is. 49:15). En Isaías 49; 16, leemos así: «He aquí que en las palmas de las manos te tengo esculpida; delante de mí están siempre tus muros». «Yo te ayudo». Ahora bien, debéis suponer que el Salvador está aquí, sus vestiduras teñidas de sangre, imaginaros que Él está donde yo estoy en esta noche, y que os dice a vosotros, personalmente, «No temas, yo te ayudo». ¡Oh mi Señor, yo he dudado de esta promesa muchas veces, pero al imaginarte en toda tu aflicción y pena por mí, diciéndome: «yo te ayudo, me postro a tus pies y digo: Creo; ayuda mi incredulidad» (Mr. 9:24). Pero aunque Él no esté aquí esta noche para hablaros, aunque los labios que digan estas palabras sean labios del hombre, recordad que en esta noche Él está hablando a través de mí y por medio de su Palabra, de forma tan auténtica y verdadera como si lo dijera Él. Si algún gran hombre, por medio de su siervo, o de una carta, os enviara este mensaje: «yo cuidaré de ti», aunque no lo hubierais oído de sus propios labios, diríais: «es suficiente, lo creo, está escrito de su puño y letra, con su firma». Las promesas del Señor están firmadas con sangre, estampadas con la cruz, y yo su mensajero soy enviado esta noche para decirme a mí mismo y a vosotros, ¿por qué estás afligida, ¡oh alma mía! ¿Por qué estás inquieta dentro de mí? «Espera en Dios; porque aún he de alabarle, salvación mía y Dios mío» (Sal. 42:5). Tu Redentor te dice, «yo te ayudo». ¿Quién puede dudarlo? ¿Quién se atreve a deshonrarlo?

Ahora volvamos a leer la promesa, «yo te ayudo». Es como si dijera, para mí ayudarte es algo muy fácil. Considera lo que ya he hecho. Te he comprado con mi sangre. He muerto por ti, y si he hecho lo máximo, ¿no he de hacer lo mínimo? ¡Yo te ayudaré, mi amado! Es lo menos que puedo hacer por ti. He hecho mucho más, y haré más aún. Antes de que la primera estrella comenzara

Dios Padre, Jesucristo, Espíritu Santo

a brillar, yo te escogí. «Yo te ayudo». Yo he hecho un pacto por ti, y he ejercitado toda la sabiduría de mi mente eterna en el plan de salvación. «Yo te ayudo». Por ti me he encarnado en forma humana. Dejé mi corona y mis vestiduras celestiales, para convertirme en un hombre de carne y hueso. Si he hecho esto, podré ayudarte. Yo he dado mi vida y mi alma por ti. He muerto en tu lugar y he descendido al Hades, todo por ti, «yo te ayudo». Redimirte me costó mucho, pero no me cuesta nada ayudarte. Cuando te estoy ayudando también te estoy dando lo que he comprado para ti. No es nada nuevo. Puedo hacerlo fácilmente. ¿Ayudarte? Si en la puerta de tu granero estuviera una hormiguita pidiéndote ayuda, y le dieras un puñado de trigo, para ti no significaría la ruina. Todo lo que pudieras tomar, todo lo que necesitaras en tu vida, si te lo llevaras todo para toda la eternidad, no disminuiría mi total suficiencia, así como un trago de agua de un pez, no disminuye el volumen del océano. No temas «Yo te ayudo». He muerto por ti, y nunca te dejaré. Verdaderamente, esto puede levantar a cualquier espíritu caído, por más bajo que esté.

3. Y ahora, tomad esta última palabra «Yo te ayudo». Poned el énfasis aquí. Si dejara que toda la naturaleza fuese hacia atrás y se arruinarse, no temas, yo te ayudo. Si yo permitiera que el tiempo desgastara los cimientos de la tierra y viniera un cataclismo, aún en ese momento, yo te ayudaré. Yo he hecho un pacto con la tierra: «Mientras la tierra permanezca, no cesarán la sementera y la siega, el frío y el calor, el verano y el invierno, y el día y la noche» (Gn. 8:22). Este pacto, aunque verdadero, no es tan grande como el que hecho en relación a ti. Y si yo mantengo mi pacto con la tierra, ciertamente lo mantendré con mi Hijo. «No temas, yo te ayudo». Sí, a ti. Tú dices: «soy demasiado pequeño para que Dios me considere y me ayude». Pero yo te ayudaré para manifestar mi gracia. Tú dices, «las otras veces que me ayudaste, he sido ingrato», pero yo te ayudaré para mostrarte mi fidelidad. Tú dices: pero es posible que todavía me rebele, o me aparte. «Yo te ayudo», y te mostraré mi longanimidad y mi paciencia.

Sepa el mundo hoy, que yo te ayudo.

Ahora imagina al Maestro sangrando sobre la cruz, mirándote a ti y a mí. Imagínalo con su voz debilitada, lleno de amor y misericordia, y oíd lo que dice. Acaba de dirigirse al ladrón y le ha dicho: «De cierto te digo que hoy estarás conmigo en el paraíso». Después de decir esto, Él nos ve a ti y a mí, pobres y deprimidos, y nos dice: «Porque yo Jehová soy tu Dios... No temas, yo te ayudo». Si he ayudado al ladrón, te ayudaré a ti. Yo le prometí que estaría conmigo en el Paraíso, yo te prometo que te ayudaré. ¡Oh Maestro! Que el amor que te impulsa a hablarnos, nos impulse a nosotros a creer en ti.

Ahora volvamos a oírle: Él está exaltado en las alturas, y dice: «Subiendo a lo alto, llevó cautiva la cautividad, y dio dones a los hombres» (Ef. 4:8). Oídle en medio de la solemne pompa de los cielos; ciertamente el Salvador no se desentiende de los suyos. Él mira hacia abajo y nos ve en este mundo, luchando con el pecado, cuidados e infortunios, y nos dice, gusano Jacob, a pesar de que estoy exaltado en las alturas, mi amor sigue siendo el mismo. «Yo te ayudo». ¡Oh, seguramente cuando el esposo habla a la esposa en la hora de pena y oscuridad, para confortarla, le dice: «esposa de mi juventud, mi gozo, mi deleite, yo te ayudaré». Yo ruego que el Señor aplique la dulzura de este pronombre a vuestros corazones, y al mío. Podéis daros cuenta de las veces en que el esposo enumera los momentos de amor que han pasado juntos, cuando le recuerda los tiempos felices, y le pregunta, «¿puedes acaso dudar de mí? No, siendo tu esposo yo te ayudaré». Y ahora oiréis al Salvador hablándole a la Iglesia. Yo os he escogido desde antes de la fundación del mundo, te he tomado en unión conmigo por mi prometida. Si mi palacio estuviera en ruinas, y el mismo cielo se sacudiera, yo te ayudaré. ¿Olvidarte? ¿Olvidarme de mi prometida?

CONCLUSIÓN

¿Ser falso con mi juramento, abandonar mi pacto? No, nunca. «Yo te ayudo». Escuchad a una madre hablándole a su hijo en peligro. «Mi niño», le dice ella, «yo te ayudaré». Luego le recuerda que como su madre, le ha criado, le ha cuidado y le ha atendido en todo momento. «Mi niño», yo siempre te ayudaré. El hijo no lo duda, y le responde, «mamá, yo no lo dudo, ya sé que lo harás porque he tenido pruebas de tu amor». Y nosotros, que amamos al Salvador dejemos que las lágrimas corran de nuestros ojos y digamos: «¡Oh, nuestro bendito Redentor!, tú no necesitabas decirnos que nos ayudarás, porque sabemos que lo harás. No supongas que dudamos de ti como para pedirte que nos lo digas otra vez; sabemos que tú nos auxiliarás siempre, estamos seguros de ello, de tu amor de antes, de tus hechos de bondad, de tus interminables acercamientos, todos estos nos declaran que tú nunca podrás abandonarnos».

Ahora, hermanos, llegamos a comer el cuerpo de Cristo y beber su sangre de modo espiritual; y espero que mientras comamos de este pan y bebamos de este vino, los emblemas del Salvador, pensemos que en cada bocado de pan y en cada sorbo de vino, oímos la declaración del Maestro, «no temas, yo te ayudo». Luego, espantemos a Satanás alegrando nuestros espíritus por medio del poder del Espíritu Santo, y poniéndonos nuestra armadura, según Efesios 6. Lancémonos así al mundo, para demostrar lo que el Redentor puede hacer, cuando su promesa nos es aplicada por medio del Espíritu. «No temas, gusano de Jacob, oh vosotros los pocos de Israel; yo soy tu socorro, dice Jehová; el Santo de Israel es tu Redentor». Venid, y en esta noche, sacad vuestros temores fuera y colgadlos en el cadalso. Haced que huyan en presencia de las promesas, que sean destruidos para siempre. Son sediciosos renegados; cortadlos, tenedlos por escoria, y alegraos e id cantando por la vida; no temeremos, aunque se traspasen los montes a la mar, aunque las aguas estén turbulentas, aunque la tierra tiemble. «Yo te ayudo», dice el Redentor.

Pecadores, os ruego consideréis que ésta no es vuestra promesa. Si lo fuera, todo lo que habéis perdido por estar fuera de Cristo, era suficiente para perderlo todo para siempre. Que el Señor os llame, y os ayude a confiar en la sangre del Redentor. Amén.

12. LA CONDESCENDENCIA DE CRISTO

«Porque ya conocéis la gracia de nuestro Señor Jesucristo, que por amor a vosotros se hizo pobre, siendo rico, para que vosotros con su pobreza fueseis enriquecidos» (2 Corintios 8:9).

INTRODUCCIÓN: No dejéis la generosidad.

I. JESÚS ERA RICO
1. Jesús tenía honor.
2. Jesús tenía amor.

II. SE HIZO HOMBRE
2. Por amor se hizo pobre.
2. Cristo dejo su dignidad.

III. CRISTO VINO A SER POBRE Y MORIR

CONCLUSIÓN
1. ¿Eres tú rico en la pobreza de Jesús?
2. ¿Tienes a Cristo para que sea tu todo?
3. ¿Sientes tu pobreza?

CONCLUSIÓN

LA CONDESCENDENCIA DE CRISTO

INTRODUCCIÓN

En este capítulo, el apóstol está tratando de animar a los corintios a la liberalidad. Él deseaba que contribuyeran con algo para aquellos que eran los más pobres del rebaño, de modo que pudieran ministrar para sus necesidades. Entonces les dice que las Iglesias de Macedonia, aunque eran más pobres que los de Corinto, habían ofrendado aún más allá de sus posibilidades en favor de la familia de Dios, y exhorta a los corintios a que hagan lo mismo. Pero de pronto recuerda que los ejemplos tomados de otros hombres muy raramente tienen un efecto poderoso, por lo que deja de lado su argumento sacado de la Iglesia de Macedonia, y sostiene ante ellos una razón para ejercer la liberalidad, que incluso el corazón más duro no puede resistir. «Mis hermanos», dice el apóstol, «hay alguien allá arriba, por medio de quien habéis sido salvos, Uno a

Dios Padre, Jesucristo, Espíritu Santo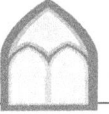

quien llamáis Maestro y Señor. Si lo imitarais a Él, nunca podrías dejar de ser generosos y liberales. Pues os diré una antigua verdad que vosotros y yo la tenemos conceptuada como una realidad indiscutible». «Porque ya conocéis la gracia de nuestro Señor Jesucristo, que por amor a vosotros se hizo pobre, siendo rico, para que vosotros con su pobreza fueseis enriquecidos». ¡Oh, cristiano!, siempre que te inclines a ser avaro y a no dar de tus bienes para la Iglesia de Dios, piensa en tu Salvador que dio todo lo que tenía para servirte a ti. Te aseguro que no podrás dejar de ser generoso y acordarte de las necesidades de aquellos hermanos que están en peores condiciones que tú. Recordad a Jesús: ¿puedes imaginarlo diciéndote: «Yo lo he dado todo por amarte, y ¿tú retendrás lo tuyo para ti? Si lo haces, no conoces nada de las dimensiones infinitas de mi amor».

Y ahora, mis queridos amigos, el argumento del apóstol será nuestro tema de hoy. Se divide de una manera muy sencilla. Primero tenemos, la condición prístina de nuestro Salvador Él era rico. Luego tenemos su condescendencia «se hizo pobre». Y entonces pasaremos a la última parte que nos da una doctrina, una pregunta, y una exhortación. Que el Señor nos bendiga y nos ayude a tratarlas correctamente.

I JESÚS ERA RICO

Primero, nuestro texto nos dice que Jesús era rico. No penséis que nuestro Salvador empezó a vivir cuando nació de la virgen María; no imaginéis que su existencia data del pesebre en Belén. Recordad que Él es eterno, Él es antes que todas las cosas, y por Él todas las cosas subsisten. Nunca existió un tiempo en que no hubiera Dios. De igual manera, nunca hubo una época en la que no existiera Jesucristo nuestro Señor. Él es autoexistente, no tiene principio de días, ni fin de años. Él es el inmortal, invisible, el único sabio Dios, nuestro Salvador. Ahora, en la eternidad pasada que transcurrió antes de su misión para con este mundo, las Escrituras nos dicen que el Señor Jesús era rico, y a todos nosotros que creemos en sus glorias y confiamos en su divinidad, no nos es difícil ver que realmente era así. Jesús era rico en sus posesiones. Levanta tus ojos, creyente, y por un momento piensa en las riquezas de mi Señor Jesús, antes de que condescendiera a volverse pobre por ti. Contémplale, sentado en su trono declarando toda su autosuficiencia. Porque mía es toda bestia del bosque, y los millares de animales en los collados. Conozco a todas las aves de los montes, y todo lo que se mueve en los campos me pertenece. Si yo tuviese hambre, no te lo diría a ti; porque mío es el mundo y su plenitud» (Sal. 50:10-12). El Señor Jesús podía haber dicho, Yo puedo extender mi cetro del este al oeste, y todo eso mío; todo el mundo, y todos los universos que están lejos en el espacio, son míos. El espacio ilimitado e inmensurable, lleno de mundos como yo lo creé, todo es mío sin excepción. Vuela hacia arriba, y no podrás alcanzar la cima de la colina más baja de mis dominios. Cava hacia abajo, y no podrás entrar en las partes más profundas de mi poder. Del trono más alto en la gloria, hasta el pozo más bajo del infierno, todo es mío. Puedo poner mi nombre en mi Reino sobre cada cosa que he hecho.

Pero Él además de todo eso, Él tiene lo que hace a los hombres aún más ricos. Hemos oído en los viejos romances, acerca de reyes de la antigüedad que eran fabulosamente ricos y que todo lo que tocaban se convertía en oro. Ahora bien, la diferencia es que Cristo tiene el poder de crear, y es allí precisamente donde radica su incalculable riqueza. Si hubiera querido, podría haber llamado a nuevos mundos a la existencia. Sólo tenía que levantar su dedo y un nuevo universo hubiera existido de inmediato. A la sola voluntad de su mente, millones de ángeles habrían salido a la luz. Él habló, y fue hecho, Él ordenó y se realizó. Él dijo: «Sea la luz; y fue la luz» (Gn. 1:3). Dios tenía el poder de decir a todas las cosas «sed», y habrían sido. He aquí donde radica su verdadera riqueza. Ese poder creador es una de las joyas más brillantes de su corona.

1. También llamamos hombres ricos a los que tienen honor, pero si están en desgracia o en vergüenza no se reconocen entre los ricos. Nuestro Señor Jesús tenía

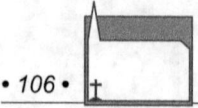

honor, un honor como nadie sino un ser divino podía recibir. Cuando se sentaba sobre su trono, antes de renunciar al manto de su soberanía para convertirse en hombre, toda la tierra estaba llena de su gloria. Él podía mirar tanto debajo como alrededor de Él, y la inscripción «Gloria sea a Dios», estaba escrita por todo el espacio. Durante el día y la y noche, el incienso de alabanza ascendía delante de Él desde los incensarios de oro, sostenidos por espíritus que se inclinaban en reverencia. Las arpas de miradas de querubines y serafines continuamente cantaban alabanzas, y las voces de todos aquellos coros celestes no cesaban de adorarle. Esas huestes de brillantes espíritus se inclinaban ante su trono con gozo y alegría, y todos unidos, elevaban sus voces en dulces aleluyas como ningún mortal ha podido jamás oír. ¡Oh, ¿podéis imaginar esa melodía tan dulce que perpetuamente se derramaba en ríos de alabanzas en los oídos de Jesús, el Mesías, el Rey, el Eterno? No, ante el pensamiento de la gloria de su Reino, de las riquezas y la majestad de su poder, nuestras almas se consumen dentro de nosotros, nuestras palabras se traban y no podemos pronunciar ni siquiera el principio de sus glorias.

2. El Señor tampoco era pobre en ningún otro sentido. Aquel que tenía riquezas y honor en la tierra, habría sido pobre si no hubiera tenido amor. Personalmente, yo preferiría ser pobre y depender de la caridad teniendo amor, que ser un príncipe despreciado y odiado, al que todo el mundo le deseara la muerte. Sin amor el hombre es pobre dadle todos los diamantes, las perlas y todo el oro que los mortales puedan reunir, pero si no tiene amor, será un pobre desdichado. Sin embargo, Jesús no era pobre en amor. Cuando vino a la tierra, no vino para conseguir nuestro amor, porque su alma fuese solitaria. ¡Oh, no, su Padre tenía su deleite en Él desde toda la eternidad! El corazón de Jehová, la primera persona de la Sagrada Trinidad, estaba divina e inmutablemente vinculado a Él. El Señor Jesús era amado del Padre y del Espíritu Santo, las tres personas tuvieron una sagrada complacencia y deleite, la una para con las otras.

Además, Él era amado por aquellos espíritus que no cayeron. No podría decir cuántas clases de criaturas han sido creadas que aún están en obediencia a Dios. Es imposible para nosotros saber dónde están, así como las muchas razas de seres creados que hay sobre la tierra. No podemos decir si en las regiones sin fin del espacio hay mundos habitados por seres infinitamente superiores a nosotros. Sabemos de la existencia de los santos ángeles que aman a nuestro Salvador. Se encuentran día y noche con sus alas extendidas, esperando sus mandamientos, prontos a oír la voz de su Palabra. Aman el servicio a Dios, y no es ficción decir que cuando hubo guerra en los cielos y Dios echó al diablo y a sus legiones, los ángeles mostraron su amor a Él, siendo valientes en la lucha y fuertes en poder. Él no necesitaba que nuestro amor lo hiciera feliz, Él tenía amor sin necesidad de contar con nosotros.

Ahora, aunque un espíritu superior quisiera venir a hablarnos acerca de las riquezas de Jesús, no podría hacerlo. Gabriel, en tus vuelos has ido más alto y más lejos de lo que mi imaginación puede seguirte, pero nunca has logrado llegar a la cima del trono de Dios. Jesús es quien puede mirar por encima de su Majestad; ¿quién puede comprender la fortaleza de su brazo de poder? Tú eres el Dios infinito, y nosotros, pobres criaturas finitas y limitadas, estamos perdidas ante ti. Nos inclinamos ante tu presencia y te adoramos, tú eres Dios sobre todas las cosas, bendito para siempre. Nadie puede comprender tus incalculables riquezas, o la inmensidad de tu poder; eso sería para nosotros imposible. Todo lo que sabemos es que la riqueza de Dios, los tesoros del infinito y las riquezas de la eternidad, son todas tuyas. Señor, tú eres rico más allá de lo que el pensamiento pueda concebir.

II. SE HIZO HOMBRE

Como hemos visto, el Señor Jesucristo era rico. Todos creemos en ello, si bien esa riqueza es inalcanzable para nuestra mente finita. ¡Oh, cuán sorprendidos estarían los ángeles cuando fueron por primera vez informados de que Jesucristo, el Príncipe de

Dios Padre, Jesucristo, Espíritu Santo

la Luz y la Suprema Majestad, quiso hacerse hombre y venir a la tierra como un bebé, a vivir y morir por nosotros!

1. No sabemos cómo les fue dicho al principio, pero cuando el rumor se empezó a correr entre las huestes sagradas, me imagino que habría un extraño asombro en medio de ellos. ¡cielos!, ¿era verdad que aquel cuya corona estaba adornada por las estrellas, la dejara de lado? ¿Podría ser cierto que aquel en cuyos hombros se echó el púrpura del universo, se convirtiera en un hombre vestido como los demás? ¿Podía ser verdad que aquel que era eterno e inmortal fuera un día clavado en una cruz? ¡Oh, cómo aumentaba su asombro! Deseaban verlo. Y cuando Él descendió desde lo alto, le siguieron, pues Jesús fue «visto por los ángeles», y visto en un sentido especial, porque le miraron con un repentino asombro, preguntándose que significaría todo aquello. Él «por amor a nosotros se hizo pobre». ¿Podéis verle en aquel día de eclipse celestial despojarse de su majestad? ¡Oh!, ¿podéis concebir el asombro creciente de las huestes celestiales, cuando vieron que se despojó de su corona y de sus sandalias de oro? ¿Imagináis cuando el Señor les explicó a aquellas huestes, que iba a ir a la tierra para convertirse en un hombre de carne y hueso? Las huestes angélicas le siguieron tan de cerca como el mundo se lo permitió. Y cuando llegó a esta tierra empezaron a cantar: «¡Gloria a Dios en las alturas, y en la tierra paz, buena voluntad para con los hombres!» (Lc. 2:14). Nadie se marchó hasta que no lo comunicaron a los pastores y hasta que en el cielo aparecieron nuevas estrellas en honor al niño Rey. Y ahora maravillaos, ¡oh ángeles! ; el Infinito Rey se ha convertido en un niño que yace en los brazos de su madre. ¡El que creó todas las cosas y sostiene los pilares de la creación, es ahora tan débil y pequeño, que debe ser sostenido por una mujer! Y, ¡oh, maravilla!, los ángeles que le vieron en medio de sus riquezas, admiran ahora su pobreza. ¿Dónde duerme el recién nacido Rey? ¿Tiene la mejor habitación en el palacio del César, o una cuna de oro preparada para Él con mullidas almohadas donde reclinar su cabeza? No, está allí donde se alimentan los bueyes y los demás animales, en el pobre pesebre. Allí es donde nace el Salvador, envuelto en las telas que usaban los niños pobres. Tampoco puede estar allí por un largo tiempo, pues pronto su madre debe llevárselo a Egipto, donde se convertirá en un extraño en tierra extraña. Vedle en su juventud, a quien hizo los mundos, manejar el martillo y los clavos asistiendo a José en su taller de carpintería. El que puso las pléyades en lo alto, e hizo que brillaran en la noche, está ahora sin una corona de gloria, un simple joven como los demás. Dejemos por unos momentos las escenas de su niñez y de su temprana vida, y veámosle cuando se convierte en un hombre. Ahora podéis decir que ciertamente por nosotros se hizo pobre. Nunca hubo un hombre más pobre que Cristo, Él fue el príncipe de la pobreza. Era todo lo contrario a Craso éste estaba en la cumbre de las riquezas. Cristo estuvo en el valle más bajo de la pobreza. Mirad sus vestiduras, estaban tejidas desde arriba y hacia afuera, eran las ropas de un pobre. A veces tenía hambre, y siempre dependía de la caridad de los demás para saciar sus necesidades. Aquel que había esparcido el trigo sobre los amplios acres de la tierra sentía las punzadas del hambre. El que cavó el lecho del fondo de los océanos, se sienta junto a un pozo y le pide de beber a la mujer samaritana. Nunca subió a un carruaje, siempre caminaba de una región a otra, sus pies fatigados, entre los pedernales de Galilea. No tenía donde recostar su cabeza. Él dijo: «las zorras tienen guaridas, y las aves de los cielos nidos; mas el Hijo del Hombre no tiene dónde recostar la cabeza» (Lc. 9:58). Aquel que había sido asistido por los ángeles, se convirtió en el siervo de los siervos, tomando una toalla y lavando los pies de sus discípulos. El que una vez fue honrado con los aleluyas de las edades, es ahora escupido, despreciado y escarnecido. El que fue amado del Padre, y tenía abundancia de afecto y bienestar, dijo: «El que come pan conmigo, levantó contra mí su calcañar» (Jn. 13:18). ¡Oh, no se encuentran palabras para describir la humillación de Cristo! ¡Qué distancia inmensa entre aquel

que se sentó en el trono y el que murió sobre la cruz! ¡Oh, quién puede decir el gran abismo que existe entre las alturas de la gloria y el horror del Calvario! Miradlo, cristianos, Él ha dejado su pesebre para mostraros cómo Dios quiso llegar al hombre. Nos ha dejado la cruz para mostrarnos cómo el hombre puede ascender a Dios. Seguidle, seguidle a través de toda su vida. Comenzad en el desierto donde fue tentado. Vedle en ese yermo en medio la tentación, mirad como pasa hambre rodeado de las bestias salvajes. Seguidle en sus viajes como el Hombre de dolores y experimentado en quebranto. Mirad cómo los maliciosos, los borrachos y los que se burlaban de Él, le acusan de «bebedor de vino». Seguidle en la vía dolorosa hasta que le encontréis entre los olivos de Getsemaní y ved cómo suda grandes gotas de sangre. Id con Él más lejos, hasta Gabata, y notad cómo derrama ríos de sangre bajo el látigo de los romanos. Observad su pobreza; le habían arrancado su túnica a jirones de la cabeza a los pies, y así quedó expuesto al sol. Tan pobre era, que cuando pidió agua le dieron a beber vinagre. Se despojó de su corona de luces celestiales para llevar ahora una de espinas. ¡Oh, hijo del Hombre, no sé qué admirar más, tus alturas de gloria o tus profundidades de miseria! ¡Oh, Señor!, muerto por nosotros, ¿cómo no hemos de exaltarte? Dios sobre todas las cosas, bendito para siempre, ¿no eres digno de las mejores y más dulces alabanzas? Él era rico, pero por nosotros se hizo pobre.

2. Si tuviera alguna historia para contaros hoy acerca de algún rey que amando a una mujer, se hubiera vuelto un plebeyo como ella, habríais oído solamente una historia romántica. Sin embargo, cuando os digo que Dios dejó su dignidad para convertirse en nuestro Salvador, vuestros corazones apenas si son tocados. ¡Ah, mis amigos, conocemos tan bien la historia y la hemos oído tan a menudo! Algunos de nosotros la narramos tan mal, que no puedo esperar que estéis interesados en ella como el tema lo demanda. Pero seguro que como se dice de las grandes obras de arquitectura, aunque las veamos cada día, siempre hay algo nuevo para maravillarse. Lo mismo podemos decir de Cristo. Aunque le veamos cada día, continuamente encontramos una nueva razón para asombrarnos, para amarle y adorarle. «Por amor a vosotros se hizo pobre, siendo rico».

Pienso que hay una peculiaridad acerca de la pobreza de Cristo que no debemos olvidar. Aquellos que desde hace ya mucho tiempo pasan necesidad, sienten menos su condición tan desgraciada. Pero me he encontrado con otros cuya pobreza realmente despertaba tristeza. Una vez habían sido ricos, sus mismas ropas que ahora les cuelgan como harapos, nos están diciendo que una vez estuvieron en los altos rangos de la sociedad. Estas personas están entre los más pobres de todos los pobres. Nos dan más lástima que las personas que ya han nacido pobres, porque éstos han conocido algo mejor. Entre todos los que son pobres, siempre he hallado mucho más sufrimiento en aquellos que han visto mejores días.

Hasta ahora recuerdo la apariencia de algunos de los que me han dicho que habían visto mejores días. Todos están llenos de amargos recuerdos. La última visión que tengo de estas personas, incluso su forzada amabilidad, se convierte en un cuchillo que me corta el corazón. «Yo he conocido mejores días que éstos». Estas palabras suenan como un toque de difuntos sobre sus gozos. Y verdaderamente, nuestro Señor Jesucristo podía haber dicho en todas sus penas, «Yo he conocido días mejores que estos». Pienso en aquella ocasión en que fue tentado por el diablo en el desierto. Debe haber sido muy duro tener que restringirse para no hacer volar a Satanás en pedazos. Si yo hubiera sido el Hijo de Dios, sintiéndome como me siento ahora, y el diablo me hubiera tentado de esa manera, le habría hecho añicos y lo hubiera arrojado al infierno en un abrir y cerrar de ojos. ¡Pensad en la paciencia y la entereza del Señor, cuando estaba en el pináculo del templo y el diablo lo tentó para que se echara abajo y le adorara! ¡Oh!, que mezcla de miseria y amor debe haber habido en el corazón del Salvador, cuando fue escupido por aquellos hombres que había creado; cuando los ojos que

Dios Padre, Jesucristo, Espíritu Santo

él mismo había dotado de visión le miraban con odio y burla, y cuando las lenguas, a las que Él mismo les había dado la posibilidad de pronunciar un idioma, ahora le injuriaban y blasfemaban. ¡Oh, mis amigos, si el Salvador se hubiera sentido como nos sentimos nosotros, y no dudo que en alguna medida fue así, los habría hecho desaparecer a todos. Como ellos decían, bien podía haberse bajado de la cruz, librándose a sí mismo y destruyéndolos a ellos completamente. Al ser tan maltratado, su poderosa paciencia fue la que le hizo restringirse de no aplastar a este mundo bajo sus pies. Os maravilláis de esta paciencia, y también de la pobreza que sufrió, la mansedumbre cuando le recriminaban y no les contestaba, cuando se burlaban de Él y Él oraba: «Padre, perdónalos, porque no saben lo que hacen» (Lc. 23:34). Él sí que había visto días mejores, que hacían ahora que su miseria fuese más amarga y su pobreza más pobre.

III. CRISTO VINO A SER POBRE Y MORIR

Llegamos ahora al tercer punto ¿por qué el salvador vino a morir y a ser pobre? Oíd esto, hijos de Adán la Escritura dice que «por amor a vosotros se hizo pobre, siendo rico, para que vosotros con su pobreza fueseis enriquecidos». Fue por amor a vosotros. Ahora bien, cuando me dirijo a vosotros como a una gran congregación, no podéis sentir la belleza de esta expresión, «por amor a vosotros». Esposo y esposa que andáis en el temor del Señor, dejadme tomaros por la mano y miraros en el rostro mientras repito la expresión, «por amor a vosotros se hizo pobre». Joven, deja que un hermano de tu edad, te mire y repita estas palabras, «por amor a vosotros se hizo pobre, siendo rico, para que vosotros con su pobreza fueseis enriquecidos». Creyente mayor, déjame mirarte a la cara y decir lo mismo, «por amor a vosotros se hizo pobre». Hermanos, llevaos la Palabra a casa y ved si su calor no derrite vuestros corazones. Ponedlo de esta manera: «Por amor a mí se hizo pobre, siendo rico». Rogad por la influencia del Espíritu Santo sobre esta verdad, y hará que vuestro corazón sea devoto y vuestro espíritu amante, de modo que

digáis: «Yo soy el peor de los pecadores, pero Cristo murió por amor a mí». Venid, dejadme oíros hablar, traigamos al pecador aquí y dejémosle hacer un soliloquio, «yo le maldije, blasfemé contra Él y aún así por amor a mí se hizo pobre. Me burlé de sus ministros, quebranté el día de reposo, pero Él por amor a mí se despojó de sus riquezas. Jesús, ¿pudiste morir por uno que no fuera digno de ti? ¿Habrías podido derramar tu sangre por alguien que la hubiera derramado si hubiera estado en su poder hacerlo? ¿Podrías haber muerto por uno tan indigno y vil?». «Sí, sí, sería su respuesta. Yo derramé mi sangre por ti». Dejemos ahora que hable el creyente: «Yo», puedo decir, «he profesado amarle, ¡pero qué frío es mi amor, y qué poco le he servido! ¡Qué lejos he vivido de Él, no he guardado una dulce comunión con mi Señor como debería haberla guardado! ¿Cuánto tiempo he dedicado a su servicio? Y aún así, la Palabra me dice: "Porque ya conocéis la gracia de nuestro Señor Jesucristo, que por amor a vosotros se hizo pobre, siendo rico, para que vosotros con su pobreza fueseis enriquecidos". Es como si el Señor dijera: "Vedme en mis miserias, en mis agonías, en mi muerte todo esto he sufrido por amor a ti"». ¿No amarás a alguien que te ha amado tan grandiosamente y que, renunciando a todo, se ha hecho pobre por ti?

Sin embargo, éste no es el tema al cual quiero traeros ahora. El punto clave es este: La razón por la que Cristo murió fue para que nosotros por su pobreza, fuésemos enriquecidos. Él dejó sus riquezas, para que nuestra pobreza pudiera volverse rica por su pobreza. Hermanos, tenemos ahora ante nosotros un tema que nos llena de gozo. Todos los que son participantes de la sangre del Salvador son ricos. Todos aquellos por quienes murió el Salvador, habiendo creído en su nombre y habiéndose entregado a Él, son ricos en este día. Y sin embargo tengo hoy aquí a algunos de vosotros, que no podéis decir que tenéis en posesión ni medio metro de tierra. Hoy no tenéis nada que podáis decir que es vuestro, no sabéis cómo vais a hacer para subsistir la semana que viene, sois pobres; pero si eres un hijo de Dios, yo sé que la finalidad de Cristo se realizará en ti: eres rico. No, no me estoy mofando cuando digo que eres rico. Realmente lo eres, eres rico en posesiones . Tú tienes ahora en posesión, cosas más costosas que las gemas, y de más valor que el oro y la plata. Podéis decir: «no tengo ni plata ni oro», pero sí puedes afirmar que «Cristo lo es todo» para ti, has dicho todo lo que un hombre rico puede decir. «Pero», me dirás tú, «yo no tengo nada». Hombre, tú tienes todas las cosas. ¿No sabes lo que dijo Pablo? «Así que, ninguno se gloríe en los hombres; porque todo es vuestro: sea Pablo, sea Apolos, sea Cefas, sea el mundo, sea la vida, sea la muerte, sea lo presente, sea lo por venir, todo es vuestro, y vosotros de Cristo, y Cristo de Dios» (1 Co. 3:21). La gran maquinaria de la providencia no tiene ninguna rueda que no ruede por ti. Tuya es la gran economía de la gracia con toda su plenitud. Recordad que la adopción, la justificación, la santificación, todas son tuyas. Tienes todo lo que tu corazón pueda desear en las cosas espirituales, y también tienes todo lo que es necesario para esta vida, pues conoces al que dijo: «Así que, teniendo sustento y abrigo, estemos contentos con esto» (1 Ti. 6:8). Tú eres rico, con verdaderas riquezas y no con las riquezas de un sueño. Hay veces que los hombres juntan todo el oro y la plata que tienen y les parece una enorme fortuna, pero no mucho tiempo después, se encuentran sin un céntimo. Sin embargo, tus riquezas son perdurables, porque son eternas y sólidas. Cuando el sol de la eternidad haya derretido el oro de los hombres, el vuestro seguirá intacto. Un hombre rico tiene una cisterna llena de riquezas, pero un pobre santo ha conseguido una fuente de misericordia y eso lo hace el más rico. Mi vecino puede ser un hombre rico y tener todo lo que le place, pero sólo tiene una cisterna llena, que pronto se agotará. Sin embargo, un cristiano tiene una fuente que fluye de continuo y así seguirá. Por más grande que pueda ser la cisterna, pronto se agota, pero el torrente que fluye, aunque parezca pequeño, producirá un inmenso volumen de preciosa agua. ¡Oh, cristiano, no tendrás nunca una gran cisterna llena de riquezas, pero las provisiones de Dios, se mantendrán fluyendo constantemente para ti. El Señor asegura que nuestro pan y nuestras aguas se nos darán de forma continua y segura. Como William Huntingdon decía: «El creyente tiene cada día una porción en su canasta. Muchos hombres, cuando sus hijas se casan, no les dan mucho en ese momento, pero les dicen, te enviaré un saco de harina cada día y luego, cierta cantidad de oro, y en tanto viva, siempre te estaré enviando cosas que necesites». Huntingdon dice: «esta chica al final tendrá mucho más que su hermana, quien tiene muchas cosas a la vez». Ésta es la forma en que mi Dios trata conmigo. Al hombre rico le da todo de una vez, pero a mí me da de sus tesoros día a día. ¡Ah Egipto!, tú eras rico cuando tus graneros estaban llenos, pero esos grandes depósitos se vaciaron. Israel era mucho más rico que tú, pues si bien no podían ver sus graneros llenos, veían la provisión del maná del cielo día a día. Ahora bien, cristiano, ésta es tu porción la porción de la fuente que fluye siempre, y no la de la cisterna llena, que pronto se vacía.

Recuerda además, que tu riqueza no está en tus posesiones de ahora; tú eres rico en sus promesas. Un hombre puede considerarse pobre en cuanto a lo metálico, pero si tiene papeles firmados de hombres ricos que le prometen darle ciertas sumas de dinero, aunque no tenga el oro en sus manos, puede confiar en los documentos que se lo prometen. De igual modo, el cristiano puede decir: No tengo riquezas en mis manos, pero tengo la promesa de ellas. Mi Dios dice: «Porque sol y escudo es Jehová Dios; gracia y gloria dará Jehová. No quitará el bien a los que andan en integridad» (Sal. 84:11). Ésta es una promesa que me hace rico. No puedo dudar de su firma, y sé que su Palabra es auténtica, así como su fidelidad. No le deshonraré creyendo que puede romper su promesa. No, la promesa es tan segura como si ya estuviese cumplida. Si esa promesa es de Dios, es tan cierta como si la tuviera en mi posesión ahora mismo.

Además el cristiano es muy rico de forma revertida. Si tuviera un pariente muy rico,

Dios Padre, Jesucristo, Espíritu Santo

cuando él muriera tendría tanta riqueza que podría construirme un castillo con suelo de oro y paredes de piedras preciosas. Pero, amigos, cuando el hombre viejo muera, tendréis toda la herencia. Sabéis quien es el viejo hombre, vuestra vieja naturaleza. Si sois de Cristo, ese viejo hombre está muriendo en vosotros cada día, y cuando esté muerto del todo, vendrás a poseer tu herencia. Los cristianos son herederos, y sus posesiones pueden considerarse seguras desde ahora, pues tenemos derechos legales sobre ellas. Los cristianos en los cielos tienen una corona de oro que es suya en el día de hoy, y no será más tuya ahora que cuando la tengan sobre sus cabezas.

Me viene a la memoria que cierta vez hablé en metáfora, y dije que los cristianos miran a las coronas, que están colgando en filas en los cielos. ¡Arriba cristiano!, mira las coronas que están listas, tú tienes una para ti. Fíjate en las perlas que posee, y cuánto peso en oro tiene. Esta corona es para tu cabeza; tu pobre y dolorida cabeza y tu cerebro torturado tendrán una corona para engalanarlos. Y ved el vestido, es blanco como la nieve y cuajado de piedras preciosas. ¡Y es para ti! Cuando termines de usar tus ropas de cada día, será el comienzo del eterno día del Señor. Cuando hayas acabado de usar este pobre cuerpo, te espera una casa no hecha de manos, y eterna en los cielos. ¡Arriba a la cima, cristiano, toma tu herencia, y cuando veas tus posesiones presentes, tus posesiones prometidas, y todo lo que te pertenece, recuerda que todo ello fue comprado por la pobreza del Salvador! Mira todo lo que tienes y di así: «Cristo lo compró para mí». Mira a cada promesa y ve que están manchadas con sangre. Sí, mira también las coronas fulgurantes, y lee el título de compra con sangre. Recuerda, si el Señor Jesús se hubiera quedado en el cielo, nunca podías haber sido nada en absoluto, ¡y ahora eres su heredero! A menos que Él renunciara y eclipsara su propio honor, nunca hubieras tenido un solo rayo de luz que brillara para ti. Bendito sea, pues, su nombre. Vincula cada corriente de bendición que tienes, a la fuente de todo bien. Porque ya conocéis la gracia de nuestro Señor Jesucristo, que por amor a vosotros se hizo pobre, siendo rico, para que vosotros con su pobreza fueseis enriquecidos.

CONCLUSIÓN

Tengo todavía tres cosas que decir, y lo haré lo más brevemente posible.

La primera es una doctrina, y consiste en esto: Si Cristo en su pobreza nos hizo ricos, ¿qué es lo que no hará ahora que es glorificado? Si el Varón de dolores salvó mi alma, ¿el Hombre que ahora es exaltado podrá perecer? Si el Salvador cuando se moría nos dio la salvación, ¿no intercederá por nosotros ahora, de forma segura?

«Él vive, y está sentado arriba,
intercediendo por nosotros allí,
¿qué podrá separarnos de su amor,
o hundirnos en la desesperación?»

Si cuando tus manos estaban clavadas, oh Jesús, tú derrotaste al infierno, ahora que tienes el cetro del rey nunca podrás ser derrotado. ¡Cuando tenías la corona de espinas en tu frente, derrotaste al dragón, ¿no puedes vencer y conquistarlo todo, ahora que las aclamaciones de los ángeles ascienden hasta tu trono? Sí, queridos hermanos, podemos confiar en Jesús glorificado, reposar tranquilos en su seno, pues si fue tan fuerte en su pobreza, ¿cómo no lo será en sus riquezas?

1. El próximo punto es una pregunta muy sencilla. Mi querido oyente, ¿has sido hecho rico por la pobreza de Jesús? Tú dices: «ya estoy bien viviendo sin Cristo, yo no quiero un Salvador». Porque tú dices: «Yo soy rico, y me he enriquecido, y de ninguna cosa tengo necesidad; y no sabes que tú eres un desventurado, miserable, pobre, ciego y desnudo» (Ap. 3:17). ¡Oh tú, que vives por medio de las buenas obras, y piensas que irás al cielo porque eres bueno; todos los méritos que puedas ganar durante toda la vida, no te servirán para nada! Todo lo que ha hecho la naturaleza humana es un borrón y una maldición. Si esos son los ricos, vosotros no sois los santos. Pero en esta mañana, mis queridos oyentes, podéis decir: Por naturaleza no soy ni tengo nada, sólo Dios con el poder de su Espíritu Santo pudo mostrarme mi vaciedad.

2. Hermano, hermana, ¿Tienes a Cristo para que sea tu todo en todo? ¿Puedes decir en este día, confiadamente, «mi Señor, mi Dios, yo no tengo nada, pero tú eres mi todo»? No huyas de esta pregunta. Ven, te lo ruego, y cree en Jesús. Cuando respondas, ten cuidado de lo que dices. Tú eres pecador; eso lo sabes y lo sientes. Recuerda, Cristo vino para hacer que aquellos que no tienen nada, sean ricos. Mi Salvador es un médico; si puedes curarte a ti mismo, Él no tendrá nada que ver contigo. Recuerda, mi Salvador vino a vestir a los desnudos. Él te vestirá si no conservas ni un sólo harapo tuyo. Pero a menos que le dejes hacerlo de los pies a la cabeza, no lo hará. Cristo no hace las cosas en parte, lo hace todo. ¿Tienes confianza? Ven entonces, y regocíjate en la esperanza de la gloria de Dios.

3. Acabaré con este punto, que es una exhortación. Pecador, ¿sientes tu pobreza en esta mañana? Entonces mira a la pobreza de Cristo. ¡Oh, tú que hoy estás turbado por el peso del pecado! Hay muchos así en este lugar. Dios no te ha dejado solo, Él te ha estado convenciendo de pecado, hasta que hoy preguntes: «¿qué debo hacer para ser salvo?». Tú darías todo lo que tienes por obtener la salvación. Hoy tu alma está dolorida, rota y atormentada. Si quieres hallar la salvación, está en las venas de Jesús. Mira la cruz que se levanta entre el cielo y la tierra. ¿Lo ves muriendo por ti en ella? Mira su cabeza. ¿Ves la corona de espinas y las gotas de sangre sobre sus sienes? Mira sus ojos, la muerte los está cerrando. ¿Puedes ver los gestos de su desesperante agonía? ¡Ves sus manos, los torrentes de sangre que fluyen de ellas? Pero, ¡va a hablar! «Dios mío, Dios mío, ¿por qué me has desamparado?» ¿Has oído esas palabras, pecador? Toma otra pausa y mira de nuevo su persona. ¡Qué demacrado está su cuerpo, y qué enfermo su espíritu! Mírale. Va a hablar otra vez: «Consumado es». ¿Qué significa eso? Significa que ha llevado a cabo tu salvación. Mírale en la cruz y encuentra en Él tu salvación. Recuerda que para ser salvo, todo lo que Dios quiere de un penitente es que mire con fe a Jesús. Si te entregas totalmente a Cristo, serás salvo. «Mirad a mí, y sed salvos, todos los términos de la tierra» (Is. 45:8). Mirad esa obra de Dios, es allí donde puedes encontrar la salvación. No muestres un trapo sucio que no puede cubrir tu pecado. Un pecador que haya mirado con fe a Jesús, nunca ha dejado de ser salvo. ¿Te reconoces como un pecador culpable? Tu culpa es la razón por la cual te invito que mires la escena de la cruz. Tú dices: «yo no puedo mirar». ¡Que Dios te ayude a hacerlo! Recuerda, Cristo no te rechazará, en cambio, tú puedes rechazarle a Él. Mira la copa de misericordia; es llevada a tus labios por Jesús. Sé que tu sientes la necesidad de ser salvo. Satanás te tentará a no beberla, pero él no prevalecerá. Tal vez pongas muy débil y tímidamente tus labios en ella. Bébela, y cuanto más lo hagas más sabrás del cielo. Cree en el Evangelio que te ha sido predicado. Está escrito en la Palabra de Dios: «El que creyere y fuere bautizado, será salvo» (Mr. 16:16). Escucha cómo lo interpreto. El que cree y fuere sumergido será salvo. Cree en el Salvador y haz una profesión de tu fe en el bautismo. El bautismo en sí no es nada, hasta que tengas la fe que salva y convierte el alma. ¡Oh, cree en esta verdad! Arrójate a los brazos de Cristo, y serás salvo para siempre. Que el Señor añada su bendición, por amor al Salvador. Amén.

13. SU NOMBRE, ADMIRABLE

«Porque un niño nos es nacido, un hijo nos es dado, y el principado sobre su hombro; y se llamará su nombre Admirable» (Isaías 9:6).

INTRODUCCIÓN: El Maravilloso nombre de Cristo.

I. SE MERECÍA EL NOMBRE
1. Maravilloso en el pasado.
2. Maravilloso en la eternidad.
3. Maravilloso en su nacimiento.
4. Maravilloso en su vida y muerte.
5. Cristo la maravilla universal.

II. ES LLAMADO POR TODO SU PUEBLO
1. Maravilloso en el presente.
2 Cristo está con nosotros.

Dios Padre, Jesucristo, Espíritu Santo

III. SERÁ LLAMADO
1. En el futuro.

CONCLUSIÓN: Cuando le veamos tal como Él es, entonces conoceremos las maravillas de su nombre.

SU NOMBRE, ADMIRABLE

INTRODUCCIÓN

La semana pasada estaba yo por la tarde cerca del mar cuando de pronto se desató una gran tormenta. La voz del Señor se oía sobre las aguas, y ¿quién era yo que para estar demorándome adentro, cuando la voz del Maestro sonaba en aquellas olas? Me levanté de donde estaba sentado y salí fuera para ver el fulgor de los relámpagos y escuchar la gloria de sus truenos. El mar y los truenos se contestaban el uno al otro; el mar con un clamor infinito intentaba silenciar al sonido profundo del trueno, de modo que su voz no se oyera. Por encima del rugir de las aguas se podía oír aquella voz de Dios, que hablaba con llamas de fuego, y ordenaba el movimiento de las aguas. Era una noche oscura, y el cielo estaba cubierto de gruesas nubes. Apenas si podía verse una estrella a través de los claros de la tempestad, pero en un momento en particular, noté allá lejos en el horizonte a varios kilómetros a través del agua, algo brillante como la plata. Era la luna que se escondía tras las nubes, de modo que no podía brillar sobre nosotros, pero podía enviar sus rayos sobre las aguas, allá a lo lejos, donde no había ninguna nube. Cuando ayer de tarde estaba leyendo este capítulo, pensé que el profeta, al escribir las palabras de nuestro texto, parecía estar en una posición similar. Todo alrededor de él eran nubes de oscuridad; oía rugir a los truenos proféticos, y veía los fulgores que despedían los relámpagos de la venganza divina. Nubes y oscuridad, para muchos una tenebrosa unión, esparcidas a través de la historia. Pero a lo lejos, el autor de este texto vio un punto brillante, un lugar desde donde descendía el brillo claro del cielo. Se sentó, y escribió: «El pueblo que andaba en tinieblas vio gran luz; los que moraban en tierra de sombra de muerte, luz resplandeció sobre ellos» (Is. 9:2). Y aunque miró al espacio través de varios años luz, donde vio «el guerrero en el tumulto de la batalla, y todo manto revolcado en sangre» (Is. 9:5); aún así fijó sus ojos sobre la luz brillante del futuro, y declaró que percibió esperanza y paz, prosperidad y bendición. Por tanto, en el capítulo 9, versículo 6, Isaías dice: «Porque un niño no es nacido, hijo nos es dado, y el principado sobre su hombro; y se llamará su nombre Admirable» (Is. 9:6).

Mis queridos amigos, hoy vivimos sobre el borde de esa mancha brillante. El mundo ha estado pasando sobre esas nubes de oscuridad, y la luz está alumbrándonos ahora, como los destellos de los primeros rayos de la mañana. Estamos llegando a un día brillante, y «sucederá que al caer la tarde habrá luz» (Zac. 14:7). Las nubes y la oscuridad serán enrolladas como un manto que Dios ya no necesita, y Él aparecerá en su gloria, y su pueblo se regocijará con Él. Pero debéis prestar atención al hecho de que toda esa brillantez era el resultado de este niño que había nacido, este Hijo que fue dado, cuyo nombre es llamado Admirable. Si podemos discernir algún brillo en nuestros corazones o en la historia del mundo, no puede venir de ningún otro lado que no sea de aquel que es llamado «Admirable, Consejero, Dios fuerte, Padre eterno, Príncipe de paz».

La persona de la que se habla en nuestro texto, es sin lugar a dudas, el Señor Jesucristo. Él es el niño nacido, con referencia a su naturaleza humana. Es un niño nacido de la Virgen. Pero sin embargo, es un Hijo dado, con referencia a su naturaleza divina, habiendo sido dado tan pronto como nació. Por supuesto, la Deidad no podía nacer de una mujer. Este niño, como Dios, existía desde la eternidad y hasta la eternidad. Como un niño fue nacido, y como un Hijo fue dado. «Porque un niño nos es nacido, hijo nos es dado, y el principado sobre su hombro; y se llamará su nombre Admirable». Amados, hay mil cosas en este mundo que son llamadas por nombres que no les pertenecen, pero observando nuestro texto, debo de anunciaros que Cristo fue llamado

Admirable porque lo es. Dios el Padre nunca le dio a su Hijo un nombre que no mereciera. Aquí no hay elogios ni adulaciones, es sencillamente el nombre que merece. Los hombres que mejor lo conocen dicen que la palabra no sobrepasa sus méritos, sino que más bien se queda infinitamente corta, comparándola con lo que Él merecería. Su nombre es Admirable. Y prestad atención, no dice meramente que Dios le ha dado el nombre de Admirable aunque esto queda implicado; sino «y se llamará su nombre». En el tiempo pasado y en este tiempo presente es llamado Admirable por todo su pueblo y lo será también en el futuro. Mientras la luna dé su luz, habrán hombres, ángeles y espíritus glorificados, que siempre lo llamarán por su justo nombre. «Y se llamará su nombre Admirable».

Encuentro que este nombre puede tener dos o tres interpretaciones. En las Escrituras, esta palabra a veces se traduce como «maravilloso». Jesucristo merece también ser llamado maravilloso, y un intérprete alemán dice que sin duda, el significado de algo milagroso está involucrado en esa palabra. Cristo es la maravilla de las maravillas, el milagro de los milagros. Y se llamará su nombre Milagroso, pues Él es más que un hombre, es el milagro más grande de Dios. «E indiscutiblemente, grande es el misterio de la piedad: Dios fue manifestado en carne». También puede significar «separado» o «distinguido». Jesucristo puede ser llamado por estos términos de manera muy apropiada, pues así como Saúl era distinguido sobre todos los hombres; el Señor es ungido con óleo de alegría más que sus compañeros. En su carácter y en sus hechos, debe quedar infinitamente separado de toda comparación con cualquiera de los hijos de los hombres. «Eres el más hermoso de los hijos de los hombres; la gracia se derramó en tus labios» (Sal. 45:2). Él es el más hermoso entre diez mil, y todo Él adorable. Y se llamará su nombre el que está separado, el distinguido, el noble, el que es apartado de la raza común de la humanidad.

Sin embargo, esta mañana nos mantendremos fieles a la versión antigua y diremos: «Y se llamará su nombre Admirable». En primer lugar destacaré que Jesucristo se merecía el nombre de Admirable, por lo que fue en el pasado. En segundo lugar, que Él es llamado Admirable por todo su pueblo por lo que es en el presente; y tercero, que será llamado Admirable, por lo que ha de ser en el futuro.

I. SE MERECÍA EL NOMBRE

1. Cristo será llamado Admirable por *lo que fue en el pasado*. Juntad vuestros pensamientos, mis hermanos, y durante un momentos centralizadlos en Cristo, y pronto veréis cuán maravilloso es Él. Considerad su existencia eterna, engendrado del padre antes de la fundación de todos los mundos, siendo la misma substancia que su Padre: engendrado, no hecho, coligual y coeterno con el Padre en todo atributo; «el mismo Dios, del mismo Dios». Recordad por un momento que aquel que se convirtió en un bebé, no era nada más ni nada menos que el Rey de las edades, el Padre eterno, quien fue desde la eternidad y será por toda la eternidad. La naturaleza divina de Cristo es en verdad, maravillosa. Pensad solo por un momento, cuánto interés se arremolina alrededor de la vida de un hombre anciano. Los que de entre nosotros somos jóvenes, nos maravillamos y le miramos con asombro al oír esas varias historias de su experiencias por las cuales ha pasado. Pero, ¿qué es la vida de un hombre anciano? ¡Cuán breve parece ser cuando se compara con la sombra de un árbol que le cobija! Este árbol existe antes de que el padre del viejo hombre naciera. ¡Cuántas tormentas habrán caído sobre sus ramas! ¡Cuántos reyes habrán subido al trono y muerto y cuántos imperios se habrán levantado y habrán caído desde que el viejo roble estaba dormido dentro de una bellota!

2. Ahora bien, ¿qué es la vida de un árbol comparada con la tierra en la que crece? ¡Qué historia más maravillosa podría contar esa tierra! ¡Cuántos cambios han ocurrido en todas las eras de tiempo que han pasado desde entonces!: «En el principio creó Dios los cielos y la tierra» (Gn. 1:1). Hay una historia maravillosa que tiene que ver con cada átomo de tierra que nutre al

Dios Padre, Jesucristo, Espíritu Santo

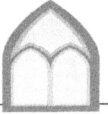

viejo roble. Pero, ¿qué es esa tierra comparada a la maravillosa historia de la roca sobre la que descansa el risco sobre el cuál levanta su cabeza? ¡Oh!, estas historias podrían decir muchas cosas de las piedras que están escondidas en sus entrañas. Tal vez pueda hablarnos sobre aquellos tiempos cuando la mañana y la tarde formaron el primer día, y el segundo, y pueda explicarnos esos misterios de como Dios hizo esta maravillosa pieza de milagro: nuestro mundo. Pero, ¿qué es la historia del risco comparada con aquella del mar que se mueve en su base ese océano azul y profundo sobre el cual han pasado miles de navíos sin dejar ni una sola huella? Pero, ¿qué es la historia del mar comparada con la de los cielos que fueron estirados como una cortina sobre el inmenso espacio? ¿Qué historia es esa de las huestes de los cielos de las eternas marchas del sol, la luna y las estrellas? ¿Quién puede contar sus generaciones o escribir sus biografías? Pero, ¿qué es la historia de los cielos comparada con la de los ángeles? Ellos podrían deciros sobre el día en que vieron a este mundo envuelto en densas bandas de neblina cuando, como un niño recién nacido, el último de la descendencia de Dios, apareció en el espacio y las estrellas de la mañana cantaron juntas y los hijos de Dios gritaron de gozo. Pero, ¿qué es la historia de los ángeles, que rebasan en fortaleza, comparada con la historia del Señor Jesucristo? El ángel tuvo principio, fue creado; Cristo, el Eterno, mira a los ángeles como sus espíritus ministradores, que vienen y van según su voluntad. ¡Oh, cristianos, reuníos con reverencia y santo temor alrededor del trono de aquel que es vuestro gran Redentor, pues su nombre es Admirable, puesto que ha existido antes que todas las cosas: «aquel por cuya causa son todas las cosas, y por quien todas las cosas subsisten» (He. 2:10). «Porque en él fueron creadas todas las cosas, las que hay en los cielos y las que hay en la tierra... todo fue creado por medio de él y para él. Y él es antes de todas las cosas, y todas las cosas en él subsisten» (Col. 1:16, 17).

3. Considerad otra vez la encarnación de Cristo, y justamente diréis que su nombre merece ser llamado «Admirable». ¡Oh!, ¿qué es lo que veo? Maravilla de las maravillas, ¿qué es lo que estoy viendo? El Eterno de todas las edades –cuyo cabello es blanco como la lana y como la nieve– se convierte en un bebé. ¿Es posible? Ángeles, ¿no estáis asombrados? Él se ha convertido en un niño, y yace en brazos de una virgen, tomando su alimento de su pecho. ¡Oh, maravilla de entre todas las maravillas! Pesebre de Belén, ¡en ti ha ocurrido el más grande de los milagros! Ésta es una visión que sobrepasa todas las demás. Pensad en el sol, la luna y las estrellas; considerad los cielos con sus cuerpos celestes, la obra de las manos de Dios. Pero todas las maravillas del universo se encogen hasta ser nada cuando las comparamos al misterio encarnado de Jesucristo. Fue maravilloso que Josué detuviese el sol, pero más maravilloso fue cuando Dios parecía estar quieto, sin moverse hacia adelante, sino más bien como el sol sobre el reloj de Acaz, que retrocedió diez grados y veló su esplendor en una nube. Se han producido señales maravillosas e incomparables, para asombrarse, maravillarse, y decir: «no puedo entender esto, es algo en lo cual no me atrevo a profundizar, mis pensamientos se ahogan, es demasiado elevado para mí». Pero todas estas cosas son menos que la nada, comparadas con la encarnación del Hijo de Dios. Creo que los mismos ángeles se han maravillado como nunca al observar la encarnación del Hijo de Dios, y lo siguen haciendo incesantemente desde que lo contemplaron al principio. Nunca cesan de contar la asombrosa historia, y cada vez con más asombro; que Jesucristo, el Hijo de Dios, fue nacido de la Virgen María y se convirtió en un hombre. ¿No es justamente llamado Admirable? Es infinito, y es un bebé eterno, y aún así, nacido de una mujer todopoderoso, y recostado sobre el pecho de María sosteniendo el universo, y teniendo necesidad de que lo sustenten los brazos de su madre Rey de los ángeles, y el considerado hijo de José. Es el heredero de todas las cosas, y el hijo despreciado del carpintero. Maravilloso eres tú, oh Jesús, y maravilloso sea tu nombre para siempre.

4. Pero mirad la vida del Salvador, y de ello deduciréis que es maravilloso en todo. ¿No es asombroso que durante toda su existencia en esta tierra, hubiera estado sometido a la maldad de las jaurías de sus enemigos? que durante toda su vida hubiera permitido que lo rodearan los feroces perros y los toros de Basán? ¿No es sorprendente que hubiera sujetado su enojo cuando se blasfemaba su sagrada persona? Si ustedes o yo hubiéramos sido dueños de un poder tan extraordinario como el suyo, ¿no habríamos derribado a nuestros enemigos, haciéndoles morder el polvo?

Nunca nosotros nos hubiéramos sometido a la vergüenza de ser escupidos; al contrario, con un solo acto de la voluntad, los habríamos echado en el tormento eterno. Pero Él lo soportó todo con su noble espíritu el león de la tribu de Judá, pero teniendo el carácter de un cordero.

«El manso Hombre, ante sus
enemigos,
un Hombre exhausto, y lleno de
aflicciones».

Yo creo que Jesús de Nazaret fue el Rey de los cielos, y sin embargo fue pobre, despreciado, perseguido y calumniado, pero si bien puedo creerlo, no puedo en cambio comprenderlo. Por esto le bendigo, y le amo, y deseo alabar su nombre de corazón mientras dure la inmortalidad, por su condescendencia en sufrir así por mí. Su nombre será para siempre llamado Admirable.

Pero vedle morir. Venid, oh mis hermanos, hijos de Dios, y reuníos alrededor de la cruz. Ved a vuestro Maestro. Allí cuelga de la cruz. ¿Podéis entender este misterio? Dios fue manifestado en carne y crucificado por los hombres. Mi Maestro, yo no puedo entender cómo te despojaste de la resplandeciente corona de estrellas que tenías en el cielo, y aceptaste la corona de espinas hecha por las manos de los hombres perversos. Tampoco entiendo que te quitaras tu manto de gloria, el azul de tu imperio sempiterno, ni cómo soportaste la burla de los hombres que se mofaban de ti porque decían que pretendías ser Rey. Fuiste despojado brutalmente de tus ropas, exponiéndote así ante el público allí presente. Es absolutamente incomprensible. En verdad tu nombre es Admirable. ¡Oh, tu amor para mí es maravilloso, mucho más que el amor de una mujer. ¿Existió alguna vez una pena como la tuya? ¿Hubo alguna vez un amor como el tuyo que pudo abrir las puertas de la inundación de esa gran pena? Tu pena era como un río, y nunca existió un manantial que derramara un torrente tan abundante. ¿Existió alguna vez un amor tan poderoso que se convirtiera en la fuente desde la cual brotara un océano de pena y sufrimientos? He aquí un amor incomparable para hacerle sufrir y para que pudiera soportar el tremendo peso de la maldición del Padre. He aquí una incomparable justicia, que Él mismo consintiera en la voluntad de su Padre, y no permitiese a los hombres ser salvos por ningún otro medio que no fuera por sus sufrimientos y su muerte. Y he aquí la incomparable misericordia hacia los más aborrecibles de los pecadores, que Cristo sufriera y muriera aún por ellos. «Y se llamará su nombre Admirable».

Pero he aquí que Jesús murió. Ved a las hijas de Salem llorando por allí alrededor. José de Arimatea toma el cuerpo sin vida después de que fuera bajado de la cruz. Se lo llevan fuera al sepulcro y lo ponen en un jardín. ¿Le seguiríais llamando «Admirable» ahora?

«¿Es éste el Salvador de quien se
profetizó
de quien se dijo que aparecería en
la edad de oro?»

¿Y está muerto? Le bajan inmóvil de la cruz. Sus brazos caen a los lados del cuerpo. Sus pies exhiben las marcas de los clavos, pero no hay señal de vida. ¡«Ah!», preguntan expectantes los judíos, «¿es éste el Mesías?» ¿Está muerto, y su cuerpo empezará a corromperse en un corto espacio de tiempo?

¡Oh, centinelas, mantened la guardia sin moveros de aquí, no sea que sus discípulos roben su cuerpo. Este cuerpo no puede salir de allí a menos que lo roben, porque está muerto. «¿Es éste el Admirable, el Consejero?» Pero Dios no dejó su alma en el Hades, ni su santo cuerpo experimentó la corrupción. Sí, él es «Admirable», aun des-

Dios Padre, Jesucristo, Espíritu Santo

pués de muerto. Ese cuerpo frío es maravilloso, aún en su muerte. Esas ataduras que han sujetado a millones de los hijos e hijas de Adán, y que todavía no habían sido rotas por ningún representante de la raza humana, salvo por medio de un milagro, fueron para Él como briznas de hierbas marchitas. La muerte sujetó a Sansón fuertemente, y dijo: «ahora le tengo, le he quitado sus fuerzas, su gloria se fue de él y ahora es mío». Pero las ataduras que mantuvieron sujetos a los demás miembros de la raza humana, no fueron nada para Cristo. Al tercer día las quebrantó y se levantó, resucitando de entre los muertos para ya no volver a morir jamás. ¿Oh!, Salvador resucitado, tú no habías de ver la corrupción tú eres «Admirable» en tu resurrección, y también en tu ascensión. «Subiendo a lo alto, llevó cautiva la cautividad, y dio dones a los hombres» (Ef. 4:8). «Y se llamará su nombre Admirable».

Hagamos una pausa aquíahora, y pensemos que Cristo es insuperablemente maravilloso. La pequeña historia que os he relatado recién, no pequeña en sí misma, sino en la forma en la que yo os la he narrado tiene algo insuperablemente maravilloso. Todas las maravillas que habéis visto no son nada comparadas con ella. Al viajar a través de varios países, hemos visto diversas maravillas; y tal vez al comentarlas, otro viajero más experimentado nos diga: «En efecto, esto es algo maravilloso, pero podría mostrarle otra maravilla que eclipsa a ésta». Aunque hayamos visto hermosos paisajes con unas montañas bellísimas, y hayamos subido a ellas para mirar el valle abajo y quedarnos asombrados con la hermosura de la naturaleza, nuestro compañero de viaje nos dice que ha visto tierras aún más grandes y hermosas. Pero cuando hablamos de Cristo, nadie puede decirnos que ha visto una maravilla más grande que Él. Hemos llegado ahora hasta la cima de toda cosa de la que podéis maravillaros. No hay misterios como este misterio, ni sorpresas iguales a ésta; no hay asombro ni admiración semejante a la que sentimos cuando contemplamos a Cristo en las glorias del pasado. Él lo sobrepasa todo. La acción de maravillarse es de duración limitada. Pero

Cristo es, y siempre será, maravilloso. Podéis pensar en Él durante un día o durante muchos años, pero quedaréis más fascinados al final de esos años, que al principio. Sin duda que Abraham se sintió maravillado ante Él cuando vio su día en el distante futuro; pero no creo que ni siquiera el mismo Abraham pudiera maravillarse tanto de Cristo como lo hace hoy el menor de los santos en los cielos. Ahora sabemos más de Jesús, por consiguiente nos maravillamos mucho más de Él. Pensad otra vez por un momento, y diréis que Cristo también se merece ser llamado Maravilloso, no solo porque lo es de forma insuperable, sino porque Él es enteramente, y completamente maravilloso. En la ciencia han habido grandes descubrimientos y habilidades desarrolladas en el correr de los años. El telégrafo es una de las que podemos observar y también entender. Aunque hay en él muchas cosas que para nosotros son misterios, con todo tiene muchas otras que están al alcance de nuestro intelecto. Pero si ahora miráis a Cristo en cualquier lugar y de cualquier modo, Él es todo un misterio encantador, completamente maravilloso para ser siempre observado y admirado.

5. Os repito, se le observa como una maravilla en todo el universo. Muchos nos dicen que la religión de Cristo está muy bien para las señoras ancianas. Cierta vez alguien me dijo que mis predicaciones serían sumamente adecuadas para los negros. Esta persona no estaba pensando en hacerme un cumplido, pero yo le respondí: «Bien, señor, si es adecuada para los negros, creo que lo será también para los blancos, pues solo hay una pequeña diferencia en el color de la piel, y yo no hablo para la piel de las personas, sino para sus corazones». Ahora bien, de Cristo podemos decir que es una maravilla universal. Los más altos intelectos de la historia se han maravillado de Él. Nuestros Lockes y nuestros Newtons se han sentido como niños pequeños cuando llegaron al pie de la cruz. La maravilla de su persona no ha sido confinada a señoras, niños, ancianos y moribundos; los más importantes intelectos y las mentes más brillantes han sido fascinados al contemplar la

persona de Cristo. Estoy seguro de que no es fácil hacer que cierta gente se maraville, sino más bien una tarea bastante difícil. Los filósofos, pensadores y matemáticos no son fáciles de maravillarse ante algo, pero estos hombres han cubierto sus rostros con sus manos y se han arrojado al polvo, confesando que sus mentes habían estado perdidas en su asombro y admiración. Bien puede Cristo ser llamado «Admirable».

II. ES LLAMADO POR SU PUEBLO

1. «Y se llamará su nombre «Admirable». Él es maravilloso por *lo que es en el presente*. Y aquí no voy a divergir, sino que voy a haceros un llamado personal, y a preguntaros: ¿es Él maravilloso para vosotros? Permitidme que os diga la historia de mi propia admiración de Cristo, y al contarla os estaré diciendo la experiencia de los hijos de Dios. Hubo una época en la que yo no me maravillaba de Cristo. Había oído de sus prodigios y bellezas, pero nunca las había visto. También había escuchado acerca de su poder, pero para mí no significaba nada; eran como noticias venidas de lejanas tierras. Yo no tenía ninguna conexión con ellas, y por lo tanto no hacía ninguna observación al respecto. Pero una vez ocurrió que llegó a mi casa alguien con aspecto horrible. Golpeó la puerta varias veces y luego intentó tirarla abajo. Yo trataba de sostenerla pero sólo pude hacerlo durante unos instantes y al final la derribó y entró; me miró de frente y con una voz ronca me dijo:

—Tengo un mensaje de Dios para usted; sepa que está condenado por causa de sus pecados.

Yo le miré asombrado y le pregunté su nombre. Él me respondió:

—Mi nombre es la Ley, y yo caí a sus pies como muerto. Una vez había estado vivo sin la ley, pero cuando vino el mandamiento, el pecado revivió y yo morí.

Mientras yacía en aquel lugar él me golpeó. Lo hizo hasta que mis costillas parecían romperse y era como si mis entrañas fueran a estallar y a salirse fuera. Mi corazón se derretía como cera dentro de mí. Me daba la sensación de que me estiraba sobre un potro de tortura, y que era azotado con un látigo de fuego. Un sentimiento de miseria extrema inundó mi corazón. No me atrevía a levantar mis ojos, pero pensé para mis adentros

—Tiene que haber alguna esperanza y misericordia para mí. Tal vez el Dios al que he ofendido aceptará mis lágrimas. Quizás pueda aceptar mis lágrimas y mis promesas de mejor comportamiento, y entonces viviré.

Pero cuando ese pensamiento me atravesó la mente, mis sufrimientos fueron más terribles que antes, hasta que las esperanzas se derrumbaron, y no sabía en quién confiar. Una negra y tenebrosa oscuridad me envolvió; oí una voz que emitía una especie de gemidos y como un rechinar de dientes. Entonces pensé:

—Echado soy de delante de los ojos de Dios, Él me aborrece, me tiene en el centro de mira de su enojo.

Inmediatamente vino alguien que parecía apenado pero que tenía un hermoso aspecto. Puso su pie sobre mí y dijo: «Despiértate, tú que duermes, y levántate de lo muertos, y te alumbrará Cristo» (Efes. 4:14).

Me levanté asombrado; Él me tomó de la mano y me llevó a un lugar donde había una cruz, y luego este maravilloso ser se desvaneció de mi vista. ¡Pero apareció nuevamente colgando de esa cruz! Le contemplé absorto durante unos momentos. Mis ojos tuvieron una visión de amor indecible dentro de mi espíritu, y al instante, mirándole, las heridas que mi alma había sufrido se curaron; los huesos rotos se compusieron, los harapos de los que estaba cubierto me fueron quitados. Mi espíritu estaba blanco y sin mancha, como la nieve recién caída. Tenía una canción dentro de él, pues había sido salvo, lavado, limpiado y perdonado por aquel que colgaba de la cruz. ¡Oh, cómo me maravillé de haber sido perdonado! Pero no fue el perdón lo que me cautivó tanto, la maravilla consistió en que ese perdón fuera para mí. Me asombré al ver que Él había sido capaz de perdonar pecados tan considerables como los míos. ¡Eran tan numerosos y tan negros! Después de haber tenido una conciencia acusadora, el Señor tuvo poder para acallar cada ola encrespada de la tormenta que rugía dentro de mi espíritu, haciendo que mi alma fuera como la superficie de un lago, quieta y en calma. Para mi espíritu, su nombre fue «Admirable».

Hermanos y hermanas, si vosotros habéis sentido algo así, podéis decir que os habéis deslumbrado ante Él, y aún ahora os invade un sentimiento de maravillosa adoración que captura vuestros corazones.

2. ¿No ha sido Él maravilloso para ti desde aquella dichosa hora cuando oíste por vez primera la voz de la misericordia hablada de forma personal? ¡Cuán a menudo has estado triste, enfermo, y lleno de penas y angustias! Pero tu dolor ha sido ligero, pues el Señor ha estado contigo junto a tu cama, y tus preocupaciones no han agobiado tu mente porque pudiste echar tus cargas sobre Él La prueba que amenazaba con aplastarte, más bien te ha elevado al cielo, y has podido decir: «¡qué maravilloso es el Señor Jesucristo que me ha provisto de consuelo, paz, gozo y confianza!» Varias cosas me traen ahora el recuerdo de un período de mi vida que tuvo lugar hace dos años. Nunca olvidemos, amados, cuando Él contestó vuestras oraciones de que nos daría bendiciones en esta, su casa. No podemos olvidar cómo la gente estaba desparramada cómo algunas de las ovejas fueron muertas y el mismo pastor fue golpeado. Yo no os he contado la historia de mi propia desgracia. Tal vez ningún alma estuvo tan cerca del infierno de la enfermedad mental y salió sin ningún daño, como la mía. He andado en medio de ese fuego hasta que los candados que me mantenían cautivo fueron chamuscados con ese calor. Mi cerebro estaba siendo torturado. No me atrevía a mirar a Dios, y la oración, que un día había sido mi solaz, era ahora la causa de mi miedo y mi terror. Nunca olvidaré aquel momento en que fui restaurado a la compostura que tengo ahora. Estaba en el jardín de un amigo. Caminaba solitario, meditando sobre mi miseria. Mi alma estaba soportando el peso de la carga, que era demasiado pesada para poderla llevar. De pronto, como un relámpago, el nombre de Jesús se cruzó por mi mente. La persona de Cristo parecía hacerse visible. Entonces me quedé quieto. La lava ardiente de mi corazón se enfrió. Mis agonías fueron espantadas. Allí mismo me arrodillé, y el jardín que parecía una copia de Getsemaní, se convirtió en un paraíso. Todavía estoy asombrado de que nada sino el nombre de Jesucristo me sacara de aquella terrible lucha. Pensé inmediatamente que le amaría más que todo lo que le había amado antes. Pero habían dos cosas que me preguntaba. Primero, ¿cómo Él había sido tan bueno conmigo? Y segundo, ¿cómo yo había sido tan ingrato para con Él? Desde ese momento, su nombre empezó a ser para mí, realmente «Maravilloso». Nunca olvidaré lo que hizo por mi alma.

Y ahora, mis hermanos y hermanas, encontraréis que cada día de vuestra vida, cualesquiera que sean vuestras angustias y tribulaciones, por medio de ellas Él será para nosotros «Maravilloso». El Señor hará que vuestras pruebas sean como un fondo negro, sobre el cual, su nombre brille como un diamante. Si no fuera por el horno de la aflicción, nunca conoceríamos las maravillas de nuestro Dios. «Los que descienden al mar en naves, y hacen negocio en las muchas aguas, ellos han visto las obras de Jehová, y sus maravillas en las profundidades» (Sal. 107:23, 24). A no ser por esas profundidades, nunca podréis ver las maravillas de Dios. Debemos pasar por ellas si queremos conocer cuán maravillosos son su poder y su fuerza para salvar.

No debo dejar este punto sin hacer un énfasis más. Han habido épocas cuando tú y yo hemos dicho: «El nombre de Cristo es realmente maravilloso, pues por medio de Él hemos sido transportados sobre el mundo, y llevados hacia arriba hasta las mismas puertas de los cielos. Me daría muchas pena que no comprendierais la rapsodia que estoy a punto de usar. Hay momentos en que los cristianos sienten que los encantos de la tierra están destrozados. Entonces despliega sus alas y vuela sobre el mundo, hasta olvidar las penas de esta tierra y dejarlas bien lejos. Así se eleva, sube más y más, encima de la cumbre de las montañas y de donde vuelan las águilas, con el Salvador ante él casi en una visión beatífica. Su corazón está lleno de Cristo, su alma contempla al Salvador, y la nube que oscurecía

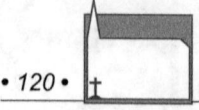

su visión se ha dispersado. En tiempos así el cristiano puede simpatizar con Pablo. «Conozco a un hombre en Cristo, que hace catorce años (si en el cuerpo, no lo sé; si fuera del cuerpo, no lo sé; Dios lo sabe) fue arrebatado hasta el tercer cielo» (2 Co. 12:2). ¿Cómo se produjo este arrebatamiento? ¿Por medio de la música de la flauta, el arpa, el salterio y todas las clases de instrumentos? ¿Cómo entonces? ¿Por medio de las riquezas, por una viva disposición, por medio de la fama? No. Por el nombre de Jesús. Ese nombre es suficiente para llevar al cristiano a alturas por sobre la región donde vuelan los ángeles en un cielo claro y sin nubes.

III. SERÁ LLAMADO

1. Si bien el texto es infinito y podría predicar sobre él para siempre, ya no dispongo de más tiempo para extenderme sobre este punto. Tengo que deciros algo más; que su nombre también será llamado «Maravilloso» *en el futuro*.

Viene un día de maldición y de juicio por fuego. Las edades terminarán, el postrer siglo acabará, como el último pilar de un templo dilapidado que ha caído hecho añicos. El reloj del tiempo se está dirigiendo hacia su última hora, y está a punto de dar su tañido final. Viene el tiempo en que las cosas que han sido hechas deberán desaparecer. Puedo ver y sentir cómo se mueven las entrañas de la tierra. Los campos de batalla ya no se visten más con las ricas cosechas que han sido abonadas con sangre, sino que se ha levantado una nueva cosecha. Los campos están llenos de hombres. El mismo mar se ha convertido en una madre prolífica, y aunque se ha tragado a muchos hombres vivos, los devolverá otra vez y tendrán que comparecer ante Dios, como un ejército extraordinariamente numeroso. ¡Pecadores! Ya se han levantado de sus tumbas, los pilares de los cielos están temblando y los mismos cielos se mueven de un lado a otro. El sol, el ojo de este gran mundo, está dando vueltas como loco y con destellos fulgurantes amenaza con venirse abajo. La luna que por tanto tiempo ha alegrado e iluminado la noche, se convierte en sangre. Portentos, signos y maravillas que sobrepasan la imaginación, hacen que los cielos se sacudan y que el corazón de los hombres se estremezca dentro de ellos. De pronto, sobre una nube allí viene el Hijo del Hombre. ¡Pecadores! Representad una visión de vuestro asombro y sorpresa cuando le veáis a Él. ¿Dónde estás tú, Voltaire? Tú dijiste: «Yo aplastaré a ese Jesús». ¡Ven y aplástalo ahora! «No», responde Voltaire, «él no es el hombre que yo creí que era». ¿Oh, cuánto se asombrará este filósofo y literato cuando se dé cuenta de lo que Cristo es! Ahora, ven Judas y dale tu beso de traidor! «¡Ah, no», dice él, «yo no sabía a quien besaba, pensaba que solamente era el hijo de María, pero oh, Él es el Dios eterno! Ahora venid, reyes y príncipes que habéis consultado juntos contra el Señor y contra su ungido diciendo: «Rompamos sus ligaduras, y echemos de nosotros sus cuerdas» (Sal. 2:3). ¡Venid ahora, haced consejo una vez más y rebelaos contra Él! ¡Oh!, ¿podéis imaginaros el asombro, la perplejidad y el desmayo, cuando los negligentes, los ateos y los infieles descubran quién es Cristo? «¡Oh!», dirán, «esto es maravilloso; yo no pensé que Él era así», mientras el Señor les dirá: «Habéis pensado que yo era como vosotros; pero no lo soy, y he venido en toda la gloria de mi Padre para juzgar a los vivos y a los muertos».

CONCLUSIÓN

Faraón había llevado a su ejército al medio del mar Rojo. El camino estaba seco y pedregoso y en cada orilla había como una pared de alabastro, el agua estaba clara y diáfana, parecía rígida con el soplo de la helada, consolidada como el mármol. Allí estaba. ¿Podéis imaginar el asombro y el vuelco del corazón de las huestes de Faraón al ver las murallas de agua a punto de cerrarse sobre ellos? ¡Contempladlo pecadores despreciativos, asombraos, y pereced! Así será vuestro espanto cuando Cristo, a quien vosotros habéis despreciado, al que no quisisteis como Salvador Cristo, cuyo Evangelio desechasteis, vendrá en la gloria de su Padre, y todos sus santos ángeles con Él. ¡Ay, entonces sí que lo contemplaréis, os

Dios Padre, Jesucristo, Espíritu Santo

asombraréis y pereceréis, no sin antes decir que su nombre es «Admirable».

Pero quizás la parte más maravillosa del día del juicio sea ésta: ¿Podéis ver todos los horrores que hay allí la negra oscuridad, la horrenda noche, los cometas chocando, las estrellas pálidas y tenues cayendo como higos de la higuera? ¿Oís el grito que dice con desesperación, «cubridnos; y a los collados: caed sobre nosotros». «Porque todo calzado que lleva el guerrero en el tumulto de la batalla, y todo manto revolcado en sangre serán quemados, pasto del fuego» (Is. 9:5). Toda batalla es terrible, pero nunca hubo una como ésta. Esta es verdaderamente con humo y fuego. ¿Pero veis allí? Todo está en paz, todo quieto y sereno. ¿Están las miríadas de los redimidos gritando, chillando y gimiendo? No, ¡sólo tenéis que verlos! Se están reuniendo reuniendo alrededor del trono. Ese mismo trono que parecía esparcirse con cien manos, para la muerte y destrucción de los malvados, se convierte en el sol lleno de luz y felicidad para todos los creyentes. ¿No veis como vienen, vestidos de blanco? Al reunirse alrededor del torno velan sus rostros. Oíd cómo cantan, «santo, santo, santo, Señor de los ejércitos, tú fuiste inmolado y te has levantado de entre los muertos; eres digno de vivir y reinar cuando la misma muerte está muerta». ¿Podéis oírles? No es una sucesión de gritos, sino una dulce canción. ¿Podéis verles? Todo es gozo, no terror. Su nombre para ellos es «Maravilloso», pero es la maravilla de la admiración, del éxtasis, del amor y no del horror ni del desmayo. ¡Santos del Señor! Cuando le veáis tal como Él es, entonces conoceréis las maravillas de su nombre; y en el día de su aparición, habremos sido transformados a su semejanza. ¡Oh!, espíritu extasiado: tú tendrás tu parte en el triunfo del Redentor, aunque seas indigno y el más grande de los pecadores. Tus ojos le verán. «Yo sé que mi Redentor vive, y al fin se levantará sobre el polvo; y después de deshecha ésta mi piel, en mi carne he de ver a Dios» (Job 19:25). ¡Oh, vírgenes, estad listas! He aquí que el Amado viene. Levantaos, llenad vuestras lámparas y salid a su encuentro. ¡Él viene, Él viene,

Él viene! Y cuando venga, cuando os encontréis con Él, podréis muy bien decir: «Y se llamará su nombre Admirable». ¡Aleluya, aleluya!

14. SU NOMBRE, CONSEJERO

«Porque un niño nos es nacido, hijo nos es dado; y el principado sobre su hombro: y se llamará su nombre Admirable, Consejero, Dios fuerte, Padre eterno, Príncipe de paz» (Is. 9:6).

INTRODUCCIÓN: Satanás, mal consejero.

I. CONSEJERO CON DIOS
1. Dios tuvo un concilio consigo mismo.
2. Cristo como consejero en la creación.
3. Cristo como consejero en la providencia.
4. Cristo como consejero en la gracia.
5. Cristo como consejero en la salvación.
6. La misericordia de Cristo en el consejo.

II. CRISTO ES EL ÁNGEL DEL GRAN CONCILIO
1. Todos queremos saber.

III. CRISTO ES EL GRAN CONSEJERO PARA NOSOTROS
1. Necesitamos su consejo.
2. Es un consejero fiel.

CONCLUSIÓN: Obedecer su consejo trae gozo.

SU NOMBRE, CONSEJERO

INTRODUCCIÓN

El domingo pasado consideramos el primer título, «Admirable». Esta mañana consideraremos la segunda palabra, «Consejero». No necesito repetir que estos títulos corresponden únicamente al Señor Jesucristo, y que no podremos entender el pasaje a menos que lo atribuyamos al Mesías el Príncipe. Fue por un consejero que este mundo cayó en la ruina. ¿No se enmascaró el mismo Satanás en una serpiente, y aconsejó a la mujer con toda astucia que tomara para ella el fruto del árbol del conocimiento

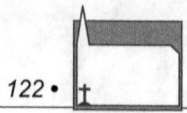

del bien y del mal, confiando poder ser como Dios? ¿No fue ese consejo de maldad que provocó que Eva se rebelara contra su Hacedor, y como consecuencia el pecado trajo la muerte y una interminable cadena de desgracias en todo el mundo? ¡Oh, amados!, si hubo un mal consejero para destruir este mundo, tenía que venir un Consejero santo para restaurarlo. Por un consejo cayó, y sin otro consejo nunca podía haberse levantado. Pero notad las dificultades que rodearon al Santo Consejero. Es fácil aconsejar lo malo, ¡pero muy difícil aconsejar sabiamente! Es fácil destruir y desbaratar, pero ¡qué difícil es construir! Fue sencillo confundir a este mundo y acarrearle una cadena de desgracias e infortunios. La mujer comió del fruto prohibido y ocurrió lo irremediable. Pero restaurar el orden a esta confusión y acabar con las maldades que se cernieron sobre esta tierra, éste sí fue un trabajo difícil. Lo «maravilloso» fue que Cristo viniera a realizar la obra y que en la plenitud de su sabiduría la llevara a cabo para su gloria y honor, y para nuestro bienestar y seguridad.

Ahora entraremos en el desarrollo de este título dado a Cristo, un título peculiar para nuestro Redentor. Veréis entonces por qué le ha sido dado y por qué existía la necesidad de un Consejero.

Ahora bien, nuestro Señor Jesucristo es un Consejero en un triple sentido. Primero, Él es el Consejero de Dios. Se sienta en el consejo del Rey de los cielos, es admitido en la cámara privada y es el Consejero juntamente con Dios. En segundo lugar, la Septuaginta le añade algo más al término Consejero. Se dice que Cristo es el Ángel del gran concilio. Él es un Consejero en su comunicación con nosotros en el nombre de Dios, sobre lo que ha sido hecho en el gran concilio antes de la fundación del mundo. Tercero, Cristo es un Consejero para nosotros y con nosotros, porque podemos consultar con Él y a su vez Él nos aconseja sobre cómo andar por el camino recto y por las sendas de paz.

I. CONSEJERO CON DIOS

1. Empezando, entonces, con el primer punto, Cristo bien puede ser llamado Consejero, pues es un *Consejero con Dios*. Al llegar a este apartado, debemos hablar con toda reverencia, pues estamos a punto de entrar en un tema muy solemne. Nos ha sido revelado que antes de la creación de los cuerpos celestes y el espacio infinito, el Dios todopoderoso sostuvo un concilio consigo mismo. Padre, Hijo y Espíritu Santo, mantuvieron un místico concilio, en el que uno de sus objetivos principales era tratar el tema de la creación. Ese concilio, aunque la Escritura nos dice muy poco sobre él, ciertamente existió. Tenemos abundantes pruebas de ello, pues es una doctrina oscura a través de la refulgencia de aquella luz a la que ningún hombre puede acercarse. Es imposible explicarla sencilla y didácticamente como las otras doctrinas. Sin embargo, tenemos continuas señales y menciones incidentales de ese gran, eterno y maravilloso concilio que hubo entre las tres gloriosas personas de la Trinidad. Nuestra primera pregunta es, ¿por qué Dios tuvo que hacer un concilio? Nuestra respuesta es que Dios no sostuvo ese concilio a causa de ninguna deficiencia en su conocimiento, pues Él entiende todas las cosas desde el principio. Su conocimiento es la suma total de todo lo que es noble, y esta suma total es infinita. Tú, oh Dios, tienes pensamientos que son insondables, y sabes que ningún ser mortal puede alcanzarlos. Pero Dios hizo consulta entre las tres personas de la Trinidad, para su propia satisfacción. Tras haber determinado lo que van a hacer, muchas veces los hombres buscan el consejo de sus amigos, porque piensan que «si su consejo está de acuerdo con el mío, mejora aún más mi satisfacción y me confirma en mi resolución». Pero Dios está eternamente satisfecho consigo mismo, y no tiene ni sombra de duda en sus propósitos. Por tanto, el concilio no fue sostenido por esa causa, sino teniendo en vista una deliberación. Los hombres demoran semanas, meses y a veces hasta años, para pensar en alguna cosa que al final está rodeada de dificultades. No acaban de encontrar la clave aunque la busquen con todo su afán. Envueltos en pliegues de misterio, tienen que ir quitando cosa por cosa, y argumento tras argumento, an-

Dios Padre, Jesucristo, Espíritu Santo

tes de que puedan encontrar la verdad al desnudo. Pero no sucede así con Dios. Las deliberaciones de Dios son como relámpagos. Son tan sabias que es como si hubieran sido consideradas desde la eternidad. Los pensamientos de su corazón, aunque rápidos como el relámpago, son perfectos como lo es todo el sistema del universo. Si es que pienso correctamente, la razón por la cual a Dios se le representa sosteniendo un concilio, es para que podamos entender cuán sabio es Él. «En la multitud de consejeros hay seguridad» (Pr. 11:14). Debemos pensar que en el concilio de la eterna Trinidad, cada santa persona de ella, siendo omnisciente y sabia, ha resultado ser la suma total de la sabiduría. Por otra parte, en este concilio demostró la unanimidad y cooperación de estas sagradas personas: Dios el Padre no ha hecho nada solo en la creación o en la salvación. Si bien el Señor Jesucristo sufrió solo, antes de que su obra de redención fuera completa, necesitó la mano sustentadora del Espíritu y la aceptación del Padre. Dios no dijo, «Yo haré al hombre», sino «hagamos al hombre a nuestra imagen» (Gn. 1:26). Dios no dijo «yo salvaré», sino que las Escrituras declaran que el plan de las tres personas de la bendita Trinidad, era salvar al hombre para sí mismas. Éste a su vez, debía manifestar su alabanza. Por lo tanto, la Trinidad sostuvo este concilio por amor a nosotros para que pudiéramos conocer la unanimidad de cada una de sus gloriosas personas, y la profunda sabiduría de sus planes.

2. Un último comentario concerniente al concilio. Alguien puede preguntar, ¿cuáles fueron los temas que se deliberaron en ese concilio antes de la creación? Nuestra respuesta es que el primer tópico fue la creación. En el pasaje de Proverbios 8:11 14 que hemos leído, el Señor Jesucristo, quien se representa a sí mismo como la Sabiduría, era con Dios antes que el mundo fuera creado. Tenemos toda la razón para creer que podemos entender esto como un propósito. El Señor no sólo estaba junto a Dios, sino también en cooperación con Él. Además, en la Escritura tenemos otros pasajes para probarlo. En Colosenses 1:16 leemos

que: «Porque en él fueron creadas todas las cosas, las que hay en los cielos y las que hay en la tierra, visibles e invisibles; sean tronos, sean dominios, sean principados, sean potestades; todo fue creado por medio de él y para él. Y él es antes de todas las cosas, y todas las cosas en él subsisten». Hay otro pasaje que apoya esta verdad. Dios dijo: «Hagamos al hombre ;» de modo que una parte de la consulta era referente a la creación de los mundos y las criaturas que habrían de habitarlos. Creo que en el soberano concilio en la eternidad, las montañas y las colinas fueron medidas y pesadas, y se decidió los límites del mar. También se calcularon los movimientos de rotación y traslación de la tierra. Entonces Dios decretó el momento en que debería decir: «Sea la luz» (Gn. 1:3), y el tiempo en que debía de venir la oscuridad sobre la cual destacaran la luna y las estrellas. Luego se decidió la forma y tamaño de cada ángel y los destinos de cada criatura. El águila se elevaría por los cielos y el gusano se arrastraría por la tierra. Tanto el ser pequeño como el grande, el ínfimo como el infinito, quedaron bajo el decreto soberano de Dios. Hay una porción libro escrito por el Dr. Watt que dice:

«Encadenado a su trono está el volumen,
con todos los hechos de los hombres,
con cada forma y tamaño de los ángeles,
dibujado por su mano eterna».

Cristo fue un Consejero en lo que se refiere a la creación; nadie le instruyó, ni nadie tomó consejo. Él fue el Consejero para todas las maravillosas obras de Dios.

3. El segundo tópico que se trató en este concilio, fue la obra de la providencia. En la creación, Dios no actuó como el relojero que hace un reloj, y luego lo deja que funcione solo. Él es el controlador de cada rueda de la máquina de la providencia. No ha dejado nada al azar. Nosotros hablamos de leyes generales, y luego ponemos al Todopoderoso fuera de ellas. Ahora bien, ¿cómo puede una nación estar gobernada por leyes aparte de un soberano o de magistrados y gober-

nadores que las lleven a cabo? Todas las leyes pueden estar en el libro de los estatutos, pero no se puede dejar de lado a los magistrados, a las cortes del Parlamento, o a las fuerzas del orden. Las leyes no pueden ejercer el gobierno sin una agencia activa que las haga cumplir. Tampoco las leyes de la naturaleza pueden cumplir sus ciclos eternos, sin la intervención del Señor. Dios es el gran poder motivador de todo lo existente. No sólo ha hecho todas las cosas, sino que las sigue sosteniendo en su vida y en cada una de sus funciones. Desde toda la eternidad, Cristo fue el Consejero de su Padre con respecto a la providencia. Él decidió cuando debería de nacer el primer hombre, el momento en que se desviaría de las leyes de Dios, y el tiempo en que sería restaurado. Además, se resolvió cuando se levantaría el primer rey, y cuando caería de su trono, donde sería ubicado su pueblo, por cuánto tiempo, y cuándo sería quitado de allí. ¿No fue el Altísimo quien repartió a las naciones sus heredades? ¿No nos ha asignado Él los límites de nuestra habitación? Oh, heredero del cielo, en el día del gran concilio, Cristo aconsejó a su Padre con respecto al peso de tus cargas y pruebas, y también el número de tus misericordias, si es que pueden ser numeradas. También decidió el tiempo, la forma y los medios por los que serías atraído hacia Él para salvarte.

Recuerda: no hay nada que ocurra en tu vida diaria que primero no haya sido planeado en la eternidad, y aconsejado por el Señor Jesucristo para tu bien y a tu favor. Todas las cosas obran para bien a los que a Dios aman. Pero, amigos, ¡qué insondables profundidades de la sabiduría han estado involucradas cuando Dios consultó consigo mismo con respecto al libro más grandioso de la providencia! ¡Qué providencia más extraña nos parece a ti y a mí! ¿No nos da la sensación de que es como una línea en zigzag, aquí y allá, de esta manera y de esta otra, como el largo viaje de los israelitas por el desierto? ¡Ah, mis hermanos, sin embargo para Dios es una línea recta! Directamente, Dios siempre va a su objetivo, aunque a nosotros nos parezca que da muchas vueltas. ¡Ah, Jacob!, habiendo hambre en Canaán, el Señor está pronto para proveer para ti en Egipto, y a hacer que tu hijo José sea grande y poderoso. Pero primero José debe ser vendido como esclavo; ha de ser acusado falsa e injustamente y encerrado en la prisión. Pese a ello, durante todo el tiempo Dios tenía en la mira sus propósitos: envió a Egipto a José antes que a su familia, para que de este modo fuera su provisión. Cuando el viejo patriarca dijo que todas las cosas estaban en su contra, no percibió la providencia de Dios, pues no hubo ni una sola cosa en la lista que fuera en contra de él, sino que cada una de ellas fue gobernada para su bien. Aprendamos a dejar la providencia en manos del Consejero, descansemos en el pensamiento de que Él es demasiado sabio para errar en su predestinación, y demasiado bueno para no tener misericordia de nosotros. En aquel consejo de la eternidad, se ordenó lo mejor. Nosotros no lo podíamos haber hecho ni la mitad de bien de lo que fue planeado por el Señor. De habernos entrometido para decidirlo, habríamos sido unos eternos tontos. Quedaos tranquilos y seguros, que al final veremos que todo estaba bien planeado y estará bien para siempre. Él es «Maravilloso», y fue el Consejero perfecto en lo que se refiere a la providencia.

4. Veamos ahora como fue el Consejero en relación a los asuntos de la gracia. Éstos también fueron discutidos en el concilio eterno. Cuando las Tres Divinas Personas en el solemne aislamiento de su propia soledad, consultaron juntas con respecto a las obras de la gracia, una de las primeras cosas que tuvieron que considerar fue cómo Dios podría ser justo y a la vez justificar al impío cómo el mundo podía ser reconciliado con Dios. En el libro de Zacarías (6:13) leemos estas palabras: «y consejo de paz habrá entre ambos». El Hijo de Dios con el Padre y el Espíritu, han ordenado el concilio de la paz. Así fue que se arregló. El Hijo debe sufrir y debe ser el substituto por el pecador. Así ha de llevar los pecados de su pueblo y ser castigado en su lugar. El Padre debe aceptar la substitución del Hijo y dejar que su pueblo quede libre de deudas, porque Cristo las ha pagado. El Espíritu del Dios

Dios Padre, Jesucristo, Espíritu Santo

viviente debe entonces limpiar a todo aquel a quien la sangre haya perdonado, de manera que cada uno sea aceptado ante la presencia de Dios el Padre. Éste fue el resultado del gran concilio. Pero, ¡oh, hermanos, si no hubiera sido por ese consejo, ¿qué pregunta hubiera quedado sin resolver? Ni tú ni yo podíamos haber pensado cómo las dos se podrían haber encontrado cómo la misericordia y la justicia se besaron sobre la montaña de nuestros pecados. Siempre he pensado que una de las más grandes pruebas de que el Evangelio es de Dios, es su revelación de que Cristo murió para salvar a los pecadores. Este es un pensamiento tan original, tan nuevo, tan maravilloso; que no lo tenéis en ninguna otra de las religiones del mundo, pues procede del mismo Dios. Cierta vez le dije a un hombre analfabeto, la sencilla historia de cómo Cristo fue castigado en lugar del pecador: él estalló con un aire de sorpresa. «¡La fe, esto es, el Evangelio, lo sé, ningún hombre pudo hacer una cosa así, tiene que ser de Dios!». Este maravilloso pensamiento de que Dios el Hijo tuviera que morir y llevar nuestros pecados, para que Dios el Padre pudiera perdonarnos aplicando la máxima pena sobre Cristo, es sobrehumano y sobreangélico. Ni siquiera querubines ni serafines podían haberlo inventado. Surgió de la mente de Dios en los concilios de la eternidad, cuando el «Consejero», el «Maravilloso» estaba presente con su Padre.

5. En otra parte del gran concilio se decidió: ¿quién habría de ser salvo? Ahora, mis amigos, a vosotros que no os gusta la antigua doctrina calvinista, posiblemente estaréis horrorizados, pero yo no puedo hacer nada. Nunca modificaré una doctrina para que le guste a un hombre. Sin embargo probaré con la Escritura que soy la garantía de Dios en este asunto, y que el tal no es de mi propia invención. He dicho que una parte del concilio de la eternidad fue la predestinación de aquellos a quienes Dios había determinado salvar, y os leeré el pasaje que lo prueba. «En él asimismo tuvimos herencia, habiendo sido predestinados conforme al propósito del que hace todas las cosas según el designio de su voluntad» (Ef. 1:11). La predestinación de cada persona del pueblo de Dios fue arreglada en el concilio eterno, donde la voluntad de Dios se manifestó como indiscutible rey y juez soberano. Ésta fue la decisión sobre cada redimido: «A tal hora lo llamaré por medio de mi gracia, pues yo le he amado con amor eterno y por mi amorosa bondad lo atraeré hacia mí». Ese pensamiento fue originado cuando la sangre que ha hecho la paz, fue aplicada a la conciencia del elegido, cuando el Espíritu del Dios viviente le dio gozo y consolación a su corazón. En ese memorable concilio también se decidió cómo esos escogidos «según la presciencia de Dios Padre» serían «guardados por el poder de Dios mediante la fe, para alcanzar la salvación». (1 P. 1:2, 5). Además, se determinaron y establecieron por dos cosas inmutables, por las cuales es imposible que Dios mienta, que cada uno de los escogidos, más allá de toda duda de riesgo de perdición, fueran eternamente salvos. El autor de la epístola a los Hebreos no era como algunos predicadores, que tienen miedo de citar una sola palabra sobre el concilio eterno, pues en el versículo 17 del capítulo 6, leemos: «Por lo cual, queriendo Dios mostrar más abundantemente a los herederos de la promesa la inmutabilidad de su consejo, interpuso juramento». Ahora bien, sin duda habréis oído hablar de la inmutabilidad de la promesa. Esto es excelente. Pero la inmutabilidad del consejo de Dios significa desentrañar hasta lo máximo las doctrinas de la gracia. El consejo de Dios desde toda la eternidad es inmutable; ningún propósito ha sido jamás alterado, y ningún decreto ha cambiado. Él ha clavado sus decretos en los pilares de la eternidad, y aunque los demonios han tratado de quitarlos de allí, el Señor dice: «Pero yo he puesto mi rey sobre Sion, mi santo monte» (Sal. 2:6). El decreto ha de permanecer y Él hará lo que le plazca. Los consejos de la antigüedad son fieles y verdaderos. Tú, Señor, en el principio fundaste los cielos y la tierra; tú has determinado tus planes y tus propósitos, los cuales estarán firmes por la eternidad.

6. Creo que ya hemos estudiado bastante cómo en aquel concilio de la eternidad,

Cristo fue el Consejero en los asuntos trascendentes de la naturaleza, la providencia y la gracia. Pero ahora deseo mostraros el aspecto del ejercicio de su misericordia en este asunto, y lo adecuada que era esta función para Él. Cristo mismo es sabiduría. Si un necio quisiera ser consejero, su consejo sería una locura, pero los consejos de Cristo estaban llenos de sabiduría. Pero hay otra cualificación importante como requisito para ser un consejero. Por más sabio que pueda ser, no tiene derecho de ser el consejero de un rey, a menos que tenga alguna dignidad y una posición elevada. En esta congregación puede haber alguna persona con un gran talento, pero si se presenta en el despacho de un rey y le da su consejo, probablemente sería despedido. Los siervos reales le recriminarían el hecho de no pertenecer al ya estructurado consejo del rey. Ese hombre no tiene derecho a ser un consejero. Sin embargo Cristo era glorioso, era igual con su Padre, por lo tanto tenía derecho de aconsejar a Dios y de estar con Dios. Si un ángel le hubiera ofrecido su consejo a Dios, habría sido una insufrible impertinencia, y si un querubín o un serafín hubieran pronunciado una sola palabra de consejo, habría resultado una blasfemia. Dios nunca aceptaría el consejo de sus criaturas. ¿Por qué la sabiduría debería condescender y tomar consejo con los seres creados? El caso del Señor Jesucristo era único. Él estaba por encima de todos los principados y potestades y sobre todo nombre que se nombra, por lo tanto tenía el derecho de ser Consejero, no solo por su sabiduría, sino también por su rango.

No olvidéis que hay algo que siempre es necesario en un hombre, antes de que pueda ser un consejero. Hay algunos consejeros que se ocupan de la legislación de un país. Lamentablemente no nos podemos regocijar mucho con sus consejos, porque vemos que la mayoría de ellos son olvidados y no se ponen en práctica. Tal vez nuestros amigos granjeros quisieran consultarles algo con respecto a sus intereses, pero ¿quién ha oído a un consejero que tenga interés en aconsejar a los pobres? ¿Y quién conoce a un consejero que verdaderamente

ayude con su consejo a mejorar la economía y el bien de la nación? Tenemos una cantidad considerable de hombres que nos han prometido asesorar al Parlamento en representación nuestra, asegurándonos que usarán su sabiduría a nuestro favor. Si fuera cierto, seríamos la nación más feliz de la tierra, pero sabemos que no es así. Cuando entran en sus despachos, no demuestran simpatía alguna ni condescendencia por los deseos y necesidades de la clase media y de los pobres. Pero, con respecto a Cristo, podemos poner toda nuestra confianza en Él, pues sabemos que en su consejo desde la eternidad Él simpatizó con el hombre. Dichosos los que puedan tener a un Dios que simpatiza con ellos y les comprende en su sentir. Más aún, aunque todavía no se había encarnado como hombre, Él vio de antemano que era hueso de nuestros huesos y carne de nuestra carne. Por lo tanto, en los consejos de la eternidad, al interceder por su causa, intercedió también por la nuestra. El Señor sabía bien que sería tentado en todo como nosotros, que sufriría nuestros sufrimientos y sería cabeza del pacto en unión con nosotros. ¡Dulce Consolador! Me encanta pensar que estabas en el concilio eterno; mi amigo y mi hermano, ¡nacido para enfrentar la adversidad!

II. CRISTO ES EL ÁNGEL DEL GRAN CONCILIO

1. Habiendo discutido el primer punto, paso a considerar brevemente el segundo, de acuerdo a la traducción de la Septuaginta. Cristo es el *ángel del gran concilio*. ¿Queremos tú y yo saber lo que se dijo y se hizo en el gran concilio de la eternidad? Sí, lo queremos. Desafío a cualquier hombre, sea quien sea, a que me diga si no le interesa saber nada sobre su destino. ¿Qué nos dice la ignorancia de la gente cuando acude a una bruja o a un adivino? ¿Y cuando preguntan a un astrólogo o a un agorero? Pues quiere decir que ese hombre desea saber algo sobre el concilio eterno. Y, ¿qué significan todas las búsquedas perplejas de ciertas personas en las profecías? Ciertamente las inferencias sacadas de la profecía, son bastante mejores que las palabras de los

Dios Padre, Jesucristo, Espíritu Santo

adivinos. Hay muchos que se ha preocupado en predecir el fin del mundo. A la verdad, su tiempo estaría mejor empleado si hubieran predicho el fin de sus propios libros, sin querer imponerlos al público en forma de predicciones e interpretando las profecías sin ningún fundamento. De su credulidad podemos aprender que tanto entre las clases más altas, como en las más ignorantes, hay un fuerte deseo de conocer los concilios de la eternidad. Amado, hay solo un cristal por medio del cual tú y yo podemos mirar hacia atrás a las densas nieblas del del pasado y leer los consejos de Dios, y ese cristal es la persona del Señor Jesucristo. ¿Deseo saber lo que Dios ordenó con respecto a la salvación del hombre, antes de la fundación del mundo? Para ello he de mirar a Cristo. Entonces veré cómo fue ordenado en Cristo que Él fuese el primer escogido y que las demás personas fueran escogidas en Él. ¿Os preguntáis la forma en que Dios ordenó que habrían de salvarse? Para Dios el único camino a la salvación es por medio de la cruz. ¿Y cuál sería la forma de recibir el perdón? El hombre puede recibir el perdón por medio de los sufrimientos de Cristo, y la justificación, por su resurrección de entre los muertos. Cada cosa que queráis saber en relación a lo que Dios ordenó, podéis hallarla en la persona de Jesucristo. Os vuelvo a preguntar: ¿queréis saber el gran secreto que nos depara el destino? Debéis de mirar a Cristo. ¿Qué significan estas guerras, esta confusión, estas vestiduras manchadas de sangre? Yo veo a Cristo nacido de una virgen y luego leo la historia del mundo, y me doy cuenta de que todo nos lleva a la venida de Cristo. Todos estos acontecimientos se amontonan, uno encima del otro, y Cristo es quien lleva toda la información de la historia pasada. Si lo que deseo es leer el futuro, debo mirar a Cristo y aprender que Él ascendió al cielo, y que vendrá otra vez de la misma forma en que ascendió. Así puedo ver claramente el futuro. Yo no puedo saber si el Papa de Roma va a ser o no, dueño de un imperio universal. No me intriga saber si el imperio ruso será tragado por las demás naciones del continente. Sin embargo, hay una cosa que sé,

que Cristo volverá para reinar, y que aunque los gusanos devoren mi cuerpo, en mi carne he de ver a Dios, y eso es más que suficiente para mí. El resto de la historia es de menor importancia comparada con su fin, sus etapas, sus acontecimientos y su propósito. El fin del primer Testamento es la primera venida de Cristo; el fin de su segundo testamento de la historia moderna es la segunda venida del Salvador. Entonces el libro del tiempo y de las edades se cerrará. Nadie puede abrir la historia del Antiguo Testamento y entenderla sin Cristo. Abraham podía entenderla, pues él sabía que Cristo había de venir. Cristo abrió el libro para él. Nadie sino el Cordero puede tomar el libro, leerlo y tener entendimiento para interpretarlo, pues en Cristo está la revelación de los concilios eternos.

«Ahora», dice alguien, «yo quisiera saber una cosa y, si la sé, no me importa lo que pueda pasar. A mí me gustaría saber si desde toda la eternidad pasada Dios ordenó que yo fuese salvo». Bien, amigo, te diré cómo averiguarlo, y ciertamente lo podrás saber. «No», dice alguien más, «¿cómo puedo saber eso? Usted no puede leer el libro del destino, eso es imposible». He oído acerca de algún teólogo egresado de una Escuela de Teología de mucho renombre, que en medio de una reunión, dijo:

–¡Ah, bendito sea el Señor, hay aquí algunas personas de las escogidas por Dios. Yo puedo decir quiénes son por la apariencia de sus rostros. Sé que ésos están entre los escogidos de Dios.

Este teólogo no era ni la mitad de discreto que Rowland Hill, el cual, cuando se le aconsejó que predicara sólo para los electos, dijo:

–Ciertamente lo haría, si primero alguien puede marcármelos en su espalda con una tiza.

Nadie intentó hacer tal cosa, de manera que Rowland Hill predicó el Evangelio para toda criatura, como yo también deseo hacerlo personalmente. Sin embargo, vosotros mismos podéis saber si estáis entre los escogidos. «¿Cómo?», pregunta alguien. Bueno, Cristo es el Ángel del pacto y tú puedes averiguarlo mirándolo a Él. Muchas personas desean conocer su elección antes de mirar a Cristo. Amado, a menos que veas tu elección en Cristo, tú no puedes saberla. Si deseas conocer tu elección, asegura tu corazón delante de Dios. ¿Sientes en esta mañana que eres un pecador culpable y perdido? Vé directamente a la cruz de Cristo y dile a Él que la Biblia dice, «al que a mí viene, no le echo fuera» (Jn. 6:37). «Palabra fiel y digna de ser recibida por todos: que Cristo Jesús vino al mundo para salvar a los pecadores, de los cuales yo soy el primero» (1 Ti. 1:15). Mira a Cristo y cree en Él y harás una prueba directa de tu elección, pues si has creído, es porque eres uno de los escogidos. Si te entregas totalmente a Cristo y confías en Él, entonces eres uno de los elegidos de Dios. En cambio si dices: «yo primero quiero saber si soy o no escogido», esto es imposible. Si tengo algo que está cubierto y me dices: «No, yo quiero verlo a través de la tela que lo cubre», te diré que no puedes hacer tal cosa. Levanta primero la tela que lo cubre y lo verás. Vé a Cristo, culpable, tal como eres. Deja toda tu curiosidad acerca de la elección. Vé directamente a Cristo así como estás, sucio, desnudo, y pobre, y dile:

«Nada traigo en mis manos,
simplemente me abrazo a tu cruz».

Así podrás conocer tu elección. La seguridad del Espíritu Santo te será dada, de manera que puedas decir: «yo sé a quién he creído, y estoy seguro que es poderoso para guardar mi deposito para aquel día» (2 Ti. 1:12). Ahora, notad esto. Cristo estaba en aquel concilio eterno. Él puede decirte si tú fuiste o no escogido. No hay otra manera de averiguarlo. Pon tu confianza en Él, y yo sé cuál será la respuesta: «Con amor eterno te he amado; por tanto, te prolongué mi misericordia» (Jer. 31:3). Cuando no tengas ninguna duda de que tú le has elegido a Él, no tendrás ninguna duda de que Él te ha elegido a ti.

Lo mismo digo para el segundo punto. Cristo es un Consejero. Él es el Ángel del concilio, porque nos dice a nosotros los secretos de Dios. «La comunión íntima de Jehová es con los que le temen, y a ellos hará conocer su pacto» (Sal. 25:14).

III. CRISTO ES UN CONSEJERO PARA NOSOTROS

El último punto es: Cristo es *un consejero para nosotros*. Y aquí deseo dar alguna ayuda práctica para aquellos que pertenecen al Señor. Hermanos, por varios motivos, no es bueno que el hombre esté solo. Pienso que un hombre solo debe sentirse bastante miserable, y un hombre sin un Consejero acabará por caminos desviados y torcidos. «Los pensamientos son frustrados donde no hay consejo; mas en la multitud de consejeros se afirman» (Pr. 15:22). Creo que muchas personas me dirán que tengo razón. Alguien me dice: «Bien, yo tengo mi propio camino, así que no voy a preguntar nada a nadie». Téngalo, señor téngalo y hallará que al tener su propio camino, posiblemente haya elegido el peor de todos. Hay ocasiones en que todos necesitamos un consejero. David era un hombre con un corazón para Dios y tenía mucho trato con Él, sin embargo, Ahitofel era su consejero a quien consultaba mientras iban en dulce compañía a la casa de Dios. Los reyes deben de tener sus consejeros. Desdichado el hombre que tenga uno malo. Roboam tomó consejo de los jóvenes despreciando a los viejos, y le aconsejaron tan mal, que perdió buena parte de su imperio. Conocemos a mucha gente que prefiere consultar con encantadores y adivinos en lugar de acudir a Cristo.

1. En primer lugar, Cristo es un Consejero necesario. Cuando hacemos las cosas sin pedir consejo a Dios, caemos en dificultades. Israel hizo una liga con Gabaón, y se nos dice que no tomaron consejo del Señor, y los gabaonitas los engañaron. Si primero hubieran buscado consejo, no habrían sufrido ninguna decepción. Saúl, hijo de Kish, no buscó consejo del Señor, sino de los adivinadores, y murió ante el Señor sobre las montañas de Gilboa. Josué, el gran comandante que fue señalado para suceder a Moisés, no estuvo solo, sino que Eliezer el sacerdote fue su consejero; y Josué consultaba a Dios por medio de él. Todos los grandes hombres de la antigüedad, cuando estaban a punto de acometer una acción, le decían al sacerdote: «trae el efod». Enton-

Dios Padre, Jesucristo, Espíritu Santo

ces ponían delante suyo al Urim y Tunim y apelaban a Dios. Inmediatamente venía la respuesta del Señor con los consejos necesarios. Vosotros yo yo hemos de aprender cuán necesario es siempre buscar el consejo de Dios. ¿Has pedido alguna vez consejo a Dios en oración sobre una dificultad en particular y has terminado en un fracaso? Hermanos, yo puedo testificar por mi Dios, que cuando he sometido mi voluntad a la dirección de su Espíritu, he tenido siempre una razón para agradecerle por su sabio consejo. Pero cuando busco hacer mi voluntad, sigo por mi propio camino y acabo en fracaso. Aquel que va antes de la nube, es como un tonto errante y estará feliz de poder volver atrás. Un viejo Puritano decía: «aquel que talla para sí mismo, acabará cortándose los dedos». Dejad a Dios que talle para ti en su providencia, y todo saldrá bien. Busca la guía de Dios y no perderás nada. El consejo del Altísimo es imprescindible.

2. En segundo lugar, el consejo de Cristo es un consejo fiel. Cuando Ahitofel dejó a David, demostró que no le era fiel y cuando Husai fue a Absalón y le aconsejó, lo hizo de forma astuta y ladina, de modo que el buen consejo de Ahitofel quedó anulado ¡Ah, cuán a menudo nuestros amigos nos aconsejan mal! Sabemos que muchas veces lo han hecho así. Primero han ido en pos de su propia conveniencia. Este no era el propósito de nuestra consulta. Nosotros queríamos saber lo que era lo mejor para nosotros. Pero podemos confiar en Cristo, pues en sus consejos nunca encontraremos egoísmo. Él nos aconsejará de la forma y con los motivos más desinteresados, de modo que el bien y el provecho sean para nosotros.

3. Vuelvo a repetir: el consejo de Cristo es un consejo de corazón. No me gusta tener que acudir a un abogado para hablar con él asuntos de negocios. La peor clase de conversación creo que es la que se sostiene con un abogado. ¡He aquí tu caso! Querido hermano, ¡cuánto interés tienes en él! Lo describes delante del letrado con todo cuidado y he aquí que te dice: «Hay una palabra en la segunda página que no está correcta». Entonces miras esa página y dices, «¡ah!, eso es totalmente sin importancia, no tiene significado alguno». Entonces él pone sus ojos sobre otra cláusula y dice: «¡oh, aquí hay otras más!» Yo le respondo: «mi querido amigo, a mí no me importan esas pequeñas cláusulas o palabras, ya sea que se refieran a tierras, propiedades o herencias; lo que deseo que usted me arregle, es esta dificultad desde el punto de vista de la ley». «Tenga paciencia», me responde, «debemos hacer numerosas consultas antes de llegar al punto que usted desea». Este abogado es frío y distante, tanto, que me parece pedir consejo a un bloque de mármol. Sé que al final su consejo se abrirá camino y será de bien para mí, pero durante todo el proceso no ha puesto su corazón en ello. No ha mostrado simpatía con mi modo de ser o de sentir las cosas. ¿Qué significa para él si tenemos éxito o no; si el objetivo de nuestro corazón podrá o no ser llevado a cabo? Su interés en el caso es meramente profesional. Ahora bien, Salomón dice: «El ungüento y el perfume alegran el corazón, y el cordial consejo del amigo, al hombre» (Pr. 27:9). Supón que alguien pone su interés en tu caso y dice: «mi querido amigo, haré cualquier cosa para ayudarte, déjame echarle un vistazo a este asunto». Este amigo le da a tu problema tanta importancia como tú mismo. «Si yo estuviera en tu posición», te dice, «haría esto y esto otro, y redactaría mejor este párrafo». Él desea tenerlo todo bien hecho, y te das cuenta de que el interés que tiene es para tu bien y se encamina hacia el mismo fin que tú estás buscando. ¡Oh, qué maravilloso es aquel Consejero que pueda poner tu corazón en unión y consonancia con el suyo! Ahora, Cristo es un Consejero de esta clase. Es un consejero de todo corazón. Sus intereses y tus intereses son en realidad, uno solo.

4. Pero aún hay otra clase de consejo. David dice que consultaba con alguien que después se convertiría en su enemigo. Cristiano, en tu necesidad te has dirigido a tu Maestro y en lo secreto de tu recámara has derramado tu corazón delante de Él. Has puesto tu caso ante Él con todas sus dificultades, así como la carta de Ezequías y Rabsaces, y has sentido que aunque Cristo no estaba allí en carne y sangre, sí lo estaba

en espíritu. Así te dio su consejo que salió de su corazón. Pero Él es todavía algo mejor que esto. Juntamente con su consejo vino una dulzura tal y un amor tan inigualable que exclamaste: «¡Oh, si es así, no me importaría encontrarme en dificultades todos los días! Cristo es el Consejero que deseo consultar a cada hora y anhelo sentarme en su cámara secreta todo el día y toda la noche. Pedirle consejo a Él es tener un consejo dulce, amoroso y lleno de sabiduría al mismo tiempo. Tal vez tengas un amigo que es muy dulce para hablar contigo, pero tú dices: «Es un alma muy buena, pero en realidad no puedo confiar en su consejo». Sin embargo, conoces a otro amigo que tiene una buena capacidad de juicio y de prudencia, pero no le confiarías tus asuntos porque nunca pone el corazón en lo que dice. Tal vez preferirías tener su corazón sin su prudencia, que su prudencia sin su corazón. Pero vayamos a Cristo, y conseguiremos sabiduría, amor, simpatía y todo lo que podamos querer de un Consejero.

CONCLUSIÓN

Ahora debo terminar diciendo que en esta mañana Cristo tiene consejos especiales para cada uno de nosotros. Y, ¿cuáles son? Atribulado hijo de Dios, tu hija está enferma, tu oro se ha esfumado, tú mismo estás enfermo y tu corazón no puede estar más triste. Cristo te aconseja de esta forma: «Echa sobre Jehová tu carga; y él te sustentará; no dejará para siempre caído al justo» (Sal. 55:22). Joven, tú que estás buscando ser alguien importante en este mundo, Cristo te aconseja a ti en esta mañana. Veamos lo que dice Jeremías 45:5: «¿Y tú buscas para ti grandezas? No las busques».

Nunca olvidaré los días de mi juventud. Yo era ambicioso. Quería ir a la universidad y dejar a mi pobre familia en la soledad, para poder convertirme en alguien grande e importante. Un día, mientras estaba caminando, un texto vino poderosamente a mi corazón. Era éste que acabamos de citar. Mis entradas anuales eran de unas cuarenta libras, y yo estaba pensando cómo podría hacer para conseguir un cargo más importante. Pero el texto sonaba en mis oídos: «¿Y tú buscas para ti grandezas? No las busques». «Señor», le dije «yo seguiré tus consejos y no mis propios deseos». Os aseguro que nunca me he arrepentido de ello. Toma siempre al Señor como tu guía, y nunca te encontrarás extraviado. A ti que te has alejado del Señor, Cristo te ofrece su consejo. «Por tanto, yo te aconsejo que de mí compres oro refinado en fuego, para que seas rico, y vestiduras blancas para vestirte» (Ap. 3:18). ¡Ah, pecador!, tú que estás lejos de Dios, Cristo te da hoy su consejo. «Venid a mí todos los que estáis trabajados y cargados, y yo os haré descansar» (Mt. 11:28). Que tu dependencia sea de Él. Es un consejo de amor. Tómalo. Ve a tu casa y ponte sobre tus rodillas. Busca a Cristo; obedece su consejo y te regocijarás de haber oído su voz. ¡Óyela, y vivirás!

15. UN PUEBLO VOLUNTARIO Y UN GUÍA INMUTABLE

«Tu pueblo se te ofrecerá voluntariamente en el día de tu poder. En la hermosura de la santidad: desde el seno de la aurora: Tienes tú el rocío de tu juventud» (Salmos 110:3).

INTRODUCCIÓN: Una pregunta: ¿Dónde están los súbditos del reino?

I. LA PROMESA QUE AFECTA AL PUEBLO DE CRISTO
1. La promesa de tiempo en el día de su poder.
2. La promesa de un pueblo.
3. Hay un pueblo dispuesto y preparado.
4. El pueblo de Dios tiene carácter propio.
5. El pueblo de Dios surge.

II. OTRA PROMESA QUE SE LE HIZO A CRISTO
1. El poder del mensaje de Cristo es el mismo hoy.
2. El Evangelio que tenemos es fuerte y saludable.

CONCLUSIÓN: Somos soldados de un vigorosa capitán.

UN PUEBLO VOLUNTARIO Y UN GUÍA INMUTABLE

INTRODUCCIÓN

Jamás un versículo de las Escrituras me ha confundido tanto como éste para encontrarle significado y relación. Al leerlo rápidamente, a primera vista, puede parecer muy fácil; pero si se escudriña cuidadosamente se encuentra dificultad para ensartar las palabras o darles un significado inteligible. He tomado en consideración a todos los comentaristas que conozco, y he encontrado que todos ellos dan algún significado de las palabras; pero ni uno de ellos, ni siquiera el doctor Gill da un significado coherente a la totalidad de la frase. Después de mirar las antiguas traducciones y emplear todos los medios a mi alcance para descubrir el significado, me encontré tan lejos de una solución como cuando empecé. Matthew Henry, uno de los más sabios comentaristas, sin duda el mejor para la lectura familiar sin pretender que su traducción sea la correcta, expone el pasaje como sigue: «Tu pueblo vendrá voluntariamente en el día de tu poder en la hermosura de la santidad. En el seno de la aurora tienes tú el rocío de tu juventud», queriendo decir, refiriéndose a la última frase del versículo, que desde los primeros días de su vida, desde el seno de la aurora, los jóvenes se entregarán a Cristo Jesús. Pero yo no creo que sea eso precisamente, pues hay dos puntos detrás de la palabra «aurora», que dividen la frase. Además, no dice «El pueblo se te ofrecerá voluntariamente; tú tienes el rocío de su juventud», como sería según lo entiende el comentarista, sino que dice de Cristo: «Tienes tú el rocío de tu juventud». Hasta que miramos completa y detenidamente toda la armonía del texto, o intentamos comprender la finalidad del salmo, no pensamos que habíamos encontrado su significado; y, aún ahora, lo dejaremos a vuestro juicio para que decidáis si hemos conseguido o no obtener la mente del Espíritu, como creemos.

Este salmo es una especie de cántico de coronación. Cristo es invitado a tomar posesión de su trono: «Siéntate a mi diestra. El cetro es colocado en su mano. La vara enviará Jehová desde Sion». Y entonces aparece la pregunta: ¿dónde está su pueblo? Porque un rey no será tal sin súbditos. El titulo más alto de la dignidad real no es sino vaciedad si carece de súbditos que sean su complemento. ¿Dónde, pues, encontrará Cristo esos que serán la plenitud del que es el todo en todos? Nuestra gran ansiedad no es por saber si Cristo es rey o no, ya que sabemos que lo es, y Señor de la creación y de la providencia. Nuestra ansiedad es por sus súbditos. Frecuentemente nos preguntamos: ¡Oh, Señor!, ¿dónde encontraremos tus súbditos? Cuando hemos predicado a corazones endurecidos y profetizado a huesos secos, nuestra incredulidad dice a veces: ¿Dónde encontraremos gentes que sean los súbditos de su imperio? Todos nuestros temores se alejan con este pasaje: «Tu pueblo lo será de buena voluntad en el día de tu poder, en la hermosura de la santidad desde el seno de la aurora», y por la promesa de: «Tienes tú el rocío de tu juventud». Estos pensamientos están aquí para aliviar la ansiedad de los creyentes, y para hacerles ver cómo Cristo será efectivamente rey y nunca le faltarán multitudes de súbditos.

Encontramos en este texto dos promesas; una referente a su pueblo, y la otra al mismo Cristo: siempre será un Cristo fuerte, lozano, joven y poderoso.

I. LA PROMESA QUE AFECTA AL PUEBLO DE CRISTO

Primeramente consideraremos la promesa que afecta al pueblo de Cristo. «Tu pueblo lo será de buena voluntad en el día de tu poder, en la hermosura de la santidad desde el seno de la aurora». He aquí una promesa de tiempo: «en el día de tu poder». Una promesa de gente: «tu pueblo». Una promesa de disposición: «tu pueblo lo será de buena voluntad». Una promesa de carácter: «tu pueblo lo será de buena voluntad en la hermosura de la santidad». Y finalmente, una figura majestuosa que enseña la forma en que serán realizadas todas estas cosas. Por medio de una metáfora muy audaz, se dice que su pueblo vendrá tan misteriosamente como las gotas del rocío desde el seno de la aurora. No sabemos cómo, pero serán traídos por Dios. «Tu pueblo lo será de buena voluntad en el día de tu poder, en la hermosura de la santidad». Y vendrán en el seno de la aurora.

1. Consideremos primero la promesa de tiempo. Cristo no va reuniendo su pueblo todos los días en general, sino en un día en particular, el día de su poder. No es el día en que el hombre se sienta más poderoso y capaz cuando las almas serán reunidas; porque ¡ay!, los siervos de Dios predican a veces hasta que su propia complacencia les dice que han estado muy elocuentes y poderosos, y que por sus palabras los hombres serán salvos; pero no hay ninguna promesa de que veamos a los hombres reunidos en Cristo en el día de nuestro poder. También hay veces en que la gente parece mostrar gran empeño en buscar a Dios y gran interés por escuchar; pero tampoco existe ninguna promesa de que simplemente cuando haya más o menos excitación, cuando parezca que hay poder en la criatura, vaya a ser el día de la cosecha del Señor. Será «en el día de su poder», no del poder del ministro o de los oyentes. El día del poder de Dios, ¿cuándo será? Creemos que cuando el Señor derrame su propio poder sobre el ministro de forma tal, que los hijos de Dios sean reunidos por su predicación.

Hay veces, amados, en que el siervo ordenado del Dios viviente no tiene que hacer esfuerzo alguno en su predicación, sino solo abrir la boca y dejar que fluyan las palabras. Apenas tiene que pensar, porque las ideas son inyectadas en su mente, y mientras predica siente que hay un poder que acompaña a sus palabras; también lo perciben sus oyentes. Algunos de ellos se sienten como si estuvieran puestos bajo una maza que golpeara sus corazones. Otros notan como si la verdad penetrara en sus almas y matara toda su incredulidad de forma tal, que no pueden resistir el bendito poder. Los hijos de Dios encontrarán irresistibles el poder y el influjo que acompañan a las palabras. Ya han oído otras veces al mismo ministro; les gustaba y sabían que habían sido edificados y sacado provecho, pero ese día fueron heridos en lo más íntimo de su ser; cada palabra cayó en buena tierra; cada golpe dio en el blanco ni una flecha disparada dejó de dar en el centro del alma, y ni una sola sílaba fue pronunciada sin que fuera como la misma palabra de Jehová hablando desde el Sinaí o desde el Calvario. ¿No habéis conocido nunca tales momentos? ¿No los habéis sentido cuando estabais de pie o sentados en la casa de Dios? ¡Ah!, esos son los momentos en que Dios, por manifestación de si mismo, se ha placido en iluminar a sus hijos, reunir a su pueblo y hacer obedientes a los pobres pecadores. También hay un día particular de poder en el corazón de cada pecador; porque desgraciadamente el día general de poder que tiene lugar en nuestra congregación, excluye a muchos, muchos por los cuales tenemos que llorar. Mientras centenares derraman lágrimas de arrepentimiento, otros tantos permanecen estólidos o faltos de razón e inconmovibles. Mientras algunos corazones saltan de alegría, otros permanecen encadenados en la ignorancia y sumidos en el sueño de la muerte. Mientras Dios derrama su Espíritu y algunos corazones están llenos hasta el borde a punto de rebosar, otros están secos sin una gota del rocío celestial. Pero el día del poder de Dios es un día de poder personal en nuestras almas, como aquel de Zaqueo, cuando el Señor le dijo: «Date prisa y desciende». No es un día de argumentos humanos, sino de poder omnipotente; Dios obrando en los corazones. Tampoco es un día de iluminación intelectual, ni meramente de instrucción; sino un día en que Dios penetra en el corazón y con mano poderosa arrebata la voluntad y la convierte según Sus deseos, haciendo que el juicio juzgue rectamente y la imaginación piense como es debido, y guiando toda el alma hacia Él ¿No habéis pensado nunca que poder es el que Dios ejerce individualmente en cada corazón? No hay poder como éste. Si un hombre ordenara a las poderosas cataratas que se congelaran y formasen montones de agua inmóvil, y fuera obedecido por ellas, su milagro no sería ni la mitad de poderoso que el que hace Dios en el corazón cuando manda que se detenga el flujo del pecado. Y si yo ordenara al

Dios Padre, Jesucristo, Espíritu Santo

Etna, con todo su humo y sus llamas, que cesara su ebullición y fuese obedecido al instante, no habría hecho una acción tan poderosa como la que realiza Dios cuando habla a los espíritus hirvientes, que arrojan humo y fuego, instándoles a la quietud. El sempiterno Dios manifiesta más poder al convertir a un pecador de sus caminos de perdición, que en la creación de un mundo o en la sustentación de un universo. En el día del poder de Dios su pueblo será obediente. Amados, también nosotros esperamos un día de poder en el reinado de Cristo Jesús en los días venideros. Yo lo entiendo como que vendrá un tiempo en que los más débiles de nosotros seremos como David, y David como el ángel del Señor. Se acerca la hora cuando cada pobre e ignorante ministro predicará con poder, y cuando cada hijo de Dios será lleno del conocimiento de Dios. Esperamos un día feliz en que Cristo vendrá y hará que el conocimiento del Señor se extienda tan rápidamente que cubra la tierra como las aguas cubren la mar. A veces nos consolamos con este argumento: bien, si ahora trabajamos en vano y gastamos nuestras fuerzas en balde, no será así siempre; llegará un día en que el viento renovador del Espíritu henchirá las velas de la Iglesia y la hará marchar velozmente hacia adelante; en que la débil mano del ministro será tan poderosa como la de los más audaces guerreros cristianos que jamás empuñarán la espada del Espíritu; en que cada palabra de Cristo será como ungüento que, derramado, extenderá su perfume sobre un mundo de pecado; en que no se predicará ningún sermón sin efecto; en que, como la lluvia y la nieve bajan del cielo, no solamente no volverá vacío, sino que regará la tierra de tal forma que cuando haya germinado y florecido, produzca fruto para la gloria de Dios; la destrucción de los ídolos y la extirpación de todas las falsas religiones. ¡Día feliz aquel día de poder! Cristianos, ¿por qué no oráis por él?; ¿por qué no pedís a Dios que dé poder a su pueblo y que Cristo pueda venir pronto y lo encuentre obediente?

Existe, no obstante, otra traducción de estas palabras. Calvino las tradujo como: «En el tiempo de la reunión de sus ejércitos», *au jour des montres*, en el día de la parada. A veces os decís: «¡Oh!, si hubiera de ocurrir una gran contienda, ¿dónde se encontrarían los hombres para luchar por Cristo?» Hemos oído decir a creyentes pusilánimes: «Temo que si se alzara la persecución encontraríamos muy pocos valientes para defender la verdad; pocos ministros saldrían audazmente a sostener el Evangelio de Cristo». ¡Nada de eso, hermanos! El pueblo de Cristo estará presto en el día de los ejércitos de Dios. Nunca tuvo el Señor batalla donde tuviera que decir: «No tengo soldados en reserva». Ni tuvo ardua campana en la cual sus ejércitos fueran insuficientes. Una vez el profeta dijo: «Después alcé mis ojos, y mire, y he aquí cuatro cuernos. Y dije al ángel que hablaba conmigo: ¿Qué son éstos? Y me respondió: Éstos son los cuernos que aventaron a Judá, Israel y Jerusalén. Me mostró luego Jehová cuatro carpinteros. Y yo dije: ¿Qué vienen a hacer éstos? Y me respondió, diciendo: Éstos son los cuernos que aventaron a Judá, tanto que ninguno alzó su cabeza; mas éstos han venido para hacerlos temblar, para derribar los cuernos de las gentes que alzaron el cuerno sobre la tierra de Judá para aventarla» (Zac. 1:18-21). Dios tenía suficientes hombres para cortar los cuernos, y para construir su casa había cuatro; y disponía exactamente de la clase de hombres que necesitaba para realizar su obra, porque «los carpinteros» estaban preparados. Siempre que se aproxime una contienda, Dios encontrará sus hombres. Siempre que haya que comenzar una batalla, Dios encontrará los hombres valientes que defiendan la verdad. No temáis nunca que el Señor no cuide de su Iglesia. «Tu pueblo lo será de buena voluntad en el día de la batalla del Señor». ¿Has emprendido alguna noble empresa? Tal vez digas: «He aquí un gran intento para evangelizar el mundo; pero, ¿dónde encontraré quien vaya?». La respuesta es: «El pueblo de Dios lo será de buena voluntad en el día de sus ejércitos». Algunos maestros de escuela dominical se quejan de que en sus iglesias no pueden encontrar los necesarios para recorrer el distrito. ¿Por qué no? Porque no tienen suficiente gente de Dios, pues la gente de Dios lo será de buena voluntad en el día de sus ejércitos. Nos quejamos de que no hay ministros que evangelicen; ¿por qué no? Porque no están completamente imbuidos en el Espíritu del Maestro, pues su pueblo lo será de buena voluntad en el día de los ejércitos de Dios, cuando sean requeridos. Siempre tienen un corazón dispuesto, presto para la batalla, y no dirán: «Debo consultar a carne o sangre». No, éste es su estandarte: ¡Adelante, soldados de Dios!; y entrados en batalla, dicen: «¡Sacad las espadas!». Están en todo momento preparados para luchar. Siempre están listos en el día de los ejércitos de Dios. Amados míos, no temáis la contienda; no os arredréis ante ninguna empresa; no penséis que el oro o la plata se apartarán de nosotros, porque: «Mía es la plata y mío el oro», «y los millares de animales en los collados». No esperéis el fracaso en ningún intento por gran de que éste sea. El pueblo de Dios avanzará voluntario cuando sea requerida su ayuda. Creemos firmemente en esta verdad; pero debemos esperar el día de Dios; es necesario orar para que llegue; debemos aguardarlo esperanzados; debemos trabajar para que venga, y cuando llegue, Dios hallará a su pueblo bien dispuesto, como debe ser.

2. Nos encontramos también ante la promesa de un pueblo: «Tu pueblo lo será de buena voluntad en el día de tu poder», y nadie más. La promesa es que Cristo siempre tendrá un pueblo. Aun en las épocas más oscuras de la historia Él ha tenido una Iglesia; y si vienen tiempos aún más oscuros, continuará teniendo su Iglesia. ¡Oh, Elías!, que loca tu incredulidad, cuando dijiste: «Y yo solo he quedado, y me buscan para quitarme la vida». No, Elías, en esas cuevas tenía Dios sus profetas escondidos en cincuentenas. Tú también pobre cristiano incrédulo, has dicho alguna vez: «Me han dejado solo, completamente solo». ¡Oh!, si tuvieras ojos para ver; si pudieras viajar un poco, tu corazón se alegraría al comprobar que Dios no carece de pueblo. Consuela mi corazón el ver cómo Dios tiene familia en todas partes. A cualquier sitio que vayamos encontraremos verdaderos corazones ardientes, hombres llenos de oración. Bendigo a Dios, porque puedo decir de su Iglesia que, donde quiera que estuve, aunque no son muchos, hay algunos que gimen y suspiran por las penas de Israel. En cada iglesia hay grupos escogidos, hombres fervorosos que esperan y están preparados para recibir a su Maestro, y claman a Dios para que vengan de la presencia del Señor tiempos de refrigerio. No estéis demasiado tristes; Dios tiene un pueblo que es obediente ahora; y cuando venga el día de su poder no hay temor de que no encuentre a los suyos. La religión puede estar en un período decadente, pero nunca estará tan baja la marea de esta decadencia que el barco de Dios encalle; puede haber decrecido mucho, pero el Maligno nunca podrá atravesar en seco el foso del castillo de la Iglesia de Cristo, siempre encontrará abundante agua en él; Dios, danos gracia para buscar a tu pueblo y para creer que lo hay en todas partes, porque la promesa es: «Tu pueblo lo será de buena voluntad en el día de tu poder».

3. Consideraremos a continuación la disposición. El pueblo de Dios es un pueblo dispuesto. Adán Clarke dice: «Este versículo ha sido tristemente adulterado. Se ha creído que indica la irresistible acción de la gracia de Dios sobre el alma de los elegidos, haciéndolos, de esta forma, dispuestos a recibir a Cristo como su Salvador». Doctrina que él descarta plenamente. Pues bien, mi querido Adán Clarke, le agradecemos mucho su observación; pero tenemos que decirle, al mismo tiempo, que el texto no ha sido «tristemente adulterado». Creemos que ha sido usado con mucha propiedad para demostrar que Dios predispone al hombre. Porque si leemos la Biblia correctamente, comprenderemos que los hombres, por naturaleza, no son dóciles. Le remitimos a un texto al que usted es muy aficionado, y el cual no pensamos que sea suyo, que dice así: «Y no queréis venir a mí para que tengáis vida». También hay otro pasaje que nos gustaría recordarle a usted y a sus hermanos, que dice: «Ninguno puede venir a mí si el Padre que me envió no le trajere». Si tiene en cuenta este detalle, creemos que –aunque el texto no dice nada de ella– debiera usted

tener al menos alguna consideración por esta doctrina. Leemos que el pueblo de Dios lo será de buena voluntad en el día de su poder; y si leemos como lo haría cualquier persona que hablara nuestra lengua, vemos la promesa de que Dios hará un pueblo que será voluntario en el día de su poder; y por el hecho de que ningún hombre es sumiso por naturaleza, se infiere del texto que ha de haber una obra de gracia que predisponga a los hombres para el día del poder de Dios. No sabemos si usted considera esto razonar con lógica o no; pero nosotros creemos que sí. Se nos ha acusado de no ser lógicos, y la verdad es que no nos sentimos apenados por ello, porque preferimos poseer lo que los hombres llaman dogmatismo, que lógica. A Cristo le toca probarlo y a nosotros predicar. Dejemos los argumentos para Él; nosotros nos limitaremos a afirmar lo que vemos en la Palabra de Dios. El pueblo de Dios ha de ser obediente, y podemos distinguir quienes son Sus hijos por el hecho de su disposición. Os predico miles de veces a muchos de vosotros. Os hablo del infierno y os insto a huir de él. Os hablo de Cristo y os ruego que vayáis a Él; pero no estáis dispuestos a hacerlo. ¿Qué puedo deducir de ello? O bien que el día del poder de Dios no ha llegado aún, o que vosotros no sois su pueblo. Cuando se predica con poder y la Palabra se ministra con unción, si os veo inmóviles, irresolutos y mal dispuestos a entregaros a Cristo, ¿qué debo pensar? Me temo que ese no sea el pueblo de Dios; porque el pueblo de Dios estará dispuesto en el día de su poder, y sumiso para someterse a la gracia soberana, para ponerse en las manos del Mediador y para abrazarse a la cruz buscando salvación. Y cuando esto ocurre, de nuevo me pregunto: ¿qué los habrá hecho estar listos? ¿No habrá sido la gracia lo que les ha convertido la voluntad? Si la voluntad del hombre fuera completamente libre para hacer el bien o el mal, os conjuro, amigos míos, a que contestéis a esto: ¿Por qué no os convertís a Dios en este mismo momento, sin asistencia divina? Os lo diré: Porque no lo deseáis, y era necesaria una promesa para que el pueblo de Dios lo fuera de buena voluntad en el día de su poder. Creo que estas palabras se aplican no solamente a su deseo de ser salvos, sino también a su deseo de obrar después de haber sido salvados. ¿Habéis conocido algún ministro que predicara el domingo y que en la reunión de oración del lunes pareciera como si le agradara más estar en casa? Y si había alguna conferencia el jueves, ¿No acudió el pobre hombre como si fuera a desempeñar algún duro deber? ¿Qué pensáis de él? No creeréis que es uno de los del pueblo de Dios, porque si lo fuera lo haría de buen grado. Hay quien viene a la casa de Dios como el negro al lugar de la flagelación; no lel gusta, y están deseando que todo acabe para salir. Pero, del pueblo de Dios, decimos:

«A los atrios, con gozo desconocido
sube el pueblo bendecido».

Es un pueblo obediente. Hay una colecta porque la Iglesia de Dios requiere asistencia. Hay quien contribuye lo más exiguamente que puede, dentro del margen que le permite conservar su respetabilidad. El que así obra, no podemos creer que exhiba un espíritu cristiano, porque no hace las cosas con voluntad; pero los cristianos lo hacen todo de corazón, porque no les mueve una obligación, sino solo la gracia. Estoy seguro que hacemos las cosas mucho mejor cuando las hacemos voluntariamente que por obligación. Dios se complace en los servicios de su pueblo porque son hechos de voluntad. El voluntarismo es la esencia del Evangelio, y Dios se agrada de tener por servidores a los voluntariosos. Nunca tendría esclavos alrededor de su trono, sino hombres libres que con gozo y alegría se ofrezcan voluntarios en el día de su poder.

4. Casi no tenemos tiempo para discutir la totalidad del texto; pero, además de la disposición, notaremos brevemente el carácter del pueblo de Dios. «Tu pueblo lo será de buena voluntad en el día de tu poder». «En la hermosura de la santidad». Así es cómo serán revestidos; no solamente santidad, sino de la hermosura de la santidad; porque la santidad tiene su hermosura, sus gemas y sus perlas; y ¿cuáles son éstas? Serán vestidos con la hermosura de la santidad de la justicia imputada y de la gracia impartida. El pueblo de Dios es, por

sí mismo, deforme, y de ahí que toda su belleza haya de serle dada. El estandarte de la hermosura es la santidad. Si un ángel descendiera del cielo, y llevara a Dios la más hermosa criatura que pudiera encontrar, no escogería las rosas de la tierra, ni haría un ramillete de lirios, sino que llevaría al cielo el hermoso carácter de un hijo de Dios. Dondequiera que encontrase un héroe que se negase a sí mismo, donde viera un cristiano desinteresado, un ardiente discípulo, el ángel se detendría a tomarlo, y llevándolo a la divina presencia, exclamaría: «Dios Todopoderoso, he aquí la hermosura; tómala, es tu hermosura».

Estamos acostumbrados a admirar la belleza de las esculturas y exclamar: «Esto es bello»; pero la verdadera hermosura es la del cristiano: la hermosura de la santidad. ¡Oh!, vosotros, los jóvenes, los alegres, los engreídos; ¿por qué buscáis la belleza? ¿No sabéis que toda la de este mundo no os ha de servir de nada, porque al morir desaparecerá bajo el sudario?

«El tiempo robará de tu hermosura,
La muerte enterrará tu gallardía.»

Mas si poseéis la hermosura de la santidad, ella irá en aumento, cada vez mayor y más preciosa. Entre los ángeles hermosos, vosotros, tan hermosos como ellos, permaneceréis revestidos de la justicia de vuestro Salvador. «Tu pueblo lo será de buena voluntad» para marchar hacia adelante; pueblo ideal, santo y adornado con la hermosura de la santidad.

5. Como último punto de esta consideración, hay una audaz metáfora que debemos explicar. El texto es: «Tu pueblo lo será de buena voluntad en el día de tu poder, en la hermosura de la santidad». Esto es comprensible; pero, ¿qué quieren decir las palabras: Desde el seno de la aurora? El comentarista explica: «Desde los primeros días de su vida el pueblo de Dios se le ofrecerá voluntariamente». Pero no, no es ese el sentido. Nos encontramos ante una figura atrevida e inteligente. Se nos pregunta la procedencia del pueblo, cómo y por qué medios serán traídos, y de qué forma será hecho; y he aquí la respuesta simple: ¿No habéis visto las gotas de rocío brillando sobre la tierra? ¿No os habéis preguntado nunca su procedencia, cómo aparecen en infinito número, tan prodigiosamente esparcidas por doquier, tan puras y transparentes? La naturaleza nos dice al oído: «Vienen del seno de la aurora». Así aparecerá el pueblo de Dios, tan silenciosa, divina y misteriosamente como si procediera «del seno de la aurora», como las gotas del rocío. La filosofía ha tratado de descubrir el origen del rocío, y tal vez lo haya adivinado; pero para el oriental, uno de los enigmas más grandes era el de la localización del seno del rocío. ¿Quién es la madre de esas gotas perlinas? Así, de la misma manera, aparece el pueblo de Dios, misteriosamente. Alguno dirá al final de una predicación: «No había nada de particular en lo que dijo aquel hombre; creí que oiría a un gran orador. Como ha sido el medio de salvación de tantos miles, pensé que escucharía algo interesante y más elocuente; pero he oído a muchos predicadores mucho más inteligentes e intelectuales que él; y me pregunto: ¿cómo se convertirían esas almas?». Misteriosamente, porque procedían «del seno de la aurora». Y de nuevo, las gotas de rocío, ¿quién las hizo? ¿Se yerguen los reyes y príncipes sosteniendo sus cetros y ruegan a las nubes que derramen lágrimas, o las aterran con el redoblar de los tambores para que lloren? ¿Van los ejércitos a la batalla para obligar al cielo a abandonar sus tesoros y desparramar sus diamantes pródigamente? No, Dios es el que habla; Él susurra al oído de la naturaleza, y ésta llora de gozo al saber que se acerca la alborada. Dios lo hace sin la intervención aparente de otros fenómenos no hay truenos ni relámpagos. Dios lo ha hecho, y así es cómo salvara a su pueblo; vendrán «desde el seno de la aurora», divinamente llamados, nacidos, bendecidos, numerados y esparcidos por toda la superficie del globo, enviados por Dios para ser el refrigerio del mundo, «desde el seno de la aurora». Habréis observado cuán grande multitud de gotas de rocío aparecen con el alba, y probablemente os habréis preguntado ¿de dónde viene tan gran muchedumbre?». La respuesta está en el seno de la naturaleza, capaz de diez mil nacimientos al

Dios Padre, Jesucristo, Espíritu Santo

mismo tiempo. Así, los hijos de Dios vendrán «desde el seno de la aurora». Sin esfuerzo, sin angustia, sin gritos de dolor, ni agonía; todo es secreto. Nacerán en la frescura «del seno de la aurora». La figura es tan bella que las palabras no pueden explicarla con propiedad. Sólo tenéis que salir al campo una mañana temprano, cuando el sol comienza a esparcir sus rayos por el cielo, y contemplarlo brillante con el manto del rocío. Preguntaos entonces: «¿De dónde viene todo esto?» «Desde el seno de la aurora», es la respuesta. Así, cuando contemplamos la multitud de los salvos, que aparece tan misteriosa, suave, divina y numerosamente, sólo podemos compararla a las gotas del rocío de la mañana. Decid, ¿de dónde vienen estos?; y la respuesta es: Vienen «desde el seno de la aurora».

II. OTRA PROMESA QUE SE LE HIZO A CRISTO

Y ahora, la segunda parte del texto, la más dulce y a la que dedicaremos un poco de nuestro tiempo. Hemos visto la promesa hecha a Cristo con relación a su pueblo, y ella quita todos nuestros temores acerca de la Iglesia.

1. Veamos, pues, la otra promesa hecha a Cristo: «Tienes tú el rocío de tu juventud». ¡Creyentes!, ésta es la inagotable fuente de los éxitos del Evangelio! ¡Cristo tiene el rocío de su juventud! Jesucristo, personalmente, tiene el rocío de su juventud. Muchos caudillos han conducido sus tropas a la batalla en los días de su juventud, y les han inspirado valor y coraje con la potencia de su voz y la fuerza de sus músculos; pero ahora, el viejo guerrero tiene los cabellos sembrados de canas, se torna decrépito y ya no puede conducir a sus hombres a la lid. No ocurre lo mismo con Jesucristo, porque Él tiene aún el rocío de su juventud. El mismo Cristo que en su juventud llevó sus tropas a la lucha, las sigue llevando ahora. El brazo que conmovió al pecador con su palabra, es el mismo de nuestros días; sigue siendo tan firme como antes. Los ojos que contemplaron con gozo a sus amigos, los mismos ojos que miraron a sus enemigos fija y severamente, son los que nos contemplan hoy a nosotros, claros y brillantes como los de Moisés. Él tiene el rocío de su juventud. Cómo nos llena de gozo el pensar que el Cristo que era en su juventud «Dios sobre todas las cosas, bendito por los siglos», todopoderoso, es el mismo de nuestros días. No es un Cristo viejo ni gastado, sino que sigue siendo nuestro caudillo. Es tan joven como siempre, cubierto por el mismo rocío y la misma lozanía. Oímos decir de algún ministro: «En su juventud era muy ameno; pero ya se va haciendo viejo y empieza a hacerse pesado». Pero no es así con Cristo, tiene siempre el rocío de su juventud. El que un día «hablara como jamás había hablado hombre alguno», cuando vuelva a hablar lo hará como lo hizo antes. Él, personalmente, tiene el rocío de su juventud.

También doctrinalmente tiene Cristo el rocío de su juventud. Es normal que cuando una religión está en sus comienzos sea muy exuberante, para decaer más tarde. Contemplad la religión de Mahoma. Por más de cien años amenazó con subvertir los reinos y trastornar el mundo entero; mas, ¿dónde están las espadas que brillaron entonces?, ¿dónde están las manos que asolaron a sus enemigos? Su religión se ha convertido en algo viejo y gastado; nadie se preocupa de ella, y el turco, sentado en su diván con las piernas entrelazadas y fumando su pipa, es la mejor imagen de la religión de Mahoma: vieja, estéril y enferma. Pero la religión cristiana permanece tan lozana como cuando empezara en su cuna de Jerusalén. Se conserva tan sana, vigorosa, y poderosa, como cuando Pablo la predicaba en Atenas o Pedro en Jerusalén. No es una religión vieja. Nada en ella ha envejecido, a pesar de los cientos de años que han pasado. Cuántas religiones han perecido desde que comenzó la de Cristo! ¡Cuántas han nacido en una noche, como las setas! ¿No permanece la de Cristo tan nueva como siempre? Contestad vosotros, los que tenéis los cabellos de plata, los que conocisteis al Maestro en vuestra juventud, hallando sus doctrinas preciosas y dulces; ¿las encontráis inútiles ahora? ¿Creéis que Cristo no tiene ya el rocío de su juventud? No; todos podéis decir: «Dulce Jesús, el día que tomé tu

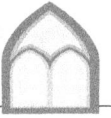

mano, el día de mis esponsales, te hallé hermoso; y como no eres como los amigos de la tierra, no te has hecho viejo y permaneces tan joven como siempre. Tu frente está tersa y sin arrugas; tus ojos limpios y sin sombra; tus cabellos, siempre negros y brillantes, no han emblanquecido con el tiempo. Eres inmutable e inalterable, a pesar de los años que hace que te conozco». Ved, amados, el estímulo que es para nosotros, en la propagación del Reino del Maestro, saber que no predicamos algo viejo y pasado de moda, sino una religión que conserva el rocío de su juventud. La misma que salvó a 3.000 el día de Pentecostés puede salvar ahora otros 3.000. Predico viejas doctrinas, pero son tan nuevas como monedas recién salidas de la fundición celestial; la imagen y la inscripción permanecen igual de nítidas y el metal tan reluciente y pulido como siempre. Tengo a una espada antigua, pero que no está enmohecida. No hayan en ella señal de flaqueza; aunque haya herido y cortado muchos Rahabs, sigue tan nueva como cuando fue forjada en el yunque de la sabiduría. El mismo vigor tiene el Evangelio ahora que cuando era un Evangelio joven. Tal como Pedro lo predicó un día, muchos Pedros lo predican en la actualidad, y Dios los ungirá también. Igual que Pablo lo anunciaba, así otros Pablos lo anuncian hoy. Como Timoteo sostuvo la Palabra del Señor, igual la sostienen los Timoteos de nuestros días, y el mismo Espíritu Santo los acompaña. Me temo que los cristianos no crean en esto: que Cristo tiene el rocío de su juventud. Tienen la idea de que los tiempos de los grandes avivamientos pertenecen al pasado. Y los padres, preguntan, ¿dónde están? Y nos sentimos inclinados a gritar: «Carro de Israel y su gente y su gente de a caballo». Nadie volverá a llevar el manto de Elías ni veremos nuevamente hechos prodigiosos. ¡Oh, incredulidad necia! Cristo tiene aún el rocío de su juventud. Tiene tanto Espíritu Santo como tenía entonces, porque lo posee sin medida; y aunque lo ha concedido a miríadas, continuará concediéndolo. Muchos se preguntarán: «¿Cómo es que la gente de nuestro tiempo empieza a cansarse del Evangelio, si éste tiene el rocío de su juventud?». Amados míos, porque el Evangelio no viene a ellos en forma de rocío. ¿No oímos frecuentemente la predicación de un Evangelio totalmente seco y falto de médula, como huesos a los que se les hubiera extraído el tuétano? Esos huesos vacíos son muy apreciados por los teólogos filosóficos, que gustan de estudiar antigüedades y descubrir a que animal inmundo pertenecen; pero carecen de utilidad para los hijos de Dios, porque no hay en ellos alimento. Necesitamos un Evangelio ungido y con sabor; y cuando el pueblo de Dios lo posee nunca se cansa de él, porque encuentra en su contenido lozanía y rocío perdurable.

2. Ahora bien, si Cristo tiene el rocío de su juventud ¡cuán diligentemente debemos proclamar su Palabra nosotros, sus ministros! No hay nada como una fe firme para hacer a un hombre predicar poderosamente. Si yo creyera predicar un Evangelio ruinoso y viejo no podría proclamarlo con celo; pero si creo que lo que anuncio es un Evangelio fuerte y saludable, cuyos cimientos no han sido conmovidos y cuyo poder es tan grande como siempre, ¡con cuánta fuerza lo predicaré! Gracias a Dios que hay unos cuantos corazones tan ardientes como siempre, unas cuantas almas tan firmes en la causa de su Maestro como fueron los apóstoles. Todavía hay unos cuantos hombres buenos y sinceros que se agrupan al pie de la cruz. Como los hombres de David en la cueva de Adulam, hay algunos hombres poderosos que se agrupan alrededor del estandarte. Él no se ha quedado sin testigos; tiene aún el rocío de la juventud, y ha de llegar el día en que aquellos que ahora se encuentran escondidos en la oscuridad saldrán como el rocío antes del amanecer, reluciendo en cada arbusto y adornando cada árbol, iluminando cada ciudad, alentando los pastos, y haciendo cantar de alegría a las pequeñas colinas. Ve, cristiano, y pon esto en forma de oración. Ora a Cristo para que su pueblo lo sea de buena voluntad en el día de su poder, y que Él siempre conserve el rocío de su juventud.

«¡Oh, Príncipe, cabalga triunfalmente
Y haz que el mundo a tus pies
te sea obediente».

Dios Padre, Jesucristo, Espíritu Santo

CONCLUSIÓN

¡Adelante, Señor! Prueba que eres el mismo de siempre, el Dios bendito «Dios sobre todas las cosas, bendito por los siglos». ¡Levántate, cristiano!, ¡arriba!; ¡lucha por tu joven Monarca! ¡Adelante, guerreros! ¡Desenvainad vuestras espadas! ¡Combatid por vuestro Rey! ¡Adelante!, ¡adelante!; pues el viejo estandarte es un nuevo estandarte. Cristo sigue joven y lozano. ¡Dejad que os embargue el entusiasmo de vuestra juventud! Una vez más, alzaos vosotros, viejos cristianos, y haced que vuestros días de jóvenes vuelvan a la vida; porque si Cristo tiene el rocío de su juventud, conviene que le sirváis con juvenil vigor. ¡Levantaos! Despertad ahora de vuestro sueño; entregadle una nueva juventud, y esforzaos por ser tan ardientes y celosos por su causa como si fuera el primer día que le conocisteis. ¡Quiera Dios hacer obedientes a muchos pecadores! ¡Quiera Él traer a muchos de ellos a sus pies!; puesto que Él ha prometido que ellos se le ofrecerán voluntariamente el día de su poder.

16. EL PODER SANADOR DE CRISTO[1]

«Y aconteció un día que él estaba enseñando, y los fariseos y doctores de la ley estaban sentados, los cuales habían venido de todas las aldeas de Galilea, y de Judea y Jerusalén: y el poder del Señor estaba allí para sanar» (Lucas 15:17).

INTRODUCCIÓN: Jesús, el Gran Médico Divino.

I. EL PODER DEL EVANGELIO ES EL DE SANAR
1. El evangelio no solo nos revela la enfermedad.
2. El Gran Médico.
   a) Jesús cargó con todas nuestras enfermedades
   b) Cristo lavó nuestra heridas
3. Cristo tiene el poder para perdonar los pecados.

4. Recibimos consuelo de las heridas.
5. Jesús nos quitó del poder del pecado.

II. PERÍODOS ESPECIALES PARA SANAR
1. Un tiempo especial en Londres.
2. La oración ferviente prepara un avivamiento.

III. EL PODER DEL SEÑOR ESTÁ PRESENTE PARA SANAR
1. Cristo sana a los enfermos.
2. El rechazo de la gracia por los doctores de la ley.
3. La recta ley de los fariseos.
4. La indiferencia de los que miran y se burlan.

IV. EL PODER DE CRISTO HACÍA FLUIR ENERGÍA
1. Nos preocupan quienes nos rodean.

CONCLUSIÓN: No rechacemos esta sanidad tan grande.

EL PODER SANADOR DE CRISTO

INTRODUCCIÓN

Lucas, el escritor de este Evangelio, era médico, y por lo tanto tenía un ojo clínico para los casos de enfermedades e instancias de curaciones; se puede percibir a lo largo de todo su Evangelio, la mano de un hábil cirujano y un médico competente. De todo esto deduzco que independientemente de cuál sea nuestra ocupación y de cuál sea el arte o la ciencia en la que podamos haber destacado, debemos preocuparnos por usar todo ese conocimiento para Cristo. Si tenemos un llamado siendo médicos, podemos entender la obra del Señor Jesús de una manera más clara a través de lo que observamos en nuestra profesión, y también podemos hacer mucho por nuestro Señor siendo de verdadera utilidad sustancial entre nuestros pacientes.

Que ningún hombre desprecie su llamado. Independientemente de qué instrumento de utilidad Dios ha puesto en tus manos, considera que el Gran Capitán sabía qué armas te convenía usar. No ambiciones ni la

---
[1] Sermón predicado el año 1866, en el Tabernáculo Metropolitano, Newington.

espada ni la lanza de tu vecino, sino que usa lo que el Señor te ha dado y marcha a la batalla de la vida para servirle de acuerdo a tu capacidad. Si estás ubicado en este rincón de la viña o en aquel, considera que estás en el mejor lugar para ti y en el mejor lugar para tu Señor. Y no estés siempre juzgando lo que tus colegas siervos deberían hacer donde están, ni lo que tú podrías hacer si estuvieras en otro lugar, sino ve más bien qué es lo que puedes hacer donde estás y usa las cosas que tienes para dar gloria a tu Dios y Señor.

Es agradable observar en el lenguaje de un hombre verdadero, cómo se revela la personalidad de ese hombre. David suele cantar con frecuencia como alguien que ha sido pastor en la adolescencia; y a pesar de ser un rey no se avergüenza de admitir que alguna vez se apoyó en su cayado de pastor. Hay una manifiesta diferencia entre las profecías de Amós, el pastor, y las de Isaías, el visionario real. Los verdaderos hombres no andan imitándose unos a otros, sino que cada uno, movido por Dios, habla de acuerdo a su inclinación natural y de conformidad a las circunstancias en las que la Providencia le ha colocado. Fue muy destructivo para el arte egipcio cuando los grandes hombres de esa tierra establecieron leyes para el gusto, y regulaciones para la escultura y para la pintura a las que cada artista debía apegarse, ya que en ese momento se puso en retirada cualquier cosa parecida a la frescura y a la originalidad. Las proporciones de cada estatua colosal y de cada figura sobre la pared fueron fijadas con rigidez, y entonces la gloria y la excelencia del arte se desvanecieron de esa tierra.

Hacer eso mismo en materia de religión es incluso más imprudente. ¡Decir: «Todos ustedes deben hablar de una determinada forma, y todos ustedes deben conformarse a esta manera de hablar y de vivir» es la máxima tontería! Que cada uno hable como quiera, y que cada cual lo haga a su manera, cada alma regenerada mostrando su propia individualidad y buscando en esa individualidad engrandecer a Dios y mostrar las riquezas de su Divina Gracia. Estos comentarios han sido sugeridos por las abundantes referencias de curaciones que hay en este capítulo y en otros capítulos del Evangelio de Lucas. Lucas no escribe como Juan, ni copia el estilo de Mateo. No escribe como lo haría un pescador, ni como un publicano, sino como médico.

Lucas nunca dejó de ser Lucas cuando fue llamado por la Gracia divina. Era el mismo hombre pero elevado y refinado, y se le había enseñado a consagrar a los más nobles fines, los dones que había adquirido en su ocupación terrenal. Había sido un médico antes, y se convirtió en «el médico amado» tras su conversión.

I. EL PODER DEL EVANGELIO ES EL DE SANAR

En primer lugar, el texto sugiere al leerlo que el poder de Cristo en el Evangelio es principalmente un poder de sanar. «El poder del Señor estaba con él para sanar». El poder del Evangelio, del cual Cristo es la Suma y la Sustancia, es un poder de sanar. Hermanos míos, cuando Cristo vino a la tierra pudo haber venido con poder de destruir. Con toda justicia Dios pudo haber enviado a su Hijo Unigénito con los ejércitos de la venganza para destruir a este mundo rebelde. Pero:

«Tus manos, amado Jesús,
no estaban armadas
Con la vara de la venganza.
Ni traías la dura encomienda
De manifestar la venganza de Dios.
Sino todo fue misericordia,
todo fue benignidad
Y la ira abandonó el trono
Cuando vino Cristo con su misión de bondad,
Trayendo del cielo la salvación».

Él dijo: «El Hijo del Hombre no ha venido para perder las almas, sino para salvarlas». Elías pide que llueva fuego del cielo sobre los capitanes de cincuenta y sus cincuenta hombres, para que sean totalmente consumidos. Pero Cristo trae fuego del cielo para un propósito muy diferente, es decir, que por su poder los hombres pueden ser salvos de la ira venidera. El Evangelio no está destinado a ser un poder que destruye. «Dios no envió a su Hijo al mundo para condenar al

Dios Padre, Jesucristo, Espíritu Santo

mundo, sino para que el mundo sea salvo por Él». Y si ese Evangelio es hecho olor de muerte para muerte a los unos, no es debido a sus propias cualidades intrínsecas ni a su objetivo sino a la perversidad y a la corrupción del corazón humano.

1. Si los hombres perecen por el Evangelio de Vida, es porque convierten en piedra de tropiezo lo que estaba destinado a ser el cimiento. El Evangelio no sólo viene al mundo para revelar la enfermedad. Es cierto que efectivamente descubre, detecta y describe las enfermedades del hombre caído. Una de las más claras exposiciones de la situación caída del hombre es el Evangelio de la Gracia de Dios. Pero es más bien la intención de la Ley y no del Evangelio, presentar al hombre su ruina. Es bajo el resplandor del rayo del Sinaí que los hombres, temblando, leen la sentencia de condenación sobre aquellos que han quebrantado la Ley de Dios. Bajo la luz más tenue del Calvario pueden leer la misma Verdad de Dios, y deben leerla, pero este no es el propósito principal del Calvario.

2. El Calvario es el lugar más bien para el bálsamo que sana, que para la lanza y el cuchillo. El trabajo de Jesús, nuestro Médico celestial, no es tanto diagnosticar la enfermedad como recetar y aplicar el remedio. Ciertos filósofos han asumido el trabajo y se gozan en ello, con sarcásticas sonrisas sombrías en sus rostros, de señalar con sus dedos y puntualizar la corrupción y la debilidad humanas como un tema digno del ridículo y del sarcasmo. La filosofía de los estoicos, la sabiduría de hombres como Diógenes, no fue otra cosa que una demostración inmisericorde y sin corazón de la insensatez humana y del pecado, su filosofía no conocía ningún remedio y no se preocupaba por buscar uno. Esos filósofos mostraban a la pobre humanidad que estaba embrutecida, engañada, degradada y depravada. Y la dejaban en esa condición, pasando de lado como el sacerdote y el levita hicieron con el hombre herido de la parábola. Pero Jesús no venía con una misión infructuosa como esa. Él condena al mundo por el pecado por medio de su Espíritu, pero no es para dejar al mundo en un estado de desesperación y sin esperanza de restauración, ¡sino para recuperarlo por su poder! ¡Jesús tiene poder para sanar! Este es su honor y su renombre. ¡Tiene ojo de águila para ver nuestras enfermedades, corazón de león para enfrentarlas valientemente, y la mano de una dama para aplicar con suavidad el ungüento celestial! En Él se reúnen en perfección los tres ingredientes de un buen cirujano.

Amados, confío en que tanto ustedes como yo hayamos conocido este poder de sanar en nuestros propios casos; y caso de ser así, sepamos con toda certeza que es un poder Divino el que viene de nuestro Señor Jesús, porque Él es ciertamente Dios. Es solamente prerrogativa de Dios curar las enfermedades espirituales. La enfermedad natural puede ser instrumentalmente curada por los hombres, pero aun así debe darse el honor a Dios que da el poder a la medicina, y también da el poder al cuerpo humano para arrojar fuera la enfermedad. Pero en cuanto a las enfermedades espirituales, éstas tienen que ser tratadas únicamente por el gran Médico. Él reclama esto como su prerrogativa: «Yo hago morir y hago vivir; yo hiero y también sano». Y uno de los nombres selectos del Señor es *Jehová Rapha*, El Señor que te sana. Y «curaré tus heridas» es una promesa que no podía salir de los labios de un hombre; solo de la boca del Dios eterno.

Por esta razón es que el Salmista clamó al Señor: «Sáname, oh Jehová, porque mis huesos están abatidos». Y también: «Sana mi alma, porque contra ti he pecado». También por esta razón, los piadosos alaban el nombre del Señor, diciendo: «Él sana todas nuestras enfermedades». Él que hizo puede sanar al hombre. El que al principio fue el creador de nuestra naturaleza, puede crearla de nuevo. ¡Qué consuelo tan trascendente es que en la Persona de Jesucristo de Nazaret, tengamos a Dios Encarnado! «Porque en él habita corporalmente toda la plenitud de la Deidad». ¡Alma mía, no importa cuál sea tu enfermedad, este gran Médico puede curarte! ¡Si Él es Dios, su infinito poder no conoce límites! ¡Si Él es realmente Divino, no pueden haber fronteras para la majestad de su poder!

Entonces ven con la ceguera de tu entendimiento. Acércate con la cojera de tu energía. Ven con la mano lisiada de tu fe. ¡Ven tal como eres, porque Él, que es Dios, ciertamente puede sanarte! Nadie le dirá a la inundación de su amor que sana: «Hasta aquí puedes llegar pero no más allá». ¡La enfermedad humana más lejana puede ser alcanzada por este gran Médico! ¡Ten confianza tú, pobre corazón que dudas! ¡Ten una confianza inconmovible en el Divino Sanador!

a) Aunque nuestro Señor Jesús sanaba como Dios, recuerda que Él también poseía poder para sanar por causa de su naturaleza humana. ¿No está escrito: «El castigo que nos trajo paz fue sobre él, y por sus heridas fuimos nosotros sanados?». Él no usó ningún otro remedio para sanar nuestra enfermedad de pecado, que cargar Él mismo con nuestras enfermedades y dolencias.

Éste es el gran remedio para todos los males. ¡Bendito sea el Hijo de Dios porque esa medicina tan amarga, no es para que la bebamos nosotros, sino que Él se la tomó toda! Él tomó la terrible copa en Getsemaní y la bebió completamente por nosotros. Los agudos cortes curativos hechos por la lanza no hieren nuestros cuerpos; Él los soportó en su propia carne. Cuando los torturadores abrieron surcos profundos, estos surcos no fueron abiertos sobre los hombros de los pecadores, sino sobre los hombros del Sustituto de los pecadores. ¿Alguna vez oíste, oh tierra, de algún Médico como éste? ¿De alguien cuyos dolores, y pesares, y sufrimientos, y angustias, y tormentos, y aflicción, y muerte constituyen la única medicina por medio de la cual elimina la enfermedad de los hombres? ¡Bendito Hijo de Dios, si yo confío en Ti, viendo que Tú eres Dios, cuánto voy a amarte!

b) ¡Cómo quiero confiar en Ti, viendo que eres humano! ¡Con qué gratitud voy a mirar a Tu Cruz para verte, mientras esas benditas fuentes de salud manan torrentes convertidos en inundaciones de sangre, y mientras Tu corazón, fuente de toda salud espiritual, está vertiendo un eficaz raudal celestial que lava todas sus enfermedades al pecador! ¡Vengan aquí, todos ustedes enfermos de pecado, y miren al glorioso Hijo de Dios, hecho a semejanza de la carne, muriendo sobre la Cruz! ¡Vengan aquí, ustedes que lloran por su pecado, ustedes que están paralíticos y enfermos por la iniquidad! ¡Aquí hay poder, poder presente aún en el Salvador que muere para sanarlos, sin importar cuál sea su enfermedad!

Él sanó a todos los que lo necesitaban mientras residió aquí, y el costoso bálsamo de su Expiación no ha perdido nada de su poder. El poder que estaba en Cristo para sanar, que salía de Él como Dios y como hombre, se aplicaba de manera preeminente a quitar la culpa del pecado. Al leer todo este capítulo, uno se detiene con gozo en el versículo 24: «El Hijo del Hombre tiene autoridad en la tierra para perdonar pecados». Aquí tenemos, pues, una de las artes más poderosas del gran Médico; ¡Él tiene poder para perdonar pecados! Mientras vivió aquí abajo, antes de que el rescate hubiera sido pagado, antes que la sangre hubiese sido literalmente rociada sobre el propiciatorio, ¡Él tenía poder para perdonar pecados! ¿Acaso no tiene poder de hacerlo ahora que ha muerto? Hermanos, ¡qué poder debe residir en Él que ha pagado con fidelidad, hasta el último centavo, las deudas de su pueblo! ¡Ciertamente Él tiene poder, cuando vemos que ha terminado con la trasgresión y ha acabado con el pecado!

3. Si tienes alguna duda, ¡míralo levantándose de los muertos! ¡Velo cuando asciende rodeado de esplendor a la diestra de Dios! ¡Escúchalo intercediendo ante el Padre Eterno, señalando a sus heridas, argumentando los méritos de su sagrada pasión! ¡Cuánto poder para perdonar hay aquí! «Subiendo a lo alto, llevó cautiva la cautividad y dio dones a los hombres». «A éste, lo ha enaltecido Dios con su diestra como Príncipe y Salvador, para dar a Israel arrepentimiento y perdón de pecados». Pecador, en este mismo instante, Cristo tiene poder para perdonar, para perdonarte a ti y a millones como tú. Él ya no tiene que hacer nada más para ganar tu perdón. ¡Ya se ha hecho toda la obra de expiación! Respondiendo a tus lágrimas, Él puede perdonar tus pecados hoy, y hacer que tú experimentes eso.

Dios Padre, Jesucristo, Espíritu Santo

El puede soplar en tu alma, en este mismo instante, la paz con Dios que sobrepasa todo entendimiento, que surge de la perfecta remisión de tus múltiples iniquidades. ¿Puedes creer eso? ¡Confío en que crees! ¡Quisiera que experimentes ahora que el poder de sanar que tiene el Evangelio es poder para perdonar pecados! No te demores más tiempo para consultar al Médico de almas. Apresúrate a ir a Él con palabras como estas:

«¡Jesús! ¡Señor! ¡Escucha mi súplica!
Sálvame, sáname con una palabra.
Sin fuerzas me encuentro a Tus pies
Has oído mi débil queja».

4. Ésta no es la única forma del poder sanador que reside sin medida en nuestro glorioso Señor. Él sana el dolor del pecado. Está escrito: «Sana a los quebrantados de corazón y venda sus heridas». Cuando el pecado es realmente manifiesto a la conciencia, se torna muy doloroso. Y es una bendición indecible que la conciencia efectivamente esté en paz. La convicción de pecado es más aguda que un puñal que se clava en el corazón o que una flecha puntiaguda que atraviesa el pecho. Quien se haya dolido alguna vez, sometido a las punzadas de una conciencia que ha despertado, sabe muy bien que no hay dolor corporal que se le pueda comparar. Quebrantado bajo la mano de Dios, uno se puede formar alguna idea acerca de cuáles deben ser las miserias del infierno.

Pero proporcional a ese dolor es el gozo por el alivio que Emmanuel nos trae cuando nos aplica un bálsamo mejor que el de Galaad y nos da la infalible medicina del cielo para el alma enferma. Cuando Jesús es recibido con fe, Él quita todo nuestro dolor en un instante. ¡Una promesa aplicada por su Espíritu, una gota de su sangre que penetra en la conciencia, y de inmediato hay tanta paz tan honda y profunda que nada se le puede comparar! ¡Lo que el poeta escribió concerniente a la recuperación de una enfermedad corporal, es doblemente cierto en relación a la restauración espiritual!

«Mira al hombre que se ha
revolcado largamente
Sobre la cama de espinas del dolor,
Observa cómo recupera su vigor desgastado,
Y respira y camina nuevamente:
La más pequeña flor del valle,
La más simple nota que acompaña al turbión,
El sol de todos, el aire, los cielos,
Abren para él las puertas del Paraíso».

¡Dios otorgue a todos ustedes, que temen su nombre, que el Sol de Justicia se levante con el poder de sanar bajo sus alas!

5. Jesús también quita el poder del pecado. Mi querido amigo, el pecado puede ser en tu caso tan poderoso como un torbellino que te sacude a su antojo. Te sientes como si fueras hojas secas arrastradas por la tempestad. Apenas si tienes poder para resistir tus pasiones. Tal vez has cedido durante tanto tiempo ante ciertas formas del mal que ahora eres claramente impotente en la contienda contra ellas. ¡No obstante, no te desesperes! ¡Cristo con toda certeza te puede liberar! El endemoniado tenía tal energía del mal dentro de él que rompió las cadenas y las ataduras con las que había sido atado. Se hizo él mismo cortaduras con unas piedras y aullaba durante toda la noche en medio de las tumbas. ¡Pero cuando Jesús se acercó a él muy pronto se le pudo ver vestido y en su pleno juicio, sentado con mansedumbre a los pies del gran Médico!

¡De igual manera ocurrirá contigo, pobre cautivo del mal! ¡No pienses que tienes que ser un borracho, o que tu temperamento irascible tenga que controlarte siempre! No concibas que tienes que ser siempre un esclavo de la lujuria, o ser llevado cautivo a voluntad del demonio. ¡Hombre, donde está Cristo, hay esperanza para ti! Y a pesar de que tienes esa enfermedad desde que naciste, una palabra salida de los poderosos labios del Hijo de Dios te puede curar, devolverte la salud! El poder del Evangelio es un poder para sanar al culpable del dolor y de la influencia del pecado. Jesucristo vino al mundo para destruir las obras del diablo en todas sus formas. No debe olvidarse que el Señor Jesús puede curarnos de nuestras recaídas. He escuchado que algunos dicen que una recaída es frecuentemente más temida por el médico que la enfermedad inicial, y que hay frecuentemente un período en el proceso de convalecencia cuando el virus de la enfermedad recobra renovadas energías y el médico siente que es en ese momento, y no al principio, cuando se tiene que pelear la verdadera batalla.

Hemos conocido algunos hombres que profesaron la fe, y que fueron renovados, pero que han ido para atrás y son como el perro que se volvió a su propio vómito, y la puerca lavada que volvió a revolcarse en el cieno. Nos hemos lamentado de algunos en quienes el cambio parecía muy grande, pero era superficial, y pronto el poder del mal retornó sobre ellos. Ahora bien, lector caído, ¡Jesús puede sanarte de tus caídas! ¡Cuánta misericordia es ésa! «Yo los sanaré de su infidelidad. Los amaré generosamente, porque mi furor se habrá apartado de ellos.» ¡Qué importa que seas siete veces más un hijo del infierno de lo que eras antes, sin embargo, aún así, la eterna misericordia que sacó a una legión de demonios de un hombre, hace ya tiempo, puede sacarlos de ti! El poder de sanar de mi Señor es tal que si has recaído hasta el fondo, aún así Él te dice: «¡Regresa! ¡Regresa! ¡Regresa!».

Habrá mayor gozo por ti, pobre oveja perdida, que por las noventa y nueve que no se extraviaron. Él se gozará más de recibirte, hijo pródigo errante, que el gozo que tiene por el hijo que siempre permaneció en la casa de su padre. Resumiendo, mi Señor, como un Médico, cura de manera súbita. ¡Él solamente toca y la salud se recupera de inmediato! Él realiza curaciones de todo tipo. Aquellas enfermedades que han servido de piedra de tropiezo para otros médicos han sido rápidamente curadas por Él. Él nunca falla. No tiene en su diario registrado ningún caso que haya superado su poder omnipotente. Él sana con efectividad; la enfermedad no puede reinar ya más, una vez que ha sido destronada por Él. Cuando lanza al demonio fuera de un hombre, ese demonio no regresará nunca.

¡Él sana con su palabra aun a los que piensan que no pueden ser sanados! En relación a las almas, no hay ningún hospital para enfermos incurables, pues no hay nadie incurable. El Amigo de los pecadores «también puede salvar por completo a los que por medio de él se acercan a Dios». Casos de enfermedades tan terribles que los hombres dicen: «Apártenlos de nuestra vista». ¡Vicios tan detestables que su simple mención hace enrojecer la mejilla de la modestia! ¡Casos como éstos puede sanar la mano maestra de Emmanuel! Para Dios no hay imposibles, y para el Hijo de Dios no hay nada difícil! ¡Él puede salvar al peor de todos los pecadores, y al más vil de los hombres! En el grado más alto que se pueda concebir, el poder del Evangelio es poder de sanar. ¡Ven, pobre pecador, y míralo a Él que puede sanar tus heridas mortales! ¡Ven y míralo a Él y vive!:

«Levanta hacia la Cruz tus ojos llorosos,
He aquí, ¡el Príncipe de Gloria muere!
Muere extendido sobre el madero,
Derramando un bálsamo soberano para ti.

II. PERÍODOS ESPECIALES PARA SANAR

Una segunda observación surge del texto. Hay períodos especiales en los que se manifiesta de manera especial el poder de sanar. El versículo que analizamos dice que un cierto día el poder del Señor estaba con él para sanar, y por esto yo entiendo no que Cristo no es siempre Dios, ni tampoco que algunas veces era incapaz de sanar, sino que había ciertos momentos en los que Le agradaba manifestar su divina energía para sanar en grado no acostumbrado. El mar nunca está vacío. Siempre está igual de lleno tanto en un momento como en otro, pero no siempre está a punto de desbordarse. El sol nunca está a media luz. Brilla con igual fuerza a todas horas, y sin embargo no siempre tenemos día, ni tampoco podemos bañarnos siempre en el calor del verano.

1. Cristo es la plenitud misma, pero esa plenitud no siempre se desborda. Él puede sanar, pero no siempre está ocupado en sanar. Hay momentos en los que el poder de salvar se manifiesta más de lo usual, tiempos de refresco, estaciones de avivamiento, días de visitación, días aceptables, días de

salvación. Cualquier estudiante de la historia del mundo que la haya leído a la luz de la verdadera religión habrá observado que ha habido períodos especiales en los que el poder de Dios ha estado presente de manera especial para sanar a los hombres. Mi convicción solemne es que estamos viviendo en uno de esos períodos, que el momento presente es uno de esos momentos prefijados cuando el poder de Dios se manifiesta de manera especial.

Deduzco esto de muchas señales, incluyendo este texto que ayuda a mi convicción. Observen que en la ocasión mencionada en el texto había un gran deseo de la multitud de oír la Palabra. Al principio del capítulo leemos que se agolpaban sobre Él junto al lago. Más adelante los encontramos viniendo de todas las aldeas en grandes multitudes. Se hace especial mención de maestros de la ley y de fariseos, los últimos en ser impresionados, pero que sin embargo, conmovidos por el entusiasmo general, se encontraban mezclándose con la muchedumbre. Se nos informa que el pueblo se aglomeraba alrededor de la casa de tal manera que el paralítico no podía ser metido a la casa, excepto bajándolo por el tejado.

¡Cuando el poder de Dios se está moviendo hay un movimiento correlativo entre la gente! Querrán oír cuando el poder de Dios está con el predicador. Consideren como un signo de la gracia divina cuando las casas dedicadas al culto de adoración están llenas. Estén seguros de que el Señor va a llenar las redes cuando los peces se junten alrededor de la barca. No podemos esperar que el Evangelio sea bendecido para quienes no lo escuchan. Podemos esperar con toda legalidad y propiedad que sea una bendición para quienes tienen una intensa necesidad de escucharlo. En este momento veo un avivamiento religioso en medio de las masas de Londres, no tan grande como uno quisiera, pero sin embargo allí está y debemos estar agradecidos por eso.

No tendremos que aguantar por largo tiempo las tonterías del puseyismo, la opinión pública nos ayudará a derrumbarlo. Nuestra nación ha necesitado mucho tiempo para despertar, pero se despertará después

de todo. Me parece ver la marea del sentimiento popular yendo en la dirección correcta. Los hombres están ahora ocupados con pensamientos religiosos, y tanto si piensen correcta o incorrectamente, hay un mayor interés por la verdad religiosa del que hubo antes. Y allí donde los ministros predican con sencillez y con amor el Evangelio de Cristo, en ese momento siempre tienen oyentes. Éste es un signo cierto de que el poder del Señor está presente para sanar.

Observen ahora que el poder de sanar estaba claramente presente cuando Cristo estaba enseñando. Presten mucha atención a la hora favorecida: «Jesús estaba enseñando». Jesús vinculaba la curación con la enseñanza. Así sucedía con la curación material, y con mayor razón con la curación espiritual, pues «la fe es por el oír, y el oír por la palabra de Cristo». Hermanos, ¿acaso no hay en medio de nuestros hermanos, (que sean con certeza nuestros hermanos), más enseñanza de Cristo que antes? Estoy persuadido que la mayoría de mis hermanos predican con mayor fidelidad que antes y en su totalidad la sencilla verdad de Cristo. La enseñanza está regresando a los púlpitos.

Ahora préstame mucha atención, querido lector, ya seas salvo o no, si tú estás presente en el lugar donde Cristo es predicado en su totalidad, donde es levantado, exaltado, proclamado, y recomendado a ti, entonces estás en un lugar donde Él también está presente para sanar. ¿Acaso no está escrito: «Y yo, cuando sea levantado de la tierra, atraeré a todos a mí mismo?». Una señal adicional del poder presente se encuentra muy claramente en la gente enferma que fue sanada por Jesús. Nosotros también sabemos que en este mismo templo no pasa un domingo sin que se conviertan algunas almas. Tenemos el testimonio de casos de cientos de personas a quienes Dios ha bendecido por medio de la historia de la Cruz presentada de manera sencilla. Esta es una prueba positiva que cuando se enseña el tema de Cristo, y las almas están siendo bendecidas, Él está presente de una manera admirable, para sanar.

2. Debemos notar otra cosa, es decir, que este tiempo particular mencionado en el

texto fue precedido por una temporada especial de oración por parte del principal Actor. ¿Se dieron cuenta de eso? Él se retiró y oró, y entonces el poder del Señor estaba presente para sanarlos. ¿Es entonces así, que aún en relación con Cristo mismo, el Señor y Dador de Vida, en quien habita la plenitud de la Deidad, y que poseía al Espíritu sin medida, sin embargo antes que ese Espíritu se manifieste públicamente en un alto grado debe haber un retiro especial para la oración ferviente? ¡Con cuánta sencillez esto nos dice que la Iglesia debe orar si quiere tener el poder de sanar! Y hermanos y hermanas míos, ¡nosotros hemos orado! ¡Ha habido tanta oración en esta congregación que no creo que alguien nos haya ganado, aún en los tiempos apostólicos!

¡El lunes pasado fue un día de lucha de tal naturaleza que la bendición no podía sino derramarse! ¡Casi he cesado de pedir más! ¡Espero en una anticipación gozosa la visitación del cielo! ¡No vengo ahora como un sembrador sino más bien como un cosechero! ¡Creo que la red ya tiene muchos peces y lo único que tenemos que hacer es arrastrarla a tierra!¡Dios quiera que la red no se rompa a causa de la multitud de peces! Dios está con nosotros, y ciertamente está con nosotros hoy en este templo. Maravillas de la Gracia Divina están siendo realizadas: ¡mientras aún estamos hablando hay hombres que están siendo inclinados a mirar a Cristo! ¡Mientras Lo estamos poniendo en alto, ojos llenos de lágrimas miran hacia Él! En muchos corazones se puede escuchar el grito: «Me levantaré, iré a mi padre».

Ahora, con todas estas señales que se juntan: un deseo de escuchar, un tiempo establecido de oración privada, la enseñanza de la Palabra, y la bendición manifiesta de almas bajo esa Palabra, entiendo que hemos llegado en este momento a ese estado descrito en el texto.

III. EL PODER DEL SEÑOR ESTÁ PRESENTE PARA SANAR

Pasando a un tercer pensamiento, observamos que cuando el poder del Señor está presente para sanar, puede no ser visto por todos, pero puede mostrarse en algunos casos especiales y no es otros. Es una triste reflexión que algunos hombres pueden estar en la región del poder divino sin sentir sus operaciones. He leído y releído el versículo muchas veces con este objetivo: hacer que el versículo quiera decir que los fariseos y los doctores de la ley estaban presentes y que el poder del Señor estaba presente para sanarlos a ellos.

1. Pero el texto no nos enseña eso. El poder del Señor no estaba presente para sanar a los doctores ni a los fariseos, pues ellos no fueron sanados. La palabra ellos concuerda con un sustantivo más distante, de acuerdo con el uso frecuente del Nuevo Testamento por el cual los pronombres no están orientados a referirse al sustantivo más cercano, sino a uno más remoto. El poder de Dios estaba presente para sanar a los enfermos; no para sanar a los doctores ni a los fariseos. ¡Sin embargo, cuán cerca estaba la salud de ellos, pues si hubieran conocido su enfermedad y hubieran querido confesarla, había poder suficiente para curarlos a ellos!

Pero como ocurrieron las cosas, no encontramos que ninguno de ellos haya sido sanado. Ni un solo doctor de la ley, ni ningún fariseo sintió el poder que estaba pasando tan cerca de ellos que estaban sorprendidos y asustados y buscando escapatorias. Queridos lectores, esta misma triste observación puede ser aplicada a algunos de mis lectores ahora. Pueden ser miembros de una congregación que está siendo visitada por la Gracia Divina de Dios de manera admirable, pero a pesar de eso puede no haber poder presente que opere en sus corazones para sanarlos. Observarán que los que no recibieron esta Gracia no eran las prostitutas. A pesar de ser infames en su carácter, sintieron el poder del amor de Jesús y entraron en su Reino. Vemos que este poder no faltaba entre los publicanos, pues vemos un ejemplo en el texto de uno que hizo una gran fiesta en su casa para Cristo.

2. ¿Dónde entonces no había poder? ¿Dónde no era buscado y dónde no era sentido? En primer lugar, entre la gente conocedora: los doctores de la ley. Estos maestros sabían demasiado para someter-

Dios Padre, Jesucristo, Espíritu Santo

se a la enseñanza del Gran Maestro. Existe tal cosa como saber demasiado para saberlo todo, y ser demasiado sabio para ser cualquier cosa excepto un tonto. El conocimiento de los doctores era ese conocimiento que infla, no el conocimiento que viene de Dios. ¡Ah, querido lector, apártate del conocimiento de la cabeza cuando no hay conocimiento del corazón! Ten cuidado de ser tan ortodoxo que te erijas como juez del predicador, y rehúses ser obediente a la Verdad de Dios.

Ten cuidado con decir: «Oh sí, sí, sí, sí, eso es aplicable para Fulano de Tal, y además está muy bien dicho». No critiques, sino siente. Sería mejor para ti que no fueras más que un simple hombre que va con su arado, silbando una tonada mientras ara, que nunca hubiera escuchado estas cosas hasta hoy, y que ahora las ha escuchado y las ha recibido por primera vez en toda su novedad, y poder, y belleza. ¡Esto sería mucho mejor para ti que haberlas escuchado hasta que timbraran en tus oídos como la campana que has oído cada domingo, de cuya monotonía ya estás cansado! Ten cuidado que no vayas al infierno con una piedra de molino de sana doctrina atada a tu cuello, puesto que si vas a ser condenado, da lo mismo que perezcas conociendo la Verdad de Dios que no conociéndola!. No, si captan la fórmula y se adueñan del credo, y se imaginan ser maestros de otros, es aún más fácil perecer en ese estado que si vinieran a oír la Palabra sin haberla escuchado antes en su mensaje de alegría. ¡Estos eran los conocedores que no tenían poder para ser sanados! Más aún, esos que tenían buena opinión de sí mismos no recibieron ninguna bendición. ¡Los fariseos! ¡No había nadie mejor, desde Dan hasta Beerseba, que los fariseos, si los evaluáramos según su propio testimonio!

3. Observen con el debido respeto su carácter público. ¿No eran eminentísimos? ¡Vean la amplitud de los bordes de sus vestiduras! ¡Cuán visibles eran sus filacterias! ¡Cuán diligentemente se lavaban las manos antes de comer! ¡Cuán escrupulosos eran acerca de colar los mosquitos del vino! ¡Cuán cuidadosos de entregar el diezmo de la menta, del eneldo y del comino! Sin embargo éstas fueron las personas que no obtuvieron ninguna bendición de Jesús. Eran demasiado buenos para ser salvados. ¡Cuánta gente igual no hay! «Bien» dice uno: «sé que nunca le he robado a nadie. He educado respetablemente a mi familia y me he conducido con tal decoro que nadie puede encontrar alguna falla en mí».

Correcto, y por tanto no tendrás a Cristo porque tú estás sano y no tienes necesidad de un médico. «Ah», dice alguien, «con toda seguridad si cumplimos nuestra obligación del mejor modo que podamos estaremos bien». ¡Si piensas así encontrarás que cuando has cumplido con tu deber de la mejor manera que puedes, no tendrás ni parte ni participación del Salvador ya que evidentemente, de acuerdo a tu propia demostración, no lo requieres! El Señor tomará tu propia demostración y dirá: «Nunca te conocí». ¿Cómo podría conocerte?; Nunca estuviste enfermo, ni me necesitaste. Tú declaraste que estabas sano, y no te quisiste inclinar para aceptar la salvación que Yo, el Salvador, vine a traer. Así te hablará Jesús pues ahora tan orgullosamente desprecias su Gracia.

4. Una vez más, quienes no obtuvieron la bendición fueron no solamente los sabios y los buenos, sino también los indiferentes. Como podemos observar, no vinieron para recibir la predicación, sino para que Cristo sólo predicara ante ellos. Ése era el viejo estilo de los prefacios de sermones: «Un sermón predicado ante el honorable y admirable Señor Fulano de Tal». Pero esa es la peor manera de predicar en cualquier lugar, predicar ante la gente. Predicarle al corazón de la gente es la única predicación digna de ser escuchada y digna de ser predicada. Pero no vinieron para que Cristo los operara, no eran sus pacientes, eran únicamente visitantes en los hospitales. Como visitantes iban alrededor de las camas y revisaban las recetas colocadas en las cabeceras de los enfermos y observaban cada caso.

Y cuando vino el médico y comenzó a ejercer su oficio en los enfermos, estaban parados allí observando su tratamiento, imaginando en todo momento que no estaban enfermos. Si hubieran estado en sus lechos de enfermos podrían haber sido sanados, pero solo se interesaron de manera superficial en la curación, pues no vinieron para participar en ella. ¡Mucho cuidado, queridos lectores, no vayan a los lugares de adoración como simples espectadores! ¡No habrá espectadores en el cielo! ¡Ni tampoco en el infierno! Mucho cuidado de no jugar a ser espectadores en la adoración de Dios aquí. Cada Verdad de Dios dicha por los siervos de Dios tiene mucho que ver contigo. Si es amenazante y estás en hiel de amargura, es tuya; ¡tiembla al oírla!

Si es la promesa de amor Divino, entonces si no eres partícipe de ella, debes de sentir temor, vergüenza y alarma y volar a Cristo para que puedas participar de ella. Quienes no obtienen ninguna bendición son los que suponen que no la necesitan particularmente, habiendo venido simplemente para ver y ser vistos, pero no para recibir la curación. Quienes no sintieron el poder sanador se burlaban y dudaban. Más adelante en el mismo capítulo dijeron: «¿Quién puede perdonar pecados, sino sólo Dios?». Cuando un hombre no obtiene ningún bien del ministerio, es casi seguro que piensa que no hay ningún bien en el ministerio. Y cuando él mismo, agachándose a beber, no encuentra agua en el río, concluye que está seco, no se da cuenta de que es su propia rodilla terca la que no se dobla, o de que su boca no se abre para recibir el Evangelio.

Pero si discuten, si hacen preguntas, si disputan, conocemos su raza. Entendemos a qué raza pertenecen, y sabemos lo que les dijo Jesús hace tiempo: «¡Serpientes! ¡Generación de víboras! ¿Cómo os escaparéis de la condenación del infierno?». Si alguien no escapará seguramente serán quienes solamente oyen el Evangelio para hacerlo el motivo de su sarcasmo y el objeto de su ridículo; que miran con desprecio a la Cruz misma con un Salvador agonizante sobre ella y enrollan su lengua contra su mejilla y hacen burla y sarcasmo de las agonías del Redentor del mundo.

¡Mucho cuidado de no tener esas burlas en sus bocas aquí en la tierra, porque luego tendrán que digerirlas en el infierno! Tengan cuidado de que su burla no se vuelva contra ustedes en el Último Gran Día cuando las palabras de Salomón tendrán su cumplimiento: «Pero, por cuanto llamé, y os resististeis; extendí mis manos, y no hubo quien escuchara, yo también me reiré en vuestra calamidad. Me burlaré cuando os llegue lo que teméis». Había personas, entonces, para quienes el poder presente de sanar de Cristo no sirvió para nada y puede haber tales personas ahora. Amigo mío, ¿eres tú uno de ellos?

IV. EL PODER DE CRISTO HACÍA FLUIR ENERGÍA

En último lugar, quiero que los cristianos observen aquí que cuando el poder de Cristo estaba presente hacía fluir la energía de quienes eran sus amigos para trabajar mientras ese poder era manifiesto. Mis queridos hermanos y hermanas, sobre todo los miembros de esta iglesia; lo que tengo que decir está dirigido con toda sinceridad a ustedes.

1. Ustedes podrán percibir que tan pronto como se descubría el poder de sanar, los corazones amantes deseaban traer a otros para que también pudieran experimentarlo. Cuatro personas tomaron cada esquina de la cama y trajeron a un paralítico que no podía venir por sí mismo. Lo bajaron por el tejado en medio con mucha incomodidad. Dios está bendiciendo a la Iglesia ahora. ¡Los cristianos, hombres y mujeres, se unen para orar por los amigos que no pueden o no quieren orar por sí mismos! Y si te encuentras con alguno que sufre de una profunda angustia, que paralizado por la desesperación no puede levantar el dedo de la fe, esfuérzate por traerlo para que oiga el Evangelio. ¡Tráiganlos donde Cristo está haciendo milagros!

Si uno de ustedes no puede prevalecer para traer el caso ante el Señor, únanse dos de ustedes. Si dos no bastan, que cuatro mezclen sus peticiones. Si cuatro no son suficientes, díganlo a la Iglesia y pidan la oración de todos. Pero esfuércense por traer pecadores moribundos donde Cristo está haciendo milagros espirituales. Si leen más adelante en este capítulo, comprenderán cómo se puede traer a algunas personas al

Salvador que de otra manera nunca oirían acerca de Él. Leví hizo una gran fiesta, pues pensó: «Quisiera que Jesús viniera y predicara a los publicanos. Son grandes pecadores, igual que yo. Si yo lograra que al menos lo escucharan, podrían ser convertidos».

«Pero», pensó él, «si les pregunto dirán que no pueden darse el lujo de perder un día de trabajo. No les interesa oír un sermón. Así que (dijo él) los voy a atraer de este modo: los invitaré a mi casa a una fiesta. Entonces seguramente vendrán, y después le pediré a Jesús que venga y coma con ellos, y sé que Él no los va a dejar ir sin darles una buena palabra». ¡Así que como verán, él usó las artes de los cazadores de pájaros cuando están ansiosos de tomar a su presa! De la misma manera, ¿no podrían ustedes estar alerta y preocupados con los que les rodean como Leví lo estaba? ¿No podrían invitar a los perdidos y a los que no guardan el domingo, a la casa de ustedes o de alguien más, y usar medios para traerlos bajo el sonido de la Palabra de Dios?

¿Es que acaso si tienen unas flores en su cuarto, cuando llueve en el verano, no las sacan para que reciban la lluvia? Ustedes ponen todas las macetas fuera en el jardín bajo la lluvia. Hagan lo mismo con sus amigos o vecinos, sus hijos o sus parientes. Mientras cae la lluvia de la Gracia Divina, traten de ponerlos bajo su influencia. ¡Y si no vienen de una manera, traten otras maneras! ¡Solamente pónganlos donde el poder del Señor está presente, pues tal vez pueda mirarlos y ellos a su vez puedan mirarlo a Él para ser sanados!

CONCLUSIÓN

Y oh, déjenme decirles para terminar, que si no se salvan tú no tendrás ninguna responsabilidad, de la misma que después de hoy yo no tengo ninguna responsabilidad. Les hemos proclamado, muchas veces, que Cristo Jesús vino al mundo para salvar a los pecadores. Les hemos dicho que el Padre celestial está deseoso de recibir a los pecadores que vienen a Él. Que Él se goza en la misericordia. Que Él puede quitar completamente el pecado. Les hemos dicho que la sangre de Cristo puede limpiar al más sucio,

que todo tipo de pecados y blasfemias les serán perdonados a los hombres. Les hemos urgido a salir volando veloces como palomas hacia las heridas de Jesús.

El poder del Espíritu de Dios ha llevado a muchos de ustedes a venir a Él, ¡y son salvos! Pero debemos lamentar que todavía hay una multitud de personas que no lo son. Bueno, si ustedes perecen, no es porque Cristo no ha sido predicado en sus calles. Bajarán al infierno, algunos, con la luz brillando en sus párpados, pero con sus ojos voluntariamente cerrados a ella. Ustedes van a perecer con la voz de la Misericordia sonando en sus oídos. Y en el infierno ustedes serán un terrible monumento a la justicia de Dios quien entonces les dirá: «Pecaron contra la luz y el conocimiento, contra el amor y la misericordia».

Si perecieron los que despreciaron la ley de Moisés, cómo escaparán ustedes si descuidan tan grande salvación? Que el Espíritu Santo ahora, con poderosa energía, aplique la preciosa sangre de Jesús a cada uno de mis lectores, y a Dios sea la gloria por toda la eternidad. Amén.

«Bendito Salvador,
a Tus pies me arrojo,
Para recibir allí mi salvación o morir.
Pero la Gracia prohíbe
ese pensamiento doloroso
Pues la Gracia poderosa triunfa aquí.
Tú sacarás el dardo envenenado,
Vendarás y sanarás el corazón
herido.
Adorna mi cara con la salud
recuperada,
cambia en luz la lúgubre oscuridad.

17. EL EVANGELIO DE LA GLORIA DE CRISTO[2]

«En los cuales el dios de este siglo cegó los entendimientos de los incrédulos, para que no les resplandezca la lumbre del evangelio de la gloria de Cristo, el cual es la imagen de Dios» (2 Corintios 4:4).

---

[2] Sermón predicado el año 1889, en el Tabernáculo Metropolitano, Newington.

SERMONES SELECTOS

INTRODUCCIÓN:
1. La única razón para Pablo.
2. La cerrazón del hombre.

I. CÓMO LLAMA PABLO AL EVANGELIO
1. «El evangelio de la gloria de Cristo.»
2. El Evangelio descansa en Cristo.
3. La gloria de Cristo en su amor.
4. La gloria de Cristo en su encarnación.
5. La gloria de Cristo en la expiación.
6. La gloria de Cristo en su resurrección.
7. La gloria de Cristo en la segunda venida.

II. LA LUZ DEL EVANGELIO
1. El Evangelio no tiene velos.
2. El Evangelio es sí mismo la luz.
3. La luz del Evangelio es reveladora.
4. La luz del Evangelio es vida.
5. La luz del Evangelio imprime carácter.
6. La luz del Evangelio trae deleite.

III. ¿QUÉ VAMOS A HACER CON ESA LUZ?
1. Mirar hacia ella.
2. Mirar por medio de la luz.
3. Darle su verdadero valor.

CONCLUSIÓN: Predicar el Evangelio de Cristo, para que mirándole tengamos vida.

EL EVANGELIO DE LA GLORIA DE CRISTO

INTRODUCCIÓN

Estas palabras brillan en el centro del versículo, como una perla en su montura. Su traducción literal y precisa es: «La luz del Evangelio de la gloria de Cristo». Éste es el sentido dado a mi texto por la Versión Revisada de la Biblia que seguiré, porque se apega al original, palabra por palabra.

1. Pablo era un hombre de una sola idea. El Evangelio de Cristo había llenado su alma como el rocío llenó el vellón de Gedeón. Él no podía pensar en nada más ni hablar de nada más, sino de la gloria de Cristo crucificado. Importantes acontecimientos políticos ocurrieron en los días del Apóstol pero no puedo recordar ninguna alusión a ellos. Se tenían que resolver grandes problemas sociales pero la primera y única solución para él fue la predicación de ese gran Salvador que fue destinado para limpiar los establos donde se acumula la corrupción del mundo. Para Pablo sólo había una cosa por la que valía la pena vivir. También era digna de morir por ella. Él no consideraba su vida valiosa sino para ganar a Cristo y ser encontrado en Él.

Por eso mismo su ánimo se levantaba o se abatía de acuerdo con la prosperidad o la caída del Reino de Cristo. Cuando escribe una Epístola, su humor varía de acuerdo a la condición espiritual de la gente a quien escribe. Si la fe de ellos crece grandemente y la Palabra de Dios es proclamada en su seno, su tono es de júbilo. Pero si declinan en la Gracia Divina, o hay divisiones entre ellos, si la doctrina falsa causa estragos en ellos como un lobo en el rebaño entonces su espíritu es solemne y escribe con mano pesada. En este caso Pablo lamenta la condición de quienes no podían ver lo que era tan sencillo para él, a saber: El Evangelio de la Gloria de Cristo.

Él vio muy claramente la gloria de su Señor y ese precioso Evangelio construido sobre ella y se maravillaba de que otros no pudieran verla también.

Considerando su caso con cuidado, él percibía con tristeza que esos malos seguidores seguramente habían cerrado sus ojos con incredulidad deliberada. Por consiguiente él sentía que Satanás había ejercido un poder maligno sobre ellos y los había cegado completamente. El fuego del Evangelio es tan brillante que aunque apartaran sus ojos, alguna medida de luz debiera haber entrado en sus mentes a menos que algún poder maligno especial hubiera obrado para mantenerlos en la oscuridad. El mismo diablo debió haberlos cegado, pero hasta Satanás mismo halló que era una tarea difícil apagar esa luz gloriosa. Para cumplir esa tarea tenía que juntar todo su poder como «el dios de este mundo».

2. Se necesitaba que la astucia con que se disfraza como ángel de luz se empleara a fondo para cerrar las facultades perceptivas de los hombres, ante la luz clara y poderosa de la verdad del Evangelio. La

Dios Padre, Jesucristo, Espíritu Santo

luz del glorioso Evangelio, como la del amanecer, debía haber sido vista aun por ojos empañados si no fuera porque el príncipe infernal vendaba los pensamientos de los hombres y hacía sus mentes tan negras como la suya. La luz del Evangelio es intensa, y por medio de un ministerio fiel esa luz es proyectada directamente en los rostros de los hombres. Por consiguiente, por miedo de perder a sus súbditos, el príncipe de la oscuridad se apresura a cegar sus ojos. Jesús viene a dar la vista, pero Satán viene a destruirla. Ambos saben el valor de los ojos por los que los hombres ven y viven. La batalla se agudiza en la puerta de los ojos. El conflicto entre los dos paladines se levanta sobre la pregunta: ¿verán los hombres la luz, o se quedarán en las tinieblas?

Me pregunto si hay en este momento quienes por mucho tiempo han decidido ser incrédulos hasta el punto de ser completamente incapaces de percibir alguna gloria en el Evangelio de Nuestro Señor Jesús. Cuando ellos lo oyen fielmente predicado, critican con impertinencia el estilo del orador. El asunto discutido les parece que es de poca importancia. Pasan junto a la cruz y el dolor del Señor no es nada para ellos. Pueden ser hombres y mujeres sumamente inteligentes en relación a otros asuntos, pero sin ninguna percepción de la verdad espiritual. Pueden percibir mil bellezas en la naturaleza pero no ven nada en la gracia. Han bebido de la fuente donde buscan inspiración los poetas pero nunca han tomado ni un sorbo de «las aguas de Siloé, que corren mansamente».

Ellos pueden disertar ampliamente sobre lo sublime y lo bello. Pero no ven lo bello ni lo sublime en Él, que es todo cuanto es precioso y todo lo que es celestial. Yo hago oración para que, mientras hablo de la luz del Evangelio de la gloria de Cristo, esa luz pueda penetrar en sus mentes. Quiera Dios, que ordenó que la luz brillara en las tinieblas, que diga otra vez el «hágase» todopoderoso, diciendo: «Sea la luz;» y será la luz. Que el milagro de la antigua creación se repita en la nueva creación, para alabanza de la gloria de la gracia divina.

Primero les pediré esta mañana que piensen en las palabras de Pablo y consideren que el nombre que le dio al Evangelio es: «El Evangelio de la gloria de Cristo». Segundo, consideremos la luz que fluye de ese Evangelio de la gloria de Cristo. Una vez hayamos reflexionado en estas dos cosas, consideremos todo lo que podemos hacer con esta luz, esta maravillosa luz del Evangelio de la gloria de Cristo.

I. CÓMO LLAMA PABLO AL EVANGELIO

De entrada consideremos cómo llama Pablo al Evangelio: «El Evangelio de la gloria de Cristo».

1. Es muy evidente que el apóstol se dio cuenta que el Evangelio era completamente y solamente de Cristo. El Ungido era, desde su punto de vista, el único tema contenido en las buenas nuevas, deel principio al fin. Cuando Él nació, los ángeles proclamaron buenas nuevas de gran gozo a los hijos de los hombres; y después de su muerte, sus mensajeros humanos salieron a todas las naciones con mensajes de amor. Su muerte es el nacimiento de nuestra esperanza; su resurrección hace renacer nuestro gozo enterrado. La profecía de nuestra dicha eterna nos viene porque Él está a la diestra de Dios. Cristo es el autor del Evangelio, el tema del Evangelio, y el fin del Evangelio. Su mano se ve en cada letra de esa maravillosa epístola de amor divino llamada Nuevo Testamento, o Nuevo Pacto.

Él, Él mismo, es la buena nueva para nosotros en cada punto, y el Evangelio es de Él en todo sentido. Si no se relaciona con Jesús no es Evangelio. El conjunto de nuevas que no traiga la marca de la sangre con él, puede ser rechazado como falso. Así como Cristo es el tema, también es el objeto del Evangelio; su gloria es promovida por el Evangelio. Es el Evangelio de su gloria entre los hijos de los hombres en todas las épocas, y lo será por toda la eternidad. El Evangelio y los pecadores salvados por él, glorificarán al Hijo de Dios para siempre.

Para Pablo el Evangelio fue siempre un Evangelio glorioso. Él nunca tuvo una visión confusa de su excelencia. Él nunca habló de él como si estuviera en dudosa competencia con el judaísmo, el paganismo, o las filosofías de los estoicos y de los epicúreos. Estas cosas no eran sino escoria para él en comparación con el «abundante oro fino» del Evangelio. Habló de él en términos brillantes; él sintió que era un gran privilegio y responsabilidad que se le hubiera confiado, y que le fuera permitido predicarlo. El gozo de su corazón era vivir en él y su único propósito era proclamarlo a otros. «El glorioso Evangelio del Dios bendito» era el único conocimiento que lo absorbía y determinó no saber de nada más.

¡Oh, ustedes que comienzan a pensar con ligereza del viejo Evangelio y sueñan que está perdiendo su fuerza, que el Espíritu que descansó sobre el apóstol descanse sobre ustedes, hasta que ustedes puedan percibir la gloria del divino método de gracia y puedan hablar de él fervientemente como; «El glorioso Evangelio de Cristo!»

2. Veamos con atención que el Apóstol se dio cuenta que la excelencia del Evangelio descansa en la gloria de Cristo. Trataré de demostrarles esto. El glorioso Salvador es la sustancia del glorioso Evangelio. Al tocar este tema, solamente puedo repetirles lo que ya saben, y en esa repetición no me esforzaré por conseguir expresiones sofisticadas, sino contar sencillamente la historia. «Así que, teniendo tal esperanza, actuamos con mucha confianza». La gloria de Cristo sería insultada al tratar de expresarla con refinamiento de palabras. Permitamos que sea visto en su propia luz.

Entonces, la gloria del Evangelio descansa sustancialmente en la gloria de la persona de nuestro Señor. El Salvador de los hombres es Dios «Dios sobre todas las cosas, bendito por los siglos». ¿No está escrito «al introducir al Primogénito en el mundo, dice: Adórenle todos los ángeles de Dios?». Con los ángeles de Dios adoramos a Jesucristo como Dios. Nuestro Redentor es también hombre, hombre como nosotros mismos, con esta excepción, que en Él no hay ninguna mancha de depravación natural, y ningún acto de pecado ha ensuciado jamás su carácter. ¡Contemplen la gloria de Él que es Dios y hombre, unidos misteriosamente en una Persona! Él es único: es el brillo de la gloria del Padre, y el hermano nacido para la adversidad.

Éste es el Evangelio que el Hijo de Dios mismo gloriosamente emprendió la tarea de salvar a la humanidad, y por consiguiente fue hecho carne, y vivió entre nosotros, y nosotros vimos su gloria. Si aquí tuviéramos un gran hospital lleno de enfermos, sería la mejor noticia para los que languidecieran en él, que se les pudiera decir que un gran médico se va a dedicar a curarlos; y entre más se pudiera ensalzar al médico que llega a visitarlos, sería una mejor noticia para ellos. Si pudiera decirles: «El médico que los va a socorrer posee una sabiduría infalible y una destreza sin límites, y en él se unen una ternura amorosa y un infinito poder»: ¡cómo sonreirían en sus lechos!

¡Pues bien, la simple noticia prácticamente los restablecería! ¿No debería de suceder así con las almas desanimadas y desesperadas cuando oyen que quien ha venido a salvarlas es nada menos que el glorioso Cristo de Dios? La misteriosamente majestuosa persona de Cristo es el fundamento del Evangelio. Quien es capaz de salvar no es un ángel, ni un simple mortal; sino que es Emmanuel, «Dios con nosotros». sus recursos son infinitos, sin fronteras su gracia. Oh ustedes culpables, tendidos en las camas del remordimiento, listos para morir de aflicción, aquí está el Salvador que necesitan. Cuando piensen en lo que son y desesperen, piensen también en lo que Él es y tengan ánimo.

Si los hiciera dudar de la Divinidad del Salvador cortaría el fundamento de la única esperanza de ustedes; pero mientras vean que Él es Dios pueden recordar que nada es demasiado difícil para Él. Si los hiciera dudar de su humanidad, también les robaría su consuelo, pues no verían en Él la tierna comprensión que nace del parentesco. Amados, el Señor Jesús está ante ustedes, enviado por el Dios eterno, con el Espíritu del Señor descansando sobre Él sin medida; y así, siendo en naturaleza y persona el primero y el mejor, su mensaje de salvación es para ustedes el más completo y seguro, y su gloria es Evangelio para ustedes.

3. La gloria de Cristo está no sólo en su persona, sino en su amor. Recuerden esto, y vean el Evangelio que está ahí. Desde

Dios Padre, Jesucristo, Espíritu Santo

toda la eternidad el Hijo de Dios ha amado a su gente: y desde antiguo, Él decía: «tengo mi delicia con los hijos del hombre». Mucho antes de que Él viniera a la tierra, amaba tanto a los hombres que su Padre le determinó ser uno con ellos y pagar por su redención el terrible precio de la vida por la vida. Él vio a toda la compañía de sus elegidos en el cristal de su presciencia y los amó con un amor eterno. ¡Oh el amor que resplandeció en el corazón de nuestro Redentor «en el principio»! Ese mismo amor nunca conocerá un final.

Para nosotros, aquí está su gloria. Él nos amó tanto que el cielo no lo pudo retener; nos amó tanto que descendió para redimirnos; y habiendo venido entre nosotros en medio de nuestro pecado y vergüenza, todavía nos ama. «Como había amado a los suyos que estaban en el mundo, los amó hasta el fin». ¡Amor, has alcanzado tu suprema gloria en el corazón del divino Salvador! Y la gloria de este amor que no tiene principio, frontera, cambio, o final es la misma sangre vital del Evangelio. El amor de Jesús es la buena nueva de gran alegría. Nuestro grandioso Médico ama a los enfermos y se deleita en curarlos. Él llega a las salas entre los paralíticos y los contaminados por las plagas con un anhelo intenso de bendecirlos. Jesús es el Amigo del pecador. ¡Con qué entusiasmo le canta mi alma: «Jesús, amado de mi alma!» ¡Hay un Evangelio de gracia en la gloria del amor de Cristo!

4. Siendo esto así, amados hermanos, enseguida vemos la gloria de su encarnación. Para nosotros fue la gloria de Cristo que nació en Belén, y vivió en Nazaret. Parece una deshonra que fuera el hijo de un carpintero; pero a través de la historia ésta será la gloria del Mediador, que se dignó participar tanto de nuestra carne como de nuestra sangre. Hay gloria en su pobreza y vergüenza; gloria al no tener donde reposar su cabeza; gloria en su cansancio y su hambre. Una gloria incomparable surge de Getsemaní y del sudor sangriento, del Calvario y de su muerte en la cruz. Todo el cielo no podría haberle dado tal renombre como el que le vino de ser escupido y azotado, clavado y traspasado.

Una gloria de gracia y ternura rodea al Dios encarnado; y esto para los que tienen convicción de pecado, es el Evangelio. Cuando vemos a Dios encarnado esperamos reconciliación. Cuando vemos que cargó con nuestras debilidades y llevó nuestras enfermedades, confiamos en el perdón y en la reconciliación. Nacido de una virgen, nuestro Señor ha venido entre nosotros, y ha vivido en la tierra una vida de servicio y de sufrimiento: debe haber esperanza para nosotros. No vino al mundo para condenarlo, sino para que el mundo pudiera ser salvado por medio de Él. Vean, les ruego, la gloria de su vida haciendo el bien, realizando milagros de misericordia, de tiernos cuidados para los caídos; y pregúntense si no hay en su vida entre los hombres buenas nuevas para los corazones tristes.

¿No cubrió Dios mismo su gloria con el velo de nuestra arcilla inferior? Entonces, Él quiere el bien para la humanidad. La humanidad, honrada de esta manera por la unión con la Divinidad, no está totalmente aborrecida. En la Palabra encarnada vemos la gloria de Dios, y al notar cómo predomina el amor, cómo reina la misericordia condescendiente, vemos en esto un Evangelio de gracia para todos los creyentes.

5. La gloria de Cristo se ve también en su sacrificio expiatorio. Pero ustedes me detendrán y dirán: «Eso fue su humillación y su vergüenza». Sí, es cierto, y por tanto es su gloria. ¿Acaso no es el Cristo, para todo corazón que lo ama, especialmente glorioso en su muerte en la cruz? ¿Qué ropa le sienta mejor a nuestro Amado que sus vestidos bañados en su propia sangre? «¡Todo Él es deseable!» independientemente de la manera en que se vista; pero cuando nuestros corazones creyentes lo ven cubierto del sudor sangriento lo contemplamos en adoración con asombro y amor desbordantes. El rojo carmesí que fluye lo adorna con un manto más glorioso que la púrpura imperial. Nos arrojamos a sus pies con creciente reverencia cuando vemos las señales de su pasión. ¿Acaso no es Él, como nuestro sustituto agonizante, ilustre por encima de todo? Amados, aquí está la médula del Evangelio. Jesucristo sufrió en lugar nues-

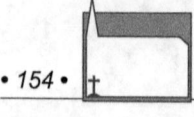

tro. «Él mismo llevó nuestros pecados en su cuerpo sobre el madero». Esa gloria de su cruz, que, lo afirmamos de nuevo, es mayor que cualquier otra, es Evangelio para nosotros. En su cruz soportó el peso completo de la justicia divina en lugar nuestro; sobre Él cayó la vara de hierro de Jehová que debía quebrantarnos y desmenuzarnos como vasijas de alfarero. Él se hizo «obediente hasta la muerte, ¡y muerte de cruz!» y en ese acto Él mató a la muerte, y venció al que tenía poder de muerte, es decir, al demonio.

«Su Cruz puso una base firme
Para la gloria y el renombre,
Cuando atravesó las regiones
De los muertos para alcanzar
la corona».

Pero la gloria del sacrificio de su muerte, por medio de la cual borró nuestro pecado y magnificó la ley, es el Evangelio de nuestra salvación.

6. Proseguiremos ahora un poco más adelante, hacia su resurrección, en la que su gloria es más palpable para nosotros. No pudo ser retenido por los lazos de la muerte. Estaba muerto, su cuerpo santo podía morir, pero no podía ver la corrupción; por lo tanto, habiendo dormido un poco dentro de la cueva de su tumba, se levantó y salió a la luz y a la libertad el Cristo viviente glorificado por su resurrección. ¿Quién podrá decir la gloria del Señor resucitado?

«Al resucitar, Él trajo nuestro cielo
a la luz,
Y tomó posesión de la alegría».

Al resucitar, selló nuestra justificación. Al resucitar, vació el sepulcro y liberó a los cautivos de la muerte. Él fue «declarado Hijo de Dios con poder, por su resurrección de entre los muertos».

Regocijémonos porque no está muerto, sino que vive para siempre para interceder por nosotros. Éste es el Evangelio para nosotros; que debido a que Él vive también nosotros viviremos. Puede salvar por completo a los que por medio de él se acercan a Dios, puesto que vive para siempre para interceder por ellos. ¡Oh, la gloria de nuestro Señor resucitado! Considérenlo profundamente, mediten en ello con mucha seriedad; y cuando lo hagan, escuchen el claro sonido de las nuevas de gran gozo. Para nuestra mayor consolación no necesitamos recurrir a este precepto o a esa promesa, sino a Jesús mismo, quien por su resurrección de los muertos nos ha dado la prenda más segura y la garantía de nuestra liberación de la prisión de la culpa, el calabozo de la desesperación, y el sepulcro de la muerte.

7. Una vez más, dirijan su mirada un poco más alto, y observen la gloria de la entronización de nuestro Señor y de su segunda venida. Él está sentado a la diestra de Dios. Quien una vez fue colgado en el madero de la vergüenza ahora se sienta en el trono del dominio universal. En lugar de los clavos, observen el cetro de todo el mundo en su muy bendita mano. Todas las cosas han sido puestas bajo sus pies. Jesús que fue hecho por poco tiempo menor que los ángeles por el sufrimiento de la muerte, fue coronado ahora con gloria y honor, y este es el Evangelio para nosotros. Porque así está claro que ha conquistado a todos nuestros enemigos, y tiene todo el poder en el cielo y en la tierra a favor nuestro. Su aceptación con Dios es la aceptación de todos a quienes ama; y Él ama a todos los que confían en Él.

Como Él se sienta en la gloria, tenemos la garantía de que todos los redimidos por la sangre se sentarán allí a su debido tiempo. Su segunda venida, que esperamos, es nuestra más divina esperanza. Tal vez, antes de que nos durmamos, el Señor mismo descenderá del cielo con aclamación, con trompeta de arcángel y con voz de Dios; y entonces los justos brillarán como el sol en el Reino de su Padre. Es entonces cuando nuestros días de cansancio acabarán, las contiendas de la lengua, el combate contra el pecado, las estratagemas del error, todo terminará, y la verdad y la santidad reinarán supremas.

¡Oh, hermanos míos, si tan solo pudiera librarme de los impedimentos de mi boca y de mi lengua y que hablara mi corazón sin estos pesados órganos, entonces podría hacerlos regocijarse en la gloria de mi divino Señor sentado en su trono hoy, y en su gloriosa venida a la hora señalada. Si pudiéramos verlo como Juan lo vio en Patmos,

Dios Padre, Jesucristo, Espíritu Santo

caeríamos desmayados a sus pies; pero sería por el éxtasis de la esperanza, y no por el escalofrío de la desesperación.

Observen esto, cuanto menos valoren a Cristo, menor será el Evangelio en el que pueden confiar. Si se deshacen de Cristo en sus creencias, habrán destruido al mismo tiempo todas sus buenas nuevas. Cuanto más prediquemos el Evangelio, más debemos de proclamar acerca de Cristo. Si ustedes elevan a Cristo, elevan el Evangelio. Si sueñan en predicar el Evangelio sin exaltar a Cristo en él, darán a la gente cáscaras en lugar de pan verdadero. En la proporción que el Señor esté sentado en un glorioso trono elevado, se vuelve salvación para los hijos de los hombres. Un Cristo pequeño significa un Evangelio pequeño; pero el verdadero Evangelio es el Evangelio de la gloria de Cristo.

II. LA LUZ DE ESTE EVANGELIO

Segundo, consideremos la luz de este evangelio. Nuestro apóstol habla de «la luz del Evangelio de la gloria de Cristo».

Esa luz es, ante todo, una luz sin velos. Cualquier luz que hubiera en la ley (y había mucha) era luz latente. El velo sobre el rostro de Moisés era un tipo de la manera que las ceremonias de la ley estaban ocultas de la vista de los hombres. Olvidamos que una gran mayoría de esas cosas que leemos en la ley nunca eran vistas por los israelitas en su conjunto. No piensen que cualquier israelita veía alguna vez más allá del velo: nadie sino solo el sumo sacerdote entraba allí. Aun el lugar santo fuera del velo estaba reservado a los sacerdotes. La mayor parte de los tipos contenidos en los sacrificios eran materia de fe para los israelitas así como su significado es asunto de fe para nosotros. Ni siquiera veían las figuras de las cosas celestiales, tenían necesidad que se les dijeran; y cuando lo escuchaban, tenían que ejercitar su fe, como lo hacemos nosotros también.

1. Pero, hermanos míos, nuestro Evangelio es uno, no del velo que oculta, sino de la lámpara que brilla. No usamos reservas con ustedes. Declaro solemnemente ante Dios que yo no creo en nada que no les predique abiertamente, y no le doy ningún significado especial a las palabras que uso sino que siempre guardan su sentido natural. «Porque no somos, como muchos, traficantes de la palabra de Dios; más bien, con sinceridad y como de parte de Dios, hablamos delante de Dios en Cristo».

Hemos tenido noticia de predicadores que, en privado, creen cosas muy diferentes a lo que dicen en público. El pacto de confianza requiere estar de acuerdo en lo mínimo con la doctrina evangélica, pero ellos la aborrecen en sus almas, y se lo dicen en privado a sus hermanos. Ahora bien, en lo que respecta a nosotros: «rechazamos los tapujos de vergüenza, no procediendo con astucia, ni adulterando la palabra de Dios». Nos atrevemos a predicar todo aquello en lo que creemos, y lo predicamos de la manera más sencilla posible. Entre más nos conozcan, mejor. Nuestro Evangelio se puede anunciar en cualquier parte: no tenemos nada que ocultar.

Conocí la historia de William Gadsby de Manchester, quien viajando en un carruaje un día, preguntó a dos teólogos heréticos que le dijeran cómo es justificado un pecador ante la vista de Dios.

—No —respondieron—, no nos vas a atrapar de ese modo. Cualquier respuesta que te demos se conocería en todo Manchester en menos de una semana.

—Oh —dijo él—, entonces les voy a decir a ustedes. Un pecador es justificado ante la vista de Dios por medio de la fe en la sangre y en la justicia de Jesucristo. Vayan y digan eso por todo Manchester, y por toda Inglaterra, tan pronto como quieran; porque yo no creo en nada que me avergüence.

2. La luz se regocija de proclamarse a sí misma. El Evangelio es una luz, y las luces no son para ser escondidas debajo de los cajones o de las camas. Si se entierran de esa manera abrirán con llamas su camino hacia la resurrección, y los cajones y las camas serán consumidas, y darán una luz mayor. El Evangelio del Dios Bendito tiene por objeto ser visible como el faro sobre la roca, que es visto desde lejos. Ilumina de tal manera que cualquiera en la casa puede ver por él. El Evangelio que no es conocido no

tiene valor, tiene por objeto que se pueda entender de la misma manera que la luz existe para que se pueda ver.

En seguida diremos que esta luz se basta a sí misma. Ustedes no pueden iluminar al Evangelio: él es en sí mismo una iluminación. ¿No sería tonto si dijera a mi diácono: «Querido amigo, por favor consígueme una vela, quiero mostrar el sol a toda esta gente. Aquí mismo no veo el sol, pero los voy a llevar a la calle, y con la ayuda de esta vela, vamos a buscarlo en el cielo hasta que lo encontremos»? Creo oírles decir: «nuestro pastor se ha vuelto loco». Una conducta así, muy bien justificaría esa sospecha. No es con luz humana que podemos mostrar el Evangelio de Dios. No es por medio de la retórica y el razonamiento que los hombres perciben la luz del Evangelio. El Evangelio tiene el poder de manifestarse a sí mismo y de hacerse evidente. Corre con sus propios pies, y no necesita muletas.

Si los hombres leyeran sus Biblias, como regla general, creerían en sus Biblias; pero no quieren leerlas. Si los hombres escucharan el Evangelio con atención, como regla general creerían en el Evangelio. Pero ellos no le dan la atención que merece. No se necesita ningún esfuerzo para ver una luz brillante. Si los hombres abrieran sus ojos a la luz del Evangelio, lo verían. Si tan solo pensaran en la gloria del Evangelio de Cristo, su luz encontraría el camino para entrar en sus almas. Allí dondequiera que el Evangelio brilla con toda su claridad, los hombres se ven obligados a cerrar sus ventanas para bloquear su luz; y todavía hacen algo peor: llaman al diablo para que les saque sus ojos para que no puedan ser forzados a ver.

El Evangelio tiene en sí mismo un poder tan maravilloso para hacerse sentir, que, si los hombres no resistieran su influencia, les revelaría cosas divinas. Quisiera poder motivar a los incrédulos a leer la historia de la crucifixión cada día, y que siguieran leyéndola y estudiándola; porque estoy convencido que la luz que fluye de la cruz, con la bendición de Dios, abriría sus ojos y penetraría en sus almas para su salvación.

Porque, observen, la luz del Evangelio de la gloria de Cristo es luz divina. Pablo nos lo hace notar cuando dice: «Porque el Dios que mandó que de las tinieblas resplandeciese la luz, es el que resplandeció en nuestros corazones, para iluminación del conocimiento de la gloria de Dios en la faz de Jesucristo». El Evangelio es divino, o es una mentira; tiene un poder sobrenatural en él, o de lo contrario es una impostura. El verdadero poder del Evangelio de Cristo no radica en el hecho que es razonable, ni en su adaptación a las necesidades humanas, ni en su belleza moral, sino en el poder del Espíritu de Dios que lo acompaña. Dios está en el Evangelio, y eso lo hace poderoso.

Podemos predicarles durante mil años y nunca ninguno de ustedes recibiría a Cristo, si el mismo Espíritu que creó por su palabra la luz en la primera oscuridad no dijera: «Sea la luz». La salvación es un proceso sobrenatural. Dios mismo debe venir a escena antes de que puedan ver los ojos de un hombre que nació ciego. ¡Cómo exalta a Dios esta verdad y pone al hombre en su debido lugar! Sí; y entre más empequeñecidos mejor. Cuando llegamos a sentir nuestra total impotencia, entonces esa extrema necesidad se convertirá en la oportunidad para la gracia de Dios. ¡Oh luz celestial, brilla ahora dentro del alma de todos aquellos que oyen o leen este sermón!

3. Esta luz es una luz reveladora. Cada vez que la luz de la gloria de Cristo entra a torrentes en el corazón, revela las cosas ocultas de la oscuridad. Cuando se ve la gloria de Cristo, entonces vemos nuestra propia vergüenza y nuestros pecados. ¿Se necesitó que Dios mismo nos redimiera? Entonces estábamos en una esclavitud extrema. ¿Se necesitó que el Dios encarnado tuviera que morir? Entonces el pecado debió ser en extremo grave. Es un pozo muy profundo el que requiere que Dios venga del cielo para sacarnos de él. Nunca vemos la impotencia y la depravación de la naturaleza humana tan bien como a la luz de la gloria de Cristo; cuando Él es visto sobrellevando esta tremenda tarea y poniéndola sobre sus poderosos hombros, entonces percibimos con claridad cuánta ayuda necesitaba el hombre y cuán grande fue su caída. ¡Qué revelación se origina cuando la luz brilla en

Dios Padre, Jesucristo, Espíritu Santo

las cámaras secretas de la imaginación y los ídolos hechos dioses se manifiestan en toda su fealdad! Ojalá Dios mande esta luz a muchos, de modo que su perdición, su destino funesto, su remedio, y el camino para obtenerlo puedan percibirse claramente.

4. La luz del Evangelio también da vida. Ninguna otra luz le dará vida a los muertos. Ustedes pueden hacer que la luz más poderosa del mundo brille con frecuencia sobre un cadáver, pero no le dará ni aliento ni pulso. Pero la luz del Evangelio de la gloria de Cristo trae la vida con ella. «La vida era la luz de los hombres». «¡Despiértate, tú que duermes, y levántate de entre los muertos, y te alumbrará Cristo!». La oscuridad es muerte, pero la luz de Dios es vida. Cuando este Sol de Justicia se levanta, Él no solamente trae la curación sino la vida. ¡Brilla, Señor glorioso: que tu gloria brille, y cuando derrame su brillo en las mentes de los hombres, sus corazones muertos palpitarán con la vida de la esperanza y la santidad, y ellos verán al Señor!

5. Esta luz es fotográfica, eso lo pueden comprobar en los textos vecinos, en el último versículo del capítulo 3: «Todos nosotros, mirando a cara descubierta como en un espejo la gloria del Señor, somos transformados de gloria en gloria en la misma imagen, como por el Espíritu del Señor». La luz del Evangelio de la gloria de Cristo imprime la imagen de Cristo en el carácter de los creyentes. Lo vemos, y, viendo su amor, aprendemos a amar; viendo su vida, aprendemos a vivir; viendo su total expiación, odiamos el mal; viendo su resurrección, resucitamos a una nueva vida. Por el poder del Espíritu trabajando cada día, somos transformados quietamente de nuestro viejo yo, y conformados a semejanza de Cristo, hasta que nuestra deformidad se pierde en un bendito encanto de conformidad con Él.

Si lo viéramos con creciente claridad, creceríamos en su semejanza más rápidamente. No vale la pena tener ninguna santificación sino la que viene de la comunión con el santo Señor a través del poder del Espíritu Santo. Ustedes pueden leer las biografías de hombres buenos, y los pueden copiar en toda su sencillez y sin embargo al final pueden terminar como una caricatura de la perfección, y no la verdadera imagen de ella. El carácter perfecto de Jesús es sin embargo el más fácil de imitar. Es seguro copiar a Jesús; porque en Él no hay exceso ni defecto; y, es extraño decirlo, ese carácter que es, en algunos aspectos, inimitable, en otros es el más imitable de todos.

A menudo me he sentido deprimido al ver el elevado carácter de algunos santos a los que admiro, porque he sentido que nunca podría ser como ellos yo, bajo ninguna circunstancia. Conozco a uno que está lleno de fe y de bondad; pero él es siempre muy solemne, y siempre está absorto «en elevadas meditaciones». Nunca podría yo llegar a ser exactamente como él; porque hay ciertos rasgos alegres en mi constitución; y si me los quitaran yo no sería el mismo hombre. Cuando veo a mi Señor, veo mucho en Él que es sobrenatural, y nada que no sea natural. Vemos en Él la humanidad en su perfección; pero la perfección nunca oculta la humanidad. Es tan santo como para ser un modelo perfecto; tan humano como para ser un modelo disponible para pobres criaturas como nosotros. Amados, la luz del Evangelio de la gloria de Cristo es fotográfica.

6. Aún más, crea paz y alegría. Esta luz trae deleite. Yo no me puedo imaginar a un hombre que sea infeliz si claramente percibe la luz de la gloria de Cristo. ¿Es glorioso Cristo? Entonces no importa tanto lo que llegue a ser de mí.

¿Nunca han oído de los soldados heridos y moribundos en las guerras napoleónicas que se aferraban a su emperador con un amor idolátrico a la hora de la muerte? Apoyándose sobre su codo, el soldado de la Vieja Guardia vitoreaba una última vez a su gran capitán. Si el guerrero agonizante veía a Napoleón cabalgando en el campo, en su último aliento gritaba: «¡Viva el emperador!» y después moría. Leemos de uno, que cuando los cirujanos intentaban extraerle una bala de su pecho, dijo: «Vayan un poco más profundo, y hallarán al emperador». Lo tenía en su corazón.

Infinitamente más digna de ser elogiada es la lealtad del creyente hacia Cristo el Señor. Aunque muramos en una zanja, ¿qué importa si: «También Dios lo exaltó hasta lo sumo y le otorgó el nombre que es sobre todo nombre; para que en el nombre de Jesús se doble toda rodilla de los que están en los cielos, en la tierra y debajo de la tierra; y toda lengua confiese para gloria de Dios Padre que Jesucristo es Señor?». Hace que el santo que está enfermo se sienta bien al pensar en los triunfos de su Señor. Cuando han estado algunas veces con el corazón pesado ¿No se han sentido transportados en el aire sobre las alas del deleite al cantar:

«Traigan la diadema real,
Para coronarlo Señor de todo?».

Seguramente hay un Evangelio en la gloria de Cristo para nuestros tristes corazones. Ese Evangelio nos transporta de las profundidades de la duda y del temor al claro cielo azul de la comunión celestial. ¡Qué Dios conceda que nosotros podamos sentir esta elevación más y más! Así he intentado describir las cualidades de esta luz; pero deben verla por ustedes mismos.

IV. ¿QUÉ VAMOS A HACER CON ESA LUZ?

Ahora termino diciendo, consideremos qué vamos ha hacer con esta luz.

1. ¿Qué hacer? Mirar hacia ella. Primero debemos darnos el gusto de una larga y serena contemplación de esa luz. Nadie puede mirar el sol más de unos segundos, porque quedaría ciego; pero ustedes pueden mirar a Jesús, el Sol de Justicia, todo el tiempo que quieran, y sus ojos se volverán más fuertes entre más contemplen sus perfecciones. Les ruego, amados en el Señor, que vayan y se entreguen a la meditación de la gloria de Jesús, que fue despreciado. Miren su vida de la cuna a la cruz, de la cruz a su Reino. No les puedo sugerir otro tema más instructivo, más reconfortante, más ennoblecedor que éste. Miren hacia esa luz; es una cosa placentera mirar a este sol.

¿Nunca han oído de qué forma ciertas tribus nórdicas, trepan las colinas cuando el sol por fin va a volver a salir después de los largos meses de invierno? ¡Cómo se regocijan con los primeros rayos del sol naciente! Levantémonos para una elevada meditación, y miremos a nuestro Dios y Señor, hasta que percibamos su gloria intercesora, y seamos bendecidos por ella. ¿No tienen tiempo? Renuncien a leer el periódico durante una semana para que puedan apartar el tiempo para el noble fin de considerar la gloria de nuestro Señor; y les garantizo que obtendrán mil veces más bendiciones de tal reflexión que de hojear su periódico cotidiano. Miren a Jesús, y la luz interior crecerá como la gloria del cielo.

2. Prosigo. Si dicen que un hombre no puede estar siempre mirando al sol, lo admito, y cambio mi consejo. Vean todas las cosas por medio de esta luz. ¡Qué diferentes se ven las cosas a la luz del sol que cuando se ven a través de la luz de una lámpara o de una vela! Consideremos todas las cosas por su apariencia a la luz de la gloria de Cristo. Entonces, si ustedes oyen un sermón que no glorifique a Cristo, será un discurso perdido para ustedes. No permitan ver que su Señor es colocado en un bajo lugar. No escuchen más esa doctrina que minimiza su sangre y su sacrificio de sustitución. Cuando lean un libro, aunque sea uno muy ingenioso que en lugar de honrar a Cristo glorifica a la naturaleza humana, ustedes pueden dejar de leerlo de inmediato. Solo es buen Evangelio el que glorifica a Cristo. Bajo esta luz ustedes ven las cosas verdaderamente.

Muchos de los hombres sabios de esta época deben ser tratados como Diógenes trató a Alejandro. El conquistador del mundo le dijo al hombre del barril:

—¿Qué puedo hacer por ti?

Pensó que podría hacer cualquier cosa por el pobre filósofo. Diógenes se limitó a replicar:

—Quítate de la luz del sol.

Estas sabias personas no nos pueden hacer un favor mayor que quitar sus eruditas personas de interferir entre nosotros y la luz del sol del siempre bendito Evangelio de la gloria de Cristo. Estos Alejandros pueden seguir gobernando al mundo cristiano y al mundo infiel pero no nos han conquistado a nosotros, pues nuestra fe y nuestro gozo están fuera del mundo: en aquel Sol de Justicia cuya luz es el regocijo de nuestros ojos.

3. Amados, cuando se me pregunta qué debemos hacer con esta luz, respondo de

Dios Padre, Jesucristo, Espíritu Santo

nuevo, darle todo su valor. Estimen al glorioso Evangelio de Cristo más que todo lo demás. ¡Vean como lo valora el demonio! Se toma la molestia de salir del pozo sin fondo para cegar los ojos de los hombres, para evitar que puedan verlo. Cuando percibe el esplendor del Evangelio de la gloria de Dios, se dice a sí mismo: «¡Ah! Ellos van a poder mirar la verdad y se me escaparán. Debo ir yo mismo, y cegarlos». Así «el dios de este mundo», como él mismo se considera, se acerca a los incrédulos, y los ciega de una manera u otra. Él presiona el hierro candente de la fatal incredulidad contra los ojos interiores de los hombres, y los sella en la más negra noche, para que no puedan ver «la luz del Evangelio de la gloria de Cristo». Si él piensa tanto de esta luz, démosla a conocer con diligencia. Si Satanás la odia, amémosla nosotros. Si es el gran cañón que teme, empujémoslo hasta el frente y sostengamos un cañoneo constante con él.

El Evangelio es nuestro Mons Meg, el cañón más poderoso del castillo; no es un cañón anticuado y lanzará sus balas lo suficientemente lejos como para alcanzar el corazón del pecador que esté más lejos de Dios. Satanás tiembla cuando oye el rugir del cañón del Evangelio. No permitamos que descanse nunca. Por tanto, sostengámoslo con la mayor confianza. Esta luz debe ganar a la larga. Si ustedes vinieran a este edificio a media noche, alguien podría decirles: «¿Cómo podemos quitar la oscuridad de este edificio?». Sería una tarea imposible. ¿Cómo podría hacerse? Ustedes no podrían bombear hacia fuera para sacar a la oscuridad; pero si llenan la casa de luz, la oscuridad se desvanecerá por sí misma.

Prediquen a Cristo, y el dios de este mundo huirá lejos. Exalten a Cristo, y el demonio se hundirá. Amados, convenzamos a los hombres que dejen que esta luz brille alrededor de ellos. No la pueden ver debido a su incredulidad; pero si brilla alrededor de ellos, les puede abrir los ojos. Si Dios el Espíritu Santo la bendice, la luz engendrará la vista. Alienten a sus amigos a oír el Evangelio y leer la Palabra de Dios, ¿y quién puede decir si no serán salvados?

CONCLUSIÓN

Finalmente, que todos los que quieran predicar y enseñar, mantengan a Cristo siempre al frente. El Evangelio debe tener a Cristo como su centro y su circunferencia; de hecho, como su todo en todo. El Evangelio no es el Evangelio sin Cristo. La única idea dominante del Evangelio es Cristo. Es un noble corcel, pero no soportará a ningún jinete sino a Él cuya vestidura está empapada de sangre. He leído del famoso caballo Bucéfalo que cuando era sacado con sus arreos reales sobre él, no permitía que ninguno de los más altos nobles de la corte lo montara; él no llevaba a nadie que no fuera Alejandro, el rey. El Evangelio es glorioso cuando cabalga y lleva a Jesús en su silla; pero si se predican a ustedes mismos, o predican filosofía humana, el Evangelio los echará al suelo después de hacerlos dar unas volteretas por sobre su cabeza.

Cantemos con la Virgen bendita: «Engrandece mi alma al Señor; y mi espíritu se alegra en Dios, mi Salvador». Éste es un soneto evangélico: ésta es una canción que merece nuestro Bien Amado de nosotros. ¡Oh, predicadores y maestros, pongan en alto a Cristo! Él es como la serpiente en la vara y todos los que miren hacia Él vivirán para siempre. Miren hacia Él, todos los que están muriendo por las mordeduras de serpientes, porque viéndolo vivirán. ¡Dios bendiga estas palabras en las que yo he deseado glorificar a mi Señor! Amén.

3. Espíritu Santo

18. LA PROMESA DEL ESPÍRITU

«Pondré mi Espíritu dentro de vosotros y haré que andéis según mis leyes, que guardéis mis decretos y que los pongáis por obra» (Ezequiel 36:27).

INTRODUCCIÓN: La obra y la persona del Espíritu Santo.

I. ¿QUIÉN ES ESTE ESPÍRITU?
1. Es una persona.
2. Es Dios.

II. ¿CÓMO CUMPLE ÉL ESTA PROMESA?
1. El Espíritu Santo mueve los corazones.
2. Actúa por medio de su poder para dar vida.
3. Actúa por la iluminación que concede.
4. Actúa como el consolador.
5. Actúa como el intercesor en las oraciones.
6. Actúa santificando al pueblo de Dios.
7. El Espíritu Santo mora en cada creyente.

III. UNAS PALABRAS BUENAS Y DE CONSUELO
1. El Espíritu Santo es la esencia de la bondad.
2. El Espíritu Santo es llamado generoso.
3. El Espíritu Santo es poderoso.

CONCLUSIÓN: Dios levantará hombres a predicar, mientras el ministerio del Espíritu Santo pueda ser invocado, mientras Jesús interceda y el Padre quiera recibir a los hijos pródigos.

LA PROMESA DEL ESPÍRITU

INTRODUCCIÓN

La bendición aquí prometida es una de las bendiciones más importantes que los hombres pueden necesitar o que Dios puede dar. Sin esta bendición, todos los otros beneficios del pacto no tendrían validez. Es inútil tener un Salvador si no tenemos el poder espiritual para creer en Él. ¿De qué nos sirve que se hayan dado preciosas promesas si no tenemos ninguna fe implantada en nosotros por el Espíritu Santo, por medio de la cual podamos alcanzar esas promesas, rogar con base en ellas en nuestras oraciones y obtener su cumplimiento? Sin santidad, ningún hombre verá al Señor; pero la santidad no crece de manera natural en ningún corazón humano; por lo tanto, sin el Espíritu de Dios, quien es el Autor de la santidad, ningún hombre podría convertirse alguna vez en heredero de la inmortalidad, o entrar en el descanso reservado para el pueblo de Dios. El Espíritu Santo es necesario para la forma más insignificante de vida espiritual, y de la misma manera Él es necesario para el más elevado desarrollo espiritual. Sin el Espíritu Santo no podemos pasar a través de la primera puerta, y sin el Espíritu no podemos atravesar la última. Nadie puede decir en su corazón que Jesús es el Cristo, sino por medio del Espíritu Santo; mucho menos puede algún hombre alcanzar la perfección que se necesita para el cielo, excepto a través del trabajo y del poder del Espíritu del Dios viviente.

Siempre me cuido mucho en mi ministerio de no oscurecer en lo más mínimo esta bendita e indispensable obra del Espíritu Santo. ¡Oh! Si el Espíritu de Dios no es honrado, si se resiente por nuestra negligencia, si se separa de nosotros, ¿de qué nos sirven nuestras congregaciones? ¿Cuál sería el beneficio de nuestro celo, aun si lo pudiéramos conservar? ¿Cuál sería el propósito de congregarse para orar si no tienen ningún deseo de congregarse? Sin Él, no podemos hacer nada. Él infunde todo el ánimo a la iglesia cristiana. Jesús nos ha dejado para irse al cielo, pero Él sigue reinando y gobernando en medio de nosotros por medio de su vice regente, el Espíritu Santo. Démosle todo el honor. Confiemos en Él. Hemos de buscarlo con toda sinceridad. Tomemos la responsabilidad de testificar acerca de Él, los que tenemos la responsabilidad de hablar. Y ustedes, que tienen la responsabilidad de oír, pongan mucho interés en recibirlo.

I. ¿QUIÉN ES ESTE ESPÍRITU?

Se habla de Él en este texto, y a menudo en muchos otros. Es muy importante que mencionemos nuevamente los lugares comunes del Evangelio y las cosas simples de la Palabra de Dios. No tengo ninguna duda que hay algunas personas aquí que no entienden la doctrina de la divina Trinidad. Me ha dolido (me podría haber divertido si no fuera por lo triste de la reflexión) la ignorancia de algunos que han venido aquí y han aprendido por primera vez las verdades más elementales del Evangelio. Ahora las conocen y se gozan en ellas; incluso ahora son capaces de enseñarlas a otros. Pero cuando vinieron aquí por primera vez, aunque no eran personas que carecían de educación, sino que eran más bien versados en algunos

Dios Padre, Jesucristo, Espíritu Santo

otros asuntos, no tenían el menor conocimiento del plan de salvación, o ni siquiera de las simples y claras verdades más fundamentales del Evangelio de Jesús. Era como si hubieran venido del centro de China o de alguna otra región en la que nuestra Biblia no fuera conocida.

1. Entonces es necesario que entiendan que el Espíritu Santo, de quien a menudo hablamos, *es una Persona*. Él no es una mera influencia. Hablamos de «las influencias del Espíritu Santo», y eso es muy conveniente; pero esas influencias proceden de una persona que trabaja en las mentes de los hombres por Su influencia. Es correcto orar por las influencias del Espíritu Santo, pero no es correcto pensar acerca del Espíritu Santo mismo como si fuera una influencia, ya que Él es una persona. Atribuimos a Él acciones que no podrían ser atribuidas a influencias. Se dice que Él puede ser entristecido, puede ser vejado, puede ser despreciado. Cosas maravillosas son atribuidas a Él, que no podrían ser llevadas a cabo por influencias. El Espíritu de Dios se movía sobre esta tierra cuando todavía estaba sin orden y vacía, y había tinieblas sobre la faz del océano. Él trajo orden, donde había confusión. Él adornó los cielos. La belleza del tabernáculo es atribuida a la habilidad inspirada por Él. O, hablando del tabernáculo más santo del cuerpo de nuestro Salvador, este fue formado y moldeado por el poder del Espíritu Santo. El ser santo que nació de María no nació por generación natural, sino por la energía del Santo de Israel. El agente fue una persona, no una influencia. Y cuando nuestro Señor fue levantado de nuevo de entre los muertos, su resurrección es atribuida en la Escritura al Espíritu Santo. El Espíritu Santo obró diversas señales y milagros en la iglesia primitiva. Capacitó a los apóstoles para que hablaran en muchas lenguas; por medio de Él, los apóstoles tenían el poder de realizar diversos milagros. Dio el mandamiento para que se apartase a Pablo y a Bernabé para el trabajo para el que Él los había llamado; y todavía, amados hermanos, Él está en la iglesia, y tenemos comunión con Él. Estamos en íntima comunión con Él. Podemos dar nuestro testimonio que Él intercede por nosotros con gemidos indecibles; que Él nos ayuda en nuestras debilidades y lleva a cabo múltiples oficios de amor que nos hacen sentir, de manera experimental y consciente, que el agente de tales cosas es verdaderamente una persona.

2. *Más aún, Él es Dios*, verdaderamente Dios. Nunca pensemos con ligereza del Espíritu Santo, como si Él fuera divino en un sentido inferior. En tu bautismo, los tres nombres fueron puestos juntos. Tú fuiste bautizado en el triple nombre del Padre, y del Hijo y del Espíritu Santo. Tengan mucho cuidado de que las tres personas siempre estén asociadas en sus mentes con igual afecto y con igual respeto. La Bendición, que constantemente concluye nuestro servicio de adoración, da su lugar a cada uno: «Que la gracia de nuestro Señor Jesucristo, y el amor del Padre y la comunión del Espíritu Santo esté con todos vosotros». Entonces, el Espíritu Santo es Divino. No tratamos ahora de demostrar lo que es nuestro deber afirmar dogmáticamente en el momento presente. El tema tiene abundantes pruebas en la Santa Biblia. Por tanto será suficiente que les enseñe los hechos. ¿Cómo es que el Padre es Dios, el Hijo es Dios, y el Espíritu Santo es Dios, y sin embargo no hay tres Dioses, sino un solo Dios? Yo no puedo responder a eso. Sé que es así, pues así nos es revelado; pero, cómo es que eso es así, no nos corresponde adivinarlo, porque eso no es revelado ni explicado. Nuestro entendimiento no se puede aventurar más allá del testimonio. Los teólogos han hecho muchos intentos de encontrar en la Naturaleza, paralelos correspondientes a la Unidad y a la Trinidad de Dios, pero me parece a mí que todos han fallado. Tal vez el mejor es el de San Patricio, quien cuando predicaba a los irlandeses, deseando explicarles este asunto, cortó un trébol y les mostró sus tres hojas todas unidas en una. Eran tres, pero era un trébol. Sin embargo, hay fallos y deficiencias aun en esa ilustración. No satisface el caso. Es una doctrina que debe ser enfáticamente afirmada como está expuesta en el Credo de Atanasio; yo no cuestiono la verdad de su enseñanza, pues creo

en todo, aunque me horroriza el abominable anatema que afirma que el hombre que dude en aceptarlo «será condenado eternamente sin ninguna duda». Es un tema que debe ser reverentemente aceptado según es presentado en la Palabra de Dios, y fielmente estudiado según ha sido entendido por los más escrupulosos e inteligentes cristianos de generaciones sucesivas.

No debemos pensar que alguna cosa puede causar un detrimento al homenaje que le es debido al Padre como originalmente y esencialmente divino, y no debemos pensar del Unigénito del Padre como si no fuese «Dios sobre todas las cosas, bendito por los siglos», ni del Espíritu Santo que procede del Padre y del Hijo, como si no tuviera todos los atributos de la Divinidad. Debemos apegarnos a esto: «Escucha, Israel: Jehová nuestro Dios, Jehová uno es;» pero también debemos creer que Él debe ser adorado en tres Personas, aunque es uno en Su esencia.

Entiendan entonces, que conocen solo un poco acerca de las doctrinas del Evangelio, que deben adorar al Espíritu Santo y ejercer su fe en Él como Dios. Pongan un énfasis particular en esto, porque está escrito: «Y a cualquiera que diga palabra contra el Hijo del Hombre le será perdonado; pero a cualquiera que hable contra el Espíritu Santo no le será perdonado, ni en este mundo, ni en el venidero». Una terrible santidad rodea al Espíritu de Dios. Conforme pienso en Él, me parece que veo al Sinaí en medio del fuego con un límite establecido a todo su alrededor; y oigo una voz que me dice: «No te acerques aquí. Quita las sandalias de tus pies, porque el lugar donde tú estás tierra santa es».

No sé cuál sea ese pecado en contra del Espíritu Santo; en vano podría tratar de definirlo. Está como un faro, como si Dios hubiera visto que una generación impía y de dura cerviz habría de vejar al Espíritu Santo aventurándose en la blasfemia; por tanto, mientras toda manera de blasfemia será perdonada a los hombres, el pecado en contra del Espíritu Santo nunca les será perdonado. Presten mucha atención para que no se endurezca su corazón, para que no cometan ese pecado. No creo que lo hayan cometido. Sé que no lo han cometido si desean ser salvos. Sé que no lo han cometido si desean venir y poner su confianza en Jesucristo. Sin embargo, les advierto que tengan cuidado y traten con reverencia aun al simple pensamiento del Espíritu Santo, el Consolador, el Instructor de sus almas. La segunda pregunta para ustedes será:

II. ¿CÓMO CUMPLE ÉL ESTA PROMESA?

1. Entendemos por estas palabras, que los que antes amaban al pecado serán movidos a amar la justicia; que a quienes parecía muy difícil apartarse de sus caminos de maldad, serán inducidos a correr con presteza en el camino del mandamiento de Dios. Ahora, es una gran cosa que esto sea prometido y una cosa muy grande que pueda ser obtenido. Ningún poder humano puede lograr que esto ocurra. Con la misma facilidad que el etíope cambia el color de su piel a un color blanco o el leopardo se libra de sus manchas, el hombre que está acostumbrado a hacer el mal revierte toda la corriente de sus hábitos e instintos, y aprende a hacer el bien. (En otras palabras es imposible que lo haga). El poder divino que diseñó al principio el alma del hombre debe remodelarla. Solamente el Creador, que hizo el instrumento, puede afinarlo de nuevo o restaurar su armonía. Ninguna mano inexperta puede arreglarlo. La gente a veces critica la doctrina de la impotencia humana, pero yo les puedo garantizar que la evidencia real es mucho más convincente que la teoría abstracta. La experiencia pastoral práctica que algunos de nosotros hemos tenido, muy pronto convencería a cualquiera que hay una amplia evidencia de la verdad de esta doctrina.

Nos encontramos con quienes han sido despertados un poco en nuestras reuniones de oración y en los servicios de avivamiento. ¿Cuál creen ustedes que es lo primero en que debemos involucrarnos con ellos? Pues, algunos de ellos nunca han tenido el hábito de pensar acerca de sus almas antes de esto, y en el momento en que comienzan a pensar, de la misma manera que un joven que comienza a trabajar en el taller de un

Dios Padre, Jesucristo, Espíritu Santo

carpintero, que nunca antes ha visto ni siquiera las herramientas, se cortan y se hieren con cada herramienta que intentan manejar. Estas pobres almas nunca antes fueron introducidas al mundo espiritual. El auto examen es una novedad para ellos. Si piensan en el pecado, caen en la desesperación; o si piensan en la misericordia, caen en la arrogancia. Cualquiera que sea la verdad que ponemos frente a ellos, la utilizan indebidamente y la pervierten. No parecen tener el sentido o el juicio para usar cualquier verdad de la forma correcta. Puedes enseñar al joven que busca con mucho denuedo, pero vas a encontrar que es muy difícil guiarlo. Por ejemplo, si parece resuelto a la desesperación, tratarás de consolarlo usando todos los argumentos que puedas, pero él se va a desesperar de todas maneras, si ya ha tomado la determinación de hacerlo. Algunos de ellos me recuerdan a ciertas liebres que los cazadores tratan de sacar de sus madrigueras. Parece que es inútil enviar a los perros tras de ellas. Cuando he usado argumentos para sacarlos de un hoyo, en el acto se refugian en otro; y cuando ya he tapado muchos hoyos y me he dicho a mí mismo: «¡Te voy a agarrar *ahora*; no puedes responder a *eso*!», súbitamente parecen encontrar otro hoyo diferente de falsedad y de engaño. Se han alejado de mí, y todo mi trabajo se ha perdido. ¡Ah! Entonces es cuando el pastor siente que tiene que tener el poder del Espíritu Santo para que le ayude o de lo contrario aun el pecador que comienza a despertar y que está inquieto, evadirá la conversión, se apartará de la vida eterna y va a perecer en su pecado. Sí, hermanos, la experiencia nos demuestra de una manera mucho más clara que cualquier controversia, que es necesario reconocer la necesidad de la obra del Espíritu Santo. Y si, simplemente cuando tratamos con las lecciones elementales de religión, vemos una evidencia tan palpable de la incapacidad humana, ¡cuánto más es esto válido cuando se trata de hacer que alguien que ama al pecado se convierta en amante de la santidad! Puedes enseñarle las reglas de la moralidad; puedes presentarle los resultados inevitables del pecado; lo puedes atraer con las recompensas de la virtud; pero la víbora es demasiado sorda a todos tus esfuerzos para atraerla, y cuando lo has intentado y lo has intentado y lo has intentado, ella todavía retiene su veneno y todavía es una víbora.

2. Pero ¿cómo hace el Espíritu Santo esto? Él opera, es verdad, de muchas maneras; lo hace a menudo *por medio de su poder para dar vida*. El Espíritu Santo es el Autor de toda la vida espiritual. Si hablamos de regeneración, el Espíritu Santo es el Regenerador. Ningún hombre puede recibir esa vida divina que viene a él en el nuevo nacimiento si no es por el Espíritu de Dios. Somos levantados de nuestra muerte en el pecado a una vida nueva y santa por la obra del Espíritu Santo, y solamente por eso. Ahora, si alguno de mis lectores que ha sido incapaz hasta este momento de una vida santa, o de servir a Dios rectamente debido a su depravación natural, recibe la vida del Espíritu Santo, ¡qué cambio se operaría en él de inmediato!

Lo que no puede hacer quien está muerto espiritualmente, puede lograrlo con facilidad aquel que ha sido revivido espiritualmente. Cómo da vida el Espíritu Santo no lo sabemos. «El viento sopla de donde quiere, y oyes su sonido; pero no sabes ni de dónde viene ni a dónde va. Así es todo aquel que ha nacido del Espíritu.» Los efectos son lo suficientemente visibles. Pronto te das cuenta que el hombre que era duro, sin sentimientos, sin emociones, tiene ahora una conciencia tierna, con firmes deseos y sensible en sus inquietudes. Se convierte, de hecho, en un hombre que vive, aunque antes estaba hundido en la muerte.

3. El Espíritu Santo hace al hombre prácticamente nuevo de manera continua *por medio de la iluminación que concede*. El hombre está ciego; el Espíritu Santo toca sus ojos con colirio espiritual y entonces comienza a ver. El pecador, con la Biblia en sus manos, aunque está ansioso por entenderla de inmediato, se confunde en medio de sus doctrinas y preceptos, si está separado de las instrucciones de ese bendito Comentarista, el Espíritu Santo. La Biblia está llena de luz, pero el corazón del hombre

es muy oscuro. ¿Cuál es el propósito de que la Escritura se abra al entendimiento, si los ojos del entendimiento están cubiertos con una gruesa película? Es el Espíritu Santo el que irradia la verdad que Él ha revelado con amplitud sobre cada objeto que encontramos en nuestro camino.

Cuando lean la Biblia buscando consuelo y dirección, tengan cuidado de levantar sus corazones hacia Quien la escribió. De igual manera que el escritor es el que mejor entiende sus propios libros, así el Espíritu, que inspiró el Libro, les permite entender el significado secreto de lo que ha sido registrado por las plumas de los hombres inspirados por Dios. Apóyense en Dios para recibir Su instrucción; Su instrucción los guiará con toda certeza a la santidad, pues Él les instruye en relación a la maldad del pecado; Él les permite ver toda su perversidad, su falta de mérito, su ingratitud y su infamia; Él les instruye en relación a la belleza de la santidad, y les muestra el ejemplo de su Señor. Él les enseña la ley, y la escribe en las tablas de carne de sus corazones. De esta manera, como un Iluminador así como un Dador de vida, nos hace correr en los caminos de los estatutos de Dios.

4. Más aún, el Espíritu Santo opera como un Consolador. Muchos se sienten miserables por causa de sus pecados, pero no quieren renunciar a ellos. Conocemos a quienes siguen en sus trasgresiones porque no tienen ninguna esperanza de recibir alguna vez el perdón de sus delitos pasados. Pero cuando el Espíritu de Dios infunde el consuelo santo en la mente del pecador desesperado, entonces se dice a sí mismo: «No voy a desperdiciar mi vida, después de todo; no es conveniente que yo, que tengo un mejor destino ante mí, viva como esos que han resuelto seguir sus propias concupiscencias, indiferentes a las consecuencias, esos que han hecho un pacto con el infierno, y una alianza con la muerte. No; mil veces no; si Dios hace todo esto por mí, y me trae a su amado Hijo, y me habla de perdones comprados con sangre, entonces me apartaré de mis viejos pecados, y de ahora en adelante será mi gozo servir con todas mis fuerzas al Amigo Celestial que me ha amado tanto». El Espíritu Santo es siempre el Consolador para su pueblo.

¿Alguno de ustedes está triste? ¿Acaso esa tristeza te lleva a la incredulidad? ¿Y esa incredulidad actúa en ti como una tentación para el pecado? Recurre al Consolador para que quite la raíz del mal. Así andarán en el camino de los mandamientos de Dios, porque Él ha engrandecido sus corazones y guiado sus pasos.

5. El Espíritu Santo también obra en los corazones de algunos *como un Intercesor, ayudándolos en sus oraciones.* Algunos de ustedes se encuentran abatidos y desalentados porque no pueden orar. «Oh;» piensan, «¡si sólo pudiera orar!» ¡Cuántas ideas extrañas poseen las mentes de la gente en relación a la oración! Alguien me tomó de la mano el otro día y me dijo: «Quisiera orar como ora usted, señor, pero yo no puedo orar». Pobre alma, cuando vi sus lágrimas y escuché cómo imploraba a Dios, a pesar de la manera entrecortada en que lo hacía, sentí el deseo de poder orar como lo hizo él en ese momento. ¿De qué sirven las palabras adecuadas, las frases finas y el lenguaje fluido?

Muy a menudo todas estas cosas me parecen ser logros tan engañosos que quisiera ardientemente prescindir de ellos para poder decir entre tartamudeos los deseos de mi alma y sentir que soy mucho más sincero puesto que no puedo encontrar una expresión para vestir mi pensamiento. ¡Oh! no; el Señor no exige largos discursos. Un gemido, un suspiro, un sollozo que parece crecer en tu alma y que se hace demasiado grande para encontrar una vía de salida ¡eso es una oración! Cuando no puedas orar, recuerda que el Espíritu nos ayuda también en nuestras debilidades. Es su oficio interceder por nosotros con gemidos indecibles que nosotros no podemos emitir, y al capacitar al hombre para la oración, Él capacita al hombre para que sea santo, pues la oración es un pilar de la santidad. Acercarse a Dios, la fuente de toda perfección, es recibir ayuda contra las asechanzas del pecado, y el bendito Ayudador en la oración también se convierte en una Ayuda para nosotros en los caminos de la justicia.

Dios Padre, Jesucristo, Espíritu Santo

Espero que cualquiera de ustedes que haya estado diciendo: «Yo no puedo hacer esto», y «yo no puedo hacer eso», entienda que es muy cierto que no puede, pero que es igualmente cierto que el Espíritu Santo le puede ayudar a hacer todas las cosas. Puedes hacer todo por medio de su poderosa ayuda. Espera en Él con deseos sinceros, y dile: «Ven, Espíritu Santo, ayuda a este pobre y débil gusano; ayúdame a lamentar mi pecado; ayúdame a mirar a Jesús con los ojos de la fe; ayúdame a dejar mis pecados; ayúdame en el momento de la tentación para que pueda resistir las artes sutiles de Satanás; ayúdame a superar mi mal carácter, a deshacerme del orgullo y de la iniquidad de mi corazón; mata mi pereza; libérame de mi tendencia a posponer y dejar todas las cosas para mañana; dame la capacidad para decidirme por Cristo en este mismo momento, y venir, totalmente culpable como soy, para lavarme en la fuente de Su sangre preciosa, para que pueda ser salvo». Les digo que el oficio del Espíritu Santo es hacer todo esto. Él nunca está tan contento, si me permiten usar una frase así relacionada al siempre Bendito, como cuando al dar la vida, la iluminación y sus influencias consoladoras, está trayendo a las pobres almas culpables a Jesús, y por Él, a los caminos de la santidad.

6. Más aún, uno de los propios oficios del Espíritu Santo es *santificar al pueblo de Dios*. Jesucristo nos da la justicia que nos justifica, que es imputada a nosotros; el Espíritu Santo nos da la justicia que santifica, que nos es impartida. El bendito Jesús nos trae su propia justicia, y nos viste con ella. El Espíritu Santo opera en nosotros una conformidad personal a la voluntad de Dios en nuestros corazones, que produce el fruto en nuestras vidas, como resultado de esa obediencia hasta la muerte, con la que Cristo obtuvo del perdón de nuestras ofensas, y pagó la alta obligación de esa obediencia a la que nosotros estábamos obligados.

Esta santidad no es la santidad de Cristo, como algunos vanamente afirman, sino una santidad personal operada en nosotros por la obra del Espíritu Santo. Ustedes, queridos lectores, tal vez se han dicho a ustedes mismos: «yo no puedo ser salvado, porque no soy santo». La verdad es que no puedes ser santo porque no eres salvo, pero ser salvo tiene que venir primero. La santidad no es nunca la raíz; siempre es el fruto; no es la causa, es el efecto. Debes venir a Cristo tal como eres, y confiar en Él, y después Él te dará al Espíritu Santo para que ponga en ti el nuevo corazón, el nuevo deseo, y para hacerte una nueva criatura. Tú dices: «yo no puedo hacerme santo a mí mismo». Eso es verdad. Deberías hacerlo, pero no tienes ningún poder y ¡ay! ni ninguna voluntad tampoco; pero si Dios te ha dado la voluntad, Él te señala a quien está revestido de poder, esto es, el Espíritu Santo, que morará en ti, y te santificará por medio de la Palabra de verdad, y la aplicación de la preciosa sangre y el agua que brotaron del costado de Cristo. Tampoco puedo dejar de observar que uno de los grandes trabajos del Espíritu Santo es habitar en su pueblo.

7. El Espíritu Santo mora en cada creyente en Cristo. Nunca se ha ausentado del creyente desde que se convirtió en un discípulo. Podemos invocar su presencia al cantar:

«Ven Espíritu Santo,
Paloma celestial,
Con todos tus poderes
que dan vida».

Pero esa es una oración para su manifestación especial. El Espíritu Santo está aquí. Él vive en la Iglesia. Él ha venido como un Consolador, que residirá con nosotros para siempre. Él habita en los cuerpos de su gente; Dios está en su templo. Y, observen bien, es por habitar en Él que la santidad del creyente se conserva. Si el Espíritu Santo lo abandonara, él regresaría como el perro a su vómito, pero debido a que el Espíritu Santo mira por estos ojos, y palpita en este corazón y mueve estas manos, cuando el hombre obedece plenamente al poder divino, entonces el hombre es conservado en los caminos de integridad, y su fin es la vida eterna. Para resumir todos estos pensamientos en uno, cualesquiera que sean los oficios que el Espíritu Santo sostiene para el pueblo de Dios, el resultado de todos estos oficios será el de evitar que el hombre regrese a sus viejos caminos, y que lo lleve a caminar en los mandamientos de Dios y a guardar los juicios de Dios y hacerlos. ¿Deseas, pues, ser salvado del pecado, y que se te dé la santidad? Mira las heridas del Salvador sangrante y recuerda que Él ha prometido darte el Espíritu Santo, por medio del cual serás hecho santo, y serás conservado en santidad, hasta que estés en el más allá, sin mancha ni arruga ni nada parecido, ante el trono eterno. Para acabar, diré:

III. UNAS PALABRAS BUENAS Y DE CONSUELO

«¡Ah!» se queja alguien, «¡el Espíritu Santo nunca me tomaría en cuenta a mí!» ¿Por qué se te ocurre pensar así? ¿Piensas que Lo honras con tales reflexiones? Más bien te estás cubriendo a ti mismo de vergüenza. ¿Acaso no sabes que se ha fijado en muchos que han sido como tú y que viven para proclamar Su amor condescendiente? ¿Vas a mirar a Jesús? ¿Te entregarás a esa gran Garantía que ha escogido ser la expiación de los pecadores? Si es así, el Espíritu Santo se ha fijado en ti. El primer deseo de Dios que tú tienes, te viene de Él. Estas luchas internas que ahora sientes (tiernamente deseo que no las ahogues ni las apagues) vienen de Él. Ese miedo, esa ansiedad, ese anhelo (y estoy seguro de que así es) son la iniciativa de la obra bendita del Espíritu Santo en tu alma. No pienses que el Espíritu Santo está de alguna manera renuente. Nehemías habló del Espíritu de Dios como «tu buen Espíritu».

1. Así es Él. Es la esencia misma de la bondad, tomando bondad en el sentido de benevolencia. Él es bueno con los hombres, lleno de amor generoso hacia ellos. Leemos acerca del «amor del Espíritu». ¡Dulces palabras! ¡Qué bueno sería apreciarlas y comprobar su significado! ¡El amor del Espíritu! Me maravilla que el Espíritu de Dios baje al valle de los huesos secos. Me asombro de que tenga contacto con tal corrupción como la nuestra, y que nos dé la vida. Me sorprende que no nos haya abandonado desde hace mucho, siendo como somos tan lentos para aprender en su escuela. Sin embargo, Él nos enseña con paciencia. Mucho me sorprende que Él habite en tan pobres templos como son nuestros cuerpos de barro. A pesar de todo, así lo hace, de manera condescendiente Él habita con nosotros. Ustedes hablan del amor de Jesús al bajar a la tierra, y soportar toda su miseria y vergüenza. No pueden hablar demasiado bien de eso, pero no se olviden de que el Espíritu Santo ha estado habitando aquí estos 1.800 años, y aún perdura la dispensación de su gobierno. Él todavía espera y se esfuerza, persuade, ilumina de manera preciosa y da la vida grandiosamente. Y así continuará haciéndolo hasta que el propio Señor Jesús descienda del cielo con aclamación y sea perfeccionada la dispensación del Espíritu Santo en el mundo venidero. Entonces, el Espíritu Santo es un buen Espíritu y eso debería animarte a recurrir a Él con plena confianza en su persona y en su obra.

2. Algunas veces Él es llamado «el Espíritu generoso». David dice: «Y un Espíritu generoso me sustente». Él no está sujeto a nuestra servidumbre. Él no está restringido, gracias a Dios, por la restricción de nuestros deseos. Él no tiene ningún impedimento, a pesar de que nuestra incapacidad y nuestra iniquidad nos tienen en sus redes. Él no depende de ningún hombre, ni se demora por causa de los hijos de los hombres. Como el rocío viene por la mañana sobre el pasto indolente que no lo ha buscado; de igual modo que la persistente brisa sopla sobre las silenciosas montañas sin que éstas lo hayan solicitado; y como el mar, que no puede levantar sus olas mientras el viento no las haya sacudido, a pesar de no haberlo requerido ni buscado.

Así es la venida del Espíritu. Así viene tan libremente, con toda verdad. ¡Oh! tú, el más vil de los pecadores, tú, que estás perdido, tú, que eres rechazado por quienes te amaron alguna vez, el Espíritu Santo puede venir a ti. Él es un Espíritu generoso; ni siquiera tus pecados pueden detenerlo. Él puede conquistar tu desesperada depravación, y venir y reinar en tu pecho, precisamente en ese lugar donde los demonios han disfrutado de un carnaval todos estos años.

Dios Padre, Jesucristo, Espíritu Santo

Adoro el poder que Dios ejerce en las mentes de los hombres, de tal forma que mientras yo estoy aquí, predicándoles a ustedes, dispuestos, ya sea a escucharlo o rechazarlo, mi Rey y Señor hará lo que Él quiera. Independientemente de que te encuentres en el peor estado para responder al llamado del Evangelio; aunque hayas venido para ridiculizar al predicador o para sorprenderlo cometiendo errores; o puede ser que sólo hayas decidido pasar una hora muy contento, el «hágase» divino es mucho más poderoso que tu ánimo caprichoso. Con cuánta frecuencia el Arquero Eterno ha lanzado sus flechas a los burladores y los ha dejado como muertos, y después, habiéndolos tocado con Su dedo que da la vida, Él ha dicho: «¡Vive!». El cambio ha sido realizado, aunque el burlador ni cuenta se dio en ese momento.

El Señor, de conformidad a su soberanía, ha hecho el trabajo, y así este bendito Espíritu generoso puede efectuar su propósito. ¡Oh! mis queridos hermanos, rueguen por los inconversos. Oren por los pecadores, todos los que puedan orar. Muy a menudo he pensado en la bendición que es que el Espíritu de Dios pueda tener entrada donde nosotros no podemos. Hay una casa que está cerrada y protegida en contra del Evangelio. El empresario del barrio, tal vez, afirma que cualquiera de sus servidores que vaya al templo será despedido; él se encargará de no tener en ningún lugar de su distrito nada de estos grupos de fanáticos.

Pues bien, señor, si usted se propone mantenerlos alejados, va a necesitar muchísimos vigilantes, pues como usted muy bien sabe, si hay un dulce perfume en su casa, debe *utilizar* toda su diligencia para conservarlo herméticamente sellado, o de lo contrario se escapará y esparcirá su olor de manera creciente por toda la habitación El nombre de Jesús es «como perfume derramado», tiene capacidad para una maravillosa difusión. Muy pronto el empresario va a descubrir que una de sus empleadas ha contraído esa dulce infección. Desearía correrla, pero ella es tan magnífica empleada que no puede permitirse el lujo de perderla. Y yo me he dado cuenta que la gracia de Dios que trae la salvación es divinamente contagiosa. En las familias, en los barrios, en las comunidades, en las grandes ciudades se va a esparcir con una extraña rapidez. Una o dos conversiones, como las gotas de lluvia, presagian un aguacero.

Conocí a un hombre que quemó todas las Biblias que tenía en su casa; por lo menos, él pensó que las había quemado todas; pero tenía dos hijas, que escondieron sus respectivas Biblias bajo sus almohadas. Cuando él se enteró de esto su puso furioso. Qué pensaba hacer, no lo sabemos. Finalmente su esposa le dijo que ella compartía el punto de vista de sus hijas y se puso de su lado. «¡Ah! bien», dijo él, es un fastidio que no pueda vivir sin ser molestado con esta religión». Sí, y por la gracia de Dios ellos no podrán «vivir sin ser molestados». Si ellos no quieren venir y escuchar la Palabra de boca del ministro, la escucharán de alguna otra manera. Algún folleto llegará a quien no escuchó un sermón, y media frase bastará para hacer pedazos una roca para la que no hubieran servido los llamados hechos desde el púlpito. Tengan ánimo, entonces, ustedes que buscan la salvación de otros, y ustedes mismos que están muy lejos de Dios, no se desesperen, pues el Espíritu de Dios es un Espíritu generoso; Él puede venir a ustedes.

3. *Muy poderoso, también*, es el Espíritu de Dios, de la misma manera que es bueno y generoso. No hay forma de obstinación humana que Él no pueda vencer. Algunas de las operaciones del Espíritu Santo pueden ser resistidas y derrotadas. Esto lo digo sin sentir que estoy manchando su Divinidad. Un hombre puede ser muy fuerte, pero no mostrar toda su fortaleza. Y si muestra sólo un poco de su fuerza hasta un niño puede ser capaz de vencerlo. Tal vez tiene toda la intención de que sea así. Así, el Espíritu Santo en sus operaciones comunes es vejado y entristecido, y apagado por los impíos. Pero sucede todo lo contrario cuando Él viene para que conozcamos «cuál es la inmensurable grandeza de su poder para con nosotros los que creemos», o cuando el Señor muestra extendido su brazo a los ojos de todo su pueblo; entonces el Espíritu viene

como un Espíritu de poder irresistible. Quién detendrá su mano, o será capaz de decirle: «¿Qué haces?» Vean cómo Saulo de Tarso, echando espuma por la boca contra la iglesia de Dios, clama: «¿qué debo hacer para ser salvo? ¿Quién eres, Señor?». En seguida, se levanta para ser llevado de la mano durante tres días con su corazón quebrantado en busca de la luz del rostro de Dios.

CONCLUSIÓN

¡Qué pronto puede convertir Dios a los más fieros perseguidores en los más sinceros predicadores del Evangelio! Tened ánimo, queridos amigos, en relación a la causa de Dios en el mundo. Veremos aún cosas mayores si las pedimos con fe, y las esperamos con fidelidad. Si Dios no levanta hombres buenos de los seminarios para predicar el Evangelio, los encontrará en las bodegas y en las oficinas de nuestros comerciantes. Y si estos no se encuentran, los llamará de lo más bajo, de la escoria de la población; inclusive puede ser de las madrigueras y escondrijos de los ladrones, si no están en otra parte. Quién dice que no nos pueda provocar a celos usando a gente de lengua extraña.

Mi Señor sabía cómo encontrar a Lutero entre todos los monjes, y pescar a algunos de los más notables reformadores de entre los sacerdotes idólatras. Y Él puede hacer lo mismo de nuevo. La iglesia puede alcanzar un nivel muy bajo en su marea, pero sin importar cuán bajo sea ese nivel, la iglesia como una galera con remos, tendrá la capacidad de flotar. No se estrellará contra las rocas. ¡Tened esperanza, soldados de Cristo! ¡Mientras el ministerio del Espíritu Santo pueda ser invocado, ni siquiera piensen en la desesperación! ¡Oh! pecador, hay esperanza para ti, sin importar cuán descarado y perverso hayas sido. Si tú no puedes enmendar tus caminos ni cambiar tu corazón, Él puede hacerlo por ti: puede romper las cadenas de hierro del hábito; puede romper en pedazos la red impenetrable de la lascivia; puede liberarte de las abominaciones degradantes de la borrachera; puede disolver todos los encantos de la mundanalidad; puede hacerte libre, aunque ahora seas un cautivo sumido en la prisión de máxima seguridad con tus pies atados al cepo. Que nadie se desespere mientras el Espíritu Santo viva, mientras Jesús interceda, mientras el Padre quiera recibir a los hijos pródigos. La Gracia hace que las criaturas que no valen nada puedan recibir las más inestimables bendiciones. Lo que Pablo dijo a los santos yo me atrevo a decir a los pecadores: «Con todo, anhelad los mejores dones». En el nombre de Jesús, Amén.

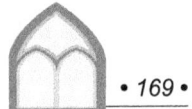

Capítulo II

DOCTRINA DEL HOMBRE

Estado pecador, Libertad, Elección

Estado pecador, Libertad, Elección

1. Estado pecador

19. INHABILIDAD HUMANA

«Ninguno puede venir a Mí, si el Padre que me envió no le trajere; y Yo le resucitaré en el día postrero» (Juan 6:44).

INTRODUCCIÓN: Venir a Cristo.

I. LA INHABILIDAD DEL HOMBRE
1. La incapacidad no es física.
2. Necesitamos ser atraídos.
3. El hombre ama al mundo.
4. la conciencia esta dañada.

II. LOS PROCEDIMIENTOS DE DIOS
1. ¿Cómo Dios nos atrae?
2. El Espíritu Santo nos muestra la cruz.

III. DULCE CONSOLACIÓN

CONCLUSIÓN: Nuestra consciencia de Cristo proviene de Dios.

INHABILIDAD HUMANA

INTRODUCCIÓN

«Venir a Cristo» es una frase muy común en las Santas Escrituras. Se utiliza para expresar esos actos del alma en los que, dejando nuestra propia justicia y nuestros pecados, vamos por la fe al Señor Jesucristo y recibimos su justicia que nos cubre, y su sangre para que nos da la expiación. Entonces, el hecho de venir a Cristo abarca en su arrepentimiento, la autonegación y la fe en el Señor Jesucristo, y suma todas aquellas cosas adyacentes necesarias para el corazón, así como la fe en la verdad, el fervor en la oración y la sumisión del alma a los preceptos del Evangelio. Venir a Cristo es un paso esencial para la salvación del pecador. Aquel que no viene a Cristo, haga lo que haga, o piense lo que piense, está aún en «la exasperación de la amargura y las ataduras de la iniquidad». Venir a Cristo es el primer efecto de la regeneración. Tan pronto como el alma es despertada por el Espíritu, descubre su estado de perdida. Es un descubrimiento aterrador, que busca enseguida procurarse un refugio y creyendo que Cristo es el más adecuado, acude y reposa en Él. Cuando esta venida a Cristo no se produce, es que aún el alma no ha sido despertada, y si el alma está muerta en delitos y pecados, no puede entrar al Reino de los cielos. Tenemos ante nosotros una declaración muy sorprendente, y algunos dicen que muy terrible también. Venir a Cristo, aunque descrito por algunas personas como la cosa más fácil del mundo, es lo que en nuestro texto se describe como algo completamente imposible para cualquier hombre, a no ser que el Padre le guíe a Él. Nuestro propósito es, por lo tanto, el de extendernos sobre esta declaración. No dudamos que siempre será ofensivo para nuestra naturaleza carnal, pero a veces éste es el primer paso para inclinarse ante Dios. Si éste ha de ser el efecto de un proceso doloroso, olvidemos el dolor y regocijémonos en las gloriosas consecuencias.

Trataré en esta mañana, en primer lugar, de comentar la inhabilidad del hombre y saber en qué consiste. En segundo lugar, los procedimientos de Dios lo que son y cómo se ejercen sobre el alma. Luego concluiré comentando una dulce consolación que se deriva de este solemne texto.

I. LA INHABILIDAD DEL HOMBRE

El texto dice: «Ninguno puede venir a mí, si el Padre que me envió no le trajere». ¿Dónde yace esta inhabilidad?

1. Primero, no está en ningún defecto físico. Si para venir a Cristo fuera de alguna ayuda mover el cuerpo o andar, ciertamente en ese sentido, el hombre tiene todo el poder físico para venir a Cristo. Recuerdo que una vez oí una declaración antinominalista realmente muy tonta, que decía que ningún hombre tiene poder para andar hasta la casa de Dios a menos que el Padre le lleve. Esta afirmación está totalmente fuera de lugar, pues solo basta con que el hombre esté vivo y tenga piernas, para que pueda ir caminando a la casa de Dios o a la casa del diablo. Si para venir a Cristo es necesaria una oración, un hombre sin ningún defecto físico en el sistema de fonación puede

tanto pronunciar una oración como una blasfemia. Para un hombre resulta fácil cantar una de las canciones de Sion o una canción profana o lujuriosa. No hay falta de poder físico para venir a Cristo. Lo que dependa de la fuerza física el hombre, él lo tiene, y cualquier parte de la salvación que consistiera en esta capacidad humana, se basaría en el poder del hombre sin ninguna intervención del Espíritu de Dios. Pero, ¿puede esta inhabilidad estar en algún fallo mental? Yo puedo creer que esta Biblia es justa y verdadera así como lo puedo creer de otro libro. Si creer en Cristo fuera un acto de la mente, yo soy capaz de creer en Él, como en cualquier otra persona. No, esta inhabilidad no radica en ninguna falta mental. Puedo creer en las declaraciones de Jesucristo como en las de cualquier otra persona. No hay en la mente ninguna deficiencia de sus facultades. La mente es capaz de apreciar la culpa del pecado como un mero acto mental. Para mí es tan posible ejercitar la idea mental de buscar a Dios, como poner en funcionamiento pensamientos de ambición. Si fuesen necesarios para la salvación, tengo todo el poder y la fortaleza mental. No, no hay ningún hombre tan ignorante como para rechazar el Evangelio presentando la excusa de la falta de intelecto. El defecto, pues, no está en el cuerpo ni en la mente. Si bien no pueden negarse la corrupción y la ruina de la mente, no se trata de ninguna falta o deficiencia en ella. Permitidme mostraros dónde yace realmente esta inhabilidad humana. Yace profundamente en su naturaleza. Por medio de la caída y de nuestro propio pecado, la naturaleza del hombre se ha degradado, depravado y corrompido de tal forma, que para él es imposible venir a Cristo sin la asistencia y la guía del Espíritu Santo. Ahora bien, al tratar de exhibir cómo la naturaleza del hombre hace que sea incapaz de venir a Cristo, debéis permitirme exponer la siguiente figura. Suponed que veis una oveja. ¡Con qué ganas se alimenta de la hierba! Nunca habréis visto una oveja carroñera, no podría vivir comiendo lo que comen los leones. Ahora, traedme a un lobo y preguntadme si no come hierba y si puede ser tan dócil y tan domesticado como la oveja. Yo os responderé que no, pues su naturaleza es contraria a esos hábitos. Y me preguntaréis: «Bueno, tiene patas y oídos; ¿no puede oír la voz del pastor y seguirle al lugar que él le guíe?». Os responderé que es posible, no hay ninguna causa física por la cual no pueda hacerlo, pero es su naturaleza la que se lo impide, y por tanto afirmo que no puede hacerlo. ¿No puede ser domesticado? ¿No puede quitársele su ferocidad? Posiblemente pueda ser amansado de tal forma que parezca dócil, pero siempre existirá una distinción entre él y la oveja, porque hay una diferencia en su naturaleza. En lo que concierne a su cuerpo o a su mero poder mental, la razón por la cual un hombre no viene a Cristo no es porque no pueda, sino porque su naturaleza es tan corrupta que a menos que sea traído por el Espíritu, no tiene ni la voluntad ni el poder de venir a Cristo. Pero dejadme daros una ilustración mejor. Imaginad a una madre con su bebé en sus brazos. Poned un cuchillo en su mano y decidle que apuñale a su bebé en el corazón. Ella os responderá: «no puedo». Ahora, en lo que atañe a su poder físico, si ella quisiera podría hacerlo. Aquí está el cuchillo y allí está el bebé. El bebé no se puede resistir y ella tiene en su mano la suficiente fuerza como para apuñalarle en su corazón. Pero la mujer tiene razón cuando dice que no puede. Como un mero acto de la mente, es posible que pueda pensar en algo como matar al bebé, pero dice que no puede concebir una cosa así, y no lo dice falsamente pues su naturaleza de madre, le impide hacer algo contra lo cual su alma se revela. Simplemente por ser la madre de ese niño siente que no puede matarlo.

Así sucede con un pecador. Venir a Cristo es contrario a la naturaleza humana, aunque en lo que se refiere al plano físico o mental (y éstas tienen una esfera muy estrecha en la salvación), podrían venir si quisieran. Pero lo correcto es decir que no pueden y que no lo harán, a menos que el Padre quien ha enviado a Cristo les guíe y les traiga. Entremos un poco más profundamente en el tema, y trataré de enseñaros en qué consiste esta inhabilidad del hombre, en sus más mínimos detalles.

Estado pecador, Libertad, Elección

2. Primero, la inhabilidad radica en la obstinación de la voluntad humana. «¡Oh!», dice el arminiano, «los hombres pueden ser salvos si lo desean». Nosotros le respondemos: «Mi querido señor, todos creemos eso, pero la dificultad está precisamente en que podrían si quisieran. Nosotros afirmamos que ningún hombre vendrá a Cristo a menos que sea traído, y no somos nosotros los que lo afirmamos, sino que Cristo mismo lo declara "no queréis venir a mí para que tengáis vida"» (Juan 5:40). En tanto la expresión «y no queréis», esté registrada en las Sagradas Escrituras, no creeremos en ninguna doctrina de la libertad de la voluntad humana. Es extraño cómo la gente, al hablar de la voluntad humana, está hablando de cosas sobre las cuales no tiene la menor idea. «Ahora», dice uno, «yo creo que los hombres pueden salvarse si quieren». Mi querido señor, ése no es el quid de la cuestión. La pregunta es: ¿se encuentran los hombres deseando de forma natural someterse a los términos humillantes del Evangelio de Cristo? Acerca de la autoridad de las Escrituras, nosotros declaramos que la voluntad humana es desesperadamente viciosa, depravada e inclinada al mal. Es contraria a todo lo bueno, y sin la poderosa, sobrenatural e irresistible influencia del Espíritu Santo, ningún ser humano será jamás constreñido a venir a Cristo. Me diréis que a veces los hombres sienten deseos de ir a Cristo sin la ayuda del Espíritu Santo. Mi respuesta es ¿se ha encontrado usted con alguna persona que tuviera ese deseo? He conversado con miles de cristianos de diferentes opiniones, jóvenes y mayores, pobres y ricos, pero nunca me he encontrado con ninguno que me dijera que vino a Cristo por sí mismo, sin ser traído por Dios. La confesión universal de todos los verdaderos creyentes es la siguiente: «Yo sé que a menos que Jesucristo me haya buscado cuando vagaba como un extraño, me hubiera encantado seguir vagando y mantenerme bien lejos de Dios». Con un consentimiento común, todos los creyentes afirman la verdad, que los hombres no vienen a Cristo hasta que el Padre, que ha enviado a Cristo, les traiga.

Repito, la voluntad no solo es obstinada, sino que el entendimiento está entenebrecido. De ello tenemos abundantes pruebas Escriturales. No estoy haciendo meras afirmaciones, sino declarando doctrinas enseñadas con toda autoridad en las Sagradas Escrituras, y conocidas por la conciencia de cada cristiano. El entendimiento del hombre es tan oscuro, que por ningún medio puede entender las cosas de Dios hasta que Él no lo abra. El hombre por naturaleza es ciego en su interior. La cruz de Cristo llena de glorias, nunca le ha atraído, porque es ciego y no puede ver su belleza. Habladle de las maravillas de la creación, mostradle el arco iris multicolor que se extiende por el cielo y dejadle contemplar la maravilla de un paisaje. Él es capaz de ver todas estas cosas, pero habladle de las maravillas del pacto de la gracia, de la seguridad de los creyentes en Cristo, describidle las bellezas de la persona del Redentor, y será sordo a toda descripción. Vosotros estáis tocando la nota indicada, pero él es sordo y no tiene comprensión. Volvamos al versículo que hemos destacado en nuestra lectura: «Pero el hombre natural no percibe las cosas que son del Espíritu de Dios, porque para él son locura, y no las puede entender, porque se han de discernir espiritualmente» (1 Co. 2:14). En tanto siga siendo un hombre natural, no está en su poder discernir las cosas de Dios. «Bien», dice alguien, «creo que he alcanzado un juicio muy tolerable en asuntos de teología; pienso que puedo entender cada punto». Es cierto, y tal vez lo entiendas en la letra, pero no en el espíritu, en la verdadera recepción del alma, por lo menos hasta que seas guiado por el mismo Espíritu de Dios. A menos que ahora seas un hombre renovado y espiritual en Cristo Jesús, nunca podías haber recibido las cosas espirituales. La voluntad y el entendimiento son entonces, dos grandes puertas, ambas cerradas hasta nuestra venida a Cristo. El Espíritu de Dios es quien se encarga de abrirlas, pero estarán por siempre cerradas al que quiera venir a Cristo en sus propias fuerzas.

3. La afectividad, que forma una parte muy importante del hombre, está totalmente depravada. Antes de recibir la gracia de

Dios, el hombre ama cualquier cosa por encima de lo que es del espíritu. Si queréis una prueba de esto, mirad alrededor. Poned vuestros ojos donde queráis; no hay una calle, una casa, ni un corazón que no lleve en sí la triste evidencia de esta terrible verdad. ¿Por qué en el día del Señor no se ve a los hombres yendo en masa hacia la casa de Dios? ¿Por qué no leemos nuestras Biblias más a menudo? ¿Por qué la oración es un deber que ha llegado a ser olvidado en todo el mundo? ¿Por qué el Señor Jesucristo no es más amado? ¿Por qué aún sus seguidores son tan fríos en su amor para Él? ¿De dónde aparecen estas cosas? Queridos hermanos, seguramente que no podemos atribuirlas a otro origen, que a la corrupción y el vicio de nuestros afectos. Amamos aquello que deberíamos odiar, y odiamos lo que deberíamos amar. Es la naturaleza humana caída; el hombre ama esta vida presente y la que ha de venir le tiene sin cuidado. Además ama más el pecado que la justicia, y los caminos del mundo más que los caminos de Dios. Lo repito de nuevo: hasta que estos afectos sean renovados, y se vuelvan un terreno fértil para los procedimientos llenos de gracia del Padre, no es posible que ningún hombre ame de por sí al Señor Jesucristo.

4. También una vez más repito que la conciencia ha sido invadida por la caída. Creo que no hay error más atroz que el que hacen algunos religiosos al decir a la gente que la conciencia es el vicegerente de Dios dentro del alma, y que ese es uno de los poderes que conservan su antigua dignidad. Hermanos, cuando el hombre cayó en el Edén, con él cayó la humanidad entera. No hubo un solo pilar del templo de la humanidad que se mantuviera erecto. Es verdad, la conciencia no fue destruida. El pilar no se deshizo, pero cayó de una pieza, y allí yace, el remanente más poderoso de la obra una vez perfecta de Dios en el hombre.

Mirad a los hombres. ¿Quién de entre ellos tiene «una buena conciencia delante de Dios», sino aquel que ha sido regenerado? ¿Os imagináis que si la conciencia de los hombres les reprendiera, vivirían en la conducta vergonzosa en la que viven? No,

amados, la conciencia puede decirme que soy un pecador, pero no puede hacerme sentir que lo soy. La conciencia puede señalarme lo que está equivocado, pero lo que no sabemos es lo equivocada que está la misma conciencia. La conciencia del hombre que no ha sido tocada por el Espíritu, no le dirá al individuo que sus pecados merecen la condenación. ¿Ha guiado la conciencia alguna vez a un individuo para que aborreciera el pecado como tal? De hecho, ¿en alguna ocasión la conciencia obró en el hombre de forma tal, que acabara aborreciéndose a sí mismo y a todas sus malas obras? No, aunque la conciencia no está muerta, está en ruinas, su poder está perjudicado y deteriorado, y no tiene la transparencia y la fortaleza que debería caracterizarla. Tampoco tiene ya esa voz de trueno que tenía antes de la caída, sino que ha cesado de ejercer la supremacía en el alma del hombre. Entonces amados, por esta misma razón es necesario que el Espíritu Santo intervenga, para mostrarnos la necesidad de un Salvador y ser Él mismo quien nos lleve a Cristo. Pero, dice alguien, «me parece que usted considera que la razón por la cual los hombres no vienen a Cristo, es porque no quieren y no porque no pueden». Es una reflexión muy cierta. Creo que la razón más importante para la inhabilidad del hombre, es la obstinación de su voluntad. Una vez que esa barrera es vencida, la parte más dura de la batalla ha sido ya ganada. Pero permitidme ir un poco más lejos. Mi texto no dice «ningún hombre quiere venir», sino «ninguno puede venir a mí». Ahora bien, mis intérpretes creen que el término puede que aparece aquí, es una expresión con fuerza, pero en lo relativo a su significado, es más o menos igual a la palabra quiere. Yo estoy seguro de que esto no es correcto. En el hombre, no solo hay falta de voluntad para ser salvo, sino además una falta de poder espiritual para venir a Cristo. Esto se lo puedo probar a cualquier cristiano. Amados, os hablo a vosotros que habéis sido despertados por la gracia divina. ¿No os enseña vuestra experiencia, que hay veces en que tenéis la voluntad de servir a Dios y no tenéis el poder para hacerlo? ¿No

Estado pecador, Libertad, Elección

te has visto alguna vez obligado a decir que hubieras querido creer, pero que has tenido que pedirle a Dios: «Señor, por favor, ayuda mi incredulidad?». Tu misma naturaleza carnal era demasiado fuerte para ti, y sentiste que en ese momento necesitabas la ayuda sobrenatural. ¿Eres capaz de ir a tu habitación, caer sobre tus rodillas y decir: «deseo ser más constante y ferviente en la oración, y acercarme más a Dios?». Te pregunto si te parece que ese poder es igual a la voluntad. ¿Puedes decir ante el trono de Dios, que estás seguro de no haberte equivocado en lo que se refiere a tu voluntad? ¿Deseas acercarte más al Señor Jesús, pero encuentras que aunque lo quieras, no puedes hacerlo sin la ayuda y el toque del Espíritu Santo? Ahora bien, si el hijo de Dios que ha sido despertado por el Espíritu Santo, encuentra que tiene un impedimento espiritual, ¿cuánto más el pecador que está muerto en delitos y pecados? Aun el cristiano avanzado, después de muchos años de convertido, a veces se encuentra a sí mismo deseando hacer algo pero se da cuenta de que le falta el poder para realizarlo. ¿No os parece más lógico que el pobre pecador que aún no ha creído, tenga necesidad de esa fuerza, además del deseo de su voluntad?

Pero hay otro argumento. Si pensáis que el pecador tiene fortaleza para venir a Cristo, me gustaría saber cómo vamos a entender esas declaraciones que nos encontramos en la Palabra de Dios. La Escritura nos dice que el hombre está muerto en delitos y pecados. ¿Podríais afirmar que la muerte implica nada más que la ausencia de la voluntad? Seguramente, un cadáver no tiene voluntad. ¿No veis acaso que hay una distinción entre la voluntad y el poder? ¿No hemos visto casos en los cuales las personas han sido suficientemente reanimadas para dar evidencias de vida, y a pesar de ello están tan cerca de la muerte que no pueden realizar la más mínima acción? ¿No hay una clara diferencia entre la voluntad y el poder? Sin embargo, es bastante cierto que el poder sigue a la voluntad. Dios no atormenta al hombre dándole un deseo por aquello que es incapaz de hacer. Sin embargo, Él hace una división entre la voluntad y el poder. Ambas cosas son distintos dones del Señor.

Entonces, debo hacer una pregunta más, si todo lo que necesitamos hacer es que un hombre quiera, ¿estaríamos degradando al Espíritu Santo? ¿No estamos acostumbrados a darle toda la gloria de nuestra salvación a Él? Pero ahora, si todo lo que Dios el Espíritu hace es que yo quiera esas cosas para mí, ¿no acabaré compartiendo la gloria con el Espíritu Santo? Si es así, podría levantarme y decir: «es verdad que el Espíritu me dio la voluntad de hacerlo, pero finalmente lo hice yo. Por lo tanto me gloriaré, pues si yo mismo he hecho estas cosas, no pondré mi corona a sus pies. Yo la gané y me la quedaré». El Espíritu Santo es presentado en las Escrituras como la persona que obra en nosotros tanto el querer como el hacer. Por lo tanto, Él debe debe hacer en nosotros algo más que darnos el deseo de creer. El pecador debe poseer un auténtico deseo de poder.

Ahora, antes de dejar este punto, permitid que me dirija a vosotros por un momento. A menudo tengo la responsabilidad de predicar doctrinas que pueden hacer bastante daño. No voy a negar el cargo. Tengo mis testigos aquí presentes para probaros que algunas cosas que yo he predicado han hecho daño, pero no han dañado ni a la moralidad, ni a la Iglesia de Dios, sino que el perjuicio ha sido para Satanás. Hay cientos de personas que en esta mañana se regocijan por haber sido acercados a Dios. Estas personas eran antes borrachos, mundanos, profanadores del día de reposo y enemigos de Dios. Ahora el Espíritu les ha traído a conocer y a amar al Señor Jesucristo. Si esto fuera algo que hace daño, que Dios en su infinita misericordia nos mande mil veces más. Pero más aún, ¿qué verdad hay que no hiera al hombre que escoja esta verdad para hacer daño? Los que predicáis la redención general, estáis muy satisfechos con proclamar la gran verdad de la misericordia de Dios en el último momento. Pero, ¿cómo os atrevéis a predicar esto? Mucha gente hace que esto sea hiriente, quitando la gracia y pensando que la última hora puede ser tan buena como la primera. Ahora, si nunca

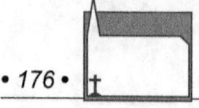

predicáramos nada que el hombre pueda usar erróneamente o abusar de ello, deberíamos silenciar nuestras lenguas para siempre. Sin embargo, todavía hay alguien que dice: «Bueno, pues si no puedo salvarme a mí mismo y no puedo venir a Cristo, debo sentarme quieto sin hacer nada». Si los hombres dicen eso, su condenación está en sus propias cabezas. Hemos dicho que hay muchas cosas que podéis hacer. Asistir a la casa de Dios es algo que está dentro de tu poder, y también estudiar su Palabra con diligencia. También puedes renunciar al pecado y a los vicios en que estás metido. Hacer que tu vida sea honesta, sobria y justa, está en tu poder. Para estas cosas no necesitas la ayuda del Espíritu Santo. Todo esto lo puedes hacer tú mismo, pero venir a Cristo para la salvación de tu alma, no está en tu poder, sino hasta ser renovado por el Espíritu Santo. Tu deseo de poder no te sirve de excusa, pues realmente no tienes deseos de venir, y voluntariamente estás viviendo en rebelión contra Dios. Tus deseos de poder tienen su origen principalmente en lo obstinado de tu naturaleza. Supón que un mentiroso dice que decir la verdad no está en su poder, porque ha sido mentiroso durante tanto tiempo, que ahora no puede dejar esa costumbre. ¿Le serviría esto de excusa? Imagínate a un hombre que durante mucho tiempo ha vivido en sus concupiscencias y te dice que éstas le han atrapado de forma tal, que no puede deshacerse de ellas. ¿Aceptarías esta excusa? Ciertamente que no. Si un borracho se ha vuelto un alcohólico tan empedernido que no puede pasar frente a una taberna sin entrar a tomar, ¿le excusarías? No, porque su inhabilidad de reformarse radica en su naturaleza, a la cual no tiene deseos de restringir o conquistar. Lo que ha sido hecho, y lo que causa aquello que ha sido hecho, siendo ambas derivadas de la raíz del pecado, son dos maldades que no se pueden excusar la una a la otra. ¿Puede un etíope cambiar su color de piel, o un leopardo perder sus manchas? Como has aprendido a hacer el mal, ahora no puedes hacer el bien. Por lo tanto, en lugar de dejar que te sientes para excusarte, permíteme poner un trueno bajo

el asiento de tu pereza, para que te despiertes y te levantes. Recuerda, sentarse y quedarse quieto equivale a condenarse para toda la eternidad. ¡Oh, que Dios el Espíritu Santo pudiera hacer uso de esta verdad de una manera muy diferente! Antes de terminar confío que podré mostraros cómo es que esta verdad, que aparentemente condena a los hombres y los echa fuera, es la gran verdad que ha sido bendecida y usada para la conversión de los hombres.

II. LOS PROCEDIMIENTOS DE DIOS

1. Nuestro segundo punto es *la atracción que efectúa el padre*. «Ninguno puede venir a mí, si el Padre que me envió no le trajere» (Jn. 6:45). ¿Cómo entonces atrae el Padre a los hombres? Los maestros arminianos en general dicen que Dios atrae a los hombres por medio de la predicación del Evangelio. Cierto; la predicación del Evangelio es el instrumento usado para atraer a los hombres, pero debe de haber algo más que esto. Permitidme preguntaros a quién dirigió Cristo estas palabras? A la gente de Capernaum, donde había predicado a menudo, y donde había pronunciado quejumbrosamente las miserias de la ley y las invitaciones del Evangelio. En esa ciudad había hecho obras poderosas y obrado muchos milagros. De hecho, declaró que de haber sido bendecidas con tales privilegios, Tiro y Sidón se habrían arrepentido hace mucho tiempo en cilicio y cenizas. Ahora bien, si la predicación del mismo Señor Jesucristo no servía para capacitar a estos hombres a venir a Él, no es posible que todo lo que el Padre hiciera para atraer a los hombres a Cristo, fuera una simple predicación. No hermanos, debéis notar que no dice que ningún hombre puede venir a Cristo, si el ministro no le trajere, sino si el Padre no le trajere. Claramente, la atracción del Padre hace es una atracción divina. Ahora bien, hay tal cosa como ser atraído por el Evangelio y por el ministro, sin haber sido atraído por Dios. Lo que se quiere decir aquí es que hay una atracción divina, obrada por el Dios Altísimo la Primera Persona de la gloriosa Trinidad, que ha enviado a la Tercera Persona, el Espíritu Santo, para inducir a los

Estado pecador, Libertad, Elección

hombres a venir a Cristo. Pero otra persona puede decirnos con tono burlón: ¿Entonces, ¿pensáis que Cristo atrae a los hombres a sí mismo, aún después de ver que no tienen deseo de hacerlo? Recuerdo que cierta vez me encontré con un hombre que me dijo: «Señor, usted predica que Cristo toma a la gente del pelo y las arrastra a sí mismo». Le pregunté si recordaba la fecha del mensaje donde yo había predicado esa extraordinaria doctrina, pues si podía hacerlo, me vería muy comprometido. Pero no fue así. Ahora, si Cristo no atrae a la gente con violencia, creo que les atrae poderosamente por medio del corazón. Notad que en la atracción del Padre no hay ninguna compulsión. Cristo nunca obliga a ningún hombre a venir a Él en contra de su voluntad. ¿Cómo, entonces, es atraído el tal, por el Espíritu Santo? Pues bien; haciendo que él quiera. Es cierto que Él no usa la «persuasión moral»; pues conoce un mejor método para alcanzar el corazón humano. Él va a las fuentes secretas del corazón y por medio de alguna misteriosa operación, vuelve la voluntad en una dirección opuesta. Por tanto, como dice paradójicamente Ralph Erskine, el hombre es salvo «con el pleno consentimiento en contra de su voluntad», o sea, que es salvo en contra de lo que él mismo quiere. No imaginéis que algún hombre irá al cielo pataleando y luchando todo el camino contra las manos que lo traen. No penséis que los pecados de un individuo, serán lavados en la sangre del Salvador, mientras lucha para escapar de Él.

¡Oh, no! Es cierto que, en primer lugar, el hombre se opone a ser salvo. Mientras el Espíritu nos guía, seguimos adelante, contentos de obedecer la voz que una vez habíamos despreciado. Pero el meollo del asunto radica en el cambio de la voluntad. Cómo se hace esto, nadie lo sabe; es uno de esos misterios que se perciben claramente como un hecho, pero su causa nadie la puede decir. Sin embargo, sí sabemos la forma aparente en la cual el Espíritu Santo opera. Cuando el Espíritu Santo cuando viene al corazón de un hombre le encuentra con una muy buena opinión de sí mismo; y os aseguro que no hay nada que impida al hombre venir a Cristo como una buena opinión de sí mismo. «No», dice el hombre, «yo no quiero venir a Cristo. Yo tengo una justicia tan buena como la de cualquier otro. Siento que puedo entrar al cielo con mis propios derechos». El Espíritu Santo no deja su corazón al desnudo, sino que permite que vea el terrible cáncer que se está comiendo su vida. Luego le descubre toda la oscuridad y suciedad del corazón humano. Es entonces cuando el hombre se ve horrorizado tal como es. «Nunca hubiera pensado que yo era así. ¡Oh, aquellos pecados que creí que eran pequeños, ahora se han agrandado hasta alcanzar una estatura enorme! Lo que yo veía como una simple colina, ha crecido hasta convertirse en toda una montaña». «¡Oh», dice el hombre para sus adentros, «trataré de reformarme, haré suficientes buenas obras para borrar estos negros pecados». Entonces viene el Espíritu Santo y le muestra que no puede hacer esto, quitándole todo su poder fantasioso y su fortaleza. El hombre cae pues sobre sus rodillas y clama: «¡Oh, una vez pensé que podía salvarme por mis buenas obras, pero ahora encuentro que:

«Podrían mis lágrimas por siempre correr,
y ni un respiro mi celo conocer,
todo por el pecado que no puedo expiar,
sólo tú, puedes salvarme, sólo tú».

2. Entonces el corazón se encoge y el hombre está a punto de desesperar, mientras piensa: «nunca podré ser salvo. Nada puede salvarme». Entonces el Espíritu Santo le muestra la cruz de Cristo, ungiendo sus ojos con colirio celestial, y le dice: Mira allí, a aquella cruz, ese hombre murió para salvar a los pecadores. Si sientes que eres un pecador; Él murió para salvarte. Así, el corazón es capacitado para creer y venir a Cristo. Cuando lo hace, por medio de esta dulce atracción del Espíritu, encuentra una paz con Dios que sobrepasa todo entendimiento. Ahora, podréis percibir claramente que todo esto se hace sin ninguna compulsión. El hombre es atraído voluntariamente y viene a Cristo con su total consentimiento. Es como si ninguna influencia hubiera sido

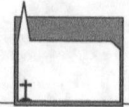

ejercida en su corazón. Sin embargo, esa influencia debe existir, pues de lo contrario, nadie querría venir al Señor Jesucristo.

III. DULCE CONSOLACIÓN

Ahora ataremos nuestros cabos, y concluiremos tratando de hacer una aplicación práctica de la doctrina. «Bien», dice alguien, «si lo que este hombre predica es verdad, ¿qué significa convertirse a mi religión?» Pues como sabéis, he estado pensando este asunto durante largo tiempo, y no me gusta oíros decir que un hombre no puede salvarse a sí mismo. Personalmente, yo creo que sí puede, y quiero decir perseverar, pero si he de creer lo que decís, debo tirarlo todo por la borda y empezar de nuevo». Mis queridos amigos, no penséis que si hacéis algo así me sentiré alarmado. Recordad, lo que estáis haciendo es construir vuestra casa sobre la arena, y si puedo sacudirla un poco, será para vosotros una obra de caridad. En el nombre de Dios, os aseguro que si vuestra religión no tiene un fundamento mejor que vuestra propia fuerza, no podrá prevalecer ante el tribunal de Dios. Nada ha de durar hasta la eternidad, sino aquello que vino de la eternidad. A menos que el Dios eterno haya obrado en tu corazón, todo lo que puedas haber hecho, en aquel gran día será desecho. Es en vano que vayáis a la Iglesia, guardéis el día del Señor y observéis vuestras oraciones.

Es en vano que seáis honestos con con vuestros vecinos y que tengáis una buena reputación en vuestra conversación. Si pensáis que podéis ser salvos por estas cosas, es en vano que confiéis en ellas. Vé y sé lo más honesto posible, observa el día del Señor, y sé tan santo como puedas. Yo no trataré de disuadiros de estas cosas. Dios no lo permita; creced en ellas, pero ¡oh!, no confiéis en ellas, pues si os apoyáis en ellas, encontraréis que os fallarán cuando más las necesitéis. Si hay algo más que habéis encontrado que podéis hacer sin la asistencia de la gracia divina, lo antes que podáis veros libres de ello mejor para vosotros, pues descansar sobre cualquier cosa que pueda hacer la carne no es sino un engaño. Un cielo espiritual debe estar habitado por hombres espirituales, y la preparación para ir a ese lugar, debe ser hecha por el Espíritu de Dios. «Bueno», dice otro, «yo he estado bajo un ministerio donde se me ha dicho que yo podía dentro de mi propia opción, arrepentirme y creer, y la consecuencia es que lo he estado dejando de día en día. Yo pensaba que podría venir al Señor tanto un día como otro; que solo tendría que decir, "Señor, ten misericordia de mí", y creer, y entonces sería salvo. Ahora vosotros me habéis quitado toda esperanza; siento que el asombro y el horror están hincando sus garras sobre mí». Nuevamente te digo: «Mi amigo, me alegro de que esto sea así. Este es el efecto que yo esperaba que se produjera. Y espero que puedas sentirlo mucho más. Cuando no tengas la esperanza de poder salvarte a ti mismo, yo tendré la esperanza de que Dios ha comenzado a salvarte. Tan pronto como digas, "¡oh, no puedo venir a Cristo; Señor, tráeme y ayúdame", yo me regocijaré en ti. Aquel que tiene voluntad, aunque no tenga poder, tiene una obra de gracia en su corazón, y Dios no le dejará hasta que su obra esté acabada». Pero pecador descuidado, aprende que tu salvación está ahora en las manos de Dios. ¡Oh, recuerda que estás por entero en las manos de Dios! Tú has pecado contra Él, y si Él quiere condenarte, condenado estarás. Tú no puedes resistir su voluntad ni torcer sus propósitos. Has merecido su ira, y si Él escoge derramar una lluvia de ira sobre tu cabeza, tú no podrás evitarlo. Si por otra parte él desea salvarte, puede hacerlo hasta lo sumo. Pero recuerda que estás en su mano como la polilla de verano está bajo tu dedo. Él es el Dios al que has estado ofendiendo cada día. ¿No tiemblas al pensar que tu destino eterno pende ahora de la voluntad de Aquel, a quien has enojado y encolerizado? ¿No te chocan las rodillas una contra otra ni se te hiela la sangre? Si es así, me alegro, pues éste puede ser el primer efecto de la obra del Espíritu para atraer tu alma. ¡Oh, tiemblo al pensar que el Dios a quien has enojado, es el Dios sobre el cual depende tu salvación o tu condenación! «Honrad al Hijo, para que no se enoje, y perezcáis en el camino; pues se inflama de pronto su ira» (Sal. 2:12).

Estado pecador, Libertad, Elección

CONCLUSIÓN

Ahora, la reflexión que conforta nuestros corazones es la siguiente: Algunos de vosotros en esta mañana sois conscientes que estáis viniendo a Cristo. ¿No habéis comenzado a llorar lágrimas de penitencia? ¿No estáis preparándoos en oración para oír la Palabra de Dios? Y durante nuestro servicio, ¿no ha dicho tu corazón: «Señor, sálvame o pereceré, pues no puedo salvarme a mí mismo?». Podrías levantarte y cantar:

«Gracia soberana,
somete a mi corazón,
yo también seré guiado para triunfar,
un cautivo voluntario de mi Señor,
la victoria de su Palabra para
cantar».

¿Y no te he oído decir en tu corazón: «Jesús, Jesús, toda mi confianza deposito en ti, yo sé que ninguna justicia propia puede salvarme, sino solo tú, ¡oh Cristo! me hunda o me salve, mi alma derramo ante ti?». ¡Oh, mi hermano!, tú has sido atraído por el Padre, pues no podías haber venido a menos que Él te trajere. ¡Qué dulce pensamiento! Y si Él te ha atraído, ¿no ves qué deliciosa inferencia? Permitidme repetir un texto, y de veras deseo que os conforte: «Jehová se manifestó a mí hace ya mucho tiempo, diciendo: Con amor eterno te he amado; por tanto, te prolongué mi misericordia» (Jer. 31:3). Sí, pobre hermano que lloras, si vienes a Cristo es porque Dios te ha atraído. Ésta es una prueba que asegura que Él te ha amado desde antes de la fundación del mundo. Deja que tu corazón salte de alegría dentro de ti; pues eres uno de sus escogidos. Tu nombre ha sido escrito en las manos del Salvador cuando fue clavado en la cruz. Hoy, tu nombre centellea en el escudo del gran Sumo Sacerdote y allí estaba antes de que la estrella de la mañana conociera su lugar, o los planetas trazaran sus órbitas. Regocijaos en el Señor los que habéis venido a Cristo, y gritad de gozo los que habéis sido traídos por el Padre. Ésta es tu prueba, tu solemne testimonio de que estás entre los que han sido escogidos en la elección eterna, y serás guardado por el poder de Dios por medio de la fe, para la salvación que ya está pronta para ser revelada.

20. LA MENTE CARNAL ES ENEMISTAD CONTRA DIOS

«Por cuanto la mente carnal es enemistad contra Dios; porque no se sujeta a la ley de Dios, ni tampoco puede» (Romanos 8:7).

INTRODUCCIÓN: La caída en pecado nos enemista con Dios

I. LA VERACIDAD DE ESTA AFIRMACIÓN
1. La maldad de los hombres con guerras.
2. La maldad en la superstición.
3. Nuestra conciencia desea que no haya Dios.

II. LA UNIVERSALIDAD DEL DELITO
1. Los niños son malos por naturaleza.
2. Los hombres mas sabios, están enemistados con Dios.
3. ¿Qué parte el nombre ha sido herido en su caída?

III. LA GRAVEDAD DE ESTA CULPA
1. ¿Qué es Dios para nosotros?
2. Lo que Dios es.

IV. GRACIA, JUSTIFICACIÓN Y REGENERACIÓN
1. Salvación por gracia.
2. La justificación no es por obras.
3. La regeneración.

CONCLUSIÓN: La esperanza del hombre.

LA MENTE CARNAL ES ENEMISTAD CONTRA DIOS

INTRODUCCIÓN

He aquí la gran acusación que el apóstol Pablo profiere contra la mente carnal, es enemistad contra Dios. Cuando consideramos lo que el hombre fue al principio, poco menor que los ángeles, el compañero de Dios que paseaba con Él al aire libre en el Jardín del Edén; cuando pensamos que fue hecho a la misma imagen y semejanza de su Creador. Puro, sin mancha y perfecto, no podemos por menos que afligirnos por esta acusación que se hace contra nuestra raza.

Colguemos nuestras arpas de los tilos para oír la voz de Jehová que solemnemente habla a sus rebeldes criaturas. «¡Cómo caíste del cielo, hijo de la mañana!» «Tú echas el sello a la proporción, lleno de sabiduría y acabado de hermosura. En el Edén, huerto de Dios, estuviste; toda piedra preciosa fue tu vestidura; los primores de tus tamboriles y pífanos estuvieron apercibidos para ti en el día de tu creación. Tú, querubín grande, cubridor; y yo te puse, en el santo monte de Dios estuviste; en medio de piedras de fuego has andado. Perfecto eras en todos tus caminos desde el día que fuiste creado, hasta que se halló en ti maldad. A causa de la multitud de tu contratación fuiste lleno de iniquidad, y pecaste; por lo que yo te eché del monte de Dios, y te arrojé de entre las piedras del fuego, oh querubín cubridor».

Cuánta tristeza embarga nuestro corazón al contemplar la ruina de nuestra raza! Como el cartaginés que, al recorrer el desolado escenario de su muy amada ciudad, convertida en escombros por los romanos, derramaría lágrimas de dolor; o como el judío vagabundo por las desiertas calles de Jerusalén lamentaría la destrucción de la belleza y la gloria de aquella ciudad que había sido el deleite de toda la tierra; así deberíamos llorar por nosotros y por nuestra raza, cuando contemplamos la ruina de aquella construcción santa que Dios había formado; aquella criatura, sin igual en armonía de inteligencia casi angelical; aquel poderoso ser, el hombre; caído, caído, caído de su privilegiada posición, convertido en cúmulo de destrucción. Hace unos cuantos años fue vista una estrella centelleando con gran fulgor, pero en seguida desapareció. Se ha dicho que era un mundo incandescente, a miles de millones de kilómetros de nosotros, y, sin embargo, hasta nosotros llegaron los rayos luminosos de su conflagración; la luz, el silencioso mensajero, dio la alarma a los habitantes de este lejano planeta, como diciendo: «¡Un mundo en llamas!». Pero, ¿qué es el incendio de un planeta remoto, qué es la destrucción de la simple materia del más grande de los astros, comparado con la caída de la humanidad, con el naufragio de todo lo que hay de sagrado y santo en nosotros? Es muy difícil hacer comparaciones, cuando nuestro corazón se siente inclinado hacia una de las artes. La caída de Adán fue nuestra caída; caímos en él y con él, somos compañeros de infortunio. Es la ruina de nuestra propia casa la que lamentamos, es la destrucción de nuestra ciudad la que lloramos cuando vemos escrito en palabras lo suficientemente claras para entender su significado: «La intención de la carne aquella mismísima naturaleza que en otro tiempo fue santa, y que ahora es carnal es enemistad contra Dios». ¡Quiera el Todopoderoso ayudarme esta mañana a pronunciar contra todos vosotros esta acusación solemne! ¡Oh!, que el Santo Espíritu nos redarguya de pecado de tal modo que, unánimemente delante de Dios, podamos declararnos «culpables».

No hay dificultad en la interpretación del texto que hemos leído; casi no necesita explicación. Todos sabemos lo que la palabra carne significa, la mente natural, el alma que heredamos de nuestros padres, lo que nació en nosotros cuando nuestros cuerpos fueron formados por Dios. El ánimo carnal, los deseos, las pasiones del alma; esto es lo que se ha apartado de Dios para convertirse en su enemigo.

Antes de que pasemos a considerar la doctrina de este texto, observad cuán firmemente lo expresa el apóstol. «La intención de la carne», dice «es ENEMISTAD contra Dios». Usa un nombre, y no un adjetivo. No dice meramente que se opone a Dios, sino que es absoluta enemistad. No es oscuro sino oscuridad; no es una enemistad, sino la enemistad misma; no es corrupto, sino corrupción; no es rebelde, sino rebelión; no es impío, sino impiedad. El corazón es engañoso porque es en sí mismo engaño; es maldad en lo concreto, y pecado en su esencia; es el extracto, la quintaesencia de todo lo perverso; no es envidioso de Dios, sino la misma envidia; no está enemistado con Él, sino que es la enemistad misma.

No creo que sea necesario aclarar que se trata de «enemistad contra Dios». No acusa a los hombres de una simple aversión al dominio, leyes o doctrinas de Jehová, sino que asesta un golpe mucho más certero y

Estado pecador, Libertad, Elección

profundo. No hiere al hombre en la cabeza, sino que se introduce en su mismo corazón; pone el hacha a la raíz misma del árbol y lo llama «enemistad contra Dios», contra la persona de la Divinidad, contra la Deidad, contra el poderoso Autor del universo; no enemistad contra su Biblia o contra su Evangelio, aunque sería justo, sino contra Dios mismo, su esencia, su existencia y su persona. Sopesemos las palabras de este texto porque son solemnes. Han sido trazadas por Pablo, aquel maestro de elocuencia, y además, inspiradas por el Espíritu Santo, quien enseña al hombre cómo hablar rectamente. Quiera Él ayudarnos en la exposición de este pasaje, pues Él mismo lo puso a nuestra consideración.

Esta mañana hemos de reseñar varios puntos: 1) la veracidad de esta afirmación; 2) la universalidad del delito que se nos imputa; 3) nos adentraremos aún más en este tema, para llevar a vuestros corazones la enormidad de este delito. Después de ello, si nos queda tiempo, deduciremos un par de doctrinas que se derivan de este hecho en general.

I. LA VERACIDAD DE ESTA AFIRMACIÓN

En primer lugar consideremos la veracidad de esta gran declaración: «La intención de la carne es enemistad contra Dios». Nosotros, como cristianos, creemos todo cuanto esta escrito en la Palabra, y no necesitamos pruebas que nos acrediten su veracidad. Las palabras de la Escritura son palabras de infinita sabiduría, y si nuestra razón no logra vislumbrar la base de alguna afirmación de la revelación, ello nos obliga, más reverentemente, a creerla; pues estamos seguros de que, aún escapando a nuestro entendimiento, no puede estar en oposición a él. La Biblia dice: «La intención de la carne es enemistad contra Dios», y ello me basta.

1. Pero si necesitara otros testimonios, me remontaría a los pueblos de la antigüedad, y desplegando ante mí las páginas de la historia, os leería los horribles hechos de los hombres. Quizá llevaría vuestras almas al aborrecimiento, hablando de las crueldades de esta raza para consigo misma; mostrándo cómo el mundo es un campo de Acéldama por sus guerras, inundado de sangre por sus luchas y asesinatos; enumerando la negra lista de los vicios a que todas las naciones se han entregado, o declarando el verdadero carácter de alguno de los más famosos filósofos; cosas de las que me ruborizaría hablar, y que vosotros os negaríais a oír; sí, sería imposible para vosotros, refinados habitantes de un país civilizado, soportar la cita de los crímenes cometidos por aquellos hombres que, hoy día, son tenidos como dechados o modelo de perfección; temo que si toda la verdad hubiera sido escrita, levantaríamos la cabeza de la lectura de las vidas de esos poderosos héroes y orgullosos sabios de la tierra, para decirles a todos de una vez: «Todos se apartaron, a una fueron hechos inútiles; no hay quien haga lo bueno, no hay ni aun uno».

2. Y si todo lo dicho no bastase, os llevaría a los errores de los paganos; os hablaría de las intrigas de sus sacerdotes, por las que sus almas han sido esclavizadas en la superstición; pondría ante vosotros sus dioses, y seríais testigos de sus horribles obscenidades, los diabólicos ritos que son lo más sagrado para estos hombres embrutecidos. Entonces, después de haber oído cómo es la religión natural del hombre, os preguntaría: ¿cómo debe ser, pues, su irreligión? Si así es su devoción, ¿cómo será su impiedad? Si este es su amor ardiente a la deidad ¿cómo será su odio? Estoy seguro que reconoceréis que la acusación está probada, porque sabéis lo que es la raza humana, y que el mundo, sin reservas y sinceramente, debe exclamar: «¡Culpable!»

Otro argumento más puedo encontrarlo en el hecho de que los mejores hombres han sido siempre los que han estado más dispuestos a confesar su depravación. Los más santos, los más puros, son los que más la han sentido. El que lleva el vestido más blanco percibirá mejor las manchas aquel cuya corona brilla con más fulgor, sabrá cuando ha perdido una perla. Aquel que ilumina al inundo con su luz, podrá descubrir siempre su propia oscuridad. Los ángeles del cielo velan SUS rostros, y los ángeles de Dios que están en la tierra, su pueblo escogido, deben siempre velar los suyos con humildad, al recordar lo que eran. Oíd a David, él no era de los que se jactan de una naturaleza santa y de una condición pura. «He aquí, en maldad he sido formado, y en pecado me concibió mi madre». Leed de todos aquellos santos varones que escribieron este inspirado volumen, y los hallaréis confesando que no eran limpios; si, todos ellos; uno llegó a exclamar: «¡Oh! miserable hombre de mí; ¿quién me librará del cuerpo de esta muerte?».

3. Y aun más. Citaré otro testigo de la veracidad de este hecho, quien decidirá la cuestión, vuestra conciencia. ¡Conciencia, voy a interrogarte, responde, di la verdad! ¡No estés drogada por el láudano de tu propia seguridad! ¡Di la verdad! No has oído nunca decir al corazón: «¡Ojalá no hubiera Dios!» ¿No han deseado los hombres, muchas veces, que nuestra religión no fuese verdad? Aunque no han podido librarse del todo de la idea de la Divinidad, no han deseado que Dios no existiera? ¿No han sentido el deseo de que todas estas realidades divinas resultasen ser un engaño, una farsa y una impostura? «Sí», responden todos «este pensamiento ha cruzado por mí mente muchas veces. He deseado entregarme a la locura y que no hubiera ley que me refrenara; he deseado, como el necio, que no hubiera Dios». El pasaje de los Salmos: «Dijo el necio en su corazón, no hay Dios», está mal traducido. Debiera decir: «Dijo el necio en su corazón, fuera Dios». El necio no dice en su corazón que no hay Dios, porque él sabe que lo hay; sino que dice: «Fuera Dios, no necesito ninguno y desearía que no existiera». Y, ¿quién de nosotros no ha sido tan necio que deseara que Dios no existiera? Ahora, conciencia, ¡responde a otra pregunta! Tú has confesado que a veces has deseado que no hubiera Dios; imagínate que un hombre deseara la muerte de otro, ¿no significaría ello que lo odiaba? Y así, amigos míos, el desear que Dios no exista es prueba de que le aborrecemos. Cuando deseo que alguien muera y se pudra en la tumba, que no le hubiese sido dado el ser, debo de odiar a tal persona; de otra manera no desearía que fuese borrado

de la existencia. Así pues, este mero deseo y no creo que haya un solo hombre en el mundo que no lo haya sentido, prueba que «la intención de la carne es enemistad contra Dios».

¡Tengo aún otra pregunta, conciencia! ¿No ha deseado nunca tu corazón que, puesto que hay un Dios, fuera un poco menos santo, un poco menos puro, para que todas esas cosas que ahora son grandes crímenes pudieran ser tenidos como ofensas veniales, como pecadillos? Corazón, nunca has dicho: «Agradó a Dios que tales pecados no estuviesen prohibidos. ¡Le agradó ser tan misericordioso que los pasara por alto sin expiación! ¡Le agradó no ser tan severo, tan rigurosamente justo, tan severamente estricto en su integridad!» ¿No has dicho esto alguna vez, corazón mío? La conciencia debe responder: «Lo has dicho». Ese deseo tuyo de querer cambiar a Dios, prueba que tú no amas al Dios que existe, al Dios de cielos y tierra; y aunque puedas hablar de religión natural, y jactarte de que reverencias al Dios de los verdes campos, de las herbosas praderas, del agitado mar, del retumbante trueno, del azul del cielo, la estrellada noche y del gran universo; aunque amaras el bello y poético ideal de la Deidad, no sería el Dios de la Escritura, porque tú has deseado cambiar su naturaleza, y con ello has probado que eres su enemigo. Pero ¿por qué, conciencia, no he de ir derecho a la cuestión? Puedes atestiguar, si quieres decir la verdad, que todos cuantos estamos aquí hemos transgredido mucho contra Dios, hemos traspasado sus leyes tan frecuentemente, profanado sus sábados, pisoteado sus estatutos y despreciado su Evangelio, que es verdad, la más grande de las verdades: «la intención de la carne es enemistad contra Dios».

II. LA UNIVERSALIDAD DEL DELITO

Ahora, en segundo lugar, consideraremos la universalidad del delito. ¡Cuán amplia es esta afirmación! No habla de una persona ni de una clase especial de caracteres, sino de «la carne». Es una afirmación absoluta que incluye a todos los individuos. Todo ser no regenerado por el Espíritu Santo puede

Estado pecador, Libertad, Elección

ser llamado carnal con toda propiedad, y su intención es «enemistad contra Dios».

1. Notad que, por ser de carácter universal, afecta a todas las personas; y no quedan excluidos ni siquiera los niños de pecho. Nosotros les llamamos inocentes, y en realidad lo son de transgresiones reales, pero como dice el poeta: «En el más tierno pecho hay una piedra». En la mente de un niño hay enemistad contra Dios; no está desarrollada, pero allí está. Hay quien dice que aprenden a pecar por imitación; pero no es así. Tomad un pequeño y, antes de que crezca, ponedle bajo las más piadosas influencias; que el aire que respire esté purificado por la piedad, que beba en arroyos de santidad, que sólo oiga la voz de la oración y la alabanza, que sus oídos estén siempre afinados por las notas del canto sacro; ese niño, a pesar de todo, puede llegar a ser uno de los más grandes transgresores; y aunque en apariencia esté colocado en el mismo camino del cielo, si no es dirigido por la gracia divina marchará hacia abajo, hacia el abismo. ¡Oh!, cuán verdad es que algunos que han tenido los mejores padres han resultado ser los peores hijos; muchos que han sido educados bajo los más santos auspicios, entre las más edificantes escenas de piedad, han llegado, sin embargo, a ser perdidos y licenciosos. Así pues, el niño es malo, no por imitación, sino por naturaleza. Admitid que los pequeños también son carnales; el texto dice: «La intención de la carne es enemistad contra Dios». He oído decir que el cocodrilo recién nacido, cuando todavía no han no ha salido del todo del cascarón, se pone rápidamente en posición de ataque, abriendo sus fauces como si hubiese sido enseñado y adiestrado. Sabemos que los cachorros de león, aún después de haber sido amansados y domesticados, conservan en su interior la fiereza natural de su raza, y sí se les diese libertad, devorarían con la misma ferocidad que los otros. Igual sucede con el niño; podéis cubrirlo con los verdes mimbres de la educación; podéis hacer con él lo que queráis; pero dado que no sois capaces de cambiar su corazón, su mente carnal continuará en enemistad contra Dios, y a pesar de la inteligencia, talento y cuanto pudierais darle para su provecho, será, si no tan manifiestamente perversa, de la misma índole pecaminosa que la de cualquier otro niño: «La intención de la carne es enemistad contra Dios».

2. Y si decimos esto de los niños, podemos aplicarlo igualmente a toda clase de personas. Hay hombres que han venido a este mundo dotados de un espíritu superior, que andan como gigantes, arropados en mantos de luz y gloria; me estoy refiriendo a los poetas, seres que se yerguen como colosos, más grandes que nosotros, y que parecen descender de las esferas celestiales. Hay otros de aguda inteligencia, quienes, investigando los misterios de la ciencia, descubren cosas que han estado ocultas desde la creación del mundo; hombres de penetrante mirada y gran erudición. Y aún de todos ellos poetas, filósofos, físicos y grandes descubridores puede decirse: «La intención de la carne es enemistad contra Dios». Tomad al hombre; instruidle, haced su inteligencia casi como la de los ángeles, infundid en su alma tan admirable espíritu que entienda lo que para nosotros son enigmas y misterios, y pueda descifrarlos en un instante sin esfuerzo; podéis hacerlo, tan poderoso que pueda entender los inexpugnables secretos de las colinas eternas y, en su puño, reducirlos a átomos; dadle una visión aguda, capaz de penetrar en los arcanos de las rocas y montañas; poned en él un alma tan poderosa que pueda vencer a la gigantesca Esfinge que por siglos conturbó a los más grandes hombres de ciencia, y con todo, cuando hayáis hecho todo esto, su mente seguirá siendo depravada, y su corazón carnal continuará en oposición a Dios. Y no solo eso; traedlo a la casa de oración, que escuche constantemente la más clara predicación de la Palabra y que oiga las doctrinas de la gracia en toda su pureza y santa unción, que aún así, si esa santa unción no descansa sobre él, todo habrá sido en vano. Quizás asista con la máxima regularidad a los cultos, pero como las piadosas puertas de la capilla, con su movimiento de vaivén, entrando y saliendo, él continuará siendo el mismo; tendrá a lo sumo una cierta apariencia de religiosidad,

pero su mente carnal continuará en enemistad contra Dios. Esta aseveración no es mía, sino que es una declaración de la Palabra de Dios; y podéis creerla o no, pero no discutáis conmigo; es el mensaje de mi Maestro, y es verdad para todos vosotros hombres, mujeres y niños, y para mí también que si no hemos sido regenerados y convertidos, si no hemos experimentado un cambio en el corazón, nuestra naturaleza carnal permanece en enemistad contra Dios.

Asimismo, notad la universalidad de este pecado en todo momento. La intención de la carne es en todo instante enemistad contra Dios. «¡Oh, sí!», dirá alguno «puede ser verdad que muchas veces nos hayamos opuesto a Él; pero no fue siempre. Habrá habido momentos, cierto, en que hemos sido rebeldes, en que nuestras pasiones nos han arrastrado; pero también los ha habido de bondad, cuando verdaderamente hemos sido amigos de Dios y le hemos rendido sincera devoción». Hemos permanecido (continúa el que así habla) en la cima de la montaña hasta que, a la vista del panorama que se ofrecía a nuestros pies, nuestras almas han quedado arrobadas y nuestros labios han entonado un himno de alabanza:

«Gloriosas son tus obras,
creador de bondades.
¡Oh!, Todopoderoso,
tuyo es el universo,
Perfecto en su estructura
como Tú eres perfecto».

Sí, pero lo que es verdad un día, puede ser mentira al otro; «la intención de la carne es enemistad contra Dios» en todo momento. El lobo, aunque duerma, sigue siendo lobo; la serpiente de matices azulados, aunque esté aletargada entre las flores y un niño pueda acariciar su viscoso lomo, seguirá siendo serpiente; no cambia su naturaleza porque esté dormida. El mar es lugar de grandes tempestades, aún cuando aparezca tranquilo y cristalino como un lago. El trueno es siempre poderoso y su sonido causa horror, por muy lejos que lo oigamos. Y el corazón, aún cuando no percibamos su ebullición, aunque no vomite su lava ni arroje fuera las ardientes piedras de su corrupción, será siempre el mismo terrible volcán.

A todas horas, en todo momento, a cada instante (y digo esto con palabras de Dios), si sois carnales, sois todos enemigos de Dios.

3. Veamos otro pensamiento acerca de la universalidad de esta afirmación. Todo el ser es enemistad contra Dios. El texto dice: «La intención de la carne es enemistad contra Dios»; es decir, todo el hombre, todo él; sus facultades y deseos. He aquí una pregunta que se oye con bastante frecuencia: «¿Qué parte del hombre ha sido herida por la caída?». Algunos creen que solamente sus afectos quedaron dañados, pero que la inteligencia permaneció incólume. Para apoyar su razonamiento citan la sabiduría del hombre y sus grandes descubrimientos, tales como la ley de la gravitación universal, la máquina de vapor y las ciencias naturales. Pero yo creo que todas estas cosas son una pobre manifestación del saber humano, comparado con lo que ocurrirá en los próximos cien años, y de insignificante valor si pensamos en lo que el hombre hubiera podido lograr si su inteligencia hubiese continuado en su prístina condición. Creo sinceramente que la caída aplastó al hombre por completo, y que, si bien al precipitarse como un alud sobre el grandioso templo de la naturaleza humana quedó algún capitel sin destruir, y entre las ruinas encontráis, aquí y allá, gárgolas, pedestales, cornisas y columnas casi enteras, con todo, toda la estructura se derrumbó, y sus más preciadas reliquias son cosas caídas, hundidas en el polvo. Todo el hombre está desfigurado. Mirad nuestra memoria; ¿no es cierto que también está degenerada? Yo puedo recordar lo malo mucho mejor que lo que sabe a piedad. Si oigo una canción obscena su música infernal vibrará en mis oídos hasta que la cabeza se me cubra de canas; pero si fuera de santa alabanza, ¡qué lástima! ... la olvidé. Porque la memoria agarra con mano de hierro todo lo malo y sujeta con débiles dedos todo lo bueno. Permite que las maderas preciosas de los bosques del Líbano se deslicen por el arroyo del olvido; pero retiene toda la hez e inmundicia que sube de la depravada ciudad de Sodoma. Alberga lo malo y deja lo bueno. La memoria

Estado pecador, Libertad, Elección

está pervertida. E igual ocurre con nuestros afectos. Amamos todo lo de esta tierra más de lo que debiéramos; nuestro corazón se siente pronto atraído por una criatura, pero muy pocas veces por su Creador; y aún cuando lo entreguemos a Jesús, su intención es siempre apartarse de Él. ¿Y nuestra imaginación? ¡Oh! ¡Cómo se revela cuando el cuerpo está enfermizo! Dad al hombre algo que lo intoxique, drogadlo con opio, y ¡con qué alegría danzará su imaginación! ¿Cómo volará con alas más que de águila, como un pájaro libre! Ve cosas que no hubiera soñado ni aún en las sombras de la noche. ¿Por qué no obra la imaginación cuando el cuerpo está en condiciones normales? Simplemente, porque está depravada, y mientras no entra en acción un elemento extraño mientras el cuerpo no comienza a estremecerse bajo los efectos de la intoxicación la fantasía no puede celebrar su orgía. Existen espléndidas muestras de lo que algunos hombres escribieron bajo el maldito influjo de bebidas espirituosas. La mente está tan corrompida que desea todo cuanto pueda sumir al cuerpo en condiciones anormales; y en ello tenemos una prueba de que la imaginación se ha descarriado. ¿Y el juicio? Puedo probar lo injusto de sus decisiones. Y de igual modo puedo acusar a la conciencia, haciéndoos ver su ceguera y tolerancia para con las más grandes atrocidades. Si recapacitamos sobre cada una de nuestras facultades, no cabe duda de que habremos de escribir sobre todas ellas: «¡Traidor contra el cielo! ¡Traidor contra Dios!» Porque la intención de toda la carne «es enemistad contra Dios».

Ahora bien, queridos oyentes, solo «la Biblia es la religión de los protestantes», pero hay un libro, reverenciado por nuestros hermanos los episcopales, que me da completamente la razón y que me complace citar. Habéis de saber que si me juzgáis por los Artículos de la Iglesia Anglicana, no hallaréis bajo el azul del cielo predicador más fiel al Evangelio que el contenido de ellos; porque si hay un verdadero compendio del Evangelio, éste se encuentra en los mencionados artículos. Para demostraros que no os hablo de doctrinas extrañas, leamos el artículo noveno que trata del pecado original o de nacimiento: «El pecado original no consiste en imitar a Adán (como vanamente enseñan los pelagianos), sino que es la falta y la corrupción de la naturaleza de todo hombre, engendrada de modo natural en todos los descendientes de Adán, por la cual el hombre se encuentra completamente alejado de su primitiva justicia, y es inclinado por su propia naturaleza a hacer el mal, de manera que la carne codicia siempre contra el espíritu; y por tanto, toda persona venida a este mundo es merecedora de la condenación y de la ira de Dios. Y esta contaminación de la naturaleza permanece aún en aquellos que han sido regenerados; por lo que la concupiscencia de la carne, en griego *frónema sarkos* y que algunos interpretan como sabiduría, sensualidad, afecto o deseo de la carne, no se sujeta a la ley de Dios. Y aunque no hay condenación para aquellos que creen y son bautizados, con todo, el apóstol confiesa que la concupiscencia y el deseo tienen en sí mismos la naturaleza del pecado». No necesito más. ¿Hay alguno que crea en el ritual y que no esté de acuerdo con la doctrina de que «la intención de la carne es enemistad contra Dios»?

III. LA GRAVEDAD DE ESTA CULPA

En tercer lugar, como dije al principio, trataré de mostraros la gravedad de esta culpa. Me temo, hermanos, que con mucha frecuencia, cuando consideramos nuestra situación, no pensamos tanto en la culpa en sí como en sus consecuencias. Muchas veces he leído sermones sobre la inclinación del pecador a hacer lo malo, en los que esto ha sido eficazmente probado, humillando y abatiendo el orgullo humano; pero hay algo que, si se pasa por alto, lo considero una omisión lamentable, la doctrina de que el hombre es culpable de todas estas cosas. Si su corazón está contra Dios, debemos decirle que es por su pecado; y si no puede arrepentirse, deberíamos decirle que la única causa de su impotencia es el pecado; que su desvío de Dios es pecado; que su alejamiento de Dios es pecado. Tengo la impresión, hermanos, de que muchos de los que estamos aquí debemos reconocer que no

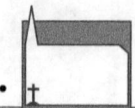

SERMONES SELECTOS

acusamos a nuestras conciencias de su pecado. Sí, decimos, hay en nosotros mucha maldad. ¡Desde luego! Pero nos quedamos tan tranquilos. Hermanos míos, no debiera ser así. Precisamente nuestro delito es tener esta maldad que deberíamos confesar como algo enorme; y si yo, como ministro del Evangelio, no buscara donde reside la raíz de la maldad, no daría con el verdadero virus de la misma. Y sería omitirlo que es su misma esencia, si no os hiciera ver que es un delito. Así pues «la intención de la carne es enemistad contra Dios». ¡Qué gran pecado es éste! Esto se pondrá de manifiesto de dos formas. Considerad nuestra posición en relación con Dios, y entonces, recordad lo que Dios es; y cuando haya hablado de estas dos cosas, espero que veáis verdaderamente que estar enemistado con Dios es pecado.

1. ¿Qué es Dios para nosotros? Es el Creador de cielos y tierra, el que sostiene las columnas del universo, el que con su aliento perfuma las flores y con su lápiz las pinta de bellos colores; Él es el autor de esta maravillosa creación; «somos ovejas de su prado; él nos hizo, y no nosotros a nosotros mismos»; está unido a nosotros en parentesco como Hacedor y Creador, y por ello exige ser nuestro Rey. Él es nuestro legislador, el autor de la ley; y para que nuestro pecado sea más negro todavía. Él es gobernador de la providencia, porque es Él quien nos cuida día tras día. Provee nuestras necesidades, mantiene la respiración en nuestros pulmones, ordena a la sangre que siga su curso por nuestras venas, nos mantiene en vida y nos guarda de la muerte, se nos presenta como nuestro Creador, nuestro Rey, nuestro Sustentador, y nuestro Bienhechor. Y yo pregunto: ¿No es un pecado de enorme magnitud alta traición contra el Emperador del cielo, no es un horrible pecado, cuya profundidad no podemos medir con todas las sondas de nuestra razón, que nosotros, sus criaturas, que dependemos de Él en todo y para todo, seamos sus enemigos?

2. Pero el delito adquiere sus verdaderas proporciones cuando pensamos en lo que Dios es. Permitid que personalmente apele a vosotros en forma de interrogatorio para que mis palabras tengan más fuerza. ¡Pecador! ¿por qué estás enemistado con Dios? Él es un Dios de amor, Él es bueno para con sus criaturas, te mira con amor benevolente y por eso cada día su sol brilla sobre ti, estás alimentado y vestido, y has llegado hasta aquí con salud y vigor. ¿Odias a Dios porque te ama? ¿Es ésa la razón? ¡Considera cuántas mercedes has recibido de sus manos todos los días de tu vida! No has nacido deforme y has tenido una salud considerable, has sido rescatado muchas veces de la enfermedad cuando estabas a las puertas de la muerte, su brazo ha detenido tu alma cuando estaba a un paso de la destrucción. ¿Odias a Dios por todo esto? ¿Le odias porque por su tierna misericordia te perdonó la vida? ¡Contempla cuánta bondad ha derramado sobre ti! Podía haberte enviado al infierno, pero estás aquí. Así pues, ¿le odias por perdonarte? ¿Por qué razón eres su enemigo? ¿No sabes que Dios envió al Hijo de su amor, colgándolo de un madero, y allí lo sujetó hasta que murió por los pecadores, el justo por los injustos? Y ¿odias a Dios por ello? ¡Oh! pecador, ¿es ésta la causa de tu enemistad? ¿Serás tan desagradecido que devuelvas odio por amor? Y porque te ha rodeado de favores, colmado de misericordia y llenado de bondad infinita, ¿le aborreces? Él puede decir como Jesús a los judíos: «¿Por cuál obra de éstas me apedreáis?». ¿Por cuál de estas obras odias a Dios? Si una persona te procurara el alimento, ¿la odiarías?; si te vistiera, ¿abofetearais su rostro?; si te hubiese dado talentos, ¿volverías esas facultades contra ella? ¡Oh, responde! ¡Forjarías tú el hierro y la daga para clavarlo en el corazón de tu mejor amigo? ¿Odias a la madre que te amamantó sobre sus rodillas? ¿Maldices al padre que veló por ti sabiamente? Dices que no; nosotros sentimos algo de gratitud hacia nuestros familiares de este mundo. ¿Cómo son vuestros corazones, y dónde los tenéis, que aún podéis odiar a Dios y ser sus enemigos? ¡Oh, diabólico crimen, satánica atrocidad, iniquidad que no hay palabras para describir! ¡Odiar al Amor Supremo, despreciar la esencia de la bondad, aborrecer al siempre misericordioso, desdeñar al

eterno bienhechor, escarnecer al bueno, al compasivo, y sobre todo, odiar al Dios que entregó a su Hijo para morir por nosotros! Temblad al solo pensamiento de que «la intención de la carne es enemistad contra Dios». Querría hablaros con más poder, pero únicamente mi Maestro puede grabar en vosotros el enorme mal del horrible estado de vuestro corazón.

IV. GRACIA, JUSTIFICACIÓN Y REGENERACIÓN

De todo lo que hemos considerado, trataré de deducir, como os dije al principio, un par de importantes doctrinas.

1. ¿Está la carne «en enemistad contra Dios?» Entonces la salvación no puede ser por méritos, sino por gracia. Si estamos enemistados con Él, ¿qué mérito podemos tener? ¿Cómo podemos merecer algo de aquel a quien odiamos? Pero aunque fuésemos tan puros como Adán, tampoco mereceríamos nada; porque no creo que él tuviera ningún mérito delante de su Creador, ya que cuando había guardado todas sus leyes, siervo inútil era, pues no había hecho más de lo que debía hacer:

2. Otra doctrina que sacamos es la necesidad de un completo cambio de nuestra naturaleza. Es verdad que desde que nacemos somos enemigos de Dios. ¡Qué necesario es, pues, que nuestra naturaleza sea cambiada!; pero hay muy poca gente que lo crea sinceramente y piensan que, cuando estén a las puertas de la muerte, con clamar «Señor, ten misericordia de mí» irán derechos al cielo. Supongamos, por un momento, un caso imposible de que suceda. Imaginad un hombre que, sin que su corazón hubiese cambiado, entrara en el cielo. Se acerca a la puerta, oye un cántico, ¡se sobresalta!: es de alabanza a su enemigo. Ve un trono, y sentado en él a alguien que es glorioso, es su enemigo. Pasea por calles de oro, pero aquellas calles son de su enemigo. Ve huestes de ángeles, pero aquellas huestes son de siervos de su enemigo. Está en casa de su enemigo, porque se halla enemistado con Dios. No podría unir su voz al coro que canta, porque no sabría la música. Permanecería quieto, callado, hasta

que Cristo dijera, con voz más fuerte que miles de truenos: ¿Qué haces tu ahí? ¿Enemigos en un banquete de bodas? ¿Enemigos en la casa de los hijos de Dios? ¿Enemigos en el cielo? «Echadle de aquí ¡Apártate, maldito, al fuego eterno del infierno!» ¡Oh, amigos!, si el hombre no regenerado pudiera entrar en el cielo, y cito una frase harto repetida de Whitefield, sería tan desgraciado allá, que rogaría a Dios le permitiera precipitarse en el infierno en busca de refugio. Si pensamos en la condición futura, debemos reconocer que es necesario un cambio, porque ¿cómo podrán jamás los enemigos de Dios sentarse a las bodas del Cordero? Mas habiendo venido a ser enemigos de Dios, ¿qué esperanza de salvación tenemos por nuestras obras? No; la Biblia nos dice desde el principio hasta el fin que la salvación no es por las obras de la ley, sino por la acción de la gracia. Martín Lutero decía que él predicaba continuamente la justificación por la fe sola, y añadía: «Porque la gente suele olvidarlo; de manera que casi me veo obligado a golpear sus cabezas con mi Biblia para meterla en sus corazones». Y es una realidad que incesantemente olvidamos, que la salvación es por la gracia sola; pero nosotros siempre intentamos añadir las migajas de nuestra virtud, queremos cooperar en algo. Recuerdo un dicho del viejo Matthew Wilkes: «¡Tratar de salvarse por las obras es como intentar llegar a América en un barco de papel!».

¡Es imposible salvaros por ellas! El pobre legalista es como el caballo ciego que da vueltas al molino; o como el prisionero que sube los escalones de la rueda con que mueve una máquina sin moverse nunca del mismo sitio, siempre al mismo nivel después de todo su esfuerzo, sin una esperanza ni tierra firme donde apoyarse. No hace bastante «nunca bastante». La conciencia siempre dice: «Esto no es perfección; debería ser mejor». La salvación de los enemigos ha de ser por medio de un embajador por una expiación; sí, por Cristo.

3. Y para terminar y esto está en el texto, después de todo recordaré que este cambio debe ser obrado por un poder superior al vuestro. Un enemigo puede convertirse en

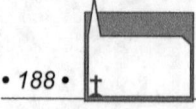

amigo, pero nunca la enemistad en amistad. Si el ser enemigo se debiera a algo añadido a la naturaleza del hombre, éste podría transformarse en amigo; pero si la misma esencia de su existencia es enemistad positiva, ésta no puede cambiarse a sí misma. Debe haber algo mucho más poderoso que lo que nosotros podamos hacer, y este algo es precisamente lo que se ha olvidado en nuestros días. Si deseamos más conversiones, hemos de predicar con más frecuencia como tema el Espíritu Santo. Os digo, amigos, que aunque os cambiéis a vosotros mismos, aunque os hagáis mejores y mejores cada día, jamás seréis lo suficientemente buenos para el cielo. Hasta que el Espíritu de Dios ponga sobre vosotros su mano, hasta que renueve vuestro corazón y purifique vuestra alma, hasta que cambie totalmente vuestro espíritu y os haga nuevas criaturas, no podréis entrar en el cielo. Cuán seriamente deberíais pararos a meditar. Heme aquí: criatura de un día, mortal nacido para morir, y sin embargo inmortal. Ahora estoy enemistado con Dios. ¿Qué haré? ¿No es mi obligación y mi dicha preguntar dónde puede hallar un camino que me lleve a la reconciliación con Él?

CONCLUSIÓN

¡Oh! afligidos esclavos del pecado, ¿no son vuestros caminos senderos de locura? ¿Es sensato odiar a Dios? ¿Es sensato estar enemistado con Él? ¿Es prudente despreciar las riquezas de su gracia? Si es sensato, será una sensatez infernal. Si es sabio, será con la sabiduría que es necedad para con Dios. ¡Oh!, quiera el Todopoderoso concederos que os volváis a Jesús con firme propósito de corazón. Él es el embajador del cielo; puede pacificar por su Sangre, y aunque hayáis entrado aquí como enemigos, si podéis mirar a la serpiente de bronce que fue levantada, a Cristo Jesús, saldréis por esa puerta siendo sus amigos. Puede que el Espíritu Santo haya convencido de pecado a alguno. A vosotros os anunciaré el camino de salvación: «Como Moisés levantó la serpiente en el desierto, así es necesario que el Hijo del hombre sea levantado para que todo aquel que en Él cree, no se pierda, mas tenga vida eterna». ¡Mirad, trémulos penitentes, he aquí los medios de vuestra libertad! Volved vuestros ojos llorosos a la cima del Calvario, y contemplad a la víctima de la justicia, el sacrificio expiatorio de vuestras transgresiones. Ved al Salvador en su agonía, cubierto de sangre el precio de vuestras almas soportando vuestro castigo, rodeado de las más intensas angustias y dolores. Él murió por ti, si ahora confiesas tus culpas.

Ven, alma condenada, vuelve tus ojos acá, porque una sola mirada salva. Pecador, tú has sido mordido. ¡Mira!, sólo ¡mira!; simplemente ¡mira! Y aunque no puedas hacer otra cosa sino mirar a Jesús, tú eres salvo. Oye la voz del Redentor: «Mirad a mí y sed salvos». ¡Mirad! ¡Mirad! ¡Mirad! ¡Oh!, alma culpable,

> «Abrázate a Jesús crucificado
> Sin dejar que se mezcle otra creencia
> Sólo Él puede hacer buena la conciencia
> Del pobre pecador desamparado».

Quiera mi bendito Señor ayudaros a ir a Él, y llevaros a su Hijo, por amor de Jesús. Amén y amén.

21. ¿POR QUÉ EL EVANGELIO ESTÁ ENCUBIERTO?[3]

«Pero aun si nuestro evangelio está encubierto, entre los que se pierden está encubierto» (2 Corintios 4:3).

INTRODUCCIÓN:
1 ¿Qué debe predicar un ministro?
2. ¿Qué predicaba Pablo?
3. Cristo es la gloria del Evangelio.

I. EL EVANGELIO ENCUBIERTO Y REVELADO
1. Los incrédulos pueden entender la sencillez del Evangelio.
2. El Evangelio está aclarado en la Biblia.
3. En el Evangelio no hay oscuridad.

---

[3] Sermón predicado el 8 de Febrero de 1866 en el Tabernáculo Metropolitano, Newington.

Estado pecador, Libertad, Elección

II. LO QUE ENCUBRE
1. El pecado es lo que encubre el Evangelio.
2. El hombre no se entiende a sí mismo.
3. No entiende porque interfiere en sus intereses.

III. ¿CUÁL ES EL ESTADO DE AQUELLOS A LOS QUE LES ES ENCUBIERTO?
1. Están perdidos.
   a) Perdidos para la Iglesia
   b) Perdidos para Dios

CONCLUSIÓN:
1. ¿Qué es lo que se debe temer al no tener el Evangelio?
2. El futuro en la Eternidad.
3. Jesús es el Gran Maestro.

¿POR QUÉ EL EVANGELIO ESTÁ ENCUBIERTO?

INTRODUCCIÓN

En este versículo y en el siguiente tenemos una descripción muy breve pero muy completa de lo que todo ministro del evangelio debe predicar. En primer lugar, debe predicar *el evangelio*. No debe predicar sobre metafísica, ni sobre política, ni sobre simple moralidad, ni predicar simplemente doctrinas como tales. Debe de predicar el evangelio, que quiere decir buena nueva, algo nuevo, y algo bueno, tan bueno que nada lo puede igualar. Son las buenas noticias de misericordia para el culpable, las benditas nuevas de que Dios baja al hombre para que el hombre pueda subir a Dios, las nuevas de bienvenida de la expiación hecha por la culpa humana. Es tan nueva como buena; llega como una extraña novedad para el oído atento. La mitología nunca lo soñó, el intelecto humano nunca lo hubiera podido inventar, ni siquiera el intelecto de los ángeles podría diseñar un plan: «Tan justo para Dios, tan seguro para el hombre».

La ocupación del ministro cristiano es predicar estas buenas nuevas, hacer del conocimiento de los pecadores la buena noticia de que hay un Salvador, mostrar a los culpables a Cristo, y decir constantemente a cada pecador: «Cree en el Señor Jesús y serás salvo». No me importa cuánta es la cultura o la elocuencia del ministro; aunque pueda hablar con la lengua de los hombres y de los ángeles, si no predica a Cristo, y exhorta a los pecadores a confiar en Él, ha equivocado su misión, y se ha desviado del gran objetivo para el cual fue enviado.

Este evangelio es llamado en el texto «nuestro evangelio». Por esta expresión entiendo que el ministro debe aceptarlo él mismo, primero, antes de presentarlo a otros. Yo debo ver a Jesús como mi Salvador personal, para poder proclamar a los demás: «Miradlo y sed salvos, todos los confines de la tierra». Debo ser capaz de decir:
   «Vine a Jesús, y bebí
   de ese manantial que da vida;»
   y entonces, y sólo entonces,
   debo exclamar:
   «Oh, todos los sedientos,
   ¡venid a las aguas!».

1. ¡Qué miserable e infeliz es el que predica a otros un evangelio que no comparte! Pone la mesa, e invita a otros para que vengan al banquete, mientras él se muere de hambre. Es como un médico atacado por la plaga que conoce el remedio para la enfermedad, ve que otros se curan por medio de él, y sin embargo se muere con el remedio en su mano. Ay de mí, de todos los destinos más espantosos en el otro mundo, así como más incómodos en esta vida presente, seguramente que es el destino del hombre que predica a otros lo que él mismo no ha experimentado nunca en su alma.

Bien podía llamarlo Pablo «nuestro evangelio» porque lo había salvado a él, el primero de los pecadores, convirtiéndolo en un amado apóstol de Jesucristo. Podía llamarlo «nuestro evangelio», porque lo había sostenido firme en tiempos de persecución, y en medio de todos los peligros a los que había estado expuesto, y por el que finalmente ofrendó su vida como sacrificio; también debe ser «nuestro evangelio», «para tenerlo y guardarlo», o de lo contrario, no podemos predicarlo con ningún poder.

2. En el versículo que sigue a nuestro texto, se dice algo más de este evangelio; se le llama «evangelio glorioso». Había algo en él que despertaba y encendía los pensa-

mientos más nobles en el apóstol. Pablo no se vanagloriaba. «Lejos esté de mí el gloriarme», decía, pero había una excepción: «sino en la cruz de nuestro Señor Jesucristo». No se presentaba como un mero apologista del evangelio, ni decía: «Puedo defenderlo contra todos, y sostener que es razonable»; se gloriaba en él como la verdad suprema que era y más elevada, más sabio que toda la sabiduría de los estoicos, y más lleno de alegría que todos los placeres de los epicúreos.

Se gloriaba en ese evangelio que trae perdón total y gratuito al penitente, ese evangelio que toma a los más viles y más bajos de los hombres y los hace príncipes en la corte del Rey de reyes, ese evangelio que llega a los hombres que viven en la pobreza, en la esclavitud, en la degradación de la superstición, en la idolatría, y en el crimen, y los saca del pozo horrible y del lodo y pone sus pies sobre la Roca de la eternidad, los lava, los viste, pone una cántico nuevo en sus bocas, los protege para que no caigan, y por último los lleva donde verán el rostro de Dios, y morarán para siempre en su presencia. Es ciertamente un evangelio glorioso el que puede hacer todo esto; pero, ¡ay! la mayor parte de los hombres se comporta como el gallo que escarba en la basura, que cuando encontró una perla, dijo que hubiera preferido hallar un grano de cebada; piensan más en su maíz y en su vino, en sus fiestas y su alegría, que en las cosas inefablemente gloriosas del reino de los cielos. ¡Oh, que tuvieran la suficiente sabiduría para percibir las glorias de este glorioso evangelio!

Pablo más adelante lo llama «el evangelio de la gloria de Cristo». Y bien que podía hacerlo porque todo él trata de Cristo de principio a fin. Denme un predicador verdadero del evangelio de la gloria de Cristo, y yo gustosamente lo escucharé. Me gustaría que fuera un ministro educado de ser posible, porque no hay necesidad de que mi oído sea torturado con errores de gramática. Pero no me preocupo tanto por eso sino por el otro tema. Preferiría escuchar el evangelio de Cristo predicado con errores gramaticales que escuchar la mejor filosofía, expuesta en las frases más ordenadas, pero que hace a un lado al evangelio de Cristo.

Cuando se pone la mesa para la cena, es bueno tener un mantel limpio bordado, y la vajilla de porcelana, vasos de cristal y la cuchillería adecuada y en sus lugares apropiados; pero si no hay comida en los platos, todas esas cosas son una mera burla para los hambrientos que están esperando ser alimentados. Con mucho más gusto iría a una mesa desnuda, y comer en un plato de madera algo para calmar mi apetito, que ir a una mesa bien puesta en la que no hubiera nada que comer.

Sí, a quien debemos predicar es a Cristo, a Cristo, a Cristo; y si lo hacemos a un lado, hacemos a un lado al alma misma del evangelio. Los sermones sin Cristo causan regocijo en el infierno. Los predicadores sin Cristo, los maestros de catecismo de los domingos sin Cristo, los líderes sin Cristo, los que distribuyen folletos sin Cristo, ¿qué hacen todos ellos? Simplemente ponen a trabajar al molino sin poner maíz en su tolva, todo su esfuerzo es inútil. Si ustedes hacen a un lado a Cristo, simplemente están dando golpes al aire, o van a la guerra sin ninguna arma con la que puedan golpear al enemigo.

3. Querido amigo, si no eres convertido, déjame hacer una pausa durante unos instantes, para recordarte que éste no es un evangelio del yo, ni un evangelio de obras, ni un evangelio de bautismo, ni un evangelio de sacerdotes, ni un evangelio de ministros, sino que es el «evangelio de la gloria de Cristo». Olvida a quienes lo predican si quieres, pero ¡no olvides al Salvador sangrante y agonizante, a quien se te pide que veas! Tu esperanza debe estar en Él, y sólo en Él. A Él con afecto te dirigimos, y le rogamos al Espíritu Santo que cierre tus ojos para todo lo que no sea Él a quien Dios ha establecido para ser propiciación por el pecado.

«Hay vida cuando se mira al
Crucificado;
Hay vida en este momento para ti;
Entonces mira pecador,
míralo a Él y sé salvo,
A Él que fue clavado en el madero.»
«No son tus lágrimas
de arrepentimiento ni tus oraciones,

Estado pecador, Libertad, Elección

Sino la sangre la que expía por el alma:
En Él, que la derramó por ti, cree de inmediato y
Pon sobre Él tu carga de iniquidades.»
«Por sus azotes somos sanados: ¿qué más querrías?
Y Él se ha hecho nuestra justicia:
Te invita a ponerte el mejor traje del cielo:
¡Oh, ¿cómo podrías estar mejor ataviado?»
«No dudes en darle tu bienvenida, Dios ha declarado
que no queda más por hacer;
Que a su tiempo una vez apareció en el mundo;
Y completó el trabajo que inició.»

Con esta introducción más bien larga, llego a los tres puntos sobre los que voy a hablar brevemente, aunque muy solemnemente, porque creo que tiene que ver con muchos de ustedes. Así que, primero, pregunto, *¿porqué está este evangelio encubierto para alguna gente?* Segundo, *¿cuál es el estado de aquellos para quienes está encubierto?* Y tercero, *¿qué se debe temer en lo que concierne a ellos en el futuro?*

I. EL EVANGELIO ENCUBIERTO Y REVELADO

1. Es evidente que hay algunas personas en el mundo que no entienden el evangelio, y me atrevo a decir que *el evangelio nunca es entendido hasta que es recibido*. Podría pensarse que los hombres podrían muy rápidamente entender algo tan simple como «Crean y vivan». Sin embargo los que hemos sido convertidos debemos confesar que no entendimos el evangelio hasta que lo recibimos. Estoy seguro de que nunca entendí el plan de salvación hasta que creí en el Señor Jesucristo; y cuando creí, todo el tema me pareció tan simple que me pregunté por qué no lo había entendido antes. Ustedes observan que el apóstol declara que no fue su culpa que el evangelio estuviera encubierto para algunas personas; y aunque no nos podríamos comparar con ningún apóstol, tenemos tan claro este punto de sencillo lenguaje como cualquier apóstol de los que han vivido. Si «nuestro evangelio» está encubierto para cualquiera de nuestros oyentes, no es por el lenguaje fino que utilizamos. Nos parece que hay quienes, al predicar el evangelio, caen en una oratoria tan elocuente que su evangelio está encubierto para los que lo oyen, pero éste no es un pecado del que se nos pueda acusar. Utilizamos lo que Whitefield llamó «lenguaje del mercado». Empleamos mucho más las palabras sencillas que las complicadas. Si tuviéramos que encontrar al evangelio a través de los tipos y símbolos de la ley, podríamos tener dificultad en entenderlo; pero el evangelio que hemos de predicar es éste simplemente: «Cree en el Señor Jesús y serás salvo». «Confía en Él que sufre como Sustituto en tu lugar, y serás salvo.»

¿Puede haber algo más sencillo que eso? Tratamos de usar las más sencillas comparaciones a fin de presentar la verdad para que pueda ser comprendida por el más débil de nuestros oyentes; es un asunto de conciencia, como a la vista de Dios, hablar a los hombres muy sencillamente de manera que cada uno, después que haya oído el mensaje, se vea obligado a admitir que se le ha entregado muy fácilmente. ¿Cómo es pues, que ustedes no lo entienden?

2. Ciertamente, *no es porque encubramos al evangelio en una larga lista de ceremonias*. Nunca les hemos dicho a ustedes, «deben de ser bautizados en su infancia, deben tener padrinos que prometen todo tipo de cosas en su nombre; y luego, cuando crezcan deben ser confirmados y deben asumir la responsabilidad ustedes mismos». Oh, no; nunca hemos hablado así; los dirigimos a la Biblia divinamente inspirada, y les decimos que todo lo que necesitan saber está sencillamente registrado allí; los dirigimos a la Palabra Eterna que se encarnó y les decimos, con todo el énfasis de que somos capaces,

«Nadie sino Jesús puede hacer bien a los pecadores sin otra salida».

Les rogamos que no confíen en las formas y en las ceremonias; antes al contrario, busquen solo a Jesucristo y a Él crucificado,

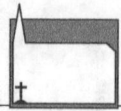

de manera que no puede ser por falta de sencillez que el evangelio no es entendido.

3. Y, otra vez, *no puede ser por ninguna oscuridad en el Evangelio mismo*. Me atrevo a decir que no hay proposición en el mundo más sencilla que la que el evangelio nos presenta. La fórmula, «dos por dos es cuatro» es tan sencilla que la mente de un niño puede entenderla; y el grado de inteligencia que puede comprender eso, hasta donde concierne al intelecto, basta para comprender la declaración de Pablo, «Fiel es esta palabra y digna de toda aceptación: que Cristo Jesús vino al mundo para salvar a los pecadores». O la declaración de Juan: «El que cree en el Hijo tiene vida eterna». Confiar en Jesucristo hasta donde ello es un acto intelectual, es un asunto que no requiere la más pequeña educación; no se precisa sentarse, y hacer cálculos. Aquí está Jesucristo tomando el lugar del pecador, y Dios castiga la culpa del pecador en Cristo en vez de castigar al pecador. Todo lo que se le pide al pecador es que confíe que Cristo lo salva; y, tan pronto como hace eso, él es salvo. ¿Qué podría ser más sencillo que eso? Yo concedo que, en la manera como se predica el evangelio algunas veces, hay oscuridad, pero no hay oscuridad en el evangelio mismo. Bien pues, si es así, ¿por qué el evangelio está encubierto para algunas personas? La respuesta es: «el dios de esta edad presente ha cegado el entendimiento de los incrédulos». Veamos cómo es esto.

II. LO QUE ENCUBRE

1. Primero, *el evangelio está encubierto para algunos hombres debido a que nunca han sentido que el pecado sea un mal*. Dicen: «¿por qué nos hablas acerca del castigo del pecado? ¿por qué nos dices que Dios castigó a su propio Hijo en lugar de los pecadores? Creemos en la paternidad universal de Dios, así que no necesitamos de ninguna doctrina de sustitución». Ustedes creen que es poca cosa ofender al Dios Altísimo, pero Él cree que eso es una cosa muy grave. Ustedes consideran que el pecado es algo sin importancia, que escasamente vale la pena pensar en él; pero Dios lo considera como una cosa terriblemente pecaminosa, y mala y maldita que Él no perdonará de ninguna manera excepto en aquellos que confían en su Hijo, el Sustituto y Salvador divinamente designado. Si se dieran cuenta de lo que es el pecado, pronto entenderían el evangelio. Si el Espíritu Santo les enseñara que el pecado es la cosa más mortal y más condenable que puedan concebir, de inmediato entenderían la gloria del evangelio que les muestra cómo pueden ser librados de su maldición, de su castigo, y de su poder por medio de la misericordia de Dios al dar a su Hijo unigénito para morir en lugar de ustedes.

Tú amas el pecado, eso es un hecho, y supones que el pecado no es más ofensivo a Dios de lo que es para ti. Infeliz de ti, estás fascinado por la serpiente que ha llenado tus venas con el veneno que arderá en ti para siempre, a menos que mires por la fe a Él que fue colgado en la cruz igual que Moisés elevó a la serpiente de bronce en el desierto para que todos los que la miraran pudieran vivir. Quiera Dios darte gracia para que veas al pecado como Él realmente lo ve, pues entonces te darás cuenta de tu necesidad de un Salvador, y prestarás atención al evangelio que te invita a creer en Él para que puedas ser salvo.

2. Otra razón por la que los hombres *no entienden el evangelio es que no se entienden a sí mismos*. Algunos de los aquí presentes hoy piensan que se pueden salvar a sí mismos. Sé cuales son los pensamientos de ustedes; para este efecto son: si se comportan lo mejor posible, si dicen sus oraciones, si asisten a la iglesia o a la capilla, si dan limosnas a los pobres, entonces se irán al cielo. No han aprendido todavía que todo lo que hacen está manchado con la lepra del pecado, y por tanto no puede ser aceptable para Dios. Sus mejores obras son malas pues las hacen pensando que pueden ser salvos por medio de ellas; el egoísmo, por tanto, está en el fondo de ellas. No están sirviendo a Dios mediante esas buenas obras, en todo momento están tratando de servirse a ustedes mismos. Si se conocieran mejor, sabrían que todas esas obras no son sino sólo pecado hasta que el Espíritu Santo los conduce a conocer su necesidad de

Estado pecador, Libertad, Elección

Cristo como el verdadero Salvador que necesitan. Si no estoy en la miseria, no tengo necesidad de los regalos de la caridad; y si ustedes no saben cuán necesitados son espiritualmente, nunca solicitarán la ayuda de Cristo. Pero al menos por una vez, dejen que las necesidades reales de su alma los miren fijamente al rostro, para que se den cuenta de que son «miserables, y desventurados, y pobres, y ciegos, y desnudos». Entonces el sencillo mensaje del evangelio, «Cree en el Señor Jesús y serás salvo», será tan bienvenido en sus almas que casi saltarán fuera del cuerpo para agarrarlo.

Otra razón más de por qué los hombres *no entienden el evangelio es porque su voluntad no está sometida.* «Queremos saber», dicen: «por qué son tan estrictos los requerimientos del evangelio». ¡Oh, señores, ése no es el lenguaje adecuado que pueden usar para con su Dios! El mensaje para ustedes es: «Si no os volvéis y os hacéis como los niños, jamás entraréis en el reino de los cielos». Ese espíritu fanfarrón, que dice: «¿Por qué es éste el único camino de salvación? ¿Porqué se nos impone este precepto? ¿Quién es Jehová para que yo escuche su voz?», ese espíritu ha sido la eterna ruina de muchos. No hay probabilidad de que llegues a entender el evangelio mientras pienses así. Desciende, hombre, desciende, no hay bendición para ti mientras te coloques tan alto. ¡Que el Señor te dé a conocer las corrupciones y abominaciones que habitan en tu corazón para que, en la presencia del Dios tres veces santo, te rebajes en tu propia opinión y adoptes una conducta más humilde! Pero mientras tu voluntad malvada te diga «No haré lo que Dios requiere», no hay ninguna esperanza de que seas capaz de entender el evangelio.

3. Hay algunos que no pueden entender el evangelio *porque interfiere con sus intereses mundanos.* Si sacas una moneda de tu bolsillo, y cubres con ella la palabra «Dios» en tu Biblia, por supuesto que ya no puedes ver esa palabra. Hay una gran cantidad de hombres que nunca pueden ver nada que no sea dinero, dinero, y dinero; no ven más allá de sus libros de contabilidad; nunca se elevan a nada que sea divino y sagrado; no tienen más espiritualidad que un montón de cerdos ante su comida. Dicen que no pueden entender el evangelio; pero ¿cómo pueden entenderlo cuando su entendimiento ha sido roído completamente por la úlcera de su oro?

Hay muchos aquí que no me conocen, pero quisiera hacer esta pregunta a cualquiera de los que no entienden el evangelio: ¿No hay acaso en tu corazón un deseo de no entenderlo? ¿No es un hecho muy triste que muchos de ustedes no comprenden a los predicadores del evangelio porque no se quieren molestar en comprenderlos? Tienen un incómodo presentimiento de que la verdad del evangelio y sus placeres no están de acuerdo.

Ustedes son como los hombres que van por el camino de la bancarrota, pero que no se atreven a examinar sus libros para ver cuál es su estado; y sin embargo, ¿conocieron alguna vez a alguno que recuperara su posición rehusando mirar a sus dificultades cara a cara? ¿No es el plan más sensato conocer lo peor de su situación, y conocerlo de inmediato? He conocido a algunos que no querían entender el evangelio por estar involucrados en negocios que no soportarían un escrutinio. Hay otros que son impedidos de entenderlo debido a los pecados que los dominan. Si el Señor Jesucristo concediera perdones, y permitiera que los hombres conservaran sus pecados, ¡que multitud de discípulos de esa clase tendría! Pero Él dice que, aunque el pecado nos sea tan querido como nuestro brazo derecho, debe ser cortado; y aunque sea tan precioso como nuestro ojo derecho debe de ser arrancado; sin embargo muchos no estarán de acuerdo con estas condiciones y, como consecuencia, el evangelio está encubierto para ellos.

III. ¿CUÁL ES EL ESTADO DE AQUELLOS A LOS QUE LES ES ENCUBIERTO?

1. Pablo dice que *están perdidos*: «Pero aun si nuestro evangelio está encubierto, entre los que se pierden está encubierto». Pero, Pablo, ¿no eres demasiado poco caritativo al decir que los hombres están perdidos? Los predicadores de hoy les dicen que

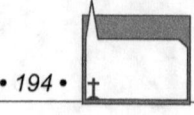

todos ellos por fin llegarán al cielo. Ah, amados, los apóstoles no sabían de esta «caridad» sensiblera moderna. Decían como su Maestro les dijo: «Pero el que no cree será condenado». Nuestro Señor Jesucristo sabía que no había alternativa entre creer y estar perdido. ¿Pero en que sentido están perdidos aquellos para quienes el evangelio está encubierto?

a) En primer lugar, *están perdidos para la iglesia*. Puedes aportar tu ofrenda para los fondos de la iglesia, puedes asistir a los servicios de la iglesia, hasta puedes ser un ardiente admirador del predicador, y encontrar una cierta medida de interés al escuchar sus sermones; pero si el evangelio está encubierto todavía para ti, si no lo entiendes, y no crees en el Cristo de quien habla, estás perdido para la iglesia de la cual muchos a tu alrededor son miembros; y si permaneces como eres, estarás perdido para la única gran Iglesia de los primogénitos, y nunca formarás parte de la asamblea general de los redimidos alrededor del trono de Dios arriba.

Es una cosa terrible para cualquiera, estar «perdido»; yo no sé si hay una palabra más horrible en nuestro idioma que dicha palabra: «perdido». ¿Recuerdas, amigo mío, cuando llegaste del trabajo a tu hogar una noche y tu esposa salió a tu encuentro con la triste noticia de que tu pequeña hijita estaba perdida, cómo corriste de una estación de policía a otra, y tu pobre esposa perturbada iba de una calle a otra buscando alguna noticia de tu niña perdida? Fue su desdicha estar perdida en ese sentido, pero tengo la esperanza de que nunca tengas una niña perdida en el sentido de que sea por su culpa, cuando la madre noche tras noche busque en las calles frías algunas huellas de su pobre hija perdida.

b) Ah pecador *tú estás perdido para Dios en ese sentido*. Te has alejado de Aquel que te hizo, has despreciado el amor que Él te ha prodigado, has olvidado todo el cuidado que Él ha tenido por ti. Estoy completamente seguro que no eres feliz mientras estás así perdido, ¿cómo podrías ser feliz? No estás tranquilo, estás como un barco a la deriva en medio de una tormenta, y sin un timón que lo guíe ni un ancla que lo detenga, y a menos que el Señor se interponga con misericordia para salvarte, estarás perdido para siempre.

¡Qué misericordia es, pecador, que no estés todavía «perdido» en el sentido pleno de ese término, como pronto lo estarás si no te arrepientes del pecado y te vuelves al Señor! Pero es una cosa terrible estar perdido aún ahora; y si no eres salvo, estás perdido; debes ser o lo uno o lo otro, no puedes ser salvo parcialmente y perdido parcialmente.

Pediría a cada uno de ustedes hoy que hagan lo que le pedí a mi congregación que hiciera el otro día; ustedes o están perdidos o son salvos; así que ustedes deciden cuál palabra se aplica a cada caso particular. ¿Pueden escribirla en una hoja y firmarla? Recuerdo que en esa ocasión previa cuando hice la petición, hubo un hermano que tras explorar con sinceridad su corazón, sintió que estaba perdido, así que él escribió esa palabra, y firmó su nombre al pie. Cuando lo hubo hecho y vio la palabra «perdido» escrita con su propia mano, y con su firma, sintió que podría ser traída como evidencia contra él en el último gran día, y se quebrantó su corazón que nunca antes se había quebrantado, y vino como un verdadero penitente a los pies del Salvador. Y antes de que esa noche pasara pudo escribir él mismo «salvo» de modo tan cierto como antes había reconocido que estaba perdido.

Yo ruego porque la experiencia de este hermano pueda ser repetida por muchos de ustedes hoy. No duden en analizar atentamente su propio caso; si ustedes son salvos no es difícil que ustedes mismos lo sepan; y si no son salvos, es bueno que lo sepan de inmediato. Si piensan que son salvos cuando no lo son, su ruina será más terrible porque no tuvieron el valor de encontrar la verdad. Si hay alguna duda acerca de este asunto, que se aclare de una vez. Vayan a Jesucristo en este preciso instante, confiesen su pecado a Él y confíen en que su preciosa sangre los lavará completamente. Entonces ya no estarán más perdidos, sino que serán salvos en el Señor con una salvación eterna.

CONCLUSIÓN

1. Es de temer que, además de su ceguera natural una segunda venda haya sido puesta sobre sus ojos por «el dios de este mundo». Esta es una expresión muy notable, «el dios de este mundo». ¿Este mundo, pues, realmente adora al demonio? Hay personas que adoran al demonio en ciertas tierras lejanas, y levantamos nuestras manos con horror, y decimos: «¡Qué gente tan terriblemente mala!» Sin embargo en nuestra tierra también hay muchos adoradores del demonio.

El amante del placer, ¿qué es sino un adorador del demonio? Es al demonio vestido con sus mejores galas a quien adoran algunas personas, pero es el demonio. Algunos adoran al demonio de pezuñas de oro, pero es el mismo demonio de todos modos. Si yo me perdiera, me daría lo mismo que estuviera perdido en una mina de oro o en una de carbón. Si fuera a romperme el cuello contra un bloque de oro, sería igual que me lo fuera a romper contra un bloque de piedra. De manera que, si ustedes están perdidos, encontrarán muy poco consuelo pensando que están perdidos de una manera más respetable que otros.

Cuando «el dios de este mundo» llega a un hombre que por naturaleza ya está ciego, él busca «redoblar su seguridad» vendando sus ojos tan cuidadosamente que la luz del evangelio estará aún más completamente encubierta. Si tal hombre asiste a un lugar de adoración, el demonio lo convence de que no es un pecador, de manera que no se siente aludido por las advertencias y exhortaciones del predicador. Otro dice: «No pretendo preocuparme por estas cosas, mi única meta es triunfar en el mundo». Sí, simplemente así, «el dios de este mundo» ha cegado sus ojos.

Tan efectivamente ha cegado Satanás al hombre que no puede ver su propia depravación. Oh alma: ¿de qué te sirve ganar todo el mundo, y perderte para siempre? ¿De qué sirve que mueras sobre una cama mullida, para despertarte entre los perdidos que están en el infierno? ¡Que Dios nos dé a todos la gracia de ver a estos dos mundos bajo su propia luz! Si el otro mundo es algo sin importancia, juega con él. Si este mundo lo es todo, que sea todo para ti.

2. Puesto que tú tienes un espíritu inmortal, piensa bien dónde va a pasar la eternidad ese espíritu tuyo. Puesto que todos pecaron y no alcanzaron la gloria de Dios, entonces tú eres un pecador, y tú necesitas salvación, entonces, te lo ruego, confía en Él, que sólo Él puede salvar al culpable, «porque no hay otro nombre debajo del cielo, dado a los hombres, en que podamos ser salvos», sino el nombre de Jesús; y Él es capaz de salvar plenamente a todos los que vienen a Dios por medio de Él.

Acabo de decir que les suplico que confíen en Él, y eso hago; sin embargo, éste es más un asunto de ustedes que mío. El predicador del evangelio ha de tomar en serio su trabajo, pero una vez que él ha entregado fielmente su mensaje, la responsabilidad se transfiere a sus oyentes. Vive Dios, que no llevaré la responsabilidad de ustedes sobre mí; ante nuestro propio Maestro debemos sostenernos o caer; pero, como tu amigo, como uno que devotamente desea que no te pierdas, te suplico que busques en Dios la gracia para deshacerte de las escamas de tus ojos de manera que puedas ver el pecado, y la salvación, y todo lo demás tal como son a sus ojos, y puedas mirar a Jesús, y encontrar la vida eterna en Él.

3. Jóvenes, algunos de ustedes tal vez van a la Universidad de Oxford o de Cambridge. Bien, estudien duro, sean estudiantes sobresalientes si pueden; pero junto con todo el conocimiento que puedan adquirir, obtengan un entendimiento claro de las cosas eternas y busquen la sabiduría que viene de arriba. Cuando reciban los títulos que el conocimiento terrenal les proporcionará, ¡también lleven el título más elevado que Dios les dé como hijos del reino, hijos de Dios por la fe en Jesucristo!

Siéntense a los pies de los teólogos y los filósofos si quieren, pero siéntense también a los pies de Jesús, y aprendan de Él, y así tendrán el honor y la gloria que duran para siempre. Busquen el honor que viene de Dios, que solo puede encontrarse cuando se cree en Jesús y se busca agradarlo en todas las cosas. Mi tiempo se ha terminado, y el tiempo de ustedes para el arrepentimiento y la fe casi se ha terminado. Que las realidades de la eternidad se graben profundamente en todos nosotros, y que estemos preparados, cuando la muerte nos llame a presentarnos ante Dios, a demostrar que el evangelio no estuvo encubierto para nosotros, y no estemos entre «aquellos que están perdidos». ¡Qué Dios nos salve, por su gracia, por medio de Jesús! Amén.

22. ¿QUIÉNES NECESITAN EL EVANGELIO?

«Los sanos no tienen necesidad de médico, sino los que están enfermos. No he venido para llamar a justos, sino a pecadores» (Marcos 2:17).

«Cristo murió por los impíos... Dios demuestra su amor para con nosotros, en que siendo aún pecadores, Cristo murió por nosotros» (Romanos 5:6, 18).

«Fiel es esta palabra y digna de toda aceptación, que Cristo Jesús vino al mundo para salvar a los pecadores» (1 Timoteo 1:15).

INTRODUCCIÓN: Sentido y propósito del Evangelio.

I. LA OBRA DE CRISTO ES EN BENEFICIO DEL PECADOR
1. Vino como Salvador.
2. Vino bajo un pacto.
3. Vino con la misión de misericordia y de gracia.
4. El evangelio mira hacia el pecado.
5. Los dones del Evangelio van a los que están muertos.
6. Solo hay pueden mirar los pecadores.

II. VEMOS CLARAMENTE LA OBRA DE SALVACIÓN
1. No somos salvos por nuestra bondad.
2. ¿Qué vino a hacer el Señor al mundo?
3. Vino el Señor con poder divino.
4. Todos los dones del Señor derivan hacia los pecadores.

III. ACEPTEMOS NUESTRA SITUACIÓN
1. Nuestras objeciones.

2. Podemos ir a la manera más segura.
3. Podemos ir directamente a Dios.

IV. LA INFLUENCIA SANTIFICADORA
1. Cambia los pensamientos con relación a Dios.
2. Llena al hombre de nuevas emociones.
3. Acaba con la arrogancia del hombre.
4. Nace el sentimiento de gratitud.
5. Podemos perdonar a otros.
6. Nos llena de alegría.

CONCLUSIÓN: El Señor eleva a los pecadores que van a Él.

¿QUIÉNES NECESITAN EL EVANGELIO?

INTRODUCCIÓN

La noche del pasado jueves, con dificultad considerable, vine aquí para predicar el evangelio de Jesucristo, y usé en mi predicación uno de los textos más claros que pueda uno imaginar, completamente lleno de los más sencillos elementos del evangelio. En pocos minutos el sermón produjo una cosecha. La congregación era escasa debido al mal tiempo, y ustedes no esperaban que su pastor pudiera predicar. Pese a todas esas circunstancias, tres personas pasaron al frente sin que nadie se los pidiera, para dar testimonio que habían encontrado la paz con Dios. Si el número de personas era mayor no lo sé, pero estos tres buscaron a los hermanos y confesaron de manera sincera y de todo corazón el hecho bendito de que, por primera vez en sus vidas, habían entendido el plan de salvación. Entonces me pareció que si un tema tan sencillo del evangelio fue de tan repentino provecho, me debería sujetar a temas de ese tipo.

Si un agricultor encuentra que una semilla determinada le ha resultado tan efectiva que produce una cosecha como nunca antes la había obtenido, usará nuevamente esa semilla, y sembrará más de ella. Esos procesos exitosos de producción agrícola deben mantenerse, y ser utilizados en mayor escala. Así pues, esta mañana voy a predicar simplemente el A B C del evangelio, los primeros rudimentos del arte de la sal-

Estado pecador, Libertad, Elección

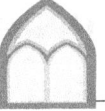

vación, y le doy gracias a Dios que esto no será nuevo para mí. Que el Espíritu Santo, en respuesta a sus oraciones, nos conceda una recompensa el día de hoy, en la misma proporción que la del jueves pasado, y si es así, nuestro corazón estará muy feliz.

De un abundante número de textos, he seleccionado los cuatro arriba mencionados para proclamar la verdad de que la misión de nuestro Señor estaba relacionada con los pecadores. ¿Para qué vino Cristo al mundo? ¿Para quiénes vino? Éstas son preguntas muy importantes y la Escritura tiene las respuestas claras respuestas. Cuando los hijos de Israel encontraron por primera vez el maná fuera del campamento, se dijeron uno al otro: «¿Maná?» o ¿qué es esto? Porque no sabían lo que era. Allí estaba esa sustancia pequeña y redonda, tan diminuta como la escarcha en el suelo. No hay duda que la miraron, la frotaron con sus manos, la olieron, y cómo se alegraron cuando Moisés les dijo: «Es el pan que Jehová os da para comer». No pasó mucho tiempo antes que pudieran probar esa buena nueva, pues cada hombre recolectó su medida completa, la llevó a su casa, y la preparó a su gusto.

Ahora, en relación al evangelio, hay muchos que podrían exclamar «maná», porque no saben lo que es. Muy frecuentemente también se equivocan en lo que se refiere a su sentido y propósito y consideran que es algo así como una ley superior, o un sistema más fácil de salvación por obras; y por eso se equivocan también en su idea acerca de las personas a quienes está dirigido. Se imaginan que, seguramente, las bendiciones de la salvación están destinadas para quienes lo merecen, y Cristo debe ser el Redentor de los que han acumulado méritos. Bajo el principio de «bien por bien» llegan a la conclusión que la gracia es para quien posee excelencia y Cristo es para el virtuoso. Por tanto es muy útil que recordemos continuamente a los hombres lo que es el evangelio, y para quiénes ha sido enviado al mundo; porque, aunque la mayoría de ustedes lo sabe muy bien, y no necesitan que se les diga, sin embargo hay multitudes a nuestro alrededor que persisten en graves errores, y necesitan ser instruidos una y otra vez en las más sencillas doctrinas de la gracia.

Hay menos necesidad de laboriosas explicaciones de los profundos misterios que de sencillas explicaciones de las más simples verdades. Muchos hombres solo necesitan una simple llave para levantar el cerrojo y abrir la puerta de la fe, y tengo la esperanza que Dios, en su infinita misericordia, pondrá tal llave en sus manos en esta mañana.

Nuestra misión es mostrar que el evangelio está dirigido a los pecadores, y tiene puesto sus ojos en los culpables; que no ha sido enviado al mundo como una recompensa para las personas buenas o excelentes, o para aquellos que piensan que tienen ciertas cualidades o que están preparados para el favor divino; sino que está destinado a los que incumplen la ley, a los indignos, a los impíos, a quienes se han extraviado como ovejas perdidas, o han abandonado la casa de su padre como el hijo pródigo. Cristo murió para salvar a los pecadores, y Él justifica a los impíos. La verdad es lo suficientemente clara en la Palabra, pero como el corazón da coces contra ella, debemos insistir en ella con mucha dedicación.

I. LA OBRA DE CRISTO ES EN BENEFICIO DEL PECADOR

1. Porque, queridos hermanos, la *venida del Hijo de Dios a este mundo como Salvador* significó que los hombres necesitaban ser liberados de un mal muy grande por medio de una mano divina. La venida de un Salvador que mediante su muerte proporcionaría el perdón para el pecado del hombre, significó que los hombres eran sumamente culpables, e incapaces de procurarse el perdón por medio de sus propias obras. Ustedes nunca hubieran visto un Salvador si no hubiera habido una caída. El Edén marchito fue un prefacio necesario para las angustias de Getsemaní. Ustedes nunca hubieran sabido de una cruz ni de un Salvador sangrante en ella si no hubieran escuchado primero del árbol de la ciencia del bien y del mal, ni de una mano desobediente que arrancó la fruta prohibida. Si la misión de nuestro Señor no se refiriera al culpable sería, hasta donde podemos entender, una

tarea totalmente innecesaria. ¿Qué justifica la encarnación sino la ruina del hombre? ¿Qué puede explicar la vida de sufrimiento de nuestro Señor sino la culpa del hombre? Sobre todo, ¿qué explica su muerte y la nube bajo la cual murió sino el pecado del hombre? «Todos nosotros nos descarriamos como ovejas. Pero Jehová cargó en él el pecado de todos nosotros». Ésa es la respuesta a un enigma que, de cualquier otra manera, no tendría respuesta.

2. Si echamos una mirada al *pacto bajo el cual vino nuestro Señor*, pronto percibimos que su orientación es hacia los hombres culpables. La bendición del pacto de obras tiene que ver con los que son inocentes, a quienes promete grandes bendiciones. Si hubiera existido una salvación por obras hubiera sido por medio de la ley, ya que la ley es íntegra y justa y buena; pero el nuevo pacto evidentemente trata con pecadores, porque no habla de recompensa al mérito, sino que, promete sin condiciones: «Seré misericordioso en cuanto a sus injusticias y jamás me acordaré de sus pecados». Si no hubieran existido pecados, iniquidades e injusticias, no hubiera habido necesidad del pacto de la gracia, de la cual Cristo es mensajero y embajador. La más ligera mirada al carácter oficial de nuestro Señor como el Adán de un nuevo pacto debería ser suficiente para convencernos que su misión es para los hombres culpables. Moisés viene para mostrarnos cómo se debe comportar el hombre santo, pero Jesús viene para revelar cómo puede ser limpiado el impuro.

3. Siempre que escuchamos algo de la misión de Cristo, es descrita como una misión *de misericordia y gracia*. En la redención que está en Cristo Jesús es la misericordia de Dios la que siempre es exaltada. Nos salvó por su misericordia. Él, por medio de Jesús, por su abundante misericordia, perdona nuestras ofensas. «La ley fue dada por medio de Moisés, pero la gracia y la verdad nos han llegado por medio de Jesucristo». «Cuánto más abundó para muchos la gracia de Dios y la dádiva por la gracia de un solo hombre, Jesucristo». Pablo, que fue el que explicó de manera más clara el evangelio, establece la gracia como la única palabra en que se apoyan los cambios: «En cuanto se agrandó el pecado, sobreabundó la gracia». «Porque por gracia sois salvos por medio de la fe; y esto no de vosotros, pues es don de Dios.» «Así también la gracia reine por la justicia para vida eterna, por medio de Jesucristo nuestro Señor.»

Pero, hermanos, la misericordia implica pecado; no se puede reservar ninguna misericordia para los justos, porque es la justicia misma quien les otorga todo lo bueno. Asimismo la gracia solo puede otorgarse a los pecadores. ¿Qué gracia necesitan aquellos que han guardado la ley, y merecen el bien de las manos de Jehová? Para ellos la vida eterna sería más bien una deuda, una recompensa muy bien ganada; pero si se toca el tema de la gracia, de inmediato hay que eliminar la idea de mérito y hay que introducir otro principio. Sólo se puede practicar la misericordia allí donde hay pecado, y la gracia no se puede otorgar sino a quienes no tienen ningún mérito. Esto es muy claro y, sin embargo, todo el contenido de la religión de algunos hombres está basado en otra teoría.

4. El hecho es que, cuando comenzamos el estudio del evangelio de la gracia de Dios, vemos que *siempre vuelve su rostro hacia el pecado*, de la misma manera que el médico mira hacia la enfermedad, o la caridad mira hacia la necesidad. El evangelio lanza sus *invitaciones*; pero ¿qué son las invitaciones? ¿No están dirigidas a quienes están cargados con el peso del pecado, y están fatigados tratando de escapar de sus consecuencias? Invita a toda criatura porque toda criatura tiene sus necesidades, pero especialmente dice «Deje el impío su camino, y el hombre inicuo sus pensamientos». Invita al hombre que no tiene dinero, o dicho en otras palabras, sin ningún mérito. Llama a aquellos que están necesitados, y sedientos, y pobres, y desnudos y todas estas condiciones son figuras de estados equivalentes producidos por el pecado.

5. Los propios *dones* del evangelio implican pecado; la vida es para los muertos, la vista es para los ciegos, la libertad es para los cautivos, la limpieza es para los sucios,

Estado pecador, Libertad, Elección

la absolución es para los pecadores. Ninguna bendición del evangelio es propuesta como una recompensa, y no se hace ninguna invitación a quienes reclaman las bendiciones de la gracia como algo a lo que tienen derecho; los hombres son invitados a venir y recibir dones gratuitamente de acuerdo a la gracia de Dios. ¿Y cuáles son los *mandamiento*s del evangelio? Arrepentimiento. ¿Pero quién se arrepiente sino un pecador? La fe. Pero creer no es un mandamiento de la ley; la ley sólo habla de obras. Creer tiene que ver con los pecadores, y con el método de salvación por medio de la gracia.

Las descripciones que hace el evangelio de sí mismo usualmente apuntan hacia el pecador. El gran rey que hace una fiesta y no encuentra a ningún invitado que se siente a la mesa entre aquellos que naturalmente se esperaba que llegaran, pero que obliga a los hombres que van por los caminos y por los callejones a entrar a su fiesta. Si el evangelio se describe él mismo como una fiesta, es una gran fiesta para los ciegos, los cojos, y los lisiados; si se describe a sí mismo como una fuente es una fuente abierta para limpiar el pecado y las impurezas. En todas partes, en todo lo que hace y dice y da a los hombres, el evangelio se manifiesta como el amigo del pecador. El lema de su Fundador y Señor es: «éste recibe a los pecadores». El evangelio es un hospital para los enfermos, nadie sino el culpable aceptará sus beneficios; es medicina para los enfermos, los sanos y los que creen en su propia justicia nunca podrán gustar sus sorbos salvadores. Quienes imaginan que poseen alguna excelencia ante Dios nunca se preocuparán por ser salvos por la gracia soberana. El evangelio, digo yo, mira hacia el pecador. En esa dirección y solo en esa dirección lanza sus bendiciones.

Hermanos, ustedes saben que el evangelio *siempre ha encontrado sus más grandes trofeos entre los más grandes pecadores*; alista a sus mejores soldados no solamente de las filas de los culpables sino de los rangos de los más culpables. «Simón», dijo nuestro Señor, «tengo algo que decirte. Cierto acreedor tenía dos deudores: uno le debía quinientos denarios, y el otro, cincuenta. Como ellos no tenían con qué pagar, perdonó a ambos. Entonces, ¿cuál de éstos le amará más?». El evangelio se basa en el principio de quien ha tenido mucho que perdonársele, ése amará más, y así su Señor misericordioso se deleita buscando a los más culpables y manifestándose a ellos con amor abundante y sobreabundante, diciendo: «He borrado como niebla tus rebeliones, y como nube tus pecados». Entre los grandes transgresores encuentra a los que más intensamente lo aman una vez que los ha salvado, de éstos recibe la bienvenida más cordial y en ellos obtiene a los seguidores más entusiastas. Una vez que son salvos, los grandes pecadores coronan a esta gracia inmerecida con sus diademas más ilustres. Podemos estar bien seguros que tiene sus ojos puestos en los pecadores puesto que encuentra su mayor gloria en los más grandes pecadores.

6. Hay otra reflexión que está muy cerca de la superficie, es decir, que si el evangelio no mira hacia los pecadores, *¿a quién más podría mirar?* Parece que ha habido últimamente un resurgimiento del antiguo espíritu que presenta objeciones, de manera que los orgullosos fariseos constantemente nos dicen que la predicación de la justificación por la fe se ha llevado más allá de sus límites, y que estamos conduciendo a la gente a valorar menos la moralidad al predicar la gracia de Dios. Esta objeción frecuentemente refutada está saliendo de su escondite otra vez, porque el Protestantismo está perdiendo su savia y su alma. La misma fuerza y columna vertebral de la enseñanza de los reformadores fue esa gran doctrina de la gracia, que la salvación no es por obras sino por la sola gracia de Dios; y como los hombres se están alejando de la Reforma, y están dejándose influenciar por la Iglesia Católica Romana, están haciendo a un lado esta grandiosa verdad de la justificación por la fe solamente, y pretendiendo que le tienen temor. Pero, ¡oh, cuán miserables y tontos son muchísimos hombres en relación a este tema! Les propongo a todos ellos una pregunta: ¿A quien, señores, miraría el evangelio sino a los pecadores, porque qué cosa son ustedes sino pecadores? Ustedes que

hablan que la moralidad es lastimada, que la santidad es ignorada, ¿qué tienen ustedes que ver con cualquiera de ellas?

La gente que usualmente recurre a estas objeciones, por regla general haría mejor en no tocar esos temas. En general estos fieros defensores de la moralidad y de la santidad son sumamente liberales, mientras que los creyentes en la gracia de Dios con frecuencia son acusados de puritanismo y rigidez. El que más se adelanta para hablar contra las doctrinas de la gracia es frecuentemente el hombre que más la necesita, mientras que quien se opone a las buenas obras como la base para confiar, es precisamente la persona cuya vida está cuidadosamente dirigida por los estatutos del Señor. Sepan, oh hombres, que no vive en la faz de la tierra un hombre a quien Dios pueda mirar con placer si considerara a ese hombre a la luz de Su ley. «Cada uno se había descarriado; a una se habían corrompido. No había quien hiciera el bien; no había ni siquiera uno.» Ningún corazón por naturaleza es sano o justo ante Dios, ninguna vida es pura o limpia cuando el Señor viene para examinarla con sus ojos que todo lo ven. Estamos encerrados en la misma prisión con todos los culpables; si no somos igualmente culpables, sí somos culpables en la medida de nuestra luz y de nuestro conocimiento, y cada uno es condenado justamente, porque nos hemos descarriado en nuestro corazón y no hemos amado al Señor. ¿A quien, entonces, podría mirar el evangelio si no dirigiera sus ojos hacia el pecador? ¿Por quién más pudo haber muerto el Salvador? ¿Qué personas hay en el mundo para quienes los beneficios de la gracia pudieran ser sido destinados?

II. VEMOS CLARAMENTE LA OBRA DE SALVACIÓN

1. Porque, hermanos, *la obra de salvación ciertamente no fue llevada a cabo en favor de ninguno de nosotros que somos salvos a causa de alguna bondad en nosotros.* Si hubiera algo bueno en nosotros sería puesto por la gracia de Dios, y ciertamente no estaba ahí cuando, en el principio, las entrañas del amor de Jehová comenzaron a moverse hacia nosotros. Si toman la primera señal distintiva de salvación que fue realmente visible en la tierra, es decir, la venida de Cristo, se nos dice que «Aun siendo nosotros débiles, a su tiempo Cristo murió por los impíos. Difícilmente muere alguno por un justo. Con todo, podría ser que alguno osara morir por el bueno. Pero Dios demuestra su amor para con nosotros, en que siendo aún pecadores. Cristo murió por nosotros». Así que nuestra redención, hermano mío, fue efectuada antes de que naciéramos. Este fue el fruto del gran amor del Padre «que nos amó, aun estando nosotros muertos en pecados». No había antes nada en nosotros que pudiera haber merecido esa redención, ciertamente la simple idea de merecer la muerte de Jesús es absurda y es una blasfemia. Sí, y cuando vivíamos en el pecado y lo amábamos, se hacían preparativos para nuestra salvación; el amor divino estaba ocupado en nuestro favor mientras nosotros estábamos ocupados en la rebelión. El evangelio fue traído cerca de nosotros, corazones sinceros se pusieron a orar por nosotros, se escribió el texto que nos convertiría; y como ya he dicho, se derramó la sangre que nos limpia, y fue dado el Espíritu de Dios, que nos regeneraría. Todo esto se hizo cuando todavía no buscábamos a Dios. ¿No es maravilloso el pasaje del libro de Ezequiel, donde el Señor pasó y miró al bebé indefenso lanzado al campo abierto cuando no estaba envuelto en pañales y no había sido lavado con agua, sino que estaba sucio y revolcándose en su sangre? Dice que era tiempo de amor, y sin embargo era un tiempo de impureza y desprecio. Él no amó al bebé elegido porque estuviera bien lavado y adecuadamente vestido, sino que lo amó cuando estaba sucio y desnudo. Que cada corazón creyente admire la liberalidad y compasión del amor divino.

«Me vio arruinado en la caída,
Pero me amó, a pesar de todo;
Me salvó de mi estado perdido,
¡Su misericordia, oh, cuán grande!»

Cuando tu corazón era duro, cuando tu cuello era obstinado, cuando no te querías arrepentir ni someterte a Él, sino que te rebelabas cada vez más y más, Él te amó

Estado pecador, Libertad, Elección

a ti, sí, a ti, con afecto supremo. ¿Por qué una gracia tal? ¿Por qué habría de ser, sino es porque su naturaleza está llena de bondad y Él se deleita en la misericordia? ¿No se ve la misericordia claramente extendida hacia el pecador en vez de ser otorgada sobre la base de algo bueno?

2. Miren aún más detalladamente. *¿Qué vino a hacer nuestro Señor al mundo?* Aquí está la respuesta. «Él fue herido por nuestras transgresiones, molido por nuestros pecados. El castigo que nos trajo paz fue sobre él, y por sus heridas fuimos nosotros sanados.» Él vino para ser quien cargara con el pecado. ¿Creen ustedes que vino para cargar sólo con los pecados pequeños, los pecados sin importancia del mejor tipo de hombres, si existen tales pecados? ¿Suponen que es un pequeño Salvador que vino para salvarnos de las pequeñas ofensas? Hermanos, es el bien amado Hijo de Jehová que viene a la tierra y lleva la carga del pecado, una carga que, cuando la lleva, ve que no es una carga ficticia, porque provoca en Él el sudor sangriento. Tan pesada es esa carga que inclina su cabeza a la tumba, y aún a la muerte bajo ella. Esa inmensa carga que estaba sobre Cristo era el cúmulo de nuestros pecados; y por tanto cuando miramos ese tema percibimos que el evangelio tiene que ver con los pecadores.

¡No hay pecado! Entonces la cruz es una equivocación. ¡No hay pecado! Entonces el *lama sabactani* fue sólo una queja contra una crueldad innecesaria. ¡No hay pecado! ¿Entonces, oh, Redentor, cuáles son esas glorias que nosotros tan ansiosamente te hemos atribuido? ¿Cómo puedes quitar tú un pecado que no existe? La existencia de un gran pecado está implícita en la venida de Cristo, y esa venida fue ocasionada y hecha necesaria por el pecado, contra el cual Jesús viene como nuestro Liberador. Él declara que ha abierto una fuente, llena con la sangre de sus propias venas. ¿Pero para qué? Una fuente que limpia implica suciedad. Debe ser, pecador, que de alguna manera u otra hay gente sucia, o si no, no hubiera existido una asombrosa fuente como ésta, llena del corazón de Cristo. Si tú eres culpable tú eres uno que necesita de esa fuente, y está abierta para ti. Ven con todo tu pecado y tu suciedad y lávate hoy, y sé limpio.

«Fue por los pecadores que sufrió inexpresables agonías;
¿Puedes dudar que eres un pecador?
Si tienes dudas, entonces adiós esperanza.»

«Pero, al creer lo que está escrito:
"Todos son culpables",
"muertos en el pecado",
Mirando al Crucificado
La esperanza levantará tu alma.»

Hermanos, todos *los dones que Jesucristo* vino a dar, o cuando menos la mayor parte de ellos, implican que hay pecado. ¿Cuál es su primer don sino el perdón? ¿Cómo puede perdonar a un hombre que no ha transgredido? Hablo con toda reverencia, no puede haber una cosa tal como perdón donde no hay ofensa cometida.

Propiciar por el pecado y borrar la iniquidad, ambas cosas requieren que haya un pecado para que pueda ser borrado ¿O si no, qué hay de real en ellas? Cristo viene para traer la justificación, y esto muestra que debe haber una falta de santidad natural en los hombres, porque si no, serían justificados por ellos mismos y por sus propias obras. ¿Y por qué todas estas expresiones acerca de la justificación por la justicia del Hijo de Dios, si los hombres están ya justificados por su propia justicia? Esas dos bendiciones, y otras del mismo tipo son claramente aplicables sólo a los pecadores. Para nadie más pueden ser de utilidad.

3. Nuestro Señor Jesucristo vino *ceñido también con poder divino*. Él dice: «El espíritu del Señor Jehová está sobre mí». ¿Con qué fin fue cubierto con poder divino a menos que el pecado hubiera tomado todo el poder y la fuerza del hombre, y que el hombre estuviera en una condición de la cual no podía ser levantado excepto por la energía del Espíritu eterno? ¿Y qué implica esto sino que la misión de Cristo se dirige a aquellos que a través del pecado están sin fuerza y sin mérito ante Dios? El Espíritu Santo es dado porque el espíritu del hombre ha fallado: porque el pecado ha quitado la vida al

hombre, y lo ha dejado muerto en transgresiones y pecados. Por tanto viene el Espíritu Santo para reanimarlo dándole una nueva vida, y ese Espíritu viene por Jesucristo. Por consiguiente la misión de Jesucristo es claramente para el culpable.

No dejaré de decir que *las grandes obras de nuestro Señor*, si las miran con cuidado, todas tienen que ver con los pecadores. Jesús vive; es para que pueda buscar y salvar lo que está perdido. Jesús muere; es para que pueda hacer una propiciación por los pecados de los hombres culpables. Jesús resucita; resucita para nuestra justificación, y como lo he mostrado, no necesitaríamos la justificación a menos que hubiéramos sido naturalmente culpables. Jesús sube a lo alto y Él recibe dones para los hombres; pero observen esa palabra especial, «Aun de los rebeldes, para que allí habitase Jehová Dios». Jesús habita en el cielo, pero Él vive allí para interceder. «Por esto también puede salvar por completo a los que por medio de el se acercan a Dios, puesto que vive para siempre para interceder por ellos». Así que tomen cualquier parte que quieran de sus gloriosos logros y verán que hay una clara relación hacia aquellos que están inmersos en la culpa.

4. Y, amados míos, *todos los dones y bendiciones que Jesucristo ha traído para nosotros derivan mucho de su brillo por su relación con los pecadores*. Es en Jesucristo que somos elegidos y para mí la gloria de ese amor que elige descansa en esto, que fue dirigido hacia tales objetos sin mérito alguno. ¿Cómo pudo existir una elección si hubiera sido de acuerdo al mérito? Entonces los hombres se habrían clasificado por derecho propio de acuerdo a sus obras. Pero las glorias de la elección brillan con la gracia, y la gracia tiene siempre como su envoltura y como su contenido interno la falta de méritos de los objetos hacia los cuales se manifiesta. La elección de Dios no es de acuerdo a nuestras obras, sino una inmerecida elección de entre los pecadores. Adoremos y maravillémonos.

Vuélvanse a contemplar el llamamiento eficaz, y vean cuán delicioso es verlo como una llamada que vivifica a los muertos y llama a las cosas que no existen como si existieran, como una llamada a los condenados para darles perdón y favor. Vuélvanse a continuación hacia la adopción. ¿Cuál es la gloria de la adopción, sino que Dios ha adoptado a esos que eran extraños y rebeldes para hacerlos sus hijos? ¿Cuál es la belleza especial de la regeneración, sino que aun de estas piedras Dios ha podido levantar hijos a Abraham? ¿Cuál es la belleza de la santificación, sino que ha tomado a criaturas tan impías como somos para hacernos reyes y sacerdotes para Dios, y para santificarnos completamente: espíritu, alma, y cuerpo? Pienso que es la gloria del cielo pensar que aquellos miembros del coro vestidos de blanco estuvieron alguna vez suciamente corrompidos; esos felices adoradores estuvieron un tiempo en rebeldía contra Dios.

Es un cuadro feliz ver a los ángeles que no cayeron y que conservaron su primer estado, perfectamente puros y para siempre alabando a Dios; pero la visión de los hombres caídos que fueron rescatados divinamente está más llena de la gloria de Dios. Por más que eleven los ángeles sus voces gozosas en corales perpetuos, nunca pueden alcanzar la dulzura especial de esa canción: «Hemos lavado nuestros vestidos y los hemos emblanquecido en la sangre del Cordero». No pueden entrar experimentalmente en esa verdad que es la gloria que corona al nombre de Jehová: «Tú fuiste inmolado y con tu sangre nos has redimido para Dios».

De esta manera he demostrado abundantemente que entre más miremos más claro resulta que el evangelio está dirigido a los pecadores y está especialmente planeado para su beneficio.

III. ACEPTEMOS NUESTRA SITUACIÓN

Sé que para muchos esta es una doctrina de amargo sabor. Bien amigo, es mejor que cambies tu paladar, porque nunca serás capaz de alterar esa doctrina. Es la verdad del Dios eterno, y no puede ser cambiada. Lo mejor que puedes hacer, ya que el evangelio mira hacia los pecadores, es estar en el lugar hacia donde mira el evangelio; y

Estado pecador, Libertad, Elección

puedo recomendarte esto, no solo como política, sino por honestidad, porque *solamente estarás en el lugar correcto* cuando estés allí.

1. Me parece escuchar que presentan objeciones. «No admiro este sistema. ¿Seré salvo de la misma manera que un ladrón moribundo?» Precisamente así es, señor, a menos que sucediera que te es dada mayor gracia a ti que a él. «¿Pero tú no quieres decir que en el tema de la salvación voy a ser colocado en el mismo nivel que la mujer que fue una pecadora? He sido puro y casto, ¿y voy a deber mi salvación a la absoluta misericordia de Dios tanto como ella?». Sí señor, digo eso, exactamente así. Solo hay un principio bajo el cual Dios salva a los hombres: el de la gracia inmerecida. Quiero que entiendas esto. Aunque eso se mastique entre tus dientes como granitos de arena y te enoje; no lo lamentaré si llegas a saber qué es lo que quiero decir; porque la verdad todavía puede entrar en tu alma, y todavía te puedes inclinar ante su poder. Oh, hijos de padres piadosos, ustedes jóvenes de excelente moral y conciencias delicadas, a ustedes les hablo, sí, a ustedes. Alégrense de sus privilegios, pero no se jacten de ellos, porque ustedes también han pecado, han pecado contra la luz y el conocimiento, y ustedes lo saben. Si no han caído en los pecados más terribles de obras y hechos, sin embargo en el deseo y en la imaginación ya se han extraviado lo suficiente, y en muchas cosas han ofendido terriblemente a Dios. Si, con estas consideraciones ante ustedes, toman su lugar como pecadores no serán deshonrados, sino que simplemente estarán en donde deben estar.

2. Y entonces recuerden, si obtienen la bendición de esta manera, la habrán obtenido de la *manera más segura posible*. Supongan que hay un número de salones para los invitados, y yo he ocupado uno de los mejores, pero pudiera ser que no tengo derecho de estar allí. Estoy comiendo y bebiendo de las provisiones para los invitados de mayor rango, y mi boleto no corresponde a esa categoría, me siento, pues, muy incómodo. Cada bocado que doy pienso para mis adentros: «No sé si se me permitirá permanecer aquí, tal vez el Señor de la fiesta venga y diga: "Amigo, ¿cómo entraste aquí sin estar vestido de boda?"». Y con mucha vergüenza debo proceder a tomar mi lugar en un salón de mucha menor categoría».

Hermanos, cuando comenzamos desde abajo, y nos sentamos en el salón de menor categoría nos sentimos seguros, estamos satisfechos porque lo que tenemos es para nosotros, y no nos será quitado. Tal vez, cuando el rey venga nos pueda llevar a un salón de mayor categoría. No hay nada como comenzar en el lugar más bajo. Cuando me afirmo en la promesa como un santo, tengo mis dudas acerca de ella, pero cuando me agarro de ella como un pecador ya no me cabe ninguna duda. Si el Señor me pide que me alimente de su misericordia como su hijo lo hago, pero el diablo me susurra al oído que estoy presumiendo, porque nunca fui realmente adoptado por la gracia; pero cuando llego a Jesús como culpable, como un pecador sin méritos y tomo lo que el Señor libremente me presenta al creer, el diablo mismo no me puede decir que no soy un pecador, o si lo dice la mentira es demasiado clara, y no me ocasiona ninguna preocupación. No hay nada como tener un título irrevocable, y si la descripción de ustedes en el título es que son pecadores, eso es indisputable porque definitivamente lo son. De tal manera que el lugar del pecador es el lugar verdadero de ustedes y su lugar más seguro.

3. Otra bendición es que es *un lugar al que puedes ir directamente*, incluso en este mismo momento. Si el evangelio mirara hacia los hombres que tienen un cierto estado de corazón en el que haya virtudes dignas de elogio, entonces ¿cuánto tiempo me tomará elevar mi corazón a ese estado? Si Jesucristo viene al mundo para salvar hombres que tienen una cierta medida de excelencia, ¿entonces cuánto tiempo me tomaría alcanzar esa excelencia? Me puedo enfermar y morir en el lapso de media hora, y oír la sentencia del juicio eterno, y sería para mí un pobre evangelio el que me dijera que posiblemente obtuviera la salvación si alcanzara un estado que me tomaría varios meses para alcanzarlo. En esta hora yo, un

moribundo, sé que puedo irme fuera de este mundo y más allá del alcance de la misericordia en el término de una hora; ¡qué consuelo es que ese evangelio venga a mí y se me dé justo ahora, aun en la situación en que me encuentro! Ya estoy en esa posición en la que la gracia comienza con los hombres, porque soy un pecador, y sólo tengo que reconocerlo. Ahora pues, pobre alma, siéntate ante el Señor y di: «Señor, ¿vino tu Hijo a salvar a los culpables? Yo lo soy y confío en Él para que me salve. ¿Murió Él por los impíos? Yo soy uno, Señor, confío en que su sangre me limpie. ¿Su muerte fue por los pecadores? Señor, asumo esa posición. Me confieso culpable. Acepto la sentencia de tu ley como justa, pero sálvame, Señor, pues Jesús murió». Se ha cumplido; eres salvo. Ve en paz, hijo mío; tus pecados, que son muchos, te son perdonados. Ve, hija mía, sigue tu camino y regocíjate: el Señor ha quitado tu pecado; no morirás, el que cree está justificado de todo pecado.

Bendito es el hombre a quien el Señor no le culpa de iniquidad y en cuyo espíritu no hay engaño. Vete entonces a tu verdadera posición, acepta la situación en que la gracia considera que debes de estar. No hables ni de justicia ni de mérito; sino apela a la piedad y al amor.

Cierto hombre había conspirado varias veces contra el primer Napoleón, y eventualmente, estando enteramente en las manos del emperador, se pronunció su sentencia de muerte. Su hija suplicó ardientemente por su vida, y finalmente, cuando obtuvo una audiencia con el emperador, cayó de rodillas ante él.

—Hija mía —dijo el emperador—, es inútil que supliques por tu padre, porque tengo la evidencia más clara de sus múltiples crímenes, y la justicia requiere que muera.

La muchacha le dijo:

—Señor, no pido justicia, imploro misericordia. Yo confío en la misericordia de tu corazón y no en la justicia del caso.

Le oyó pacientemente, y gracias a su petición se salvó la vida de su padre.

Imiten esa súplica y exclamen también: «Ten piedad de mí, oh Dios, conforme a tu misericordia».

La justicia no te debe nada sino la muerte, solo la misericordia puede salvarte. Deja a un lado cualquier idea de poder defenderte exitosamente: admite que no tienes defensa y declárate culpable. Confía en la misericordia de la corte y pide misericordia, misericordia por pura gracia, misericordia inmerecida, favor gratuito: esto es lo que has de pedir, y tal como en la ley hay una forma de juicio llamada *in forma pauperis*, es decir, en la forma de un indigente, adopta el método y como un hombre lleno de necesidades suplica el favor de las manos de Dios, *in forma pauperis*, y se te concederá.

IV. LA INFLUENCIA SANTIFICADORA

Ahora cierro el discurso con el siguiente punto. «Eso» dice alguien, «no lo puedo creer. Seguramente has estado otorgando un valor al pecado al decir que Cristo vino a salvar solamente a los pecadores, y no llama a nadie al arrepentimiento, sino a los pecadores». Queridos señores, he oído ese tipo de comentarios tantas veces que me los sé de memoria; las mismas objeciones contra esta doctrina fueron presentadas por los seguidores del papa en los días de Lutero, y desde entonces por todos los que obtienen beneficios especiales con la buena fe.

La opinión que la gracia inmerecida se opone a la moralidad, no tiene ningún fundamento. Ellos sueñan que la doctrina de la justificación por la fe conducirá al pecado, pero se puede demostrar por la historia que cada vez que esta doctrina ha sido magistralmente predicada, los hombres han sido más santos, y cada vez que esta verdad ha sido oscurecida, ha abundado todo tipo de corrupción. La doctrina de la gracia y la vida sustentada por la gracia encajan perfectamente, y la enseñanza de la ley y una vida sin ley, generalmente están asociadas.

1. Vamos a mostrarles el poder santificante de este evangelio. Su primera operación en esa dirección es ésta: cuando el Espíritu Santo hace penetrar la verdad del perdón inmerecido en un hombre *cambia completamente sus pensamientos en lo que concierne a Dios*. «Qué», dice él, «¿me ha perdonado gratuitamente Dios de todas mis ofensas por causa de Cristo? ¿Y me ama a

pesar de todo mi pecado? ¡Yo no sabía que Él fuera así, tan lleno de gracia y bueno! Pensé que Él era duro; lo llamé tirano, cosechando donde no había sembrado, pero, ¿así siente Él por mí?» «Entonces» dice el alma, «entonces yo lo amo por eso». Hay un cambio radical de sentimiento; en el hombre hay un giro completo tan pronto como él entiende la gracia redentora y el amor hasta la muerte. Al contemplar la gracia se produce la conversión.

2. Más aún, esta grandiosa verdad hace algo más que cambiar a un hombre, *lo inspira, lo derrite, lo vivifica y lo inflama*. Esta es una verdad que sacude a las profundidades del corazón y llena al hombre de vivas emociones. Le hablaste acerca de hacer el bien, y de lo justo, y de la justicia, y de la recompensa, y del castigo, y él oyó todo eso que pudo haber tenido una cierta influencia sobre él, pero no lo sintió profundamente. Una enseñanza así es demasiado fría para calentar al corazón. Pero la verdad que llega al corazón del hombre sí le parece nueva y excitante. Va más o menos así: Dios por su pura misericordia, perdona al culpable, y Él te ha perdonado a ti. Entonces, esto lo despierta, lo sacude, toca la fuente de sus lágrimas, y mueve todo su ser. Posiblemente, cuando oye el evangelio por primera vez, no le preocupa y hasta lo odia, pero cuando le llega con poder, tiene un control maravilloso sobre él. Cuando recibe su mensaje como realmente dirigido a él, entonces su frío corazón de piedra se convierte en carne; cálida emoción, amor tierno, humilde deseo, y un sagrado anhelo por el Señor se agitan en su seno. El poder vivificante de esta verdad divina, así como su poder de conversión, nunca pueden admirarse en exceso.

3. Además, cuando esta verdad entra en el corazón *da un golpe mortal a la arrogancia del hombre*. Muchos hombres se hubieran hecho sabios, simplemente pensando que ya lo son; y muchos hombres se hubieran hecho virtuosos, simplemente concluyendo que ya han alcanzado la virtud. He aquí, esta doctrina golpea duramente al cráneo para quitarle la confianza en la propia bondad de ustedes, y hace que ustedes sientan su culpa; y al hacer eso arranca el gran mal del orgullo. Un sentido del pecado es el umbral de la misericordia. Una conciencia de la propia incapacidad, un dolor por todas las ofensas pasadas, es una preparación necesaria para una vida más elevada y más noble. El evangelio excava los cimientos, crea un gran vacío y de esa manera hace un espacio para poner las piedras gloriosas de un noble carácter espiritual, en el lugar debido.

4. Además, cuando se recibe esta verdad es seguro que brota en el alma *un sentimiento de gratitud*. El hombre a quien se le ha perdonado mucho con toda seguridad amará mucho a cambio. La gratitud hacia Dios es el grandioso resorte que mueve a la acción santa. Quienes hacen lo justo para ser recompensados por ello actúan de manera egoísta. El egoísmo está en el fondo de su carácter, se abstienen de pecar solo para que su yo evite el sufrimiento y obedecen solo para que su yo esté seguro y feliz. El hombre que hace lo justo no por el cielo o por el infierno, sino porque Dios lo ha salvado, y ama a Dios que lo salvó, es en verdad el hombre que ama lo justo. El que ama lo justo porque Dios lo ama, se ha levantado del pantano del egoísmo y es capaz de la virtud más elevada; sí, tiene en él una fuente viva, que fluirá y se desbordará en una vida santa mientras viva.

5. Y, queridos hermanos, pienso que todos verán que el perdón inmerecido para los pecadores promueve una parte del carácter verdadero, es decir, *disposición para perdonar a otros*, porque a quien se le ha perdonado mucho le resulta fácil perdonar las transgresiones de los demás. Si no lo hace, bien puede dudar si ha sido él mismo perdonado; pero si el Señor ha borrado su deuda de mil talentos él pronto perdonará los cien centavos que su hermano le debe.

6. Por último, algunos de nosotros sabemos, y quisiéramos que todos lo supieran por experiencia personal, que un sentimiento de favor inmerecido y libre perdón *es el alma misma del entusiasmo*, y el entusiasmo es para los cristianos lo que la sangre es para el cuerpo. ¿Alguna vez se entusiasmaron ante un discurso frío sobre la excelencia de la moralidad? ¿Sintieron que su alma se

sacudía dentro de ustedes al escuchar un sermón sobre las recompensas de la virtud? ¿Alguna vez se entusiasmaron cuando se les habló acerca de los castigos de la ley? De ninguna manera, señores; pero prediquen las doctrinas de la gracia, dejen que el favor soberano de Dios sea exaltado, y observen las consecuencias.

Hay gente dispuesta a caminar muchas millas y aguantar juntos sin cansancio durante muchas horas para oír esto. He conocido a los que soportan duras caminatas de muchas millas para escuchar a esta doctrina. ¿Por qué?¿Porque el hombre era elocuente, o porque era buen orador? Nada de eso: algunas veces la predicación ha sido mala, presentada con un lenguaje sin educación, y sin embargo esta doctrina siempre ha movido a la gente. Hay algo en el alma del hombre que está buscando el evangelio de la gracia, y cuando viene, hay hambre para oírlo. Vean como en los tiempos de la Reforma, cuando existía la pena de muerte por oír un sermón: cómo se reunía la gente a medianoche; cómo caminaban largas jornadas hacia los desiertos y las cuevas para escuchar la enseñanza de estas viejas verdades grandiosas.

Hay una dulzura acerca de la misericordia, de la misericordia divina, graciosamente dada, que captura el oído del hombre y sacude su corazón. Cuando esta verdad penetra en el alma engendra entusiastas, mártires, confesores, misioneros, santos. Si hay cristianos serios, y llenos de amor a Dios y al hombre, son aquellos que saben lo que la gracia ha hecho por ellos. Si hay quienes permanecen fieles ante los reproches y llenos de gozo ante las penalidades y las cruces, son aquellos que están conscientes de su deuda hacia el amor divino. Si hay quienes se deleitan en Dios mientras viven, y descansan en Él cuando mueren, son los hombres que saben que son justificados por la fe en Jesucristo que es la que justifica al impío.

CONCLUSIÓN

Toda la gloria sea para el Señor que elevó al mendigo desde el montón de estiércol y lo puso en medio de los príncipes, los príncipes de su pueblo. Él toma a los desechados por el mundo y los adopta como miembros de su familia y los convierte en herederos de Dios por Jesucristo. El Señor nos permite conocer el poder del evangelio sobre nuestro yo pecador. El Señor nos hace querer el nombre, la obra, y la persona del Amigo del Pecador. Ojalá nunca olvidemos el agujero del pozo del que fuimos sacados, ni la mano que nos rescató, ni la inmerecida bondad que movió a esa mano. A partir de ahora y cada vez con mayor celo tenemos que hablar de la gracia infinita. «Gracia inmerecida y amor hasta la muerte». Bien dice esa canción espiritual: «Suenen esas campanillas encantadoras». ¡Gracia inmerecida y amor hasta la muerte son las ventanas de esperanza del pecador! Nuestros corazones se gozan con esas palabras. Gloria a ti, Señor Jesús, siempre lleno de compasión. Amén.

2. Libertad, elección

23. EL LIBRE ALBEDRÍO: UN ESCLAVO

«Y no queréis venir a mí, para que tengáis vida» (Juan 5:40).

INTRODUCCIÓN: La salvación y el poder vienen de Dios.

I. EL HOMBRE ESTÁ MUERTO
1. Estamos condenados a morir.
2. Sufrimos muerte espiritual.
3. Muertos por la eternidad.

II. HAY VIDA EN CRISTO JESÚS
1. En Cristo hay vida legal.
2. Hay vida espiritual.
3. Hay vida eterna en Cristo Jesús.

III. HAY VIDA EN CRISTO JESÚS, PARA EL QUE VENGA A BUSCARLA
1. Los que claman son los elegidos.

IV. NINGÚN HOMBRE, POR NATURALEZA, VENDRÁ JAMÁS A CRISTO
1. Los hombres no quieren venir a Cristo.
2. La doctrina de la caída del hombre.

Estado pecador, Libertad, Elección

3. Cristo es el que guarda de nuestra alma.
4. Razones por las que el hombre no va a Cristo.
   a) Cree que no lo necesita
   b) No les gusta como Cristo les salva
   c) No queremos inclinarnos al ir a Él
   d) Porque es por gracia

CONCLUSIÓN: La naturaleza humana está caída.

EL LIBRE ALBEDRÍO: UN ESCLAVO

INTRODUCCIÓN

Éste es uno de los grandes cañones de los arminianos que, emplazado en lo alto de sus murallas, es frecuentemente disparado con fragor contra los pobres cristianos llamados calvinistas. Trataré de inutilizarlo esta mañana, o mejor incluso, volverlo contra el enemigo; porque nunca fue suyo, nunca fue moldeado en sus fundiciones, sino que fue hecho para enseñar la doctrina diametralmente opuesta a la que ellos sostienen. Normalmente, cuando se trata de exponer este texto, se divide en varias partes. Primera: El hombre tiene voluntad. Segunda: Es completamente libre. Tercera: Puede decidir por sí mismo el ir a Cristo, de otro modo no será salvo. Pero nosotros no vamos a hacer ninguna de tales divisiones, sino que trataremos de considerarlo detenidamente. Y no nos precipitaremos a concluir que enseña la doctrina del libre albedrío, porque en él parezca concurrir la intención del «querer» o el «no hacer». Ha sido probado ya hasta la saciedad que el libre albedrío es un absurdo. La libertad será un atributo de la voluntad, tanto como la ponderabilidad lo es de la electricidad. Son cosas distintas. Creemos en la libertad de acción del individuo; pero creer en la libertad para determinar lo que debe hacer, es simplemente ridículo. Es bien sabido por todos que la voluntad es dirigida por el entendimiento, movida por los estímulos y guiada por otras partes del alma, de la que es una potencia secundaria. Tanto filosofía como religión descartan de consumo la idea del libre albedrío, yo iré tan lejos como Martín Lutero que

afirmaba rotundamente «Si cualquiera atribuye alguna parte de la salvación, aunque fuese la más insignificante, al libre albedrío del hombre, el tal no sabe nada de la gracia, y no ha asimilado a Jesucristo como es debido». Puede que a algunos este pensamiento les parezca un poco duro; pero quien esté firmemente convencido de que el hombre puede volver a Dios por su libre determinación no ha sido enseñado de él; porque uno de los principios fundamentales que aprendemos cuando Dios viene a nosotros, es que no tenemos ni el querer ni el poder, sino que los recibimos de él: Dios es el «alfa y el omega» en la salvación de los hombres.

Nuestros cuatro puntos a considerar esta mañana serán: Primero, QUE EL HOMBRE ESTÁ MUERTO; porque se dice: «Y no queréis venir, para que tengáis vida». Segundo: QUE HAY VIDA EN CRISTO JESÚS; «Y no queréis venir a mi, para que tengáis vida». Tercero: QUE HAY VIDA CRISTO JESÚS, PARA TODO AQUEL QUE VENGA A BUSCARLE: «Y no queréis venir a mí, para que tengáis vida», implicando que todo el que venga la tendrá. Y Cuarto: La parte esencial del texto reside aquí: QUE NINGÚN HOMBRE, POR NATURALEZA, VENDRÁ JAMÁS A CRISTO: «Y no queréis venir a mí, para que tengáis vida». Lejos de afirmar que el hombre por su propia voluntad puede hacer tal cosa, lo que hace es negarlo lisa y llenamente al decir: «Y NO QUERÉIS VENIR A MÍ, PARA QUE TENGÁIS VIDA». Amados, me dan ganas de gritar a aquellos que creen en el libre albedrío: ¿No sabéis que estáis desafiando la inspiración de las Escrituras? ¿Es que carecéis de sentido todos los que negáis la doctrina de la gracia? ¿Os habéis apartado tanto de Dios que sois capaces de tergiversar esto para probar vuestra doctrina? Por que el texto dice: «Y NO QUERÉIS venir a mí para que tengáis vida».

I. EL HOMBRE ESTÁ MUERTO

1. En primer lugar, pues, nuestro texto implica que el hombre esta muerto por naturaleza. Nadie necesita buscar vida si la tiene en sí mismo. El versículo se expresa muy claramente cuando dice: «Y no queréis venir a mí, para que tengáis vida». Y aunque

no se diga con palabras, afirma, en efecto, que el hombre necesita otra vida que la que tiene en sí mismo. Todos estamos muertos, queridos oyentes, a menos que hayamos sido regenerados en esperanza viva. Estamos muertos legalmente: «El día que comieres del árbol, morirás», dijo Dios a Adán. Y aunque Adán no murió en aquel momento de modo físico, murió legalmente; es decir, la muerte estaba guardada para él. Tan pronto como, en el Tribunal Central de lo Criminal, el juez se pone el negro birrete y pronuncia la sentencia, el reo es considerado muerto a la ley. Quizás transcurra un mes antes de que el condenado suba al cadalso a sufrir el rigor de la justicia; pero para la ley ese hombre estaba ya muerto. Es imposible para él hacer cualquier cosa. No puede heredar ni legar, no es nada, es un cadáver. El país le considera como si no viviera, y si hay elecciones no puede votar, porque está muerto. Está encerrado en la celda de los condenados, y es un difunto viviente. Y vosotros, impíos pecadores, que nunca habéis tenido vida en Cristo, estáis vivos esta mañana porque la sentencia todavía no se ha cumplido; pero sabéis que legalmente estáis muertos; que Dios os considera como tales; que el día en que Adán vuestro padre tocó la fruta, y cuando vosotros pecasteis, Dios, el Eterno Juez, se puso el negro birrete y os condenó? Habláis mucho de vuestra reputación, bondad y moralidad, ¿dónde está todo ello? La Escritura dice que ahora «ya sois condenados». No tenéis que esperar al aula del juicio para oír la sentencia entonces será su ejecución «ya sois condenados». En el momento en que pecasteis vuestros nombres fueron escritos en el libro negro de la justicia. Todos fuimos sentenciados por Dios a muerte, a menos que encontremos un sustituto de nuestros pecados en la persona de Cristo. ¿Qué diríais si fueseis a la penitenciaría y contemplaseis un reo condenado tranquilo en su celda, cantando y riendo? «Ese hombre está loco», exclamaríais; «ha sido condenado y será ejecutado, y ¡cuán contento está!» Qué necio es el hombre que estando sentenciado vive en alegría y regocijo! ¿O acaso crees que la sentencia de Dios no se cumplirá? ¿Crees que tu pecado, escrito para siempre en las rocas con pluma de hierro, no inspira horror? Dios ha dicho que ya estáis condenado. Si sólo te dieras cuenta de esto, ello sería suficiente para poner gotas de amargura en tus dulces copas de placer; cesarían tus bailes, y tu risa acabaría en llanto, si te pararas a pensar que ya estás condenado. Todos deberíamos llorar si grabáramos en nuestra alma que por naturaleza no tenemos vida a los ojos de Dios; que estamos positivamente condenados; nos está reservada la muerte y a los ojos de Dios somos considerados como si ya hubiésemos sido arrojados en el infierno. Aquí, el pecado ha condenado, y aunque no sufrimos el castigo, la sentencia está escrita contra nosotros. Estamos legalmente muertos, y continuaremos así mientras no encontremos vida ante la ley en la persona de Cristo, de lo cual hablaremos más adelante.

2. Y además de estar legalmente muertos, estamos también sumidos en la muerte espiritual. Porque la sentencia no sólo fue asentada en el libro, sino que pasó también al corazón; penetró en la conciencia, obró en el alma, en el juicio, en la imaginación y en todo el ser. Y el día que comió Adán, empezó a ser ejecutado, no de una forma física, sino por algo que ocurrió en él. Del mismo modo que cuando llegue la hora en que este cuerpo muera la sangre se detendrá, el pulso cesará latir, y los pulmones se inmovilizarán, así también ocurrió en el alma de Adán el día de su caída. Su imaginación perdió la poderosa virtud de elevarse a lo divino y contemplar el cielo; su voluntad perdió la capacidad de elegir siempre lo bueno; su juicio perdió toda facultad para discernir infalible y decididamente entre lo justo y lo injusto, aunque algún vestigio quedara en su conciencia; su memoria quedó viciada, sujeta a retener el mal y olvidar el bien; todas sus facultades, perdieron su vitalidad moral. La bondad, que era el vigor de sus facultades, se fue. La virtud, la santidad, la integridad, que regían la vida del hombre, se perdieron y él, perdiendo todo esto, murió. Así pues, en lo que respecta a la vida espiritual «estamos muertos en delitos y pecados». No está menos muerta el alma del

Estado pecador, Libertad, Elección

hombre carnal, que el cuerpo cuando es bajado de la tumba. Está ya positiva y ciertamente muerta; no de modo metafórico, pues Pablo no usa metáfora cuando dice: «Vosotros, que estaban muertos en vuestros delitos y pecados». Me gustaría, queridos oyentes, poder hablar a vuestros corazones sobre este particular. Ha sido algo desagradable el recordar la sentencia de muerte que pesa sobre nosotros; pero ahora la consideraremos como algo que ha tenido lugar de modo real en nuestros corazones. No sois lo que fuisteis un día; no sois lo que fuisteis en Adán; no sois lo que erais cuando fuisteis creados. El hombre fue hecho puro y santo. No sois esas perfectas personas de las que algunos alardean; todos habéis caído, todos os habéis extraviado, todos os habéis corrompido y ensuciado. ¡No oigáis los cantos de sirena de quienes os hablan de vuestra dignidad moral y de vuestra elevada capacidad para alcanzar la salvación! No sois perfectos. «Ruina» es la terrible palabra que está escrita en vuestros corazones; sellada está la muerte en vuestro espíritu. No te engañes, hombre moral, pensando que podrás alzarte delante de Dios, con tu moralidad, porque no eres más que un cadáver embalsamado con tu legalismo, un muerto vestido con finas ropas, pero corrompido a los ojos de Dios. Y no creas tú, tienes una religión natural que por tu poder y virtud te harás acepto a Dios. ¡Estás muerto! y por mucho que adornes a un muerto no pasará de ser una solemne burla. Contempla a Cleopatra, ceñida la corona en sus sienes, vestida con su manto real, expuesta en la cámara mortuoria. ¡Qué escalofríos estremecen tu cuerpo cuando pasas por su lado! Aún es atractiva incluso en la muerte; pero ¡cuán horrible es permanecer junto a un cadáver aunque éste sea el de un reina celebrada por su majestuosa belleza! También tú puedes ser glorioso en tu belleza; atractivo, amable, simpático; puedes ceñirte la corona de la honradez y aliviarte con los mantos de la rectitud; pero a menos que Dios te haya dado vida, ¡oh, hombre!, a menos que el Espíritu Santo haya obrado en tu alma, serás tan detestable para Dios como el frío cadáver lo es para ti. A ti no te gustaría sentar un muerto en tu mesa... ni a Dios tenerte delante de sus ojos. Él está airado contigo porque estás en pecado estás muerto legal y espiritualmente.

3. La tercera clase de muerte es la consumación de las otras dos, la muerte eterna. Es la ejecución de la sentencia de la ley; la consumación de la muerte espiritual. La muerte eterna es la muerte del alma, que tiene lugar cuando el cuerpo ha sido puesto en el sepulcro, después que el alma ha salido de él. Si la muerte legal es terrible, es por sus consecuencias; y si la muerte espiritual es horrible es por lo que viene después. Las dos muertes primeras son, podríamos decir, las raíces, y la muerte eterna es la flor. ¡Ojalá tuviera palabras para describiros lo que es la muerte eterna! El alma se presenta delante de su Hacedor; el libro ha sido abierto; la sentencia pronunciada; el «apártate maldito» estremece el universo, y los mundos se oscurecen por el enojo del creador; el alma ha sido arrojada a los profundos infiernos, donde será su morada con otros muchos en muerte eterna. ¡Qué horrible es su situación! su lecho es lecho de llamas; lo que sus ojos contemplan es tan cruel que aterra a su espíritu; sus oídos solo oyen gritos, quejidos, lamentos y ayes de dolor, y su cuerpo sólo siente la pena de su castigo, dolores indecibles y su miseria total. El alma mira hacia arriba, pero hay esperanza se baja la vista con temor y temblor llena de remordimiento. Mira a la derecha, e impenetrables muros de muerte la encierran en sus límites de tortura. Era a la izquierda, y llameantes cortinas de fuego le impiden subir por la escala, ahogando toda esperanza de escape. Busca en sí misma consuelo, pero un gusano implacable la corroe. Mira a su alrededor, pero no hay amigos que le ayuden, sino sólo atormentadores por doquier. No hay esperanza de libertad, ella lo sabe; ha oído la llave perpetua del destino girar en su horrible cerradura, y ha visto a Dios cogerla y arrojarla en lo profundo de la eternidad, para que nunca más pueda ser encontrada. No hay esperanza, no hay escape, no hay libertad. Llama a la muerte, pero es su gran enemiga y no irá a ayudarle. Clama por sumirse en la inexistencia, pues

peor es esta muerte que la aniquilación. Anhela la exterminación como el galeote por la libertad, pero nada de esto llega, esta muerta para toda la eternidad. Cuando hayan pasado millones y millones de infinitos períodos de lo eterno, todavía seguirá muerta. Él «para siempre» no tiene fin; la eternidad sólo será sustituida por la eternidad, y el alma podrá leer por toda ella escrito sobre su cabeza: «Condenada para siempre». Oirá lamentos que nunca se acabarán; verá llamas que serán inextinguibles; sabrá de dolores imposibles de mitigar, y escuchará una sentencia que retumbará, no como los truenos de la tierra que pronto se desvanecen, sino siempre en aumento, sacudiendo los ecos de la eternidad, haciéndola estremecer por miles de años con el hórrido estruendo de su espantoso sonido: «Apártate, ¡apártate!, ¡apártate maldito!». Ésta es la muerte eterna.

II. HAY VIDA EN CRISTO JESÚS

Consideraremos en segundo lugar que en Cristo Jesús hay vida, porque él dice: «Y no queréis venir a mí, para que tengáis vida». En la Santa Trinidad no hay vida para el pecador en el Padre ni en el Espíritu Santo, sino solo en Jesús. La vida para el pecador está en Cristo. Aunque fueseis al Padre no la hallaríais; a pesar de que ama a sus elegidos y ha decretado que vivirán, la vida solamente está en el Hijo. Lo mismo sucedería se fueseis al Espíritu Santo, aunque él es quien nos da la vida espiritual, porque esta vida es en Cristo; la vida está en el Hijo. No nos atreveríamos, ni podríamos recurrir en primer lugar al Padre ni al Espíritu Santo en busca de vida espiritual. Lo primero que se nos hace hacer cuando Dios nos saca de Egipto, es comer la Pascua. El primer medio por el cual recibimos vida es comiendo la carne y la sangre del Hijo de Dios; viviendo en él confiando en él, creyendo en su gracia y poder. El punto que estamos tratando es que hay vida en Cristo, y os mostraremos cómo hay tres clases de vida en él, del mismo modo que existen tres clases de muerte.

1. Hay vida legal en Cristo. Así como cada hombre por naturaleza, considerado en Adán, en el momento del pecado de éste, recibió sentencia de condenación, y más especialmente al momento de sus propias transgresiones, así a mí, si soy creyente, y a vosotros, si confiáis en Cristo, nos es concedida sentencia absolutoria por lo que él ha hecho. ¡Oh!, condenado pecador, esta mañana estás tan condenado como los presos en Newgate; pero antes de que acabe el día puedes ser tan libre como los ángeles del cielo. Hay vida legal en Cristo y, ¡bendito sea Dios!, muchos de nosotros la gozamos. Sabemos que nuestros pecados han sido perdonados, porque él pagó el castigo por ellos. Sabemos que nunca seremos castigados, porque Cristo sufrió en nuestro lugar. La Pascua ha sido sacrificada por nosotros; el dintel y los postes de la puerta han solo untados y el ángel exterminador jamás nos tocará. Para nosotros no hay infierno, aunque arda con terrible llama. Tofet ya ha tiempo que está prepara, y con mucha leña y mucho humo; pero nosotros nunca iremos allí. Cristo murió por nosotros, en nuestro lugar. ¿Qué si allá hay instrumentos de tortura? ¿Qué si hay una sentencia que produce los más horribles ecos de atronador sonido? Porque ni tormentos, ni mazmorras, ni truenos son para nosotros! Hemos sido libertados en Cristo Jesús. «Ahora, pues, ninguna condenación hay para los que están en Cristo Jesús, los que no andan conforme a la carne, sino conforme al espíritu».

¡Pecador!, ¿estás legalmente condenado esta mañana? ¿Te das cuenta de que así es? Entonces déjame decirte que la fe en Cristo te dará el conocimiento de la absolución de la ley. Amados, no es fantasía el que estemos condenados por nuestros pecados, es una realidad; como tampoco lo es el que hayamos sido absueltos, ello es otra realidad. Si un hombre a punto de ser colgado recibe pleno perdón, lo sentirá como una maravillosa realidad, y dirá: «He recibido un perdón total y nadie podrá tocarme ahora». Éste es mi sentir.

«Absuelto de pecado,
camino libremente
teniendo en mi descargo la Santa Redención;
y ante Jesús amado,

Estado pecador, Libertad, Elección

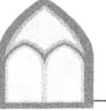

postrado humildemente, salvado por su gracia, le rindo adoración.»

Hermanos, hemos alcanzado vida legal en Cristo de tal modo que no podemos perderla. La sentencia fue dictada contra nosotros una vez, pero ya no tiene vigor. Está escrito: Ahora, pues, ninguna condenación hay, y este «ahora» vale para mí en estos momentos tanto como dentro de cincuenta años. En tanto cuanto dure nuestra vida, estará escrito: «Ahora, pues, ninguna condenación hay para los que están en Cristo Jesús».

2. En segundo lugar, hay vida espiritual en Cristo Jesús. Si el hombre está muerto espiritualmente, Dios tiene vida espiritual para él; porque no hay necesidad que no pueda ser remediada por Jesús; no hay vacío en el corazón que Cristo no pueda llenar; no hay soledad que él no pueda poblar, ni desierto que no pueda hacer florecer como una rosa. ¡Oh, vosotros!, pecadores muertos, muertos espiritualmente; hay vida en Cristo Jesús, porque nosotros hemos palpado ¡sí!, estos ojos lo han visto que los muertos vuelven a la vida. Hemos conocido hombres de alma completamente corrompida que, por el poder de Dios, han corrido en pos de la santidad. Hemos conocido hombres de mente lujuriosa, de bajos instintos, de fuertes pasiones, que, de repente, por el poder irresistible de lo alto, se han consagrado a Cristo, y han sido hechos hijos de Jesús. Sabemos que hay vida en Cristo Jesús, vida espiritual; vida que hemos experimentado en nuestras propias personas. No podemos dejar de recordar cuando estábamos sentados en la casa de oración, tan muertos como los mismos asientos que nos soportaban. Habíamos oído el Evangelio por mucho tiempo sin ningún efecto, cuando, de pronto, como si nuestros oídos hubiesen sido abiertos por los dedos de un ángel, una voz entró en nuestros corazones creíamos oír a Jesús decir: «El que tenga oídos para oír, oiga». Una poderosa e irresistible mano estrujó todo nuestro ser hasta hacernos brotar una oración. Nunca oramos como hasta aquel día. Clamamos así: «¡Oh Dios, ten misericordia de mí, pecador!»

Durante meses estuvimos sintiendo una mano que nos apretaba como si hubiésemos sido atrapados en el vicio; y nuestras almas sangraron gotas de aflicción. Aquella miseria era el signo de una nueva vida. Las personas cuando estamos en tribulación y quebranto, no sentimos el dolor y la pena tanto como cuando todo ha pasado y hemos sido restaurados. ¡Oh!, cómo recordamos ¿aquellos dolores, aquellos gemidos, aquella vida de lucha cuando nuestra alma fue a Cristo. Cómo recordamos el don de nuestra vida espiritual, tanto como alguien pudiera recordar el día en que fuera librado de la tumba. Imaginamos a Lázaro recordando su resurrección, aunque no todas las circunstancias de la misma. Así, nosotros, aunque hemos olvidado mucho, recordamos el día de nuestra entrega a Cristo. Os podernos decir a todos los pecadores, por muy muertos que os sintáis, que hay vida en Cristo Jesús, aunque estuvierais podridos y corruptos en la tumba. Aquel que levantó a Lázaro nos levantó también a nosotros, y todavía puede decir, incluso a vosotros: «¡Lázaro!, ven fuera!».

3. En tercer lugar, hay vida eterna en Cristo Jesús. Si la muerte eterna es terrible la vida eterna es bendita; porque él dijo: «Allí donde Yo esté, estará mi pueblo». «Padre, aquellos que me has dado, quiero que donde Yo estoy, ellos estén también conmigo, para que vean mi gloria que me has dado». «Yo les doy vida eterna; y no perecerán para siempre». Así que el arminiano que predicare sobre este texto, debiera comprar un par de labios de repuesto de goma de la India; estoy seguro que los necesitaría para poder abrir su boca hasta desencajarla por el asombro; nunca podrá decir toda la verdad, si no es tratando de hacerlo de una forma enrevesada y misteriosa. Vida eterna; no vida que se pueda perder, sino vida eterna. Yo perdí la vida en Adán y la recobré en Cristo; si me perdí a mí mismo para siempre, me he encontrado a mí mismo para siempre en Cristo. ¡Vida eterna! ¡Oh, bendito pensamiento! Nuestros ojos brillan de gozo y nuestras almas arden en éxtasis al pensar que tenemos vida eterna. Apagaos, estrellas! dejad que Dios ponga su dedo sobre

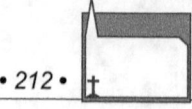

vosotras, que mi alma vivirá en bienaventuranza y paz. ¡Oscurece tus ojos, oh sol!, que los míos «verán al Rey en su hermosura» cuando los tuyos nunca más hagan reír a la verde tierra. ¡Y tú, luna, conviértete en sangre!, que la mía nunca dejará de ser; este espíritu vivirá todavía cuando tú hayas dejado de existir. ¡Y tú, poderoso mundo!, húndete en su segundo, como desaparece la espuma de la cresta de las olas, que yo tendré vida eterna. ¡Oh, tiempo! contempla las gigantes montañas morir y esconderse en sus tumbas; ve las estrellas como hijos maduros caer del árbol; pero nunca, nunca jamás, verás morir mi espíritu.

III. HAY VIDA EN CRISTO JESÚS, PARA EL QUE VENGA A BUSCARLE

Y ello nos lleva a nuestro tercer punto: La vida eterna es dada a todo aquel que venga a buscarla. No ha habido nunca nadie que viniendo a Cristo por vida eterna, vida legal, vida espiritual, no la haya recibido, en algún sentido, y no le haya sido manifiesto el tenerla tan pronto como vino. Veamos uno o dos textos: «Por lo cual puede también salvar eternamente a los que por él se allegan a Dios». Todo el que se allegue a Cristo encontrará que es poderoso para salvarlo, no para salvar un poco, no para liberarlo un poco del pecado, no para guardarlo un poco del juicio, no para sostenlo durante un poco y después arrojarlo sino para salvarlo de su pecado hasta lo sumo, para guardarlo a lo largo de todo el juicio, en lo más profundo de sus afliciones, durante toda su existencia. Cristo dice a todos los que a él vienen: «Ven pobre pecador, no necesitas preguntar si tengo poder para salvarte. Yo no te preguntaré cuán hondo hayas caído en el pecado. Puedo salvarte hasta lo sumo». Y no hay nadie en la tierra que pueda ir más allá de «lo sumo» de Dios.

1. Ahora otro texto: «El que a mí viene (notad que las promesas están casi dirigidas a aquellos que vienen) no lo echo fuera». Todo el que venga hallará abierta la puerta de la casa de Cristo y la de su corazón también. Todo aquel que venga –y lo digo en el más amplio sentido– sabrá que Cristo tiene misericordia de él. Lo más absurdo del mundo es el querer tener un Evangelio más amplio que el que tenemos en la Escritura. Cuando predico que todo aquel que crea será salvo y que todo el que venga encontrará misericordia hay algunos que me preguntan: «Pero supongamos que fuese a Cristo uno que no hubiera sido elegido, ¿sería también salvo?». Los que así hablan lo hacen sin sentido, y yo no puedo responder a un absurdo. Si un hombre no es elegido, jamás vendrá; y si viene, es la prueba más segura de su elección. Otros dicen: «Supongamos que alguien fuera a Cristo sin ser llamado por el Espíritu». Un momento, hermano mío; esa suposición no puedes hacerla porque tal cosa no puede ocurrir, y cuando así hablas lo haces únicamente con la idea de confundirme; pero no lo lograrás aún. Yo digo que todo el que venga a Cristo será salvo. Y puedo decirlo como calvinista o híper calvinista, tan claramente como tú. Mi Evangelio no es más limitado que el tuyo, sólo el mío está fundado en sólidos cimientos, mientras el tuyo está edificado sobre la arena y la podredumbre. Todo aquel que venga será salvo; porque ninguno puede venir a mi si el Padre no le trajere. «Pero», dice otro «supongamos que todo el mundo quisiera venir, ¿le recibiría Cristo?». Ciertamente, si todos vinieran; lo que pasa es que no quieren venir. Es todo aquel que venga; aunque fueran tan malos como Satanás, Cristo los recibiría; si sus pecados e inmundicias corrieran por su corazón como una cloaca común a todo el mundo, Cristo no los rechazaría. Hay también quien dice: «Quisiera saber algo sobre el resto de la gente. ¿Puedo ir y decirles: Jesucristo murió por vosotros? ¿Puedo decirles que hay virtud y vida eterna para todos?». «No, no puedes. Debes anunciarles que hay vida para todo aquel que venga; porque si declararas que hay vida para uno de aquellos que no creen, estás pronunciando una peligrosa mentira. Si les dices que Jesús pagó el pecado de todos, y que, sin embargo, ellos se perderán, estás engañándoles con una vil falsedad. Creer que Dios castigó a Cristo y además a ellos...», ¡me maravilla que tengas la imprudencia de decir tal cosa! Hubo una vez alguien que predicaba que había arpas y

Estado pecador, Libertad, Elección

coronas en el cielo para todos sus oyentes; y a continuación concluía: «Queridos amigos, hay muchos para quienes estas cosas están preparadas que nunca irán allá». En verdad inventó la historia más lamentable que podía habérsele ocurrido; os diré por quién debía haberse lamentado: debía haber llorado por todos los ángeles del cielo y por todos los santos; porque eso sería corromper completamente el cielo. Sabéis, al reuniros la familia en Navidad, que si vuestro hermano partió y su silla está vacía, decís: «Siempre nos hemos gozado en estos días; pero hay algo ahora que empaña nuestro gozo, ¡pobre David!, ya está muerto y enterrado». Imaginamos a los ángeles diciendo: «Ah!, éste es un cielo maravilloso; pero no nos gusta ver todas estas coronas cubiertas por el polvo y las telarañas; no podemos resistir el ver calles desiertas; no podemos contemplar esos tronos vacíos». Y las pobres almas se dirían unas a otras: «Ninguna está segura aquí; porque la promesa fue: Yo doy vida eterna a mis ovejas; y hay muchas de ellas en el infierno a las cuales Dios dio vida eterna; hay muchas, por las que Cristo derramó su sangre, ardiendo en el abismo, y estas han ido a parar allá, nosotros también podemos ir. Si no podemos creer una promesa tampoco podemos confiar en la otra». De esta manera, el cielo perdería sus cimientos y caería. ¡Fuera con vuestro desatinado Evangelio! Dios no ha dado el suyo firme ir seguro, construido sobre un pacto sellado y bien ordenado, sobre propósitos eternos y seguro cumplimiento.

IV. NINGÚN HOMBRE, POR NATURALEZA, VENDRÁ JAMAS A CRISTO

1. Consideraremos ahora el cuarto punto: ningún hombre, por naturaleza, vendrá jamas a Cristo; porque el texto dice: «Y no queréis venir a mí, para que tengáis vida». Puedo afirmar, con la autoridad que me concede la Escritura, que no vendréis a Cristo para que tengáis vida. Estad ciertos que aunque os predicara eternamente y me apropiara de la elocuencia de Demóstenes y Cicerón, no vendríais a Cristo. Podría rogaros de rodillas, con lágrimas en los ojos, y mostraros los horrores del infierno y los

goces del cielo, la suficiencia de Cristo y vuestra propia perdida condición, pero ninguno vendríais a él por vosotros mismos a menos que el Espíritu, que está en Jesús, os trajere. Es verdad universal que los hombres, por su condición natural, no vendrán a Cristo. Pero oigamos ahora otra pregunta de alguno de esos charlatanes: «Y, ¿no podrían venir si quisieran?». Amigo mío, te responderé otro día. No es éste el asunto que nos ocupa esta mañana. Estoy hablando sobre si quieren, no sobre si pueden. Notaréis, siempre que tratéis sobre tal libre albedrío, que el pobre arminiano, en un segundo, se pone de hablar de poder, y mezcla dos conceptos que deberían estar completamente separados. Nosotros, si lo permitís, solo tomaremos uno de ellos; declinamos tratar los dos a la vez. Otro día predicaremos sobre el texto que dice: «Ninguno puede venir a mí si el Padre no le trajere», pero ahora estamos ocupados con la voluntad; es una realidad que los hombres no quieren venir a Cristo para tener vida. Podríamos probarlo con muchos textos de la Escritura; pero tomaremos una parábola solamente. Recordaréis aquella en que cierto rey hizo fiesta para su hijo, e invitó a gran número. Toros y animales engordados habían sido muertos y mensajeros fueron enviados a llamar a muchos a la cena. ¿Fueron a la fiesta? No, sino que todos ellos, como si se hubieran de acuerdo, a una comenzaron a excusarse. Uno dijo que acababa de casarse y que por tanto no podía ir, cuando, en realidad, podía haber llevado a su esposa con él. Otro había comprado cinco yuntas de bueyes y tenía que probarlas, a pesar de que la fiesta era por la noche y no podría hacerlo en la oscuridad. El otro había comprado unas hacienda y quería ir a verla, aunque yo no creo que fuera con un farol. Así, todos se excusaron y ninguno fue. Pero el rey había determinado que la fiesta tuviera lugar, y dijo a su criado: «Ve por los caminos y por los vallados, y ¿invítalos?, ¡ojo!, no dice invítalos fuérzalos a entrar;» porque ni aun los mendigos en los vallados habrían venido si no hubieran sido forzados.

2. Consideremos otra parábola: Hubo un hombre que tenía una viña, y cuando fue el

tiempo, envió a uno de sus siervos para que recibiese sus frutos. Y, ¿qué hicieron con él? Lo golpearon. Envió a otro, y lo apedrearon. Envió a otro y lo mataron. Hasta que al final dijo: «Enviaré a mi hijo amado; lo respetarán». Pero, ¿qué ocurrió? Dijeron: «Éste es el heredero; venid, matémoslo, para que la heredad sea nuestra». Y así lo hicieron. Lo mismo hace el hombre por naturaleza. El hijo de Dios vino y los hombres lo rechazaron. «Y no queréis venir a mí para que tengáis vida». Nos llevaría mucho tiempo el mencionar todas las pruebas de la Escritura; pero quisiera que paráramos mientras pensamos en la gran doctrina de la caída humana. Todo aquel que crea que la voluntad del hombre es enteramente libre, y que ella es la que determina su salvación, no cree en la caída del hombre. Como os he dicho varias veces, pocos predicadores de religión creen totalmente en la doctrina de la caída humana, y a lo más, piensan que cuando Adán cayó sólo se partió el dedo meñique; pero no que se mató, arruinando toda la raza con su muerte. Amados, la caída destruyó al hombre por completo; no quedó nada de él entero. Todo fue hecho añicos, deshecho y deshonrado. Como si en un grandioso templo quedara alguna columna sin destruir, algún capitel, algún pilastra, pero todos ellos rotos, aunque algunos retuvieran mucho de su forma y posición. La conciencia retiene mucho de su antigua ternura, pero ha caído. La voluntad tampoco queda exenta. Y aunque es el «alcalde de alma humana» como Bunyan la llama, el alcalde se ha descarriado. «El señor Obstinado» siempre hace lo malo. Vuestra naturaleza toda ha quedado inservible; vuestra voluntad, entre otras cosas, se ha apartado totalmente de Dios. Pero la prueba más incontrovertible es que nunca encontraréis un verdadero cristiano que diga haber ido a Cristo sin que Cristo haya ido antes a él. Me atrevería a decir que habréis oído muchos sermones arminianos, pero jamás una oración arminiana; porque los santos, cuando oran, son una misma cosa en pensamiento, palabra y obra. Un arminiano hincado de rodillas orará tan desesperadamente como un calvinista. No puede orar sobre el libre albedrío; no hay lugar para él en sus plegarias. imagináosle: «Señor, te doy gracias porque yo no soy como esos presuntuosos calvinistas. Señor yo nací con un glorioso libre albedrío y, con poder para, por mí mismo, volver a Ti. Yo he aprovechado mi gracia. Si todos hicieran con la suya lo que yo con la mía, podrían ser salvos. Señor, yo sé que tu me puedes doblegar nuestra voluntad si nosotros no queremos. Tú has dado la gracia a todos; algunos no la aprovechan, pero yo sí. Hay muchos que se condenan aunque hayan sido comprados con la sangre de Cristo, como yo fui; a ellos les fue dado el Espíritu Santo también, la misma oportunidad y bendición que a mí. No fue tu gracia la que hizo la diferencia; yo sé que sirvió de mucho, pero yo encontré el modo de hacerla útil; usé de lo que se me dio, y otros no lo hicieron: ésta es la diferencia entre ellos y yo». Este es una oración demoníaca, porque nadie más que Satanás podría orar así. ¡Ah!, cuando predican y hablan cuidadosamente, puede que anuncien erróneas doctrinas; pero cuando oran, la verdad brota de sus labios, no pueden remediarlo. Sí alguien habla despacio puede hacerlo de una manera estudiada; pero cuando lo hace de prisa, no puede evitar que salga a sus labios el acento de la tierra donde ha nacido. De nuevo os pregunto: ¿Habéis encontrado alguna vez un cristiano que diga: «Yo he venido a Cristo sin la ayuda del poder del Espíritu Santo?» si así ha sido, no dudéis en decirle: «Mi querido amigo, lo creo completamente, como también creo que te alejaste de nuevo sin el poder del Espíritu Santo, y que no sabes nada del mismo, y en hiel de amargura y en prisión de maldad estás». ¿Oiré quizás a un cristiano decir: «Yo busqué a Cristo antes de que él me buscara a mí; y fui al Espíritu y no el Espíritu a mí?2 No, amados, tenemos todos que ponernos la mano sobre el corazón y decir:

> «La gracia enseñó a mi alma a orar
> E hizo a mis ojos anegarse en llanto;
> me ha guardado hasta hoy bajo
> su manto
> Y nunca ya me dejará marchar».

¿Hay aquí, un solo hombre, mujer, joven o viejo, que pueda decir: «Yo busqué a Dios

Estado pecador, Libertad, Elección

antes de que él me buscara a mí?» No; y aun tú, que eres arminiano, cantarás: «¡Oh, sí, a mi Jesús yo quiero, Porque él a mí me amó primero».

3. Ahora una pregunta más. ¿No notamos que nuestra alma no es libre, aun después de haber ido a Cristo, sino que es guardada por él? ¿No hay veces, aun ahora, cuando el querer no está en nosotros? Hay una ley en nuestros miembros que se rebela contra la ley de nuestra mente. Y si los que están espiritualmente vivos sienten que su voluntad es contraria a Dios, ¿qué diremos de aquellos que están «muertos en delitos y pecados?» Sería un absurdo increíble poner a ambos al mismo nivel. Pero más absurdo sería poner al que está muerto antes del que está vivo. El texto es cierto y la experiencia lo ha grabado indeleblemente en nuestros corazones: «Y no queréis venir a mí, para que tengáis vida».

4. Ahora debemos deciros las razones por las que el hombre no quiere venir a Cristo.

a) La primera es que, por naturaleza, cree que no lo necesita. El hombre natural piensa que no tiene necesidad de Cristo, que su misma justicia basta para cubrirle, que está bien vestido, que no está desnudo y no necesita que la sangre de Jesús lo lave. No le hace falta la gracia que lo purifique porque, ni está manchado, ni sus pecados son rojos como el carmesí. Ningún hombre conocerá su pobreza hasta que Dios se la muestre; y nunca buscará el perdón hasta que el Espíritu Santo le haga ver la necesidad que tiene de él. Yo podría estar predicando a Cristo por toda la eternidad; pero a menos que sintáis que lo necesitáis, nunca vendréis a él. La farmacia puede estar llena de las mejores medicinas; pero nadie las comprará si antes no se siente enfermo.

b) Otra razón es porque a los hombres no les gusta la forma en que Cristo salva. Uno dice: «No me agrada porque me hace santo y no podré emborracharme ni blasfemar si soy salvo». Otro comenta: «Me exige que sea recto y puritano, y yo quisiera un poco más de libertad». A otro no le gusta porque es humillante; la «puerta del cielo» no es lo suficientemente alta como para

entrar erguido, y a él no le gusta tener que encorvarse.

c) Esta es la principal razón de que no queráis venir a Cristo: porque no podáis acercaos a él con la cabeza orgullosamente alzada; porque os hace inclinaros al ir a Él.

d) A otro no le gusta tampoco porque todo es de gracia, desde el principio hasta el final, y dice: «Si yo pudiera tener aunque sólo fuera un poco de honor..». Pero oye que todo ha de ser de Cristo, que todo ha de ser por Cristo, o que no será nada, y decide «No iré»; vuelve sobre sus pasos y se aleja por sus propios caminos. ¡Ay de vosotros, orgullosos pecadores que no queréis venir a Cristo. ¡Ay de vosotros!, ignorantes pecadores que no queréis venir, porque no sabéis nada de él. Y ésta es la tercera razón.

Los hombres desconocen la excelencia de Cristo, porque si la conocieran vendrían a él. ¿Por qué no fue ningún marino a América antes que Colón? Porque no creían que existiera. Pero Colón tuvo fe, y fue. Aquel que tiene fe en Cristo va a él. Pero vosotros no conocéis a Jesús. Muchos nunca habéis visto cuán bella es su faz, cuán aplicable su sangre para los pecadores, cuán maravillosa su expiación, cuán suficientes sus méritos; y por eso «no queréis venir a él».

CONCLUSIÓN

¡Oh!, queridos oyentes, oíd mi último y solemne pensamiento. He predicado que no vendréis, y alguno dirá: «Es el pecado el que no nos deja ir». ASÍ ES. Pero no por eso vuestra voluntad deja de ser responsable y pecaminosa. Hay quienes creen que, cuando predicamos esta doctrina, ponemos «colchones de plumas» a la conciencia para que descanse; pero no es así. No consideramos esta imposibilidad como parte de la naturaleza original del hombre, sino como parte de su ser caído. Es el pecado el que os lleva a esta condición de no querer venir. Si no hubieseis caído, os entregaríais a Cristo la primera vez que se os predicara; pero no venís a causa de vuestros delitos y pecados. La gente se excusa a sí misma amparándose en su corazón corrompido; pero ésta es la excusa más fútil del mundo. No se justifican los robos y pillajes por un corazón malo. Imaginaos un ladrón que dijera al juez: «No pude evitarlo; tengo un corazón perdido». ¿Qué le contestaría? «¡Eres un canalla! tu corazón es malo, más dura será mi sentencia; porque eres verdaderamente un villano. Tu excusa es necia.» Así también, el Todopoderoso, de los que así hablen «se reirá de ellos y los pondrá por escarnio». No predicamos esta doctrina para que os sirva de excusa sino para humillaros. El tener una naturaleza corrompida es mi delito y mi terrible calamidad. Es un pecado que siempre pesará sobre los hombres. No quieren venir a Cristo porque el pecado los mantiene lejos. Me temo que el que no predique esto, no es fiel a Dios y a su conciencia. Id a casa con este pensamiento: «Soy por naturaleza tan perverso, que no quiero ir a Cristo, y esa impía perversidad de mi ser es mi pecado. Merezco ser arrojado al infierno». Y si este pensamiento, en manos del Espíritu Santo, no os humilla, nadie más podrá hacerlo. Esta mañana no hemos ensalzado a la naturaleza humana, sino que la hemos derribado y abatido. Dios nos humille a todos. Amén.

24. LA RESPONSABILIDAD HUMANA

«Si yo no hubiera venido, ni les hubiera hablado, no tendrían pecado; pero ahora no tienen excusa de su pecado» (Juan 15:22).

INTRODUCCIÓN: El hombre rechaza a Jesucristo.

I. PRIMER PUNTO
1. Lo que predica el ministro.
2. No rechacemos el mensaje.

II. SEGUNDO PUNTO
1. El rechazo del Evangelio.
2. El pecado de no aceptar el Evangelio.
3. El pecado de la incredulidad.
4. El gran peso de predicar el Evangelio.

III. TERCER PUNTO
1. No hay motivo para ignorar el pecado.
2. La excusa de no saber cómo tener salvación.
3. La disculpa de la falta de buen testimonio.
4. Distintas disculpas del hombre.

IV. CUARTO PUNTO
1. El infierno espera a los que rechazan a Cristo.

CONCLUSIÓN: No endurezcas el corazón.

LA RESPONSABILIDAD HUMANA

INTRODUCCIÓN

El pecado característico de los judíos, el pecado qué agravó principalmente sus antiguas iniquidades, fue el rechazo de Jesucristo como Mesías. Él había sido claramente descrito en los libros de los profetas, y aquellos que lo esperaban, como Simeón y Ana, tan pronto lo contemplaron, aún en su condición de niño, se regocijaron al verle y entendieron que Dios había enviado su salvación. Pero Jesucristo no respondía a la expectativa de la perversa generación; y por no venir rodeado de pompa e investido de poder, por no presentarse con el ornamento exterior de un príncipe ni los honores de un rey, escondieron de Él su rostro; como «raíz de tierra seca», fue «menospreciado y no lo estimaron». Pero su pecado no paró ahí. No contentos con negar su mesianidad, fueron en gran manera vehementes en su furor contra Él; lo acosaron durante toda su vida buscando su sangre, y solamente se dieron por satisfechos, y su infernal malicia fue totalmente saciada, cuando al pie de la cruz pudieron contemplar los dolores de muerte y las agonías de la expiración de su crucificado Mesías. Aunque sobre la misma cruz fueron escritas las palabras «Jesús de Nazaret, rey de los judíos», ellos no lo reconocieron como su rey, ni como el Hijo eterno de Dios; y no conociéndolo lo crucificaron, porque si lo hubieran conocido nunca hubieran crucificado al Señor de gloria.

Y ahora, el pecado de los judíos es continuamente repetido por los gentiles; lo que aquellos hicieron una vez, muchos lo hacen cada día. ¿No hay muchos de vosotros aquí presentes hoy, oyendo mi voz, que habéis olvidado al Mesías? No os tomáis la

Estado pecador, Libertad, Elección

molestia de negarle, ni os degradaríais en un país llamado cristiano, blasfemando su nombre. Quizá vuestra doctrina sea correcta en lo que a Él se refiere, y creáis que es el Hijo de Dios así como el hijo de María; pero aún así, menospreciáis sus deseos, y no le rendís el honor que merece ni lo aceptáis como digno de vuestra confianza. No es vuestro Redentor; no esperáis su segunda venida ni ser salvos por su sangre. Y, lo que es peor, hoy lo estáis crucificando, porque, ¿no sabéis que todos los que rechazan el Evangelio de Cristo crucifican de nuevo al Señor y abren de nuevo sus heridas? Siempre que oigáis predicar la Palabra y la rechacéis, siempre que seáis amonestados y ahoguéis la voz de vuestra conciencia, siempre que tembléis y no obstante digáis: «Déjame tranquilo por ahora; te volveré a llamar cuando tenga una ocasión más propicia», empuñáis el martillo y los clavos, y de nuevo taladráis sus manos y pies, y hacéis brotar la sangre de su costado. Y, además, herís sus miembros de otras diferentes maneras; tantas veces como despreciáis a sus ministros, o ponéis piedras de tropiezo en el camino de sus siervos, o estorbáis el Evangelio con vuestro mal ejemplo, o tratáis de desviar del camino al que busca la verdad, con vuestras aviesas palabras; tantas veces como hagáis estas cosas, cometéis la misma iniquidad que atrajo la maldición sobre los judíos, maldición que los condenó a vagar errantes por la tierra hasta el día de la segunda venida, cuando vendrá Aquel que, aún por Israel, será reconocido como rey, por quien judíos y gentiles velan en ansiosa expectación; aquel Mesías, el Príncipe que una vez vino a sufrir pero que ahora viene a reinar.

Y esta mañana trataré de mostraros el paralelismo que existe entre vuestro caso y el de aquellos judíos; y lo haré no con palabras estudiadas, sino conforme Dios quiera ayudare; apelando a vuestras conciencias, haciéndoos sentir que, al rechazar a Cristo, cometéis el mismo pecado e incurrís en la misma condenación. Notaremos, antes que nada, la excelencia del ministerio, puesto que Cristo está patente en él para hablar a los pecadores: «Si no les hubiera hablado». En segundo lugar, advertiremos cómo el rechazar el mensaje de Cristo agrava el pecado del hombre: «Si no les hubiera hablado no tendrían pecado». En tercer lugar, que la predicación de la Palabra acaba con todas las excusas: «Mas ahora no tienen excusa de su pecado». Y por último, anunciaremos breve, pero muy solemnemente, la sentencia terriblemente agravada de aquellos que, rechazando al Salvador aumentan la culpa con su desprecio.

I. PRIMER PUNTO

1. En primer lugar, pues, nos toca declarar, y declarar con toda verdad, que por la predicación del Evangelio se trae a la conciencia del hombre la venida de nuestro Señor Jesucristo, y los palabras del salvador por medio de las nuestras. Cuando Israel despreció antaño a Moisés y murmuró contra él, Moisés mansamente le dijo: «Vuestras murmuraciones no son contra nosotros, sino contra Jehová». Y el ministro, con la garantía de la Escritura, puede decir lo mismo con toda justicia: El que nos desprecia, no nos desprecia a nosotros, sino a Aquel que nos ha enviado; quien rechaza el mensaje, no rechaza lo que nosotros decimos, sino el mensaje del Dios eterno. El ministro no es más que un hombre, no tiene poder sacerdotal alguno, pero es llamado de entre los demás y dotado con el Espíritu Santo para hablar a sus semejantes. Y cuando anuncia la verdad con el poder que viene del cielo, Dios lo reconoce, lo nombra su embajador y lo eleva a la alta y responsable posición de atalaya en los muros de Sión, e insta a todos los hombres a tener en cuenta que despreciar y pisotear aquel fiel mensaje, fielmente transmitido, es rebelión contra Dios, y pecado e iniquidad contra el Altísimo. Si yo hablara como hombre, sería muy poco lo que dijera, pero si lo hago como embajador del Señor, guardaos muy bien de menospreciar el mensaje. Lo que nosotros predicamos con el poder del Santo Espíritu es la Palabra de Dios enviada desde el cielo, rogándoos encarecidamente que la creáis. Y no olvidéis que si rechazáis lo que os decimos, no con palabras nuestras, sino con las del Espíritu del Señor nuestro Dios que

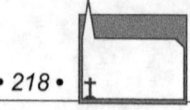

habla por nosotros, ponéis en peligro vuestras propias almas. Con cuánta solemnidad inviste esto al ministerio del Evangelio! ¡Oíd vosotros, hijos de los hombres!, el ministerio no es palabra humana, sino voz de Dios por medio de los hombres. Los que en verdad han sido llamados y enviados como siervos de Dios no son los autores de su mensaje, sino que primero lo reciben de su Maestro y luego lo anuncian a la gente, teniendo siempre ante sus ojos aquellas solemnes palabras: «Ten cuidado de ti mismo y de la doctrina; persiste en ello, pues haciendo esto, a ti mismo salvarás y a los que te oyeren»; y a sus espaldas resuena la tremenda amenaza: «Y si tú no lo amonestares, él morirá, mas su sangre demandaré de tu mano». Ojalá pudierais ver escritas con letras de fuego delante de vosotros las palabras del profeta: «¡tierra, tierra, tierra, oye Palabra de Jehová!»; porque, mientras el ministerio sea fiel y sin error, es la Palabra de Dios, y tiene tanto derecho a ser creída como si en vez de ser pronunciada por medio del humilde ministro de su Palabra, fuese el mismo Dios quien hablara desde la cima del Sinaí.

2. Y ahora, detengámonos un momento en esta doctrina para hacernos una solemne pregunta: ¿no hemos pecado todos nosotros grandemente contra Dios por la poca atención que frecuentemente hemos prestado a los medios de la gracia? ¿Cuántas veces hemos estado ausentes de la casa de Dios cuando Él mismo estaba hablando allí? ¿Qué hubiera sido de Israel si, cuando fue citado aquel día sagrado para oír la Palabra de Dios desde la cima de la montaña, hubiese vagado tercamente por el desierto en lugar de ir a escucharla? Pues esto es lo que vosotros habéis hecho: buscar vuestro propio placer y correr tras los cantos de sirena de la tentación, haciendo oídos sordos a la voz del Altísimo. Y cuando Él ha hablado en su casa, habéis seguido por caminos perversos y habéis tenido en muy poco la voz del Señor vuestro Dios. Y si vinisteis alguna vez, ¡qué mirada tan distraída la vuestra y que oídos tan poco atentos! Escuchasteis como si no oyeseis. Vuestro oído percibió las palabras, pero el hombre escondido en vuestro corazón permaneció sordo como una víbora, y por más sabios que fueron nuestros encantamientos, ni los oíais ni los mirabais. Dios mismo ha hablado también muchas veces a vuestra conciencia de forma que lo oyerais. ¡Cuantas veces os habéis tenido que sentar en los bancos porque de pie, en el pasillo, las rodillas os temblaban al oír tronar a algún poderoso Boanerges con voz de ángel: «Prepárate para venir al encuentro de tu Dios medita sobre tus caminos, ordena tu casa, porque morirás y no vivirás». Pero a pesar de ello, salisteis de la casa de Dios y olvidasteis la clase de personas que erais. Apagasteis el Espíritu; sentisteis aversión hacia el Espíritu de gracia; echasteis lejos de vosotros los remordimientos de conciencia; ahogasteis las oraciones que nacían en vuestro corazón y que pugnaban por salir; estrangulasteis aquellos deseos recién nacidos que comenzaban a brotar; alejasteis de vosotros todo lo que era bueno y santo; os volvisteis por vuestros propios caminos, y os perdisteis una vez más en las montañas de pecado y en los valles de iniquidad. ¡Ah!, amigos míos; pensad, pues, por un momento, que en todas estas cosas habéis despreciado a Dios. De cierto se que, si el Espíritu Santo quisiera esta mañana grabar en vuestras conciencias esta solemne verdad, esta sala de conciertos se convertiría en casa de luto, este lugar sería un Boquim, lugar de llanto y lamento. ¡Oh, haber despreciado a Dios, haber pisoteado al Hijo del Hombre, haber pasado de largo por su cruz, haber rechazado los arrullos de su amor y los avisos de su gracia! ¡Cuán solemne es todo esto! ¿Habéis pensado alguna vez en ello? Habéis creído despreciar a un hombre, pero es a Cristo a quien habéis despreciado; porque Él es quien os ha hablado. Dios me es testigo de que Cristo ha llorado a menudo por mis ojos y hablado por mi boca. No he anhelado otra cosa que ganar vuestras almas. Unas veces con torpes palabras y otras con plañideros acentos, he procurado llevaros a la cruz del Redentor. Sé que no lo hice por mí mismo, sino que Jesús habló por mis labios; y por cuanto oísteis y llorasteis, aunque luego os marcharais y el olvido

Estado pecador, Libertad, Elección

se lo llevará todo, recordad que fue Cristo quien os habló. Él fue quien os dijo: «Mirad a mí y sed salvos todos los términos de la tierra», «venid a mí todos los que estáis trabajados y cargados»; Él fue quien os amonestó, diciéndoos que, si despreciabais esta salvación tan grande, pereceríais. Y al haber desoído el aviso y rechazado la invitación no nos habéis menospreciado a nosotros, sino a nuestro Señor; y ¡ay de vosotros si no os arrepentís!, porque terrible cosa es el haber tenido en poco la voz del que habla desde el cielo.

II. SEGUNDO PUNTO

Y ahora debemos considerar el segundo punto, es decir, que el rechazar el Evangelio agrava el pecado del hombre.

1. Ahora bien, no quisiera que nadie me interpretara mal. Sé de personas que habiendo ido a la casa de Dios, han sido invadidas por una sensación de pecado para luego llegar casi a la desesperación, porque Satanás las ha tentado a marcharse, diciéndoles: «Cuanto más vayas mayor será tu condenación». Mas creo que ello es un gran error; no aumentaremos nuestra condenación por ir a la casa de Dios, sino más bien quedándonos fuera; porque de esta manera existe un doble rechazamiento: de intención, y de espíritu. Si vosotros desdeñáis el yacer en el estanque de Betesda, vuestra situación es aún peor que la de aquel enfermo que no podía descender a las aguas. Si no queréis estar allí y, por lo tanto, despreciáis el oír la Palabra de Dios, os atraéis terrible condenación. Pero si acudís a la casa de Dios buscando sinceramente bendición, aunque no encontréis consuelo, aunque no encontréis gracia, si vais allí devotamente en pos de ella, vuestra condenación no será mayor por esto. Vuestro pecado no será agravado simplemente por oír el Evangelio, sino por rechazarlo de modo consciente e impío una vez lo habéis oído. El hombre que oye la voz del Evangelio y vuelve la espalda con una sonrisa, el tal aumenta su culpa en la más horrible medida.

2. Ahora, repararemos en por qué aumenta su pecado en doble medida. En primer lugar; porque agrega a los que ya tiene uno nuevo que antes no tenía, y además, porque agrava todos los otros. Traedme un hotentote o un habitante de Kamschatka, un indómito salvaje que nunca haya escuchado la Palabra. Ese hombre podrá tener en su haber todos los pecados y delitos que existen, pero aún le faltará uno. Estoy seguro que no tiene el de rechazar el Evangelio, porque no le ha sido predicado. Pero vosotros, al oírlo, tenéis la oportunidad de cometer una nueva trasgresión; y si así lo hacéis, añadís una nueva iniquidad a todas las que ya pesan sobre vuestras cabezas. Frecuentemente, algunos que se han apartado de la verdad, me han censurado porque predico la doctrina de que los hombres pecan al rechazar el Evangelio de Cristo. No me importa cuántos títulos injuriosos puedan darme; estoy seguro de tener el apoyo de la Palabra de Dios para predicar de esta manera, y no creo que en ningún hombre pueda ser él a las almas de los demás y libre de su sangre si, frecuente y solemnemente, no hace hincapié sobre el asunto de tan vital importancia. «Cuando Él el Espíritu, de verdad viniere rearguïrá al mundo de pecado, y de justicia, y de juicio; de pecado ciertamente, por cuanto no creen en mí». «Ésta es la condenación: porque la luz vino al mundo, y los hombres amaron más las tinieblas que la luz, porque sus obras eran malas». «El que no cree, ya es condenado, porque no creyó en el nombre del unigénito Hijo de Dios». «Si Yo no hubiese hecho entre ellos obras cuales ningún otro ha hecho, no tendrían pecado; mas ahora, y las han visto, y me aborrecen a mí y a mi Padre». «¡Ay de ti, Corazín! ¡Ay de ti, Betsaida!, que si en Tiro y en Sidón hubieran sido hechas las maravillas que se han hecho en vosotras, ya días ha que, sentados en silicio y ceniza, se habrían arrepentido. Por tanto, Tiro y Sidón tendrán más remisión que vosotras en el juicio». «Si no hubiera venido, ni les hubiera hablado, no tendrían pecado; mas ahora no tienen excusa de su pecado». «Por tanto, es menester que con más diligencia atendamos a las cosas que hemos oído, porque acaso no nos escurramos. Porque si la palabra dicha por los ángeles fue firme, y toda rebelión y desobediencia

recibió justa paga de retribución, ¿cómo escaparemos nosotros, si tuviéremos en poco una salvación tan grande?» «El que menospreciare la ley de Moisés, por el testimonio de dos o tres testigos muere sin ninguna misericordia. ¿Cuánto mayor castigo pensáis que merecerá el que pisoteare al Hijo de Dios, y tuviere por inmunda la sangre del pacto en la cual fue santificado, e hiciere afrenta al Espíritu de gracia? Pues conocemos al que dijo: Mía es la venganza, yo daré el pago, dice el Señor. Y otra vez: El Señor juzgará su pueblo. ¡Horrenda cosa es caer en las manos del Dios vivo!» He estado citando, como habréis visto, algunos pasajes de la Escritura, y si ellos no significan que la incredulidad es un pecado, que, sobre todos los demás, condena las almas de los hombres, no significan nada en absoluto, y no son más que letra muerta en la Palabra de Dios. El adulterio y el asesinato, y el robo y la mentira son pecados que traen condenación y muerte; pero el arrepentimiento puede limpiarlos por la sangre de Cristo. Mas el rechazar a Cristo quita del hombre toda esperanza. El asesino, el ladrón y el borracho pueden entrar en el Reino de los cielos si, arrepintiéndose de sus pecados, confían en la cruz de Cristo; pero con estos pecados, todo aquel que no crea en el Señor Jesucristo, está irremisiblemente perdido. Y ahora, mis oyentes, consideraréis por un momento cuán horrible pecado es éste que añadís a los que ya tenéis. Todos los demás tienen su morada en las entrañas de éste: El rechazar a Cristo. En él se halla el asesinato; porque si un hombre en el cadalso rechaza el perdón, ¿no se asesina a sí mismo? El orgullo también se cobija en él; tú rechazas a Cristo porque tu orgulloso corazón te impide ir a Él. Y la rebelión, porque eres rebelde a Dios, por cuanto rechazas a Cristo. Y la alta traición, ya que rechazas a un rey; apartas de ti a Aquel que es coronado rey de la tierra, y te haces reo del más grande de los delitos. ¡Oh, que terrible!, pensar que el Señor Jesucristo viniera del cielo, que colgara del madero, que allí expiara en dolorosa agonía, y que desde aquella cruz, bajando sus ojos sobre ti, dijera: «Venid a mí todos los que estáis trabajados y cargados»; y que a pesar de ello continuarás apartado de Él; de todas las heridas, ésta sería la más cruel que podrías infligirle. ¿Hay algo más inhumano y diabólico que apartar tu rostro de Aquel que dio su vida por ti? ¡Ojalá fueras tan sabio que comprendieras esto, que consideraras tu último fin!

3. Pero, no solo añadimos un nuevo pecado a la lista de los que ya tenemos, sino que agravamos todos los demás. Vosotros, los que habéis oído el Evangelio, no podéis pecar tan groseramente como otras personas. Cuando los incultos e ignorantes pecan, sus conciencias no les remuerden, y no hay la misma culpa en el pecado del culto que en el del que nada sabe. ¿Has robado alguna vez? Mala cosa fue, pero si oyes el Evangelio y continúas robando, serás sin excusa un ladrón. El mentiroso tendrá su parte en el lago; pero si mientes después de oír el Evangelio parecerá como si el fuego del Tofet fuese aventado con furia centuplicada. El que peca ignorantemente tiene algo de disculpa, pero el que lo hace contra la luz y el conocimiento, peca osadamente; y bajo la ley no había expiación para esto, porque los pecados de osadía quedaban fuera de los límites de la expiación legal; aunque, bendito sea Dios, Cristo ha expiado también éstos, y el que cree es salvo a pesar de su culpa. Os lo suplico, ¡no olvidéis que el pecado de incredulidad ennegrece todos los demás pecados! Es como Jeroboam, de quien se dice que pecó e hizo pecar a Israel. Así pues, la incredulidad es pecado, y nos lleva a cometer todos los demás. La incredulidad es la lima con que afiláis el hacha, la cuchilla y la espada que usáis en vuestra rebelión contra el Altísimo.

4. Vuestros pecados serán sobremanera pecado cuanto menos creáis en Cristo, cuanto más lo conozcáis y cuanto más lo rechacéis. Ésta es la verdad de Dios; pero una verdad que ha de ser anunciada con temor y muchos gemidos en nuestros espíritus. ¡Oh!, tener que daros tal mensaje a vosotros; a vosotros digo, porque si hay gente bajo el cielo a quien este texto le sea apropiado esa gente está aquí. Si hubiera en el mundo quienes tuvieran que dar más

Estado pecador, Libertad, Elección

cuenta que otros, esos seríais vosotros. Hay otros muchos, sin duda, que están en igualdad de condiciones, que tienen un ministro fiel y celoso; pero tan cierto como que Dios juzgará tanto a vosotros como a mí en el día del juicio, puedo decir que he hecho todo cuanto he podido para ser leal a vuestras almas. Jamás he tratado en este púlpito de ensalzar mi sabiduría con palabras difíciles o con un lenguaje rebuscado. Os he hablado claramente; y no ha salido de mi boca ni una sola palabra, creo yo, que no haya sido entendida por todos. Habéis oído un Evangelio sencillo. No he subido aquí y os he predicado friamente. Conforme ascendía por aquellos escalones pude decir que «la carga del Señor era sobre mí»; porque mi corazón llegó hasta aquí oprimido y el alma me quemaba en las entrañas. Y si alguna vez he predicado débilmente, mis palabras pueden haber sido torpes y el lenguaje poco adecuado, pero mi corazón nunca ha estado falto. Toda mi alma ha sido derramada en vosotros; y si hubiera podido revolver cielos y tierra para encontrar palabras con que ganaros para el Salvador, lo habría hecho. No he rehuido el reprenderos, ni me he andado con contemplaciones. He hablado a esta generación de sus iniquidades, y a vosotros de vuestros pecados. No he dulcificado la Biblia para amoldarla a la mente carnal de los hombres. Yo he dicho condenado donde Dios dice condenado, y no he tratado de suavizarlo diciendo «culpable». No me he andado con rodeos, ni he tratado de encubriros o disimularos la verdad, sino que, en conciencia, delante de Dios, he procurado engrandecer el Evangelio encarecidamente y con poder, con un sencillo, franco, celoso y honrado ministerio. No me he guardado las doctrinas gloriosas de la gracia, aunque al predicarlas, los enemigos de la cruz me hayan llamado antinomiano; ni tampoco he tenido miedo de predicar la solemne responsabilidad del hombre, aunque otros me hayan catalogado injustamente como arminiano. Y cuando os digo esto, no lo hago para gloriarme, sino para increparos, si es que habéis rechazado el Evangelio, porque entonces habréis pecado mucho más gravemente que cualquier otro hombre. Al desechar a Cristo, una doble medida del furor y de la ira de Dios caerá sobre vosotros. Así pues, el pecado se agrava al rechazar a Cristo.

III. TERCER PUNTO

En tercer lugar, la predicación del evangelio de Cristo acaba con todas las excusas de aquellos que lo oyen y lo rechazan.

«Ahora no tienen excusa de su pecado.» Las excusas sirven de bien poco cuando hay un ojo que todo lo ve. En el gran día de la tempestad de la ira de Dios, las excusas serán un refugio muy pobre; pero a pesar de ello, el hombre siempre las encuentra. En los días de frío y lluvia vemos cómo la gente se emboza en sus capas y si no tienen otro refugio o cobijo, se sienten, en cierto modo, confortados por la prenda. Igual os ocurre a vosotros; podéis buscar entre todos, si es posible, una excusa para vuestro pecado; y cuando la conciencia os punce con sus remordimientos, intentad curar la herida con ella. Y en el mismo día del juicio, aunque una capa será una pobre cobertura, siempre será mejor que nada. «Mas ahora no tenéis excusa por vuestro pecado.» El viajero ha sido dejado bajo la lluvia sin cobijo, expuesto a la tempestad sin la prenda que una vez le sirvió de abrigo. «Ahora no tenéis excusa por vuestro pecado»; ha sido descubierto, averiguado y desenmascarado; sois inexcusables sin un manto que cubra vuestra iniquidad. Y ahora, permitidme solamente considerar cómo la predicación del Evangelio, cuando es fielmente realizada, acaba con todas las excusas del pecado.

1. Primero, alguien podría levantarse y decir: «Yo no sabía que estaba haciendo mal cuando cometí tal o cual iniquidad». Pero nadie puede hablar así. Dios os ha dicho solemnemente por su ley lo que es malo. Hay diez mandamientos, y además los comentarios de nuestro Maestro que los amplían y nos dicen que el antiguo precepto de «No cometerás adulterio», prohíbe también las miradas lascivas y los ojos de malicia. Si el soldado comete iniquidad, hay excusa para él. Yo no dudo que su conciencia le dice que ha hecho mal; pero su sagra-

do libro le enseña que obra bien, y ésa es su excusa. Si el musulmán se entrega a la lujuria, tampoco me cabe la menor duda de que su conciencia se lo reprocha, pero sus libros sagrados le conceden tal libertad. Mas vosotros que tenéis la Biblia en casa, y profesáis creer en ella; vosotros que tenéis a sus predicadores en todas vuestras calles, cuando pecáis lo hacéis con la proclamación de la ley sobre vuestras cabezas, ante vuestros ojos; violáis conscientemente la ley que os es de sobra conocida, la ley que vino del cielo para vosotros.

Tú puedes decir también: «Cuando pequé ignoraba cuán grande sería mi castigo». De esto, también por el Evangelio, eres inexcusable; porque, ¿No te dijo Jesucristo, y te lo dice cada día, que aquellos que no le tienen a Él serán echados a las tinieblas de fuera donde será el llanto y el crujir de dientes? ¿No dijo Él: «Irán éstos al tormento eterno y los justos a la vida eterna?» ¿No declara Él mismo que el impío será quemado en el fuego inextinguible? ¿No te ha hablado de un lugar donde hay un gusano que nunca muere y un fuego que nunca se apaga? Tampoco los ministros del Evangelio han rehuido el hacértelo saber. Has pecado aún sabiendo que te acarreabas la perdición. Has bebido la pócima envenenada conociendo su emponzoñamiento: sabías que en cada gota de la copa abrasaba la condenación, pero la apurabas hasta las heces. Has destruido tu alma con pleno conocimiento; eres como el simple que va al cepo, como el buey que va al matadero, y como el cordero que lame el cuchillo del carnicero. Por todo lo cual, te has quedado sin excusa.

2. Tal vez otro podrá argüir: «¡Ah!, yo oí el Evangelio, es cierto, y sabía que obraba mal, pero ignoraba lo que tenía que hacer para ser salvo». ¿Podéis alguno de los que estáis ahora aquí echar mano de tal excusa? Dejadme creer que no tendréis la osadía de hacerlo. Constantemente vuestros oídos oyen la misma predicación: «Cree y vivirás». Muchos de vosotros habéis escuchado el Evangelio durante diez, veinte, treinta, cuarenta, e incluso cincuenta años, y no os creo capaces de decir: «No sabía lo que era el Evangelio». Desde vuestra más tierna infancia lo habéis escuchado. El nombre de Jesús sonaba en vuestras dulces canciones de cuna, y mamasteis el Evangelio en el seno de vuestra madre; pero aún así nunca buscasteis a Cristo. «Saber es poder», dice la gente. ¡Ay!, el conocimiento, cuando no se usa, es ira, IRA en sumo grado contra el que sabe hacer lo bueno y no lo hace.

3. Me parece oír a otro que dice: «Sí, yo he oído predicar el Evangelio, pero jamás se me predicó con el ejemplo». Muchos podréis decir eso, y en parte será verdad; pero hay otros a los que no tengo reparo en decirles que mienten con tan falaz excusa. ¡Oh, hombre que gustas de hablar de la inconsistencia de los cristianos! Tú has dicho «que no viven como debieran», y ¡ay!, cuán cierto es lo que dices. Pero hubo una cristiana que tú conociste, y cuyo carácter te viste obligado a admirar; ¿es que no la recuerdas? Fue la madre que te trajo al mundo. Su testimonio ha sido tu dificultad. Fácilmente podías haber rechazado el Evangelio, pero el ejemplo de aquella santa mujer se levanta insoslayable ante ti y no has podido superarlo. ¿No guardas en lo más tierno y profundo de tu memoria aquellos momentos cuando, por la mañana, abrías tus ojitos y veías el amoroso rostro de tu madre contemplándote, y sorprendías una lágrima furtiva que rodaba por sus mejillas, al tiempo que decía: «¡Oh!, Dios mío, bendice a mi niño para que un día pueda clamar al bendito Redentor?». Recuerda cómo tu padre te reñía a menudo, pero cuán raras veces lo hizo ella; te hablaba con acento de infinito amor. Acuérdate de aquel pequeño aposento alto donde ella te llevó aparte, y rodeando tu cuello con sus brazos, te dedicó a Dios, y oró al Señor para que te salvara en tu niñez. Recuerda la carta que te dio y el libro donde escribió tu nombre, cuando dejaste la casa paterna para correr mundo, y la aflicción con que te escribió cuando se enteró de que te metías en fiestas y diversiones, juntándote con impíos; recuerda la tristeza de su mirada cuando estrechó tus manos aquella última vez que la dejaste. Recuerda que te dijo: «Harás descender mis canas con dolor al sepulcro si andas en caminos de iniquidad». Sí, tú

Estado pecador, Libertad, Elección

sabes que no había rencor en sus palabras, sino que todo era sinceridad. Podías burlarte del ministro y decir que era su oficio, pero de ella no pudiste nunca; era una verdadera cristiana, sin lugar a dudas. Cuántas veces sufrió en silencio tu colérico temperamento y soportó tus rudos modales, porque era un dulce espíritu, quizá demasiado bueno para esta tierra. Sí, sé que te acuerdas de todo. No estabas allí cuando murió; no pudiste llegar a tiempo, pero sabes qué dijo cuando expiraba: «Sólo deseo una cosa, y luego moriría feliz: ¡poder ver a mis hijos caminando en la verdad!». Entiendo que ese ejemplo te deja sin excusa alguna para tu impiedad; y si continúas en la iniquidad, ¡cuán horrible será el peso de tu infortunio!

4. Pero aún quedan los que dirán que no han tenido una madre como ésta; aquellos cuya escuela primaria fue el arroyo, y cuyo primer ejemplo el de un padre blasfemo. Si así hablas, recuerda, amigo mío, que existe un dechado de perfección: Cristo; y de Él has leído, aunque no lo hayas visto: Jesucristo, el hombre de Nazaret, fue un varón perfecto; en Él no hubo pecado, ni hubo engaño en su boca. Y si has conocido cristianos que no merecían llevar tal nombre, todo cuanto en ellos no hallaste podrás encontrarlo en Cristo. Así que, cuando esgrimes ese pretexto, recuerda que te arriesgas con una mentira; porque el ejemplo de Cristo, las obras de Cristo, y las palabras de Cristo te dejan sin excusa para tu pecado. ¡Ah!, no hemos terminado; nos queda aún la siguiente excusa: «Ciertamente, he tenido ocasiones muy propicias, pero nunca despertaron mi conciencia para saberlas aprovechar». Pero yo os digo: sois muy pocos de vosotros los que podéis decir esto. Alguno dirá: «Bien, yo he oído al ministro, pero jamás causó la menor impresión en mí». ¡Ah, hombres y mujeres, y todos los que estáis aquí esta mañana!, es necesario que yo testifique contra vosotros en el día del juicio de que estáis mintiendo. Porque hace poco vuestras conciencias han sido tocadas; ¿acaso no he visto yo asomar a vuestros ojos –incluso ahora confío que fueran– tiernas lágrimas de arrepentimiento? No, no siempre habéis permanecido impasibles ante el Evangelio. Han pasado los años para vosotros y es mucho más difícil conmoveros, pero no siempre ha sido así. Hubo épocas en vuestra juventud en las que érais muy impresionables. Recordad que los pecados de vuestra mocedad pudrirán vuestros huesos si todavía continuáis rechazando el Evangelio. Vuestro corazón se ha endurecido, pero así y todo no tenéis excusa; una vez fuisteis sensibles, y, ¡ay!, todavía hoy no podéis por menos que conservar algo de aquella sensibilidad. Sé que muchos de vosotros, que os removéis inquietos en vuestros asientos ante el solo pensamiento de vuestras iniquidades, casi os habéis hecho la promesa de que hoy mismo buscaréis a Dios, y que la primera cosa que haréis será subir a vuestro dormitorio, cerrar la puerta y clamar al Señor. ¡Ah!, pero yo recuerdo la anécdota de aquel que le hablaba al ministro de cuán bello espectáculo era poder ver tanta gente llorando. «No», respondió éste «hay algo más maravilloso todavía y es que, entre todos los que lloran, muchos olvidarán sus lágrimas conforme vayan saliendo por la puerta». Y a vosotros os pasará igual. Pero entonces, cuando lo hayáis hecho, recordaréis que no habéis estado sin el forcejeo del Espíritu de Dios. Recordaréis que Dios ha puesto esta mañana –por así decirlo– una baliza en vuestro camino; ha cavado una zanja en vuestro sendero, y ha alzado su mano diciendo: «¡Considerad esto!, ¡cuidado!, ¡cuidado!, ¡cuidado!, ¡que estáis pecando, y no hubo engaño en su boca! ¡que os estáis precipitando locamente en los caminos de iniquidad!» Y esta mañana he venido yo a vosotros y, en el nombre de Dios, os he dicho: «Deteneos, deteneos, así ha dicho Jehová: Pensad bien sobre vuestros caminos; ¿por qué moriréis, oh casa de Israel?» Y ahora, si queréis, apartad esto de vosotros, apagad estas chispas, extinguid esta antorcha encendida, ¡así debe ser! Vuestra sangre sea sobre vuestra cabeza, y vuestras iniquidades permanezcan a vuestra puerta.

IV. CUARTO PUNTO

Aún me queda algo más que hacer. Una cosa muy ingrata; porque, por así decirlo, tengo que ponerme el negro birrete y pro-

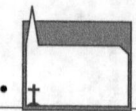

nunciar la sentencia condenatoria.

1. Para los que viven y mueren rechazando a Cristo hay la más horrible condenación. Perecerán en completa destrucción. Hay diferentes grados de castigo, pero el más duro es el que se aplicará a los que han rechazado a Cristo. Conocéis bien aquel pasaje, creo yo, que nos habla de la parte que tendrá el mentiroso, el fornicario y el homicida ¿imagináis con quién? Con los incrédulos; como si el infierno hubiera sido hecho antes que nada para los incrédulos; como si el abismo hubiera sido cavado, no para los fornicarios, ni para los maledicientes, ni para los borrachos, sino para esos que despreciaron a Cristo; pues éste es el pecado número uno, el delito más grande por el que los hombres serán condenados. Las otras iniquidades irán después, pero ésta será la primera que se juzgará en el juicio. Imaginad por un momento que el tiempo ha pasado y nos hallamos en el gran día. Todos hemos sido congregados: vivos y muertos. El sonido de la trompeta resuena fuerte y poderoso. Todos estamos atentos, esperando algo extraordinario. La bolsa cesa en sus cambios; las tiendas son abandonadas por los comerciantes; las calles se llenan de gente. Todos permanecen en calma, saben que el último gran día de negocio ha llegado y que deben ajustar cuentas para siempre. Una solemne quietud reina en el ambiente; no se oye el más mínimo ruido. Todo... todo es silencio. De pronto, una gran nube blanca con solemne fausto surca el cielo, y entonces... ¡oíd el doble clamor de la tierra sobresaltada! En la nube se sienta uno que es semejante al Hijo del Hombre. Todo ojo lo ve, y al final se eleva una unánime exclamación: «¡Es Él!, ¡es Él!», y luego oís por un lado: «Aleluya, aleluya, aleluya. Bienvenido, bienvenido el Hijo de Dios». Pero mezclado con estos gritos de júbilo, se percibe el sordo rumor de los llantos y lamentos de quienes lo rechazaron. ¡Escuchad! Me parece distinguir cada una de las palabras de su clamor, que llegan a mis oídos como solitarios toques de campana que tañe doblando a muerte. Y ¿qué dicen?: «Montes y peñas, caed sobre nosotros, y escondednos de la cara de Aquel que está sentado sobre el trono.» ¿Estaréis vosotros entre los que dicen a los montes: «Escondednos»?

Supón por un momento, oyente incrédulo, que has partido de este mundo, que has muerto sin arrepentimiento, y que estás entre aquellos que lloran y lamentan y rechinan los dientes. ¡Oh, cuál no será tu terror! La palidez de tu rostro y el temblar de tus rodillas no será nada comparado con el temor de tu corazón, cuando estés borracho y no de vino, y corras de acá para allá en la embriaguez de tu aturdimiento, y caigas, y te revuelques en el polvo a causa del pavor y el espanto. Porque he aquí Él viene, y aquí está con mirada terrible, como dardo de fuego; y ahora ha llegado el momento de la gran separación. Se oye la voz: «Congregad a mi pueblo de entre los cuatro vientos del cielo, a mis elegidos en quienes mi alma se deleita». Éstos son agrupados a su derecha, y allí permanecen. De nuevo truena: «Recoged la cizaña y atadla en manojos para ser quemada». Así serás recogido tú, y puesto a la izquierda atado en manojos. Sólo falta encender la pira. ¿dónde está la tea que la prenda? La cizaña ha de ser quemada, ¿dónde está la llama? La llama sale de su boca con estas palabras: «Apartaos de mí, malditos, al fuego eterno preparado para el diablo y para sus ángeles». ¿Quieres quedarte a mi lado? «¡Apártate!» ¿Buscas bendición? «Eres maldito». Te maldigo con maldición. ¿Tratas de escapar? «Hay un fuego eterno.» ¿Quieres excusarte? No. «Por cuanto llamé, y no quisisteis; extendí mi mano y no hubo quien escuchase, antes desechasteis todo consejo mío y mi reprensión no quisisteis. También Yo me reiré en vuestra calamidad y me burlaré cuando os viniere lo que teméis». «¡Apártate, te digo, apártate para siempre!» Y así serás echado de su presencia. ¿De qué te recriminas? Oye tus propios pensamientos: «¡Oh!, quisiera Dios que nunca hubiese nacido, que jamás hubiese oído la predicación del Evangelio, ¡Qué nunca hubiese cometido el pecado de rechazarlo!» Éste será el remordimiento del gusano de tu conciencia: «Supe lo mejor, pero no lo hice. He sembrado vientos y recojo tempestades. Se me avisó y no quise detenerme. Se me suplicó y no quise

Estado pecador, Libertad, Elección

aceptar la invitación. Y ahora me doy cuenta de que me he ocasionado la muerte. ¡Oh!, pensamiento más horrible que todos los pensamientos. ¡Estoy perdido, perdido, perdido! Y éste es el horror de los horrores: que yo mismo he sido la causa de mi perdición; yo he rechazado el Evangelio de Cristo; yo he causado mi propia ruina».

CONCLUSIÓN

¿Te ocurrirá a ti igual, querido amigo? ¿Serás tú uno de éstos? ¡Ojalá que no sea así! Quiera el Espíritu Santo constreñirte a venir a Jesús, porque yo sé que eres demasiado perverso para doblegarte, y no vendrás si Él no te trae. Así lo espero. Me parece oírte decir: «¿Qué necesito para salvarme?». Escucha el camino de salvación y luego, hasta siempre. Si quieres salvarte «cree en el Señor Jesucristo, y serás salvo»; la Escritura dice: «El que creyere y fuere bautizado será salvo; mas el que no creyere será condenado». ¡Allá esta Él muriendo, pendiente de la cruz! Mira a Él y vive.

«Abrázate a Jesús crucificado,
sin dejar que se mezcle otra creencia.
Sólo Él puede hacer buena la conciencia,
del pobre pecador desamparado.»

Aunque seas un impío, un corrompido, un depravado, un envilecido, Cristo te invita. Él recoge incluso lo que Satanás desprecia. Cristo invita a la hez, lo inmundo, la basura, el desecho de este mundo. Ven, pues, y alcanza misericordia. Pero si endureces tu corazón:

«El Señor, de furor revestido,
Levantará su mano y jurará:
Despreciaste el Canaán prometido;
Nunca, pues, el Jordán cruzarás».

25. LOS HOMBRES, ELEGIDOS LOS ÁNGELES CAÍDOS, RECHAZADOS[4]

«Ciertamente no socorrió a los ángeles, sino que socorrió a la descendencia de Abraham» (Hebreos 2:16).

---
[4] Sermón predicado el 29 de Junio de 1856 en Exeter Hall, Strand.

INTRODUCCIÓN: Doctrina de la elección.

I. CRISTO TOMÓ APARIENCIA DE HOMBRE
1. Para la completa expiación.
2. Tuvo que ser un ejemplo adecuado.
3. Así pudo entendernos.
4. Somos hechos hombres nuevos.

II. CRISTO MURIÓ POR SALVAR AL HOMBRE CAÍDO
1. La elección de Dios.
2. Cristo no pensó en su ganancia.
3. ¿Por qué salvo al hombre?
4. Dios decidió salvar al hombre.
5. Dios hace diferencia.

CONCLUSIÓN:
1. Dios tiene derecho a salvar o destruir.
2. Creemos que Cristo nos salva y nos cambia.
3. Estaremos con Él y nos guardará para siempre.

**LOS HOMBRES, ELEGIDOS
LOS ÁNGELES CAÍDOS, RECHAZADOS**

INTRODUCCIÓN

Al Dios todopoderoso, que habitaba solo, le agradó manifestarse por medio de obras creadas que mostraran su sabiduría y poder. Cuando comenzó el trabajo grandioso de la creación, determinó en su mente que diseñaría una variedad de obras y que todas sus criaturas no serían de una sola forma, naturaleza, grandeza o dignidad; así Él hizo a unas granos de polvo, y a otras montañas de estupenda magnitud; Él creó a unas gotas, y a otras océanos; a algunas grandes colinas, y a otras valles. Aun en sus obras inanimadas el mantuvo una grandiosa variedad. Él no le dio a todas las estrellas la misma gloria, ni tampoco a todos los mundos la misma magnitud.

Él no dio la misma textura a todas las rocas, ni tampoco dio a todos los mares la misma forma o la misma extensión. A Él le agradó la obra de sus manos, que era de una infinita variedad. Cuando comenzó a crear criaturas vivientes, allí también esta-

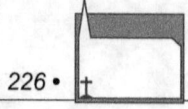

bleció distinciones que debemos notar. Del gusano hasta el águila, del águila al hombre, del hombre al ángel. Tales son los pasos para crear el bien en el diseño de las cosas que son animadas. Él no hizo a todas las criaturas águilas, ni tampoco hizo a todos los seres gusanos, pero teniendo el derecho de hacer lo que quisiera con lo suyo, Él ha usado ese derecho en hacer que una de esas criaturas sea el león majestuoso, rey de la selva, y otra, la inofensiva oveja, que será devorada, sin poder resistir a su enemigo, o defenderse a sí misma. Él ha hecho a sus criaturas tal como le pareció correcto. Él ha dado a algunas velocidad en sus pies, y a otras, velocidad en sus alas. A una ha dado potencia de vista, y a otra ha dado la fuerza del músculo. Él no ha seguido ninguna regla fija en Su creación. Sino que ha hecho exactamente lo que quiso en el arreglo de las formas de los seres que Él ha animado. Así también tenemos que observar una gran diferencia en los seres racionales que Él ha creado. Él no ha hecho a todos los hombres iguales. Se diferencian grandemente; desde el hombre con el intelecto más pequeño hasta el hombre con una mente majestuosa, no es poca la distancia.

Y luego está el orden más elevado de criaturas racionales, cuya distancia en relación a los hombres no regenerados, es muy superior de lo que cualquier hombre puede ser en relación a sus semejantes. Nos referimos al orden de los ángeles. Y al hacer a los ángeles y a los hombres, Dios, otra vez ha ejercido su propio derecho de hacer lo que quiera. Hacer exactamente lo que quiera con lo suyo. Por tanto, no todos los ángeles son iguales en dignidad, y no todos los hombres tienen el mismo intelecto. Él los ha hecho diferentes.

Pero ahora queremos llamar su atención a dos ejemplos del actuar de Dios según su voluntad al hacer las obras de sus manos: el caso de los ángeles y el caso de los hombres. Los ángeles existieron primero. Dios los creó, y quiso darles un libre albedrío para hacer lo que ellos quisieran. Se les permitió elegir el bien o preferir el mal. Pero igual que lo hizo con el hombre, Él también les dio este mandato: que si ellos preferían el bien entonces su estancia en el cielo sería permanente y firme. Pero si pecaban serían castigados por su culpa, y arrojados de la presencia de su gloria y echados en las llamas de fuego.

En una hora maligna, Satanás, uno de los ángeles principales, se rebeló. Tentó a otros y llevó por mal camino a buena parte de las estrellas del cielo. Dios, en su divina venganza, castigó a esos ángeles rebeldes, los echó de sus asientos celestiales, los sacó de sus habitaciones de felicidad y gloria, y los lanzó abajo para que habitaran para siempre en el abismo del Infierno. Al resto de los ángeles Él los confirmó, llamándolos los ángeles elegidos. Él hizo que sus tronos los pudieran conservar eternamente y les dio en herencia las coronas que, sustentadas por Su gracia, ellos habían conservado por la rectitud de su santa conducta.

Después de esto quiso Dios hacer otra raza de seres, llamados hombres. Él no los hizo a todos de inmediato. Hizo a dos de ellos, Adán y Eva, y les dio la responsabilidad de guardar la seguridad de toda su descendencia a través de todas las generaciones. Él dijo a Adán lo mismo que había dicho a los ángeles: «Te doy el libre albedrío, puedes obedecer o desobedecer, según tu decidas. Ahí está mi ley: tú no debes tocar ese árbol. El mandamiento no es para nada molesto. Guardar ese mandamiento no será difícil para ti, pues te he dado el libre albedrío para escoger el bien».

Sin embargo, para la ruina del hombre sucedió que Adán rompió el Pacto de Obras; tocó el fruto prohibido, y en ese día cayó. Ah, ¡qué caída fue esa! En ese momento tú y yo y todos nosotros, caímos. Cuando el maldito pecado triunfó sobre nosotros, no hubo ni un hombre que permaneciera sin pecado. Algunos ángeles quedaron, pero ningún hombre, pues la caída de Adán fue la caída de toda nuestra raza. Después de que una porción de los ángeles había caído, Dios quiso ejecutar su condena, y hacerlo de manera rápida y definitiva. Pero cuando el hombre cayó, Dios no quiso eso.

Él había amenazado con castigarlo, pero en su infinita misericordia, seleccionó a la mayor parte de la raza humana a quien

Estado pecador, Libertad, Elección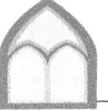

hizo objeto de su especial afecto. Para éstos, Él proporcionó un precioso remedio. Y para éstos, Él pactó la salvación, y la aseguró por la sangre de Su eterno Hijo. Éstas son las personas que llamamos los elegidos. Y esos que Él ha dejado perecer, perecen por causa de sus propios pecados, muy justamente, para la alabanza de su gloriosa justicia.

Ahora, aquí ven la soberanía divina, que Dios eligió poner tanto a los hombres como a los ángeles sobre el fundamento del libre albedrío. Soberanía, en que escogió castigar a todos los ángeles caídos con una destrucción total. Soberanía, en que Él escogió suspender la ejecución de la sentencia para la raza humana, y otorgar un perdón eterno a un cierto número, que ningún hombre puede contar, seleccionados de la humanidad, que con toda certeza serán encontrados arriba a su diestra. Mi texto cita esta gran verdad, puesto que cuando se traduce correctamente dice así: «Porque ciertamente no socorrió a los ángeles, sino que socorrió a la descendencia de Abraham». Como este texto tiene dos traducciones, les daré los dos significados tan brevemente como pueda.

I. CRISTO TOMÓ APARIENCIA DE HOMBRE

En primer lugar, la traducción de la versión autorizada dice: *«El no tomó para sí la naturaleza de los ángeles»*. Nuestro Señor y Salvador Jesucristo, cuando vino del cielo para morir, no tomó la naturaleza de los ángeles. Hubiera sido una humillación, más grande que si un serafín se hubiera convertido en una hormiga, que el Todopoderoso Hijo de Dios se hubiera vestido aun con las ropas del arcángel Gabriel. Pero su condescendencia le dictaba a Él, que si se iba a humillar, Él llegaría hasta lo más bajo. Que si se iba a convertir en una criatura, Él no se convertiría en la criatura más noble, sino en una de las más innobles de los seres racionales, es decir, un hombre.

Por consiguiente, Él no se inclinó al estado intermedio de los ángeles, sino que se rebajó a lo más bajo y se hizo un hombre. «Pues, ciertamente, no vino en auxilio de los ángeles sino de los descendientes de Abraham». Notemos la sabiduría y el amor de esto, y creo que habrá algo en nosotros que nos llevará a glorificar a Dios por haber hecho esto.

1. En primer lugar, si Cristo hubiera asumido la naturaleza de los ángeles, *Él nunca hubiera podido hacer una expiación por el hombre*. Haciendo a un lado el pensamiento de que si Él vino para salvar al hombre no hubiera sido adecuado que hubiera venido en el ropaje de los ángeles, es necesario admitir, que si hubiera hecho eso, Él no hubiera podido ver la muerte. ¿Cómo pueden morir los ángeles? Podemos suponer que su espíritu podría extinguirse, si Dios así lo quisiera. Podemos suponer la total aniquilación de todo eso a lo que únicamente Dios otorga la inmortalidad. Pero como los ángeles no tienen cuerpos, no podemos suponer que puedan morir, pues la muerte es la separación del cuerpo y del alma. Le correspondió, pues, a Cristo tomar para sí la forma de hombre, para que pudiera ser obediente hasta la muerte, y muerte de cruz.

Si los ángeles hubieran estado por ahí, hubieran dicho: «¡Oh! Poderoso Señor, toma nuestras radiantes túnicas. No tomes el pobre traje diario de la humanidad. Toma nuestras túnicas radiantes, todas adornadas con perlas». Y Gabriel hubiera dicho: «Ven, toma mis alas, poderoso Hacedor, y será para mí un gran honor deshacerme de ellas por Ti. He aquí toma esta corona y este manto celeste, para vestirte. Hijo de Dios, ponte mis sandalias de plata en tus pies. No te conviertas en hombre, sino en ángel, si deseas humillarte». Pero, no, Él hubiera dicho: «Gabriel, si me vistiera con tu vestido, no podría pelear con la muerte, no podría dormir en la tumba, ni sufrir los dolores ni la agonía de la muerte. Por tanto, debo y quiero convertirme en un hombre». «Pues, ciertamente, no vino en auxilio de los ángeles sino de los descendientes de Abraham».

2. Si nuestro Salvador se hubiese hecho ángel, debemos notar, pronto, que *Él nunca hubiera sido un ejemplo adecuado para nosotros*. Yo no puedo imitar un ejemplo angélico en su totalidad. Puede ser muy bueno hasta donde lo pueda imitar, pero no

puede ser mi norma en todos los puntos. Si me vas a dar algo para imitar, dame un hombre como yo. Entonces puedo intentar seguirlo. Un ángel no hubiera podido dejarnos el mismo ejemplo santo y piadoso que nuestro Salvador nos dejó. Si hubiera descendido de lo alto vestido con la túnica de uno de esos espíritus brillantes, hubiera podido ser buen ejemplo para esos querubines brillantes que rodean su trono. Pero nosotros, pobres hombres mortales, condenados a arrastrar las cadenas de la mortalidad a lo largo de esta existencia terrenal, nos hubiéramos hecho a un lado y hubiéramos dicho: «¡Ah! Eso es demasiado elevado para nosotros, no podemos alcanzarlo».

Y por lo tanto nos hubiéramos quedado cortos. Si he de esculpir en mármol, denme una estatua de mármol para que pueda copiarla, y si este barro mortal debe ser esculpido para que se convierta en un modelo de perfección, como va a serlo por el Espíritu de Dios, entonces denme un hombre como mi ejemplo, pues hombre soy, y como hombre debo ser perfeccionado. No solamente Cristo no hubiera podido ser un Redentor, sino que tampoco hubiera podido ser nuestro Ejemplo, si hubiera tomado para Sí la naturaleza de los ángeles.

3. Dulcemente, también recordemos que si Cristo hubiera sido un ángel, *Él no hubiera podido entendernos.* Para poder entender a nuestros semejantes debemos ser en algo parecidos a ellos. Supongamos que un hombre es hecho de hierro, o metal; ¿podría esta persona entender a nuestros cansados pulmones, o a nuestros huesos doloridos? Si se le habla a este hombre de alguna enfermedad, ¿podría entenderla? Yo no lo quisiera tener por enfermero. No podría tener a ese hombre como mi médico. Él no podría sentir como yo siento. Él no me podría comprender. No, incluso nuestros semejantes no pueden entendernos a menos que hayan sufrido como nosotros.

He oído de una dama que nunca conoció la pobreza en toda su vida, y por consiguiente ella no podía comprender a los pobres. Ella oyó la queja de que el pan estaba extremadamente caro, cuando costaba catorce centavos una rebanada. «¡Ah!» dijo, «no aguanto a la gente pobre, quejándose de lo caro del pan. Si el pan es tan caro, que vivan de migajas de a centavo; siempre son lo suficientemente baratas». Ella no conocía la pobreza y por lo tanto no podía condolerse de ellos. Ningún hombre puede sentir gran compasión por otro, a menos que haya estado de alguna manera en la misma posición, y haya soportado los mismos problemas. «Era necesario para Él, entonces, que debía ser hecho en todos los puntos como sus hermanos para que pudiera ser un confiable Sumo Sacerdote».

«Pues no tenemos un Sumo Sacerdote que no puede ser tocado con el sentimiento de nuestras debilidades, pues Él fue tentado en todos los puntos como nosotros lo somos, pero sin pecado». Pero si Él hubiera sido un ángel, ¿qué comprensión hubiera podido tener de mí? Supongamos que debo decirle a un ángel que apenas puedo resistir mis corrupciones: el ángel me miraría, y se preguntaría qué es eso que le estoy diciendo. Si le tuviera que decir que me parece que este mundo es un desierto lleno de aullidos salvajes: ¿cómo podría creerme, pues nunca ha oído un aullido? Sus oídos solo han sido saludados por arpas de oro y dulces sinfonías corales de alabanza.

Si le tuviera que decir que me resulta difícil mantenerme en mi camino, y mantenerme cerca de mi Salvador, el ángel solamente podría decir: «no te entiendo, pues yo no soy tentado como tú. No tengo una naturaleza obstruida que reduzca mi fervor ardiente, sino que, en día sin noche, con infatigables alas, rodeo su trono regocijándome. No tengo tampoco el deseo ni la intención de separarme de mi gran Hacedor». Ahí ven ustedes la sabiduría del Salvador. El se haría hombre y no ángel.

4. Una vez más, Cristo se hizo hombre, y no ángel, porque *Él deseaba ser uno con su querida Iglesia.* Cristo fue prometido a su iglesia antes que el tiempo comenzara, y cuando vino al mundo, Él prácticamente dijo, «iré contigo mi novia, y me voy a deleitar en tu compañía. Las ropas de un ángel no eran el vestido de bodas adecuado para mí, si he de ser hueso de tus huesos y carne de tu carne. Estoy asociado a ti por una unión

Estado pecador, Libertad, Elección

firme y fuerte. Yo te he llamado Mi Deleite, pues mi deleite está en ti; y he dicho, tu tierra será llamada Desposada, esto es, casada. Pues bien, si estoy casado contigo, viviré en la misma condición que tú. No es adecuado que el esposo viva en un palacio y que la esposa deba vivir en una cabaña. No sería adecuado que el esposo se ponga ropas espléndidas y la esposa lleve prendas baratas». «No», le dijo a su iglesia «si tú morases en la tierra, yo también lo haré; Si tú morases en un tabernáculo de barro, yo haré lo mismo»;

«Si, dijo el Señor, con ella iré,
a través de todas las profundidades
de cuidados y de sufrimientos,
Y en la cruz aún me atreveré,
A llevar las amargas punzadas
de la muerte».

Cristo no podría ser diferente de su iglesia. Tú sabes que Él no estaría en el cielo sin ella. Por lo tanto, Él hizo ese largo, largo viaje, para redimirla y visitarla y cuando Él vino con esta buena misión, Él no aceptó que ella fuera hecha de barro y que Él no fuera hecho del mismo material. Él era la cabeza, y no era aceptable que la cabeza hubiera sido de oro, y el cuerpo de barro. Eso hubiera sido como la estatua de Nabucodonosor que debe romperse. «Pues los hijos fueron participantes de carne y sangre, Él debe también tomar parte en lo mismo», pues Él se hizo «perfecto a través del sufrimiento», pues Él era «el capitán de nuestra salvación». Así, una vez más, vemos su amor y su sabiduría. «Pues, ciertamente, no vino en auxilio de los ángeles sino de los descendientes de Abraham.»

5. Otra vez, si Cristo no hubiera tomado para Sí mismo la naturaleza de hombre, *entonces ser hombre no hubiera sido tan honorable o tan confortable como es*. Considero que ser un hombre cristiano es ser la cosa más grande que Dios ha hecho. Pequeño como soy, puedo decir de mí mismo, si soy un hijo de Dios, que estoy cerca de mi Hacedor. Hay una distancia infinita, tremenda, e inmensurable, pero salvo Cristo Jesús, no hay ningún ser entre el hombre y Dios. En cuanto a un ángel, él es menos que un hombre redimido. «¿No son todos espíritus ministradores, enviados para servicio a favor de los que serán herederos de la salvación?»

 • 229 •

Sin duda alguna, el menor sirve al mayor y el mayor no debe servir al menor. Por lo tanto, los ángeles son menos que el hombre, pues ellos nos ministran. Ser hombre es una cosa noble, puesto que Dios se vistió como hombre. Ser hombre es una cosa gloriosa, pues fue el vestido del Eterno. «Dios fue hecho carne y moró entre nosotros», por lo tanto, la carne es dignificada y glorificada. Como dije, no sería tan confortable ser un hombre, si Cristo no hubiera sido un hombre. Como sé que debo morir; mi consuelo es que voy a resucitar. Pero yo no habría tenido ese consuelo si Cristo no hubiera sido un hombre, y si Él no hubiera muerto y resucitado.

¡Oh! Muerte, he visto a menudo tu prisión, y he pensado, ¿cómo puede ser que alguien escape de allí? Los muros son gruesos, y contra la puerta hay una pesada roca, está sellada con firmeza y hay vigilantes custodiándola. Oh muerte ¿dónde está el hombre que puede romper tu sepulcro o abrir tu puerta? Tus barras de hierro, oh muerte, no pueden ser limadas por mortales, y tus cadenas son muy pesadas para que sean rotas por lo finito. Pero me consuelo, porque hubo un hombre que rompió los lazos de la muerte. Hubo Uno que rompió las cadenas, cortó las barras de bronce, abrió las puertas, y caminó triunfante hacia el cielo.

En ese hombre veo un ejemplo de lo que yo también debo hacer, cuando el sonido de la trompeta del arcángel sobresalte mis átomos dormidos. A mí también me será fácil levantarme, pues como el Señor mi Salvador se levantó, también todos sus seguidores deben levantarse. Por lo tanto, muerte, veo que tu prisión debe ser abierta otra vez, pues ya fue abierta una vez. Veo tu gusano como una cosa muy pequeña que debe soltar a su presa, y devolver la carne de que se alimentó. Veo la piedra de tu sepulcro como piedras pequeñitas de una playa pedregosa del océano, que debo lanzar con manos ansiosas, cuando rompa los sudarios de la tumba, y suba a la inmortalidad.

Es cómodo ser hombre, porque Cristo murió y resucitó. Pero si hubiera sido un ángel, la resurrección no hubiera tenido esa grande y gloriosa prueba, ni hubiéramos estado tan contentos de ser humanos, viendo que habría muerte, pero no inmortalidad ni vida.

II. CRISTO MURIÓ POR SALVAR AL HOMBRE CAÍDO

En esta forma he tratado de explicar la primera parte del tema, y ahora vamos con la segunda. La traducción literal, de acuerdo con las notas al margen es «Él ciertamente no socorrió a los ángeles, sino que socorrió a la descendencia de Abraham», por lo cual se quiere decir que, Cristo no murió para salvar a los ángeles, aunque muchos de ellos necesitaban salvación. Él murió para salvar al hombre caído. Ahora, me gusta de vez en cuando dar a los oponentes de la gran doctrina de la gracia un hueso duro de roer. A menudo me han dicho que la elección es una doctrina muy terrible, y que enseñar que Dios salva a unos y deja perecer a otros, es hacer que Dios sea injusto.

A veces he preguntado qué quieren decir con eso, y la respuesta que suelo recibir es: supongan que un padre tiene un cierto número de hijos, y él pone a unos de sus hijos en una terrible prisión, y hace al resto de ellos muy felices, ¿pensaría usted que ese padre fue justo? Bueno, contesto, tú has supuesto un caso, y te voy a responder. Por supuesto que no; el hijo tiene un derecho sobre su padre, y el padre está obligado a reconocérselo; pero quiero saber qué se propone al hacer esa pregunta. ¿Cómo se aplica eso al caso de Dios? Yo no sabía que todos los hombres eran hijos de Dios. Yo sabía que ellos eran súbditos rebeldes de Dios, pero no sabía que fueran Sus hijos. Pensaba que no se convierten en sus hijos mientras no nazcan de nuevo, y que cuando ya son sus hijos los trata a todos por igual y los lleva a todos al cielo, y les da a todos una mansión. Y nunca escuché que Él mandara a alguno de sus hijos al infierno. Es cierto, te he oído a ti decir eso. He escuchado que dices que algunos de sus hijos caen de la gracia y por lo tanto Él los manda al infierno. Y yo te dejo resolver el problema de cómo es eso justo, pero, amigo, yo no acepto que todas las criaturas de Dios sean sus hijos.

Ahora yo tengo una pequeña pregunta para ti. ¿cómo explicas que los demonios y los ángeles caídos están todos perdidos, y sin embargo, de acuerdo con tu propia demostración, todos los hombres caídos tienen una oportunidad de ser salvos? ¿Cómo resuelves esto? «¡Oh!» dices tú, «eso es otra cuestión. No estaba considerando a los ángeles caídos». Pero si fueras a preguntarle esto al diablo, él no te diría que es otra cuestión. Él te diría: «señor, si todos los hombres son hijos de Dios, todos los demonios igualmente lo son. Estoy seguro que ellos deben estar en la misma situación que el hombre, y un ángel caído tiene tanto derecho de llamarse uno de los hijos de Dios como un hombre caído».

Y me gustaría que le contestes al diablo acerca de ese tema bajo tu propia hipótesis. Deja que Satanás, por una sola vez te haga una pregunta: «tú dices que es injusto de parte de Dios que mande a uno de sus hijos al infierno y lleve a otro al cielo. Ahora, tú has dicho que todas las criaturas son sus hijos. Bueno, yo soy una criatura, y, por lo tanto, yo soy Su hijo». «Quiero saber, amigo mío» dice Satanás, «¿cómo te parece a ti justo que mi padre me envíe al infierno, y a ti te deje ir al cielo?» Ahora, debes aclarar esa pregunta con el diablo. Yo no la responderé por ti. Yo nunca supuse tal caso; mis puntos de vista nunca me ponen en tal dilema. Pero tú te metiste en problemas, y debes salirte de ellos como puedas.

Desde mi punto de vista la cuestión es suficientemente justa, tanto hombres como demonios han pecado y ambos han merecido ser condenados por sus pecados. Dios, si así quisiera, puede justamente destruirlos a todos, o salvarlos a todos, si lo puede hacer con justicia, o puede salvar a uno de ellos si así le place, y dejar perecer a los demás. Y si como Él ha hecho, elige salvar a un remanente, y ese remanente es de hombres, y si Él permite que todos los ángeles caídos se hundan en el infierno, todo lo que podemos responder es, que Dios es

Estado pecador, Libertad, Elección

justo, y que tiene el derecho de hacer como quiera con sus criaturas.

Tú sabes que le reconoces a la reina el derecho de perdonar a un rebelde cuando ella quiera y ¿no le reconocerás ese derecho a Dios? «No», dices tú «no a menos que Él perdone a todos». Bueno, amigo, entonces no habría ningún derecho en eso. La reina no te lo agradecería si le pidieras que perdonara a todos. Ella diría: «no, hay instancias en las que no debo perdonar, precisamente por mi honor o por el honor de mis leyes, y, por lo tanto, no lo haré. Hay otras instancias que solo sirven para honrar mi clemencia, y que no agravian mis leyes, y, por lo tanto, perdono estas, y yo me reservo mi derecho a hacerlo».

Ahora, ¿lo que reconocerías a un rey o emperador, se lo negarás a Dios? Pero yo estoy aquí para reclamar Su derecho. Niégalo si quieres. Tendrías que negarlo apoyado en las Escrituras, ya que éstas con autoridad declaran que Dios es Soberano. Que Él dice: «Tendré misericordia del que yo tenga misericordia, y me compadeceré del que yo me compadezca».

Ahora, vamos, si nuestro amigo nos permite, consideraremos por un momento este caso: cómo es que los demonios están perdidos, y algunos hombres son salvos.

1. En primer lugar, *yo no pienso que esto se deba a alguna diferencia en el pecado.* Cuando dos criminales son traídos ante un juez, si uno de ellos va a ser perdonado y el otro castigado, seguramente el juez dirá: «¿Quién cometió el mayor delito? Él será quien muera, y el que cometió el delito menos grave será perdonado». Ahora, yo no sé si Satanás cometió un delito más grave que el hombre. Yo no estoy seguro que los ángeles caídos pecaron más de lo que el hombre lo hizo. «Ah, señor», dices tú, «el pecado del hombre fue uno muy pequeño. Él solamente robó un poco de la fruta de su Señor». Ah, pero si eso hubiera sido una cosa tan insignificante de hacer, ¡qué cosa tan insignificante hubiera sido no hacerlo! ¡Si fuera una cosa tan insignificante, cuán fácilmente él la pudiera haber evitado! Y, entonces, puesto que él lo cometió, se convirtió en el mayor pecado.

«Ah», dices, «pero Satanás era orgulloso, y los ángeles caídos fueron orgullosos». Y ¿no estás tú inclinado de modo muy tolerable en la misma dirección, amigo? De cualquier modo Adán lo fue. «Pero», replicas, «Satanás fue rebelde». Bueno si tú no fueras rebelde, no hablarías así. Si no te hubieras rebelado contra Dios, no te pondrías a negar su soberanía. «Pero», dices, «el diablo fue un mentiroso desde el principio». Me pregunto, amigo mío, desde cuándo hablas con la verdad. Tú sabes mentir tan bien como él, y aunque no hayas desarrollado tu pecado tanto como lo han hecho los ángeles caídos, si Dios te dejara solo, y te quitara el freno, me pregunto cuál sería la diferencia entre el diablo y tú.

Creo que si a los hombres se les dejara hacer todo lo que quisieran, y no hubiera gobierno sobre ellos, irían más lejos aún que Satanás. Miren a Robespierre, en Francia. Contemplen los hechos del Reino del terror. Vuélvanse a los países sin Dios; no me atrevo a mencionar qué vicios tan abominables, qué pecados de lujuria son cometidos allí en público. Traigo a su memoria las ciudades de Sodoma y Gomorra, y les pregunto en qué se puede convertir el hombre. Y yo les respondo que estoy seguro que un hombre puede volverse tan vil como un demonio, si la misericordia restrictiva de Dios le fuera quitada. En todo caso digo que el pecado de Adán fue tan grande como el de Satanás.

«¡Ah!» dices tú, «pero Adán fue tentado a hacerlo». Sí, esa fue una excusa. Pero también fue tentada la mayor parte de los demonios. Es cierto que Satanás no fue tentado, él lo hizo porque quiso hacerlo. Pero el tentó a los otros espíritus, y, por lo tanto, la excusa que sería válida para el hombre, también sería válida para la gran mayoría de los espíritus caídos. Y ¿por qué Dios no seleccionó entonces a un grupo de esos espíritus para salvarlos? Yo respondo que nunca podrías hallar una razón excepto esta: «¿No me es lícito hacer lo que quiero con lo mío?» y nosotros debemos caer sobre nuestros rostros y admirar, hasta quedar sin aliento, la infinita soberanía que desechó a los ángeles y salvó al hombre.

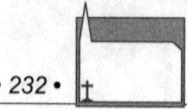

2. Pero supongamos que no hay tanta diferencia en el pecado de ellos. La siguiente pregunta es: *¿a cuál de esos dos seres vale más la pena salvar?* ¿Cuál es la criatura más valiosa? ¿Cuál serviría más a su Hacedor, si su Hacedor la perdonara? Y yo reto a cualquiera de ustedes a sostener que un hombre pecador es una criatura más valiosa que un ángel. Ah, si Dios hubiera buscado ganancia, hablando desde la perspectiva del hombre, sería más rentable para Él salvar a un ángel. ¿No podría el ángel perdonado servirle mejor que el hombre perdonado? Si yo sirvo a Dios, día tras día, debo descansar por la noche. Pero los ángeles sirven días sin noches en su templo.

Mi celo puede ser muy intenso pero mi cuerpo se cansa. Pero los ángeles no conocen el cansancio. Y si soy salvo, yo seré un pobre cortesano que estará alrededor de su trono. Pero aquel brillante serafín caído, si hubiera sido perdonado, hubiera hecho una muy buena decoración para adornar los salones del Todopoderoso. Si yo fuera llevado al cielo, no tengo brillantes honores angélicos, y mi naturaleza aun ennoblecida, no sobrepasaría lo que un ángel hubiera sido si Dios lo hubiera decretado así. Pero si Satanás hubiera sido perdonado, oh ¡Qué fuerte hubiera cantado, y con qué gloria hubiera marchado a través del cielo, para alabanza y gloria de la gracia que le rescató del infierno! Por tanto, si Dios hubiera pensado en su propia ganancia, primeramente hubiera salvado a los ángeles antes que salvar al hombre.

3. Otro pensamiento. A veces la autoridad dirá: «Bien, aquí hay dos personas que van a ser ejecutadas y queremos salvar a una *¿cuál de los dos sería la persona más peligrosa si se le permite que siga siendo un enemigo?*» Ahora, ¿cuál podría lastimar más a Dios, hablando como hablaría el hombre, un ángel caído o un hombre? Yo respondo que el hombre caído puede hacer muy poco daño al gobierno divino, comparado con un ángel caído. Un ángel caído es tan sutil, tan poderoso, tan veloz, tan capaz de volar en las alas del trueno, que puede hacer diez veces más daño a su Hacedor, si ciertamente su Hacedor puede ser dañado, que lo que podría hacer cualquier hombre. Así que si hubiera habido cualquier consideración de este tipo en la mente divina, Dios hubiera seleccionado a los demonios para salvarlos, ya que podrían darle mayor gloria si fueran salvados, y hacerle mayor daño si no fueran salvados.

4. Y todavía una consideración más, para mostrarles aún más cuán soberano es el deseo divino en esta materia. A lo mejor pueden decir, si alguien va ser salvado, que sea salvado quien sea menos difícil de salvar. Ahora bien, ¿quién podría ser salvado con mayor facilidad, un ángel caído o un hombre caído? Por mi parte, no veo ninguna diferencia. Pero si hubiera alguna, me parece que una restauración no causa ni la mitad del daño que una revolución. Y haber restituido a los ángeles al lugar del que habían caído, hablando como un hombre debe hablar, no hubiera sido tan difícil como haber sacado al hombre caído fuera del lugar del que había caído y ponerlo donde los ángeles caídos una vez estuvieron.

Si Satanás hubiera entrado al cielo, hubiera sido como una restauración: un viejo rey que regresa a su antiguo trono. Pero cuando el hombre entra allí, es como un rey yendo a una nueva dinastía, un nuevo reino. Es el hombre que entra al lugar de los ángeles. Y para eso, tú sabes, debe haber gracia santificante y amor interesado en comprar. Eso pudo haber sido necesario para los ángeles caídos, pero ciertamente no más para ellos que para el hombre caído. Aquí, entonces, somos traídos de regreso a la única respuesta, que Dios salva al hombre, y no a los ángeles, solamente por que así lo decidió. Y les dice a los ángeles que han perecido, «no, pero oh, Satán, ¿quién eres tú para que alterques con Dios? Dirá el vaso de barro al que lo formó: ¿Por qué me has hecho así?»

5. Pero tú puedes decir, *Dios salvó al hombre porque tuvo compasión de él.* Pero entonces ¿por qué no les tuvo lástima a los demonios? Conozco dos hombres que viven con muy poco presupuesto a la semana. Uno de ellos me da mucha lástima. Pero el otro, que no tiene una mejor situación, me da más lástima porque él alguna vez cono-

Estado pecador, Libertad, Elección

ció tiempos mejores. El hombre, es verdad, cayó del Edén. Pero Satanás cayó del cielo, y da más lástima debido a la grandeza de su caída. Por lo tanto, si la lástima fuera la que gobernara, Dios se hubiera decidido en favor de los ángeles caídos, y no por el hombre caído.

Creo oír que alguien susurra de nuevo: «ah, pero yo no veo esa primera parte: tú dijiste, que a ti te parecía que el pecado del hombre era tan grande como el pecado de Satanás». Bien, ruego que se me dé otra oportunidad para decir otra cosa, que independientemente de qué tan poderosamente sabio tú seas, tú tampoco conoces ninguna diferencia. ¿Pues crees que si los pecados fueran diferentes, el castigo sería el mismo? Ciertamente no, dices, el castigo debe ser el mismo para el mismo pecado. Bien pues, los demonios y los hombres deben estar en el mismo infierno, el lago de fuego que fue preparado para que el demonio y sus ángeles estén allí, y es el lugar al que los hombres son lanzados, y por tanto te desafío a que pruebes que su pecado no es el mismo.

Creo, que si no es el mismo en grado, es el mismo en calidad, y el mismo en naturaleza. Y por lo tanto, un ángel caído y un hombre caído están en igualdad de condiciones, así que si Dios hace una diferencia, Él la hace solamente porque Él quiere hacerla, y no da cuenta a nadie de sus negocios. Este es un cuchillo que corta de raíz cualquier cosa que suene a mérito. Le quita a los que creen en el libre albedrío cualquier oportunidad de acusar a Dios de injusticia, pues ¿cómo pueden encontrar que Dios sea injusto si salva a un hombre y no a otro, cuando no se atreven a sugerir en lo más mínimo que Él es injusto al salvar a algunos hombres, y dejar que los demonios perezcan?

CONCLUSIÓN

1. Ahora he acabado el tema, y debo hacer una reflexión práctica o algo así, y entonces habré terminado. Algunos pueden protestar contra esta predicación doctrinal, y saldrán y me llamarán un antinomiano (contrario a la Ley). Yo para nada me voy a molestar acerca de eso, si los puedo hacer enojar. Pues si un hombre odia la Verdad, yo nunca me haré para atrás para no sacudir su violento enojo. Y si alguien ofende a mi Dios, entonces no importa que a su vez sea ofendido. Es mejor para él que manifieste su oposición; pues entonces, quizá, el podrá saber que está en el pecado, y se pueda arrepentir de esto ante Dios.

Pero les voy a demostrar que esto es un tema práctico. Es práctico en este sentido: que si algún hombre no se somete al derecho de Dios de hacer con él como quiera, el tiene una razón de mucho peso para dudar de su propia piedad. Ahora, no quiero decir nada rudo o intolerante, pero sí quiero decir eso otra vez. Si doctrinalmente lo niegan prefiero no llegar a ninguna conclusión, pero si en sus corazones sienten odio por esa doctrina, de que Dios tiene el derecho de salvarlos o destruirlos, me dan una muy grande causa para dudar que ustedes alguna vez hayan conocido su propia posición a los ojos de Dios. Pues estoy completamente seguro que ningún pecador humilde dudará el derecho que Dios tiene de destruirlo. Y creo que ningún hombre que siente algo de amor hacia sus semejantes, creyendo que Dios tiene el derecho de destruirlo, discutiría con Dios de alguna forma, si Él decide salvar a otro que es tan malo como él mismo.

Les digo, es su orgullo que todavía no ha sido humillado lo que da coces contra esta doctrina de la elección. Es su orgullo infernal, nacido del infierno, el que les hace odiar esta verdad. El hombre siempre la ha rechazado, y siempre lo hará. Cuando Cristo predicó esta doctrina una vez, ellos querían arrastrarlo al borde de la cima del monte, y lo hubieran arrojado de cabeza. Y siempre espero encontrar oposición si hablo con amplitud y claridad. Pero déjenme decirles con toda solemnidad que si ustedes no creen en el derecho que Dios tiene sobre ustedes, me temo que su corazón nunca ha estado bien delante de Dios.

2. Otra conclusión práctica. Si tú crees que esto es verdad, que Dios tiene el derecho de enviar tu alma al infierno, y que si salva a alguien más y no a ti es justo. Si crees que si Él te salva, es un acto de amor soberano que distingue, entonces muestras

un espíritu que está muy cerca del Reino de los Cielos. Yo no creo que un hombre admita esta verdad a menos que haya tenido un cambio de corazón: puede admitirla en su mente, pero no sentirá que sea verdad, a menos que tenga un nuevo corazón y un espíritu correcto. No iré tan lejos como para decir que un hombre que cree en la soberanía divina es un cristiano. Eso sería estirar demasiado la verdad. Pero sí digo que si un hombre es lo suficientemente humilde, lo suficientemente manso, lo suficientemente contrito, para echarse a los pies del Salvador con esto:

«No traigo nada en mis manos».
«Yo no tengo justicia, ni demandas.
Si tú me condenas, serías justo.
Si tú me salvas, te lo agradeceré para siempre.»

3. Un hombre así tiene que haber tenido un trabajo de la gracia en su corazón para traerlo a esta conclusión. Si puedes decir eso, entonces, pobre pecador, acude a Jesús, acude a Jesús; por que Él nunca te rechazará. Permítanme contarles una historia acerca del hijo pródigo, y entonces llegaré a una conclusión. El hijo pródigo salió una mañana, y tuvo un largo viaje por recorrer. Tenía frente a sí una montaña que escalar, llamada la montaña de sus propios pecados e iniquidades. Él apenas había llegado a la cima, y se estaba acercando a una torre, llamada la torre del verdadero arrepentimiento, cuando su padre, que estaba sentado en el techo de la casa, lo vio.

Y cuando lo hubo visto, corrió inmediatamente y antes de que su hijo llegara a la puerta, el padre cayó sobre su cuello y lo besó. Llevó al hijo a su casa y preparó un banquete. Y lo festejaron. Pero después de que el hijo se había sentado, el padre lo miró, y vio que su hijo no comía, y que sus lágrimas rodaban en sus mejillas. «Hijo mío», dijo el padre, «¿por qué no comes? ¿por qué lloras, hijo mío? Todo este banquete fue preparado para ti». Soltándose en llanto, el hijo exclamó: «¿Padre, me perdonas todo?». «Sí», le respondió el padre, «te perdono todo. Come hijo mío. No llores». El hijo pródigo prosiguió en su estado. El padre miró a los otros invitados, pero luego, contemplando a su hijo, vio que lloraba otra vez, y que no comía. El padre dijo: «Hijo, ¿por qué no comes? El banquete es sólo en tu honor. ¿Por qué lloras, hijo mío?». «Padre», dijo, con las lágrimas rodando en sus mejillas otra vez, «¿Me permitirás quedarme aquí?» «Oh, sí, hijo mío», dijo el padre, «come; no llores, tu te quedarás aquí; eres mi hijo amado». Bien, el hijo pródigo estaba allí, y el padre miró a los otros invitados. Pero de vez en cuando volvía la mirada hacia él, y ahí estaba su hijo llorando de nuevo. «Mi querido hijo», le pregunta, «¿por qué lloras?» «Oh, padre», dijo él, «¿me vas a permitir quedarme aquí? Pues si no lo haces, sé que voy a huir. ¿Padre, harás que me quede aquí?» «Sí, hijo mío», dijo el padre «eso haré».

«Mi gracia, como una cadena unirá ese corazón errante a mí.»

El hijo se limpió los ojos, comenzó a comer, y ya no lloró más. Allí, pobre hijo pródigo, hay algo para ti. Si vienes a Cristo, te quedarás con Él para siempre. Y por encima de todo, Él te guardará allí. Por tanto, gózate. Pues aunque Él tiene el derecho de destruirte, recuerda, Él no lo hará. Pues su corazón está lleno de amor y de compasión por ti. Solamente ven a Él, y serás salvo.

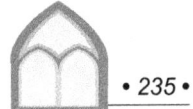

Capítulo III

SAGRADA ESCRITURA

Estudio de la Biblia,
Parábolas,
Personajes,
Tipos y figuras

Biblia, Parábolas, Personajes, Tipos y figuras

1. Estudio de la Biblia

26. MANERAS DE ESPIRITUALIZAR

«En estas cosas hay una alegoría, pues estas mujeres son dos pactos» (Gálatas 4:24).

INTRODUCCIÓN

I. NO HAY QUE FORZAR UN TEXTO AL ESPIRITUALIZARLO

II. NO ESPIRITUALIZAR SOBRE ASUNTOS INDECENTES

III. NO ESPIRITUALIZAR PARA IMPRESIONAR

IV. DISTINGUIR CON CUIDADO HISTORIA Y PARÁBOLA

V. PARÁBOLAS Y MILAGROS EN SU CONTENIDO SIMBÓLICO

VI. ESPIRITUALIDAD E INGENIO

MANERAS DE ESPIRITUALIZAR

INTRODUCCIÓN

Muchos que escriben sobre la homilética, condenan en términos severos incluso el que accidentalmente se espiritualice un texto. Dice Adán Clarke: «La predicación alegórica vicia el gusto y encadena el entendimiento tanto del predicador como de los oyentes». La regla de Wesley es mejor: «Haced uso raras veces de la espiritualización, y alegorizad muy poco». «Escoged textos», dicen estos maestros, «de cuyo sentido claro y literal podáis tratar; nunca os permitáis hacer uso de otro significado que no sea el más obvio de un pasaje; nunca os permitáis acomodaros o adaptaros un texto; esto es un artificio propio de los hombres poco instruidos; una treta de los charlatanes; una manifestación miserable de mal gusto y de imprudencia». Quiero honrar a los que merecen la honra, pero no puedo menos que disentir de esta opinión tan ilustrada, creyendo que es más caprichosa que exacta, y más aparente que verdadera. Por ejemplo, ¿qué otra cosa, si no es un mero capricho o algo peor, pudo haber inducido al Sr. Athanase Coquerel a escribir críticas como éstas? «Para nosotros cristianos, el sacerdocio universal y supremo del Hijo de Dios, no se recomienda en lo más mínimo, cuando se asemeja al pontificado de Melquisedec; y nuestra peregrinación hacia el país celestial teniendo a Jesús de jefe, se parece muy poco a la de Israel hacia la tierra prometida, teniendo como tal a Josué, no obstante que los nombres se asemejan entre si. Muchos textos se prestan con una facilidad maravillosa a esta clase de interpretación que en realidad no lo es». Señor, sálvanos, que perecemos, «clamaron los apóstoles, cuando la tempestad en la mar de Galilea amenazaba la destrucción de su barca». «¿Quieres ser sano?», dijo Cristo al paralítico de Betsaida. Conocemos que sería muy fácil alegorizar estas palabras. Se ha hecho eso mil veces, y tal vez ningún predicador, especialmente cuando se encuentre desprovisto de textos estudiados y de esqueletos formados, se rehúsa a emplear este recurso tanto más seductor, cuanto que es fácil en extremo. Compuse un sermón extenso sobre la invitación de Moisés a su suegro Hobab o Jethro, (Nm. 10:29): «Nosotros nos dirigimos al lugar del cual Jehová ha dicho: Yo os lo daré. Ven con nosotros». La división era muy sencilla y fácil. Comencé con un exordio histórico: El lugar es el cielo; el Señor nos lo da como nuestro país. El verdadero creyente dice a cada uno de sus hermanos: «Ven con nosotros, etc., etc.». Nunca me he perdonado a mí mismo el haber escrito y aprendido de memoria 30 páginas relativas a este tema. Si el Sr. Coquerel no hubiera incurrido en mayor falta que esta, seria mucho mejor ministro de lo que es actualmente. Se puede hacer mucho bien eligiendo de vez en cuando textos olvidados, singulares, notables o raros; y estoy cierto de que si apeláramos a un jurado de predicadores prácticos que han tenido buen éxito en su vocación, y no han sido sólo teóricos, tendríamos la pluralidad de votos en nuestro favor. Tal vez los rabinos ilustrados de nuestra generación sean demasiado sublimes y celestiales para condescender en bajar hasta los hombres humildes; pero nosotros –que no tenemos ningún cultivo, ni ilustración profunda, ni elocuencia arrebatadora de qué gloriarnos– hemos creído conveniente hacer uso del mismo método que los ilustres han reprobado, porque es para nosotros el modo más eficaz de evitar la rutina de una formalidad fastidiosa, y también nos da una especie de sal con qué sazonar la verdad que sería de otro modo desabrida. Muchos de los que lograron el mejor éxito en ganar almas, tuvieron a bien dar un papirote a su ministerio, y fijar la atención de su congregación haciendo uso de vez en cuando de algún método original y desconocido. La experiencia no les ha enseñado que estuvieran en error, sino lo contrario. Hermanos, no temáis espiritualizar, ni escoger textos singulares; hacedlo solo prudentemente. Seguid buscando pasajes de la Biblia, no solo dándoles su sentido más palpable, como es vuestro deber, sino también sacando de ellos lecciones que no se puedan encontrar en la superficie. Recibid el consejo en lo que pueda valer; pero os recomiendo seriamente que pongáis de manifiesto a los críticos sutiles, que hay algunos que no adoran la imagen de oro que han levantado. Os aconsejo, y que no os entreguéis a continuas e indiscretas «imaginaciones», como Jorge Fox las llamaría. No os ahoguéis porque se os recomienda que os bañéis, ni os conviene que os ahorquéis porque se dice que el tannin es muy útil como astringente. Una cosa admisible, si llega a ser excesiva, es vicio, así como el fuego es buen amigo en el hogar, pero tirano temible cuando se encuentra en una casa incendiada. El exceso, aun de una cosa buena, ahíta y fastidia, y en ningún caso es esto más cierto que en el que estamos tratando.

I. NO HAY QUE FORZAR UN TEXTO AL ESPIRITUALIZARLO

El primer canon que observar es: «no forcéis un texto espiritualizándolo». Esto sería un pecado contra el sentido común. ¡Cuán terriblemente se ha maltratado y despedazado la Palabra de Dios por determinada clase de predicadores que han dado tormento a ciertos textos para hacerlos revelar lo que de otro modo nunca habrían dicho!

El Sr. Slopdash, de quien Rowland Hill nos habla en sus *Diálogos de una Aldea*, es el tipo perfecto de una clase numerosa de predicadores. Lo describe como haciendo un discurso sobre las palabras del panadero de Faraón que podemos ver en Génesis 40:16: «Tenía tres canastillos blancos sobre mi cabeza». Valiéndose de este texto, ese «necio, tres veces ungido», como diría cierto amigo mío, ¡discurrió sobre la doctrina de la Trinidad! Un ministro cristiano muy amado, hermano venerable y excelente, y uno de los mejores predicadores de su distrito, me dijo que un domingo, en el culto de su capilla se extrañó de no ver un labrador y a su esposa. Continuó extrañándolos en la congregación por espacio de muchas semanas, hasta que un lunes, encontrando por casualidad al marido en la calle, le dijo:

–¡Qué milagro!, Juan, no le he visto a usted por mucho tiempo.

–No señor –respondió aquel–, no nos hemos aprovechado del ministerio de usted tanto en estos últimos días como antes.

–¿De veras, Juan? lo siento mucho.

–Bien, hablando con toda franqueza, le diré a usted que nos gustan a mí y a mi mujer, las doctrinas de gracia y, por tanto, hemos asistido recientemente a los cultos del Sr. Bawler.

–¡Ah! ¿se refiere usted al hermano que ministra el culto de los hiper calvinistas?

–Sí, señor, y estamos muy contentos, recibimos muy buen alimento allí, dieciséis onzas en cada libra. Nos estábamos muriendo de hambre bajo el ministerio de usted, aunque le respetaré a usted siempre, señor, como hombre.

–Muy bien, amigo; por supuesto que usted debe asistir donde pueda conseguir el mayor bien verdadero; pero ¿qué recibió usted el domingo pasado?

–¡Oh, señor! tuvimos un culto muy precioso: en la mañana tuvimos... tal vez no deba decírselo a usted, pero realmente disfrutamos de un gran privilegio.

–Si, pero ¿en qué consistió, Juan?

—Señor, el ministro nos explicó de un modo admirable y precioso, aquel pasaje que dice: «Si tienes gran apetito, pon cuchillo a tu garganta cuando te sentares a comer con algún señor».

—Sí, y ¿qué dijo el predicador sobre aquel texto?

—Bien, señor, le diré a usted lo que él dijo, pero quiero saber primero ¿qué hubiera usted dicho sobre este pasaje?

—No sé, Juan, me parece que no lo hubiera escogido; pero si hubiera tenido que predicar sobre él, habría dicho que una persona muy afecta a comer y beber, debe estar muy encima de sí mientras se halle en presencia de los grandes, pues de lo contrario, se arruinará a sí mismo. La glotonería, aun en esta vida, es ruinosa».

—¡Ah! —exclamó el hombre—, esa es la interpretación seca de usted. Como dije a mi mujer el otro día, desde que comenzamos a oír al Sr. Bawler, se nos ha abierto la Biblia de tal modo que podemos ver mucho más en ella que antes.

—Sí, y ¿qué les dijo a ustedes el Sr. Bawler concerniente a su texto?

—Bien, comenzó diciendo que un hombre que tenía gran apetito, era un joven converso, que siempre tenía muchas ganas de oír la predicación, y siempre quería alimento; pero que no estaba siempre bien informado en cuanto a la clase de comida que le convendría mejor.

—Bien, y ¿qué más, Juan?

—Dijo que si el joven converso se sentara con un señor, es decir, con un predicador de la ley, las consecuencias serían muy tristes para él.

—Pero, ¿qué hubo del «cuchillo», Juan?

—Señor, el Sr. Bawler nos dijo que era una cosa muy peligrosa la de oír a los predicadores de la ley, que, a no dudarlo, arruinarían al que lo hiciera; y que eso sería lo mismo que el que se cortaran la garganta.

Supongo que el asunto fue llamar la atención sobre los efectos dañinos de permitir a los jóvenes cristianos que escuchen a otros ministros de los de la escuela hiper calvinista; y la lección sacada fue la de que este hermano bien podría poner un cuchillo a su garganta antes que asistir a un culto de su ministro anterior. Esto fue excederse en el modo de interpretar y aleccionar.

Hemos oído hablar de otro sujeto que se ocupó de Proverbios 21:17: «Hombre necesitado será el que ama el deleite; y el que ama el vino y ungüentos no enriquecerá». Los Proverbios son un campo favorito para los que espiritualizan. Aquí ejercen su aptitud para alegorizar con toda libertad. Nuestro hombre dispuso del pasaje del modo siguiente: «El que ama el deleite», es decir, el cristiano que goza de los medios de la gracia «será hombre necesitado», a saber, será pobre en espíritu; y «el que ama el vino y el ungüento», es decir, el que disfruta de las provisiones de la alianza y goza del aceite y vino del Evangelio, no enriquecerá», o sea, no se estimará a sí mismo como rico: enseñando así la excelencia de los que son pobres en espíritu, y como deseen regocijarse de los deleites del Evangelio. Éste es un pensamiento muy bueno y propio, pero no lo encuentro en aquel texto. Todos habéis oído hablar de la interpretación famosa dada por el Sr. Guillermo Huntingdon, al pasaje de Isaías 11:8: «Y el niño de teta se entretendrá sobre la cueva del áspid, y el recién destetado extenderá su mano sobre la caverna de la víbora». «El niño de teta», es decir, el nene en la gracia, «se entretendrá sobre la cueva del áspid», es decir, sobre la boca del arminiano. Entonces sigue una descripción de los juegos en que los cristianos sencillos sobrepujan en sabiduría a los arminianos. Los profesores de la otra escuela de teología, ordinariamente han tenido a bien no responder a sus opositores en el mismo espíritu, de otro modo, los antinomianos bien podrían haberse encontrado en el mismo rango que las víboras con sus opositores, desafiándolos jactanciosamente en la boca de sus cavernas. Esta clase de abuso perjudica solo a los que lo emplean. Las diferencias teológicas se explican y se esfuerzan mucho mejor, por medios enteramente distintos de estas bufonadas. Los efectos producidos por la pura estupidez unida al amor propio, son a veces muy cómicos. Basta que se refiera un ejemplo. Un buen ministro me dijo el otro día, que había estado predicando recientemente a su congregación sobre los veintinueve cuchillos de Esdras. Estoy cierto de que él sabrá manejar estos utensilios prudentemente, pero no pude menos de decirle que esperaba que él no hubiera imitado a aquel sabio intérprete que vio en el número impar de cuchillos, una referencia a los veinticuatro ancianos del Apocalipsis. Un pasaje de los Proverbios dice así: «Por tres cosas se alborota la tierra, y la cuarta no la puede sufrir; por el siervo cuando reinare, y por el necio cuando se hartare de pan; por la mujer aborrecida cuando se casare, y por la sierva cuando heredare a su señora» (Pr. 30:21-23). Un ministro muy amigo a espiritualizar, dice que estas palabras son una representación figurada de la obra de la gracia en el alma, y que enseñan lo que perturba a los arminianos y los hace pensativos. «Un siervo cuando reine», es decir, pobres siervos tales como nosotros, cuando nos sea dado reinar juntamente con Cristo; «un necio cuando se harte de pan», es a saber, pobres hombres necios tales como nosotros, cuando nos sea dado comer del mejor trigo de la verdad del Evangelio; «una mujer aborrecida cuando se case, es decir, un pecador cuando se una a Cristo; «una sierva cuando herede a su señora», es a saber, cuando nosotros, que éramos pobres siervos o esclavos bajo la ley, lleguemos a disfrutar los privilegios de Sara, y a hacernos herederos de nuestra señora». Éstas son unas cuantas muestras de las curiosidades eclesiásticas, tan numerosas y apreciables como las reliquias que se recogen en gran número todos los días en el campo de batalla de Waterloo, y son recibidos por los pocos instruidos cual tesoros inapreciables. Pero os he cansado y no quiero malgastar más vuestro tiempo. Yo creo que no es necesario amonestaros que os apartéis de toda esta clase de extravagantes absurdos. Tales cosas deshonran la Biblia, insultan el sentido común de los oyentes, y humillan al ministro. No es esta la espiritualización que os recomendamos, así como el cardillo del Líbano no es el cedro de Líbano. Guardaos de aquella trivialidad pueril y tendencia atroz de torcer textos, que os hará sabios a vista de los necios, pero necios a vista de los sabios.

II. NO ESPIRITUALIZAR SOBRE ASUNTOS INDECENTES

Nuestro segundo consejo es que nunca espiritualicéis sobre asuntos indecentes. Es necesario advertiros esto, porque la familia de predicadores poco juiciosos son muy afectos a hablar de cosas que tiñen de sonrojos las mejillas de la modestia. Hay cierta clase de escarabajos que se crían en la inmundicia, y estos animalejos tienen su prototipo entre los hombres. Recuerdo ahora a un teólogo raro que trataba con un gusto admirable y con una unción sensual, el pasaje de la concubina hecha diez pedazos. Greenacre mismo no hubiera podido haberlo hecho mejor. ¡Cuántas cosas abominables no se han dicho sobre algunos de los símiles más severos y horripilantes de Jeremías y de Ezequiel! Donde el Espíritu Santo se ha expresado valiéndose de un estilo velado y casto, estos hombres han quitado el velo, y hablado como tan solo las lenguas sueltas se atreverían a hacerlo. En verdad yo no soy escrupuloso: lejos de ahí; pero explicaciones del renacimiento que se basan en las analogías sugeridas por una partera; exposiciones minuciosas de la vida de los casados, me encolerizarían y me inclinarían a mandar a imitación de Jehú, que los que tal descaro tienen, fuesen arrojados del puesto elevado que osaran deshonrar por su impudencia desvergonzada. Creo que ningún espíritu puro debe estar sujeto al aliento más ligero de indecencia, ni mucho menos en el púlpito. La esposa de César debe estar fuera de toda sospecha, y los ministros de Jesucristo deben ser inmaculados en su vida y en sus palabras. Señores, los besos y abrazos en que se deleitan algunos predicadores, son detestables; seria mucho mejor no predicar sobre el Cantar de los Cantares de Salomón, que tratarlo, como lo han hecho muchos hermanos, con un estilo medio indecente. Los jóvenes deben tener empeño especial en ser escrupulosa y celosamente modestos y puros en sus palabras. A un anciano se le permite más libertad, quién sabe por qué; pero un joven no tendría pretexto alguno, si violara la más perfecta delicadeza.

Biblia, Parábolas, Personajes, Tipos y figuras

III. NO ESPIRITUALIZAR PARA IMPRESIONAR

En tercer lugar, nunca espiritualicéis a fin de llamar la atención sobre vuestro propio talento extraordinario. Tal objeto sería malo, y el método empleado seria necio. Únicamente un egregio simplón buscará que se le guarde consideración especial por haber hecho lo que casi todos los hombres hubieran podido hacer igualmente bien. Cierto aspirante predicó una vez sobre la palabra «pero», esperando así ganarse el favor de la congregación que, según su modo de pensar, no podía menos de entusiasmarse por el talento de un hermano que podía extenderse tanto al tratar de una simple conjunción. Su asunto parece que era éste: por mucho bueno que hubiera en el carácter de un hombre, o por admirable que fuera en sus circunstancias, siempre habría alguna dificultad, alguna prueba en conexión con esto. Por poner un ejemplo, «Naamán era un gran varón delante de su señor, pero leproso». Cuando el orador bajó del púlpito, los diáconos dijeron: «Bien, usted acaba de darnos un sermón muy raro; pero nos consta con toda claridad, que no es usted la persona ideal para esta congregación». ¡Ay de la agudeza, cuando llega a ser tan despreciable, y con todo, pone una arma en manos de sus propios enemigos!

Recordad y tened presente que el espiritualizar no es algo admirable como manifestación de la destreza intelectual, aunque podáis hacerlo bien, y recordad también que sin discreción es el modo más fácil de revelar vuestra extrema necedad. Señores, si anheláis rivalizar con Orígenes, en sus interpretaciones extravagantes y originales, sería provechoso que leyerais su biografía y notareis atentamente las necedades en que cayó no obstante su ilustración, por permitir que una imaginación desenfrenada dominara totalmente su juicio; y si lleváis por mira exceder a los declamadores vulgares de la generación pasada, dejadme que os recuerde que la gorra y las campanitas no influyen tanto ahora en la gente, como hicieron hace algunos años.

IV. DISTINGUIR CON CUIDADO HISTORIA Y PARÁBOLA

Nuestra cuarta advertencia, es que nunca pervirtáis la Escritura con pretexto de darle un significado original y espiritual, no sea que os hagáis reos de aquella maldición solemne con que se guarda y se cierra el rollo de la inspiración. El Sr. Cook, de Maidenhead, se vio obligado a separarse de Guillermo Huntingdon, a causa de que éste interpretaba el 7° mandamiento como dirigido por Dios Padre a su Hijo, y teniendo este significado: «No codiciarás la mujer del diablo, a saber, de los reprobados». No podemos menos que exclamar al oírla: «¡horrible!». Quizá seria un insulto a vuestra razón y religión decir: detestad el pensamiento de tal profanación. Por instinto, la aborrecéis.

Además, nunca permitáis que vuestra congregación se olvide de que las narraciones que espiritualizáis, son hechos y no meras fábulas o parábolas. Este significado palpable de un pasaje, nunca se debe anegar en la exuberancia de vuestra imaginación, sino debe ponerse de manifiesto con toda claridad, y ocupar el primer rango en la importancia. Vuestra interpretación acomodada, nunca debe hacer abstracción del sentido original y nativo del texto, ni aun menoscabarlo. La Biblia no es una compilación de alegorías interesantes, ni de tradiciones poéticas e instructivas, sino que enseña hechos literales, y revela realidades tremendas. Poned de manifiesto a todos los que os escuchen, vuestra persuasión plena de la verdad de esta declaración. Seria muy triste para la Iglesia, que el púlpito adoptara aun aparentemente, la teoría escéptica de que las Santas Escrituras no son sino una mitología pulida, consignada autoritativamente, en la cual glóbulos de verdad se encuentran en solución en un océano de detalles poéticos e imaginarios. Sin embargo, espiritualizar textos tiene un lugar legítimo, o más bien lo tiene el don particular que induce a los hombres a hacerlo. Los hombres desprovistos de imaginación y de ingenio niegan esto, así como las águilas pueden poner en duda la legalidad de cazar moscas; sin embargo, las golondrinas fueron creadas

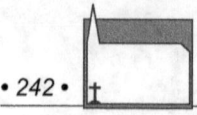

con este fin, así el fin principal de algunos hombres es el ejercicio de una imaginación piadosa. Por ejemplo, habéis visto frecuentemente que los tipos ofrecen un campo muy vasto para el ejercicio de una ingeniosidad santificada. ¿Qué necesidad tenéis de buscar una referencia en la Biblia a «mujeres detestables» de que tratar en vuestros sermones, mientras tengáis enfrente el Tabernáculo en el desierto, con todos sus utensilios sagrados, el holocausto, el sacrificio propiciatorio y todos los otros sacrificios que fueron ofrecidos a Dios? ¿Por qué buscáis novedades, cuando tenéis delante de vosotros el templo y todas sus glorias? El talento más capaz de interpretar los tipos, puede ocuparse casi sin límites, de los símbolos legítimos de la Palabra de Dios, y tendrá mayor satisfacción en este ejercicio, puesto que esta clase de símbolos se han instituido por Dios. Cuando hayáis tratado de todos los tipos del Antiguo Testamento, os restará todavía el tesoro de mil metáforas.

Una explicación discreta de las alusiones poéticas de las Santas Escrituras, será muy aceptable a vuestras congregaciones, y con la bendición divina, muy provechosa. Pero dando por sentado que habéis explicado todos los tipos, ordinariamente reconocidos como tales, y que habéis arrojado vuestra luz sobre los emblemas y las expresiones figuradas de la Biblia, ¿deberán dormir después vuestra imaginación y aptitud para interpretar los símiles? De ningún modo. Cuando el apóstol Pablo encuentra un misterio en Melquisedec, y hablando de Agar y Sara, dice: «Las cuales cosas son dichas por alegoría», nos da un precedente para que descubramos alegorías Bíblicas en otros pasajes además de los referidos. A la verdad, los libros históricos nos ofrecen alegorías no solo aquí y allá, sino que parece que como un todo han sido escritas con el fin de darnos una enseñanza simbólica. Un pasaje del prefacio de la obra del Sr. Andreas Jukes sobre los tipos del Génesis, nos enseñará sin forzar la interpretación, puede muy bien una teoría bien elaborada, formarse por una inteligencia piadosa. Ved lo que dice ese autor llevado en alas de su imaginación: como base o razón de lo que ha de seguir, se nos demuestra primero lo que se origina del hombre y de todas las distintas formas de vida que ya por naturaleza o ya por gracia, puede producir la raíz del viejo Adán. Esto se encuentra en el libro del Génesis. Enseguida vemos que no siendo bueno lo que ha procedido de Adán, es preciso que haya redención, por esto encontramos a un pueblo escogido, redimido por la sangre del Cordero y rescatado de Egipto. Esto es lo que se contiene en el Éxodo. Siendo conocida la redención, adquirimos la certeza de que los escogidos necesitan acceso a Dios, el Redentor, y que en el santuario aprenden el modo de conseguirlo. Esto se consigna en el Levítico. Después caminando como peregrinos por el desierto de este mundo, una vez salidos de Egipto, casa de esclavitud, país de maravillas y de la sabiduría humana para dirigirnos a la tierra prometida más allá del Jordán, tierra que fluye leche y miel, se aprenden las pruebas del camino. Esto se ve en el libro de los Números. A continuación viene el deseo de cambiar el desierto por la tierra prometida, en la cual los elegidos no quieren entrar por algún tiempo aun después de haber conocido la redención. Esto corresponde al deseo que tienen los escogidos de realizar su progreso, en cierto grado, de conocer la virtud de la resurrección, de vivir en suma, aun en este mundo, como si estuvieran en lugares celestiales. En este concepto siguen lógicamente las reglas y los preceptos que se deben obedecer para lograr el fin indicado. El Deuteronomio, segunda anunciación de la ley, segunda purificación, nos habla del camino de progreso. Después de todo esto, se llega a la tierra de Canaán. Atravesamos el Jordán; conocemos prácticamente la muerte de la carne, y lo que es ser circuncidado y quitar de nosotros el oprobio de Egipto. Ahora conocemos qué significa ser resucitado con Cristo, y tener lucha no contra sangre y carne, sino contra principados y malicias espirituales que habitan en los aires. Esto lo vemos en Josué. Enseguida viene la derrota de los escogidos en lugares celestiales, derrota que resulta de haber hecho pactos con los cananeos en vez de haberlos vencido. Esto nos consta en los

Jueces. Después de esto, las distintas formas de gobierno que la Iglesia ha de conocer, pasan sucesivamente en los libros de los Reyes. Éstas se extienden desde el establecimiento de la monarquía en Israel, hasta su extinción, época en que los escogidos son a consecuencia de sus pecados, entregados en poder de Babilonia. Siendo conocido esto, con toda su vergüenza, vemos que el resto de los escogidos, cada una según su fuerza, hacen lo que les es posible para restaurar a Israel. Algunos como Esdras, regresan a Canaán para reedificar el templo, es decir para restaurar el verdadero culto; y otros como Nehemías, suben para reconstruir el muro, es decir, para restablecer con licencia de los gentiles, una imitación débil de la política antigua, mientras que otro resto en Ester, se ve cautivo, pero fiel y providencialmente salvado, por más que el nombre de Dios no aparece ni una sola vez en todo ese relato. No os recomiendo que hagáis uso de la imaginación en un grado tan extravagante como el de este autor en algunos comentarios de sus escritos, en los cuales vemos su tendencia hacia el misticismo; pero sin embargo, leeréis la Palabra de Dios con un interés aumentado en extremo, si notáis la relación mutua de los libros de la Biblia y el desarrollo de sus tipos, siguiendo un orden sistemático. Bien podemos agregar que la aptitud para espiritualizar, se empleará con provecho generalizando los grandes principios universales que se ingieren de hechos minuciosos y distintos. Este uso es ingenioso, instructivo y legítimo. Tal vez no queráis predicar sobre el texto «Tómala por la cola» (Éx. 4:4); pero la observación sugerida por este pasaje, es muy interesante: «hay un modo especial con que debemos recibirlo todo». Moisés tomó la serpiente por la cola, y así podemos mirar nuestras aflicciones de tal modo que se volverán en vara que obre prodigios; también debemos tener mucho cuidado con respecto a nuestro modo de creer en las doctrinas de la gracia, de hacer frente a los impíos, etc., etc. De ese modo podréis inferir de centenares de sucesos bíblicos, grandes principios generales que no se expresan en ninguna parte con toda claridad. Considerad, por ejemplo, estas muestras sacadas de los escritos del Sr. Jay (Sal. 74:14): «Tú magullaste las cabezas del Leviatán y lo diste por comida al pueblo del desierto». Esto enseña la doctrina: que han de ser muertos los mayores enemigos del pueblo peregrino de Dios, y que el recuerdo de esta misericordia refrigerará a los santos. Leemos (Gn. 35:8): «Entonces murió Débora, nodriza de Rebeca, y fue sepultada a las raíces de Betel debajo de una encina; y llamó su nombre Alón-bacut». Sirviéndose de este texto, el Sr. Jay trata de los buenos siervos que dijeron al rey: «he aquí, tus siervos están prestos a todo lo que nuestro Señor el rey eligiere», y enseña que un lenguaje como éste puede ser dirigido por los cristianos a Cristo. Si acaso alguno no estuviera conforme con el modo de espiritualizar usado tan eficaz y juiciosamente por el Sr. Jay, tendrá que ser una persona cuya opinión bien podéis pasar inadvertida. Según mi aptitud, me he esforzado en hacer algo semejante, y los diseños de muchos sermones de esta clase pueden encontrarse en mi pequeña obra titulada *Tarde por Tarde*, incluyéndose otros pocos en el volumen que lleva por nombre *Mañana por Mañana*.

Un ejemplo de buen sermón basado en una interpretación extravagante e imperdonable es el de Everardo que se halla en su *Tesoro Evangélico*. El discurso sobre Josué 15:16, 17, lo basa en las palabras: «Y dijo Caleb: al que hiriere a Quiriat-sefer y la tomare, yo le daré a mi hija Acsa por mujer. Y la tomó Otoniel, hijo de Cenez, hermano de Caleb; y él le dio por mujer a su hija Acsa». En este sermón las declaraciones del predicador se basan en la traducción de los nombres propios hebraicos, según la cual el pasaje dice: «Un buen corazón dijo: «Al que hiriere y tomare la ciudad de la letra, daré el rompimiento del velo; y Otoniel lo tuvo por el tiempo propio y oportuno de Dios, y se casó con Acsa, es decir, gozó del rompimiento del velo, y de este modo, recibió la bendición tanto de las fuentes de arriba, como de las de abajo». ¿No habrá modo mejor de enseñar que debemos buscar el sentido interior de la Biblia, y no descansar en las meras palabras o en la letra del Libro?

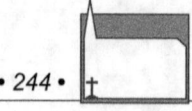

V. PARÁBOLAS Y MILAGROS EN SU CONTENIDO SIMBÓLICO

Las parábolas de nuestro Señor prestan una oportunidad muy buena para el ejercicio de una imaginación madura y disciplinada al que quiera explicar e interpretar; y acabadas éstas, quedan todavía los milagros que son muy fecundos en sus enseñanzas simbólicas. A no dudarlo, los milagros son los sermones en acción de nuestro Señor Jesucristo. En sus enseñanzas sin par, tenéis sus «sermones orales;».y en sus incomparables actos», se encuentran sus sermones puestos en práctica. El libro de Trench sobre los milagros, a pesar de contener algunas herejías, puede ser muy útil en este estudio. Todas las maravillas de nuestro Señor se hallan llenas de enseñanzas. Considerad, por ejemplo, la historia de la curación del hombre sordo y mudo. Sus enfermedades nos sugieren a lo vivo el estado caído del hombre; y el modo de proceder de nuestro Señor, comprueba de un modo muy instructivo, el plan de la salvación: «Jesús le tomó aparte de la gente». Así es preciso que el alma llegue a sentir su propia personalidad e individualidad, y que sea conducida a la soledad. «Metió sus dedos en las orejas de él», es decir, en la fuente del mal indicado: de este modo se convencen los pecadores de su estado. «Y escupiendo, etc..»., el Evangelio es un medio sencillo y menospreciado de lograr la salvación, y el pecador, para recibir ésta, debe humillarse a sí mismo bajo las condiciones de aquel. «Tocó su lengua...», indicando así con mayor claridad, el centro de la dificultad. Así se nos aumenta el sentimiento de nuestra necesidad. «Y mirando el cielo Jesús recordó a su paciente la verdad de que toda la fuerza debía llegarle de arriba;» lección es ésta que todo investigador espiritual debe aprender. «Gimió», enseñándonos así que los medios de nuestra salvación son los sufrimientos del Gran Médico. Y cuando él dijo Ephata, que significa «se ha abierto...», vemos en estas palabras la expresión de la gracia eficaz que efectuó una curación inmediata, perfecta y permanente. Esta explicación puede serviros como ejemplo de muchas, y bien podéis creer que los milagros de Cristo son una galería de cuadros que comprueban su trabajo entre los hombres. Sin embargo, esta muestra que acabamos de estudiar, debe prevenirnos de la necesidad de ser discretos al tratar de las parábolas o de las metáforas de la Biblia. El Dr. Gill es un teólogo cuyo nombre debe ser mencionado siempre respetuosa y honorablemente en esta casa donde se encuentra todavía su púlpito; pero su explicación de la parábola del hijo pródigo, me parece absurda en extremo en algunas partes. El comentador erudito nos dice que «el becerro engordado» ¡era el Señor Jesucristo! A la verdad, uno no puede menos que estremecerse al ver tal extravagancia en un modo de espiritualizar como aquí se ve. Después notamos su exposición de la parábola del Buen Samaritano. Se nos dice que la cabalgadura sobre la cual se puso el herido es también nuestro Señor Jesucristo y los dos denarios que el Buen Samaritano dio al huésped, son el Antiguo y Nuevo Testamento o las ordenanzas del Bautismo y de la Cena del Señor. Pero pese a esta advertencia, podéis conceder mucha libertad en espiritualizar a hombres de un genio poético raro, como por ejemplo, a Juan Bunyan. Señores. ¿han leído ustedes alguna vez la espiritualización del templo de Salomón por Juan Bunyan? Es, sin duda, una obra muy notable, llena de un ingenio santificado. Por ejemplo, considerad como muestra, una de sus explicaciones extravagantes, y ved si se puede mejorar. Trata de las hojas de la puerta del Templo. «Las hojas de esta puerta, como os dije antes, se podían doblar, y así como os sugerí anteriormente, tienen un significado especial e interesante. Porque de este modo cualquier hombre, y especialmente un nuevo discípulo, bien podría equivocarse, creyendo que todo el pasaje se le había abierto, siendo así que no todo, sino sólo una cuarta parte de él se le había apenas descubierto. Porque, como dije antes, estas puertas nunca se han abierto hasta ahora enteramente, ni aun en el antitipo; pues nadie todavía ha llegado a ver en ningún tiempo todas las riquezas y toda la plenitud que se encuentran en Jesucristo. Por esto digo que un novicio, si juzgara por la vista actual, y

Biblia, Parábolas, Personajes, Tipos y figuras

especialmente si viera solo un poco, bien podría equivocarse, por cuya razón esta clase de personas, por regla general, tienen mucho temor de no llegar nunca a entrar por las puertas preferidas. ¿Qué dices tú, oh discípulo nuevo, no se encuentra en este estado tu alma? ¿No te parece a ti que eres un pecador demasiado culpable para ser salvo? Pero tú, oh pecador, no temas, las puertas son de goznes, y de consiguiente pueden abrirse más y más si hubiere necesidad. Por tanto, cuando vengas a esta puerta y te figures que no hay lugar para que entres, toca y te será abierta más ampliamente y serás recibido» (Lc. 11:9; Jn. 6:37). Por esto, quien quiera que seas, vienes a la puerta cuyo tipo era la del templo; no fíes pues en tus primeras concepciones de las cosas, sino cree que hay gracia abundante. No sabes todavía lo que Cristo puede hacer; las puertas son de goznes. «Él es poderoso para hacer todas las cosas mucho más abundantemente de lo que pedimos o entendemos» (Ef. 3:20). Las bisagras que sostienen estas puertas, fueron hechas, así como os dije, de oro. Esto quiere decir por un lado que giraba sobre motivos de amor y a impulsos del amor; y por otro, que sus aberturas eran ricas. La puerta que nos conduce a Dios, gira sobre bisagras de oro. Los postes de que pendían estas puertas eran de olivo, ese árbol grueso y aceitoso, para enseñarnos que nunca se abren de mala gana ni lentamente, así como lo hacen aquellas cuyas bisagras carecen de aceite. Siempre están aceitadas, y así se abren fácil y prontamente a los que las tocan. Por esto leéis que el que habita en esta casa, da espontáneamente, ama espontáneamente, y nos hace bien de todo corazón. «Y me alegraré con ellos haciéndoles bien; y los plantaré en esta tierra en verdad, de todo mi corazón y de toda mi alma». (Jer. 32:41; Ap. 21:6; 22:17). Por tanto, el aceite de gracia significado por ese árbol aceitoso, o esos postes de olivo de los cuales pendían estas puertas, las hacen abrir fácil y alegremente al alma.

VI. ESPIRITUALIDAD E INGENIO

Cuando Bunyan explica el hecho de que fueron hechas las puertas de madera de haya, ¿quién, excepto él, hubiera dicho: «La haya es también la casa de la cigüeña, esa ave inmunda, así como Cristo es el asilo, y amparo de los pecadores?». Dice el texto: «en las hayas hace su casa la cigüeña;» y Cristo dice a los pecadores que notan su falta de abrigo: «Venid a mí y os haré descansar». El sirve de refugio a los oprimidos, refugio en las tribulaciones. (Dt. 14:18; Lv. 11:19; Sal. 104:17; 74:2, 3; Mt. 11:27, 28; He. 6:17-20). En su «Casa del bosque del Líbano», encuentra más dificultad, pero sale del paso como ningún otro pudiera haberlo hecho. Las tres hileras de pilares, cada una compuesta de quince son para él un enigma muy difícil, y no puede descifrarlo, pero lo intenta valerosamente, y abandona la tarea sólo cuando todos sus esfuerzos fueron infructuosos. El Sr. Bunyan es jefe, cabeza y príncipe de todos los alegoristas, y no debemos seguirle en los profundos lugares de expresión típica y simbólica. El era nadador; nosotros no somos sino vadeadores, y no debemos salir de la esfera de nuestros alcances. Antes de concluir esta lectura quiero daros uno o dos ejemplos del modo de espiritualizar, que me fueron muy conocidos en mi juventud. Nunca podré olvidarme de un sermón predicado por un hombre poco instruido, pero notable, que era mi vecino en el campo. Recibí yo las notas del discurso de sus propios labios, y espero que queden como notas, y nunca sirvan otra vez de base para la predicación de un sermón. El texto fue éste: «El mochuelo, la lechuza y el cuclillo». Os parecerá probablemente que estas palabras no son muy fecundas en pensamientos; así me parecieron a mí, y por tanto le pregunté inocentemente: «¿Y cuáles son las divisiones del sermón?». Me contestó ingeniosamente: «¿Divisiones? tuerce los pescuezos de las aves, y luego tendrás tres divisiones, es decir, el mochuelo, la lechuza y el cuclillo». Se ocupó de enseñar que todas estas aves eran inmundas según la ley ceremonial, y que eran tipos evidentes de los pecadores inmundos. Los mochuelos eran las personas que robaban a hurtadillas, y aquellas que falsificaban sus mercaderías, y todas las que engañaban a sus semejantes clandestinamente, sin que se sospechase que eran pícaros. Las lechuzas eran un tipo de borrachos, los cuales están siempre despiertos en la noche, mientras en el día apenas pueden caminar sin lastimarse por tener tanto sueño. Agregó que había lechuzas también entre los cristianos profesos. La lechuza parece grande solo por las muchas plumas que tiene, pero es muy chica sin ellas, así muchos de los que se llaman cristianos no son más que plumas, y si pudiera quitárseles sus pretensiones arrogantes, se reducirían a muy poco. El cuclillo representaba al clero de la Iglesia Anglicana, cuyos miembros siempre al abrir la boca en el culto, proferían la misma nota. Y por decirlo así, vivían de los huevos de otras aves, exigiendo al pueblo los diezmos y otras contribuciones eclesiásticas. Los cuclillos eran también, si no estoy equivocado, los que insistían en el albedrío, diciendo siempre: «Haz, haz, haz, haz». ¿No es verdad que este sermón era absurdo? Sin embargo, teniendo presente el carácter de su autor, no parecía ni excepcional, ni singular. El mismo venerable hermano pronunció otro sermón igualmente peculiar, y mucho más original y útil, y todos los que le escucharon le recordarán hasta el día de su muerte. El texto era este pasaje: «El indolente no chamuscará su caza» (Pr. 12:27). El buen anciano reclinándose sobre el púlpito dijo: «Luego, hermanos míos, él era la verdad, un sujeto perezoso». Éste fue el exordio, y enseguida agregó: «Él fue a cazar, y con mucho trabajo cogió una liebre; pero era tan desidioso, que no quiso asarla. ¡Por cierto que él era uno de los más perezosos!. El buen hombre nos hizo sentir cuán ridícula era tal pereza, y entonces dijo: «Pero probablemente sois tan culpables como aquel hombre, pues hacéis, en efecto, lo mismo oís decir que un ministro popular ha llegado de Londres, ensilláis el caballo y lo ponéis al carro, y camináis diez o veinte leguas para oírle; y después de haber escuchado el sermón, dejáis de aprovecharlo. Cogéis la liebre, pero no la asáis; vais a cazar la verdad, pero no la recibís». Entonces seguía enseñando que así como es necesario cocer la carne para que el cuerpo la asimile, (pero él no empleó esta palabra),

así es preciso que la verdad se prepare antes que se pueda recibir en el alma, de tal manera que nos alimentemos con ella y crezcamos. Agregó que iba a enseñarnos el modo de cocer un sermón, y lo hizo de una manera muy instructiva. Empezó, siguiendo el estilo de los libros que tratan del arte de cocina: «Primero, coged la liebre». «Así», dijo él, «primero, conseguid un sermón evangélico». En seguida dijo que muchos sermones no valían la pena de ir a cazarlos, y que había muy pocos sermones buenos; y que valdría la pena irse a cualquiera distancia para escuchar un discurso sólido y calvinista hecho a la antigua. Encontrado el sermón, bien podría suceder que algunos distintivos de él, originándose de la flaqueza del predicador, no fuesen provechosos, y por esta razón, se deberían desechar. Enseguida se ocupó del deber de discernir y de juzgar lo que se oyera, y de no dar crédito a todas las palabras de nadie. Después nos puso de manifiesto el modo de asar un sermón, diciendo que era necesario meter el asador de la memoria en él de un extremo al otro, voltearlo sobre el eje de la meditación, ante el fuego de un corazón verdaderamente ardiente y atento, y que de este modo se cocerla y serviría de nutrimento realmente espiritual. Os doy solamente el bosquejo, y aunque parezca algo ridículo, no causó esta impresión en los que lo escucharon. Abundó en alegorías, y cautivó la atención de todos desde el principio al fin.

—Señor mío, ¿cómo está usted?», fue el saludo que le dirigí un día por la mañana. Me da gusto verle a usted en tan buena salud, considerando que ya es anciano.

—Sí —me contestó—, estoy en buen estado a pesar de mi edad, y apenas puedo percibir la menor disminución en mi fuerza natural.

—Espero —respondí que su buena salud continúe por muchos años, y que como Moisés, descenderá al sepulcro, no oscureciéndose sus ojos ni perdiéndose su vigor.

—Todo esto suena muy bien —dijo el anciano—, pero en primer lugar, Moisés nunca descendió al sepulcro, sino que subió a él; y en segundo lugar, me gustaría saber qué das a entender con lo que acabas de decirme: ¿Por qué no se oscurecieron los ojos de Moisés?

—Me supongo —respondí avergonzado— que su modo natural de vivir, y su espíritu tranquilo le habían ayudado a conservar sus facultades, y convertirle en un anciano vigoroso.

—Es muy probable —contestó él—, pero mi pregunta no se dirigía a esto: ¿qué quiere decir el pasaje citado?, ¿cuál es su enseñanza espiritual? ¿No es esto: Moisés es la ley, y ¡qué fin tan glorioso le puso Dios en el monte de su obra ya completa!?

¡Cuán dulcemente se adormecieron sus terrores al recibir un beso de la boca Divina!, y fíjate en que la razón de por qué la ley ya no nos condena, no es porque sus ojos se oscurecen de tal manera que no puede ver nuestros pecados, ni porque se perdió su vigor para maldecir y castigar, sino porque Jesucristo lo llevó al monte, y allá le puso fin de un modo glorioso.

De esta naturaleza eran sus conversaciones usuales y su ministerio. Reposen en paz sus cenizas. Apacentó ovejas durante los años tiernos de su vida, y después se hizo pastor de hombres y solía decirme que «había encontrado a los hombres más ovejunos que las ovejas». Los conversos que hallaron el camino celestial por él como instrumento, eran tan numerosos, que al recordarlos, nos parecemos a los que vieron al cojo saltando por la palabra de Pedro y de Juan: estaban dispuestos a criticar, pero «viendo al hombre que había sanado, que estaba con ellos, no podían decir nada en contra». Con esto doy punto final a esta lectura, repitiendo la opinión de que guiados por la discreción y por un juicio sano, podemos a veces espiritualizar con el mayor provecho de nuestros oyentes: por lo menos excitaremos su interés y los mantendremos despiertos.

27. EL TEXTO DE ROBINSON CRUSOE

«Invócame en el día de la angustia; te libraré, y tú me honrarás» (Salmos 50:15).

INTRODUCCIÓN: La desesperación del hombre y el consuelo para la angustia.

I. EL REALISMO ES PREFERIDO AL RITUALISMO
1. Dios prefiere la alabanza y oración.
2. Al Señor le agrada el clamor del corazón quebrantado.
3. Dios se complace en que le pidamos.
4. En el clamor hay humildad.
5. En la súplica hay fe.

II. LA ADVERSIDAD CONVERTIDA EN VENTAJA
1. Convirtiendo la angustia en ganancia.
   a) Dios manda que le invoquemos
   b) Apelamos a su carácter
   c) Creed en está promesa

III. LA GRACIA SOBERANA PUESTA BAJO OBLIGACIÓN
1. Ha prometido ayudar y lo cumplirá.
2. El señor conoce el tiempo de nuestra liberación.
3. Dios mismo será el que nos libere.

IV. LA PARTE DE DIOS Y DEL HOMBRE EN LA ORACIÓN
1. Dios merece toda la honra por lo hecho en nosotros.

CONCLUSIÓN: Da a Dios gloria por cada parte de tu salvación.

EL TEXTO DE ROBINSON CRUSOE

INTRODUCCIÓN

Hay un libro que nos encantó en nuestros días de la juventud. ¿Acaso queda algún niño que no lo haya leído? Robinson Crusoe era una riqueza de maravillas para mí. Podría haberlo leído docenas de veces, y no me habría cansado. No me avergüenza decir que aún en el día de hoy puedo leerlo con nuevo deleite. Robinson y su hombre Viernes, aunque son sólo invenciones de la ficción, son maravillosamente reales para la mayoría de nosotros. Pero, ¿Por que estoy comenzando de esta manera este día del Señor? ¿No está esta charla completamente fuera de orden? Espero que no. Al leer mi texto viene a mi recuerdo un pasaje en forma muy vívida, y en ello encuentro algo más que una excusa. Robinson Crusoe había naufragado. Queda totalmente solo en una isla desierta. Su situación es muy lamentable. Yace en cama atacado por una fiebre. Esta fiebre dura largo tiempo y no tiene quien le asista. Ni siquiera para traerle un vaso de agua fresca. Está a punto de morir. Estaba acostumbrado al pecado y a todos los vicios de un marinero. Pero su difícil situación le hizo pensar. Toma una Biblia que encontró en un cofre y la abre justo en este pasaje: «E invócame en el día de la angustia; te libraré, y tú me honrarás». Esa noche oró por primera vez en la vida, y de allí en adelante hubo en él esperanza en Dios lo que marcó el nacimiento de su vida celestial.

De Foe, autor de la novela, era ministro presbiteriano; y aunque no era exagerado en espiritualidad, sabía de religión lo suficiente como para describir muy vívidamente la experiencia de un hombre que está desesperado, y que halla paz arrojándose sobre su Dios. Como novelista, tenía un ojo vivo para lo probable, y ni pudo pensar en un pasaje que pudiera impresionar con más probabilidad a un pobre espíritu quebrantado. Instintivamente percibió la mina de consuelo que hay en estas palabras.

Ahora ya he captado la atención de todos, y ésta es una razón por la que he comenzado así mi discurso. Pero tengo además otro propósito. Pues aunque Robinson Crusoe no está aquí, ni está Viernes, podría haber sin embargo alguien semejante a él, que ha sufrido un naufragio en la vida, y que ahora se ha convertido en una criatura solitaria y a la deriva. Recuerda días mejores pero debido a sus pecados se ha convertido en un paria, a quien nadie se acerca. Está aquí esta noche, completamente acabado sobre la playa, sin un amigo, sufriendo en el cuerpo, quebrado en cuanta a fortuna, y aplastado en espíritu. En medio de una ciudad llena de gente, no tiene un solo amigo, ni nadie que quiera reconocer que alguna vez le haya conocido. Ahora ha llegado a lo último de su existencia. Nada tiene por delante sino pobreza, miseria y muerte.

Así te dice Jehová, amigo, esta noche: «Invócame en el día de la angustia; te libraré, y tú me honrarás». Tengo el sentimiento que en esta oportunidad, con la ayuda de Dios, hablaré al corazón de algunos pobres espíritus cargados. ¿De qué sirve el consuelo a quienes no están en angustia? La palabra de esta noche no será de provecho, y tendrá solo poco interés en sí para quienes no están angustiados de corazón. Pero, no importa lo mal que pueda hablar, danzarán de alegría aquellos corazones que necesitan la consoladora seguridad de un Dios de gracia, y están capacitados para recibirla según resplandece en este texto de oro: «Invócame en el día de la angustia; te libraré y tú me honrarás». En un texto que yo podría haber escrito con estrellas a través del cielo. O haber hecho sonar con la trompeta al medio día desde la cúspide de cada torre, o haberlo impreso en cada hoja de papel que pasa por el correo... debería ser conocido y leído por toda la humanidad.

Esto me sugiere cuatro cosas. Que Dios el Espíritu Santo bendiga lo que pueda decir sobre ello.

I. EL REALISMO ES PREFERIDO AL RITUALISMO

1. La primera observación se encuentra no tanto en mi texto como en el texto y el contexto. Si leéis cuidadosamente el resto de los salmos veréis que el Señor habla de los ritos y ceremonias de Israel, y está mostrando que tiene en poco las formalidades del culto cuando el corazón está ausente de ellas. Pienso que debemos leer todo el pasaje: «No te reprenderé por tus sacrificios o tus holocaustos, que están continuamente delante de mí. No tomaré de tu casa becerros, ni machos cabríos de apriscos. Porque mía es toda bestia del bosque y los millares de animales de los collados. Conozco todas las aves del monte, y todo lo que se mueve en los campos me pertenece. Si yo tuviese hambre, no te lo diría a ti; porque el hundo es mío y su plenitud. ¿He de comer yo carne de toros, de beber sangre de machos cabríos? Sacrifica a Dios alabanza, y paga tus votos al Altísimo; e invócame en el día de la angustia; te libraré y tú me honrarás». Así la alabanza y la oración son aceptadas, prefiriéndolas a cualquier forma de ofrenda

Biblia, Parábolas, Personajes, Tipos y figuras

que los judíos pudieran presentar ante el Señor. ¿Por qué es esto?

En primer lugar –yo respondería–, la verdadera oración; muchísimo mejor que el puro ritual, porque tiene en sí sentido, mientras que el ritual no tiene sentido cuando la gracia está ausente. Es tan sin sentido como el juego de un idiota.

¿Habéis estado alguna vez en una catedral católica observando el servicio cotidiano, especialmente un día de misa? Con los muchachos de blanco, y los hombres con sus ropas marrones o negras, y tantos ejecutantes del rito como para poblar una aldea de tamaño decente. Con todos que llevan velas, los que rociaban agua bendita, los que hacían reverencias con sus cabezas, y los que hacían genuflexiones, todo el aparato era maravilloso espectáculo, muy asombroso, entretenido y muy pueril. Cuando ve eso uno se pregunta qué sentido tiene todo ello, y qué tipo de personas son las que participan y con ello puedan ser mejores. Y uno se asombra en cuanto a la idea que los católicos deben de tener de Dios si se imaginan que a él agradan todas esas funciones. ¿No te asombra que el buen Señor lo soporte? ¿Qué pensará de todo ello su mente gloriosa?

Al glorioso Dios no le interesan para nada la pompa y el espectáculo. Pero cuando le invocas en el día de la angustia, y le pides que te libre, entonces hay sentido en tu clamor angustioso. No hay un formalismo vano. El corazón está en ello, ¿verdad? Hay sentido en la súplica de la aflicción, y por lo tanto, Dios prefiere la oración de un corazón quebrantado antes que el más hermoso de los servicios que haya sido efectuado por sacerdotes y coros.

2. ¿Por qué Dios prefiere el realismo al ritualismo? Es también por esta razón; hay algo de espiritual en el clamor del corazón atribulado. «Dios es espíritu, y los que le adoran, en espíritu y en verdad es necesario que adoren». Supongamos que repitiera esta noche el mejor de los credos en cuanto a exactitud que haya sido compuesto por hombres sabios y ortodoxos; pero si no tengo fe en él, y si vosotros no la tenéis, ¿para qué sirve la repetición de palabras? Nada de espiritual tiene una pura declaración ortodoxa si no tenemos una fe real en ella. Podríamos, del mismo modo, repetir el alfabeto, y llamarlo devoción. Y si esta noche brotara de nuestros labios el más grandioso aleluya que jamás haya sido expresado por labios humanos y no lo sentimos, nada de espiritual habría en ello, y para Dios nada significaría. Pero cuando una pobre alma se encierra en su cámara, dobla sus rodillas y clama: «Dios, sé propicio a mí, pecador, Dios, sálvame! ¡Dios, ayúdame en este día de angustia!» en ese clamor hay vida espiritual, y por lo tanto, Dios lo aprueba y lo responde. Lo que Él quiere es culto espiritual, y recibirá eso o no recibirá otra cosa. «Los que le adoran en espíritu y en verdad es necesario que adoren». Y abolió la ley ceremonial, destruyó el único altar de Jerusalén, quemó el templo, abolió el sacerdocio aarónico, y puso fin de una vez para siempre a toda ceremonia ritualista. Porque él busca solamente verdaderos adoradores, que le adoren en espíritu y en verdad.

Además, al Señor le agrada el clamor del corazón quebrantado, porque le reconoce claramente como el dios vivo, en el acto mismo de buscarle en oración. En gran medida está ausente la devoción externa a Dios. Pero, ¡cómo ridiculizamos a Dios si no le discernimos como presente, y no nos acercamos a su persona directamente! Cuando corazón, mente y alma irrumpen para alcanzar a su Dios, es entonces que Dios es glorificado, pero no por algún ejercicio corporal en que Él queda olvidado. ¡Oh, cuán real es Dios para un hombre que perece, y siente que solamente Dios le puede salvar! Cree que Dios existe o de otro modo no haría una oración tan patética dirigida a Él. Antes oraba, y poco le importaba si Dios oía o no; pero ahora ora y su principal ansiedad es que Dios le oiga.

3. Además, queridos amigos, Dios se complace en que clamamos a Él en el día de la angustia porque en ello hay sinceridad. Temo que en la hora de nuestra alegría y en los y en los días de prosperidad muchas de nuestras oraciones y de muestras acciones de gracias sean hipocresía. Muchos de nosotros somos como los trompos de los niños

que cesan de hilar si no se les azota. Ciertamente oramos con mayor intensidad cuando estamos en graves problemas. Un hombre está en la extrema pobreza; no tiene trabajo. No sabe de dónde vendrá la próxima comida de sus hijos. Si ora en ese momento es probable que su oración sea sincera, muy sincera, porque su fervor es real debido a una verdadera situación angustiosa. A veces he deseado que algunos cristianos muy caballerosos, que parecen tratar la religión como si todo fuera guantes de cabritilla, tengan un poco de tiempo «difícil» y realmente se vean en angustias. Una vida fácil engendra manadas de falsedades y apariencias, las que pronto se desvanecerían en la presencia de pruebas reales.

Muchos hombres se han convertido a Dios en el monte de Australia debido al hambre, al cansancio, a la soledad, personas que cuando eran ricos, rodeados de alegres adulones nunca pensaron en Dios. Muchos hombres, a bordo de un barco allá en el Atlántico han aprendido a orar en el frío congelante del tímpano, o en los horrores del seno de la ola de la cual el barco no podía salir. Cuando el mástil ha sido echado por la borda y todas las maderas han sido aseguradas, y el barco parece estar perdido, entonces los corazones comienzan a orar con sinceridad; y Dios ama la sinceridad. Cuando lo hacemos con verdadero sentido, cuando el alma se derrama en oración, cuando es un «debo recibirlo, o estoy perdido», cuando no es farsa, ni vana ceremonia sino un clamor verdadero de un corazón quebrantado, en agonía, Dios lo acepta. Por eso dice: «Invócame en el día de la angustia». Tal clamor es el tipo de culto que Él toma en cuenta, porque hay sinceridad en él, y es aceptable ante el Dios de verdad.

4. Además, en el clamor del angustiado hay humildad. Podemos celebrar una ceremonia muy brillante de acuerdo con el ritual de alguna iglesia llamativa, o podemos ejecutar nuestros propios ritos que son lo más sencillo que pueda existir, y podríamos estar diciéndonos todo el tiempo: «Esto está saliendo muy bien». El predicador podría estar pensando: «¿Lo estoy predicando bien?». El hermano en la reunión de oración podría

sentir dentro de sí: «¡Con cuánta fluidez estoy orando!» Cuando quiera que haya ese espíritu en nosotros, Dios no puede aceptar la oración. El culto no puede ser aceptable cuando está carente de humildad. Ahora, cuando en los días de tribulación el hombre acude a Dios y, le dice: «¡Señor, ayúdame! Yo no puedo ayudarme a mí mismo, pero ¡tú puedes intervenir en mi favor!», entonces hay humildad en esa confesión y clamor, y por eso el Señor se complace en ello.

5. Además el Señor se agrada de tales súplicas porque en ellas hay una medida de fe. Cuando el hombre en angustias clama «¡Señor, líbrame!» está mirando fuera de sí mismo, está fuera de sí por causa del hombre que hay en la tierra. No puede encontrar esperanza ni ayuda en la tierra y por lo tanto mira hacia el cielo. A Dios le agrada descubrir siquiera una sombra de fe en su criatura incrédula. Por decirlo así, cuando la cruza el campo que abarca la cámara, de modo que en la foto aparece el vestigio de haber estado allí, Dios la ve, y entonces puede aceptar nuestras oraciones y las aceptará por causa de esa poca fe. ¡Oh querido corazón!, ¿dónde te encuentras? ¿Estás quebrantado por la angustia? ¿Estás gravemente angustiado? ¿Estás solitario? ¿Te sientes desechado? Entonces clama a Dios. Nadie más te puede ayudar; ahora estás encerrado y solo ante él. ¡Bendito encierro! Clama a él, porque él te puede ayudar; y te digo que en tu clamor habrá un culto puro y verdadero, como el que Dios desea, mucho más que el sacrificio de diez mil becerros, o el derramamiento de ríos de aceite. Es verdad, ciertamente, porque la Escritura lo dice, que el gemir de un espíritu cargado está entre los sonidos más dulces que puede oír el Altísimo. El clamor quejumbroso es un himno para Él, para quien el puro arreglo de sonidos es como juego de niños.

Entonces, ved, pobres que lloráis en medio de la confusión, que no es el ritualismo, ni la celebración de ceremonias pomposas; no es la genuflexión ni la reverencia, ni el uso de palabras sagradas, sino el clamar a Dios en la hora de la angustia lo que es el sacrificio más aceptable que tu espíritu puede presentar ante el trono de Dios.

Biblia, Parábolas, Personajes, Tipos y figuras

II. LA ADVERSIDAD CONVERTIDA EN VENTAJA

Entramos ahora a la segunda observación. ¡Quiera Dios dejarla impresa en todos nosotros! En nuestro texto tenemos esto: «Invócame en el día de la angustia; yo te libraré».

1. Lo decimos con toda reverencia, pero Dios mismo no puede liberar a un hombre que no esté en angustia, y por lo tanto hay una cierta ventaja al estar en angustia, porque entonces Dios te puede librar. Hasta Jesucristo, el Sanador de los hombres, no puede sanar a uno que no esté enfermo, de modo que se convierte en una ventaja estar enfermo, para que Jesucristo nos pueda sanar. Así querido oyente tu adversidad puede convertirse en tu ventaja que te brinda la ocasión y la oportunidad para exhibir la gracia divina. Es una gran sabiduría aprender el arte de hacer miel de la hiel, y el texto nos enseña eso, muestra como se puede convertir la angustia en ganancia. Cuando estés en la adversidad, invoca a Dios y experimentarás una liberación que será más rica y dulce que la que hubiera ocurrido a tu alma si no hubieras conocido la angustia. Éste es el arte y la ciencia de convertir las pérdidas en ganancias y las adversidades en ventajas.

Ahora permítaseme suponer que aquí hay algunas personas en angustia. Quizás se encuentre entre nosotros otro Robinson Crusoe solitario. No estoy suponiendo ociosamente que aquí está un individuo atribulado. Sí es así. Bueno, ahora, cuando ores y deseo que ores ahora mismo ¿no ves los argumentos que tienes? En primer lugar, tienes un argumento de tiempo; «Invócame en el día de la angustia». Luego declara cual es tu tribulación, tu esposa enferma, el niño moribundo, el negocio que se hunde, la salud que está en decadencia, ese trabajo que has perdido aquella pobreza que te mira a la cara. Dile al Señor misericordioso: «Señor mío, si alguna vez un hombre estuvo en el día de la angustia, ese soy yo, y por eso me tomo el atrevimiento de orar a ti hoy, porque Tú has dicho: Invócame en el día de la angustia. Ésta es la hora que señalaste para apelar a ti, este oscuro y tormentoso día. Si alguna vez hubo un hombre al que tu palabra dio el derecho de orar, yo soy ese hombre, porque estoy en angustia, y por lo tanto usaré la oportunidad para hacer mi súplica. Te ruego que escuches el clamor de tu siervo a esta hora de la medianoche».

a) Además vuelve tu adversidad en ventaja apelando al mandamiento. Puedes acudir al Señor ahora, en este preciso momento y decirle: «Señor, óyeme porque tú me has mandado que ore. Aunque soy malo, ni le diría a un hombre que me pidiera una cosa, si tuviera la intención de negársela; no le exhortaría a que me pidiera ayuda, si se la fuera a negar». ¿Sabéis hermanos, que con frecuencia atribuimos al buen Dios conductas de las cuales nosotros mismos nos avergonzaríamos? No puede ser. Si decís a un pobre hombre: «Estás en circunstancias muy tristes; escríbeme mañana, y me ocuparé de sus asuntos;» y si él te escribiera, no tratarías su carta con desdén. Te sentirías obligado a considerar su caso. Cuando le dijiste que te escribiera, quisiste decir que le ayudarías si podías. Y cuando Dios te dice que le invoques, él no se está mofando de ti: Él te está diciendo que te tratará con bondad. No sé quién eres tú. Podrías invocar al Señor, porque Él te ordena hacerlo. Y si le invocas, puedes poner este argumento en tu oración:

«Señor, que busque tu rostro,
me has dicho,
y ¿te buscaré en vano?
Y a mi queja,
¿sordo estará el oído de la gracia,
oh Soberano?»

b) Así que apela al tiempo, a la angustia y al mandamiento, y luego suplica a Dios apelando a su propio carácter. Háblale reverentemente, pero con fe, de esta manera: «Señor, es a ti a quien estoy apelando. Tú has dicho: Invócame. Si me la hubiera dicho mi prójimo, tendría temor de que no me oyera, y se arrepintiera de su promesa; pero tú eres demasiado grande y bueno como para cambiar. Señor, por tu verdad y por tu fidelidad, por tu inmutabilidad y por tu amor, yo, un pobre pecador, quebrantado de corazón y aplastado, te invoco en el día de la angustia. Ayúdame y ayúdame pronto o moriré». Seguramente tú, que estás angustioso, tienes poderosos argumentos. Estás sobre terreno firme con el ángel del pacto y puedes aferrarte valientemente de la bendición. Yo no me siento esta noche como si el texto me invita a mí, ni siquiera la mitad de lo que puede estar exhortando a algunos de vosotros porque yo no estoy en angustias por ahora y tú lo estás. Doy gracias a Dios que estoy lleno de gozo y paz; pero estoy medio inclinado a ver si no puedo tener un poco de tribulación para mí. Ciertamente si estuviera en angustia y estuviera sentado en esos asientos abriría la boca, me llenaría de este texto, y oraría como David, Elías o Daniel, apoyado en el poder de esta bella promesa: «Invócame en el día de la angustia; te libraré y tú me honrarás».

c) ¡Oh, vosotros, angustiados, saltad al sonido de esta palabra! Creedla. Dejad que llegue hasta vuestras almas. «Jehová liberta a los cautivos». Él ha venido a darte libertad. Puedo ver a mi maestro engalanado con sus suaves vestiduras, su aspecto es feliz como los cielos, su rostro resplandeciente como una mañana sin nubes, y en su mano lleva una llave de plata. «¿Hacia dónde vas, Maestro mío, con esa llave?» «Voy», dice, «a abrir la puerta a los cautivos, y a dar libertad a los que están presos». ¡Bendito Maestro, cumple tu misión y no pases por alto estos prisioneros de esperanza! ¡No te detendremos un momento, pero no te olvides de los que lloran! Sube, a esas galerías, ve por los pasillos, y liberta a los prisioneros del gigante Desesperación, y haz que sus corazones canten de gozo, porque te han invocado en el día de la angustia y Tú le has libertado y ellos te honrarán!

III. A LA GRACIA SOBERANA PUESTA BAJO OBLIGACIÓN

1. Mi tercer punto está claramente expresado en el texto. Nada en el cielo ni en la tierra puede ser más libre que la gracia soberana, pero aquí la gracia se pone bajo las ataduras de la promesa y el pacto. Escuchad atentos: «Invócame en el día de la angustia; te libraré». Si una persona te ha dicho «Yo haré» la tienes en tu mano; se ha puesto a las órdenes de lo que tú digas. Si es un hombre fiel a su palabra y que te ha dicho «Yo haré» lo tienes en la mano. Después de darte la promesa ya no es libre como antes. Se ha puesto en cierto camino y debe conservarlo. ¿No es así? Digo esto con la más profunda reverencia hacia mi Señor y Maestro. Él se ha atado a Sí mismo al texto con cuerdas que no puede romper. Ahora debe oír y ayudar a los que le invocan en el día de la angustia. Ha prometido solemnemente y cumplirá plenamente.

Notemos que este texto es incondicional en lo que respecta a personas. Contiene la esencia de esa otra promesa: «Todo aquel que invocare el nombre del Señor, será salvo». Las personas a las que se dirige en especial este texto se habían burlado de Dios; habían presentado sus sacrificios sin un verdadero corazón; no obstante el Señor dice a cada uno de ellos: «Invócame en el día de la angustia; te libraré». Por eso veo que Él no excluye a nadie de la promesa. Tú, ateo; tú, blasfemo; tú, impúdico e impuro: si invocas al Señor ahora, en el día de la angustia, él te librará. ¡Ven y pruébalo! «Si hubiera Dios» ¿dices tú? Pero te digo, hay un Dios. Ven, ponlo a prueba y ve. Él dice: «Invócame en el día de la angustia; te libraré» ¿No le probarás ahora? Venid, vosotros que estáis bajo esclavitud, y ved si nos os libra. ¡Venid a Cristo los que estáis trabajados y cargados, que Él os hará descansar. En las cosas temporales y en las espirituales, pero especialmente en las espirituales, invócale en el día de la angustia, y él te libertará.

Además, notemos, este «Yo» incluye todo el poder que pudiera necesitarse para la liberación. «Invócame en el día de la angustia; te libraré». «Pero, ¿cómo puede ser esto?» exclama alguien. ¡Ah! no puedo decírtelo, y no me siento obligado a decírtelo; corresponde al Señor hallar los medios y las formas de hacerlo. Dios dice «Yo haré»; confía en que cumplirá su palabra. Si fuera necesario mover cielos y tierra, Él lo hará, porque no le faltará poder; ciertamente no carece de honestidad, y como un hombre honesto mantiene su palabra cueste lo que cueste. Así es con el fiel Dios nuestro. Escúchale cuando dice: «Te libraré» y no me preguntas más. No creo que Daniel supiera como Dios lo iba a librar de la cueva de los leones. No creo que José supiera cómo iba a ser liberado de la prisión cuando su dueña calumnió vergonzosamente su carácter. No creo que estos creyentes de antaño soñaran la forma en que Dios haría su liberación; simplemente se entregaron en las manos de Dios. Descansaron en Dios y Él los libró de la mejor de las maneras. Hará igual contigo; solamente invócale y luego espera y contempla la salvación de Dios.

2. Notemos, el texto no dice exactamente cuándo. «Te libraré» es suficiente; pero sea que ocurra mañana o la próxima semana, o el año próximo, no es tan claro. Tú tienes prisa, pero no el Señor. Tu prueba podría no haber hecho todo el bien que tenía como objetivo, y por lo tanto, debe durar más. Cuando el oro es puesto en el crisol, podría gritarle al orfebre: «¡Déjame salir!» Pero él le responde: «No, todavía no has perdido toda la escoria». «Debes permanecer más tiempo en el fuego hasta que te hayas purificado». Así que Dios podría sujetarnos a muchas pruebas, y cuando dice: «Te libraré» confía en que él guardará lo dicho. La promesa del Señor es como un buen pagaré de una firma solvente. Esa promesa de pago podría estar fechada para dentro de tres meses, pero cualquiera la descontará si lleva un nombre de confianza. Cuando tienes un «haré» de Dios, siempre puedes cobrarlo por fe, y no necesitas descontarlo, porque es efectivo aun cuando es solamente un «Yo haré». La promesa de Dios para el futuro es una buena cosa bona fide para el presente, con sólo tener fe para utilizarla: «Invócame en el día de la angustia, y te libraré» es equivalente a una liberación ya recibida. Significa: «Si no te libro ahora te libraré en un momento que será mejor que ahora, cuando, si tú tuvieras la sabiduría que yo tengo, preferirías ser librado y no ahora».

Pero está implícita la prontitud, porque de otro modo no habría liberación. «Ah» dice alguien. «Estoy en una angustia tan grande que si no recibo una pronta liberación pereceré». Ten por seguro que no perecerás. Serás liberado, y por tanto, lo serás antes que mueras de desesperación. Él te librará en el mejor tiempo posible. El Señor siempre ha sido puntual. Nunca has tenido que esperarle. Tú le has hecho esperar demasiado. Pero él está dispuesto al instante. Él jamás deja a sus siervos esperando ni siquiera un solo tic del reloj más allá del momento señalado, adecuada y sabiamente. «Te libraré» implica que sus tardanzas no serán muy prolongados, para que el espíritu del hombre no desmaye debido a la esperanza diferida. El Señor cabalga sobre las alas del viento cuando viene al rescate de los que le buscan. Por lo tanto, ¡tened buen ánimo!

¡Oh, es un bendito texto! y, sin embargo, ¿qué puedo hacer con él? No puedo hacerlo llegar al corazón de quienes más lo necesitan. ¡Espíritu del Dios vivo, ven tú y aplica estas ricas consolaciones a los corazones que sangran y están a punto de morir!

3. Notad este texto una vez más. Permitidme que lo repita poniendo énfasis en una forma distinta: «Invócame en el día de la angustia y Yo te libraré». Tomad los hilos de estas palabras. «Yo te libraré; no los hombres, los ángeles no pueden, pero Yo lo haré». Dios mismo se dará a la tarea de rescatar al hombre que le invoca. Tu parte es invocarle, de Dios es el responder. ¡Pobre alma temblorosa, tú empiezas a tratar de responder tus propias oraciones! Entonces, ¿por qué oras a Dios? Cuando has orado, deja que Dios cumpla su propia promesa. Él dice: «Invócame y Yo te libraré».

Tomemos ahora esa otra palabra: «Yo te libraré». Yo sé qué estáis pensado, D. Juan. Murmuras: «Creo que Dios librará todos, pero no a mí». Pero el texto dice: «Yo te libraré». El hombre que invoca es el que tendrá la respuesta. María, ¿dónde estás tú? Si tú invocas a Dios, Él te responderá, te dará la bendición a tu propia experiencia personal. «Invócame», dice Él, «en el día de la angustia; y te libraré». ¡Oh, que la gracia haga llegar siquiera a un alma ese pronombre personal, y le dé una seguridad tal como si la pudiera ver con sus propios ojos!

El apóstol nos dice: «Por la fe entendemos haber sido constituido el universo por la Palabra de Dios». Ciertamente yo sé que el universo fue hecho por Dios. Estoy seguro de ello; sin embargo, no le vi crearlo. No vi cuando llegó a existir porque él dijo: «Sea la luz». No le vi separar la luz de las tinieblas, y las aguas de debajo del firmamento de las que están más arriba del firmamento, pero estoy seguro que él hizo todo eso. Todos los caballeros evolucionistas que hay en el mundo no pueden remover mi convicción de que la creación fue obrada por Dios, aunque yo no estaba allí, ni siquiera, para verle hacer un pajarillo o una flor. ¿Por qué no debo yo tener el mismo tipo de fe esta noche respecto de la respuesta de Dios a mi oración si estoy en angustia? Si no puedo ver como me liberará, ¿por qué debo querer ver? Él creó el universo bastante bien sin que yo supiera como iba a hacer, y Él me librará sin que yo ponga un dedo en ello. Lo que a mí corresponde es confiar en mi Dios y glorificarle creyendo que lo que Él ha prometido es poderoso para realizar.

IV. LA PARTE DE DIOS Y DEL HOMBRE EN LA ORACIÓN

Así hemos tenido tres cosas dulces para recordar; y vamos a cerrar con una cuarta.

Esa es una palabra poco corriente para terminar, pero quiero que toméis nota de ella. Estas son las partes. Primero, ésta es tu parte: «Invócame en el día de la angustia». Segundo, ésta es la parte de Dios: «Te libraré». Una vez más, haz tu parte, porque serás librado. Y luego es el turno del Señor: «Tú me glorificarás». Esto es un pacto, un convenio que Dios establece contigo que oras a Él, al cual Él ayuda. Dios dice: «Tendrás tu liberación, pero yo debo ser glorificado. Tú orarás; yo te bendeciré, y entonces tú honrarás mi santo nombre». Ésta es una sociedad grata: obtenemos aquello que necesitamos tanto, y todo lo que Dios obtiene es la gloria que es debida a su nombre.

¡Pobre corazón atribulado! Estoy seguro de que no pondrás objeciones a estos términos: «Pecador, dice el Señor; Te daré perdón, pero debes darme la honra en cuanto a ello». Nuestra única respuesta es: «Sí, Señor eso haremos para siempre».

¿Quién es Dios perdonador como tú?
¿O quién posee gracia tan libre y plena?

«Venid, almas», dice Él, «yo os justificaré, pero yo debo tener la gloria de ello». Y nuestra respuesta es: «Entonces, ¿dónde está la jactancia? Está excluida. ¿Por la ley de las obras? No, sino por la ley de la fe». Cristo Dios debe tener la gloria si somos justificados por su palabra: «Ven», dice Él, «te pondré en mi familia, pero mi gracia debe tener la gloria de ello». Le decimos: «Sí, mi buen Señor. ¡Mirad qué amor nos ha dado el Padre que seamos llamados hijos de Dios!».

«Ahora» dice el Señor «Te santificaré, serás santo, pero yo debo tener la gloria de ello» y nuestra respuesta es: «Sí cantaremos para siempre: Hemos lavado nuestras ropas y las hemos emblanquecido en la sangre del Cordero. Por eso le servimos día y noche en su templo, dando al Señor toda la alabanza».

«Te llevaré al cielo» dice Dios: «Te libraré del pecado y la muerte y del infierno, pero debo tener la gloria de ello». «Verdaderamente», decimos, «Tú serás magnificado. Por los siglos de los siglos cantaremos: Al que está sentado en el trono, y al Cordero, sea la alabanza, la honra, la gloria y el poder, por los siglos de los siglos».

CONCLUSIÓN

¡Alto, ahí, ladrón! ¿Quién te crees que eres? ¿Escapando una porción de la gloria de Dios? ¡Qué villano! Era un borracho, Dios le amó y le hizo sobrio y ahora está maravillosamente orgulloso de ser sobrio. ¡Qué necedad! ¡Lo conseguí! Da gloria a Dios por tu liberación del vicio degradante, o serás aun más degradado por tu ingratitud. He aquí otro hombre que antes juraba; y ahora ha estado orando y hasta predicó un sermón, o por lo menos hizo un discurso al aire libre. Ha estado más orgulloso que un pavo real respecto de ello. ¡Oh, ave orgullosa, cuando mires tus hermosas plumas, recuerda tus patas negras, y tu voz repugnante! ¡Oh, pecador reformado, recuerda tu antiguo carácter, y avergüénzate! Da a Dios la gloria si has dejado ya de ser profano. Da a Dios la gloria por cada una de las partes de tu salvación.

Biblia, Parábolas, Personajes, Tipos y figuras

28. TODO EL EVANGELIO EN UN SOLO VERSÍCULO

«Fiel es esta palabra y digna de toda aceptación: que Cristo Jesús vino al mundo para salvar a los pecadores, de los cuales yo soy el primero» (1 Timoteo 1:15).

INTRODUCCIÓN: El mensaje del Evangelio hacia nosotros.

I. NUESTRO NOMBRE ES PECADOR
1. Vino a salvar toda clase de pecadores.
2. Salva a los pecadores tal y como son.
3. Nos salva a pesar del pecado por amor.
4. Jesucristo vino a salvar a pecadores malditos.
5. Cristo vino a salvar a pecadores débiles.

II. NUESTRA NECESIDAD, O UNA AMPLIA PALABRA DE SALVACIÓN
1. No vino a condenarnos.
2. No vino a ayudarnos a autosalvarnos.
3. No vino a hacernos sentir bien en la perdición.
4. No vino a salvar a medias.

III. EL NOMBRE GLORIOSO DEL QUE VINO
1. El Ungido de Dios.
2. El Salvador glorioso.

IV. LA OBRA QUE HABLA POR SÍ MISMA
1. Vino voluntariamente al mundo por amor.

IV. NUESTRA ACEPTACIÓN, O UNA PALABRA SOBRE LA PERSONALIDAD
1. Si confesamos que somos pecadores.
2. Si reconocemos que vino a salvarnos.

CONCLUSIÓN: Nuestra gran tarea es confiar en Cristo.

TODO EL EVANGELIO EN UN SOLO VERSÍCULO

INTRODUCCIÓN

Conversando ayer con un colega ministro, que había sido pastor en los Estados Unidos, le pregunté por qué estaba tan ansioso de regresar allá a pesar de que el clima lo había tratado muy mal. Su respuesta fue:

–Amo a la gente a la que predico.

Yo le pregunté:

–¿Qué tipo de personas son?». El ministro me respondió: «Pues son personas que se reúnen ansiosas de recibir el bien. No están preocupados por descubrir mis fallos; sino que buscan obtener el mayor bien del evangelio que predico.

Entonces yo le dije:

–Vale la pena atravesar el océano para ir a una congregación que cuenta con ese tipo de personas.

Ustedes saben, mis amigos, que a algunas personas les ocurre lo que a un amigo con quien hablaba hace un par de días. Dios había bendecido su Palabra en el alma de este amigo y había sido convertido; él venía escuchándome ya desde hacía algún tiempo, por lo que le pregunté: «¿a qué atribuyes que durante todos los años pasados asististe a este lugar sin encontrar al Salvador?» «¡Oh, señor! me respondió, me temo que fue debido a que yo venía a escucharlo a usted, y habiéndolo escuchado, me daba por satisfecho. Pero cuando Dios me enseñó a venir aquí para buscar a Cristo, y anhelar la vida eterna, entonces obtuve la bendición». Por tanto, quienes leen este mensaje y en especial quienes no son salvos todavía, traten de leerlo de esta manera, no fijándose cómo predico, porque yo mismo no le doy mucha importancia a eso y a ustedes les debe de importar aún menos, sino sólo deben concentrarse en el bien que pueden obtener de este mensaje. Quisiera que cada uno de mis lectores se preguntara: «¿Hay alguna bendición de salvación para mi alma en lo que el predicador ha escrito?»

Ahora bien, este versículo contiene un resumen del evangelio, por tanto puedo afirmar que contiene al evangelio completo. Cuando ustedes reciben notas resumidas de un sermón o de una conferencia, muchas veces no pueden percibir el alma y la esencia de ellos; pero aquí ustedes reciben toda la condensación posible, como si las grandes verdades del evangelio hubieran sido comprimidas por medio de una prensa hidráulica sin perder ni una sola de sus partículas. Es una de esas «pequeñas Biblias», a las que solía referirse Lutero; el evangelio en un solo versículo, la esencia de toda la Biblia se encuentra aquí: «Fiel es esta palabra y digna de toda aceptación: que Cristo Jesús vino al mundo para salvar a los pecadores, de los cuales yo soy el primero».

Seré breve al tratar cada punto, por lo que me referiré de inmediato al primer tema.

I. NUESTRO NOMBRE ES PECADOR

Una de las preguntas más importantes que se puede hacer alguien es ésta: ¿Para quién está destinada la salvación? La respuesta nos es dada por el mismo Espíritu Santo, en la inspirada Palabra de Dios: «Cristo Jesús vino al mundo para salvar a los pecadores».

1. Jesucristo vino para salvar a toda clase de pecadores. En tanto tú encajes dentro de la descripción general de «pecador», no importa qué forma haya tomado tu pecado. Todos los hombres sin excepción han pecado, pero no todos han pecado de la misma manera. Todos se han desviado del camino y sin embargo cada uno ha ido por un ruta diferente. Cristo Jesús vino al mundo para salvar tanto a pecadores respetables como a pecadores vergonzosos. Vino al mundo para salvar tanto a pecadores orgullosos como a pecadores desesperados. Vino al mundo para salvar a borrachos, a ladrones, a mentirosos, a quienes frecuentan a prostitutas, a los adúlteros, a los asesinos y similares. Cualquiera que sea el tipo de pecado existente, esta palabra es maravillosamente amplia e influyente: «Cristo Jesús vino al mundo para salvar a los pecadores». Ellos conforman un grupo negro, un equipo horrible y el infierno es la recompensa que se merecen; pero ésta es la gente que Jesús vino a salvar. Si hubiera personas en el mundo libres de pecado, Jesús no vino para salvar a ésos, ya que tales personas no necesitan un Salvador. Si hay alguien que se atreva a decir que nunca ha pecado, entonces esa persona no necesita escucharme, porque, es obvio, yo no tengo nada que decirle ni tampoco tiene algo que decirle este Libro de Dios, excepto decirle que esa persona está bajo un terrible error y un gravísimo engaño. No puede haber misericordia para alguien que no ha cometido ninguna falta. Hace algún tiempo, un hombre fue condenado al destierro por una ofensa que nunca cometió; y cuando se descubrió que no era culpable, me parece que su majestad la reina lo insultó, otorgándole un «generoso perdón». Nunca cometió el crimen por el que había sufrido el pobre desgraciado, y ¡había estado al menos un año preso como un criminal, siendo en realidad inocente! Pienso que la reina debió de haber solicitado su perdón y debió de haberle compensado en gran manera. El perdón y la misericordia no son para gente inocente, son para los culpables; y el Señor Jesucristo, pues, vino al mundo, no para salvar al inocente, al justo, al bueno, sino para salvar a los pecadores.

2. Consideremos a continuación que Jesús vino para salvar a los pecadores tal como son. Algunas personas tienen el hábito de agregar adjetivos a la palabra pecador, por ejemplo, en el siguiente himno:

«Ven, humilde pecador,
en cuyo pecho...»

y así sucesivamente. Creo que el mismo autor de ese himno continúa después:

«Ven, trémulo pecador,
en cuyo pecho
mil pensamientos se retuercen».

Pero cuando Jesucristo invita a los pecadores, lo hace así: «¡Pecadores, venid a mí!» «Cristo Jesús vino al mundo para salvar a los pecadores». No encontramos ningún adjetivo antes del nombre. No hay ningún calificativo especial sino simplemente son pecadores. Cristo Jesús vino para salvar a pecadores endurecidos, pues Él es quien suaviza el corazón. Él vino para salvar a los peores pecadores ya que Él rompe los músculos de hierro del cuello y doblega a la terca voluntad. Él vino para salvar a pecadores que no tienen nada bueno dentro de ellos. «Si tienes algún mérito, si hay algo bueno en ti, es tan solo como una gota de agua de rosas en un mar de inmundicia». Sin embargo, definitivamente no hay ni siquiera una sola gota de agua de rosas en nuestra naturaleza; ni tampoco la requeri-

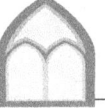

mos para que Cristo pueda salvarnos. Él vino para salvar a los pecadores: eso es todo lo que nos dice Pablo. No pretendo limitar lo que no tiene límites; no quisiera dar calificativos a lo que no tiene calificativos. «Pecadores:» eso es todo lo que el apóstol dice. ¡Cómo! ¿A pesar que no tengan ni una pizca de bondad, ni una sola señal de excelencia? Así es. «Cristo Jesús vino al mundo para salvar a los pecadores».

3. Esto quiere decir también que Cristo Jesús vino para salvar a los pecadores en medio de su corrupción. Recordemos que el pecado es algo sumamente ofensivo. Cuando la conciencia realmente se despierta y descubre la corrupción del pecado, se ve tal como es, como algo verdaderamente horrible. Las escrituras nos enseñan a aborrecer incluso la ropa contaminada por la carne; y existe algo conocido como la justa indignación en contra del pecado; pero el Señor Jesucristo ha venido al mundo para salvar a los contaminados, para salvar a aquellos a quienes la virtud condena, para salvar a los rechazados por la sociedad. Qué cosa tan maravillosa es la «sociedad», ella misma a menudo podrida hasta en sus entrañas; y sin embargo, si alguna pobre mujer se desvía, esa «sociedad» grita: «¡Destiérrenla! ¡Llévense a esa miserable criatura lejos de nosotros!» Conozco a una de esas mujeres que no puede hospedarse en ningún hotel. No pueden tolerar tener cerca de sus correctas personas a alguien que ha roto, aunque sea en algo mínimo, las leyes de la sociedad; pero Cristo no era así. A pesar de todo su repudio y horror del pecado –por cierto muchísimo mayor que el nuestro, puesto que su mente es sensible debido a su pureza suprema–, entonces, pese a todo, vino al mundo para salvar a los pecadores y con los pecadores convivió, incluyendo a publicanos y prostitutas. Comió con pecadores; vivió con pecadores; murió con pecadores; compartió su sepulcro con malvados; entró al paraíso con un ladrón; y hoy, todos aquellos que cantan un cántico nuevo en el cielo confiesan que fueron pecadores, puesto que dicen: «Porque tú fuiste inmolado y con tu sangre has redimido para Dios gente de toda raza, lengua, pueblo y nación». Sí, a pesar de toda la contaminación del pecado, Cristo vino para salvar a los pecadores.

4. También vino para salvar a los pecadores que están bajo la maldición. El pecado es una cosa maldita. Dios nunca ha bendecido al pecado y nunca lo hará. Aunque pueda parecer que el pecado florece durante un tiempo, siempre está sobre él la plaga enviada por Dios; el aliento del gran Juez de todos se encargará de secar todo lo que provenga del mal. Él no puede soportarlo; su fuego arderá hasta las regiones más bajas del infierno, en contra de toda iniquidad; y sin embargo, aunque estemos bajo la maldición, Jesucristo vino al mundo para salvar al pecador maldito tomando la maldición sobre Sí mismo, colgando Él mismo en el madero de la maldición y soportando la maldición por nosotros para que nosotros pudiésemos ser salvos. ¿Sientes la maldición de Dios en tu espíritu este día? ¿Tienes la impresión de que se están secando todos los manantiales de tu vida? A pesar de todo ello, recuerda: «Cristo Jesús vino al mundo para salvar a los pecadores».

5. Además, Cristo vino para salvar a los pecadores débiles. El pecado acarrea la muerte. Dondequiera que reina el pecado, el poder para hacer el bien se extingue. «¿Podrá el hombre cambiar el color de su piel o el leopardo sus manchas? Así tampoco vosotros podréis hacer el bien, estando habituados a hacer el mal». Pero cuando tú estás débil, ¡ah!, cuando todavía estás débil para creer en Él, débil para darte cuenta de tu pecado, débil para sentir siquiera el deseo de ser mejor, aun en esa situación es cierto que: «Cristo Jesús vino al mundo para salvar a los pecadores». Sé que esto es así, puesto que nuestro primeros buenos deseos son un don de Él; nuestras primeras oraciones nos vienen de su propio aliento; nuestro primer suspiro bajo la carga del pecado es obra Suya. Jesús lo hace todo. Vino al mundo para salvarnos. «Porque aún siendo nosotros débiles, a su tiempo Cristo murió por los impíos», en quienes no existía absolutamente nada de bondad; «los impíos», aquellos que estaban sin Dios y sin ninguna esperanza en el mundo. Es para salvar a tales personas que Jesucristo vino al mun-

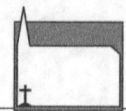

do. No sé cómo abrir esta puerta más ampliamente; la sacaré de sus goznes y despegaré sus pilares y sus barras de seguridad y todo; y hasta reto a los demonios del infierno a que vengan e intenten cerrar esta ciudad de refugio a cualquier alma pecadora. Si has pecado, mira, la voz del amor eterno te habla con fuerte voz estas palabras hoy: «Fiel es esta palabra y digna de toda aceptación: que Cristo Jesús vino al mundo para salvar a los pecadores».

II. NUESTRA NECESIDAD, O UNA AMPLIA PALABRA DE SALVACIÓN

1. Jesús vino para salvarnos. No vino a condenarnos. Cuando Dios bajó a la tierra, pudo pensarse que pudo haber venido para condenar; pues cuando bajó para inspeccionar la torre de Babel, y vio el pecado que había en el mundo, dispersó a los pecadores sobre la faz de toda la tierra. Ahora podría pensarse que si viniera a la tierra se conmovería y estaría horrorizado como resultado de su investigación personal del pecado y luego diría: «Voy a destruir al mundo». Pero Jesús dijo: «El Hijo del Hombre no ha venido para perder las almas, sino para salvarlas». «Dios no envió a su Hijo al mundo para condenar al mundo, sino para que el mundo sea salvo por Él». Si perciben alguna condenación en el evangelio es simplemente porque ustedes mismos están introduciendo esa condenación. No es el evangelio, sino el rechazo de ustedes al evangelio lo que los condenará. Pido pues a Dios que ustedes nunca desprecien la Palabra de Dios, ni se juzguen a ustedes mismos indignos de la vida eterna, como hicieron esos a quienes Pablo y Bernabé predicaron en Antioquía.

2. Seguidamente les diré que Cristo no vino al mundo para ayudarnos a que nos salvemos a nosotros mismos. Él vino para salvarnos; no para ayudarnos a ponernos de pie diciéndonos: «Ahora tú haz esto y esto y Yo me encargaré del resto». No, sino que Él vino para salvarnos. De principio a fin la salvación es totalmente por gracia y totalmente el don de Dios por Jesucristo. Insisto que no vino al mundo para hacernos salvables, sino para salvarnos; ni vino para ponernos en un camino donde de una forma

o de otra podamos hacer méritos para la salvación, sino que vino personalmente para ser el Salvador y para salvar a los pecadores. ¿No pueden darse cuenta, ustedes que han estado tratando de hacerse un traje de justicia, que todo lo que hacen en el día se deshace en la noche? Ustedes que han estado cosiendo una parte de un traje para cubrir su desnudez, hagan a un lado sus agujas de costura, y tomen lo que Cristo ha hecho de manera completa. Vengan todos ustedes que han estado trabajando arduamente, como prisioneros en trabajos forzados, tratando de llegar al cielo de esa manera ya que nunca lo van a lograr. Contemplen esa escalera, como la que Jacob vio en otros tiempos, que se extiende desde el cielo hasta la tierra, y de la tierra al cielo; ¡y que Dios les permita subir a Él por esa vía y no por sus propios esfuerzos! Jesús no vino para ayudarnos en nuestro proceso de autosalvación. Él no vino para salvarnos en parte, para que nosotros hagamos el resto. Toma mucho tiempo lograr que algunos se den cuenta de esto. Conozco a un buen número de cristianos que todavía tienen un pie sobre la roca y el otro en la arena. Hay una cierta doctrina, o mas bien debería decir una incierta doctrina que invariablemente hace que la gente se sienta insegura. Esta doctrina afirma que no debes decir que tú eres salvo; pero que si no te apartas del camino y mantienes la ruta correcta, entonces, tal vez, cuando estés a punto de morir, puedes albergar esperanzas que tú eres salvo. Yo no daría un centavo por un evangelio como ese. Queremos que se nos dé la salvación de manera indiscutible y que se nos otorgue de una vez por todas; y esto es lo que Cristo nos da cuando vamos y confiamos en Él. «El que cree en él no es condenado». Es salvo en ese mismo instante, por obra de Dios. «El que en vosotros comenzó la buena obra, la perfeccionará hasta el día de Cristo Jesús». Él no vino para salvarnos parcialmente.

3. Y el Señor Jesucristo no ha venido para dejarnos contentos en nuestra condenación. He escuchado a determinadas personas hablar a los inconversos de esta manera: «Ahora, debes de esperar. Tú debes

de esperar. No puedes hacer nada; por tanto, siéntate tranquilo y espera hasta que te suceda algo». Eso no es el evangelio. El evangelio es esto: «Cree en el Señor Jesús y serás salvo». Lee la Biblia de principio a fin y aprende lo que Dios nos ha revelado por medio de ella. Deja a un lado tu propio esquema y tus conceptos. No encontrarás que el Señor Jesucristo le dijo al hombre en Betesda: «Permanece quieto junto al estanque hasta que venga el ángel para agitar el agua». Quien hace así es el antiguo judaísmo; Jesús dijo: «Levántate, toma tu cama y anda». Cuando Jesús habla a los pecadores de esa manera, ellos ciertamente se levantan y toman su cama y andan. Alguien dice: «Pero tú, un pobre ministro, no puedes decir a la gente que tome su cama y ande, y lograr que efectivamente lo haga». Sí, sí podemos, cuando el Maestro habla por nuestro medio y cuando compartimos el mensaje del Señor con fe, descansando en el poder del Espíritu Santo. Todavía podemos ser utilizados por el Señor para realizar milagros. Los huesos secos son hechos capaces de escuchar la voz del siervo del Señor cuando el Espíritu Santo acompaña a esa voz, y les es dada la vida por el poder divino.

«El evangelio es fuerza
que revive muertos
si obedecen su voz,
los pecadores viven;
los huesos secos se levantan
y revisten de una nueva vida,
y los corazones de piedra en carne
se convierten».

De nuevo, les digo, Jesús no vino para hacer que los pecadores se queden contentos en su perdición, o para que se sienten y esperen como si la salvación no les incumbiera; no, sino que vino para salvar a los pecadores.

Bien, entonces ¿qué significa que Jesucristo vino al mundo para salvar a los pecadores? Quiere decir que vino para salvarlos del castigo que merecen sus pecados. Su pecado no les será tomado en cuenta y no serán condenados. Eso es una cosa. También vino para salvarlos de la contaminación de su pecado, de tal forma que, aunque su mente ha sido corrompida y su gusto ha sido viciado, y su conciencia ha sido endurecida por el pecado, Él vino para quitar todos esos males, y para darles un corazón tierno, para que puedan odiar el pecado y amar la santidad y desear la pureza. Pero Jesús vino para hacer algo más grande. Vino para erradicar nuestras tendencia a pecar, tendencia que es innata y crece con nosotros. Vino para erradicarla por medio de su Espíritu, para arrancarla de raíz, para poner dentro de nosotros otro principio que va a combatir con el antiguo principio del pecado y va a dominarlo hasta que solamente Cristo reine y todo pensamiento sea llevado cautivo a la obediencia de Él. Vino para salvar a su pueblo de la apostasía. Vino al mundo para salvar a los pecadores, conservándolos fieles hasta el fin, no permitiendo que regresen a su perdición.

«Sí, yo voy a resistir hasta el fin,
tan cierto es esto como la garantía otorgada;
más felices, pero no más seguros,
están los espíritus glorificados
en el cielo».

4. Una parte muy importante del trabajo de la gracia es éste. Hacer que un hombre cambie, es poca cosa; pero lograr que ese hombre se mantenga firme hasta el fin, esto puede ser solamente el triunfo de la gracia todopoderosa, y para esto es precisamente para lo que vino Cristo. Jesús vino al mundo, no para salvarte a medias, no para salvarte en relación a esto o a lo otro, o a la luz de esto o de aquello, sino para salvarte del pecado, para salvarte de un temperamento irascible, para salvarte del orgullo, para salvarte del alcohol, para salvarte de la ambición, para salvarte de todo lo malo, y para presentarte sin mancha ante la presencia de su gloria con sumo gozo. Se trata de una palabra grandiosa: «Cristo Jesús vino al mundo para salvar a los pecadores».

¡Oh, que tú pudieras creer esto! Pido a Dios que, de esta congregación sorprendentemente grande para un día como hoy aunque no tan grande si la comparamos con el número usual de nuestros congregantes, pueda haber muchos que digan: «Sí, yo creo que Jesús vino para salvar a los pecadores, y yo confío en que Él va a salvarme». Ustedes serán salvos en el momento en que hagan eso, puesto que la fe es la señal de su salvación y la prueba de que Él los ha salvado.

III. EL NOMBRE GLORIOSO DEL QUE VINO

Pero ahora, en tercer lugar, hay un nombre aquí. Nosotros hemos tenido nuestro propio nombre: pecadores; ahora aquí tenemos el nombre de protagonista: «Cristo Jesús vino al mundo para salvar a los pecadores», Cristo Jesús; no un ángel, no el mejor de los hombres; sino Cristo Jesús.

1. «Cristo» significa, como ustedes ya saben, ungido; esto es, enviado por Dios, ungido por su propio Espíritu, preparado, capacitado, calificado y dotado para el trabajo de la salvación. Jesús viene, no sin una unción de Dios. No es un Salvador aficionado que vino por su propia cuenta, sin una comisión ni autoridad, sino que Dios lo ha ungido para que Él pueda salvar a los pecadores. Cuando entró en la sinagoga de Nazaret, en el día de reposo, Él se apropió las palabras del profeta Isaías, «El Espíritu del Señor está sobre mí, porque me ha ungido para anunciar buenas nuevas a los pobres; me ha enviado para proclamar libertad a los cautivos y vista a los ciegos, para poner en libertad a los oprimidos y para proclamar el año agradable del Señor».

2. La otra parte de su nombre es «Jesús», esto es, Salvador. Él ha venido, por tanto, para ser el Salvador ungido, comisionado para ser un Salvador; y si Él no es un Salvador (lo digo con toda reverencia), Él no es nada. Vino al mundo para salvar; y si no salva, no ha dado en el blanco. Se despojó de sus glorias celestiales para asumir esta gloria todavía mayor: ser el Salvador de los pecadores. Los ángeles cantaban refiriéndose a Él: «¡Gloria a Dios en las alturas, y en la tierra paz entre los hombres de buena voluntad!» Y el ángel del Señor dijo a José: «Llamarás su nombre Jesús, porque él salvará a su pueblo de sus pecados». Queridos amigos, presten atención a esto: el Salvador de los pecadores no es la virgen María, los santos y las santas no son salvadores; sino que «De tal manera amó Dios al mundo, que ha dado a su Hijo unigénito, para que todo aquel que en él cree no se pierda, mas tenga vida eterna». Cristo Jesús vino al mundo para salvar a los pecadores: «Dios verdadero de Dios verdadero», el Creador de todas las cosas, sosteniendo todas las cosas por la palabra de su poder. Él vino al mundo, al pesebre de Belén y posteriormente a la cruz del Calvario, con este único propósito: salvar a los pecadores. ¿No es capaz de salvar? ¿No es precisamente el Salvador que necesitamos? ¡Dios pero también hombre en una Persona, es capaz de entendernos porque Él es un hombre, y puede salvarnos porque Él es Dios! ¡Bendito Dios hombre, Jesucristo, Tú puedes salvarme!

No me puedo detener más tiempo en esta parte de mi tema; pero deseo que todos los que están buscando la salvación quieran concentrar sus pensamientos sobre ese tema hasta que verdaderamente puedan confiar en Él como su Salvador.

IV. LA OBRA QUE HABLA POR SÍ MISMA

1. «Cristo Jesús vino al mundo». No tenemos que mirar qué va a hacer para salvar a los pecadores, puesto que ya lo ha hecho. Él vino al mundo. Él existía desde mucho antes de descender del cielo para venir a este mundo. Él era en el principio con Dios, y vino aquí con nosotros. Tú y yo comenzamos nuestra existencia aquí; pero Él existía ya desde el principio, en la gloria del Padre, y en el tiempo señalado Él vino al mundo.

Y lo hizo voluntariamente. Así lo dice nuestro texto: «Cristo Jesús vino al mundo». Hay un tipo de acción voluntaria que se hace evidente en esas palabras. Él fue enviado, puesto que Él es el Cristo, el Mesías; pero vino por su propia voluntad.

«Desde el reluciente trono arriba
con prisa gozosa descendió veloz».

Él vino al mundo. Lo digo de nuevo, la salvación de los pecadores no es una cosa que tendrá lugar en el futuro. Si Dios la hubiera prometido, podríamos confiar tal como lo hizo Abraham, cuando vio el día de Cristo a lo lejos, y se gozó; pero Jesús ha venido, ha estado aquí; Dios Todopoderoso ha estado aquí en forma de hombre, vivien-

Biblia, Parábolas, Personajes, Tipos y figuras

do entre los hombres. Él vino al mundo para salvar a los pecadores.

Él vino al mundo de tal modo que conoció los dolores del mundo y los llevó consigo, el castigo del mundo, la vergüenza y el reproche del mundo, la enfermedad del mundo, y la muerte del mundo. Él vino al mundo, al propio centro y corazón de este mundo impío, y allí moró: «santo, inocente, y puro».

Cristo Jesús vino al mundo; y cuando Él vino aquí, fue tan maravillosa su venida que se quedó aquí. Estuvo aquí aproximadamente treinta y tres años; y todo ese tiempo estuvo continuamente buscando salvar a los pecadores. Durante los últimos tres años anduvo haciendo el bien, siempre buscando a los pecadores; y al llegar al fin de sus servicios en favor de los pecadores, extendió sus manos y sus pies y se entregó a Sí mismo a la muerte por los pecadores. Entregó su alma en suspiro por los pecadores: «El mismo llevó nuestros pecados en su cuerpo sobre el madero».

No tengo ninguna necesidad de encontrar palabras mías para tratar de adornar este evangelio de la gloria del bendito Dios. Es el mas grandioso tema sobre el cual habló hombre alguno; no requiere de ninguna oratoria cuando se lo predica. La propia historia es maravillosa: «la vieja, vieja historia, del amor de Jesús». Dios no podía, en justicia, pasar por alto el pecado humano sin mediar una expiación; pero Él mismo hizo la expiación. Jesús, que es uno con el Padre, vino aquí, y se ofreció a Sí mismo como sacrificio para así poder salvar a los pecadores. Ahora, si Él no salva a pecadores, su venida aquí es un fracaso. ¿Creen ustedes, pueden imaginar, que la venida de Cristo al mundo pudo ser un fracaso? Creo desde lo mas profundo de mi alma que todo lo que se había propuesto lograr en su venida al mundo lo va lograr, que ningún hombre podrá alguna vez señalar la menor falla en el más grandioso de los proyectos divinos. No hay ninguna falla en la Creación; no habrá ninguna falla en la Providencia; y cuando toda la historia llegue a su final, no habrá ninguna falla en este grandioso trabajo de la Redención. «Cristo Jesús vino al mundo para salvar a los pecadores», y los pecadores serán salvos. ¿Te contarás tú entre ellos, mi querido lector? ¿Por qué no podrías estar entre ellos?

V. NUESTRA ACEPTACIÓN, O UNA PALABRA SOBRE LA PERSONALIDAD

1. El apóstol dice: «Cristo Jesús vino al mundo para salvar a los pecadores, de los cuales yo soy el primero». No voy a discutir con el apóstol; y sin embargo, si estuviera aquí, tendría ciertas dudas acerca de su derecho al título de «el primero de los pecadores», y le plantearía que si él fuese el primero, yo entonces sería el siguiente. Supongo que hay muchos que dirán: «Pablo no pecó más terriblemente que nosotros antes de nuestra conversión». Recuerdo que yo estaba predicando en una ocasión y dije que cuando llegara al cielo, estos versos se podrían aplicar a mí:

«Mi voz se escuchará muy fuerte
en medio de la multitud,
en tanto que las mansiones
celestiales resuenan,
con exclamaciones de gracia
soberana».

Cuando acabé de predicar, una dama vino a mi encuentro en el pasillo y me dijo:

–Usted cometió un error en su sermón.

–¡Qué buena creeyente! –le repliqué–, me atrevería a afirmar que al menos cometí veinte errores.

Ella me dijo:

–Pero el error que cometió es éste: usted dijo que cuando llegara al cielo su voz se escucharía la más alta en la multitud; pero no será así. Cuando yo llegue al cielo, la gracia de Dios habrá trabajado más en mí que en usted; pues usted no ha sido tan pecador como yo.

Pues bien, me di cuenta de que todos los santos que estaban a nuestro alrededor querían participar en la lucha sobre quién debía alabar más a Dios por las grandes cosas que Él había hecho a favor de ellos al salvar sus almas. Ralph Erskine escribió un himno que trata de un concurso entre los pájaros del paraíso para determinar quién debía alabar más a Dios, y describe a los diferentes tipos de personas, todos compitiendo unos con otros para engrandecer el

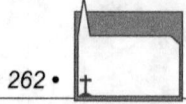

nombre del Señor que los ha redimido. Pero ése no es el tema de este sermón.

Cuando venimos y nos apropiamos de este Salvador de los pecadores, lo hacemos, primero, por medio de una confesión. «Señor, soy un pecador. Lo sé. Lo lamento. Te confieso que he transgredido tu santa ley». Se une a esa confesión un sentido de humillación. ¿Vino Jesús al mundo para salvarme a mí? Entonces soy peor pecador de lo que pensé; primero, puesto que necesito al Hijo de Dios para que me salve; y seguidamente, porque yo peco en contra de un amor tan sorprendente, tan impresionante, rebelándome en contra de quien vino al mundo para salvarme. Cuanto más valoremos a Cristo que salva a los pecadores, menos nos valoraremos a nosotros mismos. Quien tiene a tan grandioso Salvador se sentirá verdaderamente un gran pecador; y quien tiene la perspectiva mejor y mas clara de Cristo es el hombre que dice: «De los cuales, es decir, de los pecadores perdonados, yo soy el primero».

2. Ahora, esta apropiación de Cristo, que comenzó con una confesión y continuó hacia una profunda humillación, florece en la fe, porque, fíjense bien, el apóstol nos dice: «Cristo Jesús vino al mundo para salvar a los pecadores, de los cuales yo soy el primero». Aunque dice que él es el primero de los pecadores, igualmente dice: «yo soy uno de los que Él vino a salvar». «De los cuales yo soy el primero.» «¡Oh sí, yo soy uno de esos que Él vino a salvar!» La fe capacita al alma a pronunciar eso. Queridos amigos, confío ciertamente en que, por la gracia de Dios, muchos lectores digan precisamente eso. «Señor Jesús, confío en Ti. Yo soy uno de la multitud que Tú has venido a salvar, que somos descritos como pecadores».

Esta apropiación de Cristo por medio de la fe nos llevará a la abierta confesión de Él. El apóstol verdaderamente confiesa que, a pesar de que era el primero de los pecadores, Cristo murió por él; y tú serás guiado a hacer esa confesión. Espero que puedas hacer tu confesión de igual manera que nuestros amigos la van a hacer hoy (un grupo que iba a bautizarse aquel día), por obediencia a la ley de Cristo en el bautismo,

según Él nos invita: «El que cree y es bautizado será salvo».

Observo una cosa en el texto que me deleita en gran manera. Pablo dice: «Cristo Jesús vino al mundo para salvar a los pecadores, de los cuales yo soy el primero». No, no, Pablo; eso que dices no es válido. Mi querido hermano, tú eres un sabio; ¡y sin embargo has cometido un error en la conjugación del tiempo del verbo! No es soy, sino fui. «No, no», me replica Pablo; «no traigas tu gramática aquí. Mi expresión ha sido clara: «Yo soy el primero». «¡Cómo! Después de ser salvado, después de ser perdonado, ¿todavía eres el primero de los pecadores?» «Sí», responde Pablo, «así es»; y es posible que haya hombres que estén muy cerca del primerísimo de los apóstoles, y que también sientan, al contemplar su vida en su conjunto, que tienen que tomar su lugar en medio de los pecadores, ¡sí!, a la cabeza de ellos, como los más grandes pecadores.

Creo que ya les he mencionado que alguna vez intenté el plan –que algunos de nuestros hermanos intentan– de orar a Dios como santo. ¡Caramba! ¡He visto a algunos de nuestros hermanos, el domingo, vestidos con sus mejores galas, hablando de que ya son perfectos, luciendo exactamente como un pavo real al que vemos con su cola desplegada, paseándose majestuosamente! Pues bien, me gustó ese fino espectáculo, había algo muy bello en él; por tanto yo lo intenté una vez. Me presenté ante Dios en oración, jactándome acerca de mis virtudes, y mis logros, y mi crecimiento en la gracia y mi servicio a Él. Supongo que tengo tanto derecho como cualquiera otro. He servido a Dios con todas mis fuerzas, y he puesto todo a sus pies. Pero cuando intenté orar de esa manera, toqué a la puerta y nadie me abrió. Toqué nuevamente, pero nadie respondió. Hay una pequeña ventanilla que solo se abre para verificar quién está allí. A través de ella me preguntaron: «¿Quién toca?» Yo respondí: «¡Oh, es uno de los santos! Es alguien que ha crecido en la gracia hasta el punto de llegar a la perfecta santificación, alguien que ha predicado el evangelio durante muchos años». Entonces simplemente

Biblia, Parábolas, Personajes, Tipos y figuras

cerraron la ventanilla; no me conocían bajo esas características; así que estuve parado allí, sin poder obtener nada. Al fin, con el corazón destrozado y lleno de dolor, llamé de nuevo a la puerta con todas mis fuerzas, y, a la pregunta «¿Quién toca?», respondí: «Un pobre pecador, que a menudo se ha presentado ante Cristo como pecador y lo ha tomado como su sola justicia y salvación, y ha venido nuevamente de la misma manera que ha venido antes». «¡Ah!» exclamaron «eres tú, ¿no es cierto? Te conocemos desde hace muchos años; tú eres siempre bienvenido». Descubrí que yo tenía acceso a mi Dios cuando dije: «soy el primero de los pecadores. Soy todavía un pecador».

Pues bien, poniéndome en esa posición, donde siempre debo de estar, y donde siempre espero estar, diría a cualquier pecador, quienquiera que sea: ven amigo, ven conmigo a la cruz. Alguien dirá: «Pero yo no puedo ir contigo; tú has sido un ministro del evangelio durante más de treinta años». Mi querido amigo, soy todavía un pobre pecador; y tengo que mirar a Cristo cada día como lo hice el primer día. Ven conmigo. Hace muchos, muchos años, en una mañana invernal con abundante nieve, yo lo miré y recibí la luz. Deseo que en esta noche invernal, alguna alma lo mire y viva.

CONCLUSIÓN

Tendría muchas otras cosas que decir, pero el tiempo se acabó; les dejo con el texto «Cristo Jesús vino al mundo para salvar a los pecadores», una palabra bendita, apostólica proverbial; pero verdadera: «Fiel es esta palabra». Cualquiera que la haya probado la ha experimentado verdadera. Es digna de la aceptación de todos ustedes, y es digna de toda la aceptación que cualquiera de ustedes pueda darle. Pueden venir, y confiar con toda el alma en ella, en todo momento hasta la eternidad. Pueden venir con toda la carga del pecado sobre sus hombros. Pueden venir incluso no sintiendo nada, en la dureza de sus corazones, y solamente tomar como su Salvador a este Jesucristo, que vino al mundo para salvar a los pecadores. Solo confíen en Él; y cuando hayan confiado en Él, habrán hecho mucho

más de lo que han podido imaginar. Algunos piensan que no hay nada en la fe ; pero a Dios le agrada y sin fe es imposible agradar a Dios». Si a Dios le agrada, hay muchísimo más en ella de lo que algunos se imaginan. Esa fe contiene en sí misma una vida futura de santidad. Es la única semilla de la cual nacerán innumerables bosques. ¡Ten fe! ¡Que el Señor te ayude a creer en Jesús de inmediato! ¡Antes de acabar esta lectura, confía en Él! Confía plenamente en Él, pues vino para salvar a los pecadores. Deja que te salve. Ése es su oficio; no es el tuyo. Entrégate en sus manos, y Él te va a salvar, para alabanza de la gloria de su gracia.

2. Parábolas

29. LOS DOS TALENTOS

«Llegando también el que había recibido dos talentos, dijo: Señor, dos talentos me entregaste; aquí tienes, he ganado otros dos talentos sobre ellos. Su Señor le dijo: Bien, buen siervo y fiel; sobre poco has sido fiel, sobre mucho te pondré; entra en el gozo de tu Señor» (Mateo 25: 22 y 23).

INTRODUCCIÓN: ¿Tienes talentos?

I. REPARTO SELECTIVO DE TALENTOS
1. La soberanía de Dios sobre los talentos.
2. Dios y su variedad.
3. La gloria de lo pequeño.

II. RENDIMIENTO DE CUENTAS POR LOS TALENTOS
1. Nuestra propia responsabilidad.
2. Todo vendrá a juicio.

III. CADA TALENTO TIENE SU VALOR

CONCLUSIÓN: Dios premia la fidelidad.

LOS DOS TALENTOS

INTRODUCCIÓN

Indudablemente, todo lo que tienen los hombres procede del Gran Dador de todo lo bueno: «Toda buena dádiva y todo don perfecto desciende de lo alto, del Padre de las luces, en el cual no hay mudanza, ni sombra de variación» (Stg. 1:17).

¿Tienes talentos? Pues te fueron dados por el Dios de los talentos. ¿Dispones de tiempo, influencia, o poder? ¿Tienes los dones de lenguas? ¿Tienes poderes del pensamiento? ¿Eres un poeta, un gobernante, o un filósofo? Cualquiera sea tu posición, y cualesquiera tus dones, recuerda que no son tuyos, sino que te son enviados desde lo alto. Ningún hombre tiene nada propio que le pertenezca, excepto sus pecados. Somos inquilinos. Dios nos ha puesto en sus heredades, y nos ha dicho: «Negociad entre tanto que vengo» (Lc. 19:13). Aunque nuestras viñas nunca llevan demasiado fruto, con todo pertenecen al Rey. Todo el honor de nuestra habilidad y el uso de la misma, debe ser para Dios, porque Él es el Dador. La parábola destaca este hecho de forma muy clara, pues enseña a cada persona, que sus talentos vienen de Dios. Aún el hombre que cava en la tierra y entierra el dinero de su Señor, no niega que su talento le pertenece a su Maestro. Su respuesta: «aquí tienes lo que es tuyo» (Mt. 25:25), aunque sumamente impertinente, no fue una negación de este hecho. Aún este hombre estaba por delante de aquellos que negaban sus obligaciones a Dios, quienes sacuden sus cabezas cuando se menciona la obediencia al Creador, y gastan su tiempo y sus poderes en rebelarse contra Él, en lugar de esforzarse en su servicio. ¡Oh!, ojalá fuésemos más sabios en creer y actuar basándonos en esta verdad tan evidente; que todo lo que tenemos, lo hemos recibido del Altísimo.

Ahora bien, veamos que hay algunos hombres en el mundo que tienen pocos talentos. Nuestra parábola de hoy dice: «A uno dio cinco talentos, y a otro dos, y a otro uno». Precisamente a estos hombres y mujeres me dirigiré en esta mañana; y ruego al Señor que las pocas cosas señaladas que diga, puedan ser bendecidas por Dios para su edificación o represión. Primero, resaltaré el hecho de que hay muchas personas que tienen unos pocos talentos, y trataré de enseñar por qué Dios repartió tan solo unos pocos de ellos. Segundo, os recordaré que aunque sean pocos talentos, deben traerse y contabilizarse ante Dios. Y en tercer lugar, concluiré haciendo una consoladora observación: que si nuestros pocos talentos no son usados correctamente, ni nuestra conciencia ni el juicio de nuestro Maestro podrá condenarnos por no tener más.

I. REPARTO SELECTIVO DE TALENTOS

Primero, Dios ha hecho a algunos hombres con unos pocos talentos. Muy a menudo oímos a los hombres hablar de otros, como si Dios no hubiera establecido diferencias en sus mentes. Un hombre tiene éxito, y supone que si los demás son trabajadores y perseverantes, necesariamente tendrán que tener una vida próspera y exitosa. A menudo oiréis críticas en contra los ministros de Dios que son piadosos y fervientes, pero que sin embargo, no tienen mucha atracción o poder sobre las almas. A estos les llaman zánganos u holgazanes, porque no pueden producir mucho movimiento en este mundo. Tal vez sea así, porque que tienen pocos talentos, y están haciendo el mejor uso posible de lo que tienen. Por lo tanto, no merecen ser reprendidos o criticados por lo poco que pueden llevar a cabo. Cada hombre debe darse cuenta del hecho de que aún en nuestro nacimiento hay bastantes diferencias. No todos los niños son iguales de precoces, ni todos los hombres son capaces de aprender o enseñar de la misma forma. No hemos de suponer que todas las diferencias entre un Milton y un hombre que vive y muere sin haber podido aprender a leer, ha sido causadas por la educación. Sin lugar a dudas, hay una diferencia original, y aunque la educación puede hacer mucho, no puede hacerlo todo. El terreno fértil, cuando es bien cultivado y abonado, dará mejores resultados que la tierra que es dura y estéril. Dios ha hecho grandes diferencias, y nosotros debemos tenerlas en cuenta al tratar con nuestros semejantes. No digamos palabras ásperas de aquellos hombres a quienes Dios un día dirá: «Bien, buen siervo y fiel» (Mt. 25:23).

1. Pero, ¿por qué es que Dios no les ha dado a todos los hombres igual cantidad de

talentos? Mi primera respuesta es que eso es debido a que Dios es soberano, y Él maneja todos sus atributos relacionados con su amor, según su criterio y supremacía. El Señor Dios quiere que los hombres sepan, que Él tiene derecho a hacer lo que quiera con los suyos. Por eso, Él da la salvación a algunos y a otros no, y su única réplica a cualquier acusación de injusticia es la que nos dice Romanos 9:20: «Mas antes, oh hombre, ¿quién eres tú; para que alterques con Dios? ¿Dirá el vaso de barro al que lo formó: ¿Por qué me has hecho así?». El gusano no tiene que murmurar porque Dios no le haya hecho un tigre, y el pez que nada en el mar, no debe quejarse porque no tenga alas para surcar los cielos. Dios tiene derecho a hacer de sus criaturas lo que Él quiere, y aunque los hombres puedan disputar su derecho, Él lo sostendrá y lo mantendrá inviolable ante sus contendientes. El Señor ejerce sus derechos al respecto y hace vana la sabiduría de los hombres. En todos sus dones y talentos nos recuerda continuamente esa soberanía. Yo le daré a este hombre, dice Dios, una mente tan aguda que podrá introducirse en todos los secretos; haré a otro tan obtuso que sólo los conocimientos básicos estarán a su alcance. Daré a un hombre tal profusión de la imaginación, que apilará montañas sobre montañas de ideas, hasta que al expresarlas, su lenguaje parezca haber alcanzado la majestad celestial. A otro le daré un alma tan torpe y embotada, que nunca será capaz de originar un pensamiento poético. ¿Oh Dios, por qué repartes los talentos de esta manera? La respuesta es la siguiente: «¿No me es lícito hacer lo que quiero con lo mío?» (Mt. 20:15). «(Pues no habían aún nacido, ni habían hecho aún ni bien ni mal, para que el propósito de Dios conforme a la elección permaneciese, no por las obras sino por el que llama), se le dijo: El mayor servirá al menor. Como está escrito: A Jacob amé, mas a Esaú aborrecí. ¿Qué pues, diremos? ¿Que hay injusticia en Dios? En ninguna manera» (Ro. 9:11-14). Esto dice la Escritura de estos dos hombres; que uno de ellos será más grande que el otro, y uno doblará su cuello y el otro pondrá su pie sobre él. El Señor tiene derecho a disponer de los lugares y ubicación de sus dones y talentos, así como de la abundancia o escasez de ellos, si así le parece.

Ahora bien, la mayoría de los hombres discuten este punto. Pero notad, que aquello de lo que os quejáis de Dios, es lo que más amáis en vosotros. A cada hombre le gusta sentir que tiene derecho a hacer lo que le place. Todos queremos ser pequeños soberanos. Vosotros daréis vuestro dinero libremente a los pobres, pero si alguien afirma de forma impertinente que su situación tiene más urgencia que la de los demás, ¿le daríais el dinero a él? Ciertamente no, y ¿quién reprochará la grandeza de vuestra generosidad al hacerlo así? Es como la parábola que tenemos en uno de los Evangelios, donde, después de que los hombres se habrían esforzado trabajando, algunos de ellos durante doce horas, otros durante seis y algunos solamente durante un hora, el Señor le dio a cada uno de ellos la misma cantidad de dinero. ¡Oh!, bajaría con humildad mi cabeza y diría: «Mi Señor, ¿me has dado un talento? Entonces te bendigo por ello y te ruego que me des la gracia de saber usarlo adecuadamente». «¿Le has dado a mi hermano diez talentos? Te agradezco por la grandeza de tu condescendencia para con él; pero no le tengo envidia ni me quejo de ti». ¡Los hombres deben de inclinarse siempre ante la soberanía de Dios!

2. Nuevamente os repito: Dios le da a uno cinco, y a otro dos talentos, porque el Creador es un amante de la variedad. Se dice que el orden es la primera ley del cielo; y seguramente que la variedad es la segunda, pues en todas las obras de Dios hay una hermosa diversidad. Mirad al cielo por la noche: no todas las estrellas brillan con la misma intensidad, ni están puestas en líneas rectas, como los faroles de las calles. Luego fijad vuestra vista hacia abajo, y mirad el mundo vegetal, cuántas distinciones hay, empezando con el cedro del Líbano, hasta el musgo que crece en la pared. Comparad el enorme árbol del Mamut, que parece que bajo sus ramas podría caber un ejército, hasta el diminuto liquen. Dios lo ha hecho todo hermoso y con mucha variedad. Mirad a cualquier árbol; ved como una hoja

difiere de la otra. Aún los pequeños brotes que están saliendo por la proximidad de la primavera, son diferentes los unos de los otros, no hay dos exactamente iguales. Mirad también en el mundo animal; Dios no ha hecho cada criatura igual a la otra. ¡Qué gran variedad! Desde el enorme elefante, hasta el pequeño escarabajo. Desde la colosal ballena, hasta el pequeño cangrejo de mar, que se esconde por las grietas de las rocas. Dios ha hecho todas las cosas diferentes, y dondequiera que volvamos nuestra vista, vemos variedad por todas partes. No tengo dudas que en el cielo debe ser igual, pues allí hay tronos, principados, potestades y dominios diferentes clases de ángeles. «Una es la gloria del sol, otra la gloria de la luna, y otra la gloria de las estrellas, pues una estrella es diferente de otra en gloria» (1 Co. 15:41). ¿Y por qué la misma regla del resto de la creación no puede regir en el mundo de los hombres? Él no ha hecho nuestros rostros iguales. No hay dos semblantes que sean los mismos. ¿Deberían las mentes ser iguales? ¿O las almas habrán sido formadas de la misma forma? ¿Será la creación de Dios como una gran fábrica, en la cual todo se derrite en el mismo fuego y se pone en el mismo molde? No, pues por causa de la variedad, Él hizo a un hombre de renombre como David, y a un desconocido como su escudero de armas. Un carácter peculiar es el de Jeremías, que era profeta, y otro Baruch, que sólo leía la profecía. Había alguien sumamente rico, como Salomón, y otro muy pobre, como Lázaro. Uno hablaba con voz potente como de trueno, y otro era tartamudo. Uno era poderoso en palabra y el otro era tardo para expresarse. En todo lo creado Dios ha hecho gran variedad, y llegará el día cuando mirando abajo sobre el mundo, veremos la belleza de su historia siendo magnificada debido a la diversidad de caracteres que intervinieron en ella.

Pero aún vamos un poco más lejos. Dios tiene una razón mas poderosa que ésta. Él le da a algunos hombres unos pocos talentos, porque tiene muchas esferas pequeñas, y desea llenarlas. Estas esferas son determinados ambientes a los que Dios llena con elementos de su creación. Hay un gran océano, que necesita habitantes. ¡Oh Señor, tú has hecho al enorme Leviatán que nada allí! Hay una caverna escondida, muy hondo en las profundidades de mar. Su entrada es pequeña; pero Dios ha hecho a un pequeño pez, y para él esa cueva es todo un océano. Si todos los pájaros fueran águilas, ¿cómo se alegraría el bosque con canciones, y cómo cada ramita podría tener su propio cantor? Pero Dios hizo que cada pequeña rama tuviera su propia música, y ha hecho al pajarito cantor para que se pose en ella. Cada esfera tiene la criatura que la ocupa y que está adaptada a su tamaño. Dios siempre actúa de forma económica. ¿Desea Él tener un pastor para algún pequeño municipio de quinientos habitantes? ¿De qué utilidad sería darle a ese hombre las habilidades de un apóstol? ¿Quiere Dios que una mujer sea una humilde educadora de sus propios hijos en el hogar? ¿Acaso no se sentiría incómoda si el Señor le hubiera dado unos dones capaces de conmover a una nación? La pequeñez de sus talentos encaja bien con la esfera de su hogar. Supongamos que hay un joven maestro que es capaz de enseñar en una pequeña escuela. Quizás si tuviera un talento más portentoso desdeñaría el trabajo, y la escuela se quedaría sin un buen profesor. Hay pequeñas esferas de vida y de acción, y Dios tiene a hombres pequeños para ocuparlas. Hay puestos importantes con altas responsabilidades, y han de encontrarse hombres con las suficientes capacidades y talentos para ocuparlos. Dios ha hecho una estatua para cada nicho, y un cuadro para cada parte de la galería; pero como hay nichos diminutos, así también deben ser las estatuillas que los ocupen. A alguien el Señor le da dos talentos, porque dos son suficientes, y es probable que cinco fueran demasiados.

Una vez más, Dios da a algunos hombres dos talentos, porque en ellos a menudo manifiesta la grandeza de su gracia en salvar las almas. Tal vez habéis oído a un ministro de Dios cuya sabiduría es profunda y su predicación llena de gracia. Bajo su ministerio pueden salvarse muchas almas.

Biblia, Parábolas, Personajes, Tipos y figuras

¿No dicen algunas personas, que mucho de su éxito se debe a su aprendizaje y a su oratoria elocuente? Por otra parte, quizás habéis conocido a un hombre con una oratoria no tan florida, sin dotes literarios ni modales delicados. Sin embargo, Dios le ha dado el talento de un corazón ferviente para ganar almas. Habla como el hijo del trueno, con un lenguaje rudo y palabras severas; denuncia abiertamente el pecado y proclama con fervor el Evangelio, y bajo su ministerio se convierten cientos de almas. El mundo se burla de él. «No veo ninguna razón para que este hombre predique» dice el universitario, «lo que dice son sandeces y no sabe nada». El crítico toma su pluma, y piensa en la historia más negativa posible. Para él, el predicador tiene todo lo malo; nada de bueno. Dice que es analfabeto, vano, ignorante, orgulloso y vulgar. En toda la lengua inglesa, no había palabra lo suficientemente mala para calificarlo; habría que inventarla. Y a todo esto, ¿qué dice la Iglesia? ¿Qué dice el mismo hombre?

3. En 1 de Corintios 1:26, 27 leemos así: «Pues mirad, hermanos, vuestra vocación, que no sois muchos sabios según la carne, ni muchos poderosos, ni muchos nobles; sino que lo necio del mundo escogió Dios, para avergonzar a los sabios; y lo débil del mundo escogió Dios, para avergonzar a lo fuerte». O sea, que Dios a veces gana más gloria con lo pequeño que con lo grande. No dudo que Él os ha dado a algunos de vosotros poco poder, con poca influencia y en una esfera reducida. En el último gran día, ha de manifestar a los ángeles lo mucho que Él puede hacer con lo poco. Queridos amigos, hay dos cosas que siempre atraen nuestra atención. Una es la habilidad y destreza encerrada en una masa o cuerpo estupendo. Vemos un enorme barco, y nos maravillamos de que el hombre puede haberlo hecho. Luego observamos una delicada pieza de porcelana, que ocupa menos de 5 centímetros. cuadrados, y decimos: «Bueno, yo entiendo cómo el hombre puede hacer un gran barco, pero no comprendo cómo un artista puede tener la paciencia y la habilidad de hacer algo tan diminuto como esta pieza». ¡Ah!, mis amigos, me parece que cuando lo miramos desde nuestras aprehensiones, Dios no nos parece tan grande. Nos maravillamos al ver el espacio infinito y cada cuerpo celeste en su órbita. Luego observamos a un humilde campesino en quien el Señor ha obrado en su corazón, y nos damos cuenta de la gloria que da a Dios ese pequeño talento. En lo poco, el hombre puede honrarse a sí mismo igual que en lo grande, lo infinito y lo eterno.

II. RENDIMIENTO DE CUENTAS POR LOS TALENTOS

Nuestro segundo punto es que aunque tengamos unos pocos talentos, debemos dar cuenta de ellos delante de Dios. Hacemos bien en pensar en el día del juicio, e imaginar que ciertas personalidades tendrán que pasar por una prueba más severa que otras. Leyendo la historia de Napoleón, algunas veces de forma involuntaria, lo he admirado tanto que he llegado a decir: «He aquí un hombre con una tremenda habilidad, ¡el dueño del mundo! Se necesitaría una docena de generaciones para producir otro hombre como él. Pero este personaje ha sido un hombre que proyectó toda su habilidad en la ambición, y que ha llevado a sus ejércitos como una maquinaria destructora a través de cada país. Como consecuencia de ello, hay cientos de miles, sino millones de viudas, huérfanos y mutilados. ¿Cómo ha de dar cuenta de todo esto cuando esté ante el trono de Dios? Los testigos de los campos de España, Rusia, Italia o Egipto se levantarán y acusarán a ese hombre, quien gratificado por su propia ambición, les ha llevado a la muerte». Pero por favor, acordaos que aunque Napoleón debe dar cuenta de lo que hizo, nosotros también tendremos que hacerlo. Aunque nuestra posición no haya sido muy elevada, ni hemos estado en el pináculo de la fama, no por ello escapamos de la mirada del Todopoderoso. Tenemos la suficiente habilidad y poder, para haber hecho lo malo en el mundo y tener que rendir cuenta por ello. «¡Oh!», dice alguien, «No he sido Tom Paine, ni un líder entre los infieles, tampoco he sido un asesino, ni un príncipe entre los pecadores, ni un perturbador de la paz. Además, los pocos pecados que he cometido no han llamado la atención. No creo que mi mal ejemplo haya ido demasiado lejos. Tal vez mis hijos no hayan sido muy bendecidos por mi conducta, pero sin embargo, mis diabluras han sido demasiado pequeñas para perjudicar a los que me rodeaban. He tenido una moral media y que aunque no puedo decir que he servido a Dios, con todo, mis faltas han sido realmente ligeras».

¡Queridos amigos!, el consideraros a vosotros mismos seres insignificantes, no os excusará. ¡Lo que teníais era lo poco que se te había confiado! Vuestro problema consiste en el uso que hicisteis de vuestros talentos. El hombre que tiene muchos talentos necesita trabajar mucho para usarlos todos. Puedes inventar la excusa de que cinco talentos son demasiados, para ponerlos a trabajar todos a una vez. Pero si tienes un talento, y vives y mueres sin haberlo aumentado, tu culpa consistirá en que siendo tu talento muy pequeño, los problemas que podían haberse derivado de su uso, habrían sido también pequeños. Si tuviste poco, Dios requerirá poco de ti; ¿por qué entonces no dar cuenta de ello? No tendrás excusa por no dar cuenta de lo poco que se te ha confiado. Permíteme entonces, dirigirme a ti y recordarte que has de dar cuenta a Dios de lo que Él te ha dado.

1. Recuerda, mi oyente, que en el día de juicio tu rendición de cuentas tendrá que ser muy personal. Dios no te preguntará lo que hizo tu Iglesia, sino lo que hiciste tú. Pensad en una Escuela Dominical. Si Dios tratara a todos los miembros de la Iglesia como un cuerpo, cada uno de ellos diría para excusarse, «¡oh Dios!, como Iglesia hemos tenido una excelente Escuela Dominical, con muchos maestros». Pero no; uno a uno, cada maestro debe venir ante Él. «¿Qué has hecho por la Escuela Dominical?», les preguntará el Señor. «Yo te di un talento para enseñar a los niños, ¿qué has hecho con él?» No se te pedirán cuentas por la gente a la cual estabas unido, sino por ti mismo como individuo. Eres responsable por lo que tenías y por tu propia habilidad para usarlo. «Bien», dirá alguien, «me siento feliz de poder decir que ahora se predica más que

antes, y el número de personas en las Iglesias parece haber aumentado». Sí, es cierto, y tú tomas parte de los méritos para ti mismo. Pero, ¿predicas tú ahora más de lo que lo hacías antes? Eres un ministro del Señor, estás haciendo algún esfuerzo especial? Recuerda, no se trata de lo que hagan los hermanos, sino de lo que tú has hecho, y de ello tendrás que dar cuenta ante el trono de Dios. A cada uno de nosotros se nos hará la misma pregunta: «¿Qué has hecho con tu talento?». Todas tus conexiones con las Iglesias no te servirán para nada. Se trata de lo que has hecho personalmente. Lo que importa, son tus servicios personales para Dios, que se te demandan como una evidencia de la gracia salvadora que ha derramado el Señor en ti. Si los demás son descuidados (y no pagan a Dios lo que le deben) con mucha más razón tú debes ser diligente en lo que haces.

Repasemos nuevamente; las cuentas que tengas que rendir ante Dios, deben ser particulares. Dios tratará una por una, todas las cosas de tu vida. Me preguntáis si puedo probar lo que digo. Leed conmigo en Mateo 12:36: «Mas yo os digo que de toda palabra ociosa que hablen los hombres, de ella darán cuenta en el día del juicio». Es en los detalles pequeños que los hombres se desvían. «Bueno», dirá alguien, «si miro mi vida en conjunto, no estoy demasiado avergonzado de ella, pero esos pequeños asuntos son la parte problemática del informe». ¿Eres consciente que el ayer se formó con pequeñas cosas? Y las cosas de hoy son pequeñas, y las que hagas mañana también lo serán. Así como los pequeños granos de arena forman las costas, estas pequeñas acciones hacen el todo. Recuerda que para dar cuenta de ellas a Dios, habrá que pormenorizarlas una por una. El otro día tuviste una hora libre. ¿Qué hiciste con ella? ¿En qué la empleaste? Dios te había dado una buena voz; ¿la has usado para su gloria? Cada aspecto de nuestra vida será examinado, y nosotros tendremos que rendir cuentas de ello. Compórtate con sabiduría, y no eludas este importante asunto. Toma cada nota de la música de tu vida y procura que esté en armonía con las demás. Aque-

Biblia, Parábolas, Personajes, Tipos y figuras

llos que no tienen al Señor como Salvador, han de saber que el juicio del último gran día, terminará en vuestra condenación.

Repito, el rendir cuentas será muy exacto y no podremos evadirnos de esas pequeñas cosas. «¡Oh», argumentará alguno, «hay algunos pecadillos y unos pequeños asuntos sin importancia, nunca me he puesto a considerarlos!». Pero en el día del juicio sí que se contabilizarán. Cuando al fin Dios venga a mirar dentro de nuestros corazones, Él no mirará solamente lo grande, sino también lo pequeño. El Señor verá cada cosa en su interior; los pequeños pecados y las grandes iniquidades todo ha de ser presentado ante nosotros y se nos pedirá cuenta de cada cosa.

2. Recordad que en el día del juicio, todo será muy imparcial. El príncipe tendrá que rendir cuenta de sus talentos, y de la misma manera la gente de su corte y sus sirvientes. El emperador más poderoso estará ante el trono de Dios, al igual que el más humilde de los campesinos. Se juzgarán entonces todas las cosas que han hecho cuando estaban en el cuerpo. En lo que se refiere a nuestras profesiones, no nos servirán de nada. Podremos haber sido los peores hipócritas que hemos enfermado al mundo con nuestro orgullo, pero hemos de ser investigados y examinados. Tenemos que presentarnos ante el tribunal de Cristo, y aparte de la evidencia, nada podrá darle a Dios una opinión a favor o en contra nuestra. ¡Oh, cuán solemne será el día del juicio; especialmente para los que no pueden implorar a Dios presentando la sangre de Cristo! Aún cuando nuestros pecados por sí mismos podrían condenarnos, el gran Abogado nos llevará a una absolución total por medio de sus méritos imputados.

Ahora bien, recordad que sin Él nunca podríamos pasar por una experiencia tan dura y solemne como el juicio final. «Bueno», dijo un anciano predicador, «cuando fue dada la ley, el Sinaí se envolvió en humo y se derritió como la cera, pero cuando se dé el castigo de la ley, toda la tierra temblará y se acobardará. Porque, ¿quién será capaz de soportar el día del Señor, el día de su gran enojo?».

III. CADA TALENTO TIENE SU VALOR

Vosotros diréis, cuando muere un hombre que estuvo al frente de la Iglesia, que ha sido un verdadero guerrero de la verdad, los ángeles se amontonarán a las puertas del cielo para verle llegar. El tal es como un héroe poderoso que ha hecho mucho por su Maestro. Un Calvino o un Lutero serán recibidos con muchos aplausos como hombres con talentos, que han sido fieles a la confianza que se depositó en ellos. Bien, pero, ¿no sabéis que hay un humilde pastor de un pequeño pueblo, que cuida de su congregación como si se tratara de su propia vida, y se pasa las horas orando por su bienestar? Este hombre usa las pequeñas habilidades que Dios le ha dado, para ganar a las almas para Cristo. ¿Y pensáis que la entrada de este siervo de Dios al cielo, será menos triunfante que la de un hombre como Lutero? Dios da a los suyos recompensas, no de acuerdo a la grandeza de los bienes que les han sido confiados, sino de acuerdo a su fidelidad. El que ha sido fiel en lo poco, será recompensado como el que ha sido fiel en lo mucho. Quiero que busquéis en el capítulo de Mateo 25:22, para que veáis esto. Notaréis primero, que el hombre que tenía dos talentos, vino a su Señor con tanta confianza como el que tenía cinco. En el versículo 22 leemos así: «Llegando también el que había recibido dos talentos, dijo: Señor, dos talentos me entregaste; aquí tienes, he ganado otros dos talentos sobre ellos». Me veo obligado a decir, que mientras este pobre hombre trabajaba con sus dos talentos, miraba a su vecino que tenía cinco talentos, y decía: «¡Oh, me gustaría hacer tanto como él!» A medida que seguía trabajando, oraba; «¡Oh, mi Señor, dame una habilidad más grande, y más gracia para servirte, pues deseo hacer más para ti». Cuando se sentaba para leer su diario decía: «¡Ah, este diario no dice mucho! No tiene el relato de mis viajes por cincuenta condados. No puedo decir que para predicar la verdad, viajé de una tierra a la otra como lo hizo Pablo. No, tuve que quedarme en este pequeño municipio luchando por esta gente, y si he llegado a añadir diez o doce personas a la Iglesia, para mí ha sido algo

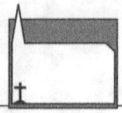

importante y significativo. Cuando oigo que bajo su ministerio, cierto pastor ha añadido a su Iglesia doscientas o trescientas personas en un año, pienso: ¡oh, si yo pudiera hacer algo así para mi Señor! Seguramente, cuando llegue al cielo, tendré que deslizarme despacio por la puerta, mientras que el que ha tenido cinco talentos, podrá entrar osada y resueltamente trayendo sus gavillas». ¡Alto, pobre y pequeña fe, alto ahí! Tu Maestro no te tratará de esa manera. Cuando estés delante del Señor, sentirás por medio de su gracia tanta confianza con tus dos bien usados talentos, como mi hermano con diez. Allí tendrás la dulce presencia de Jesús, y dirás: «Estoy completo en Cristo. Su justicia me cubre de los pies a la cabeza, y mirando atrás a mi vida pasada, puedo decir, ¡bendito sea su nombre! Lo que hice no fue mucho, pero he hecho para Él tanto como podía. Sé que perdonará mis defectos y mis fracasos, y miraré atrás a mi humilde pueblecito con el gozo con que el Señor me permitió trabajar allí». Creo que ese modesto hombre, tendrá una más rica esperanza en su propia conciencia, que aquel que ha sido aplaudido públicamente. «Nunca nadie ha leído mis obras, lo que hice queda entre el Señor y yo, y puedo rendir mis cuentas ante Él y decirle; Señor, lo hice por ti, y no para honrarme a mí mismo». Sí, amigos, podría hablaros de muchos fervientes evangelistas aquí en nuestra tierra, que trabajan más duro que cualquiera de nosotros y ganan bastante menos fama y honor. También podría traeros a muchos misioneros en la ciudad, cuyo trabajo para Cristo va más allá de cualquier medida de alabanza. Estos siervos de Dios no reciben aquí mucha recompensa, sino que mas bien se encuentran con la indiferencia y la falta de respeto. Algunos de ellos visitan enfermos durante horas y luego los vemos ir casa por casa. Predican la Palabra y se encuentran con gente que les cierra la puerta en la cara, con borrachos y personas de distintas religiones, o ateos que no quieren saber nada de la fe en Cristo.

Este hermano sigue trabajando duro, tiene su reunión en la tarde, en la que reúne a un pequeño rebaño y ora con ellos. De vez en cuando se produce la conversión de un hombre o de una mujer, pero él no se atribuye para sí ningún honor. Le lleva al nuevo creyente al pastor, y le dice: «Señor, he aquí un buen hombre, creo que ha quedado muy impactado por el mensaje. ¿Quisiera recibirle en su Iglesia?». El pastor tiene un nuevo miembro en su congregación, pero del pobre misionero nadie dice nada. A veces, en los boletines de la Iglesia se menciona su nombre, pero la gente no se acuerda de él. Para ellos es un objeto de la caridad que hay que sostener, mientras que él mismo es quien hace caridad, esforzándose al máximo por sesenta libras al año, cantidad que apenas le alcanza para mantener a su familia. Cuando él muera, no tendrá en su conciencia menos aprobación que el hombre que estaba al frente de las multitudes, y cuyo ministerio conmocionaba a toda la nación. Vendrá ante el Maestro vestido en la justicia de Cristo, y dirá: «He recibido dos talentos, y con ellos he ganado dos talentos más».

CONCLUSIÓN

Para concluir, vemos que no ha habido ninguna diferencia en la alabanza del Maestro ni tampoco en la recompensa: «Bien, buen siervo y fiel; sobre poco has sido fiel, sobre mucho te pondré; entra en el gozo de tu señor» (Mt. 25:21).

Aquí llega Whitfield, el hombre que ha predicado el Evangelio ante veinte mil personas; quien en Inglaterra, Escocia, Irlanda y América, ha testificado la verdad de Dios, y quien puede contar sus convertidos por miles, aún en un solo sermón. Aquí viene también el hombre que ha soportado burla y persecución, y que se mantuvo fiel alguien para quien el mundo no era digno; que vivió para sus semejantes, y murió por su causa. Es custodiado y admirado por los ángeles, mientras que el Maestro le toma de la mano y le dice: «Bien, buen siervo y fiel; sobre poco has sido fiel, sobre mucho te pondré; entra en el gozo de tu señor». Así honra la gracia a un hombre que ha usado sus talentos con valor. Pero, ¿quién viene allí? Una pobre criatura delgada, quien en la tierra había enfermado de tuberculosis y tuvo que pasarse tres largos años en cama. ¿Es hija

Biblia, Parábolas, Personajes, Tipos y figuras

de alguna princesa?, pues en el cielo hay bastante movimiento por su causa. No, se trata de una pobre chica que se ganaba la vida cosiendo y trabajó duro hasta la muerte puntada tras puntada desde la mañana hasta la noche. Se fue a la tumba prematuramente, pero aquí llega al cielo, y el Maestro le dice las mismas palabras y le da la misma bienvenida que a los demás. Ella toma su lugar al lado de Whitfield. Preguntad qué es lo que hizo, y veréis que vivía en una oscura habitación en Londres. Otra chica venía a ayudarle a coser. Era una criatura alegre e informal, y la chica enferma de tuberculosis le habló por primera vez de Cristo. Cuando se encontraba bien, la llevaba con ella por la tarde a la Iglesia. Al principio le costó mucho que aceptara ir con ella, pero la invitaba con tanto amor que lo consiguió. Siempre le decía: «Oh, Jane, quisiera que amaras al Salvador», y cuando Jane no iba a la reunión, oraba por ella. Mientras cosían, entre puntada y puntada le leía alguna página de la Biblia, pues la pobre Jane no sabía leer. Con muchas lágrimas trataba de hablarle acerca del Salvador quien la amó y se dio a si mismo por ella. Al fin, después de mucho hablarle y de muchas noches de oración y desvelo, vivió para ver a Jane profesar su amor a Cristo. Entonces cayó muy enferma, y fue llevada al hospital, donde murió. Mientras estaba en el hospital, tenía en su mesilla unos tratados, que se los iba entregando a la gente que venía a verla. A veces, con gran esfuerzo se levantaba e iba a hablarle a alguien que se estaba muriendo. La enfermera le permitía hacerlo, y ella no perdía la oportunidad. Finalmente se puso demasiado grave como para levantarse. Entonces le preguntaba a una mujer cuya cama estaba cerca de la de ella, quién se había mejorado y estaba listo para irse a su casa. A esa persona le pedía que antes de salir le leyera uno o dos capítulos de la Biblia, no tanto por ella, sino por la misma persona que los leía, pues tenía la esperanza de que la Palabra tocase su corazón. Por último esta pobre chica durmió en Jesús. A ella también le dijeron: «bien hecho» y, ¿qué otra cosa podía haberle dicho un arcángel?, «ella hizo lo que pudo».

30. EL RETORNO DEL HIJO PRÓDIGO

«Y levantándose, vino a su padre. Y cuando aún estaba lejos; lo vio su padre y fue movido a misericordia, y corrió y se echó sobre su cuello y le besó» (Lucas 15:20).

INTRODUCCIÓN: Cristo abre sus brazos.

I. LA POSICIÓN
1. Alejados de Dios.
2. Renunciar al pecado.

II. DIFICULTADES
1. Temor a la muerte sin bendición.
2. Temor a la recaída.
3. Dios Padre nos recogerá.

CONCLUSIÓN: El gran amor del Padre.

EL RETORNO DEL HIJO PRÓDIGO

INTRODUCCIÓN

Todas las personas comprometidas en la educación, os dirán que es mucho más difícil para la mente desandar lo aprendido que recibir la verdad. Supongamos que hay un hombre que es un completo ignorante en todas las materias. De esa forma, tendríamos una oportunidad más amplia de instruirle rápida y efectivamente. Si su mente hubiera sido antes llena con falsedades, nuestro trabajo sería más arduo. No tengo dudas de que cada uno de vosotros dirá que desandar lo andado es más fácil que aprender cosas nuevas. Deshacerse de viejos prejuicios y nociones preconcebidas es una lucha muy difícil. Bien se ha dicho que esas pocas palabras, «me he equivocado», son las más difíciles de pronunciar en toda la lengua inglesa, y después de haberlo hecho, es aún difícil borrar el rastro que el error ha dejado sobre nuestro corazón. Es mucho mejor no saber nada, que saber lo malo. Ahora bien, estoy seguro de que esa verdad, nunca es tan auténtica como cuando se la aplica a Dios. Si se me hubiera dejado solo para que formase mi noción de Dios, enteramente de lo que dice la Escritura, siento que con la ayuda del Espíritu Santo hubiera sido mucho

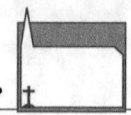

más fácil entender lo que Él es y cómo gobierna al mundo, que aprender las verdades de su propia Palabra, deformadas por la opinión de los demás. Entonces hermanos, ¿quién nos dará una justa representación de Dios? Él arminiano critica a Dios, acusándole (tal vez no sea su intención), de infidelidad, pues dice que Dios promete lo que no cumple. Dice además que él puede dar la vida eterna, y prometer que aquellos que la tienen nunca perecerán, pero luego vemos que sí perecen. Habla de Dios como si fuera un ser mutable, pues dice que un día ama a los hombres, y al otro los odia. En un momento escribe sus nombres en el Libro de la Vida, y seguidamente los borra. Como supondréis, la influencia de un error de esta clase, es muy dañina. Muchos hijos de Dios, que han aprendido estos errores en su temprana juventud, los tienen luego que arrastrar por mucho tiempo, mientras que podían haber andado gozosos camino del cielo, si hubieran conocido la verdad desde el principio. Por otra parte, aquellos que escuchan a un predicador calvinista, están muy predispuestos a malinterpretar a Dios. Aunque confiamos que nunca hablaremos de Dios en otro sentido que no sea el que vemos reflejado en las Escrituras, sabemos que muchos de nuestros oyentes se forman en sus mentes una caricatura de Dios. Se imaginan que Dios es un ser severo, fiero y enojado, muy fácil de ser movido a la ira pero no de ser inducido al amor. Piensan de Él como alguien que se sienta en su trono en un estrato supremo y elevado, totalmente indiferente a los deseos de sus criaturas. También le ven como un Soberano arbitrario, que nunca oye los deseos de los suyos, y no tiene compasión de sus infortunios. ¡Oh, si pudiéramos quitarnos de la cabeza todas estas falacias y creer que Dios es lo que la Escritura dice que es! Debemos ir a la Palabra, mirar en el espejo en que se refleja su santa imagen, y recibirle como es; el Dios sabio, justo, amante y lleno de gracia. Esta mañana trataré, con la ayuda del Espíritu Santo, de representar el amoroso carácter de Cristo. Me sentiré feliz de tener en mi audiencia a alguien que ocupe la posición del hijo pródigo de la parábola, queriendo venir a Cristo y estando al mismo tiempo muy lejos de Él. Confío que mis oyentes sean guiados por el mismo Espíritu Divino, para creer en el tierno amor de Jehová, y así hallar la paz con Dios antes de dejar esta casa de oración. «Y levantándose, vino a su padre. Y cuando aún estaba lejos, lo vio su padre, y fue movido a misericordia, y corrió, y se echó sobre su cuello, y le besó».

Primero, hay que notar la posición esperada en las palabras «estaba lejos». Segundo, tomar nota de las dificultades peculiares que agitan la mente de los que se hayan en esa condición, y tercero, quisiera enseñaros el tierno amor de nuestro adorable Dios, quien cuando nos hallamos lejos, nos acoge en sus paternales brazos.

I. LA POSICIÓN

1. Primero, ¿cuál es la posición que da a entender la expresión «aún estaba lejos?» Antes que nada, debo aclarar cual no es esa posición. No es la posición del hombre que es descuidado e indiferente hacia Dios; pues notaréis que se dice que el hijo pródigo había vuelto en sí (v. 17), y que estaba dispuesto a retornar a la casa paterna. Es verdad que todos los pecadores, lo sepan o no, están muy alejados de Dios. La posición del hijo pródigo, da a entender el carácter de alguien que ha sido tocado por la convicción, que aborrece su vida pasada, y que desea sinceramente volver a Dios. Esta mañana, pues, no me dirigiré al blasfemo ni al profano. Es posible que si hay aquí esta clase de personas, oigan alguna advertencia, pero no me estaré dirigiendo a ellos. El texto sugiere a un hombre que maldecía y profería juramentos, pero que ahora está buscando a Cristo para obtener la vida eterna. Éste es el hombre de quien se dice que estaba viniendo al Señor, pero aún «estaba lejos».

Hay otra persona que no encaja en esta descripción. Es el fariseo que piensa que es muy justo y todavía no ha aprendido a confesar su pecado. En tus aprehensiones tú no estás demasiado lejos de Dios. En este pasaje no se habla de ti. Tú eres como el hijo pródigo, te has alejado de tu Padre y has escondido en la tierra el oro que te ha dado.

Biblia, Parábolas, Personajes, Tipos y figuras

Te alimentas de las cáscaras de las bellotas que los cerdos no quieren comer, mientras mediante una miserable economía de buenas obras, esperas ahorrar lo suficiente para poder sostenerte aquí y en la eternidad. Tú esperanza de la auto salvación es una falacia, y las palabras del texto no se refieren a ti. El hombre de nuestro texto es alguien que se sabe perdido, pero desea ser salvo, alguien que es encontrado por Dios y recibido con un afectuoso abrazo.

Y ahora llegamos a la siguiente pregunta: ¿Quién es este hombre, y por qué se dice de él que «aún estaba lejos»? Por el contrario, ahora que conoce su necesidad y está buscando al Salvador, parece estar muy cerca del Reino. Lo repito, en primer lugar, está bastante lejos en sus propias aprehensiones. Los que estáis aquí en esta mañana, tenéis la idea de que nunca un hombre estuvo tan lejos de Dios como lo estáis vosotros ahora. Miráis a vuestra vida pasada y veis cómo habéis desairado a Dios. Despreciaste el día del Señor, has dejado de lado su Palabra, has pisoteado la sangre de Cristo y rechazado todas las invitaciones de su misericordia. Das vuelta a las páginas de tu historia y recuerdas los pecados que has cometido los pecados de tu juventud y tus últimas transgresiones, los delitos de tu madurez y los pecados de tu vejez. Como negras olas rompiendo sobre la costa, avanzan una tras otra por tu perturbada memoria. Viene de pronto una pequeña ola que te trae el recuerdo de tus locuras de niño, y sobre ésta una con las transgresiones de tu juventud, y luego una enorme ola oceánica de los pecados de tu edad adulta. Al verlas te quedas atónito. «¡Oh Dios!, ¡cuán profundo es el golfo que me separa de ti!, y ¿quién puede atravesarlo? Estoy separado de ti por leguas de pecado, y las montañas de mi culpa se apilan entre tú y yo. ¡Oh Dios, si me destruyeras ahora, serías justo!, y si alguna vez me atrajeras hacia ti, el poder que lo haría no sería menos omnipotente que el que ha hecho el mundo. ¡Oh Señor, qué lejos estoy de ti!»

Algunos de vosotros en esta mañana estaríais asombrados si vuestros vecinos os revelaran sus propios sentimientos. Si algún hombre entre la multitud viniera a este púlpito y os dijera qué es lo que siente, tal vez estaríais horrorizados ante la descripción de su propio corazón. ¡Cuántos de vosotros no tenéis ni noción de la forma en que un alma padece cuando está bajo las convicciones de la ley! Si pudierais oír al hombre decir lo que siente, creo que diríais: «¡Ah!, es un pobre entusiasta desilusionado que cayó presa de su conciencia. Los hombres no son tan malos»; o de otra manera estaríamos pensando que han cometido algunos delitos que ni siquiera se atreven a mencionar. No; este hombre ha sido tan moral y recto como tú o yo, pero si se «autodescribiera» como se está descubriendo ahora, te causaría un *shock* total. Pero aún eres el mismo, aunque no lo sientas y lo niegues con toda indignación. Cuando la luz de la gracia divina entra en tu corazón, es como si se abrieran las ventanas de una vieja celda que ha sido cerrada por mucho tiempo. En ese lugar que no se ha abierto durante meses, hay toda clase de criaturas repugnantes y unas pocas plantas raquíticas, pálidas por la oscuridad reinante. Las paredes son oscuras y húmedas, con huellas de reptiles. Es un lugar sucio y horrible en el cual nadie quisiera entrar. Abrid esas ventanas, limpiad uno de los cristales y dejad que entre un poco de luz. Ved como más de mil cosas nocivas han hecho su nido en la habitación. No fue la luz la que hizo de éste un lugar tan horrible, pero sí mostró lo horrible que era antes. De manera que dejemos que la gracia de Dios abra una ventana y permita que la luz penetre en el alma de un hombre. Éste quedará asombrado al ver a qué distancia se encuentra de Dios. Así es, hoy sientes que eres el segundo después del Eterno, y te imaginas que puedes acercarte a su trono con paso decidido. Es muy poco lo que tienes que hacer para ser salvo, y piensas que puedes hacerlo a cualquier hora, e incluso salvarte sobre tu lecho de muerte. ¡Ah! si pudieras ser tocado por una varita mágica, y mostrar lo que eres en realidad, entonces verías que si Dios no te extendiera los brazos de su gracia, tendrías que morir en tus pecados. Ahora, confío en que en esta asamblea tengo algunos miembros que me pueden decir: «Pastor, siento que estoy muy lejos de Dios, y a veces tengo miedo de que Él no vuelva a tener misericordia de mí. No me atrevo a levantar mis ojos al cielo; golpeo sobre mi pecho y digo: "Señor, ten misericordia de mí, un pecador"». ¡Oh, pobre corazón!, aquí hay para ti un pasaje consolador: «Y cuando aún estaba lejos, lo vio su padre, y fue movido a misericordia» (Lc. 15:20).

2. Hay un segundo sentido en el cual algunos de los presentes pueden creer que están lejos de Dios. La conciencia le dice a cada hombre, que para ser salvo debe deshacerse de su pecado. Los antinominalistas, posiblemente pretendan creer que los hombres pueden ser salvos mientras vivan en pecado; pero la conciencia nunca permitirá a nadie a tragarse una mentira tal. No tengo ni una persona en esta congregación que no esté perfectamente segura de que si ha de ser salvo, debe abandonar sus pecados y sus vicios. Seguramente que aquí no hay nadie que esté tan atontado por la droga de la indiferencia infernal, como para imaginar que puede gozar de sus concupiscencias y después usar las vestiduras blancas que llevan los redimidos en el paraíso. Si imagináis que podéis ser participantes de la sangre de Cristo y al mismo tiempo tomar la copa de Belial, es que tenéis menos confianza de la que quisiéramos infundiros. No, bien sabes que si es necesario, hay que mutilar el cuerpo y si se quiere entrar al Reino de Dios, se debe renunciar a los pecados más queridos. Aquí tengo un hombre que está convencido de la falta de santidad en su vida, y ha tratado de reformarse. No es que piense que eso le salvará, pero cree que éste es uno de los primeros frutos de la gracia la renuncia del pecado. ¡Pobre hombre, durante muchos años ha sido un borracho perdido, y ahora lucha por vencer el vicio del alcohol! Casi lo ha conseguido, pero nunca antes ha tenido una lucha tan tremenda. Ahora la tentación viene sobre él de manera tan fuerte, que todo lo que puede hacer es permanecer firme en su contra. Quizás hay otro vicio, y tú, mi hermano, te has enfrentado a él, pero hay muchas ataduras y trabas que nos sujetan a nuestros vicios, y no es tan fácil desenmarañar lo que has tejido. No podéis purgar vuestra casa de sus ídolos; y no sabéis cómo abandonar todos vuestros placeres lujuriosos. Tampoco podéis renunciar a la compañía de los impíos. Habéis cortado una a una, vuestras más íntimas relaciones, pero es muy difícil llegar a hacerlo de forma total. Por eso a menudo caes sobre tus rodillas y lloras: «¡Oh Dios, cuán lejos estoy de ti! ¡Qué escalones tan altos son los que debo subir! ¡Oh, ¿cómo puedo ser salvo? Seguro que si no me he podido deshacer de mis pecados pasados, nunca podré seguir mi camino, y aunque me deshiciera de ellos, volvería a caer una vez más». Estás gritando a viva voz: «¡Oh, cuán grande es mi distancia de Dios! ¡Señor, tráeme más cerca de ti!».

Permitidme presentaros otro aspecto de nuestro alejamiento de Dios. Habéis leído vuestras Biblias, y creéis que únicamente la fe puede unir un alma a Cristo. Sentís que a menos que creáis en Él, quien murió en la cruz por vuestros pecados, nunca podréis ver el Reino de Dios. Sin embargo, en esta mañana podéis decir: «Señor, he tratado de creer; durante muchos días he escudriñado las Escrituras para encontrar una promesa en la cual descansar. He pasado mucho tiempo sobre mis rodillas, suplicando con fervor una bendición divina; pero creo que mi súplica ha sido en vano, pues hasta ahora no he tenido ni un suspiro de la gracia, ni una señal de tu misericordia».

Señor, he tratado de creer, y he dicho:
«¡Oh si pudiera creer
entonces todo sería más fácil,
yo quisiera pero no puedo
Dios alivia mi alma,
mi ayuda debe venir de Ti!»

He usado todo el poder que tenía, y he tratado desesperadamente de postrarme a los pies del Salvador, para ver mis pecados lavados con su sangre. No he sido indiferente a la crucifixión de Cristo; y sé que Él murió por causa de mis pecados. Sin embargo, cuando trato de poner mi mano sobre la cabeza del chivo expiatorio, y creer que mis pecados le son transferidos a él, algún demonio parece detener el aliento que hay en la adoración, y algo frena mi mano que se apoya sobre la cabeza del que murió por mí.

Biblia, Parábolas, Personajes, Tipos y figuras

Bien, pobre alma, ciertamente te encuentras lejos de Dios. Te repetiré las palabras del texto. ¡Que el Espíritu Santo te las repita en el oído! «Y cuando aún estaba lejos, lo vio su padre, y fue movido a misericordia, y corrió, y se echó sobre su cuello, y le besó» (Lc. 15:20). Así sucederá contigo si has venido de lejos. Aunque la distancia sea grande, no tendrás que cubrirla, sino que Dios, el Eterno, desde su trono te mirará y visitará tu pobre corazón. Tal vez ahora, temeroso de acercarte a Él, te tardes en el camino, pero Él ya te ha visto y va a encontrarse contigo.

II. DIFICULTADES

1. Nuestro segundo punto es acerca de las dificultades peculiares que se agitan en el corazón de los que se encuentran en esta posición. Permíteme presentarte al pobre y harapiento hijo pródigo. Después de una vida fácil, por su propio vicio es arrojado a una vida de trabajo y penuria. Después de trabajar durante un tiempo alimentando a los cerdos, ya casi muerto de hambre, se plantea volver a la casa de su padre. Es un viaje largo y fatigoso. Camina muchos kilómetros, hasta que el dolor en los pies se le hace insoportable, y por último, desde la cima de una montaña ve a lo lejos en la llanura, la casa de su padre. Todavía hay muchos kilómetros entre ambos. ¿Podéis concebir sus emociones, cuando por primer vez después de una tan larga ausencia, ve la vieja casa paterna? La recuerda bien en la distancia, pues aunque ya hace tiempo que pisó su suelo, nunca ha cesado de recordarla. También vienen a su memoria, el amor tierno de su padre y sus días de prosperidad cuando estaba con él. Estas cosas jamás han sido borradas de su conciencia. Me imagino que pensaréis que por un momento sentirá como un rayo de felicidad, un haz luminoso en medio de la tormenta, pero nuevamente una negra oscuridad invade su espíritu. En primer lugar, es probable que piense: «¡Oh, creo que puedo alcanzar mi casa, pero ¿me recibirá mi padre? ¿No me cerrará la puerta en la cara y me dirá que me vaya y me pase el resto de mi vida donde he pasado la primer parte de ella? Entonces, se presenta otra sugestión: Seguramente, el demonio que me arrastró fuera la primera vez, me llevará nuevamente lejos antes de que pueda siquiera saludar a mi padre». O tal vez, piensa el hijo, «puedo morir en el camino, de modo que antes de recibir la bendición de mi padre, mi alma estará frente a Dios». No dudo que alguna de estas tres cosas habrá cruzado por tu mente. Seguramente estás en la posición de aquel que busca a Cristo, y gime de pena al ver lo lejos que se encuentra de Él.

A menos que Cristo se te haya aparecido antes de morir, el miedo habrá anidado en tu mente. Durante meses has estado buscando al Salvador sin poder encontrarle, y ahora viene el pensamiento fatídico; «¿qué sería de mí si me muero con estas oraciones sin contestar? Aunque tuviera que esperar con angustia durante muchos años, si Él me oyera antes de que me vaya de este mundo, estaría contento. Pero, ¿qué ocurrirá si antes de mañana paso a ser un cadáver? Esta noche me arrodillaré en mi cama y clamaré pidiendo misericordia. ¡Oh, si Él no me envía el perdón antes de mañana por la mañana, mi espíritu tendrá que comparecer ante su trono! ¿Entonces qué? Los demás hombres piensan que van a vivir para siempre, mientras que los que tienen convicción de pecado y están buscando al Salvador, tienen miedo de morir en los próximos cinco minutos. Queridos hermanos, vosotros sabéis que llegará un tiempo en que no os atreveréis a cerrar vuestros ojos, por miedo de no volver a abrirlos otra vez aquí en la tierra. Teméis que las sombras de la noche oscurezcan para siempre la luz del sol, y os lleven a vivir en las tinieblas de afuera por toda la eternidad. Habéis gemido con el despertar de cada día, y llorasteis cuando venía la noche, porque pensabais que el próximo escalón os precipitaría a la condenación eterna. Habéis temblando y temido que cada partícula, cada piedra y cada átomo, esté contra vosotros para destruiros. John Buyan dice que en una época de su vida, hubiese preferido ser un perro o una rana antes que un hombre. Estaba deshecho y arruinado por el pecado, y aunque durante tres años había estado buscando a Cristo, podría haberse muerto sin haberlo encontrarlo. Ciertamente, esta alarma no es innecesaria. Tal vez pueda sobresaltar a alguien que siente la necesidad de Cristo, pero la mayoría de nosotros necesita estar asustado con el pensamiento de la muerte. Porque vives y tienes salud, y comes, bebes, y duermes normalmente, piensas que nunca vas a morir. ¿Has mirado sobriamente alguna vez a tu final? ¿Te ha ocurrido que cuando te vas a la cama por la noche, piensas que una noche te desvestirás para entrar en tu último sueño? Y cuando te levantas por la mañana, ¿has pensado que la trompeta del arcángel te puede despertar para presentarte ante Dios en el día del gran tribunal, donde todo el universo tendrá que comparecer ante el gran Juez? No. Todos los hombres piensan que los demás son mortales, pero ellos no. Con todo, los pensamientos de la muerte seguirán empujando para hacerse lugar en nuestra mente. Al final, nos encontraremos despertándonos en el mismo tormento, pero despertarse allí equivale a hacerlo demasiado tarde. Pero tú, a quien estoy hablando especialmente en esta mañana, tú que sientes que estás muy lejos de Cristo, si en verdad le has buscado no morirás, sino que vivirás y declararás las obras del Señor. Todavía no ha habido un alma que busque sinceramente al Salvador y muera sin haberlo encontrado. No; las puertas de la muerte nunca se cerrarán sobre ti hasta que los portales de la gracia se hayan abierto para darte paso. Hasta que Cristo no te haya lavado de tus pecados, no serás bautizado en la inundación del Jordán. Tu vida está segura, pues este es plan de Dios. Él mantiene a los suyos vivos con su gracia, y luego les lleva consigo. Puesto que conoces tu necesidad de un Salvador, eres uno de los suyos y no perecerás hasta que le hayas encontrado.

2. Tu segundo temor es, «¡Ah señor!, yo no tengo miedo de morir antes de encontrar a Cristo, pero temo a algo mucho peor que eso. Antes, he tenido convicciones que han pasado de largo, pero mi temor de hoy es que vuelvan a venir». He oído acerca de un hombre, que habiendo sido en una ocasión profundamente impresionado por un mensaje, fue llevado al arrepentimiento de sus pecados y abandonó su vida pasada. Pero el pobre sintió tal horror de volver a su vida postrera, que un día se arrodilló y le dijo al Señor: «¡Oh Dios, déjame morir en este lugar antes que niegue la fe que he abrazado, y vuelva otra vez a la vida de antes!» Su oración fue oída y murió en aquel mismo lugar. Dios prefirió llevárselo al hogar celestial, antes que permitirle soportar el peso de la tentación en esta tierra. Muchas veces, tú y yo hemos sido llevados a Cristo bajo la predicación de la Palabra. Podemos mirar atrás y ver docenas de ocasiones en las que parecía que habíamos llegado al punto clave en nuestra vida. Algo nos decía en nuestros corazones: «creed ahora en Cristo, pues hoy es el tiempo aceptable y el día de salvación». Pero hemos dicho: «Mañana, mañana; y cuando el mañana llegó, nuestras convicciones se habían esfumado». Nos desviamos lejos de Dios y nos olvidamos de Él. En tu oración de esta mañana, antes de venir aquí dijiste: «Padre, que mis compañeros no se burlen de mi fe, no permitas que mi negocio mundano absorba mis pensamientos y me impida poner la atención en tus cosas. No dejes que las cosas insignificantes de hoy absorban mis pensamientos y que no esté preparado para encontrarme contigo».

Profundamente en mi pensativo corazón,
se imprimen las cosas eternas.

3. Haz de ésta una obra salvadora real que no se extinga, ni sea quitada de mí». ¿Es ésta tu ferviente oración? ¡Oh, pobre hijo pródigo!, te oirá y te responderá. No tendrás tiempo para retroceder. Hoy tu Padre te está viendo desde su trono en los cielos, hoy corre hacia ti con el mensaje del Evangelio, se abraza a tu cuello, llora de gozo y te dice: «Tus muchos pecados te son perdonados». Hoy, por medio de la predicación de la Palabra, Él te invita a venir y a razonar con él; «si vuestros pecados fueren como la grana, como la nieve serán emblanquecidos; si fueren rojos como el carmesí, vendrán a ser como blanca lana» (Is. 1:18). Pero creo que el último pensamiento del hijo pródigo fue cuando llegó donde

Biblia, Parábolas, Personajes, Tipos y figuras

estaba su padre y éste le dijo: «arréglatelas tú solo; yo no quiero tener nada que ver contigo». ¡Ah, pensó para sí, «recuerdo la mañana, cuando me levanté antes de la aurora, porque sabía que no podía soportar las lágrimas de mi madre! Me deslicé por la escalera de atrás, llevándome todo el dinero conmigo, escapé por el patio y corriendo, me fui a vivir en la tierra donde lo despilfarré todo. Pero, ¡allí está mi padre!, corre hacia mí, pero lleva un látigo consigo, seguramente para castigarme. Tal vez me dirá; Bueno, John, has gastado todo el dinero que te di, no esperes que haga nada más por ti. No te dejaré morir de hambre; pero serás uno de mis sirvientes». «¡Oh», dice el diablo para sus adentros, «tu padre nunca más volverá a hablarte con cariño. Lo mejor será que vuelvas a escaparte. Tendrás una reprimenda como nunca la has tenido en tu vida. Morirás con el corazón desecho; podrías caer muerto aquí mismo, tu padre nunca te enterrará y te comerán los cuervos. No hay para ti ninguna esperanza, mira como le has tratado. Ponte en su lugar. ¿Qué harías si tu hijo se escapara con la mitad de tu fortuna y lo derrochase todo con rameras?». El hijo pensó que si estuviera en el lugar de su padre sería muy duro y severo, y posiblemente, se daría la vuelta y saldría corriendo. Pero no tuvo tiempo de hacerlo. Cuando estaba pensando en escapar, de pronto los brazos de su padre le rodearon el cuello, y recibió el beso paternal. Antes de que pudiera terminar su oración, fue vestido con una ropa blanca, la mejor de la casa, y fue traído a la mesa y mataron al becerro engordado para la comida. ¡Pobre alma!, tú dices: «Si acudo a Dios él nunca me recibirá. Soy demasiado vil y malvado. Mi hermano podría ser salvo, ¡pero en mis delitos hay tantos agravantes! Prometí al Señor arrepentirme y cuando me sentí mejor, vi que había vuelto otra vez a mis antiguos pecados. Le pediré que me deje donde deseaba estar la mujer Sirofenicia para comer como los perros las migajas que caen de la mesa del Maestro. ¡Oh!, si me lo permite, mientras viva le cantaré alabanzas, y cuando el sol empalidezca su luz, mi gratitud, inmortal como mi alma, no cesará de cantar su amor». Ahora, peca-

dores, secad vuestras lágrimas, haced que cesen vuestras penas sin esperanzas, mirad a las heridas de Cristo, quien murió por vosotros. Dejad que todas vuestras penas sean quitadas, pues no existe ninguna razón para ellas. Tu Padre te ama, y él te acepta y te recibe en su corazón.

CONCLUSIÓN

Ahora, para concluir, notad cómo se concentraban estos temores en el caso del hijo pródigo. El texto dice: «Y cuando aún estaba lejos, lo vio su padre». Sí, y Dios puede verte ahora mismo. Dios ha oído esa oración de poca fe que acabas de pronunciar hace un momento. El otro día estabas en tu recámara, donde nadie podía oírte, pero Dios también estaba allí. Pecador, permite que este sea tu consuelo, que Dios te ve cuando recién empiezas a arrepentirte. Él no te mira con la mirada usual, con la que ve a todos los hombres, sino que te ve con un intenso interés. Te ha estado mirando en todo tu pecado y en toda tu pena, esperando que te arrepientas; y ahora ve en ti el primer destello de gracia y lo contempla con gozo. No pienses que eres despreciado, desconocido y olvidado. Él te ve desde su alto trono en la gloria, y se regocija en ti. El te ha visto orar, ha oído tus gemidos, ha visto tus lágrimas. Te miró y se regocijó al ver que eran las primeras semillas de la gracia en tu corazón.

El texto continúa diciendo que el padre «fue movido a misericordia». No solo le vio, sino que lloró para sus adentros al verle en tan malas condiciones. El viejo padre tenía una mirada de largo alcance, y aunque el hijo no puedo verle en la distancia, él sí pudo ver a su hijo. Éste fue el primer pensamiento del padre cuando le vio! ¡Oh, mi pobre hijo, en qué estado lastimero está! Le miró a través de su telescopio de amor, y al verle dijo: «¡Ah!, cuando se fue de casa no estaba tan mal como ahora! Pobre criatura, sus pies están sangrando, viene de muy lejos. Mirad su cara, no parece ser el mismo muchacho que cuando me dejó. Sus ojos eran tan brillantes, y ahora se ven tristes y hundidos. Sus mejillas redondas y saludables, ahora están huecas por el hambre. ¡Está tan delgado que puedo contar todos sus huesos!». En lugar de sentir enojo en su corazón, el Padre sintió justo lo contrario: gran pena por su hijo venido a menos. Eso es lo que el Señor siente por nosotros los que estamos gimiendo y quejándonos a causa del pecado. Él se olvida de tus pecados, pero llora al ver que has llegado a un estado tan lamentable. Es como si te dijera: «¿Por qué te rebelaste contra mí y has llegado a esta situación?» Es igual al día en que Adán pecó. Dios andaba por el jardín, y de pronto perdió de vista a Adán. Pero no gritó: «¡Adán, ven aquí que serás condenado!». No. Con voz suave, llena de pena y dolor, dijo: «Adán, ¿dónde estás tú? ¡Oh, querido Adán, a quien he hecho tan feliz, ¿dónde estás ahora? ¡Oh, Adán!, pensaste en convertirte en un Dios. ¿Dónde estás? Tú caminaste conmigo, ¿dónde te escondes ahora de tu amigo? Poco sabías tú, Adán, ¡los infortunios habías traído sobre ti y tu descendencia! Adán, ¿dónde estás tú?». Las entrañas de Jehová se conmueven hoy por ti. Él no está enojado contigo; su enojo ha pasado y sus brazos aún están extendidos. Ya que Él te ha hecho sentir que has pecado contra Él, y debes reconciliarte, no hay ira en su corazón. La única pena que siente es que hayas llegado a un estado tan lamentable como el que te encuentras ahora.

Pero Él no se ha detenido en la mera compasión. El versículo dice: «Fue movido a misericordia, y corrió, y se echó sobre su cuello, y le besó». Esto tal vez no lo entiendes ahora, pero más tarde lo entenderás. Si hoy estás buscando a Dios a través de Cristo, llegará el día cuando el beso del Padre sellará tus labios, cuando los brazos del amor soberano te abracen y tú te regocijes en Él. Es posible que le hayas despreciado, pero ahora sabrás que es tu Padre y tu Amigo. Tal vez te has burlado de su nombre, pero un día vendrás a regocijarte en Él. Es posible que hayas profanado el Sabath y hayas despreciado su Palabra, pero el día viene cuando el día de reposo será tu alegría, y su Palabra, tu tesoro. Sí, no te maravilles, puedes haber llegado a las profundidades más abismales del pecado, y haber ennegrecido tus ropas con la iniquidad; pero estarás de nuevo ante su trono tan blanco como los ángeles, y la lengua que antes le maldijo, ahora cantará su alabanza. Si realmente le estás buscando, las manos que has manchado con lujuria un día tomarán el arpa de oro, y la cabeza que ha maquinado planes contra el Altísimo, será coronada. ¿No es extraño que Dios haga tanto por los pecadores? Pero por extraño que parezca, es extrañamente verdadero. Mirad al tambaleante borracho en la cervecería. ¿Hay alguna posibilidad de que un día se encuentre entre los justos hijos de la luz? ¡Ay, ciertamente que sí, si Él se arrepiente y se vuelve del error de su caminos! ¿Puedes oír al que maldice y jura? ¿Puedes ver al hombre que se etiqueta a sí mismo como un siervo del infierno y no se avergüenza de ello? ¿Es posible que un día comparta la dicha de los redimidos? ¿Posible?... Mucho más que eso si se vuelve de sus malos caminos. ¡Oh gracia soberana, haz volver a los hombres para que puedan arrepentirse!

«Volveos, volveos de vuestros malos caminos; ¿por qué moriréis, oh casa de Israel?» (Ez. 33:11).

«Señor, al pecador harás volver,
por amor a tu tierna misericordia.»

3. Personajes

31. EL LLAMAMIENTO DE ELÍAS A LOS INDECISOS

«¿Hasta cuándo claudicaréis vosotros entre dos pensamientos? Si Jehová es Dios, seguidle; y si Baal, id en pos de él» (1 Reyes 18:21).

INTRODUCCIÓN: Nadie puede servir a dos señores.

I. DIFERENCIA ENTRE EL CULTO A BAAL Y EL CULTO A JEHOVÁ
1. No se puede unir.
2. Nadie puede servir a dos señores.

II. HASTA CUÁNDO VACILARÉIS
1. Intentar servir a Dios y a Satanás.
   a) ¿Hasta cuándo vacilaréis?

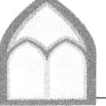

b) ¿Cuánto tiempo más necesitas?
c) ¿Hasta cuándo vacilaréis entre dos opiniones?
d) ¿Qué tiempo necesitas para decidir?

III. UNA POSICIÓN ABSURDA
1. El profeta les acusa de su opinión.
   a) El profeta se ríe de ellos.
   b) Sus conocidos se ríen de ellos
   c) El diablo se ríe de ellos
   d) ¿Hasta cuándo saltaréis entre dos ramas?

IV. UNA OPINIÓN EQUIVOCADA
1. La verdad no cambia.
2. La conducta consecuente.

V. UNA DECLARACIÓN PRÁCTICA
   a) Si Dios es Dios seguidle
   b) Si Dios es Dios servidle

CONCLUSIÓN: Llega el día de la ira.

EL LLAMAMIENTO DE ELÍAS A LOS INDECISOS

INTRODUCCIÓN

Era un día para recordar: las multitudes de Israel se congregaron al pie del Carmelo, y el solitario profeta del Señor acudió para desafiar a los cuatrocientos cincuenta sacerdotes del falso dios. Podríamos contemplar esta escena con la mirada de la curiosidad histórica y la encontraríamos entonces llena de interés. En lugar de ello, sin embargo, la contemplaremos con la mirada de la atenta consideración, y veremos si no podemos ser mejorados por sus enseñanzas. Tenemos sobre aquel monte Carmelo, y en el llano, a tres clases de personas. Tenemos primero al devoto siervo de Jehová, un profeta solitario; tenemos, por otra parte, a los decididos siervos del maligno, los cuatrocientos cincuenta profetas de Baal; pero la inmensa masa de aquel día pertenecía a una tercera clase: a aquellos que no estaban plenamente decididos a adorar a Jehová, el Dios de sus padres, o a Baal, el dios de Jezabel. Por una parte, sus antiguas tradiciones los conducían a temer a Jehová, y por otra parte,

su interés en la corte los llevaba a inclinarse ante Baal. Por tanto, muchos de ellos eran adoradores secretos y tibios de Jehová, en tanto que en público eran adoradores de Baal. Todos estos estaban, en este tiempo, vacilando entre dos pensamientos. Elías no dirige su sermón a los sacerdotes de Baal; ya tendrá qué decirles más adelante; les predicará horrendos sermones con cruentas acciones. Tampoco tiene nada que decir a los que eran verdaderos siervos de Jehová, porque aquellos no estaban allí; su discurso se dirige sólo a aquellos que estaban vacilando entre dos opiniones.

Ahora bien, esta mañana tenemos aquí las tres clases: Tenemos, espero, un número muy grande que están del lado de Jehová, que temen a Dios y le sirven; tenemos un número que están del lado del maligno, que no hacen profesión alguna de cristianismo y que son tanto interior como exteriormente siervos del maligno. Pero la gran masa de mis oyentes pertenecen a la tercera clase: a los que vacilan. Como nubes vacías, son llevados de aquí para allá por el viento; como hermosuras maquilladas, carecen de la lozanía de la vida. Tienen nombre que viven, pero están muertos. Postergadores, hombres de doble ánimo, gente indecisa, os hablo a vosotros esta mañana: «¿Hasta cuándo claudicaréis vosotros entre dos pensamientos?» Que esta pregunta sea contestada por el Espíritu de Dios en vuestros corazones, y seáis conducidos a decir: «¡Ya no más vacilo, Señor, sino que este día me decido por ti, y soy tu siervo para siempre!».

Pasemos en el acto a examinar el texto. En vez de dar las divisiones al principio, las mencionaré una por una según procedo.

I. DIFERENCIA ENTRE EL CULTO A BAAL Y EL CULTO A JEHOVÁ

En primer lugar, observaréis que *el profeta insiste en la distinción que existía entre el culto a Baal y el culto a Jehová*. La mayoría de los que estaban allí delante de él pensaban que Jehová era Dios, y que también Baal era Dios, y que por eso la adoración a Baal era consecuente. La gran masa de ellos no habían rechazado enteramente al Dios de sus padres, no tampoco se inclinaban plenamente ante Baal. Al modo de los politeístas, creyendo en muchos dioses, pensaban que podían adorar a ambos Dioses y dar a cada uno de ellos una parte en sus corazones. «No», vino en decir el profeta, al comenzar a hablar: Estas *dos* opiniones no os servirán; nunca podréis hacer de ambas una, porque son cosas contradictorias que no se pueden combinar. Os digo que en lugar de combinar ambas, lo que es imposible, estáis vacilando entre la una y la otra, y eso es algo muy distinto. «Edificaré en mi casa», decía uno de ellos, «un altar para Jehová aquí, y un altar para Baal allá. Soy de una sola opinión; creo que ambos son Dios». «Ni hablar», replica Elías: «Eso no puede ser; son *dos* y deben permanecer como dos. Ambas cosas no son una opinión, sino dos opiniones. No: no podéis unirlos en uno solo». ¿No hay aquí muchos que dicen: «Soy mundano, pero también religioso»? Y añaden: «Puedo ir al Centro a adorar a Dios el domingo; fui a las carreras de Derby el otro día; voy, por una parte, al lugar donde puedo servir a mis concupiscencias; me pueden encontrar en cada salón de baile de todo tipo de descripciones, y sin embargo digo mis oraciones con toda devoción. ¿No puedo ser un buen miembro de la Iglesia, o de una confesión disidente, y también ser un hombre del mundo? ¿No puedo estar a la vez con los galgos y con la liebre? ¿No puedo amar a Dios y también servir al diablo, tomar placer de ambos sin dar mi corazón a ninguno de ellos?». Nuestra respuesta es un rotundo No. Se trata de dos opiniones distintas. No se puede hacer. Son dos cosas diferentes y separadas. Marco Antonio unió dos leones a su carro, pero hay dos leones que nadie ha podido unir: el León de la tribu de Judá, y el león del abismo, que pueden ir juntos. Uno puede quizá tener dos opiniones en política, pero en tal caso te menospreciarán todos los grupos, a no ser que seas de una opinión o de otra y actúes como un hombre independiente.

1. Pero no puedes sostener dos opiniones en cuestiones de religión de corazón. Si Dios es Dios, sírvele, y hazlo a conciencia; pero si este mundo es Dios, sírvelo, y no profeses religión alguna. Si eres un munda-no y consideras como mejores las cosas del mundo, sírvelas. Entrégate a ellas y no te dejes gobernar por la conciencia. Menospréciala y lánzate al pecado. Pero recuerda, si el Señor es tu Dios, no puedes también tener a Baal; has de tener al uno o al otro. «Nadie puede servir a dos *señores*». Si Dios es servido, él será Señor. Y si se sirve al diablo, no pasará mucho tiempo antes que él sea el amo. Y «no podéis servir a dos *señores*». ¡Oh, sed sabios y no penséis que se pueden mezclar el uno y el otro! ¡Cuántos respetables diáconos creen que pueden ser codiciosos y abusivos en los negocios, oprimiendo a los pobres, y sin embargo ser santos! ¡Oh, tú que mientes a Dios y a los hombres! No eres santo, ¡eres el principal de los pecadores! ¡Y cuántas excelentes mujeres, que son recibidas en la comunión eclesial entre el pueblo de Dios, y se consideran entre los elegidos, están llenas de ira y amargura, esclavas de la malignidad y del pecado, murmuradoras y calumniadoras, entremetidas en cuestiones ajenas; que entran en casas de otras personas y quitan toda apacibilidad de las mentes de aquellos con los que entran en contacto! ¿Acaso será sierva de Dios y también del diablo? No, mi querida señora, esto no puede ser así. Nunca se puede servir de verdad a los dos. Sirve a tu amo, al que lo sea. Si profesas ser cristiana, sólo de una manera total. Pero si no eres cristiana, no *pretendas* serlo. Si amas el mundo, pues ámalo. Pero quítate la careta y no seas hipócrita. El hombre de doble ánimo es de todos el más despreciable, un seguidor de Jano, que tiene dos rostros, y que puede mirar con un ojo al (llamado) mundo cristiano con gran deleite, y dar su suscripción a la Sociedad de Tratados, a la Sociedad Bíblica y a la Sociedad Misionera, pero que tiene otro ojo allá, con el que mira al Casino, al salón de baile y a otros placeres que no tengo gran deseo de mencionar, pero que algunos de vosotros puede que conozcáis más de lo que yo desearía saber. Un hombre así, digo yo, es peor que el más réprobo de los hombres, en opinión de cualquiera que sepa cómo juzgar. No peor en cuanto a su carácter externo, pero peor en realidad, porque no es suficien-

Biblia, Parábolas, Personajes, Tipos y figuras

temente honrado para dejar lo que pretende en falso. ¡Y cuántos hay así en Londres, en Inglaterra y en cualquier otro lugar! Intentan servir a ambos señores; pero no puede ser: las dos cosas no se pueden conciliar. Dios y Mamón, Cristo y Belial, nunca pueden encontrarse. Jamás puede haber acuerdo entre ellos, y nunca pueden ser llevados a la unidad. ¿Por qué deberías intentarlo tú? *Dos pensamientos*, dijo el profeta. No estaba dispuesto a permitir a ninguno de sus oyentes a que profesasen adorar a ambos. «No», decía él, «ésas son dos opiniones distintas, y vosotros estáis vacilando entre la una y la otra».

II. HASTA CUÁNDO VACILARÉIS

En segundo lugar, *el profeta llama a estos vacilantes a que den cuenta de cuánto tiempo han consumido en decidirse*. Algunos de ellos podrían haber replicado: «Todavía no hemos tenido la oportunidad para juzgar entre Dios y Baal; no hemos tenido tiempo suficiente para decidirnos». Pero el profeta elimina esta objeción, y dice: «¿*Hasta cuándo* claudicaréis vosotros entre dos pensamientos? ¿Hasta cuándo? Durante tres años y medio no ha caído una gota de agua por orden de Jehová. ¿No tenéis ahí prueba suficiente? Habéis estado todo este tiempo, tres años y medio, esperando, esperando a que yo, el siervo de Jehová, viniese para daros lluvia; y pese a todo, aunque os estáis muriendo de hambre, vuestros ganados muertos y vuestros prados cubiertos de polvo, como los mismos desiertos, sin embargo todo este tiempo de juicio, pruebas y aflicción no os ha sido suficiente para que os decidáis. ¿Hasta cuándo, pues, insistía, estaréis vacilando entre dos opiniones?».

Esta mañana no me estoy dirigiendo a los que son totalmente mundanos; nada tengo que decirles a ellos ahora; en otra ocasión podré dirigirme a ellos. Ahora estoy dirigiéndome a vosotros que estáis intentando servir a Dios y a Satanás; a vosotros que estáis tratando de ser mundanos cristianos, intentando formar parte de aquella extraordinaria sociedad llamada «el mundo religioso», que es algo que nunca ha tenido existencia excepto de nombre. Estáis tratando, si podéis, de decidir en vuestra mente qué será. Sabéis que no podéis servir a ambos, y estáis llegando ahora al período en que estáis diciendo: «¿Qué será? ¿Me lanzaré enteramente al pecado y me gozaré en los placeres de la tierra, o me volveré un siervo de Dios?».

Ahora, yo os digo esta mañana, como lo hizo el profeta: «¿*Hasta cuándo* estaréis vacilando?». Algunos de vosotros habéis estando vacilando hasta que vuestro cabello se ha encanecido; algunos de vosotros pronto cumpliréis los sesenta años. ¿No hay suficiente con sesenta años para decidiros? «¿*Hasta cuándo* vacilaréis?» Quizás uno de vosotros pueda haber entrado en este lugar con paso vacilante, apoyado en su bastón, y ha estado indeciso hasta ahora. Has pasado ya de tus ochenta años; has sido una persona externamente religiosa, pero un mundano de corazón; sigues hasta el día de hoy vacilando, y diciendo: «No sé de qué lado estar».

¿Hasta cuando, señores, en nombre de la razón, en nombre de la mortalidad, en nombre de la muerte, en nombre de la eternidad, «*hasta cuándo* vacilaréis entre dos opiniones»? Vosotros, hombres de edad madura, dijisteis cuando erais jóvenes: «Cuando acabemos nuestro aprendizaje nos haremos religiosos; disfrutemos ahora nuestra juventud, y luego comenzaremos a ser diligentes siervos del Señor». ¡Mirad!, ya habéis llegado a la madurez, y estáis esperando hasta poder edificar aquella tranquila mansión, y retiraros de los negocios, y luego pensáis que serviréis a Dios. Señores, dijisteis lo mismo cuando llegasteis a la mayoría de edad, y cuando vuestros negocios comenzaron a prosperar.

Por tanto, os demando solemnemente: «¿Cuánto tiempo estaréis vacilando entre dos opiniones?» ¿Cuánto tiempo más necesitáis? ¡Oh, joven!, tú dijiste en tu primera infancia, cuando te seguía la oración de una madre, «buscaré a Dios cuando sea un hombre»; ya te ha pasado este día; eres un hombre, y más que eso, y sin embargo sigues vacilando. «¿Hasta cuándo vacilaréis entre dos opiniones?» ¡Cuántos de vosotros habéis sido asistentes a la iglesia y a la

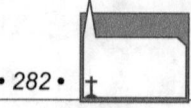

capilla durante años y años! Os habéis quedado impresionados, además, muchas veces, pero os habéis secado las lágrimas de vuestros ojos, y habéis dicho: «Buscaré a Dios y volveré a él con pleno propósito de corazón», y ahora estás donde estabas.

¿Cuántos más sermones necesitas? ¿Cuántos más domingos han de pasar malgastados? ¿Cuántas más advertencias, enfermedades, o tañido de campanas, para advertirte que tú has de morir? ¿Cuántos sepulcros se han de cavar para tu familia antes que realmente quedes impresionado? ¿Cuántas más plagas y pestilencias han de devastar esta ciudad antes que te vuelvas a Dios de todo corazón? «¿Hasta cuándo vacilaréis entre dos opiniones?» ¡Ojalá respondierais a esta pregunta, y no dejaseis que cayesen las arenas de la vida, grano a grano, en vuestro reloj, diciendo, «Cuando caiga el siguiente grano me arrepentiré», y sin embargo el siguiente te encuentra contumaz. Tú dices: «Cuando el reloj esté así de bajo, entonces volveré a Dios». Pues no, caballero, no te conviene hablar así, porque podrías encontrarte con tu reloj vacío antes que te des cuenta de que ha comenzado a vaciarse, y puede que te encuentres en la eternidad cuando ni pensabas en arrepentirte y en volver a Dios. ¿Hasta cuándo, vosotras cabezas encanecidas, hasta cuándo, vosotros personas de edad madura, hasta cuándo, vosotros jóvenes y señoritas, hasta cuándo estaréis en este estado infeliz de indecisión? «¿Hasta cuándo vacilaréis entre dos opiniones?»

Así, hasta aquí os hemos llevado. Hemos observado que hay dos opiniones, y os hemos hecho la pregunta: «¿Cuánto tiempo necesitáis para decidiros? Uno pensaría que esta cuestión demandaría bien poco tiempo, si el tiempo lo fuese todo; si la voluntad no estuviese prejuiciada hacia el mal y contra el bien, no se precisaría de más tiempo que para la decisión de un hombre que tiene que escoger una posición en la vida entre la riqueza o la pobreza; y si fuésemos sabios, no necesitaríamos ni un instante; si comprendiésemos las cosas de Dios, no vacilaríamos, sino que diríamos en el acto: Ahora Dios es mi Dios, y para siempre».

III. UNA POSICIÓN ABSURDA

Pero *el profeta acusa a estas gentes con el absurdo de su posición.* Alguno de ellos diría: «¡Qué!, profeta, ¿no podemos continuar vacilando entre dos opiniones? No somos desesperadamente irreligiosos, de modo que somos mejores que los profanos; desde luego no somos piadosos del todo, pero, en cualquier caso, un poco de piedad es mejor que ninguna, y la mera profesión de la piedad nos mantiene decentes. ¡Probemos ambas cosas!». «Y bien», dice el profeta, «¿hasta cuándo estaréis vacilando?», o, si así lo queremos leer, «¿cuánto tiempo estaréis *cojeando* entre dos opiniones?». (¿Cuánto tiempo estaréis *meneando* entre dos opiniones? sería una buena palabra, si pudiese usarla.) Los presenta como un hombre cuyas piernas están totalmente dislocadas; primero va hacia un lado, y luego hacia el otro, y no puede ir muy lejos en ningún sentido. No podría describirlo sin ponerme en la postura más ridícula. «¿Hasta cuándo *cojearéis* entre dos opiniones?» Por así decirlo, el profeta, se ríe de ellos. ¿Y no es cierto que un hombre que no es ni una cosa ni otra, se encuentra en la más absurda de las posturas? Que vaya entre los mundanos. Se reirán por lo bajo, y dirán: «Ése es uno de los santos de la capilla de la calle Exeter», o, «ahí tenemos a uno de los elegidos». Que vaya entre los cristianos, los santos, y dirán: «No podemos entender cómo puede alguien ser tan inconsecuente, cómo puede venir un día con nosotros, y al día siguiente mezclarse en una compañía como aquella». Me parece que el diablo mismo ha de reírse y burlarse de un hombre así. «Mira», dirá, «soy todo lo malo que se puede ser; a veces pretendo ser un ángel de luz y me disfrazo de esa manera. Pero tú me superas, porque yo lo hago para aprovecharme, pero tú no ganas nada con ello. Ni gozas de los placeres de este mundo, ni gozas de los placeres de la religión; tú tienes los temores de la religión sin sus esperanzas; tienes miedo de hacer el mal, y sin embargo no tienes esperanza del cielo; tienes los deberes de la religión sin sus gozos; has de hacer lo que los religiosos hacen, y sin embargo tu corazón no está ahí; has de

Biblia, Parábolas, Personajes, Tipos y figuras

sentarte, y ves la mesa puesta delante de ti, y no tienes poder para comer un solo bocado de las sabrosas delicias del Evangelio». Y lo mismo os sucede en el mundo; no osáis meteros en aquel mal o en el otro que dan gozo al corazón de los malvados. Pensáis en lo que diría la sociedad. No sabemos que pensar de vosotros. Os podría describir, si hablase como se habla en la calle, pero no lo haré. Sois la mitad de una cosa, y la mitad de otra. Entráis en la sociedad de los santos y tratáis de hablar como ellos hablan. Pero sois como un hombre al que se le ha enseñado francés en alguna escuela en Inglaterra. Habla una extraña especie de inglés afrancesado y de francés anglicanizado, y todo el mundo se ríe de él. Los ingleses se ríen de él por intentarlo, y los franceses se ríen de él por su fracaso. Si hablases tu propio lenguaje, si hablases sólo como un pecador, si profesaras lo que eres, tendrías al menos el respeto de un bando. Pero ahora te rechaza un bando, y el otro. Has venido en medio de nosotros, no te podemos recibir; vas en medio de los mundanos, y también te rechazan. Eres demasiado bueno para ellos, y demasiado malo para nosotros. ¿Dónde te van a poner? Si hubiera un purgatorio, éste sería tu lugar, donde serías lanzado a un lado al hielo, y al otro lado al fuego ardiente, y esto para siempre. Pero como no hay un lugar tal como el purgatorio, y como en realidad eres un siervo de Satanás y no un hijo de Dios, presta atención, presta atención, acerca de cuánto tiempo te mantendrás en una posición tan absurdamente ridícula. Al adoptar cualquiera de ambas opiniones, al menos serías consecuente; pero al intentar mantener ambas, tratando de ser lo uno y lo otro, y no saber en qué decidirte, estás cojeando entre dos opiniones. Creo que una buena traducción es muy diferente de la que da la versión autorizada: «¿Hasta cuándo saltaréis entre dos ramas?». Así es como lo tiene el hebreo. Como un pájaro, saltando constantemente de rama en rama, y nunca quieto. Si persiste en actuar así, nunca tendrá un nido. Y así pasa contigo: persistes en saltar entre dos ramas, de una a otra opinión; y así, entre ambas, no consigues reposo para la planta de tu pie, ni paz, ni gozo, ni consolación, sino que eres simplemente un pobre y patético personaje durante toda tu vida.

IV. UNA OPINIÓN EQUIVOCADA

Hasta aquí os hemos llevado; os hemos mostrado cuán absurdas son estas vacilaciones. Ahora, y muy brevemente, éste es el siguiente punto de mi texto. La multitud que había estado adorando a Jehová y a Baal, y que ahora estaban indecisos, podrían contestar: *¿Pero cómo sabes que no creemos que Jehová sea Dios? ¿Cómo sabes que no tenemos una opinión decidida?* El profeta hace frente a esta objeción con las palabras siguientes: «Sé que no tenéis una opinión decidida, porque *no estáis decididos en la práctica*. Si Dios es Dios, *seguidle*; Si es Baal, *seguidle*. En la práctica, no estáis decididos». Las opiniones de los hombres no son cosas como las que nos imaginamos. Se dice en general, hoy, que todas las opiniones son correctas, y que si alguien se mantiene honradamente en sus convicciones, está sin duda en lo cierto. Pues no es verdad; la verdad no cambia por nuestras opiniones. Una cosa es o verdadera o falsa por sí misma, y no es hecha cierta ni falsa por los puntos de vista que sostengamos acerca de la misma. Por ello, nos toca juzgar cuidadosamente, y no pensar que vaya a valer una opinión cualquiera. Además, las opiniones tienen influencia sobre la conducta, y si alguien tiene una opinión errada, lo más probable es que tenga una conducta mala en algún sentido, porque ambas cosas van juntas. «Ahora bien», viene a decir Elías, «es cosa bien evidente que no sois siervos de Dios, porque no le seguís. Que tampoco sois del todo siervos de Baal es bien evidente, porque tampoco lo seguís». Ahora vuelvo a dirigirme a vosotros. Muchos de vosotros no sois siervos de Dios; no le seguís. Le seguís a cierta distancia en la forma, pero no en espíritu; le seguís los domingos, ¿pero lo hacéis los lunes? Le seguís en compañía religiosa, en los salones evangélicos, y así, pero, ¿qué hacéis en otras compañías? No le seguís. Por otra parte, no seguís a Baal; salís hasta cierta distancia con el mundo, pero hay un lugar al cual no osáis ir. Sois demasiado respetables para pecar como otros pecan, o para ir a toda la distancia del mundo. No os atrevéis a recorrer toda la extensión del mal. «Ahora», dice el profeta, punzándoles acerca de esto: «si Jehová es Dios, seguidle. Que vuestra conducta sea consecuente con vuestras opiniones. Si creéis que el Señor es Dios, manifestadlo en vuestra vida diaria; sed santos, sed llenos de oración, confiad en Cristo, sed fieles, rectos, amantes; dad vuestro corazón a Dios, y seguidle. Si Baal es Dios, entonces seguidle, pero no pretendáis seguir al otro». Que vuestra conducta respalde vuestra opinión; si de veras pensáis que las necedades de este mundo son lo mejor, y creéis que lo más deseable es una vida a la moda, una vida de frivolidad y ligereza, volando de flor en flor, y no consiguiendo miel de ninguna, entonces actuad así. Si creéis que la vida del disoluto es tan deseable, si creéis que su fin es de desear, si creéis que sus placeres son correctos, seguidla. Acompañadle hasta el fin del camino. Si creéis correcto engañar en los negocios, anunciando en vuestra puerta: «Vendo bienes falseados», o, si no lo decís al público, decidlo a vuestra conciencia. Pero no engañéis al público. No llaméis a la gente a la oración cuando estáis inaugurando un «Banco Británico». Si vais a ser cristianos, seguid decididos vuestra opción; pero si vais a ser mundanos, id todo el camino con el mundo. Que vuestra vida se ajuste a vuestra profesión. Actuad según vuestras opiniones, las que sean. Pero no os atrevéis; sois demasiado cobardes para pecar como otros pecan abierta y sinceramente bajo el sol de Dios. Vuestras conciencias no os dejan hacerlo, pero vosotros estáis tan encantados con Satanás que no os atrevéis a dejarlo del todo y venir a ser siervos de Dios. Ajustaos y actuad con carácter; o bien mantened vuestra profesión con vuestras acciones, o abandonadla: haced una cosa o la otra.

V. UNA DECLARACIÓN PRÁCTICA

Y ahora el profeta clama: «Si Jehová es Dios, seguidle; y si Baal, id en pos de él». Con ello, *afirma la base de su declaración práctica.* Que vuestra conducta sea consecuente con vuestras opiniones. Hay otra objeción suscitada por la multitud. «Profeta», dice uno de ellos, «vienes a exigirnos una prueba práctica de nuestro afecto. Nos llamas a seguir a Dios. Ahora bien. Si yo creo que Dios es Dios, y ésta es mi opinión, no seo sin embargo qué derecho él tiene sobre mis opiniones». Ahora, observemos cómo el profeta lo expresa. Viene a decir: «*Si Dios es Dios,* seguidle». La razón por la que yo afirmo que deberíais seguir en la práctica vuestra opinión tocante a Dios es: que Dios es Dios; Dios tiene un derecho sobre vosotros, como criaturas suyas; derecho a vuestra devota obediencia. Alguien replica: «¿De qué aprovechará servir a Dios de una manera plena? ¿Seré yo más feliz entonces? ¿Me irá mejor en este mundo? ¿Tendré más paz mental?». No, no, ésas son consideraciones secundarias. La única cuestión para vosotros es: «Si Dios es Dios, seguidle». No se trata de la ventaja que podáis sacar de ello, sino que: «*Si Dios es Dios,* seguidle». El mundo secularista argumentará en favor de la religión sobre la base de que la religión puede ser lo mejor para este mundo y lo mejor para el mundo venidero. No es así para el profeta. Él dice: «Yo no hablo desde este punto de vista. Insisto en que es vuestra obligación, si creéis en Dios, sencillamente porque él es Dios, que le sirváis y obedezcáis. No lo digo para vuestro beneficio, puede que sí, y creo que así es, pero esto lo excluyo de consideración; demando de vosotros que sigáis a Dios; si realmente creéis que el diablo es Dios, entonces seguidle. Su pretendida deidad será vuestra razón, y seréis consecuentes. Pero si Dios es Dios, si él os ha hecho, os exijo que le sirváis; si él es quien os da aliento, os exijo que le obedezcáis. Si Dios es realmente digno de vuestra adoración, y si realmente lo creéis, os exijo que o bien lo sigáis, o bien que neguéis que él es Dios en absoluto». Ahora bien, profesante, si tú dices que el Evangelio de Cristo es el Evangelio; si crees en la procedencia divina del Evangelio, y pones tu confianza en Cristo, te exijo que sigas el Evangelio en la práctica no meramente porque sea para tu beneficio, sino porque el Evangelio procede de Dios. Si

Biblia, Parábolas, Personajes, Tipos y figuras

haces una profesión de ser hijo de Dios, si eres creyente y crees y opinas que la religión es lo mejor, y que lo más deseable es el servicio de Dios, no vengo a rogarte por ninguna ventaja que puedas sacar de la santidad; es sobre esta base que lo pongo ante ti: porque Jehová es Dios; y si él es Dios, a ti te toca servirle. Si su Evangelio es verdad, y tú crees que es verdad, es tu deber vivirlo en la práctica. Si dices que Cristo no es el Hijo de Dios, lleva a cabo tus incrédulas convicciones, y veamos si acabará bien. Si no crees que Cristo es el Hijo de Dios, si eres un musulmán, sé consecuente, cumple tus convicciones islámicas, y veamos si acabará bien. Pero, ¡presta atención!, ¡presta mucha atención! Sin embargo, si dices que Dios es Dios, que Cristo es el Salvador y el Evangelio es verdad, te exijo, sólo sobre esta base, que vivas en conformidad a ello. Algunos podrían pensar que el profeta habría dado un argumento contundente si el profeta hubiese clamado: «¡Dios es el Dios de vuestros padres; por tanto, seguidle!». Pero no, no se rebajó a eso. Dijo: «Si Dios es Dios», no me interesa si es el Dios de vuestros padres o no, seguidle. «¿Por qué vas a una capilla», me dice alguien, y no a una iglesia?» «Porque mi padre y abuelo fueron disidentes». Pregunta a un hombre de iglesia por qué va a la iglesia oficial, y muchas veces te dirá: «Bueno, nuestra familia siempre ha estado en ella; por eso voy». Ahora bien, me parece a mí que ésta es la peor de todas las razones para una religión determinada, la de haber sido criados en ella. Nunca pude comprender esta postura. He asistido a la casa de Dios con mi padre y mi abuelo; pero pensé, al leer las Escrituras, que me tocaba decidir por mí mismo. Sabía que mi padre y mi abuelo tomaban niños pequeños en sus brazos y que echaban gotas de agua sobre sus rostros, y que así los bautizaban. Tomé mi Biblia, y no pude encontrar nada acerca del bautismo de bebés. Aprendí un poco de griego, y no pude ver que *bautizar* significase *rociar*; de modo que me dije: «Supongamos que sean buenos hombres, pero pueden estar equivocados; y aunque los amo y respeto, esto, sin embargo, no es razón por la que deba imitarlos». Y por ello los dejé, y vine a ser lo que soy hoy, un ministro bautista, según nos llaman, aunque espero que mucho más un cristiano que un bautista. Pocas veces cito esto, y aquí lo digo sólo a modo de ilustración. Muchos irán a una capilla porque su abuela iba. Bueno, ella era un alma buena, pero no veo que esto tenga que influir en tu determinación. «Esto no significa nada», dice alguien, «no quiero dejar la iglesia de mis padres». Tampoco yo; preferiría estar en la misma denominación con mi padre; no me gustaría diferir caprichosamente de ninguno de mis amigos, ni abandonar su secta y denominación; pero dejemos que Dios esté por encima de nuestros padres; aunque éstos estén en lo más hondo de nuestros corazones, y los queremos y respetamos, y en toda otra cuestión les damos una fiel obediencia, sin embargo, por lo que respecta a la religión, ante nuestro Señor estamos de pie o caemos, y afirmamos el derecho de juzgar por nosotros mismos como hombres, y luego creemos que es nuestro deber, una vez hemos juzgado, llevar a cabo nuestras convicciones. Ahora bien, no voy a deciros: «Si Dios es el Dios de vuestras madres, servidlo», aunque para algunos de vosotros este argumento funcionaría muy bien; pero a vosotros, los que vaciláis, el único argumento que empleo es éste: «Si Dios es Dios, servidle». Si el Evangelio es correcto, creedlo; si una vida cristiana es lo correcto, vividla; si no, abandonadla. Solamente puedo daros mi argumento según el de Elías: «Si Jehová es Dios, seguidle; y si Baal, id en pos de él».

CONCLUSIÓN

Y ahora presento mi llamamiento a los que cojean y vacilan, con algunas preguntas que ruego al Señor aplique a sus corazones. Ahora les haré esta pregunta: «¿*Hasta cuándo* iréis cojeando?» Y les diré: Iréis cojeando entre dos opiniones, todos vosotros los indecisos, *hasta que Dios responda por medio de fuego*. No era fuego lo que querían estas pobres gentes reunidas allí. Cuando Elías dice: «El Dios que responda por medio del fuego, ése sea Dios» me imagino que algunos deberían protestar:

«No; el Dios que responda con agua, ése sea Dios; lo que queremos y necesitamos mucho es la lluvia». «Nada de eso, respondería Elías; si viniese lluvia, diríais que es el curso natural de la providencia, y esto no os haría decidir». Os digo, que todas las providencias que os llegan a vosotros los indecisos no os llevarán a la decisión. Dios podrá rodearos de providencias; puede rodearos de frecuentes advertencias desde los lechos de muerte de vuestros amigos; pero las providencias nunca os decidirán. No es el Dios de la lluvia, sino el Dios del fuego quien lo hará. Hay dos maneras en las que vosotros los indecisos llegaréis finalmente a una decisión. Vosotros los que os habéis decidido por Dios no necesitaréis ninguna decisión; vosotros que os habéis decidido por Satanás no precisáis de deciroros; estáis del lado de Satanás, y habréis de morar en las llamas eternas. Pero estos indecisos quieren algo que los lleve a decidirse, y tendrán una de dos cosas: o bien el fuego del Espíritu de Dios para decidirlos, o bien el fuego del juicio eterno, y esto los decidirá. Yo os puedo predicar, mis oyentes; y todos los ministros en el mundo pueden predicaros a vosotros los indecisos, pero vosotros nunca os decidiréis por Dios por la fuerza de vuestra propia voluntad. Ninguno de vosotros, si sois dejados a vuestro juicio natural, al uso de vuestra propia razón, se decidirá jamás por Dios. Puede que os decidáis por él como una mera forma externa, pero no como algo espiritual interno, que posea vuestro corazón como cristianos, como creyentes en la doctrina de la gracia eficaz. Sé que ninguno de vosotros se decidirá jamás por el Evangelio de Dios, excepto si Dios os lleva a la decisión; y os digo que tendréis que deciroros bien por el descenso del fuego de su Espíritu en vuestros corazones en el ahora, o bien en el día del juicio. ¡Oh!, ¿cuál será? ¡Oh, que los miles de labios aquí presentes pudiesen pronunciar esta oración!: «Señor, decídeme ahora por el fuego de tu Espíritu. ¡Que descienda tu Espíritu en mi corazón, para quemar el ternero, para que yo pueda ser un sacrificio de holocausto para Dios, para quemar la madera y las piedras de mi pecado; para quemar el mismo polvo de la mundanalidad; ah, y para lamer el agua de mi impiedad, que ahora está en la zanja, y de mi fría indiferencia, que querría apagar el sacrificio».

«¡Oh, haz regocijar o doler este corazón!,
Decide esta duda por mí;
Y si no está quebrantado, quebrántalo,
Y sánalo, si quebrantado está».
«Oh, gracia soberana, mi corazón somete,
Yo también conducido en triunfo seré,
Un cautivo voluntario de mi Señor,
Para cantar los triunfos de su Palabra».

Y puede que, mientras os estoy hablando, el poderoso fuego, invisible para los hombres y no sentido por la inmensa mayoría de vosotros, descienda a algún corazón que de antiguo ha sido dedicado a Dios por su divina elección, y que es ahora como un altar roto, pero que Dios, en su libre gracia, edificará hoy. ¡Oh!, ruego que esta influencia pueda entrar en algunos corazones, para que algunos salgan de este lugar, diciendo:

«Acabada está la gran transacción,
de mi Señor soy yo, mío es Él;
me atrajo, y yo le seguí así,
feliz de obedecer la divina voz».
«Reposa ahora, mi corazón ya decidido,
fijo en este centro estable;
reposa ya».

¡Oh, que muchos puedan decir esto! Pero recordad: si no es así, llega el día, *dies iræ*, el día de la ira y de la cólera, y en aquel día seréis decididos por Dios; cuando el firmamento sea encendido por rayos, cuando la tierra rodará como ebria de terror, cuando las columnas del universo temblarán y Dios se sentará, en la persona del Hijo, para juzgar al mundo con justicia. No quedaréis indecisos entonces, cuando vuestra sentencia será: «Apartaos, malditos», o «Venid, benditos». No habrá indecisión entonces, cuando le encontraréis con gozo, o con terror, cuando vuestros chillidos aterrorizados serán «rocas, ocultadme; montes, caed sobre mí», o bien cuando vuestro gozoso cántico será éste: «el Señor ha venido». En

Biblia, Parábolas, Personajes, Tipos y figuras

aquel día seréis decididos; pero hasta ahora, a no ser que el fuego divino del Espíritu Santo os decida, seguiréis vacilando entre dos opiniones. ¡Que Dios os conceda su Santo Espíritu para que podáis volveros a él y ser salvos!

32. LA FE DE RAHAB

«Por la fe, Rahab la ramera no pereció juntamente con los desobedientes, habiendo recibido a los espías en paz» (Hebreos 11:31).

INTRODUCCIÓN:
1. Arcos de triunfo.
   a) Sobre la muerte
   b) Sobre el tiempo
   c) Sobre la debilidad
   d) El afecto natural
   e) la vejez
2. El triunfo sobre el pecado.

I. UNA FE SALVADORA
1. *Poder de salvación.*
2. Buena acogida a los pecadores.

II. UNA FE SINGULAR
1. Los cristianos nadan contra corriente.

III. UNA FE ESTABLE

IV. UNA FE ABNEGADA

V. UNA FE COMPASIVA
1. El cristiano desea que todos lleguen a ser salvados.

VI. UNA FE SANTIFICADORA

LA FE DE RAHAB

INTRODUCCIÓN
En casi cada capital de Europa hay variedades de arcos o columnas de triunfo, monumentos sobre los que se registran las acciones heroicas de los generales del país, de sus emperadores o de sus monarcas. Encontraréis, en un caso, registradas las mil batallas de un Napoleón, y en el otro encontraréis descritas las victorias de un Nelson. Parece sólo correcto, por tanto, que la fe, que es la más poderosa de los poderosos, tenga una columna levantada en su honor, sobre la que se registren sus heroicidades. El apóstol Pablo emprendió levantar la estructura, y erigió, en el capítulo que tenemos delante de nosotros, un pilar de gran fastuosidad. Este pilar nos exhibe las victorias de la fe. Comienza con un triunfo de la fe y luego pasa a otros. En un lugar tenemos a la fe triunfando sobre la *muerte;* Enoc no entró por las puertas del Hades, sino que alcanzó el cielo por otro camino que el que es usual para los hombres. En otro lugar vemos a la fe luchando con el *tiempo.* Noé, advertido por Dios acerca de cosas que aún no se veían, luchó con el tiempo, que situaba el diluvio a ciento veinte años de distancia. Y pese a todo, con la confianza de la fe, creyó en contra de toda expectativa racional, en contra de toda probabilidad, y su fe fue más que suficiente para la probabilidad y el tiempo. Tenemos la fe triunfando sobre la *debilidad* cuando Abraham engendró un hijo en su ancianidad. Y tenemos la fe triunfando sobre el *afecto natural* cuando vemos a Abraham ascendiendo a la cumbre del monte y levantando su cuchillo para inmolar a su único y amado hijo bajo el mandamiento de Dios. Vemos la fe, de nuevo, entrando en liza con la debilidad de *la ancianidad* y con los dolores de la última agonía, al leer: «Por la fe Jacob, al morir, bendijo a cada uno de los hijos de José, y adoró apoyado sobre el extremo de su bordón». Luego tenemos la fe combatiendo las seducciones de una corte llena de riquezas. «Por la fe Moisés [tuvo] por mayores riquezas el vituperio de Cristo que los tesoros de los egipcios». Vemos la fe indómita en su valor cuando Moisés abandonó Egipto, no temiendo la ira del rey, e igualmente paciente en sus padecimientos cuando se sostenía como viendo al Invisible. Vemos la fe dividiendo el mar y derribando poderosas murallas. Y luego, como si la mayor de las victorias debiera ser registrada en último lugar, tenemos a la fe entrando en liza con el pecado, luchando en torneo contra la iniquidad y saliendo más que victoriosa. «Rahab la ramera no pereció

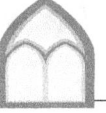

con los desobedientes, habiendo recibido a los espías en paz». Que esta mujer no era una mera hospedadora, sino una verdadera prostituta, lo he demostrado abundantemente ante cada oyente recto al leer este capítulo. Y estoy convencido de que nada sino un espíritu antagonista contra la libre gracia puede haber llevado a algún comentarista a negar su pecado.

Pienso que este triunfo de la fe sobre el pecado no es el menor de los que aquí se registran; al contrario, si se puede adscribir alguna superioridad a las hazañas de la fe, ésta es, en cierto sentido, la mayor de todas. ¡Qué! Fe, ¿has luchado contra algunas abominables concupiscencias? ¡Qué!, ¿estuviste dispuesta a enfrentarte con la ardiente pasión que levanta llamaradas en los pechos humanos? ¡Qué!, ¿tocarías con tus santos dedos la más sucia y bestial disolución? «Sí, responde la fe, encontré esta abominación de iniquidad; libré a esta mujer de las sórdidas cavernas del vicio y de las astutas trampas de la seducción y de la terrible pena contra la transgresión; sí, la saqué salvada y rescatada, le di pureza de corazón y renové en ella la pureza de la santidad, y ahora su hombre quedará registrado en el libro de mis triunfos como una mujer llena de pecado, pero salva por la fe».

Tendré algunas cosas que decir esta mañana tocante a esta notable victoria de la fe sobre el pecado, y que pienso os llevará a ver que éste era verdaderamente un supereminente triunfo de la fe. Y así era la fe de la mujer: *una fe salvadora, una fe singular, una fe estable, una fe abnegada, una fe compasiva, y una fe santificadora.* Que nadie se precipite a irse cuando haya terminado de explicar el primer punto, perdiéndose el resto, porque no podréis comprender todo el poder de su fe si no recordáis cada uno de los puntos que paso a mencionar.

I. UNA FE SALVADORA

En primer lugar, la fe de esta mujer fue una fe salvadora. Todas las otras personas mencionadas aquí fueron indudablemente salvadas por la fe, pero no encuentro mencionado de una manera especial acerca de ninguno de ellos que no perecieron a causa de su fe; en cambio, de esta mujer sí se dice de manera particular que fue liberada en medio de la destrucción general de Jericó, única y simplemente por su fe. E indudablemente su salvación no fue meramente de naturaleza temporal, no meramente una liberación de su cuerpo de la espada, sino la redención de su alma del infierno.

1. ¡Oh, qué cosa más poderosa es la fe, cuando salva al alma de descender al abismo! Tan poderoso es el torrente siempre impetuoso del pecado, que ningún brazo sino el poderoso de la Deidad puede jamás detener al pecador de ser arrastrado hacia el golfo de la negra desesperación, y, cuando se acerca a aquel golfo, tan impetuoso es el torrente de la ira divina, que nada puede arrebatar al alma de la perdición sino una expiación tan divina como el mismo Dios. Pero la fe es el instrumento para llevar a cabo toda la obra. Libera al pecador de la corriente del pecado, y así, al aferrarse de la omnipotencia del Espíritu, le rescata del gran torbellino de destrucción al que su alma estaba siendo precipitada. ¡Qué gran cosa es salvar un alma! Nunca podrás saber cuán grande es esto hasta que has estado en el papel de ser salvador de alguna otra persona. Aquel héroe que ayer, cuando la casa estaba ardiendo, subió por la crujiente escalera, y, casi sofocado por el humo, entró en un dormitorio en el piso alto, tomó a un bebé en sus brazos y a una mujer de la ventana, los llevó abajo en sus brazos, y los salvó con peligro de su vida, *él* podrá deciros lo grande que es salvar a un semejante. Aquel joven de noble corazón que ayer se lanzó al río, arriesgando su vida, y arrebató de la muerte a un hombre que se ahogaba, sintió, al llegar a la orilla, la maravilla de salvar una vida. ¡Ah!, pero no podrás decir lo grande que es salvar un alma. Es sólo el Señor Jesucristo quien puede deciros esto, porque él es el único que ha sido el Salvador de pecadores. Y recordad, solo podéis saber cuán gran cosa es la fe conociendo el infinito valor de la salvación de un alma. «Por la fe, Rahab la ramera no pereció junto con los desobedientes». Me parece que está probado que fue realmente salva en un sentido evangélico así como temporal por su recepción de

Biblia, Parábolas, Personajes, Tipos y figuras

los espías, lo que fue emblema de la entrada de la palabra en su corazón, y el hecho de colgar el cordón de grana fue un emblema de la fe, representando de manera adecuada la fe en la sangre de Jesús el Redentor. Ahora bien, ¿quién puede medir la longitud y la anchura de esta palabra: *salvación*. ¡Ah!, fue un acto de poder el que consiguió la fe cuando la trajo a seguridad. ¡Pobre pecador, consuélate! La misma fe por la que Rahab fue salva puede salvarte a ti. ¿Eres acaso literalmente una de las hermanas de Rahab en cuanto a culpa? Ella fue salva, y así puedes serlo tú, si Dios te concede arrepentimiento. ¡Mujer!, ¿te desprecias ti misma? ¿Te encuentras en este momento en esta asamblea y dices: «Me siento avergonzada de estar aquí; sé que no tengo derecho a estar en medio de personas castas y honestas»? Te invito a que te quedes; sí, y a que regreses y que hagas de esta tu casa dominical de oración. ¡No eres una intrusa! ¡Tienes la bienvenida! Porque tienes un derecho sagrado a los atrios de la misericordia. Tienes un derecho sagrado, porque aquí están invitados los *pecadores,* y tú eres una de ellos. Cree en Cristo, y, lo mismo que Rahab, no perecerás con los desobedientes, sino que también tú serás salva.

2. Y ahora quizás haya algún caballero en esta multitud que diga: «Ahí tenéis un Evangelio para vosotros; esto es una especie de santuario para malvados, al que pueden ir los peores entre la gente para ser salvos». Sí, ésa es la vieja objeción que Celso empleó contra Orígenes en su discusión. «Pero», dijo Orígenes, «es cierto, Celso, que el Evangelio de Cristo es un santuario para ladrones, bandidos, asesinos y prostitutas. Pero sabe esto, no solo es un santuario, sino que es también un hospital; porque sana sus pecados, los libera de sus enfermedades, y no son después lo que eran antes de recibir el Evangelio». No pido a nadie que venga hoy a Cristo para luego seguir en sus pecados. Si fuese así, estaría pidiendo un absurdo. Igual podría hablar de liberar a Prometeo mientras que lo dejamos encadenado y sujeto a la roca. No puede ser. Cristo quita el buitre de la conciencia, pero también quita las cadenas, y da plena libertad de todo. Pero, y lo volvemos a repetir, el primero de los pecadores tiene tan buena acogida con Cristo como el mejor de los santos. La fuente llena de la sangre fue abierta para los ennegrecidos por el pecado; el ropaje de Cristo fue tejido para los desnudos; el bálsamo del Calvario fue preparado para los enfermos; la vida vino al mundo para resucitar a los muertos. Y, ¡oh!, vosotros, almas que perecéis, culpables, que Dios os dé la fe de Rahab y tendréis esta salvación, y con ella estaréis en pie allá, donde las huestes revestidas de blanco cantan aleluyas sin fin a Dios y al Cordero.

II. UNA FE SINGULAR

Observemos luego que la fe de Rahab fue una fe singular. La ciudad de Jericó estaba a punto de ser atacada; dentro de sus murallas había huestes de personas de todas las clases y cataduras, y sabían muy bien que si su ciudad era saqueada y asaltada, todos iban a morir. Pero, cosa extraña, ninguno entre ellos se arrepintió de sus pecados, ni pidió misericordia, excepto esta mujer que había sido una prostituta. Ella, ella sola fue librada, una solitaria entre una multitud. Ahora bien, ¿te has dado cuenta alguna vez que es cosa muy difícil tener una fe singular? Es lo más fácil del mundo creer como creen todos los demás, pero lo difícil es creer algo en solitario, cuando nadie más piensa como tú; ser el campeón solitario de una causa justa cuando el enemigo moviliza a sus miles a la batalla. Ahora bien, ésta era la fe de Rahab. Ella no tenía a nadie que pensase como ella, que pudiese entrar en sus sentimientos y darse cuenta del valor de su fe. Estaba a solas. ¡Oh, es una cosa noble ser un seguidor solitario de la verdad menospreciada! Hay más de uno que podrían contaros acerca de lo que significa mantenerse en solitario.

1. Ha habido días en los que el mundo derramaba un torrente de infamia y calumnia contra ellos, pero ellos detuvieron el torrente, y con gracia continuada, sacaron fuerzas de flaqueza, se mantuvieron constantes hasta que la corriente cambió, y, en medio de su éxito, fueron loados y aplaudidos por los mismos que antes los escarnecían.

Entonces el mundo les otorgó el nombre de «grandes». Pero, ¿en qué residía la grandeza de ellos? Pues en que se mantuvieron tan firmes en medio de la tormenta como en la calma; que se sintieron tan felices de servir a Dios en solitario como de correr en cuadrillas de cincuenta. Para ser buenos debemos ser singulares. Los cristianos hemos de nadar contracorriente. Los peces muertos flotan corriente abajo, pero el pez vivo se abre camino contracorriente. Los religiosos mundanos irán allá adonde vaya todo el mundo. Esto no es nada. Lo valioso es mantenerse firmes en solitario. Como Elías, que dijo: «Sólo yo he quedado, y me buscan para quitarme la vida», sentir en nosotros mismos que creemos tan firmemente como si mil testigos estuviesen a nuestro lado. ¡Oh, no hay un gran derecho en el hombre, ningún derecho firmemente asentado, a no ser que se atreva a ser singular! La mayoría de vosotros estáis llenos de miedo de ir fuera de la moda, y gastáis más dinero del que debierais porque pensáis que habéis de ser respetables. No osáis moveros en oposición a vuestros hermanos en el círculo en el que os movéis, y por ello os metéis en dificultades. Os cegáis a causa de la rica red de la moda, y por ello se toleran muchas cosas falsas que son costumbre. Un hombre con mente vigorosa no es aquel que trata de ser singular, sino que *se atreve* a serlo, cuando sabe que ser singular es ser recto. Ahora bien, la fe de Rahab, por pecadora que fuese, tuvo esta gloria, esta corona sobre su cabeza, y quedó sola en su posición: «fiel hallada en medio de los infieles».

¿Y por qué no va Dios a concederte esta misma fe a ti, mi pobre, pecador, pero contrito oyente? Vives en una callejuela, en una casa donde viven personas que no respetan para nada el día del Señor, personas irreligiosas, tanto hombres como mujeres. Pero si llegáis a tener gracia en vuestros corazones, os atreveréis a hacer lo recto. Perteneces a un club de incrédulos; si les hicieses un discurso según tu conciencia te silbarían, y si abandonases su grupo te perseguirían. Ve y ponlos a prueba. Atrévete ante ellos. Ve y comprueba si es así, porque si tienes miedo de los hombres, estás atrapado en una red que *puede resultar* en tu *dolor*, y que *es ahora* tu *pecado*. Fíjate en esto, el primero de los pecadores puede llegar a ser el más osado de los santos; los peores hombres en el ejército del diablo, cuando se convierten, llegan a ser los más fieles soldados de Jesús. Las batallas más desesperadas de la Cristiandad han sido por lo general lideradas por hombres que han demostrado la alta eficacia de la gracia en un grado eminente siendo salvados de los más profundos pecados. ¡Sigue adelante, y que el Señor te dé esta elevada y singular fe!

III. UNA FE ESTABLE

Además, la fe de esta mujer fue una fe estable, que se mantuvo firme en medio de las angustias. He oído de un clérigo de una iglesia que era servido por su sacristán, y que tras un prolongado período de sequía le pidieron que hiciese una rogativa por lluvia. «Bueno, mi buen amigo», le dijo, «la haré, pero de nada servirá mientras el viento sople del este, estoy seguro». Son muchos los que tienen esta clase de fe: creen mientras las probabilidades les acompañen, pero cuando la promesa y la probabilidad se dividen, siguen la probabilidad y se apartan de la promesa. Dicen: Esto es probable, y por tanto lo creo. Pero eso no es fe, es vista. La verdadera fe exclama: «La cosa es improbable, pero yo lo creo». La fe es decir: «Aquel monte, oculto en las tinieblas, es tan real como durante el día». La fe es mirar a través de las tinieblas, no con la mirada física, que nada ve, sino con el ojo de la fe, que ve todas las cosas, y decir: «En él confío cuando no le sigo; piso el mar con tanta firmeza como lo haría sobre la peña; ando con tanta tranquilidad en la tempestad como al sol, y me echo a reposar sobre las embravecidas olas de la mar tan satisfecho como sobre mi lecho». La fe de Rahab era la clase correcta de fe, porque era firme y persistente.

Voy a hacer un breve diálogo con Rahab esta mañana, como supongo que el viejo Incredulidad acudiría a hablar con ella: «Y bien, mi querida mujer, ¿no ves lo absurdo que es todo esto? El pueblo de Israel está al otro lado del Jordán y no hay puente. ¿Cómo podrán pasar? Claro, puede que

Biblia, Parábolas, Personajes, Tipos y figuras

vayan más arriba, a los vados, y entonces Jericó va a estar aún mucho tiempo segura. Tendrán que tomar otras ciudades antes de llegar a Jericó; además, los cananeos son poderosos, y los israelitas solo son un atajo de esclavos. Pronto quedarán despedazados y será el fin de ellos; por tanto, no acojas a esos espías. ¿Para qué poner en riesgo tu vida por algo tan improbable?».

—¡Ah!, dice ella, no me preocupa el Jordán; mi fe puede creer más allá del Jordán, o solo sería una fe de tierra seca.

Finalmente, ellos marchan a pie seco a través del Jordán, y entonces la fe adquiere una confianza más firme.

—¡Ah! —dice ella secretamente para sus adentros lo que hubiera querido decir a sus vecinos— ¿No queréis creer ahora? ¿No vais a pedir misericordia?

—No, dicen ellos. Las murallas de Jericó son sólidas. ¿Acaso podrá resistirnos este débil ejército?

Y a la mañana siguiente las tropas salen, ¿y qué hacen? Se limitan a soplar en cuernos de carnero, y sus vecinos le dicen: «Oye, Rahab, no nos dirás ahora que crees, ¿verdad? Están bien locos». Los israelitas simplemente se limitan a dar vueltas a la ciudad y se mantienen callados, con la excepción de los sacerdotes, que soplan los cuernos. «¡Esto es ridículo. Sería una verdadera novedad en el arte de la guerra oír de hombres tomar una ciudad soplando cuernos de carnero».

Y así fue el primer día. Probablemente Rahab pensaba que vendrían al siguiente día con escaleras de asalto para tomar las murallas; pero no, de nuevo cuernos de carnero hasta el séptimo día, y esta mujer mantuvo el cordón de grana en su ventana todo este día, guardó a su padre y madre, y hermanos y hermanas en la casa, y no los dejaba salir; y al séptimo día, cuando los israelitas gritaron con gran clamor, la muralla de la ciudad se derrumbó a peso; pero su fe venció su timidez femenina, y se mantuvo dentro, aunque la muralla estaba desmoronándose al suelo. La casa de Rahab se mantuvo en pie, un solitario fragmento en medio de una ruina general, y ella y su casa fueron todos salvos. Ahora bien, ¿quién podría pensar que una planta tan rica podría crecer en un terreno tan árido, que una fe tan poderosa podría brotar en un corazón tan pecaminoso como el de Rahab? ¡Pero ahí es donde Dios ejerce su gran labranza! «Mi Padre es el labrador», dijo Cristo. Cualquier labrador puede conseguir una buena cosecha de una buena tierra, pero Dios es el labrador que puede hacer crecer cedros en las peñas y que puede no sólo plantar el hisopo en las paredes, sino poner también allí al roble, y hacer que la más grande fe surja en la posición más improbable. ¡Toda la gloria sea dada a su gracia! El gran pecador puede hacerse grande en fe. Así, ¡aliéntate, pecado! Si Cristo te da arrepentimiento, no tienes necesidad de pensar que serás el más humilde de la familia. ¡Oh, no! Tu nombre puede aún quedar escrito entre los más poderosos de los poderosos, y podrás mantenerte como un ejemplo memorable y triunfante del poder de la fe.

IV. UNA FE ABNEGADA

La fe de esta mujer fue una fe abnegada. Se atrevió a arriesgar su vida por causa de los espías. Sabía que si los encontraban en su casa, la matarían a ella también; pero aunque fue débil como para cometer un acto pecaminoso para preservarlos, fue sin embargo tan *fuerte* como para correr el riesgo de que la matasen para salvar a esos dos hombres. Es cosa grande saber negarnos a nosotros mismos. Un americano me dijo una vez: «Tengo una buena religión; es la religión correcta; no creo que me cueste un céntimo al año; y, sin embargo, creo que soy un hombre tan religioso como cualquier otro». «¡Ah!», dijo otro que lo estaba oyendo, «que el Señor tenga misericordia de su alma tacaña y avarienta, porque si usted hubiese sido salvo, no estaría contento con un céntimo al año». ¡Un céntimo al año! Propongo esta declaración, que no hay nada en la fe del hombre que no ejerce la abnegación. Si nunca damos nada por la causa de Cristo, si no trabajamos para Cristo, si no nos negamos a nosotros mismos para Cristo, no tenemos en nosotros la raíz del asunto. Podría llamaros hipócritas a algunos de vosotros: vosotros cantáis:

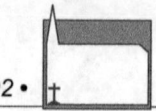

«Y si alguna reserva pudiera hacer,
Y el deber no me llamase,
A mi Dios amo con tan grande celo
Que todo mi ser le podría dar».

Sí, *pero no lo harías*. Lo sabéis bien, porque en realidad no lo dais todo, no, ni siquiera la mitad, ni siquiera una milésima. Supongo que pensáis que sois *pobres* vosotros mismos, aunque ganéis algo más de 1.000£ al año,[5] y os lo guardáis todo, con el concepto de que «el que da al pobre, presta al Señor». No sé cómo de otra manera podéis ajustaros con vuestra religión y ser en absoluto consecuentes. Esta mujer dijo: «Si debo morir por estos hombres, moriré. Por mal nombre que ya tengo, estoy dispuesta a tener un nombre peor. Como traidora a mi país, estoy dispuesta a que mi nombre vaya a la infamia, si es necesario, por haber traicionado a mi país al cobijar a estos espías, porque sé que es la voluntad de Dios que así se haga, y lo haré pase lo que pase». Oh, hermanos, no confiéis en que tenéis fe, si no tiene un componente de abnegación. La fe y la negación de uno mismo, como hermanos siameses, nacen juntos y juntos deben vivir, y el alimento que nutre a uno debe nutrir a ambos. Pero esta mujer, pobre pecadora que era, estaba dispuesta a negarse a sí misma. Ella trajo su vida, así como la otra mujer, que era pecadora, trajo la caja de alabastro de ungüento precioso, y la rompió para derramar el ungüento sobre la cabeza de Cristo.

V. UNA FE COMPASIVA

Para no entreteneros demasiado rato, paso de modo breve a tocar otro punto. La fe de esa mujer fue una fe compasiva. No creyó solo para sí; deseaba misericordia para sus parientes. Dijo: «Quiero ser salva, pero este mismo deseo me hace querer que mi padre sea salvo, que mi madre sea salva, y mi hermano salvo, y mi hermana salva». Sé de un hombre que anda 11 km cada domingo para oír la predicación del Evangelio en un cierto lugar; un lugar donde se predica *el* Evangelio. Conocéis esta clase tan particular, superfina, *el* Evangelio, un Evangelio cuyo espíritu consiste en mal temperamento, seguridad carnal, arrogancia y una conciencia cauterizada. Pero este hombre se encontró un día con un amigo, que le preguntó:

¿Dónde está su esposa?»
¿*Mi esposa?* –contestó él–. ¡Cómo!, ¿no va con usted?.
–¡Oh, no! –dijo el hombre–, nunca sale a ninguna parte.
–Bueno, pero –repuso el primero–, ¿no trata de que salga?, ¿y los niños?
–No, la realidad es que si me preocupo por mí mismo, ya es suficiente.
–Bueno –dijo el otro–, y usted cree que es de los escogidos de Dios, ¿verdad?.
–Sí.

Pues mire», no creo que usted lo sea, porque es peor que un pagano y que un publicano, no se preocupa de su propia casa; no creo, pues, que usted dé mucha evidencia de ser de los escogidos de Dios, porque los tales aman a sus semejantes.

Tan cierto como que nuestra fe es real, querremos lograr que otros entren. Me dirás: «Usted lo que quiere es hacer prosélitos». Sí. Y tú me contestarás que Cristo dijo a los fariseos: «Recorréis mar y tierra para hacer un solo prosélito». Sí, y Cristo no los reprendió por esto. Los tuvo que reprender porque «cuando lo lográis, le hacéis un hijo del infierno dos veces más que vosotros».

1. El espíritu del proselitismo es el espíritu del cristianismo, y deberíamos estar deseosos de poseerlo. Si alguien dice: «Creo que tal cosa es cierta, pero no deseo que nadie más la crea, te diré esto, es mentira; no lo cree, porque es imposible creer algo de corazón y en realidad sin desear hacer que otros crean lo mismo. Y además estoy seguro de esto, que es imposible conocer el valor de la salvación sin desear ver a otros llevados a la misma. Dijo esto el renombrado predicador Whitefield: «Tan pronto como fui convertido, quise ser el medio de la conversión de todos aquellos a los que había conocido. Había varios jóvenes con los que había jugado a naipes, con los que había pecado, y con los que había transgredido; lo primero que hice fue ir a sus

---

[5] Una suma considerable en aquella época. (N. del T.)

casas para ver qué podía hacer por la salvación de ellos, y no pude reposar hasta que vi a muchos de ellos llevados al Salvador». Ésta es una primicia del Espíritu. Es una especie de instinto en un joven cristiano. Ha de hacer sentir a otras personas lo que él siente. Dice un joven, al escribirme esta semana: «He estado orando por mis compañeros de trabajo en la oficina; deseo que puedan ser llevados al Salvador, pero por ahora no hay respuesta a mis oraciones».

No déis un centavo por la piedad de alguien si busca extenderse. Si no deseamos que otros gocen de los beneficios que hemos disfrutado, somos monstruos inhumanos o hipócritas descarados; y creo que lo más probable es lo segundo. Pero esa mujer era tan fuerte en fe que toda su familia fue salvada de la destrucción. ¡Joven mujer! Tú tienes un padre, y él odia al Salvador. Ora por él ¡Madre! Tienes un hijo: se burla de Cristo. Clama a Dios por él. Sí, amigos, jóvenes como yo, poco sabemos cuanto debemos a las oraciones de nuestros padres. Siento que nunca podré dar suficientes gracias a Dios por una madre llena de oración. Creía yo que era un gran aburrimiento tener que orar, y más especialmente que se me hiciese llorar, como mi madre me hacía llorar. Me habría reído de la idea de que nadie más me hablase de estas cosas; pero cuando oraba y decía: «Señor, salva a mi hijo Carlos», y luego se sentía abrumada, y no podía seguir más por el llanto, no podías remediarlo, llorabas; no podías dejar de sentirlo; de nada servía intentar resistirlo. ¡Ah, y ahí estás tú, joven! Tu madre está muriendo, y lo que hace amargo su lecho de muerte es que te burlas de Dios y que odias a Cristo. ¡Oh!, ésta es la última etapa de la impiedad, cuando un hombre puede tomarse a la ligera los sentimientos de su madre. Querría tener la esperanza de que no hay aquí ninguno así, sino que los que habéis gozado de tal bendición como la de ser engendrados y criados por hombres y mujeres de piedad podáis tener esto en consideración: que perecer a pesar de las oraciones de una madre es perecer de manera terrible; porque si las oraciones de una madre no nos llevan a Cristo, son como gotas de petróleo echadas a las llamas del infierno que harán que arda tanto más fieramente sobre el alma para siempre jamás. ¡Cuidaos que no vayáis a la perdición desdeñando las oraciones de vuestras madres!

Una anciana está llorando ¿y sabéis por qué? Creo que tiene hijos, también, y los ama. El otro día hubo un pequeño incidente durante una visita, después que prediqué. Había un muchachito en la esquina de la mesa y su padre le preguntó:

–¿Por qué te quiere tu padre, Juan?

Y el pequeño contestó, de manera encantadora:

–Porque soy un buen niño.

–Sí –dijo el padre–, y no te querría si no fueses un buen niño.

Me volví al buen padre y le dije que no estaba muy seguro de la verdad de su última observación, porque creía que querría a su hijo por malo que fuese.

Bueno —me dijo—, creo que lo querría. Y un predicador que estaba en la misma mesa continuó:

–Vi un ejemplo de esto ayer. Entré en casa de una mujer que le habían condenado a su hijo a deportación de por vida,[6] y estaba tan llena de su hijo Ricardo como si hubiera sido un primer ministro o como si hubiera sido el hijo más fiel y cumplidor.

Bueno, joven, ¿vas a echar coces contra un amor así, un amor que soportará tus coces y que no se revolverá contra ti, sino que te seguirá amando? Pero quizás aquella mujer, la vi llorando justo ahora, tuvo una madre que hace tiempo murió, y estuvo casada con un marido brutal, y al final enviudó llena de pobreza; recuerda los días de su infancia, cuando traían la gran Biblia y la leían alrededor del fuego del hogar, y cuando «Padre nuestro que estás en los cielos» era su oración vespertina. Ahora, quizá, Dios comienza alguna buena obra en su corazón. ¡Oh, que él la traiga ahora a amar al Salvador, aunque sea a sus setenta años de edad! Entonces tendrá un comienzo de vida de nuevo en sus últimos días, que llegarán a ser sus mejores días.

---

[6] Esta pena conllevaba generalmente la deportación a colonias penales en Australia (N. del T.).

VI. UNA FE SANTIFICADORA

Un último encabezamiento, y habremos terminado. La fe de Rahab fue una fe santificadora. ¿Siguió siendo Rahab una ramera después de tener fe? No, no, claro que no. No creo que fuese ramera cuando los hombres llegaron a la casa, aunque el nombre seguía adherido a ella, como sucede con tales malos nombres. Pero estoy seguro de que no lo fue después, porque Salmón, príncipe de Judá, se casó con ella, y su nombre aparece entre los antecesores de nuestro Señor Jesucristo. Llegó a ser, después de esto, una mujer eminente por su piedad, andando en el temor de Dios. Ahora bien, puede que tengáis una fe muerta que será la ruina de vuestra alma. La fe que os salvará es una fe que santifica.

«¡Ah!», dice el borracho, «me gusta el Evangelio, señor, yo creo en Cristo», y luego se va esta noche a la taberna y se emborracha. Mirad, este modo de creer en Cristo no sirve de nada. «Sí», dice otro, «yo creo en Cristo», y cuando sale comienza a decir palabras ligeras y livianas, quizás incluso lascivas, y comienza a pecar como antes. Mire, usted habla falsamente; usted no cree en Cristo. Esta fe que salva el alma es una fe real, y una fe real santifica a las personas. Les hace decir: «Señor, tú me has perdonado mis pecados, y yo renuncio a mi culpa. Tan bondadosamente me has tratado, con tanto amor me has abrazado, Señor, que te serviré hasta morir; y si me das gracia y me ayudas para serlo, seré tan santo como tú». No puedes tener fe y seguir viviendo en pecado. Creer es ser santo. Las dos cosas van juntas. Es fe muerta, fe corrompida, la que vive en pecado para que abunde la gracia. Rahab fue una mujer santificada. ¡Oh, que Dios santificase a algunos aquí! El mundo ha inventado todo tipo de procesos para reformar a las personas, pero hay sólo una cosa que los reformará, y es la fe en el Evangelio predicado. Pero en esta edad, la predicación es cosa muy menospreciada. Uno lee el diario, uno lee el libro, uno oye al conferenciante, uno se sienta y escucha al elegante ensayista, pero, ¿dónde está el predicador? Predicar no es sacar un sermón manuscrito, pedir a Dios que dirija vuestros corazones, y leer luego unas páginas preparadas de antemano. Esto es leer, no predicar. Se cuenta una buena historia de un anciano cuyo ministro solía leer. El ministro lo fue a visitar, y le dijo: «¿Qué está haciendo, Juan?» «Pues mire, estoy profetizando». «¿Profetizando?, ¿cómo? Querrá decir que está leyendo las profecías». No, no, estoy profetizando, porque usted lee predicación y dice que eso es predicar, y yo leo profecía, y, por la misma regla de tres, esto es profetizar". Y aquel nombre no distaba de estar en lo cierto. Necesitamos más pronunciamientos abiertos, directos, de la verdad, y llamamientos a la conciencia, y hasta que no tengamos esto, nunca veremos reformas grandes y duraderas. Pero por la predicación de la palabra de Dios, por mucho que pueda parecer insensatez a algunos, se reforman prostitutas, los ladrones se tornan personas honradas, y los peores de los hombres son llevados al Salvador. Una vez más, dejad que dé afectuosamente la invitación a los más viles de los hombres, si ellos sienten de verdad que lo son:

«Venid, necesitados, venid y
bienvenidos
La grata provisión de Dios glorificado:
Verdadera fe y arrepentimiento
sincero,
Cada gracia que cercanos nos hace,
Sin dinero,
A Cristo acudid y comprad».

Vuestros pecados serán perdonados, vuestra transgresión borrada, y desde entonces iréis y no pecaréis más, por cuanto Dios os habrá renovado, y os guardará hasta el fin. ¡Que Dios os dé su bendición, por causa de Jesús! Amén.

33. MANASÉS

«Entonces reconoció Manasés que Jehová
era Dios" (2 Crónicas 33:13).

INTRODUCCIÓN: Manasés, gran pecador.

I. SU VIDA DE PECADO
1. Su educación religiosa.
2. No conocía la vergüenza.
3. Es difícil encontrar a otro como a él.

Biblia, Parábolas, Personajes, Tipos y figuras

II. SU INCREDULIDAD
1. Poder e incredulidad.
2. Orgullo e incredulidad.
3. Gusto por el pecado.

III. SU CONVERSIÓN
1. Su transformación.
2. Las bases de su fe.

CONCLUSIÓN: ¿Cómo ser salvos?

MANASÉS

INTRODUCCIÓN

Manasés es uno de los personajes más destacados, cuya historia se recoge en las páginas de las Sagradas Escrituras. Generalmente estamos acostumbrados a citar su nombre en la lista de los grandes pecadores, siendo éste uno de los que alcanzó gran misericordia. Debemos anotar el nombre de Manasés junto al de Saulo de Tarso, al de la pecadora que lavó los pies de Jesús con sus lágrimas y los secó con sus cabellos, y al del ladrón que murió al lado de Jesús, un pecador salvado en la hora undécima. Este personaje derramó mucha sangre inocente. No obstante, fue perdonado e indultado, hallando misericordia en la sangre del Salvador que aún no había muerto, pero cuyo sacrificio Dios previó. Los méritos de esa muerte propiciatoria fueron imputados a un transgresor tan grande como Manasés.

Sin más, pues, vamos a estudiar esta mañana la historia de Manasés y considerarle como un triple personaje: primero, como un *pecador,* segundo, como un *incrédulo,* y tercero, como un *convertido.* Es posible que entre estas cuatro paredes tengamos hoy a un Manasés. Al hacer una reseña de este antiguo rey, deseo llevaros a las mismas verdades que le sirvieron a él de gran consolación mientras estaba en el calabozo del arrepentimiento.

I. SU VIDA DE PECADO

Primero vamos a considerar a *Manasés en su vida de pecado.*

1. En primer término sabemos que él perteneció a la clase de pecadores que figuran en primer lugar en la falange de la maldad. Éstos son *los que teniendo una educación piadosa y una temprana enseñanza en los caminos de Dios, pecaron contra la gran luz.* Manasés fue hijo del Rey Ezequías, un monarca que cometió algunas faltas, pero de él dice 2 Crónicas 29:2: «E hizo lo recto ante los ojos de Jehová». Anduvo considerablemente delante de Dios con un corazón perfecto, así como David su padre. No hemos de suponer por tanto, que Ezequías descuidara la educación de su hijo Manasés. Había sido el hijo de su vejez. Recordaréis que Ezequías enfermó muy gravemente. Después que hubo orado, Dios le prometió que le sanaría y añadiría a su vida quince años. Tres años después de este acontecimiento nació Manasés; por lo tanto tenía doce años cuando murió su progenitor. Ya era lo suficientemente mayor como para recordar las oraciones de sus padres. Había llegado a una madurez suficiente como para entender la diferencia entre el bien y el mal. En su infancia recibió esas impresiones tempranas, que son enormemente útiles para la vida posterior. Sin embargo, Manasés echó abajo lo que su padre había levantado, y construyó templos para los ídolos que él había destruido.

Es interesante notar que los hombres que se desvían después de una buena enseñanza, son los peores del mundo. Tal vez no lo sepáis, pero es un hecho. El asesinato de Williams en Erromanga, fue cometido por un comerciante que había llegado a la isla y que era hijo de un misionero. Este muchacho se había vuelto temerario e irreflexivo en sus hábitos. Trataba a los isleños de una manera tan bárbara y cruel, que éstos se vengaron de su conducta en la persona del siguiente hombre blanco que puso su pie en la isla. El amado hermano Williams, uno de los últimos mártires, murió por culpa de aquellos que le habían precedido. Los peores hombres son los que habiendo recibido mucha luz, se apartan luego de los caminos del Señor. Entre los personajes más destacados del mundo de los infiernos, hallaremos aquellos que fueron criados y educados en nuestra doctrina y principios. No es necesario que mencione nombres, pero muchos de entre vosotros que estáis familiarizados con aquellos que precedieron a este joven, conoceréis ahora quiénes son los líderes infieles de nuestro tiempo. Por el contrario, muchas veces ocurre que los mejores cristianos vienen de los peores pecadores. John Bunyan frecuentaba las casas de apuestas y los lugares de vicios más bajos que se pueden concebir. Nuestros mejores hombres provienen de los peores lugares y habiéndose adaptado a las costumbres de los impíos, acaban en los peores antros. Sin embargo, estas personas fueron lavadas con la sangre limpiadora de Cristo. Es verdad que los peores enemigos del Señor son aquellos que se han nutrido en nuestro medio. Como la víbora del cuento, que mordió a quien la había cobijado y alimentado, se retuercen con toda maldad para emponzoñar a quien les ha procurado el alimento espiritual. Uno de estos seres era Manasés.

2. En segundo lugar, *como un pecador, Manasés fue alguien muy descarado y atrevido*. Era de esos hombres que no pecan a escondidas, sino que cuando cometen alguna transgresión, no parecen estar en absoluto avergonzados. Han nacido con la personalidad insolente y alzan sus rostros desafiantes al cielo sin ningún respeto. Como veréis al leer este capítulo, Manasés era un hombre que si levantaba un ídolo, no lo ponía en un lugar oculto y oscuro, sino en el mismo templo de Dios. Allí desprestigiaba el nombre del Altísimo. No iba a escondidas a un santuario hecho por él, donde pudiese adorar a alguna deidad pagana. Por el contrario, colocaba esta deidad dentro del mismo templo de Dios, como para insultarle en su propia cara. Era un vicioso crónico del pecado. Siendo muy osado y terriblemente aficionado a la maldad, llegó a su límite máximo. Lo que ocurre es que ya sea para bien o para mal, la osadía siempre se sale con la suya. Dadme a un cobarde y no me servirá para nada; pero si se trata de un osado, tendré un hombre que puede hacer mucho, ya sea para la causa de Cristo o para el diablo. Así era Manasés. Si maldecía al Dios de Israel, lo hacía a viva voz. No se ocultaba en un rincón, sino que vociferaba sobre su trono, de manera que sus proclamas en contra del Altísimo y sus insultos más viles, fueran hechos de la forma más atrevida. Sin embargo, mis queridos amigos, aunque este hombre se revelaba contra todo, no podía negarse que una vez había sido salvo. Este gran pecador había pisoteado las oraciones de su progenitor y se burlaba de las lágrimas derramadas por un padre ansioso y desesperado. Además, petrificaba las convicciones de su conciencia y había llegado a lo más extremo de horrenda culpa. Pero llegó el momento en que fue tocado por la gracia divina. Entonces, se puso de rodillas y se humilló para reconocer que solo había un Dios soberano. No desesperemos si conocemos a alguien así. Yo nunca lo hago, pues pienso que Dios me ha salvado por medio de su gracia. Estoy persuadido de que viva los años que viva, nunca conoceré a un individuo de quien pueda decir: «Este hombre es un caso perdido». Podré tal vez encontrarme con alguien aparentemente fuera de toda esperanza, que ha recibido exhortaciones y advertencias y que ha acallado la voz de su conciencia endureciéndola; pero no me encontraré con un hombre de quien pueda decir que nunca será salvo.

¡Oh, no! aquel brazo de misericordia que fue suficiente para salvarme a mí, será suficiente para salvarle a él. Es difícil encontrar alguien que cayera más bajo que Manasés, pero podéis creer que la gracia de Dios puede alcanzarle. Si alguno de mis oyentes está en este caso, no desespere. Mientras hay vida hay esperanza. No os rindáis nunca en los brazos de Satanás. Él os dirá que vuestra muerte está sellada, que vuestra esperanza es en vano y que nunca podréis ser salvos. Decidle en su cara que es un gran mentiroso, pues Jesucristo es capaz de «... salvar perpetuamente a los que por Él se acercan a Dios, viviendo para siempre para interceder por ellos» (He. 7:25).

3. Manasés era un pecador de una casta tan peculiar, que a veces pensamos que es imposible encontrar con facilidad a otro como él. Era uno de aquellos que *tenía el poder de liderar a otros* muy lejos de la verdad y la voluntad de Dios. Recordad que

Biblia, Parábolas, Personajes, Tipos y figuras

era un rey, y por lo tanto tenía una gran influencia sobre todos sus súbditos. Lo que él ordenaba, se hacía. En el récord de los idólatras, Manasés era el primero, y a los falsos sacerdotes les venía muy bien que estuviese del lado de los dioses de los impíos. Él era el líder, el primer hombre en la batalla. Cuando las tropas de los infieles iban a la guerra contra el Dios de toda la tierra, Manasés les guiaba y animaba. Era su gran Goliat, desafiando a los ejércitos del Dios vivo. Muchos de sus hombres se volvían atrás y tenían miedo al conflicto, pero él jamás se amedrentaba. Hablaba y le obedecían, daba órdenes y se cumplían. Por lo tanto, cuando lideraba a sus hombres lo hacía con osadía y arrogancia. Hay muchas personas que no se conforman con ir por el camino ancho, sino que además quieren arrastrar a otros a la perdición. Y, ¡qué activos son en sus esfuerzos! Van de casa en casa, distribuyendo esas publicaciones impuras y contaminantes. Se paran en nuestras calles y tratan de envolver en su falsedad a la gente joven. Algunos de ellos hasta van a la puerta de las Iglesias para esperar a la salida a los jóvenes cristianos y convencerles de que Dios no existe, que no hay un futuro, y que todos tenemos que morir como perros y sufrir una severa aniquilación. Hay personas que si no guían a otros hacia la perdición, no pueden estar satisfechas. Para ellos no es suficiente ir solos en contra de Dios, sino que les gusta pecar en compañía. Como la mujer de Proverbios, van a la caza de vidas preciosas; parecen perros de presa salvajes, sedientos de sangre. Buscan a los hombres para destruirles. La sociedad de ahora es comparable a Prometeo, atada de pies y manos por las costumbres que la rodean. Como este personaje, tenemos al sabueso alado infernal, golpeando permanentemente en nuestro corazón y extrayéndonos la vida de nuestro espíritu. Existe en medio nuestro esa maldita infidelidad, que busca apartar a los hombres de Dios y desviarles de su Hacedor. Sin embargo, sus líderes han sido salvos. Manasés, el líder de aquellos que odiaban a Dios, fue humillado y conquistado de nuevo por el amor del Todopoderoso.

¿Me preguntáis si en nuestros tiempos podemos encontrar estos casos? Les respondo que sí. No es que sean demasiado frecuentes, pero suelen encontrarse en todos los países alrededor del mundo. Ayer he recibido algo que alegró mucho mi corazón e hizo que bendijera a Dios. A pesar de toda la oposición que existe, me di cuenta de que todavía puedo ser útil a la causa del Señor. Recibí una larga carta de cierta ciudad, de alguien que ha sido uno de los líderes de la sociedad de aquel lugar. El autor de dicha carta dice: «Yo compré uno de esos panfletos que se titulan *¿Quién es Spurgeon?*, que incluye también su foto, (o al menos la que ellos dicen que es su foto)». Lo traje a casa y luego lo coloqué en la vitrina de mi negocio. Me vi impulsado a hacerlo por un deseo de placer burlón. El título del panfleto era una caricatura sugerente, y especial para dar la impresión que yo quería. Pero además tenía en vista otro objetivo. Deseaba usarlo para atraer a la gente a mi escaparate y mejorar así las ventas de mi negocio. Mi tienda no es una librería o papelería, por lo que el motivo de la exposición de este folleto era aún más conspicuo. Ahora lo he quitado y yo mismo he cambiado. Unos dos días antes de adquirir este folleto, había comprado uno de sus sermones.

En él leí estas palabras: «*ellos siguen adelante; ese paso es seguro, lo dan, el próximo también y así continúan. Sus pies cuelgan ahora de un abismo de oscuridad*». Continué leyendo, pero la palabra oscuridad me desconcertó. Es verdad, el camino hasta ahora parecía seguro. Me fui del apartamento donde había estado meditando y al hacerlo, las tres palabras «¿quién puede saberlo?» parecieron susurrar a mi corazón. Entonces me decidí a no dejar pasar otro domingo sin visitar un lugar de adoración. No sabía cuánto se prolongaría mi tiempo de vida en esta tierra, pero supe que sería cobarde y mezquino al no darme una oportunidad. ¡Ah! mis socios podrían reírse, mofarse, llamarme miedoso o renegado. Yo estaba decidido a hacer un acto de justicia por mi alma. Fui a la Iglesia, estaba estupefacto y temeroso. ¿Qué es lo que quería hacer allí? El ujier abrió sus ojos grandes

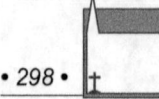

como platos, y sin quererlo preguntó: «usted es, fulano de tal, ¿no es así?». «Sí, así es», respondí. Me condujo hasta un asiento y luego me trajo un himnario. Estaba a punto de morirme de angustia. «Ahora», me dije, «estoy aquí; si es la casa de Dios, que el cielo me conceda una audiencia, y entonces yo me entregaré por completo. ¡Oh Dios, dame una prueba por la cual pueda saber que tú estás aquí! Dime que no echarás de ti al vil desertor que se ha aventurado a buscar tu rostro, tu misericordia y tu perdón». Abrí el himnario para distraer mi mente de aquellos pensamientos y sentimientos que me estaban atormentando, y las primeras palabras que vi fueron,

«La tumba será oscura, muy oscura, y no habrá ninguna luz de Dios».

Después de darme algunas evidencias de que era un verdadero convertido, terminó la carta diciendo, «¡Oh señor, dígale estas cosas a esos pobres infelices cuyo orgullo, como el mío, les ha impulsado hacer alianza con el infierno. Dígaselo a los que dudan, a los tímidos y a los cristianos enfriados, que Dios es una ayuda real para todos los que estén en necesidad. Piense en el pobre pecador que quizás nunca vea su rostro en este mundo, pero que vivirá para orar por usted y bendecirle. Él anhelará fervientemente encontrarle en un mundo exento de dudas pecaminosas, de orgullo humano y corazones vacilantes. ¡Oh!, este hombre no necesitaba pedirme perdón. Yo me siento feliz de poder llamarlo "hermano"».

Esta carta viene de un lugar a muchos kilómetros fuera de mi ciudad y de un joven que era bastante famoso por su odio al Señor. Sin embargo, han habido muchos «Manaséses» salvos y los seguirá habiendo. Hombres que habiendo odiado a Dios, luego rebosando de gozo, declararon:

«Estoy perdonado, estoy perdonado, Soy un milagro de la gracia de Dios».

Aquellos que antes se mofaban y no querían ni oir el nombre de Cristo, ahora le amaban y reverenciaban.

Hay un hecho concerniente a Manasés que lo pinta como el príncipe de los pecadores. El segundo libro de Reyes nos dice: «Y pasó a su hijo por fuego, y se dio a observar los tiempos, y fue agorero, e instituyó encantadores y adivinos, multiplicando así el hacer lo malo ante los ojos de Jehová, para provocarlo a ira» (2 R. 21:6). Lo que hizo con su hijo fue un pecado terrible, porque aunque después se arrepintió, su hijo Amón siguió los pasos de su padre, no precisamente en su justicia, sino en su injusticia. ¡Oíd estas palabras!: «De veintidós años era Amón cuando comenzó a reinar, y reinó dos años en Jerusalén. E hizo lo malo ante los ojos de Jehová, como había hecho Manasés su padre; porque ofreció sacrificios y sirvió a todos los ídolos que su padre Manasés había hecho. Pero nunca se humilló delante de Jehová, como se humilló Manasés su padre; antes bien aumentó el pecado» (2 Cr. 33:21-23). Los hijos imitan a los padres en sus vicios, pero muy pocas veces en su arrepentimiento. Si los padres pecan, ellos les seguirán sin dudar; pero cuando se arrepienten y se vuelven a Dios, en la práctica no es fácil hacerles salir de la senda del pecado. ¿Hay aquí alguien como aquel antiguo cartaginés, que haya dedicado sus hijos a la oposición del enemigo? Recordaréis a ese personaje que desde su nacimiento dedicó a su hijo Aníbal para que fuera el enemigo permanente de los romanos. Tal vez aquí haya un hombre así, que ha dedicado su descendencia a Satanás, para ser el enemigo perenne del Evangelio de Cristo, y está tratando de educarle de una manera completamente opuesta al temor de Dios. ¿Es éste un hombre sin esperanza? Su pecado es fatal, su estado, lamentable. Su transgresión sin arrepentimiento seguramente le condenará. Sin embargo, en tanto que esté aquí presente, aún seguiremos predicando el arrepentimiento, sabiendo que Manasés fue traído nuevamente a Dios, y perdonado de sus multiformes pecados.

II. SU INCREDULIDAD

El segundo aspecto que estudiaremos de Manasés es el de *incrédulo*, pues no creía que Jehová era el único Dios. Por lo tanto, era un creyente en falsos dioses, pero un incrédulo en lo concerniente a la *verdad*. Ahora bien, ¿no os asombra saber que aunque Manasés era un incrédulo de la verdad,

Biblia, Parábolas, Personajes, Tipos y figuras

debe haber sido una persona muy crédula para creer en la todas las deidades imaginarias de los paganos? En efecto, las personas más crédulas del mundo son los no creyentes. Se necesita mil veces más fe, para ser un incrédulo que para ser un creyente en la revelación divina. Un hombre viene a mí y me dice que soy muy creyente, porque creo en la Primera Causa que creó los cielos y la tierra, y en Dios, que hecho hombre murió por mis pecados. Yo le respondo que así es, que sin duda soy muy crédulo, de la forma en que él concibe la credulidad. Ahora bien, pienso que aquello en lo que he creído es perfectamente consistente con mi razón, y por lo tanto lo acepto. «Pero», dice él, «*yo* no soy creyente en absoluto». Señor, le digo, me gustaría preguntarle algo. ¿No cree usted que el mundo ha sido creado por Dios? «No». Entonces, estoy seguro de que debe ser asombrosamente crédulo. ¿Piensa usted que esta Biblia existe sin haber sido hecha? Si usted dijera que yo soy crédulo porque creo en un impresor y en un archivo, tendría que decirle que usted es infinitamente más crédulo, si me asegura que no ha sido hecha en absoluto. Ahora bien, si me va a decir una de sus teorías acerca de la creación que los átomos flotaban a través del espacio, y de pronto tomaron cierta forma me resignaría a entregarle el gran premio a la credulidad. Además, tal vez usted cree que el hombre llegó a existir por medio de la evolución de ciertas criaturas. Me dirá que ha leído sobre algunos seres vivientes minúsculos, que evolucionaron hasta convertirse en pequeños animalejos, que después se convirtieron en peces, y que estos peces quisieron volar y entonces les crecieron alas. Luego, poco a poco sintieron el impulso de arrastrarse y se convirtieron en lagartos. Por medio de una sucesión de pasos se transformaron en monos, y éstos en hombres, y usted mismo cree que es primo hermano de un orangután. Yo puedo ser muy crédulo, pero no tanto como usted. Es posible que crea en cosas muy raras, como que con la quijada de un asno, Sansón mató a mil hombres. Tal vez también crea que la tierra fue inundada con agua, y como usted dice, en muchas otras cosas extrañas, pero sus creencias, comparadas con las mías, son verdaderamente increíbles. Sería como querer comparar una gota de agua con un océano. Se requiere la fe más gigantesca del mundo para negar las Escrituras, porque en lo secreto de su corazón, el hombre sabe que constituyen la verdad. Vaya donde vaya, una voz le susurrará; «puedes estar equivocado, y tal vez lo estés». Todo lo que podrá hacer es tratar de acallar esa voz de la conciencia, y decirle, «¡cállate, no te dejaré hablar!; si no, no podré dar mi conferencia mañana, ni volver con mis amigos, ni ir a los clubes que me gustan. No puedo darme el lujo de mantener mi conciencia activa ni de tener un Dios».

1. Ahora permitidme que os diga las razones por las que yo pienso que Manasés era un incrédulo. En primer lugar, creo que el *poder ilimitado* que poseía hacía que fuera un infiel. No me maravillaría si un autócrata, un hombre con un dominio absoluto, negara a Dios. Antes bien, pensaría que es natural. Recordaréis aquel discurso memorable de Napoleón. Alguien le había dicho que «el hombre propone y Dios dispone». «¡Ah!» dijo Napoleón, «Yo también propongo y dispongo». Con toda arrogancia, quería competir con el poder y la supremacía de Dios. No hemos de maravillarnos de este hecho, porque sus victorias han sido tan inmediatas, una tras la otra, su poder tan completo y su fama tan grande, que la potestad sobre sus súbditos era dominante y arbitraria. Yo creo que el poder, excepto en el corazón que está siempre gobernado por la gracia, tiene una tendencia a hacernos negar a Dios. El poder es el que lleva al intelecto a provocar y ganar una discusión. Durante dos, tres, cuatro, cinco, seis o más veces, sale siendo más que conquistador en el campo de la controversia. Así, el hombre poderoso se dice a sí mismo: «Yo soy el primero y no hay nadie que pueda igualarme. Tomo lo que me place y lo defiendo. No hay hombre que pueda con la agudeza de mi intelecto, puedo darle una estocada que seguramente lo vencerá». El Dr. Johnson, a menudo se interesaba más por la parte del tema que no creía, pues le gustaba ganar una victoria difícil. Del mismo modo, estos

hombres apoyaban precisamente lo que estaba equivocado, porque se figuraban que así tendrían una mejor oportunidad para desplegar sus habilidades. «Dejadme», dice algún brillante intelecto, «pelearme con un cristiano; tendré bastante dificultad en probarle mis tesis y minarle los bastiones de la verdad que él defiende en mi contra. Mejor así, vale la pena ser conquistado por una opinión tan sólida. Si puedo vencer a mi antagonista, lograré demostrarme a mí mismo que tengo más lógica que la suya. Entonces podré decir sin temor, "es glorioso haber peleado contra un oponente con tanto peso de su lado, y haber salido ganador"». Creo que es imposible confiar en el hombre más poderoso del mundo. A menos que la gracia de Dios lo sostenga, tarde o temprano hará uso de ese poder. Es por eso que los mejores siervos de Dios, son casi sin excepción los que han pasado por más pruebas y aflicciones. Nuestro Padre Celestial sabe que si no fuera por las grandes penas y contrariedades, nos levantaríamos contra él, y buscaríamos una gloria que no tenemos derecho a reclamar.

2. Otra razón por la que Manasés era un incrédulo, *es por su orgullo*. El orgullo yace en la raíz de la incredulidad. Es el mismo germen de la oposición a Dios. El hombre dice: «¿Por qué he de creer? El maestro de la escuela dominical lee su Biblia y afirma que es la verdad. Yo, un hombre de brillante intelecto, ¡he de estar de su lado y recibir lo que él me da como la verdad, simplemente porque es una declaración de la Palabra de Dios. No, no lo haré; lo averiguaré por mí mismo, y no lo creeré sencillamente porque me es revelado, pues eso sería hacerme como un niño». Pero entonces, pasando las páginas de la Biblia, ve que en Mateo 18:3, dice: «De cierto os digo, que si no os volvéis y os hacéis como niños, no entraréis en el reino de los cielos». «Vaya», dice, «entonces no me convertiré, no estoy dispuesto a ser un niño. Soy un hombre y continuaré siéndolo, y prefiero estar perdido como un hombre y no ser salvo como un niño. ¿Voy acaso a rendir mi capacidad de juicio, volverme dócil y creer en la Palabra de Dios?" Sí, dice la Escritura, «... si no os volvéis y os hacéis como niños, no entraréis en el reino de los cielos». Entonces, dice con arrogancia, «no lo haré». Como Satanás declara que será mejor gobernar en el infierno que servir humildemente en el cielo, Manasés se reafirmó en su incredulidad, pues creer era para él demasiado humillante.

3. Sin embargo, tal vez el motivo más importante de la incredulidad de Manasés, es que *le gustaba demasiado el pecado*. Cuando construyó los altares para sus falsos dioses, podía pecar fácilmente y tener la conciencia tranquila. Sin embargo, veía que las leyes de Jehová eran tan estrictas, que si se volvía a Dios no podía seguir pecando como él quería. Hojeando la Palabra de Dios, leía mandamientos como éstos: «Acuérdate del día de reposo para santificarlo» (Éx. 20:8). «No hurtarás» (Éx. 20:15), y muchas cosas más. Manasés deseaba hacer todas estas cosas prohibidas, por lo tanto no creía, porque no podía creer y mantener el pecado a la vez. La razón por la cual tenemos tanta incredulidad, es porque amamos mucho el pecado. Los hombres prefieren no tener a Dios, porque Dios interfiere con sus concupiscencias, y no pueden seguir pecando. Una vez creyeron que sobre ellos había un Dios eterno, (o profesaron creerlo, pues todos creen que lo hay, ya sea que lo reconozcan o no). Pero como el pensamiento de Dios escudriña sus impiedades, entonces exclaman: «No hay Dios». Lo dicen con sus labios y lo reafirman en sus corazones. Yo creo que fue ésto lo que llevó a Manasés a perseguir a los santos de Dios, pues entre los múltiples pecados que cometió, la Palabra de Dios nos dice que: «... derramó Manasés mucha sangre inocente en gran manera, hasta llenar a Jerusalén de extremo a extremo» (2 R. 21:16). Entre los judíos hay una tradición que dice que Manasés tuvo una visión del profeta Isaías, a consecuencia de una represión que le hizo por sus pecados. Isaías no era lo que se dice un hombre tímido, y le habló al rey de sus concupiscencias, colocándole por lo tanto entre la espada y la pared. Ésta es precisamente la razón por la cual los hombres odian a Dios y a sus siervos, porque la verdad es demasiado

Biblia, Parábolas, Personajes, Tipos y figuras

candente para ellos. Escuchad a un predicador que no os hable de vuestros pecados, y le oiréis apaciblemente; pero cuando el Evangelio viene con poder, los hombres no pueden soportarlo. Cuando pone el dedo sobre algún pecado o alguna concupiscencia, entonces deciden no creerlo. Estarían dispuestos a creer en el Evangelio, si pudieran además vivir en sus pecados. ¡Oh!, cuántos borrachos reprobados serían cristianos, si pudieran seguir con su vicio. Cuántos canallas malvados se harían creyentes, si pudieran creer y seguir con sus maldades. Pero la fe en el Dios eterno, nunca puede ir de la mano de la iniquidad. Puesto que el Evangelio declara, «acabad con él», los hombres a su vez proclaman, «acabad con el Evangelio». ¡El mensaje de Dios es demasiado candente para vosotros, oh generación pecadora! Por eso os apartáis de él, porque no tolera vuestras concupiscencias, ni es indulgente con vuestra iniquidad.

III. SU CONVERSIÓN

Ya hemos estudiado a Manasés como un incrédulo. Ahora estudiaremos una faceta mucho más placentera, pasaremos a verlo como *un convertido*. ¡Escuchad, cielos y tierra!, Dios el Señor lo ha dicho: Manasés será salvo. En su trono de crueldad, acaba de firmar otro edicto contra los santos de Dios; pero será humillado, pedirá misericordia a Jehová, y Él le salvará. Manasés oye el decreto de Dios y se ríe. «¿Cómo, jugar al hipócrita y doblar mi rodilla? ¡Nunca! No es posible». Cuando los creyentes lo oigan, dirán todos también, «no es posible». ¿Qué? ¿Saúl entre los profetas? ¡Manasés regenerado? ¿Manasés obligado a postrarse ante el Altísimo? Esto es absolutamente imposible. ¡Ah! Es imposible para el hombre, pero con Dios todo es posible. ¡Dios sabe cómo hacerlo! El enemigo está a las puertas de la ciudad y un rey hostil acaba de sitiar las murallas de Jerusalén. Manasés sale corriendo de su palacio y se esconde entre los espinos. Allí le toman, es llevado cautivo a Babilonia y encerrado en una prisión. Ahora veremos lo que Dios puede hacer. Al rey se le acabó el orgullo, porque ha perdido su poder. Éste le ha sido quitado. Oid lo que dice ahora desde un mísero calabozo. Ya no es más un blasfemo, acabó su odio a Dios. Allí yace débil y solitario. Manasés dobla sus rodillas, y con las lágrimas corriendo por sus mejillas, ora e invoca el nombre de Dios, reconociendo así su absoluta supremacía. «¡Oh Dios, mi padre Dios. Este proscrito, esta bestia infernal, manchada con sangre inocente se postra ante ti. Yo, un verdadero demonio lleno de iniquidad ahora te reconozco como el Supremo. ¡Oh, Dios mío! ¿Podrás tener misericordia de un canalla como yo?» Desde los cielos un ángel vuela con la misericordia en su mano. ¿Hacia dónde se dirige? Al calabozo de Babilonia. El orgulloso rey está sobre sus rodillas. La misericordia llega y le susurra a sus oídos: «¡esperanza!». Se pregunta si para él todavía puede haberla, pero nuevamente el susurro de misericordia, pronunciado una vez por Isaías, vuelve a sonar en sus oídos: «Yo, yo soy el que borro tus rebeliones por amor de mí mismo, y no me acordaré de tus pecados» (Is. 43:25). ¿Podéis verle? ¡Cómo llora de gozo y de pena al mismo tiempo! ¡Se pregunta mil veces cómo pudo haber pecado contra un Dios tan maravilloso como Jehová! Un momento más, y el calabozo se abre. El rey de Babilonia, movido por Dios, le deja ir libre y así regresa a su reino y a su trono; un hombre feliz y mejor que nunca. Lo imagino llegando a Jerusalén. Allí se encuentran sus hombres de guerra y sus favoritos, aclamándolo. «¡Ven, oh rey Manasés, nos alegraremos un día tras otro; inclinándonos ante el esplendor de Astarot, y le daremos las gracias por haberte liberado! Los caballos del sol están listos, ven y pagaremos las devociones al que brilla sobre la tierra, y lidera las huestes de los cielos!» Puedo ver el asombro de esa gente cuando Manasés grita: «¡Alto allí! Ya no seréis más mis amigos, hasta que no os hagáis amigos de Dios. Allá en Babilonia he caído sobre mis rodillas ante Jehová. Todos vosotros fuisteis como serpientes que me habéis envenenado con veneno de áspides. Me había hecho amigo vuestro y me condujisteis a las profundidades del infierno. Pero ahora lo sé. Salid de delante de mí hasta que seáis mejores hombres, y yo encontraré a otros cortesanos». Y allí estaban los pobres santos, escondidos en las callejuelas de la ciudad, muertos de miedo porque el rey había vuelto. Hacían reuniones de oración secretas, clamando a Dios para que no hubieran más masacres y desaparecieran los edictos de las persecuciones. Para su asombro, un mensajero llega y dice: «El rey ha vuelto». Pero cuando se le quedan mirándolo, deseando saber lo que va a decir, éste añade: «no es el mismo».

1. Manasés, ha sido transformado por completo. «He visto cómo con sus propias manos rompía a Astarot en pedazos. Le oí gritar, "Los caballos del sol serán destruidos y barridos de la casa de Dios. Allí haremos una pascua. Por la mañana y por la tarde, quemaremos la ofrenda de corderos delante del altar de Jehová, pues Él es Dios, y no hay más"». ¡Oh! ¿Podéis concebir el gozo de los creyentes en aquel día? ¿Podéis verlos ir hasta la casa de Dios, llenos de alegría y de acción de gracias? El sábado siguiente cantaron como nunca habían cantado antes: «Venid, cantemos al Señor, aclamemos con júbilo al Señor, a la roca de nuestra salvación». Mientras cantaban, pasaban por sus mentes las escenas de las persecuciones de los santos de Dios. Ahora el rey defendía la verdad que en otros tiempos había pisoteado. Había gozo en la tierra, y también en el cielo. El día en que Manasés oró, las campanas de los cielos sonaron alegremente, y los ángeles batieron sus alas con doble presteza. La tierra y los cielos estaban felices, y hasta el Todopoderoso sonreía con su aprobación llena de gracia, mientras repetía: «Yo, soy el que borro tus rebeliones por amor de mí mismo, y no me acordaré de tus pecados» (Is. 43:25).

2. ¿Tenéis curiosidad por saber cuáles eran las bases de la fe de Manasés? ¿Cuáles fueron los puntos de apoyo sobre los cuales construyó su confianza en Dios? Yo creo que fueron dos. Él creyó en Dios. Primero, *porque Dios había contestado su oración*, y segundo, *porque le había perdonado sus pecados*. Cuando he sido presa de pensamientos de duda, muchas veces he dicho: «bueno, ahora no dudaré que hay un Dios. Mirando atrás en mi diario, puedo decir que en tal día cuando estaba en aquel remolino de dificultades, doblé mis rodillas ante Dios, y cuando terminé de orar la respuesta ya había venido».

Lo mismo podríais decir muchos de entre vosotros. Por tanto, no importa lo que digan los demás; vosotros sabéis que hay un Dios, porque ha contestado vuestras oraciones. Habréis oído hablar de aquel santo hombre de Dios, el señor Müller, de Brístol. Si usted le hubiera dicho a George Müller que no hay un Dios, él se pondría a llorar. «¿Que no hay un Dios?», os diría, «pues yo he visto su mano obrar. ¿De dónde vienen esas respuestas a mis oraciones?» ¡Ah, señores, os podréis reír de nuestra fe, pero aquí hay cientos de personas que pueden afirmar que han pedido a Dios sobre diversos asuntos, y Él no les ha fallado, sino que ha respondido sus oraciones. Ésta fue una razón por la cual Manasés supo que su que Dios era su Señor.

La otra razón era que Manasés *sentía que Dios le había perdonado sus múltiples pecados*. ¡Qué prueba más deliciosa de la existencia de Dios!

He aquí un miserable canalla. Sus rodillas chocan una contra la otra, su corazón se hunde con él, está desesperado. «¡Traedle un médico!, grita la gente, su mente está enferma. Creemos que tiene que ser llevado a algún sanatorio para lunáticos». Prueban mejorarle con sus remedios, pero ninguno da resultado, sino que por el contrario, va peor. De pronto esta desgraciada criatura, afligida por el pecado y la culpa, entra en contacto con el sonido de la palabra de Dios. La escucha. Al principio su miseria aumenta; vuelve a escucharla, el dolor es doblemente intenso, hasta que todos dicen que no hay esperanza para él. De pronto, en una mañana feliz que Dios había ordenado de antemano, el predicador lee un dulce pasaje de la Escritura. Tal vez es éste: «Venid luego, dice Jehová, y estemos a cuenta: si vuestros pecados fueren como la grana, como la nieve serán emblanquecidos; si fueren rojos como el carmesí, vendrán a ser como blanca lana» (Is. 11.18). El Espíritu aplica la Palabra, y el pobre hombre se marcha a su casa ligero como el aire, y al

Biblia, Parábolas, Personajes, Tipos y figuras

llegar, les dice a su esposa e hijos: «Venid, regocijaos conmigo». «¿Por qué?», dicen ellos. «Porque», dice él, «tengo en mi corazón un sentimiento de amor y perdón, que todos los que dudan del mundo no podrían contradecir ni negar. Si toda la tierra se levantara contra mí y dijera que debo ser condenado, yo podría decir: "sé que para mí no hay ninguna condenación"». ¿Habéis sentido alguna vez el poder perdonador de la sangre de Cristo? Si alguna vez lo habéis hecho, nunca más dudaréis de Dios. Mis queridos amigos, imaginemos que la mujer más pobre del mundo es traída ante el peor y más inteligente de los infieles, capaz de pervertirla en no mucho tiempo. Me parece verla sonreír ante este hombre y decirle: «Buen hombre, lo que usted me dice, de nada sirve. Jehová se me manifestó hace ya mucho tiempo, diciendo: "Con amor eterno te he amado, por tanto, te prolongué mi misericordia. Podrá usted decirme lo que le plazca; yo sé en mi corazón que Él es Dios y que me ha limpiado de mis pecados Por más que insista, nunca podrá erradicar de mí estas profundas convicciones"». Como dice Watt:

«Ni todos los engaños
que argumentan los hombres,
Con su arte traidor mi fe asaltarán,
Para mí son mentira y vanidad,
Y el Evangelio en mi corazón
afirman más».

CONCLUSIÓN

¡Oh! Si usted tiene la certeza de que su pecado ha sido perdonado, nunca podrá dudar de la existencia de Dios.

Y ahora, reuniré todas mis fuerzas durante un momento para hablarles a los que tratan con aquellos que preguntan cómo pueden ser salvos. Mi querido oyente, no hay ninguna pregunta más importante en este mundo. Hay demasiada gente que no se preocupa por su salvación, pero aquellos que están padeciendo en el agujero negro de la desesperación, no saben por dónde escapar. Si alguien le viene con la pregunta «¿Qué debo hacer para ser salvo?» de forma seria y solemne, me gozo en comunicarle la misma Palabra de Dios: «Ésta es la palabra de fe que predicamos. Que si confesares con tu boca que Jesús es el Señor, y creyeres en tu corazón que Dios le levantó de los muertos, serás salvo. Porque con el corazón se cree para justicia, pero con la boca se confiesa para salvación» (Ro. 10: 8b-10). Según lo que dice la Escritura, «El que creyere y fuere bautizado, será salvo; mas el que no creyere, será condenado» (Mr. 16:16). «... No por obras, para que nadie se gloríe (Ef. 2:9). «Pero señor», dirá usted, «yo hago muchas buenas obras, y confío en ellas». Si lo hace, es un hombre perdido. Como Matthew Wilks dijo: «Querer navegar a América en un barco de papel, sería comparable a desear ir al cielo por sus buenas obras. De hacerlo, moriría en el intento». No podemos hacer ninguna justicia que conforme y satisfaga a Dios. Si ha de ser salvo, tiene que ser por mediación de lo que Cristo hizo y no por el mérito de sus buenas obras. Usted no puede ser su propio Salvador.Cristo debe salvarle. ¿Cómo podría entonces ser salvo por Cristo? He aquí el plan de salvación. Está escrito: «Palabra fiel y digna de ser recibida por todos: que Cristo Jesús vino al mundo para salvar a los pecadores» (1 Ti. 1:15). ¿Se siente usted pecador? Entonces crea que Cristo Jesús vino para salvarle. Si murió por usted, no tendrá que perecer eternamente, pues no puedo concebir que Cristo haya muerto en vano. Si Él murió en su lugar, entonces será perdonado y salvo, y un día cantará de gozo en los cielos. La única pregunta que le hago es, ¿murió Él por usted? El Señor lo hizo, puesto que todos, usted y yo inclusive, somos pecadores. Vuelvo a repetir: «Cristo Jesús vino al mundo para salvar a los pecadores». ¡Pobre pecador, crea en Él! Querido amigo, deme su mano. Desearía poder ponerla en la mano de Cristo. ¡Abrácele! Las nubes negras se disiparán y brillará el sol de justicia. Confíe en Él, a menos que la muerte o la destrucción vengan antes. Y recuerde una vez salvo en Cristo, lo será más allá de toda eventualidad. ¡Oh!, crea en Él, crea en Él, amigo, mis queridos oyentes, ¡por amor de Jesús!

34. LA ORACIÓN DE DAVID EN LA CUEVA

«Con mi voz clamaré a Jehová; con mi voz pediré a Jehová misericordia» (Salmos 142:1).

INTRODUCCIÓN: Dios oye las oraciones de clamor.

I. UN ALMA BAJO PROFUNDA CONVICCIÓN DE PECADO
1. Ora a dios clamando.
2. Confiésate a Dios.
3. Reconoce que de Él viene esperanza y libertad.

II. LA CONDICIÓN DE UN CREYENTE PERSEGUIDO
1. Angustia en el alma por causa de otros.
2. El daño a los jóvenes convertidos.
3. Dificultades en ser cristiano.

III: DIOS PREPARA AL CREYENTE PARA UN MAYOR SERVICIO
1. Los métodos de Dios.
   a) Te enseña orar
   b) Debes confiar en Dios
   c) Hemos de aprender a estar totalmente solos
   d) Deleitémonos solo en Dios
   e) Se complacerá con el pueblo de Dios
   f) Hay alabanza al final de la prueba

CONCLUSIÓN: Pongamos nuestra vida al servicio de Dios

LA ORACIÓN DE DAVID EN LA CUEVA

INTRODUCCIÓN

Oración que hizo cuando estaba en la cueva. David oró cuando estaba en la cueva. Si cuando estaba en el palacio hubiera orado tan solo la mitad de lo que lo hacía en la cueva, hubiera sido mejor para él. Pero, ¡ay! cuando era rey lo hallamos levantándose tarde de la cama, mirando desde el techo de la casa y cayendo en tentación. Si hubiera estado mirando al cielo, si su corazón hubiera estado en comunión con Dios, jamás hubiera cometido el gran crimen que tan profundamente había manchado todo su carácter.

«Oración que hizo cuando estaba en la cueva». Dios oirá la oración en la tierra y en el mar, y hasta en lo profundo del mar. Recuerdo que un hermano, mientras oraba, hizo uso de esta expresión. Alguien que estaba en la reunión de oración estaba asombrado por ello, y preguntó: «¿Cómo podría Dios oír la oración hecha desde lo profundo del mar?». Al preguntar tal cosa averiguamos que el hombre que había pronunciado tales palabras era un buzo, y con frecuencia descendía al fondo del mar después de los naufragios. Nuestro Dios no es el Dios sólo de las montañas, sino también de los valles. Es Dios del mar y de la tierra. Oyó a Jonás cuando el profeta desobediente estaba en los cimientos de los montes, y la tierra con sus barrotes parecía haber echado sus cerrojos sobre él para siempre. Dondequiera que trabajes puedes orar. Dondequiera que estés enfermo puedes orar. No hay lugar donde estés desterrado y Dios no esté cerca, y no hay momento, día o noche, en que su trono sea inaccesible.

«Oración que hizo cuando estaba en la cueva». Las cuevas han escuchado las mejores oraciones. Algunas avecillas cantan mejor en sus jaulas. He oído que algunas personas de Dios dan el mejor de sus brillos en las tinieblas. Hay muchos herederos del cielo que nunca oran tan bien como cuando son llevados a orar por la necesidad. Algunos cantarán en voz alta en sus lechos de enfermos, voces que casi no se oían cuando estaban bien; y algunos cantarán altas alabanzas dignas de Dios en el fuego, personas que no le alababan como debieran antes que les viniera la prueba. En el horno de la aflicción con frecuencia muestran los santos lo mejor de sí. Si alguno de vosotros está esta noche en posiciones oscuras y deprimentes, si vuestras almas están agobiadas en vosotros, que este llegue a ser un momento especial para una comunión e intercesión peculiarmente prevalente, y que la oración desde la cueva sea la mejor de tus oraciones.

Esta noche usaré la oración que David hizo en la cueva para representar las oracio-

Biblia, Parábolas, Personajes, Tipos y figuras

nes que los hombres piadosos hacen cuando están en tribulación. Pero primero hablaré de ello como un cuadro de la condición de un alma bajo una profunda convicción de pecado. Este Salmo de la cueva tiene una gran semejanza con el carácter de un hombre bajo convicción de pecado. Luego lo usaré para representar la condición de un creyente perseguido; y en tercer lugar, hablaré de él como que revela la condición de un creyente que está siendo preparado para una mayor honra y servicio más amplio que lo que antes haya tenido.

I. UN ALMA BAJO UNA PROFUNDA CONVICCIÓN DE PECADO

En primer lugar, permítanme tratar este salmo y usarlo como un cuadro de la condición de un alma bajo una profunda convicción de pecado.

Hace algún tiempo estabas en el campo abierto del mundo pecando con la mano en alto, arrancando las flores de los valles envenenados, y disfrutando con sus perfumes mortales. Estabas muy feliz con tu corazón pecaminoso, tan feliz como se pueda llegar a ser, porque eras frívolo, descuidado e irreflexivo; pero agradó a Dios atraerte. Fuiste aprehendido por Cristo en prisión, fuiste puesto en prisión y ahora tus pies estaban amarrados en el cepo. Esta noche te sientes como uno que ha pasado del sol brillante y del aire perfumado a una caverna oscura y fétida, donde ves poco, no hay comodidades y parece no haber esperanzas de escape.

1. Ahora bien, de acuerdo con el Salmo que tenemos delante de nosotros, que vale tanto para nosotros como para David, tu primera ocupación debiera ser recurrir a Dios. Conozco tus dudas y tus temores de Dios. Entiendo qué atemorizado te sientes ante la sola mención de su nombre, pero te exhorto, si has de salir de tu presente estado de depresión, acude inmediatamente a Dios. Mira, el Salmo comienza: «Con mi voz clamé a Jehová; con mi voz pediré a Jehová misericordia». Vé a casa y clama a Dios con tu voz; pero si no tienes un lugar donde puedas usar tu voz; clama a Dios en silencio; pero clama a Él. Mira hacia Dios, allí, y solamente allí hay esperanza.

«Pero he pecado contra Dios», dices. Pero Dios está dispuesto a perdonar. El puede perdonar en forma justa la mayor de las ofensas. Mira hacia Dios y comienza a orar. Conozco hombres que hicieron esto apenas creyeron en Dios; sintieron un débil deseo de hacerlo y clamaron. Ha sido una pobre oración; sin embargo, Dios la ha oído. He sabido de algunas que han clamado a Dios con muchísima desesperación. Cuando apenas habían creído que habría algún provecho en ello, se trataba de eso o nada. Y sabían que no les haría daño orar, de modo que se pusieron de rodillas y clamaron. Es maravilloso ver qué oraciones tan pobres Dios oye y responde. Oraciones que no tienen piernas para correr, manos para aferrarse, y muy poco corazón, sin embargo, Dios las ha oído y las ha aceptado. Ponte de rodillas, si tu corazón suspira a causa del pecado. Si la oscura tristeza de tus iniquidades se está haciendo cada vez más grande a tu rededor, clama a Dios, y Él te oirá.

2. Lo que hay que hacer pronto es presentar ante Dios una completa confesión. David dice: «Delante de Él expondré mi queja; delante de Él manifestaré mi angustia». El corazón humano anhela expresarse; un dolor que se calla quedará en al alma y la asfixiará, hasta que su negro humo haga que se asomen los ojos mismos del espíritu. No es malo que a veces hables a un amigo cristiano acerca de la angustia de tu corazón. No te estimularía a que primero hagas eso. De ningún modo. Pero podría ser útil a algunos. Sea como sea, haz una completa confesión al Señor. Dile que has pecado; que has tratado de salvarte a ti mismo, y has quedado quebrantado; cuán miserable eres, cuán cambiante y voluble, orgulloso y libertino, cómo tu ambición se ha llevado como desenfrenado corcel; dile todas tus faltas, hasta donde puedas recordarlas. No trates de ocultar nada de Dios; no puedes hacerlo, porque Él todo lo sabe. Por tanto, no vaciles en decírselo todo, el más oscuro de tus secretos, el pecado que no quisieras susurrar al vendaval vespertino. Dile todo, todo. La confesión a Dios es buena para el alma. «El que confiesa sus pecados y se aparta alcanzará misericordia».

Insto a quienquiera de vosotros que ahora se encuentre en la cueva tenebrosa, que busque un lugar secreto y tranquilo, y a solas con Dios, derrame su corazón delante de Él. David dice: «Delante de él manifestaré mi angustia». No pienses que el uso de palabras piadosas va a servir de algo. No son puras palabras las que tienes que emitir, tienes que plantear toda tu angustia delante de Dios. De igual forma que un niño cuenta a su madre sus penas, expón al Señor todas tus angustias, tus quejas, tus miserias, tus temores. Confiésale todo, y tu espíritu recibirá un gran alivio. Así que en primer lugar recurre a Dios. En segundo lugar, haz una confesión a Dios.

3. Y en tercer lugar, reconoce delante de Dios que no hay esperanza para ti sino solo en su misericordia. Dilo como David lo hace: «Mira a mi diestra y observa, pues no hay quien me quiera conocer». Hay solamente una esperanza para ti, reconócelo. Quizás hayas estado tratando de ser salvo por tus buenas obras. Aun cuando las amontones, carecen por completo de valor. Posiblemente esperes ser salvado por tu religiosidad. La mitad de ello es hipocresía, y ¿cómo podría un hombre esperar salvación por su hipocresía? ¿Esperas ser salvo por tus sentimientos? son cambiantes como el tiempo, una ráfaga de viento cambiará todos tus finos sentimientos en murmuraciones y en rebelión contra Dios. ¡Oh, amigo! ¡No puedes cambiar la ley de Dios! La observancia perfecta de los mandamientos de Dios te salvaría si nunca hubieras cometido un pecado, pero habiendo pecado, aun eso no te salvará ahora, porque la obediencia futura no borrará tu desobediente pasado. Aquí, en Cristo Jesús, a quien Dios ha puesto en propiciación por los pecados, está la única esperanza para ti. Aférrete de Él. En la cueva de tus dudas y temores, con la pegajosa humedad de tu desesperación a tu alrededor, helado y entumecido por el temor de la ira venidera, aventúrate, sin embargo, a hacer de Dios en Cristo su única confianza, y recibirás la perfecta paz.

Además, si entonces aún te encuentras en la cueva de la duda y el pecado, atrévete a suplicar a Dios que te ponga en libertad.

No puedes ofrecer una oración, mejor que la de David en la cueva: «Saca mi alma de la cárcel para que alabe tu nombre». Esta noche te encuentras en una prisión y no puedes salir de ella por tus propios recursos. Puedes tomar los barrotes y tratar de sacudirlos hacia adentro y hacia afuera, pero estarán firmes en sus bases, y no se romperán en tus manos. Puedes meditar, pensar, inventar y excogitar, pero no puedes abrir esa puerta de acero. Pero hay una mano que puede romper la puertas de bronce, un poder que corta las barras de hierro. ¡Oh hombre que te encuentras en jaula de acero, hay una mano que puede hacer polvo tu jaula, y darte la libertad! No tienes por qué ser un prisionero; no tienes por qué permanecer encerrado. Puedes caminar libremente en Jesucristo el Salvador. Solamente confía en Él y con fe repite esa oración esta noche: «Saca mi alma de la cárcel para que alabe tu nombre!», y él te librará. ¡Ah, los pecadores alaban el nombre de Dios cuando salen de la cárcel! Recuerdo que, cuando fui puesto en libertad, sentía ganas de cantar todo el tiempo, y podría bien haber usado el lenguaje de Carlos Wesley:

«¡Oh, que tuviera lenguas mil,
para alabar a mi Redentor!».

Mi viejo amigo, el Dr. Alejandro Fletcher, parece levantarse delante de mí ahora, pues recuerdo haberle oído decir a los niños que cuando los hombres salen de la cárcel alaban a la persona que los liberó. Un día caminaba por el tribunal de lo criminal y vio a un muchacho que se paraba de cabeza, hacía volteretas, bailaba al estilo de los marineros y saltaba de mil maneras. Le preguntó:

—¿Qué te pasa? Se ve que estás tremendamente feliz.

El muchacho respondió:

—¡Ah, venerable caballero, si usted hubiera estado encerrado durante seis meses, y acabara de salir, también estaría feliz!

No me cabe duda de que eso es muy cierto. Cuando un alma sale de una prisión muchísimo peor de lo que jamás haya sido Newgate, entonces debe alabar «la gracia soberana y el amor que dio su vida», y «haría sonar las campanas maravillosas»

Biblia, Parábolas, Personajes, Tipos y figuras

repetidas veces, y toda su vida sería música de las alabanzas al Cristo libertador.

Ahora, éste es mi consejo para vosotros los que estéis en la cueva con el alma angustiada. ¡Qué Dios bendiga! No necesitas prestar atención a nada más de lo que voy a decir esta noche. Si estás bajo convicción de pecado, presta atención a lo que he estado diciendo, y que los demás atiendan al resto del sermón que le vendrá en forma muy especial.

II. LA CONDICIÓN DE UN CREYENTE PERSEGUIDO

Paso a mi segundo punto. Este salmo podría bien ayudar a presentar la condición de un creyente perseguido.

¡Un creyente perseguido! ¿Los hay en la actualidad? ¡Ah, queridos amigos, hay muchos! Cuando un hombre se convierte, inmediatamente llega a ser diferente del resto de sus semejantes. Cuando vivía hacia la calle, un día estaba parado en la ventana meditando sobre lo que sería mi sermón, y no podía encontrar un texto, cuando repentinamente vi un grupo de pájaros volando. Había un canario que había escapado de su jaula, y volaba sobre los techos de las casas de enfrente. Le seguía una veintena de gorriones y otras aves ordinarias. Entonces pensé en ese texto: «No es mi heredad para mí como ave de muchos colores? ¿No están contra ella aves de rapiña en derredor?». Parecían decirse unas a otras: «Aquí hay un pájaro amarillo; nunca hemos visto tal en Londres. No tiene nada que hacer aquí. Quitémosle su hermoso abrigo, matémoslo, o hagamos que sea oscuro y apagado como nosotros». Esto es exactamente lo que los hombres del mundo tratan de hacerles a los cristianos este hombre piadoso trabaja en una fábrica, o aquella muchacha trabaja en el empaque de libros, o aquel otro trabaja donde hay muchos empleados. Tales personas tienen tristes historias sobre la forma en que se les ha perseguido, ridiculizado y han sido objetos de burlas por sus compañeros impíos. Ahora estás en la cueva.

1. Puede ocurrir que estés en la condición aquí descrita: casi no sabes qué hacer. Estás como David cuando escribió el versículo tres: «Cuando mi espíritu se angustiaba dentro de mí». Los perseguidores se han puesto en tu contra de tal modo, y esto es tan nuevo para ti como recién convertido, que estás completamente confundido, y te resulta cosa difícil decidir lo que debes hacer. Son tan duros, tan fieros, son tan constantes, encuentran tus puntos sensibles, y saben tocar exactamente donde te duele, de modo que no sabes qué hacer. Eres como una oveja en medio de lobos. No sabes qué camino tomar. Bueno, entonces dile al Señor lo que David le dijo: «Cuando mi espíritu se angustiaba dentro de mí, tú conociste mi senda». Dios conoce exactamente dónde te encuentras y lo que tienes que soportar. Ten confianza que cuando no sabes qué hacer, él puede dirigir tu camino, y lo hará, si confías en él.

Además, podría ser que te sientas tentado poderosamente. David dijo: «En el camino que andaba, me escondieron lazo». Es lo que suele ocurrir con los jóvenes en los almacenes, o donde hay gran cantidad de empleados en una empresa. Descubren que un joven se ha convertido, que ahora es creyente, y tratan de hacerle tropezar y caer. Si pueden, idearán un plan que les permita hacerle aparecer como culpable, aunque no lo haya sido. ¡Ah, necesitarás mucha sabiduría! Ruego a Dios no cedas jamás a la tentación, y puedas, por la gracia divina, defenderte. Los jóvenes soldados cristianos tienen momentos muy difíciles en las barracas, pero espero que puedan probarse a sí mismos que son verdaderos soldados y no cedan ni una pulgada ante quienes quieren llevarlos hacia caminos extraviados.

Además de eso, será muy penoso si tus amigos se vuelven en tu contra. David dice: «No hay quien me quiera conocer». ¿Te ocurre lo mismo? ¿Están tu padre y tu madre en contra tuya? ¿Está tu esposa en tu contra? ¿Te llaman tus hermanos «vulgar hipócrita»? ¿Te apuntan con el dedo escarnecedor cuando llegas a casa? Y con frecuencia, cuando vuelves de haber estado en la mesa del Señor donde estuviste tan feliz, ¿tienes que oír, como primera cosa al regresar a casa, juramentos y blasfemias? Sé que así ocurre a muchos de vosotros. La Iglesia

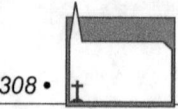

de Cristo en Londres es como Lot en Sodoma. Los que buscan tiempos más luminosos deben de estar buscando con los ojos cerrados. Hay una solemne ocasión para que los cristianos oren por los jóvenes que se convierten en una ciudad como ésta, porque sus peores enemigos con frecuencia son las de su propia familia. «No le importaría tanto», dice alguna, «si tuviera un amigo cristiano en quien refugiarme. Hablé a uno el otro día, y pareció no interesarse en mí».

2. Os diré lo que hiere a un joven convertido. Está ante vosotros un recién convertido. Ha dado su corazón a Cristo en forma real, en amor. El jefe o gerente de donde trabaja es cristiano. Se siente ridiculizado y se atreve a hablar a este creyente. En un momento termina, y no simpatiza con él. Bueno, hay otro creyente antiguo trabajando cerca en el mismo banco, y el nuevo convertido comienza a contarle algo de sus problemas, pero se muestra muy enfadado y malhumorado. He notado que hay algunos cristianos que parecen estar muy encerrados en sí mismos, y parecen no darse cuenta de las dificultades de los principiantes en la vida divina. ¡Qué no sea así entre vosotros! Mis amados hermanos y hermanas, cultivad un gran amor hacia aquellos que, habiendo entrado el el ejército de Cristo, se encuentran muy acosados por los adversarios. Ellos están en la cueva. No os desentendáis de ellos. Están tratando de hacer lo mejor que pueden; poneos junto a ellos. Decidles: «Yo también soy creyente. Si estás honrando a ese joven al tratar de ridiculizarlo, déjame recibir también la parte que me corresponde, porque yo también creo lo que él cree».

¿Haréis eso? Estoy seguro que algunos de vosotros sí lo haréis. ¿Te pondrías junto al hombre de Dios que vindica la verdad revelada del Señor? Algunos de vosotros lo haréis, pero hay muchas personas que quieren mantener intacta la piel sobre su cuerpo, y si pueden escabullirse de cualquier lucha por la justicia, se alegran de poder irse a casa y meterse en la cama, para dormir hasta que la batalla haya terminado. ¡Qué Dios nos ayude para tener en nosotros más del carácter del león, y no tanto del perro! Dios nos conceda la gracia de estar con los que están por Dios y por su Cristo cien por cien y que podamos ser recordados con ellos el día de su venida!

3. Quizás tu peor punto sea que sientes muy débil. Dices: «No me importaría la persecución si me sintiera fuerte, pero soy tan débil». .Ahora bien, toma la precaución de distinguir siempre entre sentirse fuerte y de ser fuerte. El hombre que se siente fuerte es débil y el hombre que se siente débil es el que tiene fuerza. Pablo dice: «Cuando soy débil, soy fuerte». David dice en su oración: «Líbrame de los que me persiguen, porque son más fuertes que yo». Refúgiate en el poder de Dios. Ora mucho; toma a Dios por tu refugio y por tu porción. Ten fe en Él, y serás más poderoso que tus adversarios. Parecía que ya te hacen retroceder, pero pronto estarás recuperado. Te pueden plantear problemas que no puedes resolver; te enfrentan con sus conocimientos científicos, y podrías estar en desventaja, pero no te preocupes, el Dios que te condujo a la cueva invertirá las cosas a tu favor uno de estos días. Sólo sigue adelante, y resiste hasta el fin.

Más bien me alegro que haya dificultades en el hecho de ser cristiano, porque ha llegado a ser algo muy generalizado el profesarse cristiano. Si estoy en lo correcto, va a llegar a ser algo mucho menos común de los que ahora es el que un hombre diga: «Soy cristiano». Vendrán tiempos cuando las líneas estarán firmemente definidas. Algunos de nosotros trataremos de ayudar a que se definan si podemos, cuando los hombres lleven el nombre de cristianos, y luego actúen como mundanos, y amen las diversiones y vanidades de los mundanos. Ya es tiempo que haya una división en la casa de Dios, y que los «síes» vayan por un pasillo y los «noes» vayan por otro. Ya es demasiado el tiempo que hemos estado juntos, mezclados. Y ojalá pronto venga el día cuando cada cristiano tenga que pasar por persecuciones. Será una buena cosa para los creyentes genuinos. Será como soplar la paja separándola del trigo. Tendremos lo más puro del oro cuando el fuego

Biblia, Parábolas, Personajes, Tipos y figuras

alcance su mayor calor, y el crisol sea puesto sobre él, porque entonces la escoria será separada del metal precioso. Ten valor, hermano mío, si estás en la cueva, el Señor te sacará de ella en su momento oportuno!

III. DIOS PREPARA AL CREYENTE PARA UN MAYOR SERVICIO

Para concluir, quiero hablar un poco sobre la condición de un creyente que esta siendo preparado para una mayor honra y para un servicio más amplio.

1. ¿No es curioso que, cuando Dios quiere hacer grande a aun hombre, primero lo rompe en pedazos? Había un hombre a quien el Señor quería hacer príncipe. ¿Cómo lo hizo? Le salió al encuentro una noche y luchó con él. Siempre oís de la lucha de Jacob. Bien, me atrevo a decir que lo hizo, pero no era Jacob el principal luchador: «Luchó con él un varón hasta que rayaba el alba». Dios le tocó a Jacob el sitio del encaje de su muslo, y se lo descoyuntó antes de llamarlo «Israel» esto es, «príncipe de Dios». La lucha era para quitarle las propias fuerzas, y cuando se le hubieron agotado las fuerzas, Dios lo llamó príncipe. Ahora David iba a ser rey sobre todo Israel. ¿Cuál era el camino a Jerusalén para David? ¿Cuál era el camino al trono? Bueno, pasaba por la cueva de Adulam. Debía ir allá, ser un proscrito, un paria, porque ese era el camino que lo llevaría a ser el rey.

¿No habéis notado en vuestras propias vidas que cada vez que Dios va a daros un crecimiento, para llevaros a una mayor esfera de servicio, o a un nivel más elevado de vida espiritual, primero sois derribados? Ésa es su forma de trabajar. Consigue que tengas hambre antes de darte de comer, te desnuda antes de vestirte; te hace nada antes de hacer algo de ti. Este fue el método empleado con David. Tenía que ser rey en Jerusalén, pero para llegar al trono debía seguir el camino que pasaba por la cueva. Ahora bien, ¿algunos de los que están aquí, no están yendo al cielo, o yendo hacia un estado superior de santificación, o a una esfera de mayor utilidad? No te asombres si tu camino pasa primero por la cueva. ¿Por qué es así?

a) En primer lugar, debido a que si Dios quiere hacerte una persona de gran utilidad, debe enseñarte a orar. El que es un gran predicador, pero no puede orar, llegará a un mal fin. La mujer que no ora, pero que es notable como maestra de una clase bíblica, ya ha llegado a un mal fin. Si puedes ser grande sin orar, tu grandeza será tu ruina. Si Dios tiene el propósito de bendecirte en gran forma, hará que ores en gran forma, como la hace con David, que dice en esta parte de su preparación para su ascensión al trono: «Clamé al señor con mi voz; con mi voz pedía Jehová misericordia».

b) Además, la persona a quien Dios quiera honrar grandemente, debe creer siempre en Dios cuando no sabe qué hacer. «Cuando mi espíritu se angustiaba dentro de mí tú conociste mi senda». ¿Nunca llegas al punto de no saber qué hacer? Entonces Dios no te ha enviado, pronto estarás sin saber qué hacer, y te tambalearás como bote en una gran tormenta. Es fácil confiar cuando puedes confiar en ti mismo. Pero cuando no puedes confiar en ti mismo, cuando tu espíritu desciende bajo cero en el hielo de la desesperación absoluta, entonces es el momento de confiar en Dios. Si ese es tu caso, llevas las marcas de un hombre que puede guiar al pueblo de Dios y ser un consolador para los demás.

c) Súmese a ello que para ser más útiles muchos hombres de Dios deben aprender a estar totalmente solos. «Mira a mi diestra y observa, pues no hay quien me quiera conocer». Si necesitas que los hombres te ayuden puedes convertirte en un seguidor muy decente; pero si no necesitas del hombre y puedes estar solo, siendo Dios quien te ayude, serás ayudado a ser un líder. Oh, fue una gran cosa cuando Lutero salió de las filas de Roma. Había muchos hombres buenos alrededor de él que le dijeron: «Martín, guarda silencio. Si no detienes tu lengua lo que conseguirás es que te quemen. Quedémonos donde estamos, la Iglesia de Roma, no importa que tengamos que tragar montones de basura. Podemos creer el Evangelio y permanecer donde estamos». Lutero sabía que debía desafiar al anticristo, y declarar el puro Evangelio del Dios bendito; y debía estar solo luchando por la verdad, aun cuando hubiera tantos demonios en su contra como tejas en los techos de Worms. Ése es el tipo de hombre a quien Dios bendice. Quiera Dios que muchos jóvenes que están aquí puedan tener el valor de sentir, en su posición particular: «Si es necesario, puedo estar solo. Estoy contento de tener junto a mí al patrón y a mis compañeros de trabajo, pero si nadie quiere ir al cielo conmigo, me despediré de ellos e iré al cielo solo, por la gracia del Hijo amado de Dios».

d) Más aun, el hombre a quien Dios bendice debe ser un hombre que se deleita en Dios solamente. David dice: «Clamé a ti, oh, Señor; dije: Tú eres mi esperanza y mi porción en tierra de los vivientes». ¡Ojalá que tengamos a Dios como nuestro refugio y podamos hacer de Dios nuestra porción! «Perderás tu posición; perderás tus ingresos; perderás la aprobación de tus semejantes». «¡Ah!», dice el creyente, «pero no perderé mi porción porque Dios es mi porción; Él es situación, ingresos y todo para mí. Me quedo con Él, venga lo que venga». Si has aprendido a deleitarte en Jehová, Él concederá las peticiones de tu corazón». Ahora, has llegado a tal estado que Dios te puede usar y hacer una gran cosa contigo. ¡Dios nos libre de tener nuestra porción en esta vida, porque si la tenemos, no estamos de ningún modo en su pueblo!

e) La persona que ha de ser utilizada por Dios tiene que aprender a compadecerse del pueblo de Dios cuando sufre. Tenemos las palabras de David en el versículo seis: «Estoy muy afligido». El Señor Gran Corazón, aunque debe ser fuerte para dar muerte al Gigante Feroz, y a cualquiera de los otros gigantes que infestaban el camino del peregrino, debe ser un hombre que tiene que recorrer ese camino por sí mismo, solo, si ha de ser guía de otros. Si el Señor intenta bendecirte, hermano mío, y el hacerte muy útil en su iglesia depende de ello, Él te probará. La mitad, quizás los nueve décimos, de los problemas de los ministros de Dios sean enviados sobre ellos no a causa de ellos mismos, sino por el bien de otra persona. Muchos hijos de Dios, que van muy tranquilamente al cielo, hacen muy poco por los demás; pero otros que han soportado todas las peripecias y los cambios de la vida de un creyente experimentado, los han tenido solamente para que estén en mejores condiciones de ayudar a otros, de sentarse a llorar con los que lloran, a levantarse y regocijarse con los que se gozan.

Así que vosotros, queridos hermanos que habéis entrado en la cueva, y vosotras, hermanas que tenéis profundos ejercicios espirituales, quiero confortaros mostrándose que éste es el método de Dios para hacer algo de ti. Él te está profundizando. Eres como una vieja zanja que no tiene más capacidad; ya no puedes recibir más, y Dios está profundizándote para hacer en ti más espacio para su gracia. La pala corta dolorosamente trozo a trozo y lo deja a un lado. La cosa misma que te gustaría conservar será desechada, y serás profundizado, excavado más y más profundamente, para que se cumpla la palabra de Eliseo: «Haced en este vale muchos estanques. Porque Jehová ha dicho así: No veréis viento, no veréis lluvia, pero este valle será lleno de agua». Amigo mío serás probado para que Dios sea glorificado en ti.

f) Finalmente, si Dios quiere usarte, debes llenarte de alabanza. Escuchad lo que dice David: «Saca mi alma de la cárcel para que alabe tu nombre; merodearán los justos, porque tú me serás propicio». ¡Qué Dios conceda a mis hermanos y hermanas que sufren pruebas para su bien, y son afligidos para ser promovidos gracia para comenzar a alabarte! Los que cantan van adelante. Los que puedan alabar en mejor forma serán los que puedan guiar a otras en la obra. No me pongáis a seguir a un líder pesimista. ¡Oh no!, señores, no podemos trabajar al son de la marcha fúnebre! Nuestros soldados nunca hubieran tenido la victoria en Waterloo si esa hubiera sido la música del día de la victoria. No. No; dénsenos un Jubílate: «Cantad a Jehová que ha triunfado gloriosamente; alabad continuamente su gran nombre». Entonces saca la espada y acierta con la estocada. Si eres de espíritu alegre, contento en el Señor, y gozoso después de todas las tribulaciones y aflicciones, si te regocijas mucho más porque has sido

Biblia, Parábolas, Personajes, Tipos y figuras

afligido tanto, entonces Dios está haciendo algo de ti, y te usará para conducir su pueblo a mayores obras de gracia.

CONCLUSIÓN

Me he dirigido y he hablado a tres tipos de personas esta noche. Quiera Dios que cada uno de vosotros reciba gracia para obtener lo que le corresponde. Pero si veis a alguno de la primera clase, antes de dejar el edificio, a alguien que está en la cueva de la desesperación bajo convicción de pecado, si quieres ir a la comunión y sientes que debes quedarte y darles consuelo, hazte el propósito de hacerlo. Deja para ti el segundo lugar. Hay una obra maravillosa que llevar a cabo en esos atrios y en esas bancas después del servicio. Algunos hermanos siempre están haciendo eso. Yo los llamo mis «galgos», porque ellos corren y cobran las aves que yo he herido. Quisiera que les sea posible recoger muchas esta noche. Ojalá algunos de vosotros puedan estar constantemente alertas para observar un rostro y ver si hay alguna emoción en ellos. Rema y pon tu canoa a parejas con ese pequeño barco, y ver si puedes comunicarte con aquel atribulado que está a bordo, y dile palabras que alegren su triste corazón. Haz siempre esto; porque si estás en prisión el que encuentres el camino de salida para ti será ayudar a otros a salir. Dios volvió la cautividad de Job cuando él oró por sus amigo. Cuando comenzamos a mirar o otros y a buscarles para ayudarles, Dios nos bendice. ¡Qué así sea, por amor de su nombre! Amén.

35. EL HOMBRE DE UN SOLO TEMA: PABLO[7]

«Porque no me propuse saber algo entre vosotros, sino a Jesucristo, y a éste crucificado» (1 Corintios 2:2).

INTRODUCCIÓN: La pasión de Pablo era «el crucificado».

---

[7] Sermón predicado en 1875 en el Tabernáculo Metropolitano, Newington.

I. JESUCRISTO, EL TEMA DE PABLO
1. Pablo predica sobre la persona de su maestro.
2. Pablo habla solo de Cristo crucificado.

II. EL ÚNICO PUNTO DE SU PREDICACIÓN
1. El deseo de Pablo.
   a) La esperanza del perdón
   b) Una iglesia de hombres consagrados

III. CONCENTRACIÓN EN EL PUNTO ESENCIAL
1. Unos solo predican doctrinas.
2. Otros hablan de sus experiencias.
3. Algunos solo predican sobre preceptos.
4. Presentar a los hombres «al crucificado».
5. Predicar a Cristo no trae rencores.

IV. ¿CUÁL TIENE QUE SER EL CENTRO?
1. Lo primero, a saber: Cristo crucificado.
2. Aviso a los ya creyentes.

CONCLUSIÓN: Todos los cristianos miremos juntos a la cruz.

EL HOMBRE DE UN SOLO TEMA: PABLO

INTRODUCCIÓN

Pablo era un hombre de mucha determinación y todo lo que emprendía lo llevaba a cabo con todo su corazón. Si le oías decir «me he propuesto», podías estar seguro de que tendía un vigoroso curso de acción. «Pero una cosa hago» era siempre su lema. La unidad de su alma y una poderosa determinación eran los principales rasgos de su carácter. Había sido antes un gran opositor de Cristo y de su cruz y había mostrado su oposición mediante feroces persecuciones; no era de sorprender por lo tanto que cuando se convirtió en un discípulo de este mismo Jesús, al que había perseguido, lo hiciera de manera ardiente y pusiera todas sus facultades al servicio de la predicación de Cristo crucificado. Su conversión fue tan notable, tan completa y total, que es natural verlo tan lleno de energía por la verdad como antes había sido su violento enemigo.

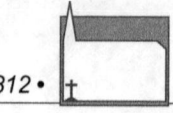

Un hombre tan íntegro como era Pablo el apóstol, tan completamente capaz de concentrar todas sus fuerzas, tan enteramente entregado a la fe de Jesús, tenía que incorporarse a su causa con todo su corazón y su alma y su fuerza y dispuesto a no saber de nada más sino de su Señor crucificado. Sin embargo, no piensen que el apóstol era un hombre al que fácilmente absorbía un solo pensamiento. Por sobre la mayoría de los hombres, Pablo era un hombre que razonaba, calmado, juicioso, franco y prudente. Veía las implicaciones y las relaciones de las cosas y no daba importancia a los asuntos triviales. Tal vez, aún más allá de lo que fuera perfectamente justificable, llegó a ser todo para todos, para de todos modos salvar a algunos, y por lo tanto, cualquier resolución que tomaba, la tomaba sólo después de consultar con la sabiduría. Pablo no era un fanático del tipo que puede ser comparado a un toro que cierra sus ojos y embiste de frente, sin ver nada de lo que está a su derecha o a su izquierda; él veía con calma, con quietud, todo lo que estaba a su alrededor y aunque al final se lanzaba en línea recta hacia su objetivo, lo hacía con sus ojos bien abiertos, sabiendo perfectamente lo que hacía, creyendo que hacía lo mejor y lo más sabio en favor de la causa que quería promover. Si por ejemplo, en Corinto hubiera requerido que su ministerio comenzara con la proclamación de la unidad de la Deidad o con la reflexión filosófica acerca de las posibilidades de que Dios se encarnara, si éstos hubieran sido los planes más sabios para dar a conocer el Reino del Redentor, Pablo los hubiera adoptado; pero él los consideró detenidamente, y habiéndolos examinado con sumo detenimiento concluyó que nada se podía conseguir con una predicación indirecta, presentando la verdad a medias y por tanto decidió proseguir de frente promoviendo el Evangelio mediante la proclamación del Evangelio. Ya fuera que los hombres escucharan o que se abstuvieran de escuchar, resolvió ir al grano de una vez y predicar la cruz en su desnuda simplicidad. En vez de saber muchas cosas que lo podían conducir al tema principal, no quiso saber nada en Corinto, sino a Jesucristo, y a él crucificado. Pablo pudo haber dicho: «Voy a tantear el terreno y educar a la gente hasta una determinada medida antes de presentar mi tema más importante; descubrir mi verdadera intención desde el principio puede resultar como el despliegue de la red a la vista de los pájaros que los ahuyenta. Seré precavido y reticente y los llevaré con astucia, atrayéndolos a la búsqueda de la verdad». Pero no fue así: evaluando completamente la situación como un hombre prudente debe hacerlo, llega a esta decisión, que no sabrá nada entre ellos excepto a Jesucristo, y a él crucificado. Sería muy bueno que la «cultura» de la que escuchamos en estos días y el tan celebrado «pensamiento moderno» llegara a la misma conclusión. Este teólogo tan renombrado y erudito, después de leer, tomar notas, aprender y asimilar internamente todo como pocos hombres podrían hacerlo, llegó a esto como la esencia de todo: «Me propuse no saber nada entre vosotros, sino a Jesucristo, y a él crucificado». Quiera Dios que la habilidad crítica de nuestros contemporáneos, y sus laboriosas invenciones los lleven a esa misma conclusión, por la bendición del Espíritu Santo.

I. JESUCRISTO, EL TEMA DE PABLO

Nuestra primera consideración esta mañana será ¿cuál era ese tema que Pablo consideró con exclusión de todo lo demás cuando predicaba a la iglesia en Corintio? Ese tema era uno, aunque muy bien pudiera ser dividido en dos; era la persona y la obra de nuestro Señor Jesucristo, poniendo especial énfasis en aquella parte de su trabajo que siempre se enfrenta a las mayores objeciones, es decir, su sacrificio sustitutivo, su muerte redentora. Pablo predicaba a Cristo en todos sus oficios, pero daba particular importancia a Cristo crucificado.

1. El apóstol predicaba primero sobre la persona de su grandioso maestro, Jesucristo. Cuando Pablo hablaba de Jesús de Nazaret, no había margen de duda. Lo presentaba como un hombre real y no un fantasma, que fue crucificado, muerto y sepultado, y que resucitó de los muertos con una existencia corporal real. Tampoco había duda acer-

ca de su Divinidad. Pablo predicaba a Jesús como el Hijo del Altísimo, como la sabiduría y poder de Dios: «En el que habita corporalmente toda la plenitud de la Deidad». Al escuchar a Pablo, no existía ninguna duda de que creía tanto en la divinidad como en la humanidad de nuestro Señor Jesucristo, y le rendía culto y lo adoraba como al Dios verdadero del Dios verdadero. Predicaba su persona con toda claridad de lenguaje y con amor cálido. El Cristo de Dios era todo en todo para Pablo.

El apóstol hablaba igualmente con toda claridad del trabajo del Redentor, poniendo especial énfasis sobre su muerte. «¡Horrible, decía el judío, cómo puedes presumir acerca de un hombre que murió como un criminal y era maldito ya que fue colgado de un madero!» «¡Ah!», decía el griego, «no queremos saber más de un Dios que murió! Ya deja de hablar acerca de la resurrección. Nunca vamos a creer en semejante locura». Sin embargo, Pablo no hizo de lado estas cosas diciendo «Señores, comenzaré por contarles la vida de Cristo y la excelencia de su ejemplo y mediante esto espero convencerlos que había algo de divino en Él, para posteriormente concluir que hizo una expiación por el pecado». Al contrario, empezaba con su bendita persona y claramente lo describía según había sido enseñado por el Espíritu Santo, y en cuanto a la crucifixión, la ponía en primer plano, dándole el lugar de prominencia. No decía: «Bien, por lo pronto no tocaremos el tema de su muerte», o: «Lo consideraremos desde la perspectiva de un martirio mediante el cual Él ratificó su testimonio», sino que se gloriaba en el Redentor crucificado, el Cristo muerto y sepultado, el Cristo que cargó con los pecados, el Cristo hecho maldición por nosotros, como está escrito: «Maldito todo el que es colgado en un madero». Éste fue el tema en que se concentró en Corinto; y no tocó ningún otro. Más aún, no solo decidió limitar su predicación a ese punto, sino que resolvió no saber de ningún otro tema; quería excluir de su mente cualquier otro pensamiento excepto el de Jesucristo y él crucificado.

Esto debió de parecer muy poco político. Consúltenlo en una asamblea de sabios según el mundo, y seguramente condenarán este enfoque imprudente; en primer lugar, este tipo de predicación alejaría a todos los judíos. Estando los judíos apegados a las Escrituras del Antiguo Testamento y conociendo las enseñanzas acerca del Mesías y creyendo firmemente en la unidad de la Deidad, ellos habían avanzado un buen trecho hacia la luz, y si Pablo hubiera evitado los puntos de discordia por un poco tiempo ¿no los habría acercado un poco más, y así, gradualmente los conduciría a la cruz? Los sabios habrían señalado sobre la esperanza que había para los israelitas, si se les trataba con discreción, y su consejo habría sido: «No te pedimos que renuncies a tus sentimientos, Pablo, simplemente disfrázalos un poco más de tiempo. No digas lo que no es verdad, pero a la vez puedes decir sólo parte de la verdad para no espantar a estos judíos llenos de esperanza». El apóstol no cedía ante tales políticas, no iba a ganar a judíos ni a gentiles diciendo verdades a medias, puesto que sabía que tales convertidos no son verdaderos. Si el hombre que está cerca del Reino va a ser ahuyentado del Evangelio si oye la cruda verdad, no es la responsabilidad de Pablo; él sabe que el Evangelio debe de ser a los unos «olor de muerte para muerte» mientras que a los otros «olor de vida para vida» y por lo tanto, independientemente del resultado él debía entregar su propia alma; los resultados no le correspondían a él, sino al Señor. A nosotros nos corresponde decir la verdad con denuedo, y en cada caso seremos olor grato a Dios; pero querer contemporizar esperando obtener conversiones es hacer un mal para obtener un bien, y esto debe estar fuera de nuestra consideración en todo momento. Otro diría: «Pero Pablo, si tu haces esto, vas a generar oposición. ¿No sabes que el Cristo crucificado es un objeto de escarnio y un reproche para todos los seres pensantes? En Corinto hay un buen número de filósofos, y créeme, harás el ridículo de manera monumental con solo abrir tu boca para hablar del Crucificado y de su resurrección ¿No te acuerdas cómo se burlaron de ti en la colina de Marte cuando predicaste sobre ese tema? No los provoques a desprecio. Debate con su gnosticismo y muéstrales que tú también eres un filósofo. Sé todo para todos, sé un intelectual entre los intelectuales y muestra tu retórica entre los oradores. Con estas técnicas harás muchas amistades y así gradualmente tu conducta conciliatoria los conducirá a aceptar el Evangelio». El apóstol sacude su cabeza, su pie golpea el suelo y con voz firme declara: «Ya lo he decidido, he llegado a una conclusión, están desperdiciando sus comentarios y su consejo en lo que a mí concierne; he decidido no saber nada en medio de los corintios sin importar cuán cultos sean los que son gentiles allí, o cuánto amen la retórica; sólo quiero saber de Jesucristo, y él crucificado». Ésa es la posición de Pablo.

2. Es muy importante observar adicionalmente que el apóstol estaba convencido que su tema iba a atraer de tal manera a sus oyentes que no necesitaba recurrir a la excelencia de palabras para presentarlo ni adornarlo con sabiduría humana. Tal vez han escuchado del famoso pintor que pintó al rey Jaime I. Lo representó sentado bajo una enramada con todas las flores de la estación a su alrededor y nadie prestó la menor atención al semblante del rey, puesto que todas las miradas estaban cautivadas por la belleza de las flores. Pablo resolvió no tener flores a su alrededor, que el cuadro que él iba a dibujar debía de ser Cristo crucificado y el hecho sin adornos y la doctrina de la cruz con la exclusión de cualquier flor que proviniera de poetas o de filósofos. Algunos de nosotros debemos de ser discretos acerca de nuestra resolución de evitar un lenguaje florido ya que podemos ser muy poco dotados al respecto; pero el apóstol era un hombre de poderes naturales sutiles y de amplios logros, un hombre al que no podrían despreciar los críticos de Corinto. Sin embargo, Pablo se despojó de todo ornamento para dejar paso a la belleza sin adornos de la cruz.

Pero de la misma manera que él no agregaría flores, tampoco iba a ennegrecer la cruz con humo, pues hay una forma de predicar el Evangelio que lo asfixia en el misterio y la duda de tal forma que los hombres no pueden entenderlo. Un numeroso grupo de personas está siempre calentando y removiendo un gigantesco caldero filosófico, humeante con un denso vapor, que oculta a la cruz de Cristo del modo más horrible. ¡Ay de aquella sabiduría que oculta a la sabiduría de Dios! Es la forma más culpable de locura. Algunas personas predican a Cristo de la manera que es representado a veces en alguna pintura un buque de guerra. El pintor ha plasmado únicamente el humo de tal forma que te preguntas: «¿Y dónde está el barco?». Pues bien, si revisas con detenimiento puedes eventualmente discernir un fragmento de la parte superior de uno de los mástiles, y tal vez una porción de su estructura; el barco estaba allí, indudablemente, pero el humo lo ocultaba. De la misma manera Cristo puede estar en la predicación de algunos hombres, pero esta predicación se encuentra rodeada de tanta nube de pensamiento, de tan densa cortina de profundidad, de tan horrible ropaje de filosofía, que te impiden ver al Señor. Pablo pintaba bajo un limpio cielo. No quería usar ninguna oscuridad ilustrada, decidió abandonar cualquier técnica de la oratoria cuando hablaba, no pensar con la profundidad que presumen los filósofos, sino solo saber de Jesucristo, y él crucificado, y presentarlo en su propia belleza natural, sin adornos. Prescindió de todo elemento accesorio que tendiera a distraer el ojo de la mente del punto más importante: «Cristo crucificado». «Un experimento imprudente», diría alguien. ¡Ah!, hermanos, es el experimento de la fe, y la fe es justificada por sus hijos. Si confiamos en el simple poder de persuasión, confiamos en lo que es nacido de la carne; si dependemos del poder de la argumentación lógica, entonces confiamos de nuevo en lo que es nacido de la razón del hombre; si confiamos en las expresiones poéticas y en los atractivos giros del lenguaje, estamos buscando medios carnales; pero si descansamos en la omnipotencia desnuda de un Salvador crucificado, en el poder innato de la maravillosa obra de amor consumada sobre el Calvario, y creemos que el Espíritu de Dios hará de esta obra el instrumento de la conversión de los hombres, el experimento no puede terminar en fracaso.

Biblia, Parábolas, Personajes, Tipos y figuras

¡Queridos hermanos, qué tarea debe de haber sido ésta para Pablo! No era como algunos de nosotros, que ni estamos familiarizados con la filosofía, ni somos capaces en la oratoria. Él dominaba ambos campos de tal manera, que seguramente necesitaba controlarse continuamente. A veces me parece verlo, acosado en su mente por un pensamiento profundamente intelectual a la vez que se le viene una bella forma de expresarlo, y lo veo controlarse poniéndose riendas él mismo y diciendo a su mente: «Dejaré estos profundos pensamientos a los romanos, compartiré esto con ellos en el capítulo octavo de la carta que les escribiré; pero en cuanto a estos corintios no tendrán nada sino a Cristo crucificado puesto que son muy carnales, crudamente esclavos del talento y se irán con la idea de que la excelente manera en que presenté la verdad constituyó su fuerza. Tendrán a Cristo solo y sólo a Cristo. Ellos son unos niños y como a tales tengo que hablarles; ellos son unos niños en Cristo, y tienen necesidad de leche y yo tengo que darles solo leche. Ellos se consideran inteligentes y cultos, son arrogantes, altaneros, repletos de divisiones y controversias; no les diré nada excepto la historia: «la vieja, vieja historia de Jesús y de su amor», y les diré esa historia con toda simpleza como a un niño pequeño. Un amor sin límites hacia sus almas hizo que enfocara su testimonio hacia el tema central de Jesús crucificado.

Así les he mostrado cuál era su tema.

II. EL ÚNICO PUNTO DE SU PREDICACIÓN

Ahora, en segundo lugar, aunque Pablo concentraba sus energías en un punto de su testimonio, esto era mas que suficiente para su propósito. Si la meta del apóstol hubiese sido halagar a un auditorio inteligente, el tema de Cristo y él crucificado no lo habría logrado. Si de igual manera, Pablo hubiera querido mostrarse como un sabio maestro, naturalmente hubiera buscado un tema nuevo, algo un poco más deslumbrante que la persona y la obra del Redentor. Y si Pablo hubiera deseado (como me temo que algunos de mis hermanos lo desean) reunir a un grupo de mentes altamente independientes, que es una manera elegante de describir a los libre pensadores, reunir en un grupo a una selecta iglesia de hombres de cultura y de intelecto, que generalmente quiere decir un club de hombres que desprecian el Evangelio, ciertamente no se hubiera ceñido a predicar a Jesucristo y él crucificado. Esta clase de hombres le negaría toda esperanza de éxito con un tema como ése. Le asegurarían que una predicación de ese tipo solamente le permitiría atraer a la clase más pobre y menos educada, a las sirvientas y a las ancianas; mas Pablo no se habría desconcertado con tales observaciones, puesto que él amaba las almas de los más pobres y de los más débiles: y, además, él sabía que lo que había ejercido poder sobre su mente educada podía con toda certeza ejercer poder también sobre otras personas inteligentes, y así se apegó a la doctrina de la cruz, con la fe que tenía en el instrumento que podría lograr de modo efectivo su único designio con toda clase de hombres.

1. Hermanos, ¿qué deseaba hacer Pablo? Ante todo, Pablo deseaba despertar en los pecadores la conciencia del pecado. Y lo que logra esto de manera perfecta es la doctrina que el pecado fue llevado por Cristo y fue la causa de su muerte. El pecador, iluminado por el Espíritu Santo, ve de inmediato que el pecado no es algo insignificante, que no puede ser perdonado sin una expiación, que conlleva un castigo que debe ser aplicado al pecador. Cuando el culpable ha visto al Hijo de Dios sangrar hasta su muerte en medio de dolores indecibles a consecuencia del pecado, ha aprendido entonces que el pecado es una carga enorme y aplastante. Si el mismo Hijo de Dios clama bajo su peso, si su agonía de muerte rasga los cielos y sacude la tierra ¡qué terrible mal tiene que ser el pecado! ¿qué efecto tendrá sobre mi alma si en mi persona estoy condenado a llevar sus consecuencias? Así argumenta de modo correcto el pecador y así es llevado a la conciencia de su culpa.

a) Pero Pablo también quería despertar en las mentes de los culpables esa humilde esperanza que constituye el grandioso instrumento que lleva a los hombre a Jesús.

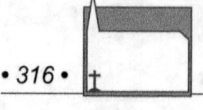

Deseaba llevarlos a la esperanza de que se puede otorgar el perdón de manera consistente con la justicia. Oh, hermanos, Cristo crucificado es el único rayo de luz que puede penetrar la densa oscuridad de la desesperación, llevando al corazón arrepentido a esperar el perdón del justo Juez. ¿Acaso puede dudar el pecador que ha visto a Jesús crucificado? Cuando entiende que hay un perdón para cada trasgresión, albergado en las heridas sangrantes de Jesús, ¿no se enciende de inmediato en su pecho la mejor clase de esperanza y es conducido a exclamar: «Me levantaré, iré a mi padre y le diré: Padre, he pecado?».

Pablo anhelaba aún más: llevar a los hombres a una fe real en Jesucristo. Pero la fe en Jesucristo sólo puede darse por medio de la predicación de Jesucristo. La fe viene por el oír, pero ese oír tiene que ser en relación al tema sobre el que descansa la fe. ¿Quieres tener creyentes en Cristo? Predica a Cristo. Las cosas de Cristo, aplicadas por el Espíritu, conducen a los hombres a poner su confianza en Cristo. Y eso no era todo. Pablo quería que los hombres abandonaran sus pecados, y ¿qué los podía llevar a odiar el mal de tal manera sino ver los sufrimientos de Jesús a causa de los pecados? Nosotros conocemos el poder del sangrante Salvador que nos hace querer vengarnos del pecado. ¿Cuánta indignación, cuánto examen de conciencia, cuánta firme determinación, cuánto remordimiento amargo, cuánto arrepentimiento profundo no hemos sentido cuando hemos comprendido que nuestros pecados se convirtieron en los clavos, el martillo, la lanza, sí, los verdugos del Bienamado?

b) Y Pablo anhelaba formar en Corinto una iglesia de hombres consagrados, llenos de amor, conocedores de la autonegación, una nación santa, celosos en la realización de buenas obras; y permítanme preguntarles, ¿qué más se puede predicar a alguien para promover su santificación y su consagración, fuera de Jesucristo, que nos ha redimido y así nos ha hecho siervos suyos para siempre? ¿Qué argumento es más fuerte que el hecho que no nos pertenecemos a nosotros mismos, puesto que hemos sido comprados por un precio? Afirmo que Pablo tenía en Cristo crucificado el tema que correspondía a su objetivo; un tema que iba a responder al caso particular de cualquier hombre sin importar su nivel de degradación o su grado de cultura, y un tema que sería muy útil para los hombres en las primeras horas después de su nuevo nacimiento, e igualmente útil para cuando estén listos a participar de la herencia de los santos en la luz. Pablo tenía el tema para hoy y mañana, y un tema para el siguiente año, pues Jesucristo es el mismo ayer, hoy y para siempre. Tenía en Jesús crucificado el tema adecuado tanto para el palacio del príncipe como para la choza del campesino, el tema para la plaza pública y la academia, para el templo pagano y la sinagoga. Adondequiera que Pablo fuera, Cristo sería la sabiduría de Dios y el poder de Dios tanto para el judío como para el gentil, y esto no solo como una benéfica influencia, sino para la salvación definitiva de todo aquel que cree.

III. CONCENTRACIÓN EN EL PUNTO ESENCIAL

Pero debo proseguir al tercer comentario, que el apóstol no podría causar daño a nadie al limitarse a exponer este tema. Ustedes saben, hermanos, que cuando alguien se encasilla en un solo tema se vuelve muy fuerte en eso, pero se hace muy débil en otras áreas. De esta forma el hombre de un solo pensamiento es descrito generalmente según el dicho: «cada loco con su tema». Pues bien, éste era el tema favorito de Pablo, pero era el tipo de tema en el que un hombre se puede concentrar sin lesionarse a sí mismo o a su vecino; seguirá siendo un hombre íntegro y completo aunque se someta de manera total y única a este tema.

1. Pero déjenme decirles que Cristo crucificado es el único tema con esta característica. Permítanme mostrarles que esto es así. Ustedes conocen a una clase de ministros que predican doctrina, únicamente doctrina. Su modo de predicar se parece a contar los dedos de una mano: «uno, dos, tres, cuatro, cinco», y para variar: «cinco, cuatro, tres, dos, uno», siempre un conjunto de verdades determinadas y nada más.

Biblia, Parábolas, Personajes, Tipos y figuras

¿Cuál es el impacto de este ministerio? En general, es formar una generación de hombres que piensan que lo saben todo, pero que en realidad saben muy poco; muy decididos –y esto es positivo–, pero muy estrechos, muy limitados, muy intolerantes –y esto es negativo–. No puedes predicar únicamente doctrina sin que tu mente se contraiga y contraigas la mente de tus oyentes.

2. Otros predican experiencia únicamente. Son muy buenas personas; no los estoy condenando ni tampoco a sus amigos los predicadores doctrinales, aunque ellos también pueden causar daño. Algunos de ellos tocan solo las notas sombrías de la experiencia, diciéndonos que nadie puede ser un hijo de Dios a menos que sea consciente del horrible carácter de su pecado innato, y gima cada día bajo el peso que le oprime. Hace algunos años escuchábamos bastante acerca de estas notas sombrías, aunque ahora hay menos abundancia de ellas. ¿Me equivoco al afirmar que esta enseñanza forma una raza de hombres que muestran su humildad juzgando a todos esos que no pueden gemir de una manera tan grave como ellos?

Una nueva clase se ha levantado recientemente que predica acerca de la experiencia, pero su entonación se da en las notas altas de la escala. Ellos flotan muy arriba, pienso, al estilo de los globos. Sólo reconocen el lado brillante de la experiencia, sin querer enfrentar el lado oscuro y la muerte. Para ellos no existe la noche, elevan sus cantos en días de perpetuo verano. Han conquistado el pecado y se han ignorado a sí mismos. Bueno, eso afirman ellos, aunque nosotros no nos hubiéramos dado cuenta si no nos lo hubiesen dicho; al contrario, nos hubiéramos imaginado que tenían una muy enriquecida idea acerca de ellos mismos y de sus logros. Espero equivocarme, pero nos ha parecido a algunos de nosotros en recientes fechas, que el ego ha crecido de manera descomunal en algunos de nuestros hermanos; ciertamente sus prácticas y su predicación consisten en gran medida en declaraciones verdaderamente maravillosas acerca de su propia condición admirable. Me encantaría saber acerca de su progreso en la gracia, si acaso éste es real; pero yo quisiera verificar esto personalmente o comprobarlo por medio de terceros, puesto que hay un inspirado proverbio que dice: «Deja que otros te alaben, mas no tus propios labios», y en lo que a mí respecta, si alguien considerara adecuado alabarme, preferiría que guardara su lengua, porque el engrandecimiento de los hombres no es un buen negocio. El Señor, únicamente, debe de ser engrandecido. Me parece que es claro que graves fallas se originan en el hecho de predicar una vida interior, en lugar de predicar a Cristo, que es la vida misma.

3. Otra clase de ministros han predicado casi solo sobre preceptos. Necesitamos a estos hombres como también necesitamos a los otros, todos son útiles, y funcionan como antídotos los unos de los otros, pero sus ministerios no son completos. Si escuchan predicaciones sobre deberes y mandamientos está muy bien, pero si ése es el único tema, la enseñanza se torna legalista a la larga; y en poco tiempo el verdadero Evangelio que tiene el poder de hacernos cumplir el precepto se desplaza a un segundo plano, y el precepto no puede ser cumplido después de todo. Deben hacer esto, han de hacer aquello, tienen que hacer lo de más allá y acaban por no hacer nada.

Si un hermano pretendiese predicar sobre ordenanzas únicamente, como aquellos que siempre están ensalzando lo que se conoce como los santos sacramentos, ustedes saben hacia dónde va esa enseñanza se encamina hacia el sureste, y su línea favorita atraviesa la ciudad de Roma.

4. Más aún, querido hermano, aún si predicas sólo a Jesucristo te debes concentrar en el punto en que se concentró Pablo, esto es: «él crucificado», ya que no lo debes ver bajo ningún otro aspecto exclusivamente. Por ejemplo, la predicación de la segunda venida, que en su lugar y proporción es admirable, ha sido tomada fuera de su lugar por algunos y se ha convertido en el fin último, y el todo de su ministerio. Eso, ustedes lo pueden ver, no es lo que Pablo había elegido, y no es una selección segura. En muchos casos, el más flagrante fanatismo ha sido el resultado de concentrarse ex-

clusivamente en la profecía, y posiblemente más hombres han enloquecido a causa de ese tema, que debido a cualquier otra cuestión religiosa. Yo no sabría si alguien puede volverse fanático acerca de Cristo crucificado, pero nunca he escuchado nada al respecto. Si un hombre se puede volver loco de amor hacia el Redentor crucificado, no lo sé, nunca me he encontrado con un caso así. Pero si yo me volviera loco, me gustaría que fuera por esa causa, y me gustaría transmitir esa locura a muchos; puesto que es el tema ideal para perder la razón, ser absorbido en Cristo crucificado, perder el sentido con fe en Jesús. La realidad es que no puede afectar la mente, es una doctrina que puede ser escuchada eternamente, y siempre tendrá frescura, será nueva y adecuada para nuestra total humanidad.

Digo que la adhesión a esta doctrina no puede causar ningún daño, y la razón es: contiene todo lo que es vital en sí misma. Si te mantienes en el límite de Cristo y él crucificado, habrás presentado a los hombres todo lo esencial para esta vida y para la venidera; les habrás dado la raíz de la cual puede brotar tanto la rama como la flor, y el fruto del pensamiento santo y la palabra y la obra. Deja que un hombre conozca a Cristo crucificado y conocerá a quien es la fuente de vida eterna. Éste es un tema que no despierta una parte del hombre, mientras la otra parte permanece dormida; no estimula su imaginación y deja sin ninguna enseñanza a su juicio, ni alimenta al intelecto y mata de hambre al corazón. No hay ninguna facultad de nuestro ser que no sea afectada permanentemente por Cristo crucificado. La humanidad perfecta de Cristo crucificado afecta la mente, el corazón, la memoria, la imaginación, el pensamiento, todo. Así como en la leche se hallan todos los ingredientes necesarios para la vida, así en Cristo crucificado se encuentra todo lo necesario para el sustento de nuestra alma. Del mismo modo que la mano del músico principal de David tocaba cada una de las diez cuerdas de su arpa, así Jesús extrae una dulce música de toda nuestra humanidad.

5. También debemos añadir, en relación a predicar a Cristo exclusivamente, que esta predicación nunca va despertar rencores. Nunca va a saturar las mentes de los hombres con preguntas y contiendas, a diferencia de esos temas sutiles que prefieren tratar algunos hombres. Cuando algunos temas son decididos por mi opinión y por tu opinión, y por la opinión de un tercero y aún de un cuarto hombre, seguramente se va generar una contienda; pero el que se mantiene al pie de la cruz de Cristo, y se acoge a ella, está precisamente donde puede abrazar a toda la hermandad de verdaderos cristianos, puesto que todos estamos perfectamente unidos en una sola mente y en una sola opinión allí. No cabe gloriarse de la opinión del hombre en la cruz. «Yo soy de Pablo, yo de Apolos, yo de Cristo», vienen por no apegarse a Jesús crucificado; pero si nos apegamos a la cruz como pecadores culpables que necesitan ser limpiados por medio de la sangre preciosa, y que encuentran toda su salvación en ese lugar, entonces no tendremos el tiempo para erigirnos como líderes religiosos y para causar divisiones en la iglesia de Cristo. ¿Ha existido alguna secta en la cristiandad generada por la predicación de Cristo crucificado? No, mis hermanos, las sectas son creadas por la predicación de algo muy por encima de esto, pero esto es el alma y la esencia del cristianismo, y por consiguiente el vínculo perfecto de amor que mantiene a los cristianos unidos.

IV. ¿CUÁL TIENE QUE SER EL CENTRO?

No diré nada más, pero pasaré a mi última reflexión, que es ésta: Debido a que Pablo hizo de éste, su único tema cuando estaba en Corinto, y no hizo ningún daño a nadie, cosa que no podemos afirmar de ningún otro tema, les recomiendo que todos nosotros hagamos de este tema el centro de nuestros pensamientos, de nuestra predicación y de nuestros esfuerzos.

1. Hombres y mujeres inconversos, a ustedes me dirijo primero. No tengo nada más que predicar para ustedes que a Jesucristo y a él crucificado. Pablo sabía que había grandes pecadores en Corinto, ya que era costumbre en el mundo de entonces llamar a un hombre licencioso, un corintio.

Biblia, Parábolas, Personajes, Tipos y figuras

Ellos eran un pueblo que llevaban la depravación y la lascivia a sus máximos excesos posibles, sin embargo en medio de ellos, Pablo no sabía de nada excepto de Cristo y él crucificado, ya que todo lo que el pecador más grande puede necesitar se encuentra allí. No tienes nada en ti, pecador, y no tienes necesidad de nada que llevar a Jesús. Me dices que no sabes nada acerca de las profundas doctrinas del Evangelio: no las necesitas conocer al momento de venir a Cristo. La única cosa que debes conocer es ésta, que Jesucristo, el Hijo de Dios, vino al mundo para salvar a los pecadores y cualquiera que crea en Él no perecerá, sino que vivirá eternamente. Me dará mucho gusto que recibas instrucción en la fe posteriormente, y que conozcas las alturas y las profundidades de ese amor que sobrepasa todo conocimiento, pero en este momento lo único que necesitas conocer es Jesucristo crucificado, y si nunca pasas de allí, si tu mente es de una naturaleza tan débil que nunca puedas entender nada de mayor profundidad que esto, yo, por lo menos, no sentiré ninguna preocupación, ya que habrás encontrado lo que te librará del poder y del castigo del pecado, y lo que te llevará al cielo para estar donde ese mismo Jesús que fue crucificado se sienta en el trono a la diestra de Dios. ¡Oh, querido corazón abrumado por la pena, si quieres encontrar alivio, podrás hacerlo en sus heridas! Si quieres encontrar descanso tienes que encontrarlo en las heridas de sus manos. Si quieres escuchar tu absolución tiene que venir de los mismos labios que pronunciaron dulcemente: «Consumado es». Dios quiera que no sepamos nada en medio de los pecadores excepto Cristo y él crucificado. Mírenlo a Él, y únicamente a Él y encontrarán el descanso para sus almas.

2. En cuanto a ustedes, hermanos y hermanas, que conocen a Cristo, tengo esto que decirles: mantengan esto a la vanguardia, y ninguna otra cosa sino solo esto, porque es contra esto que el enemigo se enfurece. La parte de la línea de batalla que es atacada más fieramente por el enemigo es ciertamente la más estratégica. Los hombres odian a aquellos a quienes temen. El antagonismo de los enemigos del Evangelio es principalmente contra la cruz. Desde el principio fue así. Ellos gritaban: «Que descienda ahora de la cruz para que veamos y creamos». Escribirán para nuestro beneficio bellas vidas de Cristo y nos dirán que fue un hombre excelente y darán a nuestro Señor el homenaje que sus labios de Judas pueden otorgarle; se referirán también a su sermón del monte y dirán qué profundidad de percepción tuvo del corazón humano y nos dirán que enseñaba un espléndido código moral, y así sucesivamente. Dirán: «Seremos cristianos pero rechazamos totalmente el dogma de la expiación». Nuestra respuesta es que nos importa un bledo lo que tengan que decir acerca de nuestro Señor si niegan su sacrificio sustitutivo. Si le dan vino o vinagre, no es un tema relevante en tanto que rechacen lo que nos dice el Crucificado. Las alabanzas de los incrédulos nos dan asco; ¿quién quiere escuchar a labios contaminados cantando alabanzas a Él? Esas palabras dulzonas son muy semejantes a aquellas que salieron de la boca del diablo cuando dijo: «Yo sé quién eres: ¡el Santo de Dios! Jesús le reprendió diciendo: ¡Cállate y sal de él!» De la misma manera queremos decirles a los incrédulos que exaltan la vida de Cristo: «¡Cállate! Conocemos tu enemistad, aunque la disfraces como quieras. O Jesús es el Salvador de los hombres o no es nada; si no aceptan a Cristo crucificado no lo pueden aceptar de ninguna otra manera». Mis hermanos en Jesús, los invito a gloriarnos en la sangre de Jesús, dejen que sea manifiesta como si hubiese sido rociada en el dintel y en los dos postes laterales de nuestras puertas y dejemos que el mundo sepa que la redención por medio de la sangre está escrita en las más íntimas partes de las tablas de nuestros corazones.

Hermanos, éste es el punto de prueba de cada maestro. Cuando un pescado se descompone, comienza a apestar por la cabeza, según dicen, y ciertamente cuando un predicador se vuelve un hereje, siempre es con relación a Cristo. Si no entiende con claridad a Jesús crucificado, y escuchas uno de sus sermones, esa es tu mala suerte;

pero si regresas para escucharlo de nuevo, y oyes un sermón igual al primero, entonces esa será culpa tuya; si vas por tercera vez, habrás cometido un crimen. Si algún hombre tiene dudas acerca de Cristo crucificado, que recuerde los versos de Hart, ya que dicen la verdad:

«No puedes tener razón en todo lo demás,
A menos que pienses la verdad acerca de Él».

No quiero examinar a los hombres en relación a las doctrinas de la Confesión de Fe de Westminster. Yo comienzo aquí: «¿Qué piensas tú de Cristo?». Si no puedes contestar la pregunta, ve y publica tus puntos de vista donde quieras, pero tú y yo estamos tan separados como lo están los polos, y no deseo tener ninguna comunión contigo. Debemos hablar con mucha claridad aquí.

Es «Cristo crucificado» lo que Dios bendice para conversión. Dios bendijo a William Huntingdon para por su medio convertir almas: estoy seguro de eso aunque no soy un partidario de Huntingdon. Dios bendijo a John Wesley para por su medio convertir almas: también me queda eso muy claro, aunque no soy un partidario de Wesley. Dios bendijo a ambos en tanto dieron testimonio de Cristo; y encontrarán que en la proporción que la expiación de Cristo está presente en un sermón, es la sangre vital de ese sermón, y eso es lo que Dios santifica para la conversión de los hijos de los hombres. Por tanto, ten el tema siempre en un lugar muy prominente.

Y ahora les pregunto, hermanos, una cosa más: ¿no es acaso Cristo y él crucificado la cosa por la que debemos vivir y por la que debemos morir? Los hombres del mundo pueden vivir para sus vanidades, pueden sentir mucho gozo bajo respectivas calabazas, como la de Jonás, mientras les duren; pero cuando un hombre tiene depresión de espíritu, y es torturado en su cuerpo, ¿adónde puede mirar? Si es un cristiano, ¿adónde puede refugiarse? ¿Adónde más sino en Cristo crucificado? Cuán a menudo he sentido mucho gozo al arrastrarme para entrar al templo y ponerme en los zapatos del pobre publicano y decir: «Dios, sé propicio a mí, que soy pecador», mirando únicamente a ese propiciatorio rociado con la preciosa sangre de Jesús. Esto es lo que servirá a la hora de la muerte. No creo que a la hora de nuestra muerte busquemos el consuelo de nuestras peculiares iglesias; ni vamos a morir aferrados con los estertores de la muerte a las puras ordenanzas o a las doctrinas. Nuestra alma debe de vivir y morir por Jesús crucificado. Miren a todos los santos al momento de su muerte, si no regresan al gran sacrificio del Calvario. Ellos creían en una gran variedad de cosas; algunas de ellas se apoyaban en muchas muletas caprichos y rarezas, pero el punto principal prevalece a la hora de la muerte. «Jesús murió por mí, Jesús murió por mí», todos llegan a eso. Bien, ¿no te parecería bueno ir desde el principio al punto al que han llegado al final, y si ese punto es la base de todo, y ciertamente lo es, no sería adecuado que nos apegáramos a él? Mientras algunos se glorían en esto y otros se glorían en aquello, algunos tienen una forma de culto y otros otra forma, digamos nosotros: «Pero lejos esté de mí el gloriarme sino en la cruz de nuestro Señor Jesucristo, por medio de quien el mundo me ha sido crucificado a mí y yo al mundo».

CONCLUSIÓN

Hermanos, les recomiendo que hagan cada vez más prominente la cruz de Cristo, porque es lo que nos va dar más cohesión y nos mantendrá en una bendita unidad. No todos podemos entender esas verdades sutiles que dependen tanto de bonitas variaciones y esas sutilezas de significado en el griego que sólo los críticos pueden descubrir. Si buscas estas bellezas, hermano, entonces debes de olvidarte de muchos de nosotros, pobres tontos, que no podemos correr tras ellas y sólo nos confundirás. Sé que tienes ese delicado concepto bellamente fijado en tu mente y lo tienes en muy alta estima, no me sorprende, ya que te ha costado mucha reflexión y muestra tu poder de discernimiento. Al mismo tiempo, ¿no crees que debes de bajarte al nivel de algunos de nosotros que nunca podremos alcan-

Biblia, Parábolas, Personajes, Tipos y figuras  • 321 •

zar mientras vivamos, esos temas intrincados? Algunos de nuestros cerebros son ordinarios. Tenemos que ganar nuestro pan y relacionarnos con gente ordinaria; sabemos que dos por dos hacen cuatro; pero no estamos familiarizados con los principios tan escondidos que están ocultos en la alta filosofía a la que ustedes han subido. Yo no sé mucho de eso, yo no me remonto a esas alturas y nunca subiré allí con ustedes ¿no sería mejor por la unidad de la fe que dejaran estos temas de lado, practicaran más la amistad en casa, mostraran más amor hacia sus colegas cristianos y se aplicaran un poco más hacia los deberes de naturaleza más común? Solo les haría un gran bien, y haría un poco más visible su humildad, si se quedaran allá abajo con Jesucristo y él crucificado.

Personalmente puedo saber muchas cosas y en especial yo podría hacerlo ya que todo el mundo trata de enseñarme algo. Recibo cientos de consejos: uno me habla en esta oreja y el otro me habla en la otra. Bien, yo podría saber mucho, pero me doy cuenta que tendría que dejar a algunos de ustedes atrás si quisiera ir tras esas cosas, y los amo demasiado para hacer eso. Tengo la determinación de no saber nada entre ustedes excepto a Jesucristo y él crucificado. A cualquier hombre que se sujete a eso le diré: «Dame tu mano, mi hermano, Jesús la lavó con su sangre de la misma manera que lavó la mía. Ven, hermano, y miremos juntos a la misma cruz. ¿Qué piensas de ella? Hay una lágrima en tu ojo, y hay una lágrima en el mío, pero nuestros rostros se sonrojan de gozo a causa del profundo amor que clavó a Jesús allí». ¿Qué haremos con esta cruz frente a nosotros?. Mi hermano dice: «Yo me iré a ganar almas», y yo digo: «Yo también». Mi hermano dice: «Yo tengo una forma de hablar», y yo le respondo: «Yo tengo otra manera, pues nuestros dones son diferentes, pero nunca chocaremos, ya que servimos a un solo Señor y a un solo Dios, y no seremos divididos, ni en este mundo presente ni en el venidero». Dejen que Apolos diga lo que quiera, o Pablo o Pedro, aprenderemos de todos ellos, y nos dará mucho gusto hacerlo, pero de todos modos, de la cruz no nos moveremos, sino que estaremos muy firmes allí, ya que Jesús es el primero y el último, el Alfa y la Omega. Amén.

36. EL LADRÓN QUE CREYÓ[7]

«Y dijo a Jesús: Acuérdate de mí cuando vengas en tu reino. Entonces Jesús le dijo: De cierto te digo, que hoy estarás conmigo en el paraíso» (Lucas 23:42, 43).

INTRODUCCIÓN: El diálogo entre Jesús y el ladrón en la cruz.

I. EL ÚLTIMO COMPAÑERO DE JESÚS
1. Fue un pecador condenado en la tierra.
2. La salvación en el último momento.
3. Si sentimos el pecado miremos a Jesús.
4. El ladrón podemos ser nosotros.

II. COMPAÑEROS EN LA PUERTA DEL PARAÍSO
1. Cristo salvó a un pecador.
2. Cristo nos ha garantizado la entrada al Paraíso.

III. EL SERMÓN DEL SEÑOR PARA NOSOTROS
1. No hay que retardar la conversión.
2. Jesús sella al pecador con su fe.
3. La inmediatez del Paraíso.

CONCLUSIÓN: Hay que predicar el Evangelio con todo vigor y exhortar a los pecadores a encontrar a Jesús.

EL LADRÓN QUE CREYÓ

INTRODUCCIÓN

Hace algún tiempo prediqué sobre la historia completa del ladrón moribundo. No me propongo hacer lo mismo el día de hoy, solo quiero verlo desde un punto de vista específico. La historia de la salvación del ladrón agonizante es un ejemplo notable del poder de salvación de Cristo, y de su abundante disposición para recibir a todos los

---
[7] Sermón predicado el año 1889 en el Tabernáculo Metropolitano, Newington.

que vienen a Él, en cualquier condición en que puedan estar. No puedo considerar este acto de gracia como un ejemplo solitario, como tampoco la salvación de Zaqueo, la restauración de Pedro, o el llamado de Saulo, el perseguidor.

En cierto sentido, toda conversión es única: no hay dos iguales, y, sin embargo, cualquier conversión es un tipo de otras. El caso del ladrón moribundo es mucho más semejante a nuestra conversión que diferente; de hecho, su caso se puede considerar más como típico que como un hecho extraordinario y así lo consideraré en este momento. ¡Que el Espíritu Santo hable por él para alentar a aquellos que están al borde de la desesperación!

Recuerden, amados amigos, que nuestro Señor Jesús, en el momento que salvó a este malhechor, estaba en su punto más bajo. Su gloria había menguado en Getsemaní, ante Caifás, ante Herodes y Pilato; pero ahora había logrado su nivel más bajo. Desnudo de su túnica, y clavado en la cruz, la atrevida multitud se burlaba del Señor que, agonizante, se moría; entonces Él «fue contado entre los transgresores, y fue hecho como la escoria de todas las cosas». Sin embargo, aun en esa condición, llevó a cabo ese maravilloso acto de gracia. ¡Miren la maravilla producida por el Salvador despojado de toda su gloria, y colgado en el madero en un espectáculo de vergüenza, al borde de la muerte! ¡Cuán cierto es que puede hacer grandes maravillas de misericordia ahora, viendo que ha regresado a su gloria, y está sentado en el trono de luz! «Puede salvar por completo a los que por medio de él se acercan a Dios, puesto que vive por siempre para interceder por ellos».

Si un Salvador agonizante salvó al ladrón, mi argumento es que Él puede hacer aún más ahora que vive y reina. Todo poder en el cielo y en la tierra le es dado; ¿Puede algo en el momento presente sobrepasar al poder de su gracia? No es solo la debilidad de nuestro Salvador la que hace memorable la salvación del ladrón penitente; es el hecho que el malhechor moribundo lo vio ante sus propios ojos. ¿Te puedes poner en su lugar, e imaginar a alguien que cuelga en agonía de una cruz? ¿Podrías fácilmente creer que era el Señor de la gloria, y que pronto vendría a su Reino?

No sería poca fe la que, en un momento así, creyera en Jesús como Señor y Rey. Si el apóstol Pablo estuviera aquí, y quisiera agregar un capítulo al Nuevo Testamento, al capítulo once del libro de los Hebreos, comenzaría seguramente sus ejemplos de fe admirable con la de este ladrón, que creyó en un Cristo crucificado, ridiculizado y agonizante, y clamó hacia Él como a alguien cuyo Reino vendría con certeza. La fe del ladrón fue aún más notable porque estaba bajo un terrible dolor, y condenado a morir. No es fácil ejercitar la paciencia cuando uno es torturado por una angustia mortal. Nuestro propio descanso mental a veces se ve perturbado por el dolor del cuerpo. Cuando somos los sujetos de un sufrimiento agudo, no es fácil mostrar en otras situaciones esa fe que creemos. Este hombre, sufriendo como estaba y viendo al Salvador en un estado tan triste, empero creyó para la vida eterna. Había aquí una fe como rara vez se ve.

Recuerden, también, que estaba rodeado de burladores. Es fácil nadar con la corriente, pero resulta duro ir contra ella. Este hombre oyó a los sacerdotes orgullosos, cuando ridiculizando al Señor, y a la gran multitud de gente del pueblo, todos a una, unirse en el escarnio; su compañero captó el espíritu de la hora, y también se burló, y él tal vez hizo lo mismo por un rato; pero por la gracia de Dios fue cambiado, y creyó en el Señor Jesús a pesar de todo su desprecio. Su fe no se afectó por lo que lo rodeaba; sino que él, ladrón agonizante como era, se reafirmó en su confianza. Como roca prominente, puesta en medio del torrente, declaró la inocencia del Cristo, de quien otros blasfemaban. Su fe es digna de imitarla en sus frutos. Ningún otro miembro de su cuerpo estaba libre excepto su lengua, y la utilizó sabiamente para reprender a su hermano malhechor, y defender a su Señor. Su fe puso de manifiesto un valiente testimonio y una confesión audaz. No voy a elogiar al ladrón, o a su fe, sino a exaltar la gloria de esa gracia divina que le dio al ladrón una fe así, y luego inmerecidamente lo salvó por su

Biblia, Parábolas, Personajes, Tipos y figuras

medio. Estoy ansioso de mostrar cuán glorioso es el Salvador, ese Salvador que salva de manera completa, quien, en un momento así, pudo salvar a ese hombre, y darle una fe tan grande, tan perfecta y rápidamente prepararlo para la dicha eterna. Miren el poder de ese espíritu que podía producir tal fe en un suelo tan poco promisorio, y en un clima tan poco propicio. Entremos de inmediato en el centro de nuestro sermón.

Primero, observen al hombre que fue el último compañero de nuestro Señor en la tierra; segundo, observen que ese mismo hombre fue el primer compañero de nuestro Señor en la puerta del paraíso; y, tercero, veamos el sermón que nos predica nuestro Señor en este acto de gracia. ¡Oh, que el Espíritu Santo bendiga este sermón de principio a fin!

I. EL ÚLTIMO COMPAÑERO DE JESÚS

Con mucho cuidado observemos que el ladrón crucificado fue el último compañero de Nuestro Señor en la tierra. Qué triste compañía seleccionó nuestro Señor cuando estuvo aquí. No se juntó con los religiosos fariseos ni con los filosóficos saduceos, sino que era conocido como el «amigo de publicanos y de pecadores». ¡Cómo me gozo en esto! Me da la seguridad de que Él no rehusará asociarse conmigo. Cuando el Señor Jesús me hizo su amigo, seguramente que no hizo una selección que le trajera crédito. ¿Crees que ganó algún honor cuando te hizo su amigo? ¿Acaso ha ganado algo por causa de nosotros alguna vez? No, hermanos míos; si Jesús no se hubiera inclinado tan bajo, tal vez no habría venido a mí; y si no hubiera buscado al más indigno, no hubiera venido a ti. Así lo sientes, y estás agradecido porque Él vino «No para llamar a justos, sino a pecadores». Como el Gran Médico, nuestro Señor estaba mucho tiempo con los enfermos; iba a donde había podía ejercitar su arte de sanar.

Los sanos no necesitan un médico: no lo pueden apreciar, ni ofrecen la oportunidad para que ejercite su habilidad; por consiguiente, Él no frecuentó sus moradas. Sí, después de todo, nuestro Señor hizo una buena elección cuando te salvó y cuando me salvó; en nosotros ha encontrado abundante campo para su misericordia y gracia. Ha habido suficiente espacio para que su amor pueda trabajar dentro de las terribles vacíos de nuestras necesidades y pecados; y ahí ha hecho grandes cosas por nosotros, por lo que nos alegramos.

1. Para que no haya aquí alguien que desespere y diga: «nunca se dignará mirar hacia mí», quiero que adviertan que el último compañero de Cristo en la tierra fue un pecador, y no un pecador ordinario. Había transgredido las leyes del hombre, pues era un ratero. Alguien le llama «bandolero»; y supongo que probablemente ese era el caso. Los bandoleros de esos días mezclaban el asesinato con sus robos, era probablemente un pirata alzado en armas contra el gobierno romano, haciendo de esto un pretexto para saquear si se le presentaba la oportunidad. Al fin, fue hecho prisionero y fue condenado por un tribunal romano, que por lo general, era usualmente justo, y en este caso ciertamente lo fue; pues el mismo confiesa la justicia de su condena. El malhechor que creyó en la cruz era un convicto, que había permanecido en la celda de los condenados y luego sufriría la pena capital por sus crímenes. Un criminal convicto era la última persona con la que tuvo que ver nuestro Señor aquí en la tierra. ¡Qué amante de las almas de los culpables es Él! ¡Cómo se inclina hacia lo más bajo de la humanidad! A este hombre tan indigno, antes que dejara la vida, el Señor de gloria habló con gracia incomparable. Le habló con palabras tan maravillosas como nunca se podrán superar aunque busques en todas las Escrituras: «Hoy estarás conmigo en el paraíso».

No creo que en ninguna parte de este Tabernáculo se halle alguien que haya sido convicto ante la ley, ni que tan siquiera se pueda culpar de una transgresión contra la honestidad común; pero si hubiera una persona así entre mis oyentes, la invitaría a que hallara perdón y cambiara su corazón por medio de nuestro Señor Jesucristo. Puedes llegar a Él, quienquiera que seas; este hombre lo hizo. Aquí hay un ejemplo de uno que había llegado al fondo de la culpa, y que lo reconoció; no buscó excusas, ni buscó un manto para tapar su pecado; estaba en las manos de la justicia, enfrentado a su sentencia de muerte, y, sin embargo, creyó en Jesús, y dijo una humilde oración hacia Él, y allí mismo fue salvo. Como es la muestra así es el todo. Jesús salva a otros del mismo tipo. Por ello, déjenme exponerlo con sencillez, de modo que nadie me malinterprete. Ninguno de ustedes está excluido de la infinita misericordia de Cristo, por muy grande que sea la iniquidad de ustedes: si creen en Jesús, Él los salvará.

2. Este hombre no solo era pecador; era un pecador que apenas había despertado. No creo que antes hubiera pensado seriamente en el Señor Jesús. De acuerdo con los otros evangelistas, parece que se había unido con su compañero ladrón para burlarse de Jesús: si en realidad no utilizó palabras de oprobio, cuando menos llegó a consentirlas, de manera que el evangelista no le hizo una injusticia cuando dijo: «También los ladrones que estaban crucificados con él le injuriaban de la misma manera». Sin embargo, de repente se despierta a la convicción de que el hombre que está agonizando a su lado es algo más que un hombre. Lee el título sobre su cabeza, y lo cree cierto: «Éste es Jesús, el rey de los judíos». Al creerlo así, hace su petición al Mesías –que hacía tan poco había encontrado–, y se encomienda en sus manos. Lector, ¿ves esta verdad, que en el momento en que un hombre sabe que Jesús es el Cristo de Dios puede poner de inmediato su confianza en Él y ser salvo? Un cierto predicador, cuyo Evangelio era muy dudoso, decía: «¿Ustedes, que han vivido en el pecado por cincuenta años, creen que en un instante pueden ser limpiados por la sangre de Jesús?». Respondo: «Sí, ciertamente creemos que en un instante, por medio de la preciosa sangre de Jesús, el alma más negra puede hacerse blanca. Ciertamente creemos que en un simple instante se pueden perdonar absolutamente los pecados de sesenta o setenta años, y que la naturaleza vieja, que ha ido volviéndose cada vez peor, puede recibir su herida de muerte en un instante, mientras que la vida eterna puede ser implantada de inmediato en el alma». Así fue con este hombre. Había tocado fondo, pero en un momento se despertó a la convicción cierta de que el Mesías estaba junto a él, y creyendo, lo miró y vivió.

Así que, hermanos, si ustedes nunca en su vida han tenido una convicción religiosa, si han vivido hasta ahora una vida totalmente impía, aun así, si ahora mismo creen en que el amado Hijo de Dios ha venido al mundo para salvar del pecado a los hombres, y sinceramente reconocen sus pecados y confían en Él, inmediatamente serán salvos. Sí, mientras digo estas palabras, la obra de gracia puede ser consumada por el Ser glorioso que ha ido al cielo con poder omnipotente para salvar.

Deseo exponer este caso muy sencillamente: este hombre que fue el último compañero de Cristo sobre la tierra, era un pecador en la miseria. Sus pecados lo habían acorralado; ahora tenía la recompensa por sus obras. Suelo encontrarme con personas en esta condición: han vivido una vida de libertinaje, excesos y descuidos, y comienzan a sentir que caen en sus carnes los copos de fuego de la tempestad de la ira; viven en un infierno terrenal, un preludio de la condenación eterna. El remordimiento, igual que un áspid, los ha picado, convirtiendo su sangre en fuego. Este hombre estaba en ese horrible estado; es más, estaba *in extremis*. No podía vivir ya mucho; la crucifixión era inevitablemente fatal; en poco tiempo le romperían las piernas para poner fin a su existencia infeliz. Él, pobre alma, no tenía de vida sino el corto espacio del mediodía y la puesta del sol; pero eso era el tiempo suficiente para el Salvador, que es poderoso para salvar. Algunos tienen mucho miedo que la gente posponga el momento de venir a Cristo si afirmamos esto. No puedo impedir lo que los hombres de mala fe hagan con la verdad, pero yo lo voy a decir de todas maneras. Si están a una hora de morir, crean en el Señor Jesucristo, y serán salvos. Si no llegan jamás a sus hogares porque se mueren en el camino, si ahora creen en el Señor Jesús, serán salvos de inmediato. Mirando a Jesús y confiando en Él, Él les dará un corazón nuevo y un espíritu recto, y quitará la mancha de los pecados de ustedes. Ésta es la gloria de la gracia de Cristo. ¡Cómo quisiera enaltecerla con un lenguaje adecuado! La última vez que fue visto en la tierra antes de morir fue en compañía de un criminal convicto, a quien le habló de la manera más amorosa. ¡Vengan, Oh culpables, y los recibirá con abundante gracia!

Más aún, este hombre a quien Cristo salvó en el último momento era un hombre que ya no podía hacer buenas obras. Si la salvación fuera por las buenas obras, no hubiera podido ser salvo; puesto que estaba atado de pies y manos al árbol de su destino funesto. Todo había terminado para él en cuanto a cualquier acto u obra de justicia. Podría decir una o dos palabras buenas, pero eso era todo; no podía ejecutar nada bueno; si su salvación hubiera dependido de una vida activa de servicio, ciertamente que nunca hubiera podido ser salvo. Como pecador que era, no podía exhibir un arrepentimiento duradero del pecado, pues no tenía tiempo para vivir. No podía haber experimentado una amarga convicción de sus actos, que hubiera durado meses y años, pues su tiempo estaba medido en instantes, y estaba al borde de la tumba. Su fin estaba muy cerca y, sin embargo, el Salvador pudo salvarle; y lo salvó tan perfectamente, que antes de ponerse el sol estaba en el paraíso con Cristo.

3. Este pecador, que no he podido describir con colores demasiado negros, creyó en Jesús, y confesó su fe. Confió en el Señor. Jesús era un hombre, y así le llamó él; pero también supo que era el Señor, y así le llamó, y dijo: «Señor, acuérdate de mí». Tenía tal confianza en Jesús, que, si tan sólo el Señor pensara en él, si tan sólo lo recordara cuando llegara a su Reino, eso sería todo lo que pediría de Él. ¡Ay, mis queridos lectores! La inquietud que siento por algunos de ustedes es que saben todo acerca del Señor, y, sin embargo, no confían en Él. La confianza es el acto salvador. Hace años estaban en el punto de confiar realmente en Jesús, pero ahora siguen tan lejos de ello como estaban entonces. Este hombre no titubeó, se aferró a esa única esperanza. No guardó en su mente la seguridad en el Señor como Mesías como una creencia seca, muerta, sino que la volvió confianza y oración: «Señor, acuérdate de mí cuando venga en tu Reino». ¡Oh, que muchos de ustedes pudieran confiar en este día, en la infinita misericordia del Señor!. Serían salvos, estoy seguro que lo serían, si ustedes al confiar en Él no son salvos, yo mismo tendría que renunciar a toda esperanza. Esto es todo lo que nosotros hemos hecho: hemos mirado, y hemos vivido, y continuamos viviendo porque miramos al Salvador viviente. ¡Oh, que esta mañana, al sentir el pecado, miraran hacia Jesús, confiando en Él, y confesando esa confianza! Reconociendo que Él es Señor para gloria de Dios Padre, ustedes deben y serán salvos. Como consecuencia de tener esta fe que lo salvó, este pobre hombre dijo la oración humilde pero apropiada: «Señor, acuérdate de mí». Esto no parece que sea pedir mucho; pero como él lo comprendió, es todo lo que un corazón ansioso pudiera desear. Al pensar en el Reino, tenía una tan clara idea de la gloria del Salvador, que sintió que si el Señor tan sólo pensara en él su estado sería salvo. José en la prisión, le pidió al copero del rey que lo recordara cuando el rey restaurara su poder; pero lo olvidó. Nuestro José nunca olvida a un pecador que clama hacia Él dentro del más profundo calabozo; en su Reino recuerda los lamentos y quejidos de los pobres pecadores abrumados por el sentimiento de su pecado. ¿No puedes orar esta mañana, y de esa manera asegurarte un lugar en la memoria del Señor Jesús?

4. Así he intentado describir al hombre; y, después de haber hecho lo mejor que pude, fallaré en mi propósito a menos que los haga ver que cualquier cosa que haya sido este ladrón, no es sino una descripción de lo que son ustedes. Especialmente si han sido grandes pecadores, y si han vivido mucho tiempo sin preocuparse por las cosas eternas, son como ese malhechor; y sin embargo, ustedes, sí ustedes, pueden hacer lo que hizo el ladrón; pueden creer que Jesús es el Cristo y encomendar sus almas en sus manos, y Él los salvará a tan seguramente como salvó al bandolero condenado. Jesús con gracia abundante dice: «Al

que a mí viene, jamás lo echaré fuera». Esto significa que si vienen y confían en Él, no importa lo que sean, Él por ninguna razón, y bajo ninguna base, ni circunstancia los echará fuera. ¿Comprenden ese pensamiento? ¿Sienten que les pertenece, y que, si van a Él, hallarán vida eterna? Me regocijo si ya perciben esta verdad.

Pocas personas hay que tengan tanto trato con almas abatidas y desesperadas como yo. Pobres rechazados me escriben continuamente. Apenas si sé por qué. No tengo un don especial para consolar, pero con gusto me inclino a reconfortar a los afligidos, y parece que lo saben. ¡Qué alegría tengo cuando veo a un desalentado que halla la paz! He tenido esta alegría varias veces durante la semana que acaba de terminar. ¡Cuánto deseo que algunos de ustedes que tienen el corazón destrozado porque no pueden encontrar perdón quisieran venir a mi Señor, y confiar en Él, y descansar! ¿No dijo Él: «Venid a mí, todos los que estáis fatigados y cargados y yo os haré descansar»? Vengan y pónganlo a prueba, y el descanso será de ustedes.

II. COMPAÑEROS EN LA PUERTA DEL PARAÍSO

En segundo lugar, observen que este hombre fue un compañero de nuestro Señor en la puerta del Paraíso. No voy a especular en cuanto al lugar adonde fue nuestro Señor cuando abandonó el cuerpo que colgaba en la cruz. Por algunas Escrituras parece que descendió al centro de la tierra, para que pudiera cumplir todas las cosas. Pero Él atravesó rápidamente las regiones de los muertos. Recuerden que Él murió, tal vez una hora o dos antes que el ladrón, y durante ese tiempo la gloria eterna brilló a través del mundo subterráneo, y estaba centelleando a través de las puertas del paraíso justo cuando el ladrón perdonado entraba al mundo eterno. ¿Quién es éste que entra por la puerta de perlas al mismo tiempo que el Rey de la gloria? ¿Quién este compañero favorecido del Redentor? ¿Es un mártir digno de honra? ¿Es un fiel apóstol? ¿Es un patriarca, como Abraham; o un príncipe, como David? No es ninguno de ellos. Miren, y asómbrense de la gracia soberana. El que entra por la puerta del paraíso, con el Rey de la gloria, es un ladrón, que fue salvado en artículo de muerte. No es salvo de una manera inferior, ni es recibido en la beatitud de un modo secundario. ¡Verdaderamente, hay últimos que serán primeros!

1. Aquí yo quisiera que notaran la condescendencia de la elección de nuestro Señor. El camarada del Señor de la gloria, por quien el querubín hace a un lado su espada de fuego, no es una gran persona, sino un malhechor recientemente convertido. ¿Y por qué? Pienso que el Salvador lo tomó con Él como un ejemplo de lo que Él quería hacer. Parecía decir a todas las potencias celestiales: «Traigo a un pecador conmigo; es una muestra del resto».

¿No han oído ustedes de aquel que soñó que estaba enfrente de las puertas del cielo y mientras estaba ahí, oyó una música dulce de un grupo de venerables personas que seguían su camino hacia la gloria? Entraron por las puertas celestiales, y hubo gran regocijo y exclamaciones. Al preguntar «¿Quiénes son éstos?», se le dijo que ellos eran la buena compañía de los profetas. Suspiró y dijo: «¡Ay!, no soy uno de ellos». Esperó un poco, y otra banda de seres brillantes se acercó, y entraron al cielo con aleluyas, y cuando preguntó: «¿Quiénes son éstos, y de donde vienen?». La respuesta fue: «Éste es el glorioso grupo de los apóstoles». Otra vez suspiró y dijo: «No puedo entrar con ellos». Entonces vino otro grupo de hombres con túnicas blancas y llevando palmas en sus manos, esos hombres marcharon en medio de grandes aclamaciones dentro de la ciudad dorada. Supo entonces que era el noble ejército de los mártires; y otra vez lloró, y dijo: «No puedo entrar con éstos». Al final oyó las voces de mucha gente, y vio a una multitud más grande que avanzaba, entre quienes percibió a Rahab y María Magdalena, David y Pedro, Manasés y Saulo de Tarso, y observó especialmente al ladrón, el que murió a la diestra de Jesús. Y se fueron acercando a las puertas celestiales. Entonces ansiosamente preguntó: «¿Quiénes son éstos?», y le respondieron: «Ésta es la hueste de pecadores

Biblia, Parábolas, Personajes, Tipos y figuras

salvos por la gracia». Entonces se puso en extremo contento, y dijo: «Yo puedo entrar con éstos». Aunque pensó que no habría aclamaciones cuando esta multitud llegara ante las puertas y que entrarían al cielo sin cánticos; sin embargo, pareció que se levantaba una alabanza siete veces repetida con aleluyas para el Señor del amor; porque hay alegría en los ángeles de Dios por los pecadores que se arrepienten. Yo invito a cualquier pobre alma que no aspira a servir a Cristo, ni sufrir por Él todavía, que, sin embargo, venga a la compañía de Jesús con otros pecadores creyentes, pues Él nos abre una puerta frente a nosotros.

2. Mientras analizamos el texto, observen bien lo bendito del lugar al cual el Señor llamó a este penitente. Jesús dijo: «Hoy estarás conmigo en el paraíso». Paraíso significa jardín, un jardín lleno de deleites. El jardín del Edén es el tipo del cielo. Sabemos que paraíso significa cielo, pues el apóstol nos habla de un hombre que fue arrebatado al paraíso, y enseguida le llama el tercer cielo. Nuestro Salvador llevó a este ladrón agonizante al paraíso de deleite infinito, y allí es donde nos llevará a todos nosotros pecadores que creemos en Él. Si confiamos en Él, al final estaremos con Él en el paraíso.

La siguiente palabra es todavía mejor. Noten la gloria de la sociedad a la que es introducido este pecador: «Hoy estarás conmigo en el paraíso». Si el Señor dice: «Hoy estarás conmigo», no necesitamos que agregue otra palabra; porque donde Él está, es el cielo para nosotros. Agregó la palabra paraíso: para que nadie se preguntara a donde iba. Piensa en ello, alma sin gracia; vas a habitar con el Todo Deseable para siempre. Ustedes pobres y necesitados, van a estar con Él en su gloria, en su dicha, en su perfección. En donde Él está, y como Él es, allí estarán y serán ustedes. El Señor mira esta mañana sus ojos llorosos, y dice: «Pobre pecador, tu estarás conmigo un día». Pienso oírlos decir: «Señor, esa es una dicha demasiado grande para un pecador como yo»; pero responde: «te he amado con un amor eterno, por consiguiente con misericordia te voy a atraer a mí, hasta que estés donde yo estoy». El énfasis del texto está en la rapidez de todo esto. «En verdad te digo, hoy estarás conmigo en el paraíso». Hoy. No permanecerás en el purgatorio por generaciones, ni dormirás en el limbo por tantos años; sino que estarás listo de inmediato para la dicha, y de inmediato la disfrutarás. El pecador ya estaba casi ante las puertas del infierno, pero la misericordia todopoderosa lo levantó, y el Señor dijo: «Hoy estarás conmigo en el paraíso». ¡Qué cambio de la cruz a la corona, de la angustia del Calvario a la gloria de la Nueva Jerusalén! En esas pocas horas el mendigo fue elevado del estercolero y fue puesto entre príncipes. «Hoy estarás conmigo en el paraíso». ¿Pueden medir el cambio de ese pecador, abominable en su iniquidad cuando el sol estaba en lo alto del mediodía, a ese mismo pecador, vestido de blanco puro, y aceptado en el Amado, en el paraíso de Dios, al ponerse el sol? ¡Oh, Salvador glorioso, qué maravillas puedes obrar! ¡Cuán rápidamente puedes obrarlas!

Adviertan también la majestad de la gracia del Señor en este texto. El Salvador le dijo: «De cierto te digo, hoy estarás conmigo en el paraíso». Nuestro Señor da su propia voluntad como razón para salvar a este hombre. Te digo. Lo dice quien reclama el derecho de hablar así. Es Él quien tendrá misericordia de quien Él quiere tener misericordia, y tendrá compasión de quien Él quiere tener compasión. Habla con majestad: «De cierto te digo». ¿Acaso no son palabras imperiales? El Señor es un Rey en cuya palabra hay poder. Lo que Él dice nadie puede contradecir. Él, que tiene las llaves del infierno y de la muerte dice: «Te digo, hoy estarás conmigo en el paraíso». ¿Quién impedirá el cumplimiento de su palabra?

Vean la certeza de esto. Dice: De cierto. Nuestro bendito Señor en la cruz retomó su antigua manera majestuosa, cuando dolorosamente volvió su cabeza, y miró a su ladrón convertido. Él solía iniciar su predicación con: «De cierto, de cierto te digo;» y ahora que está agonizando utiliza su manera favorita, y dice: «De cierto». Nuestro Señor no juraba; su más fuerte aseveración era: «De cierto, de cierto». Para darle al penitente la más sencilla seguridad, dice:

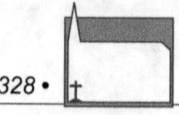

«De cierto te digo, hoy estarás conmigo en el paraíso». En esto tenía una seguridad absolutamente indisputable que aunque tenía que morir, sin embargo viviría y se encontraría en el paraíso con su Señor.

De esta manera les he mostrado que nuestro Señor pasó por la puerta de perlas en compañía de uno a quien Él mismo le había garantizado la entrada. ¿Por qué tú y yo no habríamos de pasar a través de esa puerta de perla a su debido tiempo, vestidos con su mérito, lavados en su sangre, descansando en su poder? Uno de estos días los ángeles dirán de ti y de mí: «¿Quién es éste que viene del desierto apoyándose en el amado?». Los luminosos se asombrarán de mirar a algunos de nosotros venir. Si has vivido una vida de pecado hasta ahora, y sin embargo te arrepientes y entras en el cielo, ¡qué asombro habrá en cada calle dorada al pensar que has llegado allí! En los primeros años de la iglesia Cristiana Marco Cayo Victorino se convirtió; pero había alcanzado tan avanzada edad, y había sido tan gran pecador, que el pastor y la iglesia dudaron de él. Dio sin embargo una clara prueba de haber experimentado el cambio divino, y entonces hubo grandes aclamaciones y muchos gritos de «¡Victorino se ha convertido en cristiano!» ¡Oh, que algunos de ustedes grandes pecadores puedan ser salvos! ¡Con cuanta alegría me regocijaría por ustedes! ¿Por qué no? ¿No sería para la gloria de Dios? La salvación de este asaltante de caminos convicto ha hecho a nuestro Señor ilustre por su misericordia aun en este día. ¿No haría lo mismo el caso de ustedes? ¿No exclamarían los santos: «¡Aleluya! ¡Aleluya!» si oyeran que algunos de ustedes se habían vuelto de la oscuridad a la luz admirable? ¿Por qué no sería así? Crean en Jesús, y así será.

III. EL SERMÓN DEL SEÑOR PARA NOSOTROS

Ahora llego a mi tercer y más práctico punto: Noten, de todo esto, el sermón del Señor para nosotros.

1. El demonio quiere predicar esta mañana un poco. Sí, Satán pide pasar al frente y predicarles; pero no se le puede permitir.

¡Vete, engañador! Ahora bien, no me asombraría si se acerca a algunos de ustedes cuando termine el sermón, y les diga en voz baja: «Vean que pueden ser salvos en el último momento. Pospongan el arrepentimiento y la fe; pueden ser perdonados en su lecho de muerte». Señores, ustedes saben quién es el que quiere arruinarlos con esta sugerencia. Aborrezcan su enseñanza engañadora. No sean ingratos porque Dios es bondadoso. No provoquen al Señor porque es paciente. Una conducta así sería indigna e ingrata. No corran un riesgo terrible simplemente porque uno escapó al peligro tremendo. El Señor aceptará a todos los que se arrepientan; ¿Pero como saben ustedes que se van a arrepentir? Es verdad que un ladrón fue salvo pero el otro se perdió. Uno es salvo, y por lo tanto no podemos desesperar; el otro está perdido, y por lo tanto no podemos presumir. Queridos amigos, confío que ustedes no están hechos de tan diabólica sustancia como para sacar de la misericordia de Dios un argumento para continuar en el pecado. Si ustedes lo hacen, sólo les puedo decir que la perdición de ustedes será justa; la habrán traído sobre ustedes mismos.

Consideren ahora la enseñanza del Señor; vean la gloria de Cristo en la salvación. Está listo para salvar en el último momento. Ya estaba muriendo; su pie pisaba el umbral de la casa del Padre. Entonces llega este pobre pecador, al final de la noche, en la hora once, y el Salvador sonríe y manifiesta que no entrará si no es con este tardío vagabundo. Ahí mismo en la puerta declara que el alma que busca entrará con Él. Había tiempo para que Él hubiera venido antes: ustedes saben cómo podemos nosotros decir: «Esperaste hasta el último momento. Ya me voy, y no puedo atenderte ahora». El Señor tenía las angustias de la muerte sobre Él, y sin embargo atiende al criminal que perece, y le permite pasar a través del portal celestial en su compañía. Jesús salva con facilidad a los pecadores por los que Él murió con tanto dolor. Jesús ama rescatar a los pecadores de su caída en el pozo. Serás muy feliz si te salvas, pero ni la mitad de feliz que Él será cuando te salve.

«¡Vean qué tierno es! su mano no lleva el trueno, Ningún terror viste su frente; Ni rayos para lanzar nuestras almas culpables A las fieras llamas del infierno.» Nos llega lleno de ternura, con lágrimas en sus ojos, misericordia en sus manos, y amor en su corazón. Créanlo, es un gran Salvador de grandes pecadores. Uno que había recibido gran misericordia decía: «Él es un gran perdonador;» y me gustaría que ustedes dijeran lo mismo. Ustedes verán sus trasgresiones borradas, y los pecados de ustedes perdonados de una vez para siempre, si ustedes confían en Él.

2. La siguiente doctrina que Cristo predica de esta maravillosa historia es la fe que apropia de la promesa. Este hombre creyó que Jesús era el Cristo. Lo siguiente que hizo fue apropiarse de ese Cristo. El ladrón le dijo: «Señor, acuérdate de mí». Jesús podría haber dicho. «¿Qué tengo que ver yo contigo, y qué tienes que ver tú conmigo? ¿Qué tiene que ver un ladrón con el Ser perfecto?» Muchos de ustedes, buenas personas, tratan de alejarse tanto como puedan de los que yerran y de los caídos. ¡Podrían contaminar su inocencia! La sociedad nos exige que no estemos en términos de familiaridad con la gente que ha ofendido sus leyes. No se nos debe ver asociados con ellos, porque caeríamos en el descrédito. ¡Tonterías infames! ¿Qué nos puede desacreditar a nosotros, pecadores como somos, tanto por naturaleza como por la práctica? ¿Si nos conocemos ante Dios, no estamos lo suficientemente degradados en nosotros mismos y a causa de nosotros mismos? Después de todo, ¿hay alguien en el mundo que sea peor que nosotros cuando nos vemos en el espejo fiel de la Palabra?

Tan pronto como un hombre cree que Jesús es el Cristo, que se afirme en Él. En el momento que creas que Jesús es el Salvador, aférrate a Él como tu Salvador. Si recuerdo bien, Agustín le llamó a este ladrón: *Latro laudabilis et mirabilis*, un ladrón para ser alabado y admirado, que se atrevió, por decirlo así, a tomar para sí al Salvador como suyo. En esto debe ser imitado. Toma al Señor para que sea tuyo, y lo tendrás. Jesús es propiedad común de todos los pecadores que se atreven a tomarlo. Todo pecador que tiene el deseo de hacerlo puede llevarse a su casa al Señor. Él vino al mundo para salvar a los pecadores. Tómenlo por la fuerza, como los que roban toman su botín; porque el Reino del cielo sufre la violencia de la fe que se atreve. Atrápalo, y Él nunca se separará de ti. Si confías en Él, te debe salvar. Adviertan la doctrina de la fe en su poder inmediato.

«En el momento que un pecador cree,
Y confía en su Dios crucificado,
Recibe de inmediato su perdón,
Redención completa por su sangre».

3. «Hoy estarás conmigo en el paraíso». Tan pronto como creyó, Cristo sella su fe con la seguridad completa de que estará con Él por siempre en su gloria. ¡Oh, queridos corazones, si ustedes creen, serán salvos esta mañana! ¡Que Dios les conceda, por su rica gracia, que venga la salvación aquí, en este lugar, y de inmediato!

Lo siguiente es la cercanía de las cosas eternas. Piensen en ello por un minuto. El cielo y el infierno no son lugares lejanos. Pueden estar en el cielo antes de otro tick del reloj, está tan cerca. ¡Que pudiéramos rasgar ese velo que nos separa de lo desconocido! Todo está allí, y todo cerca. «Hoy dijo el Señor (en no más de tres o cuatro horas) estarás conmigo en el paraíso»; tan cerca está. Un estadista nos ha dado la expresión de estar «en una distancia medible». Todos estamos dentro de una distancia medible del cielo o del infierno; si hay alguna dificultad en medir la distancia, descansa en su brevedad más que en su longitud.

«Un suave suspiro rompe las
cadenas,
Apenas podemos decir: "se ha ido",
Antes que el espíritu redimido
Tome su mansión cerca del trono».

¡Oh, que nosotros, en lugar de tomar con ligereza estas cosas, porque parecen tan lejanas, las tomáramos solemnemente en cuenta, pues están tan cercanas! Este mismo día, antes que se ponga el sol, algún oyente, sentado en este lugar, puede ver en su propio espíritu las realidades del cielo o del infierno. Ha ocurrido frecuentemente en esta congregación tan grande, que alguien de nuestra audiencia ha muerto antes que llegara el siguiente domingo; puede ocurrir esta semana. Piensen en ello, y que las cosas eternas les impresionen aún más debido a su cercanía.

Más aún, sepan que si han creído en Jesús están preparados para el cielo. Puede ser que tengan que vivir en la tierra por veinte, treinta, o cuarenta años para glorificar a Cristo; y si así es, agradezcan el privilegio; pero si no viven una hora más, esa muerte instantánea no alteraría el hecho de que quien cree en el Hijo de Dios está listo para el cielo. Seguramente si algo se necesitara más allá de la fe para hacernos dignos del paraíso, el ladrón hubiera sido retenido un poco más aquí; pero no, él está en la mañana, en su naturaleza, al mediodía entra al estado de gracia, y al anochecer está en estado de gloria. La pregunta nunca es si es sincero un arrepentimiento aceptado en el lecho de muerte. La pregunta es: ¿Es sincero? Si así es, si el hombre muere cinco minutos después de su primer acto de fe, está tan seguro como si hubiera servido al Señor por cincuenta años. Si tu fe es verdadera, si mueres un momento después de que creíste en Cristo, serás admitido en el paraíso, aunque no hayas disfrutado de tiempo para producir buenas obras y otras evidencias de la gracia. Él que lee el corazón leerá tu fe escrita en las tablas de carne, y te aceptará por medio de Jesucristo, aunque ningún acto de gracia se haya hecho visible a los ojos de los hombres.

CONCLUSIÓN

Concluyo diciendo otra vez que este no es un caso excepcional. Comencé con eso, y con eso quiero terminar, por tantos pseudopredicadores del Evangelio, terriblemente temerosos de predicar la gracia inmerecida con plenitud. Leí en algún lado, y creo que es cierto, que algunos ministros predican el Evangelio de la misma manera que los asnos comen espinas, es decir, muy, pero muy cuidadosamente. Por el contrario, yo lo predicaré atrevidamente. No tengo la menor alarma acerca del asunto. Si alguien de ustedes hace mal uso de la enseñanza de la gracia gratuita, no lo puedo impedir. El que será condenado puede arruinarse por pervertir el Evangelio como por cualquier otra cosa. No puedo impedir lo que los corazones bajos puedan inventar; pero lo mío es predicar el Evangelio en toda su plenitud de gracia, y así lo haré.

Si el ladrón fue un caso excepcional, y nuestro Señor no actúa usualmente de esa manera, se hubiera tenido una indicación de un hecho tan importante. Se hubiera puesto un cerco de protección para esta excepción a todas las reglas. ¿No le hubiera dicho el Salvador muy quedamente al moribundo: «Eres el único a quien trataré de esta manera?». «No lo menciones, pues sino tendré a muchos asediándome». Si el Salvador hubiera querido que fuera un caso solitario, le hubiera dicho débilmente: «No dejes que nadie lo sepa; pero hoy estarás conmigo en el Reino». No, nuestro Señor habló abiertamente, y los que estaban alrededor oyeron lo que dijo. Además el inspirado escritor lo asentó así. Si hubiera sido un caso excepcional, no hubiera sido escrito en la Palabra de Dios. Los hombres no publican sus acciones en los periódicos si sienten que al registrarlas pueden conducir a otros a esperar lo que no pueden dar. El Salvador hizo que esta maravilla de la gracia se reportara en las noticias diarias del Evangelio, porque Él quiere repetir esa maravilla cada día. El todo será igual a la muestra, y por esto les pone enfrente la muestra a cada uno de ustedes. Él es capaz de salvar por completo, pues salvó al ladrón que agonizaba. El caso no se hubiera puesto para alentar esperanzas que Él no podría cumplir. Todas las cosas escritas entonces fueron escritas para que las aprendiéramos y no para que nos desalentáramos. Por eso, les ruego, si algunos de ustedes no han confiado aún en mi Señor Jesús, vengan y confíen en Él ahora. Confíen en él totalmente; solo confíen en Él; confíen en Él inmediatamente. Y entonces cantarán conmigo:

«El ladrón agonizante se gozó al ver
esa fuente en su día,
y allí yo también, tan vil como él,
he lavado todos mis pecados».

Biblia, Parábolas, Personajes, Tipos y figuras

4. Tipos y figuras

37. ISRAEL EN EGIPTO

«Y cantan el cántico de Moisés siervo de Dios, y el cántico del Cordero, diciendo: Grandes y maravillosas son tus obras, Señor Dios Todopoderoso; justos y verdaderos son tus caminos, Rey de los santos» (Apocalipsis 15:3).

INTRODUCCIÓN: Moisés, siervo de Dios.

I. LA POSICIÓN DE LOS HIJOS DE ISRAEL, UN EMBLEMA PARA NOSOTROS
1. Nuestra responsabilidad.
2. Somos los hombres libres del Señor.
   a) Se sentían duramente perseguidos
   b) Su abatimiento les pesa
   c) El mundo está en su contra

II. El TRIUNFO DE MOISÉS
1. Victoria final del Cordero.
2. Todo Israel estaba a salvo.
3. No habrá ningún trono vacío.

III. CUANDO LOS REDIMIDOS ALABEN AL ALTÍSIMO
1. Es una alabanza a Dios.
2. La fiereza del enemigo.
3. El derrocamiento total del enemigo.
4. La belleza particular del cántico.
5. La eternidad del reino de Dios.

CONCLUSIÓN: El sonido sobrecogedor de la perdición.

ISRAEL EN EGIPTO

INTRODUCCIÓN

Notemos desde el principio, el cuidado del Espíritu Santo en guardar el honor de nuestro Señor. El siguiente versículo a menudo se cita del siguiente modo: «Y cantan el cántico de Moisés siervo de Dios, y el cántico del Cordero» (Ap. 15:3). Este error ha llevado a muchas mentes débiles a quedarse perplejas ante estas palabras, porque se imaginan que las mismas dividen el honor del cántico del cielo, entre Moisés y el Redentor. La cláusula «siervo de Dios» ha sido, sin duda alguna, insertada por el Espíritu Santo para prevenir cualquier error sobre este punto, y por lo que debería ser cuidadosamente incluida en la cita. Yo interpreto que aquí el cántico de Moisés está unido al cántico del Cordero, porque el uno era un tipo y figura del otro. El glorioso derrocamiento de Faraón en el mar Rojo muestra la total destrucción de Satanás, y de todas sus huestes, el día de la gran batalla del Señor. En el cántico de Moisés, podemos encontrar la expresión de los mismos sentimientos de triunfo que inundan a los redimidos cuando vencerán junto con su Capitán.

Que el Espíritu Santo me capacite para *exhibir el paralelo que existe entre la condición de Israel cuando atravesó el mar Rojo, y la posición de la Iglesia de Cristo en el día de hoy.* Luego, *compararemos el triunfo del Señor en el mar Rojo con la victoria del Cordero en el grande y terrible día del Señor.* Y por último, señalaré *ciertos rasgos destacados del cántico de Moisés, que sin duda son igualmente prominentes en el cántico del Cordero.*

I. LA POSICIÓN DE LOS HIJOS DE ISRAEL, UN EMBLEMA PARA NOSOTROS

1. Es nuestra responsabilidad contemplar *la posición de los hijos de Israel como emblemática para nosotros mismos.* Aquí observamos que al igual que la Iglesia de Dios, las vastas huestes de Israel han sido liberadas de sus ataduras. Nosotros, hermanos, que constituimos una parte del Israel de Dios, fuimos una vez los esclavos del pecado y de Satanás. Mientras estábamos en nuestro estado natural, ningunas ataduras eran más terribles que las nuestras. Realmente hicimos ladrillos sin paja y trabajamos en el fuego ardiente, pero hemos sido liberados por la poderosa mano de Dios. Salimos de la prisión, con el gozo de sabernos emancipados. Somos los hombres libres del Señor. El yugo de hierro ha sido quitado de nuestros cuellos; ya no servimos a nuestras concupiscencias ni pagamos tributo a la tiranía del pecado. Con mano firme y con su

brazo extendido, nuestro Dios nos ha guiado desde el lugar de nuestra cautividad; y así con gozo seguiremos nuestro camino por el desierto.

2. Pero no todo era júbilo con los hijos de Israel. De momento estaban libres, pero su amo les seguía pisándole los talones. Faraón no estaba dispuesto a perder una nación de siervos tan valiosa, y por tanto con sus capitanes escogidos, sus hombres de a caballo y sus carruajes, los persiguió con verdadera furia. Aterrado, Israel contemplaba a su enardecido opresor persiguiéndole de cerca. Cuando vio acercarse a su enemigo, el corazón de la gente se estremeció. Así ocurre con algunos de vosotros; pensáis que debéis retroceder, caer como un castillo de arena en la tierra de Egipto y volver a ser otra vez lo que fuisteis. «Seguro», diréis muchos de vosotros, «yo no puedo sostenerme en mi camino con una hueste tan temible, siguiendo mis pasos para llevarme de vuelta a su tierra. Debo volver a ser esclavo de mis iniquidades». Esta temida apostasía les asfixiaba, y sentían que era preferible morir antes que volver a ser lo que fueron antes. Hubiera sido mejor morir en Egipto, que escapar a este desierto para ser capturados de nuevo. Por unos momentos habíais experimentado el gozo de la santidad y las delicias de la libertad; y ahora debéis ir otra vez para atrás, a soportar la esclavitud de un Egipto espiritual. Ésta es la posición de la huestes sacramentales de los escogidos de Dios. Han salido fuera de la tierra de Egipto, y van camino de la tierra de Canaán. Pero el mundo está en su contra, los reyes de la tierra se han levantado, y los gobernadores buscan consejo juntos contra el Señor y contra su pueblo, diciendo: «Primero, les desparramaremos sobre la tierra, y luego les destruiremos». Desde los terribles días de las estacas de Whithfield hasta ahora, el corazón negro de este mundo ha odiado a la Iglesia. La mano cruel y los labios llenos de risa y de burla han estado siempre contra nosotros. Las huestes del poderoso enemigo nos persiguen; están sedientos de nuestra sangre y ansiosos de cortarnos de la faz de la tierra. Ésta es nuestra posición en esta hora, y será la misma hasta que hayamos cruzado a la otra ribera del Jordán y nuestro Hacedor venga a reinar sobre la tierra.

Una vez más; los hijos de Israel estaban en una posición mucho mejor que ésta. Habían llegado al borde del mar Rojo, tenían a sus enemigos a sus espaldas, no podían escapar para ningún lado, pues estaban cercados por montañas y rocas enormes. Sólo un camino se abría ante ellos, y éste era el mar. Dios les ordena seguir adelante. Moisés extiende su vara y las temidas aguas se dividen, dejando un canal que corre por el centro. Las respectivas orillas forman dos muros a los costados, en el corazón del mar. Los sacerdotes, que llevan el arca marchan adelante, y todo el pueblo de Israel les sigue. Y ahora, he aquí el maravilloso peregrinaje. Una pared de alabastro se levanta a ambos lados y cientos de millares caminan sobre el lecho marino seco. Como una pared de cristal, el mar se sostiene a los costados rugiendo entre acantilados de espuma. Así prosiguen su marcha, y hasta que el último de los israelitas esté seguro, el agua seguirá manteniéndose erguida, firme y estática, por la orden que ha salido de los labios de Dios. Mis queridos oyentes, esta es la posición de la Iglesia de Dios hoy día. Tú y yo estamos marchando a través del mar, cuyas orillas se mantienen erectas sólo por el soberano poder de Dios. Este mundo va a ser destruido repentinamente, y nuestra posición es como la de los hijos de Israel, por cuya causa ambas margenes rehusan juntarse hasta que todo el pueblo haya llegado sano y salvo. "¡Oh, Iglesia de Dios!, tú eres la sal de la tierra. Cuando seas quitada, esta tierra se pudrirá y se derrumbará!" "¡Oh, ejércitos del Dios viviente!", vosotros, como Israel, mantenéis las aguas de la providencia detenidas. Sin embargo, cuando el último de los israelitas desaparezca de este escenario, la fiera ira y el tremendo enojo de Dios, caerá sobre la tierra en la cual ahora os sostenéis. Vuestros enemigos serán cubiertos por las aguas, en el lugar a través del cual estáis ahora caminando tranquilamente. Dejadme que exponga ahora mis pensamientos tan sencillamente como sea posible. Naturalmente, de acuerdo al orden

Biblia, Parábolas, Personajes, Tipos y figuras

común, el mar Rojo, se movía con el vaivén constante de sus olas, y su superficie era lisa como un espejo. Por medio del poder de Dios, fue dividido en dos partes y las aguas se mantuvieron en la parte de atrás. Ahora mirad; naturalmente y de acuerdo al curso común de la justicia, este mundo que gime hasta ahora, deberá ser completamente destruido. La única razón por la cual el mar Rojo mantuvo un pasaje seguro para las huestes de su pueblo es ésta; que Israel marchaba por medio de él. Este mundo se mantiene de no ser destruido por fuego, como lo será en el último gran día, porque el pueblo de Dios está en él. Una vez hayan pasado los israelitas, ambas riberas se juntarán y se abrazarán estrechamente para encerrar a las huestes adversarias dentro de sus brazos. El día viene cuando este mundo se tambaleará de un lado para otro, bamboleándose como un borracho. Cada cristiano debe decir a Dios con la debida reverencia, «la tierra se viene abajo y yo aguanto sus pilares». Todos los cristianos que están sobre el mundo morirán, y las columnas de la tierra caerán, y como un naufragio y una visión, todo este universo nuestro se irá y pasará para no volver a ver nunca jamás. Hoy día estamos pasando sobre las aguas, y nuestros enemigos vienen detrás, persiguiéndonos. Con ellos salimos de tierra de Egipto hacia Canaán.

II. El TRIUNFO DE MOISÉS

1. Era una figura de la victoria final del Cordero. Moisés entonó un cántico al Señor en Egipto, a lo largo del mar Rojo. Si vamos a las Sagradas Escrituras, veremos que mi texto fue cantado por los santos espíritus que habían sido preservados del pecado y de la contaminación de la bestia. Se dice que los redimidos entonaban un cántico, sobre «un mar de vidrio mezclado con fuego». Moisés entonó un cántico a la orilla de un mar que era como de vidrio. Este mar había sido dividido, movido, separado y endurecido como una roca. Poco después, cuando Israel caminó con paso seguro por entre sus aguas, éstas se convirtieron en una gigantesca masa de cristal. Los egipcios que se habían hundido fueron a parar al fondo. Al clarear la mañana, el mar volvió a su normalidad. ¿Hubo algún tiempo en que este gran mar de la providencia, que ahora se abre partido en dos para dar paso a los santos de Dios, se convirtiera en una superficie lisa? ¿Hay algún día en que las divididas dispensaciones de Dios, refrenadas de seguir su legítima tendencia de hacer justicia sobre el pecado, lleguen a ser «un mar de vidrio mezclado con fuego»? Sí, se acerca el día en que los enemigos de Dios, harán innecesario que su providencia se perturbe para salvar a su pueblo. Los grandes designios de Dios se cumplirán y las dos grandes murallas de agua estarán paralelas, mientras que en sus hondonadas más profundas del fuego eterno, las llamas seguirán consumiendo a los malos. «¡Oh, el mar estará calmo en su superficie, el mar sobre el cual el pueblo de Dios caminará estará claro y liso sin una brizna de hierba, sin una impureza! Mientras, en su seno vacío, lejos de toda comprensión humana, permanecerán las profundidades hórridas donde los impíos han de morar para siempre en el fuego mezclado con el mar de cristal».

2. Bien, ahora deseo mostraros por qué triunfó Moisés y por qué un poco después, nosotros los creyentes también triunfaremos. Una de las razones de por qué Moisés cantó ese cántico, fue porque *todo* Israel estaba a salvo. Todos habían pasado a través del mar. Ni una gota de agua se desprendió de esa pared sólida hasta que el último hombre de su pueblo plantó su pie en el otro lado de la orilla. Una vez hecho ésto, inmediatamente las aguas volvieron a su lugar. Parte del cántico fue, "Has guiado a tu pueblo como un rebaño a través del desierto". Ahora, en los últimos tiempos, cuando Cristo venga sobre la tierra, el gran cántico será: «Hizo salir a su pueblo como ovejas, y los llevó por el desierto como un rebaño» (Sal. 78:52). ¡Oh, yo creo firmemente que en el cielo no habrá un solo trono vacante! También me regocijo en saber que todos los que aman al Señor alcanzarán el cielo. Hay quien dicen que algunos hombres han empezado su camino al cielo, y siendo ya salvos, pueden caer por una maniobra del enemigo. ¡Dios no lo quiera, amigos!

«Toda la raza escogida
se encontrará alrededor del trono,
bendecirá la conducta de su gracia
y hará sus glorias conocer.»

3. Parte del triunfo celestial, será que no habrá ningún trono vacío.

Tantos hombres como Dios ha escogido, tantos santos como ha redimido, tantos como el Espíritu ha llamado y han creído, llegarán salvos a través del caudaloso torrente. Los que hemos sido salvos, aún no estamos todos allí:

«Parte de las huestes han cruzado
las aguas,
y parte las están cruzando ahora.
La vanguardia de la armada ha
alcanzado la orilla. Ya les veo allí;
Saludo a las bandas salpicadas por
la sangre,
Sobre tu orilla eterna».

Y tú y yo, mi querido hermano, estamos marchando por entre las profundidades. En estos días seguimos a Cristo, caminando por el desierto. Gocémonos; la retaguardia pronto estará allí, donde se encuentra ahora la vanguardia. El último de los escogidos llegará pronto, y habrá cruzado el mar. Entonces, cuando todos estén seguros, se escuchará el cántico de triunfo. Pero ¡oh, si faltara uno, si uno solo de ellos fuera echado fuera! Habría entonces eterna discordia en el cántico de los redimidos, que cortaría las cuerdas de las arpas del Paraíso, de manera que la música ya no saldría más ellas.

Pero quizás, la mayor parte del gozo de Moisés está en la destrucción de todos los enemigos de Dios. Un día antes, Él miró sobre su pueblo:

«Él miró sobre su pueblo,
y en sus ojos había lágrimas,
y miró sobre sus enemigos,
con su mirada estricta y elevada».

4. Hoy en día, el Señor mira a su pueblo y dice: «Bendito seas tú, oh Israel, que has llegado salvo a la otra orilla». Moisés ya no se fija en sus enemigos, sino en la tumba de ellos. Mira hacia donde los vivos fueron protegidos de todos sus enemigos por el escudo de Dios, y entonces ve, ¿qué? Un enorme sepulcro de agua, una tumba poderosa en la cual fueron devorados príncipes, monarcas y potentados. «Ha echado en el mar al caballo y al jinete» (Éx. 15:1). Los espléndidos carruajes de Faraón fueron devorados por el mar. Ahora miramos sobre las huestes de nuestros enemigos. ¿Qué pasará con las bestias de Roma, con el anticristo de Mahoma, con las miles de idolatrías y los dioses falsos, con la infidelidad en su miríadas en tantas formas? Muchos son los enemigos de Dios, y poderosas las huestes de los infiernos. He aquí, en este día los veis a todos juntos, reunidos. Veo hombres de a caballo, carros y más carros, juntos y unidos contra el Altísimo. Veo la Iglesia temblando, noto que sus líderes están arrodillados en solemne oración, exclamando: «Señor, salva a tu pueblo y bendice a tu herencia». Pero mis ojos miran hacia el futuro con una mirada telescópica, y veo el período feliz de los últimos días, cuando Cristo reinará triunfante. Les preguntaré: ¿dónde está Babel? ¿dónde está Roma? ¿dónde está Mahoma?, y la respuesta vendrá ¿de dónde? ¿Por qué se han sumergido en las profundidades?; se han ido al fondo como una roca. Allá abajo está el horrible fuego que los devora. El mar de cristal está mezclado con el fuego del juicio. Hoy veo un campo de batalla; toda la tierra lo es. El planeta entero está rasgado por los cascos de los caballos. Se oye el rugir del cañón y el redoblar de los tambores. «¡A las armas, a las armas!», gritan ambas huestes. Tú esperas aún un rato. Caminarás a través de este campo de batalla y dirás: «¿Ves este sistema colosal del error, muerto?» Allí están, petrificados por la muerte en un estupor inmóvil. Allí yace la infidelidad, el secularismo y el secularista; allí están aquellos que desafiaban a Dios. Veo a las vastas huestes de rebeldes yaciendo desparramados sobre la tierra: «Entonces cantó Moisés y los hijos de Israel este cántico a Jehová, y dijeron: «Cantaré yo a Jehová, porque se ha magnificado grandemente, ha echado en el mar al caballo y al jinete» (Éx. 15:1). «Cantad al Señor, pues él ha triunfado gloriosamente, Jehová ha traído la victoria y el último de sus enemigos ha sido destruido». Entonces vendrá el tiempo cuando se cantará «el cántico de Moisés y del Cordero».

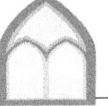

III. CUANDO LOS REDIMIDOS ALABEN AL ALTÍSIMO

Ahora, volviendo al cántico de Moisés, concluiré mi mensaje destacando algunos puntos interesantes, que sin duda tienen su lugar cuando los redimidos alaben al Altísimo. ¡Oh, hermanos!, ¡quien pudiera haber estado al pie del mar Rojo, para oír ese grito poderoso, y ese tremendo rugido de aclamación! Quisiera haber nacido en la servidumbre de Egipto, para estar en medio de esa gran hueste que cantaba una alabanza tan maravillosa y poderosa. La música tiene su encanto, pero nunca ha tenido tanta sugestión como cuando Miriam dirigió a las mujeres, y Moisés a los hombres. Como un líder poderoso, llevaba el compás con su mano, diciendo: «Cantad al Señor, pues Él lo ha hecho todo gloriosamente». Creo que veo la escena, y me anticipo al gran día, cuando el cántico será entonado nuevamente como «el cántico de Moisés y el Cordero».

1. Ahora, notad algo en este cántico. En el capítulo 15 de Éxodo lo encontraréis, y en varios de los Salmos lo veréis ampliado. La primera cosa que quiero que notéis es ésta: que desde el principio al fin es *una alabanza a Dios* y a nadie más que Dios. Moisés, no has dicho nada de ti mismo. ¡Oh, el gran dador de la ley!, poderoso entre los hombres, ¿no tomó tu mano la portentosa vara que dividió el mar en dos, y dejó en su seno una larga cicatriz? ¿No guiaste a las huestes de Israel? ¿No preparaste a sus miles para la batalla, y como un poderoso comandante les guiaste en las profundidades? ¿No hay ni una sola palabra para ti? Ninguna. Toda la fuerza del cántico es: «Cantaré al Señor», del principio al fin. Toda la alabanza es para Jehová; no hay ni una sola palabra para Moisés, ni para los hijos de Israel. Queridos amigos, aquí alabáis al instrumento, miráis al hombre y decís: «Gracias a Dios por el ministro y el predicador». Hoy día muchos de vosotros clamáis: «Bendito el Dios de Lutero que sacudió al Vaticano, y gracias a Dios por Whitfield, quien despertó a una Iglesia dormida». Pero aquel día no cantaremos a Lutero, ni a Whitfield, ni a ninguno de los poderosos de las huestes de Dios. Durante un tiempo olvidaremos todos sus nombres, y como las estrellas rehusaremos brillar cuando aparezca el sol. El cántico será para Jehová, y solo para Él. No tendremos ni una palabra para dedicar a los predicadores u obispos, ni una sola sílaba para a los hombres buenos y verdaderos. Todo el cántico, desde el principio hasta el fin será: «Al que nos amó, y nos lavó de nuestros pecados con su sangre, a él sea gloria e imperio por los siglos de los siglos. Amén» (Ap. 1:5, 6).

2. Notad que hay un punto más que se destaca, ¡y es que este cántico celebra algo de *la fiereza del enemigo!* ¿Habéis observado cómo cuando el autor describe el ataque de Faraón, dice: «El enemigo dijo: les perseguiré, les alcanzaré, les dividiré, mi concupiscencia será satisfecha sobre ellos; sacaré mi espada y mi mano los destruirá»? Este cántico se deriva de la ira de Faraón. Y así será hasta el fin. La ira del hombre dará la alabanza a Dios. Creo que el último cántico de los redimidos ante el triunfo final, celebrará en estrofas celestiales la ira del hombre conquistada por Dios. A veces, después de grandes batallas se levantan importantes monumentos en memoria del combate; y sus cánticos, ¿de qué están hechos? Están compuestos de las armas de muerte y los instrumentos de guerra que han sido tomados del enemigo. Ahora usaré esta ilustración, como creo que ha de ser correctamente usada. El día viene cuando la furia, la ira, el odio y el conflicto serán todos entretejidos en un cántico; y las armas de nuestros enemigos, servirán para hacer monumentos de alabanza a Dios. «¡Sigue adelante, blasfemo! ¡Golpea, tirano! Levanta tu pesada mano, ¡oh déspota! ¡Haced añicos la verdad, que todavía no pudisteis aplastar; vuelca de su cabeza la corona, la cual no pudiste alcanzar, pobre e impotente mortal». Sigue adelante, sigue. Pero has de saber que todo lo que hagas no hará sino aumentar sus glorias. Sigue con tus procedimientos de ira y malicia. Aunque será peor para ti, más glorioso será para nuestro Maestro. Cuanto más sean tus preparativos de guerra, más espléndido será su carruaje triunfal. Él andará por las calles del cielo, engalanado y en espléndida marcha. Cuánto más

fieros sean tus preparativos para la batalla, más rico será el botín que Él dividirá con los fuertes. ¡Oh cristiano, no tengas miedo del enemigo! Recuerda que cuánto más fuerte resople, más dulce sonará su canción; cuánto más potente sea su ira, más espléndido será su triunfo. Cuánto más ruja enfurecido, más honrado será Cristo en el día de su aparición. Ellos cantaban «el cántico de Moisés y del Cordero».

3. Y también notaréis, cómo entonaron el *derrocamiento total* del enemigo. Hay una expresión en este cántico, es frecuentemente repetida cuando se refiere a la música. En esta parte del cántico, como se registra en los Salmos, es donde se declara que toda la hueste de Faraón, será completamente destruida, sin quedar ni uno vivo. Cuando se cantó el gran cántico junto al mar Rojo, se hizo un énfasis especial en la expresión «ninguno». Me parece oír a las huestes de Israel. Cuando identificaron las palabras, cantaron así: «Ni uno de ellos fue dejado», y entonces en varias partes las expresiones se repetían, «ni uno, ni uno». Las mujeres por su parte, unieron sus dulces voces para cantar, «ni uno, ni uno». Creo que al fin, una parte de nuestro triunfo se basará en el hecho de que no se ha dejado vivo «ni uno». No te eleves tanto, tú engañador, no puedes vivir, pues ninguno escapará. No levantes tu cabeza con tanto orgullo, oh déspota, pues ni uno escapará. Miraremos por toda la tierra y veremos un mar plano de cristal. Entonces, ningún enemigo nos perseguirá «¡ni uno, ni uno!» ¡Oh, heredero del cielo!, ningún pecado cruzará el Jordán detrás de ti; ni uno cruzará el mar Rojo para sorprenderte. Esta será la suma de tu triunfo

«¡Ni uno, ni uno!, ni uno de ellos será dejado».

Espero no deteneros ni cansaros por mucho tiempo. Una parte del cántico de Moisés consistía en alabar la facilidad con la que Dios destruía a sus enemigos. «Soplasteis con tu viento, el mar los cubrió y se sumergieron como plomo en las impetuosas aguas». Si *hubiéramos* trabajado para destruir las huestes de Faraón, habríamos requerido una multitud de máquinas de la muerte. Si la tarea de eliminar las huestes nos hubiera sido encomendada a nosotros, ¡qué preparativos maravillosos, qué truenos, qué ruidos, qué gran actividad habríamos tenido! Pero notad la grandeza de la expresión. Dios ni siquiera se levantó de su trono: vio venir a Faraón; parecía contemplarle con una sonrisa plácida. Solamente sopló con sus labios, y el mar los cubrió. Tú y yo nos habríamos maravillado de cuán fácil habría sido derribar a los enemigos del Señor. Hemos estado trabajando y empleando todo el tiempo de nuestra vida, para ser el medio de sustituir los sistemas del error. Cuando nuestro Maestro venga, la Iglesia quedará asombrada de ver cómo el hielo se disuelve ante el fuego. Así, en la venida del Altísimo, todo pecado y error será destruido por completo. Debemos tener nuestras sociedades y nuestra maquinaria, nuestras predicaciones y reuniones, y al hacerlo estamos en lo correcto; pero Dios no tendrá necesidad de ninguna de ellas. La destrucción de sus enemigos será para Él tan fácil como la creación del mundo. Él se sienta tranquilo en un silencio pasivo, y rompe ese silencio con sus palabras «hágase la luz; y la luz fue». Así será en el final de los tiempos, cuando sus enemigos rujan furiosamente, soplen y bufen con sus vientos. Todos ellos serán esparcidos; se derretirán como la cera, y serán quemados. Serán como la grosura de carneros, se consumirán en humo y como el humo desaparecerán.

4. Más aún, este cántico de Moisés, tiene una belleza particular. Moisés no sólo se regocijó por lo que había sido hecho, sino también por las futuras consecuencias de ello. Así lo dice: «La gente de Canaán, a quienes estábamos a punto de atacar, serán ahora acometidas por un temor repentino. Por la grandeza de tu brazo quedarán quietos como una roca». ¡Oh!, es como si ya les oyera cantar, dulce y suavemente, «tan quietos como una roca». Como un suave trueno, las palabras oídas en la distancia, vendrán «tan quietas como una roca». Cuando nos hallemos al otro lado de las aguas, veremos el triunfo de Dios sobre nuestros enemigos, y reinaremos ante la presencia del Maestro. Estas aguas formarán parte de nuestro cántico, que de ahora

en adelante será «quieto como una roca». Habrá un infierno, pero no será un infierno de diablos rugientes, como lo es ahora. Será «quieto como una roca». Habrán legiones enteras de ángeles caídos, pero ya no tendrán más el valor de atacarnos o desafiar a Dios. Estarán «quietos como una roca». ¡Oh, qué grandioso será cuando las huestes de los redimidos de Dios, mirando a los demonios encadenados, atados y silenciados, aturdidos de terror, cantarán exultantes sobre ellos! Deberán estar, «quietos como una roca»; y permanecer allí, mordiendo sus barrotes de hierro. El fiero desdeñador de Cristo ya no podrá escupirle a la cara; el orgulloso tirano no podrá levantar más las manos para oprimir a los santos; ni aún Satanás podrá intentar nuestra destrucción. Ellos estarán «quietos como una roca».

5. Y por último, el cántico concluye dando a conocer *la eternidad del reino de Dios*. Ésta, siempre constituirá una parte vital del cántico triunfante. He aquí lo que ellos cantan: «El Señor reinará eternamente y para siempre». Entonces me imagino a toda la banda, irrumpiendo en su tono musical más elevado. «El Señor reinará por siempre jamás». Parte de la melodía celestial será: «el Señor reinará por siempre jamás». Ese cántico nos ha sido de gozo aquí, «El Señor reina; bendita sea mi Roca», y será nuestra exultación allí. «El Señor reinará por siempre jamás». Cuando veamos el plácido mar de la providencia, y contemplemos todo el mundo, justo y hermoso, cuando veamos a nuestros enemigos destruidos, y al Dios Todopoderoso triunfante, entonces entonaremos a viva voz el cántico,

«¡Aleluya! pues el Señor
Dios omnipotente ha de reinar;
¡Aleluya! dejad que la palabra,
Rodee la tierra con su eco primordial».

¡Ojalá podamos estar allí para cantarlo!

CONCLUSIÓN

Debo hacer una observación importante. Vosotros sabéis, hermanos, que así como hay algo en el cántico de Moisés, que es típico del cántico del Cordero, hay otro cántico cantado junto a las aguas del mar Rojo, que es típico del infierno. «¿Qué quiere usted decir señor, con ese sombrío pensamiento?» ¿Tengo que utilizar la palabra música? ¿He de profanar esa palabra celestial tanto como para decir, esa música lúgubre que salió de los labios de Faraón y sus huestes? Con toda pompa y osadía, al rumor de los tambores y al toque de la trompeta, los enemigos de Dios acaban de entrar en el mar Rojo. De pronto, su música marcial se detiene; y ¡ah!, cielos, el mar los va a devorar. ¡Oh!, que nunca tengamos que oír el sonido sobrecogedor de cuando Faraón y sus hombres fueron tragados por el mar, descendiendo pronto a los infiernos! ¡Ah! estrellas, si vosotras lo oísteis, si la negra mortaja de las aguas no pudo acallar su sonido, estaréis temblando hasta ahora. Quizás vuestros destellos titilantes por la noche son una crónica de los terribles alaridos que escuchasteis, pues es seguro que fue suficiente para haceros temblar para siempre. Esos temibles gritos, esos gruñidos horripilantes ese lloro lastimero, cuando todo un ejército se hunde de una vez en el infierno, ¡cuando las aguas los tragan definitivamente! ¡Prestad atención mis amigos, prestad atención!, tal vez os tendréis que unir a ese terrible *miserere;* prestad atención!, que ese terrible aullido en lugar del cántico de los redimidos, no sea el vuestro. Y recordad, así debe ser a menos que seáis nacidos de nuevo, que creáis en Cristo y os arrepintáis de vuestros pecados renunciando totalmente a ellos. Debéis poner vuestra confianza en aquel varón de dolores, quien pronto será coronado como Rey de reyes y Señor de señores. Que Dios os bendiga, y os dé todo el gozo de su salvación, para que podáis estar de pie sobre el mar de cristal, ausentes de los terrores del fuego devorador en sus profundidades. Que el Dios todopoderoso bendiga esta gran asamblea. Por amor a Jesús. Amén.

38. LA PARÁBOLA DEL ARCA

«Vinieron, pues, con Noé al arca, de dos en dos de toda carne en que había espíritu de vida» (Génesis 7:15).

INTRODUCCIÓN:
1. La importancia de la parábolas
2. El arca de Noé

I. UN MEDIO DE SALVACIÓN
1. El tamaño del arca.

II. UN REFUGIO SEGURO
1. Una sola ventana.
2. Aposentos.
3. Una sola puerta.
4. Las plantas.

III. DIFERENTES CLASES DE ANIMALES

CONCLUSIÓN: ¿Estás dentro del arca?

LA PARÁBOLA DEL ARCA

INTRODUCCIÓN

1. El Señor Jesucristo siempre enseñó por parábolas. De aquí la popularidad y el poder de sus enseñanzas. La gente nunca fue, y por lo que parece tampoco lo será, capaz de recibir instrucción de cualquier otra forma. Quien quiera ser un predicador con éxito en su ministerio, debe mixnistrar en parábolas. Si el ministro de Dios desea conquistarse el corazón de la multitud, debe imitar a su Maestro y predicar en parábolas que todo el mundo pueda entender. Creo que hay muy pocos hombres que sean capaces de inventar una parábola. Son muy escasos los que tienen esta rara habilidad; ni yo profeso pertenecer a una tan honorable confraternidad. En ocasiones he tratado de inventar una parábola, y aunque a veces encuentro fácil formar una figura, sin embargo no puedo llegar a formar una parábola. Por suerte no se me requiere que lo haga, pues si se sabe usar, la Palabra de Dios puede sugerirnos mil parábolas. No tengo ningún motivo para temer que me falten temas para mis mensajes, puesto que puedo encontrar parábolas tan hermosas en la Escritura.

2. Esta tarde os hablaré por medio de una parábola. Será de la parábola del arca. Mientras predico, debéis entender que el arca fue algo real se hizo para flotar sobre las aguas, y llevar en su interior a Noé y su familia y a una pareja de todos los animales de la creación. Éste no es un mito, sino un hecho real, pero voy a tomarlo y lo usaré como una parábola. Poniendo el arca como una figura de la salvación, predicaré para todos vosotros la parábola del arca. El arca que es una hermosa figura de Cristo, por medio de quien es preservada la vida, del diluvio eterno de la perdición.

I. UN MEDIO DE SALVACIÓN

Primero, al desarrollar esta parábola, quiero destacar que *un medio de salvación*. Por una parte, el arca de madera de gofer, y por otra, la persona de Cristo, instauran los únicos medios que fueron provistos por Dios para la salvación. Todo el mundo se ahogó, excepto aquellos que estaban dentro del arca. La bestia más fuerte y el más minúsculo insecto, el enorme elefante y el rastrero reptil, el caballo de carrera y el lento caracol, el grácil antílope y el sapo feo; toda vida palpitante que había poblado la superficie de la tierra, ahora estaba representada allí por sus parejas. Los animales más nobles, dotados con los más finos instintos fueron todos ahogados, aun aquellos que sabían nadar (si no eran peces). Los únicos que se se salvaron fueron los que estuvieron dentro del arca. Las aves con las alas más grandes que jamás cortaron el aire, fueron atrapadas en su vuelo y cayeron al agua. Los habitantes más temibles del bosque, que sembraban su terror a la luz del día, o aquellos que asechaban silenciosamente por la noche, todos fueron tragados por el basto abismo, salvándose sólo los que Dios había mandado introducirse dentro del arca. En esta parábola, hay solo un camino de salvación para todos los hombres que viven en la tierra. Hay un sólo nombre en el cual pueden ser salvos. ¿Quieres ser salvo, hombre rico? No hay otro camino; es el mismo que tiene que recorrer el pobre y el mendigo. ¿Quieres tú creer, hombre inteligente? Pues serás salvado de la misma forma que el más ignorante. «... Porque no hay otro nombre bajo el cielo, dado a los hombres, en que podamos ser salvos» (Hch. 4:12). No habían dos arcas, sino solo una; de igual manera,

Biblia, Parábolas, Personajes, Tipos y figuras

no hay dos Salvadores sino solamente uno. No había entonces otro medio de salvación, excepto el arca; no hay ahora ningún plan para la liberación del pecado excepto por medio de Jesucristo, el Salvador de los pecadores. En vano subiréis a la elevada cima del monte Sinaí, las aguas la rebasarán quince codos por encima. Igualmente, de nada vale que trepéis a los elevados pináculos de vuestros propios conceptos y vuestros méritos seréis ahogados, ahogados más allá de toda esperanza de salvación. «Porque nadie puede poner otro fundamento que el que está puesto, el cual es Jesucristo» (1 Co. 3:11). ¿Se salvará la gente de mi congregación? Todos deben ser salvos por un sólo camino. ¿Tienen objeciones con respecto a Cristo, como el plan de salvación? Si es así, serán malditos, pues no hay para ellos otra esperanza. ¿Pensáis que esto es muy difícil?, ¿o acaso muy humillante? Entonces os hundiréis, como los hijos de Adán, y a pereceréis en las aguas del diluvio. Entrad al arca y encontrad refugio en Cristo. Solo así podréis ser salvos. «¿... Cómo escaparemos nosotros, si descuidamos una salvación tan grande?» (He. 2:3). ¿Por qué otros medios pensáis que podéis asegurar vuestras almas, o incluso vuestros cuerpos? ¿Qué planes inventaríais para vuestra seguridad? Vuestros refugios han probado ser refugios de mentiras, los vientos, la lluvia, el granizo y la tempestad los destruirán. Hay un solo Salvador; Él es único. Hay un solo Jesucristo que salva a la gente de sus pecados, no hay ningún otro nombre ni ningún otro medio de salvación. El arca era única, y así es Cristo Jesús.

1. Prosiguiendo con mi parábola, debo dirigir vuestra atención al tamaño del arca; esto será para vosotros una verdad reconfortante. Si leéis el versículo 15 del capítulo 6 de Génesis, encontraréis que el tamaño del arca era inmenso. «Y de esta manera la harás; de trescientos codos la longitud del arca, de cincuenta codos su anchura, y de treinta codos su altura». Los incrédulos dicen que no había lugar suficiente, para todas las distintas criaturas que vivían sobre la faz de la tierra. Sin embargo, bajo la autoridad divina, sabemos que si no hubiera habido lugar suficiente para todas las criaturas que poblaban la tierra, se habrían ahogado. Pero se encontró lugar para todas ellas. Tal vez vosotros diréis que esto no suena muy lógico, pero si creemos en la revelación divina, para nosotros es concluyente. No existe ningún motivo que dé la razón a los objetores de este punto, pues los más inminentes calculadores han probado hasta demostrarlo, que ese barco llamado arca, era de un tamaño inmenso. No sólo era suficiente para albergar a todas las criaturas, sino también para todo el alimento que necesitaran durante el tiempo que flotaron en el agua. Os expongo esta idea, sin detenerme ni explayarme más. Permitidme hacer una analogía como una hermosa figura del plan de salvación. ¡Oh, qué plan más completo y absoluto! El barco era un gran arca, que tenía en su interior toda clase de criaturas; nuestro Cristo es un gran Refugio, y salva a toda clase de pecadores. La salvación de Cristo es inmensa, y de ella se han beneficiado una multitud que nadie puede contar. El hombre de mente estrecha, que es intolerante, limita la salvación a sus propias nociones, y dice así: «ninguno podrá ser salvo, excepto los que están de acuerdo conmigo». ¡Pobre alma pequeña y miserable! El corta su patrón de acuerdo a su propia moda, y declara que si los hombres no cortan los suyos en la misma forma, no podrán ser salvos. Pero eso no es lo que dice la Biblia. La Palabra de Dios predica una gran salvación. Dice que delante del trono de Dios hay una inmensa multitud, la cual nadie puede contar. Allí se han reunido una muchedumbre de pecadores, pero si sientes que necesitas un Salvador, todavía hay lugar para ti en los cielos. Allí hay una multitud de pecadores redimidos, pero si cada uno de vosotros en esta noche vinierais a Cristo con corazón contrito y creyerais en Él, no os faltaría lugar. No hay sitio para un fariseo, para un hombre que no se siente pecador, para un hipócrita, o formalista, pero sí hay lugar para cada pecador convencido bajo el cielo de Dios. Ha habido lugar hasta ahora; nunca hemos oído a los santos quejándose de estrechez del espacio. Antes al contrario, les he oído pronunciar las pala-

bras de David: «Desde la angustia invoqué a Jehová, y me respondió Jehová, poniéndome en lugar espacioso» (Sal. 118:5). Siempre han hallado abundante lugar en Cristo y lo mismo sucederá con vosotros. El Redentor puede salvar hasta lo sumo a quienes acuden a Él. Puede salvaros a todos vosotros. Si el Padre que le envió te trae a Él, y a Él acudes, no dudes que hay lugar para ti. No penséis, amados, que porque predicamos la elección, creemos en la elección de unos pocos. A menudo me he encontrado con este error tan común. Es posible que alguien me diga: «no me gusta su calvinismo, porque dice que son pocos los escogidos, y que nadie más será salvo».

No, señor, no dice que hay sólo unos pocos escogidos, dice que son una multitud la cual nadie puede contar. ¿Quién sabe si tú no serás uno de ellos? No estás descartado. Te da diez mil veces más razones para tener esperanza que los predicadores arminianos que se levantan y dicen: «hay lugar para todos, pero no creo que haya una gracia especial para hacerles venir. Si no vienen, no vienen, y ese es el fin de todo, es su propia culpa, y Dios no les va a hacer venir». La Palabra de Dios dice que por sí solos no son capaces de venir, pero los arminianos dicen que sí; el pobre pecador siente que para él es imposible, pero los arminianos declaran que podrían si quisieran. El pobre pecador a veces siente que si pudiera lo haría, y gime a causa de su poca capacidad. Esta guía de ciegos le dice que nada tiene sentido, mientras que la verdad de la Escritura, afirma que la obra de Dios consiste en hacer sentir al hombre que es incapaz de salvarse. Debes saberlo y sentirlo, y así descansar en la obra acabada del Calvario. ¡Ah!, hay más esperanza para ti en el puro Evangelio del bendito Dios, que en esas teorías ficticias y fantasiosas que se predican hoy día por todas partes. Pero no os preocupéis, aún quedan lugares donde Dios ha reservado unos pocos para sí, que no han doblado sus rodillas ante los Baales de nuestro tiempo. No, amado, no predicamos que se salvarán unos pocos, afirmamos que es una gran hueste, que ningún mortal puede contar. Esa será la simiente de Jesús.

Así verá Él el trabajo de su alma, y quedará satisfecho. Oídme entonces; al desarrollar esta parábola del arca, quiero daros ánimo para que sepáis la capacidad de salvación que Cristo tiene.

II. UN REFUGIO SEGURO

En tercer lugar, notad que el arca era un refugio seguro. Dios le ordenó a Noé que hiciera el arca de madera de gofer, que era la mejor, y para que no entrara ni una gota de agua, hizo que la pintara con brea por dentro y por fuera. La Palabra no registra ni una sola vez, que las aguas del diluvio se metieran dentro del arca. El agua llegó a tapar las montañas y subir a quince codos por encima de las cumbres, así que las rocas tampoco podían dañarla por debajo. Sin duda que el arca estuvo expuesta a grandes tormentas y tal vez a huracanes, y el granizo también la habrá golpeado, pero a pesar de que todo el mundo fue inundado y arruinado, no hubo que achicar agua ni hacer reparaciones dentro de ella para mantenerla segura. El arca era segura y seguros estaban los que permanecían en su interior.

Ahora, pecador, el Cristo que yo predico es un refugio seguro. El Evangelio no tiene desperfectos. Así como el arca nunca se hundió y los elementos naturales no prevalecieron en su contra, Cristo nunca falla; no puede fallar. Todos los principados y potestades están sujetos a Él. Los que están en Cristo, están protegidos, salvos de toda tormenta; no perecerán jamás ni nadie puede arrebatarles de su mano. Recordad que Dios dio el patrón, y Noé llevó a cabo la obra perfectamente, antes de que las fuentes de los grandes abismos fueran abiertas, o una sola gota de la tormenta cayera de las nubes vengadoras. No es menos verdadero que nuestro glorioso Señor fue establecido en los consejos de la eternidad, antes de que al hombre se le pidiera cuenta por sus pecados. Pienso que cuando los ángeles del cielo miraron aquella terrible marea y vieron cuán segura estaba el arca en su superficie, también supieron que la seguridad de los que permanecían en su interior era total. Y, ¿hay alguna razón para dudar que aquellos que están en Cristo están tan seguros como

Él? Él dijo: «... porque yo vivo, vosotros también viviréis» (Jn. 14:19). ¿Les fue ordenado a los hijos de Noé que llevaran sus herramientas dentro del arca para repararla?, y ¿crees tú que puedes perfeccionar la salvación más que el Señor cuando declaró: «consumado es»? ¡Oh, no! la obra está hecha. «Dios no puede remendarla ni el diablo perjudicarla». Yo no os predico el Evangelio arminiano, que habla de peligros, y hace sonar alarmas en los oídos de aquellos que están dentro del arca de Cristo. En Él óyelo bien pecador, en Él tu estás:

«Más allá del alcance de las alarmas de muerte
está el foco del enemigo mortal».

«Los que confían en Jehová son como el monte de Sión, que no se mueve, sino que permanece para siempre" (Sal. 125:1). Los que confían en el Señor son benditos. «Será como árbol plantado junto a corrientes de aguas, que da su fruto en su tiempo, y su hoja no cae; y todo lo que hace, prosperará» (Sal. 1:3). Si vienes a Jesús, y confías en Él, no debes tener temor de naufragar. ¡Qué preciosas son las palabras de este himno que acabamos de cantar!

«Firme como la roca permanece tu Evangelio,
Mi Señor, mi esperanza,
y mi confianza;
Si me encuentro en las manos de Jesús,
Mi alma no podrá perderse jamás».

Seguro que habrán tormentas y tempestades a tu alrededor, pero tú estarás demasiado elevado para que te rocen las rocas. Si estás a bordo del buen barco de la salvación, serás levantado muy alto sobre las aguas del diluvio, como para poder ser devorado por las arenas movedizas. Con gozo en el corazón, puedo encomendaros a Dios, y a la palabra de su testimonio. Cristo os preservará de todo mal.

«La gracia preservará lo que ha comenzado,
salvaros de penas y pecados,
la obra que lleva a cabo la sabiduría,
no abandona nunca la eterna misericordia».

¡Creyentes! ¿Podríais renunciar a la doctrina de vuestra seguridad en Cristo? No, sé que no lo haríais. Tocad sobre ese punto a uno de mis hermanos en el Señor que asiste a esta capilla, y pronto tendrás tu respuesta. A veces, en la puerta de nuestra capilla, he oído disputas porque alguien no cree a la verdad, pero me he sentido tranquilo de poder dejar su defensa en vuestras manos. Entre vosotros hay hombres de valor, que no se avergüenzan de defender todo el consejo de Dios. Por mi parte, yo estoy continuamente ansioso por declararlo. Amado, el arca está calafateada por dentro y por fuera con brea, está hecha de la mejor madera de gofer, mientras que estemos en su interior no podrá hundirse. La salvación en Cristo es una salvación segura.

1. Vayamos ahora a otra parte de la parábola. Las criaturas que estaban dentro del arca querían ver la luz. Es singular que en este enorme barco solo una sola ventana. En Génesis (6:16) leemos así: «Una ventana harás al arca, y la acabarás a un codo de elevación por la parte de arriba». Muchas veces me he preguntado cómo todas las criaturas podrían ver a través de una sola ventana, pero no me he cuestionado cuál era su significado, pues creo que es fácil interpretar su mensaje. Hay una sola ventana a través de la cual los cristianos pueden obtener su luz. Todos los que vienen a Cristo y obtienen la salvación por medio de Él son iluminados de una sola manera. Esta única ventana del arca, representa para nosotros el ministerio del Espíritu Santo. Solamente hay una luz que ilumine al hombre en este mundo. Cristo es la luz, y por medio de la verdad del Espíritu Santo nos es revelado. Así discernimos el pecado, la justicia, y el juicio. Ninguna otra convicción tiene ningún valor real. Al estar bajo las enseñanzas del Espíritu, percibimos nuestra culpa y miseria, así como nuestra redención y refugio en Cristo. No existe otro medio. En el arca había una sola ventana. «Pero», dice alguien: «hay algunos de nosotros que vemos la luz a través de un predicador, y otros a través de otro ministro de Dios». Es cierto, mi amigo, pero aún así hay solo una ventana. Nosotros los ministros del Señor somos

como paneles de cristal, y vosotros podéis obtener la luz a través nuestro, pero por las operaciones del mismo Espíritu que obra en nosotros. Tened en cuenta que los diferentes paneles de cristal dan diferentes espectros de luz. Tal vez tengáis a un predicador muy pulido, pero su cristal no es demasiado transparente; está un poco manchado, hecho para mantener la luz fuera, antes que dejarla penetrar dentro. He aquí otro panel de cristal, es un corte cuadrado de diamante. Parece ser un predicador anticuado, pero todavía tiene un buen vidrio y deja pasar la luz hacia dentro. Otro ha sido cortado en un estilo más refinado, pero todavía es sencillo y simple, y la luz brilla a través de él. Pero recordad, solo hay una ventana. Aquel que nos revela la luz del conocimiento de la gloria de Dios en Jesucristo, es el Espíritu Santo. Si predicamos la verdad, tenemos sólo un instructor. Un hermano puede estar predicando esta noche en la Iglesia de Inglaterra, otro estará enseñando la Palabra entre los bautistas, y otro entre los independientes; pero si están enseñados por Dios, sabrán que solo tienen un Espíritu. En el arca existía solo una ventana, y a pesar de que había una primera, una segunda y un tercera planta, Dios mandó a hacer sólo una ventana; de manera que el santo que está en la primera planta, recibe suficiente luz a través de esa ventana. El que fue llevado a la segunda planta también recibe la luz a través de la misma ventana, y con el que se ha alojado en la planta de más arriba, sucede lo mismo. No hay otra manera de mirar hacia afuera excepto por la única ventana que fue hecha en el arca, la ventana del Espíritu Santo. ¿Hemos mirado nosotros a través de Él? ¿Hemos visto el cielo claro y azul sobre nosotros? O, ¿hemos sabido que cuando nuestro ojo de la fe se vuelve casi ciego, y no podemos ver nada, nuestro Maestro está en el timón, para preservarnos a través de toda nuestra oscuridad y nuestras dificultades? Esta única ventana del arca es un hecho sumamente instructivo para todo cristiano.

2. Ahora, si leéis el capítulo atentamente, encontraréis que dice: «harás aposentos en el arca» (v. 14). Cuando leí este versículo pensé que pudiera hablar de un sitio en el interior del arca, por lo que creo que los creyentes no serán puestos todos juntos. Aquellos que viven en una habitación, no están con los que viven en otra, pero sí dentro de la misma arca. A veces he pensado que así son nuestros hermanos de Wesley; muchos de ellos aman al Señor. No tengo duda de que están dentro del arca, aunque no ocupan las mismas habitaciones que nosotros. También están nuestros amigos bautistas, les damos la bienvenida en nuestros aposentos. Luego están los independientes, ellos también aman al Señor, y están en otra habitación. Y nuestros hermanos presbiterianos y episcopales, también fueron llamados y traídos por Dios, y puestos en otras estancias. Pero, amados, todos están dentro del arca. No hay dos Evangelios. En tanto pueda encontrar a un hombre que defienda el mismo Evangelio, no importa que orden de gobierno eclesiástico adopte. Si está en Cristo Jesús, el lugar que ocupe en el arca, es de poca importancia. Si pertenece a aquellos de quienes se dice: «Porque por gracia sois salvos por medio de la fe; y esto no de vosotros, pues es don de Dios« (Ef. 2:8); yo le llamaré hermano. No podemos esperar que estemos todos en una misma habitación. Los elefantes no viven con los tigres, y los leones no se echan con las ovejas. Había diferentes habitáculos para diferentes criaturas; y es bueno que haya distintas denominaciones, porque estoy seguro de que algunos de nosotros, no nos sentiríamos muy cómodos con algunas. Querríamos más libertad de la que podemos obtener en la Iglesia de Inglaterra o con los presbiterianos, una más sana doctrina de la que tienen los hermanos de Wesley, y tal vez nos gustaría encontrar un poco más de amor fraternal entre algunos de los más estrictos bautistas. No podemos estar de acuerdo con todos ellos, y feliz de aquel que pueda poner su cabeza una vez en un cuarto y otra vez en otro, y sea capaz de decir con todos los que aman al Señor Jesucristo: «que la gracia sea con todos vosotros en tanto que estéis dentro del arca». Lejos esté de mí condenar a aquellos que han buscado refugio en el mismo barco que yo. Mientras

ames a Jesús, estés bajo su gracia y unido a su persona, y seas participante de su misericordia, ¡ten ánimo!, en el arca había distintos habitáculos, y también hay distintas reparticiones dentro de la Iglesia. Un día no muy lejano, estaremos todos juntos en una asamblea general,

«Cuando Él presente vuestras almas,
completas y sin mancha
ante la gloria de su rostro,
con gozo grande y divino».

3. Aunque haya habido muchas habitaciones dentro del arca, quiero que notéis una cosa más: Había solamente una puerta. El versículo 16 dice: «... y pondrás la puerta del arca a su lado». Así, hay una sola puerta para nuestra salvación, que es Cristo. No hay dos Cristos; uno en una Iglesia y otro en otra. «Mas si aún nosotros, o un ángel del cielo, os anunciare otro Evangelio diferente del que os hermoso anunciado, sea anatema» (Gá. 1:8). Hay un solo Evangelio. Tomamos a los piadosos de entre todos, porque creemos que aún entre los más viles, hay un remanente de acuerdo a la elección de la gracia. Pero aún así, hay una sola puerta. «De cierto, de cierto os digo: el que no entra por la puerta en el redil de las ovejas, sino que sube por otra parte, ése es ladrón y salteador» (Jn. 10:1). En el arca había una sola puerta.

Algunos animales como la jirafa, que tiene su cabeza más alta que los demás, tuvieron que doblar su cuello para entrar por la misma entrada que los otros. Del mismo modo, algunos de los hombres nobles y encumbrados de este mundo, si quieren entrar en la Iglesia por medio de Cristo, deben doblar sus cuellos rígidos. Así, el veloz caballo y el lento caracol, debían de entrar por la misma puerta. También los escribas y fariseos entraron de la misma forma que los publicanos y las prostitutas o, de otro modo, debían de ser excluidos para siempre.

Todas las bestias que Dios había escogido entraron en el arca por la única puerta y si alguien se hubiera quedado fuera, no queriendo entrar por ella, las aguas los habrían destruido. Hay un solo camino de salvación, y un único modo de entrar en él. «Cree en el Señor Jesucristo, y serás salvo» (Hch. 16:31), «mas el que no creyere, será condenado» (Mr. 16:16). No hay esperanza alguna en ningún otro camino de salvación. El que entra por la puerta será salvo, y Jesús nos dice: «Yo soy la puerta» (Jn. 10:9).

4. Prosiguiendo con la parábola, notaréis que esta arca tiene en su interior historias muy variadas. Tiene una planta baja, una segunda, y una tercera; figura de los distintos tipos de cristianos que van al cielo. Está el pobre y lastimero hermano, que vive en la planta de abajo. Él siempre está cantando, «Señor, ¡qué mundo más miserable es éste!» Dicho hermano vive cerca de la quilla, sobre las costillas desnudas del arca. Nunca está del todo feliz. A veces, a través de la ventana, le llega un poco de luz, pero generalmente está tan lejos de ella, que camina en la oscuridad y no ve casi nada. Su estado es un constante gemido. Le encanta la profunda experiencia de la probada familia de Dios. Le gusta oír y repetir: «Es necesario que a través de muchas tribulaciones entremos en el Reino de Dios» (Hch. 14:22). Si representa la vida cristiana como algo muy triste, quedará encantado con esa figura, porque él mismo es triste, y siempre está recordando textos como éstos: «¡Miserable de mí!» (Ro. 7:24), o este otro: «Atravesando el valle de lágrimas lo cambian en fuente» (Sal. 84:6). Está en lo más bajo del arca, pero dentro de ella, así que no le reñiremos, aunque tiene poca luz y está lleno de dudas. Hay uno de nuestros hermanos que está un poco más arriba, y dice: «no puedo decir exactamente que soy salvo; pero tengo la esperanza de que mi cabeza pueda mantenerse por encima de las olas». En ciertos momentos, el Señor derrama algunas *gotas del cielo* sobre mí. A veces son como los montes del Hermón, donde *allí envía Jehová bendición, y vida eterna* (Sal. 133:3). Este hermano permanece en la segunda planta, pero no está más resguardado que el primero. Eso sí, es un poco más feliz. Todos están a salvo, siempre y cuando se mantengan dentro del arca. En cuanto a mí, la que más me gusta es la historia del piso superior. Me gustaría morar allí y poder cantar: «Oh Dios, mi corazón rebosa de gozo, cantaré y te daré alabanzas».

Me gusta que los santos se den ánimos y reconforten los unos a los otros con Salmos, himnos y canciones espirituales,
«Hijos del Rey Celestial,
en su peregrinaje,
cantan dulcemente
cantad alabanzas dignas al Señor,
glorioso en sus obras y sus caminos».

Confieso que a veces me veo obligado a ir abajo, a la planta inferior; pero me gusta correr por la escalera al tercer piso, desde donde puedo decir:
«¡Oh, que dulce es ver fluir,
la sangre redentora que salva las almas,
con total seguridad divina, sabiendo que Él hizo mi paz con Dios».

No estoy más a salvo cuando permanezco en el piso de arriba que cuando estoy en el de más abajo. Si una ola pudiera tragarse el barco y ahogarme, lo haría no importa en el piso en que estuviera. Aunque algunos de nosotros estemos arriba y otros abajo, un mismo barco nos lleva a todos. Somos una única tripulación, nada nos divide. Venid, pues, mis pobres oyentes desanimados, que permanecéis siempre abajo, en contacto con el suelo. ¿Estás siempre con pruebas y problemas? ¡Ah, mientras estéis dentro del arca no tengáis miedo, Cristo es vuestra fortaleza y vuestra justicia! El arca era un escudo para todos los que estaban encerrados en ella. «¡Ah!», dice alguien, «pero yo estoy siempre aquí abajo, predicador, y tengo miedo que el barco naufrague». ¿Por qué tu corazón ha de tener esos temores sin sentido? Supón que estás subiendo una montaña, y en mitad del ascenso tienes miedo de que se derrumbe. La montaña seguirá estando igual de firme. Hay algunos creyentes nerviosos que tienen miedo de que Cristo los deje hundirse. Viene una ola y golpea contra el costado del barco, pero no destruye nada de su estructura. El Maestro está al timón ¿no te da eso confianza? ¡Ha flotado sobre tantas olas!, y sigue igual de seguro. Ciertamente, tendría que ser una ola muy fuerte para poder destruir el arca. ¿Dónde está el poder capaz de destruir las almas que están escudadas en el arca de

nuestra salvación? ¿Quien puede argumentar algo en contra de los escogidos de Dios, si Cristo es el que murió, y Dios el Padre nos ha justificado? ¡Dichosa seguridad! Todos estamos a salvo, tan seguros como lo estamos en el pacto. El arca flotaba segura en medio de los peligros de fuera. Por fin se posó en el monte Ararat, y Dios habló a Noé, diciéndole: «Sal del arca tú, y tu mujer, y tus hijos, y las mujeres de tus hijos contigo. Todos los animales que están contigo de toda carne, de aves y de bestias y de todo reptil que se arrastra sobre la tierra, sacarás contigo» (vv. 16, 17). El inventario ya estaba completo, todos habían llegado a tierra en óptimo estado. Del mismo modo, en el último día, Cristo presentará al número perfecto de todos sus redimidos al Padre; ni uno solo de ellos habrá perecido. El arca de nuestra salvación llevará toda su preciosa carga viviente al cielo, para su goce eterno.
«Rítmicamente en su compás
se hace a la mar,
llena de la gracia celestial,
el Espíritu empuja la tempestad,
que le conduce hacia la orilla sin parar.
Ni vientos ni olas estorban su progreso,
su curso debe seguir,
y aunque a menudo tememos que naufrague,
a salvo está con todo su pasaje».

III. DIFERENTES CLASES DE ANIMALES

Esto me hace dar cuenta, en último lugar, de las diferentes clases de animales que entraron en el arca. «De todo animal limpio tomarás siete parejas, macho y hembra; mas de los animales que no son limpios, una pareja, el macho y su hembra» (Gn. 7:2). Escuchad esta declaración. Esta enorme arca fue ideada para salvar tanto a los animales limpios como los que no lo eran. De igual manera, la gran salvación de nuestro Señor Jesucristo está pensada para los pecadores de todas las clases. Hay en el mundo cierta clase de gente que podemos ubicar dentro de la primera división. Son hombres y mujeres respetables en todos los aspectos; su conducta en la sociedad está

Biblia, Parábolas, Personajes, Tipos y figuras

más allá de todo reproche. Son honestos en los negocios, nunca han defraudado a sus vecinos ni han causado ningún tipo de desorden. Su carácter es amigable, y han llegado a la madurez sin ese odioso tinte de inmoralidad. Siempre fueron afines a la piedad, y su celo por la ley de Dios ha sido elogiable. ¡Ay, pero la desolación del diluvio es tan universal que fuera del arca no hay escape. Los animales limpios deben entrar al arca para poder salvarse. No hay entre vosotros ni un alma tan buena, ni un carácter tan limpio, que no necesite de la salvación de Cristo. Hay algo en tu carácter que no es limpio. Tu vida requiere purificación, la cual solamente encontrarás en el Salvador.

«El mejor esfuerzo de tus manos, no se atreve a presentarse ante su trono".

Ahora bien; los animales inmundos también entraron en el arca. He aquí la clase opuesta de la que estábamos hablando antes. ¿No hay nadie de entre vosotros cuya educación desde la niñez haya sido mala y viciosa? Desde que erais pequeños habéis transitado por los caminos del mal. Fuisteis borrachos, blasfemos, injuriosos y quebrantadores del día del Señor. Habéis intervenido en toda clase de iniquidades. Sois la clase de personas que se asemeja a los animales inmundos. ¡Ay, el arca fue creada para vosotros! El hombre de moral más intachable no será ante Dios mejor que tú. Ambos debéis ser salvos por la única salvación que existe. Para todos los creyentes hay un sólo Salvador, y una sola redención. Solamente hay un arca para los limpios e inmundos. ¡Ah!, dicen algunos; supongo que «los inmundos» provendrán de las tabernas, los callejones y los barrios bajos de la ciudad. Podemos encontrar a los «inmundos» en St. James o en St. Giles. Hay algunos provenientes de lo que vosotros llamáis «los círculos elevados», que desde la infancia se han criado en el vicio. Muy pronto aprendieron a romper la regla de la autoridad paterna. Se ríen de las lágrimas de su madre, se burlan de los consejos de su padre, y asimilan toda la iniquidad que pueden en los días de su adolescencia. Se jactan de los escándalos de los cuales son responsables, y hablan de su maldad con un aire de triunfo impertinente. Se pavonean de haber cosechado las malas semillas que sembraron. Tan infame ha sido su carrera, que nadie podría producir *bestias* de peor calaña. Bien; yo predico para todas las clases de pecadores. Si lamentas y deploras tu inmundicia, hay misericordia para ti. Os ruego, venid y entrad en el arca, y nunca seréis echados fuera. Si Dios os constriñe a venir, como hizo con aquellas criaturas, Él jamás os desechará. El arca era para los animales limpios y para los inmundos: para los cerdos y las ovejas, para el áspid ponzoñoso y la mansa paloma, para el cuervo y la tortuga. ¡Venid, oh pecadores, de cualquier clase que seáis; si no entráis por la puerta del arca de salvación, pereceréis ahogados!

Hagamos una nueva división entre las criaturas. Había algunas que se arrastraban y otras que volaban. Por la mañana, cuando se abrían las puertas del arca, se veían volando a un par de águilas, un par de buitres, de gorriones, de cuervos, picaflores, o de cualquier otra clase de aves que atraviesan los cielos y entonan su canción al amanecer. Pero si mirabais hacia la tierra, habríais visto arrastrarse a un par de caracoles, un par de serpientes, y un par de gusanos. ¿Sabéis que quiero decir con esto? Hay algunos de entre vosotros que podéis volar tan alto en el conocimiento, que nunca sería capaz de examinar vuestra extensa sabiduría. Sin embargo, otros sois ignorantes, y apenas podríais leer vuestras Biblias. No importa; para entrar por la puerta el águila debe bajar, y los demás animales tienen que subir. Sólo hay una entrada para todos. Dios, que salvó a los pájaros que vuelan, también salvó a los reptiles que se arrastran. ¿Eres una pobre e ignorante criatura, sin intelecto, ni reputación, ni fama ni honor? Ven tú también; Dios no te excluirá. A veces me he preguntado, ¿cuánto habrá demorado el caracol en entrar al arca? Creo que tendrá que haber empezado su caminata rumbo al barco, muchos días antes. Algunos de vosotros empezasteis vuestro andar cristiano hace años, y todavía os estáis arrastrando. ¡Ah, entonces ven, juntamente con el caracol! Si pudiera levantarte y adelantarte un metro o

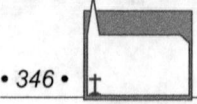

dos, lo haría gustoso. Es extraño, ¡cuán cerca habéis estado del arca, y sin embargo no habéis entrado! Algunos de vosotros estuvisteis muy cerca de las puertas de la Iglesia, pero nunca nos hicisteis una visita.

Lo repito de nuevo: todos entraron en el arca. ¡Oh!, no temáis, si delante de vuestros propios ojos no sois más que un reptil que se arrastra, y tenéis la más baja opinión de vosotros mismos, ¡venid! ¡Cuánto más pequeños e insignificantes os sentís, más deseos tengo de invitaros! Cristo no vino a llamar a los justos sino a los pecadores al arrepentimiento. ¡Qué reunión más peculiar habrá sido aquella, con tantas clases diferentes de animales! A Noé se le había ordenado traer al arca toda clase de criaturas. Él podría haber pensado que algunas especies eran muy feas y malas como para preservarlas, pero tenía órdenes de meterlas dentro. Cuando a Pedro se le ordenó predicar el Evangelio a los gentiles, Dios le mostró en una visión «el cielo abierto, y que descendía algo semejante a un gran lienzo, que atado de las cuatro puntas era bajado a la tierra; en el cual había de todos los cuadrúpedos terrestres y reptiles y aves del cielo» (Hch. 10:11, 12). «Entonces Pedro dijo: Señor, no; porque ninguna cosa común o inmunda he comido jamás» (Hch. 10:14). Por segunda vez, entonces, oyó una voz que le decía: «Lo que Dios limpió, no lo llames tú común» (v. 15). Los salvos en Cristo serán de toda tribu, lengua y nación. Todos alabarán a Dios y al Cordero por toda la eternidad. Hay algunos aquí que tienen objeciones consigo mismos, como Agur: «Ciertamente más rudo soy yo que ninguno» (Pr. 30:2). Su vileza no le descalificaba para entrar en el plan de salvación de Dios. Tu vileza tampoco te descalificará a ti. ¿No has oído las palabras del Maestro? De todo lo que vive, de toda carne, dos de cada especie meterás en el arca, para que tengan vida contigo (Gn. 6:19). ¡Oh, yo quiero hacerte entrar! Si vienes con un corazón penitente y creyente, el Señor no te rechazará, ni me recriminará a mí por haberte traído. Por otra parte, Dios llamó a las criaturas para que viniesen, por medio de un impulso misterioso. La voz de mando debió haber sido imponente. Elefantes, camellos, dromedarios, rinocerontes, todas las enormes criaturas marchando al lado de pequeños ratoncitos, conejos, lagartos, hurones, ardillas, escarabajos, langostas y los más insignificantes insectos. Así ha sido en la Iglesia, y así será hasta el fin del último capítulo de su historia. Todos los que estaban ordenados para vida eterna creyeron, aunque sus caracteres por naturaleza fueran los más variados, rudos como los bárbaros, o pulidos como nunca los ha visto la cultura griega.

CONCLUSIÓN

Ahora, querido oyente, a mi no me interesa preguntarte quién eres o qué eres. Eso no tiene nada que ver conmigo. Lo que deseo preguntarte es: ¿estás dentro del arca, sí o no? Tal vez me contestes: «Señor, a mi no me importa nada sobre usted, ¿qué le importa a usted mi condición?» Sin embargo, un día llegará, en que tú serás como aquellos que le hablaron a Noé, diciéndole: «Vete, barba gris, construye tu arca sobre la tierra seca como un tonto. Hazla sobre el costado de la colina, donde no podrán venir las aguas. En cuanto a nosotros, comeremos y beberemos y si mañana morimos, por lo menos hemos comido y bebido alegres mientras tuvimos la oportunidad».

En vano les advirtió Noé que las aguas llegarían, ante ellos parecía alguien que se burlaba, y se rieron de él. Aún así, cuando predico acerca de la resurrección en esta mañana, algunos de vosotros os burláis y pensáis que es una fantasía de mi imaginación. ¡Pero qué diferente era su tono cuando la lluvia cayó y las cataratas de los cielos fueron abiertas! Las nubes comenzaron a vaciarse con toda la furia de la tempestad, y la misma tierra se quebró quedando sus mismas entrañas disueltas para devorarlos. ¿Acaso pensaron que Noé era un tonto, cuando vieron al último hombre en la cumbre de una montaña, gritando y pidiendo ayuda inútilmente? Hace algún tiempo, vi un cuadro que creo que el tiempo nunca podrá borrar de mi memoria. Era un cuadro de un hombre que había comenzado su ascenso a la última montaña. Su anciano padre estaba a sus espaldas, su esposa se abrazaba

Biblia, Parábolas, Personajes, Tipos y figuras

a su cintura y él ponía un brazo a su alrededor. Ella tenía sujeto a un niño contra su pecho, y con la otra mano asía con fuerza a otro. En el cuadro se veía que uno de los niños se había perdido, la mujer se había caído y el padre se aferraba a un árbol en la cumbre de la colina. Las ramas del árbol se habían roto, y éste había sido arrancado desde sus raíces. Nunca antes había visto una escena de agonía tal, pero cuando las aguas cubrieron enteramente la tierra podría haber sido una escena muy real. Los hombres subieron a la cima de la última colina para luego hundirse del todo. Las falsas esperanzas nos hacen caer en la desesperación. Si no estáis guarecidos dentro del arca, lo mismo os acontecerá a vosotros.

Me preguntareis ¿cómo es posible una cosa así? Algunos de vosotros parecéis ansiosos. Esperad, pues, mientras termino, como a menudo lo he hecho antes, con la sencilla declaración que contiene nuestra autoridad para predicar y vuestra admonición para creer. El Señor Jesús dijo: «Id por todo el mundo y predicad el Evangelio a toda criatura. El que creyere y fuere bautizado, será salvo; mas el que no creyere, será condenado» (Mr. 16:15 -16).

Me diréis, ¿qué es creer? Es descansar con todo vuestro corazón en el Señor Jesucristo. Él es el único mediador miremos sus sufrimientos y su muerte para obtener el perdón de nuestros pecados. ¿Y qué es ser bautizado? Es ser sumergido en agua sobre la profesión de vuestra fe, «bautizándolos en el nombre del Padre, y del Hijo, y del Espíritu Santo» (Mt. 28:19). «El que creyere y fuere bautizado, será salvo; mas el que no creyere, será condenado» (Mt. 16:16). De ninguna manera puedo dejar fuera una cláusula. No me atrevo a trasponer o cambiar el orden, como hacen algunas personas. Yo os doy lo que he recibido, tomando el texto tal cual está. Permitidme que os pregunte una vez más; ¿habéis creído, habéis sido bautizados? Si no es así, no podéis decir que esas grandes promesas escritas en el pacto son vuestras. Podéis dudar de vuestra salvación en dos terrenos. «... El que no creyere, será condenado». Alguien me podrá decir: «¿Dónde puedo obtener fe?». Es concedida por el Espíritu Santo. «Y yo os digo: Pedid, y se os dará; buscad, y hallaréis; llamad, y se os abrirá. Porque todo aquel que pide, recibe; y el que busca, halla; y al que llama, se le abrirá» (Lc. 11: 9, 10).

39. BUSCANDO LA OVEJA PERDIDA

«Yo buscaré la perdida, y haré volver al redil la descarriada; vendaré la perniquebrada, y fortaleceré la débil; mas a la engordada y a la fuerte destruiré; las apacentaré con justicia» (Ezequiel 34:16).

INTRODUCCIÓN: Dios nunca abandona a su Iglesia.

I. CUATRO DEBILIDADES
1. La perdida.
 a) La esperanza nos aferra a la salvación
 b) La dureza de la conciencia

II. LA DESCARRIADA
1. ¡Oh! si pudiera creer!
2. Una mala predicación.

III. LA PERNIQUEBRADA
1. ¿Estás descarriado y perdido?
2. Dios nos sanará.

IV. LA DÉBIL Y ENFERMA
1. El cumplimiento de las promesas.
2. La jactancia.

CONCLUSIÓN: Sentimiento de necesidad de Cristo.

BUSCANDO LA OVEJA PERDIDA

INTRODUCCIÓN

Dios, en su misericordia, jamás abandona a su Iglesia. Él no la ha formado así como un relojero construye un reloj, y que después de armarlo, lo deja que ande por su cuenta, dependiendo de la fortaleza de sus piezas y de una maquinaria adecuada. Él ha hecho una Iglesia que aunque está armada con la mejor maquinaria, necesita de su mano en cada momento para mantenerse en movimiento. El Señor ha encendido sus lámparas, pero anda entre sus candelabros dorados. Él ha puesto los pilares del templo, pero sus hombros poderosos son su mejor soporte. No ha dejado que la Iglesia dependa de sus ministros, sino que Él mismo es su gran Obispo y el Pastor de las almas. Sabemos que en la obra de la gracia, el Señor interviene en cada momento. Tenemos la evidencia directa y experimental del cuidado vigilante de Dios sobre su Iglesia. El Señor Jesús no trata con su gente sólo a través de instrumentos, sino que él mismo toma la Iglesia en sus propias manos. Así lo declara Él en Isaías 27:3: «Yo, Jehová, la guardo, cada momento la regaré; la guardaré de noche y de día, para que nadie la dañe». La figura de la viña en este pasaje, representa a su pueblo, y lo mismo ocurre en este capítulo. Durante un tiempo, los pastores han ejercido su dominio sobre el rebaño, pero han sido malos pastores, que se han infiltrado entre las ovejas para alimentarse a sí mismos, o sea, para su propio beneficio. Si la intervención divina no hubiese sido la regla del gobierno de Dios, la Iglesia habría tenido días muy malos, pero, gracias al Señor que Él ha intervenido. oportunamente. «Así ha dicho Jehová el Señor: ¡Ay de los pastores de Israel, que se apacientan a sí mismos! ¿No apacientan los pastores a los rebaños? Coméis la grosura, y os vestís de la lana; la engordada degolláis, mas no apacentáis a las ovejas» (Ez. 34:2, 3). Dios reprende muy duramente a estos malos pastores, pero siente piedad por aquellas ovejas que están hambrientas y descuidadas. El promete alimentarlas, buscar a la oveja perdida, y traer de vuelta a aquella que se ha descarriado. En Ezequiel 34:15, 16: leemos así: «Yo apacentaré mis ovejas, y yo les daré aprisco, dice Jehová el Señor. Yo buscaré la perdida, y haré volver al redil la descarriada. vendaré la perniquebrada, y fortaleceré la débil; mas a la engordada y a la fuerte destruiré; las apacentaré con justicia». ¡Oh, amado! Si el Señor no interviniera constantemente en su Iglesia, ésta dejaría de existir. Si las doctrinas de su santa Palabra hubieran sido dejadas a manos de los hombres, no se predicaría ni una sola partícula de la verdad. Si Dios no hubiera extendido su brazo omnipotente sobre esta verdad, la misma se hubiera destruido y los ministros estarían profetizando mentiras en el nombre del Señor. La preservación de la verdad en nuestro medio cristiano, se debe a la intervención directa e inmediata del Todopoderoso. Y no olvidéis que el testimonio interno de la verdad, en el corazón de cada creyente, es un ejemplo y una evidencia del mismo cuidado incesante. Sólo Él puede aplicar la verdad a la conciencia de forma rápida y poderosa. Sin la intervención y la influencia del Espíritu Santo, no hay en la verdad suficiente fuerza para convertir a las almas. El pseudo pastor tratará de alimentar al rebaño; pero el rebaño de Dios no puede ser alimentado, ni las ovejas reunidas en el aprisco, a menos que el Pastor principal, el Señor Jesucristo, intervenga para hacer Él mismo el trabajo. La interposición divina de Dios en medio de su Iglesia es su defensa y baluarte, su esperanza, su escudo, su firmeza y permanencia. Cuando el Señor envía a sus obreros al campo misionero, es porque la cosecha está lista para recogerse. Sin embargo, nosotros queremos que sea el Maestro quien nos visite para hacer Él mismo su trabajo. A veces los predicadores no tienen la fidelidad y el poder del Espíritu para que la Palabra sea presentada con valor y osadía, y el Señor debe intervenir para que así se haga.

Ahora mirad lo que Dios ha prometido hacer. En este texto hay un carácter descrito muy gráfica y detalladamente, y hemos de mirar a las cuatro frases como descriptivas de ese carácter la que estaba perdida, la descarriada, la herida y la débil y enferma. Estudiaremos estas frases una por una, pues es muy posible que sean las descripciones de cuatro caracteres diferentes, y concluiremos con una solemne advertencia a la oveja fuerte y engordada .

I. CUATRO DEBILIDADES

Primero, notemos los cuatro rasgos del carácter que se presenta aquí, y veremos que a veces se dan todos a la vez en un mismo individuo.

1. Para empezar tomaremos a la perdida. Sin lugar a dudas, aquí hay personas

Biblia, Parábolas, Personajes, Tipos y figuras

que han sentido en su corazón, el solemne significado de la palabra perdida. No tengo dudas, sino más aún, espero que algunas almas que hoy han venido a esta reunión, estén perdidas en su propia experiencia. Debe parecer una crueldad de mi parte, que desee que os sintáis perdidos, pero es una crueldad muy bien intencionada; porque si estáis perdidos, esta promesa va dirigida a vosotros, pues dice que Dios irá a buscar a los que están perdidos. Trataré de deciros cómo se sienten los hombres cuando la luz de lo alto les alumbra, y ven lo que realmente significa la temible palabra «perdidos», aplicada de forma personal. Un hombre nunca estará perdido hasta que se encuentre desprovisto de toda fortaleza. ¿Recordáis al marinero que se cayó del barco? Mientras pueda nadar con sus fuertes brazos y superar las corrientes y las olas con su resistencia, no se dará por perdido. Pero, cuando sus brazos se le cansen, flotará un poco y con una mano se moverá entre las olas. En ese momento, todavía piensa que puede hacer algo por sí mismo. Mientras conserve una partícula de fortaleza, sus esperanzas seguirán alentándole y no se reconocerá un hombre perdido. Suponed que se ha aferrado a un mástil; mientras sus manos puedan sostenerse de ese palo flotante de madera, no perderá la confianza en su capacidad para salvarse. La esperanza le susurra al oído; «sujétate con fuerza, todavía no estás perdido, y en cualquier momento puede pasar un barco». La Providencia puede guiar tu camino en cualquier sitio, y puedes ser liberado de tu suerte. Sujétate, no cedas hasta que sientas que en tu corazón se ha agotado la última partícula de fuerza. ¿Te ha hecho ver el Señor que no hay nada que puedas hacer aparte de la fortaleza del Espíritu? Hubo un tiempo en que podías orar, y arrepentirte, pero creías a tu manera, que tu corazón no cedería paso al Salvador. ¿Ha pasado ya ese tiempo? ¿Estás diciendo: «Yo no tengo poder para hacer ninguna de esas cosas sin la gracia del Señor? No puedo orar, no puedo arrepentirme, y por más que lo intento este duro corazón no se enternece. Aunque yo quiero verme atado con las cadenas de la gracia, y ser un cautivo voluntario de mi Señor, esta mente arrogante aún resiste al Salvador». ¿Sientes que si tu salvación dependiera de un movimiento de tu alma en la correcta dirección, tú estarías perdido, porque careces de fortaleza espiritual? ¿Estás despojado de todo tu poder, carente de toda ayuda y esperanza en ti mismo, y por tanto confiesas al Señor; «no puedo hacer nada sin ti?». Bien, entonces eres uno de los que Cristo vino a salvar. La muerte a la ley es precursora de tu nueva vida en Cristo, y una segura señal de que la gracia está obrando en tu alma. En tanto tengas sólo una partícula de tu fortaleza carnal, Dios nunca te mostrará su salvación. Si piensas que puedes hacer algo provechoso por ti mismo, o descansar sobre alguna buena obra para conseguir tu redención, estás bajo la prohibición y maldición de la ley. De esa forma no podrás conocer el pacto y el plan de la misericordia de Dios. ¡Oh, cuando te des cuenta de que no puedes hacer nada, sino decir: «La divinidad debe obrar, pues mi humanidad ha fallado! La voluntad de Dios tiene que conquistar a la mía, o estoy perdido». Entonces, ¡regocíjate, regocíjate!, pues te estás dando por vencido porque te sabes perdido. ¡Ahora es el momento en que Dios te puede salvar! «Yo buscaré la perdida.»

1. Nuevamente os digo; un hombre no está verdaderamente perdido, hasta que le fallen sus fuerzas, y haya llegado al fin de sí mismo. Como sabemos, en el Salmo 107, David describe a los marineros en el mar yendo y viniendo al compás de la tempestad, temblando como borrachos. Mientras, el capitán lucha contra el viento, intenta varias tácticas para eludir la tormenta y salvar al barco, pues no lo quiere dar por perdido. Sin embargo, todas sus maniobras fracasan, y finalmente se da por vencido. Veamos lo que dice el Salmo 107:26, 27: «Suben a los cielos, descienden a los abismos; sus almas se derriten con el mal. Tiemblan y titubean como ebrios, y toda su ciencia es inútil». ¿Hay alguien aquí esta noche que esté al final de sus posibilidades? Tal vez quiera arreglar su vida a su manera, y diga algo así: «Voy a renunciar a esta concupiscencia, enmenda-

ré y trataré de mejorar mi conducta. Haré buenas obras y me asemejaré más a los cristianos, entonces después seré salvo». ¿Has tratado de resolver el problema de tu alma con algunas decisiones como éstas? Tal vez te has dedicado a contemplar algunas ceremonias y has dicho: «Empezaré a ir a la Iglesia, observaré sus rituales, y obedeceré sus estatutos». Pues permíteme decirte que esta vez también has fallado. Lo has tratado una vez tras otra, plan sobre plan, pero todo es inútil; y ahora preguntas ansioso, ¿qué tengo que hacer para ser salvo? He hecho todo lo que la razón me ha dictado, he tratado de hacer lo mejor que he aprendido en la vida, he exprimido mi cerebro en busca de posibles esperanzas y he agotado todo el poder que un pobre mortal puede ejercitar. Sin embargo, cuánto más he hecho por mí mismo, más se me han cerrado todos los caminos y he comprendido que nada puedo hacer. ¿Eres tú uno de estos? ¿Todo lo que has probado te ha fallado? ¿Estás encerrado en el castillo de la Desesperación? Si es así, te encomiendo a su segura promesa; Cristo ha venido a salvar a los perdidos y ¡oh!, si pudieras creerlo, ¡qué día más feliz sería! Saldrías de esta Iglesia saltando de gozo, y diciendo: «Yo estaba perdido, pero el Pastor de Israel me ha encontrado, pues Cristo vino a buscar y a salvar a los perdidos».

«¡Profundidad de las misericordias!
¿Puede haberlas también para mí?»

Repito, un hombre no está perdido hasta que la puerta de sus esperanzas en sí mismo se le cierra en la cara. Mientras mantenga aunque sea una pizca de esperanza, ningún hombre en este mundo se da por vencido ni considera su caso como perdido. Dile al hombre enfermo que debe morir, pues el médico ha dicho que su caso no tiene ninguna esperanza. ¿Te creerá? No, acariciará el pensamiento de que aún puede recuperarse. ¿Se ha conocido algún caso de recuperación en una enfermedad como la suya? Entonces puede mantener la esperanza. Piensa que pueden haber otros que la hayan superado, o si no, tal vez él será el primero. ¿Se ha descubierto alguna nueva cura milagrosa? Si fuera así, su caso no se consideraría desesperado. Cuando el pobre pecador se sabe perdido, renuncia a todas sus esperanzas, porque piensa que no tiene ninguna razón para creer que Cristo tendrá misericordia de él. Considera que es posible que salve a todo el resto del mundo, pero a él nunca le mirará con ojos de compasión. Ha estado yaciendo durante semanas y meses en el estanque de Betesda, donde el ángel venía y revolvía el agua. Ante su mirada de desesperación, otros se sumergían en él y eran salvos. Con verdadero dolor en su alma decía: «Mi madre ha sido salva, mi hermano y mi hermana también encontraron la liberación de sus pecados, pero yo sigo siendo el mismo de siempre. Voy a la Iglesia, pero me siento como un extraño. No soy como los demás miembros de mi familia. Sé que estoy perdido. Es como si los oídos de Dios estuvieran cerrados a mis oraciones. Cuando clamo a Él, no me responde, cuando mi dolor corre por las noches, él desatiende la voz de mis gemidos. Mi oración es como la oración de los malvados, una abominación al Señor. ¡Siento que me ha echado fuera de su vista, y me ha condenado!» Pero, ¿quieres decir que tu caso es demasiado difícil para Él? «No», dices tú, «no es que sea difícil, pero no lo hará. He estado clamando y llorando por tanto tiempo, que seguramente Dios se ha olvidado de su gracia para conmigo. No soy uno de sus escogidos, ha cerrado para mí sus entrañas de compasión, y nunca podré ser salvo».

Escucha esto: Cristo vino a salvarte. Si sientes todas esas cosas, permíteme asegurarte de forma solemne en el nombre de Dios que, aunque estés perdido en ti mismo, eres salvo en Cristo. Ojalá todos los que me estáis escuchando esta noche estuvierais agonizando por consideraros perdidos, o regocijándoos por haber sido hallados por el Señor. ¡Oh pecadores descuidados e indiferentes! Preferiría que el miedo y el terror os invadieran, en lugar de estar bailando entre las montañas de la locura y revelando de forma desvergonzada vuestros pecados. Estáis del todo inconscientes del peligro que se cierne sobre vosotros. Sabed esto, corazones ligeros, ¡que vais alegres sin Cristo

Biblia, Parábolas, Personajes, Tipos y figuras

por la vida! La hora de vuestra condenación se va acercando. Sin embargo, para vosotros que estáis hechos pedazos, y pensáis que vuestro caso es sin esperanza, os digo, como embajador de Dios, que el vuestro no es un caso perdido, sino esperanzado. Podéis decir como Jeremías, «Acuérdate de mi aflicción y de mi abatimiento, del ajenjo y de la hiel» (Lm. 3:19); pero también diréis con él: «Bueno es Jehová a los que en él esperan, al alma que le busca. Bueno es esperar en silencio la salvación de Jehová» (Jer. 3:25, 26). ¿Te he descrito tal como eres? ¿Responderás a tu nombre, como un hijo pródigo, o un hijo perdido? Entonces, perdido como estás, tienes un Padre. «¿No es Efraín hijo precioso para mí? ¿no es niño en quien me deleito? pues desde que hablé de él, me he acordado de él constantemente. Por eso mis entrañas se conmovieron por él; ciertamente tendrá de él misericordia, dice Jehová» (Jer. 31:20). Me parece oír la voz del Salvador, diciendo: «Porque el Hijo del Hombre vino a buscar y a salvar lo que se había perdido» (Lc. 19:10). Una visión pasa ante mí y veo al bendito Jesús vestido como un pastor, con el cayado en la mano, llevando en sus hombros a la oveja perdida que acaba de recuperar. La oveja que estaba sola y desprotegida en el desierto, ahora es llevada en brazos eternos, guardada por el poder del omnipotente, y segura ante todo peligro. ¡Alma bendita! Los ángeles se regocijan en ti, si bien tu corazón aún no se ha dado cuenta del sentimiento de seguridad que proporciona esta clase de gozo.

b) Existe otra característica propia del hombre que se siente perdido, que es peor que todas las que he citado hasta ahora. Despertando ante una conciencia petrificada, no sólo ve cerrada la puerta de la esperanza, sino que reabiertas las puertas del infierno. ¡Oh, amigos!, hablaré ahora como aquel que ha sentido en su propia alma lo que sus describen sus labios. Yo he pasado por esa experiencia descrita anteriormente. Recuerdo que pasé muchos meses en oración sin recibir una respuesta de Dios. Por más que me esforzaba no podía tener fe, y mi esperanza se había esfumado por completo. Por lo tanto, no creía que Dios pudiera salvarme. Fue en ese momento cuando vi que las puertas del infierno estaban abiertas ante mi alma. Si hubo alguien que haya experimentado el terrible sabor de la perdición, ese fui yo. Creo que muchos de vosotros, antes de haber encontrado la paz con Dios, habéis pasado por esa terrible experiencia. Sabíais que no estabais en el infierno, pero pensabais que si estuvierais en él vuestra condición no sería tan mala como ese terrífico suspenso en el que estabais viviendo. A veces teníais un pequeño rayo de esperanza, pero éste hacía que la oscuridad fuese aún más visible. Como escribió John Bunyan, los tambores del infierno sonaban en vuestros oídos, de la mañana a la noche, y de la noche a la mañana «¡perdido, perdido, perdido, pronto estarás en el infierno!» ¿No recordáis que cuando ibais caminando temíais que en cualquier momento la tierra se abriera y os tragara? ¿O cuando no podíais dormir porque os asaltaban sueños tenebrosos? En vuestro ir y venir durante el día, temíais que esos sueños se hicieran realidad. Vuestra pobre conciencia estaba azotada por el látigo de la ley, y mientras vuestras heridas os quemaban, gritasteis: «¡Oh Dios, ¿es que nunca me salvarás?» ¿No os acordáis de las palabras de David en el Salmo 42:7? «Todas tus ondas y tus olas han pasado sobre mí». ¿Y las del Salmo 51:10? «Crea en mí, oh Dios, un corazón limpio, y renueva un espíritu recto dentro de mí». Sin embargo, no encontrasteis ninguna contestación. Por otra parte, Satanás sugería una respuesta: ¿Qué? ¡renueva un espíritu recto dentro de ti! Tú eres el peor canalla que ha vivido sobre esta tierra, la garantía de tu muerte está sellada, el fuego te consumirá, serás atado con cadenas y morarás en las tinieblas para toda la eternidad. Ahora bien, ¿hay alguien en esta congregación para quien las puertas del infierno están siempre abiertas? ¿Te encuentras en un estado de oscuridad y confusión, en el valle de sombra de muerte? Allí no hay esperanza, sino que por el contrario, las nubes negras se ciernen sobre tu persona. Permitidle que cobre ánimo. Cristo ha venido a salvar a los tales. Y así como el diablo está en tu camino para aterrorizarte, Cristo le atará, quebrará los dientes del opresor, e irá a buscar a su oveja perdida, librándola de la boca del león y de las garras del oso. ¿Te encuentras perdido? Entonces escucha su promesa: «Porque el Hijo del Hombre vino a buscar y a salvar lo que se había perdido».

Sin embargo tú dirás: «he tenido una prueba demasiado prolongada para pensar que eso es posible». Por todo un año he escuchado su ministerio, y también a otros ministros. A veces he pensado que seguramente sería salvo, pero ¡ah!, no me sirvió de nada. Puede usted hablar de todas las promesas que quiera; no tienen nada que ver conmigo. He escrito mi nombre entre los perdidos, y por más que me hable sabiamente, soy como la víbora sorda nunca, nunca, nunca, podré ser salvo". Ahora todo se terminó, para mi desesperación, estoy encerrado en esta jaula de hierro completamente perdido y más allá de toda esperanza. Simplemente, no puedo creer en sus palabras. ¡Oh, pobre alma! Mira lo que dice el texto: «Porque el Hijo del Hombre vino a buscar y a salvar lo que se había perdido» (Lc. 19:10). Te he tratado de buscar durante varios domingos, y los demás ministros también, pero nunca hemos podido encontrarte. Querido amigo, Dios te está buscando de una manera muy diferente a la nuestra. ¡Oh, si pudiera, yo iría a ti con estos mis ojos llorosos y te diría; «pobre pecador, anímate». Me arrodillaría contigo, y ofrecería mis súplicas a tu favor, para que pudieras creer en Cristo; pero sé que de poco servirá, a menos que sea el mismo Maestro quien te busque. ¡Oh, los pastores han ido detrás de ti durante muchos días, pero no te han encontrado. Recuerda que nosotros no sabemos dónde estás, pero Dios sí lo sabe. Si estás perdido en el bosque, en lo más profundo del pozo, su ojo omnipotente puede verte con claridad. En el día de salvación en el tiempo aceptable Él te dará una promesa, tan dulce y eficaz, que todos tus impedimentos se romperán en un instante. La aurora terminará con tu noche de pesadillas, y en lugar de gemidos Él te dará el aceite del gozo, y vestiduras de alabanza, en vez de un espíritu de pesadumbre. Cree ahora, y serás consolado, pues el tiempo de la fe es el tiempo del consuelo.

II. LA DESCARRIADA

Hay un segundo punto que a menudo se encuentra en la misma personalidad: «Yo... haré volver al redil la descarriada». Hay almas que no están solo perdidas, sino descarriadas. «Puedo contarle de una época en mi vida», me dice alguien, «cuando tenía esperanzas de ir al cielo, o por lo menos creía que las tenía. Oré, luché y gemí, y un domingo que nunca olvidaré, entré en la casa de Dios. Durante la lectura de un capítulo, o cantando un himno, estuve seguro de ver a Cristo y haber creído en Él; pero ¡oh!, fue sólo durante un momento. Se me permitió mirar en el manantial del agua de vida, pero nadie vino a traerme de esa agua y dármela a beber». Durante unos segundos pensé: «ahora es la hora de mi salvación», y algo en mi corazón me dijo: «He aquí ahora el tiempo aceptable; he aquí ahora el día de salvación» (2 Co. 6:2). Ante el pensamiento de que por fin había encontrado al Señor, empecé a sonreír para mis adentros. Yo estaba descarriado y no me atrevía a irme otra vez. Si hubiera estado solamente perdido, habría creído lo que usted dice. Una vez estuve muy cerca de convertirme en un creyente, justo a punto de tener fe en Cristo pero pensar que un día vi una estrella, hace que luego la noche parezca más oscura. A partir de allí, me descarrié. Ahora bien; hay diferentes maneras en las cuales los pobres pecadores son descarriados, y en cualquier caso, es la obra del diablo. A veces se llega a esos extremos por causa de la incredulidad: el pecador ve a Cristo en la cruz, la sangre fluyendo de sus manos y pies, y piensa:

«¡Oh! Si pudiera creer,
entonces todo más fácil sería".

1. El hombre piensa en los efectos positivos que seguirán a la fe en Cristo, y algo le dice dentro de él: «Entrégate al Señor, entrégate completamente, no creas en nadie más». El pecador está a punto de entregarse, cuando de pronto le viene un pensamiento negro: «Oye tú, no tienes derecho a venir, ¡fuera de aquí!» El hombre se había

abierto paso entre la multitud, e iba a tocar el borde del manto del Maestro. Sin embargo, antes de que lo hiciera, alguien le empujó. El pobre hombre tuvo que salir de allí confuso y avergonzado, y lo que es más, pensando que querer alcanzar la salvación era una presunción. La incredulidad ha alejado de Cristo a muchos pecadores, en el preciso momento en que iban a convertirse.

2. A veces los predicadores legalistas también han alejado a las almas del Señor. Predican un Evangelio tan mezclado con la ley y tan relacionado con los hechos del hombre, que la pobre alma que viene a Cristo, se espanta y se descarría. Y sucede igual con algunos buenos ministros de Dios; aún con los mejores a veces en vez de acercar a las almas a Cristo, las alejan de Él. Cuando hablan de la experiencia de los santos, tal vez dicen la verdad, pero la pobre alma absorbe las cosas amargas que se han dicho en contra de ella, y piensa que no puede alcanzar la experiencia que lograron otros hijos de Dios. ¡Ah!, no siempre podemos saber cuándo estamos alejando a las almas de Cristo. A menudo, cuando pensamos que las estamos acercando, lo que hacemos es todo lo contrario. Tal vez en nuestro mensaje, alguna expresión dura asusta a los pecadores y los aleja de Cristo. ¡Oh, pobre alma! ¿Has sido alejada del Señor? ¿Entiendes y simpatizas con lo que he dicho? Yo puedo decir que antes de conocer al Señor, fui alejado y descarriado. Cierta vez, bajo un mensaje muy poderoso, mi corazón se sacudió, y aquello me llegó a las entrañas. Pensé que debía buscar al Señor, y me arrodillé. Oré, luché y derramé mi corazón ante Él. Entré en la Iglesia para oír su Palabra, esperando que en algún momento favorable enviara alguna preciosa promesa de consolación para mi alma; pero, ¡ah!, en aquella tarde desdichada oí un sermón en el cual no estaba Cristo. Mis esperanzas se habían acabado. Me hubiera gustado poder beber de aquella fuente, pero no pude, porque fui alejado de ella. Recuerdo que casi me convierto, y lo deseé y suspiré por ello. Pero ¡oh, aquel terrible sermón, y esas cosas horribles que dijo el predicador! Mi pobre alma ya no sabía cuál

era la verdad o el error, pero pensé que el ministro estaba predicando la verdad, y me eché atrás. No podía creer, no podía aferrarme a Cristo, y si nadie en la congregación estaba excluido, yo lo estaba. ¿Hay aquí alguien que haya sido echado fuera y se haya descarriado? Pero permitidme que os alegre. Escuchad esto: «Yo... . haré volver al redil la descarriada» (Ez. 34:16). Así como habéis sido traídos una vez, volveréis a serlo. Esa hora celestial regresará una vez más; ese día bendito amanecerá otra vez. Cristo aparecerá nuevamente, y su amor y misericordia serán derramados sobre vosotros. Él os ha acercado a sus caminos una vez y volverá a hacerlo, pues Dios nunca puede fallar. Es posible que para fines y propósitos sabios, permita que una vez hayas sido alejado, pero te volverá a atraer hacia Él, pues su promesa es: «Yo... haré volver al redil la descarriada».

III. LA PERNIQUEBRADA

Los otros dos puntos pienso que están relacionados con el hecho de descarriarse. Vendaré la perniquebrada. Creo que esto se refiere a aquellos que han sido quebrantados como consecuencia de haber sido echados fuera. Así fue que se descarriaron; los pastores les han golpeado tan duramente, que les han roto los huesos. ¡Cuántos hay que, cuando pensaban que habían encontrado a Cristo, fueron echados fuera, y desde ese momento se han sentido rotos por dentro. En otros tiempos habían tenido la esperanza de que Cristo les mirara con amor, pero ahora están hechos pedazos. Y esas heridas, junto con el quebrantamiento del Espíritu Santo, que los hizo sentir en el mortero de la convicción, les han aplastado de tal modo, que ahora están totalmente destruidos. Además de la enfermedad del pecado, tienen encima otra enfermedad engendrada por los golpes de aquellos que les han hecho apartarse. Cuando pienso en un sujeto en el cual se han encontrado las cuatro características de Ezequiel 34:16, me estoy refiriendo a casos extremos. ¿Tengo a alguien aquí que se encuentre en esa posición?; que no solo está perdido, ni descarriado, sino además roto y enfermo? Tu cabeza ha comenzado a dar vueltas, no sabes qué es lo que te ocurre, pero estas convicciones te han invadido en tal forma, que tu misma mente está sufriendo por ellas. Para ti es un misterio, no puedes decir dónde te encuentras. Algunos dicen que estás desequilibrado, y piensan que tienen motivos para decirlo. Estás enfermo, harto de tu existencia y casi listo para quitarte la vida. Has sido presa de un terrible aturdimiento, como si un infierno se hubiera encendido en tu pecho. Parece ser el preludio de la desesperación y la destrucción irrevocable, las primeras notas del Miserere de la perdición eterna. ¿Has sido reducido a un extremo tan lamentable? ¿Te encuentras harto de tu misma existencia? ¿Estás enfermo, quebrantado, descarriado y perdido? Escucha esto: «Yo buscaré la perdida» (Ez. 34:16). ¿No crees que Dios está diciendo la verdad? «Yo... haré volver al redil la descarriada» (v. 16). ¿Piensas que la expresión «haré volver», en la promesa de Dios, está para nada?» Yo... vendaré la perniquebrada» (v. 16). ¿No puedes creer implícitamente en lo que Dios afirma con tanta seguridad? «Yo... fortaleceré la débil» (v. 16). ¡Oh, alma débil y enferma! Que Dios te dé gracia para entender el significado de lo que dice, y para creer que Él cumplirá sus promesas. Venid ahora, ¿hay alguien aquí en quien se encuentran todas estas dificultades que acabo de describir? ¡Levanta tu cabeza con gozo, pues Cristo Jesús ha venido a salvarte, y tus suspiros serán transformados en cánticos de acción de gracias!

1. Permitidme ahora hacer una breve alusión a las cuatro características de Ezequiel 34:16 de forma separada. Primero: «Yo buscaré la perdida». Éste es el pecador que ha sido iluminado, y sabe que está perdido por el pecado de Adán, y también por sus propios pecados. Está completamente arruinado y destruido. Tened esperanza en la promesa divina, que afirma que Dios buscará al perdido y lo salvará. «Yo... haré volver al redil la descarriada». Éste es el cristiano que se ha deslizado por la pendiente peligrosa, y ha sido apartado de Dios por el pecado. Las fuertes tentaciones le han hecho seguir las propensiones de su propia mala voluntad. ¡Pobre alma! Que el Señor la restaure. Él puede hacerlo, y lo hará. ¡Oh, podría mencionar a algunos de esta congregación que se habían desviado de los caminos de justicia! Su pobreza testifica que han sido llevados muy lejos de las pasturas del Buen Pastor. Permitidme que os hable en el nombre de Dios: Él hará volver al redil a la descarriada. «¡Oh, diréis algunos de vosotros, pero hace seis años deshonré mi profesión y he estado alejado del pueblo de Dios!» ¡Ay!, si en verdad eres un hijo de Dios, aunque pasen sesenta años, te hará volver a Sion con llanto y lamentos. «¡Oh, señor, es que yo he perjudicado tanto la causa de Cristo!» ¡Vuélvete, vuélvete y obedece a Dios; Él te invita a venir! Mi hermano apartado; yo no te condenaré, pues es algo que puede sucederme a mí también. Los que se sienten ahora más firmes en el Señor, pueden ser sorprendidos en alguna falta. Ya estás bastante condenado en tu propio corazón; no deseo que seas «consumido de demasiada tristeza» (2 Co. 2:6). «Vé y clama estas palabras hacia el norte», y di: «Vuélvete, oh rebelde Israel, dice Jehová, no haré caer mi ira sobre ti, porque misericordioso soy yo, dice Jehová, no guardaré para siempre el enojo» (Jer. 3:12). «Porque de cierto morimos, y somos como aguas derramadas por tierra, que no pueden volver a recogerse; ni Dios quita la vida, sino que provee medios para no alejar de sí al desterrado» (2 S. 14:14). Ven, Efraín, has sido un hijo rebelde, pero tu Padre te pide que vuelvas. Ven, hijo pródigo, has desperdiciado tu vida, pero los ojos amantes de tu Padre te buscaban cuando estabas aún muy lejos. Ven, creyente apartado, su pecho palpita de amor hacia ti. Dios te ha amado primero; antes de que tú le amaras. A pesar de que te rebelaste contra Él, el Señor nunca ha cesado de amarte. Aunque hayas pecado mucho, su corazón amante sigue siendo el mismo. ¡Oh, cree en su bondad frente a tu indignidad! Así podrás ser consolado y su promesa se verá cumplida: «Yo... haré volver al redil la descarriada» (v. 16).

2. La próxima característica es la perniquebrada. El hijo de Dios es a menudo quebrado; especialmente si se ha deslizado

Biblia, Parábolas, Personajes, Tipos y figuras

por la cuesta del pecado. En este caso, seguramente tendrá huesos rotos, y andará cojo todos los días de su vida. El creyente también puede ser quebrantado por las pruebas, las aflicciones, por los asaltos del enemigo y por la convicción de pecado que es obra del Espíritu Santo. Pero, creyente quebrantado, Dios te ayudará, porque él ha dicho: «Yo... vendaré la perniquebrada» (v. 16). ¡Qué dulce pensamiento! Sus preciosas promesas son las ligaduras con las cuales Dios mismo venda y repara los huesos rotos. ¡Qué maravilloso cirujano! El mismo Dios todopoderoso inclinándose desde el cielo para poner el linimento celestial y las vendas de lino blanco de la justicia del Salvador, alrededor del espíritu herido. ¡Creyente perniquebrado, regocíjate; Dios promete que te sanará!

IV. LA DÉBIL Y ENFERMA

Por último, están los débiles o enfermizos, de los cuales hay muchos entre el pueblo de Dios. Su fe es débil, sus oraciones no son tan espirituales y fervientes como ellos desearían, siempre están ansiosos sus corazones a menudo palpitan con miedos tenebrosos y tristes pálpitos. No son tan saludables como quisieran, y anhelan ese perfecto amor que quita fuera el temor. ¿Te sientes así en esta mañana, querido hermano? Dios no te dejará morir por ser débil. No será así, porque la promesa es: «Yo... fortaleceré la débil» (v. 16). De modo que vosotros, los santos que pasáis por cualquier tipo de aflicción, pecadores en todos los pecados, aquí hay grandes promesas para ministraros en esta mañana. ¡Que Dios haga que el Espíritu Santo os muestre su valor infinito, y las aplique a vosotros con manifestación de poder!

¡Cuán inexplicable es la satisfacción de un pobre enfermo, cuando oye al médico describir al momento todas las razones de su debilidad. Pero es mejor oírle hablar de estas debilidades para decir luego que ninguna de ellas está más allá de su capacidad para curar. Tu caso, mi hermano, es todavía más esperanzador. ¿No has oído alguna vez a tu médico decir, que cuando te recuperes de lo que tienes ahora, quedarás aún mejor que antes? Bien, ahora piensa por un momento cuánto exceden las misericordias de Dios a nuestras miserias! ¿Cuánto más allá de la debilidad se extiende su cura? Alma desesperada, ¿qué pensarías si para tus cuatro debilidades tuvieras cuatro promesas? Si eres un miembro de esta familia, para cada aflicción y sufrimiento como consecuencia de la disciplina del Señor, obtendrás tantos frutos de justicia que besarás la vara de la corrección. Así lo dice David en su testimonio: «Antes que fuera yo humillado, descarriado andaba; mas ahora guardo tu palabra» (Sal. 119:67). Y tomad nota de esto: En el cumplimiento de las promesas recibirás el doble por tus sufrimientos.

1. Y ahora, ¡puedo añadir algo más? ¿No he llegado ya al caso más extremo en la aplicación de mi texto? ¿Hay alguna alma débil a las que no he alcanzado? Entonces dejadme intentarlo otra vez. Amigos queridos, ¿os reconocéis en un estado ruinoso y perdido como consecuencia de la caída de Adán? ¿Te sientes tú solo, arruinado y perdido sin Cristo? Bien, entonces en su nombre yo declaro solemnemente esta verdad del Evangelio, que todos los que la conocen, puedan creer confiados que para ellos hay salvación. La única prueba que puedo daros de que seréis salvos, es que ahora sentís que sois pecadores. ¡Oh, pobre alma enferma y débil!; doy gracias a Dios que seas afligida de esta manera, pues tú tienes el recurso del mejor y más poderoso médico. ¡Oh, pobre pecador!, doy igualmente gracias a Dios de que te reconozcas pobre, pues Él te hará rico.

2. Sin embargo, para aquellos que son «engordados y fuertes», que se jactan de no tener necesidad de nada, id por vuestros caminos. Al parecer, no tenéis necesidad del Evangelio, y yo no tengo nada para predicaros. Los que sois tan sabios y excelentes, no necesitáis que Cristo os salve. Despreciaréis al hombre que viene a predicar el amor inmerecido y soberano del Salvador en el nombre de Cristo. Si no necesitáis la medicina fortalecedora, despreciadla si queréis, pero estáis actuando como unos tontos. Si no queréis la bendición, permitid que otros la tengan. Cuando el ministro de Dios

predique el Evangelio, no lo abucheéis, y dejad que atienda a aquellos que se saben en un peligro inminente. En vuestra propia opinión sois los mejores, incluso más buenos que los cristianos. No os consideráis falsos ni hipócritas. Tal vez podréis querer un remiendo de religión, para sentiros un poco mejor. No encontraréis lugar para vosotros en el cielo; sus benditas mansiones están hechas para pecadores salvados por la gracia. Los calabozos del infierno son para aquellos que rechazan a Cristo, desprecian su misericordia y se burlan de su perdón. Son demasiado perfectos y excelentes para necesitar un Salvador. Nuevamente me dirijo a aquellos engordados y fuertes. Dios os alimentará con juicio. Creéis que valéis mucho por vuestras propias obras, y son ellas las que precisamente os destruirán. Apareceréis delante de Dios con vuestros propios caracteres, y ellos os arruinarán para siempre. Creéis que vuestros méritos son suficientes, y que Dios os dará una recompensa. Efectivamente, Él os recompensará con una recompensa terrible, cuando recibáis lo que habéis ganado tribulación, ira, destrucción y alejamiento de la presencia de Dios. Vuestras conciencias os dicen que estoy declarando la verdad. Despreciad la advertencia ahora, pero en los momentos silenciosos de vuestras cavilaciones, esta verdad se pegará a vuestros pensamientos y os obsesionará sin descanso. Cuando vuestra culpa invada la memoria, cuando tu corazón te falle y tu razón se tambalee ante las perspectivas de futuro, te sentirás verdaderamente miserable y exclamarás, «¡qué día tan desdichado!» Ahora, perdidos y arruinados, venid a Jesús, pecadores quebrantados, creed en Él, los que estáis heridos y mutilados por la caída, venid a Jesús.

> «Con verdadero arrepentimiento y fe,
> que la gracia te acerque más,
> Sin dinero y sin riquezas,
> ven a Cristo y compra ya.»
>
> No permitas que tu conciencia te haga demorar,
> Ni que te adormezca tu bienestar,
> todo el bienestar que Él demanda,
> es que del rayo luminoso de su Espíritu
> sientas la necesidad
> esto lo que Él te da».

CONCLUSIÓN

Almas perdidas, estáis doblemente perdidas y más que arruinadas. Mi Maestro os ruega que vengáis, Él me ha enviado a vosotros en esta mañana. Así como en la antigüedad, Abraham envió a su siervo a buscar mujer para su hijo, del mismo modo mi Dios me ha enviado como su siervo para rogarte que vengas con Jesús. ¿Qué dices tú, pecador perdido, ¿permitirás que el Señor te haga un santo? ¿Sientes tu corazón palpitar en tu pecho y quieres responder: «con gozo lo permitiría»? Esa buena disposición que Dios te ha dado, ese sentimiento de necesidad de Cristo, que el Todopoderoso ha derramado sobre ti, son para que sin demora vengas a Él. ¿No puedes creer en Cristo? Mírale allí colgando de una cruz, pagando la pena por tus pecados. Pecador, ¿no creerás en Él ahora? ¿Qué? ¿Acaso piensas que no te ama, cuando sabes que ha dado su cuerpo a la muerte por ti? «¡Ay!», dices tú, «yo no creo que haya muerto por mí». ¿Qué? ¿No crees en lo que Él mismo ha dicho? Él dijo que había venido para salvar a los pecadores; ¿dudas si tú eres uno de ellos? «No señor», me respondes; «eso ya lo sé». Bien, entonces, ¿dudarás de mi Maestro cuando dice que vino a salvarte? O, si esto es demasiado osado para tu tímido espíritu, por lo menos puedes decir:

> «No puedo sino perecer,
> estoy resuelto a probar,
> pues si me mantengo fuera,
> moriré por siempre jamás.
> Pero si muero con la misericordia de Dios,
> cuando al Rey he aceptado,
> si eso fuera morir, dulce pensamiento,
> para un pecador cuya vida espiritual
> será su eterno estado».

Pecador, no tienes por qué morir eternamente. Pruébalo, alma, y encontrarás que es verdad.

Biblia, Parábolas, Personajes, Tipos y figuras

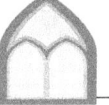

40. LA VOZ DE LA SANGRE DE ABEL Y DE CRISTO

«Y a Jesús el Mediador del nuevo pacto, y a la sangre rociada que habla mejor que la de Abel» (Hebreos 12:24).

INTRODUCCIÓN: En la sangre esta la vida

I. CONTRASTE Y COMPARACIÓN
1. Abel y Jesucristo distintas ofrendas.
   a) Las ofrendas de Caín y Abel
   b) El sacrificio de Abel y Cristo
2. Las ofrendas de Abel y Cristo nos hablan.
   a) La sangre de Abel habló en el cielo
   b) La sangre de Abel habla a todo el mundo
   c) La sangre de Abel habló a la conciencia de Caín

II. LA DULCE VOZ DE CRISTO
1. La voz de Cristo habla mejor que la de Abel.
   a) Cristo exclama misericordia
   b) Cristo dice: «Padre, perdónalos»

III. LA CONDICIÓN DE CADA CRISTIANO
1 Traído a la sangre rociada.
2. La sangre que habla mejor que la de Abel.

CONCLUSIÓN: La falsedad de los méritos.

LA VOZ DE LA SANGRE DE ABEL Y DE CRISTO

INTRODUCCIÓN

De todas las sustancias existentes, la sangre es la más misteriosa, y en algunos sentidos, la más sagrada. La Escritura nos enseña y después de todo en la Escritura hay mucha filosofía que en la sangre está la vida. La sangre, por lo tanto, es el vínculo misterioso entre la materia y el espíritu. No podemos saber cómo el alma puede tener una relación con la materia por medio de la sangre, pero es cierto que es este es el vínculo misterioso que une a estas cosas desiguales, de modo que el alma puede habitar en el cuerpo, y la vida estar en la sangre. Dios le ha atribuido gran solemnidad al derramamiento de la sangre. Bajo la dispensación judía, aun la sangre de animales era considerada como sagrada. Los judíos no podían comerla, era algo demasiado sagrado como para constituir la comida de un hombre. Al judío apenas se le permitía matar a sus propios animales. No podía matarlos excepto para derramar su sangre como una ofrenda sagrada al Dios Omnipotente. La sangre era aceptada por Dios como un símbolo de la expiación. En Hebreos 9:22 leemos: «sin derramamiento de sangre no se hace remisión». La sangre tenía tanta afinidad con la vida, que Dios no aceptaba otra cosa, queriendo dar a entender que a Él debía de ofrecérsele una vida, y que su glorioso Hijo debía rendir su vida como un sacrificio por sus ovejas.

Ahora bien, en nuestro texto tenemos la palabra «sangre» mencionada doblemente. Tenemos la sangre de Abel y la sangre de Jesús, ambos muertos a manos de impíos. También en este texto hay otras dos cosas, una comparación entre la sangre rociada y la sangre de Abel; y una cierta condición que se menciona de forma especial. Si leemos todo el versículo para extraer su significado, encontraremos que se habla de los justos como los que se acercan a la sangre rociada, que habla mejores cosas que la sangre de Abel. Así que, la condición que constituye la segunda parte de nuestro mensaje, es que la sangre ha sido rociada para nuestra salvación y gloria.

I. CONTRASTE Y COMPARACIÓN

1. Sin más preámbulos os presentaré el *contraste y comparación que hay implicados en el texto*. «La sangre rociada que habla mejor que la de Abel» (He. 12:24). Confieso que me asombré mucho, cuando leyendo al Dr. Gill, a Albert Barnes, y a otros eminentes comentaristas, encontré que añaden a este versículo un significado que nunca se me había ocurrido antes. Ellos dicen que el significado del versículo no es que la sangre de Cristo sea superior a la de Abel —aunque esto es verdad—, sino que el sacrificio de la sangre de Cristo es mejor, y habla mejores cosas que el sacrificio que ofreció Abel. Aunque no pienso que éste sea el significa-

do del texto, y tengo mis razones para creer que la sangre que se contrasta aquí con la de nuestro Salvador es la sangre de Abel, mirando al original hay tanto que decir a ambos lados de este asunto, que creo que lo mejor al explicaros el pasaje es daros ambos significados. No se trata de interpretaciones conflictivas, ciertamente hay una sombra de diferencia entre ellas, pero en realidad se unen a una misma idea.

a) En primer lugar, aquí podemos entender que hay una comparación entre las ofrendas presentadas por Abel y por Jesucristo, cuando dio su sangre como rescate por su rebaño.

Permitidme describir la ofrenda de Abel. No tengo duda de que Adán, desde el primer día de su expulsión del Edén ofreció un sacrificio a Dios, y tenemos alguna evidencia de que este sacrificio fue de un animal, pues se nos dice que Dios vistió a Adán y Eva con pieles de animales (Gn. 3:21), probablemente procedentes de la matanza de víctimas ofrecidas en sacrificio. Sin embargo, esta es una alusión mínima; el primer registro absoluto que tenemos de un sacrificio oblatorio es el ofrecido por Abel. Al parecer, desde los primeros días de la historia, había una distinción entre los hombres. Caín era el representante de la simiente de la serpiente, y Abel representaba la simiente de la mujer. Abel era el escogido de Dios, y Caín era uno de aquellos que habían rechazado al Altísimo. Sin embargo, los dos se unieron para el servicio a Dios. Cierto día, ambos trajeron un sacrificio. En lo referente a los sacrificios, Caín tenía otra idea diferente a la de Abel. Como era muy orgulloso, dijo: Estoy dispuesto a confesar que las misericordias que recibimos de la tierra son un don de Dios, pero no reconoceré que soy un pecador culpable y merecedor de la ira divina. Por lo tanto, decidió no traer ninguna ofrenda que no fuera del fruto de la tierra».

«¡Ah, pero», dijo Abel, «siento que además de estar agradecido por las misericordias temporales de Dios, al mismo tiempo tengo pecados que confesar, e iniquidades que necesitan su perdón, y sé bien que sin derramamiento de sangre, no se hace remisión de pecado. «Por lo tanto, dijo él, «Oh Caín, no estaré conforme con traer una ofrenda de la tierra, las hojas del maíz, o los primeros frutos maduros, sino que le traeré a Jehová los primogénitos de mi rebaño, y derramaré sangre sobre el altar, porque mi fe me dice que ha de venir una gran Víctima que hará expiación por los pecados de los hombres. Por medio del sacrificio de este cordero, expreso mi solemne fe en él». Pero no fue así con Caín; a él no le importaba nada de Cristo, no deseaba confesar sus pecados. No tenía objeción en traerle a Dios una ofrenda de gracias, pero lo que nunca traería sería una ofrenda por el pecado. No le importaba traer a Dios aquello que él pensaba que podía ser aceptable como una devolución de los favores recibidos, pero no quería traer a Dios, un reconocimiento por su culpa, o una confesión de su incapacidad de hacer expiación por ella, excepto por la sangre de un substituto. Cuando Caín se acercó al altar, lo hizo sin ninguna fe. Al igual que Abel, apiló las piedras, dejó sus hojas de maíz sobre el altar, y allí esperó. Sin embargo, si Dios le aceptaba o no, fue para él un asunto de indiferencia comparativa. Él creía que había un Dios, pero no tenía fe en las promesas de ese Dios. Dios había dicho que la simiente de la mujer aplastaría la cabeza de la serpiente éste es el Evangelio como fue revelado primeramente a nuestros padres; pero Caín no creía en ese Evangelio fuera o no verdad a él no le importaba para él bastaba conseguir de la tierra lo suficiente para su propio sostenimiento. Él no tenía ninguna fe. Pero el santo Abel, se puso a un lado del altar, y mientras que Caín el infiel tal vez se reía y bromeaba en cuanto al sacrificio, él presentó el cordero sangrante como testimonio para todos los hombres, tanto de ese tiempo como de tiempos futuros de que él creía en la simiente de la mujer la que vendría para destruir a la serpiente, y restaurar las ruinas de la caída. ¿Podéis ver al santo Abel ministrando allí como un sacerdote en el altar de Dios? ¿Veis el gozo sobre su cara cuando ve los cielos abiertos y el fuego del Dios viviente que desciende sobre la víctima? ¿Podéis notar la expresión de gratitud y llena de confianza que levantan al cielo sus ojos antes llenos de lágrimas?

Biblia, Parábolas, Personajes, Tipos y figuras

Ahora exclama: «Te doy gracias, oh Padre, Señor del cielo y de la tierra, que hayas aceptado mi sacrificio, el cual presenté con la fe en la sangre de tu Hijo, mi Salvador, que un día vendrá».

b) El sacrificio de Abel, siendo el primero en el registro, y habiendo sido ofrecido en las fauces de la oposición, tiene en sí mucho significado a la luz de otros sacrificios hechos por los judíos. Abel fue honrado por su confianza y fe en el Mesías venidero. Pero comparemos por un instante el sacrificio de Cristo con el sacrificio de Abel, y veremos que este último disminuye hasta hacerse insignificante. ¿Qué fue lo que trajo Abel? Trajo un sacrificio que mostraba la necesidad de la sangre derramada, pero Cristo trajo la misma sangre derramada. Por medio de su sacrificio, Abel le enseñó al mundo que él esperaba una víctima, pero Cristo era la víctima real. Abel trajo el tipo y la figura que mostraba la necesidad del derramamiento de sangre. Aquel cordero fue una figura del que habría de venir, pero Cristo trajo el derramamiento de su misma sangre. Él fue el Cordero de Dios que quita los pecados del mundo. Él fue la substancia de esa sombra, la realidad de aquel tipo. El sacrificio de Abel no tiene méritos en sí mismo, a no ser por la fe en el Mesías con la cual se presentó. Sin embargo, el sacrificio de Cristo tiene mérito en sí mismo, o sea que en sí mismo fue meritorio. ¿Qué era la sangre del cordero de Abel? No era sino la sangre de un cordero normal que podía ser derramada en cualquier lugar; y a excepción de la fe que él tenía en Cristo, la sangre del cordero era como agua, una cosa despreciable. Sin embargo, la sangre de Cristo fue el verdadero sacrificio, más rico que toda la sangre de las bestias que fueron ofrecidas sobre el altar de Abel, o sobre los altares de todos los sumos sacerdotes judíos. Podemos decir que de todos los sacrificios que fueron ofrecidos, por más que fueran costosos y aceptables a Dios, no son nada cuando se les compara con el sacrificio de Cristo, ofrecido una vez y para siempre, con el cual hizo perfectos a los santificados.

Hemos visto que es bastante evidente y fácil establecer la diferencia que hay entre la sangre derramada de Cristo y la sangre que derramó Abel con su sacrificio representativo. Pero ahora descubriremos que había un significado más profundo en ello, no importa lo que otros comentaristas hayan dicho. Creo que la alusión aquí es a la sangre de Abel asesinado. Caín mató a su hermano Abel, y sin duda sus manos y el altar fueron manchados con la sangre de aquel que había actuado como un sacerdote. Ahora, el autor de Hebreos nos dice que «la sangre rociada que habla mejor que la de Abel» (He. 12:24). Tenemos la evidencia de que fue así pues Dios le dijo a Caín: «¿Qué has hecho? La voz de la sangre de tu hermano clama a mí desde la tierra» (Gn. 4:10). En Hebreos 11:4, leemos que: Por la fe Abel ofreció a Dios más excelente sacrificio que Caín por lo cual alcanzó testimonio de que era justo, dando Dios testimonio de sus ofrendas; y muerto, aún habla por ella» (He. 11:4). Habla por medio de su sangre, es su sangre la que clama a Dios desde el suelo. Ahora, la sangre de Cristo también habla. ¿Cuál es la diferencia entre las dos voces? pues en el texto se nos dice que «habla mejor que la de Abel».

2. La sangre de Abel habla de una triple forma. Habla en el cielo, habla a los hijos de los hombres, habló a la conciencia de Caín. La sangre de Cristo también habla en una triple forma, y habla mejores cosas.

a) Primero, la sangre de Abel habló en el cielo. Abel era un hombre santo, y todo lo que Caín pudo decir en su contra era que sus obras eran malas, y las de su hermano justas. Ved cómo van los dos hermanos juntos a ofrecer el sacrificio. Notad la mirada amenazadora en Caín, cuando el sacrificio de Abel es aceptado, mientras su ofrenda permanece intacta sin que el fuego sagrado la toque. Notaréis como empiezan a hablar juntos, quietamente Abel discute el asunto, y con qué ferocidad Caín le denuncia. Notaréis nuevamente cómo Dios le habla a Caín, y le advierte de la maldad que había en su corazón. Como veis, Caín se va de la cámara de la presencia del Altísimo, habiendo sido ya advertido de antemano, pero con el terrible pensamiento en su corazón de que él se mancharía las manos con la sangre de su hermano. Sale pues, al encuentro de su hermano y habla amigablemente con él, es como si le diera el beso de Judas. Le empuja al campo, y cuando está solo le golpea una y otra vez hasta que le mata. Allí queda el cuerpo sangrante de Abel. ¡Oh tierra, no cubras esta sangre! Este es el primer crimen que has visto, la primera sangre de hombre que ha tocado la tierra. Se oye un grito en el cielo; los ángeles están asombrados, se levantan de sus asientos de oro y preguntan: «¿qué es ese grito?». Dios les mira y responde, «es el grito de la sangre. Un hombre ha sido muerto a sangre fría por su hermano, con toda malicia. Uno de mis santos ha sido asesinado, y he aquí él viene». Y Abel entró en el cielo, el primero de los escogidos de Dios que ha entrado en el Paraíso, y el primero de los hijos de Dios que llevará la corona del martirio. Entonces se oyó el grito, alto, claro y fuerte, «¡venganza, venganza!» Y Dios mismo, levantándose de su trono, convocó al culpable a que viniera ante su presencia. Le hizo una pregunta, le condenó por su propia boca, e hizo de él un fugitivo y un vagabundo, que anduvo errante sobre la tierra.

Y ahora, amados haced un contraste entre esta sangre y la sangre de Cristo. Éste es Jesucristo, el Hijo de Dios encarnado. Él fue colgado de una cruz y asesinado por sus propios hermanos. «A lo suyo vino, y los suyos no le recibieron» (Jn. 1:11), sino que le mataron. He aquí que Él sangra y muere, y entonces se oye un grito en el cielo. Los asombrados ángeles preguntan: «¿Qué es esto? ¿Qué es ese grito que oímos?». El poderoso Señor responde otra vez: «¡Es el grito de la sangre, la sangre de mi único Hijo!» Y Dios, levantándose de su trono, mira hacia abajo desde los cielos y oye el grito. ¿Y cuál es el grito? No es de venganza, sino que la voz clama, «¡misericordia, misericordia! ¿No la oís? Dice, «Padre, perdónalos, porque no saben lo que hacen» (Lc. 23:34). He aquí la sangre de Cristo, «que habla mejor que la de Abel», pues la de Abel clamaba venganza e hizo que Dios desenvainara su espada, pero la sangre de Cristo clamó, «¡misericordia!» y la espada volvió a su lugar para siempre.

«La sangre tiene una voz
que traspasa los cielos,
«¡venganza!», grita la sangre de Abel;
pero la rica sangre de Jesús muerto,
respira paz desde sus venas y
por doquier».

Notaréis que la sangre de Abel gritaba por la venganza sobre un hombre sobre Caín. Para estar satisfecha requería la muerte de un hombre, «¡sangre por sangre!». El asesino debe morir. La sangre de Cristo grita: «¡misericordia, misericordia!», no sobre un hombre, sino sobre una multitud a la que nadie puede contar. El don de Dios vendría sobre muchos.

Nuevamente os digo: la sangre de Abel clama al cielo por venganza, por la transgresión de Caín; por algo que él había hecho, indigno y vil. La sangre de Abel no demandó ninguna venganza, sino que clamaba ante del trono de Dios por el pecado, y no por muchos pecados. Pero no fue así con la sangre de Cristo. En Romanos 5:16, leemos: «el don vino a causa de muchas transgresiones para justificación». ¡Oh!, ¿podéis oír ese grito, como viene ahora desde el Monte Calvario? «Padre, perdónalos, porque no saben lo que hacen». No se pide el perdón para uno, sino para muchos. «Padre, perdónalos». Y no sólo perdonarlos de esta ofensa, sino de todos sus pecados y borrar todas sus iniquidades. ¡Ah, amados! podíamos haber pensado que la sangre de Cristo demandaría la venganza a manos de Dios. Seguramente, si Abel fuera vengado siete veces, entonces Cristo debería serlo setenta veces siete. Si la tierra no tragó la sangre de Abel hasta que estuvo llena, seguramente podríamos pensar que nunca habría cubierto el cuerpo de Cristo, hasta que Dios castigara al mundo con fuego y espada, llevando a los hombres a la destrucción. Pero, ¡oh, preciosa sangre, tú no pronunciaste una sola palabra de venganza! ¡Todo lo que clama esta sangre es paz, perdón, misericordia, aceptación! Verdaderamente, la sangre de Cristo, «habla mejor que la de Abel».

b) Repito; la sangre de Abel tiene una segunda voz. Le habla a todo el mundo. «Y muerto, aún habla por ella». No habla solo en el cielo, sino también en la tierra. Los

Biblia, Parábolas, Personajes, Tipos y figuras

profetas de Dios son una gente que habla. Ellos hablan por medio de sus hechos y por sus palabras en tanto que viven, y cuando son enterrados hablan por medio del ejemplo que han dejado. Abel nos habla por medio de su sangre. ¿Y qué dice? Cuando Abel ofreció su sacrificio sobre el altar, nos estaba diciendo: «Yo creo en un sacrificio que se ha de ofrecer por los pecados del hombre», pero cuando la propia sangre de Abel salpicó el altar, parecía decir: «He aquí la ratificación de mi fe. Sello mi testimonio con mi propia sangre; aquí tenéis la evidencia de mi sinceridad, pues yo estaba preparado para morir por la defensa de esta verdad que ahora testifico a vosotros». Por lo tanto, ratificar el testimonio con su sangre fue para Abel algo grandioso. Si los mártires no hubieran estado dispuestos a morir por su profesión, nosotros no habríamos creído en ellos ni la mitad de lo que lo hemos hecho. En tiempos antiguos, el Evangelio nunca se habría esparcido de forma tan maravillosa. Si todos los predicadores del Evangelio no hubieran estado prontos y dispuestos a atestiguar lo que predicaban con su propia sangre, el Evangelio en tiempos antiguos nunca se hubiera extendido como lo hizo. Pero la sangre de Cristo, «habla mejor que la de Abel». La sangre de Abel ratificó su testimonio, la sangre de Cristo también lo ha hecho; pero el testimonio de Cristo es mejor que el de Abel. ¿Cuál es ese testimonio de Cristo? El pacto de la gracia ese pacto eterno. Él vino a este mundo para decirnos que desde el principio Dios había escogido a su pueblo que los había ordenado para vida eterna, y que había hecho un pacto con su Hijo Jesús, que estaba dispuesto a pagar el precio para que ellos salieran libres. Y Cristo exclamó, «consumado es». «Y habiendo inclinado la cabeza, entregó el espíritu» (Jn. 19:30). El propósito del pacto estaba consumado. Ese propósito era el de acabar con las transgresiones y los pecados, y hacer la reconciliación por la iniquidad, trayendo justicia eterna. Tal fue el testimonio de nuestro Señor Jesucristo, como le manó del corazón, ser el sello que decía que el pacto había sido ratificado. Cuando veo morir a Abel, sé que su testimonio es verdadero; pero cuando veo morir a Cristo, sé que el pacto es verdadero.

«Este pacto, oh creyente, permanece para ahuyentar tus temores; está firmado, sellado y ratificado, y bien ordenado en todos sus pormenores».

Cuando Él inclinó su cabeza y entregó su espíritu, certificó como víctima sustitutoria, que todas las cosas estuvieran aseguradas para su simiente. Ven, santo, y ve el pacto de sangre, y sabe que es seguro. Él es el testigo fiel y verdadero, el príncipe de los reyes de la tierra. Mi Señor Jesús, el primero de los mártires, tú has testificado que eres el pastor y el obispo de las almas; que has quitado fuera el pecado por medio del sacrificio de tu Persona. Nuevamente os digo; venid, pueblo de Dios, y leed el rollo de oro. Comienza con la elección de los escogidos y termina en la vida eterna. En todo su trayecto, la sangre de Cristo clama en vuestros oídos, pues ha probado ser verdadera y segura para toda su simiente, tanto que «habla mejor que la de Abel».

c) Ahora llegamos a la tercera voz; pues la sangre de Abel tiene un triple clamor. Habló a la conciencia de Caín. Duro como él era, y como el mismo diablo en su pecado, no estaba tan sordo en su conciencia como para no oír la voz de la sangre. Lo primero que la sangre de Abel le dijo a Caín fue esto: «¡Ah, culpable desgraciado, has derramado la sangre de tu hermano!» Cuando la vio brotar de la herida y fluir como un torrente la miró, y el sol brilló sobre ella. El reflejo grana que vio su ojo parecía decirle: ¡Ah, maldito miserable!, pues al hijo de tu propia madre has matado. Cuando decayó tu semblante, tu maldición fue lo suficientemente vil, pero levantarte contra tu hermano y quitarle la vida fue mucho peor. Era como si le dijese: «¿Qué te había hecho para que le quitaras la vida? ¿En qué te había ofendido? ¿No era su conducta intachable y pura su conversación? Si hubieras matado a un villano o un ladrón, los hombres no te habrían culpado, pero esta sangre es pura, limpia, perfecta; ¿cómo has podido matar a un hombre así?» Caín puso su mano en la frente y sintió un sentimiento de culpa como nunca sintiera antes. Entonces la sangre volvió a decirle, «¿hacia dónde irás? En tanto que vivas serás un vagabundo». Un escalofrío le recorrió el cuerpo, y entonces dijo, «y sucederá que cualquiera que me hallare, me matará» (Gn. 4:14). Y aunque Dios le prometió que viviría, no hay duda de que anduvo siempre temeroso. Si veía un grupo de hombres, se escondía, o si en su deambular divisaba a un hombre a lo lejos, se desviaba en la dirección opuesta. Hubiera querido enterrar su cabeza, para que nadie le observara. En la quietud de la noche soñaba. Quien dormía a su lado era su mujer, pero él sentía que unas manos subían hasta su cuello y apretaban su garganta hasta faltarle el aire. Entonces se sentaba en la cama y miraba alrededor a las sombras oscuras, pensando que alguien le asechaba. Cuando se levantaba por la mañana para ir a su trabajo, el fantasma de su hermano parecía presentársele directamente frente a su cara; y cuando estaba en compañía, temía la voz de los hombres porque le parecía que todos le maldecían a causa del crimen que había cometido. Nadie le daría la mano, pues estaba teñida de rojo con sangre inocente. Incluso su mismo hijo tenía temor de mirarle a la cara, porque tenía una marca que Dios le había hecho. Su misma esposa apenas podía hablarle. Tenía miedo de que de los labios de su marido, quien había sido maldecido por Dios, derramaran alguna maldición sobre ella. La misma tierra le maldecía. Tan pronto como ponía su pie en la tierra, lo que antes había sido un jardín, ahora se convertía en un desierto, y la tierra fértil se endurecía hasta transformarse en una roca. La culpa, como un funesto chambelán, con sus dedos rojos de sangre, corría cada noche la cortina de su cama. Su crimen no le dejaba dormir. Hablaba a su corazón, y su memoria le recordaba el grito de muerte de su hermano asesinado. Sin duda, la sangre inocente le habló a Caín una cosa más. Le dijo: «Caín, aunque Dios te ha permitido seguir viviendo, no hay para ti ninguna esperanza. Eres un hombre maldito sobre la tierra y acusado para siempre. Dios te ha condenado y de ahora en adelante te maldecirá». La esperanza que se le daba a todos los hombres, a él se le negaba. Había venido a ser un vagabundo sin ayuda, que deambulaba inútilmente de un lado para el otro.

II. LA DULCE VOZ DE CRISTO

1. Pero ahora ved el dulce cambio que se opera al oír la voz de Cristo, que «habla mejor que la de Abel» (He. 12:24). ¡Amigo! ¿Has oído alguna vez la voz de Cristo en tu conciencia? Yo la he oído, y agradezco a Dios por cada vez que la oigo.

> «Cuando el pecador se desespera, acude en oración al trono de la misericordia de Dios».

Caín oró, pero creyó que lo estaba haciendo en vano. De sus ojos no salió ni una lágrima; su corazón le pesaba, buscó, pero no halló misericordia. Una y otra y otra vez asediaba al trono de la gracia celestial y golpeaba a las puertas de la misericordia. ¡Oh!, dentro de su corazón había una piedra de molino, y el hierro corroía su alma. Caín estaba, prisionero en unas dolorosas ataduras las ataduras de la desesperación, en las que estaba encadenado para siempre. Ese prisionero un día oyó una voz que le dijo: «Vé, vé al Calvario». Con temor, tembló ante esa voz, pues se preguntó, «¿por qué he de ir a ese lugar? Allí maté a mi Salvador, con mis transgresiones. ¿Por qué he de ir a ver el cuerpo muerto de quien se convirtió en mi hermano en la adversidad? Pero la misericordia fue insistente y le dijo, «¡Ven, acércate pecador!» Entonces el pecador le siguió. Tenía cadenas en sus pies y en sus manos, y casi no podía arrastrarse. El buitre negro de la destrucción parecía asechar en el aire. El pecador se trasladó lo mejor que pudo, hasta llegar al pie de la colina que se llama del Calvario. Sobre la cima vio una cruz; la sangre corría de manos, pies, y del costado del crucificado, y la misericordia le tocó sus oídos y le dijo: «escucha», y se oyó que la sangre decía «Amor», y luego, «misericordia». La tercera cosa que dijo fue «perdón». La siguientes fueron «aceptación», «seguridad», y la última «cielo». Cuando el pecador oyó la voz que le hablaba, dijo para sí: «¿acaso la sangre me está hablando?» Y el Espíritu dijo: «a ti, a ti te

Biblia, Parábolas, Personajes, Tipos y figuras

está hablando». Entonces el pecador escuchó, y ¡oh, qué música fue para su turbado corazón!, pues al momento todas sus dudas desaparecieron. Ya no tenía sentimientos de culpa. Él sabía que era un ser vil, pero vio que su maldad era completamente borrada. También era consciente de su culpabilidad, pero esas culpas eran expiadas por medio de la preciosa sangre que fluía de aquel lugar. Antes había estado invadido por el terror; tenía terror a la vida y a la muerte, pero ahora no temía a nada, pues el gozo y la confianza habían tomado posesión de su corazón. Miró a Cristo, el crucificado, y dijo, «yo sé que mi Redentor vive» (Job 19:25). Abrazó al Salvador y empezó a cantar: «¡oh, estoy confiado, porque esta bendita sangre fue derramada por mí!». Entonces la Desesperación y la Destrucción fueron echadas fuera, y en su lugar vino el ángel radiante de la seguridad, diciéndole: «Eres acepto en el Amado y un escogido de Dios. Ahora eres su hijo y serás su favorito por toda la eternidad». Ciertamente, la sangre de Cristo «habla mejor que la de Abel».

Ahora debo comunicaros que la sangre de Cristo se compara en uno o dos aspectos a la de Abel, aunque los supera largamente.

a) La sangre de Abel exclamó, «¡justicia!» Era justo que la sangre fuera vengada. Abel no tenía una antipatía personal contra Caín, pero cuando clamó venganza, la sangre habló justamente. La sangre de Cristo también hablaba de forma justa cuando exclamó, «misericordia». Cristo tenía derecho a pedir misericordia para los pecadores. Cuando Cristo salva a un pecador, no le salva furtivamente o en contra de la ley o la justicia, sino que lo hace justamente. Cristo tiene derecho a tener misericordia sobre aquel que perdona, pues puede ser a la vez el justo y el que justifica a los impíos.

b) Repito, la sangre de Abel clama provechosamente. Clamó por venganza, y fue lo que tuvo. La sangre de Cristo tampoco clama en vano. Dice: «perdón», y cada pecador salvo obtiene ese perdón. Cuando clama, «aceptación», cada penitente es acepto en el Amado. Si esa sangre clama por mí, sé que no lo hará en vano; es siempre válida y no pierde su cometido. Debe ser

oída y lo es. Si la sangre de Abel sobrecogió al cielo, ¿no podrá la sangre de Cristo llegar a oídos del Señor de Sabaoth?

Vuelvo a decir: la sangre de Abel clama de manera continua. Allí está el trono de la misericordia, y también la cruz, y la sangre cae sobre el trono de la misericordia de Dios. He cometido un pecado. Cristo dice, «Padre, perdónalo». Cae una gota de sangre. Peco otra vez. Cristo vuelve a interceder. Cae otra gota. De hecho, la sangre es la que intercede. Cristo no necesita hablar con su boca; las gotas de su sangre caen sobre el trono de la misericordia y cada una parece decir: «¡Perdónale, perdónale!».

Querido amigo, si oyes la voz de la conciencia, detente y trata de oír también la voz de la sangre. ¡Oh, qué precioso es oír la voz de la sangre de Cristo! Tú, que no sabes lo que esto significa, que no conoces la misma esencia del gozo de vivir, pero que eres capaz de entenderlo, podrás decir: «el caer de las gotas de sangre es como una música celestial sobre la tierra». ¡Pobre pecador! Te pido que te acerques y escuches esa voz que hoy habla a tus oídos y a tu corazón. Estás lleno de pecado, y el Salvador te invita a elevar tus ojos y fijarlos en Él.

Mírale, su sangre está fluyendo de su cabeza, de sus manos, de sus pies, y cada gota que cae todavía sigue clamando: «Consumado es». «He puesto una barrera al pecado, he traído la misericordia y la justicia eterna». ¡Oh, qué dulce lenguaje se oye con el caer de las gotas de su sangre! «La sangre rociada que habla mejor que la de Abel» (He. 12:24).

III. LA CONDICIÓN DE CADA CRISTIANO

1. Habiéndonos extendido ya lo suficiente sobre este tema, cerraré mi mensaje dirigiéndome con unas pocas palabras concernientes al segundo punto *la condición a la cual es traído cada cristiano*. Se dice que el creyente es traído «a la sangre rociada». Trataré este tema de forma breve, pero muy solemne. Queridos oyentes, ¿os habéis llegado a la sangre de Cristo? No os pregunto si tenéis un conocimiento doctrinal, si practicáis la observancia de algunas ceremonias, o si tenéis alguna experiencia en par-

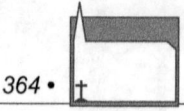

ticular; sino que me interesa preguntaros si os habéis llegado a la sangre de Cristo. Si lo habéis hecho, espero que hayáis venido sin ostentar ningún mérito de vuestra parte. Culpables, perdidos y sin ninguna otra ayuda, debéis acercaros a esta sangre para obtener esperanza. Venís a la sangre de Cristo con un corazón dolorido y tembloroso. Algunos de vosotros recordáis como os habéis acercado por primera vez, decaídos y llenos de desesperación, pero esa sangre hizo que os recuperarais. Y una cosa sé: si alguna vez has acudido a esa sangre, acudirás a ella cada día. Aquel que no desea lavarse en esa fuente cada día, es que nunca se ha lavado antes en ella. Siento que es a diario mi gozo y mi privilegio. Esa fuente está siempre abierta. Yo confío en que hace hace años me llegué a Cristo, pero ¡ah!, no podría confiar en ese hecho del pasado, a menos que haya acudido a esa sangre hoy mismo. Las experiencias pasadas son algo dudosas para el cristiano. El hecho de llegarse actualmente a Cristo, debe darnos gozo y consuelo. ¿No habéis cantado algunos de vosotros, hace veinte años, este himno?

«Mi fe extiende su mano,
hasta su divina cabeza,
mientras que, como un penitente,
le observo y confieso mi pecado».

2. Amados, podéis cantarlo hoy como lo hicisteis entonces. Hace días estaba leyendo un libro, en el cual el autor declara, que en tanto que vivamos, no hemos de venir a Cristo como pecadores, pues según él, debemos crecer en nuestra santidad. ¡Ah!, estoy seguro de que este autor no sabe mucho sobre el tema, porque los santos siguen siendo pecadores y como tales deben siempre acudir a Cristo. Si alguna vez me acerco al trono de Dios como un santo, siento en mí mismo un sentimiento de rechazo. Sin embargo, cuando voy como un pobre y humilde pecador buscando al Señor y confiando en su sangre, ¡oh Jesús!, sólo hallo tu aceptación. Lleguémonos a la sangre «que habla mejor que la de Abel». Que ésta sea nuestra experiencia de cada día.

Sin embargo, tenemos aquí algunas personas que confiesan que nunca han venido. No puedo exhortaros a venir cada día, pero sí que os exhorto a que vengáis ahora por vez primera. Tal vez algunos de vosotros os preguntáis: «pero, ¿puedo venir?». Sí, si deseas venir, puedes hacerlo. Si sientes que tienes necesidad de venir, de cierto puedes.

«Toda la preparación que Él requiere,
es que sientas la necesidad de venir:»
y además:
«Con la luz de su Espíritu,
Él hace que tu alma se ilumine».

CONCLUSIÓN

Tal vez alguien diga: «pero debo traer conmigo algunos méritos». ¡Oye lo que habla la sangre de Cristo! Te dice: «pecador, yo estoy lleno de méritos, ¿por qué quieres traer los tuyos, que son totalmente inadecuados e insuficientes?» O tal vez me digas: «Ah, es que tengo muchos pecados. Soy demasiado culpable». ¡Escucha a la sangre! «Venid luego, dice Jehová, y estemos a cuenta: si vuestros pecados fueren como la grana, como la nieve serán emblanquecidos; si fueren rojos como el carmesí, vendrán a ser como blanca lana» (Is. 1:18). «Pero», me dirá algún otro, «tengo un deseo muy pobre, y además, muy poca fe». ¡Escucha a la sangre! «No quebrará la caña cascada, ni apagará el pábilo que humeare, por medio de la verdad traerá justicia» (Is. 42:3). «Está bien», dirá un oyente, «pero yo sé que si me acerco a Él, me echará». ¡Escucha a la sangre! Mirad lo que dice en Juan 6:37: «Todo lo que el Padre me da, vendrá a mí; y al que a mí viene, no le echo fuera». «No», me dice alguien más, «yo sé que tengo algunos pecados que no se pueden perdonar». Ahora bien, oid nuevamente la voz de la sangre: «la sangre de Jesucristo su Hijo nos limpia de todo pecado» (1 Jn. 1:7). Éste es el testimonio de la sangre, y este testimonio es para ti. «Y tres son los que dan testimonio en la tierra: el Espíritu, el agua y la sangre; y estos tres concuerdan» (1 Jn. 5:8). Por consiguiente, el testimonio de la sangre es: «la sangre de Jesucristo su Hijo nos limpia de todo pecado». Ven, pobre pecador, y descansa simplemente en esta verdad ¡Fuera con todas tus

Biblia, Parábolas, Personajes, Tipos y figuras

buenas obras y tu vana confianza en cosas inútiles! Apóyate en esta dulce verdad de Cristo. Confía en su sangre; y si no puedes poner tu confianza solamente en Jesús y en su sangre rociada, ésta hablará a tu conciencia mejores cosas que la de Abel.

Me temo que hay muchos que no saben el verdadero significado de la palabra creer. El Dr. Chalmers cierta vez visitó a una pobre mujer anciana. Le habló de creer en Cristo y ella le respondió:

—Pero eso es justamente una de las cosas que no sé lo que significa.

—Confíe en Cristo —le insistió Chalmers.

Esto es lo que quiero dar a entender con el término creer. Confía en Él con toda tu alma, con tus pecados. Confía en Él para el futuro, para el pasado, y para cada cosa.

«Un gusano débil e indigno,
caigo en los brazos de Cristo;
Sé pues mi fortaleza y mi justicia,
Mi Jesús y mi todo.»

Que el Señor os dé su bendición; por amor a Cristo. Amén.

41. LA OREJA HORADADA CON LEZNA

«Y si él insiste en decir: Yo amo a mi señor, a mi mujer y a mis hijos, no quiero salir libre, entonces su amo lo acercará ante los jueces, lo acercará a la puerta o al poste de la puerta y le horadará la oreja con una lezna. Y le servirá para siempre» (Éxodo 21:5, 6).

INTRODUCCIÓN:
1. Normas que dio Moises para regular la esclavitud.
2. Escapar de la esclavitud del pecado.
3. Cristo se hace siervo por nosotros.

I. ELECCIÓN DEL SERVICIO PERPETUO
1. Podemos separarnos de Cristo si lo queremos.
2. Hay que asumir las consecuencias.

II. RAZONES PARA HACER USO DE LA ELECCIÓN
1. Solo podemos amar a Cristo.
2. Amamos al pueblo de Dios por Cristo.
3. ¿A dónde iremos?

III. EXHORTACIÓN A HORADARNOS LAS OREJAS
1. Los sufrimientos del Salvador.
2. Por la verdad de Dios.

CONCLUSIÓN: Llamamiento a ir y servir al Señor.

LA OREJA HORADADA CON LEZNA

INTRODUCCIÓN

1. La esclavitud que existía entre los antiguos israelitas era algo muy diferente a la esclavitud que ha deshonrado a la humanidad en los tiempos modernos. También hay que recordar que Moisés no instituyó mimngún tipo de esclavitud. Las leyes relacionadas con la esclavitud fueron hechas con el propósito de reglamentarla, cercarla dentro de límites muy estrechos, con el objetivo final de ponerle un fin. Era como la ley del divorcio, Moisés es el autor de esa ley, pero él sabía que la gente estaba tan metida en la tradición del divorcio que no podía prohibirse. Y por lo tanto, como nos dice Jesús, Moisés, por la dureza de sus corazones les permitió que se divorciaran de sus mujeres. Y así puedo decir que debido a la dureza de sus corazones les permitió también que mantuvieran a personas en servidumbre. Pero hizo leyes muy estrictas que hacían muy leve la esclavitud.

Una de las regulaciones tendentes a reprimir la esclavitud, entre muchas otras, era que si un esclavo huía de su amo estaba fuera de la ley quien le ayudara para regresarlo de nuevo a su amo. Con una ley como ésa pueden ver claramente que nadie tenía que permanecer en esclavitud, puesto que podía huir si quería. No era pecado ni obligación que *alguien* le obligara a regresar. Ahora bien, si un hombre puede irse cuando quiera, su esclavitud es algo muy distinto de esa maldición que aún prevalece en muchas partes del mundo. Pero el caso era así, y a veces, algunas personas insolventes, que no podían pagar, eran obligadas por ley a prestar sus servicios a sus acreedores por un cierto número de años, siempre limitado a seis, como pueden ver en este caso.

El hombre que cometiera un robo recibía una multa equivalente a siete veces la cantidad robada, en vez de cargar al país con el gasto de una prisión. Y si no tenía dinero para pagar era puesto bajo esclavitud hasta que pudiera comprar de nuevo su libertad, una institución muy defendible, pienso yo, que contenía una buena medida de severa justicia. A veces una persona en extrema pobreza podía vender sus servicios durante los seis años prescritos en este versículo, a alguna persona rica que estaba obligada a darle casa, vestido y alimento. Esto es muy parecido al sistema que aún existe en algunas partes de nuestro país (Inglaterra, siglo XIX), donde se contratan los servicios de una persona durante un año, dándole alimentación y algún salario en efectivo.

La ley establece aquí que si un hombre se vendía a sí mismo, o era vendido a causa de su insolvencia a un amo, al final de seis años podía irse libre. Tenía entera libertad de abandonar la casa de su amo e ir adonde le diera la gana. Pero da la impresión que la esclavitud era de carácter tan leve y, ciertamente, era de tal beneficio para la persona esclavizada, que con frecuencia los hombres rehusaban la libertad. Preferían continuar como estaban, sirviendo a sus amos. Ahora, como no era tan deseable que ésta fuera la norma y si *fuera* permitido los amos opresores presionarían al esclavo para que rehusara su libertad, la ley fue establecida de tal manera que en esos casos el asunto debía ser tratado ante los jueces.

2. Y ante ellos el hombre debía decir con toda claridad, debía decirlo de manera clara y precisa, de tal forma que no existiera ninguna duda al respecto, que era realmente su deseo no aceptar su libertad, sino que quería permanecer en la condición que estaba. Y después de haber comunicado su deseo y manifestar que su motivo era su amor hacia su amo y su amor a sus hijos y a la esposa que había conseguido en su servicio, su oreja era abierta contra la puerta de la casa. La ceremonia tenía por objeto poner ciertos obstáculos en el camino para darle la oportunidad de pensarlo bien y decir: «No, no me voy a someter a eso», y así podría irse libre, como correspondía.

Pero si aceptaba someterse a la dolorosa ceremonia, y declaraba ante los jueces que era un acto voluntario, entonces quedaría como sirviente del amo que eligió, durante el resto de su vida. Vamos a usar esto como un tipo y vamos a extraer una enseñanza con la bendición de Dios. La primera aplicación es ésta. Los hombres, por naturaleza, son esclavos del *pecado*. Algunos son esclavos del alcohol, otros de la lujuria, otros de la avaricia, otros de la pereza, pero generalmente hay momentos en las vidas de los hombres en los que tienen la oportunidad de escaparse. Se darán cambios providenciales que los alejarán de sus antiguos compañeros, teniendo así una pequeña esperanza de libertad, o vendrán tiempos de enfermedad que los alejarán de la tentación y les darán la oportunidad de recapacitar.

Sobre todo, habrá ocasiones cuando la conciencia es puesta a trabajar por la predicación fiel de la Palabra y cuando el hombre vuelve en sí y pregunta a su espíritu de esta manera: «¿Qué será? He sido un esclavo del diablo, pero he aquí una oportunidad de ser libre. ¿Abandonaré este pecado? ¿Oraré a Dios para que me dé Gracia Divina para liberarme y convertirme en un hombre nuevo?» Esa ocasión le puede venir a algún pecador ahora. Te suplico, querido amigo, que no lo veas con ligereza, porque estas ocasiones no siempre se presentan. Y si vienen pero son rechazadas con toda intención, puede ser que nunca más se te presenten. Si tienes la determinación de ser esclavo de tus pasiones, entonces con toda certidumbre tus pasiones te van a esclavizar. Si estás contento de ser un esclavo de la copa, entonces vas a descubrir que la copa te ligará con sus fascinaciones de manera tan firme como un cautivo atado con cadenas de bronce.

Si quieres ser esclavo de la incredulidad y de los placeres de la carne, descubrirás que te van a atar con bandas de acero y te van a sujetar para siempre. Hay momentos en que los hombres pueden irse libres. La puerta de su prisión no está cerrada con llave por el momento. «¡Por poco me persuades a ser cristiano!» clamó Agripa. Félix tiembla y decide escuchar más acerca de

Biblia, Parábolas, Personajes, Tipos y figuras

este asunto. Muchos otros en iguales condiciones no han encontrado la libertad, porque ellos han preferido de manera deliberada permanecer como estaban, y el resultado ha sido que *el pecado* ha horadado sus orejas y a partir de ese día escasamente los ha atormentado su conciencia.

Han pecado con impunidad. La escalera que desciende al infierno se inclina más rápido y ellos se precipitan hacia allá con creciente velocidad. ¿Acaso no los he visto con estos ojos que tenían esperanza de cosas mejores? El espíritu maligno salió de ellos y los dejó por un tiempo, y si la Gracia Divina hubiera venido y ocupado la casa, ¡ese espíritu maligno nunca hubiera regresado! Pero le hicieron señas al espíritu maligno para que regresara y vino con otros siete demonios peores que él y ¡el fin de ellos, que alguna vez fueron personas con esperanza, ha sido peor que el principio! Esclavo del pecado ¿quieres ser liberado? ¡Tus seis años han concluido hoy! ¿Quieres ser liberado? ¡El Espíritu de Dios te va ayudar a romper todas las cadenas! ¡El Redentor romperá tus ataduras! ¿Estás listo para la libertad?

¿Acaso tu corazón elige deliberadamente vivir bajo la esclavitud de Satanás? Si es así, escúchame bien. La lezna de la costumbre puede horadar tu oreja y entonces estarás más allá de toda esperanza de reforma, víctima de ti mismo, esclavo de tus pecados, idolatrando tu propio vientre, vil sirviente de tus propias pasiones. «Quien quiera ser libre, él mismo debe romper las cadenas», dice el dicho popular. Pero yo lo voy a mejorar, quien quiera ser libre debe clamar a Cristo para romper las cadenas. Pero si no quiere que sean rotas y acaricia sus ataduras, entonces ¡sobre su cabeza será su propia sangre! Hombre cristiano, la lección para ti es ésta, puesto que los sirvientes de Satanás aman tanto a su amo, ¿cuánto debes amar tú a tu Amo? Y puesto que ellos se apegan a su servicio, a pesar de que trae tanta miseria a sus casas, enfermedades a sus cuerpos, dolores de cabeza, ojos enrojecidos y pobreza a sus bolsillos, ¿se te puede ocurrir alguna vez dejar a tu Señor bueno y bendito, cuyo yugo es fácil y su carga ligera? Si siguen a Satanás hasta el infierno, tú seguramente puedes decir:

«A través de aguas revueltas y de llamas, si Jesús me guía,
Lo seguiré donde Él vaya».

3. Ellos son sirvientes voluntarios de Satanás. ¡Sé tú, con mayor ardor, siervo voluntario de Cristo!

Nuestro texto nos proporciona una segunda enseñanza. En el Salmo 41 (v. 6), van a encontrar la expresión usada por el Señor, o por David que en la profecía personificaba a nuestro Señor: «Tú has abierto mi oído», o «tú has perforado mi oído». Con toda probabilidad es Jesucristo quien habla aquí, refiriéndose a Sí mismo como el voluntario Siervo de Dios a nuestro favor para siempre. Meditemos en esa idea por un momento. Hace miles de años, mucho antes de que todo lo que se ve hubiera comenzado a existir, Jesús había hecho un pacto con su Padre: que Él se convertiría en el Siervo de siervos por causa nuestra. A través de los tiempos nunca se retractó de ese pacto. Aunque el Salvador sabía que el precio del perdón era Su *sangre*, su compasión no disminuyó en ningún momento, pues Su oreja había sido horadada.

Se había convertido por causa nuestra, en el siervo de Dios de toda la vida. Él amó a Su esposa, la Iglesia. Él amó a Sus queridos hijos, Sus hijos que vio de antemano cuando miró a través de las futuras generaciones, y no quiso su libertad. Nuestra insolvencia nos había convertido en esclavos y Cristo se convirtió en Siervo en lugar nuestro. Cuando vino al pesebre de Belén, era para que su oreja fuera horadada, con toda certeza, pues Pablo cita como una expresión paralela: «pero me preparaste un cuerpo». Estaba encadenado al servicio de Dios cuando fue encontrado en la forma de hombre, «haciéndose obediente hasta la muerte, ¡y muerte de cruz!». Cuando se acercó a las aguas del Bautismo en el Jordán y dijo: «porque así nos conviene cumplir toda justicia», entonces fue como si Jesús se presentara ante los jueces diciendo con toda claridad que amaba a su Señor, a quien estaba obligado a servir, y también dijo que amaba a su esposa la Iglesia y que amaba a sus pequeños. Por causa de todos ellos sería un Siervo para siempre».

Cuando estuvo frente a frente con Satanás en el desierto, el maligno le ofreció todos los reinos de este mundo, y ¿por qué no los aceptó? Por que Él prefirió la cruz a la corona, pues su oreja había sido horadada. Años más tarde el pueblo, en la cúspide de Su popularidad, le ofreció una corona, pero Él se escondió de ese pueblo. ¿Por qué? Por que Él vino a sufrir, no a reinar. Su oreja había sido horadada para la obra de redención y Él tenía como único motivo, llevar a cabo esa redención. En el huerto, cuando el sudor sangriento corría por su rostro y dijo estas palabras: «Padre mío, de ser posible, pase de mí esta copa», ¿por qué no apartó de Sí esa copa? Si hubiera querido hubiera ordenado a doce legiones de ángeles que vinieran en su rescate. ¿Por qué no convocó a esa guardia celestial?

¿No fue acaso porque se había sometido completamente al servicio de nuestra salvación? Ante sus jueces podría haberse salvado a sí mismo. ¿Por qué no lo hizo? Cuando se hallaba frente a Pilatos, una palabra suya hubiera roto el encanto de la profecía. Pero ¿por qué enmudece como oveja delante de sus esquiladores? ¿Por qué dio sus espaldas a los que lo golpeaban, y sus mejillas a los que le arrancaban la barba? ¿Por qué condescendió a morir y derramar realmente toda la sangre de su corazón sobre la cruz? Todo eso fue debido a que había tomado nuestro lugar, y tenía que completar su obra. Su oreja fue horadada y ni podía ni quería abandonar a su muy amada Iglesia.

«Sí, dijo Su amor, por ella iré
a través de las profundidades todas
del dolor y la miseria
y aun sobre la Cruz me atreveré
a llevar los tormentos de la muerte».

No aceptaría ninguna liberación aunque muy bien pudo haberlo hecho. «A otros salvó; a sí mismo no se puede salvar.»

Ahora, ¡escuchen esto, ustedes creyentes! Si Jesús no quiso liberarse de su bendito compromiso, ¿quisieran alguna vez liberarse del servicio de su amor? Puesto que

Él continuó siempre adelante hasta que dijo: «¡Consumado es!» ¿no les inspirará su amor, por el Espíritu Santo de Dios, a seguir siempre adelante hasta que puedan decir: «He acabado la carrera; he guardado la fe?» ¿Puedes ir hacia atrás cuando Jesús va delante de ti? ¿Puedes pensar en la retirada? Cuando ves a tu Señor clavado en el patíbulo del Calvario, derramando su sangre hasta la muerte para después yacer en la fría tumba por culpa tuya, ¿puedes contemplar la deserción y la apostasía con cualquier otro sentimiento que el aborrecimiento? ¿No dirás: «Que mi oreja sea horadada para su servicio, de la misma manera que su oído fue abierto por mí?»

Que estas observaciones sirvan de introducción a nuestro sermón. Aunque trataré de hacerlo breve, tiene que ver con nosotros de manera directa. Hermanos y hermanas en Cristo, creo que hablo en nombre de todos los que aman a Jesús, cuando digo: hoy deseamos entrar al servicio perpetuo de Cristo. Con el objeto de guiarlos a renovar su dedicación voy a hablar acerca de *nuestra elección de servicio perpetuo y nuestras razones para hacer esa elección.* Y después los voy a llamar *y voy a tratar de horadar sus orejas* con unas leznas muy afiladas, que ya tengo listas para ese propósito.

I. ELECCIÓN DEL SERVICIO PERPETUO

La primera cosa es que tenemos el poder de irnos libres si queremos. Ésta es una noche memorable para mí. Perdonen que hable de mí mismo, pero no puedo evitarlo. Esta noche cumplo exactamente veinticuatro años de haberme revestido del Señor Jesucristo en público en el bautismo, declarándome como su siervo. Y ahora, el día de hoy le he servido cuatro veces seis años y creo que Él me dice: «Puedes irte libre si quieres». De hecho Él dice lo mismo a cada uno de ustedes: «Puedes irte libre si quieres. No te voy a obligar que me sirvas a la fuerza».

Hay muchos lugares a los que puedes ir: el mundo, la carne y el demonio. Puedes tener como señor a cualquiera de los tres que elijas. Jesús no te retendrá en contra de tu voluntad. Hermanos, ¿quieren liberarse

Biblia, Parábolas, Personajes, Tipos y figuras

del yugo de Jesús? Yo sólo puedo hablar por mí mismo y ustedes pueden decir «amén», por ustedes mismos si así lo desean, pero nada más.

¡Bendito sea su nombre, no deseo nunca ser libre de su amado yugo! Prefiero decir:

«¡Oh, soy un gran deudor
de la Gracia
Diariamente debo recordarlo!
Que esa Gracia, Señor,
como cadena,
Ate mi deseoso corazón a Ti».

Hablaré de Él según pueda: ¡deseo servirle no otros 24 años, sino 24 *millones* de años! Sí, y por toda la eternidad, pues su yugo es fácil, y ligera su carga. Se dice en la epístola a los Hebreos: «Pues si de veras se acordaran de la tierra de donde salieron, tendrían oportunidad de regresar». De igual modo nosotros. ¿Pero regresaríamos a la tierra de la destrucción? ¿Volveríamos atrás, a la perdición? ¿Renunciaríamos al Señor? ¡No, por la gracia de Dios, eso no puede ser! Vamos en dirección a la tierra de Canaán y a Canaán iremos. Poseemos corazones errantes, pero la Gracia Divina aún los sostiene con firmeza y nuestra oración es:

«¡Está hecha!
¡La gran transacción está hecha.
Yo pertenezco a mi Señor,
y Él me pertenece a mí!
Él me atrajo y yo Le seguí,
embelesado de obedecer
la voz Divina».

Y agregaremos las palabras:
«Altos cielos que oyeron
el voto solemne,
esa voz renovada diariamente
escucharán
hasta que nos inclinemos
en la última hora de la vida,
y bendigamos en la muerte
una cadena tan querida».

2. Queremos decirlo pública y claramente, y estamos preparados para asumir las consecuencias. ¿Pero en realidad lo estamos? ¡Ésa es la pregunta! Si en verdad queremos ser los esclavos de Cristo para siempre, debemos esperar encontrarnos con problemas tales que el mundo no conoce. La horadación de nuestra oreja representa un dolor muy especial, pero tenemos ambas orejas listas para la lezna. El servicio del Señor involucra pruebas especiales, pues Él mismo nos lo ha dicho: «toda rama que está llevando fruto, la limpia para que lleve más fruto».

¿Queremos aceptar esa limpieza? ¿Qué hijo hay a quien el padre no disciplina? ¿Queremos aceptar esa disciplina? Sí, queremos decir con toda determinación: «Cualquier cosa que sea la soportaremos, siempre y cuando el Señor nos guarde y nos ayude a permanecer fieles». ¡No nos atrevemos a abandonar su servicio! No queremos, no podemos y nada nos puede impulsar a fugarnos de su casa o de su trabajo, ya que, gozándonos en la Gracia que da la perseverancia, nos aventuramos a decir: «¿Quién me apartará del amor de Dios que es en Cristo Jesús nuestro Señor?» ¡Soportaremos la horadación de la oreja! Tal vez nos llegará en la forma de más reproches de los hombres. Algunos de nosotros hemos tenido una buena medida de eso y hemos sido tolerablemente ultrajados hasta este momento pero nada de esto nos afecta.

¿Habrán más burlas crueles en nuestro caminar de aquí al cielo? ¡Sin duda alguna! ¡Vengan pues, que son bienvenidas! Mi declaración personal solemne en esta hora es la siguiente:

«Si van a venir por causa de
Tu nombre
vergüenza y reproche a mi rostro,
Daré alabanza al reproche
y bienvenida a la vergüenza
Pues tengo Tu recuerdo».

Amados míos, ¿acaso no dicen ustedes lo mismo? ¿No servirán a Cristo sin condiciones, sin importar los riesgos? ¿No lo seguirán a través del lodo y del pantano, y subiendo por el lado más desolado de la montaña y a lo largo de la zona del campo de batalla donde el combate ruge con mayor fiereza? Sí, lo haremos, si la Gracia Divina nos es dada, si el Espíritu Santo mora en nosotros. ¿No desean seguir al Cordero dondequiera que vaya? ¿Huyen del sacrificio supremo? ¿No desean permanecer fieles aunque todos abandonen a la Verdad? Sí,

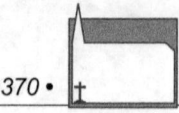

deseamos ser esclavos perpetuos de Cristo y sobrellevar lo que venga. Sé que hablo en nombre de todos los que aman a Cristo si digo que no queremos servir a Cristo *un poquito,* sino servirle mucho. ¡Y cuanto más nos dé trabajo, más Le amaremos!

¡Sí, y cuanto más nos haga soportar por su amada causa, más nos regocijaremos, siempre que nos dé la Gracia correspondiente! Ésa es una vida grandiosa que es altamente útil, o de gran sufrimiento o de mucho trabajo para Jesucristo el Salvador. ¿No sienten en lo más íntimo de sus almas que en vez de desear ser libres más bien quieren hundirse más profundamente en esta bendita esclavitud? ¿Llevar en sus cuerpos las señales del Señor Jesús y ser marcados como esclavos para siempre? ¿No es ésta la perfecta libertad que desean? Así, pues, concluimos el primer punto: nuestra elección de perpetuo servicio.

II. RAZONES PARA HACER USO DE LA ELECCIÓN.

Un hombre debe tener una razón para una decisión de tanto peso como ésta. Hemos servido a nuestro Señor durante veinticuatro años y no queremos cambiar, sino más bien queremos vivir con Él y morir con Él y vivir por toda la eternidad con Él. Hablamos con valentía sobre un negocio que tiene mucho peso. ¿Qué razones podemos dar para este lenguaje tan decidido? Pues bien, lo primero de todo, podemos dar algunas razones relacionadas con Él. El esclavo de nuestro texto que no quiso aceptar su libertad, dijo: «Yo amo a mi señor». ¿Podemos decir lo mismo nosotros? No puedo sentirme contento simplemente con decirlo. ¡Es verdad, verdad, verdad!

1. Pero si empezara a hablar de cómo lo amo, o de cómo *debería* amarlo, me quebrantaría por completo esta noche. Aún ahora me entrecorta la emoción. Puedo sentir amor en mi corazón, pero mi corazón está demasiado lleno para expresarse. ¡Oh, qué bendito Señor es Él! ¿Cómo no amarlo? ¡Toda mi naturaleza está llena de afecto hacia Él! ¿Quién no puede sino amarle? Mirando a sus heridas, debes amarle si has sido redimido. ¡Mira Su corazón traspasado, desde donde fluyeron el agua y la sangre para la doble cura de tu pecado! ¿Cómo podrías no amarlo? ¿Me refiero a Él que murió por ti y te compró, no con plata ni oro, sino con sus tormentos y sus sufrimientos y su sudor sangriento y su muerte! ¿Podrías abandonarlo?

Oh Salvador, que no seamos tales demonios como para dejarte, pues seríamos peores que demonios si pudiéramos apostatar de tan dulce Señor como eres Tú. Amamos a nuestro Señor, pues Él nos ha comprado y nos ha salvado de los padecimientos del infierno. ¡Y lo amamos porque nunca hubo un Señor comparable, tan bueno, tan tierno, Rey sin igual, tan inconcebiblemente amable, tan completamente glorioso! Nuestro Señor es la perfección misma, y todo el universo no puede producir a alguien igual que Él. Ahora ya no podemos alabar a las estrellas porque hemos visto el sol. No podríamos ocuparnos de las cosas pequeñas de la tierra, pues el Señor del cielo nos ha mirado y una mirada de sus ojos nos ha convertido en sus enamorados por los siglos de los siglos. ¿Quieren dejar el servicio de Jesús? ¡De ninguna manera! Un deseo tal no atraviesa nuestras almas.

Amados míos, estoy seguro que no tienen ningún deseo de cambiar de señores. ¿Acaso no están plenamente complacidos con el trato que Él les da? Cuando un siervo viene de algún pueblo para tomar una ocupación en la ciudad, de regreso a su pueblo sus viejos amigos lo rodean y le dicen: «Bien, Juan, ¿cómo encontraste tu trabajo? ¿Te trataba bien tu jefe? ¿El trabajo era muy duro? ¿Estabas bien alimentado y bien vestido?» Ahora, pueblo cristiano, yo no voy a hablar *en nombre de* ustedes, sino que ustedes hablarán a sus amigos y parientes; respondan ustedes mismos las diversas preguntas. Si tienen algún problema con Jesús, coméntanselo. Díganles si alguna vez Él los ha tratado mal, y si lo ha hecho, cuéntenselo a todo el mundo. No permitan que ninguno sea llevado a un mal servicio si ustedes han encontrado que es malo.

En cuanto a mí, nunca se halló un peor esclavo, pero... ¡nunca un esclavo tuvo mejor Señor del que yo tengo! Él ha aguantado

Biblia, Parábolas, Personajes, Tipos y figuras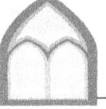

mis malas costumbres y me ha tratado como alguien de su propia familia. He sido algunas veces como un peso muerto para su casa pero Él nunca ha usado una palabra dura conmigo: «Mi copa está rebosando. Ciertamente el bien y la misericordia me seguirán todos los días de mi vida». Esta noche debo hablar de su misericordia para conmigo, aunque piensen que soy egoísta. Hace veinticuatro años yo era un joven inexperto y me metí al río en una fría mañana de Mayo para ser bautizado en el nombre de Jesús. Yo era entonces un joven tan tímido y temeroso como pueden ser los jóvenes.

Pero tan pronto salí del agua, ¡el temor del hombre se había alejado de mi mente! Por primera vez, esa noche, oré durante la reunión de oración de la iglesia y esta lengua no ha cesado nunca de hablar de su querido amor:

«Cuando por fin vi por fe el torrente
Que de sus abiertas heridas mana,
El amor redentor es mi único tema,
Y lo será hasta que me muera».

Ahora ¡vean lo que el Señor ha hecho por mí! Si alguien me hubiera dicho entonces: «Dentro de veinticuatro años vas a predicar a una gran multitud y tendrás tantos hijos espirituales que no se puedan contar», ¡no lo hubiera podido creer nunca! ¡Hubiera parecido imposible que una cosa así pudiera suceder! Sin embargo es así. Su diestra ha hecho cosas maravillosas por mí y mi reverente corazón lo ensalza. ¡Gloria sea dada a su nombre eternamente y para siempre! ¿Dejar a mi Señor? ¡Concédeme Señor que ese pensamiento vil y despreciable ni siquiera roce mi pecho! No, amado Señor, ¡yo soy tuyo para siempre! Déjame besar tus pies y quedarme atado a ti con nuevas ataduras de amor. Entonces, hermanos, ¿los ha tratado el Señor muy amablemente? ¡Vengan, hablen por ustedes mismos! Ustedes pueden ponerse de pie y contar historias tan notables como la mía, y pueden terminarlas diciendo cada uno: «Amo a mi Señor. No puedo hacer otra cosa que amarlo».

2. El esclavo de nuestro texto, que no quiso su libertad, declaró con toda claridad que amaba a su esposa. Por tanto hay razones relacionadas no solo con su señor, sino también con los que están en su casa, que detienen al siervo de Jesús en feliz esclavitud. Amados míos, algunos de nosotros no podemos dejar a Jesús, no solo por lo que Él es, también por algunos que están a su servicio y son muy queridos para nosotros. ¿Cómo puedo dejar al Dios de mi madre? ¿O dejar al Dios de mi padre, de mi abuelo, de mi tataruelo? Hermanos y hermanas, ¿cómo puedo dejar a *su* Dios, ser separado de todos ustedes, a quienes he amado tanto por tanto tiempo?

Esposo, tierno y amoroso, ¿podrías dejar al Dios de tu esposa? Esposa, ¿podrías abandonar al Dios de tus queridos hijos que ya están en el cielo? Ellos descansan allá en el pecho de Jesús y tú esperas verlos pronto. ¿Acaso no amas a Jesús por causa de los que una vez anidaron en tu pecho? Sí, y no es solamente la relación *terrenal* la que nos ata así, ¡sino que amamos a *todo* el pueblo de Dios a causa de nuestra relación con Cristo! En verdad podemos decir de su iglesia: «Aquí viven mis mejores amigos, mis parientes». Algunas de las relaciones más queridas que hemos establecido han comenzado al pie de la Cruz. Nuestros mejores amigos son aquellos con quienes vamos en compañía a la Casa de Dios. En conclusión, ¡la mayoría de los amigos que algunos de nosotros tenemos aquí en la tierra los hemos ganado a través de ser uno en Jesucristo! Y queremos mantenernos firmes por la grandiosa vieja causa y el viejo Evangelio, no solo por Cristo, sino también por su pueblo:

«Ahora, por causa de mis amigos
y de mis hermanos,
la paz sea contigo, diré.
Y por causa de Dios nuestro Señor
Siempre buscaré el bien de ustedes».

«Porque amo a mi mujer y a mis hijos», dice el hombre, «no puedo salir libre». Y nosotros decimos lo mismo. Además, déjenme añadir, algunos de nosotros debemos mantenernos con Cristo porque tenemos hijos en su familia que no podemos abandonar: hijos muy queridos que aprendieron por primera vez acerca de Cristo por nosotros. Muchas personas de esta congregación fueron llevadas al Señor por nuestra ense-

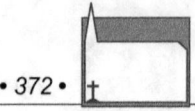

ñanza y por nuestras oraciones. No podríamos huir de ellas. ¡Las oraciones llenas de amor nos atan! En ellas, el Señor nos sostiene firmes con nuevas ataduras. Difícilmente verás que una mujer abandona a su marido, como regla, cuando hay siete u ocho niñitos en el hogar. No, y ningún hombre que haya sido fructífero espiritualmente puede dejar a Cristo. Los sellos de su ministerio ponen un nuevo sello al contrato que lo liga a su Señor. El pastor con éxito se mantendrá fiel. Debe mantenerse firme por la iglesia, y por la cabeza de la iglesia, cuando hay hijos que le han sido engendrados por el poder del Espíritu Santo por medio de la fe en el Evangelio de Jesucristo.

3. También hay razones que surgen de nosotros mismos, por las que no podemos abandonar a nuestro Señor. Y la primera es esa razón que Pedro sintió de manera tan poderosa. Su Señor le preguntó: «¿Queréis acaso iros vosotros también?» Pedro le respondió con otra pregunta. Dijo: «Señor, ¿a quién iremos?» Ah, cristiano, no hay otro camino para ti para ir directo al cielo, porque ¿adónde irías? ¿A dónde más *podrías* ir? Algunos de nosotros estamos tan plenamente identificados con Jesús y con su Evangelio que el mundo no querría saber nada de nosotros si buscáramos su amistad. Estamos demasiado comprometidos con nuestro Señor para pensar en recibir amor y amistad de sus enemigos. Le hemos dado al mundo demasiadas bofetadas en el rostro para que nos perdone. Hemos cruzado el Rubicón y no queda nada para nosotros sino la victoria o la muerte.

¿Dónde se podría esconder el pobre desdichado que haya llegado a ser un conocido ministro del Evangelio, si apostata? ¿Dónde podría vivir? Aunque huya a los confines del mundo, alguien recordaría su nombre y diría: «¿Cuándo apostataste?» En las más remotas regiones del globo alguien le diría en son de bula: «¿Has caído, te has salido?» ¿Adónde podremos ir, entonces? ¡*Debemos* apegarnos a Cristo! Es absolutamente necesario. Además, ¿*por qué* habríamos de irnos? Vamos, hermanos, ¿pueden hallar alguna razón para que abandonemos a Jesucristo? ¿Pueden imaginar *una*? Puesto que mi facultad imaginativa no es lo suficientemente fuerte, no voy a intentarlo.

Puedo ver un millón de razones para apegarnos a Él, pero ni una sola razón para dejarlo. Y ¿*cuándo* debe abandonarlo *alguien* que le ama? ¿Abandonarlo mientras somos jóvenes? ¡Es entonces cuando lo necesitamos para que guíe nuestra juventud! ¿Abandonarlo en nuestra edad adulta? ¡Es entonces que lo necesitamos para que nos ayude a llevar nuestra cruz, para que no nos hundamos bajo el peso de nuestra carga diaria! ¿Abandonarlo en nuestra vejez? ¡Ah, no! ¡Es entonces que lo necesitamos para que nos dé ánimo en nuestras declinantes horas! ¿Dejarlo en la vida? ¿Cómo podríamos vivir sin Él? ¿Dejarlo en la muerte? ¿Cómo podríamos morir sin Él? No, debemos asirnos a Él. Debemos seguirlo doquiera que vaya. Estas son algunas de las razones por las que queremos ser Sus esclavos para siempre.

II. EXHORTACIÓN A HORADARNOS LAS OREJAS

En último lugar, quiero horadar sus orejas. ¿Quieren ser esclavos de por vida? ¿De veras es eso lo que quieren, cristianos? Vengan, siéntense y consideren el costo; si realmente lo quieren, ¡entonces vengan que son bienvenidos! Allí está el estandarte. La cruz bañada de roja sangre ondea en la cima. ¿Se alistarán de por vida ahora, conscientes de lo que hacen? Quien quiera desertar puede irse a casa. Cristo no quiere hombres que vengan obligados. Los voluntarios, ¡vengan acá! ¡Los queremos a ustedes y a nadie más que ustedes! El Señor no quiere que ningún esclavo deshonre su campamento. ¡Cobardes, pueden irse! ¡Hombres indecisos, pueden irse a sus tiendas! Pero ustedes, creyentes verdaderos ¿qué dicen? ¿Se unirán a Él y a su causa? Den un paso al frente y digan: «¡Nunca podríamos separarnos de Jesús! Nos entregamos a Él en la vida y la muerte, en el tiempo y la eternidad. Somos enteramente de Él y para siempre».

1. Vengan pues, para que sus orejas sean horadadas. Y que primero sean horadadas con la lezna de *los sufrimientos del Salvador*. Ninguna historia estruja tanto el

Biblia, Parábolas, Personajes, Tipos y figuras

corazón de un cristiano con tanta angustia como las penas y los dolores de Cristo. Hace poco predicamos acerca de la corona de espinas y era nuestro objetivo poner ante ustedes todos los diferentes ingredientes de las penas del Salvador. Ahora, cada vez que oigan algo de Él, deben decirse a ustedes mismos: «Ah, Él está horadando mi oreja. Me está sujetando a su cruz. Me está marcando para Él, no puedo abandonar a mi Señor sangrante. Sus heridas me atraen. Vuelo hacia Él con renovados bríos. Cuando el mundo me quiere llevar lejos de Jesús, encuentro una fuerza central que me trae de nuevo a su querido corazón. Debo ser de Cristo. Su sufrimiento me ha ganado. El Cordero sangrante me ha cautivado. ¡Yo soy de Él, por su Gracia, y para siempre de Él!

2. Esa es una manera de horadar la oreja. A continuación, que tu oreja sea horadada por *la Verdad de Dios* para que tengas la determinación de oír sólo el Evangelio, que tendría que monopolizar el oído del creyente. Algunos de los que profesan la fe pueden oír cualquier cosa del mundo, si está dicha de manera bonita y siempre y cuando quien habla es un hombre «listo» (pienso que esa es la palabra). Cuando oyen a un predicador de quien pueden decir: «¡Es un hombre muy listo, muy listo!» aparentan estar perfectamente satisfechos, sin importar si la doctrina del hombre es buena o mala. ¿No es esto una tontería? ¿Qué importa que un hombre sea listo? ¡Satanás es listo! ¡Y todo gran ladrón es muy listo! No hay nada en la inteligencia que pueda ganar la aprobación de una mente *espiritual*.

¡Le pido a Dios que dé a cada uno de ustedes un oído que no oiga falsa doctrina! Creo que no podemos culpar a un hombre que se levanta y sale de un lugar de adoración al oír que se niega la Verdad de Dios. ¡Antes al contrario, debemos alabarlo! Creo que en estos días abunda ese tipo de hombre de estilo suave, que nos recuerda a ciertos paisajes de dulzones tonos. Si hombre habla de manera fuerte y bonita, tendrá muchos oyentes que creerán todo lo que él diga. ¡Queridos hermanos y hermanas, tenemos que tener discernimiento o nos encontraremos ayudando y fortaleciendo al error! «Mis ovejas», dice Cristo, «oyen Mi voz, pero al extraño jamás seguirán, porque no conocen la voz de los extraños».

Ahora, si quieren ser de Cristo para siempre, ¡no deben permitir que su oído escuche mala doctrina! Deben cuidar mucho para que, conociendo la Verdad de Dios, se afirmen en ella y renuncien a cualquier camino falso. No permitan que su oreja se convierta en una alcantarilla común donde desemboca y entra cualquier doctrina falsa, en la esperanza que Jesucristo después pueda limpiarla. «Considerad lo que oís» es uno de los preceptos de la sabiduría infinita. Que no deje de grabarse en sus almas. Más aún, si verdaderamente se entregan a Cristo, tienen que tener su oreja horadada y obedecer los susurros del Espíritu Santo para someterse a su enseñanza y únicamente a su enseñanza. Me temo que algunos cristianos prestan oídos siempre que se trate de un predicador eminente y lo siguen por cualquier camino que él vaya, para su propia calamidad.

Lo correcto es rendirse al Espíritu de Dios. Por donde vaya la Escritura, ¡allí hay que ir! Y si nosotros mismos o un ángel del cielo anunciara un evangelio diferente del que está contenido en este libro sagrado, aunque espero que no seamos malditos si lo hacemos por ignorancia, serán malditos si, sabiendo que está equivocado, ¡nos siguen en vez de seguir al Señor! ¡Que su oído esté abierto a las más leves advertencias del Espíritu Santo! Si todos los cristianos quisieran hacer lo que el Espíritu Santo les dice, todas las sectas y divisiones dentro de la iglesia llegarían a su fin. Desafortunadamente hay muchas personas que no quieren saber demasiado de la mente de Dios. Lo que la Biblia dice no les preocupa mucho porque, quizá, no diga las mismas cosas que el libro de oraciones y preferirían que sus mentes no fuesen inquietadas.

Tal vez la Biblia no confirma todas las doctrinas que su secta les enseña, y por tanto no la leen, porque prefieren no quedarse perplejos. ¡Oh, hermanos, que los nombres, partidos, libros de oraciones, catecismos y todo lo demás se vaya a la basura antes que una palabra de Jesús sea menospreciada! Rindámonos al Espíritu Santo y a la enseñanza de su propia Palabra, ya que como esclavos de Cristo nuestra oreja ha sido horadada. Así, sus orejas han sido horadadas con tres leznas y ninguna de ellas les ha causado dolor. A muchas jovencitas les han sido abiertas sus orejas y no sé si les ha dolido o no. No creo que la operación descrita en el texto haya sido muy dolorosa para el esclavo, aunque perdían un poco de sangre, tal vez, cuando la lezna atravesaba el lóbulo de la oreja.

Les diré lo que algunos harían con sus orejas si fueran horadadas. Yo no lo haría con las mías, pero un oriental seguramente sí. ¿Qué haría? Pues ponerse un arete allí y colgarlo con algunos adornos. Cuando a un cristiano les han sido horadadas sus orejas para pertenecer a Cristo eternamente y para siempre, ¡ciertamente Dios pondrá una joya allí! Y ¿qué joyas deben colgar de la oreja de un cristiano? Pues la joya de la *obediencia*. ¡Practica la doctrina que tu oído ha escuchado! Después sigue el diamante del *gozo*. La oreja que pertenece completamente a Jesús seguramente estará adornada con la joya del Espíritu, ¡que es el gozo! Si rendimos nuestro corazón a Cristo, Él colgará de nuestra oreja muchas gemas valiosas de *conocimiento*. Sabremos las cosas profundas de Dios cuando tengamos la voluntad de aprenderlas.

Con la oreja horadada, nos sentaremos como niños a los pies de Jesús y aprenderemos de Él, ¡y nos pertenecerán rubíes y esmeraldas y perlas tales que son desconocidas para los mejores pescadores! Y nuestra oreja será adornada con una gema sin precio: «El se deleitará en el temor de Jehová». «Me despierta cada mañana; cada mañana despierta mi oído para que yo escuche, como los que son adiestrados». También estará allí la preciosa gema de separación del mundo. La marca distintiva : «Consagrado a Jehová» estará en la oreja del cristiano como una preciosa joya de inestimable precio. Cuando recientemente estaban a la venta las joyas del duque de Brunswick, descubrieron que muchas de ellas no eran realmente lo que se pensaba. Él las había guardado con sumo cuidado y escasamente había tenido una hora de gozo por la gran ansiedad que le producían, ¡a pesar de que no valían nada! Si quieren rendirse a Cristo y si su oreja está horadada, estas preciosas gracias que he mencionado serán perlas de sumo valor, de magnitud tal que los mismos ángeles envidiarían al verlos con ellas. Jovencita aquí presente, ponte estas joyas en tus orejas y nadie te culpará por usar esos benditos ornamentos. Joven, tú también, tú puedes usar aretes en tus orejas si estos son los aretes y estas son las gemas y nadie pensará que eres vanidoso o singular. ¡Que el Señor se las otorgue! Cuando se aproximen a la mesa de la comunión, vengan con este sentimiento: «Voy a renovar mi pacto. He sido cristiano todos estos años. Por su gracia amo a mi Señor más que nunca y por tanto, quiero entregarme a Él nuevamente».

CONCLUSIÓN

Y ahora ustedes, personas inconversas, ¿piensan que he hablado con la verdad? Si mi Señor se hubiera portado mal conmigo ¡me habría fugado hace mucho tiempo! No estaría aquí diciéndoles que es un buen Señor si así no lo fuera. Pero, puesto que Él es bueno, quisiera que ustedes dijeran: «Quisiera entrar a su servicio». ¿De veras desean eso? Entonces querido corazón, recuerda sus propias palabras: «Y al que a mí viene, jamás lo echaré fuera». ¡Si ustedes quieren pertenecerle a Él, Él quiere recibirlos! Él es un Príncipe tan grande que puede mantener una compañía ilimitada de esclavos sin avergonzarse. ¡Nunca hubo un alma que necesitara a Cristo que a su vez Cristo no la necesitara! Puedes estar seguro de esto, si vas a Él, Él te incorporará al servicio de su casa y te asignará una honorable porción cada día.

Pecador que buscas, ¡cree en Jesucristo y vive! ¡Que Dios les dé gracia en el nombre de Cristo! Amén.

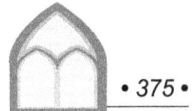

Capítulo IV

SOTERIOLOGÍA

Expiación,
Justificación,
Gracia,
Arrepentimiento,
Fe,
Salvación,
Regeneración

Expiación, Justificación, Arrepentimiento, Fe ...

1. Expiación

42. EL DERRAMAMIENTO DE SANGRE

«... Y sin derramamiento de sangre no se hace remisión» (Hebreos 9:22).

INTRODUCCIÓN: Insensateces del hombre.

I. SIGNIFICADO DEL DERRAMAMIENTO DE SANGRE
II. NO HAY REMISIÓN SIN ELLA
 1. Autoridad divina.
 2. Ninguna otra cosa alcanza el perdón.

III. CON ELLA SÍ HAY REMISIÓN
 1. Una remisión presente.
 2. Cristo, única esperanza.

CONCLUSIÓN: Regocijémonos en la gloria de Dios.

EL DERRAMAMIENTO DE SANGRE

INTRODUCCIÓN

Os mostraré a tres insensatos. Uno es aquel soldado, que ha sido herido de gravedad en el campo de batalla, tanto que está a punto de morir. Un cirujano está a su lado. El soldado herido le hace una pregunta. Oíd y juzgad su locura. ¿Qué le preguntará al médico? ¿Acaso alzará su mirada con impaciente ansiedad e indagará si su herida es mortal, si el doctor podrá curarle y si tendrá los elementos y las medicinas a mano para salvarle la vida? No, nada de eso. Aunque parezca mentira, su pregunta es: «*Doctor, ¿podría usted informarme con qué tipo de arma me hirieron, y quién fue el soldado que me ha causado tanto daño?*» y añade, «*me gustaría saber con exactitud y detalles el origen de mi herida*». Este hombre está delirando o su razón ha sido afectada. Este tipo de preguntas en una situación de emergencia tal, prueban que está fuera de su juicio cabal.

Veamos ahora al segundo insensato. La tormenta arrecia, el barco se sacude impetuosamente. Las nubes negras cubren el cielo, los mástiles crujen, las velas están a punto de rasgarse, y la tormenta empeora a cada instante. ¿Dónde está el capitán? ¿Está trabajando en su puesto, enfrentándose al peligro y usando los medios para salvar el barco? Pues no, se ha retirado a su camarote y allí, estudiando los mapas y elucubrando miles de conjeturas, hace especulaciones sobre el lugar en que se puede haber originado la tormenta. «*¡Este misterioso viento; nadie ha podido aún saber de dónde viene!*» Y ante el peligro que corren el barco, las vidas de los pasajeros y la suya propia, sólo se preocupa de resolver el enigma del extraño viento. El hombre ha enloquecido; ¡quítenle el timón de entre las manos, pues ha perdido el juicio! Si es que consigue llegar a tierra, hay que encerrarlo en un sanatorio para lunáticos.

Al tercer insensato lo hallaré sin duda entre vosotros. Estáis enfermos y heridos por el pecado, en medio de la tormenta y el huracán de la venganza divina, y la pregunta que querríais hacerme en esta mañana, es la siguiente: ¿Predicador, ¿cuál es el origen del mal? Estáis locos, espiritualmente hablando. Ésta no es la pregunta que deberíais hacerme si estuvierais con la mente sana y compuesta. Vuestra pregunta debería ser, «*¿cómo puedo sacarme de encima esta maldad?*», y en lugar de estar preocupados por cómo entró el mal en el mundo, averiguar cómo podríais escapar de sus garras. No deberíais preguntaros cómo fue que cayó granizo sobre Sodoma, sino: «*¿qué podría hacer para escapar como Lot de la ciudad de Zoar?*». No, «*¿cómo es que estoy enfermo de pecado?*», sino: «*¿Existen medicinas que puedan curarme? ¿Hay algún médico capaz de restaurar mi alma?*» ¡Oh! Jugáis con las sutilezas y dejáis de lado las certezas. Se han levantado más preguntas sobre el origen del mal que sobre ninguna otra cosa. Los seres humanos se han roto la cabeza y han exprimido sus cerebros para entender lo que el hombre nunca podrá saber; cómo entró la maldad en el mundo, y cómo su aparición es consistente con la bondad divina. El factor importante es que existe el mal, y vuestra pregunta debería de ser: «*¿cómo puedo escapar de la ira que ha de venir, la cual ha sido provocada por este* gran mal?». Hay un versículo que se coloca en la mitad del camino, así como el ángel con la espada, que una vez detuvo a Balaam en su ida hacia Barak. «... Sin derramamiento de sangre no se hace remisión» (He. 9:22). El verdadero deseo que deberíais tener, es el de saber cómo podéis ser salvos, si es que estáis apercibidos que vuestro pecado debe ser perdonado o bien, castigado. Vuestra pregunta, pues, tendría que ser la siguiente: «¿Cómo puedo ser perdonado?» La respuesta la tenemos en Hebreos 9:22: «... Sin derramamiento de sangre no se hace remisión». Tened en cuenta que éste no es solo un dicho judío, sino una verdad universal y eterna. No solo pertenece a los hebreos, sino también a los gentiles. Nunca en ningún tiempo, ni lugar y en ninguna persona, ha habido ni puede haber remisión de pecado sin derramamiento de sangre. Este hecho sobresaliente está demostrado en la misma naturaleza; es una ley esencial del gobierno moral de Dios, uno de los principios fundamentales que no puede ser sacudido ni negado. No existe ninguna excepción. Sigue permaneciendo inmutable a través de las edades. Así fue con los judíos, no existía remisión de pecados sin derramamiento de sangre. Algunas cosas bajo la ley judía debían ser limpiadas con agua o con fuego, pero en ningún caso en que estaba involucrado el pecado, existía otro medio de expiación que no fuese el de la sangre derramada. Hasta los mismos infieles parecían tener unción de este hecho. ¿No podemos acaso ver aquel cuchillo manchado de sangre? ¿No habéis oído terribles crónicas de inmolaciones humanas, holocaustos, sacrificios y lo que éstos significaban? Tan profunda como su existencia, en el corazón del hombre se alza la verdad: «... Sin derramamiento de sangre no hay remisión». Insisto otra vez: en los corazones y las conciencias de mis oyentes hay algo que nunca les permitirá pensar en la remisión sin el derramamiento de sangre. Ésta es la gran verdad del cristianismo, la verdad que ahora trato de fijar en vuestras memorias. Quiera Dios en su gracia hacer que sea de bendición para vuestras almas. «... Sin derramamiento de sangre no se hace remisión».

I. SIGNIFICADO DEL DERRAMAMIENTO DE SANGRE

Primero, permitidme que os muestre el derramamiento de sangre antes de comenzar a explayarme en el texto. ¿No existe en el derramamiento de sangre un significado especial? Sí, hubo un derramamiento de sangre preciosa a la cual deseo referirme. No quiero hablaros de masacres y crímenes, tampoco de los ríos de sangre de las cabras y los carneros. Hubo una vez un derramamiento de sangre, que no es comparable a ningún otro. Un hombre y un Dios, que derramó su sangre en aquel memorable momento. Venid y vedlo. Hay un jardín oscuro y lúgubre; el suelo está cubierto con la escarcha de la noche. Entre aquellos olivos tenebrosos veo a un hombre de rodillas y entre las palabras de su oración, puedo oír sus gemidos. Contempladle ángeles, contempladle hombres, y ved que es el Salvador gimiendo desde su misma alma. Mirad su frente. ¡Oh cielos!, gruesas gotas de sangre caen de su rostro y su cuerpo. Cada poro está abierto y suda sangre. Pero éste no es el sudor que producen los hombres al fatigarse para ganar el pan, es el sudor de alguien que se esfuerza tremendamente para que su oración llegue al cielo. «... Y era su sudor como grandes gotas de sangre que caían hasta la tierra» (Lc. 22:44). Éste es el verdadero derramamiento de sangre, sin el cual no se hace remisión. Seguid contemplando un poco más a este hombre. Le han sacado con manos sacrílegas de su lugar de oración y agonía, y le han llevado al palacio de Pilato. Ahora le sientan en una silla y se mofan de Él. Para burlarse le ponen sobre sus hombros un manto púrpura y una corona de espinas en su frente. Grandes gotas de sangre caen por sus mejillas. Dejemos por un momento el manto púrpura. Su espalda está sangrando. Decidme demonios, ¿quién ha hecho esto? Levantan el látigo con sus puntas todavía ensangrentadas y le dejan caer otra vez con fuerza y violencia, haciendo surcos en su carne. La sangre cae como un río de sus hombros. Éste es el derramamiento de sangre, sin el cual no se hace remisión. Luego le empujan a lo largo de las calles, le arrojan con furia al suelo; clavan

Expiación, Justificación, Arrepentimiento, Fe ...

sus manos y sus pies en una cruz, la levantan y la entierran, fijándola en su agujero, y allí entre el cielo y la tierra, está colgando el Hijo de Dios. ¡La sangre cae de su cabeza, de sus manos y sus pies! En indecible agonía su vida se va desangrando lentamente y en terribles estertores entrega su alma y clama a gran voz, diciendo: «*Elí, Elí, ¿lama sabactani*» ¡Y ahora ved, perforan su costado y sale agua y sangre! Éste es el derramamiento de sangre, santos y pecadores, éste es el terrible derramamiento de sangre sin el cual no puede hacerse remisión para nadie en la raza humana.

II. NO HAY REMISIÓN SIN ELLA

Espero haber revelado toda la vivencia de este texto; «sin derramamiento de sangre no se hace remisión». Ahora pasaré a tratarlo de modo más particular. ¿Pero, por qué esta historia no hace llorar a los hombres? Diréis que la he expuesto con crudeza. Lo admito, asumo toda la responsabilidad. Pero señores, si fuera a narrarla con la crudeza con que suelen hablar los hombres, y nuestros corazones fueran como debieran ser, nuestras vidas se desharían de pena. ¡Oh, ése fue un crimen horrible! No fue un acto de regicidio, ni la obra de un fratricida o un parricida; fue, y para esto tengo que inventar una palabra, un «teocidio», la matanza de un Dios, el asesinato de Aquel que se hizo hombre para expiar nuestros pecados. ¡Oh!, si nuestros corazones fueran tiernos como el hierro, deberíamos echarnos a llorar, si fueran como las rocas de las montañas, nos moriríamos de pena, pero son más duros que la misma piedra de granito. Olvidamos de los sufrimientos de Aquel que experimentó una muerte ignominiosa, no tenemos piedad de sus dolores ni mostramos ningún interés por su obra de redención a nuestro favor. Sin embargo, el mismo principio sigue siendo inmutable: «... Sin derramamiento de sangre, no se hace remisión».

Ahora bien, aquí hay dos cosas importantes. Primero, se expresa una verdad de *forma negativa*: Sin derramamiento de sangre no hay remisión. A continuación tenemos una *afirmación positiva*: Con derramamiento de sangre, sí hay remisión.

1. En primer lugar, se manifiesta *una negativa*. No hay remisión sin sangre; sin la sangre de Jesucristo. Esta declaración viene de la autoridad divina; o sea, que cuando pronuncio esta frase tengo el respaldo de la divinidad. No es algo de lo que se pueda escoger entre dudar o creer. Debe ser creído y recibido, pues de otra forma estaríamos negando las Escrituras, y apartándonos de Dios. Tal vez algunas de las verdades que digo no tienen más base que mi propio razonamiento y deducción, que son de poco valor. No obstante esta afirmación no solo tiene la Palabra de Dios para verificar su autenticidad, sino que sale de la misma boca de Dios. «No se hace remisión». Su autoridad es divina. Tal vez usted quiera rechazarla, pero recuerde, su rebelión no es contra mí, sino contra Dios. Si cualquiera de vosotros rechaza esta verdad, yo no me opondré. No permita Dios que yo me desvíe de proclamar este Evangelio para disputar con los hombres. Yo tengo el estatuto irrevocable de Dios: «Sin derramamiento de sangre no se hace remisión». Usted puede creer o no muchas cosas que dice este predicador; si no cree, es su misma alma la que está en peligro. Es una afirmación de Dios: ¿Se atreve a decirle a Dios en su cara que no le cree? Ésta es una actitud impía. La negativa del versículo que hemos leído, tiene como respaldo la autoridad divina; inclinaos ante ella y aceptad esta solemne advertencia.

Ahora bien, algunos dirán que esta forma que tiene Dios para salvar las almas es cruel, injusta y poco benigna. Señores, no tengo nada que ver con vuestra opinión sobre el tema; las cosas son así. Si ve faltas o errores en su Hacedor, sostenga sus batallas con Él. Pero antes de tirar el guante preste atención. Si un gusano pleitea con su Hacedor saldrá mal parado, y lo mismo le ocurrirá a usted en su contienda con Dios. Cuando se entiende de forma correcta y se recibe fielmente la doctrina de la expiación, se convierte en algo deleitoso, porque exhibe un amor sin barreras ni ataduras y una verdad y bondad infinitas. Sin embargo, para los incrédulos siempre será una doctrina odiada. Así es, odiáis las misericordias a vuestro favor y despreciáis vuestra salvación. No me demoraré más discutiendo con vosotros. Yo afirmo en el nombre de Dios: «... Sin derramamiento de sangre no se hace remisión».

Tomad nota de *cuán decisiva es esta declaración en su carácter.* «... Sin derramamiento de sangre no se hace remisión». Alguien dirá: pero predicador, «¿no puedo conseguir el perdón de mis pecados por medio de mi arrepentimiento?»

2. Si lloro, ruego y oro, ¿no me perdonará Dios a causa de mi penitencia? «No hay remisión», dice el texto «sin derramamiento de sangre». Pero yo me propongo no volver a pecar, y servir a Dios con más celo que los demás. ¿No me perdonará Dios por mi obediencia? No, dice el texto, «... Sin derramamiento de sangre no se hace remisión». Alguien más podrá decir: «¿No puedo confiar en que Dios es misericordioso, y me perdonará sin el derramamiento de sangre?» No, dice el texto, «... Sin derramamiento de sangre no se hace remisión». No hay ninguna otra posibilidad. Acaba con cualquier otra esperanza. Traed vuestras esperanzas, pero si éstas no están basadas en la sangre de Cristo y marcadas por ella, son tan inútiles como los castillos en el aire y los sueños de una noche. No hay remisión, dice el texto en palabras sencillas y positivas, y sin embargo los hombres tratarán de conseguir la remisión de cincuenta maneras distintas, hasta que sus ruegos se convertirán para nosotros en algo tan irritante como para ellos inútil. Señores, haced lo que queráis y decid lo que más os guste, pero a menos que pongáis toda vuestra confianza únicamente en la sangre derramada de nuestro Salvador, cuando hayáis hecho lo mejor, estaréis tan lejos de la remisión como lo estabais cuando empezasteis.

Notad nuevamente *cuán universal es en su carácter.* «¿Cómo», pregunta el rey con la corona sobre su cabeza, «no puedo con mis riquezas y mi poder, conseguir la remisión de mis pecados sin derramamiento de sangre?». La respuesta es: ¡jamás! Luego viene el sabio, lleno de méritos propios, y pregunta: «¿No puedo conseguir la remisión de mis culpas con todos estos títulos que avalan mi sabiduría?». Absolutamente no. Entonces llega el hombre benevolente y dice: «He repartido mi dinero y mis bienes para ayudar a los pobres y darles de comer, no podré por ello conseguir la remisión de mis pecados?». No, dice el texto, «... Sin derramamiento de sangre no se hace remisión». ¡Ciertamente este texto de la Escritura pone a todos los hombres a un mismo nivel! Muy honorable señor, usted no es más que su chófer. Señor potentado, usted no es mejor que aquel que maneja el arado; señor ministro, su oficio no le sirve bajo ninguna excepción el oyente más pobre está a su mismo nivel. «... Sin derramamiento de sangre no se hace remisión». No hay ninguna esperanza ni para el mejor ni para el peor. ¡Oh!, entre otras razones amo el Evangelio porque tiene un efecto nivelador. Hay personas a las cuales no les gusta esto, pues resulta humillante. Dejad que los hombres tengan su rango, sus títulos y todas sus riquezas si lo desean. En cuanto a mí, y creo que también a toda buena persona, les gustaría ver a los ricos y a los pobres juntos, a un mismo nivel. El Evangelio los pone a todos por igual.

Traed vuestras riquezas, no servirán para la remisión. Exponed vuestros títulos y diplomas, éstos tampoco la conseguirán. Olvidaos de vuestras tierras, haciendas y posesiones cuantiosas, no os valdrán para nada.

Cubrid vuestro blasón, ese escudo de armas no podrá comprar vuestra remisión. Venid, mendigos, harapientos, los rechazados por el mundo, los pobres, aquí hay remisión para los desdichados, los infelices y también para los nobles, ricos y honorables. Todos están a un mismo nivel; el texto es universal: «Sin derramamiento de sangre no se hace remisión».

Notad también, *cuán perpetuo es este texto.* El autor de Hebreos dice: «No se hace remisión». Yo también he de repetir este testimonio, y cuando hayan pasado miles de años algún ministro volverá a decir lo mismo. Este versículo nunca se alterará, siempre será igual, en el mundo futuro así como en éste: "Sin derramamiento de sangre no se hace remisión". "¡Oh sí, se hace"!, podrá

decir alguien, el sacerdote acepta el dinero y hace una misa que saca al alma del purgatorio". Esta es una mera pretensión, nunca ha sido una realidad. "Sin derramamiento de sangre no se hace remisión". Podrán haber historias y fantasías, pero no hay verdadera remisión sin la sangre derramada de la propiciación. Nunca, aunque os agotéis en oración, aunque os deshagáis en lágrimas, o gimáis y gritéis hasta que se os rompan las cuerdas vocales, nunca podrá haber perdón aparte de la redención que es por medio de la sangre de Cristo. Jamás la conciencia podrá ser limpiada si no es por la fe en su sacrificio. La verdad es, amados, que nada puede satisfacer vuestros corazones si no ha satisfecho antes a Dios el Padre. Sin el derramamiento de sangre, nada puede apaciguar su justicia ni limpiar vuestras conciencias.

III. CON ELLA SÍ HAY REMISIÓN

1. Así como no existe la remisión sin el derramamiento de sangre, *queda implícito que con Él si la hay*. Tomad buena nota de ello, esta remisión es un hecho presente. Habiendo sido derramada la sangre, la remisión ya está conseguida. Hace algunos minutos os llevé al Jardín de Getsemaní y al monte Calvario para ver el derramamiento de sangre. Ahora os conduciré a otro jardín y a otro monte para mostraros la gran prueba de la remisión. ¿A otro jardín, he dicho? Sí, es un jardín lleno de muchas reminiscencias placenteras y triunfantes. Aparte del ruido del agitado mundo, en él hay un sepulcro nuevo, cavado en una roca donde José de Arimatea pensaba que sería puesto su pobre cuerpo. Sin embargo, fue allí donde reposó el cuerpo de Jesús después de la crucifixión.

Él había establecido una garantía para los suyos, porque la ley de la justicia demandaba su sangre. La muerte le había prendido con sus fuertes garras y aquella tumba era como el calabozo de su cautividad. Como el Buen Pastor Él había dado su vida por sus ovejas. ¿Por qué, entonces veo en ese jardín una tumba abierta y deshabitada? Os diré por qué. Las cuentas están pagadas, los pecados cancelados y la remisión obtenida.

¿Cómo?, pensaréis vosotros. El gran Pastor había sido resucitado de la muerte por medio de la sangre del pacto eterno. En Él también obtenemos la redención por medio de esa sangre. He aquí la primera evidencia.

¿Queréis más pruebas? Os llevaré entonces al monte de los Olivos. Allí veréis a Jesús con sus manos levantadas. Ésta era la forma en que el antiguo sumo sacerdote bendecía al pueblo. Mientras les está bendiciendo asciende, y las nubes le reciben y le ocultan de su vista. Pero ¿por qué –preguntaréis– ha ascendido de esta manera y a dónde ha ido? He aquí que Él ha entrado, no en el lugar santísimo hecho con manos de hombre, sino al cielo con su propia sangre, para aparecer así en la presencia de Dios por nosotros. Ahora pues, tenemos libertad para acercarnos a Dios por medio de la sangre de Cristo. La remisión ha sido obtenida. He aquí la segunda prueba. ¡Oh creyentes, que fuente de consolación hay en ella para vosotros!

Ahora permitidme hablar de esta remisión por medio de la sangre derramada, a aquellos que aún no han creído. El señor Innis, un gran ministro escocés, cierta vez visitó a un infiel que se estaba muriendo. Cuando le vio por primera vez, el enfermo le dijo:

–Señor Innis, yo me apoyo en la misericordia de Dios. Él es misericordioso, nunca condenará a un hombre para siempre.

Cuando empeoró y ya estaba cerca de la muerte, el señor Innis volvió a verle y él le dijo:

–¡Oh señor Innis, mi esperanza se ha esfumado!, pues he estado pensando en que si Dios es misericordioso, también debe ser justo, ¿y qué si en vez de misericordioso, se mostrara justo para conmigo? ¿Qué sería de mí? Debo abandonar mi esperanza a la pura misericordia de Dios. Por favor, dígame cómo puedo ser salvo.

El señor Innis le dijo que Cristo había muerto en lugar de todos los creyentes, que Dios podía ser justo, y también el que justifica a través de la sangre de Cristo.

¡Ah! –respondió señor Innis–, en estas palabras hay algo sólido en el cual mi alma puede descansar. Más aún, no puedo apoyarme en ningún otro hecho. Nunca, nadie de nosotros ha encontrado a un hombre, que pensara que sus pecados han sido perdonados, a menos que lo fueran a través de la sangre de Cristo. Éste es un hecho notable. Hable con un musulmán; él nunca ha tenido el perdón de sus pecados. Pregúntele también con un incrédulo, él no cree que sus pecados han sido perdonados. Si habla con un legalista le dirá: «espero poder ser perdonado algún día», aunque no pretende serlo. Nunca nadie puede tener ninguna otra esperanza que no sea ésta, que Cristo, y solamente Él, puede salvarlo por medio del derramamiento de su sangre.

2. Permitidme contaros una historia que ilustra cómo Cristo puede salvar las almas. George Whitefield tenía un hermano que como él había sido un fervoroso cristiano. Lamentablemente, en ese tiempo se había alejado de los caminos del Señor. Una tarde, después de haberse recuperado de dicho alejamiento, estaba sentado en una habitación en la casa de la capilla. El día anterior había oído predicar a su hermano, y su pobre conciencia fue taladrada en carne viva. En la hora del té, el hermano de Whitefield dijo: «soy un hombre perdido». Lloró y gimió largo rato, y no pudo comer ni beber nada. La señora Huntington, sentada al otro lado de la mesa preguntó: «¿Qué ha dicho, señor Whitefield?». «Señora», respondió él, «he dicho que soy un hombre perdido». «Pues me alegro mucho». «Es muy cruel que usted se alegre de que sea un hombre perdido», le dijo Whitefield. «Le repito, estoy realmente contenta». Él la miró absolutamente asombrado por la barbaridad que acababa de decir. «Me alegro», dijo ella, «porque está escrito: "El Hijo del hombre vino a buscar y salvar lo que se había perdido"». Con las lágrimas rodándole por las mejillas, él dijo, «¡Qué Escritura tan preciosa; y ¿cómo es que llega a mí con tal fuerza? ¡Oh señora, dijo Whitefield, bendigo a Dios por ello. Si yo encomiendo mi alma en sus manos Él me salvará, pues ya me ha perdonado». Entonces, de pronto se sintió enfermo. Salió fuera de la casa, cayó al suelo y expiró.

Es posible que esta mañana tenga a un hombre perdido entre mis oyentes.

¿Hay aquí un hombre perdido? ¡Hombre perdido! ¡Mujer perdida! ¿Dónde estás? ¿Sientes que estás perdido? Me alegro si es así, porque hay remisión por medio de la sangre derramada. ¡Oh pecador, hay lágrimas en tus ojos? Mira a través de ellas. ¿Puedes ver a aquel hombre en el jardín?; aquel hombre está sudando grandes gotas de sangre por ti. ¿Puedes ver a aquel hombre en la cruz? Él fue clavado allí por ti. ¡Oh! Si yo pudiera en esta mañana ser clavado en una cruz por todos vosotros, sé lo que haríais; os arrodillaríais y besaríais mis pies, y lloraríais porque he muerto por vosotros. Pero pecador, pecador perdido, Jesús murió por ti por *ti*; y si Él murió por ti, tu no puedes estar perdido. Cristo no murió en vano por nadie. ¿Eres un pecador? ¿Estás convencido de pecado por no haber creído en Cristo? Yo tengo autoridad para predicarte. Cree en su nombre y no seguirás perdido. ¿Dices que no eres un pecador? Entonces no sé por qué Cristo murió por ti. ¿Dices que no tienes pecados de los que arrepentirte? Entonces no puedo predicarte a Cristo. Él no vino a salvar a justos, sino a malvados. ¿Eres tú un malvado? ¿Lo eres? Estás perdido, ¿lo sabes? ¿Eres un pecador? ¿Te atreves a confesarlo? ¡Pecador, si Jesús estuviera aquí esta mañana te enseñaría sus manos sangrantes y te diría: «Yo he muerto por ti, ¿quieres recibirme?». Él no está aquí en persona, pero ha mandado a su siervo a decírtelo. ¿No le creerás? «¡Oh!», dirás tú, «¡yo soy ese pecador!». «¡Ah!», dice Él, «por eso he muerto por ti, porque eres un pecador». «Pero», replicarás tú, «yo no lo merezco». Y el Señor te responderá, «por eso mismo lo hice». Tal vez digas: «pero yo le he odiado». «Pero yo», dice Jesús, «siempre te he amado». «Pero Señor, yo he escupido a tus ministros y me he burlado de tu Palabra». «Todo está perdonado», dice Él, «todo ha sido lavado con la sangre que corrió de mi costado. Te ayudaré a creer». «¡Ah!» dice alguien, «pero yo no quiero un Salvador». «Amigo, entonces nada tengo que decirte excepto esto: «¡Ten cuidado de la maldición que ha de venir!». Otro hombre me pregunta: «señor, ¿usted no quiere decir lo que está dando a entender, ¿predicar a los hombres y mujeres más malvados que hay aquí?». Yo quiero expresar exactamente lo que dije. ¡Allí está ella! Es una ramera que ha arrastrado a muchos al pecado y al infierno. Sus propios amigos la han echado de sus hogares, su padre le ha dicho que es una inútil, y que no vuelva más a aparecerse por su casa. ¡Mujer! ¿No te arrepientes? ¿No te sientes culpable? Cristo murió para salvarte y has de ser salva. Allí estás tú, puedo verte. Estás borracho, y lo estás muy a menudo. No hace muchas noches que he oído tu voz en las calles, mientras ibas a tu casa la noche del sábado a una hora muy avanzada, molestando a todos los vecinos y luego pegándole a tu esposa. Has roto el Sabbath, y si las blasfemias fueran como el hollín, tu garganta estaría negra, pues has estado maldiciendo a Dios con bastante frecuencia. Dime oyente, ¿sientes que eres culpable? ¿Odias tus pecados y deseas abandonarlos? Entonces bendigo a Dios por ti. Cristo murió por ti. ¡Cree!

Hace unos días recibí una carta de un joven que oyó que durante esta semana yo estaría en cierto pueblo. «Señor», me dijo, «cuando venga predique un sermón que se amolde a mí, porque le he oído decir que todos debemos pensar que somos la gente más mala del mundo, o de otra manera no podríamos ser salvos. Yo trato de pensar así, pero no puedo. Deseo ser salvo, pero no sé cómo arrepentirme de forma que sea suficiente». Ahora bien, si tengo el placer de ver a este joven, le diré que Dios no quiere que alguien piense que es el más malvado del mundo, porque este pensamiento puede a veces llevarle a la falsedad. Hay ciertos hombres que no son tan malvados como otros. Dios quiere que el hombre diga: "Reconozco que sé más de mí mismo que de otra gente. De ellos conozco muy poco, pero por lo que veo en en mi corazón, pienso que pueden haber muy pocos individuos peores que yo. Deben ser más culpables, pero he aquí que yo tengo más luz, más privilegios, más oportunidades, más advertencias, y por lo tanto soy todavía más culpable". Yo no deseo que traigas a tu hermano contigo y digas, «yo soy más malvado que él». Quiero que confiese, «Padre, he pecado». Tú nada tienes que ver con tu hermano William, ya sea que él haya pecado más o menos que tú. Tu clamor debería de ser éste: «Padre, he pecado». Tú no tienes nada que ver con tu prima Jane, aunque ella se haya rebelado más que tú. Lo que te corresponde es clamar: «Señor, ten misericordia de mí, un pecador». Eso es todo. ¿Os sentís pecadores perdidos? Nuevamente digo: «¡Ven, y bienvenido seas, pecador, ven!».

CONCLUSIÓN

Para concluir; en este lugar no hay un solo pecador que no sepa que está perdido y arruinado, que no pueda tener todos sus pecados perdonados y regocijarse en la esperanza de la gloria de Dios. Tú puedes, aunque tu alma sea negra como el infierno, ser blanco como la pureza del cielo, en este preciso instante. Yo sé que es por medio de una lucha desesperada que la fe se aferra a la promesa, pero en el mismo momento en que un pecador cree, ese conflicto es cosa del pasado. Es su primera victoria y ciertamente muy bendita. Deja que esta poesía sea el lenguaje de tu corazón; adóptalo y hazlo tuyo:

«Gusano indefenso, débil y culpable,
en los brazos de Cristo he caído,
Él es mi fortaleza y mi justicia,
mi Jesús es todo para mí».

43. LA MUERTE DE CRISTO

«Con todo eso, Jehová quiso quebrantarlo, sujetándole a padecimiento. Cuando haya puesto su vida en expiación por el pecado, verá linaje, vivirá por largos días, y la voluntad de Jehová será en su mano prosperada» (Isaías 53:10).

INTRODUCCIÓN: Un hecho para admirar.

I. EL ORIGEN DE LA MUERTE DE CRISTO
1. Dios Padre.
2. Abraham y su hijo.
3. El quebranto del Padre.

II. LA RAZÓN DE LOS SUFRIMIENTOS DE CRISTO
1. Cristo fue ofrenda por el pecado.

2. Cristo nuestra expiación.
3. ¿Soy elegido?

CONCLUSIÓN: Los benditos efectos de la muerte de Cristo.

LA MUERTE DE CRISTO

INTRODUCCIÓN

¡Cuántas miradas de ojos están fijando su mirada en el sol! ¡Qué multitudes de hombres alzan su vista y contemplan la bóveda celeste llena de estrellas! Están siendo observadas de continuo por miles de personas, pero hay una gran suceso en la historia del mundo, que cada día produce más espectadores, que ese sol que camina como un novio para correr su carrera. Hay un gran evento, el cual cada día atrae más admiración que el sol, la luna y las estrellas. Ese acontecimiento es la muerte de nuestro Señor Jesucristo. Los ojos de todos los santos que vivieron antes de la era cristiana estaban siempre dirigidos a ella. A través de los miles de años de historia, la contemplan también los ojos de todos los santos que vivieron después de la era cristiana. Los ángeles en el cielo, admiran siempre la persona de Cristo. En 1 Pedro 1:12 dice que son «cosas en las cuales anhelan mirar los ángeles». Los ojos de los redimidos están siempre fijos en Cristo. Hay miles de peregrinos en este mundo de lágrimas, que no tienen un objetivo más grande en su fe, ni un deseo mejor que ver a Cristo en los cielos, y en la comunión de los santos fijar sus ojos en su persona. Amados, mientras en esta mañana volvemos nuestros ojos hacia el Monte Calvario, tendremos muchas de estas personas entre nosotros. No seremos espectadores solitarios de la terrible tragedia de la muerte de nuestro Salvador; fijaremos nuestros ojos hacia ese lugar que es el foco del gozo de la delicia celestial, la cruz de nuestro Señor y Salvador Jesucristo.

Tomando, entonces, nuestro texto como guía, nos proponemos visitar el Calvario, esperando tener la ayuda del Espíritu Santo mientras miramos a aquel que murió por nosotros en la cruz. Primero de todo en esta mañana, os haré mirar hacia la causa de la muerte de Cristo «con todo eso, Jehová quiso quebrantarlo», dice el texto; sujetándole a padecimiento. Segundo, la razón de la muerte de Cristo «cuando haya puesto su vida en expiación por el pecado». Cristo murió porque fue una ofrenda por el pecado. Y en tercer lugar, los efectos y consecuencias de la muerte de Cristo. «Verá linaje, vivirá por largos días, y la voluntad de Jehová será en su mano prosperada». Ven, Santo Espíritu, ahora, mientras tratamos de hablar de estos incomparables temas.

I. EL ORIGEN DE LA MUERTE DE CRISTO

«Jehová quiso quebrantarle, sujetándole a padecimiento». Aquel que lee la vida de Cristo como una mera historia, relaciona su muerte con la enemistad de los judíos y el carácter inestable del gobernador romano de esa época. En esta muerte él actuó debidamente, pues el delito y el crimen de la muerte del Salvador debía de estar a las puertas de la humanidad. Esta raza nuestra cometió un deicidio y mató al Señor, clavándole en una cruz. Pero aquel que lee la Biblia con el ojo de la fe, deseando descubrir sus secretos ocultos, ve en la muerte del Salvador algo más que la crueldad romana o la malicia judía: ve el solemne decreto de Dios llevado a cabo por los hombres, instrumentos ignorantes –pero culpables– de su cumplimiento. Más allá de la lanza y los clavos de los romanos, más allá de la burla y el escarnio, está la Fuente Sagrada, desde donde fluyen todas las cosas. El creyente atribuye la crucifixión de Cristo, al seno de la Deidad. «Estos creyentes, creen juntamente con Pedro, que a éste, entregado por el determinado consejo y anticipado conocimiento de Dios, prendisteis y matasteis por manos de inicuos, crucificándole» (Hch. 2:23). Este hecho, con todos sus maravillosos efectos que tuvo para la redención del mundo, debemos ubicarlo en la Sagrada Fuente del amor divino. Así lo hace nuestro profeta. Isaías dice: «Jehová quiso quebrantarlo, sujetándole a padecimiento». Pasa de largo por Pilato y Herodes, y lo atribuye al Padre celestial, la primera Persona de la Divina Trinidad.

Expiación, Justificación, Arrepentimiento, Fe ...

Ahora, amados, hay muchos que piensan que Dios el Padre es a lo mejor un espectador indiferente de la salvación. Otros lo ponen peor. Le miran como un Ser severo, carente de amor para la raza humana, que sólo se hace amar por la muerte y las agonías de nuestro Salvador. Ésta es una injuria ofensiva sobre la justa y gloriosa gracia de Dios el Padre, a quien sea por siempre el honor; pues Jesucristo no murió para hacer a Dios amante, sino que murió porque Dios era amante.

«No fue para hacernos amar a Jehová
que encendió la llama ardiente de su gente,
que Jesús desde el trono allá arriba,
Se convirtiera en un hombre sufriente.
No fue la muerte que soportó,
ni todos los dolores que llevó,
Lo que el eterno amor de Dios procuró
Pues desde antes Dios ya era amor.»

Cristo fue enviado al mundo por su Padre, por amor a la gente. Sí, «porque de tal manera amó Dios al mundo, que ha dado a su Hijo Unigénito, para que todo aquel que en él cree, no se pierda, mas tenga vida eterna» (Jn. 3:16). El hecho es que el Padre decretó la salvación y la consumó, y se deleitó en ella, tanto como Dios el Hijo o Dios el Espíritu Santo. Cuando hablamos del Salvador del mundo, debemos incluir siempre la palabra Deidad. Si hablamos en un amplio sentido, debemos de recordar que Dios el Padre, Dios el Hijo, y Dios el Espíritu Santo, como un solo Dios, constituyen la salvación de nuestros pecados. El texto no da pie a ningún pensamiento duro con respecto al Padre, diciéndonos que Jehová quiso quebrantarle. La muerte de Cristo es atribuible a Dios el Padre. Veamos si podemos apreciar este hecho tal como es.

1. Es atribuible al Padre en cuanto al decreto. Dios, el Dios del cielo y de la tierra tiene el libro del destino enteramente en su poder. En ese libro no hay nada escrito por una mano extraña. La autoría de ese solemne libro de la predestinación, es enteramente divina de principio a fin.

«Encadenado a su trono hay un gran libro
con los hechos de los hombres en la tierra,
con el tamaño y la forma de cada ángel,
escrito con su pluma eterna.»

Ninguna mano inferior ha añadido ni una mínima parte. Desde el Alfa hasta el Omega, de su divino prefacio hasta su solemne fin, fue delineado, diseñado, esbozado y planeado por la mente del sabio y omnisciente Dios. Así pues, ni siquiera la muerte de Cristo quedó fuera de su contenido. El que da alas a un ángel y guía en su vuelo a un gorrión, el que tiene contados nuestros cabellos, no pudo, si tenía en cuenta las cosas pequeñas, omitir en sus decretos solemnes, la más grande maravilla de todos los milagros de la tierra, la muerte de Cristo. No, la página de ese libro manchada con sangre, la que hace a ambos, el pasado y el futuro gloriosos con palabras de oro fue escrita por Jehová. Él fue quien determinó que Cristo naciera de la Virgen María, que sufriera bajo Poncio Pilato, que descendiera al Hades, que resucitara de entre los muertos llevando cautiva la cautividad, y reinara por siempre a la diestra de su Majestad en las alturas. Cuando digo que éste es el verdadero meollo de la predestinación, y que la muerte de Cristo es el centro a partir del cual Dios emitió todos sus otros decretos, haciendo de Él la base y piedra angular sobre el cual debía ser construida la arquitectura sagrada, tengo como garantía a las Santas Escrituras. Cristo fue llevado a la muerte bajo la absoluta presciencia y solemne decreto de Dios el Padre, y en este sentido «Jehová quiso quebrantarlo, sujetándole a padecimiento», os diré que la venida de Cristo al mundo para morir por nuestros pecados, fue el efecto de la voluntad y satisfacción del Padre. Cristo no vino a este mundo sin que nadie le enviara. Él estaba en el seno de Jehová desde antes de la creación de todos los mundos, deleitándose eternamente en el Padre y siendo el gozo eterno de su Padre en los cielos. En el cumplimiento de los tiempos, Dios arrancó a su unigénito Hijo de su seno, y lo dio por todos nosotros. He aquí el incomparable amor sin par; que el ofendido juez permitiera que su coigual Hijo, sufriera los dolores de la muerte por la redención de un pueblo rebelde.

2. Quiero que por un minuto os imaginéis una escena de los tiempos antiguos. Hay un patriarca que se levanta temprano en la mañana y despierta a su hijo, un joven lleno de fortaleza, y le dice que le siga. Salen con prisa y silenciosamente de la casa, antes de que la madre se despierte. Viajan durante tres días con sus siervos, hasta que llegan al Monte del cual ha hablado el Señor. Vosotros conocéis al patriarca. El nombre de Abraham está siempre fresco en nuestra memoria. En el camino, el patriarca no habla ni una palabra con su hijo. Su corazón está lleno de pena y pesadumbre. Dios le ha ordenado que tome a su hijo, su único hijo, y le mate sobre la montaña como un sacrificio. Caminan juntos; y ¿quién podrá figurarse la indecible angustia del alma de ese padre, mientras camina al lado de su amado hijo, de quien debe ser el verdugo? Ha llegado el tercer día. Los siervos tienen que quedarse al pie de la colina, mientras que Abraham y su hijo irán a adorar más adelante. Ahora bien, imaginad cómo el alma del padre se llena de tristeza, cuando al subir esa colina, su hijo pregunta: «¿dónde está el cordero para el holocausto?». El padre le comunica a su hijo que Dios ha demandado su vida. Isaac, que podía haber luchado e intentado escapar de su padre, declara que si Dios así lo ha ordenado, está dispuesto a morir. El padre toma a su hijo, ata sus manos a la espalda, apila las piedras, hace un altar, pone la leña, y tiene listo el fuego. Y ahora, ¿dónde está el artista que puede pintar la angustia de ese padre, cuando saca el cuchillo de su vaina y lo sostiene en lo alto, listo para matar a su hijo? Pero allí cae el telón. Ahora la tenebrosa escena se desvanece ante el sonido de una voz desde los cielos. El carnero enredado entre las zarzas le suministra al sustituto, y la fe y la obediencia no necesitan ir más lejos. ¡Ah, mis hermanos, quiero que vuestra imaginación salga de esta escena hacia otra más grandiosa! Lo que la fe y la obediencia iban a llevar a cabo, el amor de Dios le constriñó a Él mismo para que lo hiciera. El tenía un único Hijo, que era el deleite de su corazón, pero decidió darlo por nosotros para redimirnos de nuestros pecados. Él no quebrantó su promesa, pues en la dispensación del cumplimiento de los tiempos, envió a su Hijo a nacer de la Virgen María, para que sufriese por los pecados del hombre. ¡Oh, ¿podéis comprender la grandeza de ese amor, que hizo que el Dios eterno, no solamente pusiera a su Hijo sobre el altar, sino que realmente llevara a cabo la obra, y clavara el cuchillo del sacrificio en el corazón de su Hijo? ¿Podéis imaginar cuán enorme debe de haber sido el amor de Dios hacia la raza humana, cuando completó en un hecho lo que Abraham sólo hizo en su intención? ¡Mirad y ved el lugar donde su único Hijo colgó muerto sobre la cruz, la víctima sangrante de la justicia divina! Esto es amor de verdad, y aquí lo vemos como dice nuestro texto, que, Jehová quiso quebrantarlo, sujetándole a padecimiento.

3. Esto me permite seguir adelante un punto más en el texto. Amados, no sólo es verdad que Dios concibió y permitió la muerte de Cristo; sino que además, las indecibles agonías que vistieron la muerte del Salvador con un terror sobrehumano, fueron el efecto del quebrantamiento del Padre hacia su Hijo en hecho y obra. Imaginad que hay un mártir en la prisión: las cadenas aprietan sus muñecas, pero él canta. Le acaban de anunciar que mañana es el día de su ajusticiamiento. El golpea sus manos alegremente, y sonríe mientras dice: «mañana será un día muy especial, desayunaré bajo cruentas tribulaciones, pero luego cenaré con Cristo. Mañana es como si fuera el día de mi boda, el día por el cual he esperado tanto, cuando firmaré el testimonio de mi vida por medio de una muerte gloriosa». Llega el momento. Los guardias le siguen por las calles hacia el patíbulo. Notad la serenidad del rostro del mártir. Dirige su mirada hacia alguien que le observa, y exclama: «yo valoro estas cadenas de hierro más que si fueran de oro, pues morir por Cristo es un privilegio». Algunos de los más osados de entre los santos se reúnen alrededor de la estaca, y al tiempo que se

Expiación, Justificación, Arrepentimiento, Fe ...

desviste y se pone el el lugar apropiado para recibir su condena, le dice a los que están cerca lo maravilloso que es ser un soldado de Cristo y poder dar su cuerpo para ser quemado. Les estrecha la mano a sus hermanos y les dice «adiós» con un gozo incomparable. Uno podría pensar que este hombre en lugar de ser ejecutado, asistía al día de su boda. Se sube sobre los leños, se le ata una cadena sujetándole por la cintura, y después de una breve oración, cuando el fuego comienza a ascender, le habla a la gente que tiene cerca con valiente osadía. Pero, ¡oh!, mientras los leños chispean y el humo sube el mártir está cantando. Canta, y mientras se queman sus miembros inferiores, sigue cantando dulcemente un antiguo salmo: «Dios es nuestro amparo y fortaleza, nuestro pronto auxilio en las tribulaciones. Por tanto, no temeremos, aunque la tierra sea removida, y se traspasen los montes al corazón del mar» (Sal. 46:1).

Tratad de imaginar otra escena. Allí está el Salvador yendo a la cruz, débil y quebrantado por el sufrimiento. Su alma está triste y enferma dentro de Él. Allí no hay arreglo divino. Su corazón está tan apenado que se desmaya en las calles. El Hijo de Dios cae bajo una cruz que muchos criminales han llevado. Los soldados lo clavan en ella. No hay ninguna canción de alabanza. Levantan la cruz y comienza su agonía. No se oye ninguna palabra de júbilo de parte de nadie. Hay una aguda compresión de su rostro, como si una indecible angustia rasgara su corazón como si Getsemaní estuviera nuevamente presente en la cruz como si su alma estuviera diciendo todavía, «Padre, si quieres, pasa de mi esta copa; pero no se haga mi voluntad, sino la tuya» (Lc. 22:42). Pero, ¡oh!, Él habla. ¿No cantará las más dulces canciones que han salido de los labios de un mártir? ¡Ah, no, es un inimitable y horrible lamento de pesar! «Dios mío, Dios mío, ¿por qué me has desamparado?» Mr. 15:34. Los mártires no dicen eso: Dios está con ellos. Los hombres de la antigüedad no pronunciaban palabras así en la hora de su muerte. Gritaban en medio del fuego y alababan a Dios en sus potros de tortura. ¿Pero, por qué esto? ¿Por qué el Salvador esta sufriendo así? Porque el Padre, quiso quebrantarlo, sujetándolo a padecimiento. Ese rostro iluminado de Dios que ha alegrado a muchos santos en su muerte, fue quitado de Cristo. La conciencia de la aceptación de parte de Dios, que ha hecho a muchos santos abrazarse a la cruz con gozo, no se le permitió a nuestro Redentor, y por lo tanto sufrió en densas tinieblas de agonía mental. Leed el Salmo 22 y ved cómo sufrió Jesús. Deteneos en las solemnes palabras del primero, segundo, sexto, y los siguientes versículos. Debajo de la Iglesia están los brazos eternos, pero debajo de Cristo no había ningún brazo, sino la mano del Padre presionando fuertemente contra Él, como si las múltiples piedras de molino de la ira divina le comprimieran y le quebrantaran, sin permitirle ninguna consolación. «Con todo eso, Jehová quiso quebrantarlo, sujetándole a padecimiento».

Así os he expuesto la primera parte del tema el origen de los peores sufrimientos de nuestro Salvador, de acuerdo a la voluntad del Padre.

II. LA RAZÓN DE LOS SUFRIMIENTOS DE CRISTO

1. La segunda parte debe de explicar la primera, o de otra manera el hecho de que Dios quebrantara a su Hijo inocente, sería un misterio irresoluble. ¿Cuál fue la razón de los sufrimientos del Salvador? Porque su alma fue una ofrenda por el pecado. Ahora, voy a ser tan sencillo como pueda, mientras predico nuevamente sobre la preciosa doctrina de la expiación de nuestro Señor Jesucristo. Cristo fue una ofrenda por el pecado, en el sentido de un substituto. Dios estaba deseando salvar al hombre, pero si se puede decir así la justicia le ataba las manos. «Debo ser justo», decía Dios, «ésa es una necesidad de mi naturaleza. Pero entonces mi corazón desea perdonar pasar por alto las transgresiones del hombre y perdonarlas». ¿Cómo puede hacerse? La sabiduría se abrió paso y dijo: será hecho así, y el amor se puso de acuerdo con la sabiduría. «Cristo Jesús, el Hijo de Dios, se pondrá en lugar del hombre, y se ofrecerá sobre el monte Calvario en su lugar. Ahora, cuando

veáis a Cristo yendo al monte de la condenación, ved también allí al hombre. Cuando en vuestro pensamiento seáis testigos de cómo le arrojan violentamente de espaldas a la cruz, veréis allí a toda la compañía de sus elegidos, y cuando los clavos atraviesen sus benditas manos y pies, es todo el cuerpo de su Iglesia el que está allí, en su substituto. Y ahora los soldados levantan la cruz y la aseguran en el hoyo que fue cavado para ella. Todos sus huesos están dislocados, y su cuerpo rasgado con agonías indescriptibles. Allí está sufriendo la humanidad, por la que Cristo murió en su lugar. Y cuando Cristo muere, estáis siendo espectadores de una muerte, no meramente por sí mismo, sino por todos aquellos por quienes está siendo un reemplazante. Es cierto, el Señor murió por si mismo, pero también como un substituto en lugar de todos los creyentes. Cuando muráis, moriréis por vosotros. Pero cuando Cristo murió, murió por todos vosotros, si es que sois creyentes en Él. Cuando paséis por las puertas de la tumba, iréis allí vosotros solos, pues no sois representantes de un cuerpo de hombres, sino que lo haréis individualmente; pero recordad, cuando Cristo pasó por los sufrimientos de la muerte, estaba representando como Cabeza a todo su pueblo.

Comprended pues, el sentido en el cual Cristo fue hecho un sacrificio por el pecado. Aquí precisamente está la gloria de este hecho. Fue un substituto por el pecado que sufrió literal y realmente el castigo de todos sus elegidos. Cuando digo esto, no se me debe entender que estoy usando una figura, sino diciendo realmente lo que quiero decir. A causa de su pecado, el hombre, fue condenado al fuego eterno. Cuando Dios tomó a Cristo para que fuera el sustituto, es cierto, que no mandó a Cristo al fuego eterno, pero derramó sobre Él una pena tan desesperante y horrible, que fue un pago válido por una eternidad de fuego. El hombre fue condenado a vivir para siempre en el infierno. Dios no mandó a Cristo para siempre al infierno; pero puso en Él, un castigo que fue equivalente a ello. Aunque no le dio a beber la copa de los infiernos reales, sí le dio un quid pro quo (una cosa por otra) algo que fue equivalente a esa pena. Él tomó la copa de la agonía de Cristo y puso en ella miseria y angustia, como sólo Dios puede imaginar o soñar. Ésta era equivalente por todo el sufrimiento, todos los infortunios, y las torturas eternas de cada uno de los que gozarían del cielo. Cuando decís, ¿bebió Cristo la copa amarga hasta el fin? ¿Lo sufrió todo por nosotros? Sí, hermanos, Él tomo la copa, y

«Como una corriente triunfante de amor,
el bebió enteramente la condenación».

Él sufrió todo el horror del infierno, sobre su persona cayó una lluvia de ira, con granizos más grandes que un talento, y allí estuvo, padeciendo, hasta que la nube negra se vació completamente sobre Él. Allí estaba nuestra deuda, enorme, inmensa; Él pagó hasta lo último lo que su pueblo debía, y desde entonces, cada creyente no debe ni una pizca a la justicia de Dios, por lo que no recibirá el castigo eterno. Aunque le debemos nuestra gratitud a Dios y a su amor, no le debemos nada a su justicia, pues en esa hora Cristo tomó todos nuestros pecados; pasados, presentes y futuros y recibió el castigo por ellos. Nunca tendremos que padecer ni ser castigados por nuestros pecados, porque él sufrió y murió en nuestro lugar. ¿Podéis ver, entonces, cómo fue que Dios el Padre le quebrantó, sujetándolo a padecimiento. A menos que Él hubiera hecho lo que hizo, las agonías de Cristo no podrían haber sido equivalentes a nuestros sufrimientos; puesto que el infierno es un lugar en el cual el rostro de Dios está escondido de los pecadores. Si Dios no hubiese escondido su rostro de Cristo, Él no habría podido soportar ningún sufrimiento que hubiera sido aceptado como equivalente de los horrores y las agonías de su pueblo.

2. Me parece oír a alguien que dice: «¿quiere usted que entendamos que esta expiación sobre la que acaba de predicar es un hecho literal?» Por supuesto que sí. En el mundo hay muchas teorías acerca de la expiación, pero en ninguna de ellas puedo verla, a no ser en esta doctrina de la substitución. Muchos ministros de otra religiones, dicen que cuando murió, Cristo llevó a cabo

Expiación, Justificación, Arrepentimiento, Fe ...

algo que capacitó a Dios para ser justo, y para justificar al impío, pero no nos dicen que es ese algo. Ellos creen en una expiación hecha para todo el mundo. Creen que Judas fue expiado tanto como Pedro; y que también los condenados en el infierno fueron el objeto de la satisfacción de Jesucristo, tanto como los salvos en el cielo. Si bien no lo dicen con las palabras exactas, es lo que quieren dar a entender. Siguiendo esta corriente, puede deducirse que en el caso de las multitudes, Cristo murió en vano. Si bien dicen que murió por todos ellos, esa muerte no fue efectiva, pues estas personas después han sido condenadas. No, yo no acepto una expiación así, la rechazo totalmente. Es posible que me llamen Antinominialista o Calvinista por predicar una expiación limitada. Ésta es eficaz para todos los hombres por los que fue hecha, mientras que una expiación universal no es eficaz para nadie, a menos que la voluntad del hombre se una con ella. Mis hermanos, si cualquiera de nosotros fuésemos expiados de esta forma por la muerte de Cristo y luego pudiésemos salvarnos a nosotros mismos sin el Evangelio, la expiación de Cristo no valdría para nada, pues no hay ningún hombre que pueda salvarse a sí mismo no bajo el Evangelio. Si he de ser salvo por la fe, siendo esa fe es un acto mío sin la asistencia del Espíritu Santo, soy incapaz de salvarme tanto por la fe como por las buenas obras. Después de todo, aunque los hombres llamen a ésta una expiación limitada, es tan efectiva como lo pretenden ser sus propias redenciones falaces y corrompidas. Pero, ¿sabéis cual es el límite de esa expiación? Cristo ha comprado a «una gran multitud, la cual nadie podía contar» (Ap. 7:9). El límite es ni más ni menos que éste: Él murió por los pecadores. Cristo murió por cualquiera que reconozca ser un pecador. Todo aquel que busque a Cristo, sabrá que el Señor murió por él, pues nuestro sentido de la necesidad de Cristo, y nuestra búsqueda de Él, son pruebas infalibles de que Cristo murió por nosotros. Tomad nota, porque aquí hay algo muy importante. El arminiano afirma que Cristo murió por él, pero tiene muy poca consolación, puesto que dice: «¡Ah, Cristo murió por mí, pero eso no prueba mucho! Sólo prueba que puedo ser salvo y continuar siéndolo si me preocupo por ello. Tal vez lo olvide y vuelva al pecado; entonces pereceré. Cristo ha hecho mucho por mí, pero no lo suficiente, a menos que yo haga algo». Pero aquel hombre que recibe la Biblia tal como es, dice: «Cristo murió por mí, entonces mi vida eterna está segura. Sé que Cristo no puede ser castigado en lugar del hombre, y éste después ser castigado también. No, yo creo que Dios es un Dios justo, y si lo es, Él no puede castigar primero a Cristo, y luego a mí. No, mi Salvador murió, y ahora yo soy libre de toda demanda de la venganza de Dios, y puedo andar seguro por este mundo. Ningún rayo puede alcanzarme, y puedo morir absolutamente confiado de que no hay llama del infierno, ni abismo alguno que me amenace, pues Cristo, mi rescate, sufrió en mi lugar, y por lo tanto, soy totalmente liberado» ¡Oh, gloriosa doctrina! ¡Me gustaría morir predicándola! ¿Qué mejor testimonio podemos llevar del amor y la fidelidad de Dios, que el testimonio de una substitución eminentemente satisfactoria para todos los que creen en Cristo? Aquí citaría el testimonio del notable teólogo el Dr. John Owen: «La redención es la liberación de un hombre de la miseria espiritual por la intervención de un rescate. Ahora, cuando se paga un rescate por la libertad de un prisionero, ¿no demanda la justicia que éste disfrute de su libertad, comprada por una valiosa redención? Si pago mil libras por la liberación de un prisionero a aquel que le retiene, sería un fracaso rotundo que después de haber pagado, este hombre no le liberara. ¿Puede concebirse que hubiese una redención para los hombres, y que éstos no fueran redimidos? ¿O que se pagara un precio y que el rescate no fuera consumado? No obstante, esto y otras cosas absurdas son verdad, si se apoya la doctrina de la redención universal. Se ha pagado un precio por todos, pero solo unos pocos serán redimidos; el juez y el carcelero están satisfechos, y el prisionero, encerrado. Sin duda que los conceptos de "universal y redención", donde la mayor parte de los hombres perecen, son tan irreconciliables como "romano" y "católico". Si hubiera una redención universal para todos, en tal caso todos los hombres serían redimidos. Si lo fueran, entonces por el pago de un rescate serían librados de toda la miseria, virtual o real, que padecían mientras estaban condenados. ¿Por qué, pues, no son todos salvos? En pocas palabras, la redención conseguida por la sangre de Cristo no puede concebirse como universal, a menos que todos sean salvos: así que la opinión de los universalistas no puede ser aplicable a la redención».

3. Hagamos nuevamente una pausa; pues oigo a alguna alma tímida decir: «Pero señor, yo tengo miedo de no ser elegido, y si es así, Cristo no murió por mí». ¡Un momento! ¿Sientes que eres un pecador? ¿Te ha hecho sentir el Espíritu Santo que eres un pecador perdido? ¿Deseas la salvación? Si no la quieres, no es difícil ver que no fue provista para ti, pero si realmente sientes que la deseas, eres uno de los elegidos de Dios. Si tienes el deseo de ser salvo, un deseo dado por el Espíritu Santo, es una muestra de que es para tu bien. Si has comenzado a orar con fe para obtener la salvación, tienes una evidencia segura de que la tendrás. Cristo fue castigado en tu lugar. Y si ahora puedes decir,

«Nada en mis manos traigo,
simplemente me aferro a la cruz".

Puedes estar tan seguro de que eres uno de los elegidos de Dios, como de tu propia existencia, pues esta es la prueba infalible de la elección un sentido de la necesidad y la sed de Cristo.

CONCLUSIÓN

Y ahora debo concluir enseñándoos los benditos efectos de la muerte del Salvador. Trataremos este punto de forma muy breve.

El primer efecto de la muerte del Salvador es que «verá linaje». Los hombres serán salvados por Cristo. Los hombres tienen una descendencia por medio del milagro de la vida. Cristo la obtuvo por la muerte. Los hombres mueren, dejan a sus hijos, y no ven su linaje. Cristo vive, y cada día ve su linaje reunido en la unidad de la fe. Un efecto de la muerte de Cristo es la salvación de multitudes. Tomad nota, no una salvación probable. Cuando Cristo murió el ángel no dijo, como algunos le han representado, «ahora por medio de esta muerte muchos podrían ser salvos». La palabra de la profecía ha acabado con todos los «peros» y los «si» condicionales. «Por su conocimiento justificará mi siervo justo a muchos, y llevará las iniquidades de ellos» (Is. 53:11). En la muerte del Salvador no había ni un átomo de eventualidad. Cuando murió, Cristo sabía lo que compró, y lo que Él ha comprado es lo que nosotros tendremos ni más, ni menos. No hay ningún efecto de la muerte de Cristo que se deje a la probabilidad o a la fortuna. La muerte y el derramamiento de la sangre de Cristo efectuarán siempre su solemne propósito.

Todo heredero de la gracia estará alrededor del trono,

«Bendecirá las maravillas de su
gracia,
y hará sus glorias conocer».

El segundo efecto de la muerte de Cristo es: «vivirá por largos días». Sí, bendito sea su nombre; cuando Cristo murió no terminó su vida. Él no pudo ser retenido en la tumba. Llegó el tercer día y el Conquistador, levantándose de su sueño, rompió las ataduras de hierro de la muerte, y salió de la prisión de la tumba, para ya no morir nunca más.

«Ahora está sentado a la diestra
del Padre,
Y allí reina triunfante.»

Él es el conquistador de la muerte y del infierno.

Y por último, por medio de la muerte de Cristo, «la voluntad de Jehová será en su mano prosperada». La buena voluntad del Padre es que un día este mundo sea totalmente redimido del pecado. El placer de Dios consiste en que este pobre planeta, sumido en las tinieblas durante tanto tiempo, pueda pronto brillar como un nuevo sol. La muerte de Cristo lo ha conseguido. La corriente que fluyó de su costado en el Calvario, limpiará al mundo de toda su impureza. La hora de tinieblas de aquel mediodía, dio paso al nacimiento de un sol de justicia, que nunca dejará de brillar sobre la tierra. Sí, la hora viene cuando las lanzas y las espadas serán olvidadas, y el arnés de la guerra y la

Expiación, Justificación, Arrepentimiento, Fe ...

exhibición de la pompa serán dejados de lado. Se acerca la hora cuando la vieja Roma se sacudirá sobre sus siete colinas, cuando el creciente mahometanismo irá en declive, y todos los dioses de los paganos perderán sus tronos y serán echados fuera. Entonces, Cristo será honrado desde el ecuador hasta los polos. El Señor dominará sobre la tierra, de extremo a extremo. El Rey del universo reinará sobre todo, y se levantará un clamor: «Aleluya, aleluya, el Señor Dios omnipotente reina». Entonces, hermanos, se verá lo que la muerte de Cristo ha llevado a cabo pues, la voluntad de Jehová será en su mano prosperada.

44. LA REDENCIÓN LIMITADA

«Como el Hijo del hombre no vino para ser servido, sino para servir, y para dar su vida en rescate por muchos» (Mateo 20:28).

INTRODUCCIÓN: La grandeza de la redención de Cristo.

I. POR NUESTROS PECADOS
1. Recordar nuestros pecados pasados.
2. Somos justificados por su sangre.

II. POR LA SEVERIDAD DE LA JUSTICIA DIVINA
1. Dios no pasa por alto el pecado.
2. Dios es justicia.
3. Mi conciencia muestra mi situación.

III. POR EL PRECIO PAGADO
1. Los sufrimientos de Cristo.
2. Cristo pagó por los pecados de su pueblo.

IV. POR LA GLORIOSA LIBERACIÓN QUE ÉL HA EFECTUADO
1. La carga que sentimos por el pecado.
2. La liberación hecha por Cristo a sus redimidos.

V. POR EL INMENSO NÚMERO QUE HA SIDO EFECTUADA
1. Calvinistas y arminianos.

CONCLUSIÓN: Si te sientes culpable, Cristo murió por ti.

LA REDENCIÓN LIMITADA

INTRODUCCIÓN

El día que por primera vez ocupé este púlpito en el cumplimiento de mi ministerio para predicar en esta sala, mi congregación tenía el aspecto de una masa irregular de personas, reunidas de todas las calles de esta ciudad para oír la Palabra. Entonces, se trataba simplemente de un evangelista predicando el Evangelio a muchos que nunca lo habían oído anteriormente. Por la gracia de Dios, el más bendito cambio tuvo lugar; y ahora, en vez de contar con una multitud irregular y fluctuante, mi congregación es tan estable como la de cualquier ministro de Londres. Desde este púlpito, puedo contemplar las caras de mis amigos que han ocupado los mismos sitios, tan exactamente como les ha sido posible, durante todos estos meses; y tengo el privilegio y el placer de saber que la mayor parte de ellos, tres de cada cuatro de los aquí reunidos, no son personas que hayan entrado en este lugar movidos por la curiosidad, sino que son mis asiduos y constantes oyentes. Y observad cómo mi condición ha cambiado también; pues de ser simplemente un evangelista, me he convertido en vuestro pastor. Antes erais un abigarrado grupo que os juntabais para oírme, pero ahora todos estamos unidos por los lazos del amor, y con este contacto hemos crecido en amor y respeto los unos para con los otros, y habéis llegado a ser las ovejas de mi dehesa y miembros de mi rebaño. Y es para mí un honor el asumir el cometido de pastor en este lugar, así como en la capilla donde desarrollo mi ministerio por la tarde. Creo, pues, que como congregación y el lugar han cambiado, no extrañará a nadie que las enseñanzas también sufran un pequeño cambio. Ha sido siempre mi costumbre dirigirme a vosotros con las verdades sencillas del Evangelio y raras veces he tratado de explorar en lo profundo de Dios. Un texto que yo haya considerado apropiado para mi congregación de la tarde, no lo sometería a vuestra consideración por la mañana. Hay elevadas y sublimes doctrinas, las cuales he tenido frecuentemente la oportunidad de tratar en mi propio local, que no me he tomado la libertad de traerlas aquí, considerándoos como concurrencia reunida casualmente para oír la Palabra. Pero ahora, dado que las circunstancias han cambiado, la enseñanza también cambiará. No me ceñiré simplemente a la doctrina de la fe, o a la enseñanza del bautismo del creyente. No trataré de modo superficial las cosas, sino que me aventuraré, según Dios quiera guiarme, a penetrar en eso que es la base de nuestra amada religión. No me alteraré si os predico la doctrina de la soberanía divina, ni temblaré si os anuncio de forma clara y sin reservas la de la elección. No temeré exponeros la gran verdad de la perseverancia final de los santos, ni la inequívoca doctrina del llamamiento eficaz de los elegidos de Dios. Me esforzaré, hasta donde Dios me ayude, en no ocultaros nada, mi nuevo rebaño. Considerando que muchos ya habéis «gustado que el Señor es benigno», procuraremos examinar detenidamente todo el sistema de las doctrinas de la gracia, para que los santos puedan ser edificados y reafirmados en su más santa fe.

Así pues, comenzaremos esta mañana con la doctrina de la redención. El Señor vino para «entregar su vida en rescate por muchos».

Esta doctrina es una de las más importantes del sistema de la fe. Un error en este punto nos llevaría inevitablemente a la más completa confusión de todo el sistema de nuestras creencias.

Ahora bien, vosotros sabéis que hay diferentes teorías en cuanto a la redención. Todos los cristianos creen que Cristo murió para redimir, pero no todos enseñan la misma redención. Discrepamos sobre la naturaleza de la expiación, y sobre el propósito de la misma redención. Por ejemplo, los arminianos dicen que Cristo murió no con la intención de salvar a ninguna persona en particular, y nos enseñan que su muerte no asegura, más allá de toda duda, la salvación de ningún hombre determinado. Ellos creen que Jesús murió para hacer posible la salvación de todos y que, haciendo algo más, cualquiera que lo desee puede alcanzar la vida eterna; en consecuencia, se ven obligados a mantener que, si la voluntad humana no cede y se entrega voluntariamente a la gracia, la expiación de Cristo será inútil. Sostienen que no hay nada especial ni particular en la muerte de Cristo. Jesús murió, según ellos, tanto por Judas en el infierno como por Pedro que subió al cielo. Creen que ha habido una verdadera y real redención tanto para los que han sido entregados al fuego eterno, como para quienes están delante del trono del Altísimo. Pero nosotros no creemos tal cosa. Afirmamos que, cuando Cristo murió, lo hizo con un propósito definido, y que este propósito se cumplirá con toda exactitud y sin ningún genero de duda. Medimos el objeto de la muerte de Cristo por su resultado. Si alguien nos preguntara: «¿Qué se propuso Cristo con su muerte?», responderíamos con otra pregunta: «¿Qué ha hecho Cristo, o que hará Cristo por su muerte?» Porque nosotros declaramos que la medida del efecto del amor de Cristo, es la medida de su objeto. No podemos falsear de tal forma nuestra razón como para creer que la intención del Todopoderoso podría ser frustrada, o que el propósito de algo tan grande como la expiación podría fracasar por alguna causa. Mantenemos y no tenemos reparo en decir lo que creemos que Cristo vino a este mundo con la intención de salvar «una gran multitud que nadie puede contar;» y como resultado de ello, estamos seguros de que todos aquellos por quienes Él murió, serán certísimamente limpios de pecado, y permanecerán delante del trono del Padre, lavados por sangre. No creemos que Cristo efectuara una expiación eficaz por los que están condenados para siempre; no osaríamos pensar que la sangre de Cristo fue derramada con la intención de salvar a aquellos que Dios previó que nunca serian salvos, y menos aún que, de acuerdo con lo que dicen algunos, Cristo muriera por muchos que ya estaban en el infierno cuando Él subió al Calvario.

He expuesto así someramente nuestra teoría de la redención y aludido a las diferencias que separan a dos grandes grupos de la iglesia profesante. Trataré ahora de mostrar la grandeza de la redención de Jesucristo y, al hacerlo, espero ser ayudado por el Espíritu de Dios para sacar a la luz

Expiación, Justificación, Arrepentimiento, Fe ...

todo el gran sistema de la redención, de forma que pueda ser comprendido por todos nosotros, aunque no todos lo aceptemos. Pero debéis tener presente, si es que algunos estáis dispuestos a discutir lo que yo afirmo, que eso de argumentar no va conmigo; yo enseñaré siempre las cosas que considere ser la verdad, sin impedimento ni estorbo de persona alguna. Vosotros tenéis la misma libertad de acción en vuestros locales, y podéis predicar lo que creáis conveniente en vuestras propias asambleas, como yo pretendo tener el derecho de hacerlo en la mía, plena y decididamente.

Cristo Jesús «dio su vida en rescate por muchos» y por ese rescate obró gran redención para nosotros. Trataré de mostrar la grandeza de esta redención midiéndola de cinco maneras. Notaremos su grandeza, pues, primeramente, por la atrocidad de nuestra propia culpa, de la cual Él nos ha librado; en segundo lugar, apreciaremos su redención por la severidad de la justicia divina; en tercer lugar, la mediremos por el precio que Él pagó, los tormentos que tuvo que sufrir; acto seguido, trataremos de magnificarla estimando la liberación que por Él gozamos ahora; y terminaremos haciendo mención del inmenso número por quienes esta redención ha sido efectuada, que nuestro texto describe como «muchos».

I. POR NUESTROS PECADOS

Primeramente, pues, veremos que la redención de Cristo, sólo con medirla por nuestros pecados, no fue algo insignificante. Hermanos, considerad por un momento el abismo de donde habéis sido sacados y la cantera donde habéis sido labrados. Vosotros que habéis sido lavados, purificados y santificados, paraos un momento y recordad vuestro primitivo estado de ignorancia; los pecados a los que os entregabais, los delitos en los que os precipitabais, y la continua rebelión contra Dios que teníais como forma ordinaria de vida. Un solo pecado puede perder un alma para siempre; no hay capacidad en la mente humana para poder comprender la maldad infinita que encierran las entrañas de un solo pecado, ni la inmensidad de la culpa que se esconde en una sola de las transgresiones contra la majestad de las alturas. Así, solo con que vosotros y yo hubiésemos pecado una sola vez, nada que no fuera una expiación de infinito valor podría haber borrado jamás el pecado y satisfecho por él. Pero ¿es cierto que vosotros y yo fuimos transgresores solamente una vez? No, hermanos míos, nuestras iniquidades fueron más numerosas que los cabellos de nuestra cabeza, y han prevalecido poderosamente sobre nosotros. Podemos contar las arenas de la mar, o averiguar las gotas que encierra el vasto océano, antes que enumerar las transgresiones que han marcado nuestras vidas. Recordemos nuestra niñez. ¡Cuán temprano comenzamos a pecar! ¡Cómo desobedecíamos a nuestros padres y hacíamos de nuestra boca cueva de mentiras! ¡Cuán pícaros y desobedientes fuimos en nuestra infancia! Testarudos y veleidosos, prefiriendo nuestra propia voluntad, rompíamos violentamente todo freno o moderación que nuestros piadosos padres ejercían sobre nosotros. Nuestra adolescencia tampoco nos apaciguó. Furiosamente, muchos de nosotros, nos precipitamos en la vorágine de la danza del pecado. Nos convertimos en guías de iniquidad; no solamente pecamos nosotros, sino que enseñamos a otros. Y al llegar a la madurez, y entrar en la flor de la vida, llegamos a ser más sobrios en apariencia, y quizá nos liberamos de la disipación de la juventud; pero, ¡que mejoría tan imperceptible! A menos que la gracia soberana de Dios nos haya renovado, no somos mejor de lo que éramos al principio; y aunque este cambio haya sido operado en nosotros, aún tenemos pecados de qué arrepentimos, y aún hemos de poner nuestras bocas en el polvo, y ceniza sobre nuestras cabezas, clamando: «¡inmundo!» Y vosotros también, los que os apoyáis cansados en vuestro bastón, soporte de vuestra vejez, ¿no quedan todavía pecados adheridos a vuestras ropas? ¿Son vuestras vidas tan blancas como los canosos cabellos que coronan vuestras cabezas? ¿No sentís que la trasgresión salpica todavía los bordes de vuestros vestidos manchando su blancura? ¡Qué frecuentemente os habéis hundido en el arroyo hasta que vuestra misma ropa os ha causado náuseas! Posad vuestros ojos sobre los sesenta, setenta u ochenta años que Dios os ha perdonado la vida, y decidme si podéis contar vuestras innumerables transgresiones o calcular el peso de los delitos que habéis cometido. ¡Oh, estrellas del cielo!, el astrónomo puede medir vuestra distancia y decirnos vuestra altura, pero vosotros, ¡oh, pecados de la humanidad!, que sobrepasáis toda medida y conocimiento. ¡Y vosotras, altas montañas!, origen y principio de tempestades y nido de tormentas; el hombre puede trepar vuestras cimas y hollar vuestras nieves con sus pies; pero vosotras, ¡Oh, simas de transgresiones!, sois más hondas que todo cuanto nuestra imaginación pudiera profundizar. ¿Me acusáis, queridos oyentes, de que denigro la naturaleza humana? Si lo hacéis es porque no la conocéis. Si Dios os hubiera mostrado vuestros corazones, daríais testimonio de que, lejos de exagerar, mi pobre palabra falla en el intento de describir la grandeza de nuestra perversidad. ¡Ay!, si cada uno de nosotros miráramos en el interior de nuestros corazones, y nuestros ojos pudieran penetrar hasta ver la iniquidad que, como con punta de diamante, está grabada en nuestras rocosas entrañas, tendríamos que decirle al ministro que, aunque él pudiera describir la gravedad de nuestra maldad, su descripción siempre sería pobre.

2. ¡Qué grande, pues, amados, tuvo que ser el rescate pagado por Cristo para salvarnos de todos estos pecados! Los hombres por quienes Jesús murió, por grandes que fueran sus pecados, fueron justificados de todas sus transgresiones cuando creyeron. Aunque pudieran haber caído en los más grandes vicios, y se hubieran entregado a los más bajos deseos que Satanás les insinuaba y que el hombre fuera capaz de cometer, toda la culpa fue borrada solo con creer. Quizás han andado años tras año metidos en tinieblas de maldad hasta que su pecado ha llegado a ser doblemente negro y horrible; pero en un momento de fe, en un momento de triunfal confianza en Cristo, la gran redención quitó la culpa de muchos años. Y no solo eso, sino que si fuera posible que todos los pecados que la humanidad ha cometido en pensamiento, palabra, y obra, desde que el mundo fue hecho fueran cargados sobre una sola y pobre cabeza, la gran redención es totalmente suficiente para borrarlos todos y emblanquecer al pecador más que la misma nieve.

¡Oh!, ¿quién medirá la altura de la suprema suficiencia del Salvador? Al que lo intente, habladle primero de la inmensidad del pecado y, después, recordadle que, como Noé permaneció sobre la cima de las montañas de la tierra, la sangre de la redención de Cristo creció sobre las cumbres de las montañas de nuestros pecados. En los atrios celestiales hay hombres que una vez fueron asesinos, ladrones, borrachos, fornicarios, blasfemos y perseguidores; pero que han sido lavados, y han sido santificados. Preguntadles de dónde nace el brillo de sus ropas, y dónde se ha perfeccionado su pureza, que todos al unísono os contestarán que han lavado sus vestiduras y las han emblanquecido en la sangre del Cordero. ¡Oíd vosotros, los que tenéis la conciencia afligida!, ¡los trabajados y cargados!, ¡los que gemís bajo el peso de vuestros pecados!; la gran redención que ahora os proclamamos es del todo suficiente para colmar vuestras necesidades. Y si la multitud de vuestros pecados sobrepasase en número a las estrellas que engalanan el cielo, sabed que hay una expiación hecha por todos ellos, un río que puede arrastrarlos y llevarlos lejos de vosotros para siempre. Ésta es, pues, la primera medida de la expiación: la atrocidad de nuestra culpa.

II. POR LA SEVERIDAD DE LA JUSTICIA DIVINA

1. En segundo lugar, debemos medir la gran redención. Por la severidad de la justicia divina. «Dios es amor», bondad infinita; pero mi próxima proposición no contradirá en modo alguno esta aseveración. Dios es severamente justo, inflexiblemente riguroso en su trato con el hombre. El Dios de la Biblia no es la clase de dios que algunos imaginan, que tiene tan en poco el pecado que lo pasa por alto sin exigir el castigo debido. No es el dios de aquellos que creen que nuestras transgresiones son minucias,

Expiación, Justificación, Arrepentimiento, Fe ...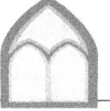

simples pecadillos a los que el dios del cielo hace la vista gorda y tolera hasta que mueran marchitos por el olvido. No, Jehová, el Dios de Israel, ha dicho de sí mismo «el es Dios celoso». Y he aquí su propia declaración: «De ningún modo justificaré al culpable». «El alma que pecaré, esa morirá». Aprended, amigos míos, a considerar a Dios tan severo como si en Él no hubiese amor, y tan amoroso como si en Él no hubiera severidad. Su amor no atenúa su justicia, ni su justicia, en el más mínimo grado, hace mella en su amor.

2. Las dos cosas están dulcemente enlazadas en la expiación de Cristo. Pero notad que nunca podremos comprender la plenitud de la expiación si no hemos entendido antes la verdad bíblica de la inmensa justicia de Dios. No hubo nunca una mala palabra dicha, un mal pensamiento concebido, o una mala acción cometida, que Dios no haya de castigar en la persona de los culpables o en la de otro. Él quiere una satisfacción de vosotros o si no de Cristo. Si no tenéis expiación por medio de Cristo, la deuda que nunca pudisteis saldar la pagaréis en eterna miseria sin fin; porque, tan cierto como que Dios es Dios, antes perderá su deidad que dejar un solo pecado sin castigar, o un intento de rebelión sin venganza. Podéis decir que este carácter de Dios es frío, riguroso y severo. No puedo impedir que habléis así; no obstante, lo que he dicho es verdad. Así es el Dios de la Biblia; y aunque repetimos como cierto que Él es amor, no es menos verdad que, además de amor, es suma justicia; porque en Dios se halla todo lo bueno elevado a la perfección, de forma que, mientras el amor alcanza su consumada hermosura, la justicia se torna en severamente inflexible. No hay aberración ni componenda en el carácter de Dios; ninguno de sus atributos destaca sobre los demás de forma que les haga sombra. El amor tiene pleno dominio, y la justicia no está más limitada que su amor. ¡Oh, amados!, pensad, pues, cuán grande debe haber sido la sustitución de Cristo cuando satisfizo a Dios por todos los pecados de su pueblo. Porque el pecado del hombre exige de Dios eterno castigo, y Él ha preparado un infierno para arrojar en él a todos los que mueran impenitentes. ¡Oh, hermanos!, por toda esta eterna aflicción que Dios debió haber cargado sobre nosotros si no hubiera sido abrumada sobre Cristo nuestro sustituto, podréis comprender cuál debió ser la grandeza de la expiación. ¡Mirad!, ¡mirad con grave mirada las sombras que nos separan del mundo de los espíritus, y contemplad aquel lugar de desgracia y miseria que los hombres llaman infierno! No podéis soportar el espectáculo. Recordad que allí hay almas pagando para siempre su deuda a la justicia divina; y aunque muchas de ellas han estado en aquel lugar abrasándose en las llamas durante los últimos cuatro mil años, su deuda sigue tan intacta como cuando empezaron; y cuando diez mil veces diez mil años hayan pasado, continuarán sin haber satisfecho a Dios por su culpa, como no lo han hecho hasta ahora. Sabiendo esto, podréis apreciar también la grandeza de la mediación de vuestro Salvador, cuando pagó de una sola vez lo que adeudabais. Así pues, no hay nada de la deuda del pueblo de Cristo que haya quedado sin pagar a Dios, a no ser un gran débito de amor. Para la justicia, el creyente no debe nada; y aunque al principio su deuda fuera tan enorme que toda la eternidad no bastaría para saldarla, aún así, Cristo en un momento la pagó, de manera que el que cree es completamente justificado de toda culpa y librado del castigo por la obra de Jesús. Considerad, pues, la grandeza de su expiación por todo cuanto Él ha hecho.

3. Haré aquí una pausa para exponeros otro pensamiento. Hay ocasiones en que Dios Espíritu Santo muestra la severidad de la justicia en las conciencias de los hombres. Quizás haya aquí alguno cuyo corazón ha sido herido por una sensación de pecado. Uno que era un libertino, no sujeto a nadie; pero ahora, la flecha del Señor se ha hundido firmemente en su corazón y le ha sumido en una esclavitud más dura que la de Egipto. Vedle hoy y escuchad cómo os dice que su culpa le persigue por doquier. El negro esclavo, guiado por la estrella polar, puede escapar de las crueldades de su amo y alcanzar otra tierra donde ser libre; pero

nuestro hombre sabe que aunque recorriera todo el ancho mundo, no podría huir de su culpabilidad. El que esta atado por muchas cadenas aún tiene la esperanza de encontrar una lima que le desate y le dé la libertad; pero este hombre os dirá cómo ha probado con oraciones y lágrimas y buenas obras, que no bastaron para soltar los grillos de sus muñecas; ahora se siente como un pobre y perdido pecador, y la emancipación le parece una imposible quimera. El cautivo en la mazmorra piensa a veces que es libre, aunque su cuerpo esté preso. Su espíritu rompe los muros de su celda, y vuela a las estrellas como el águila, que no es esclava de nadie; pero este hombre es esclavo de sus mismos pensamientos; no puede tener una idea alegre o feliz. Su alma ha sido abatida, las cadenas se han soldado con su espíritu, y está sumamente afligido. El preso olvida a veces su esclavitud en el sueño, mas este hombre no puede dormir; por la noche sueña con el infierno, y durante el día le parece vivir en él; un horno de fuego arde en su corazón, y haga lo que haga no lo puede apagar. Ha sido confirmado, ha sido bautizado, recibe los sacramentos, asiste a la iglesia o frecuenta alguna capilla, guarda todas las reglas y obedece todos los preceptos; pese a ello, el fuego sigue ardiendo. Da limosnas a los pobres, está dispuesto a dar su cuerpo para ser quemado, da de comer al hambriento, visita al enfermo, viste al desnudo; pero el fuego continúa ardiendo, y haga lo que haga no lo puede apagar. ¡Oid vosotros, hijos de aflicción y fatiga!, esto que sentís es la justicia de Dios que os busca, y bienaventurados sois por ese sentimiento, porque es a vosotros a quienes os predico este glorioso Evangelio del bendito Dios. Vosotros sois los hombres por los que Cristo ha muerto; por vosotros Él ha satisfecho la severa justicia; y ahora todo lo que tenéis que hacer para lograr la paz de la conciencia es decir a vuestro adversario que os busca: «¡Mira allí! Cristo murió por mí; yo sé que mis buenas obras no te detendrían ni mis lágrimas te apiadarían; pero ¡mira allí! ¡Contempla a mi Dios sangrante, pendiente de la cruz! ¡Escucha su lamento de muerte! ¡Vele morir!» ¿No estás ahora satisfecho? «Y cuando hayáis hecho esto, tendréis la paz de Dios que sobrepasa todo entendimiento, la cual guardará vuestro corazón y mente por Cristo Jesús Señor nuestro; y así conoceréis la grandeza de su expiación».

III. POR EL PRECIO PAGADO

En tercer lugar, mediremos la grandeza de la redención de Cristo por el precio pagado. Es imposible para nosotros saber cuán grandes fueron los tormentos de nuestro Salvador; pero el contemplarlos nos dará una pequeña idea de la magnitud del precio que pagó por nosotros. ¡Oh, Jesús!, ¿quien describirá tu agonía?

> «¡Venid a mí, vosotros los
> manantiales, todos,
> Morad en mi cabeza; ; venid, nubes
> y lluvia!;
> Mi aflicción necesita de todas esas
> aguas
> Que la naturaleza ha engendrado
> en vosotros.
> Veneros, parid ríos que aneguen
> estos ojos,
> Mis ojos ya cansados,
> y por el llanto secos
> a menos que otros canos
> los llenen nuevamente,
> y despierten sus fuerzas,
> para que prestar puedan
> A mi dolor inmenso los chorros
> de sus fuentes.»

1. ¡Oh, Jesús!, Fuiste víctima desde tu nacimiento, varón de dolores, experimentado en quebranto. Los sufrimientos cayeron sobre ti en llovizna perpetua, hasta la última pavorosa hora de tinieblas; y entonces, no como nube, mas como torrente, como catarata de aflicción, tus agonías se precipitaron sobre ti. ¡Vedle allá! Es noche de frío y escarcha, pero Él está en el campo. Es de noche; no duerme, sino que está en oración. ¡Oid en el silencio sus gemidos! ¿Ha tenido nunca ningún hombre lucha como la suya? ¡Acercaos y mirad su faz! ¿Vísteis alguna vez sobre rostro mortal semejante sufrimiento como podéis contemplar en ella? ¿Oís sus palabras? «Mi alma está muy triste, hasta la muerte». Se levanta; es agarrado y prendido por los traidores. Avancemos hacia

Expiación, Justificación, Arrepentimiento, Fe ...

el sitio en que ha estado en agonía. ¡Oh, Dios!, ¿qué ven nuestros ojos? ¿Qué es esto que mancha la tierra? ¡Sangre! ¿De dónde? ¿Quizás de alguna herida que se ha abierto de nuevo por su espantosa lucha? ¡Ah!, no. «Fue su sudor como grandes gotas de sangre que caían hasta la tierra». ¡Oh, agonías que las palabras no bastan para describir! ¡Oh, sufrimientos que el lenguaje es pobre para narrar! ¡Cuán terribles debisteis ser que excitasteis el bendito ser del Salvador hasta hacer brotar sudor de sangre de todo su cuerpo! Y este es el principio, el comienzo de la tragedia. Seguidle tristemente, iglesia afligida, para dar testimonio de la consumación. Es acuciado en tropel por las calles, arrastrado de un tribunal a otro, desechado y condenado ante el Sanedrín, escarnecido por Herodes, juzgado por Pilato. Su sentencia es pronunciada: «¡Sea crucificado!» Y ahora la tragedia llega a su punto culminante. Su espalda es desnudada, es amarrado a la columna romana del suplicio. El sangriento látigo levanta tiras de piel, y como por un río de sangre sus lomos se tintan de grana; vestidura carmesí que le proclama emperador de aflicción. Es metido en el cuerpo de guardia; sus ojos son vendados, y la soldadesca le abofetea y le dice: «Profetiza quién es el que te hirió». Escupen sobre su rostro, tejen una corona de espinas y la clavan sobre sus sienes, le visten con un manto de grana, hincan la rodilla delante de Él burlándose. Enmudece, no abre su boca. «Cuando le maldecían, no retornaba maldición», sino que encomendó su causa a Aquel a quien vino a servir. Y ahora entre burlas y desprecio lo sacan del palacio y lo llevan en tropel por las calles. Desfallecido por los continuos ayunos y abatido por su agonía de espíritu, tropieza bajo el peso de su cruz. ¡Hijas de Jerusalén!, Él desmaya en vuestras calles. Lo vuelven a levantar, ponen su cruz sobre otros hombros, y lo empujan, quizás a punta de lanza, hasta que llega al monte de la ejecución. Groseros soldados caen sobre Él y lo tumban sobre su espalda; el leño cruzado queda bajo Él, sus brazos son distendidos cuanto el cruel suplicio requiere, los clavos son preparados; cuatro martillos los clavan a una en las partes más tiernas de su cuerpo, y helo allí, acostado sobre el madero, muriendo en su cruz. Todavía no se ha terminado. El leño es alzado por los rudos soldados. El agujero ya está preparado. La cruz es soltada bruscamente en él, lo rellenan con tierra, y allí queda.

2. Pero mirad los miembros del Salvador, ¡cómo tiemblan! ¡Todos sus huesos se han descoyuntado por el golpe cruel del madero contra el suelo! ¡Cómo llora! ¡Cómo gime! ¡Cómo solloza! Y aún más; oíd su último grito de agonía: «Dios mío, Dios mío, ¿por qué me has desamparado?» ¡Oh, sol, no me asombra que cerraras tus ojos para no contemplar por más tiempo un hecho tan cruel! ¡Oh, rocas, no me maravilla que la compasión ablandara y rompiera vuestros corazones cuando vuestro Creador murió! Nunca sufrió nadie como Él. Aun la muerte se enterneció, y muchos de los que estaban retenidos en sus tumbas salieron y bajaron a la ciudad. Pero estas fueron todas las señales externas; y creedme, hermanos, lo que no se vio fue muchísimo peor. Lo que nuestro Salvador sufrió en su cuerpo no es nada comparado con el suplicio de su alma. No podéis imaginaros, ni yo tengo palabras para ayudaros, el sufrimiento moral de nuestro Redentor. Suponed por un momento –y repito esta idea que a menudo he usado– a un hombre que ha caído en el infierno; imaginaos que todos sus eternos tormentos pudieran concentrarse en una hora y ser multiplicados por el número de los salvados, número que sobrepuja toda humana consideración. ¿Podéis imaginar así la inmensidad de la desgracia y miseria de los sufrimientos del pueblo de Dios, si hubiese sido castigado por toda la eternidad? Y recordad que Cristo tuvo que soportar el equivalente a todos los infiernos de sus redimidos. Es imposible expresar este pensamiento mejor que con aquellas conocidas palabras: «El infierno fue puesto en su copa»; Él la tomó, y en un terrible trago de amor bebió la condenación hasta las heces. Así pues, apuró todas las penas y miserias infernales para que su pueblo jamás tuviera que sufrirías. Yo no digo que Él sufriera en esa misma proporción, sino que sufrió en conformidad a la

deuda de los suyos, pagó a Dios por todos los pecados de su pueblo, y llevó un castigo equivalente al de ellos. ¿Podéis ahora imaginar, podéis haceros una idea de la gran redención de nuestro Señor Jesucristo?

IV. POR LA GLORIOSA LIBERACIÓN QUE ÉL HA EFECTUADO

Seré muy breve en este punto que consideraremos ahora. La cuarta manera de medir las agonías del Salvador es ésta: Por la gloriosa liberación que Él ha efectuado.

1. ¡Levántate, creyente; permanece firme y seguro, y da testimonio de la grandeza de lo que el Señor ha hecho por ti! Déjame que lo diga en tu lugar. Yo diré tu experiencia y la mía en un solo corazón. Una vez mi alma estaba cargada de pecado. Me rebelé contra Dios y le ofendí gravemente. Los terrores de la ley me asaltaban, el desasosiego de mi convicción me conturbaba. Me vi culpable. Miré al cielo y contemplé un Dios airado decidido a castigarme. Torné mis ojos al suelo, y allí había un infierno abierto, listo para devorarme. Busqué mis buenas obras para satisfacer mi conciencia; pero todo fue en vano. Traté de apaciguar la intranquilidad que ardía en mí asistiendo a las ceremonias religiosas; pero todo fue inútil. Mi alma estaba triste, hasta la muerte. Pude haber dicho como el antiguo desconsolado: «Mi alma escogerá la asfixia y la muerte antes que la vida». He aquí el gran interrogante que siempre me dejaba perplejo: «Yo he pecado, Dios debe castigarme, si no, ¿cómo sería Él justo? Entonces, si es justo, ¿qué será de mí?». Hasta que, una vez, mis ojos repararon en aquella dulce palabra que dice: «La sangre de Jesucristo nos limpia de todo pecado». Con aquel texto entré en mi habitación, y en la soledad medité. Vi a uno pendiente de una cruz, era mi Señor Jesús. Allí estaba la corona de espinas y las señales de inigualable y sin par miseria. Mire a Él, y a mi pensamiento acudió aquel versículo que dice: «Palabra fiel y digna de ser recibida de todos; que Cristo Jesús vino al mundo para salvar a los pecadores». Y me dije: «¿Murió este hombre por los pecadores? Yo soy uno de ellos; así pues, Él murió por mí. Todos aquellos por quienes Cristo murió serán salvos; yo soy pecador, Él murió por mí, y me salvará». Mi alma confió en esa verdad. Mire a Él, y cuando «contemplé el flujo de su sangre redentora», mi espíritu se regocijó, y pudo decir:

«Nada traigo en mis manos a tu luz,
Sólo vengo a abrazarme a tu cruz;
En ti, mi desnudez halla vestido;
Desamparado, busco gracia en ti,
Y mi mancha, a tu fuente, traigo aquí,
¡Lávame, Salvador, o estoy perdido!».

2. Y ahora te toca a ti, creyente, decir lo que queda. Desde el momento que creíste, tus hombros fueron descargados, y fuiste hecho más ligero que el aire. La luz sustituyó a la oscuridad; en lugar de vestidos de tristeza, fuiste vestido con ropas de alabanza. ¿Quién describirá tu gozo? Cantas en la tierra himnos celestiales, y tu sosegada alma disfruta ya del eterno reposo de los redimidos. Porque has creído, has entrado en el reposo. Sí, pregónalo por el mundo; todos aquellos que creen son justificados por la muerte de Jesús de todo lo que no pudieron ser librados por las obras de la ley. Di en el cielo que nadie puede acusar a los elegidos de Dios. Anuncia a toda la tierra que los redimidos de Dios están limpios de pecado a los ojos de Jehová. Grita aún al mismo infierno que los escogidos de Dios nunca irán allá; porque si Cristo murió por ellos, ¿quién los condenará?

V. POR EL INMENSO NÚMERO QUE HA SIDO EFECTUADA

1. Nos hemos dado un poco de prisa en acabar esta consideración, para entrar en el último punto, el más dulce de todos. Se nos dice en nuestro texto que Jesucristo vino al mundo «para dar su vida en rescate por muchos». Podemos medir la grandeza de la redención de Cristo por el inmenso número por quienes ha sido efectuada. Él dio su vida «en rescate por muchos». Nos vemos obligados a tratar de nuevo esta cuestión tan discutida. Con frecuencia se nos dice —me refiero a quienes comúnmente somos apodados por el nombre de calvinistas por cierto que no nos avergonzamos de ello; creemos que Calvino, después de todo, sabía más del Evangelio que casi todos los hombres

Expiación, Justificación, Arrepentimiento, Fe ...

que han vivido, a excepción de los escritores inspirados– que nosotros limitamos la expiación de Cristo por el hecho de que decimos que Él no ha satisfecho por todos los hombres, o de otro modo todos serían salvos. Pero hemos de volver contra ellos su misma imputación, pues son ellos los que hacen la limitación, y no nosotros. Los arminianos dicen que Cristo murió por todos los hombres. Pedidles que os expliquen eso. ¿Murió Cristo para asegurar la salvación de todos los hombres? «No, ciertamente no», dirán: ¿Murió Cristo para asegurar la salvación de algún hombre en particular? De nuevo «no» y tienen que admitirlo así, si son consecuentes. Dicen: «No; Cristo murió para que cualquier hombre pueda ser salvo si..», y añaden ciertas condiciones para la salvación. Nosotros decimos, pues, volviendo a la primera afirmación: Cristo no murió para asegurar la salvación de nadie, ¿verdad? Tenéis que decir que «no»; os veis obligados a ello, porque creéis que el hombre puede caer de la gracia y perderse, aún después de haber sido perdonado. Así pues, ¿quiénes son los que limitan la muerte de Cristo? Vosotros. Decís que Cristo no murió para asegurar infaliblemente la salvación de nadie. Os presentamos nuestras excusas, cuando nos acusáis de ser nosotros los que limitamos la muerte de Cristo. No, queridos amigos, sois vosotros los que lo hacéis. Nosotros decimos que Cristo murió para asegurar infaliblemente la salvación de una multitud que nadie puede contar, quienes por su muerte, no solamente podrán ser salvos, sino que lo serán, deben serlo, y de ninguna manera correrán el riesgo de ser otra cosa que salvados. Que os aproveche vuestra expiación; podéis guardárosla. Nosotros no renunciaremos a la nuestra por lo que vosotros digáis.

Ahora, amados, cuando oigáis a alguien que ríe o se burla de una expiación limitada, podéis decirle que la expiación universal es como un puente de gran anchura que sólo tiene medio arco, no cruza el río, solamente llega hasta la mitad del camino y no asegura la salvación de nadie. Así que yo prefiero poner mi pie sobre un puente tan estrecho como el de Hungerford, que llega hasta la otra orilla, antes que en uno tan ancho como el mundo, pero que no cruce la corriente. Hay quienes me dicen que es mi obligación el anunciar que todos los hombres han sido redimidos, y que las Escrituras lo atestiguan: «El cual se dio a sí mismo en precio del rescate por todos, para testimonio en sus tiempos». Pero también parecen haber poderosos argumentos que se oponen a esta interpretación. Por ejemplo: «El mundo se va tras de Él». ¿Quiere ello decir que todo el mundo iba tras de Cristo? «Y salía a Él toda la provincia de Judea, y los de Jerusalén; y eran todos bautizados por él en el río de Jordán.» ¿Fue toda Judea, o toda Jerusalén bautizada en el Jordán? «Sabemos que somos de Dios», y «todo el mundo está puesto en maldad». ¿Quiere decir «todo el mundo» todas las personas? Si así fuera, ¿quiénes serían los «de Dios?» Las palabras *mundo* y *todos* tienen siete u ocho significados en la Escritura; y pocas veces «todos» significa todas las personas una por una. Esas palabras se usan generalmente para dar a entender que Cristo ha redimido a muchos de todas clases, tanto judíos como gentiles, ricos y pobres; Él no ha reservado su redención a judíos ni gentiles.

CONCLUSIÓN

Dejando la controversia, responderé a una pregunta: ¿Por quién murió Cristo? Respóndeme a un par de preguntas y te diré si Cristo murió por ti. ¿Quieres un Salvador? ¿Sientes necesidad de Él? ¿Tienes conciencia de pecado esta mañana? ¿Te ha enseñado el Espíritu Santo que estás perdido? Si es así, Cristo murió por ti y serás salvo. ¿Tienes conciencia de que Cristo es tu única esperanza en este mundo? ¿Comprendes que no puedes ofrecer por ti mismo una expiación que satisfaga la justicia de Dios? ¿Has abandonado toda confianza en ti mismo? ¿Y puedes decir de rodillas: «Señor, sálvame, o perezco?» Cristo murió por ti. Pero si dices: «Soy tan bueno como debo ser; puedo ir al cielo por mis propias obras», entonces, recuerda lo que la Escritura dice de Jesús: «No he venido a llamar justos, sino pecadores a arrepentimiento». Mientras permanezcas en estas condiciones no hay expiación para ti. Pero si, por el contrario, esta mañana te sientes culpable, miserable, digno del castigo, y estás dispuesto a aceptar a Cristo como tu único Salvador, no solamente te diré que puedes ser salvado, sino, lo que es mejor, que lo serás. Cuando estés desnudo y no tengas nada excepto la esperanza en Cristo, cuando estés preparado para venir con las manos vacías para que sea tu todo, y tu nada, entonces podrás mirar a Cristo y decirle: «¡Tú bendito, Tú inmolado Cordero de Dios! Tú sufriste mis aflicciones; por tus llagas fui sanado, y por tus sufrimientos fui perdonado». Y cuando hayas hablado así, sentirás que la paz inunda tu conciencia; porque si Cristo murió por ti, no puedes perderte. Dios no castiga dos veces la misma falta. Y si Cristo fue castigado por ti, jamás te castigara». Él pagó las demandas de la justicia de Dios se exige dos veces, primero de la sangrienta mano, y luego de la mía». Hoy, si creemos en Cristo, podemos subir al mismo trono de Dios; permanecer allí, y cuando se nos diga: «Pero, ¿tú no eres culpable? Y si lo eres, ¿cuál es la razón por la que no has sido castigado?», podemos decir: «Gran Dios, tu justicia y tu amor son nuestra garantía de que Tú no nos castigarás por nuestros pecados, ¿no castigaste ya a Cristo por ellos? ¿Cómo serías justo, cómo podrías ser Dios, si habiendo Él satisfecho nuestra deuda la exigieras ahora de nuestras manos?» La única pregunta que debe preocuparos es: «¿Murió Cristo por mí?» Y la única respuesta que puedo daros: «Palabra fiel y digna de ser recibida de todos, que Cristo Jesús vino al mundo para salvar a los pecadores». ¿Podéis escribir vuestros nombres detrás de esta frase, entre los pecadores; no entre los pecadores de compromiso, sino entre los pecadores que se sienten como tales, entre los que lloran su culpa, entre los que la lamentan, entre los que buscan misericordia para la misma? ¿Eres pecador? Si así lo sientes, si así lo reconoces, si así lo confiesas, estás invitado a creer que Cristo murió por ti, porque tú eres pecador; y eres instado a caer sobre esta grande e inamovible roca, y a encontrar seguridad eterna en el Señor Jesucristo.

45. LA COSA INESPERADA

«Entonces él se levantó en seguida, y tomando su lecho, salió delante de todos, de manera que todos se asombraron, y glorificaron a Dios, diciendo: Nunca hemos visto tal cosa» (Marcos 2:12).

INTRODUCCIÓN:
1. Un solo Evangelio para los hombres.
2. ¿Cómo nos vino el Evangelio?
3. El sacrificio de la expiación.

I. NO DEJEMOS DE CREER EN EL EVANGELIO
1. El problema del perjuicio.
2. Descubrir la verdad del Evangelio.
3. Tener un corazón abierto para Dios.
4. La verdadera religión.

II. COSAS SORPRENDENTES EN EL EVANGELIO
1. Habla a los muertos en pecado.
2. Nos pide cosas que no podemos hacer.
3. El elegido oye, obedece y es sanado.
4. La sanación del pecado es evidente.

III. ¡JAMÁS VIMOS COSA SEMEJANTE!
1. Una salvación sin nuestras obras.

CONCLUSIÓN: Conocer la salvación total, en la obra de Cristo.

LA COSA INESPERADA

INTRODUCCIÓN

Es del todo natural que haya muchas cosas sorprendentes en el Evangelio, pues es notable más allá de toda medida que simplemente haya un Evangelio. Tan pronto como empiezo a pensar en eso, exclamo con Bunyan: «Oh mundo de maravillas, no puedo decir más que eso». Y los invito a todos a que se unan a la multitud diciendo con el texto: «Jamás hemos visto cosa semejante». Cuando el hombre había pecado, Dios pudo haber destruido instantáneamente nuestra raza rebelde, o haber permitido que existiera a la manera de los ángeles caídos, en un estado de enemistad con todo

lo bueno, con su consiguiente miseria. Pero el que no tomó para Sí a los ángeles, tomó a la descendencia de Abraham y miró al hombre, ese elemento insignificante en los rangos de las criaturas y determinó que el hombre había de experimentar la salvación y mostrar con él su Divina Gracia.

1. Para comenzar, fue una cosa maravillosa que hubiera un Evangelio para los hombres. Y cuando recordamos que el Evangelio implicaba el don del Unigénito Hijo de Dios; cuando recordamos que fue necesario que Dios, el Espíritu invisible, se pusiera el velo del cuerpo humano; cuando pensamos acerca del hecho que el Hijo de Dios tuviera que convertirse en el hijo de María, sujeto al dolor y a la debilidad, a la pobreza y a la vergüenza; recordando todo esto ¡podemos esperar encontrar grandes maravillas girando alrededor de un hecho tan estupendo!

2. Sabiendo que Dios se encarnó, los milagros ya no nos sorprenden como algo maravilloso, pues ¡la Encarnación de Dios supera todo milagro! Pero también debemos recordar que para traernos el Evangelio fue necesario que Dios, en nuestra naturaleza, ofreciera Expiación por el pecado del hombre. ¡Piensen en eso! ¡El Dios santo haciendo Expiación por el pecado! Cuando los ángeles escucharon esto por primera vez, deben haber estado pasmados de asombro, pues ellos «jamás habían visto cosa semejante». ¿Cómo es posible que el Ofendido muera por el ofensor? ¿Cómo es posible que el Juez lleve el castigo del criminal? ¿Cómo es posible que Dios tome sobre Sí mismo la trasgresión de su criatura? Sin embargo así ha sido, y Jesucristo ha cargado con las consecuencias del pecado, no, con el pecado mismo, para que nosotros no tengamos nunca que cargar con eso. «Por la trasgresión de mi pueblo fue herido». Jesús fue hecho una maldición por nosotros, como está escrito: «Maldito todo el que es colgado en un madero».

3. Ahora, si no se podría imaginar un resultado común de un Evangelio enviado a hombres rebeldes, ¡mucho menos se podría imaginar de un Evangelio que involucra la Encarnación y la muerte del Hijo de Dios!

Todas las cosas en la creación de Dios están hechas a escala. Hay un equilibrio entre la gota de rocío sobre una rosa y las más majestuosa de esas órbitas que adornan el rostro de la noche. Hay leyes que regulan todo, desde una simple gota de agua hasta el océano mismo. Todo guarda su proporción y por lo tanto, estamos persuadidos que en una economía en la que comenzamos con un Dios encarnado y una Expiación infinita, debe haber algo muy sorprendente. Y debemos estar preparados para exclamar frecuentemente: «¡Jamás hemos visto cosa semejante!».

Los lugares comunes no se encuentran en el Evangelio. Hemos entrado al país de las maravillas cuando contemplamos el amor de Dios en Jesucristo. Cualquier novela es superada con creces en el Evangelio. Cualesquiera que sean las maravillas que los hombres son capaces de imaginar, los hechos de la asombrosa Gracia de Dios son más extraordinarios que cualquier cosa que la imaginación pueda haber concebido alguna vez. Deseo decir en este momento dos o tres cosas a los que no están familiarizados con el Evangelio. Hay algunos entre mis lectores para quienes el Evangelio, según creemos en él, es una cosa totalmente nueva. Quisiera decirles a ellos, primero, que no dejen de creer en él porque les da la impresión que está haciendo algo muy extraño. En segundo lugar, recuerden que en el Evangelio deben haber cosas extraordinarias y sorprendentes y vamos a tratar de presentarlas ante ustedes, con la esperanza de que, lejos de no creer en ellas, la fe pueda ser plantada en sus almas cuando oigan de ellas. Y en tercer lugar, si alguna de estas cosas extrañas le ha ocurrido a alguno de ustedes, y tengan que decir: «¡Jamás hemos visto cosa semejante!», entonces den toda la gloria a Dios y den honores renovados a su nombre.

I. NO DEJEMOS DE CREER EN EL EVANGELIO

Primero, entonces, no dejen de creer en el Evangelio porque les sorprende. Recuerden que, en primer lugar, nada se interpone más en el camino del conocimiento real que el prejuicio. Nuestra raza podría haber conocido muchísimo más acerca de los hechos científicos de no haber estado tan grandemente ocupada y cautivada por la suposición científica. Tomen un libro sobre cualquier ciencia, y verán que la parte principal del material es la respuesta a muchas teorías elaboradas en otras épocas lejanas u originadas en tiempos modernos. Las teorías son los estorbos de la ciencia, la basura que debe barrerse antes que los hechos preciosos pueden mostrarse limpiamente.

1. Si se van a dedicar al estudio de algún tema y se dicen a sí mismos: «así es como debe configurarse este asunto», habiendo decidido de antemano cuáles deben ser los hechos, habrán colocado en su camino una dificultad más severa aún de las que pueda poner el propio tema. El prejuicio es la piedra de tropiezo para avanzar. Creer que sabemos, antes de saber en verdad, es impedir que hagamos descubrimientos reales y que lleguemos al conocimiento correcto.

Cuando un observador descubrió por primera vez que habían manchas en el sol, hizo su artículo, pero fue llamado por su «padre confesor» y recriminado por haber declarado algo así. El sacerdote jesuita le dijo que había leído a Aristóteles en su totalidad varias veces y que no había encontrado en Aristóteles ninguna mención a las manchas del sol, por tanto, no podían existir tales cosas. Y cuando el ofensor respondió que él había visto estas manchas a través del telescopio, el padre le respondió que no debía creer a sus ojos, sino a él (al padre), ya que sin duda si Aristóteles no había señalado esas manchas, éstas no podían existir, y por tanto, no debía creer en las manchas. Bien, hay algunas personas que escuchan el Evangelio con ese espíritu.

Tienen una noción de lo que debe ser el Evangelio (una creencia muy firme y férrea, fabricada por ellos mismos), o que tal vez han heredado conjuntamente con el viejo cofre familiar. Por tanto, no están preparados para oír con sencillez y así aprender. Tampoco buscan en las Escrituras por descubrir la mente del Espíritu de Dios, sino más bien por encontrar color para sus prejuicios. Es fácil mostrar algo a cualquier hombre si abre sus ojos, pero si los cierra y decide no ver, entonces la tarea es difícil.

Pueden encender una vela con facilidad, pero no pueden hacerlo si hay sobre ella un apagador. Y hay personas que han apagado sus almas y las han cubierto con prejuicios. Actúan como jueces de lo que el Evangelio debe ser, y si se dice algo que no se adapta a sus nociones preconcebidas, de inmediato se ofenden. Esto es totalmente absurdo, y en un tema que concierne a nuestras almas, ¡es algo más que ridículo! Es peligroso en grado sumo. Debemos venir a la predicación de la Palabra de Dios orando: «Señor, ¡enséñame! Espíritu bendito, guíame a toda la verdad. Si me haces ver que una doctrina está contenida en tu Palabra, dame la gracia de aceptarla, aunque escandalice a todos mis prejuicios. Aunque me parezca una cosa totalmente inesperada, si es claramente la Palabra de Dios, quiero recibirla y gozarme en ella».

Que Dios nos dé un espíritu así para que, cuando tengamos que decir en las palabras del versículo: «¡Jamás hemos visto cosa semejante!», que sin embargo nuestros prejuicios no nos impidan aceptar la verdad de Dios. Recordemos, hermanos, que muchas cosas que sabemos que son ciertas no hubieran sido creídas por nuestros padres si les hubiesen sido reveladas. Siento la certeza moral que hubo muchas generaciones de ingleses que, si hubieran sido informados que los hombres viajarían a ochenta o cien kilómetros por hora sobre la superficie de la tierra, propulsados no por caballos, sino por máquinas de vapor, hubieran sacudido sus cabezas y se hubieran reído hasta la burla de tal predicción.

Aún hace poco tiempo, si alguien hubiera profetizado que íbamos a poder hablar a través del Atlántico en un solo instante y obtener una respuesta de inmediato a través de un cable colocado en el fondo del océano, nosotros mismos no lo hubiéramos imaginado. ¿Cómo puede ser posible? Y sin embargo estas cosas son hechos muy comunes cada día entre nosotros. Por tanto, debemos esperar que cuando se trata de algo más maravilloso que la creación y mucho más maravilloso que cualquiera de

Expiación, Justificación, Arrepentimiento, Fe ...

los inventos de los hombres, nos encontraremos con cosas que serán difíciles de creer. Debemos inclinar nuestra voluntad para tener un corazón y un alma disponibles para recibir la señal de la verdad de Dios y ejercitar constantemente una fe simple en lo que Dios revela.

2. Es bien sabido que hay muchas cosas que son hechos indudables pero que ciertas personas encuentran difíciles de creer. Hace algún tiempo, un misionero había dicho a su congregación que en los meses de invierno, el agua en Inglaterra se hacía tan dura que un hombre podía caminar sobre ella. Los miembros de su congregación creían una buena parte de lo que les había dicho, ¡pero no podían creer eso! Y susurraban entre sí diciendo que el misionero era un gran mentiroso. Uno de ellos fue a Inglaterra. Llegó con la plena convicción que era de lo más ridículo suponer que alguien pudiera caminar sobre un río.

Por fin vino la helada, el río se congeló y el misionero llevó a su amigo allí. El buen misionero se paró sobre el hielo, pero aun así no pudo convencer a su amigo que lo siguiera.

—No —le dijo—, no puedo creerlo.

—¡Pero, amigo, si puedes verlo tú mismo! —dijo el misionero—. ¡Anímate, ven aquí!»,

—No —le volvió a decir—: Nunca he visto eso. He vivido cincuenta años en mi propio país y nunca antes vi a alguien caminando sobre un río.

—Pero aquí estoy, haciéndolo en este momento —dijo el misionero—, ¡anímate!

Lo tomó de la mano y lo agarró vigorosamente hasta que el africano probó el agua congelada y comprobó que soportaba su peso. ¡Así se comprobó como verdadero lo dicho, a pesar de que era contrario a la experiencia!

Esa misma regla es válida en el caso del Evangelio. Entonces pueden esperar encontrar en él ciertas cosas que no hubieran creído verdaderas. Pero si algunos de nosotros las hemos comprobado como verdaderas y vivimos gozándolas cada día, no rehúsen con terquedad experimentarlas ustedes mismos. Si los tomamos de la mano

con afecto, diciendo: «Vengan a este Río de Vida. Los puede sostener, pueden caminar con seguridad aquí. Lo estamos haciendo ahora y lo hemos hecho durante años», no reaccionen ante nosotros como si fuéramos mentirosos. ¡Y no nos hagan a un lado con el absurdo argumento que el Evangelio no puede ser verdadero porque ustedes no lo han probado hasta este momento y, por tanto, no han experimentado su poder!

Bien, mi querido amigo, es cierto a pesar de eso, de la misma manera que el hielo era un hecho a pesar de que el amigo africano nunca lo había visto. Él descubrió que el hielo era una realidad cuando finalmente se aventuró sobre él. ¡Y tú descubrirás que Jesucristo y todas las preciosas cosas del Evangelio son ciertas y firmes y verdaderas, tal como lo hemos hecho nosotros, si tan sólo aventuras tu alma sobre ellas! Yo menciono estas cosas simplemente para preparar tu mente para la plena convicción de que el hecho que una afirmación del Evangelio parezca nueva y sorprendente, no debe crear incredulidad en la mente.

3. Mi amado amigo, puede ser que tú exclames: «No puedo esperar que mi pecado pueda ser perdonado. No creo posible que yo me convierta en un hombre salvo por un simple acto de fe». No, ¿pero no ves que cada hombre mide todas las cosas de acuerdo a sus propios normas? Medimos el maíz de otras personas con nuestra propia medida. Inclusive tratamos de medir a Dios con nuestro propio norma y hay un texto que dulcemente nos regaña por eso: «Porque mis pensamientos no son vuestros pensamientos, ni vuestros caminos son mis caminos, dice Jehová». Lo que yo considero correcto esperar de Dios puede ser, naturalmente, algo muy diferente a lo que Dios puede estar preparado a darme.

Tal vez juzgo su comportamiento hacia mí según lo merezco, y si así lo hago, ¿qué puedo esperar? O tal vez juzgo su misericordia conforme a la mía; considerando que no puedo perdonar hasta setenta veces siete; que cuando soy provocado, no puedo pasar por alto la transgresión. No encuentro en mi corazón gran capacidad de perdón y entonces concluyo que Dios es tan duro y tan reticente al perdón como yo lo soy. Pero no debemos juzgar así. ¡Oh pecadores, ustedes no deben hacerlo así!

Si anhelan una gran salvación, no deben sentarse y empezar a calcular a la Deidad por pulgadas y medir el mérito de Cristo por metros y evaluar si Él puede hacer esto o puede hacer lo otro. Dios, ¿hay algo que Él no pueda hacer? ¿No llevó a cabo Jesús una expiación sin límites como su naturaleza? Entonces ¿existe algún pecado que esa expiación no pueda limpiar? ¡No juzgues al Señor de conformidad al juicio humano! ¡Debes saber, oh hombre, que Él no es ningún riachuelo ni algún lago que tú puedes medir, cuya capacidad tú puedes calcular. ¡Él es un mar sin fondo y sin orillas y todos tus pensamientos se ahogan cuando intentas medirlo a Él!

Eleva tus pensamientos tan alto como puedas; piensa grandes cosas acerca de Dios, y espera grandes cosas de Dios; entonces, cuando hayas agrandado tus expectativas y tu fe haya crecido al máximo posible, Dios puede hacer cosas muchísimo mayores por encima de lo que pidas, o incluso de lo que puedas pensar. «¿Alcanzarás tú las cosas profundas de Dios?». ¿Piensas acaso que le puedes ganar a Dios y desear más y esperar más de lo que Él puede dar? ¡Oh, no puede ser! Consideren pues que es muy probable que ustedes cometan errores en cuanto a lo que es el Evangelio. ¿Por qué? Porque la manera de evaluarlo que tienen ustedes debe ser falsa naturalmente, puesto que ustedes juzgan a partir de lo que conocen, y de lo que son capaces ustedes, mientras que Dios está infinitamente por encima de todo lo que puedan conocer o concebir.

Además, déjame recordarte, querido amigo, a ti para quien el Evangelio es algo extraño, que cuando hablamos de él directamente, no deben dejar de creer en él a causa de lo extraño que es, pues es claro que muchos han cometido errores en cuanto a lo que es el Evangelio. Los judíos que vivieron en el tiempo de nuestro Salvador oyeron al mejor predicador que alguna vez haya predicado, pero no lo entendieron. Ciertamente no se debió a la falta de un estilo lúcido, pues «¡nunca habló hombre alguno así!» ¡Sin embargo ellos no comprendieron todo lo que Él dijo! Ellos pensaron que entendían lo que Él quería decir, pero no fue así. Y aun sus propios discípulos y apóstoles, mientras no habían sido iluminados por el Espíritu de Dios, no comprendían lo que su Señor les decía y sabían muy poco a pesar de toda su enseñanza. ¿Acaso te sorprendería estar equivocado, querido amigo, tú que nunca has hallado el gozo y la paz por medio de la fe?

Después de todo ¿acaso no es posible que pudieras haberte equivocado? Los judíos oyeron al Salvador mismo y sin embargo no entendieron la verdad de Dios. Algunos de ellos eran hombres muy inteligentes e instruidos. Hubo uno en particular que era un gobernante, un doctor entre los judíos, que no entendió estas cosas. Y cuando el Salvador le dijo: «os es necesario nacer de nuevo», él lo tomó literalmente, no pudo entender el cambio místico que quiso describir nuestro Salvador. Ahora bien, si Nicodemo no pudo entender y muchos más como Nicodemo tampoco, ¿no pudiera suceder que tú tampoco hubieras encontrado el secreto y sigues en este momento sin poseerlo?

Posiblemente seas una persona de muy considerable educación y notables dones y características. Querido amigo, si hay alguien que puede no entender el verdadero sentido del Evangelio, eres tú. Dirás que es extraño que yo haga esa observación, pero te aseguro que está basada en hechos. «Pues considerad, hermanos, vuestro llamamiento: No sois muchos sabios según la carne, ni muchos poderosos.» ¡No muchos de los sabios de este mundo no conocen de Cristo! Él enseña a los infantes y deja que los sabios presuman de su propia insensatez. Los magos del Oriente dieron muchos rodeos para encontrar al Salvador. A pesar de la ayuda de la estrella que los guiaba, perdieron su camino. Pero los humildes pastores de las llanuras de Belén, sin necesidad de ninguna estrella, fueron de inmediato al lugar donde Jesús se encontraba.

Ah, fue una observación buena y verdadera la de Agustín, cuando dijo: «Mientras los sabios andan a tientas buscando la

Expiación, Justificación, Arrepentimiento, Fe ...

cerradura, los simples y los pobres ya han entrado al Reino de los cielos». La simplicidad de corazón es de mucha más ayuda para entender el Evangelio que una mente culta. Estar listos para ser enseñados es una mejor facultad que poder enseñar, en lo que concierne a la recepción del Evangelio. ¡Ese título de teología puede ser un obstáculo en tu camino hacia el entendimiento del Dios Divino! ¡Y esa misma posición que has alcanzado en los estudios clásicos puede hacer que te resulte más difícil captar eso que el peregrino, aunque sea un tonto, conoce de memoria! Puesto que esto es así, no te estoy insultando cuando digo que tal vez, mi querido amigo, has estado hasta este momento trabajando bajo el error, y por tanto, si en cualquier momento se te predica el Evangelio, es conveniente que lo escuches con atención y no lo rechaces porque parece ser nuevo.

4. Un comentario más y pasaré al siguiente punto, y es éste. La persona a la que me dirijo ahora, y creo que entre mis lectores hay gente así, si es el hombre que pienso, debe confesar que la religión que ahora tiene no ha hecho mucho por él. ¿Piensas que conoces el Evangelio? A ver, dime: ¿acaso puedes morir por lo que conoces? ¿Podrías morir ahora, ahora, felizmente y lleno de contento con la esperanza que tienes? Si así fuera, le doy a gracias a Dios y te felicito. ¿La fe que posees ha consolado tu corazón? ¿Sientes y reconoces como un hecho que tus pecados te han sido perdonados? ¿Consideras que Dios es tu Padre? ¿Tienes el hábito de hablar con Él como un hijo habla con su padre, confiando en Él y contándole todas tus preocupaciones y problemas? Si es así, querido amigo, me gozo contigo.

Pero a menos que tu religión sea la de Jesucristo, sé que no has encontrado tal paz. Lo que se conoce como religión puede tener muchas formas, muchas. Pero todas se resumen en esto: todas colocan al hombre en una posición en la que siente que es tan bueno como las otras personas, y tan hábil para las cosas espirituales como el promedio de la gente. Y si se esfuerza al máximo, y actúa conforme a su conocimiento y su luz, se hará sin duda alguna mejor cada vez. Y tal vez, cuando esté a punto de morir, posiblemente con la ayuda de un religioso o sacerdote, tal vez, por medio de una notable experiencia que pueda vivir mediante el uso de los sacramentos, puede alcanzar el cielo.

Los creyentes en la religión general de la humanidad están en un camino que deben seguir, y si continúan en él con esfuerzo y cuidado, posiblemente puedan salvarse a sí mismos con la ayuda de la gracia del Señor Jesucristo. ¡Ellos normalmente agregan esto último para hacer que su justicia propia parezca un poco más respetable! ¡Pues bien, digo con toda deliberación, como bajo la mirada de Dios, que una religión así no vale un centavo! La religión del Señor Jesucristo da al hombre un perdón completo, pleno, libre e irreversible de todos sus pecados de manera inmediata, conjuntamente con el cambio de su naturaleza, la implantación de una nueva vida y su adopción a la familia de Dios.

Y le da todas estas cosas de tal modo que él sabe que las tiene, goza de manera consciente de ellas y vive en el poder y en el espíritu de ellas, sirviendo humildemente al Señor que ha hecho tan grandes maravillas para él. Ésta es la religión de Cristo y sobre esto hablaremos ahora de forma más completa, mientras mencionamos algunas cosas que conducen a los hombres a decir: «¡Jamás hemos visto cosa semejante!».

II. COSAS SORPRENDENTES EN EL EVANGELIO

Nuestro segundo punto es que hay cosas muy extraordinarias y sorprendentes en el Evangelio. Mencionemos algunas de ellas. Una es que el Evangelio debe llegar a las personas que considera incapaces. En la narración que estamos considerando lo maravilloso es que el Señor trató con una persona lisiada y paralítica a tal grado que no podía arrastrarse ante la presencia de Cristo, sino que tuvo que ser llevado por cuatro amigos. ¡Mírenlo! ¡Es un incapaz incurable! Todo lo que puede hacer es estar en esa cama donde la amabilidad de sus amigos lo ha colocado, y allí debe permanecer. No puede hacer nada.

1. Ahora bien, el Evangelio considera a cada persona a la que se dirige como alguien incapaz de hacer algún bien. Se dirige a ti no como a un simple paralítico, sino que va más allá y te describe como muerto. ¡El Evangelio le habla a los muertos! A menudo he escuchado decir que el deber del ministro cristiano es despertar las actividades de los pecadores. ¡Yo creo exactamente lo contrario: el más bien debe esforzarse en matar sus actividades basadas en una confianza en sí mismo haciendo ver a las personas que todo lo que pueden hacer por sí mismos es peor que nada! No pueden hacer nada, ¿pues cómo pueden moverse los muertos en sus tumbas? ¿Cómo podrían los muertos en pecado nacer de nuevo por sí mismos? El poder que puede salvar no descansa en el pecador. ¡El poder está en su Dios!

Si algunos de ustedes son inconversos, no vengo a decirles algo que pueden hacer para salvarse a sí mismos, sino que ¡les advierto que ustedes están perdidos, arruinados y condenados! Tienen poder para extraviarse como ovejas perdidas, pero si alguna vez regresan, su Pastor tiene que traerlos de regreso, nunca podrán regresar por ustedes mismos. Tenían poder para destruirse y ya lo han ejercitado. Pero ahora su ayuda no está en ustedes, su ayuda está en Dios. Es algo extraño que el Evangelio represente al hombre en una condición tan desesperada, pero es un hecho. Y aunque es muy sorprendente, no debemos tener ninguna duda al respecto.

2. Algo igualmente notable es que el Evangelio pide que los hombres hagan lo que no pueden hacer, pues Jesucristo dijo a este hombre paralítico: «A ti te digo, ¡levántate, toma tu camilla y anda!». Él no podía levantarse. No podía tomar su camilla y no podía caminar, pero la invitación era para que lo hiciera. Y es una de las extrañas cosas del camino de salvación que:

«¡El Evangelio ordena
  que los muertos cobren vida!
Los pecadores obedecen su voz
  y viven.
Los huesos secos se levantan
  y visten ropas nuevas

Y los corazones de piedra
  se vuelven de carne».

Hemos de decir en el nombre de Jesús, al hombre de la mano paralizada, tan paralizada que sabemos que no tiene ningún poder en ella: «Extiende tu mano». Y decimos eso en el nombre de Dios. Algunos de mis hermanos que profesan un cierto orden de doctrina dicen: «¡Eso es ridículo! Si admites que un hombre no puede hacerlo, es ridículo que le pidas que lo haga».

Pero no nos importa ser ridículos; nos importa muy poco la censura del juicio humano. Si Dios nos da una comisión, esa comisión impedirá que suframos muy seriamente si otros nos ridiculizan. «Ezequiel, ¿no ves frente a ti ese valle de huesos secos?». «Sí», dice él: «los veo. Hay muchísimos y están muy secos. El sol los ha calcinado durante muchos veranos y los fieros vientos los han secado durante muchos inviernos hasta que quedaron como si hubieran pasado por un horno».

«Profeta, ¿qué puedes tú hacer con estos huesos? Si Dios quiere darles vida, les será dada, por tanto déjalos solos. ¿Qué puedes hacer tú? Escúchalo cuando hace la solemne proclamación». ¡Así dice el Señor: «huesos secos: vivan! ¡Ridículo, Ezequiel! Ellos no pueden vivir, ¿por qué hablarles?». ¡El profeta sabe que no pueden vivir por sí mismos, pero también sabe que su Señor le pide que les ordene que vivan, y él hace lo que su Señor le pide! Así, en el Evangelio, el ministro invitará a los hombres a creer, diciendo: «¡Arrepentíos, y creed en el Evangelio!» Solamente por esta razón decimos: «Cree en el Señor Jesús y serás salvo».

El Evangelio te pide que creas, aunque estás muerto en tus delitos y pecados. «No puedo entenderlo», dice alguien. No, y no podrás hacerlo hasta que Dios te lo revele. ¡Pero cuando el Señor venga y habite contigo, entonces entenderás perfectamente y verás cómo el ejercicio de la fe de parte del predicador del Evangelio es una parte de la operación Divina mediante la cual las almas muertas son levantadas!

3. Otra cosa más admirable aún es esta: que mientras que el Evangelio llega a hombres incapaces y muertos y les ordena hacer

Expiación, Justificación, Arrepentimiento, Fe ...

lo que no pueden hacer por sí mismos, ¡en realidad lo hacen! Eso es lo maravilloso. En el nombre de Jesús decimos al hombre paralítico: «Toma tu camilla y vete a tu casa», «Y toma su camilla y camina». ¡Porque cuando se predica la Palabra de Dios fielmente, con la confianza en Dios, le viene poder eterno al hombre que no tenía ningún poder! Y los elegidos de Dios, llamados por la predicación del Evangelio, oyen el mensaje del cielo y viene el poder al tiempo que escuchan el mensaje, de tal forma que lo obedecen y viven. ¡A pesar de que estaban muertos, viven!

¡Oh, qué maravillosa operación es esta que de esta congregación, mientras yo digo: «Cree en el Señor Jesús», habrá quien crea y sea salvo! Los que van a creer no tienen más poder para creer que los demás. ¡Todos por naturaleza están en el mismo estado de muerte! Pero para los elegidos de Dios, la Palabra llega con poder, asistida por el Espíritu Santo y ¡ellos creen y viven!

Aquí hay tres cosas singulares. ¡Es algo extraño tener que decirles a ustedes, gente buena de la iglesia y gente buena de la capilla que siempre han hecho todo tan bien, que a menos que se conviertan, están muertos en delitos y pecados y todas sus buenas obras son la mortaja en la que están envueltos su cadáveres, solamente eso! Y es extraño que estemos obligados a invitarlos a creer en Jesús cuando ya les hemos dicho que no tienen ninguna vida espiritual. Y es notable que se nos ordene advertirles que están viviendo en gran pecado si no creen en Jesús.

¡Ustedes pueden juzgar más singular aún que nosotros tengamos la confianza que al decirles estas cosas de modo sencillo y honesto en el nombre de Dios, el Espíritu de Dios las bendecirá y los guiará a creer y a confiar en Jesús! Aunque parezca extraño, es así. Más notable aún para la multitud, sin duda fue esto: este hombre paralítico fue sanado de inmediato. Si se diera la recuperación de la parálisis en un momento dado, y es muy raro que esto ocurra, no creo que se sane en un instante.

Este hombre es incapaz de mover la mano o el pie, pero Jesús le dice: «Toma tu camilla y anda», ¡y se levanta como si nunca hubiese estado paralizado! Cada ligamento está en su lugar. Cada músculo está listo para la acción en un momento. Pensarías que podría tomar un mes o dos, y una buena cantidad de masajes y fricciones para poner la sangre de este hombre en sana acción, para volverlo a la normalidad y listo para su nueva vida. ¡Pero no fue así, él solamente escuchó esa extraña voz que le pidió que hiciera lo que no podía hacer, e hizo lo que no podía hacer por un poder que iba unido al mensaje! Y así se levantó y fue sanado en un instante.

Y he aquí lo maravilloso del Evangelio. Un pecador oye el Evangelio y todos los pecados de su vida entera están sobre él, ¡pero él cree en el Evangelio y todo los pecados son quitados en un momento! Y él es tan limpio ante el Trono de Dios como si nunca hubiera sido manchado por el pecado. Hasta el momento de recibir el Evangelio, él era un enemigo de Dios por sus obras malvadas. Pero él acepta el Testimonio de Dios relativo a su Hijo Jesús, él descansa en Jesús y su corazón se vuelve como el corazón de un niñito. En un momento la piedra es quitada y recibe un corazón de carne: ¡se convierte en una nueva criatura en Cristo Jesús! La oscuridad desaparece de la misma manera que la oscuridad al principio del mundo huyó ante el fíat que dijo: «Sea la luz,¡Y se hizo, y se hizo en un momento!»

Estoy seguro que no comprenderán esto hasta que no lo hayan experimentado. ¡Oh, cómo bendigo a Dios, porque hace años cuando oí el mensaje de Dios: «¡Mirad a mí y sed salvos, todos los confines de la tierra!» pude ver y vivir! Yo deseaba y ansiaba la salvación y trabajaba arduamente y oraba arduamente para alcanzarla, pero no podía avanzar ni una pulgada. Pero vino el mensaje: «¡Mira!»¿cómo podía mirar? ¡Mis ojos no podían ver! Sin embargo sí miré, pues el poder de mirar vino junto con el mandamiento, y, ¡en el mismo momento que miré estuve consciente que había sido perdonado como estoy consciente de mi existencia!

¡Hubo vida para mí en una mirada al Crucificado! ¡Un perdón seguro, cierto y sellado en mi conciencia me fue dado en el instante que miré a Jesús en su sudor sangriento, a Jesús en la cruz, a Jesús resucitado de entre los muertos y a Jesús elevado a la Gloria! ¡Una mirada a Él y todo fue hecho! Dices que no habías pensado en eso y aun ahora te sorprende. Pensaste que tendrías que tomar el sacramento y seguir asistiendo a un lugar de adoración y gradualmente salir de tu condición paralítica. ¡Ése es el camino de salvación del hombre! ¡Mas el camino de salvación de Cristo es un cambio instantáneo del corazón y un perdón instantáneo del pecado!

Otra cosa que nunca habían visto de manera igual fue que el hombre fue sanado sin ninguna ceremonia. La manera adecuada de sanar a una persona paralítica hubiera sido traer al sacerdote juntamente con agua y aceite, o derramar la sangre de un toro y ofrecerla. Y después ir a través de un sinfín de ceremonias y a través del misterioso poder de las ceremonias, al fin él podría ser curado. Pero aquí no hubo ninguna ceremonia. Fue simplemente esto: «Toma tu camilla y anda». El hombre, aunque no puede tomar su camilla y andar, cree que aquel que le ordenó hacerlo le dará poder para hacerlo, y ¡toma su camilla y anda!

Y allí está la respuesta de todo. Él cree y actúa de acuerdo a esa fe y es restaurado. Y en eso consiste todo el plan de salvación. Tú crees en el Evangelio y actúas de acuerdo a su verdad y eres salvo, salvo en el momento en que aceptas el testimonio de Dios relativo a su Hijo Jesucristo. ¿Pero acaso no hay un Bautismo? Sí, para los salvos, mas no un Bautismo para ganar la salvación. Cuando eres salvo, cuando eres un creyente en Jesús, entonces las instructivas ordenanzas de la casa de Dios se vuelven útiles para ti, ¡pero Dios no quiera que alguna vez veamos al Bautismo como un medio de salvación! ¡Dios no quiera que tampoco veamos a la Cena del Señor como un medio de salvación! ¡Que seamos preservados de cualquier cosa que se aproxime a la confianza en ritos y formas!

Cuando eres salvo, entonces las ordenanzas de la casa a la que has entrado, las ordenanzas de la familia a la que ahora perteneces, son tuyas. ¡Pero no te pertenecen y no te pueden dar ningún servicio de ningún tipo, hasta tanto no seas un hombre salvo! La salvación de la muerte por el pecado no tiene nada que ver con ceremonias. El único precepto del Evangelio es: cree y vive. Otra cosa notable es que este hombre fue perfectamente restaurado, no solamente restaurado en un momento, sino perfectamente. Una restauración parcial no hubiera sido ni la décima parte de memorable. He tenido alguno queridos amigos parcialmente paralíticos que, por durante un tiempo, en la buena Providencia de Dios, se han recuperado de alguna manera. Pero ha permanecido una cierta deformación de la boca, una debilidad en los ojos, o una falta de fuerza en la mano como prueba que la parálisis estuvo allí.

Pero este hombre estaba perfectamente sano de manera inmediata. ¡La gloria de la salvación es que el que crea en el Señor Jesús es perdonado por completo! No es únicamente una parte de su pecado la que es borrada, sino la totalidad de su pecado. Me gozo al mirar esto como Kent lo hace cuando canta:

«Aquí hay perdón para
las trasgresiones pasadas,
Sin importar cuán negras sean
Y, oh alma mía, maravillada mira
Que para los pecados venideros
¡hay perdón también!».

¡Estamos sumergidos en la fuente de la sangre redentora y limpiados de cualquier temor de ser encontrados culpables alguna vez ante el Dios viviente. Somos aceptados en el Amado por medio de la justicia de Jesucristo, justificados de una vez y para siempre, eternamente, ante la presencia del Padre! Cristo dijo: «¡Consumado es!» y ha sido consumado. Y ¡oh, qué bendición es esta! ¡Es una cosa que bien puede asustar a los que no la han escuchado antes, pero no la rechacen porque los asusta! Más bien digan: «Este maravilloso sistema que salva y salva completamente, en un instante, simplemente por mirar fuera de uno mismo hacia Cristo, es un sistema digno de la Sabiduría Divina, pues engrandece la Gracia de Dios y resuelve las necesidades más profundas del hombre».

4. Otra cosa sin duda los asombraba relativo a este hombre: que su curación era evidente. No había ningún engaño involucrado, pues enrolló el colchón sobre el que había estado acostado, lo puso a sus espaldas y se fue a casa con él. No había ninguna duda que había sido perfectamente restaurado, pues iba con su carga al hombro. Y allí está lo glorioso cuando un hombre cree en Jesucristo, en que no hay duda acerca de su conversión, se ve en sus acciones.

Me dicen que un niño nace de nuevo en el bautismo. Muy bien, déjenme ver al niño. ¿Hay algo diferente en él? Tal vez algunos de ustedes han tenido niños nacidos de nuevo de la manera sacramental. No sucedió así con los míos. Por lo tanto no puedo hablar por experiencia. Me pregunto si los niños de ustedes han resultado ser mejores que los míos. Me pregunto si la regeneración por agua ha hecho alguna diferencia. Estoy persuadido de que no pueden pretender haber visto algún resultado. Es un tipo de regeneración que no se muestra a sí misma en la vida y que, ciertamente, no produce ningún resultado, pues estos preciosos bebés regenerados y niños y niñas regenerados son exactamente iguales a los niños y niñas no regenerados, no hay nada que los distinga.

Envíenlos a la misma escuela y me encargaré de mostrarles que a menudo, algunos de los que nunca fueron regenerados de forma bautismal son mejores que los que sí lo fueron, pues probablemente han tenido padres cristianos que se han esforzado más que esos padres supersticiosos que simplemente confiaron en la ceremonia externa. Y esa regeneración que no produce ningún efecto no es nada, es menos que nada. Sería como decir: «Ese hombre ya ha sido sanado de su parálisis». «Sí, pero permanece en su cama». «Cierto, está en su cama igual que antes, pero», dices con seguridad, «él está, él está libre de su parálisis». «Pero ¿cómo lo sabes?». «Bien, por supuesto, puede no ser una curación real, sino una curación virtual, puesto que ha experimentado una ceremonia y por lo tanto así tiene que ser. Tienes que creerlo». Ésas son palabras muy bonitas. Pero cuando el hombre se levantó y enrolló su cama y la cargó sobre sus espaldas ¡eso resultó muchísimo más convincente!

Ahora, cuando la Providencia de Dios trae a esta casa a un hombre que ha sido un borracho y oye el Evangelio de Jesucristo y cree en Jesús, y rompe sus copas y se convierte en un hombre sobrio ¡hay algo en eso! Si un hombre altivo y orgulloso y que odia por completo el Evangelio viene aquí; un hombre que puede jurar y que no respeta el día de descanso, y cree en Jesús, se convierte en su hogar en un hombre tan tierno como un cordero, tanto, que su propia esposa apenas lo conoce. Y en el día de descanso se goza en ir a la casa de Dios, algo significa eso, ¿no es cierto? ¡Es algo real y tangible!

Aquí está un hombre que te podría engañar, tan pronto te viera en su negocio. Pero viene a él la Gracia de Dios y se vuelve escrupulosamente honesto. Aquí está otro hombre que solía juntarse con los más viles de los viles y, por la Gracia de Dios, el Evangelio de Jesucristo es recibido por él y ahora busca compañeros piadosos. Y sólo ama a aquellos cuya conversación es dulce y limpia y santa. ¡Eso se puede ver! ¡Eso puede verse! Y ese es el tipo de salvación que necesitamos en estos días, una salvación que pueda verse, que haga que el pecador paralítico enrolle su camilla y la cargue, que le haga vencedor de los hábitos depravados, que lo libere de la esclavitud de sus pecados y que se manifieste exteriormente a todos los que quieran mirarlo.

Sí, hermanos y hermanas, esto es lo que el Evangelio ha hecho por nosotros. Y si me dirijo a algunos que han mirado a la religión como un tipo de bálsamo que deben usar mientras ellos continúan en sus pecados, quiero que vean que es algo muy diferente. Cristo ha venido para salvarlos de sus pecados. No para mantenerlos en el fuego y evitar que se quemen, sino para sacarlos como a un carbón fuera del fuego. Ha venido para hacerlos nuevas criaturas y eso Él puede hacerlo en este instante, mientras leen este sermón. Si, cuando oyes el sonido de las palabras: «Cree en el Señor Jesús» se encuentra en ti una mente deseosa, dada por su Gracia para que puedas confiar en Él, ¡serás salvo de manera tan cierta como que Cristo vive!

Éstas son cosas extrañas, pero no las rechaces porque son extrañas. Son cosas dignas de un Dios.

III. ¡JAMAS VIMOS COSA SEMEJANTE!

Por tanto, para terminar, si te has encontrado alguna vez con algunas de estas cosas y has tenido que decir: «¡Jamás hemos visto cosa semejante!». Entonces ve y glorifica a Dios. ¡Engrandécelo a Él desde lo más profundo de tu alma! Si la salvación fuera por obras y pudiéramos abrir nuestro propio camino al cielo por nuestros propios méritos, yo sería el primero, al llegar allá, en lanzar al aire mi sombrero diciendo: «¡Muy bien hecho! ¡He merecido algo, y lo he recibido!» Pero puesto que la salvación es por Gracia desde el principio hasta el fin, y no por el hombre ni a causa de él, ni de la voluntad de la carne, ni de sangre ni de nacimiento (pues es el Señor el que la comienza, la lleva a cabo y la termina) ¡démosle toda la gloria a Él!

Y si alguna vez nos da, como en efecto nos va dar, una corona de vida que no se desgasta, iremos y la arrojaremos a sus pies y diremos: «No a nosotros, oh Jehová, no a nosotros, sino a tu nombre da gloria». Vivamos en este espíritu, amigos. El hombre que cree en las doctrinas de la gracia, y empero tiene una alta opinión de sí mismo, es altamente inconsistente. Un hombre que cree que la salvación es solamente por Gracia y que sin embargo no glorifica a Dios continuamente, actúa en contra de sus propias convicciones». Engrandeced a Jehová junto conmigo; ensalcemos unidos su nombre. Nos sacó del horrible pozo y del fango que nos aprisionaba y puso nuestro pie sobre una roca y estableció nuestros caminos. Puso un cántico nuevo en nuestras bocas, y también alabanza para siempre. ¡Alabado sea Él, pues Él lo ha hecho y Él tiene que ser exaltado!

CONCLUSIÓN

¡Oh, ustedes que no conocen esta salvación, ustedes no pueden alabarlo! ¡Y yo no los exhorto para que lo hagan! Pero, antes que nada, les aseguro que pueden conocer esta salvación por ustedes mismos. Y, no les quepa duda, pueden conocerla. Bendito sea Dios, yo confío que muchos conocerán la salvación hoy, olvidándose de conseguirla por ustedes mismos, abandonando cualquier dependencia de cualquier cosa que ustedes puedan hacer o ser o sentir, y cayendo en los brazos de Jesús, descansando en su obra consumada y confiando plenamente en Él.

Él los salvará, Él debe, salvarlos si confían en Él, y entonces le darán la alabanza. Dios los bendiga, queridos hermanos, por medio de Cristo.

2. Justificación

46. PERDÓN Y JUSTIFICACIÓN

«Cesaron estos tres varones de responder a Job, por cuanto él era justo a sus propios ojos» (Salmos 32:1).

INTRODUCCIÓN: Juzgando en base a las apariencias.

I. EL PERDÓN
1. La bendición del perdón.
2. ¿Cómo se obtiene?
3. Dirige tu mirada al cielo.

II. LA JUSTIFICACIÓN
1. Produce paz con Dios.

III. LOS BENEFICIOS DE LA MISERICORDIA
1. Son cubiertos los pecados.
2. Todas las promesas son mías.

IV. LOS BENEFICIOS SOBRE LA MENTE
1. Nos inunda de paz.
2. Nos da gozo.
3. Regocigemonos en la verdad.
4. ¿Cuántos sois «benditos»?

CONCLUSIÓN: La angustia de la duda.

Expiación, Justificación, Arrepentimiento, Fe ...

PERDÓN Y JUSTIFICACIÓN

INTRODUCCIÓN

Pocos hombres saben juzgar rectamente. La mayoría de la gente lo hace por las apariencias. Muy pocos saben apreciar las cosas como son en realidad. Bendecimos al hombre que sostiene el cetro o luce la corona sobre su cabeza, mientras que lo más probable es que ningún habitante en sus dominios goce de la felicidad como él. Decimos que un hombre es bendito porque disfruta de continua y excelente salud, pero no conocemos los pesares secretos de su corazón, devorado por su propia angustia y amargado por una pena que los demás no perciben. Llamamos dichoso al hombre inteligente porque entiende todas las cosas, pero la Escritura nos dice: «No hay fin de hacer muchos libros», y «el mucho estudio es fatiga de la carne» (Ec. 12:12). Casi todos decimos que nuestro vecino es más dichoso que nosotros. Como dice Young referente a la mortalidad: «algunas personas piensan que los hombres son todos mortales menos ellos», y además pensamos que todos los hombres son felices menos nosotros. Pero, ¡oh, si pudiéramos ver las cosas tal como son! ¡Si no fuéramos engañados por el disfraz de esta pobre vida, o por las máscaras y los vestidos de quienes actúan ya sea de comedia o de tragedia en este gran drama! Si pudiéramos ver lo que son esas personas entre bastidores; penetrar en sus corazones, mirar sus emociones internas, y discernir sus sentimientos secretos, veríamos que muy pocos son los que pueden llevar el apelativo de «benditos». De cierto, no hay ninguno con este calificativo, a excepción de los que mi texto describe: «Bienaventurado aquel cuya transgresión ha sido perdonada, y cubierto su pecado» (Sal. 32; 1). Es varias veces bendito; bendito para siempre, bendito del cielo, bendito de la tierra, bendito por un tiempo aquí y bendito por la eternidad. El hombre cuyo pecado no es perdonado no es bendito la boca de Jehová lo ha dicho y Dios manifestará que maldito es todo hombre cuyo pecado no ha sido perdonado.

Querido oyente, hemos llegado a la consideración de que ésta es la más excelente y bendita elección de Dios, la que trata de nuestro perdón y justificación; y confío en poder mostraros hoy su extremo e inigualable valor.

I. EL PERDÓN

1. Si consideramos su valor extremo en su naturaleza y sus características, veremos en primer lugar, la bendición real que tiene una persona que disfruta de esta misericordia. Si apreciamos las cosas que le acompañan, y luego meditamos sobre el estado del corazón que engendra el sentimiento de perdón, nos daremos cuenta de que en realidad el hombre cuyo pecado es cubierto disfruta de la más grande bendición. Miremos primeramente a la bendición tal cual es. Es una bendición imposible de comprar. Nadie puede comprar el perdón de sus pecados. ¿Qué podríamos ofrecerle a Dios? El sacrificio se consumiría en vano, pues el Líbano no es suficiente para quemar, ni todas las bestias del mundo para sacrificar en una ofrenda. Si pudiéramos hacer ríos de aceite tan anchos como el Amazonas y tan largos como el Nilo, no podríamos ofrecérselos a Dios en una ofrenda aceptable, porque para Él no tendrían ningún valor. En vano sería traerle dinero, pues Él dice: «Mía es la plata, y mío es el oro» (Hag. 2:8). No puede añadirse ninguna oblación a sus riquezas, pues en el Salmo 50:10-12, leemos: «Porque mía es toda bestia del bosque, y los millares de animales en los collados. Conozco a todas las aves de los montes, y todo lo que se mueve en los campos me pertenece. Si yo tuviese hambre, no te lo diría a ti, porque mío es el mundo y su plenitud». Estas son las criaturas que pertenecen a Dios; no podríamos ofrecerle lo que Él mismo creó. El hombre no puede ofrendar ninguna clase de sacrificio que sea suficiente para comprar la bendición.

2. Considerad entonces, la extrema dificultad de procurar la bendición en manera alguna. Puesto que no se puede comprar, ¿cómo entonces puede procurarse? Pensemos que aquí en esta noche hay un hombre que ha pecado contra Dios, y se hace la siguiente pregunta: ¿Cómo puedo ser perdonado? El primer pensamiento que surge

en su mente es este, «procuraré enmendar mis caminos, en virtud de que en el futuro pueda tratar de expiar estas locuras del pasado. Confío que un Dios misericordioso esté dispuesto a perdonar mis pecados y a perdonar mi culpa de alma penitente». Entonces abre la Escritura para ver si sus esperanzas tienen alguna base sólida, y en Romanos 3:20, lee lo siguiente: «Ya que por las obras de la ley ningún ser humano será justificado delante de él; porque por medio de la ley es el conocimiento del pecado». Y en Romanos 9:33: «como está escrito: He aquí pongo en Sion piedra de tropiezo y roca de caída». Este hombre cree que si reforma y enmienda su vida, será aceptado, pero entonces desde el trono de Dios viene una voz que dice: «... el alma que pecare, ésa morirá...» (Ez. 18:20). Dios dice, habiendo pecado, oh hombre, debo infringirte castigo por tu pecado. Dios es tan inflexiblemente justo, que nunca ha perdonado ni perdonará al pecador sin castigarle por su pecado. Es tan estrictamente fiel a sus leyes, y tan extremadamente severo en su justicia, que nunca baja las normas de su Santa Ley, hasta que la pena del pecado ha sido pagada, y se cobra la venganza hasta el último centavo. «Bien», dice el pecador, «no puedo redimir el pasado, ¿qué debo pues hacer? A pesar de que me enmiende para el futuro, la lista de pecados del pasado me perseguirá. Aún cuando no creara nuevas deudas, no puedo quitarme las que ya he creado. ¿Cómo puedo pagar esas antiguas deudas? ¿Cómo puedo conseguir el perdón de mis pecados pasados y el camino al cielo?» Entonces piensa: «procuraré humillarme ante Dios; gritaré, lloraré y me lamentaré, y espero que después de una profunda actitud de penitencia, de mucha constricción de corazón, y muchas lágrimas derramadas, Dios pueda ser inducido a perdonarme». ¡Oh, hombre!, aunque derramaras tus lágrimas hasta que éstas se te agotaran, la lista negra de tus pecados contados uno por uno, está siempre presente. Todos tus lamentos no conseguirán borrar uno solo de ellos. Esos pecados están grabados en bronce esas lágrimas no son un líquido lo suficientemente fuerte como para borrar o quemar lo que Dios ha escrito. Tu más profundo llanto y la agonía tu corazón, no podrán borrar una sola mancha de la memoria de Jehová.

«Podrán tus lágrimas por siempre fluir,
podrá tu celo no tener respiro,
los pecados no podrán expiar,
Sólo Cristo te debe salvar».

3. La auténtica expiación no depende de las lágrimas de arrepentimiento. Dios no ha dicho: «Yo te perdonaré por amor a tu penitencia». ¿Qué hay en tu penitencia que merezca el perdón? Si lo merecieras, tendrías una postura positiva contra tu culpa. Esto supondría algunas reclamaciones sobre Dios, y no habría ninguna misericordia en darte algo que tú tienes derecho a reclamar. El arrepentimiento en sí mismo, no es una expiación por el pecado. ¿Qué puede hacerse entonces? La justicia dice: Sangre por sangre, un azote por cada pecado, sangre para cada delito. Así la Biblia nos dice que: «... no tendrá por inocente al culpable" (Nah. 1:3). El pecador siente en su corazón que el juicio es justo. Hace algún tiempo hablé con un hombre que me dijo: «Si Dios no me condena, debería hacerlo. He pecado tanto contra sus leyes, que si me escapara del castigo, su equidad sería ensuciada". Cuando el pecador es convencido por su propia conciencia, siente que en su condenación, debe esperar que la justicia de Dios caiga sobre Él. Sabe que ha sido tan malvado y que ha pecado tanto contra el cielo, que Dios en su justicia tiene que castigarlo. Siente además, que el Señor no puede pasar por alto su pecado y su transgresión. Entonces, de pronto piensa que para obtener el perdón, es necesaria una expiación. ¿Quién la hará? No la busques en la tierra, dirige tu mirada al cielo. Ve arriba, donde los querubines rodean el trono de Dios. Pregunta uno a uno de estos brillantes espíritus, ¿podéis ofrecerme una expiación? Dios ha dicho que el hombre debe morir, y la sentencia no puede ser alterada. El mismo Dios no puede cambiarla, pues su ley es como la que tenían los medos y los persas, irrevocable. El castigo debe seguir al pecado, y la condenación ha de ser el efecto de la iniqui-

Expiación, Justificación, Arrepentimiento, Fe ...

dad. Tú, radiante serafín, ¿podrías por un momento renunciar a tus glorias y descender al infierno? Pero entonces no tendría que ser por un momento; deberías estar allí por las edades eternas, soportando el castigo por una sola alma. Sin embargo, tú no puedes quedar allí para siempre. Por tanto, ¡oh, serafín, no puedo pedírtelo a ti! Además, tú no eres un hombre, y la Escritura dice que el alma que pecare debe morir. ¡Sí, ángeles, no puedo poner mis esperanzas en vosotros! Debo volver mis ojos en otra dirección. ¿Dónde puedo encontrar auxilio? ¿Dónde puedo obtener liberación? Los hombres no pueden ayudarme, los ángeles tampoco. El más grande de los arcángeles no puede hacer nada por mí. ¿Dónde encontraré el perdón? ¿Dónde el precio que no tiene precio? La mente humana no encuentra una solución. Tampoco la poseen las estrellas con todo su fulgor. Aunque la inundación de las muchas aguas alce su voz, no puede decirme nada que solucione mi tremendo problema. Tampoco el estruendo del huracán puede descubrirme este misterio profundo. Está escondido en los consejos secretos del Altísimo. Dónde está no lo sé, hasta que desde el trono de Dios me llega una voz que me dice: ¡Yo soy el substituto! Miro allí arriba, y veo sentado en el trono, a Dios que también es hombre un hombre que una vez fue asesinado. Veo las cicatrices en sus manos y una herida en su costado. Pero Él también es Dios, y sonriendo benignamente, me dice: yo tengo el perdón; lo he comprado con sangre. Por ello, este corazón ha sido desgarrado. Este cuerpo divino fue abierto por las almas perdidas. ¡Por vosotros he sufrido agonías indecibles, dolores insoportables, y horrores que no podéis comprender! ¿Y yo puedo decir que esta asombrosa gracia es mía? ¿Ha anotado Él mi nombre indigno en su pacto? ¿Llego a entender que me compró con un precio tal? ¿Puedo ver la marca de su sangre en el escrito de mi perdón? ¿Rehusaré decir acaso: «Bienaventurado aquel cuya transgresión ha sido perdonada, y cubierto su pecado»? No, debo regocijarme, pues he encontrado esta joya, una joya que hace palidecer a las diademas de los reyes. He hallado esta "perla de gran precio"; y estimaré todas las cosas como pérdida por amor a Jesús. He encontrado esta misericordia incomparable, la bendición que no podía ser comprada con nada, excepto con sangre. Debo exclamar otra vez: «Bienaventurado aquel cuya transgresión ha sido perdonada, y cubierto su pecado». Sería bueno que tú, cristiano, meditaras a menudo sobre esta misericordia, y vieras cómo fue comprada para ti. Vé con tu imaginación a Getsemaní y mira el suelo donde cayeron las gotas de sangre. Luego haz un viaje a través de el amargo torrente de Cedrón y después a Gabata. Mirar a tu Salvador con su cabello arrancado por sus perseguidores, con sus mejillas mojadas por los escupitajos de sus enemigos, con su espalda lacerada por los látigos romanos, y sufriendo la agonía, demacrado y atormentado. Entonces, marcha hasta el Calvario y mírale morir, «el justo por los injustos». Recuerda que estos amargos tormentos, no eran nada comparados con su la agonía interna de su alma. Después de todo, tendrías que decir: «bendito, sí, tres veces bendito el hombre que sea amado por Jesús, a quien compró con su sangre». «Bienaventurado aquel cuya transgresión ha sido perdonada, y cubierto su pecado».

II. LA JUSTIFICACIÓN

1. Otro factor concerniente a la justificación, es su único e inmenso valor, su carácter de incomparable y su acción inmediata. Como sabéis, la Escritura enseña que la justificación es un hecho instantáneo. En el momento en que Dios me salve, soy justificado, y siendo justificado por la fe, tengo paz con Dios. El acto de la justificación no emplea tiempo en llevarse a cabo. La santificación, efectuada de forma constante por el Espíritu Santo, es una obra que dura toda la vida, pero la justificación se produce en un instante. Es tan completa en el momento en que el pecador cree, como cuando han pasado muchos años y está a punto de pasar a la eternidad. ¿No es algo maravilloso que en un momento podamos ser limpios? Apreciamos mucho al médico que nos cura rápidamente. Si encontraras a un hábil doctor que pudiera curarte aunque sea en

años, irías a él y le estarías muy agradecido. Pero supone que hay un hombre maravilloso que os puede curar con un sólo toque, que con una simple mirada es capaz de ponerte bien al instante, deteniendo tu enfermedad. ¿No acudirías a él? Así sucede con Cristo. Durante muchos años, un hombre tiene todos sus pecados sobre su cabeza, ¡y en un abrir y cerrar de ojos, está completo en Cristo, sin un solo pecado, liberado de su poder condenatorio y de la culpa de su iniquidad! Es algo maravilloso, más allá de nuestro poder y de nuestra comprensión. Es hecho en un instante. Dios lo sella, el hombre es perdonado. De pronto se va justificado, igual que el publicano cuando dijo: «Dios, sé propicio a mí, pecador» (Lc. 18:13), y acto seguido recibió la misericordia que había pedido.

2. Una de las cosas más grandes sobre este tema es que es irreversible. Esta es una dulce y hermosa característica de la justificación; su naturaleza irreversible. Este rasgo es el que la hace tan valiosa y hermosa ante los ojos del pueblo de Dios. Somos justificados y perdonados, y la misericordia está precisamente en que ese perdón nunca puede quitarse no podemos ser condenados. Aquellos que se oponen a esta gloriosa doctrina pueden decir lo que quieran; no suponemos, sino que sabemos que Dios no perdona a un hombre, para después castigarlo. No deberíamos pensar que nuestra reina tuviese ante ella a un criminal, a quien decidiera darle un perdón absoluto, y luego dentro de unos años le condenara y le hiciera ejecutar. «Pero», dirá alguien, «el hombre comete nuevos delitos e iniquidades, y aunque el perdón pueda ser suficiente para el pasado, puede no serlo para el futuro». Bien, si ése es el perdón que has conseguido para ti, regocíjate en él. Yo doy gracias a Dios de que tengo un perdón bien distinto. Puedo decir, así como todos los creyentes también:

«Aquí hay perdón para los pecados pasados,
si fueron negros no importa,
y, ¡oh mi alma!, que maravilla,
también lo tienes para los futuros pecados».

Jesús nos da una limpieza completa y total tanto para lo que vendrá como para lo que ya ha sido.

En el momento en que un creyente cree
y confía en Dios crucificado,
su perdón al momento recibe,
y por su sangre es al instante salvado».

Dios nunca hace las cosas a medias. Él le habla a un hombre dentro de su plan de justificación, y nunca le hablará otra vez fuera de él. Por lo tanto, ese hombre no puede perder su salvación ni su justificación. ¡Mi buen Dios! ¡Y pensar que hay personas que enseñan que los hombres pueden ser despertados por el Espíritu, y que sin embargo ese mismo Espíritu no tiene poder para mantenerlos salvos! ¿Enseñan acaso que Dios perdona, y luego condena? ¿O que Cristo le proporciona seguridad a un hombre, y aún así, ese hombre puede condenarse como consecuencia de haber fallado en su responsabilidad de mantenerse a sí mismo salvo? ¡Ah!, si quieren que lo enseñen. Nosotros no creemos ni hablamos así; no hemos aprendido así de Cristo. No podemos usar términos tan derogatorios hacia la divinidad y tan deshonrosos para nuestro bendito Salvador. Creemos que si Él ha sido nuestro substituto, ese fue un hecho real y efectivo y que por medio de él somos liberados. Si Él pagó la pena, no puede volver a cobrarla. Si la deuda está pagada, no puede volver a reclamarse. Nuestros pecados le fueron imputados a Cristo, Él sufrió por ellos. Decimos a la gente, que el mismo cielo no puede acusar nunca más a los hijos de Dios por el pecado. ¿Quién podrá presentar algo en contra de los escogidos de Dios, si Dios los ha justificado y Cristo es el que murió? ¡Oh, cristiano!, tú puedes maravillarte y estar firme en esta justificación. Piensa en que has sido perdonado para nunca volver a ser condenado; que todos los poderes del infierno no pueden condenarte, que nada que ocurra podrá destruirte. Tienes un perdón que puedes alegar en el día del juicio, y que será tan válido como lo es ahora. ¡Oh, es algo glorioso y lleno de gracia! Ved, los que creéis en otro Evangelio, y buscad consuelo.

Expiación, Justificación, Arrepentimiento, Fe ...

La justificación del bendito Dios no es para vosotros. Cuando Él justifica, lo hace para siempre, y nada puede separarnos de su amor.

III. LOS BENEFICIOS DE LA MISERICORDIA

Bien, esta es la misericordia. He hecho solamente tres alusiones sobre ella, si bien hubiera podido hacer más de cincuenta, cada una de ellas llenas de significado.

1. «Bienaventurado aquel cuya transgresión ha sido perdonada, y cubierto su pecado», *porque esa misericordia trae con ella todo lo demás.* Cuando sé que soy perdonado, entonces puedo decir que todas las cosas son mías. Puedo mirar al oscuro pasado y allí todas las cosas son mías. Puedo mirar al presente y aquí todas las cosas también son mías. Puedo mirar al futuro lejano y allí todas las cosas son mías. En la eternidad pasada veo a Dios abriendo el enorme volumen en el cual está anotado mi nombre. «Porque a los que antes conoció, también los predestinó para que fuesen hechos conformes a la imagen de su Hijo, para que él sea el primogénito entre muchos hermanos. Y a los que predestinó, a estos también llamó; y a los que llamó, a estos también justificó; y a los que justificó, a estos también glorificó» (Ro. 8:29- 30). Cuando veo el rollo de este pacto, no puedo menos que decir, ¡es mío!, y todos los grandes libros de los eternos propósitos y decretos infinitos, también son míos ¡Y lo que Cristo consumó en la cruz es mío! ¡El pasado es mío! Los acontecimientos a través de las edades pasadas, han obrado para el bien mío y el de mis hermanos todas las cosas son mías. Aquí en el presente veo a la Providencia, ¡que es mía! Sus varias circunstancias están obrando juntamente para bien. Las aflicciones son mías y sirven para santificarme un horno caliente que me quita la escoria. La prosperidad es mía para confortarme un bello jardín donde puedo descansar y renovarme de esta jornada agotadora. Todas las promesas son mías. ¡Qué pensamiento reconfortante es que la Biblia sea la reina de los libros, y cada letra sea una gota de elixir! ¡No hay ningún precioso texto que no sea mío! Si soy un creyente, ¡no hay ninguna promesa que no pueda decir que me pertenece todo es mío!

2. Todas estas cosas presentes puedo tomarlas sin temor por la fe, ¡pues son el regalo que me hace el Padre, una porción de mi herencia! También me regocijo en saber que todo lo correspondiente al futuro es mío, cualquiera que ese futuro pueda ser. Sé que en ese futuro vendrá un momento cuando al mandato de Dios, las calientes entrañas de la tierra se abrirán y saldrán con su fuego a la superficie. Las mismas montañas se disolverán y la tierra pasará. ¡Pero esta gran conflagración es mía! Sé que en un determinado día, estaré ante el tribunal de Cristo, ¡y ese juicio es mío! ¡No tengo temor de él! Sé que un día he de morir, ¡pero el río de la muerte es mío! Me lavaré me, quitaré el polvo de la tierra y lo dejaré atrás; ¡Esta acción es mía! Luego tomaré mis vestiduras blancas y limpias. Me sumergiré en ese glorioso río, porque lo es, aunque sus aguas parezcan oscuras nace en las montañas del amor, cerca del trono de Dios. Y después de la muerte, ¡he aquí que viene la resurrección, y esa resurrección es mía! Con un cuerpo resplandeciente, claro como el sol, y blanco como la luna, viviré en el paraíso. ¡Y todo lo que hay en el cielo también es mío! Allí habrá una ciudad con luz azul celeste, y paredes de jaspe. ¡Es mía! Habrá palacios de cristal y de oro, con un brillo tal que enceguecería a los ojos de los mortales. Habrá delicias y deleites por encima de lo que seamos capaces de pensar o imaginar, verdaderas maravillas que los hombres mortales no pueden apreciar. Todo lo que la deidad ha puesto en el cielo, para manifestar su gloria y bendecir a su pueblo, ¡todo es mío! ¡No hay ninguna corona cuyo brillo glorioso no sea mío, pues estoy perdonado! Aunque haya sido el más grande de los pecadores, y el más vil de entre los viles, si en esta noche Dios me justifica, todas las cosas gloriosas, brillantes, majestuosas y sublimes de los cielos son mías. ¡Oh!, ¿no es esto la pura misericordia de Dios? Verdaderamente «Bienaventurado aquel cuya transgresión ha sido perdonada, y cubierto su pecado».

IV. LOS BENEFICIOS SOBRE LA MENTE

1. En otra ocasión volveremos sobre este punto para ampliarlo aún más, pues es una materia muy vasta, pero ahora debemos pasar al siguiente tema. «Bienaventurado aquel cuya transgresión ha sido perdonada, y cubierto su pecado», *porque le hace bendito debido a los efectos que tiene sobre su mente.* ¡Qué gloriosa paz inunda al pecador cuando sabe que ha sido justificado! El Apóstol Pablo dijo: «Justificados, pues, por la fe, tenemos paz para con Dios por medio de nuestro Señor Jesucristo!» (Ro. 5:1). Algunos de entre vosotros no saben lo que significa la palabra paz; nunca habéis tenido una paz real y satisfactoria. «¿Qué?, me diréis ¿que nunca hemos tenido paz; y cuando hemos sido felices y estábamos alegres y contentos?» Permitidme preguntaros; esta mañana estáis aquí, después de una larga noche de juerga, ¿podéis mirar atrás con gozo? ¿Podéis pensar en ello y decir: «Me regocijo en esa diversión desenfrenada? ¿Encuentras que reírte con las diversiones del mundo trae calma a tu corazón?» No, es imposible, a menos que tu corazón estuviese endurecido. Os desafío a todos los que se encuentran en esta posición que me digáis: ¿qué fruto habéis conseguido de aquellas cosas de las que ahora os avergonzáis? No tenéis ninguna paz. Cuando estáis solos en vuestra habitación, una hoja que cae, un pequeño insecto zumba allí en un rincón y os hace temblar como las hojas de un álamo temblón. Tal vez pensáis que es el ángel de la muerte con un presagio funesto. O quizás en alguna ocasión en que caminabas por un camino solitario, ¡ibas pensando en todas las clases imaginables de horribles demonios! No tenéis paz, y no la tenéis ni siquiera ahora. Algunos de vosotros no conocéis la paz con Dios. Esta noche sois guerreros que peleáis contra el Rey de los cielos, os rebeláis contra su gobierno y sois culpables de alta traición contra la Eterna Majestad. ¡Oh!, si conocierais la paz de Dios «que sobrepasa todo entendimiento». Yo no comparo la paz de la mente con un lago sin ondas. Una figura tal sería inadecuada. La única comparación que puedo encontrar es la de una tranquilidad que reina en las profundas cuevas y grutas submarinas muy hondo, donde yace el cuerpo del marinero, donde los caracoles de mar viven sin que nadie los moleste, donde no hay nada, sino oscuridad. Allí no hay corrientes ni nada que perturbe la paz. Esta visión es algo parecido a lo que experimenta el alma a la cual Dios le habla. Puede haber muchas olas en la superficie de nuestra vida, a veces muy altas y encrespadas, pero dentro del corazón no habrá ni el menor movimiento. Esta alma tendrá la paz «que sobrepasa todo entendimiento», demasiado profunda para perturbarla, demasiado perfecta de concebir. Nadie, sino aquel que la ha experimentado, podría en esta noche reclinar su cabeza sobre la almohada y dormir tranquilo, si supiera como Ezequías, que le quedan quince años de vida. Cuando tenemos la paz con Dios, podemos acostarnos, y si un ángel nos visita para decirnos: «Alma, tu Maestro te llama», responderemos: «Dile a mi Maestro que estoy listo». Si la lúgubre muerte se acercara al borde de tu cama, os te dijera: «Debes morir», podríamos responderle; «¡morir, morir voluntariamente si estamos preparados para ello! No tenemos miedo; somos poseedores de la paz con Dios por medio de nuestro Señor Jesucristo. Tenemos paz aquí, y deseamos irnos y tener esa paz consumada más allá en un mundo mejor». ¿Alguien de entre vosotros podría afirmar esto? Sabéis que no. Si yo diera una vuelta por la Iglesia, haciéndole esta pregunta a algunos en la congregación, me diríais: "No; estoy en un estado de mente inquieto. Tengo miedo. No tengo el perdón de Dios, no estoy seguro de que mis pecados hayan sido borrados". Bueno, ¡pobre alma!, tú si que dirás: Bienaventurado aquel cuya transgresión ha sido borrada, y cubierto su pecado". Aunque vosotros no sois benditos, sabéis que este hombre del que habla el versículo sí lo es. Vosotros podríais serlo también, si vuestros pecados fueran cubiertos y borradas vuestras transgresiones.

2. Pero no solo da paz, sino que también da gozo; esto ya es algo más. La paz fluye como un manso arroyo, pero el gozo es como una catarata que se forma cuando el

Expiación, Justificación, Arrepentimiento, Fe ...

arroyo se desborda y corre hacia abajo, golpeando las rocas. El gozo es algo que podemos conocer y estimar, y la justificación nos trae gozo. ¡Oh!, ¿has visto alguna vez a un hombre justificado en el momento en que lo es? Ya os he dicho lo que sentí yo mismo, cuando por primera vez me di cuenta de que tenía el perdón por medio de la sangre de Cristo. Durante muchos meses e incluso años, había estado muy triste y me sentía realmente miserable. Ahora bien, cuando recibí el mensaje «mirad a mí, y sed salvos, todos los términos de la tierra», verdaderamente hubiera podido dar saltos descomunales por el gozo del corazón que me invadió. Realmente podía compartir lo que dice Isaías 55:12: «... los montes y los collados levantarán canción delante de vosotros, y todos los árboles del campo darán palmadas de aplauso». Me acuerdo de haber escuchado al Dr. Alexander Fletcher, cuando hablándo a unos jóvenes, les refirió una simple anécdota para ilustrar el gozo de un hombre cuando es liberado de sus pecados. Lo que dijo fue lo siguiente:

—He visto en la calle tres o cuatro jovencitos limpiachimeneas, saltando y alegrándose en gran manera. Entonces, les pregunté: «mis niños, ¿por qué estáis tan contentos?».

—¡Ah!, respondieron, si usted hubiera estado encerrado durante tres meses, cuando le dejaran libre, haría igual que nosotros.

Pienso que es una buena ilustración. No podemos imaginarnos cómo están las personas felices y gozosas, cuando después de haber pasado tanto tiempo tristes y miserables, encerrados en la prisión de la ley, han visto cómo sus ataduras se rompían, la puerta de la cárcel se les abría y obtenían el perdón legal. ¿Qué les importaba de juicios, dificultades, y otras cosas, ¡si ahora podían saltar sobre las montañas! «Ejército lo acometerá; mas él acometerá al fin» (Gn. 49:19). El corazón no parece ser lo suficientemente grande para almacenar tanto gozo. Es un gozo que sobreabunda, que se desborda, que en el momento no se sabe qué decir o hacer. Esto es lo que sucede en esa dichosa hora que ocurre una vez en la vida del creyente. Cuando Dios le dice por primera vez: «Yo, yo soy el que borro tus rebeliones por amor de mí mismo, y no me acordaré de tus pecados» (Is. 43:25), se siente auténticamente liberado. Creo de verdad que ese momento es un fragmento de la eternidad que nos ha sido dado aquí. Estoy seguro de que es un anticipo de la felicidad que gozaremos cuando estemos a la diestra de Dios. Es un día de cielo sobre la tierra, un espléndido momento cuando Dios nos da el conocimiento de nuestra propia justificación la dicha del cielo apenas puede sobrepasarlo. ¡Parece que bebemos del mismo elixir de los santos en gloria! No deseamos nada más; ¿qué más vamos a desear? «Bienaventurado aquel cuya transgresión ha sido perdonada, y cubierto su pecado». ¡Nada puede traer tanto gozo y paz!

3. ¿Habéis notado algo que debo mencionar aquí? Si alguna vez se os ha presentado alguna gran dificultad, ¿habéis podido comprobar que es absorbida por las pequeñas dificultades? Suponed que un marinero quiere acomodar sobre la cubierta algo que no está en su debido orden. Se inquieta y se preocupa acerca de esto y aquello. Pero viene una tormenta. Aparecen densas nubes y los vientos empiezan a soplar sobre la nave. Las velas son rasgadas y el barco sube y baja entre montañas de agua. El marinero está aterrado; tiene miedo que el barco se hunda y que no pueda salvar su vida. ¿Qué le importan ahora las cosas de cubierta, la cabina de mando o los muebles de la embarcación?

—¡Nada importa! —dice él—, estamos perdiendo el barco.

Suponed que en ese mismo momento el cocinero sube y dice:

—Temo que la comida se va a estropear.

¿Qué es lo que le preocupa? El marinero responde:

—¡Qué me importa la comida! El barco puede hundirse y eso es mucho más grave que la comida.

Así pasa con vosotros. Si os dais cuenta del enorme problema que constituye el hecho de no ser salvo, las pequeñas cuitas que podréis tener aquí, no son nada comparadas con el problema espiritual. De igual manera, si experimentáis en vuestras almas el gozo de la salvación, todos las otras pequeñas alegrías serán absorbidas por la mejor y mayor de las buenas nuevas. Este gozo será como la vara de Moisés que se comió a las serpientes de los magos de Faraón. Entonces podrás decir:

«¡Soy perdonado, soy perdonado
soy un milagro de la gracia de Dios».

Si puedes sentirte justificado, si sabes que has sido liberado, que tienes el perdón de Dios y estás fuera del régimen de la ley, entonces te regocijarás de experimentar la verdad del Salmo 32:1: «Bienaventurado aquel cuya transgresión ha sido perdonada, y cubierto su pecado».

4. Ahora, queridos oyentes, permitidme haceros una pregunta; ¿cuántos hombres y mujeres benditos según la Biblia hay aquí esta noche? ¿Qué tiempo os daré para contestar esta pregunta? A veces me gustaría terminar antes con la predicación, y dedicarme a hablar dentro de la congregación, los unos con los otros. Me agradaría dejar de lado las formalidades del púlpito, y comunicarme con vosotros como si estuviera en vuestras propias casas. Creo que ésta es la verdadera clase de predicación. Permitidme entonces preguntaros, ¿cuántos de vosotros pueden ostentar el título de "benditos", como consecuencia de haber sido justificados? Bien, creo que puedo ver a un hermano que junta sus manos y dice:

«Soy un deudor de la misericordia,
y a ella entono mi canción.
Sé que soy perdonado».

Hermano, me regocijo en ello. Me alegro de veras de oírte hablar con tanta confianza. Pero, me dirijo a otra persona y le digo: ¿Qué eres tú? «¡Ah!, yo no puedo decir tanto como mi hermano, pero espero haber sido justificado». ¿Qué base tienes para tu esperanza? Sabes que no podemos albergar esperanzas a menos que pisemos algún terreno sólido. Podemos desear algo, pero no tener esperanzas sobre ello. ¿Cuáles son tus bases? ¿Crees en el Señor Jesucristo? «Sí», me dices, «creo en Él». Entonces, ¿qué es lo que esperas? Querido hermano y hermana, si realmente crees en Cristo, no necesitas hablar de esperanza, sino de seguridad. Cuando puedas, siempre es mejor usar palabras de confianza y dejar las palabras de inseguridad para cuando no puedas afirmar algo. Mantén tu cabeza tan alta como te sea posible, pues ya encontrarás bastantes dificultades para mantenerla baja. He aquí que el próximo hermano dice: ¡Ah! «Sobre este punto me gustaría saber, de sus causas pienso ansioso ¿amo yo al Señor o no? soy yo suyo, o no lo soy?»

He oído muchas cosas en contra de este himno; pero algunas veces he tenido ocasión de cantarlo yo mismo, de manera que no veo que esté tan mal. Ese estado dubitativo de la mente, es tolerable si dura poco tiempo. Pero si en cambio, un hombre está diciendo continuamente, «me gustaría saber», o «me temo que...», nunca sabrá la verdad a menos que se produzca en él una transformación. No tendríais estas dudas de forma continua, si fuerais conscientes de vuestra justificación. Es posible que tengáis este estado confuso de la mente, cuando la fe disminuye, pero no me gusta ver a gente sin gozo y con un nivel de fe que no corresponde al producido por la justificación. No subestimemos a estos hermanos de escasa fe, pues yo suelo afirmar que

«Miles que conocen al Señor,
no lo manifiestan con valor,
a su nombre sean las eternas glorias,
ninguno de ellos se perderá jamás».

CONCLUSIÓN

Sus nombres están escritos en el libro del Cordero desde antes de la fundación del mundo. Sin embargo, si alguno de vosotros está angustiado por las dudas, y nunca se ha sentido seguro, yo no sabría que pensar. Tal vez deberías considerar tu situación y pisar un terreno más firme. Es posible que a veces paséis por el «valle de sombra de muerte», pero seguramente habrá otras veces en que el Espíritu de Dios te llevará a la cima de la montaña en la que podréis sentiros seguros. Si alguien todavía está dudando y diciendo: «Me gustaría saber», yo respondo: ¿no estás ansioso de encontrarle una respuesta definitiva a tu pregunta? Suponte que no perteneces a Cristo. Ponlo de esta manera, pues en caso de duda es

Expiación, Justificación, Arrepentimiento, Fe ...

mejor mirar al lado peor supón que no amas al Señor. Sin embargo sabes que eres un pecador, ¿no es así? Dios te ha convencido de que lo eres. Si estás consciente de ello, puedes acudir a los pies de Jesús. Si no puedes ir como un santo, puedes hacerlo como un pecador.

¡Qué gran misericordia la de nuestro Señor! Es más que suficiente para salvarnos de la desesperación. Aún si nuestra clara noción de ser convertidos parece haberse esfumado, no hemos perdido nuestra pecaminosidad, y lo que dice la Escritura todavía está vigente: «Palabra fiel y digna de ser recibida por todos: que Cristo Jesús vino al mundo para salvar a los pecadores» (1 Ti. 1:15). Mientras sigan vigentes estas palabras, nos aferraremos a ellas. Suponed que alguien viene y dice: «No sé si soy justificado, pero no me importa mucho». Déjame decirte cuándo te importará. Joven, al llegar cerca del fin de tu vida, entonces te preocuparás. Puedes pensar que vives muy bien sin Cristo, pero no puedes darte el lujo de morir sin Él. Podrás sentirte muy seguro en este momento, pero esa seguridad será sacudida por la muerte. Tu árbol puede estar muy firme ahora, pero cuando venga el temporal, como no tiene sus raíces arraigadas en la Roca de los siglos, se vendrá abajo. Quizás pienses que tus placeres mundanos no son nada malo, empero, cuando tengas que apurar la copa amarga del final de tu vida, se volverán amargos como la hiel. Pero escuchad, aún hay alguien más que dice: «Me gustaría ser justificado, pero siento que mis pecados son demasiado graves». Ahora bien; me gusta oír la primera parte de esta frase, porque la última es muy mala. Es correcto decir que eres malvado, sé que lo eres. Dices que eres vil, y estás en lo cierto. No seas como un hombre acerca del cual he leído una historia. Éste era un monje que en cierta ocasión, se describió a sí mismo como un hipócrita, igual que el mismo Judas. Un día, alguien le dijo: «Hace tiempo que lo sabía, es usted el individuo infame que yo pensaba». El monje palideció y dijo: «¡No esté diciendo esas cosas de mí!». Su humildad era fingida, en realidad no se sentía un ser vil. La gente a veces hace una confesión más o menos ambigua como ésta: «soy un gran pecador». Sin embargo no admitirían ninguna sentencia en su contra. Prueba decir a esa persona: «usted es un canalla». Seguro que le contesta: «no, no lo soy». «¿Qué es usted pues? ¿Un mentiroso?» «¡Oh, no!» «¿Es un profanador del día del Señor?» «No, nada de eso». Entonces, cuando estás a punto de poner el dedo en la llaga, ves que esta clase de personas se escudan a sí mismos bajo el término general de *pecadores*, pero no están dispuestos a hacer ninguna confesión, sino a evadirla. Esto es algo muy diferente a la verdadera conciencia de pecado. Sin embargo, si te sientes realmente pecador, recuerda que no eres demasiado malo para ser salvo. La Escritura dice que Cristo vino a salvar a los pecadores, y eso significa que vino a salvarte a ti. Predicaré esta verdad en todas partes, sin limitaciones. Si un hombre se sabe a sí mismo pecador, sepa también que Jesucristo vino a salvarle. Dejemos que el pecador vea a Jesús como su Salvador. Permitamos que el proscrito venga a Él, pues leemos (Jn.6:37): «... al que a mí viene, no le echo fuera». Esta noche hay un proscrito aquí presente; alguien que se deslizó, que fue a parar al mal camino y se separó de la Iglesia. Esta es su condición. Como Aquis le dijo a David: "El se ha hecho abominable a su pueblo de Israel, y será siempre mi siervo» (1 S. 27:12). Pero la presa no será arrancada de las manos del Señor. El Capitán de nuestra salvación ha conquistado su alma y nunca la abandonará.

¿Y si alguien viene y nos dice: «Nunca he sido miembro de una Iglesia, soy un pecador endurecido, un reprobado?» Bien, ¿lo confiesas? Entonces escucha la Palabra del Señor: «El que creyere y fuere bautizado, será salvo; mas el que no creyere, será condenado» (Mr. 16:16). *El que cree*, óyelo bien, esto significa; el que cree en el Señor, el que ha puesto toda su confianza en Él. Esa persona está totalmente segura en las manos de Jesús. Toma nota de lo que sigue: «Y fuere bautizado». El bautismo viene después, no como un mérito sino como una profesión. El que cree con su corazón y confiesa con su boca el que cree y es bautizado será salvo, y el que no creyere, será condenado. Yo no me atrevo a dejar fuera ninguna palabra, sin importarme lo que digan mis hermanos. Ya sea que un hombre haya sido bautizado o no, si no cree en Jesús, será condenado. Ahora bien; notad que la palabra *bautizado*, no está puesta en la última frase, porque el Espíritu Santo vio que no era necesario. Él sabe que si la ordenanza es correctamente administrada, ninguna persona que no haya creído será bautizada; de manera que es lo mismo que ponerlo así: «el que no creyere, será *condenado*». ¡Oh!, pueda Dios garantizarte que nunca conozcas el horrible significado de esta palabra. Por tu parte, tú debes creer lo que es ser salvo por la gracia divina.

3. Gracia

47. EL REFUGIO DEL PECADOR

«Os señalaréis ciudades que sean para vosotros ciudades de refugio, donde huya el homicida que hiere a alguno de muerte sin intención» (Números 35:11).

INTRODUCCIÓN:
1. La venganza de la sangre en el mundo oriental.
2. La ciudad de refugio en la ley de Moisés.

I. LA CIUDAD DE REFUGIO
1. La persona para la que se proveía la ciudad de refugio.
2. La ley de Moisés como el vengador de la sangre.
3. La ciudad de refugio como tipo de Cristo.

II. UNA EXHORTACIÓN
1. El homicida accidental.
   a) El accidente
   b) La huida
   c) La llegada a la ciudad
   d) El mantenimiento del salvado

III. El PECADOR VOLUNTARIOSO COMO ANTITIPO
1. La situación del pecador indiferente y la insensatez de su actitud.

2. Exhortación a tomar conciencia del verdadero peligro.
3. Cristo, el refugio del pecador culpable
4. La naturaleza terrible de la perdición en el infierno.
5. El resultado de mantener el libre albedrío frente al llamamiento de Dios.

CONCLUSIÓN:
1. La responsabilidad de los oyentes ante Dios.
2. Jesús, el único refugio válido.
3. La inevitabilidad del juicio para todo el que esté fuera del refugio divino.
4. Jesús, el refugio de la ira que ha de venir.

EL REFUGIO DEL PECADOR

INTRODUCCIÓN

Sabéis que el principio de la venganza de la sangre está profundamente arraigado en la mente oriental. Desde las más antiguas edades era siempre costumbre entre los orientales que cuando alguien era asesinado o muerto casualmente, el pariente más cercano, su heredero o alguna persona relacionada con el mismo, debía vengarse de la persona que, intencionadamente o no, hubiera sido la causa de su muerte. Esta venganza era algo muy selecto y especial para la mente oriental. El vengador de la sangre perseguía a su víctima por cuarenta años si era necesario; hasta morir, si no lo había podido atrapar antes, y le seguía los talones toda su vida, para darle muerte. No era necesario que el homicida compareciese delante de un juez: el hombre estaba ya muerto, y si aquel que le había matado no era matado a su vez, en algunas tribus se consideraba como legítimo matar al padre, o incluso a cualquier pariente de su tribu. Y hasta que no hubiera sido muerto algún pariente de aquella tribu, en venganza por el muerto, fuese accidental o voluntariamente, existía una lucha a muerte entre los dos clanes, que nunca podría terminar más que por la sangre. Ahora bien, cuando Dios dio esta ley a los judíos, halló todo este arraigado amor hacia el sistema de la venganza de la sangre mediante el pariente más próxi-

Expiación, Justificación, Arrepentimiento, Fe ...

mo. Y Dios actuó en su sabiduría en esto, como en todas las cosas. Se mencionan dos cosas en la Escritura que no creo que Dios jamás aprobase, pero que, sabiendo que estaban profundamente asentadas, no prohibió a los judíos. Una fue la poligamia: la práctica de casarse con muchas mujeres se había establecido de tal manera que aunque Dios aborrecía la cosa misma, la permitió y admitió a su pueblo, los judíos, porque previó que inevitablemente quebrantarían el mandamiento que les diese de tener sólo una mujer. Lo mismo sucedía con esta cuestión de la venganza de la sangre. Estaba tan profundamente establecida en la mente, que Dios, en lugar de rehusar a los judíos lo que consideraban como privilegio de venganza, dio un mandamiento que haría casi imposible que nadie fuese matado, excepto si era un verdadero asesino; porque designó seis ciudades, a distancias accesibles, de modo que si alguien mataba a otro casualmente, pudiese enseguida huir a una de estas ciudades; y aunque debería vivir en ella toda su vida, sin embargo el vengador de la sangre nunca podría tocarlo si era inocente. Debía recibir un juicio imparcial, pero incluso en el caso de ser hallado inocente debía quedarse dentro de la ciudad, en la que el vengador de la sangre no podría entrar en absoluto. Si salía de la ciudad, el vengador de la sangre le podría matar; por ello, debía sufrir un perpetuo destierro, incluso por haber sido causa accidental de una muerte, para que se pudiera ver hasta qué punto Dios consideraba los derechos de la sangre, y lo terrible que es dar muerte a nadie, sea de la manera que sea. Y vemos que esto estorbaba que nadie fuese muerto que no tuviese verdadera culpa; porque en el momento en que alguien abatía a otra persona por accidente, con una piedra o por otros medios, huía a la ciudad de refugio. Tenía ventaja sobre el perseguidor; y si llegaba a la ciudad, estaba a salvo.

Ahora, deseo emplear esta costumbre de los judíos como metáfora y tipo, para establecer la salvación de los hombres por medio de Jesucristo nuestro Señor. Daré en primer lugar una explicación, posteriormente una exhortación.

I. LA CIUDAD DE REFUGIO

a) Observemos *la persona para la que se proveía la ciudad de refugio*. No era proveída para el asesino, para el que mataba voluntariamente. Si huía allá, debía ser arrastrado fuera de la ciudad, tras un juicio imparcial, y tenía que ser entregado al vengador, y el vengador de la sangre debía darle muerte, y de este modo tener sangre por sangre, y vida por vida. Pero en caso de accidente, cuando alguien hubiese dado muerte a otro sin malicia ni premeditación, y sólo hubiese cometido homicidio involuntario, entonces el hombre que huía allá quedaba perfectamente a salvo. Aquí, sin embargo, el tipo de Cristo no concuerda; Cristo no es una ciudad de refugio proveída para hombres inocentes, sino una ciudad proveída para hombres culpables; no para hombres que han transgredido accidentalmente, sino para hombres que se han apartado voluntariosamente. Nuestro Salvador ha venido al mundo a salvar, pero no a aquellos que por equivocación o error han cometido pecados, sino a aquellos que han transgredido de manera terrible sus mandamientos conocidos, y que se han apartado por su propia decisión, llevándolos su perversidad a rebelarse contra Dios.

b) *El vengador de la sangre*. Al explicar esto, debo, naturalmente, tomar cada parte de la figura. El vengador de la sangre, he dicho, era generalmente el pariente próximo, pero creo que cualquier miembro de la familia era considerado con potestad. Por ejemplo, si hubiesen matado a mi hermano, como el primero de la familia, habría sido mi deber vengar su sangre en el acto, si fuere posible; ir en persecución del asesino, o del hombre que hubiese causado la muerte accidentalmente, y matarle en el acto. Y si no podía hacer aquello, sería mi deber, y el de mi padre, y desde luego el de cada varón de la familia, perseguir y cazar a aquel hombre, hasta que Dios lo entregase en nuestras manos, para darle muerte. No digo que sea nuestro deber ahora, pero sí que lo hubiera sido bajo la antigua dispensación judaica. Era permitido por la ley judaica, y los que eran de la familia y sangre del muerto debían ser vengadores de su sangre. Así, encontramos el tipo de esto, para el pecador, en la ley de Dios. Pecador, la ley de Dios es el vengador de la sangre que te persigue; tú has transgredido voluntariosamente, has matado los mandamientos de Dios, los has pisoteado bajo tus pies; la ley es el vengador de la sangre; te persigue y te alcanzará; la condenación pende sobre tu cabeza, y antes de mucho te atrapará. Aunque no te llegue en esta vida, en el mundo venidero se vengará de ti el vengador de la sangre, Moisés, la ley, y serás totalmente destruido.

c) Pero bajo la ley se proveía *una ciudad de refugio*, y *voy a deciros algunas cosas acerca de esta ciudad*. Recordaréis que había seis ciudades de refugio, a fin de que una de ellas pudiese estar siempre a una distancia relativamente corta desde cualquier lugar del país. Ahora bien, no hay seis Cristos: hay sólo uno; pero Cristo está en todas partes. «Cerca de ti está la palabra, en tu boca y en tu corazón. ... Que si confiesas con tu boca que Jesús es el Señor, y crees en tu corazón que Dios le levantó de los muertos, serás salvo». La ciudad de refugio era una ciudad sacerdotal, una ciudad de los levitas; y daba protección al homicida de por vida. Nunca podía salir de ella, hasta la muerte del sumo sacerdote que entonces hubiese. Después de ella, podía salir libre, sin que el vengador de la sangre pudiese hacerle nada en absoluto. Pero durante el tiempo de su estancia allí, era alojado y alimentado gratuitamente; se proveía a todas sus necesidades y era guardado a salvo. Y os haré observar que estaba a salvo en esta ciudad, no debido a los cerrojos o a las rejas de la ciudad, sino sencillamente porque era de designación divina. ¿Veis al hombre huyendo del vengador? El vengador va tras él, veloz y furioso; el hombre acaba de llegar a los límites de la ciudad; en aquel momento, el vengador se detiene. Sabe que de nada le valdrá ir más tras él, no porque las murallas de la ciudad sean fuertes, ni porque las puertas estén enrejadas, ni porque haya un ejército dispuesto a resistir, sino porque Dios ha dicho que el hombre estará a salvo tan pronto como cruce el límite, y haya entrado en los suburbios de la ciudad. La designación divina era lo único que hacía segura a la ciudad de refugio. Ahora bien, amados, Jesucristo es el camino de salvación de designación divina. Todo aquel entre nosotros que se apresure a huir de nuestros pecados y huya a Cristo, convencidos de nuestra culpa, y ayudados por el Espíritu de Dios a recorrer el camino, encontraremos seguridad, sin duda alguna. La maldición de la ley no nos alcanzará; Satanás no nos dañará; la venganza no nos alcanzará porque la designación divina, más potente que las puertas de hierro o de bronce, escuda a cada uno de nosotros que ha «huido por refugio a la esperanza puesta delante de nosotros en el Evangelio».

Esta ciudad de refugio, os quiero hacer observar, tenía a su alrededor suburbios de gran extensión. Se le asignaban dos mil codos para tierra de pastos para el ganado de los sacerdotes, y mil codos dentro de estos para campos y viñas. Ahora bien, tan pronto como el hombre alcanzaba el exterior de la ciudad, los suburbios, estaba ya a salvo; no le era necesario llegar dentro de las murallas, sino que los suburbios mismos eran suficiente protección. Aprende, pues, que si sólo tocas el borde del manto de Cristo, serás sanado; si os asís de él sólo con «fe como un grano de mostaza», con una fe que es apenas creer, pero que es verdaderamente creer, estáis a salvo.

«Un poco de genuina gracia
nos asegura
la muerte de todos nuestros
pecados».

Entra dentro de los límites: aférrate con fuerza al borde del manto de Cristo, y estarás a salvo.

Tenemos también algunos interesantes detalles acerca de la distancia de estas ciudades de las moradas de los habitantes de Judea. Se dice que el homicida, estuviese donde estuviese, podía llegar a la ciudad de refugio en medio día de camino como mucho. Y la verdad, amados, no hay una gran distancia al corazón de Cristo; es suficiente con una renuncia a nuestras propias capacidades, y con asirnos de Cristo, que sea nuestro todo en todo, para poder ser hallados en la ciudad de refugio. Y con respeto a los caminos que llevaban a la ciudad, se

Expiación, Justificación, Arrepentimiento, Fe ...

nos dice que eran estrictamente cuidados. Cada río debía ser salvado con un puente; en todo lo posible el camino tenía que ser allanado y se debían eliminar todas las obstrucciones, para que el hombre que huía pudiese tener un fácil acceso a la ciudad. Una vez al año, los ancianos de la ciudad recorrían los caminos para mantenerlos en orden, para que no hubiese nada, por derrumbamientos de puentes ni obstrucciones en los caminos, que estorbasen la huida de nadie, y que causasen que fuese alcanzado y muerto. Y allí donde hubiese encrucijadas y desvíos, debían fijarse señales indicadoras con la palabra *Miklat*, «refugio», que señalasen el camino por el que debía huir el hombre si deseaba alcanzar la ciudad. Y debía haber siempre dos personas en el camino, de modo que si el vengador de la sangre alcanzaba a alguien, pudiesen interponerse y rogar al vengador que detuviese su mano y dejase llegar al hombre a la ciudad, no fuese que se derramara sangre inocente sin un juicio justo, y que resultase el vengador culpable de asesinato; porque, naturalmente, el vengador corría riesgo de su vida si aquel al que mataba no merecía morir. Ahora, amados, creo que ésta es una imagen del camino a Cristo Jesús. No es un rodeo de la ley; no es obedecer esto o eso; es un camino directo: «Cree, y vivirás». Es un camino tan difícil que nadie con pretensiones de su propia justicia puede jamás caminar por él; pero es un camino tan fácil que cada pecador que sabe que lo es puede, por medio de él, encontrar el camino a Cristo y al cielo. Y, no fuese que se equivocasen, Dios me ha establecido a mí, y a mis hermanos en el ministerio, para ser como señales en el camino, para indicar a los pobres pecadores hacia Jesús; y deseamos siempre tener en nuestros labios el grito de «¡Refugio, refugio, refugio!». Pecador, éste es el camino; anda tú por él, y serás salvo.

Creo que he dado así la explicación. Cristo es la ciudad de refugio, que preserva a todos los que huyen hacia él a por misericordia; y lo hace porque él es el Salvador divinamente designado, poderoso para salvar hasta lo último a aquellos que acuden a Dios por medio de él.

II. UNA EXHORTACIÓN

Tenemos una exhortación que dar. Permite que te dibuje una escena. Mira a aquel hombre en el campo. Ha estado trabajando. Ha tomado una aguijada de buey para emplearla en una actividad. Por desgracia, en lugar de hacer lo que quería, ha golpeado accidentalmente a uno de sus compañeros precisamente en el corazón, y cae traspasado, ¡muerto! Ves al pobre hombre con la cara horrorizada; no ha sido culpa suya, pero, ¡qué desvalido se siente al ver el cadáver caído a sus pies! Se estremece con una sensación como jamás la hemos sentido, ni tu, ni yo: ¡horror, terror, desolación! Sí, algunos de nosotros hemos sentido algo semejante. No aludiremos al cuándo y cómo. Pero, ¿quién puede describir el horror de un hombre al ver a su compañero caer a sus pies? Las palabras son incapaces de expresar la angustia de su espíritu; lo mira, lo levanta, y comprueba que está realmente muerto. ¡Y qué, luego! ¿No le ves? En un momento sale a la carrera del campo donde estaba trabajando, y corre por el camino con todas sus fuerzas; tiene muchos kilómetros delante de él, seis horas de ir a toda prisa, y justo al salir por la puerta, vuelve la cabeza, ¡y ve al hermano de aquel hombre! Acaba de llegar al campo y ha visto a su hermano yaciendo y muerto. ¡Oh!, ¿puedes concebir cómo el corazón del hombre palpita lleno de pánico? Tiene un poco de ventaja, y ve al otro, con la cara enrojecida, enfurecido, que sale a la carrera del campo, con la aguijada en la mano, y persiguiéndole. El camino pasa por el pueblo donde vive el padre del hombre, pero, ¡cómo corre por las calles! Ni siquiera se detiene a decir adiós a su mujer ni a besar a sus hijos! Corre y corre por su vida. El pariente llama a su padre y a sus otros amigos, y todos corren persiguiéndole. Ahora hay una tropa en el camino; el hombre sigue lanzado a la carrera. Para él, no hay reposo. Aunque uno de sus perseguidores repose, los otros siguen a en pos. Hay un caballo en el pueblo; lo toman, y le persiguen. Si pueden encontrar a un animal que les sirva de ayuda para correr más, lo toman. ¿No puedes oírle diciendo? «¡Oh, si tuviese alas, volaría!» ¡Qué poca atención presta a la tierra bajo sus pies! ¿Qué son para él los verdes campos a ambos lados? ¿O los riachuelos? Ni se detiene para refrescar su boca. El sol cae sobre él abrasador, pero él sigue corriendo, ¡corriendo, corriendo! Echa tras de sí una prenda y otra; y sigue lanzado a la carrera, y sus perseguidores tras él. Se siente como el pobre ciervo perseguido por los mastines. Sabe que buscan su sangre y que si le alcanzan será cuestión de una sola palabra y un golpe, ¡y muerto! ¡Mira cómo se apresura en su camino! Y ahora, ¿le ves? Se levanta una ciudad delante de su vista; puede ya ver las torres de la ciudad de refugio; sus cansados pies casi rehusan llevarlo más adelante; las venas se dibujan en su frente, como látigos; le sale sangre por las narices; se está esforzando hasta el máximo, al apresurarse, y más deprisa iría si fuese dueño de sus fuerzas. Los perseguidores van tras él, ya casi le han alcanzado; pero ¡mirad, y regocijaos! Acaba de llegar a las afueras de la ciudad; allí está la línea de demarcación; la salta, y cae sin fuerzas al suelo, pero con gozo en su corazón. Los perseguidores llegan y lo miran, pero no se atreven a matarlo. El cuchillo está en sus manos, y también las piedras, para lapidarlo, o degollarlo; pero no se atreven a tocarlo. Está a salvo, está seguro; su carrera ha sido lo suficiente rápida; ha conseguido llegar al reino de la vida y evitar la muerte.

Pecador, esta imagen que he dibujado es una imagen de ti mismo, en todo excepto en la culpa del hombre, porque tú sí que eres culpable. ¡Oh, si sólo supieras que el vengador de la sangre va en pos de ti! ¡Oh, que Dios te diese la gracia de que te dieses cuenta esta noche del peligro en que te hallas! No te detendrías entonces ni un solo instante sin huir a Cristo. Dirías, ahora mismo mientras estás sentado en tu asiento: «Déjame ir, déjame ir, adónde se encuentra la misericordia», y no darías sueño a tus ojos ni adormecimiento a tus párpados, hasta que hubieras encontrado en Cristo reposo para tu espíritu. Así, he venido esta noche a exhortarte. Deja que te tome como ejemplo para todos los demás; aquí hay un joven que es culpable; las pruebas de su culpa las tiene esta noche a sus pies. Sabe que es un gran transgresor; ha ofendido de modo abominable contra la ley de Dios. Joven, joven, en verdad que si eres culpable, ¡tienes al vengador de la ley en pos de ti! ¡Ah, este vengador verdaderamente terrible: es la implacable ley de Dios! ¿Nunca la has visto? Habla con palabras flamígeras; tiene ojos como lámparas de fuego. Si pudieses ver una vez la ley de Dios y contemplar el terrible filo de su aterradora espada, podrías, sentado en tu banco, estremecerte de horror ante tu suerte. Pecador, piensa, si este vengador te alcanza, no será solo para la muerte temporal; será para muerte eterna. Y recuerda, si la ley te alcanza, estás condenado. ¿Y sabes qué significa la condenación? Di, ¿puedes describir las olas de la ira eterna, y el gusano que nunca muere? ¿El lago de fuego, el abismo sin fondo? No, no puedes saber lo terribles que son esas cosas. De cierto que si pudieses, te podrías de pie y comenzarías a correr a por la vida, la vida eterna. Serías como aquel hombre en el *Progreso* de Bunyan, que se puso los dedos en los oídos y comenzó a correr; y que cuando sus vecinos comenzaron a correr en pos de él, comenzó a gritar: «Vida eterna, ¡vida eterna!». ¡Oh, mema estupidez; oh ignorancia supina; oh ignorancia peor que la peor, que hace que los hombres se estén tranquilos en sus pecados y se den por satisfechos! El borracho sigue bebiendo de su cuenco, y no sabe que en sus heces está la ira. El blasfemo sigue blasfemando, y no sabe que un día sus blasfemias caerán sobre su cabeza. Seguid vuestro camino, y comed la grosura, bebed la dulzura y vivid alegres y felices, pero, ¡ay! pobres almas, si supierais que el vengador de la sangre va tras de vosotros, ¡no actuaríais de manera tan insensata! ¿Pensaríais que el hombre, tras haber dado muerte a su prójimo, y al ver al vengador corriendo, iba a sentarse tranquilo y esperar, cuando se le provee de una ciudad de refugio? No; esta insensatez está reservada para personas como vosotros. Dios ha dejado esta insensatez como la piedra culminante de la insensatez de la raza humana, para ser la joya más deslumbrante en la corona de la libre voluntad, para que sea la insensatez consumada, la vestimenta con que se recubre el libre albedrío. ¡Oh, no queréis correr a Cristo, os detendréis donde estáis, os reposaréis contentos, y un día la ley os alcanzará, y luego os asirá la ira, la ira eterna! ¡Qué insensato es el hombre que malgasta su tiempo, y que con descuido se da a entretenimientos, cuando tiene la ciudad delante de sí, y cuando va en pos de él el vengador de la sangre!

III. El PECADOR VOLUNTARIOSO COMO ANTITIPO

1. Supongamos ahora que tomo otro caso. Tengo aquí a un joven que dice: «Bueno, señor, de nada vale tratar de salvarme. No pensaré en la oración, ni en la fe, ni en nada de eso, porque para mí no hay ciudad de refugio». Bueno, supongamos que aquel pobre hombre que había matado accidentalmente a su compañero hubiese dicho esto; supongamos que se hubiese quedado quieto, cruzado de brazos, y que hubiese dicho: «Para mí no hay ciudad de refugio». No quieres decir lo que dices. Si pensases que no hay ciudad de refugio para ti, sé lo que harías: gemirías, llorarías, suspirarías. Hay una clase de desesperación que tienen algunas personas que no es más que una desesperación ficticia. He encontrado a muchos que me han dicho: «No creo que pueda ser salvo», y a los que no parece preocuparles si son salvos o no. ¡Qué insensato sería que se quedase sentado e inmóvil, porque imaginaba que no tendría entrada en la ciudad, y dejase que el vengador le matase! Pero tu insensatez es igual de grande, o peor, si te quedas sentado y dices: «Él nunca tendrá misericordia de mí». Tan suicida es quien rehúsa la medicina porque cree que no le sanará como quien toma un puñal y se lo clava en el corazón. No tienes derecho, amigo, a permitir que tu desesperación triunfe sobre la promesa de Dios. Él lo ha dicho, y esto es lo que quiere decir: «Todo el que invocare el nombre del Señor, será salvo». Si él te ha mostrado tu culpa, tenlo cierto: hay una ciudad de refugio para ti; apresúrate a ella; apresúrate a ella; ¡que Dios te ayude a emprender ya ahora el camino! ¡Si los hombres conociesen cuán terrible es la ira venida, y cuán terrible es el juicio, ¡con cuánta rapidez volarían allá! No hay oyente mío que se retardaría ni una hora en volar a Cristo, si solo supiese cuán terrible es su condición fuera de Cristo. Cuando Dios el Espíritu nos convence de nuestro pecado, no hay vacilaciones; el Espíritu dice: «Hoy, si oyeres su voz», y nosotros respondemos: «¡Hoy, Señor, hoy, escucha nuestra voz!». No hay vacilaciones, entonces, ni pausas; emprendemos la carrera por nuestra vida.

2. Y yo os ruego, varones hermanos, a vosotros, que habéis pecado contra Dios y lo sabéis, a vosotros que queréis ser librados de la ira que ha de venir, os ruego, por aquel que vive y fue muerto, huid a Cristo; pero aceptad esta exhortación, que vuestra huida sea a Cristo; porque si alguien que hubiese dado muerte a su prójimo huía a otra ciudad, de nada le servía; si hubiese huido a una ciudad que no había sido designada como ciudad de refugio, podría haber corrido con todo el ímpetu de su deseo, y sin embargo habría sido muerto dentro de las puertas de la ciudad. Así que vosotros, que os pretendéis justos ante Dios, podéis huir a vuestras buenas obras, podéis practicar vuestro bautismo y vuestra confirmación, y vuestra asistencia a la iglesia o a vuestra capilla; puede que seáis todo lo que es bueno y excelente, pero estáis huyendo a una ciudad que de nada vale, y el vengador de la sangre os alcanzará al final. ¡Pobre alma! Recuerda que Cristo Jesús es el único refugio para el pecador culpable. Su sangre, sus heridas, su agonía, sus sufrimientos, su muerte, éstas son las puertas y murallas de la ciudad de la salvación. Pero si no confiamos en éstas, entonces, sin duda alguna, confiemos en lo que confiemos, nuestra esperanza será en una caña cascada, y al final pereceremos.

3. Puede que haya alguno aquí que esté acabado de despertar, que acaba de darse cuenta de su pecado, como si fuese un cadáver asesinado a sus pies; me parece como si Dios me hubiera enviado a este hombre en particular. Hombre: Dios te ha mostrado tu culpa; me ha enviado esta noche para decirte que hay refugio para ti; aunque eres culpable, él es bueno. Aunque

te has rebelado y sublevado, tendrá misericordia de los que se arrepientan y confíen en los méritos de su Hijo. Y ahora me ha invitado a decirte: «¡Huye, huye, huye!». En nombre de Dios, te digo: Huye a Cristo. Me ha mandado que te advierta esta noche en contra de toda postergación. Me ha mandado que te recuerde que la muerte sorprende a los hombres cuando menos se la esperan. Me ha mandado que te advierta que el vengador no perdonará, ni su ojo tendrá compasión. Su espada fue forjada para la venganza, y la venganza obtendrá. Y me ha mandado que os exhorte por los terrores de la ley, por el día del juicio, por la ira venid, por la incertidumbre de la vida y por la cercanía de la muerte, que esta noche huyáis a Cristo.

«Apresúrate, viajero, apresúrate;
cae la noche;
Y tú, lejos del reposo y del hogar,
Apresúrate, apresúrate, al refugio encontrar».

4. Pero cuánto más intenso es nuestro clamor, cuando decimos: «Apresúrate, pecador, apresúrate». No solo cae la noche, sino que, ¡cuidado!, corre detrás el vengador de la sangre. Ya ha dado muerte a sus diez miles. Que los chillidos de las almas ya condenadas suba a tus oídos. El vengador ya ha hecho maravillas de la ira; que los aullidos de la Gehena te sobrecojan; que los tormentos del infierno te dejen boquiabierto y asombrado. ¡Qué!, ¿te detendrás ante una espada así que te persigue? ¿Harás una pausa con un vengador así que te persigue tan veloz? ¡Qué!, joven, ¿te detendrás esta noche? Dios te ha convencido de tu pecado; ¿irás a tu descanso esta noche sin una oración? ¿Vivirás otro día sin huir a Cristo? No. Creo que veo al Espíritu de Dios en ti esta noche, y me parece oír esto que te hace decir: «No, sino que con la ayuda de Dios, me daré a Cristo ahora; y si no derrama ahora su amor en mi corazón, sin embargo ésta será mi resolución: no daré reposo a mis ojos hasta que Cristo me contemple y selle mi perdón con su Espíritu: aquel perdón que compró con su sangre».

5. Pero si te quedas sentado inmóvil, y, abandonado a tu libre albedrío persistes en quedarte así, no puedo hacer por ti más que esto: habré de llorar en secreto por ti. ¡Ay de ti, mi oyente, ay de ti! El buey llevado al matadero es más sabio que tú; la oveja que va a su muerte no es tan insensata como tú. ¡Ay de ti, oyente mío, que tu pulso dé el compás de una marcha hacia el infierno! ¡Ay, que el reloj que cuelga allá, como el sordo tambor, sea la música de la marcha funeral de tu alma! ¡Ay, ay, de ti, que cantes y te muestres feliz, cuando tienes la cuerda al cuello, y la trampilla está cediendo a tus pies! ¡Ay de ti, que sigas tu camino, viviendo alegre y feliz, pero perdido! Me recuerdas la estúpida polilla que baila alrededor de la llama, chamuscándose un rato, y finalmente lanzándose a su muerte. ¡Así eres tú! Mujer joven, con tus vestidos de mariposa, estás saltando alrededor de la llama que te destruirá. Hombre joven, ligero y frívolo en tu conversación, de vida alegre, estás danzando hacia el infierno; estás cantando de camino a tu condenación, y paseándote por el camino a la destrucción. ¡Ay, ay, que estéis hilando vuestra propia mortaja! ¡Que cada día, con vuestros pecados, estéis levantando vuestra propia horca! ¡Que por vuestras transgresiones estéis cavando vuestras propias tumbas, y estéis trabajando duro para amontonar la leña de vuestra pira eterna! ¡Oh, que fueseis sabios, y comprendierais esto, y considerarais vuestro fin! ¡Oh, que huyeseis de la ira que ha de venir! ¡Oh, mis oyentes, la ira venidera, la ira venidera! ¡Oh, Dios, qué cosa más terrible! Estos labios míos no osan describir, este corazón se llena de agonía; y, oyentes míos, ¿no hay algunos de vosotros que pronto os encontraréis con la ira venidera? Sí, sí, hay algunos de vosotros que, si ahora quedaseis muertos en vuestros bancos, quedaríais condenados. ¡Ah, ya lo sabéis; lo sabéis; no osáis negarlo; veo que lo sabéis; mientras agacháis la cabeza, parecéis decir que es verdad. Decís: «No tengo a un Cristo en quien confiar, ni ropaje de justicia que llevar, ni cielo que esperar»..

CONCLUSIÓN

Oyente, dame tu mano; nunca un padre rogó a su hijo con una mayor pasión que yo a ti. ¿Por qué te quedas sentado inmóvil, cuando el infierno está ardiendo frente a tu rostro? «¿Por qué moriréis, oh casa de Israel?» ¡Oh, Dios! ¿tengo que predicar a esta gente en su lugar en el infierno, y tengo que continuar predicándoles, y ser «aroma de muerte para muerte» para ellos? ¿Y tengo yo que ayudar a hacer el infierno de ellos aún más intolerable? ¿Así ha de ser? ¿Acaso esta gente que ahora nos escucha han te tener una condenación más terrible, como la gente de Corazín y Betsaida; una sentencia más terrible que la gente de Sodoma? ¡Ah!, sí, el Señor lo ha dicho, y nosotros lo creemos. ¡Oh, vosotros, que sois dejados a vuestro libre albedrío, para escoger el camino al infierno, como lo hacen todos los hombres que son dejados a sí mismos: que estos ojos se vuelvan un torrente de lágrimas por vosotros, porque vosotros no queréis llorar por vosotros mismos. ¡Qué extraño!, ¡qué extraño! ¡Que yo deba sentir más dolor por algunas de vuestras almas que vosotros por vosotros mismos! Mi Dios sabe que no hay una piedra que dejaría sin remover por salvar a cada uno de vosotros. Nada hay que pueda hacer la energía humana, ni que podría aprender el hombre mediante el estudio, que yo no buscase, si sólo pudiera ser el instrumento de salvaros del infierno; y sin embargo vosotros actuáis como si no fuese con vosotros, y eso que es a quienes más debería preocupar. Es mi desvelo, pero debería serlo el vuestro mucho más. Señores, si os perdéis, sabed que seréis vosotros mismos los que os perderéis. Si perecéis, perecéis. Estoy limpio de vuestra sangre. Si no huís de la ira que ha de venir, os he advertido. No podría soportar tener sobre mí la sangre que algunos tendrán sobre sí, me temo que incluso algunos de los que gustan de la sana doctrina. Tiemblo por algunos que conozco, que predican el Evangelio de Dios, de forma plena en cierto sentido, pero que nunca advierten a los pecadores. Un miembro de mi iglesia me dijo hace poco: «Oí predicar a don Zutano; se le menciona como un hombre de sana doctrina. Le he oído predicar durante nueve años, yendo todo este tiempo al teatro. Y ya podía yo maldecir, ya podía yo hablar de manera profana, ya

podía yo pecar, pero nunca oí de sus labios una advertencia durante los nueve años». ¡Ah, Dios, Dios mío, que este mundo me silbe; que me ponga un vestido de payaso y la coroza de los necios! ¡Que me condene la tierra y que los necios del universo me rechacen! Pero libérame de la sangre de mis oyentes. Por la gracia de Dios, de nuevo pronuncio este voto, con la ayuda de Dios: lo único que busco en este mundo es ser fiel a las almas de mis oyentes. Si sois condenados, no será por falta de predicación, ni por falta de sinceras advertencias. Jóvenes y muchachas, ancianos con canas, mercaderes y comerciantes, padres, madres, niños, os he advertido esta noche, que estáis en peligro del infierno, y, como vive Dios, ante quien estoy, que estaréis pronto allá, a no ser que huyáis de la ira venidera. Recordad esto: nadie que no sea Jesús puede salvaros. Pero si Dios os capacita para ver vuestro peligro, y huís a Cristo, él tendrá misericordia de vosotros para siempre, y el vengador de la sangre nunca os alcanzará. No, ni siquiera cuando los enrojecidos rayos sean despedidos de las manos de Dios en el día del juicio. Aquella ciudad de refugio será vuestro cobijo, y en el corazón de Jesús, triunfantes, benditos y a salvo, cantaréis la justicia y la sangre de Cristo, que es el refugio de los pecadores ante la ira que ha de venir.

48. LOS MUDOS CANTARÁN

«Entonces los ojos de los ciegos serán abiertos, y los oídos de los sordos se destaparán. Entonces el cojo saltará como un ciervo, y cantará la lengua del mudo; porque serán alumbradas aguas en el desierto, y torrentes en la soledad» (Isaías 35:5, 6).

INTRODUCCIÓN:
1. Los objetos de la gracia.
2. Los efectos de la gracia.

I. LOS QUE DIOS HA ESCOGIDO PARA CANTAR
1. La gracia electiva de Dios.
2. La morada de Dios.
3. Los materiales de Dios.

II. LOS MUDOS QUE VAN A CANTAR
Una descripción algo más clara de estos mudos.
1. Los que no pueden hablar.
2. Los que no quieren hablar.
3. Los que no se atreven a hablar.
4. Los que no tienen nada que decir.

III. CUANDO CANTAN LOS MUDOS
1. Cántico continuo.
2. Cántico comunitario.
3. Cánticos a la hora de morir.

CONCLUSIÓN: Intentad crecer más y más.

LOS MUDOS CANTARÁN

INTRODUCCIÓN

¡Qué diferencia hace la gracia, siempre que entra en el corazón! Hallamos aquí a los ciegos mencionados; pero dejan de ser ciegos cuando la gracia ha tocado sus ojos; entonces «los ojos de los ciegos son abiertos». Leemos también de los sordos, pero no son sordos cuando la gracia ha obrado en ellos: «Los oídos de los sordos se destapan». Aquí tenemos a hombres que antes eran cojos, pero cuando la omnipotente influencia de la gracia divina cae sobre ellos, saltan como el ciervo. Y los que eran mudos, lejos de ser mudos más, han experimentado un cambio que ha de ser radical, porque sus efectos son sorprendentes. La lengua del mudo no solo habla, sino que canta.

1. La gracia marca una gran diferencia en un hombre, cuando entra en él. ¡Cuán vanas son entonces las jactancias y las pretensiones de algunas personas, que se declaran hijos de Dios, pero viven en pecado. No hay diferencia perceptible en la conducta de ellos; son lo que solían ser antes de su pretendida conversión; no han cambiado en sus acciones en el menor grado, y, sin embargo, afirman de manera contundente que son hijos llamados y vivientes de Dios, aunque no muestran cambio alguno. Que los tales sepan que sus pretensiones son mentiras, y que la falsedad es la única base que tienen para sus esperanzas; porque allá donde se manifiesta la gracia de Dios, marca diferencias en los hombres. Un hombre carente de gracia no es como un hombre que posee la gracia; y un hombre que posee la gracia no es como uno que carece de ella. Somos «nuevas criaturas en Cristo Jesús».

2. Cuando Dios nos transforma con su mirada del amor, en conversión y regeneración, nos hace lo opuesto de lo que éramos antes, como la luz es lo contrario de las tinieblas, e incluso como el mismo cielo es lo contrario del infierno. Dios cambia al hombre. Obra en él causando un cambio tan grande que ninguna mera reforma puede siquiera imitarlo de forma verdadera; es un cambio total, un cambio de la voluntad, del ser, de los deseos, de lo que se odia, de lo que causa desagrado y agrado. El hombre viene a ser nuevo en todos los respectos cuando la gracia divina entra en su corazón. Y sin embargo, tú dices de ti mismo: «Estoy convertido», ¡y quedas como eras! Te lo diré de nuevo a la cara, que lo que dices es algo carente de contenido; no tienes razón alguna para hablar así. Si la gracia te permite pecar como solías, entonces esta gracia no es gracia en absoluto. No vale la pena tener una gracia que, después de recibida, permita al hombre ser lo que era antes. No, sino que debemos siempre mantener y enseñar la gran doctrina de la santificación. Cuando Dios verdaderamente justifica, también santifica; y donde hay remisión de pecados, también hay su abandono. Cuando Dios ha borrado la transgresión, también elimina nuestro amor por ella, y nos pone en busca de la santidad y de andar en los caminos del Señor. Creo que podemos inferir esto con toda seguridad en base de este texto, como preludio a las observaciones que tenemos que hacer tocante al mismo.

Ahora quiero que primeramente observéis *la clase de personas a las que Dios ha escogido para cantar sus alabanzas, y ello por toda la eternidad.*

En segundo lugar, daré *una más plena descripción de los mudos aquí descritos.*

En tercer lugar, trataré de observar *ciertas ocasiones y sazones especiales en las que estos mudos cantan más dulcemente que en otras.*

I. LOS QUE DIOS HA ESCOGIDO PARA CANTAR

Primero, pues, tenemos las personas a las que Dios ha escogido para cantar sus cánticos para siempre. «Cantará la lengua de los *mudos*». Podemos hacer de esto nuestro primer punto. Por naturaleza, no hay diferencia entre los elegidos y los demás; los que ahora están glorificados en el cielo, y que andan por la calle de oro revestidos de ropajes de pureza, eran por naturaleza tan impíos y contaminados, y tan alejados de la justicia original, como aquellos que por su propio rechazamiento de Cristo, y por su amor al pecado, se encuentran en el abismo del tormento eterno, como castigo de sus iniquidades. La única razón de que haya esta diferencia entre los que están en el cielo y los que están en el infierno reside en la gracia divina, y solo en ella. Los del cielo debieran haber sido echados fuera de modo inevitable, si la misericordia eterna no hubiera extendido su mano y los hubiese redimido. Por naturaleza, no eran en absoluto superiores a los demás. De cierto que hubiesen rechazado a Cristo, y habrían pisoteado bajo sus pies la sangre de Jesús, como hicieron los condenados, si la gracia, la libre gracia, no les hubiera impedido cometer este pecado. La razón por la que son cristianos no es que ellos quisieran serlo, ni que por naturaleza quisieran conocer a Cristo, ni ser hallados por él; son santos ahora simplemente porque Dios los hizo santos. Les dio el deseo de ser salvos; puso en ellos la voluntad de ir en pos de él; los ayudó en su búsqueda, y después los llevó a sentir aquella paz que es el fruto de la justificación. Pero por naturaleza ellos eran precisamente lo mismo que los demás; y si hay alguna diferencia, nos vemos obligados a decir que la diferencia no es en favor de ellos. En muchos casos, nosotros que ahora «nos regocijamos en la esperanza de la gloria de Dios», éramos los peores de los hombres. Hay multitudes que ahora bendicen a Dios por su redención, y que antes le maldecían; que imploraban, tantas veces como se atrevían, con juramentos y blasfemias, que cayera la maldición de Dios sobre sus semejantes y sobre sí mismos. Muchos de los ungidos del Señor eran antes los mismos réprobos de Satanás, la escoria de la sociedad, la basura de la tierra, aquellos por los que nadie se cuidaba, que eran llamados proscritos, pero a los que Dios ha llamado sus deseados, por cuanto los ha amado.

1. Soy llevado a estas reflexiones por el hecho de que se nos dice aquí que los que cantan eran por naturaleza mudos. Su cántico no brota de ellos de natural; no nacieron cantores; no, sino que aquellos que Dios quería que cantasen sus alabanzas eran mudos. No habla de la lengua del tartamudo, ni de la lengua del blasfemo, ni de la lengua del que la empleaba mal, sino de «la lengua de los mudos», de los que más apartados están de cualquier pensamiento de cantar, de aquellos que no tienen capacidad para querer cantar. La lengua de personas así será llevada a cantar las alabanzas de Dios. ¡Extraña elección la que Dios ha hecho! ¡Extraña por su gracia, manifestando de modo extraño la soberanía de su voluntad! Dios quiere edificarse en el cielo un palacio hecho de piedras vivas. ¿Dónde las consiguió? ¿Fue acaso a las canteras de Paros? ¿Ha sacado el más rico y puro mármol de las canteras de la perfección? No, santos no: «Mirad a la piedra de donde fuisteis cortados, y al hueco de la cantera de donde fuisteis arrancados» (Is. 51:1). Estabais llenos de pecado; lejos de ser piedras blancas y puras, estabais negros de contaminación, en apariencia totalmente incapaces de ser piedras en el templo espiritual, aquel templo que ha de ser la morada del Altísimo. Pero os escogió como trofeos de su gracia, y de su poder para salvar.

2. Cuando Salomón edificó para sí mismo un palacio, lo construyó de cedro; pero cuando Dios quiso edificarse una morada para siempre, no cortó los hermosos cedros, sino que moró en una zarza, y la ha preservado como su memorial para siempre: «El Dios que moraba en la zarza». Los orfebres hacen formas exquisitas de metales preciosos; conforman el brazalete y el anillo del mejor oro: Dios hace sus cosas preciosas con materiales despreciables; y de los negros guijarros de los torrentes de contaminación ha sacado piedras que ha engastado

en el anillo de oro de su amor inmutable, para transformarlas en gemas que resplandezcan eternamente en su dedo. No ha seleccionado a los mejores, sino en apariencia a los peores de los hombres, para ser monumentos de su gracia; y cuando quiere un coro en el cielo que cante con armoniosas voces sus alabanzas, que cante para siempre Aleluyas más retumbantes que la voz de muchas aguas, y como poderosos truenos, no envió a la Misericordia a la tierra a buscar cantores, y a escoger de entre ellos a los que tuviesen las voces más dulces. Dijo: «Ve, Misericordia, y encuentra a los mudos, y toca los labios de ellos, y hazlos cantar. Las lenguas vírgenes que nunca antes cantaron mis alabanzas, que han estado calladas hasta ahora, prorrumpirán en sublimes rapsodias y dirigirán el cántico; hasta los ángeles asistirán detrás, y recogerán las notas de los labios de aquellos que habían sido mudos». «Entonces cantará la lengua del mudo» las alabanzas de Dios en el cielo.

3. ¡Oh!, ¡qué fuente de consolación abre esto para ti y para mí! Sí, amados, si Dios no hubiese escogido las cosas bajas de este mundo, nunca nos hubiera escogido a nosotros; si hubiese hecho acepción de personas, si hubiese mostrado parcialidad, ¿dónde estaríamos tú y yo en este día? Nunca habríamos sido un ejemplo de su amor y misericordia. No, sino que al mirarnos hoy, y al recordar lo que fuimos, a menudo nos vemos obligados a decir:

«Honduras de misericordia,
¿puede haber
Misericordia aún guardada
para mí?».

¿Cuántas veces hemos cantado a la mesa del Señor, ante la cena sacramental de nuestro Señor:

«Por qué fui llevado a oír tu voz
Y a entrar mientras hay lugar,
Mientras miles eligen mal
Y prefieren morir a acudir?».

La gracia es siempre gracia, pero nunca parece tan llena de gracia como cuando la vemos aplicada a nuestras indignas personas. Sí, amigos míos, puede que seáis arminianos en vuestra doctrina, pero nunca podréis ser arminianos en vuestros sentimientos; os veréis obligados a confesar que es todo de gracia, y echaréis de vosotros el pensamiento de que fue por vuestras buenas obras conocidas de antemano que os escogió el Señor. Nos vemos obligados a llegar a esto, a sentir y conocer que tiene que haber sido por misericordia, una libre misericordia, y solo por ello; a reconocer que no éramos capaces de hacer buenas obras sin que su gracia fuese delante de nosotros antes de las buenas obras, y sin que su gracia estuviese también en nuestras buenas obras, capacitándonos para llevarlas a cabo; y, por ello, que nunca podrían haber sido el motivo para el divino amor, ni la razón por la que este amor fluyó hacia nosotros. ¡Oh, vosotros, indignos, vosotros, santos que sentís vuestra depravación natural y que lloráis por vuestra ruina por la caída de Adán, elevad vuestros corazones a Dios! Él os ha liberado de todos los impedimentos que Adán echó sobre vosotros; vuestra lengua ha quedado suelta, está ya suelta; Adán la enmudeció, pero Dios la ha soltado; vuestros ojos, encegados por la caída de Adán, están ahora abiertos; Él os ha levantado del fango cenagoso. Lo que Adán perdió por nosotros, Cristo lo ha recuperado por nosotros; él nos ha arrancado del pozo, y «afianzó nuestros pies sobre una roca, y consolidó nuestros pasos. Puso luego en nuestras bocas cántico nuevo, un himno de alabanza a nuestro Dios» (*cf*. Sal. 40:2, 3). Sí, «cantará la lengua del mudo».

Y luego otra indicación aquí, antes de dejar este punto. ¡Cómo debería esto alentarte al tratar de hacer el bien a los demás! Bien, hermanos, nunca puedo considerar a nadie tan alejado que la misericordia divina no le pueda alcanzar, por cuanto sé que Dios me salvó a mí. Siempre que me he sentido desesperanzado acerca de algunos de mis oyentes, de alguno de los que han perseverado largo tiempo en su culpa, únicamente he tenido que sacar mi propia biografía de las estanterías de mi memoria y pensar en lo que también yo era, antes que la gracia me redimiese y me llevase a los pies de mi Salvador. Y luego he dicho: «No será asombroso que este hombre sea salvo; después de lo que ha hecho por mí el Señor, puedo creer cualquier cosa de su misericordia. Si él ha borrado mis transgresiones, si él ha purificado mi pecado hasta hacerlo desaparecer, entonces nunca podré desesperar acerca de mis semejantes; puede que llegue a desesperar de mí mismo, pero nunca de ellos». Recuerda, ahora pueden ser mudos, pero él puede hacerles cantar. Tu hijo Juan es un triste réprobo; sigue orando por él, madre; Dios puede cambiar su corazón. El corazón de tu hija parece tan duro como un diamante; Aquel que hace cantar a los mudos puede hacer que las rocas se derritan. Creed en Dios por vuestros hijos tanto como por vosotros mismos. Confiad en él. Llevad sus casos delante de su trono; confiad en él que él los puede salvar, y creed que lo hará como respuesta a vuestra ferviente oración. Y si tenéis vecinos llenos de la pestilencia del pecado, cuyos vicios os sientan como hedor en vuestras narices, pero no temáis llevarles el Evangelio; aunque sean prostitutas, borrachos, blasfemos, no temáis contarles acerca del amor del Salvador que murió por ellos. Él hace cantar a los mudos; ni siquiera les pide una voz para empezar. Son mudos, y no les pide siquiera el poder del habla, sino que se lo da. ¡Oh, si tienes vecinos que aborrecen el día del Señor, que aborrecen a Dios, que no están dispuestos a acudir a la casa de Dios, que menosprecian a Cristo; si los encuentras tan alejados como puedan estar, recuerda que él hace cantar a los mudos, y que por ello mismo los puede hacer vivir. No quiere para empezar que haya bondad en ellos; todo lo que quiere es la materia bruta, basta, burda, áspera. Y ni siquiera desea un buen material; por malo que sea el material, puede transformarlo en algo inestimablemente precioso, en algo que es digno de la sangre del Salvador. Prosigue, ¡no temas! Si los mudos pueden cantar, entonces de cierto que nunca puedes decir que nadie tenga que ser desechado.

II. LOS MUDOS QUE VAN A CANTAR

Paso ahora a *una descripción algo más clara de estos mudos. ¿Quiénes son?*

Bien, algunas veces consigo algún buen pensamiento de la Concordancia del viejo maestro Cruden. Creo que es el mejor comentario de la Biblia, y me gusta estudiarla. La abrí hace poco por este pasaje y vi cómo el maestro Cruden describía diferentes clases de mudos. Dice que hay cuatro o cinco clases diferentes; pero nombraré solamente a cuatro de ellos. La primera clase de mudos que menciona son los que no pueden hablar; la segunda clase abarca a los que no quieren hablar; la tercera son aquellos que no se atreven a hablar, y la cuarta agrupa a los que no tienen nada que decir, y por ello son mudos.

1. La primera clase de personas que cantarán son *los que no pueden hablar*. Esta es la acepción usual de la palabra mudo. Las otras son, naturalmente, sólo aplicaciones metafóricas del término. Llamamos mudo al hombre que no puede hablar. Ahora bien, el hombre que sigue en sus delitos y pecados está mudo, y lo demostraré. Está muerto; y no hay nadie tan mudo como un muerto. Solíamos oír en nuestra infancia que en los patios de ciertas iglesias sólo sepultaban a sordos y a mudos. Esto lo decían para picar nuestra curiosidad infantil, y nos confundían; pero el significado era que sólo enterraban allí a los muertos, y nadie hay tan mudo como un muerto. «¿Se levantarán los muertos para alabarte? ¿Será contada en el sepulcro tu misericordia, o tu verdad en el Tártaro?» La palabra de Dios nos asegura que los hombres irregenerados están espiritualmente muertos; por lo tanto deben estar espiritualmente mudos. No pueden cantar las alabanzas de Dios; no le conocen, y por ello mismo no pueden exaltar su glorioso nombre. No pueden confesar sus pecados; pueden pronunciar las meras palabras de confesión, pero no pueden realmente confesar, porque no conocen el mal del pecado, ni les ha sido enseñado que sientan qué cosa tan amarga es, y que se conozcan como pecadores. Pero «nadie puede llamar a Jesús Señor, excepto por el Espíritu Santo», y estas personas no pueden hacerlo de verdad. Quizá, quizá, puedan hablar bien de las doctrinas; pero no pueden hablar de ellas desde la plenitud de sus corazones, como principios vivientes y vitales que conocen en sí mismos. No pue-

den unirse en los cánticos ni pueden tomar parte en la conversación de un cristiano. Si se sientan con los santos, quizá han recogido algunas pocas frases del huerto del Señor, que usan y aplican a ciertas cosas de las que nada conocen. Hablan un lenguaje cuyo sentido no comprenden, como las hijas de Milton que le leían a su padre en un lenguaje que ellas no entendían. Sin embargo, por lo que toca a la esencia de la cuestión, son mudos. Pero, ¡saludemos la gracia soberana!: «Cantará la lengua del mudo». Dios hará de sus amados lo que Él quiere que sean. Son mudos por naturaleza, pero no los dejará así; no pueden ahora cantar sus alabanzas, pero lo harán; no confiesan ahora sus pecados, pero los llevará todavía de rodillas, y los hará derramar sus corazones delante de él. No pueden ahora hablar el dialecto de Canaán ni el lenguaje de Sion, pero pronto lo harán. La gracia, la omnipotente gracia, cumplirá con ellos su voluntad. Aprenderán a orar; sus ojos aprenderán a derramar lágrimas de arrepentimiento; y luego, después de esto, sus labios cantarán para alabanza de la gracia soberana.

No necesito insistir en este punto, porque hay muchos aquí que antes fueron mudos, y que pueden bendecir a Dios porque ahora pueden cantar. Y a veces, ¿no os parece a vosotros, amados, algo extraordinario que seáis lo que sois ahora? Creería que para un mudo habría de ser la cosa más extraña en el mundo poder hablar, porque no tiene ni idea de cómo se siente alguien cuando está hablando. Es lo mismo que un ciego de nacimiento, que no tiene idea de qué debe ser la vista. Hemos oído hablar de un ciego que suponía que el color escarlata debe ser algo así como un toque de trompeta, no tenía otra manera de compararlo. De modo que el mudo no tiene concepto alguno del modo de hablar. ¿No consideráis extraño que seáis como sois? Tú dijiste una vez: «Nunca seré uno de esos hipócritas metodistas. ¿Se piensa usted que voy nunca a hacer una profesión de religión? ¡Qué! ¿Yo, asistir a una reunión de oración? ¡Ni hablar!». Y te fuiste por las calles en toda tu jovialidad y diversión, y dijiste: «¡Vamos! ¿Yo volverme como un niño, y abandonar mi mente a una simple fe, y dejar la razón? ¡Vamos! ¿voy a dejar yo todos los argumentos acerca de las cosas, y sencillamente aceptar cosas porque Dios las haya dicho? Ni hablar, eso nunca podrá ser». Tengo que deciros que será una maravilla para vosotros, en tanto que estéis aquí, que seáis hijos de Dios; e incluso en el mismo cielo, la mayor maravilla será que pudieseis jamás ser llevados a conocer al Salvador.

2. Pero hay una clase de mudos que *no quieren hablar*. Son los mencionados por Isaías. Dijo de los predicadores en su tiempo que eran perros mudos que no querían ladrar. Bendigo a Dios que no estemos ahora tan inundados por esa clase de mudos como antes. Dios ha suscitado últimamente, especialmente en la Iglesia de Inglaterra, una gran cantidad de hombres evangélicos, que no temen predicar todo el consejo de Dios. Hay muchos predicadores fieles del Evangelio; y aunque solíamos decir que nosotros éramos los únicos evangélicos que predicábamos el Evangelio, ha llegado el tiempo en que «él hace habitar en una casa a la estéril, gozosa ya en ser madre de hijos» (Sal. 113:9). No hay razón alguna por la que la Iglesia de Inglaterra no debiera ser totalmente evangélica; si se mantuviese fiel a sus artículos, debería serlo. Es la más inconsecuente de las iglesias del mundo si no es calvinista. Tiene que ser inconsecuente, excepto si se mantiene fiel a aquellas grandes verdades fundamentales que son ciertamente un código de fe que debe ser recibido por todos los creyentes: las verdades escritas en sus artículos.

¡Pero, oh!, hay muchos entre nosotros los Disidentes, y también en la Iglesia de Inglaterra, que son perros mudos. Hay aún abundancia de los que no saben nada acerca del Evangelio; que predican mucho acerca de gran cantidad de cosas, pero nada acerca de Jesucristo; que compran baratos sus sermones, y los predican cómodamente. Que piden a Dios que les diga qué deben decir, y que luego se sacan sus manuscritos de sus bolsillos. Hemos tenido que lamentarnos, sobre todo en años pasados, que podíamos ir de iglesia en iglesia, y no encontrar más que un perro mudo en la iglesia,

Expiación, Justificación, Arrepentimiento, Fe ...

y también en los púlpitos de los Disidentes. Y algunos hombres que podrían haber hablado con un poco de fervor, si querían, dejaban que la gente se durmiese a sus pies en lugar de predicarles la palabra con verdadera fidelidad, como si no tuviesen que dar cuenta para nada ante Dios.

Mi anciano abuelo cuenta una historia, que creo que él mismo podría verificar, acerca de una persona que vivía cerca de él, y que se designaba como predicador del Evangelio. Fue visitado por una pobre mujer, que le preguntó cuál era el significado del nuevo nacimiento. Él contestó: «Mi buena mujer, ¿por qué me viene a hacer estas preguntas? Nicodemo, el gobernante de los judíos, no lo sabía; era un hombre sabio, y no lo sabía; ¿y supone usted que yo lo debo saber?» De modo que se tuvo que ir con esta respuesta. Hubo un tiempo en que una respuesta así podía ser dada por muchos que eran considerados como los maestros autorizados de la religión, pero que nada sabían en realidad de esta cuestión. Sabían mucho más de la caza del zorro que de predicar, y más de labrar sus propias tierras que de la labranza espiritual de la iglesia de Dios. Pero nosotros bendecimos a Dios porque no hay tantos ahora de esa clase. Y oramos que tal raza quede totalmente extinguida. Que cada púlpito, y cada lugar de culto, sea ocupado por un hombre con una lengua de fuego y un corazón flamígero, y que no rehuya declarar todo el consejo de Dios, no buscando la sonrisa de los hombres ni temiendo sus ceñudas miradas. Tenemos la promesa de que así será. «Cantará la lengua del mudo». ¡Ah, ah!, y cantan bien, cuando Dios los hace cantar.

Recordaréis la historia de Rowland Hill en *Los diálogos pueblerinos*, sobre el señor Merriman. El señor Merriman era la pobre sombra de un predicador. Se le veía en todas las ferias y veladas, y apenas se encontraba en su púlpito cuando debiera estar allá. Al convertirse, comenzó a predicar con lágrimas que le descendían por el rostro. ¡Y cómo empezó a llenarse la iglesia! El señor del condado no estaba dispuesto a oír nada de aquello, y echó el cerrojo a su banco. El señor Merriman hizo hacer una pequeña escalera fuera de su puerta, y la gente se sentaba en los peldaños, subiendo por un lado y bajando por el otro, de modo que hubo el doble de espacio que antes.

Nadie es mejor predicador que quien ha sido mudo antes. Si el Señor abre sus bocas, pensarán que no pueden predicar todas las veces que quieren, ni con toda la intensidad sentida, para compensar por el mal que hicieron antes. Chalmers mismo nunca habría sido un predicador tan elocuente, si no hubiera sido por mucho tiempo un perro mudo. Predicó la moralidad, decía, hasta que hizo inmorales a todos los miembros de su parroquia; persistió en apremiarles a que guardasen la ley de Dios, hasta que les hizo quebrantarla. Pero cuando dio media vuelta, y comenzó a predicar el Evangelio de Dios, entonces los mudos comenzaron a cantar. ¡Oh!, ¡quiera Dios producir esto en cada uno de nosotros! Si sois mudos como profesos ministros, que él abra vuestras bocas y os fuerce a hablar su palabra, ¡no sea que en el último día se encuentre en vuestras ropas la sangre de las almas de nuestros oyentes, y seamos echados fuera como infieles administradores del Evangelio de Cristo!

3. Ahora os presento una tercera clase de personas mudas. Son mudos porque *no se atreven a hablar*. Son buenas gentes, almas benditas. Aquí tenemos a uno de ellos: «Enmudecí, no abrí mi boca, porque tú lo hiciste». ¡Ah, es cosa bendita ser mudo de esta manera! El siervo del Señor tendrá que enmudecer a menudo bajo pruebas y aflicciones. Cuando Satanás lo tienta a murmurar, pondrá su dedo sobre sus labios y dirá: «¡Calla, corazón murmurador; guarda silencio!». «¿Por qué se lamenta el hombre? ¡Que sea un valiente contra sus pecados!» Hasta el hijo de Dios hará como Job, que se quedó sentado durante siete días y siete noches sin decir palabra, porque sentía el peso de su aflicción, y no podía decir nada. Bien habría estado si Job hubiese mantenida cerrada la boca durante los siguientes días; no habría dicho tantas cosas sin sentido en algunas de las cosas que pronunció. Bien habría ido si siempre se hubiese mantenido en silencio. ¡Oh, hay ocasiones en las que vosotros y yo, amados, nos vemos en

la obligación de mantener las riendas sobre nuestras lenguas, para no murmurar contra Dios! Nos vemos en malas compañías. Quizá nuestros espíritus se enardecen en nuestro interior, y queremos tomar venganza por el Señor; somos como aqquellos amigos de David que querían cortar la cabeza a Simei. «Déjame, y le quitaré la cabeza a este perro» (cf. 2 S. 16:9), decimos, y entonces nuestro Señor, Jesús, nos ordena que pongamos nuestra espada en la vaina, porque «el siervo del Señor no tiene que ser contencioso».

¡Cuántas veces hemos enmudecido así! Y a veces, cuando hemos oído calumnias contra nuestro carácter y los hombres nos han calumniado, ¡Oh, cómo hemos tenido que dominarnos para no lanzarnos contra ellos! Queríamos lanzarnos contra ellos en el acto, y hacerles saber quién era el más fuerte de los dos. Pero hemos dicho: «No: nuestro Señor no respondió, y dejó con ello "ejemplo, para que sigáis sus pisadas"». Los principales sacerdotes lo acusaban mucho, pero «no les respondió ni una palabra». Pero a veces hemos encontrado difícil enmudecer, como la oveja cuando es llevada a sus trasquiladores, o como el cordero que es llevado al matadero. Apenas si podíamos mantenernos tranquilos. Cuando nos hemos visto enfermos en nuestras camas, hemos tratado de apagar toda palabra murmuradora; no hemos dejado escapar una frase de nuestros labios si lo hemos podido evitar; pero, pese a ello, hemos encontrado difícil mantenernos callados, aunque es una bendita tarea cuando se nos da el hacerlo. Ahora, vosotros que habéis estado callados bajo grandes pesos de dolor; vosotros cuyos cánticos han quedado suspendidos porque no osabais abrir vuestros labios, para que los suspiros no tomasen el lugar de las alabanzas, escuchad esta promesa: «Cantará la lengua del mudo».

Sí, aunque estéis ahora en la más profunda aflicción y os veáis obligados a guardar silencio, aún cantaréis. Aunque, como Jonás, estéis en el vientre de la ballena, llevados abajo, como dijo él, a lo más profundo del Seol; aunque la tierra os rodee con sus cerrojos para siempre, y las algas se enreden y envuelvan vuestras cabezas, aun así «todavía miraréis hacia su santo templo» (cf. Jon. 2:4).

Aunque hayas colgado tu arpa en los sauces, bendito sea Dios, no la has roto; aún la usarás pronto otra vez; la sacarás de su sitio de reposo, y

«Fuerte para alabanza
de la soberana gracia,
Cada cuerda de su sueño
despertarás».

Si no tienes cánticos en la noche, sin embargo te rodeará con cánticos de liberación; si no puedes cantar ahora sus alabanzas, lo harás pronto, cuando una mayor gracia vendrá a tu corazón, o cuando la misericordia libertadora será el tema de tu cántico, en mejores días aún venideros. Pero, bendito sea Dios, no tenemos por qué estar siempre callados en nuestras aflicciones: somos llamados a cantar. Y creo que deberíamos cantar incluso cuando deberíamos estar enmudecidos; aunque estemos enmudecidos en cuanto a las murmuraciones, deberíamos cantar las alabanzas de Dios. Un viejo puritano dijo: «El pueblo de Dios es como los pájaros; cantan mejor enjaulados». Dijo: «El pueblo de Dios a menudo canta mejor cuando están en sus más profundas angustias». Dijo el viejo maestro Brooks: «Cuanto más profundo era el diluvio, tanto más subía el arca y se acercaba al cielo». Así es con el hijo de Dios: cuanto más profundas son sus aflicciones, tanto más se acerca al cielo, si vive cerca de su Maestro. Las angustias son llamadas cargas, y las cargas, como ya sabéis, generalmente nos abruman y nos mantienen abatidos contra el suelo; pero hay la manera, con el empleo de las leyes de la mecánica, con la que podéis hacer que una carga os levante. De modo que es posible hacer que vuestras aflicciones os levanten más cerca del cielo, en lugar de dejar que os hundan. ¡Ah!, damos gracias a nuestro Dios que ha abierto a veces nuestras bocas cuando éramos mudos; cuando éramos ingratos y no le alabábamos, él ha abierto nuestras bocas mediante una aflicción, y aunque cuando gozábamos de mil bendiciones no le alabábamos, cuando nos envió una aguzada aflic-

Expiación, Justificación, Arrepentimiento, Fe ...

ción, entonces empezamos. Así, él ha hecho que la lengua del mudo cantase.

4. Mencionaremos una clase más de mudos, y habremos terminado Los hay que *no tienen nada que decir*, y que por eso son mudos. Os daré un caso. Dice Salomón en Proverbios: «Abre tu boca a favor del mudo en el juicio de todos los desvalidos» (31:8). Y en este contexto se aprecia que se refiere a aquellos que ante un tribunal no tienen nada que alegar en su defensa y que tienen que quedar callados ante los jueces. Lo mismo que aquel hombre de la antigüedad, que, cuando el rey entró para ver a los invitados, estaba sin vestido de boda, y cuando el rey le dijo: «Amigo, ¿cómo entraste aquí?», se quedó mudo, no porque no pudiese hablar, sino porque no tenía nada que decir. ¿No te has encontrado tú, lo mismo que yo, mudo, y no lo estamos ahora, cuando comparecemos a Dios en base de la ley, cuando olvidamos que Jesucristo y su sangre y justicia fueron para nuestra plena absolución? ¿No estamos obligados a enmudecer cuando los mandamientos quedan puestos a descubierto delante de nosotros, y cuando la ley de Dios nos es traída a la conciencia? Hubo un tiempo en que cada uno de nosotros, y no hace mucho para algunos de los presentes, en el que estábamos ante la cátedra de Moisés y oíamos la lectura de los mandamientos; y cuando nos preguntaron: «Pecador, ¿puedes pretender que has guardado estos mandamientos?», quedamos mudos. Entonces nos hicieron otra pregunta: «Pecador, ¿puedes presentar una expiación por haber quebrantado estos mandamientos?», y quedamos asimismo mudos. Luego nos preguntaron: «Pecador, ¿puedes tú, por una obediencia futura, borrar tu pecado pasado?». Sabíamos que era imposible, y quedamos mudos. Luego nos hicieron una serie de preguntas: «¿Puedes soportar la pena; puedes soportar estar para siempre en las llamas del infierno? ¿Puedes sufrir tormentos eternos desde la enrojecida diestra de un Dios airado? ¿Puedes morar en la quemazón sempiterna y morar en fuegos eternos?», y quedamos mudos. Y luego nos preguntaron: «Preso en el banquillo, ¿tienes alguna razón para alegar que no deberías ser condenado?», y nos mantuvimos mudos. Luego preguntaron: «Preso, ¿tienes algún ayudador? ¿Tienes a alguien que pueda liberarte?», y quedamos mudos, porque nada teníamos que decir. Sí, pero bendito sea Dios, que la lengua del mudo puede ahora cantar. ¿Y te diré lo que podemos cantar? Podemos cantar esto: «¿Quién acusará a los escogidos de Dios? Dios es el que justifica. ¿Quién es el que condena? Cristo es el que murió; más aún, el que también resucitó, el que además está a la diestra de Dios, el que también intercede por nosotros». Nosotros –que no teníamos una sola palabra que pronunciar en nuestro propio favor– podemos ahora decirlo todo. Podemos decir:

«Libre estaré en el gran día,
Porque, ¿quién de nada acusarme podrá?
Totalmente absuelto por Cristo estoy,
De la gran maldición y oprobio del pecar».

Sí, los mudos pueden cantar. Y tú, pobre mudo, también lo harás. Si Dios te ha hecho mudo quitando todos los nombres de Baal de tu boca; si te ha quitado toda tu propia justicia y toda tu propia confianza, tan cierto como que ha cerrado tu boca, la abrirá. Si Dios ha dado muerte a tu propia justicia, te dará una mejor; si ha derribado todo tu refugio de mentiras, te edificará un buen refugio. No ha venido a destruirte; ha cerrado tu boca para llenarla con su alabanza. Aliéntate; mira a Jesús; echa tu mirada a la cruz; pon tu confianza en él; y tú mismo, que te consideras un réprobo, tú misma, pobre y llorosa maría, también tú cantarás del amor redentor.

IV. CUANDO CANTAN LOS MUDOS

Y ahora debo concluir observando sencillamente *las ocasiones en las que mejor cantan las lenguas de esos mudos.*

1. ¿Cuándo canta la lengua del mudo? Bien, creo que siempre canta, poco o mucho. Siempre está cantando. Si es puesta en libertad una vez, nunca dejará de hacerlo. Hay algunos de vosotros que dicen que este mundo es un desierto donde solo se oyen aullidos. Bien, vosotros sois los que aulláis;

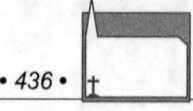

todos los aullidos los hacéis vosotros. Si preferís aullar, no puedo remediarlo. Yo prefiero la promesa de mi texto: «Entonces cantará la lengua del mudo». No aullará, «cantará». Sí, siempre cantan, poco o mucho. A veces lo hacen en una nota apagada; a veces tienen que ir al barítono; pero hay otras ocasiones en las que pueden ascender a las notas más altas. Tienen *temporadas especiales de cánticos*. Cuando pierden su carga al pie de la cruz, entonces comienzan a cantar. Nunca un arpa del cielo cantó tan dulcemente como cuando fue tocada por el dedo de algún pródigo arrepentido; ni siquiera los cánticos de los ángeles me parecen tan dulces como aquel primer cántico arrebatado que brota de lo más profundo del alma del hijo perdonado de Dios. Sabes cómo lo describe Juan Bunyan. Dice que cuando el pobre Peregrino perdió su carga junto a la cruz, dio tres grandes saltos de alegría y prosiguió su camino cantando. No hemos olvidado esos tres grandes saltos. Fueron unos grandes saltos: saltos de alabanza. Hemos saltado muchas veces desde entonces con gozo y gratitud; pero creo que nunca dimos unos saltos tan altos como cuando vimos desaparecer del todo nuestros pecados y cubiertas nuestras transgresiones en el sepulcro del Salvador.

De pasada, dejadme que os cuente una pequeña historia acerca de esta cuestión de John Bunyan. Soy un gran amante de John Bunyan, pero no le creo infalible; porque el otro día me encontré con una historia que creo que es muy buena. Había un joven en Edimburgo que quería ser misionero. Era un joven sabio; pensaba: «Bueno, si voy a ser misionero, no hay necesidad de irme lejos de casa; igual puedo ser misionero en Edimburgo».

Aquí hay una indicación para vosotras, damas, que dais tratados en vuestro distrito, y a vuestra criada Mary nunca le dais uno. Bueno, este joven comenzó, y decidió hablar con la primera persona que se encontrase. Se encontró con una de aquellas viejas verduleras. Los que las hemos visto nunca las podremos olvidar; son verdaderamente mujeres extraordinarias. De modo que se dirigió a ella, y le dijo: «Aquí está usted, con su carga sobre su espalda; deje que le pregunte si siente otra carga, ¡una carga espiritual!». «¡Qué!», dijo ella, «¿quiere usted decir la carga en el *Progreso del Peregrino* de Juan Bunyan?». Porque si se trata de eso, joven, me libré de ella hace muchos años, antes de que tú nacieras. Pero lo hice de mejor manera que el Peregrino. El evangelista al que se refiere Juan Bunyan era uno de vuestros vicarios que no predica el Evangelio, porque dijo: «Mantén aquella luz en tu mirada y corre al portillo de entrada». ¡Será posible! ¡No era allá adonde tenía que correr! Debiera haberle dicho: «¿Ves aquella cruz? ¡corre a ella de inmediato!». En lugar de ello envió al pobre peregrino primero al portillo, ¡y bien mal le sirvió! Cayó en el Pantano del Desaliento, y casi terminó allí su carrera". El joven le contestó: «¿Es que usted nunca ha caído en ningún Pantano de Desaliento?». «Sí, joven, sí; pero encontré que era mucho más fácil pasar por él sin la carga sobre mis hombros». Y la mujer tenía toda la razón.

John Bunyan puso la liberación de la carga demasiado lejos del comienzo de la peregrinación. Si con ello quería mostrar lo que suele suceder, tenía razón; pero si con ello quería mostrar lo que debe ser, está en un error. No debemos decir al pecador: «Bien, pecador, si quieres ser salvo debes ir al estanque del bautismo; ve a la puerta de entrada, ve a la iglesia; haz eso o lo otro». No: la cruz debería estar justo antes de la puerta de entrada; y deberíamos decir al pecador: «Échate ahí, y estarás a salvo; pero no estás a salvo hasta que puedas echar tu carga de ti, y yacer al pie de la cruz, y hayas encontrado tu paz en Jesús». Bueno, pues éste es el momento en que podemos cantar.

2. Y después de esto, ¿canta el pueblo de Dios? Sí, tienen dulces momentos de cantar juntos en su casa de comunión. ¡Oh!, la música de esta palabra «comunión», cuando es oída en el alma, comunión con Jesús, compañerismo con Jesús, ¡sea en sus padecimientos, sea en sus glorias! Aquellos son momentos de cántico, cuando el corazón se eleva para sentir su unidad con Cristo y su vital unión con él, y es ca-

Expiación, Justificación, Arrepentimiento, Fe ...

pacitado para «regocijarse en la esperanza de la gloria de Dios» por medio de la comunión con el Salvador.

¿No has gozado de algunas ocasiones preciosas de cánticos a la mesa del Señor? ¡Ah!, cuando el pan ha sido partido, y el vino derramado, cuántas veces ha sido esto para mí un tiempo de cántico, cuando el pueblo se ha unido todo en cantar:

«¡Getsemaní!, ¿puedo acaso olvidar?
¿O puedo tu conflicto ver allí;
Tu agonía y sanguinolento sudor,
Y no acordarme de ti?
Cuando a tu cruz mis ojos vuelvo,
Y sobre el Calvario reposo,
¡Oh, Cordero de Dios, mi expiación,
Recordarte debo yo».

Estoy en la casa de Dios, creo, cada día. Creo que David no hubiera podido orar por más que lo que yo tengo, cuando oró que pudiese morar en la casa del Señor para siempre, porque yo paso más parte de mi tiempo en la casa de Dios que en ninguna otra parte. Pero mis mejores momentos son los que paso a la mesa del Señor. Me regocijo entonces, cuando no tengo que pensar en lo que he de decir a los demás, sino que sencillamente me siento junto a los demás en la familia del Señor, y gusto mi trozo de pan y bebo mi sorbo de vino. ¡Oh, es entonces que el alma halla precioso a su Salvador! Espero que llegue cada mes, cuando puedo de nuevo sentarme a la mesa de mi Señor, y comer espiritualmente su carne y beber su sangre, y sentir que en verdad tengo vida en él, porque he sido unido a él. ¡Ah!, esos son momentos de cánticos para la familia de Dios. Y así, algunas veces son ocasiones de predicar y otras son ocasiones de escuchar. Las reuniones de oración son a menudo ocasiones especiales para cantar; de hecho, los medios de la gracia serán muy frecuentemente bendecidos por Dios para que nos sean la ocasión de cantar.

3. Pero por último, queridos amigos, porque no puedo detenerme a mencionar todas las ocasiones para cantar, lo mejor lo tendremos cuando nos llegue el momento de morir. ¡Ah!, hay algunos de vosotros que sois como se fabula del cisne. Los antiguos decían que el cisne nunca cantaba durante su vida, pero que siempre cantaba al morir. Ahora bien, hay muchos abatidos hijos de Dios que parecen pasar toda su vida bajo una nube; pero reciben el cántico del cisne antes de morir. El río de su vida baja corriendo, quizá negro y cenagoso por aflicciones, y cuando comienza a tocar la blanca espuma del mar empieza a darse un resplandor en sus aguas. Así, amados, aunque podamos haber estado muy desalentados a causa de la carga del camino, cuando lleguemos al fin tendremos dulces cánticos. ¿Tienes miedo de morir? ¡Oh, nunca tengas miedo de eso! ¡Ten miedo de vivir! Vivir es lo único que te hará algún daño. Morir nunca puede dañar al cristiano. ¿Tienes miedo al sepulcro? Es como el baño de Ester, donde permanecía por un tiempo, para purificarse con especias, para estar lista para su señor. El sepulcro prepara el cuerpo para el cielo. Allí yace; y la corrupción, la tierra y los gusanos solo sirven para afinar y purificar nuestra carne. No temáis morir; no toma ningún tiempo. La muerte es emancipación, liberación, la gloria celestial para un hijo de Dios. No la temas; será un momento de cánticos. Tienes miedo de morir, dices, por los dolores de la muerte. No, son los dolores de la vida, de una vida que se debate por proseguir. La muerte no tiene dolor; la muerte misma es solo un gentil suspiro: se rompe la cadena, y el espíritu se eleva. El mejor momento en la vida del cristiano es el último, porque es el que está más cerca del cielo; y es entonces que comienza la nota clave del cántico que cantará toda la eternidad. ¡Oh, qué cántico será! Es un pobre son el que ahora elevamos; cuando nos unamos al cántico, quizá nos sentiremos avergonzados de cantar; pero allí arriba nuestras voces sonarán claras y prístinas; y allá:

«Los más resonantes de la multitud,
cantaremos,
Mientras las mansiones del cielo
vibran resonando,
Con clamores de gracia soberana».

Me vino el pensamiento, el otro día, que el Señor tendrá en el cielo algunos de aquellos grandísimos pecadores que se extraviaron más que ningunos otros que jamás viviesen (las más extraordinarias extravagancias del pecado), sólo para hacer la melodía más completa con el canto de algunas de las notas de alto que a veces oímos, que tú y yo –porque no nos hemos apartado tanto– nunca podremos llegar a pronunciar. Me pregunto si alguien ha entrado esta mañana en esta capilla a quien Dios habrá escogido para cantar algunas de estas notas de alto en la escala de la alabanza. Tal vez haya alguno de ellos aquí. ¡Oh!, ¡cómo cantará el tal si la gracia, la libre gracia, tiene misericordia de él!

CONCLUSIÓN

Y ahora, me despido con una palabra solitaria: Hermanos, vosotros miembros de esta iglesia, esforzaos juntos en vuestras oraciones, para que Dios os bendiga. No os contentéis con lo que seáis, por mucha prosperidad de que gocéis; intentad crecer más y más. Orad que vosotros y vuestros hijos seáis añadidos a la iglesia de Cristo aquí, y que viváis para ver que otros también sean añadidos. Seguid constantes en la oración; no descuidéis las reuniones de oración. Christmas Evans da una buena idea sobre la oración. Dice: «La oración es la cuerda en el campanario; tiramos de ella y tañe la campana en el cielo». Y así es. Ocupaos en mantener en marcha la campana. Tirad bien. Venid a las reuniones de oración. Seguid tirando; y aunque la campana esté tan alta que no la podáis oír tañer, confiad en que puede ser oída en la torre del cielo, y que está tañendo ante el trono de Dios, que os dará respuestas de paz, según sea vuestra fe. ¡Que sea vuestra fe grande y fructífera, y que así lo sean vuestras respuestas!

49. EL CLAMOR DEL CUERVO

«Él da a la bestia su mantenimiento, y a los hijos de los cuervos que claman» (Salmos 147:9).

INTRODUCCIÓN: Dios cuida de las aves y atiende el clamor del pecador.

I. DIOS OYE EL CLAMOR
1. El clamor de los seres finitos.
2. Del hombre eterno.

II. CLAMOR HUMANO POR LA SALVACIÓN
1. El hombre clama anhelando salvación.
2. Dios se agrada en escucharnos.
3. Dios nunca nos negará la entrada en su casa.

III. EL CLAMOR HUMANO ES OBRA DE LA GRACIA DIVINA
1. Nuestro clamor es una obra de gracia.
2. Cristo intercede en nuestra oración.

CONCLUSIÓN: Cristo, la razón de nuestra esperanza

EL CLAMOR DEL CUERVO

INTRODUCCIÓN

Iniciaré este sermón con una cita. Debo repetiros las palabras de Carlyle sobre los cuervos. «Los naturalistas nos dicen que el cuervo cuando ha alimentado a su poñuelo, está bien emplumado y capacitado para volar lejos, lo echa a empujones del nido, y no lo deja regresar dejando que busque sus propios medios de subsistencia. Ahora bien, cuando estos jóvenes cuervos salen en su primer vuelo del nido, y están poco familiarizados con los medios de alimentarse a si mismos, entonces el Señor les provee. Autoridades fidedignas dicen que el cuervo es maravillosamente estricto y severo en esto, porque en cuanto sus hijos están en condiciones de proveerse por sí mismos, ya no les trae más alimento. Aun más, hay quienes afirman que los viejos no los dejan permanecer en el mismo territorio en que fueron criados. Si se quedan, deben vagar. Se dice proverbialmente: La necesidad aguza el ingenio de los viejos. Podemos agregar y el de los jóvenes también. Ha sido, y posiblemente aún es, práctica de algunos padres con sus hijos que, en cuanto pueden valerse por sí mismos, y se encuentran en condiciones de ganarse el pan, se les pida que salgan de la casa, como el cuervo hace con sus jóvenes echándoles del nido. Ahora, el Señor dice en el texto, cuando los cuervos jóvenes se encuentran en esta condición, que son echados del nido y vagan faltos de alimento, ¿quién les provee? ¿No soy yo, el

Expiación, Justificación, Arrepentimiento, Fe ...

Señor? ¿No soy yo, que proveo para el cuervo mayor, quien provee para sus hijos, tanto cuando viven en el nido como cuando vagan faltos de alimento? Salomón manda al perezoso a mirar a la hormiga, y saca lecciones de los conejos, los galgos, y las arañas. Dejemos que algunas de las criaturas de Dios nos enseñen esta noche, y lleguemos hasta el nido del cuervo como si fuera la escuela.

Nuestro bendito Salvador una vez derivó el argumento de los cuervos (aves del cielo) que tenía por objetivo consolar y animar a los servidores oprimidos por las innecesarias angustias de sus necesidades temporales, les dijo lo siguiente: «Mirad los cuervos, que ni siembran, ni siegan, ni recogen en graneros; y vuestro Padre celestial los alimenta. ¿No valéis vosotros mucho más que las aves?».

Siguiendo la lógica del Maestro, esta noche argumentaré de esta manera: Considerad los cuervos cuando gritan, con graznidos ásperos, inarticulados, notas con las que dan a conocer su necesidad, y vuestro Padre celestial responde sus oraciones y les envía su alimento. ¿No sois vosotros mucho mejor que ellos? ¿Escucha Dios, el clamor de los cuervos aun no emplumados en sus nidos, cuando hambrientos le piden a gritos que los cuide y los alimente? ¿Les provee en repuesta a sus clamores y no responderá a tu clamor, pobre y tembloroso hijo de los hombres que estás buscando su rostro y su favor por medio de Jesucristo? Toda nuestra preocupación esta noche será elaborar solamente ese pensamiento. Bajo la dirección del Espíritu Santo, mi objetivo es decir algo a quienes han estado pidiendo misericordia, pero aún no la han recibido; a los que durante meses han caído de rodillas con un solo enorme y amargo clamor, pero que no han conocido todavía el camino de paz. Sus pecados aún cuelgan de su cuello como piedras de molino. Siguen sentados en el valle de sombra de muerte. Ninguna luz les ha amanecido y se retuercen las manos mientras gimen: «¿Ha olvidado Dios otorgar su gracia? ¿Ha cerrado su oído a las oraciones de las almas que le buscan? ¿No se ocupará más de los lastimeros clamores de los pecadores? ¿Caerán en tierra las lágrimas de los penitentes y ya no se moverá a compasión?»

Satanás también te está diciendo, querido amigo, que ahora estás en ese estado de mente, que Dios nunca te oirá. Que te dejará gritar hasta que mueras, que pasarás tu vida en suspiros y lágrimas, y que al final serás arrojado en el lago de fuego. Deseo daros esta noche algo de consuelo y aliento. Quiero exhortaros a que con más vehemencia hagáis oír vuestro clamor, a que os acerquéis a la cruz, os aferréis de ella y os propongáis la bendición que vuestra alma anhela. Si Dios por mediación del Espíritu Santo me ayuda, quiero moveros a que digáis en vuestros corazones, como dijo la reina Ester, «Entraré a ver al rey..., y si perezco, que perezca». Y podrías añadir las palabras del voto de Jacob: «¡No te dejaré ir si no me bendices!»

I. DIOS OYE EL CLAMOR

Entonces, ésta es la pregunta en consideración: Dios oye a los cuervos que dejan el nido; ¿Nos oirá a nosotros?

Digo que sí, primero, cuando recuerdo que es solamente un cuervo el que clama, y que nosotros, en algunos sentidos, sois mucho mejores que un cuervo. El cuervo es solo una pobre ave inmunda, cuya muerte instantánea no deja un lugar vacío en la creación. Si mañana se le retorciera el cuello a un millar de cuervos, creo que no habría ningún pesar o dolor vehemente en el universo. Sería solo una cantidad de pobres pájaros muertos, y nada más. Pero tú eres un alma inmortal. Cuando muere, el cuervo está acabado; no hay más cuervo. Pero cuando pase tu vida presente, no habrás cesado de existir. Has sido lanzado al mar de la vida. Sólo has comenzado a vivir para siempre. Podrás ver las viejas montañas de la tierra derrumbarse y quedar en nada, antes que pueda expirar tu Espíritu inmortal. La luna habrá oscurecido su pálida luz, y los fuegos más poderosos del sol habrán sido apagados en perpetua oscuridad, pero tu espíritu seguirá todavía su marcha en la carrera eterna, carrera de miseria, si Dios no oye tu clamor.

Oh, verdad inmensurable,
¡este mortal se vestirá de inmortalidad!
El pulso de la mente no dejará su función,
palpita por siempre vivificado por Dios,
¡eterno como su propia eternidad!
Por encima de ángeles o más bajo que el valle,
exaltado en gloria, o en vergüenza condenado,
su destino irresistible el hombre encuentra.

¿Piensas, pues, que Dios oye al pobre pájaro que es y no es, que está aquí por un momento y luego es borrado de la existencia, y no te oirá a ti, alma inmortal, cuya existencia es semejante a la Suya? Creo que con seguridad puedes darte cuenta que si El oye al cuervo que muere, también oirá al hombre inmortal.

1. Más aun, jamás he oído decir que los cuervos hayan sido hechos a la imagen de Dios; pero encuentro que contaminada, deformada y degradada como está nuestra raza, no obstante, originalmente Dios dijo: «Hagamos al hombre a nuestra imagen». Hay algo en cuanto al hombre que no se halla en las criaturas inferiores, de las cuales las mejores y más nobles están inmensurablemente por debajo del menor de los hijos de Adán. Hay una dignidad en la humanidad que no se puede encontrar en las bestias del campo, sean cuales fueran. El behomet y el Leviatán son puestos en sujeción bajo el dominio del hombre. El águila no puede alimentarse de manjares reales tan exquisitos como los que su espíritu gusta. ¿Crees que Dios oye a una criatura tan baja e ínfima como un cuervo y no te oirá a ti, siendo que eres uno de la raza que fue formada a su imagen? ¡Oh, no pienses tan dura y neciamente de Aquel cuyos caminos son siempre armoniosos! Plantearé esto para que responda vuestro propio corazón. ¿No te enseña la naturaleza misma que el hombre debe ser cuidado más que las aves del cielo? Si oyes los graznidos de los jóvenes cuervos, puede ser que sientas algo de compasión y les des algo de alimento, si es que sabes lo que comen. Pero no puedo pensar que hasta aquí alguien que daría ayuda a un pájaro y que no volaría sobre las alas de la compasión al rescate de un niño que perece y cuyos gritos puedes oír proceden del lugar donde fue dejado por cruel descuido? Si oyes, en el silencio de la noche, el grito lastimero de un hombre que muere enfermo, sin compasión en las calles, ¿no te levantarías para ayudarle? Estoy seguro que lo harás si eres de aquellos que ayudan a un cuervo. Si tienes compasión por un cuervo, mucho más la tendrás de un hombre. Y ¿no crees que Dios, el todo sabio, que cuida de estos pájaros desplumados en el nido, con toda seguridad tendrá cuidado de ti? Tu corazón dice: «Sí». Entonces, de aquí en adelante responde a la incredulidad de tu corazón volviendo tu propio razonamiento en contra de ella.

2. Pero os oigo decir: «¡Ah! pero el cuervo no es pecador como yo lo soy». Es cierto que es un ave inmunda, pero no puede ser más inmunda de lo que soy yo moralmente. Puede ser negro en cuanto a matiz, pero yo estoy negro por el pecado. Un cuervo no puede quebrantar en día de reposo, ni puede blasfemar; no puede cometer adulterio, ni emborracharse. No puede contaminarse con los vicios con los que yo me encuentro contaminado.

Sé todo eso, amigo, y ello podría hacer que tu caso parezca un caso perdido. Pero no creo que sea así realmente. Piensa en ello por un minuto. ¿Qué prueba esto? Pues que eres una criatura capaz de pecar y, en consecuencia, eres un espíritu inteligente, vivo en un sentido que un cuervo no puede vivir. Tú eres una criatura que se mueve en un mundo espiritual. Perteneces al mundo de las almas, mundo en el cual el cuervo no tiene parte. El cuervo no puede pecar porque no tiene espíritu ni alma. Pero tú eres un agente inteligente de quien la mejor parte es su alma. Oh, si pensaras correctamente verías que no es posible que el clamor de un cuervo obtenga audiencia de la benevolencia divina, y que tus oraciones sean despreciadas y desechadas por el Altísimo.

El insecto de frágil ala,
que sólo cruza un rayo veraniego;

Expiación, Justificación, Arrepentimiento, Fe ...

la flor que el aliento de primavera por medio día despierta; el elemento más pequeño y el cabello más tierno, todos sienten el cuidado de nuestro Padre celestial. Entonces es seguro que tendrá respeto por el clamor del humilde, no rechazará su oración. No puedo dejar este punto sin hacer negro y semejante al cuervo, no impedirá que tu clamor sea oído en los cielos. La sangre de Jesús quitará la indignidad, y la inmundicia será completamente lavada. Sólo cree en Jesús y hallarás la paz.

II. CLAMOR HUMANO POR LA SALVACIÓN

Luego, en próximo lugar, hay una gran diferencia entre tu clamor y el grito del cuervo. Cuando los cuervos jóvenes gritan, supongo que difícilmente saben lo que quieren. Tienen un instinto natural que los hace gritar por sus alimentos, pero su grito en sí no expresa lo que desean. Supongo que pronto te darías cuenta que lo que quieren es alimento. Pero no pueden articular su deseo. No pueden pronunciar una sola palabra. Se trata solo de un grito constante, un graznido, un reclamo, y eso es todo. Pero tú sabes lo que quieres, y aunque sean pocas tus palabras, tu corazón conoce su amargura y extrema ansiedad. Tus suspiros y gemidos tienen un significado obvio. Tu entendimiento está al servicio de las necesidades de tu corazón. Sabes que necesitas paz y perdón; sabes que necesitas a Jesús, su sangre preciosa, su perfecta justicia. Ahora bien, si Dios escucha un grito extraño, penetrante e indistinto, como el del cuervo, ¿no crees que también te escuchará a ti?

Además, los cuervos jóvenes no pueden utilizaar argumentos, porque no tienen entendimiento. Ellos no pueden decir, como puedes hacerlo tú:

«Él sabe los argumentos que usaría para disputar con mi Dios;
por su propia misericordia rogaría,
por la sangre del Salvador».

Ellos tienen un solo argumento, a saber, su gran necesidad, que los fuerza a gritar, pero más allá de esto no pueden ir; y aun esto ellos no pueden poner en orden, o describir por medio de un lenguaje. Pero tú tienes una multitud de argumentos a la mano, y tienes entendimiento para darles un orden y disponerlos para sitiar el trono de la gracia. Por cierto, si la simple súplica del deseo no expresado del cuervo prevalece ante Dios, mucho más prevaleceréis vosotros ante el Altísimo si podéis exponer vuestro caso en su presencia, y acudís a Él con argumentos en vuestros labios. Ven, tú que estás desesperado, y prueba a mi Dios! Te ruego que ahora dejes que tu lastimera cantinela ascienda hasta los oídos de la misericordia. Abre ese corazón que se deshace y déjalo que se derrame en lágrimas, si las palabras están más allá de tu poder.

Sin embargo, temo que a veces el cuervo tiene una gran ventaja sobre algunos pecadores que buscan a Dios en oración. Los hijos de los cuervos son más fervientes en cuanto a su alimento que lo que algunos los son en cuanto a sus almas. Sin embargo, esto no debe provocarte desaliento; antes bien, es una razón para que seas más aplicado de lo que hasta aquí has sido. Cuando los cuervos necesitan alimento, no cesan de gritar hasta que lo consiguen. Nada hay que pueda acallar a un joven cuervo hambriento mientras su boca no esté llena, y nada hay que pueda acallar a un pecador cuando realmente busca con deseo que su corazón sea lleno de la misericordia divina. Quisiera que algunos de vosotros oraseis más vehemente. «El Reino de los cielos sufre violencia, y los violentos lo arrebatan.» Un antiguo puritano dijo: «La oración es un cañón puesto a las puertas de los cielos para abrir con su explosión sus portadas». Tienes que atacar la ciudadela si quieres tomarla. No vas a viajar a los cielos en una cama de plumas. Debes ir en peregrinaje. No se avanza hacia la ciudad de gloria mientras duermes. Los perezosos dormilones despertarán en el infierno. Si Dios te ha hecho sentir en el alma la necesidad de salvación, clama como uno que está despierto y vivo. Sé sincero. Grita fuerte. No hagas concesiones. Entonces, descubrirás que si él escucha un grito como el del cuervo, con mayor razón escucharán tu clamor.

SERMONES SELECTOS

1. Recuerda que el sonido de tu oración es más agradable al oído de Dios que el clamor del cuervo por alimentación. Todo lo que cuervo pide es comida.

Dales un poco de carroña y quedarán satisfechos. Tu clamor debe ser mucho más grato al oído de Dios, porque tú estás implorando el perdón por medio de la sangre de su amado Hijo. Para el Altísimo el otorgar dones espirituales es una ocupación más noble que el otorgar los naturales. Los arroyos de gracia fluyen desde los manantiales de arriba. Yo sé que Dios es tan condescendiente que no se deshonra cuando pone el alimento en boca del joven cuervo. Pero encuentra más dignidad en la tarea de dar paz, perdón y reconciliación a los hijos de los hombres. El amor eterno señaló un camino de misericordia desde antes de la fundación del mundo, y la sabiduría infinita está consagrada con poder sin límites a llevar a cabo el propósito divino. Con toda seguridad al Señor le causa gran placer la salvación de los hijos de los hombres. Si a Dios le agrada proveer para las bestias del campo, ¿no crees que se deleitará mucho más cuando provee para sus propios hijos? Pienso que tú encuentras más agradable tarea el enseñar a tus hijos que darle forraje a tu buey, o tirar grano para alimentar las aves en la puerta del granero. Y esto porque en la primera tarea habría algo más noble, que en forma más plena requeriría de tu potencial y haría aflorar tu ser interior. Aquí no quedo abandonado a las conjeturas. Está escrito: «Se deleita en misericordia». Cuando Dios usa su poder no puede sentirse triste, porque es un Dios feliz. Pero si pudiera haber tal cosa que la infinita divinidad pudiera ser más feliz en un momento que en otro, eso sería cuando perdona a los pecadores por medio de la sangre preciosa de Jesús.

2. ¡Ah! pecador, cuando clamas a Dios le das la oportunidad de hacer lo que más le gusta, porque él se deleita en perdonar, apretar a su Efraín contra su pecho, decirle al hijo pródigo: «Estabas perdido, pero has sido hallado; estabas muerto, pero has vuelto a vivir». Esto es más consolador para el corazón del Padre que dar de comer a becerros gordos, o cuidar el ganado de millares de colinas. Entonces, queridos amigos, puesto que estáis pidiendo algo que honrará a Dios mucho más que dar alimentos a los cuervos, pienso que ahora viene el argumento más poderoso para hacer pedazos vuestra incredulidad. Que Dios el Espíritu Santo, el verdadero consolador, obre en vosotros con poder. Y con toda seguridad, el Dios que alimenta a los cuervos no negará la paz y el perdón a los pecadores que le buscan. ¡Pruébalo! ¡Pruébalo en este mismo momento! No te turbes. Pruébalo ya.

No debemos detenernos en ningún punto cuando todo el tema es tan fecundo. Hay otra fuente de consuelo para ti, a saber, en ninguna parte se ordena a los cuervos que clamen, es instivo para ellos acudir al lugar donde hay carroña, pero tú cuentas con el apoyo y la autoridad de quien te manda que acudas ante su Trono en oración.

3. Si un hombre rico abriera su casa para recibir a los que no fueron invitados, con toda seguridad recibiría a quienes sí fueron invitados. Los cuervos acuden sin que se le haya dicho que vayan, pero no son enviados vacíos. Tú acudes según se te ha mandado y como huésped invitado. ¿Cómo se te podría negar la entrada? ¿Piensas que no has sido instruido al respecto? Escucha esto: «Todo el que invocare el nombre del Señor será salvo». «Invócame en el día de la angustia; te libraré, y tú me honrarás», «Id por todo el mundo y predicad el Evangelio a todo criatura, el que creyere y fuere bautizado será salvo; mas el que no creyere será condenado». «Cree en el Señor Jesucristo y serás salvo», «Arrepentíos y bautícese cada uno de vosotros en el nombre del Señor Jesús».

Estas exhortaciones son dadas sin limitación en cuanto a carácter. Te invitan libremente; no, más bien te ordenan que vengas. ¡Oh! después de esto, ¿puedes acaso pensar que Dios te despreciará? La ventana está abierta, el cuervo entra volando y el Dios de misericordia no lo echa. La puerta está abierta, y las palabras de la promesa te ordenan entrar. No pienses que él te va a responder con una negativa, antes bien cree que él te recibirá por gracia y te amará libremente, y entonces ofrecerás ofrenda de

Expiación, Justificación, Arrepentimiento, Fe ...

tus labios. En todo caso, ¡pruébalo! ¡Pruébalo ahora mismo!

III. EL CLAMOR HUMANO ES OBRA DE LA GRACIA DIVINA

Hay además otro argumento mucho más poderoso. El clamor del joven cuervo no es otro que el grito natural de una criatura, pero tu clamor, si es sincero, es resultado de una obra de gracia en tu corazón. Cuando el cuervo grita hacia el cielo es solo el cuervo que grita. Pero cuando tú gritas «Dios, sé propicio a mí, un pecador», es Dios el Espíritu Santo que clama en ti. Es la nueva vida que Dios te ha dado la que clama a la fuente de donde vino para tener mayor comunión en sinceridad y verdad. Si consideramos que es bueno, podemos enseñar a nuestros niños a «decir sus oraciones» pero no podemos enseñarles a «orar». Puedes escribir un libro de oraciones, pero no puedes poner ni un solo gramo de «oración» en un libro porque es demasiado espiritual para ser «envasada» entre hojas. Algunos de vosotros pueden «leer oraciones» en familia. No estoy atacando la práctica, pero quiero decir solamente esto, podéis leer aquellas oraciones durante setenta años, y, sin embargo, podrías no haber orado ni siquiera una vez, porque la oración es algo muy diferente de las puras palabras. La verdadera oración es el trato del corazón con Dios, y el corazón nunca entra en comercio espiritual con los puertos del cielo sino hasta que Dios el Espíritu Santo infla con su viento las velas y el barco es impulsado hasta su bahía. «Os es necesario nacer otra vez». Si hay una oración verdadera en tu corazón, aun cuando no sepas el secreto, Dios el Espíritu Santo está allí.

Ahora bien, si Dios escucha gritos que no proceden de él mismo, ¡con cuánta mayor razón oirá los que sí vienen de Él! Quizás te has estado preguntando si tu clamor es natural o es espiritual. Esto parece muy importante, y sin duda lo es. Pero sea que tu grito pertenezca a una u otra clase, sigue buscando al Señor. Posiblemente dudas que los clamores naturales sean oídos por el Señor. Permíteme asegurarte que sí lo son. Recuerdo haber dicho algo sobre este tema una vez en un lugar de culto híper calvinista. En aquella ocasión estaba predicando a los niños, y les estaba exhortando a orar, y dije que mucho antes de mi conversión verdadera yo había orado por misericordias comunes, y que Dios había oído mis oraciones. Esto no agradó a mis hermanos de escuela tan elevada. Después todos ellos me rodearon con el pretexto de saber lo que había querido decir, pero realmente era para criticar y quejarse según su naturaleza y deseo. «Merodearon como abejas, sí, como abejas me rodearon». Decir que Dios oye la oración del hombre natural era algo peor que el arminianismo, si podía haber algo peor que ellos.

1. «¿Cómo podía ser que Dios pudiera oír una oración natural?» Mientras hice una pausa que duró un momento, una anciana con abrigo rojo se abrió paso a través del pequeño círculo que me rodeaba, y les dijo contundentemente, como una madre de Israel que era:

—¿Por qué hacéis esta pregunta, olvidando lo que él mismo ha dicho? ¿Por qué decís que Dios no oye la oración natural? ¿Qué? ¿No oye a los cuervos jóvenes cuando claman a Él? ¿Y pensáis que ellos ofrecen oraciones espirituales?

Inmediatamente los guerreros pusieron los pies en polvorosa. Ninguna derrota había sido más completa que ésta. Y por primera vez en su vida deben de haber sentido que posiblemente podían errar.

Seguramente, hermanos, esto podría daros valor y consuelo. Yo no os voy a encomendar hoy la tarea de descubrir si vuestras oraciones son naturales o espirituales, si vienen o no del Espíritu de Dios, porque esto podría dejaros perplejos. Si la oración procede de vuestro corazón, sabemos como se produjo aunque vosotros no lo sepáis. Dios oye a los cuervos, y yo creo que os oirá a vosotros; y más aun, creo, aunque, no quiero suscitar la pregunta en vuestro corazón, que Él oye vuestra oración, pues aunque no lo sepáis hay una obra secreta del Espíritu de Dios en proceso dentro de vosotros, que os está enseñando a orar.

2. Pero tengo argumentos más poderosos, y más cerca del blanco. Cuando el

cuervo joven grita, grita solo, pero cuando tú oras hay uno más poderosos que tú que está orando contigo.

Escuchad al pecador que clama: «Dios, sé propicio a mí pecador». ¡Oíd! ¿Oís el otro clamor que sube con el suyo? No. No podéis oírlo, porque vuestros oídos están embotados y tardos, pero Dios lo oye. Hay otra voz, mucho más fuerte y más dulce que la primera, y mucho más prevalente que sube al mismo tiempo y ruega: «Padre, perdónales por mi sangre preciosa». El eco del murmullo del pecador es tan majestuoso como el trueno. Nunca el pecador ora verdaderamente sin que Cristo ore al mismo tiempo. No lo puedes ver ni oír, pero Jesús jamás agita las profundidades de tu alma por su Espíritu sin que su alma también sea agitada. ¡Oh, pecador! cuando la oración llega delante de Dios, es algo muy diferente de lo que era cuando salió de ti.

Hay gente pobre que a veces viene a nosotros con peticiones que desean enviar a alguna compañía o gran personaje. Traen su petición y nos piden que la presentemos por ellos. Está malamente escrita, con letra muy extraña, y podemos solo imaginar lo que quieren decir, pero de todos modos basta para darnos a conocer lo que quieren. En primer lugar, hacemos una copia en limpio para ellos, y luego, habiendo planteado su caso, ponemos nuestro nombre al pie, y si tenemos alguna importancia, ellos obtienen lo que desean por el poder del nombre que firma al pie de la petición. Eso es exactamente lo que Jesús hace con nuestras pobres oraciones. Hace una copia en limpio, le pone el sello de su sangre expiatoria y su firma al pie, y así la hace llegar ante el trono de Dios. Es tu oración, pero también es su oración, y es el hecho de ser su oración lo que la hace prevalecer. Ahora bien, éste es un argumento muy poderoso. Si los cuervos prevalecen cuando gritan solos, si en su pobre expresión consigue lo que quieren, cuánto más prevalecerá la petición lastimera del pobre pecador tembloroso que puede decir: «En el nombre de Jesús» y que puede remachar todos sus argumentos con el bendito alegato: «El Señor Jesucristo lo merece; ¡Oh Señor, concédemelo en su nombre!».

Confío que las personas de las que he estado hablando, esos que buscan, y han estado clamando por largo tiempo, y tienen miedo de que jamás serán oídos, no tendrán que esperar mucho más, y pronto tendrán la repuesta de gracia y paz. Y si aún no reciben el deseo de su corazón, espero que serán animados a perseverar hasta que amanezca el día de la gracia. Vosotros tenéis una promesa que los cuervos no tiene, y ese puede ser otro argumento, si el tiempo nos permite desarrollarlo. ¡Temeroso, teniendo una promesa sobre la cual puedes pedir, no temas, antes bien, apresúrate por llegar ante el trono de la gracia!

Y ahora, antes de acabar, dejadme que diga al pecador: Si hasta aquí has clamado sin éxito, sigue clamando. Clama siete veces más, setenta veces siete. Recuerda que la misericordia de Dios en Cristo Jesús es tu única esperanza. Entonces aférrate a ella como el hombre en peligro de ahogarse se aferra de la única cuerda que tiene a su alcance. Si pereces mientras oras pidiendo misericordia por medio de la sangre preciosa, serás el primero que muere en tales condiciones. Clama. Solamente clama, pero cree también, porque el creer hace aparecer la estrella de la mañana y la aurora del nuevo día.

Cuando la esposa de John Ryland, Betty, estaba enferma de muerte en cama, pasó por grandes angustias en sus pensamientos, a pesar de haber sido creyente por muchos años. Su esposo le dijo en su modo peculiar, pero sabio:

—Bueno, Betty, ¿qué es lo que te aflige?

—¡Oh, John, me estoy muriendo y no hay esperanzas para mí!

—Pero, querida, entonces, ¿dónde vas?

—¡Voy al infierno! —fue su respuesta.

—Bueno —le dijo él, disimulando su angustia con su acostumbrado buen humor, queriendo dar un golpe certero que hiciera huir todas sus dudas—, ¿qué intentarás hacer cuando llegues allá?

La buena mujer no pudo dar respuesta, y Ryland prosiguió:

—¿Piensas orar cuando llegues allá?

—¡Oh, John —dijo ella—, oraría en cualquier lugar; ¡no puedo dejar de orar!

Bien entonces –dijo él– ellos van a decir: «Aquí está Betty Ryland orando». ¡Sáquenla de aquí! Aquí no queremos a nadie orando. ¡Échenla de aquí! Esta extraña forma de plantear la cuestión iluminó el alma de su buena esposa, y entendió de inmediato lo absurdo de la sola sospecha de que un alma que realmente busca a Cristo, vaya a ser expulsada de su presencia para siempre. ¡Alma, clama! ¡Clama! Mientras el niño puede clamar, vive. Mientras puedas asir el trono de la gracia, hay esperanzas para ti. Pero mientras clamas, escucha, y cree lo que oigas, porque la paz viene a través del creer.

CONCLUSIÓN

¿Qué es lo que estáis buscando? Algunos esperan ver visiones luminosas, pero espero que nunca sean concedidas, porque no valen un centavo el millar. Todas las visiones del mundo, reunidas, desde los días de los milagros, son solo sueños, después de todo, y los sueños nada son sino vanidad. La gente toma una gran cena y luego sueña; es indigestión, o una actividad mórbida del cerebro, y eso es todo. Si ésa es toda la evidencia de tu conversión, haces bien en dudar. Deseo que nunca quedes satisfecho con ella. Es un desdichado disparate edificar sobre ella tu esperanza eterna. Quizá busques algún sentimiento raro no exactamente una descarga eléctrica, pero algo muy singular y peculiar. Créeme, no necesitas esas extrañas emociones que aprecias tanto. Todos los sentimientos extraños de los que hablan algunas personas en relación con su conversión podría ser de algún beneficio para ellas o no, pero estoy seguro que no tienen nada que ver con la conversión, ni se pueden considerar como necesarias en relación con ella. Quiero plantear un par de preguntas: ¿Crees que eres pecador? «Sí», respondes. Pero suponiendo que tomo aparte esa palabra «pecador» ¿quieres decir con ella que crees que has quebrantado la ley de Dios, que eras un delincuente bueno para nada, contra el gobierno divino? ¿Crees en tu corazón que has quebrantado, en alguna forma, todos los mandamientos y en consecuencia mereces un castigo? «Sí» dices, «no solamente creo eso, sino que lo siento, es una carga que llevo diariamente conmigo». Algo más ¿Crees que el Señor puede quitarte todos tus pecados? Sí, lo crees. Entonces, ¿puedes confiar en Él para que te salve? Tú quieres ser salvo. No te puedes salvar a ti mismo. ¿Puedes confiar en que Él te salve? «Sí», dices «Ya lo hago». Bien, querido amigo, si realmente confías en Jesús, seguro que eres salvo, porque tienes la única evidencia de salvación que está de continuo con cada uno de nosotros. Otras evidencias le siguen, como la santidad y las gracias del Espíritu, pero la única evidencia que aparece continuamente en la vida de los mejores hombres es ésta:

Nada traigo en mis manos,
pero a tu cruz me aferro.

¿Puedes usar el verso de Jack el mercachifle?

Soy un pobre pecador, nada,
nada soy;
pero Jesucristo es mi todo en todo.

Espero que avances mucho más en experiencia en algunos de estos puntos más tarde, pero no quiero que avances una pulgada más en cuanto a la base de tu evidencia y la razón de tu esperanza. Deténte allí, y si ahora apartas la vista de cualquier cosa que haya en ti o fuera de ti, para poner la mirada en Jesucristo, y confiar en sus sufrimientos en el Calvario y en toda su obra expiatoria como la base de tu aceptación delante de Dios, eres salvo. No necesitas nada más. Has pasado de muerte a vida. «El que en él cree no es condenado». «El que cree tiene eterna». Si me encontrara con un ángel en el pasillo al salir hacia el vestíbulo, y me dijera: «Carlos Spurgeon, he venido desde el cielo a decirte que has sido perdonado», yo le contestaría: «Yo sé eso, no me digas nada al respecto; lo sé de parte de una autoridad superior a la tuya»; y si me preguntara que cómo lo sé, le diría: «Para mí la palabra de Dios es mejor que la de un ángel, y Él ha dicho: El que cree en mí no es condenado, yo lo creo y por tanto, no estoy condenado, y lo sé sin necesidad que un ángel venga del cielo a decírmelo».

Tú que estás turbado, no busques ángeles, pruebas, evidencias, y señales. Si descansas en la obra consumada de Jesús tienes la mejor de las evidencias de tu salvación en el mundo: la palabra de Dios. ¿Qué más necesitas? ¿No puedes aceptar la palabra a Dios? Puedes aceptar la palabra de tu padre; y aceptar la palabra de tu madre; ¿por qué no puedes aceptar la palabra de Dios?

¡Qué bajo debe ser nuestro corazón para recelar de Dios mismo! Quizás digas que no harías jamás tal cosa, pero dudas de Dios si no confías en Cristo, porque, «el que no cree, hace a Dios mentiroso». Si no confías en Cristo, en realidad estás diciendo que Dios es un mentiroso. ¿Verdad que no quieres decir tal cosa?

¡Oh! ¡cree en la veracidad de Dios¡ Que el Espíritu de Dios te constriña a creer la misericordia del Padre, en el poder de la sangre de su Hijo, en la buena disposición del Espíritu Santo para llevar a los pecadores a Dios! Venid, queridos oyentes. Uníos conmigo en la oración que puede llevaros por la gracia a ver en Jesús a todo lo que necesitáis.

    La oración
     es la fortaleza de la criatura,
     su hálito, su ser;
    La oración
     es la llave de oro que abre la puerta
     de la misericordia;
    La oración
     es el sonido mágico que dice a la fe
     así sea;
    La oración es el nervio ligero
     que mueve
     los músculos de la omnipotencia.

Por lo cual, oh criatura, ora, porque muchas y grandes son tus necesidades: tu mente, tu conciencia, tu ser; encomienda a la oración la cura de todos los cuidados, la gran panacea para todos los pesares, destructora de las dudas, remedio de la ruina, el antídoto de todas las ansiedades.

50. EL TRONO DE LA GRACIA

«Acérquemonos pues confiadamente al trono de la gracia, para alcanzar misericordia, y hallar gracia para el oportuno socorro» (Hebreos 4:16).

INTRODUCCIÓN:
1. La verdadera oración.
2. Se necesita la obra del Espíritu Santo.
3. La intervención del Señor Jesucristo.

I. UN TRONO
1. En la oración nos acercamos a un rey.
   a) Acerquémonos al trono con respeto
   b) Acerquémonos al trono con alegría
   c) Acerquémonos al trono con sumisión
   d) Acerquémonos no pidiendo migajas
   e) Acerquémonos con esperanza y confianza
   f) Acerquémonos al trono con sinceridad

II. DE GRACIA
1. Nuestras oraciones ante el trono de la gracia.
2. Nuestras súplicas por su gracia serán bien dirigidas.
3. El trono de gracia derrama bendiciones.
4. El trono de gracia no rechaza nuestras poca fe.

III. LA GRACIA ENTRONIZADA
1. ¿Quién se sienta en el trono?

IV. LA SOBERANÍA RESPLANDECIENTE DE LA GRACIA
1. La soberanía bajo el amor.
2. Dios esta obligado por sus promesas.
3. Un trono lleno de bendiciones.

CONCLUSIÓN: El pacto sellado con la sangre de Jesucristo.

EL TRONO DE LA GRACIA

INTRODUCCIÓN

1. Estas palabras se hallan engastadas en este versículo lleno de gracia: «Acerquémonos, pues, confiadamente al trono de la gracia, para alcanzar misericordia y hallar gracia para el oportuno socorro». Son una gema en un engarce de oro. La verdadera oración es un acercamiento del alma por el Espíritu de Dios al trono de Dios. No es emitir palabras ni es solamente sentir deseos, sino es la presentación de nuestros deseos a Dios, el acercamiento de nuestra

naturaleza a Dios nuestro Señor. La verdadera oración no es un puro ejercicio mental, ni una ejecución vocal; es mucho más profundo que eso, es comercio espiritual con el creador del cielo y la tierra. Dios es un Espíritu invisible al ojo mortal, y solamente puede ser visto por el hombre interior; nuestro espíritu dentro de nosotros, engendrado por el Espíritu Santo en nuestra regeneración, discierne el Gran Espíritu, tiene comunión con Él, le refiere sus peticiones, y recibe de él respuestas de paz. Es un negocio espiritual de principio a fin; y su propósito y objetivo no termina en el hombre, sino llega a Dios mismo.

2. Para ordenar dicha oración, es necesaria la obra del Espíritu Santo. Si la oración fuera solo de labios, necesitaríamos únicamente el aliento de nuestras fosas nasales para orar. Si la oración fuera deseos solo, muchos deseos se sienten fácilmente, y esto aun en el hombre natural. Pero cuando es deseo espiritual, y comunión del espíritu humano con el Gran Espíritu, entonces el Espíritu Santo mismo debe estar presente en todo el proceso, a fin de ayudar en la debilidad, y dar vida y poder, o de otro modo nunca se dará una oración verdadera, y la cosa ofrecida a Dios tendrá el nombre y la forma, pero la vida interior de oración estará muy lejos de allí.

3. Además, es claro en la conexión de nuestro texto que la intervención del Señor Jesucristo es esencial para la oración aceptable. Como oración no será verdadera oración sin el Espíritu de Dios, de modo que no será oración que prevalece con el hijo de Dios. Él es el gran Sumo Sacerdote, debe entrar tras el velo por nosotros. Más aun, por medio de su persona crucificado el velo debe ser quitado por completo. Porque hasta ese momento estamos excluidos de la presencia del Dios vivo. El hombre que a pesar de la enseñanza de las Escrituras procura orar sin un Salvador insulta a la Deidad. Y aquel que imagina que su propio deseo natural puede llegar a la presencia de Dios sin ser rociado con la sangre preciosa, y que será un sacrificio aceptable delante de Dios, comete un error. No ha traído una ofrenda que Dios pueda aceptar, no más que si hubiera desnucado un perro, u ofrecido un sacrificio inmundo. Obrada en nosotros por el Espíritu, presentada a nuestro favor por el Cristo de Dios, la oración se convierte en poder delante del Altísimo, pero no de otra manera.

Al tratar de hablar del texto de esta mariana, lo tomaré así Primero, Tenemos un trono; luego, en segundo lugar, vemos la gracia; en seguida juntamos las dos cosas y veremos la gracia en el trono; y reuniéndoles en otro orden, veremos la soberanía manifestándose a sí misma y resplandeciente en gracia.

I. UN TRONO

Nuestro texto habla de: «El trono de la Gracia».

1. En la oración, Dios debe ser visto como nuestro Padre. Éste es el aspecto que nos resulta más querido. Pero aún no tenemos que considerarlo como si fuera como nosotros, porque nuestro Salvador ha calificado la expresión «Padre nuestro» con las palabras «que estás en los cielos»; y muy cerca, detrás de esas palabras que presentan el nombre tan condescendiente, para recordarnos que nuestro Padre es todavía infinitamente más grande que nosotros, nos ha ordenado decir: «Santificado sea tu nombre; venga tu Reino». De modo que nuestro Padre todavía debe ser considerado como un Rey, y en la oración no solamente llegamos a los pies de nuestro Padre, sino llegamos al trono del Gran Monarca del Universo. El trono de la gracia es un trono, y eso es algo que no debemos olvidar.

a) Si la oración siempre debe ser considerada por nosotros como una entrada en la corte de la realeza celestial; si hemos de conducirnos como cortesanos que están en la presencia de una ilustre majestad, entonces, no es una pérdida que sepamos cual es el espíritu correcto en que debemos orar. Si en la oración llegamos ante un trono, es claro que, en primer lugar debe ser en espíritu de humilde reverencia. Se espera que el súbdito, al acercarse al rey, le rinda homenaje y honra. El orgullo que no reconoce al rey, la tradición que se rebela contra la soberana voluntad debería, si es sabia, eludir cualquier acercamiento al trono. Que el orgullo muerda las barricadas a la distancia y la traición esté al acecho en los rincones, porque solamente la reverencia profunda puede llegar a la presencia del Rey mismo, cuando está sentado con sus majestuosas vestiduras. En nuestro caso, el rey ante el cual venimos es la más elevada de las majestades, el Rey de reyes, el Señor de los señores. Los emperadores son solo residuos de su poder imperial. Se llaman reyes por derecho divino, pero ¿qué derecho tienen? El sentido común se ríe de sus pretensiones. Solo el Señor tiene derecho divino, y a él solamente pertenece el Reino. Él es el bendito y único potentado. Ellos son reyes nominales, puestos y derribados por voluntad de los hombres, o por el decreto de la providencia, pero El solamente es Señor, el Príncipe de los reyes de la tierra.

Corazón mío, asegúrate de postrarte ante tal presencia. Si él es tan grande, besa el polvo delante de él, porque es el más poderoso de todos los reyes. Su trono domina en todos los mundos. El cielo le obedece con alegría, el infierno tiembla cuando él frunce el ceño, y la tierra es constreñida a rendirle homenaje voluntario quiéranlo o no. Su poder puede crear o puede destruir; crear o aplastar; las dos cosas son igualmente fáciles para él. Alma mía, cuando te acercas al Omnipotente, que es fuego consumidor, quita el calzado de tus pies, y adórale con profunda humildad.

Además, es el más santo de todos los reyes. Su trono es un gran trono blanco, sin mancha, y claro como el cristal. «Ni aun los cielos son limpios delante de sus ojos» «y notó necedad en sus ángeles». Y tú, criatura pecadora, con cuánta humildad deberías acercarte a Él. Puede haber familiaridad, pero que no sea profana. Debe haber osadía, pero que no sea impertinencia. Todavía tú estas en la tierra y él en el cielo. Aún eres un gusano en el polvo, una criatura abrumada como la polilla, y él es eterno. Antes de que existieran las montañas, él era Dios, y si todo lo creado dejara de existir, él seguiría siendo el mismo. Hermanos míos, temo que no nos presentemos como debiéramos ante la Eterna Majestad. Pero hoy en adelante, pidamos al Espíritu de Dios que nos dé un ánimo correcto, para que cada una de nuestras oraciones pueda ser un acercamiento reverente a la majestad infinita que está en los cielos.

b) En segundo lugar, hay que acercarse a un trono con devota alegría. Si la gracia divina me ha otorgado estar entre los favoritos que frecuentan su corte, ¿no debo sentirme contento? Podría haber sido expulsado de su presencia para siempre, sin embargo, permite que me acerque a Él, hasta palacio real, hasta su cámara secreta de las audiencias de gracia, y ¿no debo estar agradecido? ¿No ha de convertirse mi gratitud en gozo, y no he de sentir que he sido honrado, que soy hecho receptor de grandes favores cuando se me permite orar? ¿Por qué está triste tu rostro, oh tú que suplicas, cuando estás delante del trono de la gracia? Si estuvieras cita el estrado de la justicia para ser condenado por tus iniquidades, podrías bien mostrarte deprimido, pero has sido favorecido y puedes presentarte ante el Rey que está en sus vestiduras de seda del amor, por eso tu rostro debe resplandecer con sagrado placer. Si tu tristeza es grande, cuéntasela a al Rey porque puede mitigarla; si tu pecado se ha multiplicado, confiésalo porque Él lo puede perdonar. Oh, vosotros, cortesanos que estáis en los salones de este Monarca, alegraos sobremanera, y poned alabanzas en vuestras oraciones.

c) Es un trono, y por lo tanto, en tercer lugar, cuando quiera que se acerquen debe hacerlo con completa sumisión. Nosotros no oramos a Dios para darle instrucciones acerca de lo que debe hacer. Ni por un momento deberíamos presumir que dictamos la línea de procedimiento divino. Se nos permite decirle a Dios: «Así y así nos gustaría tener» pero además deberíamos añadir: «Pero viendo que somos ignorantes y podemos estar equivocados viendo que aún estamos en la carne, y por lo tanto podríamos estar actuando con motivos carnales no sea como yo quiero, sino conforme a tu voluntad». ¿Quién va a darle instrucciones al trono? Ningún hijo de Dios que sea leal, ni por un momento imaginará que puede ocupar el trono que es el derecho de ser

Expiación, Justificación, Arrepentimiento, Fe ...

Señor de todo. Y aunque el creyente expresa su deseo fervientemente, vehementemente, importunamente, y suplica y vuelve a suplicar, mantiene siempre esta necesaria reserva: «Sea hecha tu voluntad, mi Señor; y si pido algo que no estés de acuerdo con ella, mi deseo más íntimo es que seas suficientemente bueno como para negársela a tu siervo. Lo tomaré como una respuesta verdadera si me rechazas lo pedido por mí que no sea bueno a tus ojos». Si recordáramos constantemente esto, casi estoy seguro de que nos veríamos menos inclinados a insistir en ciertos casos delante del trono, porque sentiríamos: «Aquí estoy buscando mi propia comodidad, ventaja para mí, facilidades personales, y, quizás esté pidiendo algo que deshonre a Dios; así que oraré con la más profunda sumisión a los decretos divinos». Pero, hermanos, en cuarto lugar, si es un trono, debemos acercarnos con aumentadas expectativas. Un himno lo expresa muy bien:

«Cuando vienes ante el Rey,
grandes peticiones debes traer».

d) No venimos en oración como si fuéramos al lugar donde Dios distribuye limosnas, donde dispensa sus favores a los pobres, ni venimos a la puerta trasera de la casa de misericordia a recibir mendrugo, aunque ello fuera más de lo que merecemos, a comer las migajas que caen de la mesa del Maestro, que es más de lo que podríamos pretender. Pero cuando oramos, estamos dentro del palacio, de pie sobre el resplandeciente piso de la sala de recepción del gran rey, y de ese modo estamos en una posición ventajosa. En las oraciones nosotros estamos de pie donde los ángeles se inclinan con sus rostros velados; allí, sí, allí, adoran los querubines y serafines, delante del trono mismo al cual ascienden nuestras oraciones. ¿Y llegaremos allí con peticiones atrofiadas, y una fe estrecha y contrahecha? No, no es de los reyes el dar céntimos y monedas sin valor; el Rey distribuye monedas de oro. No reparte, como hacen los pobres hombres, pedazos de pan y restos de comida, sino hace una fiesta de manjares sustanciosos, de manjares llenos de médula, de vinos bien refinados.

Cuando un soldado de Alejandro se le dijo que pidiera lo que quisiera, éste no pidió limitándose al mérito que tenía, sino que hizo una demanda tan grande, que el tesorero real se negó a pagar, y planteó la cuestión ante Alejandro, y Alejandro en una actitud verdaderamente real, replicó: «Él sabe la grandeza de Alejandro, y ha pedido como se pide a un rey; que tenga lo que ha pedido». Cuídate de imaginar que los pensamientos de Dios son tus pensamientos, y que sus caminos, tus caminos. No traigas ante Dios peticiones menguadas y deseos estrechos diciendo: «Señor, haz conforme a estas cosas» pero recuerda, como los cielos son más altos que tus caminos, y sus pensamientos más que tus pensamientos, y pide, por lo tanto, como se le pide a Dios, pide grandes cosas, porque estás delante de un gran trono. Oh, que siempre sintamos esto cuando llegamos ante el trono de la gracia, porque entonces Él puede hacer por nosotros mucho más abundantemente de lo que pedimos o pensamos.

e) Y, amados, en quinto lugar, podría agregar que el espíritu correcto en que nos acercamos al trono de la gracia es de una confianza sin vacilaciones. ¿Quién podrá dudar del Rey? ¿Quién se atreve a impugnar la palabra imperial? Se ha dicho que si toda integridad desapareciera de los corazones de la humanidad, todavía estaría en el corazón de los reyes. Sería vergonzoso que un rey mintiera. Hasta el mendigo en las calles es deshonrado si rompe una promesa, pero, ¿qué diremos de un rey si no se puede confiar en su palabra? ¡Que vergonzosos para nosotros, si paramos con incredulidad ante el trono del rey del cielo y de la tierra! Con nuestro Dios ante nosotros en toda su gloria, sentado en el trono de la gracia, ¿se atreverán nuestros corazones a decir que desconfiamos de Él? ¿Podremos imaginar que Él no puede o no quiere cumplir su promesa? Ciertamente allí está el lugar en que el hijo puede confiar en su Padre, donde el súbdito fiel puede confiar en su monarca, y, por lo tanto, lejos esté de vacilar o de dar lugar a la desconfianza. La fe sin vacilaciones debe ser la que predomina ante el trono de la gracia.

f) Una observación más sobre este punto, y es que, si la oración es presentarse ante el trono de Dios, siempre debiera hacerse con la más profunda sinceridad, y en el espíritu que hace que todo sea real. Si eres suficientemente desleal para depreciar al Rey, al menos por tu propio bien, no te burles de Él en su rostro, y cuando está sobre el trono. Si en alguna parte osas proferir palabras santas que no salen del corazón, que no sea en el palacio de Jehová. Si se me invita a orar en público, debo comprender que estoy hablando con Dios mismo, y tengo asuntos que tratar con el gran Señor. Y en mi oración privada, al levantarme en la mañana, si me inclino y repito algunas palabras, o al retirarme a descansar en la noche y paso por lo mismo, más bien peco y no hago bien, a menos que desde el alma hable al Altísimo. ¿Crees tú que el rey del cielo se complace en oírte proferir palabras con lengua frívola, y con una mente que no está en ello? Tú no conoces. Él es Espíritu, y los que le adoran en espíritu y en verdad es necesario que adoran.

Amados, la suma de todo lo dicho es esto: La oración no es una insignificancia. Es un acto eminente y elevado; es un privilegio excelso y maravilloso. En el antiguo imperio Persa solamente unos pocos, pertenecientes a la nobleza podían entrar en cualquier momento ante el rey, y se consideraba esto como el privilegio más elevado de los mortales. Vosotros y yo, el pueblo de Dios, tenemos un permiso, un pasaporte para venir ante el trono de la gracia en el momento que lo deseamos, y se nos exhorta a acudir con gran confianza, pero de todos modos no debemos olvidar que no es poca cosa ser cortesano de la corte de los cielos y la tierra, para adorar a aquel que nos hizo y sustenta nuestro ser. En verdad, cuando intentamos orar podríamos oír la voz que, desde la excelsa gloria, dice: «Venid, adoremos y postrémonos, arrodillémonos delante de Jehová nuestro Hacedor. Porque Él es nuestro Dios, y nosotros pueblo de su prado, y ovejas de su mano». «Adorad a Jehová en la hermosura de la santidad; Temed delante de él, toda la tierra».

II. DE GRACIA

Para que la brillantez y el resplandor de la palabra «trono» no sea demasiado para la visión humana, nuestro texto ahora nos regala una palabra suave, amable y deleitosa: Gracia.

Somos llamados al trono de la gracia, no al trono de la ley. El rocoso monte Sinaí era el trono de la ley, cuando Dios vino a Parán con diez millares de sus santos. ¿Quién querría acercarse a ese trono? Ni siquiera Israel. Se fijaron límites alrededor del monte, y si alguna bestia tocaba el monte era apedreada o atravesada con una lanza. Vosotros, los que sois justos ante vuestros propios ojos, que esperáis poder obedecer la ley, y pensáis que podéis ser salvos por ella, mirad las llamas que Moisés vio y estremeceos, temblad, y desesperad. No es ése el trono al que ahora nos acercamos, pues por mediacióm de Jesús el caso ha cambiado. Para la conciencia lavada por la sangre preciosa no hay ira sobre el trono divino, aunque para nuestras atribuladas mentes:

«Era objeto de la ira ardiente,
su parte era el fuego devorador,
nuestro Dios es fuego consumidor,
celoso es su nombre para siempre».

Y ¡bendito sea Dios! Esta mañana no hablaremos del trono del juicio final. Todos concurriremos ante él, y cuantos hayamos creído encontraremos que es un trono de gracia, a la vez que trono de justicia. Porque Aquel que está sentado sobre el trono no pronunciará sentencia de condenación contra la persona que es justificada por la fe. Es un trono establecido con el propósito de dispensar la gracia, un trono desde el cual cada expresión es una expresión de gracia. El cetro que desde él se extiende es el cetro de plata de la gracia. Los decretos que desde él se promulgan tienen el propósito de otorgar gracia. Los dones que desde allí se distribuyen a los que están al pie de los escalones de oro son dones de gracia. El que se sienta sobre el trono, el mismo es la gracia. Cuando oramos nos acercamos al trono de la gracia. Y por un momento, pensamos en ello, a modo de estímulo consolador para quienes están comenzando a

Expiación, Justificación, Arrepentimiento, Fe ...

orar; es decir, a todos los que somos hombres y mujeres de oración.

1. Si vengo en oración ante el trono de la gracia, entonces serán disimuladas las faltas de mi oración. Al comenzar a orar, queridos amigos, vosotros sentís como si no estuvierais orando. Los gemidos de vuestro espíritu, cuando os levantáis de vuestras rodillas son tales que pensáis que no hay nada en ellos. ¡Qué oración tan llena de manchas, empañada y estropeada es! No importa. Vosotros no habéis ido al trono de la justicia, de otro modo cuando Dios percibió la falta en la oración la habría desdeñado. Tus palabras entrecortadas, tus jadeos y tartamudeos están ante el trono de la gracia. Cuando alguno de nosotros ha presentado sus mejores oraciones ante Dios, si la ve como Dios la ve, no hay duda que haría un gran lamento por ella. Porque en la mejor de las oraciones que se haya orado hay suficiente pecado como para que sea desechada por Dios. Pero digo nuevamente que no es un trono de juicio, y hay esperanza para nuestras débiles y poco convincentes oraciones. Nuestro condescendiente Rey no mantiene una etiqueta rígida en su corte como la que observan los príncipes entre los hombres, donde un pequeño error o una imperfección resultarían en la desgracia del peticionario. Oh, no. Los defectuosos clamores de sus hijos no son criticados severamente por Él. El Chambelán supremo del palacio de las alturas, nuestro Señor Jesucristo, pone cuidado y altera y enmienda cada oración que se le presenta y hace que la oración sea perfecta con su perfección, y que prevalezca por sus méritos. Dios considera la oración presentada por medio de Cristo, y perdona todas sus faltas inherentes. ¡Cómo debiera esto estimularnos a los que nos demos cuenta que somos débiles, erráticos y poco hábiles en la oración! Si no puedes suplicar a Dios, como la hacías en años que ya se han ido, si puedes sentir que de uno u otro modo has perdido la práctica en la tarea de la suplica, no te des por vencido, regresa, y preséntate, sí, con más frecuencia, porque no es un trono de críticas severas, es un trono de gracia al cual te ha acercado. Entonces, puesto que es un trono de gracia, las faltas del peticionario mismo no impedirán el éxito de su oración. Oh, ¡qué faltas hay en nosotros! ¡Cuán inadecuados somos para ir ante un trono! ¡Estamos tan contaminados por el pecado por dentro y por fuera...! No podría decirnos «Orad» ni siquiera a vosotros los santos, si no hubiera un trono de gracia, mucho menos podría hablar de oración a vosotros los pecadores. Pero ahora diré esto a cada pecador que haya existido: clama al Señor y búscale mientras pueda ser hallado. Un trono de gracia es un lugar adecuado para ti, arrodíllate. Con fe sencilla acude a tu Salvador, porque, Él es el trono de la gracia. Es en Él que Dios puede dispensar gracia al más culpable de la humanidad. Bendito sea Dios, ni las faltas de la oración ni las del que suplica cerrarán las puertas a nuestras peticiones del Dios que se deleita en los corazones contritos y humillados.

2. Si es un trono de la gracia, entonces los deseos del que suplica serán bien interpretados. Si no puedo encontrar las palabras para expresar mis deseos sin palabras, Dios en su gracia leerá mis deseos sin palabras. Él capta el sentido de sus santos, el significado de sus gemidos. Un trono que no fuera de la gracia no se tomaría la molestia de descifrar nuestras peticiones; pero Dios, el infinitamente misericordioso, buceará en el alma de nuestros deseos, y leerá allí lo que no podemos hablar con la lengua. Habéis visto a un padre, cuando su hijito está tratando de decirle algo, sabe muy bien lo que el pequeño está procurando hablar, le ayuda a formar la palabras y las sisabas, y si el chiquito ha medio olvidado lo que iba a decir, el padre sugiere la palabra. Así ocurre con el siempre bendito Espíritu desde el trono de la gracia nos ayudará, nos enseñará las palabras, sí, y escribirá en nuestros corazones nuestros deseos mismos. En las Escrituras tenemos casos en que Dios pone palabras en boca de los pecadores. «Lleva contigo palabras» le dice»: Y dile: Recíbenos con misericordia y ámanos libremente». Él pondrá los deseos, y dará además la expresión de aquéllos en tu Espíritu por su gracia, dirigirá tus deseos a las cosas que deberías buscar, te enseñará tu nece-

sidad como si tú no la conocieras, sugeriría las promesas a las que puedes recurrir para orar. En realidad, Él será el Alfa y la Omega de tu oración, así como lo es en salvación. Porque así como la salvación es por gracia, de principio a fin, el acercamiento del pecador al trono de la gracia es pura gracia de principio a fin. ¡Qué consolador es esto! Amigos, ¿no nos acercaremos con la mayor de las confianzas a este trono mientras sorbemos el dulce significado de esta preciosa frase «el trono de la gracia?»

3. Si es un trono de gracia, entonces todas las necesidades de los que se acercan serán suplidas. El rey de ese trono no dirá «Debes traerme presentes, debes ofrecerme sacrificios». No es un trono para recibir tributos; es un trono que dispensa dones. Entonces, venid vosotros que sois pobres como la pobreza misma, venid vosotros que estáis reducidos a la bancarrota por la caída de Adán y por vuestras propias transgresiones. Este no es el trono de la majestad que se mantiene por los impuestos que recoge de entre sus súbditos, sino un trono que se glorifica cuando derrama, como una fuente, corrientes de cosas buenas. Venid ahora, y recibid el vino y la leche que se dan libremente; sí, venid, comprad vino y leche, sin dinero y sin precio. Todas las necesidades del peticionario serán suplidas, porque es un trono de gracia.

El trono de la gracia. La frase crece a medida que retorna a mi mente, y para mí es una reflexión altamente placentera que si acudo al trono de la gracia en oración, puedo sentir que tengo mil defectos, pero, no obstante, hay esperanzas. Usualmente me siento menos satisfecho con mis oraciones que con cualquier otra cosa que hago. No creo que es cosa fácil orar en público, como lo es dirigir en forma correcta la adoración en una gran congregación. A veces oímos que se elogia a personas porque predican bien, pero si alguno es capacitado para orar bien, habrá un don igual y una gracia superior en ello. Pero, hermanos, supongamos que en nuestras oraciones haya defectos de conocimientos; es un trono de gracia, y nuestro Padre sabe que tenemos necesidad de estas cosas.

4. Supongamos que haya defectos de fe; Él ve nuestra poca fe y todavía no nos rechaza, a pesar de ser poca. En cada caso no mide su dádiva por el grado de nuestra fe, sino por la sinceridad y veracidad de la misma. Y si hay defectos graves en nuestro espíritu y fracasos en el fervor o en la humildad de la oración, aún, pese a que estas cosas no debieran ocurrir y son muy deplorables, la gracia las pasa por alto, las perdona, y sigue su mano misericordiosa extendida para enriquecernos conforme a nuestras necesidades. Ciertamente esto debiera inducir a muchos a orar y que todavía no han orado, y debiera hacer que lo que han estado por largo tiempo acostumbrados al uso del consagrado arte de la oración se acerquen con mayor confianza que nunca ante al trono de la gracia.

III. GRACIA ENTRONIZADA

Ahora, respecto de nuestro texto como en todo, nos da la idea de gracia entronizada.

1. Tenemos un trono, y ¿quién se sienta en él? Es la gracia personificada la que está instalada en dignidad. Y en verdad, hoy la gracia está en un trono. En el Evangelio de Jesucristo la gracia es el atributo predominante de Dios. ¿Cómo llega a ser tan excelso? Respondemos: La gracia tiene su trono por conquista. La gracia vino a la tierra en la forma de un Bienamado, y se enfrentó con el pecado, lo cargó sobre su hombro, y aunque casi fue aplastada bajo la carga, llevó el pecado a la cruz, lo calvo allí, le dio muerte, lo dejó muerto para siempre, y triunfó gloriosa. Por esta causa, en esta hora la gracia está sentada en un trono, porque ha vencido el pecado humano, ha llevado el castigo de la culpa humana y ha derrotado a todos sus enemigos.

Además, la gracia está sentada en un trono porque se ha establecido allí por derecho. No hay injusticia en la gracia de Dios. Dios es tan justo, cuando perdona al pecador como cuando echa a un pecador al infierno. Creo con toda mi alma que hay una justicia tan pura en la aceptación de un alma que cree un Cristo como la habrá en el rechazo de esas almas impenitentes que son desterradas de la presencia de Jehová.

Expiación, Justificación, Arrepentimiento, Fe ...

El sacrificio de Cristo ha permitido que Dios sea justo, y, a la vez, pueda justificar al que cree. El que conoce la palabra sustitución y puede saber en forma correcta su significado, verá que nada punitivo se debe a la justicia por parte de ningún creyente, y que ahora Dios podría ser injusto si no salvara a aquellos por los cuales Cristo sufrió vicariamente, aquellos para quienes se proveyó su justicia, y a los cuales ha sido imputada. La gracia está en el trono por conquista, y se sienta allí por derecho.

La gracia está entronizada hoy, hermanos, porque Cristo ha finalizado su obra y ha entrado en los cielos. Está entronizado en poder. Cuando hablamos de su trono, queremos decir que tiene un poder ilimitado. La gracia no se sienta en el estrado de Dios; la gracia no está de pie en la corte de Dios, sino que está sentada en el trono. Es el atributo que reina; es el rey de hoy en día. Esta es la dispensación de la gracia, el año de la gracia. La gracia reina por medio de la justicia para vida eterna Vivimos en la dinastía de la gracia, porque considerando que Jesús vive ara siempre él intercede por los hijos de los hombres, también es poderoso para salvar hasta lo sumo a los que por él acercan a Dios. Pecador, si encontrases la gracia a orilla de un camino, como un pasajero en su viaje, te animaría a que simpatices con ella y pidas su influencia; si la encontrases como un comerciante en una transacción con tesoros en las manos, te recomendaría que conquistes su amistad, te enriquecería en la hora de tu oración; si vieras la gracia como uno de los ministros del cielo, exaltada hasta lo sumo, te exhortaría a que te hiciera oír por él, cuando la gracia está más alto, no puede ser mayor, porque está escrito «Dios es amor», que es un alias de la gracia. Ven, e inclínate ante ella; ven y adora la infinita gracia y misericordia de Dios. No dudes, no te detengas ni vaciles. La gracia reina; la gracia es Dios; Dios es amor. Hay un arco iris alrededor del trono semejante a una raída, la esmeralda de su compasión y de su amor. Oh, almas felices que pueden creer esto, y creyéndolo pueden de inmediato y glorificar la gracia convirtiéndose en ejemplos de su poder.

IV. LA SOBERANÍA RESPLANDECIENTE DE GRACIA

Finalmente, nuestro texto, bien leído, tiene la soberanía resplandeciente de gloria, la gloria de la gracia. El trono de la gracia es un trono. Aunque la gracia esté, sigue siendo un trono. La gracia no desplaza a la soberanía. Ahora bien, el atributo de soberanía es muy elevado y su luz es como una piedra de jaspe, más preciosa, y como piedra de zafiro, o como Ezequiel la llama «el terrible cristal». Así dice el Rey, el Señor de los Ejércitos: «Tendré misericordia del que tendré misericordia, y seré clemente para con el que seré clemente». «¿Quién eres tú, oh hombre, para que alterques con Dios? ¿Dirá el vaso de barro al que formó ¿Por qué me has hecho así?» «No tiene potestad el alfarero sobre el barro, para hacer de la misma masa un vaso para honra y otro para deshonra?» Pero, para que ninguno de vosotros sea abatido por el pensamiento de su soberanía, os invito al texto. Es un trono. Hay soberanía, pero para cada alma que sabe orar, para cada alma que por fe que viene a Jesús, el verdadero trono de la gracia, la soberanía divina no presenta un aspecto oscuro y terrible, sino que está llena de amor. Es un trono de gracia; de lo que deduzco que la soberanía de Dios para el creyente, para uno que suplica, para uno que viene a Dios en Cristo, siempre se ejerce de pura gracia. Para vosotros, los que acudís a Dios en oración, la soberanía siempre dice así: «Tendré misericordia de ese pecador. Aunque no lo merece, aunque, no hay méritos en él puesto que yo puedo hacer lo que bien me parezca, le bendeciré, lo haré mi hijo, yo le aceptaré, será mío el día que hay mis joyas».

1. Hay dos o tres cosas para pensar, y luego termino. En el trono de la gracia, la soberanía se ha puesto bajo lazos de amor. Dios hará lo que Él quiere; pero sobre el trono de la gracia, él está sometido a lazos, lazos que él mismo preparado, porque ha establecido un pacto con Cristo, y de ese modo, entró en relación de pacto con sus escogidos. Aun que Dios es y debe ser un soberano, nunca quebrantará pacto, ni alternará la palabra que ha salido de su boca,

puede usar de falsedad con el pacto que el mismo estableció. Cuando acudo a Dios en Cristo, a Dios sobre el trono de gracia, no debo imaginar que por algún acto de soberanía Dios va a dejar de lado su pacto. Eso no puede ser. Es imposible.

2. Además, sobre el trono de la gracia, Dios está nuevamente obligado hacia nosotros por sus promesas. El pacto contiene muchísimas promesas de gracia, sobremanera grandes y preciosas. «Pedid y se os dará; buscad y hallaré llamad y se os abrirá». Cuando Dios no había aun pronunciado tales palabras, u otra expresión en ese sentido, era libre de oír o no la oración; pero ahora no es así, porque ahora, si se trata de una verdadera oración ofrecida por medio de Jesucristo, su atributo de fidelidad le obliga a oírla. Un hombre puede ser perfectamente libre, pero desde el momento que hace una promesa, ya no es libre de quebrantarla. El Dios eterno no quiere quebrantar su promesa. Se complace en cumplirla. Él ha declarado que todas sus promesas son sí y amén en Cristo Jesús. Pero, para nuestra consolación, cuando examinamos a Dios bajo el elevado y terrible aspecto de un soberano, tenemos esto para reflexionar, que está bajo la obligación de la promesa del pacto de ser fiel a las almas que le buscan. Su trono debe ser un trono de gracia para su pueblo.

3. Y una vez más, el más dulce de todos los pensamientos, toda la promesa del pacto ha sido confirmada y sellada con sangre, y lejos está del Dios eterno hacer que el vituperio caiga sobre la sangre de su querido hijo. Cuando el rey otorga una carta de derechos a la ciudad, aunque pudo ser absolutista antes de dar la carta, la ciudadanía puede invocar sus derechos ante el rey. De la misma manera, Dios ha dado a su pueblo una carta de indecibles bendiciones, otorgándoles las certísimas misericordias de David.

CONCLUSIÓN

En gran medida, la validez de una carta depende de la firma y del sello y, hermanos míos, ¡cuán seguro es el pacto de gracia! La firma es de la mano de Dios mismo y el sello es la sangre de Cristo, el Hijo unigénito de Dios. El pacto es ratificado con sangre, la sangre de su propio Hijo amado. No es posible que podamos suplicar a Dios en vano cuando se invoca el pacto sellado con la sangre, ordenado y seguro en todas las cosas. El cielo y la tierra pasarán, pero el poder de la sangre de Jesús no puede fracasar ante Dios. Habla cuando estamos en silencio, y prevalece cuando somos derrotados. Cuando pide, pide mejores cosas que Abel, y su clamor es oído. Acerquémonos confiados, porque llevamos la promesa en nuestros corazones. Cuando nos sintamos alarmados por la soberanía de Dios, cantemos alegres:

> El Evangelio mi espíritu levanta:
> El Dios fiel e inmutable
> pone el fundamento de mi esperanza
> con juramento, promesas
> y con sangre.

Que Dios el Espíritu Santo nos ayude a usar en forma correcta de hoy en adelante «el trono de la gracia». Amén.

4. Arrepentimiento

51. EL INDAGADOR ANSIOSO

«¡Quién me diera el saber dónde hallar a Dios!» (Job 23:3).

INTRODUCCIÓN:
1. Retraso de la respuesta de Dios en muchos casos de pecadores arrepentidos.
2. El caso de John Bunyan.

I. ALGUNOS SIGNOS ESPERANZADORES
1. Un único objeto del hombre: Cristo.
2. Un solo deseo intenso.
3. Una admisión de ignorancia.
4. Un encuentro con Cristo, no importa dónde.

II. ALGUNAS RAZONES del retardo de una respuesta a las oraciones de pecadores arrepentidos.
1. La soberanía de Dios.
2. Para que ellos puedan descubrir algún pecado secreto.

3. Que nos pueda hacer más útiles en la vida venidera.
4. La ignorancia del camino de la salvación.
5. El Evangelio: La sustitución.

III. CÓMO HALLAR A CRISTO
1. Id adonde Cristo va.
2. Clama en pos de él con todas tus fuerzas.
3. Piensa mucho en Cristo.

CONCLUSIÓN: Si quieres tener paz con Dios, confíate a Cristo.

EL INDAGADOR ANSIOSO

INTRODUCCIÓN

No diremos nada en este ocasión acerca de Job: dejaremos fuera de la discusión al patriarca y tomaremos estas palabras como la exclamación que brota del dolido corazón de un pecador cuando se ve perdido a causa de su pecado, y sólo puede ser salvo por Cristo. «¡Quién me diera el saber dónde está Dios», «mi Salvador, para poder ser salvado por su amor y mediante su sangre derramada!». Hay quienes nos dicen que el hombre puede, si quiere, obtener en un momento la paz con Dios y el gozo en el Espíritu Santo. Éstos pueden conocer algo de religión en sus propios corazones; pero creo que no son competentes como jueces de otros. Dios puede haberles dado paz mediante la fe, y puede haberlos llevado de modo inmediato a un estado de gozo; puede que les haya dado algún arrepentimiento por el pecado, y luego haberles dado que se regocijen inmediatamente en Jesús; pero creo que en muchos más casos Dios comienza quebrantando a pedazos el corazón de hierro, y a menudo espera días, semanas y meses, antes de sanar el corazón que ha herido, y dar vida al espíritu al que ha dado muerte. Muchos de los miembros del pueblo de Dios han estado buscando la paz, incluso durante años, sin hallarla; han conocido sus pecados, les ha sido permitido sentir su culpa y, sin embargo, pese a buscarlo fervientemente con lágrimas, no han llegado a un conocimiento de su justificación por la fe en Cristo. Este fue el caso de Juan Bunyan; durante muchos angustiosos meses anduvo por la tierra lleno de desolación, y decía que sabía que estaba perdido sin Cristo; y de rodillas, con lágrimas que le brotaban de los ojos como fuentes, buscaba misericordia, pero no podía hallarla. Terribles palabras le acosaban en sus pensamientos; terribles pasajes de la Escritura le resonaban en sus oídos; y no encontraba consuelo, hasta que a Dios le plugo manifestarse en toda la plenitud de la gracia, y darle el descansar en el Salvador.

Creo que hay algunos aquí que han estado durante algún tiempo bajo la mano de Dios, algunos que han sido traídos hasta tan cerca del cielo que saben esto: que están perdidos a no ser que Cristo les salve. Puede que algunos de los que me escuchan hayan ya comenzado a orar; muchas veces las paredes de su habitación han oído sus súplicas; no una ni dos veces, ni cincuenta, sino muy a menudo han doblado la rodilla en oración angustiada; pero hasta el momento en que estamos, por lo que respecta a sus propios sentimientos, sus oraciones no han recibido respuesta. Cristo no ha sonreído sobre ellos, no han recibido la aplicación de su preciosa sangre, y puede que ahora se estén diciendo: «Estoy dispuesto a abandonar en desesperación; él dijo que recibiría a todo el que acudiese a él, y aparentemente me ha rechazado». ¡Aliéntate, alma dolida! Tengo un dulce mensaje para ti, y ruego al Señor que puedas encontrar a Cristo en el lugar donde estás ahora, sentado o de pie, y que te regocijes en un perdón comprado con sangre.

Pasaré ahora a considerar el caso de un hombre que es despertado, que está buscando a Cristo, pero que no le ha hallado aún, por lo que a su experiencia respecta. Primero, observaré *algunos signos esperanzadores en el caso de este hombre;* luego, intentaré dar *algunas razones por las que un Dios lleno de gracia retarda una respuesta a la oración en el caso de pecadores arrepentidos;* y, en tercer lugar, terminaré dando *un breve y apropiado consejo a los que han estado buscando a Cristo, pero que hasta ahora se han encontrado con una búsqueda sin resultados.*

I. ALGUNOS SIGNOS ESPERANZADORES

Primero, pues, observaré que hay algunos signos esperanzadores en el caso del hombre que ha estado buscando a Cristo, aunque pueda no haberlo hallado.

Y, tomando el texto como base, observamos como uno de los signos esperanzadores, *que el hombre tiene un solo objeto, y éste es Cristo*. «¡Quién me diera el saber dónde hallar a Dios!» El clamor del mundano es: «¿Quién nos mostrará algún bien; este bien, aquel bien o cualquier otro bien, cincuenta clases de bienes: ¿quién nos los mostrará?». Pero el pecador despertado sólo conoce un bien: «¡Quién me diera el saber dónde hallar a Dios!». Cuando el pecador es verdaderamente despertado para sentir su culpa, si pudieras echar delante de él todo el oro de las Indias, diría: «¡Llévate esto! Lo que quiero es encontrar a Dios». Si luego pudieras darle todos los goces y placeres de la carne, él te diría que ya los había probado todos y que solo sirvieron para empalagarlo. Su único clamor es: «¡Quién me diera el saber dónde hallar a Dios!»

«Todo eso jamás me satisfará;
Dame a Cristo o mi alma morirá».

Es algo bienaventurado para el hombre cuando tiene este deseo como cosa central. Cuando un hombre tiene cincuenta deseos diferentes, su corazón se parece a un estanque de agua extendido como una ciénaga, criando miasmas y pestilencia; pero cuando todos sus deseos son llevados a un solo canal, su corazón se vuelve como un río de agua limpia, recorriendo y fertilizando los campos. Feliz aquel que solamente tiene un deseo, si este deseo está centrado en Cristo, aunque pueda no haber aún quedado satisfecho. Si es su deseo, es una bendita señal de la obra divina en su interior. Una persona así nunca quedará feliz con meras ordenanzas. Otros acudirán a la casa de Dios, y cuando hayan oído el sermón, se quedarán satisfechos; pero no éste. Él clamará: «¡Quién me diera el saber dónde hallar a Dios!».

¿Es ésta tu condición en este momento, amigo, amiga? ¿Tienes sólo un deseo, el de hallar a Cristo? Entonces, tan cierto como Dios vive, no estás lejos del reino de los cielos. ¿Tienes únicamente un deseo en tu corazón, y este deseo es poder ser lavado de todos tus pecados en la sangre de Jesús? ¿Puedes decir de corazón: «Daría todo lo que tengo por ser cristiano; daría todo lo que poseo y espero si sólo pudiera saber que tengo parte en la persona y muerte de Cristo»? Entonces, pobre alma, pese a todos tus temores, aliéntate; el Señor te ama, tú saldrás pronto a la luz del día, y te regocijarás en la libertad con la que Cristo liberta.

Hay otro signo esperanzador; no solo que el hombre tenga sólo un deseo, sino que es un deseo *intenso*. ¡Escucha de nuevo el texto! «¡Quién me diera el saber dónde hallar a Dios!» Aquí hay una expresión de intenso deseo. Hay algunos hombres que son enormemente religiosos, pero su religión nunca va más hondo que la piel, porque nunca llega al corazón. Pueden hablar de ella de buena manera, pero nunca la sienten; no surge del corazón, y es mala fuente la que solo brota de los labios; es sólo el verdadero manantial en lo más profundo del corazón del hombre el que puede manar con agua de vida. Pero éste no es un hipócrita: siente lo que dice. Otros dirán: «Sí, me gustaría ser cristiano; me gustaría ser perdonado; me gustaría ser absuelto». Sí, les gustaría, pero también les gustaría persistir en pecado. Les gustaría ser salvos, sí, pero les gustaría vivir en pecado; les gustaría hacer compañía a la liebre y correr con los galgos. No tienen deseo alguno de apartarse de sus pecados. Les gustaría ser perdonados por todas sus pasadas transgresiones, y luego seguir como antes. Este deseo de nada sirve, porque es sumamente superficial. Pero cuando el pecador es verdaderamente despertado, entonces deja de haber nada superficial en él. Entonces se trata de esta pregunta que brota de su mismo corazón: «¡Quién me diera el saber dónde hallar a Dios!» ¿Te hallas en esta posición, amigo mío? ¿Es tu suspiro un verdadero suspiro? ¿Es tu gemido genuino, no fantasioso, surgiendo del corazón? Esa lágrima que brota de tu mejilla, ¿es verdadera?, ¿viene del dolor de tu espíritu? Creo que te oigo decir: «Señor, si usted me conociese, no me haría una pregunta así, porque mis

Expiación, Justificación, Arrepentimiento, Fe ...

amigos me dicen que día tras día estoy sombrío y, desde luego, así estoy. Voy a mi habitación ahí, en el colgadizo, en la buhardilla, y muchas veces clamo a Dios; sí, señor, clamo de tal modo que no querría que nadie me oyese; clamo con gemidos y lágrimas, para poder acercarme a Dios; ¡sí, mi clamor es totalmente sincero!». Entonces, amado, serás salvo. Tan cierto como que hay una verdadera emoción en tu corazón, que Dios no te dejará perecer. Nunca ha habido un pecador que clamase de verdadero corazón a Dios, que no fuese amado por Dios; nunca hubo quien desease con todo su corazón ser salvado, y cuya alma anhelase aquel deseo en una oración llena de corazón, y que fuese rechazado. Su misericordia puede que se tarde, pero *llegará*. Sigue orando; te oirá por fin, y aún te regocijarás «en la esperanza de la gloria de Dios».

Pero observa de nuevo, que en el texto hay una *admisión de ignorancia*, que también es un signo muy esperanzador. «¡Quién me diera el *saber*...!» Muchos creen que lo saben todo, y que por ello no saben nada. Creo que es Séneca quien dijo: «Muchos habrían sido sabios si no hubiesen creído que lo eran; si solo hubiesen sabido que eran ignorantes, se habrían vuelto sabios». El escalón de entrada al templo de la sabiduría es el conocimiento de nuestra propia ignorancia. No puede aprender bien aquel que primero no ha sido enseñado que nada sabe. La conciencia de la propia ignorancia es un signo muy excelente de la gracia. Es cosa singular que cada hombre se considere capacitado como doctor en teología. Alguien que nada sabe de ninguna otra rama del conocimiento cree sin embargo que de cierto comprende esto a la perfección. ¡Ay, ay de los que creen que conocen tanto de las cosas de Dios, y nunca han sido enseñados por Dios! La escuela del hombre no es la escuela de Dios. Un hombre puede ir a todas las universidades de la creación, y conocer tan poca teología cuando sale como cuando entró en ellas. Es buena cosa que un hombre se dé cuenta de que sólo comienza a aprender, y que esté dispuesto a someter su corazón a la enseñanza del Espíritu de Dios, para que pueda ser conducido por él en todas las cosas. El que lo sabe todo no tiene por qué considerarse cristiano. El que se jacta de que puede comprender todos los misterios tiene motivos para temer. Pero el alma vivificada dice: «Enséñame tú». Cuando Dios comienza a tratar con nosotros, nos volvemos como niños pequeños. Antes, éramos hombres y mujeres adultos, poderosos, y tan, tan sabios. Pero cuando él comienza a tener tratos con nosotros, nos recorta a la estatura de niños, y somos puestos en la forma de humildad para que aprendamos las verdaderas lecciones de sabiduría, y luego se nos enseñan las grandes cosas de Dios. Feliz eres tú, oh hombre, si te conoces en ti mismo que nada sabes. Si Dios te ha vaciado de tu sabiduría carnal, te llenará de la celestial; si te ha mostrado tu ignorancia, te enseñará su sabiduría y te llevará a sí mismo. Y si eres enseñado a rechazar todos tus conocimientos y descubrimientos, Dios ciertamente se revelará a ti.

Hay todavía otra señal esperanzadora en mi texto que debo mencionar: que la persona de la que he hablado no es selectiva acerca de *dónde encuentra a Cristo, con tal que lo encuentre*. ¿Sabéis, amados, que las personas, cuando sienten sus pecados, son las más propensas a acudir a las sectas? Otros hombres pueden luchar con sus amplias espadas contra sus semejantes, pero un pobre pecador que acaba de despertar a su realidad dice: «Señor, acudiré donde sea que estés». Cuando nos sentimos bien en nuestros corazones y nunca hemos sentido nuestros pecados, somos los religiosos más respetables del mundo. Veneramos cada uno de los clavos de la puerta de nuestra iglesia y cada palabra del Libro, y pensamos de una manera tan derecha que no estamos dispuestos a que nadie difiera de nosotros: lo cortaríamos en el acto. Pero cuando sentimos la carga de nuestros pecados, decimos: «Señor, si te puedo encontrar en alguna parte, me sentiré feliz; si te puedo encontrar en la sala de reuniones bautista, si te puedo encontrar en la capilla independiente, me sentiré satisfecho de ir allá. Siempre he asistido a una iglesia grande y hermosa; pero si te puedo encontrar en aquel menospreciado local de reuniones, me sentiré contento de ir; aunque sea degradante para mi rango y respetabilidad, allí iría para encontrar a mi Salvador». Otros deciden que preferirían no tener a Cristo si Cristo va a alguna otra parte que no sea su propia iglesia. Han de mantenerse en su propia secta, y no deben, nunca, traspasar la línea. Es algo maravilloso, pero creo que sólo expreso la experiencia de muchos cuando digo que hay bien pocos de vosotros que fuisteis llevados a conocer al Señor donde teníais la costumbre de asistir. Puede que hayáis asistido allí desde entonces. Pero no era la iglesia de vuestros padres, ni la iglesia del lugar donde nacisteis y os criasteis, sino alguna otra iglesia, en la que por un tiempo entrasteis en vuestra búsqueda, y donde los dardos se hundieron en el corazón de los enemigos del Rey. Sé que así me sucedió a mí; nunca pensé en ir a la menospreciada capilla donde fui llevado por vez primera a conocer al Señor, pero nevaba tan fuerte que no podía ir a un lugar más respetable, de modo que me vi obligado a ir a la pequeña reunión, y cuando entré allí, el predicador leyó este texto: «Miradme a mí, y sed salvos, todos los confines de la tierra». Era un bendito texto, pero si yo hubiese sido tan selectivo acerca de a dónde iba a ir, no hubiese entrado en aquel lugar. El pecador despertado dice: «¡Quién me diera el saber dónde hallar a Dios!». Sólo quiero saber dónde; que el ministro de aquel lugar sea el más menospreciado del mundo, iré a oírle; que la secta a la que pertenece sea la más calumniada e infamada del mundo, allí me encontrarán buscándolo a él. Si así puedo encontrar a Cristo, me sentiré satisfecho de hallarlo donde esté». Si los buceadores pueden ir a las profundidades a buscar perlas, no deberíamos avergonzarnos de a veces lanzarnos a lo hondo para sacar preciosas joyas. Los hombres harán cualquier cosa por conseguir oro; trabajarán en las corrientes más fangosas o bajo el sol más abrasador. No deberíamos nosotros preocuparnos si hemos de descender, si encontramos ahí lo que es más precioso que el oro y la plata, «a Jesucristo, y a él crucificado». ¿Piensas tú también así? Entonces, amado, no solo tengo esperanzas acerca de ti, sino también una certidumbre acerca de ti. Si has sido llevado a clamar, en todos los sentidos que he mencionado, «¡Quién me diera el saber dónde hallar a Dios!», entonces es cosa cierta que el Señor ha comenzado en ti una buena obra, que llevará hasta su buen fin.

II. ALGUNAS RAZONES

Ahora, como segundo punto, trataré de dar algunas razones por las que un Dios lleno de gracia retrasa una respuesta a las oraciones de pecadores arrepentidos. Me parece que oigo decir a alguno: ¿Por qué Dios no da consuelo a uno tan pronto como se arrepiente? ¿Por qué el Señor hace que algunos de Su pueblo esperen bajo esclavitud hasta que él les da la libertad?

En primer lugar, esto es *para exhibir su propia soberanía*. ¡Ah!, ésta es una palabra pocas veces mencionada en los púlpitos. La soberanía divina es una doctrina que no está de moda. A pocas personas les gusta oír de un Dios que hace lo que bien le parece, y que es un monarca absoluto sobre el hombre; que no conoce otra ley que su voluntad absoluta, que es siempre la voluntad de hacer lo recto, de hacer el bien a los que ha ordenado para vida eterna, y de esparcir el bien de manera abundante sobre todas las criaturas. Pero nosotros declaramos que sí existe la soberanía divina, y de manera más especial en la obra de la salvación. Dios ha dicho así: «Si les diese la paz a todos los hombres en el momento en que la piden, comenzarían a creer que tienen derecho a ella. Ahora bien, haré esperar a algunos de ellos, para que vean que la misericordia está del todo en mi mano, y que si yo decidiese retenerla de una manera total, lo podría hacer con toda justicia; y haré ver a los hombres que se trata de un don de mi libre gracia, y no por sus merecimientos». En algunas de nuestras plazas, donde los dueños anhelan mantener su derecho de paso, sabéis que a veces cierran las verjas, no porque quieran ponernos trabas, sino porque quieren preservar el derecho de admisión, y hacen ver al público que aunque les dejan entrar, sin embargo no todo el mundo tiene derecho a ello, y que podrían quedar excluidos si los propietarios así lo decidie-

sen. Así es con Dios. Él dice: «Hombre, si te salvo es totalmente por mi buena voluntad y decisión; te doy mi gracia, no porque la merezcas, porque si la merecieses, dejaría de ser gracia; pero la doy a los hombres que menos lo merecen, para yo poder mantener mi título a ella». Y veo ahí que ésta es la mejor forma de demostrar la soberanía de Dios: que deje un intervalo de espera entre el arrepentimiento y esa fe que trae la paz con Dios y el gozo en el Espíritu Santo. Creo que esta es una razón muy importante.

Pero hay otra. Dios a veces les retarda Su manifestación de su misericordia perdonadora *para que ellos puedan descubrir algún pecado secreto*. Hay algo oculto en sus corazones y que ellos no conocen. Acuden a Dios confesando sus pecados, y creen que han hecho plena confesión de sus transgresiones. «No», dice Dios, «no os daré todavía el perdón, o no lo aplicaré aún a vuestras conciencias; hay un pecado que todavía no habéis descubierto». Y pone al corazón de nuevo a escudriñarse a sí mismo, hasta que Jerusalén es escudriñada con lámparas, y, he aquí, se arrastra algún pecado fuera del rincón en que se había escondido. La conciencia decía: «Nunca conocí este pecado antes; nunca lo consideré como pecado: Señor, me arrepiento». «Ah», dice el poderoso Hacedor, «ahora te he probado y acrisolado, y he hallado esta escoria. Ahora te daré palabra de consolación y bendición». Así, ¿eres tú un alma dolida, que buscas reposo y no lo hallas? Te lo ruego, rebusca otra vez en tu corazón. Quizá haya alguna concupiscencia oculta ahí, algún pecado secreto. Mira dentro aún otra vez; saca al traidor. Entonces vendrá Dios y morará en tu alma, y te dará «la paz que sobrepasa a todo entendimiento».

Otra razón es *que nos pueda hacer más útiles en la vida venidera*. Un hombre nunca es hecho totalmente útil a no ser que haya sufrido. No creo que nadie haga mucho que no sea un sufriente. Debemos primero sufrir en nuestras mentes y corazones aquellas cosas que predicamos, o nunca las predicaremos con efectividad. Y si somos cristianos privados, nunca podremos ser de utilidad para nuestros semejantes, a no ser que hayamos pasado por algunas de las mismas pruebas que ellos hayan tenido que soportar. De modo que Dios hace que algunos de los de su pueblo esperen un largo tiempo antes de darles la manifestación de su perdón, para que puedan consolar a otros en días posteriores. «Te necesito para la consolación de otros; por tanto, te llenaré de dolor, y te daré a beber ajenjo, de modo que cuando en años posteriores te encuentres con una persona dolida, puedas decirle: he sufrido lo mismo y he soportado lo mismo». Y no hay ningunos tan apropiados para consolar a otros como aquellos que han necesitado alguna vez ser consolados ellos mismos. Entonces, aliéntate. Quizás el Señor te prepara para una gran obra. Te está guardando deprimido, en esclavitud, en duda y temor, para poder sacarte de manera tanto más resplandeciente, y hacer de tu luz como la luz de siete días, y exponer tu justicia «clara como el sol, bella como la luna, y terrible como un ejército con estandartes». Espera, pues, porque Dios tiene para ti de ́signios de bien, y bien para otros por medio de ti, por medio de este retardo.

Pero a menudo surge no tanto de Dios como de nosotros mismos. Es *la ignorancia del camino de la salvación* lo que mantiene a muchos en la duda durante más tiempo de lo que debieran, si lo conocieran mejor. No vacilo en afirmar que una de las cosas más difíciles de comprender por parte del pecador es el camino de la salvación. Parece la cosa más llana del mundo; nada parece más fácil que: «Cree en el Señor Jesucristo, y serás salvo». Pero cuando el pecador es llevado a sentirse pecador, no lo encuentra tan fácil de comprender como pensaba. Le decimos a alguien que, con toda su negrura, los pecadores serán perdonados; que, con toda la carga de sus pecados, serán libremente perdonados por causa de Cristo. «Pero», dice el hombre que siente su negrura de pecado, «¿quiere usted decir que seré hecho más blanco que la nieve? ¿De veras quiere usted decir que yo, que estoy perdido, seré salvo no por nada de lo que yo haga, o que espere poder hacer, sino puramente por medio de lo que otro hizo?». Apenas si puede creerlo posible. Quiere ser salvo, y tiene que hacer algo: tiene que hacer esto, o aquello, o lo otro, para ayudar a Cristo; y lo más difícil en este mundo es llevar a alguien a que vea que la salvación es sólo del Señor, y nada de sí mismo; que es el don gratuito y perfecto de Dios, que no se puede añadir nada nuestro a ello, sino que nos es dado para cubrirnos de una manera completa, de la cabeza a los pies, sin nada que sea nuestro propio. Los hombres concebirán lo que Dios no quiere que ellos conciban, y no recibirán aquello que Dios querría que abrazasen. Sabéis, puede ser muy fácil hablar de ciertos remedios, y leer acerca de ellos. Podemos decir: «Esta y aquella medicina son muy eficaces, y obrarán aquella y la otra curación». Pero cuando estamos nosotros enfermos, sentimos a menudo muchas dudas acerca de la medicina, y si encontramos que no nos cura, después de haber tomado trago tras trago de la misma, quizá seamos llevados a pensar que aunque pueda curar a otros, no nos puede curar a nosotros, porque se da un tan gran retardo en su operación. Y así aquella pobre alma piensa del Evangelio: «Desde luego, a mí no me puede sanar», y luego mal entiende la naturaleza de la sagrada medicina, y comienza a tomar la ley en lugar del Evangelio. Ahora bien, la ley nunca ha salvado a nadie, aunque a condenado a grandes multitudes en su época, y nos condenará a todos excepto si tenemos el Evangelio. Por si alguien aquí tiene dudas a causa de la ignorancia, voy a exponer el Evangelio de una manera tan llana como pueda. Creo que está resumido en una sola palabra: *Sustitución*. Siempre he considerado, junto con Lutero y Calvino, que la suma y sustancia del Evangelio reside en esta palabra: Sustitución. Con ella se expresa a Cristo compareciendo en lugar del hombre. Si comprendo el Evangelio, es así: Yo merezco la perdición y ruina eterna; la única razón por la que no vaya a ser condenado es ésta: que Cristo fue castigado en mi lugar, y que no hay por qué ejecutar dos veces una sentencia contra el pecado. Por otra parte, sé que no puedo entrar en el cielo excepto si poseo una justicia perfecta; estoy absolutamente seguro que jamás tendré una justicia perfecta mía, porque descubro que cada día peco; pero Cristo sí tuvo una justicia perfecta, y dijo: «Ahí, toma mi vestidura; póntela; estarás delante de Dios como si fueses Cristo, y yo me pondré ante Dios como si hubiera sido el pecador. Yo sufriré en lugar del pecador, y tú serás recompensado por obras que no hiciste, pero que Cristo hizo por ti». Creo que toda la sustancia de la salvación reside en el pensamiento de que Cristo tomó el puesto del hombre. El preso está en el banquillo; está a punto de ser llevado hacia la muerte; merece morir; ha sido un gran criminal. Pero antes de que sea llevado, el juez pregunta si hay algún posible plan por el que se pueda salvar la vida al reo. Se levanta uno que es puro y perfecto él mismo, y que no ha conocido pecado, y que por permiso del juez, pues esto es necesario, pasa al banquillo y dice: «Consideradme como el preso; cumplid la sentencia sobre mí, y muera yo. Caballeros del tribunal», prosigue él: «Considerad que el preso es yo mismo. Yo he luchado por mi país; he sido fiel y he merecido sus honores; recompensadle como si él hubiese hecho mi bien, y castigadme como si yo hubiese cometido el crimen». Diréis: «Esto no podría ocurrir en un tribunal terrenal». Bueno, pero sí ha sucedido en el tribunal de Dios. En el magno tribunal del Rey, donde Dios es el juez de todos, sí sucedió. El Salvador dijo: «El pecador merece morir: muera yo en su puesto, y sea él revestido de mi justicia». Para ilustrar esto, os daré dos ejemplos. Uno es el de un antiguo rey, que dictó una ley contra un crimen, y el castigo de aquel crimen era que cualquiera que lo hubiese cometido debía sufrir la pena de que le fuesen quitados los dos ojos. Su propio hijo cometió luego aquel crimen. El rey, como estricto juez, dijo: «No puedo cambiar la ley; he dicho que la pérdida de los ojos será la pena: quitad uno de los míos y uno de los suyos». Veis: él cumplió la pena de un modo estricto; pero al mismo tiempo pudo en parte mostrar misericordia hacia su hijo. Sin embargo, en el caso de Cristo hemos de ir algo más allá. Él no dijo: «Aplica la mitad de la pena sobre mí, y la otra mitad sobre el pecador». Lo que dijo fue: «Quítame los dos ojos; clávame al árbol; muera yo; déjame quitar la culpa, y luego el pecador podrá salir libre». Hemos oído de otro caso, el de dos hermanos, uno de los cuales había sido un gran criminal, y que estaba a punto de morir, cuando su hermano compareció ante el tribunal, con todas sus condecoraciones y con muchas heridas sobre él, y se levantó para interceder ante el juez, que tuviese misericordia del criminal por causa de él. Luego comenzó a desnudarse y a mostrar sus heridas, aquí y allá en su grande y ancho pecho había recibido cortes de sable defendiendo a su país. «Por estas heridas», dijo (y levantó un brazo, puesto que había perdido el otro), «por éstas mis heridas y los sufrimientos que he soportado por mi país, le ruego que tenga misericordia de él». Por causa de su hermano, se permitió al criminal que escapase del castigo que pendía sobre su cabeza. Así es con Cristo. «El pecador», dijo: «Merece morir; entonces yo moriré en su lugar. Merece no entrar en el cielo, porque no ha guardado la ley; pero yo he guardado la ley por él; que él tenga mi justicia, y yo tomaré su pecado; y así el justo morirá por el injusto, para llevarlo a Dios».

Así me he apartado algo de mi tema, para disipar cualquier ignorancia que pudiera quedar en las mentes de algunos de mis oyentes, en cuanto a este esencial punto del plan del Evangelio.

III. CÓMO HALLAR A CRISTO

Y ahora voy a dar algo de consejo a aquellos que han estado buscando a Cristo y que nunca le han hallado: cómo pueden hallarle.

En primer lugar, os diré: *Id adónde Cristo va.* El enfermo sabía que Cristo iba a Betesda, y allá yacía él. Si Cristo fuese de nuevo a volver a esta tierra y a sanar a los enfermos, todos los enfermos preguntarían: «¿A dónde va a ir Cristo mañana?», y tan pronto como descubriesen adónde iba a dirigir sus pasos, allí estarían, apiñándose en el suelo, con la esperanza de que al pasar los sanase. Sube, entonces, a la casa de Cristo: allí es donde se encuentra con su pueblo. Lee su Palabra: allí es que los bendice, aplicándoles sus dulces promesas.

Mantente en las ordenanzas; no las descuides. Cristo acude al estanque de Betesda; ponte junto al agua. Si no puedes poner tu pie allá, acude a donde Cristo va. Sabes, Tomás no recibió la bendición por no estar donde estaba Jesús. No te apartes de la casa de Dios, de modo que cuando pase allí pueda mirarte y decirte: «Tus pecados te son perdonados».

Y hagas lo que hagas, cuando pase Cristo, *clama en pos de él con todas tus fuerzas;* nunca te quedes satisfecho hasta que te hayas hecho oír; y si aparentemente te frunce el ceño, no te detengas ni te refrenes. Si te sientes un poco movido por un sermón, ora acerca de ello; no pierdas este momento de buenos auspicios. Si oyes que se lee alguna cosa que te da alguna esperanza, levanta en el acto tu corazón en oración. Cuando sople el viento, entonces iza tus velas; y puede suceder que Dios te dé gracia para cruzar la boca del puerto, y encontrar tu refugio allá dentro, el refugio de un reposo perpetuo. Había un hombre, sabéis, que había nacido ciego, y que quería recibir la vista. Un día, mientras estaba sentado junto al camino, oyó que pasaba Jesús por allá, y al saberlo comenzó a gritar en pos de él: «Jesús, hijo de David, ten compasión de mí». El pueblo quería oír a Cristo predicar, de modo que hacían callar a aquel pobre hombre; pero él seguía gritando: «Jesús, hijo de David, ten compasión de mí». Y luego Jesús se detuvo. Los discípulos corrieron hacia aquel pobre hombre. «¡Cállate, no incomodes al Maestro!». Pero él gritaba aún más: «Jesús, hijo de David, ten compasión de mí». Por fin, Jesús preguntó: «¿Qué quieres que te haga?». Y él respondió: «Señor, que recobre la vista». «La recibió, y le seguía, glorificando a Dios». Ahora bien, tus dudas dicen: «¡Calla! ¿De qué sirve orar?». «Silencio, no sigas clamando» Cuéntale tus dudas y temores, y cuéntale también acerca de las sugerencias del diablo, y no des reposo a Cristo hasta que el vuelva a ti sus ojos con amor, y te sane de tus dolencias. Clama en voz alta a él, oh pecador despertado, cuando pase a tu lado.

El siguiente consejo que querría darte es éste: *Piensa mucho en Cristo.* No conozco nada más que te vaya a dar fe en Cristo como pensar en él. Te aconsejaría, pecador acosado por tu conciencia, que pases una hora meditando acerca de Cristo. No quieres pasar una hora meditando acerca de ti mismo; de esto sacarías muy poco bien; puede que sepas por adelantado que en ti mismo no hay esperanza para ti. Pero pasa una hora meditando acerca de Cristo. Ve, amado, a tu estancia, y siéntate en tu dormitorio; imagínale en el huerto; piensa que le ves, sudando «grandes gotas de sangre engrumecidas que caían sobre la tierra». Luego imagínalo de pie en el atrio de Pilato; piensa que le ves con sus manos atadas, con la espalda abierta por el látigo, ensangrentada, y luego síguele hasta que le veas llegar al monte Calvario. Piensa que ves como lo echan de espalda al madero y lo clavan allí; luego deja que tu imaginación, o más bien tu fe, ponga ante ti aquella cruz levantada, y echada en el agujero, cuando cada hueso de Cristo se dislocó. Míralo; mira su corona de espinas, y ve las gotas de sangre descendiendo por sus mejillas.

«Ve de su cabeza, sus manos,
sus pies,
Dolor y amor que mezclados
descendiendo van».

No conozco de ningún medio, bajo Dios, que sea tan provechoso para recibir fe, que los pensamientos de Cristo; porque mientras le contemplas, le dirás: «Bendito Jesús: ¿moriste tú? Alma mía, de cierto que su muerte es suficiente para ti». Él es poderoso para salvar hasta lo último a todos los que en él confían. Puedes pensar para siempre en una doctrina, sin conseguir de ella ningún beneficio, si ya no eres salvo; pero piensa en la persona de Cristo, y esto te dará fe. Llévalo a todas partes, adónde vayas, y trata de meditar en él en tus momentos libres, y luego se te revelará y te dará paz. ¡Ah!, este es el punto donde sentimos que ninguno de nosotros tenemos suficiente de Cristo, ni siquiera los mejores de los cristianos. Fui a casa de un amigo un día, y me dijo, supongo que a modo de sugerencia: «He conocido a fulano de tal durante treinta años, sin oír nunca nada de su religión». Le dije: «No me conocerás treinta minutos sin oír algo de la mía». Es un hecho que muchos cristianos pasan sus tardes de domingo hablando de temas comunes, y que Jesucristo apenas es mencionado. En cuanto al pobre mundo impío, naturalmente que ni dicen ni piensan nada acerca de Él.

Pero, oh, tú que te conoces a ti mismo que eres pecador, ¡no menosprecies al Varón de Dolores! Que sus manos sangrantes goteen sobre ti; contempla Su costado herido, y mirando, vivirás; porque recuerda, es solo mirando a Cristo que viviremos; no haciendo nada por nosotros mismos. Hemos de confiarnos a Cristo, y confiarnos totalmente a él, o nunca podremos ser salvos.

CONCLUSIÓN

Y esto me lleva a terminar diciendo a cada pecador despertado: si quieres tener paz con Dios, y tenerla ahora, *confíate a Cristo*. No sería justo decir aventúrate, porque no es aventurarse. No hay en ello ni una pizca de azar; es algo totalmente seguro. El que se confía a Cristo no tiene jamás nada que temer. «Pero», dirás tú, «¿cómo me confío a Cristo? ¿Qué quieres decir por confiar en Cristo?» Bueno, precisamente esto que dijo. Confíate plenamente en lo que Cristo hizo, como el camino de la salvación. Ya sabes lo que dijo aquel hombre negro, cuando le preguntaron cómo creía. Dijo: «Señor, así es como creo; *mi* dejo *cair* plano sobre la promesa; no puedo *cair* más bajo». Tenía una idea correcta sobre lo que era creer. Creer es caer sobre Cristo, y esperar en él para ser sostenidos. O, para ilustrarlo mediante una anécdota que he contado muchas veces: un muchacho en el mar, a quien le gustaba mucho subir al palo mayor, y un día subió a la cofa principal, y no podía descender. El mar estaba embravecido, y pronto se vio que en poco tiempo el muchacho caería sobre la cubierta y quedaría destrozado. Su padre vio sólo una manera de salvarle la vida. Tomando un megáfono, gritó: «La próxima vez que la nave se incline, salta al mar». La siguiente vez que la nave se inclinó el chico miró abajo, y, no gustándole demasiado la idea de echarse el mal, siguió aferrado al mástil. El padre, que vio que pronto le fallarían las fuerzas a su hijo,

Expiación, Justificación, Arrepentimiento, Fe ...

tomó un rifle, y gritó: «¡Chico, si no saltas al mar la próxima vez que se incline la nave, te pego un tiro!». El chico se dio cuenta de que su padre lo decía de veras, y a la siguiente vez que la nave se inclinaba, saltó al mar. Parecía ir a una muerte cierta, pero se extendieron una docena de forzudos brazos, y fue salvado.

El pecador, en medio de la tempestad, cree que se ha de aferrar al mástil de sus buenas obras para ser salvo. Dice el Evangelio: «Suelta tus buenas obras y lánzate al océano del amor de Dios». «No», dice el pecador, «hay una gran distancia entre mí y el amor de Dios; pereceré si me confío a esto; he de tener algo a que aferrarme». «Si te aferras a cualquier otra cosa, estás perdido». Luego viene la ley con sus truenos, y declara al pecador que excepto que abandone toda dependencia, se perderá irremediablemente. Y luego viene el feliz momento en que el pecador dice: «Querido Señor, abandono toda mi dependencia y me abandono a ti; te tomo, Jesús, como mi único objeto en la vida, mi única esperanza, el refugio de mi alma». ¿Puede alguno de vosotros decir esto de corazón? Sé que hay algunos de vosotros que sí pueden. Ahora bien, ¿hay aquí alguno que no lo podía decir cuando entró, pero que lo pueda decir ahora? ¡Cuánto nos regocijaríamos si alguno de ellos fuese traído a Dios. Soy consciente de que no os he predicado como sería de desear. Pero si alguno ha sido llevado a creer y a confiar en el Salvador, es suficiente. Dios será glorificado.

Pero, ¡ay de vosotros los que os iréis y diréis: «este hombre ha hablado de salvación, pero a nosotros, ¿de qué nos va?». Sí, os podéis ir por vuestro camino; podéis permitiros reíros hoy de Dios y de su Evangelio; pero recordad esto, nadie se puede permitir burlarse de los botes cuando estén en una tempestad, aunque puedan estar en tierra. La muerte os persigue, y pronto os atrapará; vuestro pulso pronto dejará de latir; aunque seáis fuertes, vuestros huesos no son de bronce, ni de acero vuestras costillas; un día yaceréis en vuestros humildes lechos, donde exhalaréis vuestro último suspiro; o si tan ricos sois, moriréis en vues-

tras lujosas camas encortinadas, y tendréis que apartaros de todos vuestros gozos al castigo eterno. Encontraréis más difícil reíros entonces de Cristo; encontraréis terrible burlaros entonces del cristianismo, en el día en que la muerte os atenace. Me parece que podría ponerme a tu lado y decirte: «Vamos, búrlate ahora, escarnecedor». «¡Ah!», dirías tú, «veo que es diferente de lo que suponía; no puedo reírme ahora; tengo la muerte cerca». ¡Date, pues, por advertido, antes que llegue la muerte! ¡Date por advertido! Ha de ser un pobre ignorante quien no asegura su casa antes que se incendie; y ha de ser el más necio de todos los necios quien piense innecesario buscar la salvación de su alma hasta que llegue el último momento, y su vida corra peligro. Que Dios os dé reflexión y consideración, de modo que podáis ser conducidos a huir del pecado y voléis al cielo; y quiera Dios el Padre eterno daros aquello que yo no puedo daros: daros su gracia, que salva el alma, y que transforma a los pecadores en santos, y los recoge en el cielo. Puedo concluir únicamente con las palabras del Evangelio: «El que crea y sea bautizado, será salvo; pero el que no crea, será condenado». Habiendo dicho esto, si no hubiese dicho más, os habría predicado el Evangelio de Cristo. ¡Que el Señor os dé entendimiento en todas las cosas, y, por amor de Jesucristo, os ayude a creer!

52. LA CONFESIÓN DEL PECADO

«He pecado» (Éxodo 9:27).

INTRODUCCIÓN: Un sermón con siete textos.

I. EL PECADOR ENDURECIDO: *El Faraón.*
II. EL HOMBRE DE DOBLE ÁNIMO: *Balaam.*
III. EL HOMBRE INSINCERO: *Saúl.*
IV. EL PENITENTE DUDOSO: *Acán.*
V. EL ARREPENTIMIENTO DE LA DESESPERACIÓN: *Judas.*
VI. EL ARREPENTIMIENTO DEL SANTO: *Job.*
VII. LA BIENAVENTURADA CONFESIÓN: *El hijo pródigo.*

LA CONFESIÓN DEL PECADO

INTRODUCCIÓN

Esta mañana basaré mi sermón en siete textos, y comprometo a que en todos ellos aparezcan las mismas dos palabras, porque resulta que los siete textos son idénticos, y los vemos en siete diferentes porciones de la santa Palabra de Dios. Sin embargo, tendré que emplear los siete para ejemplificar diferentes casos; y debo pediros, a los que habéis traído vuestras Biblias, examinéis los textos según los vaya citando.

El tema del discurso será éste: la confesión del pecado. Sabemos que es del todo necesaria para la salvación. A no ser que confesemos de corazón nuestros pecados a Dios, no tenemos promesa de que vayamos a encontrar misericordia por medio de la sangre del Redentor. «El que confiesa sus pecados y se enmienda alcanzará misericordia». Pero no hay promesa en la Biblia para aquel que no quiere confesar sus pecados. Sin embargo, al igual que en todos los otros puntos de la Escritura, uno puede ser engañado, y más especialmente en esta cuestión de la confesión del pecado. Hay muchos que hacen una confesión, y una confesión delante de Dios, que, sin embargo, no reciben bendición, porque su confesión no tiene en sí ciertas marcas que Dios demanda para probar que es genuina y sincera y que demuestra que es obra del Espíritu Santo. Esta mañana mi texto se compone de dos palabras: «He pecado». Y veréis como esas palabras, en labios de gente distinta, indican sentimientos muy diferentes. Mientras uno dice: «He pecado», y recibe el perdón, otro que encontramos que dice: «He pecado», prosigue luego ensuciándose con crímenes peores que antes, y se lanzan a mayores profundidades de pecado que antes habían descubierto.

I. EL PECADOR ENDURECIDO: El Faraón

El primer caso que os presentaré es el del pecador endurecido, que cuando está aterrorizado dice: «He pecado» (Éx. 9:27). Encontraréis el texto en el libro de Éxodo, en el capítulo nueve, versículo veintisiete: «Entonces Faraón envió a llamar a Moisés y a Aarón, y les dijo: He pecado esta vez; Jehová es justo, y yo y mi pueblo impíos».

Pero, ¿por qué esta confesión de boca de un arrogante tirano? No era muy propenso a humillarse delante de Jehová. ¿Por qué se inclina ahora ese hombre soberbio? Podréis juzgar del valor de su confesión cuando oigáis las circunstancias bajo las que la hizo. «Moisés extendió su vara hacia el cielo, y Jehová hizo tronar y granizar, y el fuego se descargó sobre la tierra; y Jehová hizo llover granizo sobre la tierra de Egipto. Hubo, pues, granizo, y fuego mezclado con el granizo, tan grande cual nunca hubo en toda la tierra de Egipto desde que fue habitada». «Bien», dice Faraón, mientras está retumbando el trueno por el cielo, mientras los rayos fulgurantes están encendiendo la tierra y el granizo cae como grandes trozos de hielo: «He pecado». Es solo un ejemplo y espécimen de toda una multitud de la misma clase. ¡Cuántos pecadores endurecidos que están navegando en medio de la tempestad, cuando el casco parece que se está abriendo, los palos abatidos y la nave a la deriva arrastrada por los vientos, cuando las hambrientas olas están abriendo sus fauces para tragarse vivo el barco con todos los que están en su interior, y llevárselos al abismo, cuántos marineros endurecidos se han puesto de rodillas, con lágrimas en los ojos, y han exclamado: «He pecado»! ¿Pero qué valor tiene esta confesión? El arrepentimiento surgido en la tempestad murió al restablecerse la calma; aquel arrepentimiento engendrado en medio de los truenos y de los rayos cesó en el momento en que todo quedó en silencio y placidez, y el que había sido un piadoso marinero a bordo de la nave se volvió el más malvado y abominable marinero al poner los pies en *terra firma*. ¿Y cuántas veces no hemos visto esto en una tempestad de rayos y truenos? A muchos se les va el color del rostro cuando oyen el retumbar del trueno; se les bañan los ojos de lágrimas y gritan: «Oh, Dios, ¡he pecado!», mientras se estremece el techo de su casa y la misma tierra debajo de él vibra bajo la voz majestuosa de Dios. Pero, ¡ay de este arrepentimiento! Cuando vuelve a resplandecer el sol y se retiran las negras nubes, el pecado torna al hombre, y se vuelve peor que antes. ¿Cuántas de las confesiones hemos visto en tiempos de cólera, y peste? Entonces nuestras iglesias se han visto abarrotadas de oyentes, que, debido a tantos funerales que han visto pasar delante de sus puertas, o a que tantos han muerto por las calles, no podían dejar de acudir a la casa de Dios para confesar sus pecados. Y bajo esta visitación, cuando uno, dos y tres han muerto en la casa, o en la de los vecinos, ¡cuántos han pensado que se volverían de verdad a Dios! Pero, ¡ay!, cuando la peste hubo hecho su obra, cesó la convicción; y cuando la campana hubo tañido por última vez para una muerte causada por el cólera, entonces sus corazones dejaron de estar contritos, y sus lágrimas dejaron de brotar.

¿Tengo aquí alguno así, esta mañana? Estoy seguro de que tengo aquí a personas endurecidas que se burlarían de la idea misma de religión, que me considerarían un falsario e hipócrita si intentase convencerlos, ¡pero que saben muy bien que la religión está en lo cierto, y que son bien conscientes de ello en sus tiempos de terror! Si tengo a los tales esta noche aquí, permitid que les diga con toda solemnidad: «Señores, habéis olvidado los sentimientos que teníais en vuestra hora de alarma; pero recordad esto: Dios no ha olvidado los votos que hicisteis entonces». marinero, tú dijiste que si Dios te salvaba para volver a tierra firme, que serías entonces su siervo; no lo hiciste, por lo que has mentido a Dios; le hiciste una falsa promesa, una promesa que nunca has guardado, porque nunca has guardado el voto que tus labios pronunciaron. Dijiste, en tu lecho de dolor, que si te perdonaba la vida nunca volverías a pecar como antes; pero ahí estás: los pecados de esta semana hablarán por sí mismos. No eres mejor que lo que eras en tu enfermedad. ¿Podrías mentir a tu prójimo y quedar sin reprimenda? ¿Y crees que puedes mentir a Dios y quedar sin castigo? No; el voto, por precipitado que fuese, está registrado en el cielo. Y aunque sea un voto que el hombre no pueda cumplir, es un voto que hizo él mismo, y además voluntariamente, y será castigado por no guardarlo; y Dios lanzará su castigo sobre él al fin, porque dijo que se volvería de sus caminos, y luego, cuando le fue quitada la carga de encima, no lo hizo. En la actualidad hay una gran reacción contra que se dé libertad condicional a tantos presos; y yo no tengo duda alguna de que hay aquí algunos hombres que están ante el cielo en la misma posición que los penados en libertad condicional ante el gobierno. Estaban a punto de morir, o esto pensaban; prometieron buena conducta si se les daba remedio, y aquí están ahora, con una libertad condicional en este mundo. ¿Cómo han cumplido sus promesas? La justicia podría levantar el mismo clamor contra ellos como contra los ladrones que tantas veces se dejan sueltos. El ángel vengador podría decir: «Oh Dios, estos hombres dijeron que si se les daba una oportunidad, actuarían mucho mejor; en realidad, son peores. ¡Cómo han violado la promesa y cómo se han atraído sobre sus cabezas la ira divina!». Este es el primer estilo de penitencia; y es un estilo que espero que ninguno de vosotros imitéis, porque es totalmente indigna. De nada vale que digáis «He pecado» solo bajo la influencia del terror, y que luego os olvidéis.

II. EL HOMBRE DE DOBLE ÁNIMO: Balaam

Pasemos ahora a nuestro segundo texto. Desearía presentaros otro carácter: *el hombre inconstante,* que dice: «He pecado» (Nm. 22:34), y siente que lo ha hecho, y que además lo siente profundamente, pero que tiene una mentalidad tan mundana que «ama la recompensa de la iniquidad». El carácter que he escogido para ilustrar esto es el de *Balaam.* Pasemos al libro de los Números (cap. 22, v. 34): «Y Balaam dijo al ángel del Señor: He pecado".

«He pecado», dijo Balaam, pero prosiguió después con su pecado. Uno de los caracteres más extraños del mundo es el de Balaam. A menudo me he maravillado acerca de aquel hombre; parece realmente en otro sentido haber surgido de las líneas de Ralph Erskine:

«Dispuesto por igual al bien y al mal,
Un santo y un diablo por igual».

Porque parecía ser una cosa y la otra. En ocasiones nadie parecía hablar de ma-

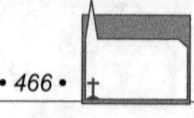

nera más elocuente y veraz, y en otras ocasiones exhibía la codicia más mezquina y sórdida que pudiese manchar la naturaleza humana. Imagina que ves a Balaam. Está de pie sobre la cresta del monte, y contempla bjo sus pies a las multitudes de Israel; le piden que maldiga a Israel, y exclama: «¿Cómo maldeciré a quien Dios no ha maldecido». Y al abrirle Dios los ojos, comienza a hablar aun acerca de la venida de Cristo, y dice: «Lo veré, mas no ahora; lo miraré, mas no de cerca». Y luego resume su oración diciendo: «Muera yo la muerte de los rectos, y mi postrimería sea como la suya». Y vosotros diréis que este hombre es un carácter que presenta esperanzas. Esperad hasta que haya bajado de la cresta del monte, y le oiréis dando al rey de Moab el consejo más diabólico que pudiera el mismo Satanás sugerir. Le dijo al rey: «No puedes vencer a esta gente en batalla, porque su Dios está con ellos; intenta seducirlos y apartarlos de su Dios». Y sabéis cómo mediante seducciones lascivas los de Moab intentaron seducir a los hijos de Israel a que se apartasen de Jehová; de modo que este hombre parecía en ocasiones tener una voz de ángel, y también la misma alma de un demonio en sus entrañas. Era un terrible carácter; era un hombre de dos cosas, un hombre que se daba a dos cosas distintas y ello en gran medida. Sé que la Escritura dice: «Ninguno puede servir a dos señores». Ahora bien, esto a menudo se entiende mal. Algunos leen así: «Ninguno puede *servir a dos* señores». Sí que puede; puede servir a tres o cuatro. La manera de leerlo es ésta: «Ninguno puede servir a dos *señores*». Los dos no pueden ser ambos señores. Puede servir a dos, pero no pueden los dos ser su señor. Un hombre puede servir a dos que no serán sus señores, o a veinte. Puede vivir para veinte propósitos diferentes, pero no puede vivir para más que un propósito maestro. En su alma solo puede haber un propósito maestro. Pero Balaam trabajaba para servir a dos; era como la gente de la que se dice: «Temían a Jehová, y servían a otros dioses». O como Rufus, que era masa de la misma levadura; porque ya sabéis que el antiguo rey Rufus de Inglaterra pintó a Dios a un lado de su escudo, y al diablo en el otro, y debajo puso el lema: «Listo para ambos; que me coja quien pueda». Muchos hay así que están listos para ambos. Se encuentran con un ministro, ¡y qué piadosos y santos son! El domingo son las personas más respetables y rectas del mundo, o así lo pensarías; incluso afectan un tono en su manera de hablar que ellos piensan que es sumamente religioso. Pero durante la semana, si quieres hallar a los mayores granujas y sinvergüenzas, son algunos de esos que son tan santurrones en su piedad. Ahora bien, tened la certeza, amigos, de que no puede ser genuina ninguna confesión de pecado a no ser que sea hecha de todo corazón. De nada sirve que digas «He pecado» si luego sigues pecando. «He pecado», afirmas tú, mostrando un rostro angelical; pero, ¡ay!, del pecado que saldrás a cometer. Algunos hombres parecen haber nacido con dos caracteres.

Cuando estuve en la biblioteca de Trinity College, en Cambridge, observé una hermosa estatua de Lord Byron. El bibliotecario me dijo: «¡Póngase aquí, señor!». Miré, y dije: «¡Qué rostro más finamente intelectual! ¡Qué genio era!» «Venga aquí», me dijo luego, «al otro lado». «¡Ah, qué demonio! Ahí está el hombre que podía desafiar a la deidad» Parecía tener un ceño tan fruncido y una sonrisa tan impúdica y terrible dibujada en su rostro, como Milton habría podido pintar a Satanás cuando dijo: «Mejor reinar en el infierno que servir en el cielo». Me aparté y pregunté al bibliotecario: «¿Cree usted que el artista lo hizo así a propósito?». «Sí», res-pondió, «quería presentar los dos caracteres: el genio grande, magno, casi sobrehumano que poseía, y sin embargo la enorme acumulación de pecado que había en su alma». Hay aquí algunos hombres de esta misma clase. Me atrevería a decir que, como Balaam, podrían vencer toda clase de argumento con sus encantamientos; podrían obrar milagros; pero, al mismo tiempo, hay algo en ellos que manifiesta un horrendo carácter de pecado, tan grande como el que parecería ser su carácter para rectitud. Balaam, como sabéis, ofreció sacrificios a Dios sobre el altar de Baal; así era su carácter. Y así lo hacen muchos; ofrecen sacrificios a Dios en el santuario de Mamón; y mientras que dan para edificar una iglesia y dan limosnas a los pobres, en cambio, a la otra puerta de su casa de préstamos muelen a los pobres por pan y exprimen hasta la última gota de la sangre de la viuda, para enriquecerse. ¡Ah!, de nada vale, es inútil que digáis: «He pecado», si no lo decís de corazón. De nada vale esta confesión de doble ánimo.

III. EL HOMBRE INSINCERO: *Saúl*

Y ahora un tercer carácter, y un tercer texto. En el primer libro de Samuel (cap. 15, v. 24: «Entonces Saúl dijo a Samuel: Yo he pecado».

Aquí tenemos al *hombre insincero,* al que no es como Balaam, hasta un cierto punto sincero en dos cosas, sino al que es precisamente lo opuesto. Es un hombre sin un punto destacado en su carácter en absoluto, sino siempre moldeado por las circunstancias que le sobrevienen. Un hombre así era *Saúl*. Samuel le reprendió, y le respondió: «He pecado». Pero no era esto lo que quería decir, porque si leemos el versículo entero, le encontraremos diciendo: «He pecado; pues he quebrantado el mandamiento de Jehová y tus palabras, *porque temí al pueblo*». Eso era una excusa mentirosa. Saúl nunca había temido a nadie. Estaba siempre listo para hacer su propia voluntad: él era un déspota. Y justo antes había presentado otra excusa: que había dejado a los becerros y a las ovejas para ofrecerlas a Jehová. Por tanto, ambas excusas no podían ser verdad. Recordaréis, amigos, que el rasgo más destacado de Saúl era su falta de sinceridad. Un día mandó sacar a David de su cama con la intención de matarlo. En otra ocasión declara: «Dios no quiera que yo haga nada contra ti, hijo mío, David». Un día, porque David le perdonó la vida, dice: «Tú eres más justo que yo; no iré más contra ti». El día anterior había ido en pos de su propio yerno para matarlo. Algunas veces Saúl estaba entre los profetas, fácilmente transformado en profeta, y luego después entre las brujas; a veces en un lugar, a veces en otro, e insincero en todo. ¡Cuántos de éstos tenemos en cada asamblea cristiana! ¡Hombres que son fácilmente moldeados! Diles lo que te plazca, y siempre están de acuerdo contigo. Tienen una disposición afectuosa, y muy probablemente una conciencia muy tierna; pero tan notablemente tierna que cuando es tocada parece ceder, y entonces tienes miedo de hurgar más a fondo: sana tan pronto como queda herida. Creo que usé esta singular comparación una vez ya, pero debo volverla a emplear: los hay que parecen tener corazones de caucho. Si sólo los tocas, se muestra en ellos una huella; pero de nada sirve, porque pronto vuelven a su carácter original. Puedes apretarlos como quieras. Son tan elásticos que puedes siempre hacer lo que quieres. Pero no quedan fijados en su carácter, y pronto vuelven a lo que eran antes. Oh, muchos de vosotros habéis hecho lo mismo. Habéis inclinado la cabeza en la iglesia y habéis dicho: «Hemos errado y nos hemos desviado de tus caminos», y no sentíais lo que decíais. Habéis acudido a vuestro ministro; le habéis dicho: «Me arrepiento de mis pecados». Pero no sentías que eras un pecador; sólo lo decías para agradarle. Y ahora asistes a la casa de Dios; no hay nadie más impresionable que tú; las lágrimas de rodarán por las mejillas en el acto, pero, a pesar de todo, las lágrimas se te secan tan pronto como salen, y permaneces, para todos los propósitos, como el mismo que eras antes. Decir «he pecado» sin sentirlo es peor que malo, porque es una burla a Dios confesar con un corazón insincero.

He tratado brevemente este carácter, porque parece coincidir con el de Balaam, aunque cualquier persona reflexiva verá en el acto el verdadero contraste entre Saúl y Balaam, aunque haya una afinidad entre ambos. Balaam era el gran malo, grande en todo lo que hacía; Saúl era mezquino en todo, excepto en estatura; mezquino en lo que había de bueno en él, y mezquino en sus vicios. Era demasiado insensato para ser desesperadamente malo, aunque demasiado malvado para ser bueno en momento alguno. En cambio, Balaam era grande en ambas cosas: el hombre que podía desafiar a Jehová en un momento, y decir en otra ocasión: «Aunque Balac me diese su casa llena de plata y oro, no puedo traspasar la palabra de Jehová mi Dios para hacer cosa chica o grande».

IV. EL PENITENTE DUDOSO: *Acán*

Y ahora debo presentaros un caso sumamente interesante: el caso de un penitente dudoso, el de *Acán* en el libro de Josué (cap. 7, v. 20): «Y Acán respondió a Josué diciendo: Verdaderamente yo he pecado».

Sabéis que Acán robó algo del botín de la ciudad de Jericó, que fue descubierto por suertes y ejecutado. He apartado este caso como representativo de algunos cuyos carácteres son dudosos en su lecho de muerte; que aparentemente se arrepienten, pero de los que todo lo que podemos decir es que esperamos que sus almas se salvaron al fin, pero que ciertamente no lo podemos decir. Acán, como sabéis, fue apedreado por haber contaminado a Israel. Pero hallo en la Misná —antigua exposición judía de la Biblia— estas palabras: «Josué dijo a Acán, El Señor te angustiará a ti *este* día». Y la nota que da es: «Dijo *este* día, implicando que iba a ser sólo angustiado en esta vida, siendo apedreado, pero que Dios tendría misericordia de su alma, siendo que había hecho una plena confesión de su pecado». Y también yo me siento inclinado, por la lectura del capítulo, a coincidir con la idea de mi venerable y ahora glorificado predecesor, el doctor Gill, y creer que Acán fue realmente salvado, aunque fue muerto por el crimen, como ejemplo. Porque observaréis la bondad con que le habló Josué. Le dijo: «Hijo mío, da gloria a Jehová el Dios de Israel, y dale alabanza, y declárame ahora lo que has hecho; no me lo escondas». Y encontramos a Acán haciendo una muy plena confesión. Dice: «Verdaderamente yo he pecado contra Jehová el Dios de Israel, y así y así he hecho. Pues vi entre los despojos un manto babilónico muy bueno, y doscientos siclos de plata, y un lingote de oro de peso de cincuenta siclos, lo cual codicié y tomé; y he aquí que está escondido bajo tierra en medio de mi tienda, y el dinero debajo de ello». Parece una confesión tan plena que —si se me permite juzgar— diría:

«Espero encontrar a Acán, el pecador, delante del trono de Dios». Pero veo que Matthew Henry no pensaba así; y muchos otros expositores consideran que tal como su cuerpo fue destruido, también su alma se perdió. Por eso he seleccionado su caso como el de un arrepentimiento dudoso. ¡Ah, queridos amigos!, me ha tocado a mí estar junto a muchos lechos de muerte y ver muchos arrepentimientos como éste. He visto a un hombre, cuando estaba ya hecho un esqueleto, sostenido por almohadones en su cama, y ha dicho, cuando le hemos hablado del juicio venidero: «Señor, siento que he sido culpable, pero Cristo es bueno; confío en él». Y he dicho para mis adentros: «Creo que el alma de este hombre está a salvo». Pero siempre he salido con la misma reflexión deprimida de que no tenía ninguna prueba de ello, excepto sus propias palabras; porque se precisa de prueba en hechos y en la vida para poder dar convicción a otros de la salvación de uno. Sabéis aquella gran investigación que hizo un médico, que mantuvo un registro de mil personas que habían estado a las puertas de la muerte, convencidas de que iban a morir, y que pensaba que eran personas arrepentidas; escribió sus nombres en un libro como los de aquellos que, si hubiesen muerto, habrían ido al cielo. Pero no murieron, sino que vivieron; y dice que de los mil no hubo tres que mantuviesen su arrepentimiento después, sino que volvieron a sus pecados, y se mostraron tan malos como siempre. ¡Ah, queridos amigos, espero que ninguno de vosotros tenga un arrepentimiento de lecho de muerte así! Espero que vuestro ministro o vuestros padres no tengan que estar junto a vuestra cama y luego se alejen diciendo: «Pobre muchacho, espero que haya sido salvo». ¡Ay, ay!, los arrepentimientos de lecho de muerte son una cosa muy insustancial; son una base tan pobre y trivial para la esperanza que tengo miedo de que, a fin de cuentas, aquella alma esté perdida. ¡Ah!, morir con una plena certidumbre; morir con una entrada abundante, dejando detrás el testimonio de que hemos partido de esta vida en paz! Es una manera mucho más feliz que morir de una manera dudosa, yaciendo enfermo flotando entre dos mundos, y no sabiendo, ni nosotros ni nuestros amigos, a cuál de los dos mundos vamos a ir. Que Dios nos conceda gracia para dar en nuestras vidas evidencia de una verdadera conversión, para que nuestro caso no sea dudoso.

V. EL ARREPENTIMIENTO DE LA DESESPERACIÓN: *Judas*

No os detendré demasiado, espero, pero debo ahora daros otro caso malo; el peor de todos. Es *el arrepentimiento de la desesperación.* ¿Queréis pasar al capítulo 27 de Mateo, versículo 4? Allí tenéis el terrible caso del arrepentimiento de la desesperación. Reconoceréis el carácter en el momento en que os lea el versículo: «Y Judas dijo: He pecado». Sí, Judas, el traidor, que había entregado a su Señor, cuando vio que condenaban al Señor, «sintió remordimiento y devolvió las treinta piezas de plata a los principales sacerdotes y a los ancianos, diciendo: He pecado, entregando sangre inocente... Entonces arrojó las piezas de plata en el templo», ¿y qué más?... «Y se retiró; y fue *y se ahorcó*». Aquí tenemos la peor clase de arrepentimiento de todos; de hecho, no creo que haya justificación para llamarlo arrepentimiento; es en realidad remordimiento de conciencia. Pero Judas confesó su pecado, luego fue y se ahorcó. ¡Oh, aquella horrorosa, terrible, repulsiva confesión de desesperación! ¿Nunca la has visto? Si nunca la has visto, entonces bendice a Dios que nunca has sido llamado a ver tal espectáculo. Lo he visto una vez en mi vida, y ruego a Dios que no tenga que volverlo a ver, el arrepentimiento del hombre que ve la muerte mirándole cara a cara, y que dice: «He pecado». Le dices que Cristo ha muerto por los pecadores, y te responde: «¡No hay esperanza para mí; he maldecido a Dios a la cara; le he desafiado; sé que para mí ha pasado ya el día de la gracia; mi conciencia está cauterizada con un hierro al rojo; muero, y sé que quedaré perdido!». Un caso así sucedió hace largo tiempo, como ya sabéis, y está registrado el caso de Francis Spira, el caso más terrible, tal vez, excepto el de Judas, que haya sido registrado, en la memoria del hombre.

¡Oh, oyentes míos! ¿Tendrá alguno de vosotros un arrepentimiento así? Si así os sucede, será un fanal para todas las personas que pequen en el futuro; si tenéis un arrepentimiento así, será una advertencia para las generaciones venideras. En la vida de Benjamín Keach, y él fue también uno de mis predecesores, se dio el caso de un hombre que había sido un profesante cristiano, pero que se había apartado de la confesión, y había caído en terribles pecados. Cuando le llegó la hora de la muerte, Keach fue con muchos otros amigos a verle, pero no pudieron quedarse más de 20 minutos a la vez, porque decía:

—Idos, de nada vale que vengáis a verme; he pecado y alejado al Espíritu Santo. Soy como Esaú, he vendido mi primogenitura, y aunque la busque solícitamente con lágrimas, nunca la podré volver a encontrar.

Y entonces repetía palabras terribles como ésta:

—Tengo la boca llena de grava y bebo ajenjo día y noche. ¡No me habléis de Cristo, no me habléis de él! Sé que es Salvador, pero le odio, y él me odia. Sé que debo morir, sé que debo perecer!

Luego seguían terribles gemidos y repugnantes ruidos que nadie podía soportar. Volvían de nuevo en sus momentos plácidos, sólo para agitarlo otra vez y hacerle gritar en su desesperación

—¡Estoy perdido... perdido! De nada sirve que me digáis nada sobre esto!

¡Ah!, puede que haya aquí alguien que vaya a tener una muerte así; dejad que le advierta, antes de que llegue a tal punto; y que Dios el Espíritu Santo le conceda que sea devuelto a Dios y que tenga un verdadero arrepentimiento, y entonces no deberá temer más; porque aquel a quien le han sido lavados sus pecados en la sangre del Salvador no debe tener más remordimiento de sus pecados, porque son perdonados por medio del Redentor.

VI. EL ARREPENTIMIENTO DEL SANTO: *Job*

Y ahora entro en la luz del día. Os he estado mostrando tenebrosas y penosas confesiones; no os detendré más en ellas, sino que os presentaré las dos confesiones que os he leído. La primera es la de Job (7:20-RV): «Pequé, ¿qué te haré, oh Guarda de los hombres?». Éste es el arrepentimiento del hombre que es ya un hijo de Dios, un arrepentimiento aceptable delante de Dios. Pero como quiero tratar acerca de esto por la noche, lo dejaré por ahora, por temor de cansaros. David fue otra muestra de esta clase de arrepentimiento, y querría que estudiaseis con cuidado su Salmo penitencial, el lenguaje del cual está lleno de una llorosa humildad y profunda penitencia.

VII. LA BIENAVENTURADA CONFESIÓN:
El hijo pródigo

Llego ahora al último caso que mencionaré; es el caso del pródigo. En Lucas 15:18 encontramos al pródigo que dice: «Padre, he pecado». ¡Ah, aquí tenemos una *bienaventurada confesión*! Aquí tenemos lo que prueba que un hombre tiene un carácter regenerado: «Padre, he pecado». Dejad que os presente la imagen. Aquí tenemos al pródigo. Ha huido de un buen hogar y de un padre amante, y ha malgastado todo su dinero con prostitutas, y ahora nada le queda. Va a sus viejos amigos y les pide ayuda. Se burlan de él a risotadas. «Oh», dice él, «habéis bebido mi vino muchos días; siempre he sido el que pagaba todas nuestras juergas; ¿no me queréis ayudar?». «Lárgate», le dicen, y le echan fuera. Va a todos aquellos con los que había tenido relaciones, pero nadie le da nada. Al final, un cierto ciudadano de aquel país le dice: «Quieres un trabajo, ¿no? Bien, ve a apacentar mis cerdos». El pobre pródigo, hijo de un rico terrateniente, que tenía una gran fortuna propia, tiene que salir a guardar cerdos. ¡Y él es judío! Era el peor empleo que le podían asignar. Míralo, en pobres harapos, alimentando cerdos, ¿y cuál es su sueldo? Es tan mísero que «deseaba llenar su vientre de las algarrobas que comían los cerdos, pero nadie se las daba». Mira, allá está, con los compañeros de la pocilga, en todo su cieno y suciedad. De repente un pensamiento, puesto allá por el buen Espíritu, le da en la mente. «¡Cuántos jornaleros en casa de mi padre tienen abundancia de pan, y yo aquí perezco de hambre! Me levantaré e iré a mi padre, y le diré: Padre, he pecado contra el cielo y ante ti. Ya no soy digno de ser llamado hijo tuyo; hazme como a uno de tus jornaleros». Y se va. Va mendigando su pan de ciudad en ciudad. A veces, tal vez consigue que le suban en un carro, pero en otras ocasiones va andando por montes desolados y descendiendo en solitario por oscuras hondonadas. Y ahora, por fin, llega al monte fuera del pueblo, y puede divisar abajo la casa de su padre. Allá está; el viejo álamo junto a la casa, y los pajares alrededor de los que tanto su hermano como él solían correr y jugar; y al ver el viejo hogar le embargan todos los sentimientos y asociaciones de su vida anterior, y las lágrimas le ruedan por las mejillas y está casi listo a irse corriendo otra vez. Dice para sí: «Quizás el padre habrá muerto ya. Tal vez a mi madre se le partió el corazón cuando me fui, yo era siempre su preferido. Y si ninguno de los dos vive, nunca me querrán volver a ver. Me echarán la puerta a la cara. ¿Qué haré? No puedo volver atrás, y tengo miedo de seguir adelante».

Y mientras estaba así deliberando, su padre había estado paseándose por la terraza, esperando si veía a su hijo. Y aunque el hijo no podía ver a su padre, el padre pudo verlo. Bueno, el padre baja las escaleras corriendo con todas sus fuerzas, va corriendo hacia él, y mientras él está pensando en volverse, siente los brazos de su padre alrededor de su cuello, y que empieza a besarle, como un padre ciertamente amante, y luego el hijo comienza a decir: «Padre, he pecado contra el cielo y ante ti. Ya no soy digno de ser llamado hijo tuyo», y cuando va a decir: «hazme como uno de tus jornaleros», el padre le pone la mano en la boca. «Nada más de esto», dice él. «Te lo perdono todo; nada de ser jornalero, nada de esto. Ven», dice él, «entra, pobre pródigo». Y llama a los siervos: «¡Eh!, traed de prisa el mejor vestido, y vestidle; y poned un anillo en su mano y calzado en sus pies sangrantes; y traed el becerro gordo, y matadlo, y comamos y alegrémonos; porque este mi hijo estaba muerto, y ha revivido; se había perdido, y ha sido hallado. Y comenzaron a

Expiación, Justificación, Arrepentimiento, Fe ...

alegrarse». ¡Oh, qué preciosa acogida para el mayor de los pecadores! Dice el buen Matthew Henry: «Su padre le vio, eran ojos de misericordia; corrió a recibirle, eran piernas de misericordia; puso sus brazos alrededor de su cuello, eran brazos de misericordia; le besó, eran besos de misericordia; le dijo, y fueron palabras de misericordia: "traed el mejor vestido"; fueron actos de misericordia, maravillas de misericordia, todo misericordia. ¡Oh, qué Dios de misericordia es él!».

Ahora, pródigo, haz tú lo mismo. ¿Lo ha puesto Dios en tu corazón? Hay muchos que han estado huyendo mucho tiempo. ¿Has oído a Dios llamando: «Vuelve»? Oh, te pido que vuelvas, entonces, porque tan de cierto que vuelves que él te hará entrar. Nunca ha habido un pecador que acudiese a Cristo a quien Cristo rechazase. Si te rechaza, tú serás el primero. ¡Oh, si quisieras sólo probar y ver que él es bueno! «Ah, señor, ¡soy tan negro, tan sucio, tan vil!» Pues ven; no puedes ser más negro que el pródigo. Acude a la casa de tu padre, y tan de cierto como él es Dios, guardará su palabra: «Al que a mí viene, de ningún modo le echaré fuera» (Jn. 6:37).

¡Oh, si pudiese oír que alguno ha venido esta mañana hasta Cristo, verdaderamente bendeciría a Dios! Os he de contar aquí una destacada circunstancia, por la honra de Dios y de Cristo, y luego habré terminado. Recordaréis que una mañana mencioné el caso de un incrédulo que había sido un escarnecedor y adversario, pero que, por la lectura de uno de mis sermones impresos, había sido llevado a la casa de Dios y a los pies de Cristo. Bien, la última navidad el mismo incrédulo recogió todos sus libros y con ellos fue hasta el mercado de Norwich; allí hizo una pública abjuración de todos sus errores y confesó públicamente a Cristo, y posteriormente, tomando todos sus libros que había escrito y que tenía en su casa sobre cosas malvadas, los quemó todos delante de la gente. He bendecido a Dios por una maravilla tan magnífica de la gracia, y oro porque haya muchos más que, aunque han nacido pródigos, vuelvan aún al hogar, diciendo: «He pecado».

53. UNA ADVERTENCIA DESOÍDA

«El sonido de la trompeta oyó, y no se apercibió; su sangre será sobre él; mas el que se apercibiere librará su vida» (Ezequiel 33:5).

INTRODUCCIÓN: Las creencias de los hombres.

I. LA ADVERTENCIA
1. Apercibirse de la alarma.
2. Hacer caso de la alarma.
3. No hay que rechazar el aviso.

II. EXCUSAS
1. Reacciones al mensaje.

III. LA MALDICIÓN
1. La muerte eterna.
2. El resultado de la advertencia.

CONCLUSIÓN: El mensaje del Evangelio trae la salvación.

UNA ADVERTENCIA DESOÍDA

INTRODUCCIÓN

En todas las cosas del mundo, los hombres están lo suficientemente espabilados para entender cuáles son sus propios intereses. Estudian si el alza o la caída de los mercados, les hará ganadores o perdedores. En la política y de hecho, en todo lo que concierne a los asuntos temporales, los intereses personales son los que llevan la delantera. Los seres humanos siempre están mirando por su propia conveniencia. Los asuntos personales e intereses hogareños, engrosan la mayor parte de sus pensamientos. Sin embargo, en materia de religión, la cosa cambia. En los temas espirituales los hombres prefieren creer en doctrinas abstractas y hablar de verdades generales, que no necesitan un examen a fondo para su interés particular. Oiréis a muchas personas que admiran a los predicadores que tratan los temas en su generalidad, no dando lugar a preguntas investigadoras de índole personal que les puedan ofender. Si predicamos sobre hechos generales, tales como la pecaminosidad universal de la humanidad, o la necesidad de un Salvador, estarán de acuerdo con nuestra doctrina y posiblemente se retiren muy complacidos con el mensaje, porque no les ha afectado personalmente. Pero cuán a menudo nuestra audiencia cruje los dientes y sale de este salón llena de furia porque, como los fariseos con Jesús, perciben que el fiel ministro del Señor ha estado hablando sobre ellos. Mis hermanos, ¡qué tontería más grande es ésta! Si en todos los demás asuntos nos gusta que nos hablen de forma personal, si buscamos la respuesta para todas nuestras preocupaciones, ¡cuánto más deberíamos hacerlo en el caso de las cosas espirituales! Es seguro que en el día del juicio, cada hombre tendrá que dar cuenta a Dios de sí. Hemos de morir solos, y en el día de la resurrección nos levantaremos uno por uno, para comparecer ante el tribunal de Dios, y cada uno tendrá que oír de forma individual las expresiones, «venid benditos» o «apartaos de mí, malditos». Si hubiera algo como la salvación nacional, si fuera posible que fuésemos salvos como muchedumbres o en conjunto, como las gavillas de cereales, las malas hierbas que crecieran con el rastrojo, serían recogidas junto con el trigo. Entonces, es posible que no fuera tan descabellado descuidar nuestros intereses personales. Cada hombre ha de comparecer él solo ante Dios, para ser juzgado por sus hechos por todo aquello que es racional y que le ha dictado su conciencia y sus propios intereses. Miremos entonces muy cuidadosamente nuestro propio ser, para que no seamos engañados y nos encontremos entre aquellos a los que Dios dice: «Apartaos de mí, malditos».

Ahora, en esta mañana, con la ayuda de Dios, trataré de dirigirme a vosotros de forma personal, mientras ruego por la apreciada asistencia del Espíritu Divino. También le pediré algo a cada persona aquí presente le pediré a cada cristiano que eleve una oración a Dios, para que el culto sea bendecido, y a las demás personas que no son de Cristo, les pediré que entiendan bien que les estoy predicando a ellos de forma personal. Si dijere algo pertinente a tu propio caso, te rogaría por la vida y por la muerte, que no empieces a pensar en tu vecino, a quien mis palabras pueden ser aún más pertinentes, pero cuya vida no le concierne a él.

El texto de hoy es muy solemne; «cualquiera que oyere el sonido de la trompeta y no se apercibiere, y viniendo la espada lo hiriere, su sangre será sobre su cabeza» (Ez. 33:4). El primer punto es éste: el apercibimiento de ese sonido era lo que cada uno debía desear cualquiera que oyere el sonido de la trompeta. Segundo, las excusas por no haber oído dicha advertencia eran todas frívolas y malvadas: por lo tanto, en tercer lugar, las consecuencias de la falta de atención son terribles, porque la sangre del hombre debe ser sobre su cabeza.

I. LA ADVERTENCIA

1. Primero, la advertencia era todo lo que el hombre debía desear. Cuando en tiempos de guerra un ejército es atacado por la noche y destruido mientras duerme, es porque sus hombres no han sido conscientes del ataque que venía sobre ellos. Aunque hubieran puesto los centinelas que debían, el ejército enemigo era tan fiero como para destruirlos de cualquier manera. Ante un caso así, todos lloraríamos y le daríamos a dicho ejército nuestro más sentido pésame. Pero suponed que dicho ejército hubiera puesto sus centinelas, y que estos les advirtieron contra el peligro que se acercaba. Si estos soldados hubieran sido destruidos por estar de brazos caídos por su pereza, no nos inspirarían tanta lástima. Su sangre debe ser sobre sus propias cabezas. Lo mismo sucede contigo. Si los hombres mueren bajo un ministerio infiel, y no han sido lo bastante advertidos para escapar de la ira que ha de venir, podemos tenerles lástima. Aún cuando tengan que comparecer ante el trono de Dios, y no hayan sido suficientemente advertidos, esto no les servirá de excusa. Sabemos que en el día de juicio, será más tolerable el castigo que caerá sobre Tiro y Sidón, que sobre cualquier ciudad o nación en la que se haya rechazado el Evangelio. Pero mis hermanos, imaginad que hemos sido debidamente advertidos, que nuestros ministros de Dios han sido fieles en su mensaje, despertando nuestras conciencias

y llamando nuestra atención sobre la ira que ha de venir. Sin embargo, a pesar de todo no hemos tenido en cuenta el contenido de sus mensajes, despreciando así la voz de Dios. Por tanto, si perecemos, lo haremos conscientes, moriremos bajo las palabras del Evangelio y nuestra condenación no merecerá lástima, pues nuestra sangre debe caer sobre nuestras propias cabezas. Permitidme pues, si es que puedo hacerlo, prolongar mi mensaje sobre este pensamiento, que en el caso de muchos de vosotros, las advertencias han sido todo lo que necesitabais. En primer lugar, las advertencias de los ministros de Dios han sido oídas por la mayoría de vosotros. «El sonido de la trompeta oyó» (v. 5). En tierras lejanas y aisladas, no se oye el sonido de advertencia de la trompeta. Hay miradas de hombres y mujeres que no saben nada acerca de la ira de Dios, y que no entienden el único medio de salvación. Pero tu caso es muy distinto. Tú has oído la Palabra de Dios que te ha sido predicada. Cuando estés ante Dios, no podrás decir: «Señor, yo no lo sabía». No hay ni un hombre ni una mujer en este lugar que se atreva a decir que era ignorante con respecto a la advertencia. Y más aún, no sólo habéis oído las advertencias con vuestros oídos, sino también en vuestras conciencias. Tengo ante mí muchos oyentes a quienes tengo el placer de ver ya por algunos años. No ha sido una vez, ni dos, sino muchas veces que he visto salir lágrimas de sus ojos cuando les hablo de una forma ardiente, fiel y afectuosa. He visto cómo vuestra alma se agita dentro de vosotros y aún así, para mi desgracia, sois ahora los mismos que erais entonces. Sois como las nubes tempranas, que a medida que avanza la mañana, desaparecen. Habéis oído el Evangelio muchas veces, llorando al oírlo, y os gusta que os predique sobre él. Así es que volvéis a venir y a llorar, y muchos se maravillan de que lloréis, pero la maravilla más grande es, que después de haber llorado tanto, os enjuguéis las lágrimas tan fácilmente. ¡Oh, amigos, Dios me es testigo de que algunos de vosotros no estáis ni un centímetro más cerca del cielo, sino que habéis sellado vuestra propia condenación!

Habéis oído el Evangelio sin hacerle caso, habéis despreciado las profecías, habéis rechazado el consejo de Dios para vosotros, y por lo tanto, cuando muráis, vuestros amigos se morirán de pena, pero vuestra sangre será sobre vuestras cabezas.

2. La trompeta no fue solamente oída, sino lo que es más, su advertencia fue bien entendida. Cuando el supuesto hombre de nuestro texto, oyó la trompeta, entendió por medio de ella que el enemigo estaba cerca, y sin embargo no tomó ninguna precaución. Ahora, mis hermanos, en vuestro caso, comprendisteis muy bien el sonido del Evangelio advirtiendo del peligro. Vuestros pastores podrán tener mil faltas o defectos, pero hay una de la que están completamente libres, y es que pueden usar un lenguaje excelente para expresar sus pensamientos. Todos vosotros sois mis testigos de que si hubiera una palabra sajona, o una frase casera, o una expresión como las que usa la gente del mercado que os dijera la verdad, siempre la usaría en mis mensajes. Puedo decir solemnemente delante de Dios, que nunca me retiré de mi púlpito, a no ser en la firme creencia de que si algo les sucediera a mis oyentes, ellos habían entendido mi mensaje perfectamente bien. Siempre he buscado reunir palabras adecuadas, para que ninguno pueda malinterpretar su significado. Si quieren que hagan crujir sus dientes, pero no podrán decir: «El predicador habló de manera poco clara, usando expresiones metafísicas más allá de mi comprensión». Así, se ven obligados a declarar, bueno, yo sé lo que ha querido decir, para mí habló lo suficientemente claro. Bien, señores, entonces si esto es así, y si tuvisteis suficientes advertencias que habéis entendido perfectamente, sois aún más culpables, por estar viviendo de espaldas a ellas. Si os he predicado en un estilo que está más allá de la comprensión, entonces vuestra sangre debe estar sobre mi cabeza, porque mi obligación y mi deber, era predicaros de forma que pudierais entenderlo perfectamente. Me he llegado a la gente de un bajo estrato social y he acomodado mis palabras a su lenguaje y me han entendido la advertencia, pero siguen sin hacer caso. De esta manera, mis

manos estarán limpias de su sangre. Si fueseis condenados, yo soy inocente de vuestra condenación, pues os he dicho sencilla y claramente, que a menos que os arrepintáis, moriréis eternamente, y que si no ponéis vuestros corazones en el Señor Jesucristo, no hay para vosotros esperanza de salvación.

Repito, ese sonido de la trompeta fue estridente. El sonido de la trompeta siempre ha sido considerado como el más estruendoso de todos los instrumentos. Este sonido será el que se use la mañana de la resurrección para despertar a miradas de durmientes, y hacerlos levantar de sus tumbas. ¡Ay, vosotros habéis tenido un ministerio estridente! Algunos de vosotros habéis estado bajo ministros que hubieran podido hacer temblar al mismo diablo. Tan entusiastas han sido, que a veces os han hecho temblar y os han asustado tanto, que esa noche no pudisteis dormir. El cabello de vuestras cabezas se os ponía de punta. Estos ministros hablaban como si no fueran a hacerlo nunca más; como hombres que se están muriendo, para hombres que se están muriendo. Hablaban como si se encontraran en el infierno, y sabían comunicar la venganza del Todopoderoso. Predicaban como si hubieran entrado en el corazón de Jesús y hubieran podido leer allí su amor para con los pecadores. Estos predicadores tienen la frente de bronce, y nunca se echan atrás. Os predican vuestras iniquidades desnudas ante vuestra cara, y con un lenguaje rudo que es inequívoco, os hacen sentir que hay un hombre que os ha dicho todas las cosas que habéis hecho en vuestra vida. Tanto es así, que no podéis evitar el daros por aludidos. Siempre guardaréis un aprecio muy especial para este ministro de Dios, porque sentís que por lo menos es honesto con vosotros. A veces iríais a oírlo una y otra vez porque oyéndolo vuestra alma recibe el impacto y escucháis la verdad. Así es, algunos de vosotros tenéis un ministro estridente. Entonces, señores, si habéis oído el grito de ¡fuego! y sois quemados sobre vuestras camas, vuestras cenizas no me acusarán Si os he advertido que debéis creer, o si no, ser condenados, vuestras almas miserables no podrán acusarme. Tal vez os he sobresaltado de vuestro sueño profundo, o como consecuencia de haberos advertido estas cosas, he hecho que os sintáis incómodos en vuestros momentos de placer. Entonces señores, si a pesar de todo dejáis de lado dichas advertencias, me obligáis a decir, mi sangre será sobre mi propia cabeza.

3. En muchos de vosotros, la advertencia ha sido muy frecuente. Si el hombre oye una vez el sonido de la trompeta y no lo toma en cuenta, posiblemente podemos perdonarle, pero ¡cuántos de los que están esta noche aquí, han oído el sonido de la trompeta del Evangelio de manera muy frecuente! Allí estás tú, hombre joven. Has tenido muchos años de enseñanza cristiana de tu madre y otros tantos de exhortaciones de tu pastor. Has oído cantidad de sermones. Has experimentado muchas intervenciones de la providencia y has pasado por algunas enfermedades graves. A menudo, cuando la campana de la muerte ha tocado a tu amigo, tu conciencia ha sido despertada. Para ti las advertencias no son algo inusual, sino muy comunes. ¡Oh!, mis oyentes, si un hombre pudiera oír el Evangelio una sola vez, y no lo aceptara, su sangre sería sobre su propia cabeza por rechazarlo, pero ¡cuánto más culpable será aquel que lo ha oído muchas veces y durante mucho tiempo! ¡Ah!, yo podría llorar al recordar cuántos de mis mensajes habéis escuchado muchos de vosotros y cuántas veces habéis endurecido vuestros corazones. Cien veces por año habéis venido a esta casa de Dios, y aún mucho más que eso. La trompeta ha sonado cien veces en vuestros oídos y cien veces os habéis vuelto al pecado, despreciando a Cristo, descuidando vuestros intereses eternos y siguiendo los placeres y los asuntos de este mundo. ¡Qué locura es ésta!, ¡qué locura más grande! Si habéis rechazado el mensaje de un ministro de Dios, quien preocupado por vuestros intereses eternos ha volcado su corazón ante vosotros, sois culpables. ¿Pero qué te diremos a ti, que has escuchado el mensaje de Dios tantas veces, y sobre quien los destellos del Todopoderoso han sido tan frecuentes? ¡Oh, señores míos!, ¿qué ha de hacerse con este terreno

Expiación, Justificación, Arrepentimiento, Fe ...

tan estéril, que ha sido regado con una lluvia tras otra y ha sido tocado una y otra vez por la brillante luz del sol? ¿Qué ha de hacerse a aquel que ha sido reprendido a menudo, y todavía endurece su corazón? ¿No será de pronto destruido sin remedio y tendrá que escuchar estas palabras: Su sangre sea sobre su propia puerta y su culpa sobre su propia cabeza.

Quisiera que tomarais en cuenta una cosa más. Esta advertencia que habéis tenido tan a menudo ha llegado a vosotros a tiempo.

—¡Ah! —dijo cierta vez un infiel—, Dios nunca mira al hombre. Si es que hay un Dios, Él nunca se interesa por los seres humanos.

Un ministro cristiano, que estaba sentado frente a él mientras viajaban, le respondió así:

—El día viene cuando tendrás que aprender la verdad de lo que acabas de decir.

—No entiendo su alusión —dijo él.

—Bueno, joven, vendrá el día cuando llamarás a su puerta y Él rehusará responderte; cuando extiendas a Él tus manos y Él ni siquiera te mire, pero como está escrito, así Él hará: «Por cuanto llamé, y no quisisteis oír, extendí mi mano, y no hubo quien atendiese, sino que desechasteis todo consejo mío y mi reprensión no quisisteis, también yo me reiré en vuestra calamidad y me burlaré cuando os viniere lo que teméis» (Pr. 1:24-26).

Pero, ¡oh señores, vuestra advertencia no ha llegado demasiado tarde. No estáis siendo advertidos enfermos sobre una cama, o cuando faltan pocos minutos para que paséis a la eternidad. Hoy mismo estáis siendo avisados a tiempo y habéis sido advertidos durante todos estos años que han pasado. Si Dios enviara a un predicador a los condenados en el infierno, ésta sería una adición innecesaria para su miseria. Seguramente, si uno pudiera ir y predicar el Evangelio a través de los campos del Gehena, y decir a la gente que está allí que hay un Salvador que ellos han despreciado, y un Evangelio que está ahora más allá de su alcance, esto sería atormentar a las pobres almas con un vano intento de aumentar sus indecibles horrores. Pero ¡oh, mis hermanos!, predicar el Evangelio ahora es predicarlo en un período esperanzador, pues: «He aquí ahora el tiempo aceptable; he aquí ahora el día de salvación» (2 Co. 6:2). Advertid al barquero antes de que entre en la corriente, y luego, si se va abajo donde están los rápidos, él se destruirá a sí mismo. Advertid al hombre antes de que tome una copa con veneno, decidle que es una pócima mortal, pero si se empecina en tomarla, su muerte yace en su misma puerta. De igual modo, os advertimos que antes de que partáis de esta vida, permitáis que os prediquemos ahora que vuestros huesos están llenos de médula y todavía queda aliento de vida en vosotros. Os hemos advertido a tiempo. Si no obedecéis la voz de Dios, seréis declarados culpables. La advertencia ha sido frecuente, fervorosa, apropiada para despertar la atención; os fue dada de forma continua y con todo, no procuráis escapar de la ira que ha de venir. De manera que aún en esta mañana os diré, que si perecéis, mis manos estarán limpias de vuestra sangre. Si sois condenados, no es por falta del llamado apropiado para que vengáis a Jesús, ni por falta de oración, ni por no haber llorado por vosotros. Vuestra sangre será sobre vuestras propias cabezas, puesto que la advertencia es todo lo que necesitáis.

II. EXCUSAS

1. Hemos llegado al segundo punto. Los hombres ponen excusas para no escuchar las advertencias del Evangelio, pero estas excusas son frívolas y malvadas. Os expondré una o dos excusas que la gente suele poner. Algunos de ellos dicen: Bueno, no presté atención a la advertencia porque no creí que era necesario. ¡Ah!, A ti se te dijo que después de la muerte había un juicio, y no creíste que era necesario prepararse para él. Se te dijo además que por las obras de la ley ninguna carne será justificada, y que los pecadores pueden salvarse solo a través de Cristo, pero pensaste que no tenías ninguna necesidad de Él. Bueno, amigo, deberías de haber pensado que sí había una necesidad. ¿No sabes que hay una necesidad en tu conciencia? Siendo un in-

crédulo hablas de muchas cosas, pero ¿sabes que existe una pequeña voz que mientras tú hablas desmiente lo que dice tu lengua? Bien sabes que has temblado mientras escuchabas las campanadas del reloj en una noche oscura. Cuando estuviste en esa tormenta en el mar, te pusiste de rodillas para orar a Dios, de quien te habías reído cuando estabas en la reunión, y cuando enfermaste gravemente, y estuviste muy cerca de la muerte, dijiste:«Señor, ten misericordia de mí». De modo que después de todo, creíste que había un Dios que te oía. Pero si no lo creíste, deberías de haberlo hecho. Hubieron muchos argumentos para enseñarte que había una vida después de la muerte. La Palabra de Dios es suficiente para enseñártelo, y si has rechazado el Santo Libro de Dios y la voz de la razón y la conciencia, tu sangre será sobre tu propia cabeza. Tu excusa es ridícula. Es peor que eso, es profana y malvada, y en la condenación será parte de tu tormento eterno.

«Pero», afirma alguien más: «a mí no me gustó la trompeta. No me gustó el Evangelio que ha sido predicado». Y dice otro: «a mí no me gustan ciertas doctrinas de la Biblia. Pienso que el pastor a veces predica cosas demasiado ásperas; no estoy de acuerdo con el Evangelio, creo que éste debería ser modificado y no ser exactamente lo que fue». ¿Así que no te gusta la trompeta? Bueno, pero Dios hizo la trompeta e hizo el Evangelio, y aunque no te guste lo que Dios haya hecho, esa es una excusa ridícula. ¿Qué era la trompeta para ti, advirtiéndote del peligro durante tanto tiempo? Seguramente que si hubieras escuchado la trompeta en tiempos de guerra, advirtiéndote que venía el enemigo, no te habrías sentado tranquilo, diciendo: Se que esa es una trompeta de bronce, pero a mí me gustaría que fuera de plata. No, el sonido debe ser suficiente para ti, y lo que deberías de haber hecho es escapar del peligro. Lo mismo puede pasarte ahora, durante este mensaje. El hecho de que no te guste, es una pretensión ociosa.

Pero he aquí que dices, a mí no me gusta el hombre que la toca. Bien, si no te gusta un mensajero de Dios, hay muchos en esta ciudad. ¿No podrás encontrar uno que te guste? No te gustan lo modales de uno, pues parece un actor de teatro; no te gusta otro porque es demasiado doctrinal y un tercero es demasiado práctico. Hay muchos predicadores, puedes escoger al que más te guste. Si Dios ha enviado a estos hombres, y les ha dicho como tienen que tocar la trompeta, aunque no lo hagan de una forma perfecta, es inútil que rechaces sus advertencias porque no te guste la forma en que la tocan. ¡Ah, mis hermanos!, si estamos en una casa que se está incendiando, no nos ponemos a buscar las faltas en el lenguaje del bombero que está gritando para que salgamos de allí. Pensaríamos que cualquiera que esté en su cama y no quiera moverse porque no le gusta la forma en que el bombero grita, es un tonto de la cabeza a los pies. Lo que debería de haber hecho es saltar de esa cama y bajar las escaleras tan pronto como haya oído la voz de alarma. Ciertamente, Dios podrá decirte: «Tú tonto, ¿qué es lo que tienes con ese hombre? Con respecto a la posición ante su propio Maestro él está firme o se cae; pero tu problema es contigo mismo». ¿Qué pensarías de este hombre? Un viajero se ha caído por la borda, y cuando se está ahogando, un marinero le tira una cuerda para que se agarre de ella. «Bien», dice él, «en primer lugar, no me gusta esta cuerda, no creo que haya sido hecha en la mejor fábrica, y además está manchada de alquitrán, no la quiero. Tampoco me gusta el marinero que me la tiró. Estoy seguro de que no es un buen hombre, tiene un aspecto muy desagradable». Entonces se le ve desesperado por poder tragar algunas bocanadas de aire, pero en su lugar lo que le entra por la boca es agua y pronto está muerto en el fondo del mar. Los que lo presenciaron, dirían que le está bien empleado, pues en vez de asirse a la cuerda, empezó a sacarle defectos y a poner objeciones absurdas cuando era un asunto de vida o muerte. Su sangre será sobre su propia cabeza. Y así sucederá también contigo. Estás tan ocupado criticando al ministro, su estilo y su doctrina, que al final tu alma perecerá. Recordad que puedes irte al infierno por la crítica, de manera que mien-

Expiación, Justificación, Arrepentimiento, Fe ...

tras estés fuera de él, no critiques su alma. Es posible que no te guste el predicador, que no te gusten sus modales y que no te guste lo que predica; pero todo tu desagrado, no te proporcionará ni una gota de agua fría para tu lengua ardiente, ni servirá para aliviar los tormentos de este mundo en agonía.

Hay muchas otras personas que dicen, «Ah, bueno, yo no digo esas cosas, pero es que creía que la trompeta tocaría para todos excepto para mí». ¡Ah!, ésta es una noción muy común. «Todos los hombres piensan que los hombres son mortales, pero ellos no», dijo un buen poeta, y todos los hombres creen que los demás necesitan el Evangelio, pero ellos no. Cada uno de nosotros tengamos en cuenta de que el Evangelio tiene un mensaje personal. ¿Qué te dice el Evangelio a ti, mi querido oyente? ¿Qué te dice la Palabra de Dios? Olvida a tus vecinos, y hazte esta pregunta; ¿el Evangelio te condena, o te asegura tu perdón? Todo lo que tienes que hacer, es oír la Palabra que va dirigida a tu alma con tus propios oídos. Entonces no podrás decir: «yo no creo que se me pueda aplicar a mí», cuando sabemos que debe ser predicada a toda criatura debajo del cielo. En ella hay algo para cada ser humano. Bien, dice alguien más, «yo estaba tan ocupado y tenía tanto que hacer, que no podía atender a las necesidades de mi alma». ¿Qué dirías del hombre que tenía tanto que hacer, que no pudo escapar de la casa que se estaba quemando y murió hecho cenizas? ¿Qué pensarías de un hombre que está tan ocupado, que cuando se está muriendo, no tiene tiempo para llamar a un médico? Entonces, dirás tú: «no debería permitir que su vida estuviese tan ocupada». Si alguien tiene un negocio que le haga perder su alma por falta de tiempo, hagámosle esta pregunta: «Porque ¿qué aprovechará al hombre, si ganare todo el mundo, y perdiere su alma?» (Mt. 16:26). Además, esa es una excusa falsa. Los hombres tienen tiempo para lo que quieren. A pesar de todos tus negocios, ¿no es cierto que tienes tiempo para divertirte? Si tienes tiempo para leer el periódico; ¿no podrás tenerlo para leer la Biblia? Tienes tiempo para tararear una canción ¿no lo tienes para hacer una oración? Cuando el granjero Brown se encontró un día en el mercado con el granjero Smith, le dijo a éste:

–No sé cómo encuentras tiempo para cazar.

–Bueno hombre –le contestó el granjero Brown–, he estado arando, sembrando y cosechando y otras cosas, de manera que mi tiempo está tan ocupado en mi granja, que no puedo hacer un lugar para la caza.

¡Ah! –exclamó él–, Brown, si te gustara la caza tanto como a mí, no tendrías que encontrar el tiempo, lo crearías.

Así sucede con las cosas espirituales. La razón por la cual los hombres no encuentran tiempo para ellas, es porque no les gusta. Si les gustaran, encontrarían tiempo fácilmente. Además, ¿cuánto tiempo requiere? ¿No puedo orar a Dios mientras realizo alguna de mis actividades? ¿No puedo leer un texto durante el desayuno, y tenerlo en mi mente todo el día? Cuando estoy ocupado en los negocios del mundo, no puedo pensar en mi alma, y echarme a los pies de Jesús para pedirle que me salve con su sangre? Debería tener un tiempo a diario para mis devocionales y mi comunión con Cristo. Cuando crezca en la gracia, querré tener cada vez más tiempo, el máximo posible, y cuanto más tiempo tenga más feliz seré, y nunca volveré a presentar la excusa de la falta de tiempo.

«Bien», dice otro, «yo tengo tiempo, pero, ¿no querrá que sea un religioso durante mi juventud, no? Soy un muchacho, y tengo derecho a divertirme un poco como todos los demás». Bien, es cierto. Pero al mismo tiempo el mejor lugar que conozco para gozar de placer, es donde están los cristianos. La mejor felicidad del mundo, es la felicidad de un hijo de Dios. Puedes tener tus placeres, ¡oh, sí! Y si eres un cristiano tendrás muchos más. No tendrás ciertas cosas a las que la gente del mundo llama placeres, pero tendrás cosas mil veces mejores. Sólo mira a esta penosa figura. Allá a lo lejos, en el oscuro golfo del infortunio, yace un hombre joven, y grita, «¡Ah!, yo quería arrepentirme cuando de pronto mi tiempo se terminó y me he muerto». «¡Ah!», dice otro a su lado, «mientras era un aprendiz, pensaba que cuando fuera un oficial de primera, me dedicaría a las cosas espirituales, pero me morí antes». Y el mercader que está en sus prisiones eternas dice, «¡Ah!, Yo pensé que me entregaría a Cristo cuando tuviera lo suficiente para retirarme y vivir en el campo. Entonces, cuando todos mis hijos estuvieran casados y todos mis asuntos arreglados, tendría tiempo para pensar en Dios, pero aquí estoy, encerrado en el infierno. Y ahora, ¿de qué me sirven todos mis negocios y mis momentos de placer? A causa de ellos he perdido mi alma». Si somos impuntuales, en muchos sitios pasaremos vergüenza, pero no podemos concebir lo que será el horror y el desmayo de los hombres que ven que es demasiado tarde y que ya se encuentran en el otro mundo. ¡Oh, amigos!, si supiera que aquí en esta asamblea hay alguien que dice, me arrepentiré el miércoles que viene. Me imagino que mientras pasan los días hasta llegar al miércoles, este hombre tendría que encontrarse en un terrible estado, pues ¿qué pasaría si muriese antes del miércoles? ¡Oh!, ¿qué sucedería entonces? Su promesa de arrepentimiento de un miércoles, ¿le salvará de la condenación de un martes?

Como veis, éstas se trata de excusas necias. Los hombres no se comportan así cuando lo que está en peligro es su cuerpo. Dios desea que nos comportemos inteligentemente y seamos conscientes de que es nuestra alma la que está en juego. Si no os entregáis a Cristo, sean cuales sean vuestras excusas, vuestra sangre será sobre vuestra propia cabeza.

III. LA MALDICIÓN

Y ahora, voy a concluir solemnemente y con todo mi fervor. La advertencia ha sido suficiente, hemos probado que la excusa para no atenderla es profana, entonces el último pensamiento es «su sangre será sobre su propia cabeza». El que no haga caso a la advertencia, morirá; ciertamente morirá. Inexcusablemente morirá. Y, ¿qué significa esto? No hay mente humana, por más amplia y abierta que sea, que pueda imaginarse vagamente lo que significa para un alma estar para siempre fuera de la presencia de Dios. La ira que ha de venir es inexpresable, así como la gloria que será revelada después. Nuestro Salvador escogió palabras muy solemnes para expresar los horrores del estado futuro de los impíos. Como recordaréis, Él habló de gusanos que nunca mueren y de fuegos que nunca se apagan; de un abismo sin fondo, de llantos, gemidos y crujir de dientes.

1. Ningún predicador fue tan amante como Cristo, pero ningún hombre sobre la tierra habló de manera tan horrible sobre el infierno. Aún cuando el Salvador dijo lo mejor y lo peor, no nos ha dicho cuáles son los horrores de ese futuro estado. Vosotros habéis visto gente enferma, y habéis oído los gritos de los hombres y de las mujeres cuando los dolores les han alcanzado. Por lo menos, habremos estado junto a la cama de algún ser querido, y hemos sido testigos del grado de agonía que puede soportar el cuerpo humano. Pero ninguno de nosotros sabe cuánto realmente es capaz de sufrir. Para aquel que va al infierno, sepa que el cuerpo tendrá que sufrir para siempre. Ese individuo echará su cuerpo y su alma en el infierno. Hemos oído hablar de tormentos y torturas, pero nunca hemos soñado con nada parecido a lo que será la existencia en el infierno. Muchos de nosotros hemos visto lo que son las miserias del alma. Hemos conocido hombres con el espíritu deprimido, a los que nadie era capaz de alegrar. La mera visión de una persona así es capaz de oscurecer un bello día luminoso de verano, y convertirlo en una lúgubre tarde de invierno. No puede decir nada, excepto cosas tristes y sombrías. Sus pensamientos son siempre tenebrosos; es la medianoche de su alma. ¡Ah, hermanos y hermanas, si pudierais visitar muchos de nuestros asilos para enfermos mentales, sabríais lo que es capaz de sentir una mente enferma. ¿Habéis visto alguna vez el poder que tiene nuestra mente para hacernos sentir seres verdaderamente miserables? Recordad que la mente, al igual que el cuerpo, ha de soportar la condenación. Sí, no debemos de eludir esa palabra, la Escritura la emplea y nosotros también debemos usarla. ¡Oh, queridos amigos!, si no nos arrepentimos, y le rogamos miseri-

cordia a aquel que puede salvarnos, debemos morir eternamente. La palabra «infierno», y apartaos de mí, «malditos», son para vosotros, a menos que os volváis a Dios con todo el propósito de vuestro corazón.

2. Aquel que no preste atención a las advertencias que Dios le hace a través de sus siervos, y no se entregue a Cristo, ciertamente morirá. Este no es un asunto de tal vez" o quizás". Las cosas que predicamos, están en la Escritura y son asuntos de solemne certeza. Es posible que la muerte sea ese viaje del cual los viajeros no vuelven nunca, pero no es verdad que no conozcamos nada de ella. Hay otro mundo en el futuro, y si los hombres mueren sin arrepentirse, ese será para ellos un mundo de miseria. Y tomad nota de algo importante, no hay oportunidad de escapar de ese lugar. Si morís sin Cristo, no tenéis más esperanza; no hay puerta por la cual podáis escapar, ni tampoco una manera de pagar un rescate. ¡Oh!, si hubiera oportunidad de escapar en ese mundo, los hombres lo harían; pero puesto que están perdidos para siempre, no tienen ninguna esperanza. ¡Oh, Dios mío!, cuando recuerdo que hoy tengo aquí presentes algunas personas que pueden morir antes del próximo domingo, debo hablar con toda sinceridad. En una asamblea tan grande como ésta, existe la posibilidad de que algunos podamos faltar antes del domingo de la próxima semana. No es tan sólo posible, sino probable, que algunos de esta vasta audiencia podamos haber ido a parar a un mundo desconocido. ¿Podré ser yo, que iré rumbo al puerto de la felicidad, o deberé navegar para siempre entre las fieras olas, perdido, náufrago, hacia las rocas de la desolación? Alma, ¿qué ocurrirá contigo? Es posible que tu vida termine pronto, mi querido oyente de cabellos grises, o la tuya, querido joven. Nadie tenemos asegurado el día de mañana, ni siquiera los próximos cinco minutos. Sólo Dios tiene contados los días de nuestra vida sobre este mundo. Entonces, que cada uno se pregunte; ¿estoy preparado, si la muerte toca hoy a mi puerta? Así es, puedes morir en este banco donde estás ahora. Pero sabed una cosa, vayas donde vayas, será para siempre. ¡Oh, la eternidad! ¿Debo subir para siempre tus interminables escalones, para nunca alcanzar la cima? ¿Cuál será mi senda, la miseria o el gozo eterno? ¡Oh, eternidad!, eres profunda y sin fondo, ¿qué tendré delante de mí, un mar sin orilla en el que debo navegar para siempre sin rumbo, o un sendero de felicidad que me lleve ante la presencia de mi Padre? ¿Estoy preparado? Lo esté o no, la muerte no admite demoras, y si golpea a mi puerta, me llevará a ese lugar donde debo permanecer para siempre.

El último punto es, que el pecador perecerá ciertamente perecerá, pero lo que es peor, perecerá sin excusa su sangre será sobre su propia cabeza. Cuando un hombre está en bancarrota, puede decir, «mi estado no se debe a una conducta temeraria o imprudente de mi parte, el culpable ha sido alguien deshonesto en quien había confiado; no pude evitarlo». Pero, ¡oh, queridos oyentes!, si después de haber sido advertidos, ponéis vuestras propias almas en bancarrota, entonces tu bancarrota eterna estará delante de ti. ¡Que nunca venga sobre nosotros una desgracia tal! Que cada hombre sepa que si perece sin esperanza después de haber oído el Evangelio, él ha sido su propio asesino. Pecador, tú mismo te clavarás el cuchillo en tu corazón. Si desprecias el Evangelio, estás preparando combustible para tu propio incendio. Te estás atando con cadenas para la eternidad y cuando seas condenado, tu reflexión será la siguiente: «Me he condenado a mí mismo, me he lanzado a este abismo sin fin. He rechazado el Evangelio, he despreciado su mensaje, he pisoteado al Hijo de Dios. No he atendido a sus advertencias, y ahora perezco por mi propia mano, el suicidio de mi propia alma».

CONCLUSIÓN

Ahora hay una dulce reflexión que me conmueve. Un gran escritor dice: «En este mundo hay lugares desiertos, que lo serían para siempre, si recordamos lo que tuvo lugar allí. Cierta vez estaba en la catedral de San Pablo, justo debajo de la cúpula, cuando un amigo me tocó el hombro y me preguntó:

¿Ves esa marca de cincel?
A lo que yo respondí:
–Sí.
Él me dijo:
Aquí es donde el hombre se tiró abajo y cayó, quedando convertido en átomos.

El escritor argumenta: Todos nosotros nos apartábamos de ese pequeño espacio, donde la sangre de un hombre fue derramada. Cuando lo recordamos, nos parece un lugar horrible».

Ahora bien, hay muchas calles, muchas aceras y muchas Iglesias, donde los hombres han tomado su última decisión, condenando su alma. No dudo que en esta mañana hay aquí algunas personas a quienes la voz de la conciencia les dice: «decídete por Dios», y ahora Satanás y el corazón malo juntos dicen: «rechaza el mensaje, ríete de él, olvídalo. Compra mañana una entrada y ve al teatro; no dejes que este hombre nos alarme. Su profesión es la de hablarnos así, vámonos, riámonos de él, y pasemos el resto del día divirtiéndonos». Sí, para algunos de vosotros, ésta es la última advertencia que tendréis. Hay algunos de entre vosotros que en esta hora estáis decidiendo condenaros a vosotros mismos. Por toda la eternidad os recordaréis de este lugar en la asamblea y diréis: «¡oh!, recuerdo el día en que escuché predicar a aquel hombre. Fui medio impresionado; casi me persuade de ser un cristiano, pero me decidí por el infierno». Donde estáis sentados ahora, será un lugar solemne para los ángeles, que se dirán unos a otros, «apartaos, en este lugar un hombre arruinó su propia alma para siempre». Pero el pensamiento dulce al que me refería antes, es que con muchos de vosotros el caso es al revés.

Amigos, algunos estáis sentados donde hace tres semanas se sentó alguien que fue convertido a Cristo. Deberíais de venerar en ese sitio donde se sentó un hombre que era un pecador como vosotros, y le salió al encuentro el mensaje del Evangelio. Y allá, detrás de las puertas, muchas almas fueron traídas a Cristo. También he escuchado muchas veces excelentes noticias en la galería. «Señor, no he podido ver su cara durante el mensaje, pero la flecha del Señor encontró su diana alrededor de la esquina, y alcanzó mi corazón y fui salvo». ¡Ah, ! que Dios bendiga ese lugar, que cada asiento en él pueda ser tenido por solemne por medio de su gracia, y un lugar para recordar en vuestra historia futura, por ser la aurora de vuestra salvación. «El que creyere y fuere bautizado, será salvo; mas el que no creyere, será condenado» (Mr. 16:16).

54. ¿QUÉ HE HECHO?

«Escuché y oí; no hablan rectamente, no hay hombre que se arrepienta de su mal diciendo: ¿Qué he hecho? Cada cual volvió a su propia carrera, como caballo que arremete con ímpetu a la batalla» (Jeremías 8:6).

INTRODUCCIÓN: Dios se acerca al corazón del hombre.

I. UNA ARDIENTE PERSUASIÓN
1. No queremos examinarnos.
2. Revisemos nuestras vidas.
3. Serás hallado falto.

II. UNA PREGUNTA PERSONAL
1. ¿Qué has hecho?
2. Desead hijos espirituales.
3. Las obras.
4. Recogiendo la cosecha.
5. Exhortación al arrepentimiento.

III. UNA ADMONICIÓN AFECTUOSA
1. Una amonestación.

CONCLUSIÓN: No rechacéis el mensaje de Salvación.

¿QUÉ HE HECHO?

INTRODUCCIÓN

Quizás no hay ninguna figura que represente a Dios en una luz más llena de gracia que esas figuras del lenguaje, que le muestran inclinándose desde su trono, y bajando del cielo para cumplir los deseos y contemplar las miserias de la humanidad. Debemos de tener amor por un Dios así, quien cuando Sodoma y Gomorra estaban rebosando de

Expiación, Justificación, Arrepentimiento, Fe ...

iniquidad, no las destruyó, hasta que les hizo una visita y pasó un corto espacio de tiempo es sus calles. Pienso que debemos de volcar nuestro corazón en amor hacia ese Dios, de quien las Escrituras nos dicen que inclina su oído de la más alta gloria y lo acerca a los labios del hombre que suspira por un deseo. ¿Cómo podemos resistirnos, sintiendo que Él es un Dios a quien debemos amar, cuando sabemos que se ocupa de todo lo que nos concierne, tiene contados los cabellos de nuestra cabeza, envía a sus ángeles para que nuestro pie no tropiece en piedra, marca nuestra senda y ordena nuestros caminos? Pero esta verdad se acerca al corazón del hombre de modo muy especial cuando recordamos lo atento que es Dios, no sólo con respecto a nuestros intereses y necesidades temporales, sino también espirituales. Él es tan solícito hacia todo lo que es bueno, aún en el pobre corazón del hombre pecador, que para Él hay música en un suspiro y belleza en una lágrima. Este versículo que acabo de leer representa al Señor mirando al corazón del hombre y escuchando, para ver si es posible que oiga algo bueno. «Escuché y oí; no hablan rectamente, no hay hombre que se arrepienta de su mal, diciendo: ¿Qué he hecho?» Dios habla estas palabras con una gran pena en su corazón. ¡Ah, mi querido oyente! Tú nunca has tenido un deseo que no despierte la esperanza del Señor, nunca has suspirado una oración al cielo de la cual Él no se haya percatado. Aunque a veces tu oración ha sido como las nubes mañaneras, que pronto desaparecen, sin embargo todas estas cosas han estremecido las entrañas de Jehová. Él ha estado oyendo tu clamor y notando la respiración de tu alma. Aunque todo eso haya pasado, no pasó desapercibido, pues Él lo recuerda hasta ahora. Y, ¡oh!, tú que hoy estás buscando un Salvador, recuerda que los ojos del Salvador están sobre ti para buscar tu alma. Tú no estás mirando a alguien que no puede verte, sino que estás viniendo a tu Padre, y Él te ve aún en la distancia. Sólo una lágrima se deslizó por tu mejilla, pero tu Padre lo percibió como un signo esperanzador: No fue sino un latido que palpitó en tu corazón

ahora al cantar el himno, pero el amante Dios lo notó, y lo interpretó como un presagio de que todavía no estabas endurecido por el pecado, ni abandonado por el amor y la misericordia.

El texto es: «¿Qué he hecho?» Introduciré el tema por medio de unas pocas palabras de afectuosa persuasión, alentando a los presentes a hacer esta pregunta; segundo, os daré algunas palabras de ayuda para contestar a la pregunta; y cuando lo haya hecho, terminaré con unas breves frases y una solemne admonición a aquellos que deben responder a la pregunta en contra de sí mismos.

I. UNA ARDIENTE PERSUASIÓN

Muy pocos hombres desean tomarse la molestia de revisar sus propias vidas. La mayor parte de ellos están tan cerca de la bancarrota, que se avergüenzan de mirar sus libros. Una gran parte de la humanidad es como el tonto avestruz, el cual, al ser perseguida por los cazadores, esconde su cabeza, enterrándola en la arena y cierra sus ojos, pensando que porque no ve a sus perseguidores, está a salvo. Repito, una gran parte de la humanidad se avergüenza de pasar revista a sus propias biografías, y si juntas la conciencia y la memoria, pudieran ser autores de la historia completa de sus vidas, comprarían un enorme candado de hierro y cerrarían el volumen, para que nadie se atreviese a leerlo. Estas personas saben que sería un libro lleno de lamentaciones y miserias, que no se aventurarían a leer y al mismo tiempo seguir con sus iniquidades. Tengo por lo tanto una dura tarea en tratar de persuadiros de tomar dicho libro. Ya sea que tenga muchas o pocas páginas, o que sean negras o blancas, tendré bastante dificultad en convenceros de que las leáis. Pero el Espíritu Santo puede persuadiros ahora, de manera que respondáis a esta pregunta, «¿qué he hecho?»

2. Recuerda, mi querido amigo, que el hecho de examinarte a ti mismo, no te hará ningún daño. Ningún tendero se empobrece por mirar sus libros. Puede que descubra que es más pobre de lo que pensaba, pero no fue el hecho de mirar los libros lo que lo

empobreció, sino alguna mala táctica en sus ventas. Lo mejor para ti, mi amigo, es que conozcas tu pasado mientras hay tiempo de repararlo, y no que sigas tu vida a ciegas, esperando entrar por las puertas del Paraíso, y te des cuenta de que están cerradas porque has llegado demasiado tarde. Nada se pierde por hacer un recuento de las existencias, y en tu caso no serás peor porque te hagas un breve autoexamen. Esto en sí mismo tendría que alentarte para que lo hagas, pero recuerda que puedes ser mucho mejor, pues si tus asuntos con Dios van bien, en tu vida abundarán la alegría y el regocijo. Aquel que está bien con Dios, no tiene motivo para estar triste. Pero, ¡ah!, recuerda que cabe la posibilidad de que estés mal. Hay tanta gente en este mundo que vive engañada, que existen muchas probabilidades de que tú también lo estés. Puedes vivir, y al mismo tiempo estar muerto. Puedes ser como el árbol de Bunyan, del cual se dijo: «era bonito de mirar y muy verde por fuera, pero en su interior estaba lo suficientemente podrido como para ser la yesca de la caja del diablo». En este día puedes mirarte a ti mismo, compararte con alguien más y encontrarte inmaculado, pero no seas como aquel fariseo, de quien Cristo dijo: «¡Ay de vosotros, escribas y fariseos, hipócritas! porque sois semejantes a sepulcros blanqueados, que por fuera, a la verdad, se muestran hermosos, mas por dentro están llenos de huesos de muertos y de toda inmundicia» (Mt. 23:27). Ahora, querido amigo, lo importante es que no quieras estar engañado. Por mi parte, siento que preferiría mil veces conocer mi verdadero estado, que tener las concepciones más excelentes acerca de él y estar engañado. Muchas veces he hecho esta oración: «Señor, ayúdame a conocer lo peor de mí mismo; aunque resulte ser un apóstata sin Dios y sin Cristo. Por lo menos, permíteme ser honesto y saber realmente lo que soy». Recuerda, amigo, que el tiempo que emplees en tu autoexamen será bastante corto. Muy pronto sabrás el gran secreto. Tal vez no pueda decir palabras lo suficientemente duras para quitarte la máscara que ahora tienes, pero hay un personaje llamado Muerte a la que no le importará hacerlo. Hoy puedes disfrazarte con el aspecto de un santo, pero la muerte muy pronto te descubrirá en toda tu desnudez, y serás un desnudo inocente o un desnudo culpable. Recuerda también, que si bien puedes engañarte a ti mismo, no puedes engañar a Dios. Quizás creas que tienes un peso ligero, pero el platillo de la báscula en el cual te pesas puede no ser seguro y por lo tanto, no decirte la verdad; pero cuando Dios te pruebe no habrá falsedades.

3. Cuando el eterno Jehová sujete en sus manos la balanza de la justicia y ponga su ley en uno de los platillos, ¡cuánto temblarás cuando te ponga a ti en el otro, pues a menos que Cristo sea tu Señor y Salvador, serás hallado falso, y Dios te echará fuera y lejos de Él para siempre! ¡Oh, qué palabras tendría que usar para inducir a cada uno de vosotros a hacer un examen de sí mismos! Sé de antemano las variadas excusas que me daréis. Algunos me diréis que sois miembros de Iglesias y que por lo tanto, todo está bien. Tal vez alguien mire a través de la galería y me diga: «señor Spurgeon, sus manos me bautizaron este año, y a menudo me sirvió los símbolos del pan y del vino». ¡Ah, querido amigo, eso ya lo sé, pero mucho me temo que el Señor nunca te ha bautizado, y algunos de vosotros que habéis sido recibidos en la comunidad de la Iglesia, nunca fuisteis recibidos por Dios. Si el Señor Jesucristo tenía un hipócrita entre los doce discípulos, ¿cuántos hipócritas podrán haber aquí que hay más de doscientas personas? ¡Queridos oyentes!, en esta época es muy fácil hacer una profesión de fe. Muchas Iglesias reciben candidatos a la membresía sin hacer ninguna clase de examen. Yo he tenido algunos de estos candidatos y les he dicho: «debo trataros y probaros como si fuerais personas del mundo». Me decían que en la Iglesia a donde pertenecían, habían sido recibidos a la membresía por medio de una carta, sin haberles conocido personalmente. En la época en que estamos viviendo, un hombre puede hacer la profesión más grande del mundo, y ser así aún contado con los mismos apóstatas. No eliminéis las preguntas y tampoco digáis: «estoy demasiado ocupado para atender mis

preocupaciones espirituales, todavía queda tiempo». Muchos han dicho eso, y antes que llegara el momento de tener tiempo suficiente, se encontraron con que no lo había. ¡Oh, tú que dices que aún tienes tiempo, ¡cuán poco sabes de lo cercana que puede estar de ti la muerte! Hay en esta noche algunos aquí presentes que no verán el día de año nuevo; existe la posibilidad de que muchos no vivan para entrar en el año que viene. ¡Oh! que el Señor nuestro Dios nos prepare a cada uno de nosotros para la muerte y el juicio, y bendiga la exhortación de esta mañana, llevándonos a hacernos la pregunta, ¿qué he hecho?

II. UNA PREGUNTA PERSONAL

Entonces, yo debo ayudaros a responder a esa pregunta: *¿Qué he hecho?*.

1. Cristiano, cristiano auténtico, tengo poco que decirte en esta mañana. No voy a multiplicar mis palabras, sino que dejaré el interrogatorio para tu propia conciencia. ¿Qué has hecho? Te oigo contestarme: «no tengo nada con que pueda salvarme a mí mismo, pues mi salvación fue consumada en el pacto eterno, antes de la creación del mundo. No tengo ninguna justicia en mí mismo, pues Cristo ha dicho, consumado es. No puedo procurarme el cielo por mis méritos, sino por todo lo que Jesús ha hecho desde antes de que yo naciera». Pero, mi hermano, dime, ¿qué has hecho tú por aquel que murió para salvar tu maltrecha alma? ¿Qué has hecho por su Iglesia? ¿Qué has hecho por la salvación del mundo? ¿Qué has hecho para promover tu propio crecimiento en la gracia? ¡Ah! es posible que para los que sois cristianos estas palabras resulten muy duras, pero os dejaré con vuestro Dios. Dios disciplinará a sus propios hijos. Sin embargo, os haré una pregunta muy perspicaz. ¿No hay muchos cristianos ahora aquí presentes, que no pueden recordar que han sido los medios usados por Dios, para la salvación de un alma durante este año? ¿Tenéis alguna razón para creer que directa o indirectamente habéis servido a Dios, llevando un alma a Cristo? Iré un poco más lejos. Algunos de vosotros sois cristianos de muchos años, y deseo haceros esta pregunta: ¡tenéis alguna razón para creer que desde que eres convertido has sido alguna vez el medio que Dios ha usado para salvar un alma? En el oriente, en la época de los patriarcas, el hecho de que una mujer no pudiera tener hijos se consideraba una desgracia.

2. Ahora bien, ¡qué desgracia es para un cristiano no tener hijos espirituales, o sea, personas que Dios haya salvado usándole a él como medio para hacerlo. Lamentablemente hay algunos creyentes que han sido completamente estériles, y nunca han traído a nadie a los pies de Cristo. No tenéis ninguna estrella en vuestra corona de gloria. ¡Oh!, todavía puedo ver el gozo con el cual una hija de Dios me miró la semana pasada, cuando supimos que alguien se había convertido por su testimonio. Le di la mano y le dije:

—Bueno, ahora tienes una razón para dar gracias a Dios.

Así es —me contestó ella—, me siento una mujer feliz. Nunca antes había experimentado algo igual.

La buena mujer tenía lágrimas de alegría en sus ojos y estaba rebosante de felicidad. ¿Cuántas personas has llevado a Cristo durante este año? Responde cristiano, ¿qué has hecho? ¡Oh!, no habrás sido una higuera estéril, pero tu fruto es tal que no se puede ver. ¿Cuántos de vosotros habéis quedado sin fruto? Y no penséis que mientras os hablo así yo me excluyo del asunto. No, yo también me hago la pregunta, ¿qué he hecho?; y cuando pienso en el celo de Whitfield y el fervor de muchos de aquellos grandes evangelistas de los tiempos pasados, me quedo realmente asombrado, y me hago la pregunta, ¿qué he hecho? Sólo puedo contestarla con cierta confusión. Mis queridos oyentes, ¿cuántas veces os he predicado la Palabra de Dios, pero no he llorado por vosotros, como debe hacer un pastor? ¿Cuán a menudo os he advertido acerca de la ira de Dios, con el fervor con que lo debía de haber hecho? Me pregunto si la sangre de esas almas, no estará en mi puerta cuando Dios tenga que juzgarme. Os ruego, orad por vuestro pastor en este punto, para que Dios me perdone si

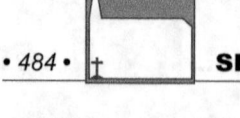

me faltó fervor para predicaros. Si he tenido falta de entusiasmo, de energía y de oración, le pido al Señor que para el año entrante pueda predicar como si nunca hubiera predicado antes.

«Un hombre que se está muriendo.
para hombres que se están muriendo".

3. Mientras estaba hablando con un creyente, oí a un moralista decir:

—¿Qué he hecho?. Señor, he hecho todo lo que debía. Usted, como evangelista, puede hablarme sobre mis pecados, pero le digo, señor, he asistido regularmente a mi Iglesia cada semana, siempre he leído oraciones para mi familia y he orado antes de acostarme y al levantarme cada día. No le debo nada a nadie, ni a ninguno he perjudicado ni le he hecho daño. Doy limosna a los pobres y si las buenas obras tienen algún mérito, yo las he hecho y en cantidad.

—Muy bien, amigo, muy bien, si las buenas obras tuvieran algún mérito, pero desafortunadamente no tienen ninguno, pues nuestras buenas obras, si las hacemos para salvarnos, no son mejores que nuestros pecados. También podría pensar que tanto puede ir al cielo jurando y maldiciendo como por sus propios méritos derivados de las buenas obras, pues si éstas son preferibles a jurar y maldecir desde un punto de vista moral, no hay más mérito en la una que en la otra, aunque si hay menos pecado en una que en otra. Por favor, ¿puede considerar que aquello que ha estado haciendo todos estos años no sirve para nada?

—Bueno, pero señor, yo he confiado en Cristo.

—¡Alto ahí! Deje que le formule una pregunta: ¿Quiere usted decir que confía una parte en Cristo y otra en sus buenas obras?

—Sí señor.

—Entonces, déjeme decirle que el Señor Jesucristo no hizo una parte de la salvación, sino la salvación completa. Debe confiar total y únicamente en Cristo, pues Él nunca compartirá con usted la obra de la salvación. Le repito, todo lo que ha hecho no sirve para nada. Ha estado edificando una casa de cartón que la tormenta destruirá. Es usted como el hombre de la parábola, que edificó su casa sobre la arena, y cuando descendió la lluvia la barrió completamente. Escuche lo que dice la Palabra de Dios: «... por cuanto por las obras de la ley nadie será justificado" (Gá. 2:16). «Maldito todo aquel que no permaneciere en todas las cosas escritas en el libro de la ley, para hacerlas» (Gá. 3:10). Si usted no ha continuado en todas las cosas que están escritas en la ley, es transgresor de la ley y está bajo maldición. Lo que la ley tiene para decirnos es: ¡Maldito, maldito, maldito! La moralidad, con respecto a la salvación no sirve de ninguna ayuda.

Otra persona me dice, «bueno, yo no confío en la moralidad ni en ninguna otra cosa». Yo afirmo:

«Fuera con el preocupación inútil
que se vaya lejos de mí».

No puedo hablar de la eternidad en la forma en que usted lo hace. «Pero señor, después de todo no soy una mala persona. A veces cometo una faltas pequeñas, pero ni en mi barrio, ni mis amigos, ni mi propia conciencia pueden decir nada en mi contra. Es cierto, yo no soy ninguno de sus santos, no profeso ser muy estricto, a veces puedo pasarme un poco, pero es poca cosa, y me atrevería a decir que podré enderezar todos mis asuntos antes de que me llegue el fin». Bien, amigo, pero me gustaría que se hiciera esta pregunta. «¿Qué he hecho?» Tras la cortina moral de vuestras obras veréis una grave lepra asechando detrás de vuestras acciones. «Bueno, con respecto a eso», dice alguien: «Tal vez a veces me he tomado una copa de más». ¡Espere un poco! ¿Cómo se llama ese hábito? ¡Déjelo! «¿Por qué, señor, sólo me trae un poco de alegría?» ¡Alto ahí! Vamos a llamarlo por su verdadero nombre. ¿Cómo diría que lo llaman los demás? «Bueno, borrachera, supongo». Pero hay alguien más que me dice: «A veces no he tenido un lenguaje muy adecuado». ¿Qué quiere decir? «Bien, es sólo un poco de juerga». Por favor, llámela por su debido nombre, conversación lasciva. Escríbalo. «¡Oh, no señor, esto es serio». Sí, ciertamente lo es; pero pero no parece ser algo tan serio como lo es en realidad. ¿A veces ha quebrantado el día del Señor, ¿no es cierto? «¡Oh, sí! pero sólo han sido unas

Expiación, Justificación, Arrepentimiento, Fe ...

pocas veces». Bueno, escribámoslo en la lista y veamos luego a donde llega. ¡Quebrantamiento del día del Señor! «Espere», me dijo, «que no he ido más lejos, ciertamente que no». Supongo que en su conversación, a veces en ciertos momentos, ha citado textos de la Escritura para hacer bromas con ellos, ¿no es así? Y otras veces cuando algo le sorprendió de repente ha dicho: «¡Señor, ten misericordia de mí!», y cosas por el estilo. No me aventuro a decir que profiere juramentos, aunque hay una forma cristiana de hacerlo que algunos creyentes adoptan y piensan que no es malo, pero como lo que sigue, nadie lo sabe, lo escribimos como jurar y maldecir. ¡Oh, señor, pero lo he hecho sólo cuando alguien me pisó un pie, o cuando estaba enojado!» No importa, escríbalo por su nombre, haremos una buena lista en su contra. Supongo que en los negocios nunca habrá adulterado sus artículos. «Bien, creo que en mis asuntos de negocios usted no debería de intervenir». Bien, pero ocurre que voy a hacerlo y por favor, llámelo por su nombre robar. Vamos a escribirlo. Me imagino que nunca se habrá comportado duramente con un deudor, ¿no es así? Y nunca habrá deseado ser más rico, y para ello desear que el vecino que tiene otro negocio enfrente, pierda la clientela y ésta venga a parar al suyo? Bueno, lo llamaremos por su verdadero nombre, codicia, que es idolatría. Ahora le diré algo; la lista parece que se va poniendo negra. Además, ¿cómo ha empleado el tiempo durante este año? A veces ha simulado decir oraciones, pero, ¿ha orado real y debidamente alguna vez? No, no lo ha hecho. Entonces tenemos que anotar la falta de oración. A veces ha leído la Biblia y otras veces ha escuchado al predicador, pero, ¿no ha dejado que estas cosas pasen al olvido? Me gustaría por tanto, saber si esto no es despreciar a Dios y si debemos o no escribirlo bajo ese nombre. Verdaderamente, cuando sumemos todas las cosas que hay en la lista, la visión del total será algo muy desagradable. Si nuestra conciencia estuviera solo un poco despierta, pocos de nosotros podríamos escapar de pecados tan grandes como éstos.

Hay un hombre aquí que ha crecido de forma muy descuidada e indiferente a cada punto de la moral, y me dice lo siguiente; «¡ah!, pastor, le diré lo que he hecho durante este año» ¡Alto ahí!, señor, precisamente en este momento no me interesa saber eso, más bien dígaselo a usted mismo cuando se vaya a su casa. Aquí hay gente joven que no les haría ningún bien escuchar las cosas que usted hizo. ¿Supone usted que en toda esta congregación no tenemos hombres pervertidos, nadie que cometa lascivia y los peores pecados? El ángel del Señor parece estar ahora volando en medio de la congregación, y tocando las conciencias de algunas personas, para hacerles saber en qué iniquidades han caído durante el año. Le ruego a Dios que la simple alusión a ellos pueda ser un medio de despertar vuestras conciencias. ¡Ah!, podéis esconder vuestros pecados, pero recordad, cada pecado que hayáis cometido será leído a la luz del sol, y los hombres y los ángeles lo escucharán en el día del juicio. ¡Ah!, querido oyente, tanto si eres un moralista o un disoluto, te ruego que respondas: «¿qué has hecho?». Sería muy conveniente, cuando vayáis a vuestros hogares, que escribierais en una hoja de papel lo que habéis hecho, desde el último mes de enero hasta diciembre, y si alguno de vosotros no se asusta al mirarlo, debe ser porque tiene nervios de acero.

Me dirijo ahora en especial a los hombres inconversos, y les digo que les ayudaré a responder esta pregunta desde otro punto de vista. «¿Qué he hecho?» ¡Ah, amigo, tú has vivido en el pecado, y eres más amante del placer que de Dios, ¿qué has hecho? ¿No sabes acaso que en un sólo pecado hay suficiente mal, como para enviar para siempre a un alma a la condenación? ¿No has leído nunca en las Santas Escrituras que aquel que peca una sola vez es maldito? ¡Cuán condenado estás tú, entonces, por la cantidad de pecados que has cometido durante este año! Te exhorto a que recuerdes los pecados de tu juventud y tus últimas transgresiones hasta este día, y si un solo pecado puede arruinarte para siempre, ¡cuán ruinoso te encontrarás ahora! ¡Ten cuidado! Una ola de pecado puede hundirte. ¿Qué no harán entonces estos océanos de culpa? Un sólo testigo en contra de tu voluntad, será suficiente para condenarte. Las multitudes que han cometido tantos de delitos y locuras ya han pasado antes que tú por el juicio. ¿Cómo escaparás de sus testimonios, cuando Dios te llame ante su trono en el juicio? ¿Qué has hecho? Ven, hombre, contesta a esta pregunta. En tu pecado hay involucradas muchas consecuencias, y para contestar correctamente a esta pregunta, debes dar una respuesta a cada consecuencia; ¿qué es lo que has hecho con tu alma? La has destruido, has hecho todo lo posible para arruinarla para siempre. Has estado excavando calabozos para tu pobre alma, y reuniendo leña para quemarla. Has hecho cadenas de hierro grilletes para aprisionarte para siempre.

4. Recuerda, tus pecados son como la cosecha después de la siembra. ¿Qué cosecha puede ser la que has sembrado para tu pobre alma? Has sembrado el viento, y recogerás la tempestad; has sembrado la iniquidad, y cosecharás condenación. Pero, ¿qué has hecho contra el Evangelio? Recuerda, ¿cuántas veces en este año lo oíste predicar? Desde que eras pequeño has escuchado una considerable cantidad de estas predicaciones, que tú despreciaste. Tus padres oraron por ti en tu juventud, tus buenos amigos te instruyeron hasta que llegaste a la edad adulta. Desde entonces, ¡cuántas lágrimas ha derramado tu pastor por ti! ¡Cuántos llamados fervorosos han sido dirigidos a tu corazón! Pero tú los has arrancado de él. Muchos ministros de Dios han estado preocupados por tu salvación, pero tú nunca te has inquietado por ella. ¿Qué has hecho en contra de Cristo? Recuerda, Cristo ha sido muy bueno con los pecadores que están aquí; pero, ¡cuidado!, así como no hay nada que se queme tan bien como una substancia suave, no hay nada que se sienta tan enojado como el corazón dulce y gentil del Salvador, cuando desempeña su papel del Juez Supremo. Su amor rechazado le convierte en alguien más fiero que el león sobre su presa. Desprecia a Cristo en la cruz, y tendrás que ser juzgado por Cristo en su trono.

Y os pregunto: ¿qué habéis hecho por vuestros hijos en este año? ¡Oh! hay aquí algunas personas presentes que han hecho todo lo posible para arruinar el alma de sus hijos. Sobre el padre hay una solemne responsabilidad, y ¿qué puede decirse de un padre borracho? el padre le deja a sus niños un ejemplo de alcoholismo. Tú que maldices, ¿qué has hecho por tu familia? ¿No has estado también tirando de la cuerda hasta la destrucción eterna? ¿No harán ellos en el futuro lo mismo que tú haces ahora? Madre, tú tienes varios niños, pero este año no has orado por ellos, ni has puesto tus brazos alrededor de sus cuellos, mientras se arrodillaban al borde de su cama por la noche, diciéndoles: «Nuestro Padre Dios...». Nunca les has hablado de Jesús, de su amor por los niños, y que una vez fue un niño como ellos. Tú también has abandonado a tus hijos. Recuerdo una madre que se convirtió a Dios siendo ya bastante mayor, y con una pena profunda me dijo lo siguiente:

—Dios me ha perdonado, pero yo nunca podré perdonarme a mí misma. He criado varios niños pero no les he dado ninguna instrucción sobre las cosas espirituales.

Entonces rompió a llorar y me dijo:

—He sido una madre cruel, una desgraciada y una infeliz.

—¿Por qué? —le pregunté—, buena mujer, usted ha criado muchos hijos.

—Sí —me respondió—, mi marido murió cuando ellos eran aún muy jóvenes, y me dejó con seis niños, y estas manos han ganado su pan y les han vestido. He cuidado de sus cuerpos pero no me he preocupado por sus almas.

Pero hay quien llega todavía más lejos. ¡Tú, joven!, no solo has hecho todo lo que has podido durante este año para condenarte, sino que además has hecho condenar a otros. ¿Recuerdas en enero pasado, cuando llevaste a un joven a una taberna por primera vez, y te reíste de sus escrúpulos, diciéndole que esas eran cosas de niños, y le incitaste a que bebiera como tú lo hacías? Recuerda cuando en la oscuridad de la noche, guiaste por el mal camino a un joven cuyos principios eran virtuosos, y que no habría conocido la concupiscencia a no ser

Expiación, Justificación, Arrepentimiento, Fe ...

que tú se la enseñaras, que fue lo que hiciste. «Ven conmigo, le dijiste, te enseñaré la vida nocturna de Londres y haré que veas los placeres nocturnos de esta ciudad.» Aquel joven, al entrar por primera vez en contacto contigo, asistía a los cultos todos los domingos, y parecía adecuado para ir al cielo. «¡Ah!», dijiste tú, «yo me he reído de la religión con Jackson, él no va a ninguna Iglesia excepto para divertirse, y es tan feliz como lo somos nosotros». ¡Ah, cuando Dios te juzgue tendrás dos infiernos, tendrás tu propio infierno también, pues tu amigo mirará a través de las llamas y te dirá: «nunca estaría aquí si no fuera porque tú me has traído». ¡Oh!, tú, seductor, ¡qué ojos serán aquellos que te miren a través del horror del infierno! ¡Los ojos de alguien a quien has llevado a la iniquidad, qué doble infierno tendrás cuando os miren como dos estrellas cuya luz refleja su furia, y seca vuestra sangre para siempre! Detente, tú que has guiado a otros a la perdición, y tiembla. Cuando por vez primera conocí al Salvador, hice una pausa y oré a Dios, para que Él me ayudara a guiar a las personas perdidas a Cristo, y para que yo no fuera jamás el que les llevara al camino de la perdición. Recuerdo lo que dijo George Whitfield cuando empezó a orar. Su primera oración, fue que Dios convirtiese a aquellos conocidos suyos, que los domingos iban a jugar a las cartas y a lugares de diversión. "Y bendito sea Dios", dijo él, pude ganar a cada uno de ellos para Cristo.

5. ¡Oh, Dios mío!, no puedo ver en los rostros que están en esta asamblea expresiones de asombro y terror. ¿A nadie le chocan las rodillas? ¿No hay ningún corazón que se estremezca por su iniquidad? Esto no puede ser, a menos que vuestros corazones se hayan vuelto de acero y vuestras entrañas de hierro. Si es lo que ha sucedido, las palabras de Dios son ciertamente la verdad, porque en Jeremías 8:7 leemos así: «Aún la cigüeña en el cielo conoce su tiempo, y la tórtola y la grulla y la golondrina guardan el tiempo de su venida; pero mi pueblo no conoce el juicio de Jehová». Verdaderamente el profeta decía la verdad cuando declaró: «El buey conoce a su dueño, y el asno el pesebre de su señor; Israel no entiende, mi pueblo no tiene conocimiento» (Is. 1:3). Oh, sois tan brutos como para olvidar que la culpa pasa sobre vosotros sin asombro ni terror de vuestra parte. Entonces, seguramente que nosotros los que sentimos nuestra culpa, necesitamos doblar las rodillas por vosotros, y orar para que Dios pueda traeros a conocer vuestro propio interior. Viviendo y muriendo como estáis, endurecidos y sin esperanza, vuestra suerte será extremadamente horrible.

¡Qué feliz sería yo, si esta gran cantidad de personas en la asamblea, me acompañara en esta humilde confesión de nuestra fe. Tal vez hable como si estuviese dirigiéndome a cada uno de vosotros. Aceptar o rechazar lo que os digo será vuestra opción, pero confío que esta gran multitud me seguirá. ¡Oh, Señor!, en esta mañana confieso que mis pecados son más grandes de lo que yo mismo me doy cuenta. Merezco tu más encumbrada ira y tu disgusto infinito, y difícilmente me atrevo a esperar que puedas tener misericordia de mí. Pero además de dar a tu Hijo para morir en la cruz por mí, tú dijiste: «Mirad a mí, y sed salvos, todos los términos de la tierra, porque yo soy Dios y no hay más» (Is. 45:22). Señor, yo te miro en esta mañana, aunque nunca lo hice antes, pero lo hago ahora. Aunque he sido un esclavo del pecado hasta este momento, acéptame Señor por medio de la sangre y la justicia de tu Hijo Jesucristo. ¡Oh, Padre, tú podrías rechazarme si quisieras, pero te ruego misericordia, basándome en tu promesa que dice: «Todo lo que el Padre me da, vendrá a mí; y al que a mí viene, no le echo fuera» (Jn. 6:37). Señor, yo vengo

Tal como soy, un pecador,
sabiendo que derramaste tu sangre por mí,
y que me invitas a venir
bendito Cristo, heme aquí.
Mi fe apoya su mano,
en tu querida cabeza
y como un penitente
mi gran pecado confiesa.

Señor, acéptame, perdóname, tómame tal como soy, ahora y por siempre, para que sea tu siervo mientras viva, y un redimido cuando me muera. ¿Puedes decir esto? ¿No lo han dicho ya muchos corazones? ¿No he oído susurrarlo a muchos labios en silencio? Mi hermano, mi hermana, alégrate, si esto salió de tu corazón, estás tan salvo como los ángeles en el cielo, pues eres un hijo de Dios, y nunca perecerás.

III. UNA ADMONICIÓN AFECTUOSA

1. Ahora tengo que dirigiros unas palabras de adonición afectuosa, y entonces ya terminaré. Es muy solemne pensar en como pasan los años. Nunca en mi vida he experimentado un año más corto que éste. Cuánto más mayor me hago, más cortos me parecen. Y vosotros hombres mayores, cuando miráis atrás en la época que teníais cincuenta o sesenta años decís: «¡ahora los años parecen más cortos!». No hay duda de que esa impresión es, a la vez de muy generalizada, verdadera. En el Salmo 90:12, leemos así: «Enséñanos de tal modo a contar nuestros días, que traigamos al corazón sabiduría». Pero, ¿no es algo preocupante, que ya casi se nos ha ido otro año, y todavía muchos de vosotros no habéis sido salvos? Estáis en el mismo lugar y la misma situación que estabais el año pasado. Mejor dicho no, no lo estáis del todo, porque, a menos que os arrepintáis, estáis más cerca de la muerte y del infierno. Lo lamentable es que quizás, lo que he predicado en esta mañana no ha tenido ningún efecto sobre vosotros. No estáis endurecidos del todo, puesto que muchas veces habéis sido impresionados. Otras, habéis llorado en la predicación, pero todo ha sido en vano, por eso sois lo que erais. Os ruego que contestéis a esta pregunta: «¿Qué he hecho?», pues recordad que vendrá un tiempo cuando querréis hacer esta misma pregunta, pero será demasiado tarde. ¿Cuándo será eso?, –puedes preguntarme–, «en el lecho de muerte?» No, allí todavía no es demasiado tarde.

«Mientras la lámpara se mantiene ardiendo,
El pecador más vil puede retornar.»

Pero será demasiado tarde para preguntar «¿qué he hecho?», cuando la respiración se haya ido del cuerpo. Suponed que un hombre sube a un peñasco muy alto, con la firme determinación de suicidarse. ¿Podéis por un momento imaginarle diciendo «¿qué he hecho?» tras haber dado el salto? Tal vez un espíritu en el aire suspire «¿… hecho?» justo en el momento en que ha saltado. Sabes que no puedes deshacer lo que hiciste. Entonces estás ¡perdido!, ¡perdido!, ¡perdido! Ahora, recuerda que tú no tienes a Cristo, y hoy estás caminando hacia arriba. Tal vez mañana estarás cerca del abismo y de la muerte, y cuando ésta se haya apoderado de tu ser, y saltes desde la vida al abismo de la desesperación, esa pregunta estará para ti llena de horror. ¿Qué has hecho? La respuesta a esta pregunta no será de provecho, sino que estará llena de pánico. Me imagino un espíritu lanzado sobre el mar de la eternidad. Le oigo decir: «¿qué has hecho». Está en medio de olas de fuego y grita: «¿qué he hecho?» Delante de sí ve una larga eternidad, pero se hace la pregunta otra vez: «¿qué he hecho?». La temida respuesta llega: «te has ganado todo esto por ti mismo». Tú sabías lo que debías hacer, pero no lo hiciste; habías sido advertido, pero despreciaste la advertencia. ¡Ah, oíd el doloroso soliloquio de ese espíritu! Ha llegado el último gran día, allí en las alturas está el trono radiante de Dios, y se abre el gran libro. Siento el ruido de las hojas mientras se van pasando. Veo a los hombres moviéndose a la izquierda y a la derecha de acuerdo a los resultados que dicta el gran libro. ¿Y qué he hecho yo? Sé que para mí el pecado significará la destrucción, pues nunca he buscado un Salvador. Pero, ¿qué es eso? El Juez ha fijado sus ojos en mí. Ahora, se ha vuelto hacia mí. ¿Acaso dirá, «apartaos de mí, malditos»? ¡Oh, preferiría ser aplastado antes que tener que soportar esa mirada! No se oye ningún ruido, pero el dedo se ha levantado, y yo soy sacado de entre la multitud, y allí estoy, solo ante Él. Busca en su libro mi página, y antes de leerla, mi corazón y todo mi ser se estremece. «Este hombre nunca ha sido expiado por mi sangre. Despreciaste mis llamados, te reíste de mi gente, no querías saber nada de mi misericordia y preferiste seguir el camino de la injusticia. Y esto es lo que finalmente tendrás, el camino del pecado que conduce a la muerte. ¡Ah!, está próximo a decir: Apartaos de mí, malditos; y en efecto, con una voz mucho más fuerte que mil truenos juntos, Él dice: Apartaos de mí, malditos, al fuego eterno preparado para el diablo y sus ángeles» (Mt. 25:41). «¡Ah, lo que decía el predicador era verdad! Me reí de él, porque predicaba acerca del infierno, y he aquí que estoy en él. Me preguntaba por qué quería asustarnos tanto. ¡Ojalá me hubiera asustado más, para que hoy no estuviera en este lugar. Pero he aquí que hoy estoy perdido, y sin ninguna posibilidad de escape. Estoy en una oscuridad tan densa, que no puede alcanzarme ni un rayo de luz. Estoy tan apretadamente aprisionado, que los cerrojos y los barrotes que me rodean, no pueden moverse ni un milímetro. Estoy condenado para siempre». ¡Éste es el triste soliloquio de ese pobre hombre! «Yo puedo contároslo con palabras. ¡Pero, oh, si estuvierais aquí, y pudierais saber qué siento y ver lo que tengo que soportar! ¡Lástima que no he llorado más y que no he escuchado más atentamente las veces en que el predicador hablaba con tanto fervor! ¡Ah, mis queridos oyentes, Dios vive, ante el cual estoy ahora».

CONCLUSIÓN

También estaré un día reconocido por mi conciencia como un testigo para vosotros en esta mañana, pues aquí no hay nadie, que si perece eternamente, tenga ninguna excusa. Os lo advierto con tanto fervor como soy capaz hacerlo. No tengo más poderes para manifestaros, no más artes para probar, y no más persuasión de la que estoy usando. Sólo puedo concluir diciendo, os ruego que vayáis ahora mismo a Cristo, que busquéis la misericordia en sus manos. Confiad en Él y sed salvos, pero sabed que si rechazáis el mensaje de salvación, estaréis perdidos para siempre. Si lo hacéis, no me estáis rechazando a mí, sino al Señor. Si es así, cuando estéis ante su trono y Él os condene para siempre sin ninguna esperanza, su lenguaje será penetrante y sus palabras terribles. Que Dios nos pueda librar de ese horror, por amor a Jesús. Amén.

55. UN LLAMAMIENTO A LOS PECADORES

«Y los fariseos y los escribas murmuraban, diciendo: Este a los pecadores recibe, y con ellos come» (Lucas 15:2).

INTRODUCCIÓN: Cristo recibe a los pecadores

I. DOCTRINA
1. Los pecadores necesitan a Cristo.
2. Cristo es glorificado en el arrepentido.

II. ÁNIMO
1. Cristo no rechaza al que viene a Él.
2. Nadie ha sido rechazado.
3. Si eres llamado por Dios ve a Él.
4. Unas palabras de ánimo.

III. UNA EXHORTACIÓN
1. Nadie es demasiado malo para ir a Cristo.

CONCLUSIÓN: No nos avergoncemos de predicar el Evangelio.

UN LLAMAMIENTO A LOS PECADORES

INTRODUCCIÓN

Según nos cuenta el evangelista, cuando estas palabras fueron pronunciadas, se congregaba alrededor de nuestro Salvador un grupo muy singular: «Se llegaban a Jesús todos los publicanos y pecadores a oírle». Los publicanos la gente más ruin, los opresores públicos, despreciados y odiados aun por el más insignificante de los judíos, junto con los de peor condición, la escoria de la calle y la chusma de la sociedad de Jerusalén, rodeaban a este portentoso predicador, Jesucristo, para oír sus palabras. Un poco alejadas de la multitud se encontraban unas cuantas personas respetables que en aquellos días eran llamadas escribas y fariseos; hombres muy estimados en las sinagogas como gobernantes, administradores y maestros. Éstos miraban con desprecio al predicador; y lo observaban con rencor por ver si lo cogían en falta. No pudiendo hallarla en Él, la hallaron fácilmente en la congregación; su comportamiento hacia los que le rodeaban escandalizaba por completo la falsa idea que tenían de lo que debía ser el trato social; y cuando vieron su afabilidad para con los de la peor calaña, que dirigía palabras cariñosas a lo más ruin de la raza, dijeron con intención de deshonrarle, bien que éste era su más alto honor: «Éste a los pecadores recibe». Yo creo que nuestro Salvador no podía haber deseado mejor frase que ésta para definir clara y concisamente lo sagrado de su misión. Es el retrato exacto de su carácter, pintado con toda fidelidad por mano maestra. Él es el hombre que «recibe a los pecadores». Hay verdades que muchas veces se pronuncian en son de burla, o con denigrante intención. «Ahí va un santo», dicen, y es verdad. «Mire, ahí tiene uno de sus escogidos, uno de sus elegidos», dicen con insultante tono; pero esta doctrina que a ellos escandaliza es consuelo para los que la reciben; es su gloria y honor. Y de esta misma manera los escribas y fariseos quisieron difamar a Cristo; pero en lugar de esto, aun no siendo su intención le otorgaron un título de renombre. «Éste a los pecadores recibe, y con ellos come».

Esta tarde dividiré mi sermón en tres partes: 1) la doctrina de que Cristo recibe a los pecadores es una doctrina inspirada; 2) el ánimo que ella infunde a los pecadores; y 3), la exhortación que naturalmente nace de ella dirigida al pecador.

I. DOCTRINA

La doctrina no es que Cristo recibe a todo el mundo, sino sólo «a los pecadores recibe». En una conversación corriente entendemos que en esta expresión estamos incluidos todos, y está muy en boga hoy ocultar nuestros pensamientos diciendo que somos pecadores, cuando estamos plenamente convencidos de ser caballeros respetables, personas de categoría que no hemos roto un plato en toda nuestra vida. Es una especie de confesión formularia la que los hombres hacen cuando dicen que son pecadores, tanto si usan una fórmula como otra, o la repiten con palabras de una lengua extraña; porque no sienten una profunda y sincera contrición. No tienen en absoluto la más ligera idea de que lo sean. Los escribas y fariseos declaraban supuestamente que ellos no eran pecadores cuando señalaban a los publicanos, a las rameras y a los despreciables, diciendo éstos son pecadores, nosotros no. «Muy bien», dijo Cristo, «Yo apoyo la distinción que habéis hecho. Según vuestra propia opinión no sois pecadores; de acuerdo, por el momento estaréis exentos de ser llamados así: Yo garantizo vuestra distinción. Pero he de advertiros que vine para salvar a quienes, en su propia estimación, en la vuestra, son considerados como pecadores». Estoy plenamente convencido de que ésta es la doctrina de nuestro texto: que Cristo no recibe a los que ya tienen justicia propia, ni a los buenos, ni a los sinceros, ni aquellos que no creen necesitar un Salvador; sino a los de espíritu quebrantado, a los contritos de corazón, a aquellos que confiesan haber quebrantado la ley de Dios y merecido su enojo. A estos, y sólo a estos, Cristo vino a salvar. Y vuelvo a afirmar lo que ya tratamos el pasado domingo: que Cristo murió por éstos, y por nadie más. Él derramó su sangre por los que están dispuestos a confesar sus pecados y que buscan misericordia en las penas abiertas de su maltrecho cuerpo; por nadie más se propuso ofrecerse a Sí mismo en la cruz.

1. Observad, amados, que Dios hace una muy sabia distinción al complacerse en escoger y llamar a los pecadores al arrepentimiento, y sólo a ellos. Por esta razón, no son otros que acuden a Él. Nunca se ha dado el milagro de que acudiera a Cristo un hombre con su propia justicia en busca de misericordia; sólo los que necesitan un Salvador van a Él.

Es lógico que los que no se consideran necesitados de un Salvador no se acerquen a su trono; y es en todos los sentidos suficiente que Cristo dijera recibir a los pecadores, cuando son los pecadores los únicos que buscan en Él misericordia; por consiguiente, sería inútil que dijera recibir a quienes jamás irán a Él.

Pero notad que solamente estos son los que pueden venir; nadie puede acudir a Él si no se reconoce sinceramente como pecador. El hombre autosuficiente no puede venir, porque, ¿qué es lo que se requiere para ello?: arrepentimiento, confianza en su misericordia, y la negación de toda confianza en sí mismo. Así pues, alguien que esté pagado de su propia suficiencia no puede arrepentirse y al mismo tiempo seguir firme en su orgullo. ¿Dé que ha de arrepentirse, si cree que no tiene pecado? Decidle que vaya a Cristo con humilde arrepentimiento, y os dirá. ¡Eh!, usted está insultando mi dignidad. ¿Porque he de acercarme a Dios?, ¿dónde está mi pecado? Mis rodillas no se doblarán para pedir perdón porque no he ofendido. Estos labios no implorarán clemencia, porque yo tengo la certeza de que no he pecado contra Dios; no necesito su misericordia. La propia justicia del hombre no puede venir a Dios, porque el venir implica que ha dejado de ser justo. Ni tampoco puede poner su confianza en Cristo. ¿Por qué habría de ponerla? ¿Voy a confiar yo en Él si no lo necesito? Si yo soy autosuficiente, no me hace falta ningún Cristo que me salve.

¿Cómo acudiré con una confesión como ésta: «Nada traigo en mis manos a tu Luz». Cuando las traigo llenas ¿Cómo podré decir: «lávame», si creo que estoy limpio? ¿Cómo diré: «sáname», cuando creo que nunca he estado enfermo? ¿Cómo clamaré: «Dios mío, líbrame, dame la libertad», si creo que jamás he estado cautivo, ni «jamás serví a nadie?» Solamente el que siente su esclavitud a causa de la servidumbre del pecado, el que se siente enfermo hasta la muerte a causa de la convicción de su culpa, el que sabe que no puede salvarse a sí mismo, es el que puede confiar en el Salvador. Es imposible que el justo renuncie a su justicia y descanse confiadamente en Cristo, porque en su misma renunciación está el verdadero carácter de aquellos que Él dijo que recibiría. Cristo desechar su propia justicia sería ponerse en la misma situación del pecador. Amigos, el venir a Cristo implica el desvestirnos de la inmunda ropa de nuestra rectitud y ponernos la de Él. ¿Cómo voy a hacer eso si a sabiendas me embozo en mi propia vestidura? Y si para ir a Cristo he de dejar mi refugio y toda mi esperanza, ¿cómo podré hacerlo si al primero lo considero seguro y a la segunda excelente, y estoy vestido dignamente para las bodas del Cordero? De ninguna manera, amados; es el pecador y solamente el pecador quien puede ir a Cristo; el justo no puede hacerlo, sería impropio de él, y aunque pudiera no lo haría; su propia justicia encadena sus pies inmovilizándole, paraliza su brazo impidiéndole asirse a Cristo, y ciega sus ojos velándole al Salvador.

2. Hay otra razón más: si estos hombres que no son pecadores viniesen a Cristo, Él no sería glorificado en ellos. Si cuando el médico abre su puerta a los enfermos, entro yo, que gozo de buena salud, será inútil, conmigo no podrá ganar fama, porque no habrá lugar a que ejerza su ciencia en mí. ¿Y el caritativo?; podrá repartir su hacienda entre los pobres, pero si se acerca a él uno que nade en la abundancia, no podrá ganar su estima por darle de comer o por vestirle, ya que ni tiene hambre ni esta desnudo. Si Jesucristo proclama que dará gracia a todo el que venga, yo creo que es suficiente para creer que no querrá ni podrá venir nadie, a no ser aquellos que sean impulsados por sus apremiantes necesidades.

¡Sí!, esto basta; es suficiente para su honor. Un gran pecador, cuando es salvado, atrae gran gloria sobre Cristo. Si alguien que no fuera pecador pudiese alcanzar el cielo, el mérito y el honor serían suyos y no de Cristo. El que está limpio no podrá engrandecer el poder limpiador del agua aunque se bañe en la fuente, porque no tiene mancha de que lavarse. El que no es culpable jamás podrá magnificar la palabra «perdón». Es el pecador, y solamente el pecador, quien glorificará a Cristo; y es por esto que «este hombre a los pecadores recibe», y a ninguno más. «Él no vino a llamar justos, sino pecadores al arrepentimiento». Ésta es la doctrina del texto.

Pero seamos un poco más explícitos en esta palabra de que «Éste a los pecadores recibe». Entendemos que al recibir a los pecadores, lo hace para otorgarles todos los beneficios que ha adquirido para ellos; si una fuente, los recibe para lavarlos; si medicina para el alma, los acoge para sanarlos; si casa de beneficencia, hospital o leprose-

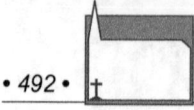

ría para moribundos, los recibe en estos refugios de misericordia. Para darles todo su amor, toda su gracia, toda su expiación toda su santidad, toda su justicia; para darles todo esto recibe a los pecadores. Y aun más; no contento con llevarlos a su casa, los recibe en su corazón. Él toma al pecador, y, habiéndole lavado, dice: «He aquí tú eres mi amado, y mi deseo eres tú». Y para que todo sea perfecto, al final recibe a los santos en el cielo. Sí, santos he dicho, y me refiero a aquellos que fueron pecadores; porque nadie podrá en verdad ser santo, si antes no ha sido pecador, y luego lavado en la sangre de Cristo y emblanquecido por el sacrificio del Cordero.

Observad, pues, amados, que cuando decimos recibir a los pecadores, decimos el darles la salvación completa; y las palabras del texto: «Cristo recibe a los pecadores», encierran el cumplimiento de todas las condiciones del pacto. Él los recibe para hacerles gozar de los deleites del paraíso, de la paz de los bienaventurados, de los cánticos de los glorificados, de una eternidad de felicidad sin fin. «Éste a los pecadores recibe»; y quiero hacer especial hincapié en este punto: recibe a estos, y a nadie más. No es su deseo obrar la salvación de alguien que no se sienta pecador. Completa y libre salvación es predicada a todos los pecadores del universo; pero yo no tengo salvación alguna que anunciar a quienes no se reconozcan pecadores. A estos debo predicarles la ley, advirtiéndoles que sus justicias son como trapos de inmundicia, que sus bondades desaparecerán como la tela de araña, y que, como el huevo del avestruz es destrozado por la pata del caballo, así serán deshechas. «Éste a los pecadores recibe», y a nadie más.

II. ÁNIMO

Ahora nos toca considerar el ánimo que estas palabras dan. Si este Hombre recibe a los pecadores, ¡cuán dulce es esta palabra para ti, pobre pecador enfermo de iniquidad! Seguro, Él no te rechazará. Ven, déjame alentarte a venir a mi Señor esta noche, para recibir su gran expiación y ser vestido con su justicia. Notad: a éstos que yo me dirijo son propia, real e íntegramente *bona fide*, pecadores; no pecadores de compromiso; no quienes dicen serlo para evitar toda discusión según creen ellos, con los religiosos fanáticos de hoy día; no, yo hablo a los que se sienten perdidos, arruinados y sin esperanza. Todos estos son invitados ahora franca y libremente a venir a Cristo Jesús y ser salvos por Él. Ven, pobre pecador, ven.

1. Ven, porque Él ha dicho que te recibirá. Yo sé que tienes miedo; todos nosotros también lo tuvimos una vez cuando fuimos a Cristo. Yo sé que dices en tu corazón: «Seré rechazado. Si le imploro no me oirá; si clamo a Él, los cielos se volverán sordos como una tapia; he sido tan gran pecador que jamás me aceptara para morar con Él en su casa». ¡Pobre pecador! No hables así; Él ha promulgado el decreto. Entre los hombres es suficiente una promesa para confiar, si el que da su palabra es honrado. ¡Pecador!, y ¿no es suficiente si el que la hace es el Hijo de Dios? Él ha dicho: «Al que a mí viene no lo hecho fuera». ¿Osarás desconfiar de dicha promesa?, ¿no te harías a la mar con un barco tan sólido como éste: Él lo ha dicho? Éste ha sido por siempre el único consuelo de los santos; en él han vivido y en él han muerto: Él lo ha dicho. ¿Qué?, ¿crees que Cristo te miente? ¿Prometería recibirte para luego no hacerlo?, te diría: «Mis toros y animales engordados han sido muertos, y todo está dispuesto; ven a la cena», para darte después con la puerta en las narices? No, si Él ha dicho que no echará a nadie que venga, está seguro que no podrá, que no querrá echarte a ti. Ven, pues, y prueba su amor sobre esta base, que Él lo ha dicho.

Ven y no temas, pues si te sientes pecador recuerda que este sentimiento tuyo es don de Dios, y por tanto puedes venir con toda seguridad a Aquel que ha hecho tanto para traerte. Un extraño llama a mi puerta pidiendo limosna, y sus primeras palabras son para decirme con toda sinceridad que nunca me ha visto antes de ahora y que no tiene derecho a apelar a mi generosidad; sin embargo, confía plenamente en cualquier sentimiento misericordioso que pueda haber en mi corazón. Si yo le hubiera favorecido

anteriormente, suponiendo que yo fuese rico, podría decirme: «Señor, ha hecho usted tanto por mí que le creo incapaz de abandonarme y dejarme morir de hambre después de tanto amor». ¡Pobre pecador! Si sientes necesidad de un Salvador, Cristo te hizo sentirla; si tienes el deseo de seguirle, Él te lo dio; si anhelas estar con Dios, Él te dio el anhelo; si suspiras por Cristo, Él ablandó tu corazón; si lloras por Jesús, Él te dio las lágrimas. Si le deseas con el ardiente deseo del que espera aunque teme no hallarlo nunca, esa esperanza te la dio Cristo. Y, ¿no vendrás a Él? Ya tienes algunas de las mercedes del Rey; ven y apela a lo que Él ha hecho, que no hay causa perdida con Dios cuando alegues esto. Dile que sus misericordias pasadas te mueven a probarle en el futuro. Postrado sobre tus rodillas, pecador, postrado sobre tus rodillas, dile así: «Señor, te doy gracias porque me reconozco pecador; tú me lo has enseñado; te bendigo porque yo no encubro mi iniquidad, porque la conozco y la siento; porque siempre está ante mis ojos. Señor, permitiste que viera mi pecado, ¿y no me dejarás ver a mi Salvador? Tú que has abierto la herida y metido la lanceta, ¿no me curarás? ¡Oh, Señor! ¿No has dicho Tú «yo mato», y a renglón seguido «Yo doy vida»? Tú me has matado, ¿y no me darás vida? Alega esto, pobre pecador, y comprobarás que es verdad que «Éste a los pecadores recibe».

2. ¿No te basta esto? He aquí, pues, otra razón. Estoy cierto que «Éste a los pecadores recibe», porque ha recibido a muchos antes que a ti. Mira, he ahí la puerta de la Misericordia; advierte cuántos han llamado a ella; casi puedes oír ahora los golpes como ecos del pasado. Observa cuántos viajeros cansados han repicado en su aldaba en busca de descanso, cuántas almas hambrientas han acudido a ella pidiendo pan. Ven tú, llama a la puerta de la Misericordia y pregunta a quien te abra. ¿Ha llamado alguna vez alguien a la puerta que haya sido rechazado? Yo puedo asegurarte la respuesta: «No, ninguno».

«Jamás volvió vacío el pecador
Que viniera a buscar misericordia
Por amor del bendito Salvador».

¿Y serás tú el primero? ¿Crees que Dios quiere perder su buen nombre echándote a ti? El portillo de la Misericordia ha estado abierto noche y día desde que el hombre pecó. ¿Crees que se cerrará por primera vez ante tu cara? No, hombre, ven y pruébalo; y si encuentras que es así, vuelve y dime: «No hombre ven y pruébalo; y si encuentras que es así, vuelve y dime. No has leído la Biblia como debieras»; o publica que has encontrado una promesa en ella que ha sido incumplida, porque, Él dijo: «Al que a mí viene no lo echo fuera». No creo que haya en este mundo ni siquiera uno que pueda decir delante de Dios que buscó misericordia y no la halló. Y es más, creo que tal persona no existirá jamás; porque cualquiera que venga a Cristo en busca de clemencia, más que cierto la hallará. ¿Qué mayor estímulo puedes desear? ¿Quieres quizá la salvación para aquellos que no quieren venir y ser salvos?. ¿Quieres que la sangre sea rociada también sobre aquellos que no quieren venir a Cristo? Tú puedes quererlo así, pero yo no te lo puedo predicar. No está en la Palabra de Dios y jamás me atreveré.

3. Ahora, pecador, aun tengo otro argumento que presentarte para que creas que Cristo recibirá a todos los pecadores que vayan a Él. Y es éste: Él llama a todos los que lo son. Ahora pues, si Cristo nos llama y nos insta a venir, podemos estar seguros de que no nos echará cuando vayamos. Hubo una vez un ciego que, estando sentado junto al camino pidiendo limosna, oyó, porque no podía ver, un tropel de pasos que se acercaba; y, al preguntar qué era aquello, le dijeron que pasaba Jesús de Nazaret. Entonces, dando voces, gritó: «¡Jesús, Hijo de David, ten misericordia de mí!». El oído de misericordia pareció ser sordo, y el Salvador continuó andando como si no hubiera oído la súplica. Y aunque hasta entonces el pobre hombre no había cesado de gritar, permanecía sin moverse. Pero cuando el Salvador le dijo: «Ven acá», ¡ah!, entonces no se demoró un instante. Le dijeron: «Levántate, Él te llama»; y tirándolo todo, apretado por la muchedumbre, se acercó y dijo: «Maestro, que cobre la vista». Ahora tú, que te sientes perdido y arruinado, levántate y

habla; Él te llama. Redargüido pecador, Cristo dice: «ven»; y puedes estar seguro de que es esa su intención. Citemos de nuevo la Escritura: «No he venido a llamar justos, sino pecadores a arrepentimiento». Tú eres llamado, amigo; ven, pues. Si su Majestad la Reina pasara ahora por aquí, difícilmente imaginarías el poder hablar con ella; pero si tu nombre fuese pronunciado, y por sus propios labios, ¿no irías tú a su carroza y escucharías lo que tuviera que decirte? Pues bien, el Rey del cielo dice: «ven». Sí, los mismos labios que un día dirán: «Ven, bendito», dicen esta noche: «ven pobre afligido pecador, ven a mí que Yo te salvaré». No hay una sola alma afligida en esta sala —si su aflicción es obra del Espíritu Santo— que no encuentre salvación en las heridas de Cristo. Cree, pues, pecador, cree en Jesús, que Él es poderoso para salvarte hasta lo sumo.

4. Y ahora, solamente un momento para encomendaros estas palabras de aliento. Yo sé, pobres almas, que cuando estáis bajo la sensación de pecado, es difícil creer. Muchas veces decimos: «cree únicamente;» pero el creer es la cosa más difícil del mundo cuando el pecado agobia vuestros hombros con su peso. Acostumbramos a decir: «Pecador, confía únicamente en Cristo». ¡Ah!, no sabéis cuán grande es ése «únicamente». Exige un esfuerzo tan sobrehumano, que nadie podrá realizarlo, si no es con la ayuda de Dios; porque la fe es don suyo, y Él la concede solamente a sus hijos. Pero si hay algo que pueda excitar la fe, es precisamente de ello que quiero hablaros. Recuerda, pecador, que Cristo quiere recibirte, porque Él vino del cielo para buscarte y hallarte en tu extravío, para salvarte y librarte de todas tus miserias. Cristo ha dado prueba de su sincero interés por tu felicidad, derramando la sangre de su corazón para redimir tu alma de la muerte y el infierno. Si se hubiera contentado con la compañía de los santos, se habría quedado en el cielo con los muchos que allí hay. Abraham, Isaac y Jacob estaban con Cristo allá en la gloria; pero no, deseó tener también a los pecadores. Tuvo sed de las almas que se perdían. Anheló hacerlas trofeos de su gracia. Buscó a los que estaban manchados y sucios para emblanquecerlos. Él quiso poseer las almas que estaban sumidas en la muerte, para darles vida. Su misericordia necesitó sobre quien mostrarse. Pecador, ¡mira esa cruz! ¡Contempla a Aquel que es alzado en ella!

«¡Ve de su cabeza, manos y pies
La pena y el amor juntos brotar!
¿Hubo jamás hiel como esta hiel,
o tan sublime amar como este amar?
¡Gemas de la corona de su sien!»

¿Ves aquellos ojos?, ¿no notas el amor que por tu alma flota en aquella mirada?; ¿no ves el costado?: está abierto para que puedas esconder tus pecados en él. Ve esas gotas de sangre carmesí; cada una de ellas se vierte por ti. ¿Oyes aquel grito de muerte: Elí, Elí, lama sabactani? Aquel grito, en todo su grave sonido y profunda solemnidad, es por ti. Sí, por ti, si tú eres pecador, si tú esta noche puedes decir a Dios: «Señor, sé que te he ofendido; ten misericordia de mí por amor de Jesús». Si guiado por el Espíritu eres llevado ahora a aborrecerte a ti mismo en polvo y ceniza por tu pecado, verdaderamente, como siervo de Dios, en su presencia te digo que tú serás salvo; porque Jesús no murió por ti para luego dejarte perecer.

III. UNA EXHORTACIÓN

Nuestro último punto es una exhortación. Si es verdad que Cristo vino solamente para salvar a los pecadores, mis amados oyentes, trabajad, esforzaos, agonizad para que sintáis en vuestras almas esa sensación de pecado. Una de las cosas más dolorosas del mundo es el sentirse pecador; pero ésa no es razón para que yo deje de exhortaros a que lo busquéis; porque aunque es aflicción, es solamente el sinsabor de la amarga medicina que obrará la curación. No busquéis tener un alto concepto de vosotros mismos, sino estimaros en poco; no os engalanéis ni procuréis rodearos de oro y plata; no os justifiquéis a vuestros ojos, sino despojaos y desnudaos, sed humildes. No os elevéis, sino rebajaos. No crezcáis, sino menguad. Pedid a Dios que os muestre que no sois nada. Pedidle que os lo haga reconocer para que solo podáis decir: «El primero de los pecadores soy».

Expiación, Justificación, Arrepentimiento, Fe ...

Y si Dios oye vuestra súplica, es muy probable que Satanás os diga que no podéis ser salvos porque sois pecadores. Como a Martín Lutero le sucedió: «Estando yo una vez sumido en pena y pecado», nos cuenta él, «Satanás me dijo: Lutero, tu no puedes salvarte porque eres pecador». «No», dije, «sino que te cortaré la cabeza con tu propia espada. Tú dices que soy pecador; gracias por decírmelo. Eres una buena persona, Satanás (le dice con ironía), cuando me avisas de que soy pecador. Bien, Satanás, pues que Cristo murió por los pecadores, luego murió por mí. ¡Ah!, si solamente sabes decirme esto, muchas gracias de nuevo; y en lugar de lamentarme cantaré con gozo, porque lo único que necesitamos es saber y sentir que somos pecadores». Sintámoslo nosotros; sepámoslo y recibamos como un hecho indubitable de la revelación que tenemos derecho a ir a Cristo, creer en Él y recibirle como nuestro suficiente Salvador, y colmo de nuestros deseos, sin duda alguna. La conciencia intentará deteneros; pero no tratéis de cerrar su boca, sino decidle que le estáis muy agradecidos por todo cuanto os recuerda. Os dirá: «¡Oh!, tú has sido una miserable criatura que no has dejado de pecar desde tu juventud. ¡Cuántos sermones han sido malgastados en ti!, ¡cuántos domingos has quebrantado!, ¡cuántos avisos has despreciado! ¡Oh!, eres un miserable pecador». Dad las gracias a Conciencia, porque cuanto más firme sea vuestra convicción de pecado, no de una forma superficial, sino en lo más profundo de vuestro corazón; cuanto más culpables os sintáis, tanta más razón tenéis para venir a Cristo y decir: «Señor, creo que Tú moriste por el culpable; creo que quisiste salvar al que no lo merecía. A ti me entrego; ¡sálvame, Señor!». Esto no os viene bien a algunos de vosotros, ¿verdad? No es ésta la clase de doctrina que halaga al hombre. No; os gustaría ser buenas personas y ayudar a Cristo un poco; os agrada esa teoría que muchos ministros no cesan de proclamar. «Dios ha hecho mucho por ti; haz tú el resto y serás salvo». Es ésta una doctrina que tiene mucha aceptación; vosotros hacéis una parte y Dios hará la otra; pero no es ésta la verdad de Dios, sino un loco desvarío. Él dice: «Yo lo haré todo, ven y póstrate a mis pies; deja tus obras, déjame ocupar tu lugar; después yo te haré vivir para mi gloria. Solamente para que puedas ser santo requiero que confieses tu impiedad, para que puedas ser santificado debes reconocer tu inmundicia».

¡Oh!, haced esto, mis oyentes. Postraos ante el Señor, abatíos. No os alcéis orgullosamente, sino hincad vuestras rodillas delante de Dios con humildad: decidle que estáis perdidos sin su soberana gracia; que no tenéis nada, que no sois nada, y que nunca seréis otra cosa que nada; pero que sabéis que Cristo no pide nada de vosotros, sino que os tomará tal como sois. No intentéis venir a Cristo con algo que no sean vuestros pecados; no tratéis de acercaros a Dios con vuestras oraciones como recomendación, ni siquiera con vuestra profesión de fe; venid a Él con vuestro pecado, que os dará la fe. Si os quedáis lejos de Cristo creyendo que conseguiréis la fe fuera de Él, estáis en un error. Es Cristo quien nos salva; debemos venir a Él para todas nuestras necesidades.

Tú eres, ¡oh Cristo!,
todo cuanto pido;
En ti tengo, Señor,
cuanto he soñado;
Tú das la mano al que se encuentra hundido,
Tú das aliento al pobre desmayado,
Tú devuelves salud al dolorido
Y eres Guía del ciego abandonado».

Jesús hará esto y mucho más; pero has de venir como el ciego, como el enfermo, como el perdido, o no vendrás de ninguna manera. Ven pues a Jesús, te suplico, sea lo que sea lo que hasta ahora te haya mantenido apartado. Tus dudas tratarán de alejarte, pero di: «Atrás, Incredulidad; Cristo dice que murió por los pecadores, y yo sé que lo soy».

«Mi fe confiada en su promesa vivirá,
y con esa promesa morirá».

2. Hay una cosa más que deseo deciros antes de acabar. No permanezcáis lejos de Cristo, si os reconocéis pecadores, porque no entendáis todos los puntos de la teología. Con mucha frecuencia he tropezado con re-

cién convertidos que me han dicho: «No entiendo esta o aquella doctrina». Y yo me he alegrado en explicársela hasta donde me ha sido posible. Pero muchas veces no se trata de recién convertidos, sino de recién convictos, personas que están bajo convicción de pecado, quienes, cuando he intentado hacerles ver que si eran pecadores podían creer en Cristo, han comenzado a discutir sobre tal o cual intrincado punto, y parecían creer que no podrían ser salvos hasta ser unos consumados teólogos. Así pues, vosotros, si esperáis a entender toda la teología antes de poner vuestra fe en Cristo, solamente puedo deciros que jamás lo lograréis; porque, aunque vivierais tantos años como quisierais. Siempre habría pozos tan profundos que jamás podríais explorar. Aunque hay ciertos factores imprescindibles que es necesario saber y comprender, también hay ciertas dificultades que nunca podréis superar. El santo más capacitado de la tierra no puede entenderlo todo; sin embargo, vosotros queréis saber todas las cosas antes de venir a Cristo. Hubo uno que me preguntó cómo entró el pecado en el mundo, y me hizo saber que no vendría a Cristo hasta que entendiera ese punto. Se perderá irremisiblemente si se espera hasta saberlo, porque nadie lo sabrá jamás. No tengo motivos para creer que les haya sido revelado aun a aquellos que están en el cielo. Otro quiere saber cómo es que los hombres son instados a venir, diciendo las Escrituras que no pueden, y desea tener esto bien claro; es lo mismo que si aquel pobre hombre que tenía la mano seca, cuando Cristo le dijo: «Extiende tu mano», hubiese replicado: «Señor, veo un poco difícil entender esto; ¿cómo puedes decirme que extienda mi mano si está seca? Imaginad que cuando Cristo dijo a Lázaro: «Sal fuera», Lázaro le hubiera respondido: «Veo un poco difícil eso que me mandas; ¿cómo puede un muerto salir fuera?». ¡Aprende esto, hombre vano! cuando Cristo dice: «Extiende tu brazo», con la orden da el poder; y la dificultad es resuelta de hecho, aunque yo crea que jamás lo será en teoría. Si los hombres quieren tener un plano de la teología, igual que tienen el mapa de Inglaterra; si quieren beber un croquis de cada aldea y de cada seto del Evangelio del Reino, no lo encontrarán en otro sitio que en la Biblia; y lo encontrarán tan bien proyectado que los años de Matusalén no bastarían para poder localizar cada uno de sus más pequeños detalles. Debemos venir a Cristo y aprender, no aprender y entonces venir.

«¡Ah! pero», dice otro, «no es ahí donde reside mi temor, los problemas teológicos no me turban; mi inquietud es mucho peor que ésa; sé que soy demasiado malo para ser salvo». Bien, yo creo que estás equivocado, y esto es lo único que puedo responderte: que yo creeré a Cristo antes que a ti. Crees que eres demasiado malo para ser salvo, pero Cristo dice: «Al que a mí viene no lo echo fuera». Así pues, ¿quién tendrá razón? El dice que recibirá a lo peor de lo peor, y tú que no. ¿Qué, pues? «Sea Dios verdadero, mas todo hombre mentiroso».

CONCLUSIÓN

Quiera Dios volverte a ti y traerte para que pruebes al Señor Jesucristo y veas si te despide. ¡Qué me importa a mí ser tan frecuentemente censurado por hacer mi llamamiento a lo peor de los pecadores! Se dice que mi ministerio está dirigido a los borrachos, a las prostitutas, a los blasfemos y demás pecadores de la peor especie. No me importa si el dedo del desprecio me señala y la gente me considera loco o tonto; ¿creéis que voy a detenerme por sus ironías? ¿Pensáis que me avergonzaré por la ruindad de sus burlas? Oh, no; como David, cuando danzaba delante del arca del Señor, y Mical, hija de Saúl, se mofó y lo menospreció por desvergonzado, sólo responderé que si esto es indigno, procuraré ser aún más indigno. Mientras yo vea las pisadas de mi Maestro ante mí, y su continua y misericordiosa aprobación a mi trabajo; mientras yo contemple su nombre engrandecido, su gloria aumentada, y salvas las almas que perecen (de lo que gracias a Dios somos testigos cada día); mientras este Evangelio me respalde; mientras el Espíritu Santo me mueva y mientras las señales continúen multiplicando la garantía de mi misión, ¿quién soy yo para que me detenga por causa de hombre, o resista al Espíritu Santo por carne que respira? ¡Oh!, vosotros, los más grandes de todos los pecadores; lo más vil de lo vil; vosotros, que sois la escoria de la ciudad, el desecho de la tierra, la hez de la creación; vosotros, a quienes nadie se atrevería a acercarse; vosotros, cuya moral está arruinada y las mismas entrañas de vuestras almas tan manchadas que ningún batanero (obrero textil) de la tierra podría emblanquecerlas; vosotros, tan depravados que ningún moralista de la tierra sería capaz de reformaros, venid, venid a Cristo. Acudid a su invitación. Acercaos, que seréis recibidos con cordial bienvenida. Mi Maestro dijo que recibiría a los pecadores. Sus enemigos decían de Él: «Éste a los pecadores recibe». ¿Qué mejor testimonio podemos tener que el de aquellos que le odiaban? Venid ahora y conceded amplio crédito a su palabra, a su invitación, a su promesa. ¿Objetarás quizás que Cristo solamente recibió a los pecadores en aquellos días de gracia cuando estaba en la tierra? No, no es así; lo demuestran experiencias posteriores. Los apóstoles lo repitieron, después que Él subió a los cielos, en términos tan categóricos como los que utilizó el mismo Cristo cuando estaba en la tierra. ¿No creeréis en esto?: «Palabra fiel y digna de ser recibida de todos, que Cristo Jesús vino al mundo para salvar a los pecadores, de los cuales yo soy el primero». Vosotros, despreciadores, andad y haced escarnio, si queréis, marchaos y burlaos del Evangelio predicado, pero un día nos encontraremos cara a cara delante de nuestro Hacedor, y puede que les cueste caro a todos los que despreciaron a Cristo y se mofaron de sus palabras de misericordia. ¿Hay algún incrédulo que diga que marcharía satisfecho de este mundo si muriera una muerte aniquiladora, y que preferiría esto a vivir en una existencia futura?

Bien, mi querido amigo que así hablas; supón que el fin de todos los hombres fuera como el de los perros; ten por seguro de que yo me iría tan satisfecho como tú, o quizás más, porque tengo paz y felicidad en este mundo. Pero (y nota que no hablo así porque lo dude) si es cierto que hay una vida venidera, no me gustaría ocupar tu lugar en ella cuando llegue. Si es verdad que hay un juicio, que hay un infierno (lo digo hipotéticamente, no porque tenga duda sobre ello, sino porque eres tú el que lo niegas, aunque no creo que en realidad lo dudes), si existe tal lugar, ¿qué harás entonces? Si ahora tiemblas por una hoja que se mueve en la noche, si el solo nombre del cólera te aterroriza, si te alarmas por una ligera enfermedad y corres en busca del médico y cualquiera puede engañarte con sus medicinas, porque temes morir, ¿qué harás en las crecidas del Jordán, cuando la muerte te arrastre? Si un pequeño sufrimiento te asusta ahora, qué harás cuando todo tu cuerpo se estremezca y tus rodillas tiemblen delante de tu Hacedor?, ¿qué harás, querido oyente, cuando sus ojos de fuego consuman tu alma?, ¿qué harás tú cuando, entre diez mil truenos, te diga: «Apártate, apártate». Yo no puedo decirte lo que harás, pero te diré algo que no podrás alegar, no osarás decir que yo no he procurado siempre predicar claramente el Evangelio para el más grande de los pecadores. Oye una vez más: «Cree en el Señor Jesucristo y serás salvo». Creer es confiar en Cristo, arrojarse en aquellos benditos brazos que pueden soportar el peso del pecador más cargado que en el mundo haya sido, abandonarse plenamente a la promesa, dejar que Él lo haga todo por ti, hasta que te haya dado vida y ayudado a realizar lo que ya comenzó «tu propia salvación;» y aun esto será «con temor y temblor». ¡Dios todopoderoso conceda que alguna pobre alma sea bendecida esta noche! A los que estáis en la orilla no espero haceros ningún bien. Si yo tuviera un cañón lanza cables para lanzar la cuerda mar adentro, solamente el navío encallado, el marino naufragado, se alegraría de recibir la ayuda. Pero a ti que te sientes seguro y salvo, no tengo por qué predicarte; eres tan peligrosamente bueno ante tus propios ojos que de nada sirve el intentar hacerte mejor; eres tan terriblemente justo que puedes marchar tranquilamente por tus propios caminos sin ninguna advertencia por mi parte. Dispénsame por tanto si lo único que tengo que decirte es esto: «¡Ay de vosotros, escribas y fariseos, hipócritas!» Y permíteme que me vuelva a otra clase de personas, a lo más vil de lo vil. Me trae sin cuidado que me llamen el predicador de los viles y despreciables; como Rowland Hill, el predicador de los de más baja condición, no me sonrojaré cuando me ofendan, porque ellos tienen necesidad del Evangelio tanto o más que cualquier otra criatura bajo el cielo; y si nadie les predica a ellos, Dios me valga, yo procuraré hacerlo con palabras que puedan entender. Y si a los refinados no les gusta este estilo de predicación, pueden optar por no escucharla. Si desean oír predicar a los hombres en términos intelectuales, que escapan a la capacidad del común de los pecadores, que vayan y los oigan. Yo debo darme por satisfecho con seguir a mi Señor, que «se despojó a Sí mismo», para ir tras los extraviados pecadores de una forma poco común. Violaría el decoro del púlpito y derribaría su decencia antes de dejar de romper los duros corazones. Yo creo que una predicación es buena cuando de una forma u otra alcanza el corazón, y no me importa la forma de hacerlo. Sinceramente os digo que si no pudiera predicar de una manera lo haría de otra; si nadie quisiera venir a oírme porque vengo con chaqueta negra, les llamaría la atención con una roja. De un modo u otro les haría oír el Evangelio con todos los medios que estuvieran a mi alcance, y me esforzaría en predicar en forma tal, que aun los más simples pudieran enterarse de este hecho: «Éste a los pecadores recibe». ¡Dios os bendiga a todos por Cristo Jesús!

5. Fe

56. LA FE

«Sin fe es imposible agradar a Dios» (Hebreos 11:6).

INTRODUCCIÓN: Agradar a Dios.

I. LA EXPOSICIÓN
1. Conocimiento.
2. Asentimiento.
3. Aferrarse a la verdad.

II. EL ARGUMENTO
1. El capítulo de la fe.
2. La fe es la gracia que se inclina.
3. Las obras no pueden salvar.
4. Sin fe no hay unión con Cristo.
5. Sin fe es imposible agradar a Dios.

CONCLUSIÓN: ¿Tenéis esa fe que agrada a Dios?

LA FE

INTRODUCCIÓN

En el antiguo Catecismo de Westminster leemos: «¿Cuál es el principal propósito del hombre?» y la respuesta es: «Glorificar a Dios y gozar de él para siempre". Esta respuesta es sumamente correcta, pero habría sido igualmente correcta si hubiera sido más breve. El principal propósito del hombre es «agradar a Dios», porque al hacerlo así (y no es necesario añadirlo, porque es un hecho indubitable), al así hacerlo, digo, se agradará a sí mismo. El principal propósito del hombre, creemos, en esta vida y en la venidera, es agradar a Dios su Hacedor. Cuando el hombre agrada a Dios, hace lo que es más conducente a su propio bien temporal y eterno. El hombre no puede agradar a Dios sin traer sobre sí mismo una gran cantidad de felicidad, porque si alguien agrada a Dios, se debe a que Dios le acepta como hijo, le da las bendiciones de la adopción, derrama sobre él las riquezas de su gracia, le hace un hombre feliz en esta vida, y le asegura una corona de vida eterna, que llevará y que resplandecerá con un fulgor imperecedero, cuando los laureles de la gloria terrenal hayan quedado todos marchitos; en cambio, si alguien no agrada a Dios, trae sobre sí mismo dolores y sufrimientos en esta vida; introduce el gusano y la corrupción en el corazón de todos sus goces; llena de espinas su almohadón en su muerte, y suministra ascuas de llama al fuego eterno que le consumirá para siempre. Aquel que agrada a Dios está dirigiéndose, por la gracia divina, adelante hacia la recompensa final para todos los que aman y temen a Dios; pero el que desagrada a Dios debe ser

Expiación, Justificación, Arrepentimiento, Fe ...

excluido de la presencia de Dios, porque así lo declara la Escritura, y consiguientemente de su goce de la felicidad. Así, si tenemos razón en decir que agradar a Dios es ser feliz, la gran cuestión es: ¿cómo puedo agradar a Dios? Y hay algo muy solemne en la declaración de nuestro texto: «Sin fe es imposible agradar a Dios». Es decir: haz lo que quieras, debátete como puedas, vive de una manera tan excelente como te parezca, haz los sacrificios que quieras, seas tan eminente como puedas en todo lo que sea amable y de buena reputación, pero ninguna de esas cosas puede agradar a Dios si no está mezclada con fe. Como dijo el Señor a los judíos: «Ofreceréis sal con todos vuestros sacrificios», también a nosotros nos dice: «Con todas vuestras acciones habéis de traer fe, o de nada valdrá, porque "sin fe es imposible agradar a Dios"».

Ésta es una antigua ley, tan antigua como el primer hombre. Tan pronto hubieron nacido Caín y Abel en este mundo, tan pronto alcanzaron la edad adulta, Dios dio una proclamación práctica de esta ley, de que «sin fe es imposible agradar a Dios». Un soleado día, Caín y Abel levantaron un altar el uno al lado del otro. Caín buscó los frutos de los árboles y de la abundancia de la tierra, y los puso sobre su altar; Abel trajo de las primicias del rebaño, y lo puso sobre el altar. Se debía decidir qué iba a aceptar Dios. Caín había traído de lo mejor de lo suyo, pero lo trajo sin fe; Abel trajo su sacrificio, pero lo trajo con fe en Cristo. Ahora bien, ¿cuál iba a tener aceptación? Las ofrendas eran del mismo valor; en sí mismas son igualmente buenas. ¿Sobre cuál descenderá el fuego del cielo? ¿Cuál consumirá Dios con el fuego de su agrado? ¡Oh!, veo que quema la ofrenda de Abel, y el rostro de Caín se ha vuelto sañudo, porque el Señor ha mostrado consideración hacia Abel y hacia su ofrenda, pero no hacia Caín y la suya. Y así será hasta que el último hombre sea recogido en el cielo. Nunca habrá una ofrenda aceptable que no sea sazonada con fe. Puede que se trate de una buena idea, algo aparentemente tan bueno en sí mismo como aquello que conlleva fe, pero si no hay fe con ello, Dios nunca puede aceptarlo, ni lo hará, porque él declara aquí: «Sin fe es imposible agradar a Dios».

Trataré de sintetizar mis pensamientos esta mañana, y ser tan breve como pueda, de una manera consecuente con una plena explicación del tema. Primero tendremos una *exposición* de qué es la fe; segundo, presentaré un *argumento*, de que sin fe es imposible ser salvo; y, tercero, les haré la siguiente *pregunta:* ¿Tenéis esa fe que agrada a Dios? Así, tendremos una exposición, un argumento y una pregunta.

I. LA EXPOSICIÓN

Primero, la exposición. ¿Qué es la fe?

Los antiguos escritores –los más sensatos porque os daréis cuenta de que los libros escritos hace unos doscientos años por los viejos puritanos tienen más sentido en una línea que en una página de nuestros nuevos libros, y más en una página que en todo un volumen de nuestra moderna teología– bien, los escritores antiguos nos dicen que la fe se compone de tres elementos: primero, conocimiento, luego asentimiento, y luego lo que llaman asimiento, el asirse del conocimiento al que damos asentimiento y la apropiación al confiar en aquello.

1. Comencemos pues por el principio. Lo primero en la fe es el *conocimiento*. Un hombre no puede creer en lo que no conoce. Éste es un axioma claro, evidente por sí mismo. Si nunca he oído de algo en mi vida, y no lo sé, no lo puedo creer. Sin embargo, hay alguna gente que tienen la fe del carbonero, que, cuando le preguntaban qué era lo que creía, respondía: «Creo lo que cree la iglesia». «¿Y qué cree la iglesia?» «La iglesia cree lo que yo creo». «Y dime, por favor, ¿qué creéis tú y la iglesia?» «Bueno, los dos creemos lo mismo». Ahora bien, este hombre no creía nada, excepto que la iglesia tenía razón; pero en qué, no lo podía decir. De nada vale que digan: «Soy creyente», pero sin saber lo que se cree. Pero he visto a algunos manteniendo esta postura. Alguien ha predicado un violento sermón, que ha agitado la sangre de los oyentes. El ministro ha gritado: «¡Creed, creed, creed!», y de repente a la gente se le ha metido en la cabeza que eran creyentes, y han salido

de su centro de culto diciendo: «Soy creyente». Y si les preguntasen: «Dime, ¿qué crees?», no podrían dar razón de la esperanza que hay en ellos. Creen que van a ir a la capilla el domingo que viene, que tienen la intención de reunirse con aquella clase de gente, que van a ser muy enérgicos en sus cánticos y que se sentirán maravillosos en sus filas; por tanto, creen que serán salvos; pero no pueden decir lo que creen. Ahora bien, no considero segura la fe de nadie hasta saber lo que cree. Si me dice: «Creo», y no sabe qué cree, ¿cómo puede ser ésta una verdadera fe? El apóstol ha dicho: «¿Cómo creerán en aquel de quien no han oído? ¿Y cómo oirán sin haber quien les predique? ¿Y cómo predicarán si no han sido enviados?». Es necesario para la fe verdadera que la persona conozca algo de la Biblia. Creedme, estamos en una época en la que la Biblia no es en absoluto considerada como solía serlo. Hace cientos de años el mundo estaba cubierto de fanatismo, crueldad y superstición. Siempre pasamos a los extremos, y ahora hemos pasado al otro extremo. En esos tiempos se decía: «¡Una fe es la verdadera, muerte a todas con el potro y la espada!». Ahora se dice: «Por contradictorios que sean nuestros credos, todos son correctos». Si solo empleásemos nuestro sentido común, sabríamos que eso es falso. Pero algunos contestan: «Tal y cual doctrina no tiene que ser predicada y no es necesario creerla». Entonces, caballero, si no necesita ser predicada, no necesita ser revelada. Impugnas la sabiduría de Dios cuando dices que alguna doctrina es innecesaria; porque vienes a decir que Dios ha revelado algo que no era necesario, y Él no sería sabio al hacer más de lo necesario, como tampoco si hiciera menos de lo necesario. Creemos que cada doctrina de la Palabra de Dios debería ser estudiada por los hombres, y que su fe debería asirse de toda la materia de las Sagradas Escrituras, y más especialmente aquellas partes de las Escrituras que tratan de la persona de nuestro bendito Redentor. Ha de haber algún grado de conocimiento antes que haya fe. «Escudriñad las Escrituras», entonces, «porque pensáis que en ellas tenéis la vida eterna, y ellas son las que dan testimonio de Cristo», y al escudriñar y leer viene el conocimiento, por el conocimiento viene la fe, y por medio de la fe viene la salvación.

2. Pero uno puede conocer algo, y sin embargo carecer de fe. Puedo conocer algo, y sin embargo no creerlo. Por tanto, el *asentimiento* ha de ir con la fe. Es decir, aquello que conozco debo también creerlo como siendo con total certidumbre la verdad de Dios. Ahora bien, para la fe es necesario no sólo leer las Escrituras y comprenderlas, sino también recibirlas en mi alma como siendo la misma verdad del Dios viviente, y debería recibir de manera devota y de todo corazón toda la Escritura como inspirada del Altísimo, y toda la doctrina que él me demanda creer para mi salvación. No se nos permite dividir las Escrituras y creer lo que nos plazca. No se nos permite creer las Escrituras a medias, porque si se hace esto voluntariamente, es que no se tiene la fe que mira sólo a Cristo. La verdadera fe da su pleno asentimiento a las Escrituras; toma una página y dice: «No importa lo que haya en la página, lo creo»; pasa al siguiente capítulo, y dice: «Aquí hay cosas difíciles de entender, que los indoctos e inconstantes tuercen, como las otras Escrituras, para su destrucción; pero aunque sea difícil, lo creo». Ve la Trinidad; no puede comprender la Trinidad en Unidad, pero la cree. Ve un sacrificio de expiación; hay algo difícil en el concepto, pero lo cree; y sea lo que sea que ve en la revelación, pone devotamente sus labios sobre el libro, y dice: «Lo amo todo; le doy mi pleno, libre y cordial asentimiento a cada una de sus palabras, sea de amenaza o de promesa, el proverbio, el precepto o la bendición. Creo que por cuanto es todo ella palabra de Dios, es bien ciertamente veraz». Todo el que quiera ser salvo debe conocer las Escrituras, y debe dar su pleno asentimiento a las mismas.

3. Pero un hombre puede poseer todo esto, y sin embargo no poseer la verdadera fe; porque la principal parte de la fe reside en el último encabezamiento, esto es, *asirse* de la verdad; no creerla meramente, sino asirse de ella como nuestra, y reposar en ella para salvación. Recostarse sobre la

verdad, así era como lo describían los viejos predicadores. Comprenderéis bien el concepto. Apoyarse sobre ella diciendo: «Ésta es la verdad, y confío en ella mi salvación». Ahora bien, la verdadera fe en su misma esencia descansa en esto: recostarse sobre Cristo. No me salvará saber que Cristo es un Salvador; pero me salvará confiar en él como *mi* Salvador. No me liberará de la ira venidera creer que su expiación es suficiente, sino que me salvará hacer de aquella expiación mi confianza, mi refugio, mi todo. El meollo, la esencia de la fe, es esto: descansar en la promesa. No es el salvavidas a bordo lo que salva al hombre que está en peligro de ahogarse, ni su creencia en que es un excelente y eficaz invento. ¡No!, la ha de tener alrededor de sus lomos, o aferrarse de él con sus manos, o se hundirá. Para usar una vieja y repetida ilustración, supongamos un fuego en la estancia superior de una casa, y la gente reunida en la calle. Hay un niño en el piso de arriba: ¿cómo podrá escapar? No puede lanzarse abajo, se mataría. Un hombre fuerte llega abajo, y dice: «Lánzate a mis brazos. Forma parte de la fe saber que el hombre está allá; otra parte de la fe es creer que el hombre es fuerte; pero la esencia de la fe reside en lanzarse a los fuertes brazos del hombre. Ésta es la prueba de la fe, y el verdadero meollo y esencia de ella. De modo, pecador, que has de conocer que Cristo murió por tus pecados; debes también comprender que Cristo es poderoso para salvar, y debes creer esto; pero no estás salvado ahora, a no ser que además pongas tu confianza en él para que sea tu Salvador, y tuyo para siempre. Como dice Hart en su himno, que realmente expresa el Evangelio:

«Aventúrate y del todo date a él;
Que ninguna otra confianza se interponga;
Nadie sino Jesús
Puede hacer bien al desvalido pecador».

Ésta es la fe que salva; y por impías que hayan sido vuestras vidas hasta esta hora, esta fe, si os es dada en este momento, borrará todos vuestros pecados, cambiará vuestras naturalezas, hará de vosotros un nuevo hombre en Cristo Jesús, os llevará a vivir una vida santa, y hará vuestra salvación eterna tan segura como si un ángel os llevase en sus brillantes alas esta mañana y os llevase inmediatamente al cielo. ¿Tienes tú esta fe? Ésta es la gran cuestión; porque si con fe los hombres son salvos, sin ella los hombres son condenados. Tal como dijo Brookes en una de sus admirables obras: «El que crea en el Señor Jesús será salvo, por muchos que sean sus pecados; pero el que no crea en el Señor Jesús ha de ser condenado, por pocos que sean sus pecados». ¿Tienes fe? Porque el texto declara: «Sin fe es imposible agradar a Dios».

II. EL ARGUMENTO

Y ahora llegamos al argumento, por qué no podemos ser salvos sin fe.

Ahora bien, hay algunos caballeros que dicen: «Ahora veremos si el señor Spurgeon tiene alguna lógica». No, caballeros, no lo verán, porque nunca he pretendido ejercitarla. Espero tener la lógica que atrae a los corazones de los hombres, pero no soy muy propenso a emplear la menos poderosa lógica de la cabeza cuando puedo ganar el corazón de otra manera. Pero si fuere necesario, no temería demostrar que conozco más de lógica y de muchas otras cosas que los hombrecillos que emprenden censurarme. Bien les iría si supiesen cómo frenar sus lenguas, lo que es también una buena parte de la retórica. Mi argumento será uno que confío alcanzará el corazón y la conciencia, aunque pueda no agradar excesivamente a los que son siempre tan aficionados a las demostraciones silogísticas,

«Y que podrían un cabello dividir
Entre el lado occidental y el noroccidental".

1. «Sin fe es imposible agradar a Dios.» Y de esto deduzco que nunca ha habido el caso de alguien registrado en las Escrituras que agradase a Dios sin fe. El capítulo once de Hebreos es el capítulo de los hombres que agradaron a Dios. Oigamos sus nombres: «Por la fe, Abel ofreció a Dios más excelente sacrificio»; «por la fe, Enoc fue trasladado»; «por la fe, Noé ... preparó un arca»; «por la fe, Abraham, siendo llamado,

obedeció para salir al lugar que había de recibir como herencia»; «por la fe, habitó como extranjero en la tierra prometida»; «por la fe, Sara recibió poder para concebir a Isaac»; «por la fe, Abraham ofreció a Isaac»; «por la fe, bendijo Isaac a Jacob»; «por la fe, Jacob, al morir, bendijo a cada uno de los hijos de José»; «por la fe, José, al morir, citó la salida de los hijos de Israel»; «por la fe, Moisés desecho los tesoros de los egipcios»; «por la fe, pasaron por el mar Rojo como por tierra seca»; «por la fe, cayeron los muros de Jericó»; «por la fe, Rahab la ramera no pereció». «¿Y qué más digo? Porque el tiempo me faltaría para contar de Gedeón, de Barac, de Sansón, de Jefté, de David, así como de Samuel y de los profetas». Pero todos esos fueron hombres de fe. Otros que se mencionan en las Escrituras han hecho algo, pero Dios no los aceptó. Hubo hombres que se humillaron, pero Dios no los salvó. Acab se humilló, pero sus pecados nunca fueron perdonados. Ha habido hombres que se han arrepentido, pero no han sido salvos porque fue un mal arrepentimiento. Judas se arrepintió, y salió, y fue y se ahorcó, y no fue salvo. Ha habido hombres que han confesado sus pecados, y no han sido salvos. Saúl lo hizo. Dijo a David: «He pecado contra ti, hijo mío, David»; y sin embargo prosiguió como hasta entonces. Multitudes han confesado el nombre de Cristo y han hecho cosas maravillosas, y sin embargo nunca han agradado a Dios, por esta sencilla razón: no tenían fe. Y si no se menciona ni uno de ellos así en la Escritura, que es la historia de varios miles de años, no es probable que en los otros dos mil años de historia que de este mundo han sido haya habido alguno que agradase a Dios sin fe, cuando no lo hubo durante los primeros cuatro mil.

2. Pero el siguiente argumento es: *la fe es la gracia que se inclina,* y nada puede hacer que el hombre se incline sin fe. Ahora bien, si el hombre no se inclina, su sacrificio no es aceptado. Los ángeles saben esto. Cuando alaban a Dios, lo hacen cubriendo sus rostros con sus alas. Los redimidos lo saben. Cuando alaban a Dios, echan sus coronas a sus pies. Ahora bien, un hombre que no tiene fe demuestra que no puede inclinarse, porque no tiene fe por esta razón: es demasiado orgulloso para creer. Declara que no quiere rendir su intelecto, que no quiere volverse como un niño y creer humildemente lo que Dios le dice que crea. Es demasiado orgulloso, y no puede entrar en el cielo porque la puerta del cielo es tan baja que nadie puede entrar por ella si no inclina la cabeza. Nunca hubo un hombre que pudiese entrar erguido en la salvación. Hemos de ir a Cristo de rodillas; porque aunque él es una puerta tan grande que el mayor de los pecadores puede entrar, es una puerta tan baja que los hombres han de inclinarse si quieren ser salvos. Por ello es necesaria la fe, porque la carencia de fe es una evidencia cierta de carencia de humildad.

3. Pero ahora vamos a otras razones. La fe es necesaria para la salvación, porque se nos dice en la Escritura que *las obras no pueden salvar.* Para contar una historia muy familiar, de modo que los más pobres no puedan malinterpretar lo que digo. Un ministro iba un día a predicar. Subió una cuesta del camino. Detrás de él yacían los pueblos, dormidos en su hermosura, con los campos de trigo inmóviles bajo el sol; pero no los miraba, porque había atraído su atención una mujer de pie a su puerta, y que, al verle, acudió a él con la mayor ansiedad, y le dijo: "Por favor, señor, ¿tiene usted alguna llave consigo? He roto la llave de mis cajones, y tengo allí algunas cosas que tengo que sacar inmediatamente". Le dijo: «No tengo llaves». Ella se quedó decaída, porque pensaba que todo el mundo debería llevar llaves. «Pero supongamos que tuviese llaves, podrían no ajustarse con su cierre, y por tanto no podría conseguir los artículos que necesita sacar. Pero no se moleste, espere hasta que venga alguna otra persona. De todos modos», dijo, para aprovechar la ocasión, «¿ha oído alguna vez acerca de la llave del cielo?» «¡Ah, claro!», dijo ella, «he vivido bastante tiempo y he ido suficientemente a la iglesia para saber que si trabajamos duro y nos ganamos el pan con el sudor de nuestra frente, y hacemos el bien a nuestros semejantes, y nos conducimos, como dice el catecismo, humilde y reveren-

Expiación, Justificación, Arrepentimiento, Fe ...

temente hacia todos nuestros superiores, y cumplimos nuestro deber en el puesto que Dios nos ha dado en la vida, y recitamos nuestras oraciones con regularidad, seremos salvos». «¡Ah!», le dijo él, «mi buena señora, ésta es una llave rota, porque usted ha roto los mandamientos, no ha cumplido todos sus deberes. Es una buena llave, pero usted la ha roto». «Dígame, señor», dijo ella, creyendo que comprendía la cuestión, y con cara atemorizada, «¿qué me he dejado?». «Mire», dijo él, «lo más importante de todo, la sangre de Jesucristo. ¿No sabe que está dicho que la llave del cielo está en su cinto? ¿Que él abre y nadie cierra, y él cierra y nadie abre?» Y explicándoselo más plenamente, le dijo: «Es Cristo y solo Cristo quien puede abrirle el cielo, y no sus buenas obras». «¿Qué quiere decir, ministro?», repuso ella: «acaso nuestras buenas obras son inútiles?». «No», replicó él, «no después de la fe. Si usted cree primero, puede tener tantas buenas obras como quiera; pero si usted cree, nunca confiará en ellas, porque si confía en ellas las estropea, y dejan de ser buenas obras. Tenga tantas buenas obras como quiera; pero confíe plenamente en el Señor Jesucristo, porque si no lo hace así, la llave de usted nunca abrirá la puerta del cielo». Así que, mis oyentes, hemos de tener verdadera fe, porque la vieja llave de las obras la hemos roto todos nosotros de modo que nunca entraremos en el Paraíso con ella. Si alguno de vosotros pretende que no tiene pecados, para seros claros, os engañáis a vosotros mismos, y la verdad no está en vosotros. Si concebís que por vuestras buenas obras entraréis en el cielo, nunca ha habido un peor engaño, y descubriréis en el último y gran día que vuestras esperanzas carecen de valor y que como hojas marchitas de árboles otoñales, vuestras más nobles acciones serán despedidas por el viento, o encendidas en una llama en la que vosotros mismos habréis de sufrir para siempre. Prestad atención a vuestras buenas obras; ponedlas detrás de la fe, pero recordad que la vía de salvación es sencillamente creer en Jesucristo.

4. Una vez más: sin fe es imposible ser salvo ni agradar a Dios, porque sin fe *no hay* unión con Cristo. Ahora bien, la unión con Cristo es indispensable para nuestra salvación. Si acudo al trono de Dios con mis oraciones, nunca tendré respuesta a ellas si no traigo a Cristo conmigo. Los antiguos malasios, cuando no podían conseguir un favor de su rey, adoptaron un singular expediente: tomaron en sus brazos al único hijo del rey, y puestos de rodillas, clamaron: «Oh, rey, por causa de tu hijo, concédenos nuestra petición». Él sonrió, y dijo: «No niego nada a los que se acogen al nombre de mi hijo». Así es con Dios. Nada negará a aquel que acude con Cristo a su lado; pero si acude solo, ha de ser echado fuera. La unión con Cristo es, a fin de cuentas, el gran punto central de la salvación. Dejad que os cuente una historia para ilustrar esto. Las espectaculares cataratas del Niágara son famosas en todo el mundo; pero aunque son famosas y un espectáculo maravilloso, han sido muy destructoras de vidas humanas, cuando por accidente alguien ha sido llevado catarata abajo. Hace algunos años, estaban una barca dos hombres, un barquero y un carbonero, y se vieron incapaces de gobernarla, tan rápida era la corriente que los dos iban a ser indefectiblemente arrastrados cataratas abajo y despedazados. Varias personas los vieron desde las orillas, pero no podían hacer mucho para rescatarlos. Por fin, un hombre fue salvado cuando le lanzaron un cabo, al que se aferró. En el mismo momento en que llegó la cuerda a sus manos llegó un tronco flotando al lado del otro hombre. El barquero, aturdido e irreflexivo, en lugar de asirse del cabo, se aferró al tronco. Fue un error fatal; los dos estaban en peligro inminente, pero el uno fue llevado sano y salvo a la orilla porque está unido a la gente en tierra, mientras que el otro, aferrado al tronco, fue arrastrado irremisiblemente por el agua, y nunca más se supo de él. ¿No ves en esto una ilustración práctica? La fe es una conexión con Cristo. Cristo está en la orilla, por decirlo así, sosteniendo la cuerda de la fe, y si nos aferramos a ella con la mano de nuestra confianza, nos arrastra a la orilla; pero nuestras buenas obras, que no están conectadas con Cristo, son arrastradas hacia el abismo de

la más cruel desesperación. Por mucho que te aferres a ellas, aunque sea con garfios de acero, de nada te podrán valer. Podrás ver, estoy seguro, lo que quiero mostrarte. Los hay que objetan a las anécdotas; pues las emplearé hasta que se cansen de objetar. La verdad nunca es más poderosamente expresada que por medio de ellas, como Cristo lo hizo, una historia de un cierto hombre que tenía dos hijos, o un cierto señor, que al irse de viaje dividió sus bienes, y confió a uno diez talentos, a otro uno.

Así, la fe es la unión con Cristo. Fíjate que la tengas; porque si no, te aferrarás a tus obras, ¡y te irás flotando corriente abajo! ¡Perdido porque tus obras no están unidas a Cristo y no tienen conexión con el bendito Redentor! ¡Pero tú, pobre pecador, con todos tus pecados que te envuelven, si la cuerda está alrededor de tus lomos, y Cristo está asido de ti, no temas!

«Su honor está comprometido a salvar,
A la más pobre de sus ovejas;
Todo lo que su celestial Padre dio,
Sus manos de cierto deben guardar.»

5. Solo un argumento más, y habré acabado. «Sin fe es imposible agradar a Dios», porque es imposible preservar la santidad sin la fe. ¡Qué multitud de cristianos de buen tiempo tenemos en nuestra edad! Muchos cristianos se parecen al Nautilius, que durante el buen tiempo nada en la superficie del mar, en una espléndida escuadra, como las poderosas naves; pero en el momento en que sopla el viento y comienza a agitar las olas, arrían velas y se hunden en las profundidades. Y muchos cristianos son así. En buena compañía, en salones evangélicos, en salas piadosas, en capillas y vestíbulos, son enormemente religiosos; pero si se les expone a un poco de ridículo, si alguien se burla de ellos y los llama metodista o presbiteriano, o algún nombre de oprobio, se ha acabado la religión hasta el siguiente día con buen tiempo. Cuando hace buen tiempo y la religión responde a sus propósitos, izan de nuevo las velas, y son tan piadosos como antes. Creedme, esta clase de religión es peor que la impiedad. Me gusta que cada uno sea realmente lo que es:

un hombre directo. Y si alguien no ama a Dios, que no diga que lo ama; pero si es un verdadero cristiano, un seguidor de Jesús, que lo diga y que se mantenga en ello; nada hay de que avergonzarse; de lo único que debe avergonzarse uno es de ser hipócrita. Seamos honrados en cuanto a nuestra confesión, y esto será nuestra gloria. ¡Ah!, ¿qué haríais sin fe en tiempos de persecución? Vosotros, personas buenas y piadosas que carecéis de fe, ¿qué haríais si volviesen a levantarse las piras en los quemaderos, si de nuevo los fuegos consumiesen a los santos a cenizas, si de nuevo se abriese la torre de los Lollardos, si se aplicase otra vez el potro del tormento, o incluso si se emplease el cepo, como lo ha usado una iglesia protestante, como se vio en la persecución contra mi predecesor, Benjamín Keach, que fue una vez puesto en el cepo en Aylesbury por escribir un libro contra el bautismo de infantes? Si se avivase incluso la forma más suave de persecución, ¡cómo se esparcería la gente! Y algunos de los pastores abandonarían a sus rebaños.

CONCLUSIÓN

Y ahora, como conclusión, la pregunta, la vital pregunta. Querido oyente, ¿tienes tú fe? ¿Crees en el Señor Jesucristo de todo corazón? Si es así, puedes esperar ser salvo. Sí, puedes concluir con absoluta certidumbre que nunca verás la perdición. ¿Tienes fe? ¿Quieres que te ayude a responder a esta pregunta? Te daré tres pruebas, tan brevemente como pueda, para no cansarte, y luego me despido por esta mañana. El que tiene fe ha renunciado a su propia justicia. Si pones un átomo de confianza en ti mismo, no tienes fe; si pones siquiera una partícula de confianza en nada más que en lo que Cristo hizo, no tienes fe. Si confías en tus propias obras, entonces tus obras son anticristo, y Cristo y el anticristo nunca van juntos. Cristo lo tendrá todo o nada; ha de ser un Salvador completo o nada de Salvador. Entonces, si tienes fe puedes decir:

«Nada en mis manos traigo,
Sólo a tu cruz me aferro».

Así, la verdadera fe puede ser conocida en esto, que engendra una gran estima por

la persona de Cristo. ¿Amas a Cristo? ¿Podrías morir por él? ¿Buscas servirle? ¿Amas a su pueblo? ¿Puedes decir:

«Jesús, tu encantador nombre amo,
Música a mi oído es».

¡Oh!, si no amas a Cristo, no crees en él, porque creer en Cristo engendra amor. Y aún más: el que tiene verdadera fe tendrá verdadera obediencia. Si alguien dice que tiene fe y no tiene obras, miente. Si alguien declara que cree en Cristo y no vive una vida de santidad, comete un error, porque aunque no confiamos en las buenas obras, sí sabemos que la fe siempre engendra buenas obras. La fe es la madre de la santidad, y no tiene el progenitor quien no ama al hijo. Las bendiciones de Dios son bendiciones con ambas manos. Con una mano da el perdón; pero con la otra da siempre la santidad; y nadie puede tener lo uno sin tener lo otro.

Y ahora, queridos oyentes, ¿me tendré que poner de rodillas para rogaros por amor de Cristo que respondáis a esta pregunta en vuestra propia habitación?: ¿Tienes fe, tú? ¡Oh, responde, Sí o No! Deja de decir: «No lo sé», o «No me preocupa». ¡Un día *sí* que te preocupará esto, cuando la tierra esté tambaleándose, y el mundo sacudiéndose a uno y a otro lado! Te preocupará cuando Dios te llame a juicio, y condene a infieles y a incrédulos. ¡Oh, que fueses sabio, que ahora te preocupases, y que, si alguno de vosotros siente su necesidad de Cristo, deja que te ruegue, por amor de Cristo, que busques ahora la fe en aquel que está exaltado en las alturas para dar arrepentimiento y remisión, y que, si te ha dado arrepentimiento, te dará también la remisión. ¡Oh, pecador, que conoces tus pecados! «Cree en el Señor Jesús, y serás salvo». Apoyaros todos en su amor y en su sangre derramada, en que él hizo y él murió, en sus sufrimientos y en sus méritos, y si hacéis esto no caeréis jamás, sino que seréis salvos, ahora, y en aquel gran día, cuando no ser salvo será cosa horrenda. «Volveos, volveos; ¿por qué moriréis, oh casa de Israel?» Aferraos a él, tocad el borde de su manto, y seréis sanados. ¡Quiera Dios ayudaros a hacerlo así, por causa de Cristo! Amén.

57. UN MENSAJE PARA LOS DE POCA FE

«Debemos siempre dar gracias a Dios de vosotros, hermanos, como es digno, por cuanto vuestra fe va creciendo, y la caridad de cada uno de todos vosotros abunda entre vosotros» (2 Tesalonicenses 1:3).

INTRODUCCIÓN: Somos bendecidos para bendecir a Dios.

I. LOS INCONVENIENTES
   DE UNA FE PEQUEÑA
1. Crecimiento de la fe.
2. La poca fe está rodeada de dudas.
3. La poca fe ignora y no cree en el poder.
4. Desventajas de lo creyentes de poca fe.

II. UNAS REGLAS PARA FORTALECER LA FE
1. La fe tiene que estar alimentada con las promesas.
2. Poniendo a prueba la promesa.
3. Justarse con cristianos maduros.
4. No aceptar la censura o alabanza delos hombres.
5. Se nutre por medio de pruebas y de tribulaciones.
6. Lo mejor es la comunicación con Cristo.

III. LA FE CRECE POR UN BUEN CULTIVO
1. La gran fe vence y gana a las dudas.

CONCLUSIÓN: Sin fe es imposible agradar a Dios

UN MENSAJE PARA LOS DE POCA FE

INTRODUCCIÓN

«Debemos siempre dar gracias a Dios por vosotros, hermanos, como es digno». La alabanza a Dios, esto no depende de nuestra opinión. Aunque no hay un mandamiento que diga expresamente: «alabarás a tu Dios»; la alabanza es uno de los privilegios y deberes del hombre, y cada ser humano, como participante de las dádivas de Dios, y en especial cada creyente, tiene el deber de alabar a Dios. Es cierto, no tenemos una rúbrica que nos obligue para la alabanza

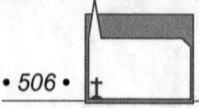

diaria, no tenemos un mandamiento que nos ordene ciertas horas de cánticos y acciones de gracias, pero aún la ley escrita sobre el corazón nos enseña con autoridad divina que es correcto y justo alabar a Dios, y este mandato que no está escrito tiene tanto poder y autoridad sobre la materia como si estuviera grabado en tablas de piedra, o puesto en nuestras manos desde el tronador Sinaí. El deber del cristiano es alabar a Dios. Aquellos desconformes y quejumbrosos, no penséis que estáis sin culpa al respecto. No podéis cumplir con vuestros deberes para con Dios, sin que exista en vuestros labios la alabanza. Alabarle es vuestro deber. Estáis comprometidos a alabarle y bendecir su nombre por los lazos eternos de su amor. No solo es un ejercicio placentero, sino el deber absoluto del cristiano. Esto se nos enseña en nuestro texto de hoy: «Debemos siempre dar gracias a Dios por vosotros, hermanos, como es digno». Una palabra más para los cristianos quejumbrosos; no dejéis, pues, que vuestras arpas se cubran de polvo sin una canción de alabanza. Vuestro deber es hacerlas sonar con la música más fuerte y sonora que podáis sacar de ellas. Dejar de alabar a Dios es un pecado; sois bendecidos para que podáis bendecirle, y si no alabáis a Dios, no estáis trayendo el fruto que como soberano, Él espera de vuestras manos. Id pues, hijos de Dios y cantad su alabanza. Con cada amanecer dad vuestras notas de acción de gracias, y en cada atardecer deja que la puesta del sol sea seguida de vuestra canción. Rodead la tierra con vuestras alabanzas, con una atmósfera de melodías, de modo que el mismo Dios mire desde el cielo y acepte vuestras alabanzas, que si bien no son iguales a las de los querubines y serafines, sí son agradables delante de Él.

Sin embargo, parece que en este ejemplo, el apóstol Pablo ejercitaba la alabanza no para sí mismo, sino para los demás, los de la iglesia de Tesalónica. Si alguno de vosotros a causa de su ignorancia preguntara por qué Pablo tenía un interés tan profundo en la salvación de estos santos y de su crecimiento en la fe, le recordaría al tal, que este es un secreto conocido solamente por aquellos que han traído hijos al mundo y los han criado y cuidado, y por lo tanto les aman. El apóstol Pablo había fundado la iglesia en Tesalónica, así que muchas de estas personas eran su descendencia espiritual. Por medio de la Palabra predicada por él y asistida por el Espíritu Santo, habían sido sacados de las tinieblas a la luz, y aquellos que tienen hijos espirituales, que han traído muchas almas a Dios, pueden deciros que el padre espiritual tiene un interés especial en sus hijos espirituales, a veces mayor que el de un padre o una madre por sus hijos en la carne. En otra ocasión el apóstol dice que ha sido para ellos como un padre tierno y cuidadoso, y en Gálatas 4:19 dice que sufrió «dolores de parto» por sus almas. Esta experiencia no es común a todos los ministros de Dios. Únicamente aquel a quien Dios ha ordenado, a quien le ha confiado hacer su obra y aquel cuyos labios ha tocado con un carbón encendido del altar, puede decir con autoridad lo que es agonizar por las almas de los hombres antes de que se conviertan, y lo que significa regocijarse con un gozo indecible y lleno de gloria, cuando el trabajo de sus almas se manifiesta en la salvación de los escogidos de Dios.

Ahora, amados, habiéndoos dado estos dos pensamientos que surgen espontáneamente del texto, me detendré un poco sobre el motivo de mi mensaje de esta mañana. El apóstol da gracias a Dios porque la fe de los tesalonicenses iba creciendo de una forma progresiva. Dejemos de momento fuera el resto del texto, pues en esta mañana quiero dirigir vuestra atención al tema del crecimiento en la fe. La fe tiene distintos grados o niveles.

En primer lugar, os haré notar los inconvenientes de la poca fe; segundo, los medios de promover su crecimiento, y tercero, un elevado logro, en el cual la fe crece con seguridad, si la regamos y cultivamos con diligencia.

I. LOS INCONVENIENTES DE UNA FE PEQUEÑA

1. Cuando la reciente fe comienza en el alma, es como una semilla de mostaza, de la cual el Salvador dijo que era la más

Expiación, Justificación, Arrepentimiento, Fe ...

pequeña de todas las semillas, pero a medida que el Espíritu Santo la va regando con la lluvia de su gracia, germina, crece y comienza a expandirse, hasta que se convierte en un gran árbol. Para usar otra figura; cuando la fe comienza en el alma, lo hace simplemente mirando a Jesús, y tal vez aún hay tantas dudas y nubes y tan poca vista espiritual, que tenemos necesidad de que la luz del Espíritu brille sobre la cruz, antes de que seamos capaces de verla. Cuando la fe crece un poco, se eleva de mirar a Cristo a venir a Él. Aquel que ha mirado la cruz desde lejos, de pronto toma valor y corre hacia ella. Pero hay algunos que no pueden correr, sino que tienen que ser llevados hasta ella, pues apenas pueden arrastrarse, y aún si lo hacen así, se acercan al Salvador cojeando. Pero una vez hecho esto, la fe va un poquito más allá: se aferra a Cristo; comienza a verle en sus excelencias, y en algún grado se apropia de Él, concibiendo que es un Cristo real y también un real Salvador, y está convencido de su adecuación. Una vez que ha llegado hasta allí, va un poco más lejos; descansa en Cristo, se apoya en el Amado, arroja sobre Él todas sus cargas y sus cuitas, y deja que sus pecados sean absorbidos en el gran mar rojo de la sangre de Cristo. La fe aún puede ir un poco más lejos; pues habiéndole visto y habiendo corrido hacia Él, se apoya en su Amado, hace una aseveración de todo lo que Cristo es y todo lo que Él ha hecho por su pobre persona, y entonces, confiando solamente en estas cosas, se apropia de todo ello para sí. De esta manera la fe llega a una seguridad completa, y no existe fuera del cielo un estado de un éxtasis espiritual y una bendición semejantes. Pero, como ya he observado, al principio la fe es muy escasa, y hay algunos cristianos que mientras están en este mundo, nunca salen de esa pequeña medida de fe. En *El Progreso del Peregrino*, de John Bunyan, se menciona varias veces esta poca fe.

Allí está nuestro amigo Poca Fe, que fue durante todo el camino al cielo con muletas, pero las dejó cuando entró al río Jordán. Luego tenemos al pequeño Mente Débil, que llevó su mente débil junto con él durante todo el trayecto por los bancos del río y luego la dejó, dando la orden de que se enterrara en un estercolero, para que nadie la heredara. También encontramos al señor Temeroso, que se tropezaba con un montón de paja y que se asustaba si veía una gota de lluvia, porque pensaba que las inundaciones de los cielos iban a caer sobre él. Y recordaréis al señor Desaliento, y a Esperanza, que durante tanto tiempo estuvo encerrado en el calabozo del Gigante de la Desesperación con Cristiano, que casi se mueren de hambre y quedaron escuálidos y débiles. Además aparece el personaje de Feeble Mind, que había sido llevado a la cueva del Gigante Slay good, que casi se lo come, cuando Great heart vino para liberarlo. John Bunyan era un hombre muy sabio, que puso muchos de estos personajes en su libro, porque en la vida real existen personas con esas características. No nos ha dejado solamente con Mr. Ready to halt, sino que nos ha dado siete u ocho caracteres gráficos, porque él mismo había sido uno de ellos, y había conocido a otros que anduvieron por el mismo camino. Yo no dudo que en esta mañana tengo una congregación donde hay varios de estos personajes. Ahora dejadme que os exponga los inconvenientes de la poca fe.

2. El primer inconveniente de la poca fe es que si bien la persona que la tiene está segura de que irá al cielo, muy pocas veces piensa en ello. La poca fe está tan segura del cielo como la gran fe. Cuando el Señor Jesucristo cuente sus joyas en el último día, tomará con Él a las pequeñas perlas al igual que las grandes. Si un diamante es pequeño, con todo es precioso porque es un diamante. Así ocurre con la fe, si es verdadera, nunca será tan pequeña Cristo nunca perderá ni siquiera las joyas más pequeñas de su corona. La poca fe siempre está segura del cielo, porque su nombre está escrito en el libro de la vida eterna. Además, las personas que la poseen fueron escogidas antes de la fundación del mundo, y compradas por la sangre de Cristo; o sea, que su precio fue tan elevado como el de los poseedores de una gran fe. Cada hombre, ya sea grande o pequeño, príncipe o plebeyo, ha de ser

redimido por la misma sangre. Cristo los ha comprado a ambos. La poca fe siempre está segura del cielo, pues Dios ha comenzado en ella la buena obra y la seguirá hasta el fin. Dios la ama, y la amará hasta el fin. Ha provisto al creyente de poca fe de una corona para él, y no dejará esa corona vacía sin posarse sobre su cabeza. Además ha levantado para él una mansión en los cielos y tampoco permitirá que permanezca para siempre vacía. La poca fe está segura, pero el que la posee no está muy consciente de ello. Si alguna vez os encontráis con él, veréis que a veces tiene miedo del infierno y de que la maldición de Dios caiga sobre su persona. Os dirá que el país maravilloso que está del otro lado de la vida no puede pertenecer nunca a un gusano tan insignificante como es él. A veces es porque se siente sumamente indigno, y otras porque cree que las cosas de Dios son demasiado maravillosas para ser reales, o por lo menos él piensa que no las merece. En algunas ocasiones tiene miedo de no estar entre los escogidos, o teme que tal vez no haya venido a Cristo de la forma indicada. En otras, teme que no sea capaz de perseverar hasta el fin; y si pudiéramos destruir mil de sus temores, seguro que al día siguiente tendría otro tanto. Recordad que la incredulidad es una de esas cosas que no pueden destruirse. Según Bunyan, tiene tantas vidas como un gato; podéis matarla una y otra vez, y seguirá con vida. Es una de esas malas hierbas que sobreviven bajo tierra aún después de haber sido quemadas, y sólo necesita de muy poco aliento para volver a crecer. Ahora bien, la gran fe está segura del cielo y es consciente de él. Sube hasta la cumbre del Pisga y ve desde allí el paisaje, gusta de los misterios maravillosos del Paraíso aún antes de entrar dentro de las puertas de perlas. Ve las calles de oro, contempla las paredes de la santa ciudad, los cimientos hechos de piedras preciosas, oye el cántico místico de los glorificados, y comienza a oler en la tierra los perfumes del cielo. Pero el pobre poseedor de la poca fe, apenas si puede mirar al sol de frente. Casi nunca ve la luz, se encuentra vacilante en el valle, y mientras que siempre está seguro, sin embargo piensa constantemente que tal vez no lo esté. Ésta es una de las grandes desventajas de la poca fe.

3. Otra desventaja es que la poca fe, si bien tiene de continuo la gracia suficiente: «Bástate mi gracia» (2 Co. 12:9); con todo, piensa que no tiene bastante. Tiene la suficiente gracia como para ser llevado al cielo, y Gran Corazón y Fiel no tendrán más que él. Cuando el más grande de los santos entre al cielo, verá que habrá entrado con la cartera vacía, y que habrá comido su último trozo de pan. Cuando los hijos de Israel entraron en Canaán, el maná cesó. No tenían con ellos nada para entrar en la tierra prometida. Cuando cesó el maná, comenzaron a comer el maíz de la tierra. Pero el que tiene poca fe, está siempre temeroso de que la gracia no le sea suficiente. Se le ve casi siempre turbado y pensativo. «¡Oh, dice él, «nunca podré mantener mi cabeza fuera del agua!» Bendito sea Dios que nunca podrá hundirse. Si le veis en plena prosperidad, tiene miedo de ser invadido por el orgullo y apartarse del camino como Balaam. Si le encontráis en medio de un ataque del enemigo, apenas si puede decir tres palabras por sí mismo, mientras el enemigo continúa actuando sobre él. Si le veis peleando la buena batalla para el Señor Jesucristo, sostiene su espada con suficiente firmeza, pero no tiene en su brazo la fuerza suficiente para usarla con poder. Muy poco es lo que puede hacer, porque tiene miedo que la gracia de Dios no sea suficiente para él. Por el contrario, el que tiene una gran fe, puede sacudir al mundo entero. ¿Qué importan las tribulaciones, las pruebas o el deber?

«Aquel que le ayuda
también le sostiene,
y le hace más que conquistador».

Si Dios se lo ordena, se enfrentará a un ejército, y como Sansón, con una quijada de asno, podrá vencer a mil hombres. No tiene temor de que le falten las fuerzas. Él puede hacer las cosas más difíciles o soportar los más profundos sufrimientos, puesto que su Señor está con él. Venga lo que venga, sus brazos le serán suficientes. Puede aplastar a sus enemigos, y cada día su grito es como el de Débora, «marcha, oh alma mía, con

Expiación, Justificación, Arrepentimiento, Fe ...

poder» (Jue. 5:21). La poca fe también tiene fuerza para aplastar al enemigo, pero no lo sabe. Puede matar a sus enemigos, pero no tiene la suficiente vista espiritual para verlos muertos. A menudo golpea tan fuerte, que sus enemigos se retiran, pero él piensa que todavía están allí. Conjura a mil fantasmas, y cuando hace salir a sus enemigos reales, poco después se inventa otros, y tiembla ante los fantasmas que él mismo ha hecho. El cristiano de poca fe seguramente encontrará que sus ropas no envejecen, que su calzado será de hierro y bronce, y que así como sus días serán sus fuerzas. A pesar de ello, siempre estará murmurando, pues piensa que sus vestiduras envejecerán, que sus pies estarán doloridos y llenos de ampollas, que el día llegará a ser demasiado difícil para él, y que todo lo malo que tenga el día, tendrá más fuerza que la gracia que lo sostiene. ¡Ay!, tener poca fe es algo muy desfavorable, pues cada cosa se transforma en un motivo de pena y tristeza.

4. Otra vez os digo: hay un inconveniente muy importante para los que tienen poca fe. Es decir, si la poca fe es tentada a pecar, la persona que la posee es apta para caer. De pronto viene Satanás y le dice: «Todo esto te daré, si postrado me adorares» (Mt. 4:9); «no», le responde el cristiano de poca fe, «tú no puedes darnos todas estas cosas porque ya son nuestras». «No lo creas», le responde el enemigo, «sois pobres, estáis desnudos y miserables». «Ay», le contesta el creyente, «pero aún así estas cosas son nuestras, y para nosotros ser pobres es bueno, pues si necesitáramos las cosas del mundo, nuestro Padre nos las daría». «¡Oh!», dice Satanás, «os engañáis a vosotros mismos, no tenéis parte en estas cosas a menos que me sirváis, entonces os haré ricos y felices». La gran fe dice: «¿servirte a ti, demonio? ¡Detente! ¿Tú me ofreces plata? Pues Dios me da oro. Tú me dices: «yo te daré todo esto, si desobedeces a Dios». ¡Qué tonto eres! Tengo mil veces más motivos para obedecer a Dios que todo lo que tu me ofreces para que le desobedezca». Sin embargo, cuando Satanás se encuentra con el hombre de poca fe, le dice: «Si eres hijo de Dios, échate abajo» (Mt.

4:6). La poca fe tiene tanto miedo de no ser un hijo de Dios, que es muy vulnerable a tirarse abajo basándose en una suposición. «Eso es», le dice Satanás, «yo te daré todo esto si tú desobedeces a Dios». La poca fe dice, «yo no estoy seguro de ser un hijo de Dios, y de tener una parte entre los santificados». Así es muy probable que este cristiano caiga en pecado. Con todo, al mismo tiempo debo observar que he visto algunas personas de poca fe que son menos propensas a caer en pecado que otras. Son tan cuidadosos que no se atreven a poner un pie delante del otro, porque tienen miedo de equivocarse. Casi no se atreven a abrir sus labios, mientras que oran diciendo», ¡oh, Señor, abre mis labios». Temen que si hablan puedan decir alguna palabra fuera de lugar. Siempre están alarmados y como tienen una conciencia muy tierna y débil, pueden caer en pecado de forma inconsciente. Os diré algo; me gusta la gente así. A veces me he puesto a pensar que la poca fe se sostiene de Cristo de forma más fuerte que cualquier otra. Un hombre que se está ahogando, a medida que sus esperanzas decrecen se agarra más fuertemente de la tabla salvadora. Pues bien, amados, los de poca fe puede librarse de una caída, pero en todo caso este sería el fruto de tener una conciencia tierna y no de la poca fe. El andar con cuidado tampoco es el resultado de la poca fe, puede ir juntamente con ella, y salvarla de perecer, pero tengamos en cuenta que la poca fe es en sí misma algo peligroso, pues nos deja abiertos a innumerables tentaciones y consume mucha de la fuerza que necesitamos para resistirle. El gozo del Señor es tu fortaleza, y si ese gozo cesa, te convertirás en alguien débil y muy propenso a apartarte del buen camino. Amados, los que tenéis poca fe, os digo que permanecer así para siempre es muy negativo, pues tendréis muchas noches y pocos días. Vuestros días serán como los días de Noruega inviernos muy largos y veranos muy cortos. Tenéis muchos lamentos y muy pocos gritos de gozo y alegría; os entristecéis con mucha facilidad, pero casi nunca tocáis la trompeta de la exultación. ¿Por qué los hijos del Rey han de estar tristes todos los días? Leamos las palabras de Filipenses 4:4: «Regocijaos en el Señor siempre. Otra vez digo: ¡Regocijaos!». ¡Oh, vosotros que habéis estado ayunando! Ungid vuestras cabezas y lavad vuestros rostros, para que no parezca que ayunáis delante de los hombres. ¡Oh, tú que tienes un corazón triste! Escucha estas palabras: «Luz está sembrada para el justo, y alegría para los rectos de corazón» (Sal. 97:11). Por tanto, egocijaos, pues así alabaréis a Dios. Decid a vosotros mismos: «¿Por qué te abates, oh alma mía, y por que te turbas dentro de mí? Espera en Dios; porque aún he de alabarle, salvación mía y Dios mío» (Sal. 43:5).

II. UNAS REGLAS PARA FORTALECERLA

Habiendo visto así los inconvenientes y desventajas de la poca fe, permitidme daros *unas pocas reglas con respecto a la manera de fortalecerla.*

1. Si queréis que vuestra poca fe crezca y se convierta en una gran fe, debéis de alimentarla bien. La fe es una gracia que necesita alimentarse. No te pide que le des las cosas que se ven, pero sí que le des la promesa de las cosas que no se ven, que son eternas. Me dices que tienes poca fe. Yo te pregunto si has estudiado las promesas de la Palabra, si estás dispuesto a llevar una de ellas contigo cada día. Me contestas que no, entonces yo te respondo que no he de maravillarme ante tu incredulidad. Aquel que se empapa bien en las promesas, encontrará, bajo la gracia, que hay mucho espacio para guardarlas en su corazón. Toma una promesa, créela cada día y llévala contigo dondequiera que vayas; márcala, apréndetela y digiérela en tu interior. No hagas como hacen algunos hombres quienes piensan que es un deber leer un capítulo de la Biblia cada mañana, y lo hacen de forma mecánica, sin entenderlo en absoluto. Toma algún texto escogido, y ora al Señor durante el día para que lo fije en tu mente. Haz como dijo Lutero: «Cuando me aferro a una promesa, la miro como si mirase a un árbol frutal. Pienso aquí están los frutos colgando sobre mi cabeza, y si he de tomarlos tendré que sacudir el árbol. Así que tomo una promesa y medito sobre ella, la sacudo hacia adelante y hacia atrás, y muchas veces los frutos maduros caen en mis manos. En otras ocasiones el fruto no cae tan fácilmente, pero nunca la dejo hasta que lo consigo. La sacudo durante todo el día, una y otra vez, y al fin caen los frutos y mi alma se conforta con las manzanas, pues estaba hambrienta de amor». Haz esto, cristiano. Manipula las promesas, haz mucho comercio con estas mercancías. En cada promesa de Dios hay mucho perfume, tómala, es una caja de alabastro, rómpela por medio de la meditación, y la dulce esencia de la fe inundará toda tu casa.

2. De nuevo os digo: poned a prueba la promesa, y de esta manera conseguiréis que vuestra fe se fortalezca. En cualquier momento que os encontréis en medio de pruebas y angustias, tomad una promesa y ve si lo que dice es verdad. Suponed que a alguien se le está por terminar el pan. Escoged esta promesa: «se le dará su pan, y sus aguas serán seguras» (Is. 33:16). Levántate de mañana, cuando no tienes nada en el plato para desayunar, y di: «veré si Dios cumple esta promesa», y si así lo hace, no lo olvides; anótalo en un cuaderno y señálalo en tu Biblia. Haz como hizo aquella anciana quien puso una P y una C junto a la promesa, y le dijo a su pastor que significaba «probada» y «cumplida», de modo que cuando volvía a estar en medio de alguna dificultad, miraba a la promesa marcada, y no podía hacer otra cosa que tener fe. ¿Has sido acaso atormentado por Satanás? En Santiago 4:7 hay una promesa que dice: «Resistid al diablo, y huirá de vosotros». Toma esta promesa y ponla a prueba, y cuando lo hayas hecho márcala con una señal y di; «Yo sé que es verdad, pues la he probado y se ha cumplido». No hay nada en el mundo que pueda confirmar a la fe como la prueba. Alguien dijo: «lo que yo quiero son hechos». Y así también sucede con el cristiano. Lo que él quiere es un hecho que lo haga creer. Cuanto más creces en la vida cristiana, más fuerte será tu fe, pues tienes muchos hechos que la respaldan, y además creerás lo que Dios dice, porque has probado que es la verdad. Pensad en un hombre que ha cumplido 70 años; ¡cuántas eviden-

cias ha podido acumular si mantiene un cuaderno de notas de toda la bondad providencial de Dios y todo su amoroso cuidado. Nos maravillamos al ver a un hombre mayor que se levanta y da su testimonio: «En estos cincuenta años he servido a Dios y Él nunca me ha abandonado, puedo llevar conmigo el testimonio de su fidelidad, pues ninguna cosa que Dios ha prometido ha fallado, todo ha venido a ser una palpable realidad». Nosotros, que somos jóvenes principiantes, no hemos de esperar que nuestra fe sea ahora tan fuerte como lo será en los años futuros. Cada ejemplo del amor de Dios debería hacernos creer más en Él, y a medida que veamos y experimentemos el cumplimiento de cada promesa, hemos de confesar que Dios ha guardado muchas promesas suyas y que las guardará a todas hasta el fin. Pero lo malo es que muy pronto nos olvidamos de ello, nuestros cabellos se cubren de canas y no tenemos más fe que aquella que teníamos cuando comenzamos nuestra vida cristiana. Esto se debe a que nos hemos olvidado de las respuestas repetidas por parte de Dios; entonces, aunque Él ha cumplido la promesa, nosotros la hemos enterrado en el olvido.

3. Otro plan que recomendaría para fortalecer vuestra fe, aunque no tan excelente como el último, es el de juntaros con creyentes que hayan sido bien entrenados en la carrera cristiana. Muchas veces me he asombrado al ver cómo los jóvenes creyentes ven que su fe se reaviva después de hablar con cristianos maduros y bien entrenados. Tal vez tú tienes ahora mismo muchas dudas y pruebas, entonces corres hacia un hermano y le dices: «¡Oh, mi querido amigo, temo no ser un hijo de Dios, estoy en una profunda angustia y tengo pensamientos blasfemos en mi corazón! Si fuera un hijo de Dios nunca debería sentirme de este modo». El creyente mayor sonríe, y te dice: «¡Ah!, veo que todavía no has llegado muy lejos en tu camino hacia el cielo, o de otro modo tendrías más seguridad y un conocimiento más firme. A mi también me pasa. Con frecuencia me atacan esos pensamientos. Ya soy muy mayor, y aunque he disfrutado de completa seguridad por largo tiempo, aún hay épocas en las que si tuviera que obtener el cielo por un grano de fe, tendría que pensar que el cielo nunca sería mío, porque no puedo encontrar ni siquiera un grano de fe en mí». Te referirá las historias de los peligros por los que ha pasado, y el amor soberano que lo ha sostenido; o bien las tentaciones que amenazaban con enredarle y hacerle caer, y la sabiduría que guió sus pies. También compartiría contigo su propia debilidad y la omnipotencia de Dios, su vacuidad y la abundancia que Dios tiene, te diría que él es muy cambiante, pero que el Señor es inmutable. Si después de hablar con un hermano así sigues sin poder creer, considera esa incredulidad como un pecado, pues en Mateo 18:16 leemos: «que en boca de dos o tres testigos conste toda palabra». Por tanto, cuando hay muchos que pueden llevar el testimonio de Dios, es insensato dudar de Él.

4. Otra forma en que podemos obtener un aumento de nuestra fe es trabajando para liberarse del «yo» cuanto sea posible. Yo he luchado con todo mi poder, para alcanzar la posición de la indiferencia perfecta respecto a cualquier opinión y comentario que hagan los hombres. A veces, cuando la gente me ha elogiado yo me he sentido complacido; ahora bien, si después soy censurado y criticado, siento esta censura y esta crítica más intensamente dentro de mi corazón. El mismo ánimo que me hizo aceptar con agrado las alabanzas dirigidas a mí, me hace ahora vulnerable a tomarme muy en serio la censura. He llegado, pues, al punto donde no quiero apercibirme de las alabanzas de los hombres ni tampoco de su censura. Trato de fijar mi corazón sencillamente sobre esto pues yo sé que tengo un motivo recto en aquello que trato de hacer; soy consciente de que trato de servir a Dios para su gloria, y por lo tanto no me corresponde a mí aceptar la alabanza o la censura de los hombres, sino permanecer firme de forma independiente sobre la base sólida que representa el hecho de hacer las cosas con rectitud. Mi querido hermano, esto mismo se aplica a ti. Tal vez un día te encuentras lleno de virtudes y gracia, y el diablo te dice: «¡Ah, eres un cristiano brillante, serás un honor

para la Iglesia, mira cómo estás prosperando». De forma inconsciente, crees al sonido de la música de las sirenas, y piensas que realmente estás creciendo y enriqueciéndote en la gracia. Bien, al día siguiente estás con el ánimo muy bajo. Quizás has caído en algún pecado y el diablo te dice: «¡Ah, ahora no eres un hijo de Dios, mira tus pecados!».

Amado, la única forma en la que puedes mantener tu fe, es viviendo por encima de la alabanza y la censura del yo; vivir sencillamente sobre los méritos y la sangre de nuestro Señor Jesucristo. En medio de todas sus virtudes, el cristiano debe decir, «mi esperanza está fija en el sacrificio acabado de Jesucristo, todo lo demás es escoria». Cuando los pecados de un hombre prevalecen, éste verá que su fe permanece constante, porque puede decir: «no he confiado en mí mismo ni en mis virtudes, sino en mi Salvador, pues yo puedo cambiar, pero Él permanece inmutable. Si tuviera que depender de mí, entonces estaría continuamente arriba y abajo, pero puesto que descanso en lo que Cristo ha hecho y Él es el pilar de mi esperanza, venga lo que venga, mi alma descansa segura y confiada en la fe. Si el yo es débil, la fe no lo será, pero cuando el yo es fuerte, la fe no puede ser fuerte, pues el yo se parece a lo que los jardineros llaman «el chupador», un brote que se encuentra en la parte alta de un árbol, que en sí no lleva fruto, pero absorbe las sustancias nutritivas que árbol necesita. Ahora, amados, el yo es ese chupador que absorbe y quita el alimento de la fe, y debes cortarlo, o de otro modo tu fe siempre será pequeña, y en consecuencia, tendrás dificultad en mantener el bienestar de tu alma.

5. Pero, tal vez la única manera en la cual la mayoría de los hombres pueden incrementar su fe es por medio de grandes pruebas y tribulaciones. Nuestra fe no crece ni se fortalece en los días en que el sol brilla, sino únicamente en medio de las tormentas. La fe no es un don que cae del cielo como el rocío, generalmente viene en medio de la tempestad y el huracán. Mirad los viejos robles, ¿cómo es que están tan fuertemente arraigados en la tierra? Preguntadle a los vientos de Marzo y ellos os dirán. No fueron fortalecidos por las suaves lluvias de abril, ni los días apacibles y soleados de Mayo, sino por el viento rudo que sopla en el mes de Marzo y sacude los árboles hacia adelante y hacia atrás, haciendo que las raíces se aferren al suelo rocoso. Lo mismo sucede con nosotros. Los buenos soldados no se forman en la comodidad de su casa, sino bajo los rigores de la academia militar. Tampoco podemos formar buenos marineros en una apacible laguna, deben ser adiestrados lejos, en alta mar, donde soplan los vientos huracanados y los truenos suenan como tambores en la marcha de los ejércitos de Dios. Las tormentas y las tempestades forman a los hombres recios y a los valerosos marineros. En las profundidades ven las obras y las maravillas de Dios. Lo mismo ocurre con los cristianos.

El personaje de Bunyan, Cristiano, debe pasar por grandes pruebas. El señor Esperanza no podía haberse convertido nunca en lo que era, si primero no hubiera sido el señor Preocupado A Valiente por la Verdad nunca le hubiera sido posible poner en fuga a esos enemigos, si los enemigos no lo hubieran atacado primero a él. Así nos sucede a nosotros los cristianos, antes de experimentar una gran fe, hemos de esperar grandes dificultades. Aquel que por fin ha logrado tener una gran fe, debe de ejercitar lo que tiene. No me gustaría tener que empezar mañana a herrar caballos dando golpes en un yunque. Estoy seguro de que mi brazo estaría dolorido en la primera hora de estar golpeando con el martillo. La razón por la cual el brazo del herrero no se cansa, es porque está acostumbrado a hacerlo. Ha hecho ese trabajo durante todo el día a través de los años. Si el herrero se remanga la camisa y os muestra su brazo, veréis lo musculado que está a causa del continuo trabajo de golpear el yunque. ¿Queréis que vuestra fe se fortalezca? Haced uso de ella. Los cristianos somos holgazanes y estamos mal acostumbrados. Vamos a la iglesia, nos sentamos en los asientos, escuchamos el mensaje y hablamos de mejorar nuestras vidas, pero nunca pensamos en hacer lo bueno. Los que veis que las almas se están yendo al infierno, no sois capaces de estirar

Expiación, Justificación, Arrepentimiento, Fe ...

vuestras manos para impedir que entren a ese lugar. O vosotros, que veis el pecado corriendo desenfrenado por vuestras calles, nunca tratáis de impedir que avance. No me maravillo de que os quejéis de la pequeñez de vuestra fe. Tenéis una fe escasa, y queréis que Dios os dé más fe. Pero, ¿por qué habría Dios de darte más fe de la que estás dispuesto a usar? Una fe fuerte debe ser siempre ejercitada y entrenada, y a aquel que no se atreva a ejercitar la fe que tiene, no se le dará más. Recordad las palabras de Mateo 25:28: «Quitadle, pues, el talento, y dadlo al que tiene diez talentos».

En la vida del Sr. Whitfield, no podréis hallar queja ni petición alguna para que se incremente su fe. Si alguna vez lo hizo, habrá sido cuando solo predicaba nueve veces en una semana. Pero nunca se quejó cuando le tocó predicar dieciséis veces en una semana. Leed la vida de Grimshaw; nunca le veréis turbado ni deprimido cuando en siete días tenía que predicar veinticuatro veces. Mantened vuestra fe bien entrenada, y no tendréis temor de que se pueda debilitar. Con nuestra fe sucede como con los niños durante el invierno. Allí están alrededor del fuego, frotándose las manos para mantener la circulación de la sangre. Por fin llega el padre y dice: «Niños, no hagáis eso, nunca podréis calentaros con estos medios artificiales. Corred un poco y haced algún trabajo». Seguidamente salen todos afuera, y al volver tienen sus mejillas rosadas y sus manos calientes, entonces dicen: «Papá, la verdad es que no pensábamos que estos métodos fueran tan eficaces para entrar en calor». Así debe suceder con vosotros, si deseáis que vuestra fe crezca fuerte y llena de vivacidad debéis poneros a trabajar. Es cierto que vuestro trabajo no os salvará, pero la fe sin obras es muerta, queda como congelada. En cambio la fe con obras crece hasta alcanzar un calor y un fervor que la confieren fuerza y estabilidad. Id y enseñad en la Escuela Dominical, o caminad por las calles y reunid a siete u ocho niños pobres y harapientos y traedlos a la iglesia. Visitad a la pobre viuda anciana en su humilde casa. Id las pobres criaturas que se están muriendo en algunos callejones de la gran ciudad y ayudadles a salir de esa situación. Entonces diréis: «¡Oh Señor, cómo se renueva mi fe haciendo el bien!». Mientras ayudabais a los demás, os estabais ayudando y fortaleciendo a vosotros mismos.

6. Ahora, éste será mi último consejo la mejor forma de conseguir que vuestra fe se fortalezca es teniendo comunión con Cristo. Si es así, no podéis padecer de incredulidad. Cuando su mano izquierda está debajo de mi cabeza, y su mano derecha me abraza, ya no puedo dudar. Cuando mi Amado se sienta en su mesa, me trae a la casa del banquete y su bandera sobre mí es amor, entonces realmente creo. Cuando me gozo con Él, me avergüenzo de mi incredulidad. Hablad, vosotros que fuisteis llevados a las verdes pasturas, y que habéis disfrutado de las aguas tranquilas, los que visteis su vara y su báculo, y que esperáis seguir viéndolos aún cuando andéis por el valle de sombra de muerte. Hablad, los que os habéis sentado a sus pies con María, o apoyado su cabeza en su seno con el bien amado Juan; ¿no habéis visto al estar cerca de Cristo, que vuestra fe se ha fortalecido y que cuando os habéis alejado, vuestra fe se ha debilitado? Es imposible mirar el Señor a la cara y dudar de Él. Tú que a veces no puedes verle, entonces dudas; pero si vives en comunión con Él serás como la ovejita de la parábola de Natán, te recostarás en su seno, comerás de su plato y beberás de su copa. Cuando tu Amado te habla diciéndote: «Levántate amor mío, y ven conmigo», no debes dudar. Allí no cabe la duda, debes levantarte de las llanuras de tu duda y elevarte a las montañas que te ofrecen seguridad.

III. LA FE CRECE POR UN BUEN CULTIVO

Para concluir os diré que *si la fe está diligentemente cultivada, puede conseguir un elevado logro.*

1. ¿Es posible que la fe de un hombre crezca tan fuerte, que a partir de ese momento no le permita volver a dudar? Yo respondo que no. Aquel que tiene la fe más fuerte tendrá lamentables intervalos de decaimiento y desilusión. Desconfío de quienes se dicen cristianos y que nunca, ni en el presente ni en el pasado, han tenido du-

das concernientes a su aceptación en el Amado. Aunque la mayor parte del tiempo sean hombres poderosos en la fe, todos los hijos de Dios tendrán paroxismos de duda. Un hombre puede cultivar su fe hasta el punto de estar infaliblemente seguro de que es un hijo de Dios. Entonces, las dudas y los temores no tendrán ventaja alguna sobre Él. Yo afirmo que hay cristianos así. Durante su vida, un hombre puede estar tan seguro de su aceptación en el Amado como lo está de su propia existencia. Algunos de nosotros hemos disfrutado de este privilegio y de esta bendita condición durante años. Ahora bien, no quiero decir que durante estos años no haya habido ninguna interrupción y que la paz mental y espiritual no haya sido perturbada. Sin embargo, conozco algunos cristianos, especialmente uno, quien me dijo que por treinta años ha disfrutado casi invariablemente de un total sentido de su aceptación en Cristo. «Frecuentemente he tenido un sentimiento de pecado, pero juntamente con él, he sentido el poder de la sangre de Cristo». De vez en cuando yo mismo he tenido intervalos de decaimiento, pero aún así puedo decir, tomándolo como regla general, que durante treinta años he disfrutado de la más completa seguridad de mi aceptación en el Amado». Confío que una gran parte del pueblo de Dios pueda decir lo mismo, y que no tengan que cantar:

«Éste es un punto que me gustaría descubrir».

Mejor sería oír de sus labios estas palabras: «porque yo sé a quién he creído, y estoy seguro que es poderoso para guardar mi depósito para aquel día» (2 Ti. 2:12). Trataré de hacer un retrato del estado de un cristiano: éste puede ser muy pobre, y sin embargo, es rico. No tiene que preocuparse por el futuro, pues esta clase de pensamientos le quitaría el gozo de vivir en el presente. Se arroja de lleno a la providencia de Dios; cree que aquel que viste a los lirios del campo y alimenta a las aves, no permitirá que sus hijos pasen hambre o anden descalzos y harapientos. Este cristiano tampoco se preocupa mucho por su estado temporal, extiende sus brazos y flota por el torrente de la Providencia, mientras va cantando todo el camino, ya sea que ande por un pantano y un terreno tenebroso y oscuro, o por un valle hermoso. Nunca altera su posición, no se mueve ni lucha, su único deseo es estar en las manos de Dios y no conocer otra cosa que su voluntad. Cuando la tormenta se desata sobre su cabeza, se refugia en Cristo que es su escudo; cuando el calor es insoportable, ve que Cristo es como un peñasco que da su sombra protectora en una tierra árida y caliente. Este cristiano tira su ancla en lo profundo del mar, y duerme cuando sopla el viento. Ya sea que vengan huracanes que rujan, que hagan crujir los mástiles y parezca que cada clavo va a saltar, él afirma: «Mi ancla está arraigada en terreno seguro, sé que no se moverá». Si la tierra se sacude bajo sus pies, él dice: «Dios es nuestro amparo y fortaleza, nuestro pronto auxilio en las tribulaciones. No temeremos, pues, aunque la tierra sea removida, y se traspasen los montes al corazón del mar» (Sal. 46:1, 2). Preguntadle acerca de sus intereses eternos y os dirá que su confianza está basada solo en Cristo y que cuando muera, sabe que se podrá presentar ante el Altísimo con las vestiduras de la justicia de Cristo. Habla muy confiado aunque sin jactancia, y si no tiene tiempo para bailar la danza irreflexiva de la presunción, permanece firme sobre la roca de su confianza. Tal vez penséis que es un hombre orgulloso ¡ah!, no es así, sino que es un hombre humilde, que se apoya en la cruz de Cristo. Puede mirarte a ti a la cara y decirte con toda autoridad que Cristo es capaz de guardar aquello que le ha encomendado.

«Su honor está comprometido a salvar,
A la más pobre de sus ovejas;
Todo lo que su celestial Padre dio,
Sus manos de cierto deben guardar.»

En cuanto le llegue la muerte, puede apoyar seguro su cabeza en la almohada de la promesa, y expirar en el seno de su Salvador, creyendo que la muerte ha perdido su aguijón, y reclamando la victoria. Tal es el efecto de una fe fuerte. Repito, la fe más débil del mundo, si se le cultiva diligentemente, puede alcanzar este logro. Buscad sobre todo la influencia del Espíritu divino,

y andad en los mandamientos de Cristo, viviendo cerca de Él. Entonces, aquellos que sois pequeños como Zaqueo, os convertiréis en gigantes. Los que ahora huís delante de vuestros enemigos, seréis capaces de ahuyentar a mil, y dos de vosotros harán huir a diez mil. Que el Señor capacite a sus hijos de poca fe para que puedan crecer y alcanzar las cumbres espirituales.

CONCLUSIÓN

Ahora me dirijo a aquellos de vosotros que no tenéis ninguna fe en Cristo porque no le conocéis. Permitidme que os recuerde algo importante «sin fe es imposible agradar a Dios». Si tú no has puesto tu confianza en Cristo, entonces cada día Dios está airado contra ti. Mira las palabras del Salmo 7:12 13: «Si no se arrepiente, él afilará su espada; armado tiene ya su arco, y lo ha preparado. Asimismo ha preparado armas de muerte». Te exhorto y te ruego, échate a los brazos de Cristo; Él es digno de tu confianza. No hay nadie más en quien puedas confiar. El Señor está deseando recibirte, pues Él te invita a venir, Él ha derramado su sangre por ti, y también está intercediendo a tu favor. «El que creyere y fuere bautizado, será salvo» (Mr. 16:16). Cree en Él, y entonces profesa tu fe en el bautismo. El Señor te bendecirá, y te sostendrá hasta el fin. Él hará que tu fe crezca, para la gloria de Dios. Que el Señor añada su bendición.

6. Salvación

58. LA SALVACIÓN ES DEL SEÑOR

«La salvación es de Jehová» (Jonás 2:9).

INTRODUCCIÓN: Jonás aprende en la aflicción.

I. EXPONIENDO LA DOCTRINA
1. El plan de salvación es todo de Dios.
2. La salvación fue ejecutada enteramente por Dios.
3. La salvación del Señor aplicada.
4. Dios sostiene su obra en el corazón de la persona.
5. La perfección de la salvación es el Señor.
6. La perfección definitiva de la salvación.

II. SALVAGUARDANDO LA DOCTRINA
1. La religiosidad natural no lleva a Dios.
2. Por el pastor no se suele convertir a los hombres.

III. LA INFLUENCIA DE ESTA DOCTRINA SOBRE LOS HOMBRES
1. El pecador como un castillo inexpugnable
2. El orgullo no tiene lugar
3. El poder vigorizador de la gracia

CONCLUSIÓN: La salvación es de Dios y la condenación es del hombre.

LA SALVACIÓN ES DEL SEÑOR

INTRODUCCIÓN

Jonás aprendió esta sentencia de sana teología en una extraña escuela. La aprendió en el vientre de la ballena, en las raíces de los montes, con las algas enredadas en su cabeza, cuando suponía que la tierra con sus cerrojos se había cerrado sobre él para siempre. La mayor parte de las grandes verdades de Dios han de aprenderse a través de la aflicción. Nos han de ser grabadas a fuego con el hierro candente de la aflicción; en caso contrario, no las recibiremos verdaderamente. Nadie es competente para juzgar en las cuestiones del reino hasta que primero ha sido puesto a prueba; ello debido a que hay muchas cosas a aprender en las honduras que nunca podremos aprender en las alturas. Descubrimos muchos secretos en las cavernas del océano que nunca podríamos haber conocido, aunque hubiésemos ascendido al cielo. Mejor ministrará las necesidades del pueblo de Dios como predicador aquel que haya sentido él mismo estos deseos; mejor consolará al Israel de Dios aquel que ha necesitado consolación; y mejor predicará la salvación quien ha sentido su propia necesidad de la misma. Jonás, cuando fue liberado de su gran peligro, cuando por mandamiento de Dios el gran pez abandonó obedientemente sus grandes profundidades y entregó su carga en la tierra seca, podía entonces valorar; y éste fue el resultado de su experiencia bajo su prueba: «La salvación es de Jehová».

Por salvación no comprendemos aquí meramente la salvación especial que Jonás recibió de la muerte; porque según el doctor John Gill, hay algo muy especial en el original, en que la palabra salvación tiene una letra más que la que tiene usualmente cuando sólo se refiere a alguna liberación temporal, de modo que sólo podemos comprenderla aquí como relacionada con la gran obra de la salvación del alma que permanece para siempre. Que «la salvación es de Jehová» lo intentaré exponer esta mañana lo mejor que me sea posible. En primer lugar, trataré de *explicar la doctrina*; luego trataré de mostraros *cómo Dios nos ha guardado de cometer ningún error y nos ha encerrado a creer el Evangelio;* luego meditaré acerca de *la influencia de esta verdad sobre los hombres;* y acabaré mostrándoos *la contrapartida de la doctrina.* Siendo que cada verdad tiene su contrario, así sucede con ésta.

I. EXPONIENDO LA DOCTRINA

Así, en primer lugar, comenzando con la explicación, expongamos esta doctrina; la doctrina de que la salvación es del Señor, de Jehová. Por esto debemos comprender que toda la obra por la que los hombres son salvados de su estado natural de pecado y ruina, son trasladados al reino de Dios y son hechos herederos de eterna dicha, es de Dios, y solo de Dios. «La salvación es de Jehová».

1. Así, para empezar por el principio, *el plan de salvación pertenece enteramente a Dios.* Ningún intelecto humano, ninguna inteligencia humana, ayudaron a Dios en la planificación de la salvación. Él ideó la manera, así como Él mismo la llevó a cabo. El plan de salvación fue ideado antes de la existencia de los ángeles. Antes que la estrella de la mañana lanzara sus rayos a través de las tinieblas, cuando aún el innavegado eterno había sido perturbado por las alas de ningún serafín, y cuando la solemnidad del silencio nunca había sido perturbada por el cántico de ángel alguno,

Dios había ya ideado una forma mediante la que podría salvar al hombre, del que sabía anticipadamente que caería. No creó a los ángeles para consultar con ellos. Bien podríamos preguntar: «¿De quién tomó consejo?, ¿quién le instruyó, cuando planeó la gran arquitectura del templo de misericordia? ¿De quién tomó consejo, al cavar las honduras de amor, que de ellas pudieran brotar manantiales de salvación? ¿Quién le ayudó?». Nadie. Él mismo lo hizo, en solitario. De hecho, de haber existido los ángeles, no podrían haber ayudado a Dios, porque es lógico suponer que si se hubiese reunido un solemne cónclave de estos espíritus, si Dios les hubiera planteado esta cuestión: «El hombre se rebelará; yo declaró que castigaré; mi justicia, inflexible y severa, exige que así sea; pero tengo, sin embargo, la intención de mostrar misericordia»; si hubiera planteado la cuestión a los celestes escuadrones de los poderosos: «¿Cómo pueden ser estas cosas? ¿Cómo puede conseguirse que se cumpla la justicia y reinar también la misericordia?», los ángeles se habrían quedado callados hasta el día de hoy; no podrían haber dictado el plan; habría sobrepasado la inteligencia angélica haber concebido el camino por el que la justicia y la paz se encontrasen, y el juicio y la misericordia se besasen. Dios lo diseñó, porque sin Dios no podría haberse diseñado. Es un plan demasiado espléndido para que sea el producto de ninguna mente, con la excepción de aquella mente que después lo cumplió. «La *salvación* es más antigua que la creación; y es de Jehová».

2. Y así como fue del Señor en su planificación, también *lo fue del Señor en su ejecución.* Nadie ha ayudado a proveer la salvación; Dios lo ha hecho todo él mismo. El banquete de misericordia es servido por un anfitrión, y este anfitrión es Aquel a quien le pertenece el ganado en los miles de montes. Y nadie más ha contribuido golosina alguna a aquel regio banquete; lo ha hecho todo él. El regio baño de misericordia, donde se lavan las negras almas, fue llenado desde las venas de Jesús; ni una gota procedió de ningún otro ser. Él murió en la cruz, y como expiador murió a solas. Ningu-

Expiación, Justificación, Arrepentimiento, Fe ...

na sangre de ningún mártir se mezcló en la corriente; ninguna sangre de ningún noble confesor entró en el río de la expiación; éste lleva sangre de las venas de Cristo y de ninguna otra procedencia. Él lo ha hecho en su totalidad. En la cruz allí veo al hombre que «pisó solo el lagar»; en el huerto lejano veo al solitario vencedor, que vino a la lucha en solitario, cuyo propio brazo trajo salvación, y cuya omnipotencia le sostuvo. «La salvación es de Jehová» en cuanto a sus provisiones: Jehová (Padre, Hijo y Espíritu Santo) lo ha provisto todo.

3. Hasta ahora estamos de acuerdo: pero ahora tendremos que separarnos un poco. «La salvación es del Señor» *también en su aplicación*. «No», dice el arminiano, «no lo es; la salvación es del Señor en cuanto a que él hace por el hombre todo lo que está en su mano; pero hay algo que el hombre ha de hacer, y que si no lo hace, perecerá». Éste es el camino arminiano de la salvación. Ahora bien, la semana pasada estaba pensando en esta misma teoría acerca de la salvación, cuando me encontraba al lado de aquella ventana del castillo de Carisbrooke, desde la que el rey Carlos, de infeliz e impía memoria, intentó escapar. Leí en el libro guía que se proveyó de todos los medios para su huida; sus seguidores tenían medios al pie de la muralla para posibilitarle huir al otro lado del país, y que en la costa tenían sus barcas listas para llevarlo a otra tierra; de hecho, todo estaba preparado para su huida. Pero aquí había la importante circunstancia, sus amigos habían hecho todo lo que habían podido, y él tenía que hacer el resto; pero este resto era precisamente lo más difícil. Tenía que salir de la ventana, de la cuál no pudo conseguir salir por ningún medio, de modo que todo lo que sus amigos hicieron por él no valió de nada por lo que a él tocaba. Así es con el pecador. Si Dios hubiera proveído todos los medios de huida y sólo le demandase salir de su mazmorra, el pecador se habría quedado allá por toda la eternidad. Bien, ¿acaso el pecador no está, por naturaleza, muerto en delitos y pecados? Y si Dios le demanda que se dé la vida a sí mismo, que luego Dios hará el resto por él, entonces la verdad es que,

amigos, no hemos de estarle tan agradecidos a Dios como pensábamos; porque si él demanda tanto de nosotros, y si podemos hacerlo, ya podemos hacer el resto sin su ayuda. Los católicos cuentan de un extraordinario milagro acerca de San Dionisio, de quien cuentan la embustera leyenda de que después que fue decapitado tomó su cabeza entre sus manos y anduvo así dos mil millas; acerca de esto dijo alguien con ingenio: «Por lo que toca a las dos mil millas, no hay dificultad alguna; es solamente el primer paso lo que es difícil». Y así creo yo que si esto se logra todo el resto se puede conseguir fácilmente. Y si Dios demanda que el pecador dé el primer paso (siendo que está muerto en pecados), entonces le demanda aquello que hace tan imposible la salvación bajo el Evangelio como lo era bajo la ley, siendo que el hombre es tan incapaz de creer como lo es de obedecer, y carece tanto de poder para acudir a Cristo como carece de poder para ir al cielo sin Cristo. El poder lo tiene que recibir del Espíritu. Está yaciendo muerto en pecado; el Espíritu ha de vivificarlo. Está atado de manos y de pies y encadenado por transgresiones; el Espíritu ha de cortarle sus ataduras y entonces saltará libre. Dios ha de acudir y quebrantar las barras de hierro de sus goznes, y luego podrá escapar de la ventana y emprender la huida con éxito después. Pero si no se hace lo primero para él, ha de perecer con tanta seguridad bajo el Evangelio como habría perecido bajo la ley. Yo dejaría de predicar si creyese que Dios, en la cuestión de la salvación, demandase del hombre alguna cosa que Él mismo no se comprometiese también a proveer. Porque, ¿cuántas veces no están pendientes de mis palabras muchos hombres del peor carácter, hombres cuyas vidas han llegado a ser tan horriblemente malas que el labio moral se resistiría a describir su carácter? Cuando entro en mi púlpito, ¿he de creer que estos hombres han de hacer algo antes que el Espíritu de Dios opere sobre ellos? Si así fuera, acudiría con un corazón debilitado, sintiendo que nunca los podría inducir a hacer la primera parte. Pero ahora acudo a mi púlpito con una tranquila confianza: Dios el Espíritu Santo se encontrará con estos hombres esta mañana. Ellos son tan malos como se pueda ser; él pondrá un nuevo pensamiento en sus corazones; les dará nuevos deseos; les dará nuevas voluntades; y aquellos que aborrecían a Cristo desearán amarle; los que antes amaban el pecado serán, por el Espíritu Santo de Dios, llevados a aborrecerlo; y aquí tengo mi confianza, que lo que ellos no pueden hacer, por cuanto son débiles por medio de la carne, Dios lo hará por ellos enviando a su Espíritu en sus corazones, y así serán salvados.

4. Bueno, podrá decir alguno, esto hará que la gente se sientan quietos y se crucen de brazos. Pues no, caballeros. Pero si así lo hicieran, nada podría hacer yo para remediarlo. Lo que a mí me toca, como ya he dicho a menudo en este lugar antes, no es demostrarles lo razonable de ninguna verdad ni defender ninguna verdad de sus consecuencias; todo lo que hago aquí, y tengo la intención de mantenerme en ello, es sencillamente afirmar la verdad porque está en la Biblia; después, si no os gusta, tendréis que ajustar vuestra pendencia con mi Señor, y, si creéis que es irrazonable, tendréis que pelearos con la Biblia. Que otros defiendan la Escritura y la demuestren verdadera; podrán hacer su obra mejor que yo podría; a mi me toca la mera obra de proclamar. Yo soy el mensajero; yo proclamo el mensaje del Señor; si no os gusta el mensaje, peleaos con la Biblia, no conmigo; mientras tenga las Escrituras de mi lado me atreveré y os desafiaré a que hagáis nada contra mí. «La salvación es de Jehová». El Señor tiene que aplicarla, para hacer bien dispuesto al mal dispuesto, para hacer piadoso al impío, y para traer al vil rebelde a los pies de Jesús, o en caso contrario la salvación nunca se cumplirá. Deja esto sin hacer y habrás roto el eslabón de la cadena, el eslabón mismo que era precisamente imprescindible para su integridad. Quita el hecho de que Dios comienza la buena obra, y que nos envía lo que los antiguos teólogos llamaban la gracia anticipante: quita esto, y hemos estropeado toda la salvación; hemos quitado la piedra clave del arco, y se derrumba. No queda nada, entonces.

5. Pasemos ahora al siguiente punto, donde también estaremos algo en desacuerdo. «La salvación es de Jehová» *en cuanto al sustentamiento de la obra en el corazón de cualquier persona.* Cuando alguien es hecho hijo de Dios, no se le da una cantidad de gracia que persistirá para siempre, sino que se le da gracia para aquel día; y debe tener la gracia para el siguiente día, y gracia para el siguiente, hasta que terminen los días, o bien el comienzo de nada le servirá. Así como un hombre no se vivifica espiritualmente a sí mismo, tampoco puede mantenerse así. Puede alimentarse de comida espiritual y de esta manera preservar su fortaleza espiritual; puede que camine en los mandamientos del Señor, y de este modo disfrute de reposo y paz, mas con todo, la vida interior depende tanto del Espíritu para su existencia posterior como para antes, cuando fue engendrada. De verdad creo que cuando me toque poner el pie sobre el dorado umbral del Paraíso y poner este pulgar sobre el cerrojo perlino, nunca podría cruzar el umbral a no ser que se me diese la gracia para tomar el último paso para entrar en el cielo. Nadie por sí mismo, siquiera convertido, tiene poder, excepto que este poder le sea infundido a diario, constantemente, de forma perpetua, por el Espíritu. Pero los cristianos se establecen a menudo como caballeros independientes. Consiguen un poco de capital de gracia en sus manos, y dicen: «Mi monte se mantiene firme, nunca se moverá». Pero, ¡ah!, no pasa mucho antes que el maná comience a corromperse. Estaba pensado solo para que fuese el maná para el día, y lo hemos guardado para el día siguiente; por eso nos falla. Necesitamos tener gracia renovada.

«Porque de día en día caía el maná; aprende tú pues bien esta lección.»

Así que busca día a día una gracia renovada. Con frecuencia el cristiano quiere que se le dé en un momento la gracia necesaria para un mes. «¡Oh!», dice, «¡qué multitud de problemas se me avecinan! ¿Cómo voy a hacer yo frente a todo eso! ¡Oh, que tuviese suficiente gracia para soportarlos todos!». Mi querido amigo, tendrás suficiente gracia para tus problemas según vayan viniendo uno a uno. «Como tus días serán tus fuerzas» (Dt. 33:25). Pero tus fuerzas nunca serán como tus meses ni como tus semanas. Tendrás tu fuerza como tienes tu pan. «El pan nuestro de cada día, dánoslo hoy». Nuestra gracia diaria, dánosla hoy. Pero, ¿por qué te inquietas por las cosas de mañana? Hasta el común de la gente dicen: «Cruza el puente cuando llegues a él». Éste es un buen consejo. Haz lo mismo. Cuando te venga un problema, afróntalo, aduéñate de él y domínalo; pero no comiences ahora a adelantarte a tus dificultades. «¡Ah!, dice uno, ¡es que tengo tantas!» Entonces te digo: No mires más adelante de ti que lo que necesitas. «Le basta a cada día su propio *mal*». Haz como hizo aquel valiente griego, cuando defendía a su país de Persia, que no fue a las llanuras a luchar, sino que se puso en las angosturas de las Termópilas; entonces, cuando le vinieron los miles de enemigos, tenían que pasar de uno en uno, y los iba abatiendo. Si se hubiese aventurado a la llanura, pronto habría sido devorado, y su fuerza se habría derretido como una gota de rocío en el mar. Manténte hoy en la angostura y lucha con tus problemas uno a uno; pero no te lances a las llanuras del mañana, porque entonces serás rechazado y muerto. Del mismo modo que el mal es suficiente, también lo será la gracia. «La salvación es de Jehová».

6. Pero digamos una última palabra sobre este punto. *La perfección definitiva de la salvación es de Jehová*. Pronto, pronto, los santos de la tierra serán santos en luz; sus cabellos encanecidos por la edad serán coronados de gozo perpetuo y de juventud sempiterna; sus ojos embargados de lágrimas serán hechos resplandecientes como las estrellas, y nunca volverán a nublarse con el dolor. Sus corazones que ahora tiemblan serán hechos gozosos y palpitarán con vigor, y serán para siempre ellos columnas en el templo de Dios. Sus insensateces, sus cargas, sus dolores, sus males, pronto acabarán; el pecado será exterminado, la corrupción será quitada, y de ellos será para siempre un cielo de inmaculada pureza y de pura paz. Pero esto ha de ser por gracia. Igual que el fundamento tiene que ser la piedra clave del arco; aquello que puso en la tierra en primer principio ha de echar en el cielo la piedra culminante. Así como por la gracia fueron redimidos de su inmunda manera de vivir, también por la gracia han de ser redimidos de la muerte y del sepulcro, y entrarán en el cielo cantando:

«La salvación es solo de Jehová;
La gracia, un mar sin orillas es».

Puede que haya arminianos aquí presentes, pero no serán arminianos allá; puede que aquí digan: «Es de la voluntad de la carne»; pero en el cielo no pensarán así. Aquí puede que adscriban un poquito a la criatura; pero allí echarán sus coronas a los pies del Redentor y reconocerán que Él lo ha hecho todo. Aquí puede que a veces se miren un poco a sí mismos y que se jacten algo de su propia fuerza; pero allí elevarán el cántico: «No a nosotros, no a nosotros» con una profundidad más plena y con un más intenso énfasis que jamás se haya cantado aquí abajo. En el cielo, cuando la gracia haya cumplido su obra, esta verdad se levantará en resplandecientes letras de oro: «La salvación es de Jehová».

II. SALVAGUARDANDO LA DOCTRINA

Así he tratado de exponeros el Evangelio. Ahora os mostraré cómo Dios ha salvaguardado esta doctrina.

1. Los hay que han dicho que la salvación es en ocasiones resultado del *temperamento natural*. Muy buen, caballero, muy bien: pues Dios ha replicado a su argumento de una manera enérgica. Usted dice que algunos se salvan porque son de natural religiosos e inclinados a hacer el bien; desafortunadamente, yo nunca me he encontrado aún con esa clase de personas; pero supongamos por un momento que haya personas así. Dios ha respondido a esta manera de pensar de manera irrefutable, porque, por raro que parezca, la gran mayoría de los salvados son precisamente las personas menos susceptibles a ser salvadas que uno pueda concebir, mientras que un gran número de los que se pierden fueron precisamente aquella clase de personas a las que, si se tratase de la disposición natural, sí que habríamos esperado encontrar en el cielo.

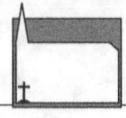

¡Vaya!, tenemos aquí a uno que en su juventud siguió muchas insensateces. A menudo lloró su madre por él, y clamó y gimió por los extravíos de su hijo; porque con un espíritu fiero que no podía ni detener ni refrenar, con sus continuas rebeliones y ebulliciones de ardiente ira, le dijo: «Hijo mío, hijo mío, ¿qué serás cuando crezcas? Lo seguro es que harás trizas la ley y el orden, y serás para deshonra del nombre de tu padre». Pues creció, y en su juventud fue desenfrenado y terco, pero, ¡oh maravilla!, de repente se transformó en un nuevo hombre, cambiado totalmente; tan diferente de lo que era antes como lo son los ángeles de los espíritus perdidos. Se sentó a los pies de la madre, le alegró el corazón, y el perdido y colérico se volvió gentil, manso, humilde como un niñito, y obediente a los mandamientos de Dios. Tú dirás: ¡Oh, maravilla! Pero hay otro aquí. Éste era un agradable joven. De niño, hablaba de Jesús; a menudo cuando su madre le tenía sobre sus rodillas le hacía preguntas sobre el cielo; era un prodigio, una maravilla de piedad en su juventud. Al crecer, las lágrimas se deslizaban por sus mejillas bajo cualquier sermón; apenas podía soportar oír hablar de la muerte sin suspirar; a veces su madre le soprendía, pensaba ella, orando en solitario. ¿Y qué es ahora? Esta misma mañana ha venido del pecado; se ha convertido en un hombre disoluto, desesperanzado y ruin, se ha lanzado a toda clase de maldad y concupiscencia y pecado, y se ha vuelto más condenablemente corrompido que otros hombres le hubiesen podido hacer. Sólo que su propio mal espíritu, que había estado encerrado, ahora se ha desarrollado; ha aprendido a jugar al león en su madurez, así como había jugado a la zorra en su juventud. No sé si te has encontrado alguna vez con un caso así, pero es muy frecuente. Puedo decir de cierto que en mi congregación ha habido personas abandonadas y malvadas que, con el corazón quebrantado, han sido llevados a llorar, y han clamado a Dios por misericordia y han abandonado su vil pecado; en cambio, alguna gentil muchacha a su lado ha oído el mismo sermón, y si salió alguna lágrima, se la sacó de encima; sigue siendo lo que era: «Sin Dios y sin esperanza en el mundo». Dios ha tomado las cosas bajas del mundo, y ha recogido a su pueblo de entre los más burdos de los hombres, a fin de demostrar que no es la disposición natural, sino que «la salvación es de Jehová», y solo de él.

2. Bien, pero algunos dirán que es *el ministro* a quien oyen quien convierte a los hombres. ¡Ah, qué gran idea! Nadie sino un insensato la mantendría por un momento. Me encontré una vez con un hombre que me aseguró que conocía a un ministro que tenía una gran cantidad de poder para lograr conversiones. Hablando de un gran evangelista en América, decía: «Aquel hombre, señor, tiene la mayor cantidad de poder para conversión que jamás yo haya visto en nadie; y el señor Tal y Cual en una ciudad colindante es, a mi parecer, el que le sigue de cerca». Para este tiempo se estaba manifestando este poder para conversión; se convirtieron doscientas personas por el poder para conversión de este segundo mejor, y se unieron al cabo de pocos meses a la iglesia. Fui a aquel lugar algún tiempo después (era en Inglaterra) y le pregunté: «¿Cómo van sus convertidos?». «Bueno», me dijo él, «no es que pueda decir demasiado acerca de ellos». «¿Cuántos de los doscientos que usted recibió hace un año se mantienen firmes?» «Mire», me dijo, «me temo que no muchos de ellos; hemos excluido ya a setenta de ellos por embriaguez». «Sí», dije, «lo pensaba; este es el fin del gran experimento del poder para conversión». Si yo os pudiera convertir, cualquiera que pasase podría desconvertiros; lo que cualquier hombre puede hacer, cualquier otro lo puede deshacer; es sólo aquello que Dios hace que permanece.

No, hermanos: Dios se ha cuidado muy bien de que nunca se diga que la conversión es del hombre, porque generalmente él bendice a quienes parecen los menos capaces de ser útiles. No espero ver tantas conversiones en este lugar como hace un año, cuando tenía muchísimos menos oyentes. ¿Me preguntáis por qué? Bueno, hace un año me insultaba todo el mundo; mencionar mi nombre era referirse al más abominable payaso que jamás viviese. El solo hecho de pronunciar mi nombre suscitaba juramentos y maldiciones; para muchos era un nombre menospreciable, pateado por las calles como un balón; pero luego Dios me dio almas a cientos, que fueron añadidas a mi iglesia, y en un año me sentí feliz de ver en persona no menos que mil que habían sido convertidas. No espero eso ahora. Mi nombre es ahora algo estimado, y los grandes de la tierra no consideran una deshonra sentarse a mis pies; pero esto me hace temer, no sea que mi Dios me deje ahora que el mundo me estima. Preferiría ser menospreciado y calumniado que cualquier otra cosa. Esta asamblea que vosotros consideráis tan magna y excelente, la dejaría con gusto si con tal pérdida pudiese conseguir una mayor bendición. «Escogió Dios lo débil del mundo», y, por tanto, considero que cuanto más me estimen, tanto peor será mi posición, tanto menor la expectativa de que Dios me bendiga. Él tiene su «tesoro en vasos de barro, para que la excelencia del poder sea de Dios, y no procedente de nosotros». Un pobre ministro comenzó a predicar en una ocasión, y todo el mundo hablaba mal de él; pero Dios lo bendijo. Al cabo de un tiempo cambiaron de parecer y lo favorecieron. ¡Qué hombre!, ¡qué maravilla! ¡Dios lo dejó! Ha menudo ha sucedido así. A nosotros nos toca recordar, en todos los tiempos de popularidad, que los gritos de «¡Crucifícale, crucifícale!» siguen muy de cerca a los de «¡Hosanna!», y que la multitud de hoy, si se le habla con fidelidad, pueden convertirse en el residuo de mañana; porque a los hombres no les gusta que se les hable claro. Deberíamos aprender a ser menospreciados, ridiculizados, calumniados, y luego aprenderemos a ser útiles en manos de Dios. A menudo he caído de rodillas, con un ardiente sudor en mi frente, bajo alguna nueva calumnia derramada sobre mí; mi corazón se ha visto casi quebrantado en una agonía de dolor; hasta que por fin aprendí el arte de soportarlo todo y de cuidarme por nada. Y ahora mi dolor va por otras líneas: precisamente en dirección opuesta. Temo que Dios pueda dejarme, para demostrar que él es el autor de la salvación, que no está en el predicador, que no está en la multitud, ni en la atención que yo pueda atraer, sino en Dios y solo en Dios. Y esto espero poder decirlo de corazón: si debo volver a ser hecho de nuevo como el fango en las calles, si debo ser hecho otra vez motivo de risas de los insensatos y la canción del borracho para poder ser más para el servicio de mi Señor, y más útil para su causa, lo preferiré a toda esta multitud o a todo el aplauso que el hombre me pueda dar. Orad por mí, queridos amigos, orad por mí, que Dios me siga haciendo un medio para la salvación de las almas; porque temo que pueda decirme: «No ayudaré a este hombre, no sea que el mundo diga que *él* lo ha hecho», porque «la salvación es de Jehová», y así ha de ser, y hasta el fin del mundo.

III. LA INFLUENCIA DE ESTA DOCTRINA SOBRE LOS HOMBRES

Ahora, ¿cuál es, cuál debiera ser, la influencia de esta doctrina sobre los hombres?

1. En primer lugar y sobre los pecadores, esta doctrina es *un gran ariete contra su orgullo*. Os daré un ejemplo. El pecador en su estado natural me recuerda a un hombre que tiene un enorme y casi inexpugnable castillo en el que se ha refugiado. Hay el foso exterior; hay un segundo foso; hay las altas murallas, y luego está la torre central o torre del homenaje, adonde se retirará en última instancia el pecador. Bien, el primer foso alrededor del lugar fuerte del pecador es el de sus buenas obras. «¡Ah!», dice él, «soy tan bueno como mi vecino; siempre he pagado al contado, dinero contante y sonante; no soy un pecador; "diezmo la menta y el comino", desde luego soy un respetable caballero». Bueno, cuando Dios acude a obrar en él, para salvarlo, envía su ejército para atravesar el primer foso, y al cruzarlo, este es el grito de guerra de ellos: «La salvación es de Jehová», y el foso queda seco, porque si es del Señor, ¿cómo podría ser por buenas obras? Pero cuando se ha conseguido, tiene entonces un segundo foso: las ceremonias. «Bueno», dice, «no confiaré en mis propias buenas obras, pero he sido bautizado, he sido confirmado. ¿Acaso no tomo los sacramentos? En ellos

confiaré». «¡Pasad el foso! ¡Pasad el foso!» Y los soldados pasan también éste, gritando: «¡La salvación es de Jehová!». Se seca el segundo foso; se acabó con él. Ahora llegan a la siguiente muralla fuerte; el pecador, mirando por encima, dice: «Puedo arrepentirme, puedo creer cuando quiera; me salvaré arrepentiéndome y creyendo». Y ahí llegan los soldados de Dios, su gran ejército de convicción, y derriban esa muralla gritando: «La salvación es de Jehová». Tu fe y tu arrepentimiento te son dados, pues si no nunca creerías ni te arrepentirías del pecado». Y ahora el castillo ha sido tomado; las esperanzas de aquel hombre quedan derribadas; se da cuenta de que no es por el yo. El castillo del yo ha quedado vencido, y se despliega sobre las almenas la gran bandera sobre la que está escrita «La salvación es de Jehová». Pero, ¿ha acabado acaso la batalla? ¡No!: el pecador se ha retirado a la torre del homenaje, en el centro del castillo, y ahora cambia de táctica. «No puedo salvarme a mí mismo» dice, «por tanto me desesperaré; no hay salvación para mí». Ahora bien, esta segunda fortaleza es tan difícil de tomar como la primera, porque el pecador se sienta y dice: «No puedo ser salvo, he de perecer». Pero Dios manda a los soldados que tomen también esta torre, gritando: «La salvación *es* del Señor»; aunque no es del hombre, *sí es de Dios*. «Él puede salvar eternamente», aunque tú no te puedas salvar a ti mismo. Esta espada, como ves, tiene dos filos; corta la soberbia y luego quiebra la calavera de la desesperación. Si alguien dice que se puede salvar por sí mismo, le corta en dos la soberbia en el acto; y si alguien dice que no puede ser salvo, le quiebra la desesperación en añicos: porque proclama que puede recibir la salvación, cuando «la salvación *es* de Jehová». Éste es el efecto que tiene esta doctrina sobre el pecador. ¡Que tenga este efecto sobre ti!

2. Pero, ¿qué influencia tiene sobre el santo? Bien, es precisamente la piedra fundamental de toda la teología. *Os desafío a que seáis heterodoxos* si creéis esta verdad. Habéis de ser sanos en la fe si habéis aprendido a pronunciar esta oración: «La salvación es de Jehová». Y si la sentís en vuestras almas *no seréis orgullosos;* no podréis serlo; todo lo pondréis a sus pies, confesando que nada habéis hecho, excepto aquello que él os ha ayudado a hacer, y por ello la gloria tiene que estar donde está la salvación. Si tú crees esto, *no serás desconfiado*. Dirás: «Mi salvación no depende de mi fe, sino del Señor; mi seguridad no depende de mí mismo, sino de Dios que me guarda; que llegue al cielo no depende de mis manos, sino de las manos de Dios». Y así, cuando prevalezcan las dudas y los temores, mirarás arriba y dirás:

«Y ahora que mi mirada de fe se
oscurece,
En Jesús confío, hundiéndome o
a flote».

Si puedes tener esto presente, *estarás siempre gozoso*. No puede tener razón para afligirse aquel que sabe y siente que su salvación es de Dios. ¡Venga, legiones del infierno, venga, demonios del averno!

«El que me ha ayudado me
sustenta,
Y me hace también más que
vencedor».

La salvación no descansa en este pobre brazo, o yo desesperaría, sino en el brazo del Omnipotente allá; aquel brazo sobre el que se apoyan las columnas del cielo. «¿De quién temeré? Jehová es el baluarte de mi vida; ¿de quién he de atemorizarme?»

3. Y esto puede, por gracia, *vigorizarte para obrar para Dios*. Si tú tuvieses que salvar a tus vecinos, bien podrías sentarte y no hacer nada; pero por cuanto «la salvación es de Jehová», sal y prospera. Ve y predica el Evangelio; ve y proclama el Evangelio por todas partes; cuéntalo en tu casa, en la calle, en todas las tierras y naciones; porque no es de ti mismo, es «del Señor». ¿Por qué no van nuestros amigos a Irlanda a predicar el Evangelio? Irlanda es una ignominia para la iglesia protestante. ¿Por qué no van a predicar allí? Hace un año o así, varios de nuestros valientes ministros fueron a predicar; y actuaron con valentía; fueron allí y volvieron, y esto es más o menos toda su gloriosa expedición contra el papado. Ahora bien, ¿por qué volvieron? Porque fue-

ron apedreados, ¡gente cómoda! ¿No creéis que el Evangelio atraerá algunas piedras cuando se extienda? ¡Pero los habrían matado! ¡Vaya mártires! Que les registren en una crónica de oprobio. ¿Acaso los mártires de la antigüedad, acaso los apóstoles, retrocedieron de ir de país en país porque fuesen a matarlos? No, sino que estaban dispuestos a morir. Y si media docena de ministros hubiesen muerto en Irlanda, sería lo mejor que hubiesen podido hacer en el mundo por la libertad en el futuro; porque después de esto nadie se habría atrevido a tocarnos; el fuerte brazo de la ley los habría reprimido; después podríamos haber entrado en cada pueblo de Irlanda y en paz; la policía habría puesto pronto fin a tales infames asesinatos; habría despertado al protestantismo de Inglaterra a reclamar la libertad que es nuestro derecho allí como la damos en todas partes. Nunca veremos ningún gran cambio hasta que haya hombres en nuestras filas dispuestos a ser mártires. Este profundo foso no se puede cruzar hasta que los cuerpos de algunos de nosotros lo rellenen; después de esto será tarea fácil predicar allí el Evangelio. Nuestros hermanos deberían ir allá una vez más. Pueden dejar en casa sus blancas corbatas y también la pluma blanca, y salir con un corazón valiente y un espíritu denodado; y si la gente se burla y escarnece, que sigan burlándose y escarneciendo. George Whitefield dijo, cuando predicaba en el parque de Kennington Common, donde le echaban gatos muertos y huevos podridos: «Esto es buen abono para el metodismo; lo mejor en el mundo para hacerlo crecer; tiradlo tan rápidamente como os plazca». Y cuando una piedra le cortó en la frente, parecía predicar mejor por aquel poco de desangramiento. ¡Oh!, por un hombre que plante cara al populacho, y luego no habrá necesidad de plantarle cara más. Salvamos, recordando que «la salvación es de Jehová», y prediquemos en todo lugar y momento la Palabra de Dios, creyendo que la Palabra de Dios es más que suficiente para hacer frente al pecado del hombre, y Dios será aún el amo sobre toda la tierra.

La voz me falla de nuevo, y también mis pensamientos. Estaba cansado esta maña-na cuando acudí a este púlpito, y estoy cansado ahora. En ocasiones estoy gozoso y feliz, y me siento en el púlpito como si pudiese predicar para siempre; otras veces me siento feliz de terminar; pero con un texto como éste, desearía haber terminado con toda la elocuencia que pudiera dar el labio mortal. ¡Ah, que los hombres supieran esto, que su salvación es de Dios! Tú que juras, no jures contra aquel en cuya mano está tu aliento! Burlador, no te burles de aquel que te puede salvar o destruir. Y tú, hipócrita, no trates de engañar a aquel de quien viene la salvación, y que por tanto sabe bien si tu salvación viene de él.

CONCLUSIÓN

Y ahora, para concluir, dejad que os diga cuál es la contrapartida de esta verdad. La salvación es de Dios: luego *la condenación es del hombre*. Si uno de vosotros se condena, a nadie podréis achacarlo sino a vosotros mismos; si alguno de vosotros perece, no será culpa de Dios; si os perdéis y sois reprobados, tendréis que soportar toda la culpa y todas las torturas de la conciencia por vosotros mismos; yaceréis para siempre en la perdición y reflexionaréis así: «Me he destruido a mí mismo; he cometido el suicidio de mi alma; he sido mi propio destructor; no puedo dar culpa alguna a Dios». Recuerda: si eres salvo, tienes que ser salvado sólo por Dios, aunque si te pierdes, te pierdes por ti solo. «¡Volveos, volveos!, ¿por qué moriréis, casa de Israel?» Con mis últimas fatigadas palabras os invito a que os detengáis y penséis. ¡Ah, oyentes, mis oyentes! Es terrible predicar ante una masa de personas así. Pero el domingo pasado, al descender por las escaleras, me vino a la mente una memorable frase pronunciada por alguien que estaba allá. Me dijo: «Hay nueve mil personas esta mañana sin excusa alguna en el día del juicio». Me gustaría predicar de manera que siempre se pudiese decir esto; y si no que se puede decir: ¡que Dios tenga misericordia de mí, por causa de su nombre! ¡Pero recordad ahora! Tenéis almas; esas almas serán salvadas o condenadas. ¿Qué será? Condenadas lo serán y para siempre, excepto si Dios os salva; a no ser que Cristo tenga misericordia de vosotros, no tenéis esperanza. ¡Arrodillaos! Clamad a Dios por misericordia. Levantad ahora vuestro corazón en oración a Dios. Que sea hoy cuando seáis salvos. ¡Que antes de un solo latido de corazón, podáis encontrar la paz! Recordad, esta paz la podéis hallar ahora. Si sentís ahora esta necesidad de paz, la podéis tener ahora. ¿Y cómo? Sencillamente, pidiéndola. «Pedid, y se os dará; buscad y hallaréis».

> Pero si vuestros oídos rehúsan
> El lenguaje de su gracia,
> Vuestros corazones se endurecen
> Como los que de Israel se endurecieron,
> El Señor con venganza temible
> Su mano levantará y jurará,
> Que vosotros que el reposo despreciasteis
> Porción no tendréis en su reposo.

¡Oh, no seáis menospreciadores, no sea que lleguéis a «asombraos y perecer»! Apresuraos ahora a Cristo y sed aceptados en amado. Ésta es mi última y mejor oración. ¡Quiera el Señor oírla! Amén.

59. ¿POR QUÉ LOS HOMBRES SON SALVOS?

«Pero él los salvó por amor de su nombre» (Salmos 106:8).

INTRODUCCIÓN: ¿Quién hizo todas estas cosas y por qué?

I. UN GLORIOSO SALVADOR
1. ¿A quién se refiere?
2. La salvación de las almas es de Él.
3. Lo que es nacido del Espíritu, espíritu es.

II. LAS PERSONAS FAVORECIDAS
1. Dios también envía su Evangelio a los simples.
2. Un pueblo desagradecido y provocador.
   a) Dios les brinda su ayuda
   b) Dios les salvó

III. LA RAZÓN DE LA SALVACIÓN
1. Por amor a su nombre.
2. Dios pone a todos los hombres al mismo nivel.

CONCLUSIÓN: Una parábola acerca de la Misericordia.

¿POR QUÉ LOS HOMBRES SON SALVOS?

INTRODUCCIÓN

Mirando la obra de Dios en la creación hay dos preguntas que se dan a la vez en una mente inteligente y pensante, las cuales deben ser contestadas antes de que procuremos hallar la respuesta que tiene la filosofía y la ciencia sobre la creación. La primera es: «¿Quién hizo todas estas cosas? Esta pregunta ha de ser contestada por alguien que tenga conciencia honesta y mente sana, pues cuando levanta sus ojos para ver las estrellas, verá en ellas el sello de oro de *Dios*. Y cuando mire hacia abajo a las olas del mar, si sus oídos están honestamente abiertos, oirá a cada ola proclamar el nombre de *Dios*. Si mira a la cima de las montañas, éstas no hablarán, pero con un digno silencio dirán,

«La mano que nos hizo es divina».

Si oímos el hielo al desprenderse de la ladera del monte, al ensordecedor sonido de un alud, al mugir del ganado, al canto de los pájaros, en cada voz y sonido de la naturaleza, oiremos la respuesta a esta pregunta: «Dios es nuestro hacedor, Él nos ha hecho y no nosotros a nosotros mismos».

2. La siguiente pregunta en cuanto al propósito de Dios es: ¿Por qué fueron hechas estas cosas?» No es tan fácil emitir una respuesta a este tema, aparte de las Escrituras, pero cuando miramos a ellas descubrimos este hecho; que así como la contestación a la primera pregunta es Dios, del mismo modo la segunda respuesta es la misma. «¿Por qué fueron hechas estas cosas?» No es tan fácil contestar esta pregunta independientemente a la Escritura, pero repito, cuando miramos sus páginas descubrimos este hecho; que la respuesta a la primera pregunta es Dios, y a la segunda también lo es. ¿Por qué fueron hechas estas cosas? La respuesta: para la gloria, el honor y el placer de Dios. Ninguna otra réplica puede ser consistente con la razón. Cual-

Expiación, Justificación, Arrepentimiento, Fe ...

quier otra respuesta que se proponga no parece lógica ni satisfactoria. Si por un momento consideran que hubo un tiempo cuando Dios no tenía criaturas, cuando moraba solo, el todopoderoso Hacedor de las edades, solo en una soledad sin creación, divino en esa eterna soledad. «Yo mismo, yo el primero, yo también el postrero» (Is. 48:12). ¿Puede alguien contestar esta pregunta? ¿Por qué Dios llamó a la existencia a las criaturas? Él las hizo para su propio placer y su propia gloria. Alguien podrá decirme que hizo el universo para las criaturas, pero nosotros contestamos que no había criaturas que crear. Admito que la respuesta puede parecer lógica *ahora*. Dios hace la cosecha para sus criaturas; Él cuelga el sol de la nada para bendecir a su creación con luz y calor. Él hace que la luna gire en su órbita de noche, para alegrar a sus criaturas sobre la tierra. Pero la primera respuesta, yendo nuevamente al origen de todas las cosas, no puede ser otra que ésta: Fueron y son creadas para su placer. Él hizo todas las cosas por sí mismo y para sí mismo. «Porque en él fueron creadas todas las cosas, las que hay en los cielos y las que hay en la tierra, visibles e invisibles; sean tronos, sean dominios, sean principados, sean potestades; todo fue creado por medio de él y para él« (Col. 1:16).

Ahora bien, esta verdad que sostiene las obras de la creación, sostiene también la obra de salvación. Levantad vuestros ojos a lo alto, más allá de aquellas estrellas que brillan en el suelo de los cielos. Mirad más arriba, donde hay espíritus vestidos de blanco, más claros que la luz y que en su magnificencia brillan como estrellas. Mirad allí, donde están los redimidos con sus sinfonías celestiales, que circundan el trono de Dios con regocijo, y preguntaros: ¿Quién salvó a esos seres glorificados, y con qué propósito fueron salvos? Bien, os diré que debe darse la misma respuesta que a la última pregunta, «*Él* los salvó». Los salvó por amor a su nombre. El texto que hemos citado es una respuesta a las dos grandes preguntas concernientes a la salvación: ¿Quién salvó a los hombres y por qué son salvos? Los salvó por amor de su nombre.

Esta mañana me dedicaré a tratar este tema. Que Dios bendiga su Palabra y haga que sea de utilidad para cada uno de nosotros. Deseo genuinamente que entre los presentes puedan hoy encontrarse aquellos que han de ser salvos «por amor de su nombre». Tratando el texto de forma verbal y esta es la forma en que lo entenderemos mejor se destacan cuatro cosas. Primero, un *Salvador glorioso*. «*Él* los salvó». Segundo, una gente favorecida «Él *los salvó*, tercero, *Una divina razón por la cual los salvó*, «por amor a su nombre». Y por último, en cuarto lugar, una *obstrucción quitada*. Las palabras «Antes yo tendré memoria de mi pacto», implican que había un problema, una obstrucción que quitar.

I. UN GLORIOSO SALVADOR

1. En primer lugar «Él los salvó». ¿A quien se refiere el pronombre Él? Posiblemente muchos de mis oyentes contestarán: «al Señor Jesucristo, que es el Salvador de los hombres». Esta respuesta es del todo orrecta, hermanos; pero no es la verdad completa. El Señor Jesucristo es el Salvador, pero no más que Dios el Padre, o Dios el Espíritu Santo. Hay algunas personas que ignorando el sistema de la verdad divina, piensan que Dios el Padre es un ser lleno de ira, enojo, justicia, pero sin amor. Están convencidas de que el Espíritu Santo es una mera influencia procedente del Padre y el Hijo. Ahora bien, nada puede ser más incorrecto que dichas opiniones. Es verdad que el Hijo me redimió, pero entonces el Padre dio a su Hijo para morir por mí, y Él me escogió en la elección eterna de su gracia. El Padre ha borrado mis pecados; me ha aceptado y adoptado en su familia por medio de Cristo. El Hijo no podía salvarme sin el Padre, y viceversa; y en cuanto al Espíritu Santo, si el Hijo redime, el Espíritu Santo regenera. Él es quien nos hace nuevas criaturas en Cristo, y nos engendra a una esperanza de vida. Es Él quien purifica nuestra alma, que santifica nuestro espíritu, y quien, por último, nos presenta sin mancha ante el Amado. Cuando mencionáis la palabra «Salvador», recordad que en esa palabra está incluida la trinidad el Padre, el Hijo y el

Espíritu Santo siendo este Salvador tres personas bajo un mismo nombre. No podéis ser salvos por el Hijo sin el Padre, y tampoco sin el Espíritu. Pero así como son uno en la creación, también lo son en la salvación; obrando juntos como un Dios, para que a Él sea la gloria eterna. Amén.

2. Pero notad aquí cómo este ser divino dice que la salvación de las almas le pertenece en forma exclusiva. «Antes yo tendré memoria de mi pacto» (Ez. 16:60). Pero Moisés, ¿dónde estás tú? ¿No les salvaste tú? Tu extendiste tu vara sobre el mar y lo dividió al medio. Tú elevaste tu oración al cielo y vinieron las ranas, la plaga de las moscas, el agua que se volvió en sangre, y el granizo que destrozó la tierra de Egipto. ¿No fue Moisés tu salvador? ¿Y tú, Aarón, ofreciste el becerro que Dios aceptó; tú guiaste al pueblo juntamente con Moisés, a través del desierto. ¿No fuiste tú su salvador? Ellos nos contestan: No, nosotros fuimos sólo instrumentos, pero *Él* fue quien les salvó. Dios hizo uso de nosotros, pero a su nombre sea toda la gloria. Pero Israel, tu eres un pueblo fuerte y poderoso; ¿no pudiste salvarte a ti mismo? Tal vez fue por tu propia santidad que se abrió el mar Rojo. Quizás las aguas divididas se estremecieron ante la piedad de los santos que estaban de pie en sus márgenes. Israel, tal vez tú te salvaste a ti mismo. No, no, dice la Palabra de Dios; *Él* les salvó; no se salvaron ellos, ni les redimieron sus compañeros. Aunque parezca mentira, hay quienes disputan sobre este punto, pensando que los hombres pueden salvarse a sí mismos, o que los sacerdotes y los predicadores, pueden ser instrumentos para ayudar a adquirir la salvación. Nosotros creemos que el predicador, con la unción del Espíritu Santo, puede ser el instrumento que llame la atención al pecador, advirtiéndole y exhortándole; pero no le puede salvar, él no es nadie, Dios lo es todo. El más elocuente predicador no es nada aparte de Dios el Espíritu Santo. Ni Pablo, ni Apolos, ni Cefas, son nada. Dios ha dado los medios para la salvación, la cual pertenece solo a Él. A Él debe atribuírsele toda la gloria. Hay algunas personas que vienen aquí y dicen: Yo soy un convertido del Reverendo fulano. Bueno amigo, si usted lo es, no puedo darle mucha esperanza de ir al cielo. Solamente los convertidos de Dios van a ese lugar; no los prosélitos de los hombres, sino los convertidos de Dios. ¡Oh! Convertir un hombre a nuestras creencias es muy poca cosa. Lo importante es ser los medios por los que podemos llevar al incrédulo a convertirse a Dios. Hace bastante tiempo recibí una carta de un buen predicador bautista de Irlanda. Él quería que yo fuese a su país para representar los intereses bautistas, porque allí estaban pasando una mala época y tal vez con mi ayuda la gente pensara aun poco más en su Iglesia. Le contesté que por ese motivo no cruzaría la calle, y mucho menos el Canal Irlandés. No quisiera ir a Irlanda con este propósito, pero si tuviera que ir bajo el poder de Dios, para que se conviertan los irlandeses, iría encantado. Luego confiaría al Espíritu Santo para que les guíe a la denominación que sea más fiel y esté más cerca de la verdad. Hermanos, yo podría hacer de vosotros bautistas, pero creo que no sería lo mejor. Una conversión tal, haría que cometierais pecados más grandes, que fuerais hipócritas y no santos. He visto algunas de estas conversiones en masa. He oído a predicadores partidarios de los avivamientos. Los tales han predicado sermones muy resonantes que hacen que los hombres se postren de rodillas, llorando. «¡Qué predicador tan fabuloso!», ha dicho la gente «¡Ha convertido a tanta gente con su sermón...!» Pero sigamos a "sus" convertidos durante un mes. ¿Dónde están? Algunos en la taberna, otros profiriendo juramentos, haciendo bromas o chistes indecentes, o uniéndose a una pandilla callejera. Esto sucede porque no son convertidos del Señor, sino del predicador. Hermanos, si ha de hacerse la obra, debe ser hecha por Dios. De no ser así, allí no ha pasado nada, por lo menos nada que sea de ningún valor para la eternidad.

3. Algunos de vosotros tal vez me digáis, «Bien, señor, pero los hombres se convierten a sí mismos». Es verdad, también puede suceder, pero entonces, lo que el hombre hace, lo deshace. El que se autoconvierte, ata un nudo que sus propios dedos pueden

Expiación, Justificación, Arrepentimiento, Fe ...

deshacer. Recordad siempre ésto, podréis autoconvertiros una docena de veces, pero en esta clase conversión; «lo que es nacido de la carne, carne es» (Jn. 3:6); y «no puede entrar en el reino de Dios» (Jn. 3:5). Solamente aquel que es «nacido del Espíritu, espíritu es» (Jn. 3:6). Únicamente lo que es espíritu, puede ser reunido en el reino de lo espiritual, y ante el trono del Altísimo. Si cualquier hombre declara que Dios no es el Creador, le llamamos infiel. Si alguien se atrinchera en esta doctrina, lo desaprobamos en el acto. Pero el infiel de la peor clase, es aquel que en vez de poner a Dios fuera del trono de la creación, lo pone fuera del trono de su misericordia. Estas personas dicen que los hombres se autoconvierten, pero bien sabemos que Dios es quien lleva a cabo la obra de gracia. Solamente *«Él»*, el gran Jehová, Padre, Hijo y Espíritu Santo los ha salvado «por amor a su nombre».

Espero haber presentado con toda claridad la verdad relativa al divino y glorioso Salvador.

II. LAS PERSONAS FAVORECIDAS

El Señor las ha salvado. ¿Quiénes son estas personas? Me responderéis: «los del pueblo de Dios. Era la gente más respetable del mundo, hombres y mujeres de oración, llenos de amor, santos, gente que se merecía la gracia de Dios. Han sido salvos por su bondad». Muy bien, es vuestra opinión. Os diré lo que dice Moisés: «Nuestros padres en Egipto no entendieron tus maravillas; no se acordaron de la muchedumbre de tus misericordias, sino que se rebelaron junto al mar, el mar Rojo. Pero el los salvó por amor de su nombre» (Sal. 106:7, 8). Mirad en el versículo 7 y tendréis un resumen de su carácter. En primer lugar, eran necios. «Nuestros padres en Egipto no entendieron tus maravillas». Pero además era gente desagradecida; «no se acordaron de la muchedumbre de tus misericordias». En tercer lugar, eran un pueblo provocador «sino que se revelaron junto al mar, el mar Rojo». Ésta es la gente que la gracia salva; éstos son los hombres y mujeres a quienes el Dios de toda gracia, les toma en su seno y les hace nuevas criaturas.

1. Notad *que eran una gente necia*. No siempre Dios envía su Evangelio a los sabios yo prudentes, sino a los simples:

«Él toma a los simples y les hace saber,
Las maravillas de su inmenso amor».

Querido oyente: no creas que porque eres inculto y apenas sabes leer, nunca serás salvo. La gracia de Dios puede salvarte e iluminarte. Un ministro de Dios cierta vez me contó la historia de un hombre que era conocido en cierto pueblo como «el simplote». Todo el mundo decía que tenía la cabeza llena de estopa. Nadie pensaba que era capaz de entender ni lo más mínimo. Además, había sido un borracho, y un mal hombre. Pero un día vino a oír el Evangelio. El Señor quiso bendecir la Palabra en su alma, de modo que su carácter cambió. Pero lo más maravilloso fue que su fe le hizo despertar sus facultades mentales. De pronto encontró que tenía algo por lo cual vivir, y quiso hacer algo productivo. En primer lugar, empezó a leer la Biblia, para poder leer el nombre de su Salvador. Después de mucho tartamudear y deletrear, al final fue capaz de leer un capítulo entero. Fue entonces cuando, en una reunión de oración, le pidieron que orara. Su oración fue de cinco o seis palabras, y se sentó avergonzado. Sin embargo, orando de manera continua en su casa y con su familia, llegó a orar como el resto de los hermanos. Tenía fluidez al hablar y era profundo de entendimiento, lo cual no se halla con frecuencia en predicadores que ocasionalmente ocupan los púlpitos. Fue maravilloso que la gracia le hiciera desarrollar sus facultades naturales que antes habían sido nulas, dándole un objetivo, y confirmándole devota y firmemente en el Señor.

Amigos ignorantes: ¡no desesperéis! Dios salva a los tales; lo hizo con el pueblo de Israel, no por causa de su sabiduría, sino ignorantes como eran, sin entender el significado de sus milagros. Los salvó «por amor a su nombre».

2. Notemos nuevamente que *era un pueblo muy desagradecido*, pero a pesar de ello, los salvó. Los libró de penurias y de

peligros infinidad de veces, e hizo poderosos milagros en medio de ellos, pero así y todo, se rebelaron. ¡Ah!, éste es un caso como el tuyo, mi querido oyente. Dios te ha librado muchas veces de estar al borde de la tumba; te ha dado una casa y comida día tras día, y te ha provisto de todo aquello que necesitas. Hasta ahora te ha brindado su ayuda, pero ¡qué ingrato has sido! «El buey conoce a su dueño, y el asno el pesebre de su señor; Israel no entiende, mi pueblo no tiene conocimiento» (Is. 1:3). ¡Cuántas personas hay con idénticas características! Y han sido favorecidas por Dios, pero, ¿qué han hecho para Él? Ellos mismos no mantendrían a un caballo que no hiciera nada productivo, ni a un perro que no se apercibiera de la presencia de sus dueños. Dios los ha sostenido día tras día, pero han hecho muchas cosas en contra de Él, y ninguna para Él. El Señor les ha puesto el pan en sus bocas, los ha nutrido y sostenido y les ha dado fuerzas, pero ellos la emplearon para desafiarle, maldecir su nombre y quebrantar el sábado. *Sin embargo, Dios les salvó.* También en la actualidad hay gente de esta clase que es salva. Espero que entre mis oyentes haya alguien ahora que pueda ser salvo por la gracia conquistadora de Dios, y sea hecho un hombre nuevo por el poder del Espíritu Santo. Recordad que en el pueblo de Israel no había nada aceptable, y sobraban razones por las cuales eran dignos de ser echados fuera de la gracia, *sin embargo Él les salvó.*

Observemos nuevamente que *era un pueblo provocador.* «Sino que se revelaron junto al mar, el mar Rojo". ¡Ah, cuánta gente hay en este mundo que provoca a Dios! Si Dios fuera como el hombre, ¿quién de nosotros podía estar vivo aquí esta mañana? Si somos provocados una o dos veces, ya levantamos el puño. Hay algunos hombres cuyo carácter se revoluciona a la primera ofensa. Otros, que son más plácidos, guardan ofensa tras ofensa, hasta que un día dicen, «para todo hay un fin, y yo ya no lo soporto más; o acaba usted o lo paro yo». ¡Ah! Si Dios tuviese ese temperamento, ¿dónde estaríamos nosotros? Él dice: "Porque mis pensamientos no son vuestros pensamientos, ni vuestros caminos mis caminos, dijo Jehová» (Is. 55:8). «Por la misericordia de Jehová no hemos sido consumidos, porque nunca decayeron sus misericordias» (Lm. 3:22). Era un pueblo provocador, pero *«sin embargo les salvó».*

¿Has provocado alguna vez a Dios? Ten ánimo, si te arrepientes, Él ha prometido salvarte. Más aún, esta misma mañana puede darte el arrepentimiento y la remisión de tus pecados, pues Él salva a la gente provocadora «por amor a su nombre». «Oigo a uno de mis oyentes decir: "bien señor, ¿significa esto animar el pecado con una venganza? ¿Es así, señor? ¿Por qué? Porque usted está hablando a los peores de entre los hombres, y está diciendo que pueden ser salvos». Cuando hablo de los peores hombres, ¿me he dirigido a *ti,* o no? Me dirás; «no, yo soy uno de los hombres mejores y más respetables». Bueno, entonces no tengo necesidad de predicar para ti, pues piensas que no necesitas nada. «Los sanos no tienen necesidad de médico, sino los enfermos» (Mt. 9:12).

Esta pobre gente, a la que decís que yo les estoy entusiasmando para que peque, necesita que se le hable. Si queréis os diré «buenos días y os dejaré». Si mantenéis vuestro propio Evangelio, me pregunto cómo podréis encontrar el camino al cielo. No, no me maravillo. Sé que no lo encontraréis, a menos que seáis traídos como pobres pecadores y seáis salvos por amor de su nombre. ¿Por qué decís que yo animo a que se cometa pecado? Lo que hago es animar a los hombres para que lo abandonen. Yo no he dicho que Dios salva a la gente provocadora, y luego les permite que sigan provocándole como antes. Conocéis muy bien el significado de la palabra «salvo», que no significa meramente salvar a la gente y llevarla al cielo. Significa mucho más que eso. Es salvar al hombre de sus pecados y darle un nuevo corazón, un nuevo espíritu, una nueva vida. Significa entonces, convertirlos en hombres nuevos. ¿Resulta licencioso decir que Dios toma a los hombres para hacerlos santos? Yo no lo creo. Solamente deseo que el Señor pudiera tomar a los peores de esta congregación y convertirlos

Expiación, Justificación, Arrepentimiento, Fe ...

en santos del Dios viviente. Entonces no habría tanto libertinaje. Pecador, yo te animo, no en tu pecado, ni en el mío, pero en tu arrepentimiento. Los santos que están en el cielo fueron una vez tan malos como lo eres tú. ¿Eres un hombre borracho, blasfemo, una persona contaminada por toda clase de pecado? Mirad lo que dice 1 de Corintios 6:11:

«Y esto erais algunos; mas ya habéis sido lavados, ya habéis sido santificados, ya habéis sido justificados en el nombre del Señor Jesús, y por el Espíritu de nuestro Dios». ¿Están vuestras ropas ennegrecidas por la suciedad del pecado? Leed en Apocalipsis 7:14: «... y han lavado sus ropas, y las han emblanquecido en la sangre del Cordero». ¿Eran negras sus ropas? Pregúntales. Ellos te dirán: «hemos lavado nuestras ropas y las hemos emblanquecido en la sangre del Cordero». Entonces pecador, si sus ropas eran negras, y a pesar de ello habían sido salvos, ¿por qué no puedes serlo tú?

«¿No son ricas y gratuitas sus misericordias,
Entonces, mi alma, ¿por qué no para ti?
Nuestro Jesús murió en la cruz,
Entonces mi alma, ¿por qué no para ti?»

Cobrad ánimo, pecadores, Dios tendrá misericordia de vosotros. Recordad que Él os salva «por amor de su nombre».

III. LA RAZÓN DE LA SALVACIÓN

Ahora llegamos al tercer punto: «Él los salvó por amor a su nombre». No hay ninguna otra razón por la cual Dios salve a un pecador, sino «por amor a su nombre». No hay nada que pueda acreditar o recomendar a un pecador para la salvación. Es el propio Dios que debe dictar el motivo de por qué los hombres son salvos. Alguien podrá decir: «Dios me salvará porque soy justo y recto». Amigo, Él no lo hará por ese motivo. Otro podrá decir; «a mí me salvará porque tengo mucho talento». *¡Tu talento!* No digas necedades; tu talento no es nada comparado con el del ángel que una vez estuvo frente al trono de Dios y pecó, quien será echado al abismo para siempre. Si Dios salvara a los hombres por su talento, habría salvado a Satanás; pues tenía suficiente talento. En cuanto a la moral y la bondad, no son sino trapos de inmundicia, y Dios nunca te salvará por tus propios méritos. Si Dios esperara cualquier cosa de nuestra parte, ninguno de nosotros podría ser salvo. Hemos de serlo solamente por razones que nos conecten con Él. Bendito sea su nombre, pues Él nos salvó «por amor a su nombre». ¿Qué significa ésto? Pues creo que significa, que el nombre de Dios es su persona, sus atributos, y su naturaleza. Él salva a los hombres por amor a su nombre, a su naturaleza, y a sus atributos, y también por amor a Cristo, quien es el nombre de Dios. ¿Y qué significa ésto? Creo que significa lo siguiente: Él primero los salvó, para que pueda manifestar su naturaleza. Lo mismo hizo cuando ordenó la existencia del sol, de la luna, de las estrellas y desparramó flores multicolores sobre la faz de la tierra. Mostró su amor cuando hizo el aire suave para nuestros cuerpos, y la luz del sol que alegra nuestra vista. Él nos da su calor aún en el invierno, por medio de la ropa y del combustible que ha atesorado en las profundidades de la tierra. Pero Él quiso revelarse aún más a sí mismo. «¿Cómo puedo mostrar a los hombres mi amor infinito hacia ellos? Daré mi único Hijo para morir y salvar aún a los peores de entre ellos, y así manifestaré mi naturaleza». Y de esta manera, Dios lo ha hecho. En el plan de salvación para la raza humana, ha manifestado su poder, su justicia, su amor, su fidelidad y su verdad; en fin, todo su ser. Diciéndolo de otro modo, fue el escenario que eligió Dios para mostrarse al hombre, un escenario para manifestarse al mundo por medio de la salvación.

1. Nuevamente os digo, Dios quiso vindicar su nombre. Algunos dicen que Dios es cruel, y con la mayor malicia le llaman tirano. «Ah», dice Él, «pero yo salvaré al peor de los hombres, y vindicaré mi nombre. Yo borraré el deshonor, y limpiaré la infamia. No podrán volver a llamarme tirano, a menos que sean unos sucios pecadores, porque seré muy misericordioso. Yo quitaré esta mancha y ellos podrán ver que mi gran

nombre es un nombre de amor. Lo haré por amor a mi nombre, es decir, para que toda esta gente ame mi nombre. Sé que si tomo lo mejor de entre los hombres, y los salvo, ellos amarán mi nombre, pero si escojo los peores hombres, la última escoria de la tierra y los hago mis hijos, ¡oh, cuánto me amarán!». Adorarán mi nombre, les parecerá más dulce que la música, será para ellos más precioso que el jaspe de oriente, y lo valorarán como el oro fino. El hombre que más me ama es aquel que tiene más pecados perdonados. Debe mucho y, como consecuencia, ama mucho. Ésta es la razón por la que Dios a menudo selecciona a los peores hombres para hacerlos suyos. Un antiguo escritor dijo: Todas las figuras talladas de los cielos fueron hechas de nudos. El cedro es un árbol lleno de nudos, pero para poder tallarlo y trabajarlo es necesario quitárselos.

Dios escogió a lo peor, para así desplegar su arte y sus habilidades, para hacerse a sí mismo un nombre, como está escrito: «... Y será a Jehová por nombre, por señal eterna que nunca será raída» (Is. 55:13). Ahora, queridos oyentes, de cualquier clase que seáis, he aquí que tengo algo para ofreceros, bien digno de vuestra consideración. Si somos salvos lo somos por amor de Dios, «por amor a su nombre», y no al nuestro.

2. Ahora bien, esta regla pone a todos los hombres a un mismo nivel en lo que se refiere a la salvación. Suponed que al venir a este salón, las reglas fueran que cada uno debería hacer mención de mi nombre como clave para poder entrar. La ley dice que ningún hombre será admitido por su rango o título, sino solamente por el uso de ese nombre. De pronto llega un duque; hace uso del nombre y entra. Luego viene un mendigo todo harapiento, menciona el nombre y también entra, puesto que no hay distinción. Así que, señora mía, si usted viene con toda su moralidad, debe hacer uso de mi nombre. Si llega un prisionero, y hace uso del nombre indicado, las puertas se le abrirán de par en par. Del mismo modo, Dios ha dispuesto que haya salvación para todo aquel que invoca el nombre de Cristo, y ningún otro. Esto hace bajar el orgullo del moralista y del que se cree recto y justo. Nos pone a todos como pecadores culpables a un mismo nivel ante Dios, de quien tenemos que recibir misericordia «por amor a su nombre».

CONCLUSIÓN

Os he detenido durante demasiado tiempo. Permitidme finalizar destacando los obstáculos que han sido quitados, como se demuestra con la expresión «antes bien». Lo haré de una manera interesante, en forma de parábola.

Una vez Misericordia se sentó sobre su trono blanco como la nieve, rodeada de sus tropas de amor. Trajeron a un pecador ante ella, a quien Misericordia decidió salvar. Un heraldo tocó la trompeta, y luego dijo a viva voz, «¡Oh cielos, oh tierra e infiernos, yo os convoco a venir ante el trono de Misericordia, para decir por qué estes pecador no debería ser salvo!» Allí estaba el pecador, temblando de miedo. Sabía que habían multitudes de oponentes, quienes presionarían a Misericordia, y con sus ojos llenos de ira, dirían: «No debe escapar, tiene que perderse para siempre!». La trompeta sonó, y Misericordia se sentó plácidamente en su trono. Fue entonces cuando llegó alguien con una apariencia fiera. Su cabeza estaba cubierta de luz; y habló cono una voz de trueno. De sus ojos salían potentes haces de luz. «¿Quién eres tú?», le preguntó Misericordia. El visitante respondió: «yo soy Ley, la Ley de Dios». «Y ¿qué tienes que decir?» «Tengo que decir», y levantó una tabla de piedra escrita por ambos lados, «que este pecador ha quebrantado estos mandamientos. Mi demanda es la sangre; pues está escrito, "El alma que pecare, ésa morirá"» (Ez. 18:20). Para hacerse justicia, «debe morir». El pobre hombre tiembla, sus rodillas dan la una contra la otra, siente que la médula de sus huesos se derrite dentro de él, como si fuera hielo disuelto por el fuego. El desdichado está lleno de pánico. Cree ver un rayo que cae para fulminarlo. Ve que la luz penetra en su alma, el infierno abre su boca ante su imaginación, y piensa que será echado en él para siempre. Sin embargo, Misericordia sonríe y dice, «Ley, yo te responderé. Este canalla merece morir.

Expiación, Justificación, Arrepentimiento, Fe ...

La justicia demanda que muera, y se lo merece». Y ¡oh!, el pecador tiembla. «Pero hay alguien que ha venido conmigo hoy, mi Rey, mi Señor. Su nombre es Jesús; Él te dirá cómo puede ser pagada la deuda, y quedar el pecador en libertad». Entonces Jesús habla y dice: «¡Oh Misericordia! Yo me ofrezco para hacer lo que él dice. Tómame Ley, ponme en un jardín; hazme sudar gruesas gotas de sangre, castiga mi espalda con un látigo hasta hacerme surcos, luego clávame en una cruz, y cuélgame de ella. Deja que la sangre corra por mis manos y mis pies; dejadme descender a la tumba, permitidme pagar por todos los pecados del pecador; yo moriré en su lugar». La Ley salió fuera y castigó al Salvador clavándolo en una cruz. Volviendo con su rostro radiante de satisfacción, se detuvo ante el trono de Misericordia, y ésta dijo: «Ley, ¿qué tienes que decir ahora?» «Nada, ángel de justicia», dijo él. «¿Ninguno de estos mandamientos está contra él?» «No, ni uno solo de ellos. Jesús, su substituto, los ha cumplido todos. Ha pagado la pena por su desobediencia; y ahora, en lugar de su condenación, yo demando, como una deuda de Justicia, que él sea absuelto». «Ven aquí», dijo Misericordia; siéntate en mi trono, «y juntos tú y yo, haremos otros llamamientos». La trompeta volvió a sonar. «Venid todos los que tengáis algo contra este pecador, y decid por qué no puede irse libre». Llega entonces un personaje que a menudo perturbaba al pecador, uno que tenía una voz tan fuerte como la de la Ley, pero todavía más penetrante y aterradora. «¿Quién eres tú?», preguntó Misericordia. «Yo soy la Conciencia. Este pecador debe ser castigado. Ha hecho tantas cosas contra la ley de Dios, que debe recibir una severa sanción. Yo lo demando, y no le daré reposo hasta que reciba su pena. Aún a partir de ese momento, le seguiré hasta la tumba, y después de la muerte le perseguiré con un remordimiento indecible». «No», dijo Misericordia, «escúchame»; e hizo una pausa durante unos momentos. Luego tomó un hisopo empapado con sangre y roció a Conciencia con la sangre, diciendo: «óyeme, Conciencia, "la sangre de Jesucristo, el Hijo de Dios, nos limpia de todo pecado".

¿Qué tienes que decir ahora?» «No tengo nada que decir, absolutamente nada.
"Cubierto de su injusticia;
Es libre de condenación".
He aquí que no le mortificaré más, seré para él una buena Conciencia, por medio de la sangre del Señor Jesucristo». La trompeta sonó por tercera vez, y gruñendo desde lo más profundo de su ser, con los ojos llenos de odio y una majestad infernal en su mirada, vino un horroroso demonio negro. Se le preguntó: «¿Tienes algo contra este pecador?» «Si», respondió él, «lo tengo. Este hombre hizo una liga con el infierno, y un pacto con la tumba, y aquí está el documento, firmado de su propia mano. Durante una borrachera, le pidió a Dios que destruyera su alma, y juró que nunca más se volvería a Él. ¡Éste es un pacto con el infierno!». «Vamos a echarle una mirada», dijo Misericordia. Mientras le alcanzaban la hoja de papel, el demonio miró al pecador. Le atravesó con su funesta mirada. «¡Ah!, pero», dijo Misericordia, «este hombre no tenía derecho a firmar un documento de propiedad que no le pertenece. Ésta no es su propiedad. El convenio con la muerte queda anulado, y la liga con el infierno rota en pedazos. Vete por tu senda, Satanás». «No», volvió a decir él, «tengo algo más que decir: este hombre fue siempre mi amigo; oía mis insinuaciones, se burlaba del Evangelio y se reía de la Majestad en los cielos. ¿Ha de ser perdonado?, mientras yo me vuelvo a mi cubículo para llevar para siempre la pena de la culpa?» «No», dijo el demonio, gruñendo nuevamente. Misericordia le respondió: «Espera un momento, demonio; estas cosas las hizo en los días en que aún no había sido regenerado, pero esta expresión, "antes bien", las borra por completo. Vete pues, a tu infierno; toma estas acusaciones para darte otro coletazo sobre ti mismo. El pecador será perdonado, ¡pero tú jamás, demonio traidor!». Entonces Misericordia, sonriendo, se volvió al pecador y le dijo: «Pecador, ¡la trompeta debe sonar ahora por última vez!». De nuevo fue tocada y nadie respondió. Entonces el pecador se puso de pie y Misericordia dijo: «Pecador, hazte tú mismo la pregunta. Interroga al cielo, a la tierra y al

infierno, si alguno puede condenarte». El pecador, puesto en pie, dijo con una voz muy fuerte: «¿Quién pronunciará algo contra del escogido de Dios?». Miró hacia el infierno, y allí estaba Satanás, mordiendo los barrotes de hierro de su cubículo, miró sobre la tierra y hubo silencio; y en la majestad de la fe el pecador subió al cielo y allí dijo: «¿Quién tiene algo contra del elegido de Dios? ¿Dios? Y vino la respuesta: «no, Él es el que justifica». «¿Cristo?» «No», dijo una voz suave en un susurro, «Cristo es el que murió». Entonces, el pecador exclamó gozoso: «Quién podrá separarme del amor de Dios que es en Cristo Jesús Señor nuestro?» Y el que una vez había sido condenado, se acercó ahora ante el trono de Misericordia y se postró a sus pies. Juró que en adelante le pertenecería para siempre, si ella lo guardaba hasta el fin, y le pidió que hiciera de él lo que quisiese. Entonces ya no sonó más la trompeta. Los ángeles se regocijaron. El cielo estaba lleno de gozo porque un pecador había sido salvo.

Así, como veis, he dramatizado el tema. Espero haber captado también vuestra atención. «Antes bien» ¡la obstrucción ha sido quitada! Pecador, sean cuales sean tus pecados, no podrán abatir el amor del Salvador, nada lo hará disminuir, sino que permanecerá inalterable por toda la eternidad.

«Ven, alma culpable y libre vuela,
hacia Cristo a que sane tus heridas;
éste es el día de salvación
en que abunda la gracia
ven a Jesús, ven pecador.»

De rodillas, el pecador lloraba una triste confesión. Mira a la cruz y ve al Substituto. Cree y vive para siempre. Los que fuisteis casi unos demonios, los que habéis llegado más lejos con una vida de pecado, oid lo que dice Jesús: «Si tienes necesidad de mí, vuélvete a mí y yo tendré misericordia de ti. El Señor perdona abundantemente».

60. EL GLORIOSO EVANGELIO

«Palabra fiel y digna de ser recibida de todos: que Cristo Jesús vino al mundo para salvar a los pecadores, de los cuales yo soy el primero» (1 Timoteo 1:15).

INTRODUCCIÓN: La sencillez del mensaje del Evangelio

I. EL MENSAJE DEL TEXTO
1. El Salvador.
   a) Cristo el Redentor
2. El pecador.
   a) Dios amó al hombre
   b) La salvación no tiene edad
   c) No hay otro camino de salvación
   d) Reconocimiento del pecado
3. La Salvación.
   a) El hombre va avocado a la perdición
   b) A los que amó, los salvo

II. LA DOBLE RECOMENDACIÓN
1. «Palabra fiel».
   a) La Biblia no miente
   b) Promete el perdón total.
2. «Digna de ser recibida por todos.»

CONCLUSIÓN: Llamado al arrepentimiento.

EL GLORIOSO EVANGELIO

INTRODUCCIÓN

Yo creo que el mensaje anunciado a los hombres por los siervos de Dios, debería ser llamado siempre: «La carga del Señor». Cuando los antiguos profetas aparecían enviados por su Dios, eran tales las sentencias, amenazas y calamidades que tenían que anunciar, que sus rostros palidecían por la tristeza, y sus corazones se deshacían dentro de ellos. Normalmente comenzaban sus discursos proclamando: «La carga del Señor, la carga del Señor». Pero nuestro mensaje no es un mensaje aflictivo. No hay amenazas ni truenos en el tema del ministro del Evangelio. Todo es misericordia y el amor es la suma y substancia; amor inmerecido, amor para el más grande de los pecadores. Pero, pese a ello, es una carga para nosotros. En lo que se refiere a su predicación, es nuestro gozo y delicia hacerlo; pero si hay alguno que sienta lo que yo ahora, reconocerá plenamente cuán difícil es anunciar el Evangelio. La desazón me invade ahora y mi corazón esta turbado, no por lo que he de predicar, sino por como he de hacerlo. ¿Y

Expiación, Justificación, Arrepentimiento, Fe ...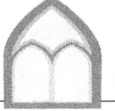

si tan buen mensaje se malograra a causa de tan mal embajador?, ¿y si mis oyentes rechazaran esta palabra fiel y digna de ser recibida de todos debido a mi falta de ardor en su predicación? Ciertamente, ¡el solo pensarlo es suficiente para arrancar lágrimas de los ojos! Quiera Dios en su misericordia evitar un fin tan desastroso, y asistirme en la predicación, para que su Palabra se encomiende a sí misma a la conciencia de cada hombre, y muchos de los que aquí estáis reunidos, que nunca habéis buscado refugio en Jesús, por la sencilla predicación del mensaje divino seáis persuadidos a venir, ver y probar que el Señor es bueno.

Este texto es de los que menos moverían el orgullo del hombre. Es tan simple que quita toda posibilidad de lucimiento. Nuestro yo carnal suele decir: «No puedo predicar sobre este texto, es demasiado claro; no tiene nada de misterio, no podré mostrar mi erudición. Su mensaje es tan sencillo y lógico que casi preferiría no tenerlo que considerar; porque por mucho que ensalce a Cristo, también humilla al hombre». Así pues, no esperéis de mí esta mañana otra cosa que no sea este texto, y explicado lo más simplemente posible.

Tenemos dos conceptos: 1) el mensaje del texto; y 2) una doble recomendación como apéndice del texto: «Palabra fiel y digna de ser recibida de todos».

I. EL MENSAJE DEL TEXTO

Primero, pues, el mensaje del texto: «Cristo Jesús vino al mundo para salvar a los pecadores». Y en esta declaración encontramos tres puntos principales: el Salvador, el pecador y la salvación.

1. El Salvador. Por este punto hemos de empezar al hablar de la religión cristiana. La persona del Salvador es la piedra angular de nuestra esperanza, y en ella reside toda la eficacia de nuestro Evangelio. Si alguien nos predicara a un salvador que fuera un mero hombre, sería indigno de nuestra esperanza, y la salvación así anunciada inadecuada a lo que nosotros necesitamos. Si otro proclamara la salvación por un ángel, nuestros pecados son tan pesados que una salvación angélica habría sido insuficiente y, por tanto, ese evangelio se derrumbaría. De nuevo os repito que toda nuestra salvación descansa en la persona del Salvador. Si Él no fuera poderoso, ni hubiera sido facultado para hacer la obra, lógicamente ésta no nos serviría de nada y fracasaría en su objetivo. Pero, hermanos y amigos, cuando predicamos el Evangelio, podemos hacerlo sin vacilar. Os mostraremos hoy a un Salvador que no tiene igual en cielos y tierra. Tan amante, y grande, tan poderoso y tan justamente apropiado a nuestras necesidades, que es plenamente manifiesta su previsión desde la eternidad para saciar nuestros más profundos deseos. Sabemos que Jesucristo, que vino al mundo para salvar a los pecadores, era Dios, y que mucho antes de bajar a esta pobre tierra fue adorado por los ángeles como el Hijo del Altísimo. Al predicaros al Salvador, queremos que sepáis que, aunque Él era el Hijo del hombre, hueso de nuestro hueso, y carne de nuestra carne, era, además, el Eterno Hijo de Dios, en quien habitaba toda la plenitud de la Divinidad. ¿Qué Salvador podemos desear que sea más grande que el mismo Dios? ¿No tendrá poder para limpiar un alma el que formó los cielos?, ¿no podrá librarla de la destrucción que ha de venir Aquel que al principio extendió las cortinas del firmamento e hizo la tierra para que el hombre la habitara? Cuando os declaramos que Él es Dios, manifestamos su omnipotencia y eternidad; y cuando estas dos cosas se conciertan, ¿qué será imposible? Si Dios emprende una obra, no se malogrará; si acomete una empresa estad seguros de su éxito. Así pues, al anunciaros al Salvador, aquel Jesús hombre y Dios, estamos plenamente seguros de ofreceros algo que es digno de ser recibido de todos.

a) El nombre dado a Cristo nos sugiere algo que afecta a su persona. En nuestro texto se le llama «Cristo Jesús», que declarado es el «Ungido Salvador». Y el Ungido Salvador «vino al mundo para salvar a los pecadores».

Párate, querida alma, y vuelve a leer esto otra vez: Él es el Ungido Salvador. Dios el Padre ungió a Cristo para ser el Salvador de los hombres desde antes de la fundación del mundo y, por lo tanto, cuando contemplo a mi Redentor bajando de los cielos para redimir al hombre de su pecado, sé que ha venido enviado y facultado. La autoridad del Padre respalda su obra. De aquí que haya dos cosas inmutables sobre las que nuestras almas pueden descansar; la persona de Cristo, divina en sí misma, y la unción de lo alto como señal de la misión encomendada por Jehová su Padre. ¡Oh!, pecador, ¿qué Salvador, más grande puedes necesitar que aquel que fue ungido por Dios? ¿Qué más puedes requerir para tu rescate que el eterno Hijo de Dios, y la unción del Padre como ratificación del pacto?

Pese a todo lo dicho, no habremos descrito plenamente la persona del Redentor si no lo consideramos también como hombre que era. Leemos que Él vino al mundo, pero no interpretamos esta venida de la misma manera en que otras veces anteriores nos habla de ella la Escritura. Dice: «Descenderé ahora, y veré si han consumado su obra según el clamor que ha venido hasta mí; y si no, lo sabré». En efecto, Él está siempre aquí. Las salidas de Dios se echan de ver de dos formas en el santuario; tanto en su providencia como en la naturaleza aparecen de un modo visible. ¿No visita Dios la tierra cuando de la tempestad hace su carroza y cabalga sobre las alas del viento? Pero la visitación de que habla nuestro texto es distinta de todas estas. Cristo vino al mundo en la más perfecta y plena identificación con la naturaleza humana. ¡Oh!, pecador, cuando predicamos a un Salvador Divino, quizá el nombre de Dios te sea tan terrible que te cueste trabajo creer que ese Salvador ha sido hecho para ti. Pero oye de nuevo la vieja historia. Aunque Cristo era el Hijo de Dios, dejó su más alto trono en la gloria para venir a humillarse en un pesebre. Helo allí, pequeñito, recién nacido. Vedle crecer, cómo pasa de la niñez a la mocedad, y de la mocedad a la plenitud de la vida. ¡Cómo se presenta ante el mundo para predicar y sufrir! Vedle gemir bajo el yugo de la opresión despreciado y desechado; «¡desfigurado de los hombres su parecer, y su hermosura más que la de los hijos de los hombres!» «¡Contempladle en el huerto sudando gota de sangre!, ¡Vedle en casa de Pilato, con la espalda abierta en sangre!, ¡miradle pendiente del sangriento madero!, ¡vedle morir en agonía tan intensa que la imaginación es incapaz de apreciar y las palabras faltan para describir!, ¡helo ya en la tumba silenciosa! Pero, ¡contempladle al fin, rotos los lazos de la muerte, resucitar al tercer día, y subir luego a los cielos llevando cautiva la cautividad!» Pecador, ahora conoces quién es el Salvador, pues te ha sido claramente manifestado. Aquel Jesús de Nazaret que murió en la cruz llevando su causa escrita sobre su cabeza: «Jesús Nazareno, Rey de los judíos», aquel hombre era el hijo de Dios, el resplandor de la gloria del Padre, y la misma imagen de su substancia «engendrado por Él (engendrado, no hecho), siendo consubstancial al Padre». «El cual siendo en forma de Dios, no estimó el ser igual a Dios, como cosa a que aferrarse, sino que se despojó a sí mismo, tomando forma de siervo, hecho semejante a los hombres; y estando en la condición de hombre, se humilló a sí mismo, haciéndose obediente hasta la muerte, y muerte de cruz». ¡Oh!, si yo pudiera traerle ante vosotros, si yo pudiera mostraros sus manos y su costado, si vosotros, como Tomás, pudierais meter los dedos en la señal de los clavos y vuestra mano en su costado, esto y seguro que no seríais incrédulos, sino fieles. Yo sé bien que si hay algo que pueda hacer creer a los hombres bajo la mano del Santísimo Espíritu de Dios, este algo es una descripción real de la persona de Cristo. Porque en este caso, ver es creer. Una verdadera visión de Cristo, una desnuda mirada hacia Él, ciertamente engendrará fe en el alma. ¡Oh!, sé que si conocieseis a mi Señor, algunos que ahora dudáis, tembláis y teméis, diríais: «Puedo confiar en Él; merece mi fe una persona tan divina y tan humana al mismo tiempo, ordenada y ungida por Dios. Es digna de toda mi confianza. Y aun más, si no tuviese un centenar de almas, todas ellas podrían descansar en Él. Y si yo fuese el culpable de todos los pecados de la humanidad, el colector y vertedero de toda la infamia de este mundo, aun así seguiría confiando en Él porque tal Salvador puede salvar eternamente a los que por Él se allegan a Dios». Ésta es, pues, amados, la persona del Salvador.

2. He aquí el segundo punto, el pecador Si nunca antes de ahora hubiésemos oído este pasaje, o alguno de similar significación creo que el más expectante e intenso silencio reinaría en este local, cuando yo, por vez primera, comenzara a verter el texto en vuestros oídos: «Palabra fiel y digna de ser recibida de todos, que Cristo Jesús vino al mundo para salvar..». ¡Cómo adelantaríais ansiosamente vuestras cabezas, taladraríais mis labios con vuestra mirada, y pondríais las manos como pantalla en vuestros oídos para no perder ni una sílaba del nombre de la persona por quien el Salvador murió. Cada corazón diría: ¿A quién tendría a salvar? Si nunca anteriormente hubiésemos oído este mensaje, ¡cómo palpitarían nuestros corazones ante la posibilidad de que las condiciones exigidas fueran tales que nosotros no pudiéramos alcanzarlas! Pero, ¡Oh!, cuán dulce y consolador es oír aquella palabra que nos habla del carácter de los que Cristo vino a salvar: «Él vino al mundo para salvar a los pecadores».

a) Monarcas y príncipes, sabed que no os ha escogido sólo a vosotros para ser objeto de su amor, pues que también los mendigos y los pobres gustaran su gracia. Vosotros, hombres instruidos, maestros de Israel, sabed que Cristo no dijo que viniera especialmente para salvaros a vosotros, sino que también el iletrado campesino será bien venido a su gracia. Y tú, judío, con todo tu rancio linaje, no serás más justificado que el gentil. Y vosotros también, compatriotas míos, con toda vuestra civilización y libertad, Cristo no dijo que viniera para salvaros a vosotros, Él no os nombró como objeto distinguido de su amor; no, ni tampoco hizo diferencia de vosotros, los que hacéis buenas obras, y os tenéis por santos entre los demás. El único título, tan largo y ancho como la humanidad misma, es simplemente éste: «Jesucristo vino al mundo para salvar a los pecadores». Ahora bien, cuando leemos esto debemos interpretarlo en un sentido general, es decir, que todos aquellos a quienes Jesús vino a salvar son pecadores; mas si alguno tratara de deducir de esta declaración que él es salvo, debemos presentarle la cuestión desde otro punto de vista. Consideremos, pues, el sentido general de la declaración: «Jesucristo vino al mundo para salvar a los pecadores». Aquellos que Cristo vino a salvar son pecadores por naturaleza, nada más y nada menos que pecadores. Yo he dicho frecuentemente que Cristo vino a salvar pecadores conscientes, y así es en realidad; pero estos pecadores no tenían consciencia de su pecado cuando Él vino a ellos, sino que estaban completamente «muertos en delitos y pecados». Es una idea muy extendida la de que nosotros debemos predicar que Cristo murió para salvar a lo que se llama pecadores sensibles. Eso es verdad; pero ellos no eran sensibles cuando Cristo vino a salvarles. Fue Él quien, por el efecto de su muerte, les dio la sensibilidad y el conocimiento del pecado. Aquellos por quienes Él murió se nos describen como pecadores, pura y simplemente como pecadores, sin ningún paliativo que excuse la grandeza de su pecado, ni consideración a los méritos o bondades que pudieran distinguirles del resto de sus semejantes. ¡Pecadores! Esta palabra abarca a todas las clases sin distinción. Hay algunos que parecen tener pocos pecados. Formados religiosamente y educados en la moral, no han caído en lo profundo de la iniquidad, y se contentan con bordear las orillas del vicio no se han hundido en el abismo. Mas Cristo ha muerto también por tal clase de personas, y muchos de estos han sido hechos cercanos para conocerle y amarle. Que no crea nadie que por ser menos pecador que otro hay menos esperanzas de salvación para él. Es verdaderamente chocante la forma de hablar de algunos: «Si yo hubiera sido un blasfemo», dicen «o un difamador, tendría más esperanza; pero como el mundo me considera bueno, a pesar de que yo me reconozco un gran pecador, me cuesta trabajo creer que estoy incluido». ¡Oh!, no hables así. El texto dice: «Pecadores». Y si tú te tienes en esta consideración, tanto si eres de los más grandes como si eres de los más pequeños, estás incluido y la verdad afirma que aquellos que Jesús vino a salvar fueron pecadores antes que otra cosa; así pues, siendo tú, no hay motivo para creer que hayas sido excluido. Cristo murió para salvar a pecadores de la más encontrada condición. Hay personas a las que no nos atreveríamos a describir; sería vergonzoso hablar de las cosas que han llegado a hacer en privado. Han inventado tales vicios que ni el mismo diablo los conocía hasta que ellos mismos se los enseñaron. Ha habido seres tan bestiales, que los mismos perros serían honorables criaturas a su lado. Hemos oído de hombres cuyos crímenes han sido más diabólicos y detestables que cualquier obra atribuida al mismo Satán. Pero a pesar de ello, mi texto no los excluye. ¿No nos hemos encontrado con blasfemos tan profanos que no han podido abrir la boca sin proferir un juramento? La blasfemia, que al principio les pareció algo terrible, ha llegado a serles tan normal que se maldecirían a sí mismos antes de decir una oración, y prorrumpirían en maldiciones antes de cantar alabanzas a Dios; se ha convertido en parte de su comida y bebida, y lo ven tan natural que su misma maldad y perversidad no les impresiona, abundando en ella cada vez más. Se deleitan en conocer la ley de Dios por el mero hecho de poderla quebrantar. Habladles de un nuevo vicio, y les haréis un favor. Son como aquel emperador romano que no podía recibir mejor placer de los zánganos que le rodeaban que el de la invención de un nuevo crimen; hombres que se han sumergido hasta la médula en la infernal laguna estigia del pecador; que, no contentos con manchar sus pies en el fango, han levantado la tapadera de la trampa con la que todos cubrimos nuestra depravación y se han zambullido en la ciénaga, gozándose en la inmundicia de la iniquidad humana. Pero aun estos quedan incluidos en el texto. Muchos de ellos serán lavados con la sangre de Jesús, y hechos partícipes del amor del Salvador.

b) Tampoco hace el texto distinción por la edad de los pecadores. Veo a muchos de los que estáis aquí, cuyos cabellos, si fuesen como su condición, serían de un color muy diferente del que son ahora; os habéis emblanquecido por fuera, pero vuestro interior esta negro por el pecado. Habéis amontonado capa tras capa de delitos, y, ahora, si excavásemos a través de esos depósitos de tantos años, descubriríamos pétreos residuos de los pecados de vuestra juventud, escondidos en lo más profundo de vuestros rocosos corazones. Donde una vez hubo ternura, solo hay sequedad y dureza. Habéis ido muy lejos en el pecado. Y si ahora os convirtieseis, ¿no sería ello una maravilla de la gracia? Porque ¡cuán difícil es enderezar el viejo roble! Lo que ha crecido tan robusto y vigoroso, ¿podrá ser enderezado? ¿Podrá el Gran Labrador recuperarlo? ¿Podrá injertar algo en tan viejo y rugoso tronco para que lleve frutos celestiales? Sí que podrá, porque el texto no menciona la edad para nada, y muchos, en los últimos años de su senectud, han probado el amor de Jesús. Pero, dirá alguno, mis transgresiones no han sido como las de los demás. Yo he pecado contra la luz y el conocimiento. He pisoteado las oraciones de una madre y despreciado las lágrimas de un padre. Los consejos que se me dieron fueron desoídos. Mi lecho de enfermo ha sido la represión de Dios para mí. Mis propósitos han sido tan numerosos como su olvido. Para mis culpas no hay medida. Mis más pequeños delitos son más grandes que las iniquidades más terribles de los hombres, porque yo he pecado contra la luz, contra los remordimientos de conciencia y contra todo lo que debería haberme guiado a ser mejor». Muy bien, amigo mío, pero yo no veo que nada de eso te excluya; el texto no hace distinción alguna, pues solamente dice: «¡Pecadores!». Y si el texto dice eso, no hay limitación de ninguna clase y yo tengo que ofrecerlo con la amplitud con que el mismo se ofrece; incluso para ti hay sitio. Dice: «Cristo Jesús vino al mundo para salvar a los pecadores». Ha habido muchos hombres en tus mismas condiciones que han sido salvados; ¿por qué, pues, no has de serlo tú? Muchos de los más grandes canallas, de los más viles ladrones y de las más viciosas prostitutas, han sido salvados. Pecadores de cien años de edad han sido salvados tenemos casos que os podríamos citar; entonces, ¿por qué tú no podrás? Y si de uno de los ejemplos que Dios nos mues-

tra podemos sacar una norma, y, más aun, teniendo su propia Palabra que nos da testimonio, ¿dónde está el hombre que sea tan impíamente arrogante como para excluirse a sí mismo y cerrarse voluntariamente la puerta de la gracia en su misma cara? No, amados, el texto dice «Pecador»; y si es así, ¿por qué no nos ha de incluir a ti y a mí en su declaración? «Jesucristo vino al mundo para salvar «los pecadores».

c) Pero, como dije antes, y debo volver sobre ello, si hay alguien que intenta hacer una aplicación particular de este texto a su propio caso ha de considerarlo bajo otro punto de vista. No todos los que estáis aquí podéis deducir que Cristo vino a salvaros. Es cierto que Él vino a salvar a pecadores; pero Cristo no salvará a todos, ya que hay muchos que se condenarán indudablemente por rechazarle. Para quienes le desprecian, para los que no se arrepienten, para los que no quieren saber nada de sus caminos ni de su amor, para los que se amparan en su propia justicia, para los que no vienen a Él; para estos, para tales pecadores, no hay promesa de misericordia, porque no hay otro camino de salvación fuera de Él. Despreciad a Cristo, y despreciaréis vuestra propia misericordia. Apartaos de Él, y daréis pruebas de que su sangre no tiene valor alguno para vosotros. Despreciadle, morid en vuestro desprecio, morid sin entregar vuestras almas en sus manos, y habréis dado la más terrible prueba de que la sangre de Cristo, a pesar de ser poderosa, nunca os ha sido aplicada, nunca ha sido derramada sobre vuestros corazones para que borrara vuestros pecados. Así pues, si yo quiero saber si Cristo murió por mí, para creer en Él y considerarme salvo, debo responderme antes esta pregunta: ¿Siento hoy que soy un pecador? ¿Puedo contestar que sí, no como un mero formulismo, sino porque en realidad es mi convicción? ¿Está escrito en lo más profundo de mi alma con grandes caracteres de fuego que yo soy un pecador? Si es así, Cristo murió por mí; estoy incluido en su especial propósito. El pacto de gracia asentó mi nombre en los eternos rollos de la eterna elección; mi nombre está anotado allá, y sin duda alguna seré salvo si, sintiéndome ahora como un perdido pecador, descanso en tan sencilla verdad, creyendo y confiando que ella será el ancla de mi salvación en todo tiempo de dificultad. Acércate, amigo y hermano, ¿no estás preparado para creer en Él? ¿No hay muchos de vosotros capaces de declararse pecadores? Os suplico, seáis quienes seáis, que creáis esta gran verdad digna de ser recibida de todos: Cristo Jesús vino a salvarnos. Yo sé vuestras dudas, conozco vuestros temores, porque ambas cosas las he sufrido en mi carne; y la única manera por la que yo puedo mantener viva mi esperanza es ésta:

«Cada día me acerco a la cruz,
Y creo que en la hora de mi muerte
Sólo habrá esta esperanza que me aliente:
Nada traigo en mis manos a tu luz,
Sólo vengo a abrazarme a tu cruz».

d) Y mi única razón para creer en esta hora que Jesucristo es mi Redentor es que yo sé que soy un pecador. Esto siento y por esto lloro; y cuando yo esté ahogado por la pena, y Satanás me diga que no puedo ser del Señor, sacaré de mis lágrimas la consoladora conclusión de que, puesto que Cristo ha hecho que me sienta perdido, nunca hubiera despertado en mi ese sentimiento si no fuera para salvarme; y si me ha hecho ver que yo pertenezco a la clase numerosa de aquellos que Él vino a salvar, puedo creer, sin lugar a dudas, que Él me salvará. ¡Oh!, ¿podéis vosotros sentir lo mismo, pecadores abatidos, cansados y tristes, almas desilusionadas para quienes el mundo se ha tornado en algo vano y sin sentido? A vosotros, espíritus afligidos, que habéis gozado de todos los placeres y ahora estáis exhaustos por el hastío, o incluso por la enfermedad, que anheláis ser liberados de todo ello; ¡oh!, vosotros que buscáis algo mejor que lo que este frenético mundo jamás os pueda ofrecer, a vosotros os predico el bendito Evangelio del bendito Dios: Jesucristo, el Hijo de Dios, nacido de la virgen María, sufrió bajo el poder de Poncio Pilato, fue crucificado, muerto y sepultado, y resucitó al tercer día para salvaros a vosotros; sí, aun a vosotros, porque Él vino al mundo para salvar a los pecadores.

3. Ahora, muy brevemente, consideraremos el tercer punto: ¿Qué quiere decir salvar a los pecadores? «Cristo vino al mundo para salvar a los pecadores». Hermanos, si queréis contemplar un cuadro que salvo, permitidme que os muestre lo que quiere decir ser lo describa.

a) Considerad un pobre miserable que durante muchos años ha vivido sumido en los más grandes pecados; tanto se ha endurecido, que antes podría el etíope cambiar su piel que el hacer el bien. La borrachera, el vicio y el desenfreno, han echado sobre él sus redes de hierro, convirtiéndole en un ser tan repugnante que es imposible que pueda librarse de su corrompida depravación. ¿Podéis haceros la idea? Vedle cómo corre veloz a su propia destrucción. Desde su infancia a su juventud, desde su juventud hasta su madurez, no ha cesado de pecar, y así se acerca a su último día. La boca del infierno se va ensanchando delante de sus pasos, iluminando su rostro con el terrible fulgor de sus llamas; pero él no se da cuenta, continúa en su impiedad, despreciando a Dios y aborreciendo su propia salvación. Dejémosle allí. Unos cuantos años han pasado, y ahora escuchad otra historia. ¿Veis aquel espíritu de allá, el más insigne de todos los distinguidos, el que más dulcemente canta alabanza a Dios? ¿Veis sus ropas blancas, señal de su pureza? ¿Veis cómo arroja su corona a los pies de Jesús reconociéndole como Señor de todo? ¡Escuchad! ¿No le oís cantar la más dulce canción que jamás embelesara el Paraíso? Deleitaos con su letra:

«De los pecadores yo soy el primero,
Mas, por mí, Cristo murió en el madero».

b) «A que nos amó y nos ha lavado de nuestros pecados con su sangre; a Él sea gloria y magnificencia, imperio y potencia, ahora y en todos los siglos». ¿Y de quién es esa canción que así rivaliza con las melodías de los serafines? De la misma persona que no hace muchos años estaba tan terriblemente depravada, ¡de aquel mismo hombre! Porque ahora ha sido lavado, ha sido santificado, ha sido justificado. Si me preguntáis, pues, que se entiende por salvación, os diré que aquello que cubre la distancia que media entre aquel pobre desperdicio de la humanidad, y aquel espíritu en las alturas cantando alabanzas a Dios. Eso es ser salvo: tener nuestros viejos pensamientos convertidos en otros nuevos; dejar nuestra vieja manera de vivir, y cambiarla por una vida nueva; tener nuestros pecados perdonados, y recibir la justicia imputada; tener paz en la conciencia, paz con los hombres y paz con Dios; el tener ceñidos los lomos con la blanca vestidura de la justificación, y el estar nosotros mismos purificados y limpios. Ser salvo es ser rescatado de la vorágine de perdición, ser alzado hasta el trono del cielo, ser librado de la ira, de la maldición y de las amenazas de un Dios airado, y ser traído a probar y gustar el amor, la complacencia, y el aplauso de Jehová nuestro Padre y Amigo. Y todo como dádiva de Cristo a los pecadores. Cuando predico este sencillo Evangelio, no tengo nada que ver con aquellos que no se llaman a sí mismos pecadores. Si queréis ser canonizados, vindicando vuestra devota y propia perfección, este mensaje que yo anuncio no es para vosotros. Mi Evangelio es para los pecadores; y toda esta salvación, tan grande y sublime, tan inefablemente preciosa y eternamente segura, es proclamada hoy a los parias, a los desechados de la sociedad; en una palabra, a los pecadores.

Así pues, creo haber anunciado la verdad del texto. Y ciertamente nadie podrá tergiversar mis palabras, a menos que lo haga intencionadamente: «Cristo Jesús vino al mundo para salvar a los pecadores».

II. LA DOBLE RECOMENDACIÓN

Y ahora tengo poco que hacer, a pesar de que me queda la parte más difícil: la doble recomendación del texto. Primero es «palabra fiel», recomendación para el que duda. En segundo lugar «digna de ser recibida de todos»; recomendación para el indiferente, y aun para el preocupado.

1. Comenzaremos, pues, por la recomendación dirigida al que duda: «palabra fiel». ¡Oh!, el diablo, tan pronto como halla hombres que están bajo el sonido de la

Expiación, Justificación, Arrepentimiento, Fe ...

Palabra de Dios, se introduce por entre la gente para susurrar a los corazones: «¡No lo creas!», «¡Ríete de eso!», «¡Fuera con ello!». Y cuando descubre una persona para quien el mensaje ha sido destinado persona que se siente pecadora arrecia con doble fuerza en sus ataques, para impedirle de cualquier manera que crea. Yo sé que Satanás te está diciendo, pobre amigo: «No lo creas; es demasiado bueno para ser verdad». Pero déjame que le responda yo con la misma Palabra de Dios: es «palabra fiel». Es buena, y tan cierta como buena. Sería demasiado buena para ser verdad, si Dios no la hubiera dicho; pero puesto que la dijo, no es demasiado buena para ser verdad. Y yo te diré por qué la juzgas así, porque mides el grano de Dios con tu propio almud. Ten a bien recordar que sus pensamientos no son tus pensamientos, ni sus caminos tus caminos; porque como son más altos los cielos que la tierra, así son sus caminos más altos que tus caminos, y sus pensamientos más que tus pensamientos. Tú crees que si un hombre te ofendiera, jamás podrías perdonarle; ¡ah!, amigo, pero Dios no es hombre, Él perdona donde tú eres incapaz de hacerlo, y perdona setenta veces siete donde tú asirías a tu hermano por el cuello. Tú no conoces a Jesús, o de otro modo creerías en Él. Honramos a Dios cuando reconocemos la inmensidad de nuestro pecado; pero si al mismo tiempo que reconocemos esta enormidad la consideramos más grande que su gracia, le estamos deshonrando. La gracia de Di s es más grande que el más grande de nuestros crímenes. El sólo ha hecho una excepción, y el penitente no puede estar incluido en ella. Así pues, yo te ruego que tengas mejor opinión de Dios que la que tienes. Cree en su infinita bondad y virtud; y cuando sepas que ésta es palabra fiel, tengo confianza en que arrojarás a Satanás de tu lado, y no la considerarás demasiado buena para ser verdad. También sé lo que te dirá la próxima vez: «De acuerdo; esa palabra es verdad, pero no para ti. Es cierta para todo el mundo, menos para ti. Sí, ya sé, Cristo murió para salvar a los pecadores, y tú lo eres; pero no estás incluido». Llamad a Satanás mentiroso en su misma cara. No hay otra forma de responderle si no es con este lenguaje directo y claro. Nosotros no creemos en la individualidad de la existencia del diablo como creía Martín Lutero. Cuando el Maligno venía a él, lo trataba de la misma manera que a otros impostores, echándolo a la calle con palabra dura y apropiada. Dile tú también, con la autoridad del mismo Cristo, que es un mentiroso. Jesucristo dice que vino para salvar a los pecadores, y el diablo trata de desmentirle. Virtualmente lo niega cuando dice que no vino para ti, a pesar de que tú te sientes pecador. Llámalo embustero y envíalo a paseo. De todos modos, nunca compares su testimonio con el de Cristo. Jesús te mira hoy desde la cruz del Calvario con esos mismos ojos anegados en lágrimas que lloraron sobre Jerusalén.

a) Él os ve, hermana y hermano mío, y os dice por mi boca: «Yo vine al mundo para salvar a los pecadores». ¡Pecador!, ¿no creerás en su palabra y confiarás tu alma en sus manos? Ojalá digas: «Dulce Señor Jesús, Tú serás mi confianza desde ahora en adelante. Por ti todas mis esperanzas desprecio, y sólo Tú por siempre serás mío». Acércate, pobre tímido, y yo trataré de devolverte la confianza repitiendo una vez más este texto: «Jesucristo vino al mundo para salvar a los pecadores». Es palabra fiel, y no puedo consentir que la rechaces. Alegas que no puedes creerla, pero respóndeme: «¿Crees en la Biblia?» «Sí», dices «cada una de sus palabras». Entonces, ésta es una de ellas: «Jesús vino al mundo para salvar a los pecadores». Si dices que crees en la Biblia, apelo a tu sinceridad, cree en esto también, pues que en ella está. ¿Crees a Cristo? Vamos, respóndeme. ¿Tú crees que miente? ¿Se rebajaría un Dios de verdad hasta el engaño? «No», dices «creo todo cuanto Dios declara». Pues es Él mismo quien dice esto en su propio libro. Cristo murió para salvar a los pecadores. Respóndeme una vez más. ¿No crees en los hechos? ¿No se levantó Cristo de los muertos? ¿No prueba eso que su Evangelio es auténtico? Si, pues, el Evangelio es auténtico, todo cuanto Cristo declara como su Evangelio, ha de ser cierto. Yo apelo a ti que, si crees en su resurrección, creas también que murió por los pecadores, y confíes en esta verdad. Una vez más: ¿Negarás tú el testimonio de todos los santos de cielos y tierra? Pregunta a cada uno de ellos y te responderán que esta palabra es fiel: Él murió para salvar a los pecadores. Yo, como uno de los más pequeños de sus siervos, debo aportar también mi testimonio. Cuando Jesús vino a salvarme, he de decirlo, no encontró nada bueno en mí. Yo sé con plena certeza que no había nada que pudiera recomendarme a Cristo; y si me amó fue porque así le plugo, pues no había en mí nada deseable ni digno de afecto. Lo que soy, lo soy por su gracia: Él lo hizo todo. Sólo un pecador vio en mí, y su propio y soberano amor es la única razón de mi elección. Pregunta a todo el pueblo de Dios, que todos te responderán lo mismo.

b) Quizá digas que eres un gran pecador; pero no eres más que fueron algunos que ahora están en el cielo. Si te crees el más grande de los pecadores que jamás existió, sabe que estás equivocado. El más grande de ellos vivió hace muchos años, y fue al cielo. El texto dice: «De los cuales yo soy el primero». Así puedes ver cómo el más grande ha sido salvado antes que tú; y si el primero ha sido salvado, ¿por qué no has de serlo tú? Imaginaos a todos los pecadores colocados en orden, y contemplad cómo de repente sale uno de la fila gritando: «Abridme paso, abridme paso; tengo que ponerme a la cabeza; yo soy el primero de todos los pecadores; dadme el lugar más ruin, y dejadme ocupar el sitio más despreciable». «No», grita otro «tú no; yo soy más gran pecador que tú». Entonces, el apóstol Pablo se adelanta y dice: «Os reto a todos; a vosotros también, Magdalena y Manasés. A mí me corresponde ocupar el lugar más bajo y ruin. Yo he sido blasfemo, perseguidor e injuriador; mas fui recibido a misericordia para que en mí, el primero, mostrase Dios toda su clemencia». Ahora pues, si Cristo ha salvado al más grande de los pecadores que jamás hubo, ¡oh!, pecador, por grande que puedas ser, no podrás superar al más grande de todos, y Él es poderoso para salvarte. Oye, te suplico por las miríadas de testigos que están alrededor del trono y por los miles que están en la tierra; por Cristo Jesús, el testigo del Calvario; por la sangre del esparcimiento que aún presta su testimonio; por el mismo Dios; por su Palabra fiel, que creas esta palabra: «Jesucristo vino al mundo para salvar a los pecadores».

2. Y ahora, para finalizar, vamos a considerar la recomendación que el texto hace a los indiferentes, y aun a los preocupados. Este texto es digno de toda aceptación para el indiferente. ¡Oh!, hombre que te mofas de estas palabras, he visto un gesto de burla y desprecio en tus labios. No se ha dicho bien esta historia, y por tanto haces escarnio de ella, diciendo en tu corazón: ¿qué me importa a mí todo eso? Si esto es todo cuanto este hombre tiene que decir, me trae sin cuidado el escucharle; y si el Evangelio no es más que esto, el Evangelio no es nada. Amigo, el Evangelio es algo, aunque tú no lo sepas. Es digno de que lo recibas. Lo que yo he predicado, a pesar de ser pobre la forma en que ha sido presentado, es muy digno de tu atención. Podría hablarte el orador más grande de la tierra, pero jamas tendría un tema más sublime que el mío. Si Demóstenes o el mismo Cicerón estuvieran aquí, no podrían hablarte de tema más importante. O si por el contrario fuese un niño el que lo anunciara, no habría que considerar su poca elocuencia, sino la excelencia de lo que anuncia. Amigo, no es tu casa la que esta en peligro, ni tu cuerpo solamente, sino tu alma. Yo te suplico por la eternidad, por sus horribles terrores, por los espantos del infierno, por la tremenda palabra: «Eternidad»; te suplico como amigo, como hermano, como quien te ama y que gustosamente quisiera arrebatarte de las llamas, que no desprecies la misericordia, porque esto es digno de tu más cordial aceptación. ¿Eres sabio? Esto es más digno que toda tu sabiduría. ¿Eres rico? Esto es mejor que toda tu fortuna. ¿Eres famoso? Esto es mejor que toda tu fama. ¿Eres noble? Esto es más digno que toda tu alcurnia y que todo tu rancio abolengo. Lo que yo predico es lo más digno que existe bajo el cielo, porque cuando todo haya fenecido, permanecerá contigo para siempre; estará cerca de ti cuando tengas que quedarte solo. En la hora de la muerte responderá por ti cuando ten-

gas que acudir a la cita de la justicia del tribunal de Dios, y será tu eterna consolación por los siglos de los siglos. Es digno de ser recibido por ti.

Y ahora, ¿estás preocupado?, ¿está tu corazón triste? Quizá te dices: «Yo quisiera ser salvo, pero ¿puedo confiar en este Evangelio?, ¿es lo suficiente recio como para soportarme a mí? Yo soy un pecador cuyas transgresiones sobrepujan todo conocimiento, ¿no se desmoronarán sus pilares como terrones de azúcar bajo el peso de mi pecado? Yo soy el primero de los pecadores, ¿serán sus pórticos lo suficientemente anchos como para que pueda entrar? Mi espíritu está enfermo por el pecado, ¿podrá curarlo esta medicina?» Sí, es digno de ti es útil para tu enfermedad, para tus necesidades; es completamente suficiente para todas tus exigencias. Si yo tuviese que predicar un pseudoevangelio, o un Evangelio incompleto, no podría anunciarlo con vehemencia y celo; pero lo que yo predico «es digno de ser recibido de todos». «Pero señor, si yo he sido un ladrón, un fornicario, un borracho..». «Es digno para ti, porque Él vino para salvar a los pecadores, y tú eres uno de ellos». «Pero señor, si he sido un blasfemo». Tampoco tu quedas excluido; es digno de ser recibido por todos. Pero notad, es digno de toda la aceptación que podáis concederle. Aceptadlo, no solamente en la mente, sino en el corazón; podéis apretarlo contra vuestra alma y considerarlo vuestro todo en todo; podéis alimentaros de él, vivir en él. Y si vivís para él, si sufrís por él, si morís por él, él es digno de todo.

CONCLUSIÓN

Debo dejaros ya marchar, pero mi espíritu siente como si debiera reteneros aquí. Sorprendente cosa es que, cuando vuestro ministro se preocupa por vosotros, haya tantos a los que no os importe lo más mínimo el porvenir de vuestra alma. ¿Qué me va a mí que los hombres se pierdan o se salven? ¿Me va a beneficiar a mí vuestra salvación? Ciertamente no. Pese a todo, mi sufrimiento por muchos de vosotros es más grande que vuestra propia compasión. ¡Oh!, singular endurecimiento del corazón, que el hombre no se preocupe de su propia salvación, que rechace sin pensarlo siquiera la más preciosa verdad. Detente, pecador, hazlo antes de alejarte de tu propia compasión deténte una vez más; quizá sea ésta tu última amonestación, o peor aún, el último aviso que jamás volverás a experimentar. Lo sientes ahora. ¡Oh!, te suplico que no apagues el Espíritu. No salgas de este lugar con el ánimo dispuesto a recorrer el camino de tu casa en despreocupada charla. No salgas de aquí para olvidar la clase de hombre que eres, sino date prisa en llegar a tu hogar, éntrate en tu cuarto, cierra la puerta, cae sobre tu rostro al lado de tu cama, confiesa tu pecado, clama a Jesús, dile que eres un perdido miserable sin su gracia soberana, cuéntale que has oído esta mañana que Él vino al mundo para salvar a los pecadores, y que ante tanto amor, las armas de tu rebelión han sido depuestas y anhelas ser suyo. Y allí, en su presencia, suplícale y dile: «Señor, sálvame o perezco».

El Señor os bendiga a todos por Cristo Jesús. Amén.

61. SALVACIÓN HASTA LO SUMO[8]

«Por lo cual puede también salvar eternamente á los que por él se acercan a Dios, viviendo siempre para interceder por ellos» (Hebreos 7:25).

INTRODUCCIÓN: El tema de la Biblia es la salvación del hombre.

I. ¿QUIÉNES SON LOS QUE HAN DE SER SALVOS?
1. Los salvos son los que se allegan a Dios.
   a) Lo que no es acercarse a Dios
2. Se acercan a Dios por medio de Cristo.
3. ¿Por qué queremos acercarnos a Dios?
4. ¿De que forma acercan estas personas a Dios?

II. ¿HASTA DÓNDE PUEDE SALVAR EL SALVADOR?
1. Cristo salva eternamente.

---

[8] Sermón predicado el 8 de Junio de 1856 en el auditorio de Exeter, Strand (Inglaterra).

2. Salva toda clase de pecado.
3. Los desesperados hayan salvación
4. Unas palabras de consolación

III. ¿POR QUÉ CRISTO «ES PODEROSO PARA SALVAR ETERNAMENTE?»
1. Por el sufrimiento y pasión en la cruz.

CONCLUSIÓN: Llamamiento para allegarnos a Dios.

SALVACIÓN HASTA LO SUMO

INTRODUCCIÓN

La salvación es una doctrina peculiar de la revelación. La Biblia nos ofrece la historia completa de ella, sin que en ningún otro sitio podamos encontrar más indicios. Dios ha escrito muchos libros, pero sólo uno ha tenido como objeto la enseñanza del camino de la misericordia. Ha escrito el gran libro de la creación, cuya lectura es para nosotros un deber y un placer. Es un volumen embellecido en sus cubiertas con brillantes piedras preciosas y con policromados tonos, conteniendo su interior maravillosas páginas, ante las cuales el sabio se extasía por siglos, y encuentra siempre en ellas nuevos termas para sus conjeturas. La naturaleza es la cartilla donde el hombre puede aprender el nombre de su Hacedor. Él ha adornado con bordados, oro y pedrería. Hay doctrinas de verdad en las poderosas estrellas, y lecciones escritas en verdes campos y en el brotar de las flores. Cuando contemplamos la tormenta y la tempestad, leemos en los libros de Dios, porque todas las cosas nos hablan de Él, como si fuera mismo quien hablara; y si nuestros oídos están abiertos podemos oír su voz en el murmullo de cada arroyuelo, en el retumbar de cada trueno, en el resplandor de cada rayo, en el parpadeo de cada estrella, y en los tiernos brotes de las flores. Dios ha escrito el gran libro de la creación para enseñarnos cuán infinito y poderoso es; pero en él no encuentro nada sobre la salvación. Las rocas dicen: «La salvación no está en nosotras»; el viento sopla, pero su ulular no nos habla de salvación; las olas rompen en la playa, pero entre los restos de náufragos que nos traen no encontramos rastro alguno de salvación; las profundas simas de los océanos encierran perlas en sus entrañas, pero no encierran la perla de la gracia; los cielos estrellados son recorridos por meteoros fulgurantes, pero no hay en sus estelas señales de salvación. Nada nos habla de salvación a no ser este libro escrito por la misericordia del Padre, donde veo su bendito amor revelado a la gran familia humana, a la cual se dirige para decirles que están perdidos, pero que Él puede salvarlos, y que al salvarlos, Él es «el justo y el que justifica».

La salvación, pues, tenemos que hallarla en las Escrituras y solamente en ellas; porque en ninguna otra parte podríamos encontrarla. Y puesto que ha de ser hallada en las Escrituras, sostengo que la doctrina principal de la revelación es la salvación. No creo, por lo tanto, que la Biblia me haya sido enviada para enseñarme historia, sino para hablarme de la gracia; tampoco para ofrecerme un sistema filosófico, sino para enseñarme teología; ni mucho menos para educarme en la sabiduría humana, sino en la sabiduría del Espíritu: por consiguiente, es mi firme opinión que toda predicación sobre filosofía y ciencia debe ser apartada del púlpito. Con esto no pretendo poner coto a la libertad de nadie, porque Dios es el único juez de la conciencia del hombre; pero si profesamos ser cristianos, debemos predicar cristianismo; y si nos llamamos ministros de Cristo, perdemos el tiempo tontamente, engañamos a nuestros oyentes e insultamos a Dios, si en lugar de hablar de salvación nos dedicamos a disertar sobre botánica o geología. Todo aquel que no predique siempre el Evangelio, no debiera ser considerado como ministro de Dios.

Lógicamente, pues, es de la salvación de lo que quiero hablaros. Hemos de destacar en nuestro texto varios puntos importantes. En primer lugar, se nos dice quiénes son los que serán salvos: «Los que se allegan a Dios por medio de Cristo»; a continuación, hasta dónde puede salvar el Salvador: «Puede salvar eternamente»; y por último, la razón por la que puede salvar: «Porque vive siempre para interceder por ellos».

Expiación, Justificación, Arrepentimiento, Fe ...

I. ¿QUIÉNES SON LOS QUE HAN DE SER SALVOS?

Primeramente se nos dice quiénes son los que han de ser salvos. Y éstos son «los que se allegan a Dios por Jesucristo». No encontramos aquí ninguna discriminación de secta o denominación. No dice, los bautistas, los independientes, o los episcopales que se acerquen a Dios por Jesucristo, sino simplemente «los que;» por lo que yo entiendo que son todos aquellos, sin distinción de credo, jerarquía o clase, que no hagan otra cosa que acercarse a Cristo. Éstos serán salvos cualquiera que sea su aparente posición ante los hombres o cualquiera que sea la denominación a que pertenezcan.

1. Ahora consideraremos a quién se allegan estas personas. «Se allegan a Dios». Por acercarnos a Dios no debemos entender una mera devoción superficial, ya que esto puede no ser más que una manera solemne de pecar. Qué espléndida confesión encontramos en el Devocionario de la Iglesia Anglicana: «Todos nos hemos apartado y extraviado de tus caminos como ovejas perdidas; hemos hecho lo que no debíamos y dejado de hacer lo que debiéramos; no hay nada bueno en nosotros». No hay en toda la lengua inglesa una declaración más hermosa; y sin embargo, amigos, ¡qué frecuentemente, hasta el más bueno de nosotros, nos hemos burlado de Dios al repetir estas palabras verbalmente, creyendo que hemos cumplido con nuestro deber! ¡Cuántos de vosotros venís a la capilla y, aunque dobláis vuestras rodillas en oración y cantáis himnos de alabanza, debéis confesar vuestra ausencia! Amigos míos, una cosa es ir a la capilla o a la iglesia y otra muy distinta es ir a Dios. Hay muchas personas que pueden orar elocuentemente y que así lo hacen, y quienes han aprendido una forma de orar de memoria o, quizá, emplean expresiones improvisadas de su propia invención, pero que en lugar de ir a Dios, se apartan de Él en todo momento. Persuadíos de que no debéis contentaros con simples formalidades. Habrá muchos condenados que, según ellos, no habrán profanado el domingo; pero que durante toda su vida estuvieron violándolo. Tan posible es quebrantar el domingo en la iglesia, como en el parque; tan fácil en esta solemne asamblea, como en vuestras propias casas. Realmente profanáis el día del Señor cuando os limitáis simplemente a cumplir con la obligación; y una vez cumplida, os volvéis a vuestros hogares muy contentos creyendo que ahí acabó todo (que habéis hecho el trabajo del día) mientras que en ningún momento os habéis acercado a Dios, sino a las ceremonias y ritos externos, lo cual no es, en modo alguno, acercarse a Dios.

a) Permitid que os repita de nuevo que acercarse a Dios no es lo que muchos de vosotros suponéis, es decir: realizar de vez en cuando un acto de devoción y dedicar al mundo la mayor parte de vuestra vida. Creéis que si a veces sois sinceros, alguna vez eleváis al cielo una ferviente súplica, Dios os aceptará; y aunque vuestra vida sea aún mundana y vuestros deseos carnales, suponéis que gracias a esta devoción ocasional Dios se contentará y en su infinita misericordia borrará vuestros pecados. Os digo, pecadores, que es imposible traer a Dios una mitad sin entregarle la otra. Si una persona entra aquí, supongo que habrá traído todo su ser; del mismo modo, si alguno va a Dios no puede llevarle sólo una mitad, negándole la otra. Todo nuestro ser debe ser entregado al servicio de nuestro Hacedor. Debemos acudir a Él con una entrega total, dejando cuanto somos y cuanto podamos ser para estar completamente consagrados a su servicio, o de otro modo nunca habremos ido a Dios como es debido. Me maravillo al ver cuanta gente, en estos días, intenta amar al mundo y a Cristo al mismo tiempo; como dice el proverbio: «Ponen una vela a Dios y otra al diablo». A veces, cuando les conviene ser religiosos, son verdaderamente buenos cristianos; pero dejan de serlo cuando creen que la religión puede ocasionarles algún contratiempo. Os lo prevengo: no os ha de servir de nada tratar de contemporizar de ese modo. «Si Jehová es Dios, seguidle; y si Baal, id en pos de él». Me gustan los hombres íntegros de la clase que sean. Dadme un hombre que sea pecador, que tengo esperanzas para él si veo que reconoce sus vicios y tiene conciencia de su propia condición; pero si me dais uno que sea indiferente, que no sea lo bastante osado para darse al demonio, ni lo bastante sincero para entregarse por entero a Cristo, os digo que desespero de él. Quien quiera pertenecer a ambos, es un caso completamente perdido. ¿Creéis, pecadores, que es posible servir a dos señores, cuando Cristo ha dicho que no? ¿Os imagináis que podéis andar con Dios y con Mammon al mismo tiempo? ¿Podréis dar una mano a Dios y otra al diablo? ¿Suponéis que se os permitirá beber en la copa del Señor y en la de Satanás, a la vez? Os digo que seréis apartados como malditos y miserables hipócritas si acudís a Dios de esta manera. Él quiere que vengáis totalmente; de otra forma, no os recibirá. El hombre, todo él, debe buscar a Dios y derramar toda su alma a Sus pies. No hay otra manera de acercarse a Dios. ¡Oh!, los que claudicáis entre dos pensamientos, recordad lo que os he dicho y temblad.

Me parece oír a alguno que dice: «Bien, díganos pues, qué es acercarse a Dios». A éste le contesto que acercarse a Dios implica dejar algo. El que se acerque a Dios ha de abandonar sus pecados, su propia justicia, sus malas y sus buenas obras; y acudir a Él dejándolo todo. Además, acercarse a Dios presupone que no existe aversión hacia Él; pues nadie se acercará a Dios mientras le odie; al contrario, procurará más bien alejarse de Él. Acercarse a Dios significa sentir amor hacia Él y desear estar a su lado. Pero sobre todo, es orar y tener fe en Él. Esto es acercarse a Dios, y los que así lo hacen se encuentran entre los salvos; sus espíritus anhelantes apresuran sus pasos.

2. Observemos a continuación de qué forma se allegan. «Se allegan a Dios por medio de Cristo». Hemos conocido muchos que dicen que su religión es la naturaleza, y que adoran a Dios en ella; los cuales creen que pueden acercarse a Él prescindiendo de Jesucristo y despreciando su mediación; éstos, en caso de peligro, dirigen sus oraciones a Dios sin fe alguna en el Mediador. ¿Imagináis, acaso, que el Gran Dios, vuestro Creador, va a oíros y salvaros prescindiendo de los méritos de su Hijo? Os aseguro solemnemente en el santísimo nombre de Dios que jamás, desde la caída de Adán, ha sido contestada por Dios el Creador oración alguna para salvación sin la mediación de Jesucristo. Nadie puede ir al Padre si no es por Jesucristo; y si alguno de vosotros niega su divinidad, si vuestras almas no se acercan a Dios por los méritos del Salvador, mi lealtad me obliga a deciros claramente que estáis condenados; porque por muy afables que seáis, no podéis tener razón a menos que creáis en Él. Elevad cuantas oraciones queráis que, a menos que las presentéis en el nombre de Cristo, seréis condenados. No os servirá de nada si las lleváis al trono vosotros mismos. «Vete de aquí, pecador, vete de aquí (dice Dios); nunca te conocí. ¿Por qué no pusiste tus plegarias en las manos del Mediador? Ciertamente hubieran sido respondidas. Pero por presentármelas tu mismo, ¡mira lo que hago con ellas». Y leyendo tus peticiones, las esparcirá a los cuatro vientos del cielo; y tú te marcharas sin ser oído, y sin la salvación. El Padre no salvará a nadie fuera de Cristo; no hay en el cielo ni una sola alma que no haya sido salvada por Jesucristo; no hay siquiera uno que haya ido a Dios directamente, sin pasar por Jesús. Si queréis estar en paz con Dios, debéis acercaros a Él por los méritos de Cristo, porque Él es el camino, la verdad y la vida; presentando siempre su justicia, y solamente la suya.

3. Pero cuando éstos se allegan, ¿por qué lo hacen? Hay algunos que creen venir a Dios, pero no lo hacen movidos por el motivo que debieran. ¡Cuántos estudiantes acuden a Dios suplicando ayuda para sus estudios! ¡Cuántos comerciantes le piden que les resuelva sus problemas! Están acostumbrados, ante cualquier dificultad, a elevar tal modo de oración que, si conocieran su valor, desistirían del intento; porque: «El sacrificio de los impíos es abominación a Jehová». El pobre pecador solo tiene un objetivo al ir a Cristo. Para él, si el mundo le fuese ofrecido, no merecería la pena aceptarlo si tuviese que perder a Cristo. Imaginaos a un hombre sentenciado a muerte, encerrado en la celda de los condenados; tañe la campana; pronto será sacado para morir en la horca. Toma, hombre, te he

Expiación, Justificación, Arrepentimiento, Fe ...

traído un hermoso vestido. ¡Qué! ¿No te alegras? ¡Mira, está recamado de plata! ¿No ves cómo brillan sus piedras preciosas? Un vestido como éste cuesta cientos y cientos de libras; su confección es de la más delicada artesanía. ¡Sonríe despectivamente! Escucha, voy a ofrecerte algo más. Toma el título de propiedad de una gran posesión: vastos terrenos, suntuosas mansiones, parques y bellos jardines. Todo es tuyo. ¡Cómo! ¿Aún no te alegras? Si hubiese dado todas estas cosas a cualquiera que pasara por la calle, aun siendo más rico que tú, habría saltado de alegría. Y ¿no esbozarás siquiera una sonrisa cuando te estoy vistiendo de oro y haciéndote inmensamente rico? Probaré una vez más. Tengo también la púrpura del César para ti; ponla sobre tus hombros; cíñete su corona, que no se asentará en ninguna cabeza que no sea la tuya. Es la corona de los imperios que no conocen fronteras. Te haré rey; en tus dominios jamás se pondrá el sol; reinarás de polo a polo. ¡Levántate! ¡Que te llamen César! Eres emperador. Pero ¡cómo!, ¿aún no sonríes? ¿Qué es lo que quieres, pues? «Aparta de mí esa futilidad (dice quitándose la corona). Rompe esa escritura sin valor. Llévate ese vestido y deja que el viento lo arrastre. Entrega todo esto a los reyes de la tierra; a ellos que tienen vida; porque yo he de morir, y ¿de qué me servirán tus presentes? Tráeme el perdón y no me importará no ser César. Déjame vivir como mendigo, y no morir como príncipe». Éste es el caso del pecador cuando se acerca a Dios. Acude buscando salvación y dice:

«Desdeño las riquezas y el honor,
Vanos son los placeres de este mundo;
Nunca satisfarán mi sed de amor.
Dame a Cristo, Señor, sin Él me hundo».

Sólo pide misericordia. ¡Oh, amigos!; si alguna vez habéis acudido a Dios clamando salvación, y únicamente salvación, habéis pedido lo que Él quiere. Estad seguros que no os defraudará. Si pidiereis pan, ¿os daría piedras? Si así fuera, podríais arrojármelas a mí. Si yo os ofreciera riquezas, poca cosa os ofrecería. Por eso debemos predicar al pecador que viene a Cristo, la dádiva que mendiga, el don de la salvación por Cristo Jesús, Señor nuestro, que puede ser suyo por la fe.

4. Un pensamiento más sobre este acercarse a Cristo. ¿De qué forma se acercan estas personas? Intentaré describiros cómo acuden algunos a la puerta de la misericordia, según su criterio, para pedir la salvación. He aquí el primero: un individuo distinguido que llega en carroza tirada por seis caballos! Observad cuán firmemente conduce. Es un hombre de posición que lleva criados con librea y los caballos ricamente enjaezados. Es inmensamente rico. Llega a la puerta y dice: «Llamad por mí; soy lo suficientemente rico, no obstante, me figuro que nunca estará de más que me asegure. Soy un caballero muy respetable. Tengo en mi haber tantas obras buenas y tantos méritos propios que creo, digo yo, que esta carroza me llevará a través del río de la muerte, dejándome sano y salvo en la otra orilla; pero a pesar de ello es elegante ser religioso; así pues me acercaré a la puerta. ¡Portero!, abre las puertas y déjame entrar. Ten presente que soy una persona honorable». Nunca encontraréis las puertas abiertas para este hombre, porque no se acerca a ellas como debiera. Veamos ahora a otro. Éste no tiene tantos méritos, pero también tiene los suyos. Viene andando pausadamente y grita: «¡Ángel!, ábreme la puerta; he aquí vengo a Cristo, y creo que me gustaría ser salvo; no creo que me hagan falta muchas cosas para salvarme. Siempre he sido un hombre recto, honrado y virtuoso; no me considero muy pecador; tengo prendas propias, pero no me importaría ponerme las de Cristo; no me ofendería por ello. Si es necesario ponerse traje de bodas, puedo traer el mío». Pero las puertas seguirán firmemente cerradas también para éste. Ahora, por último, atended, que se acerca un hombre justo: desde lejos se oyen sus gemidos y suspiros; se acerca llorando y lamentándose; incluso trae una soga al cuello porque cree que merece ser condenado; viene al trono celestial cubierto de andrajos; y al llegar a la puerta de la misericordia, le da miedo llamar. Levanta la vista y ve escrito

en el dintel: «Llamad, y se os abrirá»; pero no se atreve; teme profanar la puerta con el pobre contacto de su mano. Se decide, y llama quedamente; si la puerta no se abriese sería la más desgraciada de las criaturas. Prueba de nuevo una y otra vez; llama, llama y llama sin cesar, pero nadie responde; aún es pecador, y comprende que es indigno de entrar allí; aún así, no desespera y prueba una vez más, hasta que al final aparece el buen ángel sonriente que le dice: «Pasa, que esta puerta ha sido hecha para los mendigos, y no para los príncipes; la puerta del cielo es para que entren los pobres en espíritu, y no para los ricos. Cristo murió por los pecadores, no por quienes son buenos y están sanos; Él vino al mundo para salvar a lo abyecto y humilde».

«No al justo; pecadores
Jesús vino a llamar.
¡Entra, pobre, entra!;
¡tres veces bienvenido!» .

Y los ángeles cantan: «¡Tres veces bienvenido!». ¿Cuántos de vosotros, queridos amigos, habéis venido a Dios por Jesucristo de esta manera? No con la pompa orgullosa del fariseo ni con la hipocresía del bueno que cree merecer la salvación, sino con el sincero lamento del penitente; con el ardiente deseo del alma sedienta por las aguas vivas; bramando como el ciervo que en el desierto busca las corrientes de las aguas; deseando a Cristo como los que esperan la mañana; más que los que esperan la mañana. Tan cierto como que mi Dios está sentado en los cielos, si no os habéis acercado a Él de esta forma, en manera alguna os habréis acercado; pero si así lo habéis hecho, he aquí para vosotros su maravillosa palabra puede salvar eternamente a los que por Él se allegan a Dios.

II. ¿HASTA DÓNDE PUEDE SALVAR EL SALVADOR?

Ya que hemos considerado nuestro primer punto, el ir a Dios, veremos en segundo lugar: ¿Hasta dónde puede salvar el salvador? Esta pregunta es tan importante que de su respuesta depende la vida o la muerte; se trata del poder de Cristo. ¿Hasta qué punto puede llegar la salvación? ¿Cuáles son sus confines y términos? Si Cristo es el Salvador, ¿hasta dónde puede salvar? Si Él es médico, ¿hasta dónde llegan sus conocimientos para curar las enfermedades? ¡Cuán excelente respuesta nos da el texto! «Él puede salvar eternamente». Ahora bien, puedo afirmar con certeza, y ninguno de los que estáis aquí podéis negarlo, que no hay nadie que sepa hasta qué punto alcanza la eternidad. David dijo: «Si tomare las alas del alba, y habitare en el extremo de la mar, aún allí me guiará tu mano». Pero, ¿quién sabe dónde está el extremo? Pedid restadas alas de ángeles y volad lejos, muy lejos, más allá de la estrella más lejana; id donde nunca ha llegado el batir de las alas, donde el reposado éter está tan tranquilo y sereno como el mismo seno de Dios, y no habréis llegado aún hasta el confín de lo eterno. Aun más; cabalgad en los rayos de la aurora y seguid vuestro viaje más allá de los términos de la creación, donde el espacio se acaba y el caos tiene su Reino, que aún así no habréis llegado a la eternidad: está más allá del alcance de la razón o del pensamiento. Sin embargo, nuestro texto nos dice que Cristo «puede salvar eternamente».

1. Pecador, a ti me dirigiré primero, y después a los santos de Dios. Has oído que Cristo «puede salvar eternamente»; por lo cual, debemos entender que lo sumo del pecado, su mayor intensidad, no escapa al poder del Salvador. ¿Hay alguien que pueda decirnos hasta qué grado, hasta qué límite puede llegar el pecado del hombre? Muchos de nosotros creemos que Palmer ha llegado casi al límite concebible de la depravación humana; que ningún corazón podría ser tan perverso como el que proyectó un asesinato tan premeditado y estudió un crimen tan alevoso. Pero yo creo que aún puede haber hombres peores que él, y del mismo modo creo que si se le hubiese perdonado la vida y puesto en libertad, podría superarse a sí mismo en su maldad. Y es más, suponiendo que cometiera otro asesinato, y después otro y muchos más, ¿habría llegado hasta el límite? ¿No es posible que el hombre rebase su propia medida? Durante toda su vida, podrá ser cada día peor. Mas nuestro texto dice que Cristo «puede salvar eterna-

mente», es decir hasta lo sumo. Quizás alguien se ha arrastrado hasta aquí creyéndose el más aborrecible de todos los seres, la más perdida de todas las criaturas. «He llegado hasta el límite del pecado», dirá, «nadie podría aventajarme en depravación». Amigo, suponiendo que hayas llegado al límite, recuerda que aun así no habrás ido más lejos de lo que la divina misericordia puede lograr, porque: «Él puede salvar eternamente»; puedes avanzar un poco más aún, que tampoco habrás llegado al extremo. Por mucho que puedas apartarte, aunque hayas logrado llegar a las mismísimas regiones árticas del vicio, donde el sol de la gracia parece apenas llegar con sus oblicuos rayos, allá puede alcanzarte la luz de la salvación. Si yo viera a un pecador vacilante en su camino hacia el infierno, no le abandonaría aunque hubiese llegado hasta el último peldaño de la iniquidad. Aunque su pie colgara tembloroso sobre el mismo borde de la perdición, no dejaría de orar por él; y aunque, en su pobre embriaguez de maldad, se acercara tambaleándose hasta que uno de sus pies estuviera sobre el mismo averno, y en un segundo pudiera perecer, no desesperaría de él. Mientras el abismo no lo hubiese atrapado en sus fauces, yo creería que la gracia divina podría salvarlo. ¡Mirad! Está al mismo borde de la sima. En un momento caerá; pero antes que esto ocurra, la libre gracia ordena: «¡Sujetad a ese hombre!». La misericordia desciende, le pone sus anchas alas y lo salva, llevándolo como trofeo del amor redentor. Si en esta reunión hubiera algún paria de la sociedad, el más vil de lo vil, la escoria, el desecho de este pobre mundo, ¡oh, tú, el más grande de los pecadores!, Cristo «puede salvar eternamente». ¡Pregonad el mensaje por doquier, en buhardillas, en cuevas, en antros de perdición, en todo cubil de pecado!; ¡anunciadlo por todas partes! «¡Eternamente!». ¡Hasta lo sumo! «¡Él puede salvar eternamente!»

2. Aun más: No solo hasta el límite del delito, sino hasta lo sumo del rechazo. Os explicaré lo que quiero decir con esto. Muchos de vosotros habéis escuchado el Evangelio desde vuestra juventud. Sé de varios que están aquí, que como yo fueron hijos de padres piadosos, y sobre cuyas frentes infantiles continuamente cayeron las más puras gotas del cielo en las lágrimas de su madre; hay muchos aquí que fuisteis criados por alguien cuyas rodillas siempre se doblaron para orar por vosotros. Ella nunca se marchó a la cama sin haber orado antes por ti, su primogénito. Tu madre tal vez se ha ido al cielo y todas sus oraciones están aún sin responder. A veces lloras. Recuerdas muy bien cómo cogió tus manos y te dijo: «¡Ah!, Juan, destrozarás mi corazón con tu pecado si continúas por esos caminos de perdición; ¡Oh!, si supieras cómo suspira el corazón de tu madre por tu salvación, ciertamente tu alma se ablandaría y te allegarías a Cristo». ¿Recordáis aquel momento? Gruesas gotas de sudor perlaron vuestra frente, y dijisteis (porque no podíais romper su corazón): «Madre, lo tendré en cuenta»; pero no lo hicisteis; encontrasteis a vuestros amigos y todo se acabó; os sacudisteis de encima la reconvención materna; como la delgada tela de araña soplada por el fuerte viento del norte, no quedó ni rastro de ella. Desde aquel día muchas veces habéis venido a oír al pastor. No hace mucho tiempo que oísteis un poderoso sermón; el predicador habló tan realmente como si hubiese regresado de la tumba; con tanta veracidad, como si él mismo hubiera sido un espíritu que volviera del Reino de la desesperación, mostrándoos su propio horrible destino y avisándoos de ello. Recordáis cómo rodaron las lágrimas por vuestras mejillas mientras os hablaba del pecado, la justicia y el juicio que ha de venir; recordáis cómo os predicó a Jesús y la salvación por su cruz, y cómo os levantasteis de vuestros asientos diciendo: «Si Dios me concede otro día de vida, me volveré a Él con todo mi corazón». Pero, ahí estás, sin convertirte, quizás peor que antes. El ángel sabe dónde has pasado esta tarde del domingo, y el espíritu de tu madre también lo sabe, y si ella pudiese llorar, lo haría sobre ti que has menospreciado el día del Señor y pisoteado su santa Palabra. Pero, esta noche, ¿no sientes en tu corazón el tierno impulso del Espíritu Santo? ¿No oyes una voz que te dice: «¡Pecador!, ven a Cristo ahora? ¿Acaso no oyes la conciencia que te

susurra al oído, que te dice tus pasadas transgresiones? ¿No oyes el dulce canto del ángel que te invita diciendo: Ven a Jesús, ven a Jesús; Él quiere salvarte todavía?» Ten por cierto, pecador, que aunque hayas rechazado a Cristo hasta lo sumo, incluso así te puede salvar. Has pisoteado miles de oraciones; has desaprovechado centenares de sermones y has desperdiciado miles de domingos; has rechazado a Cristo, has despreciado su Espíritu; pero, pese a todo, Él no cesa de llamarte: ¡Vuelve, vuelve!, Cristo puede «salvar eternamente» si vienes a Dios por Él.

3. Hay otro aspecto que atrae particularmente mi atención esta noche. Es el del hombre que ha llegado al extremo de la desesperación. Hay personas en este mundo, pobres criaturas, que se han empedernido a causa de una vida de delitos; y cuando al fin han sido despertados por los remordimientos y el aguijón de la conciencia, ha habido un espíritu maligno que, cobijándolos bajo sus alas, les ha dicho que es imposible para los que son como ellos encontrar la salvación. Sabemos de algunos que han ido tan lejos que creen que aún los demonios podrían ser salvos antes que ellos. Se han tenido por perdidos y han firmado su propia sentencia de muerte; y en tal estado de ánimo, han tratado incluso de poner fin a su desdichada vida. La desesperación ha llevado a muchos hombres a una muerte prematura, ha afilado muchos cuchillos y ha preparado muchas copas de veneno. ¿Hay algún desesperado aquí? Lo conozco por su cara sombría y su mirada abatida. Desearía estar muerto, porque cree que la realidad del infierno no sería tan mala como el tormento de estar aquí. ¡Alma desesperada!, ten esperanza aún, porque Cristo «es poderoso para salvar eternamente», y aunque hayas sido encerrado en la mazmorra más profunda del castillo de la desesperación, aunque puerta tras puerta se cierre tras de ti, y el hierro de la reja de tu ventana te haga desistir de limarla y la altura de los muros de tu encierro sea tan enorme que no tengas esperanza de escapar, sabe que hay Uno a la puerta que puede romper todos los cerrojos y saltar todas las cerraduras; hay Uno que puede sacarte fuera al aire libre de Dios y salvarte, porque, por mal que se pongan las cosas para ti, «Él es poderoso para salvarte eternamente».

4. Y ahora, una palabra para los santos, para consolarlos; porque este texto es suyo también. ¡Amado hermano en el Evangelio!, Cristo puede salvarte eternamente. ¿Has caído muy bajo por la aflicción? ¿Has perdido casa y hogar, amigos y fortuna? Aun así, recuerda que no has llegado hasta el límite. Por muy mal que estés podrías estar peor. Y suponiendo que llegaras a no tener ni un harapo con que cubrirte, ni un mendrugo de pan que comer, ni una gota de agua, aún podría salvarte, porque «Él es poderoso para salvar eternamente».

Lo mismo pasa con la tentación. Si fuese asaltado por la más violenta tentación con que jamás persona alguna haya sido probada, Él puede salvarte. Y si hubieses caído en tal trance que el pie de Satanás pisara tu cuello, y el malvado dijera: «Ahora acabaré contigo», aún entonces podría Dios salvarte. Y si vivieras por muchos años con los peores achaques hasta caminar apoyado en un bastón, arrastrando vacilante tu pesada vida, y así sobrevivir a Matusalén, no vivirías más allá de la eternidad, y entonces Él podría salvarte. No solo eso, sino que cuando tu barca sea botada por la muerte en el desconocido mar de la eternidad, Él estará contigo; y aunque te cubran densos vapores de tenebrosa oscuridad y no puedas leer en el incierto futuro, aún cuando tus pensamientos te digan que serás destruido, Dios «podrá salvarte eternamente».

Así, pues, amigos, si Cristo puede salvar a los cristianos eternamente ¿creéis acaso que permitirá que alguno de ellos perezca? Esté donde esté y vaya donde vaya, espero poder elevar siempre mi más firme protesta contra la más perversa de las doctrinas: la de que los santos pueden apostatar y perderse. Hay ministros que predican que una persona puede ser un hijo de Dios (ahora, ¡ángeles!, no oigáis lo que voy a decir; oídme vosotros, los que estáis abajo en el infierno, que os puede interesar), que un hombre puede ser hijo de Dios hoy e hijo del demonio mañana; que Dios puede absolver

Expiación, Justificación, Arrepentimiento, Fe ...

a un hombre y más tarde condenarlo, salvarlo por gracia y luego dejarlo perecer; que puede permitir que una persona sea arrebatada de la mano de Cristo, aunque Él haya dicho que tal cosa jamás ocurrirá. ¿Cómo podéis explicaros esto? Si tal cosa sucediera no sería por falta de poder, sino de amor; y, ¿osaríais acusarle de ello? Dios está lleno de amor; y puesto que también es todopoderoso, nunca permitirá que ninguno de su pueblo perezca. La verdad es, y lo será siempre, que Él salvará eternamente.

III. ¿POR QUÉ CRISTO «ES PODEROSO PARA SALVAR ETERNAMENTE»?

1. Ahora, y por último, consideraremos: ¿Por qué Cristo «es poderoso para salvar eternamente?» La respuesta es ésta: «Porque Él vive siempre para interceder por ellos». Esto implica que murió, lo cual es, en verdad, la maravillosa fuente de su poder salvador. ¡Cuán dulce es meditar en la grande y admirable obra que Cristo ha hecho, por la que ha llegado a ser «el Pontífice de nuestra profesión», poderoso para salvarnos! Es consolador volver la vista al Calvario, y contemplar sobre el árbol de la cruz aquella figura agonizante, maravillosamente dulce, atisbar con los ojos del amor por entre aquellos apretados olivos, y oír los lamentos del Hombre que suda gruesas gotas de sangre. Pecador, si preguntas cómo Cristo puede salvarte, te diré que puede hacerlo porque no se salvó a sí mismo; Él puede salvarte porque llevó tus pecados y sufrió tu castigo. No hay otro camino de salvación que no sea el de la satisfacción de la justicia divina. O debe morir el pecador, u otro en su lugar. Oye bien, pecador, Cristo puede salvarte, porque si vienes a Dios por Él, entonces murió por ti. Tenemos una deuda para con Dios, y Él nunca la perdona: debe ser pagada. Cristo la pagó por nosotros, el pobre pecador queda en paz.

En este texto se nos da también otra razón por la que Él puede salvar: No solo porque murió, sino porque vive para interceder por nosotros. Aquel Hombre que una vez murió en la cruz está vivo; aquel Jesús que fue sepultado en la tumba vive; y os diré qué es lo que está haciendo ahora. ¡Escuchad, si tenéis oídos! ¿No le has oído, pobre penitente pecador? ¿No oíste su voz, más dulce que el sonido del arpa? ¿No has oído una voz embelesadora? ¡Escucha!, ¿qué es lo que ha dicho? «¡Oh Padre mío, perdona a... (di tu nombre) ¡Oh, Padre mío, perdónale; no sabía lo que hacía. Es cierto que pecó contra la luz, el saber y las amonestaciones; es verdad que pecó obstinada y miserablemente; pero Padre, ¡perdónale!». Penitente, si puedes escuchar, lo oirás rogando por ti. Y es por esto que puede salvar.

CONCLUSIÓN

Y para finalizar, permitidme una amonestación y una pregunta. Recordad que la misericordia de Dios tiene un límite. Hemos visto por las Escrituras que «Él puede salvar eternamente», pero existe un límite a este propósito de salvación. Si leemos la Biblia correctamente, encontraremos en ella un pecado que jamás tendrá perdón. Es el pecado contra el Espíritu Santo. Tiembla, impenitente pecador, no sea que lo cometas. Este pecado no presenta las mismas características en cada persona; pero en la mayor parte de ellas consiste en sofocar su propio convencimiento de culpabilidad. Temblad, amigos que me oís, no sea que este sermón sea el último que oigáis. Marchaos y burlaos del predicador, si queréis; pero no olvidéis esta amonestación. Pudiera ser que la próxima vez que os riáis de un sermón, os burléis del predicador, o menospreciéis un texto, en el mismo momento que profiráis la blasfemia, Dios diga: «Se ha dado a los ídolos, dejadle solo; mi Espíritu nunca más disputará con ese hombre; nunca más le hablaré». Ésta es la amonestación.

Y con esta pregunta acabo. Cristo ha hecho tanto por ti, ¿qué has hecho tú por Él? ¡Pobre pecador!, si sabes que Cristo murió por ti (yo sé que lo hizo si te arrepintieses), y si tu supieras que un día puedes ser suyo, ¿le escupirías ahora? ¿Te burlarías del día del Señor si supieras que puede llegar a ser tu día? ¿Despreciarías a Cristo si supieras que te ama ahora, y que te manifestará su amor un día? Muchos os aborreceréis a vosotros mismos cuando conozcáis a Cristo, porque no lo tratasteis mejor. Él vendrá a vosotros una de estas claras madrugadas, y os dirá: «Pobre pecador, yo te perdono»; levantaréis los ojos a Él, y diréis: «¿Qué? ¿Perdonarme a mí, el Señor, al que acostumbro maldecir, y me burlo de los suyos y desprecio todo cuanto tiene que ver con la religión...? ¿Perdonarme?». Sí, dice Cristo: «Dame la mano; yo te amaba cuando tú me odiabas. ¡Ven conmigo!». Estoy seguro, nada romperá tanto vuestro corazón como el conocer el modo en que pecasteis contra Aquel que tanto os amó.

¡Oh!, amados, oíd el texto otra vez: «Él puede salvar eternamente a los que por Él se allegan a Dios». No soy orador ni tengo elocuencia; pero si fuera lo uno y tuviera la otra, os predicaría con toda mi alma. Ahora, todo lo que puedo hacer es deciros lo que sé; sólo puedo deciros otra vez:

«Él puede, Él quiere,
no vuelvas a dudar.
El libre amor de Dios nos glorifica;
Venid, sedientos a la Gran Bondad.
su gracia, que Él nos da,
a Él nos acerca;
Creed y arrepentíros de verdad.
Sin nada de vosotros,
Venid a Jesús, venid y comprado».

Porque «Él puede salvar eternamente a los que por Él se allegan a Dios». ¡Oh, Señor, haz que los pecadores vengan! ¡Espíritu de Dios, hazlos venir! ¡Fuérzalos a venir a Cristo por tu dulce coacción, y no permitas que nuestra palabra sea vana o nuestro trabajo perdido! ¡Por amor de Jesucristo! Amén.

62. UN SERMÓN SENCILLO PARA LAS ALMAS QUE BUSCAN[9]

«Todo aquel que invocare el nombre del Señor, será salvo» (Romanos 10:13).

INTRODUCCIÓN: Cómo pueden ser salvos los hombres.

I. LA EXPLICACIÓN
1. La palabra invocar o adorar.

---

[9] Sermón predicado en 1857 en La Cámara de Música, Royal Surrey Gardens (Inglaterra).

2. La palabra invocar o confiar.
3. La palabra invocar o profesar el nombre de Jesús.

II. LA REFUTACIÓN
1. La necesidad de mediar un sacerdote para la salvación.
   a) Los creyentes son sacerdotes
2. Nuestras visiones pueden confundirnos.
3. Los propios sentimientos nos engañan.
4. La cultura no nos hace salvos.

III. LA EXHORTACIÓN
1. Todo el que invoque el perdón, es elegido.
2. El que invoca el nombre del Señor es redimido.

CONCLUSIÓN: Cristo ha preparado casa y coronas para los que creen

UN SERMÓN SENCILLO PARA LAS ALMAS QUE BUSCAN

INTRODUCCIÓN

Un eminente teólogo ha dicho que muchos de nosotros, cuando predicamos la Palabra, damos por sentado que nuestros oyentes poseen un gran conocimiento de ella. «Muy a menudo», dice este teólogo, «hay en la congregación personas que no están familiarizadas en absoluto con la gran ciencia de la teología. Desconocen por completo la totalidad del sistema de gracia y salvación». Así pues, conviene que el predicador se dirija de vez en cuando a sus oyentes, como si su mensaje les fuera totalmente desconocido, y se lo exponga como algo nuevo, explicándolo como si su auditorio lo ignorara. «Porque», dice este buen hombre, «es mejor suponer muy poco conocimiento, y explicar lo que se desea con claridad, aun para la más pobre inteligencia, que suponer demasiado y dejar que el indocto se vaya sin haber comprendido nada».

Ahora bien, creo que esta mañana no erraré sobre este particular, porque asumiré que al menos algunos de mi congregación desconocen totalmente el gran plan de salvación. Y estoy seguro que vosotros, los que lo conocéis bien y habéis experimentado su

Expiación, Justificación, Arrepentimiento, Fe ...

valor, seréis indulgentes conmigo, mientras intento, con las palabras más sencillas que pudieran pronunciar labios humanos, narrar la historia de cómo se pierden los hombres y de como son salvos invocando el Nombre del Señor, según las palabras del texto.

Demos, pues, comienzo por el principio. Y digamos a nuestros oyentes en primer lugar que, puesto que nuestro texto habla de la salvación de los hombres, ello implica que necesitan ser salvados, ya que si los hombres hubieran continuado siendo igual que cuando Dios los creó no hubieran necesitado la salvación. Adán no necesitaba salvación en el Paraíso; era perfecto, puro, limpio, santo y acepto ante Dios. Él era nuestro representante, representaba a toda la raza humana, y cuando cogió la fruta prohibida y comió del árbol del cual Dios había dicho «No comeréis de él, ni le tocaréis, para que no muráis pecando así contra Dios, tuvo necesidad de un Salvador; y nosotros –su descendencia–, debido a su pecado, necesitamos también de un Salvador. No obstante, nosotros, los que vivimos hoy, no debemos culpar a Adán; ningún hombre hasta ahora ha sido castigado solamente por el pecado de Adán. Los niños que mueren en su infancia, son, sin lugar a dudas, salvados por gracia soberana, por medio de la redención que es en Cristo Jesús. Cuando sus ojos se cierran al mundo, habiendo sido inocentes de todo pecado, los abren al punto en la bienaventuranza del cielo. Pero ni vosotros ni yo somos niños. No necesitamos hablar en estos momentos del pecado de Adán. Hemos de dar cuenta de los nuestros, y Dios sabe que son bastantes. La Santa Escritura nos dice que todos hemos pecado y estamos destituidos de la gloria de Dios, y la conciencia da testimonio de la misma verdad. Todos hemos quebrantado los grandes mandamientos de Dios, y a consecuencia de ello, el Dios justo se limita en justicia a castigarnos por los pecados que hemos cometido. Ahora bien, hermanos míos, al hecho de que hayamos quebrantado la ley divina y de que nos hallemos por ello bajo la ira de Dios, debemos la necesidad de misericordia. Por consiguiente, cada uno de nosotros, si hemos de ser felices, si hemos de morar por siempre con Dios en el cielo, tenemos que ser salvados.

Pero existe gran confusión en las mentes de los hombres acerca de lo que significa ser salvo. Así pues, permitidme que os diga que salvación quiere decir dos cosas. En primer lugar, significa nuestra liberación del castigo por los pecados cometidos; y, además, significa la liberación de la costumbre de pecar, de tal manera que en lo sucesivo no viviremos como antes hemos vivido. Dios salva a los hombres de dos formas: encuentra al pecador quebrantando su ley, y dice: «Te perdono, no te castigaré. He castigado a Cristo en tu lugar; serás salvo». Pero esto es solo la mitad de la obra. Dice a continuación: «Hombre, no dejaré que continúes pecando como solías hacer. Te daré un corazón nuevo que vencerá tus malas costumbres. De suerte que tú, que has sido esclavo del pecado, serás libre para servirme. Aléjate de él; no volverás a servir a tu oscuro amo; debes dejar, pues, ese demonio. Te haré mi hijo, mi siervo». Tú respondes: «No puedo hacer tal cosa». «Ven, te daré la gracia para llevarlo a cabo; te daré gracia para dejar la embriaguez, gracia para que renuncies a tus blasfemias, gracia para que dejes de profanar el domingo; te daré gracia para seguir la senda de mis mandamientos y descubrir que es un camino delicioso.» La salvación, pues, consiste en dos cosas: La liberación por un lado, del hábito de vivir en enemistad con Dios, y por otro, del castigo anejo a la transgresión.

El gran tema de esta mañana, sobre el cual trataré de expresarme en un lenguaje sencillo (no emprendiendo vuelos de oratoria de ninguna clase), trata de cómo pueden ser salvos los hombres. Éste es el gran interrogante. Recordemos, pues, qué significa ser salvos: significa ser hechos cristianos, tener pensamientos nuevos, nuevas mentes, nuevos corazones; y también poseer un nuevo hogar en eterna bienaventuranza a la diestra de Dios. ¿Cómo pueden ser salvos los hombres? ¿Qué es necesario que yo haga para ser salvo? Éste es el grito que brota de las gargantas de muchos de los que están aquí esta mañana. La respuesta del texto es ésta: «Todo aquel que invocare el nombre del Señor, será salvo». Antes que nada, trataré de explicar, aunque muy someramente, el texto: con ello nos hallaremos ante una explicación. En segundo lugar, intentaré disipar algunos errores muy corrientes sobre la salvación: ésta será, pues, nuestra refutación. Por último, subrayaré en vuestras mentes la utilidad del texto: será la exhortación. Explicación, refutación y exhortación; recordad estos tres puntos, y ¡que Dios los grabe en vuestros corazones!

I. LA EXPLICACIÓN

Primero, pues, la explicación. ¿Qué se nos quiere dar a entender aquí por invocar el nombre del Señor? Tiemblo en estos momentos al tratar de explicaros el texto, porque sé que es muy fácil «oscurecer el consejo con palabras sin sabiduría». En más de una ocasión los predicadores, en vez de hacer más luminosa la Escritura con sus explicaciones, la han convertido en oscuridad. Muchos predicadores son como una ventana pintada, impiden el paso de la luz en lugar de facilitarlo. No existe nada que me confunda más ni que fatigue tanto mi mente, como el responder a estas sencillas preguntas: ¿Qué es fe? ¿Qué es creer? ¿Qué es invocar el nombre del Señor? Para poder darles el significado exacto he tenido que recurrir a mi concordancia y buscar en ella los pasajes donde se repite esta misma palabra, y he podido deducir (y lo expongo respaldado por la autoridad de la Escritura) que la palabra «invocar» significa adorar; por lo tanto puedo traducir el texto de esta forma: «Todo aquel que adorare a Dios, será salvo». Permitidme que os explique la palabra «adorar» de acuerdo con el significado que de ella da la Escritura, para, de esta manera, explicar la palabra «invocar».

1. Invocar el nombre del Señor significa, primero, adorar a Dios. Encontraréis en el libro del Génesis que: «Cuando comenzaron los hombres a multiplicarse sobre la faz de la tierra, entonces los hombres comenzaron a invocar el nombre de Jehová». Es decir, empezaron a adorar a Dios, construyeron altares en su nombre, confirmaron su creencia en el sacrificio que había de venir, ofreciendo un sacrificio característico sobre el altar que había levantado, doblaron sus rodillas en oración, elevaron sus voces en cánticos sagrados, y exclamaron: «Grande es Jehová, Creador, Preservador; sea siempre alabado por los siglos de los siglos». Ahora bien, todo aquel que, doquiera que se encuentre en el vasto mundo, sea capacitado mediante la gracia para adorar a Dios como Dios quiere, será salvo. Si le adoráis por un Mediador, teniendo fe en la expiación de la cruz; si le adoráis con oraciones humildes y sincera alabanza, vuestra adoración prueba que seréis salvos. Puesto que no podríais adorar a menos que tuvierais gracia en vuestro corazón, y vuestra fe y gracia son una prueba de que seréis glorificados. Todo aquel que, con humilde devoción, bien sea en el verde césped, bajo las ramas de un árbol, bajo la bóveda del cielo de Dios, o en la casa de Dios, o fuera de ella; quienquiera que adorare fervientemente a Dios con un corazón puro, esperando ser aceptado por medio de la expiación de Cristo, y abandonándose humildemente a la misericordia de Dios, será salvo. Así lo dice la promesa.

Pero expliquemos algo más extensamente lo que es adorar, no sea que alguien salga de aquí con una idea equivocada de lo que esto significa. La palabra «invocación», en el significado que le da la Sagrada Escritura, quiere decir oración. Recordaréis el caso de Elías, cuando los profetas de Baal pedían a su falso dios que les enviara lluvia; entonces él dijo: «Invocaré a Dios», es decir, «oraré a Dios para que envíe la lluvia». Por lo tanto, la oración es un indicio seguro de vida divina en nuestro interior. Todo aquel que ore a Dios a través de Cristo con súplica sincera, será salvo. Oh, recuerdo de qué manera me consoló cierta vez este texto. Sentía el peso del pecado, y no conocía al Salvador; pensé que Dios me destruiría con su ira y me aplastaría con su ardiente enojo, iba de capilla en capilla para oír predicar la Palabra, pero jamas escuché una frase del Evangelio que, como este texto, me protegiera del fin al que creo iba encaminado, llevado por la pena y el dolor: el suicidio. Sí, fue esta dulce palabra: «Todo aquel que invocare el nombre del Señor, será salvo».

Expiación, Justificación, Arrepentimiento, Fe ...

Bien, pensé, no puedo creer en Cristo cómo es mi deseo, no puedo hallar el perdón; pero sé que invocando su nombre, sé que orando con gemidos, lágrimas y suspiros día y noche, aunque esté perdido, podré alegar esa promesa: «Oh Dios, tu dijiste que aquel que invocare tu nombre sería salvo; yo lo invoqué, ¿me arrojarás de tu lado? Yo rogué por tu promesa. Elevé mi corazón en oración, ¿puedes ser justo y condenar al hombre que realmente oró?». Mas, fijaos en este dulce pensamiento: la oración es el verdadero precursor de la salvación. Pecador, no puedes orar y perecer; oración y perdición son dos cosas que nunca marchan juntas. No te pregunto de qué clase es tu oración; puede ser un gemido, puede ser una lágrima, una oración sin palabras, o una oración pronunciada de forma incorrecta y desagradable al oído; pero si es una oración salida de lo más profundo del corazón, serás salvo, o de otra forma su promesa sería falsa. Está seguro de que, si oras, no importa quién hayas podido ser ni cuál ha sido tu vida ni cuáles los pecados en que caíste, aunque éstos sean los más repugnantes que corrompen a la humanidad; si has aprendido a orar de corazón, «la oración es el hálito de Dios en el hombre que vuelve a su Hacedor». No puedes perecer con el hálito de Dios dentro de ti». «Todo aquel que invocare el nombre del Señor, será salvo».

2. Pero, la palabra «invocar» significa algo más: quiere decir confiar. Nadie puede invocar el nombre del Señor a menos que confíe en ese nombre. Debemos tener confianza en el nombre de Cristo, o de otro modo no le habremos invocado rectamente. Escúchame pues, pobre y afligido pecador; has venido aquí esta mañana teniendo conciencia de tu culpabilidad, despierto ante el peligro en que estás; he aquí tu remedio: «Cristo Jesús, el Hijo de Dios, se hizo hombre, nació de la virgen María, sufrió bajo el poder de Poncio Pilato, fue crucificado, muerto y sepultado». Sí, Él hizo esto para salvar a pecadores como tú. ¿Quieres creer esto? ¿Creerás en ello con toda tu alma? ¿Dirás: «Hundido o a flote, Cristo Jesús es mi esperanza, y si perezco, pereceré rodeando con mis brazos su cruz, gritando:

«Nada traigo en mis manos
a tu luz
sólo vengo a abrazarme
a tu cruz»?

Pobre alma, si puedes hacer esto, serás salva. Ven ahora, no necesitas de ninguna buena obra por tu parte, ni de ningún sacramento; todo lo que se te pide es esto, y esto te lo da Él. Tú no eres nada, ¿tomarás a Cristo para serlo todo? Ven, estás ennegrecido, ¿quieres ser lavado? ¿Te pondrás de rodillas y gritarás: «Señor ten misericordia de mí, pecador; no por ninguna obra que yo haya hecho o que pueda hacer, sino por el amor de Aquel cuya sangre manaba de sus manos y pies, en quien solamente creo?». Los sólidos pilares del universo se tambalearán antes de que tú perezcas; ¡ay!, el cielo llorará un trono vacío y una Deidad extinguida, antes de que la promesa sea violada. El que cree en Cristo, invocando su nombre, será salvo.

3. Pero veamos algo más, y con esto creo que os habré dado el sentido completo que da la Escritura a esta palabra. Invocar el nombre del Señor significa profesar su nombre. Recordaréis lo que dijo Ananías a Saulo, después llamado Pablo: «Levántate y bautízate, y lava tus pecados invocando su nombre». Ahora pues, pecador, si quieres acatar la palabra de Cristo, ésta dice: «El que creyere y fuere sumergido, será salvo». Observad que he traducido la palabra. La versión King James no lo permite, pero yo no me arriesgo a ser infiel en este punto, en base al conocimiento que tengo de la Palabra de Dios. Si significa rociar, que nuestros hermanos traduzcan «rociar»; pero no osarán hacer tal cosa, porque saben que no encontrarán jamás en todo el idioma clásico nada que pueda justificar el hacerlo así; y no se atreven a intentarlo. Pero yo si me atrevo a traducirla: «El que creyere y fuere sumergido, será salvo». Y aunque el sumergir no es nada, no obstante Dios manda a los hombres que creen que sean sumergidos, para hacer profesión de su fe. Repito que sumergir no significa nada para la salvación, es únicamente la profesión de la salvación pero Dios manda que todo hombre que pone su fe en el Salvador sea sumergido como lo

fue el Salvador, para el cumplimiento de la justicia. Jesús fue a la orilla del Jordán para ser sumergido bajo las aguas; y de esta misma forma, cada creyente debe ser bautizado. Mas algunos de vosotros retrocedéis ante la idea de hacer una declaración. «No», decís, «creeremos y seremos cristianos en secreto». Entonces escuchad esto: «Porque el que se avergonzare de Mí y de mis palabras en esta generación el Hijo del hombre se avergonzará también de el cuando vendrá en la gloria de su Padre con los santos ángeles». Repetiré una verdad manifiesta: ninguno de vosotros habréis conocido jamás a un cristiano secreto, y os lo demostraré. Si habéis sabido que un hombre es cristiano, no ha podido ser un secreto, porque si hubiese sido un secreto ¿cómo habríais podido saberlo? Por lo tanto, si no habéis conocido nunca un cristiano que lo era en secreto, no tenéis motivo para creer que pueda existir uno. Debéis manifestaros y hacer una profesión de fe. ¿Qué pensaría su majestad de sus soldados, si juraran que eran leales y verdaderos, y le dijeran: «Vuestra majestad, preferiríamos, en vez de llevar los trajes militares, vestir de paisano. Somos hombres rectos, honestos e íntegros, pero no queremos permanecer en vuestras filas siendo reconocidos como vuestros soldados; nos gustaría más andar por el campo enemigo, y por el propio también, sin llevar nada que nos hiciera aparecer como soldados vuestros?»; ¡Ah!, algunos de vosotros hacéis lo mismo con Cristo. ¿Vais a ser cristianos secretos? ¿Vais a serlo y andar por el campo del diablo, y por el de Cristo, pero sin ser reconocidos por ninguno? Bien, os podéis arriesgar si queréis hacerlo; pero a mí no me gustaría aventurarme a ello. Es una amenaza solemne: «El Hijo del hombre se avergonzará también de él cuando vendrá en la gloria de su Padre con los santos ángeles». Es algo solemne, repito, cuando Cristo dice: «Cualquiera que no trae su cruz y viene en pos de mí, no puede ser mi discípulo». Ahora pues, demando a cada pecador que aquí está, aquellos en los que Dios ha despertado la necesidad de un Salvador, obediencia para el mandato de Cristo, tanto en este aspecto como en todos los demás. Oíd el camino de la salvación: adoración, oración, fe, profesión. Y esta profesión, si los hombres quieren ser obedientes, si quieren seguir la Biblia, debe ser efectuada en la misma forma que la hizo Cristo, mediante un bautismo por inmersión, en el nombre del Padre, del Hijo y del Espíritu Santo. Dios lo manda, y aunque los hombres son salvos sin bautismo, y multitudes de ellos vuelan al cielo sin haber sido nunca lavados en la corriente, aunque el bautismo no es la salvación, no obstante, el hombre, si quiere ser salvo, no debe ser desobediente. Y puesto que Dios da una orden, a mí me corresponde hacerla cumplir. Jesús dijo: «Id por todo el mundo y predicad el Evangelio a toda criatura. El que creyere y fuere sumergido, será salvo; mas el que no creyere, será condenado».

Aquí pues, está la explicación de mi texto. Ningún ministro de la Iglesia puede objetar nada a mi interpretación. La iglesia anglicana defiende la inmersión. Dice que solo los niños, y únicamente en caso de debilidad, serán rociados; y es asombroso ver la cantidad de niños endebles que han nacido últimamente. ¡Estoy asombrado de hallaros con vida, tras haber descubierto la gran cantidad de endeblez que ha existido por doquier! Los queridos pequeñuelos son tan delicados que, en vez de la inmersión que con tanta fuerza defiende su iglesia, les basta con unas cuantas gotas de agua. Quisiera que todos los ministros anglicanos fueran más consecuentes con los artículos de fe de su iglesia; si lo fueran, lo serían también con las Escrituras; y si fueran un poco más consecuentes con algunos de los epígrafes de su propia iglesia, serían más consecuentes consigo mismos. Si vuestros niños son endebles, podéis rociarlos; mas si sois buenos anglicanos los sumergiréis, si es que pueden resistirlo.

II. LA REFUTACIÓN

Y acto seguido, el segundo punto, nuestra refutación. Hay errores muy corrientes con respecto a la salvación que necesitan ser sanados por medio de la refutación. El texto dice: «Todo aquel que invocare el nombre del Señor, será salvo».

Expiación, Justificación, Arrepentimiento, Fe ...

1. Ahora bien, uno de los conceptos que se hallan en oposición con este texto es el siguiente: que un sacerdote o un ministro sea absolutamente necesario para ayudar a los hombres en la salvación. Esa idea es corriente en otros lugares además de la iglesia romana; son muchos, ¡ay!, demasiados los que hacen de un ministro protestante su sacerdote, de la misma manera que los católicos hacen de su sacerdote su mediador. Hay muchos que se imaginan que la salvación no puede ser consumada si no es por medios indefinibles y misteriosos, mezclados con los cuales se encuentran el ministro y el sacerdote. Escuchad, pues: si no hubieseis oído jamás la voz del pastor de la iglesia o la de un anciano, a pesar de ello, si hubieseis invocado el nombre del Señor, vuestra salvación sería igualmente segura con o sin ministro. Pero los hombres no pueden invocar a un Dios que no conocen; así pues, la necesidad de un predicador radica en que alguien ha de mostrarles cuál es el camino de la salvación; porque, ¿cómo oirán sin haber quien les predique, y cómo creerán en aquel de quien no han oído? Mas el cometido de un predicador no va más allá de exponer el mensaje; después, Dios, el Espíritu Santo, debe aplicarlo, porque nosotros no podemos hacer más. Oh, cuídate de las maquinaciones de los sacerdotes, de la astucia de los hombres, de la intriga de los ministros, de las artimañas de los clérigos.

a) Todos son clérigos en el pueblo de Dios, todos somos cleros, todos somos su clero, si hemos sido ungidos con el Espíritu de Dios y somos salvos. Nunca debía haber habido distinción entre clero y lego. Todos los que amamos al Señor Jesucristo somos clérigos, y vosotros, si Dios os ha dado capacidad para ello y os ha llamado para esta labor por medio del Espíritu, serviréis para practicar el Evangelio tanto como cualquier otro. No hace falta ninguna mano sacerdotal, ninguna mano presbiteriana (que en otras palabras quiere decir sacerdotal), no es necesaria ordenación de hombres; creemos en el derecho humano de manifestar nuestras creencias, y confiamos en el llamamiento del Espíritu de Dios en nuestros corazones instándonos a testificar su verdad.

Mas sabed, hermanos, que ni Pablo, ni un ángel del cielo, ni Apolos, ni Cefas pueden ayudarnos en la salvación. La salvación no es de los hombres ni por los hombres; y ni el papa, ni el arzobispo, ni el obispo, ni el sacerdote, ni el ministro, ni ningún otro posee gracia alguna que dar a sus semejantes. Es necesario que cada uno de nosotros acuda al origen del manantial y apele a su promesa: «Todo aquel que invocare el nombre del Señor, será salvo». Aunque estuviera encerrado en las minas de Siberia, donde nunca pudiese oír el Evangelio, al invocar el nombre de Cristo, el camino sería tan directo sin el ministro como puede serlo con él; la senda hacia el cielo es tan expedita desde las selvas del África, y desde los antros y los calabozos de la cárcel, como pueda serlo desde el santuario de Dios. No obstante, por edificación todos los cristianos aman al ministro, aunque no para la salvación; aun cuando no confían en el sacerdote ni en el predicador, no obstante, la Palabra de Dios es dulce para ellos, y «¡cuán hermosos son sobre los montes los pies del que trae alegres nuevas, del que publica la paz!».

2. Otro error muy corriente es el de creer que un buen sueño es lo más extraordinario para salvar almas. Muchos de vosotros no sabéis lo extendido que está este error; pero se da el caso que yo lo sé. Muchas personas creen que, si uno sueña que ve al Señor en la noche, será salvo; e igualmente, si lo ve en la cruz, o si a uno le parece ver ángeles, o si sueña que Dios le dice: «Estás perdonado, todo está bien»; pero si uno no tiene un sueño tan hermoso no será salvo. Así piensan algunos. Ahora bien, si es así, cuanto antes tomemos opio, mejor, porque no hay nada mejor que el opio para hacer soñar a la gente; y mi mejor consejo habrá de ser: que cada ministro distribuya opio con largueza, y de esta manera, cuantos le escuchen irán al cielo directamente por medio de los sueños. Pero desechemos esta tontería; no hay absolutamente nada en ella. Los sueños, las estructuras desordenadas de una imaginación desenfrenada, y frecuentemente las ruinas de los hermosos pilares de una gran idea, ¿cómo pueden ser el medio para la salvación? Ya conocéis la excelente res-

puesta de Rowland Hill; la citaré, pues no sé de otra mejor. Cuando una mujer arguyó que era salva porque había soñado, le dijo: «Bien, mi buena señora, es muy bonito tener bellos sueños cuando se duerme; pero deseo ver de qué manera se comporta cuando está despierta; porque si cuando está despierta su conducta no es compatible con la religión, no daré un penique por sus sueños». ¡Ah!, me maravillo de que haya personas que puedan llegar a tal extremo de ignorancia como para contarme las historias que yo mismo he oído sobre los sueños. ¡Pobres y amadas criaturas!; cuando estaban profundamente dormidos vieron las puertas del cielo abiertas, y un ángel blanco vino y lavó sus pecados, y entonces vieron que estaban perdonados, y desde aquel momento no han tenido la menor duda ni el menor temor. Es pues hora de que empecéis a dudar; aun estáis a tiempo; porque si esa es toda la esperanza que tenéis, es una esperanza muy pobre. Recordad que «todo aquel que invocare el nombre de Dios será salvo»; no todo aquel que sueñe con Él. Los sueños pueden hacer bien. Algunas veces hay quienes han enloquecido de pavor a causa de ellos; y ha sido mejor así, porque estas personas eran peores y cometían más faltas cuando estaban en su juicio, que cuando no lo estaban; en este sentido, pues, sí puede decirse que los sueños hicieron un bien. También hay quienes han sido puestos sobre aviso por medio de los sueños; pero confiar en ellos es confiar en una sombra, edificar vuestra esperanza sobre burbujas que se deshacen en la nada con un simple soplo de viento. ¡Oh!, recordad que no necesitáis visión alguna ni apariciones maravillosas. Si has tenido una visión o sueño, no es necesario que lo menosprecies; puede haberte beneficiado, pero no confíes en él. Mas si no has tenido ninguno, recuerda que la promesa radica solamente en invocar el nombre de Dios.

3. Veamos ahora otro error más; hay algunos, muy buenas personas también, que se han estado riendo mientras hablaba de los sueños, y ahora nos ha llegado el turno de reírnos de ellos. Hay quienes creen que han de experimentar una serie de sentimientos hermosos, o de otro modo no podrán ser salvos; piensan que hacen falta unos pensamientos extraordinarios, algo no conocido hasta entonces, o de otra forma no pueden ser salvos ciertamente. Una mujer me pidió que la admitiese como miembro de mi iglesia. Le pregunte si había experimentado un cambio en su corazón. Ella contestó: «Oh, sí señor, ¡qué cambio!; lo percibí a través del pecho de un modo tan extraordinario, ¿sabe usted?; y cuando estaba un día orando sentí como si no supiera lo que me ocurría. Me noté tan cambiada. Y cuando una noche fui a la capilla, al salir me sentí distinta de como me había sentido hasta entonces; ¡tan ligera!». «Sí», dije, «ligera de cascos; me temo, mi querida alma, que sea eso, y no otra cosa lo que ha producido esos sentimientos». La pobre señora era completamente sincera; creyó que había sido convertida porque algo había afectado sus pulmones, o conmovido su estructura física. «No», oigo decir a alguno de vosotros, «la gente no puede ser tan estúpida como para eso». Os aseguro que, si pudierais leer en los corazones de la congregación aquí presente, encontraríais que hay cientos que no tienen una esperanza de gloria mejor que ésta, pues el tema que estoy abordando es corriente hoy día. «Pensé», me dijo un día uno, «cuando estaba en el jardín: seguro que Cristo borrará mis pecados con tanta facilidad como puede desplazar las nubes. Si usted supiera; en unos momentos las nubes habían desaparecido y brillaba el sol. Pensé en mi interior: el Señor está borrando todos mis pecados». Diréis que un caso tan ridículo como éste no se dará muy a menudo; pero yo os digo que sí sucede, y muy frecuentemente por cierto. La gente llega al convencimiento de que lo más absurdo del mundo es una manifestación de la gracia divina en sus corazones. Y sin embargo, el único sentimiento que deseo experimentar es saber que soy pecador y que Cristo es mi Salvador. Podéis guardaros vuestras visiones, éxtasis, arrebatos y danzas; lo único que deseo sentir es hondo arrepentimiento y fe humilde, y si tú tienes esto, pobre pecador, eres salvo. Si alguno de vosotros cree que, antes de poder ser salvo, debe expe-

Expiación, Justificación, Arrepentimiento, Fe ...

rimentar una especie de sacudida eléctrica, algo muy hermoso os recorrerá de la cabeza a los pies. Mas escuchad esto: «Cercana esta la palabra en tu boca, y en tu corazón. Ésta es la palabra de fe, la cual predicamos: que si confesares con tu boca al Señor Jesús, y creyeres en tu corazón que Dios lo levantó de los muertos, serás salvo». ¿Qué pretendéis con todos esos desatinos de los sueños y pensamientos sobrenaturales? Todo lo que se requiere es que nos entreguemos a Cristo reconociéndonos culpables de nuestros pecados. Hecho esto, el alma es salva, y ni todas las visiones del universo podrán hacerla más salva.

4. Y ahora veré de subsanar otro error. Entre la gente muy pobre he visitado a algunos y sé que lo que digo es verdad, (y mis palabras van dirigidas a algunos de ellos aquí presentes), entre los muy pobres e incultos existe una idea muy generalizada de que la salvación está relacionada de un modo u otro con el aprender a leer y a escribir. Quizás os sonriáis, pero estoy en lo cierto. Más de una vez me ha dicho alguna pobre mujer: «¡Oh!, señor, esto no sirve para pobres e ignorantes criaturas, no hay esperanza para nosotros. No sé leer. ¿Sabe usted que no conozco ni una letra? Yo creo que si supiera leer, aunque fuese un poco, podría ser salva; pero siendo tan ignorante, no sé cómo podré salvarme, porque no tengo inteligencia». Me he encontrado con esto mismo en el distrito rural, entre gentes que, si quisieran, podrían aprender a leer. No hay ninguno que no pueda, a no ser que sean perezosos. Y continúan con su fría indiferencia hacia la salvación, creyendo que el ministro puede ser salvo porque lee a las mil maravillas, que el oficinista puede ser salvo porque dice perfectamente «Amén», y que el hacendado puede ser salvo porque sabe mucho, y tiene en su biblioteca una enorme cantidad de libros; pero que ellos no pueden ser salvos porque no saben nada, y que, por lo tanto, la salvación es imposible para ellos. ¿Hay aquí alguna de esas pobres criaturas? Te hablaré sencillamente. Mi pobre amigo, no necesitas saber mucho para ir al cielo. Te aconsejo que aprendas cuanto puedas, no te quedes rezagado en tratar de aprender.

Mas en lo referente a ir al cielo, el camino es muy sencillo, «de tal modo que los insensatos no yerren». Si sientes que has sido culpable, que has quebrantado los mandamientos de Dios, que no has guardado el día del Señor, que has tomado su nombre en vano, que no has amado a tu prójimo como a ti mismo, ni tampoco a Dios con todo tu corazón, sabe que Cristo murió por esos que son como tú; murió en la cruz y fue castigado en tu lugar, y Él te dice que creas en ello. Si deseas oír más sobre esto, ven a la casa de Dios y escucha, y trataremos de conducirte a algo más. Pero recuerda que todo cuanto necesitas conocer para ir al cielo es el pecado y al Salvador. ¿Sientes tu pecado? Cristo es tu Salvador, confía en Él, órale, y tan seguro como que estás aquí ahora y te hablo, estarás un día en el cielo. Te diré dos oraciones. La primera: «Señor muéstrame a mí mismo». Es muy sencilla. Señor muéstrame a mí mismo; muéstrame mi corazón, muéstrame mi culpabilidad, muéstrame el peligro en que estoy; muéstrame a mí mismo. Hecha esta oración, una vez que Dios te haya contestado (recuerda que Él oye la oración), cuando te haya mostrado a ti mismo, he aquí la segunda plegaria: «Señor muéstrate a mí. Muéstrame tu obra, tu amor, tu misericordia, tu cruz, tu gracia». Ora esto, y ésas serán las únicas oraciones que necesites para ir al cielo: «Señor, muéstrame a mí mismo»; «Señor, muéstrate a mí». No necesitas saber mucho. No te hace falta deletrear, no te es preciso saber hablar correctamente para alcanzar el cielo. El ignorante y el rústico son bienvenidos a la cruz de Cristo y a la salvación.

Perdonad que haya dado respuesta a tan corrientes errores. Los contesto porque son corrientes, y lo son entre algunos de los presentes. Oh, hombres y mujeres, escuchad una vez más la Palabra de Dios: «Todo aquel que invocare el nombre del Señor, será salvo». Anciano, niño, joven y muchacha; rico, pobre, intelectual, analfabeto, para vosotros es este sermón en toda su plenitud y liberalidad; si, a toda criatura bajo el cielo, todo aquel (y eso no excluye a ninguno), «todo aquel que invocare el nombre del Señor, será salvo».

III. LA EXHORTACIÓN

Y por último, acabaré con la exhortación. Es la siguiente: os invito en el nombre de Dios a creer en el mensaje de su Palabra que os anuncio en este día. No os apartéis de mí porque este mensaje haya sido expuesto con sencillez; no lo rechacéis porque haya escogido una manera sencilla y llana para predicarlo al pobre, sino escuchad de nuevo: «Todo aquel que invocare el nombre del Señor, será salvo». Os suplico que creáis esto. ¿Es difícil de creer? Nada es demasiado difícil para el Altísimo. ¿Decís: «He sido tan pecador que no puedo creer que Dios me salve»? Escucha la palabra de Jehová: «Porque mis pensamientos no son vuestros pensamientos, ni vuestros caminos mis caminos. Como son más altos los cielos que la tierra, así son mis caminos más altos que vuestros caminos, y mis pensamientos más que vuestros pensamientos». ¿Decís: «Yo estoy excluido. No irá usted a decirme que Él me salvara»? Escucha, Dios dice: «Todo aquel»; «todo aquel» es una puerta muy ancha por la que pueden pasar grandes pecadores. ¡Oh!, si Él dice «todo aquel», podéis estar seguros de que, si lo invocáis, no seréis excluidos; eso es lo esencial.

1. Y ahora, debo rogaros que creáis esta verdad, y os induciré a ello valiéndome de unos cuantos razonamientos. Serán razonamientos de la Escritura. Que Dios los bendiga para ti, pecador. Si invocas el nombre de Cristo serás salvo; y en primer lugar, te diré que serás salvo porque eres elegido. Ningún hombre que no haya sido elegido previamente invocara el nombre de Cristo. La doctrina de la elección, que confunde a muchos y atemoriza a más, no necesita jamás hacer esto. Si crees, eres elegido; si invocas el nombre de Cristo, eres elegido; si te sientes pecador y pones tu esperanza en Cristo, eres elegido. Ahora bien, los elegidos deben ser salvos, la condenación no existe para ellos. Dios los ha predestinado para la vida eterna y no perecerán jamás, ni nadie los arrebatará de las manos de Cristo. Dios no elige a los hombres para después rechazarlos, no los elige para arrojarlos más tarde al abismo. Eres, pues, elegido porque no habrías podido invocar su nombre si no lo hubieses sido; el hecho de que invoques se debe a que has sido elegido; y en cuanto que has invocado, e invocado el nombre de Dios, eres el elegido de Dios. Y ni la muerte ni el infierno podrán borrar jamás tu nombre de su libro. Se trata de un decreto omnipotente, ¡la voluntad de Jehová se cumplirá! Sus elegidos deben ser salvos, y aunque se opongan a ello la tierra y el infierno, su poderosa mano romperá sus filas de perdición y conducirá a su pueblo a través de ellas. Tú perteneces a ese pueblo. Tú te hallaras al final de los tiempos delante de su trono, y verás su rostro sonriente en gloria sempiterna, porque eres uno de sus elegidos.

2. Veamos otra razón. Si invocas el nombre del Señor serás salvo, porque estás redimido. Cristo te ha comprado, y ha pagado derramando la sangre más ardiente de su corazón en precio de tu rescate; Jesús ha hendido su corazón, y lo ha hecho pedazos para comprar tu alma de la ira. Tú eres un redimido aunque no lo sepas; pero yo veo la señal de la sangre en tu frente. Si invocas su nombre, aunque hasta ahora no hayas sentido consuelo, Cristo te ha llamado para que seas suyo. Desde aquel día en que dijo: «Consumado es», Cristo ha dicho: «Mi gozo está en él, porque lo he comprado con mi sangre», y nunca perecerás, porque has sido comprado. Ninguno de los que han sido comprados por la sangre de Jesús se ha perdido todavía. Grita, grita, ¡oh infierno!, que por mucho que grites no podrás hacer que se condenen las almas redimidas. Desechad esa horrible doctrina de que los hombres son comprados con la sangre, y, no obstante, son condenados; es demasiado diabólica para que yo pueda creerla. Sé que el Salvador hizo cuanto debía hacer, y si había de redimir, redimió; y los que han sido rescatados por Él son positivamente rescatados de la muerte, el infierno y la ira. No podré nunca concebir la idea de que Cristo fuera castigado por un hombre, y que este hombre sea castigado otra vez. Jamás podré comprender como Cristo pudo ocupar el lugar de alguien, y ser castigado por él, y no obstante este alguien ser castigado de nuevo. No; puesto que invocas el nombre de Dios, ello que es la prueba de que Cristo es

tu rescate. ¡Ven, alégrate! Si Él fue castigado, la justicia de Dios no puede exigir una venganza doble, primero de las sangrantes manos de tu Fiador, y después de las tuyas. Ven alma, pon tu mano sobre la cabeza del Salvador y di: «Jesús bendito, Tú fuiste castigado por mí». Oh, Dios, no temo tu venganza. Castígame cuando mi mano está sobre la expiación, pero debes castigarme a través de tu Hijo. Castígame si quieres, pero no puedes hacerlo, porque tu justicia ya se cumplió en Él, y con toda seguridad no volverás a castigar por el mismo delito. ¿Qué? ¿Cristo bebió de un enorme trago de amor la copa de mi condenación, apurándola hasta las heces, y después de eso seré condenado? ¡Dios no lo quiera! ¿Será Dios tan injusto que olvidará la obra que hizo el Redentor por nosotros, y permitirá que la sangre del Salvador haya sido derramada en vano? Ni el mismo infierno se permitió jamás este pensamiento, digno solamente de los hombres que son traidores a la verdad de Dios. ¡Ah, hermanos!, si invocáis a Cristo, si oráis, si creéis, podéis estar completamente seguros de la salvación: estáis redimidos, y los redimidos no perecerán.

CONCLUSIÓN

¿Es necesario que os exponga alguna otra razón? Creed esta verdad que necesariamente es verdad: Si invocáis el nombre de Dios, «en la casa de mi Padre», dice Cristo, «muchas moradas hay»; y entre ellas hay una para vosotros. Cristo la ha preparado desde antes de la fundación del mundo. Él ha preparado la casa y la corona para todos aquellos que creen. ¡Ven! ¿Piensas que Cristo preparará una casa y no conducirá a ella a sus moradores? ¿Hará coronas para dejar que se pierdan las cabezas que han de llevarlas? ¡Dios no lo quiera! Vuelve tus ojos hacia el cielo. Hay un lugar allí que debe ser ocupado, y ocupado por ti; hay allí una corona que debe ser usada, y debe ser usada por ti. ¡Oh!, cobrad ánimo, los preparativos del cielo no serán en vano; Dios hará sitio a todo aquel que crea, y es por haber hecho este sitio por lo que aquellos que creen irán allí. ¡Oh! ¡Pido a Dios que yo sepa que algunas almas pueden acogerse a esta promesa! ¿Dónde estás? ¿Estás ahí lejos, de pie entre la multitud, o estas sentado aquí en la nave del Hall, o tal vez en la galería más alta? ¿Sientes tus pecados? ¿Derramas lágrimas en secreto a causa de ellos? ¿Lamentas tus iniquidades? ¡Oh!, acógete a esta promesa: «Todo aquel (¡cuán dulce todo aquel) todo aquel que invocare el nombre del Señor, será salvo». El demonio te dice que no sirve de nada invocar porque has sido un borracho. Contéstale que Dios dice: «Todo aquel». «No» –dice el espíritu maligno–, «no sirve da nada; durante estos diez últimos años no has oído ni un sermón, y ni siquiera has estado en la casa de Dios». Explícale que Dios dice: «Todo aquel». «No» –dice Satanás–, «recuerda el pecado de la pasada noche, y que has venido al Music Hall manchado con tu concupiscencia». Contesta al demonio que Dios dice «Todo aquel», y que es una loca falsedad por su parte pretender que puedas invocar a Dios y no obstante perderte. Dile que

«Si todos los pecados que el hombre ha cometido
Con su mente, palabras y su obra corrompida,
Desde que se hizo el mundo y comenzó la vida,
Sobre una sola hechura se hubieran reunido;
La sangre redentora de Cristo solamente,
Podría tantos delitos expiar propiamente».

¡Oh! ¡Quiera el Espíritu de Dios que guardéis estas palabras en vuestros corazones! «Todo aquel que invocare el nombre del Señor, será salvo».

63. LA VIEJA, VIEJA HISTORIA[10]

«A su tiempo Cristo murió por los impíos» (Romanos 5:6).

INTRODUCCIÓN: La nunca agotada historia de la expiación de Cristo.

---

[10] Sermón predicado el 30 de Marzo de 1862 en el Tabernáculo Metropolitano, Newington.

I. FORMAS DE ALABAR LA DOCTRINA
1. Al entenderla se hace creíble.
2. También adecuada a la conciencia.
3. Ablanda el corazón endurecido.
4. Puede cambiar la vida exterior.

II. FORMAS DE EXHORTACIÓN
1. Siendo agradecido y lleno de amor.
2. Proclama la expiación de Cristo.

CONCLUSIÓN: Cristo murió por los impíos y los saca del abismo.

LA VIEJA, VIEJA HISTORIA

INTRODUCCIÓN

Se encuentra presente entre nosotros un Doctor en Teología que ya me ha escuchado predicar hace algunos años. Desde su lugar de residencia en los Estados Unidos, nos visita nuevamente hoy. No he podido evitar imaginarme, cuando he visto su rostro hoy, que él va a pensar que estoy obsesionado con este viejo tema, y que entono siempre la misma melodía; que no he avanzado ni una pulgada en ningún dominio del pensamiento, sino que sigo predicando el mismo viejo Evangelio de la misma vieja manera que lo he hecho siempre. Si pensara eso estaría en lo cierto. Yo supongo que me parezco al señor Cecil cuando era niño. Su padre le pidió en una ocasión que lo esperara en una determinada puerta hasta que él regresara, y así el padre, siendo un hombre muy ocupado, anduvo recorriendo la ciudad; y en medio de sus numerosos cuidados y compromisos se olvidó del muchacho. Cayó la noche, y finalmente cuando el padre llegó a su casa, hubo una gran conmoción en relación al paradero de Ricardo. El padre dijo turbado:

—Dios mío, lo dejé está mañana temprano parado esperándome frente a tal y tal puerta y le pedí que se quedara allí hasta que yo fuera por él; no me sorprendería que todavía estuviera esperándome allí.

Así que fueron y, en efecto, allí donde el padre dejó a su hijo, encontraron al muchacho. No es una vergüenza imitar tal ejemplo de tan simple fidelidad infantil. Hace algunos años yo recibí instrucciones de mi Señor de estarme al pie de la cruz hasta que Él viniera. No ha venido todavía, pero estoy decidido a esperarlo allí hasta que venga. Si yo desobedeciera sus instrucciones y abandonara esas simples verdades que han servido de instrumento para convertir a tantas almas, no sé cómo podría yo esperar su bendición. Aquí estoy pues, al pie de la cruz repitiendo la misma vieja historia, rancia, como podría sonar a oídos que tienen comezón de oír, y gastada y raída como la consideran sus críticos. Yo amo hablar de Cristo, del Cristo que amó, y vivió, y murió en lugar de los pecadores, el justo por los impíos, para poder llevarnos a Dios.

Es algo curioso, pero así como dicen que los pescados se comienzan a descomponer por la cabeza, así los teólogos modernos generalmente comienzan a equivocarse en relación a la doctrina fundamental y más importante del trabajo vicario de Cristo. Casi todos nuestros errores modernos —y yo diría que todos— comienzan por ser errores acerca de Cristo. A los hombres no les gusta predicar siempre lo mismo. Hay atenienses en los púlpitos y en las bancas de las iglesias que no hacen otra cosa sino escuchar algo nuevo. No se contentan con repetir, una y otra vez, este simple mensaje: «El que cree en el Señor Jesucristo tiene vida eterna». Así que toman prestadas ciertas novedades de la literatura y maquillan la Palabra de Dios con palabras enseñadas por la sabiduría humana. Envuelven en misterio la doctrina de la expiación. La reconciliación por medio de la sangre preciosa de Jesús deja de ser la piedra angular de su ministerio. Su propósito principal es adaptar el Evangelio a los deseos enfermizos y a los gustos de los hombres, por encima de cualquier intención de reformar la mente y renovar el corazón de los hombres para que puedan recibir el evangelio tal como es. No podemos decir adónde van a parar los que dejan de seguir al Señor con un corazón verdadero y sin divisiones, descendiendo desde una profundidad a otra mayor hasta ser recibidos por la negrura de la oscuridad a menos que la gracia lo impida. Solamente esto pueden tener por cierto:

Expiación, Justificación, Arrepentimiento, Fe ...

«No pueden tener razón en todo lo demás,
A menos que digan la verdad acerca de Él».
Si no entienden la verdad acerca del propósito de la cruz, están podridos por doquier. «Porque nadie puede poner otro fundamento que el que está puesto, el cual es Jesucristo». En esta Roca hay seguridad. Podemos equivocarnos con mayor impunidad en otros puntos, pero no en éste. Los que están construidos sobre esta Roca, aunque agreguen ellos mismos luego madera, heno y hojarasca para su terrible confusión, ya que la obra de cada uno el fuego la probará, ellos mismos serán salvos, pero apenas como por fuego. Ahora, esa importantísima doctrina que reconocemos como la piedra angular del sistema evangélico, la mismísima piedra angular del Evangelio, esa importantísima doctrina de la expiación de Cristo, queremos repetirla de nuevo ante ustedes, y luego, sin intentar justificarla ya que eso lo hemos hecho cientos de veces, sacaremos enseñanzas prácticas de esa verdad que ciertamente sigue siendo válida entre nosotros. Como el hombre había pecado, la justicia de Dios requería que se aplicara el castigo. Dios había dicho: «El alma que pecare morirá»; y a menos que Dios pueda equivocarse, el pecador debe morir. Más aún, la santidad de Dios lo requería, pues el castigo estaba basado en la justicia. Era justo que el pecador tuviera que morir. Dios no había aplicado un pena más severa que la que tenía que aplicar. El castigo es el resultado justo de la ofensa. Por tanto, hay dos alternativas: o Dios deja de ser santo o el pecador debe ser castigado. La verdad y la santidad imperiosamente requerían que Dios levantara su mano y golpeara al hombre que había quebrantado su ley y ofendido su majestad. Cristo Jesús, el segundo Adán, la cabeza federal de los elegidos, se interpuso como mediador. Se ofreció para sufrir el castigo que los pecadores debían sufrir; se comprometió a cumplir y honrar la ley que ellos habían quebrantado y deshonrado. Se ofreció para ser el árbitro, la fianza, un sustituto, tomando el lugar, el puesto y la condición de los pecadores. Cristo se convirtió en el vicario de su pueblo al sufrir de manera vicaria en lugar de ellos; cumpliendo de forma vicaria lo que ellos no tenían la fortaleza de cumplir por la debilidad de la carne a consecuencia de la caída. Lo que Cristo se comprometió a hacer fue aceptado por Dios. A su tiempo Cristo realmente murió, y llevó a cabo lo que había prometido hacer. Asumió cada pecado de su pueblo y sufrió cada golpe de la vara a causa de esos pecados. Sorbió en un solo horrible trago todo el castigo de los pecados de todos los elegidos. Tomó la copa; la puso en sus labios; sudó como gruesas gotas de sangre cuando dio el primer sorbo de esa copa, pero no desistió, sino que siguió bebiendo y bebiendo y bebiendo, hasta la última gota y volteando la copa hacia abajo dijo: «¡Consumado es!» y en un solo sorbo de amor, el Señor Dios de la salvación había borrado completamente la destrucción. No quedó ni un solo vestigio, ni siquiera el menor residuo; Él sufrió todo lo que se debió haber sufrido; terminó con la trasgresión y puso un fin al pecado. Más aún, Él obedeció la ley del Padre en todos sus alcances; Él cumplió esa voluntad sobre la cual había dicho desde tiempos antiguos: «Anhelo tu salvación, oh Jehová, y tu ley es mi delicia;» y habiendo ofrecido tanto una expiación por el pecado como el total cumplimiento de la ley, subió a lo alto, tomó su asiento a la diestra de la Majestad en el cielo, esperando desde entonces hasta que sus enemigos sean puestos como escabel de sus pies e intercediendo por aquellos a quienes compró con su sangre para que puedan estar con Él donde Él se encuentra. La doctrina de la expiación es muy sencilla. Simplemente consiste en que Cristo ha tomado el lugar del pecador; Cristo es tratado como si fuera el pecador, y por tanto el trasgresor es tratado como si fuera justo. Es un cambio de personas; Cristo se convierte en el pecador; se coloca en el lugar del pecador; fue contado entre los trasgresores; el pecador se convierte en justo; se coloca en el lugar de Cristo y es contado entre los justos. Cristo no ha cometido pecado alguno, pero asume la culpabilidad humana y es castigado por la insensatez humana. Nosotros no tenemos

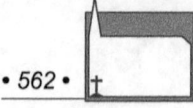

justicia propia, pero asumimos la justicia divina; somos recompensados por ella, y somos aceptados ante Dios como si esa justicia proviniera de nosotros mismos. «A su tiempo Cristo murió por los impíos», para poder borrar sus pecados.

Mi objetivo no es demostrar esta doctrina. Como dije antes, no hay necesidad de estar discutiendo siempre lo que sabemos que es verdad. Mas bien dediquemos unas sentidas palabras *alabando esta doctrina de la expiación*; y posteriormente la presentaré *para fines de una aplicación práctica para aquellos que aún no han recibido a Cristo*.

I. FORMAS DE ALAR LA DOCTRINA

Hay algunas cosas que podemos decir en favor del Evangelio que proclama la expiación como su principio fundamental. Y lo primero que vamos a decir acerca del Evangelio es: ¡*qué simple es* cuando se le compara con todos los esquemas modernos! Hermanos, ésa es la razón por la cual no les gusta a nuestros grandes hombres, es demasiado simple. Si ustedes compran determinados libros que enseñan cómo preparar sermones, encontrarán que la esencia de la enseñanza es ésta: seleccionen todas las palabras difíciles que puedan encontrar en todos los libros que lean durante la semana, y luego viértanlos sobre la congregación el domingo; y habrá un grupo de personas que siempre aplaudirán al hombre al que no pueden entender. Son semejantes a la anciana a quien se le preguntó al regresar de la iglesia: «entendiste el sermón?» «no», contestó, «no tendría esa presunción»; ella creía que era una presunción intentar comprender al ministro. Pero la Palabra de Dios se entiende con el corazón y no hace extrañas demandas al intelecto.

1. Ahora, nuestra primera alabanza a la doctrina de la expiación es que ella misma se hace creíble al entendimiento. El viajero puede comprender esta verdad de la sustitución sin ninguna dificultad, aunque su intelecto sea apenas un grado superior al de un tonto. ¡Oh, estos teólogos modernos, harían cualquier cosa para quitar importancia a la cruz! Cuelgan sobre esa cruz los adornos chillones de su elocuencia, o la presentan envuelta en los oscuros conjuros misteriosos de su lógica y cuando el pobre corazón atribulado mira hacia arriba para ver la cruz no ve nada allí excepto humana sabiduría. Repito, no hay nadie aquí presente que no pueda entender esta verdad, que Cristo murió en lugar de su pueblo. Si tu pereces no será debido a que no puedas comprender el evangelio. Si te vas al infierno no será porque no fuiste capaz de entender cómo Dios puede ser justo y a pesar de ello, ser también el que justifica al impío. Sorprende que en nuestra época se conozca tan poco acerca de las verdades evidentes reveladas por la Biblia; pareciera advertirnos continuamente qué simples debemos ser al exponer esas verdades. He conocido la historia del Sr. Kilpin. En una ocasión, él estaba predicando un sermón muy bueno, de manera ferviente, cuando empleó la palabra «Deidad», y un marinero que le escuchaba se inclinó hacia delante y le dijo:

—Disculpe señor, le ruego me diga quién es el señor Deidad. ¿Se refiere usted al Dios Todopoderoso?

—Sí —le contestó el Sr. Kilpin— me refiero a Dios, y no debí haber usado una palabra que usted no pudiera comprender.

—Le agradezco mucho, señor —respondió el marinero, quien pareció devorar todo el resto del sermón, demostrando un profundo interés hasta el final.

Ahora, ese pequeño incidente es sencillamente un índice de lo que prevalece en cualquier lugar. La predicación debe de ser simple. Una doctrina de la expiación que no sea simple, una doctrina que nos llega de Alemania, y requiera que un hombre sea todo un erudito antes de que pueda comprenderla, y que sea todavía un adepto mayor antes que pueda compartirla con los demás, tal doctrina obviamente no es de Dios, ya que no es adecuada para las criaturas de Dios. Podrá ser fascinante para uno entre mil, pero no es adecuada para los pobres de este mundo que son ricos en fe; no es adecuada para los pequeños a quienes Dios ha revelado las cosas del reino mientras que las ha escondido a los sabios y prudentes. Siempre pueden ustedes juzgar una doctrina de esta forma. Si no es una

Expiación, Justificación, Arrepentimiento, Fe ...

doctrina sencilla, no viene de Dios; si los deja perplejos, si es una doctrina que no pueden ver claramente al instante debido al misterioso lenguaje que la envuelve, pueden comenzar a sospechar que es una doctrina humana, y no la Palabra de Dios.

2. Y la doctrina de la expiación no debe ser alabada por su simplicidad únicamente, sino que, además de adecuarse al entendimiento, también es adecuada para la conciencia. ¡No hay lengua que pueda describir cómo satisface a la conciencia! Cuando un hombre cobra conciencia y su conciencia lo atormenta, cuando el Espíritu de Dios le ha mostrado su pecado y su culpa, no hay nada que le pueda traer la paz sino sólo la sangre de Cristo. Pedro, puesto de pie en la proa del bote pudo haber dicho al viento y a las olas: «Paz, no se muevan», pero estos elementos hubieran rugido sin detenerse con furia incontenible. El papa de Roma, que pretende ser el sucesor de Pedro, puede alzarse con sus ceremonias y decir a la conciencia atormentada: «Paz, ten tranquilidad», pero no cesará su terrible agitación. El espíritu inmundo que trae a la conciencia tanta agitación grita al papa: «A Jesús le conozco, conozco su cruz, ¿pero quién eres tú?» Sí, y no podrá ser echado fuera. No hay absolutamente ninguna oportunidad de encontrar una almohada para la cabeza dolorida por la acción del Espíritu Santo, salvo la expiación y la obra terminada de Cristo. Cuando el señor Robert Hall fue a predicar por primera vez a Cambridge, casi todos sus habitantes eran unitarios. Así que él predicó acerca de la doctrina de la obra terminada de Cristo y algunos de sus oyentes se acercaron y le dijeron:

–Señor Hall, esto no va a funcionar.

–¿Por qué no? –preguntó extrañado.

–Pues porque su sermón es adecuado únicamente para ancianas –le respondió.

–¿Y por qué es adecuado únicamente para ancianas? –inquirió el señor Hall.

–Porque están a punto de desplomarse en sus sepulcros y buscan consuelo y, por tanto, es muy adecuado para ellas, pero no para nosotros.

–Muy bien –dijo el señor Hall–, ustedes me han dado todos los cumplidos que yo pudiera pedir; si esto es bueno para ancianas al borde de la tumba, debe de ser bueno para ustedes si están en la plenitud de sus sentidos, ya que todos nos encontramos al borde de la tumba.

Aquí encontramos, ciertamente, una de las principales características de la expiación, que nos consuela frente al pensamiento de la muerte. Cuando la conciencia es despertada al sentido de culpa, la muerte ciertamente proyectará su pálida sombra sobre todas nuestras perspectivas y pondrá un círculo alrededor de nuestros pasos con oscuros presagios de la tumba. Las alarmas de la conciencia generalmente son acompañadas de los pensamientos del juicio que se aproxima, pero la paz dada por la sangre es a prueba de conciencia, a prueba de enfermedad, a prueba de muerte, a prueba del diablo, a prueba de juicio y será a prueba de eternidad. Nos podrán alarmar las sacudidas de la presencia y todo el recuerdo de la corrupción pasada, pero sólo permite que nuestros ojos descansen en tu amada cruz, oh Jesús y nuestra conciencia tiene paz con Dios y podemos descansar y estar tranquilos. Ahora nos preguntamos si alguno de estos sistemas modernos de teología puede aquietar una conciencia atormentada. Nos gustaría compartir con ellos algunos casos con los que nos encontramos algunas veces, algunos casos desesperados, y decirles: «Bien, aquí, echa fuera a este demonio si puedes intentarlo», y pienso que ellos se darán cuenta que este tipo de demonios no puede ser echado fuera sino solo por medio de las lágrimas, los gemidos, y la muerte de Jesucristo, el sacrificio de expiación. Un evangelio sin expiación puede funcionar muy bien para jovencitas y caballeros que no están conscientes de que alguna vez hicieron algo malo. Será adecuada simplemente para la gente apática que no tiene un corazón visible para los demás; personas que siempre han sido muy morales, derechos y respetables; que se sentirían insultados si les dijeras que merecen ser enviados al infierno; que ni por un momento aceptarían ser criaturas depravadas o caídas. El evangelio de estos modernos, me atrevo a repetir, será muy adecuado para este tipo de personas; pero nada más deja que un hombre sea realmente culpable y lo sepa; deja que en verdad sea consciente de su condición perdida y yo les aseguro que nadie, sino Jesús, nada, sino su preciosa sangre puede darle paz y descanso. Estas dos cosas pues, nos recomienda la doctrina de la expiación, ya que se adecúa al entendimiento de los menos dotados y aquietará la conciencia del más atribulado.

3. Más aún, esta doctrina tiene la particular característica de *ablandar el corazón*. Hay en la historia del sacrificio de Cristo un misterioso poder para ablandar y derretir. Conozco a una querida mujer cristiana que amaba a sus pequeños hijos y buscaba su salvación. Cuando oraba por ellos, consideraba correcto usar los mejores medios para ganar su atención y despertar sus mentes. Espero que todos ustedes hagan lo mismo. Sin embargo, el medio que ella había considerado más efectivo para su objetivo era el de los terrores del Señor. Ella acostumbraba leer a sus hijos, capítulo tras capítulo, el libro *Alarma para los inconversos* de Alleine. ¡Oh, ese libro! Cuántos sueños provocó en su hijo, en las noches, acerca de devoradoras llamas y quemaduras permanentes. Sin embargo, el corazón del muchacho se fue endureciendo, como si se fuera templando en vez de derretirse en el horno del miedo. El martillo soldó el corazón al pecado, pero no lo rompió. Pero aún entonces, estando el corazón del muchacho endurecido, cuando escuchaba del amor de Jesús por su pueblo, aunque temía no ser uno de ellos, solía llorar al pensar que Jesús pudiera amar a alguien con esas características. Incluso ahora, que ha alcanzado la edad adulta, la ley y los terrores lo matan sin perturbarle, pero tu sangre Jesús, tu agonía en Getsemaní y sobre el madero, no puede resistir; lo derriten; su alma fluye en lágrimas a través de los ojos; llora hasta quedar vacío con amor agradecido hacia Ti por todo lo que has hecho. ¡Ay de quienes niegan la expiación! Quitan el aguijón del sufrimiento de Cristo; y entonces, al quitarlo, suprimen la punta por medio de la cual los sufrimientos de Cristo traspasan, exploran y penetran en el corazón. Es debido a que Cristo sufrió por mis pecados, y a que fue condenado, que yo puedo ser absuelto y no ser condenado a causa de mi culpa. Es esto lo que hace que sus sufrimientos sean un bálsamo para mi corazón.

«Mira cómo en el sangriento madero,
el ilustre sufriente pende,
por los tormentos que te correspondían,
Él soportó los terribles dolores;
y saldó allí la pavorosa suma,
de todos los pecados presentes,
pasados y que han de venir».

En este mismo instante hay congregaciones reunidas en los lugares de cultos de Londres, y hay personas que les están hablando. No sé precisamente sobre qué tema les están hablando, pero sí sé cuál debería ser su tema. Si quieren alcanzar el intelecto de los que viven en los barrios bajos, si quieren tocar las conciencias de los que han sido ladrones y borrachos, si quieren derretir los corazones de los que se han tornado tercos y duros a lo largo de años de concupiscencia e iniquidad, sé que lo único que puede lograrlo es la muerte en el Calvario, las cinco heridas, el costado sangrante, el vinagre, los clavos y la lanza. Hay allí un poder para lograrlo que no se puede encontrar en ninguna otra parte del mundo.

4. Nos detendremos una vez mas en este punto. Alabamos la doctrina de la expiación por que, además de adecuarse al entendimiento, aquietar la conciencia y derretir el corazón, sabemos que tiene *poder para cambiar la vida exterior*. Ningún hombre puede creer que Cristo sufrió por sus pecados y a la vez vivir en pecado. Ningún hombre puede creer que sus iniquidades mataron a Cristo y a pesar de ello acariciarlas en su pecho. El efecto seguro y cierto de una verdadera fe en el sacrificio de expiación de Cristo es el de limpiar la vieja levadura, dedicar el alma a aquel que la compró con su sangre, y el compromiso de vengarse de aquellos pecados que clavaron a Cristo en el madero. Lo mejor es que esto se puede comprobar. Ve a cualquier barrio en Inglaterra donde viva un teólogo filósofo, que haya eliminado completamente la expiación

Expiación, Justificación, Arrepentimiento, Fe ...

de su predicación y si no hallas más prostitutas y ladrones y borrachos de lo que es usual, entonces estoy completamente equivocado; pero por otro lado, ve a otro barrio donde se predica la expiación, con rígida integridad y seriedad amorosa, y si no encuentras que las cantinas se están quedando vacías, que las tiendas están cerradas los domingos, y que la gente vive con honestidad y rectitud, entonces habré observado al mundo en vano.

Conocí en una ocasión un pueblo que posiblemente era el peor pueblo de Inglaterra por muchas razones; donde muchas destilerías ilícitas estaban produciendo su nocivo licor a un fabricante que no pagaba impuestos al gobierno y donde, en conexión con lo mismo, abundaba toda clase de desorden e iniquidad. A ese pueblo fue un joven, que no era más que un muchacho, sin mucha educación formal y que era tosco y algunas veces hasta vulgar. Comenzó a predicar allí, y quiso Dios sacudir a ese pueblo, y en muy poco tiempo la pequeña capilla con techumbre de paja estaba atestada y los más grandes vagabundos del pueblo lloraban a mares y quienes habían sido la maldición del barrio se convirtieron en su bendición; donde antes hubo todo tipo de robos y fechorías en todo el vecindario, ya no hubo más, porque los hombres que las hacían se encontraban en la casa de Dios, gozándose al escuchar de Jesús crucificado. Escúchenme bien, no les estoy diciendo ahora una historia exagerada, ni una cosa que yo no sé. Pero esta cosa recuerdo claramente para alabanza de Dios, quiso el Señor hacer signos y maravillas en nuestro medio. Él mostró el poder del nombre de Jesús y nos hizo testigos de ese evangelio que gana almas, que atrae corazones renuentes y moldea de manera nueva la vida y la conducta de los hombres. Hay algunos hermanos aquí que van a los refugios y hogares para hablar con esas pobres muchachas caídas que han sido rescatadas. Me pregunto qué harían si no llevaran consigo el evangelio a las moradas de la miseria y de la vergüenza. Si llevaran consigo una hoja arrancada de un manual de teología, y fueran y les hablaran con palabras y con filosofías rimbombantes ¿qué bien les podrían proporcionar? Pues bien, lo que no es bueno para ellas no es bueno para nosotros. Queremos algo que podamos entender, algo en que podamos confiar, algo que podamos sentir; algo que dé forma a nuestro carácter y a nuestra conversación, y que nos haga semejantes a Cristo.

II. FORMAS DE EXHORTACIÓN

Hombre cristiano, tu crees que tus pecados han sido perdonados y que Cristo ha hecho una expiación completa por ellos. ¿Qué te diremos a ti? ¡A ti te diremos en primer lugar que debes ser un cristiano muy alegre! ¡Que debes vivir por sobre las pruebas y los problemas comunes del mundo! Puesto que el pecado ha sido perdonado ¿qué importancia tiene lo que te suceda ahora? Lutero decía: «Golpéame, Señor, golpéame, puesto que mi pecado ha sido perdonado; si Tu te has dignado perdonarme, golpéame tan duro como quieras;» era como si se sintiera como un niño que había hecho algo malo y no le importara cómo su padre pudiera darle una paliza si al fin lo perdonaba. Pienso que tú puedes decir: «Envíame enfermedad, pobreza, pérdidas, cruces, calumnias, persecución, lo que quieras, Tú me has perdonado y mi alma está contenta y mi espíritu se regocija».

1. Y entonces, cristiano, si eres salvo y Cristo realmente tomó tu pecado, mientras eres feliz, *sé agradecido y lleno de amor*. Cuélgate de esa cruz que limpió tu pecado; sirve a quien te sirvió. «Así que, hermanos, os ruego por las misericordias de Dios que presentéis vuestros cuerpos como sacrificio vivo, santo y agradable a Dios, que es vuestro culto racional». Deja que tu celo no quepa en sí con la ebullición de una canción. Puedes decir: «Amo a mi Dios con tan gran celo, que podría darle todo», pero no entones estas palabras a menos que las sientas verdaderamente. ¡Oh, siéntelas en serio! ¿No hay nada que hagas en tu vida porque perteneces a Cristo? ¿No estás alguna vez ansioso de mostrar tu amor con algunas muestras expresivas? Ama a los hermanos del que te amó a ti. Si hay algún Mefiboset en algún lado que cojea o está lisiado, ayú-

dale por causa de Jonatán. Si hay algún pobre creyente atribulado, intenta llorar con él, y lleva su cruz por causa del que lloró por ti y llevó tus pecados.

2. Y aún más, cristiano, si es cierto que hay una expiación hecha por el pecado, *proclámala, proclámala, proclámala;* «no todos podemos predicar», dirás tú; no, pero proclámala, proclámala. «No podría preparar un sermón»; proclámala; cuenta la historia; comenta el misterio y la maravilla del amor de Cristo. «Pero nunca tendré una congregación»; cuéntala en tu casa; coméntala junto a la chimenea. «Pero sólo tengo niños muy pequeños;» entonces cuéntasela a ellos y déjales conocer el dulce misterio de la cruz y la bendita historia de Aquel que vivió y murió por los pecadores. Cuéntala, porque no sabes en qué oídos puede caer. Cuéntala a menudo, por que así tendrás una mayor esperanza de convertir a pecadores a Cristo. Si careces de talento, si no tienes los dones de la oratoria, gózate de tus carencias y gloríate en tu debilidad para que el poder de Cristo descanse sobre ti, pero de todas maneras cuéntala. A veces hay algunos jóvenes que se lanzan a predicar que mejor deberían controlar sus lenguas, pero hay otros muchos que poseen dones y habilidades que podrían utilizar para Cristo, pero da la impresión que tienen amarrada la lengua. He dicho a menudo que si reclutas a un joven en el ejército, siempre tiene algo que hacer, y pone el corazón en ello; pero si el mismo joven se une a una iglesia, entonces su nombre queda en el libro de registros, y se ha bautizado, y así sucesivamente, y piensa que no tiene nada más que hacer al respecto. Hermanos, no me gusta tener miembros en la iglesia que sienten que pueden descargar la responsabilidad en unos cuantos mientras ellos mismos se sientan tranquilos. Ésa no es la manera de ganar batallas. Si en la batalla de Waterloo, nueve de cada diez soldados hubieran dicho: «Bien, no necesitamos pelear; dejaremos que luchen unos pocos, allí están; dejémoslos que vayan y hagan todo». Si ellos hubieran dicho esto, pronto hubieran sido hechos pedazos. Todos tienen que tomar su turno, caballería e infantería y artillería; hombres con armas ligeras y toda clase de hombres; deben marchar a la refriega; sí, y aun los guardias, si son mantenidos como reserva hasta el fin, deben ser llamados «Guardias, listos y a la carga»; y si hay algunos entre ustedes aquí que son ancianos o ancianas que piensan que son como los guardias que deben ser dispensados del conflicto pesado, aún así, listos y a la carga, pues el mundo los necesita ahora a todos ustedes, y puesto que Cristo los ha comprado con su sangre, les suplico: no estén tranquilos hasta que hayan peleado por Él, y hayan obtenido la victoria por medio de su nombre. Proclamen la expiación; proclámenla; proclámenla; con voz de trueno proclámenla; si, con muchas voces entremezcladas como el sonido de rugientes aguas; proclámenla hasta que los habitantes del más remoto desierto hayan escuchado su proclamación. Proclámenla hasta que no haya nunca ni una choza en la montaña donde no se conozca de ella, ni un barco sobre el mar donde la historia no haya sido contada. Proclámenla hasta que no haya mas un callejón oscuro que no haya sido iluminado por su luz, ni una guarida detestable que no haya sido limpiada por su poder. Proclamen la historia que demuestra que Cristo murió por los impíos.

Con una palabra de aplicación práctica para los incrédulos, llegaré a una conclusión. Incrédulo, si Dios no puede perdonar y no perdonará los pecados de hombres arrepentidos si Cristo no asume su castigo, ten la certeza que Él te traerá a juicio. Si Cristo, el Hijo de Dios fue golpeado por Dios al imputársele el pecado ¿cómo no habrá de golpearte a ti cuando eres su enemigo, teniendo tus propios pecados sobre tu cabeza? Pareció que Dios hizo un juramento en el Calvario, ¡escúchalo, pecador! Pareció que Él hizo un juramento diciendo: «Juro por la sangre de mi Hijo que el pecado debe de ser castigado», y si no es castigado en Cristo por cuenta de ustedes, será castigado en ustedes por causa de ustedes mismos. Pecador, ¿Cristo es tuyo? ¿Murió por ti? ¿Has puesto tu confianza en Él? Si lo has hecho, Él murió por ti. ¿Dices: «no, yo no he puesto mi confianza en Él?». Entonces recuerda que si vives y mueres sin fe en

Cristo, por cada palabra vana y cada acto ilícito que hayas hecho, punto por punto y golpe por golpe, la venganza te castigará.

CONCLUSIÓN

Una palabra más de aplicación práctica para ustedes. Si Dios ha hecho la expiación en Cristo y ha abierto un camino de salvación, ¿cuál no será la culpa de los que traten de abrir otro camino; de los que dicen: «Seré bueno y virtuoso; asistiré a las ceremonias; yo me salvaré a mí mismo?». ¡Qué tonto eres!, has insultado a Dios en su punto más delicado, puesto que has insultado a su Hijo. Has dicho: «Me las puedo arreglar sin esa sangre»; de hecho, has pisoteado la sangre de Cristo y has dicho: «No la necesito». Oh, si el pecador que se arrepiente no será condenado, con cuantos terrores acumulados será condenado el que, además de su impenitencia, acumula afrentas sobre la persona de Cristo al querer establecer su propia justicia. Déjala; deja tus harapos, nunca podrás hacer un vestido con ellos; abandona tu tesoro despilfarrado; es una falsificación; renuncia a él. Te aconsejo que compres de Cristo un vestido fino, para que puedas estar debidamente vestido, y también oro fino para que puedas ser rico.

¡Y consideren esto, cada uno de los que me están oyendo! Si Cristo ha hecho expiación por los impíos, entonces permitan que esta pregunta circule, permitan que circule por los pasillos y por la galería, y que resuene en cada corazón, y que sea repetida por cada labio: «¿Y por qué no para mí también?» «¿Y por qué no para mí también?». Ten esperanza, pecador, ten esperanza; Él murió por los impíos. Si se dijera que murió por los piadosos, no habría esperanza para ti. Si estuviera escrito que murió por los buenos, los excelentes y los perfectos, entonces no tendrías oportunidad alguna. Pero Él murió por los impíos; tú eres uno de ellos; ¿qué razón puedes argumentar para concluir que Él no murió por ti? Escúchame, hombre; esto es lo que Cristo tiene que decirte: «Cree, y serás salvo»; esto es, confía, y serás salvo. Pon tu alma en las manos de aquel que llevó tu peso sobre la cruz; confía en Él ahora. Él murió por ti; tu fe es la mejor evidencia para nosotros, y para ti es la prueba de que Cristo te compró con su sangre.

No te demores; no esperes a llegar a casa para ofrecer una plegaria. Confía en Cristo con toda tu alma ahora. No tienes nada más en que confiar; apóyate en Él. Vas hacia abajo; vas hacia abajo. Las olas se están arremolinando a tu alrededor y pronto te van tragar, y tu oirás su gorgoteo cuando te estés hundiendo. Mira, Él te extiende su mano. «Pecador», te dice: «Yo te sostendré; aunque las olas ardientes del infierno se estrellen contra ti, yo te libraré de ellas, sólo confía en mí». ¿Qué dices a esto, pecador? ¿Confiarás en Él? ¡Oh alma mía, recuerda el momento en que confié en Él por primera vez! Hay gozo en el cielo cuando un pecador se arrepiente, pero difícilmente creo que sea un gozo mayor al gozo del pecador arrepentido cuando encuentra a Cristo por primera vez. Para mí fue tan simple y tan sencillo cuando lo supe. Sólo tenía que mirar y vivir, sólo tenía que confiar y ser salvo. Año tras año había estado corriendo de aquí para allá tratando de hacer lo que ya había sido hecho, para estar listo para aquello que no requería ninguna preparación ¡Oh, cuán feliz fue el día en que me aventuré a pasar por la puerta abierta de su misericordia, sentarme a la mesa preparada de su gracia, y comer y beber sin preguntar nada! ¡Oh, alma, haz tú lo mismo! Anímate. Confía en Cristo, y si Él te rechaza habiendo tú confiado en Él, mi alma por la tuya cuando nos encontremos frente al tribunal de Dios, yo seré tu prenda y tu promesa en el último gran día si lo necesitas; pero Él no puede rechazar ni rechazará a nadie que venga a Él por medio de la fe. ¡Que Dios nos acepte y nos bendiga a todos, por medio de Jesucristo! Amén.

7. Regeneración

64. LA REGENERACIÓN

«El que no nace de nuevo, no puede ver el reino de Dios» (Juan 3:3).

INTRODUCCIÓN: El gozne del Evangelio.

I. LA CUESTIÓN PLANTEADA
1. Cambio de nombre.
2. Cambio de ropa.
3. Cambio de idioma.
4. ¿Cómo obtener la regeneración?
5. Naturaleza de la regeneración.

II. EL REINO QUE SE PROMETE VER
1. El venidero reino de Dios.
2. El irregenerado no puede ver el Reino.

III. NO ES POSIBLE ESCALAR LOS MUROS DEL REINO
1. La invitación no dura siempre.
2. Desinterés y negligencia..

CONCLUSIÓN: Puede ser demasiado tarde.

LA REGENERACIÓN

INTRODUCCIÓN

En la vida diaria nuestros pensamientos están mayormente ocupados con cosas que son muy necesarias para nuestra existencia. Nadie murmuraba porque el tema del precio del pan estuviese frecuentemente en boca de la gente en una época de escasez, porque pensaban que el tema era de vital importancia para la gran masa de la población, y por ello no se murmuraba, aunque se oía acerca del mismo tema una y otra vez en discursos declamatorios y en los diarios se leían constantemente artículos acerca de lo mismo. Yo debo ofrecer la misma excusa, así, al traer ante vosotros esta mañana la cuestión de la regeneración. Es de una importancia vital y absoluta; es el gozne del Evangelio; es el punto acerca del que la mayoría de los cristianos están de acuerdo, sí, todos los cristianos en sinceridad y verdad. Es un tema que subyace en la misma base de la salvación. Es el mismo fundamento de nuestras esperanzas para el cielo; y como deberíamos ser muy cuidadosos acerca del fundamento de nuestra casa, igualmente deberíamos ser muy diligentes en asegurarnos de que realmente hemos nacido de nuevo y de que tenemos una casa firme para la eternidad. Hay muchos que se imaginan que han nacido de nuevo y que no es verdad. Bien nos conviene, pues, examinarnos frecuentemente a nosotros mismos; y es deber del ministro presentar aquellas cuestiones que conducen al propio examen y que tienen tendencia a escudriñar el corazón y poner a prueba las interioridades de los hijos de los hombres.

Para comenzar de manera directa, haré primero algunas observaciones acerca del *nuevo nacimiento;* en segundo lugar, observaré *qué es lo que se significa por no poder ver el reino de Dios si no hemos vuelto a nacer,* y luego pasaré a observar *cuál es la causa de que «si no nacemos de nuevo, no podemos ver el reino de Dios»;* y luego, antes de acabar, *exhortaré a los hombres* como embajador de Dios.

I. LA CUESTIÓN PLANTEADA

Primero tenemos, pues, la cuestión de la regeneración. Al tratar de explicarla, tengo que haceros observar, primero y ante todo, *la figura que se usa.* Se dice que al hombre le es necesario nacer de nuevo. No puedo ilustrar esto de mejor forma que suponiendo un caso. Imaginemos que en Inglaterra se aprobase una ley de que la admisión a la corte real, la preferencia en cargos y cualquier privilegio que pudiera pertenecer a la nación solo se pudiera dar a personas nacidas en Inglaterra. Supongamos que haber nacido en esta tierra fuese considerado *sine qua non,* y se declarase de forma absoluta que, fuesen lo que fuesen los hombres, si no eran súbditos nativos de Inglaterra no podían entrar en presencia de su majestad, ni gozar de ninguno de los emolumentos ni cargos estatales, ni de ninguno de los privilegios de los ciudadanos. Creo que si suponemos este caso, podré ilustrar la diferencia entre cualquier cambio y reforma que los hombres pudiesen hacer en sí mismos y la verdadera obra de nacer de nuevo.

1. Bien, supongamos que algún hombre (digamos que un indio piel roja) llegase a este país, y tratase de obtener los privilegios de la ciudadanía, sabiendo que la regla es absoluta y que no puede ser alterada, sino que un hombre ha de ser un súbdito nacido aquí, o no podrá gozar de tales derechos. Supongamos que dice: «Cambiaré mi nom-

Expiación, Justificación, Arrepentimiento, Fe ...

bre; tomaré un nombre inglés; entre los sioux me han llamado por mi elevado título; me han conocido como el hijo del Gran Viento Occidental, o algún nombre parecido. Pero tomaré un nombre inglés, y me llamarán un cristiano, un súbdito inglés». ¿Se conseguirá con ello su admisión? Le veis acudiendo a las puertas de palacio y pidiendo ser admitido. Dice: «He asumido un nombre inglés». Le preguntan: «Pero, ¿es usted inglés de nacimiento?». «No, eso no», dice él. «Entonces hemos de cerrarle las puertas, porque la ley es terminante; y aunque usted se llame incluso por el nombre de la familia real, sin embargo, por cuanto no ha nacido aquí, tiene que quedar fuera". Esta ilustración será de aplicación a todos los que están presentes. Al menos, casi todos nosotros llevamos la profesión de cristianos. Viviendo en Inglaterra, consideraríais una afrenta si no os considerasen cristianos. No sois paganos, no sois incrédulos; no sois mahometanos ni judíos; pensáis que el nombre de cristiano es uno que os acredita, y lo habéis asumido. Tened la certidumbre, empero, de que el nombre de cristiano no es la naturaleza de cristiano, y que haber nacido en una tierra cristiana y que se os reconozca como profesantes de la religión cristiana no sirve de nada, salvo que se añada algo a ello: nacer de nuevo como súbditos de Jesucristo.

2. «Pero», dirá este indio piel roja, «estoy preparado para *renunciar a mi vestimenta* y a adoptar las formas inglesas; de hecho, iré a la última moda; no me verán en nada que difiera del estilo aceptado de ahora. ¿Acaso no podré presentarme ante su majestad cuando esté vestido con un traje de corte y me haya adornado según demanda la etiqueta? Mire, me quitaré esta pluma, no agitaré ese *tomahawk*, renuncio a esos vestidos. El mocasín lo echo de mí para siempre; soy inglés en vestimenta lo mismo que de nombre». Acude a la puerta, vestido como uno de nuestros compatriotas; pero las puertas siguen cerradas a cal y canto, porque la ley exige que haya nacido en el país, y sin eso, sea cual sea su vestido, no puede entrar en el palacio. Y así estáis muchos de vosotros, que no sólo asumís el nombre de cristiano, sino que habéis adoptado las formas cristianas; vais a vuestras iglesias y capillas, asistís a la casa de Dios, tomáis cuidado de que en vuestra familia se observe de alguna manera alguna forma de piedad; ¡vuestros hijos no se quedan sin oír el nombre de Jesús! Hasta ahora, muy bien; ¡Dios no quiera que diga una sola palabra en contra de todo eso! Pero recordad: es malo porque no vais más allá. Todo esto no sirve de nada para admitiros en el reino del cielo, a no ser que también se cumpla esto: nacer de nuevo. ¡Oh!, vestíos todo lo que queráis con los ropajes de la piedad; poneos el sombrero de la benevolencia sobre la frente y ceñid vuestros lomos con integridad; calzad vuestros pies con la perseverancia y caminad por la tierra como hombres honrados y rectos; pero recordad, a no ser que nazcáis de nuevo, «lo que es nacido de la carne, carne es», y vosotros, al no tener en vuestro interior la operación del Espíritu, seguís teniendo cerradas contra vosotros las puertas del cielo, porque no habéis nacido de nuevo.

3. «Bien», dice el indio, «no solo adoptaré el vestido, sino que *aprenderé el idioma;* dejaré mi jerga y el idioma que hablaba en las praderas o en los bosques, los echaré de mis labios. No hablaré del *Shu-Shuh-gah* ni de los nombres extraños con los que he llamado a mis aves y ciervos silvestres, sino que hablaré como vosotros habláis y actuaré como vosotros lo hacéis; no solo me vestiré como vosotros, sino vuestra manera de hacer de una manera precisa, hablaré como vosotros, con vuestros giros, y me preocuparé de que mi habla sea gramatical y correcta; ¿no me admitiréis entonces? Me habré vuelto inglés de los pies a la cabeza; ¿no puedo ser recibido entonces?».

«No», dice el guarda de la puerta, «no hay admisión; porque si uno no ha nacido en este país, no puede ser admitido». Y así os sucede a algunos de vosotros; habláis como los cristianos. Quizá tenéis demasiada gazmoñería en vuestra actuación; habéis comenzado a imitar de una manera tan estricta lo que creéis que debe ser un hombre piadoso, que os pasáis un poco de la raya, y os excedéis de manera que podemos detectar la falsificación. Sin embargo, pasáis generalmente entre la mayoría de los hombres como un cristiano recto. Habéis estudiado biografías, y a veces habláis mucho acerca de la experiencia divina; lo habéis tomado prestado de las biografías de hombres cristianos; habéis estado con cristianos, y sabéis hablar como ellos; habéis quizá adquirido un acento puritano; vais por el mundo como confesantes; y si se os observa, nadie podría detectaros. Sois miembros de la iglesia, habéis sido bautizados, tomáis la cena del Señor; quizá seáis diáconos, o ancianos; pasáis alrededor la copa sacramental, sois todo lo que un cristiano pueda ser, excepto que carecéis de corazón cristiano. Sois sepulcros blanqueados, todavía llenos de corrupción en vuestro interior, aunque bien adornados en el exterior. Bueno, ¡pues prestad atención! Es algo asombroso ver cómo el pintor puede aproximarse a la expresión de la vida, pero su lienzo permanece muerto e inmóvil. Y es igualmente asombroso cuán cerca un hombre puede aproximarse en apariencia a un cristiano, y, sin embargo, por no haber nacido de nuevo, la regla absoluta le excluye del cielo; y con toda su pretensión, con todos los atavíos de su pretendida piedad, y con todo el hermoso plumaje de la experiencia, sin embargo tiene que ser echado fuera de las puertas del cielo.

«¡Qué poco caritativo que es usted, señor Spurgeon!», dirá alguno. Pues no me preocupa lo que digáis acerca de esto. Nunca he deseado ser más caritativo que Cristo. No soy yo quien dijo esas cosas, sino Cristo. Si tenéis alguna dificultad con él, solucionadla con él. Yo no soy quien ha establecido esta verdad, soy sencillamente su proclamador. Está escrito: «El que no nace de nuevo, no puede ver el reino de Dios». Si su criado va a la puerta de alguien y entrega su mensaje correctamente, el hombre a la puerta puede que le insulte mucho, pero el criado dirá: «Señor, no me insulte. No puedo hacer nada; solamente puedo decirle lo que mi señor me ordenó. No lo he originado yo». De modo que, si me consideráis poco caritativo, recordad que no me acusáis a mí; acusáis a Cristo; no encontráis falta en el mensajero, sino en el mensaje. Cristo lo ha dicho: «El que no nace de nuevo...». No puedo discutir con vosotros, ni lo voy a intentar. Ésta es sencillamente la Palabra de Dios. Rechazadla para peligro vuestro. Creedla y recibidla, os lo ruego, porque proviene de los labios del Altísimo.

4. Pero observemos ahora *la manera en la que se obtiene esta regeneración*. Creo que no hay grupo en Inglaterra tan profundamente insensato como los puseyitas. Difícilmente creo que yo haya sido el medio de atraer a nadie aquí tan totalmente vacío de todo resto de cerebro como quien crea en la doctrina de la regeneración bautismal. Sin embargo, debo mencionarla. Los hay que creen que con unas cuantas gotas de agua rociadas sobre la frente de un bebé se consigue que el bebé quede regenerado. Bueno, concedamos esto. Y ahora encontraremos a nuestro hombre regenerado al cabo de veinte años. El campeón de boxeo es un hombre regenerado. ¡Sí!, es regenerado porque fue bautizado de bebé; y, por ello, si en el bautismo son regenerados todos los bebés, el campeón de boxeo está regenerado. Acéptalo y recíbelo como tu hermano en el Señor. ¿Le has oído como jura y blasfema contra Dios? Es regenerado; créeme, es regenerado. ¿Ves a aquel borracho haciendo eses por la calle, la plaga del vecindario, pendenciero, peleándose con todo el mundo, que maltrata a su mujer, peor que los brutos? Bueno, pues es un regenerado, es uno de esos regenerados puseyitas. ¡Buen regenerado! ¡Mira cómo se reúne la multitud en las calles! Se levanta la horca, están a punto de ejecutar a Palmer, el hombre cuyo nombre ha de ser abominado por su villanía por toda la eternidad. Aquí tenemos a uno de los regenerados puseyitas. Sí, es regenerado porque fue bautizado en la infancia; regenerado, mientras mezcla su estricnina; regenerado mientras administra lentamente su veneno, para causar muerte y un terrible dolor mientras la causa. ¡Regenerado, de cierto! Si esto es regeneración, esa regeneración no vale la pena; si esto es lo que nos deja entrar en el reino de los cielos, desde luego el Evangelio es un mensaje de licencia; nada bueno podríamos decir acerca de él. Si éste es el Evangelio, que todos esos hombres así son regenera-

Expiación, Justificación, Arrepentimiento, Fe ...

dos y serán salvos, solo podemos decir que sería deber de cada hombre, erradicar el Evangelio en el acto, porque es tan inconsecuente con los más comunes principios de moralidad que no podría venir de Dios, sino del diablo.

Pero hay quienes dicen que todos son regenerados cuando son bautizados. Bueno, pues si pensáis tal cosa, quedaos con vuestra opinión; lamentablermente, yo no podré remediarlo. Desde luego, Simón el Mago fue una excepción; fue bautizado en base de una confesión de fe, pero lejos de haber sido regenerado por su bautismo encontramos a Pedro diciendo: «Veo que estás en hiel de amargura y en ataduras de maldad» (Hch 8:23). Sin embargo él sería uno de esos regenerados por haber sido bautizado. ¡Ah, esta doctrina solo tiene que ser enunciada ante los hombres sensibles, y la rechazarán en el acto. Caballeros a los que les encanta una religión de filigranas y a los que les gustan los ornamentos y los espectáculos; caballeros de la elevada escuela de Beau Brummel, que muy probablemente preferirán esta religión, pues han cultivado sus gustos a costa de su cerebro, y han olvidado que lo que es consecuente con el sano juicio del hombre no puede ser consecuente con la Palabra de Dios. Hasta aquí acerca del primer punto.

En siguiente lugar, decimos que tampoco es el hombre regenerado *por sus propios esfuerzos*. Alguien puede reformarse mucho a sí mismo, y esto es bueno y correcto; hagámoslo todos. Uno puede echar de sí muchos vicios, abandonar muchas concupiscencias a las que se daba, y vencer malos hábitos; pero nadie en el mundo puede darse a sí mismo el nacer de Dios; aunque se debata una y otra vez, nunca podrá conseguir aquello que está más allá de su poder. Y, observemos esto, si consiguiese nacer de nuevo, con todo ello no entraría en el cielo, porque hay otro punto en la condición que habría violado: «El que no nace del *Espíritu*, no puede entrar en el reino de Dios». De modo que los mejores esfuerzos de la carne no pueden llegar a este punto culminante, nacer de nuevo del Espíritu de Dios.

5. Y ahora hemos de decir que la regeneración consiste en esto: que Dios el Espíritu Santo, de una manera sobrenatural (y observemos que por sobrenatural me refiero precisamente a lo que esto significa de manera estricta) obra en los corazones de los hombres, y que ellos, por las operaciones del divino Espíritu, vienen a ser hombres regenerados. Y a no ser que Dios el Espíritu Santo, que «obra en nosotros el querer y el hacer», opere en la voluntad y en la conciencia, la regeneración es una absoluta imposibilidad, y por ello también es imposible la salvación. «¡Qué!», dice uno, «¿quiere usted decir que Dios se interpone de manera absoluta para la salvación de cada uno, para regenerarlo?» Sí, desde luego, esto quiero decir; en la salvación de cada persona hay una aplicación real del poder divino, por el que el muerto en pecados es vivificado, el pecador mal dispuesto es hecho dispuesto, el pecador desesperadamente endurecido queda con su conciencia enternecida, y aquel que rechazaba a Dios y menospreciaba a Cristo, es llevado a arrojarse a los pies de Jesús. A esto quizá se le llame doctrina fanática; ante esto no podemos hacer nada; es una doctrina bíblica, y esto es suficiente para nosotros. «El que no nace ... del Espíritu, no puede entrar en el reino de Dios Lo que es nacido de la carne, carne es; y lo que es nacido del Espíritu, espíritu es». Si no os gusta, discutid con mi Señor, no conmigo; yo simplemente declaro su propia revelación, en el sentido de que debe haber en vuestro corazón algo más que lo que vosotros jamás podáis producir. Ha de darse una operación divina; llamadla una operación milagrosa, si queréis; en cierto sentido es así. Ha de darse una interposición divina, o sin ella, hagáis lo que hagáis, tendréis que perecer y perderos. «El que no nace de nuevo, no puede ver el reino de Dios». El cambio es radical; nos da nuevas naturalezas, nos hace amar lo que habíamos aborrecido y aborrecer lo que amábamos, nos pone en un nuevo camino; hace diferentes nuestros hábitos, distintos nuestros pensamientos, nos hace diferentes en privado y en público. De modo que se cumple lo que significa estar en Cristo: «De modo que si

alguno está en Cristo, nueva criatura es; las cosas viejas pasaron; he aquí, todas son hechas nuevas».

II. EL REINO QUE SE PROMETE VER

Hemos de pasar al segundo punto. Creo que hemos explicado la regeneración, de modo que todos puedan ver lo que es. Ahora bien, ¿qué significa la expresión «ver el reino de Dios»? Significa dos cosas. Ver el reino de Dios en la tierra es ser miembro de la iglesia mística, es gozar de la libertad y de los privilegios del hijo de Dios. Ver el reino de los cielos significa tener poder en oración, tener comunión con Cristo, tener comunión en el Espíritu Santo; y fructificar y producir todos estos gozosos y benditos frutos que son efecto de la regeneración. En un sentido más alto, «ver el reino de Dios» significa ser admitido al cielo. El que no nace de nuevo, no puede conocer acerca de las cosas celestiales en la tierra, y no puede gozar de bendiciones celestiales para siempre: «No puede ver el reino de Dios».

Creo que puedo pasar sin observaciones de este segundo punto, y pasar a observar, en tercer lugar, a qué se debe que «El que no nace de nuevo, no puede ver el reino de Dios». Y limitaré mis observaciones al reino de Dios en el mundo venidero.

1. Bien, no puede ver el reino de Dios *porque en el cielo estaría fuera de lugar*. Un hombre que no haya nacido de Dios no podría gozar del cielo. Hay una verdadera imposibilidad en su naturaleza, lo que le impide de gozar de ninguna de la gloria del Paraíso. Podrías pensar, quizá, que el cielo se compone de aquellas murallas de joyas, de aquellas puertas perlinas, y de las puertas de oro; nada de esto: esa es la morada del cielo. El cielo mora allá, pero eso no es el cielo. El cielo es un estado que es hecho aquí, y que se hace en el corazón; hecho por el Espíritu de Dios dentro de nosotros, y a no ser que Dios el Espíritu nos renueve, y nos haga nacer de nuevo, no podemos gozar de las cosas del cielo. Bien, es una imposibilidad física que un cerdo dé jamás una conferencia sobre astronomía. Cada uno se dará cuenta de que un caracol construya una ciudad. Y es igual de imposible que un pecador no enmendado goce del cielo. No habría nada allí de que pudiese gozar; si pudiese ser puesto en el lugar donde está el cielo, se sentiría miserable. Clamaría: «¡Dejadme salir, dejadme salir; dejadme salir de este lugar tan terrible!». Apelo a la evidencia; a menudo, un sermón es para vosotros una cosa demasiado larga; cantar las alabanzas de Dios es una obra pesada, tediosa; creéis que acudir a la casa de Dios es cosa aburrida. ¿Qué haréis donde adoran a Dios en un día sin fin que no tiene noche? Si solo un breve discurso aquí es agotador para vosotros, ¿qué pensaréis de las eternas conversaciones de los redimidos a través de las edades, acerca de las maravillas del amor redentor? Si la compañía de los justos os fastidia tanto, ¿qué será la compañía de ellos por toda la eternidad? Creo que muchos de vosotros os sentís con libertad para decir que cantar salmos no va demasiado con vuestros gustos, que no os gustan nada las cosas espirituales. Que os den una botella de vino y que os den comodidad: ¡Eso es el cielo para vosotros! Bien, no se ha hecho aún un cielo así, y por tanto no hay cielo para vosotros. El único cielo que hay es el cielo de las personas espirituales, el cielo de la alabanza, el cielo del deleite en Dios, el cielo de la aceptación en el amado, el cielo de la comunión con Cristo. Ahora bien, vosotros no entendéis nada de eso; no podríais gozarlo si fueseis a tenerlo; no tenéis capacidad para hacerlo. Vosotros mismos, por el hecho mismo de no haber nacido de nuevo, sois vuestra propia barrera al cielo, y si Dios abriese las puertas de par en par, y dijese: «Entrad», no podríais gozar del cielo si fueseis admitidos allí; porque si uno no nace de nuevo, es imposible, una imposibilidad moral, que vea el reino de Dios. Supongamos que haya algunas personas aquí que son totalmente sordas, que nunca han oído sonidos. Bien, yo digo que no pueden oír los cánticos. ¿Acaso soy cruel por decir esto? Es su propia incapacidad lo que les impide. De modo que cuando Dios dice que no podéis ver el reino de los cielos, quiere decir con ello que es vuestra propia incapacidad para el goce del cielo lo que os impedirá que jamás entréis allí.

Expiación, Justificación, Arrepentimiento, Fe ...

Pero hay algunas otras razones; hay razones por las que «Aquellas santas puertas para siempre excluyen La contaminación, el pecado y la abominación».

2. Hay razones, además de las que están en vosotros mismos, por las que no podéis ver el reino de Dios, a no ser que nazcáis de nuevo. *Preguntad a los espíritus allá* delante del trono: «Ángeles, principados y potestades, ¿estaríais dispuestos a que personas que no aman a Dios, que no creen en Cristo, y no han nacido de nuevo, moren aquí?». Los veo, al mirarnos, y los oigo respondiendo: «¡No! Una vez luchamos contra el dragón y lo expulsamos porque nos tentó a pecar; no debemos ni queremos tener aquí a los malvados. Estas murallas de alabastro no han de contaminarse con dedos negros y concupiscentes; el blanco pavimento del cielo no debe mancharse ni ensuciarse con los impíos pies de los hombres impíos. ¡No!». Veo mil lanzas aguzadas y los rostros firmes de miríadas de serafines se proyectan por encima de las murallas del paraíso. «No, mientras estos brazos tengan poder y estas alas tengan fuerza, ningún pecado entrará jamás aquí».

Me dirijo entonces a los santos del cielo, redimidos por gracia soberana: «Hijos de Dios, ¿estáis dispuestos a que los malvados entren en el cielo tal como están, sin nacer de nuevo? Amáis a los hombres, vosotros. Decidme, ¿estáis dispuestos a que sean admitidos como son?». Veo a Lot levantarse y oigo su grito: «¡Admitirlos al cielo! ¡No! ¡Qué! ¿Acaso tengo que afligirme de nuevo como lo estaba, con la malvada manera de vivir de los sodomitas?». Veo a Abraham que dice: «No; no puedo aceptarlos. Ya tuve suficiente con ellos en la tierra: sus burlas y escarnios, su necia conversación, su vana forma de vivir, nos afligía y dolía. No los queremos aquí». Y por celestiales que sea, y por amantes que son sus espíritus, no hay un solo santo en el cielo que no se resienta con total indignación ante la proximidad de alguno de vosotros a las puertas del Paraíso, si seguís siendo impíos; si no habéis nacido de nuevo. Pero todo esto no sería nada.

III. NO ES POSIBLE ESCALAR LOS MUROS DEL REINO

Podríamos quizá escalar los baluartes del cielo si sólo estuviesen protegidos por ángeles, y derribar las puertas del paraíso, si sólo los santos las defendiesen. Pero hay otra razón, además, *Dios lo ha dicho personalmente:* «El que no nace de nuevo, no puede ver el reino de Dios». ¿Qué, pecador? ¿Escalarás tú las almenas del paraíso, cuando Dios está listo para arrojarte al infierno? ¿Acaso le desafiarás con tu desvergüenza? Dios lo ha dicho; Dios lo ha dicho, y con voz de trueno: «No podréis ver el reino de Dios». ¿Podéis luchar contra el Todopoderoso? ¿Podéis derribar la Omnipotencia? ¿Podéis enzarzaros contra el Altísimo? ¡Gusano del polvo! ¿Puedes tú vencer a tu Hacedor? Tembloroso insecto de una hora, sacudido por los relámpagos cuando muy por encima de tu cabeza fulguran en las alturas del cielo, ¿osarás oponerte a la mano de Dios? ¿Te aventurarás a desafiarte cara a cara? ¡Ah!, se reiría de ti. Así como la nieve se derrite bajo el sol, así como la cera corre ante el calor del fuego, así te sucedería a ti, si su furia te atenazase. No creas que no puedes vencerle. Él ha sellado contra ti la puerta del Paraíso, y no hay entrada. El Dios de justicia dice: «No recompensaré a los malvados con los justos. No sufriré que mi hermoso y piadoso Paraíso sea manchado por hombres malvados e impíos. Si ellos se vuelven, tendré misericordia de ellos; pero si no se vuelven a mí, vivo yo que los despedazaré y no habrá quien pueda librarlos». Ahora, pecador, ¡prueba de enfrentarte a él! ¿Te precipitarás sobre los fuertes escudos de Jehová? ¿Tratarás de escalar su cielo cuando su saeta está dispuesta en el arco para alcanzar tu corazón? ¡Qué! ¿Lo harás cuando la resplandeciente espada está lista a tu cuello, para degollarte? ¿Tratarás de luchar contra tu Hacedor? No, trozo de tiesto, no: contiende si acaso con tu compañero tiesto. Ve, pobre saltamontes, ve y lucha contra tus hermanos; enfréntate a ellos, pero no te enfrentes al Todopoderoso. Él lo ha dicho, y tú jamás, pero jamás, entrarás en el cielo, si no has nacido de nuevo. De nuevo, te lo digo, no contiendas conmigo; yo sólo he entregado el mensaje de mi Señor. Tómalo, no lo creas, si te atreves; pero si lo crees, no te enfrentes a mí, porque es el mensaje de Dios; y lo digo con amor por tu alma, no sea que carente del mensaje te pierdas en las tinieblas, andando ciego hacia tu eterna perdición.

1. Ahora, amigos, una palabra de exhortación para vosotros, y luego me despido. Oigo a alguien decir: «Vaya, vaya, vaya, ya lo veo. *Esperaré nacer de nuevo una vez que haya muerto»*. Señor, créame usted, habrá sido un pobre insensato por ello. Cuando los hombres mueren, su estado queda fijado.

«Fijados en su estado eterno;
Pudieron arrepentirse; ahora es demasiado tarde».

Nuestra vida es como la cera fundiéndose en la llama; la muerte pone su estampa sobre ella, y cuando se enfría ya no puede cambiarse. Hoy sois como el metal ardiente que corre de la caldera al molde; la muerte os enfría en su molde, y quedáis conformados para toda la eternidad. La voz de la condenación clama sobre los muertos: «El que es santo, santifíquese todavía; el que es injusto, sea injusto todavía; y el que es inmundo, sea inmundo todavía». Los condenados están perdidos para siempre; no pueden nacer de nuevo; seguirán maldiciendo y siempre malditos; siempre luchando contra Dios y siempre pisoteados bajo sus pies; seguirán siempre escarneciendo y siempre siendo burlados por sus escarnios; siempre rebelándose y siempre golpeados por los látigos de la conciencia, porque estarán siempre pecando. No pueden ser regenerados porque están muertos.

«Bien», dice otro, *«ya me preocuparé de regenerarme antes de morir».* Señor, se lo repito, es usted un insensato por hablar así. ¿Cómo sabes que vivirás? ¿O acaso tienes un contrato para tu vida, como lo tienes para tu casa? ¿Puedes acaso asegurar el aliento de tus narices? ¿Puedes decir con certidumbre que jamás otro rayo de luz iluminará tus ojos? ¿Puedes estar seguro de que, así como tu corazón está redoblando una marcha funeral hacia tu sepulcro, que pronto no tocarás la última nota, y que así morirás, donde estés ahora, de pie o sentado? ¡Oh, hombre! Si tus huesos fuesen de hierro y de bronce tus ligamentos, y tus pulmones de acero, entonces podrías decir: «Viviré». Pero estás hecho de polvo; eres como la flor del campo; podrías morir ahora. ¡Mira! Veo la muerte allí de pie, moviéndose adelante y atrás de la piedra del tiempo con su guadaña, para afilarla; hoy, para algunos de vosotros, está empuñando su guadaña; y comienza a segar los campos, y caéis uno a uno. No debéis vivir y no viviréis. Dios os lleva como una inundación; como a una nave en un torbellino; como el tronco en una corriente que cae en una catarata. No hay forma de detenernos. ¡Todos estamos muriendo ahora! Sin embargo, ¡tú dices que serás regenerado antes de morir! Muy bien, señores, ¿estáis regenerados ahora? Porque si no, puede que sea ya demasiado tarde para esperar a mañana. Mañana podríais estar en el infierno, sellados para siempre por un destino adamantino, que nunca podrá ser alterado.

2. «Bueno», clama otro, *«no me preocupa mucho todo esto;* porque no hay gran cosa en quedar excluido del Paraíso». Ah, amigo, esto es porque no lo comprendes. Ahora te sonríes, pero vendrá un día en que tu conciencia será tierna, cuando tu memoria será fuerte, cuando tu juicio estará iluminado, y cuando pensarás muy diferente de lo que piensas ahora. Los pecadores en el infierno no son los insensatos en la tierra. En el infierno no se ríen de las eternas llamas; en el abismo no menosprecian las palabras «fuego eterno». El gusano que nunca muere, cuando muerde, mordisquea todos los chistes y las risotadas; puede que ahora menospreciéis a Dios, y que me despreciéis a mí ahora por lo que os digo, pero la muerte cambiará vuestra nota. Oh, mis oyentes, si esto fuese todo, estaría bien dispuesto. Puede que me menospreciéis, si, podéis hacerlo. Pero, os lo ruego, no os despreciéis a vosotros mismos. No vayáis silbando al infierno y riendo al abismo; porque cuando estéis allí, amigos, encontraréis algo diferente de lo que os imagináis ahora. Vinisteis a oírme predicar hoy, como habríais podido ir a la ópera o al teatro; pensabais que os

divertiría. ¡Ah!, no es éste mi propósito, Dios me es testigo, sino que vine aquí con solemnidad y gravedad, para lavarme las manos de vuestra sangre. Si cualquiera sois condenados, no será porque no os advirtiese. Hombres y mujeres: si perecéis, mis manos están lavadas en inocencia; os he hablado de vuestro destino. De nuevo clamo: arrepentíos, arrepentíos, porque «si no os arrepentís, todos pereceréis igualmente». Vine decidido esta mañana a que si tenía que usar palabras duras, las diría; decidido a hablar claro contra los hombres, y también en favor de los hombres; porque las cosas que decimos contra vosotros ahora son en realidad para vuestro bien. Sencillamente, os advertimos para que no perezcáis. Pero, ¡ah!, oigo decir a uno de vosotros: «No comprendo este misterio; por favor, ¿me lo puedes explicar?». Necio, necio, eso eres tú: ¿No ves aquel fuego? Se nos despierta de nuestras camas, la luz está en la ventana; nos precipitamos escaleras abajo; la gente se lanza a la carrera; la calle está repleta de muchedumbre; corren hacia la casa, que es pasto de las llamas. Los bomberos están trabajando; echan un chorro de agua sobre la casa; pero, ¡mirad!, hay un hombre en el piso de arriba; hay un hombre en la buhardilla; apenas si tiene tiempo de escapar, a duras penas. Se levanta un grito: «¡Eeeeh!, ¡fuego, fuego, fuego!, ¡eeeeeh!" Pero aquel hombre no aparece en la ventana. ¡Mirad, ponen una escalera contra las paredes, llega hasta el alféizar de la ventana, y una fuerte mano derriba los ventanales! Y el de dentro, ¿que hace todo el rato? ¡Qué! ¿Acaso está atado a la cama? ¿Está impedido? ¿Acaso algún demonio se ha apoderado de él y lo ha clavado al suelo? No, no: siente cómo las tablas se están calentando bajo sus pies, el humo le está ahogando, el fuego está ardiendo a su alrededor, y sabe que solo hay una vía de escape, por la escalera de mano. ¿Y qué está haciendo? Está sentado (aunque no me creáis), está sentado y diciendo: «El origen de este fuego es muy misterioso; me pregunto cómo lo descubriremos. ¿Cómo podremos comprenderlo?» ¿Acaso os reís de él? Pues os estáis riendo de vosotros mismos. ¡Queréis que os con-

testen esta y aquella otra pregunta, cuando vuestras almas están en peligro de vida eterna! ¡Oh, cuando seáis salvos, entonces será el momento de hacer preguntas! Mientras tanto estáis en la casa ardiendo, y en peligro de muerte. No es momento de estar preguntándoos cuestiones acerca del libre albedrío, de la suerte fijada, de la absoluta predestinación. Todas estas cuestiones son buenas y correctas para después, para los que son salvos. Que el hombre en la orilla intente descubrir la causa de la tempestad; vuestra única ocupación ahora es preguntar: «¿Qué debo hacer para ser salvo?», y, «¿cómo puedo escapar de una condenación tan grande como la que me espera?».

CONCLUSIÓN

¡Ah, amigos míos, no puedo hablaros como querría! Creo que siento esta mañana algo parecido a Dante cuando escribió su *In Inferno*. Los hombres decían de él que había estado en el infierno; y lo parecía. Había pensado tanto tiempo en él, que decían: «Ha estado en el infierno», siendo que hablaba con una intensidad tan terrible. ¡Ah!, si yo pudiese, hablaría también así. Solo unos días más, y me encontraré con vosotros cara a cara. Puedo mirar a lo largo de unos pocos años, cuando tú y yo estaremos cara a cara delante del tribunal de Dios. «Atalaya, atalaya», decía una voz, «¿les advertiste?» ¿Diréis alguno de vosotros que no os advertí? No, sino que hasta el más abandonado de vosotros podréis decir aquel día: «Nos reímos, nos burlamos de ello, no nos preocupaba; pero, oh Señor, estamos obligados a decir la verdad; este hombre lo sentía profundamente; nos habló de nuestra condenación, y está libre de culpa». ¿Lo diréis? Sé que lo diréis.

Pero dejad que termine con esta observación: Ser excluidos del cielo es algo terrible. Algunos de vosotros tenéis padres allí; tenéis queridos amigos allí; al morir, os tomaron de la mano, y os dijeron: «Hasta la vista; hasta que volvamos a vernos». Pero si nunca veis el reino de Dios, nunca podréis volverlos a ver. «Mi madre», dice uno, «yace en el sepulcro; voy a menudo a la tumba y pongo flores sobre ella, en recuerdo de ella que me crió; pero, ¿nunca más la veré?». No, nunca más, salvo que nazcas de nuevo. Madres, vosotros habéis tenido bebés que han ido al cielo; querríais ver a toda vuestra familia alrededor del trono, pero nunca volveréis a ver a vuestros hijos, excepto si nacéis de nuevo. ¿Diréis hoy adiós a los inmortales? ¿Os despediréis ahora de vuestros amigos glorificados en el Paraíso? Así debéis hacerlo, o ser convertidos. Habéis de huir a Cristo y confiar en Él, y su Espíritu os ha de renovar, o bien habéis de mirar al cielo y decir: «Coros de los bienaventurados: nunca os oiré cantar; padres de mi juventud, guardianes de mi infancia, os amo, pero hay entre vosotros y yo mismo una gran sima puesta; he sido echado fuera, y vosotros sois salvos». Os lo ruego, pensad en esas cuestiones; y cuando salgáis de aquí, que no sea para olvidaros de lo que he dicho. Si os sentís en absoluto impresionados esta mañana, no suprimáis esta impresión; puede que sea vuestra última advertencia. Será doloroso que os perdáis con las notas del Evangelio en vuestros oídos, y que perezcáis bajo el ministerio de la verdad.

65. LA RESURRECCIÓN ESPIRITUAL

«Y el os dio vida a vosotros, cuando estabais muertos por vuestros delitos y pecados» (Efesios 2:1).

INTRODUCCIÓN: Solemne espectáculo.

I. LA CONDICIÓN DE LOS HOMBRES POR NATURALEZA
1. La vista de la muchacha muerta en su cama.
2. El muchacho, trasladado al sepulcro.
3. El sepulcro cerrado: Lázaro.

II. LA VIVIFICACIÓN
1. La palabra vivificadora.

III. LA EXPERIENCIA POSTERIOR
1. Dadle de comer.
2. Devuelto a la madre.
3. Desatadle y dejadle ir.

III. *CONCLUSIÓN:* ¡Has sido vivificado!

LA RESURRECCIÓN ESPIRITUAL

INTRODUCCIÓN

Sería de natural esperar que seleccionase el tema de la resurrección en lo que se suele llamar el Domingo de Resurrección. No lo haré así, porque aunque he leído porciones que se refieren a este glorioso asunto, he sentido apremiado en mi mente un tema que no es la resurrección de Cristo, pero que está en cierta medida relacionado con la misma: la resurrección del hombre perdido y arruinado por el Espíritu de Dios, en esta vida.

El apóstol se está refiriendo aquí, como observaréis, a la iglesia en Éfeso, y, desde luego, a todos los que habían sido escogidos en Cristo Jesús, aceptos en él y redimidos con su sangre; y él les dice: «Y él os dio vida a vosotros, cuando estabais muertos por vuestros delitos y pecados».

¡Qué solemne espectáculo es el que se nos presenta con un cuerpo muerto! Anoche, cuando trataba de entrar en este pensamiento, me abrumó totalmente. Es un pensamiento angustioso, que pronto este cuerpo mío tenga que ser un festín para los gusanos; que dentro y fuera de estos lugares, donde ahora resplandecen mis ojos, se arrastrarán seres inmundos y abominables; que este cuerpo quede tendido en una callada, fría, abyecta e inmóvil muerte, que luego se vaya a convertir en una cosa ponzoñosa, nauseabunda, echado fuera incluso por los que me aman, que dirán: «Entierra a mi muerto fuera de mi vista». Quizá apenas podáis asimilar la idea en el poco tiempo que os doy. ¿No os parece cosa extraña que vosotros, que habéis acudido aquí esta mañana, seréis un día llevados a vuestro sepulcro; que los ojos que ahora me miran quedarán un día envidriados en oscuridad eterna, y que las lenguas que ahora se movían en cánticos pronto serán callados montones de polvo; y que vuestros cuerpos fuertes y robustos, ahora de pie en este lugar, pronto no podrán mover ni un músculo, sino que vendrán a ser algo abominable, el hermano del gusano y la hermana de la corrupción? Apenas si podéis concebir esta idea. La muerte hace una obra tan terrible

Expiación, Justificación, Arrepentimiento, Fe ...

con nosotros, actúa de tal manera como un vándalo contra este cuerpo mortal, destruye tan en pedazos esta hermosa cosa que Dios ha construido, que apenas si podemos soportar contemplar sus obras destructoras.

Ahora, tratad, tan bien como podáis, de concebir la idea de un cadáver, y cuando lo hayáis hecho, por favor comprended que es la metáfora empleada por el texto que he leído para establecer la condición de vuestra alma por naturaleza. Así como el cuerpo está muerto, es incapaz, impotente e insensible, y está para descomponerse y corromperse, así es como somos si no hemos sido vivificados por la gracia divina: muertos en delitos y pecados, teniendo en nosotros la muerte, que es capaz de desarrollarse en etapas cada vez peores de pecado y maldad, hasta que todos los que estamos aquí, si fuésemos dejados de la gracia de Dios, llegásemos a ser unos seres abominables; abominables por el pecado y la maldad, como lo es el cadáver a causa de la descomposición natural. Comprended que la doctrina de la Sagrada Escritura es que el hombre está de natural muerto desde la caída; está corrompido y arruinado; en un sentido espiritual, está total y completamente muerto. Y si cualquiera de nosotros alcanza la vida espiritual, ha de llegar a ella por la vivificación del Espíritu de Dios, que nos es otorgada soberanamente por la buena voluntad de Dios Padre, no por ningún mérito nuestro, sino enteramente de su propia gracia abundante e infinita.

Ahora espero que esta mañana no voy a ser tedioso. Trataré de hacer esta cuestión tan interesante como sea posible, y también trataré de ser breve. La doctrina general de esta mañana es que cada hombre nacido en el mundo está espiritualmente muerto, y que la vida espiritual ha de ser dada por el Espíritu Santo, y no puede ser obtenida de ninguna otra fuente. Esta doctrina general la ilustraré de una manera más bien singular. Recordaréis que nuestro Salvador resucitó a tres personas muertas; no veo que durante su vida obrase más de tres resurrecciones. La primera fue la jovencita, *la hija de Jairo*, que, cuando estaba yaciendo en su lecho de muerte, fue levantada a la vida con la simple palabra de Cristo: *Talità cumí* (Mr. 5:41). La segunda fue el caso del *hijo de la viuda*, que estaba en su camilla mortuoria (Lc. 7:12) y lo estaban conduciendo al sepulcro; y Jesús lo levantó a la vida, diciendo: «Joven, a ti te digo, ¡levántate!». La tercera y más memorable de todas, la de *Lázaro*, que no estaba en su cama ni en una camilla de camino, sino en su sepulcro, y además ya corrompido; pero, pese a ello, el Señor Jesucristo, por la voz de su omnipotencia, al clamar «Lázaro, sal fuera», lo sacó del sepulcro.

Emplearé estos tres hechos como ilustraciones de *los diferentes estados de los hombres*, aunque estén todos verdaderamente muertos; en segundo lugar, como ilustraciones de *los diferentes medios de gracia empleados para levantarlos,* aunque, a fin de cuentas, se emplee la misma gran actividad; y, en tercer lugar, como ilustraciones de *la experiencia posterior de los hombres vivificados;* porque aunque en mucho se trate de la misma, hay sin embargo algunos puntos de diferencia.

I. LA CONDICIÓN DE LOS HOMBRES POR NATURALEZA

Comenzaré observando, entonces, y ante todo, la condición de los hombres por naturaleza. Por naturaleza, los hombres están todos muertos. Ahí tenemos a la hija de Jairo; yace sobre su lecho; parece como si estuviese viva; su madre apenas si había dejado de besar su frente, su mano está aún en la mano amante de su padre, y apenas puede acabar de creer que esté muerta; pero muerta está, tan muerta como se pueda estar. Luego viene el caso del joven que era llevado a su sepulcro; está más que muerto, ha comenzado a corromperse, las señales de descomposición se aprecian sobre su rostro, y lo están llevando a su sepulcro; pero aunque presenta más manifestaciones de muerte, no está más muerto que la primera. Está igual de muerto. Ambos están muertos, y la muerte no conoce grados. El tercer caso va más allá aún en la manifestación de muerte; porque es el caso del que marta, empleando unas fuertes palabras, dice: «Señor, hiede ya, porque es de cuatro días». Sin embargo, observemos, la hija de Jairo estaba tan muerta como Lázaro, aunque la manifestación de la muerte no era tan completa en su caso. Todos estaban igualmente muertos.

Tengo en mi congregación algunas personas benditas, y hermosas; hermosas, me refiero, tanto en su carácter, como en su apariencia externa; tienen en ellos todo lo que es bueno y encantador; pero observad esto, si no están regenerados, siguen estando muertos. Aquella muchacha, muerta en su dormitorio, sobre su cama, tenía poco que mostrase su muerte. Apenas si los amantes dedos de sus padres le habían cerrado los ojos. Parecía haber aún una luz demorándose en su mirada; como un lirio acabado de cortar, era tan hermosa como la vida misma. El gusano no había comenzado aún a mordisquear sus mejillas; el color no había desaparecido del todo de su rostro; parecía casi viva. Y así es con algunos que tengo aquí. Tenéis todo lo que el corazón desearía, excepto la cosa necesaria; tenéis de todo, menos amor al Salvador. No estáis unidos a él por una fe viva. ¡Ah! me duele decirlo, ¡estáis muertos, muertos! Tan muertos como los peores entre los hombres, aunque vuestra muerte no sea tan evidente. Tengo delante mío a hermosos jóvenes que han crecido hasta una edad más madura que aquella hermosa muchacha que murió en su infancia. Tenéis mucho en vosotros de encantador, pero habéis comenzado a daros a los malos hábitos; no habéis llegado a ser pecadores desesperados; no os habéis vuelto ponzoñosos a los ojos de los demás; estáis sólo comenzando a pecar, sois como el joven llevado en su camilla; todavía no has llegado a ser un borracho endurecido; no has comenzado a maldecir y a blasfemar a Dios; sigues estando aceptado en la buena sociedad; pero estás muerto, totalmente muerto, tan muerto como en el tercer y peor caso. Pero me atreveré a decir que tengo algunos caracteres aquí que son ilustraciones también de aquel caso. Tenemos a Lázaro en el sepulcro, corrompido y hediendo; y así tenemos a hombres no más muertos que otros, pero su muerte se ha hecho más evidente, su carácter se ha hecho abominable, sus acciones claman en contra de ellos, son echados de la sociedad decente, se cierra la piedra sobre la boca de su sepulcro, los hombres piensan que no pueden tener trato con ellos, porque han abandonado tan absolutamente todo principio de rectitud, que decimos: «¡Sacadlos de nuestra vista; no los podemos soportar!». Sin embargo, estos corrompidos pueden vivir; estos últimos no están más muertos que la muchacha en su cama, aunque la muerte se haya manifestado más plenamente en su corrupción. Jesucristo ha de vivificar a la primera lo mismo que al último, y llevarlos a todos a conocer y amar su nombre.

1. Ahora, pues, entraré en los detalles de las diferencias entre estos tres casos. Tomaré el caso de la jovencita. La tengo aquí hoy. Tengo muchos ejemplos de ella delante de mí; al menos, así lo creo. Ahora, ¿me permitiréis observar todas las diferencias? Aquí tenemos a la joven. Miradla; podéis soportar su vista; está muerta, pero, ¡oh!, *la belleza persiste aún en ella;* es hermosa y encantadora, aunque la vida ha desaparecido de ella. En el caso del joven, no hay belleza; el gusano ha comenzado a consumirlo; su honor ha desaparecido. En el tercer caso, la corrupción es absoluta. Pero en el caso de la muchacha, hay hermosura aún en sus mejillas. ¿No es gentil? ¿No es encantadora? ¿No la amarían todos? ¿No debe ser admirada, incluso imitada? ¿No es la más bella entre las bellas? Sí, lo es, pero Dios el Espíritu no la ha contemplado aún; todavía no ha doblado la rodilla a Jesús para clamar por misericordia. Lo tiene todo, excepto verdadera fe. ¡Ay de ella, ay!, que un carácter tan hermoso sea un carácter muerto. ¡Ay, hermana mía, ay! Tú, tan benevolente y gentil, estés, a pesar de todo, muerta en tus delitos y pecados. Así como Jesús lloró sobre aquel joven que había guardado todos los mandamientos, y empero carecía de una cosa, así lloro yo sobre ti esta mañana. ¡Ay!, tú, persona admirable, de carácter encantador y amable en tu conducta, ¿por qué has de yacer muerta? Porque estás muerto, a no ser que tengas fe en Cristo. Tus excelencias, tu virtud y tu bondad no valdrán de nada; muerto estás y muerto estarás, a no ser que él te haga vivir.

Expiación, Justificación, Arrepentimiento, Fe ...

Observemos asimismo que en el caso de esta muchacha que os hemos descrito, la hija de Jairo, *está siendo aún acariciada*. Ha estado muerta solo un momento, y la madre sigue oprimiendo su mejilla con un beso. ¡Oh!, ¿puede estar muerta? ¿No llueven sobre ella las lágrimas, como para sembrar otra vez las simientes de vida en aquella muerta tierra, una tierra que parece feraz como para dar vida si sólo se la riega con una lágrima? Sí, pero estas salobres lágrimas son lágrimas de esterilidad. No vive, pero sigue siendo acariciada. No así con el joven. Es puesto en la camilla; nadie le tocará más, o quedará totalmente contaminado. En cuanto a Lázaro, está cerrado detrás de una gran piedra. Pero esta muchacha está siendo aún acariciada; y así es con muchos de vosotros; sois amados hasta por los vivientes en Sión; el mismo pueblo de Dios os ama; el ministro ha orado muchas veces por vosotros; sois admitidos en las asambleas de los santos, os sentáis con ellos como pueblo de Dios, oís como ellos oyen y cantáis como ellos cantan. ¡Ay de vosotros, que sigáis estando muertos! ¡Oh, me duele en el corazón al pensar que algunos de vosotros sois todo lo que el corazón podría desear, excepto aquella una cosa! ¡Que carecéis de lo único que os puede liberar! Sois acariciados, recibidos en su compañía por los vivientes en Sion, aprobados y aceptados. ¡Ay, que estéis aún sin vida! ¡Oh!, en vuestro caso, si sois salvos, tendréis que uniros incluso con los peores en decir: «He sido vivificado por la divina gracia, o nunca habría vivido».

¿Queréis volver a contemplar a esta muchacha? Observad: *no tiene aún ropaje funerario*; está vestida con sus propias ropas; así como se retiró a su cama algo indispuesta, así yace allí; todavía no la han envuelto con las fajas y el sudario; aún lleva la camisa de dormir; no ha sido aún entregada a la muerte. No es así con el joven que vemos más adelante: está en sus ropajes funerarios; ni tampoco es así con Lázaro: está atado de la cabeza a los pies. Pero esta muchacha no tiene vestidos sepulcrales sobre ella. Lo mismo acerca de la joven de la que queremos hablar esta mañana: todavía no ha adquirido malos hábitos, no ha llegado a este punto; el joven más allá sí que ha comenzado a tener malos hábitos; y aquel encanecido pecador está atado de manos y pies por ellos. Pero de momento, ella parece como los vivientes, actúa justo como una persona cristiana; sus hábitos son buenos, atrayentes y gentiles; parece haber poca cosa mala en ella. ¡Ay, ay, que en realidad estés muerta, a pesar de tu vistoso atavío! ¡Ay, tú que llevas el sombrero de la benevolencia sobre tu frente, tú que te revistes con las ropas blancas de la pureza externa, si no has nacido de nuevo, sigues muerta! Tu belleza se marchitará como una polilla, y en el día del juicio serás separada de los justos, excepto si Dios te hace vivir. ¡Oh, podría llorar por aquellos jóvenes que por el presente parecen libres de formar hábitos que los podrían extraviar más adelante, pero que siguen sin vivificar ni salvar! ¡Oh, quiera Dios que tú, muchacha, y tú, muchacho, podáis ser vivificados por el Espíritu en vuestros años mozos!

Y observad también que la muerte de esta muchacha era *una muerte confinada en su habitación*. No así en el caso del joven; estaba siendo sacado de la puerta de la ciudad, y mucha gente lo pudo ver. No así en el caso de Lázaro; los judíos acudieron a llorar a su sepulcro. Pero la muerte de esta muchacha es en su aposento. Sí, así sucede con la muchacha o con el muchacho que quiero yo describir ahora. Su pecado es todavía algo secreto, conocido sólo por ella o él mismo; hasta ahora no ha habido un derramamiento de iniquidad, sino solo su concepción en el corazón; solamente el embrión de la concupiscencia, no su manifestación en acciones. El joven no ha vaciado aún la copa embriagadora, aunque ha tenido algún paladeo de su dulzura; todavía no se ha lanzado a los caminos de maldad, aunque ha sentido las tentaciones arrojándose sobre él; de momento ha guardado su pecado en su aposento, y la mayor parte del mismo no ha sido visto. ¡Ay, hermano mío, ay, hermana mía, que seáis tan buenos en vuestro porte externo, y sin embargo tengáis pecados en el aposento de vuestro corazón y la muerte en lo más interior de vuestro ser, que es una muerte tan verdadera como la del pecador más craso, aunque no tan totalmente manifestada! ¡Ojalá que llegases a decir: «Y él me ha vivificado, porque con todo mi encanto y con toda mi excelencia, estaba de natural muerto en delitos y pecados». Permite que apremie esta cuestión sobre ti. Hay algunos en mi congregación a los que miro con temor. ¡Oh, mis queridos amigos, queridísimos amigos, cuántos hay entre vosotros, repito, que sois todo lo que el corazón pudiese desear, excepto por una cosa: que no amáis a mi Señor! Vosotros, jóvenes, que acudís a la casa de Dios y que exteriormente sois tan buenos. ¡Ay de vosotros que carecéis de lo más primordial! ¡Oh, vosotras, hijas de Sión, que estáis siempre en la casa de oración! ¡Oh, y que sigáis aún sin gracia en vuestros corazones! Prestad atención, os ruego, las personas más bellas, los más jóvenes, los más rectos y los más honrados: cuando los muertos sean separados de los vivos, si no estáis regenerados, debéis ir con los muertos. Aunque seáis tan hermosos y buenos, debéis ser reprobados, excepto si vivís.

2. De este modo, he terminado con el primer caso; pasamos ahora al joven en segundo lugar. No está más muerto que la joven en primer lugar, pero *está más ido*. Venid ahora, y detened la camilla mortuoria. No se le puede mirar. ¡Ved, tiene las mejillas hundidas, ahí hay un vacío; no es como en el caso de la muchacha, con unas mejillas aún redondas y con colorido. Y los ojos: ¡qué tinieblas! Miradlo; podéis ver que pronto aparecerán los devoradores gusanos; la corrupción ha comenzado su obra. Así es con algunos de los jóvenes que hay aquí. No son lo que eran en su infancia, cuando sus hábitos eran apropiados y correctos. Quizá han sido seducidos a la casa de la mujer extraña; se han sentido tentados a apartarse del camino de la rectitud; su corrupción está justo empezándose a manifestar; desdeñan ahora sentarse al lado de su madre; creen que es una burla mantener las normas que rigen la moral. ¡Venga, dicen que son libres, y quieren estar libres! Viven una vida alegre y feliz, y de esta manera se precipitan a unos jolgorios ruidosos y malvados y revelan en sí las marcas de la muerte. Están más idos que la muchacha; ella era todavía bella y atractiva; pero aquí hay algo que es la operación posterior de la muerte. La muchacha era acariciada, pero el joven no es tocado; yace en su camilla mortuoria, y aunque los hombres lo llevan sobre sus hombros, sin embargo se mantienen apartados de él. Está muerto, y se sabe que está muerto. Joven, tú has llegado hasta este extremo. Sabes que la gente buena se aparta de ti. Era sólo ayer que las lágrimas de tu madre caían gruesas y cálidas al advertir a tu hermano más joven que evitase tu pecado. Tu misma hermana, cuando te besó esta mañana, oró a Dios que pudieras recibir algo bueno en esta casa de oración; pero tú sabes que últimamente ella se avergüenza de ti; tu manera de vivir se ha hecho tan profana y malvada, que incluso ella apenas si podía soportarla. Hay casas en las que antes eras bien acogido, donde te arrodillabas con ellos en la oración familiar y donde tu nombre era también mencionado; pero ahora prefieres no ir allá, porque cuando vas te tratan con reservas. El buen amo de la casa piensa que no puede dejar a su hijo que vaya contigo, porque le contaminarías; no se sienta ahora a tu lado, como solía, para hablar acerca de las cosas mejores; te deja sentar en su salón como cosa de pura cortesía; se mantiene, por así decirlo, a una buena distancia de ti; se da cuenta de que no compagináis espiritualmente. Te evitan un tanto aunque no del todo, aún te reciben entre el pueblo de Dios, pero hay una frialdad que manifiesta que comprenden que no eres un viviente.

Observa ahora que este joven, que era llevado a su sepulcro, no era como la muchacha; ella estaba vestida con ropajes de vida, pero *él estaba envuelto en vestiduras mortuorias*. Así muchos de vosotros habéis comenzado a formar hábitos malos; sabéis ya que el tornillo del diablo se está apretando sobre vuestro dedo. Antes era un tornillo que os podíais quitar o poner; decíais que erais amos de vuestros placeres: ahora vuestros placeres son vuestros amos. Vuestros hábitos no son ahora dignos de elogio; sabéis que no lo son; os sentís redargüidos

Expiación, Justificación, Arrepentimiento, Fe ...

mientras os hablo esta mañana; sabéis que vuestros caminos son malos. ¡Ah, joven, aunque no hayas llegado tan lejos como los abiertamente libertinos y desesperadamente profanos, atiende! ¡Estás muerto! Y si el Espíritu no te vivifica, serás echado al valle de la Gehena, para ser alimento del gusano que nunca muere, sino que devora almas a lo largo de toda la eternidad. Y, oye, joven: lloro por ti; no estás aún tan alejado que ya hayan puesto la piedra sobre ti; no te has hecho aún repugnante; no eres aún el tambaleante borracho ni el blasfemo incrédulo; tienes mucho en ti que es malo, pero no has llegado aún al extremo. Atiende; irás aún más adelante; el pecado no permite el freno. Cuando el gusano está ahí, no puedes poner el dedo sobre él y decirle: «Deténte, deja de comer». No, sino que proseguirá hasta tu total ruina. Quiera Dios salvarte ahora, antes que llegues a aquella consumación por la que suspira el infierno, y que sólo el cielo puede impedir.

Una observación adicional acerca de este joven. La muerte de la muchacha era en su aposento; *la muerte del joven estaba en las puertas de la ciudad*. En el primer caso que he descrito, el pecado era secreto. Pero, joven, el tuyo no lo es. Has ido tan lejos que tus hábitos son abiertamente pecaminosos. Te has atrevido a pecar a la vista del sol de Dios. No eres como otros, aparentemente bueno. Sales y dices abiertamente: «No soy un hipócrita; me atrevo a hacer lo malo. No profeso ser justo; se que soy un granuja y un bribón. Me he extraviado, y no me avergüenzo de pecar en la calle». ¡Ah, joven, joven! Tu padre está tal vez ahora diciendo: «¡Ojalá yo hubiese muerto por él; ojalá le hubiera visto en su sepulcro antes que llegase a tal cúmulo de maldad. Ojalá que cuando lo vi y mis ojos se alegraron con mi hijo, le hubiese visto al siguiente minuto llevado por la enfermedad y la muerte. Ojalá que su espíritu recién nacido hubiera sido llamado al cielo, para que no hubiese vivido para llevar de esta manera mis encanecidos cabellos con dolor al sepulcro!». Vuestras diversiones en las puertas de la ciudad es dolor en la casa de vuestro padre; vuestra abierta algazara con el mundo lleva agonía al corazón de una madre. Os lo ruego, deteneos. ¡Oh, Señor Jesús!, ¡toca la camilla mortuoria esta mañana! Detén a algún joven en sus malos hábitos, y dile: «Levántate». Entonces se unirá a nosotros en confesar que los que viven han sido vivificados por Jesús, por medio del Espíritu, aunque estaban muertos en delitos y pecados.

3. Ahora llegamos al tercer y último caso: Lázaro, muerto y sepultado. ¡Ah, queridos amigos, no puedo llevaros a ver a Lázaro en su sepulcro! Deteneos, apartaos de él. ¿Adónde huiremos de la pestilencia que se desprende del cadáver en descomposición? ¿Adónde huiremos? No hay hermosura ahí; no nos atrevemos a contemplarlo. No queda siquiera un recuerdo de vida. ¡Oh, repulsivo espectáculo! No debo intentar descibirlo. Me faltarían las palabras, y vosotros quedaríais excesivamente incomodados. Ni me atreveré a describir el carácter de algunas de las personas presentes. Me avergonzaría de contar las cosas que algunos de vosotros habéis hecho. Estas mejillas se enrojecerían de rubor al contar las acciones de las tinieblas que algunos de los impíos de este mundo practican de manera habitual. ¡Ah, la última etapa de la muerte, la última etapa de la corrupción! ¡Oh, cuán repugnante; pero la última etapa del pecado es aún más repulsiva! Algunos escritores parecen tener una especial aptitud para chapotear en este cieno y en dragar este légamo de inmundicia; confieso que yo no tengo tal capacidad. No puedo describiros las concupiscencias y los vicios de un pecador totalmente entregado. No puedo contaros cuáles sean las disoluciones, las degradantes lascivias, los pecados diabólicos, bestiales, a los que correrán los hombres cuando la muerte espiritual ha operado en ellos su plena obra y el pecado se ha manifestado en toda su terrible maldad. Puede que tenga a algunos de ellos aquí. No son cristianos. No son, como la muchacha, todavía acariciados, ni tampoco como el joven, aún en la procesión funeral; no, han ido tan lejos que las personas decentes los evitan. Su misma mujer, cuando entran en la casa, se precipita escaleras arriba para

alejarse. Son escarnecidos. Una de tales personas es la prostituta, a la que uno ni mira por la calle. Una persona así es el libertino manifiesto, de quien nos apartamos para ni tocarlo. Es un hombre ido del todo. La piedra ha sido puesta encima de su sepulcro. Nadie le considera respetable. Vive, quizá, en alguna chabola negra de una sucia calle; no sabe adónde ir. Al encontrarse en este lugar, piensa que si su mismo vecino conociese su culpa, se apartaría de él y lo mantendría a distancia, porque ha llegado a la última etapa. No hay ni traza de lo que hubiese sido vida, está totalmente corrompido. Y observemos esto: en el caso de la muchacha, el pecado estaba en el aposento, secreto; en el siguiente caso estaba en las calles, era público; pero ahora vuelve a ser secreto. Es en el sepulcro. Porque observaremos que los hombres, cuando han llegado a practicar una maldad a medias, lo hacen abiertamente; pero cuando se han apartado hasta tal punto, su concupiscencia se vuelve tan degradante que se ven obligados a hacerlo en secreto. Son puestos en el sepulcro para que todo quede encerrado. Su lascivia es de la que sólo se puede perpetrar a medianoche; una acción que sólo puede ejecutarse cuando están protegidos por la atónita cubierta de las tinieblas. ¿Hay aquí alguno así? No os puedo decir que tenga muchos, pero algunos sí hay. ¡Ah, al verme constantemente visitado por personas arrepentidas, a veces me he sonrojado por esta ciudad de Londres. Hay mercaderes con nombres ilustres. ¿Los diré aquí? Los conozco con la mejor y más verdadera autoridad. Los hay que tienen grandes y elevadas casas, que en la bolsa son personas reputadas y estimadas, y cada uno las admite y recibe en su compañía; pero, ¡ah!, hay algunos de los mercaderes de Londres que practican concupiscencias abominables. Tengo en mi iglesia y congregación (y me atrevo a decir lo que los hombres se atreven a hacer), tengo en mi congregación aquí, digo, mujeres cuya ruina y destrucción ha sido causada por algunos de los más respetados hombres de la sociedad más respetable. Pocos se atreverían a decir una cosa tan atrevida como ésta, pero si haces algo atrevidamente, tengo que hablar de ella. No le corresponde al embajador de Dios lavarse la boca por anticipado; que el embajador de Dios reprenda abiertamente, lo mismo que los hombres pecan con atrevimiento. ¡Ah, los hay que son un hedor en las narices del Todopoderoso, algunos cuyo carácter es repugnante más allá de toda repugnancia! Tienen que esconderse en el sepulcro del secreto, porque los hombres los expulsarían de la sociedad y los echarían a silbidos de la existencia, si lo supieran todo. Sin embargo, y aquí viene una bendita interposición, sin embargo este último caso también puede ser salvo igual que el primero, y con la misma facilidad. El putrefacto Lázaro puede salir de su sepulcro lo mismo que la dormida muchacha de su cama. El último, el más corrompido, el más desesperadamente abominable, puede aún ser vivificado; y puede unirse a la alabanza: «¡Ah, he sido vivificado, aunque estaba muerto en delitos y pecados!». Confío en que comprenderéis lo que quiero comunicaros: que la muerte es la misma en todos los casos, pero que su manifestación es diferente; y esta vida tiene que venir de Dios, y de Dios solo.

II. LA VIVIFICACIÓN

Y ahora pasaré a otro punto: la vivificación. Estas tres personas fueron vivificadas, y por la misma persona: Jesús. Pero fueron todas vivificadas de forma distinta. Observemos primero a la muchacha en la cama.

1. Cuando fue devuelta a la vida, se dice: «Y tomando de la mano a la niña, le dice: ... Muchacha, a ti te digo, levántate». Fue una voz suave y apacible. Su corazón volvió a latir, y vivió. Fue el gentil toque de la mano, sin ninguna exhibición externa, y se oyó la suave voz: «Levántate». Ahora bien, cuando Dios convierte a los jóvenes en la primera etapa del pecado, antes que hayan formado malos hábitos, lo hace de una forma gentil; no por los «terrores de la ley, la tempestad y el humo», sino que los hace como Lidia, «cuyo corazón el Señor abrió» para que recibiese la palabra. En los tales, «gotea como el suave rocío del cielo sobre el lugar hondo». En el caso de los pecadores

Expiación, Justificación, Arrepentimiento, Fe ...

endurecidos, la gracia desciende sobre ellos como un aguacero que los conmueve; pero en los conversos jóvenes a menudo desciende suave. Hay sencillamente el dulce soplo del Espíritu. Ellos quizás ni creen que es una verdadera conversión, pero es verdadera si son llevados a la vida.

Ahora bien, observemos el siguiente caso. Cristo no hizo lo mismo con el joven que con la hija de Jairo. No; lo primero que hizo fue poner la mano, observemos bien, no sobre él, sino *sobre la camilla mortuoria*. «Y los que la llevaban se detuvieron», y, tras esto, sin tocar al joven, dijo con voz alta: «Joven, a ti te digo, ¡levántate!». Observemos la diferencia: la nueva vida de la joven le fue dada secretamente. La del joven fue dada más públicamente. Fue hecho en la misma calle de la ciudad. La vida de la muchacha le fue dada gentilmente, con un toque; pero en el caso del joven debía hacerse no tocándole, sino tocando las parihuelas. Cristo quita al joven su medio de placer. Manda a sus compañeros, que por mal ejemplo lo están llevando en su camilla a su sepulcro, que se detenga, y hay entonces una reforma parcial por un tiempo. Luego viene la poderosa voz con las palabras: «Joven, a ti te digo, ¡levántate!»

Y ahora llegamos al peor caso; por favor, observad en la quietud de vuestro hogar todos los preparativos que Cristo hizo para el último caso de Lázaro. Cuando resucitó a la muchacha, entró sonriendo en el aposento, y dijo: «No está muerta, sino que duerme». Cuando resucitó al joven, dijo a la madre: «No llores». Pero no es así cuando llegó a este último caso; había algo más terrible en ello; era *un hombre en su sepulcro, pudriéndose*. Es en esta ocasión que leemos: «Jesús lloró»; y después que hubo llorado, leemos: «se conmovió en el espíritu» y que «se conmovió», y luego que dijo: «Quitad la piedra». Entonces vino la oración: «Yo sabía que siempre me oyes». Y luego, como observaremos, vino lo que no se expresa tan plenamente en cualquiera de los otros casos. Está escrito que Jesús «clamó a gran voz: ¡Lázaro, sal fuera!» No está escrito que clamase a gran voz en los otros casos. Les habló; fue su palabra lo que salvó a todos ellos; pero en caso de Lázaro, se dirigió a él con voz fuerte. Bien, tengo quizás algunos de estos últimos aquí, a los peores de los peores. ¡Ah, pecador, que el Señor te vivifique! Pero es una obra que hace llorar al Salvador. Creo que cuando acude a llamar a algunos de vosotros de vuestra muerte en pecado, a algunos de los que habéis ido al último extremo de la culpa, acude llorando y suspirando por vosotros. Hay una piedra que quitar, vuestros malos hábitos, inicuos; y cuando aquella piedra ha sido quitada, una voz suave no será suficiente para vosotros; tiene que ser una voz fuerte y tronante, como la voz de Jehová que quebranta los cedros del Líbano: «¡Lázaro, sal fuera!». John Bunyan era uno de estos casos corrompidos. ¡Qué medios más poderosos se emplearon en su caso! Terribles sueños, espantosas convulsiones, horrendos temblores: todo se tuvo que emplear para vivificarlo. Y sin embargo, algunos de vosotros creéis, cuando Dios os aterroriza con los truenos del Sinaí, que en realidad no os ama. No es así: estabais tan muertos que necesitasteis una voz potente que penetrase en vuestros oídos.

III. LA EXPERIENCIA POSTERIOR

1. Éste es un tema interesante. Me gustaría poder dilatarme en él, pero me falla la voz; por ello, permitid que pase muy brevemente al tercer punto. La experiencia posterior de las tres personas fue diferente, o al menos eso se deduce de los mandamientos de Cristo. Tan pronto la muchacha volvió a la vida, Cristo dijo: «Dadle de comer». Tan pronto el joven estuvo vivo, «se lo dio a su madre». Tan pronto como Lázaro estuvo vivo, dijo: «desatadle, y dejadle ir». Creo que hay algo en eso. Cuando se convierten jóvenes que no han adquirido aún malos hábitos, cuando son salvos antes de volverse repelentes a los ojos de la gente, el mandamiento es: *Dadles de comer*. Los jóvenes necesitan instrucción; necesitan ser edificados en la fe; por lo general carecen de conocimiento; no poseen la profunda experiencia de los más mayores; no conocen tanto sobre el pecado, ni siquiera tanto sobre la salvación como el viejo que ha sido un pe-

cador lleno de culpa; necesitan ser alimentados. De modo que a nosotros nos toca como ministros, cuando nos traen a los jóvenes corderos, recordar la instrucción: «Apacienta mis corderos». Cuídalos. Dales abundancia de alimento. Jóvenes, buscad un ministro que enseñe bien; buscad libros instructivos: ésta es vuestra principal necesidad. «Dadle de comer».

2. El siguiente caso fue distinto. Dio el joven a su madre. ¡Ah!, esto es precisamente lo que hará contigo, joven, si te da vida. Tan de cierto como que llegues a convertirte, te dará de nuevo a tu madre. Estuviste con ella cuando, como bebé, te sentabas sobre su rodilla; y ahí es donde deberás volver. Oh, sí, la gracia rehace los vínculos que el pecado ha roto. Que un joven se abandone a sus deseos. Echa de sí la tierna influencia de una hermana y las amantes asociaciones de una madre. Pero si se convierte, una de las primeras cosas que hará será buscar a su madre, buscar a su hermana, y encontrará un encanto en su compañía que nunca antes había conocido. Vosotros que os habíais lanzado al pecado, que este sea vuestra actividad si Dios os ha salvado. Buscad buenas compañías. Así como Cristo entregó al joven a su madre, busca también tú a tu madre, a la iglesia. Trata por todos los medios de encontrarte en compañía de los justos; porque así como estabas siendo llevado antes a tu sepulcro por malas compañías, así necesitas ser acompañado al cielo por buenas compañías.

3. Viene después el caso de Lázaro. *Desatadle, y dejadle ir*. No sé por qué el joven nunca fue desatado. He estado mirando todos los libros que tengo acerca de los usos y costumbres de Oriente, y no he podido conseguir nada acerca de la diferencia entre el joven y Lázaro. El joven, en cuanto Cristo le habló, «se incorporó y comenzó a hablar»; pero Lázaro, en sus ropajes funerarios, yaciendo en el nicho del sepulcro, no pudo hacer más que salirse del nicho cortado en la pared y luego ponerse de pie apoyado contra ella. No podía hablar. Estaba cubierto por un sudario. ¿Por qué no era así con el joven? Me inclino a pensar que la diferencia reside en su posición económica. El joven

era hijo de una viuda. Posiblemente había sido envuelto en ropas comunes, y no tan envuelto como Lázaro. Lázaro pertenecía a una familia rica; es probable que le envolviesen con mucho mayor cuidado. Que fuese esto o no, lo ignoro. Lo que quiero indicar es esto: cuando alguien está muy alejado en el pecado, Cristo hace esto por él: rompe sus malos hábitos. Muy posiblemente la experiencia del viejo pecador no sea una experiencia de alimentación. No será una experiencia de andar con los santos. Será todo lo que pueda quitarse de encima sus vestiduras funerarias, librarse de sus viejos hábitos; quizá hasta su muerte estará desgarrando trozo tras trozo de los lienzos en que había estado envuelto. Hay su alcoholismo. ¡Oh, qué luchas tendrá contra esto! Hay su concupiscencia, ¡qué combate deberá tener contra ello, mes tras mes! Hay su hábito de jurar y maldecir. ¡Cuántas veces le vendrá una palabrota a la boca y tendrá que esforzarse por echarla abajo! Hay sus deseos de placeres; los ha abandonado, pero, ¡cuántas veces le vendrán a buscar sus compañeros para que vaya con ellos! Su vida será desde ahora un desatar y dejar ir, porque lo necesitará hasta que acuda a estar con Dios para siempre jamás.

CONCLUSIÓN

Y ahora, queridos amigos, he de terminar haciéndoos la siguiente pregunta. *¿Has sido vivificado?* Y debo advertiros que buenos o malos, o indiferentes, si nunca habéis sido vivificados, seguís estando muertos en pecados, y que al final seréis reprobados. Debo invitaros, sin embargo, a los que habéis ido a lo más profundo del pecado, a que no desesperéis. Cristo puede vivificaros tanto como a los demás. ¡Que quiera vivificaros y llevaros a creer! ¡Que él llame hoy a alguien! «¡Lázaro, sal fuera!», y transforme a una prostituta en mujer virtuosa, o a un borracho en persona sobria. ¡Que bendiga la palabra, y en especial a los jóvenes y gentiles y amables, haciendo de ellos ahora herederos de Dios e hijos de Cristo!

Solo me queda una cosa que decir a los que están vivificados. Y me despido esta mañana, ¡que Dios os bendiga! Amigos, vos-

otros que estáis vivificados, dejad que os advierta: cuidado con el diablo; irá de cierto tras vosotros. Procurad tener vuestra mente siempre ocupada, y así escaparéis a él. Sed conscientes de sus añagazas; buscad «guardar vuestro corazón con toda diligencia, porque de él mana la vida». Que el Señor os bendiga, por amor a Jesús.

66. EL NUEVO CORAZÓN

«Y os daré corazón nuevo, y pondré espíritu nuevo dentro de vosotros; y quitaré de vuestra carne el corazón de piedra, y os daré corazón de carne» (Ezequiel 36:26).

INTRODUCCIÓN: El pacto de Dios con el hombre

I. LA GRAN NECESIDAD DEL HOMBRE
1. Sentir pena por Dios.
2. La naturaleza pecaminosa del hombre.
3. Necesitamos un nuevo corazón.

II. LA OBRA DE DIOS EN EL ALMA
1. Una obra divina.

CONCLUSIÓN: Situaciones personales.

EL NUEVO CORAZÓN

INTRODUCCIÓN
He aquí una maravilla del amor divino. Dios hizo a sus criaturas, una creación a la que Él consideró como suficiente, pero los hombres que la formaban se desviaron, saliéndose de esta condición que Él les había creado. Por lo tanto, tuvo necesidad de aplicarles la pena por sus transgresiones, y hacer que vuelvan al estado desde donde cayeron. Pero aquí el Señor hace una excepción. El hombre caído, creado una vez por su Hacedor, puro y santo, se ha rebelado voluntariamente y con toda maldad contra el Altísimo, perdiendo así su primer estado. Habiendo perdido el lugar de privilegio que tenía, he aquí que ahora es el sujeto de una nueva creación por medio del poder de Dios el Espíritu Santo. Observad este hecho y preguntaros: ¿qué es un hombre compara-do con un ángel? ¿Acaso no resulta un ser pequeño e insignificante? «Y a los ángeles que no guardaron su dignidad, sino que abandonaron su propia morada, los ha guardado bajo oscuridad, en prisiones eternas, para el juicio del gran día» (Jud. 6). Dios no ha tenido misericordia de ellos. Les hizo puros y santos, y así deberían de haberse conservado para siempre. Sin embargo, se revelaron voluntariamente, y sin ninguna promesa de misericordia, el Señor les puso prisioneros con los grilletes de su destino para que habitaran en un eterno tormento. Pero ¡oh cielos, maravillaos!, el Dios que destruyó a los ángeles que se rebelaron se inclina desde su alto trono en la gloria y dice a cada uno de ellos: «Has caído de los cielos igual que los ángeles; has errado el camino de justicia y te has apartado de mis senderos. Pero lo que haré ahora no es por causa tuya, sino de mi nombre he aquí que yo desaceré la maldad que has hecho con tus propias manos; quitaré de ti ese corazón malo que se ha rebelado contra mí. Habiéndote hecho una vez, tú te has desecho a ti mismo pero yo volveré a hacerte de nuevo. Pondré mi mano en el trabajo por segunda vez. De nuevo girarás en el torno del alfarero, y yo haré de ti un vaso de honor, adecuado para mi uso. Quitaré de ti ese corazón de piedra, y te daré uno de carne. Además, pondré un nuevo espíritu dentro de ti». ¿No es esta una maravilla de la soberanía divina y de la gracia infinita? Mientras que los ángeles son echados en el fuego para siempre, Dios ha hecho un pacto con el hombre para renovarle y restaurarle.

Ahora, mis queridos amigos, trataré esta mañana primero de todo, de mostraros la necesidad de la gran promesa contenida en mi texto, de modo que Dios nos dé un nuevo corazón y un espíritu nuevo. Después trataré de enseñaros la naturaleza de la gran obra que Dios hace en el alma, cuando cumple esta promesa; y por último destacaré algunas notas personales para mis oyentes.

I. LA GRAN NECESIDAD
En primer lugar, mi cometido en esta mañana es el de enseñaros *la necesidad que hay de esta gran promesa.* No es que

el creyente necesite alguna demostración, sino que es para convicción de los que no conocen a Dios, y para humillación de nuestro orgullo carnal. ¡Oh, que en esta mañana el Espíritu de Dios, lleno de gracia, pueda mostrarnos nuestra depravación, para que podamos ser llevados a buscar el cumplimiento de su abundante misericordia, que nos es tan necesaria si queremos ser salvos! Notaréis que en el texto Dios no nos promete que mejorará nuestra naturaleza, o que arreglará nuestros corazones rotos. No, la promesa nos asegura que nos dará nuevos corazones y espíritus rectos. La naturaleza humana ha ido demasiado lejos para ser remendada o arreglada. No se trata de una casa que necesita alguna reparación, como poner un parche de yeso aquí o allá, o reemplazar algunas tejas del techo. No, está completamente destruida, y sus cimientos debilitados. No hay en ella un solo trozo de madera que no haya sido comido por las termitas; desde el techo hasta sus cimientos, no hay ni una sola cosa sana. Todo está en pésimo estado. Dios no trata de remendarla, ni vuelve a levantar las paredes o a pintar de nuevo las puertas. Tampoco la adorna ni embellece, sino que decide que la vieja casa ha de ser barrida por completo, y una vez quitados los escombros, se propone construir una nueva. Como he dicho, la naturaleza humana ha ido demasiado lejos de Dios para poder ser remendada. Si hubiera que hacerle sólo unas pocas reparaciones, podría arreglarse. Si a la humanidad le faltara una o dos ruedas, se le podrían poner. Él le pondría un nuevo diente donde hiciera falta, arreglaría la otra rueda y la maquinaria volvería a funcionar. Pero no es así, el total necesita ser reparado. No hay un solo nivel que no esté ruinoso ni pasillo que no esté deshecho, y ninguna rueda funciona. La cabeza está enferma, y el corazón desvanecido. De la suela de los zapatos a la coronilla de la cabeza, todo es heridas, magulladuras y podridas llagas. Por lo tanto, el Señor no tratará de arreglarnos, sino que nos dice: «Os daré corazón nuevo, y pondré espíritu nuevo dentro de vosotros; y quitaré de vuestra carne el corazón de piedra, y os daré un corazón de carne» (Ez. 36:26).

Os diré que Dios fue justificado en esto, y que había una apremiante necesidad de hacerlo. En primer lugar, si vosotros consideráis lo que ha sido la naturaleza humana, y lo que es, no pasará mucho tiempo antes de que afirméis, «¡Ah, éste es ciertamente un caso perdido!».

1. Considerad por un momento cuán malvada debe ser la naturaleza humana si pensamos cómo ha tratado a su Dios. Recuerdo que William Huntingdon dice en su autobiografía, que una de las sensaciones más agudas de dolor que él sintió después de haber sido despertado por la gracia divina, fue la de sentir una gran pena por Dios. Creo que nunca antes había oído una expresión así, pero es muy significativo, si bien yo prefiero decir que siento simpatía hacia Dios y pena de que Él haya sido tan mal tratado. ¡Ah, mis amigos!, hay muchos hombres que han sido calumniados y que se ha abusado de ellos, pero nunca se abusó tanto de un hombre como se hizo con Dios. Muchas personas han sido tratadas cruelmente y con gran ingratitud, pero nunca nadie fue tan maltratado como Dios. ¡Qué ingratos hemos sido con Él! Él fue quien nos dio la vida, y las primeras palabras que pronunciaron nuestros labios debían de haber sido alabanzas para Él. Nuestro deber era cantar perpetuamente de su gloria, pero en lugar de ello, lo único que hemos dicho fue lo falso, lo malo y lo impío, y desde entonces hemos seguido haciendo lo mismo. Nunca le hemos dado las gracias por sus misericordias, ni le hemos demostrado nuestra gratitud; sino que nos hemos olvidado de Él sin pronunciar un solo «aleluya». Nos comportamos como si Él se hubiera olvidado de nosotros, y por lo tanto tratamos de olvidarle también. Son tan pocas las ocasiones en que nos acordamos de Él, que cualquiera pensaría que seguramente no nos dio ninguna ocasión para que pensemos en su persona. Addison dice,

«Cuando todas tus misericordias,
oh mi Dios,
mi alma al despertar, se pone a contar,
tengo la visión de que estoy perdido,

en las maravillas de las alabanzas a ti».

Sin embargo, creo que si miramos atrás con la mirada de un penitente, nos asombraremos de la vergüenza y la pena, pues nuestro clamor será, «¿cómo puedo tratar tan mal a un amigo?» Si he tenido un benefactor lleno de gracia y un padre tan devoto, ¿cómo es que nunca he caído a sus pies, lleno de gratitud y nunca le he dado un beso lleno de afecto y cariño?

Aún peor que esto, no sólo nos hemos olvidado de Él, sino que contra Él nos hemos revelado. Hemos agredido al Altísimo. Si veíamos algo que nos recordaba a Dios, nos llenábamos de odio. Despreciamos a sus escogidos, llamándoles falsos e hipócritas. También hemos despreciado su día, que Él ha separado para nuestro bien, y en lugar de consagrarlo a Él, lo hemos usado para nuestra diversión y placer. Él nos ha dejado su libro para que lo leamos, pues está lleno de amor hacia nosotros, y lo hemos dejado cerrado, para que se llene de polvo y las arañas tejan sus telas sobre las hojas. Él nos ha abierto su casa de oración, pero nosotros preferimos ir al teatro y escuchar cualquier sonido antes que la voz que nos habla desde el cielo.

¡Ah, mis amigos!, os repito que nunca ha habido un hombre, ni aún el peor de ellos, tan mal tratado por los demás como Dios lo ha sido. Y a pesar de ello, Él continuó bendiciéndoles y manteniendo el aliento de vida que hay en ellos. Los hombres usaron los sentidos que Él les dio para maldecirle, y esa fuerza que hay en sus cuerpos para volverse en contra de Él y hacer lo malo. Ciertamente es una bendición que Dios no cambie, o de otra manera los hombres ya habrían sido consumidos ya hace mucho tiempo, y eso con toda justicia.

Podéis imaginaros a vosotros mismos, si os parece, como una pobre criatura que está muriendo en una cuneta. Tengo la esperanza de que algo así no pase en nuestro país, pero esto podría ocurrirle a un hombre que ha sido rico, y por una de esas vueltas de la vida, de pronto se encuentra pobre. Sus amigos lo abandonan. Está mendigando pan y nadie oye su clamor, hasta que por último, abandonado y enfermo, acaba su vida en la cuneta. Pienso que un hecho como éste es el extremo de la negligencia humana hacia la propia humanidad, pero Jesucristo, el Hijo de Dios fue tratado aún peor. Que los hombres lo hubieran dejado morir así abandonado como en nuestro ejemplo, habría sido algo demasiado bueno para la naturaleza humana. Él tenía que probar lo peor de ella, así que Dios permitió que los hombres lo clavaran en una cruz. Les permitió además mofarse de su sed y darle a beber vinagre, injuriarle e insultarle en lo peor de sus agonías. Permitió además que los hombres le miraran con esos ojos lascivos y crueles sobre su cuerpo lleno de heridas y marcas por el maltrato sufrido.

¡Oh, qué vergüenza para la humanidad! Nunca ha habido una criatura peor que el hombre. Las mismas bestias son mejores que él, pues éste tiene todos los peores atributos de las bestias y ninguno de los mejores que estas poseen. El ser humano tiene la ferocidad del león sin su nobleza; tiene toda la glotonería devoradora de un lobo, sin su inteligencia que le evita de caer en la trampa. Posee la testarudez del asno sin su paciencia, es un buitre carroñero que nunca está satisfecho, y una serpiente con el veneno debajo de su lengua, que no solo muerde, sino que lo escupe para donde quiere. ¡Ah!, si pensáis en la naturaleza humana del modo como actúa en contra de Dios, de cierto estaréis de acuerdo en que no puede remendarse ni arreglarse, hay que hacer del individuo una nueva persona.

2. Os repito, hay otro aspecto en el cual podemos contemplar la pecaminosidad de la naturaleza humana: el del orgullo. Es el peor aspecto del hombre. Amados, el orgullo está tejido en lo más interno de nuestra naturaleza, y no podremos deshacernos de él hasta que seamos vestidos con la mortaja. Es asombroso que al orar tratamos de hacer uso de expresiones humildes, pero éstas no pueden ocultar nuestro orgullo. Hace algunos días me encontraba de rodillas haciendo uso de una expresión como ésta: «¡Oh Señor, me entristezco delante de ti, porque nunca debería de haber sido un pecador como lo fui, y nunca debería haber-

me rebelado contra ti como lo hice!» ¿Es que acaso es algo para asombrarse? Yo tendría que haber sabido que era tan pecador, que el hecho que anduviera perdido y lejos de Dios no era nada asombroso. Lo asombroso era que no hubiera sido aún peor, y en ese caso los méritos eran para Dios y no para mí mismo. Muchas veces cuando tratamos de ser humildes, podemos estar haciéndolo con orgullo. ¡Qué extraño resulta ver a un pecador culpable orgulloso de su moralidad! Y sin embargo, es algo que estamos viendo todos los días. Un hombre que es enemigo de Dios, está orgulloso de su honestidad, y sin embargo le está robando a Dios. Otro puede estar orgulloso de su castidad, mientras que sus pensamientos están llenos de lascivia e impurezas. Hay quienes aceptan los elogios y la admiración de los hombres, y su conciencia les acusa de que son culpables ante el Dios todopoderoso. Es algo bastante extraño pensar que un hombre pueda ser orgulloso, cuando no tiene nada por lo cual estarlo. Un montón de arcilla viviente sucio y contaminado, un verdadero fracaso, y aún así, orgulloso. No olvidemos que somos descendientes de alguien que desobedeció a Dios y hundió a toda la raza humana por el mezquino soborno de una fruta. ¡Y aún así hay hombres que se sienten orgullosos de sus ancestros! Nosotros, que vivimos día a día de la caridad de Dios, no podemos estar orgullosos de nuestro bienestar económico. No tenemos ni un solo centavo sino fuera porque Dios quiere dárnoslo. ¡Orgulloso de nuestras riquezas, eso sí que es extraño! Hemos venido desnudos a este mundo y desnudos nos tendremos que ir de él. ¿Estar orgullosos de nuestras riquezas? Pues eso sí que resulta raro. ¡Nosotros, que somos como asnos salvajes, y que no sabemos nada, estar orgullosos de nuestros conocimientos! Este ser tan tonto, como es el hombre, se llama a sí mismo doctor, y se hace un maestro de todas las artes, cuando no lo es de ninguna. Cuanto más piense que está en la cúspide de la sabiduría, más enterrado estará en el lodo de la ignorancia. Y lo más extraño de todo, que el hombre que tiene un corazón engañoso lleno de toda clase de viciosa concupiscencia, adulterio, idolatría y lascivia, hable de sí mismo como un ser de buen corazón, orgulloso de tener algunos aspectos que merezcan la admiración de los demás, y hasta a veces piensan que la aprobación del Altísimo. ¡Ah, la naturaleza humana! Su condenación consiste en que es orgullosa de una forma insana, mientras no tiene ningún motivo para estarlo. Escribid «Icabod» sobre ella. La gloria ha partido para siempre de la naturaleza humana. Pongámosla aparte, y que Dios nos dé algo nuevo, pues la vieja naturaleza no puede mejorarse en absoluto. Está desahuciada, insana, decrépita y contaminada.

Aún más, es bien cierto que la naturaleza humana no puede mejorar, pues muchos lo han tratado y siempre han fracasado. Un hombre que trate de mejorar la naturaleza humana, es como si tratara de cambiar la posición de una veleta girándola hacia el este, cuando el viento está soplando hacia el oeste. Sólo tiene que sacar su mano para que la veleta vuelva otra vez a su lugar. He visto a un hombre tratando de restringir su naturaleza se trata de un hombre con un temperamento muy violento al que está tratando de controlar. Si bien algunas veces consigue que el enojo no explote en el momento de la ofensa, éste le quema hasta los huesos, y el calor de la malicia y el odio, dejan en su corazón un gran deseo de venganza. He visto a un hombre que trataba de aparentar ser un religioso, y os digo que era una verdadera monstruosidad, pues todos los que le veían podían descubrir muy pronto las inconsistencias de su profesión. ¡Oh!, el hombre trata en vano de parecer limpio y blanco, así como el etíope puede pensar que blanquea su piel poniéndole encima ciertos cosméticos. El leopardo no puede borrar sus manchas. De igual manera, el hombre no puede poner parches de religión a su vieja naturaleza.

¡Ah, sé que durante mucho tiempo traté de mejorarme a mí mismo, pero nunca conseguí lo que buscaba! Cuando comencé a intentarlo tenía un demonio dentro de mí, y cuando terminé, unos diez más. En lugar de mejorar, me convertí en alguien peor. Ahora tenía el demonio de la justicia propia, la confianza en mí mismo, la vanidad, el orgullo y muchas otras cosas malas que iban tomando su lugar en mi vida. Mientras estaba ocupado barriendo mi casa y adornándola, el demonio fue y trajo otros siete espíritus peores que él a morar allí. ¡Ah, mis queridos amigos!, podéis intentar reformaros, pero hallaréis que no es lo que Dios requiere. Él no os hará una reforma, sino una renovación. El no os dará un corazón arreglado o modificado, sino uno completamente nuevo.

3. Cuando consideréis cuáles son los cometidos y los gozos de la fe cristiana, podréis entender fácilmente por qué debemos de tener un nuevo corazón. La naturaleza que puede alimentarse de la basura del pecado y la carroña de la iniquidad, no es la que puede cantar las alabanzas a Dios y regocijarse en su santo nombre. No podemos esperar que el cuervo que se ha estado alimentando de comida corrompida y basura, tenga toda la docilidad y la delicadeza de una mansa paloma blanca. A menos que podamos cambiar al cuervo, convirtiéndolo en una paloma, esto será imposible. Mientras siga siendo un cuervo, mantendrá todas las características propias de su especie y su naturaleza, haciendo las cosas que hacen los de su género. Habéis visto al buitre que se alimenta de la carne más descompuesta y putrefacta. ¿Os lo imagináis cantando alabanzas a Dios con su áspero graznido? ¿O acaso alimentándose con grano limpio a las puertas del granero como hacen los gorriones? A menos que su carácter y su disposición sean completamente cambiados, esto será algo imposible. ¿Os imagináis que el león se acueste junto con el buey, y coma paja como el novillo, mientras siga siendo un león? No, antes debe haber un cambio. Podéis ponerle la piel de una oveja, pero no podréis hacer de él una oveja a menos que la naturaleza del león sea quitada. Tratad de mejorar al león y cambiar su conducta, y veréis que es imposible. Podéis intentar mejorar al buitre o al cuervo tanto como os alcance vuestra paciencia, pero no le podréis convertir en una paloma debe haber un cambio total de carácter y naturaleza. Me preguntaréis entonces si es posible

que un borracho perdido, que ha contaminado su cuerpo con toda clase de inmundicia y que ha maldecido a Dios, pueda cantar alabanzas a Dios en el cielo, como aquel que ha amado los caminos de pureza y comunión con Cristo. Os responderé que a menos que su naturaleza sea totalmente cambiada, esto nunca podrá ser. Si su naturaleza se queda tal como es, aunque se trate de mejorarla, siempre será igual. En tanto que su corazón sea lo que es, nunca podréis hacer que se adapte a los elevados deleites de la naturaleza espiritual de un hijo de Dios. Por lo tanto, hermanos, es necesario que se nos dé una nueva naturaleza.

Dios detesta la naturaleza depravada, por lo tanto ésta debe ser quitada antes de que podamos ser aceptos en Él. Dios no odia tanto nuestros pecados como nuestra pecaminosidad. Lo malo no es el flujo que sale del manantial, sino el mismo pozo. No se trata de la flecha que se tira desde el arco de nuestra depravación, es el brazo que sostiene el arco del pecado, y el motivo que lanza la flecha contra Dios. El Señor no solo está enojado por nuestros pecados, sino contra la naturaleza que dicta esos hechos. Dios no tiene la vista tan corta como para mirar solamente en la superficie, Él mira a la fuente y al mismo origen de nuestras maldades. En vano trataremos de hacer que el fruto sea bueno, mientras el árbol siga siendo malo; y en vano trataremos de endulzar las aguas, en tanto el manantial esté sucio y contaminado. Dios está enojado con el corazón del hombre, odia su naturaleza depravada y antes de admitir a ese hombre en cualquier comunión consigo mismo, sobre todo la que existe en el paraíso, ha de cambiar radicalmente esa naturaleza corrompida. Ésta es por tanto, la demanda para una nueva naturaleza, la cual deberemos de tener, o de otro modo nunca podremos ver su rostro con la señal de aceptación.

II. LA OBRA DE DIOS EN EL ALMA

Y ahora, con gozo inefable en mi corazón, en segundo lugar trataré de presentaros muy brevemente *la naturaleza de este gran cambio que el Espíritu Santo opera en nosotros.*

Debo comenzar diciendo que ésta es por entero una obra divina desde el principio al fin. Al llegar a este punto, los arminianos caen a tierra. Dar al hombre un nuevo corazón y un nuevo espíritu es obra de Dios y solamente de Él. Aquí no hay nada que encaje, sino la antigua verdad a la que los hombres llaman calvinismo. «La salvación pertenece únicamente al Señor». Esta verdad soportará la prueba de las edades sin nunca ser movida, porque es la verdad inmutable del Dios viviente. Hemos de aprender esta verdad a lo largo de toda nuestra vida cristiana, pero sobre todo cuando llegamos a esta parte particular e indispensable de la salvación, la creación de un nuevo corazón dentro de nosotros. Ésta debe ser una obra de Dios. El hombre puede tratar de reformarse, pero ¿cómo podrá procurarse un nuevo corazón? No necesito alargarme más sobre este punto, el cual sé que os impactará de inmediato. La misma naturaleza de este cambio y los términos en que se la menciona aquí, lo pone más allá del alcance del hombre. ¿Cómo podría un hombre poner dentro de sí un nuevo corazón, cuando éste es el poder motivador de toda la vida? ¿Podrían acaso los esfuerzos de un viejo corazón, traer como consecuencia un nuevo corazón? No podemos imaginar una cosa así. Hemos oído algo acerca de ciertos insectos que han perdido sus extremidades, y su poder vital ha sido capaz de recuperarlos. Pero quitad el centro de este poder vital el corazón; dejad allí la enfermedad, y comprobaréis que el poder que puede rectificarlo debe actuar desde fuera, y muy principalmente desde lo alto. ¡Oh, amados, hasta ahora nunca ha habido un hombre que haya hecho el mínimo esfuerzo para crear dentro de él un nuevo corazón! En el momento en que Dios pone una nueva vida dentro del alma, el hombre es pasivo, y si hubiera de haber algún signo de actividad, este sería el de una resistencia activa en contra de Él. Con su gracia, Dios vence toda resistencia y ejerce su maestría soberana sobre la voluntad del hombre.

Repito, es un cambio hecho por medio de la gracia. Cuando Dios pone un nuevo corazón en el interior del hombre, no es porque éste lo merezca pues en su naturaleza no hay nada bueno que pudiera haber predispuesto a Dios a darle un nuevo espíritu. El Señor simplemente da al hombre un nuevo corazón porque desea hacerlo; ésta es la única razón. «Pero», me dirá alguien, «suponga que un hombre llora y clama por tener un nuevo corazón». Mi respuesta es que nunca ningún hombre ha clamado por un nuevo corazón, hasta que lo ha tenido, pues este clamor prueba que ya hay en él un nuevo corazón. «Sin embargo», dice alguien más, «¿no hemos de procurar tener un espíritu recto?» Sí, sé que es vuestro deber pero igualmente sé que es un deber que nunca cumpliréis. Nunca intentaréis procuraros un nuevo corazón, hasta que en primer término Dios os incentive e impulse a hacerlo. Tan pronto como empecéis a buscar un nuevo corazón, os daréis cuenta de que hay una evidencia innegable de que el germen del nuevo corazón ya está allí, pues no podría germinar en la oración a menos que la semilla ya existiera.

«Pero», puede decir alguien, «suponga que el hombre no tiene un nuevo corazón, pero anhela tener uno con todo su fervor, ¿podría tenerlo?» No debemos hacer suposiciones imposibles. En tanto el corazón del hombre sea depravado y vil, nunca podrá hacer tal cosa. Por lo tanto, yo no puedo deciros lo que podría suceder, si hiciera lo que nunca haría. No puedo responder a ciertas suposiciones; si alguien se imagina a sí mismo dentro de una dificultad, debe también imaginarse fuera de ella. Pero el hecho es que nunca ningún hombre por iniciativa propia ha procurado tener un nuevo corazón o un espíritu recto, hasta que la gracia de Dios no haya empezado a tratar con él. Si aquí hubiera un cristiano que ha comenzado su vida con Dios, dejemos que todo el mundo lo sepa, pues vale la pena oír el caso de un hombre que de antemano estaba con su Hacedor.

Yo nunca me he encontrado con un caso así; todos los cristianos declaran que primero Dios estaba con ellos, por tanto todos ellos cantarán,

«El mismo amor que desplegó la fiesta,

Expiación, Justificación, Arrepentimiento, Fe ...

fue el que dulcemente me forzó a entrar, de otro modo habría perecido en mis pecados, negándome persistentemente a probar».

Es un cambio de la gracia, que se nos da libremente sin haber mérito alguno por nuestra parte, ni ningún deseo o buena voluntad de antemano. Dios lo hace de su propio placer, y no de acuerdo a la voluntad del hombre. Repito de nuevo, es un esfuerzo victorioso de la gracia divina. Cuando Dios empieza la obra de cambiar el corazón, se encuentra con que el hombre es totalmente contrario a ello. El ser humano por naturaleza lucha contra Dios y ni siquiera quiere ser salvo. Debo confesar que de haber podido, nunca hubiera permitido que Dios me salvara. Yo hice todo lo posible para rebelarme, revolverme y luchar en contra de Dios. Cuando Él quería que yo orara, no lo hacía. Cuando quería que oyera su Palabra, yo me negaba a hacerlo, y cuando pude oírla, y las lágrimas rodaron por mis mejillas, me las sequé y le desafié a que no podría enternecer mi corazón. Cuando mi corazón fue apenas tocado, traté de distraerme con placeres pecaminosos, y cuando esto no me servía, esgrimía mi justicia propia. Nunca podría haber sido salvo si no hubiera sido forzado a hacerlo. Entonces el Señor me dio el soplo efectivo de su gracia, y ya no pude ejercer ninguna resistencia. No pude resistirme a ese irresistible esfuerzo de su gracia, pues conquistó mi corazón y mi voluntad depravada, e hizo que me tuviera que inclinar ante su cetro. Lo mismo ocurre en cada caso. El hombre se revuelve en contra su Hacedor y su Salvador; pero cuando Dios determina salvarle, nadie podrá evitarlo. A Dios no se le ha torcido jamás ninguno de sus propósitos. El hombre resiste con toda su fuerza, pero toda la fuerza del hombre, aunque sea tremenda para hundirle en el pecado, no se iguala en ninguna manera al poder majestuoso del Altísimo, cuando echa a andar la carroza de su salvación. Él salva al hombre y conquista de manera victoriosa su corazón.

Más aún, este cambio es instantáneo. Santificar a un hombre es una obra que lleva toda la vida, pero darle un nuevo corazón es obra de un instante. En un solo segundo, y más rápido que la luz del relámpago, Dios pone un nuevo corazón dentro del hombre y le hace una nueva criatura en Cristo Jesús. Tú puedes estar allí sentado siendo un enemigo de Dios, con un corazón perverso, duro como una piedra, frío y muerto, pero si el Señor quiere, una chispa de vida entrará en tu alma, y en un momento empezarás a temblar. Confesarás entonces tus pecados y acudirás a Cristo por misericordia. Las otras partes de la salvación se hacen de manera gradual, pero la regeneración es la obra instantánea de la gracia soberana, efectiva e irresistible de Dios.

CONCLUSIÓN

Tenemos en este tema un gran abanico de esperanzas y de estímulos que pueden ser de gran provecho a los más viles de entre los pecadores. Queridos oyentes, permitidme que con afecto me dirija a vosotros, derramando mi corazón ante todos durante unos momentos. Hay aquí presentes algunos de vosotros que estáis buscando la misericordia de Dios, pues por muchos días habéis estado orando en secreto. Vuestro clamor a Dios ha sido: «Crea en mí, oh Dios, un corazón limpio, y renueva un espíritu recto dentro de mí» (Sal. 51:10). Permitidme que os conforte con la siguiente reflexión: vuestra oración ya ha sido oída. Tenéis un nuevo corazón y un espíritu recto. Tal vez no seréis capaces de percibir la verdad de estas palabras por algún tiempo, y por lo tanto continuaréis orando hasta que Dios abra vuestros ojos para que sepáis que la oración ha sido contestada, pero podéis descansar tranquilos, que Dios ya os ha respondido. Tu odio al pecado no es un signo de la vieja naturaleza. Igualmente, si deseas ser un hijo de Dios y ser salvado por Él, estos anhelos tampoco provienen de la carne. Si estás deseando seguir a Cristo, ahora y para siempre, en la vida y en la muerte, y servirle con todo tu corazón, estas cosas no provienen de la naturaleza carnal es la obra de la gracia de Dios. En ti ya hay algo bueno, el Señor ha comenzado una obra en tu corazón, y Él la llevará hasta el fin. Todos estos sentimientos tuyos son mucho más de lo que tú jamás hubieras podido conseguir. Dios te ha ayudado a subir por esta escalera de la gracia, y tan seguro como que Él te ha hecho comenzar la carrera, también te llevará hasta la misma cima, hasta que te abrace en los brazos de su amor en la gloria eterna.

Capítulo V

VIDA CRISTIANA

Seguimiento,
Discipulado,
Oración,
Edificación,
Pecados,
Educación familiar,
Avivamiento,
Santidad

Seguimiento, Discipulado, Oración ...

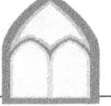

1. Seguimiento

67. TAL MAESTRO, TALES DISCÍPULOS

«Llevad mi yugo sobre vosotros, y aprended de mí, que soy manso y humilde de corazón; y hallaréis descanso para vuestras almas» (Mateo 11:29).

INTRODUCCIÓN: Nuestro testimonio sea de imitación a Cristo

I. ¿QUÉ DEBE SER UN CRISTIANO?
1. Una reproducción fiel de Jesucristo.
2. Por el amor le obedecen y le imitan.
3. El cristiano destaca por su intrepidez.
4. Imitar a Cristo en dulzura.
5. Los cristianos de espíritu frío y triste.
6. imitar a Cristo en su humildad.

II. ¿CUÁNDO Y POR QUÉ DEBE SERLO?
1. Cristo sea, de continuo, nuestro maestro.
2. Nuestra casa, el lugar para el desarrollo.
3. Imitar a Cristo en lo secreto.

III. ¿POR QUÉ LOS CRISTIANOS DEBEN IMITAR A CRISTO?
1. Imitar a Cristo proporciona paz y gozo.
2. La hipocresía de los cristianos trae daño a la Iglesia.
3. Debemos imitar a Cristo por Cristo mismo.

IV. ¿CÓMO SE PUEDE IMITAR A CRISTO?
1. Conocer a Cristo como nuestro Redentor.
2. Ajustarnos al carácter de Jesús.
3. Dejar al Espíritu Santo nos transforme.

CONCLUSIÓN: Solo quien sea como Cristo entrará en el Cielo.

TAL MAESTRO, TALES DISCÍPULOS

INTRODUCCIÓN

Admirad, queridos hermanos, el poder de la gracia divina. ¡Qué maravillosa y rápida transformación realiza en el hombre! Al mismo Pedro, que seguía aún ayer de lejos a su Maestro, y lanzando imprecaciones, negaba conocerle, lo vemos hoy declarando valerosamente, junto con el discípulo amado, que sólo en el nombre de Jesús pueden ser salvos los hombres y predicando la resurrección de los muertos por el sacrificio de su Señor crucificado. Como era de esperar, los escribas y los fariseos no tardaron en preguntarse de dónde les venía actitud tan resuelta. Que no tenía ésta su origen en el prestigio de la ciencia ni del genio, era evidente; porque Pedro y Juan eran hombres sin letras.

Dedicados al rudo oficio de pescadores, su solo estudio había sido el mar; y el arte de echar y recoger las redes era el único que habían cultivado. A esto se limitaba todo su saber, y el valor de que daban prueba no podía, por tanto, atribuirse al sentimiento de su suficiencia personal.

La posición que ocupaban en el mundo no bastaba tampoco para explicar este valor. Por lo general, el linaje confiere al hombre cierta dignidad; y aunque la misma persona esté desprovista de todo mérito propio, su descendencia le comunica cierto tono de autoridad que impone a muchos. Mas los discípulos de Jesús no estaban en este caso. Eran, por el contrario, de humilde condición, su nacimiento y su posición en la sociedad no eran nada brillantes; tampoco fueron investidos de cargo alguno que pudiera enaltecerles ante el mundo. Sabiendo esto los fariseos, sintieron, al principio, profunda sorpresa viendo la conducta de los apóstoles; pero pronto tuvieron que llegar a la única conclusión que podía esclarecer el misterio; ellos reconocieron que habían estado con Jesús. Tal era, en efecto, el secreto del modo de ser de los apóstoles. El santo y dulce trato que tuvieron con el Príncipe de la luz y gloria, fecundizado, si puedo decirlo así, por la influencia del Espíritu del Dios vivo, sin lo cual el perfecto ejemplo que tenían en el Maestro habría sido vano, les había llenado de vehemencia, ardor y brío para la causa de su Señor.

Oh, queridos hermanos en Jesucristo, ¡quiera Dios que el bello testimonio dado de los apóstoles, por boca de sus mismos enemigos, pueda darse de cada uno de nosotros! ¡Ah, si nosotros viviéramos como Pedro y Juan; si nuestra conducta fuese, como la de ellos, una epístola viva, leída y conocida por todos! Viéndonos el mundo obrar así, se vería forzado a reconocer que habíamos estado con Jesús. ¡Qué dicha para nosotros mismos y qué bendición para todos los que nos rodean!

Sobre este asunto deseo hablaros hoy, queridos amigos. Y con la gracia que Dios me preste, procuraré despertar, por medio de mis advertencias, los sentimientos puros de vuestras almas, exhortándoos a imitar a Jesucristo, el divino Modelo, de tal manera, que todos los que os vean puedan comprender que sois verdaderos discípulos del Hijo adorable de Dios.

Os expondré, en primer lugar, lo que debe ser un cristiano; luego, estudiaremos cuándo y por qué debe serlo; y al fin, explicaré cómo se puede llegar a serlo.

I. ¿QUÉ DEBE SER UN CRISTIANO?

A esta pregunta contestamos así:

1. Todo cristiano debe ser una reproducción fiel de Jesucristo. Quizás habéis leído elocuentes relatos de la vida de Jesús, admirando el talento de los piadosos autores que los escribieron; pero la mejor «vida de Jesús» es su biografía viva, transcrita en las palabras y hechos de los cristianos.

Sí, hermanos, si fuésemos realmente lo que pretendemos ser; si el Espíritu del Señor llenara el corazón de sus hijos, y si la iglesia en lugar de contar entre sus miembros tantos formalistas, se compusiese sólo de almas verdaderamente animadas de la vida de Dios, todos, tantos como somos, reflejaríamos la imagen gloriosa de nuestro Maestro. Seríamos retratos de Cristo; pero conformes de tal modo con el original que, para notar la semejanza, no tendría necesidad el mundo de fijarse mucho, pues al primer golpe de vista exclamarían: «¡Éstos han estado con Jesús! Se le parecen; son sus discípulos; en sus hechos de cada día, en su vida entera se manifiestan los divinos rasgos del Hombre santo de Nazaret».

2. Pero antes de ir más lejos, me parece bueno hacer una observación. Exponiendo lo que un cristiano debe ser, me dirijo a los hijos de Dios; mas no es que tratemos ahora de hacer oír el lenguaje de la ley, pues, gracias a Dios, no estamos bajo la ley, sino bajo la gracia. Los verdaderos cristianos se consideran moralmente obligados a observar los preceptos del Señor; pero no es porque la Ley les tenga humillados bajo su férreo yugo, no; es el Evangelio, es el amor de Cristo que les impulsa.

Estiman que habiendo sido rescatados por su sangre divina, siendo comprados por Jesucristo, deben guardar sus mandatos con más cuidado que jamás hubieran podido hacerlo cuando estaban bajo la ley; se consideran diez mil veces más obligados de lo que hubieran podido estarlo bajo la dispensación mosaica. El redimido por Jesús se ofrece a Él enteramente, dichoso de poder hacer algo en su servicio; procurando llegar a ser, con su ayuda, un verdadero israelita, en el cual no haya engaño; y esto, no por fuerza, por necesidad, por temor al castigo o bajo el espíritu de servil obediencia; sino por puro y desinteresado amor y gratitud hacia su Padre celestial. Necesito explicarme claramente sobre este punto, para que nadie pueda imaginar que predico las obras como medio de salvación. Somos salvos por gracia, por la fe... no por obras, para que nadie se glorie: esto lo sostendré siempre contra viento y marea. Mas, por otra parte, mi deber es enseñar, con no menos claridad, que la gracia de Dios recibida en el corazón ha de producir, necesariamente, la santidad en la vida cristiana. Nuestra obligación es exhortaros siempre a las buenas obras y la obligación de todos, gobernarse en ellas para los usos necesarios.

Quiero advertir también que, cuando digo que el cristiano debe ser una fiel copia de Cristo, no pretendo que sea posible reproducir a la perfección el carácter de nuestro Señor y Salvador Jesucristo.

Pero si bien la perfección está más allá de nuestro dominio, no debemos por eso perseguirla con menos ardor. Cuando el artista pinta, sabe que nunca será un Apeles; pero no se desanima por ello, sino que maneja el pincel con tanto más cuidado a fin de imitar al gran maestro aunque sea en corta medida. Ocurre lo propio con el escultor: no pretende eclipsar a Praxíteles, pero aunque sabe que no llegará a su altura no deja su cincel, sino que esculpe el mármol con entusiasmo, procurando reproducir el modelo con tanta fidelidad como le sea posible.

Apliquese esto al cristiano: comprendemos bien que cualquiera que él sea, no podrá elevarse a las alturas de la perfección absoluta, y que en este mundo no podrá ofrecer una semejanza exacta de su Maestro; empero, tendrá su vista constantemente fija en Jesús, y midiendo sus imperfecciones por la distancia que le separa de su Señor, clamará: ¡Excelsior! ¡Adelante!

Tal es la divisa que conviene al cristiano; y olvidando como el apóstol lo que queda atrás, debe avanzar hacia el blanco, celoso de ser transformado, más y más, a la gloriosa semejanza de Cristo Jesús.

El cristiano debe esforzarse por semejarse a Cristo, primero, en su intrepidez. Cierto que esta virtud es poco apreciada en nuestros días, llamándosela descaro, intolerancia o fanatismo; mas cualquiera que sea el nombre que se le dé, la virtud no es menos preciosa por eso. Si los escribas hubieran tenido que calificar a Pedro y a Juan, les habrían llamado, seguramente, audaces, fanáticos. Sea como fuere; lo cierto es que Jesucristo y Sus discípulos se hicieron notables por su valor.

Mi texto dice que los judíos, viendo la constancia de Pedro y de Juan, conocían que habían estado con Jesús.

Jamás aduló el Señor a los ricos; nunca inclinó su frente ante los grandes de la tierra. Como profeta enviado de Dios dijo, libre y valerosamente, lo que tenía que decir. ¿Habéis admirado alguna vez, queridos hermanos, el hermoso rasgo de intrepidez por el cual comenzó el Salvador su ministerio? Se encontraba en la ciudad donde fue educado; entró en la sinagoga y le fue entregado el libro de la ley. Él sabía que ningún profeta es honrado en su tierra, pero ¿qué le importaba? Sin temor abrió el sagrado volumen y después leyó y explicó lo que había leído. ¿Y cuál es la doctrina que Jesús expone en plena sinagoga, ante un auditorio compuesto, en gran parte, de escribas y fariseos, llenos de propia justicia y orgullosos de poder llamarse hijos de Abraham? ¿Tal vez escogió un asunto adaptado al gusto de sus compatriotas, aprovechando así la ocasión para granjearse su aprecio? No; todo lo contrario. Jesús escogió una doctrina que ha sido en todo tiempo menospreciada y aborrecida: la doctrina de la elección.

Abrió la Escritura y leyó: «Mas en verdad os digo que muchas viudas había en Israel en los días de Elías, cuando el cielo fue cerrado por tres años y seis meses, que hubo una gran hambre en toda la tierra; pero a ninguna de ellas fue enviado Elías, sino a Sarepta de Sidón, a una mujer viuda. Y muchos leprosos había en Israel en tiempo del profeta Eliseo; mas ninguno de ellos fue limpio, sino Naamán el Sirio».

El Señor declaró abiertamente que Dios hace misericordia a quien quiere, y salva a quien le place. Ah! ¡Cómo crujían los dientes de aquellos, que le oían, levantándose amenazadores contra El! ¡Con qué furor le sacaron fuera de la ciudad, llevándole hasta la cumbre del monte para despeñarle! ¿No admiráis su intrepidez? Él sabía que sus corazones estaban llenos de odio, oía sus amenazas, veía sus bocas espumantes de rabia; mas no temía: estaba en medio de ellos tranquilo, firme, semejante al ángel que cerró la boca del león. Sabiendo cuál era la voluntad de Dios, la anunció hasta el fin, y, sin cuidarse de la cólera de sus oyentes, les anunció toda la verdad.

Jesús obró así durante toda su vida aquí en la tierra. ¿Ve un escriba o fariseo entre la multitud? Pues no le intimida su presencia, sino que, señalándole con el dedo, dice: «¡Ay de vosotros, escribas y fariseos hipócritas!». Y cuando un doctor de la ley le interrumpe diciendo: «Maestro, cuando dices esto, también nos afrentas a nosotros», se vuelve y, con nueva energía, añade: «¡Ay de vosotros también, doctores de la ley, que cargáis los hombres con cargas que no pueden llevar; mas vosotros ni aun con los dedos tocáis las cargas».

Sí; en todas las ocasiones obró Jesús con rectitud y valor. Jamás conoció el temor a los hombres; jamás tembló ante nadie. Indiferente a la estimación del mundo, atravesó la vida como el elegido de Dios, como Aquel a quien el Padre ungió sobre todos sus semejantes.

Imitad en esto a Cristo, queridos amigos. Como fue el Maestro, deben ser los discípulos. No os conforméis, os lo suplico, con esa religión muy en boga hoy, que se modifica según las circunstancias; que para manifestarse tiene necesidad del calor atmosférico de una estufa; que se ostenta complaciente en las salas evangélicas, pero pierde su vigor fuera de cierta sociedad.

No; si sois siervos de Dios, debéis estar, como Jesucristo, llenos de santo celo por la causa de vuestro Maestro. No tengáis temor de confesar vuestra fe. El nombre de cristiano no os deshonrará jamás; pero debéis poner especial cuidado en no deshonrar vosotros el nombre. Vuestro amor a Cristo nunca os podrá dañar; podrá, es cierto, acarrearos algún pasajero quebranto de parte de vuestros enemigos; pero tened paciencia, que triunfaréis en todo.

Tened paciencia, pues el día que vuestro Maestro aparezca en la gloria de sus ángeles para ser visto de todos los que le aman, seréis también glorificados; y los que os han aborrecido, despreciado e insultado aquí abajo, se verán obligados a rendiros homenaje. Sed, queridos, semejantes a Jesús, sin miedo, sin falta, valientes para vuestro Dios; de modo que, viendo vuestra intrepidez, el mundo se vea forzado a decir: «Éstos han estado con Jesús».

4. Mas así como un solo rasgo no manifiesta la fisonomía de un hombre, la sola virtud de la intrepidez no nos hace semejantes a Cristo.

Ha habido cristianos de nobles corazones y enérgico carácter; pero han llevado su ardor al extremo, y no han sido el retrato de Cristo, sino su caricatura. Es necesario que a nuestra intrepidez añadamos la dulzura de Cristo. Que el ánimo sea el cobre, y el amor el oro, y de la mezcla de estos dos elementos resultará un rico metal, digno de servir en la construcción del templo de Dios. Que la bondad y el valor sean fundidos juntamente en nuestro corazón.

Juan Knox hizo mucho para la causa de su Maestro, pero quizás habría hecho más si a su admirable intrepidez hubiera añadido un poco de dulzura. Lutero fue un conquistador. ¡Honor a su memoria y paz a sus cenizas! ... Sin embargo, a nosotros, que le contemplamos a alguna distancia, nos parece que si hubiera unido más amenidad a su indomable energía; y, sin dejar de perseguir el error hasta en sus últimas consecuencias, hubiera hablado con más mesura, nos parece, digo yo, que el mismo Lutero habría hecho mucho más aún de lo que hizo.

Apliquémonos pues, queridos hermanos a imitar a Jesucristo no solo en su intrepidez, sino también en su amable dulzura.

Vedle durante su estancia en la tierra. ¿Le traen un niño? Lo toma en brazos, diciendo: «Dejad los niños venir a Mí y no se lo impidáis». ¿Encuentra una viuda que ha perdido su hijo único? Le mira con tierna simpatía y dice: «no llores», y con la palabra le devuelve su hijo a la vida. ¿Ve a un ciego, a un leproso, a un paralítico? Les habla bondadosamente, los toca y los cura.

Él vivió para los demás, no para Sí mismo. Sus incesantes trabajos tenían un solo objeto: el bien de los que le rodeaban. Y para coronar su vida de abnegación, ya sabéis qué sorprendente sacrificio se dignó ofrecer a su Padre. ¡Oh, prodigio de misericordia! Cristo dio su vida por el hombre culpable. En el árbol de la cruz, en medio de las angustias de una agonía lenta, y presa de indecibles sufrimientos, consintió morir en nuestro lugar para que fuésemos salvos. Cristo es el amor encarnado. En Él vemos la más conmovedora, la perfecta personificación de la benevolencia y de la caridad. Así como Dios es amor, Cristo es amor. ¡Oh cristianos! Sed, pues, amor también vosotros. Que vuestra benevolencia, compasión y vuestro bien hacer, brille sobre todo lo que os rodea. No digáis a los que sufren: «Id en paz, calentaos y hartaos», sino, repartir de vuestro pan a siete y hasta ocho (Stg. 2:16; Ec. 11:2). Si no podéis imitar a Howard, abriendo las puertas de los calabozos para hacer oír a los presos un mensaje de esperanza; si no podéis penetrar en las tristes mansiones de la miseria y del vicio, haced al menos lo que podáis, cada uno en la esfera que le es propia. Que vuestras palabras y vuestras acciones respiren amor. Que Cristo viva de nuevo, por decirlo así, en vosotros, por la dulzura y la bondad.

Seguimiento, Discipulado, Oración ...

Si hay alguna virtud que convenga más que otra al discípulo de Jesús seguro que es ésta: un espíritu de mansedumbre y benignidad, espíritu que nos induce a tener amor para la iglesia, para el mundo y para todos los hombres.

5. Sin embargo, hay cristianos en nuestras iglesias, con el humor tan melancólico y tan triste... parecen llevar en su temperamento tal medida de vinagre y hiel, que apenas se puede esperar de ellos una palabra de bondad. Se imaginan que no es posible defender la religión si no es con palabras acerbas; tampoco defienden jamás la causa de su Maestro, sin dejarse llevar por la ira; y si en la familia, en la iglesia o en cualquier otra parte, no marcha todo a la medida de sus deseos, se creen en el deber de poner su cara semejante a un pedernal (Is. 50:7) y desconfiar de todo el género humano. Tales cristianos se parecen a los carámbanos o hielos aislados, a los cuales nadie se atreve acercarse; se les evita y se teme su contacto. Solitarios y olvidados flotan sobre las olas de la vida, hasta que la corriente se los lleva. Y aunque nos consideraremos dichosos al encontrar sus queridas almas en el cielo, sus espíritus están aquí siempre tan mal dispuestos que, francamente, no nos lamentamos por vivir lejos de ellos en la tierra.

No seáis así, amados míos. Imitad a Cristo en su mansedumbre, en su paciencia, en su amor. Que no haya en vosotros acritud y rudeza. Hablad con bondad, obrad con bondad, conducíos con bondad. Entonces podrá decir el mundo de vosotros lo que los judíos dijeron en otro tiempo de los apóstoles: «Han estado con Jesús».

6. Otro de los grandes rasgos del carácter de Jesús era su profunda y sincera humildad. Imitemos, también por esta parte, a nuestro Maestro. Dios no quiere que tengamos un carácter rastrero o servil. (Lejos de eso; pues somos libres; la verdad nos ha libertado; somos, por tanto, iguales a todos, e inferiores a nadie). Sin embargo, debemos ser humildes de corazón, como Jesús.

¡Oh! Tú, cristiano orgulloso (pues aunque esto parezca una paradoja, hay cristianos de tal especie, no puede dudarse; pero no carezco de caridad hasta tal punto que niegue en absoluto el título de hermano a todo aquel que tiene algún orgullo). ¡Oh, tú –repito–, cristiano orgulloso! Mira, te suplico, a tu Maestro. Mírale, despojándose de su majestad divina y dignándose descender hasta el género humano; mírale, hablando con los niños, habitando entre los labriegos de Galilea; y, por último –¡oh, profundidad incomparable de la condescendencia!–, mírale, lavando los pies a Sus discípulos y enjugándoselos con una toalla.

¡Ved ahí, oh cristianos, al Maestro que pretendéis servir! ¡Ved ahí al Señor que hacéis profesión de adorar! Y sin embargo, a vuestras conciencias apelo, ¿cuántos habrá entre vosotros que se avergonzarían de tender la mano a uno de sus semejantes, no tan bien vestido como vosotros, o menos favorecido de bienes en este mundo? ... Con razón se ha dicho que en la sociedad actual, el oro difícilmente fraterniza con la plata; y la plata, a su vez, mira a la moneda de cobre con el desdén del que se cree superior. Pero en la Iglesia de Cristo no debe ser así. Al llegar a ser miembros de la gran familia de Cristo, es necesario que nos despojemos de estos vanos prejuicios de casta, de sangre y de fortuna.

Acuérdate, creyente, de quién era tu Maestro. Hijo de la pobreza, nació y vivió entre los pobres, comiendo con ellos. ¿Osarás, tú, gusanillo de un día, andar con aire altivo y soberbia mirada, evitando con desprecio a los gusanillos, tus hermanos, que van a tu lado? ... ¿Qué eres tú mismo, te pregunto, sino el más miserable de todos, ya que tu oro o tu lugar elevado, o tus ricos vestidos te hacen neciamente vano? ¡Pobre alma, eres pequeña a los ojos de Dios!

Cristo era humilde: No era fiero ni arrogante; Jesús sabía inclinarse para servir a los otros; el Hijo de Dios no hacía caso de las apariencias de las personas. Amigo de los publicanos y pecadores, no se avergonzaba de que le vieran con ellos.

Cristiano, sé tal como tu Maestro; humíllate como Él se humilló. Aún más; sé una de esas almas que estiman a las demás como más excelentes que ellas mismas, no creyendo rebajarse por colocarse en la última línea; que consideran como un honor sentarse entre los más sencillos hijos de Dios, y que con toda sinceridad pueden decir: «Aunque mi nombre esté escrito en la última página del libro de la vida, es lo bastante para una criatura tan indigna como yo». Aplícate, pues, querido hermano, a semejarte a Cristo por tu humildad.

Podríamos continuar de este modo, queridos amigos, pasando, por decirlo así, revista a los diferentes rasgos que caracterizan la figura perfecta del Hijo de Dios; pero no creo necesario proseguir este estudio, pues cada cual de vosotros puede hacerlo tan bien como yo. Y para hacer esto, basta contemplar la imagen del Salvador, tal como se desprende de su Evangelio.

Además, me faltaría el tiempo, si intentara presentaros aunque sólo fuese un bosquejo incompleto del carácter de Jesús. No añadiré, pues, más que esta palabra; imitad a Cristo en su santidad.

¿Estaba Él devorado por el celo en el servicio de su padre? Procurad esa medida de celo vosotros también, id por todas partes haciendo bien. No malgastéis el tiempo de que podéis disponer, pues es demasiado precioso para perderlo.

¿Estaba Jesús animado por un espíritu de abnegación, no buscando nunca su propio bien, sino el de los otros? Haced como Él: renunciad a vuestro propio interés, en beneficio de vuestros semejantes.

¿Era Jesús ferviente de espíritu? Imitadle; orad sin cesar. ¿Tenía Cristo un respeto sin límites a la voluntad de su Padre? Tenedlo también vosotros; someteos sin murmurar. ¿Era paciente? Imitad al Modelo, aprended a sufrir. Y sobre todo, oh creyente, perdona a tus enemigos como Cristo perdonó a los Suyos. Que la sublime frase de tu Maestro:

«¡Padre, perdónalos, que no saben lo que hacen!», resuene siempre en tus oídos.

Cuando estés dispuesto a vengarte, cuando sientas hervir la indignación en tu corazón, aplica enseguida el freno al fogoso curso de la cólera y no te dejes arrastrar por su impetuoso impulso. Rercuerda: el arrebato no es otra cosa que una locura momentánea. Perdona como deseas ser perdona-

do. Amontona ascuas de fuego sobre la cabeza de tu enemigo, haciéndole bien. El que da bien por mal, a Dios imita; procura, pues, parecerte al Dios de amor, y esfuérzate para obrar de tal manera que tus mismos enemigos se vean forzados a decir: «Éste ha estado con Jesús». Mas no basta saber lo que debe ser un cristiano; es menester saber también:

II. ¿CUÁNDO Y POR QUÉ DEBE SERLO?

En el mundo se piensa, generalmente, que es muy conveniente ser piadoso el domingo, importando poco lo que se pueda ser el lunes. ¡Cuántos llamados ministros del Evangelio son fervientes predicadores el día de descanso, y predicadores de impiedad durante el resto de la semana! ¡Cuántas personas hay que van a las reuniones evangélicas con aire solemne y grave postura, que se unen al canto y hacen como que oran; pero no tienen parte ni suerte en este negocio, estando aún en hiel de amargura y prisión de maldad!

1. Preguntémonos seriamente, queridos oyentes: ¿Cuándo debe parecerse el cristiano a su Maestro? ¿Hay alguna ocasión en la cual puede el soldado de Cristo despojarse de su uniforme y dejar el arma para convertirse, siquiera de momento, en un ser mundano? ¡Oh, no, y mil veces no!

Es necesario que en todo tiempo y lugar sea el cristiano en realidad lo que profesa ser. Me acuerdo de una conversación que tuve, hace algún tiempo, con una persona del mundo.

—No me gusta —me decía— que me hablen de asuntos religiosos las personas que me visitan; la religión es, sin duda, buena el domingo y cuando estamos en la casa de Dios; pero en un salón la encuentro fuera de su lugar.

A esto respondí que, si la religión debía expulsarse de todas partes menos de los lugares propios del culto, nuestros templos y capillas serían pronto transformados en vastos dormitorios...

—¿Por qué?— inquirió mi interlocutor sorprendido.

—Es bien sencillo —repliqué—. Todos necesitamos la religión para morir, y, como la muerte nos puede sorprender de un momento a otro, ¿quién se alejaría del único lugar donde podría admitirse la religión...?

Sí; en la hora suprema tendremos todos necesidad de los consuelos del Evangelio; pero ¿cómo podríamos tener la esperanza de disfrutar tales consuelos si no obedeciésemos los preceptos de este Evangelio durante nuestra vida diaria? Imitad, pues, a Cristo en todo tiempo, amados míos.

Imitadle en vuestra vida pública. Muchos de nosotros podemos ser llamados a vivir en una especie de mundo oficial; el puesto que ocupamos, las funciones que desempeñamos, nos dan tal vez algún relieve sobre nuestros semejantes. ¡Oh!, si es así, tened cuidado. Todos nos miran, nos espían, no lo dudemos. Nuestras palabras son anotadas, nuestros actos comentados; nuestra conducta entera examinada, analizada y descuartizada. El mundo, con mirada de águila y ojos de Argos, no nos pierde de vista; nos vigila, nos observa, y su crítica severa está siempre dispuesta a caer sobre nosotros.

¿Queremos, amigos, reducir al silencio a nuestros adversarios? Esforcémonos pues en vivir la vida de Cristo en nuestras relaciones con el mundo. Afanémonos en copiar tan fielmente a nuestro Maestro, en nuestra conducta pública, que podamos decir siempre: «No vivo yo, mas Cristo vive en mí». Y sobre todo vosotros, miembros de nuestras iglesias, que habéis sido llamados a dirigirlas, a velar sus intereses y a deliberar sobre sus asuntos: estad animados de este espíritu, yo os lo suplico.

¡Cuántos hay entre vosotros que, semejantes a Diótrefes, quieren ser los primeros! ¡Cuántos que aspiran a dirigir y dominar a los que les rodean, olvidando que, según el Evangelio, todos los cristianos son iguales delante de Dios, que todos ellos son hermanos, y que, por consiguiente, todos tienen derecho a los mismos privilegios!

Ahora os digo: procurad penetraros del espíritu de vuestro Maestro, en vuestras relaciones con vuestras iglesias respectivas, de suerte que los miembros de estas iglesias puedan ofreceros, de común acuerdo, este bello testimonio oral: «Han estado con Jesús».

2. Ante todo, pareceos a Cristo en vuestra casa. Una casa donde se respira atmósfera cristiana es la mejor prueba de la existencia de una piedad viva. No es precisamente en el lugar del culto donde se manifiesta lo que uno es en realidad; esto se ve mejor en la intimidad del hogar. No es, en primer lugar, a nuestro pastor a quien debemos consultar para conocer nuestra manera de ser, sino a las personas que nos rodean. La criada, el hijo, la esposa, el amigo, pueden apreciar mucho mejor lo que nuestro cristianismo vale.

Una persona piadosa debe ejercer, necesariamente, una buena influencia sobre los que le rodean. «Nunca creeré que un hombre sea verdadero cristiano –decía un célebre predicador–, si su esposa, o hijos, sus criados y hasta el mismo perro que vive bajo su techo, no sienten los venturosos efectos de su piedad».

Tal es la religión de la Biblia: el cristiano no lo es por sus palabras o apariencias, sino por su vida entera. Si los que os rodean nada ganan con vuestro cristianismo; si viéndoos el mundo en vuestra familia, no se ve obligado a decir: «He ahí una casa mejor dirigida y gobernada que la nuestra»; si no sucede así, desengañaos: la verdadera piedad está aún muy lejos de vosotros.

Que cuando vuestros criados os dejen, no puedan censuraros, diciendo: «¡Vaya unos cristianos!, ningún culto por la mañana ni por la noche. Cierto que los domingos van a oír el Evangelio en la capilla; pero ellos oyen el Evangelio y me dejan a mi trabajando en casa todo el día; y si, contra la costumbre, me dejan salir alguna vez, es por la noche y por poco tiempo, cuando estoy extenuado». No; queridos hermanos, que no puedan decirse tales cosas de vosotros. Que, por el contrario, influya vuestra piedad en los menores detalles de vuestra vida doméstica. Demostrad a los que os rodean que vuestra religión es, ante todo, una religión práctica. Que esto sea conocido por las personas de vuestra intimidad, mejor aún que por el mundo en general; pues lo que somos en casa es lo que somos en realidad. A menudo nuestra vida pública no es más que un papel que se nos ha impuesto y

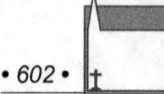

nosotros más o menos aplaudidos actores en la gran comedia; pero en la vida privada cae la máscara y quedamos lo que somos.

Cuidado, pues, en descuidar la piedad en casa, los deberes de todos los días. Imitemos a Cristo en nuestros hogares.

3. Y antes de dejar este punto de mi tema, quiero deciros que imitéis a Cristo en secreto.

Sí; cuando ningún ojo os ve más que el ojo de Dios, cuando la oscuridad os envuelve, cuando no estáis expuestos a la observación de vuestros semejantes, sed, aun entonces, semejantes a Cristo. Recordad su piedad ardiente, su secreta religiosidad. Recordad cómo, tras haber trabajado todo el día, instruyendo a la multitud, Se retiraba en medio de las sombras de la noche para implorar el socorro de su Padre. Recordad, que la vida de su alma fue alimentada incesantemente por nuevas inspiraciones del Espíritu Santo, recabadas por la oración.

En esto, como en lo demás, seguid el ejemplo de vuestro Salvador. Vigilad constantemente vuestra vida secreta de tal modo que no tengáis vergüenza de leerla delante de todos el día del juicio.

¡Ah! Si los secretos del corazón fuesen manifestados ahora, como lo serán en el día último, se vería que la vida íntima de la mayoría no es vida, sino muerte. Hasta de verdaderos cristianos se puede decir que su vida apenas es vida; es una especie de medio vivir; se arrastran penosamente por el camino hacia el cielo; una o dos veces al día elevan apresuradamente una oración a Dios, una aspiración, un suspiro; lo absolutamente necesario para conservar en su alma un reflejo de vida, pero nada más.

¡Queridos hermanos en Cristo, no os contentéis con un estado tan deplorable! Esforzaos para uniros más con Jesús en vuestra vida íntima. Guardaos en particular de descuidar vuestras «devociones» secretas. ¿Os lo diré?... temo que, hasta entre aquellos que sois los más avanzados en la piedad, sea descuidada la oración. El Señor nos anima de todas maneras para que Le expongamos nuestras necesidades. ¿No ha contestado mil y mil veces a nuestras súplicas? ¿Queréis decaer en vuestras oraciones? ¿Queréis cesar de clamar al Señor? ¡Oh!, amados míos, que no sea así.

Id a vuestras casas, y, cayendo de rodillas, interceded con nuevo fervor cerca de vuestro Padre celestial, pidiéndole Sus bendiciones para vosotros, para vuestros amigos y para el mundo entero. Acordaos especialmente de vuestros pastores, para que sean sostenidos en la obra de su ministerio que tan difícil es. Suplicad a Dios que os haga capaces de tener elevadas vuestras manos, como Moisés en otro tiempo, en la montaña, para que los Josués, que están luchando en la llanura, puedan batir y vencer a los Amalecitas (Éx. 17:8-13).

Ahora es el momento decisivo: ¿Se perderá la batalla por nuestra culpa? Es la hora de la pleamar: ¿No la aprovecharemos para entrar en el puerto? ¡Apresurémonos, pues! Cojamos los remos y despleguemos las velas de la oración, suplicando al Señor que las hinche con el soplo poderoso de su Espíritu. Sí; vosotros, todos los que amáis a Dios, de cualquier país o denominación, reuníos para pedirle que derrame su Espíritu por toda la tierra y nos conceda un nuevo Pentecostés; que reanime, por amor de su Hijo, su abatida Iglesia.

¡Oh!, si lo hacemos así; si como un solo hombre caemos a los pies de nuestro Padre celestial, entonces conocerá el mundo que hemos estado realmente con Jesús.

III. ¿POR QUÉ LOS CRISTIANOS DEBEN IMITAR A CRISTO?

1. La respuesta es fácil. En primer lugar, deben hacerlo por interés propio. Si en algo tienen la consideración y aprecio de sus semejantes, deben portarse de modo que no sean hallados mentirosos ante Dios y los hombres. Si estiman la salud de sus almas, si quieren ser preservados de caídas y mantenerse en el camino recto, que se afanen por parecerse más y más a Jesús. Si aprecian su dicha personal; si quieren que sus almas sean alimentadas de gruesos tuétanos y purificados líquidos (Is. 25:6); si desean disfrutar de una santa y dulce comunión con Jesús, y poder sobreponerse a los cuidados y tribulaciones de este mundo, que sigan las huellas de su Señor.

Seguimiento, Discipulado, Oración ...

Sí; queridos oyentes, creedlo; nada os conviene tanto como esto; nada os procurará mayor prosperidad ni tanta paz y fuerza; nada os ayudará tan eficazmente a caminar hacia el cielo, atravesando esta vida con la frente serena y los ojos brillantes de gloria; y en una palabra: nada contribuirá más a vuestros goces espirituales que vivir constantemente imitando a Jesús.

Cuando os sintáis capaces, por el poder del Espíritu Santo, de poner, por decirlo así, vuestras plantas en las huellas de Sus pasos, entonces seréis los más dichosos. Así es como reconocerán en vosotros a los verdaderos hijos de Dios. Os lo repito, de nuevo, queridos hermanos, por vuestro propio interés, ¡imitad a Cristo! Pero imitadle también por interés de la religión.

2. ¡Pobre religión! Por crueles enemigos has sido atacada; pero ¿qué son todas las heridas que éstos te han inferido comparadas con aquellas otras que has recibido de tus pretendidos amigos? Nadie, ¡oh cristianismo!, te ha causado tanto daño como los que profesan seguirte. Nadie, ¡oh santa y amable piedad!, te ha asestado golpes tan rudos como los llamados cristianos que viven de una manera indigna de su nombre; nadie, como el hipócrita que se ha introducido en el rebaño de la Iglesia, cual el lobo rapaz que se introduce entre las ovejas. Mucho más que el escéptico o el impío, perjudican la causa de Cristo aquellos que pretenden servirla, pero que con sus hechos desmienten sus palabras.

Cristiano, ¿amas esta causa? ¿Quieres ver el Evangelio apreciado, honrado y glorificado? ¿Consideras precioso el nombre del querido Redentor? ¿Suspiras por aquel tiempo cuando los reinos de la tierra estarán bajo el dominio del Señor y de su Cristo? ¿Deseas ver las fortalezas caídas, y destruido todo poder que se oponga al conocimiento de Dios? ¿Sientes dolor por las almas que perecen, y deseas ganarlas para que Jesús las salve del fuego eterno? ¿Deseas a toda costa evitarles la caída en la mansión de los réprobos? ¿Sientes compasión de los que, como tú, son inmortales? ¿Tienes verdadero deseo de verles perdonados? Si es así, es necesario que tu vida esté conforme con tus principios; que tus palabras correspondan a tus hechos.

Anda conforme a la voluntad de Dios en la tierra de los vivientes. Condúcete en todo tal como conviene a un elegido. Recuerda que debemos distinguirnos por una conducta y una conversación santas. Este es el mejor medio de trabajar para la conversión del mundo; sí, mejor aún que todos los esfuerzos, por excelentes que sean, de las sociedades misioneras.

Mostremos a los incrédulos que nuestra vida es superior a la suya, y no podrán negar entonces que la religión es una bella realidad. Pero, si nos ven hablar de una manera y obrar de otra, ¿sabéis qué dirán? Dirán: «La gente piadosa no es mejor que los demás. ¿Por qué, pues, hemos de hacernos como ellos? ¿Por qué hemos de renunciar a nuestras costumbres, si nada hemos de ganar con el cambio?»

Y, hablando así, el mundo estaría en su derecho, y su lenguaje perfectamente conforme con el sentido común. Por esto, queridos hermanos, os exhorto, si amáis la religión, por respeto a ella, en nombre de sus más sagrados intereses, que seáis consecuentes con vosotros mismos.

Vivid santamente, tened horror al mal y uníos al bien con estrechos lazos. En una palabra: Imitad a Cristo.

3. Pero el argumento más fuerte y poderoso que puedo presentaros en este sentido es que por el interés de Cristo mismo debéis afanaros en imitarle. ¡Oh, si pudiera levantar ante vosotros en este instante la cruz de mi Salvador; poneros en presencia de, Jesús, muriendo por nuestros pecados, y dejarle a Él el cuidado de defender su propia causa! Siento que mi lengua está como pegada al paladar; me faltan palabras; soy incapaz de conmover vuestros corazones. Pero Sus llagas, Sus heridas y costado traspasado, hallarían, seguramente, acentos capaces de conmoveros.

Pobres labios mudos y sangrientos; ¡con qué elocuencia nos hablaríais! «Amigos, nos diría Jesús con voz dulce, mostrándonos Sus manos traspasadas, amados míos, ved estas manos que fueron traspasadas por causa de vosotros. Ved Mi costado; ha sido herido para ser la fuente de vuestra salvación Ved en Mis manos la señal de los clavos. Todos Mis miembros han sido quebrantados por vosotros. De estos ojos han salido torrentes de lágrimas; esta frente ha sido coronada de espinas; este rostro ha sido abofeteado; Mi cuerpo entero ha sido un horno de indecibles sufrimientos. Por largas horas he quedado suspendido en el ignominioso madero, expuesto a los ardores de un sol de fuego. Y todo esto, amados míos, ¡lo he sufrido por amor a vosotros! Lo que os pido es que sigáis Mis pisadas. ¿Hay algún crimen o defecto en MÍ? ¡Oh, no! Vosotros sabéis que Yo soy mejor que el mejor de los hombres, más amable que los más amables. Decidme: ¿Os he perjudicado en algo? Por el contrario, ¿no he hecho todo lo necesario para vuestra salvación? Y, ¿no estoy ahora sentado a la diestra de mi Padre para interceder por vosotros?.

«Ahora, pues, queridos discípulos, si Me amáis...... (cristiano, oye con atención; que las dulces palabras de tu Salvador suenen siempre en tus oídos, como lejana armonía de campanillas de lata)... si me amáis dice Jesús, guardad mis mandamientos». ¡ojalá que estas palabras puedan penetrar hasta el fondo de tu corazón! «Si me amáis, si me amáis...». Pero ¿he oído bien? ¡Glorioso Redentor! ¿Por qué dices si? Amado Cordero de Dios, inmolado por nuestras ofensas, ¿tendrá que ponerse en duda nuestro amor por Ti? ¿Cómo? Siendo yo testigo de Tus sufrimientos; viendo correr Tu sangre, gota a gota, para la salvación de mi alma, ¿será posible que no Te ame? Sin embargo, ¡ay!, he de reconocerlo gimiendo; a menudo ¡oh, mi Salvador!, tienes motivos para dudar de mi amor. Con frecuencia mis pensamientos, mis palabras o mis hechos, Te dan motivo para decir: «Si me amáis...».

Mas, en medio de mis caídas y mi tibieza, me parece ¡mi Señor!, que mi amor a Ti es una realidad. Me parece que Tú eres más precioso a mi alma que la luz del día a mis ojos. Sí; Te amo, siento en mi corazón que Te amo. ¡Señor tu sabes todas las cosas; Tu sabes que Te amo!

Tal es el lenguaje que puede contener en el fondo del corazón todo verdadero creyente; y al que habla de esta manera, responde Jesús, dirigiéndole una mirada de tierna aprobación: «Puesto que Me amas, oh amado Mío, guarda Mis mandamientos».

¿Puede haber motivo más poderoso que éste para llevaros a imitar a Jesús? ¿Dónde encontraremos argumento más irresistible que el del amor? La gratitud produce la obediencia: sed, pues, tales como vuestro Maestro, y conocerá el mundo que habéis estado con Jesús.

¿Estáis emocionados? ¿Lloráis, quizá, y preguntáis, ansiosos: «¿Cómo podremos imitar al que murió por nosotros?». Acabaré procurando contestaros y diciéndoos:

IV. ¿CÓMO SE PUEDE IMITAR A CRISTO?

1. Mi ocupación antes de despediros será, pues, deciros cómo podéis ser transformados a la imagen de Cristo. Os diré, en primer lugar, que os es necesario conocer a Cristo como vuestro Redentor, antes que podáis seguirle como Modelo.

Mucho se habla en la actualidad del ejemplo dado por Jesús; apenas podrá encontrarse una persona en el mundo que no esté dispuesta a reconocer la belleza moral y la excelencia incomparable de su carácter. No obstante, por excelente que sea el ejemplo de Cristo, nos es imposible en absoluto seguir a todo hijo de Adán, si al propio tiempo que nuestro Modelo, no es también nuestro sacrificio.

¿Creéis, pues, ahora que su sangre fue derramada por nosotros? ¿Podéis asociaros a las palabras del himno:

«Santo Cordero, en cruz clavado,
mueres cargado con mi maldad.
¡Amor excelso! Mis penas pagas,
y por Tus llagas salud me das».

Sí es así, estáis en buen camino para ser transformados conforme a la imagen de Cristo.

Pero mientras no os hayáis bañado en la fuente que llena el Salvador con su sangre, es inútil que os esforcéis para imitarle. Perderíais el tiempo, creedlo. Son fuertes de sobras vuestras pasiones y están muy corrompidas vuestras almas; y el edificio que construyerais, desprovisto de fundamento, sería tan sólido como un sueño. Os lo repito,

no podréis amoldar vuestra vida a la de Cristo, en tanto que no hayáis recibido su perdón y obtenido el vestido de justicia.

Gracias a Dios –dirán algunos– hemos llegado hasta eso; sabemos que tenemos parte en la salvación eterna; pero ¡ay!, sabemos también que hay en nosotros no pocas imperfecciones. Desearíamos ser semejantes a Cristo pero no podemos. ¿Qué es necesario hacer? A los tales respondo: «Queridos amigos, estudiad atentamente el carácter de Jesús». Es triste decirlo, pero es un hecho: la Biblia es tratada hoy en cierto modo como un libro anticuado aun por muchos cristianos. Hay tanto periódico, tratado y producciones efímeras que, ciertamente, el deber de estudiar las Escrituras está en peligro de ser descuidado.

2. Cristiano: ¿quieres parecerte a tu Maestro? Contémplale. Hay en la persona de Jesús un maravilloso poder, y cuanto más le contemplamos más le parecemos. Me miro al espejo y olvido enseguida mi fisonomía. Pero cuando contemplo a Cristo vengo a ser tal como Él. Mírale, pues, oh creyente. Estudia su imagen en los Evangelios y penétrate bien de Sus augustos rasgos. Quizá diréis: «Hemos contemplado a menudo nuestro divino Modelo, y, sin embargo, no vemos que hayamos hecho grandes progresos». Entonces debéis corregir diariamente vuestra pobre copia. Repasad en vuestra memoria, por la noche, las acciones que habéis llevado a cabo en las últimas veinticuatro horas, y examinadlas escrupulosamente delante de Dios. Cuando tengo que corregir las pruebas de alguna de mis obras, he de anotar en el margen las correcciones que han de hacerse. Y tengo que leer y releer la prueba, porque si yo no indicase las faltas, el impresor las daría pasar todas.

Anotad por la noche, al margen de vuestra jornada, las faltas que hayáis cometido, para recordarlas y no caer otra vez en ellas al día siguiente. Hacedlo con sencillez y perseverancia, señalando vuestros defectos uno a uno, para evitarlos en lo sucesivo.

Han dicho ciertos filósofos de la antigüedad que el hombre tiene que repasarse tres veces al día y examinar sus hechos. La máxima es excelente: sigámosla. No seamos ligeros y olvidadizos, antes probémonos cuidadosamente a nosotros mismos; hagamos constar nuestras caídas y miserias, trabajando así para santificar nuestra vida.

3. Por último, y éste es el mejor consejo que puedo daros, si queréis semejaros a Cristo, buscad una medida más abundante del Espíritu de Dios. Serán vanos todos vuestros esfuerzos para parecer os a Cristo, si no buscáis su Espíritu.

Tomad un pedazo de hierro, probad a darle cualquier forma y no lo conseguiréis. Ponedlo sobre el yunque, coged el martillo del forjador, golpeadlo repetidamente y nada habréis conseguido. Haced lo que os plazca con aquella masa fría, nada conseguiréis. Pero ponedla en el fuego, que se ablande y se haga maleable; colocadla luego en el yunque, y cada golpe tendrá su efecto, de modo que entonces podréis darle la forma que os convenga. Lo propio ocurre con el corazón humano. No procuréis modelar vuestro corazón frío y duro, como lo es por naturaleza; sino sumergido enseguida en el horno de la gracia divina; dejad que se caliente y se funda, y cuando esté blando como la cera, podrá moldearse y reproducir fielmente la imagen del Señor Jesús.

¡Oh, hermanos!, ¿qué podré añadir para llevaros a prestar toda vuestra atención a este asunto... ? ¡Pensad que si le parecéis en la tierra, seréis semejantes a Cristo también en el delo; que si por la potencia del Espíritu sois hechos sus discípulos Aquí abajo, seréis partícipes de su gloria!

Supongamos que a la puerta del paraíso hay un ángel que no admite, en el lugar de las delicias, sino aquellos cuyos rasgos presentan verdadera analogía con los de nuestro adorable Redentor. He aquí un hombre que llega, ciñendo en su frente una corona real. Pero el ángel le dice: «Cierto, tú llevas una corona; mas aquí las coronas no sirven para nada». Otro se aproxima, ostentando las insignias del poder y la toga de ciencia: «Todo esto era muy bueno en su tiempo y lugar, dice el ángel, pero ni los honores ni la ciencia dan acceso al cielo». Aparece un tercero, radiante de juventud, de atractivos y de gracia. El ángel le dice: «Podrías tú brillar en la tierra, pero en la nueva Jerusalén, la belleza exterior no tiene precio alguno». Otro llega aún, precedido por la fama y los aplausos del género humano. Contesta el ángel: «Todas las glorias humanas están aquí desprovistas de valor alguno». Se presenta, al fin, uno que quizá fue pobre, ignorante, despreciado por los hombres; mas no importan estos precedentes. El ángel le mira, sonríe y exclama gozoso: «He aquí una fiel reproducción de Cristo; he aquí la imagen de su persona; es el propio Señor que viene bajo la figura de uno de Sus discípulos. ¡Bienvenido, oh rescatado! Tú has estado con Jesús, tú has sido semejante a Él, la gloria eterna es tuya. Entra en el gozo de tu Señor».

CONCLUSIÓN

Reflexionad, queridos hermanos, en estas cosas, por amor a vuestras almas. Quien sea como Cristo, entrará en el cielo; mas aquel que en nada le parezca, será precipitado al infierno. Se acerca el día en el que cada cosa ha de unirse a su semejante: la cizaña con la cizaña y el trigo con el trigo. Si habéis caído con Adán y dejáis esta vida muertos en pecados y delitos, vuestra porción será eternamente con los espiritualmente muertos; pero, si resucitáis aquí con Cristo a nueva vida, entonces reinaréis con Él por los siglos de los siglos.

El trigo con el trigo, la cizaña con la cizaña. No os engañéis, Dios no puede ser burlado, que todo lo que el hombre sembrare, eso también segará (Gá. 6:7).

Llevad este pensamiento en el corazón, amados; juzgad vuestro estado espiritual, comparándoos con Cristo. Si os sentís semejantes al Maestro, entonces estáis en Cristo y estaréis siempre con Él. Mas, si por el contrario, no sois conformes a la gloriosa imagen de Jesús, no tendréis parte ni suerte en la salvación que es en Cristo.

Que mi pobre discurso ayude a aventar la era, manifestando la paja y revelando los que son y los que no son de Cristo. Y ante todo, que sirva para llevar muchas almas al deseo de llegar a ser participantes de la heredad de los santos en luz, por la fe en Cristo Jesús y por la alabanza de su gracia.

A Él sea toda la gloria. Amén.

68. LUZ DE GOZO EN EL CORAZÓN[11]

«Deléitate en Jehová, y él te concederá los anhelos de tu corazón» (Salmos 37:4).

INTRODUCCIÓN:
1. La verdadera religión para los impíos.
2. La verdadera religión para los creyentes.
3. Alegría y deleite unidos en el creyente.
4. Que piensa, el mundo, de los cristianos.
5. La autonegación.

I. EL PRECEPTO ESCRITO SOBRE BRILLANTES JOYAS
1. ¿Qué es este deleite?
2. ¿De dónde viene este deleite?
3. ¿Cuándo deje practicarse este deleite?
   a) Cuando todo sale bien
   b) Cuando todo sale mal
   c) ¿Por qué es tan raro deleitarse en Dios?

II. UNA PRECIOSA PROMESA
1. Usando los deseos correctamente.

CONCLUSIÓN: Pidamos perdón por los pecados, y deleitémonos en Dios.

LUZ DE GOZO EN EL CORAZÓN

INTRODUCCIÓN

Hay dos enseñanzas en este texto que seguramente son muy sorprendentes para quienes no están familiarizados con la vida de piedad. Para los creyentes sinceros estas maravillas son hechos reconocidos, para el mundo de fuera parecen asuntos muy extraños. Hay aquí, primero, la vida de un creyente descrita como un *deleite* en Dios. Y así se nos confirma la gran Verdad de Dios que la religión verdadera rebosa de gozo y felicidad. Las personas impías y los que simplemente profesan de labios para afuera nunca ven a la religión como algo lleno de gozo para ellos es únicamente servicio, deber, o necesidad; nunca placer ni deleite.

---

[11] Sermón predicado el 15 de Junio de 1862 en el Tabernáculo Metropolitano, Newington.

Seguimiento, Discipulado, Oración ...

1. ¿Por qué tienen que ir a la Casa del Señor? ¿No es a causa de la costumbre una costumbre que de buen grado evitarían si pudieran? ¿Por qué siguen las ordenanzas de la Iglesia? ¿No es, acaso, por una esperanza farisaica de acumular méritos, o por un temor supersticioso? ¿Cuántos no ven la religión como un amuleto para evitar enfermedades, o como un mal menor que ofrece una vía de escape al temible juicio? Para ellos el servicio es algo monótono y la adoración produce fatiga. Pregunta a los que pertenecen al mundo lo que piensan de la religión y a pesar de que practican sus ritos externos consideran todo deprimente y aburrido. «¡Qué pesado es todo eso!»

Aman la religión como el burro su trabajo, el caballo el látigo, o el prisionero sus trabajos forzados. Exigen sermones cortos. Y si no se predicaran sermones, mejor. Con cuánta alegría no reducirían las horas del domingo. Ciertamente ellos preferirían que el Día de Señor se guardara una vez al mes. La gravosa necesidad de costumbres piadosas pesa sobre ellos igual que el tributo que paga una provincia conquistada. La práctica de la religión la desarrollan de igual forma que pagan sus impuestos o las cuotas municipales. Lo hacen por costumbre.

No saben lo que es una ofrenda voluntaria ni tampoco pueden entender el amor lleno de gozo que produce la comunión de los santos. Sirven a Dios de la manera que Caín lo hizo, quien trajo su ofrenda, es cierto, pero la trajo tardíamente la trajo porque era costumbre de familia y no iba a permitir que su hermano lo superara. La trajo del fruto común de la tierra y con un sombrío corazón sin amor. Los caínes de hoy traen las ofrendas que se ven forzados a traer, y no mezclan la fe en la sangre de Jesús con lo que traen. Vienen como con pies de plomo a la Casa de Dios, y se van tan rápido como si tuvieran plumas en los pies. Sirven a Dios, pero lo hacen porque esperan obtener algún beneficio o porque no se atreven a no servirle. El pensamiento del deleite en la religión es tan extraño para la mayoría de los hombres, que en su vocabulario no existen dos palabras más distantes entre sí que «santidad» y «deleite».

2. Ah, pero los creyentes que conocen a Cristo entienden que el deleite y la fe están casados de tan bendita manera que las puertas del infierno no pueden prevalecer para divorciarlos. Los que aman a Dios con todo su corazón, encuentran que sus caminos son caminos agradables y sus vías son de paz. Tal gozo, tales desbordantes deleites, tal sobreabundante bendición descubren los santos en su Señor, que lejos de servirle por costumbre quieren seguirle aunque el mundo entero rechace su nombre como algo pernicioso. El temor de Dios no es compulsión, nuestra fe no es una cadena, nuestra profesión no es una prisión. No somos arrastrados a la santidad, ni forzados a cumplir con el deber. No, señores, nuestra religión es nuestro recreo. Nuestra esperanza es nuestra felicidad, nuestro deber es nuestro deleite.

3. Sé que siempre circulará una calumnia contra la religión de Cristo que afirma que vuelve infelices a los hombres. Pero nunca ha habido un mayor malentendido, una falsedad más vil para maldición del mundo. ¡Debido a que no podemos actuar irresponsablemente, ni pecar descaradamente, ni presumir como siervos del pecado, ustedes piensan que somos infelices! Ah, señores, bien está escrito: «El extraño no se entremeterá en su alegría». El secreto del Señor está con aquellos que le temen y su gozo no puede ser arrebatado por nadie. Déjenme recordarles, sin embargo, que las agua mansas corren más profundas. El arroyo que murmura sobre las rocas se seca en el verano. Pero el río que corre profundo fluye rápidamente, venga sequía o calor, aunque en su superficie se desliza silenciosamente entre los prados.

Nosotros no proclamamos en voz alta nuestros gozos como ustedes lo hacen con sus diversiones, porque no necesitamos hacerlo. Nuestros gozos se conocen de igual manera en el silencio como en medio de estimulante compañía. No necesitamos de sus relaciones para alegrarnos ni mucho menos de las variadas distracciones que les dan completa felicidad. No necesitamos copas, fiestas, violines ni danza para alegrarnos, ni el toro de engorde ni la bodega repleta de vinos para sentirnos ricos. Nuestra felicidad no está en la criaturas pasajeras sino en el eterno e inmutable Creador. Sé que a pesar de todo lo que digamos, esta calumnia va a sobrevivir generación tras generación que el pueblo de Dios es un pueblo desdichado.

Pero al menos permitan que tranquilicemos nuestras conciencias por la preocupación que sentimos por ustedes y que ustedes queden sin excusa si no creen. *Ciertamente* tenemos gozo. *Ciertamente* nos deleitamos y no intercambiaríamos ni una onza de nuestros deleites por toneladas de los de ustedes. No cambiaríamos algunas gotas de nuestro gozo por todos los ríos de sus deleites. Nuestros gozos no son artificiales ni están pintados, sino sólidas realidades. Los nuestros son gozos que podemos llevarnos a la cama en el polvo silencioso gozos que dormirán con nosotros en la tumba y con nosotros despertarán en la eternidad gozos a los que podemos mirar de nuevo y vivir en retrospectiva gozos que podemos anticipar y conocer aquí y en la eternidad.

Nuestros gozos no son burbujas que solo resplandecen y se revientan. No son manzanas de Sodoma que se convierten en cenizas en nuestra mano. ¡Nuestros deleites tienen sustancia, son reales, verdaderos, sólidos, duraderos, eternos! ¿Qué más diré? Saquen de sus mentes ese error. El deleite y la verdadera religión están tan unidos como la raíz y la flor, son tan indivisibles como la verdad y la eternidad. Son, de hecho, dos preciosas joyas engarzadas la una junto a la otra en la misma montura de oro.

4. Pero hay también algo muy sorprendente para los mundanos en nuestro texto, aunque esto es una maravilla que fácilmente entienden los cristianos. El texto dice: «Y él te concederá los anhelos de tu corazón». El mundano dice: «Yo creía que la religión era solamente autonegación, nunca imaginé que al amar a Dios podíamos cumplir nuestros deseos. Yo pensé que la piedad consistía en matar, destruir y suprimir nuestros deseos». ¿Acaso la religión de la mayoría de los hombres no consiste en una visible abstinencia de pecados, amados en secreto? La piedad negativa es muy común en esta época. La mayoría de los hombres suponen que nuestra religión está conformada por cosas que no debemos hacer, más que por placeres que podemos disfrutar.

No debemos ir al teatro. No debemos cantar canciones, ni trabajar los Domingos, ni decir groserías, etcétera. No debemos hacer esto, no debemos hacer eso. Y suponen que somos una categoría huraña y miserable de personas que, sin duda alguna, hacemos en privado lo que nos privamos de hacer en público.

5. Bien, es cierto que la religión es autonegación. Y es igualmente cierto que no es autonegación. Los cristianos tienen dos identidades. Está el viejo yo y en él ciertamente hay que negar la carne con sus afectos y concupiscencias. Pero hay también un nuevo yo. Hay un espíritu nacido de nuevo, el nuevo hombre en Cristo. Y, queridos hermanos, nuestra religión no exige ninguna autonegación de ese nuevo yo. No, dejamos que tenga libre desarrollo en cuanto a sus anhelos y deseos. Puesto que todo lo que pueda desear, todo lo que pueda anhelar, todo lo que quiera gozarlo puede obtener sin peligro alguno.

Cuando alguien dice: «Mi religión contiene algunas cosas que debo de hacer y otras que no debo de hacer», yo le respondo: «la mía contiene cosas que amo hacer y también comprende cosas que odio y menosprecio». Mi religión no tiene cadenas, yo soy libre como el hombre más libre. El que teme a Dios y es un verdadero siervo de Dios, no tiene cadenas que le aprisionan. Puede vivir como quiera, pues quiere vivir como debe. Puede ver sus deseos colmados, pues sus deseos son santos, celestiales, divinos. Puede seguir sus anhelos y deseos hasta el máximo de su posible realización y obtener todo eso que anhela y desea puesto que Dios le ha dado la promesa y Dios le dará el cumplimiento de ella.

Pero no se queden con la idea que no queremos mover un dedo porque hay avisos de *Prohibido* en nuestro camino. Y no piensen que no vamos por ahí, a la derecha, o por allá a la izquierda porque no nos atrevemos. Oh, señores, no lo haríamos si pudiéramos. No querríamos aunque la ley fue-

Seguimiento, Discipulado, Oración ...

ra cambiada no compartiríamos sus placeres aunque pudiéramos. Aunque pudiéramos ir al cielo viviendo como viven los pecadores, no elegiríamos sus caminos ni su conversación. Sería un infierno para nosotros si fuéramos obligados a pecar, aun si el pecado no recibiera ningún castigo. Aunque pudiéramos participar en sus borracheras, o pudiéramos compartir sus concupiscencias, oh ustedes impíos, aun en el caso de que pudiéramos disfrutar de su júbilo y de su gozo, no los queremos.

No nos estamos negando a nosotros mismos cuando renunciamos a estas cosas. Despreciamos el júbilo de ustedes. Sentimos abominación por él y lo pisoteamos. Una vez dijo un pájaro dijo a un pez:

—No puedo entender cómo es que tú vives todo el tiempo en el elemento frío. Yo no podría vivir allí. Debe de ser un sacrificio continuo para ti no volar hacia los árboles. Mira cómo yo me remonto a las alturas.

—Ah —respondió el pez–, no es un sacrificio para mí vivir aquí, es mi elemento. Nunca he aspirado a volar, no es para mí. Si fuera sacado de mi elemento me moriría a menos que me devolvieran de inmediato y cuanto antes mejor.

El creyente siente que Dios es su elemento natural. Él no trata de escapar de su Dios, ni de la voluntad ni del servicio de su Señor. Y si por un algún tiempo fuese apartado, puoder regresar cuanto antes sería lo mejor. Si es arrojado a mala compañía se siente miserable y desdichado hasta que se libra nuevamente de ella. ¿Acaso la paloma se niega a sí misma cuando no come carroña? No, ciertamente la paloma no se podría deleitar en la sangre, no querría alimentarse de ella aunque pudiera. Cuando un hombre ve a una piara de cerdos bajo un roble deleitándose con sus bellotas y emitiendo gruñidos de satisfacción ¿se niega a sí mismo cuando pasa de lejos y no comparte en la fiesta de los cerdos?

No, en modo alguno; él tiene mejor pan para comer en su casa, y el alimento de los cerdos no es ningún bocado exquisito para él. Así pasa con el creyente, su religión es un asunto de deleite, algo que le da satisfacción, y no tiene que negarse a sí mismo

cuando evita y se aleja. Sus gustos han cambiado, sus deseos son otros. Él se deleita en su Dios, y gozoso recibe el anhelo de su corazón.

Todo esto nos ha servido a modo de introducción. Ahora vamos al texto mismo. Hay dos cosas muy claras en el texto: Es *un precepto escrito sobre brillantes joyas*: «Deléitate en Jehová»; y es *una promesa mucho más preciosa que los rubíes*: «y Él te concederá los anhelos de tu corazón».

I. EL PRECEPTO ESCRITO SOBRE BRILLANTES JOYAS

He agregado esas últimas palabras porque la Ley de los Diez Mandamientos fue escrita sobre piedra, tal vez duro granito, en el que los hombres no podían hallar mayor gozo. Pero esta Ley del mandamiento: «Deléitate en Jehová», no es Ley de piedra para ser escrita sobre tablas de granito. Contiene un precepto de centelleante brillantez, digno de escribirse sobre amatistas y perlas. «Deléitate en Jehová». Mis queridos hermanos ¡cuando el deleite se convierte en deber, entonces ciertamente, el deber es deleite!

Cuando mi deber es ser feliz, cuando tengo el *mandamiento* expreso de ser feliz, entonces ciertamente, ¡debo ser un pecador si rechazo mis propios gozos y me aparto de mi propia bendición! ¡Oh, qué Dios tenemos, que hace que nuestro deber sea ser felices! Qué Dios tan bondadoso, que valora como la obediencia más digna de su aceptación, la obediencia alegre dada con un corazón lleno de gozo. «Deléitate en Jehová».

1. Ahora en primer lugar, ¿*Qué es este deleite*? He estado meditando en la palabra «deleite» y no puedo explicarla. Ustedes saben que es una palabra única. Una palabra deleitosa, no puedo usar nada excepto la propia palabra para describirla. Si la miras resplandece con *luz*, brilla como una estrella, más aún, como una constelación brillante, radiante con dulces influencias como las Pléyades. Es gozo, pero es más que eso, gozo sobreabundante; es descanso, pero es un descanso tal que permite la máxima actividad de cada pasión del alma. ¡Deleite! Es júbilo sin frivolidad. ¡Deleite! Es paz, pero

es más que eso: es paz celebrada con festividad, con banderitas colgando en todas las calles y toda la música tocando en el alma. ¡Deleite! ¿A qué podré compararlo? Es una palabra extraviada que pertenece al lenguaje del Paraíso, y cuando las palabras santas del Edén volaron al cielo después de la caída, ésta se enredó en las tramas plateadas de la red de la primera promesa y fue retenida en la tierra para cantar en los oídos de los creyentes. ¿Dónde podré encontrar metáforas para definirla? Puesto que lo humano me falla, déjenme buscar en medio de las criaturas sin pecado de Dios. Vamos junto al mar, a la hora de la marea baja, y en algunas partes de la costa verán un pequeño borde al extremo de las olas. Parece como una bruma, pero un examen más detenido revelará que son millones de pequeñísimos camaroncitos, saltando en todo tipo de posturas y formas en la ola que se retira, en una exuberancia de júbilo y diversión. O en una tarde de verano miren a los mosquitos cómo danzan sin cansarse, ¡casi sin saber cómo poder divertirse más! O miren a las ovejas en el campo, ¡cómo saltan y brincan! Escuchen la canción matutina de los pájaros del aire, y nuevamente oigan sus deliciosas notas vespertinas; miren a los peces saltar en los arroyos, y escuchen el zumbido de los insectos en el aire, todo esto puede dar débiles indicios de la luz del deleite. Dirígete al cielo si quieres saber lo que significa el deleite. ¡Mira allí a los espíritus que tocan las cuerdas doradas con sus dedos! ¡Escucha sus voces, cuando con repiques de gozo desconocido a los oídos humanos cantan Al que les amó y les libró de sus pecados con su sangre! Míralos cómo guardan el Día del Señor eternamente en el gran templo del Dios viviente, y mira al trono, y mira, y mira y mira de nuevo, absorto en la gloria, beatificado en Jesús, lleno del cielo, desbordando sumo gozo. ¡Esto es deleite! Sé que no he podido describir la palabra. Tienen que tomar esa palabra y deletrearla letra por letra; y luego deben pedir al Señor que ponga a sus corazones en un dulce marco mental, conformado por los siguientes ingredientes: un perfecto descanso de todo cuidado terrenal; una perfecta entrega de ustedes mismos en las manos de Dios; una intensa confianza en Su amor por ustedes; un amor divino hacia Él, de tal manera que estén dispuestos a ser cualquier cosa o a hacer cualquier cosa por Él; después, debe agregarse a todo esto, un gozo en Él; y cuando tengan todo esto, debe ponerse todo a hervir, y entonces tienen el deleite en el Señor su Dios. Matthew Henry dice: «el deseo es amor en acción, como pájaro en pleno vuelo; el deleite es amor en descanso, como pájaro en su nido». Tal es el significado de la palabra, y tal el deber prescrito. «Deléitate en Jehová.»

2. En segundo lugar, ¿de dónde viene este deleite? El texto nos dice: «Deléitate en Jehová». Deléitate en *Jehová*, en su misma *existencia*. Que haya un Dios es motivo suficiente para hacer que el hombre más infeliz sea feliz si tiene fe. Las naciones se derrumban, las dinastías caen, los reinos se tambalean, qué importa, puesto que hay un Dios. El padre se ha ido a la tumba, la madre duerme en el polvo, la esposa se ha ido de nuestro lado, los hijos son arrebatados, pero hay un Dios. Solo esto basta para que sea un manantial de gozo para los verdaderos creyentes para siempre. Deléitense también en su *dominio*. «¡Jehová reina! ¡Regocíjese la tierra!». ¡Jehová es Rey! Venga lo que venga *Él* se sienta en el trono y gobierna bien todas las cosas. El Señor ha preparado su trono en los cielos y su reino gobierna sobre todo. De pie en la carroza de la providencia, sostiene las riendas y guía a los veloces caballos de conformidad a su voluntad. Dios es exaltado por sobre los montes y por sobre las colinas: tiene influencia sobre todas las cosas, tanto sobre las cosas magníficas como sobre las minucias. ¡Alégrate mucho, oh hija de Sion. Jehová es Rey eternamente y para siempre, aleluya, aleluya! Cada *atributo* de Dios debe ser un rayo fresco en esta luz de sol llena de deleite. Para nosotros que conocemos nuestra insensatez, que Él es sabio debe ser motivo de gozo. Para los que temblamos a causa de nuestra debilidad, que Él es todopoderoso debe ser causa de regocijo. Que Él es eterno debe ser siempre el tema de nuestra música, cuando nos damos cuenta que

somos hierba y nos secamos como la hierba verde. Que Él es inmutable debe darnos una canción, pues nosotros cambiamos cada hora y no somos los mismos por mucho rato. Que Él está lleno de gracia, que desborda gracia y que en el pacto, Él nos ha dado esta gracia, que es nuestra, nuestra para limpiarnos, nuestra para guardarnos, nuestra para santificarnos, nuestra para perfeccionarnos, nuestra para llevarnos a la gloria, todo esto debería impulsarnos a deleitarnos en *Él*. Oh creyentes, ustedes están hoy junto a un río muy profundo; a lo mejor ya se han metido en ese río hasta los tobillos y conocen un poco de sus corrientes claras, dulces, celestiales. Pero más adelante la profundidad es mayor y la corriente es más deleitosa aún. ¡Ven y lánzate en ese río! ¡Ahora sumérgete en el mar sin límites de la Divinidad! Piérdete en su inmensidad; deja que Sus atributos cubran toda tu debilidad y toda tu insensatez, y todas las otras cosas que te hacen gemir y que te deprimen. ¡Regocíjate en *Él*, aunque no te puedas regocijar en ti mismo! Triunfa en el Dios de Israel, aunque en ti mismo exista una razón para desesperar.

El cristiano también siente que puede deleitarse en todo lo que Dios ha hecho en el pasado. Esos Salmos que finalizan con ¡Porque para siempre es su misericordia!, donde vemos divisiones tales como éstas: Og, el rey de Basán: ¡Porque para siempre es su misericordia! Sejón, el rey amorreo: ¡Porque para siempre es su misericordia!, estas repeticiones nos muestran que el pueblo de Dios en tiempos antiguos estaba habituado a pensar mucho en las acciones de Dios, de tal forma que no las amontonaba en el lomo de un solo versículo, sino que las dividía, con el objeto de tener un cántico para cada una de ellas. ¡Así que el pueblo de Dios debe recordar las obras del Señor! Deben contar sus hechos poderosos. Deben cantar: «Tu diestra, oh Jehová, ha quebrantado al enemigo;» «Jehová es un guerrero. ¡Jehová es su nombre!;» «¡Cantaré a Jehová, pues se ha enaltecido grandemente!» Deben continuar recordando sus obras, hasta llegar a las obras de la gracia en sus propios corazones; y al llegar a este punto, deben cantar con mayor dulzura que antes.

No deben de dejar de cantar, ya que puesto que nuevas misericordias fluyen hacia ellos cada día, cada día se debe de elevar una alabanza, y cada noche debe ser un testigo de Su gracia. «Deléitate en Jehová».

Si todo eso que ya he mencionado no fuera suficiente, podríamos deleitarnos en todo lo que Dios va a realizar: en todos los triunfos espléndidos que todavía tiene que lograr; en todas las glorias de los últimos días; en los esplendores de su trono, cuando todos los ejércitos de Dios se encuentren por fin; en su triunfo sobre la muerte y el infierno, y en su victoria final sobre el pecado, cuando haga que toda la tierra se llene con Su alabanza. Oh, hermanos míos, el tiempo no nos alcanzaría, la eternidad podría no ser suficiente, ciertamente, para hacer una lista de todos los diferentes puntos del santo deleite que los creyentes pueden encontrar en el Señor su Dios, cuando se encuentran en un marco mental espiritual. Deben deleitarse en Dios Padre, en su eterno amor por ustedes cuando no había nada amable en ustedes; en la elección de sus almas, en la justificación de ustedes en Cristo, en dar a su unigénito Hijo para redimirlos del infierno. Y deben deleitarse en Jesús, deben:

«Decir lo que Su brazo ha hecho,
Qué despojos de la muerte obtuvo;
Cantar únicamente a Su querido nombre,
¡Digno es el Cordero!»

Deben deleitarse en Dios Espíritu Santo, en sus operaciones que dan vida, en sus iluminaciones, en sus consolaciones, en la fortaleza que les da, en la sabiduría que les imparte, en la fidelidad con que les cuida, y en la certidumbre que al final les va a perfeccionar, para ser dignos de participar de la herencia de los santos en la luz. Y podríamos tomar aquí ramificaciones que llevan a miles de temas. Deléitense en Dios como su padre, como su amigo, como su ayudador. Deléitense ustedes en Jesucristo como su hermano, como su prometido, como su pastor, como su todo en todo. Deléitense en Cristo en todos sus oficios, como profeta, sacerdote, y rey. Triunfen en Él, porque mirra, áloe y casia exhalan todas sus vestiduras. Deléitense en Cristo, en su gloria y en su humillación, en su cruz y en su corona, en su pesebre y en su triunfo eterno, en el que llevó cautiva a la cautividad. Deléitense en el Espíritu Santo, en todos sus varios tratos con las mentes de los hombres. Deléitense en Pentecostés y en los muchos Pentecostés que aún vendrán. Pero mejor concluimos. ¿Qué más podemos decir? Seguramente podríamos hablar sin parar. Deléitate en Jehová, ese grandioso tema lleno de gozo y sin fronteras, y deléitate en Él para siempre.

3. Ahora surge otra pregunta. *¿Cuándo debe practicarse este deleite?* «Deléitate en Jehová». Los preceptos que no tienen límite de tiempo son para observancia perpetua. Mi texto no dice «Deléitate en Jehová ocasionalmente, o a veces», sino siempre. Hay dos ocasiones en las que es difícil deleitarse en Dios y, por tanto, voy a mencionarlas.

a) Es difícil deleitarse en Dios cuando todo nos sale bien. «Oh», te oigo decir, «no puedo entender eso; ese es el tiempo cuando más me deleito en Dios». Hermano, me temo que ese es el tiempo en que menos te deleitas *en Dios*. «Bueno, pero cuando estoy rodeado de comodidades, cuando la providencia me sonríe, entonces me puedo deleitar en Dios». ¡Alto ahí! ¿Estás seguro de eso? ¿No es posible que a menudo estás deleitándote en sus misericordias más que en *Él*? ¿Deleitándote en la criatura más que en el Creador? Me temo, hermanos míos, que los tiempos de mayor tentación son los días en que el sol brilla para nosotros. Muy bien podemos orar: «En todo tiempo de riqueza, líbranos Señor». Nos parecemos un poco a la esposa insensata en que, cuando recibe de su esposo joyas y anillos, se inclina a amar las joyas más que a su esposo. Hemos conocido a muchos creyentes que han recibido gracias y misericordias, han tenido grandes privilegios, y han venido a gloriarse más en las misericordias y en los privilegios que en su Dios. Cuando la bodega de vinos está repleta, es difícil amar a Dios más que a los viñedos; cuando se tiene una cosecha abundante, es más difícil pensar más en Dios que en las gavillas; cuando te vas volviendo más rico es difícil decir: «éste no es mi tesoro». Los tesoros de la tierra ensucian nuestros vestidos a menos que cuidemos nuestros corazones: nuestra alma se pega al polvo y el polvo no es propicio para la devoción. Oh, presta atención, creyente rico, y deléitate en Dios; no en tus ranchos ni en tus terrenos, en tus jardines ni en tus casas, tus departamentos ni tus bienes raíces; pues si te deleitas en estas cosas, tu oro y tu plata se corrompen y la polilla destruye tus vestidos, y la plaga pronto vendrá sobre tu herencia. Di: «Estas cosas no son mi porción». «Jehová es mi porción», ha dicho mi alma.

b) Otra circunstancia en la que es difícil deleitarse en Dios, no tan difícil como en la primera, es cuando todo nos sale mal. Entonces podemos tener la tendencia a decir con el viejo Jacob: «¡Contra mí son todas estas cosas!» Cuán noble oportunidad Job dejó escapar, cuando vino siervo tras siervo a decirle que todo se había perdido, cuando estaba sentado en medio de las cenizas y tomaba un pedazo de tiesto para rascarse con él. Si se hubiera puesto de pie y hubiera dicho: «Ciertamente me has alegrado, oh Jehová, con tus hechos, grito de gozo por las obras de tus manos» qué triunfo de fe hubiera conseguido. Si hubiera podido ser ese tipo de hombre de fe para con Dios, Job habría sido el carácter más espléndido que tendríamos en todas las Santas Escrituras. En realidad, fue muy lejos cuando dijo: «He aquí, aunque él me mate, en él he de esperar». Vemos allí hablando a un hombre a quien Dios había hecho poderoso. Pero si hubiera podido deleitarse más en Dios cuando estaba cubierto de llagas y las ampollas le reventaban, hubiera sido casi sobrehumano. Pienso que puedo decir que eso hubiera sido equivalente a todo lo que la gracia puede realizar en un hombre. Sin embargo, cuán a menudo he observado que los creyentes se gozan en Dios más prontamente en medio de las aflicciones que cuando gozan de prosperidad. He visto al hisopo crecer en el Líbano, y he visto al cedro crecer sobre la pared. He visto a grandes santos donde había poca misericordia; y he visto a santos desperdiciados allí donde había grandes bendiciones providenciales.

Los pájaros de Dios cantan mejor en jaulas, y la alabanza a Dios suena mejor en la boca del horno de la aflicción que en la cima del monte de la comunión. Me parece a mí que estamos constituidos de tal manera, que a menos que Dios no tense las cuerdas de nuestro corazón con dolor y aflicción, nunca emitiremos una dulce melodía para Él. Es difícil, es muy difícil, que un hombre diga, cuando todo sostén terrenal ya ha cedido, que aunque la higuera no florezca ni en las vides haya fruto, aunque falle el producto del olivo y los campos no produzcan alimento, aunque se acaben las ovejas del redil y no haya vacas en los establos; con todo eso que diga: yo me alegraré en Jehová y me gozaré en el Dios de mi salvación. Sin embargo, por gracia, en todo momento debemos deleitarnos en Dios.

Pero escucho una voz que dice: «¿Pero cuándo debe sentirse miserable el cristiano?». ¡Nunca, hermano, nunca! «¿Pero ni siquiera algunas veces?» No; si cumple con su deber. «¿Pero no debe un santo estar abatido algunas veces?» Los santos se abaten, pero no deberían estarlo. «Bueno, pero muchos de los santos de Dios están llenos de dudas y temores. Sé que es así, y es lamentable que suceda.» Pero algunos de los hijos de Dios guardan luto toda su vida. Por su propia culpa, pues el Señor no les ha pedido eso. Las Escrituras nos enseñan: «¡Regocijaos en el Señor siempre!». dice el apóstol: «Otra vez os lo digo: ¡Regocijaos!». «Pero, ¿acaso no hay momentos en los que nos podemos entregar a nuestra vena melancólica y cultivar la tristeza?». Bueno si lo haces así, verás que pronto crece. Dios a menudo trata a sus hijos como sé que algunos padres hacen con sus hijos; si sus hijos oran pidiendo aflicciones las tendrán hasta que comiencen a pedir con diez veces más ganas que los libre de ellas. Si el pueblo de Dios no clama por nada, pronto tendrán algo por qué clamar. Si quieren añadir miseria a su vida, pronto verán muchas miserias sumadas a las suyas. Pero en cuanto a la promesa y en cuanto al precepto, es la responsabilidad constante y el trabajo diario, cada hora, del verdadero creyente, deleitarse en el Señor su Dios.

c) Antes de dejar este punto, respondo otra pregunta. ¿*Por qué es tan raro deleitarse en Dios?* ¿Por qué se ve a tantos cristianos deprimidos? ¿A tantos cristianos que dudan? ¿Por qué vemos también a tantas personas cuya religión más bien parece un yugo, un yugo por cierto muy pesado? Me temo que se debe a que por un lado hay poca religión genuina y por el otro hay muy poca religión de tonos profundos, en lo poco que hay de genuino. ¡No me sorprende que sea infeliz el hombre que tiene una religión que no es del corazón! Habrán visto gente con perros de ciertas razas que no les gusta el agua, y si los meten al agua ¡con qué prontitud salen de ella!

Pero hay perros de otras razas, que nadan horas y horas, y se deleitan en ello. Así, entonces, hay personas que profesan ser cristianos pero que son reconocidos hipócritas por el hecho que su religión está en contra de su voluntad. Han sido llevados a la religión, y desean salirse pronto. Pero el verdadero cristiano se entrega a su religión con ardor y deleite, por la Gracia Divina. La ama, se deleita en ella. Una de las mejores pruebas para discernir entre un hipócrita y un verdadero cristiano, es ésta: Job dice del hipócrita: «¿Se deleitará en el Todopoderoso?» No, el hipócrita estará a disgusto. El hipócrita se verá infeliz. El hipócrita se tornará tan miserable como lo puede ser alguien llegado su momento. Nunca *pudo*, y nunca *puede*, y nunca *podrá* deleitarse en Dios como regla.

Puede experimentar cierto gozo en las circunstancias externas, pues aun Herodes escuchaba con agrado a Juan. Pero eso es sólo un espasmo. Sólo el verdadero creyente puede tener una constante y permanente satisfacción y deleite en el servicio y el amor de Dios. Esta es una evidencia tan segura e infalible, que si alguno de ustedes se deleita en Dios, yo concluyo sin ninguna duda, que su alma se ha salvado. Pero si por otro lado, alguno de ustedes no experimenta ningún deleite en Dios de ningún tipo, yo dudaría que haya conocido a Dios, pues de haberlo conocido se debería experimentar algún grado de deleite en Él.

«¿Ahora bien, de qué sirve este deleite?», puede preguntar alguien. «¿Por qué los cristianos deben ser personas alegres?» Pues es bueno en todos los sentidos. Es bueno para nuestro Dios. Cuando nosotros somos felices, damos honor a Dios. También es bueno para nosotros. Eso nos fortalece. «No os entristezcáis, porque el gozo de Jehová es vuestra fortaleza». Es bueno para los impíos. Porque cuando ven que los cristianos se alegran, ansían ser creyentes ellos también. Es bueno para nuestros hermanos cristianos. Los consuela y les levanta el ánimo. Si por el contrario, nos vemos deprimidos, propagaremos la enfermedad y otros estarán infelices y deprimidos también. Por todas estas razones y muchas más que podrían argumentarse, es muy bueno y placentero que un creyente se deleite en Dios.

II. UNA PRECIOSA PROMESA

Ahora voy a referirme al segundo punto del tema, brevemente. «Y él te concederá los anhelos de tu corazón». ¿Qué conexión hay entre la primera parte del texto y la segunda: «Deléitate en Jehová», y «Y él te concederá los anhelos de tu corazón». Aquí tenemos una promesa mas preciosa que los rubíes

1. Hay esta conexión, los que se deleitan en Jehová califican para que se cumpla en ellos la promesa.

Están calificados, en primer lugar, en cuanto a sus deseos. No sería sensato que Dios cumpliera los deseos de los corazones de todo el mundo sería más bien la ruina de ellos. Una de las mejores cosas que hace el Señor a favor de ciertos hombres es contenerlos y frustrarles el camino. Muchos hombres han llegado al cielo porque no les fueron cumplidos sus deseos, y más bien se hubieran ido al infierno si se les hubieran cumplido. Los impíos tienen deseos que los llevarían al hoyo, y cuando rehúsa cumplirles sus deseos, es como si Él hubiera puesto cadenas y postes y barreras en el camino para evitar que fueran en «entrega inmediata» a su propia destrucción. El impío no está calificado para recibir la promesa, porque desea cosas que no dan gloria a Dios ni le benefician a él mismo. Pero cuando un hombre se deleita en Dios, entonces sus deseos son de naturaleza tal que Dios puede ser glorificado al cumplir sus deseos, y el hombre puede beneficiarse al recibir ese cumplimiento.

También, deleitarse en Dios califica al creyente no solo para desear lo correcto, sino para usarlo en forma correcta. Si algunos hombres obtuvieran lo que desean sus corazones, harían un mal uso de lo que obtienen, a pesar de todo. Y así les ocurriría lo que pasó con los antiguos israelitas, que mientras aún tenían la carne en su boca, les vino la maldición de Dios. Pero el que se deleita en Dios, cualquier cosa que obtenga, la sabe utilizar muy bien. La gente dice que el uso es una segunda naturaleza. Hermanos míos, el *abuso* es la primera naturaleza. Abusar de las misericordias va más acorde con la naturaleza del hombre que usarlas adecuadamente. Pero cuando el creyente se deleita en Dios, cualquier cosa que reciba de Dios la gastará adecuadamente, esto no es un sacrificio para él, ni mucho menos un dios ante el cual se inclinará ni adorará.

Pero, por la gracia de Dios, el creyente convierte todo en un medio de servir mejor a Dios y deleitarse más en su Señor. Los ríos de los hombres del mundo corren en *dirección opuesta* al mar. En cambio los ríos de los hombres cristianos, corren *hacia* el mar. Si un hombre del mundo navega sobre el arroyo de sus misericordias, se aleja más y más de Dios y se convierte más y más en un idólatra. Pero cuando el cristiano recibe misericordias, navega cada vez más cerca de su Dios. Y así sus misericordias se convierten en autopistas que conducen al Trono del mismo Dios.

«Sin embargo», alguien se preguntará, «¿cuáles son esos deseos que nos serán concedidos con seguridad?». Ahora, hermanos míos, debemos identificar a los que se deleitan en Dios, y estoy seguro que el radio de acción de sus deseos es bastante limitado. Si tuviera el deseo de mi Dios hoy, no es mucho decir que no hay cosa terrenal que yo pudiera desear ya que «Todo lo he recibido y tengo abundancia». Si el apóstol Pablo se encontrara aquí, quien no poseía nada, y a menudo se encontraba sin ropa, y pobre, y miserable; estoy persuadido que

Seguimiento, Discipulado, Oración ...

si viera cumplido su deseo, diría: «No hay nada que deseo, absolutamente nada sobre la tierra, pues he aprendido a contentarme con lo que tengo».

Pero si debo tener algún deseo, mis hermanos, sé lo que desearía. Desearía ser perfecto, ser libre de todo pecado, de toda imperfección, de mi yo, de toda tentación, de toda forma de amor al mundo, de todo cuidado de cualquier tipo que sea contrario a la Palabra de Dios. ¿Acaso no es ése el deseo de los que se deleitan en Dios? ¿Acaso no exclamarían ustedes, si un ángel se pusiera frente a ustedes en el lugar en que se encuentren, acaso no dirían: «Si me permites, quiero ser perfectamente libre hasta del nombre del pecado y de la naturaleza del pecado, y de su culpa y de su poder?».

Tu deseo se verá cumplido el Señor te dará el cumplimiento del deseo de tu corazón. Pero oigo que alguien comenta: «Si pudiera ver mi deseo cumplido sería que yo pudiera vivir más cerca de Cristo. Que yo pudiera tener una comunión más constante con Él. Anhelo conocerle a Él y el poder de su resurrección, hecho semejante a Él en su muerte». Hermano mío, me uno a tu deseo. Estoy seguro que si te ofrecieran diez reinos por un lado, y esta comunión con Cristo por el otro, ¿me equivoco acaso cuando digo que prefieres tener comunión con Cristo a todos esos reinos? Pues bien, el Señor te concederá los anhelos de tu corazón. Solamente deléitate en Jehová.

Alguien más dice: «si yo pudiera ver cumplido mi deseo, quisiera tener todas esas cosas pero quisiera poder ser útil todo el tiempo». Ah ¡ser útil! ¿Cuántos hombres no viven como la rana de Belzoni en las pirámides de Egipto, que estuvo allí durante dos mil años? Y qué hizo todo ese tiempo sino dormir a ratos y a ratos estar despierta. De la misma manera algunos hombres viven sin hacer nada. Muchos de ustedes dirán: «Si mi deseo fuera concedido, me gustaría ser útil. Ganar coronas para Cristo, salvar almas para Él, traer al redil ovejas perdidas». Hermanos y hermanas, deléitense en el Señor y Él les concederá sus anhelos. Tal vez no exactamente de la forma que ustedes lo expresarían. Tal vez no puedan servir en la esfera en que ustedes aspiran, pero sin duda serán de utilidad de la manera que Dios quiere y en la medida que Él quiere.

Sin embargo, debo agregar una cosa. Tengo un deseo, que si lo pudiera compartir, sabiendo que me será concedido, sería este, anhelo que todos ustedes se conviertan. Madres y padres, ¿acaso no dicen: «El anhelo de mi corazón es que mis hijos se salven, no tengo mayor gozo que este, que mis hijos caminen en la Verdad de Dios?» Y yo como ministro les digo, mi más ferviente deseo, mi más caro anhelo, el deseo más elevado que conozco, el que mi alma siente con mayor intensidad, y que espera alcanzar con mas ganas, una meta grande y altruista, es que pueda presentar a cada uno de ustedes perfecto ante Dios al final. No sólo para ser inocente de su sangre, lo que en sí mismo es grande, sino para tenerlos junto a mí cuando diga: «Aquí estoy, Señor, y a los hijos que me diste para Cristo».

Oh, a ustedes, miembros de esta iglesia, les pido que oren para que su ministro se deleite en Dios, para que así Él le conceda el anhelo de su corazón. Y les ruego que ustedes también que se deleiten en Dios, para que cuando vengan a Dios en oración y oren por esta congregación, puedan tener seguridad que Él les concederá los anhelos de su corazón, porque se han deleitado en Él. Cuando Martín Lutero caminaba por las calles, los que le veían susurraban: «Ahí viene un hombre que obtiene todo lo que le pide a Dios». Se preguntarán: ¿Por qué? Simplemente porque Lutero se deleitaba en Dios. Si tuviéramos hombres de esa talla en esta congregación y en esta iglesia, que aman al Señor y se deleitan en Él ¡qué efecto no tendrían sus oraciones!

Éstos son los hombres que poseen las llaves del cielo, y de la muerte y del infierno. Todos estos son los hombres que pueden abrir el Cielo o cerrarlo, hacer que llueva o que no llueva. La iglesia de Roma pretende que ella tiene las llaves. ¡Pero la Iglesia de Cristo tiene las llaves sin pretender tenerlas y estas llaves cuelgan del cinturón de los hombres que se deleitan en Dios! Mediante sus oraciones, ustedes pueden conseguir tales lluvias del Espíritu sobre la Iglesia Cristiana, que el desierto se regocijará y florecerá como una rosa. Y si dejan de deleitarse en Dios pueden cerrar al Cielo mismo, de tal manera que no descienda la lluvia y la Iglesia entera se vuelva estéril y otra vez sin frutos.

Recapitulemos. Fíjense bien en esto, es lo único en lo que se puede deleitar un hombre y ver cumplidos sus deseos. Hay un hombre que se deleita en el dinero, pero no obtiene su deseo. Obtiene su dinero, pero nunca alcanza la satisfacción que esperaba. Hace unos pocos días leíamos en el periódico acerca de alguien que tenía un éxito notable en su profesión, pero que recientemente había intentado suicidarse bajo la preocupación que iba a perder todo a causa de la guerra en Estados Unidos. Recordamos también en esta gran ciudad (Londres) a uno de los más grandes comerciantes que cuando murió tenía una fortuna mayor a tres millones de libras esterlinas en esa cantidad fueron valuadas sus propiedades, quien en la última etapa de su vida se había acostumbrado a recibir el mismo salario que su jardinero y estaba convencido que debía de morir en un asilo. (*Nota:* su insatisfacción en las alturas lo hacía buscar en el valle.)

Había recibido todo lo que un hombre puede desear, y dinero en abundancia, pero no vio cumplido el deseo de su corazón. Se había deleitado en su oro, pero no recibió el deseo de su corazón. Así hemos conocido a hombres que se han deleitado en la fama, y cuando la han tenido, habrían hecho cualquier cosa para liberarse de ella. Han sido grandes estadistas, o valerosos guerreros, y han alcanzado gran renombre. Pero habiendo obtenido toda la fama y llegado a su pináculo, no encontraron lo que ellos esperaban y han dicho: «Hubiera preferido vivir en la oscuridad, porque tal vez así hubiera encontrado alguna satisfacción».

Miren a muchos entre ustedes mismos. Cuando eran aprendices, el deseo de su corazón era llegar a ser maestros en su profesión. Pues bien, cuando llegaron a dominar su profesión, ¿qué pasó? Querían especializarse y luego poder independizarse. Bien, lo hicieron y prosperaron. ¿Han visto cumplido el anhelo de su corazón? ¡Oh, no! Ése se ha adelantado un poco más. Ahora esperan hasta poder educar a su gran familia y después cuando sus hijos se hayan independizado, buscarán una residencia en los suburbios donde poder retirarse y pasar cómodamente el resto de sus días.

Y algunos de ustedes poseen su casa de campo y han concluido sus actividades productivas. ¿Se les ha concedido el anhelo de su corazón? Bien, pues no es así. Hay algo todavía que desean. Ah, sí, obtener el deseo del corazón de un hombre es como perseguir a un fantasma. Está aquí y allí y en todas partes en un momento está sobre una colina y al ratito está allá abajo en el valle. Saltas sobre él pero ahora ya está sobre la siguiente colina allá y en la que sigue y tu búsqueda es inútil. En este mundo la satisfacción es como el diamante que el necio ve colocado al pie del arco iris. Corre para tomarlo pero conforme avanza, el arco iris se aleja para mantener siempre la misma distancia, y nunca puede encontrar lo que esperaba. Si quieres tener el deseo de tu corazón, deléitate en tu Dios. Dale tu amor. Dale tu corazón. Lánzate a lo profundo del arroyo y tendrás todo lo que pudieras desear. El deseo de tu corazón en todo su alcance te será concedido.

CONCLUSIÓN

¿Hay alguien entre mis lectores que no se puede deleitar en Dios? No puede. No puede. ¿No puedes? Tú dices: «¿Cómo me puedo deleitar en Dios? Él está enojado conmigo». Tienes razón, no puedes. ¿Cómo puede deleitarse en Dios aquel cuyos pecados no han sido perdonados, sobre quien permanece en todo momento la ira de Dios? ¿Puede un hombre deleitarse ante un león rugiente o ante una osa en el campo a la que le han quitado sus crías? ¿Puede un hombre deleitarse en un fuego que consume? ¿Puede un hombre deleitarse ante la espada desnuda que busca traspasar su corazón? Dios es todo eso para ti mientras estés fuera de su gracia. ¿Cómo puedes entonces deleitarte en Dios?

Hay un paso necesario: cree en el Señor Jesucristo, y entonces te deleitarás en el

Seguimiento, Discipulado, Oración ...

Señor. Esto es, confía en que serás salvado por Cristo. Ve y ponte en las manos de Cristo para que tus pecados te sean quitados. Y cuando hayas confiado en Cristo sabrás que tus pecados te son perdonados, que has sido reconciliado con Dios por la muerte de su Hijo. Y puedes seguir tu camino y deleitarte en Dios, pues la promesa es esta, tu deseo será cumplido.

69. UNA BENDITA CADENA EN EL EVANGELIO[12]

«Respondió Jesús y le dijo: Si alguno me ama, mi palabra guardará. Y mi Padre lo amará, y vendremos a él y haremos nuestra morada con él» (Juan 14:23).

INTRODUCCIÓN: Cristo se manifiesta al pueblo que le ama.

I. AMAR A CRISTO
1. Algunos pretender amarle.
2. Algunos son sus discípulos por profesión.
3. ¿Amamos a Cristo?
4. Cristo nos amó primero.

II. GUARDAR LAS PALABRAS DE CRISTO
1. Su palabra la guardamos y atesoramos.
2. La guardamos tratando de conocerla.
3. La guardamos entendiendo sus palabras.
4. Las guardamos en el corazón.
5. Las guardamos con la práctica.

III. ELEVADO PRIVILEGIO Y GRAN GOZO
1. Si amamos a Jesús el Padre nos ama.
2. El amor del padre hacía sus hijos.
3. El trato del padre hacía sus hijos.

IV. «Y VENDREMOS A ÉL»
1. Ya nada nos separará no hay distancias.
2. Hay un mayor conocimiento.

V. «Y HAREMOS NUESTRA MORADA CON ÉL»
1. Nos conoceremos mutuamente.
2. Habrá amistad sagrada.
3. Aceptación completa ante Dios.

---

[12] Sermón predicado el Domingo 2 de Julio de 1876 en el Tabernáculo Metropolitano, Newington.

CONCLUSIÓN: Depositar nuestra confianza tanto en Él como en su promesa de no rechazar a nadie.

UNA BENDITA CADENA EN EL EVANGELIO

INTRODUCCIÓN

Ésta es una bendita cadena de experiencias evangélicas. Nuestro texto no está dirigido a los hombres del mundo –que tienen su porción en esta vida–, sino a los elegidos, y llamados, y fieles, que son traídos al círculo íntimo de los discípulos de Cristo y enseñados a entender los misterios de su Reino. Respondiendo a la pregunta de Judas (no el Iscariote) acerca de cómo se habría de manifestar Cristo a los suyos y no al mundo, Jesús respondió con estas palabras, y Cristo explicó que se manifestaría a su propio pueblo por medio de unas determinadas marcas y señales.

Serían para aquellos que lo aman y guardan sus mandamientos y de esa manera se ganan la complacencia del Padre; y el Padre y el Hijo vendrán a estos discípulos amantes y obedientes, y harán su morada con ellos. ¡Que Dios nos conceda que todos nosotros podamos dar los pasos que se mencionan aquí, para que nuestro Señor se manifieste a nosotros de la manera que no se manifiesta al mundo!

El tema sobre el que voy a hablarles, es uno que el predicador no puede tratar sin la gente. Debo tener al pueblo de Dios conmigo en espíritu para que me ayude mientras trato con un tópico como éste. Ustedes saben que, en el servicio de la Iglesia de Inglaterra, hay ciertos momentos donde los clérigos dicen: «digan después de mí», de tal forma que no es solo el ministro el que dice la plegaria o la confesión, sino que él es más bien un tipo de conductor que guía al resto de la congregación. De manera similar, yo quiero que ustedes, pueblo de Dios, conforme el Espíritu Santo les dé la gracia, inclinen todos sus pensamientos y energías en esta dirección, y paso a paso suban conmigo a estas claras plataformas espirituales, ascendiendo de una a otra con la ayuda generosa del Espíritu, para que su comunión pueda ser con el Padre, y con su Hijo, Jesucristo.

I. AMAR A CRISTO

Nuestro texto comienza con el primer eslabón de esta cadena de oro, es decir: «Si alguno me ama».

Este «si» creo que está en los portales de nuestro texto, como un centinela en la puerta de un palacio, para prevenir la entrada de todo aquél que no deba entrar. Es un «si» que debe circularse en toda nuestra congregación, pues me temo que no todo el mundo en este templo ama al Señor Jesucristo. Si no pueden responder afirmativamente a la pregunta salida de los labios del propio Jesús: «¿Me amas tú?» no tienen nada que ver con el resto del versículo. En efecto, ¿qué tienen que ver ustedes con cualquiera de los privilegios revelados en la Biblia, o con cualquiera de las bendiciones allí prometidas, mientras no tengan el amor a Cristo? Dejen pues que ese «si», como una espada desenvainada, como los querubines a la entrada del jardín del Edén, les impida aventurarse a entrometerse donde no tienen ningún derecho de ir, si no aman al Señor Jesucristo: «Si alguno me ama».

1. ¿Eres tú un amante del Señor, querido lector? No dejes esa pregunta a un lado, sino respóndela honestamente, en Su presencia, pues *hay quienes solamente pretenden amarle*, pero en realidad no lo aman; hay quienes hacen una ruidosa profesión, pero su lenguaje es el de un hipócrita, ya que su conducta no es consistente con su profesión. ¿Amas al Señor Jesús con todo tu corazón? Él es muy digno de tu amor. Por lo tanto, dejemos que circule esta pregunta alrededor de todo el templo, sin que alguien quede fuera: «¿Me amas tú?»

2. Pues hay quienes son también *discípulos de Cristo solamente de profesión*. Lo único que le dan es una fría aceptación a su enseñanza. Su mente está convencida y, en cierta medida, su vida no es del todo inconsistente con su profesión; pero su corazón está muerto; o si tiene cierta vida, es como la de la iglesia de Laodicea, ni fría ni caliente, sino tibia; y ése es un estado que Cristo aborrece. Él debe ocupar el trono de nuestros corazones, y ser el más amado, o de lo contrario no tenemos lo que es esencial al verdadero cristianismo.

3. «Si alguno me ama», dice Cristo; entonces, ¿lo amas? No pregunto si amas sus oficios, aunque espero que lo hagas. Amas al Profeta, al Sacerdote, al Rey, al Pastor, al Salvador, y todos los otros títulos que asume; cada uno de estos nombres es música para tu oído; pero ¿amas al propio Cristo? No te voy a preguntar si amas su obra, en especial la gran redención que contiene innumerables bendiciones. Confío en que la ames; pero aquí se habla de un amor personal a Cristo. Jesús dice: «Si alguno *me* ama». ¿Te has dado cuenta de que, verdaderamente, Cristo vive, y ha subido al cielo y pronto vendrá en toda la gloria de su Padre y de los santos ángeles? Dime, hermano, hermana, lo amas a *Él*? «Si», dice Cristo, «si alguno me ama». Por tanto es justo y correcto que cada uno de nosotros se haga esa pregunta, aun cuando sepamos que podemos responderla satisfactoriamente, diciendo:

«Sí, yo te amo y te adoro;
¡Oh, por tu gracia,
que te ame más aún!».

Y si hay alguna duda al respecto, debemos hacernos la pregunta de modo categórico, una vez, y otra vez, y otra, y no debemos huir de esa pregunta hasta que tengamos una respuesta definitiva, ya sea en un sentido o en el otro. Oh, corazón, ¿amas en verdad al Salvador? Hermanos y hermanas, háganse ustedes mismos esta pregunta; y si realmente le aman, dejen que su amor se eleve como un poderoso surtidor, como una fuente termal que salta a grandes alturas. Dejen entonces que la fuente termal de su amor por Jesús salte ahora, y que cada uno de mis lectores Le diga:

«Mi Jesús, yo te amo,
sé que Tú eres mío,
Por ti renuncio a todas las locuras del pecado;
Mi Redentor por gracia,
mi Salvador eres Tú,
Si alguna vez te he amado, mi Jesús, es ahora».

Seguimiento, Discipulado, Oración ...

Si pueden hacer eso, entonces pueden añadir:

«Te amaré en la vida,
te amaré en la muerte,
Y te exaltaré hasta tanto Tú
me des aliento;
Y diré, bañada mi frente del rocío
de la muerte,
Si alguna vez te he amado, mi Jesús,
es ahora».

4. Recuerda que *si tú le amas, Él debe haberte amado primero*. Piensa en este antiguo amor, el amor que te eligió antes de que la tierra existiera, cuando Él te vio a través de los lentes del futuro y contempló todo lo que serías en la ruinosa caída de Adán y lo que serías por tu propia transgresión personal, y sin embargo te amó, a pesar de todo. Piensa ahora en Él, cuando se cumplió el tiempo, despojándose de toda su gloria y descendiendo desde el trono de infinita majestad hasta el pesebre de humillación, y estar allí, como un bebé, arropado en su debilidad. ¿Acaso no amarás a quien se convirtió en Dios encarnado por tu causa? Piensa en Él a través de toda su vida (una vida de rechazo, pues «A los suyos vino, pero los suyos no le recibieron») una vida de dolor, pues Él llevó nuestras enfermedades; una vida de deshonor, pues Él fue despreciado y rechazado por los hombres. ¿Pensarás seguidamente en Él en el huerto de Getsemaní? ¿Acaso no se sacudirá tu amor conforme contemplas el sudor sangriento, y escuchas sus gemidos y descubres sus lágrimas, suplicando a Dios hasta prevalecer? Síguelo hasta el banquillo de los acusados y escucha cómo le lanzan cargos de sedición y blasfemia, si puedes soportarlo. Mira luego a los soldados, escupiéndole el rostro y burlándose de Él mientras colocan una caña en su mano como cetro, y ponen en su frente una corona de espinas como única diadema. Míralo atado para ser azotado, hasta que las crueles correas laceran y abren su carne preciosa y sufre agonías indescriptibles. Y cuando lo has seguido hasta este punto, continúa adelante aún, y ponte al pie de la cruz y observa el torrente escarlata que fluye de sus manos y de sus pies y de su costado. Quédate y míralo mientras la lanza del soldado ha atravesado su corazón, haciendo que la sangre y el agua fluyan abundantemente para tu perdón y limpieza. Él sufrió todo esto por ti y ¿tú a cambio no lo amas? ¿Me permites que quitemos ese «si» fuera del paso, para que entres y des el paso siguiente? Síguele la huella cuando se levanta del sepulcro por ti y obtiene grandes dones para ti; y cómo, más allá, ante el rostro de su Padre, Él intercede por ti; y allí gobierna todas las cosas, como Rey de reyes y Señor de señores, y gobierna todo por ti; y prepara allí muchas moradas para su pueblo; y se prepara para venir a la tierra, por segunda vez, para recibir a su pueblo para que donde Él está ellos puedan estar igualmente por toda la eternidad. ¡Y mientras están pensando en todo esto, amen al Señor, ustedes que son sus santos, ustedes que han sido lavados en su sangre, ámenlo! Ustedes que están vestidos con el manto sin mancha de Su justicia, ámenlo. Ustedes que lo llaman «esposo», ámenlo; ustedes que están casados con Él, unidos a Él con lazos que no pueden ser rotos.

II. GUARDAR LAS PALABRAS DE CRISTO

Si todo esto es válido para ustedes, pasamos al siguiente punto: «Si alguno me ama», dice Cristo, «mi palabra guardará». Veamos hasta qué punto hemos guardado su palabra.

1. Confío en que primero guardamos su palabra *atesorándola, y valorándola*. Hermanos y hermanas, espero que todos veneremos cada palabra que Cristo ha pronunciado. Confío que todos deseamos atesorar cada sílaba que Él ha dicho en algún momento. No hay una palabra suya, registrada en los Evangelios, o en cualquier otra de las páginas inspiradas de la Revelación, que no valoremos más que todo el oro fino.

2. A continuación, confío en que guardamos la palabra de Cristo, *tratando de conocerla*. ¿Son todos ustedes diligentes estudiantes de la Palabra? ¿Escudriñan ustedes las Escrituras? ¿Viven ustedes de la verdad que el Señor ha hablado? Deberían hacerlo, pues toda palabra que sale de su boca es verdadero alimento para sus almas. Debo

preguntarles si ustedes están haciendo estas dos cosas. ¿Guardan ustedes las palabras de Cristo valorándolas, y buscan estar tan familiarizados con ellas como para saber cuáles son sus palabras?

3. Después, a continuación, ¿se esfuerzan ustedes por abrir la cerradura, y *encontrar el camino del significado profundo de sus palabras*? ¿Perforan la cáscara para alcanzar la fruta? ¿El Espíritu de Dios los guía a toda la verdad, o se contentan ustedes con los rudimentos de la fe? Ésta es la forma correcta de guardar las palabras de Cristo, es decir, esforzándose al máximo para entender cuál pueda ser el significado de esas palabras.

4. Entonces, después de conocer el significado de ellas, ¿*buscan guardarlas en sus corazones*? ¿Aman lo que Cristo ha dicho, de tal manera que se deleitan en saber lo que es, y lo aman porque es su doctrina? ¿Quieres sentarte a Sus pies, para recibir la enseñanza que Él está deseoso de impartir? ¿Has alcanzado el estado en el que te es posible amar sus regaños? Si sus palabras te llegan y te reprueban como con punzadas, las puedes amar aun entonces, y poner tu corazón al desnudo delante de Él para que puedas sentir más y más las fieles heridas de este tu Amigo amado? ¿Amas también Sus preceptos? ¿Son ellos tan dulces para ti como Sus promesas; o, si pudieras hacer lo que quisieras, los quitarías de la Biblia para deshacerte de ellos? Oh, hermanos y hermanas, es una prueba bendita de que la gracia nos ha sido dada en abundancia, cuando aun la más pequeña de las palabras pronunciadas por Jesucristo es más preciosa para nosotros que todos los diamantes del mundo, y sentimos que solo queremos saber lo que Él ha dicho, y amar todo lo que Él ha dicho.

5. «Si alguno me ama, mi palabra guardará». Esta declaración de nuestro Señor sugiere la siguiente pregunta: ¿*guardamos su palabra en la práctica*? Ese es un punto de suma importancia, puesto que no podrían seguir adelante si se tropiezan aquí. ¿Se esfuerzan ustedes, de manera práctica, en guardar todos sus preceptos morales? ¿Están tratando de ser como Él, hasta donde les es posible en sus vidas; o son ustedes egoístas, duros, mundanos? ¿Se están esforzando por ser como Él, que les ha dejado un ejemplo para que puedan seguir sus pasos? Respondan honestamente. ¿Acaso es éste el objetivo de su vida? ¿Están buscando ser moldeados por el Espíritu Santo de esa manera? ¿Están guardando en la práctica la palabra de Cristo relativa a los preceptos del Evangelio? ¿Has creído en Él? Habiendo creído en Él, ¿has sido bautizado de acuerdo a su mandato? Habiendo sido bautizado, ¿te acercas a su mesa de acuerdo a su invitación «Haced esto en memoria de mí?», ¿o das la vuelta diciendo que estas cosas no son esenciales?

Amados hermanos, si su corazón es recto ante Dios, querrán conocer todas sus palabras, y ponerlas en práctica. ¿Qué me importan a mí las palabras de cualquier iglesia terrenal? Sólo son palabras de hombres; pero busquen ustedes y encuentren las palabras de Cristo; y donde quiera que te lleven, aunque tú seas el único que ha sido llevado en esa dirección, déjate guiar adonde Él te lleve. No puedes dar el siguiente paso mencionado en mi texto a menos que puedas decir con toda deliberación: «Sí, Señor, fueron halladas tus palabras, y yo las comí. Tus palabras fueron para mí el gozo y la alegría de mi corazón; porque yo soy llamado por tu nombre, oh Jehová Dios de los Ejércitos», y «ansío caminar conforme a todos tus estatutos y ordenanzas, intachablemente, todos los días de mi vida». Puedes errar; puedes cometer errores; puedes cometer pecados; pero la intención de tu corazón debe ser que, habiendo amado al Señor, guardarás su palabra en todos los diversos sentidos que he mencionado.

III. ELEVADO PRIVILEGIO Y GRAN GOZO

Si has sido capacitado para atravesar estas dos puertas, puedes ahora venir a la siguiente, que nos habla de: «Mi palabra guardará. Y *mi Padre lo amará*».

1. ¡Qué palabras tan maravillosas son éstas: «Y mi Padre lo amará»! Es muy cierto que lo hará; pues, cuando un hombre ama a Jesús, está en sintonía con el Padre mismo. Ustedes saben, hermanos míos, que el

amor del Padre está puesto en Su Unigénito Hijo. Uno con Él mismo en la Divinidad esencial, lo ha amado desde la eternidad; pero como Jesús se ha hecho obediente hasta la muerte: «¡y muerte de cruz!» no podemos imaginarnos cuál debe ser la complacencia del Padre en la bendita persona de nuestro Señor resucitado que está en los cielos. Este es un tema profundo; y no hay mente humana que pueda medir alguna vez sus profundidades, y decir cuán verdadera y maravillosamente ama el Padre a su eterno Hijo. Así pues pueden ver, hermanos, que si amamos a Jesucristo, nuestro corazón encuentra al corazón de Dios, pues el Padre también lo ama. ¿Acaso no han sentido alguna vez, cuando han estado intentando alabar a Jesús, que están haciendo a su débil manera justo lo que Dios siempre ha estado haciendo a su infinita manera? El siempre bendito Espíritu está continuamente glorificando a Jesús; y cuando ustedes están haciendo lo mismo, Dios y ustedes, aunque con pasos muy desiguales, caminan por el mismo sendero, y están en sintonía el uno con el otro.

Entonces, además del hecho de que estás en sintonía con el Padre al tener un mismo objeto de amor, estás también en sintonía con Él en lo relacionado al carácter. Jesús dijo: «Si alguno me ama, mi palabra guardará». Bien, cuando guardas la palabra de Cristo (cuando el Espíritu Divino te está haciendo obediente a Jesús y semejante a Jesús) estás andando por el camino por el que tu Padre Celestial quiere que camines, y por lo tanto Él te ama.

2. Déjenme hacer una clara distinción aquí. No estoy hablando ahora acerca del amor general que Dios tiene por toda la humanidad, ese amor de benevolencia y de beneficencia que es desplegado aun hacia los ingratos y los impíos. Ni tampoco estoy hablando en este momento, de lo relativo al amor esencial de Dios hacia sus propios elegidos a quienes Él ama, independientemente de su carácter, a causa de su propia elección soberana de ellos desde la eternidad; sino que estoy hablando de ese amor de complacencia que Dios, como un Padre, tiene hacia sus propios hijos. Ustedes saben que a menudo dicen a su hijo: «Si haces esto o aquello, tu padre te amará»; sin embargo ustedes saben que un padre amará a su hijo por ser su hijo, y siempre lo hará a pesar de que su carácter no sea siempre como su padre lo desea. ¡Pero qué amor tan grande es el que siente un padre por un hijo bueno, responsable, obediente! Es un amor acerca del cual le habla continuamente, es un amor que le manifiesta con muchas palabras dulces y amables, un amor que despliega por medio de muchas acciones que de otra manera no habría realizado, otorgándole muchos favores que no hubiera podido otorgar sin correr riesgos, de haber sido su hijo un desobediente o un perverso. Nunca olvides que el Padre Celestial aplica una disciplina sabia en su casa. Tiene varas de castigo para sus hijos que no le obedecen, y tiene sonrisas para sus hijos que guardan sus mandamientos. Si caminamos en sentido contrario a Él, nos ha dicho que Él caminará en sentido contrario a nosotros; pero si nuestros caminos le agradan, hay muchos favores escogidos que Él nos concede. Esta enseñanza no sugiere servidumbre legal, pues no estamos bajo la ley, sino bajo la gracia; pero esta es la ley de la casa de Dios bajo el régimen de la gracia; por ejemplo, si un hombre guarda los mandamientos del Señor, tendrá poder con Dios en la oración; pero cuando un hombre suele vivir en pecado, o aun ocasionalmente cae en pecado, no puede orar para prevalecer, no puede ganar el oído de Dios como lo hacía antes. Sabes de sobra que si has ofendido al Señor de cualquier manera, no puedes gozar del Evangelio de la manera que lo hacías antes de que pecaras. La Biblia, en vez de sonreírte parece más bien amenazarte, en cada texto y cada línea; parece que se levanta, como en letras salidas de una hoguera, y abre caminos de fuego hasta tu conciencia.

3. Es verdaderamente cierto que el Señor tiene diferentes tratos con sus propios hijos de acuerdo a su condición y carácter. Entonces, cuando un hombre es traído a tal estado de corazón que guarda la palabra de Cristo, su carácter es de tal naturaleza que Dios puede gozarse de manera complacien-

te en él, y en este sentido puede amarlo. Es en un caso así que el Padre nos hará saber que nos ama, que Él nos dará la seguridad de ese amor, y lo derramará abundantemente en nuestros corazones por medio del Espíritu Santo. Nos dará bendiciones especiales, tal vez en su Providencia pero con certeza en Su gracia. Nos dará gozo especial y regocijo; nuestro cuerno será exaltado y nuestro pie se posará en los lugares altos de la tierra. Todas las cosas (aun sus pruebas) serán benditas para el hombre que camina rectamente con Dios; y la manera de hacer eso es amar a Cristo, y guardar su palabra. De tal hombre dice Jesús: «Mi Padre lo amará».

IV. «Y VENDREMOS A ÉL»

1. Si has pasado por estas tres puertas, llegas a otra que tiene esta inscripción: «Y vendremos a él». Es una prueba de la existencia de las distintas personas del Padre y del Hijo. Jesús dice: «Si alguno me ama», (no olviden los eslabones anteriores de esta bendita cadena del Evangelio) «mi palabra guardará. Y mi Padre lo amará;» y a continuación sigue esta promesa llena de gracia: «y vendremos a él». ¿Acaso no significa esto, primero, *distancia suprimida*? Ya no hay una brecha entre el alma de un hombre así y su Dios. Tal vez siente su corazón abrumado y piensa: «no puedo acercarme a Dios»; pero oye este mensaje consolador: «vendremos a él»; y pronto, por sobre todas las montañas de división del pasado, como un corzo o un ciervo joven, el Bienamado viene; y el Padre grandioso, cuando ve a lo lejos a su hijo que regresa a Él, corre a encontrarlo y lo acerca a su corazón. ¡Cuán maravilloso es este «venir» divino! Cristo y su Padre, por el Espíritu Santo, vienen llenos de gracia para visitar al creyente. Sí, amados hermanos, si están viviendo en el amor a Cristo y guardando su palabra, no habrá ninguna distancia que los separe del Padre y del Hijo, sino que el texto se cumplirá con plenitud en su experiencia personal: «y vendremos a él».

Y a la vez que quiere decir distancia suprimida, también significa *honor conferido*. Muchos grandes nobles gastan grandes fortunas con el objeto de recibir en su propia casa a un príncipe o a un rey; a veces sus fiestas para la realeza, han significado hasta la hipoteca de sus propiedades; esta es una pobre inversión sólo por el honor de recibir la visita de su soberano. Pero miren, mis hermanos y hermanas, cuán diferente sucede con nosotros. El obediente que ama al Señor Jesucristo recibe la visita del Padre y del Hijo y es grandemente enriquecido por Su venida. Puede ser muy pobre, pero Jesús dice: «vendremos a él». Puede ser muy humilde y ni siquiera saber leer, pero Jesús dice: «vendremos a él». ¿Saben ustedes, queridos amigos, lo que esta venida significa? ¿Alguna vez has experimentado la venida del Hijo a tu vida, con su preciosa sangre aplicada a tu conciencia, hasta darte cuenta de que cada uno de tus pecados ha sido perdonado? ¿Has tomado a Jesús en tus brazos, espiritualmente, como el viejo Simeón lo tomó en sus brazos físicamente, y has dicho con él: «Ahora, Soberano Señor, despide a tu siervo en paz conforme a tu palabra; porque mis ojos han visto tu salvación?» ¿Te ha parecido, por fe, que Jesús está tan cerca de ti como alguien que se sienta en la misma banca contigo, y te habla de una manera muy familiar? Así nos ha sucedido a algunos de nosotros, y nos ha ocurrido eso a menudo.

2. Esto también ha significado *un mayor conocimiento*. Jesús se nos ha revelado viniendo a nosotros, de la misma forma que se acercó a los dos discípulos en el camino a Emaús. Además, ¿has experimentado la venida del Padre a ti, en su relación Divina, pero a la vez haciéndote sentir como su hijo, y haciéndote ver que Él te ha amado tan verdaderamente como tú amas a tus propios hijos, solo que su amor es más profundo y más ferviente de lo puede ser alguna vez el amor humano? ¿No has recibido de su propia mano, las muestras de bien y las bendiciones que sólo Él puede dar, de tal forma que al sentir la Paternidad Divina que ha venido muy cerca de ti, y el Espíritu de Dios operando dentro de ti, has exclamado: «¡Abba, Padre!» sin ningún tartamudeo de tu lengua? «Vendremos a él». El Salvador vendrá, y el Padre vendrá, y el bendito

Espíritu los representará a ambos en el corazón del creyente.

Entonces, «vendremos a él» quiere decir que la distancia ha sido suprimida, un honor ha sido conferido y el conocimiento ha aumentado; también quiere decir *que se ha recibido ayuda*; pues si el Padre y el Hijo vienen a nosotros, ¿qué más podemos necesitar? Con su presencia llena de gracia en nuestras almas, tenemos omnipotencia y omnisciencia, lo infinito y lo auto suficiente, de nuestro lado, y también gracia para ayudarnos en todo tiempo de necesidad.

V. «Y HAREMOS NUESTRA MORADA CON ÉL»

La última cláusula del texto, y la más dulce de todas es: «y hallaremos nuestra morada con él».

¿Puedes captar el pleno significado de esa frase? Jesús dice que el Padre y el Hijo nos visitarán; vendrán a nosotros, como los tres hombres benditos que vinieron a Abraham cuando él estaba a la entrada de la tienda, y ofreció hospitalidad al Señor y a los ángeles que lo acompañaban; pero no hicieron su morada con él. Continuaron su camino, y Abraham se quedó solo en las llanuras de Mamre. Dios visitó a menudo a Abraham, y habló familiarmente con él, pero la promesa de nuestro Salvador va más lejos; Él dice: «y vendremos a él y haremos nuestra morada con él». Hacer tu morada con una persona quiere decir que esa persona y tú tienen la misma casa y viven juntos. En este caso, quiere decir que el Señor hará que su pueblo sea su templo en el cual Él habitará continuamente. «Y vendremos a él y haremos nuestra morada con él.» He meditado en ese pensamiento una y otra vez hasta que toda su dulzura penetró en mi corazón; pero yo no puedo comunicar esa dulzura a las mentes ni a los corazones de ustedes; solamente el Espíritu Santo puede hacer eso.

1. Vean lo que esta expresión significa. *¡Qué conocimiento mutuo hay implicado aquí!* ¿Quieres conocer a una persona? Tienes que vivir con ella; no conoces realmente a nadie, independientemente de que pienses que lo conoces, hasta que no hayas vivido con esa persona. Pero, oh, si el Padre y el Hijo vienen y hacen su morada con nosotros, los conoceremos, ¡conocer al Padre y al Hijo! Ésta no es la porción de mentes carnales; ni tampoco es la porción de los cristianos que profesan pero que no han cumplido con las condiciones impuestas por nuestro Señor; pero es para quienes aman a Cristo, y guardan su palabra, para quienes viven conscientemente en el gozo de la complacencia del Padre, y que tienen comunión con el Padre y con el Hijo por el Espíritu. A estos individuos privilegiados, Dios se revela en su personalidad trinitaria, y a ellos les dará a conocer todo lo que está en Su pacto de amor y misericordia.

2. Esta expresión también implica *una amistad sagrada*; pues, cuando Dios viene para hacer su morada con los hombres, no habita así con sus enemigos, sino solamente con quienes lo aman, y entre ellos y Él hay mutua amistad. ¡Oh amados hermanos, si Dios el Padre y Dios el Hijo ciertamente vienen para habitar con nosotros, será para nosotros una prueba de un amor maravilloso, y de amante familiaridad y de intensa amistad! Si vas a vivir con un amigo, es muy posible que te quedes demasiado tiempo, o que estés más allá del tiempo en que eres bienvenido. Pero Dios sabe todo acerca del hombre con quien viene a vivir, y Jesús dice: «y haremos nuestra morada con él», porque Él sabe que su Espíritu ha purificado y santificado ese corazón, y lo tiene listo para recibirlo y a Su Padre también. Ustedes recuerdan cómo Jeremías suplicaba al Señor para que no fuera como un simple caminante: «Oh Esperanza de Israel, su Salvador en el tiempo de aflicción, ¿por qué has de ser como forastero en la tierra, y como caminante que levanta su tienda sólo para pasar la noche?»

Pero esta no es la manera en que el Padre y el Hijo tratan con nosotros, pues Jesús dice que vendrán y harán Su morada con nosotros. ¿Acaso no implica esto ciertamente una amistad muy sagrada entre Dios y nuestras almas?

3. También revela *la completa aceptación del hombre ante Dios*; pues, cuando alguien viene a quedarse contigo, se da por

hecho que vas a ejercer la hospitalidad hacia esa persona; come y bebe en tu casa; y, durante ese tiempo, vive cómodamente contigo. «Pero» preguntas tú, «¿es posible que Dios acepte la hospitalidad de un hombre?» Sí, lo es. Escucha las palabras del propio Cristo: «He aquí, yo estoy a la puerta y llamo; si alguno oye mi voz y abre la puerta, entraré a él y cenaré con él, y él conmigo». ¡Oh, la bendición que es poder atender así al Rey de reyes! Entonces Él beberá de mi leche y de mi vino, y comerá de las deliciosas frutas que crecen en el jardín de mi alma. Lo que yo le presente a Él ¿será de su agrado? Debe serlo, pues de lo contrario no habitaría en mi casa. Y cuando el Padre y el Hijo vienen para habitar en el alma del creyente, entonces todo lo que hace es aceptado; si él mismo es aceptado, sus pensamientos y sus palabras, sus oraciones y sus alabanzas, sus ofrendas y sus trabajos para Cristo serán aceptados tanto por el Padre como por el Hijo.

¡Qué bendito estado es ése para los que lo alcanzan! Pues entonces sucederá que al recibir nosotros a Dios, experimentaremos ser recibidos por Dios, en reciprocidad, en una recepción engrandecida siete veces. Espero que no piensen que cuando Dios el Padre y Dios el Hijo hacen su morada con un hombre, ese hombre continuará siendo el mismo que era cuando vinieron a él. No, hermanos míos; el Señor paga con generosidad por su habitación; donde Él habita, convierte todo lo que toca en oro. Cuando viene al corazón de un hombre, puede estar muy oscuro, pero Él lo inunda con la luz del cielo. Puede haber estado frío antes, pero Él lo calienta con la llama de su amor todopoderoso. Quien no tiene a Dios habitando en él es como la zarza en el monte Horeb cuando era un simple arbusto; pero cuando el Padre y el Hijo vienen a él, entonces sucede con él lo mismo que con la zarza ardiendo con el fuego, pero que sin embargo no se consumía. El Señor te trae el cielo cuando viene a ti, y eres rico con una bendición única. Todas las cosas son tuyas, pues tú eres de Cristo, y Cristo es de Dios, y Cristo y Dios han venido para hacer Su morada contigo.

Ahora, de acuerdo con la promesa de nuestro Señor: «Vendremos a él y haremos nuestra morada con él», está implícito que *allí pudieran querer detenerse*. Quisiera llevar sus pensamientos hacia atrás, por un minuto, a los anteriores eslabones de esta bendita cadena en el Evangelio, y recordarles que es solamente *Si alguno me ama*, y es solamente *si guarda mi palabra* que la promesa del Salvador se puede aplicar: «Vendremos a él y haremos nuestra morada con él». ¿Han venido a tu corazón el Padre y el Hijo? Entonces, te pido que no hagas nada que pueda motivar que se vayan de ti ni siquiera por un solo instante. Si alguna vez obtienes el gozo consciente de la morada divina en ti, sé muy celoso de tu corazón para que nunca se separe de tu Señor o Lo haga retirarse. Di, con la esposa: «¡Juradme, oh hijas de Jerusalén, por las ciervas y por las gacelas del campo, que no despertaréis ni provocaréis el amor, hasta que quiera!».

«Pero», puede que preguntes, «¿lo podemos conservar? ¿Lo podemos conservar siempre?» Creo que puedes. Por medio de la ayuda bendita del Divino Espíritu, quien te ha enseñado a amarlo a Él, y a guardar su palabra, puedes tener una comunión muy cercana y querida con tu Señor de modo permanente. Estoy seguro que tenemos un bajo concepto de las posibilidades de la comunión cristiana, y del gozo cristiano, y de la vida cristiana. Aspira al más alto grado concebible de santidad; y aunque no serás perfecto, nunca te disculpes por no serlo. Siempre aspira a algo más alto y más alto aún de lo que ya has logrado; pide al Señor que venga y habite contigo para siempre. Serán cristianos muy felices si alcanzan este privilegio, y se mantienen en esa condición; y seremos una iglesia muy bendecida si la mayoría o todos nosotros alcanzamos eso. Yo quiero ir tras esta bendición, con la ayuda llena de gracia de Dios; ¿no quieres venir, hermano mío, hermana mía? ¿Acaso puede alguno de ustedes estar contento viviendo una vida inferior a la que es posible para ustedes? Espero que no se contenten con eso; más bien espero que ustedes darán todos estos pasos que he mencionado, y pedirán a Dios en oración que les ayude a superarlos. «Señor, ayúdame a amar a Jesús. Que mi alma sea un incendio de amor a Él. Señor, hazme capaz de guardar todas sus palabras, y que nunca tome a la ligera esta verdad en ningún aspecto. Y después, Señor, mírame con complacencia. Hazme de tal manera que Tú puedas deleitarte en mí. Mira la semejanza de Tu Hijo en mí, porque Tú me has hecho semejante a Él; y después, Padre y Salvador, ven y haz tu morada conmigo para siempre jamás. Amén». Una oración así, presentada verdaderamente, será contestada, y el Señor recibirá la gloria por eso.

CONCLUSIÓN

Pero ¡ay! muchos de ustedes no tienen nada que ver con este texto porque ustedes no aman a Cristo; y la primera cosa que tienen que hacer no es pensar acerca de amarlo a Él, sino de confiar en Él, pues ustedes saben que el único camino de salvación es confiar en Cristo; por tanto, si no confían en Él, no están en el camino de la salvación. ¿Han pensado acerca de lo que implica ser un incrédulo? El apóstol Juan dice: «El que cree en el Hijo de Dios tiene el testimonio en sí mismo; el que no cree a Dios le ha hecho mentiroso, porque no ha creído en el testimonio que Dios nos ha dado acerca de su Hijo».

¿Realmente quieren hacer a Dios mentiroso? De cierto, no pueden; el simple pensamiento es demasiado horrible para considerarlo ni por un momento. Entonces crean en su palabra en lo relativo a Su Hijo. Esa palabra declara que Él es la propiciación por nuestros pecados; entonces, si ustedes confían en esa propiciación y confían en Él, que la llevó a cabo, ustedes son salvos.

Muchas veces, alguna alma ansiosa, me hace la observación: «Pero, señor, yo no puedo creer; yo quisiera poder hacerlo». Esta es la respuesta que generalmente doy a la persona que dice eso. «¡Qué! ¿no puedes creer? Vamos, resolvamos ese asunto. ¿No puedes creer en Dios? ¿Puedes creer en mí?» Por supuesto, la respuesta es:» ¡Oh, sí señor; yo puedo creer en usted!» Yo respondo: «Sí, yo supongo que se debe a que tú tienes confianza en mi carácter, y crees que yo no te diría una mentira». Entonces, en el nombre de todo lo que es bueno y razonable, ¿cómo es posible que te atrevas a decir que no puedes creer a Dios? ¿Acaso es Él un mentiroso? ¿Te ha dado alguna vez algún motivo para que le digas: «No puedo creerte?» ¿Qué quieres decir? Dame alguna razón del por qué no puedes creer en Dios. ¿Qué ha hecho Él para que no puedas creer en Él?

Bien, no necesariamente lo ven bajo esa luz; pero aún así regresan a esa frase: «No puedo creer». Ahora bien, pecador, si Jesucristo estuviera presente, y te dijera: «Confía en mí, y yo te salvaré; cree en mi promesa, y entrarás a la vida eterna»; ¿lo mirarías en su cara y dirías: «no puedo creer en Ti?». Y si Él te hiciera la pregunta: «¿Por qué no puedes creer en Mí?», ¿qué le responderías? Seguramente un hombre puede creer lo que es verdad.

A mí me ha llegado a suceder en diversos momentos, desde que he conocido al Salvador, que me ha parecido que no puedo dudar de mi Señor, como si no pudiera encontrar ninguna razón, aunque rebuscara en el cielo, en la tierra y aun en el infierno, para dudar de Él. Protesto que no conozco ninguna razón para no confiar en Cristo; no puedo concebir ninguna razón. Pues bien, ¿continuarán los hombres con esta conducta monstruosa, injusta y poco generosa? Ay, lo harán.

«Pero», dirá alguno, «si confío mi alma a Cristo, ¿Él me salvará?». Pruébalo y verás; tienes su propia promesa de que no rechazará a nadie que venga a Él. Entonces, si crees en el Señor Jesucristo, en ese mismo momento eres salvo. ¿Qué más necesito decir? ¡Que el Bendito Espíritu haga que ceses de hacer a Dios mentiroso en la práctica, por tu incredulidad, y haga que vengas y confíes en Jesús, el sustituto y la garantía de su pueblo! Así reposarán sus cansados corazones en su pecho amante y todo estará bien con ustedes por toda la eternidad. ¡Que Dios los bendiga a todos, por Jesucristo nuestro Señor! Amén.

2. Discipulado

70. EL EVANGELIO GLORIOSO DEL DIOS BENDITO[13]

«Según el evangelio de la gloria del Dios bendito, el cual á mí me ha sido encargado» (1 Timoteo 1:11).

INTRODUCCIÓN: La doctrina grande y central del cristianismo.

I. ¿EXPERIMENTAMOS SU EXCELENCIA?
1. El Evangelio es una buena nueva para nosotros.
2. Jesucristo la misericordia de Dios.

II. ¿CONOCEMOS SU PODER?
1. El hombre bajo el poder del Evangelio.
2. El Evangelio es un mensaje glorioso.
3. El Evangelio de Dios es de Pablo y de nosotros.
4. El Evangelio trae felicidad y deleite.

III. ¿RECONOCES TU RESPONSABILIDAD?
1. Escudriña con el Espíritu Santo la Escritura.
2. Lucha y manten la verdad.
3. Hemos de sostener nuestra creencia en el Evangelio.
4. Corramos a predicar el Evangelio.

CONCLUSIÓN: Descubrir el poder del Evangelio en nosotros.

EL EVANGELIO GLORIOSO DEL DIOS BENDITO

INTRODUCCIÓN

Este versículo aparece justo después de una larga lista de pecados, que el apóstol declara que van en contra de la sana doctrina; de lo que concluimos que una prueba de la sana doctrina es su oposición a toda forma de pecado. Cualquier doctrina que de alguna manera quite importancia al pecado puede ser popular, pero no es sana doctrina: aquellos que hablan mucho de la solidez de su doctrina, pero que por sus vidas revelan la corrupción de sus corazones, necesitan estar avergonzados de su hipocresía más bien que orgullosos de su ortodoxia. El apóstol nos ofrece en este versículo, otra medida que nos sirve para probar esas doctrinas; nos dice que la sana doctrina siempre es evangélica «sana doctrina según el Evangelio de la gloria». Cualquier doctrina que enaltece la voluntad o el mérito del hombre, cualquier doctrina que exalta las ceremonias y los oficios de los sacerdotes, cualquier doctrina, pues, que no coloca a la salvación sobre el único fundamento de la gracia libre, no es sana. Estos dos puntos son absolutamente necesarios en toda enseñanza que profese venir de Dios; debe recomendar y promover la santidad en la vida; y, al mismo tiempo, debe, más allá de toda duda, ser una declaración de gracia y misericordia a través del Mediador.

Nuestro apóstol, por el sentido de su carta, fue llevado a citar el Evangelio; y entonces en un momento, vistiendo alas de fuego, se remonta en un arrebato de alabanza, y lo llama «Evangelio de la gloria del Dios bendito». Tal es su modo de escribir en general, que si se encuentra con un pensamiento favorito, se aleja de forma tangencial del tema que pretendía explicar, y no regresa hasta que su espíritu ardiente se refresca otra vez. En este caso, y antes que se diese cuenta, su alma lo puso sobre los carros de su generoso pueblo. Su corazón resplandeciente vertía el elogio más cálido sobre ese tesoro escondido, esa perla de inmenso precio, que él valoraba por encima de todo, y cuidaba con un celo sagrado. Me parece ver el rostro radiante del apóstol del Señor, cuando con sus ojos centelleantes dicta las palabras: «El Evangelio de la gloria del Dios bendito, que me ha sido encargado».

Nuestro tema nos proporciona un vasto océano para explorar, pero nuestro tiempo es corto, y nuestra barca es pequeña, y la atmósfera en esta capilla está tan cálida y pesada que difícilmente se puede respirar, que prefiero mantener un enfoque directo,

---
[13] Sermón predicado en 1867 en el Tabernáculo Metropolitano, Newington

sin distraerlos con muchos matices. Abrir el texto en toda su anchura y su profundidad sería un ejercicio adecuado para el intelecto más elevado, pero nos debemos contentar con unos comentarios aplicables y prácticos, y que el Señor nos conceda tejerlos en forma de un mensaje que busque llevar a sus corazones a la reflexión.

I. ¿HEMOS EXPERIMENTADO SU EXCELENCIA?

1. En primer lugar, Pablo alaba al Evangelio hasta lo máximo llamándolo, «el Evangelio de la gloria del Dios bendito. Es necesario hacer esa pregunta aun en esta congregación; porque hasta para las grandes multitudes que asisten a nuestras casas de oración, el Evangelio es un tema seco y sin interés. Oyen la palabra porque es su deber; se sientan en los bancos porque la costumbre requiere de un respeto externo a la religión; pero ellos no piensan que el Evangelio tenga en sí nada de glorioso, nada que pueda mover al corazón o que acelere nuestro pulso. El sermón es lento, el servicio aburrido, todo el asunto es un cansancio al cual sólo la cortesía hace que la gente se aguante. Algunas personas hacen de la religión un asunto de necesidad, como el caballo que tira de un carretón; pero si esa necesidad de respetabilidad no existiera, serían felices de escapar de ella como lo es el caballo cuando se libera de su carga y deja atrás el estruendo de las ruedas. Es necesario, entonces, hacer la pregunta; y se las haré en tres o cuatro maneras. Pablo llama al mensaje sagrado de misericordia el Evangelio. ¿Ha sido Evangelio para nosotros? La palabra es simple, y no necesito recordarles que significa «buena nueva». Ahora bien, ¿ha sido el Evangelio «buena nueva» para nosotros? ¿Ha sido alguna vez nueva para ustedes? «Lo hemos oído tan a menudo, diría alguien: «que no podemos esperar que sea novedoso para nosotros. Fuimos educados por padres piadosos; nos llevaron a la escuela dominical; hemos aprendido el Evangelio desde nuestra juventud; no puede ser novedoso para nosotros». Déjenme decirles que, no conocen la palabra de reconciliación a menos que haya sido, y aún lo sea, una nueva para ustedes. Para cada hombre que se salva por el Evangelio, viene como una nueva tan nueva, fresca y asombrosa, como si nunca antes la hubiera oído. La letra puede ser vieja, pero el significado interior es tan nuevo como si la tinta estuviera fresca todavía en la pluma de la revelación. Confieso que fui educado en la piedad, colocado en mi cuna por manos cargadas de oración, y arrullado con canciones que cantaban a Jesús; pero después de haber oído el Evangelio continuamente, línea sobre línea, mandato sobre mandato, un poquito allí, otro poquito allá, sin embargo, cuando la palabra del Señor me llegó con poder, fue tan nueva como si yo hubiera vivido entre las tribus remotas del África central, y nunca hubiera oído la noticia de la fuente limpiadora llena con la sangre que fluye de las venas de nuestro Salvador. El Evangelio en su espíritu y poder siempre lleva el rocío de su juventud; brilla con la frescura de la mañana su fuerza y su gloria permanecen para siempre. ¡Ah! Mi querido lector, si alguna vez has sentido tu culpa, si te has sentido cargado bajo su peso, si has mirado dentro de tu corazón para encontrar alguna cosa buena, y te has sentido amargamente desilusionado, si has ido para arriba y para abajo por todo el mundo para probar este o ese esquema para conseguir consuelo, pero todos te han fallado como pozos secos en el desierto que se burlan del viajero, será una dulce noticia para tu corazón que hay salvación ahora en el Salvador. Es una muy refrescante nueva la voz de Jesús que dice: «Venid a mí, y yo os haré descansar». Aunque has oído el llamado externo miles de veces, aún así, cuando llegue a tu corazón la propia voz de Jesús, será tan sorprendentemente fresca para ti como si estas paredes mudas de pronto encontraran una voz, y revelaran los misterios que han sido ocultos desde la fundación del mundo. A cada creyente, el Evangelio le llega como nueva de la tierra al otro lado del río, la mente de Dios revelada por el Espíritu de Dios a sus elegidos.

Es buena nueva también. Ahora, ¿has experimentado al Evangelio como bueno para ti, lector? Bueno en el mejor sentido, enfáticamente bueno, bueno sin mezcla de mal, eso es el Evangelio para quienes lo conocen: ¿Es así para ti? ¿Has sentido hondamente la abrumadora deuda que tienes con la justicia de Dios, y luego has recibido lleno de gozo la información de la gracia de que todas tus deudas han sido pagadas? ¿Has temblado bajo la nube cargada de truenos de la ira de Jehová que estaba lista para descargar su tempestad sobre ti, y has oído la tierna voz de la misericordia que dice: ¿»He borrado como niebla tus rebeliones, y como nube tus pecados?» ¿Has sabido alguna vez lo que significa ser completamente absuelto, estar ante Dios sin miedo, aceptado en el Amado, recibido como un hijo querido, cubierto con la justicia de Cristo? Si es así, el Evangelio ha sido ciertamente «bueno» para ti. Tomándolo con la mano de la fe, y sintiendo su poder en tu alma, lo consideras la mejor nueva que ha venido de Dios para el hombre.

Voy a pedirte que respondas con sinceridad a mi pregunta como si estuvieras ante la presencia de Dios; que ningún hombre esquive esta pregunta tan vital: eso que Pablo llama el Evangelio, ¿lo has experimentado tú como Evangelio? ¿Ha hecho saltar tu corazón alguna vez, como si fuera una de esas noticias que te estimula y te hace feliz? ¿Te ha parecido alguna vez la cosa más importante de todas? Si no es así, no sabes lo que significa el Evangelio. Oh, deja que mis ansiosas preguntas te muevan tiernamente a preocuparte por los asuntos de tu alma, y que busques al Señor Jesús para vida eterna.

2. Cuando Pablo llama al mensaje de misericordia «el Evangelio», le agrega un adjetivo «el Evangelio de la gloria:» y es un Evangelio glorioso por mil razones: glorioso en su antigüedad; antes que los rayos de la primera mañana ahuyentaran a las primeras sombras, este Evangelio de nuestra salvación estaba ordenado en la mente del Eterno. Es glorioso porque es eterno cuando todas las cosas hayan pasado como la blanca escarcha de la mañana se disuelve ante el sol que sale, este Evangelio existirá en todo su poder y gracia. Es glorioso porque revela la gloria de Dios más claramente que todo el universo. Ni los innumerables mundos que Dios ha diseñado, aunque nos hablen con el lenguaje de la elocuencia más elevada desde sus esferas celestiales, pueden proclamar el carácter de nuestro Padre celestial como lo hace el Evangelio. «Los cielos proclaman la gloria de Dios:» pero el Evangelio que nos habla de Jesús tiene un mensaje más dulce y más claro. El poeta habla del grande y ancho mar en donde la forma todopoderosa refleja la tempestad; así, ciertamente, el dedo de Dios se puede reflejar a sí mismo, pero mil océanos no pueden reflejar al Infinito mismo el Evangelio de Jesucristo es el único espejo fundido en el que Jehová puede ser visto. En Jesús no sólo vemos pasar la gloria de Dios, tal como Moisés la vio cuando observó los bordes del manto de Jehová en la hendidura de la roca, sino que Dios en su totalidad se revela en el Evangelio de Jesús, de manera que nuestro Señor pudo decir: «El que me ha visto, ha visto al Padre». Si el Señor es glorioso en santidad, así lo revela el Evangelio. ¿Es gloriosa su diestra en poder? Así habla de Él el Evangelio. ¿Es el Señor el Dios de amor? ¿No es esto el genio del Evangelio? El Evangelio es glorioso porque cada atributo de la Divinidad se manifiesta en él con un esplendor único.

II. ¿CONOCEMOS SU PODER?

1. Pero quiero llegar directo a sus conciencias preguntándoles, ¿el Evangelio es para ustedes un Evangelio glorioso? Amados amigos, podemos conocer mucho nuestra situación por la respuesta que demos a esa pregunta. El Evangelio, visto con estos ojos y oído con estos oídos externos será, como el Señor mismo: una raíz seca. No hay parecer en él, ni hermosura; pero el Evangelio entendido por un corazón renovado, será una cosa completamente diferente. Oh, será el Evangelio de la gloria seguramente, si ustedes son levantados en una nueva vida, para gozar de las bendiciones que les trae. Así que, les suplico que respondan a la pregunta y para ayudarlos, déjenme recordar al pueblo de Dios cuán glorioso ha sido el Evangelio para ellos. ¿Recuerdan el día que el Evangelio tomó por asalto el

Seguimiento, Discipulado, Oración ...

corazón de ustedes? Nunca podrán olvidar cuando el gran ariete de la verdad comenzó a golpear contra las puertas de la fortaleza tras la que se parapetaba el alma. Recuerden como reforzaron los postes y las barras, y se enfrentaron al Evangelio, resolviendo no ceder. A veces fueron impulsados a llorar a causa de las impresiones, pero secaron sus lágrimas pasajeras la emoción fue «como la niebla de la mañana y como el rocío del amanecer». Pero el amor eterno no quiso abandonar sus asaltos de gracia, porque tenía la determinación de salvar. La providencia y la gracia juntas sitiaron a la ciudad del alma de ustedes, y trajeron artillería divina para atacarla. Ustedes estaban completamente encerrados hasta que como con Samaria así fue en ustedes hubo una gran hambre en sus alma. Recuerden cómo domingo a domingo, cada sermón fue un asalto renovado de los ejércitos del cielo un nuevo golpe del ariete celestial. ¡Cuán a menudo, cuando las puertas del prejuicio fueron hechas pedazos, ustedes pusieron nuevas barricadas! su corazón temblaba bajo los tremendos golpes de la justicia, pero con la ayuda de Satanás, su corazón depravado se las arregló para asegurar las puertas con las barras de hierro del orgullo, y el bronce de la insensibilidad; hasta que, un bendito día ¿lo recuerdan? un día bendito, el ariete del Evangelio dio el golpe de gracia definitivo, las puertas se abrieron de par en par, y por ellas entró el Príncipe de la Paz, Emmanuel, como un conquistador, montado en los carros de la salvación. Nuestra voluntad fue sometida, nuestros afectos fueron dominados, toda nuestra alma fue puesta en sujeción bajo el dominio de la misericordia. Jesús fue glorioso ante nuestros ojos ese día: «el jefe entre diez mil, todo él es deseable». Ese día único lo hemos registrado en las tablas de nuestro corazón: fue el verdadero día de coronación de Jesús en nosotros, y nuestro nacimiento para la eternidad. Cuando nuestro glorioso Señor entró en nuestras almas, con su vestido bañado en sangre, perdonando y bendiciendo en la plenitud de su gracia, entonces las campanas de nuestro corazón dieron alegres repiques; las banderas de nuestra alegría flotaron en el aire fragante; las calles de nuestra alma fueron alfombradas con rosas; las fuentes de nuestro amor se llenaron de rico vino rojo, y nuestra alma estaba tan llena de dicha como lo puede estar un corazón de este lado del cielo; porque la salvación había llegado a nuestra casa, y el Rey de la misericordia se había dignado visitarnos. ¡Oh, el dulce perfume del nardo, cuando, por vez primera, el Rey se sentó a nuestra mesa para comer con nosotros! ¡cómo el sabor de su presencia llenó cada lugar de nuestro hombre interior! Ese día cuando la gracia nos redimió de nuestros temores, ¡el Evangelio fue ciertamente un glorioso Evangelio! ¡Ah! querido lector, estabas en aquella capilla atestada escuchando el sermón, pero no te cansaste, los labios del predicador te refrescaron, porque la verdad caía como mirra de dulce aroma. Podrías haber saltado cercos y cruzado zanjas para oír el Evangelio en esa estación del primer amor; sin importar cuán torpemente fuera presentado por el predicador, disfrutabas del pan del cielo en tu lengua como un dulce bocado, porque era el Evangelio de tu salvación.

Cristiano, quiero refrescar tu memoria aún más. No olvides las conquistas posteriores de ese Evangelio. Si tú has progresado en la vida divina, ha sido por el poder del Evangelio de Jesucristo aplicado por el Espíritu Santo. Algunas veces nos equivocamos, porque, habiendo comenzado en el Espíritu esperamos ser perfeccionados en la carne. Quiero decir que frecuentemente tratamos de batallar contra nuestros pecados innatos golpeándolos con dureza con razonamientos legales. Ningún creyente conquistó jamás al pecado por tener miedo del castigo merecido ésta es un arma adecuada solamente para los hijos de la esclava. Es la sangre de Jesús el arma conquistadora en la guerra santa contra la corrupción natural. «Ellos lo han vencido por causa de la sangre del Cordero». Saber que estoy muerto para el pecado y resucitado con Cristo, es en el poder de la vida de resurrección que yo lucho contra el hombre viejo, y obtengo la victoria. Amados, recuerden que son siempre débiles cuando se apartan de la cruz, que es solamente como pecador salvado por la sangre que ustedes pueden tener la esperanza de progresar hacia la santificación. No intenten flagelarse para obtener la gracia, la nueva vida no debe tocarse con el látigo de la esclavitud. Vayan a la cruz por recibir motivación, energía y santidad. Miren a Jesús en el Evangelio como lo hicieron en el inicio de su nueva vida. Sepan ustedes que son salvos en Él, y entonces sigan adelante para luchar contra la tentación, con el Evangelio como estandarte de su guerra de toda la vida. Si alguno de ustedes ha intentado hacer la guerra contra el pecado aparte del Capitán de su salvación, ya han sido heridos para su mal, o lo serán; pero si el León de Judá va delante de ustedes, y lo siguen con el Evangelio como grito de guerra, la victoria es segura y ustedes tendrán otra guirnalda para ponerla a los pies de Jesús y su glorioso Evangelio.

2. Amados, déjenme decirles que todos los santos verdaderos han encontrado que es un Evangelio glorioso por el consuelo que nos da en nuestras horas más negras. No estamos sin tribulaciones, por lo cual queremos dar gracias; son rocas volcánicas pero que fluyen con aceite. Las raíces de nuestra alma podrían arraigarse demasiado en este pobre suelo de arcilla, si no fueran rudamente aflojadas por la aflicción; este no es nuestro descanso, está contaminado, y nuestras tristezas son útiles porque nos recuerdan esto. ¿Pero qué tiene tal poder para calmar al espíritu turbado sino el Evangelio? Vayan al Señor Jesús, ustedes hijas del desconsuelo; conozcan y entiendan una vez más su unión con Él, y su aceptación en Él, y ya no se quejarán más: inclinarán sus hombros y tomarán alegremente su cruz, cuando hayan encontrado en su hora de necesidad que el Evangelio tiene un poder glorioso para sostener a los que están a punto de hundirse.

¿Nunca se han dado cuenta de la gloria del Evangelio en su poder para resistir los ataques del gran enemigo? El alma ha sido acosada por mil tentaciones; Satanás ha aullado, y todos los espíritus malignos del infierno se han unido en el horrible coro, y sus pobres pensamientos perturbados han dicho: «Pereceré a pesar de mis grandes placeres y de mi confianza». ¿No han reunido nunca, como John Bunyan lo hubiera descrito, todas sus fuerzas en lo alto del muro para arrojar grandes piedras en contra del enemigo? ¿No han sentido que el castillo sería tomado, hasta que, como último recurso, levantaron la bandera roja de sangre de la cruz, tomaron la espada del Espíritu, y se arrojaron al baluarte con la determinación de sostener el muro contra el enemigo? Luego cuando la escalera de asalto tocó el muro, y el enemigo saltó en los baluartes, lo lanzaron al suelo otra vez en el nombre de Jesús por el poder de la cruz, y cuantas veces escalaba, lo regresaron al suelo, siempre venciendo en el poder del Evangelio; sosteniéndose firmes contra la tentación de afuera y la corrupción de adentro, por medio de la energía que sólo el Evangelio de Jesucristo puede darles.

Un punto puede ayudarnos a ver la gloria del Evangelio, a saber, que nos ha salvado de tremendos males. Los males que le sobrevienen al incrédulo, ¿quien puede describirlos? Si un espíritu pudiera cruzar el golfo sin puentes que nos separa de la tierra de tinieblas y de la sombra de muerte, si pudiera contarnos los agudos dolores inexpresables que soportan las almas culpables, entonces podríamos decir: «Es verdaderamente glorioso ese Evangelio que nos puede rescatar de las puertas del infierno, y preservarnos de ir a lo profundo del pozo». Piensen, hermanos míos, ¡cuáles son los gozos para los que nos está preparando el Evangelio! Es por medio del Espíritu Santo, por la predicación de la palabra, que estamos madurando para esos gozos que ni «cosas que ojo no vio y que ni oído oyó». Que estemos preparados para el cielo no nos vendrá por la ley, sino por el Evangelio. Ni uno solo de los seres celestiales llegó allí por las obras de la carne, sino completamente por la gracia soberana de Dios revelada a ellos en el Evangelio de Jesucristo. ¡Glorioso Evangelio que lleva a la gloria a sus discípulos!

Déjenme preguntarles: ¿es glorioso para ustedes en este momento? Yo puedo decir que sí lo es para mí. Quisiera que

Seguimiento, Discipulado, Oración ...

estuviera en mi poder hacerlo más glorioso en mi ministerio; pero es glorioso para mi propio corazón. Después de algunos años de experiencia; el cristiano llega a conocer, mejor que al principio, cuán conveniente le es el Evangelio. Encuentra que su simplicidad le conviene para su confusión; su gracia le conviene para su tendencia a pecar; su poder es el adecuado para su debilidad; su consuelo es adecuado para su abatimiento; y cuanto más viejo se hace, más ama el Evangelio de la gracia de Dios. ¿Hacerlo a un lado? ¡Ah! Nunca; nos sujetaremos a Cristo más firmemente porque los hombres lo desprecian. ¿Hacia quién o hacia dónde iríamos si le diéramos la espalda a nuestro Señor Jesús?

Ahora, queridos lectores, antes de que termine con este punto, quiero con gran preocupación amorosa preguntarles otra vez: ¿es glorioso el Evangelio para ustedes? Recuerden, si no lo es, no puede haber esperanza para ustedes. No hay otro camino para la salvación sino la buena nueva que «Cristo Jesús vino al mundo para salvar a los pecadores», y si esa nueva suena en sus oídos como una cosa seca, aburrida, pueden estar seguros que no están en el camino al cielo, porque el Evangelio para cada alma salvada es más dulce que el sonido de la mejor música de la tierra. ¿Lo es para ustedes? Dios se complace hoy en poner ante sus ojos la bandera blanca de la misericordia, y los llama para que vengan a Jesús y vivan. Pero recuerden que si no se someten a Él, Él levantará la bandera roja de la amenaza, y luego, la bandera negra de la ejecución rondará muy cerca. Tal vez algunos de ustedes padecen de enfermedades. Tómenlo como una advertencia. Cuando nuestros navíos de guerra quieren detener a una embarcación sospechosa, le disparan cerca de su proa como un aviso. Si no se detiene, tal vez le disparen otro, y si no hacen caso, los artilleros hacen su trabajo en serio, y pobre del infractor. Su aflicción es el cañonazo de advertencia del Evangelio. Les suplico que hagan una pausa, ¡pidan al Señor que los mire para que puedan ser salvos! Cuando pienso en algunos de ustedes que están aquí y no son salvos, siento algo como el muchacho sobre el que leí en los periódicos de ayer. La semana pasada estaban dos muchachos en las grandes rocas de la isla Lundy, en el canal de Bristol, buscando huevos de gaviotas. Uno de ellos se acercó demasiado al borde del acantilado y perdió pie, y cuando su hermano, al oír una voz desfalleciente, se asomó, lo vio aferrándose a un saliente de una roca sobre el precipicio intentando en vano encontrar un lugar para poner sus pies. Allí se quedó su ansioso hermano, alarmado y paralizado de terror, completamente impotente para ayudar a su hermano menor en terrible peligro abajo, quien pronto perdió sus fuerzas y cayó destrozado al fondo. Me siento un poco como ese hermano alarmado, sólo que hay una feliz diferencia: puedo tener esperanza en ustedes y rogar porque ustedes mismos la tengan. Ustedes se aferran ahora, tal vez, a una esperanza falsa, y se esfuerzan por hallar un descanso en donde no se puede encontrar ningún descanso; pero el ángel de alas poderosas del Evangelio eterno está justo debajo de ustedes, exclamando: «salten ahora, simplemente salten a mis brazos; los tomaré y los llevaré seguros a lo alto». Ese ángel es el Ángel del Pacto, el Señor Jesucristo. Ustedes deben ser despedazados para siempre a menos que descansen en Él; pero láncense hacia Él, les suplico y entonces, cuando sean llevados en seguridad lejos de cualquier temor, ustedes exaltarán la gracia de Dios, y alabarán al glorioso Evangelio.

3. Debo dejar ese punto, y observar que Pablo reconoció al Evangelio como el Evangelio de Dios. Aquí surge otra pregunta, por la cual podemos saber si somos salvos o no. El Evangelio, amigos míos, ¿ha sido el Evangelio de Dios para ustedes? Es fácil recibir el Evangelio como el Evangelio de «mi ministro». Me temo que hay mucho de esto entre nosotros. Tenemos gran fe en nuestros maestros de religión, y muy apropiadamente, si hemos recibido algún beneficio de ellos; pero si el Evangelio nos llega como el Evangelio de tal o cual predicador, no nos salvará; debe llegarnos inconfundible y claramente como el Evangelio de Dios, y así lo debemos recibir. Es nuestro privilegio,

en el solemne silencio de la mente, oír la voz de Dios hablándonos, y recibir la verdad en el amor de la palabra como llegando con autoridad divina directamente de Dios. Recuerden que toda religión que no es la obra del Espíritu Santo en el corazón tendrá que ser desenredada, aunque haya sido tejida con mucha habilidad. Podemos construir, como lo hacen nuestros hijos en la playa, nuestros castillos de arena, y podemos agregar otros muy rápidamente, y estar muy contentos con ellos, pero se derrumbarán todos cuando suba la marea del tiempo; sólo lo que Dios Espíritu Santo construye sobre los fundamentos de la obra cumplida por Cristo resistirá la prueba del tiempo y la eternidad. ¿Cuál es la situación de ustedes? Si el espíritu de Cristo no está en ustedes, ustedes están muertos. Si el Evangelio mismo llega a ustedes con alguna fuerza, debido solamente al apasionamiento del predicador, o a su elocuente discurso, no les ha traído la vida eterna.

Si el Evangelio es realmente el Evangelio de Dios para nosotros, al valorarlo así glorificaremos a Dios. Amaremos y adoraremos al Padre, que nos ha escogido para la vida eterna. Amaremos al Hijo con el más cálido amor, porque nos ha redimido con su preciosa sangre. Daremos reverencia constantemente al Espíritu Santo, y nos gozaremos que habite como huésped distinguido en nuestros cuerpos. Por esto podemos saber si hemos recibido la verdad de Dios, porque nos lleva conscientemente a la unión con Él. Querido lector: ¿habita Dios en ti? Porque si no, tú no habitarás donde está Dios. Debes de conocer al Espíritu Santo, no como una influencia que es derramada, según la oración de algunos, sino como viviendo dentro de ti, descansando en tu corazón. Es una pregunta muy importante, pero no me detendré en ella, porque tengo que cerrar ya nuestra primera parte haciendo notar que para Pablo el Evangelio era «el Evangelio del Dios bendito». Creo que William Knibb solía leer este pasaje así: «el Evangelio del Dios feliz» y no se equivocaba, es la esencia misma del tema. «El Evangelio del Dios feliz». ¿Alguna vez han considerado qué feliz debe ser Dios? ¿Feliz en grado sumo? Ninguna preocupación, ninguna tristeza, puede pasar por su mente infinita. Es serenamente bendito por siempre. Ahora bien, cuando un hombre es infeliz, y tiene actitud infeliz, naturalmente hace infeliz a la gente, del mismo modo que una fuente impura vierte agua impura; pero cuando un buen hombre es superlativamente feliz, lleva felicidad a los demás. Un rostro feliz nos atrae a muchos, y un temperamento feliz, una mente tranquila, una disposición serena, un hombre pues que tiene lo anterior, inevitablemente intenta hacer a otros felices; y debido a que Dios es infinitamente feliz, se deleita en la felicidad de sus criaturas. Los dioses de las fábulas de los paganos, eran agobiados con todos tipo de ambiciones, deseos, y antojos, que no podían satisfacer, o que, una vez satisfechos, los hacía desear más. Por consecuencia son mostrados como vengativos y crueles, deleitándose en los sufrimientos de los hombres; pero nuestro Dios es tan perfectamente bendito, que no tiene motivo para causar sufrimiento innecesario a sus criaturas. Él tiene la perfección en sí mismo; y, consecuentemente, se deleita en hacernos felices. ¿Cuánta satisfacción encuentra Dios en las criaturas que están privadas de intelecto? Ustedes pueden haber visto cuando baja la marea, un pequeño borde al extremo de la ola que parece como una bruma; pero si ustedes la examinan cuidadosamente, la encontrarán formada por millones de pequeñísimos camarones, saltando en todo tipo de posturas y formas en la ola que se retira, en una exuberancia de júbilo y diversión. Miren a los mosquitos, en los paseos por sus jardines en las noches de verano, cómo danzan sin cansarse estos pequeños seres alegres que exhiben toda la felicidad perfecta que Dios quisiera que se manifestara en todas sus criaturas. Él quisiera toda las bendiciones para su pueblo, quisiera tener cada vaso de misericordia lleno hasta el borde con el aceite del gozo; y nos bendice dándonos el Evangelio. El Evangelio es enviado, para utilizar las palabras de nuestro Salvador: «para que su gozo esté en nosotros y nuestro gozo sea completo». Gozamos el cielo en la tierra cuando participamos

Seguimiento, Discipulado, Oración ...

en la fiesta de las grosuras en la tierra así será nuestra gloria cuando el Evangelio del Dios bendito haya suprimido todos nuestros pecados; cuando nademos en el Evangelio como el pez nada en el mar; cuando el Evangelio se haya convertido en nuestro elemento en el mundo por venir.

¡Oh! ¡La felicidad de las criaturas que están llenas del espíritu del Evangelio ante el trono de Dios! Querido lector, ¿alguna vez te llegó el Evangelio en esa forma? Me temo que para la mayoría de la gente el Evangelio es una esclavitud, porque no lo conocen en verdad. Me temo que para muchos le emoción del Evangelio es una suerte de espasmo; están satisfechas con la verdad algunas veces, y otras veces cuando sienten que deben tener un deleite, se van al mundo por él. Donde obtienes tus deleites allí está tu corazón; lo que te da la máxima felicidad, es el señor de tu espíritu. El cristiano siente que puede cantar con el viejo masón:

«No necesito salir en busca de goces,
tengo una fiesta en casa;
Mis suspiros ahora son canciones,
mi corazón cesó de andar errante.
Llegando de arriba la Paloma bendita
ha venido a mi pecho,
Para atestiguar el amor eterno de Dios,
y darle descanso a mi espíritu.
Dios mío, te alabaré mientras viva,
y te alabaré cuando muera;
Y te alabaré cuando me levante otra vez,
hacia la eternidad».

4. La religión del cristiano genuino está calculada para impartir un deleite perfecto; el hombre verdaderamente regenerado, desea tener más y más de ella, para que su alma pueda ser bautizada en gozo celestial.

«El Evangelio del Dios feliz», también significa el Evangelio del Dios al que debemos bendecir. Puesto que siendo feliz, nos hace felices; de igual manera nosotros siendo felices, deseamos darle a Él toda la gloria de nuestra felicidad. Ahora, ¿mi querido joven amigo, es para ti el Evangelio, el Evangelio de un Dios a quien bendices con todo tu corazón, porque te lo ha enviado, y ha puesto en ti el deseo de recibirlo? Si así es, eres salvo. Pero si no, si no se conmueven las profundidades de tu alma con emociones de gratitud sincera, entonces el Evangelio ha sido para ti como metal que resuena, o como címbalo que retiñe.

III. ¿RECONOCES TU RESPONSABILIDAD?

El apóstol dice: «El Evangelio de la gloria del Dios bendito, que me ha sido encomendado». Pablo no habla aquí sólo de él; podría haber dicho: «que es encomendado a cada creyente en Cristo». El Evangelio es un tesoro inapreciable, y los santos son sus banqueros. Está encomendado a nuestro cuidado como los hombres encomiendan sus negocios a sus agentes.

1. Primero, estamos obligados a creerlo todo. Tengan cuidado de no recibir un Evangelio dividido y mutilado. Se ha dicho que «sólo la mitad de la verdad es una mentira:» y así es. La mayor parte de las malas noticias que angustian al mundo tienen verdad en su base, pero se convierten en falsas a través de la exageración de una parte, y la omisión de la siguiente. Es un deber de todo cristiano instruido, trabajar para tener el dominio de toda la verdad hasta donde sea posible. Supongo que nadie sino la mente Infinita puede conocer la verdad en toda su longitud y su anchura, sin embargo la educación no debería deformarnos ni los prejuicios impedir que recibamos la verdad. Debemos luchar contra toda parcialidad, y debe ser, cada vez que abramos este Libro, una de nuestras oraciones: «Abre mis ojos, y miraré las maravillas de tu ley». Tener una mente como metal fundido, lista para adaptarse al molde de la verdad; tener el alma como la placa sensitiva del fotógrafo, lista para recibir al instante la escritura que es luz de Dios, para que la verdad se quede ahí en su totalidad; estar deseoso de renunciar al dogma más querido, la forma de enseñanza que más le guste a la carne, cuando ésta sea contraria a la Escritura, eso es ser un verdadero discípulo. Sentarse ante los pies de Jesús y aprender de Él, es el negocio vital del cristiano en esta casa de su pere-

grinación. El Evangelio en este sentido nos está encomendado, porque lo debemos colocar en alto en nuestros corazones. Pero alguien pregunta:

—¿Cómo saber cuál es el Evangelio?

—Puedes saberlo escudriñando las Escrituras.

—Pero una secta dice esto, y otra dice lo contrario; ¿Qué tienes tú que ver con las sectas? Lee el Libro de Dios por ti mismo.

—Pero algunos lo leen y llegan a una opinión, y otros mantienen la opuesta, y así se contradicen ellos mismos, y sin embargo están igualmente en lo correcto.

¿Quién te dijo eso? Eso es imposible. Los hombres no pueden estar igualmente en lo correcto cuando se contradicen uno al otro. Allí hay una verdad y allí hay una falsedad; si sí es verdad, no es falso. Puede ser cierto que algunos hombres buenos han tenido opiniones diferentes, pero ¿eres responsable de lo que hayan sostenido, o debes recogerlo porque personalmente fueron buenos, y por eso todo lo que creyeron fue verdad? No, pero este Libro es suficientemente sencillo; no es como una nariz de cera que puede adoptar la forma que se quiera. Hay algo que se enseña aquí simple y positivamente, y si un hombre aplica su mente, por la gracia de Dios puede entenderlo. Yo no creo que este Libro sea tan oscuro y misterioso como algunos suponen, y, si lo fuera, el Espíritu Santo que lo escribió vive todavía, y el Autor siempre sabe su propio significado; tan solo acércate a Él en oración, y te dirá lo que significa. No te volverás infalible, confío que no pensarás que lo eres, pero aprenderás doctrinas que son infaliblemente verdaderas, y en las que puedes afirmar tus pies y decir: «Ahora sé esto, y no me dejaré engañar». Es gran cosa tener la verdad impresa con fuego en ti, como con hierro candente, de manera que no se pueda quitar. El sacerdote, cuando quitó el Testamento al muchacho, pensó que había hecho su trabajo pero dijo con rapidez el muchacho: «Señor, ¿cómo me va a quitar los 26 capítulos que aprendí de memoria? Usted no se los puede llevar».

Sin embargo la memoria puede fallar, y cuando el chico llegó a ser un hombre viejo, pudo olvidar los 26 capítulos; pero supongamos que cambiaron su corazón e hicieron de él una nueva criatura en Cristo, no habría modo de quitar eso, aunque Satán mismo intentara la tarea. Busquen llevar a cabo la sagrada tarea encomendada a ustedes creyéndola, y creyéndola toda. Escudriñen la palabra para encontrar lo que es el Evangelio, y esfuércense por recibirlo en lo más íntimo de su corazón, para que pueda estar en el centro de su corazón para siempre.

2. Y luego, como buenos mayordomos debemos sostener la causa de la verdad contra todos los que vengan. «Nunca te metas en controversias religiosas», dice uno; es como decir, al interpretarlo, puedes ser un soldado cristiano, pero deja que tu espada se oxide en su vaina y entra furtivamente al cielo como un cobarde. Yo no puedo apoyar un consejo así. Si Dios te ha llamado por la verdad, mantén la verdad que ha sido el instrumento de tu salvación. No debemos ser belicosos, siempre luchando por cada una de nuestras ideas fijas; pero en donde hemos aprendido la verdad del Espíritu Santo, no vamos a ver con mansedumbre que el estandarte que nuestros padres sostuvieron con peligro de su sangre es destruido. Ésta es una edad en la que la verdad debe mantenerse celosamente, con vehemencia, continuamente. Adaptándonos a las circunstancias como muchos hacen, creyendo esto hoy y eso mañana, es la marca segura de los hijos de ira; pero habiendo recibido la verdad, sostener con firmeza su esencia, como Pablo le pide a Timoteo que lo haga, es uno de las obligaciones de los herederos del cielo. Permanece firme en la verdad, y que Dios le dé la victoria al que es fiel.

3. Debemos creer en el Evangelio y sostenerlo, porque nos ha sido encomendado. Me parece, sin embargo que la mayor parte de nosotros puede cumplir mejor nuestra responsabilidad hacia el Evangelio adornándolo en nuestras vidas. Los hombres regalan joyas a quienes aman; y así, si amamos el Evangelio, que sean nuestras virtudes las joyas que darán a conocer nuestro amor. Una muchacha de servicio puede adornar al Evangelio. Va al templo y su

Seguimiento, Discipulado, Oración ...

irreligiosa patrona puede objetar que vaya. Recuerdo que el señor Jay comenta un caso así, en donde el patrón y la patrona le habían prohibido asistir a un templo cristiano independiente a la muchacha. Ella rogó mucho, y por fin decidió dejar esa casa. El patrón le dijo a su esposa:

—Bien, tú ves que nuestra sirvienta trabaja de manera excelente; nunca tuvimos una muchacha tan trabajadora como ella. Todo en la casa se conserva ordenadamente, y es muy obediente y todo lo hace bien. Ahora bien, ella no se mete con nuestras conciencias, es una pena que nos metamos con la de ella. No importa a qué iglesia ella vaya, mientras no le cause problemas ¿porqué no la dejamos ir?.

En la siguiente conversación la esposa comentó:

—Realmente pienso, querido, que nuestra sirvienta recibe tanto bien adonde va, que sería bueno que fuéramos y oyéramos también nosotros.

Y ellos muy pronto fueron miembros de esa misma iglesia que al principio menospreciaron. Ahora, cada uno de nosotros en nuestro propio llamado podemos hacer eso. No todos estamos llamados a predicar en esas cajas llamadas púlpitos, pero podemos predicar más convenientemente y mucho más poderosamente detrás del mostrador de una tienda o en la oficina o en el campo, o en donde la providencia nos haya colocado. Busquemos que los hombres se den cuenta del Evangelio en el que creemos. Hace unas cuantas semanas, un misionero en China tomó su escopeta para subir por uno de los ríos del interior para cazar patos salvajes; y cuando iba en su bote, le disparó a unos patos; desgraciadamente no eran aves silvestres sino patos domésticos que pertenecían a alguno de los vecinos. El propietario se encontraba muy lejos y no se dio cuenta, pero el bote fue amarrado a un lado del río, y el misionero fue a buscar personalmente al propietario de los patos, porque no podía descansar hasta pagar el daño que en su ignorancia había hecho. El propietario quedó muy sorprendido, pues estaba acostumbrado a que la gente disparara a sus patos sin asumir ninguna responsabilidad, por lo que no podía entender la honestidad del hombre de Dios. Se lo dijo a otros, y multitudes de chinos se reunieron y miraban al misionero como si hubiera caído de la luna; ¡un hombre tan extremadamente honesto que no quería llevarse los patos que había matado! Escucharon al Evangelio con atención y observaron que la enseñanza tenía que ser buena pues hacía que la gente fuera tan consciente de su responsabilidad como el misionero. No me extrañaría que ese pequeño incidente hiciera más por el Evangelio que la predicación de veinte sermones sin un buen testimonio. Que así sea con nosotros; actuemos en cada posición de manera que adornemos al Evangelio que se nos ha encomendado.

4. Finalmente, está encomendado a nosotros si lo hemos recibido para que lo propaguemos propagándolo personalmente en todos lados. Si más personas pudieran predicar el Evangelio sería mejor. Tenemos en todas nuestras congregaciones jóvenes muy trabajadores en este mismo momento no dudo que tengamos a cien predicando en la calle tal vez más; pero he lamentado algunas veces que sean tan pocos los ricos que entran en ese trabajo. Quisiéramos ver a los hombres de diez talentos predicando los hombres de grandes habilidades consagrándose a Cristo. Muchos de nuestros jóvenes son más útiles en instituciones literarias que en la iglesia. Otras ocupaciones útiles están muy bien en su camino, pero desearía que pudiéramos invertir la mayor fuerza de nuestros hombres en la predicación del Evangelio. El primer negocio de un cristiano es su cristianismo, todo el resto, aun su patriotismo debe conservarse subordinado a eso, porque el cielo es más su país que Inglaterra, y Jesucristo es más su Rey que cualquiera de los reyes de la tierra. «Buscad primeramente el Reino de Dios y su justicia». Yo les preguntaría a los jóvenes aquí presentes que aman al Señor, ¿si realmente están haciendo para la causa de Dios lo que ellos debieran hacer? ¿Si no pudieran hacer algo más para hacer manifiesto en cada lugar el olor del nombre de Cristo? Hermanas, sus voces son muy dulces pero queremos oírlas en cualquier lado que no

sea el púlpito; sin embargo ustedes tienen su esfera ¿la ocupan para Cristo? El primer llamado a la mujer cristiana es servir a Jesús en la familia; enseguida de eso servir a Cristo en su comunidad. ¿Lo estamos haciendo así? «El Evangelio de la gloria del Dios bendito» te está tan encomendado a ti mujer cristiana, como si no hubiera otro cristiano bajo el cielo: ¿cómo sería si fuera así? Si todos los cristianos se murieran ¿habrían hecho para el Evangelio lo que les pudiera pedir? Todo el celo y el ingenio de otros diez mil no pueden compensar tu responsabilidad personal como cristiana.

Tengo que pedirles a ustedes esta mañana que me ayuden a propagar el Evangelio glorioso. Hace algunos años, habiendo hecho el mayor de mis esfuerzos para predicar la palabra con mi propia boca, encontrando que aún corriendo de arriba abajo a través del país, predicando diez o doce veces a la semana no era capaz de hacer sino muy poco, pensé que si encontrara otras lenguas y las pusiera a hablar, que si encontrara otros cerebros y los pusiera a pensar, podría, tal vez hacer más para la causa de mi bendito Señor. Un buen día, cierto joven se cruzó en mi camino y fue educado, a petición mía, para el ministerio cristiano, por un hermano muy estimado y cuando él fue llamado por Dios como predicador poderoso, el deseo de ayudar a otros estudiantes creció dentro de mi corazón; y tras ese primer joven llegaron diez, después veinte, luego treinta, y cincuenta, hasta totalizar noventa. «El Colegio del Pastor», por el que pido sus contribuciones esta mañana, ha crecido para ser un poder para el bien. Hemos tenido por algunos años sucesivos entre ochenta y noventa hermanos capacitándose para el ministerio. Los fondos para el apoyo de ellos se generan en los donativos del pueblo de Dios, enviados voluntariamente, sin que se necesite ningún cobrador, o que se establezcan suscripciones anuales. No tengo nada de qué depender sino de la providencia de Dios, quien guía la generosidad de su pueblo. Algunas veces mis fondos son más bien escasos, pero nunca para estar necesitado, porque cuando los recursos son escasos, llamamos a todos los jóvenes y oramos, y muchas veces hemos tenido respuestas tan claras a nuestras oraciones como si Dios hubiera extendido su mano desde el cielo para dar el dinero necesario. De esta manera se gastan como cinco mil libras al año, las que Dios envía cuando se necesitan. Hemos construido varios lugares de adoración; hemos formado y fundado diversas iglesias nuevas; hemos evangelizado los distritos más oscuros de Londres y del país; y nuestros hombres se encuentran ahora en Australia, en la roca de Santa Elena, en África del Sur, en América, y en todos los rincones de la tierra. Dios se ha complacido en bendecirlos y ha puesto almas a su cargo, y nos daría mucho gusto si se sienten motivados a contribuir para su mantenimiento.

CONCLUSIÓN

Antes de que nos despidamos, me gustaría que cada uno de ustedes grabara esta pregunta: «¿crees en el Señor Jesucristo? ¿ha llegado a ser el Evangelio un Evangelio glorioso para ti?». No los conozco a ustedes como conozco a mi propia gente, pero cuando observo las naves de mi iglesia me entristezco por aquellos que han estado escuchando la palabra por diez años, y son como si nunca la hubieran oído. Supongo que hay algunos aquí en el mismo caso, y mi estimado hermano el señor Tucker debe recorrer con sus ojos la nave, y el área principal y ver a muchos que han llegado a estar endurecidos para el Evangelio. ¡Es algo horrible de pensar! El mismo sol que derrite la cera endurece la arcilla, y para algunos corazones el Evangelio llega a ser el sabor de la muerte para muerte. Si nada se obtiene del servicio de hoy sino hacer que cada uno se pregunte como está con su propia alma; si tan solo los motiva a ir a su cuarto solitario y cerrar la puerta y orar: «¡Oh Señor, déjame conocer este Evangelio glorioso; hasta ahora no lo he entendido, porque no ha sido glorioso para mí. Hazlo para mí este día, para que pueda ser salvado!», mi corazón estará completamente satisfecho.

71. EL EVANGELIO NOS LLEGÓ EN PODER[14]

«Por cuanto nuestro evangelio no llegó a vosotros en palabra solamente, sino también en poder, en el Espíritu Santo, y en plena certidumbre; como bien sabéis cuáles fuimos entre vosotros por amor de vosotros» (1 Tesalonicenses 1:5).

INTRODUCCIÓN: Conversiones de Pablo en Tesalónica.

I. ¿QUÉ FUE PREDICADO EN TESALÓNICA?
 1. Pablo predica «Nuestro Evangelio».
 2. Pablo hace suyo el Evangelio de Jesucristo.

II. ¿CÓMO LLEGÓ EL EVANGELIO A LOS DE TESALÓNICA?
 1. Los distintos receptores del Evangelio.
 2. Llegó con poder y certidumbre.

III. ¿CUÁL FUE EL RESULTADO EN ELLOS MISMOS?
 1. Ser imitadores de lo bueno en la tribulación.
 2. Los tesalonicenses como ejemplo a otros.
 3. En Tesalónica nació una iglesia misionera.

CONCLUSIÓN: Hacer más por Dios y su verdad, de lo que hasta ahora se ha hecho.

EL EVANGELIO NOS LLEGÓ EN PODER

INTRODUCCIÓN

A un trabajador le gusta ver los frutos de su trabajo. Es muy desalentador que le dedique mucho esfuerzo y no pueda ver los resultados. Los trabajadores de Dios en la fe, continuarían esforzándose, aunque no vieran resultados; pero es más consolador, mucho más fácil continuar en el servicio, cuando ven que Dios los está bendiciendo.

Ahora bien, no es malo que un ministro cristiano hable de las conversiones que ha conseguido bajo su ministerio. Pablo dijo que él hubiera hablado de ellas, pero como otros lo hacían tan continuamente, no era necesario mencionarlas. Sin embargo, bajo ninguna circunstancia Pablo habría actuado mal, y por tanto concluimos que es muy aceptable a veces que veamos lo que se ha hecho, y que hablemos de ello, y en especial porque si cualquier ministerio hace algo bueno, es porque Dios lo ha hecho, y toda la gloria se le debe a Él y a Él solamente.

No hablar de lo que Dios ha hecho sería una ingratitud. Podría tener alguna semejanza con la humildad, pero en realidad sería deslealtad al Altísimo. Por eso mismo Pablo no dudó en hablar de sus conversos en Tesalónica, y de su buen carácter, y del buen fruto que habían dado, y de la forma en que habían difundido el Evangelio en otras comarcas. Él no se jactaba; le daba la gloria a Dios, pero él comentaba lo que se había hecho. Nosotros pensamos que podemos hacer lo mismo; en la medida que Dios bendiga nuestro trabajo, cualquiera de nosotros puede hablar de ello para alabanza y gloria de Dios, y para el estímulo de nuestros compañeros trabajadores. El Apóstol en este pasaje nos dice qué ha hecho Dios en Tesalónica. Procederemos de inmediato a desarrollarlo, pues nuestro texto es largo.

Y notarán ustedes que nos dice, primero, lo que había predicado en Tesalónica; luego cómo le había llegado a la gente; y, en tercer lugar, cuál había sido el resultado de esto para ellos mismos; y, en cuarto lugar, cuál había sido el resultado para otra gente. Primero, el Apóstol nos dice:

I. QUÉ FUE PREDICADO EN TESALÓNICA.
 1. Él dice: Nuestro Evangelio (observen la frase), «nuestro Evangelio no llegó a vosotros en palabras solamente». ¿Por qué le llama Pablo *nuestro* Evangelio?. Él no lo inventó; él no lo pensó, ni lo hacía nuevo cada domingo. No; era el Evangelio de Cristo mucho antes que fuera el Evangelio de Pablo. Sin embargo le llama nuestro Evangelio para diferenciarlo, porque había

---
[14] Sermón predicado en abril de 1872 en el Tabernáculo Metropolitano, Newington.

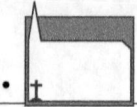

otros evangelios. Había quienes llegaban y decían: «¡Ésta es la buena nueva!» y otros, por otro lado, decían: «¡Ésta es la buena nueva!». Pero Pablo dice que hay otro Evangelio, y agrega: «No que haya otro, sino que hay algunos que os perturban». Él, por consiguiente, afirmó sus pies y dijo: «Traigan los evangelios que quieran; pero yo tengo un Evangelio que predico, diferente al de ustedes, y ése Evangelio es el que he predicado a los Tesalonicenses, el cual no les ha llegado en palabra solamente». En estos tiempos, amados míos, debe hacerse una diferenciación entre el Evangelio de los hombres y el Evangelio de Dios; hoy día el Evangelio del hombre es bastante popular. Alguien se pone a pensar hasta que le duele la cabeza, produce disparates, viene y los ofrece como algo nuevo. Los hombres van hasta el fondo de un tema y lo baten hasta que remueven el lodo del fondo y luego no pueden ver su propio camino, y nadie más puede verlo, y salen con algo maravilloso y, usando palabras difíciles de pronunciar y más difíciles de entender, ganan el prestigio barato de ser grandes eruditos y profundos teólogos. Bien, dejemos que sigan su camino; ese es su Evangelio; pero nosotros tenemos otro Evangelio, el cual hemos ganado de otra manera, y deseamos propagarlo de otra manera. Pablo dijo «nuestro Evangelio» pues, para hacer una distinción.

2. Pero también quiso decir que era su Evangelio porque le había sido encomendado; lo había recibido como un depósito sagrado; él era, por decirlo así, un mayordomo de Dios, con la misión de preservar y mantener viva la verdad en el mundo; y Pablo la preservó sin adulterarla. Así cuando terminó su vida pudo decir: «He peleado la buena batalla, he guardado la fe». Si alguien adulteró el Evangelio, no fue Pablo. Él lo entregó tal como Cristo se lo dio. ¡Oh! ¡que cada uno de nosotros que es llamado a predicar el Evangelio, y, por supuesto, cada miembro de la iglesia sienta que la verdad nos es encomendada para conservarla en el mundo! Nuestros antepasados la conservaron en la hoguera, y en el tormento cruel, y cuando se fueron al cielo en sus carros de fuego dejaron la verdad para que la preservaran sus hijos. Transmitida a nosotros por una larga fila de mártires y confesores, presbiterianos y puritanos, ¿qué vamos a hacer con ella ahora? ¿No sentiremos que todo el costo de conservarla a través de los siglos nos exige actuar como ellos, si hubiera la necesidad (aun a costa de nuestra sangre) y que, mientras vivamos, nunca se diga que en nuestra vida, ni en nuestra oración, conversación, o en nuestra predicación, el Evangelio sufrió en nuestras manos? «Yo sé a quién he creído –dijo Pablo–, y estoy convencido de que él es poderoso para guardar mi depósito» o, más bien, como algunos interpretan: «Él es capaz de guardar mi depósito, el cual se me encomendó para guardar; también Cristo guardará y preservará el Evangelio puro y claro, aun hasta la última hora del tiempo». ¡Que el Señor nos lo conceda, para gloria de su nombre!

2. Pero además pienso que el Apóstol utilizó el término «nuestro Evangelio» no sólo para diferenciarlo y porque sintió que le fue encomendado, sino porque él mismo lo había gozado y lo había experimentado. ¿Qué derecho tiene alguien de predicar lo que no ha disfrutado ni hecho suyo? He oído de cierto médico que usualmente probaba sus propias medicinas en él mismo; seguro que debiera ser siempre la práctica de aquellos que sirven al médico celestial. ¿Cómo vendremos y predicaremos el bálsamo de Galaad, el cual cura todas las heridas, si las nuestras no han sido curadas? ¡En qué lastimoso caso se encuentra el desdichado que habla de regeneración, pero no ha nacido otra vez; que predica la fe, pero nunca ha creído; que habla de perdón, pero nunca ha sido lavado en la preciosa sangre; habla de la justicia de Cristo, pero tiembla en la desnudez de su propia corrupción! ¡Ah! ¡hombre infeliz, ser heraldo de buenas nuevas, mientras él mismo no participa en ellas! A Ezequiel, antes que tuviera que ir y hablar del mensaje de Dios, se le dio un mensaje, y ¿qué decía? «Hijo de hombre, come este rollo». Tuvo que tomar el mensaje escrito en el rollo y comerlo, y cuando estaba en su propio cuerpo entonces pudo hablar del mensaje con gran poder.

Es una buena máxima antigua la que dice: «Si tu predicación debe llegar al corazón, debe salir del corazón». Debe haber conmovido a nuestras almas, antes que podamos esperar conmover las almas de otros. El Señor es mi testigo que al predicar aquí a ustedes, todos estos años, amados míos, les he predicado lo que he probado y aplicado de la buena Palabra de Dios. He predicado la doctrina del pecado humano, porque he sentido su poder, sentido su amargura y vergüenza, y me he revolcado en el polvo ante Dios, casi con desesperación. Les he predicado el poder de la sangre preciosa para limpiar el pecado, porque he mirado hacia las amadas heridas de Cristo y he encontrado purificación en ellas. Sólo les hemos hablado de lo que nosotros mismos hemos conocido, y sentido, y comprobado que es cierto. Me iría a mi habitación esta noche sintiéndome desventurado si no tuviera más seguridad de la verdad de mi mensaje que la que pudiera encontrar en la experiencia de otros hombres.

Muchos de ustedes están comprometidos hoy en la predicación de Cristo a otros, y en enseñar a Cristo a los niños en las escuelas. Hablen siempre de la plenitud de su propio corazón, porque cuando puedan decir: «He probado esto; me regocijo en esto», su palabra llegará con poder a los corazones de quienes los escuchan. El hombre que desee traer a otros a Cristo ha de imitar a Elías, el profeta, quien, cuando halló al niño muerto en su cama, que no podía ser devuelto a la vida de ninguna manera, fue y puso su boca en la boca del niño, y sus manos sobre las manos del niño, y sus pies sobre los pies del niño, y entonces poco a poco la vida se le restituyó al niño. Debemos sentir una compasión interna por esos a quienes queremos traer a Cristo, y entonces proclamar desde nuestra propia alma lo que sabemos acerca del Salvador, y entonces llegará con frescura y poder, y Dios y el Espíritu Santo bendicen esto. Esta entonces, fue la razón que Pablo tuvo para llamarlo nuestro Evangelio, el Evangelio encomendado a él, el Evangelio que había probado y aplicado a sí mismo. Ahora quiero que ustedes observen en segundo lugar:

II. ¿CÓMO LLEGÓ EL EVANGELIO A LOS DE TESALÓNICA?

1. Él lo describe como viniendo en cuatro grados, primero, dice: «nuestro Evangelio no llegó a vosotros en palabra solamente, sino también en poder, en el Espíritu Santo, y en plena certidumbre». Bien, estas cuatro palabras me permiten dividir a mi auditorio en este momento. A todos los que han asistido regularmente a esta casa de reunión, que se han sentado en estas bancas durante algún tiempo, ciertamente nuestro Evangelio ha venido en palabra; todos la han escuchado, y la han escuchado de tal manera que entienden su sentido, el don de ella. La han oído de muchos modos y formas prestándole la debida atención. Oh, pero es de temer que hay algunos para los que la palabra ha venido en eso, en palabras solamente, y es muy triste para el predicador (y debe ser más triste para los que se encuentran en tal condición), que esta Palabra que da vida sea solo una palabra. Hubo el banquete del Evangelio, y el mensaje fue enviado, pero quienes habían sido invitados no vinieron al banquete. Escucharon el mensaje y eso fue todo. Allí están los enfermos junto al estanque de Betesda; ven el agua y eso es todo; pero no entran al estanque y no son curados. ¡Oh, encontrarse enfermo y tener la curación a la mano! ¡Tener hambre, y que el pan esté disponible! ¡Estar sediento, y con un arroyo corriendo a nuestro pies, y no beber! Recuerden, queridos lectores, que si la Palabra de Dios viene a ustedes hoy como palabra solamente, algún día será más que eso, ya que es una verdad cierta de la Escritura que los que oyen la palabra son responsables por lo que oyen. Mirad, pues, cómo oís: deberá ser algo a lo que tengamos que responder el día del juicio. ¡Ustedes escucharon el Evangelio, pero lo rechazaron! será una de las acusaciones que se presentarán en contra de los que lo escucharon, y será más tolerable para Tiro y para Sidón que para ellos. Me gustaría ahora dividir esta congregación, respondiendo a esta pregunta: ¿Cuántos hay aquí presentes para quienes el Evangelio ha venido en palabra solamente?. Dejen que hablen sus conciencias; que cada hombre ponga su

mano sobre su corazón y responda: ¿Es ése mi caso? Si es así, rogamos que salgan de esa condición de inmediato, que no pasen ni un día más así. ¡Que la Palabra venga a ustedes de otra manera!

Pero, en segundo lugar, había algunos a quienes les llegó con poder. Ahora bien, hay oyentes a quienes el Evangelio les llega con un poder inspirador. Solían ser descuidados, pero ahora ya no pueden serlo. Oyen la palabra «¡eternidad! ¡eternidad! ¡eternidad!» resonando en sus oídos, y los sobresalta y los despierta. No pueden estar a gusto mientras estén enemistados con Dios; sienten que su nido está agitado. Ha llegado a ellos con poder. Más que eso, hay quienes han sentido un efecto aplastante; los ha golpeado duramente; ha magullado su rectitud; ha hecho astillas sus propias esperanzas; y aunque no han mirado hacia Cristo para la esperanza verdadera, sienten el poder del Evangelio, que coloca a todas las otras esperanzas en el polvo. ¡Ah! Yo sé que algunos de ustedes han sentido el poder del Evangelio, porque se han ido a sus casas y han orado, tal vez docenas de veces, después de escuchar el sermón, se han ido a sus recámaras, y han comenzado a orar, pero a la mañana siguiente lo han olvidado. El bien de ustedes ha sido como el rocío de la mañana, y se ha evaporado cuando el calor de las preocupaciones del día le ha llegado. ¡Ay! En muchos surcos hemos sembrado en vano. Hemos lanzado la semilla en terreno pedregoso; la hemos lanzado al lado del camino, y nuestros esfuerzos han sido vanos; sin embargo, debemos continuar todavía predicando el Evangelio, porque a algunas personas les llegará aún con mayor poder.

Otra vez, yo pediría otra división de la congregación. Sé que hay algunos que estarán bajo esta división. No son salvos, pero no pueden burlarse del Evangelio; no pueden pasar ante él con indiferencia. Es como una espada aguda de dos filos; perfora, corta, y hiere. Yo le ruego a Dios que los mate espiritualmente, para que puedan recibir nueva vida.

2. Ahora, el tercer grado de la llegada de la Palabra a Tesalónica fue que vino en el Espíritu Santo. ¡Ah! Aquí está el camino bendito; porque si viene en otro poder que no sea éste, vendrá en vano; pero si viene en el Espíritu Santo, ¡Oh!, entonces, entonces se logra su objetivo, porque el Espíritu Santo aligera a los hombres por una misteriosa operación, que no podemos describir, pero que muchos hemos sentido, la cual llega a los hombres creando en ellos una nueva vida, y como ellos estaban muertos en el pecado entonces comienzan a vivir como no lo habían hecho antes. Ese mismo Espíritu los ilumina, mostrándoles mil verdades que nunca antes habían visto; descubren que han entrado en un nuevo mundo; han pasado de la oscuridad a la luz maravillosa. Entonces el Espíritu de Dios comienza a purificarlos. Los limpia de este y ese pecado, y los libra de impurezas, los renueva; está en ellos como un espíritu para quemar y consumir al pecado, un espíritu que los limpia limpiándolos de sus maldades. Luego viene como un espíritu de consolación y les da alegría y paz, los eleva sobre sus preocupaciones, sus tentaciones, sus dudas y los llena con un anticipo de bendición eterna. ¡Oh! Bendito es ese hombre para quien nuestro Evangelio llega con el Espíritu Santo. Amados, no nos admira si las personas se burlan del Evangelio en sí mismo, o si otros lo oyen y no son conmovidos por él, porque el Evangelio en sí mismo es como una espada sin el brazo de un guerrero que la sostenga. Pero cuando el Espíritu de Dios viene, el hombre ya no duda más. Es cuando coloca la verdad en el corazón (de manera que alma y espíritu, articulación y médula, se sumergen en ella) que los hombres son convencidos, convertidos, salvos, y la verdad es para ellos ciertamente una cosa viva. Rueguen, oh, amados miembros de esta iglesia, rueguen porque la palabra de Dios, nuestro Evangelio, pueda venir en el Espíritu Santo.

Pero hubo una cuarta clase para quienes la palabra llegó en un grado más elevado; porque se agrega «y en plena convicción». A todos los cristianos llega en el Espíritu Santo, pero para algunos llega con un grado aún mayor de poder espiritual.

Seguimiento, Discipulado, Oración ...

Ellos creen en el Evangelio, pero no lo creen tímidamente; lo aceptan como una realidad firme, sólida, indiscutible; se aferran a él como con una mano de hierro, y su propio interés en él no permanece en duda. No, ellos saben en quien creen, están persuadidos de que Él es capaz de guardar lo que se le ha encomendado. Ellos creen en Cristo con la fe de Abraham, que no titubeó ante la promesa por falta de fe. Las nubes y la oscuridad se han ido del cielo de ellos, y ven el éter azul claro de la presencia de Dios por encima de ellos. Se regocijan en el Señor siempre, y otra vez se vuelven a regocijar. Hay algunos así en esta congregación; bendigo a Dios por cada uno de ellos. Que haya muchos más; porque ustedes que poseen plena certidumbre son los hombres fuertes para el servicio. Teniendo la alegría del Señor en sus propias almas, ésta se convierte en su fuerza cuando salen a luchar las batallas del Maestro, porque ustedes sienten el amor del Maestro. Que el Señor nos dé muchos, muchos más en la iglesia, para quienes la palabra de Dios venga en el Espíritu Santo y con plena certidumbre. Así fue como llegó la palabra de Dios a ellos. Debo de pasar al tercer punto y ése es:

III. ¿CUÁL FUE EL RESULTADO EN ELLOS MISMOS?

1. Observen que el apóstol dice primero: «También os hicisteis imitadores de nosotros y del Señor». Cuando se convierte un hombre no está apto para ser un conductor; tiene que ser un imitador. No tomamos reclutas sin experiencia y los hacemos capitanes; deben ser entrenados; deben ir a las filas y marchar un poco. De manera que, una de las primeras cosas que la gracia hace, es hacer de un hombre un discípulo, es decir, un aprendiz, y entonces él ve en la palabra de Dios lo que debe de ser su vida y su conducta y, viendo alrededor de él, ve algunos de los que Dios ha bendecido con su gracia, cuya vida y conducta está de acuerdo con la Palabra, y él sigue a los sirvientes de Dios, no ciegamente; hace una distinción entre ellos y su Maestro, los sigue sólo tanto como se mantengan en compañía con el Señor. «También os hicisteis imitadores de nosotros y del Señor». Hermanos yo sé que muchos de ustedes aquí presentes, cuando la palabra de Dios les vino, se hicieron imitadores de hombres santos. Si ustedes oían de una buena acción, deseaban imitarla. Si ustedes leían alguna biografía que hablaba de nobles hechos, aspiraban a emular tales hechos. Y cuando leyeron el carácter de su Señor y Maestro en los cuatro evangelistas, ustedes pidieron tener la gracia de vivir una vida de sacrificio, de devoción a Dios y amor hacia los hombres. Bien, no se trata de una obra pequeña de la gracia, cuando un hombre es llamado para ser un imitador de lo que es bueno.

Al mismo tiempo, nos dice que esa gente recibió la Palabra de Dios «en medio de gran tribulación, con gozo del Espíritu Santo». Yo sé que hay algunos en este templo que, cuando recibieron el Evangelio, tuvieron que sufrir por él, pero aun así se gozaron. Desde el día que se revistieron de Cristo públicamente, fueron insultados, se volvieron sujetos de humillación. Hermanos, algunos se han alejado de nosotros porque no pudieron aguantar las constantes burlas, pero otros se han quedado por la gracia de Dios y se han hecho capaces de soportar cualquier estigma o cualquier desdén. ¿No es acaso algo sin importancia soportar las bromas y mofas de la gente si el corazón está dirigido hacia Dios? ¿Qué nos importa, qué podría importarnos aunque todos los hombres nos señalaran con el dedo y nos silbaran por ello? Sé verdadero con Dios, creyente, y con tu conciencia también, y bien puedes recibir la Palabra «con el gozo del Espíritu Santo; y en medio de gran tribulación». Esta es una prueba del ministerio de un ministro cristiano, que puede señalar a quienes se han convertido en imitadores de lo que es bueno, y han continuado aun cuando hayan tenido que sufrir por eso.

2. Pero parece que esa gente de Tesalónica fue más allá. Crecieron de ser imitadores en algún sentido y, entonces, se volvieron líderes. «De tal manera que habéis sido ejemplo para todos los creyentes de Macedonia y de Acaya». Ahora bien, es una cosa muy sencilla para un cristiano ser ejemplo para un pecador. Debe serlo, y no

es cristiano si no lo es. Tu religión no valdría nada si no la colocas como un bello ejemplo para los impíos. Pero hay un grado mayor de gracia cuando un hombre se convierte en ejemplo hasta para los cristianos (cuando es un creyente tal, que otros pueden verlo como un cristiano maduro) que pueden considerarlo como un tipo de lo que debe ser un cristiano. Pablo dice que algunos de esos idólatras degradados a los que les había predicado el Evangelio primero lo siguieron a él y al Señor, después crecieron en gracia, de manera que se pusieron al frente y llegaron a ser ejemplo para los creyentes. Déjenme sostener esto, amados, para motivación de ustedes. Que ninguno de nosotros esté contento con el ordinario y frío ser cristiano de hoy en día. ¡Qué fría y pobre materia es! Si el propio Señor viniera, ¿hallaría fe en la tierra? ¿Dónde está el celo de los días pasados? ¿Dónde está el ardor, donde está la valentía de las edades que fueron? Si estas cosas no se encontraran en ningún lado, Oh, hermano mío, busca tenerlas en tu propia alma. Pídele a Dios si te ves forzado a ver a otros decaer, que tú no decaigas, porque la gracia de Dios puede hacer de ti un ejemplo para el resto de su gente. De ellos hay aquí esta noche, de quienes podría hablar, que el Señor los bendiga y los conserve como son, porque he visto aquí a cristianos apostólicos.

Si no lo he visto en ningún otro lado, lo he visto aquí entre algunos de mis hermanos y hermanas aquí presentes, cuyo servicio será recordado en el día del juicio. No desean que sea conocido aquí, ni lo será, pero con lágrimas y oraciones se han dedicado a Cristo, y lo han servido bien, y Él los recordará en ese día.

Más aún, el Apóstol sigue adelante para decirnos lo que fue hecho por estos tesalonicenses: que se convirtieron de los ídolos. ¡Oh! ¡Que Dios nos convierta de todo ídolo que tengamos! No adoramos dioses de madera y piedra, pero cuántos hay que profesan la fe pero que todavía adoran el conocimiento; que lo busquen, pero que no lo adoren. Hay quienes adoran la fama; otros que adoran el placer. Esta ciudad está llena de idólatras por todos lados. Cuando la gracia de Dios viene, hace que los hombres adoren al Dios desconocido, y dejen sus ídolos para los que así lo prefieran. Convirtiéndose de los ídolos, los tesalonicenses sirvieron al Dios viviente. No solo reconocieron que era el Dios viviente; sino que comenzaron a servirlo; pusieron su fuerza a favor de su causa. Así será entre nosotros cada vez que la Palabra haya venido en el Espíritu Santo; dedicaremos nuestro tiempo y nos gastaremos en el servicio de nuestro Creador y Redentor.

Y agrega que esperaban la venida del Señor. ¡Oh! Ésta es una gran señal de gracia, cuando el cristiano espera que venga su Señor, y vive como quien lo espera en cualquier momento. Si ustedes y yo supiéramos esta noche que el Señor va a venir antes de que este servicio termine, ¿en qué estado de nuestro corazón nos sentaríamos en estas bancas? En ese estado debemos estar. Si yo supiera que vería a mi Señor antes que se levantara otra vez el sol, ¿cómo predicaría? Debo predicar justo en la forma como si fuera a venir de inmediato, y no hubiera duda en ello. Estaríamos muy poco apegados a las cosas de este mundo si supiéramos que Cristo estaba por llegar rápidamente; así de poco debemos apegarnos a ellas. Nos deberíamos preocupar muy poco por las incomodidades de la vida sabiendo que todo terminará y que Cristo vendrá en muy breve plazo; así de poco deberíamos preocuparnos de las incomodidades de la vida. ¡Bendito es el hombre cuya alma está siempre esperando la venida del Señor! Puede no estudiar los textos de las Escrituras para saber los tiempos y estaciones, pero si siempre espera que su Señor venga en cualquier momento, y vive bajo el sentimiento de esa convicción, y bajo el poder de ella, será un hombre santo. «¡Qué clase de personas», dice Pedro, «debéis ser vosotros en conducta santa y piadosa!». Así deseamos ser por el poder del Espíritu Santo. Así hemos observado lo que hizo la gracia de Dios para los de Tesalónica. Ahora notemos:

3. Aquí deseo hablar esencialmente a los miembros de esta iglesia. Tesalónica era un puerto de mar, y una ciudad importante de Macedonia. Por ello, cualquier cosa que

se hiciera en Tesalónica era seguro que se supiera en toda Macedonia y el resto de Grecia. Si la iglesia en Tesalónica hubiera sido una iglesia aburrida, soñolienta, como son algunas iglesias cristianas, hubiera perdido una excelente oportunidad de hacer el bien, pero al ser una iglesia completamente despierta, realmente llena de la propia fuerza de Dios, desde esa iglesia resonó la Palabra de Dios por toda Grecia, y cuando los barcos dejaban el puerto portaban la buena nueva al Asia menor y a otras tierras, de manera que Tesalónica se convirtió en el punto de partida para los heraldos de la cruz. Ahora bien, si hay un lugar en el mundo que debiera sentir su responsabilidad, ese lugar es Londres. No somos egoístas, creo, cuando decimos que es el mismo corazón del mundo. Cualquier cosa que se haga aquí seguramente se sabrá, y una iglesia seria en Londres es solamente lo que debiera ser. Una iglesia en Londres de cualquier prominencia que sea soñolienta, y aburrida, y fría tendrá que rendir una muy pesada cuenta cuando venga el gran Maestro. En la iglesia en Tesalónica resonó el Evangelio involuntariamente, y también voluntariamente. Lo hicieron involuntariamente, porque hablaron sus mismas vidas. Si no predicaron, estaban tan llenos de fe, de buenas obras, y santidad, que otra gente hablaba de ello, y lo daba a conocer, y la obra de Dios en las entrañas de la iglesia, podía ser percibida en las vidas de sus miembros, y así se difundió. ¡Oh! Cuán feliz sería cualquier pastor cuyo pueblo fuera tan piadoso, tan unido, tan generoso, tan perseverante, tan devoto, tan lleno de fe y del Espíritu Santo, que por todos lados se hablara de ellos, y por ellos, por su conducta, la Palabra de Dios resonara en otras partes. Asegúrense de eso, hermanos míos, asegúrense de eso. Dios nos ha colocado donde somos observados por muchos. Denles algo para observar que sea valioso. Con los ojos de una multitud de testigos sobre nosotros, corramos con paciencia la carrera que nos es asignada.

4. Pero también la iglesia en Tesalónica envió la Palabra voluntariamente. No tengo duda que, si tenían hombres que podían predicar el Evangelio, les pedían que fueran y lo predicaran; y si algunos salían de viaje, ya fueran capitanes o mercaderes que iban de lugar en lugar, o personas de influencia, o lo que fueran, les decían: «A cualquier lado que vayan perseveren en propagarlo. Prediquen el Evangelio; divulguen a Jesucristo. Sean misioneros, todos ustedes». Ahora pues, en esto puedo regocijarme, y lo haré, pues así ha sido entre nosotros. En este momento presente, supongo que no menos de trescientos de nuestros hijos que hemos tenido en las rodillas están predicando el Evangelio, mientras yo predico aquí, quiero decir ministros de Cristo predicando el Evangelio. Además de eso, por todas esas calles están predicando nuestros evangelistas en las esquinas. Debiera haber aún más de ellos. Algunos de ustedes que vienen a oírme los domingos en la noche, no debieran venir. Si tienen la gracia de Dios en su corazón, vengan y obtengan suficiente carne espiritual para alimentarse, pero recuerden que Londres está desfalleciendo por falta del Evangelio. ¿Cómo se atreven ustedes, pues, estar sentados quietos para gozar del Evangelio mientras los hombres perecen? Hay casas que son accesibles; hay salas pequeñas y grandes; hay esquinas; hay todo tipo de lugares en donde se puede predicar a Jesús. ¡Oh! Esforcémonos con toda nuestra fuerza para hacer que sea conocido a lo largo y a lo ancho de esta gran ciudad.

En este momento tenemos predicando a nuestros hijos, los hijos de esta iglesia, en Australia, en América, (hay abundancia de ellos allí) predicando el Evangelio de Cristo, en las islas del Pacífico, a través de toda la extensión de nuestros dominios. Demos gracias a Dios que hay tantos; pero debía haber muchos más. Propongo como una teoría, que un hombre cristiano no pregunte: «¿Estoy llamado a predicar el Evangelio?» Sino que debe preguntar «¿Hay alguna razón para que yo no predique el Evangelio?». El viejo plan era que los jóvenes predicaran ante la Iglesia para ver si podían predicar. Creo que debemos educarlos de tal manera que sólo demuestren que no pueden predicar. Ahora bien, el Señor Oncken ha sido bendecido en Alemania, como ustedes saben, en el engrandecimiento de muchas

Iglesias Bautistas, y él siempre trabaja bajo esta teoría: «Todo miembro de la iglesia debe decir, al llegar, qué puede hacer. Si dice que no puede hacer nada, y es viejo, y enfermo, y tiene que estar en cama, muy bien, puede servir a Dios con el sufrimiento; pero si tiene alguna habilidad y dice que no puede hacer nada, entonces la respuesta es: No puedes entrar en la iglesia». No podemos tener vagos; solo debemos tener abejas trabajadoras en la colmena. Pienso que sería una buena decisión del Tabernáculo expulsar a todo miembro que no esté haciendo esto o lo otro por el Señor Jesucristo. Me temo que algunos de ustedes se tendrían que ir.

CONCLUSIÓN

Bien, no promoveremos esa resolución, pero promoveremos otra, a saber, que todo miembro que haya sido zángano hasta este momento orará para ser abeja; que todo el que no haya hecho nada, le pida al Señor que le ayude a empezar; que aquellos que han hecho la mitad de lo que pueden, quieran hacer la otra mitad; y que aquellos que están haciendo todo lo que pueden quieran siempre hacer un poco más, porque siempre el hacer algo más de lo que uno puede, a la larga, es el mejor tipo de obra, porque entonces tienes que descansar en la fuerza de Dios cuando estás en el límite de la tuya, y ahí está el punto donde los resultados se obtienen. Pido las oraciones de los queridos hermanos que han estado con nosotros, algunos de ellos, por dieciséis y diecisiete años en este servicio, para que Dios no frene su mano a la mitad; que así como nos ha multiplicado a una congregación sin igual de 4.500 miembros aproximadamente, también nos dé una gracia sin igual; que nuestro celo, y seriedad, y entusiasmo pueda estar en proporción con el número; y que el éxito alcanzado por Dios esté en proporción con las responsabilidades colocadas sobre nosotros.

¡Hago sonar la trompeta de nuevo esta noche! Como dijo Dios: «Les habló a los hijos de Israel que vayan adelante», así quiero hablarles. ¡Adelante, en el nombre de Dios; adelante! El mundo aún reposa en el malo. ¡Adelante, ustedes portadores de luz!. Dispersen las tinieblas. Aún se ríe Satanás de Dios. ¡Adelante con el arma invencible de la cruz, y háganlo que luche!. Hagan sonar sus trompetas alrededor de los muros de Jericó; que siga el asedio. Dejen que suene la trompeta, y caerá al suelo el muro aplastado por el poder del Dios eterno.

¡Adelante! Oigo a los ángeles decirlo. ¡Adelante! Me parece oír a innumerables espíritus diciéndolo. Haciéndonos señas como el hombre de Macedonia, que llamó a Pablo al otro lado del mar. ¡Adelante! Las mismas potencias del infierno detrás de nosotros bien pueden empujarnos. ¡Adelante! El amor de Cristo dentro de nosotros, nos impulsará, y que cada hombre y mujer aquí reunidos, que hayan sido redimidos por la sangre resuelvan esta noche, con la fuerza de Jehová, hacer por Dios y por su verdad algo más de lo que hasta ahora hayamos pensado, para alabanza de la gloria de su gracia. Que Dios los bendiga, por causa de Jesús. Amén.

72. PERPETUIDAD DEL EVANGELIO[15]

«El cielo y la tierra pasarán, pero mis palabras no pasarán» (Lucas 21:33).

INTRODUCCIÓN: El Evangelio no es meramente el mensaje del ayer, sino un anuncio para siempre.

I. LA ETERNIDAD EN LAS PALABRAS DE JESÚS
1. El mundo cambia.
2. La palabra de Cristo permanece.
    a) Porque son divinas
    b) Porque son revelación divina
    c) Porque son verdad pura
    d) Porque ningún poder lo puede impedir
    e) El honor de Dios esta involucrado

II. TODAS LAS PALABRAS DE CRISTO
1. Palabras de doctrina.
2. Los mandamientos prácticos.

---

[15] Sermón predicado el Domingo 28 de Mayo del año 1882 en el Tabernáculo Metropolitano, Newington.

Seguimiento, Discipulado, Oración ...

3. Las promesas de Cristo permanecen.
4. Las palabras de profecía.
5. Jesús pronuncia grandes amenazas.

III. ESTA VERDAD NOS CONCIERNE A TODOS
1. Al predicador.
2. A los miembros de la iglesia.
3. A todos los creyentes.
4. A todos los pecadores.

CONCLUSIÓN: Que los pecadores acudan a Jesucristo para su salvación.

LA PERPETUIDAD DEL EVANGELIO

INTRODUCCIÓN

El domingo pasado, prediqué acerca de la perpetuidad de la ley de Dios, y basé mis comentarios en las palabras de nuestro Señor: «De cierto os digo que hasta que pasen el cielo y la tierra, ni una jota ni una tilde pasará de la ley, hasta que todo se haya cumplido». Hoy, no voy a hablar de la ley, sino del evangelio; y con este término, «el Evangelio», me refiero a todo lo que nuestro Señor Jesucristo dijo cuando estuvo aquí abajo. De ese evangelio se podría decir, como Él mismo dijo de la ley, que ni siquiera una jota ni una tilde pasará hasta que todo se haya cumplido. El evangelio de Cristo no es el mero evangelio de ayer, sino, como Cristo mismo, es «el mismo ayer, hoy y por los siglos». No es simplemente un evangelio para esta época o para otra, un evangelio que a la larga se gastará y se dejará de lado; sino que cuando esos cielos azules se arruguen, como un vestido gastado, todavía el evangelio será tan poderoso como siempre. «El cielo y la tierra pasarán», dice nuestro Señor, «pero mis palabras no pasarán».

I. LA ETERNIDAD EN LAS PALABRAS DE JESÚS

Sin más preámbulo, enfatizo en primer lugar que las palabras de Jesús deben permanecer, pase lo que pase. Si aceptas el testimonio de Cristo acerca de sus propias palabras, y ustedes que son sus seguidores no cuestionarán nada de lo que Él dice, entonces esto es cierto, que las palabras de Jesús deben permanecer para siempre, pase lo que pase.

1. Cuando el cielo y la tierra pasen, ese cambio mayor incluirá a todos los cambios menores; pero cualquiera alteración que pueda venir antes del último gran cambio, no impedirá que las palabras de Cristo permanezcan. El mundo se vuelve más civilizado, eso dicen, aunque cuando leo los diarios, no estoy muy seguro de ello. El mundo se vuelve más inteligente, eso dicen, aunque, cuando leo las revistas, me refiero a las cultas, no estoy tan seguro de que es así, porque más bien me parece que la ignorancia se vuelve cada día mayor, quiero decir, la ignorancia entre los hombres instruidos y científicos, que dan la impresión que, en sus descubrimientos, continuamente se alejan más y más, no solo de lo que es revelado e infalible, sino también de lo que es racional y verdadero. Pero, aun así, el mundo cambia; y de acuerdo a su propia noción, se va acercando maravillosamente a la perfección. ¿Hubo alguna vez un siglo como el nuestro? ¿Hubo un período así desde que el mundo comenzó? ¿Qué cosa hay que no la hagamos ya? El alumbrarnos con la electricidad, el hablar usando la electricidad, el viajar por mar por medio del vapor, ¡qué gente tan maravillosa somos! Sí, sí; y sin duda, vamos a hacer cosas mucho más grandes que éstas; y muchos pensamientos, que ahora se tienen como simples sueños, probablemente serán llevados a cabo en unas cuantas generaciones; pero después de que estas maravillas hayan todas llegado y se hayan ido, las palabras de nuestro Señor Jesucristo todavía persistirán, y no pasarán. A la moda sigue la moda; a los sistemas suceden los sistemas; todo lo que está bajo la luna es como ella, crece y mengua, y siempre está cambiando; pero aunque venga cualquier cambio, aunque la raza humana llegue a alcanzar ese desarrollo maravilloso que algunos profetizan, aún así, las palabras de nuestro Señor Jesucristo no pasarán. Y cuando la más grande alteración de todas tenga lugar, y este presente designio divino llegue a su final, y todas las cosas materiales sean consumi-

das por el fuego, y sean destruidas, aún entonces permanecerá, sobre las cenizas del mundo y todo lo que hay en él, la revelación imperecedera de Jesucristo, pues como dice Pedro: «La palabra del Señor permanece para siempre. Ésta es la palabra del evangelio que os ha sido anunciada».

2. ¿Por qué es que las palabras de Cristo durarán de esta manera?

a) Primero, debido a que *son divinas*. Lo que es divino durará; todas las obras de Dios no durarán para siempre, pero sí sus palabras; Él nunca se retractará de nada que haya dicho. Aun Balaam tuvo la luz suficiente para declarar: «Dios no es hombre para que mienta, ni hijo de hombre para que se arrepienta. Él dijo, ¿Y no lo hará? Habló, ¿Y no lo cumplirá?» Dios nunca ha tenido como dice nuestro lenguaje común, que «tragarse sus propias palabras», ni Él; ni Cristo han tenido que retractarse de lo que han pronunciado. A lo largo de toda su vida, Él no ha tenido que disculparse ni una sola vez y decir: «Hablé demasiado rápido, o demasiado cálidamente, o con poca exactitud;» sino que todo lo que Él ha dicho ha permanecido y permanecerá, porque la divinidad involucrada lo hace eterno.

b) También las palabras de Cristo deben permanecer *porque son la revelación del corazón más íntimo de Dios*. Este gran mundo, y el sol, y la luna, y las estrellas, revelan a Dios; pero no tan completa y claramente como el Hijo de Dios lo revela. La Palabra encarnada es la más grande manifestación de la Divinidad, y las palabras de esa Palabra eterna son la revelación del propósito que Dios se formó en su mente infinita antes de hacer el mundo. Eso que, en los secretos consejos de la eternidad fue planeado, eso que, «Antes que el pecado naciera, o Satanás cayera», fue concebido en el corazón del Altísimo, es revelado a nosotros, tanto como puede ser revelado, en las palabras del Señor Jesucristo. Los propósitos esenciales de Dios no se pueden alterar; todos ellos deben ser cumplidos. Su plan eterno fue formado previendo todas las generaciones que han de existir, así que debe permanecer inalterable; y, como esos propósitos y ese plan están estrechamente unidos a las palabras de Cristo, y en efecto son conocidos por nosotros por sus palabras, por consiguiente las palabras de Cristo deben permanecer para siempre.

c) Más aún, las palabras de Cristo deben permanecer, aun cuando el cielo y la tierra hayan pasado, debido a que *son verdad pura*. Todo lo que es absoluta y puramente verdadero debe de ser perdurable. Vean cuánto dura la plata. Ustedes pueden comprar utensilios plateados para usarlos en su casa; pero después de un tiempo, en el proceso de desgaste comienzan a ver el metal de baja ley; mas si ustedes tienen plata verdadera, les durará toda la vida. Como en verdad dijo David: «Las palabras de Jehová son palabras puras, como plata purificada en horno de tierra, siete veces refinada». Su superficie no se gasta, ni revela la escoria debajo de ella, porque no hay ninguna; toda es pura en todo. La impureza engendra descomposición; el error es corrupción; toda cosa mala lleva dentro de sí las semillas de su propia muerte; pero la verdad de Dios no tiene corrupción; es la semilla viviente e incorruptible, que, por consiguiente, vive y permanece siempre. Lo que es perfectamente puro no se fermentará, porque no contiene dentro de sí mismo los gérmenes de la descomposición, ni pasará, sino que permanecerá para siempre. Nuestro Señor Jesucristo no dijo sino la verdad pura, sin ninguna impureza, la propia verdad de Dios; y, por consiguiente, permanecerá firme para siempre.

d) Y el hecho de que las palabras de Cristo permanecerán eternamente, lo creemos, y lo decimos una vez más, *porque ningún poder lo puede impedir*. ¿Qué poder existe que pueda impedir que las palabras de Cristo triunfen? ¿Oyen el bramido del fondo del infierno cuando se hace esta pregunta? El demonio y sus legiones de ángeles caídos aseveran que impedirán el triunfo de las palabras de Cristo; y como Él ha declarado que su reino vendrá, conspiran para impedir su llegada. Pero Cristo ya rompió la cabeza del dragón, ya aplastó a la vieja serpiente bajo sus pies, y su omnipotencia es mayor que el poder de Satanás. El demonio puede ser poderoso, pero Cristo es

Seguimiento, Discipulado, Oración ...

todopoderoso, y el infierno sufrirá una derrota horrenda por la mano del Salvador crucificado. En lo que se refiere a los hombres pérfidos de esta tierra, a menudo se confabulan y se aconsejan «contra Jehová y su ungido, diciendo: ¡rompamos sus ataduras! ¡echemos de nosotros sus cuerdas!» Ustedes saben cuan inútiles son todos sus esfuerzos, porque el salmista dice: «El que habita en los cielos se reirá; el Señor se burlará de ellos. Entonces les hablará en su ira y los turbará en su furor: ¡Yo he instalado a mi rey en Sion, mi monte santo!» Sí, no hay poder que se pueda oponer efectivamente a las palabras de Cristo. «Cuando habla el rey, hay poder, pero cuando habla Dios, hay infinito poder». Lo que Él dice, debe hacerse. Antes que dijera: «Sea la luz», no había ni una chispa en medio de la oscuridad de toda la tierra, que pudiera ayudar a hacer el día; no había nada aquí que pudiera haber creado la luz, y sin embargo las tinieblas volaron ante el hágase de Dios. Y así, hoy, si no hay nada sobre la tierra para ayudar al cumplimiento de la palabra de Cristo, Él le ha dicho a este pobre mundo oscuro, «Sea la luz», y esa luz que Él ha encendido, crece cada vez más brillante, y aumentará hasta llegar a ser el día perfecto. Oh, demonios del infierno, ¿pueden apagar esa luz? ¡imposible! La palabra de Cristo debe permanecer.

e) Y más todavía, la palabra de Cristo debe permanecer, *porque su honor está involucrado en su permanencia*. Si Él tuviera que alterar algo dicho por Él, sería manifiesto que había cometido errores que tendría que rectificar. A menudo recibo libros, en los que hay una hoja de papel, que contiene las erratas, anexado al comienzo del libro. Se dice que son la lista de las torpiezos del impresor, pero no me extrañaría si también son equivocaciones del autor; pero ahí están, y debo de hacer con mi lápiz esas enmiendas en el volumen. No hay erratas en las palabras de Cristo, ni puede haber correcciones en nada de lo que Él ha dicho. Lo declarado por David se aplica a todas las palabras de Jesús: «La ley del Señor es perfecta». Las palabras de Cristo son todo lo que deben ser, no menos y no más; y será maldito aquel hombre que quiera agregarles o quitarles algo. No puede haber ninguna alteración en ellas, porque ello sería deshonrar la sabiduría de Cristo. ¡Nada que alterar! Eso haría parecer que Cristo dijo cosas sin importancia cuando estuvo aquí. O que dijo algo que luego requeriría necesariamente de una retractación, y que Él fue, después de todo, un buscador de la verdad, acercándose a ella tanto como pudo, y corrigiendo sus equivocaciones, como un doctor que no entiende una enfermedad, y da una medicina que lleva a su paciente hacia un estado delicado, y luego le da otra medicina que lo regresa a su estado anterior, pero nunca lo cura completamente. Cristo nunca tiene que actuar de esta manera. Él sabía lo que quería decir, y dijo lo que quería decir; y eso que dijo, y eso que quiso decir, perdurará aun cuando, como higos secos que se caen del árbol, las estrellas caigan de sus lugares, el sol se vuelva sangre, y la luna se vuelva negra como tela de cilicio. Eso debe ser así; por tanto, todos ustedes que creen en Jesús, crean firmemente en esta doble aseveración que Él hizo: «El cielo y la tierra pasarán pero mis palabras no pasarán».

II. TODAS LAS PALABRAS DE CRISTO

Ahora, en segundo lugar, esta declaración se aplica a todas las palabras de Cristo; no simplemente a algunas de ellas, sino a todas, porque se deja una indefinición intencional que hace que se refiera a todo lo que Él dijo: «Mis palabras no pasarán».

1. Esta declaración se aplica, pues, *a la enseñanza doctrinal de Cristo*. Cualquier doctrina enseñada por Cristo mismo, o por sus apóstoles guiados por el Espíritu de Dios, es verdad precisa, clara, inmutable. En estos tiempos hay ministros, que piensan que deben cambiar sus límites doctrinales, y hay otros que no tienen ningún límite. Ellos creen algo, o todo, o nada, es difícil definirlo; y su grito común es: «Debemos ser caritativos». He conocido a muchos que estaban dispuestos a ser caritativos pero dando el dinero que no es de ellos, y he conocido a otros que son caritativos con las doctrinas que no son de ellos. Como son doctrinas de

Cristo, pueden deshacerse de ellas con facilidad. Estos supuestos guardianes se preocupan tan poco de ellas que las regalan con pretendida generosidad. Pero un sirviente fiel del evangelio de Cristo no hará eso; el que ama a Cristo, y desea honrarlo, guarda las palabras de Cristo y las atesora. Yo he oído de algún cuerpo de doctrinas o de otro diferente; pero el cuerpo de doctrinas en el que creo es el cuerpo de Cristo; y la verdadera doctrina, la teología real es ese maravilloso *logos*, la Palabra encarnada de Dios, nuestro Señor y Salvador Jesucristo. Si tomamos a Jesús, y sólo a Él, para ser nuestro líder, hay una gran cantidad de caminos que no andaremos, y hay una gran cantidad de cosas, que son hechas por diferentes sectas de cristianos profesos, las cuales no haremos, pues Cristo nunca hizo ese tipo de cosas; y si Él no lo hizo, tampoco lo haremos nosotros. Es una buena regla para todos los cristianos la que vi escrita en un salón de un orfanato: «¿Qué haría Jesús en este caso?» No puede haber una guía mejor que ésa para los creyentes, pues nuestro texto es verdadero en lo que se refiere a la doctrina: «El cielo y la tierra pasarán, pero mis palabras no pasarán». A menudo dicen de mí que soy un tipo pasado de moda, de mente estrecha, y yo no tengo la menor objeción para esa acusación. Yo ciertamente no soy alguien a la nueva moda, y no pretendo serlo, porque «lo viejo es mejor»; y, en teología no hay nada nuevo que sea verdadero, ni nada verdadero que sea nuevo. La verdad es tan eterna como las eternas montañas, y a ella deseo consagrarme hasta el final, y confío que ustedes tendrán ese mismo pensamiento.

2. A continuación, tenemos las palabras de Jesús, no solo acerca de la doctrina, sino que *Él nos ha dado sencillos mandamientos prácticos*. El Maestro enseñó un maravilloso sistema de ética, y a ese sistema debemos aferrarnos con la misma tenacidad que debe caracterizar nuestra firmeza hacia las doctrinas que Cristo enseñó. Hermanos, nunca nos alejemos de una tan divina enseñanza como ésta: «Pero yo os digo: Amad a vuestros enemigos, bendecid a los que os maldicen; haced bien a los que os odian y orad por los que os ultrajan y os persiguen». No solo debemos amarnos unos a otros, sino busquemos hacer el bien a todos los hombres que podamos, especialmente a aquellos que son de la familia de la fe. Que sea nuestro diario deleite el sacudir toda la malicia y crueldad de nuestros corazones, que se cumpla la ley del amor en nosotros, «para los que no andan conforme a la carne, sino conforme al Espíritu». Ustedes pueden estar seguros que nunca se podrá mejorar la enseñanza de Cristo; ha habido algunas personas que han intentado mejorarla, pero han tenido un notable fracaso en todos sus intentos. Su enseñanza ética, su enseñanza de la moral, inclusive ha impresionado a algunos que no han aceptado sus doctrinas, ni creído en su Divinidad; se han asombrado por la pureza, la santidad, el amor que Jesucristo inculcó en las leyes que estableció para guía de sus discípulos.

3. Pero debo presionar, y recordarles que *las promesas de Cristo permanecerán para siempre*. El cielo y la tierra pasarán, pero sus promesas no pasarán. ¿No es esto una verdad bendita? Porque Él dijo: «Venid a mí, todos los que estáis fatigados y cargados, y yo os haré descansar». Dense prisa, pues, pobres seres fatigados y cargados, pues Él los hará descansar; el cielo y la tierra pasarán, pero Él los hará descansar si ustedes van a Él. Y Él ha dicho: «El que cree y es bautizado será salvo». Sí, apresúrense. Obedezcan ambos mandamientos; primero crean, y luego sean bautizados, porque, aunque la tierra y el cielo pasarán, ustedes serán salvos. Hay muchas cosas que tan solo pueden ser ficciones; como las visiones espectrales de una noche pueden disolverse, pero ustedes serán salvados, eso es seguro, eso es cierto, fuera de toda duda. El Señor Jesús ha prometido tan grandes cosas a su pueblo que yo los detendría a ustedes aquí toda la noche si yo intentara repetir esas gratas palabras de promesas que fluyeron de sus labios. Aquí está una de las más dulces: «Todo lo que el Padre me da vendrá a mí; y al que a mí viene, jamás lo echaré fuera». Si ustedes van a Él, entonces Él no los echará fuera jamás; Él debe, Él quiere recibirlos; el cielo y la tierra pueden

pasar, y ellos pasarán a su debido tiempo, pero nunca un alma que viene a Jesús será rechazada por Él. ¡Oh, que muchos de ustedes quisieran aprovecharse de esa promesa esta misma hora! Querido amigo anciano, te estás volviendo muy débil, y has pasado a través de muchos y grandes cambios, pero esa promesa no ha sido alterada en todo ese tiempo. ¿Te acuerdas cuando tu madre te habló de Cristo cuando tú eras un muchacho de cabellos rizados? «¡Ah!» dices, «ahora es demasiado tarde». En modo alguno, amigo mío; el cielo y la tierra no han pasado todavía y esa promesa no ha pasado; tu puedes todavía venir a Cristo, así que ven y bienvenido, porque todavía está escrito: «Al que a mí viene, jamás lo echaré fuera». «También puede salvar por completo a los que por medio de él se acerquen a Dios, puesto que vive para siempre para interceder por ellos». Confía en su promesa ahora mismo; inclina tu cabeza, y silenciosamente busca al Siempre Bendito, y tú lo encontrarás, porque su palabra es tan cierta para ti como lo fue para mí, tan cierta para ti como lo ha sido para decenas de miles quienes, en tiempos diferentes la han buscado, y encontrado que esa promesa es verdadera.

4. Pero recuerda, también, que así como cada palabra de promesa de Cristo permanecerá, así permanecerá *cada palabra de profecía*. Hay un libro completo: el Apocalipsis el cual no entiendo, pero en el cual yo creo completamente. Yo me pongo muy contento cuando encuentro algo en la Biblia que no puedo comprender, pero que puedo creer plenamente, porque yo no le llamo fe a eso que limita su creencia a lo que se puede entender. Si tú tienes niños pequeños, te deleitas al ver la forma en la que confían en ti cuando ellos no pueden entender lo que estás haciendo, pues ellos están seguros de que tú lo estás haciendo bien. Yo quiero que ustedes, amigos, tengan justo esa clase de fe en el libro de Apocalipsis; todo es verdadero, aunque ustedes no puedan interpretar todos sus misterios; y todo llegará a ser verdadero, cada palabra de él, en el tiempo preciso de Dios. El Señor vendrá, el Señor reinará, el Señor juzgará, el Señor justificará y glorificará a su pueblo, y ordenará a los impíos que se aparten de Él bajo su maldición. Yo ruego que todos seamos ayudados para creer cada palabra de Él. Cuando yo leo la Biblia, me gusta leerla con el espíritu del niño cuya madre le dijo algo, pero sus compañeros de escuela se rieron de él por creerlo. Le preguntaron cómo supo que eso era verdadero, y él dijo que su madre se lo dijo así, y que su ella nunca diría una mentira. Ellos intentaron probar que eso no podía ser así, pero él dijo: «Miren, mi madre dijo eso, y eso es así, aun si eso no es así». Y si yo encuentro algo en la Palabra de Dios, y alguien con una sabiduría superior me dice que eso no puede ser así, que está completamente seguro, me río de sus «no puede ser» y los olvido», y replico, «eso es así, aun si eso no es así; tu supuesta prueba no es nada para mí. Si Dios lo ha dicho, aunque todas las otras lenguas humanas lo nieguen, yo diría aún, Sea Dios veraz, aunque todo hombre sea mentiroso». Apóyense pues, queridos amigos, en las palabras de Cristo aun cuando ustedes no siempre las entiendan.

5. También debo recordarles que *cada palabra de amenaza, que Jesucristo ha expresado, es verdadera*. ¡Oh, que hubiéramos podido ver su rostro, y escuchado los tonos de su voz! La predicación de Jesucristo debe de haber sido de una inexpresable dulzura, y de una inefable ternura. Todos aquellos que lo oían hablar sabían que los amaba; y los publicanos y los pecadores, los pobres marginados, los proscritos, los que eran rechazados por todo el mundo, se acercaban a oírlo, porque sentían que había comprensión hacia ellos en ese gran corazón de Él. Sin embargo, ¿se han apercibido alguna vez? Ustedes tienen que haberse dado cuenta que nunca hombre alguno dijo tan terribles palabras de amenaza al impío como las que dijo este Hombre. Fue Jesús quien habló del gusano que nunca morirá, y del fuego que nunca se apagará; fue Jesús que habló de destruir tanto el cuerpo como el alma en el infierno; fue Él que dijo muchas de las más terribles cosas acerca del castigo futuro que jamás se hayan expresado, tal como esa parábola del hombre rico que

«murió y fue sepultado. Y en el Hades, estando en tormentos, alzó sus ojos y vio de lejos a Abraham, y a Lázaro en su seno. Entonces él dando voces, dijo: «Padre Abraham, ten misericordia de mí y envía a Lázaro para que moje la punta de su dedo en agua y refresque mi lengua; porque estoy atormentado en esta llama». Cuando escuchen a hombres que tratan de suavizar las amenazas de las Escrituras, no crean que el amor a las almas sugiere ese curso de acción; a menudo es prueba de verdadero amor el que puede decir cosas ásperas. Si un hombre llega, y dice cosas muy placenteras acerca de ti, cuídate de él; no es tu amigo; pero el hombre que puede advertirte, que puede señalar tu falta y tu locura, que puede correr el riesgo de perder tu estimación indicándote el peligro, ése es el que tiene un sincero afecto hacia ti, y un hombre sensato escogerá un amigo así. A pesar de lo que cualquiera pueda pensar o decir, no hay una palabra terrible, que haya caído de los labios del Salvador, que no perdure. Aunque no te guste, no la puedes alterar; no será afectada por que te guste o no. «El que no cree será condenado». A eso le llamas una palabra dura; sin embargo es verdadera, de otra manera Cristo no la hubiera expresado. Le debe haber costado a Él mucha angustia interna el emitir una frase como esa; debe haber sido una suerte de crucifixión mental para Él el hablar como lo hizo acerca de los terrores del mundo futuro; y ustedes estén seguros que no son menos terribles de cómo los describió ni menos espantosos de cómo los pintó; así que, a cualquiera que quiera decir algo que los atenúe, recházcenle sus falsedades, porque el cielo y la tierra pasarán, pero las palabras de Cristo no pasarán.

III. ESTA VERDAD NOS CONCIERNE A TODOS

1. Primero, estoy seguro de que *tiene una relación con el predicador*. Mi texto me concierne íntimamente a mí y a todos los que son llamados ministros del evangelio. Queridos hermanos, tenemos que predicar el mismo evangelio que predicó nuestro Señor Jesucristo, y ningún otro. Doy gracias que yo no conozco ningún otro evangelio. Hace mucho tiempo llegué a la resolución de Pablo y «me propuse no saber nada entre vosotros, sino a Jesucristo, y a él crucificado». Me apego a eso, y eso es lo que todos nosotros debemos hacer si queremos complacer a nuestro Maestro. No hay progresión en la verdad misma; progresamos en nuestro conocimiento de lo que dijo Cristo, y en nuestro entendimiento de ello; pero las verdades que expresó permanecen justamente como eran en su día. Ustedes saben que, cuando sus niños van a la orilla del mar, construyen castillos y casitas, y hacen jardines en la arena; pero todos son barridos por las olas de la marea cuando pasan sobre ellos. Yo no quiero predicar una teología que sea constantemente barrida por las olas, dejándome la tarea de comenzar de nuevo con más arena. El faro de Eddystone ha permanecido gloriosamente, y la razón de que se tiene que construir otro es que la roca ha cedido en sus cimientos, el faro como tal está bien. Agradecemos a Dios que construimos sobre lo que nos dice Cristo, construimos sobre una roca que no cederá bajo nosotros; y si somos tan firmes como ese viejo faro, y ninguna de nuestras piedras se mueve, estaremos perfectamente justificados por la misma firmeza de esa verdad sobre la que construimos. No hay nada que sacuda esa roca formada con lo que Cristo dijo. La tierra puede no sólo temblar, sino derretirse; y la bóveda sin pilares del cielo, que ha permanecido tan firme a lo largo de tantas edades, aun ella se desplomará con estrépito; pero ninguna palabra de Jesucristo alguna vez se disolverá o pasará. Debemos por tanto apegarnos al antiguo evangelio. Fue suficiente para nuestros padres y nuestros abuelos; y será suficiente para nuestros nietos, si el mundo dura tanto como para verlos crecer y predicar a su vez ese antiguo evangelio.

2. Este texto también *concierne a los miembros de la iglesia*, en especial a ustedes almas tímidas, que de vez en cuando se asustan de que todo lo bueno; está llegando a su final. Me encuentro con algunas queridas damas ancianas, que están muy nerviosas por lo que va a suceder. Tienen

Seguimiento, Discipulado, Oración ...

miedo que vengan tiempos horribles. Sí, sin duda vendrán; pero hay una timidez pecadora que deshonra al poder y a la palabra de Dios. Han existido, en todas las épocas, hombres como Latimer y como Lutero que no tuvieron temor de la verdad de Dios. La gente se quejaba de que eran muy dogmáticos; pero no les preocupaba lo que decían de ellos, eran probablemente igual de felices sin importar lo que el mundo decía. Lutero tenía un amigo muy especial entre los príncipes alemanes, y alguien preguntó al reformador:

—Supón que te quitara su protección, ¿dónde te esconderías?

—Bajo el amplio escudo del cielo, contestó Lutero y habló sabiamente.

Él no sentía que dependía de ningún hombre, sino solamente de Dios. Desearía, mi pobre amigo tembloroso, que tuvieras algo de su santo valor. No caigas en ese estado de duda de tu mente otra vez; el cielo y la tierra pasarán, así pues espera hasta que los veas que se van; y cuando ya se vayan, simplemente permanece sentado quieto, y canta:

«Si los viejos pilares de la tierra tiemblan,
Y todas las ruedas de la naturaleza saltan,
Nuestras almas firmes no tendrán ya más miedo,
Como las sólidas rocas cuando rugen las olas».

3. Pero, sigo, *nuestro texto concierne a todos los creyentes*. Queridos amigos, si las palabras de Cristo nunca pasarán, debemos creerlas ciertas para nosotros mismos. ¿Alguno de ustedes es perseguido? No se rindan ni un solo momento; permanezcan fieles a su bandera; nunca se avergüencen de contar con su Señor. Recuerden como dijo: «¿Quién eres tú para que temas al hombre, que es mortal; al hijo del hombre que es tratado como el pasto? ¿Te has olvidado ya de Jehová, tu Hacedor, que desplegó los cielos y puso los fundamentos de la tierra para que continuamente y todo el día temas la furia del opresor cuando se dispone a destruir?» Aférrate a Cristo, pues sus palabras nunca pasarán.

¿Estás muy enfermo y débil, o te estás volviendo muy pobre? Bien, tu salud y tu propiedad también pasarán; pero las palabras de Cristo jamás pasarán. ¿Te estás muriendo? Las palabras de Cristo nunca morirán o pasarán; muere con ellas en tu corazón. Cuando fui la semana pasada a ver a uno de los miembros de esta iglesia que está muy enfermo tuve un poco de mi propia enseñanza enseñándome a mí. Este querido hermano me dijo: «¿Recuerdas que nos dijiste hace años, que la frase "cuando tenga miedo, confiaré en ti", es un vagón de ferrocarril de tercera clase, pero de todos modos sigue estando en el tren del evangelio y te llevará al cielo?» Sin embargo agregaste: «¿pero por qué no te vas a un vagón de primera clase: "confiaré, y no tendré miedo"?». Yo recomiendo ese vagón de primera clase a todos ustedes: «confiaré, y no tendré miedo». Dejen que la fe expulse al temor y así viajar al cielo en primera clase. Muy bien lo pueden hacer ustedes, porque no hay razón para tener miedo.

Si cualquiera de las palabras de Cristo pudiera pasar al soplo de este viento, y de ese viento, y del otro viento, ¡Dios mío! ¡En qué castillo de naipes viviríamos! Pero si todas ellas permanecen firmemente para siempre, como así es, ¿entonces por qué y porqué causa consentimos aún el más pequeño temor? Una razón por la que algunos de ustedes no descansan en Cristo como debieran, es debido a que ustedes no caen sobre sus rostros ante sus palabras, y confían completamente en ellas. Ustedes saben lo que el hombre humilde dijo cuando le preguntaron porqué estaba tan confiado en la salvación. Contestó: «ustedes intenten estar firmes; pero yo caeré rostro en tierra ante la promesa y al estar así, ya no podré caer más bajo». Justo así; caigan rostro en tierra ante la promesa; y si ahí permanecen, aferrándose y descansando solos, entonces el cielo y la tierra pasarán, pero no las palabras en las que están confiando.

4. Ahora, por último, *ésta es una palabra para los pecadores*. Qué mensaje tiene mi texto para aquellos de ustedes que no aman a Cristo, para aquellos de ustedes que no están decididos. Las palabras de Cristo no

pasarán; ¿entonces qué? Éste es el único evangelio que ustedes oirán; el último tren está a punto de arrancar. Si ustedes no se van en él, no hay otro que los lleve al cielo; «Porque no hay otro nombre debajo del cielo dado a los hombres en que podamos ser salvos». El evangelio jamás cambiará su carácter. ¿Estarán algunos de ustedes esperando hasta que así sea, como el campesino que dijo que cruzaría el río cuando toda el agua hubiera terminado de correr? Nunca habrá un camino más fácil hacia el cielo que el que hay en este momento. Yo creo verdaderamente que alguna gente, por su dilación, hacen el camino al cielo más duro para ellos de lo que sería de otra manera. Si por fin son salvados es más difícil para ellos confiar en Cristo cuando ellos han estado largo tiempo dilatándose. Aún la misericordia parece algunas veces actuar como Benjamín Franklin cuando un hombre entró a su tienda para comprar un libro, y le hizo perder el tiempo con su tonta indecisión. El hombre preguntó:

—¿Cuál es el precio de este libro, señor?

—Cuatro dólares —respondió Franklin.

—Es muy caro —dijo el hombre— no me lo llevaré.

Esperó aproximadamente diez minutos, y entonces preguntó:

—¿Cuánto pues, realmente, quiere usted por ese libro?

—Cinco dólares —dijo Franklin.

—¡No! —dijo algo molesto el cliente— usted acaba de pedir hace unos momentos cuatro dólares.

Franklin replicó:

—Señor, usted ha usado diez minutos de mi tiempo atendiéndolo, eso hace que el precio del libro suba un dolar más; ahora son cinco dólares; pero si usted no lo compra rápidamente, serán más.

Hubo algo de sentido común en esa forma de negociar; y ustedes en verdad encontrarán, en materia espiritual, que nada se gana por la dilación, sino que se incrementa el pecado, se incrementa la dureza del corazón y hasta se incrementa la dificultad de entregar el alma a Cristo.

3. Oración

73. ORDEN Y ARGUMENTO EN LA ORACIÓN

«¡Quién me diera el saber dónde hallar a Dios! yo iría hasta su silla. Expondría mi causa delante de él, y llenaría mi boca de argumentos» (Job 23:3, 4).

INTRODUCCIÓN: La experiencia de Job nos enseña cómo orar delante Dios.

I. QUE NUESTRA CAUSA SEA ORDENADA DELANTE DE DIOS
1. La santa reverencia guie nuestra oración.
   a) ¿Cual es el orden en la oración?
   b) ¿Qué y como debo pedir?

II. LLENAR LA BOCA DE ARGUMENTOS
1. Necesitamos argumentar la oración para propio beneficio.
2. Argumentos de distintos héroes de la fe.
   a) Moises
   b) Jeremías
   c) David
   d) Elías
3. Pedir en el nombre del Hijo al Padre.

CONCLUSIÓN: Llenaremos nuestra boca de alabanzas.

ORDEN Y ARGUMENTO EN LA ORACIÓN

INTRODUCCIÓN

Estando en una situación extremadamente crítica, Job clamó a Dios. El profundo deseo de un hijo de Dios que está en la aflicción es ver una vez más el rostro de su Padre. Su primera oración no es: «¡Oh! Que sea sanado de la enfermedad que ahora afecta cada parte de mi cuerpo», ni siquiera: «Que pueda ver que mis hijos son devueltos de las fauces del sepulcro y me sean devueltos mis bienes de manos de los saqueadores», sino que el grito primero y supremo es: «¡Oh que supiera dónde encontrar a Aquel que es mi Dios! Que pueda llegar ante su trono». Cuando arrecia la tempestad, los

Seguimiento, Discipulado, Oración ...

hijos de Dios corren a casa. Es un instinto celestial de un alma en gracia el buscar refugio de todos sus males bajo las alas de Jehová. Un buen título para un creyente verdadero es: «Aquel que ha hecho de Dios su refugio». El hipócrita, cuando piensa que ha sido afligido por Dios, se resiente, y como un esclavo huye de su amo que lo ha azotado. Pero no es así con el verdadero heredero de los cielos, que besa la mano del que le golpeó, y busca refugio de la varilla en el mismo seno del Dios que le disciplinó.

Vosotros observaréis que el deseo de tener comunión con Dios se intensifica por el fracaso de todas las demás fuentes de consuelo. Cuando, en la distancia, Job vio venir a pus amigos debe de haber abrigado la esperanza de ver suavizada la agudeza de su dolor por medio de su bondadoso consuelo y tierna compasión. Pero todavía no habían hablado mucho cuando exclamó amargamente: «Consoladores molestos sois vosotros». Ellos pusieron sal en sus heridas, derramaron combustible sobre la llama de su pesar, añadieron la hiel de sus recriminaciones al ajenjo de sus aflicciones. Una vez ellos habían querido alegrarse a la luz de su sonrisa, y ahora se atrevían a arrojar sombras poco generosas e inmerecidas sobre su reputación. ¡Ay del hombre cuando su copa de vino se convierte en vinagre y su almohada le punza con espinas! ¡El patriarca se apartó de sus amigos y elevó la mirada hacia el trono celestial, así como el viajero abandona la cantimplora vacía y se dirige rápidamente a la fuente de agua. Se despide de las esperanzas terrenales y exclama: «¡Quién me diera el saber donde hallar a Dios!».

Hermanos míos, nada nos enseña tanto sobre lo precioso que es nuestro Creador, que darnos cuenta de lo vacío de todo lo demás. Cuando una vez tras otra has sido traspasado por la expresión «Maldito el que confía en el hombre y pone carne por su brazo», comienzas a gustar la dulzura indescriptible de la afirmación divina: «Bendito el varón que confía en Jehová, y cuya confianza es Jehová». Apartándome con desprecio de las colmenas humanas donde no encontraste miel, aunque sí muchos aguijones agudos, te regocijarás en Aquel cuya palabra fiel es más dulce que la miel o que destila del panal.

Además se puede observar que aunque un hombre bueno se acerca a Dios en su tribulación, y corre con toda rapidez debido a la falta de bondad de sus congéneres, a veces el alma en gracia es dejada sin la consoladora presencia de Dios. Este es el mayor de los pesares. El texto es uno de los profundos gemidos de Job, mucho más profundo que cualquiera que lanzara por la pérdida de su hijos y de sus bienes: «¡Quién me diera el saber dónde hallar a Dios!». La peor de todas las pérdidas es perder la sonrisa de mi Dios. Ahora él probó anticipadamente la amargura del clamor de su Redentor: «Dios mío, Dios mío, ¿por qué me has desamparado?». La presencia de Dios está siempre con su pueblo en un sentido, en cuanto a sostenerlo secretamente se refiere, pero su presencia manifiesta no la disfrutan constantemente. Puedes ser muy amado por Dios, pero no tener conciencia de ese amor en tu alma. Puedes ser tan querido a su corazón como Jesucristo mismo, pero por un breve momento puede dejarte, y con un poco de ira puede esconderse de ti.

Pero, queridos amigos, en tales momentos el deseo del alma creyente adquiere gran intensidad el hecho de haberle sido retirada la luz de Dios. El alma alcanzada por la gracia se dirige con doblado celo a la búsqueda de Dios, y envía sus gemidos, sus súplicas, sus sollozos y sus suspiros al cielo con mayor frecuencia y fervor. «¡Quién me diera el saber dónde hallar a mi Dios!». La distancia y las dificultades son como nada. Con sólo saber dónde ir la distancia y las dificultades son como nada. Me parece que tal es el estado mental de Job cuando pronuncia las palabras que tenemos delante de nuestros ojos.

Pero no podemos detenernos en este punto porque el objetivo del discurso de esta mañana nos llama a seguir adelante. Parece que el fin de Job al desear la presencia de Dios era poder orar. Ya había orado, pero quiere hacerlo como si estuviera en la presencia de Dios. Desea suplicar como en presencia de alguien que le podrás oír y

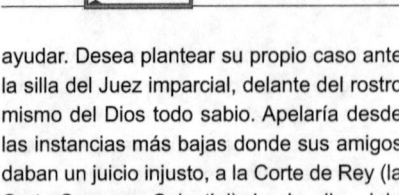

ayudar. Desea plantear su propio caso ante la silla del Juez imparcial, delante del rostro mismo del Dios todo sabio. Apelaría desde las instancias más bajas donde sus amigos daban un juicio injusto, a la Corte de Rey (la Corte Suprema Celestial) donde, dice Job: «Ordenaría mi causa delante de él, llenaría mi boca de argumentos».

En este último versículo, Job nos enseña la forma en que pensaba plantear su intercesión ante Dios. Es como si revelara los secretos, y el arte de la oración. Aquí somos admitidos en la liga de los suplicantes. Se nos enseña la bendita habilidad y ciencia de la oración, y si nos hacemos aprendices de Job esta mañana, durante esta hora podemos recibir una lección del maestro de Job, y adquirir no poca habilidad en nuestras intercesiones delante de Dios.

Aquí se presentan dos cosas como necesarias en la oración: ordenad nuestra causa, y llena de argumentos nuestra boca. Hablaremos de estas dos cosas, y entonces, si hemos aprendido correctamente la lección, vendrá un bendito resultado.

I. QUE NUESTRA CAUSA SEA ORDENADA DELANTE DE DIOS

Existe vulgarmente la noción de que la oración es algo muy simple, una especie de asunto común que puede hacerse de cualquier modo, sin cuidado ni esfuerzo. Algo para lo cual sólo necesitas dar con un libro, obtener un cierto número de palabras excelentes, y ya habrás orado; y el libro vuelve a su lugar en los estantes. Otros suponen que el uso de un libro es supersticioso, y que lo único que tienes que hacer es repetir sentencias extemporáneas, palabras que vienen aceleradamente a tu mente, como un hato de cerdos o como una jauría, y que cuando has proferido esas palabras poniendo algo de atención a lo que has dicho, has orado. Ahora bien, ninguno de estos modos de orar fue adoptado por los santos de la antigüedad. Parecen haber tenido un concepto mucho más serio de la oración que el que muchos tienen en el día de hoy.

1. Los santos de la antigüedad tenían por costumbre ordenar su causa delante de Dios. Es decir, lo hacían como el demandante que no se presenta en la corte sin haber pensado bien el planeamiento de su causa; no la deja a la inspiración del momento, sino que entra en la audiencia con su caso bien preparado, habiendo además aprendido cómo conducirse en la presencia de aquel importante personaje ante el cual está apelando. En tiempos de peligro y angustia podemos volar a la presencia de Dios tal como estamos, como la paloma entra en la hendidura de la roca aunque sus plumas están en desorden; pero en tiempos normales no deberíamos presentarnos con un espíritu sin preparación, como un hijo no se presenta ante su maestro en la mañana hasta después de lavarse y vestirse. Mirad aquel sacerdote: tiene un sacrificio que ofrecer, pero no entra corriendo en el atrio de los sacerdotes y se pone a cortar el becerro con la primera hacha que puede tomar, sino que al levantarse, se lava los pies en el lavacro de bronce, se pone sus vestiduras, y se engalana con sus atuendos sacerdotales; luego se acerca al altar con su víctima adecuadamente dividida según lo ordena la ley, y tiene cuidado de hacerlo según el mandamiento, recibe la sangre en un lebrillo y la derrama en un lugar adecuado al pie del altar, en vez de tirarla como bien se le pudiera ocurrir. El fuego no lo ha encendido con fuego común, sino con el fuego sagrado tomado del altar. Todo este ritual ha sido ya abandonado, pero la verdad que enseña sigue siendo la misma. Nuestros sacrificios espirituales debieran ser ofrecidos con santo cuidado. Dios no quiere que nuestras oraciones sean un simple salto de la cama, arrodillarse y decir lo que primero se nos ocurra. Al contrario, debemos esperar al Señor con santo temor y sagrada reverencia. Mirad cómo oraba David cuando Dios lo había bendecido. Entended esto. No se paraba afuera desde lejos, sino que entraba delante del Señor y se sentaba (sentarse no es una mala posición para orar), y sentado silenciosa y calmadamente ante el Señor comenzaba a orar, pero no sin haber meditado antes sobre la bondad divina, y de ese modo obtener un espíritu de oración. Luego, abrió la boca con la ayuda del Espíritu Santo. ¡Que nosotros usemos este estilo

Seguimiento, Discipulado, Oración ...

para buscar al Señor! Abraham puede servirnos como patrón. Se levantó temprano, en ello expresa su disposición; caminó tres días, en ello muestra su celo; dejó a sus siervos al pie del monte, en ello busca privacidad; lleva la madera y el fuego consigo, va preparado; y finalmente levantan el altar y ordena la leña, y luego toma el cuchillo, aquí está la cuidadosa devoción de su adoración. David lo expresa así: «De mañana me presentaré ante ti, y esperaré» a partir de lo cual con frecuencia os he explicado que significa que ordenaba sus pensamientos como hombres de guerra, o que él apuntaba con sus oraciones como si fueran flechas. No tomaba la flecha, la ponía sobre la cuerda del arco y disparaba, disparaba y disparaba en cualquier dirección, sino que después de tomar la flecha elegida y de ajustarla en la cuerda del arco hacía puntería deliberadamente. Miraba, y miraba bien, al blanco. Mantenía su ojo fijo en él, dirigiendo su oración, y luego tensaba su arco con todas sus fuerzas y dejaba salir la flecha con la vista y ver el efecto que tenía, porque esperaba una repuesta a sus oraciones, y no era como muchos que difícilmente vuelven a acordarse de sus oraciones después de pronunciadas. David sabía que tenía delante de sí un compromiso que requería todos los poderes de su mente. Ordenaba sus facultades y se entregaba a la tarea de una manera concienzuda, como uno que cree en ello y quiere lograr el éxito. Cuanto más importante es el trabajo, más atención merece. Trabajar diligentemente en la tienda, y descuidadamente en la cámara de oración es poco menos que una blasfemia, porque es una insinuación de que todo le cae bien a Dios, pero que el mundo debe recibir nuestra mejor atención.

a) Si alguno pregunta qué orden debe observarse en la oración sepa que no le voy a dar un esquema como el que muchos han elaborado, en que se ordenan en sucesión, la adoración, la confesión, la petición, la intercesión y la invocación del nombre de Cristo. No estoy convencido que ese orden sea dado por autoridad divina No me he estado refiriendo a orden simplemente mecánico, porque nuestras oraciones serán igualmente aceptables, y es posible que igualmente adecuada, en cualquier forma. Es que aparecen oraciones modelos tanto en le Antiguo como en el Nuevo Testamento, que asumen distintas formas. El verdadero orden espiritual de la oración parece estar formado por algo que es más que un simple ordenamiento. Es más apropiado que nosotros sintamos primero que estamos haciendo algo que es real; que estamos por presentarnos delante de Dios, a quien no hemos visto ni podemos ver, pero está realmente presente. No lo podemos tocar ni oír, ni podemos captarlo por medio de nuestros sentidos, pero que no obstante, está con nosotros en forma tan cierta como si estuviéramos hablando con un amigo de carne y sangre como nosotros. Sintiendo la realidad de la presencia de Dios, nuestra mente será dirigida por la gracia divina a un estado de humildad. Nos sentiremos como Abraham, cuando dijo: «He comenzado a hablar a mi Señor aunque soy polvo y ceniza». Por consiguiente, no nos liberamos de nuestra oración como niños que repiten sus lecciones, como cuestión de rutina. Mucho menos hablaremos como rabino que instruye a sus discípulos, o como he oído hacer a algunos, a la manera de los rudos asaltantes de caminos que detienen una persona y le exigen la bolsa. Al contrario, seremos peticionarios humildes pero osados, que solicitamos importunamente misericordia por la sangre del Salvador. Cuando siento que estoy en la presencia del Señor, y tomo la posición correcta en su presencia, la cosa siguiente que me falta reconocer es que no tengo derecho a nada de lo que estoy buscando, y no puedo esperar obtenerlo si no es como un don de la gracia, y debo recordar que Dios limita los canales a través de los cuales me concederá su misericordia, que me la concederá solamente a través de su amado Hijo. Entonces debo ponerme bajo el patrocinio del gran Redentor. Debo sentir ahora que ya no soy yo quien habla, sino Cristo el que habla conmigo, y que mientras hago mi súplica, apelo a sus heridas, su vida, su muerte, su sangre, su todo. Esta es una manera verdadera de establecer un orden.

b) Lo siguiente es considerar ¿qué debo pedir En la oración es muy propio hacer con gran claridad las súplicas. Es bueno no andar con rodeos, sino ir directamente al punto. Me gusta esa oración de Abraham: «Ojalá Ismael viva delante de ti». Se da el nombre de la persona por la que se ora, y la bendición deseada, todo ello expresado en pocas palabras: «Que Ismael viva delante de ti». Muchas personas hubieran usado rodeos más o menos según este estilo: «Ah, que nuestro amado retoño pueda ser mirado con favor, con ese favor que concede a aquellos que... etc.». Di «Ismael» si quieres decir Ismael; ponlo en palabras sencillas delante del Señor.

Algunas personas no pueden siquiera orar por el ministro sin usar esas descripciones circulares de modo que uno podría pensar que se trata del bedel de la parroquia o de alguna persona a la que no vale la pena mencionar en forma demasiado particular. ¿Por qué no ser claros, y decir lo que queremos decir y significar lo que decimos? El ordenar nuestra causa nos llevaría a tener una mayor claridad de pensamientos. En la cámara de oración no es necesario, queridos hermanos, que pidáis todas las cosas buenas que podáis imaginar. No es preciso repasar el catálogo de todas las necesidades que podrías retener, que habéis tenido, podáis tener o tendréis. Pedid por vuestra necesidad presente. Pedid vuestro pan cotidiano –lo que queréis ahora, eso pedid–. Pedidlo en forma sencilla, como delante de Dios, que no considera las finas expresiones, y para quien vuestra elocuencia y oratorio será menos que nada y pura vanidad. Estás delante de Dios. Sean pocas tus palabras y ferviente tu corazón.

No has completado tu pedido una vez que has pedido lo que quieres por medio de Jesucristo. Debes repasar con la mirada las bendiciones que Dios desea, para ver si es seguro que sería bueno pedirlo, porque algunas cosas que deseamos sería mejor abandonarlas. Además, en el fondo de nuestro deseo podría haber un motivo que no es verdaderamente cristiano, un motivo egoísta, que olvida la gloria de Dios y que atiende solamente a nuestra comodidad y ocio.

Ahora bien, aunque podríamos pedir cosas que son para nuestro provecho, no debemos dejar que nuestro provecho interfiera en alguna forma con la gloria de Dios. En la oración aceptable debe haber una dosis de la sal santa de la sumisión a la voluntad divina. Me gusta el dicho de Lutero: «Señor, esta vez tú harás mi voluntad». «¿Qué?», me dices: «¿Te gusta una expresión como esa?». Sí, porque la oración siguiente es: «Harás mi voluntad, porque sé que mi voluntad es tu voluntad». ¡Bien dicho, Lutero! Pero sin las últimas palabras hubiera sido impía presunción. Cuando estamos seguros que lo que pedimos es para la gloria de Dios, entonces, si tenemos poder en la oración, vamos a decir: «No te dejaré si no me bendices». Podemos tener tratos íntimos con Dios, y como Jacob, con el ángel, hasta podríamos ponernos a luchar, a tratar de forzar una caída del ángel antes que ser enviados sin la bendición. Pero debemos tener muy claro, antes de entrar en tales términos, que lo estamos buscando en realidad es la honra de nuestro Maestro.

Pónganse las tres cosas juntas: la profunda espiritualidad que reconoce la oración como una verdadera conversión con el Dios invisible; mucha claridad, que es la realidad de la oración, pidiendo lo que sabemos que necesitamos; y sobre todo, mucho fervor, creyendo que la cosa es necesaria, resuelto por tanto a obtenerlo si se puede obtener por medio de lo oración; y además de todo esto, completa sumisión, dejando todo ello a la voluntad del Maestro; mézclese todo ello, y tendrá una clara idea de lo que es ordenar tu causa delante del Señor.

No obstante, la oración en sí es un arte que solamente el Espíritu Santo nos puede enseñar. Él es el dador de toda oración. Ora por la oración, ora hasta que puedas orar. Pido que te ayude a orar, y no dejes de orar con la disculpa de que no puedes orar, porque cuando piensas que no puedes orar es cuando más oras. Y a veces, cuando en tu súplica no tienes ningún tipo de alivio, es entonces que tu corazón quebrantado y abatido está luchando y prevaleciendo verdaderamente con el Altísimo.

II. LLENAR LA BOCA DE ARGUMENTOS

La segunda parte del orar es llenar la boca de argumentos; no llenar la boca con palabras ni buenas frases o bellas expresiones, sino llenar la boca con argumentos.

Los santos de la antigüedad eran dados a argüir en oración. Cuando llegamos a los portales de la misericordia los argumentos coherentes son los golpes a la puerta que hacen que nos sean abiertas.

1. ¿Por qué tenemos que usar argumentos? Es la primera pregunta y su repuesta es: Ciertamente no porque Dios sea tardo para dar, ni porque podamos cambiar el propósito divino, ni porque Dios necesite ser informado de alguna circunstancia respecto de nosotros o de algo en relación con la misericordia solicitada. Los argumentos que se usan son para nuestro propio beneficio, no para el suyo. Nos pide que le suplicamos y presentemos nuestras pruebas, como dice Isaías porque esto demostrará que sentimos el valor de la misericordia. Cuando un hombre busca argumentos para una cosa es porque atribuye importancia a lo que está buscando. Las mejores oraciones que he oído en nuestras reuniones de oración han sido las que están llenas de argumentos. A veces mi alma se ha derretido completamente al oír a hermanos que han llegado ante el Señor sintiendo que realmente necesitan la misericordia, y que deben recibirla, porque primero han suplicado a Dios que les dé por esta razón, y luego por una segunda, y una tercera, y luego una cuarta y una quinta, hasta que han despertado el fervor de toda la asamblea.

Hermanos míos, en lo que a Dios respecta, no hay necesidad de oración, pero ¡cuánta necesidad de ella tenemos por causa de nosotros mismos! Si no fuésemos constreñidos a orar, dudo que pudiéremos siquiera vivir sin nosotros solicitarlas, no serías ni la mitad de útiles de lo que son, ahora que tienen que ser buscadas. Porque ahora recibimos una doble bendición, una al obtener lo pedido y una bendición al buscarla. El acto mismo de orar es una bendición. Oro es como bañarse es un fresco arroyo susurrante, para escapar del calor del sol de verano. Orar es subir en alas de águilas por sobre las nubes y entrar en la claridad de cielo donde Dios mora. Orar es entrar en el tesoro de Dios y enriquecerse de lo que ofrecen sus graneros inagotables. Orar es tomar el cielo en los brazos de uno, abrazar a la Divinidad con el alma, y sentir que el cuerpo de uno es templo del Espíritu Santo. Aparte de la respuesta, la oración en sí es una bendición. Orar, mis hermanos, es arrojar vuestras cargas, es echar vuestros harapos, es deshaceros de vuestras enfermedades, es ser lleno de vigor espiritual del cristiano. Que Dios nos conceda el estar mucho tiempo en el santo arte de argumentar con Dios en oración.

2. Nos falta la parte más interesante de nuestro tema. Es un rápido resumen de algunos de los argumentos empleados con gran éxito delante de Dios apelando a sus atributos. Así lo hizo Abraham cuando echó mano a la justicia divina. Estaba por pedir en favor de Sodoma, y Abraham comienza: «Quizás haya cincuenta justos en la ciudad: ¿destruirás también y no perdonarás el lugar por amor a los cincuenta justos que estén dentro de él? Lejos de ti el hacer tal, que hagas morir al justo con el impío, y que sea el justo tratado como el impío; nunca tal hagas. El juez de toda la tierra, ¿no ha de hacer lo que es justo». En esto comienza su lucha. Era un argumento poderoso por medio del cual el patriarca tomó al Señor de su mano izquierda y se la detuvo cuando estaba por hacer caer su fuego. Vino la respuesta. Y se apercibió de que eso no salvaría la ciudad y podéis notar cómo el buen hombre, profundamente apremiado, se retira por pulgadas, hasta que cuando ya no pudo seguir apelando a la justicia, se aferró de la mano derecha de la misericordia de Dios, y eso le dio un maravilloso asidero, cuando al pedir que si había solo diez justos en la ciudad podría ser perdonada. Así tú y yo podemos apelar en cualquier momento a la justicia, la misericordia, la fidelidad, la sabiduría, la paciencia y la ternura de Dios, y descubriremos que cada atributo del Altísimo es un gran ariete con el que podemos abrir las puertas del cielo.

Otra poderosa pieza de artillería en la batalla de la oración es la promesa de Dios.

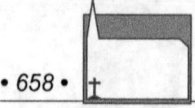

Cuando Jacob estaba del otro lado del arroyo de Jacob, y su hermano Esaú se acercaba con hombres armados, le rogó a Dios que no dejara que Esaú destruyera a la madre y a los hijos, y como razón principal suplicó: «Tú has dicho: Yo te haré bien». ¡Qué fuerza tiene esa súplica! Estaba amarrando a Dios a su Palabra: «Tú has dicho». El atributo es un espléndido cuerno del altar del cual aferrarse. Pero la promesa, que lleva en sí el atributo y algo más, es un nudo mucho más poderoso. «Tú has dicho». Recordad como lo hizo David. Después que Natán le dio a conocer la promesa, David dijo al terminó de su oración: «Haz conforme a lo que has dicho», es un argumento legítimo para cualquier hombre honesto, y «¿Ha dicho y no hará?». «Sea Dios veraz y todo hombre mentiroso.» ¿No será Él veraz? ¿No guardará su Palabra? ¿Es que no todas las palabras que salen de su boca son firmes para ser cumplidas?

En la inauguración del templo, Salomón usa el mismo argumento poderoso. Le suplica a Dios que recuerde la palabra que habló a su padre David, y que bendijera ese lugar. Cuando un hombre da una promesa, su honor está comprometido. Firma con su mano y debe cumplir cuando la fecha llega, de otro modo pierde su crédito. Nunca podrá decirse que Dios no cumple sus compromisos. El crédito del Altísimo no puede ser impugnado, y nunca lo será. Él es puntual. Nunca se anticipa, pero nunca se atrasa. Puedes escudriñar a través de todo este libro, y compararlo con la experiencia del pueblo de Dios, y ambos concuerdan de principio a fin. Y muchos ancianos patriarcas han dicho lo que Josué dijo cuando estaba avanzado en edad: «No ha faltado una de todas las buenas palabras que Jehová vuestro Dios ha dicho de vosotros. Todas han acontecido». Hermano mío, si tienes una promesa divina, no necesitas pedirla con un «si» condicional. Puedes pedir con certeza. Si para la misericordia que estás pidiendo ahora tienes la palabra solamente comprometida por Dios, casi no hay lugar para tomar precauciones en cuanto a someter la petición a su voluntad. Ya sabes que es su voluntad; su voluntad está en la promesa.

Pídele. No le des descanso hasta que Él la haya cumplido. Dios quiere cumplirla, de otro modo nada hubiera prometido.

a) Un tercer argumento que se debería usar es el que usó Moisés: el gran nombre de Dios. ¡Con cuánta fuerza argumentó con Dios en una oportunidad sobre esta base! «Las gentes que hubieren oído tu fama hablarán, diciendo: «Por cuanto no pudo Jehová meter a este pueblo en la tierra de la cual les había jurado, los mató en el desierto». Hay ocasiones en que el nombre de Dios está íntimamente ligado con la historia de su pueblo. A veces confiado en una promesa divina, un creyente no solamente se vería engañado sino el mundo impío que lo observa diría: «¡Ajá!, ¿dónde está tu Dios? Tomemos el caso de nuestro respetado hermano, el Sr. Müller de Bristol. Todos estos años él ha declarado que Dios oye la oración, y firme en esa convicción, se ha entregado a construir casas y más casas para el cuidado de los huérfanos. Puedo muy bien darme cuenta que si fuera llevado al punto de faltarle los recursos para el mantenimiento de ese par de miles de niños, él bien podría usar el argumento: «¿Qué será de tu gran nombre?». Y tú, cuando estés en graves dificultades, si has recibido claramente la promesa, puedes decirle: «Señor, tú has dicho: En seis tribulaciones te librará y en la séptima no te tocará el mal». «He dicho a mis amigos y vecinos que tengo mi confianza puesta en ti, y si no me salvas ahora, ¿qué será de tu nombre? Escúchame, Oh Dios, y haz esto, para que tu honra no sea arrastrada por el polvo».

b) También podemos apelar a los sufrimientos de su pueblo. Esto lo hacen frecuentemente. Jeremías es el gran maestro de este arte. Dice: «Sus nobles fueron más puros que la nieve, más blancos que la leche; más rubios eran sus cuerpos que el coral, su talle más hermoso que el zafiro. Oscuro más que la negrura es su aspecto». «Los hijos de Sión, preciados y estimados más que el oro puro, ¡cómo son tenidos por vasijas de barro, obra de manos de alfarero!». Habla de todos sus pesares y de las estrecheces provocadas por el asedio enemigo. Le pide a Dios que mire a Sión que sufre, y antes que pase mucho son oídos sus gritos lastimeros. Nada resulta tan elocuente para un padre como el grito de su hijito, pero hay una cosa aun más poderosa y es el quejido, cuando el niño está tan enfermo y ya no puede gritar, y yace gimiendo con una clase de quejido que indica un sufrimiento extremo y una intensa debilidad. ¿Quién puede resistir ese gemido? ¡Ah! y cuando el Israel de Dios se encuentra tan abatido que casi no puede gritar, y solamente sus gemidos se oyen, entonces llega el tiempo de la liberación de Dios, y es seguro Él mostrará que sí ama a su pueblo. Queridos hermanos, cuandoquiera que seáis puestos en la misma condición podéis suplicar por medio de gemidos, y cuando veáis que la iglesia está muy abatida puedes usar sus sufrimientos como un argumento por el cual Dios debería volverse y salvar al remanente de su pueblo.

c) Hermanos, es bueno, ante Dios, apelar al pasado. Vosotros, que sois pueblo experimentado de Dios, sabéis como hacer esto. Este es el ejemplo de David al respecto: «Mi ayuda has sido, no me dejas, ni me desampares». Apela a la misericordia que Dios le ha mostrado desde su juventud. Habla de haberse refugiado en su Dios desde su mismo nacimiento, y luego suplica: «Aun, en la vejez y las canas, Oh Dios, no me desampares». Hablando con Dios, Moisés dice: «Tú sacaste a este pueblo de Egipto». Es como si dijera: «No dejes tu obra sin terminar; Tú has comenzado a edificar, completa tu obra. Peleaste la primera batalla, Señor, culmina la campaña. Sigue adelante hasta obtener la victoria completa». Con cuánta frecuencia hemos clamado en nuestra tribulación: «Señor tú me libraste en tal y tal problema grave, cuando parecía que ya no habría ayuda cercana. Sin embargo, nunca me has desamparado. Yo he puesto mi Ebenezer en tu nombre. Si tu intención era abandonarme, ¿por qué me mostraste tales cosas? ¿Has traído a tu siervo hasta este punto para avergonzarlo?». Hermanos, tratemos con un Dios inmutable, que en el futuro hará lo que ha hecho en el pasado, porque él nunca se aparta de su propósito, y no puede ser frustrado en sus designios.

Así el pasado se convierte en un medio poderoso de obtener las bendiciones de Él.

d) Hubo una ocasión en que el profeta Elías hizo uso de la divinidad misma de Jehová en su súplica. Había desafiado a sus adversarios, los que debían probar si sus dioses le responderían por fuego. Ya adivinaréis la emoción que había ese día en la mente del profeta. Con severo sarcasmo decía: «Gritad en alta voz, porque Dios es; quizás está meditando, o tiene algún trabajo, o va de camino; tal vez duerme y hay que despertarle». Y mientras se cortaban con cuchillos y saltaban alrededor del altar, con qué desprecio debe haberlos mirado el hombre de Dios en sus vanos esfuerzos, y en sus gritos fervientes pero inútiles! Pero piénsese cómo palpitaría el corazón del profeta, de no haber sido por su fe, mientras reparaba el altar de Dios, y ordenaba la leña y daba muerte al becerro. Oídlo exclamar: «Derramen agua sobre el sacrificio. Que no haya sospechas de fraude. Que no piensen que hay fuego escondido. Derramen agua sobre el sacrificio». Cuando lo hicieron, les ordena: «Háganlo por segunda vez». Y lo hacen. Entonces les dice: «Háganlo por tercera vez». Cuando está todo cubierto de agua, mojada y saturado, entonces se pone de pie y clama a Dios: «Respóndeme, Jehová respóndeme, para que conozca este pueblo que tú, oh Jehová, eres el Dios». Aquí todo estaba en juego la propia existencia de Dios fue puesta en juego ante los ojos de los hombres por este osado profeta. Pero ¡qué bien fue oído el profeta! Descendió fuego y devoró no solamente el sacrificio, sino aun la madera y las piedras y hasta el agua que estaba en las zanjas, porque Jehová Dios había contestado la oración de su siervo. A veces nosotros podemos hacer lo mismo y decirle: «Oh, por tu Deidad, por tu existencia, si en verdad ya eres Dios, muéstrate ayudando a tu pueblo».

3. Finalmente, el gran argumento cristiano es el de los sufrimientos, la muerte, los méritos, la intercesión de Cristo. Hermanos, me temo que no entendemos qué tenemos a nuestra disposición cuando se nos permite suplicar a Dios en el nombre de Cristo. Me encontré con este pensamiento hace unos

pocos días. Para mí era nuevo, pero creo que no debió haber sido así. Cuando pedimos a Dios que nos oiga, implorando en el nombre de Cristo, normalmente queremos decir: «Oh Dios, tu amado Hijo merece esto de tu parte. Haz esto en mi favor por lo que Él merece». Pero si lo supiéremos podríamos ir más lejos. Supongamos que me dices, siendo tú el custodio de un almacén en la ciudad: «Señor, pase por mi oficina, use mi nombre y dígales que le den tal y tal cosa». Yo voy, uso tu nombre, y obtengo lo que pido por derecho y por necesidad.

Esto es lo que Cristo dice virtualmente: «Si necesitas algo de Dios, todo lo que el Padre tiene, me pertenece; ve y usa mi nombre». Supón que das a una persona tu chequera firmada con los cheques en blanco para que los llene como estime conveniente. Eso estaría muy cerca de lo que Jesús hizo al decir: «Si algo pidiereis en mi nombre, yo lo haré». Si hay una buena firma al pie del cheque puedo estar seguro que lo cobraré cuando lo presente en el banco. Así cuando haces tuyo el nombre de Cristo, con el cual la misma justicia de Dios está endeudada, y cuyos méritos tienen derechos ante el Altísimo, cuando tienes el nombre de Cristo, no tienes por qué hablar con temor y temblor y con el aliento entrecortado. No vaciles y no permitas que tu fe titubee. Cuando oras en el nombre de Cristo has invocado el nombre que hace temblar las puertas del infierno, y que las huestes celestiales obedecen, y hasta Dios mismo siente el sagrado poder de ese divino argumento.

Hermano, harías bien a veces en tus oraciones en pensar más en los dolores y gemidos de Cristo. Presenta delante del Señor sus heridas, dile a Jehová los clamores, los quejidos de Jesús se oigan nuevamente desde Getsemaní, y su sangre hable de nuevo desde el frío Calvario. Habla y dile a Dios que con tales sufrimientos, llantos y gemidos para invocar, no puedes recibir una negativa; argumentos como éstos harán que la respuesta sea pronta.

CONCLUSIÓN

Si el Espíritu Santo nos enseña a ordenar nuestra causa, y a llenar nuestra boca de argumentos, el resultado será que llenaremos nuestra boca de alabanzas.

El que tiene su boca llena de argumentos en oración pronto tendrá su boca llena de bendiciones en respuesta a la oración.

Querido amigo, esta mañana tienes la boca llena, ¿verdad? ¿De qué? ¿Llena de quejas? Ora al Señor que limpie tu boca de toda esa negra basura que de poco te valdrá, y solamente va a amargar tus entrañas uno de estos días. ¡Oh, llena tu boca de oración, llénala, que se llene de argumentos para que no haya lugar para otra cosa! Entonces ven con este bendito bocado, y pronto te irás con lo que has pedido a Dios. Solamente delante en él, y él te dará el deseo de tu corazón.

Se dice (no sé cuanto de verdad haya en ello) que la explicación del texto «Abre tu boca y yo la llenaré», podría encontrarse en una costumbre oriental muy singular. Se dice que no hace mucho (recuerdo el informe de este hecho) el rey de Persia ordenó al jefe de la nobleza abriera la boca, pues había hecho alguna cosa que le había agradado mucho y cuando la hubo abierto, comenzó a poner perlas, diamantes, rubíes, y esmeraldas en ella hasta llenarla con cuanto pudiera contener, y entonces lo dejó ir. Se dice que esto se hacía ocasionalmente en las cortes orientales para premiar a los grandes favoritos. Ahora bien, sea o no una explicación del texto, de todos modos es una ilustración de lo que dice. Dios dice: «Abre tu boca, con argumentos», y entonces la llamará con misericordias inapreciables, gemas de valor inexpresable. ¿Por qué no querría una persona abrir la boca para que sea llena de esa forma? Ciertamente el más simple entre vosotros es bastante sabio para hacer eso. Entonces, abramos bien nuestra boca cuando estemos orando a Dios. Nuestras necesidades son grandes, que nuestro pedir sea grande, y la provisión será grande también. La estrechez tuya no está en Él; tú estrechez está en tus entrañas. Que el Señor te dé una boca amplia en oración, gran potencia, no en el uso del lenguaje, sino en el empleo de argumentos.

Lo que he estado diciendo al creyente, en gran media es aplicable al inconverso.

Dios te dé el que puedas ver la fuerza de ello, y huyas en humilde oración al Señor Jesucristo, para que encuentras vida eterna en Él.

74. NUESTRA ORACIÓN PÚBLICA

«Oraré con el espíritu, pero oraré también con el entendimiento» (1 Corintios 14:15).

INTRODUCCIÓN: La predicación del Evangelio produce verdadera adoración.

I. LA ORACIÓN LIBRE Y ESPONTÁNEA
1. La oración improvisada es más espiritual que la litúrgica.
2. No hemos de olvidar que estamos ante el Dios del cielo.
3. El Señor sea el único objeto de la oración
4. Evitar vanas repeticiones poéticas.
5. Nunca tengáis una oración llena de amor propio.

II. DIRECCIÓN DE LA ORACIÓN PÚBLICA
1. La oración para preparar para el sermón haa de ser ardiente.
2. No debe ser extensa.
3. No hay que usar frases altisonantes.

III. USO DE TEXTOS BÍBLICOS EN LA ORACIÓN
1. No usar mal la Escritura en la oración.
2. No usar más palabras de las necesarias.
3. Ser libres de reglas rutinarias.
4. Variad la duración de esas oraciones.
5. Evitar excitar el fervor espurio.

CONCLUSIÓN: El éxito de la oración publica es la oración privada

NUESTRA ORACIÓN PÚBLICA

INTRODUCCIÓN

Los episcopales se han jactado algunas veces de que los fieles van a sus iglesias a orar y adorar a Dios, mientras que los miembros de otras no se reúnen si no es para escuchar sermones meramente. Nuestra contestación a esto es, que sí bien puede haber algunos profesores que sean culpables de esta falta, no sucede lo mismo con respecto al pueblo de Dios entre nosotros, pues éste se forma de las únicas personas que siempre tendrían verdadera devoción en cualquiera iglesia. Nuestras congregaciones se reúnen con el fin de adorar a Dios, y aseguramos, teniendo en qué fundarnos para hacerlo así, que hay tanto de verdad y de oraciones aceptables ofrecidas en nuestros cultos ordinarios No conformistas, como puede haberlas en los mejores y más pomposos de la Iglesia de Inglaterra.

Además, si dicha observación lleva por objeto implicar que el escuchar sermones no es adorar a Dios, se apoya en un grande error, porque oír el Evangelio es en verdad, una de las partes más interesantes de la adoración tributada al Altísimo. Es un ejercicio mental, cuando se practica de un modo debido, en que se ponen en juego para actos devocionales, todas las facultades del hombre espiritual. El acto de escuchar reverentemente la Palabra ejercita nuestra humildad, ilustra nuestra fe, nos llena de radiante alegría, nos inflama de amor, nos inspira ardiente celo y nos eleva el alma a la mansión celestial. Muchas veces un sermón ha sido una especie de escala de Jacob en la que hemos visto a los ángeles de Dios subir y bajar, y en cuya cima está el mismo Dios que ha celebrado pacto con nosotros. Con frecuencia hemos sentido cuando Dios ha hablado por medio de sus siervos las siguientes palabras a nuestras almas: «Esto no es otra cosa que la casa de Dios y la misma puerta del cielo». Hemos magnificado el nombre del Señor y alabándolo con toda la efusión de nuestro corazón, mientras ha estado hablándonos por medio de su Espíritu que ha comunicado a los hombres. De aquí es que no existe la grande distinción entre la predicación y la oración, que algunos quisieran que admitiéramos, porque la una parte del culto, va por su naturaleza a dar a la otra, y el sermón con frecuencia inspira la oración y el himno. La verdadera predicación es una aceptable adoración de Dios, por la manifestación que se hace de sus divinos atributos. El testimonio que se da a su Evangelio que prominentemente le glorifica, y la obediencia con que se escucha la verdad revelada, son una forma aceptable de adoración al Altísimo, y quizá una de las más espirituales que el entendimiento humano puede ejecutar. Con todo, como nos dice el antiguo poeta romano, es conveniente que recibamos lecciones de nuestros enemigos; por tanto, bien puede ser que nuestros opositores en liturgia nos hayan indicado lo que es, en algunos casos, un lado débil en nuestros cultos públicos. Es de temerse que nuestros ejercicios piadosos no estén siempre modelados en la mejor forma, o presentados de la manera más recomendable. Hay casas de reunión en que las oraciones que se hacen no son tan devotas ni tan cordiales como se desearía; en otras, se halla la cordialidad tan aliada con la ignorancia, y la devoción tan adulterada como un lenguaje altisonante, que ningún creyente dotado de buena inteligencia puede asistir al culto con placer. Orar en el Espíritu Santo no es cosa muy general entre nosotros, no que todos oren tanto con el entendimiento como con el corazón. Hay algo que puede mejorarse, y en ciertos lugares, hay una urgente necesidad de que esto se haga. Permitidme pues, hermanos, que encarecidamente os recomiende tengáis la precaución de no hacer que desmerezcan vuestros cultos con vuestras oraciones; haceos la firme resolución de que todo lo que se relacione con el santuario sea de la mejor calidad.

I. LA ORACIÓN LIBRE Y ESPONTÁNEA

Estad seguros: la oración libre y espontánea es la más bíblica, y debe ser la forma más excelente de las súplicas públicas.

Sí perdéis la fe en lo que estáis haciendo, nunca lo haréis bien; fijad en vuestra mente, por lo mismo, que en presencia del Señor estáis tributándole adoración de un modo garantizado por su divina Palabra y aceptado por Él. La expresión «oraciones leídas» a que estamos tan acostumbrados, no están en las Santas Escrituras, ricas como son en palabras para dar dirección a los pensamientos religiosos; y tal frase no se halla en ellas, porque la cosa misma no existía. ¿En qué parte de los escritos de los apóstoles podemos encontrarnos con la idea desnuda de una liturgia? La oración en las congregaciones de los primitivos cristianos no estaba restringida a ninguna forma de palabras. Tertuliano escribe: «Oramos sin admonitor, porque oramos de corazón» *Denique sine monitore, quia de pectore oramus* (*Tertulliani Apologet.* c. 30). Justino mártir describe al ministro que presidía los cultos, como orando «según su habilidad». (Justin Martyr, *Apologet.* 1. c. 68, p. 270. Ed. Otto). Sería difícil descubrir cómo y cuándo tuvieron principio las liturgias; su introducción fue gradual y según creemos, coextensiva con la decadencia de la pureza en la Iglesia. La admisión de ellas por los No conformistas, marcaría clara la era de nuestra decadencia y caída. La naturaleza de este asunto me tienta a extenderme más sobre él, pero no es el punto de que vengo tratando, y por lo mismo lo dejo en tal estado, no sin advertiros que hallaréis el expresado asunto de las liturgias hábilmente tratado por el Dr. John Owen, a quien haréis bien en consultar Discourse concerning Liturgies and their Imposition. (Vol. V. Owens works, Goolds edition).

1. Tengamos especial cuidado en probar la superioridad de la oración improvisada y espontánea, haciéndola más espiritual y fervorosa que la devoción litúrgica.

Es una gran lástima que un oyente se vea obligado a hacer la observación de que su ministro predica mejor de lo que ora. Esto no es tomar por modelo a nuestro Salvador que hablaba como nadie habló e impresionó con sus oraciones de tal manera a sus discípulos, que éstos decían Señor, enséñanos a orar. Todas nuestras facultades deben concentrar su energía, y al hacer la oración pública todo nuestro ser debe elevarse a un punto más alto de vigor, y mientras el Espíritu Santo bautizará el alma y el espíritu con su sagrada influencia; pero una palabrería desaliñada, incoherente y sin vida, pronunciada a guisa de oración, sólo para llenar cierto espacio de tiempo en el culto, es cosa cansada para el hombre y abominable para Dios. Si la oración libre hubiera sido siempre de un modo más elevado, nunca se habría pensado en la liturgia, y las formas de oración que hoy se usan no tienen otra disculpa que la debilidad de la devoción espontánea y de las oraciones improvisadas. Y esto consiste en que no somos tan realmente devotos de corazón como deberíamos ser. Debemos tener una comunión habitual con Dios, so pena de que nuestras oraciones públicas sean insípidas o de rutina. Si no se derritiera el hielo en las cuevas que se hallan en las cimas de las montañas, no bajarían de ellas arroyuelos bulliciosos a dar alegría a los valles. La oración privada es el medio más a propósito de que debemos valernos parra disponernos a la práctica de nuestros ejercicios más públicos; no debemos, pues, ser negligentes en ella, si no queremos exponernos a fracasar cuando tengamos que orar ante la gente.

2. Nuestras oraciones no deben arrastrarse nunca por la tierra; deben sublimarse y ascender. Necesitamos dar forma a nuestra mente en un molde celestial. Nuestras solicitaciones al trono de la gracia necesitan ser solemnes y humildes, no petulantes y estruendosas, o formales y hechas con dejadez. La forma coloquial del discurso es impropia ante el Señor; debemos inclinarnos ante él con la más reverente y humilde sumisión. Es cierto, podemos hablar francamente con Dios, pero no lo olviden: Él está en el cielo y nosotros en la tierra; evitemos de consiguiente toda presunción. Al orar nos ponemos de un modo especial ante el trono del infinito; y así como el cortesano en el palacio del rey pone otro semblante y observa otros modales distintos de los acostumbrados ante los demás cortesanos sus compañeros, también es preciso que pase con nosotros. Hemos notado en las iglesias de Holanda que tan pronto como el ministro comienza a predicar todo el mundo se pone su sombrero; pero en cuanto comienza a orar, todos en el acto se lo quitan.

Ésta fue la costumbre observada en las antiguas congregaciones puritanas de Inglaterra, y que por mucho tiempo se practicó entre los bautistas; tenían los concurrentes puestos sus sombreros durante aquellas partes del culto que en su concepto no envolvían una adoración directa, pero se descubrían tan pronto había un directo acercamiento a Dios ya fuese en cánticos o en oración. Me parece que esa práctica es impropia, y errónea la razón que para ella se tenga. He insistido en demostrar que la diferencia entre la oración y un sermón no es grande y estoy cierto de que nadie intentaría volver a esa antigua costumbre o a dar cabida a la opinión que la hizo establecer; pero con todo, hay alguna, y como quiera que en la oración estamos hablando directamente con Dios, más bien que buscando la edificación de nuestros semejantes, debemos quitarnos el calzado porque el lugar en que estamos es un terreno santo.

3. Que únicamente el Señor sea el objeto de vuestras oraciones. Cuidaos de dirigir de algún modo la vista a los oyentes; cuidaos de haceros retóricos para agradar a los que escuchan. La oración no se ha de transformar en un sermón oblicuo. Hay algo de blasfemo en hacer de la piedad un motivo de ostentación. Las oraciones pulidas son por lo general malas oraciones. En la presencia del Señor de los Ejércitos, cuadra mal a un predicador hacer gala de las plumas y oropeles de un sermón chabacano, con miras a ganarse los aplausos de sus semejantes. Los hipócritas que se atreven a conducirse de ese modo, tendrán a no dudarlo su recompensa; pero recompensa que por cierto, no debemos envidiar. Una grave sentencia de condenación recayó sobre un ministro cuando lisonjeándole se decía que su oración era la más elocuente de cuantas se habían ofrecido en una congregación de Boston. No se nos quita que procuremos excitar los sentimientos y las aspiraciones de los que oyen nuestra oración; pero cada una de las palabras y pensamientos de ella, deben elevarse a Dios, y solo de ese modo impresionan al auditorio para llevar a los que lo forman, Juntamente con sus necesidades, a la presencia del Señor. No echéis en olvido a la gente en vuestras oraciones, pero al dar a éstos forma, no llevéis la innoble mira de conquistar aplausos (mirad al cielo, miradlo sin cesar).

Evitad toda clase de vulgaridades en la oración. Me veo obligado a confesar que he oído algunas, pero de nada serviría que las trajera a colación, tanto menos, cuanto que cada día se hace más raro escucharlas.

Pocas veces en efecto, sucede ahora que nos encontremos en la oración con esas vulgaridades que eran en un tiempo tan comunes en los cultos de oración celebrados por los metodistas; más comunes probablemente según lo que de ellos se decía, que lo que eran en realidad. La gente poco ilustrada debe, cuando lo hace de corazón, orar del modo que pueda, y quizá su lenguaje a veces no suene bien a los melindrosos y aun a los devotos; pero es necesario verles con indulgencia, y si su espíritu es evidentemente sincero, no podremos menos que sentirnos inclinados a perdonarles sus expresiones inconvenientes. Recuerdo que una vez oí en un culto de oración, a un buen hombre orar así: «Señor, vela por estos jóvenes durante el tiempo de las fiestas, pues bien sabes, Señor, que sus enemigos los asechan, como los gatos asechan los ratones». Hubo personas que ridiculizaron esa expresión, pero a mí me pareció natural y expresiva, considerando qué clase de persona era la que la usaba. Una ligera y suave instrucción, y una o dos indicaciones, bastarán por regla general para evitar que se repita algo que pueda ser vituperable en tales casos; pero nosotros los que ocupamos el púlpito debemos cuidar mucho de vernos libres de toda culpa. El biógrafo del notable predicador americano metodista, Jacob Gruber, cita como un ejemplo de su viveza, que después de haber oído a un joven ministro calvinista atacar su credo de una manera violenta, se le pidió que concluyera con una oración, y entre otras peticiones, hizo al Señor la de que bendijera al joven que había estado predicando, y le concediera la gracia bastante para que «su corazón se hiciese tan blando como su cabeza». No diremos nada del mal gusto manifestado con esa animadversión pública hacia un ministro que se tiene por compañero; pero cualquier hombre sensato echará luego de ver que el trono del Altísimo no es el lugar a propósito para hacer ante él una crítica tan vulgar. Muy probablemente merecía el joven orador un castigo por su falta de caridad; pero a la vez el de mayor edad, por su parte, pecó diez veces más por su falta de reverencia. Las palabras escogidas son para el Rey de reyes, y no las profanadas por una lengua imprudente.

4. Otra falta que asimismo tiene que evitarse en la oración es una profana y cansada superabundancia de expresiones patéticas Cuando los adjetivos «Querido Señor», y «Bendito Señor», y «Dulce Señor», se prodigan como vanas repeticiones, han de contarse entre las peores manchas. Confieso que no me repugnaría oír las palabras: «Querido Jesús», siempre que vinieran de los labios de un Rutherford, de un Hanker o de un Herbert; pero cuando escucho palabras frívolas y familiares traídas a remolque por personas que de ninguna manera se distinguen por su espiritualidad, desearía de buena gana que los que tal hacen pudiesen de algún modo comprender mejor cuál es la verdadera relación que existe entre el hombre y Dios. La palabra «querido» en fuerza de tanto usarla se ha hecho tan común e insignificante, y es en algunos casos un epíteto tan impertinente y afectado, usándolo mucho en –digámoslo así– nuestras oraciones, no es cosa que pueda edificar.

Puede también objetarse enérgicamente contra la constante repetición de la palabra «Señor», que ocurre en las primeras oraciones que pronuncian los jóvenes convertidos y aun en las de los estudiantes. Los adjetivos: «¡Oh Señor! ¡Oh Señor! ¡Oh Señor!», nos cargan cuando los oímos tan sumamente repetidos. «No tomarás el nombre del Señor tu Dios en vano» es un gran mandamiento, y aunque la ley puede transgredirse inadvertidamente, con toda su transgresión es un pecado –muy grave por cierto. El nombre del Señor no es un cubre faltas de que debemos echar mano cuando nos faltan palabras. Cuidad, pues, de usar con la mayor reverencia el santo nombre del infinito Jehová. Los judíos en sus escritos sagrados, o dejaban un espacio para la palabra «Jehová», o escribían en lugar de ella la de «Adonai», por juzgar a aquel santo nombre demasiado sagrado para el uso común; no necesitamos ser supersticiosos, pero bueno seria que fuéramos escrupulosamente reverentes. Bien podemos pasárnosla sin una profusión de: «¡Oh!», y otras interjecciones por el estilo, que los jóvenes oradores no tienen, a menudo, empacho en prodigar.

5. Evitad esa clase de oración a la que puede llamársele (aunque el asunto es tal que para su designación no hallamos en el lenguaje vocablos adecuados), una especie de exigencia perentoria tenida para con Dios. Es muy hermoso el espectáculo que presenta un hombre que lucha con Dios diciéndole: «No te dejaré ir antes de que me bendigas»; pero eso debe decirse con la mayor mansedumbre, no con un espíritu de fanfarronería propio del que se cree con derecho merecido para exigir bendiciones al Señor de cuanto hay. No echéis en olvido que es un hombre el que lucha, por mas que eso le sea permitido, con el eterno «Yo soy». Jacob quedó con el muslo lastimado después del santo conflicto que tuvo aquella noche, para hacérsele ver así que Dios es terrible, y que la victoria que logró alcanzar no fue efecto de una fuerza que existiese en él mismo. Se me ha enseñado a decir «Padre nuestro», pero es con todo, «Padre nuestro que estás en los cielos». Puede haber familiaridad, pero una santa familiaridad; intrepidez, pero esa intrepidez que nace de la gracia y es obra del Espíritu Santo; no la audacia del rebelde que yergue una frente impúdica en la presencia de su rey ofendido, sino la confianza de un niño que teme a su padre porque le ama, y le ama porque le teme. Nunca adoptéis, pues, un estilo de oración lleno de amor propio y de imprudencia. Dios no tiene que ser asaltado como antagonista, sino suplicado como nuestro Señor y Dios. Seamos humildes de corazón y oremos así.

Orad cuando hagáis profesión de hacerlo, y no perdáis el tiempo hablando sobre la oración. Los hombres de negocios dicen: «Un lugar para cada cosa, y cada cosa en su propio lugar»; así, predicad en el sermón, y orad en la oración. Los preámbulos sobre nuestra necesidad de auxilio en la oración no constituyen la oración. ¿Por qué pues no empiezan los hombres a orar? ¿Por qué tardan y titubean? En lugar de decir lo que deben hacer y quieren hacer ¿por qué no empiezan en el nombre de Dios a hacerlo?

Dirigíos a la intercesión enérgicamente, y poned vuestro rostro hacia el Señor. Pedid la satisfacción de las necesidades grandes y constantes de la iglesia, y no dejéis de presentar con el fervor más devoto las exigencias especiales del tiempo en que estéis y del auditorio que tengáis. Haced mención de: los enfermos, los pobres, los moribundos, los paganos, los judíos y de toda clase de hombres necesitados, tanto cuanto todos ellos os afecten el corazón. Rogad por nuestro pueblo como compuesto de santos y de pecadores, y no como si todos fueran santos. Haced mención de los jóvenes y de los ancianos; de los serios y de los indiferentes; de los devotos y de los que apostatan. Nunca os apartéis a diestra ni a siniestra, sino seguid el camino de oración ferviente. Sean verdaderas y prácticas vuestras confesiones del pecado y acciones de gracias; y sean ofrecidas vuestras peticiones como si creyereis en Dios y no pusierais en duda la eficacia de la oración; digo esto, porque las oraciones de muchos son tan formales que los oyentes no pueden menos de concluir que en su concepto la oración es una práctica muy decente, pero que no va seguida de ningún resultado provechoso al hombre. Rogad como los que han tenido ocasión de probar a Dios y que por esto vienen con toda confianza a hacer otras peticiones; y os suplico que no dejéis de rogar a Dios en todo el curso de vuestras oraciones, no mezclando nunca con ellas pláticas o predicaciones, ni mucho menos, según lo hacen algunos, represiones y murmuraciones.

II. DIRECCIÓN DE LA ORACIÓN PÚBLICA

Por regla general dirigid la oración principal vosotros mismos siempre que seáis llamados a predicar; y si fueseis estimados mucho en el ministerio, resultado que pido a Dios, procurad con toda cortesía, pero con igual firmeza, resistir la práctica de solicitar a hombres que ofrezcan la oración, a fin de honrarlos dándoles algo que hacer. Nuestras devociones bíblicas nunca se deben degradar aprovechando oportunidades, para hacer cumplidos. He oído cómo se llama algunas veces a la oración y al canto «los servicios preliminares», como si fueran solo prefacio del sermón; yo creo que esto es raro entre nosotros; si fuera común, sería un defecto muy grave. Yo procuro invariablemente dirigir todo el culto por mi propio bien, y creo que también que por conseguir el de la congregación. A mi modo de ver, no es verdad que cualquiera persona puede dirigir la oración. No, señores, tengo la convicción solemne de que la oración es una de las partes del culto más importante, más provechosa y más honorable, y que se debe considerar aún más que el sermón. No debemos pedir a cualquiera que dirija la oración, y después elegir al hermano más capaz como predicador. Puede suceder que por debilidad corporal o en alguna ocasión especial, el ministro necesite el auxilio de un hermano y le pida que ofrezca la oración; pero si el Señor os ha hecho amar vuestro trabajo, no cumpliréis a menudo ni prontamente con esta parte de él en la persona de otro. Si a veces delegáis el servicio a otra persona, que sea una en cuya espiritualidad y aptitud actual tengáis la confianza más amplia; pero designar repentinamente a un hermano desprevenido a insistir que dirija las devociones me parece vergonzoso. ¿Serviremos al cielo con un respeto menos que con el que nos ministramos a nosotros mismos, siendo como somos tan poco dignos? Pedid al hombre más capaz que ore, y dejad que se pase ligeramente el sermón, antes que el acceso a Dios se menosprecie. Sirvamos a Jehová lo mejor que podamos: que se considere con mucho cuidado, y se presente con toda la fuerza de un corazón despierto y un entendimiento espiritual la oración que sea dirigida a la Majestad Divina. El que se ha preparado a predicar, comunicándose con Dios, ordinariamente tiene la mayor aptitud para dirigir la oración y formar un programa que pone a otro hermano en su lugar, trastorna los servicios, defrauda al predicador un ejercicio que le fortalecería para presentar su sermón, y muchas veces puede sugerir comparaciones entre las diferentes partes del culto, cosa que nunca se debe tolerar. Si hermanos desprevenidos son enviados por mi al púlpito para que me sirvan con sus oraciones cuando yo tengo que predicar, no puedo entender por qué no me sea permitido orar, y entonces retirarme y dejar a estos hermanos que prediquen. No puedo ver ninguna razón para quitarme el ejercicio más santo, precioso y provechoso que mi Señor me ha concedido; si puedo elegir, cederé el sermón antes que la oración. He dicho todo esto para inculcaros la persuasión de que debéis estimar de un modo especial la oración pública, y pedir al Señor los dones y las gracias necesarias para que podamos cumplir con este deber fielmente. Los que menosprecian toda clase de oraciones espontáneas, sin duda harán uso de lo que he dicho en contra de ellas; pero puedo asegurarles que las faltas referidas no son comunes entre nosotros, y a la verdad se han extinguido a la vez que el escándalo causado por ellas, que nunca fue ni aun en su peor forma, tan grande como el causado por el modo con que se hace muchas veces el servicio litúrgico. Con demasiada frecuencia el culto de la iglesia se precipita de un modo tan indevoto, como si fuera la canción de un cantor de jácaras. Se repiten las palabras sin la más mínima apreciación de su significado, de suerte que sucede no raras veces sino frecuentemente en los templos episcopales, que podéis ver los ojos de la congregación y de los coristas, y aun los del ministro mismo, vagar en todas direcciones, mientras según el tono mismo de la lectura, es evidente que no hay sentimiento alguno de simpatía con lo que se ha leído. Es simplemente justo admitir y lo hago con mucho gusto, que en estos últimos años esta falta ha disminuido más y más. He asistido a los cultos fúnebres cuando el oficio de difuntos de la Iglesia de Inglaterra se ha hecho a la ligera y de una manera tan indecorosa, que me fue necesaria toda la gracia que poseía para reprimirme y no tirar un banquillo a la cabeza del que funcionaba; me sentí tan molesto que no supe qué hacer, al oír, en presencia de los dolientes cuyos corazones estaban derramando sangre, a un hombre que repetía el oficio como si recibiera una cantidad por cada culto, y por lo tanto quisiera acabar éste lo más pronto posible para comenzar otro. No puedo figurarme qué efecto esperaba producir, o qué resultado efectuar, por palabras forzadas y

Seguimiento, Discipulado, Oración ...

proferidas con venganza y vehemencia. Es triste a la verdad pensar en el modo con que se mata y se hace abominación ese oficio de difuntos tan admirable, por el modo con que se lee frecuentemente. Hago mención de esto, sólo para indicar que si los episcopales critican con demasiada severidad nuestras oraciones espontáneas podemos hacerles callar presentando esta recriminación formidable. Pero sin duda alguna seria mucho mejor enmendar nuestras costumbres que criticar las de otros.

1. Para que una oración pública sea lo que debe ser, es preciso que dimanice del corazón. Un hombre debe ser realmente sincero en sus súplicas. La oración ha de ser verdadera y, si lo es, cubrirá como la caridad una muchedumbre de pecados. Podéis perdonar las familiaridades de un hombre y también sus vulgaridades, si veis claramente que de lo más íntimo de su corazón está hablando a su Creador, y que sus faltas son debidas solo a los defectos de su educación y no a vicios morales o espirituales de su corazón. El que ora públicamente debe ser ardiente, porque no puede haber peor preparación para un sermón que una oración soporífera. ¿Qué cosa puede fastidiar a los hombres de la casa de Dios, más que una oración inerte? Poned toda vuestra alma en tal ejercicio. Si toda vuestra energía puede interesarse en una cosa, que lo sea en acercarse a Dios públicamente. Rogad de tal modo que podáis, por un atractivo divino llevar a toda la congregación con vosotros hasta el trono de Dios. Orad de tal modo que por el poder del Espíritu Santo descansando sobre vosotros expreséis los deseos y los pensamientos de todo el auditorio, y os constituyáis en voz ardiente de fervor ante del trono de Dios, intercediendo por los cientos de corazones palpitantes al sentirla.

2. Además de esto, nuestras oraciones deben ser a propósito. No quiero decir que debemos entrar en cada detalle minucioso, de las circunstancias de la congregación. Como he dicho antes, no hay necesidad de hacer mención en la oración pública de todos los sucesos de la semana, ni de conmemorar todos los nacimientos, muertes y matrimonios de vuestros feligreses, pero el corazón cuidadoso del ministro debe notar todos los movimientos generales que han acontecido en la congregación; debe recordar tanto los gozos como las tristezas de su congregación delante del trono de gracia, y pedir que la bendición divina descanse sobre su rebaño en todos sus movimientos, sus ejercicios, quehaceres y empresas santas, y que el perdón de Dios se extienda a sus cortos alcances y pecados innumerables. Además, por vía de precepto negativo, os aconsejaría que no fueseis prolijos en la oración. Creo que fue Juan Macdonald quien decía: «Si estáis en el espíritu de la oración, no os extendáis demasiado, porque puede haber muchos que hallen dificultad en seguiros en tal espiritualidad; y si no estáis en él, no os extendáis tampoco, porque entonces podéis estar ciertos de que fatigaréis al auditorio». Livingstone dice respecto de Roberto Bruce de Edinburgh, el contemporáneo famoso de Andrés Melville: «Ningún otro hombre de su tiempo manifestó tanta convicción y energía como las que a él confiriera el Espíritu Santo. Ningún otro tuvo tantas pruebas de conversión de las almas, y muchos de sus oyentes hasta pensaban que nadie desde el tiempo de los apóstoles había hablado con tanto poder como él. Cuando otros estaban presentes, ofrecía oraciones muy breves; pero cada una de sus sentencias era como un rayo lanzado a los cielos. Le oí decir que se fastidiaba cuando otros ofrecían oraciones largas; pero que estando solo, empleaba mucho tiempo orando, si se quiere, con importunidad». Uno puede, en ocasiones especiales, si se afecta en extremo y se transporta fuera de si mismo, ocupar veinte minutos en la oración principal de la mañana; pero esto no debe suceder con frecuencia. Mi amigo el Dr. Carlos Brown de Edimburgo, dice, como resultado de su juicio meditado, que una oración pública no se debe extender más de diez minutos. Nuestros antepasados solían orar por tres cuartos de hora cuando menos; pero debéis recordar que no podían estar seguros de tener otra oportunidad para hacerlo ante una reunión, y por tanto oraban hasta saciarse. Además, en esos tiempos, la congregación no se inclina-

ba a quejarse de la duración de las oraciones o de los sermones tanto como algunos lo hacen ahora. No podéis orar demasiado tiempo en secreto, por mucho que lo hagáis. No os limitamos cuando hagáis esto, a diez minutos ni a diez horas, ni aun a diez semanas. Cuanto más os pongáis de rodillas solos, tanto mejor será el efecto que obtengáis así para vosotros como para vuestras congregaciones. Estamos hablando ahora de las oraciones públicas que vienen antes del sermón o después de él, y para éstas, diez minutos son mejor límite que quince. Solo una persona entre mil se quejará de vosotros con motivo de que vuestras oraciones son demasiado breves, pero muchas murmurarán de la duración fastidiosa de ellas. Dijo Jorge Whitfield una vez hablando de un predicador: «Excitó en mí un buen estado de espíritu por su oración, y si hubiera parado entonces habría sido un bien pero me quitó tal estado al seguir orando más tiempo». La suma tolerancia del Señor se ha hecho patente al no infligir un castigo a algunos predicadores que han pecado en gran manera en este aspecto. Han hecho mucho mal a la piedad del pueblo de Dios con sus dilatadas y fútiles oraciones, y, con todo, el Señor en su misericordia les ha permitido seguir oficiando en el santuario. ¡Desgraciados los que tienen que escuchar a un pastor muy cerca de media hora, después de cuyo tiempo suplican a Dios excuse su involuntario laconismo! No os extendáis demasiado por diversas razones: primero, porque al fatigaros fatigaréis a la gente; segundo, porque con la duración de vuestras oraciones haréis que el auditorio se distraiga de sus meditaciones para prestar oídos al sermón. Todas esas áridas, pesadas y prolijas pláticas en la oración no hacen más que embotar la atención de los oyentes cuyos oídos, digámoslo así, se saturan de palabras. Nadie teniendo por objeto asaltar la puerta del oído, la obstruiría con lodo y piedras. No, quitad de la puerta toda clase de obstrucciones, para que el ariete del Evangelio produzca su propio efecto cuando llegue el tiempo de usarlo. Las oraciones largas consisten en repeticiones o en explicaciones superfluas que Dios no requiere, o degeneran en puras predicaciones, de suerte que no hay diferencia entre la oración y la predicación excepto que en aquélla el ministro tiene sus ojos cerrados, y en ésta los mantiene abiertos. No es necesario repasar en nuestras oraciones el Catecismo de Westminster, ni repetir la experiencia de todo el pueblo presente, ni aun la vuestra. No se nos exige que nuestras oraciones consistan en una serie de textos bíblicos ni que citemos a David y Daniel y Job y Pablo y Pedro y todos los demás bajo el titulo de «tu siervo antiguo». Es necesario que en vuestras oraciones os acerquéis a Dios, pero no se os exige que multipliquéis vuestras palabras hasta que todos los oyentes deseen oír el «Amén». No puedo menos de daros otro consejo pequeño: nunca causéis la impresión de que estáis concluyendo vuestra oración, y entonces continuéis orando cinco minutos más. Cuando el auditorio supone que estáis para terminar, no puede de repente proceder con un espíritu devoto. He asistido a cultos en que los predicadores nos han atormentado con la esperanza de que estaban concluyendo, y entonces comenzaron de nuevo dos o tres veces, algo que es imprudente y fastidioso.

3. Otro canon es éste: No hagáis uso de frases altisonantes. Hermanos míos, evitad por completo estas cosas impropias; ya que han tenido su época de vida, dejadles ahora que mueran en paz. Estas piezas de oratoria espiritual, nunca serán rechazadas suficientemente con toda justicia. Algunas de ellas son puras ficciones, otras son pasajes sacados de obras apócrifas; otras son textos que en un tiempo fueron citados de la Biblia, pero que se han adulterado de tal manera, que es casi imposible reconocerlos como palabras del Autor Divino. En el Magazine Bautista del año de 1861, hice las observaciones siguientes sobre las vulgaridades más familiares que se oían en los cultos de oración: Las frases altisonantes son un gran mal. ¿Quién puede justificar expresiones tales como éstas: «No queremos precipitarnos en tu presencia, así como el caballo indiscreto lo hace en la batalla?». Como si la discreción pudiera ser alguna vez la cualidad del caballo, y como si no

fuera más meritorio imitar la ligereza y energía de este animal, que la pesadez estúpida del asno. Como el verso de que en concepto nuestro, se deriva esta bizarra sentencia, incita más al pecado que a la oración, no puedo mas que regocijarme al ver que dicha frase está bloqueada ya». «Id de corazón en corazón, como el aceite de vasija en vasija», es probablemente una cita tomada de las historias infantiles de Alí Babá y los cuarenta ladrones, pero tan destituida de poesía y de sentido, no digo bíblico, pero ni aun común, que apenas podrá concebirse alguna otra que la iguale. No sabemos que el aceite fluye de una vasija a otra de un modo misterioso o admirable; es verdad que tarda mucho a veces en salir, y por tanto es símbolo propio de la energía de algunos; pero seguramente sería mejor recibir la gracia directamente del cielo que de otra vasija, según la idea papal que en sentir nuestro se desprende de la metáfora si es que puede tener significado alguno. «Tú, pobre polvo indigno» es un epíteto que se aplican en general sí mismos los hombres más orgullosos de la congregación, y frecuentemente los más avarientos y bajos, y en tales casos las palabras son bastante a propósito. Hemos oído hablar de un buen hombre que orando por sus hijos y nietos, fue tan completamente obcecado por la influencia engañosa de esta expresión, que exclamó: «¡Señor, salva a tu polvo, y al polvo de tu polvo, y al polvo de tu polvo de tu polvo». Cuando Abraham pronunció estas palabras: «Me he hecho el ánimo de hablar al Señor, no obstante que no soy sino ceniza y polvo», tal exclamación fue enérgica y expresiva; pero ya que se cita en una forma tan impropia y mal entendida, sería mejor que cuanto antes fuese reducida a su elemento propio. Una lista desatinada de textos bíblicos mal interpretados, de sonrisas incultas y de ridículas metáforas, constituyen una especie de jerigonza espiritual, resultado de una profana ignorancia, de una enervada imitación, o de una hipocresía sin gracia alguna; a la vez que deshonran a los que constantemente las repiten, son perjudiciales e insoportables para aquellos cuyos oídos se han cansado de ellas.

III. USO DE TEXTOS BÍBLICOS EN LA ORACIÓN

El Dr. Carlos Brown de Edimburgo en una alocución admirable pronunciada en una reunión de la Sociedad Misionera del Colegio Nuevo, nos da ejemplos de citas falsas aclimatadas en Escocia, y que también se encuentran a veces al otro lado del Tweed. Con su permiso citaré un pasaje largo de la alocución: «Hay lo que se puede llamar una mezcla desafortunada y a veces muy grotesca de textos bíblicos. ¿Quién ignora las palabras siguientes dirigidas a Dios en oración: «Tú eres el Alto y Sublime que habitas en la eternidad y en las alabanzas de ella». Esta expresión es una mezcla de dos textos gloriosos cuando se consideran uno por uno separadamente, pero que se han adulterado, y el uno se echa a perder completamente cuando se combina y mezcla con el otro de semejante modo. El uno es Isaías 57:15 «Así dijo el Alto y Sublime, el que habita en la eternidad, y cuyo nombre es el Santo». El otro es Salmos 22:3 «Tú empero eres Santo, tú que habitas entre las alabanzas de Israel». Habitar las alabanzas de eternidad es por lo menos poco expresivo, puesto que no hubo alabanzas en que habitar en la eternidad pasada. Pero ¡cuánta gloria hay en el pensamiento de que Dios condesciende en habitar, es decir, en tener su residencia en las alabanzas de Israel que significa la iglesia redimida. Además, hay otro ejemplo igualmente grotesco que pertenece a la misma clase, y del cual se hace uso con tanta frecuencia que probablemente se considera por la mayor parte de los cristianos como sancionado por la Biblia. Es este: «Quisiéramos poner la mano sobre la boca, y la boca en el polvo y exclamar ¡inmundos, inmundos!; Dios, sé propicio para con nosotros, pecadores». En esta expresión encontramos por lo menos cuatro textos mezclados, cada uno muy hermoso en si mismo. El primero está en Job 39:37 «He aquí que soy vil: ¿qué te responderé? Mi mano pongo sobre mi boca». El segundo en Lamentaciones 3:29 «Pondrá su boca en el polvo; por si quizá hay esperanza». El tercero en Levítico 5:3, en que se exige al leproso que cubra su labio superior y pregone «Inmundo. Inmundo». El cuarto es la oración del publicano. Pero ¡cuán inconsecuente es la idea de que un hombre se pusiera la mano sobre la boca, y entonces la boca en el polvo, y por último que pregonara, «etcétera». Otro ejemplo, y el último, es una expresión casi universal entre nosotros, y creo que la mayor parte de los que la emplean opinan que es bíblica: «En tu favor se encuentra la vida, y tu misericordia es mejor que la vida». Aquí también tenemos una combinación impropia de dos pasajes en que el término vida tiene dos acepciones enteramente distintas y aun incompatibles, a saber, Salmos 63:3 «Mejor es tu misericordia que la vida», en que vida significa evidentemente la vida temporal.

1. Se puede notar otra clase de errores, cambios poco felices del lenguaje bíblico. No es necesario decir que el Salmo 130 «De los profundos etc.», es uno de los más preciosos de todo el libro de los Salmos. ¿Por qué debemos oír las palabras de David y del Espíritu Santo, torcidas en las oraciones públicas de tal modo y tan constantemente, que todo nuestro pueblo piadoso llegue a adoptarlas en esta forma en sus oraciones sociales y familiares? «Hay perdón cerca de ti para que seas temido, y abundante redención para que seas buscado». Cuán preciosas son las palabras como se encuentran en el mismo Salmo (v. 4): «Hay perdón cerca de ti, para que seas temido»; y (vv. 7 y 8): «En Jehová hay misericordia y abundante redención con Él; y Él redimirá a Israel de todos sus pecados». Además, las palabras del versículo tres de este mismo precioso Salmo, a menudo se cita en su propia forma tan sencilla y expresiva como se encuentra en la Biblia, pero se cambian de tal manera, que en vez de tener la expresión: «Jehová, si mirares a los pecadores, ¿quién, oh Señor, podrá mantenerse?», tenemos: «Si Tú, Jehová, fueres estricto mirando a los pecadores etc.». Recuerdo bien que cuando estuve en el colegio solía oírlo en una forma aun más ofensiva. «¡Si Tú fueres estricto mirando y riguroso castigando!». Otro cambio favorito es el que sigue: «Tú estás en los cielos y nosotros sobre la tierra; por tanto sean pocas y bien ordenadas nuestras palabras». La declaración de Salomón sencilla y sublime (llena de instrucción, en verdad, sobre todo el asunto de que estamos tratando) es «Dios está en el cielo, y tú sobre la tierra; por tanto sean pocas tus palabras» (Ec. 5:2). Otro ejemplo de esta clase se halla en el cambio de las palabras sublimes de Habacuc. Se repiten ordinariamente así: «Limpio eres de ojos para no ver el mal, ni puedes ver el agravio sin aborrecimiento». Las palabras del Espíritu Santo son las siguientes: «Limpio eres de ojos para no ver el agravio» (Hab. 1:13). No es necesario decir que la fuerza de la expresión «ni puedes ver el agravio», casi se pierde cuando se agrega que Dios puede verlo, pero no sin aborrecimiento.

2. Otra clase de citas falsas consiste en pleonasmos o emplear enfáticamente mas palabras de las necesarias sin significado, redundancias vulgares de expresión, al citar pasajes de la Biblia. Una de éstas es tan universal que apenas podéis dejar de oirla siempre que el pasaje referido sea citado. «Esté en medio de nosotros para bendecirnos y hacernos bien». ¿De qué sirve la última expresión «y hacernos bien»? El pasaje referido es de Éxodo 20:24: «En cualquier lugar donde yo hiciere que esté la memoria de mi nombre, vendré a ti y te bendeciré». Tal es la sencillez de la Biblia. Lo que agregamos es «hacernos bien». En Daniel 4:35 leemos las palabras nobles, «ni hay quien lo estorbe con su mano, y le diga: ¿Qué haces?». El cambio favorito es el siguiente: «Ni hay quien Te estorbe con su mano de obrar». En 1 Corintios 2:9, vemos estas palabras: «Cosas que ojo no vio, ni oreja oyó, ni han subido en corazón de hombre, son las que ha Dios preparado para aquellos que le aman». Esto se ha cambiado en esta expresión: «Ni ha subido en corazón de hombre concebir las cosas», etc.

Constantemente oímos que a Dios se le titula «oidor y aceptador de la oración», cosa que no pasa de ser un pleonasmo inútil y vulgar, puesto que la idea de la Escritura al decir que Dios oye, es precisamente la de manifestar que acepta. «Oh tú que oyes la oración, a ti se dirigirá toda carne», «Oye mi oración, oh Señor! Amo al Señor porque ha

escuchado mi voz y mis plegarias». ¿De dónde, además, toma origen ese pasaje común de la oración pública: «Tus consuelos no son ni pocos ni pequeños»? Presumo que hace referencia a las palabras de Job: «¿Son pequeños para contigo los consuelos de Dios?». Del mismo modo muy rara será la vez en que se oiga la oración tomada del Salmo 74: «Tened respeto por la Alianza porque los lugares tenebrosos de la tierra están llenos de lugares donde mora la crueldad», sin que se le agregue «horrenda crueldad»; ni la exhortación a la oración que se halla en Isaías: «No guardéis silencio, ni le dejéis descansar hasta que establezca a Jerusalén y la haga objeto de alabanza en la tierra», sin añadirle «toda la tierra»; ni esa apelación del Salmista: «¿A quién tengo yo en el cielo si no es a ti?, ¿y nada hay en la tierra que yo desee fuera de ti?», sin aumentarle las palabras «toda la tierra». No niego que estas últimas palabras son de poca importancia –en efecto son así– y no valdría la pena, por lo mismo, que las lleváramos a mal si ocurriesen pocas veces; pero vistas como estereotipo de pasajes comunes aunque débiles en sí mismas, sirven para probar que se repiten tan a menudo que bien pueden hacernos creer que poseen una autoridad divina, razón por la cual humildemente opino que las palabras superfluas deben eliminarse, descartarse y desterrarse enteramente de nuestro culto bautista.

Os sorprenderéis quizá de oír que la única autoridad Bíblica para la expresión favorita y algo peculiar, «los pecadores dan vueltas al pecado como a un dulce bocado bajo su lengua, es la de las palabras siguientes del libro de Job 20:12: «Si el mal se endulzó en su boca, si lo ocultaba debajo de su lengua». Pero basta ya.

Siento mucho haberme visto obligado por la conciencia a detenerme tanto tiempo sobre un asunto tan poco feliz. Pero no puedo dejar el punto sin exhortaros a que citéis literalmente todos los pasajes de la palabra de Dios de los cuales hagáis uso. Debe ser un punto de honor entre los ministros, citar siempre exactamente las palabras de la Biblia. Es difícil que seamos siempre exactos, y precisamente por esta razón, debemos esforzarnos en serlo. En las universidades de Oxford o Cambridge seria considerado casi como traición o felonía que un socio citara falsamente a Tácito, Virgilio u Homero; pero el que un ministro citara falsamente a Pablo, a Moisés o David, seria una cosa mucho más grave e igualmente digna de la censura más severa. Notad que dije «socio», no «novicio», y esperamos de un pastor, por lo menos, una exactitud en su propio departamento igual a la que se encuentra en un graduado.

Vosotros que creéis tan firmemente y a mi entera satisfacción, en la inspiración plenaria de la Biblia, nunca debéis citar un pasaje sin dar las palabras mismas porque, según vuestra propia creencia, podéis dejar por completo de expresar el sentido divino del pasaje, cambiando una sola palabra. Si no podéis dejar por completo de expresar el sentido divino del pasaje, cambiando una sola palabra. Si no podéis citar los pasajes de la Biblia exactamente en vuestras oraciones, seria mejor no hacer uso de ellos. Emplead una expresión nacida de vuestra propia mente, y será igualmente aceptable a Dios como una frase bíblica adulterada y mutilada. Guardaos con vehemencia, de las alteraciones y perversiones de la Escritura, y renunciad para siempre a todas las frases altisonantes puesto que desfiguran las oraciones espontáneas del corazón.

3. He notado la costumbre entre algunos (que os ruego no adoptéis), de orar con los ojos abiertos. Es antinatural, indecoroso y repugnante. Raras veces sucederá que el ojo abierto y levantado hacia el cielo, puede ser conveniente y conmovedor; pero mirar a los objetos que nos rodean mientras profesamos comunicarnos con el Dios invisible, es detestable en extremo. Los padres de la iglesia primitiva condenaron esta práctica indecorosa. Debemos hacer uso, si acaso, de muy pocas gesticulaciones al orar. Apenas alguna vez nos conviene levantar y mover el brazo como si estuviéramos predicando; pero los brazos extendidos y las manos enclavijadas son naturales y sirven para sugerir pensamientos a propósito si es que el individuo que ora está muy excitado. La voz debe estar conforme siempre con el

asunto, y no ser nunca violenta ni audaz; que los tonos del hombre que habla con Dios sean humildes y reverentes. ¿No os enseña esto aun la naturaleza misma? Si la gracia no lo hace, desespero. En cuanto a nuestras oraciones en los cultos dominicales, tal vez sería útil daros algunos consejos. Para evitar que se establezca entre nosotros una rutina monótona y fastidiosa, os recomiendo que variéis el orden de las diferentes partes del culto, tanto cuanto os sea posible. Lo que el Espíritu libre nos impele a hacer, hagámoslo desde luego. He llegado recientemente a entender por primera vez cuán grande es el poder de los diáconos sobre los ministros en algunas iglesias del campo. He tenido la costumbre siempre de dirigir los servicios religiosos del modo que me parecía más conveniente y provechoso, y nunca he oído hablar ni una palabra en mi contra, aunque puedo decir que disfruto de mucha intimidad con los directores de mi Iglesia; pero un hermano en el ministerio me dijo esta mañana, que una vez principió el culto de la mañana por una oración en vez de anunciar un himno, y que después del culto cuando él se retiró al vestuario o guardarropa, los diáconos le pusieron de manifiesto que no podían permitir innovaciones. Hasta ahora hemos entendido que las iglesias bautistas no están esclavizadas a tradiciones, ni a reglas fijas en cuanto a sus modos de adoración, y sin embargo, estos pobres deseando hacerse soberanos y exclamando en alta voz contra una liturgia, quieren que su ministro se someta a ceremonias introducidas por la costumbre. Ya es tiempo de que a tales absurdos se ponga un hasta aquí. Pretendemos dirigir los cultos así como el Espíritu Santo nos enseña y según nuestro mejor juicio. No nos someteremos a una regla que nos exija que cantemos ahora y oremos después; sino variaremos el orden del culto para evitar de este modo la monotonía. He oído decir que el reverendo Hinton principió el culto una vez por el sermón, para que los que llegaran tarde pudieran por lo menos, disfrutar la oportunidad de orar con la congregación. ¿Y porqué no? Las variaciones tienden a hacer bien; la monotonía es muy fastidiosa. Seria muy provechoso dejar a la congregación que guardara un silencio por dos o tres minutos. El silencio solemne hace noble la adoración.

«La adoración verdadera no es el sonido tumultuoso que se repite por labios clamorosos, sino el silencio profundo de una alma que se abraza a los pies de Jehová.»

Variad, pues, el orden de vuestras oraciones para así fijar mejor la atención del auditorio, y evitar a la vez que su asistencia sea como el movimiento de un reloj que continúa de un modo monótono hasta que sea necesario darle cuerda.

4. Variad la duración de vuestras oraciones públicas. ¿No pensáis que seria mucho mejor a veces en lugar de emplear tres minutos en la primera oración y quince en la segunda, ocupar nueve en cada una? ¿No sería más provechoso alguna vez detenernos más tiempo en la primera y menos en la segunda? ¿No serían mejores dos oraciones medianamente largas, que una larga en extremo y otra muy corta? ¿No sería un buen cambio cantar un himno después de leer el capitulo, o cantar una o dos estrofas antes de la oración? ¿Por qué no seria bien a veces cantar cuatro himnos en un culto? ¿No debemos estar contentos a veces con dos himnos y aun con uno? ¿Por qué es necesario cantar siempre después del sermón? ¿Por qué, por otra parte, nunca cantan algunos al fin del culto? ¿Es conveniente siempre, o aun con frecuencia, una oración después del sermón? ¿No es verdad que a veces es muy conmovedora? ¿Si fuéramos guiados por el Espíritu, no conseguiríamos una variedad actualmente desconocida? Hagamos lo que fuere oportuno a fin de que nuestra congregación no llegue a considerar ninguna forma del culto como dispuesta por Dios, y así recaiga en la superstición de que ha escapado.

Variad el curso de vuestras oraciones intercesoras. Hay muchos objetos que os exigen la atención, por ejemplo: La iglesia en su debilidad; su apostasía; sus tristezas y sus consuelos; la gente que no es nuestra; la vecindad; los oyentes no regenerados; los jóvenes y la nación. No roguéis por todo esto siempre, de otro modo vuestras oraciones serán largas y fastidiosas. Cualquier asunto que pese especialmente sobre vuestro corazón, que sea el más prominente en vuestras súplicas. Hay un modo de orar bajo la dirección del Espíritu, que hará homogéneo todo el servicio y lo hará conforme con los himnos y el discurso. Es muy provechoso conservar la unidad en el culto dondequiera que sea posible, no de un modo forzoso sino prudente, para que el efecto sea uno. Ciertos hermanos no han llegado a conservar la unidad en sus sermones, sino que vagan de Inglaterra al Japón, e introducen todos los asuntos que se pueden imaginar; pero vosotros, que habéis aprendido el modo de conservar la unidad en vuestros sermones, podéis avanzar más todavía y exhibir cierto grado de unidad en el culto, teniendo cuidado tanto en el himno como en la oración y el capítulo, de dar prominencia al mismo asunto. No puedo recomendaros la práctica común entre algunos hermanos de repasar el sermón en la última oración; puede ser instructiva al auditorio, pero esto es cosa enteramente extraña a la oración. Es altisonante, escolástica, y no nos conviene: no imitéis esa costumbre.

5. Evitad como a una víbora, todos los esfuerzos parra excitar un fervor espurio en la devoción publica. No os esforcéis en parecer fervientes. Rogad como vuestro corazón os dicte, bajo la dirección del Espíritu de Dios, y si os sentís torpes e inactivos, decidlo al Señor. No será una cosa mala confesar vuestra frialdad y lamentarla; y pedir las influencias vivificadoras del Espíritu Santo; por el contrario, será una oración verdadera y aceptable; pero un ardor fingido es la forma más vergonzosa de la mentira. Nunca imitéis a los que son fervientes. Conocéis a un hombre piadoso que gime, y a otro cuya voz se hace aguda luego que lo excita el celo, pero no por esto gimáis ni chilléis a fin de parecer tan celosos como son ellos. Sed sólo naturales siempre y pedid a Dios su dirección en todo.

CONCLUSIÓN

Por último, os digo esto en confianza, preparad vuestras oraciones. Diréis asombrados: ¿Qué quiere usted decir con este consejo? Bien, doy a entender lo que algunos no quieren decir por dichas palabras. Este asunto se discutió una vez en una sociedad de ministros. ¿Estaba bien que un ministro preparara su oración de antemano? Algunos dijeron, plenamente convencidos, que no, que eso sería muy malo, y en verdad tenían razón. Otros con idéntica convicción dijeron que sí, y a éstos también les asistía la razón.

Según mi concepto, tanto unos como otros dijeron la verdad. Los primeros entendieron que la preparación se refería al estudio de las expresiones y la formación de un hilo de pensamientos formado con anticipación, y esto al modo de ver de todos, seria cosa enteramente contraria a la adoración espiritual, en la cual debemos entregarnos por completo en manos del Espíritu Santo, y recibir de Él nuestra ilustración tanto en lo que se refiere a los pensamientos como en lo referente a las palabras. Convenimos perfectamente en estas observaciones, puesto que si un hombre ha de escribir sus oraciones y estudiar sus peticiones una por una, que haga uso más bien de una liturgia. Pero los hermanos que opinaron de distinto modo dieron a entender por preparación otra cosa muy diferente; es decir, no la de la inteligencia, sino la del corazón, que consiste en considerar de forma solemne y antes del culto la importancia de la oración; en meditar sobre las necesidades de las almas humanas; en recordar las promesas en que debemos esperar, y en acercarnos así al Señor con una petición escrita en tablas de carne del corazón. Esto es de cierto mejor que acercarnos a Dios a troche y moche, precipitándonos al trono de sopetón, sin motivo ni deseo definido. Alguien decía: «Nunca me canso de orar, porque espero siempre un objeto definido como resultado de mi oración». Hermanos, ¿son así vuestras oraciones? ¿Os esforzáis en tener un estado espiritual a propósito para dirigir las peticiones de vuestra congregación? ¿Ordenáis vuestra causa al acercaros al Señor? Siento, hermanos, la persuasión de que debemos prepararnos por medio de la oración privada para la pública. Viviendo cerca de Dios, debemos conservar un espíritu devoto, y de ese modo no dejaremos de tener buen éxito en nuestras plegarias orales. Si algo más de lo que hemos indicado se puede tolerar, es que aprendamos de memoria algunos salmos y otros pasajes de la Biblia que contienen promesas, súplicas, alabanzas y confesiones que puedan servirnos en nuestras oraciones. Se nos dice que Crisóstomo había aprendido de memoria toda la Biblia y podía repetirla a su gusto; no es de admirar por tanto, que se le haya llamado «pico de oro». Bien, al comunicarnos con Dios, no hay otras palabras más a propósito que las del Espíritu Santo. «Haz lo que has dicho», será cosa que siempre prevalecerá con el Altísimo. Por lo tanto, os doy el consejo de que aprendáis de memoria los ejercicios inspirados de devoción que se encuentran en la Palabra de la verdad, y de este modo, vuestra lectura diaria de la Biblia os proporcionará súplicas nuevas, que serán como ungüento derramado que llena toda la casa de Dios con su fragancia, siempre que presentéis vuestras peticiones públicas ante el Señor. Las semillas de la oración sembradas así en la memoria, producirán una cosecha abundante y constante, porque el Espíritu a la hora de la oración pública, calentará con fuego consagrado vuestra boca. Así como David utilizó la espada de Goliat para ganar sus victorias subsiguientes a la muerte de aquel filisteo, de igual modo podemos en ocasiones hacer uso de una petición ya aceptada, y cuando Dios la cumpla de nuevo a nuestro respecto, nos hallaremos capaces de decir con el hijo de Isaí: «No hay otra igual a ella». Que vuestras oraciones sean fervorosas, ardientes, constantes y vehementes. Pido al Espíritu Santo que enseñe a todos los estudiantes de este colegio, a ofrecer sus oraciones públicas de tal modo, que Dios siempre sea servido de lo mejor. Sean sencillas y sinceras vuestras peticiones, y aunque vuestra congregación piense a veces que el sermón no es del todo bueno, que en cambio no pueda menos de confesar que la oración suple todo lo que falta a las otras partes del culto. Pudiera yo decir mucho más y tal vez debiera decirlo, pero me falta tanto el tiempo como la fuerza, y por tanto doy fin aquí a esta conferencia.

75. PEDIR Y TENER

«Codiciáis, y no tenéis; matáis y ardéis de envidia, y no podéis alcanzar; combatís y lucháis, pero no tenéis lo que deseáis, porque no pedís. Pedís, y no recibís, porque pedís mal, para gastar en vuestros deleites» (Santiago 4:2, 3)

INTRODUCCIÓN: Los deseos de los hombres según su naturaleza,

I. LA POBREZA DE CODICIAR
1. Las codicias carnales.
   a) El esfuerzo empleado en codiciar
   b) El hombre natural no sabe pedir en oración
   c) la carnalidad impide recibir de Dios

II. LAS IGLESIAS PUEDEN SUFRIR DE POBREZA ESPIRITUAL
1. Buscar competencia entre iglesias.
2. La no motivación de la oración privada.
3. El poco interés en la oración conjunta.

III. LA RIQUEZA QUE ESPERA AL USO DE LOS MEDIOS ADECUADOS
1. Pedir es la regla del reino.
2. El Espíritu Santo viene por el pedir.
3. Lo primero a hacer en angustia es orar.
4. El cielo está al alcance del que pide.

CONCLUSIÓN: La transcendencia de las oraciones de los santos.

PEDIR Y TENER

INTRODUCCIÓN
Que estas notables palabras nos sean provechosas por la enseñanza del Espíritu Santo.

El hombre es una criatura abundante en necesidades, y siempre intranquilo, y por eso su corazón está lleno de deseos. No puedo casi imaginar ningún hombre existente que no tenga muchos deseos de una ú otra especie. El hombre es comparable con la anémona marina con su multitud de tentáculos que siempre está cazando su alimento del agua; o como ciertas plantas que

Seguimiento, Discipulado, Oración ...

envían zarcillos, buscando los medios para trepar. El poeta dice: «El hombre nunca es, pero siempre está por ser, bendito». Lleva el timón hacia donde piensa que su puerto, sin embargo, es sacudido por las olas. Uno de estos días espera encontrar la delicia de su corazón, y así continúa deseando con más o menos expectativas.

Este hecho ocurre con los peores de los hombres y con los mejores. En los malos hombres los deseos se corrompen y llegan a convertirse en lujuria; anhelan lo que es egoísta, sensual y, en consecuencia, malo. La corriente de sus deseos está puesta firmemente en una dirección equivocada. En muchos casos la lujuria se hace extremadamente intensa, hacen del hombre su esclavo. Dominan su juicio; lo estimulan a la violencia, pelea y hace la guerra, quizás literalmente mate. A la vista de Dios, que cuenta la ira como homicidio, mata frecuentemente. Tal es la fuerza de sus deseos que comúnmente son llamados pasiones, y cuando estas pasiones se excitan plenamente, entonces el hombre mismo lucha con vehemencia, de manera que el reino del diablo sufre violencia y los violentos lo arrebatan por la fuerza.

Mientras tanto hay deseos también en los hombres de la gracia. Quitar a los santos sus deseos sería dañarlos grandemente, porque debido a ellos elevan su bajo ser. Los deseos de los hombres de la gracia son por mejores cosas, puras y pacíficas, loables y con elevadas miras. Desean la gloria de Dios, y por eso sus deseos brotan de motivos más elevados que los que inflaman la mente no renovada. Tales deseos en los cristianos frecuentemente son muy fervientes y contundentes; siempre debieran ser así. Y los deseos engendrados por el Espíritu de Dios agitan la nueva naturaleza, excitándola, y haciendo que el hombre anhele y entre en angustia y afanes hasta que puede lograr aquello que Dios le ha enseñado que puede anhelar. Codiciar del malo y del santo desear de los justos tienen sus propios medios de buscar satisfacción. El codiciar de los malvados se convierte en contienda; mata y desea tener pelea y hace guerra; mientras por otra parte el deseo de los justos, correctamente guiados, toman un curso mucho mejor para lograr sus propósitos, porque se expresa en oración ferviente e importuna. El hombre piadoso, cuando está lleno de deseos pide a Dios y recibe de la mano de Dios.

En esta oportunidad, con la ayuda de Dios, trataré de exponer a partir de nuestro texto: primero, la pobreza de codiciar: «Codiciáis y no tenéis». En segundo lugar, con tristeza mostraré la pobreza de muchos cristianos profesantes en las cosas espirituales, especialmente en su calidad de iglesia; también desean y no tienen. En tercer lugar, y para terminar, hablaremos de la riqueza con que serán recompensados los santos deseos si tan sólo usamos los medios correctos. Si pedimos, recibiremos.

I. LA POBREZA DE CODICIAR

1. «Codiciáis y no tenéis.» Las codicias carnales, sin importar lo fuertes que puedan ser, en muchísimos casos no obtienen lo que persiguen, como reza el texto: «Codiciáis pero tenéis». El hombre anhela ser feliz, pero no lo es; suspira por ser grande, pero se hace menor cada día. Aspira a lograr esto y aquello, que piensa lo dejarán contento, pero sigue insatisfecho. Es como el mar tormentoso que no tiene reposo. De una u otra forma su vida es una desilusión. Se agita como si estuviera en fuego mismo, pero el resultado es vanidad y aflicción espíritu. ¿Cómo podría ser de otro modo? Si sembrara vientos, ¿no debemos cosechar torbellinos, y nada más? O, por ventura los fuertes deseos de un hombre activo, talentoso y perseverante le dan lo que busca, pronto lo pierde. Ti de tal modo que es como no tener. La búsqueda es trabajo pero la posesión es un sueño. Se sienta a comer, y he aquí fiesta desaparece y la copa se desvanece cuando toca sus labios. Gana para perder; edifica y su fundamento arenoso desliza por debajo de su torre, que cae en ruinas. El que ha conquistado reinos muere descontento en una solitaria isla en medio del océano; y el que ha revivido un imperio cae y no puede volver a levantarse. Así como la calabacera de Jonás se marchitó en una noche, hay imperios que han caído

repentinamente, y sus señores han muerto en el exilio. Así que lo que los hombres obtienen por medio de guerras y peleas es una propiedad con un contrato por breve tiempo. El lograr es tan temporal que sigue siendo cierto que «codician y no tienen».

O si hay hombres con dones y poder suficientes para retener lo que han obtenido, sin embargo, en otro sentido no tienen, porque el placer que esperaban encontrar en ello no está allí. Sacan la manzana del árbol, y se les convierte en una de esas manzanas del mar Muerto que en la mano se hacen cenizas. El hombre es rico, pero Dios aleja de él el poder de disfrutar su riqueza. Por sus codicias y batallas el hombre licencioso obtiene el objeto de sus anhelos, y después de un momento de deleite, siente aversión por lo que tan apasionadamente había codiciado. Anhela el placer tentador, lo agarra, y lo hace trizas debido a las ansias con que lo toma. Mirad al muchacho que caza una mariposa, que revolotea de flor en flor, mientras él la persigue ardorosamente. Finalmente queda a su alcance y con su gorro la hace caer de un golpe. Cuando recoge sus pobres restos, descubre que el insecto de pintadas alas yace destrozado por el acto mismo que lo cazó. Lo mismo se puede decir de multitudes de los hijos de los hombres: «Codiciáis y no tenéis». Su pobreza se presenta de tres maneras: «Matáis y ardéis de envidia, y no podéis alcanzar», «No tenéis lo que deseáis porque no pedís», «Pedís y no recibís, porque pedís mal».

a) Si los que codician fracasan, no es porque no se pongan a trabajar para lograr sus objetivos. Porque de acuerdo con su naturaleza, utilizaron los medios más prácticos a su alcance, y los usaron ávidamente, además. Según la mente carnal el único modo de obtener una cosa es luchar por ella, y Santiago deja escrito esto como la razón de todas las luchas. «¿De dónde vienen las guerras y los pleitos entre vosotros? ¿No es de vuestras pasiones, las cuales combaten en vuestros miembros?». Ésta es la forma de esfuerzo del que leemos: «Combatís y lucháis, pero no tenéis». A este modo de obrar se aferran los hombres de época en época. Si alguien va a progresar en este mundo dicen que debe luchar con su prójimo, y sacarlos del lugar ventajoso en que se encuentran. No hay que dar importancia a cómo los demás van a prosperar, sino que debe tener presente, debe preocuparlo la oportunidad que a él se le presenta, y cuidarse de surgir, no importa a cuántos deba pisar en el proceso. No puede esperar progreso si ama al prójimo como a sí mismo. ¿Les parece que soy satírico? Podría ser, pero he oído este modo de hablar de personas que lo decían en serio. Así que ellos emprenden la lucha, y esa lucha es siempre victoriosa, porque según el texto «Matáis», es decir, combaten de tal manera que derrotan a su adversario, y lo acaban.

Multitudes de hombres están viviendo para sí mismos, combatiendo aquí y luchando allá, haciendo la guerra con sus propias manos y con la máxima perseverancia. No tiene elección en cuanto a la forma de hacerlo. No permiten que la conciencia interfiera sus transacciones, pero suena en sus oídos, el antiguo consejo: «Gana dinero; gánalo honestamente, si puedes, pero por todos los medios, gana dinero». No importa que se arruinen cuerpo y alma, y que otros sean ahogados por la miseria, combate, porque en esta guerra no hay tregua. Bien dice Santiago: «Matáis y ardéis de envidia, y no podéis alcanzar; combatís y lucháis, pero no tenéis».

b) Cuando los hombres se entregan a sus propósitos egoístas y no logran el éxito, podrían posiblemente oír que la razón de su falta de éxito es «porque no pedís». Entonces, ¿hay qué alcanzar el éxito pidiendo? Eso es lo que parece insinuar el texto, y eso es lo que entiende el justo. ¿Por qué este hombre de deseos intensos no pide? La razón es, en primer lugar, que es contra la naturaleza del hombre natural que ore. Es como esperar que vuele. Siente desprecio por la idea de suplicar. «¿Orar?», pregunta. «No, yo quiero trabajar. No puedo desperdiciar mi tiempo en devociones; la oración no es práctica; quiero luchar a mi manera. Mientras tú oras, yo derrotaré a mi adversario. Yo me voy a mi oficina de contabilidad, y te dejo con tus Biblias y oraciones». No tiene intenciones de pedirle a Dios. Es tan orgulloso que se considera a sí mismo como su propia providencia. Su propia diestra y su brazo fuerte le llevarán a la victoria. Cuando hace gala de mucha liberalidad en sus opiniones reconoce que aunque no ora podría haber algo de bueno en la oración, porque tranquiliza la mente de la gente, y les hace sentirse bien, pero desecha la idea de que alguna respuesta pueda venir de la oración, y habla filosófica y teológicamente de lo absurdo que es pensar que Dios altere el curso de su conducta o respuesta a las oraciones de hombres y mujeres. «Ridículo», dice, «completamente ridículo»; y entonces, en su gran sabiduría, vuelve a la lucha y a su guerra, porque por tales medios espera lograr sus objetivos. Pero no alcanza. Toda la historia de la humanidad muestra el fracaso de la codicia por obtener su objetivo.

c) Por un momento el hombre carnal sigue siendo el mismo, pero si no puede conseguirlo de un modo lo intentará de otro. Si tiene que pedir, pedirá; se hará religioso, y ése será el método por el cual alcanzará su objetivo. Descubre que algunos religiosos prosperan en el mundo, y que aun los cristianos sinceros están lejos de ser necios en los negocios, y por lo tanto probará el plan de ellos. Y entonces cae bajo la tercera censura de nuestro texto: «Pedís y no recibís». ¿Cuál es la razón por la que el hombre que es esclavo de su codicia no obtiene lo que desea, a pesar de que empieza a pedir? La razón es que su pedir es un puro formalismo; su corazón no está en su adoración. Compra un libro que contiene lo que se denominan formularios de oración, y las repite, porque repetir es más fácil que orar, y no requiere que se piense.

No tengo objeciones contra el uso de un formulario de oración si tú oras con él; pero sé que la gran mayoría no ora con ellos, sino solamente repiten la fórmula. Imaginaos lo que llegaría a ser nuestra familia si en vez de hablarnos francamente, nuestros niños ante cualquier necesidad consideraran como un requisito entrar en la biblioteca, buscar un libro de oraciones y leernos una de las fórmulas. Ciertamente tocaría a su fin todo sentido hogareño y el amor. La vida se vería llena de trabas. Nuestra casa se convertiría en una especie de internado o de cuartel, y todo sería revista y formalidad, en lugar de ojos felices que miran con cariñosa confianza hacia ojos amados que se deleitan en responder. Muchos hombres espirituales usan un formulario, pero los hombres carnales es seguro que la hacen porque siempre caen en el formalismo.

Si tus deseos son anhelos de la naturaleza caída, si éstos comienzan y terminan en tu propio yo, y si el fin principal por el que vives no es el de glorificar a Dios, sino glorificarte a ti mismo, entonces podrás luchar, pero no tendrás nada; podrías levantarte temprano y acostarte tarde pero de ello no obtendrás nada que valga la pena. Recuerda lo que el Señor dice en el salmo 37: «Deja la ira, y desecha el enojo; no te excites en manera alguna a hacer lo malo». «Porque de aquí a poco no existirá el malo; observarás su lugar, y no estará allí. Pero los mansos heredarán la tierra, y se recrearán con abundancia de paz».

Y basta sobre la pobreza de codiciar.

II. LAS IGLESIAS PUEDEN SUFRIR DE POBREZA ESPIRITUAL

Las iglesias también «codician y no pueden alcanzar». Por supuesto, el cristiano busca cosas más elevadas que las cosas mundanas, de otro modo no sería digno de ser llamado así. Al menos, profesadamente, su objetivo es alcanzar las verdaderas riquezas, y glorificar a Dios en espíritu y en verdad. Sí, pero mirad, hermanos queridos, no todas las iglesias logran lo que desean. Hemos de quejarnos no en uno u otro lugar, sino en muchos lugares, de iglesias casi dormidas, que declinan gradualmente. Por cierto, tienen sus excusas. La población está menguando, u otro lugar de adoración está atrayendo a la gente. Siempre hay una cuando el hombre la necesita. Pero sigue en pie el hecho: el culto público está casi desierto en algunas partes, el pastor no tiene poder de reunir gente, y los que entran por apariencia, están descontentos o indiferentes. En tales iglesias no hay conversiones. ¿Cuál es la razón de ello?

1 En primer lugar, aun entre los que profesan ser cristianos, puede haber la

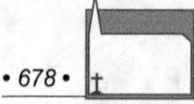

búsqueda de cosas deseables por métodos erróneos. «Combatís y lucháis, pero no tenéis.» ¿No hay iglesias que han pensado prosperar compitiendo con otras? En tal y tal lugar de adoración tienen un hombre muy astuto. Tenemos que conseguir uno nosotros también. De hecho debería ser más astuto que el héroe de nuestros vecinos. Ésa es la cosa: ¡un hombre astuto! ¡Ay de mí! ¡Que tengamos que vivir en una era en que hablamos de tener un hombre astuto que predique el Evangelio de Jesucristo! ¡Ay, que pueda pensarse que este santo servicio dependa de la astucia humana!

Las iglesias han competido entre sí en arquitectura, en música, en equipamiento y en estado social. En algunos casos hay una medida de amargura en la rivalidad. A las mentes estrechas no les resulta agradable ver que otras iglesias prosperan más que la propia. Pueden ser más fervientes que nosotros, y pueden estar haciendo mejor que nosotros la obra de Dios, pero somos dados a mirarlos con envidia, y más bien quisiéramos que no les fuera tan bien. ¿Pensáis que la Escritura dice en vano: «El Espíritu que Él ha hecho morar en nosotros nos anhela celosamente?». Si pudiéramos ver un escándalo en ellos, de modo que sufrieran un quebrantamiento y quedaran eclesiásticamente muertos, no nos regocijaríamos. Por cierto que no; pero no nos daría una tristeza mortal. En algunas iglesias hay permanentemente un espíritu malo. No tengo una acusación denigrante que presentar, por lo tanto no diré más que esto: Dios nunca bendecirá tales medios ni tal espíritu; los que se dejan llevar por esto desearán tener, pero nunca alcanzarán.

2. Mientras tanto, ¿cuál es la razón por la que no tiene bendición alguna? El texto dice: «Porque no pedís», temo que hay iglesias que no piden. Se descuida la oración en todas sus formas. Se permite que decaiga la oración privada. Dejo a la conciencia de cada persona el punto hasta el cual se está preocupando de la oración secreta, y cuánta comunión con Dios haya en secreto entre los miembros de la iglesia. Ciertamente su existencia saludable es vital para la prosperidad de la iglesia. La oración familiar es más fácil de juzgar, porque podemos verla. Temo que en estos días muchos han abandonado la oración familiar. Os ruego no les imitéis.

Quisiera que todos fuéremos del mismo pensamiento que el trabajador escocés que obtuvo un puesto en la casa de un rico agricultor famoso porque pagaba bien. Todos sus amigos lo envidiaban porque había entrado en su servicio. Poco tiempo después, regresó a su aldea natal y cuando le preguntaron por qué había dejado su trabajo, contestó que «no podía vivir en una casa que no tenía techo». Una casa sin oración es una casa que no tiene techo. No podemos esperar bendiciones en nuestras iglesias si no la tenemos en nuestras familias.

3. En cuanto a la oración congregacional ¿no está decayendo el reunirse en lo que llaman cultos de oración? En muchos casos la reunión de oración es despreciada, y mirada como una suerte de reunión de segunda categoría. Hay miembros de la iglesia que nunca están presentes, y no les remuerde la conciencia por el hecho de mantenerse alejados. Algunas congregaciones mezclan la oración con una reunión de estudio, de modo que tienen un solo servicio durante la semana. Hace unos días leí una excusa para esto: Se dice que las personas están mejor en casa atendiendo las preocupaciones familiares. Son palabras infundadas, porque ¿quién entre nosotros desea que la gente descuide sus deberes domésticos? Se descubrirá que los que mejor atienden sus preocupaciones hogareñas, los diligentes en ponerlas en orden, son los que hacen para poder participar de las reuniones de adoración. El descuido de la casa de Dios con frecuencia es un indicador de la negligencia de sus propias casas. No traen sus hijos a Cristo, de ello estoy convencido, de otro modo los traerían a los servicios. De todos modos, las oraciones de la iglesia miden su prosperidad. Si retenemos la oración retenemos la bendición. Nuestro verdadero éxito como iglesia sólo se puede obtener pidiéndolo de Dios. ¿No estamos dispuestos a hacer una reforma y enmendar en cuanto a esto? ¡Oh, que llegue la hora de la angustia de Sion, cuando una agonía en oración mueva a todo el cuerpo de los fieles!

Pero algunos responden: «¡Hay reuniones de oración, y pedimos bendiciones, sin embargo no llegan». ¿No está la explicación en otra parte del texto: «No recibís porque pedís mal»? Cuando las reuniones de oración se convierten en una pura formalidad, cuando los hermanos se levantan y agotan el tiempo con sus largas oraciones, en vez de hablar a Dios con palabras sinceras y ardientes, cuando no hay expectación de una bendición, cuando la oración es fría y congelante, entonces nada sale de ella. El que ora sin fervor, en realidad no ha orado. No podemos tener comunión con Dios –que es fuego consumidor– si no hay fuego en nuestras oraciones. Muchas oraciones no llegan a su destino por no haber fe en ellas. Las oraciones que están llenas de dudas, son peticiones de rechazo. Imagina que le escribes a un amigo y le dices: «Querido amigo: Estoy en graves problemas, y por lo tanto te escribo para pedirte ayuda porque me parece bien hacerlo. Pero aunque te estoy escribiendo, no creo que vayas a ayudarme en algo. Por cierto, me soprendería mucho recibir tu ayuda, y hablaría de ello como una gran maravilla».

¿Piensas que recibirías ayuda? Yo diría que tu amigo tendría suficiente sensibilidad para observar la poca confianza que le tienes. Entonces respondería que, como no esperas nada, no te provocará una sorpresa. Tu opinión de su generosidad es tan baja que no se siente llamado a salir de su curso por tu causa. Cuando las oraciones son de ese estilo, no cabe sorprenderse si «no recibís, porque pedís mal». Además, si nuestras oraciones, por fervientes y confiadas que sean, son un puro pedir la prosperidad de nuestra iglesia pues queremos gloriarnos en ello, si queremos ver que nuestra denominación crezca en gran número y mejore en respetabilidad para poder participar de los honores, entonces nuestros deseos no pasan de ser solo codicia. ¿Puede ser posible que los hijos de Dios manifiesten las mismas emulaciones, celos y ambiciones del resto de seres del mundo? ¿Puede ser la obra religiosa una cuestión de rivalidad y de competición? Ah, entonces las oraciones que buscan éxito no tendrán aceptación ante el trono de la gracia. Dios no nos oirá, sino que nos despedirá, por que no se cuida de responder las peticiones, de las cuales el yo es el objeto. «No tenéis, porque pedís mal».

III. LA RIQUEZA QUE ESPERA AL USO DE LOS MEDIOS ADECUADOS

1. Os invito a poner una atención solamente al asunto de pedir en forma correcta a Dios porque es de vital importancia. Mi primera observación es esta: después de todo, cuán pequeña es esta demanda que Dios nos hace. ¡Pedid! Es lo menor que puede esperar de nosotros, posiblemente, y no es más de lo que nosotros ordinariamente exigimos de quien necesita nuestra ayuda. Esperamos que un pobre pida, y si lo hace no le echamos la culpa de su carencia. Si Dios da al que pide, y nosotros seguimos en la pobreza, ¿de quién es la culpa? ¿No es la culpa más grave? ¿No da la impresión que estuviéramos fuera de orden con Dios, de modo que ni siquiera condescendemos a pedirle un favor? Ciertamente debe haber en nuestros corazones una secreta enemistad con Él, o de otro modo en vez de ser una necesidad indeseable sería considerado un gran placer.

Sin embargo, hermanos, nos guste o no, recordad: pedir es la regla del Reino. «Pedid y recibiréis». Es una regla que nunca será alterada en el caso de nadie. Nuestro Señor Jesucristo es el hermano mayor de la familia, pero Dios no ha aflojado la regla para Él. Recordad este texto: «Jehová dice a su Hijo: Pídeme y te daré por heredad las gentes y por posesión tuya los términos de la tierra». Si el Hijo de Dios, real y divino no puede ser exceptuado de la regla de pedir, se relaja en favor nuestro. Dios bendecirá a Elías y enviará lluvia a Israel, pero Elías debe orar por ello. Si la nación elegida ha de prosperar, Samuel debe suplicar al respecto. Si los judíos han de ser liberados, Daniel debe interceder. Dios bendecirá a Pablo, las naciones serán convertidas por medio de él, pero Pablo debe orar. Oró sin cesar. Sus epístolas muestran que nada esperaba sino era pidiéndolo.

2. Además es claro, aun al pensador más superficial, que hay algunas cosas

necesarias para la iglesia de Dios que no podemos obtener de otro modo que no sea por la oración. Podéis tener al hombre astuto del que os hablé; y la nueva iglesia, el nuevo órgano, y el coro podéis obtenerlos sin oración. Pero no podréis obtener la unción celestial, el don de Dios no se puede comprar con dinero. Algunos miembros de una iglesia en una primitiva aldea de América pensaban que podrían levantar una congregación colgando una hermosa lámpara de araña en la casa de reuniones. La gente hablaba de la araña, y algunos iban a verla, pero la luz pronto comenzó a disminuir. Tú puedes comprar toda clase de pintura, bronce, muselina, azul, escarlata y lino fino, junto con flautas, arpas, gaitas, salterios y todo tipo de música, todo ello sin oración; en realidad, sería una impertinencia orar por tales cosas; pero no puedes tener el Espíritu Santo sin oración. «El sopla de dónde quiere». No se acercará por ningún proceso o método controlado por nosotros, sino por el pedir. No hay medios mecánicos que puedan sustituir su ausencia. La oración es la gran puerta de las bendiciones espirituales, y si la cerráis dejáis afuera el favor.

Hermanos amados, ¿no pensáis que este pedir que Dios requiere es un privilegio muy grande? Supongamos que se ha publicado un edicto según el cual no puedes orar. Por cierto sería una dificultad. Si la oración interrumpiera el flujo de la bendición en lugar de aumentarlo, sería una triste calamidad. ¿Has visto a un mudo bajo una fuerte excitación, o sufriendo un gran dolor, y debido a ello deseoso de hablar? Es un espectáculo terrible. Se le desfigura el rostro, el cuerpo lo agita en forma atroz. El mudo se retuerce y sufre en espantosa angustia. Cada miembro lo contorsiona con el deseo de ayudar a la lengua, pero no puede romper sus ligaduras. Cavernosos sonidos salen de su pecho, y tartamudeos ineficaces como habla tratan de atraer la atención. Todo ello no alcanza el nivel que nosotros podríamos llamar de expresión. El sufrimiento de la pobre criatura es indescriptible. Supongamos que nuestra naturaleza espiritual estuviera llena de deseos intensos y, sin embargo, fuera muda en cuanto a la expresión en oración. Pienso que ello sería una de las aflicciones más espantosas que pudiera sobrevenirnos. Estaríamos terriblemente lisiados y desmembrados y nuestra agonía sería abrumadora. ¡Bendito sea su nombre! El señor establece una forma de expresión y pide a nuestro corazón que le hable.

3. Amados, debemos orar. Me parece que debiera ser la primerísima cosa por hacer cuando nos sentimos en esa necesidad. Si los hombres estuvieron en buena relación con Dios y le amaran de verdad, orarían en forma tan natural como respiran. Es mi particular esperanza que algunos de nosotros estemos en una buena relación con Dios y no tengamos que ser arrastrados a la oración, porque en nosotros ello ha llegado a ser un instinto natural. Ayer un amigo me contó la historia de un niñito alemán, historia que a su pastor le gusta narrar. El niñito amado, creía en su Dios, y se deleitaba en la oración. Su maestro estaba exigiendo a los estudiantes que llegaran a la escuela a tiempo, y este pequeño estaba tratando de cumplir con ella. Pero el papá y la mamá eran personas lentas, y una mañana, solamente por falta de ellos, el niño salió de casa en el momento en que el reloj marcó la hora del inicio de las clases. Un amigo que estaba cerca del niño lo oyó clamar: «Querido Dios, concédeme poder llegar a tiempo a la escuela». La persona que lo oyó pensó que por esta vez la oración no podría ser contestada, porque ya había llegado la hora, y aún le quedaba camino por recorrer. Tenía curiosidad por saber el resultado. Ahora bien, esa mañana ocurrió que el maestro, al tratar de abrir la puerta de la escuela, dio una vuelta al revés a la llave, y no pudo mover el pestillo, viéndose en la necesidad de llamar a un cerrajero para abrir la puerta. Hubo una dilación, y cuando la puerta fue abierta, nuestro pequeño amigo entró con el resto, a tiempo. Dios tiene muchas formas de conceder nuestros deseos. Fue muy natural que un niño que realmente ama a Dios le hablase a Él; de su problema en vez de ponerse a llorar y a gimotear. ¿No debiera ser natural que tú y yo espontáneamente y de inmediato le contáramos al Señor nuestro primer recurso?

¡Ay! Según la Escritura y por la observación, me duele añadir, según la experiencia, que la oración a menudo es la última cosa. Mirad al hombre enfermo del Salmo ciento siete. Los amigos le traen diversos alimentos, pero su alma aborrece todo tipo de comida. Los médicos hacen lo que pueden por sanarle, pero se agrava más y más, y llega cerca de las puertas de la muerte: «Clamaron a Jehová en su angustia». Lo que debió ser primero lo hicieron al final. «Llamen al doctor. Prepárenle alimentos. Envuélvanlo en frazadas». Todo está muy bien, pero, ¿habéis orado a Dios? Dios será invocado cuando la situación se hace desesperada. Mirad a los marineros descritos en el mismo salmo. El barco está a punto de naufragar. «Suben hasta el cielo, descienden a los abismos; sus almas se derriten con el mal». Hacen todo lo que pueden para escapar de la tormenta; pero cuando «tiemblan y titubean como ebrios, y toda ciencia es inútil. Entonces claman a Jehová en su angustia, y los libra de sus aflicciones». ¡Oh, sí! Buscan a Dios cuando se ven arrinconados y próximos a perecer. Y ¡qué misericordia es que Él escucha oraciones tan tardías, y libera a los suplicantes de sus angustias! Pero, ¿debiera ser así contigo, conmigo y con las iglesias en decadencia decir: «Oremos día y noche hasta que el Señor venga a nosotros. Reunámonos unánimes en un lugar, y no nos separemos hasta que descienda sobre nosotros la bendición»?

4. ¿Sabéis, hermanos, qué grandes cosas podríais tener con solo pedir? Todos los cielos están al alcance del hombre que pide. Todas las promesas de Dios son ricas e inagotables, y su cumplimiento puede conseguirse por la oración. Jesús dice: «Todas las cosas me fueron entregadas por mi padre», y Pablo dice: «Todo es vuestro», y vosotros de Cristo». ¿Quién no podría orar cuando todas las cosas nos son entregadas de esa manera? Sí y promesas que al principio fueron hechas a individuos especiales, son todas hechas para nosotros si sabemos cómo pedirlas en oración. Israel cruzó el mar Rojo hace muchos años; sin embargo, leemos en el Salmo sesenta y seis: «Allí en Él nos alegramos». Únicamente Jacob estaba presente en Peniel, sin embargo, Oseas dice: «Allí habló con nosotros».

Pablo quiere darnos una gran promesa para los tiempos de necesidad, y toma una cita el Antiguo Testamento: «Porque Él dijo: No te desampararé, ni te dejaré». ¿De dónde sacó eso Pablo? Es la seguridad que Jehová da a Josué: «No te dejaré, ni te desampararé». Es seguro que la promesa era para Josué solamente. No; es para nosotros. «Ninguna escritura es de interpretación privada». Toda la Escritura es nuestra. Mirad cómo Dios aparece a Salomón de noche y le dice: «Pide lo que quieras que yo te dé». Salomón pide sabiduría. ¡Ése es Salomón! exclamas tú. Oídme: «Si alguno de vosotros tiene falta de sabiduría, pídala a Dios». Dios dio a Salomón riqueza y fama dentro del trato. ¿No es peculiar a Salomón? No, porque de la verdadera sabiduría se dice: «Largura de días está en su mano derecha; en su izquierda, riquezas y honra;» y esto no difiere mucho de las palabras de nuestro Salvador: «Buscad primeramente el Reino de Dios y su justicia, y todas estas cosas os serán añadidas». Así podéis ver que las promesas del Señor tienen muchos cumplimientos y siguen esperando para derramar sus tesoros en el regazo de la oración. ¿No eleva esto la oración a un elevado nivel, cuando Dios está dispuesto a repetir en nosotros las biografías de sus santos, cuando espera mostrar su gracia y cargarnos con sus beneficios?

Citaré otra verdad que debiera hacernos orar: si nosotros pedimos, Dios nos dará mucho más de lo que pedimos. Abraham pidió a Dios que Ismael pudiera vivir. Pensaba: «Seguramente él es la simiente prometida: no puedo esperar que Sara pueda engendrar un hijo en su vejez. Dios me ha prometido una simiente, y seguramente es este hijo de Agar. Ojalá Ismael pueda vivir delante de ti». Dios le concedió esto, pero también le dio a Isaac, y todas las bendiciones del pacto. Allá está Jacob, se arrodilla a orar, y pide al Señor que le dé «pan para comer y vestido para vestir». y, ¿qué le dio Dios? Cuando volvió a Betel, tenía dos campamentos, miles de ovejas y camellos, y mucha riqueza. Dios le había oído y habían hecho mucho más abundantemente por sobre lo que había pedido. De David se dice: el Rey «vida te demandó y se la diste largura de días», sí, no solamente le dio largura de días para él mismo sino un trono para sus hijos para todas las generaciones, hasta que David se sentó delante de Jehová, abrumado por la bondad de Dios.

«Bueno», dices, «pero, ¿vale eso para las oraciones del Nuevo Testamento?». Sí, así ocurre con las que oran en el Nuevo Testamento, sean santos o pecadores. Traen un hombre paralítico a Cristo y le piden que lo sane, y él dice: «Hijo, tus pecados te son perdonados». El no había pedido eso, ¿verdad? No, pero Dios da cosas más grandes que las que pedimos. Escuchad la humilde oración de aquel pobre ladrón moribundo: «Señor, acuérdate de mí cuando vengas en tu Reino». Jesús le responde: «Hoy estarás conmigo en el paraíso». No soñaba con tal honor. Aun la historia del pródigo nos enseña esto. Él había resuelto decir: «No soy digno de ser llamado tu hijo; hazme como a uno de tus jornaleros». ¿Cuál fue la respuesta? «Éste mi hijo muerto era, y ha revivido; sacad el mejor vestido y vestidle; y poned un anillo en su mano, y calzado en sus pies». Una vez has entrado en la posición de uno que pide, tendrás lo que no has pedido y nunca pensaste recibir. El texto con frecuencia se cita mal: Dios es poderoso para hacer «todas las cosas mucho más abundantemente de lo que podemos pedir o entender». Nosotros podríamos pedir –con solo ser más sensibles y con tener más fe– cosas de las más grandes, pero Dios está dispuesto a darnos infinitamente más de lo que pedimos.

CONCLUSIÓN

En este momento creo que la iglesia de Dios podría tener bendiciones inconcebibles si sólo estuviera dispuesta a orar ahora. ¿Has notado alguna vez el maravilloso cuadro del capítulo 8 de Apocalipsis? Es digno de ser considerado con mucho cuidado. No intentaré explicarlo en sus conexiones, sino que voy a señalarle simplemente el cuadro tal como se presenta. Leemos: «Cuando abrió el séptimo sello, se hizo silencio en el cielo como por media hora». Silencio en el cielo ¡no había himnos! ¡no había aleluyas, ni ángel que moviera un ala! ¡Silencio en el cielo! Podéis imaginaros ¡Y mirad! Veis siete ángeles de pie delante de Dios, a los que son entregadas siete trompetas. Allí esperan trompeta en mano, pero no hay sonidos. Ninguna nota de alegría o de advertencia durante un intervalo que fue suficientemente largo para provocar viva, emociones, pero suficientemente breve como para evitar la impaciencia. Un silencio ininterrumpido, profundo y terrible; reinaba en el cielo. La acción se suspende en el cielo, centro de toda actividad. «Y otro ángel vino y se paró junto al altar; con un incensario de oro». Allí se para, pero no presenta, ofrenda alguna; todo está quieto y en silencio. ¿Qué cosa podrá ponerlo en movimiento? «Y se le dio mucho incienso para añadirlo a las oraciones de los santos, sobre el altar de oro que estaba delante del trono.» La oración es presentada junto con el mérito del Señor Jesús.

Ahora, ved qué pasó. «Y de la mano del ángel; subió a la presencia de Dios el humo del incienso con las oraciones de los santos.» Ésa es la clave de todo el asunto. Ahora ved: el ángel empieza su tarea. Toma el incensario, lo llena con el fuego del altar, y lo arroja en tierra: «y hubo truenos, voces y relámpagos, y un terremoto». «Y los siete ángeles que tenían las siete trompetas se dispusieron a tocarlas». Ahora todo empieza a moverse. En cuanto las oraciones de los santos se mezclaron con el incienso del mérito eterno de Cristo, y el humo comenzó a subir desde el altar, entonces se hicieron eficaces. Cayeron las brasas vivas entre los hijos de los hombres, mientras los ángeles de la divina providencia, que aún estaban quietos, hicieron sonar sus truenos y se hace la voluntad del Señor. Tal es la escena en el cielo, en cierta medida, aun hasta hoy. Trae acá el incienso. Trae acá las oraciones de los santos. Les enciende el fuego con los muertos de Cristo, y sobre el altar de oro deja que humeen delante del Altísimo. Entonces veremos al Señor en acción y su voluntad será hecha en la tierra como en el cielo. Dios envíe su bendición con estas palabras, por amor de Cristo. Amén.

76. CERTIFICADO DE ÉXITO DE LA ORACIÓN

«Y yo os digo: Pedid, y se os dará; buscad, y hallaréis; llamad, y os será abrirá. Porque todo aquel que pide, recibe; y el que busca, halla; y al que llama, se le abrirá» (Lucas 11:9, 10).

INTRODUCCIÓN: Dificultades en la oración.

I. LA AUTORIDAD DE JESÚS
1. «Yo os digo.»
2. «Pedid y se os dará.»

II. EL SEÑOR NOS DA UNA PROMESA
1. Tres formas de dar y recibir.
   a) Pedid
   b) Buscad
   c) Llamad

III. JESÚS CONOCE LAS ORACIONES
1. Las oraciones contestadas.
   a) Los impíos también han sido contestados
2. Oraciones verdaderas y espirituales.
3. Oración pidiendo salvación.

CONCLUSIÓN: En la oración hay esperanza.

CERTIFICADO DE ÉXITO DE LA ORACIÓN

INTRODUCCIÓN

Buscar ayuda de un ser sobrenatural en tiempo de angustia es un instinto de la naturaleza humana. No decimos que la naturaleza humana no renovada ofrezca una oración verdaderamente espiritual, o pueda ejercer la fe salvadora en el Dios vivo. Pero, no obstante, como niño que llora en la oscuridad con angustioso anhelo de recibir ayuda de uno u otro lugar, difícilmente puede saber de dónde, el alma con un profundo pesar casi invariablemente clama a algún ser sobrenatural en demanda de socorro. No hay personas más dispuestas a orar en tiempo de angustia que aquellas que han ridiculizado la oración en tiempos de prosperidad; y probablemente no hay oraciones más reales y en conformidad con los sentimientos que las que el ateo ha ofrecido bajo la presión del temor de la muerte.

En uno de sus papales en el *Tattler*, Addison describe a un hombre que, a bordo de un barco, se jactaba ruidosamente de su ateísmo. Al sobrevenir un repentino vendaval, cayó de rodillas y confesó al capellán que había sido ateo. Los rudos marineros que nunca antes habían oído esa palabra pensaban que se trataba de algún extraño pez, y se sorprendieron en extremo cuando vieron que era un hombre, y supieron de su propio boca «que nunca, hasta ese día había creído que hubiera un Dios». Uno de los viejos marineros le dijo al contramaestre que sería una buena obra echarlo por la borda, pero consideró que era una sugerencia cruel, porque la pobre criatura ya estaba en un estado tan miserable que su ateísmo se había evaporado, y en medio de un terror mortal clamaba a Dios pidiendo que tuviera misericordia de él.

Han ocurrido incidentes similares no una ni dos veces. En realidad, el escepticismo jactancioso se bate en retirada tan frecuentemente que siempre esperamos vuelva a ocurrir lo mismo. Quítese toda restricción artificial de la mente, y puede decirse de todos los hombres que, al igual que los compañeros de viaje de Jonás, cada uno clama a su Dios estando en tribulación. Como las aves en sus nidos, y los ciervos a sus matorrales, los hombres en su angustia vuelan en busca de socorro a un ser superior en la hora de la necesidad.

Por instinto, el hombre se volvió a su Dios en el Paraíso; y ahora, aunque en un grado lamentable es un monarca destronado, permanecen en su memoria vestigios de lo que era, y recuerdos en cuanto a donde encontrar su fuerza. Por consiguiente, no importa dónde encontráis a un hombre, si está en angustia, pedirá ayuda sobrenatural. Creo en la veracidad de este instinto, y que el hombre ora porque hay algo en la oración. Como cuando Dios da a sus criaturas el don de la sed, es porque existe el agua para saciarla. Y cuando crea el hambre es porque existe el alimento correspondiente al apetito. Así cuando él inclina a los hombres a orar es porque la oración tiene una bendición correspondiente unida a ella.

Encontramos una poderosa razón para esperar que la oración sea efectiva en el hecho de que es una institución de Dios. En la palabra de Dios repetidas veces se nos da el mandamiento de orar. Las instituciones de Dios no son necedad. ¿Puedo yo creer que el Dios infinitamente sabio me ha ordenado un ejercicio que es ineficaz y que no es más que un juego de niños? ¿Me ordena orar, y sin embargo, la oración no tiene más resultado que si silbo al viento, o le canto, a un matorral? Si no hay respuesta a la oración, entonces la oración es un monstruoso absurdo y Dios es el autor de ella. Y esto es una blasfemia si alguien se atreve a afirmarlo. Ningún hombre que no sea un tonto seguirá orando una vez que se le ha probado que la oración no hace ningún efecto delante de Dios, y que nunca recibe una respuesta. La oración es una tarea de idiotas y locos, y no para personas sanas, si fuera verdad que sus efectos terminan en el mismo hombre que ora.

Esta mañana no entraré a argumentar sobre la materia, más bien, voy a considerar mi texto, el cual para mí, por lo menos, y para vosotros que sois seguidores de Cristo, es el fin de toda controversia. Nuestro Salvador sabía muy bien que surgirían muchas dificultades en relación con la oración, y podrían hacer vacilar a sus discípulos, así que contrarrestó toda oposición mediante una afirmación incontrovertible. Leed las palabras: «Y yo os digo: Yo, vuestro Dios: Yo os digo, pedid y se os dará; buscad y hallaréis; llamad y se os abrirá».

En el texto nuestro Señor hace frente a todas las dificultades, en primer lugar, dándonos el peso de su autoridad: «Yo os digo». En segundo término, obsequiándonos una promesa, «pedid y se os dará» etcétera; y luego recordándonos un hecho indiscutible, «todo el que pide, recibe». Tenemos aquí tres heridas mortales para las dudas que el cristiano pueda tener en cuanto a la oración.

I. LA AUTORIDAD DE JESÚS

1. *Nuestro salvador nos da el peso de su propia autoridad*: «Y yo os digo».

La primera marca de un seguidor de Cristo es que cree a su Señor. De ningún modo podemos seguir al Señor si levantamos dudas acerca de puntos que Él ha establecido positivamente. Aunque una doctrina esté rodeada de diez mil dificultades, el ipse dixit del Señor Jesús las suprime todas, en lo que concierne a los cristianos verdaderos. La declaración de nuestro Maestro es todo el argumento que necesitamos: «Yo os digo» es nuestra lógica. ¡Razón! te vemos majestuosa en Jesús, porque Él nos ha sido hecho por Dios sabiduría. Él no puede errar, no puede mentir y si Él dice: «Yo os digo» todo debate llega a su fin.

Pero, hermanos, hay razones que nos deben llevar a descansar más confiadamente en la palabra de nuestro Señor Jesús, pero en la explicación que tenemos en consideración hay una fuerza especial. Se ha objetado que no es posible que la oración pueda ser contestada, porque las leyes de la naturaleza son inalterables, y todo debe seguir su curso y así será tanto si los hombres oran o no. No nos parece necesario demostrar que las leyes de la naturaleza sufren perturbaciones. Dios puede obrar milagros, y puede obrarlos todavía como lo hiciera antaño, pero no es parte de la fe cristiana que Dios tenga que obrar milagros para responder las oraciones de sus siervos. Cuando un hombre, para cumplir una promesa tiene que desorganizar todos sus asuntos, y por decirlo así, tiene que detener toda su maquinaria, ello demuestra que es sólo un hombre, y que su sabiduría y poder son limitados; pero Él es verdadero Dios, y sin dar marcha atrás a su maquinaria, o sin quitar un solo diente a la rueda, cumple los deseos de su pueblo cuando los presenta delante de Él. El Señor es tan omnipotente que puede lograr resultados equivalentes a milagros sin necesidad de suspender en él más mínimo grado alguna de sus leyes. En el pasado, por decirlo así, detuvo la maquinaria del universo en respuesta a la oración, pero ahora, con una gloria igualmente divina, Él ordena los sucesos de modo que pueda responder las oraciones de los creyentes, y sin suspender no obstante una sola ley natural.

Ahora bien, esto está lejos de ser nuestro único y principal consuelo; ello radica en el hecho de que oímos la voz de uno que es competente para hablarnos de la materia, y dice: «Yo os digo, pedid y recibiréis». Sea que las leyes de la naturaleza sean irreversibles o no «Pedid y se os dará; buscad y hallaréis». Ahora bien, ¿quién es el que lo dice? Es el que ha hecho todas las cosas, sin el cual nada de lo que ha sido hecho fue hecho. ¿No puede hablar hasta este punto? ¡Oh, Verbo eterno, que en el principio estabas con Dios, pesando las nubes y amarrando los cimientos de la tierra, tú sabes cuáles son las leyes de la naturaleza y su inalterable constitución, y si tú dices «Pedid y se os dará», entonces, ciertamente será así, sean lo que fueren las leyes de la naturaleza. Además, nuestro Señor es adorado por nosotros como el sustentador de todas las cosas, y viendo que todas las leyes de la naturaleza son operativas solamente por su poder, y que son sostenidas en su acción por su poder, el debe ser conocedor del mecanismo de todas las fuerzas del universo, y si dice: «Pedid y se os dará». El no habla por ignorancia, más conoce lo que afirma. Podríamos estar seguros que no hay fuerzas que puedan impedir el cumplimiento de la palabra del Señor. De parte del Creador y Sustentador de todas las cosas, la expresión «yo os digo» pone fin a toda controversia para siempre.

Se ha presentado otra objeción que es muy antigua y tiene apariencia de gran fuerza. No es presentada por los escépticos, sino por los que sustentan parte de la verdad, y es ésta: la oración no puede producir resultados ciertos, porque los decretos de Dios han establecido todas las cosas y esos decretos son inmutables. Ahora no tenemos deseos de negar la afirmación de que los decretos de Dios han establecido todos los sucesos. Creemos plenamente que Dios en su presencia ha predestinado todo lo que sucede en el cielo y en la tierra, que el conocimiento anticipado de la posición de un junco a la orilla del río es tan fija como la posición del rey en el trono y «el tamo del amo del aventador es dirigido como las estrellas en sus órbitas». La predestinación abarca lo grande y lo pequeño, y alcanza a todas las cosas. La pregunta es entonces, ¿por qué orar? Con la misma lógica, ¿no se nos podría pedir que respiremos, comamos, nos movamos o hagamos algo? Tenemos una respuesta que nos satisface, nuestras oraciones están en la predestinación, y que Dios ha ordenado las oraciones de su pueblo al igual que todas las demás cosas, y cuando oramos, estamos produciendo eslabones en la cadena de los hechos ordenados. El destino decreta que ore; yo oro; el destino decreta que me sea contestada, y recibo la respuesta.

Tenemos una respuesta mejor que todo esto. El Señor Jesús se adelanta, y nos dice esta mañana: «Querido hijo mío, no debes preocuparte del decreto de Dios, nada hay en ellos que sea incongruente con el hecho de que tus oraciones sean contestadas. Yo os digo, pedid y os será dado». Ahora, ¿quién es el que dice esto? ¡Vamos! es el que ha estado con el Padre desde el principio, «Este era en el principio con Dios» y él conoce cuales son los propósitos de Dios y cómo es el corazón de Dios, porque ha dicho en otro lugar «el Padre mismo os ama». Ahora, puesto que Él conoce el decreto del Padre, y el corazón del Padre, nos puede decir con la absoluta certeza de un testigo ocular que no hay nada en el consejo eterno que entre en conflicto con esta verdad y que el que pide recibe, y el que busca halla. El ha leído los decretos de principio a fin. ¿No ha tomado el libro y ha desatado los siete sellos, declarando las ordenanzas del cielo? El os dice que nada hay que esté en contra de tu rodilla doblada y tus ojos mojados con lágrimas, y con el hecho de que el Padre abra las ventanas de los cielos para hacer llover sobre ti las bendiciones que estás buscando. Más aun, Él mismo es Dios: los propósitos de los cielos son sus propósitos, y aquel que ordenó el propósito aquí da la seguridad de que nada hay en él que impida la eficacia de la oración.» Yo os digo». ¡Oh, vosotros que creéis en Él, vuestras dudas son esparcidas a los vientos, porque sabéis que Él oye la oración.

2. Pero a veces surge en nuestra mente una tercera dificultad, que está asociada con

nuestro propio juicio acerca de nosotros mismos y nuestra evaluación de Dios. Sentimos que Dios es muy grande, y temblamos en la presencia de su majestad; sentimos que somos muy pequeños, y que, además, somos viles; y parece una cosa increíble que una insignificancia culpable tenga poder para mover el brazo que mueve el universo. Me pregunto si no es ese temor culpable el que nos impide a menudo que oremos. Pero Jesús contesta dulcemente: «Yo os digo: pedid y se os dará». Y pregunto de nuevo: ¿quién es el que dice: «Yo os digo?». Es aquel que conoce tanto la grandeza de Dios como la debilidad del hombre. Él es Dios y desde su excelsa majestad, imagino oírle decir: «Yo os digo: Pedid, y se os dará». Pero Él también es hombre como nosotros, y dice: «No tengas miedo de tu insignificancia, porque yo, hueso de tu hueso, y carne de tu carne te aseguro que Dios oye la oración del hombre».

Y, sin embargo, si el terror del pecado nos espanta, y nuestro pesar nos deprime, yo os recordaría que cuando dice: «Yo os digo». Jesús nos da la autoridad, no solo de su persona, sino de su experiencia. Jesús era dado a orar. Nunca nadie ha orado como él lo hizo. Él pasaba las noches en oración, y días enteros en ferviente intercesión. Él es quien nos dice: «Yo os digo: Pedid y se os dará». Le veo descender fresco de entre los brezos del monte, entre los cuales arrodillado había pasado la noche en oración, y dice: «Discípulos míos, pedid y se os dará, porque yo he orado y me ha sido dado». Fue oído en aquello que temía, y por tanto, nos dice: «Yo os digo, llamad y se os abrirá». E imagino oírle hablar así desde la cruz, con su rostro resplandeciente por el primer rayo de luz después que hubo sufrido nuestros pecados en su cuerpo sobre el madero, y hubo sufrido nuestros dolores hasta el último tormento. Él había clamado «Dios mío, Dios mío, ¿por qué me has desamparado?»; y ahora, habiendo recibido una repuesta, clama triunfante: «Consumado es» y hecho esto, nos manda: «Pedid y se os dará». Jesús ha probado el poder de la oración.

Además, recordad que si Jesús nuestro Señor podía hablar positivamente aquí, hay razones mayores aun para creer en Él ahora, porque ha traspasado el velo, se ha sentado a la diestra de Dios el Padre, y la voz que ahora nos viene no nos llega del hombre pobre que usa una túnica sin costura, sino del sacerdote entronizado que lleva sobre sus lomos un cinto de oro, porque es él quien ahora dice, desde la diestra de Dios: «Yo os digo, pedid y se os dará». ¿No crees en su nombre? Sí crees, entonces, ¿cómo podría caer en tierra una oración que se ofrece sinceramente en ese nombre? Cuando presentas tu petición en el nombre de Jesús, una parte de su autoridad refuerza tus oraciones. Si tu oración es rechazada, Cristo es deshonrado. No puedes creer que ello pueda ocurrir. Puesto que has confiado en Él, cree que la oración ofrecida por medio de Él debe tener éxito y lo tendrá.

No podemos quedar por más tiempo en este punto, pero confiamos en que el Espíritu Santo impresionará con él los corazones de todos nosotros.

II. EL SEÑOR NOS DA UNA PROMESA

Ahora recordaremos que *nuestro Señor nos obsequia con una promesa.*

1. Nótese que la promesa se da para diversas variedades de oración: «Yo os digo: Pedid y se os dará; buscad y hallaréis, llamad y se os abrirá». El texto claramente afirma que todas las formas de oración verdadera serán escuchadas, con la condición de ser presentadas por intermedio de Jesucristo, y son para bendiciones prometidas. Algunas son oraciones vocalizadas los hombres piden; no debemos jamás dejar de ofrecer la oración expresada por la lengua, porque la promesa es que el que pide será oído. Pero, hay otros que sin descuidar la oración activa, porque por el uso humilde y diligente de los medios ellos buscan las bendiciones que necesitan. Sus corazones hablan a Dios por medio de sus anhelos, sus esfuerzos, sus emociones y sus trabajos. Que no cesan de buscar, porque ciertamente hallarán. Hay otros que, en su ardor combinan las formas más apasionadas, actuando y hablando, porque llaman es una forma intensa de pedir y una forma vehemente de buscar. Así la oración crece desde

el pedir que es su vocalización, su declaración, hacia el buscar,que es suplicar; y llamar que es importunar. Para cada una de estas etapas de la oración hay una promesa clara. El que pide, tendrá aquello que más pidió. Pero en el que busca yendo más allá, encontrará, disfrutará, estrechará entre sus manos, sabrá que ha obtenido. Y el que llama, irá más lejos aún, porque entenderá, y se le abrirán las cosas preciosas. No solamente tendrá la bendición y la disfrutará, sino que la comprenderá entenderá con todos los santos cuáles «sean las alturas y las profundidades».

Sin embargo, quiero que notéis lo siguiente, que lo abarca todo, sea cual fuere la forma de oración tendrá éxito. Si solamente pedís recibiréis; si buscáis, hallaréis, si llamáis, os será abierto, pero en cada caso os será hecho conforme a vuestra fe. Las cláusulas de la promesa que tenemos ante nuestros ojos no se nos presentan colectivamente, como decimos en derecho: El que pide y busca y llama, recibirá, el que busca hallará y al que llama le será abierto. No es cuando combinamos las tres cosas que recibimos la bendición, aunque indudablemente si las combinamos recibiremos una respuesta combinada; pero si ejercemos solamente una de estas tres formas de oración, de todos modos tendremos lo que nuestra alma necesita.

Estos tres métodos de oración ejercitan una variedad de nuestra gracia. Los padres comentan en cuanto a este pasaje que la fe pide, la esperanza busca y el amor llama, y vale la pena repetir ese comentario. La fe pide porque cree que Dios dará; habiendo pedido, la esperanza espera, y en consecuencia busca la bendición; el amor lleva más cerca aún, y no recibirá una negativa de Dios, antes bien desea entrar en su casa, cenar con Él, y por eso llama a su puerta hasta que le abre. Pero, regresamos a nuestro punto original. No importa cuál es la gracia que se ejerce, una bendición corresponde a cada una. Si la fe pide, recibirá; si la esperanza busca, hallará; y si el amor llama, le será abierto.

Estos tres modos de orar nos convienen en diferentes estados de angustia. Allí estoy, pobre mendigo, a la puerta de la misericordia; pido y recibiré. Pero me extravío, de modo que no puedo hallar a Aquel a quien una vez pedí tan eficazmente; entonces puedo buscarlo con la certeza de que la hallaré. Y si estoy en la última de las etapas, no solamente pobre y confundido, sino también inmundo como para sentirme separado de Dios, como leproso que es echado fuera del campamento, entonces puedo llamar y la puerta se me abrirá.

a) Cada una de estas diferentes descripciones de las oraciones es sobremanera sencilla. Si alguien dijese «No puedo pedir», nuestra respuesta sería «No entiendes la palabra». Con toda seguridad toda persona puede pedir. Un niño pequeño puede pedir. Mucho antes que el bebé sepa hablar, ya puede pedir. No necesita palabras para pedir lo que necesita, y no hay uno solo entre nosotros que esté incapacitado para pedir. No es necesario que las oraciones sean muy elaboradas. Creo que Dios aborrece las oraciones elaboradas. Cuando oramos, cuanto más sencilla nuestra oración mejor; el lenguaje más sencillo, el más humilde que expresa lo que queremos significar, es el mejor de todos.

b) La segunda palabra es buscad, y ciertamente no hay dificultades con buscar. Podría haber dificultades para encontrar, pero no las hay en buscar. Cuando la mujer de la parábola perdió el dinero, ella encendió una luz y lo buscó. No creo que haya estado alguna vez en la universidad, o que fuera calificada como doctora en medicina, o que hubiera estado ante la junta escolar como mujer de sentido superior, pero ella podía buscar. Todo el que desea hacerlo, puede buscar, sea hombre, mujer o niño; y para estimularles, no se da la promesa en alguna forma filosófica en particular en cuanto al buscar, sino establece simplemente «el que busca encuentra».

c) Luego tenemos el llamar, bueno, eso es algo que no reviste mayor dificultad. Nosotros lo hacíamos cuando éramos niños, lo que a veces era demasiado para la comodidad de los vecinos. Y en casa, si el aldabón era demasiado alto para nuestra estatura, siempre hallábamos métodos y medios para llamar. Una piedra daba el mismo servicio, o el tacón de la bota. Cualquier cosa servía para golpear la puerta. De ningún modo estaba más allá de nuestra capacidad. Jesús lo pone como para decirnos: «No necesitas tener escolaridad, preparación, talento ni ingenio para orar. Pide, busca, llama, eso es todo, y hay una promesa para cada una de estas formas de orar».

¿Creeréis la promesa? Es Cristo quien la da. Jamás ha salido de sus labios una mentira. Oh, no dudéis de Él. Si has orado, sigue orando, y si nunca has orado, Dios te ayude para que comiences hoy.

III. JESÚS CONOCE LAS ORACIONES

Nuestro tercer punto es que *Jesús da testimonio del hecho de que la oración es oída.*

Habiendo dado una promesa, luego añade, en efecto: «Podéis estar completamente seguros de que esta promesa será cumplida, no solamente porque yo lo digo, sino porque es y ha sido siempre así». Cuando un hombre dice que mañana por la mañana saldrá el sol, le creemos, porque siempre ha sido así. Nuestro Señor nos dice, como hecho indiscutible, que a través de todas las edades el verdadero pedir ha sido seguido por el recibir. Recordad que quien afirma este hecho lo conoce. Si yo afirmara un hecho, podrías responderme: «Sí, en lo que respecta a lo que tú has observado, es verdad», pero la observación de Cristo no tiene límites. Jamás ha habido una oración verdadera que no haya conocido él. Las oraciones aceptables al altísimo le llegan por la vía de las heridas de Cristo. De aquí que el Señor Jesús puede hablar por conocimiento personal, y su declaración es que la oración ha tenido éxito: «Todo el que pide recibe, y el que busca encuentra».

1. En este punto debemos suponer, desde luego, las limitaciones que iniciaría el sentido común ordinario, y que son establecidas por las Escrituras. No es que todo el que pida con frivolidad o maldad a Dios vaya a lograrlo. Dios no contestará cada petición necia, ociosa y desconsiderada del corazón no regenerado. De ningún modo. El sentido común pone el límite. Además las Escrituras pone su límite. «No tenéis porque no pedís, o pedís mal». Hay un pedir mal que nunca obtendrá lo que pide. Pero teniendo en cuenta estas cosas, la declaración de nuestro Señor no tiene otra limitación: «Todo el que pide recibe».

a) Cabe recordar que frecuentemente, aun cuando los impíos y los malvados han pedido a Dios, también han recibido. Con mucha frecuencia en el día de angustia han clamado a Dios, y él les ha respondido. «¿Cómo te atreves a decir eso?», dice alguno. No lo digo yo, lo dice la Escritura: La oración de Acab fue contestada y el Señor dijo: «¿No has visto cómo Acab se ha humillado delante de mí? Pues por cuanto se ha humillado delante de mí, no traeré el mal en sus días; en los días de su hijo traeré el mal sobre su casa». Así también, el Señor oyó la oración de Jocaz, el hijo de Jehú, que hizo lo malo delante de Jehová (2 R. 13:14). Los israelitas también, cuando por sus pecados fueron entregados a sus enemigos, clamaron a Dios pidiendo liberación, y recibieron su respuesta, sin embargo, el Señor mismo testifica respecto de ellos que sólo lisonjean con sus bocas.

¿Esto te hace vacilar? ¿No escucha Él a los jóvenes cuervos cuando claman? ¿Piensas que no oirá al hombre que está hecho a su imagen? ¿Lo dudas? Recuerda a Nínive. Las oraciones ofrecidas en Nínive, ¿eran oraciones espirituales? ¿Has oído hablar alguna vez de una iglesia de Dios en Nínive? Yo no, y creo que los ninivitas no fueron visitados por la gracia de la conversión; más bien fueron convencidos por la predicación de Jonás de que estaban en peligro delante del gran Jehová; proclamaron ayuno, se humillaron, Dios oyó su oración, y por un tiempo Nínive fue preservada. Muchas veces, en el tiempo de la enfermedad y en el tiempo de dolor, Dios ha atendido a las oraciones de los ingratos y los malos. ¿Piensas que no da nada, sino a los buenos? ¿Te has quedado al pie del Sinaí y has aprendido a juzgar según la ley de los méritos? ¿Qué eras cuando comenzaste a orar? ¿Eras bueno y justo? ¿No te ha mandado Dios hacer bien a los malos? ¿Crees que Él te mandaría hacer algo que él mismo no haría? ¿No ha dicho que envía la lluvia sobre justos e injustos, y es así? ¿No está dando cotidianas bendiciones a quienes le maldicen, y hace bien a aquellos que despectivamente le utilizan? Esta es una de las glorias de la gracia de Dios. Y cuando ya no queda nada de bueno en el hombre, si de su corazón se eleva un clamor, el Señor se digna con mucha frecuencia a enviarle alivio en su tribulación. Ahora bien, si Dios ha oído las oraciones de hombres que no le han buscado de la manera más elevada, y les ha dado liberación temporal en respuesta a sus clamores, ¿no te oirá con mayor razón cuando te humillas en su presencia, y desea ser reconciliado con Él? Por cierto que éste es un argumento.

2. Pero para entrar de lleno en el punto respecto de las oraciones verdaderas y espirituales, todo el que pide recibe sin ninguna limitación. No ha habido un solo caso de un hombre que estuviera realmente buscando bendiciones espirituales de Dios, que no las haya recibido. El publicano estaba de pie alejado, y tan quebrantado de corazón que no se atrevía a levantar los ojos al cielo. Sin embargo, Dios lo miró desde arriba. Manasés yacía en la oscura mazmorra. Había sido un cruel perseguidor de los santos; nada había en él que pudiera servirle de recomendación ante los ojos de Dios. Pero Dios lo oyó desde sus prisiones y concedió libertad a su alma. Por su propio pecado Jonás llegó al vientre del gran pez. En el mejor de los casos era un siervo de Dios petulante. Sin embargo, desde el seno del infierno clamó y Dios le oyó. «Todo el que pide recibe, y el que busca halla y al que llama se abrirá». Todo el que. Si necesitara evidencias podría encontrarlas en este tabernáculo. Lo podría preguntar a cualquiera que haya encontrado a Cristo, para dar testimonio de que Dios oyó sus oraciones. Yo no creo que entre los condenados al infierno haya alguien que se atreva a decir: «Yo busqué al Señor y él me rechazó».

No se hallará, el día final de la rendición de cuentas, una sola alma que pueda decir: «Llamé a la puerta de la misericordia, pero Dios se negó a abrirla». No habrá una sola alma que se puede poner de pie ante el gran trono blanco y pueda reclamar: «Oh Cristo, yo habría sido salvado por ti, pero tú no me quisiste salvar. Me puse en tus manos, pero me rechazaste. Arrepentido pedí que tuvieras misericordia de mí, pero no la obtuve». Todo el que pide recibe. Ha sido así hasta el día de hoy, y será así hasta que Cristo venga. Si tienes dudas, haz la prueba, y si ya has probado, prueba nuevamente. ¿Estás vestido de harapos? No importa, todo aquel que pide recibe. ¿Está inmundo por el pecado? No tiene importancia, todo el que busca, encuentra. ¿Te sientes como si estuvieras del todo destituido de Dios? Tampoco importa llamad y se os abrirá, porque todo el que pide recibe. ¿No hay alternativa allí? Sin duda la hay, pero ello no altera esta verdad que no tiene limite alguno; «todo el que...». ¡Qué rico es este texto! «Todo el que pide, recibe».

Cuando nuestro Señor dijo estas palabras, él podría haber recurrido a su propia vida como evidencia. En todo caso, nosotros podemos referirnos a ella ahora y demostrar que nadie pidió a Cristo sin recibir. La mujer sirofenicia al principio fue rechazada cuando el Señor la llamó perrillo, pero cuando ella tuvo el valor de decir: «Sin embargo, los perrillos comen las migajas que caen de la mesa» ella descubrió que todo aquel que pide recibe. Aquella mujer que vino al Señor, apretado por la multitud, y tocó el borde de su túnica, no estaba pidiendo, estaba buscando, y encontró.

3. En respuesta a todo esto me parece oír la queja lamentable de alguien que dice: «He estado clamando a Dios por mucho tiempo pidiéndole salvación; le he pedido, le he buscado y he llamado, pero no me ha venido todavía». Bien, querido amigo, si se me pregunta, quien tiene la verdad, Dios o tú, yo sé qué partido tomar, y te aconsejaría creer en el Señor antes de creer en ti mismo. Dios oirá la oración, pero, ¿sabes que hay algo antes de la oración? ¿Qué es? El Evangelio no es todo el que ora será salvo. Eso no es el Evangelio. Creo que será salvo, pero ese no es el Evangelio que se me ha ordenado predicar. Id por todo el mundo y predicad el Evangelio a toda criatura; el que ¿quién? ¿qué cosa? el que creyere y fuere

bautizado será salvo. Ahora, tú le has estado pidiendo a Dios que te salve, ¿esperas que él te salve sin que creas y seas bautizado? Seguramente no has tenido la insolencia de pedir a Dios que anule su propia palabra. ¿No podría decirte: «Haz lo que te he ordenado, cree en mi Hijo. ¡Alma, no pidas más salvación! ¡Y la tienes¡ ¡Eres salvo! Si confías en Jesús de todo corazón, tus pecados te son perdonados y eres salvo. Y la próxima vez que te acerques al Señor, ve a él con alabanza unida a tu oración, y canta bendiciendo su nombre.

«Pero ¿cómo puedo saber que soy salvo?», dirá alguien. Dios dice: «El que creyere y fuere bautizado será salvo». ¿Has creído? ¿Has sido bautizado? ¿Sí? Entonces eres salvo. ¿Cómo lo sé? Lo sé en base a la mejor de las evidencias de todo el mundo. Dios dice que lo eres. ¿Necesitas otra evidencia aparte de ésta? «Quiero sentirlo». ¡Sentirlo! ¿Son los sentimientos tuyos mejores que el testimonio de Dios? ¿Tratarás a Dios de mentiroso pidiéndole más señales y evidencias aparte de su segurísima palabra de testimonio? No tengo otra evidencia aparte de esta seguirísima palabra de testimonio. No tengo otra evidencia hoy en que me atreva a confiar respecto de mi salvación sino ésta: «descanso en Cristo solamente con todo mi corazón, alma y fortaleza». Otro refugio no tengo y si tienes esa evidencia, es toda la evidencia que necesitas buscar este día. Después vendrán a ti otros testimonios de la gracia en tu corazón, y en ti formarán racimos y adornarán la doctrina que profesas, pero ahora, tu primera preocupación debe ser creer en Jesús.

«He pedido fe» dice uno. Bueno, ¿qué quieres decir con ello? Creer en Jesucristo es en don de Dios, pero además debe ser un acto tuyo. ¿Piensas que Dios creerá por ti, o que el Espíritu Santo cree en lugar de nosotros? ¿Qué tiene que creer el Espíritu Santo? Tú debes creer por ti mismo o te pierdes. El no puede mentir. ¿No creerás en Jesús?, confía en Él y serás salvo, y tu oración será contestada.

Me parece oír a otra que dice: Cono en que ya he sido salvado; pero estoy esperando la salvación de otros en respuesta a mis oraciones; querido amigo, lo tendrás. El que pide recibe; y el que busca encuentra, y el que llama, se abrirá. «Pero yo he buscado la conversión de tal persona durante años con mucha oración». La tendrás, o sabrás algún día por qué no ha podido ser, y quedarás contento con ello.

CONCLUSIÓN

Sigue orando con esperanza. Muchos han tenido respuesta a sus oraciones de otros después de muertos. Creo que les ha hecho recordar el caso del padre que por muchos años oró por sus hijos e hijas, y sin embargo, no solo no se convirtieron, sino que se hicieron mundanos en exceso. Llegó el tiempo de morir. Reunió sus hijos alrededor de su lecho, esperando dar un testimonio tal de Cristo en el último momento que pudiera ser bendecido por la conversión de ellos. Por desgracia para él, tuvo gran angustia en su alma, porque tenía dudas de su propio interés en Cristo. Era uno de los hijos de Dios que llegan al lecho de muerte en tinieblas. Pero el peor de todos sus temores era que sus queridos hijos se dieran cuenta de su angustia y quedaran con prejuicios en contra de la religión. El buen hombre fue sepultado y sus hijos estuvieron en el funeral, y Dios contestó la oración del hombre ese mismo día, porque cuando se retiraban del sepulcro, se decían unos a otros:

—Hermano, nuestro padre tuvo una muerte muy infeliz.

—Sí; yo estaba muy asombrado por ello, porque nunca vi un hombre mejor que nuestro padre.

—¡Ah —dijo el primer hermano—, si un hombre santo como nuestro padre encontró que era difícil morir, para nosotros será una cosa terrible cuando llegue el momento, porque no tenemos fe.

El mismo pensamiento los había golpeado a todos, y los condujo hasta la cruz, de modo que la oración del buen hombre fue oída de un modo misterioso. El cielo y la tierra pasarán, pero mientras Dios viva, la oración debe ser oída. Mientras Dios sea fiel a su palabra, las súplicas no son vanas. El Señor os dé gracia para ejercitaros en ellas continuamente. Amén.

77. LA LLAVE DE ORO DE LA ORACIÓN

«Clama a mí, y yo te responderé, y te enseñaré cosas grandes y ocultas que tú no conoces» (Jeremías 33:3).

INTRODUCCIÓN: En la aflicción podemos encontar consuelo.

I. LA ORDEN DE ORAR
1. La incredulidad nos impide orar.
   a) Cuando estamos en pecado
   b) Por nuestra falta de fe
   c) Las promesas de Dios para la oración
   d) No nos resistamos al deseo de orar

II. LA PROMESA DE UNA RESPUESTA
1. Dios no muestra indiferencia a la oración.
2. La fe es necesaria en la oración.
3. La oración tiene que estar sujeta a la voluntad de Dios.

III. EL ESTÍMULO A LA FE
1. El ejercicio de la fe y la oración.
2. El Señor hará por ti cosas mayores de las que conoces.
3. Orar sin olvidar actuar.
4. Rogar para recibir.

CONCLUSIÓN: Clama a Cristo y su respuesta te dará paz

LA LLAVE DE ORO DE LA ORACIÓN

INTRODUCCIÓN

Algunas de las obras más documentadas del mundo llevan el olor del aceite de la medianoche; pero las otras obras, libros y dichos más espirituales y consoladores escritos por los hombres llevan consigo el aroma húmedo de las mazmorras. Podría citar varios ejemplos, sin embargo, *El Peregrino* de Juan Bunyan es mejor que un ciento de ellos. Y este buen texto que tenemos ante nuestros ojos, enmohecido y frío con la prisión en que yacía Jeremías, tiene, no obstante, un brillo y belleza en él, que jamás hubiera tenido si no hubiera venido como una oración reconfortante del Señor para el prisionero, encerrado en el patio de la cárcel. El pueblo del Señor siempre ha encontrado lo mejor de su Dios cuando se halla en la peor de las condiciones. Él es bueno en cualquier tiempo pero parece dar a conocer su mejor expresión cuando los suyos están en su peor momento. Rutherford tenía un dicho pintoresco; cuando era arrojado en las celdas de la aflicción, se acordaba que el Gran Rey siempre conserva allí su vino, de modo que se ponía de inmediato a buscar las botellas y a beber «hasta las heces los refinados vinos». Los que bucean en el mar de la aflicción son los que sacan las perlas mas preciosas. Compañeras en la aflicción, vosotros sabéis que así es. Vosotros habéis comprobado que el es un Dios fiel, y que cuando abundan vuestras tribulaciones, vuestras consolaciones sobreabundan por Cristo Jesús.

Al escoger este texto para esta mañana, mi oración es que su grata promesa pueda escucharse en el corazón de algunos de los prisioneros del Señor; que los que os encontráis apretadamente encerrados y no podéis salir adelante debido a vuestra presente pesadez de espíritu, escuchéis que Él os dice al oído en un suave murmullo que llega hasta el corazón: «Clama a mí y yo te responderé y te mostraré cosas grandes y poderosas que tú no conoces».

El texto se divide naturalmente en tres partículas de verdad. Hablaremos de éstas en la medida que Dios el Espíritu Santo nos capacite. Primera, una orden de orar: «Clama a mí»; segunda, la promesa de una respuesta: «y te responderé»; y tercera, el estímulo a la fe: «y te mostraré cosas grandes y ocultas que tú no sabes».

I. LA ORDEN DE ORAR.

1. No se nos aconseja y recomienda solo que oremos, sino que se nos ordena orar. Ésta es una gran condescendencia. Se construye un hospital y se considera que basta con dar libre admisión a los enfermos que buscan ser atendidos. Pero el consejo del hospital no emite una orden en el sentido de mandar que una persona cruce sus umbrales. En lo más crudo del invierno se abre un comedor social bien abastecido y se divulga la noticia: los pobres pueden comer

con solo pedirlo; pero nadie piensa que el Parlamento promulgue una ley obligando a los pobres a acudir a sus puertas en busca de la caridad ofrecida. Se piensa que basta con dar a conocer un hecho sin emitir ninguna ordenanza en el sentido de que los hombres deban aceptarla. Sin embargo, es tan extraña la fatuidad del hombre, por una parte, que se hace necesaria una orden para que tenga misericordia de su propia alma, y tan maravillosa es la condescendencia de nuestro Dios misericordioso, por la otra, que da una orden de amor sin la cual ni siquiera un solo hombre nacido de Adán podría participar del festín del Evangelio, antes preferiría morir de hambre y no acudir.

Es así como ocurre con la oración. El pueblo mismo de Dios necesita de un mandamiento para orar, de otro modo no lo hará. ¿Y cómo puede ser esto? Amigos, es porque todos estamos sujetos a arrebatos de mundanalidad, si es que ése no es nuestro estado normal. No olvidamos comer; no olvidamos cerrar nuestras tiendas; no olvidamos ser diligentes en los negocios; no olvidamos retirarnos al lecho a descansar. Pero con frecuencia olvidamos luchar con Dios en oración, y tener, como debiéramos, largos períodos en consagrada comunión con nuestro Padre y nuestro Dios. Para muchos profesores el libro mayor es tan abultado que no lo pueden mover, mientras la Biblia, que representa su devoción, es tan pequeña que pueden ponerla en el bolsillo del chaleco. ¡Horas para el mundo! ¡Momentos para Cristo! El mundo recibe lo mejor de nuestro tiempo, mientras nuestra cámara de oración recibe solo desechos. Damos nuestra fuerza y frescura a los caminos de Mammón, y nuestra fatiga y languidez a los caminos del Señor. Por eso se hace necesario un mandamiento para participar del acto mismo que debiera constituir nuestra mayor felicidad, del privilegio más alto que podamos tener, esto es, ir al encuentro de nuestro Dios. «Clama a mí» dice el Señor, «porque sabe que somos dados a olvidarnos de clamar a Él». ¿Qué tienes, dormilón? Levántate, y clama a tu Dios, es una exhortación que necesitamos nosotros hoy tanto como Jonás en medio de la tormenta.

a) Él entiende cuán pesados están nuestros corazones cuando estamos bajo una sensación de pecado. Satanás nos dice: «¿Por qué tienes que orar? ¿Cómo piensas prevalecer? En vano estás diciendo, me levantaré e iré a mi Padre, porque no eres digno ni siquiera de ser como uno de sus jornaleros. ¿Cómo puedes mirar el rostro del Rey después de haberlo traicionado? ¿Cómo te atreves a acercarte al altar que tú mismo has mancillado, y cuando el sacrificio que podrías ofrecer es pobre e inmundo?» ¡Oh, hermanos, qué bueno es que se nos mande a orar, o nosotros también en tiempos de pesadez podríamos desechar la idea! Si Dios me lo ordena, indigno como soy, me arrastraré hasta el estrado de la gracia. Puesto que él dice: «Orad sin cesar» aunque mis palabras falten y mi corazón divague, todavía podré balbucear los deseos de mi alma hambrienta y decirle: «¡Oh Dios, enséñame por lo menos a orar, y ayúdame a prevalecer delante de ti!2

b) ¿No se nos ordena que oremos, además, debido a nuestra frecuente incredulidad? La incredulidad murmura: «¿Qué provecho tiene el que busque al Señor en tal y tal cosa? Sea algo muy trivial, o demasiado relacionado con cosas temporales, o una cuestión en torno a la cual has pecado demasiado, o algo demasiado elevado, demasiado difícil, una cuestión demasiado complicada, ¡no tienes derecho a poner eso delante de Dios!» Esto es lo que sugiere desde el infierno el enemigo inmundo. Por eso permanece escrito como un precepto para todos los días y apropiado para cada caso en que pueda verse envuelto un cristiano: «Clama a mí... clama a mí». ¿Estás enfermo? ¿Quieres ser sanado? ¡Clama a mí, porque soy el Gran Médico! ¿Te turba la providencia? ¿Temes que no podrás sostenerte con honestidad delante de los hombres? ¡Clama a mí! ¿Te provocan disgustos tus hijos? Estás sintiendo aquello que es más agudo que los dientes de una víbora, la ingratitud de tu hijo? ¡Clama a mí! ¿Son tus penas pocas pero dolorosas, como pequeñas puntas y aguijonazos de espinas? ¡Clama a mí! ¿Es tu carga pesada, tanto que parece que tus espaldas cederán bajo ella?

¡Clama a mí! «Echa sobre Jehová tu carga, y él te sustentará; no dejará para siempre caído al justo».

c) No hemos de dar por terminado nuestro primer punto antes de hacer otra observación. Debemos alegrarnos mucho en el hecho de que Dios nos ha dado este mandamiento en su palabra para que sea seguro y permanente. Podría ser un interesante ejercicio para algunos de vosotros descubrir con cuánta frecuencia se nos manda orar. Os sorprendería descubrir cuántas veces se os dan palabras como éstas: «Invócame en el día de la angustia y yo te libraré»; «¡Oh!, pueblos, derramad delante de él vuestro corazón»; «buscad a Jehová mientras puede ser hallado, llamadle en tanto que está cercano»; «Pedid y se os dará; buscad y hallaréis; llamad y se os abrirá»; «Velad y orad, para que no entréis en tentación»; «Orad sin cesar»; «acerquémonos confiadamente al trono de la gracia»; «Acercaos a Dios y él se acercará a vosotros»; «Perseverad en la oración». No es necesario multiplicar los ejemplos en un punto en que no puedo ser exhaustivo. Basta con coger dos o tres de esta gran bolsa llena de perlas. ¡Vamos cristiano!, no debes jamás preguntar si tienes derecho a orar; nunca debes preguntarlo. ¿Me permite entrar en su presencia? Puesto que tienes tantos mandamientos (y los mandamientos de Dios son promesas, son todos hábiles), puedes acercarte confiadamente al trono de la gracia celestial, por el camino nuevo y vivo del velo roto.

d) Pero hay oportunidades en que Dios no solo en la Biblia manda a su pueblo a orar, sino que también lo hace ordenándoles que oren en forma directa por medio de los impulsos de su Espíritu Santo. Vosotros, los que conocéis la vida interior, me comprenderéis al instante. En medio de vuestro trabajo sentís un repentino apremio por retiraros a orar. Podría ser que al principio no notéis particularmente la inclinación, pero una y otra vez vuelve, y vuelve: «¡Retírate y ora!» En cuanto a la oración, encuentro que soy como un molino de agua que corre muy bien mientras hay agua en abundancia, pero que va perdiendo fuerza a medida que el arroyo baja; o como el barco que vuela sobre las aguas extiende todo su velamen cuando el viento es favorable, pero que tiene que mover laboriosamente las velas para captar algo de una pequeña brisa favorable. Ahora bien, me parece que cuando quiera que nuestro Señor os dé la inclinación especial al orar, tenéis que duplicar vuestra diligencia. Debéis orar siempre y no desmayar, pero cuando él pone en vuestro corazón un deseo especial de orar, y sentís una aptitud peculiar y gozo en ello, tenéis, además del mandamiento que os obliga constantemente, otra orden que os llevará a una grata obediencia. En tales ocasiones pienso que podríamos estar en la posición de David, al que dijo el Señor: «Cuando oigas ruido como de marcha por las copas de las balsameras entonces te moverás». El ruido de marcha en las copas de las balsameras bien podrían ser las pisadas de ángeles que venían apresuradamente a ayudar a David, entonces David debía a atacar a los filisteos, y así cuando las misericordias de Dios se aproximan, sus pisadas son nuestros deseos de orar; y nuestros deseos de orar deben ser una indicación inmediatamente que ha llegado el momento divino de favorecer a Sión. Siembra abundantemente ahora, porque tu cosecha es segura. Lucha ahora, Jacob, porque estás a punto de convertirte en un príncipe que prevalece, y tu nombre será llamado Israel. Ahora es tu tiempo, mercader espiritual; el mercado está en alta, haz mucho negocio; tu ganancia será alta. Preocúpate de usar en forma correcta la hora dorada, y realiza tu cosecha mientras todavía brilla el sol.

Consideremos ahora la segunda de las partículas.

II. LA PROMESA DE UNA REPUESTA

No debiéramos soportar ni por un minuto el horroroso y lamentable pensamiento de que Dios no responderá la oración. Su naturaleza, según se manifiesta en Jesucristo, demanda que así sea. Él se ha revelado en el Evangelio como Dios de amor, lleno de gracia y verdad; así, ¿cómo podría negarse a ayudar a aquellas criaturas suyas que humildemente buscan su rostro y su favor de este modo por él mismo establecido?

En una ocasión, el senado ateniense consideró conveniente reunirse al aire libre. Mientras estaban sentados en sus deliberaciones, un gorrión, perseguido por un halcón, voló en dirección al senado. Perseguido muy de cerca por el ave de presa, buscó refugio en el seno de uno de los senadores. Este, hombre de carácter rudo y vulgar, tomó el ave de su seno, la aplastó contra el suelo y la mató. Al instante todo el senado se puso de pie en medio de un rugido, y sin una sola voz de disentimiento, lo condenó a la muerte, como indigno de sentarse en el senado con ellos o de ser llamado un ateniense, puesto que había negado el socorro a una criatura que había confiado en él. ¿Podemos suponer que el Dios del cielo, cuya naturaleza es amor, va a echar de su seno la pobre paloma que revolotea huyendo del águila de la justicia y se refugia en el seno de su misericordia? ¿Nos dará la invitación de buscar su rostro, y cuando nosotros, como él sabe, con tanta vacilación de temor, reunimos valor para volar a su seno, será entonces tan injusto y carente de gracia como para olvidarse de oír nuestro clamor y respondernos? No pensemos tan mal del Dios del cielo.

1. Recordemos luego, junto con su naturaleza, su carácter pasado. Me refiero al carácter que le ha hecho famoso a través de sus pasadas obras de gracia. Considerad, hermanos míos, aquella grandiosa exhibición de amor si quisiéramos nombrar un millar, no podríamos dar una mejor ilustración del carácter de Dios que aquel hecho grandioso. «Él que no escatimó ni a su propio hijo, sino que lo entregó por todos nosotros, ¿cómo, y ésta no es mi inferencia, sino la inspirada conclusión del apóstol no nos dará también con él todas las cosas?» Si el Señor no se niega a escuchar mi voz siendo pecador culpable y enemigo, ¿cómo va a desechar mi clamor ahora que he sido justificado; mi corazón no conocía, y no buscaba ayuda, si después de todo no me escuchará ahora que soy su hijo y su amigo? Las heridas sangrantes de Cristo son la segura garantía de la oración contestada. En su poema *The Bag* (La Bolsa), George Herbert representa al Salvador diciendo:

«Si hay algo que quieras mandar o escribir
(no lleve valija pero hay siempre lugar)
para entregar de mi padre en las manos,
(créeme) de seguro lo va a recibir porque me preocuparé de tu encargo.
Cerca de mi corazón lo puedes poner y si otros quisieran emplearme así, la puerta hallan abierta de par en par, y, lo que envíe, en manos del Padre entregaré acrecentado para que reciba más».

Ciertamente el pensamiento de George Herbert era que la expiación por sí misma es una garantía de que la oración debe ser oída, que la gran herida hecha junto al corazón del Salvador, que dio paso a la luz para ver las profundidades del corazón de la divinidad, era una prueba de que aquel que se sienta en los cielos quiere escuchar el clamor de su pueblo. Si piensas que la oración es inútil, estás haciendo una lectura equivocada del Calvario.

2. Pero, amados, tenemos la promesa de Dios al respecto, y Él es Dios, que no puede mentir. «Invócame en el día de la angustia... te responderé». ¿Acaso no dijo «Todo lo que pidáis en oración, creyendo, lo recibiréis»? Por cierto, no podemos orar a menos que creamos esta doctrina; «porque es necesario que el que se acerca a Dios crea que le hay, y que es galardonador de los que le buscan»; y si tenemos alguna duda en cuanto a que nuestra oración sea leída somos comparables con los que tienen doble ánimo: «Porque el que duda es semejante a la onda del mar, que es arrastrada por el viento y es echada de una parte a otra. No piense pues, quien tal haga, que recibirá cosa alguna del Señor».

Podría además dar fuerza a nuestro argumento si decimos que nuestra experiencia no lleva a creer que Dios contestará la oración. Yo no puedo hablar por ti; pero puedo hablar por mí. Si hay algo que yo sé, algo de lo cual estoy seguro más allá de toda duda, es que las palabras de una oración jamás se gastan en vano. Si no hay hombre alguno aquí que se atreva a decirlo, yo me atrevo a afirmarlo, y sé que puedo probarlo. Mi propia conversión es el resultado de largas, afectuosas, fervientes e importunas oraciones. Mis padres oraban por mí; Dios oyó sus clamores, y aquí estoy para predicar el Evangelio. Desde entonces, me he aventurado en empresas que estaban muy por encima de mi capacidad, pero nunca he fracasado, porque me he arrojado en los brazos del Señor.

Vosotros sabéis como iglesia que no he tenido escrúpulos para fijarme en grandes ideas de lo que podríamos, hacer para Dios. Y todo lo que nos hemos propuesto lo hemos cumplido. He buscado la ayuda de Dios, su socorro y su auxilio en las múltiples empresas, y aunque no puedo contar aquí la historia de mi vida privada mientras he hecho la obra de Dios, si la escribiera sería una prueba firme de que hay un Dios que contesta la oración. Él ha oído mis oraciones, no de vez en cuando ni un par de veces, sino muchísimas veces, tantas, que se ha convertido en un hábito el exponer mi causa delante de Dios con la absoluta certeza de que lo que le pida, Él me lo concederá. Ahora no es un «quizás» o una posibilidad. Sé que mi Señor me contesta, y no me atrevo a dudar, porque sería ciertamente una necedad el hacerlo. Así como estoy seguro que una cantidad de fuerza sobre una palanca levantará una cosa pesada, yo sé que una cierta cantidad de oración trae la bendición. Como la primavera lo llena todo de flores, así las súplicas aseguran las misericordias. En todo trabajo hay ganancia, pero más que en todos la hay en la obra de intercesión; de estoy seguro, porque de ello he tenido mi cosecha.

3. Pero recuerda que la oración siempre se ofrece en sujeción a la voluntad de Dios; que cuando decimos «Dios oye la oración», no queremos decir con ello que él siempre nos da literalmente lo que pedimos. Sin embargo, queremos decir esto, que él da lo que es mejor para nosotros y que si él no nos da la misericordia que pedimos en plata, la concederá en oro. Si no nos quita el aguijón en la carne, nos dice «Bástate mi gracia» y eso al fin equivale a lo mismo.

Lord Bolingbroke decía a la condesa de Huntingdon:

–No puedo entender, señoría, cómo puede usted hacer una oración sincera que armonice con la voluntad divina.

Mi Lord –respondió ella–, eso es algo que no ofrece dificultad. Si yo fuera de la corte de algún generoso rey, y éste me diera autorización para solicitar de él cualquier favor, yo ciertamente le diría: ¿Querría su majestad en su gracia concederme tal y tal favor? Pero, aunque lo deseo mucho, si en alguna forma empaña el honor de vuestra majestad, o si según el criterio de su majestad parece bien que no reciba tal favor, estaré tan contenta sin él como si lo hubiera recibido. Así que usted puede ver que yo puedo presentar sinceramente mi petición, pero sumisamente dejar la repuesta en las manos del rey.

Lo mismo ocurre con Dios. Nosotros nunca ofrecemos una oración sin insertar aquella oración: «Pero no se haga mi voluntad, sino la tuya». Solamente podemos orar sin un «sí» condicional cuando estamos seguros de que nuestra voluntad es la voluntad de Dios, porque la voluntad de Dios completamente nuestra voluntad.

Llegamos a nuestra tercera partícula, que, pienso, está llena de aliento para todos los que se ejercitan en el arte bendito de la oración:

III. EL ESTÍMULO A LA FE

«Te enseñaré cosas grandes y ocultas que tú no conoces». Notemos que esto originalmente se le dijo a un profeta en prisión, y por de contado, como todo maestro puede conocer las verdades reservadas, las verdades más elevadas y misteriosas de Dios, es esperando en oración. Ayer, mientras leía el libro de Daniel noté en forma muy especial cómo Daniel descubrió el sueño de Nabucodonosor. Los encantadores, magos, astrólogos y caldeos trajeron sus curiosos libros, y sus extraños instrumentos, y comenzaron a pronunciar sus abracadabra y realizar toda suerte de encantamientos misteriosos, pero todos fracasaron. ¿Qué hizo Daniel? Se puso a orar, y sabiendo que la oración de un cuerpo unido de hombres prevalece mejor que la oración de uno solo, vemos a Daniel invitar a sus hermanos a unírsele en ferviente oración para que Dios, en su infinita misericordia, quisiera darle a conocer la visión. Y en el caso de Juan –el Daniel del Nuevo Testamento–, recordaréis que él vio un libro en la mano derecha de Aquel que estaba sentado en el trono, un libro sellado con siete sellos, no hallándose a nadie digno de abrir los sellos. ¿Qué hizo entonces Juan? El libro fue abierto por el León de la tribu de Judá, que había prevalecido para abrir el libro, pero está escrito que antes que el libro se abriese «yo lloraba mucho». Sí y las lágrimas de Juan, que eran sus oraciones líquidas, fueron en lo que a él respecta, las llaves sagradas por las cuales fue abierto el libro sellado.

1. Hermanos en el ministerio, vosotros que sois maestros en la Escuela Dominical, y todos los que sois estudiantes en la escuela de Jesucristo, os ruego que recordéis que la oración es vuestro mejor medio de estudio. Como Daniel entenderéis el sueño y la interpretación, cuando la busquéis en Dios. Y como Juan veréis los siete sellos abiertos entregándoos las preciosas verdades después que hayas llorado mucho. «Si clamares a la inteligencia, y a la prudencia dieres tu voz; si como a la plata la buscares, y la escudriñares como a tesoros, entonces entenderás el temor de Jehová, y hallarás el conocimiento de Dios». Las piedras no se rompen sino por medio del uso aplicado del martillo, y el picapedrero se suele poner de rodillas. Usad el martillo de la verdad, y además ejercitad la rodilla de la oración y las doctrinas de la revelación, duras como roca, necesarias a vuestro entendimiento, se abrirán ante de vosotros al ejercicio de la fe y la oración. *Bene orasse est bene studisse* (haber orado bien es haber estudiado bien) es una sabia sentencia de Lutero, citada con tanta frecuencia, que apenas nos hemos atrevido a hacer una alusión a ella . Puedes abrirte camino a través de cualquier cosa con la vara de la oración. Los pensamientos y los razonamientos suelen ser como cuñas de acero que pueden abrir un camino hacia la verdad, pero la oración es la llave, la palanca que abre el cofre de acero del misterio sagrado, para obtener el tesoro allí escondido sólo para quienes pueden abrir con esfuerzo una vía para alcanzarlo. El Reino de los cielos todavía sufre violencia y los violentos lo arrebatan. Cuidaos de trabajar con el poderoso implemento de la oración, y nada podrá oponerse a vosotros.

Pero no debemos detenernos aquí. Hemos aplicado el texto a un solo caso, pero se puede aplicar a cientos. Queremos señalar otro. El santo debe esperar descubrir una experiencia más profunda y conocer más de una vida espiritual más elevada al dedicarse más a la oración. Hay diferentes traducciones de mi texto. Una versión dice: «Te mostraré cosas grandes y reservadas que tú no conoces». Ahora bien, no todos los progresos en la vida espiritual son igualmente fáciles de alcanzar. Están las estructuras comunes y los sentimientos de arrepentimiento, fe, gozo y esperanza que los disfruta toda la familia. Pero hay una esfera superior de rapto, de comunión y de unión consciente con Cristo que están lejos de ser lugares comunes para los creyentes. Todos los creyentes ven a Cristo. Pero no todos pueden poner sus dedos en las huellas de los clavos, ni meter sus manos en su costado. No todos tenemos el privilegio que Juan tuvo de reclinarse sobre el pecho de Jesús, ni el de Pablo de ser arrebato al tercer cielo.

En el arca de la salvación encontramos primero, segundo y tercer piso. Todos están en el arca, pero no todos están en el mismo piso. La mayoría de los cristianos, en cuanto al río de la experiencia, tienen el agua solo hasta los tobillos. Otros han vadeado el río hasta que las aguas les llegan a las rodillas; unos pocos encuentran que el agua les llega al pecho. Pero solo unos pocos, ¡cuán pocos!, ven que es un río en el cual pueden nadar, cuyo fondo no pueden tocar. Hermanos míos, hay alturas en el conocimiento experimental de las cosas de Dios que el ojo de águila de la perspicacia y del pensamiento filosófico no han logrado ver. Y hay senderos secretos que el cachorro de león de la razón y el juicio aún no han aprendido a transitar. Solamente Dios nos puede llevar hasta allí. Pero la carroza en que nos levanta, y los caballos de fuego que tiran la ca-

rroza, son las oraciones prevalecientes. La oración que prevalece es victoriosa por la misericordia de Dios. «Con su poder venció al ángel; venció al ángel y prevaleció; lloró y le rogó; en Betel le halló, y allí habló con nosotros». La oración que prevalece conduce al creyente hasta el Carmelo y le habilita para cubrir los cielos con nubes de bendición, y la tierra con corrientes de misericordia. La oración prevaleciente lleva al cristiano a lo alto del Pisga y le muestra la herencia que tiene reservada. Lo eleva al Tabor y lo transfigura hasta que en la semejanza de su Señor, como Él es, así somos nosotros en este mundo. Si quieres alcanzar algo más alto que la ordinaria experiencia de humillación, mira a la roca que es más alta que tú, y con los ojos de la que mira a través de las ventanas de la oración importuna. Así que, para crecer en experiencia, debe haber mucha oración.

2. Os ruego tengáis paciencia conmigo mientras aplico este texto a unos dos o tres casos más. Es ciertamente verdadero para el que sufre pruebas. Si en oración espera a Dios, recibirá una liberación mucho mayor que lo que pudiera haber soñado: «Cosas grandes y poderosas que tú no conoces». Éste es el testimonio de Jeremías: «Te acercaste el día que te invoqué y dijiste: «No temas». «Abogaste, Señor, la causa de mi alma; redimiste me vida». Y el de David es el mismo: «Desde la angustia invoqué a JAH, y me respondió JAH poniéndome en lugar espacioso... Te alabaré porque me has oído, y me fuiste por salvación». Y también: «Clamaron a Jehová en su angustia y él los libró de sus aflicciones. Los dirigió por camino derecho para que viniesen a ciudad habitable». «Mi marido ha muerto», dijo la pobre mujer «y ha venido el acreedor para tomar dos hijos míos por siervos». Ella esperaba que Eliseo posiblemente dijera: «¿Cuánto debes? Yo pagaré». En vez de eso, él multiplicó el aceite hasta que pudo decirle: «Paga a tus acreedores, y» ¿para qué era el «y»? «tú y tus hijos vivid de lo que quede». Con mucha frecuencia ocurrirá que Dios no solo ayudará a su pueblo a cruzar los lugares cenagosos del camino, sino que lo llevará a salvo a través de todo el viaje.

Fue un milagro realmente notable. Cuando en medio de la tormenta Jesucristo vino caminando sobre el mar, los discípulos lo recibieron en la barca, y no solo se calmó el mar, sino que está escrito: «La barca, llegó en seguida a la tierra adonde iban».

Esa fue una misericordia superior a lo que habían pedido. A veces os escucho orar usando una cita que no está en la Biblia: Es poderoso para hacer todas las cosas mucho más abundantemente de lo que podemos pedir o entender. No dice así en la Biblia. Yo no sé lo que podemos pedir o lo que podemos entender. Pero dice: «Es poderoso para hacer todas las cosas mucho más abundantemente de lo que pedimos o entendemos». Entonces, queridos amigos, cuando estemos en gran tribulación digamos solamente: «Ahora estoy en prisión; cual Jeremías, oraré como él lo hizo, porque tengo el mandamiento de Dios de hacerlo; y esperaré, como él lo hizo, hasta ahora por mí desconocidas. El no solamente va a conducir a su pueblo a través de la batalla, protegiendo sus cabezas en ella, sino que los llevará adelante con los estandartes ondeando, para repartir despojos con los poderosos, y reclamar su porción con los fuertes. Esperad grandes cosas de un Dios que os da promesas tan grandes como éstas.

3. Además, aquí hay estímulo para el obrero. Mis queridos amigos, esperad mucho de Dios en oración, pues tenéis la promesa de que Él hará por ti casas mayores que las que conoces. No sabemos cuánta capacidad de servicio hay en nosotros. Aquella quijada de asno tirada en tierra, ¿qué podía hacer? Nadie sabe para qué sirve. Pero en las manos de Sansón, ¿qué no puede hacer? Nadie duda de lo que puede hacer ahora que Sansón la esgrime. Y tú, amigo, frecuentemente te has considerado tan desdeñable como ese hueso, y has dicho: «¿Qué puedo hacer?» Sí, pero cuando Cristo por su Espíritu te toma, ¿Qué no puedes hacer? Ciertamente puedes adoptar el lenguaje del apóstol Pablo y decir: «Todo lo puedo en Cristo que me fortalece».

Sin embargo, no tenéis que depender de la oración sin esfuerzo. En una escuela había una chica que conocía al Señor. Muy

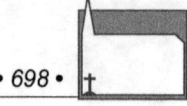

SERMONES SELECTOS

graciosa, sencilla y confiada. Como debe ser, la gracia se desarrolló en la chica conforme a su posición. Sus lecciones siempre eran las mejores de la clase. Otra chica le preguntó:

—¿Cómo logras que tus lecciones siempre estén bien?

—Oro a Dios para que me ayude a aprender mis lecciones —respondió ella.

—Bien, —pensó la primera— yo haré lo mismo.

Al día siguiente, cuando se paró a dar su lección y no supo nada, sintiéndose desgraciada, se quejó a la otra y le dijo:

—¿Por qué yo oré a Dios pidiéndole me ayudase a aprender la lección y hoy no supe nada de ella? ¿Para qué sirvió la oración?

—Pero, ¿te sentaste para tratar de aprenderla?

—¡Oh, no! —dijo ella— ni siquiera miré el libro.

«¡Ah!» —afirmó la primera—. Yo le pedí a Dios que me ayudara a aprender la lección, pero a continuación me senté a estudiarla, y seguí en ello hasta que la supe bien, y la aprendí con facilidad, porque mi deseo sincero, que había expresado a Dios, era que me ayudara a ser diligente en mi esfuerzo por cumplir mis deberes.

Así ocurre con algunos que vienen a las reuniones de oración y oran, y luego se cruzan de brazos y se van esperando que la obra de Dios siga adelante. Como la mujer que cantaba: «Vuela, vuela, poderoso Evangelio» pero no puso dinero en la bolsa de la ofrenda. Su amiga le tocó el brazo y le dijo: «Pero, ¿cómo puede volar, si tú no le das alas?». Hay muchos que parecen ser muy poderosos en oración, maravillosos en sus súplicas, pero luego requieren que Dios haga lo que ellos pueden hacer por sí mismos, y por lo tanto Dios no hace nada por ellos. «Dejaré mi camello desatado» dijo un árabe a Mahoma «y confiaré en la providencia». «Átalo firmemente» dijo Mahoma «y luego confía en la providencia».

Así, vosotros que decís: «Oraré y confiaré mi iglesia, o mi clase o mi obra a la bondad de Dio» más bien podríais oír la voz de la experiencia y la sabiduría que dice: «Haz lo mejor de tu parte; trabaja como si todo dependiera de tu labor; como si tu propio brazo pudiera traerte salvación;» «y cuando hayas hecho todo bien, reposa sobre aquel sin el cual es en vano levantarse temprano, retirarse tarde y comer el pan del esmero. Y si él te da un camino expedito dale las gracias».

4. No los detendré por muchos minutos más, pero quiero destacar que esta promesa debe probar su utilidad para consolar a los que interceden en favor de otros. Vosotros, que clamáis a Dios para que salve a vuestros hijos, que bendiga a vuestros vecinos, que se acuerde de vuestros maridos o de vuestras esposas en su misericordia, podéis recibir consuelo de esto: «Te mostraré cosas grandes y ocultas que tú no conoces».

Un célebre ministro del siglo pasado, el Sr. Bailey, era hijo de una madre piadosa. Esta madre casi había cesado de orar por su marido, que era hombre muy impío, y un perseguidor amargo. La madre oraba por su hijo, y cuando tenía unos once o doce años, la eterna misericordia le halló. Tan dulcemente instruido fue el niño en las cosas de Dios, que la madre le pidió —y por algún tiempo él siempre lo hizo— que dirigiera el devocional familiar en la casa. Mañana y tarde este pequeño abría la Biblia; y aunque el padre no se dignaba esperar para la oración familiar, en una oportunidad tuvo curiosidad por saber «qué salida le daría al asunto el niño» de modo que se detuvo detrás de la puerta, y Dios bendijo la oración de su hijo, menor de trece años, dándole la conversión. La madre bien podría haber leído mi texto con ojos llenos de lágrimas, y decir: «Sí, Señor, tú me has mostrado cosas grandes y poderosos que yo no conocía; no solamente has salvado a mi hijo, sino también, por medio de mi hijo has llevado a mi marido hasta la verdad».

No puedes imaginar la gran bendición con que Dios te bendecirá. Si solamente llegas y te paras a su puerta, no puedes decir qué es lo que tiene reservado. Si no le ruegas, nada recibirás. Pero si le ruegas, no te va a dar los huesos y los restos de carne, sino que dirá al que sirve su mesa: «Toma esa carne primorosamente servida y ponla ante ese pobre hombre». Rut fue a

espigar; esperaba tener unas pocas espigas; pero Booz le dijo: «Que recoja también espigas entre las gavillas, y no la avergoncéis» y además le dijo, a la hora de la comida: «Ven aquí, y come del pan, y moja tu bocado, en vinagre». ¡Encontró un marido allí donde únicamente esperaba encontrar un puñado de cebada! De este mismo modo, cuando oramos por los demás, Dios puede darnos tales misericordias que nos quedamos asombrados ante ellas puesto que esperábamos solo un poco. Acordaos de lo que se dice de Job, y aprended su elección: «Jehová dijo: ... Mi siervo Job orará por vosotros; porque de cierto a él atenderé para no trataros afrentosamente, por cuanto no habéis hablado de mí con rectitud como mi siervo Job. Y quitó Jehová la aflicción de Job, cuando él hubo orado por sus amigos; y aumentó al doble todas las cosas que habían sido de Job».

CONCLUSIÓN

Ahora, esta palabra para terminar. Algunos de vosotros estáis buscando vuestra conversión. Dios ha vivificado vuestro interés por orar por vuestras propias almas. No os alegra el ir al infierno. Queréis el cielo. Queréis lavaros en la sangre preciosa. Queréis la vida eterna. Queridos amigos, os ruego que os apropiéis de este texto Dios mismo lo ha dicho para vosotros «Clama a mí y te responderé y te mostraré cosas grandes y ocultas que tú no conoces». Tomadle inmediatamente la palabra a Dios. Regresad a casa, entrad en vuestro cuarto, cerrad la puerta y probadlo. Jóvenes, probadle, y ved si Él es fiel o no. Si Dios es veraz, no podéis buscar misericordia en sus manos por medio de Cristo y recibir una repuesta negativa. Puesto que su propia promesa y su carácter lo obligan, él debe abriros las puertas de la misericordia cuando llamáis de todo corazón. Dios te ayude, creyendo en Cristo Jesús, a clamar en voz alta a Dios y su repuesta de paz está ya en camino para encontrarse contigo. Le oirás decir: «Tus pecados, que son muchos, han sido perdonados».

¡Que Dios os bendiga a causa de su amor! Amén.

78. LA ORACIÓN ESPONTÁNEA

«Me dijo el rey: ¿Qué cosa pides? Entonces oré al Dios de los cielos» (Nehemías 2:4).

INTRODUCCIÓN: Esperar en continua oración tiene su resultado.

I. LA ORACIÓN DE NEHEMÍAS
1. La intensidad en la corta oración.
2. Nehemías estaba en constante oración.

II. EL MODO DE ESTA ORACIÓN
1. Fue breve, pero prevaleció ante Dios.

III. ESTE EXCELENTE ESTILO DE ORACIÓN
1. Disciplina en el horario para la oración.
2. El beneficio de una oración corta.
   a) Requiere un espíritu de oración
3. La espontaneidad en la oración.
4. Con la oración secreta no buscamos elogios.
5. Demostramos dependencia de Dios.
6. No dejemos de orar.

CONCLUSIÓN: Solo se necesita fe.

LA ORACIÓN ESPONTÁNEA

INTRODUCCIÓN

Como ya hemos leído, Nehemías había preguntado en cuanto al estado de la ciudad de Jerusalén, y las noticias que oyó le causaron amargo dolor. «¿Cómo no estará triste mi rostro, cuando la ciudad, la casa de los sepulcros de mis padres, está desierta, y sus puertas consumidas por el fuego?» No podía soportar que fuera un puro montón de ruinas aquella ciudad que había sido hermosa en cuanto a situación y el gozo de toda la tierra. Guardando el asunto en su corazón, no comenzó a hablar con otras personas de lo que podían hacer, ni diseñó un programa maravilloso sobre lo que se podría hacer si varios miles de personas se unieran en la empresa, pero se le ocurrió que podría hacer algo él mismo. Ésta es la forma en que el hombre práctico inicia un asunto: El que no es práctico hará planes, arreglos y espe-

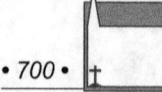

culaciones acerca de lo que podría hacerse, pero el genuino y dedicado amante de Sion se plantea esta pregunta: «¿Qué puedes hacer? Nehemías, ¿qué puedes hacer? Vamos, hay que hacerlo, y tú eres el hombre que ha de hacerlo por lo menos debes hacer tu parte. ¿Qué puedes hacer?»

Llegado a este punto, resolvió apartar tiempo para orar. Nunca tuvo el asunto fuera de su mente durante casi cuatro meses. Día y noche parecía tener escrito Jerusalén en su corazón, como si el nombre estuviera pintado en el globo de su ojo. Veía solo Jerusalén. Si dormía soñaba con Jerusalén. Al despertar su primer pensamiento era Jerusalén: «¡Pobre Jerusalén!» y antes de dormirse su oración nocturna era por los muros derribados de Jerusalén. El hombre de una idea fija, vosotros sabéis, es un hombre terrible. Y cuando una sola pasión ha absorbido el todo de su humanidad, algo tendrá que venir como resultado. Tenedlo por seguro. El deseo de su corazón se convertirá en alguna demostración abierta, especialmente si plantea el asunto delante de Dios en oración. Algo surte de esto. Antes que transcurriera mucho tiempo, Nehemías tuvo su oportunidad. Hombres de Dios, si queréis servir a Dios y no encontráis la ocasión propicia, esperad un tiempo en oración y vuestra ocasión irrumpirá sobre vuestro sendero como un rayo de sol. Nunca hubo un corazón verdadero y valiente que no lograra hallar una esfera adecuada en un lugar u otro para realizar su servicio. Todo obrero diligente hace falta en algún lugar de la viña. Puede ser que tengas que tardar, puede parecer que estás ocioso en el mercado, porque el maestro no te ha contratado, pero espera allí en oración, y con tu corazón ardiente con su propósito cálido, y aparecerá tu oportunidad. La hora necesitará su hombre, y si estás pronto, tú como hombre, no te quedarás sin tu hora. Dios dio a Nehemías una oportunidad. La oportunidad vino, es cierto, de un modo que era inesperado. Vino a través de su tristeza de corazón. Este asunto le ocupó la mente hasta que comenzó a verse sobremanera infeliz. No puedo decir si los demás lo notaran, pero cuando entró en el salón real con la copa,

el rey al cual servía notó la angustia en el rostro del copero y le dijo: «Por qué está triste tu rostro? Pues no estás enfermo. No es esto sino quebranto de corazón». Poco se daba cuenta Nehemías que su oración estaba brindándole la ocasión. La oración estaba registrada en su rostro. El ayuno estaba dejando huellas en su semblante, y aunque no lo sabía, de ese modo estaba preparándole la oportunidad para cuando estuviera en presencia del rey. Pero podéis ver que cuando se le presentó la oportunidad tuvo problemas, porque él dice: «Temí en gran manera». Entonces el rey le pregunta ¿qué es lo que pides?. Por el modo de preguntarlo parece llevar implícita la seguridad de que quiere ayudarle aquí nos sorprende un tanto, al notar que en vez de apresurarse a dar una respuesta al rey la repuesta no es dada de inmediato ocurre un incidente, se narra un hecho. Aunque era uno que últimamente se había dado por completo a la oración y al ayuno, ocurre este pequeño paréntesis: «Entonces oré al Dios de los cielos». Mi preámbulo conduce a este paréntesis. Quiero predicar sobre esta oración. Según mi opinión aparecen tres pensamientos aquí, y sobre cada uno de ellos quiero extenderme un poco; el hecho de que Nehemías orara en ese momento preciso; el modo de la oración; y el excelente tipo de oración que utiliza.

I. LA ORACIÓN DE NEHEMÍAS.

1. El hecho de que Nehemías haya orado llama la atención. Su soberano le había hecho una pregunta. Se supone que lo correcto es responder. Pero no hace eso. Antes de responder oró al Dios del cielo. No creo que el rey haya notado la pausa. Probablemente el intervalo no haya sido lo suficientemente largo como para ser notado, pero tuvo la extensión necesaria para que Dios la notara suficiente para que Nehemías buscara y obtuviera la dirección de Dios en cuanto a la repuesta que debía dar al rey. ¿No os sorprende encontrar un hombre de Dios que tiene tiempo para orar entre una pregunta y una repuesta? Nehemías encontró ese tiempo. Y más nos sorprende su oración porque estaba tan perturbado que,

en conformidad con el versículo dos, temió en gran manera. Cuando estás nervioso y desconcertado podrías olvidarte de orar. ¿No consideráis algunos de vosotros esto como una excusa válida para omitir vuestras devociones regulares? Sin embargo, Nehemías piensa que si está alarmado, ello es una razón para orar y no para dejar de orar. Tan habitualmente estaba en comunión con Dios, que tan pronto se encontraba en un dilema volaba a la presencia de Dios, al igual que la paloma volaría a refugiarse en las hendiduras de una roca.

Su oración fue más extraordinaria en esta ocasión, ya que se sentía apasionado por su objetivo. El rey le pregunta qué es lo que necesita, y pone todo su corazón en la reconstrucción de Jerusalén. ¿No te sorprende que no haya dicho de inmediato: ¡Oh rey!, vive por siempre. Anhelo construir los muros de Jerusalén. Concédeme toda la ayuda que puedas? Pero no, aunque estaba ansioso por lanzarse sobre el objetivo deseado, retiene la mano hasta después que se dice: «Entonces oré al Dios de los cielos». Confieso que lo admiro. Deseo imitarlo. Quisiera que cada corazón creyente pueda tener la santa precaución que no le permitió apresurarse insensatamente. «La oración y las provisiones no impiden el viaje de hombre alguno». Ciertamente cuando el deseo de nuestro corazón está muy cerca, frente a nosotros estaremos más seguros de que tomaremos el pájaro que estamos espiando entre los matorrales si nos detenemos silenciosamente, elevamos nuestros corazones y oramos al Dios del cielo.

Y es aun más sorprendente que haya orado deliberadamente en ese preciso momento, porque él ya había estado orando por los últimos tres o cuatro meses respecto de la misma materia.

2. Algunos de nosotros podría haber dicho: «Esto es aquello por lo que he estado orando; todo lo que tengo que hacer ahora es tomarlo y usarlo. ¿Qué necesidad de volver a orar? Después de todas mis lágrimas nocturnas y mis llantos de día, después de apartarme para ayunar y clamar al Dios del cielo, después de tan angustiosa conferencia, ciertamente ha llegado la respuesta. ¿Qué otra cosa puedo hacer sino tomar el bien que Dios me ha provisto y regocijarme en ello?» Pero no. Vosotros siempre podréis encontrar que el hombre que ha orado mucho es el hombre que seguiría orando. «Al que tiene le será dado y tendrá más». Con tan solo conocer el dulce arte de la oración, tú eres el hombre que estará frecuentemente entregado a orar. Si estás familiarizado con el trono de la gracia, lo visitarás continuamente.

«Porque aquel que conoce
de la oración el poder,
sólo desea entregarse a ese placer».

Aunque Nehemías ha estado orando todo el tiempo, empero, debe ofrecer otra petición. «Entonces oré al Dios del cielo».

Vale la pena recordar una cosa más, a saber, que él estaba en un palacio real, y además en el palacio de un rey pagano. Y me dijo el rey: ¿Qué cosa pides? Entonces oré al Dios de los cielos; y estaba en el acto mismo de poner ante el rey la copa de vino. Estaba cumpliendo su tarea en la fiesta del estado, en medio del resplandor de las lámparas y el brillo del oro y la plata, en medio de los príncipes y pares del reino. O aun si fuera fiesta privada del rey y la reina, los hombres se impresionan de tal manera en tales ocasiones con las responsabilidades de sus elevados cargos que fácilmente se olvidan de orar. Pero este israelita devoto, en ese lugar y en esa ocasión, cuando está a los pies del rey para sostenerle la copa de oro, se refrena de dar una respuesta al rey antes de haber orado al Dios del cielo.

II. EL MODO DE ESTA ORACIÓN

He aquí el hecho, y creo que merece una mayor reflexión.

Bien, muy brevemente, fue lo que podríamos llamar una oración espontánea que es como si arrojara el dardo, y ya está. No era la oración que se para junto a la puerta de la misericordia a llamar, llamar y llamar. Es la concentración de muchos llamados en uno solo. Comenzó y acabó en un solo golpe. Quiero recomendaros esta oración como una de las mejores formas de oración.

Nótese que debió de ser muy breve. Fue introducida, deslizada hecha un «sandwich» entre la pregunta del rey y la respuesta de Nehemías; y, como ya he dicho, no creo que la haya tomando un tiempo apreciable, escasamente un segundo. Es muy probable que el rey no haya observado ningún tipo de pausa o vacilación, porque Nehemías estaba en el tal estado de alarma ante la pregunta que estoy convencido que no permitió que su demora ni su vacilación se hicieran evidentes, antes bien la oración debió de ser ofrecida como un rayo eléctrico, en forma verdaderamente rápida. En determinado estado de extrema excitación es maravillosa todo lo que puede pasar por la mente en un tiempo muy breve. Como los hombres rescatados de ahogarse, al recobrarse han contado que mientras se hundían vieron en un panorama pasar en breves segundos ante sus ojos, toda su vida. Tan fuerte es la fuerza de la mente, capaz de lograr mucho en un espacio de tiempo muy breve. Así la oración fue presentada como un abrir de ojos; fue hecha intuitivamente; sin embargo, fue hecha y demostró ser una oración que prevaleció con Dios.

Fue una oración de un tipo notable. Sé que fue así, porque Nehemías nunca olvidó que había orado. He orado centenares de veces, y miles de veces, pero no recuerdo ningún detalle en particular después en cuanto a la ocasión que me dispuso a la oración o a las emociones que me excitaron. Pero hay un par de oraciones que nunca podré olvidar. No las he anotado en mi diario, pero recuerdo cuando oré, porque ese tiempo era tan especial, la oración tan intensa y la respuesta a ella fue tan notable. Ahora, la oración de Nehemías nunca, nunca fue borrado de su memoria, y cuando estas palabras quedaron escritas para la historia lo hizo de la siguiente forma: «Entonces oré al Dios del cielo».

III. ESTE EXCELENTE ESTILO DE ORACIÓN

Hablaré principalmente a los hijos de Dios: a vosotros, que tenéis fe en Dios. Os ruego que con frecuencia, no, os pido que siempre uséis este método de la oración espontánea ruego a Dios, también, que algunos de los que están aquí y nunca han orado, quieran ofrecer una oración espontánea al Dios del cielo antes que salgan de este edificio, que pueda subir de vuestros labios una petición breve y ferviente, algo semejante a la del publicano en el templo: «Dios, sé propicio a mí, pecador».

1. Entonces para tratar en forma práctica este asunto, es deber y privilegio de todo cristiano tener horas estables para orar. No puedo entender que un hombre pueda conservar la vitalidad de la piedad a menos que se retire regularmente para orar, por lo menos mañana y tarde. Daniel oraba tres veces al día y David dice: «Siete veces al día te alabo». Es bueno para vuestros corazones, bueno para vuestra memoria, bueno para vuestra solidez para que dediquéis ciertas porciones de tiempo y digáis «Pertenecen a Dios. Tendré tratos con Dios a tal y tal hora, y procuraré ser tan puntual en mi horario con él como si hubiera hecho un compromiso para reunirme con un amigo». Cuando Sir Thomas Abney era alcalde de Londres le molestaba tener que participar en banquetes, porque Sir Thomas siempre había tenido oración con su familia a una hora señalada. El problema era cómo salir del banquete para poder conservar el devocional familiar. Lo consideraba tan importante, que dejaba la silla, avisándole a su vecino de asiento que tenía un compromiso con un amigo querido al que no podía faltar. Y se iba, cumplía su compromiso con Dios, y regresaba a su lugar, ninguno más sabio, y siendo él el mejor por observar su acostumbrado hábito de adorar. La Sra. Rowe decía que, llegado el momento de orar, no renunciaba a la oración ni aunque estuviera predicando el apóstol Pablo. No, decía, si estuvieran allí los doce apóstoles, y no pudiera haber otra ocasión de oírlos, ella no se ausentaría de su cámara de oración a la hora señalada.

2. Pero ahora, habiendo enfatizado la importancia del hábito piadoso de la oración privada, quiero que quedéis impresionados por el valor de otro tipo de oración, a saber las oraciones imprevistas, breves, rápidas, muy cortas y frecuentes, de las que Nehemías nos da una muestra. Y la recomiendo, porque no obstaculiza los compromisos y no

Seguimiento, Discipulado, Oración ...

ocupa tiempo. Podrías estar midiendo tus piezas de tela o pesando comestibles, o podrías estar sumando una cuenta, y entre un tempo y otro podrías decir: «Señor, ayúdame». Podrías orar al cielo y decir: «Señor, ayúdame». No te quitará tiempo. Este modo de orar es una gran ventaja para personas que están presionadas por los negocios porque ni en el menor grado les incapacitará para atender los asuntos que tengan entre manos. No requiere que vayas a algún lugar especial. Donde estás puedes detenerte, si vas en coche, o caminas por la calle, seas el más bajo aserrador en su aserradero, o él más alto funcionario, puedes parar y hacer oraciones como ésta. Sin altar, sin iglesia, sin los así llamados lugares sagrados, sino dondequiera estéis este estilo de oración, pequeña oración, llegará al oído de Dios y recibirá una bendición.

a) Una oración de ese tipo se puede ofrecer en cualquier lugar, bajo cualquier circunstancia. En la tierra, en el mar, enfermo o en salud, en medio de pérdidas o en ganancias, en los grandes reveses o en los momentos de éxito, el creyente puede desahogar su alma dirigiéndose a Dios en sentencias breves y rápidas. La ventaja de esta forma de oración es que puede orar con frecuencia y puedes orar siempre. El hábito de la oración es bendecido, pero el espíritu de oración es mejor. Y el espíritu de oración es la madre de estas oraciones instantáneas, y a mí me gustan porque es una madre prolífica. Muchas veces en el día podemos hablar con Dios nuestro Señor.

Esta oración es sugerida por todo tipo de circunstancias. Recuerdo a un pobre hombre que una vez me hizo un cumplido, que valoré mucho en ese tiempo. Estaba hospitalizado, y cuando lo visité dijo: «Fui a oírle durante algunos años, y ahora, cualquier cosa que veo parece recordarme una u otra cosa que usted dijo, y acude a mi mente tan fresca como en el momento en que la oí». Ahora bien, el que sabe orar instantáneamente verá que todo lo que lo rodea le ayuda en el sagrado hábito. ¿Está ante un paisaje hermoso? Exclama: «Bendito sea Dios que ha trazado para recrear la vista y alegrar el corazón». ¿Estás en lúgubres tinieblas en un día brumoso? Pide: «Ilumina mis tinieblas, oh Señor». ¿Estás acompañado? Te acordarás de orar: «Señor, pon guarda a la puerta de mis labios». ¿Estás muy solo? Entonces suplica: «No me dejes solo, sé tú conmigo, padre». Al vestirte, al sentarte a la mesa del desayuno, al subir al vehículo que te transporta, al caminar por las calles, al abrir tus libros de contabilidad, al cerrar el negocio, en fin, todo puede sugerirte que ores en la forma que he estado tratando de descubrir, si tan solo tienes una actitud mental adecuada para ofrecerla.

3. Estas oraciones son recomendables porque son verdaderamente espirituales. Las oraciones con muchas palabras pueden ser también oraciones redundantes. El orar con ayuda de un libro de oraciones tiene muchos aspectos que nada tienen de recomendables. Cuando hayas descubierto el provecho que de un manual de conversación en francés haya tenido alguien que viaja por Francia sin conocer el idioma, entonces prueba cuánto bien puede hacerle un manual de oraciones a una pobre alma que no sabe pedir a nuestro Padre celestial una bendición o el beneficio que necesita. ¡Un manual! ¡Manuales! ¡Bah! ¡Ora con el corazón, no con las manos! Si quieres levantar las manos en oración ¡que sean tus propias manos, no las de otro hombre! Las oraciones que salen saltando del corazón la explosión de una emoción fuerte, de un deseo ferviente, de una fe viva son verdaderamente espirituales; y ningún otro tipo de oraciones, sino las espirituales son las que acepta Dios.

4. Este tipo de oración está libre de cualquier sospecha de haber sido motivada en forma corrupta para agradar a los hombres. No pueden decir que estas oraciones disparadas secretamente por nuestra alma hayan sido presentadas para alcanzar elogios para nosotros mismos, puesto que nadie se da cuenta que estamos orando. Por lo tanto, os recomiendo esta oración y espero que abundéis en ellas. Hay hipócritas que han orado durante horas. Sin duda hay hipócritas que son tan regulares en sus devocionales como los mismos ángeles que están delante del trono de Dios, y no obs-

tante no hay vida, espíritu ni aceptación instantánea; cuyo corazón habla con Dios no es hipócrita. En ella hay realidad, fuerza y vida. Si veo que de una chimenea salen chipas sé que en el interior hay un fuego encendido, y estas oraciones instantáneas son como las chispas que salen desde un alma que está llena de ardientes brasas del amor a Jesucristo.

Estas breves oraciones disparadas nos son de gran utilidad, queridos amigos. Con frecuencia nos controlan. Persona de mal carácter, si oraras siempre un poquito antes de dejar que de tus labios salgan las expresiones airadas, muchísimas veces dejarías de decir esas feas palabras. A una buena mujer le aconsejaron que tomase un vaso de agua y se dejara una cantidad de agua en la boca por cinco minutos antes de comenzar a reprender a su marido. Me atrevo a decir que no es una mala receta, pero si en vez de practicar esa pequeña excentricidad hubiera hecho una corta oración, ciertamente hubiera tenido un mejor efecto y hubiera sido más espiritual. Puedo recomendar esta oración de urgencia como un receta valiosa para el irreflexivo y para el irritable; porque todos los que se ofenden fácilmente y son lentos para perdonar insultan y hieren. Cuando en los negocios estás por cerrar con una oferta que te ofrece cierta dudas, o sientes un escrúpulo positivo, una oración como: «Guíame, buen Señor» con frecuencia te impedirá hacer algo de lo cual más tarde te arrepentirás.

5. El hábito de ofrecer estas breves oraciones impedirá que deposites confianza en ti mismo. Mostraría tu dependencia de Dios. Evitaría que te volvieras mundano. Sería como un delicioso perfume quemado en la cámara de tu alma para mantener alejada de tu corazón la fiebre de este mundo. Puedo recomendar enfáticamente estas oraciones breves, dulces y benditas. Quiera el Espíritu Santo dártelas.

Además, nos brindan bendiciones celestiales. Las oraciones hechas de forma instantánea, como en el caso de Eliezer, el siervo de Abraham, como en el caso de Jacob, cuando dijo ya cerca de la muerte «tu salvación esperé, oh Jehová»; oraciones como la que Moisés ofreció cuando no leemos que él haya orado, y sin embargo, Dios le dice: ¿Por qué clamas a mi?»

Oraciones como las que frecuentemente presentaba David son las que tienen éxito delante del Altísimo. Por tanto, abundad en ellas, porque Dios quiere estimular su uso y le agrada responderlas.

Y así podría seguir recomendando la oración imprevista, instantánea, pero diré una sola cosa más en su favor. Creo que es muy apropiada para algunas personas de un temperamento peculiar que no podrían orar por largo tiempo para salvar la vida. Sus mentes son rápidas y ágiles. Queridos amigos, el tiempo no es un elemento en el negocio. Dios no nos oye debido a la extensión de nuestras oraciones, sino por la sinceridad de ellas. La oración no se mide por metros ni se pesa por kilos. Es su poder y fuerza, la verdad y realidad de ella, la intensidad y energía de ella lo que vale. Si eres de una mente tan pequeña tan ligera que no puedes usar muchas palabras, o no puedes pensar tan largo rato una cosa, debiera ser para tu consuelo saber que la oración espontánea es aceptable. Y podría ser, amigo, que estás en una condición física en que no puedes orar de otro modo. Un dolor de cabeza como el que afecta frecuentemente la mayor parte de su vida a algunas personas, un estado del cuerpo que el médico puede explicarte podría impedir que la mente se concentre por largo rato sobre un tema. Entonces resulta refrescante poderse dirigir a Dios una y otra vez, cincuenta o cien veces en el día, en oraciones breves, rápidas, estando el alma en todo su fervor. Éste es un estilo bendito de oración.

6. Ahora concluiré mencionando solo algunas de las oraciones cuando creo que deberíamos recurrir a la práctica de la oración espontánea. Rowland Hill era un hombre notable por su piedad, pero al preguntar en Wotonunder Edge por su estudio, aunque pregunté por tener una respuesta, no obtuve ninguna satisfactoria. Finalmente el ministro dijo: «El hecho es que nunca tuvo uno. El Sr. Hill tenía por costumbre estudiar en el jardín, en la sala, en la cama, en las calles, en los bosques, en cualquier lugar». Pero...

¿dónde se retiraba a orar? Dijeron que suponían que era en su cuarto, que siempre estaba orando sin importar dónde estuviera. Parecía como si toda su vida, aunque la pasó en medio de sus semejantes haciendo el bien, la pasó en oración perpetua. Se sabía que había estado en la calle Blackfriar, con sus manos atrás, mirando una vidriera, y si se ponía atención pronto se podía percibir que estaba derramando su alma delante de Dios. Había llegado a estar en un estado constante de oración. Creo que es la mejor condición en que un hombre puede estar cuando está orando siempre, orando sin cesar, siempre acercándose a Dios con sus oraciones espontáneas.

Pero si he de daros una selección de momentos adecuados, debo citar momentos como éstos. Cuando sea que tengas una gran alegría, grita: «Señor, convierte esto en una verdadera bendición para mí». No exclames como los demás: «Soy un tipo con suerte» sino: «Señor, dame más gracia y más gratitud, ahora que has multiplicado tus favores». Cuando tengas entre manos una empresa ardorosa o un asunto pesado, no lo toques hasta que de tu alma haya una dificultad, y te sientes muy perplejo, cuando los negocios llegan a una encrucijada, o a una confusión que no puedes desentrañar u ordenar, ora. No es necesario que ocupes un minuto, pero es maravilloso darse cuenta cuantos nudos se puedan soltar después de una palabra de oración.

¿Los niños te resultan particularmente molestos, buena mujer? ¿Crees que tu paciencia casi se ha agotado debido a las preocupaciones y las hostilidades? Es el momento de una oración instantánea. Los manejarás en forma más adecuada y soportarás sus malos comportamientos en forma más tranquila. En todo caso, tu propia mente estará menos perturbada. ¿Piensas que hay una tentación frente a ti? ¿Comienzas a sospechar que te están poniendo asechanzas? Hay que orar: «Llévame por un camino llano a causa de mis enemigos». ¿Estás trabajando en el banco, en un taller, en un almacén, donde tus oídos son asaltados por conversaciones obscenas, blasfemias y vergonzosas? Es tiempo de una breve oración. ¿Has

notado que un pecado te asedia? Que te mueva a la oración. Estas cosas debieras recordarte que debes orar. Creo que el diablo no dejaría que la gente jurase tanto si el pueblo cristiano orara cada vez que oyeran un juramento. Entonces se daría cuenta que no le conviene. Las blasfemias de ellos se verían un tanto acalladas si provocaran súplicas por parte de los creyentes.

¿Sientes que tu corazón se está saliendo de los límites? ¿Empieza a fascinarte el pecado? Es tiempo de orar, de un clamor ardiente, sincero y apasionado: «Señor, ayúdame». ¿Viste algo con tu ojo, y ese ojo está infectando tu corazón? ¿Te sientes como si tu pie fuera a resbalar, y tus pasos estuvieron próximos a deslizarse? Es tiempo de orar: «Señor, sosténme con tu diestra». ¿Ha ocurrido algo completamente inesperado? ¿Te ha tratado mal un amigo? Entonces, como David, di: «Señor, entorpece ahora el consejo de Ahitofel». Ora en el momento. ¿Estás ansioso por hacer algún bien? Asegúrate de orar al respecto. ¿Quieres hablar a aquel joven esta noche, cuando salgas del Tabernáculo, acerca de su alma? Primero ora, hermano. ¿Quieres dirigirte a los miembros de tu clase y escribirles una carta sobre su bienestar espiritual esta semana? Ora sobre cada línea, hermano. Siempre es bueno que la oración siga fluyendo mientras estás hablando de Cristo. Siempre encuentro que puedo predicar mejor si oro mientras estoy predicando.

Y la mente es muy notable en sus actividades. Puede estar orando mientras se está estudiando. Puede estar mirando a Dios mientras conversamos con otro hombre. Puede estar con una mano levantada hacia Dios para recibir las provisiones de Dios, mientras la otra está entregando las mismas provisiones que a Él le ha agradado dar. Ora mientras vivas. Ora cuando tengas gran dolor. Cuanto más grande es la herida, más urgente e importante debiera ser tu clamor delante de Dios. Y cuando las sombras de la muerte te rodean, y extraños sentimientos te sofocan o te llene de escalofríos, y claramente te dicen que está cercano el final de tu jornada, entonces ora. ¡Oh, ese es tiempo de orar breve y fervientemente!

Oraciones breves y vigorosas como éstas: «No escondas tu rostro de mí, oh Señor;» o ésta: «No te alejas de mí, oh Dios» serán adecuadas para ti. «Señor Jesús recibe mi espíritu» fueron las emotivas palabras de Esteban cuando estuvo a la puerta de su fin; y «Padre, en tus manos encomiendo mi espíritu» fueron las palabras de tu mismo Maestro, pronunciadas el momento antes de inclinar su cabeza y entregar su espíritu. Tú bien puedes tomar el mismo tono e imitarle.

CONCLUSIÓN

Estos pensamientos están tan exclusivamente dirigidos a los hermanos santos y fieles en Cristo que os sentiréis inclinados a preguntar: «¿No hay algo que se pueda decir al inconverso?» Bien, todo lo que ellos han oído decir lo pueden usar en su propio beneficio. Pero, permitidme que me dirija a vosotros, mis queridos amigos, tan deliberadamente como me sea posible. Aunque no seáis salvos, no debéis decir: «Yo no puedo orar». Pero, si la oración es tan fácil, ¿qué excusa podéis tener para descuidarla? No requiere un espacio de tiempo mensurable. Oraciones como estas serán oídas por Dios y todos vosotros tenéis la capacidad y la oportunidad de pensarlas y expresarlas, si solamente tenéis esa fe elemental en Dios que cree que «le hay y que es galardonador de los que le buscan». Creo que Cornelio se encontraba así de lejos cuando el ángel le amonestó a que mandase a buscar a Pedro, el cual le predicó la paz por medio de Cristo para la conversión de su alma. ¿Hay en el Tabernáculo esta noche un hombre o mujer, un ser tan extraño que nunca ora? ¿Cómo os amonestaré? Podría tomar un pasaje de un poeta actual, vivo, que aunque no ha contribuido con nada a nuestros himnarios, ha canturreado una nota tan a propósito con mi objetivo, y tan agradable a mi oído, que deseo citarlo:

> La oración obra más cosa
> que las que el mundo pueda soñar.
> Así que eleva tu voz como una fuente
> que fluye día y noche sin cesar.
> Porque, ¿en qué a ovejas y cabras superar

puede el hombre que en su cerebro una vida ciega alimentar si sus manos,
conociendo a Dios, en oración no eleva?
Porque con cadenas de oro,
todo camino de este mundo
a los pies de Dios está unido.

No sospecho que haya aquí alguna criatura que nunca ora, porque la gente ora generalmente a uno u otro ser. El hombre que nunca ora a Dios las oraciones que debiera, ora a Dios las oraciones que no debiera hacer. Es terrible que un hombre le pida a Dios que lo condene; sin embargo, hay personas que lo hacen. Supón que te oye: El es un Dios que oye la oración. Me dirijo a un profano blasfemo, y me gustaría que esto quedara muy claro para él. Si Dios te hiciera caso, si tus ojos fueran cegados y tu lengua quedara inmóvil y tú mudo mientras pronuncias una salvaje imprecación, podrías soportar el juicio repentino sobre tu impío hablar? Si algunas de tus oraciones te fueran contestadas en ti mismo, y algo de lo que has ofrecido en tu pasión, para tu esposa y para tu hijo se cumplieran dañándolos y distrayéndote, ¡qué terrible sería! Bueno, Dios responde la oración, y uno de estos días él podría responder tus oraciones para tu vergüenza y confusión perpetua. Ahora, antes que dejes tu asiento, ¿no sería bueno que oraras? Dile: «Señor, ten misericordia de mí; Señor sálvame; Señor, cambia mi corazón; Señor, dame que pueda creer en Cristo; Señor, dame interés ahora en la preciosa sangre de Jesús; Señor, sálvame ahora». ¿No queréis, cada uno de vosotros, hacer una oración como esa? Que el Espíritu Santo te guíe a hacerlo, y si una vez comienzas a orar en forma correcta, no tengo miedo que vayas a abandonar alguna vez, porque hay algo que sostiene firme, al alma en la verdadera oración. Las oraciones fingidas, ¿qué tienen de bueno? Pero las súplicas verdaderas del corazón, el alma que conversa con Dios, una vez que comienza nunca termina. Tendrás que orar hasta que cambies la oración por la alabanza, y pases del trono de la gracia abajo, al trono de Dios arriba.

4. Edificación

79. PROBANDO A DIOS

«Traed todos los diezmos al alfolí y haya alimento en mi casa; y probadme ahora en esto, dice Jehová de los ejércitos, si no os abriré las ventanas de los cielos, y derramaré sobre vosotros bendición hasta que sobreabunde» (Malaquías 3:10).

INTRODUCCIÓN: Probadme ahora, dice Dios.

I. DIOS A PRUEBA
1. La creación, una prueba.
2. Los creyentes, otra prueba.
3. Somos una prueba fehaciente de Él.

II. EL DESAFÍO
1. Promesas condicionales
2. Promesa absoluta
3. ¿Qué promesa tienes tú?

III. EL TIEMPO DE PROBAR
1. Ahora.
2. Él calma la tempestad.
3. No temáis el final.

IV. EL RETO DE PROBAR A DIOS

CONCLUSIÓN: Aceptando el desafío.

PROBANDO A DIOS

INTRODUCCIÓN

De acuerdo a las leyes de nuestro país, ningún hombre puede ser condenado hasta que se pruebe su culpa. Sería correcto que tuviéramos para nuestro Dios la misma justicia que esperamos de nuestros semejantes; pero ¡cuán frecuentemente los hombres acusan a Dios de ser duro y despiadado! No se atreven a decirlo y apenas admiten que lo piensan, pero existe una clase de imaginación que los lleva a temer que Dios se haya olvidado de su gracia, y no muestre más su bondad para con ellos. Nunca pensemos así de Dios, pues no podemos probar nada contra Él. A todos sus hijos que dudan de su misericordia y su gracia les dice: «probadme ahora». ¿Tenéis algo contra mí? ¿Podéis probar algo que sea deshonroso para mí? ¿Cuándo he roto yo mis promesas? ¿En qué he fallado en cumplir mi palabra? ¡Ah!, no podéis decir eso. Probadme ahora, si tenéis algo contra mí, si podéis decir algo contra mi honor, si no has recibido respuestas a vuestras oraciones y bendiciones de acuerdo a mis promesas. Os ruego, no me presentéis como falso hasta que me probéis. «Probadme ahora», dice el Señor a sus santos.

Es injusto pensar mal de alguien hasta que pueda probarse algo en su contra, y además es de necios estar sospechando siempre algo malo de nuestros semejantes. Si bien es peligroso ser demasiado crédulo, me pregunto si no lo es más ser demasiado desconfiado. Aquel que cree a todo hombre pronto será defraudado, pero el que sospecha de cada persona será aniquilado. El que vive en permanente desconfianza de los demás no puede ser feliz. Se ha defraudado a sí mismo de paz y felicidad, asumiendo una posición en la que no puede disfrutar ni de la amistad ni del afecto. Preferiría ser demasiado crédulo para con mis semejantes, que estar desconfiando de ellos en forma permanente. Prefiero que se me impongan haciéndome creer que son mejores de lo que en realidad son, que imponerme yo a ellos, pensando que son peores de lo que realmente son. A veces es mejor ser engañado que engañar a otros, y precisamente sospechar sin motivos justificados constituye un engaño. Reconocemos que los hombres tienen esa tendencia, pero no hemos de actuar así para con Dios. Estamos dispuestos a creer antes a cualquier mentiroso, y no al Dios de la verdad. Cuando estamos en medio de la tribulación, le creeremos al diablo que nos dice que el Señor nos abandonará. El diablo, que ha sido un mentiroso desde el principio, consigue nuestra credibilidad; pero si Dios nos da una promesa, decimos, «es demasiado maravilloso para ser verdad». Muchas veces dudamos de su cumplimiento, porque la respuesta no viene dentro del tiempo y en la forma en que pensábamos. No tengamos nunca esas sospechas de Dios. Si en nuestra precipitación decimos, «todos los hombres son mentirosos», conservemos esta verdad: «Dios no puede mentir». Su consejo es inmutable, y lo ha confirmado por medio de un juramento; «para que por dos cosas inmutables, en las cuales es imposible que Dios mienta, tengamos un fortísimo consuelo los que hemos acudido para asirnos de la esperanza puesta delante de nosotros» (He. 6:18). No permitamos que nuestra fe se entremezcle con el miedo. Busquemos la gracia, para que confidentemente creamos y descansemos en las palabras que salieron de la boca de Dios. «Probadme ahora», si cualquiera de vosotros tiene sospechas de mis palabras. Si pensáis que mi gracia no es deleitosa, leed las palabras del Salmo 34:8, «Gustad y ved que bueno es Jehová». Si pensáis que no soy una roca firme y fuerte, subid sobre la roca y ved si no es firme; construid sobre esta roca, y ved si no es sólida. Si piensas que mi brazo se ha acortado y ya no puedo salvar, venid y preguntadme y yo lo extenderé para defenderos. Si piensas que mi oído se ha hecho sordo para oír, ven e invócame, y yo te responderé. Si tienes dudas y desconfianza, prueba mis promesas, y tus dudas y tu desconfianza se esfumarán. Pero, no dudéis de mí, hasta que me hayáis encontrado indigno de confiar: «Probadme ahora».

En estas palabras encuentro un hecho expresado, un desafío propuesto, un tiempo mencionado y un argumento sugerido. Estos son los cuatro puntos que en esta mañana quiero considerar.

I. DIOS A PRUEBA

1. En primer lugar, tenemos el *hecho*, que Dios permite ser probado «Probadme ahora». Al meditar sobre este tema, he pensado que las obras de la creación, son pruebas de Dios, pues evidencian su eterno poder y deidad. Pero Él no solamente es el Creador de todas las cosas, sino también quien las sustenta. La creación prueba su bondad, su fidelidad y su cuidado de forma constante. Cuando Dios puso el sol en su lugar dijo: «Probadme ahora»; y mira, ¡oh sol!, si no soy capaz de sostenerte, hasta que hayas cumplido con tu cometido. Regocijémonos en su majestad, no hay nada que se esconda de su luz y su calor. Es una prueba de mi gloria y de las obras de mis manos. Creo que cuando el Todopoderoso creó la tierra y la colocó en el espacio, dijo: «¡Oh, tierra!, ve si no perpetúo tus estaciones, y te doy la semilla a su tiempo, el frío y el calor, el verano y el invierno, el día y la noche, renovándote con mi incesante providencia». Con cada obra que Él creó, con cada criatura que hizo, pienso que el Señor dijo: «Probadme ahora». Pequeña mariposa que revoloteas y bailas alegre al calor del sol, tú probarás mi bondad. Enorme Leviatán, tú saldrás de las profundidades, haciendo un remolino de espuma, y probarás mi poder. Sí, criaturas, a las que he dotado de varios instintos, esperad en mí, yo os daré vuestro alimento en el tiempo debido. Vosotros, poderosos truenos y fulminantes rayos, mostrad a los hombres mi omnipotencia.

Creo que todas las criaturas de Dios, además de ser pruebas de su existencia, lo son también de su múltiple sabiduría, de su amor y de su gracia. La más pequeña y la más grande de sus obras, cada una de ellas y todas en general, dan prueba de su amor, y nos enseñan cuán maravillosa es su naturaleza. Dios le ha dado al hombre, esta elevada prerrogativa sobre todas las obras de sus manos. Aunque sin quererlo ni proponérselo, sus obras testifican de Él. Las mismas bestias le alaban; el ganado sobre las miles de colinas muge dándole a Él el honor. Los leones rugen para su alabanza, aunque no intencionadamente, ni de su propia voluntad. El sol, que prueba la majestad y el poder del Maestro, no tiene mente ni pensamiento, y no es su intención glorificar a Dios. Pero sus santos sí, le alaban voluntariamente y de corazón.

2. Es grandioso, amados, ver la pruebas que tiene el Señor de los varios atributos de

su naturaleza. Creo que ninguno de los hijos de Dios forma una figura completa de Él, pero todos constituyen pruebas diferentes de su grandioso carácter. Cuando se escriba la historia de la providencia y se registren las vidas de los santos, el título del libro será: «Pruebas de Dios». Nada mejor que un compendio que hable de Dios y de su inmutabilidad, pues con Él «no hay mudanza ni sombra de variación» (Stg. 1:17). Aquel delincuente que estaba crucificado al costado de Cristo, ya casi cayendo al abismo de la condenación, se encontró con la mano del Salvador que tomó su alma y la condujo hasta el paraíso. Recordaréis también a una mujer culpable de muchos pecados, que fue traída al Señor. De ella salieron nada menos que siete demonios. María Magdalena fue un testimonio viviente que dio pruebas de la riqueza perdonadora de la gracia. Es un hecho; el Señor está siempre dispuesto a perdonar, y esta mujer es una prueba de ello. Luego está Job, que fue atormentado con úlceras y tenía que rascarse con un trozo de un tiesto. Él probó al Señor, que es muy misericordioso y compasivo, y grande en perdonar. Por medio de Job aprendemos que Dios es poderoso para sostenernos en medio de los sufrimientos más atroces. Permitidme deciros cómo Salomón probó la bondad de Dios. Cuando pidió sabiduría y conocimiento, el Señor no solo le aseguró su respuesta, sino que además le añadió riquezas y honor. Cuando Salomón habló de la experiencia de su sueño en su libro de Proverbios, magnificó la prueba de la grandeza y la gracia divinas. Mientras nos aconseja adquirir sabiduría, nos asegura que «largura de días y años de vida y paz te aumentarán» (Pr. 3:2). Dios es rico en su providencia y tiene en este mundo un remanente de acuerdo a la elección de su gracia. Veamos la historia de Elías. allí se sentó, bajo un enebro, sólo en el desierto; un gran hombre en su tristeza y un profeta del Altísimo rechazado. Podéis verlo viniendo a Horeb, refugiándose en una cueva y quejándose en la tremenda soledad de su alma; «Basta ya, oh Jehová, quítame la vida, pues no soy mejor que mis padres» (1 R. 19:4). ¡Oh, si sus palabras se hubieran hecho realidad, qué lamentable hubiera sido su ausencia sobre esta tierra! Pero Elías probó la imposibilidad de los labios de Dios. Aprendió para su beneficio, igual que para el nuestro, la provisión que Dios había hecho para esos momentos de persecución.

No pensemos que el testimonio de los testigos se ha acabado. Cada uno de los santos de Dios que habita en este mundo prueba alguna faceta del carácter divino. Tal vez yo soy una de esas personas que vive en el valle de la facilidad, teniendo mucho descanso, y oyendo a los dulces pájaros de la promesa de Dios cantando a mis oídos. El aire está quieto y sereno, las ovejas están pastando a mi alrededor, y todo está maravillosamente tranquilo y quieto. Es una prueba de la dulzura de Dios. Tal vez, debería ser llamado a estar entre las nubes donde retumba el trueno, o donde brillan los relámpagos y los vientos tempestuosos aullando en la cumbre de la montaña. Pero estoy aquí para probar el poder y la majestad de nuestro Dios. En medio de los peligros Él me da valor y ante esfuerzos agotadores me fortalece. Tal vez mi cometido sea preservar un carácter sin mancha, y así probar el poder de la gracia santificadora que no permite que me eche atrás de mi dedicación a Dios. En este caso sería una prueba viviente de la omnipotente grandeza de la gracia, que me puede salvar del poder y la culpa del pecado. Los diversos y distintos casos en la familia de Dios ilustran las diferentes peculiaridades de su voluntad y creo que en los cielos una parte muy importante de mi trabajo, será leer el gran libro de la experiencia de todos los santos, y reunir de él, el englobamiento del carácter divino de acuerdo a como ha sido probado e ilustrado. Cada convertido es una demostración y una manifestación de alguna característica de Dios. Estas diferentes características pertenecen a todos, pero cuando se combinan y se forma el todo y los rayos de la evidencia son puestos juntos como el sol, vemos en su esplendor la experiencia cristiana, la bellísima revelación de nuestro Dios.

3. Recordemos entonces como un hecho importante, que Dios nos permite vivir este mundo para que demos una fehaciente

prueba de Él. Procuremos cumplir con este cometido y tratemos siempre de descubrir y probar los distintos atributos de Dios. Recordad, todos tenemos las promesas del Señor para ponerlas a prueba a lo largo de nuestra vida, y en el último gran día, veremos que cada una de ellas se ha cumplido. Cuando leéis las promesas del Señor es posible que os preguntéis, «¿quién constituye una prueba de esta promesa?». Probablemente es de aplicación universal, y millones de santos dirán: «Yo puedo probar esta verdad». Tal vez habrá en la Biblia una promesa muy peculiar que pocos hijos de Dios hayan probado. Es de un carácter tan particular que solamente unos pocos habrán sido capaces de interpretarla y entenderla. Pero notad, habrá algunos testigos para dar fe de ella, y todas las promesas se cumplirán en la experiencia unida de la Iglesia. Este es pues, el hecho incontrovertible; Dios permite que sus hijos le prueben.

II. EL DESAFÍO

En segundo lugar, aquí tenemos un *desafío:* «Probadme ahora». «Tú que has dudado de mí, pruébame. Tú que has desconfiado de mí, pruébame. Tú que tiemblas ante el enemigo, pruébame. Tú que temes no poder llevar a cabo tu trabajo, cree en mi promesa y ven y pruébame».

Quiero explicaros cómo se llevó a cabo este desafío. En la Palabra de Dios hay distintas clases de promesas, que han de probarse de maneras diferentes. En la Biblia vemos tres clases de promesas. Dentro de la primera clase se ubican las promesas condicionales, que como su nombre lo dice, se cumplirán bajo ciertas condiciones. Hay una segunda clase que se refiere exclusivamente al futuro, el cumplimiento de las cuales no se relaciona con nosotros en el tiempo presente. Pero hay una tercera y gloriosa clase llamadas las promesas absolutas, que no dependen de ninguna condición, o que, llenas de gracia, suplen los requerimientos que demandan las promesas condicionales. Ahora, cada clase de estas promesas debe ser probada de una forma diferente.

1. Para empezar, lo haremos con las promesas condicionales. No podemos probar una promesa condicional de la misma manera que una absoluta. La forma de probarla debe estar de acuerdo con el carácter de la promesa. Permitidme citar, por ejemplo «pedid, y se os dará». Aquí es evidente que para poder recibir, primero tengo que pedir. Para obtener un beneficio tengo que cumplir con cierta condición. La forma de probar la fidelidad del prometedor, y la verdad de la promesa, es sencillamente esta cumplir con lo que está estipulado. Cuando Dios dice: «Y pondré dentro de vosotros mi Espíritu, y haré que andéis en mis estatutos» (Ez. 36:27), el Todopoderoso nos da la voz del verbo en futuro, pondré. Dicha promesa se ha de probar de una manera muy especial. Aquí es Dios quien se dispone a hacer algo en nosotros, sin que de nuestra parte haya que cumplir con ninguna condición.

Para probar las promesas condicionales, es necesario que cumplamos con nuestra responsabilidad, es decir, cumplir con las condiciones que Dios les ha anexado. El Señor dice: «Traed todos los diezmos al alfolí y haya alimento en mi casa; y probadme ahora en esto, dice Jehová de los ejércitos, si no os abriré las ventanas de los cielos, y derramaré sobre vosotros bendición hasta que sobreabunde» (Mal. 3:10). Ningún hombre puede poner a prueba esta promesa, hasta no haber traído todos los diezmos a la casa de Dios, pues es precisamente en esta acción donde se prueba la veracidad de la promesa. Suponed que el Señor dice: «E invócame en el día de la angustia; te libraré, y tú me honrarás» (Sal. 50:15). La única forma de probar a Dios es invocándole en el tiempo de la prueba. Podremos esperar cuanto queramos, y decir: «Señor, cúmpleme esta promesa». Ciertamente Él lo hará, pero primero debemos cumplir nosotros la condición. Es menester que busquemos su gracia para que nos dé el poder de hacerlo; pues no podemos probar estas promesas a menos que llenemos las condiciones que Dios ha establecido junto con ellas. Hay muchas y muy dulces promesas condicionales; una de ellas hizo reposar a mi alma. Es ésta: «Mirad a mí, y sed salvos, todos los términos de la tierra» (Is. 45:22). La condición establecida aquí es:

Seguimiento, Discipulado, Oración ...

«Mirad a mí». No podéis probarla, hasta que no miréis a Cristo. He aquí otra: «Porque todo aquel que invocare el nombre del Señor, sera salvo» (Ro. 10:13). ¡Qué promesa más bendita es ésta!, pero no podemos reclamar su cumplimiento a menos que invoquemos el nombre del Señor. Siempre que veamos una promesa a la cual se le adjunta una condición, debemos pedirle a Dios su gracia para poder cumplir así con la condición requerida. Pero alguien podrá decir: «¿Acaso no restringen estas condiciones la libertad y la gracia de las promesas de Dios?» ¡Oh, no, amado! «Las condiciones a menudo sirven para describir a las personas a las que les son hechas las promesas». Miremos el siguiente ejemplo: «No se olvidó del clamor de los afligidos» (Sal. 9:12). Esta promesa es sin duda para el alma que de alguna manera, está bajo la disciplina de Dios. Cuando dice: «miraré a aquel que es pobre y humilde de espíritu, y que tiembla a mi palabra» (Is. 66:2), se nos describe el propio estado de la persona. El Salmo 132:2 dice: «A sus pobres saciaré de pan». Tened ánimo, porque la promesa os encuentra en las condiciones necesarias para recibir la bendición. La condición no debe ser un estado, sino un deber. Si ha de haber oración, Él dará el espíritu de oración; si ha de haber fe, Él es el dador de la fe; si necesitamos humildad, Él es quien nos viste de ella. Así pues, las condiciones sirven para que los hijos de Dios hagan su parte cumpliéndolas, y para mostrar las dádivas de Aquel que nos llena con su gracia. La segunda clase de promesas que estudiaremos son las promesas futuras, las cuales no pueden probarse todavía. Un ejemplo de estas promesas es: «Yo sé que mi Redentor vive, y al fin se levantará sobre el polvo; y después de deshecha esta mi piel, en mi carne he de ver a Dios» (Job 19:25, 26). No podemos aún poner a prueba esta promesa, pues Cristo no ha aparecido por segunda vez. Sabemos que en aquel día, nos espera una corona de justicia. ¿Cómo podemos probar esto? En este caso, será esperando pacientemente para que Él venga. Debo decir para mis adentros, «esperaré todos los días de mi peregrinaje, hasta que el Señor venga; y no dudo que con la muerte me dará la victoria, pues Él ha prometido que en nuestra enfermedad nos llenará de gozo, y nos alegrará cuando estemos pasando por el valle de sombra de muerte. Creyente, prueba las promesas de Dios que nos hablan de una bendición futura, creyendo firmemente en ellas y esperando su cumplimiento». ¿Dice Dios que volverá otra vez? «Y aparecerá por segunda vez, sin relación al pecado, para salvar a los que le esperan» (He. 9:28). Probadlo considerándoos entre esos que pacientemente esperan su venida. ¿Dice el Señor que cuando muramos dormiremos en Jesús? Probamos esta promesa cuando nos sentimos tan confiados de dormir en Jesús, que estamos preparados para partir en cualquier momento. Como veis, esta clase de promesas han de probarse de manera diferente a las promesas condicionales.

2. Luego está la promesa absoluta, que es la más grande y mejor, pues si todas fueran condicionales, y las condiciones quedaran en nuestras manos para cumplirse, todos fracasaríamos. Si no hubieran promesas absolutas, no se salvaría ni una sola alma. Si Él simplemente hubiera dicho: «El que creyere y fuere bautizado, será salvo» (Mr. 16:16), estaríamos todos perdidos, pues la fe y confianza no nacen de nosotros. Pero cuando dice: «Con amor eterno te he amado; por tanto, te prolongué mi misericordia» (Jer. 31:3), hay una promesa absoluta para respaldar la condición. Si Dios nos dice que si nos arrepentimos seremos salvos, Él nos hace la promesa de darnos un nuevo corazón. Él es quien nos atrae hacia sí mismo para hacernos su pueblo. Ahora bien, la promesa absoluta no ha de ser probada de cualquier manera, sino creyendo en ella. Todo lo que puedo hacer con una promesa absoluta es creer. Si yo tratara de cumplir con una condición, no sería aceptado por Dios, pues ninguna condición va ligada a esta clase de promesa. Dios bien puede decirme: «Si has cumplido las condiciones de otra promesa, la tendrás; pero esperad, yo no he puesto ninguna condición a ésta. Yo he dicho: "Daré mi ley en su mente, y la escribiré en su corazón; y yo seré a ellos por Dios, y ellos me serán por pueblo"» (Jer.

31:33). He aquí una promesa sin ninguna condición previa. Aunque el hijo de Dios haya pecado, la promesa todavía permanece, y dice que al tal se le hará conocer su error para que se arrepienta, y le será perdonado. Ante una promesa así sólo tenemos que creer, no podemos llenar ninguna condición relacionada con ella. Debemos llevarla a Dios, y decirle: «Señor, ¿has dicho tú, "verá el fruto de la aflicción de su alma, y quedará satisfecho"?» Señor, nosotros creemos, permite tú ahora que Él vea el trabajo de su alma. ¿Dijiste tú: «... así será mi palabra que sale de mi boca; no volverá a mí vacía»? (Is. 55:11). Señor, haz como has dicho. ¿Ha dicho Él: «Todo lo que el Padre me da, vendrá a mí; y al que a mí viene, no lo echo fuera»? (Jn. 6:37), entonces id y decidle: «Señor aquí vengo, tal como has dicho». En una promesa absoluta, la fe tiene una excelente base. Las promesas condicionales a menudo alegran al alma, pero la promesa absoluta es la roca sobre la cual la fe se deleita en apoyarse. Es la promesa que no pide nada a cambio, pero que es irresistible, así como Dios dijo: «Sea la luz; y fue la luz» (Gn. 1:3), por su propio y omnipotente mandato.

3. Ahora, amados amigos, ¿qué promesa ha sido hoy puesta en vuestros corazones? A muchos de vosotros Dios os ha dado una promesa al levantaros por l a mañana. ¿Cuál es entonces, tu promesa? ¿Es una promesa condicional? Entonces di: «Señor, yo te ruego, llena la condición necesaria». Si la promesa ha de ser aplicada a tu alma con una condición, Él te dará ambas, la condición y la promesa, pues Dios nunca da las cosas por mitades. ¿Ha puesto Él en tu corazón las siguientes palabras: «Deje el impío su camino, y el hombre inicuo sus pensamientos?». Entonces, Él te dará la gracia para dejar tus caminos equivocados y también tus pensamientos. Dios no te dará una promesa condicional sin darte también la condición en el tiempo debido. ¿Tienes su promesa en tu corazón? Bien, pídele al Señor que puedas dejar tus malos caminos y tus pensamientos impíos, y vuélvete a Dios. Pero, ¿tienes en tu corazón una promesa absoluta? Entonces eres un hombre feliz. Tal vez Dios ha puesto en tu espíritu algunas de sus grandes y preciosas promesas, como por ejemplo, ésta: «Porque los montes se moverán, y los collados temblarán, pero no se apartará de ti mi misericordia, ni el pacto de mi paz se quebrantará» (Is. 54:10). No titubees buscando las condiciones, toma la promesa tal como está. Ponte de rodillas y di a Dios: «Señor, tú lo has dicho». Quizás el Señor te ha dicho: «... Jehová tu Dios el que va contigo; no te dejará ni te desamparará» (Dt. 31:6). Si ésta es tu promesa, reclámala. ¿Acaso estás en medio de la tribulación? Busca la promesa adecuada para tu necesidad: «Cuando pases por las aguas, yo estaré contigo; y si por los ríos, no te anegarán» (Is. 43:2). Dile a Dios; ¡yo la creo, Señor! Estoy pasando por una aflicción, pero tú has dicho que no tendré ninguna prueba que no sea capaz de sobrellevar. Señor, dame la gracia suficiente, y hazme más que conquistador. Prueba a Dios, y te asombrarás. Si él te da una promesa, también te dará una invitación para que puedas probarla. Preséntale a Dios sus propias promesas, porque seguramente las cumplirá. He aquí un desafío para los redimidos «Probadme ahora».

III. EL TIEMPO DE PROBAR

1. En tercer lugar, se menciona *un tiempo*. «Probadme ahora». ¿Sabéis cuál es el tiempo más peligroso en la vida cristiana? Creo que os lo puedo decir en un instante: *ahora*. Muchas personas tal vez deba decir todos los creyentes son más aprehensivos en la hora presente. Suponed que se encuentran en medio de un problema. Aunque hayan tenido dificultades diez veces peores que la presente, se olvidan de ellas y pueden asegurarnos que el problema que tienen ahora es el más crítico que jamás hayan tenido. Si en cambio, están pasando un período de paz dirán

> «Temo más a la calma traicionera
> que a la tempestad rugiendo sobre
> mi cabeza».

Por lo tanto, piensan que ningún momento en la vida es más peligroso que el presente. Los leones están ante ellos; ¡cuán grande es su peligro! Cuando se deslizan en

Seguimiento, Discipulado, Oración ...

terreno resbaladizo, yendo montaña abajo, «ahora» era su peligro más evidente. Si van un poco más lejos, y Apolión les sale al encuentro, aseguran que «ésta es la peor dificultad con la que me he encontrado». Entonces viene el valle de sombra de muerte, y se les oye exclamar:«éste es el período más serio de mi vida». En efecto, casi siempre sentimos que «ahora» es el tiempo en que necesitamos ser guardados. El ayer y el mañana no nos preocupan, pero «ahora» es el momento en que tenemos que estar más vigilantes. Dios no nos ha dado promesas para el día de ayer o de mañana, Él sólo hace esas promesas, cuando puede aplicarlas a nuestros corazones en el tiempo presente. Dios nunca deja en mi corazón una promesa para el día de mañana, porque no tengo una necesidad inmediata de ella. Las promesas se dan a su tiempo, en su lugar, y en la manera que Él ha decidido que deben ser contestadas. No tengo duda de que muchos de vosotros simpatizarán conmigo cuando digo que «ahora» es justo el momento cuando el cristiano piensa que puede confiar en Dios. «Oh», dice él, «si estuviera en el mismo estado que antes, sería feliz». Creo que debería haber confiado más en el Maestro. Ahora no puedo poner mi cabeza tan confiadamente sobre el pecho del Salvador. Recuerdo cuando estaba enfermo, ¡cuán dulces eran entonces las promesas! En aquel momento podía decir

«Qué dulce es descansar en sus manos,
Sin conocer más voluntad que la de Él».

2. Pero ahora estoy alterado. Me ha sobrevenido un período de languidez. No puedo creer que sea un cristiano. Es entonces cuando te comparas con otro hermano, y te sientes seguro de que si fueras como él podrías tener fe. Ve y habla a este hermano, y verás que te dirá: «si fuera como tú, me sentiría mucho mejor». Así se intercambian las experiencias, cada uno confiando en Dios bajo sus propias circunstancias. El Señor siempre se complace en darnos una palabra que encaja en la posición particular en la cual estamos: «Probadme ahora». Os diré una verdad en forma de alegoría. Hay un barco sobre el mar. El Señor lo ha botado, y dice que llegará al tan anhelado cielo. El mar está en calma, las olas se mueven lentamente y con ellas el barco. El Señor dice: «Probadme ahora». Un marinero está parado sobre la cubierta y dice: «Señor, te agradezco porque me has dado una navegación tranquila, pero ¡ah, mi Maestro, tal vez esto tan fácil y confortable, puede destruir mi gracia!». Una voz contesta: Pruébame ahora, y mira si no puedo mantenerte en medio de la tempestad. Mientras, los cielos se han oscurecido, el viento ha empezado a soplar, y las olas se levantan. El barco es sacudido de proa a popa, cerca del abismo profundo. En medio del sonido de la tempestad y el ulular de los vientos, oigo una voz que dice; «probadme ahora». Mirad, el barco está sobre una roca. Ha sido arrojado contra ella, y el casco se ha roto. El marinero ve como entra el agua, y sus bombas no dan abasto para achicarlo. La voz continúa: «probadme ahora». El barco ha estado a punto de naufragar, otra ola más y será suficiente para hundirlo. Parece que una sola gota bastara para sumergirlo. La voz grita: «probadme ahora». Finalmente, el marinero prueba a Dios, y es liberado sano y salvo de la terrible tormenta. En Salmos 107:26-30, leemos así: «Suben a los cielos, descienden a los abismos; sus almas se derriten con el mal. Tiemblan y titubean como ebrios, y toda su ciencia es inútil. Entonces claman a Jehová en su angustia, y los libra de sus aflicciones. Cambia la tempestad en sosiego, y se apaciguan sus ondas. Luego se alegran, porque se apaciguaron; y a sí los guía al puerto que deseaban». Ahora el barco navega alegremente y ¡oh!, llega al límite del horizonte. La bruma lo rodea, extrañas figuras fantasmagóricas se mueven entre las olas en la oscuridad de la noche, una lúgubre luz se filtra por entre las sombras, y luego vuelve otra vez la oscuridad. Sobre el barco se cierne algo que el marinero nunca ha visto antes. Las aguas bajo la proa se ven negras, el aire sobre él, denso y húmedo; el mismo sudor sobre su rostro está pegajoso. Un nuevo temor que nunca ha sentido antes se ha apoderado de él. Justo entonces, cuando no sabe qué hacer, una voz grita, «probadme

ahora», y el marinero así lo hace, invoca al Señor y es salvo.

¡Ah!, mis queridos amigos, podría daros cien ilustraciones. Creo que la Biblia me está hablando hoy. He luchado en medio de vosotros como un soldado de Dios. La espada del Espíritu ha sido dirigida a muchos de vuestros corazones, y aunque eran duros como una piedra, los ha partido. Algunos de vosotros habéis tenido espíritus muy tenaces, pero han sido rotos en pedazos por esta espada de doble filo. Durante mi ministerio, han venido algunos hombres, armados hasta los dientes y con una cota de malla encima; sin embargo esta poderosa arma les ha atravesado, llegándoles hasta la médula. «Probadme ahora», dice Dios: «Ve y pruébame ante los blasfemos, ante los reprobados, ante los más viles de entre los viles, y los más inmundos de entre los inmundos. Ve y pruébame ahora». Levanta esa cruz que da vida, y permite que sea exhibida nuevamente. Id a las regiones de la muerte, y proclamad la palabra de vida en los peores sitios de la ciudad. Llevad el incensario lleno de los méritos del Salvador, y probad ahora si no es capaz de eliminar la plaga del pecado. Pero, ¿qué le dice Dios a la Iglesia? Me has probado en tiempos pasados, has logrado grandes cosas, y aunque algunos de vosotros erais débiles y habéis dicho: «no debemos aventurarnos», otros habéis tenido fe y me habéis probado. Lo digo otra vez, «probadme ahora». Ved lo que soy capaz de hacer. Id y probadle ahora y ved si no derrama sobre vosotros una bendición tal, como nunca habéis soñado. ¿Por qué hemos de ser incrédulos? ¿Hay algo que pueda obligarnos a serlo? Somos débiles, ¿y qué? Cuando somos débiles en nosotros mismos, somos fuertes en nuestro Dios. Alguien dice que somos necios, y tiene razón, pero Dios hace que los necios confundan a los sabios. Somos inferiores, pero Dios ha escogido a lo inferior de este mundo. Somos incultos, «No conocemos el sutil arte del maestro», pero nos gloriamos en la debilidad, cuando descansa sobre nosotros el poder de Cristo. Vamos a dejar que el mundo nos represente peor de lo que somos, y que nos dé el carácter más odioso que jamás se haya dado a hombre alguno. Nosotros le bendeciremos y le desearemos el bien. ¿Y qué si tu arma ha de ser una piedra, o una quijada de asno, si es el Señor quien la dirige? ¿No sabéis lo que dicen los hombres sabios? Sus palabras son la expresión viva de sus deseos. Sabemos quien os ha instruido y sabemos que él es un mentiroso desde el principio. ¡Oh, necios y tardos de corazón! ¿Os encogéis ante la verdad, el infortunio o la desgracia? En cualquier caso no habéis amado a vuestro Maestro como debíais.

3. Si sois hombres verdaderos y valientes, id a la conquista. No temáis, al final obtendréis la victoria. El santo Evangelio de Dios todavía podrá sacudir la tierra. El pabellón ha sido levantado y las multitudes se están reuniendo en torno suyo; los sabios están confundidos y no saben qué hacer. Dios ha hecho grande al más pequeño, y aquel que fue despreciado es ahora exaltado. Confiemos en Él, pues estará con nosotros hasta el fin. El Señor lo ha dicho: «... y he aquí yo estoy con vosotros todos los días, hasta el fin del mundo» (Mt. 28:20).

IV. EL RETO DE PROBAR A DIOS

La última división de mi tema es un *argumento*, que ya he tratado «Probadme ahora». ¿Por qué deberíamos de probar a Dios? Porque, mis amados, si lo hacemos le glorificaremos. Nada glorifica tanto a Dios como que sus hijos acepten su reto de probarle. Cuando un pobre hijo de Dios sin un mendrugo de pan en su plato, le dice: «Señor, tú has dicho que me darás mi pan y mis aguas, voy a probarte». Esto glorifica más a Dios que todos los ¡aleluyas! de los arcángeles. Cuando algún pecador desesperado, que ha estado dándole vueltas a la Palabra, espera

«Que haya allí alguna dulce promesa, que sea una defensa contra la desesperación».

A pesar de tener todas las evidencias en su contra, no invalida la promesa por medio de la incredulidad, glorificando así a Dios. Si en esta mañana sabes que eres un pecador, y te sientes el más vil de los hombres, si puedes creer que Cristo te ama y que vino

Seguimiento, Discipulado, Oración ...

a salvarte, glorificarás a Dios creyendo en Él y probando que su Palabra es verdad. Probad a Dios. Esta es la forma de revelar los gloriosos rasgos del carácter cristiano, y de estar cualificado para nuestra lucha contra las huestes del mal. Hemos de ser valientes, y estar siempre preparados, a su servicio, para poder darle la gloria. El Señor nos dice: «probadme ahora». Querido hermano, ¿seremos capaces de robarle su honor? ¿No haremos eso que le corona ante el mundo, como el Dios supremo? ¡Oh!, probadle, y haciéndolo, glorificaréis su nombre.

Para aquellos que le habéis probado antes, probadle otra vez. ¿No os acordáis, que a pesar de que caísteis, pudisteis decir: «Este pobre clamó, y le oyó Jehová, y lo libró de todas sus angustias» (Sal. 34:6)? ¿No le probaréis nuevamente? ¿No apreciáis su bondad? Cuando dijisteis: «En cuanto a mí, casi se deslizaron mis pies» (Sal. 73:2), él te sostuvo, diciéndote: «Con todo, yo siempre estuve contigo; me tomaste de la mano derecha» (Sal. 73:22). ¿Ha resbalado tu pie? ¿No puedes testificar de su misericordia? Claro que sí. Entonces confía en que todavía te puede sostener. Si alguna vez te hubiera fallado, no te aconsejaría que confiaras nuevamente en Él, pero puesto que nunca lo ha hecho, te digo, vé y pruébale otra vez.

CONCLUSIÓN

Nuevamente, acepta este desafío y como Él te ha dicho, prueba su Palabra. ¡Cuánta bendición traerás a tu vida! Amados hermanos; soportamos en este mundo diez veces más ansiedad de la que necesitamos, porque no estamos dispuestos a confiar en la divina promesa ni la mitad de lo que lo debemos. Si viviéramos más apoyados en las promesas de Dios, y menos en los sentimientos del hombre, seríamos seres más felices. Tenemos que asirnos de la promesa y decir: «Voy a apoyarme en lo que Dios dice, aunque el mundo diga que no es verdad, ¡yo lo creo!». Podríamos vivir continuamente por la fe en las promesas, de manera que los dardos del enemigo nunca nos alcanzasen. Probemos a Dios de forma continua. ¡Cuánto bien ha hecho el señor Müller probando a Dios! Él había sido llamado por el Señor para desempeñar una tarea muy especial. ¿Qué es lo que hizo entonces? Construyó un asilo y confió en Dios. No tenía entradas de dinero regulares, pero dijo: «voy a probarle a este mundo que Dios oye la oración». A veces llegaba a agotársele el dinero hasta su último chelín, pero sus niños nunca se sentaron a la mesa sin que hubiera comida. Nuestro trabajo puede ser diferente al suyo, pero cualquiera que éste sea, hagámoslo de manera que la gente diga: «ha confiado en la promesa de Dios, y su vida en sí ha sido una prueba de que la promesa no falla». Cualquiera sea tu promesa, permite que tu vida misma sea el desarrollo del problema que hoy encaras. Como cualquier proposición de Euclides, que es expuesta al principio y probada al final, encontremos un texto para el comienzo de nuestra vida, como una promesa que deba cumplirse y verse así ejecutada al término de la misma. Queridos amigos, dejadme concluir pidiendo a aquellos que están aquí y que son conscientes de su estado perdido y ruinoso, que recuerden esta promesa, «probadme ahora». ¡Oh pecador!, mi Dios te dice: «Porque todo aquel que invocare el nombre del Señor, será salvo» (Ro. 10:13). Mi querido oyente, ¿estás perdido y arruinado? Prueba a Dios. Él te recuerda: «Clama a mí, y yo te responderé» (Jer. 33:3). Ven y clama a Él. El Señor te asegura que si buscáis, hallaréis (Mt. 7:7); búscale ahora. «Llamad», dice Él, «y se os abrirá» (Mt. 7:7). Levanta el llamador de las puertas del cielo y hazlo sonar con toda tu fuerza. Si eres demasiado débil para llamar, deja que caiga por sí mismo. Él ha dicho: «Pedid, y se os dará; buscad, y hallaréis; llamad, y se os abrirá» (Mt. 7:7). Vé y prueba ahora la promesa. Trata de probarla. Él dice que: «... por medio de él se nos anuncia perdón de pecados, y que de todo aquello de que por la ley de Moisés no pudisteis ser justificados, en él es justificado todo aquel que cree» (Hch. 13:38-39). ¡Oh pobre alma, pruébalo! ¿Eres un pecador pobre, enfermo y herido? Te han dicho que Jesucristo puede sanar tus heridas, y extraer el veneno de tus venas. ¡Pruébale, pruébale, pobre alma! Piensas que estás perdido; por lo tanto te exhorto a que en el nombre de Cristo, pruebes esta promesa: «Yo, yo soy el que borro tus rebeliones por amor de mí mismo, y no me acordaré de tus pecados» (Is. 43:25). Lleva estas palabras ante Él. Di: Señor, tú lo has dicho, «Palabra fiel y digna de ser recibida por todos: que Cristo Jesús vino al mundo para salvar a los pecadores, de los cuales yo soy el primero» (1 Ti. 1:15). Dios, yo quiero tener fe para confiar en tu Palabra; sé que ella tiene tu mensaje; hoy por medio del predicador dijiste; «probadme ahora». Señor, te probaré ahora, hoy mismo, y me mantendré esperando toda la noche, si es que para entonces aún no me has contestado.

«Señor, debo mantenerme asido,
Hasta que gracias a tu bondad me vuelva osado,
No puedo aceptar una negativa,
Pues en el nombre de Jesús estoy orando.
Vé, mi amado, y no tendrás
que llegar muy lejos hasta que puedas cantar,
Soy perdonado, soy perdonado;
Soy un milagro de la gracia de Dios.»

Ahora bien, no os quedéis quietos diciendo: «Dios no puede oír a alguien como yo, mi enfermedad es demasiado mala para que Él la pueda curar». Anda y pon tu mano sobre el borde de su manto; y, si la sangre no te limpia, dile al mundo que has probado a Dios y te ha salido mal. ¡Pero no podrás! Si tocas el borde de su manto, sé que dirás: «Yo he probado que el Señor es lleno de gracia. Él dijo, confía en mí, y yo te liberaré. Yo he confiado, y Él me ha liberado, pues la promesa siempre se cumple, probadme ahora». «Probadme ahora», dice Dios.

80. MEDITANDO EN DIOS

«Dulce será mi meditación en Él; yo me regocijaré en Jehová» (Salmos 104:34).

INTRODUCCIÓN: El ejercicio más sano.

I. LA MEDITACIÓN
1. Provee del descanso para la mente.
2. Obtenemos el fruto del estudio.
3. La meditación fexiviliza la mente.
4. Es esencial para el creyente.
5. Constancia en la meditación.

II. UN TEMA PARA MEDITAR
1. Meditar en la obra del Espíritu Santo.
2. Pensad en el Señor Jesús.
 a) Considerad a Cristo
 b) Tú manifestación con Él
 c) Pensad en la venida de Jesucristo

III. UN BENDITO RESULTADO
1. Dulce meditación.

CONCLUSIÓN: ¿Cuántos meditan en la persona de Jesucristo? ¡Nadie deje de hacerlo!

MEDITANDO EN DIOS

INTRODUCCIÓN

Ciertamente David no era un hombre melancólico. Eminente como era por su piedad y su fe, se le conocía también por su gozo y alegría de corazón. Leed los versículos que preceden el texto del título: «A Jehová cantaré en mi vida; a mi Dios cantaré salmos mientras viva. Dulce será mi meditación en él; yo me regocijaré en Jehová» (Sal. 104:33, 34). A menudo se ha insinuado, si es que no se ha llegado a decir abiertamente, que la contemplación de las cosas religiosas tienen una tendencia a deprimir el espíritu. Muchas personas suponen que la religión no convierte a los jóvenes, sino que verifica el ardor de su sangre joven. Puede estar bien para esas personas de cabello cano, que necesitan algo de consuelo y confortamiento mientras descienden la cuesta de la montaña de la vida hacia la tumba. También la necesitan aquellos que están en la pobreza y que pasan por duras pruebas, pero no es congruente en absoluto con la condición del hombre saludable, exitoso y feliz. Os aseguro que no hay falsedad más grande. Ningún hombre es tan feliz, pero si el que lo es conociera a Dios, podría serlo aún más. El hombre lleno de placer terrenal, cuyos graneros están llenos de provisiones, y sus bodegas rebosan de vino nuevo, tuviera la gracia de Dios en su corazón, no perdería ninguna parte de su felicidad. Ese gozo daría dulzura a su prosperidad, sacaría mucha amargura de su copa, purificaría su corazón, refrescaría su gusto por los deleites, y le mostraría cómo extraer más miel de la colmena. La fe verdadera, puede hacer que el hombre más melancólico se torne gozoso; que el que ya es gozoso lo sea aún más. Dios le da al hombre óleo de gozo en lugar del gemido, y espíritu de alabanza en vez de tristeza y pesadez. Más aún, puede iluminar su rostro gozoso con una felicidad celestial y hacer que su mirada sea radiante. Por más feliz que el hombre sea, hallará un néctar más dulce del que ha podido probar hasta ahora. Si bebe de la fuente de la abundante misericordia y sabe que su nombre está escrito en el libro de la vida, las dádivas temporales tendrán entonces además, el encanto de la redención. Verá que estas misericordias son más preciosas porque le son conferidas como un don del testamento divino, que tiene la promesa de la vida actual y de la venidera. La bondad y la misericordia le seguirán todos los días de su vida, y así podrá adelantarse a sus gratas anticipaciones del futuro. Dirá, como nuestro salmista: «A Jehová cantaré en mi vida; a mi Dios cantaré salmos mientras viva. Dulce será mi meditación en él; yo me regocijaré en Jehová».

Tomando estas pocas palabras como el lema de nuestro sermón esta noche, hablaremos primero de lo concerniente a un provechoso ejercicio la meditación. En segundo lugar, trataremos lo que concierne a la excelencia del sujeto mi meditación en él. Y tercero, lo que se refiere al resultado deseable. Dulce será mi meditación en él.

I. LA MEDITACIÓN

Meditación es una palabra que más de la mitad de vosotros no sabéis deletrear. Sí sabéis cómo repetir las letras que forman la palabra, pero lo que quiero decir, es que no podéis deletrearla en la realidad de la vida. Vosotros no estáis ocupados con ninguna clase de meditación. ¿Qué sabéis sobre ella algunos de vosotros que sois comerciantes? Os levantáis por la mañana, vais de prisa a vuestra tienda, y allí permanecéis todo el día, ocupados atendiendo el negocio, y charlando cuando las cosas se ponen aburridas. Por la noche llegáis a casa demasiado cansados para darle recreación positiva de vuestras mentes. Semana tras semana, mes tras mes, y año tras año, acabáis hechos polvo. No tenéis tiempo para la meditación, y tal vez reconozcáis que si fuerais a separar media hora de cada día para meditar sobre los asuntos de peso de la eternidad, sería para vosotros una clara y significativa pérdida de tiempo. Es muy sabio de vuestra parte ahorrar algunos minutos, pero supongo que si una media hora por día os diera una ganancia de cien libras, no diríais que os es imposible apartarla. Ahora, si supierais contar el gran provecho que hay en la meditación, la estimaríais como una ganancia positiva para el espíritu. Os aseguro que es una ocupación excelente y totalmente saludable. Lejos de ser un tiempo perdido, es un tiempo empleado juiciosamente. No os imaginéis que el hombre que medita es necesariamente un holgazán; al contrario, emplea el mejor tiempo para las tareas más provechosas. No es mejor estudiante el que más libros lee, sino el que más medita sobre ellos. No aprenderá más acerca de la divinidad el que oye más sermones, sino aquel que es más devoto y medita sobre lo que oyó. Tampoco será más erudito el que lea un volumen tras otro. Cuando leéis las letras con vuestros ojos, el leer se convierte en un artilugio meramente mecánico. Pero el que se retira a meditar, las lee para su propio corazón. La meditación es entonces una forma muy sabia de emplear el tiempo, y algo muy remunerativo para el espíritu. Permitidme que por unos minutos os hable de alguno de sus usos.

1. Primero, creo que la meditación provee del descanso necesario a la mente. No se considera un tiempo perdido, porque la refresca y la renueva para poder ejercitarla mejor. La meditación es entonces el descanso del espíritu. «¡Oh!», dice alguien, «pero yo necesito descansar. He estado trabajando muy duro durante todo el año, debo tener un día de expansión». Así es, la recreación, cuando ocupa su debido lugar, es algo de-

seable. Todos debemos de tener momentos de recreación. Si supiésemos como emplear diariamente un poco de tiempo en la calma y en el reposo de un retiro contemplativo, nos encontraríamos menos cansados. Meditar sería para nosotros una saludable recreación, y en vez de correr hasta que nos falte el aliento y trabajar compulsivamente hasta la extenuación, deberíamos de hacer intervalos de relajación durante todo el año. Asegurémonos una pequeña porción de tiempo cada día, apartándonos de la multitud para meditar sobre un tema, con el que queramos ocupar el lugar más honorable de nuestra mente. Así como un cambio de postura alivia el cansancio del cuerpo, un cambio de pensamiento evitará que vuestros espíritus se vuelvan lánguidos. Sentaos en una habitación silenciosa al atardecer, subid la ventana y mirad las brillantes estrellas que Dios hizo. Son como los ojos del cielo. Si lo prefieres, haz una pausa al calor del mediodía y mira a las multitudes que andan por las calles. Cuenta los hombres que son como hormigas en el hormiguero de este mundo. O, si no te importa mirarte a ti mismo, siéntate y mira hacia dentro de ti, contando las pulsaciones de tu propio corazón. A veces es bueno reflexionar sobre el cielo; pero si eres una persona que le gusta estudiar el futuro profético, ve a las páginas místicas y estudia las visiones sagradas que se registran en el libro de Daniel o Apocalipsis. A medida que entres en estos textos sagrados, y medites sobre los impresionantes símbolos que contienen, a medianoche te levantarás de tu estudio sintiéndote renovado. Verás que es como un sofá de descanso para tu mente. Volverás a tu trabajo con un mejor espíritu. Tal vez ese día ganes más dinero de lo que habías ganado antes, cuando trabajabas por medio del sistema ininterrumpido del trabajo pesado. Esparcir tu pensamiento te descansará y fortalecerá tus nervios, mientras que además te capacitará para trabajar más y mejor. Recuerda, la meditación es el sofá de la mente.

2. Nuevamente os digo, la meditación es la máquina en la que el material en bruto del conocimiento, es convertido en el mejor de los usos. Dejadme que lo compare con una prensa hacer vino. Leyendo, estudiando y buscando, cortamos y reunimos las uvas; pero es por medio de la meditación que sacamos el jugo de esas uvas y obtenemos vino. ¿Cómo es posible que hombres que leen mucho sepan muy poco? ¡Qué grupo de estudiantes más pedantes tenemos, que han leído libro tras libro, desde los antiguos clásicos hasta los volúmenes más modernos, y han terminado teniendo un conocimiento ínfimo. La razón es que leen tomo sobre tomo, almacenando el conocimiento con una intensa confusión dentro de sus cerebros, de manera que han puesto un peso tal sobre ellos, que estos ya no puede trabajar. En lugar de poner los datos en la prensa de la meditación, y dejarles fermentar hasta que se puedan sacar conclusiones, los dejan que se pudran y perezcan. No extraen nada del dulce néctar de la sabiduría. Cuando he leído un libro durante una media hora, me gusta ir a caminar y pensar en lo que acabo de leer. Cierro el libro, y entonces digo: «Ahora, señor autor, usted me ha dado su discurso, déjeme que medite sobre lo que ha dicho. Una pequeña meditación, me capacitará para distinguir entre lo que sabía antes y el nuevo tema que usted me ha comunicado entre sus hechos y sus opiniones y entre sus argumentos y aquellos que yo debo de hacer de las mismas premisas». Después de haber comido, los animales se echan y rumian. Primero comen la hierba y luego la digieren. La meditación es el rumiar del alma, por lo que asimilamos los nutrientes que alimentan y sostienen la mente. Cuando has arrancado flores en el campo o en el jardín, arréglalas y átalas juntas con el cordel de la memoria, pero ten cuidado de ponerlas en el agua de la meditación, pues de otro modo, pronto se marchitarán, y habrá que tirarlas a la basura. Cuando juntas perlas del mar, recolectas también aquellas ostras que no tienen nada dentro. Por tanto, cuenta las perlas y clasifícales en tu memoria. Guarda lo que vale la pena. Entonces abre la ostra para sacar la perla y lustrarla para que luzca más hermosa. No debes ponerla en el collar de tu mente hasta no haber sido frotada y embellecida por la meditación. Por lo tanto, nece-

Seguimiento, Discipulado, Oración ...

sitamos de la meditación para hacer uso de lo que hemos descubierto. Así como es el descanso del alma, la meditación es al mismo tiempo, el medio de descubrir el mejor uso de lo que el alma ha adquirido.

3. Repito, la meditación es para el alma lo que el aceite fue para el cuerpo de los luchadores. Cuando aquellos antiguos guerreros iban a luchar, antes siempre tenían cuidado de ponerse aceite en el cuerpo, para que sus articulaciones fueran más flexibles, y adecuadas para moverse con facilidad. La meditación hace que el alma sea flexible, para que pueda usar las ideas cuando vienen a la mente. ¿Quiénes son los hombres que tienen la razón en una controversia? Los que meditan cuando están solos. ¿Quiénes son los que pueden predicar? Ciertamente, no los que nunca tienen comunicación con sus propios corazones, sino aquellos que piensan seriamente, ya sea que estén solos o que les rodee una multitud. ¿Quiénes son los autores que escriben los libros y mantienen un buen aprovisionamiento de literatura? Son los hombres que meditan. Mantienen su mente flexible lubricándola con el aceite de la meditación. ¡Qué importante es pues la meditación como ejercicio mental, y para mantenernos ejercitados para cualquier servicio!

4. Así os he enseñado que la meditación es en sí misma útil para cada hombre. Pero vosotros no habéis venido para escuchar un mero ensayo moral. Estáis aquí para escuchar algo acerca del Evangelio de Dios. Lo que he dicho hasta ahora es una introducción de lo que tengo que decir concerniente a la meditación en la vida de fe. Así como la meditación es buena para la mente, aún en tópicos mundanos y ciencias naturales, es mucho más útil cuando venimos al campo del aprendizaje espiritual. Los mejores hombres, los más santos y fieles, han sido personas que cultivaban la meditación. Isaac iba al atardecer a los campos a meditar. David dice: «Alzaré asimismo mis manos a tus mandamientos que amé, y meditaré en tus estatutos» (Sal. 119:48). La meditación es esencial para el creyente. Sinceramente yo cuestionaría la fe de alguien que se llame cristiano y nunca practique la meditación,

porque ésta y la oración son hermanas gemelas, y ambas me parecen igualmente necesarias para la vida cristiana. Creo que donde hay oración debe haber meditación, y habrá oración donde exista la meditación. Mis hermanos, no hay nada que haga crecer más a los cristianos en la gracia, que la meditación. Lamentablemente muchos de vosotros sois negligentes en este asunto. Me hacéis recordar de un mensaje que uno de mis viejos amigos predicó un día sobre este refrán: «El hombre perezoso no asará lo que ha cazado». Nos dijo que mucha gente que anda a la caza de un mensaje, es demasiado holgazana para «asarlo» por medio de la meditación. No saben convertirlo en comida para el alma. Así sucede con muchos de vosotros una vez que habéis captado el mensaje; permitís que éste se os escape de la mente. Cuántas veces por falta de meditación perdéis todo el propósito para el cual fue pensado el mensaje. A menos que meditéis sobre las verdades que los predicadores os exponemos, tendréis muy poco provecho, y no os servirá para vuestra edificación. No podéis sacar la miel de la colmena hasta no exprimirla. Podéis ser renovados por algunas palabras mientras escucháis el mensaje, pero es la meditación posterior la que extrae lo mejor de él. Mis amigos, la meditación es parte de la vida de todo auténtico cristiano, y deberíamos practicarla muy a menudo.

5. Permitidme deciros que tienen que haber tiempos concretos de meditación. Creo que cada hombre debería apartar un tiempo diario para este ejercicio. Pero entonces, de nuevo me encuentro con una apología; me decís que estáis tan ocupados que no podéis hacerlo. Generalmente trato con ligereza las excusas de quienes no pueden separar un tiempo para los deberes más importantes. Si no has reservado un tiempo para ello, deberías hacerlo. Veamos, ¿a qué hora os levantáis por la mañana? ¿No podríais levantaros un cuarto de hora antes? ¡Pues sí! ¿Cuánto demoráis para comer a mediodía? Pienso que después leeréis un periódico, o algo por el estilo. ¿No podríais pasar ese tiempo en una tranquila comunión con vuestra propia alma? Si el cristiano no

tiene tiempo para una sagrada meditación ante Dios, nunca alcanzará un óptimo estado espiritual. Aquellos hombres que conocen mejor a Dios son los que meditan sobre Él. Los que aprecian de forma más experimental las doctrinas de la gracia, son aquellos que meditan y van más allá de las cosas superficiales. Creo que nunca avanzaremos debidamente en nuestras Iglesias, hasta que nuestros miembros acepten el consejo: «Meditad en vuestro corazón estando en vuestra cama, y callad» (Sal. 4:4). Apartados del diario ajetreo meditemos calladamente y en el solemne silencio de la mente, encontrémonos con nuestro cielo y nuestro Dios. Las mentes valiosas no pueden nutrirse oyendo ligeramente lo que les interesa, deben tener la meditación como soporte espiritual. ¿Queréis ser fuertes? ¿Queréis ser poderosos? ¿Queréis ser valientes para el Señor y útiles en su causa? Dedicad diariamente un tiempo para ocuparos en lo que hacía David, y meditad. Ésta es una forma sabia de emplear el tiempo.

II. UN TEMA PARA MEDITAR

«Dulce será mi meditación en Él» (Sal. 104:34).

¡Cristiano!, no necesito entusiasmarte con más palabras que las que acabo de citar. ¿A quien se refiere el pronombre «Él»? Supongo que se refiere a las tres personas de la gloriosa Trinidad: «Dulce será mi meditación en Dios». Verdaderamente, si os detenéis unos momentos a meditar sobre Dios el Padre, y os reflejáis en su soberanía y amor inmutable hacia su pueblo elegido, percibiréis que hay suficiente material como para engrosar tu meditación para siempre, aunque sea sólo pensando en el amor de Dios. Él es el autor del plan de salvación, y quien da abundante consolación a los que se refugian en Cristo Jesús. Él nos dio a su Hijo Unigénito, y juntamente con Él, todas las otras cosas. Meditad y soslayaos en estas verdades.

1. Si queréis, podéis dedicar vuestra meditación al Espíritu Santo, y considerar sus maravillosas operaciones en vuestro propio corazón. Pensad en la forma en que os despertó cuando andabais perdidos en delitos y pecados y cómo os trajo cerca de Jesús cuando erais ovejas perdidas. Considerad con la eficacia que os llamó, de manera que no pudisteis resistir su voz. Os atrajo con cuerdas de amor. Él es vuestro maestro y guía, y lo seguirá siendo hasta que os veáis cara a cara con vuestro Salvador. Si hacéis memoria de cuán a menudo os ha ayudado en la hora de peligro, cuánto os ha confortado con la promesa en tiempos de tribulación y cómo ha llenado de continuo vuestra lámpara con óleo santo, actuando sobre ti con sus poderosas influencias, encontraréis un tema vasto e infinito para vuestra meditación. «Dulce será mi meditación en Él».

¡Ah! si es posible que la meditación sobre una persona de la Trinidad pueda ser más excelente que otra, ésta es la meditación sobre la persona de Jesucristo.

«Veo a Dios vestido en carne humana,
mis pensamientos no encuentran
consuelo.
La santa, justa y sagrada Trinidad,
me infunde temor y desvelo».
«Pero si aparece la faz de
Emmanuel,
nacen mi gozo y mi esperanza,
su nombre quita mi esclavo temor,
mis pecados son perdonados por su
gracia».

2. ¡Precioso Jesús! ¿Qué tema puede ser más dulce para mí, que pensar en su ser exaltado, concebirte como el Hijo de Dios, quien con su poder prodigioso trazó un enorme círculo en el espacio, y dio forma a este mundo? Me gusta pensar en Él como el Dios que sostiene esta orbe sobre sus hombros, como el Rey de Gloria, ante quien los ángeles se inclinan en modesto homenaje, y poder considerarle como «hueso de mis huesos y carne de mi carne».

«En lazos de sangre con los
pecadores».

Pienso en ti como el Hijo de María, nacido de una virgen, con cuerpo carnal como los hombres, vestido con vestiduras de humanidad igual que los mortales de nuestra débil raza. Te veo en toda tu vida de sufrimiento, en toda la angustia de tu muerte, en tu pasión, en tu agonía en Getsemaní, soportando el sudor de grandes gotas de sangre y el sufrimiento increíble. Entonces te miro y veo cómo llevas la cruz rumbo al Calvario soportando la vergüenza, la forma en que fuiste hecho una ofrenda por mis pecados, tu muerte reconciliadora en medio de horrores desconocidos para todos menos para Dios. En verdad, hay una meditación para mi alma, la cual debe ser «dulce» para siempre. Podría empezar como el salmista David y decir: «Rebosa mi corazón palabra buena; dirijo al rey mi canto; mi lengua es pluma de escribiente muy ligero» (Sal. 45:1). «Dulce será mi meditación en él».

¡Cristo! Considera a Cristo de cualquier manera que te plazca, y tu meditación en Él será dulce. El Señor Jesús puede compararse a algunos lentes que habrás visto, que si lo sostienes hacia una dirección, verás una luz, y si en otro sentido, otra luz, y cualquiera sea el lado que le des la vuelta, siempre verás algún destello hermoso de luz junto con algunos colores que juegan con el fulgor de la luz blanca. ¡Ah!, toma a Jesús como tema de tu meditación, siéntate tranquilamente y considérale; piensa en su relación con tu propia alma, y nunca acabarás por agotar este tema. Considera su relación eterna contigo, piensa que los santos de Jesús son libres de condenación, en unión con el Cordero desde antes de la fundación del mundo. Piensa en tu unión eterna con la persona de Jehová Jesús antes de que este planeta fuese puesto en órbita en el espacio, y cómo tu alma llena de culpa fue considerada limpia y sin mancha, aún antes de que tú hubieras pecado. Después de ese lapso fatal, antes de que fueras restaurado, te fue imputada la justificación en la persona de Jesucristo. Considera tu manifiesta relación con Él desde que has sido llamado por su gracia. Piensa en cómo él se ha convertido en tu hermano; en cómo su corazón ha estado latiendo en simpatía con el tuyo. Reflexiona sobre él; te ha besado con los besos de su amor, el cual ha sido para ti más dulce que la miel. Mira hacia atrás y recuerda algunos momentos escogidos y felices en los cuales el Señor Jesús ha susurrado a tu oído, «tuyo soy», y tú has dicho, «mi amado es mío». Piensa en algunos momentos especiales, cuando un ángel ha venido desde los cielos, y te ha llevado en sus alas lejos, muy lejos, donde estás sentado en los lugares celestiales junto con Él, para que ambos puedan tener una dulce comunión. O, si prefieres, piensa en las ocasiones, como dice Pablo, en que has tenido comunión con Cristo en sus sufrimientos. Considera aquellas veces en que te has arrodillado y has sentido que has muerto con Cristo y resucitado juntamente con Él. Y entonces, cuando hayas agotado esta parte del tema, piensa en tu relación plena con Cristo, que se ha de desarrollar en el cielo. Imagina que ha llegado la hora en que «saludarás el terreno salpicado de sangre en la orilla eterna» y alcanzarás los

«Dulces campos del más allá,
adornados en vivo color verde».

Hazte en tu mente la figura del momento en que Jesucristo te salude como «más que vencedor», y ponga una corona de perlas sobre tu cabeza, más luminosas que las estrellas. Entonces imagínate cuando te quites esa corona de tu frente, y subiendo los peldaños del trono de Jesús, pondrás esa corona sobre su cabeza, coronándole una vez más como «Señor de todo». ¡Ah!, si me dices que no tienes tema para la meditación, yo te responderé: seguramente ni siquiera has tratado de meditar, puesto que la Escritura nos dice que «dulce será mi meditación en Él».

Supón que has estado pensando en la forma cómo se relaciona contigo; considérale luego sobre su relación con el mundo entero. Recuerda que Jesucristo dice que vino al mundo para salvarlo, y sin duda un día lo salvará, pues lo redimió con precio inigualable y por medio de su poder lo restaurará y renovará de los efectos y las consecuencias de la caída. ¡Oh!, piensa en Jesús y en su relación como reparador del compromiso sagrado. Un día Él volverá a la tierra, y en ese momento encontrará a este mundo con la antigua maldición sobre sí, la maldición primitiva del Edén. Él encontrará plagas, pestilencia, y guerras, pero entonces «... juzgará entre las naciones, y reprenderá a muchos pueblos; y volverán sus espadas en rejas de arado, y sus lanzas en hoces; no alzará espada nación contra nación, ni se adiestrarán más para la guerra» (Is. 2:4). «No harán mal ni dañarán en todo mi santo monte; porque la tierra será llena del conocimiento de Jehová, como las aguas cubren el mar» (Is. 11:9). Cristianos, ¡Jesucristo vendrá!, y mientras esperáis su llegada, meditad sobre ello. Piensa, mi alma, en ese día augusto en que vendrá a vengarse de sus enemigos, considera que la muerte será destruida y el infierno conquistado, y piensa cuando Él sea saludado como Monarca universal. El Señor sea sobre todo, bendito para siempre. «Dulce será mi meditación en Él.» Amén.

¡Oh!, creyente, no temas pasar a solas unos momentos, pues, como verás hay para pensar una cantidad considerable de temas deleitosos. ¡Algunas personas dicen que no pueden pasar ni una hora en soledad, porque no tienen nada qué hacer ni en qué pensar! Ningún cristiano debería hablar así, pues si sólo pudiera darle una palabra para pensar en ella Cristo hallará que esa hora es escasa, y que la eternidad no es ni la mitad de suficiente para alabar ese bendito nombre. Creo firmemente que cuando lleguemos al cielo no querremos meditar sobre ningún tema, excepto sobre Cristo Jesús. Sé que hay algunos filósofos muy eruditos que dicen que cuando vayamos al cielo ocuparemos nuestro tiempo en volar de estrella en estrella, y de un planeta a otro; que iremos a ver como es Júpiter, y Marte, y Venus, y toda la hueste de cuerpos celestes. Contemplaremos extasiados todas las maravillas de la creación; exploraremos las profundidades de la ciencia, y no habrá límites para los misterios que comprenderemos. Mi respuesta a las personas que imaginan el cielo de este modo, es que no tengo objeción ninguna a que sea así, si esto les produce placer. Espero que lo tengáis, y que mi Padre os lo permita, con tal que seáis felices. Pero mientras estáis mirando las estrellas, yo me sentaré y miraré a Jesús, y si me dices que habéis visto habitantes de Venus o Saturno, os diré: ¡ah, sí!

«Mirarle a Él es maravilloso
la gloria más noble de las manos de Dios,

Dios en la persona de su Hijo
junto a toda la creación».

Pero vosotros diréis: «seguramente nos cansaremos de mirarle a Él». Mi respuesta es no, yo he estado mirando una sola de sus manos, y todavía no he examinado con suficiente profundidad el agujero por donde entró uno de los clavos; y cuando haya vivido diez mil años más, tomaré su otra mano, me sentaré y miraré cada herida cavernosa, y entonces luego descenderé a su costado y a sus pies:

«Durante miles de años,
mis ojos mirarán,
recorrerán tus bellezas sin cansarse,
y por edades sin fin adoraré
las maravillas de tu amor hasta extasiarme».

Podréis volar con el pensamiento hasta donde queráis; yo me sentaré aquí y miraré a Dios encarnado. Creo que aprenderé más de Él y de sus obras en la persona de Jesús, que en aquello en que vosotros podríais aventajarme volando en alas de la luz, aunque tengáis las más elevadas imaginaciones y los intelectos más gigantescos para ayudaros en vuestra búsqueda. Hermanos, nuestra meditación de Cristo será dulce. Pocas cosas habrá en el cielo que queramos más que Cristo Jesús. Él será nuestro pan, nuestra comida, nuestra belleza, y nuestro glorioso vestido. La persona de Cristo llenará la atmósfera de los cielos, y todo allí estará impregnado de su sustancia; sí, Cristo es el cielo de su pueblo. Estar con Cristo y estar en Cristo es la esencia de los cielos:

«Ni todas las arpas en el cielo,
pueden hacer de él un lugar celestial,
la Persona de Cristo en su morada
llena el universo de un encanto eternal».

Éste es el objeto de nuestra meditación. «Dulce será mi meditación en Él».

III. UN BENDITO RESULTADO

Dulce será nuestra meditación en Él. Esto depende mucho del carácter de cada uno. ¡Ah!, conozco algunas personas que vienen a la capilla, que están muy contentas cuando oyen pronunciar la bendición al pastor, y luego despedir a la congregación.

Seguimiento, Discipulado, Oración ...

Están felices cuando el culto se acaba, y prefieren oír la doxología de despedida que el texto que abre el mensaje. En lo que se refiere a la meditación en Cristo, en lugar de decir que es dulce dirían que es insípida. Si durante el mensaje oyen una historia o una anécdota, les gusta volver a rememorarla, pero una meditación que se centre enteramente en Cristo, les resultará árida, y estarán deseando que llegue a su fin. ¡Ah!, eso se debe al gusto que tenéis en la boca. Algo anda mal con vuestro paladar. Como sabéis, cuando hemos estado tomando alguna clase de medicina, y nuestra boca se ha impregnado con su sabor fuerte, cualquier cosa que comamos después se impregna también de ese sabor. Así ocurre con vosotros. Tenéis un sabor inadecuado en vuestro paladar, debido a las pobres viandas de este mundo. Tenéis algo del polvo de las manzanas de Sodoma en vuestros labios que estropea el glorioso sabor de la meditación en Jesús. Más aún, la impide. Sólo la oís con vuestros oídos, pero no la recibís en vuestros corazones. Por eso el salmista dice: «Dulce será mi meditación en Él».

¡Qué misericordia, queridos amigos, que en este mundo haya algo dulce para nosotros! Realmente lo necesitamos. Estoy seguro que las otras cosas del mundo son muy, muy amargas. Al principio parece haber algo de dulce en esas cosas, pero después tienen un sabor amargo y están vacías de todo encanto. Id por este mundo y veréis cuántos son los casos que están marcados por la amargura. Nosotros también tenemos muchas amarguras a lo largo de nuestra vida. Tal vez haya más áloes en nuestra copa que cualquier otro ingrediente. ¡Qué misericordia es, pues, encontrar algo dulce! «Dulce será mi meditación en Él»; tan dulce, amado, que las amarguras serán absorbidas por esa dulzura. Yo he visto a las viudas, cuando sus esposos han partido al cielo, siendo ellos la fuerza y el sostenimiento de su vida. En el momento en que los bajaban a la sepultura, las vi unir sus manos y decir: «Jehová dio, y Jehová quitó; sea el nombre de Jehová bendito» (Job 1:21). ¿Cuál era la razón de su paciente sumisión? Que cualquiera de ellas tuvo una dulce meditación que neutralizó la amargura de sus reflexiones. Y, ¿no recuerdo acaso haber visto a algún hombre cuya propiedad fuese barrida por la inundación, y sus tierras anegadas por el agua, en una total bancarrota? ¡Claro que sí! Sus manos unidas y con los ojos llenos de lágrimas repitió las palabras de Habacuc 3:17, 18: «Aunque la higuera no florezca, ni en las vides haya frutos, aunque falte el producto del olivo, y los labrados no den mantenimiento, y las ovejas sean quitadas de la majada, y no haya vacas en los corrales; con todo, yo me alegraré en Jehová, y me gozaré en el Dios de mi salvación». ¿No fue acaso porque su meditación en el Señor era tan dulce, que absorbió la amargura de su tribulación? ¡Oh!, ¿cuántos al llegar a las oscuras aguas de la muerte, han encontrado que su amargura ya pasó, porque perciben que la muerte fue sorbida en la victoria, por medio de su meditación sobre Jesucristo? Ahora, si cualquiera de vosotros viene aquí con un sabor inadecuado en su boca, a causa de la aflicción y la tribulación; si has estado diciendo con Jeremías: «Me llenó de amarguras, me embriagó de ajenjos. Mis dientes quebró con cascajo, me cubrió de ceniza» (Jer. 3:15, 16) «Esto recapacitaré en mi corazón, por lo tanto esperaré» (v. 21). Si esto te sucede, toma un poco de esta elección adecuada, pues te aseguro que es dulce: Lacrymae Christi, así le llaman. Si tomaras esas lágrimas de Jesús y las pusieras en tu boca, quitarían ese amargo sabor. Nuevamente te digo, toma esta meditación de Cristo como una sustancia llena del perfume del cielo. No importa lo que tengas en tu casa, esto te dará un ambiente como del Paraíso olerá como esos brezos que una vez crecieron en el jardín del Edén, esparciendo el perfume de sus flores. ¡Ah!, no hay nada que pueda consolar vuestros espíritus, y aliviaros del pesar, como el sentimiento de que ahora podéis meditar sobre la persona de Cristo Jesús.

CONCLUSIÓN

Pero, mis queridos oyentes, ¿os mandaré fuera sin preguntaros si alguna vez habréis tenido una meditación así? No me gusta predicar un sermón, sin grabarlo en la conciencia de mis oyentes hasta que lleguen a sus casas. No me gusta la idea de traeros una espada, mostrárosla, y deciros: «esto es una espada, y está muy afilada». Siempre me gusta haceros sentir que es afilada, cortándoos con ella. ¡La espada del Espíritu podría penetrar en vuestros corazones ahora! Cuando veo tanta gente reunida aún los días de semana, me quedo asombrado. ¿Pero por qué razón habéis llegado, hermanos míos? ¿Qué salisteis a ver? ¿Una caña sacudida por el viento? ¿Un profeta? No, yo digo que vosotros habéis venido a ver y oír algo de Jesucristo, nuestro Salvador y Señor. ¿Cuántos de vosotros meditáis sobre la persona de Cristo? Hombres y mujeres cristianos; ¿estáis viviendo por debajo de vuestros privilegios? ¿No vivís habiendo escogido momentos selectos y deleitosos de comunión con vuestro Jesús? Pensadlo, si tenéis un pase gratis al cielo, usadlo muy a menudo. Si pudieras ir allí y tener comunión con alguna persona que hayas amado en esta tierra ¡ cuán frecuentemente irías a ese lugar! Pero allí está Jesús, el Rey del cielo, y Él puede abrirte las puertas y permitirte que tengas comunión con Él. ¡Y todavía estás viviendo sin meditar sobre su obra, su persona, sus oficios, y su gloria! Hombres y mujeres cristianos, a vosotros os digo, ¿no es tiempo para que empecemos a vivir más cerca de Dios? ¡En qué se van a convertir nuestras Iglesias? Verdaderamente no sé qué pensar de la cristiandad del futuro. A medida que viajo a través de todo el país, veo las Iglesias que van menguando y que están en un estado deplorable. Es cierto, en la mayoría de ellas se predica el Evangelio, pero se hace siempre de una forma monótona que no produce ningún bien. Creo que la culpa la tienen los bancos, y también el púlpito. Si los oyentes son buenos meditadores el predicador también debe serlo. Es muy cierto que el agua no corre hacia arriba de la colina, pero cuando comenzáis a meditar y orar por el mundo, vuestros pastores verán que habéis ido más allá que ellos, y ellos mismos se pondrán a meditar. Oso darán el Evangelio así como sale de sus corazones, un alimento nutritivo para las almas de todos los oyentes.

Y para el resto de las personas, que nunca habéis meditado en Jesucristo ¿ qué pensáis que será de vosotros cuando la amarga copa esté en vuestra boca? Cuando gustes la muerte, ¿cómo esperas destruir su horrible sabor? Pero, aquella copa amarga que cada hombre debe degustar, es un presentimiento fatal. Cuando tengáis que tomar ese trago más amargo que la hiel, en los infiernos para siempre cuando se os presente la copa de los tormentos que Jesús no preparó para vosotros ¿qué vais a hacer entonces? El creyente puede ir al cielo, porque Cristo ha bebido la destrucción por él, pero los que no son creyentes tendrán que beber la copa amarga del vino de Gomorra. ¿Qué haréis entonces? Las primeras gotas son bastante malas, lo veréis cuando tomes un trago de remordimiento por tus pecados. Pero esa copa futura en el infierno esa terrorífica mezcla con la que Dios trata con los perdidos en el abismo ¿qué haréis cuando la tengáis que beber; cuando vuestra meditación sea que habéis rechazado a Jesús y despreciado su Evangelio, y te has burlado de su Palabra? Pensadlo bien; ¿qué haréis en esa horrible hora? Muchos de vosotros, hombres de negocios, abogados, ¿será dulce para vosotros meditar sobre vuestros hechos cuando vayáis allí? Trabajador, ¿será para ti una dulce meditación pensar que tu vida fue gastada en borracheras, en profanar el día del Señor y haber abandonado vuestros deberes? Y tú, profesor, ¿será dulce la meditación que tendrás sentándote y pensando en tu hipocresía? Y, ¡ah!, hombres carnales, quienes estáis complaciendo a los deseos de la carne, y mimando vuestros apetitos, en lugar de servir al Señor. «... Cuyo dios es el vientre, y cuya gloria es su vergüenza; que sólo piensan en lo terrenal» (Fil. 3:19). La carrera de tu vida, ¿te proveerá al fin con una dulce meditación? Estad seguros de esto; si Cristo no es ahora vuestro Mediador, vuestros pecados serán entonces, vuestra meditación. Que esta noche haya escudriñamiento de corazones en esta Iglesia. ¡Cuán a menudo vuestras convicciones se dispersan como humo de chimenea, o como la paja desmenuzada en manos del aventador, que pronto

se desvanece! No os será de provecho alguno vivir de esta manera escuchando sermones y olvidándolos. Prestad atención a la voz de advertencia, o Dios tendrá que decir: «el hombre que reprendido endurece la cerviz, de repente será quebrantado, y no habrá para él medicina» (Pr. 29:1). ¡Oh, hombres malvados! una palabra a vosotros, de todo lo que no sabéis acerca de Dios; y luego ya podréis iros. Os daré un tema para que meditéis esta misma noche. Será una parábola. Cierto tirano mandó buscar a uno de sus súbditos y le dijo: «¿Cuál es tu empleo?». El hombre le respondió: «soy un herrero». «Bien, vete a tu casa y hazme una cadena de este largo», le dijo el rey. El herrero se fue a su casa; el trabajo le llevó varios meses y en todo el tiempo en que hacía la cadena, no percibió jornal alguno, sólo las molestias y el esfuerzo de hacerla. Cuando la terminó la llevó al monarca, y éste le dijo: «Ve y hazla el doble de larga». El tirano no le dio nada con qué hacerla, y lo mandó fuera sin más. Nuevamente se puso a trabajar, y la hizo el doble de larga. La llevó ante el monarca, y éste le dijo: «Hazla aún más larga». Cada vez que venía con la cadena, no le daba nada, sino la orden para que la alargara todavía más. Cuando la trajo por última vez, el monarca le dijo: «tómala, átate los pies y las manos con ella, y échate dentro de un horno de fuego». Ése fue el pago por hacerle la cadena. ¡Aquí hay una sustanciosa meditación para que tengáis esta noche, vosotros siervos del diablo! Vuestro maestro, Satanás, te está diciendo que hagas una cadena. Algunos de vosotros habéis estado durante cincuenta años enganchando unos con otros los eslabones de la cadena; y él os dice: «Ve y hazla más larga». El próximo domingo por la mañana abrirás tu negocio, y añadirás otro eslabón. El sábado de noche estarás borracho, y colocarás otro eslabón más. El lunes cometeréis una acción deshonesta en vuestro trabajo, y os mantendréis alargando la cadena, y cuando hayas vivido veinte años más, el diablo te dirá: «¡Quiero aún más eslabones!» Entonces, por último, un día dirá; tomadle y atadle de manos y pies, y echadle en un horno de fuego. «Porque la paga del pecado es muerte» (Ro. 6:23). Hay un tema para vuestra meditación. No creo que sea dulce, pero si Dios lo hace provechoso, entonces valdrá la pena. A veces cuando la enfermedad es muy mala, debéis tomar medicinas muy fuertes. Que Dios lo aplique a vuestros corazones. Amén.

81. NO TEMAS

«No temas, gusano de Jacob, oh vosotros los pocos de Israel; Yo soy tu socorro, dice Jehová; el santo de Israel es tu Redentor» (Isaías 41:14).

INTRODUCCIÓN: El abatimiento del alma.

I. UN SENTIMIENTO DE DEBILIDAD
1. Con nuestras fuerzas solo no ganaremos.
   a) La devota contemplación de Dios
   b) Consideraos en vuestros sufrimientos

II. CONFIANZA EN LA FUERZA PROMETIDA
1. Dios usa corazones y brazos valerosos.
2. Dios nos vendrá cuando lo necesites.

III. UNA GRAN PROMESA
1. Los frutos del miedo.

CONCLUSIÓN: La fe en el Señor nos da valor.

NO TEMAS

INTRODUCCIÓN

En esta mañana hablaré a aquellos que están desanimados, deprimidos en espíritu y dolorosamente atribulados en la vida cristiana. Hay ciertas noches de gran oscuridad, a través de las cuales el espíritu tiene que andar a rastras con mucho dolor y miseria, y durante la cual se necesita mucha consolación de la Palabra en particular. Estas épocas ocurren de esta manera. Frecuentemente tienen lugar al principio de la vida religiosa. Un hombre joven, hondamente impresionado bajo un mensaje de la Palabra, ha sentido el peso de su pecado. Además, confía en que ha de ser llevado a Cristo, a quien se predica en el Evangelio. En el ardor joven de su espíritu, se rinde del todo a Cristo y con los más solemnes votos dedica su cuerpo, alma, tiempo y talentos, es decir, todo lo que tiene, a la gran obra de servir a Dios. Piensa que sus votos no serán difíciles de cumplir, no cuenta el costo, sino que cree que será fácil abandonar las malas compañías, renunciar a hábitos ya establecidos, y convertirse en un cristiano. Pero antes de que pasen muchos días, se dará cuenta de su error. Si no lo reconoce con su espíritu, lo reconocerá con el corazón, pues éste le ha engañado. No tiene ni noción de lo dura que va a ser la lucha, y lo desesperado del conflicto entre su vieja y mala naturaleza, y el principio de la gracia recién nacida dentro de él. Le parece que renunciar a sus viejos hábitos es como sacarse el brazo derecho, y descubre que abandonar sus ocupaciones anteriores es tan doloroso como quitarse su ojo. Entonces se sienta y piensa: si así son los problemas del comienzo, ¿qué puedo esperar del resto del camino? ¡Alma mía, te apresuraste demasiado en consagrarte a Dios. Has comenzado una lucha que tu fuerza nunca podrá llevar a cabo. Tu fortaleza no es la adecuada, así que vuélvete al mundo. Si el Espíritu dice: «no, tú no puedes», entonces la pobre alma se hunde en la miseria y clama: «No puedo ir ni hacia adelante ni hacia atrás, ¿qué voy a hacer? Estoy muy desanimado, el camino es muy duro». El mismo sentimiento puede acometerle al cristiano más veterano y más valiente. Aquel que tiene más experiencia en las cosas de la vida espiritual, a menudo se ve cubierto por una oscura noche y una tormenta amenazadora. La situación es tal que no puede oír las dulces palabras del Maestro, diciendo: «No temas, porque yo estoy contigo». Tornados y huracanes arrasan con la vida del cristiano, de modo que está sujeto a muchas pruebas de su carne y su espíritu. Esto sé, si no es así con todos vosotros, lo es conmigo. Hoy me tengo que hablar a mí mismo, y mientras trato de animar a aquellos que están tristes y abatidos de corazón, estaré predicando, porque necesito que algo alegre mi corazón. No puedo asegurarlo, porque no lo sé con certeza, pero tengo una espina en la carne, un mensajero de Satanás que me abofetea.

Mi alma está abatida dentro de mí, me siento más muerto que vivo; todo lo que Dios ha hecho por medio de mí parece olvidado, mi espíritu decae y mi valor se quebranta con el pensamiento de lo que ha de venir. Necesito vuestras oraciones y necesito al Espíritu Santo de Dios para daros ánimo a vosotros y a mí mismo en las buenas obras y la labor del Señor Jesucristo.

¡Qué preciosa promesa para el joven cristiano, o para el cristiano mayor, que ha sido atacado por un decaimiento de espíritu y un agónico sufrimiento mental! «No temas, gusano de Jacob, oh vosotros los pocos de Israel; yo soy tu socorro, dice Jehová; el Santo de Israel es tu Redentor» (Is. 41:14). Hermanos cristianos; hay algunos en esta congregación, espero que muchos, que se han dedicado solemnemente a la causa y servicio del Señor Jesucristo. Dejemos que oigan la preparación que se necesita para este servicio, presentada en las palabras de nuestro texto. Primero, antes de que podamos hacer grandes cosas para Cristo, debe haber en nosotros un sentido de debilidad: «Gusano Jacob». Segundo, debe de haber confianza en la fuerza prometida; y tercero, el miedo debe ser quitado por medio de esta promesa: «No temas, yo te ayudo».

I. UN SENTIMIENTO DE DEBILIDAD

1. En primer lugar, la primera cualificación para servir a Dios con éxito y para hacer su obra bien hecha es un sentimiento de nuestra propia debilidad. Cuando un guerrero de Dios marcha adelante para luchar con su casco y la armadura entre sus lomos y dice, «yo sé que conseguiré la conquista, mi brazo derecho y mi espada me llevarán a la victoria»; podemos estar seguros de que la derrota no está lejos. Dios no irá adelante con el hombre que cuenta con sus propias fuerzas. Aquel que reconoce su victoria, habiendo primero calculado su propia fortaleza, ha calculado erróneamente, porque Zacarías 4:6 dice así: «No con ejército, ni con fuerza, sino con mi Espíritu, ha dicho Jehová de los ejércitos». Los que van a la lucha, jactándose de que pueden lograrlo,

regresarán con su bandera arrastrada por el polvo, y con su armadura manchada con la derrota. Dios nunca irá con el hombre que cuenta con su propia fortaleza. Dios no aceptará aquello que el hombre haga por su cuenta, sin la ayuda de la fuerza divina. Él desecha los frutos de la tierra, y solamente aceptará la semilla que fue sembrada desde el cielo, esparcida en el corazón, y cosechada por el sol de la gracia. Antes de que pueda ganarse una victoria, debe tener una conciencia de su propia debilidad.

Creo oír a muchos decir en el día de hoy: «Bueno, señor, si esa es una cualificación por haber hecho mucho, yo la tengo hasta el máximo». No os asombréis ni maravilléis; depended de esto: Dios vaciará todo lo que tú tienes antes de que ponga lo suyo en ti. Primero vaciará todos tus graneros, antes de que los llene con lo mejor del trigo. El río de Dios está lleno de agua; pero no hay ni una sola gota de él que se salga de su cauce. Dios no usará tu fuerza en sus propias batallas, sino la que Él mismo imparte. Tu vaciedad no es sino la preparación para tu llenamiento y tu abatimiento será para ennoblecerte. ¿Hay otros de entre vosotros que deseen ser abatidos para que puedan prepararse para servir a Dios? Entonces déjame decirte cómo puedes promover en ti, un sentido de tu propio vacío. El texto se dirige a nosotros como a gusanos. El mero racionalista, el hombre que se jacta de la dignidad de la naturaleza humana, nunca subscribirá su nombre a un título como éste: «gusano». Él dice, «yo no soy un gusano; soy un hombre. El hombre es lo más glorioso que ha hecho Dios, no acepto ser llamado gusano, soy un hombre puedo hacer cualquier cosa. No quiero vuestras revelaciones, es posible que sean apropiadas para los niños, o para hombres con una mente infantil que solo aprenden creyendo: Yo soy un hombre; puedo pensar en la verdad, puedo hacerme mi propia Biblia, formar mi propia escalera e ir rumbo al cielo». Sin embargo, aquel que es sabio y entiende, sabe que es un gusano, y lo sabe por esto:

a) Primero, lo sabe por contemplación. El que piensa correctamente, pensará que es pequeño, pues si piensa que es grande, Dios tirará abajo su orgullo. Levantad ahora vuestros ojos, contemplad la obra de Dios en los cielos, mirad al sol guiado en su marcha de cada día, considerad las estrellas y la luna y si sois hombres con sentido, y vuestras almas están sintonizadas a la música de las altas esferas, dirás: «¿Qué es el hombre, para que te acuerdes de él, o el hijo del hombre, para que le visites?» (He. 2:6). ¡Dios mío! Cuando observo el espacio infinito, y veo esos inmensos cuerpos celestes describiendo sus órbitas, cuando considero lo vastos que son tus dominios tan amplios que el ala de un ángel podría agitarse y nunca tocar una frontera me maravillo que te hayas fijado en insectos tan minúsculos como el hombre. He tomado el microscopio y he puesto a un diminuto bichito sobre una hoja. Al mirarlo me pareció infinitamente pequeño, pero no lo volveré a llamar así. Si yo al mismo tiempo me comparo con Dios, veo que Él es es enorme. Soy tan pequeño, que cuando miro la inmensidad de Dios, me encojo hasta la nada. La diferencia entre el hombre y los animales se vuelve nula cuando se compara con el abismo infinito que hay entre Dios y el hombre. Deja que tu mente vague por las grandes doctrinas de la Deidad, y considere la existencia de Dios desde antes de la fundación del mundo. Contémplale a Él que fue, es, y será el Todopoderoso. Deja que tu alma se fije tanto como le sea posible en el infinito y capte la eternidad al máximo; entonces te encogerás con temor reverencial. El arcángel se inclina ante el trono de su Maestro, y nosotros bajaremos hasta el polvo cuando sintamos que no somos sino menudas partículas comparadas con nuestro adorable Creador. Trabaja, oh alma, para conocer tu pequeñez y apréndela contemplando la grandeza de Dios.

b) Os repito, si deseáis conocer vuestra propia nada o vuestro vacío, considerad lo que sois en vuestros sufrimientos. La otra tarde estaba pensando lo fácil que debe ser para Dios derribar al hombre hasta sumirlo en una agonía total. Ahora nos encontramos bien y con un buen espíritu, aunque no sabemos por qué. Luego parece que el dedo de Dios nos toca un nervio, y nos sentimos tan miserables que no podemos hacer nada sino sentarnos y llorar. No nos soportamos ni a nosotros mismos. Pero media hora antes habríamos sonreído ante la furia de Satán y nos habríamos enfrentado a un mundo malhumorado. ¡Qué discordia hay en nuestros espíritus! Estamos anonadados ante la más absoluta nimiedad y deseamos estar solos. Ni las promesas de Dios nos traen consolación; nuestros días son noches, y nuestras noches son más negras que el Gehena. No sabemos cómo aguantarnos a nosotros mismos. ¡Cuán fácilmente puede Dios arrojarnos a una miseria total! ¡Oh, hombre, qué pequeño eres, si una cosa insignificante puede sobrepasarte! Has oído a grandes hombres hablar palabras importantes mientras eran prósperos, pero, ¿les has oído alguna vez hablar así cuando están en una profunda tristeza, en una gran angustia? No, entonces dicen a Dios: «¿qué soy yo, para que me visites cada mañana y me castigues cada noche? Déjame solo, hasta que me trague mi propia saliva. ¿Quién soy yo, para que me hagas el objetivo de tus flechas y el blanco de tu ira? Protégeme, oh Dios mío, pues soy menos que la nada, una sombra que declina y se va. ¡Oh, no trates tan duramente con tu siervo, por amor a tus misericordias!» Nuevamente, si conoces tu propia debilidad, haz alguna gran labor para Cristo. Puedo entender cómo un ministro de Dios que predica a su Iglesia de más de ciento cincuenta personas, sea muy preciso en cuanto al color de su corbata y al respeto que se le debe a su dignidad. Lo que no puedo imaginar es a Martín Lutero ante la Dieta de Worms, enorgulleciéndose por haber hecho una labor como esa. Tampoco puedo concebir a Juan Calvino, siendo un líder de la Reforma y enseñando la verdad de Dios con poder, diciéndose a sí mismo: «¡Oh, esta es la gran Babilonia que me he construido!» Supongo que el hombre que no tiene nada que hacer y que no está haciendo nada, puede sentarse en una complacencia devota a su adorable «yo». Lo que no puedo concebir es que tengáis que decir: «¡Señor, qué gusano soy, para que me llames a tomar parte en una obra como ésta!». Mirad la historia de todos los hombres que han hecho grandes cosas para Dios, y les encontraréis diciendo: «Me maravillo de que Dios pueda usarme». Uno de ellos dice, «hoy mi mente estaba muy abatida, pues Dios me había llamado a una gran labor, y nunca había sentido tanto mi propia insuficiencia». Id y haced algo para el Señor, y me veré obligado a deciros que es la mejor forma de quitaros ese orgullo que tanto os perjudica. Si entiendes de verdad qué quiere decir ser un gusano, haz lo que el versículo 15 dice que un gusano debe hacer: desbrozar las montañas, hacer que las colinas queden desmenuzadas y barridas por el viento, y dispersarlas. Entonces regocíjate en el Señor y piensa que

«Cuanto más veas la gloria de Dios, más humilde serás».

La contemplación devota, el sufrimiento agudo y la dura labor todas estas cosas nos enseñarán qué pequeñas criaturas somos. ¡Oh, que pueda Dios por todos los medios guardarnos del orgullo y que nos haga entender que no somos nada más ni nada mejor que gusanos!

¡Qué fácil es, mis hermanos, enaltecernos! ¡Y qué difícil mantenernos humildes! Ese demonio del orgullo nació con nosotros y no morirá ni una hora antes que nosotros. Está tan entretejido en nuestra naturaleza, que nos seguirá hasta el fin. Si un hombre me dice que es humilde, sé que por el contrario, es tremendamente orgulloso. Si el hombre no reconoce la verdad de que es predispuesto a la autoexaltación, es porque la negación de esta verdad es la mejor prueba de ello. ¿Sabéis cuál es la mejor adulación del mundo? Es la que le daban al César sus súbditos, cuando decían que él odiaba la adulación, mientras sabían que era el ser más adulado de todos. Ninguno de nosotros odia la adulación, todo lo contrario, a todos nos gusta. Tal vez no nos guste si se trata de una adulación reconocida como tal, pero si se hace de una manera solapada, le damos la bienvenida. A todos nos gustan los elogios.

«El orgulloso gana su orgullo con trabajo duro,
el modesto lo esquiva, para estar seguro.»

Todos debemos inclinarnos ante Dios, y reconocer que el orgullo está entretejido en nuestra naturaleza. Hemos de pedir al Señor que nos enseñe cuán pequeños somos, para que podamos clamar su promesa «No temas, gusano de Jacob».

II. CONFIANZA EN LA FUERZA PROMETIDA

Vayamos ahora al segundo punto. Antes de consagrarnos a Cristo, o de hacer cualquier gran labor para el Salvador, es necesario que tengamos confianza en la fortaleza prometida. «No temas...... yo soy tu socorro, dice Jehová; el Santo de Israel es tu Redentor» (Is. 41:14). Es cierto que aunque los hombres sean gusanos, hacen lo que los gusanos nunca podrían hacer. Aunque los hombres no sean nada, hacen obras que necesitan del poder del Infinito para rivalizar con ellos. ¿Cómo justificamos esto? Debe ser alguna energía secreta que les da poder. El misterio está revelado en el texto: «No temas, yo te ayudo».

1. En la historia antigua hay un relato acerca de un valiente capitán cuya bandera siempre iba adelante en todas las batallas y cuya espada era temida por sus enemigos, pues era un verdadero heraldo de la matanza y la victoria. Una vez, su rey le ordenó que le enviara su poderosa espada para examinarla. El rey tomó la espada, la examinó y la envió de vuelta a su dueño con el siguiente mensaje: «No veo nada de extraordinario en esta espada, y no puedo entender por qué alguien pueda tenerle miedo». El capitán le mandó un mensaje con todos sus respectos que decía así: «Su majestad ha querido examinar la espada, pero con ella yo no envié el brazo que la empuña. Si hubiera examinado el brazo y el corazón que guía a ese brazo, habría entendido el misterio». Cuando miramos a los hombres y vemos lo que han hecho, decimos: ¡no puedo entender cómo se hizo esto! Nosotros estamos viendo solamente la espada, si pudiéramos ver el corazón de amor infinito que guió a ese hombre en su combate, no nos maravillaríamos de que él, como la espada de Dios, ganara la victoria. Ahora, el cristiano debe recordar, que aun-

que es pequeño, Dios está con él y le ayudará. Hermanos, bendito el hombre que cuando comienza a hacer algo, tiene miedo de sí mismo y dice: «no hay caso, no puedo hacerlo». Dejadle solo, al final lo hará. El hombre que dice: «¡oh, no hay nada de difícil en ello, yo puedo hacerlo», terminará en un fracaso. Pero dejadle empezar diciendo: «sé cuál es mi capacidad, y sé que no podré hacerlo a menos que reciba alguna ayuda»; y ese hombre será un triunfador y las trompetas proclamarán que ha sido victorioso. Esto solamente será así si ponemos nuestra confianza en la ayuda prometida. Ahora cristiano, esta mañana te vi listo para escapar de la batalla. En esta última semana te he visto tan bajo de espíritu por varias circunstancias adversas, que casi estabas por renunciar a tu fe. Sin embargo, aquí hay un hombre que está pasando por lo mismo. Ha venido aquí esta mañana, casi convencido de que debía escaparse a Tarsis, como Jonás. No pudo hallar ningún barco, si no, se habría ido. Pero ha venido aquí para ponerte la mano en el hombro y decirte: «Hermano, no seamos desertores, empuñemos las armas, y peleemos la batalla por el Maestro, pues Él nos ha prometido: "No temas, yo te ayudo». No importa lo que Dios nos haya mandado a hacer, si Él nos ayuda a hacerlo. Dadme a Dios que me ayude, y podré partir el mundo por la mitad, y sacudirlo hasta convertirlo en polvo. ¡Ay, si Dios está conmigo!, con mi aliento podré derribar mundos enteros, así como un niño sopla una burbuja de jabón. No hay límite a lo que el hombre puede hacer cuando Dios está con él. Aquel que cuente con Dios, podrá hacer cualquier cosa, poned la fuerza de Dios en el brazo de un hombre, y aunque tenga tan sólo la quijada de un asno para pelear, dejará a los filisteos desparramados por el campo. Poned a Dios en la mano de un hombre, y aunque deba luchar con un gigante con una honda y una piedra, Dios dirigirá esa piedra al punto estratégico que derrumbará al gigante. Poned a Dios en el ojo de un hombre, y podrá desafiar a reyes y príncipes; poned a Dios en los labios de un hombre, y sus palabras seguirán hablando hasta después de su muerte. No hay temor en aquel hombre que tiene a Dios con él, pues no hay nada que esté más allá de su poder. Hermanos, ¡qué oportuna es siempre la ayuda del Señor! Siempre viene en el momento en que la necesitamos.

2. Sin embargo, a menudo armamos un gran alboroto porque Dios no nos ayuda cuando nosotros queremos. «¡Oh!», dice alguien, «no creo que pudiera morir por Cristo; siento que no sería capaz de ello. Me gustaría tener la fuerza suficiente para lograrlo». Bueno, si sientes que no puedes, es porque todavía no vas a morir, y Dios no te ha dado la fortaleza necesaria, hasta que ese día llegue. «¡Oh!», dice otro, «Quisiera sentir que tengo poder en la oración como fulano». Tú tendrás lo que quieras y cuando quieras, pero no lo tendrás antes. ¡Ah!, a menudo he clamado a Dios deseando sentirme feliz antes de empezar a predicar que realmente pudiera sentir que podía predicar con libertad a toda mi Iglesia. Nunca pude conseguirlo. Pero Dios ha querido alegrarme mientras estaba predicando y darme la fortaleza suficiente para enfrentarme a mi tarea de ese día. Así es como debe de ser. Dios vendrá cuando le necesites ni un minuto antes, ni un minuto después. «Yo te ayudo». Él te ayudará cuando necesites ayuda. Y ¡oh, hermanos, es bueno ser ayudado por un hermano, pero no es un honor; sin embargo, ser ayudado por Dios es un gran honor! Su ayuda siempre nos ennoblece. Cuando el profeta cristiano predica la Palabra de su Maestro y siente que ha ceñido sus lomos con el cinturón del Todopoderoso, puede realizar con toda eficacia la tarea que Dios le ha encomendado. ¡Qué honor es tener al Señor con nosotros! Esa fortaleza es lo más excelso que un hombre cristiano pueda aspirar. Ayer mismo estaba pensando: «¡Oh, si fuera un querubín podría estar con las alas desplegadas y bendeciría a Dios por las oportunidades de servirle; pero soy demasiado débil para ello. ¡Oh, Dios mío, desearía que no pusieras esa carga sobre mí». Entonces, un pensamiento me impactó, ¿es que algún querubín o serafín alguna vez ha dicho algo así? ¿Dijeron, aunque sea por un momento, no tengo la suficiente fortaleza para hacerlo? No, en ese caso, humildemente inclinarían su cabeza y dirían: «mi Señor, tú me encomendaste esta tarea y me capacitarás para hacerla». De modo que el cristiano debe decir: «mi Dios, ¿tú lo has ordenado? Es suficiente; dalo por hecho. Nunca nos mandaste a una batalla con nuestras propias fuerzas, ni nunca lo harás, de modo que ayúdanos y sé con nosotros hasta el fin».

Antes de que podamos hacer algo para el Maestro, debemos conocer nuestra propia debilidad y creer en la fortaleza de Dios.

III. UNA GRAN PROMESA

Ahora vamos a tratar el último punto, sobre el cual deseo ser breve. Debemos entonces, trabajar para deshacernos del miedo lo antes posible. El profeta dice: «Porque yo Jehová soy tu Dios, quien te sostiene de tu mano derecha, y te dice: No temas, yo te ayudo» (Is. 41:13). Procuremos deshacernos del temor. Y sean estas nuestras razones:

1. Deshacernos del miedo, porque el miedo es doloroso. ¡Cómo atormenta el espíritu! Cuando el cristiano confía, es feliz; cuando duda, es miserable. Cuando el creyente mira a su Maestro y confía en Él, puede cantar alegre, cuando duda de su Maestro, anda quejumbroso y cabizbajo. ¡Qué miserables son los cristianos cuando empiezan a dudar y a temer! Es un asunto con el cual no quiero tener nada que ver, porque no vale la pena, y jamás trae ningún provecho. El alma queda rota en pedazos, como atravesada por cuchillos, desecha, atormentada, dolorida. Cuando se da entrada al temor, nunca sabemos cómo seguir viviendo. ¡Arriba cristiano! toca la llave de las promesas, y echa fuera el temor. ¿Por qué tienes que estar lamentándote en tu calabozo? ¿Por qué el gigante de la desesperación tiene que golpearte con su estaca? ¡Arriba! ¡Échalo fuera, recurre a las promesas divinas y alégrate! El miedo nunca te ha ayudado en nada hasta ahora, y tampoco lo hará jamás.

Además el temor es debilitante. Haced que un hombre tenga miedo y correrá de su propia sombra. Hacedle valiente, y no temerá que un ejército venga contra él. El que

Seguimiento, Discipulado, Oración ...

tiene miedo de los hombres, nunca podrá hacer mucho. El temor de Dios trae bendiciones, pero el temor a los hombres es una trampa en la que muchos pies cristianos han sido atrapados. Nadie podrá ser fiel a Dios si tiene miedo del hombre, ningún individuo encontrará que su brazo es suficiente, y su poder igual a sus emergencias, a menos que confíe, crea en la ayuda del Señor y espere calmadamente. No deberíamos tener miedo, porque el miedo es debilitante.

Repito, hermanos, no debemos temer, pues el temor deshonra a Dios. ¿Dudas del Eterno, desconfías del Omnipotente? ¡Oh, miedo traidor! ¿Crees tú que la mano que hizo los cielos y sostiene la tierra sobre la nada, quedará alguna vez paralizada? El Dios sobre el cual han pasado todas las edades no ha de estar envejecido ni fatigado por el paso del tiempo. «Jesucristo es el mismo ayer, y hoy, y por los siglos» (He. 13:8). ¿En qué asunto piensas que el Eterno puede fallarte? ¡Oh, incrédulo, tú estás deshonrando a Dios. Dios es demasiado sabio para equivocarse, demasiado bueno para no cuidar de nosotros. Cuando confiamos en Él, estamos poniendo una corona sobre su cabeza, pero al dudar estás pisando esa corona bajo tus pies.

CONCLUSIÓN

No dudes del Señor, ¡oh cristiano!, pues haciéndolo, te rebajas a ti mismo. Cuanto más creas en Él, más grande te sentirás; si por el contrario dudas, te empequeñecerás. Se cuenta de un gran conquistador que, cuando estaba enfermo, se comportaba como un niño. «¡Dadme algo de beber!», gritaba impertinente. Los que le rodeaban se reían de él. Esta actitud era su deshonor. ¿Y no es acaso un deshonor para el creyente que vive confiando en su Dios, que en algún asunto de su vida le pierda la confianza y que un niño en la fe lo supere? ¡Oh, pobre barquito, hecho con la caparazón de un molusco, que se disgusta porque cae una gota de lluvia y teme hundirse! ¡Oh pobre cristiano disgustado, que es vencido por cualquier inconveniente y tropieza contra cada piedra! ¡Hombres cristianos, portaos como tales! Dudar es una actitud infantil, confiar es la gloria del cristiano experimentado. Planta tu pie sobre la inamovible Roca de los siglos, levanta tus ojos al cielo, no seas pusilánime, desafía al mundo y también al infierno, eres un noble, un hijo de Dios. Pero si dudas, te encoges, tiemblas y temes, habrás perdido tu dignidad cristiana, y ya no serás más el que eras antes. Así no estás honrando a Dios. «No temas, gusano de Jacob, oh vosotros los pocos de Israel; yo soy tu socorro.» ¿Por qué, pues, tener miedo? Siento que mi voz me falla, y con ella mis poderes de pensamiento también, por tanto sólo puedo llamar a mis hermanos a la batalla con Cristo. No podemos hacer nada por nosotros mismos; somos pobres criaturas pequeñas, pero lancémonos a hacer grandes cosas, pues Dios no nos dejará. Recordad lo que hizo en tiempos pasados, si lo necesitamos, Él lo volverá a hacer. Recordad a David, el joven pastor. Acordaos de Samgar, que «mató a seiscientos hombres de los filisteos con una quijada de buey; y él salvó a Israel«» (Jue. 3:31). No olvidéis la quijada de asno y la piedra que tiró David con su honda. Si estos personajes obraron maravillas, ¿por qué no hemos de hacerlo nosotros? Si hombres pequeños han hecho grandes cosas, tratemos de hacerlas nosotros también. Vosotros tal vez no lo sepáis, pero vuestro destino es sublime. Pon a prueba la fe, y el más pequeño de entre vosotros podrá ser poderoso por medio de la fortaleza de Dios. ¡Que tengamos gracia suficiente para confiar en Dios! ¡Ni nos imaginamos las cosas que podemos llegar a hacer! Gusanos, no sois nada, pero habéis derrotado a príncipes. No sois nada, pero habéis devorado las raíces de los cedros y los habéis llevado a un mismo nivel con la tierra. Gusanos, no sois nada, pero habéis apilado rocas en las profundidades del mar, estrellando a muchos navíos y a través de la quilla, os habéis comido al barco más poderoso que surcaba el océano. Si habéis podido hacer estas cosas, ¿qué no podremos hacer? Vuestra fortaleza está en vuestras bocas, y la nuestra también. Usaremos nuestras bocas para predicar y alabar a Dios, y seremos conquistadores, pues Dios está con nosotros y la victoria es segura.

¡Oh, almas que tembláis,
quitad vuestros temores,
Sé misericordioso en todos tus motivos,
La misericordia es una corriente continua,
que fluye continuamente cual río.
No temáis a los poderes de la tierra y el infierno,
pues Dios los detendrá,
su brazo poderoso, su poder refrena
y vanos serán sus esfuerzos para matar.
No temas las necesidades que tendrás,
pues Él para ellas proveerá,
Él nos da siempre nuestros bienes diarios
y todo lo que necesitemos de más.
No temas que Él te olvide,
o deje su obra sin hacer,
él es fiel a sus promesas,
y a su precioso Hijo también.
No temas los terrores de la tumba,
o de la muerte el terrible aguijón,
De la ira eterna te preservará.
y a su gloria sin fin te traerá.

Sin embargo, hay aquí algunas otras personas que no están en esta situación, sino que se han arrojado a la desesperación. El diablo os ha dicho que no podéis ser salvos, que habéis sido demasiado culpables y viles. Cualquier otra persona del mundo podrá encontrar misericordia, pero no tú, pues no mereces ser salvo. Óyeme entonces, querido amigo: a través de todo el culto he tratado de explicar con claridad que Dios nunca salva a un hombre por lo bueno que es, ni tampoco comienza en nosotros la buena obra porque haya algo digno. El más grande y vil de los pecadores puede ser objeto de su divina misericordia tanto como el menor de ellos. Aquel que ha cometido delitos y ha llevado una vida sucia y perversa, es candidato a la misericordia de Dios igual que el hombre de moral más intachable. Dios no quiere nada de nosotros. Él no quiere una tierra fértil para empezar su obra. Él comenzará a trabajar sobre la roca, y la machacará hasta triturarla totalmente y convertirla en la negra arcilla del arrepentimiento, y entonces plantará allí la semilla viviente hasta que sea fructífera. Pero para empezar, Él no quiere nada de nosotros. Dios puede elegirte a ti, un malhechor, un borracho, una prostituta o quienquiera que seas, y hacerte caer sobre tus rodillas implorando misericordia. Entonces Él te oirá, hará de ti un hijo suyo y así te mantendrá hasta el fin. «¡Oh!», dice alguien, «entonces yo deseo que Él haga esa obra en mí». Bien, alma, si es tu deseo sincero, Él lo hará. Pecador, si deseas ser salvo Dios no quiere la muerte de nadie, sino que todos vengan al arrepentimiento, y tú estás libremente invitado en esta mañana a fijar tus ojos en la cruz de Cristo. Jesucristo ha llevado los pecados de los hombres, y también sus penas. A ti se ti invita a que le mires a Él con fe. Confía en Él de manera sencilla e implícita, y serás salvo. Si este deseo es sincero, muestra que Dios te está engendrando a una esperanza de vida. Si este deseo sincero continúa, habrá abundante evidencia de que el Señor te ha atraído a Sí mismo y que eres y serás suyo para siempre.

Y ahora reflexionad, cada uno de vosotros los que no sois convertidos que en esta mañana todos estamos en las manos de Dios. Merecemos ser condenados. Si Dios nos condenara, no podríamos argumentar ni una sola palabra en contra de ese hecho. Así como una polilla es aplastada bajo un dedo, si Dios quisiera podría machacarnos a nosotros, o bien dejarnos ir y salvarnos. ¡Qué reflexiones atravesarán ahora nuestra mente, si es que creemos esto! Tan pronto como lleguemos a casa, deberíamos ponernos de rodillas y clamar: «¡oh Dios, soy un pecador, sálvame!». Renuncio a todos mis méritos porque no tengo ninguno. Merezco la perdición eterna, Señor sálvame por amor a Cristo». Así como que mi Dios vive, ante el cual estoy ahora, no hay ninguno de vosotros que clame de esta manera pidiendo la salvación, y encuentre que las puertas de la misericordia están cerradas. Pecador, ¡prueba a Dios! Cae sobre tus rodillas en tu habitación en este día, y prueba a mi Maestro. Vé si no te perdona. Tú piensas muy duramente acerca de Él. Dios es mucho más amoroso de lo que tu crees. Tal vez pienses que es un Maestro duro, pero no lo es. Yo pensaba que era severo y que siempre estaba enojado. Cuando le buscaba, decía para mis adentros: «si acepta a todo el mundo, no me aceptará a mí». Ahora sé que Él me acercó a su seno, y cuando pensaba que me iba a condenar para siempre, me dijo: «Yo deshice como una nube tus rebeliones, y como niebla tus pecados; vuélvete a mí, porque yo te redimí» (Is. 44:22). Me pregunté cómo podía ser, y sigo aún preguntándomelo hoy. Ése también puede ser tu caso. Solamente te ruego que lo pruebes. Que el Señor te ayude a probarle, y a Él sea siempre la gloria. Entonces serás feliz y dichoso, ahora y por toda la eternidad.

82. COMO TUS DÍAS SERÁN TUS FUERZAS

«Y como tus días serán tus fuerzas» (Deuteronomio 33:25).

INTRODUCCIÓN: Nuestra debilidad es la ocasión para que Dios nos dé sus promesas.

I. LA DEBILIDAD PERSONAL
1. Debilidad en el día del deber.
2. Debilidad en los sufrimientos.
3. Debilidad en el progreso.
4. La prueba de la tentación.

II. LA GRAN PROMESA
1. Promesa garantizada.
2. Promesa limitada.
3. Promesa extensible.
4. Promesa variada.

CONCLUSIÓN: Sin Dios carecemos de promesas que nos aliente.

COMO TUS DÍAS SERÁN TUS FUERZAS

INTRODUCCIÓN

Amados, parece triste que cada día deba morir y ser seguido de una noche. Al ver las colinas tapizadas de verde hasta la cima, y el mar resplandeciendo al sol con su manto de plata; cuando fijamos nuestros ojos a lo lejos, y distinguimos el valle y las montañas que se levantan majestuosas, no quisiéramos que al ocultarse el sol, una escena de tal belleza tuviera que sumirse en la profunda oscuridad. ¡Pero cuántas razones tenemos para bendecir a Dios por las noches! Si no fuera por ellas, mucha de la belleza existente nunca sería descubierta. ¡Dios!, si tú no hubieras cubierto el sol con un grueso manto de oscuridad, la luna y las estrellas que tú creaste nunca habrían brillado en mis ojos. Cuando el sol se oculta tras la cortina del cielo hacia el oeste, el espectáculo se transforma en un panorama de una belleza mágica. Lo mismo ocurre con el invierno. A veces nos sentimos tristes, porque vemos que todas las hermosas flores del verano se mueren, que los árboles se quedan desnudos y que los valles pierden el esplendor de su hierba verde. Pero si no fuera por el invierno, nunca veríamos los chispeantes cristales de la nieve, ni los bellos festones blancos en los extremos de los tejados y en los árboles. Muchos de los maravillosos milagros de la helada, habrían estado escondidos si no fuera por el intenso frío del invierno, que nos quita una belleza, pero nos da otra nos quita el verde esmeralda y nos da el hielo diáfano como un diamante. Bien, ahora traducid estas dos ideas, y veréis por qué nuestro estado pecaminoso y ruinoso, ha servido en las manos de Dios, como el medio de manifestarnos las excelencias de su carácter. Mis queridos amigos, si vosotros y yo estuviéramos sin ninguna clase de pruebas, nunca podríamos haber recibido una promesa como ésta: «Y como tus días serán tus fuerzas» (Dt. 33:25). Es precisamente nuestra debilidad que ha dejado lugar para que Dios nos diera la promesa. Nuestros pecados dan lugar al Salvador y nuestras faltas, al Espíritu Santo para que las corrija. Nuestros desvaríos y andanzas hacen que El Buen Pastor salga a buscarnos y nos traiga de nuevo al redil. No nos gustan las noches, pero sí las estrellas, no queremos la debilidad, pero bendecimos a Dios por su promesa de sostenernos en medio de ella. No admiramos el invierno, pero nos agrada la nieve que brilla y adorna el paisaje. Nos estremecemos ante nuestra debilidad, pero bendecimos a Dios porque siendo débiles, dejamos sitio para que su propia fuerza invencible cumpla con una promesa como ésta.

Al dirigirme a vosotros esta mañana, primero debo señalaros la debilidad personal que está implicada en nuestro texto. Segundo, estudiaremos la gran promesa del texto, y por último, sacaré de él dos conclusiones importantes.

I. LA DEBILIDAD PERSONAL

Primero, *la debilidad personal sugerida en el texto*. Para ilustrar mi figura, esta promesa es como una estrella. Como sabéis, no podemos ver las estrellas durante el día. Debemos esperar a la oscuridad de la noche, y allí seremos capaces de descubrirlas. Amados, así es cuando resplandece el día en nuestro corazón, es necesario que vayamos a la oscuridad de los viejos recuerdos, de nuestras pruebas y dificultades pasadas. Primeramente debemos hacernos una idea adecuada de la gran profundidad de nuestra debilidad, antes que seamos capaces de contemplar la belleza y grandiosidad de esta promesa. Un hombre autosuficiente nunca podría entenderla, así como un minero no puede entender el griego y el latín. No está en una posición de poder comprenderla; nunca ha aprendido que necesita de la fuerza de alguien más. Por tanto, no puede entender el valor de una promesa que consiste en darnos una fortaleza que va más allá de la nuestra. Consideremos primero nuestra propia debilidad.

1. Hijo de Dios, ¿has probado tu propia debilidad en el día del deber? El Señor te ha ordenado hacer algo y te has propuesto hacerlo, pero a la mitad del camino sentiste una gran responsabilidad que te ha doblado las espaldas. Entonces te has vuelto atrás, gritando: «¡Señor, envía a cualquiera pero no a mí!» Reforzado por el Señor, has ido a hacer lo que Él te había ordenado, pero sentiste que tus manos te pesaban y tuviste que pedir al Salvador te diera más fortaleza. Una vez que el trabajo quedó hecho y has mirado atrás a tu obra, te asaltaron dos pensamientos. Primero, contemplaste la tarea que habías llevado a cabo y te asombraste de que un débil gusano como tú, hubiera sido capaz de hacerlo. Segundo, fuiste sobrecogido con horror porque tuviste miedo de que tu trabajo, como la vasija en la rueda del alfarero, se haya venido abajo a causa de tu propia incompetencia. Os confesaré mi propia posición. Debido a mi debilidad, cada día tengo cientos de causas para confesar. Al prepararme para el púlpito, veo una cantidad de textos que podrían servirme para el mensaje y no sé cuál escoger. Cuando he logrado seleccionar uno de ellos, me vienen a la mente pensamientos que me distraen como si fuera un niño, y de pronto mi imaginación está divagando de aquí para allá. Al orar para buscar la ayuda del Señor antes de la predicación, mi lengua no consigue expresar los anhelos de mi corazón. Además, cuando estoy a punto de entrar en una labor que requiere un corazón caliente como un horno y unos labios ardientes como un carbón encendido, ¡mi corazón está frío como un trozo de hielo! Aquí en este púlpito he aprendido mucho sobre mi debilidad. Las palabras y los pensamientos se me han volado de la mente, y ese celo que yo pensaba que se derramaría como una catarata, se ha esparcido en unas pobres gotas de un lento arroyo que amenaza con secarse. Después de haber predicado, ¡cuántas veces me he ido a casa y me he tirado sobre la cama, gimiendo de frustración porque pienso que he fallado en dar mi mensaje y no he predicado la Palabra del Señor como Él hubiera querido que lo hiciera. Todos vosotros, cada uno en su llamado, habéis podido comprobar lo que acabo de decir. No creo que un cristiano pueda examinarse a sí mismo, sin encontrar que cada día la debilidad está presente incluso en cumplimiento de su deber. En tu negocio, en tus relaciones familiares, en tus anhelos y cuidados, por más pequeños que estos sean, se manifiesta tu debilidad. Con toda sabiduría el Señor nos dice: «separados de mí nada podéis hacer» (Jn. 15:5).

2. Pero amados, la ocasión en que más ponemos de manifiesto nuestra debilidad, y tal vez de forma más visible, es cuando nos sobrevienen los sufrimientos. ¡Entonces sí que somos débiles! Muchas veces me he sentado al lado de aquellos hermanos que

están muy enfermos, y he sido testigo de su paciencia. Sin embargo, no sé por qué me he maravillado tanto de ello, si cuando el enfermo soy yo la paciencia me parece una virtud extraordinaria. Las mujeres sufren y saben hacerlo, pero dudo mucho que haya unos pocos hombres que puedan soportar el sufrimiento de las mujeres, sin impacientarse cien veces más que ellas. Muchos de nosotros que tenemos una constitución robusta y hemos sufrido sólo unas pocas enfermedades, cuando sentimos algún padecimiento nos llenamos de fastidio e impaciencia, y nos invade una tristeza que parece llevarnos al fin de nuestras vidas. ¡Esto, sí, prueba nuestra debilidad! ¡Oh, pueblo de Dios! Una cosa es hablar del horno de fuego, y otra muy distinta estar dentro de él. Una cosa es mirar el bisturí del médico, y otra es estar bajo su mano. Podemos tomar unos sorbitos de la medicina, pero cuando hemos de permanecer un mes en cama bebiendo esas pócimas nauseabundas, las cosas cambian. Muchos de vosotros sois buenos marineros en tierra firme, pero en alta mar la situación es muy diferente. Hay hombres que aparentan ser soldados muy valientes, hasta el momento en que están en medio de la batalla. Entonces desearían irse a miles de kilómetros de distancia, y a no ser por sus espuelas, no tienen otra arma que sepan utilizar. El hombre que nunca ha tenido tribulaciones no conoce su debilidad, ni su falta de paciencia.

3. Pero hay algo más que muy pronto probará nuestra debilidad, si es que ni el deber ni el sufrimiento han podido hacerlo esto es, el progreso. Suponed que mañana leéis la vida de algún eminente siervo de Dios, como la biografía de David Brainard y la historia de cómo rindió su vida a Dios en tierras salvajes; o la heroica narración sobre la obra de Henry Martyn, que lo sacrificó todo por Cristo. Inspirados y animados por estas lecturas, decimos en nuestros adentros: «voy a tratar de ser como este hombre, me esforzaré para tener su fe, su autonegación y su amor por las almas perdidas». Inténtalo y adquiere estas virtudes, y pronto te darás cuenta de tu propia debilidad. A veces he tratado de tener más fe, pero rápidamente me apercibí que me era muy difícil mantener la poca que tenía. Otras veces he pensado: «debo amar más a mi Salvador», pero cuando he tratado de hacerlo, en vez de avanzar he retrocedido. ¡Cuán a menudo aflora nuestra debilidad cuando Dios contesta nuestras oraciones!

«Le he pedido al Señor crecer
en fe, amor y toda gracia;
que pueda saber más de su
salvación,
y buscar su rostro con más eficacia.
Espero que en una bendita hora,
mi oración Él haya contestado,
y pueda, por el poder de su amor,
rendir mis pecados y hallar el
descanso anhelado.
En lugar de ello Él me hizo sentir,
las maldades ocultas en mi corazón,
y permitió que el poder del infierno
asaltara mi alma por cada rincón.
"Señor, ¿por qué lo has permitido",
clamé temblando,
¿perseguirás a este gusano hasta
la muerte?,
"De esta manera", respondió Él,
te daré gracia y fe,
haciéndote más fuerte.

Así es, el Señor nos ayuda a crecer, cuando solamente pensamos en ello. Cualquiera de vosotros que procure crecer en la gracia y correr la carrera celestial, pronto se encontrará en un camino tan resbaloso que le será difícil dar un solo paso adelante, pero muy fácil retroceder varios.

4. Si ninguna de estas tres cosas prueban tu debilidad, te aconsejo lo intentes con otra. Ve lo que eres en medio de la tentación. En el bosque he visto un árbol que se erguía firme como una roca. Me he gozado bajo sus largas ramas, y durante un buen rato he disfrutado de su sombra. Luego, por mera curiosidad, he tratado de sacudir su tronco, pero el tal resultó ser inamovible. Sobre él brilló el sol y descendió la lluvia, y muchas nevadas del invierno cubrieron sus ramas. Sin embargo, allí estaba, firme y erecto. Pero una noche vino un viento muy fuerte que barrió todo el bosque, y aquel árbol que parecía estar tan firme, ahora yacía a lo largo del sendero, con sus

ramas rotas y el tronco partido por el medio. Así he visto yo a muchos profesores de religión, fuertes y poderosos. Sin embargo, cuando sufrieron pruebas y tentaciones, les oí quejarse con murmuraciones y acabar en la apostasía. Fueron ejemplos vivientes de lo que le ocurre al hombre que no ha hecho del Señor su fortaleza, ni se ha apoyado en el Altísimo. «¡Ah!», dice alguien, «yo no creo que pueda ser tentado hasta caer en pecado». Mi amigo, todo depende de qué clase de tentación sea. Aquí hay muchos de nosotros que no pueden ser tentados a emborracharse, y otros que no serían nunca tentados a la concupiscencia. Si el diablo presentara ante ti algunos de los más ricos vinos y licores, no los tomarías. Sería inútil tratar de tentarte a que seas un borracho; pero quizás eres el hombre que puede caer ante la tentación de la lujuria. Mientras que hay otros hombres a los que ni la concupiscencia ni el alcohol podrían vencer, tal vez caigan en la tentación de hacer negocios deshonestos. Otros que no son tentados ni por el alcohol, ni por la concupiscencia, ni por la deshonestidad, pueden caer víctimas de su carácter violento, de la envidia o de la malicia. Todos tenemos nuestros puntos débiles. Cuando Tetis sumergió a Aquiles en el Styx, recordaréis que lo tomó por el talón, y el cuerpo de Aquiles se volvió invulnerable en todo lugar donde le había tocado el agua. Pero sucedió que su talón no fue mojado, por tanto quedó débil, y más adelante Paris le tiró una flecha y lo mató. Lo mismo sucede con nosotros. Podemos pensar que estamos cubiertos de virtudes y por tanto somos invulnerables, pero en algún lado tenemos una debilidad donde las flechas del diablo pueden penetrar. De aquí la absoluta necesidad de ponernos toda la armadura de Dios, para que no quede ni una sola hendidura donde el diablo pueda clavar sus dardos. Satanás es muy hábil y conoce los puntos débiles de cada hombre. Suponed que hay un castillo que ha soportado toda clase de ataques. Un día, uno de sus habitantes que es un traidor, sale fuera diciéndole al enemigo que existe un pasaje subterráneo secreto, que hace muchos años que no se usa. Entonces le da todas las señas para que halle la entrada de dicho pasaje, y le dice que él tiene la llave de la puerta que lleva al túnel y de allí al corazón del castillo, donde junto con sus hombres, podrá tomarlo fácilmente. Igual ocurre con Satanás. El hombre no se conoce a sí mismo tan bien como lo conoce el diablo. Dentro del corazón del hombre hay pasadizos y pasajes subterráneos que el diablo conoce bien. El apóstol Pablo dice (1 Co. 10:12): «Así que, el que piensa estar firme, mire que no caiga». El Dr. Watt es autor de un himno que nos dice que Sansón era muy fuerte mientras tenía el cabello largo, pero...

«Sansón, cuando perdiste tu pelo
los filisteos consiguieron lo suyo,
en vano sacudiste tus miembros
con sorpresa,
y sin tus ojos, el mundo se te
volvió oscuro».

La razón: existía una puerta de entrada falsa en el corazón de Sansón. Los filisteos no habían podido vencerle: «Con la quijada de un asno, un montón, dos montones; con la quijada de un asno maté a mil hombres» (Jue. 15:16). Venid, filisteos, Sansón os desgarrará en pedazos como hizo con el león. Atadle con cadenas y grilletes, él los romperá. Rodeadle con mil cuerdas entretejidas y las deshará como si fuese una telaraña. Pero, ¡oh Dalila!, él tenía una puerta falsa en su corazón. Tú la has encontrado y puedes vencerle. ¡Temblad cristianos, porque podéis ser vencidos! Si el Señor os dejara solos, seríais tan débiles como el agua.

Ahora que hemos observado estos puntos de nuestro estatus sobre la tierra, cada hijo de Dios debe estar dispuesto a confesar su debilidad. Me imagino que algunos de vosotros me diréis, «señor, yo no soy nada». Y yo te respondo, «¡Ah!, se nota que eres un cristiano joven. Otros creyentes más maduros dirán, «soy menos que nada». Cuanto menos se consideren en su propia estima, más sentirán su debilidad, y de esta forma descansarán sobre la fortaleza del Señor.

II. LA GRAN PROMESA

Habiendo tratado el primer punto, tomemos el segundo gran promesa del texto: «Como tus días serán tus fuerzas» (Dt. 33:25).

1. En primer lugar, ésta es una promesa garantizada. Una promesa en sí no es nada, a menos que tenga la seguridad de que va a ser cumplida. Es inútil que los hombres prometan mucho. A menos que su cumplimiento sea tan grande como su promesa, el tamaño de ésta será el mismo que el del engaño. Pero en esta promesa, cada palabra de Dios es verdadera. En el banco del cielo, Dios no ha emitido más cheques de los que él puede pagar si desea, en una hora. En las bóvedas de la Omnipotencia hay suficientes lingotes para pagar cada factura que presenten la fe de un hombre o las promesas de Dios. Mirad bien esta promesa: «Y como tus días serán tus fuerzas».

Amados, Dios tiene una fuerte reserva con la que hacer efectiva esta promesa, puesto que ¿no es Él omnipotente y capaz de hacer todas las cosas? Creyente, hasta que puedas secar el océano de la omnipotencia, y hacer pedazos las montañas de roca, no necesitas tener miedo. Hasta que el enemigo pueda parar el curso de un torbellino con una caña, o desviar el huracán de su camino con una palabra de su labio insignificante, no necesitas pensar que la fortaleza del hombre podrá jamás vencer a la fuerza que hay en ti, o sea, la fuerza de Dios. Mientras permanezcan los pilares de la tierra, tienes suficiente como para mantener firme tu fe. El mismo Dios que guía las estrellas en su curso, que dirige la tierra en su órbita, que provee de energía al sol, Él ha prometido suplir tus fuerzas. Si es capaz de hacer todas estas cosas, no penséis que no puede cumplir su propia promesa. Recordad que él habló y fue hecho, mandó y existió. Recordad lo que Él hizo en los días de la antigüedad, en las generaciones anteriores. ¿Acaso no lo veis en la oscura eternidad? Cuando no había nada sino una sombría oscuridad, allí estaba el poderoso Artífice. Sobre el yunque gigante puso una masa incandescente y la martilló con su fuerte brazo, cada chispa que salía era un mundo nuevo. Ahora esas chispas están brillando como el resultado de los propósitos eternos. El que creó el universo, ¿estará extenuado? ¿Podrá Él romper sus promesas de dar fortaleza al que la necesita? Él colgó la tierra de la nada y fijó los pilares del cielo en sus hoyos plateados de luz, y colgó también las enormes lámparas, el sol y la luna. El que hizo todas esto, ¿será incapaz de sostener a sus hijos? ¿Será Él infiel a su palabra y no dará con su brazo de fortaleza a aquel que pide y necesita poder? Recuerda otra vez a tu Dios, quien ha prometido ser tu fortaleza. Él es quien sostiene todas las cosas con su palabra. ¿Quién alimenta a los cuervos? ¿Quien les da la comida a los leones? ¿No es Él?, y, ¿cómo lo hace? Abre su mano y colma de bienes a todo ser viviente. Él sólo tiene que abrir su mano. ¿No dice la Escritura que cabalga sobre las alas del viento, que hace de las nubes sus carruajes, y sostiene el agua de los océanos en el hueco de su mano? ¿Te podrá fallar? Cuando te ha dado una promesa como ésta, ¿puedes albergar por un instante el pensamiento de que está más allá de su poder para cumplirla? ¡Ah, no! ¿Quién fue que cortó a Rahab en pedazos e hirió al dragón? ¿Quién dividió el Mar Rojo e hizo que las aguas estuvieran derechas como una muralla? ¿Quién guió al pueblo de Dios a través del desierto? ¿Quién echó a Faraón a las profundidades del mar, y también a sus capitanes escogidos a los abismos del Mar Rojo? ¿Quién hizo llover fuego y azufre del cielo sobre Sodoma y Gomorra? ¿Quién echó fuera a los cananitas con el avispón, y proveyó una vía de escape para el pueblo de Israel? ¿Quién les trajo de su cautividad y los ubicó nuevamente en su propia tierra? ¿Quién ha quitado a reyes poderosos para hacer lugar a su pueblo, de manera que habitaran en un lugar tranquilo? ¡Oh, tú, mi Dios y fortaleza, yo creo que esta promesa será cumplida, pues la inagotable reserva de tu gracia no puede acabarse, y la ilimitada provisión de tu fortaleza no puede ser quitada ni por el peor de los enemigos! Es pues, en todo sentido, una promesa garantizada.

2. Pero ahora quiero que notéis que es una promesa limitada. «¿Limitada?, dice alguien, pues es lo que dice: «Y como tus días serán tus fuerzas». ¡Oh, sí, es limitada! Sé que es ilimitada en lo que se refiere a nuestras dificultades, pero aún así es limitada. Primero, dice que nuestra fuerza será

como son nuestros días; no que nuestra fuerza será como son nuestros deseos. ¡Oh!, cuán a menudo hemos pensado, «me gustaría ser tan fuerte como fulano de tal», (alguien que tiene una gran cantidad de fe) ¡Ah!, pero entonces tendrías más fe de la que quisieras, y ¿qué habría de bueno en ello? A mí me gustaría ser como el maná de los hijos de Israel si no lo comían diariamente criaba gusanos y se echaba a perder. «Pero», dice alguien más, «si tuviera la fe de fulano, podría hacer maravillas». Es cierto, pero la gloria sería para ti. Por eso Dios no permite que tengas fe, porque Él no quieres que seas tú el que hagas las maravillas. Eso está reservado para Dios y no para ti, así lo expresa el Salmo 77:14: «Tú eres el Dios que hace maravillas». Una vez más, no dice que nuestra fortaleza será como nuestros temores. A veces Dios nos deja que nos arreglemos solos con nuestros temores nunca con nuestras dificultades. Muchos hijos de Dios tienen detrás de sus casas una fábrica en la cual fabrican dificultades, y las dificultades hechas en casa, como las demás cosas caseras, duran bastante. Las dificultades que Dios nos manda son siempre adecuadas para nosotros, pero aquellas que hacemos en casa son de la peor clase, y siempre nos duran más que las de Dios. He conocido a una señora anciana que estaba asustada porque creía que iba a morir en un asilo, y le pedía a Dios que le diera la gracia para afrontarlo. Ahora bien, esto no tenía sentido si Dios quería que ella muriera tranquilamente en su dormitorio. He oído acerca de un hombre, quien estando enfermo, creía que se iba a morir, y le pedía gracia al Señor para poder terminar sus días, pero Dios no se la daba porque sabía que iba a vivir. Vosotros mismos sabéis que hay personas que quieren que Dios les otorgue gracia para soportar las muchas dificultades que les vendrán en sus vidas. Algunos pensaban que sus negocios iban a quebrar en unos pocos días, pero no ocurrió, y no es de asombrarse que Dios no se les diera la gracia para ello, porque no la necesitaban. La promesa es: «Y como tus días serán tus fuerzas». Cuando tu vaso esté vacío, entonces el Señor lo llenará. Cuando eres débil entonces Él te hará fuerte, pero no te dará fortaleza extra para que la guardes. Tendrás la suficiente fortaleza para sobrellevar tus sufrimientos y cumplir con tu deber, pero no para rivalizar con tus hermanos y hermanas y llevarte la gloria para ti. ¡Oh!, si tuviéramos fortaleza de acuerdo a nuestros deseos, pronto empezaríamos a despotricar contra el Omnipotente. Pero hay otro límite. Nuestro versículo dice: «Y como tus días serán tus fuerzas». No dice «como tus semanas», o«meses», sino «como tus días». No se te va a dar el domingo la gracia que necesitas para el lunes, ni el lunes, la que necesitas para el martes. Dios te dará la gracia para vivir el lunes, el mismo lunes de mañana, en cuanto te levantes y la quieras. Tendrás la gracia de Dios día a día. Yo no creo que a los cristianos se les deba dar la gracia necesaria para toda una semana de una sola vez. Son como muchos de nuestros trabajadores. Cobran sus salarios el sábado por la noche, y el lunes y el martes lo festejan. No trabajan ni una hora hasta el miércoles, cuando van al prestamista para que les ayude a llegar al próximo sábado de noche. Ahora bien, creo que los hijos de Dios harían lo mismo. Si se les diera la fortaleza el sábado de noche para que les durara toda la semana, me pregunto si el diablo no tomaría buena parte de ella. En lugar de andar humildemente con su Dios, la gastarían toda el lunes y el martes en el orgullo y la jactancia. No, «como tus días serán tus fuerzas».

3. Ahora, habiendo dicho que la promesa es limitada, tal vez me vea obligado a decir ¡qué promesa más extensible es esta! «Y como tus días serán tus fuerzas». Algunos días son muy pequeños, por lo tanto tendremos muy poco que anotar en nuestro diario, pues no ha sucedido nada importante. Pero otros son realmente días grandes. ¡Ah! yo he conocido un día de grandes deberes, cuando había que hacer grandes cosas para el Señor demasiado grandes para que las pueda hacer un hombre. Cuando el trabajo estaba sólo hecho por la mitad, vino una dificultad muy grande, tanto, que mi corazón nunca había sentido algo igual. Entonces hubo una noche de lamentos, gemidos, llanto y muerte. Pero bendito sea

Seguimiento, Discipulado, Oración ...

el nombre de Dios, que aunque el día fue tempestuoso y lleno de horror, así fue la fortaleza de Dios para sobrellevarlo. Mirad al pobre Job. ¡Qué día más terrible tuvo aquella vez! De pronto vino un siervo y le dijo: «Estaban arando los bueyes, y las asnas paciendo cerca de ellos, y acometieron los sabeos y los tomaron, y mataron a los criados a filo de espada; solamente escapé yo para darte la noticia» (Job 1:14, 15). Estaba hablando aún este criado, cuando llegó otro y le dijo: «Fuego de Dios cayó del cielo, que quemó las ovejas y a los pastores, y los consumió; solamente escapé yo para darte le noticia» (Job 1:16). Aún no había terminado de hablar este siervo, cuando vino otro y le dijo: «Los caldeos hicieron tres escuadrones, y arremetieron contra los camellos y se los llevaron, y mataron a los criados a filo de espada; y solamente escapé yo para darte la noticia «(Job 1:17). Pero luego vino el último golpe. Otro de sus criados le dijo: «Tus hijos y tus hijas estaban comiendo y bebiendo vino en casa de su hermano el primogénito; y un gran viento vino del lado del desierto y azotó las cuatro esquinas de la casa, la cual cayó sobre los jóvenes, y murieron; y solamente escapé yo para darte la noticia» (Job 1:18, 19). La gracia de Dios sobrepasó el horror de la dificultad y Job pudo decir: «... Jehová dio, Jehová quitó; sea el nombre de Jehová bendito» (Job 1:21). ¡Ah Job! Ése sí que fue un día grande, pero con ese día vino conjuntamente la gracia necesaria para sobrellevarlo. A veces Satanás sopla sobre nuestros días con su aliento de fuego, hasta que estos llegan a ser insoportables. Al pensar que se puede pasar por tales pruebas en un lapso tan corto de tiempo, la mente da vueltas como un molinete. ¡Pero oh, cuán dulce es pensar que la gracia siempre es más abundante de lo que el hombre necesita! Nunca debemos de tener miedo. Si nuestras dificultades se convierten en montañas, la gracia de Dios será como el diluvio en los días de Noé. El agua irá por encima de sus cumbres. Si Dios dispone que tú o yo tengamos un día tal como no hubo otro igual, nos enviará fortaleza como nunca la ha habido antes ni la habrá después.

¿Veis a Martín Lutero yendo hacia Worms? El monje solitario va ante un gran concilio: el sabe que lo van a quemar, ¿acaso no quemaron a John Huss y a Jerónimo de Praga? Estos dos hombres tenían una buena conducta, que no fue respetada, y los papistas los condenaron a muerte porque afirmaban que con los herejes no había que mantener ninguna fe. Lutero tenía muy poca confianza en su buena conducta, y quizás pensáis que al ir hacia Worms tendría un semblante decaído. Pero no fue así. Tan pronto como tuvo a la vista la ciudad de Worms, alguien le aconsejó que no entrara en ella. Lutero dijo: «Si hubiera en Worms tantos diablos como tejas hay en los techos de las casas, yo entraría». Y lo hizo. Fue a la posada, comió pan, y tomó cerveza de forma tan complaciente como si fuera a su propia hogar, y después se retiró tranquilamente a su cama. Cuando fue citado ante el concilio y se le pidió que se retractara de su opinión, no pidió ningún tiempo para considerar o debatir acerca de ello, sino que afirmó: «Estas cosas que he escrito son la verdad de Dios, y por medio de ellas permaneceré firme hasta la muerte, así que, ¡ayúdame Señor!». Toda la asamblea tiembla, pero en el rostro del valiente monje no hay el menor rubor. Lutero está en medio de hombres armados, y de aquellos que buscan su sangre. Allí, junto con el nuncio del Papa, se sientan fieros cardenales y obispos sedientos de sangre, quienes como sanguijuelas, procuran chupar su sangre. Él no les da ninguna importancia, se va del lugar y dice que está confiado porque «Dios es su refugio y su fortaleza, y su ayuda siempre presente en medio de la tribulación». «¡Ah!, pero», diréis algunos de vosotros, «yo no podría hacer eso». Sí podrías, si Dios te hubiera llamado a hacerlo. Cualquier hijo de Dios puede hacer lo que otro hijo de Dios ha hecho, si Dios le da la fortaleza para llevarlo a cabo. Sin la fortaleza de Dios, no podrías hacer ni siquiera lo que estás haciendo ahora, y podrías hacer diez mil veces más, si el Señor quisiera llenarte con su poder. ¡Qué promesa más extensible es ésta!

4. Además, ¡qué promesa tan variada! No quiero decir que la promesa en sí varíe,

pero se adapta a sí misma a todos nuestros cambios. «Y como tus días serán tus fuerzas». He aquí una hermosa mañana de sol. Todo el mundo sonríe, cada cosa luce hermosa, los pájaros cantan y todos los árboles parecen estar vivos y llenos de música. «Mi fortaleza será como mi día», dice el peregrino. ¡Ah, peregrino, en el cielo está apareciendo una nube negra! De pronto aumenta, la luminiscencia de un relámpago cruza el cielo, y empieza a caer una lluvia torrencial. Pero oye, peregrino, «y como tus días serán tus fuerzas». Ahora se acerca la noche oscura, y luego amanece otro día; un día de tempestad, remolino y tormenta. ¿No te hace temblar, peregrino? «Y como tus días serán tus fuerzas». «Pero en el bosque hay ladrones». «Y como tus días serán tus fuerzas». «Pero hay leones que me devorarán». He aquí tu defensa: «Y como tus días serán tus fuerzas». «Pero hay ríos, ¿cómo los cruzaré?» Aquí hay un bote que te llevará: «Y como tus días serán tus fuerzas». «Pero hay fuegos, ¿cómo podré cruzar a través de ellos? He aquí las vestiduras que te serán de protección: «Y como tus días serán tus fuerzas». «Pero hay flechas que durante el día atraviesan el espacio». He aquí tu escudo: «Y como tus días serán tus fuerzas». «Pero hay una pestilencia que anda en la oscuridad». He aquí tu antídoto: «Y como tus días serán tus fuerzas». Estés donde estés, y ante cualquier tribulación que se te presente, el Señor te dice: «Y como tus días serán tus fuerzas». Hijos de Dios, ¿no podéis testificar que esto ha sido una verdad innegable en vuestras vidas? Yo sí puedo. Tal vez os parezca egoísta si os cuento la evidencia que he recibido durante el pasado fin de semana; pero no puedo dejar de alabar a Dios. El último domingo cuando dejé este púlpito, estaba más enfermo de lo que podéis imaginaros, y así me fui de este país. A pesar de ello, tan pronto como puse mi pie en la otra orilla, donde tenía que predicar el Evangelio, mis fuerzas retornaron a mí de forma total. En cuanto me preparé para ir a pelear la batalla a la cual mi Maestro me había enviado, todo dolor y enfermedad se esfumaron, y mis fuerzas fueron las que yo necesitaba para vivir ese día. Si estuviera tirado sobre la cama, medio moribundo, y Dios me llamara para que fuera a predicar su Palabra en cualquier parte, tendría renovadas fuerzas para hacer la tarea que Dios me ha asignado. Igual ocurrirá con cada uno de vosotros. Estéis donde estéis, como es vuestro día serán vuestras fuerzas.

Concluyendo, ¡qué promesa más larga es ésta! Tal vez algunos de vosotros podréis ser muy longevos, pero estad seguros de que esta promesa os sobrevivirá. Cuando lleguéis a las profundidades del río Jordán, tendrás confianza para enfrentarte al funesto tirano, y gracia para sonreír hasta en las fauces de la tumba. Y cuando os levantéis en la mañana de la resurrección, no temeréis, aunque los cielos estén llenos de confusión y la tierra se desmorone. Cuando veas a Dios cara a cara, aunque tu debilidad sea suficiente para hacerte morir, tendrás la fortaleza necesaria para sobrellevar la majestuosa visión sin par; irás a parar a los brazos del Señor y serás inmortalizado por siempre.

CONCLUSIÓN

¿Qué he de sacar sino ésta? Hijos del Dios viviente, quitaos vuestras dudas, y deshaceos de vuestras tribulaciones y vuestros temores. Jóvenes cristianos, colocaos los primeros en la carrera celestial. Vosotros cristianos apocados, que como Nicodemo os avergonzáis de hacer una profesión abierta de vuestra fe; no temáis: «Y como tus días serán tus fuerzas». ¿Por qué tienes que temer? Vuestros días nunca serán tan difíciles o tan llenos de tentaciones, en comparación a lo poderosas que serán vuestra fuerzas para libraros.

Y en cuanto a vosotros que no tenéis a Dios, debo sacar una conclusión especial. Vuestras fuerzas están decayendo. Os estáis haciendo mayores, y vuestra vejez no será como vuestra juventud. Vosotros tenéis una fuerza que empleáis para la causa de Satanás. Cuando os hagáis mayores, a menos que vuestra maldad os traiga antes a la tumba, vuestras fuerzas no serán lo que son hoy. Y cuando os acerquéis a la muerte, y no tengáis fortaleza para encararla, moriréis solos. Las puertas de hierro se abrirán y no habrá ningún ángel guardián para

Seguimiento, Discipulado, Oración ...

confortaros y para ayudaros a traspasarlas. En el gran día de la resurrección, deberéis comparecer ante el tribunal de Dios, y allí no tendréis a nadie que os dé fuerzas. Con qué horror oiréis las palabras: «Apartaos de mí, malditos, al fuego eterno preparado para el diablo y sus ángeles» (Mt. 25:41). No tenéis ninguna promesa que os aliente, tendréis que llevar vosotros solos vuestra desesperación. Vuestros días se volverán más pesados, pero vuestras fuerzas más ligeras. Vuestras penas se multiplicarán, pero vuestros gozos disminuirán. Vuestros días serán más cortos, aunque vuestras noches serán más largas. Vuestros veranos serán pocos, y vuestros inviernos aumentarán cada vez y se tornarán más fríos y negros. Todas vuestras esperanzas morirán, y vuestros temores estarán vivos. Cosecharéis la recolección de vuestros pecados en la tenebrosa vendimia de la maldición eterna.

Que Dios nos dé de su gracia, de manera que cuando nuestros días y nuestros años hayan pasado, podamos encontrarnos todos en el cielo.

83. ALEGACIÓN, NO CONTRADICCIÓN

«Y ella dijo: Sí, Señor; mas los perrillos comen de las migajas que caen de la mesa de sus señores» (Mateo 15:27).

INTRODUCCIÓN: Confianza absoluta en el Señor.

I. ACEPTA LO QUE ÉL TE DIGA
1. Tú eres incapaz.
2. Sé humilde.

II. ARGUMENTAR CON ÉL
1. Comparando verdades.
2. Hayando consuelo en la verdad.

III. TEN FE EN ÉL
1. El Señor es misericordioso.
2. Jesús se hizo humano.
3. Jesucristo es nuestro hermano.
4. Dios es el padre familia.

CONCLUSIÓN: Mirar y confiar en Jesús.

ALEGACIÓN, NO CONTRADICCIÓN

INTRODUCCIÓN

El leer este relato de la mujer sirofenicia, habéis notado los dos hechos mencionados en los versículos 21 y 22: «Saliendo Jesús de allí, se fue a la región de Tiro y de Sidón. Y he aquí una mujer cananea que había salido de aquella región». Veamos, Jesús va hacia la costa de Sidón desde el interior de la tierra, y la mujer cananea viene desde la costa a su encuentro, y de ese modo ambos coinciden en el mismo pueblo. ¡Ojalá que el caso se repita esta mañana en este tabernáculo! Que nuestro Señor entre en esta congregación poderosamente para echar fuera al diablo, y que alguien, ¡no!, y que muchos, hayan venido a este lugar con el propósito de buscar gracia de sus manos! ¡Bendita será la reunión de este día!

Veamos ahora la forma en que la gracia de Dios ordena las cosas. Jesús y la persona que le busca tienen una atracción mutua. El viene, y ella viene. De nada hubiera servido su venida desde las costas de Tiro y Sidón si el Señor Jesús no hubiera también descendido a la frontera de Israel y Fenicia para encontrarla. El que Jesús haya ido es lo que convierte el venir de ella en un éxito. ¡Qué feliz circunstancia cuando Cristo encuentra al pecador, y el pecador encuentra a su Señor!

Nuestro Señor Jesucristo, como el Buen pastor, vino por ese camino llevado por el instinto de su corazón. Estaba buscando a los perdidos y parecía sentir que había que encontrar a alguien en los términos de Tiro y Sidón; y por tanto, debía ir en esa dirección a encontrar a ese alguien. No parece que haya predicado o hecho algo especial mientras estaba en camino. Dejó las 99 ovejas junto al mar de Galilea y salió a buscar la oveja perdida junto a las costas del Mediterráneo. Cuando hubo tratado con ella regresó a sus antiguos lugares en Galilea.

Nuestro Señor fue llevado hacia esta mujer, pero ésta también fue llevada hacia Él. ¿Qué hizo que ella lo buscara? Aunque parezca extraño decirlo, un demonio tenía una mano en este asunto, pero no como dar al demonio alguna palabra de elogio. La verdad es que el Dios de toda gracia usó al diablo para conducir a esta mujer a Jesús, su hija estaba «gravemente atormentada por el demonio» y ella no podía soportar el quedarse en casa viendo a su hija en tormento. ¡Oh, con cuánta frecuencia un gran pesar lleva a hombres y mujeres a Cristo, así como un viento salvaje impulsa al marinero a dirigirse precipitadamente a un puerto! He conocido casos en que una aflicción doméstica, una hija enferma, influye en el corazón de una madre para que busque al Salvador. Y sin lugar a dudas muchos padres, quebrantados en espíritu por la probabilidad de perder un hijo amado, han vuelto su rostro al Señor Jesús en su angustia. ¡Ah, mi Señor! Tú tienes muchas formas de traer de regreso tu oveja que vaga descarriada, y para el resto debes enviar el negro perro del dolor y de la enfermedad tras ellas. Este perro entra en la clase y sus aullidos son tan terribles que la pobre oveja corre hacia el pastor en busca de refugio. Dios lo haga así esta mañana con cualquiera de vosotros que tenga un gran problema en su hogar! ¡Que la enfermedad de tu hijo pueda obrar tu salud! Sí, ¡que la muerte de tu hija sea el medio por el que el padre recibe la vida espiritual! ¡Que tu alma y Jesús os encontréis ese día! ¡Vuestro Salvador guiado por el amor y vuestro pobre corazón llevado por la angustia, que así seáis conducidos al punto de encuentro con la gracia!

Ahora bien, vosotros podríais suponer que cuando estos dos se buscaban mutuamente, la feliz reunión y la bendición de gracia se produjeron fácilmente. Pero se dice que «el camino del amor verdadero nunca se recorre con tranquilidad». Y por cierto, el camino de la fe verdadera no se ve libre de problemas. Aquí había amor genuino en el corazón de Cristo hacia esta mujer y fe genuina en su corazón hacia Cristo; pero surgieron dificultades que no podríamos haber esperado. Quizás había dificultades en el camino de esta mujer que en el de cualquier otra persona que haya venido a Cristo en los días de su carne. Nunca antes vi al Salvador en una actitud como la que tenía al hablar a esta mujer de gran fe

¿Habéis leído alguna vez de que haya hablado palabras duras como éstas? ¿Salió de su boca alguna vez una frase tan dura como «No está bien tomar el pan de los hijos y echarlo a los perrillos?» ¡Ah! Él la conocía bien y sabía que soportaría la prueba, recibiendo gran beneficio por ello, y que El podría ser glorificado por la fe de ella en los siglos venideros. Por tanto, por buenas razones él la hizo pasar por ejercicios atléticos que forman una fe vigorosa. Sin lugar a dudas, por amor a nosotros Él hizo que ella pasara por una prueba a la que nunca hubiera expuesto si hubiera sido débil e incapaz de soportarla. Ella fue formada y desarrollada por su desaire. Mientras su sabiduría la probaba, su gracia la sustentaba.

Pero veamos cómo comenzó. EL Salvador había venido a la aldea, desde donde quiera que estuviera; pero no estaba allí públicamente, porque estaba buscando tener un tiempo a solas. Marcos nos dice, en el capítulo siete, versículo veinticuatro: «Levantándose de allí, se fue a la región de Tiro y de Sidón y entrado en una casa, no quiso que nadie lo supiese; pero no pudo esconderse. Porque una mujer, cuya hija tenía un espíritu inmundo, luego que oyó de él, vino y se postró a sus pies».

¿Por qué se estaba escondiendo de ella? El normalmente no elude la búsqueda de un alma en necesidad. ¿Dónde está El? pregunta ella a sus discípulos. Ellos no le dan información alguna. Tenían órdenes del Maestro de cuidarle su deseo de permanecer incógnito. Buscaba la quietud y la necesitaba, de modo que ellos podían discretamente cuidar sus lenguas. Sin embargo, ella lo descubrió y cayó a sus pies. Una pequeña pista le fue dada. Ella descubrió el hilo y lo siguió hasta encontrar la casa, y al Salvador en su lugar de alojamiento. Entonces vino el principio de su prueba. El Salvador se escondía pero no se pudo esconder, de su insistente búsqueda. Ella era todo oídos y ojos para él, y nada puede esconderse de una madre ansiosa, deseosa de una bendición para su hija. Perturbado por ella, el Bendito sale a la calle y sus discípulos lo rodean. Ella está decidida a hacerse oír sobre las cabezas de ellos y por lo tanto

Seguimiento, Discipulado, Oración ...

comienza a gritar: «¡Ten misericordia de mí, Señor, hijo de David!» A medida que él sigue caminado, ella sigue gritando en voz alta, y suplicando, hasta que las calles retumban con el sonido de su voz, y Aquel que quería que nadie lo supiera fue proclamado en la plaza del mercado. A Pedro no le gusta, prefiere la adoración silenciosa. Juan se siente perturbado por el ruido, ha perdido una frase del Señor, una frase muy preciosa que el Señor estaba pronunciando en esos momentos. El ruido que la mujer hacía distraía a todo el mundo, de modo que los discípulos vinieron a Jesús diciendo: «Despídela, despídela, haz algo por ella, o dile que se vaya; porque grita tras nosotros, y su clamor no nos deja en paz. No podemos oír lo que dices debido a sus lamentos».

Mientras tanto, al darse cuenta que ellos le hablan a Jesús, se acerca, se introduce al círculo más íntimo, se arroja a sus pies, le adora y pronuncia su lastimera oración: «¡Señor, ayúdame!». Hay más poder en la adoración que en el bullicio; ella ha avanzado un paso. Nuestro Señor aun no le ha respondido una palabra. Sin lugar a dudas Él ha oído lo que ella ha dicho, pero todavía no le ha respondido una sola palabra. Él se ha limitado a decir a sus discípulos: «No soy enviado sino a las ovejas perdidas de la casa de Israel». Eso no ha impedido que ella se acerque más, ni detuvo su oración, porque ahora ella suplica «¡Señor, socórreme!» Finalmente el Bendito le habla. Para gran sorpresa nuestra, se trata de un frío desaire. ¡Qué palabra tan fría! ¡Qué cortante! No me atrevo a decir, ¡Qué cruel! Sin embargo, así parece: «No es bueno tomar el pan de los hijos y darlo a los perrillos».

Y ahora, ¿qué hará la mujer? Está cerca del Salvador, tiene audiencia con Él, así como está; está de rodillas delante de Él, y parece rechazarla. ¿Cómo actuará ahora? Éste es el punto del cual quiero hablar. No será rechazada, ella persevera y avanza más aun, en realidad convierte el rechazo en un argumento. Ha venido en busca de una bendición y una bendición es lo que obtendrá, y seguirá con sus súplicas hasta obtenerla. Así que trata con el Salvador de una manera heroica, y en el estilo más sabio que le es posible, de lo cual quiero que cada uno que busca salvación aprenda una lección en esta ocasión, y que, como ella, pueda prevalecer con Cristo, y oír que el Maestro te dice esta mañana: «Grande es tu fe, hágase contigo como quieres».

Del ejemplo de esta mujer obtengo tres consejos. 1) Reconoce todo lo que el Señor te diga. Dile: «Sí, Señor», «verdad, Señor». Dile «sí» a todas sus palabras. En segundo lugar, argumenta con el Señor: «Sí, Señor, pero...». 2) Piensa en otra verdad, y menciónasela como argumento. Dile: «Señor, debo aprovechar el punto hasta el que he llegado, todavía tengo argumentos que ofrecerte». 3) En todo caso, ten fe en el Señor, sea lo que fuere que Él diga. Ni importa cómo te trate, cree en Él con fe sin vacilaciones, y sabe con certeza que Él merece toda tu confianza en su amor y poder.

I. ACEPTA LO QUE ÉL TE DIGA.

Ella dijo: «Sí, Señor». Dijera lo que dijera Jesús, ella no le contradijo en lo más mínimo. Me gusta lo que otra versión dice: «Es verdad, Señor» porque es muy expresivo. Ella no dijo: «Es difícil, duro, o poco amable» sino «verdad señor». «Es verdad que no es bueno tomar el pan de los hijos y darlo a los perrillos». «Es verdad que comparada con Israel soy una perra». «El que me otorgues esta bendición es como dar a los perrillos el pan de los hijos. Verdad, Señor, es cierto». Ahora, querido amigo, si estás en relación con el Señor por vida y muerte, nunca contradigas su palabra. Nunca obtendrás la paz perfecta si estás de un ánimo contradictorio, porque esa es una condición de la mente que es soberbia e inaceptable. El que lee la Biblia para encontrarle defectos, pronto encontrará que la Biblia lo encuentra defectuoso a él. Se puede decir del libro de Dios lo que se dice de su autor: «Si camináis oponiéndoos a mí, yo caminaré contra vosotros». De este libro puedo decir con verdad: «Con el obstinado te mostrarás obstinado».

1. Recordad, queridos amigos, que si el Señor os hace recordar vuestra indignidad y vuestra incapacidad, Él solamente os está diciendo lo que es verdad, y será sabiduría

de vuestra parte decir: «Verdad, Señor». Se te describe descarriado como oveja perdida, y el cargo es verdadero. La Escritura te describe como teniendo una naturaleza depravada; dile: «Sí, Señor». Te describe como un corazón engañoso, y ése es el corazón que tienes. Por tanto, dile: «Verdad, Señor». Te representa como sin fuerzas, y sin esperanzas. Que tu respuesta sea «Sí, Señor». La Biblia nunca da una buena palabra para la naturaleza humana no regenerada, ni ésta la merece. Delata nuestras corrupciones, y deja al desnudo nuestra falsedad, orgullo e incredulidad. No pongas reparos a la fidelidad de la Palabra. Toma la posición más baja y reconoce que eres pecador, perdido desacreditado y desecho. Si la Escritura pareciera degradarte no te des por ofendido, antes bien comprende que trata contigo en forma honesta. No permitas jamás que tu orgullosa naturaleza contradiga al Señor, porque eso es aumentar tu pecado.

Esta mujer tomó el lugar más bajo que le era posible. No solamente reconoció que era como uno de los perrillos, sino se puso debajo de la mesa de los hijos, y no de la mesa del Maestro. Ella dijo: «Los perrillos comen las migajas que caen de la mesa de sus amos». La mayoría de vosotros supusisteis que ella se refería a las migajas que caían de la mesa misma del amo de la casa. Si tenéis la bondad de mirar el pasaje notaréis que no es así, «sus amos» se refiere a varios amos; la frase es plural, y se refiere a los hijos que eran los pequeños amos de los perros. Así ella se humilló no solo para ser como un perrillo para su Señor, sino como uno para la casa de Israel, los judíos. Esto era avanzar mucho, que una mujer siriota, orgullosa de su sangre sidonia reconociera que la casa de Israel era para ella como sus amos, que estos discípulos que acababan de decir: «Despídela» estaban en la misma relación con ella que los hijos de una familia con los perros de debajo de la mesa. La gran fe es siempre hermana de la humildad. No importa cuán bajo Jesús la pone, ella se sienta allí. «Sí, Señor». Sinceramente recomiendo a cada uno de mis oyentes que consientan al veredicto del Señor, y no levanten objeciones contra el mayor amigo de los pecadores. Cuando tu corazón está pesado, cuando sientes que eres el peor de los pecadores, te ruego que recuerdes que eres un pecador mayor de lo que tú piensas. Tu propia conciencia te ha puesto muy bajo, pero debes ir aun más abajo, y solo entonces estarás en el lugar que te corresponde. Porque a decir verdad, tú eres tan malo como puedas ser. Puedes ser peor que los más oscuros de tus pensamientos te hayan pintado. Eres un miserable totalmente carente de méritos, merecedor del infierno, y, sin la gracia soberana; el tuyo es un caso perdido. Si estuvieras en el infierno ahora, no tendrías motivo para quejarte contra la justicia de Dios, porque mereces estar allí. Pido a Dios que cada oyente que aún no ha encontrado misericordia pueda consentir con las declaraciones más serias de la Palabra de Dios, porque todas ellas son verdaderas, y fieles a él. ¡Oh, que quieras decir: «Sí, Señor, no tengo una sílaba que pronunciar en mi defensa!»

2. Y luego, si a tu humillado corazón le pareciera una cosa muy extraña el pensar que eres salvo, no luches contra esa creencia. Si un sentido de la justicia divina te sugiere: «¡Qué! ¡Tú salvado! seguramente Dios ha sobrepasado toda su misericordia anterior al perdonar a uno como tú». En ese caso Cristo habrá tomado el pan de los hijos para lanzarlo a los perros. Eres tan indigno, tan insignificante e inútil, que aun cuando fueras salvo serías inútil para el servicio sagrado. ¿Cómo puedes esperar la bendición? No trates de argumentar en sentido contrario. Trata de no magnificarte a ti mismo, pero clama: «Señor, reconozco la evaluación que haces de mí. Reconozco francamente que si he sido perdonado, si he sido hecho hijo de Dios, y si entro en el cielo, será la maravilla más grande del inmensurable amor y de la gracia sin límites que haya vivido sobre la tierra o en los cielos».

Deberíamos estar completamente dispuestos a dar nuestro asentimiento y consentimiento a cada sílaba de la divina palabra puesto que Jesús nos conoce mejor de lo que nos conocemos a nosotros mismos. El Verbo de Dios sabe más acerca de nosotros que lo que pudiéramos jamás descubrir acerca de nosotros mismos. Somos parciales acerca de nuestra persona, y por eso somos medio ciegos. Nuestro juicio siempre falla en cuanto al justo equilibrio cuando nuestro caso está en la balanza. ¿Cuál es el hombre que no esté bien consigo mismo? Tus faltas, por cierto, siempre son excusables, y si hace un pequeño bien, es digno de reconocimiento y de ser estimado al valor de los diamantes de primera selección. Cada uno de nosotros es una persona muy superior; al menos eso es lo que nos dice nuestro orgulloso corazón. Nuestro Señor Jesucristo no nos adula; ve nuestro caso tal como es, su ojo escudriñador ve la verdad desnuda de las cosas, y como «el testigo fiel y verdadero», nos trata conforme a las reglas de la rectitud. ¡Oh alma que buscas, Jesús te ama mucho como para adularte! Por lo tanto, te ruego que tengas confianza en él, una confianza tal, que no importando cuánto te reprenda, por su Palabra, por su Espíritu, cuanto te repruebe y aun te condene, tú puedas responderle sin vacilar: «Verdad, Señor; sí, Señor».

Nada se puede ganar con poner reparos al Señor. Un mendigo está a tu puerta y pide limosna. Si comienza una discusión contigo y te contradice, ha errado el camino. Sil os mendigos no pueden elegir, ciertamente no deben amar las controversias. Si un mendigo desea discutir, que discuta, pero deje de mendigar. Si él critica la forma en que recibirá el regalo de tu mano, cómo y qué le vas a dar, es muy probable que finalmente nada obtenga. Un pecador crítico, disputando con su Salvador es un necio con letras mayúsculas. En cuanto a mí, tengo el propósito hecho de que disputaré con todos, pero jamás con mi salvador, y especialmente contenderé conmigo mismo, y tendré una reyerta desesperada con mi propio orgullo, pero no tendré ni una sombra de diferencias con mi Señor. Contender con su propio Benefactor es ciertamente una necedad. Sería necio que el condenado con justicia sea quisquilloso con el dador de la Ley que está investido de todas las prerrogativas del perdón. En lugar de eso, con el alma y el corazón clama: «Señor, creo todo lo que encuentro en tu Palabra, cuanto leo en las Santas Escrituras, que es la revelación de tu mente, lo creo, lo creeré y debo creerlo, y por lo tanto digo: Sí, Señor! Es todo verdad aunque me condene para siempre».

Ahora, prestad atención a esto, si en tu corazón te encuentras reconociendo lo que Jesús dice, aun cuando su respuesta haya sido dura, puedes estar seguro de que ello se debe a una obra de la gracia, porque la naturaleza humana es muy arribista y se pone muy por encima de su necia dignidad, y contradice al Señor cuando éste lo trata verazmente y lo humilla. La naturaleza humana, si quieres verla en su verdadera condición, es aquel ser desnudo que está más allá, que soberbiamente procura cubrirse con un vestido diseñado por él mismo. ¡Miradlo! ¡Ha cosido hojas de higuera para hacerse un delantal! ¡Qué desvalido! ¡Con las hojas marchitas se ve peor que desnudo! Sin embargo, esta miserable naturaleza humana se rebela orgullosamente contra la salvación por Cristo. No quiere saber de una justicia imputada; su justicia propia le es mucho más querida. ¡Ay de la corona de orgullo que se constituye en rival del Señor Jesucristo! Amado oyente, si tienes otro modo de pensar, y estás dispuesto a reconocerte pecador, perdido, arruinado y condenado, bien haces. Si esta es tu actitud, que no importa cuán humillante sea la verdad que el Espíritu de Dios te enseñó en su Palabra, o te enseñó por la convicción en tu conciencia, de inmediato estarás de acuerdo y confesarás: «Así es». Entonces el Espíritu de Dios es el que te ha traído a esta condición humilde, verdadera y de obediencia, y hay esperanzas para ti.

II. ARGUMENTAR CON ÉL

Y ahora mi segundo punto es este; aunque no debes poner reparos a Cristo, *puedes argumentar con Él.* »Sí, Señor» dijo ella, y agregó: «pero».

Entonces, esta es mi primera lección, pon una verdad en frente de otra. No contradigas con una verdad de reprobación, más bien trae una agradable para enfrentarla. Recuerda como fueron salvados los judíos en los días de Amán y Mardoqueo. El rey emitió un decreto en que cierto día, el pueblo podía levantarse contra los judíos y asesinarlos, tomando como botín sus bienes. Ahora bien, de acuerdo con las leyes de medos y persas esta ley no podía ser alterada. El decreto debía permanecer. Entonces, ¿Qué? ¿Cómo podría anularse? Enfrentado esa ordenanza con otra. Se emitió un nuevo decreto por el cual, aunque el pueblo podía levantarse contra los judíos, los judíos podrían defenderse, y si alguien se atrevía a dañarlos, ellos podrían matarlo y tomar como botín sus posesiones. Así un decreto neutralizó al otro.

1. Con qué frecuencia podemos usar el arte sagrado de pasar de una doctrina a otra. Si una verdad la veo demasiado negra para mí, no sería sabio mantenerme siempre pensando en ella. Será sabio que examine todo el aspecto de la verdad, y vea si no hay alguna otra doctrina que me dé esperanzas. David puso esto en práctica cuando dijo: «Tan torpe era yo, que no entendía; era como una bestia delante de ti». Y entonces, con toda confianza añade: «Con todo yo siempre estuve contigo; me tomaste de la mano derecha». Él no se contradice a sí mismo, sin embargo, con la segunda declaración quita toda la amargura que la primera oración deja en el paladar. Las dos oraciones juntas exponen la suprema gracia de Dios, que permitió que un ser semejante a una bestia pudiera tener comunión con Él. Te suplico que aprendas este santo arte de poner una verdad junto a la otra, para que de ese modo puedas tener una visión justa de toda la situación y no desesperes.

Por ejemplo, me encuentro con un hombre que dice: «Señor, el pecado es una cosa terrible; me condena. Creo que nunca podré responder al Señor por mis iniquidades, ni permanecer en su presencia». Realmente esto es verdad; pero recordemos otra verdad: «Jehová cargó en él el pecado de todos nosotros». «El que no conoció pecado fue hecho pecado por nosotros.» «Ninguna condenación hay para los que están en Cristo Jesús.» Pon la verdad de nuestro Señor cargando nuestros pecados en frente de la verdad de la culpa y la maldición del pecado que pende sobre ti si estás aparte de su gran Sustituto.

«El Señor tiene un pueblo elegido» exclama uno «y esto me desalienta». ¿Por qué habría de ser así? No contradigas esa verdad; créela como la lees en le Palabra de Dios. Pero escucha como la expresa Jesús: «Te alabo, Padre, Señor del cielo y de la tierra, porque escondiste estas cosas de los sabios y de los entendidos, y las revelaste a los niños». Para ti, que eres débil, sencillo y confiado como un bebé, la doctrina está llena de consuelo. Si el Señor va a salvar un número de personas que nadie puede contar, ¿por que no podría salvarme a mí? Es verdad que está escrito: «Todo lo que el Padre me da vendrá a mí»; pero también está escrito: «Y al que a mí viene ni le echo fuera». La segunda parte del dicho debe ser aceptada al igual que la primera.

Algunos tropiezan en la soberanía de Dios. Tendrá misericordia de quien quiera tener misericordia. Podría preguntar con justicia: «¿No haré lo que quiero con lo que es mío?» Amados, no disputéis los derechos del Dios eterno. Es el señor: que Él haga como bien le parezca. No disputes con el Rey, antes, ven humildemente a Él y argumenta de este modo: «Oh, Señor, solamente tú tienes el derecho del perdón, pero tu Palabra declara que si confesamos nuestros pecados, tú eres fiel y justo para perdonarnos nuestros pecados; y tú has dicho que todo el que cree en el Señor Jesucristo será salvo». Este argumento prevalecerá. Cuando leas: «Es necesario nacer de nuevo» también dice: «De tal manera amó Dios al mundo, que ha dado a su Hijo unigénito para que todo el que cree en Él no se pierda mas tenga vida eterna». Así, es claro que el que cree en Cristo ha nacido de nuevo.

2. Esto me lleva a una segunda recomendación, recibe consuelo aun de una verdad dura. Recibe este consejo dándole preferencia sobre el que ya he dado. La traducción de nuestras versiones es muy buena, pero debo confesar que ese sentido no refleja todo el sentido de lo que la mujer quería decir. Ella no dijo: «Sí, Señor, pero» como si estuviera levantando una objeción, como ya hemos explicado, sino «Sí, Señor porque». He usado la traducción tradicional, porque expresa la forma en que nuestra

mente generalmente mira las cosas. Pensamos que ponemos una verdad frente a otra cuando todas las verdades concuerden y no puede haber conflicto. De la verdad que parece más oscura podemos recibir consolación. Ella dijo: «Sí, Señor; porque los perrillos comen las migajas que caen de la mesa de sus amos». Ella no recibió consuelo de otra verdad que pareciera neutralizar la primera, sino, como la abeja succiona la miel de la ortiga, ella obtuvo ánimo de la severa palabra de Dios «no es bueno tomar el pan de los hijos y darlo a los perrillos». Ella dijo: «Es verdad, Señor, porque aun los perrillos comen la migajas que caen de la mesa de sus amos». Ella no tenía que dar vuelta las palabras de Cristo. Las tomó como estaban y descubrió el consuelo que había en ellas. Sinceramente os exhorto a que aprendáis el arte de derivar consuelo de cada afirmación de la Palabra de Dios, no necesariamente trayendo a colación una segunda doctrina, sino creyendo que aun la verdad presente que tiene un aspecto amenazador es vuestra amiga.

Te oigo decir: «Cómo puede tener esperanza? Porque la salvación es de Jehová». Pues bien, esa es la razón por la que debes llenarte de esperanza y buscar la salvación solamente en Dios. Si fuera de vosotros mismos, desesperarías; pero como es de Jehová, podéis tener esperanzas.

«¿Gimes?» ¡Ay! Nada puedo hacer. Y, ¿qué importa? El Señor todo lo puede. Puesto que la salvación es de Jehová solamente, pídele que sea el Alfa y Omega para ti. «Gimes», «yo sé que debo arrepentirme, pero no siento que pueda alcanzar una medida correcta de sensibilidad». Es verdad, y por eso el Señor Jesús está exaltado en lo alto para dar arrepentimiento. No puedes arrepentirte para vida, porque este también es un fruto del Espíritu.

Amados, cuando estaba bajo convicción de pecado oí la doctrina de la soberanía divina: «Tendrá misericordia de quien Él tenga misericordia» pero ello no me atemorizó, porque sentí más esperanzas de gracia a través de la voluntad soberana de Dios que por cualquier otro medio. Si el perdón no es una cuestión de méritos humanos, sino una prerrogativa divina, entonces hay esperanzas para mí. ¿Por qué no podría ser perdonado como los demás? Si el Señor tuviera únicamente tres elegidos, y éstos fueran escogidos según su beneplácito, ¿por qué no podría yo ser uno de ellos? Me puse a sus pies y deseché toda esperanza que no fluyera de su misericordia. Sabiendo que EL salvaría un número que nadie puede contar, y que El podría salvar a cada alma que creyese en Jesús, creí y fui salvado. Fue bueno para mí que la salvación no fuera por méritos, porque no tenía mérito alguno. Si quedaba en manos de la gracia divina, entonces podía pasar por aquella puerta, porque el Señor podría salvarme a mí al igual que a cualquier otro pecador y puesto que leí: «Al que a mí viene no le echo fuera» fui y Él no me echó fuera.

Correctamente entendida, cada palabra de Dios lleva a Cristo, y ni una sola palabra hace retroceder al pecador que está buscando. Si eres un buen muchacho, lleno de tu justicia propia, cada verdad del Evangelio te parecerá negra; pero si eres un pecador que, nada merece sino la ira de Dios; si en tu corazón confiesas que mereces la condenación, eres el tipo de persona que Cristo vino a salvar, tú eres el tipo de hombre que Dios eligió desde antes de la fundación del mundo, y tú podréis sin ninguna vacilación, venir y poner tu confianza en Jesús, que es el Salvador de los pecadores. Creyendo en Él recibirás una salvación inmediata.

III. TEN FE EN ÉL

En tercer lugar, en cualquier caso, sea lo que fuere que Cristo diga o no diga *ten fe en Él*. Mira la fe de esta mujer y trata de copiarla. Su fe creció en su comprensión de Jesús.

1. Primero: Él es el Señor de misericordia; ella clamaba: «Ten misericordia de mí». Querido oyente, ten suficiente fe para creer que necesitas misericordia. La misericordia no es para los que creen tener méritos. EL reclamo del meritorio es por justicia, no por misericordia. El culpable necesita y busca misericordia, y solamente esto. Cree que Dios se deleita en la misericordia, se complace en perdonar donde no hay razón para

perdonar, salvo su propia bondad. Cree también que el Señor Jesucristo a quien predicamos es la encarnación de la misericordia. Su existencia misma significa misericordia para ti, su palabra significa misericordia; su vida, su muerte, su intercesión en los cielos, todo significa misericordia, misericordia, misericordia, ningún otra cosa sino misericordia. Tú necesitas la misericordia divina: Él es el Salvador que tú necesitas. Cree en Él y la misericordia de Dios será tuya.

2. Esta mujer también lo llamó Hijo de David, en lo cual reconocía su humanidad y su carácter real para con los hombres. Piensa en Jesús como Dios sobre todas las cosas. Bendito para siempre, que ha hecho los cielos y la tierra, y sustenta todas las cosas por su poderosa palabra. Sabe que se hizo hombre, velando su divinidad en este pobre barro nuestro; como un bebé aferrado al pecho de una mujer; se sentó como hombre cansado a la orilla del pozo, murió entre malhechores sobre la cruz, y todo esto por amor al hombre. ¿No puedes confiar en este Hijo de David? David era popular porque entraba y salía entre el pueblo y demostró ser un rey del pueblo. Eso es Jesús. David reunió en torno suyo una compañía de hombres que se apegaron mucho a él, porque cuando llegaron a él era una banda completamente acabada, estaban en deuda y descontentos; todos los expulsados de los dominios de Saúl se reunieron alrededor de David, y éste se convirtió en su capitán.

3. Mi Señor Jesucristo es escogido del pueblo, elegido por Dios con el propósito de ser nuestro hermano, hermano nacido para la adversidad, que ha venido a asociarse con nosotros pese a nuestra insignificancia y miseria. Es el amigo de hombres y mujeres arruinados por la culpa y el pecado que cargan. «Éste a los pecadores recibe y con ellos come.» Jesús es el dispuesto líder de un pueblo pecaminoso e inmundo, al cual eleva a una posición de justificación y santidad y lo hace habitar consigo en gloria para siempre. ¡Oh, ¿no confiarás en un Salvador como éste? Mi Señor no vino al mundo a salvar a gente superior que piensa que han nacido santos. Jesús vino a salvar a perdidos, a miserables, culpables e indignos. Que los tales se acerquen a Él, como las abejas se agrupan alrededor de la abeja reina, porque Él fue ordenado con el propósito de reunir a los escogidos de Dios, como está escrito: «A él se congregará el pueblo».

Esta mujer creyente podría haber sido animada por otro tema. Nuestro Señor dijo a sus discípulos: «No soy enviado sino a las ovejas perdidas de la casa de Israel». «¡Ah!» piensa, «Él es pastor de ovejas perdidas. Sea cual fuere su rebaño, Él es un pastor y tiene entrañas compasivas hacia las ovejas perdidas; seguro que es una persona a la que puedo mirar confiada». ¡Ah, querido oyente! Jesucristo es un pastor por oficio y por naturaleza, y si tú eres una oveja perdida, éstas son buenas nuevas. Hay un instinto santo en Cristo que lo hace reunir los corderos en sus brazos, y lo hace buscar a los perdidos que se descarriaron un día oscuro y brumoso. Confía en Jesús porque te está buscando; ven a Él ahora, y quédate.

4. Más aún, esta mujer tuvo fe en Cristo en el sentido de que era como una gran cabeza de familia. Ella parece decir: «Esos discípulos son como hijos sentados a la mesa, y él los alimenta con el pan de su amor. Él les hace una gran fiesta, les da tanto alimento, que si mi hija fuera sanada, sería una gran y bendita cosa para mí, pero para él no sería sino como si una migaja cayese bajo la mesa, y un perro se la comiera». Ella no pide que le arroje una migaja, sino solo que se le permita coger una migaja que haya caído de la mesa. Ni siquiera pide una migaja que el Señor le pudiera arrojar, sino una que los hijos hubieron dejado caer; ellos generalmente dejan caer migajas. Observo que en el griego no dice «perros» sino «perritos»; del mismo modo, la palabra «migajas» es «migajitas o trocitos pequeños, insignificantes, caídos por accidente». Pensad en esta fe. Que el demonio fuera expulsado de su hija era la cosa más grande que pudiera imaginar; sin embargo, tiene una creencia tal en la grandeza del Señor Jesucristo, que, pensaba ella, sanar a su hija para Él no era más que como para un gran cabeza de familia dejar que un pobre perrillo coma las migajitas que los hijos dejan caer. ¿No es ésa una fe espléndida?

Seguimiento, Discipulado, Oración ...

Y ahora, ¿no puedes ejercer una fe como ésa? ¿No puedes creer tú un pecador condenado y perdido que si Dios te salva será la más grande maravilla que haya habido, y que para Jesús, que hizo por sí mismo un sacrificio por los pecados, ello no será más que si este día tu perro o tu gato come una migaja que uno de tus hijos haya dejado caer de la mesa? ¿No puedes pensar que Jesús es tan grande que lo que para ti significa el cielo, para él será solamente como una migaja? ¿No puedes creer que él puede salvarte prontamente? En lo que a mí respecta, yo creo que mi Señor es un Salvador tal, que puedo confiarle por completo mi alma, y eso sin dificultad. Y os diré algo más, si yo tuviera todas vuestras almas en mi cuerpo, todas ellas las confiaría a Jesús. Sí, y si yo tuviera un millón de almas pecadoras en mí mismo, confiaría libremente en el Señor Jesucristo con todas ellas, y diría: «Estoy seguro que es poderoso para guardar mi depósito para aquel día».

No supongáis que hablo así porque soy consciente de que haya alguna bondad propia en mí. De ninguna manera. La confianza no la tengo puesta en mí en ningún grado, ni en alguna cosa que pueda hacer o llegar a ser. Si yo fuera bueno no confiaría en Jesús, no podría. ¿Por qué? Tendrías que confiar en mí mismo. Pero, debido a que no tengo nada de mí mismo estoy obligado a vivir por fe, y me regocijo de que pueda ser así. Mi Señor me da un crédito ilimitado en el banco de la fe. Estoy hondamente endeudado con Él, y estoy decidido a endeudarme más todavía. Pecador como soy, si fuera un millón de veces tan pecador como soy, y entonces tuviera un millón de almas un millón de veces más pecadores que la mía, seguiría confiando en su sangre redentora para limpiarme, y en Él para salvarme. Por tu agonía, y tu sudor de sangre, por tu cruz y tus padecimientos, por tu muerte preciosa y tu sepultura, por tu gloriosa resurrección y tu ascensión, por tu intercesión en favor del culpable a la diestra de Dios, oh Cristo, yo siento que puedo reposar en Ti. Que todos vosotros lleguéis a este punto y tengáis la seguridad de que Jesús es abundantemente poderoso para salvar.

CONCLUSIÓN

Has sido un ladrón, ¿verdad? La última persona que estuvo en cercana compañía del Señor sobre la tierra fue el ladrón moribundo. «Oh», pero dices tú, «He sido malo en la vida, me he contagiado con toda clase de mal». Pero todos ésos con los cuales se asocia ahora fueron sucios una vez; porque ellos confiesan que han lavado sus ropas y las han emblanquecido en su sangre. Sus vestiduras eran tan inmundas que nada, sino la sangre de su corazón, podía blanquearlas. Jesús es el gran Salvador, más grande que lo que mi lengua pueda describir. No puedo describir su gran valor, no lograría hacerlo aun cuando pudiera describir el cielo en cada palabra, y expresar la infinitud en cada oración. Ni siquiera todas las lenguas de los hombres o de los ángeles puedan exponer en forma completa la grandeza de la gracia de nuestro Redentor. ¡Confía en Él! ¿Tienes miedo de confiar en Él? Entonces huye precipitadamente. Arriésgate a hacerlo. Atrévete con El, no admitas que otra confianza intervenga. «Mirad a mí» dice él «y sed salvos todos los términos de la tierra, porque yo soy Dios y no hay más». ¡Mirad! ¡Mira ahora! ¡Mírale a él solamente! Cuando le estés mirando con la mirada de la fe, Él te mirará con amorosa aceptación, y te dirá: «Grande es tu fe; sea hecho como tú quieres». Serás salvo en la misma hora; y aunque hayas venido a esta casa de oración gravemente afligido por un demonio, saldrás en paz con Dios, y tan en paz como un ángel. ¡Qué Dios te conceda esta bendición, por amor de Cristo! Amén.

84. CÓMO SUPLICAR

«Yo estoy afligido y menesteroso; apresúrate a mí, oh Dios. Ayuda mía y mi libertador eres tú; oh Jehová, no te detengas (Salmos 70:5).

INTRODUCCIÓN: El arte de la oración.

I. UN ALMA QUE CONFIESA
1. Confesión.
2. Dios perdona.
3. Dios hace creíbles sus respuestas.

II. UN ALMA QUE SÚPLICA
1. Argumentar con la sangre de Cristo.
2. Argumentos de la fe.
3. La súplica.

III. UN ALMA APREMIADA
1. Necesidad urgente de perdón.

VI. EL ALMA QUE SE AFERRA A DIOS
1. El Señor en mi ayudador.
2. Aferrados a Dios en en oración.

CONCLUSIÓN: La oración ferviente trae bendición.

CÓMO SUPLICAR

INTRODUCCIÓN

Antaño los pintores estaban deseosos de estudiar bajo grandes maestros. Estaban convencidos de que podían alcanzar más fácilmente los niveles de excelencia si entraban en la escuela de hombres eminentes. Los hombres han pagado grandes sumas de dinero para que sus hijos puedan entrar como aprendices con personas que son las más preparadas en sus oficios o profesiones. Ahora bien, si alguno de nosotros quiere aprender el sagrado arte y misterio de la oración, es bueno que estudie las producciones de los grandes maestros de esta ciencia. No puedo señalar a alguien que entienda mejor el arte de la oración que el salmista David. Tan bien conoce la forma de alabar, que sus salmos se han convertido en el lenguaje de los hombres buenos de todas las eras. Tan bien entendido el cómo de la oración, que si nosotros logramos captar su espíritu, y seguir su modo de orar, habremos aprendido a suplicar a Dios del modo que mejor prevalece. Pon ante ti en primer lugar al Hijo y Señor de David, el más poderoso de todos los intercesores, y junto a él encontrarás a David como uno de los más admirables modelos para ser imitado.

Entonces consideraremos nuestro texto como una de las producciones de un gran maestro en asuntos espirituales, y lo estudiaremos orando todo el tiempo que Dios nos ayude a orar de la misma manera.

En nuestro texto tenemos el alma de uno que suplica con éxito bajo cuatro aspectos: 1) Vemos el alma que confiesa: «estoy afligido y menesteroso». 2) Tenemos el alma que suplica, porque usa su pobre condición como argumento para pedir, y añade: «Apresúrate a mí, oh Dios». 3) Podéis ver un alma urgida, porque exclama: «Apresúrate» y varía la expresión pero conserva la misma idea: «No te detengas». 4) Un alma que se aferra de Dios porque el salmista lo expresa de este modo: «Ayuda mía y mi libertador eres tú»; así se toma a Dios con las dos manos, como para no dejarlo ir hasta haber obtenido la bendición.

I. UN ALMA QUE CONFIESA
1. Entonces, para empezar, vemos en este modelo de suplicación *un alma que confiesa*. El luchador se desviste antes de entrar en la contienda, y la confesión hace lo mismo por el hombre que está por alargar su causa delante de Dios. El que corre en las pistas de la oración no puede esperar el tribuno a menos que, por medio de la confesión el arrepentimiento y la fe, se despoje de todo peso del pecado. Ahora bien, hay que recordar siempre que la confesión es absolutamente necesaria para el pecador que busca por vez primera al Salvador. Oh, tú que buscas, no es posible que logres la paz para tu atribulado corazón, mientras no hayas reconocido tu transgresión y tu iniquidad delante del Señor. Puedes hacer todo lo que desees, sí, e incluso intentar creer en Jesús, pero vas a descubrir que la fe de los elegidos de Dios no está en ti, a menos que estés dispuesto a hacer una confesión completa de tus transgresiones, y desnudar tu corazón delante de Dios. Nosotros no solemos hacemos donaciones de caridad a personas que no la necesitan. El médico no manda su medicina a quienes no están enfermos. El ciego no está junto al camino para mendigar. Si hubiera tenido dudas en cuanto a su ceguera, el Señor hubiera pasado de largo frente a él. El abre los ojos a los que se confiesan ciegos, pero a los demás dice: Porque decís. «Vemos», vuestro pecado permanece. A los que son llevados ante él, pregunta: «¿Qué quieres que te

haga», para que su necesidad sea públicamente reconocida. Tiene que ser así para todos nosotros, debemos ofrecer la confesión, o no podemos obtener la bendición.

Permitidme que hable especialmente a vosotros que deseáis encontrar la paz con Dios, y la salvación por medio de la preciosa sangre. Haréis bien en hacer una confesión muy gráfica, sincera y explícita delante de Dios. Es seguro que no tenéis nada qué esconder, porque nada hay que podáis esconder. El ya conoce vuestra culpa, pero él quiere que vosotros la conozcáis, y por eso manda que la confeséis. Entra en el detalle de tus pecados reconociéndolos secretamente delante de Dios. Desnúdate de toda excusa, no te disculpes. Dí: «Contra ti solo he pecado, y he hecho lo malo delante de tus ojos; para que seas reconocido justo en tu palabra y tenido por puro en tu juicio». Reconoce la maldad del pecado, pídele a Dios que te haga sentirla. No lo trates como si fuera una pequeñez, porque no lo es. Para redimir al pecador de los efectos del pecado, Cristo mismo tuvo que morir, y a menos que seas librado eternamente de una falta venial, que no hubiera sido tomada en cuenta si no fuera Dios tan severo. Pero trabaja hasta ver el pecado como Dios lo ve, como una ofensa contra todo lo que es bueno, una rebelión contra todo lo amable. Míralo como traición, como ingratitud, como una cosa baja y egoísta.

2. Nunca esperes que el Rey del cielo perdone a un traidor, sí éste no confiesa y abandona su traición. Hasta el padre más tierno espera que el niño se humille cuando ha causado una ofensa, y no dejará de mostrarle el ceño fruncido mientras con lágrimas no diga: «Padre, he pecado». ¿Te atreves a esperar que Dios se humille delante de ti, y no sería así si Él no te constriñera a humillarte a Él? ¿Quieres que él haga la vista gorda a tus faltas y cierre los ojos ante tus transgresiones? El tendrá misericordia, pero es santo. Está dispuesto a perdonar, pero no tolera el pecado, y por lo tanto, no te puede perdonar si tú sigues acariciando tus pecados, o si te atreves a decir: «No he pecado». Así que date prisa. Tú que buscas, date prisa, te ruego, y preséntate ante el trono de la gracia con esto en tus labios: «Soy pobre y menesteroso, soy pecador, estoy perdido; apiádate de mí». Con tal reconocimiento comienzas bien tu oración, y por Jesucristo prosperarás en ello.

Amados oyentes, el mismo principio se aplica a la iglesia de Dios. Estamos orando por una demostración del poder del Espíritu Santo en esta iglesia, con el propósito de orar eficazmente con este fin, es necesario que unánimemente hagamos la confesión que se halla en nuestro texto: «Yo estoy afligido y menesteroso». Hemos de reconocer que en esto carecemos de poder. La salvación es de Jehová y no podemos salvar una sola alma. El Espíritu de Dios está escondido en Cristo, por lo que debemos buscarlo ante el que es gran cabeza de la Iglesia. No podemos mandar al Espíritu, sin embargo, nada podemos hacer sin él.

Él sopla de donde quiere. Debemos sentir esto profundamente y reconocerlo honestamente. Antes de bendecir a su Iglesia Dios quiere que sepa que la bendición viene completamente de Él. «No con ejército, ni con fuerza, sino con mi Espíritu, ha dicho Jehová».

3. La carrera de Gedeón fue muy notable, y comenzó con dos señales muy instructivas. Pienso que nuestro Padre celestial quiere que todos nosotros aprendamos la misma lección que le enseñó a Gedeón, y cuando hayamos dominado la lección, él nos usará para sus propósitos. Ustedes recordarán que Gedeón puso un vellón de lana sobre la era, y en la mañana, alrededor del vellón todo estaba seco y solamente el vellón estaba mojado. Dios había saturado de agua solamente el vellón, de modo que Gedeón pudo exprimirlo, y su humedad no se debió a que fuera puesto en un lugar favorable, porque alrededor todo estaba seco. Puede haber querido que aprendamos que, si el rocío de su gracia llena a alguno de nosotros con su vaho celestial, no es porque estamos en la era de un ministerio que Dios suele bendecir, o porque estamos en una iglesia que Dios normalmente visita con su gracia; pero se nos tiene que hacer ver que las visitaciones de su Espíritu son fruto de la soberana gracia de Dios, y dones

de de su amor infinito, y no de la voluntad del hombre, ni por hombre. Pero luego el milagro fue invertido; porque como dice Tomás Fuller: «Los aires de Dios pueden invertirse y se verán tan gloriosos de una manera como de la otra».

A la noche siguiente el vellón estaba seco y alrededor el suelo estaba todo mojado. Porque los escépticos podrías haber dicho: «Sí, pero un vellón muy naturalmente atrae la humedad, y si hubiera alguna humedad en el aire, lo más probable es que fuera absorbida por la lana». Pero, he aquí, en esta ocasión el rocío no está donde ha dado una preparación de corazón para recibirla, nos quiere hacer entender que su gracia y su Espíritu son completamente libres en la acción y soberanos en operación; y no está obligado a trabajar según ninguna norma que nosotros hayamos inventado. Si el vellón estaba mojado, él lo bañó con el rocío, no porque fuera un vellón, sino porque Él quiso hacerlo así. Él tendrá la gloria de toda su gracia de principio a fin. Entonces, venid, hermanos míos, y hacemos discípulos de esta verdad. Considerad que toda buena dádiva y todo don perfecto debe venir del gran padre de las luces. Nosotros somos obra suya, él debe hacer todas nuestras obras en nosotros. La gracia no se merece por nuestra posición o condición, el viento de donde quiere sopla, el Señor obra y no hay hombre que pueda impedirlo; pero si Él no obra, resulta vano el más poderoso y celoso de los trabajos.

Es muy significativo que antes que diera de comer a los miles de personas, Jesús hizo que los discípulos hicieran inventario de sus provisiones. Era bueno que ellos vieran que baja estaba la intendencia, para que cuando la multitud tuviera su comida no pudieron decir que el cesto lo había hecho, ni que el niño había provisto. Dios hará que veamos que escasos son nuestros panes de cebada, que pequeños nuestros pececillos, y que eso nos lleve a preguntar: «¿Qué es esto entre tantos?». Cuando el salvador mandó a sus discípulos a que echaran la red a la mano derecha, y arrastraron una gran cantidad de peces, él no hizo el milagro hasta que ellos hubieron confesado que habían trabajado toda la noche y no habían sacado nada. Así fueron enseñados que el éxito de su pesca dependía del Señor, no de sus redes, ni del modo de arrastrarlas, ni de su habilidad en el arte de la navegación, sino su éxito había venido totalmente de su Señor. Debemos entender esto, y cuanto más pronto lo hagamos, mejor.

Observamos lo que hacían los antiguos judíos de guardar la Pascua. Había que tener panes sin levadura, y había que comer el cordero pascual. Pero no podían servirse los panes sin levadura ni comer el cordero pascual mientras no hubieran limpiado la vieja levadura. Si tenéis alguna fuerza añeja, o confianza en vosotros mismos, si hay algo que es de vosotros mismos, está, en consecuencia, leudado y debe ser quitado. La alacena debe estar vacía antes que pueda llegar la provisión celestial, con la cual se puede guardar la pascua. Doy gracias a Dios cuando nos limpia. Bendigo su nombre cuando nos lleva a sentir la pobreza de nuestra alma como iglesia, porque es seguro que entonces vendrá la bendición.

Una ilustración más nos mostrará esto, quizá con más claridad. Veamos a Elías con los sacerdotes de Baal en el Carmelo. La prueba era para decidir la elección de Israel, por el Dios que respondiera por fuego, que sea Dios. Los sacerdotes de Baal invocaron en vano que viniera fuego del cielo. Elías está confiado en que Dios mandaría fuego del cielo. Confía en que el fuego descenderá sobre su sacrificio, pero también está seriamente resuelto a lograr que los falsos profetas y ese pueblo vacilante no imaginen que él mismo había producido el fuego. Decide dejar en claro que no hay artificios, astucia a maniobra humana en la materia. Debía notarse bien que la llama era del Señor y solamente del Señor. Recordad la rigurosa orden del profeta: «Llenad cuatro cántaros de agua, y derramadla sobre el holocausto y sobra la leña. Y dijo: Hacedlo otra vez; y otra vez lo hicieron. Dijo aún: Hacedlo la tercera vez; y lo hicieron la tercera vez, de manera que el agua corría alrededor del altar, y también se había llenado de agua la zanja». No podía haber fuegos latentes allí. Si hubiera habido combustibles o productos químicos calculados para producir fuego a la manera de los fraudes de la época, todo ello habría sido mojado por el agua o se habría descompuesto. Cuando nadie podía imaginar que el hombre pudiera quemar el sacrificio, el profeta alzó sus ojos al cielo, comenzó a orar, y descendió el fuego del Señor, que consumió el holocausto, la leña, las piedras del altar, el polvo y aun lamió el agua que había en la zanja. Entonces, cuando todo el pueblo lo vio, cayó sobre sus rostros, y dijeron: «¡Jehová es el Dios! ¡Jehová es el Dios!».

En esta iglesia, si quiere bendecirnos grandemente, el Señor puede enviarnos la prueba de derramar agua una, dos y tres veces. Puede desalentarnos, afligirnos, probarnos y hacernos decaer, hasta que todos veamos que no es el predicador, ni la organización, no es del hombre sino completamente de Dios, el Alfa y al Omega, el que obra todas las cosas de acuerdo con el consejo de su voluntad.

Así os he demostrado que para tener una buena sesión de oración lo mejor es comenzar con la confesión de que estamos afligidos y menesterosos.

II. UN ALMA QUE SUPLICA

En segundo lugar, cuando el alma se ha despojado del peso de los méritos y de la autosuficiencia, procede a orar y nos encontramos ante *un alma que suplica*.

«Yo estoy afligido y menesteroso; apresúrate a mí, oh Dios, Ayuda mía y mi libertador eres tú; oh Jehová no te detengas». El lector cuidadoso notará cuatro súplicas en este solo versículo.

Sobre este tema quiero destacar que es hábito de la fe, cuando estás orando, utilizar súplicas. Los que son simples pronunciadores de oraciones, que de ningún modo oran, olvidan ofrecer a Dios. Pero aquellos que quieren prevalecer, ofrecen sus razones y sus poderosos argumentos y debaten la cuestión con Dios. Los que juegan a la lucha se toman como pueden, al azar, pero los que son realmente luchadores tienen una cierta manera de tomar al oponente un modo de lanzarlo y cosas por el estilo; trabajan según un cierto orden y reglamento. El arte de la lucha de fe es suplicar a Dios, y decir con osadía: «Que sea así y así, por tales y tales razones». Oseas nos dice de Jacob que «allí habló con nosotros», de lo que entiendo que Jacob nos instruye por su ejemplo. Ahora bien, las dos súplicas que Jacob usó eran precepto y promesa de Dios. Primero él dijo: «Vuélvete a tu tierra y a tu parentela» que es como si hubiera dicho: «Señor, estoy en dificultades, pero he venido aquí en obediencia a ti. Tú me dijiste que hiciera esto; ahora puesto que Tú me mandaste que viniera hasta aquí, ante los dientes mismos de mi hermano Esaú, que viene como un león a mi encuentro, Señor no puedes ser infiel como para ponerme en peligro y luego dejarme». Este era un razonamiento sano, y prevaleció en la presencia de Dios. Luego Jacob recordó una promesa: Dijiste: «Yo te haré bien».

1. Entre los hombres es un modo maestro de razonar el poder desafiar al adversario con sus propias palabras, puedes citar otras autoridades, y él podría decir: «Niego su fuerza». Pero, cuando citas a un hombre contra sí mismo, lo aniquilas. Cuando haces que un hombre recuerde su promesa, éste debe confesarse infiel y voluble, o, si mantiene que no cambia y que es fiel a su palabra, lo tienes en tu mano, has logrado tu voluntad. Hermanos, aprendemos así a suplicar con los preceptos y promesas, y con cualquier otra cosa que pueda servirnos; pero tengamos siempre algo en que basar nuestra súplica. No hagas cuenta de haber orado si no has argumentado porque el argumentar es la médula misma de la oración. El que suplica con argumentos conoce el secreto de tomó prevalecer con Dios, especialmente si apela a la sangre de Cristo, porque eso abre la cerradura de los tesoros celestiales. Muchas llaves sirven para muchos candados, pero la llave maestra es la sangre y el nombre de aquel que murió y resucitó, y todavía vive en los cielos para salvarnos hasta lo sumo. Los argumentos de la fe son abundantes, y esto es bueno, porque la fe se ve ante diversas posiciones, y las necesita todas.

La fe invocará osadamente todas las relaciones de gracia de Dios. Le podrá decir:

«¿No eres tú el Creedor? ¿Desampararás la obra de tus manos? ¿No eres el redentor? ¿Tú que has salvado a tu siervo, me desecharás?» Normalmente la fe se deleita en echar mano de la paternidad de Dios. Éste es uno de sus puntos maestros; cuando saca esto a relucir, gana su punto. «Tú eres padre y ¿nos castigarás aunque nos mates? ¿Padre, y no proveerás? ¿Padre, y no te compadeces ni tienes misericordia? ¿Padre, y niegas lo que tu hijo te pide?» Cuando estoy impresionado con la majestad divina, y por eso carezco de espíritu para la oración, hallo un remedio rápido y dulce al recordar que, aunque Él es el Gran Rey, infinitamente glorioso, yo soy su hijo, y no importa quién sea el padre. Sí, la fe puede apelar a todas y cada una de todas las relaciones que Dios tiene con sus escogidos.

Además, la fe puede acosar el cielo con las promesas divinas. Supongamos que vas a uno de los bancos de la ciudad y ves a un hombre que entra y sale y cada vez pone un pedazo de papel en las mesas sólo para retirarlo nuevamente y nada más. Hace esto varias veces en el día. Pienso que pronto darían órdenes al portero de no dejar entrar a tal hombre, porque sólo estaría haciendo perder el tiempo al cajero, y haciendo cosas sin ningún propósito. Los hombres que van al banco con fines serios presentan sus cheques, esperan que les entreguen el dinero y luego se van, pero no sin antes haber concluido su negocio. No ponen en la mesa el papel y se ponen a hablar sobre las excelencias de la firma o sobre lo correctamente extendido del documento, sino que esperan que les den su dinero y no están contentos mientras no lo reciben. Éstas son las personas bienvenidas en el banco, y no las personas frívolas. ¡Ah! Mucha gente juega a la oración y no son mejores que aquellos que acabo de describir. Digo que están jugando a la oración porque no esperan que Dios les de una repuesta, son personas puramente frívolas, que se burlan del Señor. El que ora con la seriedad de los que hacen negocios, con verdadero sentido en lo que hace, honra al Señor. El Señor no está jugando cuando hace promesas. No fue un juego el que confirmara la palabra por medio de su sangre, y no demos convertir la oración en una broma, orando con un espíritu que nada espera.

El Espíritu Santo es serio, y nosotros también debemos ser serios. Hemos de ir en busca de una bendición, y no quedar satisfechos hasta que la hayamos conseguido Como el cazador, que no queda satisfecho por haber corrido tantas millas, y no está contento hasta que ha cogido una presa.

Además, la fe apela a las proezas de Dios. Mira al pasado y dice: «Señor, tú me salvaste en tales y tales ocasiones, ¿me fallarás ahora?» Además, toma la vida como un todo y suplica así:

«Habiendo tantas misericordias recibido,
¿me dejarás finalmente hundido?».

2. «¿Me has traído hasta este punto para, al final, avergonzarme?» La fe conoce las antiguas misericordias de Dios, y las convierte en argumentos para obtener favores presentes. Pero todo tu tiempo se habrá ido si tratas de demostrar siquiera la milésima parte de los argumentos de la, fe.

Sin embargo, a veces los argumentos de la fe son muy singulares. Como ocurre un nuestro texto, de ningún modo se conforma a las reglas de la orgullosa naturaleza humana al suplicar: «Estoy afligido y menesteroso, apresúrate a mí, oh, Dios». Es como otra oración de David: «Ten misericordia de mi iniquidad que es grande». Esta no es la manera en que los hombres suplican, porque dicen: «Señor, ten misericordia de mí, porque no soy tan pecador como otros. Pero la fe hace su lectura bajo una luz más realista, y basa sus argumentos en la verdad. «Señor, puesto que mi pecado es grande, y tú eres el gran Dios, que tu misericordia sea magnificada en mí».

Vosotros conocéis la historia de la mujer sirofenicia. Es un gran ejemplo de la ingenuidad del razonamiento de la fe. Vino a Cristo a suplicar por su hija, y él no le contestó palabra alguna. ¿Qué creéis dijo su corazón? «Bien», se dijo, «está bien, porque no me ha rechazado. Pues no ha hablado, no me ha rechazado». Animándose con esto empezó a suplicar de vuelta. Esta vez Jesús le habló en forma un tanto áspera, entonces

Seguimiento, Discipulado, Oración ...

su valiente corazón dijo: «Por fin he logrado que hable. Lograré pronto una obra maravillosa». Eso también la alegró; y entonces, cuando Él la llamó «perro» ella razonó: «pero un perrillo es parte de la familia, tiene alguna conexión con el amor de la casa. Aunque no come en la mesa, recibe las migajas que caen bajo la mesa, y ahora te tengo a ti, gran Amo, aunque soy perrillo. La gran misericordia que te estoy pidiendo, que es muy grande para mí, para ti es solo una migaja. Concédemela, te lo ruego». ¿Podía fracasar en la consecución de lo que estaba pidiendo? Imposible. Cuando la fe tiene un deseo, siempre encuentra un camino, y obtendrá la victoria cuando todas las cosas presagian una derrota.

Los argumentos de la fe son muy peculiares, pero permítaseme agregar que son siempre sanos porque, después de todo, es un argumento contundente afirmar que estamos afligidos y necesitados. ¿No es ese el principal argumento delante de la benevolencia, sea humana o divina? ¿No es nuestra necesidad la mejor razón que podemos ofrecer? Si queremos que un médico acuda prontamente a ver un enfermo, le diremos: «Doctor, no es un caso común, está a punto de morir, venga, dése prisa». Si queremos que los bomberos se apuren en llegar a un incendio no les diremos: «Apúrense, es un pequeño incendio». Por el contrario, les decimos que es una casa antigua, «llena de material combustible y hay rumores de que hay petróleo y pólvora dentro de la propiedad. Además, está cerca de un depósito de maderas, y hay muchas cabañas de madera alrededor, y en poco tiempo tendremos media ciudad en llamas». Presentamos la situación lo más mala que sea posible. ¡Oh!, que recibamos sabiduría para ser igualmente sensatos al suplicar a Dios, para encontrar argumentos en todo, pero especialmente para hallarlos en nuestras necesidades.

3. Hace dos siglos el oficio de la mendicidad, se decía, era el más fácil pero el peor pagado. No estoy muy seguro de la segundo en nuestros tiempos, pero el oficio de rogar delante de Dios es difícil e indudablemente es lo mejor pagado del mundo. Es notorio que los que mendigan ante los hombres normalmente tienen muchos argumentos de que echar mano. Cuando un hombre está pasándolo mal, hambriento, suele encontrar una razón para pedir ayuda de cualquier persona. Supongamos que se trata de alguien a la que ya está unida por muchas obligaciones, entonces, la pobre criatura alega: «Si le pido otra vez, estoy seguro de su ayuda, porque me conoce y siempre ha sido muy amable». Si nunca le ha pedido antes a una persona, entonces dice: «Nunca lo he molestado antes. No puede decir que ya ha hecho todo lo que podía por mí. Tomaré el atrevimiento de comenzar con él». Si es pariente, dice: «Es seguro que querrás ayudarme en mi angustia, porque eres familiar» y si se trata de un extraño dice: «Con frecuencia he hallado extraños que han sido más amables que los de mi misma sangre, ayúdame, se lo ruego». Si le pide al rico, le dice que nunca van a echar de menos lo que le dé. Si la pide al pobre, le presiona diciéndole que él sabe lo que significa la necesidad, y que por cierto sentirán compasión de él estando en gran angustia. Ojalá fuéramos la mitad alertas de lo que estas personas son para llenar nuestra boca de argumentos cuando estamos delante del Señor. ¿Cómo es posible que nosotros no estemos la mitad despiertos, y da impresión de que no se despiertan los sentidos espirituales? Que Dios nos conceda que podamos aprender el arte de suplicar al Dios; eterno, porque en ello descansa el poder prevalecer delante de Él, por los méritos de Jesucristo.

III. UN ALMA APREMIADA

1. En el punto siguiente debo ser breve. *Es un alma apremiada.*»Apresúrate a mí, oh Dios. Oh Jehová, no te detengas». Podemos demandar urgencia de Dios, si todavía no somos salvos, porque nuestra necesidad es urgente. Estamos en peligro constante, y el peligro es de la peor especie. Oh, pecador, en una hora, en un minuto, puedes hallarte donde la esperanza ya no te visitará más. Por tanto, clama: «Date prisa, oh, Dios, líbrame; ¡apresúrate a socorrerme!». El tuyo es un caso que no admite demora. No tienes tiempo que perder. Eres un alma apremiada

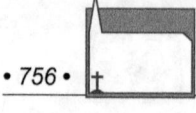

porque tu necesidad es urgente. Y recuerda: si estás realmente en una necesidad, y el Espíritu está obrando en ti, tendrás la sensación de urgencia y debes actuar con rapidez. Un pecador ordinario podría contentarse con esperar, pero un pecador vivificado quiere misericordia ahora mismo. Un pecador muerto permanecerá quieto, pero un pecador vivificado no puede descansar hasta que el perdón haya sido sellado en su alma. Si tienes urgencia esta mañana, estoy contento de ello, porque tu urgencia procede de la posesión de la vida espiritual. Cuando ya no puedes vivir sin un Salvador, el Salvador vendrá a ti, y tú te regocijarás en Él.

Hermanos, miembros de esta iglesia, la misma verdad tiene valor para vosotros. Dios vendrá a bendeciros, y vendrá prontamente, cuando la sensación de urgencia se haga más profunda y deseosa. ¡Oh, cuán grande es la necesidad de esta iglesia! Nos enfriaremos, nos alejaremos de la santidad, nos haremos mundanos, no habrá conversiones, no creceremos en número. Habrá disminución, y divisiones, habrá discordias de todas las especies. Satanás se regocijará, y Cristo será deshonrado, a menos que obtengamos una mayor medida del Espíritu Santo. Nuestra necesidad, entonces recibiremos la bendición que deseamos.

Por mi parte, hermanos, y hermanas, deseo sentir un espíritu de urgencia dentro de mi alma mientras suplico a Dios que el rocío de su gracia descienda sobre esta iglesia. Tengo vergüenza en esto, porque tengo licencia para orar la mendicidad está prohibida en las calles, pero delante de Di tengo licencia de mendigo. Jesús ha dicho: «Los hombres deben orar siempre y no desmayar». Pisas tierra en las costas de un país extranjero con la mayor de las confianzas cuando llevas tu pasaporte y Dios ha dado pasaportes a sus hijos, con los cuales pueden entrar confiadamente hasta el trono de la gracia. Él te ha invitado. Él te motiva, él te ha ordenado que acudas a él, y ha prometido que todo lo que pidamos en oración, creyendo lo recibiremos. Entonces venid con urgencia, venid en forma importuna, venid con ese argumento: «Estoy afligido y necesitado, no te detengas, oh Dios mío» y seguramente vendrá una bendición; no tardara. Que Dios nos conceda el poder verla, para que le demos gloria de todo ello.

IV. EL ALMA QUE SE AFERRA A DIOS

Siento haber sido tan breve cuando necesitaba haberme extendido, pero debo cerrar con un cuarto punto. Es otra parte del arte y misterio de la oración: *el alma que se aferra a Dios.*

El alma ha suplicado, ha mostrado la urgencia, y ahora viene muy cerca la ayuda. Toma al ángel del pacto de una mano. «Tú eres mi ayuda» y con la otra, «Tú eres mi libertador». ¡Oh esos benditos «mi», esos poderosos «mi». La dulzura de la Biblia radica en los pronombres posesivos, que hay que aprender a usarlos como el salmista.

1. Pecador, quiera Dios que puedas ser ayudado a decir esta mañana al bendito Cristo: «Tú eres mi ayuda y mi libertador». Quizá te quejes que no puedes ir lejos, pero, pobre alma, ¿tienes otra ayuda? Si la tienes, no puedes tener dos ayudadores en una sola mano. «¡No!» dices: «No tengo ayuda alguna. No tengo esperanzas sino en Cristo». Entonces, pobre alma, ya que tienes las manos vacías, esa mano vacía fue preparada intencionadamente para aferrarse de tu Señor: ¡Aférrate de él! Dile hoy mismo: «Señor, me tomaré de ti tal como lo hiciera ese pobre cojo Jacob. No puedo ayudarme a mí mismo; me aferro a ti y no te dejaré ir si no me bendices». «¡Ah!, eso sería demasiado atrevido» dice alguien. Pero el Señor ama la santa osadía de los pobres pecadores. A Él le gustaría que fueras más malo de lo que piensas que eres. El que no se atreve a confiar en el Salvador crucificado hace un intento profano. Jesús murió con el propósito de salvar a personas como tú; deja que él tenga entrada en ti y confía en Él.

«¡Oh!» dice alguien «pero soy tan indigno...». Él vino a buscar y a salvar lo que se había perdido. Él no es el salvador de los que se creen justos. Es el salvador de los pecadores: «amigo de los pecadores» es su nombre. Tú que te sientes indigno, aférrate de él! «¡Oh!», dice alguien, «pero no tengo derecho». Bueno, puesto que tú no tienes derecho, tu necesidad será tu clamor; es

Seguimiento, Discipulado, Oración ...

todo lo que necesitas pedir. Me parece oír a alguien que dice: «Es demasiado tarde para que yo suplique pidiendo gracia». No puede ser, es imposible. Mientras vivas y desees la gracia, no será demasiado tarde para buscarla. Recuerda la parábola del hombre que quería tres panes. Os diré qué pasó por mi mente cuando la leí, el hombre fue donde su amigo a medianoche. No podía haber sido más tarde. Porque si hubiera sido un poco después de medianoche, ya habría sido temprano la mañana siguiente, de modo que no hubiera sido tarde. Era media noche y no podía ser más tarde. Si es medianoche en tu alma, alégrate. Jesús es un salvador fuera de tiempo. Muchos de sus siervos han nacido fuera de tiempo.

Cualquier momento es el tiempo oportuno para invocar el nombre de Jesús. Así que no dejas que el diablo te tiente con el pensamiento de que es demasiado tarde. Acude a Jesús ahora, ve de inmediato, aférrate de los cuernos del altar por fe, y dile: «Sacrificio de los pecadores, tú hiciste sacrificio en mi lugar. Intercesor de los que están sin gracia, sé tú mi intercesor. Tú que das dones a los rebeldes, dame dones a mí, porque he sido rebelde. Cuando aún éramos débiles, a su tiempo Cristo murió por los impíos. Eso soy Maestro; que el poder de tu muerte sea visto en mí p salvación de mi alma».

2. Oh, vosotros que sois salvos y, por lo tanto, amáis Cristo, quiero que vosotros, hermanos, como santos de Dios, pongáis en práctica esta parte final de mi tema; estad seguros de aferraros de Dios en oración. «Tú eres ayuda y mi libertador». Como iglesia nos arrojamos sobre poder de Dios, y nada podemos hacer sin Él. Pero no que queremos estar sin Él, nos aferramos de Él firmemente. «Tú eres mi ayuda y mi libertador». Según una antigua historia, había un muchacho en Atenas que tenía por costumbre jactarse de que gobernaba la ciudad, y cuando se le preguntó cómo dijo: «Fácil, yo dirijo a n mi madre, ella gobierna a mi padre y mi padre gobierna la ciudad». El que sabe ser maestro de oración reinará en el corazón de Cristo y Cristo puede hacer, hará todas las cosas por su pueblo, porque el Padre ha encomendado todas las cosas en sus manos. Puedes ser omnipotente si sabes orar, omnipotente en todas las cosas que glorifican a Dios. ¿Qué es lo que dice la Palabra misma? «eche mano a mi poder». La oración mueve el brazo que mueve al mundo. Oh que recibimos gracia para recibir el amor del Todopoderoso de esta manera.

Queremos más oración que se aferre firmemente; más agresiva y luchadora, que diga: «No te dejaré ir». El cuadro de Jacob bastará para terminar. Jacob quiere una bendición del ángel del pacto. El ángel quiere quitárselo de encima, pero eso no le sirve a Jacob. Entonces el ángel trata de escapar de él y da tirones y lucha. Pero Jacob no soltará por mucho que se esfuerce el ángel. Finalmente ángel recurre a una técnica de la lucha ordinaria y le hiere en el asiento mismo de su fuerza. Pero Jacob está dispuesto a perder muslo, y toda la pierna, pero no dejará que el ángel se vaya. La pobre fortaleza del hombre queda anulada bajo el toque que la marchita, pero en su debilidad, aún es fuerte Echa sus brazos alrededor del misterioso hombre, y lo retiene en un abrazo mortal. Entonces si otro dice: «Déjame ir, porque el día ya amanece». Noten bien que no se sacudió para quitárselo de encima; solo dijo: «Déjame ir». El ángel no hace nada para hacer que lo suelte; lo deja a su voluntad. El valiente Jacob exclama: «No, ya estoy en esto, y estoy decidido a conseguir una repuesta a mi oración. No te dejaré ir si no me bendices». Ahora bien, cuando la iglesia comienza a orar, él podría al principio hacer como que tiene que ir más lejos, y podríamos tener el temor de no recibir respuesta alguna. Seguid firmes, queridos hermanos. Estad firmes, inamovibles, a pesar de todo. Más tarde, podría ocurrir, habrá desaliento donde esperábamos un éxito rotundo; encontraremos hermanos que oponen dificultades, algunos se sumirán en el sopor, y otros caerán en pecado; abundarán los reincidentes e impenitentes. Pero no dejamos. Sigamos con mayor ansiedad.

CONCLUSIÓN

Y si llegara a ocurrir que nosotros mismos nos descorazonamos y desalentamos, y sentimos que nunca habíamos estado tan

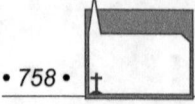

débiles como ahora, no importa hermanos, sigamos adelante, porque cuando se encoge el tendón, la victoria está cerca. Aferraos con más fuerza que nunca. Sea ésta nuestra resolución: «No te dejaré ir si no me bendices». Recordad que cuanto más tarde en llegar la bendición, más rica será cuando nos alcance. Lo que se obtiene rápidamente por una sola oración a veces es solo una bendición de segunda clase. Pero la que se obtiene tras un forcejeo desesperado, y de una lucha terrible, es un bendición completa y preciosa. Siempre es lindo mirar a los hijos de la importunidad. La bendición que nos cuesta más oraciones será la más apreciada. Solo sigamos perseverando en súplicas, y obtendremos una bendición amplia y de largo alcance para nosotros, para la iglesia y para el mundo. Quisiera que estuviera en mi poder el estimularon a la oración ferviente; pero eso debo dejarlo con el gran autor de toda verdadera súplica, a saber, el Espíritu Santo. Que Él obre en nosotros poderosamente, por amor a Jesús. Amén.

85. EL LICOR DEL EVANGELIO[16]

«Dad la sidra al desfallecido, Y el vino a los de amargo ánimo: Beban, y olvídense de su necesidad, Y de su miseria no se acuerden más»   (Proverbios 31:6, 7).

INTRODUCCIÓN: El licor que proporciona consuelo..

I. UN LICOR MUY RECONFORTANTE
1. Dios no nos abandona en los trances amargos.
2. La angustia en el verdadero creyente.

II. EL CONSUELO ETERNO DE DIOS
1. Un mensaje para el pecador.

III. EL DEBER DE DAR ESTE LICOR A TODOS
1. Repartir el dulce licor en buenas obras.
2. El privilegio de beberlo y olvidar la pobreza espiritual.

---

[16] Sermón predicado el año 1863, en el Tabernáculo Metropolitano, Newington.

CONCLUSIÓN: Invitación para refugiarse en el cobijo de Dios.

EL LICOR DEL EVANGELIO

INTRODUCCIÓN

Estas frases un poco extrañas fueron dichas por la madre de Lemuel a su hijo, que era probablemente Salomón. Ya antes le había dicho: «No es cosa de reyes, oh Lemuel, no es cosa de reyes beber vino; ni de los magistrados, el licor. No sea que bebiendo olviden lo que se ha decretado y perviertan el derecho de todos los afligidos». Pero un rey tal como era Salomón debe haber tenido una bodega llena de vinos de toda clase; por eso su madre lo instaba a darlo a los enfermos y a los tristes y a los pobres que lo necesitaban más que él.

Los judíos tenían por costumbre dar una copa de una bebida fuerte, mezclada con una droga potente, para drogar a los que estaban a punto de ser ejecutados. Tal vez es este el sentido de las palabras: «Dad licor al que va a perecer». También sabemos de personas que han estado muy débiles y enfermas, al borde de la tumba, cómo han sido aliviadas cuando se les ha dado el vino que ellas no podían comprar. Creo que éste es el sentido literal del texto, y que, si cualquier hombre fuera tan inmoral como para interpretar que con la bebida podrá olvidar su desdicha y pobreza, pronto se dará cuenta que está deplorablemente equivocado; pues si antes tenía una desdicha, después tendrá diez más; y si previamente era pobre después estará en una pobreza mayor. Aquellos que corren hacia la botella para encontrar consuelo podrían mejor correr al infierno con la esperanza de encontrar un cielo; y, en vez de ayudarlos a olvidar su pobreza, la borrachera los hunde aún más en el lodo.

Voy a usar mi texto en sentido espiritual, pues creo que tiene un sentido mucho más profundo que el que brilla en su superficie. Hay muchas personas que dudan y se desesperan, y espiritualmente «van a perecer»; y hay en la Palabra de Dios, una bodega rica en verdades reconfortantes que son mucho

Seguimiento, Discipulado, Oración ...

más consoladoras para el espíritu de lo que puede ser el vino para el cuerpo; y debemos dar este licor evangélico a aquellos de ánimo amargado, para que puedan beber y olvidar sus desdichas, y ya no recuerden más sus dudas y su desesperación.

Intento obedecer el mandato del texto y por ello voy a hablar de tres tópicos; primero, que hay un licor muy reconfortante en el Evangelio; segundo, que es nuestro deber y privilegio el dar este licor a todos los que lo necesitan; y tercero, que cuando este licor del Evangelio se les da, es su deber y privilegio el beberlo, y con ello olvidar su pobreza espiritual y su desdicha.

I. UN LICOR MUY RECONFORTANTE

Así pues, hay un licor muy reconfortante en el Evangelio. El Doctor Watts lo dice correctamente:

«¡Salvación! ¡Oh sonido jubiloso!
Es placer para nuestros oídos;
bálsamo soberano para toda herida.
Licor para nuestros temores».

1. Tomaré, primero, el caso de un verdadero creyente en Jesús puesto a prueba con preocupaciones, pérdidas y problemas. Voy a suponer que ustedes han venido aquí esta noche con el temor de lo que pueda suceder mañana. Tal vez tu inquietud, hermano, es que tu negocio no marcha bien, y la pobreza te mira al rostro fijamente. Posiblemente tú, hermana, tienes gran pesar por ese niño querido que descansa en su pequeño féretro en el silencioso cuarto del piso superior de tu hogar. O posiblemente tú, amigo, tienes una esposa enferma, y día tras día, ves nuevas señales e indicios de la gran pérdida que seguramente te espera. No puedo mencionar todas las causas que pueden entristecer el corazón de los que son miembros creyentes de esta gran iglesia, pero mi Señor me ha enviado aquí con su propio licor bendito, que es más que suficiente para consolar a cada santo apesadumbrado que lee este mensaje.

Recuerda, hermano, que todo lo que te sucede viene siguiendo el curso de la Divina Providencia. Tu amante Padre celestial ha previsto, ha conocido de antemano y, me atrevo a decir, lo ha predestinado todo. La medicina que has de beber es muy amarga, pero el Médico infalible midió todos los ingredientes gota a gota, y luego los mezcló de manera que pudieran ser más efectivos para tu mayor bien. Nada sucede en este mundo por casualidad. Ese gran Dios que está sentado sobre el círculo de los cielos, para quien todas las cosas que ha hecho no son más que el pequeño polvo de la balanza, que hace de las nubes su carruaje, y que se transporta sobre las alas del viento, ese mismo Dios se preocupa por ti con tan especial cuidado que ha contado hasta los cabellos de tu cabeza, y ha puesto tus lágrimas en su botella. Por consiguiente puedes descansar seguro que todas esas experiencias que te causan tanta aflicción suceden de conformidad a su eterno consejo y decreto. ¿Acaso este licor divino no te hace olvidar tu pobreza, y borra tu desdicha?

Recuerda, también, que todo lo que le sucede a los creyentes ayuda para su bien presente y duradero. «Sabemos que Dios hace que todas las cosas ayuden para bien a los que le aman, esto es, a los que son llamados conforme a su propósito». Si hubieras podido escoger tu propia circunstancia y condición en la vida, no podrías haber hecho una elección más sabia que la que Dios ha hecho por ti.

El jardinero sabe dónde van a florecer mejor sus plantas. Algunas de ellas tal vez preferirían crecer bañadas con la luz del sol aunque, como las de la familia de los helechos, estén mejor en la sombra. Algunas de ellas preferirían estar en esa musgosa orilla, pero el jardinero las pone en suelo arenoso porque sabe que está mejor adaptado a los requerimientos de su naturaleza. Debes confiar en ello, nunca un padre terrenal estuvo tan atento a las necesidades de su hijo como está el Padre celestial con tus necesidades. Cuando eliges la ocupación que consideras como la más adecuada para tu hijo, puedes elegir sin querer la carrera que probará ser su ruina; pero cuando Dios planea tu futuro, tiene más cuidado en arreglarlo para ti que tú en arreglarlo para tu hijo, y como Él ve el fin desde el comienzo, el cual tú no puedes ver ni para ti ni para tu hijo, Él hace la elección en tu lugar con infalible

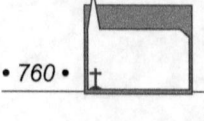

sabiduría. No pretendas que sea de manera diferente, querido hermano o querida hermana en Cristo; no solo estés contento con lo que tienes sino di con David: «Oh Jehová, porción de mi herencia, y mi copa, ¡tú sustentas mi destino! Los linderos me han tocado en lugar placentero; es hermosa la heredad que me ha tocado». Así pues bebe este licor divino y olvida tu necesidad, y ya no te acuerdes más de tu miseria.

2. Además, querido amigo, ¿no sabes que el Señor está contigo en toda tu pobreza y tu miseria? Sadrac, Mesac y Abed-nego nunca se dieron cuenta de la presencia del Hijo de Dios de modo tan maravilloso como cuando fueron arrojados vivos en el horno de fuego ardiendo de Nabucodonosor; pero su presencia en medio de ellos fue tan manifiesta que hasta el rey pagano exclamó: «yo veo a cuatro hombres sueltos que se pasean en medio del fuego y no sufren ningún daño. Y el aspecto del cuarto es semejante a un hijo de los dioses».

Muchos niños no reciben mimos ni caricias cuando todo anda bien, pero si enferman, parece que todo el amor de la madre se concentrara en ese miembro de la familia; a ti, que necesitas especialmente un mensaje muy animador, te dice el Señor: «Como aquel a quien su madre consuela, así os consolaré yo a vosotros. En Jerusalén seréis consolados». Fue para su antiguo pueblo que dio esa graciosa promesa, y era concerniente a ellos que se decía: «En toda la angustia de ellos, él fue angustiado; y el ángel de su Presencia los salvó. En su amor y compasión los redimió. Los alzó y los llevó todos los días de la antigüedad». Es así que todavía, tierna y amorosamente, se ocupa de su pueblo atormentado y afligido, y este pensamiento debe ser como un licor que los haga olvidar su necesidad y su miseria.

Podría continuar toda la noche tratando de reconfortar a los santos que son probados, pero debo contentarme con darles tan sólo un sorbo más de este licor divino, y será este: recuerda cuán pronto terminarán estas duras experiencias. Ten presencia de ánimo, cansado peregrino; la mansión celestial donde debes descansar para siempre, está casi a la vista; y bien puedes cantar:

«La casa de mi Padre en lo alto,
¡Hogar de mi alma! ¡Cuán cerca,
A veces, a mi mirada de fe que vislumbra,
Aparecen tus puertas de oro!».

Qué rápido pasan los años, y nuestras duras experiencias y problemas también vuelan así de rápido. Amados, Pablo correctamente escribió concerniente a «Nuestra momentánea y leve tribulación»; porque después de todo nuestras aflicciones son solo como un sueño que nos atormenta, un pequeño sobresalto en el dormir de la vida, y luego nos despertamos para ya no dormir jamás. Este mundo es, para el creyente, como una posada al lado del camino, donde hay muchas personas que constantemente vienen y se van, y hay tantos ruidos perturbadores, que nadie puede descansar. Bien, no importa, tú estás deteniéndote allí por una corta noche, y luego te levantarás y te irás a tu eterno hogar, para no salir de allí nunca jamás. ¿Este licor divino no te hará olvidar tu pobreza y no borrará tu miseria?

II. EL CONSUELO ETERNO DE DIOS

Ahora consideraré el caso de un verdadero creyente en Jesús que tiene su alma muy abatida. Tú, amigo mío, te inclinas a decir, con Heman el ezraíta: «Oh Jehová, Dios de mi salvación, día y noche clamo delante de ti... me has puesto en la honda fosa, en lugares tenebrosos, en lugares profundos... ¿Por qué desechas mi alma, oh Jehová? ¿Por qué escondes de mí tu rostro?» Estás inclinado a pensar que ahora puedes entender el grito de Cristo en la cruz: «¡Dios mío, Dios mío! ¿Por qué me has desamparado?». El Señor parece poner oído sordo a tus súplicas, orar es una pesada carga para ti, no tienes visiones reconfortantes del rostro del Salvador, las épocas pasadas de santo gozo tan solo son recordadas por ti con el pesar de que no tendrás ya esas felices experiencias; hasta cuando miras la palabra de Dios, tu ojo parece fijarse sólo en las amenazas, y no advierte las «preciosas y grandísimas promesas»; y tu alma «va a perecer» en la desesperación. Bien, pobre hermano, si en algún tiempo necesitaste el vino condimentado del pacto

de fidelidad de Dios y el delicioso y nutritivo néctar del eterno amor de Jesucristo es ahora. Me pregunto qué hacen los arminianos cuando son poseídos de este tipo de escalofrío espiritual, y tiemblan aterrorizados desde la cabeza hasta los pies; yo sé eso, y cuando tengo estos ataques (en ocasiones los tengo muy serios) me vuelvo a esos textos que hablan más acerca de la gracia inmerecida y soberana, e intento obtener la médula y la grosura de ellos para alimentar mi alma hambrienta. Aquellos que espiritualmente «hacen negocios de los océanos» encuentran que nada les servirá de ayuda sino únicamente los decretos eternos de Dios, los propósitos inalterables de Dios, la fidelidad infalible de Dios, la gracia de Dios que distingue y que discrimina; al menos ésta es mi propia experiencia, y te exhorto, hermano o hermana que no tienes esperanza, a que des un gran trago del licor divino para que olvides tu pobreza espiritual, y no te acuerdes más de tu miseria. No es probable que conviertas las elevadas doctrinas del Evangelio en algo malo, así pues, ven y aliméntate de ellas hasta que tu alma quede saciada con estos bocados exquisitos de la casa de los banquetes del Señor. Acepta su invitación inmerecida: «¡Comed, oh amigos! ¡Bebed, oh amados! ¡Bebed en abundancia!».

Entre las otras cosas reconfortantes que le diría a un hermano que sufre de abatimiento en su alma estaría esta: Recuerda, hermano, si alguna vez fuiste un hijo de Dios, eres un hijo de Dios ahora. Pasas a través de muchos cambios, pero tienes un Salvador que siempre es el mismo: «¡Jesucristo es el mismo ayer, hoy y por los siglos!».Tienes tus altibajos, cambias con cada fase de la luna; pero con el gran «Padre de las luces, no hay cambio ni sombra de variación». Acertadamente cantamos:

«Inmutable su voluntad
Cualquiera que sea mi estado;
su corazón amoroso es siempre
eternamente el mismo;
Mi alma por muchos cambios pasa,
su amor no conoce variación».

1. Nunca inició un trabajo de gracia en alguien para luego dejarlo sin terminar. Nunca adoptó a un hijo en su familia, y luego lo echó para que pereciera. El Señor Jesucristo nunca se casó primero con una alma, y luego se divorció de ella, porque Él odia abandonar. Él nunca se apartará de ningún miembro de su cuerpo místico; si pudiera hacer una cosa tan terrible, Él mismo estaría incompleto. Así, mi hermano desesperado, te digo que, si alguna vez tuviste la luz y el amor de Dios en tu alma, no sólo eres todavía un hombre salvo, si no que el tiempo vendrá cuando sabrás que es así. Como Jonás, saldrás de las profundidades, y también con él darás toda la gloria de tu salvación al Señor.

También quiero intentar reconfortar a algunos verdaderos creyentes en Jesús que temen no ser realmente del Señor. Me da gusto que John Bunyan mencionó algunos de sus nombres en su alegoría inmortal, porque aún tenemos entre nosotros enjambres de personas que responden a la descripción de señor Temeroso, señor Mente Débil, señor Desaliento y su hija la señorita Muy Asustada, el señor Listo Para Parar, un señor Poca Fe, y eventualmente por aquí y por allá encontramos a un señor Gran Corazón, o a un señor Firme, o a un señor Valiente Para La Verdad. Bien, queridos amigos, si están aquí esta noche, déjenme recordarles que, aunque son los pequeñitos de la familia de Dios, no son pequeños a los ojos del Señor. Los ama tanto como al más grande santo que haya vivido. Cuando el Señor le dio el mandamiento a Moisés referente al rescate por cada alma contada entre los hijos de Israel, se estableció expresamente: «Al entregar la ofrenda alzada para Jehová a fin de hacer expiación por vuestras personas, el rico no dará más, ni el pobre dará menos del medio siclo».

Igualmente en la expiación efectuada por el Señor, le costó a Él lo mismo —y no más— rescatar tanto al más pequeño de su pueblo como al más grande, y los ama por igual. Puede utilizar a algunos de ellos como sus instrumentos más de lo que usa a otros, pero tiene a todos la misma consideración. Si alguna vez hace una diferencia en su trato hacia ellos, son los más débiles quienes tienen preferencia; lleva a los corderos en su pecho, pero deja que las ovejas más fuertes lo sigan en su camino.

Tengan pues buen consuelo, débiles compañeros que pertenecen a Cristo, y también recuerden que los santos más pequeños están tan seguros como los más grandes. Si estamos con Cristo en el barco de su Iglesia, estamos tan seguros como todo el resto de los que están a bordo; y debemos descansar seguros que nunca pereceremos, porque si pudiéramos perecer, también Cristo perecería, y eso nunca sucederá. El santo más grande, que haya servido a su Señor con celo apostólico o hasta con el propio sacrificio de su vida imitando a Cristo, ha de confiar para su salvación en la sangre y la justicia de Jesucristo, y el santo más débil debe hacer precisamente lo mismo; y uno no es más salvo ni está más seguro que el otro. Así que señor Temeroso y señorita Muy Atemorizada, beban del licor divino y ya no tengan dudas ni estén tristes.

Creo que mi texto tiene también un mensaje especial para el pecador que tiene su corazón afligido, y su espíritu desanimado. A alguien así yo le ofrecería el licor del Evangelio así: amigo mío, recuerda que «Cristo Jesús vino al mundo para salvar a los pecadores». Esa palabra: pecadores, te incluye a ti; y si tú me preguntas: «¿Qué debo hacer para ser salvo?» te respondo como hizo Pablo cuando se le hizo esa misma pregunta: «Cree en el Señor Jesús y serás salvo». Así, como ustedes tienen el mandato de creer en Cristo, de descansar en Él, de confiar que Él los salva a ustedes, no puede ser presuntuoso de parte de ustedes creer que así es. Jesucristo es «grande para salvar»; Él es capaz de salvar plenamente a todo el que venga a Dios por Él. Si aquí hay un pecador que es tan malo que no pudiera yo describir su caso ante ustedes, no es tan malo para que Cristo lo salve; entonces ¿por qué desesperas, oh tú que «vas a perecer:» viendo que Dios ha dado a su Hijo amado por pecadores como tú? Tus pecados son grandes, yo sé, y gritan en voz alta pidiendo su castigo; pero en el momento en que tú te arrepientas de ellos y confíes en la sangre de Jesús para limpiarte de ellos, serás hecho perfectamente sano.

Tus pecados te serán borrados tan completamente que Dios dice que, si se buscaran, no se encontrarían; sí, no se encontrarían. Tan absolutamente borrados como si nunca los hubieras cometido. ¿Qué licor más reconfortante que ése puede servirse ante ti? Entonces bebe de él, olvídate de tu necesidad, y no te acuerdes más de tu miseria.

III. EL DEBER DE DAR ESTE LICOR A TODOS

Puedo hablar sólo brevemente del segundo punto: es nuestro deber y privilegio dar este licor a todos los que lo necesitan.

1. Hermanos y hermanas en Cristo, quiero que todos obedezcan el mandato del texto dando este licor del Evangelio a aquellos que están con su corazón afligido y «van a perecer». Algunos de ustedes pueden hacerlo hablándoles de su propia experiencia. Cuando se encuentren con almas que dudan y están desanimadas, díganles cómo el Señor los liberó a ustedes del sombrío calabozo del viejo Gigante Desesperación en el Castillo de la Duda; recuérdenles de esa llave llamada Promesa que puede abrir las puertas de la prisión donde están atados con grilletes de hierro.

Dicen que Orígenes, mientras su fuerza se lo permitía, solía ir a las prisiones donde estaban confinados los cristianos durante la persecución de Decio, y luego iba con ellos hasta el sitio de su ejecución confortándolos con las Escrituras, ya que él había hallado un gran apoyo para su propia alma; imítenlo hasta donde puedan, aunque hoy los cristianos no sean perseguidos de muerte.

Muchos de ustedes pueden regalar este licor del Evangelio visitando al enfermo y al pobre. En una iglesia tan grande como ésta, es imposible que el pastor o los ancianos visiten a todos los miembros y mucho menos que puedan visitar a todos esos que forman nuestra gran congregación; por eso yo los exhortaría a ustedes que hagan las visitas que puedan. Invitaría en especial a quienes tienen la experiencia más profunda de las cosas de Dios para que vayan al enfermo y al afligido en sus vecindarios, y los reconforten con el mismo consuelo con el que ustedes han sido reconfortados por Dios.

Seguimiento, Discipulado, Oración ...

Entonces, muchos más de los que actualmente lo hacen podrán regalar este licor evangélico predicando en cualquier lugar y en cualquier momento que tengan la oportunidad. En una ciudad como Londres, en donde cada esquina de las calles puede proporcionar un púlpito, y cada calle puede proporcionar una congregación, no hay excusa para que el hombre que tenga sólo un talento, no lo utilice para Cristo. La buena nueva que tienes que decir, hermano mío es tan dulce que se debe repetir y repetir y repetir hasta que todo viento difunda la noticia a:

«Toda la gente que habita
sobre la tierra».

Le ruego al Señor también que avive a muchos hermanos y hermanas en medio de nosotros para que vayan a las «regiones más allá» como misioneros de la cruz, y moverlos a ustedes, que no pueden predicar, para que den de acuerdo a sus posibilidades, ya sea para la preparación de nuestros hermanos en el Colegio de Pastores, o para el soporte de aquellos que son llamados por Dios para predicar y enseñar la Palabra en tierras lejanas donde no es conocido Jesús. De esa forma, también estarán ayudando a dar el licor del Evangelio a aquellos que tienen su corazón angustiado y «van a perecer».

2. Ahora finalmente, pero brevemente, cuando este licor del Evangelio se les da a esas personas, es su deber y privilegio beberlo y olvidar su pobreza espiritual, y no recordar más su miseria.

Podemos llevar a un caballo hasta donde hay agua, pero no podemos forzarlo a beberla; y podemos llevar este licor evangélico al pecador, pero sólo el Espíritu Santo puede forzarlo dulcemente a que tome un trago grande y profundo de él. He tratado de dar este licor otra vez esta noche a todos aquellos que lo necesitan, como seguramente lo he estado haciendo desde que el Señor abrió mi boca por primera vez para hablar de Él; ¿pero qué pasa con la parte que les toca a ustedes, mis queridos lectores? Es mi deber y privilegio predicar el Evangelio, pero también es el deber y el privilegio de ustedes creer en él cuando se les predica. «La fe es por el oír»; pero, ¡ay! hay muchos que oyen la Palabra y que son como aquellos de quienes el apóstol escribió que «a ellos de nada les aprovechó oír la palabra, porque no se identificaron por fe con los que la obedecieron». Tener la medicina curativa en tu mano, y no beberla, es cometer un suicidio espiritual; te suplico, pecador, que no agregues ese crimen para coronar con él todas tus otras iniquidades; pero te ruego, en esta misma hora, que aceptes la dádiva concedida. El agua de vida está puesta ante ti; bebe y vive. El pan de vida está colocado a tu alcance, ¿por qué tu alma inmortal tendría que padecer de hambre, y perecer?

CONCLUSIÓN

¿Temes ser un pecador tan terrible que no puedes ser salvo? Recuerda las palabras de Agur concernientes a una de las cuatro cosas que son de las más pequeñas de la tierra: y son más sabias que los sabios. Él dijo: «La lagartija, que atrapas con las manos, pero está en los palacios del rey». Puede ser que Agur hubiera visto una gran lagartija oscura en el palacio de Salomón, y que al reflexionar en ello se dijo: «esa fea criatura es muy sabia, porque veía venir una gran tormenta, y su hogar no hubiera sido un lugar seguro; así pues, buscando un refugio, se dio cuenta de una ventana abierta en el palacio del rey, y por ahí se metió. Ella no tenía derecho de estar allí, nadie la había invitado, pero allí estaba» Ahora, pobre pecador, esa lagartija no estaba tan llena de veneno como estás tú lleno de pecado; se acerca una tormenta más grande que la que asustó a la lagartija, y la puerta de la misericordia de Dios está tan ciertamente abierta como estaba esa ventana en el palacio de Salomón; y tú, sí estás invitado a entrar, pero la lagartija nunca lo fue. ¡Oh pecador, sé cuando menos tan sabio como una lagartija, y entra al palacio real de la salvación de Dios; porque, una vez que estés dentro, nunca serás sacado!

¿Todavía tienes miedo de venir a Jesús? Entonces, déjame recordarte de esa pobre mujer que vino y tocó el borde de su manto, y fue curada instantáneamente de la enfermedad que tenía desde hacía mucho tiempo. Recuerda que estaba ceremonialmente impura, no podía estar en medio de la multitud; sin embargo estaba tan ansiosa de ser sanada que buscó su camino a través de la multitud hasta que estuvo lo suficientemente cerca de Jesús para tocar el borde de su manto sin costura, porque ella dijo: «si solo toco su manto seré sanada». Así hizo, y Cristo de inmediato honró su fe, y le dio la seguridad inmerecida diciéndole: «vete en paz»; conservando la curación que ella había conseguido, por decirlo así, a escondidas. Oh pecador, ¿no quieres ser tan sabio como lo fue esa pobre mujer? No necesitas intentar robar la bendición, porque estás invitado a venir y tomarla abiertamente.

Jesús todavía dice: «venid a mí, todos los que estáis fatigados y cargados, y yo os haré descansar». Descanso es lo que necesitas, descanso de la mente, del corazón, de la conciencia; ese descanso sólo puede llegarte por la fe: «pero los que hemos creído sí entramos en el reposo».

¡Oh!, pecadores abrumados por la pobreza y la miseria, crean en Jesús; tomen su yugo sobre ustedes, y aprendan de Él, porque así hallarán reposo sus almas; entonces también verán que «hay» otro reposo, más completo y más bendito, el eterno «guardar el día de reposo», la bendita herencia de todo «el pueblo de Dios». Allí está el divino licor que se nos manda colocar al alcance de ustedes; bébanlo, olvídense de su pobreza, y no se acuerden más de su miseria. Dios los bendiga, por Cristo. Amén.

5. Pecados

86. PECADOS SECRETOS

«Líbrame de los pecados encubiertos» (Salmos 19:12, VM).

INTRODUCCIÓN:
1. Pecados encubiertos.
2. Pecados conocidos.

I. INSENSATEZ DE LOS PECADOS SECRETOS

II. MISERIA DE LOS PECADOS SECRETOS

III. CULPA DE LOS PECADOS SECRETOS

IV. PELIGRO DE LOS PECADOS SECRETOS

CONCLUSIÓN:
1. Abandono del pecado secreto.
2. Garantía de felicidad.
3. Ahora o nunca.

PECADOS SECRETOS

INTRODUCCIÓN

La pretensión de justicia propia surge en parte de la soberbia, pero mayormente de la ignorancia de la ley de Dios. Que los hombres, en su insensatez, se imaginen ser justos, se debe a que conocen poco o nada acerca del terrible carácter de la ley divina. No son conscientes de la profunda espiritualidad y de la dura severidad de la ley, o tendrían otros y más prudentes conceptos. En el momento que son sabedores de cuán estrictamente la ley trata acerca de los pensamientos, de cómo tiene que ver con cada emoción del hombre interior, no hay nadie bajo el cielo que tenga la osadía de considerarse recto delante de Dios en virtud de sus propias acciones y pensamientos. En el momento que la ley es revelada al hombre, en el momento que llega a ser sabedor de cuán estricta es la ley, y de cuán infinitamente justa, su pretensión de propia justicia se marchitará en nada; vendrá a ser un trapo de inmundicia para él mismo, cuando antes pensaba que era un hermoso vestido.

Ahora, David, habiendo visto la ley de Dios, y habiéndola alabado en su Salmo, que he leído a vuestros oídos, es llevado, con su reflexión acerca de su excelencia, a expresar este pensamiento: «¿Quién podrá descubrir sus propios errores?», y luego es conducido a orar así: «Líbrame de los pecados encubiertos».

1. En el Concilio Laterano de la Iglesia de Roma se promulgó un decreto: cada verdadero creyente debía confesar sus pe-

cados, todos ellos, una vez al año al sacerdote, e incluyeron una declaración con el mismo de que no hay esperanza de perdón si no se cumple este decreto. ¿Qué puede igualar en absurdo a este decreto? ¿Suponen acaso que pueden contar todos sus pecados tan fácilmente como pueden contarse los dedos? Si pudiésemos recibir el perdón de nuestros pecados confesando cada pecado que hemos cometido en una hora, no hay ni uno de nosotros que pudiese entrar en el cielo, porque, además de aquellos pecados conocidos y que podemos confesar, hay una inmensa masa de pecados que son tan verdaderamente pecados como aquellos que no observamos, pero que son secretos y de lo que no nos damos cuenta. ¡Ah!, si tuviésemos ojos como los de Dios, pensaríamos de nosotros mismos de forma muy distinta. Los pecados que vemos y confesamos son como las pocas muestras que el granjero lleva al mercado, habiendo dejado el granero bien repleto en sus tierras. Son bien pocos los pecados que podemos observar y detectar, en comparación con esos que nos son ocultos a nosotros mismos y no vistos por nuestros semejantes. No tengo duda: ninguno de los que estamos aquí, en cualquier hora de nuestra existencia en la que estemos activos, cometemos decenas de miles de impiedades por las que la conciencia nunca nos ha reprendido, porque nunca nos han parecido malos, siendo que no hemos estudiado las leyes de Dios como hubiésemos debido. Ahora, sea sabido que todo pecado es pecado, tanto si lo vemos como si no; que un pecado secreto para nosotros es un pecado tan verdaderamente pecado como si lo conociésemos como tal, aunque no es tan gran pecado delante de Dios como si hubiese sido cometido con presunción, por cuanto carece del agravante de alevosía. Que todos nosotros que hemos llegado a conocer nuestros pecados ofrezcamos esta oración después de todas nuestras confesiones: Señor, he confesado aquellos que conozco, pero sé que debo añadir un ecetera tras ellos y decir: «Líbrame de los pecados encubiertos».

2. Pero éste no será el énfasis de mi sermón esta mañana. Voy tras una clase de personas que tienen pecados que ellos no desconocen, aunque sí son secretos para sus semejantes. De vez en cuando damos la vuelta a una hermosa piedra que yace sobre el jardín de la iglesia profesante, rodeada del verdor de una aparente bondad, y para nuestro asombro descubrimos debajo toda clase de sucios insectos y de abominables reptiles, y en nuestro disgusto ante tal hipocresía somos impulsados a decir: «Todos los hombres son mentirosos; no hay nadie en quien se pueda confiar». No es justo decir eso de todos, pero en realidad los descubrimientos que hacemos de la insinceridad de nuestros semejantes son suficientes para llevarnos a despreciar a nuestra raza, porque se puede ir tan lejos en las apariencias, y tener empero tan poca entereza de corazón. A vosotros, caballeros, que pecáis en secreto, y sin embargo hacéis tal profesión de piedad; que quebrantáis el pacto de Dios en la oscuridad y lleváis una máscara de bondad en la luz: a vosotros, caballeros, que cerráis las puertas y cometéis maldad en secreto, a vosotros os voy a hablar esta mañana. Y quiera Dios también hablaros a vosotros y llevaros a orar esta oración: «Líbrame de los pecados encubiertos».

Buscaré apremiar a todos los que pretenden piedad que estén aquí presentes para que abandonen, renuncien, detesten, odien y aborrezcan todos sus pecados secretos. Primero trataré de mostrar *la insensatez de los pecados secretos;* segundo, *la miseria de los pecados secretos;* tercero, *la culpa de los pecados secretos;* cuarto, *el peligro de los pecados secretos*, y luego trataré de dar alguna palabra como remedio, para que todos nosotros podamos ser capacitados para evitar los pecados secretos.

I. LA INSENSATEZ DE LOS PECADOS SECRETOS

Tú que pretendes falsamente ser piadoso, tienes una hermosa apariencia; tu conducta es exteriormente recta, generosa, dadivosa y cristiana; pero te das al goce de algún pecado que el ojo del hombre no ha detectado aún. Quizá se trate de la borrachera en privado. Reprendes al borracho que anda por la calle con pasos vacilantes, pero tú practicas este hábito en privado. Puede que se trate de alguna otra concupiscencia o vicio, pero no me toca a mí ahora mencionar lo que pueda ser. Pero, tú que pretendes ser piadoso, te decimos esto: eres un insensato por abrigar un pecado secreto. Y eres un insensato por esta razón: que tu pecado no es secreto, sino *conocido*, y un día será manifestado, quizá muy pronto. Tu pecado no es secreto. El ojo de Dios lo ha visto; has pecado delante de él. Sí, habrás cerrado la puerta y corrido las cortinas, y excluido el resplandor del sol, pero el ojo de Dios traspasa las tinieblas; las paredes de ladrillo que te rodeaban eran transparentes como cristal a los ojos del Omnipotente; las tinieblas que te rodeaban eran tan resplandecientes como el mediodía de verano para aquel que todo lo ve. ¿O no sabes tú que «todas las cosas están desnudas y abiertas ante los ojos de aquel delante de quien debemos dar cuenta»? Así como el sacerdote traspasaba con su cuchillo las entrañas de la víctima y dejaba a descubierto el corazón y el hígado y todo aquello que quedaba dentro, así a ti, oh hombre, te ve Dios, cortado por el Omnipotente. No tienes ninguna cámara secreta donde te puedas ocultar. No tienes ninguna bodega oscura donde puedas esconder tu alma. Cava todo lo que quieras, hasta lo más profundo del infierno, pero no puedes encontrar suficiente tierra en este mundo para cubrir tu pecado. Si amontonases las montañas sobre tu sepulcro, estas montañas gritarían la historia de lo que estaba sepultado en sus entrañas. Si pudieses echar tu pecado en el mar, mil olas espumantes revelarían el secreto. No puedes esconderlo de Dios. Tu pecado está fotografiado en los altos cielos. El hecho, cuando fue cometido, fue fotografiado sobre el cielo, y allí quedará, y te verás tú mismo revelado un día ante la morada de todos los hombres como un hipócrita, un falso pretendiente, que pecabas en pretendido secreto, pero observado en todas las cosas por Jehová, que todo lo ve. ¡Oh, qué insensatos son los hombres, que piensen que pueden hacer nada en secreto! Este mundo es como las colmenas de vidrio en las que a veces vemos trabajar a las abejas; las contemplamos y vemos todas las operaciones de estos diminutos seres. Así Dios mira y lo ve todo. Nuestros ojos son débiles, y no podemos ver a través de las tinieblas; pero su ojo, como un orbe flamígero, penetra la negrura y lee los pensamientos del hombre, y ve sus actos cuando se cree más oculto. Sería un pensamiento suficiente para reprimir todo pecado, si fuese aplicado de verdad: «Tú eres Dios que me ve». ¡Deténte, ladrón! ¡Deja aquello que has tomado para ti! Tú, blasfemo, quizá nadie por quien tú tengas consideración oyó tu injuria; pero Dios la oyó; entró en oídos del Señor Dios de Sabaot. ¡Ah!, tú que vives una vida sucia y eres sin embargo un respetable comerciante, exhibiendo ante los hombres un carácter recto y atrayente; tus vicios son todos conocidos, escritos en el libro de Dios. Él guarda un diario de todas tus acciones; ¿y qué pensarás tú aquel día en que una multitud se reunirá, en comparación con la cual esta inmensa multitud aquí es solo una gota de agua en un cubo, y Dios leerá la historia de tu vida secreta, y los hombres y los ángeles la oirán? Estoy seguro de que a ninguno de nosotros le gustaría que se leyesen todos nuestros secretos, especialmente nuestros pensamientos secretos. Si yo tuviese que seleccionar de esta congregación al hombre más santo, lo pusiese al frente y le dijese: «Mire, señor, yo conozco todos sus pensamientos, y voy a contarlos todos», estoy seguro de que me ofrecería el mayor soborno que pudiese si yo estuviese dispuesto a callarme al menos algunos de ellos. «Mire», me diría: «hable usted sobre mis acciones; de esto no me avergüenzo; pero no cuente mis pensamientos e imaginaciones. De eso deberé estar siempre avergonzado delante de Dios». ¿Cuál pues no será tu vergüenza, pecador, cuando tus transgresiones de cámara, tus crímenes secretos, sean publicados desde el trono de Dios, difundidos por su propia boca, y con una voz más poderosa que mil truenos predicados ante los oídos del mundo reunido? ¿Cuál no será tu terror y confusión cuando todas las acciones que jamás hayas llevado a cabo sean publicadas a la luz del sol y a oídos de toda la humanidad? Renuncia, renuncia a tu insensata

Seguimiento, Discipulado, Oración ...

esperanza de secreto, porque tu pecado está hoy registrado, y un día será publicado en las murallas del cielo.

II. LA MISERIA DE LOS PECADOS SECRETOS

De todos los pecadores, el hombre que hace profesión religiosa y vive en iniquidad es el más desgraciado. Un malvado sin paliativos, que toma un vaso en su mano y dice: «Soy borracho, y no me avergüenzo», será inenarrablemente desgraciado en el mundo venidero, pero, por breve que sea, ha tenido su hora de placer. Un hombre que maldice y jura, y que dice: «Ésa es mi costumbre; soy un mal hablado», y que confiesa que lo es, tiene al menos una medida de paz en su alma. Pero aquel que anda con el ministro de Dios, que está unido a la iglesia de Dios, que sale con el pueblo de Dios y se une con ellos, y luego vive en pecado, ¡qué existencia más miserable ha de sufrir! ¡Tiene una peor existencia que el ratón del salón, que corre de aquí para allá para recoger las migajas, y luego, de nuevo a su agujero. Estos hombres han de correr de vez en cuando para pecar; y, ¡oh, cuánto miedo tienen de ser descubiertos! Un día, tal vez, se manifiesta su carácter y con astucia maravillosa consiguen esconderlo y pasarlo por alto; pero al siguiente día sucede alguna otra cosa, y viven en constante temor, mintiendo una vez tras otra, intentando que la última mentira parezca veraz, añadiendo engaño a engaño, para no ser descubiertos.

«¡Oh!, es torcida la red que tejemos
Cuando emprendemos la vía del engaño.»

Si he de ser un malvado, dadme la vida del pecador descarado, que peca a la luz del día; si he de pecar, que no sea como un hipócrita y un cobarde. Nada de profesar que soy de Dios y viviendo para el diablo. Esta manera de estafar al diablo es una cosa de la que cada pecador sincero se avergonzaría. El tal dirá: «Si sirvo a mi amo, lo serviré de verdad, y no iré con excusas; si hago una profesión, la cumpliré, pero si no, viviré en pecado. No voy a esconderlo con engaño e hipocresía».

Una cosa que ha hecho mucho daño a la iglesia y ha cortado sus tendones por la mitad ha sido esta condenable hipocresía. ¡Oh!, en muchos lugares tenemos a hombres a los que podrías alabar hasta los mismos cielos si pudieses creer sus palabras, pero a los que podrías echar en el más profundo de los abismos si conocieses sus acciones secretas. ¡Que Dios perdone a cualquiera de vosotros que actúe de tal manera! Casi diría que a mí me cuesta perdonaros. Puedo perdonar al hombre que hace una francachela de manera abierta y que no pretende ser mejor, pero el hombre que se alaba, y engaña y pretende y ora, y que luego vive en pecado, a ése lo odio, no lo soporto. Lo aborrezco de corazón. Si se arrepiente de sus caminos, lo amaré, pero en su hipocresía es para mí la más abominable de todos los seres existentes. Se dice que el sapo lleva una joya en la cabeza, pero ese hombre no lleva ninguna, sino impureza a su alrededor, mientras pretende estar enamorado de la justicia. Una mera profesión, mis oyentes, es una mera pompa externa con la que ir al infierno; es como las plumas sobre el carro funerario y los arreos de los caballos negros que arrastran a los hombres a sus sepulcros, la pompa fúnebre de las almas muertas. Guardaos por encima de todo de una profesión de cera que no soportará la prueba del sol; guardaos de una vida que necesite dos caras para vivirla; sed una cosa, o la otra. Si decidís servir a Satanás, no pretendáis hacer ver que servís a Dios; y si servís a Dios, servidlo de todo corazón. «Nadie puede servir a dos *señores*». Ni lo intentéis. No hagáis la prueba, porque no hay ninguna vida más miserable que ésa. Por encima de todo, guardaos de cometer acciones que encontraréis necesario ocultar. Hay un singular poema de Hood llamado *El suelo de Eugene Aram*, una composición de lo más notable, que ilustra lo que estoy diciendo ahora. Aram asesinó a un hombre y echó su cuerpo al río «una perezosa corriente, negra como tinta, tan profunda era». A la mañana siguiente visitó la escena de su crimen,

«Y la negra y maldita corriente buscó
Con ojos desorbitados por el temor;

Y el muerto vio en el lecho del río que no era,
Porque secado estaba el río infiel».

Luego cubrió el cadáver con montones de hojas, mas un fuerte viento barrió el bosque y dejó el secreto descubierto bajo el sol.

«Entonces me eché sobre mi rostro
Y comencé por fin a llorar,
Porque sabía que mi secreto era tal
Que la tierra rehusaba guardar,
Ni la tierra ni el mar, aunque lo echase
A diez mil brazas de profundidad.»

Con notas lastimeras profetiza que será descubierto al fin. Enterró a su víctima en una cueva y la cubrió de piedras, pero cuando hubieron pasado los años, se descubrió la atroz acción, y el asesino fue ejecutado.

La culpa es un «fúnebre chambelán», aunque sus dedos no estén enrojecidos de sangre. Los pecados secretos causan ojos enfebrecidos y noches de insomnio, hasta que los hombres cauterizan sus conciencias y llegan a estar totalmente maduros para el abismo. La hipocresía es un juego difícil que jugar, porque es un engañador contra muchos observadores; y desde luego es una actividad desgraciada, que llevará, al fin, y como culminación definitiva a una enorme bancarrota. ¡Ah, vosotros que habéis pecado sin ser descubiertos!, tened la seguridad de que «vuestros pecados os descubrirán», y sabedlo que puede que suceda antes de lo que os pensáis. El pecado, como el asesinato, saldrá a la superficie. Los hombres a veces cuentan historias sobre sí mismos en sueños. A veces Dios ha causado tanto tormento a los hombres en sus conciencias que se han visto obligados a delatarse, confesando su historia. ¡Pecador secreto! Si quieres un paladeo de la condenación sobre la tierra, prosigue con tus pecados secretos; porque nadie hay más miserable que aquel que peca en secreto y que sin embargo intenta mantener una reputación. El ciervo que corre lanzado a la carrera seguido de hambrientos mastines con sus bocas abiertas es mucho más feliz que el hombre perseguido por sus pecados. Aquella ave que veis tomada en la red del cazador y que trata de escapar es más feliz que aquel que ha entretejido a su alrededor una telaraña de engaños y que trabaja por escapar de ella cada día haciendo sus labores más espesas y la telaraña más fuerte. ¡Oh!, ¡la gran miseria de los pecados secretos! Verdaderamente, hay causa para alzar nuestra oración: «¡Líbrame de los pecados encubiertos!».

III. LA CULPA DE LOS PECADOS SECRETOS

1. Así, Juan, tú no crees que haya nada malo en nada si alguien no te ve, ¿verdad? Crees que es un gran pecado si tu amo te encuentra robando en la caja; pero no es pecado si no te descubre, ¡ningún pecado! Y usted, caballero, se piensa que es un gran pecado hacer una trampa en una transacción, por si le descubren y traen ante los tribunales, pero hacer una trampa y no ser jamás descubierto, esto está muy bien: no diga nada contra esto, señor Spurgeon, se trata de negocios y no ha de meterse con los negocios; las trampas que no son descubiertas, naturalmente no vamos a encontrar problemas con ellas. La medida común del pecado es su notoriedad. ¡Pues yo no pienso así! Un pecado es pecado, tanto si se hace en secreto como si es delante de todo el mundo. Es curioso cómo los hombres miden la culpa. Un obrero del ferrocarril se equivoca en una señal, hay un accidente; el hombre es juzgado y es objeto de una severa reprimenda. El día anterior también puso la señal equivocada, pero no hubo accidente, y por tanto nadie le acusó de negligencia. Pero fue lo mismo, con o sin accidente; el accidente no constituyó la culpa; fue la acción lo que constituyó la culpa, no la notoriedad ni las consecuencias del mismo. A él le tocaba tener cuidado de la señal; y fue tan culpable la primera vez como la segunda, porque por su negligencia puso en peligro las vidas de muchas personas. No midamos el pecado por lo que otros digan del mismo, sino midamos el pecado por lo que Dios dice de ello, y lo que tu propia conciencia te manifiesta.

Ahora bien, yo mantengo que los pecados secretos son, en todo caso, los peores de los pecados, porque un pecado secreto implica que el hombre que lo comete tiene el *ateísmo* en su corazón. Me preguntarás cómo puede ser esto. Te contestaré: puede que sea un profeso cristiano, pero le diré a la cara que es un ateo práctico si trata de mantener una profesión respetable ante los hombres y en cambio comete transgresiones secretas. ¿Acaso no es un ateo aquel que dice que hay un Dios, pero que a la vez da más consideración a los hombres que a Dios? ¿No es la misma esencia del ateísmo, una negación de la divinidad del Altísimo, que un hombre le tenga en poco y piense más en la mirada de una criatura que en la observación de su Creador? Hay algunos que ni se atreverían a decir una mala palabra en presencia de su ministro, pero que lo hacen a sabiendas que Dios los contempla. Son ateos. Hay algunos que no harían una sola trampa en comercio por todo el oro del mundo si pensasen que los iban a descubrir, pero que se atreven cuando Dios los contempla; es decir, piensan más en la mirada de los hombres que en la de Dios, y creen que es peor ser condenados por el hombre que serlo por Dios. Llámalo como te parezca, el nombre apropiado para esto es ateísmo práctico. Es deshonrar a Dios; es lo mismo que destronarlo; es ponerlo por debajo de sus propias criaturas; ¿y qué otra cosa es que quitar su divinidad? Hermanos, os lo ruego, no caigáis bajo la terrible culpa de los pecados secretos.

Nadie puede pecar un poco en secreto; esto engendrará de cierto más pecado; nadie puede ser un hipócrita y ser moderado en la culpa; irá de mal en peor, y seguirá más y más abajo hasta que, cuando su culpa sea publicada, se encontrará que es el peor y más endurecido de los hombres. Guárdate de los pecados secretos. ¡Ah!, si pudiese ahora predicar como lo hacía Rowland Hill, haría que algunas personas se examinasen a sí mismas y temblasen! Se dice que cuando predicaba no había nadie, bien en la ventana, de pie en la multitud, o donde fuese, que no dijese para sus adentros: «Ahí, me está predicando a mí; me está hablando de mis pecados secretos». Y cuando proclamaba la omnisciencia de Dios, se dice que los hombres casi sentían a Dios presente en medio de ellos, contemplándolos. Y cuando había terminado su sermón, oían una voz en sus oídos: «¿Puede alguien ocultare en lugares secretos donde yo no lo pueda ver?, dice el Señor. ¿No lleno yo los cielos y la tierra?, dice el Señor». Quisiera poderlo hacer así, poder hacer que cada hombre se examinase a sí mismo y descubriera su pecado secreto. Ven, mi oyente, ¿cuál es? Tráelo a la luz del día; quizá morirá bajo la luz del sol. Estas cosas prefieren no quedar a descubierto. Dilo ahora a tu propia conciencia, lo que sea. Míralo cara a cara, confiésalo delante de Dios, ¡y que él te conceda la gracia para eliminar este pecado, y todos los demás, y volver a él con pleno propósito de corazón! Pero sabe esto, que tu culpa es una culpa descubierta o no descubierta, y que si hay alguna diferencia entre ambas cosas es que es mucho peor que el pecado sea secreto. ¡Que Dios nos salve de la culpa de los pecados secretos! «Líbrame de los pecados encubiertos».

IV. EL PELIGRO DE LOS PECADOS SECRETOS

Y observemos, a renglón seguido, el peligro de los pecados secretos. El peligro es que nadie puede cometer un pequeño pecado en secreto sin que finalmente sea revelado en un pecado público. No puedes, aunque creas que sí, preservar una moderación en el pecado. Si cometes un pecado, es como cuando se funde el glaciar inferior de los Alpes, los demás han de seguir a su turno. Tan cierto como que amontonas una piedra sobre tu sepulcro hoy, al día siguiente pondrás otra, hasta que el montón, levantado piedra a piedra, se levantará como una gran pirámide. Pon a trabajar al insecto del coral, pero no puedes decretar cuando detendrá su trabajo. No edificará su roca hasta donde te parezca, no se detendrá hasta que quede cubierto de hierbajos, hasta que los hierbajos se pudran y haya allí un suelo, y las diminutas criaturas hayan creado una isla. El pecado no puede ser retenido con bocado y brida. «Bueno, voy a beber de vez en cuando. Me emborracharé solamente una vez a la semana, o así. Nadie lo verá. Me meteré directamente en la cama". Pronto andarás borracho por la calle. «Sólo leeré un libro lascivo; lo pondré bajo las cubiertas del sofá cuando alguien entre». Pues aún lo guardarás en tu biblioteca. «Sólo voy a ir en compañía de aquel amigo muy de vez en cuando.» Irás allá cada día, así de seductor es este carácter, y no podrás remediarlo. Igual podrías pedir al león que te deje poner la cabeza en su boca. No puedes regular sus mandíbulas, ni puedes regular el pecado. Cuando entres en esto, no puedes saber cuando serás destruido. Puede ser una persona afortunada, como Van Amburgh, y poder meter y sacar la cabeza muchas veces. Ten por cierto, sin embargo, que uno de estos días te encontrarás con que el precio es elevado. Insisto, puede que te esfuerces por esconder tu vicioso hábito, pero saldrá; no podrás remediarlo. Tú guardas tu pequeño pecado favorito dentro de tu casa, pero ten esto en cuenta: en cuanto la puerta quede entreabierta, el perro saldrá a la calle; envuélvelo en tu seno, pon sobre él capa sobre capa de hipocresía para mantenerlo secreto: el miserable comenzará a cantar algún día cuando tengas compañía; no puedes mantener en silencio a esta malvada avechucha. Tu pecado quedará a descubierto; y lo que es más, llegará el día en que no te importará. Uno que se da en privado al pecado, llega gradualmente a endurecerse. La primera vez que pecó, le caían gotas de sudor al recordar qué había hecho; la segunda vez no hubo ningún ardiente sudor en su frente, sólo una agitación de los músculos; la tercera vez hubo una mirada cauta y astuta, pero sin agitación; la siguiente vez pecó algo más, y poco a poco llegó a ser un desvergonzado blasfemo de su Dios, pronunciando palabras como éstas: «¿Quién soy yo para temer a Jehová, y quién es él para que le sirva?». Los hombres van de mal en peor. Lanza tu barca a la corriente: irá a donde la corriente lo lleve. Ponte en el torbellino: eres solamente una paja en el viento; habrás de ir donde te lleve el viento, no podrás controlarlo tú mismo. El globo puede ascender, pero no dirigir su curso; ha de ir hacia donde el viento sople. Pero si te elevas una vez en el pecado, no podrás detenerte. Guárdate, si no quieres llegar a ser el peor de los personajes, guárdate de los pecados pequeños, que, acumulándose, pueden al fin apartarte de la cumbre y destruir tu alma para siempre. Hay gran peligro en los pecados secretos.

Pero mantengo aquí que algunos verdaderos cristianos se dan a pecados secretos. Dicen que es solo poca cosa, y por ello se lo permiten. Hermanos, a vosotros os hablo, y a mí mismo, al decir esto. Destruyamos todos nuestros pequeños pecados secretos. Se les llama pequeños, y sí lo son, recordemos a las zorras, las pequeñas zorras, las que estropean nuestros viñedos; porque nuestros viñedos tienen unos tiernos brotes. Guardémonos de nuestros pequeños pecados. Un pecado pequeño, lo mismo que una piedrecita en el zapato, hará que el viajero llegue muy fatigado y dolorido al cielo. Los pecadillos, como pequeños ladrones, pueden abrir la puerta a los mayores pecados agazapados afuera. Cristianos, recordad que los pequeños pecados estropearán vuestra comunión con Cristo. Y, como pequeñas manchas en la seda, pueden dañar la fina textura de la comunión. Los pequeños pecados, igual que las pequeñas irregularidades en la maquinaria, pueden estropear toda la fábrica de vuestra religión. La mosca muerta estropea todo un pote de ungüento. Aquel cardo puede inseminar un continente con plantas perjudiciales. Hermanos, demos muerte a nuestros pecados tantas veces como podamos encontrarlos. Alguien dijo: «El corazón está lleno de aves inmundas; es una jaula de ellas». «¡Ah!», dijo otro teólogo, «no debes buscar excusa alguna en esto, porque al cristiano le toca retorcerles el pescuezo». Y así es. Si hay cosas malvadas, nos toca a nosotros matarlas. Los cristianos no deben tolerar los pecados secretos. No debemos acoger a traidores; es alta traición contra el Rey del cielo. Arrastrémoslos hasta la luz y ofrezcámoslos sobre el altar, entregando a nuestros pecados secretos más queridos a la voluntad e indicación de Dios. Hay un gran peligro en un pequeño pecado secreto; por tanto, evítalo, no pases junto a él, apártate de él y escapa; ¡y que Dios te dé la gracia para vencerlo!

Seguimiento, Discipulado, Oración ...

CONCLUSIÓN

1. Y ahora, en mi conclusión, deseo rogaros con todas mis fuerzas a algunos de los que Dios ha tocado la conciencia. He venido para rogaros, si es posible hasta con lágrimas, que abandonéis vuestros pecados secretos. Hay aquí una persona por la cual doy gracias a Dios; le amo, aunque no le conozco. Está casi persuadido ya a ser cristiano, y vacila entre dos pensamientos; tiene la intención de servir a Dios, se debate por abandonar el pecado, pero encuentra que es una dura lucha, y aún no sabe lo que será de él. Se lo digo con todo amor: amigo mío, ¿guardarás tu pecado e irás al infierno, o dejarás tu pecado e irás al cielo? Ésta es la solemne alternativa, y la pongo ante cada pecador despertado: quiera Dios escoger por vosotros; si no, tiemblo en cuanto a lo que podáis escoger. Los placeres de esta vida son tan embriagadores, sus goces son tan seductores, que si yo no creyese que Dios obra en nosotros el querer y el hacer, desesperaría de vosotros. Pero estoy confiado en que Dios decidirá esta cuestión. Dejadme poner la alternativa ante vosotros: de una parte hay un goce por una hora, una breve vida de placer, y es un pobre, un mísero placer; de otra, hay una vida perdurable y una gloria eterna. La alternativa es una felicidad fugaz y después una desventura abrumadora; por la otra parte, tenemos una sólida paz y un gozo eterno, y una gloria rebosante. No temeré ser llamado arminiano cuando os diga, como dijo Elías: «¿Hasta cuándo claudicaréis vosotros entre dos pensamientos? Si Jehová es Dios, seguidle; y si Baal, id en pos de él». Pero ahora decidíos de manera clara, ¡y que Dios os ayude! No digáis que os dedicaréis a la religión sin primero contar el costo; recordad, tenéis concupiscencias que abandonar, placeres a los que renunciar; ¿podéis hacerlo por causa de Cristo? ¿Podéis? Sé que no podéis, excepto si la gracia de Dios os asiste en la toma de esta decisión. Pero, ¿podéis decir: «Sí, con la ayuda de Dios, renuncio a los relumbrantes juguetes de la tierra, sus pompas, oropeles y seducciones»?

«Todo esto nunca podrá satisfacer;
Dame a Cristo o habré de perecer».

2. Pecador, nunca lamentarás tal elección, si Dios te ayuda a tomarla; te encontrarás un hombre feliz aquí, y tres veces feliz por toda la eternidad.

«Pero», dice alguien, «yo quiero ser religioso, pero no puedo ir con su manera tan estricta». No te pido eso; sin embargo, espero te mantengas en la vía estricta de *Dios*, y el camino de Dios es diez mil veces más estricto que el mío. Puede que me consideres puritano en mi predicación; Dios será puritano en su juicio en aquel gran día. Puede que parezca severo, pero nunca podré serlo tanto como Dios. Puede que hunda la grada con sus punzantes dientes en lo más hondo de tu conciencia, pero Dios hundirá gradas de fuego eterno en aquel día. Puede que yo hable tronando grandes cosas; Dios no las hablará, sino que las lanzará desde sus manos. Recuerda, puede que los hombres se rían del infierno y digan que no hay; pero han de rechazar sus Biblias antes de poder creer la mentira. Las conciencias de los hombres les dicen que

«Un terrible infierno hay
y eternos dolores,
donde los pecadores con demonios morarán
en tinieblas, fuego y cadenas eternas».

¿Vas a guardar tus pecados secretos, y sufrirás el fuego eterno por ellos? Recuerda, de nada sirve, han de ser todos abandonados, o no puedes ser hijo de Dios. No puedes tener ambas cosas; no puedes tener a Dios y el mundo, y no puede ser Cristo y el diablo; ha de ser lo uno o lo otro. ¡Oh, que Dios te dé gracia para dejarlo todos! Porque, ¿de qué valen todos ellos? Ahora son tus engañadores, luego serán tus atormentadores para siempre. ¡Oh, que tus ojos se abrieran para ver la podredumbre, la vaciedad y los trucos de la iniquidad! ¡Oh!, que Dios te vuelva a sí mismo. ¡Oh, que Dios te dé gracia para cruzar el Rubicón del arrepentimiento en esta misma hora! Para que digas: «Desde ahora es guerra a muerte contra mis pecados; no guardaré ninguno de ellos de voluntad; abajo con ellos, abajo con ellos: cananeos, heteos, jebuseos, todos serán echados fuera».

«El más querido ídolo que he conocido,
Sea el ídolo el que fuere;
Ayúdame a derribarlo de su trono
Y sólo adorarte a ti».

«¡Pero no puedo hacerlo; sería como arrancarme los ojos!» ¡Ah!, escucha lo que dice Cristo: «Si tu ojo derecho te es ocasión de caer, sácalo y échalo de ti; pues más te conviene que se pierda uno de tus miembros, y no que todo tu cuerpo sea echado al infierno». ¡Sí, mejor entrar en la vida cojo o manco que ser echado en el fuego para siempre! ¡Ah!, cuando el pecador comparezca delante de Dios al final, ¿creéis que hablará como habla ahora? Dios le revelará sus pecados secretos; y el pecador no dirá entonces: «Señor, pensé que mis pecados secretos eran tan dulces que no podía abandonarlos». Creo que veo el gran cambio que habrá entonces. «Mire», dices ahora, «creo que *usted es demasiado estricto*». ¿Lo dirás cuando los ojos del Omnipotente te estén escrutando? Ahora dices: «Mire, *usted es demasiado preciso*». ¿Lo dirás esto a la cara del Omnipotente? «Mire, *prefiero retener este o aquel pecado*». ¿Podrás decir esto al final ante el tribunal de Cristo? Entonces no osarás. ¡Ah, cuando Cristo venga por segunda vez, habrá un maravilloso cambio en la manera de hablar de la gente! Me parece verlo. Allí se sienta en su trono. ¡Ahora, Caifás, ven y condénalo ahora! ¡Judas! ¡Ven ahora a besarlo! ¿Por qué te detienes, hombre? ¿Le tienes miedo? ¡Sube, Barrabás! A ver si ahora te prefieren en lugar de a Cristo. Tú, el blasfemo, ahora es tu oportunidad. Has sido siempre muy valiente; maldícelo ahora a la cara. Tú, borracho, acude tambaleante ante él. Tú, incrédulo, dile ahora que no hay Cristo, ahora que el mundo está iluminado con relámpagos y que la tierra está sacudida con truenos hasta que los sólidos pilares se inclinan: di a Dios ahora que no hay Dios. Ríete ahora de la Biblia; búrlate del ministro. ¿Por qué, hombres? ¿Qué os sucede? ¡Ah, ahí está! Habéis huido a los montes y a las peñas: «¡Montes, Peñas!: Caed sobre nosotros, y escondednos del rostro del que está sentado sobre el trono, y de la ira del Cordero». ¡Ah, dónde están vuestras jactancias, vuestra vanagloria, y vuestras glorias? ¡Ay, ay de vosotros en aquel día de maravillas!

3. Pecador secreto, ¿qué sucederá contigo? Sal de este lugar sin máscara; ve y examínate a ti mismo, sal a ponerte de rodillas; sal a llorar, sal a orar. ¡Que Dios te dé gracia para creer! Y, ¡oh! ¡qué dulce y grato el pensamiento, de que hoy hay pecadores que han acudido a refugiarse a Cristo, y hay personas que han nacido de nuevo para Jesús! Hermanos, antes de acabar, repito las palabras acerca de las que tantos han murmurado: Es ahora o nunca; es volveros o quemaros. Lo digo con toda solemnidad a la vista de Dios. Si no es la verdad de Dios, tendré que responder de ello ante el gran día del juicio. Vuestras conciencias os dicen que es verdad. Decidlo en vuestra casa con chanzas, si queréis; esta mañana he quedado limpio de vuestra sangre; si alguien no busca a Dios, sino que vive en pecado, quedaré limpio de vuestra sangre en aquel día en que se demandará al atalaya acerca de vuestras almas. ¡Quiera Dios que os clarifiquéis de forma bienaventurada! Cuando descendí de este púlpito hace uno o dos domingos, un amigo me dijo algo que ha estado presente en mi mente desde entonces: «Señor, aquí hay nueve mil personas que serán inexcusables en el día del juicio». Así es hoy con vosotros. Si sois condenados, no será por falta de predicación, tampoco por falta de haber orado por vosotros. Dios sabe que si mi corazón se pudiese quebrantar, lo haría por vuestras almas, porque Dios me es testigo de cuán fervientemente os anhelo en las entrañas de Jesucristo. ¡Oh, quiera él tocar vuestros corazones y llevaros a él! Porque la muerte es algo solemne, la condenación es una cosa terrible, quedar fuera de Cristo es algo terrible, y morir en los propios pecados es aterrador. ¡Quiera Dios guiaros a contemplar estas cosas como son, y salvaros, por causa de su gran misericordia! «El que crea y sea bautizado, será salvo».

«Señor, mi alma escudriña,
todo pensamiento prueba
Aunque no me acuse mi propio corazón
De en falsos disfraces andar,
La prueba de tus ojos ruego yo.

Seguimiento, Discipulado, Oración ...

¿Acecha el secreto mal?
¿Me doy a algún secreto pecado?
Oh, mis pies vuelve cuando errando esté,
Y en la senda perfecta, condúceme».

87. PECADOS DE SOBERBIA

«Preserva también a tu siervo de las soberbias; que no se enseñoreen de mí» (Salmos 19:13).

INTRODUCCIÓN: No todos los pecados son iguales.

I. ¿QUÉ ES UN PECADO DE SOBERBIA?
1. Se comete voluntariamente.
   a) Pecar contra la conciencia
   b) Tiene la admonición de sus amigos
   c) Es una advertencia especial de Dios
2. La deliberación, otra característica.
3. Se comete con toda intención de pecar.
4. Con intención mental.

II. POR QUÉ HAY TANTA MAGNITUD EN UN PECADO DE SOBERBIA
1. Porque se peca contra la luz y el conocimiento.
2. Porque se peca deliberadamente.

III. LA APROPIACIÓN DE ESTA ORACIÓN
1. Es para los santos

CONCLUSIÓN: Confesad vuestra culpa con lágrimas, si es necesario.

PECADOS DE SOBERBIA

INTRODUCCIÓN

Todos los pecados son grandes, pero hay unos que son más grandes que otros. Cada pecado tiene en sí el mismo veneno de la rebelión, y está lleno de la médula esencial del rechazo traidor a Dios. Pero hay algunos pecados que tienen en ellos un desarrollo mayor de la malicia esencial de la rebelión, y que llevan en sus rostros más del orgullo descarado que desafía al Altísimo. Es erróneo suponer que porque todos los pecados nos condenarán, un pecado no es más grande que el otro. Si bien toda transgresión es un pecado lamentablemente grande, existen transgresiones que tienen una sombra más profunda de oscuridad y un color doblemente escarlata de criminalidad que otros. Ahora bien, los pecados de soberbia de nuestro texto son justamente los más graves de todos; están a la cabeza y en el principio de la lista de iniquidad. Es notable que bajo la ley judía, para cada clase de pecado hubiera una expiación.

Pero, había una excepción: «Mas la persona que hiciere algo con soberbia, así el natural como el extranjero, ultraja a Jehová; esa persona será cortada de en medio de su pueblo» (Nm. 15:30). Ahora, bajo la dispensación cristiana, en el sacrificio de nuestro bendito Señor, existe una grande y preciosa expiación para los pecados de soberbia. Los pecadores que han pecado de esta manera son limpios por la sangre de Cristo, pero los que han pecado con soberbia, deben esperar una doble porción de la ira de Dios. Tendrán además, una más grande manifestación de la indecible angustia que provoca el tormento del castigo eterno, en el abismo que está preparado para los malos.

En esta mañana, en primer lugar, trataré de describir *los pecados de soberbia*. En segundo lugar, os *mostraré por medio de algunas ilustraciones, por qué los pecados de soberbia son más infames que cualquier otro;* y en tercer lugar, trataré de *imprimir en vosotros la oración* de David: «Preserva también a tu siervo de las soberbias, que no se enseñoreen de mí» (Sal. 19:13).

I. ¿QUÉ ES UN PECADO DE SOBERBIA?

Pienso personalmente, que en un pecado debe haber una de cuatro cosas, para hacer de él un pecado de soberbia. Ha de ser, o bien un pecado contra la luz y el conocimiento, o uno cometido deliberadamente. Se trata de un pecado cometido con toda la intención de pecar, meramente por amor a la pecaminosidad. También puede ser un pecado que se derive de la irreflexiva confianza del hombre en su propia fortaleza; marcaremos estos puntos uno por uno.

1. Un pecado que se *comete voluntariamente contra la luz y el conocimiento*

manifiestos es un pecado de soberbia. Un pecado de ignorancia no es un pecado de soberbia, a menos que la ignorancia sea voluntaria. Pero cuando alguien peca por el deseo de saber más de la ley, de la instrucción, del consejo, de la represión y la admonición, decimos que ese pecado no pertenece a la naturaleza de los pecados de soberbia. Ahora, cuando un hombre sabe más y peca contra su incrementada luz y conocimiento, entonces su pecado merece clasificarse con el ignominioso título de pecado de soberbia. Permitid que me detenga en este pensamiento por un momento.

a) La *conciencia* es a menudo para los hombres una luz interior, por la cual son advertidos de actos pecaminosos prohibidos. Entonces, si yo peco contra la conciencia, aunque no tenga mayor luz que la que mi propia conciencia me da, mi pecado es de soberbia. He ido en contra de esa voz de Dios en mi corazón, la cual es la conciencia iluminada. Tú, joven, estuviste tentado (y tal vez fue ayer), a cometer cierto acto vergonzoso. En el mismo momento en que estuviste cara a cara con la tentación, la conciencia te dijo: «¡eso está mal, está mal!». Tu corazón se sacudió, cuando oíste que eso que acababas de cometer era algo abominable a los ojos del Señor. Tu compañero cometió el mismo pecado sin el aviso de la conciencia; en él tuvo el carácter de culpa la cual necesita ser lavada con la sangre del Salvador. Pero no había en él tanta culpa como la hubo en ti. En tu caso, tu conciencia te escudriñó, te avisó del peligro, te advirtió sobre el castigo, y emperoosaste rebelarte contra Dios, cometiendo un pecado de soberbia. Cuando un hombre traspasa mi terreno es un invasor, aunque no se le haya hecho ninguna advertencia. Si a pesar de saber que está prohibido lo traspasa voluntariamente, entonces es culpable de traspaso con soberbia, y recibirá el castigo pertinente. Así sucede contigo; si no tuvieras el conocimiento que tienes, si tu conciencia no hubiera sido tan iluminada, puedes haber cometido el hecho con una menor criminalidad de la que se te atribuye. Al pecar contra la conciencia has cometido un pecado de soberbia.

b) Pero ¡oh!, ¡cuánto más grande es el pecado, cuando el hombre no sólo tiene la luz de la conciencia, sino también *la admonición de sus amigos,* y el aviso de aquellos que son inteligentes y estimados por él. Si tengo la información de mi conciencia iluminada y cometo transgresión en su contra, soy un soberbio. Ahora bien, si mi madre con sus ojos llorosos me advierte sobre las consecuencias de mi culpa, y mi padre con toda firmeza me dice cuál será el efecto de mi transgresión; de continuar en ese camino, soy culpable de pecado de soberbia y en esa misma proporción, mis hechos se convierten en pecados más graves. Soy soberbio si peco contra la luz de la naturaleza, pero lo soy más aún, cuando además tengo la luz de los consejos afectuosos y la advertencia de quienes me aprecian. Al no hacer caso de todas estas cosas, acarreo sobre mi cabeza una doble cantidad de la ira divina. El caso resulta ser más grave cuando el transgresor ha recibido el don de lo que se conoce como educación religiosa. Durante su niñez, en su cuna ha sido iluminado por las lámparas del santuario, el nombre de Jesús se ha mezclado con el susurro de las canciones de cuna, y por la mañana, la música del santuario le despertaba como un himno matinal. Fue llevado y educado por el camino correcto. ¡Cuánto más grande será la culpa de este hombre que la de aquellos que nunca han tenido esa clase de preparación. Éstos han sido dejados a seguir en sus propias concupiscencias y placeres, sin la restricción de una educación santa y una conciencia iluminada.

c) Pero amigos, aun esto puede convertirse en algo peor. Un hombre peca con más soberbia *cuando ha tenido una advertencia especial de la voz de Dios contra el pecado.* «¿Qué quiere decir?», me diréis. Os lo cuento. Ayer viste en tu vecindario a un hombre fuerte que fue llevado a la tumba por una muerte súbita. No hace ni un mes que oíste doblar las campanas por alguien a quien conociste y amaste, el cual demoró en entregarse a Cristo y pereció en la demora. Han pasado cosas muy extrañas en tu misma calle, y la voz de Dios te ha hablado claro a través de los labios de la muerte. Has

tenido advertencias en tu propio cuerpo; has estado enfermo con fiebre, has sido traído hasta la boca de la tumba, y has mirado al abismo y la cripta de la destrucción. No hace mucho tiempo, que alguien te decía que había que prepararte un ataúd porque tu aliento no podía seguir en tu cuerpo. Entonces volviste la cara a la pared, y oraste. Prometiste que si Dios te perdonaba vivirías una vida santa, y te arrepentirías de tus pecados, pero para tu propia confusión, estás ahora en el mismo lugar de antes. ¡Ah!, permíteme decirte que tu culpa es más grave que la de cualquier otro hombre, pues has pecado de soberbia en el más alto grado en que podrías haberlo hecho. No has hecho caso de los reproches y la censura, pero lo que es aún peor, has pecado contra tus propios juramentos y pactos, y contra las promesas que le habías hecho a Dios. Aquel que juega con fuego debe ser condenado por su descuido, pero el que ha sido quemado, y juega con el elemento destructor, está loco de remate. Aquí tengo algunas personas así. Se han metido en concupiscencias y lujurias que han acabado con sus cuerpos enfermos; y a pesar de ello, vuelven a hacer lo mismo. El tonto volverá a meter el pie en el mismo cepo y la oveja lamerá el cuchillo que está pronto para matarla. Así irás en tu lujuria y en tus pecados, a pesar de las advertencias, hasta que perezcas en tu culpa. En este sentido los hombres son peores que los niños. Si el niño que va al estanque helado a patinar sobre el hielo, oye la advertencia de que el hielo no soportará su peso, se irá enseguida. Se asustará si oye el más leve crujido bajo sus pies. Pero vosotros tenéis la voz de la conciencia, que os está diciendo que vuestros pecados son viles y que terminarán llevándoos a la ruina. Algunos de vosotros habéis visto a vuestros compañeros hundiéndose y perdiéndose en el el hoyo negro del pecado, y así y todo, seguís deslizándoos por terreno peligroso. Sois peores que unos niños, y aún diría peores que los locos. ¡Oh, Dios mío!, cuán terrible es la soberbia de algunos! ¡Oh!, que podamos clamar a tiempo: «Preserva también a tu siervo de las soberbias; que no se enseñoreen de mí» (Sal. 19:13).

2. Vuelvo a decirlo, otra característica del pecado de soberbia es la *deliberación*. Tal vez un hombre pueda tener un espíritu apasionado, y en un momento de acaloramiento, emite una palabra fuerte de la que se arrepiente a los pocos minutos, y pide perdón al ofendido. Hay quienes tienen un temperamento tan irritable, que a la menor provocación se llenan de ira, pero también pueden «enfriarse» en un momento y olvidarlo todo. De esta manera no se peca con soberbia, pero cuando a la persona le sobreviene una crisis de ira, sí tiene que poner freno a esa reacción. Un hombre que de pronto es tentado y se ve involucrado en un pecado no habitual para él, ha sido presa de una fuerte tentación, pero no es culpable de soberbia. Sin embargo, hay otras personas que pecan deliberadamente. Algunos piensan en cierta lujuria durante semanas, y luego llevan a cabo su fechoría con todo placer. Primero riegan la semilla de lujuria hasta que crece y llega a la madurez de su deseo, y entonces cometen su maldad. Hay algunos para quienes la lujuria no es algo pasajero, sino un huésped permanente. La reciben, le dan albergue, la festejan, y cuando incurren en el pecado, lo hacen ante todo el mundo, cometiendo con toda sangre fría y desparpajo, la falta en la que otros caerían en un acto irreflexivo. Tal pecado contiene en sí una gran cantidad de maldad, es un pecado de soberbia. Cometer un pecado envuelto en un remolino de pasión es vergonzoso, pero sentarse y resolver fría y deliberadamente el planeamiento de una venganza, es diabólico. Hay quien se ocupa de trazar cuidadosamente esquemas de maldad. Es algo infame, no puedo encontrar otra palabra para describirlo. Hay quienes planean deliberada y cuidadosamente cómo se ha de hacer el delito, y a la manera de Amán, se ponen a trabajar para destruir a su vecino, cavando un hoyo bien hondo con el único objetivo de que caiga en él y sea destruido. Esta trampa entretejida en lo secreto, este mal concebido a sabiendas, contiene en sí una gran cantidad de pecado de soberbia. ¡Que Dios pueda perdonarnos a cualquiera de nosotros, si hemos sido culpables hasta tal punto!

Repito; *cuando un hombre continúa por una larga temporada sumergido en el pecado y tiene tiempo para deliberar sobre él*, tenemos la prueba de que se trata de un pecado de soberbia. El que peca una vez, siendo sorprendido en alguna falta, y luego aborrece el pecado que ha cometido, no comete pecado de soberbia. Sin embargo, aquel que transgrede hoy, mañana y pasado, semana tras semana y año tras año, hasta apilar un montón de pecados que hacen una montaña, ese hombre peca con soberbia. En un hábito continuo de pecado, hay una actitud deliberada a pecar, o por lo menos una fuerza mental de una envergadura considerable. Este tipo de ofensa no puede darse en un hombre que haya sido víctima de una pasión repentina. ¡Ah!, prestad atención, los que estáis saturados en el pecado, los que bebéis de él como si fuera agua, los que corréis tras vuestras concupiscencias como si fueran ríos que van a desembocar al mar, y vais tras vuestras pasiones como el puerco se revuelca en el barro. ¡Prestad atención! Vuestros delitos son graves, y a menos que por la gracia divina os arrepintáis y volváis a Él, la mano de Dios caerá de forma terrible sobre vuestras cabezas. Vuestra condena ha de ser espantosa, pues sin tener el perdón, Dios debe condenaros por pecados de soberbia. «Preserva también a tu siervo de las soberbias; que no se enseñoreen de mí» (Sal. 19:13).

3. Otra vez digo, que un pecado de soberbia debe ser un *asunto de propósito*, y que se comete con toda la intención de pecar. En el libro de Números dice que en la dispensación judía, no había perdón para un pecado de esta categoría. En el capítulo 15 (v. 32) hallaréis un caso registrado. Un hombre fue en el día de reposo a juntar leña. Fue sorprendido en el hecho de romper el Sabat, y bajo esta dispensación, este era un delito de muerte. Ahora, la razón por la cual este hombre fue condenado a muerte no fue meramente porque juntaba leña en ese día, sino porque la ley acababa de proclamar, que en el Sabat no se haría ninguna clase de trabajo. Este hombre, en un acto de desobediencia, y para mostrar su desprecio a Dios, desafió a la ley y cometió un hecho que no se mantuvo oculto. Por ello, cayó la vergüenza sobre toda la congregación, porque él se atrevió a hacerlo con todo descaro, mostrando que la voluntad de Dios no le importaba para nada. Dios había ordenado que en ese día no se debía trabajar. Pues este hombre se propuso contradecirlo y fue a juntar ramas para hacer leña. Su propósito era el de mostrar su desprecio a Dios. «Ahora», dice alguien «seguramente que no hay otra persona en el mundo que haya hecho una cosa como ésta». Sí, las hay, y las tales están en el día de hoy en el Surrey Music Hall. Han pecado contra Dios, no meramente por el placer de hacerlo, sino porque con ello muestran su falta de reverencia. Un joven quemó su Biblia en medio de sus compañeros no porque odiara su Biblia, porque parecía pálido y descompuesto mirando sus cenizas, sino que lo hizo como una bravuconería, para mostrar a sus amigos que él estaba bien lejos de la religión. Hay otros hombres, que a veces se paran a un lado de la calzada cuando la gente va camino de la casa de Dios, y les blasfeman, no porque se deleiten en hacerlo, sino para mostrar que son irreligiosos y están en contra de todo lo que sea de Dios. ¡Cuántos infieles han hecho lo mismo! no porque hallen placer alguno en hacerlo, sino porque la maldad del fondo de su corazón les impulsa a escupir al mismo Dios en la cara. Su propósito es el de hacer saber a los demás que aunque el pecado en sí mismo es lo suficientemente insolente, ellos han determinado hacer algo aún mayor. Un pecado tal, es una obra maestra de iniquidad. Hay perdón para alguien así un perdón total para los que muestran arrepentimiento. Sin embargo, son muy pocos los que lo reciben, pues cuando han llegado tan lejos en su pecado de soberbia, desean mostrar su desagrado a la ley de Dios y a Dios mismo. Decimos que para los tales hay perdón, pero es la maravillosa gracia de Dios que les trae a una condición tal en la que quieran aceptarlo. ¡Oh!, que Dios nos mantenga alejados de los pecados de soberbia, y si alguno de nosotros los ha cometido, ¡que Él nos haga volver arrepentidos, para la alabanza de la gloria de su gracia!

Seguimiento, Discipulado, Oración ...

4. Un punto más, y creo que habré explicado suficientemente lo que concierne a estos pecados de soberbia. Un pecado de soberbia es también uno que es cometido a través de un rebuscado y retorcido esfuerzo de la mente. Alguien dice: mañana voy a ir a tal y tal lado, porque si bien es perjudicial para otra gente no lo es para mí. Si alguien le advierte: «No te aconsejo entrar al Casino, porque sería tu ruina», él responderá: «¿pero usted va?». «Sí.» «¿Y cómo se justifica a sí mismo?» «Porque yo tengo una fuerza de principios tal que sé exactamente hasta dónde debo llegar.» Tú estás mintiendo, amigo, estás mintiendo contra ti mismo y lo estás haciendo con toda soberbia. Estás jugando con bombas que explotarán y te destruirán. Te estás sentando sobre la boca del infierno con la fantasía mental de que no te vas a quemar. Has ido a las fauces del vicio y has vuelto corrompido, y estás tan ciego que no ves la corrupción y te sientes seguro. El que piensa que está a prueba de pecado, comete un pecado de soberbia. «No, no», dice alguien, «yo sé que en tal y tal pecado puedo llegar hasta un límite y luego parar». Soberbia, eso no es más que soberbia. Sería presuntuoso para cualquiera subir hasta la torre de una Iglesia y quedar allí parado de cabeza. «Bueno, dirá alguien, pero si tiene habilidad para hacerlo podría llegar abajo sano y salvo». Sí, pero es un pecado de soberbia. Yo no apostaría ni un centavo por un hombre que sube en un globo, ni por un pobre loco que se corta su propia garganta. No pensaría en mirar a nadie que pusiera su vida en peligro, ni a quien quiera volarse los sesos. Creo que esas cosas, si no son crímenes, son criminales. Cuando los hombres se exponen a esos riesgos es como si cometieran suicidio. Nadie tiene derecho en poner en peligro su cuerpo, cuánto más su propia alma, simplemente por pensar que es lo suficientemente fuerte como para evitar ser arruinado y destruido. Amigo, tu pecado es de soberbia; es un pecado grave, y una de las obras maestras de la iniquidad.

¡Oh!, ¡cuánta gente hay, hoy, que comete pecados de soberbia! Estás pecando con soberbia por ser hoy lo que eres. Estás diciendo; «en breve pensaré seriamente en la religión; dentro de unos pocos años, cuando esté un poco mejor establecido en la vida, ya tendré tiempo de pensar en Dios». Ese es un pecado de soberbia. Estás pensando en que vivirás y especulas sobre algo que es más frágil que una burbuja. Estás arriesgando tu alma eterna, sobre las frágiles posibilidades de que vivirás por algunos años, y no entiendes que puedes ser borrado de la tierra antes de que el sol se haya puesto. Es posible, además, que haya pasado otro año sobre tu cabeza, y estés en la situación donde el arrepentimiento es imposible, e inútil si fuera posible.

¡Oh!, queridos amigos, el aplazamiento es un pecado de soberbia. Aplazar algo que debes hacer hoy, porque esperas vivir mañana, es una actitud soberbia. No tienes derecho a hacerlo y si lo haces, estás pecando contra Dios, y trayendo sobre tu cabeza la culpa del pecado de soberbia. Recuerdo aquel sorprendente pasaje en el maravilloso sermón de Jonathan Edwards. Esto ocurrió en medio de un gran avivamiento. El mensaje decía: «pecador, en este momento estás parado sobre la boca del infierno, sobre una sola plataforma que está totalmente deteriorada. Cuelgas sobre las fauces de la perdición, por medio de una cuerda solitaria, cuyas hebras se están rompiendo». Es terrible estar en una posición así y todavía decir: «mañana». Algunos de vosotros me recordáis aquella historia de Dionisius el tirano, el cual, deseando castigar a uno de sus hombres que le había desobedecido, lo invitó a una gran fiesta. Sobre la mesa se colocaron las más exquisitas viandas, y fue invitado a beber los vinos más selectos. En la cabecera se colocó una silla y en ella se hizo sentar al invitado. ¡Horror de horrores! La fiesta podía ser espléndida, pero el invitado era miserable y desdichado. Por más magnífico que fuese el atavío de los sirvientes, y el arreglo del salón, aquel a quien se había invitado, estaba sentado allí, sufriendo agonías. ¿Por qué razón? Porque sobre su cabeza colgaba una espada, suspendida por un solo cabello. Este invitado tenía que estar todo el tiempo sentado con la espada encima de él. Entre él y la muerte, había sólo un cabello. ¿Podéis imaginaros el tormento del pobre hombre? No podía escapar, se tenía que quedar sentado donde estaba. ¿Cómo podría estar de humor para fiestas? ¿Cómo podría regocijarse? Pero, ¡oh!, mi oyente incrédulo, tú estás allí en esta mañana, con todas tus riquezas y tu fortuna. Tienes las comodidades de una casa maravillosa y una familia estupenda. Pero hoy estás en un lugar del que no puedes escapar. La espada de la muerte está suspendida sobre tu cabeza, preparada para descender, y el enemigo junto a ti, ¡esperando que tu alma se separe de tu cuerpo! ¿Puedes todavía dilatar tu decisión? Si puedes hacerlo, entonces verdaderamente tu pecado es de soberbia en un alto grado. «Preserva también a tu siervo de las soberbias; que no se enseñoreen de mí» (Sal. 19:13).

II. POR QUÉ HAY TANTA MAGNITUD EN UN PECADO DE SOBERBIA.

Hemos llegado a la segunda parte del tema, que expondré de forma muy breve. Voy a tratar de mostraros. Permitidme tomar cualquiera de los pecados, por ejemplo, *el pecado contra la luz y el conocimiento*. Hay igual magnitud en un pecado de soberbia, que en cualquier otro. En esta tierra nuestra es posible que un hombre cometa traición. Pienso que debe ser más bien difícil llegar a hacerlo, pues a nosotros se nos permite decir palabras que de haber sido pronunciadas al otro lado del Canal habrían puesto nuestros cuellos en la guillotina, y hacemos cosas que si se hicieran en otro país acarrearían como consecuencia largos años de prisión. Pero yo creo que es posible, también aquí en Inglaterra, traicionar a la patria. Imaginemos a dos hombres que cometen traición; si uno de ellos quisiera alzar una pancarta en favor de la revolución, debería renunciar al derecho soberano de esta tierra en el lenguaje más fuerte y abominable. Dejaría de prometer lealtad a la realeza y más aún, si le fuera posible, intentaría echar a esta gente noble del país. Entre su rebeldes podría contar con alguien que siguiera ignorando sus intenciones, incluso desconociendo que la ley lo prohíbe. Estos dos hombres son llevados ante la ley con el cargo de alta traición. Aunque legalmente ambos son culpables, el que se rebeló voluntariamente, conociendo con toda malicia su rebelión, debería recibir el castigo más elevado que la ley demanda. ¿Y por qué? Porque en el primer caso se trata de un pecado de soberbia, y en el otro no. El primero se atrevió a desafiar voluntariamente a la soberanía y la ley del país, pero el segundo caso no fue igual. Así pues, todo el mundo se da cuenta de que sería justo hacer una distinción dentro del castigo, porque también hay diferencia en la culpa.

2. Una vez más; algunos hombres, como dije antes, pecan *deliberadamente* y otros no. Para demostraros que aquí hay una distinción apreciable, permitidme ilustraros con un caso. Dos hombres son traídos ante el tribunal. A cada uno se le acusa de haber robado una hogaza de pan. En un caso se puede probar que el hombre estaba hambriento, y que le echó mano al pan para calmar su hambre, arrepintiéndose después de lo que había hecho. El reconoce su delito, pero dice que fue atacado por una fuerte tentación. En el otro caso, el hombre era rico, y voluntariamente entró en la tienda porque quería demostrar que era un quebrantador de la ley. Escuchad lo que le dijo al policía que estaba afuera: «No me importa nada de usted ni de la ley. Voy a entrar allí, y robar lo que me da la gana, ¡a ver qué es lo que van a hacer conmigo!» Supongo que un magistrado dirá al primer hombre. «usted está libre de culpa, tenga cuidado de no volver a hacerlo y trate de llevar una vida honesta». Pero al segundo, me imagino que le habrá dicho algo así. «es usted un canalla infame, y ha cometido el mismo delito que el otro hombre, pero por muy diferentes motivos, le condenaré al máximo término de prisión que la ley me permite, y de lo único que me arrepiento es de no poder castigarle con más rigor». La soberbia del pecado fue lo que marcó la diferencia. Cuando pecas deliberadamente, sabiendo lo que haces, tu pecado contra el Dios Altísimo es más grave que si lo hubieras hecho en ignorancia, o en un momento de arrebato. Ahora, vamos a imaginarnos

Seguimiento, Discipulado, Oración ...

otro caso. Mi querido oyente, supón que en medio de una calurosa discusión has sido insultado por un hombre de temperamento colérico, sin haberle provocado previamente. Se enardeció con la discusión y te insultó, llamándote por un nombre que echa una mancha sobre tu carácter. Tú no le has pedido que se disculpe, porque has visto que fue una palabra áspera dicha sin pensar, y que luego de haberla dicho se arrepintió. Pero supón que otra persona te busca semana tras semana, y cuando por fin te encuentra te llama mentiroso delante de toda la gente. Puedo suponer que siendo un cristiano, encuentres necesario castigar dicha insolencia, no con tus manos, pero sí con la ley que nos protege de la forma de violencia que es el insulto. Me imagino que en el primer caso, no habría ningún problema en perdonarle. Podrías decir a ese hombre: «mi querido amigo, a veces todos nos ponemos nerviosos, así que no se preocupe por lo ocurrido, pues en realidad estoy seguro de que usted no quería decir lo que dijo». Pero en el segundo caso, cuando alguien se ha atrevido a insultarte y desafiarte sin ninguna provocación, podrías decirle: «Señor, usted me ha agredido de palabra, puedo perdonarle como cristiano, pero le demandaré contra su insolencia porque la ley me ampara».

La diferencia entre los dos casos radica en que en uno de ellos existió un pecado de soberbia. ¡Oh!, vosotros que habéis pecado con soberbia, y ¿quién de entre nosotros no lo ha hecho?, inclinad vuestras cabezas en silencio, confesad vuestra falta y luego clamad al Señor: «Padre, ten misericordia de mí, un pecador con soberbia».

III. LA APROPIACIÓN DE ESTA ORACIÓN

Ahora que casi estamos terminando, deseo que observemos: «Preserva también a tu siervo de las soberbias; que no se enseñoreen de mí», (Sal. 19:13).

¿Habéis notado, que esta oración fue *la oración de un santo*, la oración de un santo hijo de Dios? ¿Necesitaba David orar así; el hombre cuyo corazón era perfecto delante de Dios? Sí, lo necesitaba. Pero notad la *belleza* de la oración. Si fuera a traducirlo en un estilo más metafórico sería a sí: «Refrena a tu siervo de las soberbias», o, «refrénalo o se irá al borde del precipicio del pecado». Sosténlo Señor, él puede escapar, refrénalo, no dejes que lo haga, que tu todopoderosa gracia lo guarde santo; que cuando haga lo malo, tú le guíes hacia el bien, y cuando su propensión al mal le lleve lejos de ti, tú le vuelvas a tu lado». «Controla también a tu siervo de las soberbias».

¿Entonces, qué? ¿Es verdad que los mejores hombres pueden cometer pecados de soberbia? ¡Ah!, sí lo es. Es muy solemne ver al apóstol Pablo advirtiendo a los santos contra algunos de los más repugnantes pecados. Mirad qué nos dice: «Haced morir, pues, lo terrenal en vosotros; fornicación, impureza, pasiones desordenadas, malos deseos y avaricia que es idolatría» (Col. 3:5). ¿Cómo prevenir a los santos de pecados como éstos? Sí, se debe. A menos que sean guardados por la gracia divina, los santos de vida espiritual más elevada, pueden cometer los pecados más bajos. Vosotros, cristianos experimentados, no os jactéis de vuestra experiencia, pues podéis aún tropezar, a menos que claméis; «sosténme Señor, y estaré seguro». Aquellos con amor ferviente, fe constante y esperanzas vivas, no digáis «yo nunca pecaré». Decid más bien: «Señor, no me dejes caer en la tentación, y si llego a caer en ella no permitas que permanezca allí, porque a no ser que tú me sostengas, puedo convertirme en un apóstata». A menos que Dios apague las chispas que van cayendo, en los corazones de los mejores hombres hay suficiente yesca para encender un fuego que queme hasta lo más bajo del infierno. En el más santo de los hombres hay bastante corrupción, depravación, y maldad como para condenar su alma eternamente. ¡Oh, amigo creyente!, tú necesitas orar esta oración. Sin embargo, me parece oírte decir: «¿qué es tu siervo, este perro, para que haga tan grandes cosas?» (2 R. 8:13). Eso dijo Hazael, cuando el profeta le profetizó que asesinaría a su señor. Así que marchó a su casa, tomó un paño mojado y lo puso sobre la cara de su señor y le sofocó, cometiendo el pecado que antes aborreció. Pensar en contra del pecado nunca será suficiente, puedes caer fácilmente en él. No digas: «yo nunca me emborracharé, pues siempre he aborrecido ese pecado», porque puede que caigas desde donde te sientas más seguro. Tampoco digas: «yo nunca blasfemaré a Dios, pues no lo he hecho nunca en mi vida»; ten cuidado, puedes llegar a hacer un juramento profano. Job pudo haber dicho «nunca maldeciré el día en que nací», pero vivió para hacerlo. Job era un hombre paciente, bien podía haber dicho «nunca murmuraré». «He aquí, aunque me matare, en él esperaré» (Job 13:15). Sin embargo, vivió para desear que el día en que nació estuviera envuelto en tinieblas. Cristianos, no os jactéis entonces; por la fe permanecéis firmes. «Así que, el que piensa estar firme, mire que no caiga» (1 Co. 10:12).

Si ésta necesita ser la oración de los mejores cristianos, ¿cómo tendría que ser la oración tuya y la mía? Si el santo más elevado debe orar así, los meros moralistas necesitan hacerlo a diario. Para vosotros los que habéis comenzado a pecar, quienes no hacéis pretensiones de piedad, ¡cuánta falta os hace orar, para que podáis ser guardados de la soberbia de rebelaros contra Dios!

CONCLUSIÓN

En lugar de extenderme sobre este punto, acabaré esta mañana dirigiéndome a los que estáis ahora bajo un sentido de culpa, a causa de los pecados de soberbia. El Espíritu de Dios ha descubierto a algunos de vosotros en esta mañana. Cuando estaba describiendo los pecados de soberbia, he visto aquí y allá algunos ojos llenos de lágrimas, y alguna cabeza inclinada como queriendo decir: «yo soy culpable de ello». También, cuando me he puesto a describir la culpabilidad del pecado de soberbia, pienso que han habido algunos corazones que palpitaban fuertemente. Espero que así haya sido. Y si lo fue, me alegro por ello. Si he sacudido tu conciencia, esa fue mi intención, porque no hablo a vuestros oídos, sino a vuestros corazones. Dios es testigo de que no voy a gratificarte con meras palabras de oratoria. Deseo haber llegado a vuestras conciencias. He usado palabras que en nuestro lenguaje son rudas y vulgares, tal vez porque puedo llegar mejor a vuestro corazón con ellas que con otras. Reconozco que el papel esencial del predicador es tocar la conciencia. Si alguno de vosotros siente que ha cometido un pecado de soberbia contra Dios, arrepiéntase y llore por él. Os sugiero que cuando lleguéis a vuestras casas, os inclinéis ante Dios y confeséis vuestra culpa. Habéis pecado grandemente y si Dios te condenara ahora mismo a la perdición, haría justicia. Si su rayo de venganza te atravesara de lado a lado, y la flecha que está en su arco encontrara el blanco en tu corazón, Él habría hecho lo justo. Id a casa y confesad vuestra culpa con lágrimas, si es necesario. Y luego, ¿qué vas a hacer? Te recuerdo que existió un hombre que también era Dios. Aquel hombre sufrió por los pecados de soberbia. Pecador, si sabes la necesidad que tienes de un Salvador, te invito en este día, a que vayas a tu habitación, te eches sobre tu rostro y llores por causa del pecado. Cuando lo hayas hecho, abre tu Biblia y lee la historia de ese hombre que sufrió y murió por tus pecados. Piensa que le estás viendo en medio de sus enemigos, y en todas sus inimaginables agonías y penas,

«Mi alma mira hacia atrás para ver,
las cargas que tú por mí llevaste,
colgando en la maldita cruz
espero que mis culpas allí estén».

Levanta tu mano, y ponla sobre su cabeza diciendo:

«Mi fe pondrá su mano
sobre ésta, tu querida cabeza,
Mientras como penitente yo te miro
Y confieso mis culpas allí».

Siéntate al pie de su cruz, y contémplale hasta que tu corazón sea movido y roto, hasta que tus lágrimas comiencen a caer, y puedas levantarte y decir:

«Desecho por su misericordia,
postrado caigo al suelo,
y lloro por la misericordia tuya que
he encontrado».

¡Oh pecador, si te echas a los pies de la cruz, nunca podrás perecer. Si buscas salvarte a ti mismo morirás, pero si vienes tal como estás, mereciéndote el infierno, Él

Seguimiento, Discipulado, Oración ...

te salvará. Si no es así, yo responderé por Él en el día del juicio. Puedo predicar sobre este tema, porque yo mismo he probado a mi Maestro. Como un niño me he rebelado, siendo joven he pecado, y como un hombre vagué en vanidades y lujurias. Mi Maestro me hizo ver cuán grande pecador era yo, y busqué reformarme y enmendar el asunto, pero todo fue para peor. Por último, le oí decir: «Mirad a mí, y sed salvos, todos los términos de la tierra, porque yo soy Dios, y no hay más» (Is. 45:22). Y yo miré a Jesús; y ¡oh!, mi Salvador, tú has aliviado mi conciencia dolorida y me has dado paz, así que puedo decir:

«Ahora camino libre del pecado,
habiendo confiado en tu sangre,
mi alma yace a tus pies,
un pecador salvado,
un homenaje pagado».

Mi corazón palpita por ti. Que esa persona, que nunca le ha conocido, pueda probar ahora su amor. ¡Oh, tú que nunca te has arrepentido, que recibas ahora al Espíritu Santo que puede derretirte el corazón! Repito la solemne afirmación: esta mañana soy el rehén de Dios; si buscáis a Cristo y Él no os salva, podéis aprisionarme y darme a comer pan y agua hasta el fin de mi vida, y yo llevaré la culpa por siempre. No debe ser, no puede ser. «... Al que a mí viene, no le hecho fuera» (Jn. 6:37). «... Por lo cual puede también salvar perpetuamente a los que por él se acercan a Dios, viviendo para siempre para interceder por ellos» (He. 7:25). Que el Dios todopoderoso te bendiga, y nos encontremos juntos en el Paraíso maravilloso. Allí cantaremos dulcemente del amor redentor, de la sangre expiatoria, y del poder de Jesús para salvar,

«Cuando esta pobre y vacilante lengua descanse silenciosa en la tumba».

88. DESPIERTA, DESPIERTA

«Por tanto, no durmamos como los demás, sino velemos y seamos sobrios» (1 Tesalonicenses 5:6).

INTRODUCCIÓN: La gravedad y tristeza del pecado.

I. DESCRIPCIÓN DEL TÉRMINO DORMIR
1. Los que duermen.
   a) Están al borde del infierno
   b) No pueden defenderse así mismos
   c) No tienen poder para resistir la tentación
2. El sueño significa inactividad.
3. La sobriedad.

II. CIERTAS RAZONES
1. Hijos de la luz, hijos del día.
2. Testifiquemos de la luz.

CONCLUSIÓN: ¿Cómo será tu despertar?

DESPIERTA, DESPIERTA

INTRODUCCIÓN

¡Qué cosas tan tristes ha hecho el pecado! Este bello mundo nuestro, fue una vez un templo glorioso, cada rincón del cual reflejaba la bondad de Dios. Cada parte de él era un símbolo del bien, pero ha sido estropeada y corrompida por el pecado. Tanto ha estropeado la economía divina de la naturaleza, que aquellas cosas que eran inimitables figuras de virtud, bondad y plenitud divina de bendición, se han convertido ahora en las figuras y representantes del pecado. Resulta extraño, pero es verdad, que los mejores dones de Dios, por culpa del pecado del hombre, han sido las tristes figuras de la culpa humana. ¡Mirad el diluvio!, surgiendo de sus fuentes y corriendo por los campos, llevándose todo lo que encuentra a su paso e inundándolo todo, arrasando los cultivos de donde el campesino sacaba una abundante cosecha. Podríamos haber dicho que el surgir de las aguas de debajo de la tierra, era una magnífica figura de la plenitud de la Providencia de Dios, pero nos encontramos con que el pecado se ha apropiado para sí de esta figura. El comienzo del pecado es como el brotar de las aguas. ¡Ved el fuego! ¡Cuán amablemente Dios ha derramado sobre nosotros ese elemento, para alegrarnos y calentarnos en medio de las heladas del invierno. Con frío en medio de la nieve, corremos a nuestra casa junto a la chimenea, para recogernos bajo nuestro techo y calentar nuestras manos. El fuego es una rica figura de las influencias divinas del Espíritu y un emblema santo del celo del cristiano; pero ¡oh!, el pecado lo ha tocado y la lengua es llamada por la Palabra «un fuego». El infierno mismo es fuego eterno. Cuando contempla las maldades causadas por el pecado, Santiago levanta sus manos al cielo y dice: «¡Cuán grande bosque enciende un pequeño fuego!» (Stg. 3:5). Después está el sueño, unos de los dones más dulces de Dios.

«La fatigada naturaleza se restaura en el bálsamo del sueño».

En el sueño, Dios ha escogido la misma figura del reposo de los benditos. La Escritura nos dice que ellos duermen en Jesús. David lo contaba entre los dones peculiares de la gracia: «Pues a su amado dará Dios el sueño» (Sal. 127:2). Pero, ¡oh, el pecado no pudo dejar tranquilo ni siquiera al sueño! También se apoderó de esta metáfora celestial, y aunque Dios mismo haya empleado el término «sueño», para expresar la excelencia del estado de los benditos, el pecado profanó aún esto, antes de que pudiera expresarse por sí mismo. Dormir en nuestro texto de hoy, se emplea como una figura de una condición pecaminosa. «Por tanto, no durmamos como los demás, sino velemos y seamos sobrios» (1 Ts. 5:6).

Con esta introducción, procederé de inmediato a tratar el tema del texto. La palabra «dormir» en este texto es algo malo que tiene que evitarse. En segundo lugar, la expresión «por tanto» se usa para mostrarnos que hay ciertas razones por las cuales debemos evitar este sueño. Y puesto que el apóstol habla de este sueño con tristeza, es para enseñarnos que hay algunos, a quienes llama «los demás», de los que debemos de compadecernos y lamentar, porque duermen y no velan ni son sobrios.

I. DESCRIPCIÓN DEL TÉRMINO DORMIR

1. Comenzamos, en primer lugar, a destacar la maldad que el apóstol intenta describirnos bajo el término dormir. Pablo habla aquí de «los demás», que están dormidos. Si vais al texto original, veréis que las palabras que se traducen como «los demás», tienen un significado más enfático. Tienen que interpretarse como «los desechos» o «los desperdicios» no durmamos como la mayoría de la gente, los espíritus innobles, aquellos que no tienen otra cosa que pensar que sus negocios y problemas sobre esta tierra. No durmamos como los desechos de la humanidad. La palabra «dormir» en el original tiene también un sentido más enfático. Significa sueño profundo, inactividad o inercia. El apóstol sugiere que el desecho de la humanidad está ahora profundamente inactivo. Trataremos a continuación de explicar el significado de estos términos.

Primero, el apóstol quiere decir que el desecho de la humanidad está en un deplorable estado de ignorancia. Los que duermen así no saben nada. Puede haber alegría en su casa, pero la holgazanería no es compatible con la alegría. En esa familia puede haber muerte sin que corra una sola lágrima por la mejilla del que duerme. En la historia del mundo han acontecido grandes eventos, pero éstos no se han apercibido de ellos. Una ciudad puede haber sido devastada por un terremoto o una nación destruida por la guerra, o tal vez la bandera del triunfo esté ondeando al viento, mientras los clarines anuncian la victoria, pero estas personas no se enteran de nada.

«Su labor y su amor están perdidos como desconocidos y desconociendo».

Aquel que duerme no es consciente de nada. ¡Contemplad cómo el desecho de la humanidad es así! La gente sabe mucho acerca de algunos temas, pero de las cosas espirituales no saben nada. No tienen idea de la divina persona del Redentor, desconocen el goce y alegría de una vida de piedad. Tampoco son capaces de experimentar o siquiera percibir, el elevado entusiasmo y las satisfacciones interiores del cristiano. Habladles de las doctrinas divinas y no las podrán ni adivinar, decidles acerca de experiencias sublimes y les parecerán fantasías. No saben nada acerca del gozo que ha de venir, y son inconscientes de los males que le caerán encima, por continuar con su iniquidad. Esa masa de la humanidad es ignorante, no saben nada, no tienen el conocimiento de Dios, ni el temor de Jehová está delante de sus ojos, sino que cegados por la ignorancia de este mundo, marchan adelante a los caminos del pecado y la concupiscencia, y su fin será la ruina eterna de sus almas. Hermanos, si somos santos, no seamos ignorantes como «los demás». Escudriñemos las Escrituras, en ellas tenemos vida eterna porque nos hablan acerca de la vida y obra del Señor Jesús. Seamos diligentes, no permitamos que la Palabra salga del corazón. Meditemos en ella de día y de noche, para que seamos como los «árboles plantados junto a corrientes de aguas» (Sal. 1:3). «No durmamos como los demás.»

Nuevamente os digo, el sueño sugiere un estado de insensibilidad. Hay mucho conocimiento almacenado y escondido en el que duerme, que podría ser desarrollado si la persona se despertara. Pero el que duerme no tiene ninguna sensibilidad, no sabe nada. El ladrón ha entrado en la casa; el oro y la plata están en sus manos. Desgraciadamente, el niño de la familia ha sido asesinado por el ladrón que acaba de entrar, pero el padre duerme. Todo el oro y la plata que tenía, están en las manos del destructor. Este padre está inconsciente, ¿cómo puede sentir nada, cuando el sueño le ha privado de sus sentidos? En la calle se oyen quejidos, están gritando en su ventana y alguien pide ayuda. Un fuego está quemando la casa de abajo en la que vive una familia pobre, y sus habitantes están en la calle. Pero él sigue durmiendo, y nada le importa, aunque la noche sea fría y los pobres estén tratando de abrirse camino entre las ruinas. El que duerme no tiene consciencia, no puede sentir nada por ellos. Si a una de estas personas le ocurrieran todas las catástrofes que le sucedieron a Job, él dormiría tan profundamente, como si estuviese guardado por el ángel del Señor.

a) Estos individuos son el desecho de la humanidad. Pero ¡oh!, ¿por qué tenemos que calificar de «desecho» a la mayoría de la humanidad? ¡Cuán pocos tienen sensibilidad espiritual! Están al borde del infierno, pero no tiemblan. La ira de Dios está sobre ellos, pero no tienen miedo. La espada de Jehová está desenvainada, pero no se ven invadidos por el temor. Ellos siguen con su alegre baile, beben en el cuenco del placer que les intoxica, se revelan en medio del caos y continúan cantando su lasciva canción. Para hacer aún más que esto, en sus sueños vanos quieren desafiar al Altísimo. Si pudieran despertarse y tener conciencia de su verdadero estado, su médula se derretiría, y su corazón se fundiría como la cera en medio de sus entrañas. Pero están dormidos, indiferentes e inconscientes. Todo lo que les traiga esperanza para el día de su muerte, es barrido como las hojas al viento. ¿Cómo alguien que está durmiendo podría sentir algo? «Por tanto no durmamos como los demás, sino velemos y seamos sobrios.»

b) Os lo repito: el que duerme no puede defenderse a sí mismo. Contemplad al joven príncipe; es un hombre fuerte y armado. Ha entrado dentro de la tienda. Ha estado bebiendo la leche y comiendo la mantequilla de la mujer. Está cansado, se echa en el suelo y se queda dormido. Ahora entra ella y se acerca silenciosamente. Tiene en su mano un martillo y un clavo. ¡Guerrero! tu podrías convertirla en átomos con uno solo de tus brazos, pero eres incapaz de defenderte. El clavo está sobre su oído, la mano de la mujer está en el martillo, y ahora el clavo le atraviesa el cráneo. Al estar dormido, está indefenso. El estandarte de Sísara ha vencido sobre los enemigos más potentes, pero ahora está manchado de sangre por una mujer. ¡Dilo, dilo! Ese hombre, que cuando estaba despierto hacía temblar a las naciones, mientras duerme muere por mano de una débil mujer.

c) Éste es el desecho de la humanidad. Estas personas duermen, no tienen ningún poder para resistir la tentación. Su fortaleza moral los ha dejado, pues Dios se ha apartado de ellos. Pensad en la tentación de la lujuria. Son hombres que tienen principios sanos en los asuntos de los negocios, y por nada del mundo renunciarían a su honestidad. Sin embargo, la lascivia los destruye, son capturados como el pájaro en la trampa y hechos prisioneros. O tal vez, hay otra forma en la que pueden ser conquistados. Hay hombres que no cometerían ningún acto de inmoralidad, ni siquiera pensarían en un pensamiento lascivo. Sin embargo,

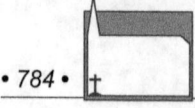

tienen otro punto débil; están encerrados y esclavizados por la bebida que los está destruyendo. No quieren renunciar a la vida, pero tampoco disfrutan de ella. Quizás la codicia entrará en sus corazones, disfrazándose bajo el nombre de prudencia, y amontonarán riquezas, aunque tengan que explotar a los pobres y robar al huérfano. Es imposible que resistan esa tentación. Cuántas veces algunos me han dicho: «yo poco puedo hacer señor, lo intento de un modo y de otro, pero estoy indefenso, vuelvo a caer, ¡no puedo resistir la tentación!» ¡Oh, por supuesto que no puedes mientras estés durmiendo! ¡Oh Espíritu del Dios viviente!, despierta a los que duermen. Que desaparezcan la codicia y la presunción, no sea que Moisés se cruce en su camino y encontrándoles dormidos, los cuelgue para siempre en el cadalso de la infamia.

2. Ahora, os daré otro significado de la palabra «dormir». Espero que en mi congregación hayan habido personas que fueran tolerantes durante la descripción de los tres primeros puntos. No quiero que piensen que estos asuntos no son para ellos. El sueño, en este sentido, también significa inactividad. Mientras duerme, el granjero no puede plantar su campo, ni tampoco recoger el grano en sus sacos, ni mirar las nubes, ni cosechar lo que ha plantado. El marinero dormido no puede levantar la vela de su barco, ni dirigir el buque a través del océano. No es posible que en el mercado, en las casas de negocios y en los bancos, los hombres hagan transacciones sobre sus negocios, con sus ojos cerrados por el sueño. Ver una nación de durmientes, sería en verdad algo muy singular, pues resultaría una nación de inútiles. Todos se morirían de hambre, por cuanto no podrían conseguir ningún beneficio de la tierra. No tendrían nada para comer ni nada con que vestirse. ¿Cuántas personas tenemos sobre este planeta, que están inactivos porque duermen? Por inactivos quiero decir que están activos en otra dirección, pero inactivos en la dirección correcta. ¡Cuántos hombres hay que están inactivos en cualquier cosa que sea para la gloria de Dios, o para el bienestar de su prójimo! Viven solo para sí mismos. Se levantan temprano, se acuestan tarde y comen su pan alegremente. Sus hijos, iguales a ellos, trabajan hasta que les duelen las manos, se le enrojecen los ojos y su cerebro les da vueltas. Pero no hacen nada para Dios. Algunos dicen que no tienen tiempo, otros confiesan francamente que no tienen voluntad. No dedicarían una hora de su tiempo para la Iglesia de Dios. Mientras que destinan días enteros a los placeres de este mundo, no pueden emplear una hora de su tiempo y atención para los pobres. En cambio, les sobra el tiempo para ellos mismos y para sus propias diversiones. No hacen el bien al prójimo, ni realizan ninguna obra de caridad. Antes de dejar este punto, es necesario que diga que el mismo apóstol nos provee con parte de la explicación; pues la segunda frase, «sino velemos y seamos sobrios», implica lo contrario de dormir. «Velemos», dice Pablo. Hay personas que nunca están velando. Nunca velan para estar apercibidos del pecado, ni en guardia contra las tentaciones del enemigo. No están en una actitud vigilante contra «los deseos de la carne, los deseos de los ojos, y la vanagloria de la vida» (1 Jn. 1:16). Nunca buscan oportunidades para hacer el bien, para instruir a los ignorantes, confirmar a los débiles, confrontar a los afligidos, o socorrer a los que están en necesidad. Tampoco buscan oportunidades para glorificar a Jesús, o momentos de comunión con Él; no tienen esperanza en las promesas de Dios ni esperan respuestas a sus oraciones. Tampoco están velando para esperar la segunda venida de nuestro Señor Jesucristo. Éstos son el desecho del mundo: no velan porque están dormidos. Recordad que la Palabra nos dice que velemos, para probar así que no somos de los que «duermen».

3. Ahora, «seamos sobrios». Albert Barnes dice que esto se refiere a la abstinencia o templanza en comer y beber. Calvino no opina lo mismo, sino que piensa que se refiere más especialmente al espíritu de moderación hacia las cosas del mundo. Ambos son correctos y a ambos se refiere el apóstol. Hay muchos que no son sobrios; duermen porque no lo son, pues la falta de sobriedad les lleva al sueño. No son sobrios

son bebedores, alcohólicos y también glotones. No son sobrios no están contentos con tener un pequeño negocio; lo quieren todo a lo grande. No son sobrios no pueden llevar a sus espaldas un negocio seguro deben de practicar la especulación. No son sobrios si pierden sus propiedades, su espíritu se deprime dentro de ellos.

Si por otra parte se hacen ricos, su sobriedad también brilla por su ausencia. Ponen su afecto en las cosas de la tierra, de manera que se llenan de orgullo porque tienen siempre la cartera llena. ¡Su vanidad es tal que necesitan que se levanten los cielos más arriba, para que su cabeza no choque con una estrella! ¡Cuánta gente hay que no tiene ni una pizca de sobriedad! ¡Oh!, os quiero destacar este principio con carácter urgente, mis amigos! Vendrán tiempos difíciles, y ya lo son bastante ahora. Seamos sobrios. El pánico en América ha surgido especialmente por la desobediencia a este mandamiento. Si los profesores de América lo hubieran obedecido y se hubieran conducido con sobriedad, ese pánico se habría mitigado, y hasta podría haberse evitado. Dentro de poco tiempo, los que de vosotros tenéis dinero guardado en el banco, iréis corriendo a sacarlo por temor a que la banca pueda tambalearse. No sois lo suficientemente sobrios como para tener un poco de confianza en vuestro prójimo. Y esos que prestáis dinero con usura, no estaréis contentos con prestar lo que tenéis, sino que apretaréis y amenazaréis a vuestros deudores para tener más dinero para volver a prestarlo. Los hombres no están conformes con enriquecerse de a poco, sino que quieren ser ricos rápidamente. Eso no es ser sobrio. Tened cuidado, mis hermanos, si han de venir tiempos difíciles, si ciertos negocios irán a la quiebra y cerrarán algunos bancos, comportaos sobriamente. No hay nada mejor para superar el pánico que mantener los espíritus en alto. Levantémonos por la mañana diciendo: «los tiempos son muy difíciles y es posible que lo pierda todo, pero dejar que me domine el pánico no me ayudará a nada. Voy a tener un corazón valeroso y a seguir con mi negocio. Las ruedas del comercio pueden detenerse. Yo bendigo a mi Dios por mis tesoros en los cielos; con ellos jamás podré ir a la bancarrota. He puesto mis afectos en las cosas de Dios, y por lo tanto no puedo perder ninguna de ellas. Allí están mis joyas, allí está mi corazón». Si todos los hombres pudieran hacer esto, ayudaríamos a crear una confianza pública. La causa de la ruina de muchas personas, es su codicia y su temor. Si todos anduviéramos por este mundo con confianza, con valor y coraje, impediríamos que el *shock* nos sacudiese. Supongo que de todas formas el *shock* tendrá que venir. Hay muchos hombres aquí presentes, que de ahora en adelante esperan convertirse en mendigos. Lo que tú debes hacer es poner tu confianza en Jehová para que puedas decir: «Dios es nuestro amparo y fortaleza, nuestro pronto auxilio en las tribulaciones. Por tanto, no temeremos, aunque la tierra sea removida, y se traspasen los montes al corazón del mar» (Sal. 46:1). Haciendo esto, estarás creando más probabilidades para impedir tu propia destrucción. Ningún otro medio que la sabiduría humana pueda ofrecerte, será tan eficaz. No durmamos, no seamos llevados por el sonambulismo del mundo, sino velemos y seamos sobrios.

II. CIERTAS RAZONES

Bien, he ocupado una gran parte del tiempo en explicar el primer punto ¿Qué quiere decir el apóstol cuando afirma que muchas personas «duermen»? Notaréis que la expresión «por tanto», implica que hay ciertas razones para que sea así. Os daré estas razones, y presentaré algunas de una forma dramatizada; tal vez así las recordaréis mejor. «Por tanto», dice el apóstol, «no durmamos como los demás».

1. Primero, miraremos al mismo capítulo para encontrar esas razones. La primera razón es la que precede al texto. El apóstol nos dice que somos «hijos de la luz e hijos del día..., por tanto, no durmamos como los demás». Mientras camino por las calles al caer la noche, no me asombro al ver que cada tienda está cerrada, y cada ventana baja. En la parte de arriba veo luces encendidas, lo cual significa que sus dueños se han retirado a descansar. No me extraño

entonces, que antes que termine mi caminata, no encuentre a nadie en las calles. Si subiera las escaleras para contemplar los plácidos rostros durmientes, no debería de asombrarme, pues es la hora de dormir. Pero si en la mañana, a eso de las once o doce del mediodía, caminara por las calles y me encontrara solo, con las tiendas y las casas cerradas y todo en silencio, diría que aquí pasa algo raro, ¿dónde está toda la gente? Es de día, pero todos están durmiendo. Iría a la primera puerta que viera y llamaría, y luego corriendo a la segunda puerta, y haría lo mismo, y así calle abajo con todas las puertas que hallara. Si así no lograse nada, iría a la comisaría de policía más próxima y sacudiría al primer oficial que viera durmiendo, haciendo al mismo tiempo un buen escándalo en las calle. También podría ir a la estación de bomberos y pedirles que recorrieran las calles, tocando su campana para despertar a la gente. Pensaría que hay alguna enfermedad o alguna pestilencia que tiene a la gente dormida, o bien que el ángel de la muerte ha pasado de noche matando a todas las personas, pues de otro modo, tendrían que estar despiertas. Dormir a plena luz del día es totalmente incongruente. Ahora bien, dice el apóstol Pablo, vosotros pueblo de Dios, ya es de día, el sol se ha levantado con el brillo y el calor de sus rayos. La luz del Espíritu Santo está en vuestra conciencia; habéis sido traídos de las tinieblas a esta maravillosa luz. Si la Iglesia está dormida, es como si en una ciudad la gente estuviera todo el día en cama. Es inapropiado y ridículo.

Y ahora, si miráis nuevamente al texto, encontraréis otro argumento. «Pero nosotros, que somos del día, seamos sobrios, habiéndonos vestido con la coraza de fe y de amor, y con la esperanza de salvación como yelmo» (1 Ts. 5:8). Bueno, parece que son tiempos de guerra. Aún es más impropio echarse a dormir. Imaginad que lejos en la India, existe una fortaleza. Una tropa de esos abominables Sepoys la han rodeado. Como sabuesos venidos del infierno, si logran entrar en la fortaleza, apuñalarán a las mujeres y los niños y cortarán a los hombres fuertes en pedazos. Están a las puertas: su cañón está cargado, sus bayonetas están sedientas de sangre, y sus espadas deseosas de matar. Dentro de la fortaleza, todo el mundo duerme. El guardia de la torre se quedó dormido sobre su bayoneta, El capitán de la fortaleza, está sentado en su escritorio, con la pluma en la mano, dormido sobre la mesa. Alrededor, hay soldados dormidos en sus tiendas, preparados para la guerra, pero durmiendo. No hay ni un hombre que vigile, ni un centinela. Mis queridos amigos, ¿no diríais vosotros, «pero qué es lo que pasa aquí? ¿Qué puede ser? ¿Ha venido algún mago a hacer sus hechizos y a dormir a toda la gente? O acaso, ¿están todos locos? ¿Se han quedado sin cerebro?» Dormir en tiempo de guerra es desastroso. ¡Aquí! ¡Tocad la trompeta cerca del oído del capitán, y veréis si no se despierta al instante! ¡Quitadle la bayoneta al soldado dormido y dadle un buen pinchazo con ella, y entonces se despertará. En tiempos de guerra, cuando el enemigo rodea las murallas y está listo para atacar, nadie tiene paciencia con la gente que duerme.

Ahora bien, cristianos, este es vuestro caso. Vuestra vida es una vida de guerra. El mundo, la carne y el diablo, esa trinidad infernal asechan a cada momento, y ¡vosotros dormís, inconscientes del peligro! ¡Dormidos!, cuando Satanás tiene las balas de fuego de la concupiscencia, para tirarlas en las ventanas de vuestros ojos cuando tiene las flechas de la tentación para tirar a vuestros corazones y trampas en las cuales atrapar vuestros pies. ¡Dormidos!, cuando él ha minado vuestra propia existencia, y está apunto de encender la cerilla que os destruirá, a menos que la gracia soberana lo impida. ¡Oh!, soldado de la cruz, ¡no te duermas! Dormirse en tiempo de guerra es totalmente inconsistente. ¡Gran Espíritu de Dios, impide que sigamos dormidos!

Pero ahora, dejando el capítulo, os daré una o dos razones que confío podrán mover al pueblo de Dios a despertarse de su sueño. «¡Sacad a vuestros muertos! ¡Sacad a vuestros muertos!» —se oye gritar en las calles–. Luego, suena una campana. ¿Qué es? Aquí hay una puerta marcada con una cruz. ¡Señor, ten misericordia de nosotros!

Seguimiento, Discipulado, Oración ...

Todas las casas a lo largo de la calle están marcadas con esa cruz. ¿Qué es? Hay césped creciendo en las calles. Aquí en Cornhill y Cheapside está desierto; no se encuentra a nadie, ni nadie camina por las calles. No se oye ningún ruido, sino ese resoplar del caballo de la muerte sobre las piedras. De pronto, se escucha el sonido de esa campana que para muchos indica la muerte, el ruido de las ruedas de ese carruaje y el grito: «¡Sacad a vuestros muertos!», «¡sacad a vuestros muertos!» ¿Podéis ver esa casa? Allí vive un médico. Es un hombre que tiene mucho conocimiento de la medicina, pues Dios le ha dado sabiduría. Hace unos días Dios quiso guiar su mente, y llevarle a descubrir el secreto de esta plaga. Él mismo había sido atacado por esa plaga y estaba próximo a morirse, pero tomó una pócima que lo curó. ¿Adivináis qué voy a deciros? ¿Podéis imaginarlo? Aquel hombre tenía en su bolsillo la receta que podía curar a toda esa gente. Él tenía la medicina que una vez distribuida por aquellas casas, mejoraría a los enfermos y hacer desaparecer el sonido de la campana de la muerte. ¡Pero, oh cielos, está dormido! ¡Está dormido! Él tiene la medicina curativa, pero es demasiado holgazán como para ir y administrarla a los enfermos que se están muriendo. No, mis amigos, no puede existir un ser tan inhumano y desgraciado. Pero, ¡los estoy viendo hoy aquí! ¡Sois vosotros! Sabéis bien que el mundo está enfermo con la plaga del pecado, y vosotros mismos habéis sido curados por ese remedio. Pero estáis adormecidos, inactivos, inertes.

«Dile a la gente a tu alrededor, ¡qué Salvador más querido has encontrado!»

2. He aquí el precioso Evangelio; ¿no irás y lo pondrás en labios de un pecador? Aquí está la preciosa sangre de Cristo, ¿no les diréis a «los demás», que están muriendo, lo que deben hacer para ser salvos? El mundo está pereciendo por algo peor que una plaga, y vosotros estáis paralizados. Tú, que eres un ministro del Evangelio y que te has dedicado a servir al Señor, ¿te contentas con predicar los domingos por la mañana y por la tarde y una vez entre semana, y no tienes ningún signo de alarma en tu corazón? ¿No deseas atraer a las multitudes para que escuchen el Evangelio? Antes que predicar la Palabra con valor y convicción a la muchedumbre, prefieres que los bancos estén vacíos. Sabes escribir bien, tienes poder en ello y es uno de tus talentos, pero te dedicas a la literatura ligera, o a la producción de otros libros de entretenimiento, pero que no acarrean ningún beneficio para el alma. Conoces la verdad, pero no la proclamas. Tú, madre joven que eres una mujer convertida; tienes hijos, y te olvidas de instruirlos en los caminos del Señor. Joven, tú que en el día del Señor no haces nada . La Escuela Dominical necesita maestros. Vé y dile a esos niños el remedio soberano que Dios ha provisto para curar a las almas enfermas. La campana de la muerte está sonando ahora mismo, el infierno está gritando, pidiendo con un hambre monstruosa las almas de los hombres. «¡Traed al pecador! ¡Traed al pecador! ¡Que muera y sea condenado!» ¡Y allí estás tú, profesando ser creyente y sin hacer nada para salvar a las almas y evitar que vayan a la condenación eterna! ¡Oh!, que la bendición del Señor pueda descansar sobre ti, para sacarte de ese sueño de irresponsabilidad cristiana. No seas como «los demás», que se duermen, sino vela, sé sobrio. El peligro inminente en que está el mundo, demanda que seamos activos y no durmamos.

¡Oíd como cruje el mástil! ¡Ved las velas hechas jirones! El barco se va directo a las rocas. ¿Dónde está el capitán? ¿Dónde está el contramaestre? ¿Y los marineros? ¿Dónde estáis? Viene una tormenta. La tripulación está abajo en los camarotes. El timonel duerme y también el capitán. Los marineros están durmiendo en sus literas. Las vidas de doscientos pasajeros están en peligro, ¿y toda la tripulación está dormida? Dadles un puntapié. ¡No se puede dejar que esos marineros duerman en una situación de peligro! Si os hubierais ido a dormir con un día hermoso, todavía podríamos perdonaros, ¡pero no en medio de una tormenta! ¡Arriba capitán! ¿Qué has estado haciendo? ¿Estás loco? Pero, ¡oh!, el barco ha chocado y en un momento se hundirá. ¿Querréis trabajar ahora? Ya es inútil, y los gritos de las mujeres ahogadas te acusarán en el infierno, de tu absurda negligencia de no haber tenido cuidado del barco. Bien, esto es muy parecido a lo que hacemos muchos de nosotros en estos días.

Este orgulloso barco que es nuestro país, está navegando a través de una tormenta de pecado. El mismo mástil de nuestra gran nación está crujiendo bajo el huracán del vicio, que sopla con fuerza descomunal. Cada madero está forzado al máximo, ¡y Dios ayude a este barco, o nadie podrá salvarlo! ¿Y quién es su capitán y sus marineros, sino ministros de Dios y profesores de religión? A esta «tripulación» Dios le da gracia para dirigir el barco. «Vosotros sois la sal de la tierra», tenéis el poder de preservar y mantener la vida, ¡oh, hijos de Dios! ¿Estáis dormidos en medio de la tormenta? ¿Dormís en esta hora? Si no hubiera antros de vicio, ni prostitutas, ni casas de juego, ni asesinos, ni crímenes, podríais dormir; pero en el día de hoy en Londres, el pecado grita a oídos de Dios. Esta ciudad está plagada de maldad y delito. Y nosotros estamos dormidos, sin hacer nada. ¡Perdónanos, Señor! Seguramente, de todos los pecados que Dios tiene que perdonarnos, éste es el más grave; el pecado de dormir mientras un mundo se está condenando el pecado de ser holgazán mientras Satanás está siempre ocupado, devorando las almas de los hombres. Hermanos, «no durmamos como los demás» en tiempos como éste, porque si lo hacemos, un día el Señor demandará la sangre de esas almas de nuestras manos.

Suponed que hay un pobre prisionero en una celda. Su aspecto es terrible. Hace unas pocas semanas, el juez lo condenó a la horca. El pobre desgraciado tiene su corazón roto, mientras piensa en la ejecución de su sentencia. Sabe que lo dejará todo para irse a un lugar desconocido. Allí en la cárcel hay un guardia, que está dormido sobre su cama. Ha estado dormido durante los dos últimos días, y bajo su almohada tiene el documento que declara el indulto del prisionero. Este hombre merecería ser castigado con dureza, por haber hecho pasar a su compañero dos días más de miseria. Si yo hubiera tenido este documento del indulto, habría volado sobre las alas de un relámpago para entregárselo. Pero ese hombre, totalmente irresponsable, está dormido, con el indulto debajo de su almohada, mientras ese pobre corazón se desmaya de miedo. ¡Ah!, no seáis demasiado duros con él. Esta noche, ese hombre está aquí entre nosotros. En esta mañana, a tu lado se sienta un pobre pecador al que Dios quiere perdonar, y desea que tú seas el que le traiga las buenas nuevas. El domingo pasado se sentó a tu lado y sintiendo amargamente su culpa, lloró durante todo el mensaje. Allí está él otra vez. ¿No le dirás las buenas nuevas de Dios? ¿Prefieres que lo haga yo? ¡Ah, señores, no se puede predicar el Evangelio por poder! Tienes el deber personal de dar lo que has recibido, y Dios te ha dado una preciosa promesa. Hay muchos corazones doloridos, por nuestra despreocupación en decirles las buenas nuevas de salvación. Uno de mis miembros, que siempre viene a este lugar los domingos, se dedica a hablarles a los jóvenes que ha visto llorar durante el mensaje del domingo pasado, y a traer personas nuevas a la Iglesia. Antes de comenzar la reunión, saluda a un joven y le dice:

—No lo he visto muchos domingos por aquí. Parece tener mucho interés en el mensaje, ¿no es así?

—Sí, así es, pero ¿por qué me hace esta pregunta?

—Porque el domingo pasado le miré durante la reunión y pensé que algo le estaba sucediendo.

—Oh, señor —contesta el joven—, desde entonces nadie más me ha hablado hasta hoy que he vuelto aquí, y me gustaría decirle algo. Cuando estaba en casa con mi madre, creía que tenía alguna idea de las cosas espirituales, pero luego fui miembro de una pandilla juvenil, e hice todas las cosas que nunca debería haber hecho. Por eso, señor, comencé a llorar y a arrepentirme. Me gustaría que Dios me hiciese saber cómo puedo ser salvo. He oído predicar la Palabra, pero quiero que alguien hable conmigo de forma personal.

Seguimiento, Discipulado, Oración ...

—Mi querido joven —le responde mi amigo—, me alegro tanto de poder hablar contigo. Pienso que el Señor está haciendo una obra en tu corazón. Ahora, no debes abatirte, puesto que la Biblia dice: «Palabra fiel y digna de ser recibida por todos: que Cristo Jesús vino al mundo para salvar a los pecadores» (1 Ti. 1:15).

Después de hablar con él unos breves momentos, conduce al joven hasta su asiento. Éste escucha el mensaje y durante la invitación pasa al frente y testifica de cómo Dios le ha llevado a la salvación, usando a este cristiano para guiarle.

Amados hermanos, el Señor Jesús viene! ¡Despertad! ¡Despertad!, pronto la tierra se disolverá y se derretirán los cielos. ¡Que el Espíritu Santo nos mantenga a todos despiertos!

CONCLUSIÓN

Ya no tengo más tiempo para el último punto, por lo tanto no os detendré más. Os he hablado de la advertencia que hace el Señor por medio del apóstol. ¡Cuidado! hay muchos que están dormidos.

Querido pecador, tú que en este día todavía no te has convertido, permíteme dedicarte unas últimas palabras. Vosotros, hombres y mujeres que no habéis sido aún salvos, estáis dormidos, recostados sobre el mástil del barco en medio de la tormenta. Dormís, como cuando viene una inundación y el torrente de agua arrastra todo lo que encuentra a su paso. Estáis dormidos, como aquel hombre a quien se le incendia la casa y no está consciente del desastre. Seguís durmiendo, como el que está colgando al borde de un precipicio con la muerte bajo sus pies. El lugar donde duermes tiene un soporte tan frágil, que en cualquier momento se romperá e irás a parar al infierno. Si hasta entonces no te has despertado, ¡qué despertar más horrendo tendrás! «Y en el Hades alzó sus ojos, estando en tormentos ... Padre Abraham, ten misericordia de mí, y envía a Lázaro para que moje la punta de su dedo en agua, y refresque mi lengua; porque estoy atormentado en esta llama» (Lc. 16:23, 24). «El que creyere y fuere bautizado, será salvo; mas el que no creyere, será condenado» (Mr. 16:16). Éste es el Evangelio. Creed en el Señor Jesucristo y os regocijaréis con gozo inefable y lleno de gloria.

89. LOS AMADOS CASTIGADOS

«Yo reprendo y castigo a todos los que amo; sé, pues, celoso, y arrepiéntete» (Apocalipsis 3:19).

INTRODUCCIÓN: El trato de Dios a los hijos de los hombres.

I. LO QUE DIOS REPRENDE EN SUS HIJOS
1. La conciencia.
2. Reprensión indirecta.
3. Los afectos desordenados.
4. El orgullo.
5. La pereza.

II. RAZONES DE LA REPRENSIÓN Y EL CASTIGO
1. Castigo del mal.
2. Prevención del pecado.
3. Castigo de faltas cometidas.

III. EL CONSUELO DE LA REPRENSIÓN Y EL CASTIGO
1. Prueba de su amor.

CONCLUSIÓN: Salud para la eternidad

LOS AMADOS CASTIGADOS

INTRODUCCIÓN

Los tratos de Dios hacia los hijos de los hombres han confundido siempre a los sabios de la tierra que han tratado de entenderlos. Aparte de la revelación de Dios, los tratos de Jehová para con sus criaturas en este mundo parecen ser completamente inexplicables. ¿Quién puede entender por qué los ricos prosperan y están en una posición de gran poder? El hombre malo florece como un árbol verde. Extiende sus raíces hacia el río y no sabe lo que es la sequía. Su hoja y su fruto no caen. Así son los ricos que prosperan en el mundo; están llenos de riquezas, pueden tirar el oro hacia arriba como el polvo; a sus campos añaden cada vez más hectáreas, y dejan lo que les sobra para sus descendientes. Por otra parte, ved cómo los justos están abatidos. ¡Cuán a menudo la virtud está vestida de harapos! ¡Con cuánta frecuencia el espíritu más pío ha de sufrir hambre, sed y desnudez! Después de contemplar estas cosas, es frecuente oír decir al cristiano: «He aquí estos impíos, sin ser turbados del mundo, lograron riquezas. Verdaderamente en vano he limpiado mi corazón, y lavado mis manos en inocencia» (Sal. 73:12-13). ¿Cómo puede ser esto? Los sabios no saben contestar esta pregunta, por lo tanto adoptan la posición de cortar por lo sano. «No podemos decir el "por qué"», dicen algunos, y acaban negando los hechos. «El hombre que prospera es un favorecido de los dioses; el hombre que no tiene éxito es aborrecible ante Dios» es lo que dicen los impíos, que no conocen nada mejor. Aquellos orientales, compañeros de Job durante los días de su aflicción, fueron muy poco más lejos. Ellos creían que todos los que servían a Dios tendrían un círculo protector en torno a su persona, que Dios multiplicaría sus riquezas y aumentaría su felicidad. Al ver las aflicciones que Job tuvo que soportar, lo consideraban como una señal de que había sido un hipócrita, y por lo tanto Dios había apagado su luz y le había sumido en la oscuridad. ¡Oh!, aún hoy los cristianos caen en el mismo error. Han llegado a pensar que si Dios levanta a un hombre, es porque en él hay alguna excelencia, y si le aflige y le castiga, que es una exhibición de su ira. Ahora, oíd bien el texto, y el enigma quedará al descubierto. Escuchad las palabras de Jesús, hablándole a su siervo Juan, y el misterio quedará desvelado. «Yo reprendo y castigo a todos los que amo; sé, pues, celoso, y arrepiéntete» (Ap. 3:19).

Indudablemente, este mundo no es un lugar de castigo. Pueden haber algunos juicios, pero por regla general Dios no castiga al hombre en esta tierra por el pecado. Él permite que los malvados sigan en sus maldades, les tira las riendas sobre sus cuellos y les deja seguir en sus desenfrenos y concupiscencias. A veces hay algunos toques a la conciencia, pero estas son más admoniciones que un castigo propiamente dicho. Por otra parte, Dios abate al cristiano, da las afliciones más grandes a los más piadosos, y hace que las olas de la tribulación pasen sobre el corazón del cristiano más santificado. Recordemos, pues, que este mundo no es un lugar de castigo. Hemos de esperar las recompensas y el castigo en las edades que han de venir, y saber que la única razón por la que Dios aflige a su pueblo es:

«En amor os corrijo,
vuestro oro
para refinar,
Para hacer que tu ser,
a mi semejanza pueda brillar».

En esta mañana veremos, primero, qué es lo que Dios corrige en sus hijos; segundo, por qué les corrige; y tercero, cuál es nuestro consuelo cuando estamos bajo las reprensiones y correcciones del Señor. Nuestro consuelo radica en el hecho de que aún en esos momentos, Él nos ama. «Yo reprendo y castigo a todos los que amo».

I. LO QUE DIOS REPRENDE EN SUS HIJOS

Primero, amados, ¿Qué es lo que Dios reprende en el cristiano? Uno de los artículos de la Iglesia de Inglaterra dice que, el hombre está muy lejos de la justicia original, y su propia naturaleza se inclina al mal, de modo que la carne lucha siempre contra el espíritu. Por lo tanto, toda persona nacida en este mundo, merece la ira y la condenación de Dios. Esta contaminación de la naturaleza todavía permanece, aún en los regenerados, mientras que la concupiscencia de la carne, llamada en griego (* Hay dos palabras escritas en griego. Ver libro pág. 335 línea 13). que para algunos significa sabiduría, para otros sensualidad, afecto, o los deseos de la carne, no está sujeta a la ley de Dios. Si bien no hay ninguna condenación para los que creen y son bautizados, el apóstol confiesa que la concupiscencia y la lujuria contienen en sí mismas la naturaleza del pecado. Como el mal aún permanece en los individuos regenerados, hay por lo tanto

Seguimiento, Discipulado, Oración ...

una necesidad de que esta maldad sea reprendida. Cuando esto no resulta suficiente, Dios debe tomar medidas más severas, por lo tanto, después que sus represiones han fallado, adopta el método del castigo. «Yo reprendo y castigo». He aquí que Dios ha provisto formas para el castigo y la reprensión de su pueblo. A veces Dios reprende a sus hijos bajo el ministerio de sus siervos. El ministro del Evangelio no es siempre un ministro de consolación. El mismo Espíritu que obra como el Consolador, es quien convence al mundo de pecado, de justicia y de juicio. Tal vez las palabras del ministro de Dios fueron muy enérgicas y eran aplicables a nuestro caso, pero ¡oh!, cerramos nuestros oídos a ellas, y las aplicamos a nuestro hermano. Con bastante frecuencia, al predicar, me he quedado asombrado. Pensaba que había descrito los casos de algunos de mis más prominentes miembros. He destacado sus diversos pecados, y no he evitado exponer su caso desde el púlpito, para que recibieran una bien merecida reprimenda. Sin embargo, cuando después hablé con ellos, me agradecieron por el mensaje, porque pensaban que era para otro hermano de la Iglesia. Yo sé que había hablado para ellos, haciendo una descripción adecuada y exacta en todos los detalles. Pero suele ocurrir, que cuando recibimos la Palabra, muy pocas veces pensamos que se refiere a nosotros, especialmente si ejercemos algún oficio dentro de la Iglesia. Cuando oigo hablar a un hermano, es muy difícil pensar que tiene una palabra de reprensión para mí. El creyente que está ejerciendo el oficio de anciano o pastor, piensa en los cientos de personas a las que se les puede aplicar su mensaje y a los muchos niños en la fe, para los que esa palabra es muy oportuna. ¡Oh, amigos!, si oyéramos con más atención a las represiones de Dios por medio de sus ministros, podríamos librarnos de muchas correcciones. Después de haber despreciado o ignorado sus reprimendas, entonces Dios usa su vara.

1. A veces Dios reprende a sus hijos en sus conciencias, sin utilizar medios visibles. Los que forman parte del pueblo de Dios, sabrán que hay ciertos momentos, en que nuestros pecados nos son traídos a la memoria. Nuestra alma se abate dentro de nosotros y nuestro espíritu resulta contrariado. Dios el Espíritu Santo está haciendo alguna Inquisición con respecto a nuestro pecado. Si el Espíritu nos castiga, es porque queremos meternos en nuestro escondite. Si miráis a vuestro alrededor, no hay nada que pueda hacer que nuestro espíritu se hunda. Nuestra familia no está enferma, los negocios prosperan, tenemos una buena salud física, entonces, ¿por qué este abatimiento del espíritu? Tal vez en ese momento no estés consciente de que hayas cometido un pecado considerable, pero ese estado de depresión continúa, y por último descubres que habías estado viviendo en un pecado del que no eras consciente. Puede tratarse de algún pecado de ignorancia, escondido e imperceptible. Por lo tanto, Dios te ha quitado el gozo de la salvación, hasta que descubras donde radica el mal. A veces Dios adopta esta manera peculiar de reprendernos, antes de castigarnos.

2. Otras veces, la reprensión es bastante indirecta. ¡Cuántas veces me encontré con una reprensión de Dios, cuando el hermano que hablaba no tenía la menor intención de hacerla! Pero Dios usó esa circunstancia para bien. ¿Nunca has sido reprendido por un niño? El pequeño balbucea involuntariamente algo apenas perceptible, pero que parte al medio nuestro corazón y pone de manifiesto nuestro pecado. Tal vez vas caminando por la calle y oyes a un hombre maldecir. Entonces un pensamiento golpea tu mente: «¡Qué poco estoy haciendo por la recuperación de los perdidos!». El mero pensamiento del pecado te acusa de negligencia, y Dios usa la sola mención del mal, para convencerte de una maldad peor. ¡Oh, si mantuviéramos nuestros ojos abiertos, todos los seres de esta tierra nos hablarían de las represiones de Dios! No hay ninguna estrella en la noche, ni un rayo de sol durante el día, que no nos muestre alguna maldad oculta en nuestros corazones y nos lleve a investigar nuestro hombre interior. Debemos estar bien despiertos para escuchar las represiones de Jehová. Como sabéis, nuestro Salvador hizo uso de peque-

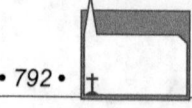

ñas cosas para reprender a sus discípulos. Él dijo: «Considerad los lirios, cómo crecen» (Lc. 12:27) «Considerad los cuervos, que ni siembran, ni siegan ... y Dios los alimenta» (Lc. 12:24). De esta forma, los lirios y los cuervos les hablaban a sus discípulos para censurar su descontento. La tierra está llena de ejemplos; todo lo que tenemos que hacer es tener oídos para oír. Sin embargo, cuando estas reprensiones fallan, Dios procede de la reprensión a la corrección. No siempre nos amonesta, pero si sus reprensiones son desoídas, entonces toma la vara y la usa. No necesito deciros la manera en que Dios usa la vara. Hermanos, vosotros sabéis lo que es estremecerse bajo ella. A veces el Señor ha tocado con ella vuestras personas, vuestras familias, vuestras casas y a menudo vuestras perspectivas. Es posible que el Señor te haya dado «un aguijón» en tu carne, un mensajero de Satanás que te abofetee. Pero si conocéis algo de la vida cristiana, todos comprenderéis lo que significan el cayado, la vara y el pacto, y lo que significa ser corregido por Dios. Permitidme que durante unos minutos, particularice qué es lo que Dios corrige en nosotros.

3. Muy asiduamente, Dios corrige nuestros afectos desordenados. Es normal que amemos a nuestros familiares pero es incorrecto que los amemos más que a Dios. Tal vez hoy, algunos de vosotros sois culpables de este pecado. Amados, cuando llegamos a este punto, la mayoría de nosotros hemos de mirar a nuestros hogares. ¿No tenemos, quizás, en nuestra pareja, o en nuestra descendencia, a alguien más querido que la vida misma? ¿No hemos visto a un hombre, cuya vida está ligada inseparablemente a la de su hijo? O tal vez a alguna madre cuya alma está entretejida con el alma de su bebé; o alguna esposa o esposo para quien la pérdida de su pareja significaría el fin de su vida. ¡Oh, hay muchos de nosotros que somos culpables de afectos desordenados en nuestras relaciones familiares! Tomad nota; Dios os reprenderá por ello. A veces nos reprenderá por medio de su mensajero. Si eso no fuera suficiente, lo hará enviando alguna enfermedad sobre aquellas personas a quienes hemos entronado en nuestro corazón. Pero si esta reprimenda tampoco resulta, y no estamos dispuestos a arrepentirnos, Él nos castigará: la enfermedad será para muerte. El mal vendrá con una violencia inusitada, y el objeto de nuestra idolatría será derribado y se convertirá en comida para los gusanos. Nunca ha habido un ídolo al que Dios no quite de su lugar. Si ponemos a alguien o algo en el lugar que pertenece a Dios, Él lo hará sucumbir y tendremos que derramar muchas lágrimas. Si no hemos sido culpables de esta falta, entonces habremos preservado nuestro tesoro, disfrutándolo mucho mejor sin haberlo perdido. Aunque amar demasiado a los hijos, la esposa y los amigos es siempre un pecado ante los ojos de Dios, hay quienes aman el dinero y ponen su corazón en él. Nos dirán que no están apegados a su cartera, pero cuando queremos sacar algo de ella, comprobamos que en realidad no piensan así. «¡Oh,!» me dijo cierta vez un hombre; si lo que quiere es una subscripción mía, debe llegarme primero al corazón y entonces podrá acceder a mi cartera». «Sí», le respondí, «no tengo ninguna duda al respecto, pues creo que su corazón está donde está su cartera». ¡Cuántos se llaman a sí mismos cristianos, y hacen un dios de sus riquezas! Su casa, su comercio, bienes y heredades, sus muchos empleados, sus negocios que se expanden, sus inversiones. Todas estas cosas son sus ídolos y sus dioses, y una vez introducidas en nuestras Iglesias, el mundo no les encuentra defecto alguno. Vosotros conocéis a muchos de estos hombres. Son gente prudente y con una posición respetable. Solo su amor al dinero, que es la raíz de todos los males, es demasiado evidente para negarlo. Por desgracia, la «avaricia que es idolatría» abunda mucho en la Iglesia de Dios. Cualquier persona del pueblo de Dios que ame a Mamón, será reprendida por ello, y si esta reprensión no es tomada en cuenta, entonces vendrá el castigo. Es posible que el oro se derrita como un copo de nieve bajo el sol, pero si es preservado, tendremos que oír estas palabras: «Vuestro oro y plata están enmohecidos; y su moho testificará contra vosotros y devorará del todo vuestras carnes como fuego» (Stg. 5:3). El Señor

también puede mandar debilidad a nuestras almas, y hacernos bajar a la tumba con muy pocos honores sobre nuestras cabezas. Ciertamente tendremos muy poco consuelo en nuestros corazones, porque hemos amado nuestro oro más que a Dios y valorado nuestras riquezas terrenales más que las eternas. Que el Señor nos salve de ello, o seguramente tendrá que corregirnos.

4. Pero éste no es el único pecado; todos estamos sujetos a otra falta que Dios aborrece en extremo. Es el pecado del orgullo. Si Dios nos da un poco de consolación, crecemos tanto que ya no sabemos qué hacer con nosotros mismos. Nos comportamos como Jesurún, de quien se dice en Deuteronomio 32:15: «Pero engordó Jerusún, y tiró coces (engordaste, te cubriste de grasa); entonces abandonó al Dios que lo hizo, y menospreció la Roca de su salvación». Durante un poco de tiempo, disfrutemos de la seguridad que nos da la fe. La autoconfianza suspira a nuestros oídos: Retendrás ese sabor todos tus días; y algo que no se parece en nada a un suspiro, sino mucho más débil nos dirá: Ahora no tienes necesidad de depender del Espíritu Santo. ¡Mira qué hombre más grande te has hecho! Te has convertido en una de las personas más valiosas para el Señor; eres un Sansón, puedes empujar las mismas puertas del infierno sin temer. No necesitas gritar: «Señor, ten misericordia de mí». Otras veces, las cosas parecen diferentes. Él nos da misericordias temporales; entonces con toda presunción decimos: «Mi montaña se mantiene firme; no seré conmovido». Nos encontramos con los pobres santos, y comenzamos a intimidarlos, como si fuésemos algo, y ellos, nada. Vemos que algunos de ellos están atravesando dificultades, pero no les tenemos simpatía. Cuando hablamos de sus tribulaciones, somos francos pero faroleros, y a veces también salvajes y crueles. Vemos algunos que están muy disgustados y con el corazón muy dolorido, pero cuando nosotros estamos de igual forma, nos olvidamos de ellos. Ya que no pueden correr tan rápido como nosotros, nos alejamos y les llamamos holgazanes, y además decimos que son ociosos e inútiles. Si somos predicadores, tenemos una buena reserva de palabras bien duras, para usar en contra de aquellos que no son tan avanzados como nosotros. Bien, notad que todavía nunca ha habido un santo que estuviera orgulloso de sus plumas, que el Señor no las arrancara una a una un poco después. Tampoco ha habido jamás un ángel que haya tenido orgullo en su corazón, y no perdiera sus alas y cayera en el Gehenna, como lo hicieron Satanás y sus ángeles. Y tampoco habrá un santo que abuse de su autoconfianza y orgullo, y el Señor no tire abajo sus glorias y atrape su honor en el barro, haciéndole exclamar, «Señor, ten misericordia de mí», menos que el menor de los santos y más que el «principal de los pecadores».

5. Otro pecado al que Dios reprende es la pereza. No necesito detenerme para explicaros esto. ¿Cuántos de vosotros sois los mejores ejemplos de pereza que podemos descubrir? No quiero decir en los asuntos de negocios, pues en estas cosas no sois perezosos, sino con respecto a las cosas de Dios y a la causa de la verdad. Nueve de cada diez profesores de religión, (arriesgando la afirmación), son perezosos al máximo. Tomad a nuestras Iglesias de alrededor, y no hay una corporación en el mundo, por más corrupta que sea, que esté menos atenta a los intereses de su profesión que la Iglesia de Cristo. Hay en el mundo varias sociedades y fundaciones que tienen mucha culpa por no atender a aquellos intereses que deben de promover, pero pienso que la Iglesia de Dios es la más culpable de todas. Dice que es quien predica el Evangelio a los pobres. ¿Es esto cierto? Es posible, de vez en cuando, aquí y allá, a veces realiza un esfuerzo espasmódico. Sin embargo, ¿cuántos hay que tienen el don de lenguas, y la habilidad de predicar la Palabra de Dios y sin embargo están contentos con estarse quietos? Profesa ser la educadora de los ignorantes, y en cierta medida lo es, pero hay muchos que no tienen nada que hacer aquí en esta mañana, y deberían de estar trabajando en la Escuela Dominical, o instruyendo a los jóvenes y enseñando la Palabra a otros. Habéis aprendido la verdad, y deberíais de estar enseñándola a la otra

gente. La Iglesia profesa que aún tiene que esparcir la luz del Evangelio por todo el mundo. Pero somos un conjunto de perezosos. A veces hacemos algo de labor misionera, pero ¡qué poco!, ¡qué poco!, comparado con lo que el Maestro hizo y los derechos que el Señor Jesús tiene sobre su Iglesia. Mirad las Iglesias de alrededor, somos holgazanes como pocos, y necesitamos algunos azotes en tiempos de persecución para darnos un poco más de celo. Damos gracias a Dios que este no es el caso que nos preocupa ahora, como lo fue hace doce meses. Confiamos que la Iglesia progrese en su celo, pues si no, ella como conjunto y cada uno de nosotros como miembros, primero seremos reprendidos y si rechazamos la represión, seremos castigados por este pecado. Ahora no tengo tiempo para entrar en todas las otras razones por las cuales Dios reprende y castiga. Es suficiente con decir que cada pecado tiene un brote en la vara de Dios, y que hay castigos para cada transgresión en particular. Es muy singular notar cómo en la historia de la Biblia casi cada santo ha sido castigado por el pecado cometido, cayéndole después éste sobre su propia cabeza. La transgresión ha sido en primer lugar un placer, y después un flagelo. «El de corazón resbaloso será lleno de sus propios caminos». Este es el castigo más severo en todo el mundo.

Así he tratado de abrir el primer punto es lo que Dios reprende y castiga.

II. RAZONES DE LA REPRENSIÓN Y EL CASTIGO

En segundo lugar, ¿por qué Dios reprende y castiga? «Bueno», podrá alguien decir, Dios reprende a sus hijos porque precisamente son sus hijos, y lo mismo ocurre con el castigo. No me extenderé en explicarles por qué eso es falso; en cambio, les explicaré por qué no es verdad. Si cualquiera de nosotros preguntara al padre, después de haber castigado a su hijo, ¿por qué ha castigado a su hijo?, seguramente que él no le contestaría «porque soy su padre». En un sentido es verdad, pero creo que más bien nos diría: «le he castigado porque ha hecho lo malo».

1. Puesto que la próxima razón de por qué le ha castigado no sería la de ser su padre, aunque tenga algo que ver con la primera razón, la causa primordial sería: «le he castigado porque ha hecho lo malo, y porque no quiero que lo vuelva a hacer». Ahora bien, cuando Dios castiga a sus hijos, nunca lo hace de manera general porque es su padre, sino por una sabia razón. Además de su paternidad, tiene otra razón más inteligente que el ejercicio de la misma. Al mismo tiempo, una razón por la cual Dios castiga a sus hijos y no a otros, es porque es su padre. Si hoy fuerais a casa y vierais a una docena de niños en las calles tirando piedras y rompiendo ventanas, es muy posible que reprendierais a todos ellos, pero si hay alguien que se ganaría una buena sacudida sería vuestro hijo, pues le diríais: «¿Qué es lo que estás haciendo aquí, Juan? ¿Te has vuelto loco? No reprenderíais a los demás; dejaríais esa tarea para sus padres, pero porque tú eres el padre de Juan, estás tratando de que él lo recuerde. Hay ciertos castigos especiales que les son infligidos a los hijos de Dios porque son sus hijos, pero Dios no los castiga por ser sus hijos, sino por haber estado haciendo algo malo. Ahora, si estás bajo el castigo de Dios, que esta verdad sea la tuya. ¿Son las consolaciones de Dios pequeñas para ti? ¿Tienes algo en secreto? ¿Eres castigado en tus negocios? Entonces, ¿qué pecado has cometido? ¿Estás decaído por tu espíritu? ¿Qué transgresión te ha traído bajo la vara de Dios? Recuerda, no es suficiente decir, soy castigado porque soy su hijo». La forma correcta de expresarlo es: «soy su hijo, por lo tanto cuando me castiga tiene una buena razón para hacerlo». Pues, ¿cuál es esa razón? Os ayudaré a hacer un juicio sobre ello.

2. A veces Dios nos castiga y nos aflige para prevenir el pecado. Él ve que el embrión de la concupiscencia está en nuestros corazones, ve que aquel pequeño brote de una travesura se está desarrollando hasta producir el pecado, entonces viene, lo aplasta y acaba con él antes de que siga creciendo. ¡Ah!, no podemos decir de cuánta culpa hemos sido librados los cristianos por medio de las aflicciones. A veces estamos yendo

en la dirección cuyo fin significaría nuestra destrucción. Entonces vislumbramos la oscura aparición de la prueba, y corremos para alejarnos de ella. Nos preguntamos: ¿por qué me viene esta prueba? ¡Oh!, si conociéramos el peligro en el cual nos estábamos metiendo, habríamos dicho: «Señor, te agradezco por esta difícil prueba que me ha salvado de cometer el pecado, el cual hubiera sido mucho peor que la prueba en sí».

3. Otras veces Dios nos castiga por pecados ya cometidos. Tal vez nosotros los hemos olvidado, pero Dios no. Pienso que en determinadas ocasiones, pasan los años entre el pecado y el castigo por el mismo. Los pecados de tu juventud, pueden ser castigados en tu edad madura. La transgresión que cometimos hace veinte años, es posible que nos la encontremos en nuestro camino uno de estos días. Dios castiga a sus hijos, pero a veces deja la vara de lado. Tal vez el tiempo no sea el indicado, o no están lo suficientemente fuertes para soportarla. De modo que Él deja por el momento la vara, y dice: porque es mi hijo, lo capacitaré y le daré inteligencia para que se libre de ese pecado y sea formado a la semejanza de Cristo. Pero notad algo, pueblo de Dios, esta clase de castigo, podría definirse más correctamente como «disciplina», pues después de que Cristo murió por nuestros pecados, Dios no desata nunca su ira sobre un hijo. Cuando el Señor te castiga, no lo hace como juez, sino como padre. El no nos castiga con enojo en su corazón, ni con una expresión de ira en sus ojos, lo hace todo para nuestro bien. Se trata de probar para aprobar. Cada toque de su vara es como un toque de su afecto. Él no tiene ningún otro motivo que nuestro propio bien y su gloria. Alegraos, pues éstas son las razones. Pero tened cuidado de cumplir el mandamiento «sé, pues, celoso, y arrepiéntete».

El otro día leí una figura muy hermosa en el libro de un viejo puritano. Dice así: Un viento fuerte no es tan favorable a un barco como un viento de costado. «Es extraño», dice él, «que cuando el viento sopla fuertemente en una sola vela para llevar un barco a puerto, éste no va tan bien como si se le da un viento de costado». Y así es como lo explica: «Los marineros dicen que cuando el viento sopla fuerte de popa a proa, algunas velas no pueden inflarse, porque las que están infladas, impiden el paso del viento hacia las otras, mientras que cuando sopla de costado, se inflan todas a la vez y el barco es guiado suavemente hacia su destino». «¡Ah», dice el viejo puritano, «no hay como un viento de costado para conducir al pueblo de Dios hacia el cielo». Un viento regular sólo infla una parte de las velas; o sea, llena nuestro gozo y nuestro deleite, pero el viento de costado las llena todas; las de nuestro cuidado al andar, las de nuestra vida de oración, y cada parte de nuestro hombre espiritual, así el barco se mueve suavemente con destino al cielo». Es con este pensamiento que Dios nos envía la aflicción, para disciplinarnos a causa de nuestras transgresiones.

III. EL CONSUELO DE LA REPRENSIÓN Y EL CASTIGO

Ahora concluiré haciéndoos notar cuál es nuestro consuelo cuando Dios nos reprende y nos castiga.

1. Nuestra gran consolación es que Él todavía nos ama. ¡Oh!, qué preciosa es la fe, cuando nos capacita a creer en nuestro Dios, y cuán fácil es entonces soportar y superar nuestras pruebas. Mirad a ese viejo en la buhardilla, con un pedazo de pan y una taza de agua. La enfermedad lo ha confinado a esta estrecha habitación. Es demasiado pobre para tener asistenta. Alguna mujer viene por la mañana y por la tarde a ver si necesita algo, y allí está él, en las profundidades de la pobreza. Supondréis que está allí sentado, quejándose. No, hermanos, a veces se queja cuando le duele el cuerpo, pero si no, se sienta y canta.

–¡Oh –exclama–, mi Dios es tan bueno conmigo...

Recostado sobre sus almohadas y lleno de dolor en cada miembro de su cuerpo, dice:

—Bendito sea su nombre, pues no me ha abandonado. ¡Oh señor –sigue diciendo–, «he disfrutado más paz y felicidad en esta habitación, de la que he experimentado en muchos años».

(El caso que describo es real).

—Aquí he disfrutado de más felicidad de la que tuve en toda mi vida. Mis dolores son grandes, señor, pero no serán para mucho tiempo. Pronto me voy a mi hogar.

Cuanto más atribulado estaba este pobre anciano, más rica consolación tenía en su alma, de modo que podía soportarlo todo con una canción y una sonrisa en sus labios. Ahora bien, hijo de Dios, tú debes hacer lo mismo. Recuerda, todo lo que estás sufriendo es fruto del amor de Dios. Para un niño es difícil mirar la vara con la que el padre lo castiga, como una figura de amor. De pequeños no pueden ver las cosas así, pero cuando sean mayores estarán muy agradecidos. «¡Oh padre!», le dice el hijo, «ahora sé por qué me castigabas tan a menudo. Yo tenía un espíritu orgulloso, y si tú no lo hubieras quitado de mí, habría sido mi ruina. Hoy te estoy agradecido».

Así pues, mientras estemos aquí en la tierra somos niños pequeños y no podemos apreciar los efectos de la vara. En cambio, cuando seamos mayores, y hayamos ido a nuestras heredades en el Paraíso, miraremos atrás a la vara del pacto y veremos que es mejor que la vara de Aarón, pues florece con misericordia. Entonces la tendremos como una cosa muy preciada en la lista de nuestros tesoros, y diremos al Señor: «Padre, gracias que no me dejaste sin castigo, pues hoy no estaría donde estoy, un hijo de Dios en el Paraíso». «Esta semana», dice alguien, «he tenido una pérdida tal en mis negocios, que tengo miedo de que me lleve a una quiebra total». Aunque parezca imposible, en esto podemos ver el amor de Dios. Pero otro dice. «He venido aquí esta mañana, y he dejado a un niño muy querido para mi corazón, muerto en mi casa». Este féretro y esa mortaja estarán ambos llenos de amor, y cuando tu hijo te haya sido quitado, no será con ira. «¡Ah!», dice otro, «yo he estado muy enfermo por muchos años, y aún ahora siento que no debería de haberme levantado. Debo volver a la cama». ¡Ah!, durante la aflicción el Señor mulle nuestra cama. Hay amor en cada dolor, en cada punzada que te recorre el cuerpo. «¡Ah!», dice otro, «no se trata de mí, sino de un ser muy querido que está enfermo». Allí también hay amor. Haga lo que haga, Dios nunca puede realizar un acto sin amor hacia los suyos. No, la omnipotencia puede construir mil universos y llenarlos de maravillas, puede hacer que las montañas se vuelvan polvo, que el mar se queme y el cielo se consuma, pero no puede llevar a cabo un acto sin amor hacia el creyente. ¡Oh, Cristiano!, descansa seguro, es imposible que Dios haga algo sin amor para sus hijos. Él es bondadoso contigo, tanto cuando te echa en una prisión, como cuando te coloca en un palacio. Él es tu benefactor cuando envía hambre a tu casa, o cuando llena tus graneros hasta hacerlos rebosar. Lo importante es, ¿eres tú su hijo? Si es así, Él te ha reprendido y castigado con amor.

CONCLUSIÓN

Ahora tengo que volverme del pueblo de Dios al resto de vosotros. ¡Ah!, mis oyentes, hay aquí algunos de vosotros que no tenéis a Dios, ni a Cristo en quien echar vuestras cargas. Veo aquí en esta mañana que hay muchos vestidos de luto, lo que me hace suponer que habéis perdido algún ser querido. ¡Oh!, vosotros que vais vestidos de negro, ¿es Dios vuestro Dios? ¿Os estáis quejando, sin que Dios pueda enjugar toda lágrima de vuestros ojos? Sé que muchos de vosotros estáis luchando en vuestros negocios con tiempos muy difíciles. ¿Puedes contarle tus problemas a Dios, o tienes que llevarlos solo, sin amigos y sin ayuda? Muchos hombres se han enloquecido, porque no tienen a nadie a quien comunicar sus penas, y otros están más que locos, pues han confiado sus penas a alguien que les ha traicionado. ¡Oh!, pobre espíritu quejumbroso, si le llevas tus cargas a Él, no se reirá de ti, ni tampoco las dirá a nadie más. Recuerdo cuando durante mi niñez, tenía el corazón dolorido y conocí a mi Salvador. Estaba lejos de mi padre y de mi madre y de todo lo que amaba. Por un momento creí que mi alma iba a sucumbir de pena, pues en la escuela donde estaba, no encontraba ni ayuda ni simpatía. Bueno, me retiré a mi habitación, y le confié mis pequeñas penas a Jesús. Para mí en aquel entonces, aunque ahora las veo como nada, eran unas penas muy grandes. Cuando me puse de rodillas y las dije a Aquel que me había amado con amor eterno, sentí un alivio que no puedo expresar en palabras. Si las hubiera dicho a otra persona, ésta las habría repetido; pero Él, mi bendito confidente, conocía mis secretos y nunca se los diría a nadie. ¡Oh!, ¿cómo no puedes tú llevarle también tus penas a Él? Lo peor de todo, es que aún van a venir más dificultades. Los tiempos pueden ser duros ahora, pero un día cuando lleguen al fin, serán más difíciles aún. Dicen que es muy difícil vivir, pero yo creo que es más difícil morir. Cuando alguien muere y tiene a Jesús con él, la muerte no deja de ser una experiencia muy dura. Pero ¿os podéis imaginar lo que será cuando el individuo tiene que morir sin un Salvador? ¡Oh!, queridos amigos, ¿queréis arriesgaros? ¿Os atrevéis a enfrentaros con el sombrío monarca sin Cristo? Recordad, tendréis que enfrentaros a la muerte. Tu habitación quedará sola y silenciosa, y únicamente se oirá el tictac del reloj que hace que nos demos cuenta de que el tiempo vuela. El médico levantará su dedo y dirá: «no puede durar mucho más». Tus familiares rodearán la cama y te mirarán con una mirada triste, con la que yo he mirado a muchos. Te mirarán durante unos minutos, hasta que la muerte haya transformado tu semblante y dirán: «se ha ido». Tu madre se dará media vuelta y dirá: «oh, hijo mío, podría haber soportado todo esto, si hubiera habido alguna esperanza en tu final». Cuando el ministro de Dios venga a confortar a la familia hará al padre la consabida pregunta: ¿Cree que su hijo ha tenido algún interés en la sangre de Cristo? Y la respuesta será: «¡Oh, señor!, nosotros no somos quienes para juzgar, pero nunca he visto nada parecido, nunca he tenido una razón para conservar la esperanza; esa es mi pena más grande». Comparado con el entierro de un amigo incrédulo, podría enterrar a todos mis amigos sin una lágrima.

Solemos hablar de la muerte de una forma muy suave. A veces decimos grandes mentiras, porque sabemos que no tenemos ninguna esperanza. Nos gustaría tenerla, pero nunca hemos pisado sobre un terreno que nos lleve a la esperanza. Ahora, si pudiésemos mirar la realidad de frente, ¿no sería algo horrible que el esposo contemplara a su mujer y dijera: «he allí mi esposa, era una mujer descuidada y sin Dios? Sé que nunca ha dicho nada referente a la fe o al arrepentimiento, y creo que si en vida estuvo lejos de Dios, después de muerta también lo estará». ¡Oh, hermanos, que participáis conmigo de la vida eterna! Un día nos volveremos a encontrar ante el trono de Dios, pero, he aquí, vienen tiempos en que cada uno de nosotros nos separaremos, y estaremos en distintas orillas del río de la muerte. Mi hermano: ¿estás listo para morir solo? Te haré esta pregunta otra vez. ¿Estás preparado para levantarte en el día del juicio sin un Salvador? ¿Prefieres correr el riesgo, y enfrentarte a tu Hacedor, cuando venga a juzgarte, sin un abogado que defienda tu causa? ¿Estás preparado para oírle decir: «Apartaos de mí, malditos?». ¿Podrás soportar la ira de aquel que castiga una vez, dos veces y eternamente y para siempre? ¡Oh!, si haces tu cama en el infierno, si estás preparado para ser condenado, si eso es lo que quieres, entonces vive en pecado y satisface tus placeres; al final, tendrás lo que deseas. Pero si no es esto lo que quieres, sino ir al cielo, vuélvete ahora a Dios, para que puedas entrar al cielo y ser salvo. Que el Espíritu Santo te capacite para arrepentirte de tus pecados y creer en Jesús. Entonces tendrás parte con los que son santificados, mas si mueres sin arrepentirte ni creer en Él, debes ser alejado de su presencia, sin hallar nunca la vida, el gozo y la libertad, en tanto que dure la eternidad.

Que el Señor pueda impedir esto. Por amor a Él.

6. Educación familiar

90. YENDO A CASA; UN SERMÓN DE NAVIDAD

«Vete a tu casa, a los tuyos, y cuéntales cuán grandes cosas el Señor ha hecho contigo, y cómo ha tenido misericordia de ti» (Marcos 5:19).

INTRODUCCIÓN: El Evangelio no rompe lazos familiares, une la familia en el amor.

I. UN TESTIMONIO DIRECTO
1. Tu experiencia personal.
   a) Lo que el Señor ha hecho por ti
   b) la libre gracia de Dios
2. Una historia agradecida.
3. La compasión de Dios hacia ti.

II. CONTANDO SU HISTORIA
1. Por amor a nuestro maestro.

III. CÓMO CONTAR LA HISTORIA
1 Cuenta la verdad.
2. Cuéntala humildemente.
3. Dila con mucho entusiasmo.

CONCLUSIÓN: Id a casa con los amigos.

YENDO A CASA; UN SERMÓN DE NAVIDAD

INTRODUCCIÓN

El caso del hombre al que nos referimos aquí, es realmente extraordinario. Ocupa un lugar importante en el ministerio de Cristo, como cualquier otro incidente que hayan registrado los demás evangelistas. Este pobre desgraciado había sido poseído por una legión de malos espíritus, que le provocaban algo bastante peor que la locura. Había hecho su casa entre los sepulcros, donde vivía día y noche, y era el terror de todos los que pasaban por allí. Las autoridades habían tratado de capturarlo. Le ataron con cadenas y grilletes, pero en el paroxismo de su enfermedad, había roto las cadenas y hecho pedazos los grilletes. Se procuró recogerle para sosegarle, pero ningún hombre pudo hacerlo. Era peor que las bestias salvajes; nadie podía hacer nada para aplacarle. Su naturaleza brutal no se rendía ante ningún mortal. Era una miseria humana para sí mismo, pues de noche y de día corría por las montañas, gritando y aullando temerariamente, hiriéndose con afiladas piedras, y torturando a su pobre cuerpo de la manera más horrible. El Señor Jesucristo pasaba por allí. Increpó con autoridad a los demonios: «Sal de este hombre, espíritu inmundo» (Mr. 5:8). El hombre fue sanado al momento y cayó a los pies de Jesús, convirtiéndose en un ser racional, inteligente, y convertido al Salvador. Agradecido por su liberación, le rogaba al Señor le dejase estar con Él. «Mas Jesús no se lo permitió, sino que le dijo: Vete a tu casa, a los tuyos, y cuéntales cuán grandes cosas el Señor ha hecho contigo, y cómo ha tenido misericordia de ti» (Mr. 5:19).

1. Ahora bien, esto nos enseña un hecho muy importante; la verdadera religión no rompe los lazos de las relaciones familiares. Rara vez invade a esta santa y divina institución llamada *hogar*. No separa a los hombres de sus familias ni les transforma en extraños entre los de su sangre. La superstición sí lo ha hecho. Se trata de una terrible superstición que se llama a sí misma cristianismo, y que ha desechado a los hombres de su clase. Si pudiera acudir a hablar con ese individuo, buscaría su solitaria caverna, me llegaría a él y le diría: Amigo, no eres un hipócrita, sino un verdadero servidor de Dios. Como un auténtico creyente en Cristo, muestra lo que Él ha hecho por ti; lava tu cara, vístete, cómete ese último mendrugo de pan que te queda, y ve a contar a los tuyos cuántas maravillas ha hecho el Señor contigo. ¿Crees que las bestias pueden aprender a adorar a ese Dios, a quien con gratitud deberían esforzarse a honrar? ¿Esperas poder convertir a estas rocas, y cambiar los ecos en canciones? No, vuelve, vive en contacto con tus amigos, reclama tu parentela con los hombres y únete otra vez con tus compañeros. Esta es la forma de mostrar tu gratitud al Señor. Entonces yo iré a cada monasterio y cada convento, y les diré a los monjes: «¡salid fuera, hermanos, salid fuera! Si sois lo que decís que sois, siervos de Dios, id a casa con vuestros amigos. Acabad con esta absurda disciplina; esta no es la norma establecida por Cristo. Estáis actuando de manera opuesta a lo que deberíais». Y a las Hermanas de la Misericordia les diría: «sed hermanas de misericordia con vuestras propias hermanas, id a casa con vuestros amigos, tened cuidado de vuestros padres ancianos, convertid vues-

tras propias casas en lugares de acogida». No os sentéis en el convento cuidando de vuestro orgullo y desobedeciendo la norma de Cristo, que dice: «vete a tu casa, a los tuyos, y cuéntales cuán grandes cosas el Señor ha hecho contigo, y cómo ha tenido misericordia de ti» (Mr. 5:19). El amor de una vida solitaria y asceta, considerada por algunos como una virtud divina, no es ni más ni menos que una enfermedad mental. En los tiempos en que había muy poca benevolencia, y como consecuencia muy pocas manos para construir asilos para lunáticos, la superstición sustituía a la falta de caridad. A los hombres y mujeres con padecimientos mentales se les permitía vivir en sus fantasías, apartados del mundo y sin hacer nada. Young ha manifestado, con una gran razón:

> «Los primeros síntomas de una mente saludable,
> son el reposo del corazón y el placer que se encuentra en el hogar».

2. Mis amigos, evitad sobre todo esas románticas y absurdas concepciones de la virtud, que son consecuencias de la superstición y enemigas de la justicia. Que no os falte el afecto natural, pero amad a aquellos que están entretejidos con vosotros por los lazos de la naturaleza.

La verdadera religión no puede ser inconsistente con la naturaleza. No me puede pedir que me abstenga de llorar cuando mi amigo ha muerto. Jesús lloró. Tampoco puede negarme el privilegio de una sonrisa, cuando la Providencia me mira favorablemente. En Lucas 10:21 leemos así: «En esa misma hora Jesús se regocijó en el Espíritu, y dijo: Yo te alabo, oh Padre, Señor del cielo y la tierra».

Un ser humano no se hace hombre diciendo a sus padres: «ya no soy vuestro hijo». Esto no es cristianismo. Una actitud así nos alejará de nuestros parientes y amigos. A cuantos piensan que una vida de piedad debe ser una vida solitaria, les diría: «esa idea es un gran engaño». El cristianismo hace, de un marido, un marido mejor, y de una esposa, una mejor esposa. No me libera de mis deberes como hijo, sino que me hace mejor hijo, y a mis padres, mejores padres. En lugar de debilitar mi amor, me da una buena razón para mi afecto, y aquel hombre que antes amé como mi padre, le amo ahora como hermano y compañero en el servicio a Cristo. A esa mujer que he reverenciado como mi madre, ahora la amo como mi hermana del pacto de la gracia, para compartir la eternidad juntos. Ninguno de vosotros supongáis que el cristianismo fue alguna vez pensado para interferir con la estructura de los hogares. Por el contrario, lo que debe hacer es afirmarlos. Cuando la muerte se lleve a uno de nuestros seres queridos, sabemos que no romperá esos vínculos, sino que únicamente los separará de forma momentánea, porque un día se reunirán todos juntos con el Señor.

Ahora les diré la razón por la cual seleccioné mi texto. He pensado que hay un gran número de jóvenes que regularmente vienen a escucharme predicar. Siempre llenan los asientos de mi capilla y muchos de ellos se han convertido a Cristo. La Navidad está a la vuelta de la esquina, y los jóvenes se van a casa a ver a su familia y amigos. Cuando por la noche llegan a su hogar, están deseosos de cantar villancicos. Creo que les sugeriré uno muy bonito, especialmente para aquellos que son recién convertidos. También les daré un tema para el discurso de la noche de Navidad, que será interesante para los creyentes: Ve a tu casa, a los tuyos, y di a tus amigos lo que el señor ha hecho por vuestras almas, y cómo ha tenido compasión de vosotros. De mi parte desearía que hubieran veinte días de Navidad en el año. No es muy frecuente que los muchachos puedan reunirse como una familia feliz, y aunque no tengo respeto a la observancia religiosa del día, lo aprecio como una institución familiar. Es uno de los días más brillantes de Inglaterra, el gran Sabat del año. El arado descansa entonces en el granero, en las oficinas se acalla el bullicio los días de trabajo, el mecánico y el trabajador dejan sus herramientas y salen a alegrarse en este día de gozo. Si es usted patrón, perdóneme por la disgresión. En días como éstos le ruego respetuosamente, que pague a sus trabajadores el mismo jornal que en los días ordinarios.

Pero ahora vamos al tema en sí. Nos vamos a casa a ver a nuestros familiares y amigos, y he aquí lo que el Señor nos dice: «Vete a tu casa, a los tuyos, y cuéntales cuán grandes cosas el Señor ha hecho contigo, y cómo ha tenido misericordia de ti» (Mr. 5:19). Primero, *esto es lo que tienes que decir*. Segundo, *por qué has de decirlo*, y tercero, *cómo deberías decirlo*.

I. UN TESTIMONIO DIRECTO

Primero, *esto es lo que tienes que decir*. Esta es una historia sobre la *experiencia personal*. «Vete a tu casa, a los tuyos, y cuéntales cuán grandes cosas el Señor ha hecho contigo, y cómo ha tenido misericordia de ti». No tienes que empezar a arreglar tu casa, y dejar la predicación para lo último. Eso no es lo que el Señor te manda hacer. No debes empezar a tocar temas doctrinales, y extenderte sobre ellos. No trates de traer a las personas a tus puntos de vista y sentimientos particulares. No debes ir a tu casa con doctrinas domingueras que has aprendido recientemente, y tratar de enseñarlas a los amigos y la familia. Eso sí, has de ir a tu casa y decir, no lo que has creído, sino lo que has *sentido*, lo que sabes que realmente es tuyo. No se trata de las cosas que has leído, ni de la conversión de los pecadores en la congregación, sino de lo que el Señor *ha hecho por ti*. Y recuerda bien esto; la historia que cuenta el hombre acerca de sí mismo, resulta ser siempre la más interesante. La rima del anciano marinero lo es porque el marinero es el protagonista de su propia historia. Este marino se sentaba y levantaba su dedo que era sólo pellejo y huesos. Así comenzaba aquella historia del barco en un mar brillante y en calma, cuando de pronto unos seres pequeños empezaban a caminar sobre él. Los invitados se sentaban a escuchar atentos, puesto que el protagonista de la historia era él mismo. Una narrativa personal siempre despierta gran atracción. Virgilio el poeta conocía bien este secreto, y con mucha sabiduría hizo de Eneas su propia historia; la cual comienza diciendo así: «En la cual yo también tuve parte importante». Si quieres interesar a tus amigos, diles lo que sentiste en tu corazón. Cuéntales que eras un pecador perdido, y que el Señor te encontró. Diles cómo doblaste tus rodillas y derramaste tu alma delante Él. Por último, haz referencia al gozo que tuviste al leer: «Yo, yo soy el que borro tus rebeliones por amor de mí mismo, y no me acordaré de tus pecados» (Is. 43:25). Explica a tus amigos y familiares una historia de tu propia experiencia personal.

Debe ser una narración en la que incluyas la libre *gracia de Dios*. No se trata de ir a tus amigos y contarles cuán grandes cosas has hecho tú por ti, sino de lo que el Señor ha hecho contigo. Aquel que siempre se apoya en su voluntad y en el poder de la criatura, niega la doctrina de la gracia. Al contar su experiencia, la mezcla con lo que él ha hecho por sí mismo y le quita el protagonismo principal al Señor. La persona que ha encontrado la gracia de Dios, y tiene las grandes verdades cardinales del Evangelio, testifica de una forma diferente:

«La gracia enseñó a mi alma a orar
e hizo a mis ojos rebosar».

En verdad, debo deciros en cuántas pruebas y tribulaciones Dios ha estado conmigo, y lo diré de esta forma:

«Fue la gracia que hasta este día
me guardó,
Y ya no me dejará ir más».

Lo importante no es lo que el ser humano hizo, sino lo que consiguió Dios. Él ama a los pecadores y les hace sus hijos y herederos de la vida eterna. Vete a tu casa, joven, y relata la historia del pobre pecador. Ve a tu casa, joven mujer, abre tu diario y cuenta a tus amigos la historia de la gracia. Háblales de las poderosas cosas que Dios ha hecho por mediación de su soberano e inmerecido amor. Alrededor de la chimenea de tu hogar, refiere la crónica de la gracia del Salvador.

2. En segundo lugar, la historia de este pobre hombre que vivía entre las tumbas era una historia *agradecida*. Sé que lo era, porque el hombre se fue a Decápolis a contar y publicar cuán grandes cosas había hecho Dios con él. Tal vez, cuando estés contando tu historia, uno de tus amigos te dirá:

—¿Y eso qué?

Tu respuesta debe ser:

—Es posible que para ti no sea una gran cosa, pero sí lo es para mí. Tú dices que arrepentirse no tiene mucha importancia, pero para mí sí la tiene. Es fundamental saber que somos pecadores y que podemos confesarlo. ¿Dices que no es tan importante haber encontrado al Salvador?

Mira a tu amigo a la cara y dile:

—Si tú también lo hubieras encontrado no dirías que es cosa de poca importancia. Tú no das valor a estas cosas; pero yo me he quitado una gran carga de encima. Si tú hubieras sufrido y sentido la carga que yo sentí durante varios años, no pensarías que ser libre y emancipado por medio de Cristo, es poca cosa.

Diles que es una gran historia, y si no pueden ver su grandeza, derrama lágrimas y cuéntasela con seriedad y formalidad. Por lo menos creerán que eres agradecido. Ninguna historia es más digna de oír que una historia de gratitud.

3. Y por último, haz hincapié sobre este punto: debe de ser un relato narrado por un pobre pecador, que siente que *no se merece* lo que ha recibido. «... Y cómo ha tenido *misericordia* de ti...». No fue un mero hecho de gentileza, sino un acto de compasión hacia aquel cuya vida era miserable. ¡Oh!, yo he oído a muchos hombres contar la historia de su conversión y su vida espiritual de tal modo que mi corazón se ha cargado negativamente. Estas personas han hablado de sus pecados como si se ufanaran en la grandeza de ellos. Han mencionado el amor de Dios, no con lágrimas de gratitud, ni siquiera con una sencilla acción de gracias brotada de un corazón humilde, sino exaltándose ellos mismos. ¡Oh!, cuando narramos la historia de nuestra propia conversión, hemos de hacerlo con una profunda pena, recordando cómo éramos antes. Luego, con gran gozo y gratitud, pensemos en lo poco que merecíamos la gracia de Dios. Cierta vez estaba predicando sobre la conversión y la salvación, y sentí dentro de mí, como a menudo les ocurre a los predicadores, que narrar esta historia era un trabajo muy duro y aburrido. De pronto, un pensamiento cruzó por mi mente:

—¿Por qué?, tú eras un pobre pecador perdido. Di a la gente cómo has recibido la gracia de Dios cuando depositaste tu confianza en Él.

Entonces, las lágrimas comenzaron a fluir de mis ojos y aquellos oyentes que antes sacudían sus cabezas, ahora estaban entusiasmados y escuchaban atentos. Estaban oyendo algo auténtico que el predicador sentía en sí mismo.

Contad vuestra historia como pecadores perdidos. No vayáis a vuestro hogar con un aire de superioridad diciendo: «Aquí viene un santo a ver a estos pobres pecadores, y a narrarles una bella historia». Ve a tu casa como un pobre pecador y, cuando entres, tu madre que te recuerda cómo eras antes, no necesitará que le digas que en ti se ha producido un cambio. Ella lo notará. Solo estarás en su casa un día, y es muy probable que te diga:

—Juan, ¿qué es este cambio que se ha operado en ti?

Si es una mujer piadosa, cuando empieces a contarle tu historia, te pondrá los brazos alrededor del cuello y te dará un beso como nunca lo hizo antes, pues eres un hijo nacido dos veces. La muerte solo podrá separaros por breves momentos, pues estaréis juntos para toda la eternidad. «Vete a tu casa, a los tuyos, y cuéntales cuán grandes cosas el Señor ha hecho contigo, y cómo ha tenido misericordia de ti» (Mr. 5:19).

II. CONTANDO SU HISTORIA

En segundo lugar, *por qué has de decirlo*. Soy consciente de que muchos miembros de mi congregación dirán: «Podría relatar esa historia a cualquiera, mas no a mis amigos. Iría a su oficina, y compartiría con usted algo que he leído en la Palabra de Dios; pero no podría decírselo a mi padre, ni a mi madre, ni a mis hermanos o hermanas».

Entonces venid, trataré de hablar con vosotros para induciros a hacerlo. Puedo mandaros a casa esta Navidad, para ser misioneros en las localidades a las que pertenecéis, y ser verdaderos predicadores, aunque no tengáis un nombre famoso. Queridos amigos, contad esta historia cuando vayáis a casa.

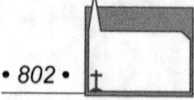

1. Primero, *por amor a vuestro Maestro*. ¡Oh!, yo sé que le amáis, si es que primero habéis sentido su amor. No podéis pensar en Getsemaní y en su sudor de sangre; en Gabba y su espalda destrozada por el látigo romano, ni en el Calvario y sus manos y pies atravesados, sin amarle. Éste es un argumento poderoso, para ir a vuestras casas y contar esta historia. ¡Qué! ¿Pensáis en todo lo que el Señor hizo por vosotros, y no vais a contarlo a nadie? Cuando alguien hace alguna cosa importante por nuestros hijos, éstos no demoran más que unos minutos en venir y decírnoslo:

—Mira papá, alguien me ha hecho este favor, o me ha regalado esto que yo tanto quería, etc., etc.

Y los hijos de Dios, ¿hemos de quedarnos atrás en declarar cómo fuimos arrancados del infierno cual ramas de una fogata? ¡Joven, tú amas a Jesús! ¿Rehusarás contar la historia de su amor por ti? ¿Estarán tus labios mudos, cuando lo que se juega es su honor? ¿No dirás, dondequiera que vayas, la historia de que Dios te amó y murió por ti? La Biblia nos dice, que este pobre hombre, ... se fue, «y comenzó a predicar en Decápolis qué grandes cosas había hecho Jesús con él; y todos se maravillaban» (Mr. 5:19b). Lo mismo debe ocurrir contigo. Si Cristo ha hecho mucho por ti, debes decirlo.

Mi estimado amigo el Sr. Oncken, un siervo de Dios en Alemania, nos dijo el lunes pasado que, tan pronto como se convirtió, el primer impulso de su alma nacida de nuevo fue el de ir y hacer bien a otros. ¿Y dónde podría hacer ese bien? Bueno, él pensó en ir a Alemania. Era su tierra natal y sabía que el mandato era: «Vete a tu casa, a los tuyos, y cuéntales». En Alemania no había ni un solo bautista, ni nadie con quien poder simpatizar, pues los luteranos surgieron de la fe de Lutero y se desviaron de la Palabra de Dios. De todos modos fue hasta su tierra y predicó, y ahora hay unas 80 Iglesias establecidas por él en Europa. ¿Qué fue lo que lo impulsó a ir? El amor por su Maestro, quien había hecho tanto por él, y las excelencias de la bondad divina.

En caso de que tus amigos ya sean creyentes, ve y cuéntales que tú también te has convertido, *para alegrar sus corazones*. Ayer de tarde recibí una breve carta escrita con mano temblorosa, por alguien bastante mayor, que vive en el condado de Essex. Su hijo, un creyente, fue convertido por oír la predicación de la Palabra. El buen hombre no podía dejar de escribir al siervo de Dios, *agradeciéndole por su inspirado mensaje,* y ante todo bendiciendo a Dios, porque su hijo había sido regenerado. «Señor», comienza diciéndome, «un antiguo rebelde le escribe para darle las gracias, y sobre todo para dar gracias a Dios, porque su querido hijo ha sido convertido». Guardaré esta carta como un tesoro toda mi vida.

Termina su misiva diciendo: «Adelante, y que el Señor lo bendiga».

También he oído de otro caso, hace ya tiempo, en que una joven fue a casa de sus padres. Cuando la madre vio el cambio que se había operado en ella, exclamó:

—¡Vaya!, si el ministro de Dios hubiera querido regalarme lo mejor de Londres, no lo hubiera apreciado tanto como este cambio en mi hija.

Es hermoso que te hayas convertido y vivas en el temor de Dios. ¡Vé y cuéntaselo a tu padre y a tu hermana, quien te ha estado enviando tantas cartas! Hace poco fue mi privilegio predicar para una noble institución que recibía a mujeres que habían llevado una mala vida. Antes de predicar el mensaje, oré para que Dios lo bendijera, y en el sermón escrito notaréis que al final de él hay un relato de dos personas que, siendo bendecidas por la Palabra de Dios, fueron totalmente restauradas.

Ahora permitidme que os cuente la historia de lo que una vez le pasó al señor Vanderkist, un misionero que trabajaba toda la noche para hacer el bien a la gente en aquella ciudad. En una de las calles había una pandilla de borrachos. El misionero solía pararse entre ellos para conversar, y comentó algo con una mujer que hablaba sobre lo intemperantes que eran los hombres. Ella caminó junto a él unos pasos, y comenzó a decirle una historia de infortunios y pecados. Le dijo cómo salió engañada de la casa de sus padres en Somersetshire, y fue traída a esa ciudad para la ruina de su alma. Él la llevó a su casa y le habló del amor de Dios. Esta pobre mujer encontró la salvación en Cristo, y lo primero que se le ocurrió decir fue

–Ahora debo ir a mi casa a decírselo a mi familia y a mis amigos.

Entonces les escribió a sus amigos y familiares, y fueron a buscarla a la estación de Brístol. No podéis imaginaros qué encuentro más precioso fue aquel. El padre y la madre habían perdido a su hija; nunca habían sabido nada de ella. Y ahora allí estaba otra vez. ¡Si entre mis oyentes de hoy se encontrara alguien así...! Yo no lo sé, entre una multitud tan grande, es posible que sí. ¡Mujer! ¿Te has separado de tu familia? ¿Hace tiempo que les has abandonado? «Vete a tu casa, a los tuyos», tu padre está muy anciano y le queda poco tiempo, y los cabellos blancos de tu madre descansarán pronto en la almohada blanca de su ataúd. ¡Ve a tu casa, te ruego! Diles cómo te has arrepentido, y que Dios te ha encontrado. Si puedes ganar aunque sea un alma, bendeciré a Dios por toda la eternidad. «Vete a tu casa, a los tuyos». Ve y diles cuán grandes cosas Dios ha hecho por ti. ¿Puedes imaginar la escena, cuando el pobre hombre que vivía entre las tumbas volvió a su casa con los suyos? Este individuo había estado sumamente trastornado. ¡Imagino lo que ocurrió cuando fue a su casa y tocó a la puerta, diciendo quién era! Esa pobre familia exclamaría:

–¡Oh, no, otra vez está aquí!

¡Me imagino a su madre corriendo por toda la casa y cerrando las puertas, porque su hijo loco había vuelto! ¡Y también a los pequeños llorando porque se acordaban de que se hería con piedras! ¿Podéis imaginar el gozo de esta gente, cuando este hombre dijo:

–Mamá, Jesucristo me ha sanado, déjame entrar, ya no soy un lunático. Padre, ya no soy lo que era, los espíritus malos se han ido, y no vivo entre tumbas. Quiero contaros cómo Jesús me libró, haciendo un milagro y diciendo: «Sal de este hombre, espíritu inmundo». Entonces los diablos salieron rápidamente y se despeñaron en el mar, y ¡he aquí que vengo a veros sano y salvo!

 • 803 •

¡Oh, si alguna persona poseída por el pecado se encontrara aquí esta mañana, y fuera a los suyos a contarles de su liberación! Estoy seguro de que la escena sería similar a la que acabo de describir.

Una vez más queridos amigos, oigo a alguno de vosotros decir: «¡Ah, Señor, Dios quisiera que pudiera ir a mi casa! Pero cuando voy a mi hogar, me meto en el peor de los lugares, pues allí nadie conoce a Dios, y nunca me han enseñado nada que tenga que ver con el cielo». Bueno joven, ve a tu casa y a casa de tus amigos. Aunque sean tan malos, no por eso dejan de ser los seres más cercanos a ti. En ocasiones me encuentro con algunos jóvenes que quieren unirse a la Iglesia, y cuando les pregunto sobre sus padres me responden: «¡Oh señor! yo me fui de la casa de mis padres». Entonces, les digo: «Joven, ve enseguida a reconciliarte con tu padre y tu madre, de otra manera, no podrás unirte a nuestra Iglesia. Aunque sean malos, continúan siendo *tus padres*». Ve a tu casa, y cuéntales lo que ha pasado contigo; no tanto para alegrarles, pues estarán muy enojados, sino para la *salvación de sus almas*. Espero que cuando les comentes la historia de lo que Dios ha hecho por ti, ellos sean guiados por el Espíritu Santo para desear también la misma misericordia. Sin embargo, te daré un consejo. No digas esta historia de tu salvación a tus amigos cuando estén todos juntos, porque se reirán de ti. Háblales uno por uno, cuando estén solos, y te oirán con actitud respetuosa. Conozco el caso de una mujer joven que tenía una pensión para estudiantes. Todos eran muy alegres y bromistas, y ella deseaba hablarles de los temas espirituales. Un día, no bien empezó a introducir el tema, los chicos le respondieron con risitas. La joven pensó, «he cometido un gran error». A la mañana siguiente, después del desayuno, cuando estaban todos listos para salir a la calle, le dijo a uno de ellos:

–Joven, me gustaría hablar con usted un momento.

Tomándole aparte, le llevó a otra habitación y habló con él. Y así lo hizo cada día con cada uno de ellos, y Dios bendijo su Palabra. Si lo hubiera hecho estando todos

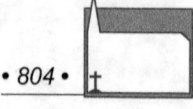

juntos, se habrían burlado de ella, ridiculizándola. Exhorta y reprende al hombre cuando está solo. Hay personas que no se conmueven ante un sermón y sin embargo, una charla personal con los versículos adecuados les llega al corazón. Tú puedes ser el medio que Dios utilice para traer una persona a Cristo.

En Estados Unidos había un hombre que despreciaba mucho a Dios. Le tenía fastidio a todo lo que sonara a religioso. Los siervos de Dios ya no sabían qué hacer con él. Un día se reunieron y oraron por él, pero uno de los ancianos, (llamémosle «anciano B») resolvió pasar orando un largo rato después de que los demás se hubieran ido. Luego montó en su caballo, y fue un largo trayecto hasta el taller de este hombre, pues era un herrero. Dejó el caballo en la puerta, se asomó y le dijo:

—Vecino, estoy muy preocupado por la salvación de su alma. Le hago saber que oro día y noche por usted.

Y dicho lo cual se marchó. El hombre fue dentro, donde estaba su casa, y le dijo a uno de sus amigos:

—Ha estado aquí el anciano B., pero no discutió conmigo. Sólo me dijo: «estoy muy preocupado por su alma, no puedo soportar que esté perdido».

—¡Oh, ese hombre! —dijo el herrero—, no le pude contestar nada.

Y las lágrimas empezaron a correr por sus mejillas. Fue hacia su esposa y le dijo:

—Yo siempre me reí de las cosas espirituales, pero hoy vino un anciano de la Iglesia, de quien siempre me había burlado, ¡y me dijo que oraba mucho por mí y que se sentía muy preocupado por mi salvación!

Después de un rato, pensó que ya era hora de que él mismo se preocupara por su salvación. Cerró su taller y empezó a orar. Al día siguiente fue a ver a uno de los diáconos de la Iglesia y la dijo que le explicara cómo podía ser salvo.

¡Quiera el Dios eterno usar a uno de vosotros de igual forma que a este anciano!
«Di a los que te rodean,
 que has encontrado al Salvador;
 háblales de su divina sangre,
 y diles: he aquí el camino del Señor».

III. CÓMO CONTAR LA HISTORIA

1. Primero, *cuenta la verdad*. No digas más de lo que sabes; no cuentes la historia de John Bunyan cuando debes contar la tuya. No le digas a tu madre que has sentido lo que solamente Rutherford sintió. Sólo dile la verdad. Recuerda que una sola mosca en la leche es suficiente para estropearla, y una declaración falsa que hagas, puede echarlo todo a perder. Incluye en tu historia solamente la verdad.

2. Segundo, *cuéntala humildemente*. Ya he mencionado esto antes. No cuentes tu historia como si estuvieras predicando, ni como si fueras un catedrático. Habla como un hijo o como un amigo.

3. Tercero, dila *con mucho entusiasmo*. Hazles ver que crees genuinamente en lo que dices. Nunca hables sobre los temas espirituales de forma liviana. No hagas juegos de palabras con los textos, ni cites la Escritura para hacer bromas. Si lo haces, se reirán de los temas santos y no harás ningún bien a nadie.

Por último, cuenta tu historia *con mucha devoción*. No trates de decir nada al hombre, sin habérselo dicho primero a Dios. Cuando en el día de Navidad estés en casa, que nadie vea tu rostro sin que Dios lo haya visto primero. Levántate de mañana y conversa con Dios. Si tus amigos no son convertidos, *intercede por ellos en oración*. Si son salvos, *orad todos juntos a Dios*. Trata, si puedes, de hablarles uno a uno por separado. No tengas miedo; solamente piensa en el bien que les puedes hacer. En Santiago 5:20, se nos dice: «sepa que el que haga volver al pecador del error de su camino, salvará de muerte un alma, y cubrirá multitud de pecados». Procura ser un testigo de Dios dentro de tu propia familia; que tus hermanos y hermanas se salven por tu testimonio. Un día, cuando estéis todos juntos en el cielo, te gozarás de haber podido ser el instrumento utilizado por Dios, para traerlos a la salvación. No tengas confianza en ti mismo, sino cree y descansa en la labor del Espíritu. Él te dará las palabras eficaces para testificar y las aplicará al corazón de los oyentes, de forma que puedas ser un «ministro de la gracia de Dios» para cuantos te escuchan.

CONCLUSIÓN

Ahora, para cerrar, volvamos al texto para sugerir otro significado del mismo. Mis queridos amigos, muy pronto el Maestro nos dirá: «Id a casa con vuestros amigos». Vosotros sabéis dónde está nuestro hogar definitivo. Está arriba, entre las estrellas.

«Donde moran nuestros seres más queridos,
donde reina Dios, nuestro Salvador.»

Aquel hombre de cabellos grises ha enterrado a todos sus amigos. Él ha dicho: «yo iré a ellos, pero ellos no retornarán a mí». Pronto el Maestro nos dirá: «Ya has estado lo suficiente aquí, en este valle de lágrimas, ve a casa con tus amigos». Y cuando vayamos al cielo con ellos, ¿qué haremos? En primer lugar, nos dirigiremos al trono donde se sienta el Señor Jesús. Nos quitaremos nuestras coronas y las pondremos a sus pies, coronándole Señor de todo. Una vez hayamos hecho esto, ¿cuál será nuestra próxima ocupación? Les diremos a los benditos en los cielos lo que el Señor ha hecho por nosotros y cómo ha tenido compasión y misericordia. ¿Será narrada en el cielo una historia así? ¿Ha de ser la inspiración para el villancico de Navidad de los ángeles? Sin duda que lo será. Habrá sido previamente ensayado en la tierra. No os sonrojéis de decirlo de nuevo, pues el Señor Jesús lo dijo antes: «... y al llegar a casa, reúne a sus amigos y vecinos, diciéndoles: Gozaos conmigo, porque he encontrado mi oveja que se había perdido» (Lc. 15:6). Así, pobre oveja, cuando estés en el redil, ¿no dirás de qué forma el gran Pastor te buscó y te encontró? ¿No te sentarás en los prados verdes de los cielos y contarás la historia de tu propia redención? ¿No hablarás con los demás redimidos, tus hermanos y hermanas en el Señor, para decirles cómo Dios te ha amado y te ha llevado a ese lugar? Me dirás que la tuya sería una historia muy cortita. ¡Ah!, lo sería si la pudieras escribir ahora. Un pequeño librito puede contener toda tu biografía, pero allá arriba, cuando tu memoria sea ampliada, tus pasiones purificadas, y tu entendimiento esclarecido, verás que aun un tratado en la tierra, será un enorme tomo en el cielo. Allí podrás contar una larga historia acerca de la gracia sustentadora de Dios. Creo que, por fin, después de estar mil años en el cielo, alguien elevará su voz para decir: «¡Oh santos!, tengo algo más para compartir».

Nuevamente cada uno narrará su historia, y les interrumpirás para decir: «¡Oh amados!, me he acordado de otro caso de la misericordia liberadora de Dios». Y así continuarán, dando temas para las canciones y sonetos celestiales. «Vete a tu casa», pronto dirá el Señor, «a los tuyos, y cuéntales cuán grandes cosas el Señor ha hecho contigo, y cómo ha tenido misericordia de ti». Esperad un poco, y pronto seréis reunidos en la tierra del más allá, en el hogar de los benditos, donde la felicidad sin fin será vuestra porción. ¡Dios nos garantiza la bendición, por amor a su nombre!

7. Avivamiento

91. LUZ AL ATARDECER

«Será un día, el cual es conocido de Jehová, que no será ni día ni noche; pero sucederá que al caer la tarde habrá luz» (Zacarías 14:7).

INTRODUCCIÓN: La Iglesia puede confiar que en medio de las horas de la tarde oscura vendrá la luz.

I. LA HISTORIA DE LA IGLESIA
1. Avance, retroceso y progreso.
2. Reforma y renovación.
3. Nueva oscuridad y nuevo amanecer.

II. LA HISTORIA DEL CRISTIANO

III. PRUEBAS Y TEMPESTADES
1. Dios se levanta en el momento más oscuro.
2. Cristo brilla en los corazones.

IV. LA EDAD MADURA

CONCLUSIÓN: La oportunidad de la vejez.

LUZ AL ATARDECER

INTRODUCCIÓN

No me detendré en comentar la ocasión particular en la cual fueron dichas estas palabras, ni a descubrir el tiempo al que se refieren especialmente. Más bien tomaré la frase como una de las grandes leyes de Dios de la dispensación de la gracia, «que al caer la tarde, habrá luz». Siempre que los filósofos quieren establecer una ley general, piensan que es necesario tomar un considerable número de ejemplos, y deducir la verdad de ellos. Puesto que Dios es inmutable, un sólo acto de su gracia es suficiente para enseñarnos las reglas de su conducta. Ahora bien, en este lugar yo encuentro que en cierta ocasión se registra un hecho, durante una condición adversa de la nación, y que en ese momento Dios promete que «al caer la tarde habrá luz». Si me encontrara esta breve frase en algún escrito humano, pensaría que el hecho podía haber ocurrido una vez, que fue una bendición conferida en cierta ocasión, pero no podría deducir una regla de ella. Sin embargo, cuando encuentro esta frase escrita en el libro de Dios, si quiero deducir de ella una regla, sé que estoy en lo cierto. «Sucederá que al caer la tarde habrá luz».

Éste, pues, será el tema de mi predicación. La Iglesia y el pueblo de Dios ven que en las horas de la tarde viene la oscuridad, pero podemos descansar tranquilos de que según Dios, «al caer la tarde habrá luz».

En su gracia Dios actúa muy frecuentemente de tal manera, que podemos encontrar un paralelo en la naturaleza. Por ejemplo, Dios dice: «Porque como desciende de los cielos la lluvia y la nieve, y no vuelve allá, sino que riega la tierra, y la hace germinar y producir, y da semilla al que siembra y pan al que come, así será mi palabra que sale de mi boca; no volverá a mí vacía, sino que hará lo que yo quiero, y será prosperada en aquello para que la envié» (Is. 55:10, 11). Cuando habla sobre la venida de Cristo, dice así: «Descenderá como la lluvia sobre la hierba cortada; como el rocío que destila sobre la tierra» (Sal. 72:6). El Señor vincula el pacto de la gracia, con el pacto que le hizo a Noé concerniente a las estaciones, y con el hombre respecto a las diferentes épocas del año, «Mientras la tierra permanezca, no cesarán la sementera y la siega, el frío y el calor, el verano y el invierno, y el día y la noche» (Gn. 8:22). Encontramos que las obras de la creación son frecuentemente el espejo de las obras de la gracia, y que podemos imaginar figuras del mundo natural, para ilustrar los grandes hechos de Dios para con su pueblo. Pero a veces, Dios va más allá de los límites de la naturaleza. En la naturaleza, después de la tarde viene la noche. El sol ha cumplido sus horas de luz, los cansados corceles están agotados, deben descansar. Descienden por los escalones azules y hunden sus cascos de fuego en el mar de oriente, mientras la noche en su carruaje de ébano les sigue los talones. Sin embargo, Dios detiene las leyes de la naturaleza. A Él le place enviar a los suyos, tiempos felices, cuando el ojo de la razón no espera ver más luz del día, sino que teme que el glorioso paisaje de las misericordias de Dios, sea envuelto en las tinieblas del olvido. Pero en lugar de ello, Dios ha ido más allá de las reglas de la naturaleza y declara que al atardecer, a pesar de la oscuridad, habrá luz.

Mi cometido es ahora ilustrar esta regla general por medio de diferentes casos particulares. Me detendré más tiempo en el último, siendo el principal objetivo de mi mensaje en esta mañana.

I. LA HISTORIA DE LA IGLESIA

1. Para empezar, «Sucederá que al caer la tarde habrá luz». La primera ilustración que tomaremos es la de la historia de la Iglesia. A lo largo de su historia, la Iglesia ha tenido muchos atardeceres. Si tuviera que tomar una figura para describir la historia de alguien sobre este bajo mundo, describiría a la Iglesia como un mar. A veces la abundancia de gracia ha sido manifestada de forma gloriosa. Una sobre otra, las olas de la gracia llegaron a raudales a la tierra para cubrir el cieno del pecado, mientras la tierra clamaba por el Señor. Su progreso ha sido tan rápido que su curso apenas si ha podido ser obstruido por el pecado y el vicio. La

conquista completa fue predicha por el continuo esparcimiento de la Palabra. La Iglesia feliz pensaba que el día de su último triunfo había llegado, tan potente era la Palabra por medio de sus ministros, tan glorioso fue el Señor en medio de sus ejércitos, que nada podía prevalecer en su contra. Ella era «bonita como la luna, clara como el sol, y terrible como una armada con sus banderas». Las herejías y los cismas fueron barridos, los dioses falsos y los ídolos perdieron sus tronos; Jehová omnipotente estaba en medio de la Iglesia, y Él sobre el caballo blanco, cabalgó como el conquistador. Sin embargo, si leéis su historia en épocas anteriores, encontraréis que siempre vino una marea baja. Nuevamente el torrente de la Iglesia parecía descender. La pobre Iglesia era llevada atrás, ya fuera por la persecución o por la decadencia interna. En lugar de triunfar sobre la corrupción humana, ésta ganaba terreno sobre ella, y donde una vez había habido una justicia como las olas del mar, ahora se veía el barro negro, el cieno del pecado y la inmundicia de la humanidad. Cuando los cristianos se sentaban a llorar por los ríos de Babilonia, tuvieron que entonar himnos fúnebres, recordando sus glorias anteriores y lamentando su presente desolación. Así ha sido siempre progreso, retroceso, estar un tiempo quieta, y entonces volver a progresar y luego a caer.

1. Toda la historia de la Iglesia ha sido una historia de avances y rápidas retiradas una historia la cual creo que es, en su totalidad, la historia de su avance y crecimiento, pero que leída capítulo a capítulo, es una mezcla de éxito y repulsión, de conquista y desánimo. Yo pienso que así será hasta el fin. Nosotros tendremos nuestro salir del sol, nuestros mediodías, y luego sumiéndonos en el oeste, las dulces auroras de días mejores; nuestra Reforma, nuestros Luteros y Calvinos. Tendremos nuestra brillante luna llena, cuando el Evangelio será ampliamente predicado, y las gentes conocerán el poder de Dios. Tendremos luego nuestra puesta de sol del decaimiento y la debilidad eclesiástica. Pero tan seguro como la marea del atardecer, la Iglesia experimenta el hecho de «que al caer la tarde habrá luz».

Notad bien que la verdad, ha surcado todos los períodos de la historia sagrada de la Iglesia. Hubieron días en que todas las lámparas de la profecía parecían haber cesado, cuando el que una vez tronaba en las calles de Roma fue reprimido y quemado en la estaca; cuando Savonarola había partido, y sus seguidores estaban en medio de la confusión. Las nubes negras del papado parecían haber apagado la luz del sol del amor y la gracia de Dios sobre este mundo. En esas oscuras edades en que el Evangelio parecía haber muerto, sin duda que Satanás suspiró de alivio y se dijo para sí: «El ocaso de la Iglesia ha llegado, es para ella el tiempo del atardecer». Solo unos pocos rayos del sol de justicia están luchando para salir e iluminar la oscuridad. Pero he aquí que al caer la tarde había luz. Dios trajo a aquel monje solitario que sacudió al mundo. Él levantó hombres para que fueran sus ayudantes y colaboradores.

2. El sol se levantó en Alemania, brilló luego en cada país, pues desde esa época, nunca habíamos tenido un atardecer tan próximo a la oscuridad total. Pero aún han habido otras épocas de presagios oscuros. Hubo un tiempo cuando la Iglesia de Inglaterra estaba bien dormida y los varios cuerpos de los disidentes eran muy malos. La religión se degeneró en una formalidad muerta; no había ni vida ni poder en ningún púlpito a través de todo el país, y cuando se levantaba un hombre fervoroso, era tan raro que podía considerarse casi un milagro. Los hombres buenos estaban sobre las ruinas de nuestro Sión, y dijeron: «¡Oh, por el asesino de la hija de mi pueblo! ¿Dónde, dónde están los días de los poderosos puritanos quienes con la bandera de la verdad en su mano, aplastaron la mentira bajo sus pies? ¡Oh, verdad, tú te has ido, te has muerto». No, dijo Dios, sucederá que al caer la tarde habrá luz". Hubieron seis hombres jóvenes en Oxford que siempre se encontraban a una determinada hora para orar. Estos seis jóvenes fueron expulsados por ser demasiado piadosos; viajaron a través de nuestra tierra, y la pequeña levadura leudó toda la masa. Whitfield, Wesley, y sus sucesores inmediatos, fueron sobre la tierra como un

relámpago en una noche oscura, haciendo que todos los hombres se maravillaran y quisieran saber quiénes eran y de dónde venían. Hicieron una obra tal que tanto dentro como fuera de la Iglesia Anglicana, el Evangelio fue predicado lleno de poder y vigor. Al atardecer a Dios le place enviar luz a su Iglesia.

3. Podemos esperar ver tiempos aún más oscuros que los que han habido hasta ahora. A menos que el Señor la preserve de manera especial, no nos imaginemos que nuestra civilización será más fuerte y podrá soportar más que cualquier otra que la ha precedido. Es posible que la loca sugestión de la que muchos se ríen y que dice que un día los hombres se sentarán sobre los arcos rotos del puente de Londres, se haga realidad. Sin duda que estos hombres se maravillarían de la civilización que ha desaparecido. Aquellos que caminaron sobre las ruinas de Nimrod, se maravillaron de las ciudades que estaban enterradas en ese lugar. Es posible que toda la civilización de este país pueda morir en nuestra noche más oscura. También puede ser que Dios repita la gran historia que ha sido contada tan a menudo «Miré y ¡oh!, en la visión vi una grande y terrible bestia que gobernaba sobre las naciones, pero he aquí había pasado y ya no estaba». Si alguna vez estas cosas pudieran suceder si el mundo regresara al barbarismo y a la oscuridad si en vez del progreso constante del brillante día, todas nuestras esperanzas fueran pisoteadas, descansaremos satisfechos porque «al caer la tarde habrá luz». El final de la historia del universo, será un final lleno de gloria. Aunque esté roja de sangre, y negra con el pecado del mundo, la Iglesia estará un día tan pura y perfecta como originalmente fue creada. Viene el día cuando este pobre planeta se encontrará librado de esas envolventes bandas de oscuridad que han opacado su brillo y le han impedido resplandecer. Dios hará que su nombre sea conocido desde la salida del sol hasta la aurora.

«Y los gritos de alegría,
 tan fuertes como los truenos,
 o la amplitud del ancho mar,
 cuando rompe sobre la orilla,

del mundo en derredor se oirán:
"Sucederá que al caer la tarde habrá luz".»

II. LA HISTORIA DEL CRISTIANO

Esta regla se mantiene igual de eficaz, en lo pequeño como en lo grande. Sabemos que en la naturaleza, la misma ley que gobierna el átomo, gobierna también las órbitas estelares. Lo mismo ocurre con las leyes de la gracia.

«La misma ley que moldea una
 lágrima,
 y la hace rodar por la mejilla,
 esta ley preserva la esfera de la
 tierra,
 y a los planetas en su curso guía.»

Como decíamos, así sucede con las leyes de la gracia. «Al caer la tarde habrá luz» para la Iglesia y «al caer la tarde habrá luz» para cada individuo. Cristiano, vamos a descender a las cosas de la tierra. Tú has tenido muchos días brillantes en tus asuntos temporales. Muchas veces has sido grandemente bendecido. Puedes recordar el día en que los terneros estaban en el establo, cuando el olivo y la higuera daban su fruto. Puedes recordar los años en que el granero estaba rebosante de maíz, y cuando el tonel estaba lleno de aceite. Te acordarás también que el torrente de vuestra vida era profundo, y el barco flotaba sobre él suavemente sin una ola que lo agitara. En aquellos días decías: «no veré la tristeza, Dios me ha protegido, me ha preservado, soy el amado de su providencia, y sé que todas las cosas obran para mi bien, pues puedo verlo en la realidad». Bien, cristiano, después de todo eso has tenido una puesta de sol. Aquel sol que brillaba tan resplandeciente, comenzó a enfocar sus rayos en una forma más oblicua. Por último las sombras eran largas, pues el sol se estaba poniendo y las nubes comenzaban a juntarse, y aunque la luz del rostro de Dios iluminaba esas nubes con su gloria, con todo se hacía de noche y la oscuridad era densa. Entonces empezaron a llover las dificultades. Tu familia enfermó, tu mujer murió, tus cosechas descendieron, las entradas diarias de dinero disminuyeron, el tonel de aceite ya no estaba lleno y te preguntabas si podías conseguir tu pan diario. No sabías que iba a ser de ti; llegaste hasta muy abajo y la quilla de tu barco chocó contra las rocas de la pobreza y no se podía levantar. «Me he sumergido en el lodo profundo», dijiste, donde «no puedo hacer pie». «Todas tus ondas y tus olas han pasado sobre mí» (Sal. 42:7). Lo que no eras capaz de decir, era que a pesar de luchar tanto como tus fuerzas te lo permitían, te iba cada vez peor. «Si Jehová no edificare la casa, en vano trabajan los que la edifican» (Sal. 127:1). A tus esfuerzos añadiste trabajo, economía y perseverancia, pero fue todo en vano. También fue inútil que te levantaras temprano y que fueras a acostarte tarde. Comías tu pan con cuidado, pero nada que hicieras por ti mismo podía librarte, pues todos los intentos fallaron. Estabas listo para dejarte morir en la desesperación. Pensaste que la noche de tu vida había llegado para envolverte en su oscuridad total. No vivirías para siempre; pero para vivir así, preferías partir de este valle de lágrimas. ¡Cristiano, sé testigo de la verdad de nuestro texto! ¿Acaso en la noche oscura no vino la luz? El momento más extremo de tu fatalidad fue la oportunidad para que Dios actuara. Cuando la marea había ido hasta lo más lejos, entonces empezó a retroceder. Tus fuerzas se habían agotado, pero tu invierno se tornó en verano y tu puesta de sol tuvo su amanecer; «sucederá que al caer la tarde habrá luz». De pronto y por una especial maniobra de Dios, mientras lo pensabas, fuiste completamente liberado. Él mostró la justicia como la luz, y tu gloria como en el mediodía. El Señor se te apareció en los días de la antigüedad, estiró su mano desde arriba, te sacó de las profundas aguas, puso tus pies sobre una roca y estableció tu senda. ¡Mirad, oh ejército de los cielos!, lo que fue verdadero en los días que pasaron lo será también para ti hasta el último día. ¿Estás en este día cansado de pruebas y luchas, y cuidados y miseria? ¡Alégrate y gózate! «Sucederá que al caer la tarde habrá luz». Si Dios ha escogido prolongar tu pena, Él también aumentará tu paciencia; pero también puede ser que te saque de las profundidades, te levante otra vez, y te guíe nue-

vamente hacia arriba. Recuerda que el Salvador descendió para luego poder ascender: Así debes prepararte para la conquista, y si Dios te hace inclinar, te volverá a levantar otra vez. No te olvides de lo que dijo Jonás: «Cuando mi alma desfallecía en mí, me acordé de Jehová, y mi oración llegó hasta ti en tu santo templo» (Jon. 2:7). ¡Oh, exclama junto con el profeta, confía en Dios cuando no tienes nadie más en quien confiar! Mirad conmigo lo que dice el libro de Habacuc 3:17-19: «Aunque la higuera no florezca, ni en las vides haya frutos, aunque falte el producto del olivo y los labrados no den mantenimiento, y las ovejas sean quitadas de la majada, y no haya vacas en los corrales; con todo, yo me alegraré en Jehová, y me gozaré en el Dios de mi salvación. Jehová el Señor es mi fortaleza, el cual hace mis pies como de ciervas, y en mis alturas me hacer andar». Haz tú lo mismo, y recibirás la bendición de Dios, pues «sucederá que al caer la tarde habrá luz».

III. PRUEBAS Y TEMPESTADES

Ahora buscamos una tercera ilustración de las penas espirituales del pueblo de Dios. Los hijos de Dios tienen dos clases de pruebas, pruebas temporales y pruebas espirituales. Seré breve al tratar este punto, y tomaré prestada una ilustración de John Bunyan. Recordaréis la descripción que hizo este autor de cuando Apolión se encontraba con Cristiano. Bunyan nos lo dice en forma figurada, pero es verdad; aquel que alguna vez haya tenido un encuentro con Apolión os dirá que no hay ningún error en cuanto a este relato, sino una terrible realidad. Nuestro Cristiano se encontró con Apolión, cuando estaba en el valle de la humillación, y el dragón le atacó con toda ferocidad. Con sus dardos trató de destruirle y de quitarle la vida. El valiente Cristiano luchó con él todo lo que pudo, y usó su espada y su escudo, hasta que éste se llenó de los dardos que buscaban destruirle y su mano se aferró a su espada. Recordaréis que ambos lucharon varias horas, hasta que el dragón hizo caer a Cristiano, que fue a parar al suelo. El enemigo creyó que tenía todo ganado, pues cuando Cristiano fue a parar al suelo, se le cayó la espada de la mano. Imaginaos la escena: el dragón elevándose todo lo que podía, poniendo su pie en el cuello de Cristiano y a punto de clavarle un dardo en el corazón. «Ajá, ahora sí que te tengo», dijo él, «estás en mi poder».

1. Suena extraño decir, «al caer la tarde habrá luz». En el mismo momento en que el pie del dragón iba a aplastar a Cristiano, éste alargó su mano, y tomó su espada, y dando un desesperado grito al dragón, exclamó: «No te regocijes sobre mí, oh enemigo mío, pues si caigo me levantaré otra vez». Con todo valor, Cristiano cortó al dragón que desplegó sus alas y se marchó volando. Cristiano siguió por su senda regocijándose de su victoria. Ahora, el cristiano entiende bien que esto ocurre en la vida real. Él ha estado bajo el pie del dragón muchas veces. ¡Ah, el peso de todo el mundo sobre el corazón de un hombre no es comparable al peso de un pie del diablo. Cuando el creyente después de luchar con el diablo cae bajo sus pies, experimenta un verdadero tormento. Pero bendito sea Dios, sus hijos están siempre seguros, tanto bajo el pie del diablo, como lo estarán ante el trono de Dios en el cielo. «Sucederá que al caer la tarde habrá luz». Dejad que todos los poderes de la tierra y el infierno, y todas las dudas y temores que los cristianos puedan conocer, conspiren juntos para molestar a un creyente. En el momento más oscuro, Dios se levantará y sus enemigos serán esparcidos, y nosotros conseguiremos la victoria. Tengamos fe para creerlo. Tened confianza en Dios, y nunca dudéis de Él, sino que en el momento más oscuro de nuestras penas, sintamos que todo va bien. «Sucederá que al caer la tarde habrá luz».

2. Prestad atención mientras me refiero a un tema más y luego volveré a lo que he intentado exponer a lo último. Esto es también verdad para el pecador que viene a Cristo. «Al caer la tarde habrá luz». Muy a menudo algunas personas se han llegado a mí para contarme su historia espiritual. Me dicen su pequeña historia como si fuera la más grande maravilla, y tan pronto como acaban, me preguntan si no me resulta extraordinariamente extraña. «¿Sabe usted, señor, yo era tan feliz en las cosas del mundo, pero la convicción de Dios entró en mi corazón, y empecé a buscar al Salvador. Pues durante un largo tiempo, mientras estaba buscando al Salvador, me sentí tan miserable que no podía soportarme a mí mismo. Señor, seguramente esto es una cosa muy extraña». Yo le miro a la cara y le digo, «no, no es extraño, ¿sabe usted que en esta noche he tenido una docena de personas que me han dicho lo mismo? Esta es la forma como los hijos de Dios van al cielo». Estas personas me han mirado como si les dijera una mentira, pero como seguían pensando que era la cosa más extraña del mundo, suponían que nadie más podía sentirse como ellos se sintieron. «Ahora, siéntense», les digo a veces, «y les explicaré cuáles eran mis sentimientos cuando por vez primera buscaba al Salvador». «¿Por qué, señor?», me dicen, «eso es justamente lo que sentí, pero no pienso que nadie nunca anduvo por ese sendero que yo tuve que ir». ¡Ah, bueno, no es de extrañarse que cuando hay tan poca comunicación entre los cristianos en las cosas espirituales, nuestro camino parezca ser muy solitario. Sin embargo, aquel que conoce bien los tratos de Dios con los pobres pecadores, sabrá que su experiencia es siempre muy parecida a las de los demás, y en general se puede anticipar de uno y otro, el momento en que vendrán a Cristo. Ahora, siempre que el alma esté buscando a Cristo, tendrá que hacerlo en la oscuridad. Cuando el pobre Lot salió corriendo de Sodoma, tuvo que correr todo el camino bajo la luz del crepúsculo. El sol no se levantó sobre él hasta que llegó a Zoar. De manera que cuando los hombres van desde su posición de pecadores hacia el Salvador, tienen que hacerlo en la oscuridad. No encuentran consolación ni paz, hasta que son capacitados por una fe sencilla, a mirar a Aquel que murió en la cruz. «Al caer la tarde habrá luz». Pero en tu vida tenías una pequeña luz, la luz de la moralidad, y pensabas que podías hacer algo por ti mismo. Ahora te das cuenta de que eso no te vale de nada. Luego, tenías otra luz que consistía en las ceremonias, y pensabas que seguramente te iluminaría, pero

ahora tampoco sirve. Todavía mantenías la esperanza de que te iluminaran tus buenas obras, pero ahora parecen haber desaparecido y tú piensas: «¡Dios destruirá a una ruina humana como yo!».

«Yo soy el principal y el peor de los pecadores.»

Estoy seguro de que no hay para mí ninguna esperanza. ¿Por qué, señor, a pesar de que lo intento, no puedo hacerme una persona mejor? Cuando trato de orar, encuentro que no consigo hacerlo como yo quiero; cuando leo mi Biblia todo parece negro y en mi contra. Cuando voy a la casa de Dios, el ministro parece ser como Moisés, sólo me predica la ley nunca tiene una palabra de consolación para mi alma. Bueno, me alegro de ello, pobre hombre; lejos esté de mí gozarme en tus miserias, de lo que me alegro es de que estés donde estás. Recuerdo lo que la Condesa de Huntingdon dijo una vez al hermano del Sr. Whitfield. Dicho hermano estaba bajo una angustia mental bastante considerable. Un día, cuando se sentó a la mesa a la hora del té, hablando de las cosas espirituales él dijo:

—Yo sé que estoy perdido, ciertamente lo estoy.

Bien, hablaron con él y trataron de animarlo, pero él persistía en ello, que era absolutamente indigno y que estaba completamente perdido. La señora Huntingdon golpeó las manos y dijo:

—Me alegro mucho, Señor Whitfield, de veras me alegro.

Él pensó inmediatamente que eso era una crueldad. Pero pronto se le abrieron los ojos cuando ella se lo explicó:

—Me alegro por ello, porque el Hijo del Hombre vino a buscar y a salvar lo que se había perdido, por lo tanto, vino a buscarle y a salvarle a usted.

Si hay entre vosotros alguien que se sienta condenado por la ley de Dios, le doy gracias a Dios por el lugar en que está, pues los condenados por la ley en sus conciencias, serán perdonados por el Evangelio.

«Venid, almas culpables y volad,
a Cristo y vuestras heridas sanad,
este es el glorioso día del Evangelio,
que hace a la gracia abundar.»

En esta misma hora, cuando no tienes la luz del día en tu corazón, cuando piensas que la noche ha llegado y perecerás para siempre, es el tiempo cuando Dios se te revelará a sí mismo. Mientras tengas un solo harapo tuyo que pienses que te sirve para algo, nunca tendrás a Cristo. Mientras conserves algo de tu propia justicia, nunca lo tendrás, pero cuando te des cuenta que en ti no hay nada que tenga valor para tu salvación, Jesucristo en el Evangelio es tu Salvador total. Él me invita a decirte que vino a buscar y a salvar lo que se había perdido y, por tanto, a buscarte y a salvarte a ti.

IV. LA EDAD MADURA

Y ahora estoy próximo a cerrar, quedándome para comentar un poco más el último punto. «Al caer la tarde habrá luz.» Si nuestro sol no baja antes de que sea el mediodía, todos nosotros podemos esperar un atardecer en nuestra vida. O seremos quitados de este mundo por la muerte, o si Dios nos deja vivir aquí, alcanzaremos el atardecer de nuestra existencia. En unos pocos años más, las hojas marchitas y amarillas serán la compañía de cada hombre y cada mujer. ¿Hay algo de melancolía en ello? Yo creo que no. El tiempo de la vejez, con todas sus enfermedades y debilidades, me parece un tiempo de bendición peculiar y privilegio para el cristiano. Para el pecador mundano, cuyas ansias por el placer han sido debilitadas por la debilidad de sus fuerzas, la vejez debe ser una época de tedio y dolor, pero para el soldado veterano de la cruz, la vejez debe ser seguramente un tiempo de gran gozo y bendición.

Hace unos días, mientras cabalgaba por un hermoso campo, iba pensando en cómo se parece la vejez al atardecer. El sol del la ansiedad juvenil se ha ido. Ese sol que brillaba sobre nuestra piedad temprana, que no tenía mucha profundidad de raíz, la quemó, de manera que murió. Ese sol hubiera hecho marchitar nuestra piedad futura, si no fuera porque estaba plantada junto a ríos de agua. Ese sol ahora ya se puso. El anciano no tiene preocupaciones de negocios en esta época de su vida. Al ruido del mundo y la agitación en que vive le dice: «no tienes nada que ver conmigo, no tengo conexión con los placeres y cuidados mundanos». El trabajo de su vida está todo hecho, no tiene por qué agitarse y sudar como lo hizo en su juventud y en su edad adulta. Su familia ya ha crecido, y ya no dependen más de él; Dios le ha bendecido y tiene lo suficiente para lo que pueda desear en la vejez, o tal vez esté en una rústica residencia de ancianos, respirando los últimos pocos años de su existencia. ¡Qué calma y quietud! Como el labrador que por la tarde regresa del campo y se sienta en su sillón, así hace el anciano que descansa de sus trabajos. En el tiempo de la tarde nos reunimos en familia, con el fuego encendido, y no pensamos más en las cosas del ruidoso mundo.

¿Habéis notado alguna vez que cuando estos ancianos escriben una carta, la llenan de frases ilustrativas con respecto a sus hijos? «Juan está enfermo», «María está bien», «toda nuestra familia está bien de salud». No se parecen en nada a los hombres de negocios que escriben para decir: «los suministros han bajado», «el tipo de interés ha subido». No encontraréis nunca un lenguaje así en la correspondencia de los ancianos. Ellos escriben acerca de sus familias, de sus hijas recién casadas, de los nuevos nietos que les han nacido y el fin de semana que todos juntos han pasado con los abuelos en la casa de campo. Bien, entonces ¡qué dulce es pensar que para un anciano haya luz en el atardecer! «Sucederá que al caer la tarde habrá luz.» No temáis a los días de fatiga y cansancio, y a las horas de decadencia. ¡Oh soldado de la cruz, nuevas luces se encenderán cuando las viejas se hayan apagado. ¡No temáis! La noche de la decadencia puede venir, pero «sucederá que al caer la tarde habrá luz». Al atardecer, el cristiano tiene muchas luces que nunca ha tenido antes, encendidas por el Espíritu Santo y brillando con luz propia. Está la luz de la experiencia. El creyente mayor puede mirar atrás y levantar su Ebenezer, diciendo: «Hasta aquí nos ayudó Jehová» (1 S. 7:12). Al mirar su vieja Biblia, la luz de su juventud, puede decir: «He probado esta promesa, y este pacto ha sido verdadero. He leído mi Biblia durante muchos años y nunca he visto una promesa que se haya roto. El Señor me mantuvo fieles todas sus promesas, y ninguna cosa buena de ellas ha fallado». Si durante su vida, ese anciano ha servido a Dios, tiene otra luz en la cual alegrarse; tiene la luz del recuerdo de lo que el buen Dios le ha capacitado para hacer. Alguno de sus hijos espirituales vienen a verle y hablan de los tiempos cuando Dios bendecía la conversación de sus almas. Contempla a sus hijos y los hijos de sus hijos, creciendo y llamando bendito al Redentor. Al llegar la tarde él tiene luz. Pero después de todo la noche viene con prontitud. Ya ha vivido lo suficiente y debe morir. El anciano está en su cama, el sol está poniéndose, y ya no tiene más luz. «Subid las ventanas y dejadme ver por última vez el cielo abierto», dice en forma de súplica a su familia. «El sol se ha ocultado, no puedo ver las montañas, están todas en una masa de nebulosa, mis ojos casi no ven y el mundo también se ha empequeñecido.» De pronto, una luz surca como un relámpago su rostro, y él dice: «¡oh, hija, aquí puedo ver un sol que se levanta de nuevo! Pero papá, ¿no me habías dicho que el sol se acababa de ir?» Pero ahora yo veo otro, y donde esas colinas estaban en el paisaje, perdidas en la oscuridad, ahora puedo ver unas colinas que parecen ser de bronce refulgente, y cuando voy hacia la cima hay una ciudad brillante como el jaspe. Ahora veo una gran puerta abierta, y los espíritus que se adelantan. ¿Qué es lo que dicen? ¡Oh, están cantando! ¿Es esto la muerte? Y antes de que hubiera terminado la pregunta, se fue al lugar donde no necesita una repuesta, pues la muerte es una desconocida. Sí, ya ha pasado las puertas de perla; sus pies caminan por las calles de oro, su cabeza está coronada con la corona de la inmortalidad, la rama de palma de la victoria eterna, está en su mano. Dios le ha aceptado en el Amado.

«Lejos de este mundo de pena y pecado,

Estoy en el cielo junto a Dios.»

Él es contado con los santos en luz, y la promesa ha sido cumplida; «sucederá que al caer la tarde habrá luz».

CONCLUSIÓN

Y ahora, mi oyente de cabellos grises, ¿ocurrirá así contigo? Recuerdo al venerable señor Jay, en una tarde cuando predicaba en Cambridge. De pronto, extendió su mano hacia un hombre mayor que se sentaba justo allí donde ahora estáis vosotros, y dijo:

–Me pregunto si esos cabellos grises son una corona de gloria, o la gorra de un tonto, pues han que ser una cosa o la otra.

Para algunos hombres que al llegar a una edad avanzada todavía no se han convertido, los cabellos grises son, en realidad, la gorra de un tonto. En cambio, si habéis consagrado tu corazón a Cristo, ahora eres su hijo, con la fe de que serás suyo para siempre. Entonces tus cabellos grises son una corona de gloria.

Y ahora escuchadme, jóvenes y señoritas, ¡pronto seremos viejos! En breve tiempo tu figura juvenil cambiará. Los años son cortos, y cada vez parecen durar menos, como si cada uno de ellos volara sobre nuestra cabeza. Mi hermano, tú eres joven como yo. Dime, ¿tienes una esperanza que te diga que «al caer la tarde habrá luz?» No, ya te has iniciado en la bebida, y la tarde del alcoholismo es de las más oscuras, y después de ella, la condenación. No hombre joven, has comenzado tu vida de modo profano, y tu ocaso no tendrá luz, excepto el centelleo de las horribles llamas del infierno. ¡Ten cuidado de una marea como ésa! ¿No escogerás aquello que te da la sabiduría? Sus caminos son placenteros y todas sus sendas son paz. Algunos hombres religiosos son miserables, pero no es su fe lo que hace que sean así. No, tú andas por el mal camino y el que comienza así, termina en una tristeza eterna. La verdadera fe es lo que hace al hombre feliz. Nunca he sabido lo que es una risa del corazón y una mirada feliz, hasta que conocí a Cristo. Conociéndole a Él, confío que podré vivir en este mundo como alguien que no pertenece a él, pero que es feliz viviendo en él con Cristo. Manteniendo mis ojos arriba en el Salvador, puedo decir con David: «Bendice, alma mía, a Jehová, y bendiga todo mi ser tu santo nombre. Bendice, alma mía, a Jehová, y no olvides ninguno de sus beneficios» (Sal. 103:1, 2). ¡Ah, y si en los días de tu juventud, has sido capacitado por el Espíritu Santo para consagrarte a Dios, cuando te acerques al fin podrás mirar atrás. Experimentarás algo de melancolía, pero con un grado mucho más elevado de gozo sobre la gracia que empezó en tu niñez, te preservó durante tu edad adulta, te maduró para tu ancianidad, y al fin te reunió con los escogidos en el cielo. Que el gran Dios y Maestro bendiga estas palabras para cada uno de nosotros, por Jesucristo nuestro Señor. Amén.

92. DECADENCIA DEL PRIMER AMOR

«Pero tengo contra ti que has dejado tu primer amor» (Apocalipsis 2:4).

INTRODUCCIÓN: Dios conoce tus obras.

I. DECADENCIA DEL PRIMER AMOR
1. El amor ferviente.
2. Hemos perdido el entusiasmo.
3. Nuestro tiempo de oración.

II. ¿DÓNDE HEMOS PERDIDO EL PRIMER AMOR?
1. En el mundo.
2. Olvidando lo que le debemos a Cristo.

III. RESTAURACIÓN DEL PRIMER AMOR
1. Tal pérdida daña la causa de Dios.
2. Motivo para sentir preocupación y alarma.

CONCLUSIÓN: Nadie en el mundo pueda ser condenada de manera más terrible que aquel que ha sido un falso cristiano.

DECADENCIA DEL PRIMER AMOR

INTRODUCCIÓN

Sería muy significativo que en nuestra alabanza se dijera tanto como fue dicho con respecto a la Iglesia de Efeso. Si no, leed lo que el Señor Jesucristo dijo de ellos: «Yo conozco tus obras, y tu arduo trabajo y paciencia; y que no puedes soportar a los malos, y has probado a los que se dicen ser apóstoles, y no lo son, y los has hallado mentirosos; y has sufrido, y has tenido paciencia, y has trabajado arduamente por amor de mi nombre, y no has desmayado» (Ap. 2:2, 3). Hermanos y hermanas, deberíamos sentirnos devotamente agradecidos si humilde pero honestamente pudiéramos decir que esta alabanza se aplica a nosotros. Feliz aquel hombre cuyas obras son conocidas y aceptadas por Cristo. No es un cristiano ocioso, tiene una piedad práctica, procura por medio de obras de piedad obedecer toda la ley de Dios; manifiesta su amor a la hermandad con obras de caridad, y por la devoción muestra su apego a la causa de su Maestro. «Yo conozco tus obras». ¡Oh!, algunos de vosotros no podéis llegar tan lejos. El mismo Señor Jesucristo no puede llevar testimonio de vuestras obras, pues no habéis hecho ninguna. Sois cristianos de profesión, pero no en cuanto a vuestra vida práctica. Repito, feliz aquel hombre de quien Cristo pueda decir: «Yo conozco tus obras». Un poco más adelante el Señor dice: «Y tu arduo trabajo». Esto es todavía más. Muchos cristianos tienen obras, pero muy pocos han hecho un arduo trabajo. En los días de Whitfield había muchos predicadores que tenían obras, pero Whitfield hacía un arduo trabajo. Él se esforzó y trabajó mucho por las almas. En los días de los apóstoles habían muchos que hicieron obras para Cristo, pero Pablo trabajó por las almas de forma preeminente. No se trata simplemente de un trabajo, sino de una tarea que se realiza de forma ansiosa; es sacar de dentro toda la fuerza que uno tiene, y ejercitarla para Cristo. ¿Puede el Señor Jesucristo decir eso de ti: «Yo conozco tus obras?» No. Él podrá decir: «Yo conozco tus despistes, tu holgazanería, sé como te encoges ante el trabajo, y cómo que te jactas de lo poco que has hecho. Conozco tu ambición de que la gente piense que eres alguien, cuando no eres nadie». Pero, ¡oh amigos!, ninguno de nosotros se atrevería a esperar que Cristo dijera: «Yo conozco tus obras». Pero más aún; Cristo dice: «Y tu arduo trabajo y paciencia». Ahora bien, habrán algunos que hacen un buen trabajo. Pero, ¿qué es lo que les estorba? Solo trabajan durante un corto período, e inmediatamente dejan de hacerlo y empiezan a desmayar. Esta Iglesia había trabajado durante varios años poniendo todas sus energías en un esfuerzo continuo y un celo imbatible por la gloria de Dios. «Yo conozco tus obras, y tu arduo trabajo y paciencia». Repito, amados, tiemblo al pensar qué pocas personas de esta congregación podrían ganarse una alabanza como ésta: «Yo conozco tus obras, y tu arduo trabajo y paciencia; y que no puedes soportar a los malos». Confío que algunos de nosotros podamos tener una parte en el profundo desprecio hacia la falsa doctrina y a la práctica errónea, además de un amor intenso por la verdad y la práctica puras. «Y has probado a los que se dicen ser apóstoles, y no lo son, y los has hallado mentirosos». Yo conozco la diferencia entre la verdad y el error. El arminianismo nunca estará de acuerdo con nosotros, la doctrina de los hombres no se adaptará a nuestro gusto. No podemos alimentarnos de cáscaras vacías. Cuando oímos a esos que predican otro Evangelio, una ira santa se enciende dentro de nosotros, pues amamos la verdad tal como es en Jesús, y nada sino ella nos satisfará. «Y has sufrido, y has tenido paciencia, y has trabajado arduamente por amor de mi nombre, y no has desmayado». Estos hermanos de Éfeso habían soportado persecución, dificultades, trabajos, vergüenza y desilusiones, pero en vez de desfallecer continuaron fielmente su carrera. ¿Quién de los aquí presentes podría reclamar una alabanza como ésta? ¿Qué maestro de Escuela Dominical de esta asamblea podría decir: he trabajado, he soportado muchas pruebas, he tenido paciencia y no he desmayado? ¡Ah, queridos amigos, si podéis afirmar algo así, es mucho más de lo que yo puedo! A menudo he estado a punto de desmayar en la obra del Maestro, y aunque no me he cansado de hacerlo, algunas veces he deseado pasar del trabajo a la recompensa y abandonar el servicio a Dios antes de haberlo acabado. Me temo que para reclamar una alabanza así nos hacen falta paciencia, trabajo y buenas obras. Eso dice nuestro texto, y me temo que la mayoría de nosotros debemos de hallar aquí nuestra idiosincrasia. «Pero tengo contra ti, que has dejado tu primer

Seguimiento, Discipulado, Oración ...

amor». Es posible que haya un predicador presente hoy en esta asamblea. ¿Sabéis de algún predicador que tuviese que predicar en su propio funeral? ¡Qué difícil habrá sido sentir que estaba condenado a morir y tener que predicar en contra de sí mismo! Esta noche estoy aquí bajo circunstancias similares. Siento que como predicador debería condenarme a mí mismo, y antes de ponerme delante de este púlpito, he orado para poder cumplir con mi deber y tratar honestamente con mi propio corazón. Mi deseo es poder predicar sabiendo que soy el primero de los pecadores y que cada uno de vosotros en cierta medida ha ofendido al respecto, aún cuando ninguno lo ha hecho tan gravemente como yo. Ruego que a través del Espíritu Santo pueda aplicar la Palabra, no meramente a vuestros corazones, sino también al mío, para poder volver a mi primer amor y que vosotros podáis también volver conmigo.

Os diré los puntos que trataremos. En primer lugar, ¿cuál fue nuestro primer amor? Segundo, ¿cómo lo hemos perdido? Y tercero, permitidme exhortaros para que lo consigáis otra vez.

I. DECADENCIA DEL PRIMER AMOR

1. Para algunos de nosotros no ha pasado tanto tiempo. Somos jóvenes en los caminos de Dios, y no hace tanto que hemos tenido dificultad en reconocerlo. Si sois cristianos, esos días habrán sido tan felices que nunca les olvidaréis y podréis fácilmente volver a aquel momento brillante de vuestra historia. ¡Oh, qué amor sentía hacia mi Salvador la primera vez que Él perdonó mis pecados! Todavía lo recuerdo. Vosotros también recordaréis aquella hora feliz cuando el Señor dijo a vuestros corazones: «Yo deshice como una nube tus rebeliones, y como niebla tus pecados» (Is. 44:22). ¡Oh, cuánto le he amado! Mi amor por Él sobrepasaba a cualquier otro. Me habría sentido feliz de dar mi vida por su causa. Si me hubiera pedido que diera todo lo que tengo para los pobres, lo habría dado sintiéndome rico por amor a su nombre. Si me hubiera ordenado predicar en medio de todos sus enemigos, bien podría haber dicho:

«No hay un cordero en tu rebaño,
Que yo no quiera alimentar,
No hay un enemigo ante cuyo rostro
temiera tu causa proclamar».

Puedo reconocer el lenguaje de Rutheford cuando en un calabozo de Aberdeen, lleno de amor por Cristo exclamó: «¡Oh mi Señor, si hubiera un ancho infierno que nos separara y no pudiera alcanzarte a menos que me arrojara a él, no lo pensaría dos veces y allí me lanzaría para poder abrazarte y decir que eres mío!».

Ahora bien, ése es el primer amor que debemos confesar haber perdido. Veamos si aún lo tenemos. Cuando por primera vez amamos al Salvador, teníamos un corazón ferviente. No había en la Biblia ni una sola verdad que no tomáramos como preciosa, y ni un solo mandamiento que no considerábamos como el oro fino y la plata escogida. Nunca estuvieron abiertas las puertas de la casa de Dios sin que nosotros estuviéramos allí. Si había una reunión de oración a cualquier hora del día, allí estábamos nosotros. Algunos nos decían que queríamos hacer demasiadas cosas y nos advertían de sus consecuencias, pero nunca nos preocupábamos por eso. ¿Por qué algunos de vosotros no podéis venir andando hasta este lugar? Cuando por primera vez os unisteis a la Iglesia, estabais dispuestos a caminar el doble de esta distancia. Algunos de vosotros no podéis venir a la reunión de oración, porque el horario de vuestro negocio no os lo permite, pero cuando recién fuisteis bautizados no había una sola reunión de oración en la que estuvierais ausente. La pérdida de vuestro primer amor es lo que os hace buscar la comodidad de vuestros cuerpos, en lugar de la prosperidad de vuestras almas. Muchas veces he preguntado a los jóvenes y también a la gente mayor que se ha unido a esta Iglesia:

—Bien, ¿habéis sacado ya vuestro ticket para el asiento?

—No, señor —fue más de una respuesta.

—¿Entonces que vais a hacer? ¿Habéis conseguido un ticket especial?

—No, no podemos conseguirlo, pero no nos importaría tener que esperar de pie entre la multitud por una hora o dos. A veces no podemos entrar, pero aun en esas ocasiones sentimos haber hecho lo correcto.

Bien, pero yo os he dicho:

—Vivís a 4 kilómetros de distancia y hay que ir y venir dos veces en un día; no podéis hacerlo.

—Oh, señor —me han contestado—, sí que podemos hacerlo; disfrutar de la bendición del día del Señor y de su presencia entre nosotros bien vale la pena.

Yo les he sonreído. A pesar de que podía entenderlos, no he creído necesario advertirles que el primer amor se enfría, y ahora es lo que les ha sucedido. Ese primer amor no dura ni la mitad de lo que quisiéramos. Algunos de vosotros estáis convencidos de ello; ya no tenéis ese amor ardiente al que el mundo llama «ridículo», pero que es el más deseado y anhelado. ¡Cuán obedientes erais entonces! No necesitabais más que leer un mandamiento para ponerlo por obra. Ahora, sin embargo, miráis el provecho que esta obediencia puede daros, y cuán a menudo en lugar de rendiros a Cristo con una obediencia incondicional, jugueteáis con ese provecho y escogéis la tentación.

2. Repito, ¡cuán dichosos os sentíais andando en los caminos de Dios! Erais tan felices que podíais pasaros todo el día cantando. En cambio ahora, vuestra religión ha perdido su brillo, el oro ha palidecido y cuando os acercáis a la mesa de la comunión ya no disfrutáis de ella como antes. Había una época en que todo lo que oíais de la Palabra era precioso para vosotros. Ahora muchas veces os quejáis del siervo de Dios. Admito que los predicadores tenemos muchas faltas, pero la pregunta es si no ha habido en vosotros un cambio más grande que el que ha habido en nosotros. Hay muchos que dicen, «ya no me gusta tanto como antes escuchar al pastor fulano» cuando la falta está en nuestros propios oídos. ¡Oh hermanos!, cuando vivimos cerca de Cristo y estamos en nuestro primer amor, es asombroso lo poco que hay que hacer para ser un buen predicador. Confieso que mi corazón dio un vuelco de alegría cuando escuché a un modesto predicador metodista predicar el Evangelio. No he oído ningún pensamiento nuevo, ni una expresión hermosa o una nueva figura de todo su mensaje, pero fue suficiente oírle hablar de Cristo. Aun las verdades más corrientes eran excelentes viandas para mi espíritu hambriento. Además debo reconocer que he oído sermones de los cuales debería haber sacado algún provecho, pero mientras los escuchaba pensaba en el estilo del predicador o en algunos errores gramaticales que cometía. Cuando a través de su ministerio debería de haber tenido una comunión con Cristo, permití que mis pensamientos se desviaran hasta el último confín de la tierra. Y, ¿cuál podía ser la razón de que sucediera esto, sino la pérdida de mi primer amor?

Os repito: Cuando estamos viviendo nuestro primer amor haríamos cualquier cosa por el Señor, y en cambio ahora, ¡qué poco podemos hacer! Si miráramos a algunas de las cosas que hemos hecho cuando éramos recién convertidos, nos parecerían historias ficticias. Si en vuestro bolsillo teníais tan sólo una moneda, estabais encantados de podérsela dar a algún creyente pobre y necesitado. Cuando conocimos al Salvador podíamos darlo todo por Él. Si había una reunión a varios kilómetros de distancia y estaba oscureciendo, gustosamente acompañábamos al predicador caminando, cualquiera que fuera la distancia. Si se trataba de la Escuela Dominical, no importa lo temprana que fuera la hora de su comienzo, allí estábamos con nuestra sed por aprender. Hoy miramos hacia atrás sorprendidos por las proezas que podíamos hacer entonces. ¿Por qué no las podemos hacer ahora? Hay una clase de personas que siempre viven del recuerdo de lo que han hecho antes. A veces pregunto a algún hermano de la congregación por qué no hace algo en particular. «Bueno», me contesta, «yo he hecho tal cosa, y luego he hecho esto otro», y así sucesivamente. ¡Que el Señor nos libre de los «he hecho»! Decir que hemos hecho algo nunca nos servirá de nada. Suponed por un momento que el mundo dijera: «ya he dado suficientes vueltas, ahora me quedaré quieto». O que el mar dijera: «He estado moviéndome hacia un lado y hacia otro, subiendo y bajando la marea, ya no lo haré más». Imaginad que el

Seguimiento, Discipulado, Oración ...

sol dijera: «Ya he iluminado bastante y he dado mucho calor a los hombres, de ahora en adelante no saldré más». Pero suponed que la luna, envuelta en velos de oscuridad, dijera: «Ya he iluminado muchas noches y he acompañado a muchos viajeros por el camino; ahora apagaré mi lámpara y estaré para siempre en las tinieblas». Hermano, cuando tú y yo dejamos de trabajar, en cierta manera dejamos también de vivir. Dios no tiene la intención de que vivamos una vida inútil. Pero notad esto: cuando abandonamos nuestras primeras obras, no hay duda que hemos abandonado también nuestro primer amor. Si flaqueamos física y mentalmente, si dejamos nuestro trabajo, si ya no hacemos nuestras labores de costumbre, la única respuesta aceptable será: «Has dejado tu primer amor, y en consecuencia has abandonado también tus primeras obras». ¡Ah, siempre estamos tan dispuestos a poner excusas a nuestro favor! Algunos predicadores se retiran del ministerio mucho antes de lo necesario. ¿Por qué? Pues por estar casados con una mujer rica, o porque alguien les ha dejado algo de dinero, y ya pueden vivir sin tener que ejercer el ministerio. Estos predicadores han estado debilitándose en los caminos de Dios, o de otro modo habrían dicho:

«Mi cuerpo se ha rendido,
y ha cesado de trabajar y de vivir».

3. Hay muchos hermanos aquí presentes que han sido maestros de la Escuela Dominical, otros han repartido tratados por toda la ciudad, o han estado activos en la obra de Dios y ahora están sin hacer nada. A los tales exhorto que en esta noche oigan a su conciencia y digan si no son culpables de este cargo que hago contra ellos, que han perdido su primer amor.

No necesito detenerme para decir también que este mismo mal puede detectarse en cada aspecto de nuestro diario vivir, pues cuando perdemos nuestro primer amor hay una necesidad de aquella vida de oración que dejamos atrás. Recuerdo que el día en que fui bautizado, me levanté a las tres de la madrugada y estuve orando hasta las seis. Entonces tenía que caminar unos siete kilómetros para ir hasta el lugar donde se celebraría el bautismo. En esos días la oración era para mí un deleite muy especial. Mis obligaciones me mantenían ocupado desde las cinco de la mañana hasta las diez de la noche, sin un solo momento para el descanso. Con todo, para poder orar me levantaba a las cuatro de la madrugada, y aunque ahora estoy muy soñoliento y siento que no podría levantarme a esa hora, en aquella época en que vivía mi primer amor, podía hacerlo sin dificultad. Entonces nunca me faltaba el tiempo. Si no me levantaba temprano en la mañana, me acostaba tarde por la noche. Me sentía obligado a pasar un tiempo de oración con Dios, ¡y qué oración era aquella! Tenía una preciosa libertad ante el trono de la gracia. Pero cuando el primer amor se va, empezamos a pensar que en lugar de una hora, diez minutos de oración son suficientes, y en vez de leer por la mañana una buena porción de la Palabra, leemos uno o dos versículos. En estos días los negocios nos tienen tan ocupados que debemos irn a la cama tan pronto como podamos, y en consecuencia no tenemos tiempo de orar. Cuando estábamos viviendo en nuestro primer amor, a la hora de comer usábamos algo de tiempo para tener comunión. Esto también se ha dejado. Luego, en el día del Señor, teníamos por costumbre orar un rato cuando volvíamos de la Iglesia a casa, aunque fueran cinco minutos antes de comer, de manera que lo que habíamos oído nos fuera de provecho. Cuando perdemos nuestro primer amor, también dejamos de lado esta buena costumbre. Muchos de los que estáis aquí, acostumbrabais a tener un buen tiempo de comunión con Dios, cuando teníais que enfrentaros a circunstancias difíciles. Le pedíais a vuestra esposa y vuestros hijos que os acompañaran a orar. Otros no salían ni siquiera a dar un paseo sin antes tener unos momentos de oración, estabais tan entusiasmados que nunca os resultaba demasiado. ¿Qué ha ocurrido ahora? Tenéis más conocimiento que antes, habéis crecido en edad física y espiritual, en algunos aspectos os habéis hecho más sabios, y tal vez sois más ricos. Sin embargo daríais todo lo que habéis adquirido para volver a

«Esas horas tranquilas que una vez disfruté,
¡cuán dulce es aún su recuerdo!
¡Oh!, qué daríais si pudierais llenar, ese doloroso vacío,
que el mundo nunca puede llenar».

Lo único que podría satisfaceros es el mismo amor a Dios que teníais antes.

II. ¿DÓNDE HEMOS PERDIDO NUESTRO PRIMER AMOR

Ahora, amados, ¿dónde perdimos el primer amor, si es que lo hemos perdido? Que cada uno hable por sí mismo, o mejor, dejadme hablar por cada uno de vosotros.

1. ¿Algunos de vosotros no habéis perdido vuestro primer amor en el mundo? Tal vez alguien que se encuentra aquí en esta mañana, tenía una pequeña tienda a la que no tenía que dedicar demasiado tiempo, pero pronto los negocios se volvieron favorables y adquirió una segunda tienda. ¿No es extraordinario que cuando te enriqueciste y tuviste más negocios, empezaste a tener menos gracia?

¡Oh, amigos, hacerse rico es una cosa muy seria! Es la peor de todas las tentaciones a las que los hijos de Dios nos vemos enfrentados. Es algo a lo que no tememos, por lo tanto la tentación es mucho más sutil. Cuando alguien sale de viaje, se lleva consigo unas cuantas cosas que necesita. Pero suponed que amontona una gran cantidad de equipaje; no le será de ayuda en absoluto, por el contrario, será una molesta carga que impedirá su progreso. Conozco a muchos cristianos que mientras ganaban una libra a la semana, vivían en una preciosa comunión con Dios; pero poco a poco han ido progresando y ahora se han enriquecido. ¡Qué contentos estarían si pudieran tener ahora la misma paz mental y el mismo acceso a Dios que tenían en los tiempos de pobreza! ¡Ah!, tener cualquier cosa de este mundo en abundancia, es perjudicial para los hijos de Dios. Me pregunto si no hay veces en que un hombre debería detenerse en su camino y decir: «Tengo la oportunidad de aumentar mis negocios, pero eso requerirá todo mi tiempo, incluyendo la hora que he apartado para orar. Creo que no voy a seguir adelante con más ocupaciones. Ya poseo suficiente dinero y no necesito más. Prefiero hacer negocios con el cielo que con las cosas de la tierra».

Os recuerdo: ¿No pensáis que habéis perdido vuestro primer amor ocupándoos demasiado con la gente del mundo? Cuando estabais viviendo vuestro primer amor, no teníais la compañía de nadie que no fuera un hijo de Dios, pero ahora tenéis amigos a los que les gusta hablar de frivolidades, y en lugar de daros un ejemplo de sólida piedad, se comportan con toda liviandad y trivialidad. Antes estabais rodeados por personas que tenían un santo temor a Dios, pero ahora moráis en las tiendas de la «libertad», donde oís casi exclusivamente maldiciones y blasfemias. Queridos amigos, aquel que lleva carbón en su seno se quemará, y el que tiene malas compañías no puede evitar ser perjudicado. Procurad, entonces, tener buenos amigos, para que esto os ayude a conservar vuestro primer amor.

2. Pero aún hay otra razón. ¿No pensáis que tal vez habéis olvidado lo mucho que le debéis a Cristo? Basándome en mi experiencia, sé que a menudo tengo que volver al punto de partida donde comencé mi relación con el Señor:

«Yo soy el principal de los pecadores, pero Cristo murió por mí».

Tú y yo hablamos de ser santos; sabemos cuál fue nuestra elección, nos regocijamos en nuestro llamamiento y vamos adelante en nuestra santificación, pero con mucha facilidad olvidamos el pozo del que hemos sido sacados. Recuerda, mi hermano, no eres nada sino un pecador salvo por la gracia; piensa en lo que hubieras sido si el Señor no te hubiera rescatado. Volved a los primeros principios, y a la gran piedra angular que es Cristo, y seréis llevados de vuelta a vuestro primer amor.

¿No pensáis que habéis perdido vuestro primer amor dejando de lado vuestra comunión con Cristo? Predicador, predica honestamente y predícate a ti mismo. ¿No has sido tentado a hacer grandes cosas para Cristo, pero no vives una vida llena de Él? Creo que éste es uno de los pecados que más me acosan. Instintivamente prefiero el ejercicio activo e incesante de hacer cosas que la pasiva quietud de su presencia. Hay algunos de vosotros que estáis asistiendo a la Escuela Dominical, para quienes el tiempo sería más provechosamente empleado si pasaseis esa hora en comunión con Cristo. Quizás no disponéis de tiempo para mejorar espiritualmente lo que habéis adquirido. Cierta vez la señora Bury dijo: «si los doce apóstoles estuvieran predicando en cierto pueblo, y tuviéramos el privilegio de oírles, pero para ello tuviésemos que dejar de lado la oración, sería mejor no haber oído sus nombres que haber ido a escucharles». A menos que vivamos continuamente cerca de Él, nunca podremos amar a Cristo como es debido. El amor al Señor depende de esa cercanía a Él. Ocurre lo mismo con los planetas y el sol. ¿Por qué algunos planetas son muy fríos? ¿Por qué otros se mueven con una velocidad tan lenta? Simplemente porque están lejos del sol. Ponedlos donde está el planeta Mercurio y estarán hirviendo de calor y circulando en rápidas órbitas alrededor del sol. Así, amados, si vivimos cerca de Cristo, no podemos evitar amarle. El corazón que está cerca de Jesús debe estar lleno de su amor. Sin embargo, cuando vivimos días, semanas y meses sin una comunión real con Él, ¿cómo podemos mantener nuestro amor con alguien que para nosotros casi resulta ser un extraño? Él debe ser nuestro amigo, y nosotros debemos andar siempre cerca de Él, más cerca que de un hermano; de otro modo, nunca podremos conservar nuestro primer amor.

Podría daros miles de razones, pero dejaré que cada uno de vosotros indague en su propio corazón para hallar la razón por la cual habéis perdido vuestro primer amor.

III. RESTAURACIÓN DEL PRIMER AMOR

Ahora, amigos, prestadme toda vuestra atención durante unos momentos durante los cuales os ruego fervientemente que *procuréis que vuestro primer amor sea restaurado*. ¿Os digo por qué? Hermano, aunque seas un hijo de Dios, si han perdido tu primer amor, tienes un problema. Leamos lo que dice Hebreos 6: «Porque el Señor al que ama, disciplina», y si tú has pecado, te disciplinará. Esta noche estás tranquilo, ¿no es así? Pero ten cuidado de esa calma, porque indica que se acerca una tempestad. El pecado es un presagio de la tempestad. Leed la historia de David. Durante toda la vida de David, en todas sus tribulaciones, en las rocas por donde andaban las cabras silvestres, y en las cuevas de las montañas, era el más feliz de los hombres, hasta que perdió su primer amor. Entonces sus ojos se fijaron en Betsabé, y a partir del momento en que pecó se fue camino de la tumba lleno de pena y quebranto. Vivió una amarga cadena de aflicciones; ten cuidado que no te ocurra lo mismo. «¡Ah, pero», me dirás tú, «yo no pecaré como lo hizo David». Hermano, nunca puedes decir que no lo harás. Si has perdido tu primer amor, ¿qué es lo que te impide perder tu primera pureza? El amor y la pureza van juntos. Aquel que ama es puro; el que ama poco verá que su pureza comienza a decrecer, hasta que se llena de suciedad y contaminación. Mis queridos amigos, no quisiera veros probados y atribulados. Yo lloro con los que lloran. Si alguno de vosotros tiene un hijo enfermo y dicha noticia llega a mis oídos, puedo decir honestamente que siento algo como si fuera un padre para vuestros hijos y para vosotros. Si tenéis sufrimientos, y sé que los tenéis, deseo sufrir con vosotros y exponer vuestras penas ante el trono de Dios. ¡Oh, no deseo que mi Padre celestial tenga que usar la vara con ninguno de vosotros; pero Él lo hará si es que habéis perdido vuestro primer amor. En ese momento más que nunca, Él es un Padre, y no dudará en disciplinaros si tenéis necesidad de ello. Los bastardos son los que se escapan de la corrección de la vara. Si sois unos meros profesantes podéis seguir felices vuestro camino, pero cuando el verdadero hijo de Dios que ha nacido de nuevo ha perdido su primer amor, debe atenerse a las consecuencias.

1. Pero además, queridos amigos, hay otra cosa importante si perdemos nuestro primer amor. ¿Qué dirá el mundo de nosotros? Digo esto no por causa de nuestro nombre, sino poro causa del nombre de Dios. Hubo un tiempo, que aún no ha pasado, en que los hombres señalaban a esta

Iglesia y decían: «He aquí una Iglesia que es cual brillante oasis en medio del desierto; una luz que resplandece en las tinieblas». Nuestras reuniones de oración tenían una asistencia numerosa y una calidad espiritual inmejorable. ¡Oh, cómo absorbíais las enseñanzas de la Palabra y cómo vuestros ojos brillaban de emoción cuando se mencionaba el nombre de Cristo! ¡Qué pena si ahora la gente nos califica como una Iglesia dormida que ya no tiene interés en la verdad! Os aburrís durante el mensaje, y si alguien blasfema en vuestra presencia, no lo reprendéis y la asistencia a las reuniones de oración ha menguado. «¡Ah!», dice el mundo, «ya lo decía yo, lo que esa gente tenía, era una emoción espiritual exaltada, un mero espasmo que ya ha pasado». Hace unos días estaba leyendo que mi ministerio está perdiendo popularidad, que mi Iglesia estaba casi vacía y que nadie quería venir. «Bueno», me dije, «si hemos llegado a eso, no me entristeceré mucho, pero si dijera que la Iglesia ha perdido su celo y su primer amor, sería suficiente para romper mi corazón». Dejemos que la cáscara se vaya, pero si el trigo se queda seremos felices. Dejad que los profesantes se vayan, pero si vosotros soldados de la cruz os volvéis atrás en el día de la batalla, ¿dónde he de esconder mi cabeza? ¿Qué diré para la gloria de mi Maestro o para el honor de su Evangelio? Estoy gozoso porque la antigua doctrina se ha avivado en estos días, y porque la doctrina que Calvino, Pablo y Jesucristo predicaron, es aún poderosa para salvar, y sobrepasa en poder a todas las nuevas teologías y ideas fantasiosas de nuestro tiempo. Pero, ¿qué dirán los herejes, cuando vean que todo se ha terminado? «Ah», dirán, «aquella vieja verdad que estaba en boca de aquel joven tonto, despertó a la gente durante un breve período de tiempo pero le faltaba médula y fortaleza, y finalmente murió». ¿Deshonraréis así al Maestro y Señor, hijos del Rey celestial? Os exhorto a que no lo hagáis, pero tratéis con todo vuestro anhelo y fervor, de volver a tener como un rico don del Espíritu, vuestro primer amor.

2. Una vez más, amigos, hay un pensamiento que si hemos perdido nuestro primer amor, debería hacernos sentir alarmados a cada uno de nosotros. Ojalá que ninguno de vosotros tuviera que hacerse esta pregunta ¿Fui alguna vez un hijo de Dios? ¡Oh, Dios mío!, ¿tengo que hacerme esta pregunta? Si, debo hacérmela. Leed conmigo 1 Juan 2:19: «Salieron de nosotros, pero no eran de nosotros; porque si hubiesen sido de nosotros, habrían permanecido con nosotros; pero salieron para que se manifestase que no todos son de nosotros». ¿No hay algunos cuya piedad es como la nube de la mañana y el rocío temprano? ¿No puede ser éste mi caso? Estoy hablando para todos vosotros. Poned la pregunta de esta manera: «¿no será que cierto sermón me ha impresionado y esa impresión ha sido una mera emoción carnal? ¿No puede haber sucedido que pensaba que me había arrepentido, pero no lo he hecho? ¿Es posible que nunca haya tenido la amante fe que une al creyente con el Cordero de Dios? Tal vez pensé que amaba a Cristo pero nunca lo hice, pues si en realidad lo hubiera amado no sería como soy ahora. ¡Ved cuán lejos estoy de la verdad y cómo he caído! ¡Que no continúe con mi vertiginosa caída hasta que me encuentre en la perdición, donde el gusano nunca muere y el fuego nunca se apaga. Muchos son los que han ido desde las alturas de una profesión a las profundidades de la condenación; ¿no puede sucederme a mí lo mismo? ¿No puede ser verdad que soy como una estrella errante para quien están reservadas para siempre tinieblas y oscuridad? ¡No puede haber brillado en la Iglesia durante un momento, y con todo ser una de aquellas vírgenes tontas que no echaron aceite en sus lámparas, y por tanto mi lámpara se apagó? Si continúo en esta carrera, es imposible que pueda parar; si voy cuesta abajo seguiré cayendo hasta estrellarme contra la condenación. Y, ¡Oh, Dios mío!, si continúo deslizándome un año más, ¿quién sabe hacia dónde me estoy dirigiendo? Tal vez hacia un terrible pecado. Amigo, ¡prevénlo por la gracia de Dios! Tal vez pueda caer a un abismo sin fin. Si soy un hijo de Dios sé que no puede sucederme algo así. Ahora bien, ¿no puede ser que me creyese un hijo de Dios y mi retroceso continuo se deba a

Seguimiento, Discipulado, Oración ...

que siempre estuve muerto espiritualmente? ¡Oh!, qué triste y terrible es ver en nuestra Iglesia quienes no han sido más que miembros muertos en medio de la congregación! Si pudiera llorar lágrimas de sangre, no expresarían la emoción que siento y que vosotros deberíais sentir cuando pensáis que hay algunos entre nosotros que son ramas muertas de una viña viviente. Nuestros diáconos ven que hay mucha falta de salud espiritual en nuestros miembros. Me entristece pensar que algunos de ellos hayan caído. Alguien dice: «yo me he unido a la Iglesia, pero nunca me convertí. He hecho una profesión de haber estado convertido, pero no lo estaba, y ahora no tengo deleite en las cosas de Dios. Tengo buena conducta moral, voy a todas las reuniones, pero no soy salvo». Hay otros en medio de vosotros que tal vez han llegado más lejos, que han caído en pecado y no me he enterado de ello. En una Iglesia tan grande como ésta hay cosas que no llegan a mis oídos. ¡Oh!, queridos amigos, os ruego por Aquel que vive y estuvo muerto, que no permitáis que los hombres hablen mal de vuestra piedad, por haber perdido vuestro primer amor.

CONCLUSIÓN

¿Hay algunos de entre vosotros que profesan una religión, pero no la poseen? ¡Oh!, renunciad a vuestra profesión, «compra la verdad, y no la vendas» (Pr. 23:23). Cada uno de vosotros id a vuestra casa, y arrodillaos ante Dios. Pedidle que os examine, que os pruebe, y mire vuestras sendas, para ver si hay alguna maldad en vosotros, y que os guíe por el camino de la verdad eterna. Si es que alguno sólo ha profesado ser cristiano, pero no posee la vida eterna, que busque al Señor mientras pueda ser hallado, y le llame en tanto que está cerca. Cada uno de vosotros reciba esta advertencia con solemnidad, y si es un hipócrita, en el gran día de Dios, culpable como pueda yo ser en muchos respectos, hay una cosa de la que estoy seguro, no he dudado en declararos todo el consejo de Dios. No creo que ninguna persona en el mundo pueda ser condenada de manera más terrible que aquel que ha sido un falso cristiano. Me he acercado tanto a vosotros que no puedo seguir adelante sin citar vuestros nombres. Estad seguros: si la gracia de Dios está conmigo, ni vosotros ni yo seremos eximidos en el púlpito en ningún pecado que pueda observar. ¡Seamos sinceros! Que el Señor impida que seáis multiplicados si no lo sois como verdaderos cristianos con el rebaño real que el mismo Señor ha ordenado y que mantendrá hasta el fin. Mañana nos encontraremos para orar de forma que nuestro primer amor sea restaurado, y espero que muchos de vosotros vengáis a buscar el amor que casi habéis perdido.

Para los que nunca han disfrutado de la maravilla de este amor, que el Señor os lo dé por amor a Jesús. Amén.

93. UN NUEVO COMIENZO

«Mas los que esperan a Jehová tendrán nuevas fuerzas; levantarán las alas como águilas, correrán, y no se cansarán, caminarán, y no se fatigarán» (Isaías 40:31).

INTRODUCCIÓN: Mantenerse espiritualmente elevado.

I. LA SOMBRA DEL DECAIMIENTO
1. Podemos estar decadentes.
2. La pérdida de la juventud y su vigor.
3. Los ceses de los primeros éxitos.
4. El desgaste del cuerpo en una vida activa.
5. Cuando la rutina invade.

II. NECESIDAD DE UN AMIGO
1. El abatimiento, consecuencia del estado espiritual.
   a) Se decae en la profecía
   b) Se decae en la falta de principios
   c) Se cae en el error doctrinal
   d) Pérdida del amor al Evangelio

III. VOLVER A CRISTO
1. No nos podemos permitir la decadencia.
2. Cuidemos la salud espiritual.
3. Buscar la renovación.
4. Renovar nuestra consagración.
5. Volver a la lectura bíblica.
6. Anhelar el avivamiento.
7. Los ataques de los enemigos.

CONCLUSIÓN: Venceremos por la gracia de la cruz.

UN NUEVO COMIENZO

INTRODUCCIÓN

Amados compañeros de servicio en Cristo, nuestra labor nos exige estar en el mejor estado posible de corazón. Cuando estamos en la mejor de las condiciones, somos ya bastante débiles; no quisiéramos, pues, caer por debajo de nuestro punto más elevado. Como instrumentos, debemos todo nuestro poder de servicio a la mano divina; pero dado que los instrumentos han de guardarse siempre en orden, deseamos tener el espíritu exento de herrumbre, y la mente afinada y afilada para responder prontos a la voluntad del Maestro. Ya que temo que no siempre estamos a la altura de nuestros privilegios, el tema de la plática de esta mañana será «Un nuevo comienzo», o dicho de otro modo: una renovación, un avivamiento, emprender un nuevo viaje, un retorno a nuestro primer amor, el amor de nuestros esponsales, cuando nuestra alma fue desposada a la obra de nuestro Redentor.

I. LA SOMBRA DEL DECAIMIENTO

1. El tema es de extrema necesidad para todos nosotros, porque el proceso de la decadencia es muy fácil. Permitidme que os hable unos minutos sobre este tópico. Decaer no exige cuidados ni esfuerzos, puede conseguirse sin siquiera desearlo; en cierta medida, puede venir en oposición a nuestros deseos; podemos decaer sin darnos cuenta siquiera, y mucho más fácilmente cuando nos imaginamos ser ricos y estar en la prosperidad. Mediante una ley a la que no tenemos que contribuir, gravitamos hacia un nivel inferior. No deis cuerda al reloj, y las ruedecillas pronto dejarán de funcionar, y el antiguo reloj de la escalera se quedará inmóvil, inútil, silencioso, muerto, como un ataúd apoyado contra la pared. Administrar bien una granja requiere labor constante y atenta vigilancia; pero abandonar la tierra hasta no poder alimentar ni a una alondra, es cosa fácil que cualquier perezoso puede realizar; basta dejarla, o sacar de ella cosecha tras cosecha sin darle abono ni descanso: los campos fértiles se convertirán en estériles, y el jardín en un desierto. Así ocurre con nosotros mismos. Dejad simplemente de dar cuerda al alma con la oración diaria, y pronto decaeréis; descuidad solo el cultivo del corazón, y las espinas y brezos crecerán sin ayuda. Abandonad vuestra vida espiritual, y el ser entero se resentirá.

Que yo sepa, no podemos esperar ver energías continuas, en su plenitud, en ninguno de nosotros. Pienso que, hasta el que arde como un serafín, conoce momentos en que la llama disminuye. Como el mismo sol no siempre es siempre tan poderoso, también el hombre, que como la luz de la aurora va en aumento hasta que el día es perfecto, no brilla siempre igual, ni está siempre en el mediodía. La naturaleza no mantiene siempre al mar en marea alta; interviene la marea baja, y el océano hace una pausa antes de volver a la plenitud de su fuerzas. El mundo vegetal tiene su invierno y disfruta de prolongado sueño bajo su lecho de nieve. Ni la marea baja ni el invierno son tiempo desperdiciado; la marea alta y el verano deben mucho a la marea baja y las heladas. Sospecho que debido a nuestra afinidad con la naturaleza, también nosotros cambiaremos y no permaneceremos siempre a la misma altura. No hay nadie cuya vida sea todo clímax. No desesperemos si en este momento nuestro espíritu está en marea baja; la pleamar de la vida llegará como siempre, e incluso alcanzará un punto más elevado. Cuando estamos sin hojas y al parecer sin vida, y nuestra alma ha llegado a ser como un árbol en invierno, no imaginemos que el hacha nos derribará, pues nuestra sustancia permanece en nosotros aunque hayamos perdido nuestras hojas, y antes de que transcurra mucho tiempo vendrá la época en que los pájaros cantan, sentiremos el calor cordial de la primavera que retorna, y nuestras vidas estarán de nuevo cubiertas de capullos y cargadas de frutos.

No será de extrañar que haya calmas y pausas en nuestro trabajo espiritual, pues lo mismo ocurre en los negocios de los hombres. Aun el que más se afana en pos de objetos mundanos, aquel a quien no puede acusarse ni mucho menos de falta de actividad en sus esfuerzos, es consciente, sin embargo, de que, por una especie de ley, vienen tiempos encalmados en que el negocio necesariamente se estanca. No es culpa del comerciante si a veces es necesario estimular el comercio, ni que después de estimularlo siga tan estancado como siempre. Parece ser una regla el que haya años de gran prosperidad, y luego años de decadencia; las vacas enjutas aún devoran a las gordas. Si los hombres no fueran lo que son, podría haber perpetuamente un progreso uniforme; pero es evidente que aún no hemos llegado a ese punto.

En los asuntos religiosos, la historia nos muestra que las iglesias tienen sus días de abundancia, y luego sus días de sequía. La Iglesia universal está rodeada de estas circunstancias; ha tenido sus pentecostés, sus reformas, sus avivamientos; y en entre intervalos ha habido pausas penosas, en que había más motivo para lamentarse que para gozarse, y el miserere era más adecuado que el aleluya. Por lo tanto, deseo que ningún hermano se condene a sí mismo por no estar consciente en este momento de poseer toda la vivacidad de su juventud; es posible que la recupere antes de que clausuremos estas reuniones. Que el labriego anhele la primavera, pero no desespere a causa del frío actual; de modo que espero que os lamentéis de todo grado de decadencia, pero que no desesperéis. Si alguno anda en tinieblas y no ve luz alguna, que confíe en Dios, y que espere en Él hasta que envíe días más luminosos.

2. Teniendo todo esto en cuenta, y concediendo todo el margen posible, temo, sin embargo, que muchos de nosotros no mantenemos la debida elevación, sino que nos hundimos por debajo de lo necesario. Hay muchas cosas que tienden en este sentido, y quizás nos haga bien pensar en ellas. Cierto grado de abatimiento de espíritu puede ser puramente físico, y proceder de la evaporación del vigor juvenil. Algunos de vosotros gozáis de todas las fuerzas del comienzo de la virilidad; sois de andar ligero como los ciervos del campo, y de movimientos rápidos como las aves; pero otros llevamos pinceladas de gris en nuestras cabezas, y la edad madura nos ha hecho sobrios. Nuestros ojos aún no se han apagado, ni han disminuido las fuerzas naturales; no obstante, el fulgor y la llama de la juventud se han ido, y en el estilo de nuestro hablar y en los modos de actuar los hombres echan de menos aquel rocío de la mañana que era la gloria de las hojas jóvenes de la vida. Los mayores son propensos a ridiculizar a los compañeros jóvenes por ser demasiado celosos; que éstos no se desquiten, sino que, con cautela, se abstengan de acusar a los hermanos mayores con excesivo fervor.

Por mi parte, si pudiese, hubiera seguido siendo un joven, pues no he mejorado en modo alguno. ¡Ojalá pudiera poseer de nuevo la elasticidad de espíritu, el empuje, el valor, la ilusión de los días pasados! Mis días de vuelo se han convertido en días de carrera, y la carrera está disminuyendo para convertirse en un paso aún más sereno. Es motivo de aliento el que las Escrituras parezcan indicar que esto es progreso, pues es el orden prescrito para los santos: «Levantarán las alas como águilas;» se pierden de vista, por lo lejos que van. En vuestros primeros sermones, ¡cómo levantabais las alas! Vuestros primeros esfuerzos evangelísticos, ¡qué vuelos de águila eran! Después de eso, aflojasteis la marcha y, sin embargo, vuestro paso mejoró; se hizo más firme, y quizá más lento, como está escrito: «Correrán, y no se cansarán; caminarán, y no se fatigarán». Dios quiera que no nos fatiguemos; y si nuestros días de correr han acabado, que caminemos con Dios como Enoc hizo, hasta que el Señor nos lleve consigo al hogar.

3. Otra causa que frecuentemente lleva al abatimiento del vigor es el posible cese de los primeros éxitos. No quiero decir que siempre sea así; mas generalmente, cuando un hombre va a un nuevo campo, hay muchas porciones sin segar, y recoge una gran cosecha, que más tarde no encuentra porque hay menos que segar. Si tienes un pequeño estanque no puedes seguir pescando tantos peces como al principio, porque no quedan tantos. En Londres estamos,

por decirlo así, en un océano, y podemos extender nuestras redes tantas veces como queramos; pero en una ciudad o pueblo pequeños, uno puede terminar pronto toda su labor de conversión directa si el Señor le bendice mucho; y si después de cierto tiempo no hay más almas salvas, quizá sea porque hay pocas personas inconversas que asisten a su ministerio. Es posible que Dios haya dado al hermano todos aquellos a quienes se proponía bendecir por su medio en aquel lugar, y quizá sea prudente que vaya a pescar en otras aguas. He leído algo sobre un farero que cuelga una cuerda en torno al faro, en la que coloca cierto número de hilos y anzuelos. Todos están bajo el agua durante la marea alta, y en los momentos favorables, los peces pican, de modo que cuando la pleamar se retira, el faro queda festoneado de peces de todas clases; lo único que tiene que hacer el eficiente pescador es recoger el botín. Esto fue lo que nos ocurrió al principio; cebamos nuestros anzuelos y sacamos los peces sin cortapisas. Pero más tarde, quizás, el farero mira desde la torre sin ver nada, pues la niebla es densa, las nubes envuelven la luz, y el viento ruge furioso; ha de tener cerradas puertas y ventanas, para preservar su vida, y piensa en lo duro que es ser farero, mientras desea poder estar en tierra firme. A veces también estamos en posición similar. Se nos pregunta: «¿Cómo va la noche?». Y la respuesta es: «La mañana no viene, la noche se hace más densa, y las tinieblas aumentan». No todos los días sacamos la red llena de grandes peces, sino que experimentamos tristes intervalos de esfuerzo infructuoso, y entonces no es extraño que el espíritu se fatigue en uno.

4. El desgaste natural de una vida activa tiende también a abatirnos. Algunas de nuestras gentes piensan que tenemos poco o nada que hacer excepto subir al púlpito, y derramar un torrente de palabras dos o tres veces por semana; pero deberían saber que, si no pasemos mucho tiempo en estudio diligente, recibirían sermones muy pobres. He oído hablar de un hermano que confía en el Señor y no estudia; pero también se me ha dicho que los miembros de su iglesia no tienen confianza en él; de hecho, me informaron que desean que se vaya a otra parte con sus discursos inspirados, pues dicen que incluso cuando estudiaba sus sermones dejaban bastante que desear, pero ahora que les da lo que primero viene a sus labios son totalmente insoportables. Si alguno quiere predicar como debe, su trabajo le tomará más que cualquier otra labor debajo del cielo. Si vosotros y yo nos concentramos en nuestro trabajo y vocación, aunque sea entre pocas personas, habrá de seguro roce del alma y desgaste del corazón como para afectar al más fuerte. Estoy hablando como el que sabe –por experiencia– lo que es sentirse completamente agotado en el servicio del Maestro. No importa qué dispuestos estemos en espíritu, la carne es débil; y el que defendió cariñosamente a sus siervos dormidos en el jardín, conoce nuestra constitución, y recuerda que somos polvo. Necesitamos que el Maestro nos diga de vez en cuando: «Venid vosotros aparte al lugar desierto, y reposad un poco»: y lo dice, pues no es un maestro rudo; y por más que muchos usen del azote para que el agotado corcel muera con los arneses puestos, nuestro bondadoso Señor no hace lo mismo.

5. Además de esto, somos propensos a abatirnos cuando nuestro deber se convierte en rutina, a causa de su monotonía. Si no velamos, muy probablemente nos diremos a nosotros mismos: «El lunes por la noche, y de nuevo aquí, para dar un mensaje en la reunión de oración. El jueves, predicar, ¡aunque aún no tengo tema! El domingo por la mañana y por la noche, predicar de nuevo ¡sí, predicar de nuevo! Luego, los compromisos especiales; siempre predicar, predicar, predicar». ¡Qué fatigoso! Predicar debería ser un gozo, y, sin empero, puede convertirse en pesada tarea. La predicación constante debería ser un disfrute constante; sin embargo, cuando el cerebro está fatigado, el placer huye. Como el muchacho enfermo en los días del profeta, estamos dispuestos a exclamar: «¡Mi cabeza! ¡Mi cabeza!». Nosotros preguntamos: «¿Cómo conservar nuestra lozanía?». Es difícil producir tanto con tan poco tiempo para la lectura; es

Seguimiento, Discipulado, Oración ...

casi tan dificultoso como hacer ladrillos sin paja. Nada puede conservar nuestra lozanía sino la unción diaria del Espíritu.

II. NECESIDAD DE UN AMIGO

No me extraña que algunos hermanos estén abatidos por falta de asociación con otras personas de corazón cálido y espíritu afín. Os daré otra ilustración mando nuevamente un faro. Alguien fue a visitar a los guardianes de un faro solitario, y dijo a uno de ellos: «Supongo, después de todo, que ustedes son muy felices en esta torre». «Podríamos serlo», replicó el hombre, «si charláramos el uno con el otro; pero hace un mes que mi compañero y yo no hemos cambiado una sola palabra». Si estáis desterrados en un lugar del campo, donde no tengáis una mente superior o siquiera igual con la que conversar sin ningún amigo intelectual o espiritual a vuestro alcance, me hago cargo de lo que os ocurre. «Hierro con hierro se aguza; y el hombre aguza el rostro de su amigo», y cuando el rostro no es aguzado, no es de extrañar que la mente se empañe. Hermanos, no podemos vivir solos; sin embargo, una de nuestras más penosas pruebas es la terrible soledad en nuestros afanes más elevados. ¡Cuán deleitoso tener un espíritu gemelo con quien conversar! Lo peor es que, si bien tenemos pocos que nos den nuevas fuerzas con su conversación, en cambio tenernos muchos que nos vejan con su palabrería; y cuando quisiéramos ser levantados a nobles temas, somos arrastrados a la triste murmuración de una aldea. No es de extrañar que, en tal ambiente, perdamos fuerzas y seamos abatidos.

1. Nada de esto sirve de excusa para caer en un estado de decaimiento y es posible que, verdaderamente, nuestra decadencia mental sea el resultado de nuestra pobre situación espiritual. Quizás hemos dejado nuestro primer amor, nos hemos apartado de la simplicidad de nuestra fe, hemos apostatado en el corazón, y entristecido el Espíritu Santo, de modo que nuestro Dios camina en dirección contraria a nosotros porque nosotros caminamos en dirección contraria a Él. Quizás la lluvia no viene porque no hay oración, y los vientos celestiales han dejado de soplar porque hemos sido demasiado indolentes para extender las velas. ¿No ha habido incredulidad que obstaculizara la bendición? Solemos hablar de la incredulidad como si fuera una aflicción de la que debemos compadecernos, en vez de ser un crimen que hemos de condenar. Que hagamos mentiroso al que nos ha revelado los secretos de su corazón y, casi iba a decir, se ha molestado en bendecirnos de modo extraordinario e insólito, tiene que causar dolor al corazón del Padre. Quizá sentimos menos amor a Jesús que en otros tiempos, menos celo en hacer su obra, y menos angustia por las almas de los demás; si es así, no es de extrañar que disfrutemos menos de la presencia de Dios, y que pronto estemos abatidos. Si la raíz no es fuerte, ¿cómo pueden florecer las ramas?

¿No es posible que la relajación se haya mezclado con la incredulidad? ¿Hemos hecho caso de la carne en sus deseos? ¿Hemos perdido la intimidad con Jesús que en otro tiempo gozábamos? ¿Hemos violado la consagración con que empezamos? Si es así, el verdín se extenderá. El egoísmo echará a perder la fortaleza, y destruirá la capacidad de servicio. No voy a suponer que éste es el caso de ninguno de vosotros, o al menos voy a suponerlo tan solo, dejándolo en suposición.

Es un hecho terrible que, a veces, estos abatimientos terminan en catástrofe. Después de la apostasía secreta viene un pecado que se anuncia públicamente, y los hombres claman: «¡Qué vergüenza!». Sin embargo, lo más triste no es ese pecado, sino el estado general del corazón humano. Nadie se vuelve malo de repente. Cierto es que el rayo mató a su victima; pero la descarga no habría caído si no hubiera habido una previa conjugación de los elementos hasta formar la tormenta. El escándalo público no es sino el desarrollo de lo que había en el hombre: la raíz del mal es aún más profunda. Criando oímos hablar de un hombre que ha arruinado su carácter en un acto de locura sorprendente, podemos dar por sentado, por regla general, que su fechoría no era sino un chorro de azufre procedente de un terreno cargado de fuego volcánico;

o, para cambiar la figura, un león rugiente procedente de una cueva llena de fieras. Si queréis clamar día y noche, de rodillas, que no os ocurra ninguna catástrofe moral, cuidado con el pecado que conduce a ella, cuidado con la apostasía que culmina en ella; pues, donde no existe la causa, no se produce el efecto. El Señor nos preservará si, día tras día, clamamos a Él pidiéndole que limpie nuestro camino.

Hay un mal debajo del sol que es tan terrible como una catástrofe pública en realidad, es peor para la iglesia, a la larga, y es cuando el ministerio es carcomido por las hormigas espirituales.

Un anciano indio me describía cómo los muebles pueden ser devorados por las hormigas blancas. Estos insectos entran en la casa y lo devoran todo; pero, aparentemente, nada ha sido tocado. Las estanterías están donde siempre, los baúles y todo lo demás siguen exactamente donde estaban; a simple vista, todo está igual; pero en cuanto los muebles son tocados, se derrumban en pedazos, pues las hormigas los han comido por dentro. Del mismo modo, algunos hombres siguen el ministerio, pero el alma del mismo ya no existe. Tienen nombre de que viven, pero están muertos: ¿puede haber algo peor? Casi sería preferible que hubiera una explosión y todo acabara, antes que ver a los hombres seguir sosteniendo la forma de la religión después que la piedad vital ha desaparecido, esparciendo la muerte a su alrededor, pero manteniendo lo que se llama una posición respetable. ¡Dios nos guarde de lo último como de lo primero! Si soy una rama podrida, que me corten; pero estar en el árbol cubierto de parasitario liquen y musgo es deplorable. El ministerio respetable, pero vacío de vida espiritual, no es mejor que una condenación respetable, de la cual Dios nos libre.

Cuando los hombres llegan a este estado suelen adoptar algún procedimiento para ocultarlo. La conciencia sugiere que hay algo que va mal, y el engañoso corazón actúa para ocultar o paliar este hecho. Algunos lo hacen entreteniéndose con pasatiempos en vez de predicar el Evangelio. No pueden hacer la obra del Señor, de modo que tratan de hacer la suya. No tienen la suficiente honradez para confesar que han perdido el poder evangélico, de modo que adoptan un pasatiempo; y el mal es muy benigno cuando se contentan con cosas secundarias, que no tienen otro defecto que el de apartarles de lo principal. Hay muchos juguetes de este tipo; sólo tengo tiempo de citar uno.

a) Me he enterado que determinados hermanos se dedican exclusivamente a exponer la profecía. Ahora bien, un hombre lleno de la vida que es de Dios puede exponer tanta profecía como quiera; pero los hay que habiendo perdido su amor al Evangelio tratan de recuperar la poca popularidad que habían tenido dedicándose a adivinar el futuro. Pueden tener la seguridad de que, si no pueden beneficiar a los hombres trayéndolos al pesebre y a la cruz, su fracaso será completo al ocuparse de sellos y copas. ¿Os habéis fijado en los Comentarios de Calvino, en que no hay ninguna exposición al libro de Apocalipsis? ¿Por qué no? Calvino dijo: «No he comentado ese libro porque no lo entiendo». Cuando oigo que alguien dice: «En Mateo he encontrado muchas cosas que no pertenecen a la Iglesia, gran parte de Romanos y Gálatas lo encuentro por debajo de mi experiencia y no disfruto con los Salmos porque no están en la perfección que mi alma requiere; necesito algo más elevado y espiritual, más complejo y maravilloso», llego a la conclusión de que tal hermano está hilando su última madeja, y que le queda ya muy poco sentido común.

Me divierte observar cómo más de un especulador ha fracasado cuando ha dejado el barco antiguo del Evangelio para convertirse en profeta. Primero se dijo que la bestia del Apocalipsis era Napoleón I, luego reapareció súbitamente en su sobrino Napoleón III. Poco después, la herida mortal fue sanada, y el príncipe imperial cargó con los honores horribles del libro profético. Ahora el príncipe ha muerto, y será preciso que los videntes inventen una nueva teoría. No hay temor de que tarden mucho en hacerlo; y mientras, «nuestro origen ¡israelita!» servirá para llenar el tiempo. En el cuento de Simbad el marino, se narra que navegando vieron una isla, y se alegraron en gran manera. La tripulación dejo el barco, festejó en la isla, e iban a tomar posesión de ella en nombre del rey cuando de repente empezó a estremecerse y a sumergirse, y finalmente se hundió del todo, pues era el lomo de una ballena, y no una isla. He conocido hermanos que se entretenían sobre el lomo de alguna especulación novedosa, cuando de repente los hechos históricos se les han puesto en contra, y todo se ha hundido como una ballena. He mencionado uno de los entretenimientos más inofensivos, pero algunos se han dado a imaginaciones que han causado mayores males. La especulación es un índice de la pobreza espiritual del hombre que se rinde a la misma. Ha terminado su harina, de modo que utiliza yeso; ya no tiene oro ni plata, y acuña metales inferiores. No puede profetizar según la medida de la fe, de modo que ejercita su inconmensurable imaginación. Su propia experiencia no le ofrece temas para el ministerio, y por lo tanto vuela a regiones de las cuales no conoce nada.

b) Lo peor es cuando un hombre decae de tal manera en corazón y espíritu que no le quedan principios, y no cree nada en absoluto. Es bautista, pero ministraría alegremente una iglesia paidobautista. Es calvinista, pero no es fanático, y promete no ofender a nadie. Sostiene ciertos puntos de vista, pero el principal de ellos es «de cara al pastorado», y en ese punto de vista lo atractivo depende del salario. Se jacta de poseer un corazón amplio, y una gran receptividad de espíritu, y todo lo demás y su alma se está carcomiendo. ¡Ésa es la verdad del caso, y trata de encubrirla con semejantes tonterías! Estas personas me recuerdan el anuncio de una escuela en Francia, cuyo párrafo final era éste: «Se enseñará a los alumnos cualquier religión elegida por sus padres». Es algo abominable cuando los ministros vienen a decir que se enseñará cualquier religión que escojan los diáconos. «Ruego me informen si la iglesia prefiere un calvinismo altisonante, o el arminianismo.» Es lo que ocurría con el feriante que exhibía la batalla de Waterloo, y como respuesta a la pregunta «¿Cuál es Wellington, y cuál Napoleón?» replicaba: «Lo que gusten, amigos; ustedes pagan y escogen». Estos eclesiásticos amplios están dispuestos a suministrar cualquier artículo del que haya demanda. Es una situación terrible, pero los hombres no suelen quedarse ahí; llegados hasta lo más profundo, aún se puede caer más bajo.

c) Cuando el corazón está estropeado, y la vida espiritual ha decaído, los hombres caen pronto en el error doctrinal, no tanto porque su cabeza ande mal, pues muchos de ellos no han errado en gran manera en este aspecto, sino porque su corazón está en malas condiciones. siquiera nunca nos habríamos enterado de que algunos hombres tenían cerebro, sino lo hubiesen inutilizado. Estos desviados de la fe suelen caer poco a poco. Empiezan diciendo muy poco en lo tocante a la gracia. Administran dosis homeopáticas de Evangelio: es maravilloso que un pequeñísimo glóbulo del Evangelio salve un alma, y es grande misericordia que sea así, pues de lo contrario pocos se salvarían. Estas migajas de Evangelio, y el predicador que las da, nos recuerdan el famoso perro del Nilo, de quien los antiguos decían que temía tanto a los cocodrilos que bebía en el río con mucha prisa, y se alejaba de él inmediatamente. Estos intelectuales tienen tanto temor a los cocodrilos críticos que en cuanto tocan el agua de vida del Evangelio se marchan raudos. Sus dudas son más fuertes que sus creencias. Lo peor es que no solo nos dan muy poco Evangelio, sino que nos dan mucho que no forma parte del Evangelio. En esto son semejantes a los mosquitos, de los cuales he dicho a menudo que no me importa que me saquen un poco de sangre, pero que los combato por el veneno que me introducen. Ya es mala cosa que un hombre me robe del Evangelio; pero que me impregne con sus doctrinas venenosas, es intolerable.

d) Cuando los hombres pierden todo amor al Evangelio, tratan de compensar la pérdida de su atracción mediante invenciones propias de cierta brillantez. Imitan la vida con el fulgor artificial de la cultura, recordándome los cristales salinos que cubren los desiertos de sal. En el centro de Persia hay una llanura sin vida, tan estéril y maldita que ni siquiera medran en ella las plantas salinas; «pero la sal misma, como amargamente resentida, forma sus cristales como si fueran ramas, y cubre la estepa con una alfombra de vegetación única, que brilla y resplandece a modo de pradera encantada en la luz cegadora del sol oriental». ¡Ay de las pobres congregaciones que contemplan este sustituto de la vida, esta florescencia salina de delicados errores y fascinantes invenciones! ¡Lástima que cualquier cosa que uno proponga, hoy encuentre eruditos personajes para apoyarla! Fontenelle solía decir que si pudiese conseguir que seis filósofos escribieran en favor de ello, sería posible hacer creer a la gente que el sol no es la fuente de la luz y el calor; y creo que hay mucha verdad en esta observación. Se nos dice: «Bien, es un hombre muy erudito, es profesor del *Colegio tal*, y ha escrito un libro en que trastorna los antiguos dogmas». Si un erudito escribe alguna tontería, desde luego tendrá salida; y no hay opinión, por loca que sea, que no sea creída en determinados sectores si tiene el apoyo de los llamados científicos. Personalmente he observado la labor de las novelistas en teología, y tratado de sacar lo que pudiera de sus libros, pero he quedado sorprendido por los resultados notablemente ínfimos de sus lucubraciones. Junto al mar, en Menton, veía a los pescadores con kilómetros de cuerda y una vasta red sostenida por grandes boyas, visibles a gran distancia en el mar. Una docena de hombres tiran de una cuerda, y otros tantos de la otra, llevando la gran red a tierra. ¡Tirad de ella! Tirad de las cuerdas y traed los peces a tierra. Recuerdo que, en una ocasión, les vi sacar un pez más pequeño que el dedo meñique. Nuestros amigos alemanes han construido diligentemente vastas redes en las cuales han encerrado el mar del pensamiento; y al sacarlas, ha habido mucho ruido, gran sensación y temblores y desmayos entre las ancianas de la cristiandad; pero cuando hemos visto su gigantesca presa, resultó que no era ni la décima parte de una sardina. El filósofo que apareció después, se ha colocado las gafas con la correspondiente gravedad tras limpiarlas solemnemente, ha clavado su tenedor crítico en el pequeño pescado y, levantándolo para que todos lo admiren, ha pronunciado un discurso sobre su especie, hasta que otro filósofo igualmente sabio ha declarado que el pescado estaba podrido, y lo ha echado de nuevo al océano. Este tipo de juego aún continúa, y muchos jóvenes ministros han sido lo bastante necios para dejar la pesca apostólica y unirse a este estúpido desperdicio de esfuerzos mentales. ¿Qué han hecho estos profesionales de la duda desde que el mundo empezó? ¿Qué harán? ¿Qué pueden hacer? Todo lo que pueden hacer ahora es meterse en nuestras iglesias y sisear desde los púlpitos que en otros tiempos eran ocupados por los ortodoxos. No pueden construir lugares de adoración propios, no podrían construir ni una ratonera; por regla general, en sus enseñanzas no hay suficiente poder para reunir una congregación, ni para conservarla cuando se ha reunido. Toda la vitalidad, fuerza y energía que poseen la gastan, a semejanza de los cucús, poniendo sus huevos en los nidos que nosotros nos tomamos la molestia de formar, pues ellos no pueden construirlos.

Dios nos impida que jamás tratemos de encubrir la decadencia del corazón con inventos de nuestro amor propio. Espero que, cuando nuestro ministerio empiece a perder poder, seamos llevados a caer de rodillas e ir a nuestro Dios para que Él nos avive de nuevo por su buen Espíritu.

Quizás he hablado demasiado extenso de la primera parte de mi tema; ahora me propongo considerar la necesidad de la gracia renovadora. Si alguno de nosotros ha descendido de las alturas, es hora de que volvamos a ellas. Si hemos caído del primer amor, es sumamente necesario que renovemos en seguida el ardor de la juventud. Si hemos descendido, aunque sea en pequeña medida, conviene que pidamos ayuda para recuperar lo perdido.

III. VOLVER A CRISTO

1. Es necesario por nuestra propia dicha; pues apelo a cualquier hermano que decaiga en su corazón, cuya fe se esté debilitando, y que tenga dudas en su espíritu, para que diga si no es desdichado. ¿No

Seguimiento, Discipulado, Oración ...

gozáis más puramente que nunca y con la mayor satisfacción cuando andáis con Dios? Ciertamente, apartados de Cristo, los «llamados a ser santos» están condenados a la desdicha. Es una condenación que el destino ha fijado para vosotros, que si partís de Cristo, tenéis que ir hacia el infierno; pues para vosotros partir de Cristo es infierno. Por lo tanto, si en alguna medida os habéis apartado de Cristo, volad al hogar, id a ir en seguida. El año pasado, estando en el sur de Francia, hice una excursión a caballo hasta el pie de Castiglione, antigua ciudad medio abandonada. El cielo estaba despejado, y mientras mis amigos subían al monte a explorarlo, me quedé un poco más abajo. Pronto observé que venían nubes del otro lado de las montañas, y a los pocos minutos estaba envuelto por la niebla y helado hasta los huesos. Podía ver Menton debajo de las nubes, y dije a mi criado: «Recoja los caballos porque tengo que ir en seguida a donde brille el sol». Me apresuré a descender hasta que alcancé nuevamente la luz del sol. Así es como debéis sentir; si os rodea la neblina, y sentís el frío en vosotros, debéis apresuraros a volver a Cristo. Podéis reposar en Él llenos de gozo, porque en Él encontraréis toda bendición y consuelo a vuestro alrededor; pero al haber trepado a conceptos elevados, y haber entrado en las frías regiones de la especulación, tenéis que apresuraros a bajar también. Tenéis que decir del antiguo Evangelio: «Puedo ver el bendito lugar de mi reposo, y a él regresaré en seguida». Éste es un buen consejo para los que son conscientes de haber perdido el consuelo al dejar el antiguo buen camino.

Estoy seguro, no podemos permitirnos estar en un estado de decadencia, porque nunca estuvimos demasiado vivos. Nuestros defectos y limitaciones, aun en el mejor de los casos, son más que suficientes para enseñarnos lo que seríamos si fuésemos peores. Puedo imaginar a algunos hombres perdiendo parte de su valor, y todavía valientes; pero si una pequeña porción del mío se evaporara, sería yo un verdadero cobarde. A Calvino aún le habría quedado poder si hubiera perdido la mitad de la firmeza de su mente, pues era un hombre de fe potente;

pero si yo perdiese alguna medida de fe, sería un lamentable incrédulo, pues no me sobra nada de ella.

Amados hermanos, ¿hemos alcanzado nuestra debida posición en comparación con nuestro primer ideal de lo que esperábamos ser? ¿Recuerdas cuando entraste en el Colegio o en el ministerio? ¿Recuerdas qué ideal tan elevado te habías propuesto? Hiciste bien en proponerte una meta elevada, pues, si te propones alcanzar la luna, dispararás más alto que si apuntas a una zarza. Hiciste bien en tener un ideal elevado, pero no haces bien en no alcanzarlo; pero, ¿quién consigue alcanzar su propio ideal? ¿No te dan deseos de ocultar la cabeza cuando te comparas con tu Señor? Salvó a otros, y por lo tanto no pudo salvarse a sí mismo; mas nosotros somos celosos de guardarnos a nosotros mismos, y a menudo obramos como si pensáramos que el instinto de conservación es la ley suprema de la naturaleza. El Señor sufrió gran contradicción de pecadores contra sí mismo, mientras nosotros nos sentimos provocados si se nos contraría en lo más mínimo. Él amó a sus ovejas y las siguió cuando se extraviaron; nosotros tenemos demasiado poca compasión incluso por aquellos que se reúnen tras nuestra llamada. Estamos muy por debajo de la verdadera gloria del Bienamado, y ni siquiera alcanzamos el pobre ideal que de Él tenemos. Nunca en privado en sus oraciones ni en público en su vida, o en su ministerio o enseñanzas, nos aproximamos a Él tanto como debiéramos; y sin embargo, el no alcanzar a parecernos a Él, debería sonrojarnos y hacernos llorar. Así, pues, no podemos permitirnos la decadencia.

Ciertamente, aunque no nos comparemos con el Maestro, sino tan solo con nuestros hermanos ministros (pues algunos entre ellos han hecho muy noble obra para Cristo), llegaremos a la misma conclusión. Algunos de nuestros hermanos han resistido grandes desalientos, sirviendo al Señor fielmente; otros han ganado almas para Cristo, y cada una de ellas les ha costado más abnegación que lo que nos ha costado a algunos de nosotros ganar centenares. Podría sentarme con deleite a los pies de aquellos hermanos consagrados en quienes ahora estoy pensando, y contemplarlos, y dar gloria a Dios por ellos. Los tales han sido hallados entre hombres de capacidad inferior, de escaso poder, y de aptitudes insignificantes; pero ¡cómo han trabajado, y cómo han orado, y cómo los ha bendecido Dios! Es posible que, teniendo diez veces su capacidad y sus oportunidades, no hayamos hecho nada semejante a lo que ellos han hecho. ¿No lloraremos a causa de esto? ¿Podemos permitirnos la decadencia?

Hermanos amados, no podemos permitirnos quedar en un estado inferior al óptimo; pues, si es así, nuestra obra no será bien hecha. Hubo un tiempo en que predicábamos con todas nuestras fuerzas. Cuando empezamos a predicar, ¡qué predicación, en cuanto a celo y vida! Al mirar atrás, nuestra propia humillación debe aumentar si percibimos que en tiempos más jóvenes, éramos más reales y más intensos de lo que somos ahora. Los críticos dicen que predicamos mucho mejor; y sabemos que hay más pensamiento y más exactitud en nuestros sermones, y que usamos más elocuencia que en nuestros días de juventud; pero ¿dónde están las lágrimas del principio de nuestro ministerio? ¿Dónde está el corazón quebrantado de nuestros primeros sermones? ¿Dónde está la pasión, dónde la negación propia que a menudo sentíamos cuando derramábamos nuestra misma vida en cada sílaba pronunciada? Ahora, vamos a veces al púlpito resueltos a hacer como hicimos entonces, como Sansón salió a hacer lo que antes había hecho. En otros tiempos había roto las cuerdas y las cadenas, e iba a hacer lo mismo de nuevo; peno el Señor se había apartado de él, y era tan débil como otro hombre. Hermanos, ¿qué ocurriría si el Señor se apartara de nosotros? ¡Ay de nosotros, y de nuestra obra!

2. Nada puede hacerse si el Espíritu Santo es retirado; ciertamente, ni siquiera podrá intentarse algo bueno. Me ha maravillado ver cómo algunas personas evitan predicar el Evangelio cuando profesan estar haciéndolo. Usan un texto que uno diría ha de entrar en la conciencia, pero consiguen hablar de tal manera que ni despiertan a los negligentes ni afligen a los que confían en sí mismos. Juegan con la espada del Espíritu como si fueran malabaristas de circo, en vez de lanzar la espada de dos filos a los corazones de los hombres, como hacen los soldados al entrar en combate. El emperador Galiano, al ver que un hombre lanzaba una jabalina varias veces contra un toro sin alcanzarlo, y el pueblo lo abucheaba, llamó a aquel hombre, y colocando un laurel sobre su cabeza, dijo: «Es un mérito especial que sepas errar un blanco tan grande tantas veces». ¿Qué premio daremos a esos ministros que nunca dan en el corazón, nunca redarguyen de pecado a los hombres, nunca consiguen que el fariseo abandone su propia justicia, nunca influyen en el culpable hasta el punto de que se eche a los pies de Jesús como pecador perdido? Quizás un día pueda aspirar a ser coronado de vergüenza por tal crimen. Entre tanto, ceñid sus sienes con la sombra de la noche. Seamos como los zurdos de Benjamín «que sabían lanzar piedras con gran precisión». Esto no podemos alcanzarlo a menos que la vida de Dios esté y abunde en nosotros.

Uno debe cuidarse como hombre, por causa de sí mismo y de su casa; pero como ministro, debe cuidarse mucho más por causa de los que le están encomendados. Cierto capitán, en los Mares del sur, tomaba según se observó una ruta más larga pero más segura para entrar en el puerto. Cuando alguien le dijo que era demasiado cuidadoso, replicó: «Llevo tantas almas a bordo que no puedo permitirme correr riesgo alguno». ¡Cuántas almas hay a bordo de algunos de nuestros barcos! ¡Cuántas almas, sí, a pesar de que la doctrina es poco popular, lo repito cuántas almas, no de criaturas que se extinguirán como perros y gatos, sino de seres de valor inapreciable, inmortales, encomendadas a nuestro cuidado! Dado que de nuestro ministerio, por la gracia de Dios, depende lo eterno, la vida y la muerte, el cielo y el infierno, ¿qué clase de personas debiéramos ser? ¡Cuán cuidadosos deberíamos ser en lo referente a nuestra salud espiritual! ¡Cuánto deberíamos desear estar siempre en nuestro más elevado nivel! Si yo fuese un cirujano, y tuviese que operar a un paciente, no me gustaría tocar el bisturí ni su carne cuando me sintiera irritado o tembloroso; no quisiera estar en otra condición que en la más tranquila, serena, y segura, cuando la menor diferencia podría significar tocar un punto vital y poner fin a una vida preciosa. ¡Que Dios ayude a todos los médicos de almas a estar siempre en su mejor forma!

Creo que la marcha de la causa de Dios en el mundo depende de que estemos en óptimas condiciones. Hemos venido al Reino para esta hora. Así como Simón Menno fue levantado para predicar el bautismo de los creyentes en Holanda, y hacer que la lámpara ardiese para Dios allí, también como en nuestro propio país, hombres como Hansard Knollys, Kiffin, Keach, y otros semejantes, tuvieron la confianza de enfrentarse con la batalla por la causa del Señor, así creo que vosotros tenéis que estar en sucesión directa como defensores de la forma más pura de la verdad evangélica. Se nos ha encomendado pasar a las generaciones venideras el Evangelio eterno que nuestros venerables patriarcas nos han transmitido. Como decía Neander, hay un futuro para los bautistas. Hay un futuro para cualquier iglesia que haya guardado fielmente las ordenanzas de Dios, y esté resuelta en todas las cosas a ser obediente a la cabeza del pacto. No tenemos ni prestigio, ni riqueza, ni tampoco un Estado que nos apoye; pero tenemos algo mejor que todo esto.

Cuando se preguntó a un espartano cuál era el límite de su país, replicó: «Los límites de Esparta están marcados por las puntas de nuestras lanzas». El límite de nuestra iglesia está también determinado por las puntas de nuestras lanzas; mas las armas no son carnales. Dondequiera que vamos, predicamos a Cristo crucificado, y su Palabra de solemne proclamación: «El que creyere y fuere bautizado, será salvo». Dijeron al espartano: «No tenéis murallas en Esparta». «No», replicó, «las murallas de Esparta son los pechos de sus hijos». No tenemos defensas especiales para nuestras iglesias, ni leyes que nos amparen, ni credos vigentes; pero tenemos los corazones regenerados y los espíritus consagrados de los hombres que resuelven vivir y morir al servicio del Rey Jesús, y que hasta ahora han bastado, en manos del Espíritu, para preservarnos de atroces herejías. No veo cómo empezó todo esto, pues la batalla de la verdad comenzó hace mucho tiempo; y no veo el fin, excepto la venida del Maestro Y la victoria eterna. No obstante, hay algunos que temblando dicen que deberíamos detenernos, y permitir que los jóvenes que ya están en el Colegio Teológico aprendan un oficio y dejen el ministerio, no sea que haya demasiados ministros en Inglaterra; y añaden que es inútil preparar hombres para los campos extranjeros, pues la Sociedad Misionera está en deuda y sus gastos han de ser reducidos. ¡Que Dios bendiga a la Sociedad Misionera! Pero esto no ha de ser el límite de nuestros esfuerzos personales; además, la Sociedad pronto arrojará de sí la carga. Si vosotros, hermanos, sois dignos de vuestro llamamiento, seréis independientes y valerosos, y no os apoyaréis demasiado en la ayuda ajena. Esparta no podría haber sido defendida por una raza de criaturas tímidas armadas de lanzas sin punta, ni tampoco pueden los jóvenes de espíritu timorato hacer grandes cosas para Dios. Es preciso que aceptéis el heroísmo si tenéis que hacer frente a las exigencias de esta hora. «¡Que Dios haga que el que entre vosotros fuere flaco sea como David, y la casa de David como el ángel de Jehová!» (Zac. 12:8).

3. Antes de concluir tengo que hacer una proposición: que ésta sea la hora de la renovación para cada uno de nosotros. Que cada uno de nosotros busque un avivamiento personal por medio del Espíritu divino.

Veremos la oportunidad si consideramos nuestra propia nación. Políticamente, hemos vuelto a una situación en que habrá respeto para la justicia y la verdad, y no para la presunción, las ganancias nacionales y las conquistas. Espero que ya no seamos dirigidos por ciertas ideas falsas acerca de los intereses británicos y la política consiguiente; sino por los grandes principios de la justicia, el derecho y la humanidad. Esto es todo lo que deseo ver. Los partidos, como tales, no representan nada para nosotros;

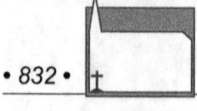

tampoco los estadistas individuales, excepto en tanto que representen principios justos. Estamos en favor de los que respaldan la justicia, la paz y el amor. Y ahora, en lugar de yacer inmóviles año tras año sin progresar (sin que se enmienden las leyes ni sea atendida la legislación nacional, sino habiéndose desperdiciado el tiempo en aventuras extranjeras) se hará algo que vale la pena.

Asimismo, en esta época, nuestras escuelas están educando al pueblo, y gracias a Dios por ello. Aunque la educación no salve a los hombres, puede ser un medio hacia tal fin; pues cuando todos nuestros campesinos sepan leer su Biblia, podemos sin duda esperar que Dios bendecirá su propia Palabra. Será una gran cosa para todos nuestros trabajadores agrícolas ir al Nuevo Testamento por sí mismos, y escapar así de recibir la religión de segunda mano. Es preciso que los hombres piadosos cuiden de ofrecerles buenos libros, alimentando así los nuevos apetitos con alimentos sanos. Toda la luz es buena, y nosotros, que ante todo amamos la luz de la revelación, estamos en favor de toda clase de luz verdadera. Dios está levantando al pueblo, y creo que ha llegado la hora de que nos aprovechemos de su progreso; y ya que nuestro negocio exclusivo es predicar a Jesucristo, cuanto más nos ciñamos a nuestra obra, tanto mejor, pues la verdadera religión es la fuerza de una nación, y el fundamento de todo gobierno justo.

Todo lo honesto, lo verdadero, lo amable, lo humano y lo moral puede contar con nuestra ayuda. Estamos en favor de la templanza, y por lo tanto en favor de la limitación del abominable tráfico que está arruinando a nuestro país; y estamos en contra de todo lo que permite el vicio entre los hombres, o autoriza la crueldad para con los animales. Somos decididos abogados de la paz, y guerrearemos fervorosamente contra la guerra. Desearía que los cristianos hicieran más y más énfasis en la injusticia de la guerra, creyendo que cristianismo significa «basta de espadas, de cañones, y de derramamiento de sangre», y que si una nación se ve impulsada a luchar en defensa propia, el cristianismo está dispuesto a luchar e intervenir tan pronto como sea posible, y a no unirse a las crueles voces que celebran la matanza del enemigo. Estemos siempre donde está la justicia. Os ruego pues, que os unáis a mí en busca de la renovación. Ahora es el momento de ponerse la armadura y entrar en acción.

Seguro que estaréis de acuerdo en que nuestra santa comunión en esta hora feliz debe ayudarnos a todos a subir a un nivel más elevado. Ver a muchos de nuestros hermanos anima y estimula Cuando recuerdo la santidad de algunos, la profundidad de su piedad, su perseverancia, me siento consolado en la creencia de que si el Señor ha fortalecido a otros, tiene todavía una bendición en reserva para nosotros también. Que esta fiesta de los Tabernáculos sea la hora de la renovación de nuestros votos de consagración al Señor Dios nuestro.

Empecémoslo con el arrepentimiento por todos nuestros errores y defectos. Que cada uno lo haga por sí mismo. Recordad cómo el antiguo gigante luchó contra Hércules y el héroe no podía vencerle porque cada vez que caía tocaba la madre tierra, y recibía nuevas fuerzas. Caigamos también sobre nuestros rostros, para que podamos levantarnos llenos de vigor. Volvamos a nuestra primera fe sencilla, y recuperemos las fuerzas perdidas. Los hombres que han estado muy enfermos han clamado: «Devolvedme a mis aires nativos, y pronto estaré bien. Entre las flores de los prados, donde solía jugar cuando niño, y cerca del arroyo donde pescaba, pronto reviviré». Es bueno para nuestra alma volver a los días de la fe propia de un niño, cuando cantábamos:

> «Tal como soy, sin una sola excusa,
> Porque tu sangre diste en mi provecho.
> Porque me mandas que a tu seno vuele,
> ¡Oh, Cordero de Dios! acudo, vengo».

Esto os ayudará a renovar vuestra juventud; parece fácil, pero es la única forma.

4. A continuación, renovemos nuestra consagración. No es que os invite literalmente a manchar el umbral del Colegio con vuestra sangre; sino que os pido penséis en

Seguimiento, Discipulado, Oración ...

aquel esclavo israelita cuyo tiempo había pasado, pero que prefirió permanecer en servidumbre porque amaba a su señor y a los hijos de su señor, y por ello puso su oreja contra el umbral de la puerta y se la horadaron con una lesna. ¡Que el Señor horade la oreja de cada uno de nosotros, para que podamos ser sus siervos para siempre! Amamos a nuestro Señor ¿no es eso cierto? Amamos la obra de nuestro Maestro; y amamos a los siervos del Maestro, y a sus hijos, y por Él serviremos a todos ellos, para bien o para mal, hasta que la muerte nos separe de este servicio inferior. Me gustaría que predicásemos nuestros antiguos sermones, no quiero decir los mismos sermones, sino con la misma fuerza como cuando empezamos a decir, a los pecadores que nos rodeaban, cuán adorable Salvador habíamos hallado. La gente decía: «Ese joven no sabe mucho, pero ama a Jesucristo, y no habla de otra cosa». Me gustaría predicar de nuevo como al principio, sólo que mucho mejor. Creía intensamente todas las palabras que pronunciaba; también ahora, pero actualmente surgen dudas que antes nunca me atacaban. Quisiera volver a ser un niño ante el Señor, y seguir siéndolo, pues estoy seguro de que las preguntas y las dudas son una pérdida lamentable para cualquiera.

5. Volved a vuestra lectura bíblica de antes, cuando solíais dejar que la promesa se entretuviera bajo vuestra lengua como bocado exquisito. Este Libro, cuando lo hojeo, despierta muchos recuerdos en mí; sus páginas resplandecen con una luz que no puedo describir, pues están incrustadas de estrellas que en mis muchas horas de penumbra han sido la luz de mi alma. Entonces no leía este volumen divino para buscar un texto, sino para oír la voz del Señor hablando a mi propio corazón; entonces no era yo como Marta, afanoso con las muchas cosas, sino como Lázaro, que se sentaba a la mesa con Jesús.

6. ¡Que Dios nos conceda también un avivamiento de los primeros objetivos de nuestra carrera espiritual. Entonces no pensábamos en agradar a los hombres, amo que nuestro objetivo era tan sólo agradar a Dios y ganar almas. Éramos lo suficientemente enérgicos para no cuidar de otra cosa sino del cumplimiento de nuestra misión; ¿es así ahora? Ahora sabemos predicar, ¿no es cierto? Nos damos cuenta de que somos eficientes en nuestro arte. Quizá sería mejor que no nos sintiéramos tan bien preparados. Creo que es mejor ir al púlpito en flaqueza pero en oración, que ir en la fortaleza que confía en la misma. Cuando gimo «¡Qué necio soy!», y bajo del púlpito después del sermón, avergonzado de mi pobre tentativa, estoy seguro de que es mejor para mí que cuando estoy complacido de lo que he hecho. ¿Somos algunos de nosotros tan niños como para sentir tal cosa? ¡Qué sentido de la responsabilidad teníamos en nuestros primeros cultos! ¿Conservamos esa solemnidad de espíritu? Orábamos entonces acerca de la elección de los himnos, y de la manera de leer las Escrituras; no hacíamos nada descuidadamente, pues nos agobiaba una gran ansiedad. Siempre leía la Escritura cuidadosamente en casa, y trataba de entenderla antes de leerla a la congregación, y así formé un hábito que jamás he dejado; pero no ocurre lo mismo a todos. Algunos dicen: «He estado fuera todo el día, y tengo que predicar esta noche, pero puedo hacerlo». Sí, pero no agradará a Dios que le ofrezcamos aquello que nada nos cuesta. Otros tienen una provisión de sermones, y he oído decir que la hora antes de subir al púlpito examinan sus preciosos manuscritos, escogen uno que parezca conveniente, y sin otra preparación lo leen como mensaje de Dios al pueblo. Que el Señor nos libre de un estado de ánimo en que nos atrevamos a poner sobre la mesa de la proposición el primer pan que nos venga a la mano. No; sirvamos al Señor con creciente cuidado y reverencia.

Sería bueno que muchos volvieran a sus primeras oraciones y vigilias, y a todo lo demás que conviene.

¿Es posible hacerlo? Hermano, sí que es posible. Podéis tener toda la vida que tuvisteis y más aún, por la bendición del Espíritu Santo. Puedes ser tan intenso como jamás hayas sido. He visto caballos viejos volver a los pastos para regresar frescos y vigorosos. Conozco un lugar de donde, si un corcel agotado va a alimentarse, volverá para ser uncido al carro del Evangelio con fuerzas renovadas. Recordemos aquellos lugares consagrados donde Jesús salió a nuestro encuentro en día pasados, donde nuestra alma fue hecha «como los carros de Aminadab». ¡Señor, renueva tus misericordias antiguas, y nos levantaremos, como el Fénix, de nuestras cenizas!

Quizá te cueste mucho ser restaurado de nuevo. Juan Bunyan habla del peregrino que perdió su rollo y tuvo que volver por él, de modo que recorrió tres veces el mismo trecho del camino, y el sol se puso antes de que alcanzara alojamiento. Pero cueste lo que cueste, es preciso que nos humillemos ante Dios. El otro día leí un sueño que fue el medio para la conversión de un hombre. Pensaba estar entrando con su amigo en una ciudad oriental, y cuando iba a pasar la puerta, el rastrillo de la verja empezó a descender. Se agachó; pero bajaba tan aprisa que no podía pasar agachándose, ni arrodillándose, ni gateando, ni siquiera echándose. Sentía la necesidad de entrar, de modo que hizo un esfuerzo desesperado. Llevaba una chaqueta de fino encaje y se la quitó, pero el rastrillo seguía descendiendo, de modo que descubrió que lo único que podía hacer era desnudarse; arañándose el cuerpo contra el suelo, pudo pasar. Cuando estuvo a salvo al otro lado de la verja, un ser resplandeciente le cubrió de pies a cabeza de brillantes vestiduras. Quizá debamos desprendernos de aquella hermosa chaqueta, de esa otra espléndida teoría, de ese amor a la popularidad, de la retórica; pero una vez pasada la verja, Dios nos cubrirá con la túnica de la aceptación en el Amado, y esto nos recompensará con creces de todo lo que la lucha puede costarnos.

Lamento decir que el material del que estoy hecho hace preciso que el Señor tenga que castigarme a menudo y con energía. Soy como una pluma de ave que no escribe a menos de ser afilada a menudo, y por lo tanto he sentido muchas veces en mi carne el afilado cuchillo; así y todo, no lamentaré mis dolores y mis cruces en tanto que el Señor me use para escribir en los corazones de los hombres. Ésa es la causa de las aflicciones de muchos ministros y son necesarias para nuestra obra. Habéis oído la fábula del cuervo que deseaba beber y el jarro contenía tan poca agua que no podía alcanzarla; tomó pues piedra tras piedra, echándola dentro del recipiente hasta que el agua subió hasta el borde, y pudo beber. En algunos hay una medida tan pequeña de gracia que necesitan muchas enfermedades y aflicciones para hacer que sus dones sean utilizables. Sin embargo, si recibimos la gracia suficiente para llevar fruto sin ser podados continuamente, tanto mejor.

7. Se espera de nosotros que a partir de este momento subamos a un punto más elevado. El Señor tiene razones para esperarlo, si pensamos en lo que ha hecho por nosotros. Algunos de mis compañeros de armas, que ahora están ante mí, han pasado por batallas tan duras como el que más; y después de los éxitos que han tenido, no deben ni pensar en rendirse. Después de lo que el Señor ha hecho por nosotros nunca debemos arriar la bandera, ni dar la espalda en el día de la batalla. Cuando se temía que Sir Francis Drake iba a naufragar en el Támesis, exclamó: «¡Cómo! ¿He rodeado el mundo, y voy ahora a ahogarme en un canal? Yo, no». Así os digo yo, hermanos: os habéis enfrentado con aguas tempestuosas, ¿y os hundiréis en un estanque de aldea? No nos tratarán peor de lo que nos han tratado. Estamos ahora en muy buena forma para luchar, pues los golpes anteriores nos han endurecido. Un gran pugilista de Rama estaba tocado; tenía la nariz, los ojos y el rostro tan desfigurados, que siempre estaba dispuesto a luchar, porque decía: «No me pueden estropear más de lo que estoy». Personalmente, estoy muy cerca de esta situación. Los hombres ya no pueden decir de mí peores cosas que las que han dicho. Me han contradicho en todo, y me han calumniado hasta el máximo. Mi buena apariencia ya no existe, y nadie me puede hacer ya mucho daño.

Algunos de vosotros habéis sido objeto de estos ataques en mayor grado de lo que probablemente volveréis a sufrir; habéis tenido pruebas, tribulaciones y aflicciones hasta el límite de lo que podéis soportar; y

Seguimiento, Discipulado, Oración ...

después estar tanto tiempo en filas, ¿vais a ceder, huyendo como cobardes? ¡No lo permita Dios! Al contrario, permita Dios que los veteranos entre vosotros tengáis el placer, no sólo de ganar batallas para Cristo, sino de ver a otros, que han sido salvos por vuestra instrumentalidad, prepararse para luchar por Jesús mejor de lo que habéis luchado vosotros. El otro día leí una historia –y concluyo deseando tener yo mismo este gozo que os deseo a todos en las cosas espirituales. Diágoras de Rodas había ganado en sus buenos tiempos muchos laureles en los juegos olímpicos. Tenía dos muchachos que educó para la misma profesión. Llegó el día en que sus propias fuerzas disminuyeron, y no podía ya luchar en persona; pero iba a los juegos olímpicos con sus dos hijos. Veía los golpes que daban y recibían, y se regocijaba cuando descubría que ambos vencían. Un lacedemonio le dijo: «Ya puedes morir, Diágoras»; dando a entender que el anciano podía morir contento porque había obtenido, en su propia persona y en las de sus hijos, los más altos honores. Al parecer el anciano pensaba lo mismo, pues cuando sus dos hijos vinieron, y llevaron en hombros a su padre por la arena en medio de los atronadores aplausos de la multitud, murió desbordado por la emoción ante los ojos de los griegos reunidos. Habría sido más prudente seguir viviendo, pues tenía un tercer hijo que llegó a poseer más renombre que los otros dos; pero falleció en una oleada de victoria. Ojalá, hermanos, tengáis hijos espirituales que ganen batallas para el Señor, y que vosotros viváis para verles ganándolas; entonces podréis decir, como el anciano Simeón: «Ahora despide, Señor, a tu siervo, conforme a tu palabra, en paz».

CONCLUSIÓN

En el nombre del Dios bendito levantamos hoy de nuevo los estandartes. Nuestra consigna es «Victoria». Nos proponemos vencer en la gran causa del puritanismo, protestantismo, calvinismo, nombres pobres todos ellos que el mundo ha dado a nuestra grande y gloriosa fe, la doctrina del apóstol Pablo, el Evangelio del Señor y Salvador Jesucristo. Podemos tanto atacar como resistir los ataques que se nos lancen. Por la gracia divina nos es dada energía y paciencia y así podemos obrar y podemos esperar. Que la vida de Dios en nosotros produzca sus fuerzas más poderosas, y nos haga resistentes hasta lo sumo de las posibilidades humanas, y entonces lograremos la victoria, y daremos toda la gloria de ella a nuestro Caudillo Omnipotente. ¡Amados, que el Señor esté con vosotros! Amén.

8. Santidad

94. EL PRIMER Y GRAN MANDAMIENTO

«Y amarás al Señor tu Dios con todo tu corazón, y con toda tu alma, y con toda tu mente y con todas tus fuerzas. Este es el principal mandamiento» (Marcos 12:30).

INTRODUCCIÓN: El más antiguo de los mandamientos.

I. ¿QUÉ NOS DICE ESTE MANDAMIENTO A NOSOTROS?
1. Demanda un deber.
   a) Se olvidan de Dios
   b) En su religión no hay Dios
   c) Sin amor a Dios
2. ¿Cuánto debo amar a Dios.
   a) De forma suprema
   b) Con toda mi vida
3. Él es Dios, Él es tu Dios.

II. ¿QUÉ TENEMOS QUE DECIR A ESE MANDAMIENTO?
1. Nos exige la perfección.

CONCLUSIÓN: Cristo cumplió la ley por el amor.

EL PRIMER Y GRAN MANDAMIENTO

INTRODUCCIÓN

Nuestro Salvador dijo: «Éste es el principal mandamiento» [En la versión inglesa que ha usado el autor, se traduce como: «este es primer mandamiento» –Nota del traductor]. Es el primer mandamiento por antigüedad, pues es aún más antiguo que los diez mandamientos de la ley escrita. Antes que Dios dijera: «No matarás». «No cometerás adulterio», esta ley fue uno de los principales mandatos del universo. No fue necesario que Dios les dijera a los ángeles, «no matarás y no hurtarás», pues para ellos es imposible hacer estas cosas, pero sin duda les dijo: «Y amarás al Señor tu Dios con todo tu corazón, y con toda tu alma»; y cuando Gabriel fue creado, este mandamiento de Dios quedó vinculado para siempre con él. Éste es entonces, el primero y principal mandamiento por antigüedad. Estuvo ligado a Adán en el Jardín del Edén, aún antes de la creación de Eva. Dios lo había ordenado. Antes de que hubiera necesidad de cualquier otro mandamiento, éste fue escrito sobre las mismas tablas de su corazón «Y amarás al Señor tu Dios».

Repito, se trata del primer mandamiento, no solo por antigüedad, sino también por dignidad. Este mandamiento, que tiene que ver con el Dios Todopoderoso, siempre debe tener la preeminencia sobre todos los demás. Los otros mandamientos tienen que ver con los tratos entre los hombres, pero este primer mandamiento corresponde a las relaciones entre el hombre y su Creador. Hay otros mandamientos que son de clase ceremonial, y cuando se desobedecen, pueden involucrar ligeras consecuencias sobre la persona que los quebranta; pero este primer y principal mandamiento, cuando es desobedecido provoca la ira de Dios, y ésta se vuelca sobre la cabeza del pecador.

Repito, éste el el «primer mandamiento» para la justicia de Dios. Si los hombres no pueden ver esta justicia de la ley que dice: «amarás a tu prójimo»; si hay alguna dificultad en entender cómo puedo estar destinado a amar al que me perjudica, no hay ninguna dificultad en obedecer al primer mandamiento. «Amarás a tu Dios» nos llega con toda la autoridad divina, y está tan ratificado por los dictados de la naturaleza y de nuestra conciencia que verdaderamente debe tener el primer lugar para la justicia de sus demandas. Es «el primero» de sus mandamientos. Si violas cualquier otra ley, ten cuidado de respetar ésta. Si quebrantas los mandamientos de las leyes ceremoniales o los rituales de tu Iglesia, a veces tu ofensa puede estar propiciada por el ministro de Dios, pero ¿quién puede escapar cuando la ofensa consiste en quebrantar el mandamiento principal? Este mandato tiene la primacía. Podéis quebrantar la ley del hombre, y llevar en consecuencia el castigo, pero si quebrantas este primer mandamiento, la pena que le corresponde será demasiado pesada para que tu alma la pueda soportar. Te hundirá, te hundirá como si una piedra de molino; te llevará a los niveles más bajos del infierno. Prestad todos atención a este mandamiento sobre cualquier otro, para temblar ante él y obedecerle, pues es el primer mandamiento y el principal de todos.

Ahora bien, el Salvador dijo que era un mandamiento principal. Lo es porque contiene en su interior el origen de todos los demás. Cuando Dios dijo: «Acuérdate del día de reposo para santificarlo»; o «no te harás imagen» … «no te inclinarás a ellas», cuando dijo, «no tomarás el nombre de Jehová tu Dios en vano», no citó ejemplos particulares, que están todos contenidos en este mandato general. Ésta es la suma y sustancia de la ley; y ciertamente aún el segundo mandamiento está incluido dentro del primero. «Amarás a tu prójimo» se encuentra realmente en el centro del mandamiento «Y Amarás al Señor tu Dios», pues el amor hacia Dios producirá necesariamente el amor hacia nuestro prójimo.

Es entonces un gran mandamiento, por lo que abarca, y por la inmensa demanda que pone sobre nosotros. Demanda toda nuestra mente, toda nuestra alma, todo nuestro corazón y toda nuestra fuerza. ¿Quién es aquel que puede guardarlo, cuando en la humanidad no hay poder que esté exento de su influencia? Aquel que viole esta ley, verá por sí mismo la grandeza de su poder para condenar. Será como una espada de dos filos, con la cual Dios le matará. Será como un trueno que viene de las alturas, con el que Dios echará abajo y destruirá completamente al hombre que voluntariamente quiebre este mandamiento. Oíd, gentiles, y casa de Israel, que éste es el primer y principal mandamiento: «Y ama-

Seguimiento, Discipulado, Oración ...

rás al Señor tu Dios con todo tu corazón, y con toda tu alma, y con toda tu mente y con toda tus fuerzas».

Dividiré mi discurso así: primero, ¿Qué nos dice este mandamiento a nosotros? Segundo, ¿Qué decimos nosotros de él?

I. ¿QUÉ NOS DICE ESTE MANDAMIENTO A NOSOTROS?

Al tratar el primer punto, ¿qué nos dice este mandamiento a nosotros?, lo dividiremos así. Primero, aquí esta el deber «Y amarás al Señor tu Dios»; segundo, tenemos la medida del deber «con todo tu corazón, y con toda tu alma, y con toda tu mente, y con todas tus fuerzas». Tercero, la base sobre la que se hace la exigencia, poniendo énfasis en el deber «porque Él es tu Dios». Dios demanda de nosotros la obediencia, simplemente sobre la base de que Él es nuestro Dios.

1. Para empezar, entonces, este mandamiento demanda un deber: tenemos que amar a Dios. ¿Cuántos hombres quebrantan esto? Hay una clase de hombres que lo quebranta voluntariamente y de una forma grave, pues odian a Dios. He aquí al infiel, que rechina sus dientes en contra del Todopoderoso; el ateo, que escupe el veneno de su blasfemia en contra de la persona de su Hacedor. Encontraréis a aquellos que se quejan de la clase de ser que representa Dios, si bien en sus conciencias saben bien dónde está. Empero, con sus labios, niegan su existencia con blasfemias. Estos hombres dicen que no hay un Dios, porque ellos desearían que no lo hubiese. El deseo es el padre del pensamiento, y antes de que se atrevan a expresarlo en palabras, y aun después de hacerlo, su pensamiento demanda una gran rudeza de corazón y una ofensiva dureza de espíritu. Necesitan mucha práctica para poder llevarlo a cabo con un semblante osado y desafiante. Ahora bien, este mandamiento cae pesadamente sobre todos aquellos que odien, desprecien, blasfemen a Dios, nieguen su ser, o impugnen su carácter. ¡Oh pecador! Dios dice que tú debes amarle con todo tu corazón; y puesto que tú le odias, en este día estás siendo condenado por la sentencia de la ley.

Hay otra clase de hombres que saben que hay un Dios, pero le dejan de lado y van por el mundo con indiferencia, «no importándoles ninguna de estas cosas». «Bueno», dicen, «para mí no tiene gran importancia que haya un Dios o no». No les importa, no respetan ni la mitad de sus mandamientos. Les tienen mucho menos respeto que a la reina de Inglaterra. Están muy deseosos de reverenciar a todos los poderes que hayan, pero Aquel que les ha dado la vida, es pasado por alto y olvidado. No son lo suficientemente osados y honestos para despreciar a Dios directamente, y unirse a aquellos que son sus enemigos abiertos, pero olvidan a Dios y no lo tienen en cuenta en sus pensamientos. Se levantan por la mañana sin una oración y van de noche a descansar, sin doblar sus rodillas ni encomendarse al Señor. Así se ocupan de sus negocios durante la semana y nunca reconocen a Dios en nada. A veces hablan de la buena suerte y la oportunidad, extrañas deidades de sus propios cerebros. Sin embargo, al Dios que gobierna todas las cosas, al Dios de la Providencia, nunca le dirigen una palabra, y si alguna vez hablan de Él lo hacen livianamente, lo cual agrava su pecado. ¡Oh, aquellos que despreciáis y abandonáis a Dios!, este mandamiento os está hablando a vosotros: «Y amarás al Señor tu Dios con todo tu corazón, y con toda tu alma, y con toda tu mente y con todas tus fuerzas».

Pero oigo a uno de estos caballeros decir: «Bien, señor Spurgeon, yo no tengo pretensiones de religión, pero creo que soy tan bueno como aquellos que la tienen. Soy bastante justo, moral y benevolente. Es verdad, no voy a la Iglesia con asiduidad, porque no creo que sea necesario, pues dentro de ella hay muchos, muchos hipócritas, y por lo tanto no pienso hacerme religioso». Mi querido amigo, permíteme decirte solo una palabra: ¿de qué te ocupas? La religión es un asunto personal entre tú y tu Hacedor. Tu Hacedor te dice Tú tienes que amarme con todo el corazón. De nada te sirve señalar con tu dedo a través de la calle a un ministro de Dios cuya vida es inconsistente, a un diácono que no lleva una vida santa, o a algún miembro de la Iglesia que no viva al nivel de la profesión que ha hecho. No tienes nada que ver con esas personas. Cuando tu Maestro te habla a ti, él te llama personalmente y si tú le dices: «Señor, yo no puedo amarte porque hay muchos hipócritas en la Iglesia», ¿no te convence tu propia conciencia de lo absurdo que es este razonamiento? Creo que tu buen juicio debería susurrarte al oído: «Debido a que, como dices, hay tantos hipócritas que perjudican la causa de Cristo e injurian a Dios, y tú afirmas que no lo eres, ¿por qué entonces no concurres a la Casa de Dios, para ser una influencia positiva entre la gente y hacer que esa Iglesia sea sana y honesta? Pero no, los mercaderes de nuestra ciudad, los hombres de negocios de nuestras calles, nuestros artesanos y obreros, la gran masa de trabajadores que forman todos ellos, viven en un olvido total de Dios. Yo no puedo creer que el corazón de Inglaterra sea infiel. No creo que en nuestro país haya una gran cantidad de deísmo o ateísmo. La gran falta de nuestro tiempo es la indiferencia; a la gente no le importa si lo que ve o lo que hace está bien o no. ¿Qué significa para ellos? Nunca se toman la molestia de buscar entre los distintos profesantes de la religión, para ver donde está la verdad. No piensan en dar a Dios la reverencia que le deben de todo corazón ¡Oh, no!, ellos se olvidan de lo que Dios demanda y de esta manera le roban lo que le deben: amor, respeto, reverencia y adoración. Para ti y para todos, grandes masas de población, esta ley habla con lengua de hierro «Y amarás al Señor tu Dios con todo tu corazón, y con toda tu alma, y con toda tu mente y con todas tus fuerzas».

a) Existe una clase de hombres que son mucho más nobles que el montón de simplones que permiten que las cosas sublimes de la Deidad, sean ocultas por la preocupación de su mero bien sensual. Hay algunos que no se olvidan de que hay un Dios; no, no son astrónomos, y sin embargo dirigen sus ojos al cielo, ven las estrellas y se maravillan de la majestad de su Creador. También indagan en las entrañas de la tierra y se quedan sorprendidos y maravillados ante la magnificencia de las obras de Dios en las épocas remotas. Cuando examinan a un animal, se fascinan de la sabiduría de Dios en la construcción de su anatomía. Siempre que piensan en Dios, piensan acerca de Él con un santo temor y una profunda reverencia. Nunca se les oye jurar o maldecir; siempre hallaréis que sus almas están poseídas por un gran temor al Creador. Pero ¡ah!, mis amigos, esto no es suficiente, esta no es la obediencia al primer mandamiento. Dios no dice que has de maravillarte ante Él o que debes tener temor de Él, sino que nos pide mucho más que eso, que le amemos con todo nuestro corazón, con toda nuestra alma, con toda nuestra mente y con todas nuestras fuerzas. ¡Oh!, tú que buscas las órbitas de los cielos flotando en la infinita expansión, hay algo para que levantes tu vista al cielo y digas:

«Éstas son tus obras gloriosas,
Padre del bien,
Dios todopoderoso, tuyo es el marco universal
Cuán maravillosos son tus pensamientos,
Inefable, admirable, que te sientas sobre los cielos
En tus obras en la tierra,
éstas declaran,
Tu bondad más allá de todo pensamiento,
y tu divino poder».

El Creador merece nuestra adoración, pero esto no es todo lo que Él pide. ¡Oh, si a esto pudieras añadir «El que hizo estas órbitas, y todas las huestes de los cielos, es mi Padre, y mi corazón late con afecto hacia Él». Entonces serías obediente, pero no hasta ese momento. Dios no te pide tu admiración, sino tu afecto. «Y amarás al Señor tu Dios con todo tu corazón».

b) Hay otras personas, que se deleitan empleando su tiempo en la contemplación. Ellos creen en Jesús, en el Padre y en el Espíritu; creen que no hay sino solo un Dios, y que estos Tres son Uno. Su deleite consiste en leer las páginas de la revelación y los libros históricos. Ellos contemplan a Dios, para ellos es un asunto digno de un estudio meticuloso y misterioso. Les gusta meditar sobre Él; podrían oír el día entero predicar sobre las doctrinas de su Palabra. Son además, muy sanos en la fe, extremadamente ortodoxos, y tienen bastante conocimiento. Pueden discutir sobre doctrinas y cosas espirituales en general, pero, ¡oh!, su religión es como un pez muerto, fría y rígida, y puedes ver que en ella no hay vida. Nunca ha tocado sus almas, y sus corazones nunca se han volcado en ella. Ellos pueden contemplar, pero no amar; pueden meditar, pero no comunicarse. Pueden pensar acerca de Dios, pero nunca pueden volcar sus almas ante Él, ni estrecharlo en los brazos de su afecto. ¡Ah, pensadores de sangre fría a vosotros también os habla este texto. ¡Oh, qué pena, podéis contemplarlo, pero no amarle! «Y amarás al Señor tu Dios con todo tu corazón.»

c) Otro hombre me dice: «Bueno, este mandamiento no es precisamente para mí; voy a mi lugar de adoración dos veces cada domingo, y tengo reunión de oración familiar. Tengo cuidado de no olvidarme de orar al levantarme, a veces leo mi Biblia, y ayudo a muchas obras de caridad». ¡Oh, mi amigo!, tú puedes hacer todo eso y más, sin amar a Dios. Algunos de vosotros vais a vuestras Iglesias y capillas como si fuerais obligados a hacerlo. Para ti es algo aburrido y tedioso. No te atreves a quebrantar el día del Señor, pero si pudieras lo harías. Sabes muy bien que si no fuera una actividad de pura costumbre, pronto estarías en cualquier otro lado antes que en la casa de Dios. En cuanto a la oración, la haces, porque piensas que debes hacerla. pero no es para ti ningún deleite. Hablas de Dios con gran propiedad, pero nunca de manera amorosa. Tu corazón jamás se estremece al mencionar su nombre; tus ojos nunca se llenan de lágrimas al pensar o hablar de sus atributos. Tu alma nunca salta de alegría cuando meditas en sus obras, y mientras estás honrando a Dios con tus labios, tu corazón está lejos de Él. Estás desobedeciendo al mandamiento que dice: «Y amarás al Señor tu Dios con todo tu corazón.»

Y ahora, queridos oyentes, ¿comprendéis este mandamiento? ¿No estoy viendo a muchos de vosotros buscando una vía por dónde escapar? Veo a algunos luchando para hacer una brecha en esta divina pared que nos cerca a todos. Tú dices, «yo nunca hago nada en contra de Dios». No, mi amigo, no se trata de eso; no es lo que tú dejas de hacer. Yo sólo quiero que respondas a esta pregunta; ¿amas tú a Dios? «Bueno, señor, pero nunca he quebrantado ninguno de los aspectos de la religión». No, tampoco se trata de eso. El mandamiento dice que debes amarlo. «Bien, señor, pero considere usted que yo hago mucho por Dios. Enseño en la escuela dominical, y muchas otras cosas.» ¡Ah!, lo sé, pero ¿le amas? Lo que Él quiere es tu corazón, y no estará contento sin él. «Y amarás al Señor tu Dios.» Ésta es la ley, y aunque desde la caída de Adán, ningún hombre pudo mantenerla, existe hasta el día de hoy con toda su vigencia, así como en el día en que fue pronunciada. «Y amarás al Señor tu Dios.»

2. Esto nos trae al segundo punto la medida de esta ley. ¿Cuánto debo amar a Dios? ¿Dónde fijaré el límite? Debo amar al prójimo como a mí mismo. ¿He de amar a Dios aún más? Sí, ciertamente. La medida es aún más grande. No estamos obligados a querernos a nosotros mismos con todo nuestro corazón, con toda nuestra alma, con toda nuestra mente y con todas nuestras fuerzas, por lo tanto tampoco estamos obligados a amar así a nuestro prójimo. La medida de nuestro amor a Dios, es mucho más grande. Estamos comprometidos a amar a Dios con todo nuestro corazón, con toda nuestra alma, con toda nuestra mente y con todas nuestras fuerzas.

a) De ello deducid que, primero, hemos de amar a Dios de forma suprema. Debes amar a tu esposo o esposa. No puedes amarla demasiado, excepto en un caso, si la quisieras más que a Dios, y prefirieras su placer al placer del Altísimo. Entonces serías un idólatra. ¡Niño, joven! tú debes amar a tus padres. Nunca podrás amar demasiado a quien te engendró ni a quien te dio a luz; pero recordad, hay una ley que está por encima de ésta. Debes amar a tu Dios más que a tu padre o tu madre. Él demanda el primer lugar en tu vida y tu más grande afecto, pues como dice nuestro texto, has de amarle con todo tu corazón. Se nos permite amar a nuestros familiares, es más, se nos enseña a hacerlo. Aquel que no ama a su propia familia es peor que un incrédulo. Pero no hemos de amar al ser más querido de nuestro corazón, como amamos a Dios. A veces levantamos pequeños tronos para quienes amamos, pero el trono de Dios debe ser elevado y glorioso. Puedes poner a tus seres queridos en los escalones, pero el asiento del trono debe ser para Él. El Señor debe ser entronado, el Rey de tu amor debe estar en tu corazón. Dime, querido oyente, ¿has cumplido con este mandamiento? Yo sé que no lo he hecho; debo declararme culpable al respecto delante de Dios. Tengo que arrojarme a sus brazos de misericordia y reconocer mi transgresión. Pero, sin embargo, ahí está el mandamiento: «Y amarás al Señor tu Dios con todo tu corazón», o sea, que Él ha de tener la supremacía.

Notad de nuevo que del texto podemos deducir que un hombre está comprometido a amar a su Dios con su corazón. Esto es bastante sencillo, pues dice: «Y amarás al Señor tu Dios con todo tu corazón». Sí, en nuestro amor hacia Dios debe intervenir nuestro corazón. Debemos volcar todo nuestro ser en el amor que le damos a Él. Nuestro amor a Dios no tiene que ser como la clase de amor que algunas personas le dan a los demás, cuando dicen: «Id en paz, calentaos y saciaos» (Stg. 2:16), y nada más. No: nuestro corazón debe tener todo su ser absorbido en Dios, de modo que Él sea el objeto de tu búsqueda y tu amor más excelente. Ved cómo la palabra «todo» se repite una y otra vez. Todo el objetivo del ser, toda la pasión del alma, debe ser solamente para Dios. «Con todo vuestro corazón».

Os repito, así como la Escritura nos dice que hemos de amar a Dios con todo nuestro corazón, tenemos que amarle también con toda nuestra alma. Hemos de amarle, pues, con toda nuestra vida; ya que eso es lo que dignifica. Si somos llamados a morir por Dios, hemos de preferir a Dios antes que a nuestra propia vida. Nunca alcanzaremos la plenitud de este mandamiento, hasta que lleguemos donde llegaron los mártires. Antes de desobedecer a Dios, prefirieron que el fuego de la estaca los devorara, o que los comieran las fieras. Debemos estar listos para renunciar a nuestra casa, nuestra libertad, nuestros amigos, nuestra comodidad, nuestro gozo y nuestra vida. «Y amarás al Señor tu Dios con todo tu corazón, y con toda tu alma.»

Además, la Palabra nos enseña que tenemos que amar a Dios con toda nuestra mente. Esto quiere decir, que nuestro intelecto debe de amar a Dios. Ahora bien; muchos hombres creen en la existencia de un Dios, pero no aman esa creencia que poseen. Saben que existe Dios, pero en realidad desearían que no lo hubiera. Algunos de vosotros echaríais a sonar las campanas, si creyerais que no hay un Dios. Si esto fuera así, entonces podríais vivir como quisierais, sin tener temor a las futuras consecuencias. Si oyerais que Dios ya ha dejado de existir, experimentarías un gran un gozo y alivio. Pero el creyente nunca desea algo así. El pensamiento de que hay un Dios es la alegría de su existencia. Su intelecto se inclina ante el Altísimo, no como un esclavo que hace una reverencia porque está obligado a hacerlo, sino como los ángeles, que se postran delante de Dios porque les deleita adorar a su Hacedor. Su intelecto está tan interesado en Dios como su imaginación. «¡Oh!», dice, «mi Dios, te bendigo por lo que eres, porque tú eres mi más preciado tesoro, mi más suprema y única delicia. Te amo con todo mi intelecto, no tengo ni pensamientos, ni juicios, ni convicciones, ni razones que no deba de poner a tus pies, y consagrar a tu honor».

b) Algo muy importante: Este amor a Dios debe estar caracterizado por su actividad, pues hemos de amarle con todo nuestro corazón. Tenemos que ejercer este amor desde lo más profundo de nuestro ser; con toda nuestra alma, o sea, poniendo nuestra vida a su disposición. También debemos amarle con toda nuestra mente, con nuestro ejercicio mental en actividad; y con toda nuestra fuerza, lo cual significa, con todo nuestro empeño e intensidad. He de volcar mi alma en la adoración a Dios. No debo de adueñarme de una hora de mi tiempo, ni de un sólo céntimo de mi dinero, ni de un talento que posea, ni de un solo átomo de mi fuerza, corporal o mental, de la adoración a Dios. He de amarle con todas mis fuerzas.

Ahora, decidme ¿qué hombre ha guardado jamás este mandamiento? He aquí la necesidad de un Salvador. ¡Oh!, que por este mandamiento pudiéramos morder el polvo, que nuestra propia justicia fuera rota en pedazos. Pero, ¡oh, mis hermanos, cuánto desearíamos poder cumplirlo!, pues si lo cumpliéramos intacto e inquebrantable, habría un cielo en la tierra. Las criaturas más felices son aquellas más santas y las que más aman a Dios sin reservas.

3. Ahora, muy brevemente, os enseñaré la demanda de Dios sobre la cual se basa este mandamiento. Hemos de amar a Dios con todo nuestro corazón, toda nuestra alma, toda nuestra mente y toda nuestras fuerzas. ¿Por qué? Primero, porque Él es Dios, el Señor esto es, Jehová, y en segundo lugar, porque es tu Dios.

El hombre, que es un ser efímero, debe amar a Jehová por lo que Él es. ¡Contemplad a Aquel que es imposible contemplar! Levantad vuestros ojos al séptimo cielo; ved donde en la increíble Majestad, el brillo de sus vestiduras hace que los ángeles tengan que velar sus rostros, pues los potentes destellos podrían impactarles con eterna ceguera. Vedle, Él es quien corre los cielos como una tienda para morar en ellos, y los adorna con estrellas que brillan como diamantes. Contemplad al que creó la tierra, y al hombre para que habite en ella, y oíd lo que es Él. Él es autosuficiente, eterno, autoexistente, inmutable, omnipotente y omnisciente. ¿No debemos acaso reverenciarle? Él es bueno, amoroso, agradable en todo sentido, y lleno de gracia. ¡Ved las dádivas de su providencia, contemplad la plenitud de su gracia! ¿No amaréis a Jehová, por ser Jehová?

Pero estáis compelidos a amarle porque Él es vuestro Dios. Es vuestro Dios por la creación. Él nos hizo y no nosotros a nosotros mismos. El Dios todopoderoso, aunque pueda usar instrumentos, fue el único Creador de todo. Aunque Él permite que vengamos a este mundo por medio de la intervención de nuestros progenitores, Él es nuestro Creador como lo fue de Adán, cuando le formó del barro y le hizo una criatura viviente. Mirad a este maravilloso cuerpo nuestro. Ved cómo Dios ha puesto los huesos conectados los unos con los otros, para que podamos usarlos coordinando los distintos movimientos. Mirad cómo arregló los nervios y vasos sanguíneos para estar a nuestro servicio y beneficio. ¡Contemplad esta maravillosa e increíble maquinaria que Él ha hecho para mantenernos vivos! ¡Oh, seres efímeros! ¿No amaréis al Dios que os ha creado? ¿Es posible que puedas pensar en Él, que te configuró con sus manos, y te moldeó por medio de su voluntad, y no ames a quien te ha formado?

Considerad además, que Él es el Dios personal de cada uno de vosotros, y os preserva. Tu mesa está puesta, pero es Él que la pone para ti. El aire que respiras es un don de su caridad; las ropas que llevas son regalos de su amor. Tu vida depende de Él. Un sólo deseo de su infinita voluntad te llevaría a la tumba, y tu cuerpo sería pasto de los gusanos. En este mismo momento, aunque estés sano y fuerte, tu vida depende absolutamente de Él. Puedes morir donde estás ahora, en este mismo instante. Estás fuera del infierno, únicamente como resultado de su bondad. Si no fuera porque en su amor eterno Él te ha preservado, a estas horas estarías entre las inextinguibles llamas. Eres un traidor y un enemigo de su cruz y su causa, pero Él es tu Dios porque te ha hecho y te mantiene vivo. Te niegas a amarle, pero te parece bien que quiera mantenerte con vida. ¡Oh, hombre! ¡No serías capaz de mantener un caballo que no trabajara para ti! ¿Mantendrías en tu casa a un sirviente que te insultara? ¿Llenarías su mesa si te diera la espalda e hiciera siempre lo que le place? Ciertamente, no lo harías. Y sin embargo, Dios te alimenta mientras tú te revelas contra Él. Los labios con los que maldices a tu Hacedor fueron hechos por Él, y los pulmones que empleas para blasfemarle fueron inspirados por Él con el aliento de la vida; de otra manera, dejarías de existir. ¡Oh, es extraño que comas el pan de Dios y levantes el puño en su contra! ¡Es increíble que te sientes a la mesa de su providencia y seas vestido con las prendas de su generosidad, y que te des vuelta y escupas contra el cielo, revelándote contra el Dios que te ha hecho y que preserva tu ser. ¡Oh, si en lugar de nuestro Dios tuviéramos que tratar con alguien que fuera como nosotros, no sería capaz de soportarnos durante una hora! Me maravillo de la templanza y la paciencia de Dios hacia los hombres. Veo al blasfemo con sus ojos llenos de furia, maldiciendo a Dios. ¡Oh, Señor! ¿Cómo puedes soportarlo? ¿Por qué no le haces morder el polvo aplastándole contra el suelo? ¿Qué es el hombre comparado con su Hacedor? Ni la mitad de grande como es una hormiga comparada con el hombre. ¡Oh, hermanos, bien podemos asombrarnos de que Dios tenga misericordia de nosotros, después de todas nuestras violaciones a éste su gran mandamiento! Pero yo, su siervo, estoy hoy aquí; y por mí y por vosotros clamo a Dios, porque Él es Dios, porque es nuestro Dios y nuestro Creador. Clamo y pido el amor de todos los corazones, la obediencia de todas las almas y todas las mentes y la consagración de toda nuestra fortaleza.

¡Oh, pueblo de Dios!, no necesito hablaros a vosotros. Sabéis que Dios es vuestro Dios en un sentido muy singular; por tanto debéis amarle con un amor muy especial.

II. ¿QUÉ TENEMOS QUE DECIR A ESE MANDAMIENTO?

Esto es lo que el mandamiento nos dice a nosotros. Seré muy breve sobre el segundo punto: ¿Qué tenemos que decir de este mandamiento?

¿Qué tienes que decir, oh hombre, a este mandamiento? ¿Tengo aquí algún descerebrado tan profundo como para decir, «yo intento guardarlo, y creo que puedo obedecerlo perfectamente, e ir al cielo como consecuencia de esta obediencia»? ¡Eres un loco o un ignorante! Si entendieras bien las implicaciones de este mandamiento, te darías por vencido y dirías: «la obediencia a este mandato es imposible, ningún hombre puede pretender alcanzarla». Algunos de vosotros pensáis que podréis ir al cielo por vuestras buenas obras, ¿no es así? Ésta es la primera piedra sobre la que tenéis que tropezar estoy seguro que es demasiado alta para vosotros. Podéis tratar de ascender al cielo por las montañas de la tierra y tomar los Himalayas como el primer escalón; seguramente cuando hayas despegado del suelo hacia la cima del Chimborazo [El Chimborazo es una montaña del Ecuador que mide 6.310 metros –Nota del traductor] te vas a desesperar por haberte querido ir tan arriba, a la altura de este gran mandamiento. Obedecerlo es totalmente imposible. Pero recuerda, no puedes ser salvo por tus obras, a menos que pudieras guardar este mandamiento entera, perfecta, y constantemente, para siempre.

«Bueno», dice alguien, «yo me atrevería a decir que si hago lo posible por obedecerlo, con todo mi empeño, creo que eso me serviría». No, no te servirá. Dios demanda que obedezcas este mandamiento a la perfección, y si no lo haces, te condenará. «¡Oh!», dice otro, «entonces, ¿quién puede ser salvo?» ¡Ah!, éste es el punto al cual deseaba traeros. ¿Quién, entonces, podrá ser salvo? ¡Nadie en el mundo! La salvación por las obras de la ley, es una rotunda imposibilidad. Por lo tanto, ninguno de vosotros dirá que ha tratado de obedecerlo, y por eso querer ser salvo. Oigo al mejor de los cristianos del mundo diciendo «¡Oh, Dios!, soy culpable, merecería ser echado en el infierno. He quebrantado este mandamiento desde mi juventud, aún desde mi conversión. Lo he violado cada día; sé que si tú ejercitaras tu justicia debería ser barrido para siempre. Señor, renuncio a confiar en la ley, porque sé que por medio de ella nunca podré ver tu rostro y ser aceptado». Pero, ¡un momento!, oigo al cristiano decir algo más. «¡Oh!», le dice al mandamiento: «Mandamiento, no puedo guardarte, pero mi Salvador te guardó y lo hizo por todos aquellos que creen. Ahora, ¡oh ley!, lo que Jesús consumó es mío, Él lo hizo por todos los creyentes. ¿Tienes algo que decir en mi contra? Tú demandas que yo cumpla íntegramente este mandamiento, pero Jesús, mi Señor, lo ha cumplido por mí, y Él es mi substituto. Lo que no puedo hacer por mí mismo, mi Salvador lo ha hecho por mí. Tú no puedes rechazar el trabajo de mi substituto, pues Dios lo ha aceptado en el día en que se levantó victorioso de entre los muertos. ¡Oh, ley, cierra tu boca para siempre; no puedes condenarme, aunque lo quebrante mil veces, yo pongo mi sencilla confianza únicamente en Jesús. Su justicia es mía, y con ella pago la deuda y satisfago tu hambrienta boca».

«¡Oh», dice alguien más, «ya me gustaría poder decir que de esa forma huyo de la maldición de la ley! ¡Si supiera que Jesús guardó la ley por mí!» Espera un momento, y te lo diré. ¿Sientes que hoy estás perdido, arruinado, y que eres culpable? ¿Confiesas que nadie sino Jesús puede hacerte bien? ¿Estás deseando dar por perdida toda tu confianza en otras cosas fuera de Él, y arrojarte en los brazos de quien murió por ti en la cruz? ¿Puedes mirar al Calvario, y ver al sufriente Señor, sangrando y muriendo por ti?

«Un débil, culpable, e indefenso gusano,
caigo en tus brazos de amor,
Jesús, sé tú mi justicia,
mi todo y mi Salvador.»

CONCLUSIÓN

¿Puedes decir esto? Él cumplió la ley por ti y si Cristo te absuelve, la ley no puede condenarte. Si la ley te dice: «te maldeciré porque no has guardado la ley», dile que no se atreva a tocar ni un cabello de tu cabeza, porque aunque no la guardaste, Cristo lo hizo en tu lugar y la justicia de Cristo es tuya. Dile también que cuando le hayas pagado el precio que pide, no se atreva a enfrentarse a ti. Eres libre, pues Cristo pagó tu deuda y satisfizo la ley.

Después de esto y aquí concluyo ¡Oh, hijo de Dios, sé lo que vas a decir. Después de haber visto la ley satisfecha por Jesucristo, caerás sobre tus rodillas y dirás: «Señor, te agradezco que esta ley no me puede condenar, pues creo en Jesús. Pero Señor, ayúdame de ahora en adelante a guardarla por siempre. Dame un nuevo corazón, pues este viejo corazón mío nunca podrá amarte como te mereces. Señor, dame una nueva vida, pues esta vida antigua es demasiado vil. Dame un nuevo entendimiento, lava mi mente con el agua clara del Espíritu. Ven y mora en mi juicio, mi memoria, mi pensamiento, y dame la nueva fortaleza de tu Espíritu, para amarte con todo mi corazón, con toda mi nueva vida, con toda mi mente renovada, y con toda mi fortaleza espiritual; desde ahora y para siempre».

Que el Señor pueda convencerte de pecado, por la energía de su divino Espíritu y que bendiga este sencillo mensaje, por amor a Jesús. Amén.

95. EL GRAN DEPÓSITO

«Sobre toda cosa guardada, guarda tu corazón; porque de él mana la vida» (Proverbios 4:23).

INTRODUCCIÓN: El corazón, el principal problema.

I. EL CORAZÓN HA DE ESTAR LLENO

II. EL CORAZÓN DEBE MANTENERSE PURO

III. EL CORAZÓN TIENE QUE CONSERVAR LA CALMA

IV. EL CORAZÓN HA DE SER INDIVISO

CONCLUSIÓN: La gloria de la generosidad.

EL GRAN DEPÓSITO

INTRODUCCIÓN

Si en vano tratara de dar forma a mi discurso comparándolo con modelos exquisitos, esta mañana debería comparar el corazón humano a la antigua ciudad de Tebas, cuyos miles de guerreros salían al combate a través de sus cientos de puertas. Así como era la ciudad, era su ejército, los que salían de ella tenían su fortaleza interior. Os exhorto, pues, a que mantengáis vuestro corazón, porque es la metrópolis de nuestra naturaleza humana, la ciudadela y armonía de nuestra humanidad. Si la fortaleza principal se rinde al enemigo, la ocupación del resto será una tarea fácil. Dejad que la fortaleza principal sea poseída por la maldad, y toda la tierra podrá ser tomada. Trataré, por tanto, mediante una humilde metáfora y una sencilla figura, explicar esta doctrina del hombre que dice que nuestra vida fluye del corazón y a la vez mostrar la absoluta necesidad de mantenerlo con toda diligencia.

Vosotros habéis visto las grandes reservas que tienen nuestras compañías de agua, las cuales son para suplir el consumo de cientos de calles y miles de casas. Ahora, el corazón es la reserva del hombre y nuestra vida fluye a través de diferentes tuberías la boca, la mano, el ojo; pero aún todas las funciones de las manos, los ojos, o los labios, derivan su suministro de la gran reserva que es el el corazón, el cual debe estar en un buen estado y una buena condición, puesto que de otra manera aquello que fluye por las tuberías estaría corrupto y contaminado. Que el Espíritu Santo dirija ahora nuestra meditación.

Los moralistas a menudo se olvidan del corazón, y tratan exclusivamente con los poderes menores. Algunos pueden decir: «si la vida de un hombre está mal, es mejor alterar los principios sobre los cuales se modela su conducta. Es mejor que adoptemos otro esquema de forma de vida. La sociedad debe ser remodelada, de manera que los hombres puedan tener la oportunidad para desarrollar sus virtudes, y menos tentaciones para caer en el vicio»«. Es como tener la reserva llena, pero con su fluido contaminado. Suponed que entonces algún técnico proponga que todas las tuberías se quiten y se pongan otras nuevas, de manera que el agua pueda correr por nuevos canales. Ahora, no se da cuenta de que todo el trabajo de cambiar las tuberías será en vano, porque si desde la fuente sigue saliendo agua mala, el hecho de que las tuberías sean nuevas, no arreglará en absoluto el problema. Así de vanas son las reglas por las cuales los hombres piensan mejorar sus vidas. A menos que el corazón sea puro y justo, la búsqueda afanosa de una apariencia de bondad, hará fracasar los mejores propósitos para la vida. Otros dicen, bueno, si la vida está equivocada, sería mejor reformar el entendimiento. Así mejoraríamos el juicio del hombre, educándole y enseñándole. Entonces, cuando su mente esté bien informada, su vida también mejorará. Veamos, la palabra entendimiento, si es que puedo usarla como una figura, es la parte que controla las emociones, ya sea dejándolas correr o deteniéndolas. Es como si la reserva de agua ha sido contaminada, y alguien insinúe que pongan a una nueva persona para encargarse de abrir o cerrar el agua. Si seguimos su consejo y encontramos al hombre más sabio del mundo para que controle la fuente, el señor Entendimiento será todavía incapaz de suplirnos con agua pura, hasta que limpie la cisterna donde se almacena el agua. Los arminianos, a veces sugieren otra forma de mejorar la vida del hombre; la de tratar con la voluntad. Ellos dicen que «la voluntad debe ser primero conquistada, entonces si está bien todo lo demás estará también en orden. La voluntad es como el gran motor que hace salir al agua de la fuente y la conduce a lo largo de las tuberías y a las casas, industrias, etc. El técnico propone que deben instalar un nuevo motor para hacer correr el agua a lo largo de las tuberías. Este hombre afirma que si tenemos la correcta maquinaria para impulsar el fluido, todo andará bien». No señor, si la corriente de agua está envenenada, ya puede tener una maquinaria de oro y la fuerza más potente del mundo; pero si no limpia las fuentes contaminadas, estará otra vez en el mismo problema. El hombre sabio de nuestro texto, parece decir: «cuidado con malgastar vuestras energías, comenzad a hacer las cosas bien en el debido lugar». Es muy necesario que el entendimiento esté bien, y que la voluntad tenga su correcto dominio. Es imprescindible que mantengáis cada parte del cuerpo en una condición saludable, «pero», dice Él, «si deseáis promover la verdadera santidad debéis comenzar con el corazón». De él dependen los asuntos de la vida, y cuando lo hayáis purgado y sus aguas estén puras y limpias, entonces la corriente fluirá y beneficiará a los habitantes «con agua limpia». Al llegar aquí, hagamos la vital y solemne pregunta: ¿Está mi corazón limpio ante los ojos de Dios? A menos que el hombre interior haya sido renovado por la gracia de Dios y por medio del Espíritu Santo, nuestro corazón

Seguimiento, Discipulado, Oración ...

está lleno de contaminación, suciedad y abominaciones. Comencemos pues, a limpiarlo para que esté en las mejores condiciones. Hombres incrédulos, os invito a que escuchéis las palabras de un cristiano anciano que decía: Si el diablo y el pecado moran en su interior, «no importa su apariencia exterior». Los nuevos adornos sobre un vestido viejo no lo hacen nuevo, solo le dan otra apariencia. En realidad, no vale la pena tratar de arreglar un traje que pronto se romperá por otros lados, cuando con un poco más de dinero se puede comprar uno nuevo que dure mucho tiempo. Tratar de hacer el corazón nuevo de una forma inadecuada, no es la mejor tarea.

Ahora bien, aquellos de entre vosotros que amáis al Señor, permitidme que os conduzca a la reserva de vuestro corazón. Mantenedlo bien y permanentemente conectado con Dios, si queréis tener los torrentes de vuestra vida en óptimas condiciones para vosotros, y ser de beneficio para los demás.

I. EL CORAZÓN HA DE ESTAR LLENO

Primero, mantened el corazón lleno. Por más pura que pueda ser el agua en la reserva central, la compañía no podrá suplirnos con un buen suministro, a menos que la reserva misma esté llena. Una fuente vacía tendrá las tuberías vacías. Aunque la maquinaria esté impecable, y todo lo demás esté en orden, si la reserva está seca en vano esperamos el agua. Seguramente conocéis a muchas personas cuyas vidas están secas y con una vacuidad que no es buena para nada. Nunca llevan a cabo ningún proyecto, no tienen poder moral, nadie presta atención a lo que dicen y nadie quiere imitar lo que hacen. Hemos conocido a padres cuya fuerza moral ha sido tan deficiente, que ni sus hijos pudieron imitarlo. Estos niños acababan convencidos de que su padre era otro niño como ellos. Conoceréis a mucha gente que si fueran a apoyar una causa que les fuera confiada, ésta terminaría en un desastre descomunal. A este tipo de personas no las podéis usar como empleados en vuestras oficinas, sin tener la convicción de que vuestro negocio se va hacia la ruina. Además podrían gastarse todo el dinero disponible de la empresa, sin conseguir absolutamente nada. Si fueran puestos bajo circunstancias favorables durante unos meses, se conducirían sin ningún cuidado hasta que todo terminara en bancarrota. Son personas simples, sin luces, que no tienen ningún poder ni fortaleza. Ved esta clase de gente dentro de la religión; no importa tanto cuales sean sus bases doctrinales, pues cierto es que nunca podrán afectar las mentes de los demás. Ponedlos en el púlpito; son esclavos de los diáconos, o bien deben ser substituidos por la Iglesia. Nunca tienen una opinión propia, no tienen ideas brillantes, ni el corazón recto para decir, esto es así, y doy fe de que lo es. Estos hombres simplemente existen, pero en lo que se refiere a su utilidad, sería lo mismo que no existiesen. Ahora, hay gente que dice que este es un problema que concierne a la cabeza. «Los tales», dicen ellos, «no pueden funcionar, tienen cabezas pequeñas; es imposible que prosperen, no tienen la fuerza suficiente para hacer nada». Esto puede ser verdad, pero conozco algo que es aún más verdadero tienen el corazón pequeño y además, vacío. Pues sabed, que el poder de un hombre en el mundo, está en la fuerza y en la fortaleza de su corazón. Un hombre con su corazón lleno, siempre es un hombre poderoso. Si está equivocado, entonces será poderoso en su error y se preocupará de hacerlo manifiesto, aunque sea una completa falsedad. Si su corazón está lleno de amor a una causa, se convierte en un hombre poderoso hacia tal objetivo. Un hombre puede ser deficiente en muchas cosas, pero una vez que tiene un corazón vital que palpita con fuerza, su poder está fuera de toda duda. Permitidle tener un corazón que esté lleno con un objetivo, y ese hombre lo llevará a cabo, o morirá gloriosamente derrotado. El corazón es sinónimo de poder. La vacuidad del corazón de los hombres, es lo que les hace tan débiles. El hombre de negocios que pone su alma y su corazón en ellos, tiene más probabilidades de prosperar que el resto de los individuos. Esa es la clase de predicador que queremos, ese hombre que tiene su alma llena.

Que tenga una buena cabeza, está bien y cuánto más sepa, mejor; pero después de todo, dadle un corazón grande y lleno, y cuando éste palpite hará que bajo la influencia del Espíritu los corazones de la congregación le sigan. ¡Oh, si nuestro corazón estuviera más involucrado en servicio al Maestro, cuánto más podríamos hacer para Él! Tal vez no amáis lo suficiente vuestro trabajo. «¡Oh», dice el predicador, «estoy cansado de predicar, tengo poco éxito, y es una tarea muy pesada!». La respuesta es que tu corazón no está lleno, pues si amaras la predicación, la respirarías, te alimentarías con ella y habría dentro de ti una compulsión irrefrenable para predicar. Si tu corazón estuviera lleno con la predicación, estarías encantado con tu tarea. Encuentra a un hombre que tenga el alma llena, y será el hombre del cual fluyan las aguas vivas, para alegrar al mundo con sus corrientes.

Aprended, entonces, la necesidad de llenar vuestro corazón, y haceos esta pregunta: ¿Cómo puedo mantener lleno el corazón? ¿Cómo puedo tener emociones auténticas? ¿Cómo puedo mantener mis deseos ardientes y mi celo inflamado? ¡Cristiano!, hay un texto que explica todo esto: «Todas mis fuentes están en ti» (Sal. 87:7). Si tienes todas tus fuentes en Dios, tu corazón estará bien lleno. Si vas hasta el pie del Calvario, allí tu corazón será lleno de amor y gratitud. Si tuvieras un tiempo regular de comunión con Dios, en esos momentos tu corazón sería lleno de calma y propósitos. Si fueras con tu Maestro al monte de los Olivos, miraras con Él a una Jerusalén malvada y lloraras por ella junto a Él, entonces tu corazón sería lleno de amor por las almas. Si vivieras en una íntima comunión con Cristo, si absorbieras más de la influencia del Espíritu Santo y supieras que sin Él no puedes hacer nada, no tendrías por qué tener temor de que tu corazón estuviera vacío. Aquel que tiene una vida de oración escasa, y que raramente lee la Palabra, no mira hacia arriba para recibir una nueva influencia de lo alto. Este hombre tendrá su corazón seco y desierto, pero aquel que tiene cada día un tiempo especial con el Señor y se deleita en meditar sobre las palabras del Altísimo, tiene un corazón rebosante, y su vida será como su corazón. Este hombre tendrá una vida llena, será una vida que aún después de la muerte seguirá ejerciendo una santa influencia y despertará los ecos del futuro. Sobre toda cosa guardada, «guarda tu corazón», y ruega al Espíritu Santo para que lo mantenga lleno, pues de otro modo, tu vida será débil, hueca y superficial, en otras palabras, como si nunca hubieras vivido.

II. EL CORAZÓN DEBE MANTENERSE PURO

Segundo, para nuestras compañías del agua, será de muy poca utilidad guardar las reservas llenas, pero no mantener el agua pura. Recuerdo haber leído una queja en el periódico de cierto pueblo, que decía que un comerciante del lugar, había recibido peces de la compañía del agua. Parece ser que algunas anguilas se colaron por las tuberías, y a veces incluso criaturas de mayor tamaño. A nadie le gusta eso. Lo que queremos tener es un agua pura y cristalina sin elementos extraños. A menos que el agua venga de un manantial, y no esté impregnada con substancias que la deterioran, por más llenas que estén las reservas, los usuarios no quedaremos satisfechos. Con nuestros corazones hemos hacer lo mismo. Debemos mantener nuestro corazón puro, pues si no lo está, la vida no puede ser pura. Suponed que nos encontramos con un hombre cuya conversación es impura, que cuando habla llena sus frases con juramentos y maldiciones, y solamente le gustan las cosas inmundas. Ahora imaginad que nos encontramos con otro individuo que tiene el suficiente entendimiento para evitar violar las cosas decentes de la vida. Sin embargo, aún así le gusta lo impuro, las bromas de mal gusto, y todo eso que de alguna manera levante en su mente pensamientos sucios. Evidentemente, estos hombres no tienen su delicia en los caminos de Dios, y no hallan placer ni deleite en su Palabra. ¿Cuál es la causa de esto? Algunos dicen que es por sus conexiones familiares, por la situación en la cual están o por su temprana educación y cosas así. No, no; la sencilla res-

Seguimiento, Discipulado, Oración ...

puesta a esto es la que dimos para la indagación anterior. El corazón no está bien, pues si fuera puro, la vida también lo sería. El torrente sucio estropea la fuente de donde salen los pensamientos, palabras y obras. Nuestro corazón está sucio por el pecado por lo que una contaminación de pecaminosidad se adhiere a todo lo que tocamos. Por la fuerza del hábito, esto puede ser imperceptible para nosotros, «pero no escapa del ojo del omnisciente, santo y justo Dios». ¿De dónde viene nuestra carnalidad, codicia, orgullo, pereza e incredulidad. ¿No se derivan todas éstas de la corrupción de nuestros corazones? Cuando las manecillas del reloj se mueven de forma irregular, y la campana suena a una hora errónea, podéis estar seguros de que dentro hay algo que funciona mal. ¡Oh, cuán necesario es que el resorte principal de nuestros motivos esté en orden!

¡Ah!, cristiano, mantén tu corazón puro. Tú dirás: ¿cómo puedo conseguir esto? Bueno, en la antigüedad existía un manantial en Mara al cual los peregrinos sedientos del desierto, acudían a beber. Sin embargo, cuando lo probaban, era tan amargo que no podían tomar de sus aguas. ¿Recordáis el remedio que prescribió Moisés? Es el mismo que prescribimos para vosotros en esta mañana. Moisés tomó una cierta clase de árbol, y lo echó a las aguas, las cuales se volvieron dulces y puras. Por naturaleza, nuestro corazón es como las aguas de Mara, amargo e impuro. El Salvador fue crucificado sobre el árbol de la cruz. Tomad ese árbol, ponedlo en vuestro corazón, y al ser aplicado por el Espíritu Santo, pronto transformará esa suciedad y amargura en absoluta pureza y limpieza. Él nos ha sido hecho santificación. Una vez que conocemos y amamos a Jesús, y su cruz se vuelve en el tema de nuestro deleite, el corazón comenzará a limpiarse y la vida también se volverá pura. ¡Oh, aprendamos bien la sagrada lección de poner la cruz en nuestro corazón! ¡Hombre cristiano! ama más cada día a tu Salvador, ruega al Espíritu Santo para que puedas tener más amor por Jesús, y entonces, por más invasor que sea tu pecado, podrás decir con el poeta,

«Con el amor con que llevo su nombre,
que es mi ganancia por la eternidad,
mi antiguo orgullo es mi vergüenza,
y mi gozo, mi gloria en su cruz
clavar».

La cruz en el corazón es el elemento purificador del alma, purga y limpia todos los compartimentos de la mente. «¡Cristiano! mantén tu corazón puro, porque de él mana la vida».

III. EL CORAZÓN TIENE QUE CONSERVAR LA CALMA

En tercer lugar, hay una cosa a la que nuestra compañía de aguas nunca le pone mucha atención. Es decir, su agua puede ser pura, y las reservas estar a tope. No es necesario mantenerla quieta, pues si es agitada por una tormenta, recibiremos el agua en las mismas condiciones de siempre. Pero no sucede lo mismo con el corazón. A menos que se conserve en paz, la vida no será feliz. Si la calma no reina sobre ese lago interior dentro del alma, que alimenta los ríos de nuestra vida, los mismos ríos estarán siempre tormentosos. Nuestros movimientos exteriores siempre pondrán de manifiesto que nacen de tempestades. Entendamos bien esto, en primer lugar, con respecto a nosotros mismos. Todos deseamos llevar una vida gozosa, nos gusta tener brillo en nuestros ojos y agilidad en nuestros pies y la mayoría de los hombres aspiran a tener una mente feliz. Recordemos todos, que la única manera de mantener nuestra vida en paz y felicidad, es mantener tranquilo el corazón. Entonces ya sea que venga la pobreza, la riqueza, la vergüenza, el honor, la abundancia o la escasez, si el corazón está tranquilo y en paz, reinarán el gozo y la felicidad. Si hay buenas condiciones generales, pero el corazón está turbado, toda la vida lo estará también. Hay una dulce historia proveniente de Alemania que es digna de que tanto vosotros como yo, la sepamos y la recordemos. Un santo mártir, había sido mantenido durante un largo tiempo en prisión, y allí se le exhibía, ante todos los que se maravillaban de su fuerte constancia y paciencia. Por último, en el día de su ejecución, fue traído fuera y atado a la estaca antes de prenderle fuego. Mientras estaba así, pidió permiso para hablar una vez más al juez, que, de acuerdo a la costumbre suiza, tenía que estar presente en la ejecución. Tras rehusar repetidamente, el juez pasó adelante y el mártir se dirigió a él con las palabras: «En este día usted me ha condenado a muerte. Ahora, yo admito que soy un pobre pecador, pero niego terminantemente ser un hereje, porque con mi corazón creo y confieso todo lo que está contenido en el Credo de los Apóstoles (el cual repitió de principio a fin). Ahora señor, prosiguió,, tengo una última petición que hacer, que es la de pedirle que se acerque y ponga su mano, primero sobre mi pecho y luego sobre el suyo, y después, declare franca y verdaderamente, ante esta multitud presente, cuál de los dos corazones está latiendo más violentamente con miedo y ansiedad, el suyo o el mío. Yo dejo este mundo con presteza y gozo, para ir a estar con Cristo, en quien siempre he creído. Lo que son sus pensamientos en este momento, usted mismo lo sabe. El juez no le contestó, y mandó enseguida a que se prendiera fuego a la pila. Sin embargo, era evidente por su apariencia, que tenía más miedo que el mártir».

Mantén tu corazón bien, y no dejes que te aflija. El Espíritu Santo dice que a David se le afligió su corazón. La aflicción del corazón es para el hombre bueno más dolorosa que un fuerte puñetazo. Es un golpe que puede sentirse, como si el hierro entrara dentro del alma. Mantén tu corazón de buen talante, no dejes que pelee contigo. Procura que la paz de Dios que sobrepasa todo entendimiento, mantenga tu corazón y tus pensamientos en Cristo Jesús. Por la noche dobla tus rodillas, y con una completa confesión de pecado, expresa tu fe en Cristo, y entonces podrás temer a la tumba tan poco como a la cama. Levántate por la mañana y entrega tu corazón a Dios, y pon en tu vida a los dulces ángeles del perfecto amor y la santa fe. Entonces puedes ir al mundo y aunque esté lleno de fieras, no deberás temerles más que Daniel cuando estaba dentro del foso de los leones. Mantén el corazón en paz y tendrás una vida feliz.

Recordad, en segundo lugar, esto es igual con respecto a los otros hombres. Espero que todos deseemos tener vidas tranquilas, y como nos aconseja la Escritura, en lo que dependa de nosotros tratemos de llevarnos bien con todos los hombres. Hay una clase particular de hombres no sé de dónde vienen que lo único que les gusta es pelear y discutir. Nunca están a gusto. Dicen que todos los ingleses son un poco de esa manera que nunca estamos felices a menos que tengamos algo de qué quejarnos, ya sea porque hemos sido ofendidos moralmente, o porque no hayamos tenido la oportunidad de desarrollar nuestras propensiones nacionales. No sé si esto es aplicable a todos nosotros, pero hay algunos que son el vivo retrato de lo que acabo de describir. No puede uno sentarse con ellos, sin que introduzcan un tópico sobre el cual sabemos que vamos a tener desacuerdos y problemas. No puedes caminar con ellos por la calle que enseguida empezarán a hacer observaciones sobre la gente y sobre todo lo que ven. Cuando hablan de los ministros de Dios, se quejan de que uno hace demasiado hincapié en la doctrina, y el otro muy poco. Piensan que uno es demasiado afeminado y preciso, y otro muy vulgar para que quieran oírle. De otro siervo de Dios, dicen que no visita a la gente, y hay otro pastor que visita mucho a las personas de su congregación, pero no se prepara bien para el púlpito. En fin, que nunca se conforman con nada. ¿Por qué sucede esto? ¿De dónde proceden esta protestas continuas? El que debe dar la respuesta es el corazón. En su interior están siempre malhumorados y henchidos de su «yo», y así su conversación les delata. No creen que Dios hizo de una misma sangre a todas las naciones que existen sobre la faz de la tierra, o bien, si es que lo han creído, nunca se han aprendido las palabras de Juan 13:35: «En esto conocerán todos que sois mis discípulos, si tuviereis amor los unos con los otros». Estas personas, además, se han olvidado de algo muy importante: Un mandamiento nuevo os doy: «Que os améis unos a otros; como yo os he amado, que también os améis unos a otros» (Jn. 3:34). ¡Oh, queridos cristianos!, la gente busca que vuestros corazones estén llenos de amor, y si hasta ahora tenéis corazones pequeños, que no pueden contener más amor que el que le tenéis a vuestra propia denominación, tratad de agrandarlos, de manera que tengáis suficiente para amar a todos los creyentes que viven sobre el planeta. Cuando encontréis a un hombre que es un verdadero renacido y heredero de los cielos, él sentirá que desde tu corazón fluirá un amor verdadero, ferviente, voluntario y vivo. Mantén tu corazón en paz, para que tu vida también pueda estar así, pues no olvides que «de él mana la vida».

¿Cómo puede conseguirse esto? Nuevamente os repito; debemos pedirle al Espíritu Santo que pacifique nuestro corazón. Ninguna otra voz, sino la que dirigiéndose a la tormenta en Galilea le dijo: «Calla, enmudece», puede aquietar las aguas turbulentas de nuestro pobre corazón. Ninguna fuerza sino la omnipotencia, puede sosegar la tempestad de la naturaleza humana. Clama a Él. Él duerme en el barco junto con su Iglesia. Pídele que se despierte para que tu piedad no perezca en las aguas del conflicto. Clama a Él para que te dé paz y felicidad a tu corazón. Entonces, pase lo que pase, en la alegría o en la adversidad, tu vida estará en reposo y sosiego.

IV. EL CORAZÓN HA DE SER INDIVISO

Avancemos un poco más. Cuando un trabajador de la compañía de las aguas ha reunido bastante agua en las reservas, hay una cosa a la que debe prestar siempre mucha atención, y esto es, no excederse en la distribución, o todo acabará fracasando. Me explico. Suponed que se pone una gran tubería principal en cierto lugar para servir a una ciudad, y otra tubería también grande para el servicio de otra, y así sucesivamente. Entonces la cantidad que fue destinada a llenar un canal se reparte en muchísimos torrentes, ¿qué pasaría? Todos los habitantes tendrían quejas de que las aguas no se están distribuyendo bien. Mi cuarto consejo de este texto es que mantengáis vuestro corazón sin dividir. Suponed que veis un lago y hay unos veinte o treinta hilos de agua saliendo de él; de allí no surgirá ningún río de tamaño considerable. Habrá una serie de pequeños arroyuelos que en el verano se secarán y en el invierno serán torrentes temporales. Todos ellos serán inútiles para cualquier propósito, porque no hay en el lago suficiente agua para alimentar más que un gran torrente. Ahora bien, el corazón del hombre tiene vida suficiente para ir tras un solo objetivo. No podéis dar la mitad de vuestro amor a Cristo y la otra mitad al mundo. Ningún hombre puede servir a Cristo y a mamón porque en el corazón no hay vida suficiente para servir a los dos. Mucha gente ha tratado de hacer esto y han fracasado en ambos sentidos. He conocido a un hombre que ha dejado que una parte de su corazón vaya al mundo, y la otra parte a la Iglesia. El efecto ha sido el siguiente: cuando vino a la Iglesia sabíamos que estaba siendo un hipócrita. La Iglesia lo tenía como alguien sospechoso: No sirvió de mucho a la congregación, porque nunca les entregó todo su corazón. ¿Cuál era el efecto de su conducta en el mundo? Bueno, allí su religión era una traba. El mundo no le quería y la Iglesia tampoco. Él quería andar entre los dos, y los dos lo rechazaban. Nunca vi a nadie tratar de andar en ambos lados de la calle a no ser algún borracho: cierta vez vi uno trataba de hacerlo, pero era una tarea imposible. Desde el punto de vista moral, he visto a algunas personas tratar de andar en ambos lados de la calle. A verles pensé que tendrían alguna clase de intoxicación, o que estaban haciendo tonterías. Si me pongo en el lugar de esta persona y pienso que este mundo y sus placeres son dignos de mi interés, los iría a buscar y a disfrutar de ellos, sin simular ser un religioso. Pero si Cristo es Cristo y Dios es Dios, démosle todo nuestro corazón. A Él no lo podemos compartir con el mundo. Muchos miembros de la Iglesia se las arreglan para andar a ambos lados de la calle de la siguiente manera: Su sol está realmente muy bajo no tiene mucha luz y está casi por ocultarse. Cuando el sol está en esa posición produce largas sombras, y si este hombre está del lado del mundo, proyecta una larga sombra a través del camino al lado opuesto de la pared. ¡Ay!, esto es lo que hacéis muchos de vosotros. Venís y participáis de la Santa Cena, sois bautizados, os hacéis miembros de la Iglesia, pero lo que tenemos de vosotros es sólo vuestra sombra. La otra parte está del otro lado de la calle. Muchos de nuestros miembros hacen como la serpiente, que en la muda deja atrás su piel. Nos dan su piel, su funda vacía, el capullo de la crisálida en el cual una vez estuvo la vida, y ellos se van cada vez más en pos de sus deseos desordenados. A la Iglesia le dan la parte exterior y al mundo, la interior. ¡Oh, creyente, qué tontería estás cometiendo! Tu maestro se dio totalmente por ti; entrégate tú a Él sin reservas. No mantengas para ti una parte del precio. Ríndele cada impulso de tu corazón; trabaja para tener un objetivo y un fin en la vida. Para lograrlo, déjale a Dios el mantenimiento de tu corazón. Clama a Él para recibir más influencias del Espíritu Santo. Cuando tu alma sea preservada y protegida por Él, será dirigida hacia un canal por donde la vida corra con claridad y pureza, y en ti reinará la paz. Vive de acuerdo a la voluntad de Dios, teniendo como único canal el amor a Cristo y los deseos de agradarle. Así escribía en el pasado Spencer: «Ciertamente por naturaleza, el corazón del hombre está dividido, roto y dispersado. Una parte es para él, y otra para la concupiscencia. Mientras el individuo anda en esas vanidades, dedica su persona a una cosa, y luego a otra, dividiendo así su propio «yo» y sus afectos. Ahora bien, a los escogidos, a quienes Dios ha decretado que sean vasos de honor consagrados para su santo uso y servicio, los pone bajo el fuego de su Palabra. Por medio de su Espíritu transformador los moldea y los convierte en nuevas criaturas, de manera que el que antes estaba dividido y perdido, ahora sea solo uno, consagrado a Dios. Este corazón sirve a Dios y le obedece. Por lo tanto, si queréis saber si un corazón es sincero, averiguad si ha sido hecho de nuevo».

CONCLUSIÓN

Bien, mi último punto es tal vez un poco extraño. Una vez, cuando uno de nuestros reyes volvió del cautiverio, los antiguos historiadores nos dicen que había fuentes en Cheapside que en vez de agua surtían vino. Tan generoso era el rey y tan alegre estaba la gente, que en lugar de beber agua, bebieron vino. Hay una forma de hacer que nuestra vida sea tan rica, tan llena, y de tanta bendición para los demás, que podríamos aplicarnos esa metáfora a nosotros mismos. Habéis conocido algunos de estos hombres. Había un tal Howard. La vida de John Howard no era como la nuestra. Él era tan benevolente, tenía tanta simpatía y siempre buscaba hacer el bien a los demás, que podríamos decir sin temor a equivocarnos, que su vida era como el vino generoso. Habéis conocido a alguien más, un santo eminente que vivió muy cerca de Jesús. Había una unción y un sabor sagrado en sus palabras, una solidez y una fortaleza en todo lo que decía, que todos sus oyentes quedaban maravillados. Quizás, a veces veces has dicho, me gustaría que mis palabras fueran tan llenas, dulces y ungidas como las de él. Todo lo que puedo hacer parece poco y vacío cuando lo comparo con sus logros. «¡Oh, si pudiera hacer más! Si en lugar de mi pobre escoria pudiera enviar corrientes de oro puro a cada hogar". Bien, cristiano, esto debe enseñarte a mantener tu corazón lleno de las riquezas del Señor. Nunca abandones la Palabra de Dios; pues llenará tu corazón con un amor rico y generoso, y la corriente que fluya de tu boca será como la de tu corazón. Sobre todo, haz que Cristo viva en tu corazón, y de él saldrán ríos de agua viva, más ricos y más satisfactorios que los del pozo de Sicar del que bebió Jacob. ¡Oh, id cristianos, a la gran mina de riquezas, y clamad al Espíritu Santo para que tu corazón sea rico para salvación. Así, tu vida y tu conversación serán de tal bendición para los que te rodean, que cuando te vean, será como ver a un ángel de Dios. Lavarás tus pies en mantequilla y tus pasos en aceite. Aquel que se sienta en las puertas se levantará en cuanto te vea, y los hombres te harán una reverencia.

Pero permitidme una sola frase más, y acabamos. Algunos de vuestros corazones no son dignos de mantenerse. Cuanto más pronto podáis deshaceros de ellos, mejor. Hay corazones de piedra. ¿Sientes en el día de hoy que tienes un corazón de piedra? Vé a tu casa y yo oraré al Señor por ti, para que tu contaminado corazón pueda ser quitado. Clama al Señor y dile: Quita este corazón de piedra, y dame un corazón de carne, pues un corazón de piedra es un corazón impuro, dividido y carente de paz. Es un corazón pobre y vacío de toda bondad, y no puede ser de bendición para ti, ni para nadie más. ¡Señor Jesús! Rompe la roca en pedazos y pon carne en lugar de piedra, de modo que tú tengas la gloria por la eternidad.

96. CÓMO GUARDAR EL CORAZÓN

«Y la paz de Dios, que sobrepasa todo entendimiento, guardará vuestros corazones y vuestros pensamientos en Cristo Jesús» (Filipenses 4:7).

INTRODUCCIÓN: Una diana.

I. UNA PROMESA
1. Paz de conciencia.
2. Cómo encontar la paz.

II. ¿CÓMO OBTENER ESTA PAZ?
1. Cultivando una disposición alegre.
2. Los problemas.

III. CÓMO LA PAZ GUARDA EL CORAZÓN
1. Llenar el corazón con paz.

CONCLUSIÓN: El corazón de Cristo nos da esperanza.

CÓMO GUARDAR EL CORAZÓN

INTRODUCCIÓN

Ahora usaremos la figura de una fortaleza, a la que hay que vigilar y mantener. Y la promesa nos dice que será guardada por «la paz de Dios, que sobrepasa todo entendimiento».

Puesto que el corazón es la parte más importante del hombre, «porque de él mana la vida» es natural esperar que Satanás, cuando intenta hacer daño al hombre, esté seguro de lanzar sus ataques más fuertes y persistentes al corazón. Lo que podemos haber adivinado con la sabiduría, se hace realidad en la experiencia. Satanás siempre trata de tentarnos de toda forma y manera concebibles, pero el lugar en contra del cual desata su más grande malicia y su fuerza más brutal, es el corazón. En el corazón, que ya de por sí es bastante perverso, él siembra las semillas de toda cosa mala, haciendo una guarida de pájaros sucios, un jardín de árboles con su fruto envenenado, y un río que fluye con agua descompuesta. Más que nunca, es necesario que seamos doblemente cautos en mantener el corazón con toda diligencia. Por una parte, porque es algo muy importante, y por la otra, porque Satanás sabiendo esto, realiza sus ataques más furiosos y determinados contra él. Por lo tanto, la exhortación viene con el doble de fuerza, «mantén tu corazón con toda diligencia». Pero también la promesa viene con el doble de dulzura: «Y la paz de Dios, que sobrepasa todo entendimiento, guardará vuestros corazones y vuestros pensamientos en Cristo Jesús».

Hemos de notar, en primer lugar, aquello que mantiene el corazón y la mente. Segundo, debemos saber cómo obtenerlo pues hay que entender esta promesa como conectada con ciertos preceptos que vienen antes de ella. Entonces, cuando lo hayamos hecho, trataremos de ver cómo es verdad que la paz de Dios mantiene la mente libre de los ataques de Satanás, o aún la libra cuando el ataque ya ha sido hecho.

I. UNA PROMESA

En primer lugar, pues, amados, la preservación que en esta promesa Dios confiere sobre los santos, es: «*La paz de Dios, que sobrepasa todo entendimiento*», *para mantenernos por medio de Jesucristo*. Se le llama *paz*, y debemos de entender esto en un doble sentido. Hay una paz de Dios entre el hijo de Dios y Dios como su Juez, una paz de la que verdaderamente se puede decir que sobrepasa todo entendimiento. Jesucristo ha ofrecido una satisfacción tan suficiente por todas las demandas de la justicia quebrantada, que ahora Dios no encuentra ninguna falta en sus hijos. «Él no ve pecado en Jacob, ni iniquidad en Israel», se trata de una paz inquebrantable e inefable, que fue establecida por la expiación de lo que Cristo ha hecho a su favor.

1. Hay una paz que se experimenta en la conciencia, que es la segunda parte de esta paz de Dios. Cuando la conciencia ve que Dios está satisfecho y no está más en guerra contra ella, también ella está satisfecha con el hombre. La conciencia, gran perturbadora de la paz del corazón, ahora da su veredicto de absolución, y el corazón duerme en sus brazos, donde halla un lugar de descanso y paz. La conciencia no trae ninguna acusación contra el hijo de Dios, y si lo hace es como una suave represión de un querido amigo, que nos dice que no hemos actuado correctamente, y que hemos de cambiar; pero no nos golpea con la amenaza de un castigo. La conciencia sabe bien que la paz se lleva a cabo entre el alma y Dios, y por lo tanto, no insinúa que haya nada en el futuro del creyente, sino gozo y paz. ¿Entendemos algo de esta doble paz? Efectuemos aquí una pausa y preguntémonos acerca de la parte doctrinal de este punto. Hagamos una pregunta experimental con nuestros propios corazones: Ven, alma mía, ¿estás en paz con Dios? ¿Has visto tu perdón firmado y sellado con la sangre del Redentor? Ven y responde a esto, corazón: ¿has echado tus pecados sobre Cristo, y les has visto lavados en los torrentes de su sangre? ¿Puedes sentir que ahora hay una paz duradera entre tú y Dios, de modo que venga lo que venga, Dios no estará enojado contigo no te condenará no te consumirá en su ira, ni te aplastará en su desagrado? Si es así, entonces, mi corazón, casi no necesitas hacerte la segunda pregunta ¿está en paz mi conciencia? Pues si mi corazón no me condena, mayor es Dios que mi corazón, y sabe todas las cosas. Si la conciencia lleva testimonio conmigo, de que soy participante de la preciosa gracia de la salvación, ¡entonces soy un ser totalmente feliz! Soy una de esas personas a las que Dios les ha dado su paz, que sobrepasa todo entendimiento. Ahora bien, ¿por qué se le llama, «la paz de Dios?». Suponemos que es porque viene de Dios porque fue planeada por Dios, porque Él dio a su Hijo para hacer esa paz. Además, nos da su Espíritu para aplicarnos la paz en nuestra conciencia y porque es Dios mismo en el alma, el que se reconcilia con el hombre a quien le pertenece esta paz. Ved cómo la Deidad está involucrada en sus tres personas, con la paz que nosotros disfrutamos con nuestro Hacedor y con nuestra conciencia. ¿Qué significa entonces «la paz de Dios que sobrepasa todo entendimiento?». Significa una paz tal que el entendimiento nunca podrá asimilarla ni alcanzarla. El entendimiento del mero hombre carnal no puede comprender esta paz. El que trate de entenderla con una mirada filosófica para desentrañar el secreto de la paz cristiana, se encontrará en un laberinto sin salida. El filósofo dice: «yo no sé cómo es, ni por qué es, pero veo a los hombres que la buscan afanosamente por toda la tierra. Doy vuelta las páginas de la historia y los veo destituidos, afligidos y atormentados, y con todo, en la frente del cristiano percibo una inigualable serenidad. No puedo entender esto, no sé lo que es. Yo sé que yo mismo, aún en mis momentos más felices, estoy turbado, y que cuando disfruto de tiempos de felicidad, aún se agitan a través de mi mente las sombras de la duda y el temor. ¿Por qué es esto? ¿Por qué el cristiano puede alcanzar ese reposo tan calmo, tan pacífico, y tan quieto?». El entendimiento humano no puede alcanzar esa paz a la que el cristiano ha logrado aferrarse. El filósofo puede enseñarnos muchas cosas, pero nunca podrá darnos las reglas que nos digan cómo conseguir la paz que los cristianos tenemos en nuestra conciencia. Diógenes puede decirnos cómo hacerlo, y entonces creerse más feliz que Alejandro y pensar que disfruta de la paz. Sin embargo, después de todo, al mirar sobre la pobre criatura y asombrarnos ante su valor, nos vemos obligados a despreciar y rechazar su locura. No creemos que el hombre corriente, aún cuando ha prescindido de todo, pueda tener una quietud de mente y una paz total y completa como el verdadero creyente puede disfrutar. Vemos a los grandes filósofos de la antigüedad. Ellos han puesto las máximas para la vida y creyeron que podrían promover la felicidad, mientras que nos damos cuenta de

que ellos mismos y muchos de sus discípulos no fueron capaces de ponerlas en marcha. Estos filósofos se encontraron finalmente encumbrados con reglas imposibles, para llevar a cabo objetivos aún más imposibles. Sin embargo, el cristiano puede alcanzar mediante la fe, lo que los demás hombres nunca pueden lograr por medio de otros métodos. Mientras que el pobre entendimiento trata de treparse por las paredes, la fe llega a la cumbre. Cuando el entendimiento está recién penetrando en una atmósfera de calma, la fe ya vuela por encima de la tempestad, y mira hacia abajo al valle, sonriendo mientras la tormenta ruge bajo sus pies. La fe va más lejos que el entendimiento, y la paz que el cristiano disfruta, es algo que el mundo no puede comprender y que nunca llegar a lograr. «La paz de Dios, que sobrepasa todo entendimiento».

De esta paz se dice que guarda nuestros corazones y nuestros pensamientos en Cristo Jesús. Sin Cristo esta paz no existiría y si pudiera existir, no podría sostenerse. Las diarias visitas del Salvador, las continuas miradas del ojo de la fe hacia Él, que vertió su sangre en la cruz, hacen que esta paz se amplíe, se prolongue y dure. Pero si quitáis a Jesucristo, el canal de nuestra paz, ésta se desvanece, cae y se convierte en nada. Un cristiano no puede tener la paz con Dios, excepto a través de la expiación del Señor Jesucristo.

2. Así hemos tratado lo que algunos llaman la parte doctrinal más árida de este tema. «Y la paz de Dios, que sobrepasa todo entendimiento, guardará vuestros corazones y vuestros pensamientos en Cristo Jesús». Si nunca la habéis sentido, yo no no puedo mostraros lo que es la paz de Dios, pero creo que podría deciros a dónde mirar para conseguirla, pues ha habido ocasiones en que la he podido ver. He visto al creyente en las profundidades de la pobreza, no sabiendo de dónde vendría su próxima comida, pero con su mente tranquila y serena. Si era tan rico como un príncipe hindú, no podía haber tenido menos cuidado. Si se le hubiera dicho que su pan siempre vendría a su puerta y el torrente de agua que corría a su lado nunca se secaría, o si hubiera estado seguro de que los cuervos le traerían pan y carne por la mañana y otra vez por la tarde, su tranquilidad no habría aumentado ni siquiera un poco. Al otro lado de la calle está su vecino, que no es ni la mitad de pobre de lo que es él. Sin embargo, está de la noche a la mañana, acercándose cada vez más a la tumba por su ansiedad. A pesar de todo, este pobre hombre, después de haber trabajado intensamente, aunque sabe que ha ganado muy poco con su trabajo, ha santificado este poquito con la oración, y le ha dado gracias al Padre por lo que tiene. Él no sabe cuándo tendrá más, pero confía en Dios, y declara abiertamente que su fe no le puede fallar, y la providencia tampoco. Allí está «la paz de Dios, que sobrepasa todo entendimiento». Yo he visto también esta paz en aquellas personas que han perdido a sus seres queridos. Allí estaba aquella viuda; su querido esposo yacía en el ataúd, y ella pronto le seguiría. Llega el tiempo en que tiene que despedirse. Lo mira por última vez, y siente que su corazón le pesa. Piensa en cómo podrá venirle la provisión necesaria para ella y sus hijos. El gran árbol que les protegía del sol, ha sido cortado. Ella piensa que hay un amplio cielo sobre su cabeza, y que su Hacedor es su marido, los niños sin padre pasan al cuidado de Dios, quien es su Padre celestial, y así la viuda confía en Él. Con lágrimas en sus ojos, mira hacia arriba y dice: «Señor, tú has dado y tú has quitado, bendito sea tu nombre». Su esposo es llevado hasta la tumba; ella no sonríe, pero aunque llora, hay una calma y una compostura en su semblante, que no podría existir si no fuera porque ella confía en Dios y piensa que su voluntad es justa. En esa mujer pude ver «la paz de Dios, que sobrepasa todo entendimiento».

Imaginaos a un hombre. Es Martín Lutero en medio de la Dieta de Worms. Allí están los reyes y los príncipes, y también los sabuesos de Roma con sus lenguas sedientas de sangre. Martín Lutero se levanta por la mañana y va ante estos monarcas, diciendo la verdad y declarando solemnemente que las cosas que él ha hablado son las cosas en las que cree, y que con la ayuda de Dios se mantendrá firme hasta el final.

Allí su vida está en sus manos, lo tienen enteramente bajo su poder. El olor a quemado del cadáver de John Huss todavía no ha desaparecido y Lutero recuerda esos príncipes anteriores a éstos, que han quebrantado sus promesas. Pero allí está, calmo y tranquilo; no tiene temor al hombre porque no tiene nada que temer. «La paz de Dios, que sobrepasa todo entendimiento», mantiene su corazón y su mente en Cristo Jesús. Mirad ahora otra escena: Allí está John Bradford en Newgate. Ha sido condenado a ser quemado la mañana siguiente en Smithfield. Se balancea sobre el poste del pie de la cama; está contento y lleno de gozo porque mañana es el día en que verá al Señor. Con voz firme, le dice a otro prisionero: «mañana será un día brillante, cuando la llama se eleve hacia el cielo». Se sonríe y disfruta sólo de pensar que llevará la corona roja del martirio. ¿Está desquiciado Bradford? ¡Oh, no, tiene con él «la paz de Dios, que sobrepasa todo entendimiento». Pero tal vez la más hermosa, así como también la más común ilustración de esta dulce paz, es la escena de la cama donde muere el creyente. ¡Oh, hermanos, algunas veces habéis visto esa calma, esa quieta serenidad, y habéis dicho: «Señor, déjanos morir con él!». Ha sido tan bueno estar en esa cámara solitaria quieta y tranquila, donde el mundo estaba fuera, y el cielo estaba dentro, y ese pobre corazón iba acercándose a Dios, y alejándose de todas sus cargas y penas pasadas, se allegaba a los portales de la felicidad eterna. Vosotros diréis, ¿cómo puede ser esto? ¿No es la muerte algo oscuro y espantoso? ¿No son los terrores de la tumba cosas que hacen temblar al hombre fuerte? ¡Oh, sí, lo son, pero el protagonista de esta historia tiene «la paz de Dios, que sobrepasa todo entendimiento». Sin embargo, si queréis saber más acerca de esto, debéis ser un hijo de Dios, y poseerla vosotros mismos. Una vez que la hayáis sentido, podréis estar calmo y tranquilo en medio del caos y el aturdimiento. Cuando puedes cantar en medio de la tormenta, cuando sonríes estando rodeado por la adversidad, y confías en tu Dios aunque tu senda sea dura y tormentosa, cuando puedes reposar confiado en la sabiduría de Jehová, es porque tienes «la paz de Dios, que sobrepasa todo entendimiento».

II. ¿CÓMO OBTENER ESTA PAZ?

1. Así hemos discutido el primer punto: ¿qué es esta paz? El segundo punto era: ¿*Cómo puede obtenerse esta paz?* Notaréis que aunque se trata de una promesa tiene preceptos que le preceden, y solo por la práctica de estos preceptos podemos obtener esta promesa. Vamos ahora al cuarto versículo y veréis la primera regla para obtener esta paz. Cristiano, ¿disfrutarás tú de «la paz de Dios, que sobrepasa todo entendimiento?» Lo primero que has de hacer es regocijarte siempre. Hay hombres que nunca se regocijan, pero que siempre están quejándose, llorando y lamentándose, que olvidan a su Dios y la plenitud de Jehová, y siempre están murmurando por las pruebas del camino y las enfermedades de la carne. Esos hombres perderán la perspectiva de disfrutar de una paz que sobrepasa todo entendimiento. Mis amigos, cultivad una disposición alegre y tratad tanto como podáis de tener una sonrisa a flor de labios. «Regocijaos en el Señor siempre. Otra vez os digo: ¡Regocijaos!» (Fil. 4:4). Recordad que este es un mandamiento de igual valor al que nos dice que debemos amar a nuestro Dios de todo nuestro corazón. Es el mandamiento de Dios y es nuestro deber, así como también nuestro privilegio. ¡Tratad de ponerlo en práctica! Recordad, no regocijarse es un pecado. Regocijarse es un deber, y un deber tal que los más ricos frutos y las mejores recompensas están anexadas a él. Regocijaos siempre, y entonces la paz de Dios guardará vuestros corazones y vuestras mentes. Muchos de nosotros, dando pie a espantosas dudas, echamos a perder nuestra paz. Recuerdo cierta situación que sirve para ilustrar lo que acabo de decir. Cuando estaba caminando por una calle, vi a un niño gritando junto a una puerta, y oí que su madre le decía, ¡Ah, estás gritando por nada; yo te daré algo para que grites con motivo! Hermanos, a menudo es lo que sucede con los hijos de Dios. Lloran por nada. Tienen una disposición miserable

o una mente que siempre piensa en infortunios, y así tienen algo por lo que llorar. Su paz se ve perturbada, vienen dificultades, Dios oculta su rostro, y entonces pierden su paz. Cristiano, manténte cantando, aún cuando el sol no brilla. Ten una canción para todos los tiempos, consigue un gozo que pueda soportar nubes y tormentas, y entonces, cuando sepas regocijarte siempre, obtendrás esta paz.

El próximo precepto es: «Vuestra moderación sea conocida de todos los hombres». (v. 5). [En la versión de la Biblia en castellano de 1960, que estamos usando, en este versículo 5 aparece la palabra *gentileza* en lugar de la que usa la versión inglesa empleada por el autor (*King James Versión*), que es *moderación*. En este caso nosotros usaremos la palabra «moderación», pues se ajusta mucho más a los comentarios que hace el autor –Nota del traductor].

Si deseáis tener paz en vuestra mente, sed moderados. Hombre de negocios, no puedes seguir empujando esa especulación demasiado lejos y tener a la vez paz en tu mente. Joven, no puedes querer ir tan rápido en tu carrera, llevándote a todo el mundo por delante y al mismo tiempo tener una paz mental que sobrepasa todo entendimiento. Debéis ser moderados, y cuando hayáis adquirido una moderación en tus deseos, entonces encontraréis la paz. Señor, usted que tiene las mejillas enrojecidas, debe ser moderado en su enojo. No os enfadéis tan rápido ni tampoco demoréis tanto en enfriar vuestro enfado. Una persona enojada no puede tener paz en su conciencia. Sed moderados en esto, el Señor nos dice que no nos venguemos nosotros mismos. Cristiano, sé moderado en todas las cosas que emprendas, incluso en tus expectativas. Bendito aquel que espera poco, porque tendrá poca desilusión. No pongáis vuestros deseos demasiado arriba. Aquel que quiere llegar a la luna, acabará desilusionado si no llega ni a la mitad, mientras el que aspira menos, se alegrará cuando vea que puede ir más alto de lo que en principio esperaba. En todo lo que hagáis, excepto en vuestros deseos de una relación más íntima con el Señor, mantened vuestra moderación. Así,

estaréis obedeciendo el segundo precepto y obtendréis un vislumbre de la promesa: «Y la paz de Dios, que sobrepasa todo entendimiento, guardará vuestros corazones y vuestros pensamientos en Cristo Jesús».

2. El último precepto que debéis obedecer es: «Por nada estéis afanosos, sino sean conocidas vuestras peticiones delante de Dios en toda oración y ruego». Si permitís que vuestros problemas os dominen no podréis tener paz. No tenéis ningún lugar en donde derramar vuestros problemas que no sea en el oído de Dios. Si se los decís a vuestros amigos, os sacaréis de encima los problemas por un momento, pero pronto volverán. Si los expones a Dios, pondréis vuestros problemas en la tumba. Una vez que los habéis traspasado a Él, nunca volverán a perturbaros. Si echáis vuestras cargas en cualquier otro lado, volverán a vosotros, como la piedra de Sysifus. Poned vuestras cargas en Dios y las habréis echado a una gran profundidad, en la cual no hay posibilidad de que vuelvan. Echad vuestras cargas donde habéis echado vuestros pecados; en el fondo del mar. No mantengáis nunca un problema media hora en la mente sin decírselo a Dios. Tan pronto como venga el problema, rápidamente decidlo a vuestro Padre. Recordad, cuanto más tiempo uséis en contarle vuestros problemas a Dios, más deteriorada estará vuestra paz. Cuanto más dura la helada, más pronto se helará el pozo. Vuestra helada durará hasta que acudáis al sol, y al ir a Dios, el sol de justicia, pronto se derretirá, y vuestros problemas se fundirán. Pero no demoréis mucho, porque cuanto más os demoréis más tardará vuestro problema en deshacerse. Si esperáis hasta que vuestras dificultades queden heladas y firmes, el asunto llevará muchos días de oración para hacer que la dificultad vuelva a descongelarse. Debéis ir al trono de la gracia lo antes posible. Haced como hizo aquel niño, cuando fue corriendo y le dijo a su madre un pequeño problema que le tenía preocupado. Corred a vuestro Padre en el primer momento en que estéis en aflicción. Hacedlo para cada cosa, aunque sea pequeña. «Por nada estéis afanosos, sino sean conocidas vuestras peticiones delante

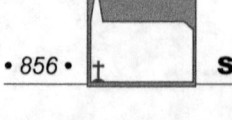

de Dios en toda oración y ruego, con acción de gracias» (v. 6). Toma el dolor de cabeza de tu esposo, las enfermedades de tus hijos, los pequeños problemas familiares y los grandes problemas de tus negocios y llévalos a Dios; derrámalos todos de una vez ante Él. Entonces, mediante la obediencia a este mandamiento, preservarás esa paz que «guardará vuestros corazones y vuestros pensamientos en Cristo Jesús».

Éstos son pues, los preceptos. Que Dios el Espíritu Santo nos capacite para obedecerlos, y tener así la continua paz de Dios.

III. CÓMO LA PAZ GUARDA EL CORAZÓN

1. El tercer punto consiste en mostrar *cómo la paz*, que he tratado de describir en primer lugar, *guarda el corazón*. Ya hemos visto cómo esta paz mantendrá lleno el corazón. Aquel hombre que tiene la paz de Dios continuamente en él, no tendrá un corazón vacío, pues siente que Dios ha hecho tanto por él que debe amarle y servirle con todas sus fuerzas. Las bases eternas de su paz se apoyan en la elección divina los sólidos pilares de su paz; la encarnación de Cristo, su justicia y su muerte. El clímax de su paz será en el cielo, donde su gozo y su paz terminarán de perfeccionarse y consumarse. Todos estos puntos requieren una reflexión agradecida, y cuanto más se medita sobre ellos, más amor se siente por el Redentor. Donde hay mucho amor, existe un corazón grande y lleno. Mantened, entonces, esta paz con Dios, y mantendrás el corazón rebosante. Y recordad, que en proporción al llenamiento de vuestro corazón, será la plenitud de vuestra vida. Si tenéis un corazón vacío tu vida será escasa y pobre. Pero llenad vuestro corazón del Señor y vuestra vida estará saciada, rebosante y fuerte, y será un testimonio abierto al mundo de lo que ha hecho el Salvador con vosotros. Recuerda siempre esto: que Jesucristo ha hecho la paz entre tú y Dios. Mantén vuestra conciencia tranquila, entonces tu corazón estará lleno y tu alma fuerte para hacer la obra del Señor. Mantén siempre tu paz con Dios, pues este estado mantendrá tu corazón puro. Si la tentación viene, le podrás decir: «¿qué tienes para ofrecerme? Me ofreces placer, Bueno, yo ya lo tengo. Me ofreces oro, también lo tengo; todas las cosas son mías, como un don de Dios. Tengo una ciudad no hecha de manos, eterna en los cielos. ¡No cambiaré estas cosas por los desechos que tú me ofreces!». Pero Satanás nos dice: «te daré honor». «Tengo suficiente honor», dice el corazón lleno de paz. «Dios me honrará en aquel gran día que ha de venir.» «Te daré todo lo que puedas desear», dice el enemigo. «Yo ya tengo todo lo que pueda desear», le responde el cristiano.

«Nada quiero en la tierra,
soy feliz en el amor de mi Salvador,
y estoy en paz con mi Dios.»

¡Es inútil, Satanás! Mientras que esté en paz con Dios, soy inmune frente a las tentaciones. Tú me ofreces plata, yo tengo oro. Tú traes ante mí las riquezas de la tierra, y yo tengo algo mucho más substancial. ¡En vano te esfuerzas, tentador de la humanidad, tus tentaciones y zalamerías son pérdidas de tiempo con aquel que tiene la paz con Dios. Esta paz, también guardará vuestro corazón de ser dividido. Aquel que tiene paz con Dios dedicará totalmente su corazón a Dios. ¡Oh!, dice el cristiano, «¿por qué he de buscar cualquier otra cosa en la tierra, ahora que he encontrado mi descanso con Dios? Tengo una fuente, ¿porqué he de ir a beber a una cisterna rota que no puede contener agua? Me apoyo en el brazo de mi amado, ¿por qué buscar el brazo de otro? Sé que la fe es algo digno de tener y persistir en ella; ¿por qué dejar las nieves puras del Líbano para seguir tras algo vulgar? Mi fe me trae cientos de frutos de la paz, ¿por qué irme a sembrar a otro lado? Yo haré como hizo Ruth, me detendré en los campos de Booz. Allí estaré para siempre y no tendré nunca necesidad de nada. Nuevamente, esta paz enriquece el corazón. Mis oyentes notarán que estoy pasando sobre los puntos básicos de mi mensaje de esta mañana, y enseñándoos cómo esta paz cumple los requisitos que eran necesarios en el primer mensaje. La paz con Dios hace que nuestro corazón se enriquezca. El hombre que duda y está entristecido tiene un corazón pobre, que no tiene nada dentro de él. Si tengo la paz con Dios puedo presentarme resueltamente ante el trono de la gracia. La meditación es otro campo de enriquecimiento. Cuando mi corazón no está en paz con Dios, no puedo disfrutar de la meditación, pero si mantengo esa paz, puedo tener una meditación fructífera, «pues las aves vienen abajo al sacrificio». y no puedo espantarlas a no ser que mi alma esté en paz con Dios. Oír la Palabra es otra manera de hacerse rico. Yo traigo a mi familia a la capilla. Si tengo que traer mis negocios, mis ovejas o mis caballos, no podré escuchar el mensaje. Si tengo vacas, caballos u ovejas en el banco, no puedo oír tranquilo la predicación. Cuando he tenido una semana de negocios agitada, y los números de mi contabilidad están dando vueltas en mi mente, no puedo escuchar tranquilo el mensaje. Sin embargo, cuando tengo esa paz que abarca todas las cosas, descanso en la voluntad de mi Padre. Entonces sí puedo oír con placer, y toda palabra del Evangelio que oigo me es provechosa, precisamente porque mantiene el corazón y la mente en Cristo Jesús. No necesitaría decir que la paz de Dios cumple el único otro requisito que no he mencionado, porque es innecesario hacerlo. Por supuesto, mantiene el corazón siempre en paz una paz quieta como un lago. Entonces, hermano y hermana, es de capital importancia que mantengáis el corazón en buen estado. No podéis mantener vuestro corazón debidamente a menos que mantengáis y disfrutéis de la paz de Dios en vuestra propia conciencia. Os exhorto pues, a vosotros que sois profesores de religión, que no permitáis que pase esta noche sobre vuestras cabezas hasta que tengáis una seguridad absoluta de que sois poseedores de la paz de Dios. Dejadme deciros que si el próximo lunes vais al mundo sin tener la paz con Dios, no seréis capaces de mantener vuestros corazones durante la semana. Si en esta noche, antes de descansar, puedes decir que estás en paz con Dios y con el mundo, lánzate esta semana a tus actividades normales, sin nada que temer. Podrán asaltarte tentaciones de falsa doctrina, de una forma falsa de vivir, o de una manera falsa de hablar. Si tienes la paz con Dios estarás armado y protegido de los pies a la cabeza. La flecha que vuela para atravesarte, no podrá hacerlo, pues la paz con Dios es una coraza tan fuerte que la misma espada de Satanás se partirá en dos al tratar de atravesarla. ¡Oh!, tened cuidado, vestíos «toda la armadura de Dios», y entonces tened confianza, pues no habrá nada a lo que debáis temer.

CONCLUSIÓN

En cuanto al resto de mis oyentes, os diré que vosotros no podéis tener la paz de Dios porque : «No hay paz, dijo mi Dios, para los impíos» (Is. 57:21). ¿Cómo me dirigiré a vosotros? El mejor consejo que puedo daros, es que tan pronto como podáis, os deshagáis de vuestros corazones y tratéis de conseguir unos nuevos. Hermano, hermana, tu oración debe ser: «Señor, quita fuera mi corazón de piedra, y dame uno de carne». Pero aunque no puedo dirigirme a vosotros desde este texto, lo haré con otro. Aunque vuestro corazón es malo, hay otro corazón que es bueno; y la bondad de ese corazón es el terreno de exhortación sobre el cual me apoyo. Como recordaréis, Cristo dijo: «Venid a mí todos los que estáis trabajados y cargados, y yo os haré descansar» (Mt. 11:28). Entonces su argumento continúa de esta manera: «Aprended de mí, que soy manso y humilde de corazón; y hallaréis descanso para vuestras almas» (Mt. 11:29). Tu corazón es orgulloso, envanecido y negro, y también lleno de concupiscencia, pero mirad al corazón del Señor, que es manso y humilde. Animaos. ¿Sentís vuestro pecado en esta noche? Cristo es manso, si venís a Él no se desentenderá de ti. ¿Sientes tu propia insignificancia e indignidad? Cristo es humilde, no te despreciará. Si el corazón de Cristo fuese como el vuestro, seríais malditos. Pero el corazón del Maestro no es como el de los humanos ni sus caminos son nuestros caminos. Cuando miro al corazón de Cristo puedo tener esperanza.

¡Oh!, pensad en su bendito corazón; y si esta noche os marcháis a casa tristes y apenados bajo un sentimiento de pecado, cuando vayáis a tu habitación, cerrad la puerta, y hablad a ese corazón tan humilde y santo. Aunque vuestras palabras no sean perfectas, y la oración parezca un poco incoherente, Él os oirá y os responderá desde su morada el cielo; cuando os oiga, os perdonará y os aceptará por amor a su nombre.

97. AMA A TU PRÓJIMO

«Honra a tu padre y a tu madre, y amarás a tu prójimo como a ti mismo» (Mateo 19:19).

INTRODUCCIÓN: Los sermones de Cristo.

I. UN MANDAMIENTO DESTACABLE
1. ¿A quién debo amar?
   a) A pesar de ser de otra religión
   b) Aunque se te oponga en los negocios
   c) Es una obligación
2. ¿Qué es lo que voy ha hacer?
   a) Voy a amarlo
3. ¿Cómo lo voy ha hacer?
   a) Amándolo

II. RAZONES POR LAS QUE HEMOS DE OBEDECER ESTE MANDAMIENTO
1. ¿Por egoísmo?
2. Así se hace bien al mundo.
3. El hombre lo necesita.
4. Cristo te amó a ti primero.

CONCLUSIÓN: Sugerencias de la misma ley.

AMA A TU PRÓJIMO

INTRODUCCIÓN

Nuestro Salvador predicó con mucha frecuencia sobre los preceptos morales de la ley. Algunos de los sermones de Cristo ¿y qué sermones se compararían con los de Él? no tienen lo que comúnmente se le llama ahora «el Evangelio». Cada vez que se levantó a predicar, nuestro Salvador no declaró la doctrina de la elección, de la expiación, del llamamiento eficaz o la perseverancia final. No, frecuentemente Él hablaba sobre los deberes de la vida humana, y sobre los preciosos frutos del Espíritu, que son engendrados en nosotros por la gracia de Dios. No olvidéis las palabras que acabo de pronunciar. Vosotros podéis haber empezado con ella, pero tras una diligente lectura de los cuatro evangelistas, hallaréis que estoy en lo cierto, diciendo que mucho del tiempo de nuestro Salvador estaba ocupado en decir a la gente cómo tenían que ser las relaciones de los unos para con los otros. Muchos de sus sermones no son lo que nuestros precisos críticos llamarían en estos tiempos mensajes llenos de unción y sabor, pues de cierto no serían nada sabrosos para los cristianos sentimentalmente enfermizos, a los cuales no importa nada el lado práctico de la religión. Amados, predicar sobre los deberes del hombre es para Dios un ministerio tan importante como el de predicar sobre las otras doctrinas. A menos que Dios enseñe cuáles son los deberes del hombre, éste nunca será bendecido para estar en una posición correcta en la que pueda apreciar la belleza de la expiación. Si a veces el Señor no truena con su voz fuera de la ley, y reclama para el Maestro el derecho de obedecerle, nunca podrá producir la convicción que luego lleva a la conversión. Esta mañana, mi mensaje no será muy ungido y sabroso para vosotros que siempre andáis queriendo la misma ronda de doctrinas, pero este hecho no me preocupa demasiado. Este rudo mundo muchas veces necesita ser reprendido, y, si puedo llegar a los oídos de la gente, mi deber es reprenderles. Me pregunto si en alguna ocasión habrá sido necesario alargar este texto. Si no lo ha sido, ésta es una buena oportunidad. A menudo es olvidado y se recuerda muy raramente: «Amarás a tu prójimo como a ti mismo».

En primer lugar, debo destacar el mandamiento, seguidamente, trataré de mostraros algunas razones para que lo obedezcáis, y después sacaré algunas sugerencias de la misma ley.

I. UN MANDAMIENTO DESTACABLE

Se trata del segundo gran mandamiento. El primero es: «Y amarás al Señor tu Dios con todo tu corazón, y con toda tu alma, y con toda tu mente y con todas tus fuerzas». Aquí el criterio es «amarás a Dios más que a ti mismo». El segundo mandamiento es

Seguimiento, Discipulado, Oración ...

«amarás a tu prójimo», y el criterio aquí es un poco más bajo, pero preminentemente alto, «amarás a tu prójimo como a ti mismo». He aquí el mandamiento. Podemos dividirlo en tres partes: ¿A quién debo amar? A mi prójimo. ¿Qué es lo que voy a hacer? Voy a amarlo. ¿Cómo lo voy a hacer? Amándolo como a mí mismo.

1. Primero, ¿a quién debo amar? A mi prójimo. Por la palabra prójimo, hemos de entender cualquier persona que está cerca de nosotros. Las dos palabras originales que forman este vocablo, dan a entender vecindad o cercanía. [En la versión inglesa de la Biblia *King James* que usa el autor, en lugar de la palabra *prójimo*, aparece el término «neighbour», o sea, *vecino* –Nota del traductor]. Cuando el samaritano vio al hombre herido en el camino a Jericó, sintió que era su prójimo, y por tanto él estaba obligado a amarlo y a hacerle bien. «Amarás a tu prójimo». Tal vez él sea rico, y tú pobre, y vives en una modesta y pequeña casita al lado de su gran mansión. Sus muebles son finos y sus vestiduras caras. Dios le ha dado estos dones. Si no te los ha dado a ti, no codicies su riqueza y no pienses cosas duras en contra de él. Siempre habrá diferencias en las circunstancias del hombre, de modo que deja que sea así. Si no puedes mejorarlo, sé feliz con lo que te ha tocado, pero no codicies lo de tu vecino ni desees que él sea pobre como tú. Ámale, y entonces no le podrás tener envidia. Por otra parte, puede suceder que tú seas el rico y a tu lado se hallen los pobres. No te burles de tus vecinos. El mundo dice que son inferiores. ¿En qué son inferiores? Realmente son iguales a ti, excepto en su nivel económico y social. No olvides que Dios hizo de una misma sangre a toda la gente que mora en la faz de la tierra. Tú no eres mejor que ellos. Ellos son hombres, y ¿qué eres tú más que eso? Es posible que sean hombres vestidos de harapos, pero son hombres como los demás, y si tú eres un hombre con vestiduras púrpuras y escarlata, no eres más que un hombre. Ama a tu prójimo, aunque esté vestido de harapos, y no te burlarás de él aunque esté hundido en las profundidades de la pobreza.

a) Ama a tu prójimo a pesar de que él sea de otra religión. Piensas que perteneces a la denominación que está más cerca de la verdad, y confías que tú y tus compañeros que piensan así, ciertamente serán salvos. Pero tu vecino piensa de forma diferente. No permitas que esas diferencias lo separen de ti. Es posible que no tenga ninguna religión, que desprecie a tu Dios, que quebrante el día de reposo y confiese ser un ateo, ámale igualmente. Las palabras duras no lo convertirán ni harán de él un cristiano. Ámale directamente, pues sus pecados no son contra ti, sino contra Dios. Tu Dios se venga de los pecados cometidos en su contra, así que déjalo en sus manos. Pero si encuentras ocasión de servirle o ayudarle, hazlo, ya sea de día o de noche. Y si haces alguna distinción, hazla de la siguiente manera: Porque tú no eres de mi religión, yo te serviré más, para que puedas convertirte al camino recto. Mientras que tú eres un hereje samaritano, y yo un judío ortodoxo, aún así eres mi prójimo y yo te amaré con la esperanza de que puedas dejar tu templo en Gerizim, y vengas a inclinarte delante del templo de Dios en Jerusalén. Ama a tu prójimo, a pesar de la diferencia en las religiones.

b) Ama a tu prójimo, aunque se te oponga en los negocios. No será fácil obedecer este mandamiento en las áreas del comercio y los negocios, pero me veo obligado a predicaros a vosotros que sois hombres de negocios y comerciantes. Suponed que un hombre joven ha instalado una tienda cerca de la vuestra, y teméis que os perjudique. No debéis pensar en hacerle nada malo para dañarle ni damnificarle. Lo que tú debes de hacer es amarlo, pues aunque se oponga a tu negocio, sigue siendo tu prójimo. Pero imaginad que hay alguien que reside cerca de vuestra casa y que está en deuda contigo. Si tu le quitaras por la fuerza todo lo que te debe, lo arruinarías, pero si le permites quedarse con ese dinero por otro plazo de tiempo, él podrá salvar las dificultades y salir adelante. Lo que a ti corresponde es amarlo. Déjale que tenga tu dinero, permítele que lo intente otra vez, y quizá tú salvarás lo que es tuyo y a la vez le ayudarás a él. Cualquier persona que tenga relación contigo en los negocios, es tu prójimo. Sea él más importante o más pequeño que tú, él es tu prójimo, y la ley cristiana te ordena que debes amarle. Las Escrituras no dicen meramente que no le odies, sino que debes amarlo. Aunque él tuerza tus proyectos, sea un impedimento para que obtengas ganancias y oscurezca tu fama y tu nombre, con todo estás obligado a amarlo. La ley no hace excepciones. ¿Está él cerca de ti y tú tienes tratos con Él? Entonces es tu prójimo, y la ley de Dios te dice que debes amarlo.

c) Te repito, estás obligado a amar a tu prójimo, aunque él te ofenda con su pecado. Muchas veces cuando vemos la maldad que existe en el mundo, nuestros espíritus se sobrecogen y nuestros corazones se duelen. El hábito común que tiene la sociedad con una ramera o con un inmoral, es aislarlos fuera de la sociedad como una maldición. Eso no está bien; no es digno de un cristiano. Estamos obligados a amar a los pecadores, y a no quitarlos de la tierra de la esperanza, sino a tratar de conseguirlos y reclamarlos para Cristo. ¿Conoces a algún hombre que sea un ladrón, un mentiroso o un indeseable? Tú dices, yo no puedo amar a este canalla, o acabaría siéndolo yo también. No puedo amar a ese mentiroso, o no sería sincero. Pero aún así estoy obligado a amarlo y a no tener sentimientos vengativos hacia él. Así como yo deseo que Dios me perdone, yo debo perdonarle a él. Y si por sus fechorías debe ser castigado por la ley del país, debo amarle y desear que el castigo sea para su bien y le lleve al arrepentimiento. La ley de Dios no admite excepciones. Me exige que lo ame. No estoy obligado a llevármelo a mi casa, ni a tratarlo como a alguien de mi familia. Pueden haber algunos actos de bondad que serían imprudentes, y haciéndolos, podría arruinar a otros. Sin embargo, debo considerar que mucho del mal que ese hombre ha hecho, está impulsado por el diablo. Pero así y todo, es un hombre, un ser humano, mi prójimo, y debo amarlo. ¡Oh!, ¡cuánto le pido a Dios que esta gran ley sea cumplida. ¡Ah, mis queridos oyentes, vosotros no amáis a vuestro prójimo! Ni siquiera amáis a toda la gente que va a la misma Iglesia que vosotros.

Ciertamente, pensáis que no podéis amar a aquellos que difieren de vuestras opiniones, ¿no es así? Es más, os cuesta amar a vuestros hermanos y hermanas en el Señor. ¡Oh!, ¿cómo puedo esperar que améis a vuestros enemigos si ni siquiera amáis a vuestros amigos? Algunos de vosotros habéis venido aquí enojados con vuestros padres, y aquí hay un hermano que está enojado con su hermana por algo que ella dijo antes de salir de casa. Si no podéis amar a vuestros hermanos y hermanas, sois peores que los ateos y los publicanos. ¿Cómo puedo esperar que obedezcáis este gran mandamiento que os ordena amar a vuestro prójimo? Pero sea que lo obedezcáis o no, es mi deber predicarlo tal como está y no tratar de adecuarlo al gusto de la presente generación. Primero, estáis obligados a amar y a honrar a todos los hombres, simplemente porque son seres humanos. Luego, hemos de amar a aquellos que viven cerca nuestro, no por su bondad o por los favores que nos hayan hecho, sino simplemente porque la ley de Dios lo demanda y son nuestro prójimo. «Amarás a tu prójimo como a ti mismo».

2. Ahora bien, ¿qué es lo que voy a hacer con mi prójimo? Amarlo a veces. Ésta es una palabra dura pero ámalo. «Bueno, yo creo», dice alguien, «yo nunca le hablo de mala manera a ninguno de mis vecinos. Nunca en mi vida he estropeado la reputación de una persona. Soy muy cuidadoso de no hacerle daño a mi prójimo. Cuando empecé a abrirme camino en mis negocios, no dejé que mi espíritu de competición sobrepasara a mi espíritu de caridad. Trato de no hacer daño a nadie». Mi querido amigo, todo eso está muy bien, pero no cumple el total de la ley como Dios lo pide. No es suficiente que digas que no odias a tu prójimo, has de amarlo. Cuando lo ves en la calle no es suficiente que le cedas el paso y no lo tires al suelo de un puñetazo. Tampoco es suficiente que no lo molestes por la noche, perturbando su sueño. No es un mandamiento negativo, sino positivo. No se trata de no hacer, sino de hacer. Es verdad que no debes injuriarle, pero aún haciendo eso, no lo habrás cumplido todo. Tu deber

es amarlo. «Bien», dicen, «cuando alguien está enfermo, si es pobre, le llevo algo de comida, y si es muy, muy pobre, le doy algo de dinero, para que sepa que alguien se preocupa por él». Sí, es posible que hagas estas cosas, pero que a pesar de ello no lo ames. He visto como la gente le tira la caridad a los pobres, como se le tira un hueso a un perro, y os aseguro que no hay nada de amor en ello. He visto también dar dinero a aquellos que lo necesitaban, sin buenos modales ni educación. Es como si echaran heno a un caballo. «Aquí esta, si lo quieres. Supongo que te lo tengo que dar, o de lo contrario la gente no pensará bien de mí. Tómalo, lamento lo que te ocurre. ¿Por qué no vas a la casa de alguien más? Siempre tengo pobres que quieren vivir de mí.» ¡Oh, esto no es amar a tu prójimo, ni hacer que él nos ame a nosotros! Si le hubiésemos hablado amablemente y lo hubiera rehusado, nos habría amado más que si se lo hubiéramos dado de una forma brusca. No, aunque des de comer a los pobres y visites a los enfermos, todavía no has obedecido el mandamiento. A menos que tu corazón vaya junto con tu mano, la amabilidad de tu vida no hablará de la amabilidad de tu alma. «Amarás a tu prójimo.»

a) Ahora bien, si este amor por nuestro prójimo fuera llevado a cabo un amor real impediría todo enojo irreflexivo. ¿Quién se enojaría consigo mismo? Supongo que si a veces no nos enojáramos, no seríamos justos. Cuando alguien ve una injusticia o cualquier otra clase de maldad, es lógico que se enoje. Pero recordad, no has de enojarte más con tu prójimo de lo que te enojarías contigo mismo. Estoy seguro de que ese enojo contigo mismo es de muy corta duración, muy pronto estarás dispuesto a perdonar a tu adorado «yo». Bien, pues también estás obligado a perdonar a tu prójimo lo antes posible. Si le has hablado muy duramente, discúlpate; y si has sido justamente duro, no añadas más enojo para no hacerlo peor. Declara la verdad si estás obligado a hacerlo, de la forma más amable que puedas. No seas más severo de lo necesario. Trata con los demás como tratarías contigo mismo. Pero, por encima de todo, no albergues deseos de venganza. No permitas que el sol se esconda sobre tu enojo; si lo haces, te será imposible amar a tu prójimo.

Debes amar a tu prójimo, entonces, no le abandones. Es posible que esté enfermo, tal vez viva muy cerca de tu casa, y no te mande a buscar porque diga, «no, no quiero molestarlo». Recuerda, tu deber es encontrarlo y ayudarle. La pobreza más digna es aquella que no pide ninguna piedad. Ve donde está tu prójimo necesitado, y bríndale alguna ayuda. No le abandones, y cuando vayas a su encuentro, no lo hagas con el orgullo arrogante que lamentablemente a veces conlleva la caridad. No te pongas en el papel de un ser superior que va por ahí repartiendo limosnas. Vé a tu hermano como si tuvieras que darle algo que le debes, siéntate a su lado y habla con él. Si es alguien a quien lo le gusta ser humillado, no le des la caridad como tal, sino en alguna otra forma, si es que no quieres romper su cabeza con la misma caja de ungüento con que pretendías ungirle. Sé muy cuidadoso en la forma en que le hablas, no hieras su espíritu. Tal vez se olvide de lo que le has dado materialmente, pero no podrá olvidar nunca las palabras amables y reconfortantes que tuviste para con él.

Amar a nuestro prójimo, es apartar todo pecado que nos lleve a la codicia y a la envidia. Debemos tener la disposición de ayudarle y servirle, de manera que probemos que somos hijos de Dios.

«Bien», dice alguien, «yo no veo que siempre tenga que perdonar; hasta un gusano se revelaría si siempre se le estuviera pisoteando». Pero, ¿es que tu modelo ha de ser un gusano? Un gusano se revelaría, un cristiano no. Creo que es ridículo tomar a un gusano por ejemplo, cuando tengo a Cristo como el modelo supremo. Cristo no se reveló cuando se le injuriaba, no respondió, y cuando le crucificaron, dijo: «Padre, perdónalos, porque no saben lo que hacen» (Lc. 23:34). Deja que el amor more en tu seno, que sea un amor que las muchas aguas no puedan apagar, y que la inundación de aguas no pueda ahogar. Ama a tu prójimo.

3. Ahora que hemos terminado con este mandamiento, vamos a ver cómo hemos de

amar a nuestro prójimo. Sería fantástico si algunas señoras pudieran amar a su prójimo como aman a sus perros falderos. Pienso que sería toda una virtud si amarais a vuestro prójimo como a vuestros animales preferidos. No améis a vuestro prójimo como amaríais a vuestra casa, a vuestras pertenencias o a vuestra cartera. ¿Cuál es pues, la norma según la medida del Evangelio, en que debemos amar a nuestro prójimo? ¿Cuánto se ama un hombre a sí mismo? Nadie de nosotros nos amamos muy poco, y muchos de nosotros yo diría que demasiado. Tú puedes amarte a ti mismo cuanto te plazca, pero fíjate de amar a tu prójimo en igual medida. Estoy seguro, no necesitas ninguna exhortación para amarte a ti mismo. Si pudieras forrarías tu recámara con suaves plumas. Tu confortabilidad sería un tema primordial en relación a tu ansiedad. No hay necesidad de recordarte que te ames a ti mismo. Ya tú te encargas de hacerlo bien. Entonces, ama a tu prójimo tanto como te amas a ti mismo. Y no olvides que en esto se incluye a tu enemigo, el hombre que te causa problemas en tus negocios, y el que es de otra clase u otra raza.

a) ¡Oh!, ciertamente que si esto se pusiera en práctica daría vuelta al mundo de arriba a abajo. Esta sería una palanca muy poderosa para cambiar en nuestra tierra muchas cosas negativas que se han convertido en una costumbre. En Inglaterra tenemos un sistema de castas casi tan fuerte como en Indostán. Un señor no le dirigirá la palabra a alguien que esté un poco por debajo de sí mismo en dignidad, y el que tiene el próximo grado de dignidad piensa que el tendero está infinitamente por debajo de él. Y aquel que es un tendero, pensará que un mecánico no merece su menor atención, y los mecánicos entre sí también tendrán sus grados de estimación. ¡Oh, cuando llegue el día en que esto se acabe y se sienta el impulso de una sola sangre! Entonces como una gran familia, cada uno amará a su prójimo y verán que una clase depende de la otra. Sería muy favorecedor para todos, si cada uno tratara de ayudar y amar al otro como es debido. Mi querida señora, vestida de seda y satén, que muchas veces ha venido a la Iglesia y se ha sentado junto a una pobre mujer con vestimentas raídas. Ella es una santa ante Dios y tan buena como usted. ¿Pero se digna a dirigirle la palabra? Nunca en la vida. No le habla, porque se siente más digna debido a que tiene mucho más dinero que ella, y por lo tanto pertenece a otro nivel social. Allí esta usted, Sir John, usted viene y se sienta en su lugar y espera que cada uno sea eminentemente respetuoso con su persona, como debería de ser, pues todos nosotros somos hombres honorables. El mismo texto que dice: «Honrad al rey» (1 P. 2:17), dice también, «Honrad a todos» (1 P. 2:17). Está claro que estamos comprometidos a honrar a cada uno de ellos. Pero sin duda usted piensa que debe ser el más honrado, y no es condescendiente con los hombres de un rango social más bajo. Mi querido señor, si no quisiera aparentar ser tan grande, usted sería un hombre la mitad de grande de lo que es. ¡Oh!, lo repito, bendito sea Cristo, bendito sea su Padre por este mandamiento y bendito será el mundo cuando este mandamiento sea obedecido. ¡Entonces amaremos a nuestro prójimo como a nosotros mismos!

II. RAZONES POR LAS QUE HEMOS DE OBEDECER ESTE MANDAMIENTO

1. La mejor razón en todo el mundo, es aquella con la cual empezamos. Estamos obligados a amar a nuestro prójimo porque Dios lo ordena. Para el cristiano no hay argumento tan poderoso como la voluntad de Dios. La voluntad de Dios es la ley del creyente, quien no deberá preguntarse qué provecho saca de ello, o cuál será el efecto sobre los demás, sino decir simplemente: «¿lo dice mi Padre? ¡Oh, Espíritu Santo, ayúdame a obedecer, no porque quiera ver lo bueno que es para mí, sino simplemente porque tú lo has ordenado». El privilegio del cristiano es seguir los mandamientos de Dios, «obedeciendo a la voz de su precepto» (Sal. 103:20). Pero hay además otras razones, que prevalecen más con vosotros que aún no sois cristianos. Permitidme destacar entonces, que el mismo egoísmo os llevará a amar a vuestro prójimo. ¡Oh!, es

Seguimiento, Discipulado, Oración ...

extraño que el egoísmo predique un sermón suicida; pero si fuera sabio, debería hacer una oración como ésta: «Yo», «ama a esta persona, pues entonces esta persona te amará a ti. Y ayuda a tu prójimo, así él te ayudará a ti». Que vuestro «yo» se haga amigo de los injustos, para que cuando a vosotros os vaya mal, ellos puedan recibiros en sus moradas. «Yo», a ti te gusta la vida fácil, pues hazla fácil tratando bien a todo el mundo. «Yo», a ti te gusta el placer; no podrás tenerlo si aquellos que te rodean te odian. Haz que te amen, y tendrás la bendición para ti». ¡Ay!, aún si sois egoístas, yo os diría que lo fueras sabiamente, de modo que pudieras amar a los demás y os sintierais dichosos. El camino más corto para haceros felices, es tratar de hacer felices a los demás. El mundo ya es lo suficientemente malo, pero no es tan malo como para no percibir el poder de la gentileza. Tratad bien a vuestros trabajadores y a vuestros siervos. Hay algunos de ellos a los que no los podéis mejorar, pero tratadles bien, y siguiendo esta regla, ellos os tratarán bien a vosotros. Tratad bien a vuestros patrones Algunos de ellos son bastante gruñones y malos, pero si sois buenos trabajadores, os tratarán bien. Entonces, si deseo ser feliz, no tengo por qué tener las riquezas de este mundo, ni las cosas a las que los hombres llaman confortables. Lo más confortable que puedo tener, es sentirme querido por los que me rodean. Si por donde voy, puedo esparcir algo de felicidad, eso me hace sentir bien. Esta es la forma más práctica para ser feliz, y el mismo egoísmo puede decir: Ama a tu prójimo, porque haciéndolo, el torrente del amor vuelve otra vez a tu propio corazón.

2. Pero no quiero daros solamente un motivo tan mezquino como éste. Es demasiado pobre para un cristiano, y es demasiado básico aún para un hombre no creyente. Además, debes amar a tu prójimo, porque es la manera de hacer el bien en el mundo. Muchos de vosotros sois filántropos. Algunos estáis inscriptos en sociedades misioneras, sociedades para la protección de huérfanos y otros centros de caridad. Creo firmemente que estas instituciones, aunque son buenas, en algunos aspectos son una pérdida, pues ahora un hombre le da a una sociedad, una décima parte de lo que debería de darle. Antes, un huérfano podía ser mantenido por una sola familia, ahora se juntan diez familias para hacerlo, de modo que cada uno de ellos, hace una décima parte de la caridad que solían hacer por separado. Creo que el hombre que tiene tiempo, no está obligado a dar nada a las sociedades, sino a darse a sí mismo. Sed vuestra propia sociedad. Si hay una sociedad para ayudar a los enfermos y tenéis el dinero suficiente, haced que la sociedad sea vuestra. Si tenéis tiempo de ir vosotros mismos a visitar a los enfermos, entonces sabréis que el dinero está bien gastado, pagando por ejemplo, los gastos de una asistenta. Las sociedades benéficas están bien, Dios no permita que yo hable en contra de ellas, haced todo lo que podáis para ayudarlas; pero tengo miedo de que a veces se tuerza el esfuerzo individual. Sé además, que en algunas ocasiones nos roban una parte del placer que deberíamos haber tenido en nuestras propias obras benefactoras el placer de ver esos ojos agradecidos, y de oír las palabras de agradecimiento cuando damos personalmente la ayuda.

Queridos amigos, recordad que el bien que se le hace a los hombres, requiere que seáis amables con vuestros semejantes. La mejor manera de tratar de hacer un mundo mejor, es que os comportéis de forma amable. ¿Eres un predicador? Predica amablemente y en un tono agradable a tu Iglesia y en poco tiempo tendrás una congregación de gente encantadora. ¿Eres un maestro de Escuela Dominical? Enseña a tus niños con un ánimo alegre y una sonrisa, y te aseguro que aprenderán mucho. ¿Eres patrón de una fábrica? ¿Diriges la oración en tu familia? Reúne a tus trabajadores y diles, «vamos a orar». Actuando de esta manera desarrollarás una cantidad considerable de devoción. ¿Eres guardia de una cárcel, y tienes prisioneros bajo tu supervisión? Si les tratas mal y con brutalidad, y luego les envías al capellán, no estarán muy favorablemente preparados para recibir la Palabra de Dios. ¿Tienes pobres a tu alrededor? Dices que los quieres ver que se superen a sí mismos. Entonces no critiques sus gustos ni te quejes de la fealdad de sus habitaciones. Pon una cara amable, una sonrisa en tus labios y diles «os amo». ¿Qué puedo hacer por vosotros? ¿Puedo daros cualquier clase de asistencia o ayuda? Tal vez pueda hacer algo por vuestros pequeños. ¿Puedo traerle el médico a tu esposa, ahora que está en la cama, enferma? Todas estas cosas amables harán del mundo un lugar un poco mejor. Nuestras cárceles y horcas, jamás hicieron un mundo mejor. Podéis colgar a tantos hombres como queráis, y nunca impediréis el crimen. Si pudiéramos mejorar el mundo, no habría necesidad de colgar a nadie. Tratad a la gente de forma gentil y bondadosa, y no habrá ningún lobo con piel humana que no se enternezca con la amabilidad. Si Dios bendice el amor que derramáis sobre vuestros semejantes, se producirán cambios notables a vuestro alrededor. Os lo digo otra vez, amad a vuestro prójimo.

3. Ama a tu prójimo, porque hay una cantidad de miseria en el mundo que vosotros no conocéis. A menudo les hemos dirigido palabras muy duras a esas pobres almas miserables. No conocemos su miseria, pero deberíamos de haberla conocido y habernos ocupado en encontrarla. Mi querido amigo, tú eres dueño de una casa donde habita una pobre mujer con tres hijos, y ayer has ido a conseguir una orden para echarla. Hace tres meses que no puede pagar el alquiler. Es viuda desde hace bastante tiempo. El último mes de alquiler que te pagó lo hizo después de vender el reloj de su marido y su anillo de boda. Era todo lo que le quedaba de recuerdo, pero prefirió venderlos para pagarte. Cuando fuiste a su casa te pidió que le dieras un poco más de tiempo, pero te pusiste en el papel de déspota y no quisiste escucharla. Le dijiste sin piedad: «usted es una inútil. Si tiene tres hijos no es mi problema, el alquiler es el alquiler, y el negocio es el negocio». Y la pobre señora fue desalojada. ¡Oh, si hubieras podido ver su cara, cuando se encontró sin una moneda, sin techo y sin saber a dónde mandar sus niños para que pasaran la noche! Entonces le habrías dicho: «no se preocupe mi buena mujer, que yo no voy a dejar a una viuda sin hogar». Pero no lo hiciste, ¿no es cierto? En vez de ello, mandaste a tu agente para que le notificara su desalojo. Esa es una actitud repudiable; que ese pecado sea sobre tu cabeza. No tenías derecho a hacer algo así. Tal vez me dirás que según la ley tenías derecho a hacerlo. Eso, según la ley de los hombres, pero no según la ley de Dios, que dice: «Y amarás a tu prójimo como a ti mismo».

Hace poco tiempo te habló un joven y te dijo:

—Señor, usted conoce mi pequeño negocio. He estado luchando mucho para mantener mi pequeña tienda, y usted me dejó amablemente algunas cosas a crédito. Pero las cosas no me han ido cuesta arriba. Si pudiera darme un poco más de crédito para el mes que viene, sería de gran ayuda para mí.

—Joven —le respondiste—, últimamente tengo que hacer muchos pagos. Además no me inspiras ninguna seguridad, no puedo confiar más en ti.

El joven le saludó y se fue, humillado y dolorido. Tiene dos hermanas y una madre viuda en su casa, por eso trató de poner un pequeño negocio para comprarles lo esencial para comer. En el último mes, no pudieron comer nada más que pan y mantequilla, y un poco de té. El joven ha trabajado muy duro, pero alguien, al parecer más pobre aún que él, no le pagó lo que le debía, y entonces, él no te pudo pagar. Si le hubieras ayudado, podría haber salido a flote, sin embargo ahora no sabe qué hacer. Su corazón está roto, y su alma dolida dentro de él. Su pobre madre y sus dos hermanas, ¿qué será de ellas? No sabes cuál fue en realidad su agonía, o de otra forma pienso que le habrías ayudado. No tenías que haberle dicho que no, hasta conocer su caso particular un poco mejor. Pero eso no cabe en los tratos de negocios, ¿no es así? No señor, actuar de acuerdo a las leyes de los negocios a veces equivale a actuar según la ley del diablo. ¡Sal un poco fuera de tu negocio, y compórtate como un cristiano! Si sois profesores, buscad servir a Dios obedeciendo sus mandamientos «Amarás a tu prójimo como a ti mismo» (Stg. 2:8).

«Pero» dice alguien más, «yo soy siempre muy amable con los pobres». Hay una señora aquí que recibió una cantidad de dinero que se ocupó en despilfarrar. Para ella, el dinero es algo tan común como los alfileres. Ella va a ver a los pobres, y cuando entra en su casa, se sienta y les empieza a hablar de economía, dándoles toda una conferencia al respecto. Las pobres almas se preguntan por qué deben de economizar aún más, pues comen solamente pan, y no pueden pensar en comprar algo más barato para comer. Luego les empieza a hablar de la limpieza, y les hace como cincuenta comentarios impertinentes sobre la ropa de los niños. «Ahora», dice ella, «mi querida mujer, antes de irme le daré este tratado, habla sobre la borrachera; tal vez usted se lo quiera dar a su marido». Si lo hace; podéis estar bien seguros, él le pegará. «Venid», dice luego, «tengo un chelín para vosotros». Y seguidamente, la señora piensa. «¡cómo amo a mi prójimo!» [Un chelín es una moneda inglesa que corresponde a la vigésima parte de una libra esterlina. –Nota del traductor]. ¿Ha estrechado usted las manos de esta gente? «No, señor». ¿Les ha hablado de manera afectuosa? «Por supuesto que no. Son seres inferiores a mí». Entonces no ha obedecido este mandamiento, «amarás a tu prójimo como a ti mismo». ¿Quiere que le diga lo que sucedió después de que usted marchase? Tan pronto como usted traspasó el umbral de la casa, esa pobre mujer empezó a llorar. Tuvo que ir a hablar con un ministro de Dios para recibir consuelo. Éstas son las palabras que le dijo: «Doy gracias a Dios que esta mañana en su mensaje encontré un poco de alivio para mi vida, pero luego mi espíritu quedó roto. Como usted sabe, nuestra familia conoció tiempos mejores. Pues hoy estuvo la señora fulana en casa, y me habló de tal manera que parecía que le estaba hablando a un perro, o como si yo fuera una niña, y aunque me dio un chelín, yo no sé lo que hacer. Yo necesitaba bastante ese chelín, pues si no se lo habría tirado por la cabeza. Su forma de hablar era tan horrible, que no lo pude soportar. Ahora, yo sé que si usted viene a visitarme, me hablará de una forma amable, y aunque no me dé nada, no abusará de mi situación ni me faltará el respeto». «Oh», dijo ella, «mi corazón está roto dentro de mí. No puedo soportarlo, pues he vivido mejores épocas y entonces la gente se comportaba conmigo de manera diferente». Ahora, al chelín que usted entregó, señora, no fue acompañado ni siquiera por un poco de amor. Eso no es amar al prójimo. ¡Oh, quiera Dios que yo siempre pueda hacer las cosas con amor, y que mis gestos queden marcados en esos corazones! «Amarás a tu prójimo como a ti mismo».

4. El último argumento que usaré es uno especialmente apropiado para el cristiano. Creyente, tu fe clama por tu amor. Cristo te amó antes que tú lo amaras a Él. Él te amó cuando en ti no había nada bueno. Él te amó cuando tú le insultabas, le despreciabas y te rebelabas contra él. Él te amó cuando te deslizabas cuesta abajo, y en tus pecados, tu maldad y tus locuras. Su corazón amante fue eternamente el mismo, y él derramó su sangre para darte prueba de este amor. Él te dio lo que querías en la tierra, y proveyó para tu habitación en los cielos. Ahora cristiano, tu fe clama por ti, para que seas capaz de amar como amó tu Maestro. ¿Cómo puedes imitarle, a menos que ames a tu prójimo? Si no lo haces, no podrás ser un verdadero seguidor de Jesucristo.

CONCLUSIÓN

Para concluir, haré un par de sugerencias y no os aburriré más. Mis sugerencias basadas en el texto de hoy son, en primer lugar, la culpa de todos nosotros. Mis amigos, si esta es la ley de Dios, ¿quién puede decir que no es culpable? Si la ley de Dios demanda que ame a mi prójimo, debo de pararme en mi púlpito y confesar mi culpa. Ayer al pensar en este texto, mis ojos se llenaban de lágrimas recordando muchas palabras rudas que he hablado en algunos momentos. Pensé también en muchas oportunidades que perdí de amar a mi prójimo, y confesé mi pecado. Si el Espíritu aplica esta ley con poder en vuestra alma, estoy seguro que nadie en toda esta inmensa audiencia puede decir que alguna vez no ha hecho lo mismo.

¿Oh, quién no es culpable? Los espíritus más agradables, las almas más benevolentes, ¿no son culpables? Si ningún hombre puede ser salvo por sus obras a menos que observe la ley de forma perfecta, entonces, ¿quién puede ser salvo por sus obras? ¿Ha amado alguno de vosotros a su prójimo durante toda su vida con todo su corazón? En ese caso sería salvo por sus hechos, si es que no ha quebrantado ningún otro mandamiento. Pero si no lo ha hecho, y no puede hacerlo, entonces que escuche la sentencia de la ley. Has pecado, y perecerás por tu pecado. No tienes esperanza de salvarte por el mandato de la ley. Y ¡cómo esto hace que el Evangelio sea tan querido para mí! Si he roto esta ley, y lo he hecho y si no puedo entrar al cielo con esta ley quebrantada, el Salvador que puede limpiarme de todos mis pecados con su sangre, es para mí especialmente precioso. Él que me ha perdonado mi falta de caridad y de amabilidad puede también perdonar mi dureza de carácter y mi forma ruda de ser, puede quitarme toda palabra áspera, toda intolerancia, y toda falta de afecto y cortesía. Por medio de su sacrificio expiatorio me puede dar un lugar en los cielos a pesar de todos mis pecados. Vosotros que sois pecadores debéis sentirlo: si mi sermón es bendecido por Dios, ha de convenceros de vuestra culpa. Entonces, como pecadores que sois, permitidme que os predique el Evangelio. «Cree en el Señor Jesucristo, y serás salvo» (Hch. 16:31). Aunque hayas quebrantado esta ley, Dios puede perdonarte, y poner un nuevo corazón y un espíritu recto dentro de ti, con los que seremos capacitados para mantener la ley en el futuro, al menos hasta un nivel eminente, y podremos aspirar a una corona de vida en la eterna gloria.

Ahora bien, no sé si en esta mañana he llegado a algún alma en forma personal. Espero que haya sido así. Eso es lo que he deseado al predicar mi mensaje. Sé que en este mundo hay personas que necesitan un molde que les calce exactamente en su persona, y espero haberlo logrado. No digas ahora que es un buen mensaje para aplicárselo a tu vecino. Aplícatelo a ti. Tal vez algunos dirán que ha sido un sermón «muy legalista». Mi Salvador predicaba así, y yo haré lo mismo. Creo que es justo que a los creyentes se les diga qué es lo que deben de hacer, y que el mundo sepa lo que el cristianismo nos marca como norma de vida. Que el más alto nivel de amor, de bondad, y de la ley, pueda ser elevado en este mundo y así se mantenga constantemente ante los ojos de la gente.

¡Que el Señor os bendiga, y sea con vosotros, por amor a Jesús!

Capítulo VI

ECLESIOLOGÍA

Ministerio, Dones, Predicación, Mayordomía, Evangelismo

Ministerio, Dones, Predicación, Mayordomía ...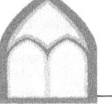

1. Ministerio

98. MINISTROS CON ESCASOS RECURSOS PARA TRABAJAR

«Ocúpate en la lectura, en la exhortación y en la enseñanza» (1 Timoteo 4:13).

INTRODUCCIÓN: La congregación debería esforzarse en proveer una biblioteca para el pastor.

I. NECESIDAD IMPERIOSA DE LIBROS PARA EL MINISTERIO
1. El pastor necesita libros.
2. La iglesia debe suministrarlos.
3. Escoger y estudiar los mejores, y animar al préstamo.

II. LA BIBLIA, EL MEJOR DE LOS LIBROS
1. Entender la Biblia debe ser la ambición suprema.

III. OTROS RECURSOS DE ESTUDIO
1. Cultivo del pensamiento y la meditación.
2. Prestar atención a lo que nos rodea.
3. Estudio de uno mismo.
4. Estudio de los otros hombres.
5. Estudio de los moribundos.

MINISTROS CON ESCASOS RECURSOS PARA TRABAJAR

INTRODUCCIÓN

¿Qué corresponde hacer a los ministros que cuentan con útiles escasos? Aquí me refiero a los que pueden disponer de pocos libros, y carecen de recursos suficientes para comprar mayor número. Este es un mal que debe siempre evitarse, y las Iglesias por lo mismo, están estrictamente obligadas a cuidar de que no exista jamás. Hasta donde a ellas les sea posible, les incumbe el deber de proporcionar a su ministro no sólo el alimento material, para conservarle la vida y vigor del cuerpo, sino también el espiritual a fin de que su alma no muera de languidez. Una buena biblioteca debe considerarse como una parte íntegra e indispensable del mobiliario eclesiástico; y los diáconos cuyas funciones son atender al servicio de la mesa obrarán acertadamente siempre que –sin descuidar la mesa del Señor ni la de los pobres y sin disminuir las provisiones del ministro– atiendan a la vez las necesidades de su estudio y lo tienen surtido de obras nuevas y libros de los mejores en abundancia. Esto sería emplear perfectamente el dinero pues se obtendrían magníficos resultados. En vez de declamar contra la decadencia del poder del púlpito, los hombres más influyentes en la Iglesia deben esforzarse en mejorar ese poder proveyendo al predicador de buen alimento espiritual. Poner el látigo dentro del pesebre es el mejor consejo que daría a todo el que refunfuña.

I. NECESIDAD IMPERIOSA DE LIBROS PARA EL MINISTERIO

1. Hace años traté de inducir a nuestras iglesias a que estableciesen bibliotecas para los ministros, como cosa de primera necesidad, y hubo gentes sensatas que persuadidas de la razón que para ello me asistía, comenzaron a poner en práctica la idea que sugerí. He visto en consecuencia con mucha satisfacción aquí y allá, estantes provistos de algunos volúmenes. ¡Ojalá se hubiera hecho lo mismo en todas partes!, pero, ¡ay!, mucho me temo que una larga sucesión de famélicos ministros traerá a los que por ellos se perjudiquen, la convicción de que la parsimonia para con los pastores de almas es una mal entendida economía. Las iglesias que no pueden cubrir un presupuesto liberal, tendrán alguna compensación fundando una biblioteca como parte permanente de su establecimiento; y si procuran enriquecerla año tras año, llegarán a hacerla en breve verdaderamente valiosa. En la casa solariega de mi venerable abuelo, había una regular colección de obras antiguas puritanas de mucho mérito, que de ministro en ministro habían usado y reunido. Recuerdo que existían entre ellas algunos tomos voluminosos cuyo principal interés estaba para mí en sus curiosas letras iniciales adornadas con pelícanos, grifos, muchachitos en recreo y patriarcas trabajando. Puede objetarse que los libros están expuestos a un extravío por su constante cambio de lectores, aunque yo

por mi parte los expondría a ese riesgo. Además, las personas que los tuvieran a su cargo, cuidando un poco de su catálogo, conservarían la biblioteca en tan buen estado, como conservar el púlpito, las bancas y demás mobiliario de la Iglesia.

Si este plan no fuese adoptado, ensáyese algún otro más sencillo, que por ejemplo los que contribuyen para el sostenimiento del predicador, añaden un diez por ciento o mas a sus suscripciones, destinando esto exclusivamente a proveer de alimento al cerebro del ministro. Los contribuyentes quedarían suficientemente indemnizados con la mejoría de los sermones que tuvieran que escuchar si así lo hicieran. Si se pudiera asegurar a los ministros pobres una pequeña cantidad anual para ser empleada en libros, sería esto una bendición de Dios así para ellos como para sus respectivas congregaciones. Las personas de buen juicio no esperan que un jardín les produzca buenas plantas de año en año, a menos que abonen el terreno; no esperan que una locomotora funcione sin combustible, ni que un buey o un asno trabajen sin alimento; pues que tampoco esperen recibir sermones instructivos de parte de hombres privados de adquirir buenos conocimientos por su imposibilidad de comprar libros.

Pero dejando esto a un lado, el asunto que me ocupa es el siguiente: ¿qué deben hacer los ministros que no tienen a su disposición librerías, ni cuentan con bibliotecas eclesiásticas, ni de ninguna otra forma pueden proveerse de libros? Comencemos por observar que si los que se hallan en este caso obtuvieran buen éxito, se harían acreedores a mayor honor que los que disponen de muchos libros.

Se dice que a Quintín Matsys le quitaron sus compañeros de trabajo todas sus herramienta, no dejándole más que su lima y su martillo, y con solo estos dos instrumentos construyó su famosa cerradura para los pozos. ¡Cuánta honra por esta circunstancia le es debida! Merecen igualmente grandes elogios los obreros de Dios que han efectuado grandes cosas sin contar con recursos suficientes. Su trabajo habría sido mejor ejecutado si los hubieran tenido; pero lo que han hecho es ciertamente admirable. En la exposición internacional de Kensington, la escuela de cocina de Buckmaster se admira principalmente porque este señor, dedicado al arte culinario, prepara apetitosos platos condimentados con sustancias insignificantes al parecer; con un puñado de huesos y unos pocos macarrones, sazona bocados exquisitos. Si hubiera contado con todas las sustancias empleadas en la cocina francesa, y hecho uso de todas ellas, se habría podido decir: «Bien, cualquiera en su lugar hubiera hecho lo mismo»; pero cuando él muestra fragmentos de carne y huesos, y dice que los compró en una carnicería por unos cuantos centavos, y que puede condimentar con ellos un sabroso plato para una familia compuesta de cinco o seis personas, todas las buenas esposas abren los ojos, y no se explican cómo semejante cosa puede ser; y cuando él hace que las personas que le rodean prueben su guiso para que se persuadan de lo bueno que está, se llenan todas de admiración. que no se desanimen, pues, los hermanos pobres, ellos podrán hacer con poco, grandes cosas en el ministerio y recibir la felicitación de: «Bien hecho, siervo bueno y fiel»; y ésta será tanto más enfática, cuanto mayores sean las dificultades que hayan tenido que vencer.

2. Si no puede alguien comprar más que muy pocos libros, el primer consejo que yo le daría, es que compre los mejores. Si no puede gastar mucho que lo poco que gaste lo emplee bien. Lo mejor será siempre muy barato. Dejad las meras delecciones y frivolidades a los que pueden permitirse lujo semejante. No compréis leche aguada, sino pura, y después mezcladle si os conviene, el agua que gustéis. En este tiempo abundan los urdidores de palabras, escritores de profesión, que baten con el martillo un grano de sustancia hasta hacer una lámina de tal manera delgada, que cubren con ella una gran extensión de hojas de papel: estos hombres tienen su mérito como lo tienen los buenos laminadores, pero su habilidad de nada os servirá. Los hacendados de nuestras costas acostumbraban llevar carros cargados de algas marinas a sus tierras; lo que más pesaba era el agua que contenían:

Ministerio, Dones, Predicación, Mayordomía ...

ahora ponen a secar las algas, y se economizan un mundo de gastos y trabajo. No compréis caldo aguado; comprad la esencia de la carne. Haceos de mucho en poco. Preferid los libros que abundan en lo que James Hamilton solía llamar *Biblina* esto es, esencia de los libros. Necesitáis de libros bien escritos, condensados, fidedignos, que os puedan servir de guía, y tened por cierto que los conseguiréis. Para la preparación de su obra *Horae Biblicae Quotidiana* –admirable comentario de la Biblia–, el Dr. Chalmers consultaba únicamente la *Concordanci*, la *Biblia ilustrada*, la *Sinopsis* de Poole, el *Comentario Matthew Henry* y las *Investigaciones en Palestina* de Robinson. «Éstos son los libros que consulto», dijo una vez a un amigo suyo, «todo lo que es bíblico se halla en ellos: no necesito más para llevar a cabo la obra que he emprendido». Esto pone de manifiesto que aun los que tienen buenas bibliotecas a su disposición creen tener lo bastante con unas cuantas obras escogidas. Si el Dr. Chalmers aún viviera, probablemente daría la preferencia a la obra titulada *La tierra y el libro* de Thomson, antes que a las *Investigaciones* de Robinson; y dejaría *La Biblia ilustrada* por las *Ilustraciones diarias bíblicas* de Eitto; yo al menos, opinaría que se hiciera el cambio en el sentido indicado. Lo expuesto comprueba hasta la evidencia, que algunos predicadores de los más eminentes han juzgado que en el estudio de las Escrituras podría hacer más con pocos que con muchos libros, y semejante estudio tiene que ser nuestra principal ocupación.

Renunciad pues sin sentimiento a las muchas obras que como las navajas de afeitar del pobre Hodge, de feliz memoria, han sido hechas para vender, y venden a los que las compran, o sea, los castigan por la falta en que al comprarlas incurren. A propósito del comentario citado de Matthew Henry, me aventuro a decir que ninguna adquisición mejor que esta obra puede hacerse por un ministro, y yo aconsejaría a todos la comprasen, aunque para ello tuvieran que quedarse sin chaqueta.

3. La segunda recomendación que yo haría es ésta: dominad los libros que tengáis. Leedlos con la mayor atención. Bañaos en ellos hasta que os saturen. Releedlos, masticadlos, rumiadlos y digeridlos. Haced que formen parte de vuestro ser. Examinad un buen libro varias veces, tomad notas y analizadlo. Un estudiante hallará que su constitución mental se afecta más por *un* libro que llegó a dominar que por *veinte* que haya visto a la ligera, lamiéndolos, por decirlo así, según dice un clásico refrán «como los perros beben en el Nilo». La poca erudición y la mucha fatuidad vienen del estudio poco concienzudo de los libros. Cuando se amontonan muchos libros sobre el cerebro, éste acaba al fin por fatigarse. Hay hombres cuyo pensamiento se entorpece a causa de que el tiempo que deberían emplear en meditar lo leído, hasta aprovecharlo bien, lo emplean en cosas nuevas que tampoco llegan a aprender. Forman un baturrillo de asuntos que los indigestan, y contraen una dispepsia mental. Los libros sobre el cerebro lo debilitan, mientras que dentro de él, lo robustecen. En las *Curiosidades literarias* de D'Israeli, se halla una crítica de Luciano hecha de aquellos que se jactan de poseer grandes bibliotecas que nunca han leído ni menos aprovechado. Comienza por comparar a tales personas a un piloto que nunca ha aprendido el arte de la navegación, o a un patiestelado que usa chinelas bordadas, pero que no puede ponerse nunca en pie. Después exclama: «¿Por qué compráis tantos libros? Es como si siendo calvos os comprarais peines; como si siendo ciegos os comprarais un espejo; como si siendo sordos os comprarais instrumentos musicales...» ¡Qué crítica tan merecida de aquellos que piensan que la adquisición de muchos libros podrá darles instrucción! Y no sé por qué nos pasa a todos cosa semejante pues ¿no es verdad que nos sentimos más sabios después de haber pasado una hora o dos contemplando los aparadores de una librería? Con igual razón podríamos creernos más ricos después de haber contemplado la caja fuerte del Banco poderoso de Londres. No, señores, en la lectura de libros, llevad por lema: «Mucho, no muchos». Pensad al mismo tiempo que leáis. Que vuestro pensamiento sea siempre proporcionado a la

lectura, y vuestra pequeña biblioteca no será para vosotros gran mal.

Hay mucha sensatez en la observación que hizo un escritor, hace ya muchos años, en la *Quarterly Review*. Dice: «Dadme ese libro ahora menospreciado y alguna vez querido, comprado a bajo precio con ahorros formados de lo que se ha cercenado a la comida, manchado con los dedos en las esquinas de las hojas de tanto voltear éstas, con notas manuscritas abajo de las columnas y lleno de garabatos en el margen, sucio y arrugado, gastado de tanto uso, bruñido con el roce de la bolsa y sucio con el tizne de las chimeneas, humedecido por la hierba y secado con las sábanas, es decir, el libro que se haya leído en los paseos por los bosques, al dulce calor de las estufas, en el lecho cuando a él se llega en busca de descanso; el libro en suma, que se haya leído, releído y vuelto a leer muchas veces del principio al fin, y os diré sin temor de equivocarme que ese libro ha contribuido a impartir más instrucción, que todos los centenares de volúmenes flamantes y nuevecitos que adornan los estantes de muchos ricos presuntuosos y fatuos».

II. LA BIBLIA, EL MEJOR DE LOS LIBROS

Si por circunstancias especiales tenéis necesidad de más libros, os aconsejaría que con toda discreción los pidierais prestados. Es probable que tengáis algunos amigos que posean buenos libros y sean bastante bondadosos para facilitároslos por algún tiempo, y en ese caso, mucho os recomiendo que para que no os cerréis las puertas de su buena voluntad, les devolváis los que os presten lo más pronto posible y en el estado que los hayáis recibido. Espero no tener la necesidad de encareceros el deber de devolver los libros, tanto cuanto la hubiera tenido hace algunos meses, porque últimamente se ha modificado mucho mi opinión en favor de la naturaleza humana, con motivo de haber oído asegurar a una persona respetable, que ha tenido el gusto de conocer personalmente a tres individuos que han devuelto los paraguas que se les habían prestado. Con pena confieso que él ha caminado con mayor fortuna que yo, que por el contrario, he tenido ocasión de conocer personalmente a varios jóvenes que han pedido prestados algunos libros y nunca los han devuelto. El otro día, cierto ministro que me había prestado 5 libros hacia dos años o más, me escribió un recado rogándome le devolviera tres de ellos, y con gran sorpresa suya recibió a la vuelta de correo no solamente los que me pedía, sino los otros dos que él había olvidado. Yo había formado y conservado cuidadosamente una lista de los libros que me habían sido prestados, y podía por lo mismo devolverlos completos a sus respectivos dueños. La persona a quien me refiero no esperaba seguramente que yo le contestara remitiéndole los libros con tanta prontitud, pues me escribió una carta manifestándome sus agradecimientos; y cuando volví a visitar su estudio, lo encontré en la mejor disposición de hacerme un nuevo préstamo. Es común escribir en la hoja en blanco de los libros, versos por el estilo del siguiente:

«Si te presto a algún amigo
para que él en ti se instruya,
dile que no te destruya
y te envíe pronto conmigo.
Que me holgaré si consigo
que de provecho le seas,
comunícale ideas
con que promover su bien;
que no en cambio, con desdén
por él mirando te veas».

Walter Scott decía, con la agudeza que le era característica, que sus amigos podrían ser malos contadores, pero en cambio aseguraba que eran buenos tenedores de libros. Algunos han acabado por imitar al estudiante a quien al mandarle pedir prestado un libro, un conocido suyo, por conducto de un criado, contestó que no le era posible permitir que el libro saliera de su gabinete, pero que no tenía inconveniente en que el que lo solicitaba fuera a su casa, y sentado allí lo leyera todo el tiempo que gustara. La contra réplica fue inesperada, pero completa, cuando con motivo de tener el estudiante su lumbre medio apagada, envió a pedir a su conocido un par de fuelles y recibió por contestación, que a éste no le

Ministerio, Dones, Predicación, Mayordomía ...

era posible permitir que los fuelles salieran de su cuarto, pero que no tenía inconveniente en que el que los solicitaba fuera a su casa y allí los soplara todo el tiempo que gustara. Cuando el que pide prestado obra con prudencia y delicadeza, puede fácilmente conseguir mucho que leer; pero no debe echarse en olvido el hacha de que se habla en la Biblia, sino tenerse mucho cuidado con lo que se pide. «El impío toma prestado y no paga» (Sal. 37:21).

1. En caso de que la escasez de libros sea una plaga que se haga sentir en el lugar en que viváis, hay un libro que todos vosotros tenéis, y ese es vuestra Biblia; y un ministro con su piedra, es decir, se halla enteramente equipado para la lucha. Nadie puede decir que no tiene pozo de donde sacar agua, mientras las Escrituras estén a su alcance. En la Biblia tenemos una biblioteca completa, y el que la estudia a fondo, será un hombre más erudito que si hubiera estudiado todos los libros de la biblioteca de Alejandría. Entender la Biblia debe ser nuestra ambición. Es menester que estemos tan familiarizados con ella, como lo está una costurera con su aguja, un comerciante con su libro de apuntes, y un marinero con su embarcación. Necesitamos conocer su corriente general, el contenido de cada libro, los detalles de sus historias, sus doctrinas, sus preceptos, en suma, todo lo que con ella está relacionado. Erasmo hablando de Jerónimo, pregunta: «¿Quién como él ha aprendido de memoria toda la Biblia, está embebido de ella, o la ha meditado como él la meditó?» Se dice de Witslus, un erudito holandés autor de la famosa obra sobre *The Covenants* (Los Pactos) que también podía no simplemente decir de memoria todas las palabras de la Biblia en las lenguas originales en que fueron escritos sus diversos libros, sino recitar las críticas de los mismos hechos por los mejores autores. He oído decir asimismo, de un antiguo ministro residente en Lancashire, que era una Concordancia ambulante, pues podía dar a uno el capítulo y el versículo de cualquier pasaje citado, o viceversa, dar correctamente las palabras correspondientes a un lugar indicado. Eso puede haber sido efecto de una memoria prodigiosa, pero revela también un estudio útil en extremo. No digo que vosotros intentéis hacer lo mismo; pero si pudierais, sería mucho lo que con eso ganaríais. El Rev. William Huntington, a quien ahora no sé si debo aplaudir o condenar, tenía la manía siempre que predicaba de citar incesantemente el capítulo y el versículo; y para que se viera que no necesitaba para esto de recurrir al libro impreso, de un modo algo inconveniente acostumbraba quitar la Biblia de enfrente del púlpito.

El que no ha aprendido meramente la letra de la Biblia, sino su verdadero espíritu, no será por cierto un hombre insignificante, cualquiera que su falta de instrucción en otro sentido pueda ser. Ya conocéis el antiguo proverbio: «*Cave ab homine unius libri*». Cuídate del hombre de un libro. Un hombre así es un terrible antagonista. El que tiene su Biblia en la punta de los dedos y en el fondo del corazón, es un campeón de nuestro Israel: no os será posible competir con él. Bien podéis tener un arsenal de armas, pero su conocimiento bíblico os vencerá, porque su espada es como la de Goliat, de la cual dijo David: «No hay ninguna como ella». El piadoso William Romaine, en los últimos años de su vida archivó todos sus libros y no leía más que su Biblia. Era un hombre erudito, y con todo había sido monopolizado por ese único libro, y se hizo fuerte por su medio. Si nos vemos obligados a hacer lo mismo por necesidad, recordemos que algunos lo han hecho por gusto, y no nos quejemos de nuestra suerte, porque las Escrituras nos harán «más sabios que los antiguos». Nunca careceremos de un asunto santo si continuamente nos ocupamos en el estudio de ese libro inspirado. Además, hallaremos en él no solo asunto, sino también ilustración, porque la Biblia es la mejor ilustradora de ella misma. Si necesitáis anécdotas, símiles, alegorías o parábolas, recurrid a las páginas sagradas. La verdad bíblica nunca tiene más encantos que cuando está adornada con joyas tomadas de su propio tesoro. Últimamente he estado leyendo los libros de Reyes y Crónicas, y he quedado enamorado de ellos. Están tan llenos de enseñanzas religiosas, como los Salmos o los profetas, cuando se leen con la debida atención. Me parece que Ambrosio fue quien dijo: «Yo adoro la inmensidad de la Biblia». Me figuro escuchar a cada momento la misma voz que resonó en los oídos de Agustín, con respecto al Libro de Dios, diciéndole: «*Tolle, lege*» (Torna, lee). Puede suceder que residáis en alguna población en donde no encontráis a nadie de quien poder aprender, ni libros que valgan la pena de ser leídos; y entonces leed la Ley del Señor y meditadla día y noche, y seréis «como un árbol plantado junto a la orilla del agua». Haced de la Biblia vuestra mano derecha, vuestra inseparable compañera, y no tendréis razón para lamentar lo exiguo de vuestro equipo en otra clase de cosas.

III. OTROS RECURSOS DE ESTUDIO

1. Quisiera yo que os impresionarais con la variedad de la que un hombre que cuenta con pocos recursos para proveerse de lo que necesita, puede suplir todo lo que le haga falta, pensando y meditando mucho. Pensar y meditar son cosas más provechosas que poseer muchos libros. La meditación es un acto del alma que desarrolla y educa al ser pensador. A una muchachita se le preguntó una vez si sabía lo que era su alma, y con gran sorpresa de todos contestó: «Mi alma es mi pensamiento». Si esto fuere verdad, puede asegurarse que hay algunos que tienen un alma muy pequeña. Sin pensar y meditar, la lectura no puede ser provechosa al espíritu, sino sólo alucinar al hombre haciéndole creer que está volviéndose sabio. Los libros son una especie de ídolos para algunos hombres. Así como las imágenes usadas entre los católicos romanos tienen por objeto hacerlos pensar en Cristo, y lo que hacen es alejar su pensamiento del mismo, así también los libros cuyo objeto es hacer pensar a los hombres, sirven a menudo de estorbo al pensamiento. Cuando George Fox tomó un cuchillo afilado, se cortó un par de pantalones de cuero, y una vez en oposición con las modas de la sociedad, se ocultó en el hueco de un árbol donde se entregó a pensar un mes seguido, se hizo un hombre de grandes pensamientos ante quien los hombres pensadores tu-

vieron que retirarse derrotados. ¡Qué alboroto causó no solo entre el papismo, la prelacía y el presbiterianismo de su época, sino también entre los sabios y eruditos impugnadores de estas instituciones! No se ocupó en quitar las telarañas de los libros, ni dio tiempo a la polilla de que en ellos se echara. El pensamiento es la espina dorsal del estudio y si más ministros se entregaran a él, ¡qué bendición tan grande sería ésta! Pero es de advertir que necesitamos hombres que piensen en la voluntad revelada de Dios, y no soñadores que quieran forjar religiones según su fantasía. En la actualidad estamos por desgracia plagados de una turba de individuos que no parece sino que andan con la cabeza y piensan con los pies. En desbarrar consiste para ellos la meditación. En lugar de fijarse en la verdad revelada, condimentan un mejunje a su sabor, en el cual aparecen en iguales partes el error, el engaño y la necedad, y a este revoltijo le llaman «pensamiento moderno». Necesitamos hombres que se esfuercen en pensar profunda pero rectamente, abismándose sólo en los pensamientos de Dios. Lejos de mí aconsejaros que imitéis a los jactanciosos pensadores de este siglo que ven vaciarse las casas donde pretenden celebrar sus reuniones, y se glorían de ello diciendo que eso se debe a que predican para la gente instruida y de talento. Esto no pasa de ridícula jerigonza. Consagrar decididamente el pensamiento y la meditación a cosas que con toda confianza son creídas entre nosotros, es cosa diferente, y eso es lo que os aconsejo hagáis personalmente soy deudor a muchas horas y aun días que he pasado enteramente solo, bajo un antigua encina junto al río Medway. Habiéndome sentido algo indispuesto por los días en que iba a dejar la escuela, conseguí que se me dieran frecuentes asuetos, y armado de una excelente caña de pescar, atrapaba algunos pececillos, y a la vez me entregaba a la meditación tratando de rumiar los conocimientos que había adquirido. Si los niños quisieran pensar, sería conveniente darles menos clases que estudiar, y más oportunidades para entregarse a tan útil ejercicio. El que se atraca y no digiere, lejos de robus-

Ministerio, Dones, Predicación, Mayordomía ...

tecerse se debilita, y esto es más deplorable en lo mental que en lo físico. Si vuestra congregación no es bastante numerosa para proveeros de una biblioteca no necesitará de todo vuestro tiempo, y teniendo por lo mismo, una parte de él que emplear en la meditación, estaréis en mejores condiciones que aquellos hermanos que cuentan con muchos libros, pero con casi nada de tiempo para meditar.

2. Sin necesidad de libros un hombre puede aprender mucho con sólo estar atento a lo que pasa. De las historias que corren entre el vulgo, de los sucesos que ocurren al alcance de nuestras propias narices, de los episodios referidos en los periódicos, de los asuntos de la conversación común, de todo, en fin, es posible aprender alguna cosa. Es admirable la diferencia que hay entre prestar atención y no prestarla. Si no tenéis libros en que fijar los ojos, llevadlos bien abiertos por donde que era que vayáis, y siempre hallaréis algo digno de llamaros la atención. ¿No podéis aprender mucho de la naturaleza? No hay una flor que no se preste al estudio. «Considerad los lirios» y aprended de las rosas. No solamente podéis echar mano de la hormiga, sino que toda criatura viviente, sea cual fuere, os puede ministrar asunto para instruiros. Hay una voz en cada vibración del aire, y una lección en cada una de las partículas de polvo que él mismo arrastra al soplar. Los sermones relucen por las mañanas en cada uno de los pétalos de la perfumada flor, y las homilías vuelan a vuestro lado como las hojas secas que arranca de los árboles un viento juguetón. Un jardín es una biblioteca; un campo sembrado de trigo, un volumen de filosofía; cada roca es una historia, y cualquier riachuelo el bello tema de un poema. Anda tú, que tienes los ojos abiertos, y busca lecciones de filosofía por todas partes: arriba en los cielos, abajo en la tierra, y en las aguas que se hallan debajo de la tierra. Los libros son pobres cosas comparadas con esto.

3. Además, por desprovistas que estén vuestras bibliotecas, cada uno puede estudiarse a sí mismo. El ser de uno es un volumen misterioso, la mayor parte del cual nunca ha sido bien leída. Si alguno cree conocerse a si mismo a fondo, no hay duda que se engaña, porque el libro más difícil de leer, es el corazón humano. Dije el otro día a un incrédulo que parecía metido en un laberinto: «Bien, realmente no puedo entenderos; pero eso no me asombra, puesto que tampoco he podido entenderme a mi mismo»; y le dije en verdad lo que sentía. Seguid con atención las extravagancias y giros caprichosos de vuestros pensamientos; la inconsecuencia que existe entre vuestros hechos como os lo demuestra vuestra propia experiencia; la depravación de vuestro corazón, y la obra que en él efectúa la divina gracia; vuestra tendencia a pecar, y vuestra idoneidad para la santidad; qué cerca os halláis del diablo, y sin embargo, qué estrechamente aliados con el mismo Dios. Observad cuán sabiamente podéis obrar si seguís las enseñanzas de Dios, y cuán neciamente si os dejáis llevar por vosotros mismos. Procediendo así hallaréis que el estudio de vuestro corazón es de inmensa importancia para vosotros como guías de las almas de los demás. La propia experiencia de un hombre debe servirle como laboratorio en qué preparar las medicinas que le es necesario prescribir. Aun vuestras faltas y caídas os instruirán si las lleváis humildemente a las plantas del Señor. Hombres que se hallaran sin ningún pecado, no serían los indicados para abrigar simpatía por la gente pecadora. Estudiad las relaciones que existen entre el Señor y vuestras propias almas, y conoceréis mejor las que él mantiene con la humanidad.

4. Estudiad a los otros hombres; ellos son tan instructivos como los libros. Supóned que viniera a uno de nuestros grandes hospitales un joven estudiante tan pobre que no pudiese comprar libros de cirugía. Esto le sería sin duda, muy perjudicial; pero si tenía entrada en el hospital, presenciaba las operaciones allí efectuadas y observaba casos diversos día tras día, no me llamaría la atención que con el tiempo llegase a ser tan buen cirujano como sus más favorecidos compañeros. Su observación le enseñaría lo que los libros no podrían hacer; y estando como estaba mirando la amputación de un miembro, el vendaje de una herida, o la

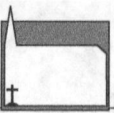

sujeción de una arteria, podría de cualquier modo que fuera adquirir una práctica quirúrgica que le sería en extremo provechoso. Ahora, mucho de lo que un ministro necesita saber, debe aprenderlo por medio de la observación. Todos los pastores sabios han tenido que recorrer espiritualmente los hospitales, y que tratar con preguntones impertinentes, hipócritas, apostatas y con gente que peca por mucha desconfianza o por mucha presunción. Un hombre que por experiencia práctica conoce lo que se debe esperar de Dios, y ha hecho un estudio concienzudo del corazón de sus semejantes, podrá en igualdad de circunstancias ser más útil a éstos, que el que sólo sabe lo que ha leído. Seria lástima que un hombre fuera como un colegial que sale del aula como si saliera de una caja, para entrar a un mundo que nunca había conocido, tratar con gente a quien jamás había observado, y tomar parte en actos con los cuales nunca había estado en contacto personal. «No un novicio» dice el apóstol; y es posible ser novicio a pesar de ser un estudiante erudito, un clásico, un matemático y un teólogo teórico. Debemos estar prácticamente familiarizados con las almas de los hombres, y en ese caso, lo poco numeroso de nuestros libros no es cosa que nos pueda perjudicar. «Pero» preguntará quizás algún hermano, «¿cómo puede estudiarse a un hombre?» He oído hablar de un individuo de quien se decía que nunca podía dejar de enseñar algo, al que se ponía a hablar con él unos cuantos minutos debajo de un portal. No puede negarse que era un sabio; pero lo sería mucho más que nunca pudiera detenerse el mismo espacio de tiempo a hablar con otro, sin aprender algo de él. Los sabios pueden sacar tanto partido de un necio como de un filósofo. Un necio es un espléndido libro para ser leído, porque en él se hallan abiertas todas las hojas. Hay algo de cómico en su estilo que invita a seguir leyendo, y si no lográis otra cosa que distraeros, os aconsejo que no publiquéis, al confesarlo así, vuestra propia necedad.

Aprended de los santos experimentados. ¡Qué cosas tan profundas pueden algunos de ellos enseñaros a todos nosotros! ¡Cuantos casos los individuos que forman el pueblo pobre de Dios, pueden narrar acerca de las providenciales muestras de su presencia, que les ha dado el Señor! ¡Cómo se glorían de la gracia divina que los ha sostenido, y de la fidelidad con que el Señor guarda su pacto! ¡Qué luz tan clara derraman a menudo sobre las promesas, poniendo así de manifiesto cosas ocultas a los sabios carnales, pero claras a la vista de los humildes y sencillos de corazón! ¿No sabéis que muchas de las promesas están escritas con tinta invisible, y tienen que aproximarse al fuego de la aflicción para que se puedan leer? Los espíritus probados pueden ser excelentes instructores de los ministros.

Respecto a los que nos hacen preguntas ¡cuánto se puede aprender de ellos! Yo he tenido ocasión de que se me haga patente mucha de mi estupidez, al estar en conversación con personas deseosas de ilustrarse. Me he visto verdaderamente desorientado por un jovencito a quien trataba de llevar al Salvador. Yo creía haberle persuadido, cuando se me escapaba eludiendo mis razones parapetándose tras de su incredulidad, con perversa ingenuidad. Personas así nos ponen en los mayores aprietos. La gracia del Señor nos auxilia al fin para llevarlas a la luz, pero después de habernos dejado ver nuestra propia insuficiencia. En las extrañas perversidades de la incredulidad, las singulares y falsas argumentaciones con que nuestros contrincantes apoyan su manera de sentir, y combaten los textos de la Escritura, nos hacen hallar a veces un mundo de instrucción. Yo mejor daría a un joven una hora de discusión con un incrédulo investigador, o con uno cuyo ánimo se sienta abatido, que una semana en las mejores de nuestras clases, por lo que hace a las lecciones prácticas que pudiera recibir para el mejor desempeño de sus funciones pastorales.

5. Por último, id con frecuencia al lecho de un moribundo. Estos son libros que instruyen e iluminan. En ellos leeréis la verdadera poesía de nuestra religión, y descubriréis los secretos de la misma. ¡Qué hermosas flores crecen en las riberas del Jordán! Los manantiales eternos de la mansión glo-

Ministerio, Dones, Predicación, Mayordomía ...

riosa, arrojan su blanca espuma hacía lo alto, y ésta, tornada en gotas de rocío, cae de este lado del angosto río. Yo he oído a hombres y a mujeres humildes, en sus postrimeras horas, hablar como si estuvieran inspirados, profiriendo palabras extrañas en las que irradia la suprema gloria. Estas no pueden haberlas aprendido de labio ninguno humano, deben haberlas oído al llegar a los suburbios de la Nueva Jerusalén. Dios les habla en el oído, en medio de sus dolores y debilidad, y entonces ellos nos dicen algo de lo que el Espíritu Divino ha querido revelarles. Yo de buena gana dejaría todos mis libros por ir a ver a los Elías del Señor subir en sus carros de fuego.

¿No he dicho ya lo bastante acerca de nuestro asunto? Si no lo creéis así, yo al menos debo recordar el sabio dicho de que es mejor terminar una audiencia con deseo de que siga, que con disgusto de que continúe, y del consiguiente ¡adiós!

99. ¡ADELANTE!

«Entonces Jehová dijo a Moisés: ¿Por qué clamas a mí? Di a los hijos de Israel que marchen» (Éxodo 14:15).

INTRODUCCIÓN: Adelante, hacia arriba.

I. AVANZAR EN ADQUISICIONES ESPIRITUALES
1. Con conocimiento académico.
2. Con conocimientos de teología.
3. La observación de la naturaleza.
4. Aprendiendo a discernir.

II. AVANZAR EN LA ORATORIA
1. Cultivemos el estilo.
2. Cultivemos la persuasión.
3. La importancia de la oratoria.

III. AVANZAR EN CUALIDADES MORALES
1. Controlar el ego.
2. Dominar el carácter.
3. Evitar la mediocridad.
4. No seamos fanáticos.
5. Ser honrados.
6. El valor.
7. Poseer un celo invencible.

IV. AVANZAR EN CUANTO A APTITUDES ESPIRITUALES
1. Conocernos a nosotros mismos.
2. Saber y conocer sobre manera a Cristo.

V. AVANZAR TRABAJANDO DE VERAS
1. Los hechos.

VI. AVANZAR EN CUANTO A LA EVANGELIZACIÓN
1. El llamamiento misionero.

¡ADELANTE!

INTRODUCCIÓN

Hermanos, el tema básico de mi discurso esta mañana, se encuentra en las palabras de Dios a su siervo Moisés: «Di a los hijos de Israel que marchen». «Adelante» es la consigna de nuestra conferencia. ¡Adelante, elegidos de Dios! La victoria está ante vosotros; vuestra misma seguridad está en esa dirección. Retroceder es perecer. La mayoría de vosotros habéis leído la historia del muchacho que, en una población americana, escaló el muro del famoso puente natural, grabó su nombre en la roca encima de las iniciales de sus compañeros, y repentinamente se dio cuenta de la imposibilidad de descender. Se oían voces que gritaban: «¡No mires abajo! ¡Trata de subir!» su única esperanza estribaba en subir hasta alcanzar lo más alto. Subir era terrible, pero bajar significaba perecer. Ahora bien, queridos hermanos, todos nosotros nos encontramos en semejante situación. Por la ayuda de Dios, nos hemos abierto camino hasta ciertas posiciones de servicio; descender significa la muerte. Para nosotros adelante es hacia arriba; y por lo tanto, vayamos adelante y hacia arriba. Mientras orábamos esta mañana, nos hemos comprometido irrevocablemente. Lo hicimos de todo corazón cuando por primera vez predicamos el Evangelio y declaramos públicamente: «Soy del Señor, y Él es mío». Entonces pusimos la mano en el arado; gracias a Dios, aún no hemos mirado atrás, y nunca debemos hacerlo. El único camino abierto para nosotros es arar en línea recta hasta terminar el surco, y no pensar nunca en abandonar el campo hasta que el Señor nos llame a su presencia. Mas esta mañana os habéis dedicado de nuevo al trabajo del Señor; no conferisteis con carne y sangre, sino que sin vacilación renunciasteis a todo por Jesús; y a menos que seáis reprobados, os habéis alistado en su servicio para el resto de la vida. Sois los siervos sellados de Cristo y lleváis en vuestros cuerpos sus marcas. No sois libres de servir a otro, sino soldados juramentados del Crucificado. Adelante es vuestro único camino; estáis obligados a recorrerlo. No tenéis armadura para vuestras espaldas; y cualquiera que sea el peligro con que os enfrentéis, detrás vuestro tenéis otros diez mil. Se trata de adelantar o ser deshonrados, adelantar o morir.

Anoche, en el elocuente discurso de Mr. Gange, se nos comparaba al pequeño ejército de Sir Garnett Wolseley marchando hacia Coomassie; y el paralelo fue trazado maravillosamente en todos los aspectos. Compañeros de armas, somos pocos, y tenemos una lucha desesperada en perspectiva; por lo tanto es preciso que cada uno rinda el máximo provecho, y sea esforzado hasta el límite de su resistencia. Deseo que seáis la flor de la Iglesia, más aún, del universo entero, pues nuestra era exige creyentes así; estoy, pues, especialmente interesado en que seáis vosotros precisamente los que avancéis. Es preciso que adelantéis en cuanto a aptitudes personales, creciendo en dones y en gracia, en capacidad para la obra de Dios, y en semejanza a la imagen de Jesús. Los puntos de los cuales hablaré empiezan de abajo arriba.

I. AVANZAR EN ADQUISICIONES INTELECTUALES.

Primeramente, amados hermanos, creo necesario decirme a mí mismo y a vosotros que hemos de *adelantemos en nuestra adquisiciones intelectuales.*

Nunca será bueno que nosotros nos presentemos continuamente delante de Dios indignamente. Aún presentándonos con nuestras mejores obras, no merecemos que Él nos oiga; pero, de todos modos, que la ofrenda no sea mutilada y empañada por nuestra ociosidad. «Amarás a Jehová tu Dios con todo tu corazón» es, quizá, más fácil de obedecer que amarle con toda nuestra mente; sin embargo, debemos darle nuestra mente tanto como nuestros afectos, y esa mente debe estar bien equipada, para que no le ofrezcamos un frasco vacío. Nuestro ministerio exige intelecto. No insistiré en aquella frase tan oída en nuestros días: «Las luces de la época;» pero no obstante, es bien cierto que hay mucho progreso educacional en todas las clases, y que habrá mucho más de él. Pasó la época en que era suficiente que el predicador supiera hablar, aunque fuese con poca gramática. Aun en un pueblo donde según la tradición «nadie sabe nada», el maestro suele salir de casa, y la falta de preparación pondrá impedimentos, que antes no existían, en el servicio del predicador, cuando el orador desee que sus oyentes recuerden el Evangelio, ellos, por otra parte, recordarán sus expresiones poco gramaticales, y las repetirán como motivo de chistes, cuando lo que desearíamos es que hubiesen repetido el Evangelio de Jesucristo unos a otros con solemne fervor.

1. Queridos hermanos, es preciso que nos cultivemos, que nos *formemos* hasta donde sea posible, y que lo hagamos, primeramente, adquiriendo conocimientos para que podamos llenar el granero; luego, adquiriendo discriminación para poder aventar lo recogido; y finalmente, ejerciendo firme retención intelectual que preserve el grano aventado en el almacén. Estos tres puntos quizá no tengan exactamente la misma importancia, pero son necesarios para un hombre cabal.

Es preciso, digo yo, que ante todo hagamos grandes esfuerzos para adquirir información, especialmente la de tipo bíblico. No debemos limitarnos a un solo tópico de estudio, pues no ejercitaríamos toda nuestra virilidad mental. Dios hizo el mundo para el hombre, y hizo al hombre con una mente destinada a ocupar y usar todo el mundo; el hombre es el arrendatario, y la naturaleza es por un tiempo su casa; ¿por qué abstenerse de entrar en alguna de sus habitaciones? ¿Por qué negarse a saborear algunos de los manjares limpios que el gran Padre ha pues-

Ministerio, Dones, Predicación, Mayordomía ...

to sobre la mesa? Nuestro negocio principal sigue siendo estudiar las Escrituras. El negocio principal del herrero es herrar caballos; que procure saber hacerlo, pues aunque pudiera ceñir a un ángel con un cinto de oro, fracasará como herrero si no sabe hacer y colocar una herradura. Poco importa que sepáis escribir las más brillantes poesías, si no podéis predicar un buen sermón convincente, que tenga el efecto de consolar a los santos y convencer a los pecadores. Queridos hermanos, estudiad la Biblia a fondo, con todas las ayudas que podáis obtener. Recordad que los medios que ahora están al alcance de los cristianos ordinarios son mucho más extensos que en tiempos de nuestros padres, y por lo tanto es preciso que seáis eruditos bíblicos si pretendéis enfrentaros debidamente con vuestros oyentes. Familiarizaos con toda clase de conocimientos; pero, sobre todo, meditad día y noche en la ley de Jehová.

2. Sed bien instruidos en teología, y no hagáis caso del desprecio de los que se burlan de ella porque la ignoran. Son muchos los predicadores que no son teólogos, y de ello proceden los errores que cometen. En nada puede perjudicar al más dinámico evangelista el ser también un teólogo sano, y a menudo puede ser el medio que le salve de cometer enormes disparates. Hoy día oímos a los hombres arrancar de su contexto una frase aislada de la Biblia y clamar: «¡Eureka!» como si hubieran encontrado una nueva verdad; sin embargo, no han descubierto un diamante, sino un pedazo de vidrio roto. Si hubiesen podido comparar lo espiritual con lo espiritual, si hubiesen entendido la analogía de la fe, y si hubiesen estado familiarizados con la erudición santa de los grandes estudiantes de la Biblia de épocas pasadas, no se habrían apresurado tanto en jactarse de sus maravillosos conocimientos. Estudiemos las grandes doctrinas de la Palabra de Dios, y seamos poderosos en la exposición de las Escrituras. Estoy seguro de que ninguna predicación durará tanto tiempo o edificará una iglesia de modo tan excelente como la expositora. Renunciar enteramente a los discursos exhortatorios para reducirse a los expositorios sería ir a extremos descabellados; pero puedo aseguraros sin excesivo fervor que si vuestro ministerio ha de ser útil durante largo tiempo, hay que ser expositores. Para ello, debéis entender la Palabra por vosotros mismos, y así poder comentarla de modo que el pueblo pueda ser edificado por ella. Hermanos, dominad vuestras Biblias; sean cuales sean las demás obras que no hayáis escudriñado, familiarizaos completamente con los escritos de los profetas y de los apóstoles. «La Palabra de Cristo habite en vosotros en abundancia».

3. Habiendo tenido en cuenta esta prioridad, no descuidéis ningún campo de conocimiento. La presencia de Jesús en la tierra ha santificado la naturaleza; y lo que Dios limpió, no lo llaméis inmundo. Todo lo que vuestro Padre ha hecho es vuestro, y debéis aprender de ello. Podéis leer el diario de un naturalista, la narración que un viajero hace de sus singladuras, y hallar provecho en ello. Sí, hasta un herbario antiguo o un manual de alquimia puede, a semejanza del león muerto de Sansón, daros miel. Hay perlas en las ostras, y frutos dulces en las matas de espinos. Los senderos de la verdadera ciencia, especialmente la historia natural y la botánica, destilan grosura. La geología, hasta donde se ocupa de hechos y no de ficción, está llena de tesoros. La historia, con las excelsas visiones que hace desfilar ante vosotros, es eminentemente instructiva; ciertamente, todas las porciones de los dominios de Dios en la naturaleza rebosan de preciosas enseñanzas. Familiarizaos con toda suerte de conocimientos, según el tiempo, la oportunidad y las facultades peculiares de que dispongáis; y no vaciléis en hacerlo por aprensión de que podáis educaros demasiado. Cuando la gracia abunde, la erudición no os hinchará, ni perjudicará vuestra simplicidad en el Evangelio. Servid a Dios con la educación que poseéis, y dadle gracias por soplar a través vuestro si sois un rústico cuerno; pero si hay la posibilidad de que lleguéis a ser una trompeta de plata, escoged lo segundo.

4. Decía que, asimismo, es preciso aprender a discriminar *discernir* siempre entre las cosas que difieren; y en este tiempo

en particular es necesario insistir con énfasis en este punto. Muchos corren tras las novedades, encantados de todas las cosas nuevas; aprended a juzgar entre la verdad y las falsificaciones de la misma, y no seréis llevados al extravío. Otros se adhieren a las antiguas enseñanzas del mismo modo que las lapas se pegan a la roca; mas puede tratarse tan solo de errores antiguos, por lo cual, «examinadlo todo» y «retened lo bueno». El empleo del tamiz y del aventador es muy encomiable. Un hombre que ha pedido al Señor que le dé vista clara por medio de la cual vea la verdad y discierna su sentido, y que por el constante ejercicio de sus facultades, obtenido un discernimiento exacto, es apto para ser líder en el ejército del Señor; pero no todos los ministros están calificados hasta este punto. Es lamentable observar cuántos abrazan cualquier causa si se les presenta fervorosamente. Tragan los medicamentos de cualquier charlatán espiritual que tiene suficiente desfachatez para parecer sincero. Os digo, como Pablo escribió a los corintios, «Hermanos, no seáis niños en el sentido»; poned a prueba todo lo que aspira a vuestra fe. Pedid al Espíritu Santo que os dé la facultad de discernir entre el bien y el mal, de modo que conduzcáis a vuestros rebaños lejos de los prados venenosos y los llevéis a pastos a cubierto de peligros.

Entonces, si tenéis el poder de adquirir conocimientos, y también de discriminar, buscad a continuación la capacidad de retener y preservar firmemente lo que habéis aprendido. Lástima que en estos tiempos ciertos hombres se glorían en ser veletas, no sostienen nada; de hecho, no tienen nada que valga la pena sostener. Creyeron ayer, pero no lo que creen hoy, no lo que creerán mañana; y el que fuese capaz de decir lo que creerán para la luna llena próxima, sería mayor profeta que Isaías, pues están cambiando constantemente, y parecen haber nacido bajo la guía de la mencionada luna, y participar de sus variaciones. Estos hombres pueden ser tan sinceros como afirman ser, pero, ¿cuál es su utilidad? A semejanza de los buenos árboles a menudo trasplantados, quizá sean de naturaleza noble, pero no producen nada; su fortaleza se gasta en echar raíces repetidamente, no les queda savia para el fruto. Aseguraos de que poseéis la verdad, y entonces aseguraos de retenerla. Sed abiertos para recibir más verdad, si lo es; pero sed muy cautelosos en suscribir la creencia de que ha sido descubierta una luz mejor que la del sol. Los que pregonan una verdad nueva por la calle, como hacen los vendedores con una nueva edición del periódico vespertino, no suelen ser mejores de lo que debieran. La hermosa doncella de la verdad no se pinta las mejillas ni se pone diadema en la cabeza como Jezabel, siguiendo todas las nuevas modas filosóficas; se contenta con su propia belleza nativa, y en su aspecto es la misma ayer, hoy y por los siglos.

Cuando los hombres cambian a menudo, lo que generalmente necesitan es ser cambiados en el sentido más enfático. Nuestro «pensamiento moderno» es representado por gentes que están haciendo daños incalculables a las almas de los hombres. Las almas inmortales se están condenando, y estos hombres siguen hilando teorías. El infierno abre sus fauces de par en par, y traga miles de miles, y los que debieran publicar las nuevas de salvación están «siguiendo nuevas líneas de pensamiento». Los refinados asesinos de almas descubrirán que su pretendida «cultura» no será excusa en el día del juicio. Por el amor de Dios, sepamos cómo han de ser salvos los hombres y pongámonos manos a la obra; estar siempre deliberando en cuanto al mejor modo de hacer pan cuando una nación está muriendo de hambre, es una burla detestable. Es hora de que sepamos qué hay que enseñar; de lo contrario, renunciemos a nuestra función. «Siempre aprenden, y nunca pueden acabar de llegar al conocimiento de la verdad», es el lema de los peores, y no el de los mejores entre los hombres. ¿Han de ser modelos nuestros? «Cada semana doy forma a mi credo» —me confesaba uno de estos teólogos. ¿A qué asemejaré tales inconstantes? ¿No es cierto que son como aquellas aves que frecuentan el Cuerno de Oro y que se ven desde Constantinopla, de las que se dice que siempre

Ministerio, Dones, Predicación, Mayordomía ...

están volando, y nunca reposan? Nadie las vio jamás posarse en el agua o en tierra, están perpetuamente en el aire. Los nativos las llaman «almas perdidas», buscando descanso sin hallarlo; y se me antoja que los hombres que no tienen descanso personal en la verdad, si son salvos, es por lo menos improbable que sean ellos medio de salvación para otros. El que no tiene una verdad segura que contar no debe extrañarse si sus oyentes conceden poca importancia a lo que dice. Es preciso que conozcamos la verdad, la comprendamos, y no se nos escape de la mano, pues de lo contrario no podremos ser útiles a los hijos de los hombres. Hermanos, os exhorto a que procuréis saber, y sabiendo, que discriminéis; y habiendo discriminado, os exhorto a que «retengáis lo bueno». Trabajad constantemente en los tres procesos de llenar el granero, aventar el grano y almacenarlo en los alfolíes; de esta manera adelantaréis intelectualmente.

II. AVANZAR EN LA ORATORIA

Estoy empezando por abajo; pero todas estas cosas son importantes, pues es lástima si los pies de esta imagen son aún de barro. Nada es de poca importancia si puede ser de utilidad para nuestra grandiosa meta. Sólo por la falta de un clavo, el caballo perdió su herradura, quedando así inútil para la batalla; aquella herradura no era sino una insignificante llanta de hierro que tocaba el suelo, y no obstante el corcel lleno de fuego era inútil sin ella. Un hombre puede quedar irremisiblemente arruinado en cuanto a utilidad espiritual, no por una falta en el carácter o el espíritu, sino por un derrumbamiento mental y oratorio; y por tanto, insisto nuevamente que debemos mejorar la manera de expresarnos.

No todos nosotros podemos hablar como algunos, y aun estos pocos no pueden hablar conforme a su propio ideal. Si hay algún hermano aquí que cree saber predicar tan bien como debiera, le aconsejaría que lo abandonara totalmente. Si hiciese, actuaría con la misma prudencia que el gran pintor que rompió su paleta, y volviéndose a su esposa, dijo: «Han terminado mis días de pintor, pues estoy satisfecho de mí mismo, y por lo tanto estoy seguro de que he perdido el poder». Por más que haya perfecciones que se puedan alcanzar, estoy seguro que el que cree haber alcanzado la perfección en oratoria confunde la volubilidad por la elocuencia, y la verborrea de la argumentación. Sepáis lo que sepáis, no podéis ser verdaderamente ministros eficaces si no sois «aptos para enseñar». Todos posiblemente conocéis ministros que han errado su vocación, y que evidentemente no tienen dones para la predicación; aseguraos de que nadie piense lo mismo de vosotros. Hay hermanos en el ministerio cuyo hablar es intolerable; o bien importunan hasta la muerte, o hacen dormir. Ninguna droga puede compararse con sus discursos en cuanto a propiedades soporíferas. Ningún ser humano, a menos que esté dotado de paciencia infinita, podría soportar por mucho tiempo el escucharles, y la naturaleza hace bien en liberar a las víctimas por medio del sueño. El otro día oía a alguien decir que cierto predicador no tenía más dones para el ministerio que una ostra, y a mí juicio esto era una calumnia para la ostra, pues ese digno bivalvo despliega una gran discreción en abrirse, y también sabe cuándo cerrarse. Si algunos hombres fueran sentenciados a oír sus propios sermones, sería un justo juicio para ellos; pero pronto clamarían con Caín: «Grande es mi iniquidad para ser perdonada». No caigamos en semejante condenación por algún defecto de nuestra predicación que nosotros podamos subsanar.

1. Hermanos, hemos de cultivar un estilo claro. Cuando un hombre no me hace entender lo que quiere decir, es porque él mismo no sabe lo que quiere decir. El oyente medio, que no puede seguir el curso de los pensamientos del predicador, no debe preocuparse, sino echar la culpa al predicador, que tiene la responsabilidad de presentar las cosas claramente. Si miráis en un pozo, y está vacío, parecerá muy profundo; pero si en él hay agua, veréis su brillantez. Creo que si muchos predicadores son «profundos», es sencillamente porque son como pozos en los cuales no hay nada excepto hojas secas, unas cuantas piedras, y quizás uno o dos gatos muertos. Si hay agua de

vida en vuestra predicación, podrá ser muy profunda, pero la luz de la verdad le dará claridad. Sea como sea, esforzaos en ser sencillos, de modo que las verdades que enseñáis puedan ser fácilmente recibidas por vuestros oyentes.

Es preciso que cultivemos un estilo convincente al mismo tiempo que claro; es preciso que seamos poderosos. Algunos se imaginan que esto consiste en hablar con voz fuerte, pero puedo asegurarles que están equivocados. Las tonterías no se corrigen vociferando. Dios no nos exige que gritemos como si estuviésemos hablando a tres millones de personas cuando sólo nos estamos dirigiendo a trescientas. Seamos impetuosos debido a la excelencia de nuestro asunto, y a la energía del espíritu que ponemos en pronunciarlo. En una palabra, que nuestro hablar sea natural y vivo. Espero que habremos abandonado los trucos de los oradores profesionales, el esfuerzo en lograr efectos, el clímax estudiado, la pausa premeditada, el amaneramiento teatral, el hablar afectado, y qué sé yo cuántas cosas más, que podéis ver en determinados teólogos pomposos que sobreviven aún sobre la faz de la tierra. Ojalá que tales predicadores lleguen a ser especies extinguidas dentro de breve tiempo, y que todos nosotros aprendamos una manera viva, natural, sencilla, de predicar el Evangelio; pues estoy persuadido de que es probable que Dios bendiga semejante estilo.

2. Entre muchas otras cosas, hemos de cultivar la persuasión. Algunos de nuestros hermanos tienen gran influencia sobre los hombres, y sin embargo otros, con mayores dones, carecen de ella. No parecen acercarse a las personas, no pueden influir en ellas y hacerles sentir algo. Hay predicadores que, en sus sermones, parece como si tomaran a sus oyentes uno a uno por la solapa y metieran la verdad en sus almas, mientras que otros generalizan tanto, y son tan fríos, que se diría están hablando a los habitantes de algún planeta remoto, cuyos asuntos no les importan mucho. Aprended el arte de argüir con los hombres. Esto lo haréis bien si veis al Señor a menudo. Si no recuerdo mal, la antigua historia clásica nos dice que cuando un soldado estaba a punto de matar a Darío, su hijo, que había sido mudo desde la infancia, exclamó, súbitamente sorprendido «¿No sabes que es el rey?» su lengua silenciosa se soltó por amor a su padre, y bien puede la nuestra hablar fervorosamente cuando vemos al Señor crucificado por el pecado. Si hay palabras en nosotros, esto las despertará. El conocimiento del «pavor de Jehová» debe también animarnos a persuadir a los hombres. No podemos hacer otra cosa que argüir con ellos para que se reconcilien con Dios. Hermanos, fijaos en aquellos que ganan a los pecadores para Jesús, buscad su secreto, y no descanséis hasta que alcancéis el mismo poder. Si los encontráis muy sencillos y llanos, aunque los veáis realmente útiles, decíos a vosotros mismos; «ese método me servirá»; pero si, por otro lado, escucháis un predicador muy admirado, y al preguntar descubrís que no hay almas convertidas para salvación bajo la influencia de su ministerio, decíos a vosotros mismos: «Este estilo no es para mí, pues yo no busco ser grande, sino ser verdaderamente útil».

3. Que vuestra oratoria, pues, mejore constantemente en claridad, fuerza lógica, naturalidad y persuasión. Queridos hermanos, tratad de conseguir un estilo de oratoria que se adapte a vuestros oyentes. Es mucho lo que de ello depende. El predicador que se dirigiera a una congregación educada, con el lenguaje que usaría para hablar a un grupo de vendedores ambulantes, demostraría ser un necio; y, por otra parte, el que va a estar entre mineros, y usa términos teológicos técnicos y frases de salón, obra como un idiota. La confusión de lenguas en Babel fue más completa de lo que imaginamos. No dio meramente diferentes idiomas a las grandes naciones, sino que hizo que el lenguaje de cada clase variase del de las demás. Ahora bien, ya que el vendedor ambulante no puede aprender el lenguaje de la universidad, que el universitario aprenda el lenguaje del vendedor ambulante. «Usamos el lenguaje del mercado», decía Whitefield, y esto le honraba mucho; sin embargo, cuando estaba en el salón de la condesa de Huntingdon, y su discurso fas-

Ministerio, Dones, Predicación, Mayordomía ...

cinaba a los nobles infieles que ella traía para que le oyesen, adoptaba otro estilo. Su lenguaje era igualmente llano en ambos casos, porque era también adecuado a sus oyentes; pero no usaba las mismas palabras exactamente, pues de lo contrario sus discursos habrían perdido su llaneza en uno a otro caso y habrían sido, o bien jerga para la nobleza, o griego para el vulgo. En nuestra manera de hablar, debemos aspirar a ser «todo a todos». El mayor maestro de oratoria es el que puede dirigirse a cualquier clase de personas de manera adecuada a su condición, y de modo que sea probable que sus corazones sean alcanzados.

Hermanos: que nadie nos supere en cuanto a capacidad de oratoria y que nadie nos sobrepase en el dominio de la lengua materna. Amados compañeros de armas; nuestras lenguas son las espadas que Dios nos ha dado para usarlas para Él, como se dice de nuestro Señor: «De su boca salía una espada aguda de dos filos». Que estas espadas sean verdaderamente agudas. Cultivad vuestro poder de oratoria, y estad en primera fila en el campo de la expresión hablada no os exhorto a ello porque seáis en especial deficientes; lejos de ello, pues todos me dicen: «Conocemos a los hombres de su Colegio por su forma de hablar, llana y atrevida». Esto me lleva a creer que tenéis en gran medida este don en vosotros, y os ruego que os esforcéis en perfeccionarlo.

III. AVANZAR EN CUALIDADES MORALES

Hermanos, debemos ser aún más fervorosos para *avanzar en cualidades morales*.

Que los puntos que voy a mencionar aquí sirvan para aquellos que los necesiten, pero yo os aseguro que no tengo en mente a ninguna persona especial entre vosotros. Deseamos elevarnos hasta el tipo de ministerio más sublime; pero aunque obtengamos las aptitudes mentales y oratorias que he mencionado, fracasaremos a menos que poseamos también cualidades morales elevadas. Hay males de los que debemos desprendernos enérgicamente, tal como Pablo se sacudió la víbora de la mano, y hay virtudes que debemos conquistar a cualquier precio. La autocomplacencia ha herido a miles. Más vale que temblemos y no perezcamos a manos de esta Dalila. Que nuestras pasiones y nuestros hábitos estén bajo el debido control; si no somos dueños de nosotros mismos no somos aptos para ser líderes en la Iglesia de Cristo.

1. Es preciso que también desechemos cualquier idea de nuestra propia importancia. Dios no bendecirá al hombre que se cree grande. Gloriarse aunque sea en la obra de Dios en uno mismo, es acercarse peligrosamente a la auto adulación. «Alábate el extraño y no lo boca», y date por satisfecho cuando ese extraño tenga el suficiente sentido común para callar.

2. Debemos también controlar debidamente nuestro humor. Un carácter violento no es del todo un mal. Estos hombres que son tan acomodaticios, valen generalmente poco. Yo no os diría nunca: «Amados, sed hombres de carácter»; pero sí digo: «Si lo tenéis, controladlo cuidadosamente». Doy gracias a Dios cuando veo que un pastor tiene el suficiente genio para indignarse ante la injusticia, y para ser firme en pos de la justicia; pero sin embargo, el genio es una herramienta de dos filos, y a menudo corto al que la maneja. Debemos preferir soportar el mal antes que infligirlo; éste ha de ser nuestro espíritu. Si algún hermano aquí time tendencia a indignarse con demasiada prontitud, piense que cuando lo hace no va a obtener de ello ningún beneficio.

3. Es preciso que, especialmente algunos de nosotros, dominemos nuestra tendencia a la mediocridad. Hay gran diferencia entre la alegría santa, que es una virtud, y la liviandad general, que es un vicio. Hay una liviandad que no time la suficiente cordialidad para reír, pero juega con todo; es caprichosa, hueca y poco real. Una buena carcajada no es más liviandad que el llanto del corazón. Estoy hablando de esas apariencias religiosas con mucha pretensión pero delgadas, superficiales, poco sinceras en lo tocante a las cosas de más importancia. La piedad no es una broma, ni tampoco mera apariencia. Cuidado con representar comedia. Nunca deis a las personas serias la impresión de que no habláis en serio, y que sois meros profesionales. Tener labios

ardientes y alma helada es una señal de reprobación, Dios nos libre de ser excesivamente finos o superficiales; que nunca seamos las mariposas del jardín de Dios.

4. Al mismo tiempo, debemos evitar todo lo que se parezca a la ferocidad del fanatismo. Hay en nuestro entorno personas religiosas que sin duda nacieron de mujer; pero parecen haber sido amamantadas por un lobo. No les deshonro con esta comparación, pues ¿no fueron Rómulo y Remo, fundadores de la ciudad de Roma, alimentados así? Algunos hombres guerreros de este orden han tenido poder para fundar dinastías del pensamiento; pero la bondad humana y el amor fraternal armonizan mejor con el Reino de Cristo. No hemos de estar siempre yendo por el mundo en busca de herejías, como los perros que husmean en busca de ratas, ni estar siempre tan confiados en nuestra propia infalibilidad, que montemos hogueras eclesiásticas en las cuales asar a todos los que difieren de nosotros, utilizando carbones consistentes en prejuicios extremados y sospechas crueles.

Además de todo esto, hay manierismos y actitudes que ahora no puedo describir, contra los cuales debemos luchar, pues los pequeños defectos pueden muchas veces ser la fuente del fracaso, y librarnos de ellos quizá sea el secreto de la eficacia. No tengáis por pequeña una cosa que os hace aunque sea solo un poquito más útiles; limpiad el templo de vuestra alma de los bancos de los que venden palomas así como de traficantes en ovejas y bueyes.

5. Y, queridos hermanos, debemos adquirir ciertas facultades y hábitos morales, al mismo tiempo que desechamos lo que les es contrario. El que no tenga integridad de espíritu nunca hará mucho para Dios. Si somos dirigidos por la política propia, si hay alguna acción para nosotros que no sea la recta, naufragaremos pronto. Resolveos, queridos hermanos, a pensar que podéis ser pobres, que podéis ser despreciados, que podéis perder la vida misma, pero que no podéis hacer nada deshonesto. Que la única política para vosotros sea la honradez.

6. ¡Que también poseáis la gran característica moral del valor! Con esto no quiero decir la impertinencia, la insolencia, o la presunción; sino el valor verdadero para hacer y decir tranquilamente lo más apropiado, y para ir al encuentro de todos los peligros, aunque no haya nadie que os conceda una buena palabra. Me asombra el número de cristianos que temen decir la verdad a sus hermanos. Doy gracias a Dios de poder decir que no hay ningún miembro de mi iglesia, ningún oficial eclesiástico, y ningún hombre en el mundo a quien tema decir en su cara lo que diría a sus espaldas. Gracias a Dios, y con su ayuda, debo mi posición en mi propia iglesia a la ausencia de toda política, y al hábito de decir siempre lo que opino. El plan que consiste en hacer que todas las cosas sean agradables siempre y para todos, es peligroso y al mismo tiempo maligno. Si dices algo a un hombre, y otra cosa a otro, un día compararán notas, lo alcanzarán, y entonces serás despreciado. El hombre que tiene dos caras será, más tarde o más temprano, objeto del desprecio de los demás, y con justicia. Así pues, sobre todas las cosas, evitad esto. Si tenéis algo que creáis debierais decir acerca de alguien, que la medida de lo que decís sea ésta: «¿Cuánto me atrevería a decir en su presencia?» Es preciso que no nos permitamos ni una palabra más de esto, al censurar a cualquiera. Si tenéis esta regla, vuestro valor os salvará de mil dificultades y os adquirirá un respeto duradero.

7. Teniendo integridad y valor, desearía que fueseis dotados con celo invencible. ¿Qué es el celo? ¿Cómo lo describiré? Poseedlo y sabréis lo que es. Consumíos de amor por Cristo, y que la llama arda continuamente; no ardiendo en las reuniones públicas y apagándose en el rutinario trabajo cotidiano. Necesitamos perseverancia indomable, celo obstinado, y la combinación de tozudez santificada, abnegación, mansedumbre sagrada y valor invencible.

Destacad también en aquel poder que es tanto mental como moral, a saber, el poder de concentrar todas vuestras fuerzas en el trabajo al que sois llamados. Reunid vuestros pensamientos, unid todas vuestras facultades, amontonad vuestras energías, y enfocad vuestras capacidades. Dirigid todos

Ministerio, Dones, Predicación, Mayordomía ...

los resortes de vuestra alma hacia un canal, haciendo que fluya hacia adelante en forma de corriente unificada. Algunos hombres carecen de esta cualidad. Se esparcen, y por tanto fracasan. Convocad vuestros batallones y lanzadlos sobre el enemigo. No tratéis de ser grandes en esto y en aquello, de serlo «todo al principio y nada durante mucho tiempo»; mas permitid que vuestra naturaleza entera sea llevada en cautividad por Jesucristo, y ponedlo todo a sus amados pies, ya que Él sangró y murió por vosotros.

IV. AVANZAR EN APTITUDES ESPIRITUALES

Por encima de todas estas cosas, necesitamos *avanzar en aptitudes espirituales*, las gracias que deben ser obradas en nosotros por el Espíritu Santo en Persona. Estoy seguro de que es lo principal. Otras cosas son preciosas, pero ésta no tiene precio.

1. Primeramente, necesitamos conocernos a nosotros mismos. El predicador debe familiarizarse con la ciencia del corazón, la filosofía de la experiencia interna. Hay dos escuelas de experiencia, y ninguna de ellas está contenta con sólo aprender de la otra; dispongámonos, sin embargo, a aprender de ambas. Una de estas escuelas habla del hijo de Dios como de aquel que conoce la profunda depravación de su corazón, que entiende lo repulsivo de su naturaleza, y que diariamente ve que en su carne no mora el bien. «Un hombre no tiene la vida de Dios en su alma», dicen los hombres de esta escuela, «si no sabe y ve esto, si no lo experimenta amarga y dolorosamente día tras día». Es en vano hablarles de libertad y de gozo en el Espíritu Santo; no quieren tenerlos. Pese a todo, aprendamos de la parcialidad de éstos. Saben mucho de lo que hay que saber, y ¡ay del ministro que ignore su sistema de verdades! Martín Lutero solía decir: «la tentación es el mejor maestro de un pastor». Este aspecto de la cuestión contiene su parte de verdad.

Los creyentes de la otra escuela tienen en gran estima, lo cual es justo y de bendición, la gloriosa obra del Espíritu de Dios. Creen en el Espíritu de Dios como poder purificador, beneficioso para el alma al hacer de ella un templo para Dios. Pero frecuentemente hablan como si hubieran dejado de pecar, o de ser acosados por la tentación; se glorían como si la batalla estuviera ya terminada y la victoria alcanzada. No obstante, aprendamos también lo que podamos de estos hermanos. Conozcamos toda la verdad que pueden enseñarnos. Familiaricémonos con los puntos principales de la salvación y la gloria que en ellos resplandecen, los hermones y los tabores, donde podemos ser transfigurados con nuestro Señor. No temáis llegar a ser santos en exceso, o demasiado llenos del Espíritu Santo.

Quisiera que fueseis sabios en todo, y capaces de tener tratos con otros tanto en sus conflictos como en sus alegrías, siendo experimentados en ambas cosas. Conoced dónde os dejó Adán; conoced dónde os ha colocado el Espíritu de Dios. No conozcáis ninguna de estas dos cosas de modo tan exclusivo como para olvidar la otra. Creo que si hay hombres que hayan de clamar «¡Miserable hombre de mí! ¿Quién me librará del cuerpo de esta muerte?» serán siempre los ministros del Evangelio, porque nosotros necesitamos ser tentados en todas las cosas para poder consolar a otros. En un vagón de ferrocarril, vi la semana pasada a un pobre hombre con la pierna apoyada sobre el asiento. Un empleado que le vio en esa postura, le dijo:

–Esos cojines no fueron hechos para que usted ponga las botas sucias encima.

Tan pronto el funcionario se marchó, el hombre volvió a poner la pierna en el asiento, diciéndome:

–Estoy seguro de que nunca se ha roto la pierna en dos puntos diferentes, pues en este caso no sería tan brusco conmigo.

Cuando he oído a hermanos de los que viven comodamente, disfrutando de buenos ingresos, condenar a otros que están pasando por grandes pruebas, porque no podían gozarse de la misma manera, he visto que no sabían nada de los huesos rotos que otros tienen que arrastrar durante toda su peregrinación.

2. Conoced al hombre, en Cristo, y fuera de Cristo. Estudiadlo en su mejor aspecto, y también en el peor; conoced su anatomía,

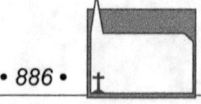

secretos y pasiones. Este conocimiento no podéis adquirirlo en los libros; es preciso que tengáis contacto personal con los hombres si habéis de ayudarles en su multifacética experiencia espiritual. Solo Dios puede daros la sabiduría que necesitaréis para tratar prudentemente con ellos, pero Él os la dará en respuesta a la oración de fe.

Entre las adquisiciones espirituales, conocer al que es remedio seguro para todas las enfermedades humanas está por encima de toda otra cosa necesaria. Conoced a Jesús. Sentaos a sus pies. Considerad su naturaleza, su obra, sus sufrimientos, su gloria. Gozaos en su presencia; tened comunión con Él día tras día. Conocer a Cristo es entender la más excelente de todas las ciencias. No podéis dejar de ser sabios si tenéis comunión con la Sabiduría Encarnada; no podéis carecer de fortaleza si tenéis constante comunión con Dios. Hermanos, morad en Dios; no se trata de ir a Él a veces, sino de habitar en Él. En Italia dicen que donde no entra el sol tiene que entrar el médico. Donde Jesús no resplandece, el alma está enferma. Bañaos en sus rayos, y seréis vigorosos en el servicio de vuestro Señor.

El pasado domingo por la noche, meditamos en un texto que me había dominado: «Nadie conoce al Hijo sino el Padre». Dije que los pobres pecadores que habían ido a Jesús y puesto su confianza en Él, pensaban que le conocían, pero sólo conocían un poquito de Él. Hay santos con sesenta años de experiencia y que han andado con Él cada día que creen conocerle; pero no están sino empezando a conocerle. Los espíritus perfectos que están ante el trono, que han estado adorándole perpetuamente desde hace cinco mil años, quizás crean que le conocen, pero no le conocen plenamente. Nadie conoce al Hijo sino el Padre. Es tan glorioso que solo el Dios infinito tiene pleno conocimiento de Él, y por lo tanto no habrá límite para nuestros estudios, ni pobreza en nuestra línea de pensamiento, si hacemos de nuestro Señor el gran objeto de todos nuestros pensamientos e investigaciones.

Así que, si hemos de ser hombres fuertes, como resultado de este conocimiento, es preciso que seamos hechos semejantes a nuestro Señor. Bienaventurada aquella cruz en que sufriremos, si sufrimos por ser hechos a semejanza del Señor Jesús. Si obtenemos esta semejanza, tendremos una unción maravillosa en nuestro ministerio; y sin ello, ¿qué vale un ministerio? En resumen, debemos esforzarnos en tener santidad de carácter. ¿Qué es la santidad? ¿No es entereza de carácter? Un estado equilibrado en que no sobra ni falta nada. No es moralidad, la cual es una estatua fría y sin vida; la santidad es vida. Es preciso que tengáis santidad; y, aunque os falten aptitudes mentales (espero que no), y aunque tengáis pocas facultades oratorias (confío en que no), podéis estar seguros de que una vida santa es en sí misma un poder maravilloso, y compensará muchas deficiencias; es, de hecho, el mejor sermón que el mejor de los hombres puede jamás predicar. Resolvámonos a tener toda la pureza que se pueda tener, toda la santidad que se pueda alcanzar, y toda la semejanza a Cristo que sea posible en este mundo de pecado, confiando en la obra eficaz del Espíritu de Dios. Que el Señor nos levante a todos, como Colegio, hasta una plataforma más elevada, y tendrá la gloria.

V. AVANZAR TRABAJANDO DE VERAS

Aún no he terminado mi mensaje, pues tengo que deciros también: *avanzad trabajando de veras*.

1. Bien mirado, seremos conocidos por lo que hemos hecho más que por lo que hemos dicho. A semejanza de los apóstoles, espero que nuestro monumento sea el de nuestros hechos. Hay en el mundo muchos buenos hermanos que son muy poco prácticos. La gran doctrina de la segunda venida les hace estarse con la boca abierta, mirando al cielo, de tal modo que estoy dispuesto a deciros: «Varones de Plymouth, ¿qué estáis mirando al cielo?». El hecho de que Jesús ha de volver de nuevo, no es una razón para estarse contemplando el firmamento, sino para trabajar en el poder del Espíritu Santo. No os enfrasquéis hasta tal punto en especulaciones, como para preferir una lección bíblica sobre un oscuro pasaje

Ministerio, Dones, Predicación, Mayordomía ...

de Apocalipsis a enseñar en una escuela dominical o hablar a los pobres tocante a Jesús. Es preciso que suprimamos los ensueños y nos pongamos manos a la obra. Creo en los huevos, pero hay que sacar polluelos de los mismos. No me importa el tamaño del huevo; si queréis, que sea un huevo de avestruz; pero si no hay nada en él, os ruego que no os entretengáis con la cáscara. Si vuestras especulaciones producen algo, que Dios las bendiga; y aun si fuerais un poco más lejos de lo que creo prudente aventurarse en tal dirección, si con ello sois más útiles, ¡alabad a Dios por ello! Queremos hechos, acciones realizadas, almas salvadas. Está muy bien escribir ensayos; pero, ¿qué almas habéis sido llevados a salvar de ir al infierno? Me interesa la excelente administración de vuestra escuela; pero, ¿cuantos niños han sido llevados a formar parte de la iglesia mediante esta administración vuestra? Nos alegramos de saber de ciertas reuniones especiales; pero, ¿cuántos han sido realmente nacidos para Dios en ellas? ¿Son los santos edificados? ¿Son convertidos los pecadores? ¡Dios nos libre de vivir en la comodidad espiritual mientras los pecadores se hunden en el infierno! Viajando por las carreteras en las montañas de Suiza, veréis continuamente las señales de las perforadoras; y en la vida de todo ministro debe haber señales de la ruda labor. Hermanos, haced algo; haced algo; HACED ALGO. Mientras las comisiones desperdician el tiempo redactando resoluciones, haced algo. Mientras las sociedades y las uniones están preparando constituciones, ganemos almas. Con demasiada frecuencia discutimos, consideramos y ponderamos, mientras Satanás se ríe con disimulo de nosotros. Os ruego a todos que seáis hombres de acción. Poned manos a la obra, y desenvolveos como hombres. Comparto la idea que el viejo Suwarrow tenía de la guerra: «Adelante y al ataque! ¡Nada de teorías! ¡Atacad! ¡Formad columna! Fijad las bayonetas, y cargad directamente contra el mismo centro del enemigo». Nuestro objetivo único es salvar pecadores, y no hemos de hablar solo de esto, sino efectuarlo en el poder de Dios.

VI. AVANZAR EN CUANTO A LA EVANGELIZACIÓN

Finalmente, y ahora os daré un mensaje que me abruma, *avanzar en cuanto a la elección de vuestra esfera de actividad.*

Hoy os estoy rogando por aquellos que no pueden rogar por sí mismos, a saber, las grandes masas del exterior, del mundo pagano. Los púlpitos existentes están ya tolerablemente bien suplidos, pero necesitamos hombres que quieran edificar en nuevos fundamentos. ¿Quiénes lo harán? ¿Somos, como grupo de hombres fieles, limpios en nuestras conciencias en cuánto a los paganos? Hay millones que no han oído jamás el nombre de Jesús. Cientos de millones han visto un misionero sólo una vez en su vida, y no saben nada de nuestro Rey. ¿Dejaremos que perezcan? ¿Podemos ir a nuestros lechos y dormir, mientras China, India, Japón y otras naciones se están condenando? ¿Estamos limpios de su sangre? ¿No tienen ningún derecho sobre nosotros? Deberíamos plantearlo así en vez de decir: «¿Puede demostrar que debiera ir?», decir: «¿Puede demostrar que no debiera ir?» Uno esta limpio de esta labor, cuando puede demostrar que no puede ir, no de otro modo. ¿Qué respondéis, hermanos? Os lo pregunto uno a uno. No os estoy planteando una cuestión que no me haya planteado honradamente a mí mismo. He visto que si algunos de nuestros principales ministros dieran el paso, tendría un gran efecto como estímulo de nuestras iglesias, y me he preguntado sinceramente si yo debiera ir. Después de sospesarlo todo, me siento obligado a seguir en mi lugar, y creo que el discernimiento de la mayoría de los cristianos confirmaría mi decisión; pero confío que iría al extranjero fácil, voluntaria y alegremente si no viese que debo quedarme aquí. Hermanos, haced vosotros el mismo experimento. Hemos de convertir a los paganos; Dios tiene miles y miles de sus elegidos entre ellos, es preciso que vayamos y los busquemos de un modo u otro. Ahora han desaparecido muchas dificultades, todos los países están abiertos, y las distancias han sido casi suprimidas. Cierto que no tenemos el don de lenguas de Pentecostés; pero los idiomas se aprenden

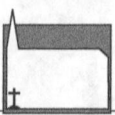

pronto, mientras el arte de la imprenta es un equivalente completamente satisfactorio para reemplazar el don perdido. Los peligros propios de las misiones no deberían retener a ningún hombre sincero. Hay centenares de lugares donde la cruz de Cristo es desconocida, a los cuales podemos ir sin riesgo. ¿Quién irá?

Los hombres que deberían ir son los hermanos jóvenes, de buena capacidad que aún no han echado sobre sí los cuidados de una familia. Cada uno de los estudiantes que entra en el Colegio debe considerar este asunto, y entregarse a la obra a menos que haya razones concluyentes para no hacerlo. Es un hecho que, es muy difícil hallar hombres, incluso para las colonias, pues me he visto obligado a abandonar oportunidades en Australia. No debería ser así. Seguro que debe haber aún entre nosotros espíritu de sacrificio, y algunos de nosotros que estén dispuestos a ser exiliados por Jesús. La Misión languidece por falta de hombres. Si vinieran hombres, la liberalidad de la iglesia supliría sus necesidades y, de hecho, la liberalidad de la iglesia ha ofrecido la provisión, y aún no hay hombres que vayan. Hasta que veamos a nuestros camaradas luchando por Jesús en todas las tierras, a la vanguardia del conflicto, no pensaré que hemos cumplido con nuestro deber. Creo que si Dios os mueve a ir, seréis los mejores misioneros, porque haréis de la predicación del Evangelio la gran característica de vuestro trabajo, y ésta es la manera segura en que Dios muestra su poder.

Ojalá nuestras iglesias imitaran a la del pastor Harms, en Alemania, donde cada miembro se consagra al Señor en hecho y en verdad. Los campesinos dan del producto de sus tierras, los obreros, de su trabajo; uno dio una enorme casa para ser usada como Colegio misionero, y el pastor Harms obtuvo dinero para adquirir un barco que equipó para hacer viajes a África, y entonces envió misioneros y pequeños grupos para formar comunidades cristianas entre los bosquimanos. ¿Cuándo serán nuestras iglesias así de abnegadas y activas? Fijaos en los moravos, cómo cada hombre y mujer se convierte en misionero, y, en consecuencia, cuánto hacen por el Señor. Captemos su espíritu. ¿Es un espíritu recto? Entonces es acertado que lo tengamos. No basta decir: «Esos moravos son maravillosos». Nosotros deberíamos ser también maravillosos. Cristo no adquirió a los moravos de manera más completa que a nosotros mismos; no tienen más obligación de sacrificarse que nosotros. ¿Por qué entonces esta reticencia? Cuando leemos acerca de los hombres heroicos que todo lo dieron por Jesús, no solo debemos admirarlos, sino imitarlos. ¿Quién los imitará ahora? ¿Veis la importancia de la cuestión? ¿No hay entre vosotros algunos dispuestos a consagrarse al Señor? ¡Adelante! es la consigna hoy. ¿No hay espíritus audaces que acaudillen las vanguardias? Orad todos vosotros para que, durante este Pentecostés, el Espíritu pueda decir: «Apartadme a Bernabé y a Saulo para la obra para la cual los he llamado».

Subid y volad hacia adelante en alas del amor. Amén.

100. DECAIMIENTO DE ÁNIMO DEL MINISTRO

«Soy semejante al búho del desierto; soy como la lechuza de los sequedales» (Salmo 102:6).

INTRODUCCIÓN: La aflicción de la carne y el auxilio del Espíritu Santo.

I. VIDA DEL PASTOR Y SUS RESULTADOS
1. La soledad del pastor.
2. El problema del sedentarismo.

II. FACTORES DEL ABATIMIENTO
1. Después de un éxito.
2. El desaliento ante una gran bendición.
3. La fatiga del trabajo.
4. La deslealtad hacía el ministro.
5. Un desgaste lento.
6. Cristo libera de la depresión.

III. LA ESCUELA DE LA ADVERSIDAD
1. Dios es glorificado en las postraciones de sus siervos.

CONCLUSIÓN: Qué espera un buen siervo.

Ministerio, Dones, Predicación, Mayordomía ...

DECAIMIENTO DE ÁNIMO DEL MINISTRO

INTRODUCCIÓN

Así como se ha consignado que a David en el calor de una batalla le entraba cierto desmayo, puede también decirse otro tanto de todos los siervos del Señor. Casi la generalidad de nosotros sufrimos accesos de abatimiento. Por más que nos sintamos animados, no es extraño que a intervalos se abata nuestro espíritu. Los fuertes no siempre están vigorosos; los sabios no siempre listos; los animosos no siempre dispuestos a pelear, y los de buen carácter no siempre satisfechos. Puede haber aquí y allá hombres de una naturaleza de hierro en quienes el desmejoramiento no deja huellas sensibles, pero a los cuales sin embargo, tiene el orín que corroer; y esto depende de que, el Señor bien sabe, los hombres sepan que no son más que polvo. Sabiendo yo por una dolorosa experiencia lo que un profundo abatimiento de espíritu significa, pues lo he sufrido con no poca frecuencia, he creído que podría servir de consuelo a algunos de mis hermanos el exponer yo mis opiniones sobre esto, para que los jóvenes inexpertos no fueran a imaginar que algo extraordinario les pasaba al sentirse a veces poseídos de melancolía; y para que los más tristes se hicieran cargo de que individuos, sobre los cuales ha derramado el sol sus rayos fulgurantes de alegría, no han caminado siempre iluminados por esa deseada luz.

No es necesario recurrir a citas de las biografías relativas a eminentes ministros, para probar que sufrir a intervalos paroxismos de espantosa postración, ha cabido en suerte a su mayor parte, si no es que a todos ellos. La vida de Lutero podría bastar para aducir miles de ejemplos, y de ningún modo puede decirse que haya sido de los menos favorecidos. Su gran espíritu se remontaba a menudo al séptimo cielo de divinos raptos, y a menudo también descendía hasta los bordes de un abismo de desesperación. Ni en su lecho de muerte se halló al abrigo de estas tempestades, y se entregó sollozando a su último sueño, como se duerme un niño rendido de cansancio. Así pues, en vez de multiplicar ejemplos, fijémonos en las razones de por qué se permiten estas cosas; por qué los hijos de la luz andan a veces envueltos en tinieblas, y por qué los heraldos de la aurora no es raro que se miren sumidos en la más completa oscuridad.

¿No es la primera razón de esto la de que todos son hombres? Y siendo hombres, les es inherente la debilidad y son herederos del dolor. El sabio autor de uno de los libros apócrifos (Ec. 40:1-4, 58), dijo con sobrada razón: «Un gran trabajo se ha creado para todos los hombres, y un pesado yugo se ha hecho para los hijos de Adán desde el día en que salen del vientre de su madre, hasta aquel en que vuelven al seno de la madre común de todo; a saber: Las cavilaciones y temores de su corazón; la imaginación de las cosas objeto de sus deseos, y el día de la muerte. Desde el hombre que se sienta en un glorioso trono, hasta el que se sienta abajo entre la tierra y ceniza; desde el que está vestido de seda azul y ciñe una corona, hasta el que viste un género sencillo, todos están sujetos a la ira, a la envidia, a la ansiedad, la inquietud. el temor y los rigores de la muerte, siendo esto común tanto al ser racional como al irracional, pero en grado mucho mayor lo sienten los impíos». La gracia nos resguarda de muchas cosas de éstas, pero a causa de que nos olvidamos de contar con ella, sufrimos aun de males que podríamos evitar. Aun bajo la economía de la redención, es evidente que tenemos que pagar un tributo a la debilidad humana; de otra manera no habría necesidad de la promesa de que el Espíritu Santo vendría a prestarnos auxilio. A los hombres buenos se les ha prometido tribulaciones en este mundo, y los ministros deben esperar una parte mayor que los demás, a fin de aprender por ese medio a simpatizar con el pueblo desdichado del Señor, y a ser pastores idóneos para dirigir un rebaño de ovejas doloridas. Podrían haber sido enviados espíritus desencarnados a proclamar la verdad, pero a éstos no les habría sido posible identificarse con los sentimientos de los que hallándose en la cárcel del cuerpo se quejan al sufrir alguna pena; podría haberse dado a los ángeles el cargo de evangelistas, pero sus atributos celestiales no les hubieran hecho a propósito para compadecerse de los ignorantes; si al Señor le hubiera plácido, podría haber formado hombres de mármol, pero la naturaleza impasible de ellos habría servido de sarcasmo a nuestra debilidad, y de burla a nuestras necesidades. Hombres, y hombres sujetos a las pasiones humanas, son los que Dios en su infinita sabiduría ha escogido para ministradores de su gracia; he ahí la razón de sus lágrimas, de sus perplejidades, de sus abatimientos.

Además la mayor parte de nosotros nos hallamos de un modo u otro, faltos de completa salud física. Solemos encontrar de tiempo en tiempo, a algún anciano que no recuerde haberse hallado imposibilitado de trabajar alguna vez; pero la generalidad de nosotros nos hallamos sujetos a alguna indisposición o sufrimiento ya sea físico o moral, Ciertas enfermedades del cuerpo, especialmente las relacionadas con los órganos de la digestión, el hígado y el bazo, producen, por más que no lo queramos decaimiento de ánimo; y aunque un hombre esfuerce en resistir su influencia, habrá horas y circunstancias en que ese malestar acabe por dormirlo. Y por lo que hace a enfermedades mentales podrá decirse que hay alguien que nunca las padezca ¿No todos nosotros, más o menos, les pagamos un tributo? A algunos individuos se les nota un aire de melancolía, inherente al parecer a su propia naturaleza, y de ellos puede decirse que «la tristeza les imprimió su marca para hacerlos suyos». Puede abrigar muy bellos sentimientos y regirse por los más nobles principios, pero se hallan inclinados olvidarse del arco iris para pensar tan sólo en nubes tempestuosas. Las personas de esta clase bien pueden cantar con el poeta Thomas Washbourne:

> «Se hallan nuestros corazones
> Quebrantados por la pena,
> Y de nuestra pobre lira
> Se han roto todas las cuerdas.
> Nuestros cantos, más que cantos
> Parecen dolientes quejas.
> Y esqueletos ambulantes
> Ya sin carne y ya sin fuerzas,
> Andamos penosamente
> Por el erial de la tierra».

Un carácter así bien puede no servir de obstáculo para que un hombre haga una carrera de especial utilidad, y puede aun habérsele sido impuesto por la Sabiduría divina como cualidad necesaria para el mejor desempeño de su misión. Algunas plantas deben sus propiedades medicinales a los pantanos en donde crecen; otras son deudoras de ellas a las sombras bajo las cuales florecen solitarias. Hay frutos preciosos madurados por la luna, tan bien como por el sol. Las embarcaciones necesitan de lastre tanto como de velas; el garrote que se da a las ruedas de un carruaje, no le impiden su marcha cuando baja por un camino inclinado. Probablemente el dolor ha desarrollado en algunos casos el genio, y puesto en vela al alma de otra manera habría dormido como un león en su cubil. Si no hubiera sido por la rotura de un ala, quizá se habrían perdido algunos en las nubes, incluyendo hasta escogidas palomas de las que ahora llevan en el pico ramas de olivo e indican el camino que conduce al arca de salvación. Pero cuando en la parte física y moral del individuo hay causas que predisponen a un decaimiento de ánimo, no debe uno maravillarse de que en ciertos momentos se rinda el corazón; lo que debe admirarnos se rinda el corazón; lo que debe admirarnos en muchos casos es si si las vidas íntimas pudiesen escribirse lo veríamos así como algunos ministros a pesar de sus desalientos perseveran en su trabajo y dejan que la sonrisa asome en su semblante. La gracia tiene sus triunfos todavía y la paciencia sus mártires, mártires que no porque las llamas les queman sólo el espíritu, y sus quemaduras son invisibles a los ojos humanos, merecen menos honra que aquellos a cuyo cuerpo ha consumido la hoguera. El ministerio de Jeremías es tan aceptable como el de Isaías, y aun el obstinado Jonás es un verdadero profeta del Señor que prestó servicios a los ninivitas. No despreciéis a los cojos, porque escrito está que ellos toman su presa,; sino honrad a quienes sintiéndose desfallecidos sin embargo perseveran en su obra. Lea, la de los ojos tiernos, fue más fecunda que la hermosa Raquel; y las penas de Ana fueron más bendecidas que las jactancias de

Ministerio, Dones, Predicación, Mayordomía ...

Penina. «Bienaventurados los que lloran», dijo el varón de Dolores, y que ninguno los considere de otro modo cuando sus lágrimas tienen la sal de la gracia. Tenemos el tesoro del Evangelio en vasos de barro, y si encontramos una que otra grieta en un vaso, que eso no nos cause admiración.

I. VIDA DEL PASTOR Y SUS RESULTADOS

El trabajo evangélico, cuando lo emprendemos sincera y empeñosamente, nos hace accesibles a los ataques que tienden a causar abatimiento. ¿Quién puede soportar el peso de las almas sin hundirse en el polvo? Un ardiente anhelo por la conversión de los hombres, si no se halla enteramente satisfecho, (¿y cuándo lo está?) consume el alma llenándola de ansiedad y contrariedades. Ver que aquellos en quienes se tenían buenas esperanzas, cambian de conducta; que los piadosos se enfrían; que los profesores abusan de sus privilegios y que los pecadores se entregan más y más al pecado, ¿no son todos estos motivos causa de desánimo? El Reino no viene como nosotros quisiéramos, el nombre venerado no se santifica como lo deseamos, y esto nos hace entristecer. ¿Y cómo no hablamos de sentirnos pesarosos cuando los hombres no creen lo que les decimos, y el poder divino les es desconocido? Toda clase de trabajo mental tiende a fatigar y debilitar, porque el mucho estudio quita la fuerza a la carne; y el nuestro es más que trabajo mental, es trabajo del corazón, es la obra elaborada en lo más íntimo del alma. Cuán a menudo, en las noches de los días consagrados al Señor, nos sentimos como si la vida se hubiera completamente oscurecido para nosotros. Después de haber derramado nuestra alma sobre nuestras congregaciones, nos sentimos como vasijas de barro vacías que un niño hubiera quebrado. Probablemente si nos asemejáramos más al apóstol Pablo, y procuráramos el bien de las almas con mayor tino y empeño, nos sería más conocido aquello de que debemos nutrirnos al movernos el celo por la causa del Señor. Tenemos el deber y el privilegio de dar nuestra vida entera por Jesús. No nos cumple ser muestras vivas de hombres en excelente estado de conservación, sino sacrificios vivos destinados a ser consumidos, nos cumple gastar y ser gastados; no meternos en un nicho y alimentar nuestra carne. Un trabajo así emprendido en bien de las almas por un ministro fiel, producirá en ocasiones un cansancio extremo, y languidecerán el cuerpo y el corazón. A Moisés se le pusieron pesadas las manos en su intercesión, y Pablo exclamó: «¿Quién es suficiente para estas cosas?» Incluso el mismo Juan el Bautista se cree que sufrió accesos de abatimiento, y los apóstoles una vez se sintieron azorados y sobrecogidos de terror.

1. Nuestra posición en la Iglesia conducirá también a esto. Un ministro provisto de todo lo necesario para su obra, estará animado por lo general, de un espíritu que vive en su esfera propia enteramente aparte e independiente de los demás. Ni las personas con las que tenga mayor intimidad, pueden estar al tanto de los pensamientos, cuidados y tentaciones que le son peculiares. En las filas los soldados marchan hombro con hombro con muchos camaradas; pero a medida que ascienden en categoría, sus compañeros son menos numerosos. Hay muchos soldados, pocos capitanes, menos coroneles, y un solo comandante en jefe. Así en nuestras iglesias el hombre a quien el Señor instituye por guía tiene que ser del mismo grado en que es hombre superior, un hombre solitario. Las cumbres de las montañas emergen majestuosas separadas del resto, y hablan solas con Dios cuando él visita sus terribles soledades. Los hombres de Dios que se elevan sobre sus semejantes al ponerse en comunión más cercana con los asuntos celestiales, sienten la falta de simpatías humanas. Como su Señor en el huerto de Getsemaní, buscan en vano consuelo en los discípulos que duermen alrededor, se estremecen con la apatía de los hermanos que forman su pequeña banda, y vuelven a su secreta agonía agobiados por la pesada carga que sobre ellos gravita, porque han hallado durmiendo a sus más queridos compañeros. Solo el que lo ha experimentado, puede conocer la soledad de una alma que ha sobrepujado a sus compañeros en celo por el Señor de los ejérci-

tos, no se atreve a manifestar lo que siente, por temor de que se burlen de ella, no puede ocultarse a sí misma porque hay un fuego interior que la calcina, y solo ante la presencia del Señor le es posible descansar. El hecho de que nuestro Señor haya enviado a sus discípulos de dos en dos, pone de manifiesto que él; bien sabia lo que en los hombres pasaba; pero para individuos de la talla de Pablo, me parece que no habría podido hallarse un compañero adecuado. Bernabé, Silas o Lucas, eran prominencias demasiado bajas para ponerse en comunicación familiar con la altura del Himalaya como la del apóstol de los gentiles. Esta soledad que si no me equivoco, es sentida por muchos de mis hermanos, es un fecundo manantial de abatimientos; y las reuniones fraternales de nuestros ministros, y el cultivo de santas relaciones con personas que en ideas congenien con nosotros, son cosas que con la bendición de Dios nos ayudarán en gran manera a libraros de semejante tentación.

2. Apenas puede dudarse que los hábitos sedentarios tienden a producir desaliento en algunas constituciones. Burton en su Anatomía de la melancolía, trae un capitulo acerca de esta causa de tristeza, y citando a uno de los miles de autores en cuyos dichos se inspira, dice lo siguiente: «Los estudiantes son demasiado negligentes por lo que hace a sus cuerpos. Otras clases de personas cuidan de sus instrumentos o herramientas; un pintor lava sus pinceles; un herrero cuida de su martillo, de su yunque y de su fragua; un labrador compone su arado y afila su azadón cuando éste se le mella; un cazador tiene cuidado especial de sus halcones, perros, caballos, etc...; un músico templa y afloja las cuerdas de su instrumento, y solo los estudiantes ven con abandono el suyo, es decir, su cerebro y facultades mentales que usan diariamente». Decía Lucano y con razón: «No retuerzas tanto la cuerda que se rompa». Estarse largo tiempo sin cambiar de postura, ponerse a ojear un libro, a tajar una pluma, etc., son en si mismas, cosas que producen languidez; pero agréguese a eso un cuarto mal ventilado, un cuerpo que ha permanecido horas enteras sin ningún ejercicio muscular, y un corazón abrumado con diferentes cuidados, y tendremos todos los elementos para preparar una caldera hirviente de hastío y desánimo, sobre todo cuando se sufre un sofocante calor, o la neblina empaña la claridad del sol:

«Cuando un manto cual sudario
Fúnebre cubre la tierra;
Cuando en los bosques el agua
De los árboles gotea,
Y al desprenderse sus hojas
Mustias, marchitas y secas
Se revuelven con el fango
Formando una alfombra negra».

El hombre que se halle bajo la influencia de tales circunstancias, aun cuando sea por naturaleza tan alegre como un pájaro, no podrá al cabo de algún tiempo resistirla, y tendrá que sucumbir; verá su gabinete de estudios como una cárcel, y sus libros como cadenas que en ella lo sujetan; a la vez que la naturaleza desde afuera de su ventana, le parecerá que lo llama brindándole salud y libertad. El que olvida el zumbido de las abejas entre los brezales, el arrullo de las palomas torcaces en las floreritas, el trino de las aves en la espesura del bosque, el murmullo del serpenteante riachuelo, y el susurro del viento en los pinares, no debe sorprenderse de que su corazón a su vez olvide cantar, y su alma pierda su vivacidad. Salir a respirar por un día el aire fresco en los cerros, o vagar por unas horas bajo la apacible sombra de los árboles que forman una floresta, sería una cosa que disiparía las brumas que invaden el cerebro de muchos de nuestros trabajados ministros que apenas pueden vivir. Absorber un poco de brisa del mar, o un rato de ejercicio al aire libre, no regocijaría al espíritu, pero si daría algún oxigeno al cuerpo, y ya sólo eso es mucho conseguir.

«Cuando el aire se halla en calma,
Languidece el corazón;
Mas si sus alas agita,
Con su soplo al hombre quita
su cansancio y postración.»

Los helechos y los conejos, los riachuelos y las truchas, los abetos y las ardillas, las prímulas y violetas, las eras de las haciendas, el heno recién segado y el lúpulo oloroso, son todas estas cosas eficaces medicinas para los hipocondríacos, tónicos seguros para los debilitados, e inmejorables restauradores de fuerzas agotadas. Por falta de oportunidad o por desidia, estos grandes remedios se ven con menosprecio, y el estudiante se convierte en víctima inmolada por sí mismo.

II. FACTORES DEL ABATIMIENTO

Las ocasiones en que más propensos estamos a sufrir abatimiento de ánimo, puede en mi concepto resumirse en el siguiente catálogo.

1. La primera de todas que debo mencionar, es la hora de un gran éxito. Cuando por fin miramos realizada una bella ilusión de nuestra vida; cuando por nuestro medio ha sido el nombre del Señor honrado y hemos logrado un gran triunfo, nos sentimos entonces expuestos a desmayar. Podría imaginarse que en medio de favores especiales se remontaría nuestra alma a las alturas del éxtasis y se llenaría de goce indefinible, pero generalmente sucede lo contrario. El Señor rara vez expone a sus guerreros a los peligros del envanecimiento que causa una victoria, sabe que pocos de ellos pueden salir airosos de prueba semejante, y de consiguiente vierte en su copa gotas de amargura. Ved a Elías, después que el fuego descendió del cielo; después que los sacerdotes de Baal fueron degollados y que el agua inundó las tierras secas, no hubo para él nota alguna de música halagadora; no se contoneó como conquistador revestido de triunfales ornamentos, sino que huye de Jezabel, y sintiendo la reacción de su excitación intensa, manifiesta vivos deseos de morir. Ese profeta, predestinado a no morir jamás, anhela ansiosamente el descanso del sepulcro; y aun el mismo césar, monarca del mundo, en sus momentos de rapto lloraba como un chiquillo. La pobre naturaleza humana no puede soportar los cambios que los triunfos celestiales producen, y tiene que venirle una reacción. Un exceso de alegría o de excitación tiene que ser pagado con desvanecimientos subsiguientes. Mientras dura la prueba, la fuerza se equilibra con la emergencia; pero cuando aquella concluye, la debilidad natural reclama su derecho a presentarse. Auxiliado secretamente, puede Jacob luchar toda una noche; pero cuando acabó su brega la mañana siguiente, comenzó a cojear, y así se evitó envanecerse demasiado. Pablo pudo ser transportado al tercer cielo y allí escuchar cosas indecibles, pero una espina que sintió en su carne, como mensajera para combatirla, enviada por Satanás, debía ser la inevitable secuela. Los hombres no pueden saborear una felicidad absoluta; ni aun los mejores de entre ellos poseen la idoneidad necesaria para tener «la frente ceñida de mirto y de laurel» sin sentir una humillación secreta que los haga no salir del lugar que les es propio. Llevados como por un remolino por un avivamiento espiritual; levantados por la popularidad, exaltados por un buen éxito en la ganancia de almas, seríamos como el hollejo y la paja que arrastra el aire tras él, si no fuera porque la disciplina de la misericordia se digna romper los buques de nuestra vanagloria por medio de un fuerte viento que hace soplar del Oriente, y nos hace naufragar arrojándonos desnudos y desamparados sobre la Roca de la Eternidad.

2. Antes de acometer alguna empresa de importancia, es muy común que se sienta algo del mismo desaliento. Al pulsar las dificultades que se nos presentan parece que se nos encoge el corazón. Los hijos de Anak andan majestuosamente ante nosotros y nos conceptuamos como pequeños insectos en su presencia. Las ciudades de Canaán están rodeadas de murallas que llegan hasta el cielo, y ¿quiénes somos nosotros para abrigar la esperanza de capturarlas? Nos viene la tentación de rendir nuestras armas y dar la media vuelta. Nínive es una gran ciudad, y preferimos huir a Tarso antes que hacer frente a su estruendosa población. Nos sentimos dispuestos a buscar una embarcación que nos conduzca lejos de aquella terrible escena y solo el temor de una tempestad refrena nuestros deseos. Esto fue lo que yo experimenté la primera vez que vine como pastor a Londres. Me espantaba al pensar en el éxito que pudiera yo alcan-

zar; y el pensamiento de la carrera que parecía abrírseme, lejos de envanecerme, me arrojaba en el abismo más profundo desde el fondo del cual entonaba mi miserere, sin hallar lugar donde prorrumpir en el gloria in excelsis. ¿Quién era yo para servir de guía a tan numerosa multitud? Hubiera querido volver a mi primitiva oscuridad, allá en mi pueblo o emigrar por América y buscar allí un nido solitario en los bosques en donde pudiera hallarme en aptitud de hacer lo que de mi se tendría el derecho de esperar. Entonces fue cuando comenzó a levantarse la cortina que cubría el futuro trabajo de mi vida, y me amedrentaba la revelación que del mismo iba yo a tener. No carecía de fe, pero estaba temeroso y persuadido de mi poca idoneidad. Me causaba miedo emprender la obra a que la Providencia en su gracia se había dignado llamarme. Me sentía como un chiquillo, y temblaba al oír la voz que decía: «Trillarás montes y los molerás, y collados tornarás en tamo» (Is. 41:15). Este mismo abatimiento me acomete siempre que el Señor prepara una de sus bendiciones por conducto de mi humilde ministerio la nube se ve negra antes de abrirse, y cubre de sombras antes de producir la lluvia de misericordias. El decaimiento se ha hecho ahora para mi como un profeta de vestidos burdos, como un Juan el Bautista, precursor de una de las más ricas bendiciones de mi Señor. Así también lo han juzgado los mejores hombres. El haberse limpiado el vaso lo ha puesto en condiciones de poder servir al Amo. La inmersión en el sufrimiento ha precedido al bautismo del Espíritu Santo. El ayuno produce apetito para el banquete. El Señor se revela en un escondrijo del desierto, mientras su siervo cuida las ovejas y espera en solitario pavor. El desierto es el camino que conduce a Canaán. El valle profundo lleva a la elevada montaña. La derrota prepara a la victoria. El cuervo es enviado primero que la paloma. La hora más sombría de la noche precede al rompimiento del alba. Los marinos bajan a un abismo, pero la ola siguiente los levanta hasta el cielo, y sienten su alma transida de pavor antes de verse elevados a su anhelada altura.

3. En medio de un largo y interrumpido trabajo, puede sobrevenirnos igual decaimiento. No puede el arco hallarse siempre encorvado sin peligro de romperse. El descanso es tan necesario al espíritu, como el sueño lo es al cuerpo. Los días del Señor son nuestros días de trabajo, y si no descansamos en algún otro día, caeremos abrumados de fatiga. Si a la tierra debe dejárse en erial y darle sus domingos, con más razón a nosotros se nos fuerza al reposo. De ahí la sabiduría y compasión de nuestro Señor cuando dijo a sus discípulos: «Vamos al desierto a descansar un poco». ¡A descansar! ¡Cuando la gente se sentía desmayar; cuando las multitudes andaban como andan las ovejas en las montañas sin pastor, Jesús habla de descansar! Cuando los escribas y fariseos andan como lobos voraces rondando los apriscos, ¡lleva a sus discípulos de excursión a un lugar tranquilo y de descanso! ¿Y hay acaso, alguien cuyo celo exagerado lo induzca a condenar un olvido tan atroz de lo que exigían circunstancias semejantes? Si hubiera quien lo hiciera dejémosle delirar. El Maestro sabe que no es conveniente agotar las fuerzas de sus siervos y agotar la luz de Israel. El tiempo de descanso no es un tiempo perdido. Ved al segador que en los días de verano se ocupa en cortar la mies sólo hasta la puesta del sol, y entonces suspende su trabajo; ¿y por esto hemos de decir que es un holgazán? De regreso a su casa busca su piedra de amolar, y comienza a pasar sobre ella su hoz, produciendo con eso el ruido más monótono, ¿y habrá quien piense que está perdiendo el tiempo? Y sin embargo, ¡cuánto más habría segado durante el tiempo empleado en arrancar de la piedra tan destempladas notas! Pero está afilando su herramienta y adelantará mucho más en su tarea cuando de nuevo aguce las puntas del instrumento a cuyo impulso caen ante si montones de gavilla. De modo semejante, un poco de reposo prepara al espíritu para prestar servicios más fructuosos a la buena causa. Como los pescadores han de remendar sus redes, nosotros también de vez en cuando debemos reparar nuestras fuerzas mentales debilitadas y arreglar nuestra máquina para

Ministerio, Dones, Predicación, Mayordomía ...

que trabaje mejor en el futuro. Remar con fuerza cada día como un reo condenado a galeras para el cual no hay días de fiesta, es otra cosa que no conviene a ningún ser racional. No somos corrientes de agua que sin cesar caminan, y nos cumple tener nuestras pausas e intervalos. ¿Quién puede evitar que le falte el aliento si corre sin interrupción? Aun las bestias de carga deben mandarse al campo de tiempo en tiempo, el mar mismo hace una pausa entre el flujo y el reflujo, la tierra guarda descanso en los meses invernales, y siguiendo esa ley natural el hombre, aun cuando se halle exaltado al rango de embajador de Dios, tiene que descansar o desfallece. Si no ceba su lámpara, ésta se le apagará; si no abre algún paréntesis en sus trabajos, acabará por adquirir una prematura enfermedad. La sabiduría aconseja que de tiempo en tiempo nos permitamos algunos días de asueto. En una carrera larga haremos más si a veces hacemos menos. Un trabajo incesante, sin recreación ninguna, puede ser propio de espíritus emancipados de ese pesado barro; pero mientras habitamos en el nicho que nos forma, es preciso hacer alto en ocasiones, y servir al Señor en una santa inacción y piadosa tranquilidad. Que las conciencias escrupulosas no pongan en duda la legalidad de llevar por temporadas la carga que se lleva, sino que aprovechando la experiencia de otros, se persuadan de la necesidad y del deber en que están de dar descanso al cuerpo cuando éste así lo pida.

4. La vista de un acto brusco de deslealtad, ha producido a veces en el ministro un profundo abatimiento. Se apercibe de que el hermano en quien más se confía se convierte en traidor; que Judas vuelve la espalda al hombre que tanto lo estimaba, y siente en ese momento abatido el corazón. Cada uno de nosotros nos sentimos inclinados a fijarnos en las debilidades humanas, y de ahí dimanan muchos de nuestros pesares. Es igualmente desconsolador el golpe que recibimos cuando algún miembro de la congregación honrado y estimado por nosotros, cede a la tentación y echa una mancha sobre el buen nombre que tenía. Cualquier cosa es menos mala que ésta. Un aconte- cimiento semejante hace que al ministro le den ganas de ir a buscar un rincón en el desierto, y estarse metido allí toda su vida para no volver a oír los escarnios blasfemos de los impíos. Diez años de trabajo no consumen tanto nuestra vida, como la consume en unas cuantas horas Achitifel el traidor o Demas el apóstata. También las luchas en el seno de la congregación, las divisiones, las críticas necias y los chismes, han postrado a menudo a los mejores hombres, y los han hecho andar «como con una espada en sus huesos». Las palabras duras hieren muy profundamente a las personas delicadas. Muchos de los mejores ministros son, a causa de la espiritualidad de su carácter, sumamente sensibles, más quizá de lo que debieran serlo en un mundo como éste. «Una patada que apenas impresionaría a un caballo, podría matar a una persona delicada». Una dolorosa experiencia hace que el alma se endurezca en términos de poder resistir los rudos golpes inevitables en nuestro trabajo; pero al principio nos hacen bambolear y nos envían a nuestras casas envueltos en una noche de horrorosa oscuridad. Los sinsabores de un verdadero ministro, no son pocos, por cierto; y los que nos causan los que se nos venden por amigos, son más amargos que los que nos hacen sufrir nuestros enemigos declarados. Que nadie, al menos de los que aman la tranquilidad de su espíritu, y buscan las dulzuras de una vida exenta de zozobras, ingrese al ministerio; pues si así lo hace, tendrá que abandonarlo lleno de disgusto.

Pocos sin embargo, por fortuna, estarán predestinados a pasar horas tan sombrías como las que a mi me amargaron la vida después del deplorable accidente acaecido en la academia de música de Surry. Me sentí agobiado por las penas, más allá de toda ponderación. El tumulto que presencié, el pánico, las muertes, se me presentaban en la memoria noche y día, y me hicieron la vida materialmente pesada. Entonces cantaba yo en medio de mis pesares:

> «Mis recuerdos en tropel
> hacen mayor mi aflicción,
> y llenas de saña cruel
> laceran mi corazón».

SERMONES SELECTOS

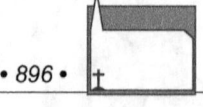

De ese sueño de horror fui despertado en un momento, por la aplicación que en su gracia permitió Dios que hiciera a mi alma el siguiente texto: «A Jesucristo, Dios Padre lo ha exaltado». El hecho de que Jesús es siempre grande, sean cuales fueren los sufrimientos de sus siervos, me trajo de nuevo a la razón haciéndome recobrar la suspirada paz. Si por desgracia algunos de mis hermanos fuesen víctimas de una calamidad semejante, tengan fe y esperen con paciencia su salvación de Dios.

5. Cuando las molestias se nos multiplican y las desilusiones que sufrimos se corren en larga sucesión como se sucedían los mensajeros de Job, entonces también, en medio de la perturbación que en el alma producen las desagradables nuevas, el desaliento arrebata al corazón toda su tranquilidad. El agua que cae gota a gota rompe las piedras más duras; y de igual manera, ni aun las almas de mejor temple pueden sufrir sin gastarse el roce de repetidas aflicciones. Si a la pena de ver una despensa poco provista, se le agrega la que causa la enfermedad de la esposa o la pérdida de un hijo; o si a las necias observaciones de algunos de los oyentes, le siguen la oposición de los diáconos y la frialdad de los miembros de la congregación, como Job, nos vemos obligados a exclamar: «Todas estas cosas están contra mí». Cuando David volvió a Siclag, y se halló con la ciudad quemada y saqueada, con sus mujeres robadas y sus tropas dispuestas a apedrearle, leemos que, «se esforzó en Jehová su Dios»; y bien hizo en proceder así, porque sin duda habría desmayado si no hubiera creído ver la bondad del Señor en la tierra de los vivos. Cuando las penas son muchas, aumentan su peso unas a las otras; cada una de ellas exacerba a las demás, y como pandillas de ladrones, sin conmiseración alguna, destruyen nuestro reposo. Unas tras otras las olas acaban con las fuerzas del mejor nadador. El punto donde se juntan dos mares, puede causar averías aun a las quillas de superior construcción. Si hubiera un regular intervalo entre los golpes de la adversidad, el espíritu tendría tiempo de prepararse a resistirlos; pero cuando caen inesperadamente y sin interrupción, como cae una lluvia de granizos, el infortunado a quien sorprenden se siente solo recogido a su pesar. El último gramo vence el lomo del último camello, y cuando el peso de ese último lo tenemos sobre nosotros, ¿qué tiene de raro que por algún tiempo nos sintamos desfallecidos y próximos a exhalar el postrero suspiro?

6. Este mal nos puede sobrevenir en ocasiones sin que sepamos por qué, y entonces es mucho más difícil que nos sobrepongamos a él. Contra un abatimiento inmotivado no puede razonarse, ni pudo alguna vez el arpa de David tocar armoniosamente a pesar de los más convincentes argumentos. Lo mismo sucede cuando se lucha contra lo vago, contra lo indefinido que entristece y oprime el corazón. No inspira lástima el que se halla en este caso, porque parece acto irracional y aun pecaminoso, mostrarse abatido sin causa manifiesta; y sin embargo, el hombre se siente postrado hasta en lo más recóndito de su alma. Si los que se ríen de semejante melancolía la experimentaran durante una hora siquiera, puede asegurarse que su risa se trocaría en compasión. Con fuerza de voluntad se podría quizá sacudir ese marasmo, pero ¿cómo podemos esperar que la tenga un hombre que está careciendo de ella? El médico y el teólogo pueden reunir su respectiva pericia en tales casos, y ambos hallarán llenas sus manos, y mucho más que llenas. El cerrojo de hierro que tan misteriosamente cierra la puerta de la esperanza y guarda nuestros espíritus en tan lóbrega prisión, necesita una mano celestial que lo descorra; y cuando esa mano se ve, clamamos con el apóstol: «Bendito sea el Dios y Padre del Señor Jesucristo, el Padre de misericordias, y el Dios de toda consolación, el cual nos consuela en todas nuestras tribulaciones, para que podamos también nosotros consolar a los que están en cualquiera angustia, con la consolación con que nosotros somos consolados de Dios» (2 Co. 1:3, 4).

Solo el Dios de todo consuelo es
quien puede
un dulce remedio dar
al corazón afligido
y próximo a desmayar,

Ministerio, Dones, Predicación, Mayordomía ...

para que éste pueda echar sus congojas al olvido. Simón se hunde hasta que Jesús le toma de la mano. El espíritu maligno tortura sin piedad al pobre niño hasta que la palabra autoritaria le ordena que salga de él. Cuando nos sentimos acometidos por horribles temores y encorvados bajo el peso de una intolerable pesadilla, no necesitamos sino que el Sol de Justicia se levante para que los males que surgen de las negras tinieblas se disipen; y ninguna otra cosa hará salir al alma de su pesado sopor. Timoteo Rogers, y Simón Brown compositores de himnos de notable hermosura, tuvieron ocasión de probar cuán inútil es el auxilio ministrado por el hombre si el Señor retira al alma su luz.

III. LA ESCUELA DE LA ADVERSIDAD

Si se quisiera averiguar la razón que hay para que el Valle de las sombras de Muerte deba ser tan a menudo recorrido por los siervos de Jesús, no sería difícil dar con la respuesta. Es por causa de la manera de obrar del Señor, la cual puede resumirse en estas cuantas palabras: «No con ejército, ni con fuerza sino con mi Espíritu, ha dicho el Señor de los Ejércitos». Tienen que usarse instrumentos, pero su debilidad intrínseca se pondrá de manifiesto con toda claridad no puede dividirse la gloria, ni menoscabarse en nada el honor debido al Gran Artífice. El hombre debe estar vacío de sí mismo, para ser después lleno del Espíritu Santo. En su propio concepto será como una hoja seca arrebatada por un viento tempestuoso, y en seguida se sentirá como guarecido por un muro de acero para hacer frente a los enemigos de la verdad. Que el obrero no dé cabida al orgullo es la gran dificultad. Un buen éxito no interrumpido y la satisfacción natural que eso produce, si no tuvieran sus paréntesis, serían cosas que nuestras débiles cabezas no podrían por mucho tiempo aguantar. El vino necesita estar mezclado con agua para no entorpecer nuestro cerebro. Abrigo pues la creencia de que esos a quienes su Señor honra públicamente, tienen por lo general que sufrir secretas contrariedades o llevar alguna cruz especial, para que de esa manera no se exalten a sí mismos demasiado y caigan en las redes que tiende Satanás. A cada momento el Señor llama a Ezequiel «¡hijo del hombre!». En medio de su elevación a puestos altamente honoríficos, y justo cuando le sobraban motivos para recrearse en su gloria, las palabras «hijo del hombre» caían en sus oídos, quitando a su corazón el ensoberbecimiento que podrían haberle causado las distinciones que le habían concedido. Mensajes de esa clase, humillantes pero provechosos, son los que nuestro decaimiento murmuran en el oído, diciéndonos de forma que no deja lugar a duda alguna, que no somos más que hombres frágiles, débiles y expuestos a ceder a cualquier tentación.

1. Dios es glorificado por todas estas postraciones de sus siervos, porque no pueden menos que magnificarle cuando de nuevo se yerguen, y hasta cuando estando postrados en el polvo, su fe los estimula a tributarle alabanzas. Hablan entonces con mayor mansedumbre de su fe, y con más firmeza sienten establecido su amor. Hombres maduros de esta clase, como lo son algunos antiguos predicadores, apenas podrían hallarse si no fuera porque han sido vaciados de vaso en vaso, e inducidos a ver su propia vaciedad y la vanidad de todo lo que los rodea. Gloria sea dada a Dios por el horno, la lima y el martillo. En el cielo estaremos tanto mas llenos de goces, cuanto mayores hayan sido las aflicciones que aquí nos hayan llenado; y la tierra estará mejor cultivada, si aprendemos a labrarla en la dura escuela de la adversidad.

CONCLUSIÓN

La sabiduría nos enseña que no debemos desmayar por sentir el alma conturbada. Que eso pues no nos sorprenda, sino que lo veamos como parte de la experiencia ordinaria del ministro. Si la postración que sintiereis fuese extraordinaria, creed, aun así, que os veréis en tal estado por vuestro propio bien. No perdáis nunca vuestra confianza, porque a ésta se han ofrecido grandes recompensas. Aun cuando el pie del enemigo esté sobre vuestra cerviz, esperad levantaros y derribarle. Echad la carga del presente juntamente con el pecado del pasado y el temor del futuro, sobre el Señor que no abandona a sus santos. Vivid con el día, mejor dicho, con la hora. No os atengáis a los marcos de los cuadros ni a los sentimientos. Vale más un grano de fe que una tonelada de estímulos. Confiad solo en Dios y no en los débiles auxilios que presta la humanidad. No os sorprendáis cuando los amigos deserten de vosotros, que éste es un mundo falaz. Nunca contéis con la inmutabilidad del hombre, al contrario, contad con su inconstancia para que no al palparía tengáis que contrariaros. Los discípulos de Jesús le abandonaron, no os sorprendáis si vuestros adherentes os dejan para seguir a otros maestros. Así como no eran vuestro todo, cuando estaban con vosotros, así tampoco no todo se irá de vosotros cuando ellos os abandonen. Servid a Dios con todas vuestras potencias mientras la vela dé luz, y cuando ésta se apague o se extinga por una temporada, tendréis menos que sentir. Contentaos con ser nada, pues eso sois. Cuando penosamente se os imponga en vuestra conciencia el sentimiento de vuestra propia vaciedad, reprochaos haberos imaginado alguna vez llenos de algo que no haya sido el Señor. Atesorad agradecidos las dádivas con que se os quiera agraciar, pero no esperéis sino hasta el fin del camino que tenéis que recorrer, que se os agracie con la dádiva mayor. Continuad con doble empeño sirviendo a vuestro Señor, cuando no tengáis visibles resultados. Un individuo cualquiera, por simple que sea puede seguir un sendero angosto si se halla éste iluminado; pero solamente la fe puede ponernos en aptitud de transitar por él en la oscuridad con infalible exactitud, porque nos pone la mano en la mano del gran guía. Entre la tierra y el cielo puede haber un camino escabroso y es fácil que suframos tiempos tempestuosos, pero todo está provisto por el Señor que ha hecho un pacto con nosotros. No nos desviemos en nada del camino que el mandato divino nos señala. Sea cual fuere nuestra situación, el púlpito es nuestra atalaya y el ministerio nuestra guerra; y aun cuando no podamos contemplar la faz de nuestro Dios, confiemos siempre en él escudados bajo la santa sombra de sus alas.

101. LA VIGILANCIA QUE DE SÍ MISMO DEBE TENER EL MINISTRO

«Ten cuidado de ti mismo y de la doctrina; persiste en ello; pues haciendo esto, a ti mismo salvarás y a los que te oyeren» (1 Timoteo 4:16).

INTRODUCCIÓN:
1. Los ministros y su cuidado espiritual.
   a) Vigilancia en la doctrina
   b) No perder la gracia

I. LA SANTIDAD TIENE QUE SER LA PRIMERA PREOCUPACIÓN
1. Asegurémonos el llamamiento.
2. El ministro inconverso.

II. MADUREZ Y PIEDAD DEL PASTOR
1. Los candidatos para el púlpito.
2. El vigor de la piedad.
3. Los peligros del ministerio.
4. Aferrados al Príncipe de los Pastores.

III. LA CREDIBILIDAD DEL PÚLPITO
1. El daño de ser inconsecuentes.
2. La palabra dada.
3. No seamos indulgentes con nosotros.

CONCLUSIÓN: No olvidar que sois ministros cristianos.

LA VIGILANCIA QUE DE SÍ MISMO DEBE TENER EL MINISTRO

INTRODUCCIÓN

Todo obrero sabe qué necesario le es conservar su herramienta en buen estado, porque «si los instrumentos se embotasen y no los amolase, tendría que emplear más fuerzas». Si al obrero se le gastara el filo de su azuela, sabe que se vería obligado a redoblar su esfuerzo, so pena de que su obra saldría mal ejecutada. Miguel Ángel, el predilecto de las bellas artes, comprendía tan bien el importante papel que desempeñaban los útiles que usaba, que hacia con sus propias manos sus brochas y pinceles, ejemplificándonos de ese modo al Dios de la Gracia que con especial cuidado se adap-

Ministerio, Dones, Predicación, Mayordomía ...

ta a sí a todo ministro verdadero. Es verdad que el Señor puede trabajar sin el auxilio de instrumento alguno, conforme lo verifica a veces valiéndose de predicadores indoctos para la conversión de las almas; y también lo es que puede obrar aun sin agentes, como lo hace cuando salva a los hombres sin ninguna clase de predicadores, aplicando la palabra directamente por medio de su Santo Espíritu; pero no podemos considerar los actos soberanos y absolutos de Dios, como regla para nombrar los nuestros. Él puede, supuesto lo absoluto de su carácter, obrar como mejor le plazca; pero nosotros debemos hacerlo, según nos lo preceptúan sus más claras dispensaciones; y uno de los hechos más palpables es que el Señor generalmente adapta los medios a los fines, en lo cual se nos da la lección de que es natural que trabajemos con mayor éxito, cuanto mejor sea nuestra condición espiritual. En otras palabras, generalmente efectuaremos mejor la obra de nuestro Señor, cuando los dones y gracias que hemos recibido se hallen en buen orden; y lo haremos peor, cuando no lo estén. Ésta es una verdad práctica para nuestra guía. Cuando el Señor hace excepciones, éstas no hacen más que probar la exactitud cíe la regla que acabamos de sentar.

Somos en cierto sentido nuestros propios instrumentos, y por consiguiente, debemos conservarnos en buen estado. Si me es menester predicar el Evangelio, no podré hacer uso de nada que no sea mi propia voz; por tanto, debo educar mis órganos vocales. No puedo pensar sino con mi propio cerebro, ni sentir sino con mi propio corazón, y en consecuencia, debo cultivar mis facultades intelectuales y emocionales. No puedo llorar y sentirme desfallecer de ternura por las almas, sino en mi propia naturaleza renovada, y debo conservar cuidadosamente, pues, la ternura que por ellas abrigaba Cristo Jesús. Vano será que surta mi biblioteca, que organice sociedades, o proyecte estos o aquellos planes, si me muestro negligente en el cultivo de mí mismo; porque los libros, las agencias y los sistemas son solo remotamente los instrumentos de mi santa vocación; mi propio espíritu, mi alma y mi cuerpo son la maquinaria que tengo más a mano para el servicio sagrado; mis facultades espirituales y mi vida interior son mi hacha y mis arreos guerreros. McCheyne, escribiendo a un ministro amigo suyo que andaba viajando con la mira de perfeccionarse en el alemán, usó un lenguaje idéntico al nuestro: «Sé que te aplicarás con todo empeño al alemán, pero no eches en olvido el cultivo del hombre interior, quiero decir, del corazón. Cuán diligentemente cuida el oficial de caballería de tener su sable limpio y afilado, frotándole con tal fin cualquiera mancha con el mayor cuidado. Recuerda que eres una espada de Dios, instrumento suyo, confío en ello, y un vaso de elección para llevar su nombre. En gran medida, según la pureza y la perfección del instrumento, será el éxito. No bendice Dios los grandes talentos tanto como la semejanza que se tiene con Jesús. Un ministro santo es una arma poderosa en la mano de Dios».

1. Para el heraldo del Evangelio, estar espiritualmente desarreglado en su propia persona es tanto para él mismo como para su trabajo una verdadera calamidad; y con todo, hermanos míos, ¡cuán fácilmente se produce tal mal! ¡Cuánta vigilancia, por lo mismo, se necesita para prevenirlo! Viajando un día por expreso de Perth a Edimburgo, nos vimos repentinamente detenidos, a consecuencia de haberse roto un pequeño tornillo de una de las dos bombas de que virtualmente constan las locomotoras empleadas en los ferrocarriles; y cuando de nuevo nos pusimos en camino, tuvimos que avanzar al impulso de un solo émbolo que funcionaba en lugar de los dos. Solo un pequeño tornillo se había inutilizado, y si hubiera estado en su lugar, el tren habría andado sin pararse todo su camino; pero la falta de esa insignificante pieza de hierro desarregló todo lo demás. Se dice que un tren se paró en uno de los ferrocarriles de los Estados Unidos, con motivo de haberse llenado de moscas los depósitos de grasa de las ruedas de los bagones. La analogía es perfecta: un hombre que bajo todos conceptos posea las cualidades necesarias para ser útil, puede por algún pequeño defecto que tenga, sentirse extraordinariamente entorpecido, o

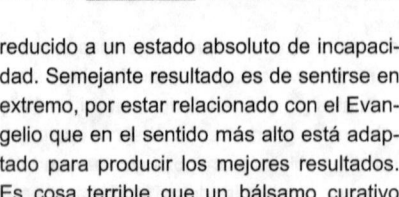

reducido a un estado absoluto de incapacidad. Semejante resultado es de sentirse en extremo, por estar relacionado con el Evangelio que en el sentido más alto está adaptado para producir los mejores resultados. Es cosa terrible que un bálsamo curativo pierda su eficacia debido a la impericia del que lo aplica.

a) Todos vosotros conocéis los perjudiciales efectos que con frecuencia se producen en el agua que corre por cañerías de plomo; pues de igual modo el Evangelio mismo al correr por hombres espiritualmente dañados, puede perder su mérito hasta el grado de hacerse perjudicial a sus oyentes. Es de temerse que la doctrina calvinista se convierta en la enseñanza peor, si se predica por hombres de vida poco edificante, y se presenta como una capa que puede cubrir toda clase de licencias; y el arminianismo, por otra parte, con su amplitud en ofrecer la misericordia, puede causar un serio daño a las almas, si el tono ligero del predicador da lugar a que sus oyentes crean que pueden arrepentirse cuando les plazca, y que de consiguiente no hay urgencia en acatar desde luego las prescripciones del mensaje evangélico.

b) Además, cuando un predicador es pobre en gracia, cualquier bien duradero que pudiera ser el resultado de su ministerio, será por lo general débil, y no guardará ninguna proporción con lo que habría derecho de esperar. Una siembra abundante será seguida por una cosecha escasa; el interés producido por los talentos será en extremo pequeño. En dos o tres de las batallas perdidas en la última guerra americana, se dice que las derrotas se debieron a la mala clase de la pólvora ministrada por ciertos contratistas falsarios del ejército, pues eso fue causa de que no se obtuviera el efecto buscado por el cañoneo. Lo mismo puede acontecernos a nosotros. Podemos no dar con nuestra mira, desviarnos del camino que intentamos seguir y desperdiciar nuestro tiempo, por no poseer verdadera fuerza vital dentro de nosotros mismos, o no poseerla en tal grado que conforme a ella pueda el Señor bendecirnos. Cuidaos de ser predicadores falsarios.

Uno de nuestros principales cuidados debe ser el que nosotros mismos seamos salvos.

I. LA SANTIDAD TIENE QUE SER LA PRIMERA PREOCUPACIÓN

El predicador del Evangelio tiene que ser ante todo participante de él, ésta es una verdad simple, pero al mismo tiempo una regla de la mayor importancia. No vivimos entre los que aceptan la sucesión apostólica de los jóvenes, tan sólo porque éstos pretenden asumirla. Sí la vida de colegio de los mismos, ha sido vivaz más bien que espiritual; si los honores que allí han adquirido los deben a ejercicios atléticos más bien que a sus trabajos por Cristo, nosotros necesitamos en tal caso, pruebas de otro género de las que ellos pueden presentarnos. Por elevados que sean los honorarios pagados a los más sabios doctores, y por grandes que sean los conocimientos que hayan recibido, en cambio, no tendremos por eso una evidencia de que su vocación les ha venido de lo alto. Una piedad sincera y verdadera es necesaria como el primer requisito indispensable. Sea cual fuere el «llamamiento» que alguien pretenda haber recibido, si no ha sido llamado a la santidad, puede asegurarse que no lo ha sido al ministerio.

1. «Atavíate primero a ti mismo, y adorna después a tu hermano» dicen los rabinos. «La mano que trata de limpiar algo» dice Gregorio «es menester que esté limpia». Si la sal no tiene sabor ¿cómo podréis sazonar con ella? La conversión es una cosa *sine qua non* en un ministro. Vosotros aspirantes a nuestros púlpitos, es preciso que nazcáis de nuevo. Ni es la posesión de esta primera cualidad una cosa que pueda tenerse como concedida por cualquiera, porque hay una muy gran posibilidad de que nos engañemos acerca de si estamos convertidos o no. Creedme, no es juego de niños que os aseguréis de vuestro llamamiento y elección. El mundo está lleno de imposturas, y abunda en seductores que explotan la presunción carnal y se agrupan en torno de los ministros con la avidez con que lo hacen los buitres en torno de los cuerpos en putrefacción. Nuestros corazones son engañosos, de

Ministerio, Dones, Predicación, Mayordomía ...

manera que la verdad no está en la superficie, sino que debe ser sacada de su más profundo interior. Debemos examinarnos a nosotros mismos profunda y afanosamente, no sea que por algún motivo después de haber predicado a los demás, resulte que estamos en la línea de los réprobos.

¡Cuán horrible es ser predicador del Evangelio y no estar convertido! Que cada uno se diga en secreto desde lo más recóndito de su alma: «¡Qué cosa tan terrible será para mí el vivir ignorante del poder de la verdad que me estoy preparando a proclamar!». Un ministro inconverso envuelve en sí la más patente contradicción. Un pastor destituido de gracia es semejante a un ciego elegido para dar clase de óptica, que filosofara acerca de la luz y la visión, disertara sobre ese asunto, y tratara de hacer distinguir a los demás las delicadas sombras y matices de los colores del prisma, estando él sumergido en la más profunda oscuridad. Es un mudo nombrado profesor de canto; un sordo a quien se pide que juzgue sobre armonías. Es como un topo que pretendiera educar aguiluchos; como un leopardo elegido presidente de ángeles. A un supuesto de tal naturaleza se le podrían aplicar las más absurdas metáforas, si el asunto de suyo no fuese tan solemne. Es una posición espantosa en la que se coloca un hombre que emprende una obra para la ejecución de la cual es entera y absolutamente inadecuado; pero su incapacidad no lo exime de responsabilidades, ya que deliberadamente las ha querido asumir. Sean cuales fuesen sus dotes naturales y sus facultades mentales, nunca será el ministro a propósito para una obra espiritual si carece de vida espiritual; y en ese caso cumple a su deber cesar en sus funciones ministeriales mientras no adquiera la primera y más simple de las cualidades que para ello se han menester.

2. El ministro inconverso asume un carácter igualmente horroroso en otro respecto. Si no ha recibido comisión, debe ser muy desgraciada la posición que tenga que ocupar. ¿Qué puede ver de lo que del pueblo pase que le dé consuelo? ¿Qué sentirá cuando oiga los lamentos de los penitentes, o escuche sus ansiosas dudas y solemnes temores? Es natural que se admire al pensar que sus palabras deben haberse apropiado para conseguir tal fin. La palabra de un inconverso puede ser bendecida para la conversión de las almas, puesto que el Señor a la vez que desconoce a un hombre semejante, honrará con todo, su propia verdad. ¡Cuán perplejo debe sentirse un hombre así al ser consultado respecto de las dificultades que se presenten a los cristianos maduros! Debe estar muy alejado del sendero por el cual han caminado sus oyentes regenerados. ¿Cómo podrá escuchar sus goces en el lecho mortuorio, o unirse a ellos en sus entusiastas regocijos cuando se congregan en torno de la mesa de su Señor?

Muchas veces ha sucedido que los jóvenes destinados a un oficio que no cuadra con su carácter han huido al mar, prefiriendo esto a continuar en negocios para ellos enfadosos; pero ¿a dónde huirá el que ha comprendido su vida toda a este santo llamamiento, y está sin embargo totalmente sustraído al poder de la piedad? ¿Cómo puede atraer diariamente hombres a Cristo, si él mismo desconoce el ardiente amor del Salvador? Oh señores, esto debe ser seguramente una perpetua esclavitud. Un hombre semejante tiene que odiar la vista del púlpito, tanto como el sentenciado a galeras odia el remo. Y cuán inservible tiene que ser. Está llamado a instruir a otros siendo él mismo un necio. ¿Qué otra cosa puede ser sino una nube sin agua, y un árbol con hojas solamente? Lo que pasa en el desierto a una caravana en que todos los que la forman están sedientos y se sienten morir bajo los rayos de un sol abrasador, y al llegar a un pozo ardientemente deseado, ¡horror de los horrores! lo hallan sin una gota de agua, eso mismo pasa a las almas que sedientas de Dios van a dar con un ministro que carece de gracia, pues están en grande riesgo de perecer por no hallar en él el agua de la vida. Mejor es abolir los púlpitos, que ocuparlos con hombres que no tienen un conocimiento experimental de lo que enseñan.

¡Ay! el pastor no regenerado se hace también terriblemente dañino, porque de todas las causas que originan la infidelidad, los ministros faltos de piedad deben ser

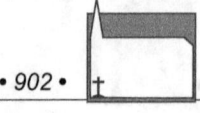

contados entre las primeras. El otro día leí que ninguna fase del mal presentaba un poder tan maravilloso de destrucción, como el ministro inconverso de una parroquia que contaba con un órgano de gran valor, un coro de cantores profanos y una congregación aristócrata. Era de opinión el escritor que no podría haber un instrumento más eficaz que ése para la condenación. La gente va al lugar donde tributa su culto, se sienta cómodamente, y se figura que deben ser cristianos, siendo así que en lo único en que consiste su religión es en escuchar a un orador a la vez que la música les halaga los oídos, y tal vez distraen sus ojos los ademanes graciosos y de moda de los concurrentes. El conjunto no es mejor de lo que oyen y ven en la ópera, y si no es tan bueno quizás en punto a belleza estética, no es por eso ni en lo más mínimo más espiritual. Son muchos los que se felicitan a sí mismos y aun bendicen a Dios por tenerse como cristianos devotos, y al mismo tiempo viven alejados de Cristo en un estado no regenerado, pues alardean de piedad en la forma, pero niegan el poder de esa virtud. El que se apega a un sistema que no tiende a una cosa más elevada que el formalismo, se constituye más en siervo del diablo que en ministro de Dios.

Un predicador formal puede alucinar en tanto que conserve su equilibrio exterior; pero como carece de la balanza de la piedad para sostenerse en él, tarde o temprano es casi seguro que dé un resbalón en su carácter moral, ¡y en qué posición se coloca entonces! Cuán blasfemado es Dios y el Evangelio profanado!

Es cosa terrible considerar qué muerte debe esperar a un hombre tal, y cuál tiene que ser su condición después de ella. El profeta pinta al rey de Babilonia descendiendo al infierno, y a todos los reyes y príncipes a quienes él había destruido, y cuyas capitales había devastado, levantándose de sus lugares en confuso tropel, y saludando al tirano caído con este punzante sarcasmo: «¿Te has hecho semejante a nosotros?». ¿Y no podéis suponer a un hombre que ha sido ministro, pero que ha vivido sin Cristo en el corazón, bajando al infierno, y a todos los espíritus aprisionados allí, que antes le escuchaban, y a todos los impíos de su parroquia, saliéndole al encuentro y diciéndole en acerbo todo: «¿Te has hecho tú también como nosotros? Médico, ¿no te curaste a ti mismo? Tú que pretendías ser una luz brillante, ¿has sido arrojado a las tinieblas por siempre?» ¡Oh! si alguno tiene que perderse, que no sea de esta manera. Perderse bajo la sombra de un púlpito, es cosa muy terrible pero lo es mucho más perecer desde el púlpito mismo!.

Hay un pasaje pavoroso en el tratado de Juan Bunyan titulado Suspiros del Infierno que a menudo repercute en mis oídos: «¡De cuántas almas» dice «no han sido los ministros ofuscados el medio de destrucción por su ignorancia!». La predicación de los tales no fue para las almas, mejor que el arsénico para los cuerpos. Muchos de ellos es de temerse que tengan que responder por poblaciones enteras. ¡Ay amigo! te digo que al haber tomado por tarea predicar al pueblo, tal vez has tomado la de hacer una cosa que no puedes decir qué es. ¿No te afligiría ver que toda tu parroquia marchara tras de ti para el infierno, exclamando: «Esto tenemos que agradecerte, pues tuviste temor de hablarnos de nuestros pecados para que no dejáramos de apresurarnos a ponerte viandas en la boca? ¡Oh, malvado, maldito, que no te contentaste siendo un gula ciego como eras, con caer en el hoyo tú mismo, sino que nos has conducido a él también a nosotros contigo!»

Richard Baxter en su *Pastor reformado* entre otras muchas solemnes cosas, escribe lo que sigue: «Tened cuidado de vosotros mismos, no sea que os halléis faltos de esa gracia salvadora de Dios que ofrecéis a los demás, y seáis extraños a la obra eficaz de ese Evangelio que predicáis; y no sea que a la vez que proclamáis al mundo la necesidad de un Salvador, vuestros corazones le vean con menosprecio, y carezcáis de interés en él y en sus salvadores beneficios. Tened cuidado de vosotros mismos, repito, no sea que perezcáis a la vez que exhortáis a otros a que se cuiden de perecer, y no sea que os muráis de hambre, a la vez que les preparáis el alimento. Aunque se haga la

Ministerio, Dones, Predicación, Mayordomía ...

promesa de que brillarán como estrellas, a aquellos que vuelvan a muchos al camino de la rectitud (Dn. 12:3), esto es en el supuesto de que los tales hayan vuelto primero ellos mismos a él; y no podría ser de otra manera, porque semejantes promesas se hacen *coeteris paribus, et sup positís supponendis*. Su propia sinceridad en la fe, en la condición de su gloria, simplemente considerada, si bien sus grandes trabajos ministeriales pueden ser una condición de la promesa de su gloria mayor. Muchos hombres han amonestado a otros para que no vayan al lugar de tormentos, al cual ellos mismos, sin embargo, se apresuran a ir, se hallan ahora en el infierno muchos predicadores, que centenares de veces han exhortado a sus oyentes a poner el mayor cuidado y una diligencia suma en evitarlo. ¿Puede racionalmente imaginarse que Dios salve a los hombres tan solo porque éstos ofrezcan la salvación a los demás, a la vez que la rehúsan para sí y porque comuniquen a otros, aquellas verdades que por su parte han visto con descuido y menosprecio? Andan vestidos de andrajos muchos sastres que hacen ricos trajes para otros; y apenas pueden lamerse los dedos algunos cocineros que han aderezado para los demás platos suculentos. Creedlo, hermanos, Dios nunca ha salvado a nadie porque haya sido predicador, ni porque haya tenido habilidad para ello, sino porque ha sido un hombre justificado y santificado, y en consecuencia, fiel en el trabajo de su Señor. Cuidad por tanto de ser primero, aquello que persuadís a otros que sean; creed en lo que diariamente los persuadís a que crean, y hospedad en el corazón al Cristo y al Espíritu que ofrecéis a los demás. El que os mandó amar a vuestro prójimo como a vosotros mismos, implicó en ese precepto el de que os amaseis a vosotros mismos, y no odiaseis ni destruyeseis tanto a vuestras personas como a ellos».

Hermanos míos, que estas importantes máximas causen en vosotros el efecto debido. No hay necesidad alguna, seguramente, de añadir nada más; pero permitidme que os ruegue: examinaos vosotros mismos, para que de este modo hagáis buen uso de lo que sobre este particular os llevo dicho.

II. MADUREZ Y PIEDAD DEL PASTOR

Una vez fijado el primer punto de la verdadera religión, sigue en importancia para el ministro el de que su piedad sea vigorosa.

No tiene que conformarse con caminar al mismo paso que las filas del común de los cristianos; es preciso que sea un creyente maduro y avanzado, porque los ministros de Cristo han sido llamados con toda propiedad «lo más escogido de su escogimiento, lo selecto de su elección, la iglesia entresacada de la iglesia». Si fuera llamado a ocupar una posición ordinaria y a desempeñar un trabajo común, quizá con una gracia común podría satisfacerse, no obstante que ni aun así pasaría de indolente su satisfacción; pero con el hecho de haber sido electo para trabajos extraordinarios, y llamado a un lugar rodeado de peligros nada comunes, debe sentirse ansioso de poseer esa fuerza superior, única, adecuada a su posición. El pulso de su piedad vital debe latir de un modo fuerte y regular; el ojo de su fe debe ser perspicaz; el pie de su resolución debe ser firme; la mano de su actividad debe ser pronta; todo su hombre interior, en fin, debe hallarse en el más alto grado de salud.

1. Se dice que los egipcios escogían sus sacerdotes de entre los más instruidos de sus filósofos, y luego estimaban tanto a sus sacerdotes que de entre éstos escogían sus reyes. Nosotros necesitamos que se tenga por ministro de Dios a la flor y nata de las huestes cristianas, a hombres tales que si la nación necesitara reyes, no pudiera hacer cosa mejor que elevarlos al trono. Nuestros hombres de espíritu más débil, más tímidos, más carnales y menos equilibrados, no son candidatos a propósito para el púlpito. Hay algunos trabajos que nunca podríamos encomendar a los inválidos o deformes. Uno puede no tener las cualidades necesarias para trepar por altos edificios; su cerebro tal vez sea demasiado débil, y su trabajo en un lugar elevado lo expondría a grandes peligros: si eso es así, dejadlo permanecer en el suelo y que busque una ocupación útil donde su cerebro fuerte es menos esencial. Hay hermanos que tienen defectos análogos en lo espiritual, y no pueden ser llama-

dos al desempeño de un servicio conspicuo y elevado por ser sus cabezas demasiado débiles. Si por casualidad obtuviesen buen éxito, se henchirían de vanidad, defecto demasiado común entre los ministros, y que es de todos el que menos cuadra con su carácter, y el que con más seguridad los hará caer. Si nosotros como nación fuésemos llamados a la defensa de nuestros hogares, sin duda no haríamos salir al encuentro del enemigo a nuestros muchachos y muchachas armados de espadas y fusiles; pues tampoco la Iglesia debe enviar a combatir por la fe a cualquier novicio charlatán, o entusiasta falto de experiencia. El temor de Dios debe enseñar al joven la sabiduría, sino quiere tener cerrada la puerta del pastorado. La gracia de Dios debe madurar su espíritu, pues de lo contrario haría mejor en esperar hasta que el poder le fuese dado de lo alto. El carácter moral más elevado, debe conservarse diligentemente. Hay muchos que no son ideales para desempeñar un cargo en la Iglesia, y sin embargo, son bastante buenos como simples miembros de ella. Tengo formada una opinión severa con respecto a los cristianos que han incurrido en pecados graves; me complazco en creer que pueden convertirse sinceramente, y con esta esperanza y las precauciones debidas, ser recibidos de nuevo en la Iglesia; pero tengo duda, grande duda, acerca de si un hombre caído en pecados groseros pueda ser fácilmente restituido al púlpito. John Angell James observa, con razón, que «cuando un predicador de la justicia ha andado por el camino de los pecadores, no debe nunca abrir de nuevo sus labios para hablar a una congregación antes de que su arrepentimiento haya sido tan notorio como su falta». «Que aquellos que han sido esquilados por los hijos de Ammón, se estén en Jericó hasta que sus barbas crezcan»; esto, que con frecuencia se ha dicho en son de mofa a los mozuelos barbilampiños a quienes evidentemente es inaplicable, es una metáfora bastante propia y que conviene a los hombres deshonrados y sin carácter, sea cual fuere su edad. ¡Ay! una vez cortada la barba de la reputación, es sumamente difícil que llegue de nuevo a crecer. Una inmoralidad descarada, en la mayoría de los casos, por profundo que sea el arrepentimiento, es un signo fatal de que el carácter de quien así procedió, nunca fue dotado de gracias ministeriales. La esposa del césar no debe exponerse a que se sospeche de ella; que no haya desfavorables rumores en cuanto a la conducta inconsecuente de un ministro, pues de lo contrario se abrigan pocas esperanzas de que sea de utilidad. Los caídos han de recibirse en la iglesia como penitentes, y en el ministerio pueden serlo si Dios los coloca ahí; no consiste en esto mi duda, sino en si Dios les dio alguna vez lugar en él. En mi concepto, pues, no debemos apresurarnos a ayudar a subir al púlpito de nuevo a quienes, habiéndolo ocupado ya, han mostrado que carecen de la gracia necesaria para salir airosos en las pruebas a que sujeta la vida ministerial.

Para cierta clase de trabajos, escogemos a los fuertes; y cuando Dios nos llama a las labores ministeriales, debemos esforzarnos en adquirir gracia que nos fortalezca y haga aptos para el desempeño de nuestra misión, y no ser meros novicios llevados por las tentaciones de Satanás al punto de perjudicar a la Iglesia y de labrar nuestra propia ruina. Tenemos que estar equipados con todas las armas de Dios, dispuestos a efectuar proezas de valor no esperadas de parte de los demás; para nosotros, la negación y el olvido de nuestras propias personas, la perseverancia y la paciencia, deben ser virtudes cotidianas, y ¿quién es por sí mismo capaz de todas estas cosas? Nos es indispensable vivir muy cerca de Dios si queremos aprobarnos en nuestra vocación.

2. No olvidéis, como ministros, que toda vuestra vida, y en especial toda vuestra vida pastoral, debe estar afectada por el vigor de vuestra piedad. Si vuestro celo languidece, no oraréis bien en el púlpito; lo haréis peor en familia, y detestablemente a solas en vuestro estudio. Al enflaquecer vuestra alma, vuestros oyentes sin saber cómo o por qué, hallarán que vuestras oraciones en público les son poco edificantes, y conocerán vuestra tibieza quizás antes que vos mismo la notéis. Vuestros discursos pondrán después en relieve vuestro decaimien-

Ministerio, Dones, Predicación, Mayordomía ...

to espiritual. Bien podréis valeros de frases tan escogidas y períodos tan correctos como en un tiempo lo hacíais; a pesar de todo, se os echará de ver una pérdida notable de fuerza espiritual. Haréis impulsos como en otras veces, tan vigorosos cual los del mismo Sansón, pero hallaréis que vuestra gran fuerza se ha acabado. En vuestra comunicación diaria con vuestro pueblo, no tardará éste en percibir el menoscabo de vuestra gracia que en todo se hará patente. Ojos perspicaces verán los cabellos canos aquí y allá, mucho antes que vos lo hagáis. Que un hombre se vea hecho víctima de una enfermedad del corazón, y cuantos males hay que irán envueltos en ella: del estómago, de los pulmones, de las entrañas, de los músculos, de los nervios, de todo en fin, padecerá; de la misma manera, que se le debilite a un hombre el corazón en cosas espirituales, y en breve su vida entera caerá bajo la marchitante influencia de ese mal. Además, como resultado, vuestros oyentes tendrán más o menos que sufrir; los más vigorosos de entre ellos podrán quizá sobreponerse a esa tendencia depresiva, pero los más débiles se verán seriamente perjudicados. Sucede con nosotros y nuestros oyentes, lo que con los relojes de bolsillo y el reloj público, si el de nuestro propio uso anduviese mal, con excepción de su respectivo dueño, pocos se engañarían por su causa; pero si el de un edificio público tenido como cronómetro llega a desarreglarse, una buena parte de su vecindario desatinaría en la medida del tiempo. No es otra cosa lo que pasa con el ministro, él es el reloj de su congregación; muchos regulan su tiempo por las indicaciones que él hace, y si fuere inexacto, cual más, cual menos, todos se extraviarían, siendo él en gran manera responsable de los pecados a que haya dado ocasión. No podemos soportar el pensar en esto, hermanos míos. No tendremos al hacerlo, ni un solo momento de consuelo; más sin embargo, no debemos omitirlo a fin de estar en guardia contra semejante mal.

3. Debéis tener presente también, que nos es menester una piedad muy vigorosa, porque el peligro que corremos es mucho mayor que el de los demás. Sobre todo, no hay ningún lugar tan asaltado por la tentación, como el ministerio. A pesar de la idea popular de que está en nuestro carácter retirarnos prudentemente de una tentación, no es menos cierto que nuestros peligros son más frecuentes y envidiosos que los del común de los cristianos. El lugar que ocupamos puede ser ventajoso por su altura, pero esa misma altura es peligrosa, y para muchos no ha sido el ministerio sino una roca de tropiezo. Si nos preguntaseis cuáles son esas tentaciones, podría faltarnos tiempo para particularizároslas; pero os diremos que entre otras se hallan las más groseras y las más refinadas, a las primeras pertenecen la indulgencia con que nos juzgamos al aceptar y hacer los honores a una buena mesa, a lo cual nos vemos muy a menudo invitados entre un pueblo hospitalario; y las tentaciones de la carne, que sin cesar acometen a los jóvenes solteros enaltecidos y admirados por el bello sexo. Creo haber dicho bastante, vuestras propias observaciones os revelarán pronto miles de celadas, a menos que vuestros ojos se hayan cerrado a la luz. Hay lazos más secretos que éstos de los cuales menos fácilmente podemos escapar, y de ellos el peor es la tentación al ministerialismo: la tendencia a leer nuestras Biblias como ministros, a orar como ministros, a dar; en suma, en hacer todo lo concerniente a nuestra religión como si eso no incumbiera a nuestras personas sino de un modo puramente relativo. Perder la personalidad en el arrepentimiento y en la fe, es por cierto, perder mucho. «Nadie» dice John Owen «predica su sermón bien a otros, si no lo predica primero a su propio corazón». Hermanos, es harto difícil observar esta máxima. El cargo que desempeñamos en lugar de avivar nuestra piedad, como algunos aseguran, se convierte, debido a la maldad inherente a nuestra naturaleza carnal, en uno de sus más serios estorbos; al menos, así lo juzgo por experiencia.

Cómo debate uno y lucha contra el oficialismo, y sin embargo, cuán fácilmente nos acosa! Es como una larga vestidura que se enreda en los pies de uno que va a correr, y le impide hacerlo. Cuidaos, queridos hermanos, de ésta y de todas las otras seduc-

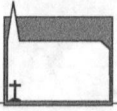

ciones de vuestra vocación; y si lo habéis hecho así hasta ahora, continuad en vigilancia hasta la última hora de la vida.

Hemos hecho notar uno de los peligros, pero en verdad hay de ellos una legión. El gran enemigo de las almas toma el mayor empeño en no dejar ni una piedra sin voltear para la ruina del predicador. «Tened cuidado de vosotros mismos» dice Baxter «porque el tentador hará su primera y más furiosa embestida contra vosotros». Si sois los infantes que le salís al frente, no dejará de acometeros sin cuartel, a menos que Dios se lo impida. Os pondrá las mayores asechanzas, porque tenéis por misión causarle el daño mayor. Como Satanás odia a Cristo más que a ninguno de nosotros, por ser Jesús el general del campo y el «Capitán de nuestra salvación» y quien hace más que el mundo entero contra el reino de las tinieblas, es esta la razón que tiene para fijarse en los caudillos que militan bajo las banderas del Salvador, más que en el común de los soldados que igualmente lo hacen según su proporción. Sabe cuanta confusión puede introducir en el ejército, si los jefes caen ante su vista. Ha procurado siempre la manera de combatir contra éstos, y no precisamente contra los muy grandes o muy pequeños, comparativamente; y la de herir a los pastores para poder dispersar el rebaño. Y es tan grande el éxito que ha alcanzado de este modo, que seguirá su táctica hasta donde pueda. Tened cuidado, pues, hermanos míos, porque el enemigo os mira con especial atención. Seréis objeto de sus más sutiles insinuaciones, incesantes solicitaciones y violentos asaltos. Por sabios y eruditos que seáis tened cuidado de vosotros mismos, no sea que supere el ingenio que pensáis tener. El diablo es más instruido que vosotros, y más diestro disputador; puede transformarse en un ángel de luz para engañaros. Se introducirá en vosotros y os echará la zancadilla antes que os pongáis en guardia; hará de juglar con vosotros sin descubrirse; os persuadirá de vuestra fe o inocencia, y no sabréis que las habéis perdido. Más aún, os hará creer que las poseéis en mayor grado, cuando ya no las tengáis. No veréis ni el gancho ni el sedal, mucho menos el mismo sutil pescador, cuando él os ofrezca en cebo incitador. Y sus añagazas serán tan adecuadas a vuestro temperamento y disposición que llevará por seguro hallar auxiliares suyos en vosotros mismos, y hacer que vuestros propios principios e inclinaciones os traicionen; de esa manera, siempre que os arruine, os hará instrumento de vuestra propia ruina. ¡Oh, qué conquista pensará haber hecho si puede volver a un ministro perezoso e infiel; si puede inducirlo a la codicia y al escándalo! Se gloriará contra la iglesia y dirá: «Éstos son vuestros santos predicadores, ved cuál es su gravedad afectada, y adónde ésta los llevará». Se gloriará también contra el mismo Jesucristo y dirá: «¡Éstos son tus campeones! Puedo hacer que los principales de entre tus siervos se mofen de ti; puedo hacer infieles a los mayordomos de tu casa». Si él así insultó a Dios partiendo de un juicio falso, diciéndole que podría hacer que Job le blasfemara en su rostro, (Job 2:5) ¿qué no haría si él de hecho prevaleciese contra nosotros? Y por último, le serviríais de irrisión por haber podido arrastraros a ser falsos respecto del gran depósito que se os había confiado, a manchar vuestra santa profesión, y a prestar un positivo servicio a vuestro mayor enemigo. ¡Oh! no complazcáis de ese modo a Satanás; no le prestéis un auxilio tan eficaz; no permitáis que os trate como los filisteos trataron a Sansón, es decir, que primero os prive de vuestra fuerza para haceros después objeto de su triunfo e irrisión.

4. Una vez más. Debemos cultivar el mayor grado de piedad, porque la naturaleza de nuestro trabajo así lo requiere imperativamente. La obra del ministerio cristiano es bien ejecutada en exacta proporción con el vigor de nuestra naturaleza renovada. Nuestro trabajo está bien hecho solamente cuando así lo está con nosotros mismos. Cual es el obrero, tal será su obra. Hacer frente a los enemigos de la verdad; defender los baluartes de la fe; gobernar bien en la casa de Dios; consolar a los que sufren; edificar a los santos; guiar a los irresolutos; sobrellevar a los díscolos; ganar y nutrir las almas; todos estos trabajos, y otros mil más, no son para ser ejecutados por una persona

Ministerio, Dones, Predicación, Mayordomía ...

débil de espíritu o dispuesta a hacer alto en su camino, sino que están reservados para las dotadas de un gran corazón a quienes el Señor ha hecho fuertes para él mismo. Buscad, pues, fuerza en el Fuerte por excelencia; sabiduría, en la fuente del saber; en suma, buscadlo todo en quien es Dios de cuanto hay.

III. LA CREDIBILIDAD DEL PÚLPITO

En tercer lugar, es menester que el ministro tenga cuidado de que su carácter personal concuerde en todos respectos con su ministerio.

Todos nosotros hemos oído referir la historia del hombre que predicaba tan bien y vivía tan mal, que cuando estaba en el púlpito no había quien no dijera que nunca debía salir de él, y cuando lo dejaba, todos a una declaraban que no debía volverlo a ocupar jamás. ¡Que Dios nos libre de imitar a semejante Jano! [Dios romano al que se representaba con dos caras opuestas. Se dice de la persona que procede con doblez. –Nota del Escritor] No seamos nunca ministros del Señor en el altar, e hijos de Belial fuera de la puerta del tabernáculo; por el contrario, seamos como Nazianceno dice de Basilio: «Rayo en nuestra doctrina, y relámpago en nuestra conversación». No podemos confiar en los que tienen dos caras, ni los hombres creerán nunca en aquellos cuyos testimonios verbales y prácticos son contradictorios entre sí. Así como los hechos según el proverbio, hablan más alto que las palabras, así también una vida mala sofocará, a no dudarlo, la voz del ministro más elocuente. Sobre todo, nuestros edificios más seguros deben ser fabricados por nuestras propias manos; nuestros caracteres deben ser más persuasivos que nuestros discursos. Aquí desearla yo amonestaros no sólo contra los pecados de comisión, sino también contra los de omisión. Demasiados predicadores olvidan servir a Dios cuando están fuera del púlpito, siendo su vida negativamente inconsecuente. Lejos de nosotros, queridos hermanos, el pensamiento de ser ministros automáticos, es decir, de esos que se mueven no por tener en si mismos la virtud de hacerlo, sino porque los ponen en movimiento fuerzas transitorias; de esas que solamente son ministros a intervalos, bajo la compulsión del toque de la hora que los llama a sus trabajos, y que dejan de serlo tan luego como bajan los escalones del púlpito. Los verdaderos ministros nunca pierden su carácter. Muchos predicadores se parecen a esos juguetitos movidos por arena que compramos para nuestros niños y en los cuales volvéis para arriba la parte inferior del depósito, y el pequeño acróbata da vueltas y más vueltas, hasta que toda la arena ha bajado, quedando entonces colgado sin movimiento alguno. Hacemos esta comparación, porque hay muchos que perseveran en la ministración de la verdad tanto tiempo cuanto es el que hay una necesidad oficial de su trabajo, pero después no hay paga, no hay paternóster; no hay salario, no hay sermón.

1. Es algo horrible ser ministro inconsecuente. Se dice que nuestro Señor fue como Moisés, por la razón de haber sido un «profeta poderoso en palabras y en obras». El hombre de Dios debe imitar a su Señor en esto: es preciso que sea poderoso tanto en la predicación de su doctrina, como en el ejemplo que dé con sus obras, teniendo si es posible, en esto último, mucho mayor cuidado todavía. Es de llamar la atención que la única historia eclesiástica que tengamos, sea lo de Los Hechos de los Apóstoles. El Espíritu Santo no tuvo por conveniente conservarnos los sermones de éstos. Deben haber sido magníficos, mucho mejores que los que nosotros podamos nunca predicar, y con todo, el Espíritu Santo ha tomado solamente nota de sus «hechos». No tenemos libros en que consten las resoluciones de los apóstoles. Cuando nosotros verificamos un registro de nuestras minutas y resoluciones, pero el Espíritu Santo sólo consigna los «hechos». Nuestros hechos deben ser tales que merezcan ser registrados, ya que de todas maneras lo han de ser. Debemos vivir, por tanto, como cumple hacerlo al que se halla bajo la inmediata mirada de Dios, y envuelto en la brillante luz del gran día que todo lo revela.

La santidad en un ministro es su necesidad principal a la vez que su más piadoso ornamento. Una mera excelencia moral no basta; debe haber la virtud más elevada; es preciso que haya un carácter consecuente, pero éste necesita estar ungido con el óleo sagrado de la consagración, de lo contrario careceremos de lo que nos hace más flagrantes para Dios y para el hombre. El anciano John Stoughton, en un tratado titulado «Dignidad y deber del predicador» insiste sobre la santidad del ministro, en razones llenas de peso. «Si Uzza debió morir por tocar el arca de Dios, y eso que lo hizo por sostenerla cuando estuvo próxima a caer; si los hombres de Bet-semes perecieron por mirar adentro de ella; si las bestias que no hicieron otra cosa que acercarse al monte Santo, fueron amenazadas, entonces ¿qué clase de personas deben ser admitidas a conversar familiarmente con Dios; a estar ante él como los ángeles lo hacen, y contemplar su faz continuamente; a cargar el arca sobre sus hombros; a llevar su nombre entre los gentiles; en una palabra, a ser sus embajadores? La santidad es propia de tu casa, Oh Señor: ¿y no sería una cosa ridícula pensar o imaginar que los vasos deben ser santos, las vestiduras deben ser santas; todo, en fin, debe ser santo, con la sola excepción de aquél sobre cuyas mismas vestiduras debe estar escrito santidad al Señor? ¿Que las campanillas de los caballos debían tener una inscripción en Zacarías, y las campanas de los santos, las campanas de Aarón, no deben estar santificadas? No, los ministros deben ser luces ardientes y brillantes, pues de lo contrario su influencia despedirá alguna maligna cualidad; deben rumiar el alimento y tener dividido el casco, o son inmundos; deben distribuir la palabra rectamente, y andar también rectamente en su vida, y unificar así su vida y su enseñanza. Si carecen de santidad los embajadores, deshonran al país de donde vienen, y al príncipe de parte de quien vienen; y este Amasa muerto, esta doctrina muerta, no animada con una buena vida, yaciendo en el camino, detiene al pueblo del Señor, impidiéndole que prosiga alegremente en su lucha espiritual.»

La vida del predicador debe ser un imán que atraiga los hombres a Cristo, y es cosa triste a la verdad, que los mantenga separados de él. La santidad de los ministros es un llamado expresivo al arrepentimiento que se hace a los pecadores, y cuando va acompañada de una jovialidad piadosa, se hace atractiva de un modo irresistible. Jeremy Taylor en el rico lenguaje que le es propio, nos dice: «Las palomas de Herodes nunca habrían inducido a tantas compañeras suyas forasteras a entrar a su palomar, si no hubiesen sido untadas con opobálsamo». Por eso dice Didymus: «perfumad vuestros pichones, y ellos atraerán parvadas enteras de igual modo, si vuestra vida fuese excelente, si vuestras virtudes fuesen como un precioso ungüento, pronto haríais que los que están a vuestro cargo corriesen *in odorem un guentorum*, (tras vuestro grato perfume); pero debéis ser excelente no *tanquam unus de populo, sino tanquam homo Dei*; debéis ser un hombre de Dios, no según la manera común de los hombres, sino según el propio corazón de Dios»; y los hombres se esforzarán en ser como vosotros, si vosotros os esforzáis en ser como Dios. Pero sí os estáis en la puerta de la virtud en otro objeto que el de mantener el pecado fuera de ella, no atraeréis al rebaño de Cristo a nadie sino a aquellos a quienes el temor arrastre a él. *Ad majorem Dei gloriam*, hacer lo que más glorifique a Dios, es la línea de conducta que os debéis trazar: porque no hacer otra cosa fuera de aquello que todos los hombres necesitan hacer, es proceder con servilismo más bien que con el afecto de hijos; y mal podréis ser padres del pueblo si no os comportáis siquiera como los hijos de Dios, porque una linterna sorda aunque haya una débil brillantez en uno de sus lados, apenas alumbrará a uno; y mucho menos conducirá a una multitud o atraerá a muchos de los que la sigan, por el brillo de su alma.

Otro teólogo episcopal igualmente admirable, el obispo Reynolds, ha dicho enérgicamente y con razón: «La estrella que condujo a los sabios a Cristo, la columna de fuego que condujo a los hijos de Israel a Canaán no solo brillaba, sino iba delante de ellos (Mt. 2:9; Éx. 13:21). La voz de Jacob no se tendrá mucho en cuenta si las manos

Ministerio, Dones, Predicación, Mayordomía ...

son las de Esaú. En la ley, ninguna persona manchada podía ofrecer oblaciones al Señor (Lv. 21:17-20). Enseñándonos el Señor así qué gracias debería haber en sus ministros. El sacerdote tenía que llevar en su túnica campanillas y granadas: unas como figura de una sana doctrina, las otras como vida fructífera (Éx. 28:33, 34). El Señor será santificado en todos aquellos que se le acerquen, (Is. 52:11) porque los pecados de los sacerdotes hacen al pueblo menospreciar los sacrificios del Señor, (1 S. 2:17); sus vidas malvadas hacen que sus doctrinas se avergüencen; *Passionem Christi annunciant profitendo, male agendo exhonorant,* como dice San Agustín: con su doctrina edifican bien, y con su vida destruyen. Concluyo este punto con aquel saludable pasaje de Hierom ad Nepotianum: «No dejes», dijo él, «que tus obras avergüencen tu doctrina, no sea que los que te oyen en la iglesia contesten tácitamente: ¿por qué no haces tú aquello que enseñas a los demás? No es demasiado edificante el maestro que con la barriga llena trata de persuadir a otros a que ayunen. Un ladrón puede acusar codicia. *Sacerdotis Christi os, mens, manus que concordent*; en un ministro de Cristo deben estar en armonía su lengua, su corazón y su mano».

Muy propio y expresivo es también el lenguaje de Tomás Playfere en su *Di bien* (haz bien). «Había un actor ridículo», dice, «en la ciudad de Esmirna, que al pronunciar *¡O coelum!* ¡Oh cielo! señalaba con el dedo hacia el suelo; al ver esto Polemo, que era el personaje principal de aquel lugar, no pudo permanecer indiferente más tiempo, y se salió apresuradamente de la compañía diciendo: «Este bárbaro ha cometido un solecismo con la mano, pues ha hablado un latín espurio con el dedo». Semejantes a éste son los que enseñan bien y hacen mal, que aunque tengan el cielo en la punta de la lengua tienen con todo la tierra en la punta del dedo; los que no solo hablan un latín espurio con la lengua, sino una teología espuria con las manos; los que no viven, en fin, según su predicación. Pero el que tiene su asiento en el cielo se reirá de ellos desdeñándolos, y los echará a silbidos del teatro si no enmiendan su modo de actuar.

2. Aun en las cosas pequeñas debe cuidar el ministro de que su vida sea consecuente con su ministerio. Es preciso que cuide sobre todo de no dejar de corresponder a lo que de su palabra haya lugar a esperar. Esto debe llevarse hasta la escrupulosidad: la verdad no solo debe estar en nosotros, sino sacar su brillo de nosotros. Un célebre doctor de teología en Londres, que ahora debe estar en el cielo, no lo dudo, hombre excelente y piadoso, anunció un domingo que se proponía visitar a todos los miembros de su congregación, y dijo que para poder en sus excursiones hacerles a ellos y a sus familias una visita en el año, iba a seguir el orden de sus respectivos domicilios. Una persona muy conocida mía que era entonces pobre, se sintió complacido por la idea de que el ministro iría a su casa a verlo, y como una o dos semanas antes del día en que según sus cálculos le llegaría su turno, su esposa tomó todo empeño en limpiar el hogar y asear la casa, y el hombre volvía corriendo de su trabajo esperando cada noche encontrarse con el doctor. La cosa continuó así durante mucho tiempo. Y ya fuera porque el doctor olvidara su promesa, porque le fastidiara cumplirla, o por cualquier otra razón, el caso es que nunca llegó a ir a casa de este pobre, dando como resultado que el hombre perdiese la confianza en todos los predicadores y llegara a decir: «ellos cuidan de los ricos, pero no de nosotros los que somos pobres». Nunca volvió a concurrir a ningún lugar de culto por muchos años, hasta que al fin fue a dar a Exeter Hall, y fue oyente mío durante el resto de su vida. No fue pequeña tarea la de convencerle de que cualquier ministro podía ser hombre honrado, y amar imparcialmente tanto a los ricos como a los pobres. Evitemos el incurrir en tal falta, siendo exactos en cuanto al cumplimiento de nuestra palabra.

Debemos recordar que se fija mucho en nosotros la atención. Los hombres apenas se atreven a quebrantar la ley ante la vista abierta de sus semejantes, pues bien, en una publicidad así nosotros vivimos y nos movemos. Somos vigilados por miles de ojos perspicaces como de águila; comportémonos de modo que nos tenga sin cuidado el que los cielos todos, la tierra y el infierno llenen la lista de nuestros espectadores. La posición pública que ocupamos será para nosotros una gran ganancia si podemos mostrar los frutos del Espíritu Santo en nuestra vida; cuidad mucho, hermanos míos, de no desperdiciar esa ventaja.

3. Cuando os decimos, queridos hermanos, que cuidéis de vuestra vida, os damos a entender que lo hagáis aun de las cosas al parecer más insignificantes de vuestro carácter. Evitad: contraer deudas ni aun pequeñas, toda falta de formalidad, inmiscuirse en chismografías, entablar disputas, poner apodos y todos aquellos defectos, en fin, que son otras tantas moscas que llenan y echan a perder el aceite. La indulgencia con que uno se juzga a sí mismo, y que ha ocasionado el menoscabo de la reputación de muchos, es una cosa que no debéis nunca permitiros. Ciertas familiaridades que dan lugar a que se sospeche del que las gasta, deben evitarse, procediendo en todo con el mayor decoro y castidad. La aspereza de carácter que hace a algunos temibles y repelentes, y las groserías que hacen a otros despreciables, son defectos de que debemos huir a todo trance. Estamos expuestos a correr grandes riesgos si nos disimulamos ciertas cosas tenidas como pequeñas. Debemos ser nimiamente escrupulosos en obrar, en todo ciñéndonos a la regla de «no inferir la menor ofensa en nada, a fin de que el ministerio no sea nunca censurado».

Entiéndase, sin embargo, que no queremos decir por esto que estemos obligados a sujetarnos a cualquiera moda o capricho de la sociedad en que vivimos. Por regla general, me disgustan las modas de sociedad y detesto el convencionalismo, y si me pareciera mejor pasar por sobre una ley impuesta por una vana etiqueta, no tendría escrúpulo en hacerlo. No, somos hombres libres y no esclavos, y no tenemos necesidad de postergar nuestra libertad varonil para convertirnos en lacayos de los que afectan modas o blasonan de elegancia. A lo que me contraigo, hermanos, es a que debemos huir como de una víbora, de todo lo que muestre falta de buena crianza o grosería, por ser esto cosa que se acerca mucho al pecado. Las reglas de Chesterfield nos parecen ridículas, pero no así el ejemplo de Cristo; y el Salvador nunca fue grosero, bajo, descortés o mal educado.

CONCLUSIÓN

Aun en vuestras recreaciones, no echéis en olvido que sois ministros. Aun cuando estéis fuera de la acción sois, sin embargo, oficiales en el ejército de Cristo, y debéis conduciros como tales. Y si respecto de las cosas pequeñas es preciso que seáis tan cuidadosos, ¡cuánto no tendréis que serlo tratándose de los grandes asuntos de moralidad, honestidad e integridad! En esto el ministro no debe nunca faltar. Su vida privada tiene que estar siempre en armonía con la santidad de su ministerio, o éste llegará pronto para él a su ocaso y cuanto más en breve se retire de él será mejor, porque la continuación en su cargo no hará más que deshonrar la causa de Dios y labrar su propia ruina.

102. LUZ, FUEGO, FE, VIDA, AMOR

«¿No ardía nuestro corazón en nosotros cuando nos hablaba en el camino y nos abría las Escrituras?» (Lucas 24:32).

INTRODUCCIÓN: Todos sabemos cuál es el trabajo.

I. LUZ
1. Adquiramos la luz porque es buena.
   a) Mediante el conocimiento
   b) El estudio de la palabra
   c) El ministro ha de ser un hombre feliz
2. Adquiramos la luz porque es abundante.

II. FUEGO
1. El fuego en la congregación.
2. El fervor en los sermones.
3. El agotamiento del ministro.

III. FE
1. La Biblia es la revelación de Dios.
2. Fe en la continua dependencia de Dios.
   a) En el testimonio.
3. Debemos tener fe y la amo en la obra.

Ministerio, Dones, Predicación, Mayordomía ...

IV. VIDA
1. Esforzarnos en estar vivos.

V. AMOR
1. Hemos de amar las personas y la obra.
2. Negarnos a nosotros mismos por amor.

CONCLUSIÓN: No temáis trabajar duro por Cristo.

LUZ, FUEGO, FE, VIDA, AMOR

INTRODUCCIÓN

Nunca he necesitado más ayuda que ahora, y nunca me sentí tan absolutamente inadecuado para dar la pauta a la conferencia. A medida que aumentáis en número, en dones, y en experiencia, me doy cuenta cada vez más de lo poco digno que soy de estar en lugar destacado y de dirigir vuestras filas. Sin embargo, confiaré en Dios y creeré que, por su Santo Espíritu, Él enviará palabras de aliento.

Hace años, un juez excéntrico y anciano, llamado Foster, salió un verano bochornoso a efectuar una gira; y en uno de los días más tórridos de aquel verano se dirigió al gran jurado de Worcester en términos más o menos como siguen: «Caballeros del jurado: hace mucho calor y soy muy viejo; conocéis muy bien vuestros deberes; id y cumplidlos». Siguiendo su ejemplo, me siento inclinado a deciros también: «Ya estáis reunidos; sufro muchos achaques, y vosotros encontráis difícil soportar mis charlas; conocéis vuestros deberes; id y cumplidlos». La acción es mejor que los discursos. Si hablo durante una hora, difícilmente podré decir algo más práctico que: «Conocéis vuestros deberes; id y cumplidlos». «Inglaterra espera que cada uno cumpla con su deber» –fue la consigna dada por Nelson en Trafalgar–; ¿os he de recordar que nuestro gran Señor espera que cada uno de sus siervos ocupe su puesto hasta que su Maestro vuelva, y, en consecuencia, sea un siervo fiel? Id, hermanos, y cumplid la elevada misión que el Maestro os ha encomendado, y ¡que el Espíritu de Dios obre en vosotros la buena voluntad de vuestro Señor!

Los que sirven a Dios en verdad, reciben el privilegio de experimentar cada vez más intensamente que «la vida es real, la vida es fervorosa» si ciertamente es vida en Cristo. En las horas de grandes dolores, flaquezas y depresiones, me ha ocurrido confiar en que, si me recuperase de nuevo, sería más intenso que nunca; he tomado la resolución, si tuviese el privilegio de volver a subir los escalones del púlpito, de abandonar toda traza de retórica en mis sermones, no predicar sino la verdad presente y urgente y darla a la congregación con todas mis fuerzas; viviendo yo mismo a gran presión y gastando toda la energía de que fuera capaz mi ser. Supongo que también vosotros os sentisteis así cuando os acometió la postración. Os dijisteis: «Se ha terminado el tiempo de jugar, es preciso poner manos a la obra. Basta de desfiles, ahora viene la guerra. Es preciso que no perdamos un solo instante, sino que redimamos el tiempo, porque los días son malos». Cuando vemos la maravillosa actividad de los siervos de Satanás, y cuántas cosas realizan, podemos avergonzarnos de nosotros mismos por hacer tan poco por nuestro Redentor, y ese poco. a menudo es tan mal hecho que exige el doble de tiempo al tener que corregir lo ya realizado. Hermanos, dejemos de lamentarnos y enmendémonos de veras.

Un gran filósofo alemán ha afirmado que la vida es toda un sueño. Dice que «es un sueño compuesto de un sueño de sí misma». No cree en una existencia real, ni siquiera en la propia; aun eso lo concibe él como un mero pensamiento. Me parece que algunos de los que están en el ministerio deben ser discípulos de esa filosofía, pues están medio dormidos, y su espíritu es soñador. Hablan de las verdades eternas como si fueran un sistema provisional de creencias, que pasa y se desvanece como todas las demás visiones de la tierra. Viven para Cristo de una manera que nunca imaginaría la persona que se propusiera ganar dinero u obtener un título en la universidad. Decía alguien hablando de cierto ministro: «Si obrara en mis negocios como él en su ministerio, quebraría a los tres meses». Es lamentable que haya hombres que se llaman ministros de Cristo, a quienes jamás se les ocurre que están obligados a demostrar la máxima laboriosidad y celo. Parecen olvidar que tratan con almas que pueden perderse o salvarse para siempre, almas que costaron la sangre del corazón del Salvador. No parecen haber entendido la naturaleza de su vocación, ni haber captado la idea bíblica del embajador de Cristo. Como carreteros soñolientos, esperan dejar su carga a salvo, aunque ellos estén profundamente dormidos.

He oído hablar de ministros que demuestran el máximo de vivacidad cuando están practicando algún deporte o forman parte de una excursión, o en sus negocios particulares. He podido oír a alguien decir lo siguiente: «¡Qué excelente ministro habría sido si fuera convertido!». De un hombre muy inteligente he oído que decían: «Habría sido un gran ganador de almas, si hubiese creído en las almas; pero no creía en nada». Se dice de los campesinos rusos que, cuando han terminado su trabajo, se tumban en torno a la estufa y duermen allí hora tras hora; y existe entre ellos la opinión de que sólo están despiertos cuando duermen, y que sus horas de vigilia y trabajo no son sino un horrible sueño. El mujik confía en que sus sueños son hechos, y los sufrimientos de su vigilia son meras pesadillas. ¿No es posible que algunos hayan caído en el mismo concepto con respecto al ministerio? Están dormidos en cuanto a las realidades, y despiertos para las sombras; se toman en serio las bagatelas, y en broma lo solemne. No voy a tratar de representar lo que Dios tendrá que decir a aquellos siervos que hacen bien su propio trabajo, y mal el de Dios. ¿Qué será del hombre que desplegó gran capacidad en sus distracciones, pero fue inepto en sus devociones; activo fuera de su oficio, e inactivo en él? El día lo declarará. Despertémonos para que nuestra fidelidad sea de lo más severo, laborando para ganar almas de tal modo como sí todo dependiera de nosotros, mientras, en fe, nos reclinamos sobre el glorioso hecho de que todo depende del Dios eterno.

Veo ante mí muchos bien despiertos y afanosos buscando a los perdidos; os estoy hablando a algunos de los más fervorosos espíritus de la Iglesia cristiana, evangelistas y pastores cuya comida y bebida es hacer la voluntad de su Señor. Mas aún; éstos, los más despiertos, estarán de acuerdo conmigo cuando afirmo que podrían estar aún más despiertos. Hermanos, después de haber hecho lo mejor que podíais, sabéis que podríais haberlo hecho mejor. ¿Quién entre nosotros no podría haber tenido mejor éxito si hubiese estado dispuesto a obtenerlo? Cuando Nelson servía a las órdenes del almirante Hotham y cierto número de buques enemigos había sido capturado, dijo el comandante: «Es preciso que estemos contentos; hemos tenido un gran éxito». Pero Nelson no opinaba lo mismo, ya que había escapado un cierto número de naves enemigas. «Si hubiéramos capturado diez naves, y permitido que escapara una, siendo posible haberla capturado, no podría nunca llamarlo un éxito». Aunque hayamos traído a muchos a Cristo no podemos atrevernos a jactarnos, pues nos humilla la reflexión de que podría haberse hecho más, si hubiésemos sido instrumentos más aptos para ser usados por Dios.

Es posible que algún hermano diga «He hecho todo lo que podía». Esa podrá ser su honrada opinión, pues no podía haber predicado más frecuentemente, ni haber celebrado más reuniones. Tal vez sea cierto que ha celebrado suficientes reuniones, y que la congregación ha tenido suficiente número de sermones; pero podía haber habido un mejor espíritu en las reuniones, y también en los sermones. Algunos ministros podrían hacer más en la realidad al hicieran menos en la apariencia. Un cuáquero de Bristol, (y los cuáqueros son hombres muy perspicaces) entró hace años en una cervecería y pidió un litro de cerveza. La cerveza formaba espuma, y la medida no estaba bien llena. El amigo dijo al vendedor:

—¿Cuánto vendéis en vuestro negocio?

—Diez toneles de cerveza al mes —fue la respuesta de éste.

—¿Sabéis cómo podríais vender once?

—No, señor; pero quisiera saberlo.

—Os lo diré, amigo, podéis hacerlo dando una buena medida.

Ministerio, Dones, Predicación, Mayordomía ...

A cualquier hermano que diga: «No sé cómo predicar más del Evangelio, pues lo predico muy a menudo», le replicaría: «No necesitas predicar más a menudo; pon más Evangelio en tus sermones». Nuestro Salvador, en las bodas de Caná, dijo: «Henchid estas tinajas de agua». Imitemos a los criados, de quienes leemos: «Y las llenaron hasta arriba». Que vuestros mensajes estén siempre repletos, sanos, llenos de gracia, y condensados. Ciertos oradores padecen una terrible verborrea; apenas podéis percibir la diminuta idea que como una pajita ha sido lanzada sobre un tremendo Ganges o Amazonas de palabras. Dad a la congregación mucho que pensar, mucha doctrina bíblica, sólida, y dadla de manera cada vez mejor cada día, cada año mejor para que Dios sea más glorificado, y los pecadores aprendan más prontamente el camino de la salvación.

Voy a encomendaros, para el perfeccionamiento de vuestro ministerio, cinco cosas que deberían estar y abundar en vosotros. Recordáis el pasaje que dice: «sal sin tasa». No hay necesidad de limitar la cantidad de ninguna de las cosas que os voy a encomendar. Son éstas: luz, fuego, fe, vida, amor. Son cinco, de modo que podéis contarlas con los dedos; su valor es inestimable, de modo que os conviene cogerlas y llevarlas en el corazón.

I. LUZ

1. Os encomiendo fervientemente la adquisición y distribución de la luz.

a) Con este fin, es preciso que ante todo adquiramos la luz. Adquirid luz, aun del tipo más común, pues toda luz es buena. La educación en cosas ordinarias es valiosa, y quisiera estimular a ciertos hermanos que malgastan el tiempo, a que se pongan manos a la obra en ese sentido. Muchos de vosotros entrasteis en el Colegio Teológico sin educación alguna; pero cuando lo dejasteis, habíais aprendido lo suficiente para haber formado la resolución de estudiar con todas vuestras fuerzas, y lo habéis llevado a cabo. Quisiera que todos hubieran hecho lo mismo. Es una gran ventaja para un ministro empezar su vida pública en un pueblo pequeño, donde puede disponer de tiempo y calma para leer constantemente; sabio es el hombre que se aprovecha de tan magnífica oportunidad. No sólo deberíamos pensar en lo que podemos hacer ahora para el Señor, sino en lo que podemos llegar a hacer si nos perfeccionamos. Nadie debiera ni soñar que su educación está completa. Sé que mi amigo Mr. Rogers, aunque pasa de los ochenta, sigue siendo un estudiante, y quizá tiene más espíritu de verdadero estudiante ahora que nunca. ¿Podrá sentarse satisfecho alguno de los más jóvenes? Seguiremos aprendiendo aun en el cielo, y continuaremos escudriñando más y más profundamente el abismo del amor divino; no estaría bien hablar de conocimientos perfectos aquí abajo. Si un hombre dice: «Estoy perfectamente equipado para mi trabajo, y no necesito aprender más; me he trasladado aquí después de haber estado tres años en el lugar donde predicaba últimamente, y tengo una buena provisión de sermones, de modo que no necesito leer más», le diría: «Mi querido amigo, que el Señor le dé cerebro, porque usted habla como los que son deficientes en este aspecto». El cerebro necesita mucho alimento, y el que lo tiene debe alimentarlo constantemente por medio de lecturas y pensamientos, pues de lo contrario se marchitará o se dormirá. Es el hijo de la sanguijuela, Y está siempre clamando: «Más, más». No lo dejéis morir de hambre. Si este tipo de hambre mental no lo sufres nunca, sospecho que no tienes una gran mentalidad.

b) Pero procurad también tener en alto grado la luz suprema. Por encima de todas las cosas, tenéis que ser estudiantes de la Palabra de Dios; esto, ciertamente, es un aspecto muy importante de vuestra profesión. Si no estudiamos la Escritura y los libros que nos ayuden a entender la teología, estamos desperdiciando el tiempo metidos en otras investigaciones. Tendríamos por necio al individuo que se está preparando para ser médico y pasara el tiempo estudiando astronomía. Podrá haber cierta relación entre las estrellas y los huesos humanos; pero nadie aprenderá mucho de cirugía estudiando las constelaciones de

Arturo o de Orión. De modo que hay una conexión entre todas las ciencias y la religión, y os aconsejaría que adquirieseis muchos conocimientos generales; pero la cultura universal será mal sustituto para el estudio especial y devocional de las Escrituras y de las doctrinas contenidas en la revelación de Dios. Hemos de estudiar los hombres y nuestros propios corazones; deberíamos sentarnos como discípulos en las escuelas de la providencia y la experiencia. Algunos ministros crecen aprisa porque el gran Maestro los disciplina severamente, con disciplina santificada; pero otros no aprenden nada por experiencia, van de error en error, y no aprenden cosa alguna de sus dificultades excepto el arte de crear otras nuevas. Os sugiero a todos la oración de cierto puritano que durante un debate, según observaron los demás, estaba absorto escribiendo. Pensaban sus amigos que tomaba notas del discurso de su oponente; pero cuando vieron el papel, sólo encontraron estas palabras: «¡Más luz, Señor! ¡Más luz, Señor!», ¡Ojalá tengamos más luz del gran Padre de las luces!

c) Que esta luz no sea solo la del conocimiento, sino procurad también la luz del gozo y el buen humor. Hay poder en un ministerio feliz. Un rostro lúgubre, una voz lastimera, unas maneras lánguidas, no son cosas que nos recomienden a nuestros oyentes; especialmente, atraen muy poco a los jóvenes. Hay mentes extrañas, que hallan la felicidad en la suma tristeza, pero no son numerosas. Una vez recibí una carta de alguien que me informaba haber venido al Tabernáculo, pero que tan pronto como entró pensó que no podía ser la casa Dios, porque había mucha gente, y «estrecha es la puerta, y angosto el camino que lleva a la vida, y pocos son los que la encuentran». Cuando me miró, sintió la seguridad de que mi fe era poco sana, pues yo no tenía que parecer tan animoso, ni ser tan robusto en mi persona si pertenecía al probado pueblo de Dios. Peor que esto, al mirar en torno a la congregación y ver sus rostros satisfechos, se dijo a sí mismo: «Esta congregación no sabe nada de la depravación de sus corazones, ni de las luchas internas del creyente». Luego me informó de que frecuentaba una capilla muy pequeña, donde veía a un ministro que parecía haber estado en el horno; y aunque sólo había ocho personas presentes, parecían todas tan deprimidas que se sentía a sus anchas. Me alegré de que aquel buen hombre pudiera disfrutar un poco de la agradable tristeza de estar con sus hermanos. No sentí envidia; ni creo tampoco que este tipo de ministerio de la tristeza atraiga a un número de almas que nadie puede contar. Los hijos de luz prefieren el gozo del Señor, pues han experimentado que es su fortaleza.

2. Adquirid abundancia de luz, y cuando la hayáis obtenido, distribuidla. No caigáis nunca en el concepto de que el mero fervor sin conocimientos bastará, y que las almas han de ser salvas simplemente por nuestro celo. Me temo que somos más eficientes en calor que en luz; pero al mismo tiempo, el fuego que no tiene luz es de naturaleza muy sospechosa, y no viene de arriba. Las almas son hechas salvas por la verdad que penetra en el entendimiento, alcanzando así la conciencia. ¿Cómo puede salvar el Evangelio cuando no es entendido? El predicador quizá predique con muchos puntapiés, golpes, gritos y súplicas; pero el Señor no está en el viento, ni en el fuego; el silbo apacible y delicado de la verdad es necesario para penetrar en el entendimiento, y alcanzar así el corazón. La congregación ha de ser enseñada. Debemos «ir y doctrinar a todas las naciones», haciendo discípulos en ellas; y no conozco manera alguna para salvar a los hombres sin que vosotros les enseñéis y ellos aprendan.

Algunos predicadores, aunque saben mucho, no enseñan mucho porque usan un estilo muy enrevesado. Recordad que os estáis dirigiendo a personas que necesitan ser enseñadas como niños; pues aunque son adultos, la mayoría de nuestros oyentes están todavía en la infancia en cuanto a las cosas de Dios; y si han de recibir la verdad, es preciso que sea presentada muy sencillamente, y de tal manera que sea fácil de asimilar y de almacenar en la memoria. Por lo tanto, ofreced mucha instrucción santificada. Algunos dan poca instrucción a causa de

Ministerio, Dones, Predicación, Mayordomía ...

su estilo, pero muchos fallan por otras razones, y principalmente a causa de que su objetivo es otro. Talleyrand define al metafísico como un hombre que entiende mucho de trazar líneas negras sobre un fondo negro. Yo preferiría trazar líneas negras sobre un fondo blanco o blancas sobre uno negro, para que se pudieran ver; pero ciertos predicadores son tan profundos que nadie los entiende. Por otra parte, ¿no habéis oído sermones con gran despliegue de oratoria y nada más? Habéis estado mirando sus maravillas; y todos hemos temblado con el temor de que perdiera el equilibrio en medio de las piruetas que hacía. Pero cuando todo ha terminado, vuestra mente está insatisfecha, pues la acrobacia de la retórica no alegra el alma. Es preciso que no hagamos de la oratoria nuestro objetivo. Algunos son elocuentes por naturaleza y no les es posible ser de otro modo, como los ruiseñores no pueden evitar el cantar dulcemente; por lo tanto, no los censuro, sino que los admiro. No es deber del ruiseñor bajar la voz al mismo tono que el gorrión. Que cante con dulzura, si lo hace naturalmente. Dios merece la mejor oratoria, la mejor lógica, la mejor metafísica, lo mejor de todo; pero si alguna vez la retórica obstruye la instrucción del pueblo, sea anatema. Si alguna aptitud educacional, o algún don natural que poseamos, hiciera menos fácil que la congregación nos entendiese, ¡que perezca! ¡Que Dios quite de nuestro pensamiento y nuestro estilo todo lo que oscurece la luz, aunque sea un velo costoso de rarísimo encaje! ¡Ojalá usemos un lenguaje muy llano, para que la luz del Evangelio pueda brillar muy claramente desde nuestro ministerio!

En nuestro tiempo, hay gran necesidad de dar luz, pues se están realizando feroces tentativas para apagar u oscurecer la luz. Hay muchos que están esparciendo las tinieblas por todas partes. Por tanto, hermanos, mantened la luz ardiendo en vuestras iglesias y en vuestros púlpitos, y sostenedla frente a los hombres que aman las tinieblas por que favorecen sus objetivos. Enseñad a la congregación toda la verdad, y no permitáis que vuestras opiniones distintivas queden ocultas. Hay ladrones de ovejas que rondan por la noche y se llevan a los nuestros porque éstos no conocen nuestros principios: los principios de los no conformistas, los principios de los bautistas, y hasta los principios del cristianismo. Nuestros oyentes tienen una idea general de estas cosas, pero no suficiente para protegerlos de los engañadores. Estamos rodeados, no solo de escépticos, sino de ciertos hermanos que devoran a los débiles. No dejéis que vuestros hijos paseen sin estar guardados por un santo conocimiento, pues hay seductores alrededor que los desviarán si pueden. Empezarán llamándolos «querido» esto y «querido» aquello, y terminarán apartándolos de quienes los trajeron a Jesús. Si perdéis vuestros miembros, que sea a la luz del día, y no por ignorancia de ellos. Estos secuestradores deslumbran los ojos débiles con destellos de novedad, y trastornan las cabezas flacas con descubrimientos maravillosos y doctrinas sorprendentes, que tienden a la división, a la amargura, y a la exaltación de su propia secta. Mantened la luz de la verdad ardiendo, y los ladrones no se atreverán a saquear vuestra casa.

¡Feliz la iglesia de creyentes en Jesús que saben por qué creen en ti; personas que creen la Biblia y conocen lo que contiene; que creen en las doctrinas de la gracia y conocen el alcance de tales verdades; que saben dónde están, y lo que son, y que por lo tanto moran en la luz y no pueden ser engañadas por el príncipe de las tinieblas! Permitid, queridos amigos (estoy especialmente hablando a los más jóvenes) que haya mucha enseñanza en vuestro ministerio. Me temo que los sermones son, con demasiada frecuencia, juzgados por sus palabras y no por su buen sentido. Que no sea así con vosotros. Alimentad siempre a la congregación con conocimiento y comprensión, y que vuestra predicación sea sólida, conteniendo alimento para el hambriento, curación para el enfermo, y luz para los que están en tinieblas.

II. FUEGO

1. En segundo lugar, he de suplicaros que en vuestro ministerio recabéis y uséis abundancia de fuego celestial. Sobre este

particular, quizá esperáis que hable con cautela; pues habéis visto los daños causados por el fuego incontrolado, y los peligros del fuego extraño, y posiblemente estáis deseosos de saber lo que pienso de cierto «ejército» que abunda en fuego, y arde a las mil maravillas. No expresaré opinión alguna, excepto que ninguno de los supuestos males del fuego iguala a los de la tibieza. Incluso el fanatismo es preferible a la indiferencia. Antes me arriesgaría a los peligros de un tornado de excitación religiosa que ver el aire estancado a causa de un formalismo muerto. Es mucho mejor que las congregaciones sean demasiado ardientes que tibias. «Ojalá fueras frío o caliente», sigue siendo la palabra de Cristo, y se aplica a los predicadores como a los demás. Cuando un hombre está muy frío en las cosas de Cristo, sabemos dónde se encuentra; y si otro está al rojo vivo, o quizá al rojo blanco, y se le tiene por demasiado entusiasta, sabemos dónde anda; pero cuando un ministro predica de tal manera, que al final de su sermón decís: «Esto no es ni frío ni caliente», os vais con la sensación de estar hartos, e incluso demasiado hartos, de ello. No había nada que os excitara; casi deseáis haber tenido motivos para indignaros, en vez de haber sido arrullados por semejantes discursos. Un sermón tibio marea toda mente sana.

Tampoco es éste un mal que se halle únicamente en el púlpito. Tendría que preguntarme solemnemente qué ocurriría si un ángel con un termómetro visitara las iglesias libres de Londres, porque me parece que encontraría una gran parte de las mismas ciertamente no frías, decididamente no calientes, sino entre los dos puntos. ¿Qué hay de ti, querido hermano? ¿Dices tú: «Bien, no soy el más caliente de todos, pero tampoco soy el más frío de todos?». Entonces tengo sospechas en cuanto a tu temperatura; pero dejo el asunto a tu propio discernimiento, haciéndote observar solamente que nunca he visto un fuego que sea moderadamente caliente. Si alguno de vosotros descubriese semejante artículo, sería bueno que lo patentase, pues podría ser útil en muchos aspectos. El fuego que yo conozco es tal que nunca he puesto la mano encima del mismo sin tener que recordar su cálido abrazo. El fuego no ha aprendido nunca lo que es moderación. Se me dice que no conviene ser extremado, y en esto el fuego es ciertamente culpable; pues no solo es intensamente caliente, sino que tiende a consumir y destruir sin límite. Cuando empezó en esta ciudad, en tiempos antiguos, poca cosa dejó que no fuesen cenizas; no hubo manera de cortarle las alas ¡Ojalá Dios nos conceda gracia para ser extremados en su servicio! ¡Que seamos llenos de un celo irrefrenable por su gloria! ¡Que el Señor nos responda con fuego, y que ese fuego se derrame primero sobre los ministros y después sobre las congregaciones! Pedimos la verdadera llama de Pentecostés, y no las chispas encendidas por la pasión humana. Nuestra necesidad es un carbón encendido del altar, y nada puede sustituirlo; pero es preciso que lo tengamos, o de lo contrario nuestro ministerio será en vano.

2. Ante todo, es preciso que procuremos que el fuego arda en nuestras propias almas. Me hace dichoso el pensar que hay pocos, si es que hay alguno entre vosotros, que sean absolutamente fríos; es muy difícil calentar una piedra; y tenéis que ser calentados hasta el fervor si hemos de hacerlo como conviene. Es posible envolver a un hombre en mantas hasta que está bastante caliente, debido a que hay vida en él; pero no se puede calentar una piedra de la misma forma. La vida siempre engendra cierta medida de calor y la posibilidad de tener más; y dado que vosotros tenéis vida, hay en vosotros capacidad para el calor. Algunos predicadores son de naturaleza tan fría, que no hay medio conocido para calentarlos.

La tentativa para hallar calor en los sermones de algunos, me recuerda la fábula de Esopo acerca de los monos y la luciérnaga. Los monos encontraron una luciérnaga brillando en la ribera, e inmediatamente se reunieron en torno para calentarse. Colocaron ramitas encima de la misma, tratando de hacer un fuego, pero no se encendió. Era muy bonita, y parecía una llama; pero no pudieron calentarse las manos en su fría luz. Así he conocido ministros cuya luz estaba desprovista de calor y, por consiguien-

Ministerio, Dones, Predicación, Mayordomía ...

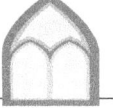

te, las pobres ramitas en torno a ellos nunca se han encendido, ni los corazones helados han sido derretidos por su influencia.

Es un trabajo horrible escuchar un sermón, teniendo la continua sensación de estar sentado a la intemperie durante una tormenta de nieve, o de estar metido en una casa de hielo clara pero fría, ordenada pero mortífera. Te has dicho a ti mismo: «Fue un sermón bien distribuido y planeado, pero no entiendo lo que pasa con él»; el secreto es que había madera, pero no fuego para encenderla. Un gran sermón sin corazón en él, me recuerda uno de aquellos enormes hornos de Gales, que se han dejado apagar; son un espectáculo lastimoso. Preferimos un sermón en que quizá no haya un vasto talento, y ninguna gran profundidad de pensamiento; pero lo que hay, acaba de salir del crisol y, como metal derretido, se abre camino ardiendo. Conocía un muchacho que, cuando iba a casa desde la herrería donde trabajaba, era maltratado por los chicos del pueblo hasta que su patrón le sugirió un plan de defensa que resultó maravillosamente eficaz. Tomaba una vara de hierro, y antes de salir para su casa, atizaba el fuego y la calentaba. Cuando los chicos le rodeaban les avisaba que no tocaran esta barra, y tras acercarse a ella, obedecían la admonición y se mantenían a respetuosa distancia. No citando el ejemplo como recomendación especial, sino para sacar de él una moraleja: calentad vuestro sermón al rojo vivo, y posiblemente será dado por todos los que entren en contacto, pues Nada detiene al fuego.

La energía sigue siendo esencial, aunque cosas hayan cambiado en la oratoria desde los pos antiguos. Se dice que cuando le fue preguntado a Demóstenes: «¿Qué es lo que más importa en la oratoria?», su respuesta no fue «la acción», sino «la energía». ¿Qué es la segunda cosa que importa «La energía». ¿Cuál es la tercera cosa? «La energía». Estoy seguro también de que, en efecto, la es lo principal en el aspecto humano de la predicación. Como los sacerdotes en el altar, no podemos hacer nada sin fuego. Hermanos, hablad porque e en el Evangelio de Jesús; hablad porque con poder; hablad bajo la influencia de la verdad que estáis presentando; hablad con el Espíritu enviado del cielo; y el resultado no será dudoso.

Recuérdese cuidadosamente que nuestra llama debe ser encendida de lo alto. Nada es más despreciable que un mero fuego pintado: el fervor fingido. Más vale que tengamos una muerte honrada que vida falsificada. Imitar a Baxter es detestable; ser como Baxter es ser seráfico. Si quieres ser Whitefield, te diría sé Whitefield. Que el fuego encendido por el Espíritu Santo, y no por la pasión psicológica, el deseo de ganar honores, la emulación de los demás, o la emoción de asistir a reuniones. Que el terrible ejemplo de Nadab y Abihú aleje para siempre el fuego extraño de nuestros incensarios. Arded por haber estado en solemne comunión con Jehová nuestro Dios.

3. Recordad también que el fuego que vosotros y yo necesitamos nos consumirá si lo poseemos verdaderamente. «Cuídate», quizá susurren los amigos; pero cuando este fuego arde no haremos caso del consejo. Nos hemos entregado a la obra de Dios, y no podemos retroceder. Deseamos ser ofrendas encendidas y sacrificios completos para Dios, y no osamos rehuir el altar. «Si el grano de trigo no cae en la tierra y muere, él solo queda; mas si muriere, mucho fruto lleva». Solo podemos producir vida en otros a costa del desgaste de nuestro propio ser. Es una ley natural y espiritual: el fruto sólo puede salir de la simiente cuando ésta se da a sí misma hasta la propia aniquilación.

¿Por qué muchos ministros fervientes están agotados hasta el punto de que el corazón y el cerebro llegan al límite de sus fuerzas? Serían de poca utilidad si no corrieran este riesgo. Todos los hombres eminentemente útiles llegan a sentir su debilidad en grado supremo. ¿Puede el Espíritu de Dios, la Deidad Infinita, utilizar tan frágiles carros sin que el eje tenga que esforzarse, y la máquina entera se estremezca como si fuera a disolverse absolutamente bajo la sagrada carga? Cuando Dios nos visita con poder para salvar las almas, es como si una llama devoradora bajara del cielo y viniera a morar en nuestro seno; y en este caso, es muy posible que las fuerzas todas se derritan; sin

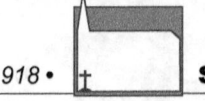

SERMONES SELECTOS

embargo, que sea así: invitamos humildemente a la llama sagrada. Herodes fue comido por los gusanos, siendo anatema de Dios; pero ser consumido por Dios para su propio servicio es ser bendecido hasta lo sumo. Podemos escoger entre las dos cosas, ser comidos por nuestras corrupciones, o por el celo de la casa de Dios. No hace falta vacilar; la elección de cada uno de entre nosotros es preciso que sea por entero ser del Señor: siervos del Señor ardientemente, apasionadamente, vehementemente, cueste lo que cueste el fervor divino en cuanto a cerebro, corazón y vida. Nuestra única esperanza de honor, gloria e inmortalidad está en el cumplimiento de nuestra consagración a Dios; como los objetos consagrados, es preciso que seamos consumidos por el fuego, o rechazados. Para nosotros, apartarnos de la obra de nuestra vida y buscar la distinción en otra parte, es locura suma; la sequía nos amenazará, en nada tendremos éxito, si no es en buscar la gloria de Dios mediante la enseñanza de su Palabra. «Para mí he formado este pueblo», dice Dios, «mostrarán mis alabanzas»; y si no lo hacemos, haremos menos que nada. Para esto fuimos creados; y si no lo hacemos, viviremos en vano.

El otro día el doctor Wayland, paseando por mi jardín, vio los cisnes fuera del agua y observó que eran la verdadera representación de las personas que están fuera de su propia esfera y tratan de hacer aquello para lo cual no han sido creados. ¡Qué torpes son los cisnes en tierra! Andan contoneándose ridículamente; pero tan pronto están en el agua, se deslizan graciosos en su superficie; cada uno de ellos es un modelo de barco, una imagen de belleza; cada línea es perfecta. Así ocurre con el hombre que se contenta con hallar en el ministerio «las aguas en donde nadar». Como siervo enviado por Dios es hermoso; pero tan pronto se entremete en los oficios, o se convierte en profesor secular, o procura su propio engrandecimiento, cesa de ser admirable, suele ser demasiado conocido, y siempre está desplazado. Vosotros estáis únicamente destinados a Dios; por lo tanto, rendíos a Dios, y hallad en Él vuestras riquezas, vuestros honores, y vuestro todo. Si lo hacéis, seréis cabeza y no cola; pero si os apartáis, seréis de poca estima. Que el fuego de la perfecta consagración se levante sobre vosotros, pues así es como resplandeceréis y brillaréis como plata derretida, que destaca en medio del calor. No nos sometamos a la vergüenza y eterno desprecio que serán porción de aquellos que abandonan el servicio de su Redentor por la esclavitud del egoísmo. Jesús dijo a sus discípulos: «Si alguno quiere venir en pos de mí, niéguese a sí mismo, y tome su cruz, y sígame».

III. FE

El siguiente objeto de nuestra meditación es la fe; podríamos decir que es el primero y el último objeto. «Sin fe es imposible agradar a Dios»; y si agradamos a Dios, no es por nuestro talento, sino por nuestra fe.

Ahora mismo, necesitamos mucha fe en forma de creencia fija. Sabemos más que hace algún tiempo; por lo menos espero que sea así. Acabo de oír a uno de vosotros decir a su hermano: «¡Qué amplitud de mente!». Pues bien, procuramos ensancharnos; pero no como algunos; pues no somos de la escuela Amplia, de aquellos que creen poco o nada a derechas, porque desean creerlo todo. Hemos echado el ancla, hemos cesado de ir a la deriva, reposamos confiados. Algunos no tienen credo; o, si tienen, es alterado tan a menudo que no les sirve de nada. Debe ser como la manta de aquel hombre que venía de la isla Esmeralda, diciendo: «¡Fíjese! El capitán me ha dado una manta que no sirve para nada, por arriba es demasiado larga, y por abajo demasiado corta; me cubre la cabeza, y al mismo tiempo mis pies quedan descubiertos. Corté una franja de un palmo por arriba y la cosí abajo, pero no ha cambiado nada; sigue tapándome los ojos y continúa siendo demasiado corta para cubrirme los pies». Es lo que ciertos «pensadores» hacen con su credo: están continuamente cortándolo por un extremo y añadiéndolo por el otro, pero nunca queda bien; está siempre en formación, nunca terminado. Los credos modernos son como los paños de los campesinos

Ministerio, Dones, Predicación, Mayordomía ...

italianos, que he contemplado con maravillada curiosidad. El geólogo más erudito quedaría desconcertado si tratara de descubrir la formación primaria de un par de pantalones que han sido remendados y arreglados con paño de todos los dibujos y colores de generación en generación. Así de variadas son las creencias y las incredulidades de algunos; una aglomeración de andrajos filosóficos, jirones metafísicos, residuos teológicos y desechos heréticos. Ciertos pensadores han alcanzado el bendito ultimátum de no creer en nada absolutamente.

1. Cuando estas personas «cultivadas» hablan de nosotros, manifiestan gran desprecio y afectan creer que somos estúpidos por naturaleza. Pero las personas no siempre son lo que los demás piensan que son, y puede ocurrir que uno se esté mirando en el espejo cuando cree estar mirando a un vecino por la ventana. Cuando las personas están llenas de desprecio por las demás, es signo de gran debilidad. Si en alguna revista o folleto un escritor exhibe su cultura, podéis estar seguros de que últimamente no ha tenido contactos muy elevados, y su afectación es un crecimiento de malas hierbas propio de tal condición. Si hubiera un concurso imparcial sobre el aspecto educación y cultura, los ortodoxos podrían hacer un excelente papel. La jactancia es lamentable; pero a veces es preciso replicar conforme a la necedad de las gentes, y me atrevo a decir que en cualquier clase de torneo mental no deberíamos temblar ante la perspectiva de medir nuestras fuerzas con los hombres del «pensamiento moderno». Sea o no así, a nosotros nos corresponde creer. Creemos que, cuando Jehová nuestro Dios hizo una revelación, sabía lo que quería y pensaba, y que se expresó de la manera mejor y más sabia, y en términos que pueden ser entendidos por los que son veraces y aptos para aprender. Creemos que no se necesita una nueva revelación, y que la idea de que haya de venir otra luz es prácticamente incredulidad según la luz que ahora es, dado que la luz de la verdad es una. Creemos que, aunque la Biblia ha sido retorcida y vuelta al revés por manos sacrílegas, sigue siendo la revelación infalible de Dios. Es parte importante de nuestra religión aceptar humildemente lo que Dios ha revelado. Tal vez la forma más elevada posible de adoración, del velo acá, es la sumisión de todo nuestro ser mental y espiritual ante el pensamiento revelado de Dios; el entendimiento arrodillado ante aquella sagrada presencia cuya gloria hace que los ángeles cubran sus rostros. Que los que en ello se complacen adoren la ciencia, la razón, y sus propios claros juicios; nuestro deleite es postrarnos ante el Señor nuestro Dios y decir: «Este Dios es Dios nuestro eternamente: Él nos capitaneará hasta la muerte».

Hermanos, reuníos en torno al antiguo estandarte. Luchad hasta la muerte por el Evangelio antiguo, pues es vuestra vida. Cualesquiera que sean las formas de expresión que uséis según avanzáis en conocimientos, que la cruz de Jesucristo esté siempre delante, y que todas las benditas verdades que la rodean sean mantenidas con todo el corazón.

2. Es preciso que tengamos fe, no solo en forma de creencias fijas, sino también en forma de constante dependencia de Dios. Si se me preguntara cuál es la más agradable disposición de ánimo dentro de toda la gama de los sentimientos humanos, no hablaría del poder en la oración, o de la abundancia de revelación, o de gozos arrebatados, o de victoria sobre los malos espíritus; sino que mencionaría, como más exquisito deleite de mi ser, el estado en que se experimenta una consciente dependencia de Dios. A menudo esta experiencia ha venido acompañada de grandes dolores corporales y hondas humillaciones del espíritu, pero es inexplicablemente deleitoso yacer pasivamente en las manos del amor, morir sumido en la vida de Cristo. Es bienaventurado darse cuenta de que no sabes, pero tu Padre celestial sabe; que no puedes hablar, pero «tenemos un abogado»; que apenas puedes levantar la mano, pero que Él obra todas tus obras en ti. La entera sumisión de nuestras almas al Señor, el pleno contentamiento del corazón ante la voluntad y los caminos de Dios, la segura confusión del espíritu en cuanto a la presencia y el poder del Señor: he aquí lo más próximo al cielo que conozco; y es

mejor que el éxtasis, pues uno puede permanecer en esta experiencia sin esfuerzo ni reacción.

«¡Ah! ¡No ser nada, nada;
Tan solo estarse a sus pies!»

No es una sensación tan sublime como volar en alas de águila; pero en cuanto a delicadeza, una experiencia de delicadeza profunda, misteriosa, indescriptible, se lleva la palma. Es una bienaventuranza en la que se puede pensar, un gozo que nunca parece ser robado; pues no cabe duda de que un pobre y frágil hijo de Dios tiene derecho indiscutible a depender de su Padre, derecho a no ser nada en presencia de aquel que le sostiene. Me encanta predicar con estos ánimos, como si no fuera a predicar, sino esperando que el Espíritu Santo hable por mí. Presidir de esta manera las reuniones de oración y de iglesia y toda suerte de actividades, resultará ser sabiduría y gozo nuestros. Generalmente cometemos nuestros mayores errores en las cosas más fáciles, cuando todo es tan sencillo que no pedimos a Dios que nos guíe, porque pensamos que nuestro propio sentido común será suficiente. Y así es cómo cometemos grandes equivocaciones; pero en las dificultades, las graves, las que llevamos ante Dios, Él da a los jóvenes prudencia y enseña a los mancebos conocimiento y discreción. La dependencia de Dios es la fuente inagotable de la eficacia. Siempre me ha sorprendido mucho oír hablar a aquel verdadero santo de Dios Jorge Müller, por ser una persona que depende tan sencilla e infantilmente de Dios; pero, pordesgracia, la mayoría de nosotros somos demasiado grandes para que Dios nos use; sabemos predicar tan bien como cualquiera, hacemos un sermón con cualquier cosa... y fracasamos. Cuidado, hermanos; pues si creemos que podemos hacer cualquier cosa por nosotros mismos, todo lo que obtendremos de Dios será la oportunidad de probar. De este modo Él nos examinará, y nos permitirá ver nuestra incapacidad. Cierto alquimista, que servía al papa León X, declaró que había descubierto cómo transformar los metales viles en oro. Esperaba recibir una suma de dinero por su descubrimiento, pero León no era tan bobo; le dio tan solo una enorme bolsa para que pudiese guardar el oro que haría. Había en este regalo tanta sabiduría como sarcasmo. Eso es precisamente lo que Dios hace con los hombres orgullosos; les permite tener la oportunidad de llevar a cabo lo que se jactaban de poder hacer. Nunca he sabido que ni una moneda de oro solitaria llegase a caer en la bolsa de León, y estoy seguro de que jamás seréis espiritualmente ricos por lo que podéis hacer con vuestras propias fuerzas. Despojaos de vuestras propias vestimentas, hermanos, y entonces Dios podrá complacerse en revestiros de honra, pero nunca antes.

a) Es esencial que mostremos fe en forma de confianza en Dios. Sería una gran calamidad si de cualquiera de vosotros pudiera decirse: «Tenía un excelente carácter moral, y dones notables; pero no confiaba en Dios». La fe es una necesidad importante. El mandamiento apostólico es: «Sobre todo, tomando el escudo de la fe». Lástima que algunos vayan a la lucha dejando el escudo en casa. Sería terrible pensar en un sermón que tuviera todas las cualidades que deben tener los sermones en todos los aspectos, excepto que el predicador no confiara en que el Espíritu Santo lo iba a bendecir para la conversión de almas. Tal mensaje es vano. Ningún sermón es lo que debiera ser si falta la fe: equivale a decir que un cuerpo está sano cuando la vida se ha extinguido. Es admirable ver a alguien humildemente consciente de su propia flaqueza, y al mismo tiempo valerosamente confiado en el poder del Señor para obrar por medio de sus achaques. Podemos gloriarnos en general cuando Dios es nuestra gloria. Si intentamos hacer grandes cosas, no nos excederemos en la tentativa; y esperando grandes cosas no quedará desengañada en nuestra esperanza. Alguien preguntó a Nelson si cierto movimiento de sus buques no era peligroso, y contestó así: «Puede ser peligroso, pero en asuntos navales no hay nada imposible ni improbable». Me atrevo a asegurarlo: en el servicio de Dios nada es imposible y nada es improbable. Emprended grandes cosas en el nombre de Dios; arriesgadlo todo, confiados en su promesa, y conforme a vuestra fe os será hecho.

Ministerio, Dones, Predicación, Mayordomía ...

3. La norma común de nuestras iglesias es la de una gran prudencia. En general, no intentamos nada que esté por encima de nuestras fuerzas. Calculamos medios y medimos posibilidades con exactitud económica. Luego concedemos un amplio margen para imprevistos, y un porcentaje aún mayor para comodidad nuestra, de modo que realizamos muy poco debido a que no tenemos el propósito de hacer mucho. Ojalá tuviésemos más «agallas». No conozco palabra más adecuada para describir lo que quiero decir; aunque sea una palabra para un campamento militar más que para la iglesia, por una vez usaremos vocabulario ajeno. Tened presente que no hay nada como el valor, aun en las cosas ordinarias. Sir Richard Sutton, cuando era embajador en Prusia, fue llevado por Federico el Grande a ver el regimiento de los gigantes, cada uno de los cuales medía metro ochenta con las botas calzadas. El rey le preguntó:

—¿Cree usted que hay algún regimiento en el ejército inglés que pueda luchar contra mis hombres, uno contra uno?

Sir Richard contestó:

—Majestad, no sé si el mismo número de hombres podría derrotar a sus gigantes, pero sé que la mitad de ellos lo probarían.

Intentemos grandes cosas, pues los que creen en el nombre del Señor vencen por encima de todas las esperanzas. El obrero vive por fe. El muy noble conde de Shaftesbury decía, hablando de los maestros de escuela dominical y su obra: «Era evidente, para todas las personas reflexivas, que había un gran peligro en la ignorancia de los niños de la clase baja; de modo que los senadores, los filósofos y los hombres honrados de toda suerte empezaron a pensar en ello; pero mientras todos estaban enfrascados en la reflexión, unas cuantas personas sencillas y humildes abrían escuelas dominicales y lo hacían». Ésta es la clase de fe de la cual necesitamos cada vez más; necesitamos confiar en Dios de tal manera, que en su nombre pongamos la mano en el arado. Es ocioso pasar el tiempo haciendo planes y alterándolos, y no hacer nada más; el mejor plan para hacer la obra de Dios es llevarla a cabo. Hermanos, si no creéis en nadie más, creed en Dios sin reservas. Creed completamente. Sumergíos tanto en lo que concierne a la flaqueza como a la fortaleza, en una confianza sencilla en Dios. Alguien comentaba: «En cuanto a ese hombre, no hay modo de adivinar qué locura emprenderá la próxima vez». No hagáis caso de la mofa, aunque bien podríais decir: «No estoy loco, excelentísimo Festo, sino que hablo palabras de verdad y de templanza». El fin de todas las cosas mostrará que la fe en Dios es sentido común santificado, sin un átomo de locura en él. Creer la Palabra de Dios, es lo más razonable que podemos hacer; es seguir el camino más sencillo que podemos tomar, y la norma menos peligrosa que podemos adoptar, incluso en cuanto al cuidado de nosotros mismos; pues Jesús dice: «Cualquiera que quisiere salvar su vida la perderá, y cualquiera que perdiere su vida por causa de mí, la hallará». Expongámoslo todo confiados en la fidelidad de Dios, y nunca seremos avergonzados ni confundidos.

Es preciso también que tengáis fe en Dios en forma de expectación. Nuestros hermanos Smith y Fullerton no tendrían bendición en su obra si no estuvieran esperándola; pero estando a la expectativa, procuran tener un lugar donde ciertas personas puedan ocuparse de los convertidos. ¿Empezaremos la siembra, sin proveer un granero? En muchos pueblos, el Señor ha salvado almas mediante la predicación del Evangelio, pero el ministro nunca ha dicho: «Estaré en tal sala tal día por la tarde, para entrevistarme con las personas que lo deseen», o bien, «después del sermón estaré a disposición de las personas que sientan interés especial». Nunca ha dado a la congregación la oportunidad de decir lo que el Señor ha hecho por ellos; y si le fuera dicho que una docena de personas han sido redargüidas de pecado, tendría una sorpresa, y temería que fuesen hipócritas. No es así cómo hemos aprendido de Cristo. Esperamos capturar peces en nuestras redes, y segar cosechas en nuestros campos. ¿Podéis decir lo mismo, hermanos? Ojalá podáis decir más aún. «Abre tu boca, y yo la llenaré», dice el Señor. Orad y predicad de tal manera, que si no hay conversiones, quedéis atónitos, sorprendidos y quebrantados. Buscad la salvación de vuestros oyentes con tanta intensidad como el ángel que tocará la última trompeta y buscará el despertamiento de los muertos. ¡Creed vuestra propia doctrina! ¡Creed en vuestro propio Salvador! ¡Creed en el Espíritu Santo que mora en vosotros! Pues de esta manera veréis el deseo de vuestros corazones, y Dios será glorificado.

IV. VIDA

Es hora de que os hable del cuarto punto, a saber, la vida. El predicador debe tener vida; es preciso que tenga vida en sí mismo. ¿Estás bien vivo, hermano? Desde luego has sido resucitado como creyente; pero, como ministro, ¿estás completamente vivo? Si hay en el cuerpo de un hombre un hueso que no esté vivo, se convierte en un nido de enfermedad; por ejemplo, un diente carcomido puede causar daños más graves de lo que muchos se imaginan. En un sistema vivo, una porción muerta está fuera de lugar, y más tarde o más temprano creará intensos dolores. Es demostración de sabiduría el que sea así, pues la podredumbre tiende a extenderse, y podría haber males imperceptibles si el dolor no diera la señal de alarma. Espero que cualquier parte de nuestra alma que no esté realmente viva nos duela hasta que el mal sea eliminado.

1. Algunos hermanos no parecen estar jamás enteramente vivos. Sus cabezas viven, son inteligentes y estudiosos; lástima que sus corazones estén inactivos, fríos, aletargados. Muchos predicadores no espían jamás en busca de oportunidades, pues la muerte parece haber sellado sus ojos; y su lengua, así mismo, está solo despierta a medias, de modo que farfullan y tropiezan, y en torno a ellos domina el sueño. Se me ha dicho que, si ciertos predicadores dieran un golpe o agitaran un pañuelo de vez en cuando, o al menos hicieran algo fuera de lo habitual, sería un alivio para su congregación. Espero que ninguno de vosotros ha llegado a ser tan mecánico y monótono; sí sé que algunos son pesados pero no pesan, solemnes pero no impresionan.

Hermano, deseo que seas vivo de pies a cabeza, de cerebro y de corazón, de lengua y de manos, de ojos y oídos. El Dios vivo debe ser servido por hombres vivos.

Esforzaos en ser vivos en todos vuestros deberes. John Bradford, el mártir, solía decir: «Nunca me voy de ninguna parte del servicio de Dios hasta que me siento enteramente vivo, y sé que el Señor está conmigo allí». Practicad esta regla concienzudamente. Al confesar el pecado, seguid confesándolo hasta que os parezca que vuestras lágrimas han lavado los pies del Salvador. Al buscar el perdón, continuad buscando hasta que el Espíritu Santo dé testimonio de vuestra paz con Dios. Al preparar un sermón, esperad al Señor hasta que tengáis comunión con Cristo, hasta que el Espíritu Santo os haga sentir el poder de la verdad que tenéis que presentar. «Hijo del hombre, come este rollo». Antes de intentar dar la Palabra a otros, que ella entre en vosotros. ¿No hay demasiada oración muerta, predicación muerta. y obra eclesiástica muerta de todas clases? ¿No conocéis iglesias que son como el buque fantasma de la leyenda en el que el capitán, el piloto y toda la tripulación son hombres muertos?

Es cosa triste, pero las he visto, aunque nunca he visto un fantasma. Recuerdo haber predicado hace tiempo en una iglesia que externamente era casi difunta e internamente lo era del todo; y después del culto, durante el cual había sentido un terrible frío en el alma, fui a una sala trasera y allí vi dos personas muy importantes, cómodamente apoyadas contra la repisa de la chimenea. «¿Son ustedes los diáconos de esta iglesia?», les dije. Ellos respondieron afirmativamente que lo eran, y yo entonces repliqué: «¡Ya me lo imaginaba!», No les di más explicaciones. Estos pilares de la iglesia necesitaban evidentemente ser apuntalados; pero la fácil comodidad no sirve de nada en la obra del Señor.

Hermanos, cada uno de nosotros ha de tener vida más abundante, y ésta ha de derramarse en todos los deberes de nuestro cargo; la vida espiritual ferviente ha de ser manifiesta en la oración, en el cántico, en la predicación, e incluso en el estrechón de

Ministerio, Dones, Predicación, Mayordomía ...

manos y la buena palabra después del culto. Me deleito en estas conferencias porque son asambleas vivas; la sala no da la sensación de ser una cripta, ni os saludáis unos a otros como un grupo de esqueletos vivientes sin corazón, o como una compañía de respetables mandarines recién salidos del salón de té, moviendo las cabezas y haciendo reverencias de modo mecánico. No soporto las reuniones donde la única exhibición de vida estriba en acaloradas discusiones sobre asuntos de orden, enmiendas, y mociones de «la cuestión previa». Uno se maravilla de las cosillas en las cuales una asamblea es capaz de malgastar horas de precioso tiempo, disputando como si el destino del mundo entero y de los cielos estrellados dependiese del debate. ¡La montaña jadea, pero cuán pequeño es el ratón que da a luz! Hermanos, ojalá estéis vivos, y continuéis estándolo, y diseminéis vuestra vida. Leemos en Platón que los sacerdotes egipcios decían hablando de los griegos: «Vosotros los griegos sois siempre adolescentes, no hay ni un anciano entre vosotros». Tampoco hay ningún anciano entre nosotros en esta hora; estamos llenos de juventud hasta hoy, y si queréis ver a alguien cuyo vigor y ánimo demuestran que sus cabellos grises son solo externos, ahí está sentado (señalando a Mr. George Rogers). Es gran cosa estar continuamente renovando vuestra juventud, sin entrar jamás en la rutina, pero trazando nuevos caminos con vuestras ruedas resplandecientes. Los que son vicios en su juventud, es probable que sean jóvenes en la vejez. Me gusta ver la vivacidad del niño asociada a la gravedad del padre; pero especialmente me regocijo en ver un hombre piadoso que conserva la vivacidad, el gozo, el fervor de su primer amor. Es un crimen permitir que nuestros fuegos ardan con poca llama mientras la experiencia nos ofrece cada vez más abundancia de combustible. Que nosotros vayamos de fortaleza en fortaleza, de la vida a la vida más abundante.

Rebosad vida en todo momento, y que esa vida sea vista en vuestra conversación ordinaria. Es un estado de cosas sorprendente el que hace que la buena gente diga: «Nuestro ministro deshace en el vestíbulo lo que ha hecho en el púlpito; predica muy bien, pero su vida no coincide con sus sermones». El Señor Jesús quiso que fuésemos perfectos como nuestro Padre en los cielos es perfecto. Todo cristiano debe ser santo; pero nosotros tenemos una obligación siete veces mayor de serlo; ¿cómo podemos esperar la bendición divina si no es así? ¡Que Dios nos ayude a vivir de tal manera que podamos ser ejemplos dignos para nuestros rebaños!

En tal caso, la vida pasará de nosotros a otros. El hombre a quien Dios usa para el despertamiento es aquel que ha sido personalmente despertado. Que nuestra congregación lleguemos a ser como esas fuentes ornamentales que hemos visto viajando por el extranjero; el agua salta como surtidor, y cae en una concha; cuando la concha está llena, la cristalina corriente se desborda en medio de centelleos y cae en otra concha, y el proceso se repite una y otra vez hasta que el resultado encanta la vista. Que en nuestra conferencia, hermanos, las aguas vivas nos inunden, y luego desborden de nosotros hasta que miles reciban bendición, y la comuniquen a otros. Es lo que vuestro Señor desea, como dijo: «El que cree en mí, como dice la Escritura, ríos de agua viva correrán de su vientre». «Esto dijo del Espíritu, que habían de recibir los que creyesen en él». ¡Que Dios os llene a rebosar, hasta derramarse! Esto es esencial hemos de tener vida. Si entre nosotros hay algún hermano medio dormido, que todo lo hace despacio, ¡despierte! Si alguno entre nosotros cumple con su deber con poca vida, como si le pagasen a tanto la libra, y no quisiera dar una libra más, ¡despierte también! Nuestra obra exige que sirvamos al Señor con todo el corazón, con toda el alma, con toda la mente, y con todas las fuerzas. No es un lugar para hacer cosas a medias. Vosotros, los muertos, id y tomad una plaza de capellán en el cementerio, y enterrad vuestros muertos; pero el trabajo entre hombres vivos exige vida, vida intensa y vigorosa. Un cadáver puesto entre coros angélicos no estaría más fuera de lugar que un hombre sin vida en el ministerio evangélico. «Dios no es Dios de muertos, sino de vivos».

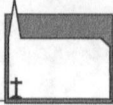

SERMONES SELECTOS

V. AMOR

Lo último, aunque no lo menos importante, entre todas las cosas de que tengo que hablar, es el amor. Sin duda alguna, hemos de abundar en amor. Para algunos predicadores es cosa difícil saturar y perfumar sus sermones con amor; pues sus naturalezas son duras, frías, ásperas o egoístas. Ninguno de nosotros es todo lo que debiera ser, pero algunos son pobres de solemnidad en cuanto a amor. No tienen «amor natural» por las almas de los hombres, como dice Pablo. A todos, pero especialmente a los más «difíciles», quisiera deciros: Sed doblemente fervorosos en cuanto al amor santificado, pues sin esto no seréis sino «metal que resuena o címbalo que retiñe». El amor es poder. El Espíritu Santo, la mayor parte de las veces, obra por medio de nuestros afectos. La fe puede mucho, pero amad a los hombres para llevarlos a Cristo, porque el amor es el verdadero instrumento que utiliza la fe para lograr sus deseos en el nombre del Señor del amor.

1. Amad vuestro trabajo. Nunca predicaréis bien, a menos que estéis enamorados de ello; jamás prosperaréis en ningún cargo especial, a menos que améis a la congregación, y casi diría al pueblo y al templo. Quisiera que estuvieseis convencidos de que vuestra aldea es la perla de la comarca. Pensad que Londres está muy bien como ciudad, pero que como pueblo, el vuestro se lleva la palma. Aun vuestra capilla, con toda su sencillez, debe encerrar encantos para vosotros; sed de la opinión de que el Tabernáculo está muy bien dentro de su clase, pero que tiene grandes deficiencias; una de ellas, que es demasiado grande, al menos demasiado grande para ti. Tu local tiene capacidad solamente para trescientas veinte personas; pero, a tu juicio, es el mayor número que un hombre solo puede pastorear con esperanzas de éxito; por lo menos representa una responsabilidad suficiente para ti. Cuando el amor de una madre hacia sus hijos le hace creer que son los mejores de la localidad, más de su limpieza y sus vestidos; si los creyera feos y molestos, los descuidaría; y estoy convencido de que hasta que amemos de corazón nuestra obra y las personas con quienes estamos trabajando, no haremos gran cosa.

Puedo decir, sin faltar a la verdad, que no conozco a nadie en el mundo entero con quien me gustase cambiarme. Decís vosotros: «¡Ah! Eso no tiene nada de extraño, porque usted está en excelente posición». Estoy completamente de acuerdo; pero pensaba exactamente lo mismo en mi pequeño pastorado en Waterbeach, y me costó mucho trasladarme desde el primero al segundo. Sigo conservando la creencia de que en mi primera congregación había personas como nunca más veré, y que, como lugar de servicio, hay grandes atractivos en aquel pueblo de Cambridgeshire. Es una regla a la cual no conozco excepción, que para prosperar en cualquier trabajo es preciso que se sienta entusiasmo por él.

Debéis también sentir un intenso amor por las almas de los hombres, si es que habéis de influirlas para bien. No hay nada que pueda compensar la ausencia de esto. Ganar almas ha de ser vuestra pasión, tenéis que sentirlo como cosa, innata; es preciso que sea vuestro alimento, la única cosa por la cual contéis la vida como digna de ser vivida. Es preciso que vayamos a la caza de almas, al modo del cazador suizo que persigue a la gamuza porque el espíritu de la caza se ha apoderado de él.

Sobre todo, es preciso que sintamos un intenso amor a Dios. El hermano que nos ha dirigido en oración esta mañana, hablaba adecuadamente del poder de que estamos ceñidos cuando ardemos de amor a Dios. ¿Por qué dicen tantos a niños y a jóvenes: «Es preciso que améis a Jesús para ser salvos?». Eso no es el Evangelio. El Evangelio es: «Cree en el Señor Jesucristo, y serás salvo». Somos cuidadosos cuando presentamos este asunto ante los adultos; ¿por qué presentarlo incorrectamente a los jóvenes? Si hubiésemos de hacer una diferencia, sería más sensato decir a los niños que creyesen, y a los ancianos que amasen; el error sería menos dañino, pues el amor es lo que les falta a la mayoría de los hombres. La gracia santificada del amor necesita ser más predicada entre nosotros, y más experimentada por nosotros. Una mujer,

Ministerio, Dones, Predicación, Mayordomía ...

hablando del Señor a su ministro, decía: Él ha oído mi oración muchas veces, y puedo obtener lo que quiera de Él, pues por su gracia, estoy en muy buena relación con Él». Quería decir que la comunión había obrado un tierno compañerismo, de modo que sus oraciones eran oídas. ¡Ojalá viviésemos en términos de familiaridad con el Bienamado, y sintiésemos siempre su amor en nuestro seno! El amor a Dios ayudará a un hombre a perseverar en el servicio cuando de otro modo hubiera abandonado su trabajo. «El amor de Cristo nos constriñe», dijo alguien cuyo corazón pertenecía enteramente a su Señor. El otro día oí decir a alguien que «el amor de Cristo debería constreñirnos». Esto es cierto, pero Pablo no habló tanto de un deber como de un hecho; él dijo: «El amor de Cristo nos constriñe».

2. Amados hermanos, si estáis llenos de amor a vuestra obra, amor a las almas, y amor a Dios, soportaréis alegremente la abnegación, que de lo contrario sería insoportable. La pobreza de nuestros hermanos en el campo es una verdadera prueba, y debiera ser aliviada por todos los medios; pero podemos sentirnos orgullosos de que haya tantos hombres que, por predicar el Evangelio de Jesucristo, están dispuestos a dejar profesiones bien remuneradas, y a soportar dificultades. Otras denominaciones quizá les pagarían mejor; pero ellos rechazan el dorado soborno, y permanecen fieles a Cristo y a las ordenanzas tal como nos fueron dadas. ¡Honor a esos mártires de toda una vida, que aceptan rigurosas privaciones por Cristo y su Iglesia! He oído decir que el diablo, en cierta ocasión, fue a ver a un cristiano y le dijo:

—Te llamas siervo de Dios; pero ¿qué haces más que yo? Te jactas de ayunar, mas yo también lo hago; pues ni como ni bebo. No cometes adulterio; tampoco yo.

Siguió mencionando una larga lista de pecados de los cuales es incapaz, por lo cual podía declarar estar exento de ellos. El santo por fin le respondió:

—Hago una cosa que tú nunca hiciste; me niego a mí mismo».

Ése es el punto en que aparece el cristiano; se niega a sí mismo por Cristo. Creyendo en Jesús, considera todas las cosas como pérdida por el excelente conocimiento de Cristo Jesús, su Señor. Hermanos, no dejéis vuestro pastorado porque el salario sea pequeño. Vuestra pobre congregación ha de ser atendida por alguien. No desesperéis en tiempos difíciles, pues pronto serán mejores; y, entretanto, vuestro Padre celestial conoce vuestra necesidad. Hemos oído hablar de hombres que han permanecido en ciudades azotadas por plagas, cuando otros huían, porque podían ser útiles a los enfermos. Quedaos, pues, con vuestra congregación cuando les falte el trabajo; sed tan fieles a vuestro Dios como muchos han sido fieles a su filantropía. Si de alguna manera podéis soportar la presente aflicción, estad al lado de la congregación. Dios os ayudará y recompensará, si tenéis fe en él. Que el Señor confirme vuestra confianza, y os consuele en la tribulación.

CONCLUSIÓN

Adelante, hermanos, seguid predicando el mismo Evangelio; pero predicadlo con más fe, y predicándolo mejor cada día. No retrocedáis: vuestro puesto está al frente. Preparaos para esferas más amplias, los que estáis en lugares pequeños; pero no descuidéis vuestros deberes por buscar mejor posición. Estad preparados para la oportunidad cuando llegue, y tened la seguridad de que el cargo vendrá al hombre que es apto para él. No somos de tan poco valor que necesitemos ofrecernos en todos los mercados; las iglesias están siempre en busca de predicadores realmente eficientes. Los hombres cuya aptitud para el ministerio es dudosa tienen actualmente grandes inconvenientes; pero hay gran demanda de hombres capaces y útiles.

No podéis poner una lámpara debajo de un almud, ni podéis tampoco mantener un hombre realmente capaz en una posición insignificante. El patronazgo casi no tiene importancia; la aptitud para la obra, la gracia, la capacidad, el fervor, y un ánimo afable, pronto llevan al hombre a ocupar su lugar. Dios guiará a su siervo hasta el lugar debido, si tiene la fe de confiar en Él. Pongo estas palabras al final de mi mensaje, porque conozco el desaliento que os rodea. No temáis trabajar duramente por Cristo; terrible será el momento de dar cuentas para aquellos que lo pasan cómodamente en el ministerio; pero está reservada una gran recompensa a quienes lo soportan todo por amor a los escogidos. No lamentaréis vuestra pobreza cuando Cristo venga y llame a sus siervos. Será cosa grata haber muerto cada uno en su puesto, sin apartarse en pos de las riquezas, ni correr de Dan a Beerseba para obtener mejor salario, sino quedándose donde el Señor os dijo que mantuvieseis vuestras posiciones.

Hermanos, consagraos de nuevo a Dios. Traed nuevas ligaduras, y atad una vez más el sacrificio al altar. Aunque luche por escapar al cuchillo, o esté temeroso del fuego, atadlo con cuerdas a los cuernos del altar; pues hasta la muerte, y en la muerte, somos del Señor. Nuestra consigna en este día es rendición completa de todas las cosas a Jesús. ¡Que el Señor acepte el sacrificio vivo, por Cristo Jesús! Amén.

2. Dones

103. LA SOBERANÍA DIVINA EN SUS DÁDIVAS

«¿No me es lícito hacer lo que quiero con lo mío? ¿O tienes tú envidia porque yo soy bueno?» (Mateo 20:15).

INTRODUCCIÓN: Dios es Rey soberano.

I. DONES TEMPORALES
1. Cada hombre es peculiar para Dios.
2. No nos gloriemos a nosotros mismos.

II. DÁDIVAS SALVADORAS
1. Dios da un mensaje de misericordia.
2. Dios escogió un pueblo.
3. Dios elige a quién da la gracia.
4. La gracia universal no existe.

III. DONES HONORÍFICOS
1. El honor del conocimiento.
2. El honor del servicio.
3. El honor de la elocuencia.

IV. DONES DE UTILIDAD
1. Distintos dones espirituales.

V. DONES CONSOLADORES
1. Todo es don de Dios.

CONCLUSIÓN: Reconozcamos nuestra indignidad delante del Señor.

LA SOBERANÍA DIVINA EN SUS DÁDIVAS

INTRODUCCIÓN

El padre de familia dice: «¿No me es lícito hacer lo que quiero con lo mío?» Y esta mañana, el Dios de cielos y tierra os hace la misma pregunta: «¿No me es lícito hacer lo que quiero con lo mío?» No hay un atributo de Dios más consolador para sus hijos que la doctrina de la soberanía divina. Bajo las más adversas circunstancias, en los más graves contratiempos, ellos creen que esa soberanía ha ordenado sus aflicciones, que las gobierna y que las santifica. No hay otra cosa por la que los hijos de Dios deban contender más firmemente que por el dominio de su Señor sobre toda la creación, trono suyo la realeza de Dios sobre las obras de sus mano, y el derecho a sentarse en ese trono. Por otra parte, tampoco hay doctrina más odiada por los mundanos, ni verdad convertida en tal pelota de fútbol, como la de la grande, maravillosa y certísima soberanía del infinito Jehová. Los hombres permitirán a Dios estar en cualquier sitio menos en su trono. Consentirán en hallarlo en el taller formando los mundos y haciendo las estrellas. Accederán a que esté en su casa de caridad repartiendo limosnas y otorgando mercedes. Le tolerarán mantener firme la tierra y sostener sus pilares, o iluminar las lámparas del cielo, o gobernar al inquieto océano; pero cuando Dios sube a su trono, sus criaturas rechinan los dientes. Y cuando proclamamos un Dios entronizado y su derecho a hacer según le plazca con lo suyo, a disponer de sus criaturas como le parezca sin consultar con ellas, entonces somos silbados y despreciados, y los hombres cierran sus oídos a nuestras palabras, porque un Dios en su trono no es el Dios que

Ministerio, Dones, Predicación, Mayordomía ...

ellos aman. Les agradaría contemplarle en cualquier sitio menos en su solio con su cetro en su mano y la corona en sus sienes. Pero es un Dios entronizado el que a nosotros nos gusta predicar, en quien confiamos, de quien hemos cantado y de quien hablaremos en esta plática. Sin embargo, sólo haré hincapié sobre una parte de la soberanía de Dios, y es la que toca a la distribución de sus dádivas. En este aspecto creo que, no solo tiene derecho a hacer lo que quiera con lo suyo, sino que en realidad lo hace.

Antes de comenzar nuestro sermón, debemos reconocer como cierto que todas las bendiciones son regalos de Dios, a los que no tenemos derecho por nuestros propios méritos; y creo que toda persona que piense un poco debe reconocerlo así. Una vez admitido esto, nos ocuparemos en demostrar que si hace lo que quiere con lo suyo es porque tiene derecho a quedárselo todo si le place, a repartirlo si así lo prefiere, a dar a unos y a otros no, o bien a no dar a nadie o dar a todos, según parezca bien a sus ojos. «¿No me es lícito hacer lo que quiero con lo mío?»

Dividiremos los dones de Dios en cinco clases: Temporales, salvadores, honoríficos, útiles y consoladores. De todos ellos debemos decir: «¿No me es lícito hacer lo que quiero con lo mío?»

I. DONES TEMPORALES

Empezaremos, pues, con los dones temporales.

1. Es un hecho indiscutible que Dios, en las cosas temporales, no ha repartido a todos por igual; no todas sus criaturas han recibido igual cantidad de ventura y posición en este mundo. Existe una desigualdad. Notadla sobre todo en los hombres, porque de ellos nos ocuparemos principalmente. Unos nacen como Saúl, que «del hombro arriba sobresalía a cualquiera del pueblo»; otros serán toda su vida como un Zaqueo, hombre de corta estatura. Unos tienen un cuerpo musculoso y son físicamente atractivos; otros son débiles y distan de tener una figura hermosa. Cuántos encontramos cuyos ojos nunca han gozado de la luz del sol; cuyos oídos jamás han escuchado el encanto de la música y cuyos labios en la vida han pronunciado palabras ininteligibles o armoniosas. Id por el mundo y encontraréis hombres superiores a vosotros en vigor, salud y figura; y otros inferiores en todas estas mismas cosas. Algunos de los que están aquí son preferidos por su aspecto exterior al resto de sus semejantes, en tanto que otros son dejados a un lado y no tienen nada de que puedan gloriarse en la carne. ¿Por qué ha dado Dios belleza a un hombre y a otro no? ¿A uno todos sus sentidos y a otro sólo parte de ellos? ¿Por qué ha despertado en unos el sentido del entendimiento, mientras otros se ven obligados a tener una mente obtusa y terca? Digan lo que digan los hombres, no puede haber otra respuesta que ésta: «Así, Padre, pues que así agradó en tus ojos». Los antiguos fariseos preguntaron: «Rabí, ¿quién pecó, éste o sus padres, para que naciese ciego?». Sabemos que no fueron los pecados de los padres ni los del hijo la causa de que éste naciera ciego, como tampoco es por eso por lo que otros han sufrido desgracias parecidas; sino porque Dios ha actuado según le ha placido en el reparto de sus beneficios terrenales, diciendo de este modo al mundo: «¿No me es lícito hacer lo que quiero con lo mío?».

Notad, también, la desigualdad que hay en la distribución de los dones intelectuales. No todos los hombres son como Sócrates; hay pocos como Platón; los hombres como Bacon aparecen muy de tarde en tarde; no se da muy frecuentemente la ocasión de poder hablar con algún Isaac Newton. Algunos tienen maravillosa inteligencia con la que pueden desentrañar grandes misterios, sondear las profundidades de los océanos, medir la altura de las montañas, analizar los rayos del sol y pesar los astros. Otros no tienen sino pocos alcances. Podéis educarlos y educarlos, que nunca lograréis hacer de ellos grandes hombres. Es imposible mejorar lo que no tienen. Carecen de genio y vosotros no podéis impartírselo. Cualquiera puede ver que hay una diferencia inherente en el hombre desde su mismo nacimiento. Algunos, con poca instrucción, aventajan a esos que han sido concienzudamente preparados. Tomad dos muchachos, educadlos en el mismo colegio, por el mismo maestro; los dos se aplicarán en sus estudios con la misma diligencia, pero uno de ellos dejará rezagado a su compañero. ¿Por qué pasa esto? Porque Dios hace sentir su soberanía tanto sobre la inteligencia como sobre el cuerpo. Él no nos ha hecho a todos iguales; sino que ha dado variedad a sus dones. Un hombre es elocuente como Whitefield, y otro tartamudea aunque sólo tenga que hablar tres palabras en su propia lengua. ¿Qué es lo que establece esas marcadas diferencias entre un hombre y otro? Hemos de responder que debemos atribuirlo todo a la soberanía de Dios, quien hace lo que quiere con lo suyo.

Reparad de nuevo en las diferentes condiciones de los hombres en el mundo. De vez en cuando han surgido preclaras inteligencias entre hombres cuyos miembros han arrastrado las cadenas de la esclavitud y cuyas espaldas han sido ofrecidas al látigo; hombres de piel negra, pero de entendimiento inmensamente superior al de sus brutales amos. También en Inglaterra es frecuente encontrar a sabios que viven en la pobreza, y ricos no pocas veces ignorantes y vanos. Unos vienen a este mundo para ser ataviados con la púrpura imperial, otros no llevaran más que sus humildes ropas de campesino. Unos tienen un palacio para morar y colchón de plumas para descansar, mientras otros no tienen sino un duro catre y nunca les cobijará más suntuoso techo que el de paja de su cabaña. Si de nuevo preguntásemos la razón de todo esto, la respuesta seguiría siendo la misma: «Así, Padre, pues que así agradó en tus ojos». A vuestro paso por la vida podréis observar de otras muchas maneras la manifestación de la soberanía de Dios. Da a algunos hombres una salud recia durante toda su vida, de forma que apenas saben lo que es una indisposición; mientras que otros se arrastran vacilantes por el mundo esperando hallar la tumba abierta a cada paso, viviendo miles de miles de muertes al temer constantemente a una. Hay personas, como Moisés, que aun en los últimos días de una vida extraordinariamente larga tienen una vista aguda y que, aunque tengan el cabello blanco, se mantienen firmes sobre sus pies, como cuando eran jóvenes. De nuevo preguntamos: ¿cuál es la causa de esta diferencia? Y otra vez aparece la única respuesta adecuada: La soberanía de Jehová. Encontraréis también que, mientras a unos se les quita la vida prematuramente en la flor de su vida, a otros les es dado llegar más allá de setenta; unos parten antes de haber cubierto la primera etapa de su existencia, mientras otros prolongan sus días hasta convertirse totalmente en un estorbo. Estimo que necesariamente debemos atribuir la causa de todas estas diferencias de la vida a la soberanía de Dios. Él es Rey y Soberano y, ¿no hará lo que quiera con lo suyo?

2. Vamos a dejar este extremo de la cuestión; pero antes de hacerlo, debemos recapacitar un poco más sobre él. ¡Oh!, tú que has sido dotado de una noble figura, de un cuerpo hermoso, no te enorgullezcas de ello, porque tus dones proceden de Dios. No te glories, porque si lo haces, desaparecerá en un momento toda tu apostura. Las flores no presumen de su belleza ni los pájaros cantan su plumaje. Hijas, no os envanezcáis con vuestra hermosura; hijos, no seáis engreídos de vuestra gallardía. Y vosotros, ¡oh! hombres, poderosos e inteligentes, recordad que todo cuanto tenéis os ha sido concedido por un Soberano Señor: Él creó, Él puede destruir. No hay mucha diferencia entre la más preclara inteligencia y el idiota más desvalido: las mentes penetrantes rayan en la locura. Vuestros cerebros pueden ser trastornados en cualquier momento, y en adelante estar condenados a vivir en la demencia. No os jactéis de vuestro saber, porque aun el más pequeño conocimiento que poseéis os ha sido dado. Por lo tanto, yo os digo, no os enaltezcáis sobremanera, sino emplead para su gloria los dones que Dios os ha dado, porque son dádivas reales que no podéis rechazar. Si el Soberano Señor os ha dado un talento, y no más, no lo guardéis en vuestra faltriquera, sino haced buen uso de él y quizá os será aumentado. Bendecid a Dios porque tenéis más que algunos, y dadle gracias, también, porque os ha dado menos que a otros, porque así no es tanto lo que tenéis que llevar sobre

vuestros hombros; ya que cuanto más ligera sea vuestra carga, menos gemiréis en vuestro caminar hacia la tierra mejor. Bendecid a Dios, pues, si poseéis menos que vuestros semejantes, y ved su bondad tanto en el dar como en el retener.

II. DÁDIVAS SALVADORAS

1. En todo cuanto hemos dicho hasta aquí, probablemente la mayoría esta de acuerdo con nosotros; pero cuando entramos en el segundo punto, las dádivas salvadoras, gran número de personas discrepan, porque no pueden aceptar nuestra doctrina. Cuando aplicamos esta verdad con relación a la soberanía de Dios en la salvación del hombre, vemos como hay quien se levanta para defender a sus semejantes, a quienes consideran perjudicados por la predestinación divina. Pero nunca oí de alguno que se alzara para abogar por Satanás; y yo creo que si algunas criaturas de Dios tuvieran derecho a quejarse de su comportamiento, éstas serían los ángeles caídos. Por su pecado fueron arrojados del cielo fulminantemente, y no leemos que nunca les fuera enviado un mensaje de misericordia. Una vez echados fuera, su condenación fue sellada; mientras que a los hombres se les dio una tregua, fue enviada redención a su mundo, y un gran número de ellos fueron escogidos para vida eterna. ¿Por qué no contender con la soberanía tanto en un caso como en otro? Afirmamos que Dios ha elegido un pueblo de entre los hombres, y se le niega el derecho a obrar así. Y yo pregunto: ¿por qué no se discute igualmente el hecho de que haya escogido a los hombres y no a los ángeles caídos, o su justicia por esa forma de proceder? Si la salvación fuese asunto de derecho, los ángeles tendrían en verdad tanto como los hombres. ¿No estaban situados en una dignidad superior?, ¿o es que pecaron más? Creemos que no. El pecado de Adán fue tan intencionado y pleno que no podemos imaginar uno mayor. Si los ángeles expulsados del cielo hubiesen sido restaurados, ¿no habrían prestado mayor servicio a su Hacedor que el que nosotros podamos prestarle jamás? Si se nos hubiera permitido juzgar en esta cuestión hubiéramos liberado a los ángeles y no a los hombres. Así pues, admirad el amor y la soberanía divinos, ya que mientras aquellos fueron hechos pedazos, Dios levantó un número de elegidos de entre la raza humana para hacerles estar entre príncipes por los méritos de Jesucristo nuestro Señor.

2. Notad de nuevo la soberanía divina en el hecho de que Dios escogió al pueblo israelita y dejó a los gentiles en la oscuridad durante años. ¿Por qué fue Israel enseñado y salvado mientras Siria se perdía en la idolatría? ¿Era una raza más pura en su origen y mejor en su condición que la otra? ¿No tuvieron los israelitas dioses falsos centenares de veces, que provocaron la ira y el aborrecimiento del Dios verdadero? ¿Por qué fueron favorecidos más que todos sus semejantes? ¿Por qué el sol brilló sobre ellos mientras a su alrededor las naciones eran dejadas en la oscuridad, y miríadas sepultados en el infierno? ¿Por qué? La única respuesta que puede darse es ésta: Dios es soberano y «del que quiere tiene misericordia; y al que quiere, endurece».

3. Y también, ¿cómo es que Dios nos ha dado su Palabra a nosotros, mientras multitud de personas están aún sin ella?

¿Por qué nos podemos acercar al tabernáculo de Dios cada uno de nosotros, domingo tras domingo, teniendo el privilegio de escuchar la voz de un ministro de Jesús, mientras otras naciones no han sido bendecidas del mismo modo? ¿No podía Dios haber hecho que la luz resplandeciera también en sitios de tinieblas? ¿No podía Él, si le hubiese placido, haber enviado mensajeros raudos como la luz para que proclamasen su Evangelio por toda la tierra? Podía haberlo hecho si hubiera querido. Pero, ya que sabemos que no ha sido así, nos inclinamos con humildad, confesando su derecho de hacer lo que quiera con lo suyo.

Mas permitidme que traiga, una vez más, la doctrina a nuestros ámbitos. Observad cómo manifiesta Dios su soberanía en el hecho de que de la misma congregación donde todos han oído al mismo predicador y escuchado idéntica verdad, es tomado el uno y dejado el otro. ¿Por qué será que en una de mis oyentes, sentada en los últimos bancos de la capilla junto a su hermana, el efecto de la predicación es diferente que en la otra que está a su lado? Ambas han sido criadas sobre las mismas rodillas, mecidas en la misma cuna y educadas con igual esmero; las dos han oído al mismo predicador y con idéntica atención; ¿por qué una será salvada y la otra dejada? Lejos esté de nosotros buscar excusas en favor del hombre que se condena, cuando no hay ninguna. Igualmente, lejos esté de nosotros restar gloria a Dios, pues sabemos que es Él quien hace la diferencia; por eso la hermana que se ha salvado no debe agradecérselo a sí misma, sino a su Señor. Habrá también dos hombres dados al vicio de la bebida. Unas palabras de la predicación traspasarán a uno de ellos de parte a parte, el otro permanecerá impasible, aunque serán bajo todos los aspectos idénticamente iguales, tanto en temperamento como en educación. ¿Cuál es la razón? Tal vez digáis: porque uno ha aceptado el mensaje del Evangelio y el otro lo ha rechazado. Pero debemos responder con la misma pregunta: ¿quién hace que uno acepte y el otro rechace? Me figuro que diréis que el hombre mismo hizo la distinción; pero debéis admitir en vuestra conciencia que es a Dios solo a quien pertenece este poder; pese a esto, aquellos a los que no les agrada esta doctrina, están siempre en pugna contra nosotros y dicen: ¿Cómo puede Dios hacer tal acepción entre los miembros de su familia? Imaginaos un padre que tuviese determinado número de hijos, y que a uno diera todos sus beneficios, relegando a los otros a la miseria: ¿diríamos que era un padre duro y cruel? Admito que sí, pero no es el mismo caso, porque no es con un padre con quien tenéis que tratar, sino con un juez. Decís que todos los hombres son hijos de Dios, y yo os sitúo a probarlo con la Biblia. Nunca he leído en ella nada parecido, y jamás me atrevería a decir «Padre nuestro que estás en el cielo» hasta ser regenerado; no puedo gozarme de su paternidad hasta saber que soy uno con Él y coheredero con Cristo; no osaría llamarle Padre mientras fuera una criatura sin regenerar. No existe aquí la misma relación que entre padre e hijo porque el hijo siempre tiene algún derecho sobre su padre, sino entre rey y súbdito; y aun ni siquiera ésta, porque el súbdito tiene a veces algo, por pequeño que sea, que reivindicar de su rey. Pero una criatura, una criatura pecadora, jamás puede tener derechos sobre Dios; porque si así fuera, la salvación sería por obras y no por gracia. Si el hombre pudiera merecerla, el salvarlo sería entonces el pago de una deuda, y no se le daría más que lo que se le debía. Sostenemos que la gracia, para que sea tal, ha de hacer diferencias. Alguno dirá: Pero, ¿no está escrito que «a cada uno le es dada medida de gracia para provecho». Bien, si os gusta podéis repetir esa maravillosa cita hasta la saciedad, que seréis bien recibidos. Pero tened en cuenta que ésta no es una cita de las Escrituras, a menos que esté en una edición arminiana. El único pasaje parecido a este se refiere a los dones espirituales de los santos, y sólo de los santos. Ya que, admitiendo vuestra suposición, si a cada uno le es dada medida de gracia para provecho, es evidente que hay otros que la reciben con carácter especial para que, precisamente, les sea provechosa. ¿Qué entendéis por gracia que puede usarse para provecho? Me es fácil comprender los adelantos humanos para perfeccionar la utilización de la grasa, pero lo que no entiendo es una gracia que sea perfeccionada para ser usada por los hombres.

4. La gracia no es una cosa que yo pueda utilizar, sino algo que me usa a mí; sin embargo la gente habla de ella como pudiéndola manejar, y no como una influencia que tiene poder sobre ellos. No es algo que yo pueda perfeccionar, sino que me perfecciona a mi, que me emplea y obra sobre mí. Que los hombres hablen cuanto quieran sobre la gracia universal; absurdo por completo porque no existe tal cosa ni puede existir. De lo que pueden hablar con propiedad es de bendiciones universales, porque vemos que los dones naturales de Dios han sido esparcidos por doquier, en mayor o menor profusión, y los hombres pueden aceptarlos o rechazarlos. Pero que no digan lo mismo de la gracia, porque nadie puede cogerla para, por sí mismo, y volverse de las tinieblas a la luz. La luz no viene a la oscu-

Ministerio, Dones, Predicación, Mayordomía ...

ridad y le dice: úsame, sino que la toma y la echa fuera. La vida no acude al cadáver y le dice: válete de mi y torna a vivir, sino que con su propio poder lo resucite. Lo espiritual no se acerca a los huesos resecos para decirle, usadme y revestíos de carne, sino que él los cubre, y acaba la obra. La gracia es, pues, algo que se nos da y que ejerce su influjo sobre nosotros.

«Solamente el deseo soberano
De Dios, nos hace herederos de gracia;
Nacidos a la imagen de su hijo,
Restaurados de la caída raza».

Y nosotros decimos a todos los que rechinan sus dientes al oír esta verdad, que, tanto si lo saben como si no, sus corazones están llenos de enemistad contra Dios; porque mientras no lleguen al conocimiento de esta doctrina, hay algo que aun no han descubierto, y que les hace oponerse a la idea de un Dios absoluto, libre, sin cadenas, inmutable y teniendo libre albedrío, cosa que son tan dados a demostrar que las criaturas poseen. Estoy persuadido, hemos de mantener la doctrina de la soberanía de Dios si tenemos una mente sana. «De Jehová es la salud». Dad, pues, toda la gloria a su santo nombre, pues a Él le pertenece toda.

III. DONES HONORÍFICOS

En tercer lugar, vamos a considerar las distinciones que Dios hace en su Iglesia al repartir los dones honoríficos. Hay diferencia entre los propios hijos de Dios; cuando éstos son tales. Fijaos en lo que quiero decir: Unos tienen, por ejemplo, el don honorífico del conocimiento en mayor grado que otros. Tropiezo de vez en cuando con un hermano con el que podría hablar durante meses, y aprender algo de él cada día. Posee una profunda experiencia ha buscado en «lo profundo de Dios», toda su vida ha sido un continuo estudio, dondequiera que ha estado. Parece haber sacado sus pensamientos, no de los libros meramente, sino de la vida de los hombres, de Dios, de su propio corazón; y conoce todas las vueltas y recodos de la experiencia cristiana: ha comprendido la anchura, lo largo, profundidad y altura del amor de Cristo, que excede a todo conocimiento. Ha conseguido una clara idea e íntimo conocimiento del sistema de la gracia, y puede vindicar la conducta del Señor para con su pueblo.

1. Os encontraréis con otro que ha pasado por multitud de tribulaciones, pero que no tiene un conocimiento profundo de la experiencia cristiana; no aprendió ni un solo secreto en todas sus calamidades. Surgía del barro de una charca para caer inmediatamente en otra, pero nunca se detuvo a recoger alguna de las joyas depositadas en el cieno, ni trató jamás de descubrir las perlas escondidas en sus aflicciones. Conoce muy poco de la altura y la profundidad del amor del Salvador. Podéis charlar con ese hombre tanto como queráis, que no sacaréis de él nada de provecho. Si me preguntáis por qué es esto, os responderé que hay una soberanía de Dios que da el conocimiento a unos y a otros no. Paseando el otro día con un cristiano de edad avanzada, me hablaba de cuánto provecho había sacado de mi ministerio. Nada hay que me haga humillar más que el pensamiento de que un creyente anciano reciba instrucción en los caminos del Señor de un neófito en la gracia. Pero yo espero, cuando llegue a viejo, si es que llego, ser también instruido por algún recién nacido en la fe; porque Dios cierra muchas veces la boca de los mayores y abre la de los niños. ¿Por qué somos maestros de centenares de personas que, en otros aspectos, están mucho más capacitadas para instruirnos a nosotros? La única respuesta que hemos encontrar reside en la soberanía de Dios, y debemos inclinarnos ante ella; porque, ¿no le es lícito a Él hacer lo que quiera con lo suyo? En lugar de tener envidia de aquellos que tienen el don del conocimiento, procuremos tenerlo nosotros también, si nos es posible. En vez de murmurar, protestando por no tener más entendimiento, deberíamos recordar que ni el pie puede decirle a la cabeza, ni la cabeza al pie, no te necesito; porque Dios nos ha dado los talentos como a Él le ha placido.

2. No penséis, cuando hablamos de dones honoríficos, que éstos se reducen solamente al del conocimiento; también el del servicio es un don honorífico. No hay

nada más honroso para un hombre que el cargo de diácono o ministro de la Palabra. Engrandecemos nuestro oficio, pero no a nosotros mismos; porque estamos plenamente convencidos de que el desempeñar cualquier cometido en la iglesia es uno de los más grandes honores. Preferiría ser diácono antes que alcalde de Londres. No hay honor más grande para mí que el de ser ministro de Cristo. Mi púlpito me es más apetecible que el más alto trono, y mi congregación es un gran imperio, ante el cual los más grandes reinos de la tierra quedan reducidos a algo sin importancia eterna. ¿Por qué Dios, por medio del Espíritu Santo, llama con especial vocación a unos para que sean pastores, y no a otros? Incluso hay personas mejor dotadas, pero no nos atreveríamos a darles el púlpito, porque no han sido llamadas con esa vocación. Igual ocurre con el diaconado; hombres a los que consideramos los más capacitados son excluidos, mientras otros son escogidos. Es la soberanía de Dios, que también se hace patente en el nombramiento dé los que han de ser utilizados en cualquier cometido al poner a David sobre el trono, al escoger a Moisés como caudillo de los hijos de Israel por el desierto, y a Daniel para desenvolverse en las esferas palaciegas; al elegir a Pablo como ministro de los gentiles, y a Pedro como apóstol de la circuncisión. Y los que no habéis recibido ningún don honorífico, meditad humildemente en la verdad y razón de la pregunta del Señor: «¿No me es lícito hacer lo que quiero con lo mío?».

3. Otro de los dones honoríficos de Dios es el de la expresión. La elocuencia ejerce mayor poder sobre los hombres que todos los demás dones juntos, y si alguno quiere influir sobre las multitudes, deberá tocar sus corazones y encadenar sus oídos. Hay quienes son como vasos llenos de conocimiento hasta los mismos bordes, pero sin recursos para darlos a conocer a los demás; poseen todas las perlas del saber, pero no saben cómo engarzarlas en el dorado anillo de la elocuencia; pueden cortar las más delicadas flores, pero no son capaces de trenzarlas en dulce guirnalda para ofrecerla a los ojos de su amada. ¿Cómo puede ocurrir esto? He aquí la misma e invariable respuesta: la soberanía de Dios también se manifiesta en el reparto de los dones honoríficos. Aprended, hermanos —caso de tener algún don— a poner todo su honor a lo pies del Salvador, y a no murmurar si no los tenéis; porque, recordad que Dios es igualmente bondadoso tanto cuando retiene como cuando distribuye sus dádivas. Si hay entre vosotros alguno que está encumbrado, que no se envanezca, ni desprecie al humilde, porque Dios da a cada vaso su medida de gracia. Servidle según vuestra medida, y adorad al Rey del cielo que hace según le place.

IV. DONES DE UTILIDAD

Consideraremos en cuarto lugar los dones de utilidad. Muchas veces he hecho mal censurando a otros hermanos pastores por no tener más fruto, y he dicho que podían haber sido tan efectivos como yo si hubiesen mostrado mayor celo y diligencia; pero he llegado a comprender que hay otros cuya efectividad no guarda relación, ni mucho menos, con su gran celo y constancia. Me retracto, pues, de mis censuras para afirmar que el don de la utilidad es otra manifestación de la soberanía de Dios. No reside en el hombre tal facultad, sino en Dios. Podemos desplegar tanta actividad como queramos, pero solo en Él está la virtud de hacernos útiles. Izaremos todas las velas cuando el viento sople, pero no nos es dado el poder levantar ni la más ligera brisa.

1. Vemos también la soberanía Divina en la diversidad de los dones ministeriales. Hay ministros cuya predicación es como mesa servida con ricos y abundantes manjares, mentiras que otros no tienen suficiente para dar de comer a un ratón; siempre que hablan es para censurar y no para alimentar a los hijos de Dios. Hay otros que pueden ofrecer gran consuelo, pero son incapaces de reprender a los que caen; no tienen la suficiente fuerza de espíritu para dar unos cuantos azotes cariñosos que tantas veces son necesarios. Y, ¿cuál es la razón? La soberanía de Dios. Hay algunos, también, que son la antítesis de lo anterior, manejan magníficamente el martillo, pero no saben

Ministerio, Dones, Predicación, Mayordomía ...

curar un corazón quebrantado, y si intentaran hacerlo, su efecto sería tan deplorable que os imaginaríais a un elefante tratando de ensartar una aguja. Son buenos para reprender, pero inútiles para aplicar aceite y vino a una conciencia abrasada. ¿Por qué? Porque Dios no les ha dado ese don. Asimismo los hay que sólo predican teología experimental, y muy pocas veces sobre temas doctrinales. Otros son todo doctrina y hablan poco de Cristo crucificado. ¿Por qué, de nuevo? Dios no les ha dado el don de doctrina. Otros, como los de la escuela Hawker, solo predican a Jesús ¡bendito Jesús!, y hay quienes se quejan porque no hablan de los problemas de la vida cristiana, porque no entran en detalles sobre la corrupción que experimentan y aflige a los hijos de Dios. Pero no les censuréis por eso. Habréis reparado como de la misma persona unas veces brotan chorros de agua de vida, y otras no podría estar más seco. Por esto, un domingo os marcháis llenos y gozosos, y al siguiente vacíos e indiferentes. Debemos aprender a reconocer y a admirar la mano poderosa de la soberanía de Dios obrando en todo ello. Predicando a una gran muchedumbre, la semana pasada, ocurrió que, en cierto momento de la predicación, la emoción nos embargó a todos y sentí como el poder de Dios estaba con nosotros. Una pobre criatura, movida por el horror de la ira de Dios contra el pecado, clamaba a voz en grito sin poderse reprimir. Aquellas mismas palabras podrán ser pronunciadas de nuevo, con el mismo deseo en el corazón del predicador, y no producir ningún efecto. En las dos ocasiones, pues, debemos atribuirlo a la soberanía divina. La mano de Dios está en todo. ¿Os habéis percatado de que la generación actual es la más impía que haya pisado la tierra? Yo al menos así lo creo. Cuando en tiempos de nuestros padres caía un fuerte aguacero, decían que era Dios quien lo mandaba; oraban pidiendo la lluvia, o el sol, o la bondad de la cosecha; oraban por los pajares cuando se incendiaban, y oraban cuando el hambre azotaba la tierra; nuestros antepasados decían: El Señor lo ha querido. Pero ahora, nuestros filósofos tratan de explicarlo todo, atribuyendo cuantos fenómenos ocurren a causas secundarias. Mas nosotros, hermanos, pensamos que el origen y dirección de todas las cosas pertenecen al Señor y sólo al Señor.

V. DONES CONSOLADORES

1. Finalmente consideraremos que los dones consoladores son de Dios. ¡Qué reconfortantes son las dádivas que hacen que nos gocemos con las ordenanzas del culto y con un ministerio provechoso! Pero ¿cuántas iglesias hay que no lo tienen, y por qué nosotros sí? Porque Dios ha hecho la diferencia. Algunos tenéis una fe firme y podéis sonreír ante la adversidad; podéis cantar en todo tiempo, tanto en la tempestad como en la calma. Sin embargo, hay otros con una fe tan débil que están en peligro de derrumbarse al menor soplo del viento. Unos nacen con un carácter melancólico y, aun en la calma, ven señales de borrasca; otros son de temperamento más alegre y, aunque las nubes sean negras, en cada una de ellas ven una cinta de plata, y son felices. Pero, ¿por qué es esto? Porque los dones consoladores vienen de Dios. Podéis observar que nosotros mismos somos diferentes en determinados momentos de nuestra vida. ¿Por qué ha habido épocas en que hemos podido tener un bendito contacto con el cielo, y nos ha sido permitido el mirar más allá del velo? Y otras veces, empero, ese delicioso placer desaparece de repente. ¿Murmuramos por ello? ¿No le es lícito a Él hacer lo que quiere con lo suyo? ¿No puede quitar lo que antes había dado? El consuelo que nosotros tenemos era suyo antes que nuestro.

«Y aunque te lo llevaras
Yo jamás me quejaría;
Que antes que me lo dieras.
Sólo Tú lo poseías».

No hay gozo del Espíritu, ni bendita esperanza, ni fe fuerte, ni deseo ardiente, ni comunión íntima con Cristo que no sea don de Dios y que no provenga de Él. Cuando esté en tinieblas y sufra contrariedades, alzaré mis ojos y diré: Él da canciones en la noche; y cuando deba gozarme, diré: Mi monte permanecerá para siempre. El Señor es el soberano Jehová, y por tanto, postrado a sus pies estoy, y si perezco pereceré allí.

CONCLUSIÓN

Permitid que os diga, queridos hermanos, que esta doctrina de la soberanía divina, lejos de hacer que os sentéis perezosamente, espero que con la ayuda de Dios os humille y os lleve a exclamar: «Indigno soy de la más pequeña de todas tus mercedes, y reconozco que tienes derecho a hacer conmigo lo que quieras. Si me aplastas como a un vil gusano, no serás afrentado; no tengo derecho a pedirte que tengas compasión de mí; sólo te ruego me mires según tu misericordia. Señor, si quieres puedes perdonarme, y jamás diste tu gracia a alguien que la deseara más ardientemente. Lléname del pan del cielo, porque estoy vacío; vísteme de tus ropajes, porque estoy desnudo; dame vida, porque estoy muerto». Si elevas esta plegaria con toda tu alma y con toda tu mente, aunque Jehová es soberano, extenderá su cetro y salvará, y vivirás para adorarle en la hermosura de la santidad, amando y bendiciendo su bondadosa soberanía. «El que creyere», es la declaración de la Escritura, «y fuere bautizado, será salvo; mas el que no creyere será condenado». El que creyere en Cristo únicamente y fuere bautizado con agua en el nombre del Padre, del Hijo y del Espíritu Santo, será salvo; pero el que rechaza a Cristo y no cree en Él, será condenado. Éste es el decreto soberano y la proclamación celestial; inclínate a él, reconócelo, obedécele, y Dios te bendiga.

3. Predicación

104. PREDICANDO A LOS POBRES

«A los pobres es anunciado el Evangelio» (Mateo 11:5).

INTRODUCCIÓN: Los judíos no esperaban un Mesías pobre.

I. LA VERSIÓN AUTORIZADA
1. Predicar donde los pobres pueden acudir a escuchar.
2. Predicar de manera atrayente.
3. Predicar de manera sencilla.
4. Predicar el Evangelio de salvación.

II. LA VERSIÓN DE GINEBRA
1. El Evangelio convierte las costumbres del evangelizado.
2. La conversión es el mayor milagro en el mundo.

III. LA VERSIÓN DE WYCLIFFE
1. Los pobres son tomado por el afán predicador.

CONCLUSIÓN: Cristo del pobre.

PREDICANDO A LOS POBRES

INTRODUCCIÓN

Juan, el precursor de Cristo, tuvo algunos seguidores que prosiguieron con él después que Cristo se hubiese venido en carne y se hubiese manifestado abiertamente entre el pueblo. Estos discípulos sentían dudas acerca de si Jesús era el Mesías o no. Creo que el mismo Juan no tenía duda ninguna acerca de esta cuestión, porque él mismo había recibido revelaciones positivas y había dado unos claros testimonios acerca de esta cuestión. Pero, para aliviar las dudas de ellos, Juan dijo a sus discípulos, en otras palabras: «Id y preguntádselo vosotros mismos», y por ello los envió con esta pregunta: «¿Eres tú el que ha de venir, o esperaremos a otro?». Jesucristo prosiguió predicando, como diciendo: «Quedaos, y recibiréis vuestra respuesta», y en vez de darles una contestación afirmativa: «Yo soy el Mesías», les dijo: «Id, e informad a Juan de las cosas que oís y veis. Los ciegos ven, los cojos andan, los leprosos son limpiados, los sordos oyen, los muertos son resucitados, y a los pobres les es anunciado el Evangelio». Era tanto como decir: «Ésta es mi respuesta; estas cosas son mis testimonios: por una parte, de que vengo de Dios, y, por la otra, de que yo soy *el Mesías*». Veréis la verdad y fuerza de esta contestación si observáis lo que estaba profetizado del Mesías, que haría precisamente las cosas que Jesús estaba haciendo en aquel momento. Se dice del Mesías, en el capítulo 35 de Isaías, en los versículos 5 y 6: «Entonces los ojos de los ciegos serán abiertos, y los oídos de los sordos se destaparán. Entonces el cojo saltará como un

Ministerio, Dones, Predicación, Mayordomía ...

ciervo, y cantará la lengua del mudo; porque serán alumbradas aguas en el desierto, y torrentes en la soledad».

Los judíos se habían olvidado demasiado de esto. Solo esperaban un Mesías que vendría revestido de grandeza y dignidad temporales, y pasaban por alto la enseñanza de Isaías, de que sería «varón de dolores, experimentado en quebranto». Y además, como observaréis, pasaban por alto los milagros que según la profecía deberían acompañar a la venida del Glorioso, del Rey de reyes y Señor de señores. Jesús dio en respuesta al problema de Juan una exhibición práctica, resolviéndolo con total certidumbre. Pero no solo se refirió a los milagros, sino que dio una prueba adicional: «A los pobres es anunciado el Evangelio». Ésta era también una evidencia de que él era Mesías. Porque Isaías, el gran profeta mesiánico, había dicho que el Mesías iba a «llevar buenas nuevas a los pobres» (61:1). Y en lo que Jesús hizo se demostraba que era el hombre anunciado por Isaías. Además, Zacarías cita la congregación de los pobres que le miraban a él (Zac. 11:11, RVR), anunciando allí evidentemente la venida de Jesucristo, el predicador a los pobres.

Pero no me centraré en estas circunstancias esta mañana. Para cada oyente ya debe ser evidente que hay suficiente prueba de que Jesucristo es la persona que había sido anunciada bajo el nombre de Siloh, o Mesías. *Eso* todos lo creemos y, por tanto, hay poca necesidad de que yo intente demostrar lo que ya habéis recibido. Más bien selecciono mi texto esta mañana como una de las marcas constantes del Evangelio en todas las edades y en todas las tierras. «A los pobres es anunciado el Evangelio». Esto ha de ser su *semper eadem*, su sello constante. Y creemos que allá donde a los pobres no se les predica el Evangelio, hay un apartamiento de la dispensación del Evangelio, el abandono de aquello que debía ser un rasgo fundamental y característico de la dispensación del Evangelio: «A los pobres es anunciado el Evangelio».

Encuentro que estas palabras soportan tres traducciones; por tanto, daré tres encabezamientos, compuestos por tres traducciones del texto: El primero es el de *la versión autorizada*: «A los pobres es anunciado el Evangelio». El segundo es *la versión de Cranmer, y la versión de Ginebra* –la mejor: «Los pobres son evangelizados», es decir, no solo oyen el Evangelio, sino que son influidos por él, los pobres lo reciben. El último texto es traducción de *algunos escritores eminentes*, y por encima de todos Wycliffe, que me divirtió cuando lo leí, aunque creo que es tan correcto como los otros. Wycliffe traduce: «Los pobres son tomados a la predicación del Evangelio». El verbo puede ser igualmente traducido en sentido activo como en el pasivo: «Los pobres hombres son tomados a predicar el Evangelio». Ésta ha de ser una de las marcas de la dispensación del Evangelio en todos los tiempos.

I. LA VERSIÓN AUTORIZADA

En primer lugar, veamos la *Versión Autorizada*: "A los pobres es anunciado el Evangelio". Así era en tiempos de Cristo; así ha de ser con el Evangelio de Cristo hasta el fin del tiempo. Casi cada impostor que ha venido al mundo se ha centrado primariamente en los ricos, los poderosos y los respetables; muy pocos impostores han pensado que valiese la pena hacer destacar en su predicación que predican a los pobres. Salieron delante de príncipes para promulgar sus doctrinas; buscaron los salones de los nobles, donde pudiesen extenderse sobre sus pretendidas revelaciones. Pocos de ellos pensaron que valiera la pena dirigirse a aquellos que han sido perversamente designados como *la chusma*, para hablarles las cosas gloriosas del Evangelio de Cristo. Pero es una de las marcas deliciosas de la dispensación de Cristo, que se dirige en primer lugar a los pobres. «A los pobres es anunciado el Evangelio». Era sabio hacerlo así. Si queremos incendiar un edificio, lo mejor es encender el fuego en las partes más bajas; y así el Salvador, cuando quiso salvar al mundo y convertir a personas de todas las categorías y rangos, comenzó por el nivel inferior, para que el fuego arda hacia arriba, sabiendo muy bien que lo recibido por los pobres será finalmente, por su gracia, también recibido por los ricos. Sin embargo, escogió que esto fuese dado a sus discípulos, y que fuese la marca de su Evangelio: «A los pobres es anunciado el Evangelio». Ahora bien, tengo algunas cosas que decir esta mañana, que creo que son absolutamente necesarias si es que a los pobres se les va a predicar el Evangelio.

1. En primer lugar, dejad que os diga *que el Evangelio ha de ser predicado allá donde los pobres pueden acudir a escuchar.* ¿Cómo se les podrá predicar el Evangelio a los pobres, si no pueden acudir para escucharlo? Y, sin embargo, ¿cuántos de nuestros lugares de adoración hay en los que no pueden entrar, y en los que, si entrasen, lo harían como seres inferiores? Pueden sentarse en los bancos de atrás, pero no deben ser conocidos ni reconocidos como semejantes a las demás personas. De ahí la absoluta necesidad de tener lugares de culto que sean lo suficientemente grandes para acomodar a la multitud; y de ahí, además, la obligación de salir a los caminos y a los vallados. Si se debe anunciar el Evangelio a los pobres, entonces debemos tomarlo a donde lo puedan recibir. Si quiero predicar a los ingleses, de nada me valdrá ponerme en pie en las alturas del Himalaya y comenzar a predicar allí; no me podrán oír. Y de poco servirá edificar una maravillosa estructura para una congregación de ricos, y luego esperar predicar a los pobres. No podrán venir, como tampoco los hotentotes pueden viajar desde África para escucharme aquí. No esperaría que viniesen desde tal lugar, ni tampoco entrarían con gusto. El Evangelio debería ser predicado, pues allá donde los pobres entrarán, y si no quieren venir a buscarlo, se les ha de llevar. Deberíamos tener lugares donde haya acomodo para ellos, y donde sean considerados y respetados tanto como cualquier otro rango o condición humana. Es con vistas sólo a esto que me he esforzado por poder llevar a cabo la construcción de un gran local de culto, porque pienso que aunque la masa de mi congregación en New Park Street son pobres, sin embargo hay muchos pobres que no pueden traspasar el umbral porque no podemos encontrar sitio para recibir a las multitudes. Me preguntáis que por qué no predico en las calles. Respondo que lo haría, y que lo hago en todo lugar menos en Londres, pero que aquí no puedo hacerlo, porque resultaría en un desorden público total; es imposible concebir qué cantidad de gente se reunirá. Yo temblé cuando vi a doce mil en la última ocasión en que prediqué al aire libre; por ello, he creído mejor dejarlo, al menos por ahora, hasta que felizmente haya menos que me sigan. Por otra parte, tengo mi corazón en el movimiento de predicación al aire libre; lo practico en todos los otros lugares, y oro a Dios que dé a nuestros ministros celo y fervor, para que lleven el Evangelio a las calles, a los caminos y a los senderos, y que fuercen a la gente a acudir, para que la casa se llene. ¡Oh, que Dios diese esta marca característica de su gracia preciosa, para que a los pobres les sea predicado el Evangelio!

2. «Pero», contestarás tú, «hay abundantes iglesias y capillas a las que podrían acudir». Yo respondo que sí, pero esto es solo la mitad de la cuestión. *El Evangelio ha de ser predicado de manera atrayente* antes que a los pobres les sea anunciado el Evangelio. La verdad es que no hay atractivo en el Evangelio para la gran masa de nuestra raza, de la manera en que se predica actualmente. Confieso que cuando tengo un violento dolor de cabeza, y no puedo dormir, casi podría desear que viniese un aburrido predicador para que me hablase; estoy seguro de que en tal caso me podría quedar dormido, porque he oído a algunos bajo cuya soporífica elocuencia podría ponerme a roncar de la manera más cómoda. Pero no es en absoluto probable que los pobres vayan nunca a escuchar a predicadores así. Si se les predica en términos finos, en un lenguaje grandilocuente que no pueden comprender, no se predicará el Evangelio a los pobres, porque *no irán* a oírlo. Ha de haber algo que les sea atrayente. Hemos de predicar como Cristo lo hacía; hemos de contar anécdotas, historias y parábolas, como él; hemos de descender y hacer el Evangelio atrayente. La razón por la que los viejos predicadores puritanos podían conseguir congregaciones era ésta: no daban a sus lectores una árida teología; la ilustraban;

tenían una anécdota de éste y un feliz pasaje de aquel autor clásico; aquí ponían una estrofa de una poesía; aquí o allí incluso un juego de palabras o una ocurrencia, algo que en la actualidad es un pecado sobre todos los pecados, pero que era constantemente cometido por esos predicadores a los que siempre he considerado como modelos de elocuencia del púlpito.

Jesucristo era un predicador atrayente; buscaba por encima de todo poner la perla en un marco de oro, para atraer la atención de la gente. No estaba dispuesto a encerrarse en una iglesia parroquial para predicar a una gran congregación de trece y medio, como nuestros buenos hermanos en la ciudad, sino que predicaba con un estilo tal que la gente sentía que tenían que ir a oírle. Algunos de ellos crujían los dientes de rabia, pero las multitudes seguían apiñándose para oírle y ser sanados. No era aburrido escuchar a este Rey de los predicadores; era demasiado ferviente para ser aburrido, y demasiado humano para ser incomprensible. Creo que hasta que esto sea imitado, a los pobres no se les predicará el Evangelio. Se ha de adoptar un estilo interesante, para llevar a la gente a escuchar. Pero si adoptamos un estilo así, nos llamarán payasos, vulgares, y así. Bendito sea Dios, hace mucho que hemos aprendido que la vulgaridad es algo muy diferente de lo que algunos suponen. Se nos ha enseñado que debemos estar incluso dispuestos a ser el hazmerreír de los demás por causa de Cristo, y en tanto que veamos que se salvan almas no estamos dispuestos a alterar nuestro curso. Durante esta semana pasada he visto, creo, una docena de personas que estaban en lo más bajo, los más mezquinos pecadores, y los más grandes transgresores, que, mediante la predicación en este lugar, han sido restaurados y ganados. ¿Creéis, pues, que me dejaré cortar mis cabellos por complacer a los filisteos? ¡No!, por la gracia de Dios, Sansón sabe donde se encuentra su fuerza, y no está dispuesto a hacer tal cosa para agradar a ningún hombre ni a ningún conjunto de hombres. La predicación ha de llegar al oído del pueblo; y para llegar a la gente, ha de ser interesante para ellos, y por la gracia de Dios, espero que así será.

3. En siguiente lugar, si se debe anunciar el Evangelio a los pobres, *se debe predicar de manera sencilla*. Es una pérdida de tiempo predicaros en latín, ¿verdad? De nada valdrá dar un discurso en griego a la multitud. Tal vez cinco o seis de la asamblea pudiesen ser inmensamente edificados, y se irían encantados, pero, ¿y qué? La gran multitud se retiraría sin ser edificada ni instruida. ¿Habláis de la educación de la población, vosotros, y acerca de la gran extensión del refinamiento inglés? Esto, mayormente, es un sueño. La ignorancia no está enterrada aún. El lenguaje de una clase de ingleses es lengua muerta para otra clase; y muchas palabras que para muchos de nosotros son muy llanas, son tan duras y difíciles para la multitud como si se les hablase en hindi o en bengalí. Hay multitudes que no pueden comprender palabras procedentes del latín, sino que se les ha de dar la verdad expresada en sajón claro, si ha de llegar a sus corazones. Tenemos a mi amigo el Reverendo Zutano, Doctor en Teología; es un gran erudito, y siempre que encuentra una palabra difícil en sus libros se la cuenta al siguiente domingo en su congregación. Tiene un pequeño círculo intelectual que creen que su predicación debe ser muy buena porque no la entienden, y que creen que una demostración de que es un hombre inteligente está en el hecho de que todos los bancos están vacíos. Creen que debe ser un miembro muy útil de la sociedad. De hecho, le comparan con Lutero y piensan que es un segundo Pablo, porque nadie le escucha, siendo que es imposible comprenderle. Bien, podemos pensar de este buen hombre que tiene una tarea que hacer, pero no sabemos qué es. Hay otro amigo nuestro, el señor Nuboso, que siempre predica con tal estilo que si tratas de analizar su sermón por una semana, no podrás llegar a saber qué era lo que quería decir. Si pudieses ver las cosas desde su punto de vista, podrías quizá descubrir alguna cosa; pero por su predicación parece como si él mismo hubiese perdido su camino en medio de la niebla, y estuviese esparciendo más niebla a su alrededor. Supongo que profundiza tanto en

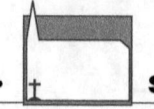

SERMONES SELECTOS

su tema que levanta todo el fango en el fondo, y no puede volver a encontrar la vía de salida. Hay algunos predicadores así a los que no es posible comprender. Ahora diremos, y lo diremos con toda franqueza, que aunque esta predicación pueda ser considerada por algunos como buena, no tenemos ninguna fe en ella. Si jamás el mundo ha de ser recuperado, y si los pecadores han de llegar al conocimiento de la salvación, no vemos ninguna posibilidad de que esto se pueda llevar a cabo por tales medios. Creemos que la palabra ha de ser comprendida antes que pueda realmente penetrar en la conciencia y en el corazón; y deberíamos estar predicando de tal manera que los hombres nos puedan comprender, porque en caso contrario no se cumplirá que "a los pobres es anunciado el Evangelio". ¿Por qué llegó Juan Bunyan a ser el apóstol de Bedfordshire y de Huntingdonshire, y de todos los alrededores? Fue porque Juan Bunyan, con su enorme talento, no estaba dispuesto a rebajarse a recoger su lenguaje del jardín de las flores, sino que iba al campo de heno, y al prado, y arrancaba su lenguaje por las raíces, y hablaba en palabras que la gente empleaba en sus granjas. ¿Por qué ha bendecido Dios a otros hombres para despertar a otros, para llevar a cabo avivamientos espirituales, para avivar el poder de la piedad? Creemos que siempre se ha debido a esto, a que bajo el Espíritu Santo han adoptado la fraseología de la gente y no se han avergonzado del menosprecio que recibían por hablar como habla el común de la gente.

4. Pero ahora tenemos algo que decir que es más importante que esto. Puede que prediquemos, y que lo hagamos de manera muy sencilla y atrayente, y sin embargo puede que no sea cierto que «a los pobres es anunciado el Evangelio», porque puede que a los pobres les sea anunciada alguna otra cosa que no sea el Evangelio, porque puede que a los pobres se les predique algo que no sea el Evangelio. Entonces es sumamente importante que cada uno de nosotros preguntemos qué es el Evangelio, y que cuando creemos que lo sabemos no nos avergoncemos de decir: «esto es el Evangelio, y lo predicaré abiertamente, aunque todos los hombres lo nieguen». ¡Ah, me temo que se dé la predicación de otro Evangelio, «no que haya otro, sino que hay algunos que os perturban y quieren pervertir el Evangelio de Cristo». Hay quien predica la filosofía y la ciencia de manera atrayente, pero no está predicando el Evangelio. Observemos que lo que marca la dispensación cristiana y su verdad no es meramente la predicación, sino de la predicación del Evangelio. Tomemos cuidado cuando prediquemos plenamente la depravación del hombre; mostremos plenamente su estado de perdición y ruina bajo la ley, y su restauración bajo el Evangelio; prediquemos estas tres verdades, porque, como dijo un hermano: «El Evangelio reside en tres cosas: en la palabra de Dios sola, en la sangre de Cristo sola, y en el Espíritu Santo solo». Estas tres cosas constituyen el Evangelio. «La Biblia, la Biblia sola es la religión de los protestantes; la sangre de Cristo es la única salvación del pecado, el único medio para el perdón de nuestra culpa; y el Espíritu Santo el único regenerador, el único poder para la conversión que obrará en nosotros el querer y el hacer de su buena voluntad». Sin esas tres cosas no hay Evangelio. Prestemos atención, pues, por tratarse de una cuestión seria que cuando la gente nos escuche, les demos *el Evangelio*, o podremos hacernos tan culpables como el tirano Nerón, que, cuando Roma estaba famélica, enviaba sus naves a Alejandría, donde había abundancia de trigo, no a buscar trigo, sino arena para esparcirla en el teatro para sus gladiadores. ¡Ah!, los hay que parecen hacer precisamente esto: esparcir por el suelo de su santuario no el buen grano del reino, del que las almas del reino puedan alimentarse y crecer, sino con arena de controversia, con la arena de la lógica, que ningún hijo de Dios puede recibir para provecho de su alma. «A los pobres es anunciado el Evangelio». Prestemos atención a que sea el Evangelio. Oíd vosotros, pues, los mayores de los pecadores, la voz de Jesús. «Es palabra fiel y digna de toda aceptación: que Cristo Jesús vino al mundo para salvar a los pecadores, de los cuales yo soy el primero». «Al que a mí

Ministerio, Dones, Predicación, Mayordomía ...

viene, de ningún modo lo echaré fuera». «El que crea y sea bautizado, será salvo». «Porque el Hijo del Hombre vino a buscar y a salvar lo que se había perdido». Y solo debe darse una indicación más acerca de este punto, esto es, acerca de que si queremos mantenernos fieles a la regla de Cristo y a la práctica apostólica, que se debe asegurar que «a los pobres es anunciado el Evangelio». En estos días se está dando un creciente odio contra el púlpito. El púlpito ha mantenido su posición durante muchos años, pero parcialmente debido a su creciente ineficacia, está perdiendo su elevada posición. Por medio de un tímido abuso del púlpito, en lugar de un enérgico y firme uso del mismo, el mundo ha llegado a menospreciarlo; y ahora desde luego no somos un pueblo tan manipulado por los sacerdotes como en mucha mayor medida lo somos por la prensa. Y por la prensa estamos ciertamente tiranizados. Mercuries, Dispatches, revistas, diarios y otras publicaciones periódicas, son ahora los jueces de la elocuencia y del estilo del púlpito. Se aposentan en la cátedra del crítico, y censuran a aquellos cuyo oficio debería más bien ser el de censurarlos a ellos. El púlpito ha quedado deshonrado. Es considerado como de muy poca valía y dignidad. ¡Ah!, hemos de mantener siempre la dignidad del púlpito. Mantengo que estamos en las Termópilas de la cristiandad; aquí es que hemos de luchar la batalla entre el bien y el mal. No tanto con la pluma, por valiosa que sea como ayudante, como con la voz viviente de hombres fervientes, «conteniendo ardientemente por la fe que ha sido transmitida a los santos de una vez por todas». En algunas iglesias quitan el púlpito; hay un altar que se destaca, pero el púlpito lo sacan. Ahora bien, lo más prominente bajo la dispensación del Evangelio no es el altar, que pertenecía a la dispensación judaica, sino el púlpito. «Tenemos un altar, del cual no tienen derecho a comer los que sirven al tabernáculo». Este altar es Cristo; pero Cristo se ha complacido en exaltar «la locura de la predicación» a la posición más prominente en esta casa de oración. Hemos de prestar atención a que siempre mantengamos la predicación. Esto es lo que Dios bendecirá; esto es lo que ha prometido coronar con éxito. «La fe viene del oír; y el oír, por medio de la palabra de Dios». No podemos esperar ver grandes cambios ni ningún gran progreso del Evangelio hasta que haya una mayor estima por el púlpito; que se hable más de él y se piense mejor de él. «Bueno», algunos podrán contestar, «usted habla de la dignidad del púlpito; mi opinión es que la rebaja usted mismo al hablar a sus oyentes con este estilo». Ah, no dudo que esta sea tu opinión. Algunos púlpitos se mueren de dignidad. Yo considero que la mayor dignidad en el mundo es la dignidad de los convertidos; que la gloria del púlpito es, si se me permite emplear esta metáfora, tener cautivos atados a las ruedas de su carro, ver a convertidos siguiéndolo, y donde haya los tales, y ellos de entre los peores de los hombres, hay una dignidad en el púlpito más allá de cualquier dignidad que jamás le pueda otorgar una fina expresión verbal y una gran selección de fantásticas palabras. «A los pobres es anunciado el Evangelio».

II. LA VERSIÓN DE GINEBRA

Ahora la siguiente traducción es la traducción de Ginebra (Suiza), la que mayormente usó Calvino en su comentario, y es también la traducción de Thomas Cranmer, cuya traducción, creo yo, fue al menos hasta cierto punto influida por la traducción de Ginebra. Se traduce de esta forma: «Los pobres reciben el Evangelio». La traducción de Ginebra dice: «Los pobres reciben las gratas nuevas del Evangelio», lo que es una tautología, porque gratas nuevas significa lo mismo que Evangelio. El griego dice: «Los pobres son evangelizados». Ahora bien, ¿cuál es el significado de la palabra, *evangelizado*? En nuestros días se habla con escarnio de salones evangélicos, y de los evangélicos.

1. Es una de las más singulares burlas del mundo, porque llamar a alguien un evangélico a guisa de burla es lo mismo que llamar a alguien caballero como mote. Decir que alguien sea uno de los evangelizadores en son de burla es lo mismo que llamar a alguien príncipe en son de burla. Porque se

trata de un título honroso, magno, glorioso, y nada es más honroso que ser contado entre los evangélicos. Entonces, ¿qué se significa porque la gente sea evangelizada? El viejo maestro Burkitt, que pensaba que no comprenderíamos bien la palabra, dice que así como se dice que un hombre se italianiza al vivir entre italianos, recibiendo su manera de ser y sus costumbres, y llegando a ser un ciudadano de aquel estado, un hombre es evangelizado cuando vive donde el Evangelio es predicado, y recibe los modos y costumbres de los que confiesan el Evangelio. Ahora bien, éste es un sentido del texto. Una de las pruebas de la misión de nuestro Salvador es no solo que los pobres oyen la Palabra, sino también que son influidos por él y que son evangelizados. ¡Ah, cuán gran obra es evangelizar a cualquier hombre, y evangelizar a un pobre! ¿Qué significa, esto? Significa hacerlo *como* el Evangelio. Ahora bien, el Evangelio es santo, justo y verdadero, y amante y honrado y benevolente, y bondadoso y lleno de gracia.

De modo que evangelizar a alguien es convertir en honrado a un granuja, hacer de una prostituta una mujer honesta, volver serio a un profano, volver generoso a un avaro, volver benevolente al maligno, volver sobrio al borracho, volver veraz al mentiroso, hacer amante al hombre hostil; en una palabra, evangelizar a alguien es, tocante al carácter externo, llevarlo a tal condición que obra para cumplir el mandamiento de Cristo: «Amarás a tu Dios de todo tu corazón, y a tu prójimo como a ti mismo». Evangelizar, además, tiene que ver con un principio interior; evangelizar a alguien significa salvarlo del infierno y transformarlo a un carácter celestial; significa borrar sus pecados, escribir un nuevo nombre sobre su corazón el nuevo nombre de Dios. Significa llevarlo a conocer su elección, a que ponga su confianza en Cristo, a que renuncie a sus pecados, y también a sus buenas obras, y a que confíe única y totalmente en Jesucristo como su Redentor. ¡Oh!, ¡qué cosa más maravillosa es ser evangelizado! ¿Cuántos de vosotros habéis sido evangelizados? Que el Señor conceda que todos nosotros podamos sentir la influencia del Evangelio.

2. Lo que mantengo es esto: evangelizar a un hombre es el mayor milagro en el mundo. Todos los otros milagros van envueltos en éste. Evangelizar a alguien, o en otras palabras convertirlo, es una obra mayor que abrir los ojos del ciego; porque, ¿no es acaso abrir los ojos del alma ciega para que pueda ver las cosas espirituales y comprender las cosas de la sabiduría celestial? ¿y no es una operación quirúrgica cosa más fácil que una operación sobre el alma? Las almas no podemos tocarlas, aunque la ciencia y la destreza han podido sacar cutículas y cataratas de los ojos. «Los cojos andan». Evangelizar a un hombre es más que esto. No es sólo hacer a un cojo andar, sino que es hacer que un muerto que no podía andar en el camino recto, lo haga a partir de entonces. «Los leprosos son limpiados». ¡Ah!, pero limpiar un pecador es mayor obra que limpiar a un leproso. «Los sordos oyen». Sí, y mayor milagro que hacer oír a los sordos, o incluso que resucitar a los muertos, es hacer que un hombre que nunca había atendido a la voz de Dios oiga ahora la voz de su Hacedor. Por grande que sea resucitar a un muerto, no es un esfuerzo más maravilloso del poder divino que la salvación de un alma, por cuanto los hombres están de natural muertos en pecados, y para ser salvos han de ser vivificados por la gracia divina. Evangelizar a un hombre es el ejemplo más sublime de poder divino, y permanece como un milagro sin parangón, un milagro de milagros. «Los pobres son evangelizados».

Ha habido algunos individuos muy preciosos entre los pobres que han quedado bajo la influencia del Evangelio. Creo que moveré los corazones de todos los presentes cuando os diga que no hay nada que reverenciemos y respetemos más que la piedad en los pobres y necesitados. Me enviaron un día un grabado que me agradó muchísimo. Era sencillo, pero exquisitamente ejecutado. Representaba a una niña pobre en una buhardilla, con un tejado en pendiente. Había un poste clavado en el suelo, sobre el que había un trozo de madera y una Biblia. Estaba de rodillas apoyada en una silla, orando, luchando con Dios. Todo lo que se veía en la estancia tenía el sello de la

Ministerio, Dones, Predicación, Mayordomía ...

pobreza. Había una pobre colcha que cubría la vieja cama turca; había las paderes que nunca habían sido empapeladas y quizá apenas encaladas. Era un ático al que había subido con dolidas rodillas, y donde, quizá, había trabajado todo el día hasta fatigar sus dedos hasta el límite, para ganarse su pan cosiendo. Allí estaba ella luchando en oración con Dios. Algunos se apartarían de esta imagen riéndose; pero suscita los mejores sentimientos del hombre y conmueve el corazón mucho más que el fino grabado del monarca de rodillas en la gran asamblea.

Hemos visto últimamente un libro excelente, la *Vida del Capitán Hedley Vicars*. Estaba calculado para hacer un gran bien, y ruego a Dios que lo bendiga. Pero me pregunto si la historia del capitán Hedley Vicars persistirá tanto tiempo en la mente del público como la historia de la *Hija del Lechero* o del *Pastor de la Llanura de Salisbury*. Las historias de los que han surgido de entre los pobres siempre se apoderan de la mente cristiana. ¡Oh, nos encanta la piedad en todo lugar! Bendecimos a Dios cuando la trompeta del soldado y la gracia van juntas; pero si hay algún lugar en el que la piedad resplandezca más que en cualquier otra parte, es en harapos y pobreza. Cuando la pobre en la casa de beneficencia toma su pan y su agua, y bendice a Dios por ambas cosas, cuando aquella pobre persona que no tiene donde posar su cabeza levanta sin embargo la cabeza y dice: «Mi Padre proveerá», es entonces como el resplandor de la luciérnaga en las hojas oscuras, una luz tanto más clara por la negrura que la rodea. La religión reluce con todo su resplandor y se ve en todo su lustre. Es la marca del Evangelio de Cristo que los pobres son evangelizados, que pueden recibir el Evangelio. Cierto es que el Evangelio afecta a todas las categorías, y que está igualmente adaptado a cada uno de ellos; pero decimos: «Si una clase se destaca más que otros, creemos que en las Sagradas Escrituras se llama a los pobres más que a los demás». «¡Oh!», dicen algunos muchas veces, «los convertidos que Dios ha dado a tal hombre son todos de las capas inferiores de la sociedad; son todos personas sin inteligencia; son gente carente de educación los que escuchan a tal o cual persona». Muy bien, si así lo dices; podríamos negarlo, si quisiéramos, pero no tenemos por qué preocuparnos por ello, porque no pensamos que sea ningún deshonor. Más bien creemos que es una honra que los pobres sean evangelizados y que escuchen el Evangelio de nuestros labios. Nunca lo he considerado una desgracia. Cuando nos han dicho: «Mira qué montón de gente sin educación son estos», sí, he pensado, y he bendecido a Dios por ello, porque éstos son precisamente los que más necesitan el Evangelio. Si viste la puerta de un médico rodeada de varias mujeres de la escuela sentimental, de las que están enfermas tres veces a la semana aunque nunca en su vida han estado enfermas de verdad, y te dijesen que las curaba, dirías: «No hay para asombrarse, porque tampoco es que tuviesen ningún verdadero problema». Pero sí has oído de otro hombre, que le han venido personas con las peores enfermedades, y que Dios lo ha usado, y que su medicina ha sido el medio para sanar sus dolencias, entonces dirías: «Algo habrá de haber ahí, porque los que más lo necesitaban lo han recibido». Entonces, si es cierto que los pobres acuden a escuchar el Evangelio más que los demás, no es ninguna deshonra para el Evangelio; es una honra para el Evangelio que los que más lo necesitan lo reciban gratuitamente.

III. LA VERSIÓN DE WYCLIFFE

Y ahora he de terminar reflexionando brevemente acerca del último punto. Se trata de la tercera traducción, la traducción de John Wycliffe. «Los pobres son tomados a la predicación del Evangelio». «¡Ah!», dicen algunos, «¡más les valdría que se quedasen en casa, cuidando de sus arados o de su mazo de herrero!; más les valdría que se cuidasen de sus hojalatas y de sus costuras, y que no se dediquen a predicar». Pero es uno de los honores del Evangelio que los pobres han asumido su predicación. Hubo una vez un hojalatero, y que el mundo se sonroje cuando oigan de él: hubo una vez un hojalatero, un hojalatero de quien un gran teólogo dijo que daría toda su erudición si pudiese predicar como él. Hubo una vez un hojalatero, repito, que nunca rozó con su espalda las paredes de una universidad, y escribió un *Progreso del Peregrino*. ¿Escribió jamás un doctor en teología un libro así? Hubo una vez un ollero, un niño que llevaba sobre su espalda los potes de peltre para su madre, que regentaba el Old Bell. Aquel hombre enloquecía a sus puentes, según decía el mundo, pero durante toda su vida los llevó a Cristo, tal como nosotros lo vemos, hasta que, cargado de honores, fue depositado en su sepulcro, con la buena voluntad de toda una multitud a su alrededor, y con un nombre imperecedero escrito en los registros del mundo, y también en los de la iglesia.

1. ¿Has oído alguna vez hablar de algún hombre poderoso cuyo nombre sea tenido en mayor estima entre el pueblo de Dios que el de George Whitefield? Y con todo, éstos eran pobres, que, como dijo Wycliffe, eran «tomados a la predicación del Evangelio». Si lees la vida de Wycliffe, lo encontrarás diciendo allí que creía que la Reforma en Inglaterra estaba más impulsada por los trabajos de los pobres, a los que enviaba desde Lutterworth, que por las suyas. Reunió a su alrededor a un número de pobres a los que instruyó en la fe, y luego los envió de dos en dos por los pueblos, como hacía Jesús. Iban a las plazas de mercado y reunían a la gente; abrían el libro y leían un capítulo, y luego les dejaban una copia manuscrita que durante meses y años después la gente leía, congregándose para ello, y recordaban a los evangelistas que habían acudido a darles el Evangelio de Cristo. Estos hombres iban de mercado en mercado, de ciudad en ciudad y de aldea en aldea, y aunque sus nombres son desconocidos para la fama, fueron verdaderos reformadores. Podéis hablar de Cranmer, Latimer y Ridley. Sí, hicieron mucho; pero los verdaderos reformadores de la nación inglesa fueron personas que han perecido en los anales del tiempo, pero que están escritos en los registros de la eternidad. Dios ha bendecido a los pobres en la predicación de la verdad. Lejos de mí menospreciar la erudición y la sabiduría. No podríamos haber tenido una traducción de la Biblia sin erudición, y cuanta más erudición pueda tener un hombre, si es un hombre santificado, tanto mejor; tiene tantos más talentos que poner al servicio de su Señor; pero no es absolutamente necesaria para la predicación de la Palabra salvífica. La energía tosca, indómita y no ilustrada ha hecho mucho en la iglesia. Un Boanerges se ha levantado en un pueblo; no podía decir tres palabras con la debida corrección gramatical. Pero donde el soñoliento vicario había estado adormeciendo durante años a su pueblo en un impío reposo, este hombre irrumpió, como el boyero Amós, y fue la causa de un gran despertar. Comenzó a predicar en una granja; la gente se amontonó a su alrededor, luego se edificó una casa y su nombre nos ha llegado como el reverendo Zutano, pero entonces era conocido como Tom el labrador o Juan el hojalatero. Dios ha usado hombres cuyo origen era de lo más oscuro, que parecían tener bien poco, excepto los dones naturales, que pudiera ponerse al servicio de Dios; y mantenemos que esto no es deshonra alguna, sino al contrario, un honor, que los pobres emprendan la predicación del Evangelio.

CONCLUSIÓN

Y ahora, amados, he abierto mi boca por los mudos y he defendido la causa de los pobres; dejadme pues acabar rogando a los pobres del rebaño que consideren al Cristo del pobre; dejadme apremiaros a que le deis vuestros pensamientos, y que el Señor les capacite para darle sus corazones. «El que crea y sea bautizado, será salvo; pero el que no crea, será condenado».

Que Dios bendiga a los altos y a los bajos, a los ricos y a los pobres; sí, a todos vosotros, por amor de su nombre.

105. EL DON DE HABLAR ESPONTÁNEAMENTE

«El hombre bueno, del buen tesoro de su corazón, presenta lo bueno; y el hombre malo, del mal tesoro de su corazón, presenta lo malo. Porque de la abundancia del corazón habla la boca» (Lucas 6:45).

Ministerio, Dones, Predicación, Mayordomía ...

INTRODUCCIÓN: El don de hablar de forma espontánea.

I. LO GRAVE DE PREDICAR SIN PREPARACIÓN
1. Emplear todas las facultades al hablar.
2. Escribir para discernir los conceptos.
3. No perder la espontaneidad.

II. EL TALENTO DE HABLAR ESPONTÁNEAMENTE
1. No hay que ser arrogantes.
2. Saber dónde improvisar.

III. CÓMO ALIMENTAR EL DON DE LA IMPROVISACIÓN
1. Debe tenerse una actitud natural.
2. Se necesita muy buena formación.
3. La teología es muy necesaria para el conocimiento.
4. Se necesita una buena riqueza de vocabulario.
5. Dominio del tema.
6. La práctica gramatical.
7. El arte de la oratoria.
8. Pensad en voz alta.
9. No amadrentarse.

CONCLUSIÓN: No nos fiemos de nuestra propia sabiduría, tengamos buen cuidado de que nuestra lengua no exprese nunca lo que no pensamos.

EL DON DE HABLAR ESPONTÁNEAMENTE

INTRODUCCIÓN

No vamos a tratar la cuestión de si los sermones deberán ser escritos y leídos, o escritos, aprendidos de memoria y reproducidos. O Si fuese mejor prescindir por completo de apuntes concretos. No nos ocuparemos de ninguno de estos asuntos, si no es de un modo incidental, y pasaremos a considerar el don de hablar espontáneamente, en su forma verdadera y pura, es decir, el habla improvisada, lo que se profiere sin preparación especial, sin notas o pensamientos sugeridos.

I. LO GRAVE DE PREDICAR SIN PREPARACIÓN

Mi primera observación es que no recomendaría a nadie que por regla general comenzara a predicar de esta manera. Si así lo hiciera, mi opinión es que tendría el mejor éxito en dejar vacío su templo. Se pondría de manifiesto de ese modo, con toda claridad, su don de ahuyentar a la gente. Los pensamientos repentinos que proceden de la mente sin previo estudio, sin haberse investigado los asuntos tratados, deben ser muy inferiores, aun cuando los hombres más inteligentes los profieran; y puesto que ninguno de nosotros se atrevería a glorificarse a si mismo como hombre de genio, o como una maravilla de erudición, mucho me temo que nuestros pensamientos no premeditados sobre la mayoría de asuntos, no fuesen dignos de una atención muy fiel. Solo un ministerio instructivo puede retener a una congregación; el mero hecho de emplear el tiempo en la oratoria, no bastará. En todas partes los hombres nos exigen que les demos alimentos verdaderos. Los religiosos modernos cuyo culto público consiste en la palabrería de cualquier hermano que tenga a bien pararse y hablar, van ya disminuyendo, y acabarán por dejar de existir y esto, pese a los atractivos halagadores que presentan a los ignorantes y locuaces, porque aun los hombres más violentos y extravagantes en sus opiniones, y cuya idea de la intención del Espíritu es que cada miembro del cuerpo debe ser una boca, se fastidian muy pronto de oír los disparates de otros, por más que les guste mucho proferir los suyos. La mayoría de la gente buena se cansa pronto de una ignorancia tan insulsa, y vuelven a las iglesias de las cuales se separaron, mejor dicho, volverían si pudieran hallar buena predicación. Aun el cuaquerismo, con todas sus excelencias, apenas ha podido sobrevivir a la pobreza de pensamiento y de doctrina manifestada en muchas de sus asambleas por oradores improvisados. El método de hablar sin previa preparación, ha salido completamente malo en la práctica, y es esencialmente defectuoso. El Espíritu Santo nunca ha prometido suministrar alimento espiritual a los santos por medio de ministros que improvisan. Él nunca hará por nosotros lo que podemos hacer por nuestras propias fuerzas. Si podemos estudiar y no lo hacemos; si la iglesia puede tener ministros estudiosos y no los tiene, no nos asiste el derecho de esperar que un agente divino supla las faltas que dimanan de nuestra ociosidad o extravagancia. El Dios benévolo ha prometido dar de comer a su pueblo alimento material; pero si nos reuniéramos en un banquete sin haber dispuesto algún plato, confiando todos en el Señor que ofreció alimento en tiempo oportuno, el convite no sería de lo más satisfactorio, sino que nuestra necedad sería castigada dejándonos con hambre; y una cosa análoga pasa con los banquetes espirituales que dependen de sermones improvisados, con la diferencia de que los receptáculos espirituales de los hombres, no tienen tanta influencia oratoria como sus estómagos. Hermanos, no intentéis, en general, conformaros a un sistema de cosas que se ha manifestado tan generalmente infructuoso, que las pocas excepciones que en él pueda haber, sirven únicamente para probar lo defectuoso que es.

1. Toda clase de sermones deben ser considerados y preparados bien por el predicador; y cada ministro, pidiendo luces al cielo, debe entrar plenamente en su asunto, empleando todas sus facultades mentales, hasta donde le sea posible, en pensar con originalidad, tras haber recogido cuantos Informes estén a su alcance. Considerando el asunto de que quiera tratar bajo todos sus aspectos, el predicador debe elaborarlo, rumiándolo, digámoslo así, y dirigiéndolo. Habiéndose alimentado primero a sí mismo con la Palabra, debe preparar un nutrimento semejante para los demás. Nuestros sermones deben ser como la sangre de nuestra vida mental, la comunicación de nuestro vigor intelectual y espiritual; o cambiando de figura, deben ser diamantes bien cortados y engastados, es decir preciosos intrínsecamente, llevando además las marcas del mejor trabajo artístico. Dios nos libre de ofrecer al Señor lo que no nos cueste nada.

2. Os recomiendo a todos vosotros que evitéis la costumbre de leer vuestros sermones; pero os aconsejo que como un ejercicio muy provechoso, y como un gran auxilio para conseguir el don de improvisar, escribáis muchos de ellos. No se exige este ejercicio a los que escribimos mucho para la prensa, etcétera; pero si no hacéis uso de la pluma de otra manera, debéis escribir a lo menos, algunos de vuestros sermones, y revisarlos con mucho cuidado. Dejadlos en la casa después, pero siempre escribidlos para que así no contraigáis la costumbre de usar un estilo desaliñado. El Sr. Bautain, en su admirable obra sobre el hablar espontáneamente dice: «Nunca seréis capaces de hablar con propiedad en público, a no ser que adquiráis tal dominio sobre vuestros propios pensamientos, que podáis descomponerlos en sus varias partes y analizarlos en sus elementos, y después, cuando os sea necesario, recomponerlos, reunirlos y consagrarlos de nuevo siguiendo un método sintético. Bien, este análisis de la idea que la muestra por decirlo así, a los ojos de la mente, solo se efectúa bien escribiéndola. La pluma es el escalpelo que diseca los pensamientos, y nunca podréis discernir con toda claridad, todo lo que se contiene en un concepto, ni lograr entender su verdadera extensión, si no escribís lo que veis mentalmente. Solo haciéndolo así, podréis entenderos a vosotros mismos y lograr ser entendidos por vuestro auditorio».

3. No recomiendo la costumbre de aprender sermones de memoria y de reproducirlos, porque éste es un ejercicio fastidioso de una facultad inferior de la mente, y un descuido de otras virtudes superiores. El plan más útil y recomendable, es que proveáis vuestra mente de pensamientos relativos al asunto del discurso, y que después los expreséis con las palabras propias que se os sugieran en el momento de predicar. Esta clase de predicación no es extemporánea; las palabras sí, y en mi concepto ellas deben serlo; pero los pensamientos son el resultado de mucho escudriñamiento y estudio. Solamente las personas irreflexivas piensan que esto es fácil, pues lejos de ahí, es el modo más laborioso y eficiente de predicar y tiene sus propias excelencias de que ahora no puedo tratar especialmente,

Ministerio, Dones, Predicación, Mayordomía ...

porque eso nos desviaría del punto principal de nuestra discusión.

II. EL TALENTO DE HABLAR ESPONTÁNEAMENTE

Nuestro asunto es la facultad pura, no mezclada, de hablar espontáneamente, y a esta volvemos ahora. Este talento es útil en extremo, y se puede adquirir por casi todos los ministros con un poco de trabajo. Hay algunos que lo poseen, pero se puede decir sin temor a equivocarse que tal don es raro. Los italianos que improvisaban en otro tiempo, poseían en tal grado el don de hablar espontáneamente, que sus versos sobre asuntos sugeridos al momento por los espectadores, muchas veces llegaban a centenares y aun a miles de líneas. Producían tragedias enteras tan espontáneamente, como los manantiales emiten agua; y versificaban media hora o una, entera seguida, sin preparación alguna, estimulados sin duda, muchas veces, por un poco de vino italiano. Sus obras impuras no pasan por regla general, de ser mediocres, y sin embargo, uno de ellos, Perfetti, ganó la corona de laurel que antes se había adjudicado solamente a Petrarca y a Tasso. Muchos de ellos producen en nuestros tiempos versos improvisados que están al nivel de las capacidades de sus oyentes, y que son escuchados con la mayor atención. Es probable que no podamos nosotros producir versos, ni es preciso que aspiremos a la facultad de hacerlo. Muchos de vosotros, a no dudarlo, habéis versificado algo (¿quién de nosotros en momentos de debilidad no lo ha hecho?), pero después dejamos lo que era propio de niños, a causa de que la prosa sería en que se trata de la vida y de la muerte, del cielo y del infierno, y de pecadores que perecen, nos exige todo nuestro pensamiento. El Sr. Wesley solía decir a sus compañeros: «No cantéis himnos compuestos por vosotros mismos». La costumbre de enunciar rimas de su propia composición era común entre los teólogos de su tiempo. Es de esperar que se haya extinguido ya por completo.

Muchos abogados poseen en alto grado el don de improvisar ¡Deben tener algunas virtudes! Hace pocas semanas que un hombre desgraciado fue acusado del horrible crimen de haber calumniado a un abogado. Fue fortuna para él que no hubiera sido yo su juez, puesto que si una falta tan estupenda y atroz se le hubiera probado, yo lo habría condenado a que fuese repreguntado por su acusador durante el periodo todo de su vida, esperando misericordiosamente que ésta fuese corta. Pero muchos de los señores del foro hablan con mucha facilidad, como podréis ver con toda claridad, tienen que improvisar hasta cierto grado, pues a veces no pueden prever el curso del argumento cuya evidencia se les exige, ni la disposición del juez, ni los alegatos de la parte contraria. Por buena que hubiera sido la preparación de un asunto, deben surgir, y surgirán, algunos puntos cuya discusión necesitará un entendimiento muy vivo y una lengua muy fluida. A la verdad, he quedado sorprendido muchas veces observando las réplicas ingeniosas, perspicaces y del todo a propósito que los abogados han improvisado en nuestros jurados. Lo que un licenciado puede hacer abogando por la causa de su cliente, debemos nosotros hacerlo al abogar por la causa de Dios. No debemos permitir que el foro sobresalga al púlpito. Con la ayuda de Dios seremos tan expertos en el uso de las armas intelectuales como cualquier clase de hombres, sean éstos quienes fueren.

Ciertos miembros de la Cámara de los Comunes han ejercido con el mejor éxito el talento de hablar espontáneamente. Por lo general, entre las tareas de escuchar detenidamente, la más fastidiosa es la de atender a cada uno de los oradores de la clase común que se encuentran en la Cámara de los Pares, o en la de los Comunes.

Cuando se haya abolido la pena capital, deberá proponerse que aquellos que sean culpables de homicidio, sean compelidos a escuchar a algunos de esos fastidiosos oradores parlamentarios. ¡Qué no lo permitan los miembros de la Real Sociedad Humanitaria! Sin embargo, algunos de los miembros de la Cámara pueden hablar espontáneamente y hacerlo muy bien. Me parece que algunos de los mejores discursos pronunciados por J. Bright, Gladstone y Disraeli, eran lo que Southey llamaría chorros del gran géyser, cuando aquel manantial se encuentra en plena actividad. Por supuesto que sus largas oraciones sobre el presupuesto, o los proyectos de reforma u otros asuntos, fueron elaborados lo más posible, por medio de una detenida reflexión; pero muchos de sus discursos más breves, han sido improvisados sin duda alguna, y sin embargo, han ejercido una influencia poderosa. ¿Lograrán los representantes de la nación destreza en hablar superior a la de los representantes de la corte del cielo? Hermanos, procurad este buen don, y esforzaos de todos modos en conseguirlo. Todos vosotros estáis convencidos de que esta habilidad debe ser un don inapreciable para un ministro. ¿Dice acaso alguno en voz baja: «¡Ojalá que yo poseyera este don, porque en tal caso no me sería necesario estudiar tan arduamente!» ¡Ah!, entonces no debéis recibirlo, no sois dignos de tener tal facultad, ni aptos para apreciarla debidamente. Si buscáis este don como una almohada para una cabeza ociosa, caeréis en un gran equívoco, puesto que la posesión de este noble talento os exigirá mucho trabajo para aumentarlo, y aun para retenerlo. Es como la lámpara mágica de la fábula, que no brillaba si no se había limpiado bien, y que se hizo un globo oscuro después que se dejó de limpiarla. Lo que el haragán desea movido por su ociosidad, es lo mismo que nosotros codiciamos movidos por las mejores razones.

1. Ocasionalmente se oye decir —o se lee— que algunos hombres se han comprometido por arrogancia, a predicar de improviso sobre cualquier texto que les sea sugerido al subir al púlpito. Una ostentación tan vanidosa, no deja de ser necia y casi profana. Sería tan propio el tener exhibiciones de truhanería en el día de descanso, como el permitir este charlatanismo. Se nos dieron los talentos para otros usos mucho más elevados. Espero que nunca seréis culpables de semejante prostitución de vuestras facultades. Ciertas hazañas de elocuencia convienen bien a una sociedad de debates, pero en el ministerio cristiano son abominables, aun cuando sean practicadas por un hombre tan célebre como lo es Bossuet.

2. El don de improvisar es inapreciable, porque en caso urgente, pone al que lo posee en aptitud de hacerlo con propiedad bajo los impulsos del momento, y nada tiene de raro que se presenten tales exigencias. Suelen ocurrir aun en las asambleas mejor organizadas. Bien pueden algunos sucesos inesperados, cambiar por completo la dirección premeditada de nuestros pensamientos. Quizá veréis con toda claridad que el asunto escogido sería enteramente inoportuno, y en tal caso obraríais sabiamente tomando otro tema sin vacilar. Cuando se cierra un camino viejo y no os queda otro remedio que el de preparar otro nuevo para vuestro carro, seréis lanzados fuera del pescante, y los pasajeros sufrirán grandes molestias a no ser que sepáis llevar vuestros caballos por un terreno arado con tanta facilidad, como por una calzada empedrada a la macadán. Es una gran ventaja en una asamblea pública, después de haber oído los discursos de nuestros hermanos, que os parezcan demasiado frívolos, o tal vez pesados, poder sin hacer referencia alguna a ellos, contrariar con suavidad, el daño hecho, y sugerir al auditorio otros pensamientos más provechosos. Bien puede ser de la mayor importancia este don, en las juntas de la iglesia, cuando se suscitan asuntos que es difícil prever. No han muerto aún todos los alborotadores de Israel. Fueron apedreados Acán, su esposa y sus hijos, pero deben haber escapado algunos de su familia, puesto que se ha perpetuado, a no dudarlo su raza, y es necesario tratarla prudente a la vez que vigorosamente. En algunas iglesias, determinados hombres díscolos se levantarán y hablarán; cuando lo hayan hecho, será conveniente que el pastor replique pronta y convincentemente para que no queden malas impresiones. Un pastor que va a la junta de la iglesia animado del espíritu de su Maestro, confiado en que podrá con la ayuda del Espíritu Santo contestar a cualquier espíritu indócil, estará tranquilo, conservará su serenidad, crecerá constantemente la estimación de sus feligreses, y tendrá en paz a su congregación; pero un ministro desprevenido se verá perplejo, probablemente se encolerizará, se comprometerá, y heredará

Ministerio, Dones, Predicación, Mayordomía ...

un mundo de disgustos. Además de esto, bien puede suceder que sin previo aviso se le exija a un ministro que predique, ya porque no llegue el predicador esperado, o porque éste se enferme; o en una asamblea pública, bien puede uno también recibir el impulso de hablar, por más que hubiera resuelto permanecer en silencio, en fin, es fácil que se presenten exigencias por el estilo en cualquier forma de ejercicios religiosos, las cuales hagan el don de improvisar tan precioso como lo es el oro de Ofir.

III. CÓMO ALIMENTAR EL DON DE LA IMPROVISACIÓN

Que tal don es de valor nadie lo puede negar; mas ¿cómo obtenerlo? Esta pregunta me sugiere la observación de que algunos nunca lo conseguirán. Hay que tener aptitud natural para hacer improvisar, así como para el arte patético. Un poeta nace; no se hace.

1. «El arte puede desarrollar y perfeccionar el talento de un orador, pero no puede producirlo». Todas las reglas de la retórica, y todos los artificios de la oratoria son insuficientes para hacer a un hombre elocuente, la elocuencia es un don que nos viene del cielo, y aquel a quien ésta se niega, nunca podrá obtenerla. Este «don de improvisar» como puede llamársele, nace con algunas personas, heredado probablemente de la madre. A otros les ha sido negado semejante don, la mala conformación de sus órganos vocales, y lo que es más, la mala conformación de su cerebro, nunca les permitirá hablar con fluidez y facilidad. Podrán quizá no distinguirse por su tartamudeo, y no exagerar su lentitud al hablar sobre verdades obvias, pero nunca serán improvisadores a menos que rivalicen con Matusalén en edad, y quizá entonces, a ser ciertas las teorías de Darwin que hacen descender de una ostra al arzobispo de Canterbury, podrían progresar en términos que al fin fueran oradores. Si algún hermano carece de ese don natural de la oratoria, quizá pudiera elevarse en cualquier otro sentido, hay hombres organizados para hablar bien, así como hay pájaros que lo están para cantar bien; abejas para elaborar miel, y castores para edificar bien. Como decía M. Bautain.

2. Si un hombre quisiere hablar sin tener que estudiar en el momento de hacerlo, debe por costumbre ser asiduo en el estudio. Quizá esto parezca una paradoja, pero nada hay más sencillo que su explicación. Si yo soy molinero y me traen un costal a mi casa pidiéndome que lo llene de buena harina a los cinco minutos, del único modo que podría yo hacerlo, sería teniendo mi almacén siempre lleno, y así poder en el acto abrir la boca del costal, llenarlo y entregarlo. No me pondría a moler en ese instante, pues si así lo hiciera, me sería difícil hacer la entrega a tiempo, sino que habría estado moliendo antes para tener así lista la harina con que obsequiar el pedido de mi parroquiano. Así, hermanos, debéis emplearos constantemente en moler, o nunca tendréis harina. Jamás podréis expresar de improviso buenos pensamientos, a menos que hayáis adquirido la costumbre de pensar y nutrir vuestro espíritu con alimentos sanos y abundantes. Trabajad afanosamente en todos los momentos de que podáis disponer. Atesorad en vuestros espíritus copiosas provisiones, y entonces, a modo de los comerciantes que poseen almacenes bien surtidos, tendréis efectos listos para vuestros parroquianos; y una vez arreglados en los estantes de vuestro entendimiento, podréis disponer de ellos a cualquiera hora sin imponeros el engorroso trabajo de ir al mercado, arreglarlos, doblarlos y prepararlos. No creo que haya nadie que pueda tener buen éxito en conservar siempre listo el don de hablar de improviso, si no es imponiéndose un trabajo mayor del que ordinariamente se echan a cuestas los que escriben y aprenden de memoria, sus discursos. Tened como regla sin excepción, de que para que una cosa pueda desbordarse, necesita antes rebosar.

3. La reunión de un caudal de ideas y de expresiones, es cosa útil en extremo. Hay riqueza y pobreza en las unas y en las otras. El que ha adquirido vastos conocimientos, los tiene bien arreglados, perfectamente comprendidos, y está íntimamente familiarizado con ellos, podía a semejanza de algún príncipe de riquezas fabulosas, que esparciera oro a diestro y siniestro entre la multitud. A vosotros, señores, os será indispen-

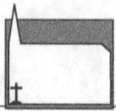

sable relacionaros estrechamente con la Palabra de Dios, con la vida interior espiritual, y con los grandes problemas del tiempo y la eternidad. De la abundancia del corazón habla la boca. Acostumbraos a meditaciones celestes: escudriñad las Escrituras, deleitaos en la ley del Señor, y no temáis al hablar de cosas que habéis saboreado y con las cuales habéis estado en contacto, es decir, de las buenas nuevas que da Dios. Bien puede suceder que algunos sean tardos en el hablar, al discutir asuntos que se hallen fuera de su experiencia; pero vosotros, movidos por un ardiente amor hacia el Rey, y viviendo en tierna intimidad con Él, hallaréis que vuestro corazón os dicta con elocuencia, y que vuestra lengua será como la pluma de los diestros amanuenses. Llegaos a las raíces de las verdades espirituales por medio de un conocimiento experimental de las mismas, y de ese modo podréis exponerlas con facilidad a los demás. La ignorancia de la teología no es cosa rara en nuestros púlpitos, y debería sorprendernos no el hecho de que haya tan pocos que puedan hacer una buena improvisación, sino el que hubiera muchos capaces de ello, siendo así que los teólogos se hallan tan escasos. No tendremos grandes predicadores, si no tenemos grandes teólogos. Así como no podemos construir un buque de guerra de un pobre arbusto, tampoco podrán formarse predicadores idóneos de estudiantes superficiales. Si queréis ser fluentes, es decir, desbordaros, llenaos de toda clase de conocimientos, y con especialidad, del conocimiento de Cristo vuestro Señor.

4. Hicimos antes notar que un caudal de expresiones sería también cosa muy útil a un improvisador; y en efecto, un rico vocabulario es inferior sólo a un buen acopio de ideas. Las bellezas del lenguaje, las elegancias del discurso, y sobre todo, un buen acopio de frases correctas y persuasivas, son cosas que deben escogerse, recordarse y ser imitada en su oportunidad. No quiero decir con esto que andéis cargando un lapicero de oro y apuntéis todas las palabras sonoras que halléis en vuestras lecturas, para usarlas en vuestro próximo sermón; sino que os hagáis cargo del significado de las palabras para que podáis estimar la fuerza de un sinónimo, juzgar del ritmo de una frase, y apreciar el valor de un expletivo. Debéis dominar el lenguaje, es decir, enseñorearos de las palabras, a fin de que éstas sean vuestros rayos o vuestras gotas de miel. Los meros recogedores de palabras, no son otra cosa que meros acaparadores de conchas de ostras, vainas de fríjol y cáscaras de manzana; pero para el hombre de sólida instrucción y profundos pensamientos, las palabras son canastillas de plata en que ofrecen sus manzanas de oro. Tened esto presente, y procuraos un buen tiro de palabras con que hacer andar el carro de vuestros pensamientos.

5. Yo creo igualmente que un hombre que desee hablar bien improvisadamente, debe cuidar de elegir un asunto que le sea bien conocido. Éste es el punto principal. Desde que estoy en Londres, llevando la mira de adquirir la costumbre de hablar de forma improvisada, nunca he estudiado o preparado algo para decirlo en nuestras juntas de oración que se efectúan los lunes en la noche. No he hecho más que aprovechar la oportunidad que en ellas se me presenta, para exhortar del modo más conveniente a mi auditorio; pero habréis podido observar que en semejantes ocasiones nunca escojo asuntos de difícil oposición, o temas que con dificultad se puedan entender, sino que sencillamente limito a pláticas familiares, por decirlo así, basadas en los elementos de nuestra fe. Una vez ya de pie en reuniones de esa clase, uno reflexiona preguntándose a sí mismo: «¿Qué asunto ha ocupado de preferencia mi pensamiento durante el día? ¿Qué hecho notable he encontrado en mis lecturas durante la semana que acaba de pasar? ¿Qué impresiona más mi corazón en este momento? ¿Qué se sugiere por los himnos y las oraciones?». Seria inútil pararse ante una congregación con la esperanza de ser inspirado acerca de asuntos que completamente se ignoran, si os halláis tan desprevenidos, el resultado será que como nada sabéis, tendréis probablemente que acabar por confesarlo, y el auditorio no será edificado. Pero no veo qué razón alguna para que un hombre no pueda

Ministerio, Dones, Predicación, Mayordomía ...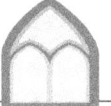

hablar sin previa preparación sobre un asunto que le sea familiar cualquier comerciante bien versado en los negocios propios de su rama, podría explicárse sin necesidad de ponerse a meditar sobre ellos y es indudable, por lo que a nosotros corresponde, que debemos estar igualmente familiarizados con el uso esencial de principios de nuestra santa fe. Seria ridículo que nos sintiéramos perplejos al ser invitados a hablar sobre asuntos que constituyen el pan cotidiano de nuestras almas. No veo tampoco qué resultaría en tal caso, de ponerse a escribir antes de hablar, pues que al proceder así, se tendría que improvisar lo que se escribe, y una escritura improvisada es probablemente más débil aun que un discurso pronunciado de igual manera. La ventaja de la escritura consiste en que se presta para una cuidadosa revisión; pero como los buenos escritos pueden expresar sus pensamientos correctamente desde un principio, se infiere que también pueden ser buenos oradores. El pensamiento de un hombre que se halla en pie, hablando sobre un tema que le sea familiar, puede alejarse mucho de su punto de partida, pero será siempre la crema de sus meditaciones puestas en efervescencia por el calor de su corazón. Este, habiendo estudiado antes bien el asunto, aunque no en ese momento, puede desarrollarlo con mucha propiedad; mientras que otro sentándose a escribir, podrá sólo estampar en el papel sus primeras ideas que quizá sean insípidas y vagas.

6. No esperéis hallaros expeditos (listos) para efectuar lo que intentáis, a menos que previamente hayáis estudiado el tema, esta paradoja es un consejo sugerido por la prudencia. Recuerdo haberme visto sujeto en una ocasión a una difícil prueba, y no sé como habría salido del aprieto en que me vi, si no hubiera estado medianamente preparado para la improvisación. Fue el caso que se me esperaba para que predicara en cierto templo, donde se había reunido una congregación numerosa; y no habiendo podido llegar a tiempo con motivo de haber encontrado algún tropiezo el tren en que yo viajaba, fue otro ministro a ocupar el lugar que me correspondía, y cuando al fin llegué, sin aliento de tanto correr, él estaba ya predicando un sermón. Viéndome aparecer en la puerta y penetrar en la nave, se detuvo y dijo: «Helo ahí»; y mirándome agregó: «os cedo este lugar, venid y terminad el sermón». Le pregunté, como era natural, cuál era el texto y hasta dónde había hablado sobre él, y me contestó cuál era, advirtiéndome que había desarrollado su primera parte. Sin titubear yo en lo más mínimo, proseguí el discurso partiendo del punto en que había quedado y terminé el sermón. Debo decir que me avergonzaría de alguno de los que aquí se hallan presentes, que no hubiera podido hacer lo mismo, en vista de que las circunstancias especiales del caso hicieron esa tarea fácil en extremo. En primer lugar, el ministro era mi abuelo; y enseguida, el texto era: «Por gracia sois salvos, por la fe; y esto no de vosotros, pues es don de Dios». Tendría que haber sido un animal más estúpido que aquel en que cabalgaba Balaam, el que colocado en semejante situación no hubiera podido hablar. «Por gracia sois salvos». Se había hablado ya sobre esto indicando cual era el origen de la salvación; pues bien, ¿quién no habría podido seguir, describiendo la cláusula siguiente, por la fe, como el instrumento, medio o canal de la gracia. No se necesita estudiar mucho para patentizar que recibimos la salvación por la fe. Recuerdo también que en esa vez, tuve que sufrir otra prueba, que consistió en que cuando yo había avanzado un poco y me sentía entusiasmado con mi trabajo, una mano me dio golpecitos en la espalda en señal de aprobación, y una voz me dijo: «Muy bien; muy bien, repetid lo que acaba de decir, para que no lo olviden». No me quedó otro recurso que repetir la verdad que había desarrollado, y al poco rato, cuando más engolfado me hallaba en lo que decía, sentí que me jalaban suavemente del faldón de la levita, vi al anciano caballero parado frente a mi, y oí que decía: «Mi nieto puede hablaros de esto como de una teoría, pero aquí estoy yo para dar testimonio de ello como asunto de experiencia práctica. Tengo muchos más años que él, y debo daros mi testimonio, como anciano que soy». Y entonces, después de

darnos a conocer cuál era su experiencia personal, agregó: «Ahora bien, mi nieto puede predicar el Evangelio mucho mejor que yo, pero no puede predicar un Evangelio mejor ¿no es verdad?». Yo, señores, fácilmente me imagino que si en esa ocasión no hubiera tenido cierta práctica en el arte de improvisar, me habría visto un poco embarazoso; pero me vinieron las ideas de un modo tan natural, como si con anticipación las hubiera coordinado.

7. La adquisición de otro idioma nos proporciona un buen instrumento para ayudarnos en la práctica de improvisar. Puesto uno en relación con las raíces de las palabras y las reglas del lenguaje, y obligado a fijarse en las diferencias de los dos idiomas, se va familiarizando gradualmente con las partes de la oración y sus accidentes, y los modos y tiempos de los verbos que son el alma de la locución; y a semejanza de un obrero, conoce perfectamente su herramienta y la maneja como su constante compañero. No conozco mejor ejercicio que traducir con toda rapidez sea posible algún trozo de Virgilio o de Tácito, y después, ya con calma, corregir los errores en que se hubiere incurrido. Hay quienes ligeramente juzgan que es tiempo perdido el que se emplea en el estudio de los clásicos; pero aun cuando no fuera más que por la utilidad que presta a los oradores sagrados, debe conservarse, en todos nuestros seminarios, es mi idea,. ¿Quién no ve que la constante comparación de los términos y modismos propios de cada idioma, facilita el modo de expresarse? ¿Quién no ve, además, que por medio de este ejercicio se pone la mente en aptitud de apreciar el refinamiento y la sutileza de las expresiones, y adquiere así la facultad de distinguir entre cosas que difieren? Y esta facultad le es esencial a un expositor de la Palabra de Dios, y al que de improviso tenga que declarar su verdad. Aprended, señores, a tener junta y arreglada y lista para usarse, toda la maquinaria del lenguaje; marcad cada diente, cada rueda, cada gozne, cada varilla, y os hallaréis en aptitud de hacer andar la máquina en cualquier momento dado en que circunstancias inesperadas así lo requirieren.

Todo aquel que desee adquirir este arte, es fuerza que lo practique. Dice Burke, que fue poco a poco como llegó Carlos Fox a ser el mas brillante y poderoso controversista que haya podido existir. El atribuía su buen éxito a la resolución que formó desde que era muy joven, de hablar bien o mal, por lo menos una vez cada noche. «Durante cinco estaciones enteras», decía Fox, «hablé todas las noches con excepción de una sola, y lo único que me pesa, es no haber hablado en ella también». Al principio puede hacerlo sin más auditorio, si así puede llamarse, que las sillas y los libros de su estudio, imitando el ejemplo de un individuo que con la mira de solicitar su admisión a este colegio, se había ejercitado durante dos años, según me aseguró, en predicar de improviso en su propio cuarto. Los estudiantes que viven juntos podrían ayudarse mutuamente de un modo eficaz, fungiendo alternativamente de oyentes y de oradores, y atendiendo a una crítica moderada y amistosa que se le hiciera al fin de cada ensayo. La conversación también puede ser sumamente útil, si versa sobre algún asunto que la haga edificante y provechosa. El pensamiento debe estar ligado a la expresión, he ahí el problema; y puede ayudar a uno a su solución, el que procure en sus meditaciones privadas, pensar en alta voz. Se ha hecho esto una cosa tan habitual en mi, que me parece muy útil poder en mis oraciones privadas, orar en mi voz natural. Leer en voz alta me es más agradable que hacerlo en silencio; y cuando mentalmente estoy preparando un sermón, me es provechoso hablarme a mí mismo, porque me parece que los pensamientos me vienen más fácilmente. Por supuesto que esto es vencer solamente una parte de la dificultad, pues es preciso que practiquéis en público para sobreponeros al estremecimiento ocasionado por la vista del público; pero andar la mitad del camino, es adelantar una buena parte en nuestro viaje.

8. Un buen discurso improvisado no es otra cosa que la expresión de los pensamientos de un hombre práctico, de buena instrucción, que medita concienzudamente, y deja que sus ideas salgan por medio de su boca al aire libre. Pensad en voz alta

Ministerio, Dones, Predicación, Mayordomía ...

cuantas veces podáis al encontraros solos, y pronto estaréis en el camino real que lleva al buen suceso en este asunto. Las discusiones y debates en la escuela son de vital importancia para progresar en este sentido y por eso aconsejaría yo a los hermanos más retraídos, que tomaran parte en ellas. La práctica de que se os visite para invitaros a que habléis sobre un asunto que la suerte designe de entre varios bien escogidos, ha sido introducida entre vosotros, y sería conveniente que recurriéramos a ella con una mayor frecuencia. Lo que antes condené como una parte del culto religioso, bien podemos hacerlo como un ejercicio escolástico entre nosotros mismos. Tiene eso por objeto poner a prueba la expedición de un hombre y su dominio sobre sí, e incluso los que no salen airosos, sacan probablemente tanto provecho como los que quedan bien, pues lo que lo hace a uno conocerse a sí mismo, le es tan útil, como a otro le es la práctica. Si el descubrimiento de que estáis todavía poco diestros en la oratoria, os indujese a estudiar con mayor asiduidad, ésa sería la manera de que al fin os salierais con la vuestra.

9. En adición a la práctica recomendada debo encareceros la necesidad de tener sangre fría y confianza en lo que hacéis. Sydney Smith dice, con razón, que «hay talentos superiores que no brillan en el mundo por falta de valor»; y éste no se adquiere fácilmente por un joven orador. ¿No tenéis simpatías por Blondin, cuando hace éste equilibrios en la cuerda? ¿No sentís algunas veces cuando estáis predicando, como si estuviereis andando sobre una cuerda muy alta, y no tembláis y teméis no poder llegar al otro extremo con toda seguridad? ¿Algunas veces cuando habéis estado poniendo en juego la hermosa pértiga del balanceo, y luciendo las metafóricas lentejuelas que vierten la poesía en vuestro auditorio, no os habéis sentido algo pesarosos de haberos expuesto al riesgo de una caída repentina? O, haciendo a un lado esta figura, ¿no os ha sobrecogido el temor de no poder concluir un periodo, o de no hallar un verbo para un nominativo, o un acusativo para el verbo. Todo depende de que conservando vuestra sangre fría no os desconcertéis. El presentimiento de un fracaso y el temor al público os arruinarán. Seguid siempre adelante, confiando en Dios, y todo os saldrá bien. Si habéis incurrido en alguna falta gramatical, y os sentís inclinado a volver atrás para corregirla, incurriréis pronto en otra, y vuestra indecisión os envolverá como una red. Dejadme deciros en secreto, para que lo oigáis vosotros solo, que es siempre cosa mala el retroceder. Si proferís un disparate verbal, adelante, y no os fijéis en él. Mí padre me dio una regla muy buena cuando estaba yo aprendiendo a escribir, y creo que la misma es igualmente útil tratándose de aprender a hablar. Recuerdo que me decía: «Cuando estés escribiendo, si pones un disparate alterando las letras de una palabra, o empleándola impropiamente, no la taches ni te fijes sólo en ella, sino busca el medio más fácil de cambiar lo que ibas a decir en lo que tienes escrito, a fin de que no queden trazas algunas de error». Y así al hablar, si la frase empezada no puede terminar de la mejor manera, concluidla cambiándola de giro. De muy poco serviría volver atrás para hacer una enmienda, porque de esa manera llamaríais la atención sobre una incorrección quizá notada por pocos, y haríais que el auditorio en vez de fijarse en vuestro asunto lo hiciera en vuestro lenguaje, cosa que es lo que menos debe pretender el orador. Ahora, si vuestro lapsus língua hubiese sido notado, todas las personas sensatas excusarán a un joven principiante, y lejos de criticaros más bien os admirarán por haber dado poca importancia a tales resbalones y esforzaros de todo corazón en dar feliz cima a vuestro fin principal. Un novicio cuando habla en público, se asemeja a un jinete poco acostumbrado a cabalgar, si su caballo tropieza, teme que lo tire o le eche por la cabeza; o si es asustadizo, le parece que se le va a desbocar. Y sí lo ve un amigo, o le hace una observación algún muchacho, se amedrenta tanto como si fuera oprimiendo los lomos de un dragón. Pero cuando un hombre se halla habituado a cabalgar, no tiene ningún peligro, ni se le presenta ninguno, porque su valor los evita. Cuando un orador siente que

domina la situación, generalmente lo hace así. Su confianza aleja los desastres que la timidez casi siempre se acarrea.

Hermanos míos, si al Señor le ha plácido llamaros al ministerio, os asisten las mejores razones para manifestar valor y estar tranquilos, porque ¿a quién tenéis que temer? Os cumple desempeñar la comisión que el Señor os confiere, de la mejor manera que podáis; y si así lo hacéis, no tenéis que dar cuentas a nadie más que a vuestro Amo celestial, quien no es, a la verdad, un juez severo. Vuestra subida al púlpito no es para luciros como oradores, o para halagar los gustos del auditorio; sois los mensajeros del cielo y no los criados de los hombres. Recordad las palabras del Señor a Jeremías, y tened miedo de dar abrigo al temor: «Tú, pues, ciñe tus lomos, y te levantarás, y les hablarás todo lo que yo te mandaré. No temas delante de ellos, porque no te haga quebrantar delante de ellos» (Jer. 1:17). Confiad en el auxilio inmediato del Espíritu Santo y el temor del hombre que le sirve de lazo, se apartará de vosotros. Cuando podáis sentiros en el púlpito como si estuvierais en vuestro propio hogar, y podáis tender la vista a vuestro derredor y hablar al publico como un hermano habla a sus hermanos, entonces, y sólo entonces podréis improvisar. La cortedad y timidez, cualidades tan apreciadas en nuestros jóvenes hermanos, cederán su lugar a esa verdadera modestia que hace a uno olvidarse de sí mismo y no cuidar de su propia reputación mientras tenga la conciencia de predicar a Cristo del modo más persuasivo siempre que esto se haga menester.

Al emprender el santo y útil ejercicio de discurrir con improvisación, el ministro cristiano debe cultivar una infantil confianza en el auxilio inmediato de Espíritu Santo. «Creo en el Espíritu Santo» reza el credo. Es de temer que muchos no hagan a éste un real articulo de fe. Andar de aquí para allá toda la semana malgastando el tiempo, y atenernos después ayuda del Espíritu Santo, es una necia presunción que acusa el atentado de que el Señor solape, vuestra pereza y punible apatía; pero al tratarse de una emergencia, es ya muy diferente la cuestión.

Cuando un hombre se ve ineludiblemente compelido a hablar sin una previa preparación, debe lleno de confianza, entregarse al Espíritu de Dios, el cual sin duda ninguna, se pone en contacto con la inteligencia humana, la levanta de su debilidad y confusión, la eleva y fortalece, y la pone en aptitud tanto de entender como de expresar la verdad divina, de un modo muy superior al que lo hacía si se atuviera sólo a sus esfuerzos propios. Interposiciones semejantes, lo mismo que cualquier otro milagro. de ningún modo nos autoriza a dejar de esforzarnos o de corrernos luchas para adquirir suficiente idoneidad; debemos sólo verlas como auxilio del Señor con el cual podemos contar llegada una emergencia. Su espíritu estará siempre con nosotros, pero sobre todo cuando no omitamos diligencia ninguna por servirle. Encarecidamente os aconsejo que no aventuréis haciendo improvisaciones, más de lo que os veáis compelidos a ello, hasta que hayáis adquirido madurez en vuestro ministerio, y a la vez os exhorto a que habléis de esa manera siempre que no podáis racionalmente evitarlo, con la creencia firme de que en esa misma hora, se os sugerirá lo que debéis decir.

CONCLUSIÓN

Si tenéis la fortuna de haber adquirido la facultad de hablar sin preparación, os ruego que recordéis que podéis muy fácilmente perderla. Esta es una cosa que a mí mismo me ha acaecido, y os lo digo, porque es la mayor evidencia que puedo daros sobre ese particular. Si por dos domingos sucesivos hago mis notas un poco más extensas y detalladas que de costumbre, hallo en la tercera ocasión que las necesito más largas todavía; y observo también que si a veces confío un poco mas en el recuerdo de mis pensamientos, y no tengo la prontitud de expresión a que estoy acostumbrado, es porque hay una cierta exigencia y una necesidad mayor de previa composición. Si un hombre comienza a andar con un bastón en la mano, simplemente por antojo, pronto llegará a ser eso para él una servidumbre o necesidad. Si por algún motivo usáis con frecuencia anteojos, no podréis después

Ministerio, Dones, Predicación, Mayordomía ...

pasárosla sin ellos; y si tuvierais que andar con muletas por un mes, al fin de ese tiempo os serian casi necesarias para moveros, por más que vuestros miembros estuviesen tan buenos y sanos como los de otro cualquiera. Los malos usos forman una mala naturaleza. Continuamente debéis ejercitaros en hablar de improviso; y si para proporcionaros oportunidades de hacerlo tuvieseis que hacer uso frecuente de la palabra en las más cortas aldeas, en las escuelas de nuestros villorrios, o dirigiéndose a dos o tres personas que se hallen a vuestro lado, el provecho que saquéis será notado por todos.

Puede ahorraros sorpresas y disgustos, el saber de antemano que sufrirá grandes cambios vuestro modo de expresaros. Hoy vuestra lengua puede ser la pluma de un diestro escritor; mañana vuestros pensamientos y palabras estarán como en prisión Las cosas vivas son sensibles y están afectadas por diversas fuerzas, solo con las meramente mecánicas puede contarse con absoluta certeza. No extrañéis que a menudo tengáis que persuadiros de que habéis fracasado, ni os cause admiración saber que es entonces precisamente, después, cuando habéis tenido un éxito mejor. No debéis esperar adquirir competencia por vosotros mismos, que ni la costumbre ni el ejercicio podrán nunca apartaros del auxilio divino. Y si habéis predicado cuarenta y nueve veces consecutivas sin previa preparación, esto no os servirá de excusa para que confiéis en vosotros mismos al ir a hacerlo por la quincuagésima ocasión, pues si el Señor os dejare de su mano, no sabríais qué hacer. Vuestras alternativas de fluidez y dificultad, tenderán por la gracia de Dios a hacer que con humildad acudáis al Fuerte pidiéndole fortaleza.

Cuidad sobre todo de que vuestra lengua no exprese nunca lo que no pensáis. Guardaos contra una débil fluidez, contra una insustancial palabrería, contra una facilidad de hablar mucho sobre nada. Que gusto da oír decir que perdió de repente el habla un hermano que atenido a sus propias facultades quería seguir perorando, aunque realmente no tenía nada que decir. Ojalá y pase lo mismo a todos los que traten de imitarlo. Hermanos míos, es poseer un don horrible, decir mucho sobre nada. Necedades por mayor, amontonamiento de paráfrasis, textos sagrados citados a troche y moche, son cosas bastante comunes que deberían llenar de vergüenza a los malos improvisadores. Y aun cuando los pensamientos fútiles se expresen por medio de una florida fraseología, ¿qué provecho resulta de escuchar su enunciación? Nunca de nada puede venir algo. Un discurso improvisado cuando se carece de instrucción, es una nube sin lluvia, un pozo sin agua, un don fatal perjudicial tanto al que lo posee como a su rebaño. Han acudido a mí algunos a los cuales he negado su admisión a este colegio, porque estando completamente destituidos tanto de educación, como del conocimiento de su propia ignorancia, su ilimitada presunción y exagerada volubilidad, los anclan sujetos peligrosos para la enseñanza. Algunos me han hecho recordar la serpiente del Apocalipsis que arrojaba agua por la boca en una abundancia tal, que la mujer temió sin dudarlo, que dejarse llevar por la corriente. Dados de cuerda como relojes suenan y suenan hasta que se paran, y ¡qué feliz será el que menos tenga que tratarlos! Los sermones de semejantes predicadores, son como el papel de león que tenía que desempeñar cierto individuo «Puedes improvisarlo» le decían «porque consiste solo en rugir». Es mejor perder o no poseer jamás el don de hablar de improviso, que degradarlo convirtiéndonos en unos armadores de ruido y vivas representaciones de las desapacibles notas que produce un címbalo de latón.

Podría haber dicho mucho más, si hubiera hecho de este asunto lo que comúnmente se llama predicación improvisada, es decir, el arte de dar a un sermón las dimensiones que tienen los pensamientos, dejando que las palabras para la exposición de ellos nos vengan por sí solas; pero esta es ya una cosa del todo diferente, y aunque considerada por algunos como un gran privilegio, es en mi concepto un requisito indispensable para el púlpito, y de ningún modo una ostentación de talento. Espero hablaros de esto en otra oportunidad.

106. PREDICAD EL EVANGELIO[17]

«Pues si anuncio el evangelio, no tengo por qué gloriarme; porque me es impuesta necesidad; y ¡ay de mí si no anunciare el evangelio!» (1 Corintios 9:16).

INTRODUCCIÓN: El ejemplo de Pablo.

I. ¿QUÉ ES PREDICAR EL EVANGELIO?
1. Predicar el Evangelio en su totalidad.
2. Predicar el Evangelio es enaltecer a Jesucristo.
3. Predicar el Evangelio tanto a santos como a pecadores.
4. Predicar el Evangelio es hablar a la gente.

II. A LOS MINISTROS NO LES ES PERMITIDO GLORIARSE
1. ¿Por qué no hay que gloriarse?
2. Todos los dones son prestados.
3. Dependemos del Espíritu santo.

III. LA NECESIDAD DE PREDICAR EL EVANGELIO
1. La necesidad por la vocación.
2. Sentir la miseria del hombre caído.

CONCLUSIÓN: No temamos en desarrollar nuestros dones.

PREDICAD EL EVANGELIO

INTRODUCCIÓN

El hombre más grande de los tiempos apostólicos fue el apóstol Pablo: siempre grande en todo. Si se le considera como pecador, lo era en gran modo; si lo contemplamos como perseguidor, vemos que llevaba a cabo su labor con extraordinario celo, acosando a los cristianos hasta por ciudades extranjeras; si lo miramos desde el punto de vista de su conversión, ésta fue la más notable que hayamos podido leer, realizada por un poder milagroso y por la voz del mismo Jesús hablándole desde el cielo «Saulo, Saulo, ¿por qué me persigues?». Si lo observamos simplemente como cristiano, era un creyente excepcional; amaba a su Maestro más que los demás, y más que otros buscaba reflejar en su vida la gracia de Dios. Pero donde lo admiramos destacando como un ser preeminente es en su tarea de apóstol, de príncipe de los predicadores de la Palabra, y predicador de reyes, porque proclamo la Verdad ante Agripa y Nerón, compareció ante emperadores y monarcas a causa del nombre de Cristo. La característica de Pablo era que lo hacía todo poniendo en ello todo su corazón. Era de esa clase de hombres incapaces de permitir descanso a la mano izquierda mientras que la derecha trabaja; la plenitud de sus energías eran empleadas en cada una de sus obras; cada músculo, cada nervio de su ser era forzado a tomar parte en su tarea, ya fuera mala o buena. Por ello, Pablo podía hablar con experiencia de cuanto concernía a su ministerio, porque era el mayor de todos los ministros. No hay insensatez en su palabra, todo sale de las profundidades de su alma. Podemos estar seguros de que su mano era firme y decidida cuando escribió lo siguiente: «Pues si anuncio el Evangelio, no tengo por qué gloriarme, porque me es impuesta necesidad; y ¡ay de mí si no anunciare el Evangelio!».

Ahora bien, creo que estas palabras de Pablo pueden ser aplicadas a muchos ministros de nuestros días, a todos aquellos que son llamados y especialmente dirigidos por el impulso interior del Espíritu Santo a ser siervos del Evangelio. Esta mañana, al tratar de considerar este versículo, nos haremos tres preguntas. La primera: ¿Qué es predicar el Evangelio? La segunda: ¿Por qué no tiene el ministro nada de qué gloriarse? Y la tercera: ¿Cuál es esa necesidad y ese ¡ay de mí! que dice la Escritura?: «Me es impuesta necesidad; y ¡ay de mí si no anunciare el Evangelio!»

I. ¿QUÉ ES PREDICAR EL EVANGELIO?

La primera interrogación es: ¿Qué es predicar el Evangelio? Acerca de ella hay gran variedad de opiniones; incluso entre mi auditorio (no obstante mi creencia en la uniformidad de nuestros sentimientos

---

[17] Sermón predicado el 5-8-1855 en la Capilla de C/New Park, Southwark (Inglaterra).

Ministerio, Dones, Predicación, Mayordomía ...

doctrinales), podríamos encontrar dos o tres respuestas diferentes. Por mi parte, intentaré contestar a esta pregunta, con la ayuda de Dios, según mi propio juicio; y si resulta que no es la mía la contestación correcta, sois libres de procuraros en casa una mejor.

1. Contestaré, primero, de la siguiente forma: Predicar el Evangelio es poner de manifiesto cada una de las doctrinas contenidas en la Palabra de Dios, dar a cada verdad la importancia que le corresponde. Los hombres pueden anunciar una parte del Evangelio, o tal vez una sola doctrina; y yo, aunque no consideraré que una persona deja de predicar la Palabra por el hecho de que se limite a mantener la doctrina de la justificación por la fe «por gracia sois salvos, por la fe», no diré de él que anuncia el Evangelio en su totalidad, pues nadie podrá decir que así lo hace si deja aparte, a sabiendas y de modo intencionado, una sola de las verdades del bendito Dios. Esta observación mía es incisiva y debería llegar a las conciencias de muchos que tienen casi como principio el ocultar ciertas verdades por temor a la gente. Hace una o dos semanas, durante una conversación que sostuve con un eminente profesor, me dijo:

—Sabemos, señor, que no debemos predicar la doctrina de la elección, porque no está proyectada para la conversión de los pecadores.

—Pero —objeté—, ¿quién se atreverá a criticar la verdad de Dios? Usted está de acuerdo conmigo en que es una verdad, y sin embargo dice que no debe ser predicada. Yo no hubiera osado decir tal cosa, porque consideraría arrogancia suprema haberme aventurado a decir que una doctrina no debe ser predicada, cuando la omnisciencia de Dios ha considerado buena su revelación. Además, ¿es que todo el Evangelio está destinado a la conversión de los pecadores? Hay verdades que Dios ha bendecido para ese fin, pero, ¿no hay partes dedicadas al consuelo de los santos?, ¿y no deben ser éstas, al igual que las otras, objeto de la predicación del ministro del Evangelio? Así pues, no debo dirigir mi atención solamente a unas y desatender a las otras, porque si Dios dice: «Consolaos, consolaos, pueblo mío», yo continuaré predicando la elección, por ser ésta un consuelo para el pueblo de Dios». Por otro lado, no estoy muy seguro de que esa doctrina no esté proyectada para la conversión de los pecadores. El gran Jonathan Edwards nos dice que, en la mayor excitación de uno de sus avivamientos, predicó la soberanía de Dios en la salvación o condenación del hombre, enseñando que Dios es infinitamente justo si envía a algunos al infierno, e infinitamente misericordioso si salva a otros, y, todo ello, por su libre gracia; y añade: «No he hallado doctrina que más haga pensar, nada penetró tan profundamente en el corazón, como la predicación de esta verdad».

Lo mismo puede decirse de otras doctrinas. Hay verdades en la Palabra de Dios que están condenadas al silencio; en verdad, no han de ser proclamadas porque, de acuerdo con las teorías de ciertos señores, no están previstas para conseguir determinados efectos. Pero, quién soy yo para juzgar la verdad de Dios? ¿Puedo poner sus palabras en la balanza y decir: «Esto es bueno y esto es malo»? ¿Puedo acaso coger su Biblia y separar el trigo de la paja? ¿Desecharé cualquiera de sus verdades diciendo: «No me atrevo a predicarla»? No; Dios me libre. Toda Escritura es útil para enseñar, redargüir, corregir, consolar, y para instituir en justicia. Nada de ella debe ser escondido, sino que todas sus partes han de ser predicadas en su justo lugar.

Hay quienes se limitan de modo intencionado a hablar sobre cuatro o cinco temas nada más. Si entráis en sus iglesias, seguro que les oiréis predicar sobre: «No de voluntad de carne, mas de Dios»; o también: «Elegidos según la presciencia de Dios Padre». En ese día no escucharéis otra cosa que elección y doctrina elevada. Más los que así hacen se equivocan tanto como los otros, por enfatizar ciertas verdades y descuidar otras. Todo cuanto hay aquí es para ser predicado, lo llames como te plazca, o lo consideres elevado o no; la Biblia, toda la Biblia, y nada más que la Biblia es el modelo del verdadero cristiano. ¡Ay!, muchos hacen de sus doctrinas un círculo de hierro, y al que se atreve a salir del estrecho cerco se le considera poco ortodoxo. ¡Dios bendiga, pues, a los herejes, y nos mande muchos de ellos! Hay quienes convierten la teología en una especie de rueda de molino, compuesta de cinco doctrinas que están continuamente dando vueltas, porque repiten siempre las mismas y nunca salen de ahí. Cada verdad debe ser predicada. Y si Dios ha escrito en su Palabra que «el que no cree, ya es condenado», ello está puesto para ser predicado tanto como la, verdad de que «ninguna condenación hay para los que están en Cristo Jesús». Si encuentro que está escrito: «Te perdiste, oh Israel», con lo cual notamos que la condenación del hombre es su propio pecado, debo predicar esto, al igual que la segunda parte del versículo: «Mas en mí está tu ayuda». Cada uno de nosotros, a los que nos ha sido confiado el ministerio, debiéramos procurar predicar toda la verdad. Sé que no es posible conocerla en su totalidad. Hay nieblas en la cumbre del alto monte de la verdad. No pueden los ojos del mortal contemplar su pináculo, ni sus pies hollarlo. Mas bosquejemos la niebla, si no podemos dibujar la cumbre. Expongamos la dificultad tal como es, aunque no podamos desentrañarla. No ocultemos nada; si el monte de la verdad tiene la cima nublada, digamos: «Nube y oscuridad alrededor de él». No lo neguemos, ni tratemos de acortar la montaña conforme a nuestro propio modelo porque no podamos ver su cumbre o alcanzar su techo. Todo aquel que tenga que predicar el Evangelio debe hacerlo en su totalidad. Todo el que se considere un ministro fiel no debe dejar a un lado ninguna parte de la revolución.

2. Si de nuevo me preguntan ¿qué es predicar el Evangelio?, contesto que predicar el Evangelio es enaltecer a Jesucristo. Tal vez sea ésta la mejor respuesta que se pueda dar. Me apeno mucho al ver a menudo qué poco es comprendido el Evangelio, incluso por algunos de los mejores cristianos. Hace algún tiempo había una señorita inmersa en gran aflicción espiritual. Fue a ver a un cristiano muy piadoso, el cual le dijo: «Querida joven, vaya a casa y ore». Bien, pensé para mí, no es esa la forma de proceder que indica la Biblia; en ella nunca se dice: «Vaya a casa y ore». La pobre chica marchó a su cara, oró y seguía en la aflicción. Él le volvió a decir: «Debe esperar; debe leer las Escrituras y estudiarlas». Tampoco es éste el camino a seguir, esto no exalta a Cristo. Veo que muchos predicadores predican esta clase de doctrina. Dicen a las pobres criaturas convictas de pecado: «Debes irte a casa y orar, leer las Escrituras, asistir a los cultos, etcétera». Obras, obras, obras, en vez de «por gracia sois salvos, por la fe». Si un penitente se acercara a mí y me preguntara: «¿Qué he de hacer para ser salvo?», le respondería: «Cristo ha de salvarte; cree en el Señor Jesucristo». Nunca lo mandaría a orar ni a leer las Escrituras, ni a la casa de Dios, sino simplemente, los remitiría a la fe, a la fe sola en el Evangelio de Dios. No es que yo menosprecie la oración (tendrá después de la fe), ni tampoco diré una sola palabra en contra del escudriñar las Escrituras (ése es el sello infalible de los hijos de Dios), como tampoco hallo mal en la asistencia a los cultos, ¡Dios me libre!; me agrada ver allí a la gente. Pero ninguna de estas cosas es el camino de salvación. En ninguna parte está escrito: «El que asista a la capilla será salvo», o: «El que lea la Biblia será salvo». Como tampoco he leído: «El que orare y fuere bautizado será salvo», sino: «El que en Él cree», el que tenga fe en el «Nombre Cristo Jesús», en su divinidad, en su humanidad, ése es liberado del pecado. Predicar que solamente la fe salva es predicar la verdad de Dios. Ni por un momento daré a nadie el nombre de ministro del Evangelio si predica un plan de salvación sin la fe en Jesucristo; la fe, la fe y nada más que la fe en su nombre. Pero la mayoría de nosotros tenemos nuestras ideas bastante confusas. Hay en nuestro cerebro tantas obras almacenadas, tanta convicción de méritos y hechos propios, grabados en nuestros corazones, que nos es casi imposible predicar la justificación por la fe, clara y completamente; y cuando lo hacemos, nuestros oyentes no la asimilan. Les decimos: «Cree en el nombre del Señor Jesucristo y serás salvo»; más ellos tienen noción de que la fe es algo maravilloso y misterioso; que es totalmente impo-

Ministerio, Dones, Predicación, Mayordomía ...

sible que, sin hacer nada más, puedan salvarse. Pero esta fe que nos une al Cordero es una dádiva instantánea de Dios, y el que cree en el Señor Jesús es salvo en aquel mismo momento, sin ninguna otra obra más. ¡Ah!, amigos míos, ¿no vemos la necesidad de enaltecer más a Cristo en nuestras predicaciones y en nuestras vidas? La pobre María dijo: «Han llevado al Señor del sepulcro, y no sabemos dónde lo han puesto». Y así diría en nuestros días si pudiera levantarse de la tumba. ¡Qué bello sería, si tuviéramos un ministerio que exaltara a Cristo!, si predicáramos de forma que magnificase su persona, que alabara su divinidad, y que amase su humanidad. ¡Qué perfecto sería, si lo presentáramos como profeta, sacerdote y rey de su pueblo!, si predicáramos de forma que el Espíritu manifestara el Hijo de Dios a los suyos, predicaciones que dijeran: «Mirad a mí y sed salvos todos los términos de la tierra»; predicaciones del Calvario; teología, libros, sermones del Calvario! Éstas son las cosas que necesitamos, y en la medida en que el Calvario sea enaltecido y Cristo magnificado será predicado el Evangelio entre nosotros.

3. La tercera respuesta a la pregunta es: «Predicar el Evangelio es exponerlo apropiadamente a toda clase de personas». «Si sube usted a ese púlpito, solamente debe predicar para el amado pueblo de Dios» decía una vez un diácono a un ministro. A lo que éste respondió: «¿Los ha marcado a todos en la espalda, de forma que yo pueda reconocerlos?». ¿Para que serviría lo espacioso de esta capilla si yo predicara solamente para el querido pueblo de Dios? Son tan pocos que podrían caber en mi despacho. Hay aquí muchos más aparte de los amados de Dios, ¿y cómo voy yo a estar seguro, si se me dice que predique solamente para los santos, de que alguien más no se beneficiaria de mi predicación? Y hay otros que dicen: «Procure predicar a los pecadores. Si no lo hace así esta mañana, no anunciara el Evangelio. Sólo le oiremos una vez, y nos convenceremos de que no cumple con su deber, si precisamente hoy no dirige este sermón a los inconversos». ¡Que inconsecuencia, amigos míos!; hay veces en que los hijos deben ser alimentados, y otras en que los pecadores deben ser amonestados. Hay diferentes ocasiones para diferentes fines. Si alguien predica a los santos de Dios, y dice poco a los pecadores, ¿va a ser censurado por ello, si otras veces, cuando no consuela a los santos, dirige su atención especialmente a los impíos? El otro día oí un excelente comentario de un perspicaz amigo mío al respecto. Alguien estaba criticando las Porciones matutinas y vespertinas del doctor Hawker, porque no estaban previstas para convertir a los pecadores. Mi amigo dijo al caballero: «¿Ha leído alguna vez la Historia de Grecia, de Grote?». «Sí», «Es un libro horrible, ¿verdad?, porque no ha sido escrito para a conversión de los pecadores». «Sí, pero», dijo el otro, «la Historia de Grecia, de Grote, nunca fue destinada para la conversión de los pecadores». «No», convino mi amigo, «y si usted hubiese leído el prólogo de las Porciones matutinas y vespertinas del doctor Hawker, se habría dado cuenta de que no han sido hechas para ese fin, sino para alimento del pueblo de Dios; y si responden a sus fines son perfectas, aunque no tengan ninguna otra pretensión». Cada clase de persona debe recibir lo que le corresponde. No predica el Evangelio el que solamente lo hace a los santos, ni tampoco el que se dirige únicamente a los pecadores. Nos hallamos ante una amalgama: hay el santo que está firme y seguro, el flaco y pobre en la fe, el recién convertido, el que claudica entre dos pensamientos, el recto, el pecador, el réprobo y el proscrito. Tengamos una palabra para cada uno de ellos. Demos a todos su parte de alimento a su debido tiempo; no siempre, sino a su debido tiempo. El que ignore en su predicación cualquier condición de personas, no sabe predicar el Evangelio enteramente. ¿Subiré al púlpito para limitarme a hablar de ciertas verdades, solamente para el consuelo de los santos de Dios? No procederé de esa forma. Dios da a los hombres corazón para amar a sus semejantes, ¿y no permitiremos la manifestación de ese corazón? Si amo al impío, ¿no tendré nada que decirle? No le hablaré del juicio venidero, de la Justicia y de su pecado? No quiera Dios

que me insensibilice y me torne inhumano hasta el extremo de permanecer con los ojos secos cuando considere la perdición de mis semejantes, limitándome a decirles: «¡Estáis muertos, no tengo nada de qué hablar!» y predicando esta condenable herejía, si no de palabras, de efecto, de que los hombres serán salvos si han de serlo, y que si no están destinados para la salvación, no se salvarán; que, necesariamente, no pueden hacer nada más que sentarse y esperar, y que no importa que vivan en pecado o en justicia, porque algún hado poderoso les tiene sujetos con irrompibles cadenas, y su destino es tan cierto que pueden seguir viviendo en pecado. Yo creo que, efectivamente, su destino es cierto, y así serán salvos si son elegidos, y si no, serán condenados eternamente; pero lo que no creo es la herejía que se infiere de ello, por la que los hombres se hacen irresponsables y permanecen cruzados de brazos. Esto es un error contra el cual he protestado siempre, considerándolo como doctrina diabólica y en ningún modo de Dios. Creemos en el destino y en la predestinación; creemos en la elección y en la no elección; pero, a pesar de todo, creemos también que debemos predicar a los hombres: «Cree en el Señor Jesucristo y serás salvo», mas si no crees en Él estás condenado.

4. Tenía previsto dar otra respuesta a esta pregunta, pero me falta tiempo. Dicha respuesta hubiera sido algo parecido a esto: que predicar el Evangelio no es exponer ciertas verdades acerca de él, ni hablar de la gente, sino hablar a la gente. Anunciar la Palabra de Dios no es extendernos en proclamar qué es el Evangelio, sino predicar dirigiéndolo al corazón, no por nuestro propio poder, sino por la influencia del Espíritu Santo; no hablar como si lo hiciéramos al ángel Gabriel, sino de hombre a hombre, y derramar nuestro corazón en el de nuestros semejantes. Esto es lo que yo entiendo por predicar el Evangelio, y no farfullar algún viejo manuscrito en la mañana o en la tarde del domingo. Predicar el Evangelio no es enviar un coadjutor para que haga el trabajo por ti, ni tampoco colocarte tus mejores ornamentos y exponer elevadas teorías. Predicar el Evangelio no es recibir de manos de un obispo un hermoso modelo de oración para que alguien de inferior categoría la pronuncie. No, nada de esto; predicar el Evangelio es proclamar con lengua de trompeta y ardiente celo las inescrutables riquezas de Cristo Jesús, de forma que los hombres puedan oír y, comprendiendo, se conviertan a Dios de todo corazón. Esto es predicar el Evangelio.

II. A LOS MINISTROS NO LES ES PERMITIDO GLORIARSE

La segunda pregunta es: ¿Por qué, a los ministros no les es permitido gloriarse? «Pues bien que anuncio el Evangelio, no tengo por que gloriarme». Hay ciertas clases de cizaña que crecen en cualquier parte, y una de ellas es el orgullo. El orgullo crece tanto en la roca como en el jardín, y se desarrolla tanto en el corazón de un limpiabotas como en el de un magnate, tanto en el de una sirvienta como en el de su señora. Y también en el púlpito puede brotar el orgullo. Es una cizaña pavorosamente exuberante que necesita ser extirpada todas las semanas, o de otra forma nos enterramos en ella hasta las rodillas. Este púlpito es terreno tremendamente apropiado para el desarrollo del orgullo. Crece con una fuerza enorme, y conozco a muy pocos predicadores del Evangelio que no tengan que confesar que su mayor tentación es el orgullo. Supongo que aun aquellos ministros de quienes no se dice otra cosa sino que son muy buena gente, que rigen una iglesia en una ciudad a la que asisten sólo seis o siete personas, sufren la tentación del orgullo. Mas sea o no de esta forma, estoy seguro que dondequiera que exista una gran asamblea, y dondequiera que haya gran ruido y agitación alrededor de un hombre, hay mucho peligro de orgullo. Y fijaos bien, cuanto más se exalte el ser humano, más dura será la caída. Si la gente eleva a un ministro en sus manos y no lo sostiene, sino que lo abandona, el pobre caerá cuando todo haya acabado. Así ha ocurrido con muchos. Infinidad de seres han sido sostenidos por brazos humanos, por los brazos del elogio, y no de las oraciones; y cuando estos brazos

Ministerio, Dones, Predicación, Mayordomía ...

se han debilitado, ellos han caído. Os digo que hay tentación de enorgullecerse en el púlpito, pero no hay aquí tierra para él; no hay abono para que crezca, aunque crecerá sin necesidad de ninguno. «No tengo por qué gloriarme». Sin embargo, hay a veces razones para gloriarnos y no reales, sino aparentes para nosotros mismos.

1. ¿Cómo es que un verdadero ministro siente que no tiene por qué gloriarse? En primer lugar, porque es consciente de sus propias imperfecciones. Creo que ningún hombre podrá formarse jamás una opinión más justa de sí mismo que aquel que está llamado a predicar continua e incesantemente. Una vez hubo un hombre que creyó poder predicar, y cuando le fue permitido el acceso al púlpito, sintió que las palabras no fluían de sus labios tan libremente como él esperaba, y en lo sumo del azoramiento y temor, se inclinó sobre el púlpito y dijo: «Amigos míos, si subieseis aquí se os quitaría toda vuestra vanidad». En efecto, yo también creo que así ocurriría a muchos, si intentaran alguna vez probar sus dotes de predicador; desaparecería de ellos su vanidad crítica, y les haría pensar que, después de todo, no es una tarea tan fácil como parece. El que mejor predica es el que siente que lo hace peor; el que ha concebido en su mente un modelo elevado de lo que debiera ser la elocuencia y la súplica ardiente sentirá qué lejos está de alcanzarla. Él, mejor que nadie, podrá reprocharse a sí mismo porque conoce su propia deficiencia. No creo que cuando un hombre hace algo bien, va a gloriarse necesariamente en ello. Por otro lado, creo que él será el mejor juez de sus propias imperfecciones y las verá más claramente. Él sabe mejor que nadie lo que debiera ser. Los demás miran y contemplan, y creen que es maravilloso, pero para él es maravillosamente absurdo, y se retira preguntándose por que no lo habrá hecho mejor. Todo verdadero ministro sentirá su deficiencia. Se comparará con hombres de la talla de Whitefield, con predicadores como los de los tiempos de los puritanos, y dirá: «¿Qué soy yo?; parezco un enano al lado de un gigante, una hormiga al lado de una montaña». Los domingos por la noche, cuando se retira a descansar, da vueltas en la cama, porque siente que ha fracasado, que no ha tenido ese ardor, esa solemnidad y esa angustia mortal en su alma que hubieran sido necesarios. Se acusará de no haberse detenido lo suficiente en determinada parte de su sermón, de haber evitado ciertos puntos, de no haber sido lo explícito que debiera en algún tema, o de haberse extendido demasiado en otro. Verá sus propias faltas, porque Dios, cuando sus hijos han procedido mal, les amonesta durante la noche. No necesitamos que los demás nos reprochen; el mismo Dios se ocupa de nosotros. Aquel a quien Dios más honra se estimará el más inútil.

2. Otro medio para que no nos gloriemos es el hecho de que Dios nos recuerda que todos nuestros dones son prestados. Precisamente esta mañana me ha sido recordada de una forma notable esta gran verdad, al leer en un diario la siguiente noticia: «La semana pasada, el tranquilo barrio de New Town vio turbada su paz por un suceso que conmovió a toda la vecindad. Un caballero de buena posición y alto nivel universitario había venido padeciendo durante los últimos meses enajenación mental. Motivado por su desequilibrio, se había visto obligado a dejar su ocupación como director de una academia para muchachos, viviendo durante algún tiempo completamente solo en una casa del mencionado barrio, últimamente, propietario del inmueble consiguió una orden de desahucio. Al ser llevada a cabo la expulsión, fue necesario maniatar al trastornado inquilino, que, por desgracia y debido a una falta de organización, hubo de permanecer en los escalones de la entrada, expuesto a la curiosidad del gentío, hasta que finalmente apareció el coche que lo trasladó al manicomio. Uno de sus alumnos (dice el periódico) es Mr. Spurgeon».

¡El hombre de quien aprendí todo mi saber humano es ahora un peligroso lunático recluido en un manicomio! Cuando leí aquello, sentí que se doblaban mis rodillas con humildad para dar gracias a mi Dios de que mi razón aun permanezca lucida y aun no la haya abandonado su vigor. ¡Oh, qué agradecidos debiéramos estar de poder conservar nuestros talentos y nuestras facultades mentales! Nada podía haberme afectado tanto. El que un día fuera mi preceptor, un hombre lleno de habilidad y genio, he ahí, caído, ¡completamente caído! Con cuánta rapidez desciende de su alto pedestal la naturaleza humana, hundiéndose hasta un nivel inferior al de los animales irracionales. ¡Bendecid a Dios, amigos míos, por vuestros talentos!, ¡dadle gracias por vuestra razón! No nos damos cuenta del valor que tienen y del servicio que nos prestan hasta que los perdemos. Cuidad de vosotros mismos, no sea que digáis: «Ésta es la gran Babilonia que yo edifiqué»; porque recordad que tanto la herramienta como la argamasa deben venir de Él. La vida, la voz, el talento, la imaginación, la elocuencia, son dones de Dios, y el que los ha recibido mayores, debe sentir que la égida o escudo del poder pertenece a Dios, porque Él ha dado poder a su pueblo y fuerza a sus siervos.

3. Otra respuesta más a esta pregunta: Otro medio del que se vale Dios para preservar a sus ministros de gloriarse es éste: Les hace sentir constantemente su dependencia del Espíritu Santo. Confesemos que algunos no la sienten. Hay quienes se atreven a predicar sin el Espíritu de Dios, o sin implorar sus gracias. Mas creo que ningún hombre que sea realmente comisionado por el cielo osara proceder de esa forma, pues sentirá la necesidad del Espíritu. Una vez, mientras predicaba en Escocia, pareció bien al Espíritu de Dios desampararme; el resultado fue que no pude hablar como normalmente lo hago. Me vi obligado a decir a mi auditorio que habían sido quitadas las ruedas al carro, y que este se arrastraba con mucha dificultad. Desde entonces he sentido el beneficio de aquel día. Me humilló amargamente, hasta tal punto que me hubiera arrastrado hasta introducirme en un agujero, para esconderme en el más oscuro rincón de la tierra. Sentí como si no fuera a hablar más en el nombre del Señor, y entonces vino a mí el pensamiento: «¡Oh!, eres una criatura ingrata; ¿No ha hablado Dios por tu boca cientos de veces? ¿Vas a reconvenirle por no haberlo hecho así esta vez? Agradécele más bien que haya sido tu

sostén durante tantas otras veces; y, si por una vez se ha apartado de ti, admira su bondad, ya que así puede mantenerte humilde». Hay quienes podrán creer que fue la falta de estudio y preparación la que me llevó a esa situación; mas puedo afirmaros honradamente que no fue así. Yo creo que estoy obligado a entregarme a la lectura para no tentar al Espíritu procediendo de una forma descuidada. Tengo costumbre, porque lo estimo un deber, de tomar un sermón de mi Maestro y rogarle que lo grabe en mi mente; y en aquella ocasión, creo que lo había preparado aun más cuidadosamente que de ordinario, de manera que no fue la falta de preparación la razón de aquel incidente. La explicación es simplemente que «el viento de donde quiere sopla», y no siempre es huracanado; a veces permanece en calma. Por ello, si confío en el Espíritu, no puedo esperar que se manifieste siempre en mí en la misma medida. ¿Qué puedo hacer sin esa influencia celestial a la que se lo debo todo? Dios humilla a sus siervos con este pensamiento Él nos enseña cuánto lo necesitamos. No nos dejará creer que hacemos algo por nosotros mismos. «No», dice, «no tendrás nada de que jactarte. Yo te abatiré. Piensas que estás haciendo algo, pero yo te mostraré lo que eres sin mí». ¡Sansón, los filisteos sobre ti!». Se imaginaba que podía deshacerse de ellos, mas los filisteos le echaron mano y le sacaron los ojos. Su gloria desapareció, porque confió en sí mismo y no en Dios. A cada ministro le será dado sentir su dependencia del Espíritu, para que pueda entonces decir, plenamente convencido, las palabras de Pablo: «Pues bien que anuncio el Evangelio, no tengo por qué gloriarme».

III. LA NECESIDAD DE PREDICAR EL EVANGELIO

Por último, consideraremos la tercera pregunta: ¿Cual es la necesidad que nos a sido impuesta de predicar el Evangelio?

1. En primer lugar, una gran parte de esa necesidad reside en la vocación misma. Si alguien es llamado verdaderamente por Dios al ministerio, le desafio a que intente eludir este llamamiento. El que realmente

tenga en su interior la inspiración del Espíritu Santo instándole a predicar, no podrá dejar de hacerlo. Tendrá que predicar. Como un fuego ardiente metido en sus huesos, así será esa influencia hasta que brille. Los amigos tratarán de reprimirle, los enemigos le criticarán, los escarnecedores harán mofa de él, pero ese hombre será indomable; deberá predicar, si ha sido llamado del cielo. Si todo el mundo lo abandona, predicará a las yermas cumbres de las montañas. Si su vocación es divina y no tuviere congregación, predicará al murmullo de las cataratas, y hará que los arroyos oigan su voz. No podrá permanecer callado. Será una voz que clama en el desierto: «Aparejad el camino del Señor». Creo que es tan imposible impedir a un ministro que hable como evitar que parpadeen las estrellas del cielo. Más fácil sería secar una caudalosa catarata bebiéndosela con una tacita, que hacer callar al que realmente ha sido llamado. Si el hombre es movido por el cielo, ¿quién le detendrá? Si ha sido impulsado por Dios, ¿quién obstruirá su camino? Volando con alas de águila, ¿quién podrá encadenarle? ¿Quién sellará sus labios, si habla con voz de serafines? ¿No es su palabra como un fuego en mi interior? ¿No la anunciaré, si Dios la ha puesto allí? Y cuando un hombre habla con palabras del Espíritu, un gozo que confía en lo celestial invade su alma; y cuando acaba, desea volver a empezar. No creo que esos jóvenes que predican una vez a la semana, creyendo haber cumplido con su deber, sean llamados por Dios para hacer grandes obras. Creo que si Dios ha llamado a alguien, lo impulsará a hablar constantemente, haciéndole sentir la necesidad de anunciar a todas las naciones las inescrutables riquezas de Cristo.

2. Pero hay algo más que nos hará predicar: Sentiremos sobre nosotros el «¡ay de mí!» si no anunciamos el Evangelio; sentiremos sobre nosotros la triste miseria de este pobre mundo caído. ¡Oh, ministro del Evangelio!, ¡párate un momento a considerar a tus desdichados semejantes! ¡Contémplalos como un torrente que corre hacia la eternidad (diez mil cada segundo que pasa)! ¡Mira el final del torrente y ve cómo se precipitan en tropel las almas en el abismo! Piensa que cada hora que pasa los hombres se condenan por millares, y que cada vez que late tu pulso un alma abre los ojos en el infierno, encontrándose entre tormentos. Piensa cómo los hombres aceleran sus pasos hacia la destrucción; cómo «el amor de muchos se enfría» y se «multiplica la maldad». ¿No te ha sido impuesta necesidad? ¿No dices: «Ay de mí si no anunciare el Evangelio?» Pasea una tarde por las calles de Londres cuando ha anochecido y la oscuridad presta su velo a la gente; ¿no observas cómo se apresura aquel libertino a sus malditas acciones? ¿No sabes que cada año se arruinan miles y decenas de miles? Desde las salas de los hospitales y de los manicomios sale una voz: «Ay de ti si no anuncias el Evangelio». Ve esos enormes edificios de gruesas paredes; entra en sus celdas y ve en ellas a los delincuentes, que han pasado sus vidas en el pecado. Dirige tus pasos, de cuando en cuando, a la triste plaza de Newgate, y contempla allí los cuerpos de los asesinos que penden de la horca. De cada prisión, de cada correccional y de cada patíbulo, sale una voz que te dice: «Ay de ti si no anuncias el Evangelio». Acércate a los lechos de muerte, y mira cómo parten los hombres en la ignorancia, sin conocer los caminos de Dios. Repara en su terror al acercarse a su Juez sin haber sabido nunca que significa ser salvo, ni conocer el camino. Oye la voz, mientras los ves aproximarse a su Hacedor: «Ay de ti si no anuncias el Evangelio». Visita otros lugares, si prefieres. Camina por cualquier calle de esta gran metrópoli, y detente ante una puerta de la que oigas salir música, cánticos y sonido de campanas, pero donde impera la ramera de Babilonia, y donde las mentiras son predicadas como verdad; y cuando vuelvas a casa y pienses en el papismo y en el puseísmo (movimiento procatólico en el seno de la iglesia anglicana, promovido principalmente por Pusey, en los tiempos del avivamiento metodista), oirás la misma voz que te grita: «Ay de ti si no anuncias el Evangelio». Entra en el hogar del impío, donde el nombre de su Hacedor es blasfemado, o asiste al teatro donde se represen-

tan obras disolutas y licenciosas, que de todos estos antros de perdición se elevará la voz que dice: «Ministro, ay de ti si no predicas el Evangelio». Para terminar, da tu último paseo hasta el lugar de los condenados, visita los abismos del averno y párate a escuchar como

«Se elevan los quejidos;
ayes atormentados
Y gritos de agonía
de los desesperados».

Arrima tu oído a las puertas del infierno y, por un instante, presta atención a la terrible barahúnda de alaridos y lamentos de tortura que desgarraran tu oído; y cuando regreses de aquel lugar de pesadilla, con el alma aterrorizada aun por esa lúgubre sinfonía, oirás la voz: «¡Ministro!, ministro!, ay de ti si no anuncias el Evangelio». Con solo tener ante nuestros ojos todas estas cosas, tenemos que predicar. ¡Dejad de predicar!, ¡dejad de predicar! Aunque el sol apague su luz, predicaremos en la oscuridad; aunque el mar detenga sus mareas, nuestra voz seguirá predicando el Evangelio; aunque la tierra deje de girar y los planetas paren su movimiento, incluso así, predicaremos el Evangelio. Hasta que las ígneas entrañas de la tierra estallen por todas las costuras de sus montañas de bronce, continuaremos predicando el Evangelio; hasta que la conflagración universal deshaga el planeta, y la materia se desintegre, estos labios, o los de cualquier otro que haya sido llamado por Dios, seguirán tronando la voz de Jehová. No podemos evitarlo. «Nos ha sido impuesta necesidad y ¡ay de nosotros si no anunciáramos el Evangelio!»

CONCLUSIÓN

Y ahora, queridos oyentes, una palabra para vosotros. Muchos de los presentes sois verdaderamente culpables a los ojos de Dios, porque no predicáis el Evangelio. No creo que de las mil quinientas o dos mil personas que asisten a esta reunión, hasta donde alcanza mi voz, no haya ninguna apta para predicarlo. No tengo tan pobre opinión de vosotros como para creerme superior en inteligencia a la mitad de los que aquí estáis presentes, ni siquiera en poder para anunciar la Palabra de Dios. Pero suponiendo que lo fuera, no puedo pensar que yo tenga tal congregación que no haya entre todos quien tenga dones y talentos que le capaciten para predicar la Palabra. Es costumbre en la Iglesia Bautista Escocesa, que todos los hermanos, el domingo por la mañana, dirijan una exhortación; no tienen un pastor que predique de modo regular en tales ocasiones, sino que cualquiera que lo desea, puede levantarse y hablar. Esto está muy bien; pero me temo que muchos hermanos que no están capacitados serían los más grandes oradores, pues es de todos sabido que los que tienen menos que decir son normalmente los que están más tiempo hablando; si yo fuera el presidente de la reunión, les iría: «Hermano, está escrito: Habla para edificación. Estoy seguro que no te edificas a ti mismo ni a tu esposa. Sería mejor que trataras de lograr eso primero; y si no lo consigues, no nos hagas perder nuestro precioso tiempo».

Os digo también, hermanos, que no puedo concebir que haya aquí esta mañana quienes, como flores, «estén malgastando su fragancia en el aire del desierto», «gemas de los más puros rayos» escondidas en las oscuras cavernas del océano del olvido. Este es un asunto muy serio. Si hubiera un talento en la iglesia de Park Street, es necesario que se desarrolle. Si hubiera predicadores en mi congregación, dejémosles predicar. Muchos ministros consideran muy importante probar a los jóvenes sobre el particular. He aquí mi mano para ayudar a cualquiera de vosotros que crea poder hablar a los pecadores del amado Salvador que habéis encontrado. Me gustaría descubrir gran número de predicadores entre vosotros. Agradara a Dios que todos los siervos del Señor fuesen profetas. Hay muchos que deberían serlo, sólo que tienen miedo; bien, habremos de buscar algún sistema que os libere de vuestra timidez. Es terrible pensar que, mientras el demonio usa a todos sus siervos en su obra, haya siervos de Cristo que estén adormilados. Jóvenes, id a vuestras casas y examinaos a vosotros mismos, y ved cuales sean vuestros talentos; y si veis que los tenéis, juntad una docena de pobres

Ministerio, Dones, Predicación, Mayordomía ...

personas en una humilde habitación y decidles lo que deben hacer para ser salvas.

No es necesario que aspiréis a ser ministros y a vivir del ministerio, aunque si a Dios le placiera que así fuera, deseadlo también. El que desea obispado, buena cosa desea. En todo caso buscad algún modo de predicar el Evangelio de Dios. He predicado este sermón, especialmente, porque quiero iniciar un movimiento que alcance a otros lugares. Necesito encontrar en mi iglesia, si fuera posible, a quienes quieran proclamar el Evangelio. Y tened en cuenta esto: Si tenéis en vosotros talento y poder, ¡ay de vosotros si no anunciáis el Evangelio!

Pero, ¡oh!, amigos míos; si, pobres de nosotros, no predicamos el Evangelio, ¿qué será de los que oís y no queréis recibirlo? Quiera Dios que ambos podamos escapar de tal maldición. Quiera Dios, también, que su Evangelio nos sea olor de vida para vida, y no olor de muerte para muerte.

107. SERMONES, SU IMPORTANCIA

«Por lo cual, este es el pacto que ordenaré a la casa de Israel Después de aquellos días, dice el Señor: Daré mis leyes en el alma de ellos, y sobre el corazón de ellos las escribiré; y seré a ellos por Dios, y ellos me serán a mí por pueblo» (Hebreos 8:10).

INTRODUCCIÓN: La importancia y el valor de un sermón.

I. LA IMPORTANCIA DE COMUNICAR LA VERDAD

II. IMPORTANCIA DEL SABER TEOLÓGICO

III. LA SOLIDEZ DE LA ENSEÑANZA
1. La enseñanza ha de ser adecuada a los oyentes.
   a) La verdad que se necesita y conforta
   b) El gran tema del sermón

IV. CÓMO PREPARAR BIEN UN SERMÓN
1. No exponer demasiados pensamientos seguidos.
2. Las ideas tienen que ser tanto claras como terminantes.
3. Hacer uso de temas abundantes y con metáforas.
4. Tratar el tema con vigor y energía.
5. Predicar el Evangelio antiguo.

CONCLUSIÓN: Bendito es el ministerio para lo cual Cristo es todo.

SERMONES, SU IMPORTANCIA

INTRODUCCIÓN

Toda clase de sermones debe tender a la ilustración de los oyentes, y las doctrinas enseñadas deben ser sólidas, importantes y abundantes. No subimos al púlpito solo con el objeto de hablar, sino que debemos comunicar instrucciones de la mayor importancia; por lo mismo no podemos usar el tiempo diciendo cosas fútiles por bonitas que sean. La variedad de nuestros asuntos casi no tiene límite, y por tanto, no podemos tener disculpa si nuestros discursos son insípidos y triviales. Si hablamos como embajadores de Dios, no debemos nunca quejarnos de falta de asuntos, porque nuestro mensaje abunda en los pensamientos más preciosos. Todo el Evangelio se debe presentar desde el púlpito; toda la fe, una vez entregada a los santos, debe ser proclamada por nosotros. La verdad tal como se encuentra en Jesucristo, debe ser declarada instructiva, para que el pueblo no escuche simplemente, sino conozca la armonía de la misma. No servimos en el altar del Dios desconocido, sino que hablamos a los que adoran a Aquel de quien está escrito: «Los que conocen tu nombre confiarán en Ti». Dividir bien un sermón es un arte muy útil, mas ¿de qué nos puede servir, si no hay qué dividir? El que puede dividir bien es como una persona diestra en trinchar que tiene enfrente un plato vacío. Poder presentar un exordio oportuno y atractivo; hablar fácilmente y con propiedad durante el tiempo asignado al discurso, y concluir con una oración que inspire respeto, puede parecer suficiente a los que predican de un modo simplemente formal; pero el ministro verdadero de Cristo, sabe que el valor real de un sermón debe consistir no en su forma y modo, sino en la verdad que contiene. Nada puede sustituirse en vez de la enseñanza; toda la retórica del mundo es tan solo como la paja del trigo, cuando se pone en contraste con el Evangelio de nuestra salvación. Por hermosa que sea la canasta del sembrador, es cosa enteramente inútil si no contiene semilla. El mejor discurso que haya podido pronunciarse deja notablemente de llenar su fin si la doctrina de la gracia de Dios no se encuentra en él; vuela sobre las cabezas de los hombres como una nube, pero no distribuye agua en la tierra sedienta, y por tanto, el recuerdo de él desalienta al menos a las almas que han aprendido la sabiduría debido a las lecciones de una necesidad urgente. El estilo de un hombre puede ser tan fascinador como el de la autora de quien alguno dijo que «debía escribir con pluma de cristal mojada en rocío, sobre papel de plata, y usar en vez de granilla el polvo del ala de una mariposa»; pero ¿qué importancia tiene para un auditorio cuyas almas están en el mayor peligro, lo que no es más que elegancia? Por cierto que ésta es más ligera que la vanidad. Los caballos no se deben juzgar por sus cascabeles, ni por su guarnición, sino por sus miembros, huesos y raza; y de igual modo los sermones, cuando son el objeto de la crítica de oyentes juiciosos, son estimados principalmente según el número de verdades evangélicas, y la fuerza del es el Señorel Señorpíritu evangélico que contienen. Hermanos, pesad vuestros sermones. No los vendáis al por menor, por varas, sino distribuidlos por libras. Apreciad en poco el número de las palabras que habléis, pero esforzaos en ser estimados según el carácter de vuestros pensamientos. Es una necedad prodigar palabras y escasear verdades. Debe estar destituido en extremo de juicio el que se complazca en oírse descrito a sí mismo en estas palabras del gran poeta del mundo que dice: «Graciano habla una infinidad de nadas. No hay otro igual a él en este respecto en toda Venecia; sus razones son como dos granos de trigo escondidos en dos fanegas de hollejos, podéis buscarlas todo el día sin hallarlas; y cuando las hayáis encontrado, veréis que no valen el trabajo que ha costado buscarlas».

I. LA IMPORTANCIA
   DE COMUNICAR LA VERDAD

Las apelaciones que excitan los afectos son excelentes, pero si no van acompañadas de enseñanzas, son simplemente una apariencia, un incendio de pólvora sin tirar una bala. Estad seguros, la revivificación más ferviente se acabará en mero humo, si no se sostiene por el combustible de la enseñanza. El método divino es presentar la ley a la mente, y enseguida escribirla en el corazón; de este modo se ilumina el juicio y se someten las pasiones. Leed Hebreos 8:10, y seguid el modelo del pacto de gracia. La nota de Gouge sobre este pasaje se puede citar aquí con propiedad: «Los ministros deben imitar a Dios en esto, y esforzarse lo más posible en instruir al pueblo en los misterios de santidad, en enseñarle todo lo que es necesario creer y practicar, y en animarlo, después a hacer todo lo que se le ha enseñado. De otro modo el trabajo de ellos puede ser en vano. Faltar a este procedimiento es la causa principal de que los hombres caigan en tantos errores como lo hacen en este tiempo». Puedo agregar que esta última observación ha aumentado su fuerza en nuestros días: los lobos de la herejía devastan los rediles de los ignorantes, la enseñanza sana es la mejor defensa contra las herejías que nos rodean. Los oyentes desean y deben tener buenos conocimientos de los asuntos bíblicos. Son acreedores a explicaciones exactas sobre las Escrituras y si el ministro es «un intérprete, uno de mil», un mensajero real del cielo, las dará abundantemente.

Sea cual fuere la cosa que se tenga, la ausencia de verdades edificantes e instructivas, así como la de harina para el pan, será fatal. Muchos sermones estimados por su contenido, más bien que por su área superficial, son muy malas muestras de discursos piadosos. Creo que se dice con mucha razón, que si escucháis a un profesor de astronomía o geología por poco tiempo, obtendréis una idea medianamente clara de su sistema; pero si escucharéis no sólo por

Ministerio, Dones, Predicación, Mayordomía ...

un año, sino por doce, a la mayor parte de los predicadores medianos, no lograreis formaros una idea satisfactoria de su sistema de teología. Si esto es así, es una falta grave nunca se puede lamentar demasiado.

II. IMPORTANCIA DEL SABER TEOLÓGICO

¡Ay! las declaraciones confusas de muchos respecto de las mayores realidades, y el ofuscamiento de otros al pensar en las verdades fundamentales, han dado mucho lugar a la crítica que acabamos de indicar. Hermanos, si no sois teólogos, no sois buenos para nada como pastores. Podéis ser los mejores retóricos, y hacer uso de las sentencias más pulidas; pero sin conocimiento del Evangelio y aptitud para enseñarlo, sois como metal que resuena o platillo que retiñe. Las palabras sirven con demasiada frecuencia como hojas de higuera para cubrir la ignorancia del predicador sobre asuntos teológicos. Se ofrecen muchas veces períodos elegantes en vez de doctrinas sanas, y adornos retóricos en vez de pensamientos robustos. Estas cosas no deben existir. La abundancia de declamación vacía, y la ausencia de alimento para el alma, tornará un púlpito en una caja de hinchazón, e inspirará menosprecio en vez de reverencia. Si no somos predicadores que instruyen y no alimentamos al pueblo, podemos citar con frecuencia la poesía más elegante, y vender por menor los sacos de viento de uso, pero estaremos como Nerón antiguamente, que tocaba el arpa mientras que Roma estaba quemándose; y mandaba buques a Alejandría para traer arena con la que empedrar el circo, mientras que la gente estaba pereciendo de hambre. Insistimos en que debe haber abundancia de pensamientos en los sermones, y en seguida que estos deben estar conformes con el texto. El discurso debe ser sacado del texto por regla general, y cuanto más evidente sea esto, tanto mejor éxito tendrá; pero por lo menos, debe estar relacionado muy íntimamente con el texto.

Por vía de espiritualizar y acomodar los textos, es necesario conceder mucha libertad, pero ésta no debe degenerar en libertinaje, y siempre debe haber una conexión, y algo más que una conexión remota; es decir, una relación real entre el sermón y el texto. Oí hablar hace poco de un texto admirable que era a propósito, o poco conveniente, como podéis pensar. Un dignatario había regalado muchas capas de carmesí brillante a las señoras más ancianas de su parroquia. A estos resplandecientes seres se les exigió que asistiesen al culto en el templo parroquial, el domingo siguiente, y se sentasen enfrente del púlpito, desde cuyo lugar uno de los sucesores declarados de los apóstoles, edificó a los santos, predicando sobre las palabras: «Salomón en medio de toda su gloria, no estuvo vestido como uno de éstos». Se dice que posteriormente cuando el mismo bienhechor de la parroquia dio una bolsa de papas a cada padre de familia, el asunto del sermón en el domingo siguiente, fue: «Y ellos dijeron, es maná». Yo no puedo decir si el discurso fue proporcionado al texto o no; supongo que si, puesto que las probabilidades son de que su desarrollo todo tenía que ser muy extravagante. Algunos hermanos al leer su texto, lo abandonan por completo. Habiendo honrado debidamente algún pasaje especial anunciándolo, no se ven obligados a referirse a él otra vez. Se tocan los sombreros, por decirlo así, en la presencia de esa parte de la Biblia, y pasan a otros campos y pastos nuevos. ¿Por qué eligen estos hombres un texto? ¿Por qué limitan su gloriosa libertad? ¿Por qué hacen de la Escritura un escaño que los ayude a montar en su desenfrenado Pegaso? Por cierto que las palabras inspiradas nunca llevaron por mira ser tirabotas para ayudar a un locuaz a calzarse el calzado de siete leguas, para saltar con éste de polo a polo. El modo más seguro de sostener la variedad, es el de observar la intención del Espíritu Santo en el pasaje de que se trate. No hay dos textos que sean enteramente iguales: algo en la conexión del pasaje, o en su tendencia, comunica a cada texto un carácter distinto y particular. Seguid al Espíritu y nunca repetiréis el asunto, ni éste os faltará; sus nubes destilan grosura. Además, un sermón influye mucho más en las conciencias de los oyentes, cuando es sin duda alguna la palabra de Dios, la Biblia misma explicada y reforzada, y no simplemente un razonamiento sobre las Escrituras. Se debe a la dignidad de la inspiración, que cuando os propongáis predicar sobre un versículo especial, no prescindáis de éste para introducir vuestras propias opiniones. Hermanos, si tenéis la costumbre de observar fielmente el sentido exacto de las Escrituras, os recomiendo también que os guiéis por las palabras mismas del Espíritu Santo, porque aunque en algunos casos los sermones de temas son no solamente admisibles, sino muy a propósito, sin embargo, los sermones que explican las palabras exactas del Espíritu Santo, son los más útiles y agradables a la mayor parte de las congregaciones que prefieren que sean interpretadas y explicadas las palabras mismas. La mayoría de los hombres no son siempre capaces de comprender por entero el sentido aparte del lenguaje, de mirar, digámoslo así, a la verdad sin cuerpo; pero cuando oyen las mismas palabras repetidas muchas veces, y cada expresión acentuada según el modo de los predicadores, tales por ejemplo como el señor Jay de Bath, se edifican más, y la verdad se fija más firmemente en su memoria. Que vuestros pensamientos sean pues abundantes, y que se originen de la palabra inspirada, así como las violetas y las prímulas brotan naturalmente de la tierra, o como la pura miel destila del panal.

III. LA SOLIDEZ DE LA ENSEÑANZA

Tened cuidado de que vuestros discursos sean siempre sólidos y llenos de enseñanzas realmente importantes. No edifiquéis con madera, paja y rastrojo, sino con oro, plata y piedras preciosas. Si fuera necesario amonestaros contra las formas más groseras de la elocuencia del púlpito, seria apropiado aducir el ejemplo del notable orador Henley. Aquel aventurero locuaz, a quien Pope ha inmortalizado en su *Dunciad* solía burlarse, entre semana, de los sucesos actuales; y los domingos, de los asuntos teológicos. Su fuerte consistía en sus chanzonetas de mal gusto, en los tonos de su voz y en sus gestos. Un autor satírico dice respecto a él: «¡Cuán fluentes disparates emanan de su lengua!». Señores, nos hubiera sido mejor no haber nacido, que oír que con razón se dijera otro tanto respecto de nosotros. So pena de la pérdida de nuestras almas, nos vemos obligados a ocuparnos de las solemnidades de la eternidad, y no de asuntos mundanos. Pero tengo que advertiros que hay otros métodos, y más atractivos, de edificar con madera y paja, y os conviene que no estéis engañados por ellos. Esta observación es necesaria, sobre todo, para los que suelen tener sentencias altisonantes por la elocuencia, y expresiones extranjeras por gran profundidad de pensamientos. Algunos profesores de homilética, por medio de su ejemplo, si no de sus preceptos, alientan hinchazón en el estilo retórico y grandes palabras vacías, y por tanto su influencia es muy peligrosa para los predicadores jóvenes. Figuraos un discurso comenzando con una declaración tan asombrosa y estupenda como la siguiente, que por su grandeza natural os impresionará, del sentido de lo sublime y lo hermoso: «El hombre es moral». Bien hubiera podido agregar este hombre de ingenio, «un gato tiene cuatro pies» habría habido tanta novedad en una como en otra afirmación. Recuerdo un sermón escrito por un hombre que aspiraba a ser tenido por profundo, que no dejó de asombrar al lector por sus palabras larguísimas, pero que una vez sondeadas, significaban esencialmente esto y nada más: «el hombre tiene una alma que vivirá en el otro mundo, y por tanto, debe tomar todas las precauciones posible para ocupar un lugar feliz. Nadie puede hacer objeción alguna a tal doctrina, pero no es tan moderna que se necesite una bocanada de trompeta» y una procesión de frases pulidas para introducirla a la atención pública. El arte de decir cosas ordinarias elegante y pomposamente, con grandilocuencia e hinchazón en el estilo, no se ha perdido entre nosotros. ¡Ojalá que fuera así!

Los sermones de esta clase se han presentado como modelos, y sin embargo, son como pequeños globos de caucho del tamaño de una pulgada, que se inflan hasta que llegan a ser como los globos aerostáticos de varios colores que los vendedores ambulan-

Ministerio, Dones, Predicación, Mayordomía ...

tes llevan por las calles y venden por unos centavos cada uno para deleitar a los niños, siendo adecuado el símil, siento decirlo, aun más allá; porque en ocasiones estos sermones contienen un poco de veneno con motivo de dárseles color, cosa que algunos hombres poco instruidos han descubierto a costa suya. Es infame que subáis a vuestro púlpito y derraméis en la congregación ríos de vocablos y cascadas de palabras, en que una mera charla se encuentra en solución, a semejanza de granos infinitesimales de medicina homeopática en un océano de palabrería. Mucho mejor seria dar al pueblo masas de verdad pura sin pulimento alguno como los pedazos de carne recibidos de un carpintero cortados de cualquier modo, incluyendo los huesos, y aun ensuciados en las aserraduras, que ofrecerles en un plato de porcelana de China una tajada deliciosa de nada, adornada del perejil de la poesía y sazonada con la salsa de la afectación. Será para vosotros una dicha que seáis guiados por el Espíritu Santo de tal modo que testifiquéis con claridad todas las doctrinas que constituyen el Evangelio o pertenecen a él. Ninguna verdad se debe reprimir. La doctrina de reserva, tan detestable cuando se promulga por los jesuitas, no pierde nada de su veneno cuando se acepta y enseña por los protestantes. No es verdad que algunas doctrinas son solo para los iniciados: no hay nada en la Biblia que se avergüence de la luz. Las opiniones sublimes de la soberanía divina tienen un objeto práctico, y no son, como dicen algunos, meras sutilezas metafísicas. Las declaraciones terminantes del calvinismo pertenecen a la vida diaria, y a la experiencia común, y si creéis en ellas o en otras contrarias, no estáis en el derecho de ocultar vuestras creencias. Una reticencia cantada no es ordinariamente sino una mera perfidia pusilánime. La mejor política es no ser nunca político, sino proclamar cada átomo de la verdad hasta el grado en que Dios os la haya revelado. La armonía exige que la voz de una doctrina no sobrepuja las otras, y también que las notas más suaves no se omitan a cambio de la mayor extensión de otros sonidos. Cada nota designada por el gran director de la orquesta debe hacerse oír, dándole a cada nota su propia fuerza y énfasis; el pasaje marcado «forte» no debe debilitarse, y los que se designan por «piano», no deben ser producidos como si fueran el trueno, sino cada uno debe tener su propia expresión. Vuestro tema debe ser toda la verdad revelada en proporción armoniosa.

1. Hermanos, si estáis resueltos a tratar en vuestros sermones de verdades importantes, no debéis parar siempre en los meros bordes de la verdad. Las doctrinas que no son esenciales a la salvación del alma, ni al cristianismo práctico, no se deben considerar en todos los cultos. Haced mérito de todos los aspectos bajo los cuales puede considerarse la verdad, en su proporción debida respectivamente, porque cualquiera parte de la Biblia es provechosa, y vuestro deber no es tan solo predicar la verdad sino la verdad entera.

a) No insistáis constantemente solo en una verdad. La nariz es muy importante como parte constituyente del rostro humano, pero retratar solo la nariz de un hombre no sería un modo satisfactorio de copiar su cara; así una doctrina puede ser interesante, pero darle una importancia exagerada bien puede ser fatal para la armonía de un ministerio completo. No levantéis las doctrinas de poca importancia a la altura de puntos principales. No pintéis los detalles del fondo del retrato evangélico con la misma gran brocha que se usa para pintar los objetos grandes que se encuentran en primer término. Por ejemplo, los grandes problemas de sublapsarianismo y supralapsarianismo, las vehementes discusiones respecto de la filiación eterna de Jesucristo; la controversia animada concerniente a la doble procedencia del Espíritu Santo, y las opiniones respectivas en cuanto a la venida de Cristo, antes o después del Milenio, por importantes que sean en el concepto de algunos, importan muy poco prácticamente a la piadosa viuda y a sus siete huérfanos que viven de su trabajo con la aguja. Ella necesita más oír lo que atañe a la benignidad del Dios de la providencia que de estos misterios profundos. Si le predicáis de la fidelidad de Dios con su pueblo, cobrará ánimo y valor para

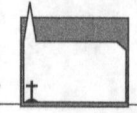

la lucha de su vida diaria; pero cuestiones difíciles la confundirán o harán dormir. Y ella es el prototipo de centenares de los que necesitan de vuestro cuidado.

b) Nuestro gran tema es el Evangelio celestial, las buenas nuevas de misericordia manifestada en la muerte expiatoria de Jesús, misericordia para el primero de los pecadores después de creer en Cristo Jesús. Debemos emplear toda nuestra fuerza de juicio, memoria, imaginación y elocuencia en la predicación del Evangelio, y no hacer uso para este gran trabajo solo de vuestros pensamientos casuales, a la vez que asuntos muy inferiores monopolizan nuestras meditaciones más profundas. Estad ciertos de que si empleáramos la inteligencia de Locke o Newton y la elocuencia de Cicerón en el estudio de la sencilla doctrina de «creed y vivid», no encontraríamos ninguna fuerza superflua. Hermanos, primero y antes que nada, predicad las sencillas doctrinas evangélicas; posteriormnente, y sean cuales fuesen las otras verdades que vayáis a presentar desde el púlpito, no dejéis de ocuparos sin cesar de la doctrina salvadora de Cristo y él crucificado.

Conozco a un ministro —la correa de su zapato no soy digno de desatar— cuya predicación apenas suele ser mejor que la pintura de miniaturas sagradas, casi pudiera yo decir que es frivolidad santa. Es muy amigo de predicar hablando de los diez dedos del pie de la bestia, de los cuatro rostros de los querubines, del sentido místico de los cueros de los tejones, y de la significación típica de las varas del arca y de las ventanas del templo de Salomón; pero los pecados de los hombres de negocios, las tentaciones especiales de nuestros tiempos, y las exigencias morales del siglo son asuntos de que por rareza se ocupa. Esta predicación da idea de un león empleándose en cazar ratones o de un buque de guerra en busca de un barril perdido. Esta clase de teólogos microscópicos suelen magnificar asuntos inferiores a los que Pedro llama «fábulas de viejas», como si fueran de la mayor importancia. Para estos ministros la sutileza de un pensamiento tiene más atractivo que la salvación de una alma. Habréis leído en el *Students Handbook* por Todd, que Harcacio rey de Persia, era muy notable como cazador de topos; y Briantes, rey de Lidia, era igualmente diestro en limar agujas; pero estas cosas triviales están lejos de probar que dichos hombres eran grandes reyes; así en el ministerio vemos a veces una bajeza de empleo mental que no cuadra con la categoría de un embajador de Dios. Este deseo ateniense de hablar u oír hablar de alguna cosa nueva, parece predominante en nuestros tiempos entre cierta clase de personas. Se glorían de haber recibido nueva luz; y pretenden poseer una especie de inspiración que les confiere el derecho de condenar a todos los que no están conformes con ellos en sus opiniones, y sin embargo, su gran revelación atañe solo a un distintivo meramente accesorio del culto, o a una interpretación oscura de la profecía; de suerte que cuando consideramos el gran alboroto y clamor de estas personas sobre asuntos tan triviales, nos acordamos de las palabras siguientes del poeta:

«Un océano hecho tempestuoso,
Para hacer flotar una pluma,
o anegar una mosca».

Aun peores son los que pierden el tiempo insinuando dudas respecto de la autenticidad de algunos textos, o de la exactitud de ciertas declaraciones Bíblicas relativas a fenómenos naturales. Me acuerdo con mucha pena de haber oído en la noche de un domingo, una alocución llamada sermón, cuyo tema era una discusión erudita sobre si un ángel en efecto descendía al estanque de Betesda y revolvía el agua, o si era una fuente intermitente, respecto de la cual la superstición Judaica había levantado una leyenda. Los hombres y las mujeres mortales se habían reunido para conocer el camino de la salvación, y no se les hizo ver sino una vanidad tal como ésta. Esperaban pan y recibieron una piedra, las ovejas dirigieron su mirada hacía sus pastores, pero no se les dio de comer. Raras veces disfruto la oportunidad de oír un sermón, y cuando me toca esta suerte, estoy desafortunado en extremo, pues uno de los últimos con que estuve entretenido, tuvo por objeto justificar a Josué por haber destruido a los Cananeos; otro

Ministerio, Dones, Predicación, Mayordomía ...

llevó por mira probar que no era bueno que el hombre estuviera solo. No he podido hasta ahora informarme del número de las almas convertidas como fruto de las oraciones ofrecidas antes de estos sermones, pero tengo la convicción de que ninguna alegría inusitada perturbó la serenidad de las calles de oro.

IV. CÓMO PREPARAR BIEN UN SERMÓN

Muy pocas personas tienen necesidad del consejo que sigue, y lo aduzco, por tanto, sin el deseo de darle énfasis ninguno, es decir: No hagáis mérito de demasiados pensamientos en un sermón.

1. Toda la verdad no se puede tratar en un discurso. Los sermones no deben ser sistemas enteros de teología. Es posible tener mucho que decir, y continuar diciéndolo hasta que los oyentes sean enviados a sus casas fastidiados, más que deseosos de oír nada más. Un ministro anciano, andando en compañía de otro que era joven, señaló con el dedo un campo sembrado de maíz, y dijo: «Tu último sermón comprendió demasiados pensamientos y no fue suficientemente claro, ni bien ordenado: semejante a aquel sembrado que contiene mucha comida cruda, pero desde luego muy poca lista para usarse. Debes hacer que tus sermones se parezcan al pan que es bueno para comer y de una forma conveniente». Temo que las cabezas humanas (hablando frenológicamente), no sean tan capaces de entender la teología como eran antes, porque nuestros antepasados se regocijaban en 16 onzas de teología no diluida y sin adornos, y podían seguir recibiéndola por tres o cuatro horas sin interrupción; pero nuestra generación más degenerada, o por lo menos, más ocupada, exige nada más que una onza a la vez, y ésta debe ser el extracto concentrado o el aceite esencial, mas bien que toda la sustancia de la teología. En nuestros tiempos se nos exige que digamos mucho en pocas palabras, pero no demasiado, ni con demasiada amplificación. Un pensamiento bien presentado y fijado en la mente sería mucho mejor que cincuenta que se oyeran sin pensar seriamente en ellos. Un clavo bien dirigido y afirmado, sería mas útil que veinte fijados negligentemente, y que se pueden sacar con mucha facilidad. Nuestros pensamientos deben ser bien ordenados según las reglas propias de la arquitectura mental. No nos es permitido que pongamos inferencias practicas como base, y doctrinas como piedras superiores; ni metáforas como cimiento y proposiciones encima de ellas; es decir, no debemos poner primero las verdades de mayor importancia, y por último las inferiores, a semejanza de un anticlímax, sino que los pensamientos deben subir y ascender de modo que una escalera de enseñanza conduzca a otra, que una puerta de raciocinio se comunique con otra, y que todo eleve al oyente hasta un cuarto, digámoslo así, desde cuyas ventanas se pueda ver la verdad resplandeciendo con la luz de Dios. Al predicar, guardad un lugar a propósito para todo pensamiento respectivamente, y tened cuidado de que todo ocupe su propio lugar. Nunca dejéis que los pensamientos caigan de vuestros labios atropelladamente ni que se precipiten como una masa confusa, sino hacedlos marchar como una tropa de soldados. El orden, que es la primera ley celestial, no debe ser descuidado por los embajadores del cielo.

2. Vuestras enseñanzas doctrinales deben ser claras y terminantes. Para esto es necesario que ante todo lo sean para vosotros mismos. Algunos piensan en humo y predican en una nube. Vuestros oyentes no exigen una luminosa bruma, sino la tierra sólida de la verdad. Las especulaciones filosóficas producen en algunas mentes un estado de semiembriaguez, en que o ven todo doble o no ven nada. Preguntaron al jefe de un colegio de Oxford hace años cuál era el mote de armas de aquella universidad. Contestó que era *Dominus illumineatio meo*, pero añadió que en su concepto otro más adecuado sería: *Aristóteles meae tenebrae*. Los escritores pretenciosos han vuelto medio locos a muchos hombres francos que de buena fe leían sus producciones, suponiendo que estaban al tanto de la ciencia más moderna. Si esta necesidad fuera legítima, nos compelería a asistir a teatros para poder juzgar sobre los nuevos dramas,

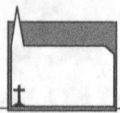

o a frecuentar carreras para no estar injustamente preocupados en nuestras opiniones sobre carreras y juegos. Por mi parte, creo que la mayoría de los que leen libros heterodoxos son ministros, y si éstos no hicieran caso de ellos, caerían por la tierra sin producir efecto alguno. Que un ministro mire de no ser confuso, y entonces podrá enseñar a su pueblo con toda claridad. Nadie puede causar una impresión provechosa, si no tiene la aptitud de expresarse de un modo inteligible. Si predicamos la verdad pulida, y doctrinas Bíblicas puras valiéndonos de palabras sencillas y claras, seremos pastores fieles de las ovejas y el provecho del pueblo pronto se hará patente.

3. Esforzaos en presentar en vuestros sermones pensamientos tan interesantes como os sea posible. No repitáis cinco o seis doctrinas de un modo monótono y fastidioso. Comprad, hermanos, un órgano teológico adaptado a producir cinco tonos con toda precisión, y seréis capaces de funcionar como predicadores ultracalvinistas en Zoar y Jire, si a la vez compráis en una fábrica de vinagre un buen surtido de esos amargos de que abusan los arminianos. Los sesos y la gracia pueden escogerse, pero el órgano y el ajenjo son indispensables. Debemos percibir una clase de verdades más extensa, y regocijarnos en ella. Todo lo que estos buenos hombres creen respecto de la gracia y la soberanía, nosotros lo sostenemos también, y con igual firmeza y valor; pero no nos atrevemos a cerrar los ojos a otras enseñanzas de la palabra divina y nos vemos obligados a cumplir con nuestro ministerio, declarando todos los consejos de Dios.

Haciendo uso de temas abundantes bien comprobados con metáforas y experiencias importantes, no fastidiaremos a los oyentes, sino que, ayudados por Dios, lograremos que nos presten sus oídos, y ganaremos sus corazones. Que vuestras enseñanzas manifiesten vuestro propio conocimiento y adelanto en el estudio de la Biblia; que se profundicen a medida que vuestras experiencias se extiendan, y que se levanten en el mismo grado que el progreso de vuestras almas. No doy a entender que debéis predicar nuevas verdades; pues por el contrario, tengo por feliz al ministro que disfruta una instrucción tan exacta y completa al principio de su carrera, que después de 50 años de servicio, no ha tenido nunca que retractar una doctrina, ni lamentar una omisión importante; sino quiero decir que debemos crecer constantemente en el conocimiento profundo de la verdad, y lo haríamos si avanzásemos espiritualmente. Timoteo no podía predicar sermones como los de Pablo. Nuestras primeras producciones deben ser excedidas por las de nuestra edad madura, nunca debemos considerar aquellas como modelos, y será mejor quemarlas o guardarlas para que en lo sucesivo lamentemos su naturaleza superficial. Sería muy triste, en verdad, que no supiéramos más después de asistir tantos años a la escuela de Cristo, de lo que sabíamos al entrar en la vida cristiana, nuestro progreso puede ser tardío, pero debe haber progreso, o bien podemos sospechar que nos falta la vida interior, o que está muy enfermiza. Estad ciertos de que no habéis conseguido vuestro objeto todavía. Ojalá os sea dada gracia para que prosigáis siempre adelante y lleguéis a ser ministros hábiles del Nuevo Testamento, e iguales al primero de los predicadores, aunque en vosotros mismos no seáis nada aún.

4. Se dice que la palabra «sermón» significa «estocada», debemos, pues, considerar como mira al preparar un sermón, tratar su asunto con energía y efecto, y el asunto debe prestarse a ello. Escoger temas simplemente morales, equivaldría a hacer uso de un puñal de madera; pero las grandes verdades de la Biblia se parecen a las espadas agudas. Predicad las doctrinas que apelan a la conciencia y al corazón. Sed campeones firmes de un Evangelio que propende a ganar y salvar almas. La verdad de Dios se adapta al hombre, y su divina gracia hace que éste se adapte a su verdad. Hay una llave que por la ayuda de Dios, puede dar cuerda al cilindro musical de la naturaleza humana, conseguidla y haced uso de ella diariamente.

5. Por esto os exhorto a que prediquéis el Evangelio antiguo, y sólo éste, porque sin duda alguna, es potencia de Dios para dar la salvación. De todo lo que Quisiera yo

Ministerio, Dones, Predicación, Mayordomía ...

decir, este es el resumen: hermanos míos, predicad a Cristo siempre y por siempre. El es todo el Evangelio. Su persona, sus oficios y su obra deben ser nuestro gran tema que comprende todo. El mundo necesita oír hablar aún de su Salvador y del modo de acercarse a Él. La justificación por la fe debe ser el testimonio diario de los púlpitos protestantes, como no lo es en nuestros días, y si las otras doctrinas de la gracia fueran presentadas más frecuentemente con esta verdad real, seria mejor para nuestras iglesias y nuestro siglo. (Si lográramos predicar la doctrina de los puritanos con el celo de los metodistas, veríamos un gran futuro. El fuego de Wesley y el combustible de Whitefield producirán un incendio que inflamará los bosques de error, y calentarán el alma misma de esa tierra fría). No fuimos llamados para anunciar la filosofía y la metafísica sino el sencillo Evangelio.

CONCLUSIÓN

La caída del hombre, su necesidad de un nacimiento nuevo, el perdón por medio de una propiciación, y la salvación como resultado de la fe, son nuestro caballo de batalla y nuestras armas de guerra. Tendremos bastante que hacer si aprendemos y enseñamos estas grandes verdades, y maldita sea la ilustración que propenda a distraernos de nuestra misión, y aquella ignorancia que nos impida seguirla. Estoy más y más celoso por temor de que algunas opiniones sobre la profecía, gobierno de la Iglesia, política o aun la teología sistemática, nos aparten de gloriarnos en la cruz de Cristo. La salvación es un tema en que quisiera que se alistaran todas las lenguas consagradas. Ansío conseguir testigos del Evangelio glorioso del Dios bendito. ¡Ojalá fuera Cristo crucificado el tema universal de los hombres de Dios! Vuestras conjeturas respecto del número de la bestia, vuestras especulaciones napoleónicas, vuestras reflexiones sobre un anticristo personal, perdonadme, las considero todas como huesos y nada más para los perros; (me parece la sandez más fútil hablar respecto de un Armagedón en Sebastopol, o Sodoma, o Sedán, y atisbar entre hojas cerradas del destino, para descubrir la suerte de Alemania, entretanto los hombres se están muriendo, y el Infierno está poblándose). Bienaventurados los que leen y escuchan las palabras proféticas de Apocalipsis; pero es evidente que esta bendición no ha caído sobre los que pretenden interpretarla, porque a cada generación de ellos se le ha probado su equivoco por el mero transcurso del tiempo, y la actual les seguirá al mismo sepulcro ignominioso. Antes que explicar todos los misterios, preferiría yo arrancar un tizón del incendio. Evitar que un alma descienda al Infierno, es un acto más glorioso que el de ser coronado en la arena de la controversia teológica como doctor Suficientísimo; el haber quitado el velo a la gloria de Dios revelada en Jesucristo, será tenido en el gran día del juicio final, por un servicio más digno que el de haber resuelto los problemas de la esfinge religiosa, o haber cortado el nudo Gordiano de las dificultades apocalípticas. Bendito sea el ministerio para el cual Cristo es todo.

108. SOBRE LA ELECCIÓN DE UN TEXTO

«Procura con diligencia presentarte á Dios aprobado, como obrero que no tiene de qué avergonzarse, que traza bien la palabra de verdad» (2 Timoteo 2:15).

INTRODUCCIÓN: Escogiendo el tema a tratar en cada una de las ocasiones.

I. EL TEXTO INAPROPIADO
1. La mala costumbre de la repetición.
2. La dificultad de elegir el texto.
3. Dejemos que el Espíritu Santo nos guíe.
4. El texto mismo es poderoso.

II. ATENCIÓN A LA NECESIDAD DE LA CONGREGACIÓN

III. RENDICIÓN AL TEXTO ESCOGIDO POR DIOS
1. La actividad santa nos facilitará en encontrar el texto.
2. Lectura de buenos libros.

IV. LOS SERMONES CON ANTICIPACIÓN

SERMONES SELECTOS

SOBRE LA ELECCIÓN DE UN TEXTO

INTRODUCCIÓN

Creo, hermanos, que todos sentimos la importancia de dirigir cada una de las partes del culto divino, con la mayor eficiencia posible. Cuando recordamos que la salvación de un alma puede depender instrumentalmente de la elección de un himno, no podemos considerar como insignificante aun una cosa tan pequeña como la elección de salmos e himnos. Un extranjero irreligioso que asistía por casualidad a uno de nuestros cultos en Exeter Hall, fue traído a la cruz de Cristo por las palabras de Wesley: «Jesús, que ama a mi alma». «¿Es verdad, que Jesús me ama a mí? entonces, ¿por qué vivo yo enemistado con Él?» dijo. Cuando reflexionemos también en que Dios puede bendecir especialmente alguna expresión en nuestras oraciones para la conversión de un hijo pródigo, y que la oración acompañada de la unción del Espíritu Santo puede contribuir mucho para edificar al pueblo de Dios, y para conseguirle bendiciones innumerables, nos esforzaremos en orar con las mejores dotes y la más abundante gracia que se halle a nuestro alcance. Puesto que el consuelo y la instrucción se pueden distribuir abundantemente también en la lectura de la Biblia, nos detendremos sobre nuestras Biblias abiertas, e imploraremos el ser dirigidos a la elección de la parte de la palabra inspirada que pueda serle más útil a la congregación.

En cuanto al sermón, tendremos empeño, antes de todo, en la elección del texto. Ninguno de entre nosotros desprecia el sermón de tal modo que considere cualquier texto escogido al azar, indicado para un culto dondequiera que se celebre, o con cualquier motivo. No todos compartimos la opinión de Sydney Smith, al recomendar a un hermano que buscaba un texto que escogiera «Partos, y Medos y Elamitas, y los que habitamos en Mesopotamia», como si cualquier cosa pudiera servir de base para un sermón. Debemos considerar de buena fe y seriamente cada semana, sobre qué asuntos predicaremos a la congregación el domingo, tanto en la mañana como en la tarde; porque aunque toda Escritura es buena y útil, sin embargo, no todo es igualmente apropiado para cada ocasión. Reflexionar por un momento en las consecuencias eternas que pueden seguir a la predicación de un solo sermón en el nombre del Gran Autor y Consumador de la ley, debe bastar para condenar eficazmente el descuido y amor propio con que se escogen y se tratan muchas veces los textos, y para impresionar a todo ministro verdadero del Evangelio, con el deber de escoger sus textos, estando él en un estado de espíritu que armonice con la dirección divina siempre que pueda desempeñar obra tan interesante. A cada cosa corresponde su tiempo oportuno, y lo mejor siempre es lo oportuno.

Un mayordomo entendido que se precie, se afana por dar a cada miembro de la familia el alimento correspondiente a su debido tiempo; no lo distribuye a su antojo, sino que acomoda los manjares a la necesidad de los comensales.

I. EL TEXTO INAPROPIADO

Sólo un mero empleado esclavo de la rutina, o autómata inanimado del formalismo, puede estar contento apoderándose del primer asunto que se ofrezca. El hombre que recoge tópicos del mismo modo que los niños en el prado reúnen botones de oro y margaritas, es decir, como se le ofrecen por casualidad, obra quizá en conformidad con la parte que le incumbe en una iglesia en que un patrón lo ha puesto y de que el pueblo no puede quitarlo; pero los que creen que son llamados por Dios y han sido escogido para sus puestos respectivos por la elección libre de los creyentes, deben dar más satisfactoria evidencia de su llamamiento que la que se puede ver en este descuido. De entre muchas piedras preciosas, hemos de escoger la joya más a propósito para la ocasión y las circunstancias bajo las cuales vamos a predicar. No nos atrevemos a meternos en el salón de banquete del Rey, con una confusión de provisiones, como si el festín fuera una comida vulgar; sino que, como servidores de buenas costumbres, nos detenemos y preguntamos al Gran Maestro del convite: «Señor, ¿qué

Ministerio, Dones, Predicación, Mayordomía ...

quieres tú que pongamos en tu mesa hoy?». Ciertos textos nos parecen poco convenientes. Nos admiramos de lo que hizo el ministro del Sr. Benjamín de Disraeli con las palabras: «En mi carne veré a Dios», al predicar recientemente en la fiesta de los segadores al concluir la cosecha. Muy incongruo era el texto del discurso fúnebre cuando se enterró un ministro (el Sr. Plow), que se había matado: «Así da a sus amados sueño». Era sin disputa un mentecato aquel que al predicar un sermón a los jueces durante la sesión del tribunal pleno, escogió por texto las palabras: «No juzguéis para que no seáis juzgados». No os engañéis por el sonido y la aparente conveniencia de las palabras bíblicas. El Sr. M. Athanase Coquerel confiesa que predicó al visitar la ciudad de Amsterdam por tercera vez, sobre las palabras: «Esta tercera vez voy a vosotros» (2 Co. 13:1), y agrega con razón que «encontró mucha dificultad en hacer mérito en el sermón de lo que era a propósito a la ocasión». Un caso análogo se encuentra en uno de los sermones predicados sobre la muerte de la princesa Carlota, siendo el texto: «Estaba enferma y murió». Es peor aun escoger palabras de un chiste de poco gusto, como sucedió con motivo de un sermón reciente sobre la muerte de Abraham Lincoln, siendo el texto: «Abraham murió». Se dice que un estudiante, que probablemente nunca llegó a ordenarse, predicó un sermón ante su preceptor, el Dr. Felipe Doddridge. Éste solía ponerse directamente rente al estudiante y mirarlo cara a cara. Figuraos, pues, su sorpresa y tal vez indignación, al oír anunciado este texto: «¿Tanto tiempo he estado con vosotros, y no me has conocido, Felipe?». Señores, algunas veces los necios se hacen estudiantes; que ninguno de esta clase deshonre nuestra Alma Mater. Perdono al hombre que predicó ante aquel Salomón borracho, Jacobo II de Inglaterra y VI de Escocia, sobreel texto: «Habéis vivido en deleites sobre la tierra y sido disolutos, habéis cebado vuestros corazones como en el día de sacrificios» (Stg. 5:5). En este caso la tentación fue demasiado fuerte para ser resistida; pero si es que ha llegado a vivir un hombre, como se nos dice, que celebró la muerte de un diácono por medio de un discurso sobre el texto: «Y aconteció que murió el mendigo», que sea execrado. Perdono al mentiroso que me atribuyó a mí tal afrenta; pero que no practique sus artes infames en otra persona.

1. Así como hemos de evitar una elección poco cuidadosa de asuntos, también tenemos que evitar una regularidad monótona. He oído hablar de un ministro que tenía 52 sermones, y otros pocos para ocasiones especiales, y estaba acostumbrado a predicarlos en un orden fijo año tras año. En este caso habría sido por demás que la congregación le pidiera que «les predicara las mismas verdades en el domingo siguiente»; ni habría sido muy extraño que imitadores de Eutico, se hubieran encontrado en otros lugares del tercer piso. Hace poco un ministro dijo a un agricultor, amigo mío: «¿Sabe usted, señor D, que estaba hojeando yo mis sermones el otro día y realmente el estudio es tan húmedo, especialmente mi escritorio, que mis sermones se han enmohecido?». Mi amigo que aunque era mayordomo de iglesia, asistía a los cultos de los disidentes, no era tan rudo que dijera que «le parecía muy probable», pero como los ancianos de la aldea habían oído con frecuencia dichos discursos, es posible que para ellos hayan estado desmejorados en más de un sentido. Hay ministros que habiendo acumulado unos cuantos sermones, los repiten hasta que se fastidian sus oyentes. Los hermanos itinerantes deben estar más expuestos a esta tentación que los que están muchos años en un mismo lugar. Si se hacen víctimas de la costumbre referida, debe terminar su utilidad y enviar el frío insufrible de la muerte a sus corazones, cosa de que sus oyentes deben tener conciencia, mientras les escuchen repetir desanimadamente sus producciones raídas. El modo más eficaz de promover la indolencia espiritual debe ser el plan de adquirir un surtido de sermones por dos o tres años, y entonces repetirlos en orden regular muchas veces. Hermanos, puesto que esperamos vivir por muchos años –si no por toda nuestra vida– en un lugar, radicados allí por los afectos mutuos que existían entre noso-

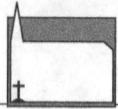

tros y nuestras congregaciones, necesitamos un método muy diferente al que pueda servir a un haragán o a un evangelista itinerante. Debe ser molesto para algunos y para otros muy fácil, según me figuro, encontrar su asunto, como lo hacen los episcopales, en el Evangelio o en la epístola que se asigna en el devocionario para el día en que se ha de predicar el sermón. Él se ve impelido no por ninguna ley, sino una especie de precedente a predicar sobre un versículo de ésta o de aquel. Cuando las fiestas de Adviento, de la Epifanía, de la Cuaresma, y del Pentecostés, traen sus observaciones estereotipadas, ninguno tiene necesidad de atormentar su corazón con la pregunta de «¿Qué diré a mi congregación?». La voz de la iglesia es muy clara y distinta. «Maestro, habla, allí se encuentra tu trabajo, entrégate enteramente a él». Bien puede haber algunas ventajas en conexión con este arreglo, hecho con anticipación, pero no nos parece que el público Episcopal se ha hecho participante de ellas, puesto que sus escritores públicos siempre están lamentándose de la esterilidad de sus sermones, y deplorando el estado triste de los pacientes seglares que se encuentran compelidos a escucharlos. La costumbre servil de seguir al curso del sol y a la rotación de los meses, en lugar de esperar al Espíritu Santo, a mi parecer, para explicar el hecho de que en muchas iglesias, siendo jueces sus propios escritores, los sermones no son más que muestra de «aquella debilidad común que tanto guarda a sus autores de los errores cómicos como les preserva de las genialidades más notables». Téngase pues por sentado que todos nosotros estamos persuadidos de la importancia de predicar no solo la verdad, sino la verdad más adecuada a cada ocasión particular. Debemos esforzarnos en presentar siempre los asuntos que mejor cuadren con las necesidades de nuestro pueblo, y se adapten más perfectamente como medios para llevar la gracia a sus corazones.

2. ¿Hay acaso dificultad en encontrar textos? Recuerdo haber leído hace muchos años en un tomo de lecturas sobre la homilética, una declaración que me causó por algún tiempo bastante inquietud; trataba de algo relativo a este efecto: «Si alguno encuentra dificultad en escoger un texto, es mejor que desde luego se vaya a una tienda de barrotes, o a empuñar un arado, porque evidentemente eso seria la señal de que no tiene la aptitud necesaria para el ministerio». Ahora bien, puesto que yo había sufrido muchas veces por esta causa, comencé a examinarme a mí mismo, para informarme si no era mi deber buscar cualquiera clase de trabajo secular, y abandonar el ministerio; pero no lo he hecho, porque tengo aún la convicción de que, aunque condenado por el juicio de dicho autor que, me comprende a mi por su generalidad, obedezco a un llamamiento que Dios ha confirmado por el sello de su aprobación. Me sentí tan desazonado en mi conciencia, a causa de la severidad de dicha observación, que hice a mi abuelo que había sido ministro durante cincuenta años, la pregunta de si él alguna vez se encontraba indeciso en la elección de su tema. Me contestó con toda franqueza que siempre le había causado mucho trabajo, y que comparada esto, la predicación le había sido muy fácil. Recuerdo bien la observación del anciano venerable. «La dificultad no se origina de que no hay textos suficientes, sino de que hay tantos que me siento comprimido entre ellos». Hermanos, a veces nos parecemos al que, siendo afecto a las flores exquisitas, se encuentra rodeado de todas las hermosuras del jardín, con licencia de escoger sólo una de ellas. ¡Cuánto tiempo fluctúa irresoluto entre la rosa y el lirio, y cuán grande es la dificultad que tiene para elegir como la más preferible, a una que pueda descollar entre tantos millares de flores seductoras! Debo confesar que para mí todavía hasta hoy, la elección de texto me resulta embarazoso, pero de riquezas –como dicen los franceses–, muy diferente por cierto de la esterilidad de pobreza. Nos lo causa la indecisión sobre qué es lo más atendible entre tantas verdades, siendo así que todas exigen darse a conocer; entre tantos deberes que requieren ser encarados, y entre tantas necesidades espirituales de la congregación que reclaman ser satisfechas. No es pues de extrañar que sea muy difícil decidir a nuestra entera sa-

Ministerio, Dones, Predicación, Mayordomía ...

tisfacción con qué deber nos conviene que cumplamos primero. Confieso que me siento muchas veces hora tras hora, pidiendo a Dios un asunto, y esperándolo, siend esto la parte principal de mi estudio. He empleado mucho tiempo y trabajo pensando sobre tópicos, rumiando puntos doctrinales, haciendo esqueletos de sermones, y después sepultando todos sus huesos en las catacumbas del olvido, continuando mi navegación a grandes distancias sobre aguas tempestuosas hasta ver las luces de un faro para poder dirigirme al puerto suspirado. Yo creo que casi todos los sábados formo suficientes bosquejos de sermones para abastecerme por un mes, si pudiera hacer uso de ellos; pero no me atrevo a predicarlos, pues si lo hiciera me asemejaría a un marinero honrado que llevara un cargamento de mercancías de contrabando. Los temas vuelan en la imaginación uno tras otro, así como las imágenes que pasan a través de la lente de un fotógrafo; pero en tanto que la mente no sea como la lámina sensible que retiene la impresión de alguna de ellas, todos estos asuntos son enteramente inútiles.

¿Cuál es el propio texto? ¿Cómo se conoce?

Se conoce por demostraciones amistosas. Cuando un versículo se apodera vigorosamente de vuestro entendimiento, de tal modo que no podáis desasiros, no necesitaréis de otra indicación respecto de vuestro propio tema. Como un pez, podéis picar muchos cebos; pero una vez tragado el anzuelo no vagaréis ya más. Así cuando un texto nos cautiva, podemos estar ciertos de que a nuestra vez lo hemos conquistado, y ya entonces podemos hacernos el ánimo con toda confianza de predicar sobre él. O, haciendo uso de otro símil, tomáis muchos textos en la mano, y os esforzáis en romperlos los amartilláis con toda vuestra fuerza, pero os afanáis inútilmente; al fin encontráis uno que se desmorona al primer golpe, y los diferentes pedazos lanzan chispas al caer, y veis las joyas más radiantes brillando en su interior. Crece a vuestra vista, a semejanza de la semilla de la fábula que se desarrolló en un árbol, mientras el observador lo miraba. Os encanta y fascina, o bien os hace caer de rodillas abrumándoos con la carga del Señor. Sabed entonces, que éste es el mensaje que el Señor quiere que promulguéis, y estando ciertos de esto, os posesionaréis tanto de tal pasaje que no podréis descansar hasta que, completamente sometidos a su Influencia, prediquéis sobre él como el Señor os inspire que habléis. Esperad esa palabra escogida aun cuando tengáis que esperar hasta una hora antes del culto. Tal vez esto no será entendido por hombres de un frío cálculo a quienes por lo general no mueve el mismo impulso que a nosotros, para quienes esto es una ley del corazón que no nos atrevemos a violar.

3. Nos detenemos en Jerusalén este es hasta recibir la virtud celestial. «Creo en el Espíritu Santo». Este es uno de los artículos del Credo, pero apenas se cree por los cristianos de un modo práctico. Muchos ministros parece que piensan que ellos tienen que escoger el texto, que descubrir sus enseñanzas, y encontrar un discurso en él. No lo creemos así. Debemos hacer uso tanto de nuestra voluntad, por supuesto, como de nuestra inteligencia y de nuestros afectos, porque no es de presumirse que el Espíritu Santo nos compela a que prediquemos sobre un texto en contra de nuestra voluntad. No nos trata como si fuéramos órganos cilíndricos, a que fuera posible dar cuerda y ajustarlos a alguna determinada música, sino que aquel glorioso inspirador de toda verdad, nos trata como seres racionales, dominados por fuerzas espirituales, adecuadas a nuestra naturaleza; sin embargo, los espíritus devotos siempre desean que sea escogido el texto por el Espíritu Santo infinitamente sabio, y no por sus entendimientos falibles; y por tanto, se entregan a si mismos en las manos de aquel, pidiéndole que condescienda en dirigirlos respecto de la provisión conveniente que haya ordenado ministrar a su grey. A este propósito dice Gurnal: «Los ministros no tienen aptitud propia para su trabajo. ¡Ah! Cuánto tiempo pueden sentarse, hojeando sus libros y devanándose los sesos, hasta que Dios venga a darles auxilio, y entonces se pone el sermón a su alcance, como se puso la carne de venado al de Jacob. Sí

Dios no nos presta su ayuda, escribiremos con una pluma sin tinta; si alguno tiene necesidad especial de apoyarse en Dios, es el ministro del Evangelio». Sí alguien me preguntara ¿cómo puedo hacerme del texto más oportuno? le contestaría: «pídeselo a Dios». Harrington Evans en sus Reglas para hacer sermones, nos da como la primera: Pedid a Dios la elección de un pasaje, preguntad por qué se escoge, y que sea contestada satisfactoriamente la pregunta. Algunas veces la contestación será tal que se deba rechazar el pasaje. Sí la oración sola os dirige al tesoro apetecido, será en cualquier caso, un ejercicio provechoso para vuestras almas. Si la dificultad de escoger un texto os hace multiplicar vuestras oraciones, será esto una gran bendición. El mejor estudio es la oración». Así dijo Lutero: «Haber orado bien, es haber estudiado bien;» y este proverbio merece repetirse con frecuencia. Mezclad la oración con vuestros estudios de la Biblia. Esto será como la prensa de las uvas en el lagar, o la trilla del trigo en la era; o la separación del oro del residuo. La oración es doblemente bendita, bendice al predicador que ruega, y al pueblo a que predica. Cuando vuestro texto viene como señal de que Dios ha aceptado vuestra oración, será más preciosa para vosotros, y tendrá un sabor y una unción enteramente desconocidos al orador formal para quien un tema es igual a otro.

4. La palabra de Dios es más penetrante que una espada de dos filos, y por tanto, podéis dejarla en su penetración que hiera y mate, sin tener necesidad de echar mano de frases duras y gestos severos. Dejadla que penetre y examine los corazones de los hombres sin que haya palabras ofensivas por vuestra parte.

Habiendo ya ofrecido nuestras oraciones, debemos hacer uso con todo empeño, de los medios más a propósito para concentrar nuestros pensamientos y ocuparlos de los asuntos más provechosos. Considerad el estado espiritual de vuestros oyentes. Meditad sobre su condición espiritual como un todo, y como individuos, y prescribid la medicina conveniente para curar la enfermedad que prevalezca entre ellos, o la comida que esté más en consonancia con sus necesidades. Dejadme que os advierta sin embargo, que es necesario no hacer mérito de los caprichos de vuestros oyentes, ni de las excentricidades de los que gozan de riquezas e influencia.

No penséis demasiado en la influencia del caballero y su señora que se sientan en el lugar privilegiado, si es que por desgracia tenéis uno de esta clase para establecer cierta distinción entre los oyentes, allí donde todos deben hallarse en el mismo nivel. Que al que más contribuye, se le guarden tantas consideraciones como a cualquiera otro, y que no se menosprecie a nadie. El rico, y no por serlo, es de mayor importancia que los otros miembros de la congregación, y entristeceríais al Espíritu Santo, si así pensarais. Mirad a los pobres en el templo con igual interés, y escoged asuntos que ellos puedan entender y puedan consolarlos en sus muchas tristezas. No permitáis que vuestro juicio se trastorne manifestando un miramiento excesivo a los que son miembros a medías de la congregación, y que a la vez que se halagan mucho con ciertas verdades evangélicas, se hacen sordos al tratarse de otras; no tengáis mucho empeño ni en servirles un festín, ni en reprenderles. Sería una satisfacción saber que habían andado complacidos, si fueran cristianos o sí uno pudiera acomodarse a sus preferencias; pero la fidelidad nos exige que no seamos meros tañedores para nuestros oyentes, tocando sólo la música que nos pidan, sino que seamos siempre consecuentes con la palabra del Señor, declarando todos sus consejos. Repito la observación de que debéis pensar en lo que vuestros oyentes realmente necesitan para su edificación espiritual, y que esto debe ser vuestro tema. Aquel apóstol famoso del norte de Escocía, el doctor MacDonald, nos da una relación a propósito de esto en su diario de trabajos emprendidos en ese lugar. «Viernes 27 de mayo. En nuestros ejercicios de esta mañana, leí el capítulo 12 de la epístola a los Romanos, el cual me ofreció una buena oportunidad de poner de manifiesto la conexión que existe entre fe y práctica, y de decir que las doctrinas de la gracia están conformes con la

Ministerio, Dones, Predicación, Mayordomía ...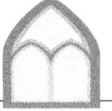

santidad, y tienden a la misma tanto en el corazón como en la vida. Esto me pareció necesario, ya que, por la elevación de los asuntos de que me había yo ocupado por unos días, temí que la congregación fuese hacia el antinomianismo, extremo al menos tan peligroso como el arminianismo».

II. ATENCIÓN A LA NECESIDAD DE LA CONGREGACIÓN

Considerad bien qué pecados se encuentran en mayor número en la iglesia y la congregación. Ved si son la vanidad humana, la codicia, la falta de oración, la ira, el orgullo, la falta de amor fraternal, la calumnia u otros defectos semejantes. Tomad en cuenta cariñosamente las pruebas a que la Providencia plazca sujetar a vuestros oyentes, y buscad un bálsamo que pueda cicatrizar sus heridas. No es necesario hacer mención pormenorizadamente, ni en la oración ni en el sermón, de todas estas dificultades con que luchen los miembros de vuestra congregación, por más que eso haya sido la costumbre de un ministro venerable que antes era un gran obispo por acá, y que ahora se halla en el cielo. Solía en su gran cariño hacía su congregación, hacer tantas alusiones respecto de los nacimientos, las muertes y los casamientos habidos entre su grey, que una de las diversiones de sus oyentes en la tarde del domingo debe haber consistido en determinar a quienes se había referido el ministro en las diferentes partes de su oración y de su sermón. Esto fue tolerado y aun considerado admirable en él; pero en nosotros seria ridículo, un patriarca puede hacer con propiedad, lo que un joven debe evitar escrupulosamente. El ministro venerable de quien acabo de hacer mención aprendió esta costumbre de particularizar del ejemplo de su padre, porque en su familia los niños tenían la costumbre de hablar entre sí respecto de alguna cosa especial que hubiera acontecido en el día: «Debemos esperar hasta que se celebre el culto familiar, entonces oiremos todo».

Pero estoy desviándome del asunto. Este ejemplo nos enseña cómo una costumbre excelente puede degenerar en una falta; pero la regla que he indicado no se afecta por ello. Pueden presentarse a veces ciertas pruebas, a muchos de la congregación, y como estas aflicciones dirigirán vuestros pensamientos a asuntos nuevos, no podréis menos de respetar sus sugestiones. Además, debemos notar el estado espiritual de nuestra congregación, y si podemos ver que ella está recayendo en faltas; sí tememos que estén sus miembros en peligro de ser inoculados de alguna herejía dañosa, u ofuscados por una perversa imaginación; si algo, en efecto, en todo el carácter fisiológico de la iglesia, nos impresiona como una falta, debemos preparar cuanto antes un sermón que pueda, por la gracia divina, impedir que cunda esa plaga. Indicios como estos son los que el Espíritu de Dios presenta al pastor cuidadoso, que con todo esmero quiere cumplir con su deber hacía su grey. El pastor fiel examina con frecuencia sus ovejas y se determina su modo de tratarlas por el estado en que se encuentran. «Proveerá una clase de comida frugal y otra más abundante, y la medicina oportuna, en su proporción debida, según lo que su juicio práctico encuentre necesario». Seremos guiados bien en esto, si nos asociamos con «Aquel Gran Pastor de las Ovejas».

Sin embargo, no permitamos que nuestra predicación directa y fiel degenere en regaños a la congregación. Algunos llaman al púlpito «Castillo de los cobardes», y tal nombre es muy propio en algunos casos, especialmente cuando los necios suben a él e insultan impúdicamente a sus oyentes, exponiendo al escarnio público sus faltas o flaquezas de carácter. Hay una personalidad ofensiva, licenciosa e injustificable que se debe evitar escrupulosamente, es de la tierra, terrena, y debe ser condenada explícitamente; pero hay otra que es prudente, espiritual y celestial, que se debe buscar siempre que prediquemos.

No es sino un chapucero el que al pintar un retrato, tiene necesidad de escribir el nombre del original al pie del cuadro, aunque se cuelgue éste en la pared del salón donde se sienta la persona misma. Haced que vuestros oyentes se perciban de que habláis de ellos, aunque no los mencionéis ni los indiquéis en lo más mínimo.

III. RENDICIÓN AL TEXTO ESCOGIDO POR DIOS

Puede suceder a veces que os veáis obligados a imitar a Hugh Latimer cuando hablando del soborno, dijo: «El que tomó el tazón y el jarro de plata por soborno, pensando que su pecado nunca se descubriría, sepa que yo lo conozco, y no sólo yo, sino muchos. ¡Ay del sobornador y del soborno! El que recibe sobornos nunca fue hombre piadoso; ni puedo yo creer que el sobornado llegará a ser un buen juez». Encontramos aquí tanta reticencia prudente como descubrimiento franco, y sí no excedéis esto, ninguno se atreverá, a causa de su vergüenza, a acusaros de demasiada personalidad. Además, el ministro al buscar su texto, debe tener presentes sus asuntos anteriores. No seria provechoso insistir en una sola doctrina, descuidando las demás. Quizás algunos de nuestros hermanos más profundos pueden ocuparse del mismo asunto en una serie de discursos, y, volteando el calidoscopio, presentar nuevas formas de hermosura sin cambiar de asuntos; pero la mayoría de nosotros, siendo menos fecundos intelectualmente, tendremos mejor éxito si estudiamos el modo de conseguir la variedad y tratar de muchas clases de verdades. Me parece bien y necesario revisar con frecuencia la lista de mis sermones para ver si en mi ministerio he dejado de presentar alguna doctrina importante, o insistir en el cultivo de alguna gracia cristiana. Es provechoso preguntarnos a nosotros mismos si hemos tratado recientemente demasiado de la mera doctrina, o de la mera práctica, o si nos hemos ocupado excesivamente de lo experimental. No queremos degenerar en antinomianos, ni tampoco, por otra parte, hacernos meros preceptores de una moralidad fría, sino que es nuestra mayor ambición cumplir nuestro ministerio. Queremos dar a cada parte de la Biblia su propio lugar en nuestro corazón y nuestra inteligencia. Debemos incluir toda la verdad inspirada en el círculo de nuestras enseñanzas, es decir: doctrinas, preceptos, historia, tipos, salmos, proverbios, experiencia, amonestaciones, promesas, invitaciones, amenazas y represniones. Evitemos la consideración de la verdad a medías, es decir, la exageración de una verdad y el desprecio de otra, y esforcémonos en pintar el retrato de la verdad, dándole facciones proporcionadas y colores a propósito, para que no la deshonremos, presentando un desfiguramiento en vez de la simetría, y una caricatura en vez de una copia fiel. Pero suponiendo que hubieseis rogado a Dios en vuestro oratorio; que hubieseis luchado fielmente y empleado mucho tiempo en la oración y pensado sobre vuestra congregación y sus necesidades, y en cambio no pudieseis encontrar un texto satisfactorio, ¿qué debéis hacer? No os incomodéis por esto, ni desesperéis. Si estuvieris para pelear a vuestras propias expensas, seria una cosa muy grave estar desprovisto de pólvora estando tan cerca la batalla; pero puesto que es la prerrogativa de vuestro Capitán el proveer todo lo necesario, no hay duda de que en tiempo oportuno os abastecerá de municiones. Si confiáis en Dios no os desamparará, no puede hacerlo. Seguid suplicándole y vigilando, porque el amparo celestial es seguro para el estudiante industrioso de la palabra divina. Sí hubierais descuidado vuestra preparación toda la semana, no podríais esperar el auxilio divino; pero sí habéis hecho todo lo posible y ahora estáis esperando del Señor su mensaje, nunca os avergonzaréis. Dos o tres incidentes me han ocurrido, que bien pueden pareceros extraños, pero yo soy hombre singular. Cuando vivía en Cambridge, tuve que predicar, como de costumbre, epor la noche, en una aldea cercana, adonde tuve que ir a pie. Después de leer y meditar todo el día, no conseguí encontrar mi texto. Por mucho que hice, ninguna respuesta me llegó del oráculo sagrado, ninguna luz brilló del Urim y Thummim; pedía, meditaba, hojeaba mi Biblia, pero mi mente no se apoderó de ningún pasaje. Estuve, como dice Bunyan, «muy confuso en mis pensamientos». Salí a asomarme a la ventana.

Al otro lado de la estrecha calle en que vivía, vi un pobrecito canario solo, parado en el techo y rodeado por una parvada de gorriones que estaban picoteándolo como si quisiesen hacerlo pedazos. En ese momento me acordé de siguiente versículo: «¿Es mí heredad, ave de muchos colores? ¿No están contra ellos aves en derredor?». Salí de mi casa con la mayor calma; rumiaba el pasaje mientras iba andando, y prediqué sobre el pueblo propio y las persecuciones de sus enemigos, con libertad y facilidad por mi parte, y creo que con provecho de mi sencilla congregación. Se me mandó el texto, y si no me lo trajeron los cuervos, ciertamente lo hicieron los gorriones.

Otra vez mientras estaba misionando en Waterbeach, había predicado en la mañana del domingo, e ido a comer a la casa de uno de los miembros de la congregación según lo tenía de costumbre. Había desgraciadamente tres cultos en el mismo día, y el sermón de la tarde siguió tan cerca al de la mañana, que fue difícil preparar el alma, especialmente teniendo en consideración que la comida era un obstáculo necesario, pero grande, a la claridad y al vigor de mí cabeza. ¡Ay de estos cultos de la tarde en nuestras aldeas inglesas! Por regla general no son sino un desperdicio doloroso de esfuerzos intelectuales. El asado y el pudín oprimen las almas de los oyentes, y el predicador mismo es lento en su modo de pensar en tanto que la digestión le domina. Limitando con mucho cuidado mi comida, quedé aquella vez en un estado muy vivo y activo; pero ¡cuál fue mi desaliento al encontrar que mis pensamientos ordenados con anticipación se me habían escapado! No pude recordar el plan de mi sermón preparado, y por más esfuerzos que hice para traerlo a mi memoria, me fue enteramente imposible conseguirlo. El tiempo era limitado, en el reloj estaba sonando la hora y con mucha inquietud dije al agricultor, que era un buen cristiano, que no podía de ningún modo recordar el asunto sobre el cual me había propuesto predicar.

–¡Oh! –respondió él–, no tenga usted cuidado; ya encontrará usted algún buen mensaje para nosotros.

En aquel momento, un leño ardiendo cayó del fuego del hogar a mis pies, llenándome de humo los ojos y las narices.

–Aquí –dijo mi hombre– hay un texto para usted. ¿No es este tizón arrebatado del incendio?

No, pensaba yo, no fue arrebatado porque se cayó por sí mismo. Aquí estaba un texto, una comprobación, y un pensamiento capital que pudo servirme como de semilla para producirme muchos otros. Recibí más luz, y el sermón, a no dudarlo, fue al menos, igual a otros mucho más preparados; puedo decir que fue mejor, porque dos personas se me acercaron después del culto diciendo que habían salido de su letargo y se convirtieron por lo que habían escuchado. He pensado muchas veces sobre este acontecimiento, y me parece siempre que el olvido del texto sobre el cual me había propuesto predicar, fue una dicha.

En la c/Parque Nuevo (New Park), me sucedió una vez algo muy singular de la que algunos de los aquí presentes, pueden servir de testigos. Había celebrado felizmente las primeras partes del culto, en la tarde del domingo, y anunciaba el himno que debía cantarse antes del sermón. Abrí la Biblia en busca del texto que había estudiado con mucho cuidado como asunto de mi discurso, cuando otro pasaje de la página opuesta se me abalanzó por decirlo así, como un león que sale de un bosque, y me impresionó mucho más que el que yo había escogido. La congregación estaba cantando y yo suspirando; me sentí comprimido entre dos cosas, y mi mente estaba en equilibrio. Quería naturalmente seguir por el camino que me había preparado con tanto empeño, pero el otro texto rehusó terminantemente soltarme. Me pareció que estaba tirándome de los faldones y diciendo: «No, no; debes predicar sobre mí. Dios quiere que a mí me sigas». Deliberé dentro de mi respecto de mi deber, porque no quería ser fanático ni incrédulo, y al fin me dije a mi mismo: «Bien, me gustaría mucho predicar el sermón que he preparado y hay mucho riesgo en cambiarlo por otro cuyos pensamientos no he ordenado; sin embargo, puesto que este texto influye tanto en mi, puede habérseme sugerido por Dios, y por tanto, me atreveré a tratarlo sean cuales fueren las consecuencias».

Casi siempre anuncio mis divisiones al acabar el exordio, pero aquella vez no lo hice así por razones que bien podéis conjeturar. Concluí la primera división con bas-

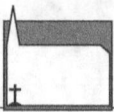

tante facilidad, por ser tanto los pensamientos como las palabras enteramente espontáneas. El segundo punto fue desarrollado con una conciencia de poder extraordinario y eficaz, aunque tranquilo, pero no tenía yo ninguna idea de lo que sería la tercera división, porque el texto me pareció enteramente agotado, y no puedo decir aun ahora qué podría yo haber hecho si no hubiera sucedido un incidente enteramente inesperado. Me encontré en la mayor dificultad obedeciendo a lo que me parecía un impulso divino, pero me sentí comparativamente con calma, creyendo que Dios me ayudaría, y sabiendo que podría yo por lo menos, concluir el culto, aunque ya nada más se me ocurriese qué decir. Pero no tuve necesidad de deliberar más tiempo, porque repentinamente nos invadió la oscuridad más completa: se apagó el gas, y como el templo estaba lleno de gente, fue esto un gran peligro, a la vez que una gran bendición. ¿Qué podía yo hacer entonces? Los concurrentes a la congregación se asustaron algo, pero los tranquilicé desde luego diciéndoles que no se asustaran de ninguna manera aunque se hubiera apagado el gas puesto que seria encendido de nuevo muy pronto; y por mi parte, corno no hacía yo uso de manuscrito, bien podía predicar del mismo modo ya fuese en la oscuridad o en la luz, ellos me hacían el favor de permanecer sentados y de escucharme. Por elaborado que hubiera estado mi discurso, habría sido absurdo continuar predicándolo bajo estas circunstancias. Considerando mi posición me vi libre de toda perplejidad. Me referí luego mentalmente al texto familiar que habla del hijo de la luz que anda en las tinieblas, y del hijo de las tinieblas que anda en la luz. Observaciones y comprobaciones me ocurrieron en gran número, y cuando las lámparas se encendieron de nuevo, vi enfrente una congregación tan interesada y atenta, como la hubiera podido ver cualquier ministro bajo las más propicias circunstancias. Y la cosa más interesante fue que poco tiempo después, dos personas se presentaron para hacer su profesión de fe públicamente, diciendo que se habían convertido aquella noche, debiendo la primera su conversión a la parte anterior del discurso, en que trató del nuevo texto que me ocurrió, y la segunda atribuyendo la suya a la última parte que me fue sugerida por la oscuridad. Así es que como fácilmente podéis ver, la Providencia me dirigió y apoyó.

Me entregué en las manos de Dios, y su arreglo providencial apagó la luz en tiempo oportuno para mi. Algunos pueden ridiculizar todo esto, pero yo veo aquí la mano de Dios; otros pueden censurarme, pero yo me regocijo. Cualquiera cosa es mejor que el modo mecánico de hacer sermones, en que no se conoce prácticamente la dirección del Espíritu Santo. Todos los predicadores que confían en la tercera persona de la Trinidad, podrán sin duda, recordar muchos acontecimientos tales como el que acabo de referir. Os digo, por tanto, que notéis la dirección de la Providencia, y os entreguéis en los brazos de Dios pidiéndole su dirección y ayuda. Si habéis hecho solemnemente todo lo posible para conseguir un texto y el asunto no se os presenta previamente, subid al púlpito seguros de que recibiréis un mensaje en tiempo oportuno, aunque hasta aquel momento no tengáis ni una palabra.

En la biografía de Samuel Drew, predicador metodista famoso, leemos esto: «Deteniéndose en la casa de un amigo suyo en Cornwall, después de haber predicado, una persona que había asistido al culto le dijo que había manifestado en su sermón un talento extraordinario, y siendo confirmada esta opinión por otras personas, el señor Drew les dijo: Si es verdad esto, es muy singular y puesto que mí sermón fue enteramente no premeditado. Subí al púlpito con el objeto de predicaros sobre otro texto, pero viendo la Biblia que tenía abierta, me llamó la atención el pasaje sobre el que acabo de predicaros: «Apareja´te para venir al encuentro a tu Dios, oh Israel». Al ver estas palabras, no pude recordar mis pensamientos anteriores y aunque nunca hasta entonces había pensado en ese pasaje, me resolví al instante a ocuparme de él». El Sr. Drew hizo bien obedeciendo así a la dirección celestial. Bajo ciertas circunstancias, os veréis absolutamente compelidos a abandonar un discurso bien preparado, y a fiar en el oportuno

Ministerio, Dones, Predicación, Mayordomía ...

auxilio del Espíritu Santo, haciendo uso de palabras que por el momento se os ocurran. Bien podéis encontraros en la situación en que se vio el difunto Kingman Nott al predicar en el Teatro Nacional de Nueva York. En una de sus cartas dice: «Se llenó completamente el edificio, y principalmente de jóvenes y niños de la clase más ruda. Entré después de haber preparado un sermón; pero después que me presenté en la tribuna, mi auditorio me saludó con las exclamaciones que le son peculiares.

Cuando vi aquella masa confusa e inquieta de seres humanos a quienes tenía que predicar, abandoné rápidamente todos los pensamientos preparados, y valiéndome de la parábola del hijo pródigo, me esforcé en interesarles en ella, y tuve tanto éxito, que muy pocos dejaron el edificio durante el sermón, y casi todos estuvieron medianamente atentos». ¡Qué simplón habría sido este señor si hubiera persistido en predicar su sermón, poco conveniente en esas circunstancias, sólo porque ya lo había preparado! Hermanos, creed, os suplico, en el Espíritu Santo, y puesta en Él vuestra fe, esforzaos en practicarla diariamente.

1. Para ayudar un poco más a algún pobre predicador que no pueda predicar por falta de pensamientos, le recomiendo que en ese caso vuelva a estudiar repetidas veces la Biblia misma; que lea un capítulo y piense en sus versículos uno por uno, o que escoja un solo versículo y se posesione completamente de su contenido. Bien puede suceder que no encuentre su texto en el versículo ni en el capítulo que lea, pero después le será fácil encontrarlo por haber interesado a su entendimiento activamente en los asuntos sagrados. Según la relación de los pensamientos entre ellos, y así sucesivamente, hasta que llegue a pasar delante de la mente una procesión larga, digámoslo así, de pensamientos, de entre los cuales uno será el tema predestinado.

2. Leed también buenos libros que sugieran pensamientos provechosos. Excitad vuestra mente por medio de ellos. Sí los hombres quieren sacar agua de una bomba que no se haya usado por mucho tiempo, es necesario primero echar agua en ella, y entonces se podrá bombear con buen éxito. Profundizad los escritos de alguno de los puritanos, sondead a fondo la obra, y pronto os veréis volando como un ave, y mentalmente activos y fecundos. Pero, como precaución, permitidme que haga la observación de que debemos estar siempre preparándonos para encontrar textos y elaborar sermones. Debemos conservar siempre la actividad santa de nuestro entendimiento. ¡Ay del ministro que se atreva a malgastar una hora! Leed el ensayo de Juan Foster sobre el deber de aprovechar el tiempo, y proponeos no perder nunca ni un segundo. Cualquiera que vaga desde la mañana del lunes hasta la noche del sábado esperando indolente que su texto le sea mandado por medio de un mensajero angélico en las últimas horas de la semana, tentará a Dios y merecerá estar mudo el domingo. Como ministros nunca tenemos tiempo, jamás estamos fuera de servicio, sino ocupando nuestras atalayas de día y de noche. Estudiantes, os digo solemnemente que nada puede dispensaros de la economía más rígida del tiempo; si dejáis de emplearlo fielmente, lo haréis bajo vuestro propio riesgo. La hoja de vuestro ministerio pronto caerá, a no ser que, como el nombre bendito de que se habla en el salmo primero, meditéis en la ley de Dios de día y de noche. Es mi deseo más ferviente que no malgastéis el tiempo en disipación religiosa, ni en charlas, ni en pláticas triviales. Guardaos de la costumbre de correr de una reunión a otra, escuchando meras tonterías y contribuyendo por vuestra parte a llenar sacos de viento. Un hombre que es afecto a frecuentar las reuniones sociales para tomar té y charlar, por regla general es bueno para muy poco en cualquiera otra parte. Vuestras preparaciones para el púlpito son de la mayor importancia; si las descuidáis no os daréis honra a vosotros mismos ni a vuestra vocación. Las abejas hacen miel desde la mañana hasta la noche; y a como ellas, nosotros debemos ocuparnos siempre en juntar víveres espirituales para nuestra congregación. No tengo confianza alguna en un ministerio que menosprecia una preparación laboriosa. Cuando viajaba yo por el norte de Italia, nuestro cochero se

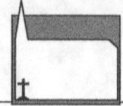

durmió en el carruaje toda la noche; cuando le llamé por la mañana, salió de un salto, tronó su látigo tres veces, y dijo que estaba listo. Apenas podía yo apreciar el poco tiempo que empleaba en asearse o hacer otra cosa cualquiera, le veía constantemente en su puesto. Vosotros, los que os alistáis para predicar, debéis estar siempre ocupados en la preparación de los mensajes.

Conviene que tengamos la costumbre, día tras día, de cultivar la mente en la dirección de nuestro trabajo. Los ministros deben estar siempre apilando su heno, pero especialmente cuando brilla el sol. ¿No es verdad que a veces os sorprendéis de la facilidad con que podéis hacer sermones? Se nos dice que el Sr. Jay tenía la costumbre al encontrarse en esta condición, de tomar su papel y apuntar textos y divisiones de sermones, y de guardarlas para poder servirse de ellos en tiempos en que su mente no estuviese tan expedita. El lamentado Tomás Spencer escribió así: «Yo guardo un librito en el que apunto cada texto de la Biblia, cuando teniendo un fuerza especial se me van viniendo. Si sueño en un pasaje de la Biblia, lo apunto y cuando tengo que hacer un sermón, reviso el librito, y nunca me he encontrado desprovisto de un asunto». Estad alerta para encontrar asuntos de sermones cuando andéis por la ciudad o por el campo. Dice en su diario Andrés Fuller: «Me encontré engolfado en algunas meditaciones muy provechosas sobre el cuidado del Gran Pastor por su grey, al ver algunos corderos expuestos al frío, y a una pobre oveja pereciendo por falta de cuidado». Conservad abiertos los ojos y los oídos, y veréis y oiréis a ángeles. El mundo está lleno de sermones: atrapadlos al vuelo.

Un escultor, siempre que ve un trozo en bruto de mármol, cree que oculta una hermosa estatua, y que es necesario sólo quitar la superficie para descubrirla. Así creed también vosotros que hay dentro de la cáscara de todo, la pepita de un sermón para el hombre sabio. Sed sabios, y ved lo celestial en su tipo terrenal. Escuchad las voces del cielo y traducidlas en el lenguaje humano. Oh hombre de Dios! vive siempre buscando materia para el púlpito, forrajeándola, digámoslo así, en todos los departamentos de la naturaleza y del arte, y guardándola para las exigencias del futuro.

IV. LOS SERMONES CON ANTICIPACIÓN

Se me exige que responda a la pregunta de si es buen plan anunciar una serie de sermones propuestos, y publicar la lista de ellos. Contesto que cada uno debe hacer lo que mejor cuadre con su carácter. No me constituyo en juez de nadie, pero yo no me atrevo a intentar tal cosa; y si la emprendiera, saldría muy mal en el negocio. Tengo entendido que algunos precedentes se oponen a mi opinión, y entre ellos se encuentran las series de discursos por Mateo Henry, Juan Newton y otros muchos; sin embargo, puedo expresar sólo mis opiniones personales y dejar a cada uno que haga lo que mejor le convenga. Muchos ministros eminentes han predicado series de discursos muy provechosos, sobre asuntos escogidos y arreglados con anticipación; pero yo no soy eminente, y debo aconsejar a los que se me parecen, que se prevengan de este modo de obrar. No me atrevo a anunciar el asunto sobre el cual predicaré mañana, y mucho menos podría yo decir sobre qué texto predicaré de aquí a seis semanas, o de aquí a seis meses, siendo la razón de esto, en parte, la de que tengo la conciencia de no poseer las dotes especiales que son necesarias para interesar a una congregación en un asunto, o en una serie de asuntos, por mucho tiempo. Los hermanos de perspicacia extraordinaria y de conocimientos profundos, pueden hacerlo; y los que carecen de esto y aun de sentido común, pueden también pretenderlo pero no lo conseguirán. Me veo obligado a confesar que debo la mayor parte de mi fuerza más a la variedad que a la profundidad. Es casi cierto que la gran mayoría de predicadores de la clase que acabamos de indicar, tendría mejor éxito si quemara sus programas. Tengo en la memoria un recuerdo muy vivo, más bien muerto, de cierta serie de discursos sobre la epístola a los Hebreos, que me impresionó de un modo muy desagradable. Hubiera querido muchas veces que los hebreos se guardaran aquella epístola, puesto que

Ministerio, Dones, Predicación, Mayordomía ...

molestaba mucho a un pobre joven gentil. Solo los más piadosos y fieles miembros de la congregación tenían la paciencia necesaria para escuchar todos los discursos hasta el séptimo y el octavo, ellos, por supuesto, declaraban que nunca habían escuchado explicaciones más provechosas; pero a esos cuyo juicio era más carnal, les pareció que cada sermón era más insulso que el que le había precedido. Pablo en esa epístola, nos exhorta a que suframos la palabra de exhortación, y así lo hicimos. ¿Son todas las series de sermones tales como aquélla? Tal vez no; pero temo que las excepciones sean pocas, porque se dice respecto de aquel célebre comentador, José Caryl, que comenzó sus lecturas sobre el libro de Job con una asistencia de ochocientas personas, y que solo ocho escucharon la última. Un predicador profético multiplicó sus sermones sobre «el cuerno pequeño» de Daniel hasta tal grado que en la mañana de un domingo solamente siete se reunieron para escucharle. Les pareció extraño, a no dudarlo, que una arpa de mil cuerdas produjese la misma música por tanto tiempo. Ordinariamente y para la gran mayoría de oyentes, me parece que las series de discursos anunciadas con anticipación, no les son provechosas. El provecho que resulta de ellas, es solo aparente; por regla general, no hay provecho, sino por el contrario, daño. Sin duda que tratar de toda una epístola larga, debe exigir al predicador mucho ingenio, y mucha paciencia a los oyentes. Me siento movido a una consideración aun más profunda, en lo que acabo de decir, porque me parece que a muchos predicadores verdaderamente vivos y celosos, un programa les servirían de grillos. Si el predicador anunciara para el domingo siguiente un asunto lleno de gozo, que le exigiera viveza y exaltación de espíritu, seria muy posible que se encontrara por muchas causas, en un estado cargado y triste de espíritu, y sin embargo, tendría que poner el vino nuevo en su cuero viejo, a subir al banquete de boda vestido de saco y cenizas; y lo que es peor que todo, podría verse obligado a repetir esto por un mes entero. ¿Puede estar eso conforme con la voluntad divina? Es importante que el predicador esté en armonía con su tema; pero ¿cómo puede lograr tal cosa si la elección del asunto no se determina por las influencias que existan en el tiempo de predicar? Un hombre no es una máquina de vapor a la que se le imprime determinado movimiento, y no le convendría que se le fijase en una ranura. Mucho del poder del ministro consiste en la conformidad de su alma con el asunto que trata, y temería yo designar un asunto especial para una fecha fija, por miedo de que mi alma al llegar el tiempo no estuviera en un estado idóneo para discutirlo. Además, no es fácil ver cómo un hombre puede manifestar que depende de la dirección del Espíritu de Dios, si ya ha decidido cuál debe ser su plan mucho tiempo antes. Tal vez me responderéis: «Esta objeción nos parece muy extraña, pues ¿por qué no podemos confiar en el Espíritu Santo tanto por veinte semanas como por una?». Os digo que nunca hemos recibido una promesa que garantice tal fe. Dios promete darnos la gracia según nuestras necesidades diarias, pero no dice nada respecto de dotarnos de reservas para lo sucesivo: «Cada día descendía el maná». ¡Ojalá pudiéramos aprender bien esta lección! Así nos llegarán nuestros sermones, nuevos del cielo, cuando se necesiten. Soy celoso de todo lo que puede impedirnos que nos apoyemos en el Espíritu Santo, y por tanto, expreso la opinión ya indicada. Estoy seguro, hermanos míos, que para vosotros es provechoso que os diga con autoridad, que dejéis a los hombres de mayor edad y talento, las tentativas ambiciosas de predicar series pulidas de sermones. Tenemos, por decirlo así, muy poca cantidad de oro y plata intelectuales, y debemos usar nuestro pequeño capital en bienes útiles de que poder disponer fácilmente dejando a los comerciantes más ricos que comercien en cosas más valiosas. No sabemos lo que sucederá mañana: esperemos enseñanzas diarias, y no hagamos nada que pueda impedirnos emplear los materiales que la Providencia nos ofrezca.

Tal vez me haréis la pregunta de si podéis predicar sobre los textos que otras personas os sugieran, pidiéndoos que prediquéis sobre ellos. Mi respuesta es que por

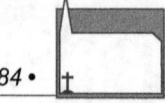

regla general no debéis hacerlo, y si hay excepciones deben ser muy pocas. Permitidme que os recuerde que no tenéis un taller a donde los marchantes puedan ir a dar sus órdenes. Cuando un amigo os sugiera un asunto, pensad en él, considerad si es a propósito y si podéis aceptarlo. Recibid la súplica cortésmente, como conviene a los caballeros y cristianos; pero, si el señor a quien servís, no arroja su luz sobre el texto, no prediquéis sobre él por mucho que alguno os persuada. Estoy enteramente cierto de que si esperamos en Dios por nuestros asuntos, y le pedimos ser guiados por la sabiduría divina, él nos guiará por el camino recto; pero si nos gloriamos de nuestra facultad para elegimos un texto, encontraremos que sin Cristo no podemos hacer nada, ni aun en la elección de un texto. Esperad en el Señor; escuchad lo que él quiera decir; recibid la palabra directamente de sus labios, y entonces salid como embajadores enviados del trono mismo de Dios. Repito: «Esperad en el Señor».

109. SOBRE LA VOZ DEL PREDICADOR

«Y abriendo su boca les enseñaba, diciendo» (Mateo 5:2).

I. IMPORTANCIA DEL TONO DE LA VOZ

II. EDUCAR LA VOZ Y EL TONO

III. HABLAR PARA SER OÍDOS
1. No forzar las cuerdas vocales.
2. Hablar clara y distintamente la totalidad del sermón.
3. Modular los tonos sin forzar la garganta.
4. Usar la voz con la naturaleza del asusto.
5. Hacer uso de la voz natural de cada uno.
6. Esforzaos en educar la voz.
7. Cuidar la garganta.

SOBRE LA VOZ DEL PREDICADOR

I. IMPORTANCIA DEL TONO DE LA VOZ

Nuestra primera regla tocante a la voz es que no penséis demasiado en ella, sino recordad que la voz mas dulce no sirve de nada cuando no se tiene que decir, y por bien que fuera manejada, sería como un carro vacío con buenos tiros, a no ser que ministréis por su medio a vuestros oyentes verdades interesantes y oportunas. Demóstenes tuvo razón, a no dudarlo, al asignar el lugar de primera, segunda y tercera importancia a una buena elocución; pero ¿de qué vale ésta si el hombre no tiene nada que decir? Un hombre dotado de la más excelente voz, y a quien le falten conocimientos y un corazón ardiente, será «una voz clamando en el desierto». O como Plutarco dice: «Voz y nada más». Semejante hombre bien podría lucirse en el coro, pero en el púlpito seria inútil. La voz de Whitfield, sin su fuerza de corazón, no afectaría más permanentemente a sus oyentes que el violín de Paganini. No sois cantores, sino predicadores; vuestra voz es de segunda importancia; no os parezcáis a muchos que se ocupan principalmente de ella, y la acarician de tal manera que llegan a considerarse enfermos al sentir la menor dificultad en su articulación. No hay necesidad que una trompeta sea de plata; bastará un cuerno de carnero, pero debe poder resistir un violento uso, porque las trompetas son para los conflictos de guerra y no para los salones de moda. Por otra parte, no dejéis de pensar debidamente en vuestra voz, porque su excelencia puede contribuir mucho a que logréis el objeto que esperáis conseguir. Platón hablando del poder de la elocuencia, hace mención especial del tono del orador. «Tan vivamente», dice él, «resuenan en mi oído las palabras y el tono del orador, que apenas en el tercero o cuarto día, recojo mis ideas, y percibo en qué parte de la tierra estoy; y por algún tiempo me hallo dispuesto a creer que vivo en las islas de los bienaventurados». Verdades preciosas en extremo, se pueden perder mucho de su mérito por ser expresadas en un tono monótono de voz. Una vez oí comparar a un ministro respetable que gruñía mucho a una abeja silvestre metida dentro de un jarro, metáfora bastante vulgar sin duda, pero que expresa con tanta exactitud el sonido monótono, que me lo reproduce al vivo en este momento, y me recuerda la parodia sobre la Elegía de

Ministerio, Dones, Predicación, Mayordomía ...

Gray, que dice: «Ahora se hace oscuro a la vista el asunto luminoso y todo el aire envuelve un silencio soporífero. Excepto donde el párroco zumba su discurso insulso, y cencerreos soñolientos arrullan los rediles dormidos». Qué lástima que un hombre que de corazón predicaba doctrinas tan preciosas, y en el lenguaje más a propósito, hubiera cometido suicidio ministerial haciendo uso de una sola cuerda, aunque el Señor le había dado un instrumento de muchas para que todas las tocase. ¡Ay! ¡ay! de aquella voz fastidiosa; zumbaba y zumbaba a semejanza de una piedra de molino, dando el mismo tono disonante tanto si su dueño hablaba del cielo, o del infierno; de la vida eterna, o de la ira sempiterna. Podría ser acaso un poco más alta o más baja según la extensión de la sentencia, pero su tono era siempre el mismo, es decir, una tierra yerma de sonido, una soledad horrible de habla en la cual no había alivio posible, ninguna variedad, ninguna música, nada que no fuera una monotonía penosa. Cuando el viento sopla por una arpa eólica, toca todas las cuerdas, pero el viento celestial, al pasar por algunos hombres hace uso de una sola cuerda, y ésta es por regla general, la más disonante de todas. Tan solo la gracia podría poner a los oyentes en estado de edificarse bajo el martilleo continuo de algunos predicadores. Estoy seguro que un jurado imparcial pronunciaría un veredicto de sueño justificable en muchos casos, teniendo en cuenta que el sonido que procede del ministro hace dormir por su monotonía fastidiosa. El Dr. Guthrie caritativamente atribuye los sueños de cierta congregación escocesa a la mala ventilación de su templo; esto sin duda explica en parte esa costumbre de los oyentes, pero la causa más poderosa bien podría ser el mal estado de las válvulas de la garganta del predicador. Hermanos, por todo lo sagrado, predicad con todas las campanas de vuestra torre, y no fastidiéis a vuestros oyentes con el ruido disonante de una pobre y cuarteada campana.

Cuando fijáis la atención en la voz, tened cuidado de no caer en las afectaciones habituales y comunes del tiempo actual. Apenas hay un hombre entre doce que hable en el púlpito como hombre, y esta afectación no se limita a los protestantes, pues el abate Mullois, dice: «En cualquier otro lugar los hombres hablan; hablan en el foro y en el tribunal; pero ya no hablan en el púlpito, sino por el contrarío, allá encontramos un lenguaje ficticio y artificial, y un tono falso. Se tolera en la iglesia este modo de hablar, solo porque desgraciadamente es tan general allí; en otra parte no sería permitido». ¿Qué pensaríais de un hombre que conversara de un modo semejante en un salón? Por cierto que provocaría muchas risas. Hace algún tiempo había un guarda en el panteón, hombre de buena clase según sus ideas, el cual al enumerar las hermosuras del monumento adoptaba exactamente el tono de muchos de nuestros predicadores, y nunca dejó de hacer reír a los visitadores, que se divertían tanto con su modo de hablar como con los varios objetos de interés que les enseñaba. No se debe permitir ocupar el púlpito a un hombre que no tenga una elocución natural y libre; debemos desterrar sumariamente de dicho lugar, por lo menos, todo lo falso. En estos días de desconfianza, todo lo fingido se debe desechar, y el mejor modo de corregirse en este respecto, por lo que toca a la predicación, es el de escuchar con frecuencia a ciertos predicadores monótonos y vehementes, pues saldremos del templo tan disgustados, y con tanto horror de esta clase de elocución, que nos condenaríamos a un silencio absoluto antes que imitar a tales predicadores. Luego que abandonéis lo natural y lo real, perderéis el derecho de ser creídos, así como el de ser escuchados. Podéis ir a todas partes, a templos o a capillas, y encontraréis que casi todos nuestros predicadores tienen un tono santo para los domingos. Tienen una voz para la sala y el dormitorio y otra muy distinta para el púlpito, de suerte que si no se encuentran con dos lenguas para pecar, sí las tienen prácticamente. Muchos hombres al subir al púlpito, se despojan de toda su personalidad, y se hacen tan rutineros como el bedel de la parroquia. Casi pudieran jactarse como el fariseo, de no ser como los otros hombres, más seria una blasfemia darle gracias a Dios por esto.

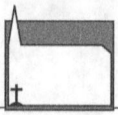

No son carnales ni hablan como hombres, sino que adoptan una especie de quejido o gruñido, o algún otro ruido desagradable, para evitar por completo la impresión de que son naturales, y están hablando de la abundancia del corazón. Una vez puesta el alba, parece que se convierte ésta en la mortaja de la personalidad natural del hombre, y se cambia en afeminado emblema de lo oficial. Hay dos o tres modos de hablar con los que estáis familiarizados sin duda. No vemos ahora con tanta frecuencia como antes el estilo severo, erudito, hinchado y pomposo que acabo de llamar el ore rotundo; pero se admira todavía por algunos. Cuando un ministro estaba una vez soplando al modo de una máquina que exhala vapor, un hombre que estaba en la nave dijo que le parecía que el predicador «se había tragado una bola de harina». «No, Juan», le respondió su compañero, «no se la ha tragado, pero la tiene en la boca dándole de vueltas». Puedo figurarme al Dr. Johnson hablando de esta manera en Bolt Court y de todos los hombres a quienes es natural este tono, procede con una grandeza olímpica, pero que no tenga lugar nunca en el púlpito ninguna imitación de él; si viene naturalmente, bien, pero remedarlo es traición a la decencia común; de igual modo toda clase de mímica en el púlpito me parece estrechamente aliada al pecado imperdonable. Hay otro estilo del cual os suplico no os riáis. Se describe este método de pronunciación como femenino, carantoñero, delicado, sandio... no sé cómo indicarlo con más exactitud. Casi todos nosotros hemos tenido la felicidad de oír estas varias clases de tonos, y tal vez otros más extravagantes todavía. He oído muchas especies distintas, desde la voz rotunda a semejanza de la del Dr. Johnson, hasta la tenuidad del suave y elegante susurro; desde el bramido de los toros de Basan, hasta la nota más dulce de un canario. He podido seguir las huellas de algunos hermanos que van tras sus antepasados, es decir, sus antepasados ministeriales, de quienes primero aprendieron estos celestiales, melodiosos, santificados, hermosos, pero –debo agregar con toda franqueza– detestables modos de hablar. El orden, no hay duda, de su genealogía es el siguiente: Astilla que fue hijo de Ceceo, que lo fue de Sonrisa Afectada, que lo fue de Pisaverde, que lo fue de Afectación; o Vacilante que fue hijo de Grandioso, que lo fue de Pomposidad, el mismo que fue padre de muchos hijos. Recordad que cuando aun estos sonidos horribles son naturales, no los condeno; que cada criatura hable su propio idioma; pero el hecho es que de diez hombres que hablan estos dialectos sagrados, que espero serán pronto idiomas muertos, nueve usan un tono afectado y forzado. Estoy persuadido de que estos *monótonos* tonos y semitonos son babilónicos, y que no pertenecen al dialecto de Jerusalén porque éste tiene un distintivo especial, es decir: cada hombre tiene su propio modo de hablar, y habla de la misma manera fuera del púlpito y dentro de él. Nuestro amigo de la escuela de oratoria ampulosa, cuyo distintivo es la afectación, nunca habló fuera del púlpito del mismo modo que lo hace dentro de él, y nunca usa en la sala el mismo tono que utiliza en el púlpito. «Quiere usted hacerme el favor de darme otra taza de té con azúcar». Si lo hiciera así se pondría en ridículo, pero el púlpito tiene que sufrir lo peor de su voz que la sala no toleraría. Insisto en que las mejores notas, de que es capaz la voz de un hombre, se deben emplear en la predicación del Evangelio, y éstas son las que la naturaleza le enseña que use en la conversación animada. Ezequiel sirvió a su maestro con sus facultades más musicales y melodiosas, de suerte que el Señor le dijo: «Tú eres a ellos como cantor de amores, gracioso de voz y que canta bien» (Ez. 33:32). Aunque esto, por desgracia, no sirvió de nada al corazón endurecido de Israel, que solo el Espíritu de Dios pudo quebrantar, sin embargo, le convino al profeta anunciar la Palabra de Dios empleando el mejor estilo de voz y de modales.

II. EDUCAR LA VOZ Y EL TONO

Además, si tenéis algunas idiosincrasias de lenguaje, las cuales son desagradables al oído, corregidlas si os es posible. Dice Juan Wesley: «Tened cuidado de no retener nada torpe ni afectado, ni en vuestros gestos, ni en vuestro lenguaje, ni en vuestra

Ministerio, Dones, Predicación, Mayordomía ...

pronunciación». Se admite luego que el preceptor puede dar este consejo mucho más fácilmente que vosotros podéis ponerlo en práctica. Sin embargo, para jóvenes que están en la alborada de su ministerio, la dificultad no es insuperable. Los hermanos que vienen del campo retienen en sus bocas algo de su dialecto rústico, recordándonos irresistiblemente los becerros de Essex, los cerdos de Berkshire o los redrojos de Suffolk. ¿Quién puede equivocar los dialectos de Yorkshire o Somersetshire, los cuales no son meras pronunciaciones provinciales, sino también tonos? Seria difícil descubrir la causa del hecho que nos consta con toda claridad, de que en algunos distritos de Inglaterra las gargantas de los hombres parecen que se obstruyen, como teteras que se han usado por mucho tiempo, y en otros resuenan como un instrumento de música de bronce, con un sonido metálico y desagradable. Estas variaciones de la naturaleza bien pueden ser hermosas en su tiempo y lugar oportunos, pero yo nunca he podido apreciarlas. De todos modos, debemos quitarnos un alarido penetrante y disonante que se parece al sonido hecho por tijeras mohosas; así también no podemos tolerar una enunciación indistinta e inarticulada, en la cual ninguna palabra es completa, sino que los nombres, los adjetivos y los verbos se hacen en una especie de picadillo. Igualmente reprensible es aquella habla lúgubre en la cual un hombre no hace uso de sus labios, sino imita a un ventrílocuo. Los tonos sepulcrales pueden preparar a un hombre para que sirva de comisario de entierros, pero Lázaro no se resucita con gemidos roncos. Uno de los modos más eficaces de mataros es el de hablar con la garganta en vez de hacerlo con la boca. Este mal uso de la naturaleza será castigado de un modo terrible por ella; evitad la pena con no caer en la falta. Puede seros útil que insista aquí para que luego os detengáis con frecuencia en la pronunciación de las palabras, y os quitéis este hábito insinuante y pernicioso, lo más pronto posible. No hay necesidad ninguna de dicha costumbre, y aunque los que ya son víctimas de ella nunca podrán romper sus cadenas, vosotros los que sois principiantes en la oratoria debéis rehusar llevar ese molesto yugo. Es necesario también deciros que abráis la boca al hablar, porque el inarticulado gruñido tan común entre nosotros, es el resultado, por regla general, de mantener la boca medio cerrada. Los evangelistas no escribieron en vano del Señor: «Y abriendo su boca, les enseñaba». Abrid cuanto sea necesario las puertas por las cuales la verdad tan hermosa ha de salir. Además, hermanos, evitad el uso de la nariz como órgano de la elocución, porque las mejores autoridades están de acuerdo que tiene por objeto el que con ella se huela. Hubo un tiempo en que el retintín nasal era una cosa de mérito, pero en esta época de retroceso haríais mejor en obedecer las sugestiones de la naturaleza, dejando que ejecute la obra que le está encomendada, sin la intervención del instrumento formado para el olfato. Si acaso está presente un estudiante americano me ha de disimular que le llame la atención especialmente sobre esta observación. Evitad la costumbre de muchos que no pronuncian con claridad la letra «i», pues esta falta no tiene excusa, y es muy ridícula en su efecto. A algunos hermanos pertenece la dicha de poseer un ceceo de la clase más atractiva y deliciosa. Esto tal vez es el menor de los males en caso de un hermano pequeño de estatura y encantador por naturaleza, pero arruinaría a alguien cuyo deseo fuera el de poseer la dignidad y la fuerza. Apenas puedo figurarme a Elías ceceando a Acab o a Pablo cortando lindamente sus palabras en medio del Areópago. Bien puede haber algo patético en tener los ojos débiles y llorosos y en detenerse en la pronunciación de las palabras; más todavía, admitimos que cuando estos distintivos resultan de una pasión ardiente, son sublimes; pero algunos los tienen por nacimiento y hacen uso de ellos con demasiada frecuencia, y puedo decir a lo menos, que no es necesario que los imitéis. Hablad así como vuestra naturaleza educada os sugiera, y lo haréis bien; pero tened cuidado de que ella sea cultivada y no ruda, grosera e inculta. Demóstenes como sabéis tenía mucho empeño en el cultivo de su voz y Cicerón, que era débil por naturaleza, caminó por muchos lugares de Grecia a fin de corregir su modo de hablar. Preocupándonos de asuntos mucho más sublimes no seamos menos ambiciosos de tener el mejor éxito. Dijo Gregorio Nacianceno: «Quitadme todo lo demás, menos la elocuencia; y nunca me pesará haber hecho muchos viajes para estudiarla».

III. HABLAR PARA SER OÍDOS

Hablad siempre de tal manera que podáis ser oídos. Conozco a un hombre que pesa noventa kilos y que podría ser oído a una distancia de media milla; pero es tan desidioso en su modo de hablar, que apenas se le puede oír enfrente del coro. ¿Para qué sirve un predicador cuyas palabras no pueden ser oídas? La modestia debe inducir a un hombre falto de voz, a ceder su lugar en favor de otro más apto para la tarea de pregonar los mensajes del rey. Hay hombres que hablan bastante alto, pero les falta la claridad en su pronunciación, sus palabras contienden entre si, se confunden y se estorban las unas a las otras. Pronunciar con claridad es cosa de mucha más importancia que la mera fuerza del aliento. Dad a una palabra la oportunidad de ser oída, no la destrocéis en vuestra vehemencia, ni la obscurezcáis en vuestra precipitación. Es detestable oír a un hombre robusto gruñir y hablar entre dientes, aunque sus pulmones tengan fuerza suficiente para dar las notas más altas; pero por otra parte, es necesario tener presente que por fuerte que sea la voz de un hombre, no se le oirá bien si no pronuncia cada palabra con claridad. Hablar con demasiada lentitud es cosa muy fastidiosa y que sujeta a los oyentes reflexivos a la enfermedad llamada «los horrores». Es imposible escuchar a un hombre que avanza solamente una milla en cada hora. Una palabra hoy y otra mañana, son como un fuego lento que solo los mártires pueden soportar. Tampoco se puede justificar la costumbre de hablar con una rapidez excesiva; la de dar de gritos, y la de enfurecerse a semejanza de un loco, este estilo no tiene influencia, ni la tendrá nunca si no es en los idiotas, porque cambia lo que debe ser un ejército de palabras, en una masa confusa de sílabas y del modo más eficaz inunda el sentido en diluvios de sonidos. A veces se oye a un orador enfurecido a quien le falta la claridad en su pronunciación, y cuya vehemencia le hace proferir sonidos de tal modo confusos, que haría recordar al que estuviera un poco retirado, estos dichos de Luciano: «Un hombre gruñidor hace que su lengua profiera sonidos que no se asemejan a los humanos; se parecen al ladrido de un perro o al aullido de un lobo; al chillido lúgubre del mochuelo a media noche; al silbo de las serpientes; al bramido del león voraz; al estruendo de las olas que se estrellan contra los arrecifes de la playa; al bramido de los vientos en el bosque; y al estallido del trueno que surge de las nubes electrizadas y todas estas cosas se parece a la vez». Es una molestia que no se debe sufrir más de una vez, oír a un hermano precipitarse al modo de un caballo bronco que lleva pegado un tábano en la oreja, hasta que se agota su aliento y se ve precisado a detenerse para llenar de nuevo de aire sus pulmones; es con todo muy común y muy penosa la repetición de esta inexcusable falta en el mismo sermón. Haced pues pausas en tiempo oportuno, y precaveos de aquella asfixia producida por el esfuerzo de tomar aliento, que más bien inspira lástima para el orador desfallecido, que interés por el asunto de que está tratando. Vuestro auditorio no debe notar que respiráis: el acto de tomar aliento debe pasar tan inadvertido, como la circulación de la sangre. Es indecente hacer que las meras funciones animales referentes a la respiración, causen hiatos o interrupciones en vuestro discurso.

1. Por regla general, no empleéis toda la voz en vuestra predicación. Dos o tres hombres enérgicos bien conocidos se hallan ahora sufriendo las consecuencias de su costumbre infundada de gritar a voz en cuello; se han irritado sus pobres pulmones e inflamándose su laringe, por sus gritos tan violentos de los que al parecer no pueden prescindir. No cabe duda en que es bueno a veces «clamar a gran voz y no detenerse», pero es preciso también tener presente como un consejo apostólico, las siguientes palabras: «No te hagas ningún mal». Cuan-

do los oyentes puedan oíros hablando vosotros a media voz, debéis economizar la fuerza superflua para cuando la hayáis de menester. «No malgastéis y no tendréis necesidad», es un adagio que bien pudiera aplicarse tratándose de este asunto. Evitad una cantidad exagerada de sonidos altos. No hagáis doler a vuestros oyentes la cabeza, cuando lo conveniente seria hacer que les doliera el corazón. Cierto es que debéis procurar conservarlos despiertos, pero recordad que para esto no es necesario romperles el tímpano del oído. «El Señor no está en el viento». El trueno no es relampagueo. El ruido no determina la facilidad con que oyen los hombres, al contrario, demasiado ruido ensordece el oído, produce reverberaciones y ecos, y así de un modo eficaz disminuirá la fuerza de vuestros sermones. Acomodad vuestra voz a vuestro auditorio. Cuando estén presentes 20.000 personas, sacad todos los registros y dejad emitir al instrumento toda su fuerza; pero tened cuidado de no hacer lo mismo en un cuarto en el cual no puedan hacer más de 30 o 40. Siempre que yo entro en un edificio con el fin de predicar, calculo en el acto mismo cuánta voz sea necesaria para llenarlo, y después de decir unas cuantas palabras, fácilmente determino la elevación de voz que preciso. Si podéis hacer que oiga una persona sentada al otro extremo de la capilla; si podéis ver que él entiende lo que estáis diciendo, podéis estar seguros de que las que estén sentadas más cerca os oyen, y no hay, por ello, necesidad de emplear más voz; quizá bastará menos, observad y decidid. ¿A qué conduciría hablar de modo que se os oyera en la calle, siendo así que no había ninguno que en ella os escuchara? Aseguraos de que los oyentes más distantes, sea que estén dentro o afuera, puedan oíros fácilmente, y esto bastará. Quiero de paso hacer la observación de que siendo un deber de los hermanos compadecerse de los débiles, tienen siempre la obligación de atender con mucho cuidado a la fuerza de su voz en los cuartos de los enfermos, y en las congregaciones donde se sabe que hay muchos que lo están. Es algo muy cruel sentarse al lado del lecho de un enfermo y decir a gritos: «El Señor es mi Pastor». Si obráis así, sin reflexión, el pobre paciente no podrá menos que decir luego que os despidáis de él: «¡Ay de mí!, cuando me duele la cabeza me alegro mucho de que ese buen hombre se haya marchado. El Salmo 23 que recitó es muy precioso y tranquilizador, pero él lo leyó asemejándose al trueno y al relámpago y casi me aturdió». Recordad, jóvenes y solteros, que susurros blandos le convienen más a un enfermo, que un zambombazo o el disparo de un cañón.

2. Observad cuidadosamente la costumbre de variar la fuerza de vuestra voz. Antes la regla era ésta: «Comenzad muy suavemente, subid poco a poco, y al fin emplead las notas más altas de vuestra voz». Que todas estas reglas u otras semejantes sean abolidas, porque son fútiles y engañosas. Hablad en voz alta o baja, según las exigencias del sentimiento de que estéis poseídos; no os sometáis a ningunas reglas artificiales o caprichosas. Estas son abominables. El Sr. de Cormorin dice satíricamente: «Sed apasionados, tronad, enfureceos, llorad, hasta la quinta palabra de la tercera sentencia del párrafo décimo de la décima página. ¡Cuán fácil no seria esto, y más que todo, cuán natural!». Cierto ministro queriendo imitar a un predicador popular que no podía evitar la costumbre de principiar su sermón en voz tan baja que a nadie le era posible escucharlo, hacia lo mismo. Todos sus oyentes se inclinaban temiendo dejar de escuchar algo provechoso, pero sus esfuerzos eran inútiles, pues apenas podían discernir otra cosa que un murmullo santo. Si a este hermano se le hubiera dificultado hablar en alta voz, nadie le habría criticado; pero parecía muy absurda la introducción, cuando al corto tiempo mostraba la fuerza de sus pulmones llenando todo el edificio de sentencias sonoras. Si la primera mitad de su discurso no tenía importancia, ¿por qué no la omitía? y si tenía algún valor, ¿por qué no la pronunciaba con claridad? «singularizarse», señores, era el objeto principal del predicador, él había sabido que uno que hablaba de ese estilo, había producido grandes efectos y tenía esperanzas de rivalizar con él. Si alguno de vosotros se atreviera a co-

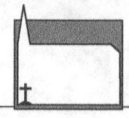

meter tal tontería con un objeto tan reprochable, desearía yo de todo corazón, que nunca hubiera entrado en este establecimiento. Os declaro con toda sinceridad, que la cosa llamada «singularización» es odiosa, porque es falsa, artificial, engañosa, y por tanto despreciable. Nunca hagáis nada con el fin de causar efecto, sino detestad las artimañas de las almas pequeñas que solo buscan la aprobación de los peritos en el arte de predicar. Esta clase de oradores es tan odiosa a un predicador sincero como lo son las langostas al agricultor oriental. Pero estoy apartándome del asunto: hablad clara y distintamente desde el principio de vuestros discursos. La introducción de un sermón es demasiado interesante para ser dicha entre dientes. Preferiría confiadamente, y llamad a vuestro auditorio la atención desde un principio, por vuestra voz varonil. Por regla general, no principiéis hablando en la voz más alta, porque en tal caso se os exija por el interés creciente del sermón; pero sin embargo, procurad como digo, hablar con toda claridad desde el principio del discurso. Bajad la voz aun hasta hablar callado, cuando sea conveniente, porque los tonos suaves, premeditados y solemnes, no solo dan descanso al oído, sino que son muy apropiadas también para influir en el corazón. No dejéis de hacer uso de los tonos bajos, porque si los usáis con fuerza, serán oídos también como si gritarais. No es necesario que habléis en voz muy alta para ser bien oído. Macaulay dice respecto de Guillermo Pitt: «Su voz, aun cuando bajaba a veces mucho, era oída hasta los bancos más distantes de la Cámara de los Comunes». Se ha dicho y con razón, que la escopeta más ruidosa no es la que lleva una bala a la mayor distancia; al contrario, la descarga de un rifle hace muy poco ruido. No es el tono elevado de vuestra voz el que la hace eficaz, sino la fuerza con que la empleáis. Estoy seguro de que podría yo hablar bajo y de modo que se me oyera por todos los ámbitos de nuestro gran Tabernáculo; y estoy igualmente cierto de que podría desgañitarme gritando de tal modo que nadie pudiera entenderme. Sería muy fácil hacer la prueba aquí, pero tal vez el ejemplo no sea necesario, pues temo que algunos de vosotros seáis capaces de hacerlo con el mejor éxito. Olas de aire pueden estrellarse en el oído en una sucesión tan rápida que no produzcan ninguna impresión traducible en el nervio auditivo. La tinta es necesaria para escribir; pero si volteáis la botella de tinta sobre un pliego de papel, con esto no comunicáis ningún significado. Lo mismo sucede con el sonido; este es como la tinta, pero se necesita no una gran cantidad, sino un buen uso de él, para producir una impresión inteligible en el oído. Si vuestra única ambición es la de competir con «un hombre gigantesco dotado de pulmones de bronce, cuya garganta sobrepujaba la fuerza de 50 lenguas», vocead a vuestro gusto, y llegad al Eliseo tan pronto os sea posible; pero si queréis ser entendidos y útiles evitaos el reproche de ser «impotentes y ruidosos». Sabéis muy bien que los sonidos agudos son los más penetrantes: el grito singular usado por los que viajan en los desiertos de Australia, debe su fuerza especial a lo agudo de él. Una campana se puede oír a mucha mayor distancia que un tambor; y lo extraño es que cuanto más musical sea un sonido, tanto mas penetrante será. Lo que se necesita no es golpear el piano, sino tocar diestramente las debidas teclas. Estaréis por consiguiente en entera libertad para bajar la voz con frecuencia, y así daréis descanso tanto al oído de vuestro auditorio, como a vuestros propios pulmones. Probad toda clase de métodos, desde el golpe dado con el formidable mazo, hasta la simple caricia. Sed tan suaves como un céfiro, y tan vehementes como un torbellino. En una palabra, sed lo que cada persona de sentido común, es cuando habla naturalmente: aboga con vehemencia, cuchichea confidencialmente, apela con tristeza o pregona con claridad.

3. Después de haber tratado ya de la necesidad de moderar la fuerza de los pulmones, establecía yo esta regla: modulad vuestros tonos. Cambiad con frecuencia la elevación de la voz, y variad constantemente su tono. Dejad que se oigan en sus respectivos turnos, el bajo, el tiple y el tenor. Os suplico que hagáis esto teniendo compasión así de vosotros mismos como de vuestro

Ministerio, Dones, Predicación, Mayordomía ...

auditorio. Dios tiene misericordia de vosotros, y dispone todas las cosas de tal modo que quede satisfecha vuestra tendencia a buscar la diversidad. tengamos a nuestra vez piedad de nuestros semejantes, y no les fastidiemos con la monotonía de nuestros tonos. Es una cosa cruel sujetar el tímpano del oído de un semejante nuestro, a la pena de ser taladrado y barrenado con el mismo sonido por el espacio de media hora. ¿Qué modo más eficaz de volver a uno idiota o loco puede concebirse, que el zumbido constante de un escarabajo o de una mosca en el oído? ¿Qué facultad tenéis para cometer libremente semejante crueldad en las víctimas desamparadas que asistan a vuestras monótonas predicaciones? La naturaleza bondadosamente libera con frecuencia a las desgraciadas víctimas del monótono predicador, del pleno efecto de los tormentos que éste causa, haciéndolas dormir. Pero como no es esto lo que deseáis, debéis evitarlo variando los tonos de vuestra voz. ¡Cuántos ministros se olvidan de que la monotonía hace dormir a sus auditorios. Me temo que el cargo hecho por un escritor en la Revista Imperial, sea literalmente verdadero en cuanto a muchos de mis hermanos en el ministerio. Dice así: «Todos sabemos que el ruido del agua corriente, o el murmullo de la mar, o el suspiro del viento meridional entre los pinos, o el arrullo de las palomas, produce una languidez deliciosa y soñolienta. Lejos de nosotros se asemeja mejor que la voz de un predicador moderno, ni aun en la cosa más mínima, a ninguno de estos sonidos; sin embargo, el resultado de una y otra cosa es el mismo, y hay pocos que puedan resistir a las influencias soporíferas de una disertación larga pronunciada sin la menor variación de tono o cambio de expresión». En verdad el uso muy excepcional de la frase «un discurso despertador», aun por los que están más familiarizados con esta clase de asuntos, implica que casi todas las arengas del púlpito tienden a hacer dormir. El caso es muy malo cuando el predicador deja a sus oyentes perplejos y comprimidos entre el texto que dice «velad y orad», y el sermón que dice «dejaos dormir». Por musical que fuera vuestra voz en sí misma, si seguís tocando el mismo tono sin cesar, vuestros oyentes pronto percibirán que vuestras notas les agradan más de lejos que de cerca. Os exhorto en nombre de la humanidad, a que ceséis de entonar y empecéis a hablar de un modo natural. Si lo expuesto no es suficiente para convenceros, agregaré por estar tan profundamente interesado en este asunto, un argumento basado en vuestro propio bien. Si no queréis compadecer a vuestros oyentes, tened compasión al menos de vosotros mismos, recordando que así como le place a Dios en su sabiduría infinita, imponer siempre un castigo a todo pecado ya sea contra sus leyes naturales, ya contra las morales, así es castigada muchas veces la monotonía con aquella enfermedad peligrosa que se llama *dysphonia clericorum*, en otras palabras, dolor clerical de garganta. Si algunos hermanos disfrutan el amor de sus feligreses en tal grado que éstos no tengan inconveniente ninguna en pagar una cantidad considerable para que sus pastores hagan un viaje de recreo hasta Jerusalén en tal caso se toma en bien de ellos una ligera bronquitis, de tal manera que mi argumento actual no les turbará su serenidad de ánimo; pero semejante suerte no me toca a mí, puesto que para mi la bronquitis quiere decir una molestia insoportable; y por tanto, adoptaría yo cualquier consejo racional para evitarla. Si queréis arruinar por completo vuestras gargantas, podéis hacerlo muy pronto y con mucha facilidad, pero si por el contrario, queréis conservarlas, ateneos a lo expuesto. He comparado muchas veces en este lugar, la voz humana con un tambor. Si el que toca el tambor siempre diera golpes en el mismo lugar del parche, éste pronto se agujearía; pero cuánto tiempo no le habría servido si hubiera variado algo sus golpes, haciendo uso de toda la superficie de la piel. Lo mismo pasa con la voz de un hombre. Si hace uso siempre del mismo tono, gastará, digámoslo así, muy pronto esa parte de la garganta que se emplea en producir la monotonía y se apoderará de él la bronquitis. He oído decir a los cirujanos, que la bronquitis de los disidentes difiere de la que se encuentra en la Iglesia de Inglaterra. Hay un acento particular eclesiástico, por decirlo así, que agrada mucho a los que pertenecen a la Iglesia Anglicana. Consiste en una especie de grandeza que parece haberse producido por un campanario situado en la garganta del predicador. Este dar vueltas a las palabras en su boca, y después de haberlas volteado hacia abajo, las pronuncia de una manera muy aristocrática, teológica, clerical y sobrenatural. Bien, si un hombre que habla de este modo tan poco natural, no sufre con el tiempo de la bronquitis o de alguna otra enfermedad, es claro entonces que las enfermedades de la garganta se distribuyen de una manera enteramente arbitraria. Ya ni un golpe al modo de hablar que se encuentra entre los disidentes. No cabe duda en que a esta clase de defectos es debido el hecho de que tantos ministros se encuentren débiles de la laringe y del pulmón, y muchos de ellos desciendan pronto al sepulcro siendo todavía jóvenes. Si queréis conocer la autoridad sobre la cual se basa la amenaza que acabo de haceros, la encontraréis en la opinión del Sr. Macready, eminente actor trágico que merece nuestra atención más respetuosa, por considerar el asunto bajo un punto de vista enteramente imparcial y experimental. Dice: «Una garganta irritada es ordinariamente el efecto no de haber hecho un uso excesivo de aquel órgano, sino de haberlo usado mal, es decir, no se debe al hecho de haber hablado mucho tiempo, ni en alta voz, sino de haberlo hecho en voz fingida». No estoy seguro de que me entendáis en lo que voy a decir, pero es un hecho que no hay una persona entre 10. 000, que al dirigir la palabra a una concurrencia de personas, lo haga en voz natural; y se nota esto especialmente en el púlpito. Yo creo que la irritación de la garganta es el efecto de habérsele esforzado mucho en producir tonos afectados, y que como consecuencia de esto se encuentra muchas veces mas tarde una grave irritación y aun ulceración. El trabajo de un día en el púlpito es muy poco si se compara con el de uno de los personajes principales que figuran en la representación en uno de los dramas de Shakespeare; y ni tampoco puede compararse la predicación de dos sermones, por lo que toca al trabajo, con el esfuerzo hecho por cualquier hombre de estado al pronunciar un discurso de importancia especial en las cámaras del Parlamento; y estoy seguro de que la enfermedad a que se le llama el dolor clerical de garganta, se puede atribuir generalmente al modo de hablar de los ministros, y no al tiempo empleado por ellos en predicar, ni a la violencia de los esfuerzos hechos por ellos. He sabido que varios de mis contemporáneos anteriores, sufren hoy dolor de garganta; pero en mi concepto, no se puede decir que esta enfermedad sea común entre los actores eminentes en su arte. Se les exige con frecuencia a los actores y a los abogados, que hagan uso de su voz por mucho tiempo y con mucha fuerza, y no existe sin embargo ninguna enfermedad a que se le llame dolor de garganta de abogado, o bronquitis de actor trágico y ¿por qué?, simplemente porque éstos no se atreven a servir al publico de una manera tan desaliñada, como algunos predicadores sirven a su Dios. El Dr. Samuel Fenwich, en un tratado popular sobre Enfermedades de garganta y de pulmón, ha dicho sabiamente: «Teniendo presente lo antedicho respecto de la fisiología de las cuerdas vocales, es claro que el hablar continuamente en el mismo tono, cansa a uno mucho mas pronto que cuando se varia con frecuencia la elevación de la voz, puesto que en aquel caso se usa un músculo, o cuando más una clase de músculos; pero en este último caso, se hace uso de varios músculos y así se ayudan mutuamente. De un modo semejante, un hombre que repite la acción de elevar su brazo en una dirección rectangular respecto de su cuerpo, se cansa a los pocos minutos, porque solo una serie de músculos soportan el peso; pero estos mismos músculos bien pueden obrar todo el día alternando su acción con la de otros sucesivamente. Por tanto, siempre que oímos a un ministro entonar la liturgia leyendo, orando y exhortando, con los mismos gestos y con el mismo tono de voz, podemos estar enteramente seguros de que está cansando sus cuerdas vocales diez veces más de lo que es absolutamente necesario».

Ministerio, Dones, Predicación, Mayordomía ...

Tal vez aquí deba reiterar una opinión expresada muchas veces en este lugar, y la cual me recuerda al autor que acabo de citar. Es ésta: si los ministros hablaran con más frecuencia, no se enfermarían tan fácilmente de la garganta y el pulmón. Estoy bien seguro de esto, se basa tal opinión en mi propia experiencia y en una observación algo extensa, y tengo la confianza de no estar equivoco. Señores, predicar 2 veces por semana no es muy peligroso; para mí, hacerlo 5 o 6 veces es cosa saludable, y aun predicar 12 o 14 no me es perjudicial. Un vendedor ambulante al comenzar a pregonar sus coliflores y papas un día en la semana, se cansaría mucho; pero después de haber llenado las calles, las callejuelas y callejones con sus sonoros gritos por seis días consecutivos, no sufrirá ninguna enfermedad de garganta que lo prive de proseguir su humilde trabajo. Mucho me agradó el encontrar que mi opinión de que el predicar rara vez es la causa de muchas enfermedades, fuese una cosa declarada así terminantemente, por el Dr. Fenwick diciendo: «En mi concepto todas las direcciones prescritas serán enteramente inútiles, sin el ejercicio diario y regular de la voz. Parece que nada tiende tanto a causar esta enfermedad, como el hablar rara vez y extensamente, alternando de ese modo el mucho trabajo con un largo descanso, como suelen hacerlo especialmente los ministros. Cualquiera que se fije este asunto por ligeramente que sea, entenderá pronto la razón de lo expuesto. Si un hombre u otro animal está destinado a hacer algún extraordinario esfuerzo muscular, se le sujeta a un ejercicio sistemático día tras día, con el fin de prepararlo debidamente para sufrir tal prueba, y así se le hace fácil la tarea que de otro modo le seria casi imposible ejecutar. Pero la generalidad de los ministros no hablan mucho, sino sólo un día de la semana; en los otros seis, casi nunca hacen uso de su voz en un tono más alto que el de conversación. Si un herrador o un carpintero se impusiera sólo ocasionalmente la fatiga propia del ejercicio de su arte, le faltaría muy pronto la fuerza necesaria para seguir trabajando, y perdería también su aptitud para ello. El ejemplo de los más célebres oradores del mundo, prueba las ventajas que resultan de hablar regularmente y con mucha frecuencia. Por esto aconsejaría yo a cuantos propenden a sufrir la enfermedad antedicha, que leyeran en voz alta una o dos veces en el día, haciendo uso de la misma elevación de voz que en el púlpito, y entendiendo especialmente a la postura del pecho y de la garganta, y a la articulación clara y propia de las palabras». El Rev. Sr. H. W. Beecher es de la misma opinión, puesto que dice: «Los muchachos que venden periódicos nos ponen de manifiesto lo que el ejercicio en el aire libre puede hacer por el pulmón. Si un ministro pálido y débil de voz, que con dificultad puede ser escuchado por doscientos oyentes, tuviera que gritar en alta voz todo el día como lo hacen los muchachos referidos, ¿qué haría? Éstos se paran en un extremo de la calle y hacen que su voz la recorra toda, a semejanza de un atleta que hace que la bola que arroja recorra toda la mesa de un boliche. Aconsejaríamos a los hombres que se están preparando para alguna profesión que requiera hablar, que vendieran mercaderías en las calles durante algún tiempo. Bien pudieran los ministros jóvenes asociarse por algunos meses a los muchachos que venden periódicos, para que así se acostumbraran a abrir la boca y para que robustecieran su laringe».

4. Señores, otra regla muy necesaria es ésta: Acomodad siempre la voz a la naturaleza de vuestro asunto. No os mostréis alegres al tratar de un asunto triste, ni por otra parte, hagáis uso de un tono doloroso cuando el asunto os exija una voz alegre como si estuvierais bailando al son de una música angélica. No me detengo sobre esta regla, pero estad seguros de que es de la mayor importancia y de que si se observa fielmente, siempre conseguirá el predicador que se le preste atención, con tal por supuesto que el asunto lo merezca. Acomodad siempre pues, vuestra voz a la naturaleza de vuestro asunto, y sobre todo, obrad con naturalidad en cuanto hagáis. Cuando se le preguntó a Johnson si Burke se parecía a Tulio Cicerón, contestó: «No, señor, se parece sólo a Edmundo Burke». Abandonad para siempre

toda sujeción servil a reglas o a modelos. No imitéis las voces de otros oradores, o si obedeciendo una propensión invencible, debéis imitar a alguno, tened cuidado de no ser émulos sino de las excelencias que en ellos sean notorias, y ningún mal resultará. Yo mismo confieso que me encuentro por una influencia irresistible, impulsado a imitar lo que oigo de tal modo, que un viaje que haga yo por la Escocia o por Gales, de dos o tres semanas, siempre afecta materialmente mi pronunciación y mi tono. Por mucho que me opusiera a esta tendencia, no me seria posible vencerla; y el único remedio, por lo que yo sé, es dejarla que acabe por una muerte natural.

5. Señores, vuelvo a repetir mi regla: haced uso de vuestra voz natural. No seáis monos, sino hombres; no seáis loros, sino hombres originsales en todas las cosas. Se dice que el mejor estilo de usar la barba es aquel según el cual crece ésta por naturaleza, puesto que solo así convendrá a la cara de uno, en color y en forma. Vuestro propio modo de hablar será el que esté en armonía con vuestro modo de pensar y con vuestra personalidad. El comediante es para el teatro: el hombre cultivado en su personalidad santificada, es para el santuario. Si creyera yo que pudierais olvidar esta regla, la repetiría hasta el cansancio: sed naturales, sed naturales, sed naturales antes de todo y para todo. Os arruinaría inevitablemente cualquiera afectación de voz o cualquiera imitación del estilo del Dr. Pico de oro el teólogo eminente, o aun del de cualquier profesor o presidente de colegio. Os exhorto a que abandonéis por completo toda esclavitud de imitación, y a que os levantéis a la nobleza de la originalidad.

6. Debo añadir otra regla: esforzaos en educar vuestra voz. No rehuséis hacer todo lo posible por lograr este fin, teniendo presente lo que se ha dicho y con razón: «Por prodigiosos que sean los dones que la naturaleza prodiga a sus escogidos, no pueden desarrollarse ni perfeccionarse sino por medio de mucho trabajo y de mucho estudio». Recordad a Miguel Ángel que trabajaba toda la semana sin desnudarse, y a Handel que gastaba todas las teclas de su clavicordio hasta ponerlas como cucharas, por su práctica incesante. Señores, después de esto, no hagáis mención de dificultades, ni de cansancio. Es casi imposible ver la utilidad de la costumbre de Demóstenes de hablar llevando piedrecillas en la boca; pero cualquiera puede entender que útil le fue arengar ante las olas tempestuosas de la mar, porque así aprendió el modo de conseguir la atención de un auditorio, por tumultuoso que fuera; y es claro también el por qué hablaba aquel mientras corría por una subida, pues así se robustecieron sus pulmones en extremo. La razón de esto es tan palpable, como lo es recomendable la abnegación así manifestada. Debemos hacer uso de todos los medios que estén a nuestro alcance para perfeccionar la voz, puesto que con ella hemos de difundir el Evangelio glorioso del Dios bendito. Tened mucho cuidado en pronunciar cada una de las consonantes con la mayor claridad, porque son las facciones y la expresión, digámoslo así, de las palabras. Seguid practicando hasta que podáis articular cada una de las consonantes con la mayor distinción; las vocales tienen su propio sonido, y así pueden expresarse por si mismas. En todo lo demás perteneciente a este asunto, poned en práctica una disciplina muy severa, hasta que venzáis vuestra voz y la tengáis domesticada como sí fuera un caballo perfectamente bien educado a la rienda. A los hombres de pecho angosto se les aconseja que hagan uso todos los días por la mañana, de los aparatos gimnásticos provistos por el colegio. Necesitáis pechos bien desarrollados, y debéis hacer todo lo posible por adquirirlos. No habléis con las manos en los bolsillos de los chalecos, debilitando así vuestro pulmón, sino enderezaos como lo hacen los cantores públicos. No os inclinéis sobre el púlpito, ni bajéis la cabeza sobre el pecho mientras estéis predicando. Que se inclinen vuestros cuerpos hacia atrás, más bien que hacia adelante. Aflojaos las corbatas y los chalecos, si es que os oprimen algo; dejad que los fuelles y los tubos tengan lugar amplío para obrar. Notad bien las estatuas de los oradores romanos o griegos. Observad el retrato de Pablo por Rafael, e imitad

Ministerio, Dones, Predicación, Mayordomía ...

sin afectación ninguna, las posturas graciosas y a propósito allí representadas, porque ellas son las mejores para la voz. Buscad a un amigo que pueda deciros cuáles son vuestras faltas, o lo que seria mejor aun, dad la bienvenida a cualquier amigo que os vigile rigurosamente y os hiera sin piedad. ¡Qué grande bendición no sería tal crítico para un hombre sabio, y qué incomodidad tan insoportable para un necio! Corregíos diligente y frecuentemente, o de otro modo caeréis en muchos errores sin saberlo; se multiplicarán los falsos tonos, y se formarán insensiblemente muchas costumbres desaliñadas. Por tanto, criticaos severamente y sin cesar. No tengáis en poco nada de lo que contribuya a haceros un poco más útiles. Pero no por esto, señores, degeneréis nunca haciéndolo todo para convertiros en pisaverdes del púlpito, pensando que los gestos y la voz son el todo. Me causa náuseas oír decir que hay hombres que emplean toda la semana en preparar un sermón cuya preparación principal consiste en repetir ante un espejo sus preciosas producciones. ¡Ay de este siglo, si los corazones destituidos de gracia tienen que ser perdonados en atención sólo a sus graciosos modales! Mejor sería que prevalecieran todas las vulgaridades del hombre más inculto, que las bellezas perfumadas de una cortesía afeminada. No os aconsejaría yo que fueseis fastidiosos en cuanto a vuestra voz, así como no os recomendaría que imitarais a aquel carácter ficticio de Rowland Hill con su anillo de diamante, con su pañuelo perfumado de esencias y con sus anteojos. Los hombres exquisitos no deben funcionar en el púlpito, sino en el mostrador de una sastrería, llevando ellos esta etiqueta: «Este estilo completo, incluyendo la hechura, 52,50$». Tal vez aquí estaría bien hacer la observación de que los padres deben atender más a los dientes de sus niños, puesto que defectuosos dientes bien pueden impedir eficazmente a un hombre que hable con buen éxito. Algunos hombres cuya dentición es defectuosa, deben ponerse en manos de un dentista científico y de mucha experiencia, puesto que unos cuantos dientes artificiales, o tal vez alguna operación muy sencilla, seria para ellos una bendición permanente. Dice bien mi propio dentista en una circular: «Cuando se han perdido todos los dientes o aun algunos de ellos, resulta una contracción de los músculos de la cara y de la garganta; también se perjudican y se trastornan los otros órganos de la voz que dependen en gran parte de los dientes por su eficacia, y así se produce una rotura, una languidez o una depresión en el modo de hablar, como si la voz fuera un instrumento de música falto de una nota. Es en vano esperar que la sinfonía sea perfecta, y que el acento sea bien proporcionado y consistente por lo que atañe al tono y a la elevación de la voz, si hay en ella defectos físicos. En tal caso el hablar no puede menos de ser más o menos difícil, y ordinariamente el resultado será un hábito de cecear, o de bajar la voz demasiado rápida o repentinamente; y cuando los defectos sean muy graves, se encontrará una especie de murmullo o de gruñido».

Cuando tales obstáculos existen y el remedio está a nuestro alcance, se nos exige valernos de él para hacernos así más útiles. Bien puede suceder que parezcan los dientes poco importantes, pero nunca debemos olvidarnos de que no hay cosa pequeña en una vocación tan elevada como lo es la nuestra. En lo que falta para concluir estas lecturas, haré mención de asuntos aun más insignificantes todavía, puesto que tengo la convicción profunda de que tales sugestiones sobre cosas pequeñas al parecer, pueden seros muy útiles evitándoos graves defectos en modo de hablar.

Finalmente, quisiera deciros algo sobre vuestras gargantas: Cuidadlas bien. Tened cuidado siempre en limpiarlas antes de comenzar a hablar, pero nunca lo hagáis mientras estéis predicando. Cierto hermano muy estimado, siempre habla por este estilo: «Queridos amigos –ejem, ejem–, este asunto –ejem, ejem– que vamos a tratar –ejem, ejem– es muy interesante, y –ejem, ejem– les suplico –ejem, ejem– me prestéis vuestra –ejem, ejem– más fiel atención».

Un joven predicador deseoso de mejorar su modo de hablar, escribió a Jacob Gruber pidiéndole consejo. Había adoptado la costumbre de prolongar sus palabras, en especial cuando estaba excitado. El anciano le mandó esta lacónica contestación: «Querido –¡ah!– hermano –¡ah!– cuando –¡ah!– estés –¡ah!– para predicar –¡ah!–, ten muchísimo –¡ah!– cuidado –¡ah!– de no decir –¡ah! ¡ah! ¡ah! Soy –¡ah!, ¡ah!– Jacob –¡ah!– Gruber –¡ah!–». Tened gran empeño en evitar defectos como éstos. Otros, dejando de limpiar su garganta, hablan como si estuvieran medio sofocados y quisieran expectorar, sería mejor hacerlo de una vez y no fastidiar a los oyentes repitiendo ruidos tan desagradables. El resollar y el resoplar apenas son cosas permitidas cuando el predicador tiene catarro, pero son desagradables en extremo, y si llegan a ser habituales, deben considerarse molestas. Vosotros me disimularéis el haber hecho mención de estos actos tan vulgares; pero es muy fácil que llamándoos ahora la atención sobre estos asuntos, de un modo tan claro y libre, pueda yo conseguir que os evitéis de muchas mortificaciones en lo sucesivo, y de muchos errores en cuanto al arte de hablar. Acabando de predicar, cuidad vuestras gargantas no envolviéndolas nunca estrechamente. Con bastante desconfianza me atrevo a daros este consejo como fruto de mi propia experiencia. Si algunos de vosotros tenéis bufandas de lana que os traigan tiernos recuerdos de vuestras madres o hermanas, conservadlas en el fondo de vuestros baúles, pero nunca hagáis uso de ellas llevándolas siempre envueltas alrededor de vuestras gargantas.

7. Si alguien quiere morir de catarro pulmonar, que utilice una bufanda grande en el cuello y se olvide de ella alguna noche en que haga mucho frío. El resultado será un catarro que le dure de por vida. Muy rara vez se ve a un marinero con el cuello envuelto. No, casi siempre lo tiene desnudo y expuesto a la intemperie. Usa un doblado, y si es que tiene corbata, es ésta muy chica y la usa casi suelta para que sople libremente el viento alrededor de su cuello. Creo firmemente en lo saludable de esta costumbre, y durante catorce años la he practicado. Antes sufría yo muy a menudo catarros, pero durante este tiempo me han caído muy rara vez. Si sentís la necesidad de alguna cosa más de lo que tenéis, dejad crecer vuestra barba, ésta es una costumbre muy bíblica, natural, varonil y benéfica. Uno de nuestros hermanos, aquí presente, ha tenido esta precaución durante cuatro años, y dice que le ha servido de mucho. Se vio obligado a salir de Inglaterra por haber perdido su voz, pero se ha puesto tan robusto como lo era Sansón, sólo por dejar crecer su barba. Si alguna vez os encontráis enfermos de la garganta, consultad a un buen médico; o si no podéis hacerlo, atended según vuestro gusto a las sugerencias siguientes: Nunca compréis «confites de Malvavisco», «ni pastilla de Brown», ni «obleas para el pulmón», ni «ajenjo», ni «Ipecacuana», ni ningún otro de los diez mil emolientes. Puede que os sirvan de algo por algún tiempo. Si queréis mejorar el estado de vuestra garganta, tomad sustancias astringentes tanto cuanto pueda soportar vuestro estómago. Tened cuidado de no traspasar este límite, porque debéis tener presente el que es vuestro deber cuidar tanto el estómago como la garganta; y si el aparato de la digestión no está en corriente, ningún órgano del cuerpo puede estarlo. El sentido común os enseña que los astringentes deben ser útiles. ¿Habéis oído decir alguna vez que un curtidor haya cambiado una piel en cuero sólo por variarla en agua de azúcar? Tampoco le habría servido tolú, o ipecacuana, o melado. De ninguna manera; al revés, su efecto habría sido el contrario al que buscaba. Cuando el curtidor quiere endurecer y hacer fuerte una piel, la mete en una solución de corteza de encina o de otra sustancia astringente, la cual da solidez al material y lo fortalece. Cuando empecé yo a predicar en el Salón de Exeter, mi voz era muy débil para aquel local, tan débil como lo son las voces en general, y muchas veces se me acabó por completo cuando predicaba en las calles. Las cualidades acústicas del salón eran sumamente malas por ser excesivo lo ancho de él en comparación con lo largo, y tenía yo siempre a mano una copa de vinagre fuerte mezclado con agua, un trago del cual parecía darle a mi garganta nueva fuerza siempre que se cansaba y que la voz tendía a acabarse. Cuando se me

Ministerio, Dones, Predicación, Mayordomía ...

irrita la garganta, suelo pedir a la cocinera que me prepare una taza de caldo de res, tan cargado de pimienta cuanto pueda yo soportarla, y hasta la fecha éste ha sido mi remedio eficaz. Ahora bien, teniendo presente que no estoy habilitado para funcionar como médico, no me hagáis caso más que a cualquier otro curandero. Tengo la confianza de que la mayor parte de las dificultades que pertenecen a la voz en los primeros años de nuestro ministerio, desaparecerán más tarde, y el propio uso de ella llegará a ser tan natural como lo es un instinto. Quisiera yo animar a los que tengan empeño a que perseveraran. Si sienten la Palabra de Dios como si fuera un fuego en sus huesos, aun el defecto de tartamudear se puede vencer, y también la timidez cuyo efecto nos paraliza tanto. Cobra ánimo, hermano, persevera, y Dios, la naturaleza y aun la práctica, te ayudarán. No quiero deteneros por más tiempo, sólo os expresaré el deseo de que vuestro pecho, pulmón, traquea, laringe y todos vuestros órganos vocales, duren hasta que no tengáis más que decir.

4. Mayordomía

110. LA MAYORDOMÍA

«Así, pues, téngannos los hombres por servidores de Cristo, y administradores de los misterios de Dios. Ahora bien, se requiere de los administradores, que cada uno sea hallado fiel» (1 Corintios 4:1, 2).

INTRODUCCIÓN: El pastorado como siervos y mayordomos de Cristo.

I. ¿QUÉ ES UN MAYORDOMO?
1. Es un siervo de Cristo.
2. El mayordomo en un supervisor.
   a) La gracia debe abundar en el siervo
   b) El ministro será abnegado
3. Recibe ordenes directas del Amo.
4. Ha de rendir cuentas al Señor.
5. Hace suyas las posesiones de su Amo.
6. Distribuye los bienes que da el Evangelio.
7. Cuida la familia que tiene su Amo.
8. Es representante de su amo.

II. ¿QUÉ SE REQUIERE DEL MAYORDOMO?
1. No se de demasiada importancia a si mismo.
2. Fidelidad a su Señor.
3. Ejemplo de laboriosidad en casa del Rey.
4. Lealtad al Evangelio de Cristo.
5. Atención personal a las almas.
   a) Se les ha «confiado» el Evangelio
   b) Han de «defender» el Evangelio
6. Guardarse puro.
7. Estar listo para la venida de su Amo.

CONCLUSIÓN: El buen mayordomo será galardonado con honores por el Señor.

LA MAYORDOMÍA

INTRODUCCIÓN

Amados hermanos podría incluso decir con Pablo: «Hermanos míos amados y deseados» me produce un intenso deleite mirar de nuevo vuestros rostros; y al mismo tiempo siento la carga de una solemne responsabilidad al tener que orientar vuestros pensamientos en esta hora, para dar la pauta de nuestra solemne conferencia. Pido vuestras continuas oraciones para que pueda hablar como debo, diciendo lo más apropiado de la manera más acertada.

Hay una considerable ventaja en la libertad que se disfruta en el mensaje inaugural. Puede adoptar la forma metódica de un sermón, o puede revestirse de modo más cómodo y presentarse en la forma familiar del discurso. Ciertas libertades que no se conceden a un sermón, se me permiten en esta plática discursiva. Poned a mi charla el nombre que queráis cuando haya terminado, pero será un sermón, pues tengo en mente un texto definido y claro, y me atendré a él con bastante regularidad. No estará de más que lo anuncie, pues así dispondréis de una clave para ver lo que pretendo deciros. Hallaréis el pasaje en la primera epístola a los Corintios (4:1, 2): «Así, pues, téngannos los hombres por servidores de Cristo, y administradores de los misterios de Dios. Ahora bien, se requiere de los administradores, que cada uno sea hallado fiel».

El apóstol anhelaba ser tenido por lo que era, y hacía bien; pues los ministros no suelen ser correctamente apreciados; por regla general, los demás se glorían en ellos, o los desprecian. Al principio de nuestro ministerio, cuando lo que decimos es nuevo y nuestras energías rebosan; cuando ardemos y lanzamos destellos, y pasamos mucho tiempo en preparar fuegos artificiales, las personas son propensas a tenernos por seres maravillosos; y entonces se necesita la palabra del apóstol: «Así que, ninguno se gloríe en los hombres» (1 Co. 3:21). No es cierto, como insinúan los aduladores, que en nuestro caso los dioses hayan descendido en la semejanza de hombres; y seremos idiotas si lo pensamos. A su debido tiempo, las ilusiones estúpidas serán curadas por los desengaños y entonces oiremos la desagradable verdad, mezclada con censuras injustas. El ídolo de ayer es hoy el blanco de las pullas. Sean nueve días, nueve semanas, nueve meses, o nueve años; tarde o temprano, el tiempo produce el desencanto, y cambia nuestra posición en el aprecio del mundo. Pasó el día de las primaveras, y han venido los meses de las ortigas. Cuando ha pasado el tiempo de que las aves canten, nos aproximamos a la estación de los frutos; pero los niños no están tan contentos con nosotros como cuando paseaban por nuestros exuberantes prados, y hacían coronas y guirnaldas con nuestras flores. En nuestros años maduros, la congregación echa de menos las flores y el verdor. Quizá nos estamos dando cuenta de ello. El hombre maduro es sólido y lento; mientras que el joven cabalga en alas del viento. Es evidente que algunos tienen una idea exagerada de lo que somos; otros la tienen demasiado mezquina; sería mucho mejor si todos ellos pensaran sobriamente que somos «ministros de Cristo». La Iglesia saldría ganando, nosotros seríamos beneficiados, y Dios sería glorificado, si nos pusieran en el lugar que nos corresponde, y nos mantuvieran allí, sin apreciarnos en demasía, ni censurarnos injustamente, sino considerándonos en relación con el Señor, y no en nuestras propias personalidades. «Ténganos los hombres por ministros de Cristo».

Somos ministros. Esta palabra tiene un sonido muy respetable. Ser ministro es la aspiración de muchos jóvenes. Tal vez si la palabra del original se hubiera traducido de otro modo, se enfriaría su ambición. Los ministros son siervos; no son invitados, sino criados; no son amos, sino servidores. La misma palabra ha sido traducida «remeros», y exactamente los que mueven los remos del banco inferior. Remar en una galera era trabajo duro, aquellos rápidos movimientos consumían las fuerzas vitales de los esclavos. Había tres hileras de remeros: los del banco superior tenían la ventaja del aire fresco; los que estaban debajo de ellos se hallaban más encerrados; pero supongo que los remeros del banco inferior desmayarían de calor, además de quedar agotados por el penoso trabajo. Hermanos, contentémonos con gastar nuestras vidas aun en la peor de las posiciones, con tal de que con nuestra labor podamos ser instrumentos para que nuestro gran César acelere su venida, y que podamos ayudar al avance del trirreme de la Iglesia en que el ha embarcado. Estamos dispuestos a ser encadenados al remo, y a trabajar durante toda la vida para que su nave hienda las olas. No somos capitanes, ni propietarios de la galera, sino tan sólo remeros de Cristo.

Recordemos que somos siervos en la casa del Señor. «El que es el mayor de vosotros sea vuestro siervo». Hemos de estar, pues, dispuestos a ser la alfombra a la puerta de la entrada de nuestro Maestro. No busquemos honra para nosotros, sino pongamos honra en los vasos más débiles mediante nuestros cuidados. En toda casa bien arreglada, como ya he recordado, es un hecho que el «bebé es el rey», a causa de su debilidad. Que en la Iglesia de nuestro Señor los pobres, los débiles, los afligidos tengan el lugar de honor, y los que estamos fuertes llevemos sus flaquezas. El que se humilla es ensalzado; el que se hace menos que el más inferior, es el más grande. «¿Quién enferma, y yo no enfermo?», decía el gran apóstol. Si hay algún escándalo que soportar, mejor sufrirlo que permitir que aflija a la Iglesia de Dios. Ya que somos, por nuestras funciones, siervos en un sentido

Ministerio, Dones, Predicación, Mayordomía ...

especial, llevemos con alegría la parte principal de la abnegación y las labores penosas de los santos.

Sin embargo, el texto no nos llama simplemente ministros o siervos, sino que añade «de Cristo». No somos siervos de los hombres, sino del Señor Jesús. Amigo, si crees que porque contribuyes a mi sostenimiento, estoy obligado a seguir tus indicaciones, te equivocas. Es cierto que somos «vuestros siervos por Jesús;» pero, en el sentido más elevado posible, nuestra única responsabilidad es ante aquel a quien llamamos Maestro y Señor. Obedecemos órdenes superiores; pero no podemos ceder a los dictados de nuestros compañeros de servicio, por más influyentes que sean. Nuestro servicio es glorioso, porque es el servicio de Cristo: nos sentimos honrados al permitírsenos servir a aquel cuyos zapatos no somos dignos de desatar.

Se nos dice también que somos mayordomos. ¿Qué es el mayordomo? Ésa es nuestra función. ¿Qué se requiere del mayordomo? Éste es nuestro deber. No estamos hablando ahora de nadie de los que están fuera, sino de vosotros, hermanos, y de mí mismo; por lo tanto, hagamos una aplicación personal de todo lo que se dice.

I. ¿QUÉ ES UN MAYORDOMO?

1. Primeramente, un mayordomo es tan solo un siervo. Quizá no siempre se acuerda; y es cosa lamentable que el siervo empiece a pensar que él es el amo. Es una lástima que los siervos, cuando son honrados por su amo, sean tan propensos a tener ínfulas.

¡Qué ridículo puede llegar a ser el mayordomo! No me refiero a los mayordomos y lacayos, sino a nosotros mismos. Si nos engrandecemos a nosotros mismos, llegaremos a ser despreciables; y no engrandeceremos ni a nuestra función ni al Señor. Somos siervos de Cristo, y no señores sobre su heredad.

Los ministros son para las iglesias, y no las iglesias para los ministros. Trabajando entre las iglesias, no podemos osar considerarlas como fincas a explotar en beneficio propio, ni jardines para cultivar según nuestro propio gusto. Algunos hombres hablan de una forma de gobierno liberal en su iglesia. Que sean liberales con lo que es suyo; pero que un mayordomo de Cristo se jacte de ser liberal con los bienes de su Maestro es cosa muy distinta. Como mayordomos, somos tan sólo siervos de categoría; ¡ojalá que el Señor mantenga en nosotros un espíritu de cordial obediencia! Si no tenemos cuidado en mantenernos en nuestro debido lugar, el Maestro no dejará de amonestarnos y de humillar nuestro orgullo. ¡Cuántas de nuestras aflicciones, fracasos y depresiones, proceden de que nos sentimos demasiado orgullosos! Estoy seguro de que ninguno de los que han sido honrados por Dios públicamente es del todo extraño a los castigos administrados a puerta cerrada, que impiden que la carne soberbia se exalte indebidamente. ¡Cuántas veces he orado: «No me apartes de tu servicio, Señor!», pues un mayordomo despedido es objeto de conmiseración entre los siervos de su Señor. En otros tiempos era grande y poderoso, y cabalgaba en el mejor caballo; pero cuando está despedido, cuenta menos que el más insignificante de los vaqueros. ¡Ved qué contento está de ser recibido, como agradecido huésped, en las humildes casitas de aquellos que en otros tiempos le miraban con especial respeto, cuando representaba a su Señor! Cuidad de no ser exaltados sobremanera, no sea que seáis aniquilados.

2. El mayordomo es un siervo de tipo especial, pues tiene que supervisar a los demás siervos, lo cual es difícil. Un antiguo amigo mío, que está ahora con Dios, dijo en una ocasión: «Siempre he sido pastor. Durante cuarenta años fui pastor de ovejas, y durante otros cuarenta fui pastor de hombres, y el segundo rebaño era mucho más pusilánime que el primero». Este testimonio es verdadero. Creo haber oído decir que la oveja tiene tantas enfermedades como días hay en el año; pero estoy seguro de que el otro tipo de oveja es capaz de tener diez veces más enfermedades. El trabajo del pastor es agobiador. Nuestros compañeros de servicio son asediados por toda clase de dificultades; y es lástima tener que decir que los mayordomos poco sabios causan mu-

chas más de las que serían necesarias, debido a que esperan la perfección en los demás, aunque ellos no la poseen. Después de todo, nuestros compañeros de servicio han sido sabiamente seleccionados; pues aquel que los puso en su casa sabía lo que hacía; de todos modos son escogidos por Dios, y no por nosotros. No es a nosotros a quienes corresponde hallar defectos en lo que el Señor ha escogido. Es cosa muy común en algunos injuriar a la Iglesia; pero dado que la Iglesia es la esposa de Cristo, es bastante peligroso criticar a la amada del Señor. Me siento, con respecto a la Iglesia, un poco como David respecto a Saúl; no me atrevo a levantar la mano contra el ungido del Señor. Mucho mejor será que encontremos los defectos que hay en nosotros en vez de hacerlo en nuestra congregación, si hay algo malo en ella.

a) Aun así, los miembros de nuestra iglesia son seres humanos, y el mejor de ellos es tan solo humano, aún en el mejor sentido; dirigir, instruir, consolar y ayudar a tantos espíritus diferentes, no es tarea fácil. El que gobierna entre los hombres en el nombre de Dios, debe ser hombre; y lo que es más, debe ser hombre de Dios. Debe estar dotado de la gracia, debe ser de estirpe real, y debe sobrepasar a sus compañeros por la cabeza y los hombros. Los hombres acatarán la verdadera superioridad, pero no las pretensiones oficiales. La posición superior ha de estar sostenida por aptitudes superiores. El mayordomo ha de saber más que el labrador y el peón. Debe tener inteligencia. superior a la del guardabosques y el carretero, y un carácter más eficiente que María y Juan, que han de recibir órdenes de él como mayordomos, es preciso que tengamos gracia abundante, pues de lo contrario no cumpliremos nuestros deberes, ni alcanzaremos una buena graduación.

b) Los demás siervos se regirán por lo que hagamos. El mayordomo apático, inerte y lento, tendrá a su alrededor un equipo de siervos lentos, y los negocios de su amo irán bastante mal. Los que viajan deben haber notado que los criados de un hotel se parecen mucho al propietario del mismo; cuando el amo es animoso, atento y cortés, todas las doncellas y camareros participan de su carácter; pero si os mira agriamente y os trata con indiferencia, descubriréis que el establecimiento entero tiene un aire desdeñoso. Un ministro pronto se ve rodeado de personas como él: «A tal cura, tales feligreses». ¡Ojalá que siempre estemos despiertos y seamos fervorosos en el servicio del Señor Jesús, para que nuestra congregación sea también despierta! He leído de un teólogo puritano que estaba tan rebosante de vida que su congregación decía que vivía como si se alimentara de cosas vivas. ¡Ojalá que nuestra vida sea sustentada por el pan vivo!

A menos que nosotros mismos seamos llenos de la gracia de Dios, no seremos buenos mayordomos en la dirección de nuestros compañeras de servicio. Debemos ser para ellos un ejemplo de celo y ternura, constancia, esperanza, energía y obediencia. Es preciso que practiquemos personalmente la constante abnegación, y seleccionemos como parte nuestra del trabajo lo más difícil y lo más humillante. Hemos de elevarnos por encima de nuestros compañeros mediante un desinterés superior. Encarguémonos de ir a la cabeza de las empresas peligrosas, y de llevar las cargas más pesadas. El archidiácono Haer daba una conferencia en el Trinity College cuando se oyó el grito de «¡Fuego!», sus alumnos salieron corriendo, y formaron cadena para pasarse los cubos de agua desde el río hasta el edificio en llamas. El catedrático vio a un estudiante tísico metido en el agua hasta la cintura, y le gritó: «¡Cómo! ¿Tú en el agua, Sterling?», la respuesta fue: «Alguien debe estar en ella, ¿y por qué no yo, tanto como otro?». Digámonos a nosotros mismos: «Es preciso que algunos hagan las labores penosas de la Iglesia, y trabajen en los lagares más duros, ¿y por qué no hemos de ser nosotros los que ocupemos tal puesto?». El Señor ascenderá a los que no escogen por sí mismos, sino que están dispuestos a cualquier cosa y a todas las cosas. El que ha vencido su miedo en la hora del peligro tendrá como recompensa el privilegio de poder demostrar aún mayor valor. El que es fiel sobre poco, será escogido para un pues-

Ministerio, Dones, Predicación, Mayordomía ...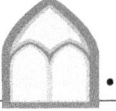

to de trabajo más difícil y prueba más severa; éste es el ascenso a que aspiran los siervos leales de nuestro Rey.

3. A continuación, recordemos que los mayordomos son siervos bajo las órdenes más inmediatas del gran Maestro. Hemos de ser como el mayordomo que va todos los días a las habitaciones privadas de su señor para recibir órdenes. Juan Labrador nunca estuvo en el salón del patrono, pero el mayordomo suele ir allí. Si dejara de consultar al patrono, pronto cometería errores, y se vería envuelto en graves responsabilidades. Cuán a menudo deberíamos decir: «Señor, muéstrame lo que quieres que haga!» Dejar de mirar a Dios para aprender y practicar su voluntad, sería abandonar nuestra verdadera posición. ¿Qué se hará a un mayordomo que nunca comunica con su amo? Darle su salario y que se vaya. El que hace su propia voluntad y no la de su señor, no tiene valor alguno como mayordomo.

Hermanos, es preciso estar continuamente esperando órdenes de Dios. Es preciso cultivar el hábito de ir a Él en busca de órdenes. ¡Qué agradecidos debiéramos estar de que nuestro Amo esté siempre al alcance de nuestra voz! él guía a sus siervos con sus ojos; y junto con su dirección, da también el poder necesario. Él hará que nuestros rostros brillen ante los ojos de nuestros compañeros si tenemos comunión con él. Nuestro ejemplo ha de alentar a otros a estar a las órdenes del Señor continuamente. Ya que nuestra ocupación es comunicarles el pensamiento de Dios, estudiemos muy cuidadosamente ese pensamiento. Confío en que no estoy hablando a un solo hombre que haya caído en el descuidado hábito de salir a su trabajo sin haber tenido antes comunión con su Señor; pues persona tan desdichada, al estar sin contacto con su Señor, ejercerá una influencia perniciosa sobre el resto de la casa, haciéndola ociosa, indiferente o insatisfecha, cuando no carente de espíritu. Si el mayordomo no siente interés por los asuntos de su amo, o si es obstinado y quisiese alterar o invertir las órdenes de su amo si se atreviera; o si de alguna manera se entremete en cosas que no debe, como hizo el mayordomo injusto de la parábola, entonces los siervos que están a sus órdenes aprenderán a ser desleales. Podría señalar cuánto se hace en esta tendencia en ciertas iglesias, pero me abstengo. El Maestro vendrá pronto, y ¡ay del mayordomo que al rendir cuentas sea hallado falto!

4. Asimismo, los mayordomos están constantemente dando cuenta. Sus cuentas se dan sobre la marcha. Un propietario eficiente exige la cuenta de salidas y entradas cada día. Hay mucha verdad en el antiguo proverbio que dice que «las cuentas cortas hacen amistades largas». Si tenemos cuentas cortas con Dios, tendremos larga amistad con Él. Me pregunto si alguno de vosotros lleva la cuenta de sus faltas y defectos. Quizá entonces emplearéis mejor el tiempo en esfuerzos constantes para servir a vuestro Amo y aumentar su finca. Cada uno debe preguntarse a sí mismo: «¿Qué consigo con mi predicación? ¿Es lo que conviene que sea? ¿Estoy dando prominencia a aquellas doctrinas que mi Señor quiere que presente ante todo? ¿Tengo por las almas el interés que Él desea que yo tenga?». Es buena cosa repasar así toda la propia vida, y preguntarse: «¿Concedo tiempo suficiente a la oración privada? ¿Estudio las Escrituras tan intensamente como debo? Voy corriendo a muchas reuniones; pero, ¿estoy cumpliendo en todo las órdenes de mi Maestro? ¿No es posible que me esté dando satisfacción a mí mismo con la apariencia de hacer mucho, mientras que en realidad haría más si fuera más cuidadoso en la calidad del trabajo que en su cantidad?», ¡Ojalá vayamos a menudo al Señor, y tengamos siempre correctas y claras nuestras cuentas con él!

5. Viniendo al punto principal: El mayordomo es depositario y administrador de los bienes de su amo. Todo lo que tiene pertenece a su amo, y es custodio de tesoros especiales no para que haga con ellos lo que guste, sino para cuidar de ellos. El Señor nos ha confiado a cada uno determinados talentos, los cuales no nos pertenecen. Los dones del conocimiento, el pensamiento, el habla y la influencia, no son nuestros para que nos gloriemos en ellos, sino que los tenemos en depósito para adminis-

trarlos para el Señor. La libra que gana cinco libras es Suya.

Deberíamos aumentar nuestro capital. ¿Hacen esto todos los jóvenes hermanos? ¿Estáis creciendo en dones y capacidad? Hermanos, cuidad de vosotros mismos. Observo que algunos hermanos crecen, y otros están estancados y se convierten en enanos sin desarrollo. Los hombres, a semejanza de los caballos, causan muchos desengaños; los buenos potros se vuelven cojos de repente, o adquieren un vicio que nadie les había sospechado. Lástima que haya tantos jóvenes que destruyen nuestras esperanzas: son extravagantes en sus gastos; se casan desatinadamente, caen presa del malhumor, buscan opiniones novedosas, ceden a la pereza y a la relajación, o dejan de progresar de alguna otra manera. Pero la labor más necesaria y provechosa es precisamente la que dedicamos a mejorar mental y espiritualmente. Hagáis lo que hagáis cuidad de vosotros, y de vuestra doctrina. Los que descuidan el pensar para poder estar continuamente charlando, son muy necios; se parecen al mayordomo que no hace nada en la granja, pero habla extensamente de lo que tendría que hacerse. Los perros mudos no pueden ladrar, pero los perros prudentes no están siempre ladrando. Estar siempre dando, y nunca recibiendo, tiende a la vacuidad.

a) Hermanos, somos «mayordomos de los misterios de Dios;» se nos ha «confiado el Evangelio». Pablo habla del glorioso Evangelio del Dios bendito que fue confiado a su cuidado. Espero que ninguno de vosotros haya tenido jamás la desgracia de ser hecho fideicomisario. Es una función ingrata. Al desempeñarla, hay poco margen para la originalidad; nos vemos obligados a administrar nuestro depósito con exactitud rigurosa. Uno desea recibir más dinero, el otro desea alterar una cláusula en la escritura; pero el fiel administrador se atiene al documento, y lo obedece. Cuando le atosigan, le oigo decir: «Lo siento, yo no redacté el documento; no soy más que administrador de un depósito, y estoy obligado a cumplir las cláusulas». El Evangelio de la gracia de Dios necesita grandes reformas, es lo que me dicen; pero sé muy bien que no tengo por qué reformarlo; lo que tengo que hacer es obrar conforme a lo que dice. Sin duda muchos quisieran reformar a Dios mismo borrándolo de la faz de la tierra, si pudieran. Reformarían la expiación hasta que no existiera. Se nos pide efectuar grandes cambios, en nombre del «espíritu del siglo». Desde luego, se nos advierte que el mismo concepto del castigo del pecado es una reliquia bárbara de la edad media, y es preciso abandonarlo, y con él la doctrina de la sustitución, y muchos otros dogmas pasados de moda. Nosotros no tenemos nada que ver con esas exigencias, tenemos que predicar el Evangelio tal como lo encontramos. Cómo depositario, si se disputa mi proceder, me atengo a la letra de la escritura; y si algunos están en desacuerdo, tienen que llevar sus reclamaciones al tribunal correspondiente, pues yo no tengo poderes para alterar el texto. Somos simples administradores; y si no se nos permite actuar, llevaremos el asunto entero a la Cancillería celestial. La disputa no es entre nosotros y el pensamiento moderno, sino entre Dios y la sabiduría de los hombres. Dicen ellos: «Es que es absurdo seguir machacando esta antiquísima historia». No nos importa lo antigua que sea; puesto que vino de Dios, la repetimos en su Nombre. Llamadla como queráis, está en el Libro del que nosotros sacamos nuestra autoridad». Pero, ¿es que no tenéis juicio propio? Tal vez lo tenemos, y tanto como los que se nos oponen; pero nuestro juicio no se inventa nada, nos guía simplemente a administrar lo que nos ha sido confiado. Los mayordomos tienen que atenerse a las órdenes recibidas, y los administradores tienen que cumplir las condiciones que les han sido impuestas.

b) Hermanos, en esta hora presente «somos puestos para la defensa del Evangelio». Si hay hombres que han sido llamados a este cargo, somos nosotros. Estamos en tiempos de inseguridad: los hombres han levado anclas y están siendo llevados por vientos y corrientes de tipo diverso. En cuanto a mí, en esta hora de peligro, no solamente he echado el ancla grande de proa, sino que además he echado cuatro anclas en

Ministerio, Dones, Predicación, Mayordomía ...

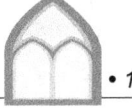

popa. Quizás esto no sea lo acostumbrado; pero en nuestros tiempos es necesario estar bien anclado. Los razonamientos escépticos quizá me hayan movido en otros tiempos, pero no ahora. ¿Nos piden nuestros enemigos que guardemos las espadas y dejemos de luchar por la fe antigua? Nosotros contestamos como los griegos dijeron a Jerjes: «Venid y tomadlas». Hace poco tiempo, los pensadores avanzados iban a barrer a los ortodoxos para echarlos al limbo; pero hasta ahora, hemos sobrevivido a sus asaltos. Son unos jactanciosos que no conocen la vitalidad de las verdades evangélicas. No, el glorioso Evangelio no perecerá jamás. Si hemos de morir, moriremos luchando. Si hemos de desaparecer personalmente, nuevos evangelistas predicarán sobre nuestras tumbas. Las verdades evangélicas son como los dientes del dragón que Cadmo sembraba; producen hombres completamente armados para la batalla. El Evangelio vive por la muerte. Sea como fuere, en esta lid, si no somos victoriosos, seremos por lo menos fieles.

6. El trabajo del mayordomo consiste en distribuir los bienes de su amo según el objeto a que están destinados. Ha de sacar cosas nuevas y viejas, ha de ofrecer leche a los niños y carne sólida a los hombres, dando a cada uno su porción oportunamente. Me temo que en algunas mesas los hombres fuertes han estado esperando mucho tiempo la carne. y hay pocas esperanzas de que aparezca; lo que abunda más es la leche con agua. El domingo pasado alguien fue a oír a cierto predicador, se quejó de que no predicaba a Cristo. Otro contestó que quizá no era el momento adecuado; pero el momento adecuado para predicar a Cristo es cada vez que se predica. Los hijos de Dios están siempre hambrientos, y no hay pan que los satisfaga, excepto el que viene del cielo.

El mayordomo prudente ha de mantener la proporción verdadera. Sacará cosas nuevas y viejas; no siempre doctrina, no siempre práctica, y no siempre experiencia. No siempre predicará el conflicto, ni siempre la victoria; no presentando un solo aspecto de la verdad, sino una especie de vista estereoscópica que hará que la verdad «destaque por su evidencia». Gran parte de la preparación de los alimentos espirituales consiste en la correcta proporción de los ingredientes. Uno usaba la palabra que no debía al decir que en sus sermones ponía tres partes de calvinismo y dos de arminianismo; queriendo decir, según después me enteré, que predicaba un Evangelio completo y al mismo tiempo gratuito; en sus intenciones, estoy de acuerdo con él. Demos una buena porción de experiencia, sin olvidar aquella vida superior que consiste en una creciente humildad espiritual. Demostrar a fondo nuestro ministerio exigirá mucha discriminación; pues la falta de proporción en lo que se predica ha causado graves daños a muchas iglesias La senda de la sabiduría es tan estrecha como el filo de la navaja, y para seguirla necesitaremos la sabiduría divina. No se toca el arpa usando una sola cuerda. Los siervos de nuestro Amo murmurarán si no les damos más que «conejo caliente y conejo frío». De la despensa del Maestro hemos de sacar una gran variedad de alimentos, adecuada para el desarrollo de la virilidad espiritual. El exceso en una dirección, y el defecto en otra, pueden producir mucho mal; por lo tanto, usemos el peso y la medida, y busquemos dirección.

Hermanos, cuidad de usar vuestros talentos para vuestro Amo, y solo para Él. Desear ser pescadores de almas para que piensen que lo somos, es deslealtad al Señor. Es infidelidad al Señor aun predicar doctrina sana si es con objeto de que se nos tenga por sanos, u orar fervientemente con el deseo de ser conocidos como hombres de oración. Hemos de buscar la gloria del Señor con ojo sencillo, y de todo corazón. Es preciso que usemos el Evangelio del Señor, la congregación del Señor, y los talentos del Señor, para Él y para nadie más.

7. El mayordomo debe ser también el guarda de la familia de su amo. Cuidad de los intereses de todos los que están en Cristo Jesús, y que todos sean tan caros para vosotros como vuestros propios hijos. En tiempos antiguos, los criados solían estar tan unidos a la familia, y tan interesados en los asuntos de sus amos, que hablaban de

nuestra casa, nuestras tierras, nuestro coche, nuestros caballos, y nuestros hijos. Así es como el Señor quiere que nos identifiquemos con sus negocios santos; y especialmente quiere que amemos a sus escogidos. Nosotros, más que nadie, debemos poner nuestras vidas por los hermanos. Debido a que pertenecen a Cristo, los amamos por causa de Él. Confío que cada uno de nosotros pueda decir de todo corazón:

«No hay cordero en tu rebaño
que desdeñe apacentar».

Hermanos, amemos de corazón a todos aquellos a quienes Jesús ama. Especialmente a los probados Y a los sufridos. Visitad a los huérfanos y a las viudas. Cuidad de los débiles y desmayados Soportad los melancólicos y desesperados. Tened presentes a todos los de la casa, y así seréis buenos mayordomos.

8. Terminaré con este cuadro cuando os haya dicho que el mayordomo representa a su amo. Cuando el amo está lejos, todos vienen al mayordomo para recibir órdenes. El que representa a un Señor como el nuestro necesita portarse bien. El mayordomo debe hablar mucho más cuidadosa y prudentemente cuando habla por su señor que cuando lo hace por su cuenta. A menos que sea precavido en lo que dice, su señor puede verse obligado a decirle: «Harías mejor en hablar por tu cuenta: no puedo permitir que me representes de manera tan falsa». Amados hermanos y compañeros de servicio, el Señor Jesús es mal representado por nosotros si no guardamos su camino, declaramos su verdad, y manifestamos su espíritu. Por el criado, lo gente deduce quien será el amo; ¿no es justificado que así lo hagan? ¿No debe actuar el mayordomo a la manera de su maestro? No podéis separarlos, ni al amo de su mayordomo, ni al Señor de su representante. A un puritano le dijeron que era demasiado cuidadoso; pero él replicó: «Sirvo a un Dios cuidadoso». Hemos de ser bondadosos, pues representamos al bondadoso Jesús. Hemos de ser celosos, pues representamos a Alguien que se envolvía en el celo como en una capa. Nuestro mejor guía, cuando no estemos seguros de lo que hemos de hacer, se hallará en la respuesta a la pregunta «¿Qué haría Jesús?». Al deliberar sobre si ir a un lugar de esparcimiento, podéis poner fin a las dudas diciendo: «Voy a ir si sé que mi Amo hubiera ido». Si os sentís movidos a hablar acaloradamente, cuidad que sea solo con el calor que habría mostrado vuestro Señor.

Si quieren que habléis de vuestros propios pensamientos más que de la verdad revelada, seguid a Jesús, que no hablaba de sus propios pensamientos, sino de los del Padre. De este modo actuaréis como debe hacerlo un mayordomo. En esto estriba vuestra sabiduría, vuestro consuelo y vuestro poder. Cuando alguien acusó a un mayordomo de locura, fue para él suficiente poder replicar: «Decid lo que queráis de lo que hice, pues yo estaba siguiendo las órdenes de mi señor». Quisquillosos, no censuréis al mayordomo. Ha hecho conforme a lo mandado por su superior; ¿qué otra cosa queríais que hiciese? Nuestra conciencia está limpia, y nuestro corazón en reposo, cuando nos damos cuenta de que hemos tomado la cruz, y hemos seguido las huellas del Crucificado. La sabiduría es justificada por sus hijos. Si no hoy, a la larga se verá que la obediencia es mejor que la originalidad, y la capacidad para ser enseñado más de desear que el genio. La revelación de Jesucristo vivirá más que las especulaciones humanas. Nos damos por satisfechos, más aún, sentimos anhelo por no ser considerados como pensadores originales y hombres de inventiva; deseamos dar a conocer los pensamientos de Dios, y terminar la obra que Él está obrando en nosotros poderosamente.

II. ¿QUE SE REQUIERE DEL MAYORDOMO?

La segunda parte de mi mensaje tratará de nuestras obligaciones como mayordomos. «Se requiere de los mayordomos, que cada uno sea hallado fiel». No se requiere que cada uno sea hallado ingenioso, o agradable a sus asociados, ni siquiera que sea hallado eficiente. Todo lo que se requiere es que sea hallado fiel, y en verdad que no es cosa de poca importancia. Será necesario que el Señor mismo sea nuestra sabiduría

Ministerio, Dones, Predicación, Mayordomía ...

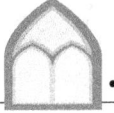

y nuestro poder, pues de lo contrario fracasaremos. Muchas son las maneras en que podemos fallar en este punto, por muy sencillo que parezca ser.

1. Podemos dejar de ser fieles actuando como si fuéramos jefes en vez de subordinados. Surge en nuestra iglesia una dificultad que podría arreglarse fácilmente con indulgencia y amor, pero nos «plantamos en nuestra dignidad»; y entonces al criado le queda pequeña la librea. Podemos ser muy elevados y poderosos si queremos; y cuanto más pequeños somos, tanto más fácilmente nos hinchamos. No hay gallo más imponente en la pelea que el enano; y no hay ministro más dispuesto a contender por su «dignidad» que el hombre que no tiene dignidad. ¡Qué aspecto tan necio el nuestro cuando nos hacemos «grandes»! El mayordomo cree que no ha sido tratado con el debido respeto, y va a hacer «que los criados se enteren de quién es». El otro día, su amo fue insultado por un inquilino enojado y no hizo caso, pues tenía demasiado sentido común para molestarse por asunto tan insignificante; pero su mayordomo no pasa nada por alto, y se inflama por todo: ¿debiera ser así? Me parece ver al bondadoso amo poner la mano sobre el hombro del furioso criado y oírle decir: «¿No puedes soportarlo? Yo he soportado mucho más».

Hermanos, el Señor «sufrió tal contradicción de pecadores contra sí mismo», ¿y nos cansaremos y desmayaremos en nuestros espíritus? ¿Cómo podemos ser mayordomos del bondadoso Jesús si nos portamos altivamente? No nos arroguemos demasiada importancia, ni tratemos de señorear sobre la heredad de Dios; pues Él no lo quiere así, y no podemos ser fieles si cedemos al orgullo.

También fracasaremos en nuestros deberes como mayordomos si empezamos a especular con el dinero del Señor. Quizá podemos disponer de lo nuestro, pero no del dinero del Señor. No se nos ha dicho que especulemos, sino que nos «ocupemos» hasta que venga. Comerciar honradamente con sus mercaderías es una cosa; pero lanzarse a jugar y correr riesgos ilícitos es muy diferente. No pienso especular con el Evangelio de mi Señor, soñando que puedo mejorarlo por medio de mis propios y profundos pensamientos, o echando a volar en compañía de los filósofos. Aun tratándose de salvar almas, no vamos a hablar de otra cosa que del Evangelio. Aunque pudiese crear una gran conmoción enseñando doctrinas novedosas, aborrecería tal pensamiento. Provocar un avivamiento suprimiendo la verdad es obrar falsamente; es un fraude piadoso, y el Señor no desea ningún beneficio que pueda venir por medio de semejantes transacciones. Nuestra parte consiste en usar simple y honradamente las libras del Señor, y entregarle el beneficio obtenido en los negocios justos.

Somos mayordomos y no señores, y por ello es preciso que negociemos en nombre de nuestro Amo y no en el nuestro propio. No corresponde a nosotros el fabricar una religión, sino proclamarla; y aun esta proclamación ha de hacerse, no por nuestra autoridad propia, sino que ha de estar siempre basada en la de nuestro Señor. Somos «coadjutores juntamente con él». Si un hermano se establece por su cuenta, lo estropeará todo, y en breve tiempo quebrará espiritualmente. Su crédito pronto se agotará cuando desaparezca el nombre de su Señor. Nada podemos hacer en nuestra mercadería espiritual sin el Señor. No tratemos de actuar por nuestra propia cuenta, sino conservemos nuestro puesto cerca del Jefe en toda humildad espiritual.

2. Es posible que lleguemos a ser desleales a lo que se nos ha encomendado si actuamos para agradar a los hombres. Cuando el mayordomo estudia el modo de agradar al labrador o de satisfacer los caprichos de la sirvienta, las cosas han de ir necesariamente mal, pues todo está desplazado. Influimos unos sobre otros, y somos influidos también recíprocamente. Los más grandes son afectados inconscientemente en cierto grado por los más insignificantes. El ministro ha de ser influido de modo abrumador por el Señor su Dios, de forma que las demás influencias no le aparten de la fidelidad. Tenemos que recurrir continuamente al cuartel general, y recibir la Palabra de la boca del Señor mismo, para poder ser

continuamente guardados en la rectitud y la verdad; de lo contrario, pronto seremos parciales, aunque no nos demos cuenta de ello. No ha de haber reservas que tengan por objeto agradar a otra persona, ni carreras apresuradas para satisfacer a algunos, ni el más mínimo desplazamiento para satisfacer incluso a la comunidad entera. No hemos de tocar cierta nota para obtener la aprobación de tal partido, ni tampoco silenciar una doctrina importante para evitar ofender a determinado grupo. ¿Qué tenemos que ver con los ídolos, sean muertos o vivos? ¡Si os proponéis complacer a todo el mundo, menudo trabajo os espera! Las labores de Sísifo y los trabajos de Hércules no son nada en comparación con esto. Es preciso que no adulemos a los hombres. Si agradamos a los hombres, desagradaremos a nuestro Dios; de modo que el éxito en la tarea que nos hemos impuesto sería fatal para nuestros intereses eternos. Tratando de agradar a los hombres, no conseguiremos ni siquiera agradarnos a nosotros mismos. Agradar al Señor, aunque parezca muy difícil, es tarea más fácil que agradar a los hombres. Mayordomo, ¡mira sólo a tu Amo!

3. No seremos hallados mayordomos fieles si somos ociosos y malgastamos el tiempo. ¿Conocéis ministros perezosos?. He oído hablar de ellos; pero cuando los veo con mis ojos, mi corazón los aborrece. Si os mostráis perezosos, hay muchos campos en que no os querrán; pero por encima de todo no se os quiere en el ministerio cristiano. El hombre que halla en el ministerio una vida fácil, encontrará también que va a traerle una muerte difícil. Si no somos laboriosos no somos verdaderos mayordomos; pues hemos de ser ejemplos de diligencia para la casa del Rey. Me gusta el precepto de Adán Clarke: «Mataos trabajando y luego resucitad a fuerza de oraciones». Si somos holgazanes, nunca cumpliremos con nuestro deber para con Dios o los hombres.

Con todo, algunos que siempre están ocupados pueden, a pesar de ello, ser infieles, si todo lo que hacen es hecho de manera deslavazada y perdiendo el tiempo. Si jugamos a predicar, hemos escogido un juego terrible. Echar los textos como quien echa naipes y hacer ensayos literarios con temas que mueven cielo y tierra es vergonzoso. Tenemos que ser serios como la muerte en trabajo tan solemne. Hay chicos y chicas que siempre están en risoteos pero nunca ríen de veras; son la imagen misma de ciertos predicadores que siempre están bromeando. Me gusta reír de veras; el verdadero humor puede ser santificado, y los que pueden mover a los demás a sonreír también pueden moverlos a llorar. Pero aun este poder tiene límites que el necio puede sobrepasar. Emoero, no hablo ahora del excéntrico convencido. Los hombres en los que pienso son sardónicos y sarcásticos. Un hermano fervoroso comete un error en gramática, y lo observan con desprecio; otro devoto creyente yerra en una cita clásica, y esto también les proporciona un gran placer. El fervor y la devoción no cuentan; o mejor dicho, son la razón secreta del desprecio en estos críticos superfinos y superficiales. Para ellos el Evangelio no es nada; su ídolo es la inteligencia. En cuanto a sí mismos, su preocupación principal es descubrir lo que más les honrará dentro de la escuela filosófica a que pertenecen. No tienen ni convicciones ni creencias, sino tan solo gustos y opiniones, y todo ello es un juego del principio al fin. Os ruego que, sobre todo, no os acerquéis a la silla de los escarnecedores ni al asiento de los que pierden el tiempo. Sed seriamente fervorosos. Vivid como hombres que tienen algo por lo cual vivir; y predicad como hombres para quienes la predicación es la más sublime actividad de su ser. Nuestro trabajo es el más importante que existe debajo del cielo o, de lo contrario, es pura falsedad.

Si no sois fervorosos en obedecer las instrucciones de vuestro Señor, Él dará su viña a otro; pues no tolerará a los que convierten su servicio en algo sin importancia.

4. Cuando hacemos mal uso de lo que pertenece a nuestro Amo, somos desleales a lo que se nos ha confiado. Se nos ha confiado cierto grado de talento, fortaleza e influencia y hemos de usar este depósito con un sólo propósito. Nuestro objetivo es fomentar la honra y la gloria del Maestro y Señor. Hemos de buscar la gloria de Dios,

Ministerio, Dones, Predicación, Mayordomía ...

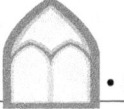

y nada más. Sea como sea, que todos usen la máxima influencia en el bando justo en política; pero ningún ministro tiene libertad para usar su posición en la iglesia para favorecer los fines de un partido. No censuro a los que trabajan en pro de la templanza; pero aun este admirable movimiento no ha de ocupar el lugar del Evangelio; espero que nunca lo haga. Sostengo que ningún ministro tiene derecho a usar su capacidad o su cargo para ofrecer meras diversiones a la multitud. El Maestro nos ha enviado a pescar almas; todo lo que tienda a ese fin está dentro del campo de lo que se nos ha encomendado; pero lo que lleva directa y claramente a dicho fin es nuestro trabajo principal. El peligro estriba actualmente, en usar el teatro, el semiteatro, los conciertos, etcétera. Hasta que yo vea que el Señor Jesús ha usado un teatro o preparado un auto sacramental, no pensaré en emular a la escena o competir con las sala, de conciertos. Si me ocupo en mis negocios, predicando el Evangelio, tendré bastante que hacer. Para la mayoría de los hombres basta un objetivo: uno como el nuestro es suficiente para cualquier ministro, por muchos que sean sus talentos y por muy polifacético que sea su espíritu.

No uséis los bienes de vuestro Amo de forma indebida, no sea que seáis culpados de abuso de confianza. Si vuestra consagración es verdadera, todos vuestros dones son del Señor, y sería una especie de desfalco usarlos para otra cosa que para ti. No tenéis que hacer fortuna para vosotros mismos; no creo probable que la hagáis en el ministerio bautista. No habéis de tener un segundo fin u objeto. «Sólo Jesús» ha de ser el motivo y lema de vuestra carrera vitalicia. El deber del mayordomo es estar consagrado a los intereses de su patrono; y si olvida esto a causa de algún otro objeto, por muy laudable que el tal pueda ser, no es fiel. No podemos permitir que nuestras vidas vayan por dos canales; no tenemos suficiente fuerza vital para dos objetivos. Es preciso que seamos e corazón sencillo. Hemos de aprender a decir: «Una cosa hago». En todos los departamentos y detalles de la vida, ha de verse la señal de la consagración, y no debemos permitir que sea ilegible. Vendrá día en que todos los detalles serán examinados en la audiencia final; y a nosotros corresponde como mayordomos tener en cuenta el escrutinio del Señor en todos los aspectos de nuestra vida.

5. Si deseamos ser fieles como mayordomos, es preciso que no descuidemos a ninguno de la familia, ni ninguna parte de la finca Me pregunto si practicamos la observación personal de nuestros oyentes. Nuestro amado amigo, el señor Archibald Brown, tiene razón cuando dice que Londres necesita, no sólo las visitas casa por casa, sino habitación por habitación. En el caso de nuestra congregación tenemos que ir más lejos y practicar las visitas alma por alma. Ciertas personas sólo pueden ser alcanzadas por el contacto personal. Si tuviese ante mí cierto número de botellas, y tuviese que llenarlas en una manguera, mucha agua se perdería; si quiero estar seguro de llenarlas, debo tomarlas una por una y echar dentro el líquido cuidadosamente. Tenemos que velar por nuestras ovejas una por una. Esto ha de hacerse no sólo mediante la conversación personal, sino por medio de la oración personal.

El doctor Guthrie relata que visitó a un enfermo que fue de gran consuelo para su alma, pues le dijo que tenía la costumbre de acompañar a su ministro en sus visitas. «Mientras estoy acostado, le seguiré a usted en sus visitas Recuerdo sin interrupción casa tras casa en mis oraciones, y oro por el marido, su esposa y sus hijos, y todos los que viven con él». Así, sin dar un paso, el santo enfermo visitaba a Macfarlane, a Douglas y a Duncan, y a todos cuantos su pastor iba a ver. Así deberíamos recorrer nuestro campo y visitar las congregaciones, sin olvidar a nadie, sin desesperar de ninguno, llevándolos a todos en el corazón ante el Señor. Pensemos especialmente en los pobres, los extravagantes, los desesperados. Que nuestros cuidados, como las vayas de un redil, rodeen todo el rebaño.

Vayamos a la caza de localidades descuidadas, y procuremos que ninguna comarca quede sin los medios de la gracia. Esto no sólo se aplica a Londres, sino también a

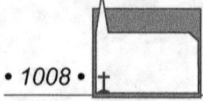

SERMONES SELECTOS

los pueblos, aldeas, y pequeños grupos de casas en el campo. El paganismo se esconde en los lugares solitarios tanto como en las barriadas superpobladas de las grandes ciudades. ¡Qué todos los terrenos reciban la lluvia de la influencia del Evangelio!.

6. Hay otra cosa que conviene no pasar por alto; para ser fieles, es preciso que nunca tengamos connivencia con el mal. Esta recomendación será bien acogida por ciertos hermanos cuyo único concepto de lo que es podar un árbol es cortarlo. Hay jardineros que cuando se les dice que los arbustos están un poco crecidos contestan: «Me ocuparé de ellos». A los pocos días, paseando por el jardín, veis la especie de venganza que han llevado a cabo. Algunos no pueden aprender lo que es el equilibrio de las virtudes; no saben matar un ratón sin prenderle fuego al granero. ¿Has dicho: «Fui fiel, jamás tuve connivencia con el mal?». Bien está; pero ¿no ocurrirá que, por un arrebato, hayas producido peor mal que el que has destruido? «Haga callar al niño», dice la madre a la enfermera, y ésta al instante lo arroja por la ventana. Ha obedecido a su señora, haciendo callar eficazmente al niño; pero no será muy alabada. De modo que cedéis a un arrebato, y «le dais su merecido» a la congregación por el hecho de que no son lo que debieran ser: ¿Sois vosotros todo lo que debierais ser? ¿Decís: «Van a enterarse de que aquí el amo soy yo?» ¿Es así? ¿Eres el amo?

Pero quizás os sintáis movidos a decirme: ¿No es cierto que usted ocupa una posición elevada en su propia iglesia?, Así es; pero, ¿cómo la he alcanzado? No tengo otro poder que el que la afabilidad y el amor me han dado. ¿Cómo he usado mi influencia? ¿He buscado la preeminencia? Preguntad a los que me rodean. Mas dejémoslo y volvamos a lo que estaba diciendo: no debemos permitir que el pecado quede sin reproche. Ceded en todos los asuntos personales, pero estad firmes en lo que toca a la verdad y la santidad. Hemos de ser fieles a fin de no incurrir en el pecado y el castigo de Elí. Sed honrados para con los ricos y los influyentes; sed firmes para con los vacilantes; pues su sangre os será demandada.

Necesitaréis toda la sabiduría y la gracia que podáis alcanzar para cumplir vuestros deberes como pastores. Parece que ciertos predicadores carecen de aptitud para gobernar a los hombres, aptitud reemplazada por la capacidad de pegarle fuego a una casa, pues esparcen las brasas y los carbones encendidos dondequiera que van. No seáis como ellos. No combatáis contra carne y sangre; empero no hagáis muecas amistosas al pecado.

7. Algunos descuidan sus obligaciones como mayordomos de Cristo olvidando que el Señor viene. «Aún no», susurran algunos; «hay muchas profecías que cumplir; e incluso es posible que ni siquiera venga, en el sentido corriente del término. No hay prisa especial». ¡Ah, hermanos! es el siervo infiel, quien dice: «Mi señor tarda en venir». Esta creencia le permite aplazar las tareas y labores. El criado no limpiará la habitación como deber diario, porque el Señor está lejos; y el siervo de Cristo piensa que puede tener una buena limpieza, en forma de avivamiento, antes que llegue su Señor. Si cada uno de nosotros se diese cuenta de que cada día puede ser nuestro último día, seríamos más intensos en nuestra labor. Mientras predicamos el Evangelio, cualquier día podemos ser interrumpidos por el son de la trompeta y el clamor: «He aquí viene el Esposo; salid a recibirle».

Esta esperanza contribuirá a acelerar nuestros pasos. Los días son cortos; el Señor está a la puerta; es preciso que trabajemos con todas nuestras fuerzas. No hemos de servir al ojo, excepto en el sentido de que trabajamos en la presencia del Señor, dado que ya está tan cerca. Estoy impresionado por la rapidez con que huye el tiempo, la veloz aproximación de la gran audiencia final. Estas Conferencias Anuales vuelven muy aprisa: a algunos de nosotros nos parece que sólo ha pasado un día o dos desde la reunión del año pasado y la que será la última de ellas se acerca apresuradamente. Pronto estaré dando cuentas de mi mayordomía; o bien, de sobrevivir aún cierto tiempo, otros de entre vosotros podéis ser llamados a reuniros con vuestro Señor; pronto iréis a la casa del Señor si Él no viene

Ministerio, Dones, Predicación, Mayordomía ...

pronto a vosotros. Es preciso que sigamos trabajando hora tras hora con la mirada puesta en la audiencia a que nos dirigimos, para que no seamos avergonzados de lo que estará registrado de nosotros en el volumen del libro.

CONCLUSIÓN

Deberíamos orar mucho acerca de esta fidelidad en la mayordomía, porque el castigo de la infidelidad es terrible. En el palacio de los Dogos de Venecia hemos visto los retratos de aquellos potentados, alineados en prolongada fila en torno a una gran sala, donde uno de los espacios cuadrados destaca por no haber nada en él. Aunque no mires atento ninguno de los retratos, inevitablemente fijas la vista en aquel espacio y preguntas: «¿Qué significa esto?». Allí están los Dogos en todo su esplendor, y allí se ve el espacio vacío. Marino Faliero deshonró su cargo y el gran Consejo de la ciudad ordenó que su efigie se pintara de negro. ¿Será ésta la porción de alguno de los mayordomos presentes? ¿Seremos inmortales en la desgracia? ¿Se nos medirá eterna vergüenza y desprecio como traidores a nuestro Redentor? Recordad las palabras de Jesús cuando dice del siervo infiel que su Señor «le cortará por medio, y pondrá su parte con los hipócritas: allí será el lloro y el crujir de dientes». ¿Acaso alguno de vosotros puede sondear ese abismo de horror?

La recompensa de todos los mayordomos fieles es sobremanera grande, aspiremos a ella. El Señor hará que el hombre que fue fiel en pocas cosas sea puesto sobre muchas cosas. Es extraordinario el pasaje en que nuestro Salvador dice: «Bienaventurados aquellos siervos, a los cuales cuando el Señor viniere, hallare velando: de cierto os digo que se ceñirá, y hará que se sienten a la mesa, y pasando les servirá». Es maravilloso que el Señor ya nos haya servido; pero, ¿cómo podemos comprender que va a servirnos de nuevo? ¡Pensad en Jesús levantándose de su trono para servirnos! «¡Mirad!», exclama Él, «aquí viene uno que me sirvió fielmente en la tierra; abridle camino, vosotros los ángeles, dominios y potestades. Éste es el hombre a quien el Rey se deleita en honrar». Y con sorpresa por nuestra parte, el Rey se ciñe y nos sirve. Nos disponemos a clamar: «No sea así, Señor». Pero Él debe y quiere cumplir su palabra. Este honor inefable lo concederá a sus verdaderos siervos. ¡Feliz aquel que, después de haber sido el más pobre y despreciado de los ministros, es ahora servido por el Rey de reyes! ¡Ojalá seamos del número de los que siguen al Cordero dondequiera que va! Hermanos, ¿podéis perseverar en vuestra firmeza? ¿Podéis beber de su copa, y ser bautizados con su bautismo? Recordad: la carne es débil. Las pruebas de la época actual son en especial sutiles y graves. Clamad al Fuerte pidiendo fortaleza, y poneos en manos de su amor todopoderoso.

Es preciso que vayamos adelante, cueste lo que cueste, pues no podemos retroceder; no tenemos armadura que cubra nuestras espaldas. Creemos haber sido llamados a este ministerio, y no podemos ser desleales al llamamiento. A veces se nos acusa de decir cosas terribles acerca del infierno. No vamos a justificar todas las expresiones que hemos usado, pero todavía no hemos descrito una desdicha tan profunda como la que esperará al ministro infiel. ¡El futuro de los perdidos sobrepasa toda idea, si se considera a la luz de las expresiones usadas por el Señor Jesucristo mismo! Las figuras casi grotescas que dibujó el Dante, y los horrores descritos por los predicadores medievales, no exceden a la verdad enseñada por el Señor cuando hablaba del gusano que nunca muere, y el fuego que jamás se apaga. Ser echado a las tinieblas de afuera, anhelar en vano una gota de agua fría, o ser cortado por medio, son horrores sin igual. ¡Y la gente corre ese riesgo! Sí, y mil veces; lástima que cualquier ministro se arriesgue así; que cualquier ser mortal suba al pináculo del templo y desde allí se eche al infierno! Si he de ser un alma perdida que lo sea como ladrón, blasfemo o asesino, y no como mayordomo infiel al Señor Jesucristo. Esto es ser un Judas, un hijo de perdición.

Recordad que si alguno de vosotros es infiel, gana una condenación superflua. No fuisteis forzados a ser ministros. No fuisteis obligados a entrar en tan sagrado oficio.

Estáis aquí por vuestra propia elección. En vuestra juventud aspirasteis a tan santo servicio, y os considerasteis felices alcanzando vuestro deseo. Si nos proponíamos ser infieles a Jesús, no había necesidad de trepar a esta sagrada roca con objeto de multiplicar los horrores de nuestra caída final. Podríamos haber perecido suficientemente en los caminos ordinarios del pecado. ¿Qué necesidad había de ganar una mayor condenación? Terrible será el resultado si esto es todo lo que sacamos de nuestros estudios en el Colegio Teológico, y nuestras velas de medianoche adquiriendo conocimientos. Mi corazón y mi carne tiemblan mientras considero la posibilidad de que alguno de nosotros sea hallado culpable de traición a lo que nos ha sido encomendado, y de deslealtad a nuestro Rey. Que nuestro buen Señor esté de tal manera con nosotros que, finalmente, seamos limpios de la sangre de todos. Será glorioso oír al Maestro decir: «Bien, buen siervo y fiel».

5. Evangelismo

111. EL SERMÓN DE PABLO ANTE FÉLIX

«Pero al disertar Pablo acerca de la justicia, del dominio propio y del juicio venidero, Félix se espantó y dijo: Ahora vete; pero cuando tenga oportunidad te llamaré» (Hechos 24:25).

INTRODUCCIÓN: El corazón testifica del poder.

I. UN SERMÓN APROPIADO
1. La historia de Félix y Drusila.
2. Pablo sorprende a Félix.
3. Agradar a los hombres.

II. UNA REACCIÓN DE ESPANTO
1. El evangelio es predicado.
2. Las rodillas tiemblan.

II. UNA DECEPCIÓN
1. El poder del pecado.
   a) El cuidado del alma
   b) Todavía hay tiempo

2. Todavía hay tiempo.
3. Tal vez sea la última vez.

CONCLUSIÓN: Algunos que no escuchan

EL SERMÓN DE PABLO ANTE FÉLIX

INTRODUCCIÓN

El poder del Evangelio muestra su maravillosa grandiosidad, cuando se mantiene asido de los corazones devotos a él o sujeto a dificultades, persecución o penas. ¡Qué poderoso debe ser este Evangelio, el cual, cuando encontró entrada en el corazón de Pablo, nunca salió de él! Al Apóstol no le importaba la pérdida de todas las cosas, a las que tenía por escoria, con tal de ganar a Cristo. Al querer esparcir la verdad, se enfrentó a muchas y diversas dificultades: naufragios, peligros en la tierra y en el mar, pero ninguna de estas cosas le sacó de su propósito, ni valoró su vida como preciosa para él, con tal de ganar a Cristo y ser hallado en Él. Las persecuciones se sucedieron una tras otra; fue azotado con vara por los judíos, fue llevado de un tribunal a otro. En las ciudades le esperaban cadenas y persecuciones. Atacado en su propio país es acusado en Jerusalén, y luego citado en Cesárea. Notad, sin embargo, cómo siempre mantuvo la prominente pasión de su alma. Ponedle donde queráis: es semejante a John Bunyan, quien dijo: «Si hoy me soltáis de la prisión, predicaré mañana otra vez el Evangelio, por la gracia de Dios». Y mucho más que eso, predicó el Evangelio en las prisiones y ante los jueces. Puesto ante el Sanedrín, exclamó: «Acerca de la resurrección de los muertos soy juzgado hoy por vosotros» (Hch. 24:21). Cuando se le trajo para comparecer ante Agripa, contó su conversión, y habló tan dulcemente de la gracia de Dios que el mismo rey dijo: «Por poco me persuades a ser cristiano» (Hch. 26:28). Y en nuestro texto, cuando comparece ante el procurador romano, para vida o para muerte, en vez de hacer una defensa de sí mismo, disertó acerca de la justicia, del dominio propio y del juicio venidero, hasta que su mismo juez tembló, y aquel que se sentaba

Ministerio, Dones, Predicación, Mayordomía ...

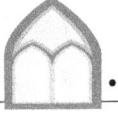

sobre el trono tomó el lugar del prisionero, mientras éste le juzgó en anticipación al tiempo en que los santos juzgarán a los ángeles, como asesores con Cristo Jesús. Dejad que un hombre crea en el Evangelio y esté determinado a esparcirlo; esto hará de él un gran hombre.

Si es un hombre que no tiene poder, ni intelecto ni talento, lo hace grandemente fervoroso en su arduo deseo de servir a Cristo. Pero si se trata de un hombre talentoso, el Evangelio enciende toda su alma, saca fuera todos sus poderes, desarrolla cualquier habilidad que esté escondida, descubre cada talento oculto y esparce todo el oro y la plata del intelecto humano para el honor de Cristo, quien ha comprado nuestra salvación con su sangre.

Puedo detenerme un poco aquí y dilatarme en este pensamiento para mostraros como en todas las edades, ésta es la verdad: Que el poder del Evangelio ha sido eminentemente probado en su influencia sobre el corazón del hombre, corroborando las palabras de Pablo que dice que ni la tribulación, ni la persecución, ni el hambre, o peligro, o desnudez o espada, nos podrá separar del amor de Dios, que es en Cristo Jesús Señor nuestro. Pero en lugar de detenernos más en este punto, os invito a contemplar el texto más detenidamente. Tenemos ante nosotros una figura que contiene tres caracteres: Félix y Drusila, sentados el uno al lado del otro como jueces; Pablo, el prisionero, es traído encadenado para explicarle a Félix y Drusila las doctrinas de la fe cristiana, de modo que pueda ser absuelto o condenado a muerte. Tenemos a un juez con muchos deseos de condenar a muerte al prisionero, quien viene ante él, y sin ningún debate, empieza a desarrollar el Evangelio, seleccionando cierta parte del mismo. Nuestro texto dice que disertaba acerca de la justicia, del dominio propio y del juicio venidero. El juez tiembla, despide al prisionero con toda prisa, y promete volver a escucharle después.

Notad, pues, en primer lugar, el sermón apropiado; segundo, la audiencia afectada pues la audiencia fue verdaderamente conmovida «Félix se espantó». Ved entonces, en tercer lugar, la lamentable decepción del Apóstol. En lugar de atender al mensaje, le dijo a Pablo, «ahora vete».

I. UN SERMÓN APROPIADO

1. Escuchad por un momento la historia de Félix. Este hombre fue originalmente un esclavo, liberado por Claudio, y se convirtió en uno de los favoritos del emperador. Por supuesto que en esta capacidad superaba a los vicios de su señor, y estaba preparado para complacer al emperador en cualquier deseo lascivo que anhelara su abominable corazón. Con una conducta tal, fue promovido y ascendió por los rangos del gobierno de Roma, hasta que llegó a obtener la gobernación de Judea. Mientras era gobernador allí, llevó a cabo todo acto de extorsión posible y llegó tan lejos, que el emperador Nerón se vio obligado a retirarlo de su puesto. Si no hubiera sido por la influencia de su hermano Pallas, Félix habría sido castigado por todos sus delitos, pero siendo su hermano amigo del emperador, obtuvo la absolución tras una buena reprensión. El historiador romano Tácito, dice así: «En Judea, Félix ejerció las funciones imperiales con alma de mercenario». Podréis ver entonces, cuán apropiado fue el discurso, al disertar Pablo acerca de la justicia. Al lado de Félix estaba sentada Drusila. En el versículo anterior a nuestro texto, se dice que era su esposa y que era judía. Esta Drusila era hija de Herodes Agripa el grande una mujer notable por sus encantos y su voluptuosidad. Drusila fue la prometida de Antíoco el cual, después de la muerte de Herodes, rehusó casarse con ella.

Más tarde se casó con Azizus, el rey de los amesenes, quien, aunque era un impío, para complacerla se sometió a los más severos ritos de la religión judía, para poder tomarla en matrimonio. Su amor duró muy poco, pues ante la instigación de Félix ella le dejó, y en el tiempo en que Pablo pronunció su discurso, era la mujer de este lascivo personaje. Podemos entonces entender fácilmente, por qué el Apóstol Pablo, poniendo su agudo ojo en Drusila, disertó sobre la justicia, el dominio propio y el juicio venidero y reprendió a ambos, Félix y Drusila, por la concupiscencia desvergonzada en la cual estaban viviendo públicamente. Imaginad que ante la corte, de la cual Félix era el juez y Pablo el prisionero, el último tema no podía ser más apropiado «el juicio venidero».

2. Creo, hermanos, que para nosotros no será muy difícil imaginarnos lo bien que el Apóstol dominaba este tema. Posiblemente Félix esperaba que Pablo disertara sobre algunos temas recónditos del Evangelio. Es posible que creyera que el Apóstol Pablo haría una brillante disertación concerniente a la resurrección de los muertos. O tal vez, que los tópicos de su discurso serían la predestinación, la elección y el libre albedrío. «Seguramente», pensó Félix, «nos hablará sobre esos temas profundos y escondidos, en los que el Evangelio de Jesús difiere del judaísmo». Pero no fue así. En otro lugar y en otra ocasión, el Apóstol habría hablado de la resurrección y la elección, y habría declarado que el hombre es el barro y Dios es el alfarero. Pero éste no era el lugar para predicar estos temas, ni tampoco el tiempo. Era el momento de predicar los preceptos sencillos y básicos del Evangelio, y de hablar al corazón del hombre malvado que ostentaba el poder. Imaginad, entonces, la forma tan aguda y directa en que comenzó este discurso. ¡Cómo se dirigiría a Félix al hablar de la justicia! Puedo figurarme cómo traería ante la mente de Félix, a la viuda cuya herencia le fue quitada, a los niños huérfanos que tenían que mendigar su pan, y a los que como él, habían ascendido a un puesto de poder, a fuerza de sobornos. Le recordaría también las falsas decisiones adoptadas, y cómo los judíos habían sido tremendamente oprimidos como nación, en gran parte por su culpa. Le describiría, escena por escena, cuando la avaricia había invalidado a la equidad, pintando audazmente el carácter exacto de Félix, y declarando al final, que tales hombres no tienen herencia en el Reino de Dios. Pablo deseaba llevarlo a arrepentirse de su maldad, y a hacerle saber que sus pecados podían ser perdonados. Entonces, con toda sutileza cambió de tema. Me imagino cómo fijó sus ojos sobre Drusila y le recordó que había perdido todo aquello por lo que una mujer debe de vivir. Luego, volviéndose a Félix, le dijo que los adúlteros, fornicarios y personas inmundas, no tienen herencia en el Reino de Dios. Le hizo saber, además, que los vicios de un gobernante corrompían a toda una nación, y cómo las iniquidades de los judíos, eran en gran parte culpa suya. Me imagino cómo Félix enervado, se mordería los labios. Pero no le dio tiempo para el enojo, pues en un momento, en un arrebato de apasionada elocuencia, introdujo el tema del juicio venidero. Le hizo pensar a Félix en el gran trono blanco, en los libros abiertos y en él mismo delante del gran Juez. Le hizo oír el sonido de la trompeta el «venid benditos» y el «apartaos de mí, malditos». Félix estaba como petrificado, clavado en su asiento, oyendo atentamente, mientras que con un fervor apasionado, usó la libertad del Evangelio para censurarle y reprenderle. Él pérfido Félix comenzó a temblar como un cobarde esclavo, lo que era en realidad, y sentado allí en el trono como estaba, se vio a sí mismo condenado. Lo que sucedió luego no lo sabemos. Quizás el diablo le sugirió que se levantase y se fuese, pues con bastante prisa, él y Drusila abandonaron el trono. «Ahora vete; pero cuando tenga oportunidad te llamaré». Éstas fueron sus últimas palabras.

3. ¡Escuchadme, hermanos! Lo que hizo el Apóstol debería hacerlo cada ministro de Dios. Pablo seleccionó un tópico apropiado para su audiencia. Nos corresponde a nosotros hacer lo mismo; pero ¿no hay muchos ministros que, si se dirigieran a reyes y príncipes, no les regalarían con toda su adulación e hipocresía? ¿No hay acaso quienes cuando se aperciben de que los oyen los grandes y poderosos, recortan su doctrina, liman los bordes ásperos de su discurso y buscan de una u otra forma complacer a su audiencia? ¿No vemos también a muchos ministros que, si se dirigen a una audiencia antinominialista, se limitan estrictamente a temas como predestinación y reprobación? ¿Y otros que ante un grupo de filósofos hablarán sobre la moralidad, pero no mencionarán nunca palabras como el pacto de gracia y la salvación por medio de la sangre? ¿No hay muchos que piensan que el

Ministerio, Dones, Predicación, Mayordomía ...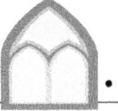

objetivo más elevado de un ministro de Dios es atraer a las multitudes y luego complacerlas? ¡Oh, Dios mío!, cuán solemnemente tendríamos que lamentar nuestro pecado, si somos conscientes de que hemos sido culpables de ello. ¿Qué significa haber agradado a los hombres? ¿Hay algo en ello que haga que en la noche nuestra cabeza descanse más fácilmente sobre la almohada? ¿O algo que nos dé más arrojo en el día del juicio, o felicidad cuando nos enfrentemos a tu tribunal, oh Juez de los vivos y los muertos? No, mis hermanos, siempre debemos interpretar y predicar acerca de nuestros textos de manera que llevemos la Palabra a nuestros oyentes con todo nuestro poder. Espero que nunca predique ante una congregación, sino a una congregación. No quiero exhibir poderes de elocuencia, ni profundidades del saber. Simplemente quiero decir: «oídme, hombres y mujeres, pues Dios me ha enviado a vosotros. Tengo que deciros algunas cosas concernientes a vosotros mismos. Os estáis muriendo; muchos de vosotros al morir, pereceréis para siempre. Mi deber no es el de entreteneros con algunas cosas profundas que puedan instruir vuestro intelecto sin entrar en vuestros corazones, sino poner la flecha en el arco y hacerla llegar a su destino, dejando que la verdad desnuda os toque en lo más profundo. En el día del juicio todo lo que no sean palabras personales y sencillas se quemará como la madera, el heno y la hojarasca, pero dichas palabras permanecerán como el oro, la plata y las piedras preciosas, que no pueden ser consumidas».

Pero algunos hombres me dirán: «señor, los ministros de Dios deberían ser personales, y nunca serán fieles a su Maestro hasta que lo sean». Yo admiro a John Knox, porque con su Biblia en la mano, fue a visitar a la reina Mary y la reprendió valientemente. Admito que no me gusta exactamente la forma en que lo hizo, pero estoy de acuerdo con el hecho en sí. Esta reina había sido una pecadora, y él se lo dijo sencillamente en la cara. Pero ahora nosotros, pobres y cobardes hijos de nadie, debemos de pararnos detrás del púlpito y hablar sobre generalidades, pues tenemos miedo de señalaros el pecado en forma personal. Pero, bendito sea Dios, yo he sido liberado hace tiempo de ese temor. No hay ningún hombre en la faz de la tierra al cual no me atreva a reprender. No hay ninguno de vosotros, aunque esté relacionado conmigo por lazos de la profesión o en cualquier otro respecto, ante quien me sonroje por hablarle personalmente acerca del Reino de Dios. Solamente siendo osados, valientes, y predicando la verdad, podremos estar libres de la sangre de nuestros escuchas. Mi Dios nos garantiza el poder de Pablo, para que podamos predicar sobre temas apropiados y no solamente sobre generalidades. Deberíamos predicar las auténticas verdades de Dios, a las conciencias de nuestros oyentes. Después de todo, el Apóstol Pablo no necesita alabanzas. El mejor elogio que podría haberle llegado al Apóstol era el hecho de que Félix se espantó, y eso nos trae a la segunda parte de nuestro tema.

II. UNA REACCIÓN DE ESPANTO

1. Sí, el pobre prisionero, sin tener a nadie que le ayudara a predicar la verdad, pero teniendo todo en desventaja: cadenas, uniforme de la prisión, la acusación de ser alguien que ha levantado una sedición en la nación este pobre prisionero tomó por la fe la espada de la verdad, y con ella llegó a las coyunturas y a la médula de sus oyentes; Pablo realmente se metió en la boca del lobo. Puedo ver cómo miró al gobernador severamente en su rostro, le atacó en su corazón, le impidió refugiarse en sus excusas, usó hábilmente la Palabra de verdad, le sacó de sus refugios de mentiras ¡y le hizo espantarse! ¡Oh, maravilloso poder de la predicación del Evangelio! ¡Oh, poderosa verdad que nos muestra que Dios está con sus ministros! ¡Cuando los reyes de la tierra que se reúnen para hacer consejo juntos, son impactados de esta manera! ¿Quién es aquel que no puede ver aquí algo más que la elocuencia humana, cuando el prisionero se convierte en el juez y el príncipe sobre el trono, en un malhechor? «Félix se espantó». ¿Hay alguno de entre mis oyentes que haya experimentado los mismos sentimientos de Félix? Tal vez algún sencillo ministro

de Dios te ha dicho algo que para ti era demasiado simple. Al principio te enojaste. El hombre continuó con su discurso, pero seguiste disgustado porque ponía tu misma persona en evidencia. Tu lo pensaste mejor, y te diste cuenta de que ese predicador no tenía intenciones de insultarte, por tanto tus sentimientos cambiaron. De sus labios salieron unas palabras como truenos, parecía un Júpiter Tonans sentado sobre su trono, sacando verdaderos rayos de su boca. Entonces comenzaste a temblar y pudiste decir como aquella mujer samaritana: «Me dijo todo lo que he hecho» (Jn. 4:39). Aunque no has sentido el poder del Evangelio para tu salvación, sin embargo has sido un testigo involuntario de que el Evangelio es la verdad, pues has sentido su poder cuando hizo que tus rodillas chocaran la una contra la otra, y que de tus ojos salieran lágrimas.

Ahora bien, ¿qué hace temblar a los hombres tiemblen al oír el Evangelio? Algunos dicen que es su conciencia. Sí, sin duda lo es, en algún sentido. El poeta dijo: «la conciencia nos hace a todos cobardes». Ciertamente, cuando la exposición de un predicador es fiel y pertinente a nuestro propio caso, la conciencia, si no está demolida y muerta, hará que nuestras mejillas se sonrojen. Pero la conciencia de los hombres está tan corrupta, que nunca haría temblar a un individuo si no hubiera algo que trabajara sobre ella, además de estar bajo su fuerza natural. Hermanos, yo creo que aquello que la gente llama convicción natural, es, después de todo, la obra del Espíritu. Algunos predicadores sostienen la doctrina que dice que el Espíritu Santo siempre obra de forma eficaz, de modo que piensan que como el Espíritu nunca puede causar una emoción transitoria en el alma del hombre, le imputan tales cosas a la conciencia. Si ven temblar a un hombre como Félix, se lo atribuyen todo a su conciencia natural. Ahora bien, ¿no se dan cuenta estas personas que esta afirmación está afectando a otra doctrina igualmente apreciada por ellos la doctrina de la depravación total? Si los hombres son por naturaleza totalmente depravados, entonces no son capaces ni siquiera de temblar sin la influencia del Espíritu Santo. El hecho es, mis queridos oyentes, que el Espíritu Santo trabaja de dos maneras. En algunos corazones, Él obra solamente con una gracia controlada. Si bien no salva a los hombres, es suficiente para evitar que se corrompan en los peores vicios. Es como un hombre fuerte que a veces no usa toda su fuerza. En Félix había algo de esta gracia controlada, y cuando el Apóstol le predicó el Evangelio, ésta despertó su conciencia e hizo que Félix se pusiera a temblar. Sabed que esta clase de gracia puede ser resistida por el hombre. El Espíritu Santo a veces obra de forma temporal, pero para excelentes propósitos que siempre cumple. Sin embargo Él permite que algunos hombres apaguen y resistan sus influencias, de modo que la salvación no acabe siendo posesión suya. Dios el Espíritu Santo puede obrar en algunos hombres, produciendo buenos deseos y sentimientos, sin tener la intención de salvarlos. Pero notad, que ninguno de estos sentimientos son cosas que acompañan a la salvación, porque si así fuera, continuarían. En tales casos, el Espíritu no obra de forma omnipotente para salvar, excepto en las personas de su propia elección, a quienes atrae hacia Él. Creo, entonces, que el espanto y temblor de Félix, pueden ser atribuidos a la gracia controlada del Espíritu, que despertó su conciencia y le hizo espantar.

¿Qué podría decirse de alguno de vosotros que nunca se espanta ni se pone a temblar? Habéis venido con rostro desvergonzado, y corazón arrogante. Habéis ofendido al cielo con blasfemias, y ahora estáis tranquilos y desenfadados, en la casa de Dios, sin que se os conmueva una sola fibra de vuestros corazones. Aunque un Baxter se levantara de entre los muertos, y con lágrimas os predicara el Evangelio, os burlaríais y reiríais. Si Boanerges, con una lengua de trueno viniese a predicaros, vosotros procuraríais buscar algún defecto en su oratoria y sus palabras nunca alcanzarían vuestros corazones. ¡Oh, generación impía! ¿Cómo os ha dejado Dios de lado, cómo os ha embrujado el infierno? ¡Oh, raza de malhechores y corruptos! ¡Vuestras conciencias están cauterizadas! ¡Mi alma lee con una

Ministerio, Dones, Predicación, Mayordomía ...

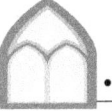

mirada profética la inscripción en la pared! Estáis condenados, no tenéis ninguna esperanza, sois cual árboles arrancados de raíz, dos veces muertos. Pues en el hecho que no os espantáis ni tembláis, está implicada no solamente vuestra muerte, sino vuestra corrupción. Moriréis como estáis ahora, sin confianza y sin refugio. El que ha perdido sus sentimientos ha perdido la esperanza, y a aquel que tiene su conciencia petrificada, el Espíritu Santo le ha dejado de lado, y ya no luchará más con él.

III. UNA DECEPCIÓN

1. Y ahora, pasando rápidamente sobre este pasaje que habla del espanto de Félix, llegamos a la decepción que experimentó Pablo cuando vio a Félix levantarse y con toda prisa, despedirlo de su presencia. Cierta vez un hombre le dijo a un predicador:

—Es maravilloso ver a toda la congregación conmovida hasta las lágrimas por la predicación de la Palabra.

—Sí —le contestó el predicador—, es maravilloso, pero yo conozco una maravilla diez veces mayor, y es que esas personas muy pronto se secarán las lágrimas y olvidarán lo que han oído.

Es maravilloso que Félix se haya espantado ante las palabras de Pablo, pero es aún más maravilloso que seguidamente le dijera al Apóstol, «ahora vete». Es extraño, pero cuando la Palabra toca la conciencia, aún entonces el pecado tiene tal poder sobre los hombres, que la verdad puede ser rehusada y expulsada del corazón. ¡Félix, desdichado Félix!, ¿por qué te levantaste de tu trono? ¿Es que tienes mucho trabajo para hacer? ¡Detente, Félix, deja que Pablo te hable un minuto más. ¿Tienes trabajo, tienes negocios, pero no tienes negocios para tu alma? ¡Alto ahí, hombre infeliz! ¿Vas a ser otra vez extorsionado, o querrás amontonar más riquezas sobre tu fortuna personal? ¡Oh, detente! ¿No puedes dedicar un minuto más para tu alma? Es para que vivas para siempre. ¿No te das cuenta de que no tienes esperanza, ni cielo, ni la sangre de Cristo, ni el perdón de tus pecados, ni el Espíritu santificador, ni la justicia de Cristo imputada? ¡Ah, Félix, vendrá un tiempo cuando los negocios que parecen tan importantes resultarán siendo un sueño de un día o un pobre substituto de las sólidas realidades que has olvidado! Tal vez tu argumento fue: «no, el rey me ha enviado a cumplir una comisión urgente; debo de asistir a César». ¡Oh, Félix, pero tú tenías un monarca más grande que César: hay alguien que es el Emperador de los cielos y el Señor de la tierra. ¿No puedes reservar un tiempo para cumplir sus mandatos? Ante su presencia, César no es sino un pobre gusano. ¡Oh hombre!, ¿obedecerás a uno, y despreciarás al otro? Félix, te estás apartando nuevamente para caer en tus placeres lascivos. ¡Vete, y Drusila contigo! Pero alto! ¿Te atreverás a hacer tal cosa, después de haber oído las últimas palabras de Pablo acerca del «juicio venidero»? ¿Qué?, repetirás el coqueteo incontrolado que ya te ha sido por maldición e irás otra vez a meter las manos en la lascivia y a condenar tu espíritu, después de las advertencias que has oído? ¡Oh hombre! Yo podría llorar sobre ti, al pensar que como el becerro vas al matadero. Así como el cordero lame el cuchillo, tu vuelves al pecado que te destruye, y a la lascivia que te arruina. Muchos de vosotros también a menudo habéis sido impresionados bajo el ministerio de la Palabra. Sé lo que habéis dicho el lunes por la mañana, después de lo que oísteis el domingo: «Debo atender mis negocios, no puedo descuidar las cosas de este mundo». ¡Ah, vamos a ver si dices eso cuando el infierno se ría de ti en tu cara a causa de tus locuras! Piensa en los hombres que mueren cada día, diciendo: «debemos vivir» y se olvidan de que van a morir. ¡Oh, pobre alma!, que tienes cuidado de la casa, del cuerpo, y descuidas al inquilino que vive dentro! Alguien responde: «debo de tener un poco más de placer». ¿Placer le llamas? ¿Puede haber placer en cometer un suicidio con tu propia alma placer en desafiar a tu Hacedor, salteándote sus leyes y despreciando su gracia? Si este es un placer, debería ser un placer sobre el cual los ángeles llorasen. ¿Cómo considerarás este placer cuando llegues a la muerte? Por encima de todo, ¿contarás esto como un placer cuando estés ante el trono del Gran

Juez? Es un gran engaño que hace que creas en una mentira. No hay placer en aquello que acarrea ira y maldición al alma hasta lo más extremo. La respuesta más corriente es ésta: «todavía queda mucho tiempo». El hombre joven dice: «dejadme tranquilo hasta que sea viejo». Y tú, hombre viejo, ¿qué es lo que dices? Puedo suponer que la juventud mire hacia a delante a la vida futura. Pero hay algunos de vosotros sobre cuyas cabezas han soplado setenta inviernos. ¿Cuándo esperáis encontrar un tiempo apropiado para pensar en las cosas eternas? Estáis a pocos días de ir a la tumba. Si abrís vuestros ojos embotados, veréis la muerte a una distancia muy corta. ¡Los jóvenes pueden morir, los ancianos deben hacerlo! Morirse en la juventud es morirse durante el sitio, pero dormir en la edad avanzada es sucumbir durante el ataque. ¿Qué harás, oh hombre, tú que estás tan cerca del trono del juicio de tu Hacedor? ¿Le pondrás fuera de tu vida con un «ahora vete»? Retrasarás tu salvación ahora, cuando el cuchillo está en tu garganta cuando el gusano está en el corazón del árbol, y las ramas han empezado a marchitarse? Las hojas amarillas te han cubierto, ¡y tú estás todavía bajo condenación! ¡Oh hombre, qué tonto eres, y el tonto de cabellos grises es el más tonto de todos! Estás con un pie en la tumba, y el otro en las arenas movedizas, ¿Cómo he de pintarte, sino diciéndote como le dijo Dios al hombre rico: «Necio, esta noche vienen a pedirte tu alma?» (Lc. 12:20). ¿Qué harás entonces?

2. Sin embargo, la frase más común es: «todavía hay tiempo». Aún el moralista mundano dice: «Un poco de tiempo es siempre tiempo suficiente». ¿Suficiente tiempo? ¿Para qué? Seguramente has empleado suficiente tiempo en el pecado. ¿No hay suficiente tiempo para servir a un Dios que puso su vida por ti? La eternidad no será demasiado larga para cantar sus alabanzas, y por lo tanto el tiempo no puede ser lo suficientemente largo para amar a Dios aquí, y servirle en los pocos días que te quedan para vivir sobre la tierra.

Pero ¡alto! Trataré de razonar contigo. Ven Félix, esta mañana no te irás hasta que haya puesto mis brazos alrededor tuyo y consiga detenerte para que no puedas esconder tu rostro de aquel que quiere darte la vida eterna. Tú dices, alguna otra vez. Pero, ¿sabes tú si alguna otra vez te volverás a sentir como te sientes ahora? Tal vez esta mañana, una voz te diga: "prepárate para venir al encuentro de tu Dios" (Am. 4:12). Mañana esa voz esa voz puede callarse. Algunas circunstancias harán que no puedas oírla. Tal vez no vuelva a hablarte nuevamente. Todos los hombres tienen sus advertencias, y todos aquellos que han perecido han tenido su última advertencia. Tal vez ésta sea tu última advertencia. Hoy Dios te dice, que a menos que te arrepientas, perecerás. Si no pones tu confianza en Cristo, serás echado a las tinieblas de afuera para siempre. Tal vez ningún labio humano honesto te lo volverá a advertir. Quizás ningunos ojos compasivos te vuelvan a mirar con afecto. Hoy día Dios te está poniendo las riendas tirantes diciendo: "dejadle solo". Hay entonces una carrera de obstáculos entre la tierra y el infierno, y tu correrás en una loca confusión, no pensando nunca en el infierno hasta que hayas ido más allá de las advertencias, del arrepentimiento, de la fe y la esperanza.

3. Os repito: ¿Cómo podéis saber, si volveréis a tener otra vez estos sentimientos, y aunque así fuera, si entonces Dios los aceptará? «Hoy», dice Él: «Si oyereis hoy su voz, no endurezcáis vuestros corazones» (He. 4:7). En esta hora su amor llora sobre ti, y desde sus mismas entrañas Él suspira por ti. Hoy el Señor te dice: «Venid luego, dice Jehová, y estemos a cuenta: si vuestros pecados fueren como la grana, como la nieve serán emblanquecidos; si fueren rojos como el carmesí, vendrán a ser como blanca lana» (Is. 1:18). ¿Quieres hacer oídos sordos para no oír lo que te dice el Salvador? ¿Rechazarás hoy su invitación y despreciarás sus advertencias? ¡Ten cuidado! Quizás un día necesites lo que hoy estás despreciando, y entonces clamarás a Él, pero no te oirá; orarás a Él, pero no te responderá, y su única respuesta será, ¡te lo advertí! «Te llamé y rehusaste oírme. Extendí mis manos a ti, para atraerte hacia mi seno, y no qui-

Ministerio, Dones, Predicación, Mayordomía ...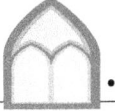

siste». Estabas cerca; me oíste, pero fue como si no me hubieras oído. Por lo tanto, ¡Oh!, la temible conclusión. «También yo me reiré en vuestra calamidad, y me burlaré cuando os viniere lo que teméis» (Pr. 1:26). Amigos, estas no son mis palabras, sino las de Dios. Dios es verdadero, no miente ni falsea como el hombre, y si dice la verdad, ¿cómo sabes si un día no desoirá tu oración, acallará tu clamor y te dejará para siempre.

Nuevamente te digo; ¿cómo sabes que vivirás lo suficiente para volver a recibir una advertencia? Cierta vez, un ministro de Dios, cuando le dije con la máxima gentileza que aquella mañana no había predicado el Evangelio, me respondió: «No, en esta mañana no quise predicar a los pecadores, pero les predicaré en la noche». ¡Ah!, le respondí, «¿pero qué sucederá si alguien de su congregación que ha asistido al culto por la mañana, está muerto y se va al infierno antes de que llegue la noche?» Lo mismo te digo a ti. Hoy has prometido ir a casa de un amigo y piensas que no puedes romper esa promesa, pero te gustaría hacerlo. Te gustaría poder marchar a casa y caer sobre tus rodillas para orar; pero no, no puedes porque tu promesa te ata. Pero dices, tal vez lo haga uno de estos días. De manera que el Dios Omnipotente tiene que esperar a la conveniencia del hombre. ¿Cómo vivirás hasta que llegue ese día de tu conveniencia? ¿Cómo sabes que podrás vivir hasta que llegue ese día? Un poco de calor o frío excesivo en el cerebro una circulación sanguínea un poco lenta, o un error de los fluidos del cuerpo en una dirección equivocada, ¡y estarás muerto!

«Los peligros rondan por doquier,
para llevarte a la tumba,
y fieras enfermedades esperan,
para apresurar a los mortales que se hundan.»

¡Oh!, ¿por qué entonces te atreves a demorar y dices que tu tiempo todavía no ha llegado? ¿Podrá tu alma salvarse por decir «aún hay tiempo?» El Arzobispo Tillotson manifiesta con mucho acierto: «Un hombre puede decir que está resuelto a comer, pero su resolución no come por él, y así nunca podrá alimentar su cuerpo». Y tú puedes decir, estoy resuelto a beber, pero tu resolución nunca apagará tu sed. Del mismo modo, tal vez dirás, un día de estos, yo estoy resuelto a buscar a Dios; pero tu resolución no podrá salvarte. No es el oidor olvidadizo el que será bendecido, sino el hacedor de la Palabra.

¡Oh!, quiera el Señor que pudieras decir en este momento: Dios mío, confieso mi pecado; hoy te pido que manifiestes tu gracia; recibe hoy mi alma culpable y muéstrame la sangre de Cristo. Hoy mismo, constreñido por la Gracia Divina, renuncio a mis locuras, mis vicios, y pecados. También renuncio a mis buenas obras como base para mi salvación, y clamo a ti:

«¡Nada en mis manos traigo,
simplemente me apego a tu cruz!».

¡Oh, qué feliz será el ministro de Dios que tenga una audiencia como ésta! Más feliz que Pablo, si sabe que en su congregación hay personas que han hecho esta decisión. Ven Espíritu Santo y atrae a los corazones que no quieren venir, haz que se inclinen ante el cetro de la gracia soberana.

CONCLUSIÓN

Como veréis, muchas veces cuando predico, me quedo sin voz; pero el trabajo más duro no es la predicación sino el suspirar por vuestras almas. Yo podría predicar sin cesar; estar aquí día y noche para contaros del amor de mi Maestro y advertir a las pobres almas sobre su destino fatal, pero lo que me disgusta es el pensamiento de que muchos de vosotros no haréis caso de estas advertencias. Os iréis, caminaréis por las calles y bromearéis y os reiréis. Sí, pero eso es poco. No me importan que se rían de mí. Estoy acostumbrado a las burlas, las caricaturas, las sátiras y las bromas Estas cosas son mi gloria. Sí, en ellas me regocijo; pero mi pena es que no os volváis de vuestros malos caminos. Escupidme, si queréis, pero ¡arrepentíos! Reíros de mí, ¡pero oh, creed en mi Maestro! Maltratad mi cuerpo, pero no condenéis vuestras almas. ¡Oh!, no despreciéis vuestras propias misericordias. ¡No apartéis de vosotros el Evangelio de Cristo! Hay además muchas maneras de jugar al tonto haciendo cosas por el estilo. Llevad carbón en vuestro pecho, golpead vuestra cabeza contra la pared; pero no condenéis vuestras almas por el mero hecho de ser un tonto, pues los tontos se ríen de todas las cosas. ¡Oh, sé serio para las cosas serias! Si no hubiera vida más allá de la muerte, podríais vivir como quisierais, si no hubiera cielo, ni infierno, podríais reíros de mí. Pero si estas cosas son verdaderas y creéis en ellas, os encarezco por vuestro propio beneficio espiritual, que las pongáis en vuestros corazones. Preparaos para encontraros con vuestro Dios. Que el Señor os ayude en este importantísimo asunto. Por amor a Cristo. Amén.

112. LOS DOS EFECTOS DEL EVANGELIO[18]

«Porque para Dios somos grato olor de Cristo en los que se salvan, y en los que se pierden: a éstos ciertamente olor de muerte para muerte; y a aquellos olor de vida para vida. Y para estas cosas ¿quién es suficiente? (2 Corintios 2:15, 16).

INTRODUCCIÓN: La aceptación y rechazo del Evangelio.

I. LOS DIFERENTES EFECTOS DEL EVANGELIO
1. Predicar el Evangelio de amor.
   a) El oír el evangelio puede endurecer el corazón
   b) El rechazo del Evangelio produce una mayor condenación
   c) La verdad del Evangelio nos condiciona el futuro
2. Llamados para amar.
   a) la perseverancia de los santos

II. EL MINISTRO NO ES RESPONSABLE DE SUS ÉXITOS
1. Los pastores solo son mensajeros.

III. PREDICAR EL EVANGELIO: UNA TAREA ELEVADA Y SOLEMNE

---

[18] Sermón predicado el 27 de Mayo de 1855, en Exeter Hall, Stand, Inglaterra.

1. El ministerio no es una profesión.
2. Predicar es una labor pesada.

CONCLUSIÓN: No dejar de orar por los pastores.

LOS DOS EFECTOS DEL EVANGELIO

INTRODUCCIÓN

Éstas son palabras de Pablo hablando en su propio nombre y en el de sus hermanos los apóstoles, y pueden aplicarse a cuantos son elegidos por el Espíritu, calificados y enviados a la viña para predicar el Evangelio de Dios. A menudo, he admirado el versículo 14 de este capítulo, especialmente al recordar los labios que pronunciaron esas palabras: «Mas a Dios gracias, el cual hace que siempre triunfemos en Cristo Jesús, y manifiesta el olor de su conocimiento por nosotros en todo lugar». Imaginaos a Pablo, el anciano, el hombre que había recibido cinco veces «cuarenta azotes menos uno», que había sido arrastrado como muerto; el hombre de los grandes sufrimientos, que había pasado a través de todo un mar de persecuciones; recordadle diciendo, al final de su carrera ministerial: «Mas a Dios gracias, el cual hace que siempre triunfemos en Cristo Jesús»; triunfar siendo un naufrago, triunfar al ser azotado, triunfar al estar en el cepo de castigo, triunfar al ser apedreado, triunfar en medio de las burlas del mundo, triunfar al ser echado de una ciudad y mientras sacudía el polvo de sus pies; ¡triunfar siempre en Cristo Jesús! Si algunos ministros modernos hablaran de ese modo, no les haríamos mucho caso, porque gozan del beneplácito del mundo. Pueden ir a sus casas tranquilos y en paz; tienen un pueblo que les admira, y no tienen enemigos declarados; sólo reciben alabanzas, todo es seguro y agradable. El que ellos digan: «Mas a Dios gracias, el cual hace que siempre triunfemos», no tiene importancia; pero oírlo decir a uno como Pablo, tan maltratado, tan probado y tan afligido, nos hace considerarlo francamente un héroe. He aquí un hombre que tenía verdadera fe en Dios y en lo sobrenatural de su misión.

Ministerio, Dones, Predicación, Mayordomía ...

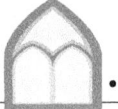

Qué dulce es, hermanos míos, el consuelo que Pablo aplicaba a su propio corazón en medio de todas sus calamidades. Decía que, pese a todo, Dios «manifiesta el olor de su conocimiento por nosotros en todo lugar». ¡Ah! Con este pensamiento un ministro puede dormir tranquilo: «Dios manifiesta el olor de su conocimiento». Con esto, puede cerrar sus ojos cuando acabe su carrera y abrirlos en el cielo: «Dios, por mediación mía, manifestó en todo lugar el olor de su conocimiento». Seguid, pues, las palabras de mi texto, que os expondré dividido en tres partes. Nuestra primera observación será que, aunque el Evangelio es un «buen olor» en todo lugar, produce diferentes efectos en diferentes personas: «a estos ciertamente olor de muerte para muerte, y a aquellos olor de vida para vida». La segunda consideración será que los ministros del Evangelio no son responsables de sus éxitos, porque dice: «Para Dios somos buen olor de Cristo en los que se salvan, y en los que se pierden». Y en tercer lugar, veremos que la posición del ministro del Evangelio no es muy llevadera, su deber es muy penoso, porque el mismo apóstol dijo: «Y para estas cosas, ¿quién es suficiente?».

I. LOS DIFERENTES EFECTOS DEL EVANGELIO

Comprobemos primeramente, cómo el Evangelio produce diferentes efectos. Puede parecer extraño, pero es cierto, que hay pocas cosas buenas en el mundo de las que no se desprenda algún mal. Observemos cómo lucen los rayos solares, y admiremos sus efectos: ablanda la cera y endurece la arcilla; la lluvia de su dorada luz en el trópico hace que la vegetación sea extremadamente lujuriosa, maduren los más ricos y escogidos frutos y broten las flores más hermosas, pero ¿quién no sabe que en aquellos lugares se crían los peores y más venenosos reptiles de la tierra? Así ocurre con el Evangelio. Aunque es el sol de justicia para el mundo, aunque es el mejor regalo de Dios y nada puede ser comparado con la inmensidad de beneficios que dispensa sobre la raza humana, aún así, debemos confesar que a veces es «olor de muerte para muerte». Pero no vamos a culpar de ello al Evangelio; la falta no es de la verdad de Dios, sino de aquellos que no la aceptan. Es «olor de vida para vida» para todo aquel que lo oye con un corazón abierto para recibirlo. Y es sólo «muerte para muerte», para el hombre que odia la verdad, que la menosprecia, se burla de ella, e intenta oponerse a su progreso. En primer lugar, pues, vamos a hablar de este aspecto.

1. El Evangelio es para algunos hombres, «olor de muerte para muerte». Ahora bien, esto depende en gran parte de que entendemos por Evangelio; porque hay algunas cosas llamadas Evangelio, que son «olor de muerte para muerte» para todos aquellos que las oyen. John Berridge decía que predicó la moralidad hasta que no quedó en el pueblo un hombre moral; porque el modo más seguro de dañar la moralidad es la predicación legalista. La predicación de las buenas obras y el exhortar a los hombres a la santidad como medios de salvación son admirados en teorías, pero en la práctica se demuestra, no solamente que no son eficaces, sino, lo que es peor, que a veces se convierten en «olor de muerte para muerte». Así se ha comprobado; y creo que incluso el gran Chalmers confesó que durante años y años antes de conocer al Señor, no predicó otra cosa que moralidad y preceptos, pero nunca vio a ningún borracho convertido por el mero hecho de mostrarle los males de la embriaguez; ni vio a ningún blasfemo que dejara de blasfemar porque le dijera la atrocidad del pecado. No conoció el éxito sino cuando empezó a predicar el amor de Jesús; cuando predicó el Evangelio como es en Cristo, en toda su claridad, plenitud y poder, y la doctrina de que «por gracia sois salvos por la fe; y esto no es de vosotros, pues es don de Dios». Al predicar la salvación por la fe, por multitudes los borrachos arrojaron sus copas y los blasfemos refrenaron sus lenguas; los ladrones se hicieron honrados, y los injustos e impíos inclinaron su cetro a Jesús. Pero habéis de reconocer, como os dije antes, que aunque el Evangelio principalmente produce el mejor de lo efectos en casi todos aquellos que lo oyen, ya sea apartándoles del pecado, ya haciéndo-

les abrazarse a Cristo, es un hecho grande y solemne, y sobre el cual difícilmente se como hablar esta mañana que, para muchos hombres, la predicación del Evangelio de Cristo es «muerte para muerte», y produce mal en vez de bien.

a) Y el primer sentido es éste: Muchos hombres se endurecen en sus pecados al oír el Evangelio. ¡Oh!, qué verdad más terrible y solemne es que, de todos los pecadores, algunos pecadores de santuario son los peores. Aquellos que pueden sumergirse más en el pecado, y tienen la conciencia más tranquila y el corazón más duro, se hallan en la propia casa de Dios. Yo sé bien que un ministro fiel servirá de acicate a los hombres, y las severas amonestaciones de un Boanerges a menudo les hará estremecerse. Igualmente, observo que la Palabra de Dios hace a veces que su sangre se coagule en sus venas; pero sé también (porque los he visto) que hay muchos que convierten la gracia de Dios en disolución, e incluso hacen de la verdad de Dios un disfraz para el diablo, y profanan la gracia de Dios para paliar su pecado. A tales hombres los he podido hallar entre aquellos que oyen las doctrinas de la gracia en toda su plenitud. Son los que dicen: «Soy elegido, por eso puedo blasfemar; soy uno de los que fueron escogidos por Dios antes de la fundación del mundo, por ello puedo vivir como se me antoje». He visto a un hombre que, subido en la mesa de una taberna y sosteniendo el vaso en su mano, decía: «¡Compañeros! Yo puedo hacer y decir más que cualquiera de vosotros; yo soy uno de esos que están redimidos por la preciosa sangre de Jesús»; y acto seguido se bebió su vaso de cerveza y comenzó a danzar ante los demás, mientras entonaba viles y blasfemas canciones. He aquí a un hombre para quien el Evangelio es «olor de muerte para muerte». Oye la verdad, pero la pervierte; toma aquello que está puesto por Dios para su bien y lo utiliza para suicidarse. El cuchillo que le fuera dado para abrir los secretos del Evangelio, lo vuelve contra su propio corazón. La que es la más pura de todas las verdades y la más elevada de todas las moralidades se convierte en la alcahueta de sus vicios, y hace de ella un andamio que le ayude a construir el edificio de sus maldades y pecados. ¿Hay aquí alguno que sea como este hombre, a quien le gusta oír el Evangelio, como vosotros lo llamáis, y no obstante viva impunemente? ¿Quién puede decir de vosotros que sois los hijos de Dios, y que a pesar de ello os comportáis como feudatarios sirvientes de Satanás? Sabed bien que sois unos embusteros e hipócritas, porque la verdad no está de ningún modo en vosotros. «Cualquiera que es nacido de Dios, no peca». A los elegidos de Dios no se les permitirá vivir en continuo pecado; ellos nunca «convertirán la gracia de nuestro Dios en disolución», sino que, en todo lo que dependa de ellos, se esforzarán por permanecer cerca de Jesús. Tened esto por seguro: «Por sus frutos los conoceréis». «No puede el buen árbol llevar malos frutos, ni el árbol maleado llevar frutos buenos». No obstante, esas personas están continuamente convirtiendo el Evangelio en maldad. Pecan arrogantemente por el mero hecho de que han oído lo que ellos creen que excusa sus vicios. No hallo nada peor bajo el cielo, ni que pueda extraviar tanto a los hombres, como un Evangelio pervertido. Una verdad corrompida es, generalmente, peor que una doctrina que todos saben que es falsa. Como el fuego –uno de los elementos más útiles– puede causar la mayor de las catástrofes, así el Evangelio –lo mejor que poseemos– puede convertirse en la más vil de las causas. Éste es un sentido en el que el Evangelio es «olor de muerte para muerte».

b) Pero hay otro más. Es un hecho que el Evangelio de Jesucristo aumentará la condenación de algunos hombres en el día del juicio final. De nuevo me sobrecojo al decirlo, porque es un pensamiento demasiado horrible para aventurarse a decir que el Evangelio de Cristo vaya a hacer del infierno para algunos hombres un lugar incluso más terrible de lo que hubiera sido de otro modo. Todos los hombres se hubieran hundido en el infierno de no haber sido por el Evangelio. La gracia de Dios redimirá a «una gran compañía, la cual ninguno puede contar»; guardará a un ejército incontable que será salvado en el Señor con una salvación eterna;

Ministerio, Dones, Predicación, Mayordomía ...

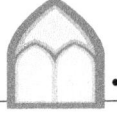

pero, al mismo tiempo, a aquellos que la rechazan les hace más terrible la condenación. Y os diré por qué:

Primero, porque los hombres pecan contra una luz superior, y la luz que poseemos es una excelente medida para nuestra culpa. Lo que un hotentote puede hacer sin que para el sea delictivo, para mí puede ser el mayor de los pecados, porque estoy mejor instruido; y lo que alguno pueda hacer en Londres con impunidad (me refiero a un pecado contra Dios que no sea excesivamente grande) podría parecerme a mí la mayor de las transgresiones, porque desde mi juventud he sido instruido en la piedad. El Evangelio viene sobre los hombres como la luz del cielo. ¡Qué errante debe andar el que se extravía en la luz! Si el que es ciego cae en la zanja, podemos compadecerle, pero si un hombre con la luz en sus ojos se arroja al precipicio y pierde su alma, ¿verdad que la compasión está fuera de lugar?

«¡Cómo merece el más profundo infierno
quien desprecia su reino de alabanza!
¡Como fuego sufrirá de venganza
El que se burle del Amor Eterno!»

Os repito que aumentará vuestra condenación, a menos que encontréis en Jesucristo a vuestro Salvador; porque haber tenido la luz y no haber andado en ella será la misma esencia de la condenación. Éste será el virus de la culpa: «Que la luz vino al mundo, y los hombres amaron más las tinieblas que la luz, porque sus obras eran malas».

Vuestra condenación aumentará si os oponéis al Evangelio. Si Dios traza un proyecto de misericordia, y el hombre se levanta contra él, ¿no será grande su pecado? ¿No fue inmensa la culpa en que incurrieron hombres tales como Pilato, Herodes y los judíos? ¡Oh!, imaginaos la condena de esos que gritaron: «¡Crucifícale! ¡Crucifícale!». ¿Y qué lugar del fuego del infierno arderá con fuerza suficiente para el hombre que calumnia a los ministros de Dios, para el que habla mal de su pueblo, para el que odia su verdad, y que, si pudiera, borraría de la tierra todo rastro de piedad? ¡Quiera Dios ayudar al infiel y al blasfemo! Dios salve sus almas, porque si me dieran a escoger de entre todos los hombres, no elegiría jamás ser como uno de ellos. ¿Pensáis vosotros que Dios no tendrá en cuenta lo que los hombres dicen? Uno maldijo a Cristo, llamándole charlatán. Otro declaró (sabiendo que mentía) que el Evangelio es falso. Un tercero proclamó sus máximas licenciosas, y después señaló a la Palabra de Dios diciendo: «¡Hay peores cosas en ella!». Y otro ha insultado a los ministros de Dios ridiculizando sus imperfecciones. ¿Creéis que Dios olvidará todo esto en el último día? Cuando sus enemigos se presenten ante Él, ¿los tomará de la mano y les dirá: «El otro día llamaste perro a mi siervo, y escupiste sobre él, ¡y por esto te daré el cielo!?». No, si el pecado no ha sido lavado por la sangre de Cristo, dirá. ¡Apártate, maldito, al infierno del que te mofabas!; abandona el cielo que tú despreciabas, y aprende que, aunque decías que no había Dios, ésta, mi mano derecha, te enseñará eternamente la lección de que lo hay, porque aquel que no me descubra por mis obras de benevolencia, sabrá de mí por mis hechos de venganza; así pues, ¡apártate te digo!. A aquellos que se han opuesto a la verdad de Dios, les será aumentado el castigo. Ahora bien, ¿no es ésta una solemne visión de que el Evangelio es para muchos «olor de muerte para muerte?»

c) Consideremos otro sentido. Creo que el Evangelio hace a algunos seres de este mundo más desgraciados de lo que hubieran sido. El borracho podría beber y gozarse en su embriaguez con mayor alegría, si no hubiera oído decir: «Todos los borrachos tendrán su parte en el lago que arde con fuego y azufre». Cuán jovialmente el transgresor del domingo alborotaría durante todo el día si la Biblia no dijera: «¡Acuérdate del día de reposo, para santificarlo!». Y cuán felizmente podría lanzarse en su loca carrera el libertino y el licencioso, si no se hubiera dicho: «¡La paga del pecado es muerte, y después el juicio!». Pero la verdad pone amargura en sus copas; los avisos de Dios hielan la corriente de su alma. El Evangelio es como el esqueleto en la fiesta de los egipcios: aunque durante el día se ríen de él, por la noche tiemblan como hojas de álamo blanco, y cuando las sombras del atardecer se ciernen sobre ellos, se estremecen al menor susurro. Ante el pensamiento de su condición futura, su gozo se entristece y la inmortalidad, en lugar de ser un regalo para ellos, es, solamente al pensar en ella, el tormento de su existencia. Las dulces palabras de amor de la misericordia no son para ellos más armoniosas que el estruendo del trueno, porque saben que las menosprecian. Sí, he conocido a algunos que han sido tan desgraciados a causa del Evangelio, al no querer abandonar sus pecados, que han estado a punto de suicidarse. ¡Qué terrible pensamiento! El Evangelio es «olor de muerte para muerte»; ¿para cuántos de vosotros es así?, ¿quién está ahora oyendo la palabra de Dios para ser condenado por ella?, ¿quién saldrá de aquí para ser endurecido por la voz de la verdad? Así será para todo hombre que no crea en ella; porque para aquellos que la reciben es «olor de vida para vida», pero para los incrédulos es una maldición, y «olor de muerte para muerte».

2. Pero, bendito sea Dios, el Evangelio tiene un segundo poder. Además de ser «muerte para muerte», es «olor de vida para vida». Hermanos, algunos de nosotros podríamos hablar, si ello nos fuera dado esta mañana, del Evangelio como «olor de vida» para nosotros. Volvamos la vista atrás a la hora en que estábamos «muertos en delitos y pecados». En vano todos los truenos del Sinaí, en vano los avisos de los atalayas: dormíamos en el sueño letal de nuestras culpas, y ni un ángel podría habernos despertado. Y contemplemos también, con alegría, esa hora en que entramos por primera vez dentro de los muros de un santuario y, para nuestra salvación, oímos la voz de la misericordia. A algunos de vosotros os ocurrió hace unas semanas. Yo se dónde estáis y quiénes sois; hace solo unas semanas o unos meses, también vosotros estabais lejos de Dios, pero habéis sido llevados a amarle. Recuerda, cristiano hermano mío, aquel momento en que el Evangelio fue para ti «olor de vida», cuando te separaste de tus pecados, renunciaste a tus concupiscencias, y volviéndote a la Palabra de Dios, la recibiste con todo tu corazón. ¡Ah, aquella hora, la más dulce de todas! Nada puede compararse a ella. Conocí a una persona que durante cuarenta o cincuenta años había permanecido completamente sorda; una mañana, sentada a la puerta de su casa, mientras pasaban algunos vehículos por delante de ella, creyó oír una música melodiosa. No era música, era solamente el ruido de los carruajes. Su oído se había abierto repentinamente, y aquel sonido ordinario le pareció como música celestial, porque era la primera vez que oía en tantos años. De forma parecida, la primera vez que nuestros oídos se abrieron para oír las palabras del amor (la seguridad de nuestro perdón) oímos la palabra como nunca hasta entonces; nunca nos pareció tan dulce y quizás, aun en estos momentos, miramos atrás y decimos:

«¡Horas de gozo que viviera
    entonces!
¡Vuestro recuerdo calma
    dulcemente!»,

Cuando por primera vez fue «olor de vida» para nuestras almas.

a) Así pues, si alguna vez ha sido «olor de vida», siempre lo será; porque no dice que sea olor de vida para muerte, sino «olor de vida para vida». Al llegar a este punto, debo asestar otro golpe a mis antagonistas los arminianos; no puedo remediarlo. Ellos sostienen que, a veces, el Evangelio es olor de vida para muerte. Nos dicen que un hombre puede recibir vida espiritual, y no obstante, morir eternamente. Es decir, puede ser perdonado y, después, castigado; puede ser justificado de todo pecado, y sin embargo sus faltas pueden ser cargadas de nuevo sobre sus espaldas. Un hombre puede haber nacido de Dios, y no obstante morir; puede ser amado por Dios, y a pesar de ello Dios puede odiarle mañana. ¡Oh! No puedo soportar el hablar de tales doctrinas de mentira; que crean en ella los que quieran. Por lo que a mí respecta, creo tan profundamente en el amor inmutable de Jesús, que supongo que si un creyente estuviera en el infierno, el mismo Cristo no estaría mucho tiempo en el cielo sin gritar: «¡Al rescate! ¡Al rescate!». ¡Oh!, si Jesucristo estuviera en la

Ministerio, Dones, Predicación, Mayordomía ...

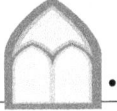

gloria y de su corona faltara una de sus piedras preciosas, la cual poseyera Satanás en el infierno, éste diría: «¡Mira, Príncipe de la luz y de la gloria, tengo en mi poder una de tus joyas!». Y manteniéndola en alto, gritaría: «Tú diste tu vida por este hombre, pero no tienes poder suficiente para salvarle; Tú lo amaste una vez, ¿dónde está tu amor? ¿De nada le sirve porque más tarde lo odiaste!». Y cómo se reiría sarcásticamente de aquel heredero del cielo, diciendo: «Este hombre fue redimido; Jesucristo lo compró con su sangre». Y, arrojándolo a las olas del averno con grandes carcajadas, diría: «¡Toma, redimido! ¡Ve como puedo robar al Hijo de Dios!». Y con gozo maligno continuaría repitiendo: «Este hombre fue perdonado, contemplad la justicia de Dios! Es castigado después de haber recibido el perdón. Cristo sufrió por sus pecados y, no obstante, yo lo poseo; ¡porque Dios hizo pagar la deuda dos veces!» ¿Creéis que podrá decirse esto? ¡Ah!, no. Es «olor de vida para vida», y no de vida para muerte. Seguid con vuestro Evangelio envilecido, predicadlo donde os plazca; pero mi Maestro dijo: «Yo doy a mis ovejas vida eterna». Vosotros dais a vuestras ovejas vida temporal, y ellas la pierden; pero Jesús dice: «Yo les doy vida ETERNA; y no perecerán para siempre, ni nadie las arrebatará de mi mano». Cuando hablo de este tema, generalmente me acaloro, porque creo que hay muy pocas doctrinas tan importantes como la de la perseverancia de los santos; porque si uno de los hijos de Dios llegara a perecer, o si yo supiese que esto pudiera suceder, sacaría la conclusión inmediata de que yo podría ser uno de ellos, y supongo que a cada uno de vosotros os pasaría lo mismo y en este caso ¿dónde están el gozo y la felicidad del Evangelio? De nuevo repito que el Evangelio arminiano es una cáscara sin almendra; una corteza. Sin el fruto; que se lo queden aquellos a quienes agrada. No discutiremos con ellos. Dejad que continúen predicándolo. Dejad que sigan diciendo a los pobres pecadores que, si creen en Jesús, serán condenados después de todo; que Jesucristo les perdonará y que, pese a ello, el Padre los enviará al infierno. Seguid predicando vuestro Evangelio, porque ¿quién lo escuchará?; y si alguno lo escucha, ¿le sirve de algo oírlo? Os digo que no; porque si luego me encontraba antes de convertirme en el mismo escalón en que estaba antes de convertirme, de nada me sirve, entonces, haber sido convertido. Mas a esos a quienes Él ama, los ama hasta el fin.

«Una vez en Cristo,
en Cristo para siempre;
Nada puede desunirse o separarse
de su amor».

Es «olor de vida para vida». No solamente «vida para vida» en este mundo, sino «vida para vida» eternamente. Todo el que posea esta vida, recibirá la venidera; «gracia y gloria dará Jehová. No quitará el bien a los que en integridad andan».

Me veo obligado a dejar este punto; pero si mi Maestro lo toma en sus manos y hace de estas palabras «olor de vida para vida» en esta mañana, me gozaré de haberlas pronunciado.

II. EL MINISTRO NO ES RESPONSABLE DE SUS ÉXITOS

1. Nuestra segunda afirmación era que el ministro no es responsable de sus éxitos. Es responsable de lo que predica y de su vida y acciones, pero no es responsable de los demás. Si yo, predicando la Palabra de Dios, no viera que se salvase ningún alma, el rey diría: «¡Bien, buen siervo y fiel!». Si no dejo de dar mi mensaje, y ninguno lo quiere escuchar, Él dirá: «Has peleado la buena batalla; recibe tu corona». Oíd las palabras del texto: «Porque para Dios somos buen olor de Cristo en los que se salvan, y en los que se pierden». Esto se verá claro si os digo cómo se le llama al ministro del Evangelio en la Biblia. A veces es llamado embajador. Ahora bien, ¿de qué es responsable un embajador? Es enviado a un país como plenipotenciario, lleva a la conferencia condiciones de paz, utiliza todos sus talentos para servir a su señor, intenta demostrar que la guerra es enemiga de los intereses de ambos países, se esfuerza en conseguir la paz; pero el otro rey le rechaza altaneramente. Cuando vuelve a su país, su señor le pregunta: «¿Por qué no hiciste la

paz?». «Porque», contesta el embajador, «les expuse las condiciones y no quisieron oírlas». «Bien», dirá aquel, «has cumplido con tu deber; no voy a culparte si continúa la guerra». En otras partes, el ministro del Evangelio es un pescador. Como es natural, un pescador no es responsable de la cantidad de peces que coge, sino de la forma en que pesca. Esto es una bendición para algunos ministros, porque no han pescado nunca nada, y ni siquiera han atraído ningún pez cerca de sus redes. Han pasado toda su vida pescando con elegantes hilos y anzuelos de plata y oro, siempre utilizaron hermosas y pulidas frases, pero a pesar de todo el pez no picó; mientras que nosotros, que somos de una clase más ruda, hemos puesto el anzuelo en la boca de muchos centenares. No obstante, si echamos la red del Evangelio en el lugar adecuado, aunque no pesquemos nada, el Señor no verá en nosotros falta alguna. Nos preguntará: «Pescador, ¿hiciste tu labor?, ¿arrojaste las redes al mar en tiempo de tormentas?». «Sí, mi Señor, así lo hice.» «¿Y qué ha pescado?» «Uno o dos, solamente.» «Bien, podía haberte mandado multitudes si así me hubiese plácido; no es tuya la culpa. En mi soberanía, doy donde me place o niego cuando así lo prefiero; pero en lo que a ti respecta, has hecho bien tu labor, por ello he aquí tu recompensa.» Algunas veces el ministro es comparado con un sembrador. Y ningún agricultor hace responsable de la cosecha al sembrador; toda su responsabilidad consiste en si hizo la siembra y si sembró la semilla adecuada. Si la echa en buena tierra entonces es feliz; pero si cae en el borde del camino, y las aves del cielo la devoran, ¿quién culpará al sembrador?; ¿podía haberlo remediado? No, él cumplió con su deber; esparció las semillas ampliamente y allí las dejó. ¿A quien ha de culparse? Al sembrador no, desde luego. De esta forma, amados míos, si un ministro va al cielo con una sola gavilla en sus espaldas, su Señor le dirá: «¡Segador, que fuiste sembrador!, ¿dónde recolectaste tu gavilla?». «Señor, sembré sobre la roca, y no creció; solamente un grano, en la mañana de un domingo afortunado, recibió de través un soplo de aire y cayo sobre un corazón preparado; y ésta es mi única gavilla». «¡Aleluya!», resonarán los coros angelicales, «una gavilla de entre las rocas es para Dios más honor que miles de ellas de una buena tierra; por ello, que se siente tan cerca del trono como aquel que viene inclinado bajo el peso de sus muchas gavillas, procedentes de alguna tierra fértil». Creo que, si hay grados en la gloria, no estarán en proporción al éxito, sino a la vehemencia de nuestros esfuerzos. Si procedemos correctamente, y si con todo nuestro corazón nos desvivimos para cumplir con nuestros deberes de ministros, aunque no veamos nunca ningún resultado, recibiremos la corona. Pero, cuanto más feliz es el hombre del que se dirá en el cielo: «Reluce eternamente, porque fue sabio y ganó muchas almas para la justicia». Siempre ha sido para mí el mayor gozo creer que si yo entrara en el cielo, contemplaría en días futuros sus puertas abiertas, y por ellas vería entrar volando un querubín quien, mirándome a la cara, pasaría sonriente ante el trono de Dios, y después de haberse inclinado ante Él, y una vez prestado homenaje y adoración, vendría a estrecharme la mano aunque fuéramos desconocidos; y si hubiera lágrimas en el cielo, yo lloraría al oírle decir: «Hermano, de tus labios oí la palabra, tu voz me amonestó por primera vez de mi pecado, y heme aquí contigo, el instrumento de mi salvación» Y mientras las puertas permanezcan abiertas, una tras otra irán llegando las almas redimidas; y por cada una de éstas, una estrella, una piedra preciosa en la diadema de gloria; por cada una de ellas otro honor y otra nota en el himno de alabanza. «Bienaventurados los que mueren en el Señor. Sí, dice el Espíritu, porque sus obras con ellos siguen».

¿Qué será de algunos buenos cristianos, de los que ahora están en Exeter Hall, si el valor de las coronas en el cielo se mide por las almas que hayan salvado? Alguno de vosotros poseerá una corona en el cielo sin una sola estrella. Hace poco tiempo leí algo sobre este tema: Un hombre en el cielo con una corona sin una sola estrella. ¡No salvo ni siquiera a uno! Gozaba en el cielo de felicidad completa porque le había salvado

Ministerio, Dones, Predicación, Mayordomía ...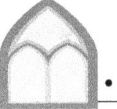

la Misericordia divina; pero, ¡oh!, ¡estar en el cielo sin una sola estrella! ¡Madre!, ¿qué dirías si estuvieras en el cielo sin uno de tus hijos que adornara tus sienes con una estrella? ¡Ministro!, ¿qué dirías si, con ser orador refinado, no poseyeras ni una estrella? ¡Escritor!, ¿te parecería bien haber escrito incluso tan gloriosamente como Milton, y que luego en el cielo te encontraras sin una estrella? Me temo que prestemos muy poca atención a esto. Los hombres escriben enormes folios y tomos, para verlos un día en las bibliotecas, y para que sus nombres sean famosos. ¡Pero cuán pocos se preocupan de ganar estrellas perennes en el cielo! Afánate hijo de Dios, porque si deseas servir a Dios, el pan que eches sobre las aguas no se perderá para siempre. Si arrojas la semilla entre los pies del buey o del asno, obtendrás una cosecha gloriosa el día en que Él venga a reunir a sus elegidos. El ministro no es responsable de su éxito.

III. PREDICAR EL EVANGELIO: UNA TAREA ELEVADA Y SOLEMNE

1. Y en último lugar, predicar el Evangelio es una tarea elevada y solemne. El ministerio ha sido a menudo rebajado a una profesión. En estos días se hace ministros de hombres que hubieran sido buenos capitanes de mar, o hubieran servido muy bien para estar detrás de un mostrador, pero que nunca estuvieron hechos para el púlpito. Son seleccionados por los hombres, atiborrados de literatura, educados hasta un cierto nivel, revestidos de forma adecuada, y el mundo les llama ministros. Deseo que Dios les haga triunfar, porque como solía decir el bueno de Joseph Irons: «Dios esté con muchos de ellos, aunque solo sea para aguantarles la lengua». Los ministros hechos por los hombres no tienen utilidad en este mundo, y cuanto antes nos libremos de ellos mejor. He aquí su forma de proceder; preparan sus manuscritos muy cuidadosamente, los leen el domingo con la mayor suavidad, a sotto voce, y de esta forma la gente se marcha complacida. Pero ese no es el modo de predicar de Dios. Si así fuera, me siento capaz de predicar para siempre. Puedo comprar sermones manuscritos por un chelín, es decir, con tal de que hayan sido predicados unas cincuenta veces; si los uso por primera vez valen una guinea o más. Pero esa no es la manera. Predicar la Palabra de Dios no es lo que algunos parecen creer, un simple juego de niños, un simple negocio o profesión que puede ejercer cualquiera. Un hombre debe sentir, en primer lugar, la atracción de una llamada solemne; después, debe saber que realmente posee el Espíritu de Dios y que cuando habla existe una influencia sobre el que le capacita para predicar como Dios quiere que lo haga; de otra forma debería abandonar el púlpito inmediatamente, porque no tiene ningún derecho a estar en él aunque la iglesia sea de su propiedad. No ha sido llamado para anunciar la verdad de Dios, y Dios le dice: «¿Qué tienes tú que hablar de mis leyes?»

2. Mas vosotros decís: «¿Qué dificultad existe en la predicación del Evangelio de Dios?». Bien, debe ser algo duro, porque Pablo dijo: «Y para estas cosas, ¿quién es suficiente?». Antes que nada os diré que es difícil, porque así está hecho para que no sea tergiversado por prejuicios propios al predicar la Palabra. Cuando se tiene que hablar con severidad, el corazón nos dice: «No lo hagas. Si hablas de esta forma te juzgarás a ti mismo»; y entonces existe la tentación de no hacerlo. Otra prueba es que tememos desagradar al rico de nuestra congregación. De esta forma, pensamos: «Si digo esto y lo otro, fulano y zutano se ofenderán; aquel otro no aprueba esta doctrina, lo mejor será que la abandone». O quizás ocurra que recibamos los aplausos de las multitudes y no queramos decir nada que las disguste, porque si hoy gritan: «Hosanna», mañana gritarán: «Crucifícalo, crucifícalo». Todas estas cosas obran en el corazón de un ministro, que es un hombre como vosotros, y las siente. Además, está el agudo cuchillo de la crítica y las flechas de aquellos que le odian a él y a su Señor, y, a veces, no puede evitar el sentirse herido. Posiblemente se pondrá su armadura y gritará: «No me importan vuestras maledicencias», pero hubo épocas en que los arqueros incluso a José afligieron penosamente. Entonces se encuentra en otro pe-

ligro, el de querer defenderse, porque quien lo hace comete una gran locura. El que deja a sus detractores solos y, como el águila, no hace caso de la cháchara del gorrión o como el león no se molesta en atajar el gruñido del chacal, es un hombre y será honrado. Pero el peligro está en que queramos dejar sentada nuestra reputación de justos. Y, ¡oh!, ¿quién es suficiente para dirigir la nave librándola de estas peligrosas rocas? «Para estas cosas», hermanos míos, «¿quién es suficiente?», para levantarse y anunciar, domingo tras domingo y día tras día, «las inescrutables riquezas de Cristo».

CONCLUSIÓN

Al llegar a este punto, y para acabar, sacaré la siguiente conclusión si el Evangelio es «olor de vida para vida», y el trabajo del ministro es una labor solemne, cuánto bien hará a todos los amantes de la verdad el orar por todos aquellos que la predican, para que sean «suficientes para estas cosas». Perder mí devocionario, como os he dicho muchas veces, es lo peor que puede ocurrirme. No tener a nadie que ore por mí me colocaría en una situación terrible. «Quizá», dice un buen poeta, «el día en que el mundo perezca será aquel que no esté embellecido con una oración;» y tal vez, el día en que un ministro se apartó de la verdad fue aquel en que su congregación dejó de orar por él, y cuando no se elevó una sola voz suplicando gracia en su favor. Estoy seguro de que así ha de ocurrir conmigo. Dadme la hueste numerosa de hombres que tuve el orgullo y la gloria de ver en mi casa antes de venir a este local; dadme aquellas gentes dedicadas a la oración, que en las tardes del lunes se reúnen en gran multitud para pedir a Dios que derrame su bendición sobre ellos, y venceremos al mismo infierno a pesar de toda la oposición. Todos los riesgos se salvan, si tenemos oraciones. Porque aunque aumente mi congregación; aunque la formen gentes nobles y educadas; y aunque yo posea influencia y entendimiento, si no tengo una iglesia que ore, todo me saldrá mal. ¡Hermanos míos! ¿Perderé alguna vez vuestras oraciones? ¿Cesaréis alguna vez en vuestras súplicas? Nuestra labor en este gran lugar esta casi terminada, y felizmente volveremos a nuestro muy amado santuario. ¿Cesaréis, acaso, en vuestras oraciones? Me temo que esta mañana no hayáis pronunciado tantas plegarias como debierais; me temo que no ha habido una devoción tan ardiente como hubiera sido necesaria. Yo no he sentido el maravilloso poder que experimento algunas veces. No os culpo por ello, pero no quiero que nunca se diga: «Aquel pueblo que fuera tan ferviente, se ha tornado frío». No dejéis que el «laodiceanismo» penetre en Southwark; si ha de estar en alguna parte, que se quede aquí, en el West End; no lo llevemos con nosotros.

«Contendamos eficazmente por la fe que ha sido una vez dada a los santos»; y sabiendo en los peligros que se encuentra el portador del estandarte, suplico que os reunáis a su alrededor, porque habrá males en el ejército.

«Si el portador del estandarte cae
en la lucha mortal,
qué bien puede ocurrir,
porque no ha habido jamás
batalla igual.»

Levantaos amigos; agarrad vosotros mismos el estandarte y mantenedlo en alto hasta que llegue el día cuando nos encontremos en el último baluarte conquistado a los dominios del infierno, y cantemos todos: «¡Aleluya! ¡Aleluya! ¡Aleluya! ¡Aleluya! ¡El Señor Dios Omnipotente reina!» Hasta entonces, continuemos luchando.

113. EL CORAZÓN DEL EVANGELIO[19]

«Así que, somos embajadores en nombre de Cristo, como si Dios rogase por medio de nosotros; os rogamos en nombre de Cristo: Reconciliaos con Dios. Al que no conoció pecado, por nosotros se hizo pecado, para que nosotros fuésemos hechos justicia de Dios en él» (2 Corintios 5:20, 21).

INTRODUCCIÓN: El Evangelio nos habla de la expiación.

---

[19] Sermón predicado el año 1886 en el Tabernáculo Metropolitano, Newington.

Ministerio, Dones, Predicación, Mayordomía ...

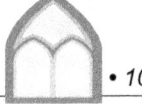

I. LA GRAN DOCTRINA
1. La redención.
   a) Cristo fue nuestro sustituto
   b) Cristo no pecó de comisión ni omisión
   c) El Señor no pecó de pensamiento
   d) Cristo es el cordero sin mancha
2. Cristo fue nuestro sustituto.
   a) Cristo llevó nuestro pecado
   b) Los sufrimientos desconocidos de Cristo en la cruz

II. EL GRAN DESIGNIO
1. Dios designó a su Hijo para nuestra sustitución.
2. Tras el sacrificio de Cristo.
3. La inmensa gracia de Dios.
4. ¿Cómo nos afecta este hecho a nosotros?

III. UN GRAN ARGUMENTO
1. Dios en su justicia renuncia a su Hijo.
2. Ningún hombre es rechazado por Jesús.
3. Nuestra intercesión delante de Dios.

CONCLUSIÓN: No hay nada como estar reconciliados con Dios.

EL CORAZÓN DEL EVANGELIO

INTRODUCCIÓN

El corazón del Evangelio es redención, y la esencia de la redención es el sacrificio sustitutivo de Cristo. Los que predican esta verdad predican el Evangelio aun si yerran en alguna otra cosa; pero los que no predican la expiación, no importa lo que digan, no han podido captar el alma y sustancia del mensaje divino. Hoy me siento impulsado a ir una y otra vez hacia las elementales verdades del Evangelio. En época de paz podemos sentirnos libres de incursionar en los interesantes espacios de la verdad que yacen allá muy lejos; pero ahora debemos permanecer en casa, y vigilar las creencias fundamentales de la iglesia defendiendo los principios básicos de la fe. En esta época se han levantado en la propia iglesia hombres que hablan de cosas perversas. Muchos nos inquietan con sus filosofías y nuevas interpretaciones, con lo cual ellos mismos niegan las doctrinas que profesan enseñar, y atacan la fe que ellos han prometido guardar. Es bueno que algunos de nosotros, que sabemos lo que creemos y no tenemos significados secretos para nuestras palabras, afirmemos nuestro pie y nos mantengamos firmes, defendiendo la palabra de vida, y declarando llanamente las verdades fundamentales del Evangelio de Jesucristo.

Déjenme ofrecerles una parábola. En los días de Nerón hubo una gran escasez de comida en la ciudad de Roma, aunque había abundancia de maíz que se podía comprar en Alejandría. Cierto hombre propietario de una embarcación fue hacia la costa, y ahí observó a mucha gente hambrienta mirando fijamente hacia el mar, esperando las embarcaciones que debían llegar de Egipto con el maíz. Cuando esos navíos, uno por uno, llegaron a la costa, la pobre gente retorcía sus manos en amargo desencanto, pues a bordo de las naves no había sino la arena que el tirano emperador había exigido que se trajera para su uso en el circo. Era una infame crueldad, mientras los hombres estaban muriendo de hambre el ordenar a los barcos mercantes ir y venir, y no traer mas que arena para los espectáculos de los gladiadores, cuando era el maíz lo que tan grandemente se necesitaba. Entonces el mercader cuyo navío estaba anclado junto al muelle le dijo a su capitán: «Ten mucho cuidado de que al regresar de Alejandría no traigas nada que no sea maíz; y si antes has traído una carga o dos de arena, ahora no traigas ni siquiera lo que puede colocar sobre una moneda pequeña. Insisto, no traigas nada mas que trigo; pues esta gente se está muriendo, y es ahora que debemos tener a nuestros navíos dedicados a este único negocio de traer alimento para ellos». ¡Ay! Últimamente he visto ciertos poderosos galeones cargados con nada sino simple arena de filosofía y especulaciones, y me digo: «No, yo no llevaré nada en mi barco sino la verdad revelada por Dios, el pan de vida tan grandemente necesitado por la gente». Que Dios nos conceda este día que nuestro barco no lleve nada a bordo que meramente gratifique la curiosidad, o le dé gusto al paladar; sino que llevemos verdades necesarias para la salvación de las almas. Me gustaría que cada uno de ustedes dijera: «Bien, fue simplemente la vieja historia de Jesús y su amor, y nada más». No tengo deseo de ser famoso por ninguna otra cosa que no sea la predicación del viejo Evangelio. Abundan los que pueden tocar para ustedes esa nueva música; yo no quiero ninguna música en ningún momento sino aquella que se escucha en el cielo, «Al que nos ama y nos libró de nuestros pecados con su sangre, a él sea la gloria y el dominio para siempre jamás».

Tengo la intención, queridos amigos, de comenzar mi reflexión con la segunda parte de mi texto, en la que se establece la doctrina de la Sustitución con estas palabras «Al que no conoció pecado, por nosotros Dios le hizo pecado, para que nosotros fuéramos hechos justicia de Dios en él». Ésta es la base y el poder de esas exhortaciones que debemos hacer llegar a las conciencias de los hombres.

He descubierto, hermanos míos, por larga experiencia, que nada conmueve al corazón como la cruz de Cristo; y cuando el corazón está conmovido y herido por la espada de doble filo de la ley, nada cura sus heridas como el bálsamo que fluye del corazón traspasado de Jesús. La cruz es vida para el que está muerto espiritualmente. Hay una vieja leyenda que puede no tener una verdad literal en ella, pero que si se considera como parábola es entonces muy instructiva. Dicen que cuando la emperatriz Elena buscaba la cruz verdadera, cavaron profundamente en Jerusalén y encontraron las tres cruces del Calvario enterradas en el suelo. Cuál de las tres cruces era la cruz verdadera en la que murió Jesús no podían saberlo si no era por determinadas pruebas. Así fue que trajeron un cadáver y lo colocaron sobre una de ellas, pero no hubo ni vida ni movimiento. Cuando ese mismo cadáver tocó otra de las cruces vivió; entonces dijeron: «Ésta es la cruz verdadera». Cuando vemos hombres revividos, convertidos, y santificados por la doctrina del sacrificio sustitutivo, podemos llegar justamente a la conclusión que es la verdadera doctrina de la expiación. Yo no he conocido hombres que puedan vivir en Dios y en la santidad sino por la doctrina de la muerte de Cristo en sustitución del hombre. Corazones de piedra que nunca antes palpitaron con vida, han sido vueltos carne a través del Espíritu Santo que les hace conocer esta verdad. Una ternura sagrada ha visitado a los obstinados cuando han oído de Jesús crucificado por ellos. Aquellos que han estado a la oscura puerta del infierno, cubiertos por la capa que tiene los siete matices de la muerte, aun a ellos les ha brillado una gran luz. El relato del gran Amante de las almas de los hombres que se entregó para su salvación es aún en la mano del Espíritu Santo, la más grande de las fuerzas en el ámbito de la mente.

Así pues voy a tratar ahora, primero, la gran doctrina, y después, si Dios me ayuda, llegaremos al gran argumento el cual está contenido en el versículo 20: «Así que, somos embajadores en nombre de Cristo; y como Dios rogase por medio de nosotros, os rogamos en nombre de Cristo: Reconciliaos con Dios».

I. LA GRAN DOCTRINA

1. Primero, con toda la brevedad posible hablaré acerca de la gran doctrina. La gran doctrina, la más grande de todas, es ésta: Dios, al ver a los hombres perdidos a causa de su pecado, ha tomado ese pecado de ellos y lo ha puesto sobre su Hijo unigénito, haciéndolo pecado por nosotros, a Él que no conoció ningún pecado; y que como consecuencia de esta transferencia del pecado el que cree en Cristo Jesús es hecho justo y recto, sí, es hecho justicia de Dios en Cristo. Cristo fue hecho pecado para que los pecadores fueran hechos justicia. Ésa es la doctrina de la sustitución de nuestro Señor Jesucristo a favor de los hombres culpables.

a) Ahora consideremos, ¿quién fue hecho pecado por nosotros? La descripción de nuestro gran Fiador que damos aquí es sobre un solo punto, y puede ser más que suficiente para nosotros en nuestra meditación. Nuestro sustituto era sin mancha, inocente, y puro. «Al que no conoció pecado, por nosotros Dios le hizo pecado». Cristo Jesús, el Hijo de Dios, se encarnó y fue hecho carne, y habitó aquí entre los hom-

Ministerio, Dones, Predicación, Mayordomía ...

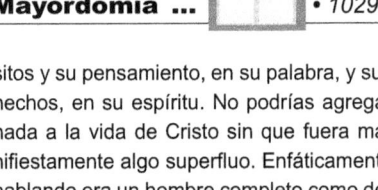

bres; pero aunque fue hecho en apariencia de carne pecadora, Él no conoció pecado. Aunque el pecado le fue impuesto, no fue encontrado culpable. Él no fue, no podía ser un pecador. No tenía un conocimiento personal del pecado. A través de su vida entera nunca cometió una ofensa contra la gran ley de verdad y justicia. La ley estaba en su corazón; era su naturaleza ser santo. Él podía decir a todo el mundo: «¿Quién de vosotros me halla culpable de pecado?». Aun el titubeante juez preguntó: «¿Pues, qué mal ha hecho?». Cuando toda Jerusalén fue presionada y sobornada para testificar en contra de Él, no se pudo hallar ningún testigo. Fue necesario cambiar sus comentarios y torcer sus palabras antes de que sus encarnizados enemigos pudieran levantar un cargo en su contra. Su vida lo puso en contacto con ambas tablas de la ley, pero Él no transgredió un solo mandamiento. Así como los judíos examinaban al cordero pascual antes de que lo sacrificaran, así examinaron al Señor Jesús escribas, fariseos, los doctores de la ley y gobernantes y príncipes, sin hallar ofensa en Él. Él era el Cordero de Dios sin mancha y sin contaminación.

b) Así como no hubo pecado por comisión, no hubo tampoco en nuestro Señor ninguna falta por omisión. Probablemente, queridos hermanos, nosotros que somos creyentes hemos sido capacitados por la gracia divina para escapar de la mayor parte de los pecados de comisión; pero yo por mi parte tengo que lamentarme diariamente sobre los pecados de omisión. Si tenemos gracias espirituales, no alcanzan el punto requerido de nosotros. Si hacemos lo que es justo en sí mismo, sin embargo usualmente echamos a perder nuestro trabajo, ya sea en el motivo, o en la manera de hacerlo, o por la complacencia con la que lo vemos cuando ya está hecho. Quedamos cortos de la gloria de Dios en alguna forma u otra. Olvidamos lo que debemos hacer, o, haciéndolo somos culpables de tibieza, de seguridad en nosotros mismos, incredulidad o algún otro terrible error. No fue así con nuestro divino Redentor. No puedes decir que hubiera algún rasgo deficiente en su belleza perfecta. Él era completo en su corazón, en sus propósitos y su pensamiento, en su palabra, y sus hechos, en su espíritu. No podrías agregar nada a la vida de Cristo sin que fuera manifiestamente algo superfluo. Enfáticamente hablando era un hombre completo como decimos en estos días. Su vida es un círculo perfecto, un compendio total de virtud. Ninguna perla se ha caído de la cadena de plata de su carácter. Ninguna virtud ha ensombrecido ni disminuido al resto: todas las perfecciones se combinan en perfecta armonía para hacer en Él una perfección sin par.

c) Nuestro Señor tampoco cometió ningún pecado de pensamiento. Su mente nunca produjo un deseo malvado. No hubo en el corazón de nuestro bendito Señor una atracción para ningún placer malo, ni ningún deseo de escapar de alguno de los sufrimientos o de la vergüenza que estarían involucrados en su misión. Cuando dijo: «Padre mío, de ser posible, pase de mí esta copa». Nunca buscó evitar la poción amarga a costa del trabajo perfecto de su vida. El «de ser» significaba: si es consistente con la completa obediencia al Padre, y la realización del propósito divino. Vemos la debilidad de su naturaleza horrorizada, y la santidad de su naturaleza que resuelve y conquista, cuando agrega: «pero, no sea como yo quiero, sino como tú». Él tomó sobre sí el parecido de la carne pecadora, pero aunque esa carne a menudo le ocasionaba cansancio en su cuerpo, nunca produjo en Él la debilidad del pecado. Él tomó sobre sí nuestras enfermedades, pero Él nunca exhibió una enfermedad que tuviera el mínimo de culpa censurable ligada a ella. Nunca salió una mala mirada de aquellos benditos ojos; nunca dejaron caer sus labios una palabra irreflexiva; nunca fueron esos pies hacia un mal camino, ni esas manos se movieron hacia un hecho pecaminoso; porque su corazón estaba lleno de santidad y amor. Tanto por dentro como por fuera nuestro Señor fue intachable. Sus deseos fueron tan perfectos como sus acciones. Escudriñado por los ojos de la Omnisciencia, ni una sombra de falta se pudo encontrar en Él.

d) Sí, más aún no había tendencias en nuestro Sustituto hacia el mal en ninguna forma. En nosotros siempre hay esas tendencias; porque la mancha del pecado original está sobre nosotros. Hemos de gobernarnos y mantenernos bajo límites severos, o si no, nos precipitaríamos de cabeza a la destrucción. Nuestra naturaleza carnal ansía el mal y necesita ser sostenida de las riendas. Feliz es el hombre que puede dominarse así mismo. Pero con respecto a nuestro Señor, era su naturaleza ser puro, y recto, y amoroso. Todos sus dulces deseos fueron hacia la bondad. Su vida sin ninguna restricción era pura santidad: Él era «el santo niño Jesús». El príncipe de este mundo no encontró en Él combustible para la flama que él deseaba encender. No solamente no fluía pecado de Él, sino que no había pecado en Él, ni inclinación, ni tendencia en esa dirección. Obsérvenlo en secreto, y lo encontrarán en oración; vean dentro de su alma y lo encontrarán ansioso de hacer y sufrir según el deseo de su Padre. ¡Oh, qué bendito carácter el de Cristo! Si tuviera las lenguas de los hombres y de los ángeles no podría publicar meritoriamente su perfección absoluta. ¡Justamente puede el Padre estar muy complacido con Él! ¡Mucho debe adorarlo el cielo!

Amados, era absolutamente necesario que quien pudiera ser capaz de sufrir en nuestro lugar estuviera sin mancha. Un pecador que aborrece el castigo por causa de sus propias ofensas, ¿qué puede hacer sino soportar la ira merecida por su propio pecado? Nuestro Señor Jesucristo como hombre fue hecho bajo la ley; pero Él no le debía nada a esa ley, porque Él la cumplió perfectamente en todos sus aspectos. Fue capaz de estar en el sitio y lugar que correspondía a los otros, porque no estaba bajo obligación propia. Él estaba obligado solamente hacia Dios porque se había comprometido voluntariamente para ser fiador y sacrificarse por aquellos que le entregó el Padre. Él no fue culpable de nada, de otra manera no podría haber sido fiador de hombres culpables.

¡Oh, cómo lo admiro, pues siendo como Él era, sin mancha y tres veces santo que aun los cielos no eran puros en su vista, y brillando sobremanera más que los ángeles, sin embargo condescendió a ser hecho pecado por nosotros! ¿Cómo pudo soportar ser contado entre los transgresores y llevar el pecado de muchos? Puede no ser una desgracia para un hombre pecador vivir con pecadores; pero es una pesada tristeza para el de mente pura el vivir en compañía de infelices abandonados y licenciosos. ¡Qué abrumadora tristeza tuvo que haber sido para el puro y perfecto Cristo morar entre hipócritas, egoístas, y profanos!. Y peor aún, que Él mismo tuviera que cargar con los pecados de esos hombres culpables. Su naturaleza sensitiva y delicada debe de haber evitado hasta la sombra de un pecado, y sin embargo lean las palabras y asómbrense: «Al que no conoció pecado, por nosotros Dios le hizo pecado». Nuestro perfecto Señor y Maestro cargó con nuestros pecados en su propio cuerpo en la cruz. Él ante quien el sol mismo es pálido y el azul puro del cielo está manchado, fue hecho pecado. No necesito poner esto en finas palabras; el hecho es demasiado grande y no necesita ser engrandecido por el lenguaje humano. Dorar el oro refinado, o engalanar a un lirio, sería absurdo; pero mucho más absurdo sería tratar de revestir con flores de lenguaje las bellezas sin comparación de la cruz. Es suficiente decir en simples rimas:

«¡Oh, escuchen el grito penetrante!
¿Cuál puede ser su significado?
"¡Dios mío! ¡Dios mío! ¡Oh! ¿Por qué en tu ira me has desamparado?"»
«Oh, fue por nuestros pecados puestos en Él por Dios;
Él que jamás había pecado,
Por los pecadores, fue hecho pecado».

2. Esto me lleva a la segunda parte del texto, que es, ¿qué fue hecho con Él que no conocía pecado? Él fue «hecho pecado». Es una maravillosa expresión: cuanto más la ponderen más se maravillarán por su singular fuerza. Sólo el Espíritu Santo podría originar un lenguaje así. Fue sabiduría del divino Maestro el utilizar expresiones fuertes, porque si no el pensamiento no hubiera penetrado en las mentes humanas. Aún hoy, a pesar del énfasis, de la claridad y de la definición del lenguaje usado aquí y en otras partes de la Escritura, se encuentran hom-

bres lo suficientemente atrevidos como para negar que la sustitución se enseña en la Escritura. Con estos ingenios tan sutiles es inútil discutir. Es claro que el lenguaje no tiene significado para ellos. Leer el capítulo 53 de Isaías, y aceptar que está relacionado con el Mesías, para luego negar su sacrificio sustitutivo es simplemente maldad. Sería vano razonar con tales seres; están tan ciegos que si fueran transportados hacia el sol no podrían ver. En la iglesia y fuera de ella hay una mortal animosidad hacia esta verdad. El pensamiento moderno labora para alejarse de lo que es el significado obvio del Espíritu Santo, que el pecado fue quitado de los culpables para ser colocado sobre el inocente. «El Señor ha puesto sobre Él la iniquidad de todos nosotros». Éste es un lenguaje que no puede ser más simple; pero si se requiriera uno más simple, aquí está, «por nosotros Dios le hizo pecado».

a) Dios puso sobre Jesús, quien voluntariamente lo aceptó, todo el peso del pecado humano. En vez de que descansara sobre el pecador, que lo cometió, lo hizo descansar sobre Cristo, quien no lo cometió; y la justicia que Jesús obró fue puesta en la cuenta del culpable, que no la había realizado, de modo que el culpable es considerado como justo. Los que por naturaleza son culpables, son considerados como justos, mientras Él, que por su naturaleza no conoció ningún pecado, fue tratado como culpable. Creo haber leído en docenas de libros que una transferencia así es imposible; pero eso no ha tenido efecto sobre mi mente. No me importa si es imposible o no para los doctos incrédulos, para Dios es evidentemente posible, porque Él lo ha hecho. Pero ellos dicen que es contrario a la razón. No me importa eso, tampoco: puede ser contrario a la razón para esos incrédulos, pero no es contrario a la mía; y si yo debo ser guiado por la razón, prefiero seguir la mía. La expiación es un milagro, y los milagros deben más bien ser aceptados por la fe que medidos por el cálculo. Un hecho es el mejor de los argumentos. Es un hecho que Dios ha colocado sobre Jesús la iniquidad de todos nosotros. La revelación de Dios prueba el hecho, ¡y nuestra fe desafía el cuestionamiento humano! Dios lo dice, y yo lo creo; y en esa creencia encuentro vida y consuelo. ¿No la predicaré? Seguro que sí.

«Desde que por la fe yo vi la corriente
Que fluye de sus heridas,
El amor redentor ha sido mi tema,
Y así será hasta que yo muera».

Cristo no fue culpable, y no podía ser hecho culpable; pero fue tratado como si lo fuera, porque Él quería estar en el lugar del culpable. Sí, no solo fue tratado como pecador, sino que fue tratado como si Él hubiera sido pecado en lo abstracto. Esta es una expresión asombrosa. Él que no pecó fue hecho pecado.

b) El pecado oprimía a nuestro gran Sustituto muy profundamente. Él sintió su peso en el huerto de Getsemaní, de modo que «su sudor era como grandes gotas de sangre que caían hasta la tierra». La presión completa de ello cayó sobre Él cuando fue clavado en el árbol maldito. Allí en las horas de oscuridad Él soportó infinitamente más de lo que podemos decir. Sabemos que Él soportó la condenación de la boca del hombre, de manera que está escrito: «Él fue contado entre los transgresores». Sabemos que Él soportó la vergüenza por nosotros. ¿No temblaron los corazones de ustedes al leer el texto: «Entonces ellos escupieron en su rostro»? Fue una cruel afrenta realizada sobre su bendita persona. Esto, yo digo, nosotros lo sabemos. Sabemos que Él soportó innumerables penas de cuerpo y alma: Él tuvo sed, Él gritó en la agonía de la deserción, Él sangró, Él murió. Sabemos que Él entregó su alma hasta la muerte, y entregó el espíritu. Pero más allá de todo esto había un inmensurable abismo de sufrimiento. La liturgia griega adecuadamente habla de «Tus desconocidos sufrimientos»: Probablemente para nosotros son sufrimientos que no podemos conocer. Él era Dios así como hombre y la Divinidad le proporcionó un omnipotente poder a su humanidad, de manera que estaba comprimida dentro de su alma y soportada por ella, una cantidad de angustia que no podemos concebir. Ya no diré más: es sabio poner un velo en lo que es imposible de describir. Este texto a la vez oculta y descubre su dolor, cuando dice: «Dios le hizo pecado». Observen las palabras. Perciban su significado, si pueden. Los ángeles desean entenderlo. Observen este terrible cristal. Dejen que sus ojos busquen profundamente dentro de este ópalo, dentro de cuya enjoyada profundidad hay flamas de fuego. El Señor hizo pecado a quien era perfectamente inocente por nosotros, eso significa una mayor humillación, oscuridad, agonía, y muerte de la que ustedes pueden concebir. Trajo un desgarramiento y casi una destrucción al tierno y gentil espíritu de nuestro Señor. Yo no digo que nuestro sustituto soportó un infierno, eso sería injustificable. Yo no diré que Él soportó el castigo exacto por el pecado, o un equivalente de él; pero sí digo que lo que Él soportó le proporcionó a la justicia de Dios una reivindicación de su ley más clara y más efectiva de lo que hubiera sido la condenación de los pecadores por los que Él murió. La cruz es bajo muchos aspectos una más plena revelación de la ira de Dios contra el pecado humano que aun la del Tófet, y el humo del tormento que sube eternamente. Quien quisiera conocer el odio de Dios hacia el pecado debe de ver al Unigénito sangrando en su cuerpo y sangrando en su alma hasta la muerte: debe deletrear cada palabra de mi texto, y leer su significado más íntimo. Así, hermanos, estoy avergonzado de la pobreza de mi explicación y por consiguiente solamente repetiré el pleno y sublime lenguaje del apóstol «por nosotros Dios le hizo pecado». Es más que «Él quiso quebrantarlo, y le hirió»; es más que «Dios lo ha abandonado»; es más que «el castigo que nos trajo paz fue sobre él»; es la más sugestiva de todas las descripciones «Por nosotros Dios le hizo pecado». ¡Oh profundidad de terror y sin embargo cumbre de amor!

II. EL GRAN DESIGNIO

1. Entonces sigo adelante para observar en el tercer lugar, ¿quién lo hizo? El texto dice: «Por nosotros Dios le hizo pecado;» Dios mismo fue quien designó a su querido Hijo para que fuera hecho pecado por los hombres culpables. Los sabios nos dicen que esta sustitución no puede ser justa.

¿Quién los hizo jueces de lo que es justo y recto? Les pregunto si en verdad ellos creen que Jesús sufrió y murió. Si ellos creen que sí, ¿cómo explican el hecho? ¿Dicen que murió como un ejemplo? Entonces yo pregunto, ¿es justo que Dios permita que un ser sin pecado muera como un ejemplo? El hecho de la muerte del Señor es seguro y ha de ser tomado en cuenta. La nuestra es la explicación más plena y verdadera.

En la designación de Jesucristo para que fuera hecho pecado por nosotros hubo primero que nada un despliegue de la soberanía Divina. Dios hizo aquí lo que nadie sino Él podría haber hecho. No podría ser posible que todos nosotros juntos pudiéramos poner nuestros pecados sobre Cristo; pero fue posible para el gran Juez de todos, que no da cuenta de sus actos, que determinara que así debía de ser. Él es la fuente de la rectitud, y el ejercicio de su divina prerrogativa es siempre justicia incuestionable. Que el Señor Jesús, que se ofreció como fiador y sustituto voluntario, fuera aceptado como fiador y sustituto para el hombre culpable se debió al poder del gran Juez Supremo. En su Divina Soberanía lo aceptó a Él, y ante esa soberanía nos inclinamos. Si alguien lo cuestiona, la única respuesta es: «Antes que nada, ¡oh hombre! ¿quién eres tú para contradecir a Dios?».

2. La muerte de nuestro Señor también mostró la justicia divina. Le pareció bien a Él como Juez de todos, que el pecado no fuera perdonado sin el cobro del castigo que había tan justamente anticipado, o cualquier otra manifestación de justicia tal que pudiera reivindicar a la ley. Dicen que éste no es el Dios de amor. Yo respondo, Él es el Dios de amor, primordialmente lo es. Si tuvieran en el estrado un juez cuya naturaleza fuera pura bondad, le correspondería como juez ejecutar la justicia, y si no, su bondad sería ridícula; es más, su bondad para el criminal sería falta de bondad hacia toda la sociedad. No importa lo que pueda ser personalmente el juez, él está oficialmente obligado a hacer justicia. Y «¿el Juez de toda la tierra, ¿no ha de hacer lo que es justo?». Hablan de la Paternidad de Dios. Elaboren lo que quieran sobre ese tema, aun hasta hacer de él una

Ministerio, Dones, Predicación, Mayordomía ...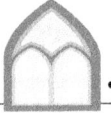

herejía; pero sin embargo Dios es el gran Gobernador moral del universo, y a Él le corresponde el tratar al pecado de manera que se vea como un mal y una cosa amarga. Dios no puede disimular la maldad. Bendigo su santo nombre y lo adoro porque no es injusto para ser caritativo, que no perdona al culpable para mostrar su bondad. Cada trasgresión y desobediencia tienen su castigo merecido. Pero a través del sacrificio de Cristo Él es capaz justamente de perdonar. Bendigo su santo nombre porque para reivindicar su justicia Él determinó que, aunque un perdón gratuito se les proporcionara a los creyentes, tenía que estar fundado sobre una expiación que cumpliera todos los requisitos de la ley.

3. Admiren también en el sacrificio sustitutivo la inmensa gracia de Dios. Nunca olviden que aquel a quien Dios hizo pecado por nosotros era su propio Hijo; sí, y más aún, era en algún sentido su propio ser; porque el Hijo es uno con el Padre. Ustedes no pueden confundir a las personas, pero no pueden dividir la sustancia de la bendita Trinidad en su Unidad. No pueden de tal manera dividir al Hijo de Dios de su Padre como para olvidar que Dios estaba en Él reconciliando al mundo con Sí mismo. Es el otro ser del Padre quien en forma humana en la cruz sangra y muere. «Luz de luz, Dios verdadero de Dios verdadero»; fue esta Luz la que se eclipsó, esa Divinidad la que pudo comprar a la iglesia con su propia sangre. ¡Aquí hay amor infinito! Me dicen ustedes que Dios podría haber perdonado sin expiación. Yo respondo, un amor finito y falible podría haberlo hecho así, y de esa manera se habría herido a sí mismo al matar a la justicia; pero el amor que requirió y proporcionó la expiación es ciertamente infinito. Dios mismo otorgó la expiación al darse libre y completamente a sí mismo en la persona de su Hijo para sufrir en consecuencia el pecado humano.

Lo que quiero que vean es esto: si alguna vez la mente de ustedes se perturbara acerca de lo correcto o apropiado de un sacrificio sustitutivo, pueden de inmediato resolver el problema si recuerdan que Dios mismo «Al que no conoció pecado, por nosotros le hizo pecado». Si Dios lo hizo, está bien hecho. A mí no me preocupa defender un acto de Dios; dejemos que el hombre que se atreva a acusar a su Hacedor piense bien lo que hace. Si Dios mismo proporcionó el sacrificio, estén seguros que Él lo aceptó. No puede hacerse ningún cuestionamiento acerca de ello, dado que Jehová lo hizo para castigar en Él nuestras iniquidades. El que hizo que Cristo fuera hecho pecado por nosotros, sabía lo que hacía, y no nos corresponde a nosotros decir: «¿Es esto correcto o no?». El Dios tres veces santo ha hecho esto, y debe ser correcto. Lo que satisface a Dios puede perfectamente satisfacernos a nosotros. Si Dios se complace con el sacrificio de Cristo, ¿no debemos nosotros estar más que complacidos? ¿No debemos sentirnos deleitados, encantados, en el paraíso, por haber sido salvados por un sacrificio tal que Dios mismo designa, proporciona, y acepta? «Por nosotros le hizo pecado».

4. El último punto es: ¿qué nos ocurre a nosotros a consecuencia de eso? «Para que nosotros fuéramos hechos justicia de Dios en él». ¡Oh, éste es un texto de peso! Ningún hombre lo puede agotar. No ha habido ningún teólogo, aun en los mejores tiempos de la teología, que pudiera haber llegado al fondo de este afirmación.

Cada hombre que cree en Jesús es hecho justo ante Dios debido a que Cristo ha cargado con su pecado. Somos justos por la fe en Cristo Jesús: «justificados por la fe». Más que esto, no solo se nos da el carácter de justos, sino que somos convertidos en la sustancia llamada «justicia». No puedo explicarles esto, pero no es un asunto pequeño. No significa una cosa poco considerable cuando se nos dice, «hechos justicia». Es más, no solamente somos hechos justicia, sino que somos «hechos justicia de Dios». Aquí se presenta un gran misterio. La justicia que tenía Adán en el jardín era perfecta, pero era la justicia del hombre, la nuestra es la justicia de Dios. La justicia humana falló; pero el creyente tiene una justicia divina que nunca puede fallar. Y no sólo la tiene, sino que él es la justicia: él es «hecho la justicia de Dios en Cristo». Podemos cantar ahora:

«Vestido con la vestimenta de mi Salvador, santo como el Santo».

Cuán aceptables para Dios deben ser aquellos que son hechos por Dios mismo «la justicia de Dios en Él» Yo no puedo concebir nada más completo.

Así como Cristo fue hecho pecado, y sin embargo nunca pecó, así somos hechos justicia, aunque no podemos afirmar el haber sido justos en y por nosotros mismos. Pecadores como somos y forzados a confesarlo con dolor, aún así el Señor nos cubre tan completamente con la justicia de Cristo, que solo su justicia se ve, y somos hechos justicia de Dios en Él. Esto es verdad para todos los santos que creen en su nombre. ¡Oh, el esplendor de esta doctrina! ¿Puedes verla, amigo mío? Con todo y lo pecador que seas, manchado, deformado, y envilecido, si tú aceptas al gran Sustituto que Dios te proporciona en la persona de su querido Hijo, tus pecados te son quitados, y la justicia te es dada. Tus pecados fueron puestos sobre Jesús, la víctima propiciatoria; ya no son tuyos, Él los ha quitado. Puedo decir que su justicia se atribuye a ti; pero voy más allá, y digo con el texto: «Tú eres hecho la justicia de Dios en él». Ninguna doctrina puede ser más dulce que ésta para aquellos que sienten el peso del pecado y están abrumados por su maldición.

III. UN GRAN ARGUMENTO

Así ahora, recopilando todo, tengo que cerrar con la segunda parte del texto, el cual no es enseñanza, sino la aplicación de la enseñanza, un gran argumento. Así que, somos embajadores en nombre de Cristo; y como Dios os exhorta por medio nuestro, rogamos en nombre de Cristo: ¡Reconciliaos con Dios!

1. ¡Oh, que mis labios tuvieran el lenguaje, o que mi corazón pudiera hablar sin ellos! Mi alegato sería con cada alma no convertida, incrédula que se encuentre dentro de este lugar. Y rogaría como si fuera por mi vida. Amigo estás enemistado con Dios, y Dios está airado contigo; pero está dispuesto para la reconciliación. Él ha hecho un camino por el que puedes convertirte en su amigo, una costosa vía para Él mismo, pero sin costo para ti. Él no puede renunciar a su justicia, y de esa manera destruir el honor de su propio carácter; pero Él renunció a su Hijo, su Unigénito, y su Bien Amado; y ese Hijo de Él ha sido hecho pecado por nosotros, aunque Él no conoció pecado. ¡Ve cómo Dios sale a tu encuentro! Ve qué deseoso, qué ansioso está para que haya reconciliación entre Él mismo y los hombres culpables. Oh señores, si no son salvos no es porque Dios no pueda o no quiera salvarlos; es porque ustedes rehúsan aceptar su misericordia en Cristo. Si hay alguna diferencia hoy entre ustedes y Dios no es por falta de bondad de su parte; es por falta de buena voluntad de ustedes. El peso de la ruina debe estar en las propias puertas de cada uno, la sangre de ustedes en sus propios vestidos.

2. Ahora observen que lo que tenemos que decir hoy es esto, estamos ansiosos de que ustedes estén en paz con Dios, y por consiguiente actuamos como embajadores de Cristo. No voy a enfatizar en el oficio de embajador como honorable o con autoridad, porque no siento que esto tenga peso ante ustedes; pero enfatizaré con todo mi esfuerzo sobre la paz que nosotros les traeremos. Dios me ha reconciliado con Él mismo, y qué no daría porque ustedes también se reconciliaran. Antes no lo conocía, ni me preocupaba por Él. Vivía bastante bien sin Él, y me divertía con tonterías como para olvidarlo. Pero me atrajo para buscar su rostro, y buscando su rostro lo encontré. Él ha borrado mis pecados y removido mi enemistad. Yo sé que soy su siervo, y que Él es mi Amigo, mi Padre, mi Todo. Y ahora no puedo dejar de intentar a mi pobre manera el ser un embajador de Él ante ustedes. No me gusta que alguno pueda vivir enemistado con mi Padre que les hizo; y que ustedes puedan sin motivo provocarlo prefiriendo el mal al bien. ¿Porqué no estar en paz con quien tanto quiere estar en paz con ustedes? ¿Porqué no amar al Dios de amor, y deleitarse en Él que es tan bondadoso con ustedes? Lo que ha hecho Él por mí, también está completamente deseoso de hacerlo por ustedes: Él es un Dios que está listo para el perdón. He predicado su Evangelio

Ministerio, Dones, Predicación, Mayordomía ...

durante muchos años, pero nunca me encontré con un pecador que Cristo rehusara limpiar cuando llegaba a Él. Nunca supe de un solo caso de un hombre que confiara en Jesús, y pidiera su perdón, confesando y abandonando su pecado, que fuera rechazado. Yo digo que nunca conocí a ningún hombre a quien Jesús rechazara; ni nunca lo haré. He hablado con prostitutas a las que Él ha llevado a la pureza, y borrachos a quienes Él ha librado de su mal hábito, y con hombres culpables de atroces pecados que han llegado a ser puros y castos por medio de la gracia de nuestro Señor Jesús. Ellos siempre me han contado la misma historia: «Busqué al Señor y me escuchó; me ha lavado con su sangre, y estoy más blanco que la nieve». ¿Porqué no pueden ustedes ser salvos igual que ellos?

Querido amigo, tal vez tú nunca has pensado en este asunto, y esta mañana no viniste aquí con ninguna idea de pensar en ello; pero ¿porqué no podrías comenzar? Viniste sólo a escuchar a un predicador bien conocido; te pido que te olvides del predicador, y pienses solamente en ti mismo, en tu Dios y tu Salvador. No está bien que vivas sin un pensamiento para tu Hacedor. Olvidarlo es despreciarlo. No está bien que rechaces la gran expiación: La rechazas si tú no la aceptas de inmediato. No está bien que tú te pongas contra tu Dios; y tú permaneces contra Él si no te reconcilias con Él. Por eso humildemente hago el papel de embajador de Cristo, y yo te imploro que creas en Él y vivas.

Observen cómo lo dice el texto: «Somos embajadores en nombre de Cristo; y como Dios os exhorta por medio nuestro». Este pensamiento me asombra. Cuando vine esta mañana sentí como si pudiera enterrar mi cabeza entre mis manos y llorar, cuando pensé en Dios suplicando a alguien. Él habla, y eso se hace; miríadas de ángeles se sienten felices de volar a su mandato; y sin embargo el hombre ha llegado a ser tan enemigo de Dios que no quiere ser reconciliado con Él. A Dios le gustaría hacerlo su amigo, y derrama la sangre de su querido Hijo para cimentar esa amistad; pero el hombre no la quiere. ¡Vean al gran Dios exhortando a su criatura obstinada! ¡su insensata criatura! En esto siento una compasión reverente por Dios. ¿Debe Él exhortar a un rebelde para que quiera ser perdonado? ¿Oyen ustedes eso? ¿Los ángeles oyen eso? ¡Él que es Rey de reyes oculta su soberanía y se inclina para exhortar a su criatura a reconciliarse con Él! No me maravilla que algunos de mis hermanos retrocedan ante tal idea, y no puedan creerlo, parece que no glorifica al Dios glorioso. Sin embargo mi texto lo dice, y debe de ser verdadero «y como Dios os exhorta por medio nuestro». Esto hace que predicar sea un trabajo terrible, ¿no es así? Yo debo de exhortarlos como si Dios les hablara a través de mí, viéndolos Él a través de estos ojos, y extendiendo Él sus manos a través de estas manos Él dice: «Todo el día extendí mis manos a un pueblo desobediente y rebelde». Él habla suavemente, y tiernamente, y con afecto paternal a través de estos pobres labios míos: «y como Dios os exhorta por medio nuestro».

3. Además observen la siguiente línea que, si es posible, tiene aun más fuerza: «Rogamos en nombre de Cristo». Dado que Jesús murió en nuestro lugar nosotros, a quienes redimió, debemos rogar por otros en su lugar; y como Él derramó su corazón por los pecadores en lugar de ellos, nosotros debemos también derramar nuestros corazones por los pecadores en el lugar de Él. «Rogamos en nombre de Cristo». Ahora pues, si mi Señor estuviera aquí esta mañana ¿cómo os rogaría para llegar a Él? Quisiera, Señor mío, tener mayor capacidad para estar en tu lugar en este momento. Perdóname que yo sea tan incapaz. Ayúdame a romper mi corazón, ¡Pensar que no se rompe como debiera, por estos hombres y mujeres que están determinados a destruirse ellos mismos, y, por tanto ignorarte a ti, mi Señor, como si tú fueras un criminal común que colgara de la horca! ¿Oh hombres, cómo pueden ustedes pensar tan poco de la muerte del Hijo de Dios? Es la maravilla del tiempo, la admiración de la eternidad. ¿Oh almas, porqué rechazan la vida eterna? ¿Porqué quieren morir? ¿Porqué desprecian ustedes a quien les puede dar la

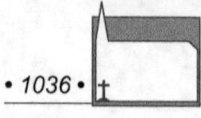

vida? Hay solo una puerta para la vida, esa puerta es el costado abierto de Cristo; ¿porqué no quieren entrar y vivir? «Venid a mí»: Él dice; «venid a mí». Creo que lo oigo decir: «Venid a mí, todos los que estáis fatigados y cargados, y yo os haré descansar. Llevad mi yugo sobre vosotros, y aprended de mí, que soy manso y humilde de corazón; y hallaréis descanso para vuestras almas». Creo verlo a Él en ese último día, ese gran día de la fiesta, de pie y exclamando: «Si alguno tiene sed, venga a mí y beba». Lo oigo declarar a Él dulcemente: «Y al que a mí viene, jamás lo echaré fuera». Yo no soy el adecuado para exhortarlos en lugar de Cristo, pero yo los exhorto a ustedes con todo mi corazón. Ustedes que oyen mi voz de domingo a domingo, vengan y acepten el gran sacrificio, y reconcíliense con Dios. Ustedes que sólo me oyen esta vez quisiera que se fueran con esta frase en sus oídos: «¡Reconciliaos con Dios!» No tengo nada bonito que decir; yo tengo solamente que declarar que Dios ha preparado una propiciación, y que ahora les ruega a los pecadores venir a Jesús, para que a través de Él puedan ser reconciliados con Dios.

CONCLUSIÓN

Nosotros no los exhortamos a un esfuerzo imposible. No les pedimos que hagan algo grande; no les pedimos dinero o precio; ni exigimos de ustedes años de sentimiento miserable; sino solo esto: reconcíliense. No es tanto reconciliarse ustedes mismos, sino «¡Reconciliaos con Dios!». Entréguense a Él que con cuerdas humanas los atrajo, con vínculos de amor, porque fue entregado por ustedes. Su espíritu lucha contigo, cede a su lucha. Ustedes saben que un hombre luchó con Jacob hasta el amanecer; dejen que ese hombre, ese Dios hombre, les venza. Sométanse. Cedan al apretón de esas manos que fueron clavadas en la cruz por ustedes. ¿No quieren rendirse con su mejor amigo? El que te abraza ahora te presenta un corazón que fue traspasado con la lanza por ti. ¡Oh, cede! ¡Cede, hombre! ¿No sientes una suavidad que se insinúa sobre ti? No aceres tu corazón contra ella. Él dice, en tono muy calmado y dulce: «Si oís hoy su voz, no endurezcáis vuestros corazones». ¡Crean y vivan! Renuncien al terrible enemigo que los ha tenido presos en sus garras. Huye para salvar tu vida, no veas detrás de ti, no permanezcas en la llanura, sino vuela hacia donde veas la puerta abierta de la casa de tu grandioso Padre. A la entrada el sangrante Salvador te espera para recibirte y decirte: «Yo fui hecho pecado por ti y tú eres hecho la justicia de Dios en mí». ¡Padre, atráelos! ¡Padre, atráelos! ¡Espíritu Eterno, atráelos por medio de tu Hijo Jesucristo! Amén.

114. EL EVANGELIO QUE NO MUERE PARA EL AÑO QUE MUERE[20]

«Porque Cristo, cuando aún éramos débiles, a su tiempo murió por los impíos» (Romanos 5:6).

INTRODUCCIÓN: A su tiempo puntual, recibiremos salvación y esperanza.

I. CRISTO MURIÓ POR LOS IMPÍOS
1. El estado por naturaleza de la humanidad.
2. Cristo sufrió la muerte que los impíos merecían.
3. Dios da la paz por medio de la salvación.
4. Tenemos acceso a Dios por la fe.
5. El Señor nos da la esperanza de gloria.

II. CRISTO MURIÓ POR NOSOTROS «AÚN SIENDO NOSOTROS DÉBILES»
1. «Siendo débiles» nos hizo fuertes.
   a) Nos ha dado paz
   b) Nos ha dado acceso al Padre
   c) Nos ha dado paciencia
   d) Nos ha dado experiencia
   e) Nos ha dado esperanza
2. Él no nos desamparará jamás.

III. CRISTO A SU TIEMPO MURIÓ POR NOSOTROS
1. Cristo pago por nosotros a su tiempo.
2. Cuando necesitemos ayuda Él la dará.

CONCLUSIÓN: El Evangelio de los pecadores es el consuelo de los santos.

---

[20] Sermón predicado el año 1889, en el Tabernáculo Metropolitano, Newington.

EL EVANGELIO QUE NO MUERE PARA EL AÑO QUE MUERE

INTRODUCCIÓN

Queridos amigos, cualquiera que sea la condición de un hijo de Dios, no está sin esperanza. Un creyente en el Señor Jesucristo puede ser probado duramente, sus aflicciones pueden multiplicarse, y pueden ser muy intensas; pero, aun en esa condición, tiene esperanza. No es posible que Dios le abandone; su Dios debe ayudarle. Si le sobreviniera lo peor, y fuera abandonado completamente por los hombres, y no hubiera un camino de salida para sus tremendas dificultades, aun así, su Dios debe ayudarle. No hay ningún motivo para tener miedo.

El argumento de nuestro texto es éste: Pues que el Señor Jesucristo nos salvó siendo nosotros impíos, y vino en nuestro rescate cuando éramos débiles, no podríamos estar nunca en una peor condición que ésa; y si entonces hizo por nosotros lo máximo que podía hacer, es decir, morir por nosotros, no hay nada que Él no haga por nosotros ahora. De hecho, Él nos dará todo, y hará cualquier cosa por nosotros, para guardarnos con seguridad, y llevarnos hasta el fin. El argumento es que, mirando hacia atrás, vemos el gran amor de Dios al ofrecer a su amado Hijo por nosotros cuando no había nada bueno en nosotros, y cuando éramos impíos, cuando no teníamos ningún poder para hacer nada bueno, porque éramos débiles. En una situación como esa, sí, aun en una situación como esa, Cristo vino sobre las alas del amor, y subió al madero sangriento, y ofrendó su vida para nuestra liberación. Por lo tanto, nosotros tenemos la confianza en que Él no nos negará nada de lo que necesitemos. Se ha comprometido a trabajar por nuestra eterna salvación, y no será obstaculizado para lograrlo. Él ha hecho ya demasiado por nosotros para arrepentirse de su propósito; y en nuestra peor condición, si estamos en esa condición esta noche, podemos aún apelar a Cristo confiadamente, y estar completamente seguros que Él nos llevará a las alturas del gozo y la seguridad. Ése es el sentido del texto y del sermón esta noche.

Hay tres grandes temas de consolación sugeridos por el texto. El primero está en las palabras «Cristo murió por los impíos». El segundo está en el versículo Cristo murió por nosotros «aún siendo nosotros débiles;» y hay una rica vena de consuelo en la tercera frase: que Cristo murió por nosotros «a su tiempo». «A su tiempo Cristo murió por los impíos». El tiempo es a menudo un elemento muy importante cuando uno está en problemas. Justo a tiempo, Cristo vino a liberarnos, y eso hará nuevamente.

I. CRISTO MURIÓ POR LOS IMPÍOS

El primer punto de consuelo en nuestro texto es éste. Si algún hijo de Dios, hoy, se encuentra dolorosamente consternado, y doblegado a causa de algún problema, imaginando que Dios lo va a abandonar, mejor que primero medite en estas palabras: «Cristo murió por los impíos».

Me gustaría que esta frase fuera puesta en las esquinas de cada calle: «Cristo murió por los impíos». Me temo que eso generaría muchas observaciones al respecto. Muchos la patearían con fuerza; pero habrá otros que darían saltos de gozo a su vista. «Cristo murió por los impíos». ¿Realmente quiso decir eso? La noción común, que generalmente no se expresa en tantas palabras, pero que se alberga en muchas mentes, es que Cristo murió por la gente piadosa, que Cristo murió por los buenos; pero el texto dice «Cristo murió por los impíos». «Fiel es esta palabra y digna de toda aceptación: que Cristo Jesús vino al mundo para salvar a los pecadores». Repito nuevamente que la noción común, creída aunque no expresada, es que Cristo vino al mundo para salvar a los santos. Esto no es verdad. Él vino al mundo para salvar a los pecadores; o, para ir nuevamente a las propias palabras del texto: «Cristo murió por los impíos». Recuerdo haber leído acerca de una joven mujer que durante mucho tiempo había padecido angustia de conciencia, pero que encontró consuelo en una oración dicha por el Sr. Moody Stuart, que citaba las palabras de mi texto: «Cristo murió por los impíos». Nunca antes la joven mujer había entendido esa idea; siempre había tratado de encontrarse algo bueno, y pensaba que si pudiera identificar alguna cosa buena en sí misma, entonces sabría que Cristo murió por ella; pero fue como una nueva revelación cuando entendió verdaderamente que Jesucristo vino al mundo para salvar a pecadores, y que «murió por los impíos».

1. Esto debe ser cierto, ya que la Escritura lo establece claramente: «Cristo murió por los impíos». Debe ser cierto ya que, en primer lugar, no había nadie más por quien morir sino los impíos. En la misma epístola, Pablo afirma que toda la humanidad, tanto judíos como gentiles, están bajo pecado, ya que está escrito: «No hay justo ni aun uno; no hay quien entienda, no hay quien busque a Dios. Todos se apartaron, a una fueron hechos inútiles; no hay quien haga lo bueno, no hay ni siquiera uno». El apóstol resume todo con una condenación que abarca a todos: «No hay justo ni aun uno». Por tanto, si Cristo murió por alguien, debe haber muerto por los impíos, ya que toda la raza humana ha degenerado a esa condición; y ése es el estado por naturaleza de cada hombre que es nacido de mujer. Algunos son abiertamente impíos. Algunos son religiosamente impíos, que es una condición muy peligrosa ya que es engañosa, porque tiene la forma de piedad, pero niega su poder. Entonces, este primer punto está muy claro, y es que Cristo debe haber muerto por los impíos, ya que no había nadie más por quién morir.

Seguidamente, solo los impíos necesitaban que Él muriera por ellos. Si tú eres piadoso, y bueno, si has guardado perfectamente la ley de Dios, ¿qué tienes que ver con Cristo? Ya eres salvo; de hecho, no estás perdido y, por tanto, no necesitas la salvación. Si has guardado todos los mandamientos desde tu niñez, muy bien puedes decir: «¿Qué me hace falta?». Si eres tan bueno que difícilmente puedes ser mejor, y tienes el más respetable traje de justicia propia para presentarte ante Dios, yo pregunto nuevamente, ¿qué tienes que ver con Cristo? ¿Por qué tenía Él que morir por un hombre que no tiene ningún pecado que necesite ser lavado? ¡Oh, ustedes, justos con justicia propia, miren las chispas de su propio fuego, ya que Cristo no encenderá ningún fuego por ustedes! ¡Oh, que creen que su propio carácter ya es lo que debe ser, y cuya esperanza descansa en esa falacia!, repito, ¿por qué habría Cristo de ser médico de quienes no están enfermos? ¿Por qué habría de dar limosnas a quienes no son pobres? ¿Por qué habría de ofrendar su vida por el pecado de quienes no tienen ningún pecado? «Cristo murió por los impíos», porque nadie sino los impíos necesitaban que muriera por ellos.

2. Hay un punto que debemos enfatizar: Cristo ciertamente murió por los impíos. Su forma de muerte fue justo la que los impíos merecían; Él murió sentenciado por la ley, murió clavado en un madero, murió la muerte de un malhechor, en medio de dos ladrones. Murió en la oscuridad clamando: «¡Dios mío!, ¡Dios mío!, ¿por qué me has desamparado?». No murió por haber pecado Él mismo, murió como los pecadores deben morir, pues cargó sobre sí los pecados de los impíos; y al sustituirlos, sintió el azote de Dios que debía de haber caído sobre ellos. ¿Dije el azote? La espada de Dios Él sintió, que debía de haber acabado con los impíos, tal como está escrito: «¡Levántate, oh espada, contra mi pastor y contra el hombre compañero mío, dice Jehová de los Ejércitos!» Cristo ciertamente murió por los impíos. Nos dicen que murió para confirmar su testimonio, y en ese respecto su muerte no es diferente de la muerte de cualquier mártir que muere para confirmar su testimonio; pero el texto dice: «Cristo murió por los impíos». Dicen algunos que murió al completar su vida, lo cual han hecho muchos hombres buenos, y en ese sentido la cruz no tiene preeminencia; pero el versículo dice: «Cristo murió por los impíos»; y debemos creer firmemente que esto es verdad. «Él mismo llevó nuestros pecados en su cuerpo sobre el madero.» «El castigo que nos trajo paz fue sobre Él, y por sus heridas fuimos nosotros sanados.» Algunos dan la vuelta y dicen: «Ésa es tu teoría de la expiación». Perdónenme; ésa es la expiación.

No es una teoría en lo absoluto; y no hay ninguna otra expiación, sino la sustitución de Cristo en el lugar, y el sitio y en vez del

Ministerio, Dones, Predicación, Mayordomía ...

impío. Él murió, el Justo por los injustos, para llevarnos a Dios. Ésta es la única y verdadera doctrina de la expiación; y todo aquel que la reciba será confortado por ella, pero todo aquel que la rechace lo hace a riesgo de su propia alma. «Cristo murió por los impíos». No puedo decir palabras más sencillas que las que Pablo, inspirado por el Espíritu Santo, ha escrito; y allí están ante nosotros: «Cristo murió por los impíos».

3. Ahora pues, quiero que ustedes que son el pueblo de Dios, tomen el argumento que hay en esta verdad. Si Cristo llevó a cabo este acto de coronación al morir por los impíos, ¿piensan que Él rechazará alguna vez al hombre que tiene paz con Dios? Lean su versículo nuevamente: «Habiendo sido justificados por la fe, tenemos paz con Dios por medio de nuestro Señor Jesucristo». Ahora bien, si Él murió por ti cuando no tenías paz con Dios, cuando, de hecho, no tenías ningún Dios, cuando eras impío, esto es, sin la influencia de Dios, cuando eras enemigo de Dios haciendo obras perversas, si Cristo murió por ti entonces, ¿no te salvará ahora? Si sientes dentro de tu corazón, hoy, una dulce reconciliación con Dios tu Padre celestial, entonces, no importa cuál sea tu problema, no pienses que Dios pueda abandonarte. No importa la profunda depresión de tu espíritu, no pienses que Dios te puede abandonar. Él, que murió por ti cuando eras impío, ciertamente te salvará ahora que tienes paz con Dios por medio de Él.

4. Más aún, cuando hayas leído esas palabras del primer versículo: «Tenemos paz para con Dios por medio de nuestro Señor Jesucristo», continúa leyendo el segundo: «Por medio de quien también hemos obtenido acceso por la fe». ¡Entonces, tú eres uno de esos que pueden acudir a Dios cuando quieras, y hablarle como un hombre habla a su amigo! Por la fe, tienes el permiso de acudir a Dios en la oración, y en la alabanza, y caminar con Dios en la luz, ya que Él está en la luz. Por favor, querido amigo, si Cristo murió por ti cuando estabas muerto, cuando eras impío, ¿te dejará?, ¿podrá dejarte ahora que te ha permitido el acceso al Padre por medio de Él mismo? Entras y sales de su casa como el hijo nacido en ella; y si te amó de tal manera que murió por ti cuando eras un extraño para Dios, ¿piensas que te abandonará ahora que tienes el acceso a Dios por medio de Él?

5. Continúa ahora un poco más adelante, y verás que está escrito «y nos gloriamos en la esperanza de la gloria de Dios». Hace poco apenas, tú lo sabes, no tenías esperanza de gloria; no esperabas llegar al cielo algún día ¡Qué pobre alma eras, tu gloria era tu vergüenza; tu gloria era el placer y las ganancias del mundo!; pero ahora tú «te regocijas en la esperanza de la gloria de Dios». Dios te ha dado esa buena esperanza a través de la gracia. A veces, cuando todo te sale bien, subes a la cima del monte Claro, y mirando hacia la Ciudad Celestial, te parece que casi ves su luz. Algunas veces, cuando tienes el viento a tu favor, has escuchado algunas notas perdidas de las arpas de los ángeles, y has deseado estar entre ellos. Algunos de ustedes saben que la esperanza de gloria a menudo se ha encendido en sus corazones; entonces pues, amados, si el Señor les ha dado esa esperanza, ¿podrá fallarles? Si Cristo murió por ustedes cuando no tenían ninguna esperanza, cuando no querían tener una esperanza, cuando eran impíos, piensen en el peso de este argumento para ustedes que se gozan en la esperanza de la gloria de Dios. Es más poderosa que miles de poderosos martillos, porque convierte en añicos cualquier duda. El que murió por los impíos ciertamente salvará a aquellos que tienen una buena esperanza del cielo.

Una vez más. Ustedes están ahora tan lejos de ser impíos, que el amor de Dios es derramado en abundancia en sus corazones por medio del Espíritu Santo que les ha sido dado. Ustedes saben que esto es así; sienten que Dios les ama. Si no lo sienten hoy, lo han sentido antes. Se han dado cuenta del amor de Dios en sus corazones como si se hubiese roto un frasco de perfume de esencias de rosas y el perfume hubiera llenado todo su espíritu. Ustedes se han dicho «Jesús me ama». Han gozado en extremo con ese pensamiento, y también han dicho «Yo sé que yo lo amo». Han sentido los movimientos de su espíritu como los témpa-

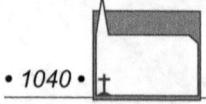

nos de hielo que se derriten en la primavera. Todo arroyuelo, que había estado congelado dentro su de la naturaleza, ha dado saltos de graciosa libertad bajo la luz del sol del divino amor. Ahora, pues, ¿piensan ustedes que el Señor les ha enseñado alguna vez a amarle, y les ha mostrado su amor, y aun así les ha de olvidar? Me dirán: «¡Oh señor, usted no sabe qué terrible es mi prueba!» No, la verdad no sé; pero su Padre celestial sí sabe, y si Él los amó cuando todavía eran impíos, ¿los hará a un lado ahora que ha derramado con plenitud su amor en el corazón de ustedes? «¡Oh, pero he perdido mi sustento de pan! No sé de qué voy a vivir». No, pero tienes al Dios vivo de quien depender; y, después de dar a su Hijo para salvarlos, ciertamente les dará pan; no les dejará morir de hambre. «¡Ah, pero mi querido señor, el amado de mi corazón ha muerto! En el cementerio está enterrado quien fue objeto de todos mis amores». ¿Así es la cosa? Y pensé que quien fue objeto de tus amores se había ido arriba a la diestra del Padre. ¿No es así? «¡Ah, eso no es lo que quiero decir, señor! Quiero decir que perdí a alguien a quien amaba tiernamente». Sé que lo perdiste; pero, ¿piensas que el Señor te ha dado la espalda porque ha permitido que te sobrevenga esta prueba? ¿Puede abandonar alguna vez a aquellos por quienes murió? Y si murió por ellos cuando eran impíos, ¿no vivirá ahora para aquellos en cuyos corazones ha derramado abundantemente su amor por medio del Espíritu Santo? No puedo resolver esto por ustedes; quiero que vayan a casa, y lo resuelvan ustedes mismos. Si alguno de ustedes se encuentra abatido, aquí está la primera fuente que conforta donde pueden beber a grandes sorbos del divino consuelo: «Cristo murió por los impíos». Ciertamente Él debe de ayudar a aquellos que confían en Él.

II. CRISTO MURIÓ POR NOSOTROS «AÚN SIENDO NOSOTROS DÉBILES»

Ahora venimos a una segunda fuente, para ver si también podemos extraer de ella, aguas de consuelo. De conformidad con nuestro texto, Cristo murió por nosotros aún siendo nosotros débiles.

1. Aquí solamente debo mencionar una palabra o dos, ya que el tiempo no permitiría elaborar más. Primero, nos encontrábamos naturalmente en una condición perdida a consecuencia de la caída, cuando venimos a este mundo, y vivimos en él durante muchos años «siendo débiles» para hacer lo que es justo. Cuando comenzamos a despertarnos un poco a los pensamientos de Dios, y de las cosas divinas, escuchamos la predicación de la verdad; pero aún no teníamos poder de ir ni siquiera al Evangelio. Nos exhortaban al arrepentimiento; pero nuestro duro corazón no producía las aguas del arrepentimiento. Nos exhortaban a creer en Cristo; pero era lo mismo que si el predicador hubiera mandado a los muertos que resucitasen de sus tumbas. Cristo había sido presentado a nosotros en toda su belleza; pero nuestra ceguera era tal, que no alcanzábamos a apreciar su encanto. El pan de vida estaba servido en la mesa frente a nosotros; pero era tal nuestra obstinación que no creíamos que fuera pan, y, por tanto, no comíamos de él. «Éramos débiles».

Y más adelante, cuando ya tuvimos voluntad, y el Señor comenzó por su gracia a trabajar en nosotros, tuvimos la voluntad de arrepentirnos, y tuvimos la voluntad de ir a Cristo; sin embargo no teníamos las gracias que ahora son nuestra fortaleza. Recuerdo muy bien cuando tenía que decir: «Querer está presente en mí; pero cómo hacer lo que es bueno, no sé». «Quiero, pero no puedo arrepentirme; quiero, pero no puedo creer». Tenía una roca en mi corazón; una piedra estaba colocada sobre la boca del pozo del consuelo. «Éramos débiles». Pero cuando nos encontrábamos en ese lamentable estado, sin ninguna de esas gracias que ahora son nuestra fortaleza, sin ninguno de esos santos frutos del Espíritu que son ahora la fuente de nuestro consuelo, aun entonces: «cuando aún éramos débiles», Cristo murió por nosotros. Cuando cada tendón y cada hueso estaban rotos, todo poder aniquilado, la vida misma se había evaporado, pues estábamos muertos en delitos y pecados, aun así Cristo murió por nosotros. Pues bien, hermanos, eso es cierto; ¿lo creen así? Quiero que entiendan el argumento de

Ministerio, Dones, Predicación, Mayordomía ...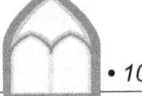

esta verdad, pues éste es: Si el Señor Jesús nos amó lo suficiente para morir por nosotros cuando estábamos totalmente sin ninguna fuerza, entonces ciertamente nos salvará ahora que nos ha dado fuerzas.

a) Sólo miren y vean qué clase de fuerza nos ha dado Él. De acuerdo con el texto, nos ha dado paz. ¡Cuánta fuerza poseen aquellos que tienen paz con Dios! Todo lo puedo cuando sé que Dios está de mi lado. Bien, Él me hado la fuerza que proviene de la confianza depositada en Él, y de la perfecta reconciliación con Él, ¿y permitirá ahora que el enemigo me destruya? No puede ser.

b) Además de paz, nos ha permitido el acceso a Él. ¡Cuánta fortaleza hay cuando se puede acudir a Dios en oración! Por medio de la fe, podemos ir a Dios en cualquier momento de necesidad; me siento capaz de ir a mi Padre celestial, y contarle todos mis problemas y echar mis cargas sobre Él, y si su Hijo murió por mí cuando aún era débil, ¿me abandonará ahora que recurro a Él en oración? ¡Oh, amados, eso es imposible! No puedo imaginar que Él se vuelva en contra de nosotros.

c) Más aún, de conformidad con el tercer versículo, Él ahora nos ha dado paciencia. Hemos tenido muchos problemas; pero ellos nos han dado paciencia. El Señor sabe que en una época no tenían ninguna paciencia; al igual que bueyes que no están acostumbrados al yugo, ustedes pateaban cada vez que Él los golpeaba; pero ahora controlan a menudo su lengua y con quietud reciben la vara de castigo. La paciencia es una gran fortaleza para el hombre, o para la mujer, para quien sea; si ustedes pueden ser pacientes, entonces ustedes son fuertes. Entonces, pues, si Cristo los amó de tal manera que los compró con su sangre cuando aún eran impacientes, les ha dado esta fortaleza para poder ser pacientes bajo su mano, y ¿piensan que Él los destruirá?

d) Y además de la paciencia, Él les ha dado mucha experiencia. Me dirijo a tantos y tantos del pueblo de Dios aquí presentes que son experimentados cristianos; ustedes han subido al monte y bajado al valle, han probado y comprobado la fidelidad de Dios, han conocido por experiencia sus propias debilidades, y su propia locura, pero también conocen la fidelidad de Dios y la fortaleza de Dios. ¿Piensan que el Señor les ha dado toda esta experiencia, y que después piensa hacerse el desentendido? ¿Creen que Dios da para después quitar como los niñitos hacen en sus juegos? ¡Qué! ¿Los ha puesto en medio de todas estas marchas y los ha ejercitado de esta manera, y ahora los va a echar de su ejército? No, no piensen nada de eso. Él, que les ha dado paciencia y experiencia, los preservará hasta el fin.

e) Y después, además de eso, les ha dado esperanza, ya que la paciencia engendra experiencia: y la experiencia, esperanza; una esperanza que no avergüenza. ¿Te ha dado Dios realmente una esperanza? «¡Oh!» dice alguien: «a veces es una esperanza muy débil». Sí; ¿pero es esperanza en Cristo? ¿Esperas en su misericordia? Entonces recuerda este texto: «El Señor se goza en aquellos que le temen, en aquellos que esperan en su misericordia». La más pequeña esperanza, si viene de Dios, no importa cuán débil es, es mejor que la presunción más orgullosa, que proviene de la justicia propia. Si el Señor Jesús te ha dado una esperanza en su sangre, una esperanza en su intercesión, una esperanza en su fidelidad eterna, ¡ah, créeme, si te amó cuando no tenías ninguna esperanza, nunca te rechazará ahora que tienes una esperanza que Él mismo te ha dado!

2. Solamente algo más sobre este mismo punto. Leemos en el quinto versículo que «el Espíritu Santo que nos ha sido dado». Escúchenme por favor. Si cuando aún estábamos débiles, Cristo murió por nosotros, ¿no nos salvará ahora que nos ha dado al Espíritu Santo? Piénsalo, cristiano. El Espíritu Santo ha venido a morar en ti; pobre y despreciado, o analfabeto y desconocido, pero a pesar de eso en ti mora el Espíritu de Dios. Ese cuerpo tuyo es un templo; ésa es la palabra de Dios, no la mía: «¿O no sabéis que vuestro cuerpo es templo del Espíritu Santo, que mora en vosotros?». Ahora pues, si Cristo te compró con su sangre cuando aún no eras templo, sino un lugar manchado (no sé a qué vil cosa compararte), ¿permitirá que te doblegues ahora

que Él te ha convertido en un templo, y el Espíritu Santo ha venido para morar en ti? Sé que debo estar dirigiéndome a alguien con graves problemas hoy; estoy seguro que así es, mi alma sabe que me estoy dirigiendo a un verdadero hijo de Dios al borde de un precipicio, llevado a los límites del dolor. Querido amigo, cree en tu Dios; no permitas que entre en ti ninguna duda acerca de Él. El Hijo de Dios murió por ti en la cruz cuando eras un impío, y débil; y ni puede ser, ni debe ser y ni llegará a ser, que Él tenga el menor deseo de arrojarte, ni que su amor por ti cambie en lo más mínimo. Mi hermano, yo te diría sobre tu problema de hoy, lo que Esperanza le dijo a Cristiano cuando se encontraba en el río de la muerte, y gritaba: «me hundo en aguas profundas». Esperanza le dijo: «mantén tu buen ánimo, mi hermano, porque puedo tocar el fondo y es bueno». Yo puedo tocar el fondo hoy, mi hermano, aun si tú no puedes hacerlo; es bueno el fondo, y nunca podrás ser arrastrado más allá, si tú estás confiado en Jesús. Él, que te ha traído al agua, si hace que la marea suba hasta tu barbilla, Él también te enseñará a nadar. Cuando ya no puedas caminar más hacia delante, encontrarás agua donde podrás nadar, y no existen aguas lo suficientemente profundas para que un hijo de Dios se ahogue en ellas. Puedes bajar hasta la tumba; pero nunca podrás ir más abajo. «Abajo están los brazos eternos». Siempre hay alguien que está listo a levantarte cuando estás sumergido en las peores circunstancias y pruebas. Por lo tanto, anímate. Glorifica a Dios en el fuego, y ten la absoluta certeza de que quien se entregó a la muerte por ti, nunca habrá de perderte, sino que te preservará hasta el fin.

Ahora voy a tocar el último punto, que también está lleno de consolación. Pienso que acabo de escuchar a alguien suspirar profundamente, y decir: «¡Ah! Puede ser como tú dices, todo eso puede ser verdad, y confío que así sea; pero me encuentro en tal problema que, si no consigo ayuda directa, estaré arruinado. Tengo que gritar: Date prisa, Oh Dios, date prisa en mi ayuda!» Quiero un Dios que pueda hacer lo que hizo el Dios de David cuando: «Cabalgó sobre un querubín y voló; se remontó sobre las alas del viento». Ese es el tipo de Dios que quieres; sí, y ése es el tipo de Dios que tienes. Vendrá volando para liberarte, tal como te lo demostraré ahora.

III. CRISTO A SU TIEMPO MURIÓ POR NOSOTROS

He aquí la tercera fuente de consolación, Cristo murió por nosotros a su tiempo: «a su tiempo Cristo murió por los impíos».

No puedo decirles cuánta médula he hallado en este hueso: «A su tiempo Cristo murió por los impíos». Me parece que la enseñanza de este versículo es algo como esto. En primer lugar, significa que Cristo murió por nosotros cuando la justicia requirió su muerte. Supongamos que yo debo algo; gracias a Dios no debo nada, pero supongamos que tengo una deuda muy grande, y que tiene que pagarse, digamos, el martes de la próxima semana por la mañana, y tengo un amigo que ha tomado la responsabilidad de pagarla por mí. El pagaré tiene su vencimiento a las doce del día, y él me dice que lo pagará. Ahora supongamos que mi amigo va el miércoles por la mañana, y paga el total. ¡Qué bueno por su parte! Sin embargo, yo pierdo mi reputación ya que las responsabilidades no fueron canceladas a su debido tiempo. No pude cumplir con el vencimiento del pagaré a las doce del martes. Cierto, sólo un retraso de veinticuatro horas; pero aun así, ya no tengo la reputación que tenía en la actividad en que me desenvuelvo, me he convertido en un pagador moroso. Ahora, me gusta pensar en este hecho, que yo, un pobre pecador, hundido en deudas hasta la coronilla frente a la justicia de Dios, no solo le he pagado todo por medio de mi gran Fiador, sino que le he pagado a tiempo. «A su tiempo Cristo murió por los impíos».

Este versículo también quiere decir que Cristo murió a su tiempo por cada creyente. En el Libro de los Recuerdos de Dios no hay ninguna reclamación por demoras o retrasos en contra de ningún creyente pecador. No hay ninguna nota allí que diga: «El Fiador de este pecador murió fuera de tiempo». No, sino que, cuando la justicia demandó el

Ministerio, Dones, Predicación, Mayordomía ...

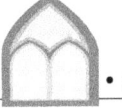

pago de la deuda, la justicia recibió el pago total de la querida mano que fue clavada en la cruz por mí. «A su tiempo Cristo murió por los impíos». Fue el tiempo establecido en el decreto eterno, fue el tiempo acordado en el eterno consejo de la gracia; y Cristo estaba allí a la hora exacta. Subió al madero en el día prefijado para que Él terminara con la transgresión, pusiera fin al pecado, y trajera la justicia eterna. Él hizo expiación por los impíos y murió por ellos: «a su tiempo».

1. Bien, ¿se dan cuenta hacia dónde me dirijo? Quieren ayuda, dicen ustedes, quieren ser liberados; muy bien. La ayuda más grande que ustedes han querido alguna vez es que alguien se levante y sirva de intercesor a su favor y pague todas las deudas a la justicia infinita, tal como el Señor lo hizo, y lo hizo en el momento preciso: «a su tiempo». Por lo tanto, ¿acaso no los ha de liberar a su debido tiempo?

Además, Él les ha dado paciencia: «La tribulación produce perseverancia». Él les ayudará antes de que se acabe su paciencia. «No puedo aguantar más», dice alguien. No tienes necesidad de aguantar más. El Señor viene en camino para liberarte; y antes de que se acabe del todo la paciencia que la gracia te ha dado, Él vendrá a ti.

Lee la siguiente frase: «Y la perseverancia produce carácter probado». Tu experiencia, para que te sea útil, tiene que ser dolorosa; si no es dolorosa, no será ya más una experiencia que sea beneficiosa para ti. Recuerda cómo Pablo escribe en la misma carta: «Y sabemos que Dios hace que todas las cosas ayuden para bien a los que le aman, esto es, a los que son llamados conforme a su propósito»; y si Él te ha llamado, Él permitirá que sufras hasta tanto que tu experiencia del sufrimiento te sea para bien, pero no más; a su tiempo Él te sacará de esa experiencia dolorosa.

Él te sacará de allí antes que tu esperanza sea avergonzada. Lee de nuevo esas palabras: «Y el carácter probado produce esperanza. Y la esperanza no acarrea vergüenza». El Señor no permitirá que tu problema se prolongue tanto que tengas que decir: «yo fui engañado; debo dejar de ser cristiano». Dios no te abandonará a la hora de la necesidad. Él te ayudará a su debido tiempo, antes que tu esperanza moribunda exhale su último suspiro. Ten ánimo acerca de esto.

Y Él vendrá y te ayudará mientras tu amor permanece aún. ¿No te escuché decir: «Aunque me mate, aun así confiaré en Él. Me puede azotar; pero aun soy su hijo, y lo amo, y voy a besar su mano, y su vara también? Bien, bien, si ése es tu lenguaje, Él tiene que venir para ayudarte a su tiempo; Él tiene que liberarte antes que tu amor sea borrado de tu corazón».

Sí, y déjame decirte que, aunque estás débil ahora, Él, que murió por ti cuando aún eras débil en el pleno sentido de la palabra, vendrá para ayudarte. Doy gracias a Dios hoy, al igual que lo he hecho tantas veces, por traerme tan grandes tribulaciones. A veces, mi vida ha sido muy tranquila durante años. Recuerdo haberme dicho a mí mismo alguna vez: «Bien, en el tiempo pasado, durante las grandes necesidades del Colegio de Pastores y del Orfanato, he experimentado milagros maravillosos de liberación. En ese entonces parecía pisar, como un gigante, desde la cima de una montaña hasta la otra, pasando sobre los valles; y ahora camino simple y tranquilamente por los valles». Casi he deseado ver otra gran montaña y otro gran precipicio abierto abajo, para poder ver lo que Dios va a hacer; ¡y me ha sucedido! Durante los dos últimos años, aunque he hablado muy poco acerca de esto, he tenido muchas grietas abiertas frente a mí. Daba la impresión que el hielo se iba a partir, y he mirado hacia abajo, a las profundidades azules; pero he seguido adelante con paso firme, y Dios ha hecho mi camino tan fácil, como si hubiese sido un camino sobre un terreno con el pasto recién cortado. Es algo glorioso tener un gran problema, una gigantesca ola del Atlántico, que te saca de balance y te arrastra mar adentro y te arroja a las profundidades, a las cuevas más escondidas del viejo océano, hasta llegar al fondo de las montañas y ves allí a Dios, y después sales a la superficie y proclamas qué grande es Dios, y con cuánta gracia Él libera a su pueblo. Él te liberará, Él debe liberarte. El argumento del texto es éste: «A su tiempo Cristo murió por los impíos»; por lo tanto, a su tiempo Él debe ayudar al piadoso.

2. Ahora voy a terminar haciendo dos observaciones. La primera es que el Evangelio de los pecadores es el consuelo de los santos. Si alguna vez, ustedes los santos, quieren un poco de consuelo verdadero, solo deben ir a Dios como pecadores. No pienso que haya nada mejor o más sabio, cuando quieren ser sólidamente alegrados, que comenzar de nuevo donde empezaron la primera vez. Cuando el diablo me dice «Tú no eres un santo»; yo le respondo «tú tampoco lo eres». «¡Ah!», me dice él: «tú eres un engañador»; yo le contesto «tú también». «¡Ah!», me vuelve a decir él: «pero tú estás equivocado, tu experiencia ha sido un engaño, tú no eres un hijo de Dios» ¿Qué soy, entonces?, dímelo, ya que sabes tanto acerca de mí. Tú eres un pecador», dice él. «¡Muy bien, Satanás! Te doy gracias por estas palabras, porque Jesucristo vino al mundo para salvar a pecadores». Así yo comienzo de nuevo; y si tú comienzas de nuevo de la misma manera, encontrarás a menudo que éste es un buen atajo hacia el consuelo. Si se trata de un cuestionamiento entre el diablo y tú acerca de si eres un santo o no, tendrás una dura batalla que librar, déjame decirte. Alguien de ustedes podrá decir «yo sé que soy un santo». Bien, bien, bien: «deja que otro hombre te alabe y no tu propia boca; un extraño, y no tus propios labios». «¡Oh!, pero yo lo sé», dice otro. Muy bien, sigue adelante con esa creencia; pero si el diablo te mete alguna vez en el mismo tamiz en el que zarandeó a Pedro, me pregunto si sabrás dónde están tus pies o tu cabeza. Bajo una fuerte tentación, pronto empezarás a dudar hasta de tu propia existencia. En vez de discutir el tema de tu santidad con Satanás, quien es un viejo abogado, y que conoce muchas cosas que tú no sabes, mejor di «no voy a discutir si soy un santo o no; soy un pecador, y Jesucristo vino al mundo para salvar pecadores».

Creyente, cuando tú eras un niño, tenías la costumbre de beber agua en cierto pozo. ¡Qué fría y refrescante era esa agua! Cuando tengas mucha sed, y las cisternas estén sin agua, ve otras vez a ese viejo pozo y sorbe las aguas vivas allí. Yo necesito hacer eso, de vez en cuando. Mientras doy gracias a Dios por los gozos presentes y las dulces experiencias de comunión con Él, me gusta volver al viejo pozo, y simplemente beber de él como bebí al principio. Recuerdo cómo bebí la primera vez de ese pozo: «¡Mirad a mí y sed salvos, todos los confines de la tierra!» Pienso que bebí tanto esa vez que yo era como Behemot quien confiaba en poder absorber todo el río Jordán en su trompa. Había mucho en ese texto; pero no había demasiado para mí, y yo parecía sorberlo completamente. ¡Les recomiendo que hagan lo mismo!; ¡tomen un gran sorbo de la gracia de Dios hoy, sedientos hijos de Dios! Inclínense, con sus bocas sobre el pretil del pozo, ya que las aguas vivas vendrán directamente a sus labios; y luego beban como las vacas beben en el verano, todo lo que puedan tragar; y prosigan su camino con gozo.

CONCLUSIÓN

El Evangelio de los pecadores es el consuelo de los santos; ésa es una observación, y la otra es ésta, el consuelo de los santos es el Evangelio de los pecadores; ya que, si el Señor ha hecho grandes cosas por cualquiera de su pueblo, ¿qué razón hay, pobre pecador, para que no pueda hacer lo mismo por ti? Si Jesucristo ha amado a Jacinto Hernández, ¿por qué no habría de amar a María Hernández?, y si el Señor Jesucristo ha salvado a Tomás González, ¿por qué no habría de salvar a Cristóbal González? Hablo en serio, ya que Él no nos ama porque haya algo de valor en nosotros, sino simplemente porque Él ha decidido amarnos, como está escrito: «Tendré misericordia de quien tenga misericordia, y me compadeceré de quien me compadezca» ¡por tanto, ustedes pueden venir, ustedes culpables, al Soberano Dador de misericordia no merecida, y tocar el cetro de plata de su gracia, y ser salvos hoy! ¡Que su dulce Espíritu los traiga! Que nadie de nosotros pregunte si somos santos o pecadores; sino que vamos todos juntos, vamos en masa a la cruz, volemos todos al Calvario, y este-

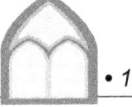

mos allí y veámoslo a Él, el eterno Hijo de Dios, sangrando y muriendo sobre el madero, y creamos todos ahora que Él puede, que Él quiere, y que Él salva, más aún, que Él ha salvado nuestras almas. ¡Que el Señor nos dé su gracia para lograrlo, para gloria de su nombre! Amén.

115. EL VERDADERO EVANGELIO NO ES UN EVANGELIO ENCUBIERTO[21]

«Pero si nuestro evangelio está aún encubierto, entre los que se pierden está encubierto; en los cuales el dios de este siglo cegó los entendimientos de los incrédulos, para que no les resplandezca la luz del evangelio de la gloria de Cristo, el cual es la imagen de Dios» (2 Corintios 4:3, 4).

INTRODUCCIÓN:
1. El evangelio no está cubierto y podemos ver la salvación.
2. Lo que un predicador tiene que proclamar.

I. EL EVANGELIO ES UNA GLORIOSA CRUZ
1. El Evangelio revela la gloria de Cristo.
   a) La gloriosa encarnación
   b) La gloriosa muerte y resurrección
   c) La gloriosa intercesión entre los hombres y Dios
2. El Señor Jesús es la imagen de Dios.
3. Cristo nos trae luz y alegría al corazón.

II. LA SENCILLEZ DEL EVANGELIO
1. Lo que se nos pide que creamos.

III. PREDICAR COMO SE DEBE
1. La sencillez de la predicación de Pablo.

IV. LA CEGUERA DE LOS HOMBRES
1. Tienen los ojos cubiertos.
2. El que no cree es condenado.

CONCLUSIÓN: Cristo en su gloria nos da perdón de pecados.

---

[21] Sermón predicado el año 1882 en el Tabernáculo Metropolitano, Newington.

EL VERDADERO EVANGELIO NO ES UN EVANGELIO ENCUBIERTO

INTRODUCCIÓN
Pablo había estado hablando, acerca de Moisés, de cuando se cubría su cara con un velo. Nuestro Evangelio no tiene ningún velo, sino que muestra a los hijos de los hombres toda la gloria de su rostro. Oh que pudieran mirarlo fijamente, y ver en él su propia salvación y la gloria del Señor.

1. Observen de entrada la confianza con la que Pablo habla. Es evidente de manera categórica que no tiene la menor duda que el Evangelio que él proclama es verdaderamente cierto; más aún, que es verdadero de manera tan manifiesta que si los que lo han escuchado no lo aceptan, debe ser porque el dios de este mundo ha cegado sus mentes. El acento de la convicción hace que cada palabra sea muy enfática. Él cree y está seguro y plenamente convencido que aquellos que no creen deben estar bajo la esclavitud del diablo. Este no es el estilo ordinario en que el Evangelio es predicado hoy en día. Escuchamos a muchos hombres que se disculpan cortésmente por afirmar algo como cierto, pues temen que se piense de ellos que son fanáticos y de mente estrecha, tratan de demostrar cosas que son tan claras como la luz del día, y de apoyar con argumentos lo que el propio Dios ha dicho; como si el sol necesitara de velas para ser visto, o como si Dios necesitara el apoyo del razonamiento humano. Él apóstol no asumió una posición defensiva de ninguna manera, llevó la guerra a las filas enemigas y puso sitio a los incrédulos. Traía una revelación de Dios, y cada una de sus palabras planteaba un reto a los hombres: «Esta es la palabra de Dios, tienen que creerla; porque si no lo hacen incurrirán en pecado, y probarán que están perdidos, y que están bajo la influencia del diablo».

Cuando el Evangelio era predicado en ese estilo real, prevalecía con poder y aniquilaba toda oposición. Por supuesto que algunos ponían objeciones. «¿Qué va a decir este charlatán?», era una pregunta común; pero los mensajeros de la cruz ponían un alto a los que objetaban, pues simplemente seguían declarando el Evangelio glorioso. Su única palabra era: «Esto viene de Dios: si creen serán salvos, si lo rechazan serán condenados». No mostraban escrúpulos al respecto, sino que hablaban como hombres que creían en su mensaje, y estaban convencidos que el mensaje dejaba a los incrédulos sin excusa alguna. Nunca alteraron su doctrina o suavizaron el castigo por rechazarlo. Como fuego en medio de la hojarasca, el Evangelio consumía todo lo que estaba a su alrededor cuando se predicaba como la revelación de Dios. Hoy no se propaga con la misma velocidad porque muchos de sus maestros han adoptado, según ellos, métodos más sofisticados, tienen menos certidumbre y más indiferencia, y por tanto razonan y argumentan allí donde deberían proclamar y afirmar.

2. Algunos predicadores pasan el rastrillo por toda la tontería sobre lo que el hombre científico o no científico quiere comentar, y se pasan la mitad de su tiempo tratando de responder. ¿Qué sentido tiene desatar los nudos que han atado los escépticos? Simplemente van a atar más. No corresponde al mensajero discutir sobre el mensaje, sino entregarlo fielmente como mensaje, y dejar las cosas así. Si regresamos a la vieja plataforma y hablamos con el mensaje de Dios, no habremos hablado en vano, ya que Él honrará su propia palabra.

El predicador debe hablar en nombre de Dios o mejor que se calle. Hermano mío, si el Señor no te ha enviado con un mensaje, vete a la cama, o a la escuela, o dedícate a tus cultivos; porque ¿qué importa lo que tienes que decir si sólo sale de ti? Si el cielo te ha dado un mensaje, proclámalo como tiene que hacerlo el que es llamado a ser la boca de Dios. Si inventamos nuestro propio Evangelio en el camino, producto de nuestras cabezas, y componemos nuestra propia teología, como los boticarios preparan sus compuestos de medicinas, tenemos una tarea sin término frente a nosotros, y el fracaso nos mira a la cara. ¡Ay de la debilidad del ingenio humano y de la falacia del razonamiento de los mortales! Pero si tenemos que entregar lo que Dios declara tenemos una simple tarea, que nos llevará a grandiosos resultados, pues el Señor ha dicho: «Así será mi palabra que sale de mi boca: No volverá a mí vacía».

¿Dónde aprendió el apóstol a hablar de manera tan positiva? En el primer versículo de este capítulo nos dice: «Por esto, teniendo nosotros este ministerio según la misericordia que nos fue dada, no desmayamos». Él mismo había sido una vez un perseguidor; y había sido convencido de su error cuando se le apareció el Señor Jesús. Este fue un gran acto de misericordia. Ahora él sabía que sus pecados le habían sido perdonados; él sentía en su propio corazón que era un hombre regenerado, cambiado, limpiado, creado de nuevo y esto era para él una evidencia contundente que el Evangelio era de Dios. Para él de cualquier modo el Evangelio era una verdad comprobada, que no necesitaba ninguna otra demostración que el efecto maravilloso que había ejercido sobre él. Habiendo recibido él mismo la misericordia, juzgaba que otros hombres también necesitaban esa misericordia igual que él, y que el mismo Evangelio que había traído luz y consuelo a su propia alma les traería la salvación también a ellos. Esto le animaba para su trabajo. Esta conciencia que tenía le impulsaba a hablar como alguien que tiene autoridad. No dudaba en lo más mínimo, pues hablaba lo que había experimentado. Ah, amigos, nosotros no solo entregamos un mensaje que creemos que es de Dios, sino que decimos lo que ha sido probado y comprobado dentro de nuestras propias almas. Para un predicador no convertido debe ser un aprieto terrible, pues no tiene la evidencia de la verdad que proclama. Un hombre que no conoce el efecto del Evangelio en su propio corazón debe soportar mucha ansiedad cuando predica el Evangelio. En realidad, ¿qué sabe del Evangelio si nunca ha sentido su poder? Pero si ha sido convertido por su mediación entonces tiene mucha confianza y no será perturbado por las preguntas y estratagemas de los que se le oponen. Su conciencia más íntima lo fortalece durante la predicación del mensaje. Nosotros debemos sentir también la influencia de la palabra para que podamos decir lo que conocemos, y dar testimonio de

Ministerio, Dones, Predicación, Mayordomía ...

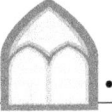

lo que hemos visto. Habiendo recibido misericordia no podemos sino hablar de esa misericordia positivamente, como una cosa que hemos probado y experimentado: y sabiendo que es Dios quien nos ha dado la misericordia, no podemos sino hablar deseando ansiosamente que otros también puedan participar de la gracia divina.

Ahora vamos a reflexionar sobre nuestro texto. Nuestra primera observación será: el Evangelio es en sí mismo una gloriosa luz, pues en el versículo 4 Pablo habla de la luz del Evangelio glorioso de Cristo; en segundo lugar, este Evangelio es en sí mismo comprensible y sencillo; en tercer lugar, si lo predicamos como debemos predicarlo lo mantendremos comprensible, y no lo mancharemos con sabiduría del mundo; y en cuarto lugar, si es en sí mismo una gran luz, y si es en sí mismo claro, y si la predicación es clara, entonces si los hombres no lo ven es porque están perdidos: es un signo fatal que los hombres no puedan percibir la luz del Evangelio de la gloria de Jesucristo.

I. EL EVANGELIO ES UNA GLORIOSA LUZ

1. En primer lugar, pues, el Evangelio es en sí mismo una gloriosa luz. En innumerables lugares del Nuevo Testamento es descrito de esa manera. Ésta es la luz que ha venido al mundo. «Porque las tinieblas van pasando y la luz verdadera ya está alumbrando». Observen que esta luz revela la gloria de Cristo. Así lo traducen claramente las nuevas versiones de la Biblia: «El resplandor del Evangelio de la gloria de Cristo». Los judíos tenían una forma diferente de expresarse que los griegos, y las traducciones antiguas, teñidas de la forma judía de ver las cosas, presentaban el versículo así: «El Evangelio glorioso de Cristo»; pero si se toma directamente del griego, entonces la traducción es: «El resplandor del Evangelio de la gloria de Cristo». Ambas traducciones son válidas, pero la segunda transmite la idea de manera plena con un sentido de frescura digno de tomarse en cuenta. El Evangelio revela la gloria de Cristo. Nos dice que Él es el eterno Hijo del Padre, y que todas las cosas fueron hechas por medio de Él, y que todas las cosas fueron creadas para Él y que por su causa continúan existiendo. Tomadas aisladamente, estas cosas pudieran no haber sido buenas noticias para nosotros, porque siempre es bueno que la criatura esté informada acerca de su Creador; pero el Evangelio va más allá y nos revela que este siempre bendito Hijo del Altísimo vino a la tierra en su infinita misericordia, tomó nuestra naturaleza, y nació en Belén, y se convirtió en un hombre verdadero así como era verdadero Dios. Ésta era la primera nota del Evangelio y había tanto deleite en ella que motivó a cantar a todos los ángeles en el cielo y los pastores que cuidaban los rebaños durante la noche, escucharon los villancicos de la primera Navidad que brotaban del cielo de media noche: «¡Gloria a Dios en las alturas, y en la tierra paz entre los hombres de buena voluntad!» Que Dios se hiciera hombre sólo podía significar paz para el hombre; que el Heredero de la gloria se encarnara en su raza sólo podía significar misericordia para el culpable; que, quien ha sido ofendido asuma la naturaleza del ofensor deben ser buenas nuevas para nosotros. Así vibró con fuerza la primera música del Evangelio puro que alegró el oído de la humanidad. El Dios omnipotente se convirtió en Emmanuel, que significa: Dios con nosotros: «Porque un niño nos es nacido, un hijo nos es dado, y el dominio estará sobre su hombro. Se llamará su nombre: Admirable». Este es el principio del Evangelio de la gloria de Cristo: Él obtuvo una mayor gloria al despojarse de su divina gloria. Más aún, el Evangelio nos dice que este mismo Dios Fuerte, Padre Eterno, Príncipe de Paz, habitó aquí entre los hombres, predicando y enseñando, y haciendo milagros de misericordia sin igual; en todas partes mostrándose a sí mismo como el hermano del hombre, compasivo y tierno y manso, recibiendo aun a los más humildes del pueblo, inclinándose a los más pequeños de la raza humana. Está escrito: «Se acercaban a él todos los publicanos y pecadores para oírle»; y de nuevo tomó a los niños en sus brazos, y los bendijo, diciendo: «Dejad a los niños venir a mí y no les impidáis». Hubo una buena nueva acerca de todo lo que Él hizo, y una gloria que

los hombres que son puros de corazón ven y admiran. Su vida fue una buena nueva, era algo nuevo y lleno de gozo que Dios habitara entre los hombres, y fuera hallado en condición de hombre. El Dios que odia el pecado, y cuya ira se enciende contra la iniquidad, habitó entre los pecadores, y vio y palpó sus perversos caminos, y rogó por ellos: «Padre, perdónalos», su gloria consistía en ser tan paciente, tan manso, y abnegado, a la vez que era justo y verdadero. Con toda propiedad dijo Juan: «Y el Verbo se hizo carne y habitó entre nosotros, y contemplamos su gloria, como la gloria del unigénito del Padre, lleno de gracia y de verdad».

a) Pero la campana mayor del Evangelio, que suena con la más clara nota, es que este Hijo de Dios en el cumplimiento del tiempo se entregó a sí mismo por nuestros pecados, haciendo la ofrenda de toda su naturaleza humana como una propiciación por la culpa de los hombres. Aquí hay una gloria suprema de amor. Qué espectáculo era verlo en el huerto oprimido con toda nuestra carga de culpa hasta que el sudor de sangre se hizo manifiesto en Él; verlo soportando ese tremendo peso en el madero, y allí colgado en medio de agonías de muerte, aguantando el abandono de su Padre, con todas las densas nubes de tinieblas como su consecuencia: ¡muriendo él «el justo por los injustos, para llevarnos a Dios». Era la gloria de Cristo encontrarse allí despojado de toda la gloria. Y éste es el Evangelio que predicamos, el Evangelio de la sustitución, que Jesús tomó el lugar del pecador y pagó por el pecador lo que se le debía a la ley de Dios por causa de la trasgresión del hombre. Proclamen en medio de los gentiles que el Señor reina desde el madero.

«¡Despliega la bandera!
Déjala que ondee
Hacia el cielo y hacia el mar,
en lo alto y a lo ancho;
Nuestra gloria sólo en la cruz,
Nuestra esperanza, el Crucificado».

b) El hombre no podría recibir nuevas de mayor gozo que las que le avisan que el Dios encarnado ha cargado con los pecados del hombre y ha muerto en su lugar. Sin embargo hay otra nota, porque Él, que murió y fue enterrado, ha resucitado de los muertos, y ha llevado nuestra naturaleza arriba, a la gloria, y con ella se viste a la diestra del Padre. Su amante corazón todavía está ocupado en la misma actividad que lo trajo aquí abajo; por medio de su intercesión Él está salvando a los pecadores que compró con su sangre. Él puede salvar completamente a los que vienen a Dios por medio de Él puesto que Él vive para siempre para interceder por ellos. Este es el Evangelio de la gloria de Cristo. Es la gloria de nuestro Señor ser el mediador entre el hombre y Dios, intercediendo por los injustos, usando como su argumento contundente la sangre que Él ha derramado.

c) Pero no debo dejar de lado el hecho de que Quien ahora intercede por los pecadores en la gloria vendrá pronto otra vez para juntar a los suyos en Él, para llenarlos de la plenitud de su gloria, y para llevarlos para estar con Él, arriba donde Él está. Hay una asombrosa luz en el Evangelio, tanto para el futuro como para el presente. Nos revela la gloria de Cristo, la gloria del amor, y de la misericordia, la gloria de una sangre que puede hacer blanco lo más negro, y de una intercesión que hace aceptable la oración más pobre, la gloria de un Salvador que ha triunfado y que vive, quien habiendo puesto su mano en la obra no fallará ni se desanimará hasta que todos los propósitos del amor infinito hayan sido alcanzados por Él. Éste es: «El Evangelio de la gloria de Cristo», y su luz es muy clara y brillante.

2. Ahora se nos muestra una segunda verdad: el Evangelio es una luz que revela a Dios mismo, pues de conformidad a nuestro texto el Señor Jesús es la imagen de Dios. ¿No dijo Jesús: «El que me ha visto, ha visto al Padre?». Pues, lo primero, nuestro Señor Jesús es la imagen de Dios en este sentido, que es esencialmente uno con Dios. Él es «el resplandor de su gloria y la expresión exacta de su sustancia». Él es: «Dios verdadero de Dios verdadero»; como lo establece el credo, y yo no sé cómo expresar mejor esa idea. Nuestro Señor mismo dijo: «Yo y el Padre uno somos». Pero el texto contiene algo más que eso.

Ministerio, Dones, Predicación, Mayordomía ...

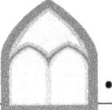

Cristo es la imagen de Dios en el sentido que nos muestra lo que Dios es. Si conocen el carácter de Jesús, conocen el carácter de Dios. Dios mismo es invisible, y no puede ser visto por el ojo de ningún mortal, ni puede ser comprendido por una mente finita. De hecho, no puede ser conocido verdaderamente de ninguna manera, excepto por la enseñanza del Espíritu Santo. Pero todo lo que puede conocerse de Dios está claramente escrito con letras mayúsculas en la persona de Jesús. ¿Qué más alto concepto de Dios pueden tener? Aun aquellos que han negado la divinidad de nuestro Señor lo han admirado por su carácter sin igual. Lean el relato de su vida, y traten de mejorar esa vida. ¿Pueden indicar algo que debe quedar fuera, o algo que deba ser agregado? Él es Dios, y en Él vemos a Dios en la medida que podemos discernir a ese Padre sin igual de nuestros espíritus. De tal manera que el Evangelio está lleno de luz, y revela en primer lugar al Mediador y después al Señor Dios mismo.

3. Queridos amigos, este Evangelio de la gloria de Cristo es hoy realmente luz para nosotros, es decir, trae con él todo lo que la metáfora de la luz conlleva. Primero, trae iluminación. Una iluminación del alma «que te conozcan a ti, el único Dios verdadero, y a Jesucristo a quien tú has enviado». Es luz para el entendimiento porque puede ver que el Unigénito ha revelado al Padre. El hombre busca a Dios, si de alguna manera, aun a tientas, palpase y le hallase y el gentil se tropieza aquí y allá andando a tientas en su ceguera. Posiblemente el mundo estaba más cerca de la verdad cuando lo llamó «el Dios desconocido». Cuando la sabiduría de este mundo comenzó alguna vez a definir y a describir a la Divinidad, entonces mostró su propia insensatez. El mundo no ha conocido a Dios mediante la sabiduría: pero en la persona del Señor Jesús tenemos la verdadera representación, la imagen y representación de la Divinidad.

No se puede decir de los verdaderos cristianos: «Vosotros adoráis lo que no sabéis», porque nosotros sabemos lo que adoramos. Cada uno de nosotros puede afirmar: «porque yo sé a quien he creído». No tenemos duda acerca de quién es nuestro Dios, o lo que es. Hay un conocimiento dado a los hombres mediante el Evangelio, que genera la luz del día en el entendimiento.

Pero también es luz en otro sentido, es decir, en el sentido de consuelo. Cuando un hombre ve a Dios en Jesucristo, no puede ser infeliz. ¿Estaba ese hombre cargado de pecados? Cuando ve a Jesucristo cargando al pecado en su propio cuerpo sobre el madero, y cree en Él, en ese momento es liberado de su carga. Cuando se agita bajo los cuidados y las pruebas de la vida y por medio de la fe mira a Jesús, que padeció sufrimientos infinitamente mayores, entonces es liberado del aguijón de la aflicción. ¿Le tiene miedo a la muerte? Cuando oye que Jesús dice: «Yo soy la resurrección y la vida», aprenderá a desear más que a temer a la muerte. ¿Le preocupa el porvenir? ¿Se cierne sobre él oscuramente el terrible futuro? Cuando oye que Jesús dice: «Yo soy el que vive. Estuve muerto, y he aquí que vivo por los siglos de los siglos. Y tengo las llaves de la muerte y del Hades» nunca más tendrá miedo del mundo separado de los espíritus, del cual Cristo tiene la llave; ni temblará ante el incendio que arrasa con el mundo ni la ruina de la creación, porque se sostiene en Él que ha dicho: «Porque yo vivo, también vosotros viviréis». Nunca brilló una luz igual sobre los hijos de los hombres: esta eterna verdad no tiene rival, ni como instrucción ni como consuelo. Un arcángel no podría decirte el gozo que este «Evangelio de la gloria de Cristo» ha dado a los hijos y a las hijas de la aflicción. Adonde llega libera a la mente cautiva, y quita los dolores del remordimiento. Cuando se le contempla, los ojos llenos de lágrimas son iluminados hasta que brillan de gozo. ¡Oh, el gozo inefable de que Cristo sea nuestro Salvador, y que el Dios glorioso sea nuestro Padre! Ahora damos un paso adelante y observamos

II. LA SENCILLEZ DEL EVANGELIO

Este Evangelio en sí mismo muy comprensible y sencillo. El Evangelio no contiene nada que pueda dejar perplejo a nadie a menos que quiera voluntariamente quedar perplejo. No hay nada en el Evangelio que un hombre no pueda captar si desea entenderlo. Todo es muy sencillo para el hombre que somete su entendimiento a Dios. Siempre que recibo un libro cuyo contenido me cuesta mucho entender, me gustaría enviarlo de regreso a su autor, y pedirle que lo escriba de nuevo, porque estoy seguro que él mismo no tiene claro su contenido. De lo contrario fácilmente podría hacerme saber lo que quiso decir. Un hombre no domina adecuadamente un tema mientras no pueda comunicar sus pensamientos sobre ese tema, de tal manera que las personas de inteligencia ordinaria puedan enterarse de lo que el autor trata. Ahora, el Señor tiene en su mente una plan de salvación claramente definido para los hombres, y lo ha expresado sin ninguna ambigüedad. A ciertos teólogos les gusta predicar un Evangelio incomprensible, ya que esto les da un aire de sabiduría ante el juicio de los necios. Algunos de los que escuchan prefieren sermones que no pueden entender. Para ellos lo difícil y lo intrincado es como la esencia y lo medular. Una vez escuché que alguien dijo que le gustaba un poco de cartílago en los sermones, o un hueso para probar la fortaleza de sus dientes. Podríamos fácilmente darles gusto a tales amigos, pero no vemos ninguna autoridad en las Escrituras para satisfacer tales gustos. Yo me esmero en quitar las semillas de la fruta antes de preparar la comida. Cuando comemos no es nada sano que nos traguemos los huesos, pues no podríamos digerirlos y nos causarían lesiones internas. Las almas necesitan alimento espiritual, no más problemas ni acertijos. Así, cuando un hombre predica el Evangelio de tal manera que su presentación no tiene ni pies ni cabeza, no necesitan angustiarse, porque lo que ese señor tiene que decir no acredita que se preocupen por entenderlo. Si es el propio Evangelio del Señor, los que son hacedores de la voluntad del Señor pueden entenderlo; y si no pueden entenderlo, entonces no es el Evangelio de la gloria de Cristo, sino un Evangelio de invención humana. El verdadero Evangelio es la sencillez misma.

1. ¡Escuchen! Que Dios haya venido entre los hombres y haya tomado nuestra naturaleza es un misterio de tal magnitud que no sabemos cómo pudo ser. Bendito sea Dios, no queremos saber cómo sucedió; sólo sabemos que ocurrió, y ese hecho es suficiente para nosotros. Entendemos que el Verbo se hizo carne y habitó entre nosotros, y nos gozamos en ello. Observen la doctrina de la expiación; esto también, como un hecho, es lo suficientemente sencillo. Cómo fue justo que Cristo sufriera en nuestro lugar, y que su sufrimiento fuera una expiación por nuestros pecados, puede ser una pregunta muy profunda, pero el hecho es revelado con mucha claridad. No creo que la sustitución sea un misterio que aturda, pero otros lo creen así. ¿Y qué si así fuera? su razón secreta no es nada para nosotros. Si Dios ha presentado a Cristo como propiciación por nuestros pecados nuestra opción más razonable es aceptarlo. No necesitamos pelearnos con la gracia sólo porque no podemos entender todo acerca de ella. Es más sabio comer todo lo que se pone frente a nosotros que morir de hambre debido a que no conocemos todos los secretos de la cocina. No se me pide que entienda cómo nos justifica Dios en Cristo, pero sí se me pide que crea que lo hace. Ese hecho es lo suficientemente sencillo y es objeto de fe. Que Jesús tenga que sufrir en mi lugar es una simple verdad, y en ella no hay ninguna oscuridad. Esa preciosa doctrina que somos justificados por fe, que todo el mérito que tiene la gloriosa obra de Cristo se transfiere a nosotros simplemente por nuestra fe: ¿hay algo difícil en eso? Sé que los hombres pueden cavilar hasta tener el rostro ennegrecido, pero la doctrina es obvia. A veces las personas preguntan: «¿qué es creer?». Pues es confiar, depender, apoyarse sobre, fiarse de, eso es todo. ¿Hay algo difícil acerca de eso? ¿Quieres ponerte lentes para poder ver esa verdad? ¿Te tomará una semana asimilar esa idea? No, el hecho de que Dios se hizo carne y habitó entre nosotros, y hallándose en condición de hombre, se humilló a sí mismo haciéndose obediente hasta la muerte por nuestra causa, y que ahora nos pide simplemente que creamos en Él y viviremos, es una verdad tan sencilla como cualquier otra en la esfera del cono-

Ministerio, Dones, Predicación, Mayordomía ...

cimiento. A algunas personas les gustaría un Evangelio de perplejidad; ellos prefieren un poco de confusión del intelecto; les encanta deambular en medio de una bruma luminosa, en la que nada está definido de manera clara. Piensan que siguen adelante cuando dejan a otros atrás, mientras escalan un absurdo sublime. Ahora, supongamos que el Evangelio contiene terribles misterios y está plagado de asuntos difíciles de entender; supongamos que requiere previamente la lectura completa de dieciocho volúmenes antes de poder entenderlo; supongamos que requiere de precisión matemática y de elegancia clásica antes de poder verlo. Siendo así, millones de personas no podrían ir al cielo, porque nunca han leído ni siquiera un volumen, y por tanto no serían capaces de digerir una biblioteca. Algunos hombres están tan ocupados, y algunos tienen un cerebro de tal naturaleza que nunca podrán ser estudiantes profundos, y si el Evangelio requiriera de ellos una reflexión profunda y una amplia investigación, ellos se darían por vencidos y por perdidos. Si los hombres necesitaran ser filósofos para poder ser cristianos, la mayoría de los cristianos estaría fuera del límite de la esperanza. Si las masas del pueblo tuvieran que leer mucho antes de poder captar la idea de la salvación por la fe en Cristo Jesús, nunca captarán esa idea; perecerán inevitablemente. ¿Y les gustaría a ustedes, sabios, que ellos perecieran? Me temo que muchos de ustedes se preocupan menos por eso que por los créditos que puedan recibir por su talento y por sus ideas. Con el objeto de definir un profundo Evangelio pequeño sólo para ustedes, están dispuestos a cavar un foso alrededor de la cruz para impedir el paso de la vulgar muchedumbre. Ese no es el Evangelio ni el espíritu del Señor Jesús. Tengan mucho cuidado de que no se les escape la verdad a ustedes mismos. Me temo que mientras están buscando a tientas el picaporte de la puerta del cielo, el pueblo que ustedes desprecian estará adentro y ya cantando: «Gloria, aleluya, hemos encontrado al Salvador». El Señor permite que el discutidor de este mundo se tropiece, mientras que quienes reciben como niños el Reino de Dios descubren el gran secreto, y se gozan en él. Supongamos que el Evangelio hubiera sido algo tan difícil de explicar, y un tema tan difícil de entender; ¿qué hubiera sido de la gran cantidad de personas que ahora se regocija en Cristo y que sin embargo tuvo de nacimiento y debido a su constitución las más insignificantes capacidades? Es maravilloso ver cómo alguien apenas por encima de la capacidad de un idiota puede comprender el Evangelio. ¡Es una bendición que así sea! He escuchado acerca de un pobre muchacho a quien sus maestros habían estado instruyendo por años, y un día le dijeron: «Bien, Santiago, dinos ¿tienes un alma?». «No, no tengo alma», sus maestros creyeron que habían desperdiciado su tiempo; pero cambiaron de opinión cuando él agregó: «Yo tuve un alma una vez, y la perdí, y Jesucristo vino y la encontró y yo dejé que Él se quedara con ella». Ese es un mejor Evangelio que el que recibimos de muchos teólogos refinados. Santiago tenía todo el tema en sus manos. Cristo había encontrado su alma, y Él se la estaba guardando; a Él, que no fallará en guardar lo que hemos entregado en sus manos. Aplaudimos de gozo porque el Evangelio revela el camino directo del hombre al cielo, y hace sabio para la salvación al más analfabeto. El pastor de la llanura de Salisbury puede entender el Evangelio de la misma manera que el obispo de la Catedral de Salisbury; y la hija del lechero puede sentir su poder tan plenamente como una princesa.

Supongamos que el Evangelio fuera difícil de entender, ¿qué haríamos en nuestro lecho de muerte? Muchas veces nos llaman de emergencia para atender a personas que han sido negligentes en buscar la gracia y se están muriendo en la ignorancia. Es una tarea terrible para nosotros tener que explicarles el camino cuando ya están entrando en el oscuro descenso a la muerte. Cuando la lámpara aún arde, tenemos esperanzas, y por tanto procedemos a explicar el camino por el cual el pecador puede retornar a Dios. ¿Acaso no es bueno tenerlo resumido en pocas frases, y poder expresarlo con palabras comunes? Les decimos que Jesucristo vino al mundo para salvar a los pecadores, y que cualquiera que crea en Él no morirá, sino que vivirá para siempre. ¿Qué podríamos hacer si el Evangelio no fuera así de simple? ¿Tengo que tener una carretilla, y llevarla conmigo de arriba para abajo, y llevar a cada moribundo media docena de folios en Latín? Nada de eso. Estos versos de Cowper, citados muy a menudo, plantean la sencillez del Evangelio, y reprenden a quienes lo rechazan por esa razón.

> «¡Oh cuán diferente
> del complicado trabajo del hombre
> Es el sencillo plan del cielo,
> sin artificios, sin complicaciones!
> No tiene gracias falsas
> que puedan engañar,
> Ni postizos ornamentos
> que congestionen su estructura:
> Libre de ostentación y de debilidad,
> Se extiende como la bóveda celeste
> que contemplamos,
> Majestuoso en su propia sencillez.
> Inscritas arriba del portal a lo lejos
> Destacan como el brillo de una estrella,
> Legibles solo con la propia luz
> que dan,
> Las palabras que dan vida:
> CREE Y VIVE
> Muchos, ofendidos por lo que les debía agradar,
> Desprecian la dirección sencilla
> y así están perdidos.
> ¡El cielo así descrito!
> (claman con orgulloso desdén)
> ¡Increíble, imposible, y sin sentido!
> Se rebelan porque es muy fácil obedecerlo
> Y se burlan por gusto del camino lleno de gracia».

III. PREDICARLO COMO SE DEBE

1. En tercer lugar, si lo predicamos como debemos predicarlo lo mantendremos comprensible. Pablo dijo expresamente: «Así que, teniendo tal esperanza, actuamos con mucha confianza» y dijo también: «Ni mi mensaje ni mi predicación fueron con palabras persuasivas de sabiduría, sino con demostración del Espíritu y de poder». El apóstol Pablo era un pensador profundo, un hombre de un gran discernimiento y de una mente sutil. Tenía tal estructura mental que pudo haber sido un filósofo de primer rango, o un místico de las más profundas tinieblas; pero él fue en contra de su inclinación natural y dedicó todas sus energías a explicar el Evangelio. Requirió una renuncia sublime de su parte dejar a un lado toda su lógica entre todas las demás cosas que consideró como pérdida para Cristo; puesto que dice: «Porque me propuse no saber nada entre vosotros, sino a Jesucristo, y a él crucificado». Él se propuso, tenía la determinación, tenía el convencimiento de hacerlo, o no lo habría logrado. Él es el hombre que escribió algunas de las cosas más difíciles de entender, según cita Pedro, pero cuando se trataba del Evangelio lo presentaba de modo muy sencillo. Era tierno con ellos como una nodriza con su niño, y se hizo a sí mismo instructor de bebés, entregando la palabra con la sencillez que los niños requieren. El verdadero hombre de Dios no le pondrá al Evangelio el velo de ritos ni de ceremonias. Observa a quienes hacen esto y evítalos. Vemos en algunas iglesias al sacerdote, con qué reverencia camina hacia la derecha o hacia la izquierda con sus manos enlazadas, repitiendo frases en latín, desconocidas para el pueblo. Él da vueltas, hace una reverencia, y vuelve a dar vueltas. Por momentos vemos su rostro y luego vemos su espalda. Supongo que todo eso tiene por fin la edificación; pero yo, pobre criatura, no puedo encontrar la menor instrucción en ello, ni, hasta donde sé, ninguna de las personas que miran pueden hacerlo. ¿Cuál es el significado de los monaguillos vestidos con túnicas elegantes, esparcoendo tanto humo? ¿Y qué significan esas flores y esas imágenes en el altar? ¡Cuán espléndida es esa cruz que adorna la espalda del sacerdote! Parece ser hecha de rosas. La gente mira, y algunos se preguntan dónde consigue esos ornamentos, mientras otros hacen especulaciones acerca de la cantidad de cera que se consume cada hora; y eso es todo. Cristo está escondido tras los velos de las señoras, si en verdad está allí. Conozco a muchos sacerdotes que no quisieran ha-

cer todo eso, pero sin embargo esconden al Señor en un lenguaje rebuscado. Es algo grandioso remontarse a las alturas sobre las alas de la elocuencia y desplegar la gloria del discurso, hasta que te deshaces en medio de una espléndida perorata o discursos en meros fuegos artificiales, tal como finalizan muchas exhibiciones. Pero esto no es lo que conviene a los predicadores del Señor. Siempre digo a nuestros jóvenes que uno de sus mandamientos debe ser: «No dirás peroratas». Intentar usar un lenguaje diferente al lenguaje sencillo cuando predicamos la salvación es abandonar nuestro propio trabajo. Nuestra única obligación es explicar el Evangelio de manera sencilla. Nuestro negocio es el alimento, no las flores. Que los ornamentos llamativos queden para el teatro o para el bar, donde los hombres buscan distraerse, o donde debaten para ganar algo; o dejemos que todas estas pobres tonterías queden para el Senado, lugar donde los hombres defienden causas o denuncian de acuerdo a lo que convenga a su partido. No nos toca a nosotros convertir al peor argumento en el mejor, ni esconder la verdad bajo montañas de palabras. En lo que a nosotros toca, debemos escondernos detrás de la cruz, y hacer saber a los hombres que Jesucristo vino para salvar a los perdidos, y que si creen en Él, serán salvos de manera inmediata y para siempre. Si no les hacemos saber esto, entonces no habremos dado en el blanco, sin importar la manera grandiosa en que nos hayamos comportado. ¡Qué! ¿habríamos de convertirnos en acróbatas de palabras, o malabaristas que hacen maravillas? Así, Dios es insultado, su Evangelio es degradado y las almas son abandonadas a su perdición.

Quisiera decir algo más bien personal en este momento, y luego pasar a otro punto. Yo puedo decir con el apóstol: «actuamos con mucha confianza» y por tanto si el Evangelio que he predicado está encubierto, yo no le he puesto el velo. He usado palabras comunes cuando he creído que se entenderían mejor, y he dicho todo tipo de historias sencillas cuando he considerado que me han servido para dar a conocer el Evangelio. Nunca he usado palabras rebuscadas cuando he podido evitarlo. Mi único deseo ha sido llegar a sus conciencias y ganar sus corazones, manifestándoles la verdad. Si no ven la luz no es porque yo la haya escondido.

IV. LA CEGUERA DE LOS HOMBRES

1. Con este punto finalizamos. Si los hombres no lo ven es porque están perdidos. «Pero aun si nuestro Evangelio está encubierto, entre los que se pierden está encubierto», el dios de este mundo ha cegado sus ojos incrédulos para que no brille sobre ellos la luz del glorioso Evangelio de Cristo. No creer, no entender, no apreciar y no aceptar el Evangelio es un signo de muerte. Quiero decir esto de la manera más sencilla a todos los que dicen que no han recibido el Evangelio ya que no pueden entenderlo y no ven nada notable en él. Si han escuchado el Evangelio predicado de manera sencilla, es tan sencillo en sí mismo que si está escondido de sus ojos es porque todavía están corroídos por la amargura y atados con los lazos de la iniquidad. Quienes reciben el Evangelio son salvos; la fe es la garantía de salvación. Si creen que Jesús es el Cristo son nacidos de Dios; si lo han aceptado a Él como su Salvador, a quien Dios ha elegido como tal, entonces ustedes son salvos; pero si ustedes dicen: «No, no puedo verlo», entonces sus ojos no pueden ver y están perdidos. El sol es lo suficientemente brillante, pero quienes no poseen la vista no pueden verlo. ¿Dicen ustedes, no puedo recibir el Evangelio: necesito algo más difícil? A causa del orgullo pecaminoso su juicio se pervierte y su corazón se endurece. Mientras estén entre los incrédulos están todavía entre los que se van a perder, y el dios de este mundo les ha vendado sus ojos. Oh Espíritu de Dios, convence a los hombres de este pecado que consiste en no creer en Jesucristo. Yo no tengo capacidad de hacerlo, pero, oh, te suplico que Tú lo hagas. Oh, que nuestro texto, como una aguda espada, haga un corte profundo y llegue hasta la conciencia. Que esta verdad penetre hasta partir las coyunturas y los tuétanos, y discierna los pensamientos y las intenciones de sus corazones.

2. De acuerdo con el texto, el que no cree en Jesucristo es un hombre perdido. Dios te ha perdido; no eres su siervo. La iglesia te ha perdido; tú no trabajas para la verdad. El mundo te ha perdido realmente; no produces ningún servicio permanente para él. Te has perdido a ti mismo del derecho, del gozo, del cielo. Tú estás perdido, tan perdido como el hijo pródigo cuando estaba lejos de la casa de su padre, y como la oveja perdida cuando se separó de su rebaño. No es solamente que te vas a perder, sino que ya estás perdido; pues «el que no cree ya ha sido condenado, porque no ha creído en el nombre del unigénito Hijo de Dios». Graba esas cuatro palabras en tu conciencia: «Ya ha sido condenado», perdido aun ahora. Estás pereciendo; es decir, gradualmente estás entrando en esa condición en la cual vas a vivir para siempre, como quien ha muerto ante Dios, y que se ha convertido en alguien completamente inútil y muerto.

Es una verdad sobrecogedora que esto se comprueba por medio del hecho que no entiendes el Evangelio; o de que si lo entiendes no lo valoras; no ves ni belleza ni gloria en él; o si lo aprecias en cierta medida, y ves alguna gloria en él, sin embargo nunca ha provocado tu afecto o ha atraído tu corazón hacia su gran Persona. En una palabra, no has llegado a confiar en Jesús. Él es el único en quien puedes confiar, y sin embargo lo rechazas. Es la cosa más sencilla del mundo confiar en Cristo, y sin embargo no quieres hacer eso tan sencillo. Debes confiar en Él de inmediato, no te demores para hacerlo, y sin embargo lo has estado posponiendo por años. Si la fe trae la salvación, ¿por qué no obtener la salvación? ¿Por qué permanecer aún en la incredulidad, sin creer la más gloriosa verdad que Dios ha revelado al hombre; sin creer en eso que te atreves a negar? Oh, qué terrible condición es esa: permanecer voluntariamente en la oscuridad, cerrando tus ojos a la luz. Ciertamente estás perdido.

El apóstol explica cómo acaba un hombre que vive en semejante condición. Nos dice que Satanás, el dios de este mundo, ha cegado su mente. Qué tremendo pensamiento es que Satanás pretenda ser un dios. Cristo es la imagen de Dios; Satanás pretende imitar a Dios: él imita a Dios y tiene un poder usurpado sobre las mentes y los pensamientos de los hombres. Para mantener su poder se asegura de que sus víctimas del engaño no vean la luz del Evangelio. Los velos que él utiliza son aprobados por los corazones egoístas de los hombres; pues él razona así: «Si te conviertes en cristiano, nunca progresarás en el mundo». Tapa cada uno de tus ojos con una moneda de oro, y entonces no puedes ver, a pesar de que el sol brilla con la intensidad del mediodía. El orgullo ata una banda de seda alrededor de tus ojos, y así nuevamente la luz no puede pasar. Satanás susurra: «Si te vuelves cristiano» se van a burlar de ti»; así aísla a su víctima por temor al ridículo. Tiene muchos mecanismos ingeniosos mediante los cuales perviérte el juicio de los hombres hasta que les impide ver lo que es totalmente evidente, y no pueden creer lo que es incuestionable. Hace que ganar el cielo parezca algo que no es digno de considerarse cuando se compara con la pequeña pérdida que la religión puede implicar. Le oculta al alma la bendición del pecado perdonado, la adopción en la familia de Dios, y la certeza de la gloria eterna, echando polvo en sus ojos para que el alma no pueda mirar verdaderamente las cosas.

CONCLUSIÓN

¿Qué puedo hacer para terminar sino preguntarles si hay algunos perdidos entre ustedes? Según la explicación del texto, todos ustedes son aquellos para quienes el Evangelio está encubierto. Bien, pero gracias a Dios ustedes pueden ser hallados todavía; hoy están perdidos, pero no tienen que estar perdidos mañana, están perdidos mientras leen este sermón, pero pueden ser hallados al terminar esta lectura. El Buen Pastor ha salido a buscar la oveja perdida. ¿Sientes algún anhelo por Él, algún deseo de regresar a Él? Entonces míralo con una mirada de confianza. No estás perdido si miras de esa manera, ni nunca lo estarás. El que cree en Jesús es salvo, y es salvo eternamente. ¿Tiene alguno de ustedes los

Ministerio, Dones, Predicación, Mayordomía ...

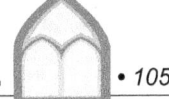

ojos vendados? Tus ojos están vendados si el Evangelio está encubierto para ti, de tal forma que no puedes ver su claridad. ¡Ah!, pero no tienes necesidad de permanecer en la oscuridad. Hay uno aquí hoy que otorga la vista a los ojos que no ven. Clama a Él como lo hicieron los dos ciegos: «¡Ten misericordia de nosotros, hijo de David!» El Mesías vino precisamente para dar vista a los ciegos; era parte de su misión cuando vino de la gloria del Padre. Él te puede dar la vista a ti. Búscala.

¿Es el dios de este mundo tu señor? Así debe ser si no puedes ver la gloria del Evangelio; pero no ha de seguir siendo tu dios. Pido en oración al Espíritu Santo que te ayude a destronar a este intruso. ¿Por qué tienes que adorarlo? ¿Qué bien te ha hecho alguna vez? ¿Qué elemento hay en su carácter que lo haga digno de ser tu dios? Rompe el yugo; rompe las cadenas que te mantienen en su esclavitud. El verdadero Dios se ha encarnado para liberarte, y para destruir todas las obras del diablo. Se puede quitar cualquier cosa que te impida mirar la gloria de Dios en el rostro de Jesucristo. He sido enviado para decir en nombre de mi Señor: «El que cree en él no es condenado; el que cree y es bautizado será salvo». «Venid, pues, dice Jehová; y razonemos juntos; aunque vuestros pecados sean como la grana, como la nieve serán emblanquecidos. Aunque sean rojos como el carmesí, vendrán a ser como blanca lana.» Confía en el Salvador, confía en el Dios encarnado; confía en Él ahora y confía en Él de inmediato, y aunque hace apenas un momento tu eras tan negro como la medianoche infernal, estarás tan limpio y brillante como el mediodía eterno del cielo. En un instante desaparecerán todos los pecados que te ha tomado cincuenta años acumular; las trasgresiones de todos tus días serán arrojadas bajo el mar, y nunca serán vistas de nuevo. Solamente quiérelo y obedece, y sométete al Dios encarnado, que vive para siempre para cuidar a quienes ponen su confianza en Él.

Que el Señor los bendiga, queridos amigos, eternamente. Amén.

116. EL VIEJO EVANGELIO PARA EL NUEVO SIGLO[22]

«Venid a mí todos los que estáis trabajados y cargados, que yo os haré descansar» (Mateo 11:28).

INTRODUCCIÓN: Cristo habla a los hombres afligidos.

I. LOS PERSONAJES DE ESTE LLAMADO
1. Los afligidos y cargados.

II. LA MAGNANIMIDAD DEL CORAZÓN DE CRISTO
1. Los necesitados de su amor.
2. Invitación a descansar en Él.
3. Cristo nos llama uno a uno a ir Él.
 a) ¿Quiénes son cada uno?
4. Las promesas son eternas.

III. LA SIMPLICIDAD DE ESTE EVANGELIO
1. Ir a Cristo tal como somos.

IV. LA GENEROSIDAD DEL PROPÓSITO DE CRISTO
1. Cristo es el que lo hace todo.

CONCLUSIÓN: Sólo nos pide que recibamos todo de Él.

EL VIEJO EVANGELIO PARA EL NUEVO SIGLO

INTRODUCCIÓN

Ustedes ya han escuchado sin duda, muchos sermones que han tenido como base este texto. Yo mismo lo he utilizado no sé cuántas veces; sin embargo, no lo suficiente como quiero hacerlo si Dios me presta vida. Este versículo es una de aquellas grandes e inagotables fuentes de salvación de las que podemos extraer de manera permanente, sin que lleguen a extinguirse. Un proverbio nuestro dice: «Las fuentes probadas son las más dulces» y entre más bus-

---

[22] Sermón predicado el año 1880, en el Tabernáculo Metropolitano, Newington.

quemos en un texto como éste, se tornará más dulce y lleno de significado.

En esta ocasión, voy a utilizar este versículo de un modo especial, para extraer un solo punto de su enseñanza. Podría hablar, si así lo quisiera, del reposo que Jesucristo da al corazón, a la mente, a la conciencia de aquellos que creen en Él. Éste es el reposo, éste es el refrigerio que encuentran aquellos que vienen a Él, ya que podemos leer en el texto: «yo los refrescaré» o «yo los aliviaré», y así tendría un tema muy dulce si fuera a hablar acerca del maravilloso alivio, del divino refrigerio, del bendito reposo que llega al corazón cuando hay fe en Jesucristo. ¡Que todos ustedes experimenten esa bendición, queridos amigos! ¡Que su reposo y su paz sean muy profundos! ¡Que no sea un descanso fingido, sino un descanso que resista pruebas y escrutinios! ¡Que su reposo sea duradero! ¡Que su paz sea como un río que nunca deja de correr! ¡Que su paz sea siempre segura, no una paz falsa, cuyo fin es la destrucción, sino una paz verdadera, sólida, justificable, que resista durante toda su vida y que al fin se diluya en el reposo de Dios, a su diestra, por toda la eternidad! ¡Bienaventurados los que así descansan en Cristo; esperamos contarnos entre ellos; y si así es, que podamos penetrar de manera más profunda en su glorioso reposo!

También podría hablar, queridos amigos, acerca de las diversas maneras en las que el Señor da descanso a los creyentes; y podría dirigirme especialmente a algunos de ustedes que siendo creyentes, no consiguen obtener el descanso prometido. Algunos de nosotros nos afanamos con las cosas de este mundo o somos atribulados por nuestros propios sentimientos; nos encontramos perplejos y sacudidos de acá para allá por dudas y temores. Deberíamos estar descansando, ya que «los que hemos creído, sí entramos en el reposo». El reposo nos corresponde por derecho: «Siendo justificados por la fe, tenemos paz con Dios por medio de nuestro Señor Jesucristo»; pero, por alguna razón u otra, algunos de los que son así justificados no parecen alcanzar esta paz, ni gozar del reposo como deberían; tal vez, mientras hablo, puedan encontrar la causa por la que no pueden obtener la paz y el reposo que deberían tener. Ciertamente, nuestro Señor Jesucristo no habló a un grupo en particular, cuando pronunció las palabras de nuestro texto. A todos los que están fatigados y cargados (ya sean cristianos maduros o gente inconversa), Él dice: «Venid a mí, y yo os haré descansar». Ciertamente me gozaré si, como resultado de lo que predique, algunos que están con un espíritu decaído y un corazón oprimido, tal vez tensos y quejumbrosos, vengan de nuevo a Cristo, acercándose a Él una vez más, entrando en contacto con Él nuevamente, y así encuentren descanso para sus almas. Entonces será doblemente dulce estar sentado a la mesa de la comunión, descansando en todo momento, reposando y festejando, no de pie, con los lomos ceñidos y con el báculo en la mano, como lo hicieron quienes participaron de la Pascua en Egipto, sino más bien reposando, como lo hicieron los que participaron de la última cena, cuando el Maestro estaba reclinado en medio de sus apóstoles. Por tanto, espiritualmente, que sus cabezas reposen sobre su pecho, y que sus corazones encuentren refugio en sus heridas, mientras le oyen cuando les dice: «Venid a mí todos los que estáis fatigados y cargados, y yo os haré descansar».

Sin embargo, no es acerca de esa verdad precisamente sobre la que les hablaré hoy. Quiero tomar solamente este pensamiento: La gloria de Cristo, que Él nos pueda decir algo así, el esplendor de Cristo, que sea posible que Él diga: «Venid a mí, todos los que estáis fatigados y cargados, y yo os haré descansar». Estas palabras, salidas de la boca de cualquier otro hombre, serían ridículas y aun una blasfemia. Pensemos en el poeta más inspirado, en el más grande filósofo, el rey más poderoso, pero ¿quién es él que, aun con el alma más grande se atrevería a decir a todos los que están fatigados y cargados en toda la raza humana: «Venid a mí, y yo os haré descansar?». ¿Dónde hay alas tan anchas que puedan cubrir a toda alma entristecida, excepto las alas de Cristo? ¿Dónde hay una bahía con la capacidad suficiente para albergar a todos

Ministerio, Dones, Predicación, Mayordomía ...

los navíos del mundo, para refugiar a cada barco sacudido por la tempestad que alguna vez haya cruzado el mar; dónde sino en el refugio del alma de Cristo, en quien habita toda la plenitud de la Deidad; y por lo tanto en quien hay espacio y misericordia suficientes para todos los atribulados hijos de los hombres.

¡Ése será entonces el sentido de mi mensaje¡ ¡Que el Espíritu de Dios por su gracia me ayude a presentarlo!

I. LOS PERSONAJES DE ESTE LLAMADO

1. Primeramente, fijemos nuestra atención en los personajes a quienes se dirige este llamado: «Venid a mí, todos los que estáis fatigados y cargados, y yo os haré descansar». Si escudriñamos el texto cuidadosamente, notarán que hay una doble personalidad involucrada en el llamado. Es: «Venid a mí todos los que estáis trabajados y cargados, que yo os haré descansar». Se trata de dos personas que se acercan entre sí, una otorgando y la otra recibiendo el descanso; pero no es, de ninguna manera, una ficción, un producto de la imaginación, un fantasma, un mito. Son ustedes, sí, ustedes que están realmente fatigados y cargados, y que, por lo tanto, son seres reales, dolorosamente conscientes de su existencia; son ustedes quienes deben de ir a otro Ser, que es tan real como ustedes mismos, Uno que es un ser tan viviente como ustedes son seres vivientes. Es Él quien les dice: «Venid a mí, y yo os haré descansar».

Queridos amigos, quiero que tengan una convicción muy clara de su propia personalidad; porque a veces, da la impresión que a la gente se le olvida que son individuos, distintos a todo el mundo. Cuando van a regalar una moneda de oro, y su sonido se escucha a la distancia, la mayoría de los hombres están conscientes de su propia personalidad, y cada quien mira por sí mismo, y trata de obtener el premio, pero a menudo encuentro, en relación con las cosas eternas, que los hombres parecen perderse en la multitud y piensan en las bendiciones de la gracia como una suerte de lluvia general que puede caer en los campos de todos de manera igual, pero no necesariamente esperan la lluvia en su propia parcela, ni desean obtener una bendición específica para ellos. Entonces, pues, ustedes, es decir, los que están fatigados y cargados, despiértense. ¿Dónde están? El llamado del texto no es para su hermana, su madre, su esposo, su hermano, su amigo, sino para cada uno: «Venid a mí, todos los que estáis fatigados y cargados, y yo os haré descansar».

Bueno, ahora que se han despertado, y sienten que son una persona distinta de todos los demás en el mundo, a continuación sigue el punto de mayor importancia de todos: ustedes tienen que ir a otra personalidad. «Venid a mí», dice Cristo, «y yo os haré descansar». Aquí les pido que admiren la maravillosa gracia y la misericordia de este arreglo. De acuerdo con las palabras de Cristo, ustedes obtendrán la paz del corazón, no al venir a una ceremonia, o a una ordenanza, sino a Cristo mismo: «Venid a mí». Ni siquiera dice «venid a mi enseñanza, a mi ejemplo, a mi sacrificio», sino «venid a mí». Es a una Persona a quien deben ir, a esa misma Persona que, siendo Dios, e igual que el Padre, se despojó de sus glorias y asumió cuerpo humano.

«Primeramente para,
en nuestra carne mortal, servir;
Y después, en esa misma carne,
morir».

Y ustedes deben de ir a esa Persona; debe de haber una cierta acción de parte de ustedes, el movimiento de ustedes hacia Aquel que les llama: «Venid a mí», un movimiento que se aleja de toda otra base de confianza, o puerta de esperanza, hacia el que llama, como la Persona que Dios ha designado y ungido para que sea el único Salvador, el gran depósito de gracia eterna, en quien el Padre ha querido que habite toda la plenitud. ¡Oh hombre glorioso, Oh glorioso Dios, que puede así hablar con autoridad, y decir: «Venid a mí, y yo os haré descansar» Les suplico que hagan a un lado cualquier otro pensamiento, excepto el de Cristo viviendo, muriendo, resucitando y subiendo a la gloria; ya que Él les señala, no la casa de oración, ni el trono de gloria, ni el baptisterio, ni la mesa de la comunión; ni siquiera las cosas más santas y sagradas que Él ha ordenado para otros propósitos; ni siquiera al Padre mismo, ni al Espíritu Santo; sino que Él dice: «Venid a mí». Aquí debe de empezar la vida espiritual de ustedes, a sus pies; y aquí debe de ser perfeccionada su vida espiritual, en su pecho; ya que Él es a la vez el Autor y el Consumador de la fe. Adoremos a Cristo, en cuya boca estas palabras son tan adecuadas y llenas de significado; no puede ser menos que divino quien así se expresa: «Venid a mí, todos los que estáis fatigados y cargados, y yo os haré descansar».

II. LA MAGNANIMIDAD DEL CORAZÓN DE CRISTO

Ahora, en segundo lugar, quiero que se den cuenta de la magnanimidad del corazón de Cristo, que se manifiesta en el texto: «Venid a mí, todos los que estáis fatigados y cargados, y yo os haré descansar».

Dense cuenta, primero, de la magnanimidad de su corazón al destacar a aquellos verdaderamente necesitados para hacerlos objeto de su llamado amoroso. ¿Alguna vez se han dado cuenta del cuadro que el Señor ha dibujado con estas palabras? «Todos los que están fatigados». Ésa es la descripción de una bestia que tiene un yugo sobre su cuello. Los hombres pretenden encontrar el placer al servicio de Satán, y le permiten poner su yugo sobre sus cuellos. Seguidamente tienen que trabajar, y batallar y sudar en lo que ellos denominan placer, sin encontrar descanso ni contentamiento; y cuanto más trabajan al servicio de Satanás, más se incrementa su trabajo, pues él usa aguijada y látigo, y siempre los está impulsando a nuevos esfuerzos. Ahora, Cristo dice a esas personas que son como animales de carga: «Venid a mí, y yo os haré descansar».

1. Pero ellos están bajo una condición peor de lo que acabo de describir, pues no solamente trabajan, como el buey en el arado, sino que también llevan una carga muy pesada. Muy pocas veces ocurre que los hombres conviertan a un caballo o a un buey simultáneamente en una bestia de tiro y de carga, pero así es como el diablo trata al hombre que se convierte en su siervo.

Satanás lo engancha a su carroza y lo obliga a arrastrarla, y luego salta sobre sus espaldas y cabalga como un jinete. Así que el hombre trabaja y está severamente cargado, ya que tiene que arrastrar al vehículo y llevar al jinete. Tal hombre se fatiga en pos de lo que él llama placer; y, al hacerlo, el pecado salta sobre su espalda, y luego lo sigue otro pecado, y luego otro, hasta que pecados sobre pecados lo aplastan contra el suelo, pero aún así tiene que continuar arrastrando y jalando con toda su fuerza. Esta doble carga es suficiente para matarle; pero Jesús lo mira con piedad, al verlo fatigado bajo la carga del pecado, trabajando para obtener placer en el pecado, y le dice: «Ven a mí, y yo te haré descansar».

¿Cristo quiere a las bestias de tiro del diablo, aun cuando ya se han desgastado al servicio de Satanás? ¿Quiere persuadirlas a abandonar a su viejo amo, para que vengan a Él? ¿A estos pecadores que solamente están cansados del pecado porque ya no pueden encontrar fuerzas para seguir pecando, o que no se sienten cómodos puesto que ya no disfrutan del placer que antes encontraban en la maldad, Cristo los llama a venir a Él? Sí, y una muestra de la magnanimidad de su corazón, es su deseo de dar descanso a aquellos grandemente fatigados y cansados.

2. Pero la magnanimidad de su corazón se comprueba en el hecho que Él invita a todos esos pecadores a venir a Él; a todos esos pecadores, repito. ¡Cuánto significado contiene esa pequeña palabra: todos¡ Yo creo que, generalmente, cuando un hombre usa grandes palabras, dice pequeñas cosas; y, que, cuando usa pequeñas palabras, dice grandes cosas; y, ciertamente, las pequeñas palabras de nuestro idioma son usualmente las que tienen mayor significado. ¿Cuál es el significado de esta pequeña palabra «todos», o, más bien, qué es lo que no incluye? Y Jesús, sin limitar su significado, dice: «Venid a mí, todos los que estáis fatigados y cargados». ¡Oh, la magnificencia del amor y de la gracia de Cristo, que haya invitado a todos a venir a Él! Y más aún, invita a todos a venir de inmediato. «Vengan todos conmigo, dice, todos los que están

Ministerio, Dones, Predicación, Mayordomía ...

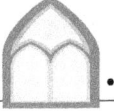

fatigados y cargados; vengan en una multitud, vengan en grandes masas; vuelen a mí como una nube, como palomas a sus ventanas». Nunca serán demasiados los que vengan a Él y le hagan sentir satisfecho; Él parece decir: «Entre más, más contento». El corazón de Cristo se regocijará por todas las multitudes que vengan a Él, porque Él ha hecho una gran fiesta, y ha invitado a muchos, y aun envía a sus siervos a decir: «Aún hay espacio; por tanto, venid a mí, todos los que estáis fatigados y cargados».

3. Recordemos, también, que la promesa de Cristo está dirigida personalmente a cada uno de estos pecadores. Cada uno de ellos vendrá a Él, y Él dará descanso a cada uno. A cada uno que está fatigado y cargado, Jesús le dice: «Si tu vienes a mí, (yo mismo te daré descanso); no te enviaré al cuidado de mi siervo el ministro, para que te cuide, sino que yo mismo haré todo el trabajo, y te haré descansar». Cristo no dice: «Te llevaré a mi palabra, y allí encontrarás alivio». No; sino que dice: «Yo, una Persona, te daré descanso a ti, una persona, por medio de un claro acto mío, si tú deseas venir a mí».

Ese trato directo de Cristo con las personas es ciertamente bendito. Tennyson es autor de un poema, que para mí es el más dulce de todos los que escribió; tiene que ver con una niña que fue hospitalizada, y que sabía que debía ser operada con gran riesgo de su vida; así que ella le preguntó a su compañera de la cama contigua qué debía hacer. Su compañera le dijo que se lo contara a Jesús, y le pidiera que la cuidara; entonces la niña preguntó: «¿Pero cómo me conocerá Jesús?». Las dos niñas estaban confundidas; había tantas hileras de camas en el hospital infantil... además pensaban que Jesús estaba tan ocupado que no sabría cuál niña le había pedido que la cuidara. Entonces acordaron que la niña pusiera sus manos fuera de la cama, y cuando Jesús viera sus manos, sabría que ella era la niña que lo necesitaba. La escena, tal como el poeta la describe, es conmovedora; al relatarla le quito algo de su encanto; pues en la mañana, cuando los doctores y las enfermeras se paseaban por el pabellón, se dieron cuenta de que Jesús había estado allí, y que la niña había ido a Él sin necesidad de la operación. Él la había cuidado de la mejor manera posible; y allí estaban sus manitas, tendidas fuera de la cama.

Bien, nosotros ni siquiera tenemos que hacer eso, puesto que el Señor Jesús nos conoce a cada uno de nosotros, y Él vendrá personalmente a cada uno de nosotros, y nos hará descansar. Aunque es muy cierto que tiene mucho que hacer, aun puede decir: «Mi Padre hasta ahora trabaja; también yo trabajo;» ya que el universo entero se mantiene en funcionamiento por su fuerza omnipotente, y no olvidará a ninguno que venga a Él. De igual manera que una persona que tiene abundantes alimentos puede decir a una gran multitud de hambrientos: «Vengan conmigo, y yo les daré alimento a todos», de la misma manera Cristo sabe que en sí mismo tiene el poder para dar descanso a cada alma fatigada que viene a Él; tiene absoluta certeza de ello, por lo que no dice: «Ven a mí, y haré todo lo que esté de mi parte contigo» o «posiblemente, si me esfuerzo, tal vez pueda hacerte descansar». ¡Oh, no; sino que Él dice: «Ven a mí, y yo te haré descansar». Es algo que se da por sentado en Él, ya que, déjenme decirles, Él ha ejercitado su mano en millones de personas, y no ha fallado ni una sola vez, por lo que habla con un aire de sólida confianza. Estoy seguro, tal como mi Señor lo estaba, que si hay alguien aquí entre ustedes que quiera venir a Él, puede dar y dará descanso a su alma. Él habla con la conciencia de poseer todo el poder requerido, y con la absoluta certeza de que puede realizar el acto necesario.

a) Fíjense, Jesús promete sabiendo todo de antemano acerca de los casos que describe. Él sabe que los hombres están fatigados y cargados. No hay dolor en el corazón de alguien aquí presente, que Jesús no conozca, porque Él lo sabe todo. Los pensamientos de ustedes pueden estar retorcidos de muchas maneras, y todos sus métodos de juicio pueden parecer un laberinto, un rompecabezas que, según creen, nadie puede descifrar. Pueden estar sentados aquí, diciéndose: «Nadie me entiende,

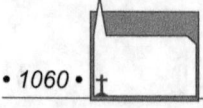

ni siquiera yo mismo. Me hallo atrapado en las redes del pecado, y no veo forma de escapar. Estoy perplejo más allá de toda posibilidad de liberación». Te digo, amigo mío, que Cristo no habla sin sentido cuando dice: «Ven a mí, y yo te haré descansar». Él puede seguir el hilo a través de la madeja enmarañada y puede extraerlo en línea recta. Él puede seguir todas las torceduras del laberinto hasta llegar a su mero centro. Él puede quitar la causa de tu problema, aunque tú mismo no sepas de qué se trata; y lo que para ti se encuentra envuelto en misterio, un dolor impalpable que no puedes manejar, mi Señor y Salvador sí puede eliminarlo. Él habla acerca de lo que puede hacer cuando da esta promesa, ya que su sabiduría es tal que puede percibir las necesidades de cada alma individual, y su poder es lo suficientemente grande para aliviar todas las necesidades; así que Él dice a cada espíritu fatigado y cargado el día de hoy: «Ven a mí, y yo te haré descansar».

Recordemos también que, cuando Cristo dio esta promesa, Él sabía el número de los que habían de ser incluidos en la palabra «todos». A pesar de que para nosotros, ese «todos» incluye una multitud que ningún hombre puede contar: «El Señor conoce a los que son suyos» y cuando dijo: «Venid a mí, todos los que estáis fatigados y cargados, y yo os haré descansar», Él no hablaba desconociendo que hay miles y millones y cientos de millones que están fatigados y cargados, y Él se dirigía concretamente a ese vasto conglomerado cuando dijo: «Venid a mí, y yo os haré descansar».

4. ¿He logrado hacerlos pensar, queridos amigos, acerca de la grandeza del poder y la gracia del Señor? ¿Los he motivado a adorarle? Espero que así sea. Mi propia alma desea postrarse a sus pies, absorta en la dulce consideración de la grandeza de esa gracia que de tal manera se expresa y que habla con la verdad cuando dice a toda la raza humana en la ruina: «Venid a mí, todos los que estáis fatigados y cargados, y yo, con una certeza absoluta, os haré descansar».

No debemos olvidar tampoco que lo que Cristo ha prometido tiene vigencia para todos los tiempos. Aquí tenemos a un hombre hablando que fue «despreciado y desechado por los hombres». Veámoslo claramente ante nuestros ojos, el hijo del carpintero, el hijo de María: «varón de dolores y experimentado en el sufrimiento;» sin embargo, Él dijo a los que se congregaban a su alrededor: «Venid a mí, y yo os haré descansar;» pero Él miraba a través de todos los siglos que habrían de venir, y nos habló a nosotros congregados aquí ahora, y luego miró a todas las multitudes de esta gran ciudad, y de este país, y de todas las naciones de la tierra, y dijo: «Venid a mí, y yo os haré descansar». En efecto, Él dijo: «Hasta que yo venga de nuevo a la tierra, sentado sobre el trono del juicio, prometo que toda alma cargada que venga a mí encontrará descanso en mí». Los sufrimientos de los hombres, por su multitud, son semejantes a las estrellas del cielo; y los hombres mismos son innumerables. Cuenten, si pueden, las gotas del rocío de la mañana, o las arenas del mar y a continuación traten de contar a los hijos de Adán desde el principio del tiempo; pero, nuestro Señor Jesucristo, hablando a la vasta multitud de hijos de los hombres que están fatigados y cargados, les dice: «Venid a mí; venid a mí; porque el que a mí viene jamás lo echaré fuera; y al que viene a mí, yo le daré descanso para su alma».

Muestra, igualmente, la grandeza del poder y la gracia de Cristo cuando recordamos los muchos que han comprobado que esta promesa es verdadera. Ustedes saben que a través de todos estos siglos hasta ahora, ninguna alma fatigada y cargada ha venido a Cristo en vano. Aun en los últimos confines de la tierra, no se ha encontrado un criminal tan vil, o un alma totalmente encerrada en el calabozo del Gigante Desesperación, que al venir a Cristo, no haya recibido el descanso prometido y, por lo tanto, Cristo ha sido engrandecido.

III. LA SIMPLICIDAD DE ESTE EVANGELIO

Jesucristo dice a todos los que están fatigados y cansados: «Venid a mí, y yo os haré descansar». Esta invitación implica un movimiento, un movimiento de algo a algo. Ustedes son invitados a alejarse de todo eso

Ministerio, Dones, Predicación, Mayordomía ...

en lo que han venido poniendo su confianza, y a caminar hacia Cristo, y confiar en Él; y en cuanto lo hagan, Él os dará el descanso. ¡Qué diferente es esta simplicidad de los sistemas complejos que los hombres han establecido! Pues, de conformidad con las enseñanzas de ciertos hombres, para ser cristianos y para seguir todas las regulaciones del culto, necesitan tener una pequeña biblioteca de consulta para saber a qué hora hay que encender las velas, y cómo mezclar el incienso, o la manera adecuada de usar el velo, y adónde deben girar al decir cierta oración, y a qué otro lugar deben de mirar al decir otra, y si su entonación, o su canto o su murmullo será aceptable a Dios. ¡Oh, queridos! Toda esta compleja maquinaria inventada por el hombre, (el así llamado «bautismo» en la infancia, la confirmación en la juventud, «tomar el sacramento», como algunos lo llaman) es un maravilloso abracadabra, llena de misterio, falsedad, y engaño; pero, de acuerdo con la enseñanza de Cristo, el camino a la salvación es solamente éste: «Venid a mí, y yo os haré descansar». Y si tú, querido amigo, has venido a Cristo, y has confiado en Él, has recibido ese descanso y esa paz que Él se complace en otorgar; has encontrado el corazón de la nuez, has alcanzado la esencia y la raíz de todo el asunto. Si tu corazón ha abandonado cualquier otra confianza y sólo depende de Jesucristo, has encontrado la vida eterna, y esa vida eterna nunca será arrebatada de ti. Por tanto, gózate en ello.

1. Y siguiendo adelante, esta invitación está en el tiempo presente: «Ven, ahora». No esperes a llegar a casa, sino deja que tu alma se mueva hacia Cristo. Nunca vas a estar en mejor condición para ir a Él de lo que estás ahora; ni estarás en nada peor al venir a Él, a menos que, al posponer el llamado, estés más endurecido y menos inclinado a venir. En este mismo momento necesitas a Cristo; por lo tanto, ve a Él. Si estás hambriento, ésa es ciertamente la mejor razón para comer. Si estás sediento, ésa es la mejor razón para beber. O puede ser que estés tan enfermo que no tengas hambre; entonces ve a Cristo, y come de las provisiones del Evangelio hasta que se abra tu apetito de esas provisiones. Al pecador que afirma: «no tengo sed de Cristo», me gusta decirle: «ve y bebe hasta que se abra tu sed», porque de la misma manera que una bomba de agua no funciona si no le echas líquido primero, así sucede con ciertos hombres. Cuando reciben algo de la verdad en sus almas, aunque pareciera al principio una recepción muy imperfecta del Evangelio, eso les ayudará posteriormente a ansiar más profundamente a Cristo y a sentir un gozo más intenso de las bendiciones de la salvación.

De todas maneras, Cristo dice: «Ven ahora», y de manera implícita: «Ven, tal como eres». Tal como son, vengan a mí, todos los que están fatigados y cansados, y yo os haré descansar. Si ustedes trabajan, entonces, antes de lavar sus manos mugrientas, vengan a mí, y yo les haré descansar. Si ustedes están débiles y cansados, y al borde de la muerte, mueran en mi pecho; porque para eso han venido a mí. No venimos a Cristo cuando ejercitamos nuestro propio poder de venir, sino cuando nos olvidamos de nuestro deseo de permanecer alejados. Cuando su corazón se rinde, suelta todo aquello que está sosteniendo, y se arroja a las manos de Cristo; es en ese momento que se realiza el acto de fe, y es a ese acto que Cristo los invita cuando dice: «Venid a mí, y yo os haré descansar».

«Bien» dice alguno, «yo nunca he entendido el Evangelio; siempre me ha intrigado y me ha dejado perplejo». En ese caso, voy a tratar de presentártelo de manera muy sencilla. Jesucristo, el Hijo de Dios, vivió y murió por los pecadores, y tú estás invitado a venir y confiar en Él. Confía en Él; depende de Él; echa todo el peso sobre Él; ve a Él y Él te dará descanso. ¡Oh, que por su infinita misericordia, Él revele esta sencilla verdad a tu corazón, y que tú estés presto a aceptarla ahora mismo! Yo quiero glorificar a mi bendito Señor, que trajo al mundo un plan de salvación tan sencillo como éste. Hay algunos hombres que parecen rompecabezas, ya que les gusta perderse en dificultades y misterios, y desplegar ante sus oyentes los frutos de su gran cultura y su maravilloso conocimiento. Si su Evangelio es verdadero, es un mensaje exclusivamente para la élite; y muchos tendrían que ir al infierno si ésos fueran los únicos predicadores. Pero nuestro Señor Jesucristo se gloriaba en predicar el Evangelio a los pobres, y es para honra suya que puede decirse, hasta este día: «no sois muchos sabios según la carne, ni muchos poderosos, ni muchos nobles; sino que lo necio del mundo escogió Dios para avergonzar a los sabios; y lo débil del mundo escogió Dios para avergonzar a lo fuerte; y lo vil del mundo y lo menospreciado escogió Dios, y lo que no es, para deshacer lo que es, a fin de que nadie se jacte en su presencia». Es una bendición, que hay un Evangelio que se adecúa al hombre que no sabe leer, y que también se adapta al hombre que no puede hilvanar dos pensamientos consecutivos, y que se adecúa al hombre cuyo cerebro ha fallado casi completamente a la hora de la muerte; un Evangelio que se adecúa al ladrón muriendo en la cruz; un Evangelio tan sencillo que, si sólo hubiera gracia para recibirlo, no requiere de grandes poderes mentales para entenderlo. Bendito sea mi Señor por darnos un Evangelio tan sencillo y simple como éste.

IV. LA GENEROSIDAD DEL PROPÓSITO DE CRISTO

Quiero que presten atención a un punto más, y luego termino mi mensaje. Y es éste: La generosidad del propósito de Cristo.

1. Venid, amados que aman al Señor, escuchad mientras les repito estas dulces palabras suyas: «Venid a mí, todos los que estáis fatigados y cansados, y yo os haré descansar». «Yo os haré». Él no dice: «vengan a mí y tráiganme algo» sino: «Venid a mí, y yo os haré descansar». Tampoco expresa: «Venid y haced algo para mí» sino, «Yo haré algo para ustedes». Posiblemente éste haya sido el problema de ustedes, queridos hermanos, que han querido traer hoy un sacrificio aceptable; y en la escuela dominical, o en otra forma de servicio, han estado tratando de honrarle. Me da gusto, y espero que sigan intentándolo. Pero cuídense de no caer en el error de Marta, y «afanarse con mucho servicio». Por un instante, olvídense de la idea de venir a Cristo para traerle algo; y vengan ahora, ustedes que están fatigados y cargados, y reciban una bendición de Él, pues Él ha dicho: «yo os haré descansar». Cristo puede ser honrado cuando ustedes le dan, pero Él debe ser honrado por lo que Él les da. No hay duda de la bondad de lo que recibirán de Él si vienen a Él; entonces, ahora mismo, no piensen en traerle nada a Él, sino vengan a Él para que puedan recibir de Él.

«Quiero amar a Cristo», dice uno. Bien, olvídate de eso ahora; más bien trata de sentir cuánto te ama Él. «¡Pero yo quiero consagrarme a Él!» Muy bien, querido amigo; pero es mejor ahora que pienses cómo Él se consagró por ti. «¡Oh, pero yo deseo no pecar más!» Muy bien, querido amigo; pero, mejor ahora piensa cómo Él cargó con tus pecados en su propio cuerpo en el madero. «¡Oh», dice otro, «quisiera tener un frasco de alabastro con un ungüento muy precioso, para ungirle su cabeza y sus pies, y que toda la casa se llene con un dulce perfume!» Sí, todo eso está muy bien, pero escucha: su nombre es un ungüento derramado; si no tienes nada de ungüento, Él tiene; si no tienes nada que traerle a Él, Él tiene abundancia que darte.

CONCLUSIÓN

Cuando mi querido Señor llama a alguien para que venga a Él, no es para su propio beneficio que lo llama. Cuando les otorga favores, cuando viene con grandes promesas de descanso, no es un soborno para comprar sus servicios. Es demasiado rico para tener necesidad de los mejores y los más fuertes de nosotros; solamente nos pide, en nuestra gran caridad, que seamos tan amables de recibir todo de Él. Esto es lo más grande que podemos hacer por Dios, estar totalmente vacíos para que su todo pueda verterse en nosotros. Eso es lo que quiero hacer cuando me siente a la mesa de la comunión; quiero estar sentado allí, sin pensar en nada que pueda ofrecer a mi Señor, sino abrir mi alma, y tomar todo lo que Él quiera darme. Hay momentos en que los tenderos están vendiendo su mercancía, pero también hay momentos que reciben

Ministerio, Dones, Predicación, Mayordomía ...

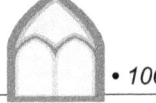

mercancía, como ustedes saben. Por tanto, ahora, abran la puerta de la gran bodega, y dejen entrar todos los bienes. Dejen que Cristo entero entre en su alma.

«No siento» dice uno, «como si yo pudiera gozar la presencia de mi Señor». ¿Por qué no? «Porque he estado dedicado intensamente todo el día a su servicio; y ahora estoy tan fatigado y cargado». Tu eres alguien a quien especialmente llama el Señor a venir a Él. No trates de hacer nada excepto simplemente abrir tu boca, y Él la llenará. Ven ahora y simplemente recibe de Él, y dale gloria recibiendo. ¡Oh sol, tú alumbras; pero no hasta que Dios te hace brillar! ¡Oh luna, tu alegras la noche; pero no con tu propio brillo, sino sólo con luz prestada! ¡Oh campos, ustedes producen cosechas; pero el gran Agricultor crea el grano! ¡Oh tierra, tu estás llena; pero solamente llena de la bondad del Señor! Todo recibe de Dios, y le alaba al recibir. Permítanme que mi cansado corazón se incline quieto bajo la lluvia de amor; permítanme que mi alma cargada descanse en Cristo, y lo pueda alegrar al estar alegre en Él.

¡Dios los bendiga a todos, y que Cristo sea glorificado en su salvación y santificación, por causa de su nombre! Amén.

117. GRADOS DE PODER PRESENTES EN EL EVANGELIO[23]

«Por cuanto nuestro evangelio no llegó a vosotros en palabras solamente, sino también en poder, en el Espíritu Santo, y en plena certidumbre, como bien sabéis cuáles fuimos entre vosotros por amor de vosotros» (1 Tesalonicenses 1:5).

INTRODUCCIÓN: Para predicar salvación a los hombres, hemos de ser salvos primero.

I. UNA DIFERENCIACIÓN
1. El error de ignorar el llamamiento universal.
2. Para algunos el Evangelio es solamente palabras.

II. UN PODER
1. El efecto producido por el Evangelio.
   a) En poder
   b) En el Espíritu Santo
   c) En plena convicción
2. El Espíritu Santo bendice la palabra.

III. UNA ENSEÑANZA PRÁCTICA
1. La oración.
2. La acción.
3. Esfuerzo en crecer en la gracia.

CONCLUSIÓN: Todos tienen que oír la Palabra y todo pecador debe creer en el Evangelio.

GRADOS DE PODER PRESENTES EN EL EVANGELIO

INTRODUCCIÓN

Pablo estableció aquí dos cosas que son absolutamente necesarias para el éxito en el ministerio cristiano. Él llamaba al Evangelio «nuestro Evangelio», y esto es absolutamente esencial para un siervo enviado por Jesucristo. Pablo, Silas y Timoteo hablan aquí al unísono y declaran que la palabra que predicaban les era propia en un sentido especial, cada ministro auténtico debe ser capaz de lo mismo; nosotros mismos debemos ser salvos antes de que prediquemos la salvación a los demás. «Creí; por tanto, hablé», dice el salmista. «Nosotros también creemos, y por tanto, hablamos», dice todo el colegio de los apóstoles. Sin fe, el maestro religioso es simplemente un hipócrita que no merece respeto.

Sin embargo, el ministro cristiano no solamente debe creer en la verdad que afirma, sino que la debe haber experimentado en sí mismo. El agricultor que labora debe ser el primer partícipe del fruto de su trabajo. Antes de que Ezequiel entregara al pueblo las profecías escritas en el rollo, vino una voz a él: «Oh hijo de hombre, llena tu estómago con este rollo». Y el profeta no solamente se lo llevó a la boca, donde le supo dulce como la miel, sino que descendió hasta sus entrañas para mezclarse con su más íntimo ser. Nosotros mismos debemos sentir el peso de esa carga del Señor que

---
[23] Sermón predicado el año 1865, en el Tabernáculo Metropolitano, Newington.

proclamamos a los demás o de lo contrario no seremos ministros de tipo apostólico. Seremos más bien descendientes de los hipócritas fariseos que ataban cargas pesadas, difíciles de llevar, sobre los hombros de los hombres, pero ellos mismos no las querían mover ni aun con el dedo.

El apóstol Pablo, con la debida corrección, podía llamar al Evangelio su propio Evangelio. Él había experimentado de manera singular, camino a Damasco, toda su invencible potencia. Y después, en medio de muchas pruebas, de múltiples dificultades, de diversas experiencias, en furiosas tentaciones, había hecho propias cada una de las verdades de la Escritura, habiendo probado su dulzura, su fortaleza, su consuelo y su poder. ¡Joven, no pienses en predicar mientras no tengas la Verdad de Dios escrita en tu propia alma! ¡Es como si quisieras ser el piloto de un gran trasatlántico y atravesar el océano sin conocer ni los principios básicos de la navegación! Atreverte a meterte por tu cuenta en el ministerio cristiano sin que el Evangelio sea tuyo, equivale a hacerte embajador sin la aprobación de las autoridades de tu país.

Ningún programa de entrenamiento en Oxford o en Cambridge o en ninguna otra parte, ningún esquema de enseñanza de los clásicos o de las matemáticas te puede hacer eventualmente ministro de Jesucristo, si no tienes el requerimiento básico que consiste en un interés personal en la salvación por Jesucristo. ¡Qué! ¿Presumirás de ser un médico mientras la lepra invade tu rostro? ¿Intentarás colocarte entre los vivos y los muertos cuando tú mismo estás vacío de toda vida espiritual? A los sacerdotes de los tiempos antiguos se les untaba sangre en su dedo pulgar, en el dedo del pie y en su oreja para indicar que estaban consagrados por entero. ¡Y ninguno de nosotros debe querer ejercer algún oficio para Dios en medio de su pueblo hasta no haber conocido primero el poder que proviene de la sangre del Señor Jesucristo que limpia, revive, refina y santifica!

Debe ser nuestro Evangelio antes que ni siquiera pensemos en aspirar al elevado y santo oficio del ministerio del Evangelio. Pero sólo esto no es suficiente. El ministro cristiano, si quiere imitar a Pablo, debe ser muy cuidadoso de su manera de vivir en medio de su pueblo. Debe poder decir sin avergonzarse: «Vosotros sabéis de qué manera actuamos entre vosotros a vuestro favor». La generosidad debe ser nuestro atributo más prominente; todo debe hacerse pensando en nuestra gente. Y también debemos mostrar en nuestras vidas la verdad de nuestra profesión generosa. ¡Oh Dios, cuánta gracia se necesita para que tus siervos estén libres de la sangre de todos los hombres y den un verdadero testimonio de su ministerio!

No hemos sido nombrados para estar como simples postes que señalan el camino, indicando la ruta a seguir con una precisión sin vida y con una frialdad carente de entrega. Muchos han hecho esto; mientras muestran el camino a los demás, nunca se aventurado en él, ni un paso siquiera. Tales hombres serán al fin juzgados de manera terrible. ¡Somos nombrados para ser los guías de los peregrinos sobre los montes de la vida y estamos obligados a apoyar sus pasos y a andar el camino nosotros mismos! Escalando cada colina de Dificultad y descendiendo a cada valle de Humillación, debemos mantenernos gritando al grupo de peregrinos: «Sed imitadores de mí y prestad atención a los que así se conducen, como seguidores de Cristo Jesús».

No nos corresponde a nosotros decir «¡Vayan!», sino «¡Vengan!» No podemos invitarlos a hacer algo que nosotros no hayamos hecho primero. Es una situación trágica cuando el predicador se ve obligado a decir: «Hagan lo que digo, no lo que hago». ¡El mal testimonio ahoga la mejor predicación! Una vida santa, un compromiso intenso, un anhelo apasionado por las almas, una importuna oración vehemente, humildad y sinceridad deben mezclarse entre sí de tal manera en nuestra vida y en nuestra conversación, que habiéndonos apropiado del Evangelio, estemos plenamente capacitados para el trabajo del ministerio cristiano; a vuestro favor para que ustedes que nos soportan no nos encuentren como siervos inútiles en el día del Señor Jesucristo.

Ministerio, Dones, Predicación, Mayordomía ...

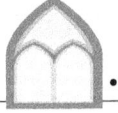

Habiendo dicho todo esto acerca del ministerio en sí, observamos que nuestro texto trata principalmente con el tema de los oyentes, y por tanto tiene una voz para ti. Vamos a usar el texto para dos propósitos: primero, como medio de diferenciación. Segundo, para instrucción.

I. UNA DIFERENCIACIÓN

El texto sugiere –por cierto, esto lo hace de manera muy fuerte– una diferenciación que prueba de forma completa los corazones. Un modo de examinarnos a nosotros mismos, por medio del cual nuestra elección puede confirmarse y nuestra falta de regeneración puede ser descubierta. El Evangelio viene a todos los que lo oyen. En nuestra propia tierra, especialmente entre quienes asisten constantemente a los lugares de adoración, el Evangelio viene a todos. Si entiendo la Escritura de manera correcta, es el mismo Evangelio el que viene tanto al no regenerado como al regenerado. Y mientras que a los unos es «olor de muerte para muerte», a los otros es «olor de vida para vida», sin embargo la distinción no está en el Evangelio sino en la forma en que es recibido o rechazado.

Algunos de nuestros hermanos, ansiosos de llevar a cabo los decretos de Dios en vez de creer que Dios puede llevarlos a cabo por sí mismo, están siempre tratando de hacer distinciones en su predicación. ¡Predican un Evangelio a un conjunto de pecadores y otro a otra clase diferente! Son muy distintos a los viejos sembradores que, al salir a sembrar, sembraban entre espinas y en los pedregales y junto al camino. Estos hermanos, con profunda sabiduría, se esfuerzan por encontrar cuál es la buena tierra. Insisten mucho en que no se debe tirar ni siquiera un simple puñado de invitaciones si no es en el terreno preparado.

Son demasiado sabios para predicar el Evangelio a los huesos secos que están en el valle, como hizo Ezequiel mientras aún estaban muertos. ¡Ellos no sueltan ni una Palabra del Evangelio mientras no haya un pequeño estremecimiento de vida entre los huesos! Y solo entonces comienzan sus operaciones. No consideran su deber ir a los caminos y a los callejones para invitar a todos, a todos lo que encuentren, a venir al banquete. ¡Oh, no! ¡Son demasiado ortodoxos para obedecer la voluntad del Señor! Esto significa que ellos quieren hacer algo que es innecesario. No tienen la suficiente fe o no han sometido su voluntad lo suficiente a los mandamientos supremos del gran Señor para hacer eso que solamente la fe se atreve a hacer, esto es, ¡gritar a los huesos secos que vivan, decir al hombre de la mano paralizada que extienda su mano, o pedirle al paralítico que tome su camilla y ande!

1. Me parece que no querer presentar a Jesús a todos los hombres sin importar su condición y abstenerse de invitarlos a venir a Él es un gran error. No encuentro que David adaptara sus consejos a la habilidad de los hombres. David da un mandamiento a los impíos: «Y ahora, oh reyes, sed prudentes; aceptad la corrección, oh gobernantes de la tierra. Servid a Jehová con temor y alegraos con temblor. Honrad al Hijo, no sea que se enoje y perezcáis en el camino; pues se enciende de pronto su ira». No se abstuvo de exhortarlos porque fueran tan rebeldes que no querían y no podían besar al rey. ¡No! ¡Les dijo que lo hicieran ya fuera que pudieran hacerlo o no!

De igual manera con los profetas. Ellos dicen valientemente: «Lavaos, limpiaos, quitad la maldad de vuestras acciones de delante de mis ojos. Dejad de hacer el mal. Aprended a hacer el bien». Uno de ellos exclama de manera contundente: «Adquirid un corazón nuevo y un espíritu nuevo» (Ez. 18:31). Y sin embargo, no dudo que él estaba perfectamente de acuerdo con ese otro profeta que enseñó la incapacidad del hombre por medio de aquellas dos memorables preguntas: «¿Podrá el negro cambiar de piel y el leopardo sus manchas?». Estos hombres nunca pensaron que tenían que seleccionar lo que tenían que predicar, según el grado de poder de sus oyentes. ¡Ellos consideraron el poder que habita en su Dios que hace que su Palabra sea efectiva!

¡Y ocurrió con los apóstoles lo mismo que sucedía con los profetas! Pedro gritó a la multitud congregada alrededor de la puerta del templo llamada Hermosa: «Por tanto, arrepentíos y convertíos para que sean borrados vuestros pecados». Ellos presentaban el Evangelio, el mismo Evangelio tanto a los muertos como a los vivos; el mismo Evangelio a los no elegidos como a los elegidos. El punto distintivo no está en el Evangelio sino en si es aplicado por el Espíritu Santo o es dejado para que sea rechazado por el hombre. ¡Vemos en el texto que el mismo Evangelio viene para todos! Y el punto distintivo está más allá, es decir, en la aplicación de ese Evangelio en el corazón.

2. En primer lugar, el Evangelio viene para algunos solamente en palabras. Aun aquí hay diferentes niveles. Para algunos solamente viene en palabras de una manera tal, que escasamente saben de lo que se trata. Algunos de ustedes van a un lugar de adoración porque eso es lo correcto. Se sientan en sus asientos y aguantan sentados durante una hora y media más o menos como una penitencia. Cuando han hecho eso sienten que han llevado a cabo un acto muy propio. Pero no tienen la menor idea de lo que trató el mensaje. Puede decirse de ellos que oyendo no oyen pues sus oídos son tardos y pesados.

No conocen más de la mente Divina que los hombres que acompañaban a Saulo en el camino a Damasco que oyeron una voz, pero no vieron a ningún hombre. Yo creo que una gran mayoría de los que asisten a las iglesias no entiende más de lo que trata la predicación, de lo que entendía el ayudante de Jonatán cuando corrió tras las flechas. David entendió su significado muy bien: «Pero el muchacho no entendió nada». Son demasiados los adoradores de un Dios desconocido que son insensibles, soñolientos e incapaces de pensar.

Para otros, la Palabra viene en un sentido un poco mejor, pero todavía solamente en palabras. La oyen y la entienden en teoría, y probablemente están más contentos con ella, especialmente si es entregada de una manera adecuada a su gusto, o si puede ser alabada por su entendimiento. Oyen y no olvidan tan rápido.

Ellos pueden recordar y son gratificados con ilustraciones, verdades doctrinales y otras cosas similares. Pero cuando se ha dicho esto, se ha dicho todo. El Evangelio permanece en ellos como ciertas potentes drogas permanecen en los frascos de las farmacias. Están allí pero no producen ningún efecto. El Evangelio viene a ellos como un cañón descargado guardado en su cobertizo, o como un barril de pólvora almacenado en un depósito, no hay fuerza en él porque el fuego del Espíritu de Dios está ausente. El predicador da azotes al aire y latigazos al agua. Corteja al viento e invita a la nube cuando predica a gente así. Oyen pero oyen en vano; son insensibles como el acero.

Para otros viene de un modo preferible, aunque todavía sólo en palabras. Realmente son afectados por él y las lágrimas corren por sus mejillas. Difícilmente saben cómo sentarse. Resuelven que al llegar a casa van a orar. Piensan en enmendar sus vidas. Las locuras pasadas y los riesgos presentes desfilan ante ellos y de alguna manera están alarmados. Pero la nube de la mañana no es más permanente ni el rocío temprano se desvanece más pronto que todas estas buenas cosas. Contemplan su rostro natural a través del cristal de la Palabra, pero una vez que salen, olvidan qué clase de hombres son, puesto que la emoción sentida es producida por las palabras y no por el Espíritu y la Vida de la Verdad de Dios.

¡Queridos hermanos y hermanas, los hombres lloran en el teatro! ¡Y lloran con más llanto allí que en muchos lugares de adoración! Por lo tanto, simplemente llorar por la influencia de algún sermón no es señal de haber obtenido algún beneficio de él. Algunos de mis hermanos predicadores son expertos en desenterrar a los muertos. Te llevan a las urnas funerarias de tus padres o te recuerdan a tus pequeñitos que han partido y posiblemente son el medio de introducir mejores sentimientos mediante este tipo de trabajo sobre las emociones. Pero yo no estoy tan convencido de eso. ¡Me temo que buena parte de las santas lágrimas derramadas por ojos humanos en nuestros lugares de adoración no es más valiosa que el agua bendita colocada junto a la puerta de entrada de las iglesias cató-

Ministerio, Dones, Predicación, Mayordomía ...

licas! Es simplemente agua de los ojos, después de todo, y no quebrantamiento del corazón.

La simple excitación producida por la oratoria es el arma que utiliza el mundo para obtener su fin. Necesitamos algo más que eso para los propósitos espirituales. Si pudiéramos «hablar en lenguas de hombres y de ángeles» y conmoverlos hasta alcanzar el entusiasmo que Demóstenes generaba en los antiguos griegos que lo escuchaban, todo eso no serviría de nada si sólo fuera el efecto del lenguaje apasionado del predicador y su fuerza al expresarlo. El Evangelio habría venido a ustedes «en palabra solamente». Y lo que es nacido de la carne es carne y solo eso.

En este punto ¿puedo preguntar muy solemnemente si no es cierto que algunos miembros de esta congregación conocen la verdad solamente en palabra? Hay una cierta clase de personas y algunas de ellas se encuentran presentes esta mañana, ¡que son oidores profesionales de sermones! Van un domingo a escuchar al Sr. A. Y otro domingo escucharán al Sr. B. ¡Y siempre llevan con ellos «sacarómetros», o sea, instrumentos para medir la cantidad de dulzura en cada sermón! Y hacen una medición del estilo y de la manera del predicador. Registran todos los disparates que dice y deciden cómo puede ser mejorado. ¡Y lo comparan y lo contrastan con otros predicadores, como si fuesen tastadores de té probando té *Lipton* o *Laggs*, o comerciantes de quesos probando deferentes clases: manchego o tipo gruyère!

¡Algunos individuos de esta clase no son sino vagabundos espirituales sin una habitación ni una ocupación establecidas! Andan rodando de un lugar a otro, poniendo atención a esto y aquello sin obtener ningún tipo de beneficio. Y en cuanto a hacer el bien, ese pensamiento nunca entra en su cerebro. No puedes esperar que el Evangelio venga a ti de ninguna otra manera sino sólo como una letra que mata, pues tú vas a oír el Evangelio como simples palabras. No buscas fruto; te sientes satisfecho si sólo ves las hojas. ¡No deseas ninguna bendición! Si desearas bendiciones las tendrías. Es a la vez uno de los hábitos más viles y más necios desperdiciar nuestro tiempo criticando constantemente a la Palabra de Dios y a los ministros de Dios.

Bien dijo George Herbert: «No juzgues al predicador, él es tu juez». ¿Qué tienes tú que decir al embajador de Dios? ¿Acaso que sus palabras no fueron bien dichas? Si Dios habla por él, Dios sabe quién es el mejor para hablar en su nombre. Y si su Señor envía a ese hombre, tengan mucho cuidado de no tratarlo mal, o pueden sufrir lo que aquellos hombre que trataron mal a los embajadores de David, lo que lo motivó a declararles la guerra.

II. UN PODER

1. De acuerdo al texto, hay otros para quienes la Palabra viene con tres acompañamientos. El Apóstol habla de «poder», del «Espíritu Santo» y de la «plena convicción». No creo que la Palabra de Dios venga a mucha a gente con estas tres cosas a la vez. Viene a una clase muy numerosa con poder. A un menor número viene con «poder y el Espíritu Santo». Y a un círculo muy reducido de elegidos «en el Espíritu Santo, en plena convicción». Si entiendo el significado de este pasaje, y no estoy muy seguro de ello como para dogmatizar, me parece que hay tres grados de efectos producidos por el Evangelio.

a) De cualquier manera, no estaremos equivocados si afirmamos que algunas veces hay un efecto producido por el Evangelio que puede ser llamado «poder», pero que sin embargo, no es el poder que salva. Para muchos de ustedes, mis queridos lectores, la palabra de nuestro Evangelio ha venido con poder sobre sus entendimientos. Lo han oído, sopesado, juzgado y recibido como verdadero, y revestido de autoridad Divina. Su entendimiento ha estado de acuerdo con las varias proposiciones que hemos proclamado como doctrinas de Cristo. Sienten que no podrían hacer otra cosa. Estas Verdades de Dios tienen tanto sentido y se adaptan tan bien a la ruina de la naturaleza humana y a las mejores aspiraciones del hombre, que ustedes no dan patadas contra ellas, como hacen algunos. Están convencidos de la autenticidad y de la autoridad del Evangelio por el propio Evangelio.

Tal vez nunca han leído Las Evidencias de William Paley y nunca han estudiado La Analogía de Josehp Butler, pero el propio Evangelio ha venido a ustedes con suficiente poder para ser su propio testigo ante ustedes y su entendimiento reconoce con gozo que esta es la Palabra de Dios y la reciben como tal. Ha hecho más que eso. Ha venido con poder a la conciencia de algunos de ustedes. Les ha dado la convicción de pecado. Sienten ahora que la justicia propia es necedad, y aunque aún pueden complacerse en la justicia propia, lo hacen con los ojos abiertos. Ahora ya no pecan sin remordimiento como lo hacían antes, pues conocen un poco la pecaminosidad del pecado.

Más aún, se han alarmado con relación al fin último del pecado. El Evangelio les ha hecho conocer que la paga del pecado es la muerte. Sienten que no pueden vivir con quemaduras eternas. Su corazón no descansa cuando piensan en la ira venidera. Como Félix ustedes tiemblan cuando se les presenta el razonamiento de la «justicia y del juicio venidero». Y aunque ustedes lo han hecho a un lado diciendo: «Sigue tu camino hasta que sea el tiempo adecuado para mí», sin embargo ha venido a ustedes hasta ahora con un cierto grado de poder.

Más aún, ha tenido un efecto sobre sus sentimientos así como sobre sus conciencias. Sus deseos han sido despertados. A veces han dicho: «¡Oh, que yo fuera salvo!» De cualquier manera, han ido tan lejos como Balaam cuando dijo: «¡Muera yo la muerte de los justos!» sus sentimientos de esperanza son activados. Ustedes esperan aún poder obtener la vida eterna y sus temores no están del todo muertos. Tiemblan bajo la Palabra de Dios. Las emociones naturales, que se parecen a las espirituales, han sido producidas en ustedes por los destellos de la Palabra a pesar de que todavía el Evangelio no ha venido con el Espíritu Santo. Más allá de todo esto, el Evangelio ha venido con poder a algunos de ustedes en sus vidas. Puedo verlos con placer ansioso porque sé que el Evangelio les ha hecho mucho bien, aunque no los ha salvado.

Lamentablemente hay otros para quienes ha sido durante un tiempo brida y freno. Pero luego se han alejado de él. Hay aquí quienes, como los perros, han vuelto a su propio vómito, y como la puerca lavada han vuelto a revolcarse en el cieno. Alguna vez tuvimos esperanza por ustedes, pero casi debemos dejar de esperar. Algunas personas corren hacia la borrachera después de períodos de abstinencia, después de haber conocido lo malo de ese pecado y de haber profesado odiarlo. La pasión ha sido demasiado fuerte y de nuevo han caído en esa profunda zanja en la que están pudriéndose muchas personas aborrecidas del Señor.

b) ¡Oh, que Dios en su infinita misericordia, traiga a sus almas el Evangelio con algo más que este poder común! ¡Que venga con «el Espíritu Santo» así como con poder! Ustedes pueden ver que hemos subido gradualmente hasta una considerable altura, pero ahora llegamos a una elevación mayor para hablar de la Gracia salvadora. Para muchos de mis lectores, como para los de Tesalónica, la Palabra ha venido «en el Espíritu Santo». Hermanos y hermanas, no puedo describirles cómo es que el Espíritu Santo opera por medio de la Palabra. La obra del Espíritu es equiparada por algunos a algo tan misterioso como un nacimiento o como al soplar del viento. Es un gran secreto y por lo tanto no puede ser explicado.

Pero muchos de ustedes lo conocen experimentalmente. Antes que nada, el Espíritu Santo vino a ustedes como el gran Dador de Vida. Ustedes no saben cómo hizo que vivieran; pero esto sí saben, ¡que lo que no tenían antes, ahora sí lo tienen! ¡Saben que ahora arde en ustedes una chispa vital del fuego celestial muy diferente a esa chispa ordinaria de vida que estaba allí antes! ¡Mientras oían a la letra que mata, el Espíritu de Dios vino con ella y el Espíritu que da vida los hizo vivir con una vida nueva, más elevada y más bendita!

¡Ahora tienen dentro de ustedes a Jesucristo, que es la Vida y la Inmortalidad! ¡Ha comenzado el cielo en sus corazones! ¡Han pasado de la muerte a la vida y nunca vendrán a estar bajo condenación! Para ustedes la Palabra de Dios ha venido con el Espíritu

Ministerio, Dones, Predicación, Mayordomía ...

Santo en un sentido que revive. Después entró con un poder iluminador. Los iluminó en cuanto a sus pecados. ¡Cuánta negrura descubrieron en sus pecados cuando el Espíritu Santo proyectó una luz sobre ellos! No tenían la menor idea de que eran tan pecadores como resultaron ser. ¡El Espíritu Santo los alarmó y los asombró con revelaciones de esa profundidad grande y sin fondo de depravación que ustedes descubrieron que se levantaba de sus almas!

Ustedes estaban alarmados, humillados, arrojados sobre el polvo. Tal vez empezaron a desesperarse. ¡Pero la misma iluminación del Espíritu vino a consolarlos, pues entonces Él les mostró a Jesucristo! ¡Les mostró el poder ilimitado de su sangre para quitar sus ilimitados pecados! Les reveló su deseo de recibirlos tal como eran, lo adecuado que es Él para su caso y condición. Y tan pronto como vieron a Jesús a la luz del Espíritu Santo miraron hacia Él y fueron aligerados y por lo tanto su rostro nunca ha sido avergonzado.

¡Así pues el Espíritu de Dios vino a ustedes como luz para disipar su oscuridad y darles gozo y paz! Desde entonces han adoptado al Espíritu Santo como su consolador. En medio de las sombras más profundas Él se ha levantado como la luz del sol sobre sus almas. ¡Él ha quitado sus cargas, el bendito Paráclito! Él ha traído a Cristo, y las cosas de Cristo a su memoria. Él ha abierto para ustedes preciosas promesas. Él ha roto la cáscara y les ha dado a participar del fruto del privilegio del Pacto de la Gracia. Él ha roto el hueso y les ha satisfecho con la médula y la grosura que provienen de las cosas profundas de Dios. Sus alas de paloma extendidas sobre ustedes, traen orden en medio de la confusión y dan un amable consuelo en medio de la adversidad.

Ustedes también han sentido las energías ardientes del Espíritu Santo. Él ha descansado en ustedes cuando han escuchado la Palabra, como Espíritu consumidor. El pecado de ustedes ha sido consumido por la venganza santa que ustedes sintieron hacia él. Han sido conducidos a grandes alturas de amor a Cristo, hasta poder cantar:

«¡Si tuviera yo mil lenguas,
ni una sola estaría callada!
Si tuviera yo mil corazones,
Todos los entregaría a Ti».

¡Cuando el Espíritu Santo ha bendecido la Palabra, sus el corazones han sido como el altar del incienso con la llama siempre encendida y un dulce perfume ascendiendo, siendo aceptable al Altísimo!

¡Amados, ustedes también han sentido al Espíritu Santo con la Palabra como un espíritu de gozo! ¡Oh, qué bendición hemos sentido a veces! ¡Con mucha frecuencia siento mi espíritu abrumado, pero oh, el éxtasis que mi corazón ha conocido cuando el Espíritu Santo me ha mostrado mi elección eterna de Dios! ¡Mi unión con Cristo Jesús! ¡Qué delicias inundan al alma cuando lee del amor eterno, de fidelidad sin fallas, de afecto que nunca cambia y de un propósito que permanece firme como pilares de bronce y sólido como montañas eternas!

Y ¡oh, amados, a veces sentimos el gozo extraordinario que anticipa la gloria que va a ser revelada! Mirando desde la cumbre del monte Nebo vemos el paisaje que se extiende abajo, pero mejor aún de lo que Moisés pudo hacerlo, nosotros sí ya bebemos de los ríos que fluyen con leche y miel y cortamos frutos maduros de los árboles celestiales. En comunión con Cristo Jesús podemos probar el sabor de la gloria venidera. Entonces esto es recibir la Palabra «en el Espíritu Santo». Amados, espero que sepamos lo que esto significa y para quienes no lo saben, que cada una de las almas vivientes eleve esta oración aquí: «Señor, que el Espíritu Santo vaya con la predicación de Jesucristo y que sea hecha efectiva para salvación».

c) Amados, el punto más elevado en el texto es: «En plena convicción». Si entiendo el pasaje, quiere decir esto: primero que estaban completamente persuadidos de su verdad y no tenían ninguna duda que los cegara o los hiciera tambalearse. Y segundo, ¡que tenían la más plena convicción posible de su interés en la Verdad entregada a ellos! Ellos eran salvos, pero mejor aún, ¡ellos sabían que eran salvos! ¡Ellos estaban limpios, pero mejor aún, ellos se gozaban en su pureza! ¡Ellos estaban en Cristo, pero más gozoso aún, ellos sabían que estaban en Cristo! No tenían ninguna duda, a diferencia de algunos de ustedes, ninguna sospecha oscura. ¡La Palabra había venido con tan bendita demostración que había barrido toda duda fuera de sus corazones!

De acuerdo con Poole la palabra griega usada aquí contiene la idea de un barco a toda vela, indiferente a las olas que se encrespan en su camino. Un barco de vela, cuando el viento es completamente favorable y sus velas abiertas lo están llevando directamente al puerto, no puede ser detenido por las crecidas olas. Es cierto que el barco puede mecerse pero no es desviado ni a la derecha ni a la izquierda. Las olas pueden ser del tamaño que sea pero el viento es lo suficientemente poderoso para sobreponerse a su movimiento en contra y el barco continúa su curso de frente.

Algunos cristianos reciben el Evangelio de esa manera. No tienen la menor sombra de duda acerca de su verdad. No experimentan ni siquiera el principio de una duda acerca del interés que sienten por él, y por tanto no tienen que hacer nada más. Con la fuerte mano de Dios sobre el timón y el viento celestial golpeando directamente en la vela, van por un camino directo, haciendo la voluntad de Dios y dando gloria a su nombre. ¡Que la Palabra venga a ustedes, amigos, como viene a muy poca gente! ¡Que venga en «plena convicción», así como en «poder» y en el «Espíritu Santo!».

2. Dejaremos este primer encabezado del texto para hacer la observación de la manera en que son conocidos los elegidos de Dios. El Apóstol dice: «Porque hemos conocido, hermanos amados de Dios, vuestra elección». ¿Cómo? ¡Sabiéndolo no porque tratamos de adivinar al respecto, no porque ustedes se preguntan si son pecadores que han despertado, o si son pecadores sensibles o insensibles! No porque se ha esperado para predicarles el Evangelio hasta que han estado preparados para recibir el Evangelio, sino predicándoles el Evangelio en el estado en que se encontraban y descubriendo quiénes eran los elegidos por esto: que los elegidos recibieron el Evangelio tal como vino: «en poder y en el Espíritu Santo, y en plena convicción». ¡Ésta es la prueba de la elección: el Espíritu Santo dando su bendición a la Palabra!

¡Y, queridos amigos, si el Espíritu Santo la ha bendecido para ustedes, no necesitan pasar las páginas misteriosas de los decretos Divinos, pues su nombre está allí! No es mi palabra la que afirma esto sino la Palabra de Dios. ¡Él no los hubiera traído al punto de sentir la vida del Espíritu Santo habitando dentro si no los hubiera destinado para vida eterna, desde el principio del mundo! Pero noten y observen por el texto que sigue, que ustedes tienen que dar una buena evidencia de que esto es así o no podemos decir, ni el propio apóstol hubiera podido decir: «Porque hemos conocido, hermanos amados de Dios, vuestra elección».

No podemos decir que el Evangelio ha venido a ustedes en el Espíritu Santo y en plena convicción a menos que se muestren los resultados correspondientes. Escuchen esta palabras: «También os hicisteis imitadores de nosotros y del Señor, recibiendo la palabra en medio de gran tribulación, con gozo del Espíritu Santo; de tal manera que habéis sido ejemplo a todos los creyentes en Macedonia y en Acaya. Porque la palabra del Señor ha resonado desde vosotros, no solo en Macedonia y Acaya, sino que también vuestra fe en Dios se ha extendido a todo lugar, de modo que nosotros no tenemos necesidad de decir nada. Pues ellos mismos cuentan de nosotros la buena recepción que tuvimos por parte de vosotros, y cómo os convertisteis de los ídolos a Dios, para servir al Dios vivo y verdadero y para esperar de los cielos a su Hijo, a quien resucitó de entre los muertos, a Jesús, quien nos libra de la ira venidera».

Aquí pueden ver una imitación del ejemplo apostólico, una fe que llega a ser tan conocida que su fama se extiende, un gozo que no puede ser apagado por la aflicción misma, y una perseverancia que permanece a pesar de todas las dificultades. Pueden ver una conversión que renuncia a los ídolos más queridos y nos une a Cristo y nos hace velar y esperarlo a Él. Todas estas cosas son necesarias como pruebas que el Espí-

Ministerio, Dones, Predicación, Mayordomía ...

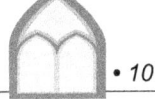

ritu Santo ha acompañado a la Palabra. ¡Oh amados hermanos, quisiera que todos los miembros de esta congregación fueran no solamente convertidos, sino convertidos de tal manera que no hubiera duda al respecto! Quisiera que no solo fueran cristianos, sino cristianos dando tales frutos que no pueda existir ninguna duda de que han recibido la Palabra «en plena convicción». Entonces será igualmente claro que ustedes son los elegidos de Dios. Que el Señor nos conceda que la palabra aquí sea como un poderoso imán colocado entre un montón de piezas de acero y de cenizas, capaz de atraer a todas las piezas hacia él. ¡Porque eso es lo que debe hacer el Evangelio; debe diferenciar entre lo precioso y lo vil! Debe ser el aventador de Dios para separar a sus elegidos de los que son abandonados a su propia ruina. Y sólo puede hacer esto por la forma en que es recibido, demostrando la elección de los que lo reciben «en el Espíritu Santo». Esto es suficiente en cuanto a la diferenciación.

III. UNA ENSEÑANZA PRÁCTICA

Ténganme paciencia durante unos cuantos minutos más mientras usamos ahora el texto para una enseñanza práctica. Es claro por el texto que no basta con predicar el Evangelio. Se requiere algo más que eso para la conversión de las almas. Muchas veces les he pedido que me ayuden, queridos hermanos, en la educación de nuestros jóvenes que han sido llamados para predicar el Evangelio, para que sean más eficientes en su ministerio, y ustedes amablemente me han ayudado.

Pero debemos recordar siempre que aunque Dios nos conceda el privilegio de enviarnos a cientos de sus siervos y ministros, no habrá ni un solitario caso de conversión logrado por ellos mismos. ¡Queremos hacer todo lo posible para erigir nuevos lugares de adoración para esta ciudad (Londres) que crece rápidamente, y siempre es un día muy feliz para mí cuando veo que se termina una nueva casa de oración! ¡Pero ni una sola alma será llevada a regocijarse en Cristo Jesús por el simple hecho de construir un lugar de oración, o por la adoración que se celebra en ella! ¡Debemos tener la energía del Espíritu Santo! ¡Ese es el asunto verdaderamente importante!

1. ¿Qué es lo práctico de esto? ¡Pues que se vuelve imperativamente necesario que oremos mucho a Dios para que venga el Espíritu Santo! Tenemos el espíritu de oración en medio de nosotros como iglesia. Les pido de todo corazón ¡no lo pierdan nunca! ¡Hay aquí algunos hermanos y hermanas que nunca faltan a nuestra gran reunión de oración de los lunes por la noche, y cuyas plegarias han atraído muchas bendiciones! Pero si quiero ser honesto debo decir que hay algunos que podrían venir si quisieran, pero muy raramente nos favorecen con su presencia. O mejor dicho, que raramente se conceden el placer de esperar en Dios en las reuniones de oración. Ustedes no son nuestros mejores congregantes. Nunca serán de los mejores miembros de nuestra congregación si se mantienen alejados sin tener una excusa justificable.

No les digo esto a quienes sé que deben estar ausentes. No lo digo para traer a las señoras que más bien deben atender a sus maridos o para atraer a los señores que deben estar atendiendo sus negocios. Pero lo digo para quienes sí pudieran estar aquí y que no sufrirían en nada por venir. Y debo aclarar lo que quiero decir con esto. Tengo mucho menos de qué quejarme en relación a esto que cualquier otra persona en la cristiandad, pues no he conocido ni he oído de ningún otro lugar cuya asistencia a las reuniones de oración mantenga una proporción tan buena y justa en relación a la reuniones dominicales que esta congregación.

¡Pero aun así, hermanos, queremos que TODOS ustedes oren! ¡Quisiera poder verlos a todos! Oh, sería un día muy feliz si pudiéramos ver este lugar lleno los lunes por la noche. No veo por qué no pueda ser así. Me parece que si sus corazones se encendieran completamente alguna vez podríamos llenar este templo en la reunión de oración. ¡Y qué bendiciones podríamos esperar recibir! ¡Ya hemos recibido tales bendiciones que no tenemos el suficiente espacio para recibirlas ahora! Pero aun así, si la copa comienza a derramarse, dejemos que se derrame y se derrame. ¡Hay muchas iglesias en nuestro barrio que pueden recoger lo que se derrama y deseamos que se llenen de bendiciones ellos también!

2. Aumentemos nuestras oraciones proporcionalmente a nuestras acciones. Me gusta lo que dijo Martín Lutero: «Tengo que hacer tanto el día de hoy que no me será posible terminarlo con menos de tres horas de oración». La mayoría de la gente diría: «Tengo que hacer tanto hoy que sólo puedo tener tres minutos de oración. No me alcanza el tiempo». ¡Pero Lutero pensaba que cuantas más cosas tuviera que hacer más tenía que orar, o de lo contrario no podría acabarlo todo! Ése es un tipo bendito de lógica. ¡Quiera Dios que podamos entenderla! «La oración y la provisión no son obstáculos para el camino del hombre». Si tienes que hacer un alto y orar, ese no es un obstáculo más grande que cuando el jinete tiene que detenerse en el taller del herrador para sujetar la herradura de su caballo. Pues si continúa sin atender eso, podría suceder que muy pronto tendría que hacer un alto de una naturaleza mucho más seria.

Aprendamos del texto nuestra deuda a la Gracia Soberana que hace la distinción. Ustedes observan, hermanos, que el Evangelio no viene con el poder del Espíritu Santo para todos. Si entonces ha venido a nosotros, ¿qué haremos sino bendecir y alabar a la Gracia Soberana que lo hizo venir a nosotros? Pueden observar que la distinción no se encontraba en las personas mismas. Estaba en la manera en que el Evangelio vino. La distinción ni siquiera estaba en el Evangelio, sino en la presencia del Espíritu Santo, que lo hizo efectivo. Si han oído la Palabra con poder, queridos hermanos, no fue porque ustedes estaban más preparados, porque estaban menos inclinados hacia el pecado, o sentían más amistad hacia Dios. Ustedes eran forasteros, extraños, extranjeros, enemigos. Ustedes estaban «muertos en delitos y pecados» igual que lo estaban los otros y que todavía lo están.

No había en ustedes ningún mérito (descrito por la teología escolástica como dado por la generosidad divina) que se pudiera encontrar con la Gracia de Cristo. Esos católicos afirman que hay algo en el hombre que lo hace apto para la Gracia de Dios, de tal forma que cuando viene la Gracia salvadora a quienes tienen ese mérito gracioso, ellos son salvos. Yo sé que en mí todo era incongruente, no apto, todo era contrario a Dios. Todo era oscuridad y vino la luz. Había muerte y la Vida entró. Había odio y el Amor lo arrojó fuera. Satanás tenía el dominio y Cristo venció al traidor:

«Por tanto toda la gloria sea
a su santo nombre,
A Él pertenece toda la gloria.
Que sea tuyo el grande gozo
de proclamar su nombre
Y alabarle en cada uno de tus
himnos».

3. Sólo mencionaré de pasada una tercera lección práctica y es que vemos que hay grados de logro aun entre quienes han recibido la Palabra con el Espíritu Santo. ¡Busquemos el más alto grado! Generalmente no están satisfechos con la misma calidad de vida; ustedes desean tener más comodidades y lujos. Sería bueno que pudieran hacer lo mismo con la cosas espirituales. No se contenten simplemente con ser salvos, con estar vivos espiritualmente. ¡Pidan ser valientes en lo relativo a la Verdad de Dios! Para mí sería un gran honor, espero, ser un soldado raso si me llaman a defender a mi país. Pero debo confesar que no me gustaría ser de la tropa siempre. Me gustaría ser pronto promovido a cabo y a sargento tan pronto como fuera posible. Y me quejaría con ganas si no pudiera llegar eventualmente al grado de oficial.

Desearía que me vieran hacer mi mejor esfuerzo; y me gustaría alcanzar la posición más prominente si puedo servir así mejor a mi país que como soldado raso. Pienso que lo mismo debería suceder con el cristiano. Él no debe buscar honor en medio de los hombres, pero teniendo más Gracia, si puede servir mejor a su Dios y dar más honor a su nombre ¡entonces que se esfuerce! Ah, hermanos, ¿cómo es posible que se queden sentados diciendo: «Es suficiente?». ¡La política de «quédate tranquilo y agradecido» no es muy aceptada en el campo político, ni mucho menos en el religioso!

Ministerio, Dones, Predicación, Mayordomía ...

¡Arriba y adelante! De la misma forma que el águila tiene por lema: «Superior» y se remonta más y más alto hasta que el ala joven que al principio temblaba ante la altura ha crecido para convertirse en esa ala fortalecida que la hace compañera del sol y del rayo, ¡que así también haga el cristiano! «Correrán y no se cansarán», y los cristianos que buscan «levantarán las alas como águilas». ¡Adelante, compañero soldado! Sé más valiente aún, hasta que tu nombre sea escrito entre los tres primeros.

CONCLUSIÓN

Para acabar, ¿no nos muestra indirectamente este texto, como última lección práctica, cómo un privilegio se puede convertir en una maldición? La Palabra de Dios ha venido a todos ustedes. Supongo que no hay nadie aquí que no haya oído la historia del amor de Dios en Cristo Jesús. Se les ha dicho muchas veces que aunque el hombre ha caído y ha ofendido a Dios, empero el Señor ha puesto a su Hijo que sufre, Cristo Jesús, como Propiciación por el pecado y que por medio de la fe en su nombre: «todo aquel que en él cree no se pierda».

1. ¡Se les ha dicho que Dios espera para derramar su gracia y que todo aquel que mira a Cristo vivirá! ¡El que invoca el nombre del Señor será salvo! ¡Ahora, habiendo oído esto, independientemente de lo que otros les digan, estamos obligados, como ante Dios, a advertirles que si viene a ustedes «en palabras solo» aumentará su condenación! ¡Ciertos predicadores piensan que esta Palabra no es «olor de muerte para muerte» para nadie, pero sí lo es, sí lo es! ¡Cualquiera que sea su teoría, no importa lo que la teología híper calvinista tenga que decir, dice la Palabra de Dios que será más tolerable para Tiro y Sidón en el Día del Juicio de lo que será para Capernaúm y Betsaida! ¡Porque oyeron la Palabra pero no se arrepintieron!

Ustedes no son máquinas. Ustedes no son simples criaturas sobre las que se actúa. Ustedes deben actuar de la misma forma que son movidas. Y cada buena palabra que llega a su oído es escrita como una deuda en contra de ustedes. No hay ninguna declaración en el Evangelio de Jesucristo que, si se rechaza, no los deje en un grado de mayor desobediencia de la que estaban. Recuerden cómo lo establece el apóstol: «Pero para los que no creen: La piedra que desecharon los edificadores, ésta fue hecha cabeza del ángulo, piedra de tropiezo y roca de escándalo. Aquellos tropiezan, siendo desobedientes a la palabra, pues para eso mismo fueron destinados».

2. Ellos no podrían haber sido desobedientes si no fuera su deber obedecer. Ningún hombre es desobediente allí donde no hay ley. ¡Es por tanto el deber de cada pecador que oye el Evangelio creer en él! Y si no cree, esta misma piedra caerá sobre él y lo triturará hasta convertirlo en polvo. Besad al hijo, no sea que se enoje y perdáis el camino; pues se enciende de pronto su ira. El mismo Salvador que bendice tendrá ira. El que ama a su pueblo, se enojará con quienes lo rechazan.

Y cuando su ira se enciende un poco, ¡ay del objeto de su ira! Benditos son todos los que confían en Él. Que nosotros seamos contados entre el número de los benditos para alabanza y gloria de su Gracia, por la cual nos hace diferentes de conformidad a la elección de su propia Divina voluntad. Que Dios bendiga a esta congregación por Jesucristo nuestro Señor. Amén.

118. UN EVANGELIO SENCILLO PARA GENTE SENCILLA[24]

«Ciertamente este mandamiento que te mando hoy no es demasiado difícil para ti, ni está lejos. No está en el cielo, para que digas: ¿Quién subirá por nosotros al cielo y lo tomará para nosotros, y nos lo hará oír, a fin de que lo cumplamos? Tampoco está al otro lado del mar, para que digas: ¿Quién cruzará el mar por nosotros y lo tomará para nosotros, y nos lo hará oír, a fin de que lo cumplamos? Ciertamente muy cerca de ti está la palabra, en tu boca y en tu corazón, para que la cumplas» (Deuteronomio 30:11-14).

---

[24] Sermón predicado el 12 de Junio de 1887 en el Tabernáculo Metropolitano, Newington.

INTRODUCCIÓN: La ley fue dada para conducir al hombre al Evangelio y ver la necesidad de un salvador.

I. EL CAMINO DE LA SALVACIÓN ES CLARO Y SIMPLE
1. Dios habla para ser entendido.
   a) Su palabra no contiene orgullo
   b) Es sencilla
   c) Para los de mente débil
2. Se ha de predicar con suma claridad y sencillez.

II. LA PALABRA HA VENIDO MUY CERCA DE NOSOTROS
1. Por su sencillez, hablamos de ella.
2. Nuestra legalidad dificulta el Evangelio.

III. EL OBJETIVO ES QUE NOS ACERQUEMOS
1. Aceptemos de inmediato la salvación.
2. ¿Qué se debe hacer?
3. La dificultad está en el hombre.

CONCLUSIÓN: Jesús bajó del cielo a la cruz para morir por los pecadores y resucitó para su glorificación.

UN EVANGELIO SENCILLO PARA GENTE SENCILLA

INTRODUCCIÓN

Nuestro Señor Jesucristo, en el evangelio de Juan (5:46), dice: «Moisés escribió de mí». De ahí que podamos interpretar con seguridad mucho de lo que Moisés dijo, no solo acerca de la ley, sino también del evangelio; ciertamente la ley fue dada fundamentalmente para conducir a los hombres al evangelio; estaba destinada a mostrarles la imposibilidad de la salvación por sus propias obras, y llevarlos a la salvación que está disponible para los pecadores. Los tipos de sacrificios y purificación del Antiguo Testamento apuntaban al mecanismo del perdón para el culpable por la fe, y la aceptación de los pecadores por medio una justicia que no era propia de ellos. Este es ciertamente uno de los pasajes en los que Moisés escribió del Salvador que estaba por venir.

Sin embargo, no se nos deja solamente conjeturarlo; porque el apóstol Pablo, bajo la guía del Espíritu Santo, ha citado este pasaje en el capítulo décimo de su epístola a los Romanos. En cierto modo nos da una paráfrasis de él; no citándolo con exactitud verbal, pero sí dando su sentido, y luego introduciendo la interpretación de ese sentido que puede aceptarse como decisiva, sabiendo que hablaba bajo la influencia directa del Espíritu de Dios. El Espíritu de Dios sabe mejor que nadie lo que quiso decir por las palabras que habló por medio de Moisés. Aunque el mismo Moisés no haya querido decir enteramente lo mismo, el propio significado del Espíritu debe prevalecer. Creo, sin embargo, que Moisés se propuso lo que Pablo le atribuye, y que él vio en la total revelación de Dios bajo la antigua dispensación, el espíritu, el espíritu esencial del evangelio, que fue declarado luego más completamente por Jesucristo. En esta ocasión él no hablaba de la ley tal como fue dada sobre el Sinaí, si la vemos como un pacto de obras. Se los demostré al leer el primer versículo del capítulo 29, el cual es prefacio del pasaje que tenemos ahora ante nosotros. Ahí leemos: «Éstas son las palabras del pacto que Jehová mandó a Moisés que hiciera con los hijos de Israel en la tierra de Moab, además del pacto que hizo con ellos en Horeb». Debemos entender que Moisés habla ahora de la salvación de Dios según está establecida en los tipos, y sacrificios y ordenanzas de la dispensación mosaica, la que Pablo llama, «la justicia de la fe». Pablo interpreta a Moisés como hablando del propio evangelio, y usando estas palabras notables concernientes a la salvación por la gracia.

Lo que se quiere decir con estas palabras es esto: que el camino de la salvación es simple y claro, no está oculto entre los misterios del cielo: «No está en el cielo, para que digas: "¿Quién subirá por nosotros al cielo y lo tomará para nosotros, y nos lo hará oír, a fin de que lo cumplamos?"». Tampoco está envuelto en las profundidades de los oscuros secretos que no han sido revelados: «Tampoco está al otro lado del mar, para que digas: "¿Quién cruzará el mar por no-

Ministerio, Dones, Predicación, Mayordomía ...

sotros y lo tomará para nosotros, y nos lo hará oír, a fin de que lo cumplamos?"».

El camino de la salvación se nos entrega de manera directa y fácil, y se pone al alcance de nuestro entendimiento; nos es comunicado en lenguaje humano, y se entrega dentro del ámbito de las emociones humanas. Podemos repetirlo con nuestras bocas, y gozarlo con nuestros corazones. Es un tesoro propio, no una rareza extraña. No está tan remoto de nosotros que solamente lo pueden conocer los que viajan muy lejos para hacer descubrimientos, ni es tan sublimemente difícil que sólo pueden entenderlo los que han volado al cielo y saqueado los secretos del libro sellado con siete sellos. Se nos trae a nuestras puertas como el maná, y fluye a nuestros pies como el agua de la roca. Está, como dice Moisés «muy cerca de nosotros», sí, muy cerca de cada uno que oye el evangelio; porque Moisés lo pone en singular: «Muy cerca de ti está la palabra, en tu boca y en tu corazón para que la cumplas».

I. EL CAMINO DE LA SALVACIÓN ES CLARO Y SIMPLE

Y así comienzo mi discurso en esta mañana con este primer encabezado. No necesitas ni ver hacia el cielo ni hacia el mar para encontrarlo: aquí está ante ti; tan cerca como tu lengua, inseparable de ti como tu corazón. No necesitas elevarte a lo sublime, ni hundirte en lo profundo; está ante ti como un secreto abierto. Como dice Moisés en el último versículo del capítulo previo: «Las cosas secretas pertenecen a Jehová nuestro Dios, pero las reveladas son para nosotros y para nuestros hijos, para siempre».

1. Creo que podríamos esperar esto si consideramos la naturaleza de Dios, quien ha hecho esta maravillosa revelación. Cuando Dios se dirige al hombre teniendo como propósito su salvación, es perfectamente natural que, en su sabiduría, le hable para ser entendido. No es sabiduría la que hace que los maestros no sean claros: si quieren enseñar, deben adaptarse a la capacidad del discípulo. No hay duda que algunos hombres han obtenido una reputación de sabios porque no han sido entendidos; pero esto era ficticio e indigno de hombres verdaderos. Si hubieran poseído la más alta sabiduría, habrían buscado aclarar las cosas cuando su objetivo era instruir. Como regla general, cuando un orador no es claro para sus oyentes es porque el pensamiento no es claro ni para él mismo.

Esto no se puede suponer nunca de quien conoce todas las cosas, y ve todas las cosas como son. El único Dios sabio abunda para nosotros en toda sabiduría y prudencia en su manera de impartirnos el conocimiento de su voluntad: al enseñar, verdaderamente enseña; y al explicar, explica claramente. Puede haber, y de hecho hay una torpeza pecadora en las mentes de hombres pecadores; pero no hay tal oscuridad en la revelación como para excusar a los hombres por su ceguera. Dios, que es infinitamente sabio, no nos daría una revelación sobre el punto vital de la salvación, dejándola en la oscuridad de modo que fuera imposible para las mentes comunes el comprenderla si desearan hacerlo. Dios adapta los medios a los fines, y no permite que los hombres pierdan el cielo por falta de claridad de Su parte. Esperamos una revelación clara y sencilla, porque Dios ha hecho una revelación perfectamente adaptada para su fin, en la que no se puede mejorar nada. Ustedes deben haber observado que cuando se presenta por primera vez un invento ante la vista pública, casi siempre es complicado; y la razón de esto descansa en el hecho que todavía está en su infancia. A medida que se mejora ese invento, se va simplificando. Casi cualquier alteración a una pieza de maquinaria que busca su perfección, está dirigida también a hacerla más sencilla; y al fin, cuando el invento se ha completado, es singularmente simple. Lo que viene de la mente de Dios, que es perfecta, va directamente hacia su deseado fin. Admito que ciertas partes de la revelación divina son difíciles de ser entendidas, pero la razón es que están destinadas para nuestra educación, para que ejercitemos nuestras mentes y pensamientos, y así con la guía del Espíritu Santo podamos crecer por su medio. Pero en el asunto de la salvación, donde la vida o la muerte de un alma están en juego, es necesario que la visión sea clara, y nuestro sabio Señor que está lleno de gracia ha condescendido a esa necesidad. En todo lo que concierne al arrepentimiento y a la fe, y a los asuntos vitales del perdón y la justificación, no hay oscuridad; todo es tan recto como un báculo. El que corre puede leer, y el que lee puede correr.

Podrían haber esperado esto de Dios, por su condescendencia llena de gracia. Cuando se digna hablar con el tembloroso individuo que busca, no lo hace a la manera de un doctor difícil de comprender, sino a la manera de un padre con su hijo, deseoso que su hijo conozca de inmediato lo que está en su mente de padre. Hace el camino muy fácil para que el viajero, aunque no sea muy inteligente, no se equivoque al recorrerlo. Él explica sus grandes pensamientos de manera adecuada para nuestras limitadas capacidades: Él tiene compasión del ignorante, y se convierte en el maestro de los infantes. Verdaderamente el conocimiento que el Señor nuestro Dios nos imparte es sublime, pero su manera de enseñarlo es sencilla porque Él nos trae mandato tras mandato, y línea tras línea y un poquito allí, un poquito allí. Él no viene a nosotros a medias, sino que se inclina a los hombres de humilde condición, y mientras Él esconde estas cosas al sabio y al prudente se las revela a los niños: «Sí, Padre, porque así te agradó».

a) Recuerden hermanos míos, que nuestro gran Señor tiene cuidado de que no haya provisión alguna para el orgullo de los hombres. Él odia de la misma manera que cualquier otro tipo de orgullo, el orgullo del intelecto. Ninguna carne se glorificará en su presencia. Él atrapa al orgulloso en su propia astucia, mientras que eleva al humilde y al manso; por eso, podemos esperar que hable en términos claros a pastores y a pescadores, a quienes otros consideran incultos e ignorantes; para que los hombres sabios de este mundo no se exalten sobre los más humildes. No es designio del Todopoderoso Señor Dios que una clase de personas que se consideran superiores monopolicen las bendiciones del evangelio afirmando que las verdades de la revelación están envueltas en términos cultos que la gente sin educación no puede entender. Los diversos sistemas de idolatría han buscado rodear sus falsas enseñanzas con secretos místicos; pero la palabra de nuestro Dios es reveladora de cosas ocultas desde la fundación de la tierra, y podemos estar seguros que cuando Dios trata con los hombres no hará nada que promueva que la humana sabiduría se jacte de sí misma. Nadie recibirá la gloria por considerar que, después de todo, su cultura era la cosa necesaria para que el evangelio de Dios fuera efectivo. La filosofía no pondrá su tienda en la tierra de Emmanuel exclamando: «Yo soy. Y no hay otro aparte de mí». Es la manera de Dios que se inclina al humilde y al contrito, que haga que su salvación sea la alegría de los humildes. «De la boca de los pequeños y de los que todavía maman has establecido la alabanza frente a tus adversarios.» Los que conocen al Dios viviente no se maravillan cuando leen palabras como éstas: «Porque está escrito: Destruiré la sabiduría de los sabios, y desecharé el entendimiento de los entendidos. ¿Dónde está el sabio? ¿Dónde el escriba? ¿Dónde el disputador de esta edad presente? ¿No es cierto que Dios ha transformado en locura la sabiduría de este mundo? Ya que en la sabiduría de Dios, el mundo no ha conocido a Dios mediante la sabiduría, a Dios le pareció bien salvar a los creyentes por la locura de la predicación».

b) También podemos esperar sencillez cuando recordamos la intención del plan de salvación. Dios quiere claramente, por medio del evangelio, la salvación de los hombres. Nos pide predicar el evangelio a toda criatura. Era necesario un evangelio sencillo para que fuera predicado a toda criatura. Le doy gracias a Dios con todo mi corazón que el sabio aquí es puesto al mismo nivel que un niño; porque el evangelio debe ser recibido por él como un niño pequeño lo recibe. Si la gracia de Dios se le da a la persona menos educada de cualquier aldea, es tan capaz de recibirlo como el más profundo erudito en la universidad. ¿Quisiera alguno de ustedes que fuera de otra manera? ¿Podrían ser tan inhumanos? ¿Debe el evangelio estar limitado a una aristocracia? ¿Acaso las pocas personas cultas deben ser grati-

Ministerio, Dones, Predicación, Mayordomía ...

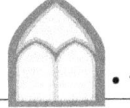

ficadas a expensas de la ruina de las masas? Dios no lo quiera. Pero así sería a menos que la doctrina de salvación del evangelio pueda ser percibida por las muchas personas que no han podido estudiar. Todo corazón generoso se deleita al pensar que «a los pobres se les anuncia el evangelio». Hermanos, para salvar a muchos la verdad debe de ser muy simple y fácil de ser entendida porque estos muchos están ocupados en su trabajo necesario. Desde la mañana hasta la noche sus manos tienen que ganar el pan perecedero, y sus pensamientos deben estar mayormente ocupados en su esfuerzo diario. Yo les concedo que muchos están demasiado absorbidos por los cuidados de su vida diaria; y por lo tanto, en buena medida, estarán impedidos por sus necesarias ocupaciones del estudio cuidadoso y del pensamiento constante, y deben tener una salvación que pueda ser entendida de inmediato, y sostenida sin la tensión del debate perpetuo.

Si los hombres no pueden salvarse sin semanas ni meses de estudio cuidadoso ciertamente se perderán. Tener un evangelio más allá de la comprensión ordinaria, equivaldría a no tener salvación. Nuestros trabajadores necesitan un evangelio que pueda ser escuchado y entendido mientras ganan su pan cotidiano. Debe ser claro como el sol, y sencillo como el A B C, que puedan verlo y luego guardarlo en la memoria. Denme un evangelio que pueda ser escrito en una línea del cuaderno de un muchacho o bordado en la labor de una muchacha; un evangelio que el más humilde campesino pueda aprender, y amar y vivir por él.

La mayoría de nuestros conciudadanos no sólo están muy ocupados, sino que por su pobreza y el entorno en el que viven nunca alcanzarán un alto nivel de educación. Agradecemos todo lo que hacen las autoridades de educación y otras agencias por nuestras escuelas; pero estos se esfuerzan para el mundo presente más que para las cosas eternas y espirituales. Los hombres pueden aprender todo lo que los libros les puedan enseñar, y no por eso se acercan más al conocimiento de la verdad celestial. El conocimiento celestial es de otro tipo, y está abierto para quienes no poseen certificados y no pasan los exámenes. Quienes saben que su Biblia es verdadera, y en ella encuentran al Salvador que nos ha sido dado, no han alcanzado ese conocimiento por haberlo aprendido en las escuelas: podemos decir de cada uno de ellos, «Bienaventurado eres, porque no te lo reveló carne ni sangre, sino mi Padre que está en los cielos». La palabra de vida está dirigida a los hombres como pecadores y no como filósofos; y por ello el mensaje es sencillo y claro. Además, esperaríamos que el evangelio sea muy sencillo, por las muchas mentes débiles que serían incapaces de recibirlo si no lo fuera. Recuerden a los niños. ¡Cuán felices somos porque nuestros jóvenes pueden conocer al Salvador que dijo: «Dejad a los niños y no les impidáis venir a mí!». Si para su salvación nuestros niños tuvieran que ser teólogos eruditos, si antes de poder conocer al Señor tuvieran que entender las discusiones de nuestras publicaciones mensuales y quincenales, estarían seguramente en una terrible situación. Tendríamos que cerrar nuestras escuelas dominicales, convencidos de que los niños han de perecer, o cuando menos esperar hasta que llegaran a una mayor edad. ¿Les gustaría esto? ¡Oh señores! estoy seguro que no; pienso que preferirían ayudar a reunir a las ovejas.

c) Recuerden, también, que muchas personas padecen de debilidad mental en su vejez. ¡Cuántos que desplegaron una gran fuerza intelectual en sus años de madurez encuentran que sus facultades comienzan a fallar conforme aumentan sus años! Queremos un evangelio que un anciano pueda entender cuando la vista y el oído le fallen, cuando se debilite la memoria, y cuando se haga débil el juicio: queremos un evangelio que pueda entenderse en la segunda niñez, pues, si no, nuestros venerables ancianos resentirían la falta del bastón en el que se han apoyado tanto tiempo, y otras personas de avanzada edad que han llegado a la última hora sin fe en Jesús deben ser abandonadas en su desesperación. ¿Quisieran acaso que así fuera? Nadie entre nosotros querría eso.

Recuerden, una vez más, que muchas personas que poseen mentes débiles no son necesariamente retrasados mentales, pero no tienen la categoría de intelectuales; no carecen de pensamiento y razón, pero tienen un limitado alcance de entendimiento. ¿Deben ellos quedarse fuera a causa de un evangelio complicado y filosófico? No podemos pensar eso. Nosotros podemos dar testimonio de haber conocido a muchas personas fuertes en la fe, que le dan gloria a Dios, y muy bien instruidas en la doctrina divina, que han sido despreciadas completamente por el juicio de intelectos presuntuosos. El evangelio de nuestra salvación salva de la misma manera al de mente débil como al inteligente; llega a quien es lento y tardo igual que al rápido y brillante. ¿No está bien que así sea? El Señor ha dado un evangelio que muchos pueden entender aunque no puedan llegar a comprender ninguna otra cosa. Ha puesto delante de nosotros un camino de salvación, que los que tienen pies temblorosos pueden pisar con seguridad sin hallar ningún obstáculo en el que puedan tropezar. Nuestro evangelio no necesita que nos elevemos con las alas de la imaginación hasta el cielo de lo sublime, ni que nos sumerjamos con profundas investigaciones en el insondable mar del misterio; el Señor lo ha traído cerca de nosotros, lo ha puesto en nuestras bocas, y lo ha colocado cerca de nuestros corazones, de modo que los que somos gente común podamos tomarlo como nuestro y gozar de sus bendiciones. ¿Qué piensan, amigos míos, que ocurriría con los moribundos si el evangelio fuera enredado y complejo? ¿Cómo obtendrían consuelo los santos a la hora de su muerte en medio de un laberinto de misterios? En ocasiones se nos llama para visitar personas que están en sus últimos momentos, enfrentando el juicio sin Dios y sin esperanza. Es una situación triste. Es siempre un motivo para que nos pongamos a temblar, cuando tenemos que tratar a un impenitente en las fronteras del mundo eterno. Pero no visitaríamos otro lecho de enfermo, pues no podríamos hablar con esperanza a ningún moribundo, si no pudiéramos llevarles un evangelio, que puedan entender aquellos cuyas mentes están aturdidas en medio de las sombras de la tumba. Necesitamos un evangelio que un hombre pueda recibir igual que se toma una medicina, o, aún mejor, como se toma un vaso de agua fría que le da la enfermera que está junto a su cama. Esperaríamos, pues, del objetivo del evangelio que es salvar a muchos, incluyendo a los menos inteligentes, que deba ser muy sencillo; y así lo encontramos.

Además, queridos amigos, si miramos sus resultados vemos que es así. «Pues considerad, hermanos, vuestro llamamiento: No sois muchos sabios según la carne, ni muchos poderosos, ni muchos nobles. Más bien, Dios ha elegido lo necio del mundo para avergonzar a los sabios, y lo débil del mundo Dios ha elegido para avergonzar a lo fuerte. Dios ha elegido lo vil del mundo y lo menospreciado; lo que no es, para deshacer lo que es.»

Los escogidos por Dios son usualmente personas de mente honesta y sincera, que están más deseosas de creer que de discutir. El Espíritu Santo ha abierto sus corazones; no los ha hecho sutiles y amigos de andar buscando argumentos. No los ha puesto en la clave musical de la duda perpetua, sin llegar nunca a nada concreto; sino que los ha afinado para otra nota, es decir, a inclinar sus corazones y venir al Señor Jesús, y escuchar que sus almas pueden vivir. De allí que la mayoría de los que siguen al Señor Jesús no están ansiosos de ser contados entre los sabios y los filósofos; prefieren más bien ser creyentes en la revelación que expertos en la especulación. Para nosotros el conocimiento de Cristo crucificado es la ciencia más excelente, y la doctrina de la cruz la filosofía más elevada. Preferimos recibir la palabra de nuestro Señor como niños pequeños que ser famosos como «hombres pensadores».

2. Verán que quienes han predicado el evangelio con la mayor aceptación, sin importar sus dones naturales y habilidades, fueron casi siempre gentes que han preferido recurrir a una gran sencillez en su lenguaje. Han sentido que el evangelio es en sí mismo tan bello que adornarlo con adornos de pura apariencia sería más bien

Ministerio, Dones, Predicación, Mayordomía ...

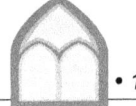

deshonrarlo. Podrían decir con Pablo: «Pero aun si nuestro evangelio está encubierto, entre los que se pierden está encubierto».

«Así que, teniendo tal esperanza, actuamos con mucha confianza.» No somos como Moisés, que ponía un velo en su rostro. Los verdaderos servidores de Dios se quitan los velos que puedan, y se esfuerzan por mostrar a Cristo claramente crucificado entre su gente. Cuanto más lo han hecho, más se ha complacido Dios en reconocer como propio ese mensaje para la convesión de las almas.

Pero, amados, no necesito argumentar partiendo de lo que esperamos o vemos; les pido que miren a la revelación misma, y vean si no está cerca de nosotros. Aún en los días de Moisés, ¡cuán evidentes eran ciertas cosas! Debe haber sido claro para cada israelita que el hombre es un pecador, si no, ¿cuál sería la razón del sacrificio, de las purificaciones y los lavamientos? Toda la economía levítica proclamaba a gran voz que el hombre ha pecado: ¡todos los diez mandamientos retumbaban con esta verdad! No podían evitar conocerlo. Era evidente también que la salvación es por el sacrificio. No pasaba ningún día sin el cordero de la mañana y el de la tarde. Durante todo el año había sacrificios especiales por medio de los cuales la doctrina de la expiación por la sangre se declaraba de un modo claro. Estaba escrito claro como un rayo de sol, «sin derramamiento de sangre no hay perdón». Era evidente también la doctrina de la fe; cada persona que traía un sacrificio ponía su mano sobre la víctima, confesaba su pecado, y por ese acto transfería su pecado a la ofrenda.

De esa manera se describía típicamente a la fe como el acto por el que aceptamos la propiciación preparada por Dios, y reconocemos al Sustituto dado por Dios. También era claro para cada israelita que esta limpieza no era el efecto de los propios sacrificios que servían de tipos, porque no los habrían repetido año tras año y día tras día; porque, como bien dice Pablo, con la conciencia limpia no hubiera habido necesidad de un sacrificio posterior. El recuerdo del pecado se repetía una y otra vez, para que Israel conociera que los sacrificios visibles apuntaban a una auténtica forma de limpieza, y estaban diseñados para presentar al Cordero bendito de Dios que quita el pecado del mundo.

De muchas formas se desalentaba al judío a confiar en formas y ceremonias, y se le dirigía a la verdad interior, la sustancia espiritual: Cristo. Igual de claro debió haber sido para cada israelita que la fe que trae el beneficio del gran sacrificio es una fe práctica y operativa que afecta la vida y el carácter. Eran exhortados de continuo a servir al Señor con todo su corazón. Eran exhortados a la santidad, se les advertía contra la trasgresión y les enseñaban a obedecer de corazón los mandamientos del Señor. De modo que, aunque la dispensación pueda ser considerada como una sombra comparada con el día del evangelio, de manera real y positiva era lo suficientemente clara. Aun entonces «la palabra estaba cerca» para ellos, «en su boca y en su corazón».

Si puedo decir esto de la dispensación mosaica, puedo asegurar con energía que en el evangelio de Cristo la verdad es ahora manifiesta más abundantemente. Moisés trajo luz de luna, pero en Jesús se ha levantado el sol, y nos gozamos en sus rayos meridianos. Hermanos, benditos son nuestros ojos porque vemos y nuestros oídos porque oímos cosas que profetas y reyes desearon en vano ver y oír. Ahora nuestro Señor habla claramente, y no utiliza proverbios. En nuestras calles oímos el evangelio y no tenemos necesidad de remontarnos al cielo ni buscar por todos lados en el mar para encontrarlo. En este día oímos a cada hombre hablar en su propio idioma, acerca de las maravillosas obras de Dios.

II. LA PALABRA HA VENIDO MUY CERCA DE NOSOTROS

En segundo lugar, quisiera su completa atención a este punto. Suplico a quienes no son convertidos que escuchen con atención. Para todos nosotros el evangelio ha venido muy cerca: y de manera muy clara para los habitantes de estas islas privilegiadas. «Ciertamente muy cerca de ti está la palabra, en tu boca.» Es algo de lo que puedes hablar; has hablado de ella; y sigues hablado de ella «es algo tan familiar en sus bocas como el lenguaje materno».

La mayor parte de ustedes es capaz de hablar de ella con otros, pues la aprendieron en el catecismo, la repitieron a sus maestros de la escuela dominical. La cantan en los himnos; la leen en libros, folletos y revistas; y la escriben en cartas para sus amigos. Me da gusto que la tengan en su bocas: cuanto más, mejor: ¡Qué cerca ha venido! Oh, pero que la lengua de ustedes también pueda ser capaz de decir: «¡La creo, acepto a Jesús como mi Salvador. Confieso mi fe ante los hombres!» Entonces estará aún más cerca. ¡Oh, que Dios el Espíritu Santo los guíe en su gracia para que así sea!

1. La palabra de vida no es una cosa que no se pueda conocer, y por consecuencia que no se pueda hablar de ella: es una cosa que puede ser hablada por lenguas como las nuestras cuando estamos sentados en casa o cuando vamos por el camino. El gran pensamiento de Dios ha venido muy cerca de nosotros cuando puede ser expresado por el lenguaje de los hombres. Humildemente aunque con denuedo me atrevo a hablar de mi propio ministerio, y de ustedes mis oyentes, que la palabra llega muy cerca de ustedes desde este púlpito, porque siempre he buscado la mayor sencillez y la franqueza al dirigirme a ustedes. No hay nadie entre ustedes que no entienda el evangelio que escucha de mí cada domingo. Si perecen no es por falta de lenguaje sencillo. La palabra está en la lengua de ustedes.

Moisés también añadió «y en tu corazón». Para los hebreos, corazón no significa los afectos, sino los elementos internos que incluyen el entendimiento. Queridos oyentes, ustedes pueden entender el evangelio. Quien cree en el Señor Jesucristo será salvo; no es una frase oscura. La salvación por gracia por medio de la fe es una doctrina tan evidente como la nariz en tu rostro. Que Jesucristo se entregó Él mismo para morir en lugar de los hombres, para que quien creyera en Él no pereciera, sino que tuviera vida eterna, es algo que puede ser entendido por el menos educado de los hombres bajo el cielo. Las doctrinas del evangelio son tales que nuestra naturaleza interna da testimonio de la verdad de ellas. Cuando predicamos que los hombres son pecadores, la conciencia de ustedes dice: «Es verdad». Cuando declaramos que hay salvación por el sacrificio, el entendimiento de ustedes está de acuerdo en que éste es un modo gracioso por el que Dios es justo, y a la vez justificador del que tiene fe. Aun si no son salvos por la palabra, no pueden dejar de decir que es un sistema digno de Dios, que quiera salvar por medio del don de su Hijo unigénito como sacrificio por el pecado. Si lo creen, este evangelio será tan sencillamente verdadero que cada parte de la naturaleza de ustedes lo testificará. Muchos de nosotros hemos aceptado esta camino de salvación; ahora amamos esta palabra y nos deleitamos en ella, y para nosotros es el sistema más sencillo y al mismo tiempo más sublime que pueda concebirse. Nuestro corazón lo absorbe como el vellón de Gedeón absorbió el rocío. Nuestras almas viven de él y en él, como el pez vive en el mar. Nos gozamos en el evangelio como las flores sonríen a la luz del sol. ¡Cuán contentos estamos de no tener un evangelio envuelto en jeroglíficos, o enterrado en una fría metafísica! Ha entrado en nuestros corazones, habita dentro de nosotros, y ha llegado a ser el Señor de nuestro pecho.

2. El Evangelio no contiene ni dificultades ni oscuridades excepto las que nosotros mismos creamos. Lo que consideramos como oscuridad es en realidad nuestra propia ceguera. Si no crees en el evangelio, ¿por qué no crees en él? Se apoya en la mejor evidencia, y en sí mismo es evidentemente verdadero. La razón de tu incredulidad está en parte en la tendencia natural del hombre hacia el legalismo. La naturaleza humana no puede creer en la gracia inmerecida. Está acostumbrada a comprar y vender, y por consiguiente debe traer un precio en su mano: tener todo por nada parece imposible. La noción de un salario que debe ganarse es bastante natural; pero que la vida eterna es el don de Dios no se percibe fácilmente: sin embargo así es. He escuchado la historia de un misionero que trataba que un oriental entendiera la salvación por la gracia, y que se la expuso inú-

Ministerio, Dones, Predicación, Mayordomía ...

tilmente de muchas formas, hasta que finalmente exclamó: «La salvación es una propina del Todopoderoso». Entonces el oriental captó la idea. La vida eterna es el don gratuito de Dios, que Él da a los hombres no por nada que haya en ellos o algo que hayan hecho, sentido, o prometido, sino por Su propia infinita riqueza, y el deleite que tiene al mostrar su misericordia. No se puede introducir la idea de la gracia en la cabeza del hombre natural; se requiere de una divina operación quirúrgica para abrir la vía de entrada para esta verdad en nuestras mentes mercenarias; sí, se requiere que podamos ser hechos nuevas criaturas antes que podamos verla. Que Dios libremente perdona, y que ama a los hombres únicamente y sólo porque Él es amor, es un pensamiento divinamente simple, pero nuestros prejuicios egoístas rehúsan aceptarlo. En muchas ocasiones es el orgullo el que hace que parezca tan difícil el evangelio. Ustedes no pueden pensar que Jesús los salva, y todo lo que tienen que hacer es aceptar su salvación completa. Como Naamán, preferirían hacer alguna cosa grande. Quisieran ser algo, ¿no es cierto? La naturaleza desea ardientemente participar de alguna manera en la salvación: sentir algo, gemir durante un tiempo, o desesperar hasta cierta medida; pero cuando el evangelio viene con el único mensaje, «Crean y vivan», el orgullo no estará de acuerdo en ser salvado en términos tan pobres. Sin embargo, así es; acéptenlo, y tienen la salvación; extiendan su mano y tomen lo que Dios otorga tan libremente. El evangelio es lo suficientemente sencillo en sí mismo para un corazón humillado por la gracia. Cuando se quitan de nuestros ojos las escamas del orgullo vemos bastante bien. ¡Ay de la incredulidad que crece de este orgullo, y de la enemistad natural contra Dios! El hombre creerá a cualquier persona excepto a su Dios. Una mentira publicada en el periódico tiene piernas con las que corre alrededor del mundo; pero una grandiosa verdad que salta de los labios de Jehová mismo es obligada a cojear en la presencia de los hombres impíos. Los hombres no regenerados no pueden y no quieren creer en su Dios. Esto es también causado por el amor del pecado. Los que no quieren renunciar a sus pecados favoritos pretenden que el evangelio es muy difícil de entender, o casi imposible de aceptar, y así se excusan para continuar en su iniquidad. Después de todo, ¿acaso algún hombre siente realmente que es justo echar la culpa de su incredulidad a Dios? ¿Osas decir que el Evangelio es la causa de tu ruina? ¿Pides piedad por ti, como si no pudieras evitar ser un enemigo de Dios, y un hombre que rechaza el camino de Su misericordia? ¿Murmuras que no puedes ver? ¿Quién ha cerrado tus ojos? No hay nadie tan ciego como aquellos que no quieren ver: tu ceguera es voluntaria. No entiendes: ¿quieres entender? Nada es tan incomprensible como lo que no queremos comprender. Si no deseas reconciliarte con Dios, ¿es de maravillarse que sueñes que Dios no está dispuesto a reconciliarse contigo? ¡Oh alma, te lo ruego, no le imputes tu condena a tu Dios, quien en infinita bondad ha traído su palabra tan cerca de ti! La salvación es del Señor, pero la condenación es del hombre solamente.

Hasta ahí dejo el tema. Te puedo llevar al agua, pero no te puedo obligar a beberla. ¡Que Dios el Espíritu Santo aplique en sus corazones y en sus conciencias la importante verdad que –ya sea que entre o no– «el reino de Dios ha venido cerca de ti!» ¡Oh Señor, concede que ninguno de mis lectores pueda rechazar Tu palabra, ni se considere indigno de la vida eterna!

III. EL OBJETIVO ES QUE NOS ACERQUEMOS

1. Observen cómo el texto lo expresa claramente: «Ciertamente muy cerca de ti está la palabra, en tu boca y en tu corazón, para que la cumplas». *Para que la cumplas.* Ustedes que tienen abiertas sus Biblias, notarán que el versículo 12 termina con «Nos lo hará oír, a fin de que lo cumplamos»; el 13 también dice: «Nos lo hará oír, a fin de que lo cumplamos;» es decir dos veces; pero cuando llega a la tercera vez, en el versículo 14, no es «Nos lo hará oír, a fin de que lo cumplamos», sino, «Para que la cumplas». Ya han oído lo suficiente algunos de ustedes; ya han oído hasta que sus oídos

deben estar doloridos de tanto oír. Comienzan ahora a decir: «Es la vieja historia, siempre estamos oyendo eso y nada más». ¿No quieren dar un paso adelante, y ya no ser únicamente oidores? «Ahora, entonces, háganlo». No se envía el Evangelio a los hombres para satisfacer su curiosidad, para dejarlos ver cómo otra gente se va al cielo. Cristo no vino a divertirnos, sino a redimirnos. Su palabra no está escrita para nuestro asombro, pero: «estas cosas han sido escritas para creáis que Jesús es el Cristo, el Hijo de Dios, y para que creyendo tengáis vida en su nombre».

El evangelio tiene siempre una encomienda presente, urgente, práctica. Le dice a cada hombre: «Tengo un mensaje de Dios para ti». Grita: «¡Hoy!». Y advierte a los hombres que no endurezcan sus corazones. Observen otra vez cómo el texto pone su última advertencia en singular. Pueden oír en el plural: «Nos la hará oír, a fin de que la cumplamos;» pero la acción real está siempre en singular: «Para que la cumplas». Yo no puedo ir con ustedes al Tabernáculo, y sentarme a su lado por un minuto; pero quisiera poder hacerlo, y poner mi mano en cada inconverso y decir: «Ciertamente muy cerca de ti está la palabra, en tu boca y en tu corazón, para que la cumplas».

Así como la palabra de Dios no se envía para satisfacer la curiosidad, tampoco se envía para informarles con frialdad de un hecho que pueden poner sobre un estante para uso futuro. Dios no te envía un ancla para colgarla en el muelle; pero como tú ya estás en alta mar, Él pone el ancla a bordo para uso inmediato. Se nos envía el Evangelio como maná para hoy, para ser comido de inmediato. Debe ser nuestro dinero para el gasto, así como nuestro tesoro.

Lector, como eres un hombre moribundo te reto a que aceptes *ipso facto* la salvación presente, para que de inmediato puedas hacer lo que la palabra requiere de ti. Ni siquiera se te envía para hacerte meramente ortodoxo en tu opinión en asuntos religiosos, aunque muchas personas piensan que esta es la única cosa que se necesita. Recuerda que la perdición para el ortodoxo será tan horrible como la ruina eterna para el heterodoxo. Será una cosa espantosa irse al infierno con una cabeza sana y un corazón podrido. ¡Ay! Temo que algunos de ustedes tan solo incrementarán su propia miseria al incrementar su conocimiento de la verdad, porque no practican lo que saben. Dios nos salva del conocimiento muerto, y nos da la gratuita acción que es el fruto del conocimiento: «Para que la cumplas».

Oh, que pudiera prescindir del lenguaje ahora, y que mi corazón pudiera hablar de alguna misteriosa manera interna a los corazones de ustedes! ¡Oh que el Espíritu Santo incline a cada uno de ustedes a una seria atención personal para este asunto! ¡Oh mi lector, has recibido la palabra en este sermón «para que la cumplas» ¡Oh, que así pudiera ser!

2. ¿Qué se debe hacer? Hay dos cosas que hay que hacer. Primero, que tú creas en el Señor Jesucristo como tu Salvador. Tómalo como tu sacrificio: confía en Él únicamente y plenamente desde este momento como tu rescate del pecado. Tómalo para que sea tu Señor así como tu Salvador: entrégate a Él como tu profeta, tu sacerdote, y tu rey. Deja que Jesús sea tu todo en todo, y tú sé completamente de Él. La segunda cosa es que tú confieses al Señor con tu boca. Confiesa que eres un creyente en Jesús, y su seguidor. Hazlo a Su propia manera pues Él ha dicho: «El que cree y es bautizado será salvo». Pero que tu confesión sea sincera; no le mientas al Señor. Confiesa que tú eres su seguidor, si efectivamente lo eres; y de ahora en adelante y por toda tu vida lleva Su cruz y síguelo. Esto es lo que debes hacer; ríndete a Él a quien Dios ha designado para salvar a su pueblo de sus pecados.

«Pero», dice alguien, «pensé que habría una cierta experiencia». Seguro que hay una experiencia; pero toda experiencia verdadera termina en esto, en conducir al corazón para aceptar a Cristo como su Salvador. «Pero pensé», dice otro, «que tú habitarías por mucho tiempo en el trabajo del Espíritu Santo». Yo me gozo en ese trabajo y les diré mucho acerca de él en otro momento; pero el principal trabajo del Espíritu Santo es desnudarte de ti mismo, y llevarte al punto de

Ministerio, Dones, Predicación, Mayordomía ...

recibir esa sencilla palabra de Dios que es el tema del sermón de esta mañana. «Bien», puede decir uno, «te concedo que es sencillo: pienso que es hasta demasiado sencillo». Lo sé; lo sé. Y como es tan sencillo das patadas en contra de él. ¡Qué locura! Por esto necesitas al Espíritu Santo para que te lleve al punto de aceptarlo. Algunas veces peleas porque es demasiado duro, y luego porque es demasiado sencillo. Esto muestra cuán dura y necia es la voluntad del hombre. Se requiere de la gracia Todopoderosa para traerte al punto de aceptar tu propia salvación. ¡Llevarte a aceptar a Cristo como tu Salvador requiere un milagro de gracia! Deja que te salve, eso es todo: pero eso es demasiado para nuestra orgullosa confianza en nosotros mismos. ¡Oh, extraña resistencia que comprueba la profunda depravación de la naturaleza humana, que no quiere aceptar algo así!

Otra vez digo, la dificultad no está en el Evangelio, sino en el hombre cuyo corazón malvado no quiere recibir el don más escogido del cielo. Si tú estás deseoso de tener a Cristo, Cristo es tuyo. El hecho de que estás deseoso de recibirlo prueba que Él ha venido a ti. Cree que es tuyo y ten la paz. Si tú quieres inclinarte ante el Cristo de Dios, y tomarlo de ahora en adelante para que sea tu Salvador, eres salvo. El simple acto de confiar en Jesús ha traído tu justificación; y tu abierta confesión de Él en la forma señalada por Él, te traerá una realización más plena de la salvación. Al ponerte en el lado del Señor, reunirás fuerzas para vencer los pecados que ahora te asedian, y serás ayudado para trabajar en tu propia salvación con temor y temblor, porque Dios es el que produce en ti tanto el querer como el hacer, para cumplir su buena voluntad.

CONCLUSIÓN

1. Voy a predicar el evangelio una vez más, y habré terminado. El apóstol Pablo, pensando en lo que Moisés dijo acerca de subir al cielo o descender a la profundidad del mar para hallar el secreto sagrado, dice en efecto: «Eso es correcto, Moisés; era necesario que alguien descendiera de la misma manera que era necesario que alguien subiera; pero esa necesidad ha dejado de ser». Todo el evangelio descansa en esto: Había Uno en el cielo a la diestra del Padre, Dios verdadero de Dios verdadero, y para salvarte a ti pobre pecador perdido y arruinado, este adorable Hijo de Dios bajó, y bajó; bajó al pesebre, a la cruz, a la tumba, a las partes más bajas de la tierra; y bajó en dolor, en rechazo, en agonía, en muerte. ¡Porque Él vino bajo el peso y la maldición del pecado, Él bajó ciertamente!

Como Jesús ha bajado así y ha llevado el castigo del pecado, el que cree en Él es justificado. Porque el Señor descendió del cielo, el pecado del pecador es borrado, y la trasgresión del creyente es perdonada. ¿Crees tú esto? ¿Crees tú que Jesús cargó con tus pecados en su propio cuerpo en el madero? ¿Confiarás tú en ese hecho? Tú eres salvo. No lo dudes.

2. Hasta ahora esto te limpia del pecado. Pero era necesario que nosotros no fuéramos meramente lavados del pecado, pues nos dejaría desnudos, sino que nosotros teníamos que ser revestidos con la justicia. Para ese fin nuestro Señor Jesús se levantó otra vez, y así vino de las profundidades. Cuando nuestro Redentor hubo terminado su descenso poniendo así fin al pecado, todavía tenía que traer justicia eterna, y así regresó por el camino por el que se había ido. Se levantó de la tumba; se levantó del monte de los Olivos; se levantó hasta que una nube lo ocultó de la vista de los apóstoles; se levantó a través de las regiones superiores del aire; se levantó hacia la puerta de perlas; se levantó hacia el trono de Dios donde Él se sienta como quien ha cumplido su servicio, esperando hasta que sus enemigos sean hechos escabel de sus pies. Su resurrección ha traído a la luz nuestra justicia, nos ha cubierto con ella; de manera que en este momento todo hombre que cree en el Salvador resucitado está vestido con las ropas reales de la justicia de Dios. «Si tú crees en tu corazón que Dios lo ha levantado de los muertos, serás salvo». Oh hermanos, vivan porque Jesús vive, levántense porque Él se ha levantado, tengan un asiento en el cielo porque Él se sienta en el cielo. «El que cree es justificado:»

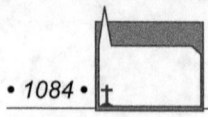

SERMONES SELECTOS

así dice la Escritura. ¿Ves tú esto? Yo lo creo, yo lo creo con todo mi corazón, y por eso lo confieso ante toda esta multitud con mi boca, y yo soy salvo. Cree y confiésalo. Que el Espíritu bendito te traiga a esto: ésta es la entrada al camino de la vida eterna; éste es el amanecer de un día que nunca se convertirá en oscuridad. Que el Espíritu bendito te lleve a esta fe, y a esta confesión por nuestro Señor Jesucristo! Amén

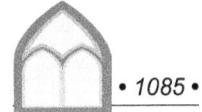

Capítulo VII

ESCATOLOGÍA

Cielo, Infierno

1. Cielo

119. PALADEOS DE LA VIDA CELESTIAL

«Y tomaron en sus manos del fruto del país, y nos lo trajeron, y nos dieron cuenta, diciendo: Es buena la tierra que Jehová nuestro Dios nos da» (Deuteronomio 1:25).

INTRODUCCIÓN: Tiempo de espera.

I. DISTINTAS PRESPECTIVAS DEL CIELO
1. Lugar de reposo perfecto.
2. Lugar de servicio.
3. Lugar de victoria y triunfo.
4. Lugar de grande y gloriosa manifestación.

II. LA COMUNIÓN LA MÁS EXCELSA CARACTERÍSTICA DEL CIELO

CONCLUSIÓN: Piensa más en tu Señor.

PALADEOS DE LA VIDA CELESTIAL

INTRODUCCIÓN

Recordaréis cuándo fueron escritas estas palabras. Los hijos de Israel habían enviado a doce hombres como espías a la tierra de Canaán, que trajeron de vuelta consigo del fruto de la tierra, y entre ello un racimo de uvas de Escol, demasiado pesado para uno solo de ellos, y que, por tanto, dos de ellos tuvieron que llevar con un palo entre ellos. Pero no daré observaciones acerca de esta figura; únicamente les diré que como ellos aprendieron acerca de Canaán por los frutos de la tierra que les trajeron los espías, así tú y yo, mientras estamos en la tierra, si somos los amados del Señor, podemos aprender algo de lo que es el cielo, aquel estado al que accederemos en el más allá, mediante determinadas bendiciones que nos son dadas sobre la tierra.

Ellos quedaron seguros de que la tierra de Israel era una *tierra fértil* cuando vieron los frutos que producía, traídos por sus hermanos, y cuando comieron de los mismos. Quizá había poco para tantos, pero los que los comieron comprendieron en el acto que la tierra que producía aquellos frutos tenía que ser buena. Ahora, amados, los que amamos al Señor Jesucristo hemos gustado racimos de las uvas de Escol. Hemos gustado algunos frutos del cielo desde que estamos en la tierra, y por ellos podemos juzgar acerca de la riqueza de la tierra del Paraíso, que produce unos frutos tan exquisitos y escogidos.

I. DISTINTAS PRESPECTIVAS DEL CIELO

Por ello, os presentaré algunas perspectivas del cielo para daros alguna idea de cómo el cristiano en la tierra puede gustar de ellas por anticipado.

Es posible que apenas haya dos cristianos que tengan la misma perspectiva del cielo; aunque todos ellos esperan el mismo cielo, sin embargo el rasgo más destacado del mismo es distinto para cada mente diferente, según su mentalidad. Ahora, os confesaré cuál es para mí el rasgo más destacado del cielo, considerado desde nuestro momento presente. En otra ocasión puede que quiera el cielo por alguna otra cosa; pero últimamente he aprendido a amar el cielo como *lugar de seguridad*. Hemos visto a prominentes cristianos profesantes apartándose de su profesión; y también a algunos de los amados del Señor cometiendo graves faltas y deslices que han causado deshonra a su carácter y daño a sus almas. Ahora bien, últimamente he aprendido a contemplar el cielo como un lugar donde jamás, jamás, pecaremos; donde nuestros pies quedarán sólidamente afirmados sobre una roca; donde ni tropezaremos ni nos deslizaremos; donde las faltas serán desconocidas; donde no habrá necesidad de estar vigilantes contra un enemigo infatigable, porque no habrá enemigo que nos hostigue; donde no tendremos que estar de guardia día y noche vigilando las incursiones de nuestros enemigos, porque «allí los impíos dejan de perturbar, y allí descansan los de agotadas fuerzas». Lo he contemplado como el lugar de completa seguridad, donde la vestidura estará siempre blanca, donde el rostro estará siempre ungido con aceite fresco, donde no hay temor de deslizarse ni de apartarse, sino donde estaremos firmes para siempre. Y os pregunto, si ésta es una

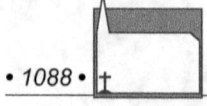

adecuada perspectiva del cielo, y estoy seguro de que es uno de sus rasgos, ¿no gozan ahora los santos en la tierra de algunos de los frutos del paraíso, incluso en este sentido? ¿No gustan a veces, incluso en estas chozas y aldeas aquí abajo, de los gozos de la celestial seguridad? La doctrina de la palabra de Dios es que todos los que están unidos con el Cordero están seguros, que todos los creyentes se mantendrán en el camino, y que los que han encomendado sus almas a la protección de Cristo descubren en él a un fiel e inmutable guardador. Sobre la base de esta doctrina podemos gozar de seguridad incluso en la tierra; no aquella sublime y gloriosa seguridad que nos exime de todo desliz y tropezón, pero sí de una seguridad casi igual de grande, porque nos asegura en contra de nuestra final ruina, y nos da la cereza de que alcanzaremos la dicha eterna. Y, amados, ¿nunca os habéis sentado a reflexionar sobre la doctrina de la perseverancia de los santos? Estoy seguro de que sí. Dios os ha dado un sentimiento de vuestra seguridad en la persona de Cristo. Os ha dicho que vuestro nombre está grabado en su mano; os ha musitado al oído la promesa: «No temas, estoy contigo». Has sido llevado a mirarlo a él, la gran seguridad del pacto, como fiel y verdadero, y como estando por ello mismo obligado y comprometido a presentarte a ti, al más débil de la familia, junto a toda la raza escogida, delante del trono de Dios. Y en una tal dulce contemplación estoy seguro que has bebido algo del jugo de sus aromáticas granadas; has paladeado algunos de los deliciosos frutos del Paraíso; has gozado de algunos de los placeres de que gozan los santos perfeccionados en las alturas en la conciencia de la seguridad.

¡Oh, cómo amo esta doctrina de la perseverancia de los santos! Renunciaría al púlpito si no pudiese predicarla, porque el Evangelio parecía ser en tal caso un desierto vacío y un páramo desolado: un Evangelio tan indigno de Dios que estaría por debajo incluso de mi aceptación, por muy insignificante gusano que yo sea; un Evangelio que me salva hoy y que me rechaza mañana; un Evangelio que me pone por una hora en la familia de Cristo, y que me hace al siguiente momento un hijo del diablo; un Evangelio que me justifica y que luego me condena; un Evangelio que me perdona y que luego me arroja al infierno. Tal Evangelio sería repulsivo a la razón misma, y tanto más al Dios de toda la tierra. Pero sobre la base de la fe, de que

«Hasta el fin él habrá de persistir,
Con toda la certeza de las arras dadas»,

gozamos de una conciencia de una perfecta seguridad incluso mientras moramos en esta tierra de guerras y luchas. Así como los espías trajeron a sus hermanos racimos de las uvas, así en la seguridad de que gozamos tenemos un paladeo anticipado y una prenda del gozo del Paraíso.

1. En siguiente lugar, más probablemente la mayor parte de vosotros gustáis de pensar en el cielo bajo otro aspecto: como *un lugar de reposo perfecto*. Vosotros, hijos del esfuerzo, amáis el santuario porque allí es que os sentáis a oír la palabra de Dios y reposáis vuestros fatigados miembros. Cuando os habéis secado el caliente sudor de vuestras ardientes frentes, habéis pensado a menudo en el cielo como el lugar donde habrán terminado vuestras labores. Habéis cantado con un dulce énfasis:

«Allá bañaré mi fatigada alma
En mares de celestial reposo».

Reposo, reposo, reposo: eso es lo que anheláis. Y para mí, esta idea del cielo es maravillosamente hermosa. Sé que bajo este cielo nunca tendré reposo, mientras la iglesia de Cristo sea tan bárbara como es. Porque el más bárbaro de los amos es la iglesia de Cristo. La he servido, y me siento casi acosado hasta mi sepulcro por ministros cristianos que perpetuamente me demandan que haga cosas imposibles que sé que ninguna energía mortal puede cumplir. Por dispuesto que esté a laborar hasta caer agotado, más allá de esto no puedo hacer; pero me asaltan de continuo por uno y otro lado, hasta que, vaya adonde vaya, no parece que haya reposo para mí hasta que duerma en mi sepulcro; y espero el cielo con algún grado de felicidad. Allá reposaré de unas labores constantes y perpetuas, aunque muy queridas. Y también vosotros, que habéis trabajado con afán por largo tiempo para conseguir unos fines que os habíais propuesto, habéis dicho que si lo conseguíais, podríais echaros a reposar; habéis trabajado para conseguir una cierta cantidad de riquezas, y os habéis dicho que si podíais llegar a un cierto nivel, podríais daros un descanso. O habéis estado trabajando para lograr un cierto punto de carácter, y luego habéis dicho que os cruzaríais de brazos y descansaríais. Sí, pero aún no habéis llegado ahí; y amáis el cielo porque el cielo es la meta del corredor, el blanco de la flecha de la existencia. Amáis el cielo porque será el lecho del tiempo, un reposo eterno para el pobre y fatigado luchador en la tierra. Lo amáis como lugar de reposo; ¿acaso nunca gozamos de un paladeo del cielo sobre la tierra en este sentido? ¡Sí, amados! Bendito sea Dios, «los que hemos creído entramos en el reposo» (He. 4:3). Nuestra paz es como un río, y nuestra justicia como las olas del mar. Dios puede dar reposo a su pueblo; el que queda para el pueblo de Dios. En este mundo sufrimos pruebas tempestuosas y amargas aflicciones. Pero hemos aprendido a decir: «Recobra, oh alma mía, tu calma, porque Jehová te ha procurado bienes» (Sal. 116:7). ¿Nunca has subido a tu estancia, en tiempos de gran aflicción, derramando allá tu corazón delante de Dios? ¿Nunca has sentido, tras haber hecho esto, como si te hubieras bañado en reposo, de modo que

«Vengan los afanes cual avenida
de aguas,
Y caigan tempestades de tristeza»,

y no te preocupaba nada todo ello? Porque habías encontrado un escudo en Cristo. Habías contemplado el rostro del ungido de Dios. Ah, cristiano, aquel reposo sin una ola de perturbación, aquel descanso tan plácido y sereno, que en tus más profundas angustias te hizo posible que te gozases en el seno de Cristo, es para ti un racimo del poderoso viñedo del cielo, una uva del celestial racimo del que pronto participarás en la tierra del más allá. Aquí, otra vez, veis que podemos tener un paladeo anticipado del cielo, y darnos cuenta de lo que es incluso mientras estamos aquí en la tierra.

Pero esta idea de reposo será muy apropiada para algunos profesantes indolentes, y, por ello, dejadme que os muestre lo justamente opuesto a ella. Creo que uno de los peores pecados de los que se puede hacer culpable un hombre en este mundo es estar ociosos. Casi puedo perdonar al borracho, pero un holgazán creo que merece muy poco perdón. Creo que un hombre ocioso tiene tanta razón para arrepentirse ante Dios como David cuando cometió adulterio, porque lo más abominable en el mundo es que un hombre deje que la hierba le crezca hasta las rodillas, y no haga nada. Dios nunca envió a ningún hombre a este mundo para que estuviese ocioso. Y hay algunos de vosotros que hacéis una confesión tolerablemente hermosa, pero que nunca hacéis nada de un cabo del año al otro.

2. La siguiente idea del cielo es que *es un lugar de servicio sin interrupción*. Es un lugar donde sirven a Dios de día y de noche en su templo, sin conocer nunca la fatiga y sin nunca tener que dormir. ¿Sabes cuál es la delicia del trabajo? Porque aunque hemos de quejarnos cuando los demás esperan de nosotros cosas imposibles, es el goce más elevado de la vida estar ocupados activamente en la causa de Cristo. Decidme cuál es el día que no predico, y os diré cuál día no soy feliz. Pero el día en que tengo el privilegio de anunciar el Evangelio y de laborar para Dios es generalmente el día que, después de todo, tengo mi paz y tranquilo goce. El servicio es un deleite. Alabar a Dios es un placer. Trabajar para él es el más alto gozo que pueda conocer un mortal. ¡Oh, qué dulce ha de ser cantar sus alabanzas y no sentir nunca reseca la garganta! ¡Oh, que dulce batir las alas para siempre y nunca sentir que se fatigan! ¡Oh, que dulce goce correr en sus recados, hacer círculos para siempre alrededor del trono de Dios en el cielo mientras dure la eternidad, y nunca jamás poner la cabeza en el almohadón, nunca sentir la tensión de la fatiga, nunca ni una vez las punzadas que nos amonestan que debemos cesar, sino siempre seguir, siempre, como la propia eternidad: ¡un caudaloso río fluyendo con crecidas perpetuas de actividad! ¡Ah, eso debe ser maravilloso!

¡Debe ser ciertamente un cielo, poder servir a Dios de día y de noche en su templo! Pero habéis servido a Dios sobre la tierra y habéis ya gustado esto anticipadamente. Desearía que algunos de vosotros conociese las dulzuras del trabajo un poco más, porque aunque el trabajo genera sudor, también genera dulzura, más especialmente el trabajo para Cristo. Hay una satisfacción antes del trabajo; hay una satisfacción en el trabajo; hay una satisfacción después del trabajo; hay una satisfacción en la espera de los frutos del trabajo; y hay una gran satisfacción al obtener los frutos mismos. El trabajo para Cristo es desde luego la antesala del cielo; si no es el cielo mismo, es uno de los más gloriosos anticipos del mismo. Da gracias a Dios, cristiano, si puedes hacer cualquier cosa por tu Señor. Dale las gracias si es tu privilegio hacer lo menor por él, porque debes recordar que al hacerlo te está dando un paladeo de las uvas de Escol. Pero vosotros, gente indolente, vosotros no recibís de las uvas de Escol porque sois demasiado holgazanes para llevar aquel gran racimo. Os gustaría que entrasen en vuestras bocas sin preocuparos por recogerlas; pero no os cuidáis de salir a servir a Dios. Os quedáis sentados inmóviles y os preocupáis de vosotros mismos, pero, ¿qué hacéis por los demás? Vais a vuestro lugar de culto; habláis de vuestra escuela dominical y de vuestra sociedad de ayuda a los enfermos, y así vais. Nunca enseñáis en la escuela dominical, nunca visitáis a una persona enferma, y sin embargo os arrogáis todos unos méritos sin hacer nada. Nunca conoceréis mucho de los goces de la gloria celestial hasta que conozcáis un poco del trabajo del reino de los cielos sobre la tierra.

3. Ahora, pasemos a otros puntos. Otra perspectiva del cielo es que es *un lugar de una victoria completa y de un triunfo glorioso*. Aquí tenemos el campo de batalla; allá tendremos el desfile de la victoria. Ésta es la tierra de la espada y de la lanza; allí es la tierra de los laureles y de la corona. Ésta es la tierra de la vestidura empapada de sangre y del polvo de la pelea; aquella es la tierra del alegre toque de trompeta, el lugar de la ropa blanca y del clamor de victoria. ¡Qué estremecimiento de gozo correrá por los corazones de todos los bienaventurados cuando hayan concluido sus victorias en el cielo, cuando la muerte misma, el último de los enemigos, haya sido muerta, cuando Satanás sea arrastrado cautivo junto a las ruedas del carro de Cristo! ¡Cuando Cristo habrá vencido el pecado y pisoteado la corrupción como el cieno de las calles! ¡Cuando el gran clamor de la victoria universal se elevará de los corazones de todos los redimidos! ¡Qué momento más placentero será! Sí, hermanos, vosotros, y yo, tenemos paladeos anticipados incluso de esto. Sabemos qué victorias, qué batallas del alma tenemos incluso aquí. ¿Nunca has luchado contra un corazón malo, y por fin lo has vencido? ¡Oh!, con qué gozo elevaste tu corazón al cielo, mientras te bajaban las lágrimas por las mejillas, y dijiste: «Señor, te bendigo que he podido vencer este pecado». ¿Has sentido alguna vez una fuerte tentación, y has luchado duramente contra ella, y sabes lo que es cantar con gran gozo: «Mis pies se deslizaron, pero tu misericordia me sostuvo»? ¿Has luchado tú contra el viejo Apolión, como el Cristiano de Bunyan, y le has visto finalmente emprender el vuelo vencido, dejándote el campo? Allí tuviste un paladeo del cielo; sencillamente un avance de cómo será la victoria final. En la muerte de aquel solo filisteo anticipaste la destrucción de todo el ejército. Aquel Goliat que cayó bajo tu honda y piedra era sólo uno de la multitud que ha de rendir sus cuerpos a las aves del cielo. Dios te da victorias parciales para que sean la prenda de la victoria final y definitiva. Ve y vence, y que cada victoria, aunque más difícil y más duramente luchada, sea para ti como una uva de Escol, un paladeo de los goces del cielo.

4. Además, sin duda alguna una de las mejores perspectivas que jamás podemos dar del cielo es que es *un estado de total aceptación por parte de Dios*, reconocida y sentida en la conciencia. Supongo que la mayor parte del gozo de los santos bienaventurados consiste en un conocimiento de que no hay nada en ellos contra lo que Dios tenga nada, de que su paz con Dios no tiene nada que la pueda estropear; de que tienen

una unión completa con los principios y pensamientos del Altísimo; de que Su amor está sobre ellos; de que son uno con Dios en todas sus inclinaciones. Bien, amados, ¿y no hemos gozado aquí abajo de una conciencia de ser aceptos? Aunque distorsionados y difuminados por muchas dudas y temores, sin embargo ha habido momentos en los que nos hemos sabido tan bien aceptos como lo sabremos incluso cuando estemos delante del trono. Ha habido para algunos de nosotros unos días resplandecientes en los que podíamos «certificar que Dios es veraz» (cf. Jn. 3:33); y cuando, posteriormente, sentíamos que el Señor conoce a los suyos, podíamos decir: «Y yo conozco también que soy de él». Ha habido momentos en los que, con palabras seguras, podíamos decir:

«Ahora, a Jesús puedo llamar mío;
Ahora puedo mis gozos a un lado echar;
Puedo el mundo bajo mis pies hollar,
Y a todo lo que esta tierra
nos quisiera tentar».

Sí, hubo momentos en los que teníamos una perspectiva tal de la perfección de la justicia de Cristo que sentíamos que Dios nos había aceptado, y que no podría actuar de otra manera; teníamos una conciencia tal de la eficacia de la sangre de Cristo, que nos sentíamos seguros de que nuestros pecados habían sido perdonados, y que nunca podrían sernos mencionados jamás en misericordia. Y, amados, aunque hemos hablado de otros gozos, dejadme que os diga que ésta es la crema de todos ellos: sabernos aceptos ante Dios. ¡Oh!, sentir que yo, un culpable gusano, he sido recibido en el seno de mi Padre; que yo, un pródigo perdido, esté ahora haciendo fiesta con deleite a su mesa; que yo, que antes tuve que oír la voz de su cólera, ahora pueda oír las notas de su amor. Este es un gozo, ¡un gozo que vale todos los mundos! ¿Qué pueden ellos conocer de más arriba que nosotros? Y si no fuese que nuestra conciencia de ello es tan imperfecta, podríamos hacer descender el cielo a la tierra, y podríamos al menos habitar en los suburbios de la ciudad celestial, si no tuviésemos el privilegio de morar dentro de las puertas. De modo que ya veis que en este sentido podemos tener racimos de las uvas de Escol. Al ver que el cielo es un estado de aceptación, también nosotros podemos conocer y sentir esta aceptación, y regocijarnos en ella.

5. Y, de nuevo, el cielo es *un estado de grandes y gloriosas manifestaciones*. Esperas el cielo como el lugar donde

«Verás, oirás y conocerás,
Todo tu deseo y anhelo de tu corazón».

Ahora ves oscuro, como por medio de un espejo; allá verás cara a cara. Cristo mira a la Biblia, y la Biblia es su espejo. Tú miras en ella, y ves el rostro de Cristo como en un espejo, oscuramente; pero pronto le mirarás en persona, y lo verás cara a cara. Tú esperas que el cielo es un lugar de unas manifestaciones peculiares. Crees que allí él desvelará su rostro ante ti; que

«Millones de años pasarán e irán desfilando
Ante tus ojos las bellezas de tu Salvador».

Estás esperando ver su rostro, y nunca, nunca más pecar. Estás anhelando conocer los secretos de su corazón. Crees que aquel día le verás como es, y que serás como él en el mundo de los espíritus. Bien, amado, aunque Cristo no se manifiesta a nosotros como lo hace allá a los seres resplandecientes, ¿no has tenido tú manifestaciones, como yo, mientras andabas en este valle de lágrimas?

Habla, amado; deja que hable tu corazón: ¿no has tenido visiones del Calvario? ¿No te ha tocado en ocasiones tu Maestro los ojos con colirio y te ha dejado verlo en su cruz? Y entonces has dicho:

«¡Aquí me siento para contemplar
La misericordia manando en raudales de sangre!
Preciosas gotas que mi alma empapan,
Consiguen y reclaman mi paz con Dios».

¿No has llorado de gozo y dolor cuando lo viste derramando su sangre, dando su vida de corazón por ti, y lo contemplaste clavado en el madero por amor a ti? ¡Oh, sí! Sé que allí tuviste esas manifestaciones de él. ¿Y no lo has visto en sus glorias de resurrección? ¿No lo has contemplado exaltado en su trono? ¿No lo has visto por la fe como Juez de los vivos y de los muertos, y como el Príncipe de los reyes de la tierra? ¿No has mirado a través del difuminado futuro, y le has visto con la corona de todos los reinos sobre su cabeza, con las diademas de todas las monarquías bajo sus pies, y los cetros de todos los tronos en su mano? ¿No has anticipado el momento de sus más gloriosos triunfos, cuando él

«De polo a polo reinará sin limitación ninguna"?

Sí, lo has hecho, y por ello has tenido paladeos anticipados del cielo. Cuando Cristo se ha revelado así a ti, has contemplado dentro del velo y has visto por tanto lo que hay allí; has tenido unos atisbos de Jesús mientras estabas allá; esos atisbos de Jesús son sólo el comienzo de lo que nunca acabará. Esas gozosas melodías de alabanza y de acción de gracias son sólo los preludios de las notas del Paraíso.

II. LA COMUNIÓN LA MÁS EXCELSA CARACTERÍSTICA DEL CIELO

Y ahora, por fin, la más sublime idea del cielo, quizá, es la *idea de la más santa y gloriosa comunión*. No os he dado aún ni la mitad de lo que os pudiera haber dado de las varias características del cielo, tal como se describe en la palabra de Dios, pero la comunión es la más excelsa de ellas. ¡Comunión! ¡Qué palabra tan poco tratada, y tan pocas veces comprendida! Esta palabra, ¡comunión! Queridos y amados: nos oís decir: «Y la comunión del Espíritu Santo sea con todos vosotros». Pero hay muchos de vosotros que no conocéis el significado de este dulce cielo encerrado en una palabra. ¡Comunión! Os gusta más bien hablar de la corrupción, ¿verdad? Bueno, si os gusta esta sucia palabra, estáis muy dispuestos a meditar acerca de ella. Yo lo hago cuando me veo obligado a ello; pero comunión me parece una palabra mucho más dulce. Habláis mucho acerca de la aflicción, ¿verdad? Bueno, si os gusta esta negra palabra, ¡ah,

tendréis razones para quererla; pero si os encanta encontrar dicha en ella, hacedlo, pero dadme a mí la comunión como mi texto permanente y mi constante gozo! Y no voy a escoger qué clase de comunión sea. Dulce Maestro, si me das comunión contigo en tus padecimientos, si debo llevar vituperio y vergüenza por causa de tu nombre, te daré las gracias; si puedo tener comunión contigo en ellos, y si me quieres dar que sufra por causa de ti, consideraré un honor poder ser partícipe de tus padecimientos; y si me das dulces goces, si me levantas y me das el sentarme en lugares celestiales en Cristo, te bendeciré. Te bendeciré por la comunión en la ascensión, la comunión con Cristo en sus glorias. ¿No decís vosotros lo mismo? Y por la comunión con Cristo en muerte. ¿Habéis muerto al mundo, como Cristo murió a sí mismo? ¿Y habéis tenido comunión con él en resurrección? ¿Os habéis hecho conscientes de que habéis sido resucitados a novedad de vida, como él lo fue? ¿Y habéis tenido comunión con él en la ascensión, de modo que podáis saber que sois herederos de un trono en el Paraíso? Si es así, habéis tenido la mejor prenda que podáis recibir de los goces del Paraíso. Estar en el cielo es descansar la cabeza en el corazón de Jesús. ¿Lo has hecho en la tierra? Entonces sabrás qué es el cielo. Estar en el cielo es hablar con Jesús, sentarse a sus pies, dejar que nuestro corazón palpite con su corazón. Si has tenido esto en la tierra, habrás gustado algunas de las uvas del cielo.

CONCLUSIÓN

Deléitate pues con estos paladeos, del tipo que sean en cada caso individual. Constituidos de manera diferente, contemplarás el cielo bajo una luz distinta. Mantén tu paladeo anticipado como Dios te lo ha dado. A cada uno de vosotros os ha dado alguno; si os gusta, es lo más apropiado para vuestra propia condición. Atesóralo; piensa mucho en él. Piensa más en tu Señor. Porque, recuérdalo, a fin de cuentas vuestro único paladeo del cielo es «Cristo en vosotros, la esperanza de gloria»; y tanto más plenamente preparado estarás para la gloria de los gozosos en la tierra de los felices.

2. Infierno

120. RECHAZO Y CONDENACIÓN[25]

«El que cree en él no es condenado; pero el que no cree ya ha sido condenado, porque no ha creído en el nombre del unigénito Hijo de Dios» (Juan 3:18).

INTRODUCCIÓN: La gran división entre salvos y perdidos..

I. ¿A QUÉ GRUPO PERTENECES?
1. Matices en el acto de creer.
   a) Crer por tradición y herencia
   b) Creer basándose en Cristo
2. ¿Somos incrédulos?

II. LA CONDICIÓN DEL CREYENTE
1. De qué forma escapó el creyente de la condenación.

II. LA CONDICIÓN DEL INCRÉDULO
1. No acepta al Salvador.
2. Hay un camino de salvación.
3. El rechazo de la luz.
4. No se puede escapar de Dios.

CONCLUSIÓN: No rechacemos a Jesús y su salvación.

RECHAZO Y CONDENACIÓN

INTRODUCCIÓN

Posiblemente ya he predicado sobre este texto en otras ocasiones y tal vez lo he hecho muchas veces; y si no es así, debí de haberlo hecho. Es toda la Biblia en miniatura. Podríamos decir muchas palabras que llenara varios volúmenes, ya que cada sílaba de este texto está plenamente cargada de significado. Podemos leerlo, y releerlo, y volver a leerlo continuamente día y noche y siempre encontrar alguna enseñanza fresca en él. Es la esencia del evangelio. Un resumen de las buenas nuevas.

En la segunda venida de nuestro Señor Jesucristo, delante de Él serán reunidas todas las naciones, y Él separará a unos de otros, de la misma manera que el Pastor separa las ovejas de los cabritos. Ésa no será, sin embargo, la primera vez que la presencia del Señor Jesús sea la causa de separación. Siempre es así doquiera que Él va. Los hombres son como un solo cuerpo en su condición caída, todos igualmente separados de Dios hasta que Él aparece, pero su venida encuentra a los elegidos y los llama aparte, y por el otro lado los incrédulos son descubiertos. Dos grupos resultan de lo que antes era una abigarrada multitud. Cada uno va hacia los suyos, cada cual encuentra al compañero que le corresponde, y entre los dos grupos hay una sima profunda, que los divide tan claramente como la luz a la oscuridad, o como la muerte es opuesta a la vida. Otras distinciones se convierten en insignificantes en la presencia de Jesús; los bienes o la riqueza, la educación o la ignorancia, el poder o la debilidad, son asuntos de mínima importancia para dividir a la humanidad delante del gran Discernidor de espíritus. Solo estos dos grupos, creyentes e incrédulos, resaltan en claro relieve. Tal como está en nuestro texto, así está de hecho en el universo entero; las únicas dos distinciones realmente vitales entre tiempo y eternidad, son simplemente éstas, creyentes e incrédulos, los que reciben a Cristo o los que lo rechazan. Mas aún, así como hoy la presencia de Cristo divide la masa y junta a los hombres en grupos diversos, así también esa presencia asegura un juicio presente. Está escrito, que Él dirá a los que están a su derecha: «Venid, benditos de mi Padre», y a los que están a su izquierda: «Apartaos de mí, malditos», y de la misma manera, en este instante su presencia produce un juicio con igual certidumbre; pues en este texto vemos a los creyentes sin ninguna condenación, es decir, exonerados, y vemos a los incrédulos ya condenados. El «Venid, benditos de mi Padre» es anticipado en la exoneración, y el «Apartaos de mí, malditos» es ya casi escuchado en el veredicto: «Ya ha sido condenado». Los exhorto, pues, mientras escuchan esta predicación, a recordar

---

[25] Sermón predicado el 4 de Diciembre de 1870, en el Tabernáculo Metropolitano, Newington.

que se está haciendo una división clara y sumamente importante mientras se predica este sermón. Este día el Hijo de David está en su trono y se sienta a juzgar en esta congregación. En la predicación del evangelio en este momento su majestuosa voz separa a los pecadores de los santos, y si somos sensibles a su presencia, no tendremos otra opción que temblar o regocijarnos. Mientras permanezca esta separación, tal como debe permanecer, porque Él será este día olor de muerte para muerte o de vida para vida para cada una de nuestras almas, Dios nos conceda que todos nosotros podamos ser contados entre los creyentes, y ninguno de nosotros quede fuera como ya condenados por ser incrédulos.

I. ¿A QUÉ GRUPO PERTENECES?

1. «El que cree en él no es condenado.» ¿Pertenecemos a ese grupo? Asegurémonos de ello. Veamos lo que significa creer acerca de Él o más bien en Él, ya que la palabra griega *eis* significa en Él mas que acerca de Él. Si no me equivoco, la expresión *creer en Él* significa mucho más de lo que la mayoría de nosotros ha visto en ella. Yo veo muchos matices en el acto de creer.

a) Hay algunos que creen lo concerniente a Cristo, es decir, creen que Él es el Mesías y es el Salvador de los hombres. Muchos aceptan esto como verdad porque sus padres así también lo creyeron y es un asunto de una tradición que no cuestionan. Nacen en lo que comúnmente se considera un país cristiano, y por tanto han heredado la fe cristiana, y teórica y mentalmente creen que Jesús es el Hijo de Dios y el Redentor del mundo. No dudarían en ponerse de pie y recitar: «Creo en Jesucristo su único Hijo, Señor nuestro, que fue engendrado por el Espíritu Santo, nacido de la Virgen María, padeció bajo el poder de Poncio Pilato, fue crucificado, muerto y sepultado», etcétera. Pero recuerden muy bien que pueden creer todo lo que es ortodoxo concerniente al Señor Jesucristo, pero eso no es una señal que hayan recibido la justificación en Él. Nadie se atrevería a afirmar que la creencia en el credo de Atanasio le puede asegurar la salvación. Si rechazan su Divinidad, si niegan su expiación, esos errores son evidencia contundente que no creen en Él, porque no son creyentes de la verdad concerniente a Él, y por lo tanto tienen que contarse dentro de los incrédulos que ya están condenados; pero por otra parte, si ustedes se apegan a la verdad bíblica y creen con exactitud lo concerniente al Señor Jesús, pero no van mas allá, su simple fe acerca de Él, o concerniente a Él, no les salvará. Conocer a Cristo no sirve de nada, a menos que pueda decirse: «Porque no te lo reveló carne ni sangre».

Habremos dado un paso hacia delante cuando le creemos a Él. Esto es mencionado a veces en la Escritura creerle a Él. «Porque yo sé a quien he creído». Si creemos –en lo concerniente a Él– que Él es el Cristo de Dios, su Ungido, su Enviado, su Mesías, deberíamos aceptar como verdadero, todo lo que Él dice; y si lo hacemos así con todo nuestro corazón, considero que somos salvos. Pero podemos pensar que así lo hacemos y mentalmente dar nuestro asentimiento a su enseñanza, y aún así, a pesar de ello, podríamos no haber alcanzado aún la salvación. Podríamos ser aún incrédulos condenados, a pesar de que pensemos y digamos y profesemos que creemos en Él.

b) Frecuentemente en la Escritura hay otra forma de creer que gira alrededor de la palabra griega *epi*, creer basándose en Él. Algunos traductores han usado la palabra «en» insertándola en el texto, pero el significado del griego es algo diferente. Hay diferencia entre creer basándose en Él y creer en Él. Creer basándose en Jesús es ciertamente una fe salvadora, porque el que cree basándose en Él no será confundido. Creer basándose en Él es, de alguna manera, apoyarse en Él, es recibirle como Dios lo ha establecido, y por tanto es hacerlo el fundamento de nuestra fe. Creyendo lo concerniente a Él y creyéndole a Él, venimos luego a reposar apoyándonos en Él, convirtiéndolo en nuestra confianza. Creemos que nos puede salvar, confiamos en que Él nos salve, y esta es la esencia de la fe salvadora creer basándonos en el Redentor designado. Pero en este caso en particular nuestro texto habla de creer en Él, y esto es algo mas que creer basándonos en Él. Todo aquel que realmente crea basándose en Cristo en poco tiempo vendrá a creer en Él; pero hay un crecimiento creer en Él es más que creer basándose en Él. ¿Cómo es eso? Si yo creo completamente en un hombre, ¿cuál es el resultado de ello? ¿Es abogado y yo tengo un problema legal? Entonces le confío mi caso; dejo el asunto en sus manos sin ningún temor, puesto que yo creo en mi abogado. Bien, hasta aquí, eso puede ser creer basándose en él, pero a continuación me da directrices y reglas de acción. Si yo creo en él, ciertamente seguiré esas reglas al pie de la letra, estando plenamente convencido que el resultado será bueno. Someto el asunto, tanto en sus aspectos prácticos como teóricos, al hombre que he elegido para que me represente, y lo hago de buen grado puesto que creo en él. Soy como un marino: creo en mi capitán. ¿Qué pues? Si me indica hacer esto, o eso, o lo otro, puedo oír que alguien considere esas órdenes como sin sentido, pero yo creo en mi capitán y hago de inmediato cualquier cosa que me pida. Sus órdenes pueden parecer absurdas para quien no tiene fe en él, pero para mí es lo sabio y lo correcto. Supongamos que en esta terrible encrucijada que vive Francia (año 1870) surja alguien, un hombre de gran genio militar, un hombre capaz de hacer frente al terrible enemigo con las armas disponibles, que pueda dispersar la nube que se cierne sobre París. Si los franceses creen en ese hombre ¿qué pues? Simplemente se van a someter a él. Seguirán discretamente su liderazgo. ¿Ordena una incursión o manda al ejército a avanzar? Puesto que creen en él, se lleva a cabo la incursión y las tropas avanzan con gallardía hacia la batalla. Si aconseja esperar o evitar una gran batalla, aquellos que creen en él se protegen en las trincheras o se baten en retirada frente al enemigo. Si tienen la plena convicción de que él garantiza la victoria, de cierto obedecerán sus órdenes; él será como su oráculo, su dictador –pero aceptado de buen grado. Entonces creer en nuestro Señor quiere decir esto, que creo que Él es el Hijo de Dios, y creo todas las otras ver-

Cielo, Infierno 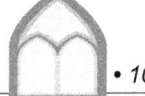 • 1095 •

dades relativas a Él; también quiere decir que creo que todo lo que dice es verdad, es decir, le creo a Él; pero más aún, pongo mi alma sobre sus méritos que hacen posible la expiación, para que la salve; y más aún, habiendo hecho esto me entrego enteramente a la santa guía del Salvador; creo que es infalible como director de mi espíritu; siento una unión con él; vengo a estar en Él, su causa es mi causa, mi causa su causa creo en Él. Este es el hombre de quien el texto dice: «El que cree en él no es condenado», y la pregunta que me hago y que también hago a ustedes es: ¿Hemos creído en Jesús? ¿Realmente lo consideramos como nuestro todo en todo? ¿Permitimos que nos guíe y nos conduzca hasta que nos lleve a la felicidad eterna?

El contexto de este versículo nos ayudará a formar un juicio acerca de si verdaderamente creemos en Jesús. Amigos, ¿se han dado cuenta, por un verdadero ejercicio de fe, de lo que significan los versículos catorce y quince del presente capítulo? «Y como Moisés levantó la serpiente en el desierto, así es necesario que el Hijo del Hombre sea levantado, para que todo aquel que cree en él tenga vida eterna». Al igual que los israelitas mordidos por las serpientes miraban a la serpiente de bronce cuando ésta fue levantada, de la misma manera ¿han mirado ustedes a Jesús y han encontrado la salud al mirarlo a Él? De esta manera se pueden juzgar a ustedes mismos. ¿Han sido curados de las heridas del pecado y han recibido una nueva vida celestial? ¿Han hecho ustedes al Salvador crucificado el lugar de descanso para sus almas? En los versículos que están a continuación de nuestro texto, encontrarán estas palabras: «Pero el que hace la verdad viene a la luz». ¿Ustedes vienen a la verdad, hermanos, como resultado de haber confiado en Cristo? ¿Es su deseo conocer la verdad de Dios, la voluntad de Dios, la ley de Dios, la palabra de Dios? ¿Están buscando la luz y tienen deseos que las obras hechas en ustedes sean vistas como el fruto del propio Espíritu de Dios? ¿Pueden evaluarse ustedes mismos de conformidad con esto? Decir: «Confío en Cristo» es en vano, si

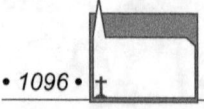

nunca lo han visto con la misma mirada infantil con que los israelitas miraban a la serpiente de bronce, igualmente sería en vano profesar ser un creyente en Él, a menos que se desee la luz. Pueden permanecer parcialmente en la oscuridad, como indudablemente lo están, pero ¿están buscando más luz, buscando a Dios, buscando la verdad, buscando la justicia? Por medio de esto pueden saber si el Padre les ha dado una nueva vida, si con cierta certeza son el nuevo hombre, que no huye de la luz sino que la busca; sin huir, escondiéndose de la palabra de Dios, porque sus obras son malas, sino que como sus obras son verdaderas, buscan recibir más luz, para que sus obras puedan ser hechas manifiestas a su propia conciencia como verdaderamente realizadas por Dios en su alma.

2. La consideración que acabo de proponer la vamos a retomar ahora en relación al segundo grupo. ¿Somos nosotros incrédulos? Me temo que algunos de mis lectores lo son. Si ése es el caso, les puede ayudar mucho saber dónde se encuentran y lo que son. «Pero el que no cree ya ha sido condenado». Algunas personas son muy inconsistentes, porque aunque no creen en Cristo Jesús, es decir, no le confían sus almas a Él, ni se entregan en obediencia para servirle a Él, sin embargo creen en relación a Él que es el Cristo de Dios, y si Él se encontrara aquí hoy y les hablara, creerían sus palabras, aunque no se podría decir que creen en Él para convertirse en hacedores de sus palabras. Es sumamente extraño que crean que Él es el Hijo de Dios pero que no confíen en Él; que sepan que lo que dice es verdad, y que a pesar de advertirles de la ira venidera, ustedes se queden muy tranquilos en una fría indiferencia, y no busquen la salvación que Él da. En vez de ver a la serpiente de bronce, ustedes actúan como los israelitas lo hubieran hecho si hubieran buscado otro remedio. Ustedes no han creído en Cristo, pero si ustedes tienen el menor convencimiento que necesitan un Salvador, supongo que su propio sentido común les hace buscar uno. Por tanto, ustedes buscan evidentemente otra salvación diferente de la que Cristo obtiene. Rechazan lo que Dios ha ordenado para encontrar algo propio de ustedes mismos. Hay un solo Salvador, ese Salvador en el que quieren creer lo están rechazando para su propia destrucción. Hoy cierran sus ojos a la única luz, y aunque a veces echan de menos la luz, aman las tinieblas más que la luz y siguen en el rincón oscuro donde se encuentran en oscuridad, porque no aceptan que se les regañe, les resulta intolerable que el evangelio toque sus conciencias a la manera de un punzón y les llame la atención por todos sus pecados. Hasta este momento permanecen incrédulos y amando la oscuridad. Busquen, les ruego y miren. Mientras este corazón que les dirige la palabra tiene piedad de ustedes, confío que el corazón de Dios también tendrá piedad de ustedes y abandonen su condición de incrédulos para que puedan ser contados entre los creyentes en Cristo.

Suficiente para este primer encabezado, que dejo para su sincera consideración, esperando que no lo traten con ligereza.

II. LA CONDICIÓN DEL CREYENTE

«El que cree en él no es condenado». ¡Qué frase tan llena de gozo es esta! Siempre y cuando tengan la seguridad de que creen en Jesús, saboreen sin prisa y sin término esta frase en su alma, mis hermanos. ¿No es delicioso pensar que hemos recibido este texto de la propia boca de Dios por inspiración, y ver que esa inspiración es admirable ¡porque no sólo del Espíritu Santo sino que también del propio Jesucristo hemos recibido la dulce seguridad de que no son condenados! ¡Cuánto gozo, cuánta paz debería traer este texto a sus almas!

1. Déjenme mostrarles brevemente cómo el creyente escapa a la condenación. «El que cree en él no es condenado». Una razón es que él no se ofrece para ser juzgado. El que cree en Cristo no se presenta para ser procesado. Dice: «No, mi Señor, no tengo ningún argumento ante Ti, me declaro culpable, yo confieso mi condenación. No hay necesidad de que yo sea juzgado, seas tú reconocido justo en tu palabra, y tenido por puro en tu juicio». El juez se sienta a un lado y el prisionero está de pie frente a él, puesto que sus condiciones son diferentes;

pero fíjense bien, en este caso el prisionero abandona su lugar, no acepta el juicio, se arroja a los pies del juez, reconoce que la sentencia que le corresponde es justa, y se declara culpable. Habiendo hecho esto, el creyente ve que la sentencia que él mismo reconoce y confiesa como justa ha sido colocada sobre su garantía, y cree en esa garantía. ¿Qué cree acerca de Él? Que Dios, para poder engrandecer su justicia y su gracia, estaba en Cristo Jesús y que el Hijo de Dios colgó en la cruz y se desangró y murió, el justo por los injustos, para llevarnos a Dios. El creyente confiesa que la sentencia es justa y por tanto coincide con Dios. Pasa a la luz y sus obras son censuradas y él acepta la censura y la acepta como verdadera. Después mira a la cruz y dice: «Esta misma sentencia que yo suscribo con mi propia mano como justa, ha sido dictada en contra de mi gloriosa y bendita Garantía, el unigénito del Padre, y Él ha sido castigado en mi lugar, y por lo tanto yo he sido librado puesto que Cristo, mi rescate, murió». Así es como el creyente no es condenado; él acepta su condenación pero ve cómo esta recae en su Garantía. Así es como recibe la paz. La justicia de Dios le habría turbado su mente; ve que esa justicia ha sido satisfecha y él declara en su propio corazón que si Dios ha sido satisfecho entonces él está satisfecho; si la justicia de Dios ha sido honrada, entonces la conciencia está tranquila. ¿Y entonces qué sucede? Pues que este creyente en Cristo, al no ser condenado, ahora busca la luz; a partir de ese momento desea caminar más y más en la luz del conocimiento, en la luz de la presencia divina, en la luz de la santidad divina. Hermanos míos, en un tiempo nuestras almas se inclinaban al pecado, pero ahora aunque pecamos ese pecado nos duele y debido a que lamentamos el pecado, tenemos la evidencia que «ya no lo llevo a cabo yo», como dice el apóstol, «sino el pecado que mora en mí». El más interno yo, el ego verdadero y real ubicado en el centro de nuestras almas desea la santidad. Si pudiéramos ser como queremos ser, seríamos puros como Dios es puro, puesto que nuestro corazón tiene hambre y sed de justicia.

Venimos a la luz, y habiendo creído, nos encontramos en tal condición que nuestras obras bajo la luz, aunque son descubiertas, no traen vergüenza y pena a nuestros rostros, pues en esa misma luz nuestras obras son hechas manifiestas que son obra de Dios, y nos gozamos que Dios obra en nosotros por medio de su Espíritu, los deseos santos, las emociones y acciones, que irán en aumento hasta que seamos perfectamente liberados del pecado. Esta es la condición del hombre que cree en Cristo, una condición muy feliz, una condición llena de esperanza, una condición celestial ¿quién no quisiera tener esa condición? Todo gira alrededor de la fe, pues al creer en Jesús viene el nuevo nacimiento, con el nuevo nacimiento nos viene el deseo de estar en la luz, y después viene el caminar progresivo en la luz y la manifestación de la obra secreta del Espíritu Santo en el alma. Felices los creyentes, tres veces felices por lo que son y por lo que serán.

Como tercer punto, viene nuestro trabajo más solemne. Rogamos que el Espíritu Santo de Dios nos ayude a presentarlo.

III. LA CONDICIÓN DEL INCRÉDULO

«Pero el que no cree ya ha sido condenado, porque no ha creído en el nombre del unigénito Hijo de Dios». ¡Vean la verdad misma que aquí se declara! «Pero el que no cree ya ha sido condenado». Quisiera comentar un poco más esta solemne verdad.

1. En primer lugar, Él se ofrece a Sí mismo para juicio. «Porque no ha creído en el nombre» ¿cuál es el nombre? Es el Salvador, Jesús. Quien cree en Jesús, el Salvador, confiesa que necesita salvación, y rehúsa apoyarse en la ley; pero quien rechaza al Salvador de hecho dice: «No necesito un Salvador, quiero ser juzgado de conformidad con la ley». Les digo que cada alma que rechaza a un Salvador, en efecto está pidiendo ser juzgado por la ley. Allí está la alternativa; ¿eres culpable, lo confesarás? Si es así, acepta al Salvador. Pero si por otro lado dices: «No aceptaré al Salvador», en lo profundo de tu alma reposa un orgullo presuntuoso: «Yo puedo presentarme al juicio; no requiero perdón o gracia». Entonces,

amigo, si pides el juicio lo tendrás, y he aquí el resultado: Dios te declara que ya has sido condenado. No has creído, has pedido el juicio, lo tendrás, pero es tu ruina.

El propio incrédulo da evidencia personal de su propia condenación. ¿Quieres saber cómo hace esto? El texto nos señala su incredulidad. ¿Aquel individuo, es un hombre condenado o no? Pregúntale lo que piensa de Cristo. Si responde honestamente, diría: «No acepto el testimonio de Dios acerca de Jesucristo; no recibo a Jesús como mi Salvador». Está convencido que no necesita un Salvador o no siente que Jesús sea el Salvador que necesita. Rechaza el testimonio de Dios en relación a Cristo ¿No es eso suficiente para condenar a un hombre? Si un hombre cometiera un robo o un asesinato en la propia presencia del juez, se condenaría a sí mismo; pero ¿acaso no es una ofensa mayor que ésa, en la propia presencia de Dios despreciar a su Hijo, al declarar Su obra y Su sangre prácticamente innecesarias? ¿No es el colmo del atrevimiento que un alma esté en la presencia del Dios de misericordia y escuche cuando dice: «¡He aquí el Cordero de Dios que quita el pecado del mundo!» y que alma responda: «No tengo nada que ver con el Cordero de Dios»? ¿Qué mayor evidencia necesitamos para comprobar tu enemistad con Dios? Quien no quiere creer en Cristo, mataría a Dios si pudiera. Su incredulidad en Cristo virtualmente hace a Dios mentiroso.

Más aún, quien no cree en Cristo nos da evidencia en contra de sí mismo, ya que rechaza «el nombre».

Observen el texto: «Porque no ha creído en el nombre». Como ya lo había sugerido, ese nombre es Jesús, el Salvador. El hombre dice: «No acepto al Salvador». Algunos de ustedes no han pronunciado esas palabras, pero lo dicen en la práctica; puesto que no creen en el Salvador, permanecen hasta este momento sin Salvador, fuera de Cristo, sin esperanza, perdón, ni misericordia; y permanecen en ese estado aun bajo la predicación del evangelio durante todos estos años. ¿Qué más evidencia quieren? Cuando un hombre rechaza a Dios y más como Salvador, debe estar terriblemente envenenado en contra de Dios. Si Dios unge a Cristo como Rey, y yo lo rechazo, ese rechazo muestra que Dios no me agrada; pero cuando lo designa como Salvador, enteramente por su misericordia y bondad, si yo lo rechazo entonces debo tener en mi alma una sorprendente y profunda enemistad en contra de Dios. Por medio de esta clara prueba yo me condeno a mí mismo.

Hermano mío, si analizas el texto nuevamente, verás que el incrédulo rechaza a una persona sumamente exaltada; porque no ha creído en el nombre «del unigénito Hijo de Dios». Quisiera encontrar las palabras adecuadas para expresar un pensamiento que me agobia, no solamente en este momento; que Dios envíe un Salvador y que ese Salvador sea el unigénito Hijo de Dios, el Señor de cielos y tierra, y sin él no fue hecho nada de lo que ha sido hecho, y que venga con un testimonio de amor, del amor de Dios por los pecadores y que selle ese testimonio con su sangre; y que los hombre rehúsen creer en Él, es la iniquidad más monstruosa que pueda imaginarse. No puedo ni siquiera ver que el propio Satanás, con toda su blasfemia, haya llegado hasta ese punto; pues nunca se encontró en la situación de poder rechazar, como un Salvador, al unigénito Hijo de Dios. Cuando los hombres rechazaron a Moisés, perecieron sin misericordia, ya que él era enviado de Dios; pero cuando un hombre desprecia al unigénito Hijo de Dios, en quien habita corporalmente toda la plenitud de la Deidad, podemos decir con toda propiedad, no busquen testigos en contra de ese hombre, no investiguen los detalles de su vida pasada, esta evidencia es suficiente. Si no ha creído en alguien como Éste, ya ha sido condenado. No hay ninguna necesidad de juicio, su misma incredulidad es la más vil de las traiciones; el pecador es condenado por su propia boca.

2. ¡Oh, pecador! ¿no te das cuenta del alcance de todo esto? El Señor de infinita misericordia, para que no perezcas, ha establecido un maravilloso camino de salvación, que ha sorprendido a querubines y serafines y que ha hecho que el cielo resuene con cánticos, y todo esto tú lo rechazas

completamente. El plan estupendamente concebido, se resume así: que el Creador sea el que sufra para que la criatura rebelde pueda escapar; que el Infinito viniera a este mundo y sufriera vergüenza para que el culpable saliera libre; y todo lo que se te pide, todo lo que se requiere de ti es que te sometas para ser salvado por este plan, que todo lo que debes hacer es confiar en Jesús, que es divino, que también es hombre, simplemente confía en que Él te salve. ¿No confiarás? ¡Oh! ¿No confiarás? Señores, ¿despreciarán al amor todopoderoso? ¿Pueden dar la espalda a esa misericordia sin límites? ¿Entonces qué podré decir de ustedes, sino simplemente lo que el texto dice ustedes se condenan a sí mismos, ustedes «ya han sido condenados?» Deben de ser infinitamente malos, ustedes deben de ser enormemente, monstruosamente, diabólicamente enemigos de Dios, o no tratarían con tanta ligereza una bendición tan preciosa, no deberían tener la impertinencia de rechazar un plan de misericordia tan adaptado a su condición. «Ya ha sido condenado, porque no ha creído en el nombre del unigénito Hijo de Dios». ¡Palabras solemnes! ¡Escúchenlas y tiemblen!

3. De los versículos que siguen a nuestro texto vemos que los incrédulos continúan aportando evidencia adicional en contra de ellos mismos, ya que todo hombre que rechaza a Cristo, la luz verdadera, siempre procede a rechazar otras formas de la luz de la palabra de Dios, el Espíritu de Dios, y su conciencia. Ama a las tinieblas más que a la luz, y no quiere venir a la luz para que sus obras no sean reprochadas. Apagan al Espíritu, sé que así es, si rechazan al Salvador. Prestan oídos sordos a su conciencia, hacen violencia a su propio juicio. No desean aprender la verdad de Dios. No es posible que sean genuinos buscadores de la luz si rehúsan recibirlo a Él que es el Sol central de la verdad. Su continuado rechazo de la luz es evidencia que confirma que ustedes ya han sido condenados aunque su incredulidad es en sí misma una evidencia suficiente.

Y ahora solemnemente, y en el nombre del que vive, y estaba muerto, y vive por siempre, hablando en nombre de ese Cristo que, aunque fue muerto una vez ahora se sienta a la derecha de Dios, les pido a los que pertenecen a este segundo grupo que presten atención a estas palabras simples pero cargadas de advertencias.

4. ¡Oh incrédulo! Te ruego que consideres que la condenación que ya ha sido pronunciada sobre ti no es simplemente un asunto de forma. Nuestro jueces pronuncian algunas veces sentencia sobre un cierto tipo de criminales, y la sentencia es registrada, aunque no existe la intención que la sentencia sea ejecutada; pero del tribunal de Dios nunca sale una sentencia que sólo pretende alarmar. Ustedes ya han sido condenados, y tan cierto como que viven, y tan cierto como Dios vive, Él no permitirá que su palabra se convierta en una letra muerta. Esa sentencia no será una amenaza inútil, pero en sus propias personas conocerán cuál es el poder de Su ira. «¿Quién conoce el poder de tu ira?» dice el salmista; sólo la conocen los que la sienten, y en breve ustedes la sentirán, pues la sentencia ciertamente será ejecutada.

El Señor tiene el poder para cumplir la sentencia en este instante o en cualquier otro momento. ¿Qué poder tienes para oponerte? ¿A quién tienes que pueda ayudarte para enfrentarte a Él? Estás totalmente en sus manos, no puedes encontrar ninguna vía de escape de la prisión. Si te remontas al cielo allí está Él; si te desplomas al infierno allí está Él; el universo entero no es más que una gran prisión para un enemigo de Dios. Ni puedes escaparte de Él, ni puedes resistirlo a Él. Si tus huesos fueran de granito y tu corazón de acero, sus fuegos derretirían tu espíritu. Frente a Él no podrías resistir más que la paja ante el fuego o el polvo ante un remolino de viento. ¡Que verdaderamente pudieras sentir esto y desistir de tu insana rebelión!

Recuerda, no tienes ninguna promesa de parte suya de que no ejecutará la sentencia de su ira este mismo día. No tienes ninguna garantía, ni de su palabra ni de sus ángeles que te de la confianza que Dios ha suspendido la sentencia aún para la hora que viene. Estás viviendo por su paciencia, sin castigo todavía por la soberanía divina.

Algunos se enfurecen en contra de la soberanía, pero en este caso no es la justicia la que te libra, es simplemente la voluntad de Dios que temporalmente te guarda del infierno. Me dices que nada hace peligrar tu vida por el momento, pero ¿cómo lo sabes? Las flechas de la muerte a menudo vuelan de manera imperceptible. En dos ocasiones me ha tocado predicar en congregaciones cuando los invisibles dardos de la muerte se clavaron en alguien de mi audiencia de tal forma que dos personas han muerto mientras escuchaban la palabra del evangelio. Dios no necesita un milagro para ejecutar su sentencia en este mismo instante. No necesita cambiar el orden natural de los acontecimientos para que tú mueras instantáneamente; y si Él así lo quisiera, la destrucción de tu alma podría tener lugar en este preciso instante, y en este mismo lugar, sin que se requiriera el menor esfuerzo de Su parte.

Recuerda con profunda preocupación que Dios está airado contigo ahora. Esta afirmación no es una invención mía, está escrito por la pluma de la inspiración que: «Dios emite sentencia cada día: si el impío no se arrepiente, afilará su espada; ha dispuesto su arco y lo ha preparado». Dios está más airado con algunos de ustedes de lo que está con algunos condenados en el infierno. ¿Les sorprende esta afirmación? «Pero os digo que en el día del juicio el castigo será más tolerable para la tierra de Sodoma, que para ti». Los pecados que ya han cometido son mayores que los de Sodoma y Gomorra, y la ira es proporcional a la culpa. Un Dios airado los sostiene sobre la boca del infierno y la justicia demanda que sean tragados allí y nada excepto su voluntad misericordiosa los mantiene sin caer allí. Sólo tiene que quererlo, y tú que ya has sido condenado estarías para siempre donde el gusano nunca muere y el fuego no es apagado nunca, antes de que la manecilla del reloj se vuelva a mover.

Déjenme recordarles que hasta ahora no han hecho nada para apaciguar la ira divina. Han continuado pecando; o si me dicen que se han reformado, que han pensado en estas cosas, que han orado, ¿piensan ustedes que estas cosas pueden aplacar la ira divina? El Señor les ha dicho que el único camino de salvación es creer en Jesús, pero ustedes tratan de encontrar otro camino. ¿Piensan que esta manera de proceder le agrada, que esta conducta rebajará su ira en contra de ustedes? Si piensan que pueden salvarse a ustedes mismos mediante lágrimas y oraciones, insultan a su Hijo ¿y esto aleja la ira de Dios? Si se imaginan que por ir a la iglesia o a la capilla se salvarán, valoran muy poco la obra de Jesús. Desprecian la cruz en tanto que permanezcan en la incredulidad. Dicen: «Hacemos lo que podemos». No están haciendo absolutamente nada que pueda apaciguar la ira de Dios, sino todo lo contrario, por estas acciones de ustedes, que consideran buenas, están tomando el bando del Anticristo, a quien Dios ve con aborrecimiento. Dios dijo que salva por medio de Cristo, y no de ninguna otra forma, y mientras ustedes busquen otro camino, prácticamente están escupiendo en el mismo rostro del unigénito Hijo de Dios a causa de la insolencia de su justicia propia.

Mientras tanto déjenme recordarles que la ira de Dios, aunque no se haya derramado sobre ustedes todavía, es como un arroyo retenido en una presa. Cada momento cobra fuerzas, mientras no rompa las paredes, pero crece y crece cada hora. Cada día, y cada momento del día que permanezcan como incrédulos, están atesorando ira contra el día de ira cuando la medida de la iniquidad esté llena. ¡Cuán encarecidamente les pretendo persuadir para que escapen de esa condenación! Si piensan que ser condenados por Dios es una trivialidad, desengañen sus almas, pues quienes han pasado por donde la sentencia es ejecutada, si pudieran regresar a ustedes no necesitarían hablar para contar sus horrores. La simple vista de ellos los convencería que la perdición es una cosa terrible. En sus frentes debe recaer la ira de Dios, quien, al suavizar el castigo, se convierte en el medio del endurecimiento de los pecadores en sus pecados. Nuestro pensamiento no tiene ningún poder para concebir lo que es la ira de Dios. Ningún idioma, aunque haga retumbar los oídos, puede expresar completamente esa ira. ¡Incrédulos! Yo no podría engañar sus almas, haciéndoles creer que es algo sin importancia caer en las manos del Dios viviente. ¡Oh, arrepiéntanse! ¿Por qué han de morir? ¿Si tienen tantas razones para recibirle, ¿por qué han de rechazarle? ¿No ven que el mejor argumento para amarle es Su propia persona? El Cristo de Dios debe ser digno del afecto de nuestros corazones. Su trabajo en la tierra debería ganar nuestra confianza, si no estuviéramos locos, me parece; pues Él vino para salvar, para perdonar, para pasar por alto los pecados del pasado. Entonces, ¿por qué toman partido en contra de Él y haciendo esto atraen sobre sus cabezas la ira de un Dios airado?

CONCLUSIÓN

Déjenme enseñarles la ruta de escape. La única ruta de escape para cualquier hombre o mujer que leen este mensaje es creer en Jesucristo. Alguien dice: «Estoy orando para eso». Mi texto no dice nada parecido. «Voy a pensarlo». Piénsalo y mientras lo piensas te vas a ir al infierno. Inmediata fe en el nombre del Cristo de Dios, es lo que pido de ustedes, en mi carácter de embajador de Dios inmediata e instantánea fe en Jesús. ¡Miren el emblema del ministro del evangelio y de su mensaje! Moisés levantó la serpiente de bronce en el desierto y la puso sobre un asta en el mismo centro del campamento, cuando muchos morían a su alrededor. Ellos eran mordidos por las serpientes y ¿qué fue lo que Moisés les declaró como remedio? Les dice que miren y vivan. Algunos de ellos lo pensarán, algunos lo considerarán, otros harán oraciones al respecto; pero Moisés no tiene el encargo de consolar a ninguno de estos: único su mandamiento es que miren de inmediato; no tiene ninguna promesa para aquellos que no quieran mirar. De la misma manera Jesús es levantado entre ustedes; hay vida en una mirada, vida ahora mismo, vida en este instante. No les puedo garantizar que el mordisco de la serpiente no será su eterna ruina si se demoran aunque sea una hora. La palabra única del profeta es: «Miren ahora». Hoy, Dios en su misericordia envía a cada uno de ustedes este mensaje:

«Antes Dios pasó por alto los tiempos de la ignorancia», pero en este tiempo manda a todos los hombres, en todos los lugares, que se arrepientan. Él envía el mensaje de su evangelio: «Cree en el Señor Jesús y serás salvo». No puedo estar seguro que este mensaje se pueda repetir ante ustedes nuevamente. «¡He aquí ahora el tiempo más favorable! ¡He aquí ahora el día de salvación!» Cada momento que permanecen en la incredulidad, están pecando contra Dios por esa misma incredulidad. No puedo aceptar, por tanto, que esperen siquiera un momento. Jesús es Dios; se hizo hombre, murió, vive y les invita a confiar en Él, prometiendo que ustedes vivirán. Confíen en Él ahora. Él es digno de su confianza. No pequen contra Él; no pequen en contra de sus propias almas rechazándolo a Él. Recuerden qué fue lo que Moisés levantó, era una serpiente, la imagen de las mismas serpientes que los mordían. ¿Eran curados cuando miraban a lo mismo que los había envenenado? ¡Ciertamente que sí eran curados! ¿Qué es eso que te ha envenenado, pecador? Es la maldición del pecado. ¿Qué es lo que hoy levanto en el evangelio? Es Cristo, hecho una maldición por nosotros. Él toma sobre sí nuestro pecado; aunque en Él no hubo pecado, fue hecho pecado por nosotros y si confías en que Él sea tu ofrenda por el pecado, que sufra por ti, que sangre por ti, y confías de tal manera en Él para tomarlo de aquí en adelante como tu norma, resolviendo seguir al Crucificado que ha sido levantado durante toda tu vida, hasta que te lleve al mismo Cristo en el cielo, no estás condenado. Pero si Jesús es levantado, y tu rehúsas creer, la culpa sea sobre tu cabeza, lo digo con temblorosa solemnidad, la culpa sea sobre tu cabeza.

Estas palabras mías, incrédulos, serán en el último gran día testigos en contra de ustedes. De la misma manera cierta que Cristo vino a Jerusalén, así viene a ti hoy en la predicación de la palabra. Yo soy solo un pobre y débil hombre, pero te hablo de la mejor manera que puedo; sin embargo, si tu rechazas mi palabra, no es a mi a quien rechazas, eso no sería nada, rechazas el evangelio que te predico. En el nombre de

SERMONES SELECTOS

Él que hizo los cielos y la tierra, que te hizo a ti, y que te mantiene con vida, contra Quien has pecado, este llamado de misericordia es presentado a ti¿lo recibirás? Esta gracia es traída de manera personal a ti, y a mí se me pide que te la presente con denuedo, tal como la Biblia lo dice: «Exígeles a que entren». Si tu rechazas al unigénito Hijo de Dios, permanecerá contra ti esta frase solemne: «Pero el que no cree ya ha sido condenado, porque no ha creído». ¿Te escuché decir: «Creo que voy a creer». Amigo, no te puedo aceptar eso, y no tengo esperanza acerca de ti. «Espero arrepentirme algún día». Cuando hablas así pierdo toda esperanza acerca de ti. Dios separa hoy esta congregación en dos grupos, el de creyentes y el de incrédulos. Hoy Dios ha bendecido al creyente y da testimonio que no está condenado; hoy Dios maldice al incrédulo y le dice que ya ha sido condenado. Mi predicación no tiene que ver con mañanas, ni puedo prometer que la bandera blanca de la misericordia ondeará el día de mañana. Hoy la cruz es la bandera de la gracia. Mírala y vive. Es la escalera que llega al cielo; el Salvador crucificado es la puerta de salvación. ¡Oh, que quieras recibirlo! Quiera Dios que desees hacerlo y Él será glorificado por ti en esta vida y en la vida por venir. Dios los bendiga. Amén.

Índices

Índice Escritural
Índice de Títulos

Índice Escritural

Génesis
7:15   Sermón nº 38, 337

Éxodo
9:27   Sermón nº 52, 463
21:5, 6   Sermón nº 41, 365
14:15   Sermón nº 99, 877

Números
35:11   Sermón nº 47, 420

Deuteronomio
1:25   Sermón nº 119, 1087
30:11-14   Sermón nº 118, 1073
33:25   Sermón nº 82, 733

1Reyes
18:21   Sermón nº 31, 278

2 Crónicas
33:13   Sermón nº 33, 294

Nehemías
2:4   Sermón nº 78, 699

Job
23:3   Sermón nº 51, 454
23:3, 4   Sermón nº 73, 652

Salmos
19:12   Sermón nº 86, 764
19:13   Sermón nº 87, 773
23:1   Sermón nº 8, 74
32:1   Sermón nº 46, 410
37:4   Sermón nº 68, 606
45:2   Sermón nº 9, 81
50:15   Sermón nº 27, 247
62:2   Sermón nº 5, 49
70:5   Sermón nº 84, 749
102:6   Sermón nº 100, 888
104:34   Sermón nº 80, 716
106:8   Sermón nº 59, 524
110:3   Sermón nº 15, 130
142:1   Sermón nº 34, 304
147:9   Sermón nº 49, 438

Proverbios
15:11   Sermón nº 2, 23
31:6, 7   Sermón nº 85, 758
4:23   Sermón nº 95, 843

Isaías
9:6   Sermón nº 13, 112
9:6   Sermón nº 14, 121
35:5, 6   Sermón nº 48, 427
40:31   Sermón nº 93, 821
41:14   Sermón nº 11, 99
41:14   Sermón nº 81, 725
53:10   Sermón nº 43, 383
63:1   Sermón nº 7, 65

Jeremías
8:6   Sermón nº 54, 480
33:3   Sermón nº 77, 691

Ezequiel
34:16   Sermón nº 39, 347
36:27   Sermón nº 18, 159
33:5   Sermón nº 53, 471
36:26   Sermón nº 66, 585

Oseas
12:10   Sermón nº 4, 40

Jonás
2:9   Sermón nº 58, 515

Nahum
1:3   Sermón nº 1, 15

Zacarías
14:7   Sermón nº 91, 805

Malaquías
3:10   Sermón nº 79, 707

Mateo
5:2   Sermón nº 109, 984
6:9   Sermón nº 3, 32
11:5   Sermón nº 104, 934
11:28   Sermón nº 116, 1055

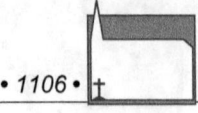

SERMONES SELECTOS

11:29	Sermón nº 67, 595
15:27	Sermón nº 83, 741
19:19	Sermón nº 97, 858
20:15	Sermón nº 103, 926
20:28	Sermón nº 44, 391
25:22, 23	Sermón nº 29, 263

Marcos
2:12	Sermón nº 45, 400
2:17	Sermón nº 22, 196
5:19	Sermón nº 90, 797
12:30	Sermón nº 94, 835

Lucas
6:45	Sermón nº 105, 942
11:9, 10	Sermón nº 76, 683
15:2	Sermón nº 55, 489
15:17	Sermón nº 16, 139
15:20	Sermón nº 30, 271
21:33	Sermón nº 72, 644
23:42, 43	Sermón nº 36, 321
24:32	Sermón nº 102, 910

Juan
3:3	Sermón nº 64, 567
3:18	Sermón nº 120, 1093
14:23	Sermón nº 69, 617
5:40	Sermón nº 23, 206
6:44	Sermón nº 19, 171
15:22	Sermón nº 24, 216

Hechos
24:25	Sermón nº 111, 1010

Romanos
5:6	Sermón nº 63, 559
5:6	Sermón nº 114, 1036
5:6, 18	Sermón nº 22, 196
8:7	Sermón nº 20, 179
10:13	Sermón nº 62, 550

1 Corintios
1:24	Sermón nº 6, 57
2:2	Sermón nº 35, 311
4:1, 2	Sermón nº 110, 997
9:16	Sermón nº 106, 954
14:15	Sermón nº 74, 661

2 Corintios
2:15, 16	Sermón nº 112, 1018
4:3	Sermón nº 21, 188
4:3, 4	Sermón nº 115, 1045
4:4	Sermón nº 17, 149
5:20, 21	Sermón nº 113, 1026
8:9	Sermón nº 12, 104

Gálatas
4:24	Sermón nº 26, 237

Efesios
2:1	Sermón nº 65, 576

Filipenses
4:7	Sermón nº 96, 851

1 Tesalonicenses
1:5	Sermón nº 71, 637
1:5	Sermón nº 117, 1063
5:6	Sermón nº 88, 781

2 Tesalonicenses
1:3	Sermón nº 57, 505

1 Timoteo
1:11	Sermón nº 70, 626
1:15	Sermón nº 22, 196
1:15	Sermón nº 28, 255
1:15	Sermón nº 60, 532
4:13	Sermón nº 98, 869
4:16	Sermón nº 101, 898

2 Timoteo
2:15	Sermón nº 108, 971

Hebreos
2:16	Sermón nº 25, 225
4:16	Sermón nº 50, 446
7:25	Sermón nº 61, 541
8:10	Sermón nº 107, 963
9:22	Sermón nº 42, 377
11:6	Sermón nº 56, 498
11:31	Sermón nº 32, 287
12:24	Sermón nº 40, 357
13:8	Sermón nº 10, 91

Santiago
4:2, 3	Sermón nº 75, 674

Apocalipsis
2:4	Sermón nº 92, 813
3:19	Sermón nº 89, 789
15:3	Sermón nº 37, 331

Índice de títulos

¡Adelante!
 Sermón nº 99, 877
Advertencia desoída, Una
 Sermón nº 53, 471
Alegación, no contradicción
 Sermón nº 83, 741
Ama a tu prójimo
 Sermón nº 97, 858
Amados castigados, Los
 Sermón nº 89, 789
Bendita cadena en el evangelio, Una
 Sermón nº 69, 617
Buen pastor, El
 Sermón nº 8, 74
Buscando la oveja perdida
 Sermón nº 39, 347
Certificado de éxito de la oración
 Sermón nº 76, 683
Clamor del cuervo, El
 Sermón nº 49, 438
Cómo guadar el corazón
 Sermón nº 96, 851
Cómo suplicar
 Sermón nº 84, 749
Como tus días serán tus fuerzas
 Sermón nº 82, 733
Condescendencia de Cristo, La
 Sermón nº 12, 104
Confesión del pecado, La
 Sermón nº 52, 463
Corazón del evangelio, El
 Sermón nº 113, 1026
Cosa inesperada, La
 Sermón nº 45, 400
Cristo, el poder y la sabiduría de Dios
 Sermón nº 6, 57
Decadencia del primer amor
 Sermón nº 92, 813
Decaimiento de ánimo del ministro
 Sermón nº 100, 888
Derramamiento de sangre, El
 Sermón nº 42, 377
Despierta, despierta
 Sermón nº 88, 781
Dios, quien todo lo ve
 Sermón nº 2, 23
Don de hablar espontáneamente, El
 Sermón nº 105, 942
Dos efectos del evangelio, Los
 Sermón nº 112, 1018
Dos talentos, Los
 Sermón nº 29, 263
Evangelio de la gloria de Cristo, El
 Sermón nº 17, 149
Evangelio glorioso del Dios bendito, El
 Sermón nº 70, 626
Evangelio nos llegó en poder, El
 Sermón nº 71, 637
Evangelio que no muere para el año que muere, El
 Sermón nº 114, 1036
Evangelio sencillo para gente sencilla, Un
 Sermón nº 118, 1073
Fe de Rahab, La
 Sermón nº 32, 287
Fe, La
 Sermón nº 56, 498
Glorioso evangelio, El
 Sermón nº 60, 532
Grados de poder presentes en el evangelio
 Sermón nº 117, 1063
Gran depósito, El
 Sermón nº 95, 843
Hombre de un solo tema: Pablo, El
 Sermón nº 35, 311

Hombres, elegidos. Los ángeles caídos, rechazados, Los
    Sermón nº 25, 225
Indagador ansioso, El
    Sermón nº 51, 454
Inhabilidad humana
    Sermón nº 19, 171
Inmutabilidad de Cristo, La
    Sermón nº 10, 91
Israel en Egipto
    Sermón nº 37, 331
Labios llenos de gracia de Jesús, Los
    Sermón nº 9, 81
Ladrón que creyó, El
    Sermón nº 36, 321
Libre albedrío: un esclavo, El
    Sermón nº 23, 206
Licor del evangelio, El
    Sermón nº 85, 758
Llamamiento a los pecadores, Un
    Sermón nº 55, 489
Llamamiento de Elías a los indecisos, El
    Sermón nº 31, 278
Llave de oro de la oración, La
    Sermón nº 77, 691
Luz al atardecer
    Sermón nº 91, 805
Luz de gozo en el corazón
    Sermón nº 68, 606
Luz, fuego, fe, vida, amor
    Sermón nº 102, 910
Manasés
    Sermón nº 33, 294
Maneras de espiritualizar
    Sermón nº 26, 237
Maneras que Dios tiene de comunicarse
    Sermón nº 4, 40
Mayordomía, La
    Sermón nº 110, 997
Meditando en Dios
    Sermón nº 80, 716
Mensaje para los de poca fe, Un
    Sermón nº 57, 505

Mente carnal es enemistad contra Dios, La
    Sermón nº 20, 179
Ministros con escasos recursos para trabajar
    Sermón nº 98, 869
Misericordia, omnipotencia y justicia
    Sermón nº 1, 15
Muerte de Cristo, La
    Sermón nº 43, 383
Mundos cantarán, Los
    Sermón nº 48, 427
No temas
    Sermón nº 81, 725
Nuestra oración pública
    Sermón nº 74, 661
Nuevo comienzo, Un
    Sermón nº 93, 821
Nuevo corazón, El
    Sermón nº 66, 585
Oración de David en la cueva, La
    Sermón nº 34, 304
Oración espontánea, La
    Sermón nº 78, 699
Orden y argumento en la oración
    Sermón nº 73, 652
Oreja horadada con lezna, La
    Sermón nº 41, 365
Paladeos de la vida celestial
    Sermón nº 119, 1087
Parábola del Arca, La
    Sermón nº 38, 337
Paternidad de Dios, La
    Sermón nº 3, 32
Pecados de soberbia
    Sermón nº 87, 773
Pecados secretos
    Sermón nº 86, 764
Pedir y tener
    Sermón nº 75, 674
Perdón y justificación
    Sermón nº 46, 410
Perpetuidad del evangelio
    Sermón nº 72, 644
Poder sanador de Cristo, El
    Sermón nº 16, 139

Poderoso salvador, Un
Sermón nº 7, 65
¿Por qué el evangelio está encubierto?
Sermón nº 21, 188
¿Por qué los hombres son salvos?
Sermón nº 59, 524
Predicación a los pobres
Sermón nº 104, 934
Predicad el evangelio
Sermón nº 106, 954
Primer y gran mandamiento, El
Sermón nº 94, 835
Probando a Dios
Sermón nº 79, 707
Promesa del espíritu, La
Sermón nº 18, 159
Pueblo voluntario y un guía inmutable, Un
Sermón nº 15, 130
¿Qué he hecho?
Sermón nº 54, 480
¿Quiénes necesitan el evangelio?
Sermón nº 22, 196
Rechazo y condenación
Sermón nº 120, 1093
Redención limitada, La
Sermón nº 44, 391
Refugio del pecador, El
Sermón nº 47, 420
Regeneración, La
Sermón nº 64, 567
Responsabilidad humana, La
Sermón nº 24, 216
Resurrección espiritual, La
Sermón nº 65, 576
Retorno del hijo pródigo, El
Sermón nº 30, 271
Salvación es del Señor, La
Sermón nº 58, 515
Salvación hasta lo sumo
Sermón nº 61, 541
Sermón de Pablo ante Félix, El
Sermón nº 111, 1010

Sermón sencillo para las almas que buscan, Un
Sermón nº 62, 550
Sermones, su importancia
Sermón nº 107, 963
Soberanía divina en sus dádivas, La
Sermón nº 103, 926
Sobre la elección de un texto
Sermón nº 108, 971
Sobre la voz del predicador
Sermón nº 109, 984
Solamente Dios es la salvación de su pueblo
Sermón nº 5, 49
Su nombre, admirable
Sermón nº 13, 112
Su nombre, consejero
Sermón nº 14, 121
Tal maestro, tales discípulos
Sermón nº 67, 595
Texto de Robinson Crusoe, El
Sermón nº 27, 247
Todo el evangelio en un solo versículo
Sermón nº 28, 255
Trono de la gracia, El
Sermón nº 50, 446
Tu redentor
Sermón nº 11, 99
Verdadero evangelio no es un evangelio encubierto, El
Sermón nº 115, 1045
Vieja, vieja historia, La
Sermón nº 63, 559
Viejo evangelio para el nuevo siglo, El
Sermón nº 116, 1055
Vigilancia que de sí mismo debe tener el ministro, La
Sermón nº 101, 898
Voz de la sangre de Abel y de Cristo, La
Sermón nº 40, 357
Yendo a casa; un sermón de Navidad
Sermón nº 90, 797

www.ingramcontent.com/pod-product-compliance
Lightning Source LLC
Chambersburg PA
CBHW071417300426
44114CB00013B/1284